图书在版编目(CIP)数据

中国建设年鉴 2015/《中国建设年鉴》编委会编. —北京:中国建筑工业出版社,2016.1

ISBN 978-7-112-18820-8

Ⅰ.①中… Ⅱ.①中… Ⅲ.①城乡建设-中国-2015-年鉴 Ⅳ.①F299.2-54

中国版本图书馆 CIP 数据核字(2015)第 297692 号

责任编辑:马 红 边 琨
责任校对:张 颖 关 健

中国建设年鉴 2015
《中国建设年鉴》编委会 编

*

中国建筑工业出版社出版、发行(北京西郊百万庄)
各地新华书店、建筑书店经销
北京天成排版公司制版
北京中科印刷有限公司印刷

*

开本:880×1230毫米 1/16 印张:54¾ 插页:18 字数:1765千字
2016年3月第一版 2016年3月第一次印刷
定价:**300.00元**
ISBN 978-7-112-18820-8
(28081)

◇ 中国建设年鉴 2015

《中国建设年鉴》编委会 编

中国建筑工业出版社

编辑说明

一、《中国建设年鉴》是由住房和城乡建设部组织编纂的大型工具性年刊，中国建筑工业出版社具体负责编辑出版工作。每年一本，逐年编辑出版。

二、本年鉴力求综合反映我国建设事业发展与改革年度情况，属于大型文献史料性工具书。内容丰富，资料来源准确可靠，具有很强的政策性、指导性、文献性。可为各级建设行政主管领导提供参考，为地区和行业建设发展规划和思路提供借鉴，为国内外各界人士了解中国建设情况提供信息。本书具有重要的史料价值、实用价值和收藏价值。

三、本卷力求全面记述 2014 年我国房地产业、住房保障、城乡规划、城市建设与市政公用事业、村镇建设、建筑业、建筑节能与科技和国家基础设施建设等方面的主要工作，突出新思路、新举措、新特点。

四、本年鉴记述时限一般为上一年度 1 月 1 日至 12 月 31 日。考虑有些条目内容的完整性和时效性，为服务住房城乡建设事业，个别记述在时限上有所上溯或下延。为方便读者阅读使用，选录的部分新闻媒体稿件，在时间的表述上，有所改动，如"今年"改为"2014 年"。

五、本卷内容共分九篇，分别是特载，专论，建设综述，各地建设，法规政策文件，数据统计与分析，部属单位、社团与部分央企，2014 年建设大事记，附录。采用篇目、栏目、分目、条目依次展开，条目为主要信息载体。

六、我国香港特别行政区、澳门特别行政区和台湾地区建设情况暂未列入本卷。

七、本年鉴资料由各省、自治区住房和城乡建设厅，直辖市住房城乡建设行政主管单位及有关部门，国务院有关部委司局，住房和城乡建设部各司局和部属单位、社团等提供。稿件由供稿单位组织专人搜集资料并撰写、供稿单位负责人把关。

八、谨向关心支持《中国建设年鉴》的各地区、有关部门、各单位领导、撰稿人员和有关单位致以诚挚的感谢！

《中国建设年鉴 2015》编辑委员会

4

顾金山　上海市住房和城乡建设管理委员
　　　　会主任

庄少勤　上海市规划和国土资源管理局
　　　　局长

陆月星　上海市绿化和市容管理局（上海
　　　　市林业局、上海市城市管理行政
　　　　执法局）党组书记、局长

程志毅　重庆市城乡建设委员会主任

董建国　重庆市国土资源和房屋管理局党
　　　　组书记、局长

曹光辉　重庆市规划局党组书记、局长

苏蕴山　河北省住房和城乡建设厅党组书
　　　　记、厅长

李栋梁　山西省住房和城乡建设厅党组书
　　　　记、厅长

秦　义　内蒙古自治区住房和城乡建设厅
　　　　党组书记、厅长

杨占报　黑龙江省住房和城乡建设厅厅长

商向东　辽宁省住房和城乡建设厅厅长

邢文忠　吉林省住房和城乡建设厅副巡
　　　　视员

周　岚　江苏省住房和城乡建设厅厅长

钱建民　浙江省住房和城乡建设厅党组书
　　　　记、厅长

吴桂和　安徽省住房和城乡建设厅副厅长

龚友群　福建省住房和城乡建设厅厅长

陈　平　江西省住房和城乡建设厅党组书
　　　　记、厅长

王玉志　山东省住房和城乡建设厅厅长

裴志扬　河南省住房和城乡建设厅厅长

尹维真　湖北省住房和城乡建设厅厅长

蒋益民　湖南省住房和城乡建设厅党组书
　　　　记、厅长

王　芃　广东省住房和城乡建设厅党组书
　　　　记、厅长

严世明　广西壮族自治区住房和城乡建设
　　　　厅党组书记、厅长

陈孝京　海南省住房和城乡建设厅副厅长

何　健　四川省住房和城乡建设厅党组书
　　　　记、厅长

张　鹏　贵州省住房和城乡建设厅厅长

李文冰　云南省住房和城乡建设厅厅长

陈　锦　西藏自治区住房和城乡建设厅
　　　　厅长

杨冠军　陕西省住房和城乡建设厅党组书
　　　　记、厅长

杨咏中　甘肃省住房和城乡建设厅党组书
　　　　记、厅长

贾应忠　青海省住房和城乡建设厅厅长

杨玉经　宁夏回族自治区住房和城乡建设
　　　　厅党组书记、厅长

张　鸿　新疆维吾尔自治区住房和城乡建
　　　　设厅厅长

刘　平　新疆生产建设兵团建设局局长

马成恩　大连市城乡建设委员会主任

陈　勇　青岛市城乡建设委员会主任

郑世海　宁波市住房和城乡建设委员会
　　　　主任

林德志　厦门市建设与管理局党组书记、
　　　　局长

钟晓鸿　深圳市住房和建设局副巡视员

户从义　深圳市规划和国土资源委员会党
　　　　组成员、机关党委书记

田锦尘　国家发展改革委员会西部开发
　　　　司长

刘　东　中国铁路总公司建设管理部副
　　　　主任

李彦武　交通运输部公路局局长

肖大选　交通运输部水运局副局长

陈立东　工业和信息化部信息通信发展司
　　　　副司长

燕东升　文化部财务司副司长

隋　斌　农业部发展计划司司长

孙继昌　水利部建设与管理司司长

齐贵新　国家卫生计生委规划与信息司副
　　　　司长

刁永海　中国民航局机场司司长
赵华林　环境保护部规划财务司司长
周利杰　中国建筑工程总公司办公厅副
　　　　主任
孟凤朝　中国铁建股份有限公司董事长
姚桂清　中国铁路工程总公司副董事长、
　　　　党委副书记
晏志勇　中国电力建设集团有限公司董事
　　　　长、总经理、党委副书记
严弟勇　中国有色矿业集团有限公司副总
　　　　经理
李　迅　中国城市科学研究会秘书长
冯　俊　中国房地产业协会副会长兼秘
　　　　书长
周　畅　中国建筑学会副理事长
王　薇　中国土木工程学会副秘书长
陈晓丽　中国风景园林学会理事长

崔衡德　中国市长协会秘书长
王　燕　中国城市规划协会副会长兼秘
　　　　书长
王素卿　中国勘察设计协会理事长
吴　涛　中国建筑业协会副会长兼秘书长
杨存成　中国安装协会副会长兼秘书长
刘　哲　中国建筑金属结构协会秘书长
修　璐　中国建设监理协会副会长兼秘书长
李秉仁　中国建筑装饰协会会长
陈蓁蓁　中国公园协会副会长
王德楼　中国工程建设标准化协会理事长
徐惠琴　中国建设工程造价管理协会理
　　　　事长
刘　杰　中国建设教育协会理事长
宋　立　全国白蚁防治中心主任
王要武　哈尔滨工业大学教授

6

《中国建设年鉴 2015》工作执行委员会

陈少鹏　住房和城乡建设部办公厅综合处处长

赵锦新　住房和城乡建设部办公厅秘书处处长

王宏轩　住房和城乡建设部办公厅督办处处长

毕建玲　住房和城乡建设部办公厅宣传信息处处长

欧阳志宏　住房和城乡建设部办公厅档案处处长

宋长明　住房和城乡建设部法规司综合处处长

王　超　住房和城乡建设部住房保障司综合处处长

付殿起　住房和城乡建设部城乡规划司综合处处长

谭　华　住房和城乡建设部标准定额司综合处处长

沈　悦　住房和城乡建设部房地产市场监管司综合处处长

陈　波　住房和城乡建设部建筑市场监管司综合处处长

赵健溶　住房和城乡建设部城市建设司综合法规处处长

顾宇新　住房和城乡建设部村镇建设司综合处处长

宋梅红　住房和城乡建设部工程质量安全监管司综合处副处长

王建清　住房和城乡建设部建筑节能与科技司综合处处长

姜　涛　住房和城乡建设部住房公积金监管司副巡视员

王彦芳　住房和城乡建设部计划财务与外事司综合处处长

管又庆　住房和城乡建设部人事司综合处处长

郭剑飞　住房和城乡建设部直属机关党委办公室主任

韩　煜　住房和城乡建设部稽查办公室综合处处长

浦　湛　住房和城乡建设部政策研究中心处长

李剑英　住房和城乡建设部科技发展促进中心综合财务处处长

徐凌功　住房和城乡建设部人力资源开发中心办公室主任

单海宁　住房和城乡建设部执业资格注册中心办公室主任

马　红　中国建筑工业出版社中国建设年鉴编辑部主任

李　迎　中国建设报社新闻中心主任

李建民　北京市住房和城乡建设委员会史志办副主任

郭卫东　北京市市政市容管理委员会研究室调研员

陈建军　北京市规划委员会办公室调研员

王　军　北京市园林绿化局研究室主任

王民洲　北京市水务局办公室主任

施航华　天津市建设工程技术研究所所长

李　蓓　天津市规划局办公室主任

盛中杰　天津市国土资源和房屋管理局综合业务处处长

许　朝　天津市市容和园林管理委员会规划处处长

徐存福　上海市住房和城乡建设管理委员会政策研究室主任

陈薇萍　上海市规划和国土资源管理局办公室

（研究室）主任

王永文	上海市绿化和市容管理局研究室主任	陆青锋	新疆维吾尔自治区住房和城乡建设厅办公室副调研员
刘朝煜	重庆市城乡建设委员会办公室主任		
邵恒心	重庆市国土资源和房屋管理局房地产发展处处长	汪 祥	新疆生产建设兵团建设局办公室主任
		毕军武	大连市城乡建设委员会办公室主任
韩列松	重庆市规划局办公室主任	田 峰	青岛市城乡建设委员会办公室主任
徐向东	河北省住房和城乡建设厅办公室主任	袁布军	宁波市住房和城乡建设委员会办公室主任
贺 鑫	山西省住房和城乡建设厅办公室主任	恒玲玲	厦门市建设局办公室主任
戴军瑞	内蒙古自治区住房和城乡建设厅办公室主任	金良富	深圳市规划和国土资源委员会秘书处副处长
李守志	黑龙江省住房和城乡建设厅办公室主任	吴长松	深圳市住房和建设局办公室主任
乔晓光	辽宁省住房和城乡建设厅办公室主任	李永文	中国铁路总公司建设管理部综合处处长
张久慧	吉林省住房和城乡建设厅行业发展处处长	周荣峰	交通运输部公路局处长
		李永恒	交通运输部水运局处长
杨洪海	江苏省住房和城乡建设厅副巡视员、办公室主任	王晓丽	工业和信息化部信息通信发展司建设处处长
包立奎	浙江省住房和城乡建设厅办公室主任	王明亮	文化部财务司规划统计处处长
石 勇	安徽省住房和城乡建设厅办公室主任	张 辉	农业部发展计划司投资处处长
王明炫	福建省住房和城乡建设厅办公室主任	赵东晓	水利部建设与管理司处长
吴 军	江西省住房和城乡建设厅办公室主任	吴翔天	国家卫生计生委规划与信息司基建装备处处长
周善东	山东省住房和城乡建设厅办公室主任		
李新怀	河南省住房和城乡建设厅办公室主任	胡天木	中国民航局机场司建设处处长
李 斌	湖北省住房和城乡建设厅副巡视员、办公室主任	何 军	环境保护部规划财务司投资处处长
		胡 勤	中国建筑工程总公司办公厅副主任
彭国安	湖南省住房和城乡建设厅办公室主任	戴开扬	中国铁建股份有限公司办公室主任
邱衍庆	广东省住房和城乡建设厅办公室主任	常玉伟	中国铁路工程总公司办公厅副主任
叶 云	广西壮族自治区住房和城乡建设厅办公室主任	魏立军	中国电力建设集团有限公司党委工作部副主任
谢 曦	海南省住房和城乡建设厅改革与发展处副处长	周兰兰	中国城市科学研究会办公室副主任
		刘正义	中国房地产研究会、中国房地产业协会副秘书长
王卫南	四川省住房和城乡建设厅党组成员、副厅长		
袁晓虎	贵州省住房和城乡建设厅办公室副主任	魏 巍	中国建筑学会秘书处综合部副主任
程 鹏	云南省住房和城乡建设厅办公室主任	张 君	中国土木工程学会综合部副主任
王世玉	西藏自治区住房和城乡建设厅办公室副主任	付彦荣	中国风景园林学会业务部副主任
		陈 欣	中国市长协会副秘书长
杜晓东	陕西省住房和城乡建设厅政策法规处处长	蔡金香	中国城市规划协会办公室主任
张宝银	甘肃省住房和城乡建设厅办公室主任	汪祖进	中国勘察设计协会行业发展研究部主任
薛长福	青海省住房和城乡建设厅办公室主任	王承玮	中国建筑业协会信息传媒部主任
		顾心建	中国安装协会副秘书长兼办公室主任
杨 普	宁夏回族自治区住房和城乡建设厅办公	庞 政	中国建设监理协会行业发展部主任

吕志翠　中国建筑金属结构协会办公室副主任　　　　薛秀丽　中国建设工程造价管理协会副秘书长
于绍华　中国公园协会副秘书长　　　　　　　　　　张　晶　中国建设教育协会副秘书长
蔡成军　中国工程建设标准化协会副理事长　　　　　毕　刚　全国白蚁防治中心综合处副处长

中国建设年鉴编辑部

主编兼编辑部主任：马红

电　话：010-58337053，58337055

地　址：北京市海淀区三里河路 9 号院　中国建筑工业出版社

目　　录

第四篇 各 地 建 设

第五篇　法规政策文件

第六篇　数据统计与分析

第七篇　部属单位、社团与部分央企

第八篇 2014 年建设大事记

第九篇 附 录

2014 年 10 月 26 日至 27 日，住房和城乡建设部部长陈政高（右 5）在苏州出席"中国新加坡双边合作联委会第十一次会议"期间，对苏州历史文化街区的保护工作进行考察和调研。

（江苏省住房和城乡建设厅　提供）

城镇保障性安居工程

　　2014年城镇保障性安居工程开工740万套，基本建成511万套，超额完成年度任务。中央分批下达补助资金共1980亿元，国家开发银行发放棚改贷款4086亿元，国家发展改革委员会批准发行企业债券2777亿元，其中用于棚户区改造1090亿元。

浙江省瑞安市锦湖街道城中村安置项目。

（浙江省住房和城乡建设厅　提供）

杭州市田园公租房项目，是浙江省规模最大的集中建设的公租房项目。

（浙江省住房和城乡建设厅　提供）

城镇保障性安居工程

安徽省六安市裕安区公租房摇号现场。

（安徽省住房和城乡建设厅 提供）

广东省佛山市三水区西南城区对外经济开发区15区保障性住房三期工程。

（广东省住房和城乡建设厅 提供）

城镇保障性安居工程

2014年交付使用的广西壮族自治区扶绥市东罗煤矿棚户区改造安置房。

（周伊辰 摄）

北京市海淀区综合整治项目
大钟寺乙2号院2号楼。
（北京市住房和城乡
建设委员会 提供）

城市环境、人居环境建设

2014年，宁夏回族自治区中卫市获国家园林城市称号。图为中卫市生态建设一角。

（宁夏回族自治区住房和城乡建设厅　提供）

2014年，陕西省咸阳市
被住房和城乡建设部命名为
国家园林城市。

（陕西省住房和
城乡建设厅　提供）

城市环境、人居环境建设

南宁民歌广场综合改造工程被评为2013年广西优质工程，获得2014~2015年度中国建设工程鲁班奖（国家优质工程）。

（广西壮族自治区住房和城乡建设厅　提供）

江西省南昌市象湖治理工程获得中国人居范例奖（水环境处理）。

（江西省住房和城乡建设厅　提供）

魅力九江。

（江西省住房和城乡建设厅　提供）

城市环境、人居环境建设

（程凯 摄）

安徽省合肥市滨湖新区滨湖公园一期。

（安徽省住房和城乡建设厅 提供）

通过实行道路保洁分类管理，杭州市区道路整洁程度得到大幅度提高。"浙江省杭州市市区道路分类保洁管理项目"获得2014年中国人居环境范例奖。2014年10月10日，摄于浙江省杭州市西湖区曙光路。

（程凯 摄）

城市环境、人居环境建设

浙江省德清县下渚湖湿地风景区资源保护项目获2014年中国人居环境范例奖。

（浙江省住房和城乡建设厅　提供）

甘肃省舟曲排水污水厂获得2014年甘肃省建设工程"飞天奖"。

（甘肃省住房和城乡建设厅　提供）

城市环境、人居环境建设

河北省石家庄市太平河风光。

（河北省住房和城乡建设厅 提供）

河北省廊坊市新貌。

（河北省住房和城乡建设厅 提供）

小城镇、新农村建设

　　2014 年末，全国共有建制镇 20401 个（含城关镇），乡（苏木、民族乡、民族苏木）12282 个。据 17653 个建制镇（不含城关镇）、11871 个乡（苏木、民族乡、民族苏木）、679 个镇乡级特殊区域和 270.18 万个自然村（其中村民委员会所在地 54.67 万个）统计汇总，村镇户籍总人口 9.52 亿。

内蒙古自治区巴彦淖尔市五原县新公中镇任保圪旦村农房改造前后。

（内蒙古自治区住房和城乡建设厅　提供）

小城镇建设之后的宁夏回族自治区张易镇新貌。

（祁学斌　摄）

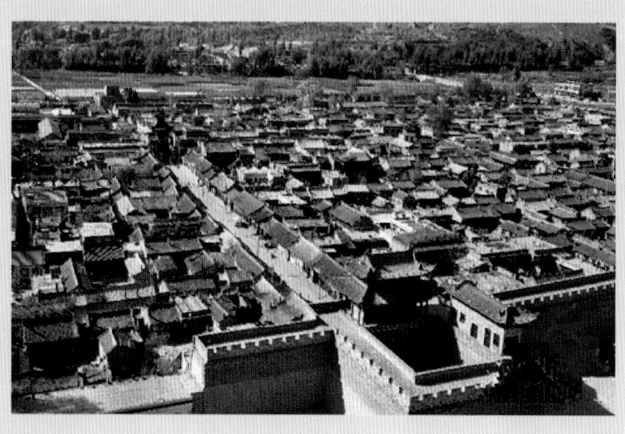

　　2014 年 2 月 19 日，陕西省神木县高家堡镇被住房城乡建设部和国家文物局命名为第六批历史文化名镇。

（陕西省住房和城乡建设厅　提供）

小城镇、新农村建设

2014年，陕西省宁强县青木川镇被评为省级重点示范镇建设先进镇。

（陕西省住房和城乡建设厅　提供）

甘肃省宕昌县城关镇鹿仁村地震灾后重建新农村。

（甘肃省住房和城乡建设厅　提供）

小城镇、新农村建设

甘肃省岷县梅川镇西坝村地震灾后重建集中安置点。

（甘肃省住房和城乡建设厅　提供）

江西婺源民居。

（江西省住房和城乡建设厅　提供）

小城镇、新农村建设

北京市密云县古北口镇古北水镇。2014年，该地成为集观光游览、休闲度假、商务会展、创意文化等旅游业态为一体的综合性旅游度假目的地。

（北京市住房和城乡建设委员会　提供）

2014年，陕西农村危房改造成效显著，图为改造后的铜川市印台区王石凹镇傲背村。

（陕西省住房和城乡建设厅　提供）

新建筑与建筑科技

北京怀柔雁栖湖国际会都（核心岛）会议中心（第22届APEC峰会首脑会议主会场）。
（北京市住房和城乡建设委员会　提供）

北京怀柔日出东方酒店工程。北京雁栖湖国际会都（核心岛）会议中心、精品酒店工程获得2014~2015年度中国建设工程鲁班奖（国家优质工程）。
（北京市住房和城乡建设委员会　提供）

新建筑与建筑科技

　　浙江省杭州东站枢纽工程。由浙江省建工集团有限责任公司总承包。新建杭州东站扩建工程站房及相关工程（站房工程）获得 2014~2015 年度中国建设工程鲁班奖（国家优质工程）。

（浙江省住房和城乡建设厅　提供）

　　山东省济南市省会文化中心艺术大剧院全貌。该工程获得 2014~2015 年度中国建设工程鲁班奖（国家优质工程）。

（山东省住房和城乡建设厅　提供）

新建筑与建筑科技

深圳市滨海医院医疗街。深圳滨海医院工程获得2014~2015年度中国建设工程鲁班奖（国家优质工程）。

（深圳市建工集团股份有限公司　提供）

2014年，陕西省科技资源统筹中心获国家"三星级绿色建筑运行标识"，是西北地区首个获得该标识的大型办公绿色建筑。

（陕西省住房和城乡建设厅　提供）

第一篇

特　载

李克强在推进新型城镇化建设试点工作
座谈会上强调改革创新试点先行扎实
推进以人为核心的新型城镇化

2014年9月16日，中共中央政治局常委、国务院总理李克强主持召开推进新型城镇化建设试点工作座谈会并作重要讲话。

中共中央政治局常委、国务院副总理张高丽出席座谈会。

会上，国家发展改革委、住房城乡建设部和安徽省及云南红河州、福建晋江市、山东桓台县马桥镇负责人汇报了推进新型城镇化的思路、做法和建议。李克强对各地的积极探索给予肯定。他说，我国经济保持中高速增长、迈向中高端水平，必须用好新型城镇化这个强大引擎。新型城镇化是一个综合载体，不仅可以破解城乡二元结构、促进农业现代化、提高农民生产和收入水平，而且有助于扩大消费、拉动投资、催生新兴产业，释放更大的内需潜力，顶住下行压力，为中国经济平稳增长和持续发展增动能。必须认真贯彻中央城镇化工作会议精神，按照科学发展的要求，遵循规律，用改革的办法、创新的精神推进新型城镇化，促进"新四化"协同发展，取得新的突破。

李克强指出，我国各地情况差别较大、发展不平衡，推进新型城镇化要因地制宜、分类实施、试点先行。国家在新型城镇化综合试点方案中，确定省、市、县、镇不同层级、东中西不同区域共62个地方开展试点，并以中小城市和小城镇为重点。所有试点都要以改革为统领，按照中央统筹规划、地方为主、综合推进、重点突破的要求，紧紧围绕建立农业转移人口市民化成本分担机制、多元化可持续的投融资机制、推进城乡发展一体化、促进绿色低碳发展等重点，积极探索，积累经验，在实践中形成有效推进新型城镇化的体制机制和政策措施，充分发挥改革试点的"先遣队"作用。同时鼓励未列入试点地区主动有为，共同为推进新型城镇化作贡献。

李克强说，新型城镇化贵在突出"新"字、核心在写好"人"字，要以着力解决好"三个1亿人"问题为切入点。要公布实施差别化落户政策；探索实行转移支付同农业转移人口市民化挂钩；允许地方通过股权融资、项目融资、特许经营等方式吸引社会资本投入，拓宽融资渠道，提高城市基础设施承载能力；把进城农民纳入城镇住房和社会保障体系，促进约1亿农业转移人口落户城镇，不能让他们"悬在半空"。要科学规划，创新保障房投融资机制和土地使用政策，更多吸引社会资金，加强公共配套设施建设，促进约1亿人居住的各类棚户区和城中村加快改造，让困难群众早日"出棚进楼"、安居乐业。要加快基础设施建设，在"十三五"时期重点向中西部倾斜；积极承接产业转移，在有条件的地方设立国家级产业转移示范区，鼓励东部产业园区在中西部开展共建、托管等连锁经营，以"业"兴"城"，做大做强中西部中小城市和县城，提升人口承载能力，促进约1亿人在中西部就近城镇化，逐步减少大规模人口"候鸟式"迁徙。

李克强强调，新型城镇化是关系现代化全局的大战略，是最大的结构调整，事关几亿人生活的改善。各地区和有关部门要抓在手上，干在实处，奋发有为、抓出实效，尊重基层首创精神，多给支持，总结推广成功经验，用好改革创新的"开山斧"，着力提高新型城镇化质量和水平，造福广大城乡群众。

国务委员杨晶出席会议。

（摘自《中国建设报》　2014年9月18日）

李克强主持召开国务院常务会议
部署鲁甸地震灾后恢复重建工作
建设灾区宜居宜业新家园

国务院总理李克强 2014 年 10 月 24 日主持召开国务院常务会议，决定创新重点领域投融资机制、为社会有效投资拓展更大空间，部署鲁甸地震灾后恢复重建工作、建设灾区宜居宜业新家园。

会议指出，创新投融资机制，在更多领域向社会投资特别是民间资本敞开大门，与其他简政放权措施形成组合拳，以改革举措打破不合理的垄断和市场壁垒，营造权利公平、机会公平、规则公平的投资环境，使投资者在平等竞争中获取合理收益，有利于更大激发市场主体活力和发展潜力，改善当前投资动力不足的状况，稳定有效投资，增加公共产品供给，促进稳增长、调结构、惠民生。会议决定，一是进一步引入社会资本参与水电、核电等项目，建设跨区输电通道、区域主干电网、分布式电源并网等工程和电动汽车充换电设施。二是支持基础电信企业引入民间战略投资者，引导民间资本投资宽带接入网络建设运营，参与卫星导航地面应用系统等国家民用空间设施建设，研制、发射和运营商业遥感卫星。三是加快实施引进民间资本的铁路项目，鼓励社会资本参与港口、内河航运设施及枢纽机场、干线机场等建设，投资城镇供水供热、污水垃圾处理、公共交通等。市政基础设施可交由社会资本运营管理。四是支持农民合作社、家庭农场等投资生态建设项目。鼓励民间资本投资运营农业、水利工程，与国有、集体投资享有同等政策待遇。推行环境污染第三方治理，推进政府向社会购买环境监测服务。五是落实支持政策，吸引社会资本对教育、医疗、养老、体育健身和文化设施等加大投资。

会议要求，要大力创新融资方式，积极推广政府与社会资本合作(PPP)模式，使社会投资和政府投资相辅相成。优化政府投资方向，通过投资补助、基金注资、担保补贴、贷款贴息等，优先支持引入社会资本的项目。创新信贷服务，支持开展排污权、收费权、购买服务协议质(抵)押等担保贷款业务，探索利用工程供水、供热、发电、污水垃圾处理等预期收益质押贷款。采取信用担保、风险补偿、农业保险等方式，增强农业经营主体融资能力。发挥政策性金融作用，为重大工程提供长期稳定、低成本资金支持。发展股权和创业投资基金，鼓励民间资本发起设立产业投资基金，政府可通过认购基金份额等方式给予支持。支持重点领域建设项目开展股权和债券融资。让社会投资涓涓细流汇成促发展、增福祉的澎湃浪潮。

会议通过《鲁甸地震灾后恢复重建总体规划》。规划兼顾当前和长远，统筹群众生活、产业发展、新农村建设、扶贫开发、新型城镇化建设、社会事业发展和生态环境保护，明确了居民住房恢复重建、公共服务和社会管理、基础设施建设、生态修复、灾害防治、特色产业发展 6 项重点任务，力争用 3 年时间，实现户户安居、家家有业、乡乡提升，使灾区基本生产生活条件和经济社会发展水平全面恢复并超过灾前水平。会议确定，根据灾损规模和灾区实际，中央财政加强对恢复重建的资金支持，重建资金实行总量包干，由云南省统筹使用。综合采取财税、金融、土地、产业、社保等政策，减轻灾区企业负担，调动市场和社会力量，充分发挥地方政府和群众主体作用，在切实做好灾区防寒过冬等工作的同时，积极开展生产自救，努力建设美好新家园。

会议还研究了其他事项。

（来源：中国政府网　2014 年 10 月 24 日）

张高丽强调：努力把城市规划
建设工作提高到新的水平

中共中央政治局常委、国务院副总理张高丽　　　　2014 年 12 月 15 日至 16 日在杭州调研城市规划建设工作，主持召开全国城市规划建设工作座谈会。主要是认真学习领会贯彻习近平总书记关于城市规划建设的一系列重要指示批示，统一思想认识，扎实做好工作，努力把城市规划建设提高到一个新的水平。

在16日召开的座谈会上，张高丽表示，党中央、国务院高度重视城市规划建设工作。习近平总书记指出，城镇建设水平，不仅关系居民生活质量，而且也是城市生命力所在，强调一定要本着对历史、对人民高度负责的态度，切实提高城市建设水平。李克强总理也作了批示，提出了明确要求。做好城市规划建设工作，对于推动新型城镇化、有效治理"城市病"、促进经济社会持续健康发展、提高群众生活水平至关重要。我们一定要增强责任感和使命感，把思想和行动统一到党中央、国务院的决策部署上来。

张高丽强调，要统筹兼顾、突出重点，采取有针对性的措施，大力提升城市规划建设水平。要提高城市规划的科学性、权威性、严肃性，更好地发挥对城市建设的调控、引领和约束作用；要加强城市设计、完善决策评估机制、规范建筑市场和鼓励创新，提高城市建筑整体水平；要加大投入，加快完善城市基础设施，增强城市综合承载能力；要强化监督管理和落实质量责任，扭住关键环节，着力

提高建筑工程质量；要注重保护历史文化建筑，牢牢把握地域、民族和时代三个核心要素，为城市打造靓丽名片，留住城市的人文特色和历史记忆。同时，要加强农村建筑风貌管控，做好传统村落和传统民居的保护工作。

张高丽要求，各级党委和政府要把城市规划建设工作摆在重要位置，特别是城市政府要切实承担规划好、建设好、管理好城市的主体责任。要深化改革，完善法律法规，为城市规划建设工作提供制度和法律保障。要加强教育培训工作，打造一支管理水平高、技术能力强的城市规划建设人才队伍。

15日，张高丽先后在杭州火车东站调研标志性建筑建设工程质量、基础设施建设和城中村改造，在城市规划设计研究院调研规划审批管理等工作并看望规划编制人员，在杭州市区察看和听取老城保护、新城建设以及保持城市传统风格建筑风貌有关情况介绍，并到中山路了解历史建筑和历史街区有机更新、综合保护和业态调整情况。

各省、自治区、直辖市和计划单列市、新疆生产建设兵团，中央和国家机关有关部门负责同志参加了座谈会。住房和城乡建设部负责同志作了汇报，七个省市的负责同志作了发言。

（来源：新华网　2014年12月16日）

<h1 style="text-align:center">勇于担当　突破重点
努力开创住房城乡建设事业新局面</h1>

12月19日，全国住房城乡建设工作会议在京召开。住房城乡建设部部长、党组书记陈政高在大会上作了《勇于担当，突破重点，努力开创住房城乡建设事业新局面》的讲话，全面总结了2014年住房城乡建设工作，对2015年的工作任务作出了部署。住房城乡建设部副部长、党组成员陈大卫、齐骥、王宁，部党组成员、中央纪委驻部纪检组组长石生龙出席会议。

陈政高指出，今年以来，在党中央、国务院的坚强领导下，住房城乡建设系统广大干部职工迎难而上，开拓创新，全面完成了年初确定的各项任务。全国城镇保障性安居工程新开工700万套，基本建成480万套，改造农村危房260万户。

今年，党中央、国务院对住房城乡建设工作提出了新要求，中央领导同志多次作出重要批示。12月16日，国务院又在杭州召开全国城市规划建设工作座谈会，张高丽副总理主持会议并作了重要讲话，要求努力把城市规划建设提高到新的水平。

今年，住房城乡建设系统全力推进改革。认真落实十八届三中全会的决策部署，深化行政审批制度改革，取消下放多项行政审批项目；启动共有产权住房试点，实现廉租房、公租房并轨运行；开展"多规合一"试点；推进工程质量安全监管制度改革；推动标准管理体制改革和造价计价机制改革。

今年，住房城乡建设系统努力应对房地产市场复杂局面。会同有关部门积极采取措施，总体上保

持了房地产市场平稳运行。

今年,住房城乡建设工作不断有新的拓展。积极回应社会关切,集中力量研究解决重大问题。创新理念,推动城市基础设施建设;启动了工程质量治理两年行动,落实建设工程五方主体项目负责人的质量终身责任制;启动农村生活垃圾五年专项治理行动,改善农村人居环境。

陈政高对明年的住房城乡建设工作作出了部署。他要求,全系统要主动适应经济发展新常态,紧紧围绕提高人民群众居住水平、提升城市综合承载能力、改善城乡人居生态环境,统筹谋划,突出重点,扎实推进,务求实效,努力开创住房城乡建设事业新局面。

一是要保持房地产市场平稳健康发展。准确把握房地产市场运行中出现的新情况、新问题,积极应对,促进房地产市场平稳运行。继续推进保障性安居工程建设,明年计划新开工 700 万套,基本建成 480 万套。要打好独立工矿区及国有林区、垦区棚户区改造攻坚战,努力实现在 2015 年基本完成林区、垦区棚户区改造任务,在 2017 年基本完成独立工矿区棚户区改造任务。狠抓公租房的配套设施建设,做好公租房的分配入住,让更多的住房困难群众早日搬入新居。要创新住房保障工作方法。既要按需新建公租房,又要注意通过市场筹集房源,实现"补砖头"、"补人头"并举,提高住房保障的效率。

二是要深入推进工程质量治理、城市基础设施建设和农村垃圾治理工作。治理工程质量,认识要到位,态度要坚决,措施要有力,要严格问责、依法处罚,形成不敢违法违规、不想违法违规的局面。完善城市基础设施,既要创新体制机制,又要改进工作方法,通过定期公布指标如管网漏失率、垃圾减量化率等来推进。治理农村垃圾,要按标准验收,抓两头、促中间、带全局。

三是要在六个方面努力实现新突破。

第一,大力提高建筑业竞争力,实现转型发展。

抓紧制定支持政策,完善标准规范体系,以住宅建设为重点,以保障房为先导,推动绿色建筑规模化、整体化发展,实现建筑产业现代化新跨越。

第二,加强城市设计工作。总结国内成功做法,吸收国外有益经验,制定城市设计技术导则。从城市整体层面到重点区域和地段,都应当进行城市设计,提出建筑风格、色彩、材质等要求。建筑设计和项目审批都必须符合城市设计要求。

第三,下力气治理违法建设。要从维护城市规划权威性、拓展发展空间、保护生态环境、塑造城市风貌的高度,认识违法建设的影响和危害,下决心、下功夫清除和防治违法建设。

第四,狠抓建筑节能。发布建筑能效提升路线图,明确今后的目标和任务。明年要新增绿色建筑 3 亿平方米以上,完成北方居住建筑的供热计量及节能改造 1.5 亿平方米。

第五,推进城市洁净工程。清洁的环境,是人民群众的需要,是文明的标志,体现了城市的管理水平。要宣传和推广好经验、好做法,为广大居民创造清洁、干净的城市环境。

第六,全面启动村庄规划。要把村庄规划作为指导农村建设、改善农村环境的"龙头",加快规划编制,明确实施责任主体和监管体系,在广大村民的参与下,把规划蓝图变成现实,把乡村建设得更加富有魅力。

陈政高强调,住房城乡建设系统广大干部职工要结合行业特点,不断创新工作方法。要长于说服争取,善借舆论力量,坚持以身作则,实现上下联动,提高工作效率和水平。

最后,陈政高提出,住房城乡建设系统要进一步增强责任感、使命感,在党中央、国务院的正确领导下,在各有关部门和地方各级党委政府的大力支持下,攻坚克难,锐意改革,扎实工作,不断推动住房城乡建设工作迈上新台阶,为建设美丽中国作出新的更大贡献!

（住房城乡建设部新闻办公室 2014 年 12 月 19 日）

第一篇

第二篇

专 论

在全国房地产交易市场管理座谈会
暨济南创新服务安居惠民工作现场会上的讲话

住房城乡建设部副部长 齐骥

2014年10月15日

同志们：

这次会议选在济南市召开，主要是给同志们创造一个机会，全面了解济南房管局在做好房地产交易市场管理方面，许多创新思路，提高工作效率质量，更好服务群众的做法。近些年来，各地房管部门扎实工作、积极创新，创造了很多好的经验做法，也都有必要进行总结推广。刚才，北京、天津、沈阳、上海等地分别从商品房预售、交易资金监管、房地产中介、房屋租赁管理等方面，介绍了各自的做法和体会。还有许多城市也创造了许多好的经验，限于时间原因，没有在会上发言，我们将他们的做法印成了书面交流材料，供大家学习借鉴。下面，我就做好房地产交易市场管理工作，讲三点意见，供大家参考。

一、总结经验，充分肯定成绩

近些年来，我国房地产市场快速发展，房地产交易日趋活跃，行业管理工作分工也更加细化，房地产交易涉及商品房预售、合同网签、交易资金监管、房屋租赁、房地产中介管理等方方面面，这些既是我们房地产行业管理的重点工作，也与群众利益息息相关。部里对交易管理一直都十分重视。先后制定了《城市商品房预售管理办法》、《房地产经纪管理办法》、《商品房租赁管理办法》等12个部门规章，建立了商品房预售许可管理、商品房买卖合同网上备案、交易资金监管、房屋租赁备案等制度，推行了商品房买卖合同示范文本，指导地方建立和完善房地产交易信息系统。同时，我们还特别注重窗口服务建设，积极推进交易规范化管理，不断提高行业服务水平。

近年来，各地认真贯彻部里工作部署，不断创新举措，提高管理和服务水平，房地产交易市场管理的各项工作取得了新成绩、新进展。总结起来，主要体现在四个方面。

（一）制度建设逐步健全。近些年来，各地结合本地实际，积极完善各项管理制度。北京、武汉等地出台了预售方案管理规定，强化商品房预售管理，有效规范了商品房开发经营行为。各城市积极推行商品房买卖合同示范文本，建立买卖合同网上备案制度，有效地规范了交易合同签订行为。天津、合肥、大连等许多城市建立了交易资金监管制度，实行"政府监管、专款专户、使用审核、全程监督"的管理模式，有效地保证了交易资金安全。武汉、哈尔滨等地还建立健全了新建商品房交付使用制度，切实维护了购房群众的合法权益。同时，各省市还十分注重推进行业立法工作，山东、江苏、辽宁、安徽、吉林、天津、重庆等地出台了房地产交易管理条例，为行业管理提供法律保障。

（二）管理水平提升。各地通过规范管理、创新举措，不断提升行业管理水平。河南省在全省范围推行了房屋租赁规范化管理，沈阳市建立了全市房屋租赁四级管理模式，构建了网格化管理体系，将管理触角延伸到社区、精确到楼栋单元，全面提升了房屋租赁管理水平。上海市将中介机构管理与服务有机结合，创新了工作机制，既规范了中介行为，也方便了中介机构办事。深圳、大连等地坚持行业自律与部门监管并重，积极培育中介协会组织发展，形成了高效运转的中介行业管理体系。成都、常州等地强化房产测绘管理，建立测绘成果考评制度、纠纷协调处理制度，把测绘质量管理落到了实处。杭州、无锡市等地注重房产档案管理，实现了全部房产档案数字化，全面提升了房产档案管理和应用水平。

（三）服务质量提高。房地产交易大厅是房管部门面对群众和社会的窗口，直接为群众服务，直接受群众监督，直接反映我们的形象。各地在窗口服务上推陈出新，真心实意地为老百姓办实事，实实在在地抓服务质量。突出表现在四个方面：一是办事环境更加优化。上海、深圳、成都等许多城市建设了现代化的服务大厅，配备多项便民设施，方便群众办事。二是办事程序更加便捷。北京、青岛等地优化业务受理流程，推行综合平行收件，每个窗口都可以办理各项业务，提高了办事效率。杭州、邢台等地部分办证业务还实现了"立等可取"。三是服务更加便民。郑州、吉林等地在交易大厅引入税务、银行、公积金等服务窗口，实现了相关业务"一条龙"服务。四是服务方式更加多样化。天津、南宁等地推行了双休日服务、预约服务，为老弱病残等困难群众提供上门服务。有的城市为方便边远乡镇居民办事，还在当地设立了受理点。这些举措，极大地提升了窗口服务质量，提升了行业形象，许多城市的房地产交易登记部门被授予"全国文明单位"、"精神文明先进单位"、"青年文明号"、"全国三八红旗集体"、"巾帼示范岗"等荣誉称号，已经成为当地行风建设的窗口单位。

（四）信息化建设增强。行业管理信息化，是提升行业管理和服务的重要手段。近年来，各地积极推进房地产管理信息化建设，取得了显著成效。全国658个城市，全部建立了房地产交易登记信息系统。山东、内蒙古基本实现了全省区房地产信息联网。哈尔滨、郑州、深圳等许多城市以楼盘表为基础，实现了预售许可、合同网上备案、交易资金监管、房屋登记等全业务流程信息化监管。北京市还建设了房屋全生命周期管理平台，从房屋开发、建设到交易、登记，再到物业维护直至房屋拆除，实现了房屋整个生命周期的信息一体化管理。上海、天津、郑州、贵阳、厦门、无锡等城市还运用地理信息系统，实现了地、楼、房一体化管理。杭州、南京等地与国土、规划、财政、地税等多部门建立了业务数据接口，实现了信息互联互通。

这些成绩的取得，是各级党委政府高度重视、有关部门积极支持的结果，也是房地产管理部门辛勤努力、不断开创进取的结果。成绩来之不易，经验弥足珍贵，我们要倍加珍惜。

二、提高认识，准确把握形势

当前，房地产市场管理既面临难得的发展机遇，也面临着许多困难和挑战，我们要进一步统一思想、提高认识。

（一）充分认识房地产市场对经济发展的重要性。1998年住房制度改革以来，我国房地产业快速发展，房地产市场规模不断扩大，在经济社会发展中发挥了十分重要的作用。这里我给大家列四组数据。一是房地产开发投资规模。2013年，全国房地产开发投资8.6万亿元，比1998年增长了23倍。二是商品

房销售面积。2013年，达到13亿平方米，比1998年增长了9.7倍。三是房地产业增加值占GDP的比重。2013年，房地产业增加值占GDP的比重达到5.9%。四是房地产相关税收。据财政部数据，2013年直接来源于房地产的税收收入约2.6万亿元，占全国税收收入的19.8%。这四组数据充分说明房地产业对国民经济发展的重要性。同时，我们也要看到，房地产产业链条长、关联度高，直接或间接引导和影响建筑、建材、金融、家具、电器等产业的发展。此外，房地产业的发展扩大了就业，仅房地产中介行业，从业人员就超过100万人。在服务民生方面，房地产市场更是发挥了重要作用。拓宽了群众解决住房的途径，改善了群众的居住条件。城镇人均住房建筑面积从1998年的18.7平方米提高到2012年的32.9平方米。

因此，我们要充分认识到房地产交易市场管理的重要性，房地产交易市场是否健康有序发展，事关群众切身利益，事关经济社会发展，事关政府执政能力和形象，我们对此必须要有清醒认识。

（二）充分认识房地产交易管理的复杂性。近些年来，房地产交易市场快速发展，分工越发精细，管理内容也在逐步丰富，管理难度也逐步加大。主要体现在四个方面，一是和群众利益密切相关。近些年来，房地产价值显著增加，已经成为广大居民群众的最为重要的资产。作为普通家庭中最大的资产，群众当然会对房地产交易管理水平要求越来越高。二是交易链条长，管理复杂。新建商品房交易，就涉及房产测绘、预售许可、合同签订、资金监管、房屋登记、交付使用等多个环节。各环节之间联系紧密，哪个环节出现问题，都容易引发交易风险。三是交易行为多样，形式复杂。从交易的房屋性质上看，既有商品房交易，又有房改房、经济适用房、集资合作建房等多种类型房屋交易。从交易的类型看，有买卖、抵押、继承、赠与、分割、房屋出资入股等多种形式，涉及合同、婚姻等诸多法律关系，房地产交易已经成为专业性、技术性十分强的一项工作。目前又出现"网络售房"等新的交易方式，需要我们认真研究。四是随着我国经济社会的快速发展，政府服务职能的强化，不同的住房消费群体，利益诉求也不尽相同，呈现出群众利益多元化的新格局，比如群租问题，不同的群体都有不同的利益诉求，有的群体认为存在安全隐患、应该治理，有的群体收入较低只能通过群租来解决居住问题，这些群体的利益诉求，我们都要统筹兼顾。

（三）充分认识房地产交易管理的紧迫性。我们

在认识到房地产交易管理的重要性、复杂性的同时，更要清醒地认识到抓好这项工作的紧迫性。一方面，我们的管理欠账还比较多。如交易资金监管制度，我们多个文件都明确提出各地要加快建立交易资金监管制度。但这些年来，这项制度在许多城市还没有落实。预售资金不监管，容易出现烂尾楼；二手房资金不监管，容易出现中介机构挪用问题，这些问题，导致群众利益受损，引发群体性事件。这些问题，反映在交易环节，最终政府还要出面解决。买卖合同网上备案制度，我们在十年前就推行了这项制度，目的是防范一房多卖，保障交易安全。但目前许多城市也都没有推行。有的城市就曾经出现过一套房产多次销售的案件，房屋交易的安全无法保障。住房租赁市场问题。租赁市场是房地产市场的重要组成部分，发展潜力巨大，而当前我们在这方面管理和培育的力度还比较薄弱。需要我们高度重视，着力推进。

三、理清思路，切实抓住重点

当前及今后一段时期，做好房地产交易管理的工作思路是：以服务于房地产市场健康发展为目标，以维护群众合法权益为根本要求，坚持买卖与租赁并重、新建与存量并重、规范与创新并重、管理与服务并重，积极推进管理制度建设，不断创新工作机制，深化服务内容，全面提升行业管理和服务水平。

这里，我重点讲一下"四个并重"。买卖与租赁并重，主要是在强化房屋买卖管理的同时，要更加注重租赁市场的培育和发展，完善租赁市场体系建设。新建与存量并重，主要是许多城市二手房交易量逐步加大，已经超过新建商品房的交易量，从将来发展情况来看，这也将是必然趋势，我们要更加注重二手房的交易管理。规范与创新并重，主要是在坚决落实和完善既有制度的同时，对于出现的新情况新问题，要积极应对，勇于创新，有所作为。管理与服务并重，主要是我们要积极转变政府职能，加快建设服务型政府。我们要一手抓规范管理，一手抓为民服务，要把服务贯穿于管理的各个方面、各个环节，这是我们应尽的职责和使命。

（一）抓好新建商品房销售和存量房交易管理。新建商品房预售许可制度，是城市房地产管理法确定的法律制度。我们要充分利用这项制度，严把预售关。各地要结合本地实际，细化预售许可条件。同时我们更要加强许可的事中、事后监管。要重点抓好三件事，一是要积极推行我部和工商总局今年

新修订的商品房买卖合同示范文本。二是要全面推行合同网上签约制度。三是要建立健全信息公开机制，销售现场要明示预售许可、可售房源及价格等信息。在存量房交易管理方面，各地要搭建存量房交易服务平台，为群众、中介机构提供房源发布、房源核验服务。研究制定存量房买卖合同示范文本，有条件的城市要推进存量房合同网签备案制度。同时，要加强存量房交易资金监管，明确规定中介机构不得违规代收代付交易资金。

（二）积极培育房屋租赁市场。要构建完善的房屋租赁市场体系。鼓励基金或民间资金进入房屋租赁市场，通过成立专营房屋租赁的机构，开展房屋租赁专业化、规模化经营。鼓励房地产开发企业对其开发的项目进行长期租赁经营。鼓励大型房地产经纪机构开展房屋租赁托管业务。鼓励有条件的城市积极推进房地产投资信托基金(REITs)试点工作，目前我们已经请北上广深四个城市研究制定 REITs 试点方案，这是部里的一项重要工作，四个城市要抓紧制定方案，按时报部里，我们共同研究推进。同时，我们还要规范房屋租赁管理，落实房屋租赁登记备案制度。

（三）加强房地产中介行业管理。近期出现的兴麟中介公司倒闭卷款跑路事件，引发了社会广泛关注，也给我们敲响了警钟。目前主要抓好以下工作：一是要规范准入，对于机构，我们要强化服务意识，将提供服务与监管紧密衔接，积极引导机构依法备案，将其纳入我们监管体系范围内。对于从业人员，各省级住建部门要抓紧建立经纪人协理制度。二是要完善行业诚信体系建设，健全机构和人员信用档案，对于存在违法违规的机构、游离在政府部门监管之外的"黑中介"，要向社会公示，让失信者失去市场。三是要发挥行业组织的作用，强化行业自律。尚未建立行业协会的地方，应创造条件积极组建。

（四）积极推进管理信息化建设。房地产管理信息化是一项系统工程，任重道远。我们要下大功夫、花大力气推进系统建设。一是要以楼盘表为基础，加快推进房产测绘、预售许可、买卖合同网签、交易资金监管、产权档案管理等系统的关联与共享。二是各设区城市要抓紧推进市区县系统整合，建立全市统一的数据库，完成纸质档案数字化。三是按照我部印发的《关于进一步加强城镇个人住房信息系统建设和管理的通知》要求，建立部省市三级联建的工作机制，各省市要积极配合做好与部联网的各项工作。已经联网的城市，要按照《通知》要求，确保城市节点的系统运行维护资金到位，保障系统

正常运行。

（五）不断提升交易窗口服务水平。各地要更加注重交易服务质量。各地要以方便群众办事、保证交易安全为原则，对于在工作中积累形成的好经验、好举措要研究完善，并用制度形式固定下来，坚持下去。同时，要不断深化为民服务的内容，优化办事流程，以群众满意作为检验我们工作的唯一标准。

同志们，房地产交易市场管理，责任重大，我们要坚定信心，齐心协力，开拓进取、扎实工作，为全面提升房地产交易管理和服务水平做出新的贡献。

谢谢大家。

在全国工程质量治理两年行动电视电话会议上的讲话

住房城乡建设部副部长　王宁

（2014年9月4日）

同志们：

针对当前建筑市场和工程质量存在的突出问题，住建部决定，从今年9月份开始，在全国开展为期两年的工程质量治理行动。主要任务是，全面推动质量终身责任制的落实，严厉打击转包挂靠等违法行为，健全质量监管机制，提升工程质量水平。

今天，我们召开电视电话会议，对治理工作进行部署。政高部长一会儿还要发表重要讲话，大家要认真学习，抓好贯彻落实。下面，我重点讲讲在这次治理行动中，各地要着力抓好的六项主要工作。

一、全面落实项目负责人质量终身责任

产生工程质量问题的原因很多，但其中一个主要原因是主体质量责任落实不到位，特别是忽略了个人责任。为此，我们不仅要强化企业责任，更要把工程质量责任落实到具体人头上，真正让该负责的人负起责任，并负责到底。具体讲，要抓好四个方面的工作：

一是明确责任人和相关责任。就一项具体工程而言，参与建设的单位很多，参与的人也不少，究竟该由谁对工程的质量负终身责任？我们认为，主要应该由参与工程项目的勘察单位、设计单位、施工单位以及建设单位和监理单位承担。这五个单位，就是我们讲的五方主体。具体到人就是，勘察项目负责人、设计项目负责人、施工项目经理以及建设单位项目负责人和总监理工程师。工程项目在设计使用年限内出现质量事故或重大质量问题，首先要追究这五个人的责任，而且是终身责任。在工程项目开工前，五方主体的法定代表人必须签署授权书，明确本单位的项目负责人。最近，部里印发了项目负责人质量终身责任追究暂行办法，对五个主要负责人的职责和终身责任作了明确。

二是建立三项制度。为确保工程质量终身责任的落实，我们将建立书面承诺制度、永久性标牌制度和信息档案制度。书面承诺制度，就是要求在工程开工前，五个主要责任人必须签署承诺书，对工程建设中应该履行的职责、承担的责任作出承诺。永久性标牌制度，就是在工程竣工后，要在建筑物明显位置设置永久性标牌，载明五方主体和五个主要人的信息，以便加强社会监督，增强社会责任感。信息档案制度，就是建立以五个主要责任人的基本信息、责任承诺书、法定代表人授权书为主要内容的信息档案。工程竣工验收合格后，移交城建档案部门，统一管理和保存。以利于工程出现质量问题后，能够及时、准确地找到具体责任人，追究相关责任。

三是督促项目负责人履职尽责。五个主要责任人要加强对相关法律法规制度的学习，特别是部里新出台的项目负责人责任追究办法、项目经理责任十项规定、转包违法分包认定查处管理办法等文件的学习理解，熟知自己的岗位职责和责任。各地住建主管部门要加强对各参建单位，特别是对五个主要责任人履职情况实施动态监管，确保五个主要责任人到岗在位、尽职尽责。

这里要特别强调一下项目经理和建设单位项目负责人的责任。项目经理是工程质量管控的核心和关键。部里出台的项目经理责任十项规定，明确要求项目经理必须在岗履职，必须对施工质量负全责，

不得同时在两个以上项目任职等，项目经理要严格执行。施工企业要选好配好项目经理，并监督考核他们履行好职责。建设单位项目负责人作为业主代表，对保证工程质量也负有重要责任，不得违法发包、肢解发包，不得降低工程质量标准，造成工程质量事故或重大质量问题的，要严格进行追究。

四是加大责任追究力度。这里讲的力度，就是要严管严查、严罚重处、不能手软、决不姑息。凡发生工程质量事故或重大质量问题，都要依法追究这五个人的责任，包括经济责任、诚信责任、执业责任和刑事责任。诚信责任，就是将其不良行为向社会曝光，记入诚信档案，列入黑名单。执业责任，就是给予暂停执业、吊销执业资格、终身不予注册等处罚。项目负责人有行政职务的，还要承担相应的行政责任。触犯刑律的，由司法机关依法追究刑事责任。不管责任人是否离开原单位，还是已经退休，都要依法追究其质量责任。需要强调的是，在追究这五个人责任的同时，并不免除其他执业人员、企业法人等相关人员依法应当承担的责任。

二、严厉打击转包挂靠等违法行为

转包挂靠等违法行为，严重扰乱市场秩序，影响行业形象，阻碍行业发展，工程质量无法保障，企业责任难以落实，社会反映强烈。下一步，要着力抓好四项工作：

一是准确认定违法行为。转包挂靠形式多样、手段隐蔽，认定较难。为此，我部制定了相关违法行为的认定查处管理办法，明确界定了转包、挂靠、违法发包、违法分包4种行为的认定标准。各地要认真抓好管理办法的宣传和学习，切实把握认定标准，准确地认定转包挂靠等违法行为。

二是认真实施检查。这次治理行动，主要安排了自查自纠、全面排查、重点检查三个层次。电视电话会议后，到今年10月底前，由建设单位、施工企业开展自查自纠，要对照管理办法，查找、纠正自身存在的问题，并向当地主管部门报告自查自纠情况。今年11月到2016年6月，由市、县住建主管部门，对辖区内在建的房屋和市政工程进行全面排查。全面排查每4个月组织开展一次。全面排查要重点关注保障房项目、棚户区改造项目，以及城市轨道交通等重大基础设施工程。重点检查主要针对三种情况：第一，群众有投诉举报的；第二，排查中发现有问题的企业，要盯住不放，对其承建的其他项目，都要进行检查；第三，排查中发现有问题的项目，要重点跟踪检查，看是否整改到位。省、

部每6个月进行一次督查。

三是严惩重罚违法行为。对检查认定有转包挂靠等违法行为的单位和个人，要严格按照认定查处管理办法的规定，给予罚款、停业整顿、限制招投标、暂停或停止执业、重新核定资质等级等严厉处罚。要通过加大处罚力度，使违法企业和个人付出高昂代价，产生敬畏心理，使其不敢违法，有效遏制转包挂靠等问题。

各地在查处工作中，要把握以下原则：对企业自查阶段发现的问题，并在今年10月底前整改到位的，可以考虑不予追究责任。在主管部门排查中发现问题的，限期内予以整改的，可从轻处罚；限期内不予整改或整改不到位的，要严厉处罚。电视电话会后新开工的项目，一旦发现问题，予以严厉处罚，决不手软。

四是建立社会监督机制。我们要通过畅通投诉举报渠道、曝光违法行为、加强行业企业自律等手段，建立有效的社会监督机制。充分发挥行业协会的引领作用，倡导企业加强自律，共同维护市场秩序。部里将在门户网站上开设投诉信箱，接受群众的投诉举报。各省、市、县住建主管部门应设立举报电话和投诉信箱。要充分发挥媒体和舆论的监督作用，各地对查处的违法行为，都应在本地媒体上予以公布，并逐级上报。部里将通过全国建筑市场监管与诚信信息发布平台，及时向社会予以公布。对有较大影响的典型案例，还要在全国新闻媒体上曝光。

要充分发挥施工企业自律作用，大型施工企业在治理活动中要严格自律、模范带头，自觉抵制转包挂靠等违法行为，维护市场秩序，传递正能量。

三、健全工程质量监督、监理机制

一是不断创新监督检查方式。监督检查是工程质量监管部门最重要的工作手段。各级住建主管部门要不断创新工程质量监督检查方式，改变事先发通知、打招呼的做法，采取随机、飞行检查的方式，通过检查了解工程质量的真实情况，处理违法违规行为。要下大力气整顿工程质量检测市场，进一步完善工程质量检测制度，加强对检测过程和检测行为的监管，严厉打击虚假检测报告行为。

二是加强监管队伍建设。各级住建主管部门要重视加强建筑市场、质量监管队伍建设，在人员、经费、设备等方面给予必要保障。要强化监管人员的业务培训，不断提高监督执法水平。针对当前执法力量比较分散、总量不足的问题，各地要加强统

筹，把市场准入、施工许可、招标投标、质量监管、稽查执法等各环节的监管力量整合起来，形成工作合力。要重点发挥质量监督站、安全监督站的作用，既要查现场的质量，也要查市场的违法行为，形成"两场联动"的有效机制。

三是突出工程实体质量常见问题治理。各级住建主管部门要采取切实有效措施，从建筑工程勘察设计质量和住宅工程质量常见问题治理入手，狠抓屋面、外墙面、卫生间渗漏、门窗密闭不严等质量突出问题。积极推进质量行为标准化和实体质量管控标准化，严格标准规范执行，提高工程质量水平。

四是进一步发挥监理作用。首先，要培育一批有实力的骨干监理企业，扶持他们做优做强。监理企业要健全质量管理体系，切实履行监理职责，全面提高工程监理水平。其次，进一步开放监理市场，吸引国外优秀咨询企业进入我国市场，并通过合资合作带动监理水平的提升。第三，建立完善法规制度，破解体制机制障碍。根据监理人员不足的问题，部里考虑，允许具备一定条件的注册建造师、勘察设计注册工程师等注册人员，直接取得监理工程师资格。各地也要结合实际，研究出台相关扶持政策，真正把监理的作用发挥出来。

在这里，我还要强调一下农房建设质量管理的问题。农房质量是当前村镇建设中面临的一个突出问题，在近年来历次地震灾害中，农房质量问题已引起中央领导和社会的高度关注。各级住建主管部门要切实加强对农房建设质量的指导，推进乡镇建设管理机构和队伍建设。有条件的地方，可以借鉴成都等地的做法，逐步建立村级农房建设协管员。要加强对农村建筑工匠的业务培训，制定适合当地农房建设的质量标准和规范。积极推动农房建设引入轻钢结构、轻质木结构等新技术、新材料，提高农房建设质量水平。

四、大力推动建筑产业现代化

一是加强政策引导。在建筑产业现代化的起步阶段，全社会的意识还不够强，用户的认可度还不够高，必须依靠政府的推动、政策的引导。部里正在制定建筑产业现代化发展纲要，初步确定的发展目标是：到2015年底，除西部少数省区外，其他地方都应具备相应规模的构件生产能力；政府投资和保障性安居工程要率先采用这种建造方式；用产业化方式建造的新开工住宅面积所占比例逐年增加，每年增长2个百分点。各地也要明确本地区的近期和远期发展目标，协调出台税费减免、财政补贴等

扶持政策，为推动建筑产业现代化发展创造条件。

二是实施技术推动。各级住建主管部门要及时总结先进成熟、安全可靠的技术体系并加以推广。部里将组织编制建筑标准设计图集和相关标准规范，培育全国和区域性研发中心、训练中心和产业联盟中心。各地也要结合本地实际情况，开展建筑产业现代化技术研究，制订相关地方标准，通过工程试点、技术示范，攻克技术上的难关。同时，要注重培育一批工程设计、构件生产、施工安装一体化的龙头企业，形成产业联盟。

三是强化监管保障。建筑产业现代化生产模式与传统方式有较大差异，给我们的监督管理工作带来新的挑战。各地在工程实践中，要对建筑产业现代化方式建造的工程严格把关，确保工程质量。要不断总结监管经验，探索适宜的监管模式和方法。部里将在各地实践的基础上，总结推广好的经验做法，在施工图审查、工程招投标、构件生产、现场安装、竣工验收等方面创新监管模式，保障建筑产业现代化健康发展。

五、加快推进建筑市场诚信体系数据库建设

近些年来，有的地方在诚信体系建设中，做了一些有益的尝试，取得了良好的效果。建立建筑市场诚信体系，离不开企业、人员、项目数据库的建设。为加快推进诚信体系建设，7月份，部里已出台相关管理办法，对诚信体系建设作出了部署。今年年底前，北京、上海等8个省市，将完成三大数据库建设；明年6月底前，天津、河北等10个省市也要完成；明年年底，其余13个省要全部完成，实现全国建筑市场"数据一个库、监管一张网、管理一条线"的监管目标。我们鼓励各地加快推进此项工作进展，尽快完成基础数据库建设，并与部里进行联网。对这项工作，部里将定期进行督查，对完成情况好的，给予一定的鼓励和支持；对工作不力的予以通报批评。

六、切实提高从业人员素质

首先，要进一步落实总包企业的责任。各级住建主管部门要按照部里印发的进一步加强劳务管理的指导意见要求，督促施工总包企业，进一步落实在劳务人员培训、权益保护、用工管理、质量安全等方面的责任。施工总包企业要加快培育自有技术工人队伍的建设，实行全员培训、持证上岗。

其次，要完善建筑工人培训体系。各地要建立培训信息公开机制，健全技能鉴定制度。鼓励施工

企业探索工人技能分级管理，并与岗位工资挂钩。要督促施工企业做好技能培训工作，对不承担培训主体责任的企业，要依法进行处罚。要加强与相关部门的沟通协调，积极争取、充分利用财政补贴等专项资金，大力培训建筑业从业人员，不断提高产业工人素质。

第三，要推行劳务人员实名制管理。施工企业要严格落实实名制，在施工现场配备专职的劳务用工管理人员，负责登记劳务人员的基本信息、培训技能、诚信状况、工资结算等情况。住建主管部门要做好实名制管理的推广，加强对施工现场的检查，建立劳务人员信息管理系统，提高对劳务人员的管理水平。

最后，我再强调一点，今年初，国务院办公厅印发了《关于进一步加强涉企收费管理减轻企业负担的通知》，各地要认真贯彻落实通知要求，坚决取缔没有法律法规依据的各类保证金，切实减轻企业负担。部里目前正在调查研究，适时出台相关管理办法。

同志们，为完成好这次治理行动任务，部里专门制订了行动方案。各地要按照方案的有关要求，扎扎实实抓好每一项工作。部里将对各地工作开展情况适时进行督查，及时汇总进展情况，并予以通报。

同志们，抓好工程质量、提升工程品质安全十分重要。我们必须站在对历史负责、对人民负责的高度，坚定信心，克服困难，齐心协力完成各项工作任务，努力把工程质量提高到一个新水平。

在全国农村生活垃圾治理工作电视电话会议上的讲话

住房城乡建设部副部长 王宁
（2014年11月18日）

同志们：

刚才四川、山东等地分别介绍了农村生活垃圾治理的经验，他们做得好，讲得也都很好。政高部长待会儿还要做重要讲话，大家要认真学习、认真抓好贯彻落实。下面，我就具体工作讲两点意见。

一、学习推广四川山东等地经验，破解当前农村生活垃圾治理难题

四川省从2009年以来，在全省大力推进以农村生活垃圾治理为重点的城乡环境综合整治，目前全省85%的行政村生活垃圾得到了处理，农村面貌发生了巨大变化。山东省则从省辖县县域面积较小、人口密度高的实际情况出发，从2011年开始全面推进城乡环卫一体化工作，目前有70%的县（市、区）实现了城乡垃圾一体化处理。浙江、江苏、广西、安徽等地农村生活垃圾治理也取得了很好的成效。总的来说，这些地方的经验可学习、可借鉴、可推广，归纳起来主要有以下4条（三个机制一个模式）：

第一条，建立了主要领导推动、严格责任考核的强有力推进机制

从以上地方发言可以看出，农村生活垃圾治理之所以取得成效，一个重要经验就是党委政府领导高度重视、组织推进坚强有力。一是主要领导亲自推动。如四川开展城乡环境综合整治、安徽推进美好乡村建设，都把农村生活垃圾治理作为重点，都是主要领导亲自推动、亲自部署，省以下各级政府也是由主要领导亲自抓落实。二是多部门合作。农村生活垃圾治理涉及教育宣传、组织发动、资金保障、建设运行、农民参与等多方面工作，必须建立统一目标、统筹部署、各司其职、协调配合的多部门合作机制。如四川共有住房城乡建设、环保等38个省直部门参与，广西有宣传、发改、住房城乡建设等14个区直部门参与。三是层层责任考核。省级确定全省治理目标，并层层分解落实，将目标完成情况作为考核评价市、县、镇党政领导班子的重要依据，一级抓一级，一年一考核，对工作不力的地方领导严肃问责。如四川省从2009年以来，因治理工作不力受到撤职等处分的干部就有402人。四是常设机构持续推进。如山东省的市、县两级都成立了城乡环卫一体化办公室，有了专门的机构和人员想事、干事，工作部署很快能够落实下去。

第二条，形成了既有村民参与、又有市场运作

的高效运行机制

农村生活垃圾治理是一项村级公益性事业，村民参与体现了村民主体责任，同时，他们又是治理成效的受益者，有了村民参与就可以取得事半功倍的效果。从上述发言情况看，村民参与主要体现在两个方面：一是充分尊重村民的主体地位。比如村庄保洁谁来承包、村民缴费标准怎么确定、经费用到哪里等等，要明明白白告诉村民；垃圾分类怎么搞、搞到什么程度、收集装置如何设置，主要由村民说了算。二是明确了村民的义务。主要包括：做好门屋后垃圾的清理，配合开展分类减量，缴纳应承担的村庄日常保洁经费，等等。至于如何动员村民参与，关键要发挥基层党组织的领导作用，如刚才广西宜州市同志介绍的在自然村建立党群理事会，组织发动村民参与的做法，就是一个很好的方式。

除动员村民参与外，有些地方为进一步提高农村生活垃圾治理效率，还探索引入了市场竞争机制，也取得了很好的效果。比如四川省发言中提到的龙鹄村，将村庄保洁通过村内公开竞争，委托给两个本村人承包，通过公开招标，承包费用从 5 万元降到了 3.6 万元。山东省有 20% 的县市通过公开竞标，将全县的农村保洁、收运服务委托给专业的公司，实现了管干分离，大大提高了服务的质量和运行效率。

第三条，探索了财政资金主导、农民适当缴费的合理经费分担机制

农村生活垃圾治理费用包括建设费用和运行费用。建设费用主要由政府出资解决，这体现了政府主导和推动作用，也是政府应履行的公共义务。运行费用则由政府和村集体、村民共同承担。四川明确规定，各级政府财政资金主要负责解决垃圾转运和处理费用，并适度补助困难村组的保洁费；村民缴费用于解决村内保洁费用。在政府投资方面，2008 年以来，山东全省县镇两级政府，累计投入资金 51.3 亿元。2010 年以来，安徽省省级财政安排专项资金 10.5 亿元，县（市、区）投入财政资金 4.5 亿元。

这里我想强调一点，村民适度缴费用于村庄保洁是符合国家有关政策精神的。2014 年中央 1 号文件指出，要在有条件的地方建立住户付费、村集体补贴、财政补助相结合的公用设施管护经费保障制度。四川等地动员村民缴费的做法，就是一种有益的探索。

从垃圾治理的可持续性来看，还是应该让村民交一点费用，既可以弥补运行经费缺口，又可以让村民主动配合开展分类减量工作，还可以让广大村民成为"义务"监督员。已经执行缴费的地区实践表明，村民每人每月缴纳 2 元左右是可以承受的，也能够较好解决村庄日常保洁费用。

第四条，明确了源头分类减量、相对集中处理的成熟治理模式

与城市生活垃圾处理相比，农村生活垃圾处理既有优势，又有局限。优势在于大部分农村生活垃圾可以通过回收、堆肥、饲养牲畜等办法，就地消纳；局限在于农村地域广、农户分散，垃圾收集、转运的成本高。针对这一特点，目前各地农村生活垃圾治理用得比较多的，主要有两种模式。一是像四川、广西等经济欠发达、县域面积大的地方，推行源头分类减量、适度集中处理模式比较适宜。通过分类，可实现垃圾减量 70% 左右。减量后剩余 30% 的垃圾，区分近郊、远郊、偏远村庄的不同，可以分别选在县、镇或村进行最终处理。二是像山东、江苏等经济发达、县域面积不大的地方，推行城乡一体化模式比较适宜，就是将城市环卫服务，包括环卫设施、技术和管理模式延伸覆盖到镇和村，对农村生活垃圾实行统收统运，集中到县进行最终处理。目前，山东全省有 76 个县（市、区）实现了生活垃圾城乡一体化处理，而且多数具备了无害化处理的能力。

当然，全国各地也结合实际，探索了其他一些适合本地特点的治理模式，但不论哪种模式，我们认为，通过源头分类、就地消纳大部分垃圾，应是一个基本要求。这样做，一是可以降低转运成本，二是减小了终端处理压力，三是提高了资源回收利用水平。这既符合农村生活垃圾治理实际，也有利于这项工作的长期持续推进。即使是山东、江苏等地推行的统收统运模式，也通过政府和村集体宣传，鼓励农户自愿地进行了分类减量。

以上这 4 点基本经验，是各地在实践中总结出来的，反映了各地在体制机制创新上所做的探索。从全国情况来看，我国农村生活垃圾治理工作还处于起步阶段。目前，我国农村约有 6.5 亿常住人口，年产生生活垃圾约 1.1 亿吨，其中有 0.7 亿吨未做任何处理。据我部初步统计，截至 2013 年底，全国 58.8 万个行政村中，对生活垃圾进行处理的仅有 21.8 万个，只占 37%；有 14 个省不到 30%，有少数省甚至不到 10%，可见我们的工作还有差距，未来工作的空间和潜力是巨大的。

从总体上看，当前，我国农村生活垃圾治理还

存在以下几个问题：一是地方重视程度不够。有的地方政府还没有把农村生活垃圾治理工作摆上议事日程，领导机构设置、制度建设、责任分工等相关工作还比较滞后。二是治理方法简单粗放。分类减量和资源化利用还没有普遍推行，相关设施设备严重不足，70%以上的处理方法比较简陋，处理过程存在二次污染。三是群众没有动员起来。宣传教育不够到位，群众公共环境意识和责任意识淡漠，参与垃圾治理的积极性不高，许多地方是"政府干、农民看"。四是保洁队伍和经费严重匮乏。多数地方缺乏稳定的村庄保洁队伍，还没有将治理费用纳入地方财政预算，建设和运行费用的缺口相当大。

这些困难和问题是客观存在的，而且有些问题解决起来会有一定难度，但只要我们认准方向、坚定信心，学习先进的经验做法，结合本地实际，创造性地开展工作，是完全可以解决和克服的。

二、明确目标要求，全面推进全国农村生活垃圾治理工作

四川山东等地的实践，给了我们足够的信心，这项工作应该做，可以做，而且也能做好。

首先，全面推进农村生活垃圾治理是一项民生工程，是实现美丽乡村建设目标的重要内容。现在，农村生产发展了，农民生活富裕了，农民也热切期望自己的村庄能像城市一样干净整洁，让自己的老人孩子能生活在一个令人愉悦的环境中。这些需求和期盼，为我们做好农村垃圾治理工作奠定了基础。

其次，治理农村生活垃圾的费用是我们可承担的，各地政府也有这个能力。从近几年实施的情况看，2009年—2013年，各级财政用于农村生活垃圾治理的投入逐年增多，平均每年增加20%；对垃圾进行处理的行政村比例年增长5个百分点以上。应该说，当前在全国范围内全面推进农村生活垃圾治理工作，主客观条件已基本具备，是一个非常好的机遇期。

为此，我部决定从现在开始，在全国开展农村生活垃圾5年专项治理。通过5年努力，使全国90%村庄的生活垃圾得到有效处理，村民参与生活垃圾治理的责任感和积极性明显提高，基本扭转农村环境脏乱差的局面，并形成农村生活垃圾治理的长效机制。

提出这样的专项治理目标，是客观合理的，也是可以实现的。据初步统计，近几年，全国每年对生活垃圾进行处理的行政村新增约3万个，如果我们再加上一把力推动，在原有基础上再增加3万个行政村，即每年新增6万个村，这个目标就可以实现了。从四川、广西等地情况看，政府推动和不推动的效果大不一样，广西2011年加力推动后，两年内对生活垃圾进行处理的行政村比例就增加了30个百分点。欠发达地区可以做到的，全国一定也可以做到。

为实现5年专项治理工作目标，要重点抓好以下六方面工作：

（一）加强组织领导

今天会议，我们邀请了中宣部、中农办、发展改革委、财政部、环保部、农业部、全国妇联等部门的同志出席。经初步商定，会后，我们有关部门将联合制定指导意见，共同推进农村生活垃圾治理工作。

5年治理目标能否实现，关键还要看地方的落实和行动。各级住房城乡建设部门的同志，会后要尽快向当地党委政府汇报会议精神和要求。希望各地党委政府要认识到农村生活垃圾治理的重要性、紧迫性，把这项工作纳入当地经济社会发展全局通盘考虑，列入重要议事日程，主要领导亲自推动。目前，有些省（区、市）已经成立了主要领导挂帅、多部门参与的推进机制，一些地方还没有成立的，希望尽快成立。

各级住房城乡建设部门，要切实承担起生活垃圾清扫、收集、贮存、运输和处置的监督管理责任，大力宣传推广四川、山东等地的经验，主动作为，联合有关部门共同推进工作。

在这里我要着重强调一下，县级政府是本县域内农村生活垃圾治理的主体，大量的推动、组织和落实工作，主要靠你们来完成。这项工作能不能取得成效，关键在你们。希望你们要认真贯彻这次会议精神，按照省、市政府的统一部署和要求，勇于担当、迎难而上，全力推动农村生活垃圾的治理工作。

在治理工作当中，我们将不断总结推广大家好的经验和做法，对做得好的县（市、区），将给予表彰；对做得不好的，要进行通报批评。

（二）加大资金保障力度

从目前了解的情况看，农村生活垃圾治理的资金来源主要是三个渠道：一是各级政府投资，二是村集体出资和村民缴费，三是引入社会资金。各地要根据实际情况，多手并举，加大经费投入力度。

首先，各级地方政府是农村生活垃圾治理资金的筹措主体，必须将治理费用纳入地方政府财政预算。主要任务有三项：一是保障设施设备建设费用。县级政府主要承担收集转运、处理设施设备的建设费用，省、市要适当给予补贴。二是保障运行费用。县、镇两级政府主要解决转运和处理费用，省、市可适当补贴。三是担负起兜底的职责。各级政府对困难的乡镇、村集体和农户，应给予适当的减免或补贴支持。

其次，要鼓励村集体出资和村民缴费，主要用于解决村庄保洁费用，包括垃圾分类减量、收集以及运输至本村集中堆放点的费用。

再次，要支持地方积极探索引入市场机制，逐步将农村生活垃圾治理项目推向市场，通过市场化运作筹措资金。要探索通过PPP（公私合营）模式引入社会资金，参与农村生活垃圾收运设施的建设和运营。

会后，我们也将积极与中央有关部门协商，争取现有专项资金向农村生活垃圾治理倾斜。

（三）因地制宜确定农村生活垃圾处理模式

各地要认真学习研究四川等地的农村生活垃圾处理经验，分析本地区农村垃圾产生和分布的特点，提出切实可行的分类和减量方法，如可回收垃圾由农户自行变卖，建筑垃圾单独清运，厨余垃圾可用于喂养牲畜等等。做好分类减量的关键在于简便易行，村民能接受，不宜照搬照抄城市垃圾的分类方法，搞得太复杂。

减量后的垃圾要根据道路交通、经济条件等因素，因地制宜确定合理的收运和处理方法。一是离县级处理设施较近的，原则上转运到县进行统一处理。二是离县级处理设施较远的，原则上转运到乡镇进行处理。三是边远山区等交通不便的，原则上在村内进行处理，做到垃圾不出村，但要尽量做到无害化，避免二次污染。对于后两种处理方式，县里要统筹安排，在一些中心的乡镇和村庄建设必要的区域性处理设施。

这里还要特别强调，在确定农村生活垃圾处理模式上，各地要注意不能"一刀切"地推行一个模式，特别是一些县域面积大、经济欠发达的县市，不能超越经济发展阶段，盲目推行全收全运集中处理。总之，各地要在实践中不断总结提升，探索出一套适合本地实际的分类减量、收运和处理方法。

（四）大力动员村民积极参与

农村生活垃圾治理工作要持续推动下去，必须把村民的积极性调动起来，让他们养成自觉爱护环境、自觉对垃圾进行分类减量、自觉缴纳保洁费用的良好习惯。

我部将组织拍摄农村生活垃圾源头分类减量的宣传教育片，通过电影下乡渠道在农村地区广泛播映。各级住房城乡建设部门要联合宣传、教育、妇联等部门，利用当地广播、电视、报纸等媒体，通过多种方式，集中宣传农村生活垃圾治理的重要意义和基本常识，宣传好的经验做法，宣传5年专项治理工作要求，进一步提升农村居民的环境意识和主人翁责任感。

各县（市、区）政府要定期组织村镇干部和保洁员进行观摩培训，指导基层通过村民集体商议制定村规民约，将村民缴费义务、门前屋后保洁责任等纳入村规民约，成为农民的一种习惯行为。要指导村委会完善村务公开制度，生活垃圾处理的有关情况要主动接受村民监督和评议，形成村民愿意缴费、主动参与的良好氛围。

（五）完善法规和制度

我部将加快修订《村庄和集镇规划建设管理条例》，明确农村生活垃圾治理的各级责任和义务。按照《固体废弃物污染环境防治法》要求，农村生活垃圾污染环境防治具体办法由地方性法规规定，省级住房城乡建设部门要积极推动和参与地方性法规的制定工作，将村庄保洁队伍建设和经费保障纳入其中。

省级住房城乡建设部门要联合有关部门，研究提出农村生活垃圾分类和资源回收的经济激励办法，鼓励优先利用农家超市、垃圾回收点等现有设施，建立覆盖村镇的资源回收体系。

各地要研究制定推行村庄保洁和垃圾清运专业化、社会化服务的支持政策，鼓励采取公开竞标等方式选择专业的保洁队伍或保洁公司。

（六）强化监督检查

当前，我部、中农办、环保部、农业部正在积极推进改善农村人居环境工作，主要工作内容是做好组织推动、政策支持、技术指导、开展工作检查，统计评价各省（区、市）改善农村人居环境情况，并向国务院报告工作进展。我们将把农村生活垃圾治理情况作为统计评价的重要内容，督促各地抓好各项工作落实。

目前，我部已经着手建立全国农村人居环境信息系统，该系统包括农村生活垃圾、污水治理等信息，各级住房城乡建设部门要及时做好调查和录入工作。我们将利用该系统，对各地农村生活垃圾治理的进展情况，进行定期公布。

各地要严格责任落实，形成省、市、县层层考核的责任机制，定期通报考核结果，并加大责任追

第二篇

究。要鼓励村委会成立村民理事会、老人会等对保洁情况进行例行检查。要充分发挥媒体的作用，及时宣传好的经验、先进事迹，曝光典型案例，营造深厚的舆论氛围。

同志们，抓好农村生活垃圾治理，事关农村人居环境的改善，事关农民群众的身心健康，我们要本着对人民负责、对历史负责的态度，坚定信心，克服困难，齐心协力完成治理工作任务，为建设美丽美好的乡村做出我们的贡献。

最后感谢中宣部、中农办、发改委、财政部、环保部、农业部、全国妇联的同志到会指导。

谢谢大家！

第三篇

建 设 综 述

住房城乡建设法制建设

【法律、行政法规立法工作】 国务院2014年立法计划中由住房城乡建设部负责起草的项目共3项。其中,《城镇住房保障条例》为一档项目,《住房公积金管理条例(修订)》、《村庄和集镇规划建设管理条例(修订)》为三档项目。

《城镇住房保障条例(草案)》形成并上报国务院。配合国务院做了大量调研、征求意见、部门协调、修改等工作,经过反复研究、修改形成《城镇住房保障条例(草案)》,并报请国务院常务会议审议。

《住房公积金管理条例(修订)》进一步完善。按照修订工作方案,梳理社会保险相关法规及运行中的政策点,总结可以借鉴的立法经验,对《住房公积金管理条例(修订)》进行多次修改,起草了说明。

《村庄和集镇规划建设管理条例(修订)》进一步推进。在原有修订稿的基础上开展进一步研究,调整修订思路。

【部门规章立法工作】 结合工作实际,研究制定《住房城乡建设部规章制定程序规定》(建办法〔2014〕17号),对住房城乡建设部规章的立项、起草、审查、审议、公布、备案、解释、修改、废止等作出具体要求,并于4月印发实施。

颁布实施《建筑施工企业主要负责人、项目负责人和专职安全生产管理人员安全生产管理规定》、《建筑工程施工许可管理办法》、《房屋建筑和市政基础设施工程施工分包管理办法(修订)》、《历史文化名城名镇名村保护规划编制审批办法》等4项规章。《建筑施工企业主要负责人、项目负责人和专职安全生产管理人员安全生产管理规定》(住房城乡部令第17号),规定了建筑施工企业主要负责人、项目负责人和专职安全生产管理人员的任职考核程序,细化了安全生产管理人员安全生产管理职责,强化监督检查,明确法律责任。《建筑工程施工许可管理办法》(住房城乡建设部令第18号),按照《行政许可法》规定,完善施工许可程序和条件,对不符合许可条件、延期开工、中止施工等行为,明确了加强监督检查的要求。《房屋建筑和市政基础设施工程施工分包管理办法(修订)》(住房城乡建设部令第19

号)增加了处罚规定。《历史文化名城名镇名村保护规划编制审批办法》,界定了保护规划与城乡规划的关系,明确了保护规划编制主体、内容,规范了保护规划审批、备案和修改程序。

【行政审批制度改革有关工作】 按照国务院的统一部署以及国务院审改办、住房城乡建设部领导的要求,多次与审改办和人力资源和社会保障部沟通协调,确定2014年行政审批下放项目。为落实有关执业资格改革意见,多次与审改办和人社部沟通协调,建议取消物业管理师注册执业资格认定,改为水平评价职业资格,其余7项保留。同时,认真做好行政审批事项下放、取消的后续工作,配合国务院法制办对有关法律、行政法规的修改提出意见。

按照要求清理非行政许可审批事项及工商登记前置审批事项。住房城乡建设部负责的非行政许可事项共7项,均有法律、行政法规依据,且属于面向地方政府的审批事项,其中有5项是国务院审批的事项,有2项是住房城乡建设部对省级有关部门审批的事项。根据国务院要求提出改革意见并及时作出调整。同时,对工商登记前置审批进行了清理。住房城乡建设部无工商登记前置审批事项,地方住房城乡建设部门有一项工商登记前置审批事项,即燃气经营许可,经研究建议保留。

做好行政审批制度改革其他工作。对审改办征求的网民意见,逐条进行研究答复;将住房城乡建设部行政审批项目在网站上公开;就有关行政审批制度改革情况和整改措施向国务院督导组、审计署报告;对发改委起草的有关精简审批手续规范中介服务的工作方案提出意见。

【行政执法监督】 2014年,共完成24件行政处罚意见告知书、8件行政处罚决定书的合法性审核工作。印发《住房城乡建设系统行政执法责任制重点联系单位工作实施方案》,重新确定公布46家行政执法责任制重点联系单位,召开重点联系单位工程建设与建筑业组座谈会,总结交流经验。

【行政复议】 随着公民的法律意识、维权意识的逐渐增强,住房城乡建设部近年来办理的行政复议案件也持续增加。2014年,共办理行政复议案件

1404 件，同比增长 60.3%。见表1。

2014 年行政复议案件涉及的行业及类型　表 1

类型\行业	行政许可	信息公开	行政确认	行政处罚	行政强制	行政裁决	行政不作为	复议监督	其他	总计
城乡规划	26	40		1			2	1	4	74
房屋登记		1	20				1	2	1	25
房屋征收	15	939				2	145	31	34	1166
工程建设	4	2		1			5		13	26
住房保障										0
其他房地产		96					3			99
其他	3	3					1		7	14
总计	48	1081	20	2	0	2	157	35	59	1404

　　健全行政复议工作制度。完善行政复议决定事先通报制度，对于撤销、确认违法、责令履行的案件，在作出正式复议决定之前，向有关行政机关进行沟通报告，督促其加强依法行政。落实行政复议实地调查制度，对于涉及案件事实、证据不清的，到涉案地加强案情调查，加强实地调查，了解申请人真实诉求，努力做到切实化解行政争议，实现案结事了。

　　发挥行政复议层级监督作用。落实行政复议监督职能，办理地方复议监督案件 15 件，纠正一些地方不予受理或者超期不作决定的行为。同时，针对

行政机关工作薄弱环节发出行政复议意见书，要求行政机关将纠正违法行政行为或者做好后续工作的情况报住房城乡建设部。2014 年，共发出行政复议意见书 9 份，对部分城市依法行政薄弱环节提出意见和建议。

　　【行政诉讼工作】　2014 年，住房城乡建设部办理行政应诉案件 217 件，比 2013 年增加一倍。其中，一审 95 件，二审 122 件，全部审结，除 1 件判决重新做出外，其余均胜诉。

　　【认真做好其他工作】　做好规范性文件合法性审核工作。办理规范性文件审核 22 件，认真履行职责，严格把关并提出建设性意见。

　　扎实做好法规草案征求意见的协调答复工作。立足住房城乡建设部"三定"职责，组织有关司局研究答复全国人大、国务院法制办以及国务院有关部门法律法规规章约 140 多件征求意见件，努力做好协调工作。

　　对规章和规范性文件进行清理。根据行政审批制度改革结果和国务院法制办关于做好规章清理工作的要求，住房城乡建设部法规司于 7 月组织有关司开展规章清理工作；对涉及住房城乡建设部执行或在制定的，与检验检测认证机构监管相关的法律法规规章和规范性文件进行清理；对不利于民间资本的法律法规规章和规范性文件进行清理。

　　　　　　　　　　　（住房和城乡建设部法规司）

房地产市场监管

2014 年房地产市场调控政策及市场运行基本情况

　　【房地产市场调控工作情况】　2014 年以来，党中央、国务院高度重视房地产市场出现的新情况、新变化，多次作出重要批示指示，召开专题会议，研究部署房地产市场调控工作，要求密切关注市场走势，妥善采取有效措施，促进房地产市场平稳健康发展。

　　按照党中央、国务院统一部署和 2014 年"两会"《政府工作报告》提出的"分类调控"要求，住房城乡建设部采取多种形式开展深入调研，加强市场分析和研判，做好调控政策储备，适时采取有关措施。指导地方政府承担调控主体权责，因地、因

时施策，主动科学合理地进行调控，促进市场平稳运行。配合人民银行、银监会下发《关于进一步做好住房金融服务工作的通知》，加大对居民家庭自住和改善性购房的信贷支持力度，放开对第三套及以上住房的限贷政策；同时，扩大市场化融资渠道，支持房地产企业利用银行间债券市场直接融资。配合财税主管部门加快研究完善差别化住房税收等政策，合理降低住房交易环节税负。配合国土资源部研究加强土地供应分类调控政策措施，严把供地总闸门。加强舆论引导，稳定市场预期。

　　各地结合当地实际，陆续采取一些针对性措施。多数城市适时暂停了限价、限签等行政性措施；实施住房限购措施的城市中，大多数城市调整或取消

了住房限购措施;一些地方还出台了稳定房地产市场的综合性政策措施。这些举措对稳定市场预期、促进市场平稳运行起到一定的积极作用。

【房地产市场运行基本情况】 2014年,全国房地产市场进入调整期,市场呈现下行态势,但运行总体尚属平稳。

房地产开发投资平稳增长。据国家统计局数据,2014年,全国房地产开发投资9.5万亿元,同比增长10.5%,增速比城镇固定资产投资增速低5.2个百分点,比2013年增速回落9.3个百分点。分区域看,东、中、西部房地产开发投资额分别为5.29万亿、2.07万亿和2.14万亿元,同比增速分别为10.4%、8.5%和12.8%。全年商品房新开工面积18亿平方米,同比下降10.7%;房地产开发企业土地购置面积3.3亿平方米,同比下降14%。

商品房交易量同比下降。据国家统计局数据,2014年,全国新建商品房销售12.1亿平方米,同比下降7.6%。其中,新建住宅销售10.5亿平方米,同比下降9.1%。新建商品房销售额7.6万亿元,同比下降6.3%。分区域看,东、中、西部新建商品房销售面积同比分别下降13.7%、3.9%和增长0.6%。

商品房待售面积有所增加。据国家统计局数据,2014年末,全国已竣工商品房待售面积6.2亿平方米,比2013年末增加1.3亿平方米,同比增长26.1%。其中,已竣工住宅待售面积4.1亿平方米,比2013年末增加8281万平方米,同比增长25.6%。

房屋交易与权属管理

【大力发展住房租赁市场】 住房城乡建设部房地产市场监管司会同有关部门研究有关政策措施,鼓励基金或民间资金成立专营房屋租赁的机构,开展房屋租赁专业化、规模化经营;鼓励房地产开发企业对其开发的项目进行长期租赁经营;鼓励大型房地产经纪机构开展房屋租赁托管业务。选取北京、上海、广州、深圳4个城市作为房地产投资信托基金(REITs)试点城市,研究制定试点方案。指导各地贯彻落实《商品房屋租赁管理办法》,稳定租赁关系,规范租赁行为,落实房屋租赁登记备案制度。

【加强房屋交易管理】 指导各地以商品房预售资金监管为核心,加强预售许可的事中、事后监管,提高商品房预售门槛。指导各地搭建存量房交易服务平台,为群众、中介机构提供房源发布、房源核验服务。会同国家工商总局出台《商品房买卖合同示范文本》,强化合同网上备案管理和交易资金监管等制度,保护买受人权利,有效杜绝一房多卖,防

止市场交易风险。研究起草《关于加强房地产交易与产权管理的通知》。

【规范房屋登记管理】 认真落实国务院机构改革和职能转变工作要求,配合有关部门做好《不动产登记暂行条例》的制定工作。建立健全房屋登记制度,指导地方落实《房地产登记技术规程》,严格实行房屋登记官制度,积极开展房屋登记审核人员确认与培训考核工作。

【房地产中介监管】 指导各地规范市场准入,建立经纪人协理制度,引导房地产中介机构依法备案。完善行业诚信体系建设,健全机构和人员信用档案,加大对存在违法违规的机构、游离在政府部门监管之外的"黑中介"的查处和公示力度。发挥行业组织的作用,强化行业自律,鼓励地方积极组建行业协会。

物业管理发展基本情况

【推动物业管理行业健康发展】 贯彻落实服务业发展"十二五"规划,监督指导各地建立健全地方性政策法规,引导支持地方制定促进物业管理发展的扶持政策。对36个大中城市物业服务收费基本情况和一二三线代表性城市高中低档楼盘物业服务收费标准进行调研,并针对物业服务收费存在的突出问题,会同国家发展改革委价格司研究完善物业服务收费政策。会同商务部和香港方面就香港物业服务提供者申请内地物业服务企业资质相关问题进行协商并达成一致。协助国家机关事务管理局制定关于在京中央和国家机关职工住宅区物业管理改革意见和规范维修资金使用管理文件。配合国家质检总局研究维修资金用于电梯应急维修等问题。

【加强和改进物业管理市场监管】 贯彻落实国务院行政审批制度改革要求,提出物业服务企业一级资质核定和物业管理师执业资格注册认定的改革建议。印发《物业管理师继续教育暂行办法》,逐步规范物业管理师注册。督促山东、湖北、广东等地依法查处物业管理过程中的违法违规行为,撤销不合格物业服务企业的资质证书。

【房屋使用安全和白蚁防治】 研究城镇危旧房屋使用安全问题,提出政策措施建议报部领导。配合部工程质量安全监管司,监督指导各地开展老楼危楼安全排查工作,并对部分省市进行实地督查。监督检查全国白蚁防治中心重点工作完成情况和科研实验室建设情况,开展白蚁防治工程质量管理体系建设等课题研究。

城市房屋征收

【建立健全房屋征收配套法规政策】 各地相继制定贯彻《国有土地上房屋征收与补偿条例》的规范性文件。其中，浙江、四川、山东等省制定了地方性法规，上海、湖南、河北、甘肃、云南、新疆、宁夏、福建、江西等省市区出台了地方政府规章；青岛、吉林等城市制定了地方性法规，深圳、长沙、武汉、石家庄、西安、济南、长春等城市出台了地方政府规章。

【稳步推进房屋征收与补偿信息系统建设】 为进一步规范房屋征收与补偿行为，促进房屋征收与补偿活动公开、公平、公正，6月，印发《关于推进国有土地上房屋征收与补偿信息系统建设的指导意见》（建房〔2014〕95号），要求各地明确任务分工、统一建设标准、确定进度安排、认真落实相关保障措施，大力推进房屋征收与补偿信息系统建设，提高房屋征收与补偿工作信息化水平。各地也都按要求积极推进房屋征收与补偿系统建设。

【努力破解房屋征收强制执行难题】 8月，组织召开房屋征收强制执行工作座谈会，研究讨论房屋征收过程中强制执行面临的问题及原因。9月，与最高人民法院行政审判庭在长春联合召开国有土地上房屋征收工作经验交流会，总结交流法院、行政机关共同推动房屋征收工作好的经验和做法，努力解决强制执行问题。10月，将吉林等地在完善法规政策、健全工作机构、推进司法与行政之间的良性互动方面好的经验和做法以简报的形式印发，供各地参考借鉴。

【继续落实房屋征收与补偿信息公开工作】 按照国务院办公厅要求，继续贯彻落实《关于推进国有土地上房屋征收与补偿信息公开工作的意见》（建房〔2012〕84号）、《关于进一步加强国有土地上房屋征收与补偿信息公开工作的通知》（建房〔2013〕133号），督促地方认真开展房屋征收与补偿信息公开工作。各地按照有关规定和要求，对房屋征收与补偿信息公开工作，进行统一部署和安排，大力推进房屋征收信息公开。

（住房和城乡建设部房地产市场监管司）

住房保障建设

概况

2014年，国务院办公厅印发《关于进一步加强棚户区改造工作的通知》（国办发〔2014〕36号）。按照党中央、国务院决策部署，住房城乡建设部及相关部门加快推进城镇棚户区改造和公共租赁住房的建设和管理。地方各级政府认真落实，精心组织，住房保障工作取得积极进展。全年城镇保障性安居工程新开工740万套，基本建成511万套，超额完成年度工作任务。

住房保障政策拟定

【国务院办公厅印发《关于进一步加强棚户区改造工作的通知》（国办发〔2014〕36号）】 进一步完善棚户区改造规划。各地区要进一步摸清待改造棚户区的底数、面积、类型等情况，抓紧编制完善2015~2017年棚户区改造规划，将包括中央企业在内的国有企业棚户区纳入改造规划，重点安排资源枯竭型城市、独立工矿区和三线企业集中地区棚户区改造，优先改造连片规模较大、住房条件困难、安全隐患严重、群众要求迫切的棚户区。

优化规划布局。一是完善安置住房选点布局。棚户区改造安置住房实行原地和异地建设相结合，以原地安置为主，优先考虑就近安置；异地安置的，在土地利用总体规划和城市总体规划确定的建设用地范围内，安排在交通便利、配套设施齐全地段。鼓励国有林区（林场）、垦区（农场）棚户区改造在场部集中安置，促进国有林区、垦区小城镇建设。二是改进配套设施规划布局。配套设施应与棚户区改造安置住房同步规划、同步报批、同步建设、同步交付使用。编制城市基础设施建设规划，同步规划安置住房小区的城市道路以及公共交通、供水、供电、供气、供热、通信、污水与垃圾处理等市政基础设施建设。

加快项目前期工作。一是做好征收补偿工作。棚户区改造实行实物安置和货币补偿相结合，由棚户区居民自愿选择。棚户区改造涉及集体土地征收的，要做好土地征收、补偿安置等前期工作。各地区可以探索采取共有产权的办法，做好经济困难棚户区居民的住房安置工作。二是建立行政审批快速通道。简化审批程序，提高工作效率，改善服务方式，对符合相关规定的项目，限期完成项目立项、规划许可、土地使用、施工许可等审批手续。

加强质量安全管理。一是强化在建工程质量安全监管。各地区要重点对勘察、设计、施工、监理等参建单位执行工程建设强制性标准情况进行监督检查，要严格执行建筑节能强制性标准，实施绿色建筑行动，积极推广应用新技术、新材料，加快推进住宅产业化。全面推行安置住房质量责任终身制。二是开展已入住安置住房质量安全检查。重点是建成入住时间较长的安置住房，对有安全隐患的要督促整改、消除隐患，确保居住安全。

加快配套建设。加快配套设施建设。市、县人民政府应当编制棚户区改造配套基础设施年度建设计划。规划设计条件应当明确配套公共服务设施的种类、建设规模和要求等，相关用地以单独成宗供应为主，并依法办理相关供地手续；对确属规划难以分割的配套设施建设用地，可在招标拍卖挂牌出让商品住房用地或划拨供应保障性住房用地时整体供应，建成后依照约定移交设施、办理用地手续。配套设施建成后验收合格的，要及时移交给接收单位。接收单位应当在规定的时限内投入使用。完善社区公共服务。新建安置住房小区要及时纳入街道和社区管理。安置住房小区没有实施物业管理的，社区居民委员会应组织做好物业服务工作。要加快发展社区志愿服务。鼓励邮政、金融、电信等公用事业服务单位在社区设点服务。

落实好各项支持政策。一是确保建设用地供应。市、县人民政府应当依据棚户区改造规划与棚户区改造安置住房建设计划，编制棚户区改造安置住房用地供应计划。二是落实财税支持政策。市、县人民政府要切实加大棚户区改造资金投入，落实好税费减免政策。省级人民政府要进一步加大对本地区财政困难市县、贫困农林场棚户区改造的资金投入。中央继续加大对棚户区改造的补助力度，对财政困难地区予以倾斜。建立健全地方政府债券制度，加大对棚户区改造的支持。三是加大金融支持力度。进一步发挥开发性金融作用。国家开发银行成立住宅金融事业部，重点支持棚户区改造及城市基础设施等相关工程建设。鼓励商业银行等金融机构积极支持符合信贷条件的棚户区改造项目。推进债券创新，支持承担棚户区改造项目的企业发行债券。通过投资补助、贷款贴息等多种方式，吸引社会资金，参与投资和运营棚户区改造项目。

加强组织领导。各省（区、市）人民政府对本地区棚户区改造负总责，要加强对市、县人民政府棚户区改造工作目标责任考核，落实市、县人民政府具体工作责任，完善工作机制，抓好组织实施。国务院各有关部门要依据各自职责，密切配合，加强对地方的监督指导，研究完善相关政策措施。要广泛宣传棚户区改造的重要意义，主动发布和准确解读政策措施，深入细致做好群众工作，营造良好社会氛围，共同推进棚户区改造工作。

【《住房城乡建设部关于并轨后公共租赁住房有关运行管理工作的意见》（建保〔2014〕91号）】明确保障对象。并轨后公共租赁住房的保障对象，包括原廉租住房保障对象和原公共租赁住房保障对象，即符合规定条件的城镇低收入住房困难家庭、中等偏下收入住房困难家庭，及符合规定条件的新就业无房职工、稳定就业的外来务工人员。

科学制定年度建设计划。各地应根据城镇低收入和中等偏下收入住房困难家庭对公共租赁住房需求，考虑符合当地住房保障条件的新就业无房职工、进城落户农民和外来务工人员的需要，结合当地经济社会发展水平和政府财政能力，科学制定公共租赁住房年度建设计划。要创新融资机制，多方筹集资金，做好公共租赁住房及其配套基础设施和公共服务设施规划建设，方便群众生产生活。落实民间资本参与公共租赁住房建设的各项支持政策。

健全申请审核机制。各地要整合原廉租住房和公共租赁住房受理窗口，方便群众申请。要明确并轨后公共租赁住房保障对象收入审核部门职责及协调机制。落实申请人对申请材料真实性负责的承诺和授权审核制度。社会投资建设公共租赁住房的分配要纳入政府监管。符合规定条件的住房保障对象，到市场承租住房的，可按各地原政策规定，继续领取或申请领取租赁住房补贴。

完善轮候制度。各地应当根据本地实际情况，合理确定公共租赁住房轮候期，对登记为轮候对象的申请人，应当在轮候期内给予安排。要优化轮候规则，坚持分层实施，梯度保障，优先满足符合规定条件的城镇低收入住房困难家庭的需求，对城镇住房救助对象，即符合规定标准的住房困难的最低生活保障家庭、分散供养的特困人员，依申请做到应保尽保。

强化配租管理。省级住房城乡建设部门要制定公共租赁住房合同示范文本，明确租赁双方权利义务。公共租赁住房租金原则上按照适当低于市场租金的水平确定。已建成并分配入住廉租住房统一纳入公共租赁住房管理，对已入住的城镇低收入住房困难家庭，其租金水平仍按原合同约定执行。对于新增城镇低收入住房困难家庭，租赁政府投资建设的公共租赁住房，应采取租金减免方式予以保障，不宜按公共租赁住房租金水平先收后返。

加强使用退出管理。公共租赁住房的所有权人及其委托的运营单位应当依合同约定，切实履行对公共租赁住房及其配套设施的维修养护责任，确保公共租赁住房的正常使用。经公共租赁住房所有权人或其委托的运营单位同意，承租人之间可以互换所承租的公共租赁住房。完善城镇低收入住房困难家庭资格复核制度，不再符合城镇低收入住房困难家庭条件但符合公共租赁住房保障对象条件的，可继续承租原住房，同时应调整租金。承租人违反有关规定或经审核不再符合公共租赁住房保障条件的，应退出公共租赁住房保障。

推进信息公开工作。各地要全面公开公共租赁住房的年度建设计划、完成情况、分配政策、分配对象、分配房源、分配程序、分配过程、分配结果及退出情况等信息，畅通投诉监督渠道，接受社会监督。

【《住房城乡建设部办公厅关于进一步落实住房保障廉政风险防控制度的通知》（建办保〔2014〕31号）】 健全防控措施，堵塞管理漏洞。各级住房城乡建设部门要进一步完善住房保障廉政风险防控制度，对照住房保障业务流程、权力运行程序，全面查找风险点，有效堵塞城镇保障性安居工程审批、建设、监督等环节的管理漏洞。落实住房保障信息公开制度，健全住房保障政务公开、办事公开机制，建立住房保障管理信息系统和部门协作核查机制，杜绝"关系房"、"人情房"，确保住房保障资源公平善用。

落实主体责任，统筹协调防控。各级住房城乡建设部门要落实住房保障廉政风险防控工作的主体责任，切实履行党风廉政建设责任制，建立主要领导负总责、分管领导具体抓、纪检监察部门协调推进的工作机制，扣牢责任链条。进一步明确岗位职责，特别是涉及管人、财、物等重要岗位，切实把职责明确到岗位、落实到人员。统筹协调发改、财政、国土、税务等相关部门，按照各自职责分工，协同推进城镇保障性安居工程资金筹集使用、土地供应利用、税费减免等方面的廉政风险防控工作。

突出重点环节，注重防控实效。各级住房城乡

建设部门要针对资金筹集使用、项目招标投标、准入条件审核、房屋配租配售和货币补贴发放等重点风险点，采取有针对性的措施，防范挪用套取骗取专项资金、违规销售或使用保障性住房、未依法招标、违法转包或违规分包等突出问题。强化对玩忽职守、滥用职权、徇私舞弊、不当配置住房保障资源等违法违纪行为的有效制约。

筑牢思想防线，强化前期预防。各级住房城乡建设部门要将住房保障廉政风险防控工作与加强业务管理工作相结合，通过业务工作培训、政策法规学习、廉政警示教育等多种形式，提升管理队伍的业务素质和管理能力，增强住房保障管理队伍依法行政、遵纪守法的自觉性，筑牢拒腐防变的思想防线。分析评估可能引发腐败行为的苗头性、倾向性问题，采取风险提示、诫勉谈话、责令纠错等风险预警措施，早发现、早提醒、早纠正，及时防范化解廉政风险，预防腐败问题的发生。总结推广廉政风险防控工作的典型经验做法，发挥先进单位的示范引领作用。

加强监督检查，提升工作效能。省级住房城乡建设部门在做好本级廉政风险防控工作的同时，要加强对市县的分类指导和监督检查。市县住房城乡建设部门要健全内部防控制度和监管措施，自觉接受纪检监察和审计机关的监督，对审计和检查中发现的问题，要逐项限期整改，建立纠错机制；坚决追回被骗取、挪用的资金，坚决清退违规分配的房源，坚决追究违法违纪人员行政责任。把廉政风险防范管理的监督检查与效能监察和工作绩效考核相结合，建立廉政风险管理与效能监察、绩效考核的联动机制，提高工作绩效，推进住房保障事业持续健康发展。

【《住房城乡建设部 民政部 财政部关于做好住房救助有关工作的通知》（建保〔2014〕160号）】 明确住房救助对象。住房救助对象是指符合县级以上地方人民政府规定标准的、住房困难的最低生活保障家庭和分散供养的特困人员。城镇住房救助对象，属于公共租赁住房制度保障范围。农村住房救助对象，属于优先实施农村危房改造的对象范围。

规范住房救助方式。要充分考虑住房救助对象经济条件差、住房支付能力不足的客观条件，通过配租公共租赁住房、发放低收入住房困难家庭租赁补贴、农村危房改造等方式实施住房救助。对城镇住房救助对象，要优先配租公共租赁住房或发放低收入住房困难家庭租赁补贴，其中对配租公共租赁住房的，应给予租金减免，确保其租房支出可负担。

对农村住房救助对象,应优先纳入当地农村危房改造计划,优先实施改造。

健全住房救助标准。县级以上地方人民政府要统筹考虑本行政区域经济发展水平和住房价格水平等因素,合理确定、及时公布住房救助对象的住房困难条件,以及城镇家庭实施住房救助后住房应当达到的标准和对住房救助对象实施农村危房改造的补助标准。住房困难标准及住房救助标准应当按年度实行动态管理。

完善住房救助实施程序。市、县人民政府应当本着方便、快捷、随到随办的原则,建立"一门受理、协同办理"机制,完善申请审核、资格复核、具体实施等住房救助程序规定,方便城乡家庭申请住房救助。城镇家庭可通过乡镇人民政府、街道办事处或者直接向住房保障部门提出申请,经县级民政部门确认申请家庭的最低生活保障及特困供养人员资格,由住房保障部门负责审核家庭住房状况并公示。农村居民(家庭)应向户籍所在地的乡镇人民政府提出申请。

落实优惠政策。各地要按规定,落实公共租赁住房筹集、发放低收入住房困难家庭租赁补贴、农村危房改造的财税、金融和用地等优惠政策,为实施住房救助提供有力支持。

加强实施管理。各地要全面公开住房救助政策、救助程序、救助结果等信息,畅通投诉监督渠道,接受社会监督。各地在制定公共租赁住房筹集、发放低收入住房困难家庭租赁补贴、农村危房改造年度计划时,应优先满足当年实施住房救助的需要。各级住房城乡建设部门(住房保障部门)应会同民政等部门,组织对本辖区内累计实施、当年实施住房救助的情况,以及尚待实施住房救助的对象规模等,进行调查摸底,并将有关情况于当年11月底前报住房城乡建设部。

【《关于加快推进国有企业棚户区改造工作的指导意见》(国资发改组〔2014〕9号)】 总体要求。深入贯彻落实党的十八届三中全会精神,适应工业化、城镇化和企业持续健康发展的需要,发挥好政府的组织引导作用,履行好各有关企业的主体责任,到2017年基本完成国有企业棚户区改造,中央企业争取率先完成,使棚户区职工的居住条件得到明显改善。

加强计划管理。要区分轻重缓急,优先改造连片规模较大、住房条件困难、安全隐患严重、职工要求迫切的国有企业棚户区改造项目,有计划有步骤地组织实施。其中,位于城市规划区范围内的国有企业棚户区,纳入城市棚户区改造范围;位于城市规划区外的国有企业棚户区,纳入工矿棚户区改造范围。各国有企业要根据属地化原则,严格按照棚户区标准,提出棚户区改造项目,做好改造规模和年度计划安排,6月底前报所在市、县人民政府,由发展改革、财政、国土资源、住房城乡建设、国资等部门联合审查后,统一纳入市、县棚户区改造规划和年度计划,并于8月底前报省级人民政府。省级人民政府组织相关部门联合审核后,纳入棚户区改造规划和年度计划,同时汇总编制本地区国有企业棚户区改造规划和年度计划,并明确城市棚户区、国有工矿棚户区、资源枯竭型城市棚户区、独立工矿区棚户区、三线企业棚户区等类型,9月底前报国家发展改革委、财政部、国土资源部、住房城乡建设部和国资委,列入全国保障性安居工程规划和年度计划。

加大资金支持。国有企业棚户区改造采取财政补助、银行贷款、企业支持、职工自筹、市场开发等办法多渠道筹措资金。对纳入年度计划的国有企业棚户区改造项目,要按规定落实中央和地方补助资金。2014～2017年,从中央国有资本经营预算中安排一定规模的资金划转到公共财政预算,统筹用于国有企业棚户区改造;各级地方政府也要确保补助资金落实到位。鼓励金融机构向符合贷款条件的国有企业棚户区改造项目提供贷款或融资。经有关部门批准,国有企业可在符合法律法规的条件下,建立国有企业棚户区改造贷款偿还保障机制。有条件的国有企业可安排一定资金,对所属困难子企业棚户区改造项目予以支持。对困难国有企业特别是独立工矿区、三线地区和资源枯竭型城市国有企业棚户区改造的配套设施建设,财政部、国资委要商有关部门,研究从国有资本经营预算中安排资金予以支持。支持中央建筑施工企业按照市场化原则,积极参与国有企业棚户区改造项目。

保障用地供应。国有企业棚户区改造安置住房用地纳入当地土地供应计划优先安排,要简化行政审批程序,提高审批效率,安置住房实行原地和异地建设相结合,以就近安置为主;对纳入地方改造规划和计划的三线企业棚户区改造项目,涉及的新增建设用地按照棚户区改造用地支持政策予以保障。棚户区改造安置住房中涉及的经济适用住房和符合条件的公共租赁住房建设项目,可以通过划拨方式供应土地,同时明确约定保障性住房套型面积等土地使用条件。对涉及使用新增建设用地或变更土地利用性质的,国土资源、住房城乡建设部门要主动服务，及时办理相关手续。

落实税费优惠政策。对国有企业棚户区改造，按照《财政部关于切实落实相关财政政策积极推进城市和国有工矿棚户区改造工作的通知》（财综〔2010〕8号）规定，切实免收各项行政事业性收费和政府性基金，严格按照规定免收土地出让收入。棚户区改造安置住房建设和通过收购筹集安置房源的，执行经济适用住房的税收优惠政策。电力、通信、市政公用事业等企业要对国有企业棚户区改造给予支持，适当减免入网、管网增容等经营性收费。国有企业符合一定条件的棚户区改造支出，按照《关于企业参与政府统一组织的棚户区改造有关企业所得税政策问题的通知》（财税〔2013〕65号）的规定，在企业所得税前扣除。

强化组织领导。省级人民政府对辖区内国有企业棚户区改造负总责。市、县人民政府要明确具体工作责任和措施，把符合条件的国有企业棚户区纳入当地改造规划和计划，落实资金补助、土地供应、税费减免等优惠政策，扎实做好国有企业棚户区改造各项组织工作。中央企业集团公司要加强对所属企业棚户区改造工作的领导，落实责任部门，统筹安排，积极支持。各有关部门要加强对国有企业棚户区改造的工作指导和协调衔接，根据部门职责，完善配套政策，及时解决存在的突出问题。各级国资委要建立国有企业棚户区改造专项工作督导机制；在企业经营业绩考核中，因棚户区改造对企业参与棚户区改造的积极性。在国有企业棚户区改造中，要把握好政策界限，加强立项、建设、分配等方面管理，防止突破政策规定借棚户区改造建设福利性住房等违规行为；安置住房供水、供电、供热、供气和物业管理等要实行社会化管理。

城镇保障性安居工程年度计划及资金安排情况

【明确年度计划】 2014年，全国城镇保障性安居工程建设任务是新开工700万套以上（其中各类棚户区470万套以上），基本建成480万套。3月，住房城乡建设部代表保障性安居工程协调小组与各省、自治区、直辖市及新疆生产建设兵团签订了目标责任书。各地及时将任务落实到市县和具体项目，并逐级签订目标责任书。到12月底，全年实际新开工740万套（其中棚户区506万套）、基本建成511万套，超额完成年度目标任务。

【年度资金安排情况】 中央分批下达补助资金共1980亿元，国家开发银行发放棚改贷款4086亿元，发改委批准发行企业债券2777亿元，其中用于棚户区改造1090亿元。

加强城镇保障性安居工程监督检查

【开展专项巡查】 7月，为确保全面完成2014年棚改任务，住房城乡建设部决定开展城镇保障性安居工程专项巡查工作。

7月开始，结合审计发现的问题，住房城乡建设部对进度较慢的省市进行重点督查。

对各地住房保障信息公开进行抽查和通报。住房城乡建设部先后两次抽查了除西藏自治区和新疆建设兵团以外的全国30个省市（自治区、直辖市），共抽查186个市县。从抽查情况看，各地积极推进住房保障信息网上公开工作，各省级住房城乡建设部门设置了住房保障专栏，公开了住房保障政策、年度建设计划、工程建设进度等信息，并指导市县做好信息公开工作，多数市县信息公开率比上年同期明显提高。各地在住房保障信息公开工作中还存在一些问题，一是少数地方尚未在政府网站或主管部门网站设置住房保障信息公开专栏；二是信息公开内容不全面，有的未公开建设信息，有的未公开分配信息；三是信息公开内容更新缓慢。

【加强监督检查】 采取多种措施，住房城乡建设部对各地目标任务的完成、配套设施建设、工程质量、信息公开、竣工入住、公平分配政策的落实情况进行督查。对审计发现的城镇保障性安居工程中的工程质量、建设进度、分配管理等，逐一进行核查，督促地方落实整改。

对国务院督查、第三方评估发现的城镇保障性安居工程政策落实中的问题，进行督促整改。

住房城乡建设部印发《关于进一步落实住房保障廉政风险防控制度的通知》（建保办〔2014〕31号），指导督促各地健全廉政风险防控措施，加强自查自纠。

城镇保障性安居工程实施情况

【工程质量总体可控】 按照国务院的部署和要求，住房城乡建设部把保障性住房的工程质量管理纳入对各地督查重要任务。各地普遍加强了工程质量监管工作，在选址、设计、建材、施工、验收等环节严格把关。从检查情况看，保障性住房工程质量总体可控。

【分配和使用管理进一步完善】 公共租赁住房和廉租住房并轨运行，提高了保障性住房资源配置效率，方便了群众申请审核，提升了公共服务水平。

【城镇保障性住房建设进展顺利】 2014 年城镇保障性安居工程开工 740 万套，基本建成 511 万套，超额完成年度任务。

（住房和城乡建设部住房保障司）

住房公积金监管

概况

2014 年，住房公积金制度运行平稳，资金总体安全。制度覆盖范围进一步扩大，住房公积金缴存人数保持平稳增长，归集额持续增加，提取额逐步上升，个人住房贷款额有所下降，利用住房公积金贷款支持保障性住房建设试点工作顺利推进。住房公积金制度在提高缴存职工支付能力、支持住房消费方面，发挥了重要作用。

住房公积金业务发展情况

【实缴单位、职工人数、缴存额稳定增长】 2014 年，全国住房公积金实缴单位 206.50 万个，实缴职工 11877.39 万人，分别比上年增加 25.44 万个、999.53 万人，同比增长 14.05％和 9.19％。全年新开户单位 22.68 万个，新开户职工 1575.70 万人。

2014 年，全国住房公积金缴存额 12956.87 亿元，比上年增长 12.41％。年末缴存总额 74852.68 亿元，扣除提取后的缴存余额 37046.83 亿元，分别比上年末增长 20.88％和 16.97％。表 1 为 2014 年住房公积金缴存情况表。

2014 年住房公积金缴存情况表 表 1

地区	实缴单位数（万个）	实缴职工数（万人）	全年缴存额（亿元）	缴存总额（亿元）	缴存余额（亿元）
全国	206.50	11877.39	12956.87	74852.68	37046.83
北京	10.03	571.39	1140.33	6605.12	2522.98
天津	4.14	226.02	343.59	2189.81	954.35
河北	5.83	494.81	393.98	2370.20	1324.47
山西	4.16	400.40	263.92	1492.58	1025.36
内蒙古	3.52	186.94	260.59	1380.27	901.48
辽宁	7.61	463.03	574.66	3683.33	1846.27
吉林	3.41	206.75	218.43	1355.10	749.58
黑龙江	3.18	289.91	279.19	1805.84	966.82
上海	21.01	662.84	786.87	5215.59	2452.08

续表

地区	实缴单位数（万个）	实缴职工数（万人）	全年缴存额（亿元）	缴存总额（亿元）	缴存余额（亿元）
江苏	26.96	957.00	1039.87	5874.41	2675.52
浙江	13.63	500.60	783.20	4874.66	2100.03
安徽	4.90	342.40	457.49	2579.01	1156.93
福建	7.71	313.03	359.34	2136.36	970.92
江西	3.93	221.15	216.76	1073.10	685.82
山东	10.81	777.88	706.60	4086.26	2198.50
河南	6.17	618.52	413.97	2300.51	1397.79
湖北	5.73	425.75	407.65	2326.54	1383.06
湖南	5.90	433.18	334.64	1826.45	1061.95
广东	20.88	1410.72	1440.72	7549.56	3179.06
广西	4.56	241.45	244.49	1500.39	699.68
海南	1.73	86.28*	79.55	396.68	229.74
重庆	2.64	223.91	231.60	1188.56	573.99
四川	8.33	510.54	587.73	3116.05	1642.60
贵州	3.12	201.68	186.33	889.05	537.63
云南	3.99	247.51	286.82	1786.11	909.24
西藏	0.35	21.00	41.77	211.10	121.89
陕西	4.32	370.33	278.97	1645.47	937.38
甘肃	2.91	180.67	174.25	1013.88	637.44
青海	0.89	42.84	71.77	404.80	224.22
宁夏	0.85	52.85	70.87	430.17	202.40
新疆	2.94	169.15	256.70	1427.98	707.73
建设兵团	0.36	26.86	24.22	117.74	69.92

图 1 为 2014 年实缴职工人数按所在单位性质分类占比图。

【提取额平稳上升】 2014 年，全国住房公积金提取额 7581.96 亿元，占全年缴存额的 58.52％；比上年增长 13.99％。其中，住房消费类提取 5714.52 亿元，非住房消费类提取 1867.44 亿元，分别占 75.37％、24.63％。年末住房公积金提取总额

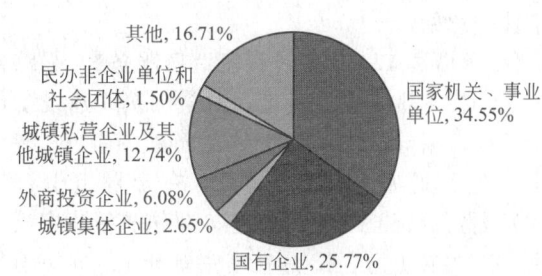

图1：2014年实缴职工人数按所在单位性质分类占比图

37805.85 亿元，占缴存总额的 50.51%。图 2 为 2014 年全国住房公积金提取额按提取原因分类占比图。

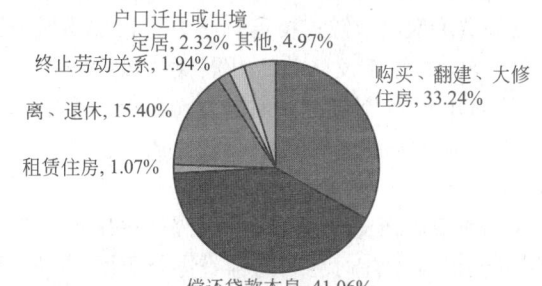

图2：2014年全国住房公积金提取额按提取原因分类占比图

【个人住房贷款发放小幅回落】 2014 年，全国住房公积金发放个人住房贷款 222.51 万笔、6593.02 亿元，分别比上年减少 13.14%、14.18%；全年收回个人住房贷款 2786.90 亿元，比上年增长 12.16%；全年个人住房贷款新增余额 3806.12 亿元，市场占有率（全年住房公积金个人住房贷款新增余额占商业性个人住房贷款和住房公积金个人住房贷款新增余额总和的比例）为 19.22%。

截至年末，累计发放个人住房贷款 2185.85 万笔、42245.30 亿元，分别比上年末增长 11.32%、18.49%。年末个人住房贷款余额 25521.94 亿元，个人住房贷款率（以下简称"个贷率"）68.89%，比上年末提高 0.33 个百分点。表 2 为 2014 年全国住房公积金个人住房贷款情况表。

2014 年全国住房公积金个人住房贷款情况表 表 2

地区	全年发放笔数（万笔）	全年发放金额（亿元）	累计发放笔数（万笔）	累计发放额（亿元）	贷款余额（亿元）	个贷率（%）
全国	222.51	6593.02	2185.85	42245.30	25521.94	68.89
北京	4.93	307.97	75.41	3069.27	1871.81	74.19
天津	5.72	220.59	69.27	1664.37	787.37	82.50
河北	7.45	178.33	64.28	1169.72	791.48	59.76

续表

地区	全年发放笔数（万笔）	全年发放金额（亿元）	累计发放笔数（万笔）	累计发放额（亿元）	贷款余额（亿元）	个贷率（%）
山西	3.99	92.36	30.22	391.26	245.02	23.90
内蒙古	5.79	147.20	71.55	911.91	490.90	54.45
辽宁	11.86	317.75	116.08	2082.38	1263.93	68.46
吉林	4.69	115.46	44.07	728.72	475.41	63.42
黑龙江	4.94	121.21	58.60	941.77	513.22	53.08
上海	12.15	472.20	195.55	4095.36	2012.00	82.05
江苏	20.63	621.78	202.18	4233.57	2443.67	91.33
浙江	10.15	428.08	122.08	3082.63	1779.79	84.75
安徽	9.47	241.85	79.78	1383.48	916.54	79.22
福建	5.89	208.55	69.16	1375.07	855.96	88.16
江西	4.63	134.73	44.47	700.93	423.59	61.76
山东	14.16	370.13	125.61	2318.36	1467.51	66.75
河南	10.03	231.37	68.42	1176.30	805.64	57.64
湖北	9.38	273.80	77.27	1459.34	940.36	67.99
湖南	7.41	181.95	80.18	1171.46	740.58	69.74
广东	15.70	607.94	107.52	2987.74	2049.83	64.48
广西	4.84	114.99	41.88	677.95	460.85	65.87
海南	1.72	47.25	9.37	190.69	154.06	67.06
重庆	3.88	129.21	33.00	706.32	536.33	93.44
四川	10.82	272.64	86.78	1542.86	1061.59	64.63
贵州	5.31	124.36	37.64	614.75	430.50	80.07
云南	6.29	163.27	83.51	1108.34	593.18	65.24
西藏	0.56	20.94	4.14	85.54	41.80	34.29
陕西	4.67	111.33	40.53	602.87	409.28	43.66
甘肃	5.02	109.21	47.05	490.48	281.52	44.16
青海	1.65	33.22	18.03	210.43	84.53	37.70
宁夏	1.90	50.04	18.63	264.16	121.31	59.94
新疆	6.54	136.53	60.22	768.59	452.50	63.94
生产建设兵团	0.34	6.78	3.37	38.68	19.88	28.43

完善住房公积金政策和监管制度建设情况

【加快推进《住房公积金管理条例》修订工作】 按照十八届三中全会《决定》要求，在前期研究论证和广泛调研基础上,住房城乡建设部成立了《住房公积金管理条例》(以下简称《条例》)修订工作领导小组,加快推进《条例》修订工作,向各省、自治区、直辖市和新疆生产建设兵团征求修改《条例》的意见,并形成《住房公积金管理条例》修订基本框架和重点内容。

【大力发展个人贷款,支持职工住房消费】 10月9日,住房城乡建设部会同财政部、人民银行联合下发《关于发展住房公积金个人住房贷款的通知》(建金〔2014〕148号),要求各地降低贷款门槛,适当提高首套贷款额度,取消公证、保险、新房评估和强制性机构担保等个人住房贷款中间费用,推进异地贷款业务,提高贷款服务效率,加大考核和检查力度,支持缴存职工购买首套和改善性自住住房。同时,建立了住房公积金个人住房贷款通报制度,从8月起,每月通报住房公积金个人住房贷款进展情况,督促各地加大个人住房贷款发放力度。

【完善信息披露制度】 4月在上海组织召开信息披露制度研讨会,组织部分地区模拟披露,就信息披露制度再次征求相关部门的意见,并进一步修改完善。

住房公积金监督检查和服务情况

【开展加强和改进住房公积金服务专项督查】 7月,住房城乡建设部办公厅印发《加强和改进住房公积金服务专项督查工作的通知》,组织全国开展服务专项督查。7~8月,各省、自治区、直辖市和新疆生产建设兵团完成自查工作。9~11月,住房城乡建设部组织10个检查组,对全国27个省区、4个直辖市和新疆生产建设兵团的80个城市住房公积金管理中心(以下简称公积金中心)的服务工作进行专项检查。从检查情况看,各地按照《关于加强和改进住房公积金服务工作的通知》(建金〔2011〕9号)要求,积极健全服务制度,改善服务设施,规范服务行为,拓展服务方式,服务能力、服务水平不断提升。同时,由于思想认识、制度建设、人员编制和基础投入等方面的差异,各地服务工作分化趋势明显,部分公积金中心存在业务流程繁琐、服务设施不足、信息化水平低、监督考核不到位、收取中间费用等问题。督查工作结束后,住房城乡建设部办公厅印发了《住房公积金服务专项检查情况的通报》,住房公积金监管司对所有被检查省区和城市反馈了检查意见。

【持续推进12329热线和短消息服务】 跟踪各地12329服务热线建设进度,对全国热线建设工作进行督促、指导、协调和推进,全国共有200多个城市已经开通服务热线。7月,在宁夏组织召开12329服务热线建设全国现场会,推进省级集中模式建设。10月在上海、12月在南京召开12329短消息建设研讨会,反复讨论完善通知和服务导则文稿并多次向全国各地征求意见。12月以住房城乡建设部文件印发《关于开通12329住房公积金短消息服务的通知》和《服务导则》,指导全国12329住房公积金短消息服务建设,并提出明确要求。

【开展廉政风险防控检查】 8月,以住房城乡建设部办公厅文件印发《关于开展廉政风险防控检查工作的通知》,督促各地及时转发至各公积金管理中心,并要求各公积金管理中心按《通知》要求在年底前完成自查。

【加快清收历史遗留涉险资金】 住房城乡建设部住房公积金监管司会同部稽查办,组织住房公积金督察员,对存在涉险资金省份的清收情况进行专项检查,推动清收工作进展。9月25日,在武汉召开涉险资金清收工作会议,对清收工作提出明确要求,各地按要求制定清收计划并落实,进一步推进清收工作。2014年全国共收回住房公积金历史遗留风险资产5.55亿元,其中,历史遗留项目贷款和挤占挪用资金1.87亿元,历史遗留逾期国债资金3.68亿元。

住房公积金试点工作进展情况

【住房公积金试点工作平稳】 2014年,进一步加大了住房公积金贷款支持保障性住房试点工作监督检查力度。按照"定点、定人、定责"的原则,住房城乡建设部会同国家发展改革委、财政部等6部门联合聘请51名住房公积金督察员分为15个组,每季度到93个试点城市开展试点工作巡查,及时发现试点工作中存在的问题。截至2014年底,全国共有北京、天津、上海等81个城市、355个项目审批通过项目贷款,累计金额1049.9亿元,按工程进度发放775.8亿元,支持了8430.7万平方米保障性住房建设。其中,经济适用房2568.03万平方米,棚改安置房3047.7万平方米,公共租赁房2814.97万平方米。累计已偿还项目贷款本息381.73亿元。

(住房和城乡建设部住房公积金监管司)

城 乡 规 划

【规划管理制度建设】 2014年，住房城乡建设部出台部门规章《历史文化名城名镇名村街区保护规划编制审批办法》，理顺保护规划与城市总体规划、详细规划的关系，规范保护规划的编制、审批、备案和修改程序。印发《住房城乡建设部利用遥感监测辅助城乡规划督察工作管理办法（试行）》，对利用遥感监测开展城乡规划督察等具体工作的主要内容和流程进行了规定；印发《住房城乡建设部利用遥感监测辅助城乡规划监督工作重大违法案件处理办法》，明确重大违法案件的内容，对重大违法案件的发函督办、约谈、挂牌督办、案件移送等处理方式作出规定，提出工作保障措施。

【组织召开城乡规划工作座谈会】 为落实中央城镇化工作会议和十八届三中全会全面深化改革的要求，由住房城乡建设部副部长陈大卫带领，在长春、杭州、重庆、郑州等地组织召开全国六个片区的城乡规划工作座谈会。会议深入分析了城乡规划存在的主要问题，就提高规划严肃性、推进城乡规划体制改革、改进城市规划编制、强化规划实施监督、保护和传承城市历史文化、提升城市特色等提出有力措施。

【行政许可审批】 2014年，有11家城乡规划编制单位取得甲级资质，通过注册规划师初始注册登记7138人。

【开展监督检查】 开展《城乡规划违法违纪行为处分办法》贯彻落实情况专项检查，督促地方健全城乡规划领域廉政风险防控机制，严肃查处城乡规划违法违纪行为。组织完成党中央、国务院和住房城乡建设部领导批示交办的"陕西秦岭违规建别墅"、云南晋宁"古滇王国"等12起重点案件的调查；配合国家发展改革委参加高尔夫球场整治检查；加强与住房城乡建设部稽查办公室合作，及时分析研究各地在城乡规划实施过程中出现的新问题。

【城市总体规划编制、审批和实施情况】 组织召开5次城市总体规划部际联席会议，审议兰州、枣庄、衡阳等8个城市总体规划；将扬州、淄博、成都等11个城市总体规划上报国务院。完成北京、拉萨、徐州、鹤岗等7个城市总体规划修改的审查

认定，报请国务院同意拉萨、徐州、鹤岗3个城市正式启动城市总体规划修改；完成杭州、宁波、黄石等5个城市的城市总体规划修改方案审查，将宁波等3个城市总体规划修改方案上报国务院待批。

【省域城镇体系规划编制、审批和实施情况】 经国务院同意批复福建、新疆、安徽城镇体系规划。将江苏、云南省城镇体系规划审查情况上报国务院待批。明确省域城镇体系规划文本及图纸上报格式规范，开展省域城镇体系规划编制技术导则研究。

【加强推进新型城镇化相关工作】 参与国家发展改革委牵头组织的国家新型城镇化规划编制工作，推动国家新型城镇化规划出台。落实中办、国办分工要求，组织部内司局做好住房城乡建设部分工和落实工作；参与调整城市规模划分标准的工作。按照中央统一部署，与国家发展改革委等11部委联合下发关于开展国家新型城镇化试点工作的通知。参与大湄公河次区域经济合作城镇化工作组相关工作。

【推动京津冀、长江中游等重点区域协调发展】 完成京津冀协同发展空间布局专题研究。牵头组织开展京津冀城镇体系规划编制，统筹区域空间布局。完成长江经济带城镇发展布局研究的专题报告。对相关部门编制的国土规划、区域发展规划、生态文明建设、海洋功能区划、国家层面产业行业布局方案等相关文件和规划提出衔接意见。

【开展市县"多规合一"试点】 为贯彻落实党的十八大和十八届三中全会以及中央城镇化工作会议精神，推动市县经济社会发展规划、城乡规划、土地利用规划、生态环境保护规划"多规合一"，住房城乡建设部与国家发展改革委等4部委联合印发《关于开展市县"多规合一"试点工作的通知》，确定28个试点市县名单。其中，浙江省嘉兴市和德清县、安徽省寿县、福建省厦门市、广东省四会市、云南省大理市、陕西省富平县、甘肃省敦煌市等8市县为住房城乡建设部确定的国家试点市县。为规范和明确住房城乡建设部试点市县"多规合一"工作思路和方向，10月，召开市县"多规合一"试点工作座谈会，听取试点市县工作方案和进展情况汇报，讨论推动市县"多规合一"试点工作的指导意

见，明确试点工作要求。

【开展地下空间试点工作】 会同国家人防办开展城市地下空间规划、建设和管理研究与试点工作，选定浙江、吉林等8个试点省（区、市）开展试点。2014年，印发《关于试点城市开展地下空间规划、建设和管理工作的指导意见》（建规〔2014〕137号），指导试点城市建立地下空间规划体系，完善地下空间规划实施管理机制，建立地下空间规划建设管理部门协调制度，开展城市地下空间资源调查与评估，推进地下空间规划建设管理示范工程。督促试点省（区、市）开展相关政策法规研究，完成研究成果。委托编制城市地下空间开发利用发展"十三五"规划，开展《地下空间规划管理条例》前期研究。

【划定城市开发边界试点工作】 为落实中央城镇化工作会议要求，住房城乡建设部会同国土资源部共同开展城市开发边界划定工作，制定《划定城市开发边界试点工作方案》，选定北京、厦门、武汉等14个城市作为第一批试点城市。各试点城市基本完成开发边界划定初步方案。

【历史文化名城名镇名村保护】 2014年，国务院将黑龙江省齐齐哈尔市、浙江省湖州市公布为国家历史文化名城。截止到2014年底，国家历史文化名城达125个。2月，住房城乡建设部和国家文物局印发《关于公布第六批中国历史文化名镇（村）的通知》（建规〔2014〕27号），截止到2014年底，中国历史文化名镇名村达528个（名镇252个，名村276个）。组织专家考察广东省惠州市的国家历史文化名城申报工作。印发《关于开展中国历史文化街区认定工作的通知》（建规〔2014〕28号）、《关于加强历史文化名城名镇名村及文物建筑消防安全工作的指导意见》（公消〔2014〕99号）、《关于坚决制止破坏行为 加强保护性建筑保护工作的通知》（建规〔2014〕183号）等文件。2014年中央预算内投资约2.26亿元，补助19个省（自治区、直辖市）的国家历史文化名城中历史文化街区和中国历史文化名镇名村的基础设施改造和环境整治项目44个。

【积极推动生态城市等国际合作】 筹备组织中国和新加坡两国副总理共同主持召开的中新天津生态城联合协调理事会第七次会议。组织召开中新天津生态城联合工作委员会第六次会议。推动中新天津生态城建设国家绿色发展示范区实施方案出台。协调国家相关部委给予中新天津生态城新的支持政策。住房城乡建设部和国家发展改革委、天津市政府、国际经济交流中心共同组织召开第四届中国（天津滨海）·国际生态城市论坛和博览会，促进生态城市建设经验的交流。牵头促成武汉中法生态示范城合作项目的备忘录在习近平总书记访法时见证签署。

（住房和城乡建设部城乡规划司）

城市建设与市政公用事业

市政基础设施建设与人居环境

【指导城市地下管线普查，推进城市综合管廊试点】 报请国务院办公厅印发《关于加强城市地下管线建设管理的指导意见》（国办发〔2014〕27号），并组织宣传贯彻落实；会同有关部、局印发《关于开展城市地下管线普查工作的通知》及《城市地下管线普查工作指导手册》，指导城市地下管线普查。指导推进城市综合管廊试点，会同有关部门印发《关于开展中央财政支持地下综合管廊试点工作的通知》和《2015年地下综合管廊试点城市申报指南》，提出开展城市综合管廊试点工作要求。

【加强城市道路桥梁及照明管理】 指导地方做好城市桥梁安全检测和加固改造，推进城市桥梁管理信息系统建设。印发《关于加快城市道路桥梁建设改造的通知》（建城〔2014〕90号），研究制订《城市桥梁安全检测和管理信息系统建设导则（初稿）》。继续推进城市绿色照明，组织开展了《城市绿色照明发展模式》课题研究，研究制订体制机制、法规标准、规划设计、建设维护管理措施。

【加强城市燃气安全管理】 年内，对江苏、上海等省（区、市）开展城镇燃气安全专项检查，并会同住房城乡建设部工程质量安全监管司起草完成《油气输送管线（城镇燃气）安全专项排查报告》，报送国务院安委会。完成燃气经营许可政策。研究起草完成《燃气经营许可管理办法》《燃气经营企业从业人员专业培训考核管理办法》，已正式上报部领导审签。组织开展《城市燃气经营企业信息安全管理制度研究》《城市管道燃气发展现状和政策措施研究》，进一步推进城市管道燃气改革的政策措施，并完成了城市燃气行业外资进入情况的调查报告。与国家发展改革委、能源局制定了《关于印发天然气分布式能源示范项目实施细则的通知》（发改能源〔2014〕2382号）。

【加强城市大气污染防治工作】 落实《大气污染防治计划》要求，参与环保部起草并制定的《关于印发〈大气污染防治行动计划实施情况考核办法（试行）实施细则〉的通知》（环发〔2014〕107号）的工作。参与京津冀及周边地区、长三角区域大气污染联防联控工作，制定了住房城乡建设部贯彻《大气污染防治行动计划》城镇大气污染防治需求有关政策措施。与国家发展改革委等部门制定了《关于印发加强"车油路"统筹加快推进机动车污染综合防治方案的通知》（发改环资〔2014〕2368号）。

【加强城市地下管线建设管理】 6月14日，国务院办公厅发布《关于加强城市地下管线建设管理的指导意见》，指导地方建立综合管理机制。组织召开有关部门和军队单位参加的城市地下管线工作座谈会和部分城市地下综合管廊工作座谈会，起草《城市地下管廊情况的报告》和《城市地下综合管廊示范工作方案》。

园林绿化工作

2014年，以改善人居环境、服务广大百姓为出发点，以"建立长效机制、加强宣传培训、提升管理水平"为落实重点，全面贯彻落实党的十八大精神，大力推进生态文明建设，着力加强园林绿化立法和制标工作，进一步推进节约型、生态型、功能完善型园林绿化建设，持续改善城镇人居环境。

截至年底，全国城市建成区绿地面积180万公顷，城市公园绿地面积58.2万公顷，人均公园绿地面积13.08平方米，建成区绿地率36.29%。

【开展国家园林城市、县城、城镇和国家生态园林城市创建】 通过国家园林城市、县城、城镇和国家生态园林城市创建，加强对城镇园林绿化建设的监督、指导和服务。截至12月，已命名261个国家园林城市（区），134个国家园林县城和36个国家园林城镇。进一步完善提升城市园林绿化企业资质核准管理系统，规范城市园林绿化一级企业资质的申

报、审批和管理程序，完成了343家城市园林绿化企业一级资质核准工作。

【推进园林绿化行业规范化、标准化发展】 结合行业发展需求编辑出版《城市园林绿化工作手册》，协同完成并印发《海绵型城市建设技术指南》，组织编制完成《国家重点公园评价标准》、积极推进《城市绿地养护技术规范》和《城市园林绿化养护管理概算定额》等标准规范的制定和修订，促进园林绿化行业规范化、标准化发展。

【加强城市公园建设管理】 按照党的群众路线教育实践活动办公室的统一部署安排，全面清理整治公园中的私人会所。在专题调研、全面清理、专项检查的基础上，会同文化部等10个部门出台了《关于严禁在历史建筑、公园等公共资源中设立私人会所的暂行规定》。通过设立国家城市湿地公园，强化城市规划区内湿地资源及生物多样化保护工作。2014年共批准设立山西省孝义市胜溪湖湿地公园等4家国家城市湿地公园。

【组织国际性会议和展览】 积极筹备和举办国际性会议和展览，加大宣传力度，扩大城市园林绿化的社会认知度、参与度和影响力。组织招展、协助招展、过程跟踪到现场指导，全力协助武汉市做好第十届园博会各项筹备工作。组织专家评审、现场考察、综合评估，选定郑州市作为第十一届中国国际园林博览会承办城市。

以规划为引领、以命名国家城市湿地公园为手段，强化城市规划区内生物多样性保护工作。2014年共批准孝义市胜溪湖湿地公园等4家国家城市湿地公园，按照国家的部署安排，组织编制《城市园林绿化"十三五"发展规划》和《全国城市生态系统保护与发展规划》。

城镇供水工作

【强化城镇供水安全保障】 年内，会同国家发展改革委、卫生计生委、公安部印发《关于加强和改进城镇居民二次供水设施建设与管理 确保水质安全的通知》，鼓励供水企业将服务延伸至用户计量水表，对二次供水设施实施专业化管理。印发《关于进一步做好"全国城镇供水设施建设项目信息系统"信息填报工作的通知》，指导督促各地加快落实全国城镇供水设施改造与建设"十二五"规划目标要求。会同国家发展改革委制定全国城镇供水设施改造与建设"十三五"规划编制大纲和工作方案，组织开展十三五规划编制工作。依据《城镇供水规范化管理考核办法》，督促各地全面实施城镇供水规

范化管理考核工作，重点抽查了河北等 10 省 40 个市（县）。对全国 200 个县城自来水厂的出厂水和管网水实施水质督察。指导四川广元应对嘉陵江锑污染事件，保证城市供水不停水和水质达标。

【加强城市节水工作】 会同国家发改委印发《关于命名第七批（2014 年度）国家节水城市的通报》，命名常州等 8 个城市为第七批国家节水型城市。组织对北京、上海等 37 个国家节水型城市进行复核。印发《关于做好 2015 年全国城市节约用水宣传周工作的通知》，组织开展以"建设海绵城市，促进生态文明"为主题的城市节水宣传周活动。与国家发改委联合印发《关于请提供编制〈节水型社会建设"十三五"规划〉相关内容的通知》，为城市节水"十三五"规划提供支撑。制定发布《城市节水评价标准》，明确了城市节水的评价内容、原则和方法。

【推进海绵城市建设】 代国务院办公厅起草并由国务院办公厅印发了《关于推进海绵城市建设的指导意见》，明确海绵城市建设的目标、具体要求和措施。印发《海绵城市建设评价与绩效考核管理办法》，明确海绵城市建设评价方法。与国家开发银行印发《关于推进开发性金融支持海绵城市建设的通知》，与中国农业发展银行印发《关于推进政策性金融支持海绵城市建设的通知》，加大投融资支持。与财政部组织开展试点，中央财政给予奖励补助资金支持，确定 16 个试点城市，加强对试点城市指导和监督，及时总结经验和成效。在广西南宁等地举办多期海绵城市建设培训班，成立海绵城市建设专家指导委员会。

【推进城市黑臭水体整治】 组织编制并会同环保部印发《城市黑臭水体整治工作指南》，明确黑臭水体的判别标准、工作要求、技术体系和评估办法。开展黑臭水体整治工作培训，在北京等地对来自各级住房城乡建设部门及规划、设计等有关企事业单位 1400 余人进行培训。建立城市黑臭水体整治监管信息平台，印发《关于做好全国城市黑臭水体整治信息报送工作的通知》，实时掌握各地黑臭水体治理情况，印发《关于进一步加强城市黑臭水体信息报送和公布工作的通知》，建立"零报告"制度，督促各地公布黑臭水体信息。2015 年 12 月，在成都市召开工作部署会议，通报各地信息填报情况并对黑臭水体整治进行工作部署。

【加强城市排水防涝工作的指导】 印发《住房城乡建设部办公厅关于加强 2015 年城市排水防涝汛前检查工作的通知》，要求各地切实做好内涝隐患排查治理和应急等工作。印发《关于加强城市内涝信息共享和预警信息发布工作的通知》，指导各地住房城乡建设、气象部门加强城市内涝信息共享，并在北京、上海等地开展试点示范工作。印发《关于开展城市排水防涝检查工作的通知》，从设施建设维护、工作机制建设等方面提出具体要求，建立城市排查、省级核查、部级督查的工作制度。印发《关于限期报送城市排水防涝设施建设规划的紧急通知》，督促各地加快编制排水防涝设施建设规划，在全国各城市排水防涝设施建设规划的基础上，组织编制完成全国城市排水防涝设施建设规划。

【加强城镇排水与污水处理设施建设、监管及制度建立】 每季度对全国城镇污水处理设施建设和运行情况等进行通报，督促各地加快设施建设、提高运行效率。印发《城镇污水排入排水管网许可管理办法》《关于印发城镇污水排入排水管网许可证格式文本和城镇污水排入排水管网许可申请表推荐格式的通知》，组织开展培训，指导各地加快城市排水许可制度实施。与国家发改委、财政部联合印发《关于制定和调整污水处理费收费标准等有关问题的通知》，指导督促各地合理制定和调整污水处理收费标准，加大污水处理收费力度。印发《关于全面开展城镇排水与污水处理检查的通知》，重点对贯彻落实条例的制度建设、执行及执法能力建设等方面进行检查。制定《全国城镇污水处理及再生利用设施建设"十三五"规划》编制大纲和工作方案，着手编制"十三五"规划。

市容环境卫生工作

【提高清扫保洁水平】 2014 年，推广宁夏回族自治区中卫市"以克论净"经验，指导地方提高环卫保洁水平；落实《大气污染防治行动计划》要求，提高城市机械化清扫率。

【推进垃圾分类】 调研总结成都市锦江区、广汉市、中新生态城等垃圾分类做法，提出今后开展分类工作思路；会同发展改革委等部门下发《关于开展生活垃圾分类示范城市（区）工作的通知》（建城〔2014〕39 号），组织开展生活垃圾分类示范城市工作；会同商务部，开展废品回收和垃圾处理体系的衔接工作。

【加强餐厨垃圾处理】 联合国家发展改革委，在苏州召开餐厨垃圾试点城市现场会；确定 17 个城市为第四批餐厨垃圾资源化利用和无害化处理试点城市；总结襄阳市协同处理、苏州市收运处一体化等经验，指导各地完善餐厨垃圾全过程管理工作。

【启动建筑垃圾资源化工作】 配合九三学社开展建筑垃圾资源化调研，完成调研报告并上报；总结许昌市、邯郸市、深圳南科大等经验，指导各地有序开展资源化工作；联合国家发展改革委、工信部等部门，研究起草建筑垃圾资源化指导意见。

【加强行业能力建设】 组织开展"生活垃圾处理设施建设与运营管理培训"、"建筑垃圾资源化利用与处理培训"、"数字化城市管理应用技术培训"等多期业务培训，对市容环卫领域政策、标准、技术、经验等进行宣贯、讲解和交流，提升从业人员技术水平和业务能力。

【优秀环卫工人表彰】 1月，人力资源社会保障部、住房城乡建设部联合印发《关于表彰全国住房城乡建设系统先进工作者和劳动模范的决定》，表彰10名优秀环卫工人，授予劳动模范（先进工作者）称号。指导各地关注解决环卫工人生活困难，针对环卫工人在工作岗位上中暑身亡、因工受伤等事件，开展协调救助及慰问工作，推动有关政策的落实和完善。总结部分地区利用保障房解决环卫工人住房难的典型做法，推动各地落实《关于进一步保障环卫行业职工合法权益的意见》要求，努力解决环卫工人住房困难。

（住房和城乡建设部城市建设司）

村 镇 建 设

村镇建设进展情况

【概况】 2014年末，全国共有建制镇20401个（含城关镇），乡（苏木、民族乡、民族苏木）12282个。据17653个建制镇（不含城关镇）、11871个乡（苏木、民族乡、民族苏木）、679个镇乡级特殊区域和270.18万个自然村（其中村民委员会所在地54.67万个）统计汇总，村镇户籍总人口9.52亿。其中，建制镇建成区1.56亿，占村镇总人口的16.40%；乡建成区0.30亿，占村镇总人口的3.13%；镇乡级特殊区域建成区0.03亿，占村镇总人口的0.35%；村庄7.63亿，占村镇总人口的80.12%。

2014年末，全国建制镇建成区面积379.5万公顷，平均每个建制镇建成区占地215公顷，人口密度4937人/平方公里（含暂住人口）；乡建成区72.2万公顷，平均每个乡建成区占地61公顷，人口密度4428人/平方公里（含暂住人口）；镇乡级特殊区域建成区10.5万公顷，平均每个镇乡级特殊区域占地155公顷，人口密度3661人/平方公里（含暂住人口）。

【规划管理】 2014年末，全国已编制总体规划的建制镇16417个，占所统计建制镇总数的93.0%，其中本年编制1561个；已编制总体规划的乡9060个，占所统计乡总数的76.3%，其中本年编制761个；已编制总体规划的镇乡级特殊区域491个，占所统计镇乡级特殊区域总数的72.3%，其中本年编制35个；已编制村庄规划的行政村322403个，占所统计行政村总数的59.0%，其中本年编制20674个。2014年全国村镇规划编制投入达35.47亿元。

【建设投入】 2014年，全国村镇建设总投入16101亿元。按地域分，建制镇建成区7172亿元，乡建成区671亿元，镇乡级特殊区域建成区171亿元，村庄8088亿元，分别占总投入的44.5%、4.2%、1.1%、50.2%。按用途分，房屋建设投入12559亿元，市政公用设施建设投入3542亿元，分别占总投入的78%、22%。

在房屋建设投入中，住宅建设投入8997亿元，公共建筑投入1351亿元，生产性建筑投入2212亿元，分别占房屋建设投入的71.6%、10.8%、17.6%。

在市政公用设施建设投入中，供水406亿元，道路桥梁1545亿元，分别占市政公用设施建设总投入的11.5%和43.6%。

【房屋建设】 2014年，全国村镇房屋竣工建筑面积11.56亿平方米，其中住宅8.53亿平方米，公共建筑1.08亿平方米，生产性建筑1.95亿平方米。2014年末，全国村镇实有房屋建筑面积378.05亿平方米，其中住宅317.75亿平方米，公共建筑24.12亿平方米，生产性建筑36.18亿平方米，分别占84.0%、6.4%、9.6%。

2014年末，全国村镇人均住宅建筑面积33.37平方米。其中，建制镇建成区人均住宅建筑面积34.55平方米，乡建成区人均住宅建筑面积31.22平方米，镇乡级特殊区域建成区人均住宅建筑面积33.47平方米，村庄人均住宅建筑面积33.21平方米。

【公用设施建设】　在建制镇、乡和镇乡级特殊区域建成区内，年末实有供水管道长度54.99万公里，排水管道长度17.12万公里，排水暗渠长度8.76万公里，铺装道路长度40.66万公里，铺装道路面积28.30亿平方米，公共厕所15.06万座。

2014年末，建制镇建成区用水普及率82.77%，人均日生活用水量98.68升，燃气普及率47.8%，人均道路面积12.6平方米，排水管道暗渠密度5.94公里/平方公里，人均公园绿地面积2.39平方米。乡建成区用水普及率69.26%，人均日生活用水量83.08升，燃气普及率20.3%，人均道路面积12.6平方米，排水管道暗渠密度3.83公里/平方公里，人均公园绿地面积1.07平方米。镇乡级特殊区域建成区用水普及率86.95%，人均日生活用水量82.76升，燃气普及率50.3%，人均道路面积15.95平方米，排水管道暗渠密度5.25公里/平方公里，人均公园绿地面积3.15平方米。

2014年末，全国62.5%的行政村有集中供水，9.98%的行政村对生活污水进行了处理，63.98%的行政村有生活垃圾收集点，48.18%的行政村对生活垃圾进行处理。

镇、乡、村庄规划的编制和实施

【村庄、镇、县域乡村建设规划试点】　2014年，印发了《关于做好2014年村庄规划、镇规划、县域村镇体系规划试点工作的通知》（建村函〔2014〕44号），探索符合农村实际的村镇规划编制理念、内容和方法，共确定14个村庄规划、19个镇规划和7个县域乡村建设规划试点，并给予资金支持。

【乡村建设规划许可】　按照《城乡规划法》对乡村建设规划许可作出的规定，2014年住房城乡建设部印发《乡村建设规划许可实施意见》，明确乡村建设许可的适用范围、内容、主体，规范许可的实施程序，提出许可的保障措施，强化了对农房等乡村建设的管理手段。实施意见明确，在乡、村庄规划区内，进行农村村民住宅、乡镇企业、乡村公共设施和公益事业建设，应按要求申请办理乡村建设规划许可证。对未办理或未按乡村规划建设许可证要求进行建设的要严格依法处理。

【队伍建设】　针对我国部分乡镇缺乏规划建设管理机构，管理人员专业知识不足、水平较低的问题，2013年住房城乡建设部印发了《关于加强乡镇

建设管理员队伍建设的通知》（建村〔2013〕49号），要求对还未配备专职乡镇建设管理员的乡镇尽快配备1名以上专职乡镇建设管理员，承担农村建设的指导与管理具体任务。为加强对乡镇建设管理员的信息管理，住房城乡建设部还建设了乡镇管理员信息系统，要求各地采集乡镇建设管理员信息并录入信息系统。截至2014年底，信息系统中已登记录入专职乡镇建设管理员3.3万人，设有规划建设管理机构的乡镇比例达到82%。

【规划理论研讨】　9月25～26日，住房城乡建设部县镇建设管理办公室主办、宁夏回族自治区住房城乡建设厅承办的"第一届全国村镇规划理论与实践研讨会"在银川市召开。研讨会以"加强村镇规划管理，促进村镇人居环境改善"为主题面向全国征集论文，选出133篇收录入论文集，其中46篇优秀论文在大会发言。住房城乡建设部村镇建设司司长赵晖发表了《大力推进实用性村庄规划的编制和实施》的主旨演讲，他指出要结合当前我国农村建设的主要任务，不同类型的村庄要以好编、好懂、好用为标准确定规划内容。全国各省（自治区、直辖市）住房和城乡建设厅、各相关科研机构、高等院校和规划设计单位的专家学者、村镇规划工作者500多人参加了研讨会。

农村危房改造和农房建设指导

【继续实施农村危房改造】　6月，住房城乡建设部会同国家发展改革委、财政部印发《关于做好2014年农村危房改造工作的通知》，明确中央补助标准为户均7500元，对贫困地区每户增加补助1000元，对陆地边境一线和建筑节能示范户每户增加补助2500元。随后，财政部牵头下达了分省改造任务和补助资金。2014年中央补助资金总盘子230亿元，总任务为266万户，其中：贫困地区任务105万户、边境一线15万户、建筑节能14万户。11月，住房城乡建设部会同相关部门启动对各省落实当年农村危房改造政策和中央下达任务及资金使用情况的绩效评价，12月底完成。

【实施以船为家渔民上岸安居工程】　2013年起，住房城乡建设部、国家发展改革委、农业部、国土资源部启动了以船为家渔民上岸安居工程，用3年时间基本完成全国以船为家渔民上岸安居。2014年，中央安排5亿元补助资金，支持江苏、浙江、安徽、福建、湖南、湖北、广西、四川、重庆等9个省区市、2.69万户以船为家渔民上岸安居。

【现代夯土绿色民居示范】　2011年起，住房城

乡建设部支持西安建筑科技大学研究团队,完成现代夯土建造技术的研究开发,并形成一套适合于我国绝大多数拥有生土建造传统的农村地区的现代夯土民居建造技术体系。2014年,《新型夯土绿色民居建造技术指导图册》由中国建筑工业出版社出版。截至2014年底,已在四川、甘肃、河北、新疆、江西五地共建成现代夯土绿色民居示范47栋,村民活动中心1座。

【田园建筑优秀实例推荐】 为鼓励和引导优秀设计师、艺术家等专业人员参与乡村建设,提高乡村建筑建设水平,7月,住房城乡建设部印发《关于推荐田园建筑优秀实例的通知》(建村函〔2014〕187号),组织开展田园建筑优秀实例推荐工作。

改善农村人居环境工作

【加强政策指导】 2013年全国改善农村人居环境工作会议(浙江桐庐)召开后,住房城乡建设部会同相关部门完成了《关于改善农村人居环境的指导意见》代拟工作,该指导意见于2014年5月由国务院办公厅印发。7月,住房城乡建设部会同相关部门印发《关于落实〈国务院办公厅关于改善农村人居环境的指导意见〉有关工作的通知》,提出省级规划编制和报送、加强工作指导、开展监督检查、做好人居环境调查与评价、报告年度工作情况等具体要求。同时,组织《指导意见》解读和政府网在线访谈。

【开展监督检查】 按照《关于改善农村人居环境的指导意见》有关要求,住房城乡建设部牵头汇总整理了31个省区市和新疆生产建设兵团落实桐庐会议和《指导意见》的情况,总结各地工作开展情况,形成关于改善农村人居环境工作总体情况的汇报,在中央农村工作领导小组第4次会议上作了报告。对于工作进展较慢的省,住房城乡建设部等部门联合开展了督促检查。

【开展全国农村人居环境统计评价】 2014年,住房城乡建设部启动对全国所有行政村人居环境的逐村实地调查,每年采集道路硬化、集中供水、垃圾处理、污水治理、村庄绿化等人居环境基本信息,重要信息还要求附照片,并建立信息系统。

农村生活垃圾治理和污水处理

【启动农村生活垃圾治理5年专项行动】 11月18日,住房城乡建设部召开全国农村生活垃圾治理工作电视电话会议,推广四川、山东等地农村生活垃圾治理经验,部署全面推进农村生活垃圾治理工作,提出启动农村生活垃圾5年专项治理,使全国90%村庄的生活垃圾得到处理。住房城乡建设部部长陈政高和副部长王宁作了动员部署。各级住房城乡建设部门和县级人民政府负责人参加会议。会议指出,治理农村生活垃圾意义重大,各地要主动作为,勇于担当,领导亲自抓,固定经费来源,推行源头减量,稳定村庄保洁队伍,动员农民广泛参与。这项工作得到各地积极响应,全国所有省(区、市)都提交了5年内实现90%村庄的生活垃圾得到处理的计划。

【建立农村垃圾治理联合推进机制】 农村生活垃圾治理5年专项行动启动后,住房城乡建设部、中农办、文明办、国家发展改革委、财政部、环境保护部、农业部、商务部、全国爱卫办、全国妇联等建立了农村垃圾治理10部门联合推进机制。

【加强农村污水治理技术指导】 在总结江苏省常熟市开展城乡污水统筹治理试点及其他地方先进经验的基础上,2014年住房城乡建设部印发了《县(市)域城乡污水统筹治理导则(试行)》,指导有条件的地区构建城乡一体的污水处理体系,促进城市污水处理设施和服务向农村延伸。组织编制《农村污水治理十大适宜技术指南》,组织管理、技术人员赴国外学习其他国家农村污水治理技术体系和管理体系。

传统村落和传统民居保护

【完善传统村落名录】 2014年住房城乡建设部会同相关部门公布了第三批994个中国传统村落,加上2012年和2013年公布的两批1561个,三批合计达2555个。同时,各省相关部门建立了省级传统村落名录,有条件的市县建立了市县级传统村落名录,将有一定保护价值、尚未列入中国传统村落名录的村落列入地方传统村落名录。

【加强传统村落保护支持和指导】 2014年住房城乡建设部会同相关部门印发《关于切实加强中国传统村落保护的指导意见》,明确中央财政统筹农村环境保护等专项资金对中国传统村落保护予以支持;公布两批600个列入中央财政支持范围的中国传统村落名单,补助资金25亿元已拨付到地方;印发《关于做好中国传统村落保护项目实施工作的意见》,防止传统村落保护项目实施中出现盲目建设、过度开发、改造失当等修建性破坏。

【开展首次传统民居调查】 2014年住房城乡建设部组织住建系统、相关专家和技术人员完成了全国首次传统民居调查,归纳整理出599种传统民居类型，编辑出版我国第一部体系完善的《中国传统民居类型全集》，较精准地展现出各地传统建筑的地域性和民族性，是指导当代城乡建设、传承优秀传统建筑文化的重要依据和史料。

【加大培训和宣传力度】 2014年住房城乡建设部组织中央媒体对传统村落保护进行实地采访，新华社做了16篇连续报道，转载媒体达200多家，中央电视台、人民日报、中国建设报等进行了专题报道。配合中宣部拍摄了百集大型宣传纪录片《记住乡愁》。组织对传统村落所在镇村干部、档案和规划编制技术人员等进行专题培训，受训人员总数已超过4000人。

小城镇和全国重点镇建设

【公布全国重点镇名单】 按照《国家新型城镇化规划（2013～2020年）》"有重点地发展小城镇"的要求，7月，住房城乡建设部与国家发展改革委、财政部、国土资源部、农业部、民政部、科技部出台《关于公布全国重点镇名单的通知》（建村〔2014〕107号），公布了3675个全国重点镇名单，作为今后各地各有关部门扶持小城镇发展的优先支持对象。

【开展建制镇示范试点】 2014年，财政部、国家发展改革委、住房城乡建设部启动建制镇示范试点工作，试点主要内容为探索城乡发展一体化体制机制，创新建制镇投融资体制，完善公共服务供给体制，优化产业发展环境。中央财政安排补助资金支持建制镇示范试点工作，每个试点镇支持年限一般为3年。第一批试点全国共90个。

【开展小城镇宜居小区示范】 为改善小城镇居住环境，促进宜居小城镇建设，2014年住房城乡建设部印发《关于开展小城镇宜居小区示范工作的通知》（建村〔2014〕50号），开展小城镇宜居小区示范工作，研究制定宜居小区申报标准，组织各地推荐示范项目，组织专家进行评审，并对入选项目进行现场核查，最终将苏州市吴中区甪直镇龙潭苑、龙潭嘉苑等8个小区列入第一批小城镇宜居小区示范名单。

【开展宜居小镇、宜居村庄示范】 2014年住房城乡建设部开展第二批宜居小镇、宜居村庄示范建设工作，宜居小镇示范内容包括风景宜居、街区宜居、功能宜居、生态宜居、生活宜居五个方面，宜居村庄示范内容包括田园宜居、村庄宜居、生活宜居三个方面。公布了两批53个宜居小镇、73个宜居村庄示范名单，为地方村镇建设提供了示范和样板。

【开展特色景观旅游名镇名村示范】 2013年住房城乡建设部开展了第三批全国特色景观旅游名镇名村示范工作，2014年组织专家对各地上报的388个推荐镇、村开展第三批特色景观旅游名镇名村示范评审工作，形成包括北京市门头沟区潭柘寺镇、天津津南区小站镇等337个拟列入第三批特色景观旅游名镇名村示范的镇村名单。

大别山片区扶贫

2014年住房城乡建设部组织开展了第二批大别山片区住房城乡建设系统干部赴东部地区挂职锻炼工作，协调东部8省市予以支持，安排大别山片区36县（市）及青海湟中、大通2县和江西吉安县38名干部赴东部进行了为期半年的挂职锻炼。继续做好对口支援赣南苏区吉安县相关工作。

（住房和城乡建设部村镇建设司）

工程建设标准定额

【2014年工程建设标准、造价基本情况】 2014年，住房和城乡建设部标准定额司紧紧围绕党中央国务院决策部署及住房城乡建设中心工作，积极推进标准定额改革，认真落实各项工作任务，大力加强干部作风建设，严格执行中央八项规定，圆满完成了各项任务，成果显著，为标准定额全面深化改革奠定了坚实基础。截至12月底，批准发布标准规范306项，其中工程建设国家标准161项，行业标准65项，城建建工产品标准80项；工程项目建设标准4项。完成地方标准备案405项，行业标准备案244项，另外，完成国家标准化管理委员会下达的27项产品国标编制任务。组织完成341家乙级工程造价咨询企业晋升甲级资质，10041名造价工程师初始注册等工作。

【统筹全局，做好标准定额改革顶层设计】 一是适应依法治国和市场经济发展需要，研究推进工程建设标准体制改革。着力解决标准规范建设滞后于现实发展需要等问题，合理定位强制性标准与推荐性标准的项目布局、制定范围、法律效力，组织相关单位研究提出各行业、各领域工程建设全文强制标准体系，逐步建立国家工程建设全文强制标准体系，形成中国特色技术法规体系。截至12月底，已完成城乡规划、城镇建设、房屋建筑三个领域全文强制标准项目表初稿。二是贯彻落实党的十八届三中全会精神，完善市场决定工程造价机制，印发了《住房城乡建设部关于进一步推进工程造价管理改革的指导意见》。到2020年，健全市场决定工程造价机制，建立与市场经济相适应的工程造价管理体系；完成国家工程造价数据库建设，构建多元化工程造价信息服务方式；完善工程计价活动监管机制，推行工程全过程造价服务；改革行政审批制度，建立造价咨询业诚信体系，形成统一开放、竞争有序的市场环境；实施人才发展战略，培养与行业发展相适应的人才队伍。并明确了实现目标的八项重点任务和三十六条措施等。三是发挥标准约束和引导作用，推动标准全面有效实施，印发《住房城乡建设部关于进一步加强工程建设标准实施监督工作的指导意见》。通过进一步加强工程建设标准实施监督工作，充分发挥标准在落实国家方针政策、保证工程质量安全、维护人民群众利益等方面的引导约束作用。明确标准实施的重点领域，在完善强制性标准监督检查机制、建立标准实施信息反馈机制、加强标准解释咨询工作、推动标准实施监督信息化工作、加大标准宣贯培训力度、规范标准备案管理、逐步建立标准实施情况评估制度、加强施工现场标准员管理等八个方面提出了工作要求。四是简化行政审批事项。按照《国务院关于取消和下放一批行政审批项目的决定》要求，取消"采用不符合工程建设强制性标准的新技术、新工艺、新材料核准"行政许可。优化工程造价咨询企业资质管理。将甲级工程造价咨询企业资质认定中的延续、变更、注销等事项交由省级住房城乡建设主管部门负责，并研究电子化审批，方便企业申报；降低资质标准，简化审批材料，增加每年审批频次，缩短专家评审时间。

【注重落实，扎实推动标准定额改革】 贯彻中央城镇化工作会议精神，落实国家新型城镇化规划，印发《住房城乡建设部关于落实国家新型城镇化规划完善工程建设标准体系的意见》。到2020年，涉及新型城镇化的各专业标准划分更加合理，基础通

用与专用标准层级更加分明，服务国家战略部署的主题标准体系更加完善；各级各类标准基本健全，基本覆盖城镇建设各环节，满足城乡规划、建设与管理的实际需要；标准与市场结合更加紧密，标准项目动态调整更加及时，标准编制与科技成果联动性显著增强，技术水平与经济社会发展水平更加匹配。并明确了实现目标的指导思想、工作原则、五项重点任务和五条主要措施等。

构建国家工程建设标准体系框架。紧紧围绕经济社会发展和市场需求，坚持科学发展，统筹兼顾，完成标准体系综合统一，实现标准体系涵盖工程建设全领域和全过程、专业体系与主题体系相结合目标，形成层级清晰、衔接协调、状态准确的开放式、动态管理的标准体系。

开展清单计价实施情况监督检查，贯彻落实国家标准规定。全面检查2013版《建设工程工程量清单计价规范》系列国家标准颁布后实施招投标的建设工程，重点检查房屋建筑和市政基础设施工程，以及建设、设计、施工、招标代理、造价咨询等单位执行强制性条文的情况。并派出4个检查组分别对8个省（自治区、直辖市）进行抽查，督促各省进一步提高工程量清单计价制度执行力度。

信息化建设进一步加强。构建"国家工程建设标准体系"数据库及信息平台，建立项目信息和管理信息系统，实现标准体系动态维护、实时查询。启动国家工程造价数据库建设工作，为进一步加强工程造价数据积累、更新技术手段，以及工程造价指数指标编制奠定基础。整合造价咨询企业、注册造价工程师管理系统和统计系统，搭建统一信用信息平台，为构建工程造价咨询业及注册造价工程师诚信体系奠定基础。

检验检测认证机构整合工作进展顺利。按照《国务院办公厅转发中央编办质检总局关于整合检验检测认证机构实施意见的通知》要求，为适应住房城乡建设全面深化改革和发展需要，充分发挥检验检测认证机构保障工程质量安全的作用，规范检验检测认证市场秩序，加强对检验检测认证工作指导，引导各机构做大做强，构建传递信任的渠道。在对住房城乡建设部归口指导的四家认证机构调研的基础上，完成了《国家级建筑工程检验检测认证机构整合工作方案》。

【依法行政，完善标准定额管理规章制度】 建立标准报批审核进度月度统计制度、协调会议制度，完善标准报批审核工作流程，明确审核人员的项目责任分工，加快报批进度，提高工作效率和质量。

修订《工程造价咨询企业管理办法》，进一步深化造价咨询行业改革，解决行业中存在的突出问题，已送部法规司征求有关方面意见。会同财政部修订《建设工程价款结算暂行办法》，明确各类型工程结算规则，细化结算程序，进一步规范建设工程价款结算行为，并调研办法执行的情况。制定《建设工程定额管理办法》，进一步理顺全国统一定额与行业定额及地方定额的层次、应用范围，规范各类定额表现形式及编修程序，建立定额修订补充管理制度，完成报批稿。制定《工程造价信息化管理办法》，进一步加强工程造价信息化工作，明确信息化工作内容和部、省、地市三级信息化管理的职责，健全和完善信息标准，保证信息质量，更好服务市场，完成送审稿。制定《工程建设标准解释管理办法》，规范工程建设标准解释工作，科学准确、公正规范解释标准规定的依据、含义以及适用条件等。印发《关于进一步规范工程建设地方标准备案工作的通知》，规范地方标准备案工作，提高备案质量和效率。制定《工程建设标准宣贯培训管理办法》，明确工程建设培训责任主体，规范培训行为，保证培训质量，发挥规范有序的主渠道作用。

【重要标准加快编制】　标准规范制定围绕国家经济社会发展重点，积极贯彻落实国家重点任务分工。在提高节能减排水平、防治内涝能力方面，发布《水泥窑协同处置垃圾工程设计规范》《室外排水设计规范》等，开展《污水再生利用工程设计规范》《建筑碳排放计算标准》《城市雨水调蓄工程技术规范》《城市用地竖向规划规范》等标准的制定修订工作；在促进可再生能源应用和新能源汽车推广方面，发布《光伏发电接入配电网设计规范》《电动汽车充电站设计规范》等，开展《民用建筑太阳能光伏系统应用技术规范》《海上风力发电场设计规范》《城市停车规划规范》《城市电力规划规范》等标准的制定修订工作；在落实绿色建筑行动方面，发布《绿色建筑评价标准》《预拌混凝土绿色生产及管理技术规程》等，开展《绿色生态城区评价标准》《绿色校园评价标准》等标准的制定修订工作。

工程造价定额标准修编全面开展。在工程计价依据方面，为适应新时期工程建设的需要，开展了全国统一定额共5套25册修编，完成送审稿。在工程造价信息化服务方面，为奠定各类工程造价软件的开发应用中数据互联互通的技术基础，开展《工程造价数据交换标准》的编制，完成征求意见稿。在工程造价咨询业监管方面，为引导合同双方公平合理签订合同，引导合同双方明确各自权利义务，

减少纠纷，开展了《建设工程造价咨询合同（示范文本）》修订；发布《建设工程造价咨询规范》，制定《建设工程造价鉴定规范》（完成征求意见稿），制定《建设项目工程结算编审规范》（完成初稿审查）。

【地方标准全面复审】　为了解地方标准现状，促进地方标准持续健康发展，提高地方标准的时效性，组织各省、自治区、直辖市对2009年以前发布的地方标准进行全面复审，共复审地方标准1404项。

【标准中译英持续开展】　按照成体系、成规模、系列配套的工作原则，以中国参与国际市场的重点领域和重大项目为目标，组织开展工程建设标准英文版整体翻译，推进中国标准服务国际工程。在抓紧城建、建工、电力、石化、冶金123项标准中译英的基础上，增加水利、通信、电子行业22项标准中译英。

【落实稳增长促改革调结构惠民生政策】　为落实《国务院关于化解产能严重过剩矛盾的指导意见》部署，与工信部联合印发《关于推广应用高性能混凝土的若干意见》，开展推广应用高性能混凝土宣传，编发《高性能混凝土应用技术指南》，并进行全国师资培训。为做好2014年《政府工作报告》部门分工重点工作，促进信息消费，实施"宽带中国"战略，与工信部联合印发《关于开展2014年光纤到户国家标准贯彻实施情况监督检查工作的通知》，对光纤到户国家标准执行情况进行全面检查，并组织专家组对8个省进行抽查。为推进养老服务设施建设，按照《国务院关于加快养老服务业发展的若干意见》要求和任务分工，与有关部门联合印发《住房城乡建设部等部门关于加强养老服务设施规划建设工作的通知》和《住房城乡建设部等部门关于加强老年人家庭及居住区公共设施无障碍改造工作的通知》，对海南、辽宁等省养老服务设施建设情况进行调研，并举办养老服务设施建设标准规范全国培训班。

【加快推进无障碍环境市县创建工作】　无障碍设施建设是提升残疾人、老年人生活品质，维护残疾人、老年人合法权益的重要工作。自2013年部署创建无障碍环境市县工作以来，各地普遍开展了相关工作。2014年加强创建工作指导，召开工作座谈会，总结经验，分析问题，部署任务，明确安排，推动各地加快无障碍市县创建工作。此外还开展了农村无障碍环境建设情况调研，参加"京津冀推进无障碍环境建设座谈会"并调研天津等地无障碍环境建设情况。

【工程建设标准化研究】　科学民主做好标准规

范立项研究论证。为做好 2015 年标准规范编制计划编制工作，通过互联网面向社会公开征集标准项目，组织各行业、各专业标准化技术委员会、标准定额研究所及有关专家，共同逐项研讨申报项目的必要性、可行性，并将计划草案征求各有关部门、行业、单位的意见，同时在互联网向社会公示，充分广泛听取各方意见建议，提高立项的科学性、民主性、时效性。

研究办理人大建议和政协提案，回应社会关切。对人大代表、政协委员提出的有关建筑寿命、建筑节能、防火及保温材料、油气管道安全、工业化、高强钢筋应用、道路交通、男女厕位比例、村镇建设等建议、提案，组织有关专家进行研究，提出改进意见。

落实国务院和住房城乡建设部领导的批示要求，对玻璃幕墙建设管理情况进行专题调研和专家论证，与国家安全监督总局联合印发《关于加强玻璃幕墙安全防护工作的通知》。

开展高强钢筋集中加工配送标准技术研究，并开展相应的调研工作，启动推广高强钢筋集中加工配送指导性文件起草。为加强重点标准的实施，组织标准定额研究所等单位开展了《建筑外墙外保温产品系列标准技术指南》《绿色工业建筑评价标准实施指南》和《预拌混凝土绿色生产及管理技术规程实施指南》的编写工作。完成建筑工业标准体系研究报告，并启动钢结构建筑成套技术与标准研究工作。

【工程造价管理研究】 根据住房城乡建设事业"十三五"规划的总体安排，启动《工程造价行业"十三五"规划》制定工作。为加强清单和定额编修的顶层设计，减少交叉矛盾，更好地开展清单和定额的编修工作，启动了建设工程工程量清单体系和定额体系研究。完成"建筑业'营改增'对工程造价及计价体系影响"研究，并按照增值税基本计算规则，确立了量价分离的技术方案，作为政策储备。开展工程造价咨询诚信体系建设的课题研究，并完成《工程造价咨询企业及注册造价师信用档案管理办法》初稿。完成工程造价咨询业行政许可制度改革研究及中外计价模式对比研究。启动 BIM 技术对工程造价管理的影响研究和工程造价专业人才培养与发展战略研究。

【党政机关办公用房建设标准】 落实贯彻执行中央八项规定有关工作方案，按照中共中央办公厅、国务院办公厅《关于党政机关停止新建楼堂馆所和清理办公用房的通知》要求，经党中央、国务院批准，与国家发展改革委共同批准发布《党政机关办公用房建设标准》，并配合中共中央办公厅、国务院办公厅参与了办公用房清理整改工作有关文件的起草。同时会同国家机关事务管理局开展了"《中央国家机关办公用房维修标准》修订"工作。党政机关办公用房技术文件的制修订，有力支撑了中央八项规定的贯彻执行。

【2014 年批准发布的国家标准】 见表 1。

2014 年批准发布的国家标准 表 1

序号	标准名称	标准编号	公告号	发布日期	实施日期
1	建筑日照计算参数标准	GB/T 50947—2014	第 294 号	2014-1-9	2014-8-1
2	橡胶坝工程技术规范	GB/T 50979—2014	第 297 号	2014-1-9	2014-8-1
3	压缩空气站设计规范	GB 50029—2014	第 296 号	2014-1-9	2014-8-1
4	露天煤矿工程质量验收规范	GB 50175—2014	第 300 号	2014-1-9	2014-8-1
5	水电工程设计防火规范	GB 50872—2014	第 289 号	2014-1-9	2014-8-1
6	防火卷帘、防火门、防火窗施工及验收规范	GB 50877—2014	第 291 号	2014-1-9	2014-8-1
7	水泥窑协同处置垃圾工程设计规范	GB 50954—2014	第 295 号	2014-1-9	2014-8-1
8	有色金属矿山井巷安装工程质量验收规范	GB 50961—2014	第 290 号	2014-1-9	2014-8-1
9	铜加工厂工艺设计规范	GB 50962—2014	第 292 号	2014-1-9	2014-8-1
10	硫酸、磷肥生产污水处理设计规范	GB 50963—2014	第 299 号	2014-1-9	2014-8-1
11	冶金烧结球团烟气氨法脱硫设计规范	GB 50965—2014	第 298 号	2014-1-9	2014-8-1
12	焦化机械设备安装规范	GB 50967—2014	第 293 号	2014-1-9	2014-8-1
13	露天煤矿工程施工规范	GB 50968—2014	第 288 号	2014-1-9	2014-8-1

第三篇

第
三
篇

序号	标准名称	标准编号	公告号	发布日期	实施日期
14	建筑工程绿色施工规范	GB/T 50905—2014	第 321 号	2014-1-29	2014-10-1
15	小水电电网安全运行技术规范	GB/T 50960—2014	第 318 号	2014-1-29	2014-10-1
16	小型水电站运行维护技术规范	GB/T 50964—2014	第 322 号	2014-1-29	2014-10-1
17	爆炸危险环境电力装置设计规范	GB 50058—2014	第 319 号	2014-1-29	2014-10-1
18	电气装置安装工程 电力变流设备施工及验收规范	GB 50255—2014	第 320 号	2014-1-29	2014-10-1
19	砌体结构工程施工规范	GB 50924—2014	第 313 号	2014-1-29	2014-10-1
20	电动汽车充电站设计规范	GB 50966—2014	第 325 号	2014-1-29	2014-10-1
21	装饰石材矿山露天开采工程设计规范	GB 50970—2014	第 323 号	2014-1-29	2014-10-1
22	钢铁企业余能发电机械设备工程安装与质量验收规范	GB 50971—2014	第 324 号	2014-1-29	2014-10-1
23	循环流化床锅炉施工及质量验收规范	GB 50972—2014	第 315 号	2014-1-29	2014-10-1
24	联合循环机组燃气轮机施工及质量验收规范	GB 50973—2014	第 314 号	2014-1-29	2014-10-1
25	消防给水及消火栓系统技术规范	GB 50974—2014	第 312 号	2014-1-29	2014-10-1
26	交流电气装置的过电压保护和绝缘配合设计规范	GB/T 50064—2014	第 362 号	2014-3-31	2014-12-1
27	兵器工业工厂废水监控规范	GB/T 50503—2014	第 367 号	2014-3-31	2014-12-1
28	建筑地基基础术语标准	GB/T 50941—2014	第 366 号	2014-3-31	2014-12-1
29	铀浓缩工厂工艺水管道工程施工及验收规范	GB/T 50975—2014	第 372 号	2014-3-31	2014-12-1
30	继电保护及二次回路安装及验收规范	GB/T 50976—2014	第 369 号	2014-3-31	2014-12-1
31	化学工程节水设计规范	GB/T 50977—2014	第 370 号	2014-3-31	2014-12-1
32	电子工业工程建设项目设计文件编制标准	GB/T 50978—2014	第 360 号	2014-3-31	2014-12-1
33	电力调度通信中心工程设计规范	GB/T 50980—2014	第 359 号	2014-3-31	2014-12-1
34	低、中水平放射性废物处置场岩土工程勘察规范	GB/T 50983—2014	第 371 号	2014-3-31	2014-12-1
35	电气装置安装工程 低压电器施工及验收规范	GB 50254—2014	第 368 号	2014-3-31	2014-12-1
36	储罐区防火堤设计规范	GB 50351—2014	第 364 号	2014-3-31	2014-12-1
37	城市轨道交通结构抗震设计规范	GB 50909—2014	第 365 号	2014-3-31	2014-12-1
38	钢管混凝土结构技术规范	GB 50936—2014	第 361 号	2014-3-31	2014-12-1
39	石油化工工厂布置设计规范	GB 50984—2014	第 363 号	2014-3-31	2014-12-1
40	粉煤灰混凝土应用技术规范	GB/T 50146—2014	第 405 号	2014-4-15	2015-1-1
41	绿色建筑评价标准	GB/T 50378—2014	第 408 号	2014-4-15	2015-1-1
42	大型螺旋塑料管道输水灌溉工程技术规范	GB/T 50989—2014	第 404 号	2014-4-15	2015-1-1
43	立式圆筒形钢制焊接储罐施工规范	GB 50128—2014	第 401 号	2014-4-15	2015-1-1
44	内河通航标准	GB 50139—2014	第 407 号	2014-4-15	2015-1-1
45	电气装置安装工程 66kV 及以下架空电力线路施工及验收规范	GB 50173—2014	第 409 号	2014-4-15	2015-1-1

序号	标准名称	标准编号	公告号	发布日期	实施日期
46	建设工程施工现场供用电安全规范	GB 50194—2014	第406号	2014-4-15	2015-1-1
47	建筑防腐蚀工程施工规范	GB 50212—2014	第400号	2014-4-15	2015-1-1
48	铅锌冶炼厂工艺设计规范	GB 50985—2014	第398号	2014-4-15	2015-1-1
49	干法赤泥堆场设计规范	GB 50986—2014	第399号	2014-4-15	2015-1-1
50	有色金属工业环境保护工程设计规范	GB 50988—2014	第402号	2014-4-15	2015-1-1
51	加气混凝土工厂设计规范	GB 50990—2014	第403号	2014-4-15	2015-1-1
52	盐渍土地区建筑技术规范	GB/T 50942—2014	第417号	2014-5-16	2015-2-1
53	冷轧电工钢工程设计规范	GB/T 50997—2014	第421号	2014-5-16	2015-2-1
54	矿物掺合料应用技术规范	GB/T 51003—2014	第416号	2014-5-16	2015-2-1
55	构筑物抗震鉴定标准	GB 50117—2014	第423号	2014-5-16	2015-2-1
56	网络互联调度系统工程技术规范	GB 50953—2014	第418号	2014-5-16	2015-2-1
57	埋地钢质管道直流干扰防护技术标准	GB 50991—2014	第419号	2014-5-16	2015-2-1
58	石油化工工程地震破坏鉴定标准	GB 50992—2014	第420号	2014-5-16	2015-2-1
59	冶金工程测量规范	GB 50995—2014	第415号	2014-5-16	2015-2-1
60	地下水封石洞油库施工及验收规范	GB 50996—2014	第422号	2014-5-16	2015-2-1
61	立式圆筒形钢制焊接油罐设计规范	GB 50341—2014	第432号	2014-5-29	2015-3-1
62	油气长输管道工程施工及验收规范	GB 50369—2014	第433号	2014-5-29	2015-3-1
63	1000kV输变电工程竣工验收规范	GB 50993—2014	第434号	2014-5-29	2015-3-1
64	工业企业电气设备抗震鉴定标准	GB 50994—2014	第431号	2014-5-29	2015-3-1
65	乳制品厂设计规范	GB 50998—2014	第430号	2014-5-29	2015-3-1
66	石油化工用机泵工程设计规范	GB/T 51007—2014	第457号	2014-6-23	2015-4-1
67	防洪标准	GB 50201—2014	第545号	2014-6-23	2015-5-1
68	输油管道工程设计规范	GB 50253—2014	第461号	2014-6-23	2015-4-1
69	供水管井技术规范	GB 50296—2014	第460号	2014-6-23	2015-4-1
70	粮食平房仓设计规范	GB 50320—2014	第456号	2014-6-23	2015-4-1
71	水泥工厂余热发电工程施工与质量验收规范	GB 51005—2014	第458号	2014-6-23	2015-4-1
72	石油化工建(构)筑物结构荷载规范	GB 51006—2014	第459号	2014-6-23	2015-4-1
73	工程结构设计基本术语标准	GB/T 50083—2014	第490号	2014-7-13	2015-5-1
74	工程结构设计通用符号标准	GB/T 50132—2014	第486号	2014-7-13	2015-5-1
75	建设工程文件归档规范	GB/T 50328—2014	第491号	2014-7-13	2015-5-1
76	铀浓缩工厂工艺气体管道工程施工及验收规范	GB/T 51012—2014	第487号	2014-7-13	2015-5-1
77	铀转化设施设计规范	GB/T 51013—2014	第489号	2014-7-13	2015-5-1
78	海堤工程设计规范	GB/T 51015—2014	第493号	2014-7-13	2015-5-1
79	石油库设计规范	GB 50074—2014	第492号	2014-7-13	2015-5-1
80	工程摄影测量规范	GB 50167—2014	第483号	2014-7-13	2015-5-1
81	铝电解系列不停电停开槽设计规范	GB 51010—2014	第494号	2014-7-13	2015-5-1
82	煤矿选煤设备安装工程施工与验收规范	GB 51011—2014	第488号	2014-7-13	2015-5-1
83	水泥工厂岩土工程勘察规范	GB 51014—2014	第485号	2014-7-13	2015-5-1

续表

序号	标准名称	标准编号	公告号	发布日期	实施日期
84	非煤露天矿边坡工程技术规范	GB 51016—2014	第 495 号	2014-7-13	2015-5-1
85	化工工程管架、管墩设计规范	GB 51019—2014	第 484 号	2014-7-13	2015-5-1
86	铝电解厂通风除尘与烟气净化设计规范	GB 51020—2014	第 482 号	2014-7-13	2015-5-1
87	汽车加油加气站设计与施工规范	GB 50156—2012	第 498 号	2014-7-29	2014-7-29
88	古建筑防雷工程技术规范	GB 51017—2014	第 510 号	2014-8-4	2015-6-1
89	工程岩体分级标准	GB/T 50218—2014	第 531 号	2014-8-27	2015-5-1
90	城市电力规划规范	GB/T 50293—2014	第 520 号	2014-8-27	2015-5-1
91	轻金属冶炼工程术语标准	GB/T 51021—2014	第 519 号	2014-8-27	2015-5-1
92	有色金属冶炼工程建设项目设计文件编制标准	GB/T 51023—2014	第 518 号	2014-8-27	2015-5-1
93	石油库设计文件编制标准	GB/T 51026—2014	第 526 号	2014-8-27	2015-5-1
94	石油化工企业总图制图标准	GB/T 51027—2014	第 527 号	2014-8-27	2015-5-1
95	火力发电厂岩土工程勘察规范	GB/T 51031—2014	第 522 号	2014-8-27	2015-5-1
96	水利泵站施工及验收规范	GB/T 51033—2014	第 529 号	2014-8-27	2015-5-1
97	建筑设计防火规范	GB 50016—2014	第 517 号	2014-8-27	2015-5-1
98	油田注水工程设计规范	GB 50391—2014	第 528 号	2014-8-27	2015-5-1
99	传染病医院建筑设计规范	GB 50849—2014	第 525 号	2014-8-27	2015-5-1
100	火炸药生产厂房设计规范	GB 51009—2014	第 524 号	2014-8-27	2015-5-1
101	煤矿安全生产智能监控系统设计规范	GB 51024—2014	第 521 号	2014-8-27	2015-5-1
102	火炬工程施工及验收规范	GB 51029—2014	第 536 号	2014-8-27	2015-5-1
103	再生铜冶炼厂工艺设计规范	GB 51030—2014	第 532 号	2014-8-27	2015-5-1
104	铁尾矿砂混凝土应用技术规范	GB 51032—2014	第 535 号	2014-8-27	2015-5-1
105	多晶硅工厂设计规范	GB 51034—2014	第 530 号	2014-8-27	2015-5-1
106	有色金属矿山井巷工程质量验收规范	GB 51036—2014	第 523 号	2014-8-27	2015-5-1
107	微组装生产线工艺设备安装工程施工及验收规范	GB 51037—2014	第 533 号	2014-8-27	2015-5-1
108	煤炭工业矿井节能设计规范	GB 51053—2014	第 534 号	2014-8-27	2015-5-1
109	地下水监测工程技术规范	GB/T 51040—2014	第 580 号	2014-10-9	2015-8-1
110	水喷雾灭火系统技术规范	GB 50219—2014	第 582 号	2014-10-9	2015-8-1
111	110kV～750kV 架空输电线路施工及验收规范	GB 50233—2014	第 581 号	2014-10-9	2015-8-1
112	建筑机电工程抗震设计规范	GB 50981—2014	第 585 号	2014-10-9	2015-8-1
113	核电厂岩土工程勘察规范	GB 51041—2014	第 584 号	2014-10-9	2015-8-1
114	建筑与桥梁结构监测技术规范	GB 50982—2014	第 583 号	2014-10-9	2015-8-1
115	工业炉砌筑工程施工与验收规范	GB 50211—2014	第 659 号	2014-11-15	2015-8-1
116	水文基本术语和符号标准	GB/T 50095—2014	第 587 号	2014-12-2	2015-8-1
117	工业循环水冷却设计规范	GB/T 50102—2014	第 622 号	2014-12-2	2015-8-1
118	工业用水软化除盐设计规范	GB/T 50109—2014	第 643 号	2014-12-2	2015-8-1
119	土工合成材料应用技术规范	GB/T 50290—2014	第 657 号	2014-12-2	2015-8-1
120	核电厂总平面及运输设计规范	GB/T 50294—2014	第 646 号	2014-12-2	2015-8-1

第三篇

续表

序号	标准名称	标准编号	公告号	发布日期	实施日期
121	国家森林公园设计规范	GB/T 51046—2014	第652号	2014-12-2	2015-8-1
122	钢铁企业能源计量和监测工程技术规范	GB/T 51050—2014	第647号	2014-12-2	2015-8-1
123	水资源规划规范	GB/T 51051—2014	第651号	2014-12-2	2015-8-1
124	大中型沼气工程技术规范	GB/T 51063—2014	第672号	2014-12-2	2015-8-1
125	煤矿提升系统工程设计规范	GB/T 51065—2014	第660号	2014-12-2	2015-8-1
126	煤炭工业露天矿机电设备修理设施设计规范	GB/T 51068—2014	第663号	2014-12-2	2015-8-1
127	330kV～750kV智能变电站设计规范	GB/T 51071—2014	第667号	2014-12-2	2015-8-1
128	110(66)kV～220kV智能变电站设计规范	GB/T 51072—2014	第668号	2014-12-2	2015-8-1
129	汽车库、修车库、停车场设计防火规范	GB 50067—2014	第595号	2014-12-2	2015-8-1
130	小型水力发电站设计规范	GB 50071—2014	第650号	2014-12-2	2015-8-1
131	电气装置安装工程 起重机电气装置施工及验收规范	GB 50256—2014	第645号	2014-12-2	2015-8-1
132	电气装置安装工程 爆炸和火灾危险环境电气装置施工及验收规范	GB 50257—2014	第594号	2014-12-2	2015-8-1
133	冻土工程地质勘察规范	GB 50324—2014	第596号	2014-12-2	2015-8-1
134	型钢轧钢工程设计规范	GB 50410—2014	第586号	2014-12-2	2015-8-1
135	水利工程设计防火规范	GB 50987—2014	第656号	2014-12-2	2015-8-1
136	水土保持工程设计规范	GB 51018—2014	第589号	2014-12-2	2015-8-1
137	电子工业纯水系统安装与验收规范	GB 51035—2014	第590号	2014-12-2	2015-8-1
138	综合医院建筑设计规范	GB 51039—2014	第655号	2014-12-2	2015-8-1
139	医药工业废弃物处理设施工程技术规范	GB 51042—2014	第654号	2014-12-2	2015-8-1
140	电子会议系统工程施工与质量验收规范	GB 51043—2014	第658号	2014-12-2	2015-8-1
141	煤矿采空区岩土工程勘察规范	GB 51044—2014	第653号	2014-12-2	2015-8-1
142	水泥工厂脱硝工程技术规范	GB 51045—2014	第648号	2014-12-2	2015-8-1
143	医药工业总图运输设计规范	GB 51047—2014	第649号	2014-12-2	2015-8-1
144	电化学储能电站设计规范	GB 51048—2014	第644号	2014-12-2	2015-8-1
145	电气装置安装工程 串联电容器补偿装置施工及验收规范	GB 51049—2014	第642号	2014-12-2	2015-8-1
146	毛纺织工厂设计规范	GB 51052—2014	第592号	2014-12-2	2015-8-1
147	城市消防站设计规范	GB 51054—2014	第588号	2014-12-2	2015-8-1
148	有色金属工业厂房结构设计规范	GB 51055—2014	第591号	2014-12-2	2015-8-1
149	烟囱可靠性鉴定标准	GB 51056—2014	第597号	2014-12-2	2015-8-1
150	精神专科医院建筑设计规范	GB 51058—2014	第623号	2014-12-2	2015-8-1
151	有色金属加工机械安装工程施工与质量验收规范	GB 51059—2014	第624号	2014-12-2	2015-8-1
152	有色金属矿山水文地质勘探规范	GB 51060—2014	第670号	2014-12-2	2015-8-1
153	煤矿设备安装工程施工规范	GB 51062—2014	第671号	2014-12-2	2015-8-1
154	工业企业干式煤气柜安全技术规范	GB 51066—2014	第661号	2014-12-2	2015-8-1
155	光缆生产厂工艺设计规范	GB 51067—2014	第662号	2014-12-2	2015-8-1

第三篇

续表

序号	标准名称	标准编号	公告号	发布日期	实施日期
156	中药药品生产厂工程技术规范	GB 51069—2014	第 664 号	2014-12-2	2015-8-1
157	煤炭矿井防治水设计规范	GB 51070—2014	第 666 号	2014-12-2	2015-8-1
158	医药工业仓储工程设计规范	GB 51073—2014	第 665 号	2014-12-2	2015-8-1
159	电网工程标识系统编码规范	GB/T 51061—2014	第 674 号	2014-12-11	2015-8-1
160	岩土工程基本术语标准	GB/T 50279—2014	第 593 号	2014-12-17	2015-8-1
161	《室外排水设计规范》GB 50014-2006（2011 年版）局部修订	GB 50014-2006(2011 年版)	第 311 号	2014-02-10	2014-02-10

【2014 年批准发布的行业标准】 见表 2。

2014 年批准发布的行业标准　　　　　　　　　　表 2

序号	标准名称	标准编号	公告号	发布日期	实施日期
1	镇（乡）村仓储用地规划规范	CJJ/T 189—2014	第 302 号	2014-1-22	2014-6-1
2	城镇排水管道非开挖修复更新工程技术规程	CJJ/T 210—2014	第 303 号	2014-1-22	2014-6-1
3	石灰石粉在混凝土中应用技术规程	JGJ/T 318—2014	第 308 号	2014-2-10	2014-10-1
4	自保温混凝土复合砌块墙体应用技术规程	JGJ/T 323—2014	第 309 号	2014-2-10	2014-10-1
5	钢筋焊接网混凝土结构技术规程	JGJ 114—2014	第 307 号	2014-2-10	2014-10-1
6	装配式混凝土结构技术规程	JGJ 1—2014	第 310 号	2014-2-10	2014-10-1
7	建筑工程裂缝防治技术规程	JGJ/T 317—2014	第 329 号	2014-2-28	2014-10-1
8	建筑幕墙工程检测方法标准	JGJ/T 324—2014	第 330 号	2014-2-28	2014-10-1
9	预应力高强钢丝绳加固混凝土结构技术规程	JGJ/T 325—2014	第 331 号	2014-2-28	2014-10-1
10	机械式停车库工程技术规范	JGJ/T 326—2014	第 333 号	2014-2-28	2014-10-1
11	劲性复合桩技术规程	JGJ/T 327—2014	第 332 号	2014-2-28	2014-10-1
12	城镇燃气管网泄漏检测技术规程	CJJ/ 215—2014	第 348 号	2014-3-27	2014-9-1
13	建筑屋面雨水排水系统技术规程	CJJ 142—2014	第 349 号	2014-3-27	2014-9-1
14	住房公积金基础数据标准	JGJ/T 320—2014	第 352 号	2014-4-2	2014-10-1
15	燃气热泵空调系统工程技术规程	CJJ/T 216—2014	第 353 号	2014-4-2	2014-10-1
16	城镇供热管网工程施工及验收规范	CJJ 28—2014	第 354 号	2014-4-2	2014-10-1
17	城镇供热系统运行维护技术规程	CJJ 88—2014	第 355 号	2014-4-2	2014-10-1
18	预拌混凝土绿色生产及管理技术规程	JGJ/T 328—2014	第 382 号	2014-4-16	2014-10-1
19	水泥土复合管桩基础技术规程	JGJ/T 330—2014	第 383 号	2014-4-16	2014-10-1
20	建筑基桩检测技术规范	JGJ 106—2014	第 384 号	2014-4-16	2014-10-1
21	城镇供热直埋蒸汽管道技术规程	CJJ/T 104—2014	第 385 号	2014-4-16	2014-10-1
22	约束砌体与配筋砌体结构技术规程	JGJ 13—2014	第 393 号	2014-4-29	2014-12-1
23	城镇供热系统标志标准	CJJ/T 220—2014	第 394 号	2014-4-29	2014-12-1
24	建筑轻质条板隔墙技术规程	JGJ/T 157—2014	第 429 号	2014-6-5	2014-12-1
25	钢筋焊接接头试验方法标准	JGJ/T 27—2014	第 427 号	2014-6-5	2014-12-1

续表

序号	标准名称	标准编号	公告号	发布日期	实施日期
26	磷矿尾矿砂道路基（垫）层施工及质量验收规范	CJJ/T 208—2014	第428号	2014-6-5	2014-12-1
27	建筑设备监控系统工程技术规范	JGJ/T 334—2014	第443号	2014-6-12	2014-12-1
28	会展建筑电气设计规范	JGJ 333—2014	第445号	2014-6-12	2014-12-1
29	商店建筑设计规范	JGJ 48—2014	第444号	2014-6-12	2014-12-1
30	盾构法开仓及气压作业技术规范	CJJ 217—2014	第446号	2014-6-12	2014-12-1
31	建筑地面工程防滑技术规程	JGJ/T 331—2014	第453号	2014-6-24	2015-3-1
32	点挂外墙板装饰工程技术规程	JGJ 321—2014	第455号	2014-6-24	2015-3-1
33	粪便处理厂评价标准	CJJ/T 211—2014	第454号	2014-6-24	2015-3-1
34	建筑塔式起重机安全监控系统应用技术规程	JGJ 332—2014	第499号	2014-7-29	2015-3-1
35	变风量空调系统工程技术规程	JGJ 343—2014	第497号	2014-7-29	2015-3-1
36	城市地下空间利用基本术语标准	JGJ/T 335—2014	第506号	2014-7-31	2015-4-1
37	建筑热环境测试方法标准	JGJ/T 347—2014	第505号	2014-7-31	2015-4-1
38	城镇供水与污水处理化验室技术规范	CJJ/T 182—2014	第503号	2014-7-31	2015-4-1
39	城镇供水管网抢修技术规程	CJJ/T 226—2014	第502号	2014-7-31	2015-4-1
40	城市供热管网暗挖工程技术规程	CJJ 200—2014	第507号	2014-7-31	2015-4-1
41	文化馆建筑设计规范	JGJ/T 41—2014	第540号	2014-9-1	2015-3-1
42	蒸发冷却制冷系统工程技术规程	JGJ 342—2014	第537号	2014-9-1	2015-3-1
43	旅馆建筑设计规范	JGJ 62—2014	第538号	2014-9-1	2015-3-1
44	供热计量系统运行技术规程	CJJ/T 223—2014	第539号	2014-9-1	2015-3-1
45	城市道路彩色沥青混凝土路面技术规程	CJJ/T 218—2014	第561号	2014-9-29	2015-5-1
46	城市照明自动控制系统技术规范	CJJ/T 227—2014	第559号	2014-9-29	2015-5-1
47	建筑给水塑料管道工程技术规程	CJJ/T 98—2014	第560号	2014-9-29	2015-5-1
48	公共建筑能耗远程监测系统技术规程	JGJ/T 285—2014	第599号	2014-10-20	2015-5-1
49	建筑工程施工现场标志设置技术规程	JGJ 348—2014	第598号	2014-10-20	2015-5-1
50	体育建筑电气设计规范	JGJ 354—2014	第601号	2014-10-20	2015-5-1
51	城镇道路沥青路面再生利用技术规程	CJJ/T 43—2014	第600号	2014-10-20	2015-5-1
52	建设领域应用软件测评工作通用规范	CJJ/T 116—2014	第614号	2014-10-29	2015-4-1
53	建筑反射隔热涂料节能检测标准	JGJ/T 287—2014	第619号	2014-11-5	2015-6-1
54	建筑节能气象参数标准	JGJ/T 346—2014	第621号	2014-11-5	2015-6-1
55	建筑塑料复合模板工程技术规程	JGJ/T 352—2014	第618号	2014-11-5	2015-6-1
56	城镇给水预应力钢筒混凝土管管道工程技术规程	CJJ 224—2014	第620号	2014-11-5	2015-6-1
57	建筑工程风洞试验方法标准	JGJ/T 338—2014	第682号	2014-12-17	2015-8-1
58	泡沫混凝土应用技术规程	JGJ/T 341—2014	第685号	2014-12-17	2015-8-1
59	随钻跟管桩技术规程	JGJ/T 344—2014	第679号	2014-12-17	2015-8-1
60	农村住房危险性鉴定标准	JGJ/T 363—2014	第678号	2014-12-17	2015-8-1
61	公共建筑吊顶工程技术规程	JGJ 345—2014	第681号	2014-12-17	2015-8-1
62	人工碎卵石复合砂应用技术规程	JGJ 361—2014	第677号	2014-12-17	2015-8-1

序号	标准名称	标准编号	公告号	发布日期	实施日期
63	城镇污水处理厂运营质量评价标准	CJJ/T 228—2014	第 683 号	2014-12-17	2015-8-1
64	生活垃圾堆肥处理技术规范	CJJ 52—2014	第 680 号	2014-12-17	2015-8-1
65	生活垃圾堆肥处理厂运行维护技术规程	CJJ 86—2014	第 684 号	2014-12-17	2015-8-1

【2014 年批准发布的产品标准】　见表 3。

2014 年批准发布的产品标准　　　　表 3

序号	标准名称	标准编号	公告号	发布日期	实施日期
1	钢框组合竹胶合板模板	JG/T 428—2014	第 274 号	2014-1-4	2014-3-1
2	建筑反射隔热涂料	JG/T 235—2014	第 275 号	2014-1-7	2014-3-1
3	免漆饰面门	JG/T 419—2014	第 278 号	2014-1-7	2014-3-1
4	住宅卫浴五金配件通用技术要求	JG/T 427—2014	第 277 号	2014-1-7	2014-3-1
5	外墙外保温系统耐候性试验方法	JG/T 429—2014	第 276 号	2014-1-7	2014-3-1
6	无粘结预应力筋用防腐润滑脂	JG/T 430—2014	第 285 号	2014-1-21	2014-4-1
7	给水排水用格栅除污机通用技术条件	CJ/T 443—2014	第 284 号	2014-1-21	2014-4-1
8	静音管网叠压给水设备	CJ/T 444—2014	第 283 号	2014-1-21	2014-4-1
9	给水用抗冲抗压双轴取向聚氯乙烯（PVC-0）管材及连接件	CJ/T 445—2014	第 286 号	2014-1-21	2014-4-1
10	泥水平衡盾构机	CJ/T 446—2014	第 287 号	2014-1-21	2014-4-1
11	建筑用手动燃气阀门	CJ/T 180—2014	第 344 号	2014-3-27	2014-7-1
12	管网叠压供水设备	CJ/T 254—2014	第 343 号	2014-3-27	2014-7-1
13	管道燃气自闭阀	CJ/T 447—2014	第 345 号	2014-3-27	2014-7-1
14	城镇燃气加臭装置	CJ/T 448—2014	第 346 号	2014-3-27	2014-7-1
15	切断型膜式燃气表	CJ/T 449—2014	第 347 号	2014-3-27	2014-7-1
16	商用燃气燃烧器具通用技术条件	CJ/T 451—2014	第 342 号	2014-3-27	2014-7-1
17	圆形新风空调机组	JG/T 431—2014	第 373 号	2014-4-9	2014-8-1
18	家用燃气燃烧器具用自吸阀	CJ/T 132—2014	第 377 号	2014-4-9	2014-8-1
19	节水型生活用水器具	CJ/T 164—2014	第 375 号	2014-4-9	2014-8-1
20	非接触式给水器具	CJ/T 194—2014	第 374 号	2014-4-9	2014-8-1
21	燃气燃烧器具气动式燃气与空气比例调节装置	CJ/T 450—2014	第 378 号	2014-4-9	2014-8-1
22	垃圾填埋场用土工排水网	CJ/T 452—2014	第 376 号	2014-4-9	2014-8-1
23	建筑幕墙用平推窗滑撑	JG/T 433—2014	第 387 号	2014-4-22	2014-11-1
24	建设事业集成电路（IC）卡应用技术条件	CJ/T 166—2014	第 388 号	2014-4-22	2014-11-1
25	地铁隧道防淹门	CJ/T 453—2014	第 390 号	2014-4-22	2014-11-1
26	电子标签产品检测	CJ/T 455—2014	第 389 号	2014-4-22	2014-11-1
27	木结构防护木蜡油	JG/T 434—2014	第 442 号	2014-6-12	2014-12-1
28	建筑通风风量调节阀	JG/T 436—2014	第 437 号	2014-6-12	2014-12-1
29	铝合金及不锈钢闸门	CJ/T 257—2014	第 439 号	2014-6-12	2014-12-1
30	城镇供水水量计量仪表的配备和管理通则	CJ/T 454—2014	第 438 号	2014-6-12	2014-12-1

续表

序号	标准名称	标准编号	公告号	发布日期	实施日期
31	气体保压式叠压供水设备	CJ/T 456—2014	第 440 号	2014-6-12	2014-12-1
32	高杆照明设施技术条件	CJ/T 457—2014	第 441 号	2014-6-12	2014-12-1
33	建筑结构保温复合板	JG/T 432—2014	第 464 号	2014-6-30	2014-12-1
34	建筑门窗用铝塑共挤型材	JG/T 437—2014	第 465 号	2014-6-30	2014-12-1
35	建筑用真空绝热板	JG/T 438—2014	第 462 号	2014-6-30	2014-12-1
36	建筑门窗遮阳性能检测方法	JG/T 440—2014	第 463 号	2014-6-30	2014-12-1
37	无机轻集料防火保温板通用技术要求	JG/T 435—2014	第 476 号	2014-7-14	2014-12-1
38	无机干粉建筑涂料	JG/T 445—2014	第 478 号	2014-7-14	2014-12-1
39	建筑用蓄光型发光涂料	JG/T 446—2014	第 477 号	2014-7-14	2014-12-1
40	模块式空调机房设备	JG/T 447—2014	第 473 号	2014-7-14	2014-12-1
41	中低速磁浮交通车辆悬浮控制系统技术条件	CJ/T 458—2014	第 475 号	2014-7-14	2014-12-1
42	推雪铲	CJ/T 459—2014	第 474 号	2014-7-14	2014-12-1
43	建筑铝合金型材用聚酰胺隔热条	JG/T 174—2014	第 549 号	2014-9-11	2015-2-1
44	额定电压 0.6/1kV 及以下金属护套无机矿物绝缘电缆及终端	JG/T 313—2014	第 551 号	2014-9-11	2015-2-1
45	家居配线箱	JG/T 439—2014	第 553 号	2014-9-11	2015-2-1
46	额定电压 450/750V 及以下双层共挤绝缘辐照交联无卤低烟阻燃电线	JG/T 441—2014	第 552 号	2014-9-11	2015-2-1
47	额定电压 0.6/1kV 双层共挤绝缘辐照交联无卤低烟阻燃电力电缆	JG/T 442—2014	第 550 号	2014-9-11	2015-2-1
48	建筑遮阳硬卷帘	JG/T 443—2014	第 554 号	2014-9-11	2015-2-1
49	建筑无机仿砖涂料	JG/T 444—2014	第 548 号	2014-9-11	2015-2-1
50	燃气用钢骨架聚乙烯塑料复合管及管件	CJ/T 125—2014	第 547 号	2014-9-11	2015-2-1
51	垃圾滚筒筛	CJ/T 460—2014	第 546 号	2014-9-11	2015-2-1
52	电动平开、推拉围墙大门	JG/T 155—2014	第 571 号	2014-9-29	2015-4-1
53	弹性建筑涂料	JG/T 172—2014	第 565 号	2014-9-29	2015-4-1
54	既有采暖居住建筑节能改造能效测评方法	JG/T 448—2014	第 568 号	2014-9-29	2015-4-1
55	建筑光伏组件用乙烯-醋酸乙烯共聚物(EVA)胶膜	JG/T 450—2014	第 573 号	2014-9-29	2015-4-21
56	建筑塑料门窗型材用未增塑聚氯乙烯共混料	JG/T 451—2014	第 572 号	2014-9-29	2015-5-1
57	建筑门窗幕墙用钢化玻璃	JG/T 455—2014	第 570 号	2014-9-29	2015-4-1
58	同质聚氯乙烯(PVC)卷材地板	JG/T 456—2014	第 569 号	2014-9-29	2015-4-1
59	倒 T 形预应力叠合模板	JG/T 461—2014	第 564 号	2014-9-29	2015-4-1
60	纤维增强无规共聚聚丙烯复合管	CJ/T 258—2014	第 567 号	2014-9-29	2015-4-1
61	水处理用高密度聚乙烯悬浮载体填料	CJ/T 461—2014	第 562 号	2014-9-29	2015-4-1
62	直连式加压供水机组	CJ/T 462—2014	第 563 号	2014-9-29	2015-4-1
63	薄壁不锈钢承插压合式管件	CJ/T 463—2014	第 566 号	2014-9-29	2015-4-1
64	建筑光伏组件用聚乙烯醇缩丁醛(PVB)胶膜	JG/T 449—2014	第 607 号	2014-10-20	2015-4-1

第三篇

续表

序号	标准名称	标准编号	公告号	发布日期	实施日期
65	车辆出入口栏杆机	JG/T 452—2014	第606号	2014-10-20	2015-4-1
66	平开户门	JG/T 453—2014	第602号	2014-10-20	2015-4-1
67	建筑用T型门	JG/T 457—2014	第608号	2014-10-20	2015-4-1
68	建筑门窗自动控制系统通用技术要求	JG/T 458—2014	第605号	2014-10-20	2015-4-1
69	排烟天窗五金配件	JG/T 459—2014	第603号	2014-10-20	2015-4-1
70	排烟天窗节能型材技术条件	JG/T 460—2014	第604号	2014-10-20	2015-4-1
71	城市轨道交通桥梁盆式支座	CJ/T 464—2014	第609号	2014-10-20	2015-4-1
72	建筑门窗、幕墙中空玻璃性能现场检测方法	JG/T 454—2014	第633号	2014-12-4	2015-5-1
73	平开门和推拉门电动开门机	JG/T 462—2014	第640号	2014-12-4	2015-5-1
74	建筑装饰用人造石英石板	JG/T 463—2014	第632号	2014-12-4	2015-5-1
75	集成材木门窗	JG/T 464—2014	第635号	2014-12-4	2015-5-1
76	建筑光伏夹层玻璃用封边保护剂	JG/T 465—2014	第638号	2014-12-4	2015-5-1
77	建筑室内用发光二极管(LED)照明灯具	JG/T 467—2014	第639号	2014-12-4	2015-5-1
78	燃气输送用不锈钢管及双卡压式管件	CJ/T 466—2014	第634号	2014-12-4	2015-5-1
79	半即热式换热器	CJ/T 467—2014	第636号	2014-12-4	2015-5-1
80	矢量变频供水设备	CJ/T 468—2014	第637号	2014-12-4	2015-5-1

【2014年批准发布的工程项目建设标准】 见表4。

2014年批准发布的工程项目建设标准　　　　表4

序号	建设标准名称	批准文号	批准日期	施行日期
1	城市社区服务站建设标准	建标〔2014〕72号	2014.05.13	2014.10.01
2	国家储备成品油库建设标准	建标〔2014〕109号	2014.7.25	2014.10.01
3	党政机关办公用房建设标准	发改投资〔2014〕2674号	2014.11.24	2014.11.24
4	强制隔离戒毒所建设标准	建标〔2014〕184号	2014.12.19	2015.03.01

(住房和城乡建设部标准定额司 撰稿：余山川)

工程质量安全监管

概况

2014年，住房城乡建设部工程质量安全监管司以党的十八届三中、四中全会和中央城镇化工作会议精神为指导，按照全国住房城乡建设工作会议部署，以深化改革为动力，以技术进步为支撑，以提升工程质量、实现安全发展为目标，完善制度建设，强化责任落实，加大监督执法检查和专项治理力度，全国工程质量安全水平稳步提升。

工程质量监管

【加强法规制度建设】 配合部法规司，完成《建设工程质量检测管理办法》(建设部令第141号)修订送审稿。印发《建筑工程五方责任主体项目负责人质量终身责任追究暂行办法》，进一步细化永久性标牌制度，建立质量终身责任承诺制度、质量信息档案制度，全面落实项目负责人质量终身责任。

【开展工程质量治理两年行动】 组织开展全国工程质量治理两年行动电视电话会议，印发《工程质量治理两年行动方案》，制订两年行动路线图。出台《建筑施工项目经理质量安全责任十项规定（试行）》《关于严格落实建筑工程质量终身责任承诺制的通知》等配套文件。召开宣贯落实会，部署开展工程质量监督人员培训，督促各地全面推进。强化舆论宣传，召开新闻发布会，利用电视、网络、报纸等媒体对两年行动进行广泛宣传报道。协调中央电视台《新闻联播》《焦点访谈》栏目对两年行动作专题报道。

【开展监督执法检查】 组织开展2014年全国建设工程质量安全监督执法检查。在各地自查的基础上，对全国30个省、自治区、直辖市（西藏除外）开展以保障性安居工程为主的建设工程质量安全监督执法检查，共抽查在建工程180个，总建筑面积399.4万平方米。反馈书面检查意见4224条，对43个违反工程建设强制性标准和存在质量安全隐患的工程项目下发《建设工程质量安全监督执法建议书》。4月，浙江奉化市一栋居民楼发生部分垮塌事故后，遵照国务院领导和部领导指示，组织开展全国老楼危楼安全排查，对部分省市排查工作进行督查，督查情况专报国务院。

【调查处理工程质量事故质量问题】 对浙江奉化市一栋居民楼部分坍塌事故、河南洛阳市一处安置房小区质量问题、河南郑州市和新乡市使用"黄河面砂"问题等，先后派人赴现场进行调查处理或批转省级住房城乡建设主管部门进行调查处理，对广东省深圳市国际商品交易大厦挑檐局部垮塌事故进行督办。共受理工程质量投诉23起，均及时批转省级住房城乡建设主管部门，并要求限期上报处理结果。

【夯实工程质量监管工作基础】 在安徽、湖北两省开展施工质量管理标准化试点工作。全面实施推进住宅工程质量常见问题专项治理工作，印发《2014年全国住宅工程质量常见问题专项治理重点工作》，指导地方制定和落实专项治理措施，启动住宅工程质量常见问题专项治理示范工程创建活动，推行样板间制度。组织开展建筑工程质量管理标准化、建筑产业现代化进程中工程质量监管机制、工程质量优质优价激励机制创新、建筑工程竣工验收制度实施效果评估和工程质量检测机构诚信体系等课题

研究。

【其他工作】 组织开展西藏自治区工程质量检测专项培训，共培训质量监督、检测人员138人。委托中国建筑业协会举办2014年工程质量标准规范宣贯及质量常见问题防治专题培训班，累计培训质量监督人员、施工质量技术管理人员4000余人次。参加对青海省和宁夏回族自治区、新疆维吾尔自治区2013～2014年度省级政府质量工作考核、全国建材市场秩序专项整治、全国"质量月"等活动。

建筑施工安全监管

2014年，全国建筑安全生产形势总体稳定，共发生房屋市政工程生产安全事故522起，死亡648人，同比分别下降1.14％和3.86％。其中，较大事故29起、死亡105人，同比分别上升16.00％和2.94％，重大事故1起，未发生特别重大事故。

【加强工作部署】 研究提出建筑施工安全监管改革创新的实施意见。组织召开部分地区建筑施工安全监管工作座谈会，部署建筑施工安全监管改革创新工作。印发《预防建筑施工起重机械脚手架等坍塌事故专项整治"回头看"实施方案》，组织召开建筑施工安全生产专项整治工作会，部署开展以建筑起重机械、模板支架为重点的安全专项整治工作。

【完善规章制度】 印发《建筑施工企业主要负责人、项目负责人和专职安全生产管理人员安全生产管理规定》（住房城乡建设部令第17号），强化建筑施工企业关键岗位人员安全责任。印发《建筑施工安全生产标准化考评暂行办法》，规范企业和项目安全生产标准化考评工作。印发《房屋市政工程项目经理质量安全责任十项规定》，进一步明确和落实项目经理质量安全责任。印发《房屋建筑和市政基础设施工程施工安全监督规定》《房屋建筑和市政基础设施工程施工安全监督工作规程》，明确监督工作职责，规范监督工作流程。

【强化事故通报督办】 印发《2013年房屋市政工程生产安全事故查处情况通报》，督促各地加大事故查处力度。按月度和季度通报全国房屋市政工程生产安全事故情况，督促事故多发地区强化安全监管。对全年发生的29起较大事故进行通报，曝光相关企业名称及法定代表人、项目经理、项目总监姓名，下发事故查处督办通知书。印发《关于对2013年以来房屋市政工程质量及转包违法行为典型案例查处情况的通报》。

【开展监督检查】 转变检查方式，不发通知、不打招呼，采取随机检查、"扫马路"等方式，真实

了解施工现场安全生产状况，消除各类安全隐患。突出检查重点，以安全事故多发的城市、企业、项目为重点，实行差别化监管，集中力量开展以起重机械、模板支架为重点的专项整治，有效遏制群死群伤事故发生。加强事故督查，江西吉安"10·20"模板坍塌事故、广东佛山"11·10"基坑坍塌事故、宁夏吴忠"11·20"模板坍塌事故、河南信阳"12·19"模板坍塌事故、北京清华附中"12·29"钢筋笼坍塌事故发生后，均派出事故督查组赴现场了解事故情况，及时通过新闻媒体曝光发现的问题。

【加强宣传培训】 按照国务院安委会的统一部署，在全国住房城乡建设系统开展以"强化红线意识，促进安全发展"为主题的安全生产宣传教育活动。组织开展新疆维吾尔自治区建筑工程质量安全监管人员培训班，共培训建设主管部门、质量安全监管机构负责人、一线监督员及部分企业质量安全管理人员240余人。研究编制建筑施工企业主要负责人、项目负责人及专职安全生产管理人员安全生产考核培训教材。

【推进长效机制】 按照国家发改委关于安全生产监管信息化工程(一期)项目建议书的批复，积极推进建筑施工安全监管信息化工作。按照全国政协要求以及国务院领导的重要批示，参加建筑工人工伤维权情况调研，并会同人力资源社会保障部、国家安全监管总局、全国总工会制定出台《关于进一步做好建筑业工伤保险工作的意见》。组织开展建筑起重机械一体化管理、危险性较大分部分项工程安全管理等课题研究。

城市轨道交通工程质量安全监管

【进一步完善制度规范】 印发《城市轨道交通建设工程质量安全事故应急预案管理办法》和《城市轨道交通建设工程验收管理暂行办法》，进一步明确建设单位等参建企业和政府主管部门应急管理和工程验收的责任。研究起草《城市轨道交通工程施工图设计文件审查要点》(征求意见稿)。

【加强监督检查和事故督办】 在部署各地全面开展在建城市轨道交通工程质量安全检查工作的基础上，组织住房城乡建设部轨道交通质量安全专家委员会专家对石家庄、兰州、贵阳、厦门等部分新开工建设轨道交通工程城市开展质量安全检查和技术指导。针对南宁"10·7"、南京"12·17"事故，组织专家开展专项督查和事故调查，指导地方举一反三，全面排查质量安全隐患。对南宁地铁"10·7"、南京地铁"12·3"、"12·17"三起较大事故下

发督办通知书并进行通报。

【开展关键技术研究】 组织开展《城市轨道交通工程安全质量管理暂行办法》执行评估研究，城市轨道交通工程设备安装调试作业标准化、施工图设计文件审查要点、常见质量问题专项治理以及安全风险控制问题研究。督促各地严格按照《城市轨道交通建设工程验收管理暂行办法》要求，开展验收工作。

【支持地方培训工作】 依托部城市轨道交通工程质量安全专家委员会，支持各地开展城市轨道交通工程管理技术人员质量安全培训。应地方要求，协调提供培训教案、师资力量和相关技术支持。

【组织经验交流】 召开城市轨道交通工程质量安全联络员会议和专家委员会会议，交流各地好的经验和做法，分析面临的形势和问题，促进各地交流互动，共同提高。根据形势发展需要，及时充实专家队伍，提高对地方工作的技术指导力度。

勘察设计质量监管与行业技术进步

【参与工程质量治理两年行动】 起草工程质量治理两年行动方案中勘察设计质量监管和建筑产业现代化发展内容，并组织贯彻落实。组织召开勘察设计质量监管工作座谈会。开展勘察设计项目负责人质量终身责任制度研究。

【加强施工图审查管理】 继续开展《房屋建筑和市政基础设施工程施工图设计文件审查管理办法》等文件宣贯工作。进一步完善施工图审查信息统计，增设人员库功能。印发《2013年度全国施工图设计文件审查情况报告》。配合法规司组织施工图审查制度调研，协助起草报国务院领导的施工图审查制度情况汇报材料。组织开展两期建筑工程施工图审查要点培训。

【开展勘察设计质量专项治理】 印发《关于开展勘察设计质量专项治理2014年度重点工作的通知》，指导地方开展专项治理工作。组织开展全国建筑工程勘察设计质量专项检查，印发检查情况通报。制定勘察现场司钻员、描述员培训教材，并指导各地开展勘察现场工作人员上岗培训。

【加强标准设计管理】 印发第六届全国工程建设标准设计专家委员会委员名单、章程。组织召开第六届全国工程建设标准设计专家委员会2014年度工作会议。印发2014年国家建筑标准设计编制工作计划，发布46项国家建筑标准设计，废止14项。

【推动行业技术进步】 组织召开推动工程技术进步工作研讨会。继续开展白图替代蓝图、数字化

审图试点工作。开展工程设计变更和现场服务管理，民用建筑设计周期定额及劳动定额，绿色建筑、隔震减震建筑施工图审查技术要点等课题研究。

【提高建筑设计水平】 完成关于加强建筑设计水平的政策措施研究和建筑方案设计与城市设计研究2项课题研究工作。落实中央领导批示，组织召开提升建筑文化水平的专家座谈会。

【强化国家级工法管理】 修订出台《工程建设工法管理办法》，进一步规范国家级工法的开发、申报、评审和管理工作。完成2011～2012年度国家级工法评审工作，共审定发布国家级工法581项。

【研究制订相关政策】 赴北京、浙江、沈阳、合肥等地调研建筑产业现代化工作情况。开展建筑产业现代化发展纲要、建筑产业现代化示范工程实施方案、建筑产业现代化结构以及建筑与部品技术体系等课题研究。提出建筑产业现代化发展目标和工作任务。研究起草关于推进建筑产业现代化工作时间表和路线图。

【开展建筑产业现代化标准设计】 印发建筑产业现代化国家建筑标准设计编制工作专项计划，组织开展两批标准设计编制。

城乡建设抗震防灾

2014年，我国内地共发生22次5级以上地震，略高于历史年均水平，其中新疆于田氏7.3级、云南鲁甸6.5级、景谷6.6级和四川康定6.3级地震造成较大人员伤亡和财产损失。按照国务院统一部署，切实抓好抗震防灾工作，取得一定成效。

【加强法规制度建设】 开展《建设工程抗震管理条例》起草研究。修订《房屋建筑工程抗震设防管理规定》和《市政公用设施抗灾设防管理规定》。研究起草《城乡建设防灾减灾"十三五"规划》，完成框架草案。研究建立震害调查制度，完成《房屋建筑震害调查管理办法》《房屋建筑震害调查示范文本》初稿。配合有关部门开展《中国地震动参数区划图》修订工作。

【加强新建建筑抗震设防】 开展全国超限高层建筑工程抗震设防审查专家委员会换届工作，完成《超限高层建筑工程抗震设防专项审查技术要点》《全国超限专家委员会抗震设防专项审查办法》《超限高层建筑工程施工图设计文件审查要点》征求意见稿，组织研发超限审查信息平台。继续在轨道交

通工程质量安全检查中对重大市政公用设施抗震专项论证情况进行督查。印发《关于房屋建筑工程推广应用减隔震技术的若干意见(暂行)》，完成《减隔震工程质量管理办法》《减隔震工程质量检测机构条件和检测要求》《隔震工程标识》《隔震工程使用说明书示范文本》初稿，组织减隔震技术推广应用现场会。

【积极应对地震灾害】 对年内多次破坏性地震均及时启动应急响应，协调人员、技术和物资保障，配合、指导地方开展震后房屋建筑安全应急评估等工作。研究起草《房屋建筑震后安全应急评估技术指南》《房屋建筑震后安全应急评估管理办法》，组织国家震后房屋建筑应急评估专家队以及地震高烈度区有关专家的技术培训。

住房城乡建设部安全生产管理委员会办公室工作

【加强部安委办协调工作】 贯彻落实党中央、国务院要求和全国安全生产电视电话会议精神，印发《住房城乡建设部办公厅关于切实加强安全生产管理的通知》，对全年安全生产工作进行部署。在国庆节、元旦、春节前印发加强住房城乡建设领域安全生产工作的通知，强化部署当前和今后一个时期安全生产工作。贯彻落实国务院安委会关于开展油气输送管线等安全专项排查整治的紧急通知，部署各地开展自查工作。按照国务院油气输送管道安全隐患整改工作领导小组及办公室要求，组织开展法规标准清理及相关工作。赴山西、内蒙古参加国务院安委会安全生产重点工作专项督查，并按照国务院安委办要求，对湖北、陕西汛期安全生产工作进行督查。按时向国务院安委会办公室报送建筑施工"六打六治"打非治违专项行动月度和年度工作情况。组织召开部安委会全体会议，按照职责分工，加强协调配合，开展安全生产、应急管理和反恐怖工作。

【加强部应急办协调工作】 做好突发事件应对工作。及时报送2013年度突发事件应对工作总结评估报告以及2014年季度、半年工作信息。落实应急产业发展相关工作。协调部有关司局，贯彻落实《国务院办公厅关于加快应急产业发展的意见》涉及住房城乡建设部的相关工作。

(住房和城乡建设部工程质量
安全监管司　撰稿：宋梅红)

第三篇

建 筑 市 场 监 管

概况

2014年，住房城乡建设部建筑市场监管司认真贯彻落实党的十八届三中、四中全会和住房城乡建设工作会议精神，紧紧围绕深化改革、转型升级的总体部署，以解决完善建筑市场监管和制约行业发展的突出问题为重点，以完善政策法规制度建设为手段，深化行政审批制度改革，转变市场监管方式，促进行业转型升级。

完善建筑市场法规制度建设

【推进法规制度建设】　修订完成《建筑工程施工许可管理办法》、《房屋建筑和市政基础设施工程施工分包管理办法》和《建筑业企业资质管理规定》并颁布施行，进一步完善建筑市场监管法规体系。

【研究修订法规制度文件】　研究修订工程建设项目招标代理机构资格认定、工程设计资质标准、建设工程勘察设计资质管理、工程设计资质标准实施、工程监理企业资质管理、建设工程监理范围和规模标准等方面法规制度文件，形成征求意见稿。

【研究修订合同示范文件】　研究修订《建设工程设计合同（示范文本）》、《建设工程施工专业分包合同（示范文本）》和《建设工程施工劳务分包合同（示范文本）》，形成征求意见稿，进一步明确合同签订双方责任，引导、规范双方市场行为。

部署开展工程质量治理两年行动

【组织召开全国电视电话会议】　9月4日，召开工程质量治理两年行动电视电话会议，在全国启动为期两年的工程质量治理行动。会议传达、学习国务院领导同志关于抓好工程质量工作的重要批示，部署开展工程质量治理两年行动，重点抓好全面落实五方主体项目负责人质量终身责任、严厉打击建筑施工转包违法分包行为、健全工程质量监督和监理机制、大力发展建筑产业现代化、切实提高从业人员素质、加快建筑市场诚信体系建设等六项重要工作。通过两年治理行动，将使全国建筑市场秩序得到明显好转，工程质量总体水平得到明显提升。

【制定配套政策文件】　出台《工程质量治理两年行动方案》，全面部署两年行动重点工作任务，推进工程质量治理工作开展。制定《建筑工程施工转包违法分包等违法行为认定查处管理办法（试行）》及释义，进一步界定转包、违法分包等违法行为表现形式，明确了对于转包违法分包等违法主体的行政处罚和行政管理措施；研究提出健全工程监理机制、进一步发挥监理作用的政策措施；印发《关于落实工程质量治理两年行动有关工作的通知》、《关于认真开展建筑工程项目全面排查工作的通知》等一系列配套政策文件，督促各地制定工程质量治理两年行动实施方案，切实落实两年行动工作。

【组织开展督查工作】　组织编制《工程质量治理两年行动督查工作手册》和检查表格，建立全国建筑市场执法检查专家库，分别于6月、9月分两批对全国30个省区市（西藏除外）开展执法检查，重点抽查建筑工程施工违法发包、转包、违法分包、挂靠等违法行为。共检查项目180个，其中72个项目涉嫌存在转包、违法分包等问题，并对违法违规行为较为严重的21个项目下发了建筑市场执法建议书。

【加强舆论宣传】　召开新闻媒体通气会，并在国务院新闻办新闻发布厅举行"工程质量治理两年行动"发布会；开展相关政策的宣贯培训，详细讲解了转包、违法分包等违法行为认定办法条文，提高各地住房城乡建设主管部门同志和执法检查专家业务水平。在部网站和中国建设报设立"工程质量治理两年行动"专栏，宣传有关政策，报道各地动态，曝光违法违规企业和个人。印发《关于工程质量治理两年行动违法违规典型案例的通报》，分3期对9月执法检查中发现的13起违法违规典型案例进行通报，并在住房城乡建设部网站上曝光。

【畅通投诉举报渠道】 为更好地接受群众监督，在住房城乡建设部门户网站上开设投诉信箱，接受群众关于工程质量的投诉举报，及时进行调查处理，并将调查及处理情况通过全国建筑市场监管与诚信信息发布平台向社会公布。

加大建筑市场监管力度

【加强房屋和市政工程招投标监管】 推进房屋市政工程招投标制度改革，试行非国有资金投资项目自主发包；推进电子招投标，改革招投标监管方式，对《电子招标投标系统检测认证管理办法》、《关于规范电子招标投标系统建设运营促进电子招标投标健康有序发展的通知》提出意见；加强有形市场建设，对《关于整合统一规范的公共资源交易服务平台的方案》提出相关意见。

【规范个人执业资格管理】 启动修订《注册建造师管理规定》，规范建造师执业行为；拓宽工程技术专业人才进入监理行业的门槛，解决监理工程师总量不足的问题，研究提出调整全国监理工程师执业资格考试报名条件的工作方案。

【加快建筑市场监管信息化建设】 建立全国建筑市场监管与诚信信息发布平台，整合企业、人员、工程项目数据信息和诚信信息，通过平台向社会公众发布；印发《住房城乡建设部关于印发〈全国建筑市场监管与诚信信息系统基础数据库数据标准〉（试行）和〈全国建筑市场监管与诚信信息系统基础数据库管理办法〉（试行）的通知》，组织召开全国建筑市场监管与诚信信息系统培训暨现场会议，督促各地加快信息化建设，完成第一批八省市基础数据库互联共享，逐步实现"数据一个库，监管一张网，管理一条线"的目标要求。

【加大违法违规行为查处力度】 2014年，共对3家涉及安全事故责任的企业处以降低资质等级的行政处罚，对12名涉及安全事故责任的注册人员处以吊销注册证书、停止执业的行政处罚，对提供虚假材料骗取资质资格的2家企业和9名注册人员撤回资质证书或撤销注册执业资格，对提供虚假材料申请资质资格的33家企业和100名注册人员处以通报批评。上述企业和人员的违法违规行为已经记入其诚信档案，并通过《中国建设报》曝光栏、部诚信信息平台对外发布。

推进建筑业健康发展

【组织召开建筑业改革发展大会】 在合肥组织召开全国建筑业改革发展暨工程质量安全工作会议，深入分析建筑业改革发展需要解决的重要问题，研究部署未来建筑业深化改革的重点工作任务。会后印发《关于推进建筑业发展和改革的若干意见》，明确推进建筑业改革发展的指导思想、发展目标，提出进一步促进建筑业发展、转型升级的改革措施。

【开展建筑业改革发展试点工作】 印发《住房和城乡建设部关于开展建筑业改革发展试点工作的通知》，选取部分具备条件的省市在建筑劳务用工管理、建设工程企业资质电子化审批、建筑产业现代化、建筑市场综合监管等方面先行开展试点工作，探索一批各具特色的典型经验和先进做法，为全国建筑业改革发展提供示范经验。通过试点，上海市企业申请各类资质（含新申请、增项、延续）材料的取消量较其他地区企业平均减少75%。推进了钢结构专业承包企业开展房屋建筑工程施工总承包试点工作，批准16家钢结构专业承包企业直接取得房屋建筑工程施工总承包一级资质，促进钢结构企业转型升级，推动绿色施工和建筑节能减排。

【解决行业突出问题】 开展建筑业"营改增"调研，研究建筑业"营改增"的测算和配套政策的制定；推进工程建设项目组织实施方式改革，倡导工程总承包模式，完善工程总承包管理制度；对建筑劳务管理工作和劳务人员实名制管理进行调研，起草《建筑劳务管理工作调研报告》，印发《住房城乡建设部关于进一步加强和完善建筑劳务管理的指导意见》，倡导多元化建筑用工方式，推行实名制管理，健全劳务人员培训与技能机制，规范建筑施工企业用工行为，落实企业责任，加强政策引导与扶持。

【组织行业数据统计】 组织印发《2013年全国工程勘察设计企业统计资料汇编》、《2013年建设工程监理统计资料汇编》和《2013年建设工程监理统计公报》，完成2013年招标代理机构统计上报工作；组织编写《中国建筑业改革与发展研究报告（2014）》，编制完成《2013年工程监理行业分析报告》，推动行业转型升级，全面准确掌握行业发展现状，通过对统计数据的深入分析，为政策制订和行业监管提供有效支撑。

【推进建筑业国际交流工作】 做好对外工程承包相关工作，在上海自贸区、中美自由贸易谈判、中韩中澳自贸区谈判等领域，积极稳妥地参加建设领域相关的贸易磋商和相关承诺的落实工作，推进国际双边建筑市场的扩大与开发，促进国际交流合作，推进建筑业"走出去"。

推进行政审批制度改革

【进一步简政放权】 取消一级注册建筑师执业资格认定的行政审批，由全国注册建筑师管理委员会负责一级注册建筑师注册的具体工作，核发一级注册建筑师证书，积极与人力资源和社会保障部进行沟通，做到管理不乱，有效衔接；贯彻落实《国务院关于进一步优化企业兼并重组市场环境的意见》（国发〔2014〕14号）文件精神，印发《关于建设工程企业发生重组、合并、分立等情况资质核定有关问题的通知》，方便服务企业，简化审批手续。

【完善企业资质标准】 修订《建筑业企业资质标准》，将专业承包资质序列由60个类别减少为36个类别，取消劳务分包序列13个资质类别，只设1个施工劳务资质，且不分类别和等级；修订《工程设计资质标准》，拟将专业资质由155个精简为88个，让企业在更大范围承接业务，激发企业活力。

【推进企业资质电子化申报和评审】 自10月起，全面开展监理资质的网上申报和审批工作，适时启动勘察设计资质电子化申报和审批试点工作，

企业不再向住房城乡建设部报送纸质附件材料，减少材料搬运过程，提高审查效率，降低企业负担。完善专家审查制度，在电子化审查中开展专家模块化审核试点，确保审查尺度统一，做到一岗多人负责制。

【优化资质审查流程，加强证后监管】 全年共组织审查6888家建设工程企业升级、增项、延续等各类申请。优化业绩核查工作流程，将业绩核查和资质审查调整为并联审查，提高审批效率。加强事中事后监管，制定《建设工程企业事中事后监管工作方案》，开展审批后企业的资质资格动态监管工作。加大对弄虚作假取得资质企业的查处力度，共核实投诉举报72家，返回核查意见47家，经初审部门调查核实认定举报属实且被处罚的13家。对各地违法违规企业动态监管和行政处罚情况实施统计通报制度，督促各级住房城乡建设主管部门加强监管，进一步加大对违法违规企业的处罚力度。据统计，2014年，各地共查处存在违法违规行为企业20357家。

（住房和城乡建设部建筑市场监管司）

建筑节能与科技

概况

2014年，建筑节能与科技以节能减排、科技创新为重点，深入抓好建筑节能，全面推进绿色建筑发展；组织实施好国家科技重大专项和科技支撑计划项目；抓好墙体材料革新工作；开展全方位多层次的国际科技合作与交流；完善监督管理机制，推进科技成果转化。

建筑节能与绿色建筑工作

【建筑节能管理政策】 6月4日，住房城乡建设部、教育部发布《关于印发〈节约型校园节能监管体系建设示范项目验收管理办法（试行）〉的通知》（建科〔2014〕85号），明确了节约型校园节能监管体系示范项目的验收条件、验收内容及验收程序，用于规范指导项目验收工作，确保节约型校园节能监管体系建设示范项目的建设效果。

9月16日，住房城乡建设部发布《关于印发

〈可再生能源建筑应用示范市县验收评估办法〉的通知》（建科〔2014〕138号），规定了可再生能源建筑应用城市示范及农村地区县级示范项目的验收条件、验收内容及验收程序，用于规范指导可再生能源建筑应用城市示范及农村地区县级示范的验收评估工作。

10月15日，住房城乡建设部办公厅、国家发展改革委办公厅、国家机关事务管理局办公室发布《关于在政府投资公益性建筑及大型公共建筑建设中全面推进绿色建筑行动的通知》（建办科〔2014〕39号），决定在政府投资公益性建筑和大型公共建筑建设中全面推进绿色建筑行动，要求各地方充分认识政府投资公益性建筑和大型公共建筑全面推进绿色建筑行动的重要性，强化建设各方主体责任，加强建设全过程管理，完善实施保障机制，进一步扩大推广绿色建筑行动的覆盖范围。

【建筑节能激励政策】 2014年度，中央财政共安排补助资金75亿元，支持北方采暖地区既有居住

建筑供热计量及节能改造、公共建筑节能监管体系建设、可再生能源建筑应用等工作。地方省级财政均安排建筑节能专项资金，共计86.4亿元用于支持辖区内的建筑节能工作，部分政府对积极执行建筑节能标准的项目推行返还等优惠政策。部分地区采用能效交易等手段，提高辖区内各方主体参与建筑节能工作的积极性，有力撬动了建筑节能市场。

【建筑节能与绿色建筑行动实施情况专项检查】10～12月，住房城乡建设部开展建筑节能与绿色建筑行动实施情况专项检查，检查采用全国省级行政区域的自查和住房城乡建设部抽查相结合的形式，检查内容包括建筑节能、绿色建筑和供热计量。通过专项检查，掌握了中国新建建筑、绿色建筑、供热计量的基本情况和各地建筑节能和绿色建筑行动实施情况、既有建筑项目供热计量收费情况。抽查范围覆盖16个省、自治区、直辖市，针对违规项目下发了13份执法告知书。各省、自治区、直辖市建设主管部门组织建筑节能专项检查179次，下发执法告知书共计1241份。

【新建建筑执行节能强制性标准】2014年，中国城镇新建建筑全面执行节能强制性标准，新增节能建筑面积16.6亿平方米，形成1500万吨标准煤的节能能力，设计阶段和竣工验收阶段执行建筑节能设计标准比例接近100%。截至12月，城镇累计建成节能建筑面积105亿平方米，共形成1亿吨标准煤的节能能力。

【既有居住建筑节能改造】2014年度中国北方采暖地区既有居住建筑供热计量及节能改造完成面积共计1.75亿平方米，夏热冬冷地区完成改造面积共计1500万平方米。截至12月，中国北方采暖地区既有居住建筑供热计量及节能改造完成改造面积共计2.1亿平方米，夏热冬冷地区完成改造面积共计7100万平方米。

【公共建筑节能监管体系建设】2014年度，中国公共建筑节能改造完成面积共计3927.5万平方米。截至12月，共计完成公共建筑能源审计12900余栋，对13000余栋建筑能耗情况进行了公示，在33个省（区、市）建设公共建筑能耗动态监测平台，对7400余栋建筑进行了能耗动态监测。

【可再生能源建筑应用】2014年度中国新增可再生能源建筑应用面积3.26亿平方米，其中，新增城镇太阳能光热建筑应用面积2.66亿平方米，新增浅层地能应用面积0.6亿平方米。截至12月，批准可再生能源建筑应用示范项目（含示范市县区镇、追加任务及省级重点区）共计1309个，覆盖建筑面积5.37亿平方米，已竣工建筑面积4.44亿平方米，太阳能光电建筑装机容量达到2500兆瓦。

【绿色建筑评价标识】2014年，结合新修订的《绿色建筑评价标准》实施，编制《绿色建筑评价技术细则》，绿色建筑评价标识工作呈现良好发展态势。截至年底，全国已有37个省、自治区、直辖市、计划单列市申请了当地的绿色建筑标识评价工作，共评出绿色建筑评价标识项目2538项，总建筑面积2.91亿平方米。其中2014年评出绿色建筑评价标识项目1092项，建筑面积1.28亿平方米，比2013年分别增长了55%和47%。

【绿色建材评价标识管理办法】5月，住房城乡建设部、工业和信息化部联合印发《绿色建材评价标识管理办法》（建科〔2014〕75号），对建筑材料全生命期进行绿色评价，建立可追溯的标识管理制度，为工程建设质量、安全和节能减排工作提供政策和技术支撑，促进建材工业转型升级。启动墙体材料、外墙保温材料、预拌砂浆、预拌混凝土、建筑用卫生陶瓷、节能门窗玻璃等六大类建材的评价导则和绿色建材评价技术通则的编制工作。

强化技术创新，实施重大科技项目

【组织实施"水体污染控制与治理"国家科技重大专项】组织水专项"城市水污染控制"和"饮用水安全保障"两个主题已验收课题编报结题财务决算。完成2011年立项的5个课题验收，2011～2012年立项的39个课题中期评估，2013年立项的12个课题年度检查工作。完成2014年度立项的宜兴市、滇池、巢湖流域城市水污染控制及水环境治理技术研究与综合示范，重点流域饮用水安全保障工程技术集成与综合示范，饮用水安全保障共性技术创新与应用示范等项目有关12个课题实施方案审查、任务合同书签订和年度经费拨付工作。完成2015年度立项课题指南发布、择优评审和实施计划与预算编报工作。开展"十三五"发展战略研究和实施计划编制工作，赴"三河、三湖"等重点流域进行科技需求实地调研。开展技术交流和成果宣传，组团参加2014年世界水大会，宣传、交流水专项课题研究成果；公开发布"十一五"两个主题13个项目、91个课题有关成果；在青岛、无锡、北京、昆明、余姚等地分别举办了城市污水处理厂工艺设计与节能降耗运行管理技术、饮用水安全保障技术等5期培训班，推广扩散水专项成果。配合科技部、财政部等部门开展年度监督评估、任务验收抽查、财务验收抽查整改等工作。

【组织实施"高分辨率对地观测系统"国家科技重大专项"高分城市精细化管理遥感应用示范系统"项目】 "城市精细化管理高分专项应用示范系统先期攻关"(2011~2012年)项目通过验收,该项目研发了国家级城乡规划监测管理系统、风景名胜区监测管理系统、城镇污水处理监测管理信息系统及地方级用地现状管理、应急资源管理、城市消防安全管理等业务原型系统,相关平台、应用系统和工具软件及数据库等在住房城乡建设部信息中心、住房城乡建设部城乡规划管理中心、中国城市科学研究会数字城市工程研究中心、浙江省杭州市城乡规划信息中心、杭州市国家安全局、杭州市公安消防局等部门开展业务化试运行。组织开展高分一号卫星地面应用系统测试联调工作,利用高分一号卫星2米全色/8米多光谱数据陆续对全国49个城市开展了城市规划动态监测工作,涉及数据116景,覆盖面积约104400平方公里。启动实施"高分城市精细化管理遥感应用示范系统(一期)"(2013~2015年)项目,开展项目关键技术和软件功能研发,已完成主要系统设计及产品生产方法研究,进入系统开发阶段;开展住房城乡建设部高分遥感数据机房和网络建设,完成招标采购;开展高分二号卫星在轨测试准备工作,完成方案编制和论证,搭建了测试系统;开展高分七号卫星立项论证准备工作,完成行业需求、应用示范系统建设方案及研制总要求的编写工作。

【组织实施"十二五"国家科技支撑计划项目】 开展"新型预制装配式混凝土建筑技术研究与示范"等15个项目中期检查,重点检查目标和任务的执行情况和进度、取得的阶段性成果、经费投入和使用情况,及时发现问题并提出解决方案。开展"美丽乡村绿色农房建造关键技术研究与示范"等4个项目的凝练组装、可行性论证、课题预算编制等。启动"村镇规划和环境基础设施配置关键技术研究与示范"等3个项目,签订任务合同书,召开启动会对课题实施方案进行论证。

【组织实施"基于北斗高精度定位的建筑安全监测应用服务平台"项目】 "基于北斗高精度定位的建筑安全监测应用服务平台"项目经国家发展改革委办公厅和财政部办公厅批复同意,列入2014年北斗卫星导航产业重大应用示范发展专项行业示范应用类项目。建设周期为2014年至2016年。

项目主要任务为研制北斗建筑安全监测与管理终端、参考站、信息处理系统、监测运行服务平台,制定基于北斗高精度定位的建筑安全监测的行业标准规范,选择上海、重庆、成都、武汉、南京等5个城市,在建筑安全相关的沉降监测、位移监测、施工检查、危房监测、施工管理及工程机械安全控制等领域开展示范应用,建设5个市级、2个省级(湖北、四川)和1个国家级监测运行服务中心,推广应用5万套北斗高精度定位产品,提高建筑安全管理和服务水平,推动北斗高精度定位技术和产品的应用。

展开深入调研分析,落实项目,试验测试环境,已研制完成北斗静态、移动终端样机,完成参考站与信息处理系统初级版本,开展应用软件概要设计,同时展开北斗建筑安全监测相关标准修订工作。

开展国家智慧城市试点工作

【智慧城市试点申报和评审】 为贯彻落实《国家新型城镇化规划(2014~2020年)》有关推进智慧城市建设的目标和重点任务,充分发挥科技创新在新型城市建设和加强社会治理中的支撑引领作用,住房城乡建设部和科技部于8月发布通知,共同组织开展2014年度国家智慧城市试点工作。此次试点不仅包括城市试点,还包括专项试点:申报领域包括城市公共信息平台及典型应用、智慧社区(园区)、城市网格化管理服务、"多规融合"平台、城镇排水防涝、地下管线安全等。在2014年度试点通知发出后,城市和企业积极响应,有一百多个城市、几十家企业进行了申报。

【进一步加强智慧城市试点过程管理】 研究发布《智慧社区建设指南(试行)》,通过综合运用现代科学技术,整合区域人、地、物、情、事、组织和房屋等信息,统筹公共管理、公共服务和商业服务等资源,以智慧社区综合信息服务平台为支撑,依托适度领先的基础设施建设,提升社区治理和小区管理现代化,促进公共服务和便民利民服务智能化的一种社区管理和服务的创新模式,促进实现新型城镇化发展目标和社区服务体系建设目标。

【积极总结提炼试点创建典型经验】 经过近两年的创建实践和不断探索,各地在探索智慧地推进新型城镇化、城市可持续发展方面的标志性成果已初步呈现。住房城乡建设部积极总结智慧城市创建过程中的优秀经验和典型案例,于3月25日召开智慧城市创建典型案例研讨会,邀请案例点评专家、山东省和江苏省住房和城乡建设厅以及兰州市等11个试点城市的主要领导参会。兰州市、寿光市、舞钢市、长沙大河西先导区、佛山市乐从镇等试点城市以智慧地推进新型城镇化发展为主线,从城市发展目标、瓶颈问题、解决思路、具体措施、建设成效、体制机制创新等方面出发，介绍了在民生服务、社会治理、产业发展、生态环境保护、土地集约利用等领域的创建实践，与会专家对案例材料进行了点评，并与试点进行了深入讨论。8月，由住房和城乡建设部建筑节能与科技司主编的《智慧地推进新型城镇化发展——智慧城市创建案例》正式出版；展示了智慧城市建设过程中的成果，为智慧城市建设事业提供了宝贵的借鉴经验。

【强化智慧城市技术支撑】 国家科技支撑计划"智慧城市管理公共信息平台关键技术研究与应用示范"项目在2014年进入结题阶段，经过三年研究和示范，项目突破了城市管理异构数据交换、共享与协同技术，海量数据关联与挖掘技术、建筑信息模型（BIM）集成技术、各类数据信息可视化技术、城市地理数据整合与转换技术、城市多维地理信息数据组织管理技术、个人时空出行分析的交通需求预测模型、个人健康网关、家庭网关等关键技术攻关和设备研制；研发智慧城市管理公共信息平台软件、面向智慧城市管理的地理信息数据仓库原型系统、城市停车诱导和泊位管理便民服务系统、城市居民智慧出行服务系统、智慧社区民生服务软件系统、公共住房与保障对象智能撮合系统和智慧街道精细化管理业务系统等平台和应用系统软件；智慧城市管理公共信息平台（集成地理信息数据仓库原型系统）在韶关、哈尔滨阿城区、内蒙古伊金霍洛旗、北京、济南、三亚等城市开展应用示范，促进了示范城市多部门信息共享与业务协同，开展了城市建设综合信息管理与服务等综合性智慧应用；基于智慧城市管理公共信息平台的城市停车诱导和泊位管理便民服务系统完成了北京、西安等地示范工程，覆盖核心商业区1000个以上的停车场，手机APP用户数量达到3.5万人；基于智慧城市管理公共信息平台的城市居民智慧出行服务系统在北京市交通委员会应用，为上地—清河地区（人口规模约30万）居民提供智慧出行服务；基于智慧城市管理公共信息平台的智慧社区民生服务软件系统在上海长宁、浦东、闵行以及武汉等地开展"社区精细化管理"、"幸福养老"、"城市安全"等典型业务应用示范；基于智慧城市管理公共信息平台的公共住房与保障对象智能撮合系统在湖北省黄石市进行全面的应用，为提升我国住房保障工作的科学性、高效性和公平性起到了重要的作用；基于智慧城市管理公共信息平台的智慧街道精细化管理业务系统在武汉市江岸区、青山区等地开展综合应用示范和应用推广，全面提

高街道技防水平和民生服务能力。

国际科技合作深化和扩大

【中德低碳生态试点示范城市确定，试点工作正式启动】 10月，经中德双方联合评审，住房城乡建设部发文将河北省张家口市（含怀来县新兴产业示范区）、山东省烟台市（高新技术产业开发区）、江苏省宜兴市和海门市（新城区）、新疆维吾尔自治区乌鲁木齐市（高铁片区）列为第一批中德低碳生态试点示范城市。试点城市将按照以人为本、因地制宜、突出特色的原则，定量分析计算试点区域经济社会发展与城市、建筑能耗及碳排放情况，提出低碳生态城市建设目标和指标体系，编制好试点区域规划和建设导则。重点示范被动式超低能耗绿色建筑、可再生能源应用、水资源利用和固体废物处理处置、绿色交通、智慧城市等内容；以及城市基础设施和公共服务设施的绿色低碳设计、建设与运营管理。12月18日，住房城乡建设部与德国联邦环境、自然资源、建筑与核安全部及德国能源署在北京共同召开了中德低碳生态城市试点示范工作启动会。

中德低碳生态城市试点示范工作，是根据住房城乡建设部与德国2011年签署的《关于建筑节能和低碳生态城市建设技术合作谅解备忘录》，并结合落实2013年李克强总理访德成果开展的，旨在促进试点城市以与德国开展低碳生态城市建设合作为契机，全面深入学习借鉴国外低碳生态城市规划、建设、管理的先进理念、技术和经验，提高新型城镇化的质量和水平，促进当地经济和社会发展，增强城镇的活力和竞争力，为我国低碳生态城市建设做出示范。

【被动式超低能耗建筑试点范围进一步扩大，相关技术研究进展顺利】 2014年确定试点项目21个，示范面积近16万平方米，项目类型包括居住、公共建筑、既有建筑改造等，所在地包括河北、黑龙江、辽宁、山东、江苏、浙江、福建、湖南、青海等9省，涉及严寒、寒冷、夏热冬冷、夏热冬暖4个气候区。其中山东组织了11个示范项目，并申请财政资金6000万元用于支持示范项目。住房城乡建设部组织多次研讨、宣传推广及培训活动。3月在秦皇岛召开"被动式超低能耗绿色建筑示范工程现场交流会"，组织省级住房城乡建设主管部门有关负责人、住房城乡建设部管理的"十二五"国家科技支撑计划项目及示范课题负责人160余人参会。5月在青海召开"被动式超低能耗绿色建筑与太阳能可再生能源应用结合技术研讨会"，地方住房城乡建设主管部

门、有关研究机构、企业以及青海当地共约 200 人参会。8 月在北京召开"2014 年首届被动式超低能耗绿色建筑技术国际研讨会",地方城乡建设主管部门、有关机构、大学、企业共 150 余人参会。9 月"住博会"期间在北京召开"第二届中德合作被动式低能耗房屋技术交流研讨会"。委托中国建筑节能协会分别于 10 月、11 月在浙江长兴、哈尔滨开展超低能耗绿色建筑技术培训,共培训 150 人次。与丹麦联合举办中丹既有建筑节能改造研讨会,交流既有建筑改造为超低能耗建筑技术。组织编制被动式超低能耗建筑技术规程,已完成初稿。

【与芬兰环境部签署合作谅解备忘录】 5 月 15 日,住房城乡建设部与芬兰共和国环境部在北京签署关于建设环境合作谅解备忘录。双方将在可持续城市规划,优质生活空间建设,智慧城市,节能和可持续性建设相关的项目管理,包括建筑能效、提高室内居住条件、提升能源和资源的利用效率等领域开展合作。双方将选择先行试点区域,予以重点推进。

【城市适应气候变化国际研讨会召开,城市适应气候变化工作受到广泛关注】 9 月 5 日,住房城乡建设部与国家发展改革委、亚洲开发银行联合举办"城市适应气候变化国际研讨会",通报适应气候变化国际形势和政策、研讨城市适应气候变化的理念和管理经验、交流城市适应气候变化的重点任务和技术方向,省、自治区、直辖市发改部门和建设主管部门有关负责同志、有关研究机构、学协会、大学、企业共约 170 人参会。城市人口密度大、社会财富集中,极端气候事件造成的损失日益严重,社会广泛关注。2013 年底,国家发展改革委联合住房城乡建设部等 9 部委印发了《国家适应气候变化战略》,将城市作为适应气候变化的首个重点领域予以强调,凸显了城市应对气候变化的特殊意义。

(住房和城乡建设部建筑节能与科技司)

住房城乡建设人事教育

概况

【住房和城乡建设部信息中心加挂牌子并增加编制】 1 月 15 日,住房和城乡建设部印发《关于住房和城乡建设部信息中心加挂牌子并增加编制的通知》,根据中央编办《关于住房和城乡建设部信息中心加挂牌子的批复》(中央编办复字〔2013〕88 号)、《关于住房和城乡建设部信息中心等事业单位编制调整的批复》(中央编办复字〔2014〕1 号),同意住房和城乡建设部信息中心加挂住房和城乡建设部住房信息管理中心牌子,财政补助事业编制由 65 名增加到 75 名。(范婷)

【住房和城乡建设部信息中心(住房信息管理中心)内设机构及中层领导干部职数调整】 10 月 24 日,住房和城乡建设部印发《关于住房城乡建设部信息中心(住房信息管理中心)内设机构及中层领导干部职数调整的批复》,对住房城乡建设部信息中心(住房信息管理中心)内设机构及中层领导干部职数进行调整,撤销个人住房系统管理处,增设规划发展处、建设管理处、运行维护处、统计分析处,并增加 4 名中层领导干部职数。调整后,信息中心(住房信息管理中心)设 14 个内设机构:综合处、财务处、网络设施处、系统开发应用处、信息处、规划发展处、建设管理处、运行维护处、统计分析处、计算机安全保密处、行业工作处、科技与标准处、通讯处、编辑部。中层领导职数 23 名。(范婷)

【住房和城乡建设部中国建筑文化中心内设机构调整】 11 月 20 日,住房和城乡建设部印发《关于中国建筑文化中心内设机构调整的批复》,对住房和城乡建设部中国建筑文化中心内设机构进行调整,撤销国际合作处,增设公共艺术部,中层领导职数及其他内设机构不变。调整后,中国建筑文化中心设 11 个内设机构:办公室(保卫处)、党委办公室、人事劳资处、计划财务处、学术研究部、文化交流部、物业管理部、城市雕塑管理办公室、建筑展览部、建筑图书馆、公共艺术部。(范婷)

【住房和城乡建设部房地产市场监管司内设机构调整】 12 月 12 日,住房和城乡建设部印发《关于房地产市场监管司内设机构调整的通知》,对住房和城乡建设部房地产市场监管司内设机构进行调整,增设住房信息管理处。调整后,房地产市场监管司设 6 个处:综合处、房地产市场监测与开发管理处、

房地产交易与权属管理处、物业管理处、房屋征收管理处、住房信息管理处。（范婷）

【住房和城乡建设部中国建设报社内设机构调整】 12月22日，住房和城乡建设部印发《关于中国建设报社中层机构调整的通知》，对住房和城乡建设部中国建设报社内设机构进行调整，增设政策研究部和新媒体部2个中层机构，并增加中层领导职数2名。调整后，中国建设报社设13个中层机构：办公室、财务部、新闻中心、建设经济部、住房编辑部、建筑市场部、节能科技部、专刊部、记者发行部、信息推广部、出版技术部、政策研究部、新媒体部，中层领导职数24名。（范婷）

【住房和城乡建设部成立社会信用体系建设领导小组及其办公室】 12月29日，住房和城乡建设部印发《住房城乡建设部关于成立社会信用体系建设领导小组及其办公室的通知》，成立住房城乡建设部社会信用体系建设领导小组及其办公室。住房城乡建设部社会信用体系建设领导小组组长为副部长王宁，成员为常青、江小群、倪虹、曹金彪、孙安军、刘灿、王志宏、吴慧娟、陆克华、赵晖、李如生、杨榕、张其光、何兴华、陈宜明、姜万荣、王早生。社会信用体系建设领导小组办公室主任为常青，副主任为张立群、刘昕、王永辉、刘霞、李晓龙、宋友春、杨佳燕、刘晓艳、刘贺明、赵宏彦、曾宪新、郭理桥、丛佳旭、王立秋、宋志军、俞滨洋。（范婷）

【住房和城乡建设部召开住房城乡建设系统人事处长座谈会】 3月17日，住房和城乡建设部印发《关于召开住房城乡建设系统人教处长座谈会的通知》，于4月10日在陕西西安召开了全国住房城乡建设系统人教处长座谈会。会议通报了住房城乡建设部2013年教育培训工作情况和2014年工作思路，通报了专业人员职业培训与考核工作有关情况、技能人才培养工作有关情况，讨论了2014年行业教育培训工作，并对做好2014年有关工作提出要求。住房城乡建设部人事司相关负责人及全国各省、自治区、直辖市和新疆生产建设兵团的住房城乡建设部门分管领导、人教处长、培训机构负责人等近100人参加了会议。（范婷）

高等教育

【土木建筑类3项教学成果获国家级教学成果奖】 根据《教育部关于批准2014年国家级教学成果奖获奖项目的决定》（教师〔2014〕8号），住房城乡建设部组织同济大学等单位完成的《20年磨一剑

——与国际实质等效的中国土木工程专业评估制度的创立与实践》获2014年国家级教学成果一等奖（高教类）；四川建筑职业技术学院等单位完成的《校企合作建设 工学结合引导 高职土建类实践教学体系开发与应用》、江苏建筑职业技术学院完成的《高职高专教育建筑装饰工程技术专业教学内容与实践教学体系研究》分别获2014年国家级教学成果二等奖（职教类）。《20年磨一剑——与国际实质等效的中国土木工程专业评估制度的创立与实践》完成单位为同济大学、住房和城乡建设部高等教育土木工程专业评估委员会、东南大学、苏州科技学院、南京工业大学、哈尔滨工业大学，完成人为李国强、沈祖炎、赵琦、邱洪兴、何若全、陈以一、孙伟民、何志方、何敏娟、赵宪忠、邹超英。2014年国家级教学成果奖高教类特等奖2项，一等奖50项，二等奖400项。《校企合作建设 工学结合引导 高职土建类实践教学体系开发与应用》完成单位为四川建筑职业技术学院、四川华西集团有限公司、中国建筑股份有限公司技术中心，完成人为李辉、胡晓元、袁建新、钟建、陈跃熙、杨转运、宋中南、戴安全、陈文元、胡若霄；《高职高专教育建筑装饰工程技术专业教学内容与实践教学体系研究》完成单位为江苏建筑职业技术学院，完成人为孙亚峰、江向东、王峰、陆文莺、陈杰。2014年国家级教学成果奖职教类特等奖1项，一等奖50项，二等奖400项。（王柏峰）

【高等学校和职业院校土木建筑类专业教育概况】 根据教育部的统计数据，2014年高等学校共有土木建筑类相关专业点2320个，在校本科生89万人；高职高专相关专业点4208个，在校学生114万人；中等职业教育相关专业点2789个，在校学生62万人。（王柏峰）

【工程管理专业本科指导性专业规范颁布】 住房城乡建设部高等学校工程管理和工程造价学科专业指导委员会组织编制的《高等学校工程管理本科指导性专业规范》正式颁布实施。专业规范制定是落实教育部、财政部《关于实施高等学校本科教学质量与教学改革工程的意见》的重要措施，是高校土建类专业设置、专业建设和专业指导的重要文件。（王柏峰）

【2013～2014年度高等学校建筑学专业教育评估工作】 2014年，全国高等学校建筑学专业教育评估委员会对北京工业大学、西南交通大学、华中科技大学、南京工业大学、吉林建筑大学、上海交通大学、青岛理工大学、北方工业大学、福州大学、北

京交通大学、太原理工大学、浙江工业大学、广东工业大学、四川大学、内蒙古科技大学、长安大学等16所学校的建筑学专业教育进行了评估。评估委员会全体委员对各学校的自评报告进行了审阅，于5月派遣视察小组进校实地视察。之后，经评估委员会全体会议讨论并投票表决，做出了评估结论并报送国务院学位委员会。7月，国务院学位委员会印发《关于批准华中科技大学等高等学校开展建筑学学士、硕士专业学位和城市规划硕士专业学位授予工作的通知》（学位〔2014〕29号），授权这些高校行使或继续行使建筑学专业学位授予权。2014年高校建筑学专业评估结论见表1。

2014年高校建筑学专业评估结论 表1

序号	学校	专业	授予学位	合格有效期		备注
				本科	硕士研究生	
1	北京工业大学	建筑学	学士、硕士	4年(2014.5~2018.5)	4年(2014.5~2018.5)	复评
2	西南交通大学	建筑学	学士、硕士	7年(2014.5~2021.5)	7年(2014.5~2021.5)	复评
3	华中科技大学	建筑学	学士、硕士	7年(2014.5~2021.5)	7年(2014.5~2021.5)	复评
4	南京工业大学	建筑学	学士、硕士	4年(2014.5~2018.5)	4年(2014.5~2018.5)	学士复评 硕士初评
5	吉林建筑大学	建筑学	学士、硕士	4年(2014.5~2018.5)	4年(2014.5~2018.5)	学士复评 硕士初评
6	上海交通大学	建筑学	学士	4年(2014.5~2018.5)	—	复评
7	青岛理工大学	建筑学	学士、硕士	4年(2014.5~2018.5)	4年(2014.5~2018.5)	学士复评 硕士初评
8	北方工业大学	建筑学	硕士	在有效期内	2014.5~2018.5	硕士初评
9	福州大学	建筑学	学士	4年(2014.5~2018.5)	—	初评
10	北京交通大学	建筑学	学士、硕士	4年(2014.5~2018.5)	4年(2014.5~2018.5)	学士复评 硕士初评
11	太原理工大学	建筑学	学士	有条件4年(2014.5~2018.5)	—	复评
12	浙江工业大学	建筑学	学士	4年(2014.5~2018.5)	—	复评
13	广东工业大学	建筑学	学士	4年(2014.5~2018.5)	—	初评
14	四川大学	建筑学	学士	4年(2014.5~2018.5)	—	初评
15	内蒙古科技大学	建筑学	学士	4年(2014.5~2018.5)	—	初评
16	长安大学	建筑学	学士	4年(2014.5~2018.5)	—	初评

截至2014年5月，全国共有53所高校建筑学专业通过专业教育评估，受权行使建筑学专业学位（包括建筑学学士和建筑学硕士）授予权，其中具有建筑学学士学位授予权的有52个专业点，具有建筑学硕士学位授予权的有34个专业点。详见表2。

高校建筑学专业教育评估通过学校和有效期情况统计表 表2

（截至2014年5月，按首次通过评估时间排序）

序号	学校	本科合格有效期	硕士合格有效期	首次通过评估时间
1	清华大学	2011.5~2018.5	2011.5~2018.5	1992.5
2	同济大学	2011.5~2018.5	2011.5~2018.5	1992.5
3	东南大学	2011.5~2018.5	2011.5~2018.5	1992.5
4	天津大学	2011.5~2018.5	2011.5~2018.5	1992.5
5	重庆大学	2013.5~2020.5	2013.5~2020.5	1994.5
6	哈尔滨工业大学	2013.5~2020.5	2013.5~2020.5	1994.5
7	西安建筑科技大学	2013.5~2020.5	2013.5~2020.5	1994.5

续表

序号	学校	本科合格有效期	硕士合格有效期	首次通过评估时间
8	华南理工大学	2013.5～2020.5	2013.5～2020.5	1994.5
9	浙江大学	2011.5～2018.5	2011.5～2018.5	1996.5
10	湖南大学	2008.5～2015.5	2008.5～2015.5	1996.5
11	合肥工业大学	2008.5～2015.5	2008.5～2015.5	1996.5
12	北京建筑大学	2012.5～2019.5	2012.5～2019.5	1996.5
13	深圳大学	2012.5～2016.5	2012.5～2016.5	本科1996.5/硕士2012.5
14	华侨大学	2012.5～2016.5	2012.5～2016.5	1996.5
15	北京工业大学	2014.5～2018.5	2014.5～2018.5	本科1998.5/硕士2010.5
16	西南交通大学	2014.5～2021.5	2014.5～2021.5	本科1998.5/硕士2004.5
17	华中科技大学	2014.5～2021.5	2014.5～2021.5	1999.5
18	沈阳建筑大学	2011.5～2018.5	2011.5～2018.5	1999.5
19	郑州大学	2011.5～2015.5	2011.5～2015.5	本科1999.5/硕士2011.5
20	大连理工大学	2008.5～2015.5	2008.5～2015.5	2000.5
21	山东建筑大学	2012.5～2019.5	2012.5～2016.5	本科2000.5/硕士2012.5
22	昆明理工大学	2013.5～2017.5	2013.5～2017.5	本科2001.5/硕士2009.5
23	南京工业大学	2014.5～2018.5	2014.5～2018.5	本科2002.5/硕士2014.5
24	吉林建筑大学	2014.5～2018.5	2014.5～2018.5	本科2002.5/硕士2014.5
25	武汉理工大学	2011.5～2015.5	2011.5～2015.5	本科2003.5/硕士2011.5
26	厦门大学	2011.5～2015.5	2011.5～2015.5	本科2003.5/硕士2007.5
27	广州大学	2012.5～2016.5	—	2004.5
28	河北工程大学	2012.5～2016.5	—	2004.5
29	上海交通大学	2014.5～2018.5	—	2006.6
30	青岛理工大学	2014.5～2018.5	2014.5～2018.5	本科2006.6/硕士2014.5
31	安徽建筑大学	2011.5～2015.5	—	2007.5
32	西安交通大学	2011.5～2015.5	2011.5～2015.5	本科2007.5/硕士2011.5
33	南京大学	—	2011.5～2018.5	2007.5
34	中南大学	2012.5～2016.5	2012.5～2016.5	本科2008.5/硕士2012.5
35	武汉大学	2012.5～2016.5	2012.5～2016.5	2008.5
36	北方工业大学	2012.5～2016.5	2014.5～2018.5	本科2008.5/硕士2014.5
37	中国矿业大学	2012.5～2016.5	—	2008.5
38	苏州科技学院	2012.5～2016.5	—	2008.5
39	内蒙古工业大学	2013.5～2017.5	2013.5～2017.5	本科2009.5/硕士2013.5
40	河北工业大学	2013.5～2017.5	—	2009.5
41	中央美术学院	2013.5～2017.5	—	2009.5
42	福州大学	2014.5～2018.5	—	2010.5
43	北京交通大学	2014.5～2018.5	2014.5～2018.5	本科2010.5/硕士2014.5
44	太原理工大学	2014.5～2018.5(有条件)	—	2010.5
45	浙江工业大学	2014.5～2018.5	—	2010.5
46	烟台大学	2011.5～2015.5	—	2011.5
47	天津城建大学	2011.5～2015.5	—	2011.5

第三篇

续表

序号	学校	本科合格有效期	硕士合格有效期	首次通过评估时间
48	西北工业大学	2012.5~2016.5	—	2012.5
49	南昌大学	2013.5~2017.5	—	2013.5
50	广东工业大学	2014.5~2018.5	—	2014.5
51	四川大学	2014.5~2018.5	—	2014.5
52	内蒙古科技大学	2014.5~2018.5	—	2014.5
53	长安大学	2014.5~2018.5	—	2014.5

（王柏峰）

【2013~2014年度高等学校城乡规划专业教育评估工作】 2014年，住房城乡建设部高等教育城乡规划专业评估委员会对南京大学、华南理工大学、山东建筑大学、西南交通大学、苏州科技学院、大连理工大学、浙江工业大学、北京工业大学、华侨大学、云南大学、吉林建筑大学等11所学校的城乡规划专业进行评估。评估委员会全体委员对各校的自评报告进行审阅，于5月派遣视察小组进校实地视察。经评估委员会全体会议讨论并投票表决，做出了评估结论，见表3。

2013~2014年度高等学校城乡规划专业教育评估结论　　表3

序号	学校	专业	授予学位	合格有效期		备注
				本科	硕士研究生	
1	南京大学	城乡规划	学士、硕士	2014.5~2020.5（2006年6月至2008年5月本科教育不在有效期内）	2014.5~2020.5	复评
2	华南理工大学	城乡规划	学士、硕士	2014.5~2020.5	2014.5~2020.5	复评
3	山东建筑大学	城乡规划	学士、硕士	2014.5~2020.5	2014.5~2020.5	复评
4	西南交通大学	城乡规划	学士、硕士	2010.5~2016.5	2014.5~2018.5	学士复评硕士初评
5	苏州科技学院	城乡规划	学士、硕士	2012.5~2018.5	2014.5~2018.5	学士复评硕士初评
6	大连理工大学	城乡规划	学士、硕士	2014.5~2020.5	2014.5~2018.5	学士复评硕士初评
7	浙江工业大学	城乡规划	学士	2014.5~2018.5	—	复评
8	北京工业大学	城乡规划	学士、硕士	2014.5~2018.5	2014.5~2018.5	初评
9	华侨大学	城乡规划	学士	2014.5~2018.5	—	初评
10	云南大学	城乡规划	学士	2014.5~2018.5	—	初评
11	吉林建筑大学	城乡规划	学士	2014.5~2018.5	—	初评

根据学校申请，2014年7月国务院学位委员会印发《关于批准华中科技大学等高等学校开展建筑学学士、硕士专业学位和城市规划硕士专业学位授予工作的通知》（学位〔2014〕29号），批准南京大学、华南理工大学、西南交通大学、苏州科技学院、北京工业大学等6所学校开展城市规划硕士专业学位授予工作，其中南京大学、华南理工大学有效期为2014年5月至2020年5月，其他4所学校为2014年5月至2018年5月。

截至2014年5月，全国共有36所高校的城乡规划专业通过专业评估，其中本科专业点35个，硕士研究生专业点25个。详见表4。

高校城乡规划专业评估通过学校和有效期情况统计表　　　　　　表4

（截至2014年5月，按首次通过评估时间排序）

序号	学校	本科合格有效期	硕士合格有效期	首次通过评估时间
1	清华大学	—	2010.5～2016.5	1998.6
2	东南大学	2010.5～2016.5	2010.5～2016.5	1998.6
3	同济大学	2010.5～2016.5	2010.5～2016.5	1998.6
4	重庆大学	2010.5～2016.5	2010.5～2016.5	1998.6
5	哈尔滨工业大学	2010.5～2016.5	2010.5～2016.5	1998.6
6	天津大学	2010.5～2016.5	2010.5～2016.5（2006年6月至2010年5月硕士研究生教育不在有效期内）	2000.6
7	西安建筑科技大学	2012.5～2018.5	2012.5～2018.5	2000.6
8	华中科技大学	2012.5～2018.5	2012.5～2018.5	本科2000.6/硕士2006.6
9	南京大学	2014.5～2020.5（2006年6月至2008年5月本科教育不在有效期内）	2014.5～2020.5	2002.7
10	华南理工大学	2014.5～2020.5	2014.5～2020.5	2002.6
11	山东建筑大学	2014.5～2020.5	2014.5～2020.5	本科2004.6/硕士2012.5
12	西南交通大学	2010.5～2016.5	2014.5～2018.5	本科2006.6/硕士2014.5
13	浙江大学	2010.5～2016.5	2012.5～2016.5	本科2006.6/硕士2012.5
14	武汉大学	2012.5～2018.5	2012.5～2018.5	2008.5
15	湖南大学	2012.5～2018.5	2012.5～2016.5	本科2008.5/硕士2012.5
16	苏州科技学院	2012.5～2018.5	2014.5～2018.5	本科2008.5/硕士2014.5
17	沈阳建筑大学	2012.5～2018.5	2012.5～2018.5	本科2008.5/硕士2012.5
18	安徽建筑工业学院	2012.5～2016.5	—	2008.5
19	昆明理工大学	2012.5～2016.5	2012.5～2016.5	本科2008.5/硕士2012.5
20	中山大学	2013.5～2017.5	—	2009.5
21	南京工业大学	2013.5～2017.5	2013.5～2017.5	本科2009.5/硕士2013.5
22	中南大学	2013.5～2017.5	2013.5～2017.5	本科2009.5/硕士2013.5
23	深圳大学	2013.5～2017.5	2013.5～2017.5	本科2009.5/硕士2013.5
24	西北大学	2013.5～2017.5	2013.5～2017.5	2009.5
25	大连理工大学	2014.5～2020.5	2014.5～2018.5	本科2010.5/硕士2014.5
26	浙江工业大学	2014.5～2018.5	—	2010.5
27	北京建筑大学	2011.5～2015.5	2013.5～2017.5	本科2011.5/硕士2013.5
28	广州大学	2011.5～2015.5	—	2011.5
29	北京大学	2011.5～2015.5	—	2011.5
30	福建工程学院	2012.5～2016.5	—	2012.5
31	福州大学	2013.5～2017.5	—	2013.5
32	湖南城市学院	2013.5～2017.5	—	2013.5
33	北京工业大学	2014.5～2018.5	2014.5～2018.5	2014.5
34	华侨大学	2014.5～2018.5	—	2014.5
35	云南大学	2014.5～2018.5	—	2014.5
36	吉林建筑大学	2014.5～2018.5	—	2014.5

（王柏峰）

第三篇

【2013～2014年度高等学校土木工程专业教育评估工作】 2014年，住房城乡建设部高等教育土木工程专业评估委员会对中南大学、兰州理工大学、河北工业大学、长沙理工大学、天津城建大学、河北建筑工程学院、青岛理工大学、新疆大学、长江大学、烟台大学、汕头大学、厦门大学、成都理工大学、中南林业科技大学、福建工程学院等15所学校的土木工程专业进行评估。评估委员会全体委员对各校的自评报告进行审阅，于5月派遣视察小组进校实地视察。经评估委员会全体会议讨论并投票表决，做出了评估结论，见表5。

2013～2014年度高等学校土木工程专业教育评估结见 表5

序号	学校	专业	授予学位	合格有效期	备注
1	中南大学	土木工程	学士	6年(2014.5～2020.5)	复评
2	兰州理工大学	土木工程	学士	6年(2014.5～2020.5)	复评
3	河北工业大学	土木工程	学士	6年(2014.5～2020.5)	复评
4	长沙理工大学	土木工程	学士	6年(2014.5～2020.5)	复评
5	天津城建大学	土木工程	学士	6年(2014.5～2020.5)	复评
6	河北建筑工程学院	土木工程	学士	6年(2014.5～2020.5)	复评
7	青岛理工大学	土木工程	学士	6年(2014.5～2020.5)	复评
8	新疆大学	土木工程	学士	3年(2014.5～2017.5)	初评
9	长江大学	土木工程	学士	3年(2014.5～2017.5)	初评
10	烟台大学	土木工程	学士	3年(2014.5～2017.5)	初评
11	汕头大学	土木工程	学士	3年(2014.5～2017.5)	初评
12	厦门大学	土木工程	学士	3年(2014.5～2017.5)	初评
13	成都理工大学	土木工程	学士	3年(2014.5～2017.5)	初评
14	中南林业科技大学	土木工程	学士	3年(2014.5～2017.5)	初评
15	福建工程学院	土木工程	学士	3年(2014.5～2017.5)	初评

截至2014年5月，全国共有78所高校的土木工程专业通过评估。详见表6。

高校土木工程专业评估通过学校和有效期情况统计表 表6

(截至2014年5月，按首次通过评估时间排序)

序号	学校	本科合格有效期	首次通过评估时间	序号	学校	本科合格有效期	首次通过评估时间
1	清华大学	2013.5～2021.5	1995.6	14	武汉理工大学	2012.5～2017.5	1997.6
2	天津大学	2013.5～2021.5	1995.6	15	华中科技大学	2013.5～2021.5	1997.6
3	东南大学	2013.5～2021.5	1995.6	16	西南交通大学	2007.5～2015.5	1997.6
4	同济大学	2013.5～2021.5	1995.6	17	中南大学	2014.5～2020.5 (2002年6月至2004年6月不在有效期内)	1997.6
5	浙江大学	2013.5～2021.5	1995.6				
6	华南理工大学	2010.5～2018.5	1995.6				
7	重庆大学	2013.5～2021.5	1995.6	18	华侨大学	2012.5～2017.5	1997.6
8	哈尔滨工业大学	2013.5～2021.5	1995.6	19	北京交通大学	2009.5～2017.5	1999.6
9	湖南大学	2013.5～2021.5	1995.6	20	大连理工大学	2009.5～2017.5	1999.6
10	西安建筑科技大学	2013.5～2021.5	1995.6	21	上海交通大学	2009.5～2017.5	1999.6
11	沈阳建筑大学	2012.5～2020.5	1997.6	22	河海大学	2009.5～2017.5	1999.6
12	郑州大学	2012.5～2017.5	1997.6	23	武汉大学	2009.5～2017.5	1999.6
13	合肥工业大学	2012.5～2020.5	1997.6	24	兰州理工大学	2014.5～2020.5	1999.6

续表

序号	学校	本科合格有效期	首次通过评估时间	序号	学校	本科合格有效期	首次通过评估时间
25	三峡大学	2011.5～2016.5（2004年6月至2006年6月不在有效期内）	1999.6	49	长沙理工大学	2014.5～2020.5	2009.5
				50	天津城建大学	2014.5～2020.5	2009.5
				51	河北建筑工程学院	2014.5～2020.5	2009.5
26	南京工业大学	2011.5～2019.5	2001.6	52	青岛理工大学	2014.5～2020.5	2009.5
27	石家庄铁道大学	2012.5～2017.5（2006年6月至2007年5月不在有效期内）	2001.6	53	南昌大学	2010.5～2015.5	2010.5
				54	重庆交通大学	2010.5～2015.5	2010.5
				55	西安科技大学	2010.5～2015.5	2010.5
28	北京工业大学	2012.5～2017.5	2002.6	56	东北林业大学	2010.5～2015.5	2010.5
29	兰州交通大学	2012.5～2020.5	2002.6	57	山东大学	2011.5～2016.5	2011.5
30	山东建筑大学	2013.5～2018.5	2003.6	58	太原理工大学	2011.5～2016.5	2011.5
31	河北工业大学	2014.5～2020.5（2008年5月至2009年5月不在有效期内）	2003.6	59	内蒙古工业大学	2012.5～2017.5	2012.5
				60	西南科技大学	2012.5～2017.5	2012.5
				61	安徽理工大学	2012.5～2017.5	2012.5
32	福州大学	2013.5～2018.5	2003.6	62	盐城工学院	2012.5～2017.5	2012.5
33	广州大学	2010.5～2015.5	2005.6	63	桂林理工大学	2012.5～2017.5	2012.5
34	中国矿业大学	2010.5～2015.5	2005.6	64	燕山大学	2012.5～2017.5	2012.5
35	苏州科技学院	2010.5～2015.5	2005.6	65	暨南大学	2012.5～2017.5	2012.5
36	北京建筑大学	2011.5～2016.5	2006.6	66	浙江科技学院	2012.5～2017.5	2012.5
37	吉林建筑大学	2011.5～2016.5	2006.6	67	湖北工业大学	2013.5～2018.5	2013.5
38	内蒙古科技大学	2011.5～2016.5	2006.6	68	宁波大学	2013.5～2018.5	2013.5
39	长安大学	2011.5～2016.5	2006.6	69	长春工程学院	2013.5～2018.5	2013.5
40	广西大学	2011.5～2016.5	2006.6	70	南京林业大学	2013.5～2018.5	2013.5
41	昆明理工大学	2012.5～2017.5	2007.5	71	新疆大学	2014.5～2017.5	2014.5
42	西安交通大学	2012.5～2017.5（有条件）	2007.5	72	长江大学	2014.5～2017.5	2014.5
				73	烟台大学	2014.5～2017.5	2014.5
43	华北水利水电大学	2012.5～2017.5	2007.5	74	汕头大学	2014.5～2017.5	2014.5
44	四川大学	2012.5～2017.5	2007.5	75	厦门大学	2014.5～2017.5	2014.5
45	安徽建筑大学	2012.5～2017.5	2007.5	76	成都理工大学	2014.5～2017.5	2014.5
46	浙江工业大学	2013.5～2018.5	2008.5	77	中南林业科技大学	2014.5～2017.5	2014.5
47	解放军理工大学	2013.5～2018.5	2008.5	78	福建工程学院	2014.5～2017.5	2014.5
48	西安理工大学	2013.5～2018.5	2008.5	—	—	—	—

（王柏峰）

【2013～2014年度高等学校建筑环境与能源应用工程专业教育评估工作】 2014年，住房城乡建设部高等教育建筑环境与能源应用工程专业评估委员会对西安建筑科技大学、吉林建筑大学、青岛理工大学、河北建筑工程学院、中南大学、安徽建筑大学、中国矿业大学等7所学校的建筑环境与能源应用工程专业进行了评估。评估委员会全体委员对学校的自评报告进行了审阅，于5月份派遣视察小组进校实地视察。经评估委员会全体会议讨论并投票表决，做出了评估结论，见表7。

2013～2014 年度高等学校建筑环境与能源应用工程专业教育评估　　　　表 7

序号	学校	专业	授予学位	合格有效期	备注
1	西安建筑科技大学	建筑环境与能源应用工程	学士	5 年(2014.5～2019.5)	复评
2	吉林建筑大学	建筑环境与能源应用工程	学士	5 年(2014.5～2019.5)	复评
3	青岛理工大学	建筑环境与能源应用工程	学士	5 年(2014.5～2019.5)	复评
4	河北建筑工程学院	建筑环境与能源应用工程	学士	5 年(2014.5～2019.5)	复评
5	中南大学	建筑环境与能源应用工程	学士	5 年(2014.5～2019.5)	复评
6	安徽建筑大学	建筑环境与能源应用工程	学士	5 年(2014.5～2019.5)	复评
7	中国矿业大学	建筑环境与能源应用工程	学士	5 年(2014.5～2019.5)	初评

截至 2014 年 5 月，全国共有 31 所高校的建筑环境与能源应用工程专业通过评估。详见表 8。

高校建筑环境与能源应用工程专业评估通过学校和有效期情况统计表　　　　表 8

（截至 2014 年 5 月，按首次通过评估时间排序）

序号	学校	本科合格有效期	首次通过评估时间	序号	学校	本科合格有效期	首次通过评估时间
1	清华大学	2012.5～2017.5	2002.5	16	沈阳建筑大学	2012.5～2017.5	2007.6
2	同济大学	2012.5～2017.5	2002.5	17	南京工业大学	2012.5～2017.5	2007.6
3	天津大学	2012.5～2017.5	2002.5	18	长安大学	2013.5～2018.5	2008.5
4	哈尔滨工业大学	2012.5～2017.5	2002.5	19	吉林建筑大学	2014.5～2019.5	2009.5
5	重庆大学	2012.5～2017.5	2002.5	20	青岛理工大学	2014.5～2019.5	2009.5
6	解放军理工大学	2013.5～2018.5	2003.5	21	河北建筑工程学院	2014.5～2019.5	2009.5
7	东华大学	2013.5～2018.5	2003.5	22	中南大学	2014.5～2019.5	2009.5
8	湖南大学	2013.5～2018.5	2003.5	23	安徽建筑大学	2014.5～2019.5	2009.5
9	西安建筑科技大学	2014.5～2019.5	2004.5	24	南京理工大学	2010.5～2015.5	2010.5
10	山东建筑大学	2010.5～2015.5	2005.6	25	西安交通大学	2011.5～2016.5	2011.5
11	北京建筑大学	2010.5～2015.5	2005.6	26	兰州交通大学	2011.5～2016.5	2011.5
12	华中科技大学	2011.5～2016.5（2010 年 5 月至 2011 年 5 月不在有效期内）	2005.6	27	天津城建大学	2011.5～2016.5	2011.5
				28	大连理工大学	2012.5～2017.5	2012.5
				29	上海理工大学	2012.5～2017.5	2012.5
13	中原工学院	2011.5～2016.5	2006.6	30	西南交通大学	2013.5～2018.5	2013.5
14	广州大学	2011.5～2016.5	2006.6	31	中国矿业大学	2014.5～2019.5	2014.5
15	北京工业大学	2011.5～2016.5	2006.6	—	—	—	—

（王柏峰）

【2013～2014 年度高等学校给排水科学与工程专业教育评估工作】　2014 年，住房城乡建设部高等教育给排水科学与工程专业评估委员会对清华大学、同济大学、重庆大学、哈尔滨工业大学、武汉大学、苏州科技学院、吉林建筑大学、四川大学、青岛理工大学、天津城建大学、南华大学等 11 所学校的给排水科学与工程专业进行评估。评估委员会全体委员对各校的自评报告进行审阅，于 5 月派遣视察小组进校实地视察。经评估委员会全体会议讨论并投票表决，做出评估结论，见表 9。

2013～2014 年度高等学校给排水科学与工程专业教育评估结论　　　　表 9

序号	学校	专业	授予学位	合格有效期	备注
1	清华大学	给排水科学与工程	学士	5 年(2014.5～2019.5)	复评
2	同济大学	给排水科学与工程	学士	5 年(2014.5～2019.5)	复评

续表

序号	学校	专业	授予学位	合格有效期	备注
3	重庆大学	给排水科学与工程	学士	5年(2014.5~2019.5)	复评
4	哈尔滨工业大学	给排水科学与工程	学士	5年(2014.5~2019.5)	复评
5	武汉大学	给排水科学与工程	学士	5年(2014.5~2019.5)	复评
6	苏州科技学院	给排水科学与工程	学士	5年(2014.5~2019.5)	复评
7	吉林建筑大学	给排水科学与工程	学士	5年(2014.5~2019.5)	复评
8	四川大学	给排水科学与工程	学士	5年(2014.5~2019.5)	复评
9	青岛理工大学	给排水科学与工程	学士	5年(2014.5~2019.5)	复评
10	天津城建大学	给排水科学与工程	学士	5年(2014.5~2019.5)	复评
11	南华大学	给排水科学与工程	学士	5年(2014.5~2019.5)	初评

截至2014年5月,全国共有32所高校的给排水科学与工程专业通过评估。详见表10。

高校给排水科学与工程专业评估通过学校和有效期情况统计表　　　　表10

(截至2014年5月,按首次通过评估时间排序)

序号	学校	本科合格有效期	首次通过评估时间	序号	学校	本科合格有效期	首次通过评估时间
1	清华大学	2014.5~2019.5	2004.5	17	武汉理工大学	2013.5~2018.5	2008.5
2	同济大学	2014.5~2019.5	2004.5	18	扬州大学	2013.5~2018.5	2008.5
3	重庆大学	2014.5~2019.5	2004.5	19	山东建筑大学	2013.5~2018.5	2008.5
4	哈尔滨工业大学	2014.5~2019.5	2004.5	20	武汉大学	2014.5~2019.5	2009.5
5	西安建筑科技大学	2010.5~2015.5	2005.6	21	苏州科技学院	2014.5~2019.5	2009.5
6	北京建筑大学	2010.5~2015.5	2005.6	22	吉林建筑大学	2014.5~2019.5	2009.5
7	河海大学	2011.5~2016.5	2006.5	23	四川大学	2014.5~2019.5	2009.5
8	华中科技大学	2011.5~2016.5	2006.6	24	青岛理工大学	2014.5~2019.5	2009.5
9	湖南大学	2011.5~2016.5	2006.6	25	天津城建大学	2014.5~2019.5	2009.5
10	南京工业大学	2012.5~2017.5	2007.5	26	华东交通大学	2010.5~2015.5	2010.5
11	兰州交通大学	2012.5~2017.5	2007.5	27	浙江工业大学	2010.5~2015.5	2010.5
12	广州大学	2012.5~2017.5	2007.5	28	昆明理工大学	2011.5~2016.5	2011.5
13	安徽建筑大学	2012.5~2017.5	2007.5	29	济南大学	2012.5~2017.5	2012.5
14	沈阳建筑大学	2012.5~2017.5	2007.5	30	太原理工大学	2013.5~2018.5	2013.5
15	长安大学	2013.5~2018.5	2008.5	31	合肥工业大学	2013.5~2018.5	2013.5
16	桂林理工大学	2013.5~2018.5	2008.5	32	南华大学	2014.5~2019.5	2014.5

(王柏峰)

【2013~2014年度高等学校工程管理专业教育评估工作】 2014年,住房城乡建设部高等教育工程管理专业评估委员会对重庆大学、哈尔滨工业大学、西安建筑科技大学、清华大学、同济大学、东南大学、武汉理工大学、北京交通大学、郑州航空工业管理学院、天津城建大学、吉林建筑大学、大连理工大学、西南科技大学等13所学校的工程管理专业进行评估。评估委员会全体委员对各校的自评报告进行了审阅,于5月派遣视察小组进校实地视察。经评估委员会全体会议讨论并投票表决,做出了评估结论,见表11。

2013～2014年度高等学校工程管理专业教育评估结论　　表11

序号	学校	专业	授予学位	合格有效期	备注
1	重庆大学	工程管理	学士	5年(2014.5～2019.5)	复评
2	哈尔滨工业大学	工程管理	学士	5年(2014.5～2019.5)	复评
3	西安建筑科技大学	工程管理	学士	5年(2014.5～2019.5)	复评
4	清华大学	工程管理	学士	5年(2014.5～2019.5)	复评
5	同济大学	工程管理	学士	5年(2014.5～2019.5)	复评
6	东南大学	工程管理	学士	5年(2014.5～2019.5)	复评
7	武汉理工大学	工程管理	学士	5年(2014.5～2019.5)	复评
8	北京交通大学	工程管理	学士	5年(2014.5～2019.5)	复评
9	郑州航空工业管理学院	工程管理	学士	5年(2014.5～2019.5)	复评
10	天津城建大学	工程管理	学士	5年(2014.5～2019.5)	复评
11	吉林建筑大学	工程管理	学士	5年(2014.5～2019.5)	复评
12	大连理工大学	工程管理	学士	5年(2014.5～2019.5)	初评
13	西南科技大学	工程管理	学士	5年(2014.5～2019.5)	初评

截至2014年5月，全国共有35所高校的工程管理专业通过评估。详见表12。

高校工程管理专业评估通过学校和有效期情况统计表　　表12

（截至2014年5月，按首次通过评估时间排序）

序号	学校	本科合格有效期	首次通过评估时间	序号	学校	本科合格有效期	首次通过评估时间
1	重庆大学	2014.5～2019.5	1999.11	19	北京建筑大学	2013.5～2018.5	2008.5
2	哈尔滨工业大学	2014.5～2019.5	1999.11	20	山东建筑大学	2013.5～2018.5	2008.5
3	西安建筑科技大学	2014.5～2019.5	1999.11	21	安徽建筑大学	2013.5～2018.5	2008.5
4	清华大学	2014.5～2019.5	1999.11	22	武汉理工大学	2014.5～2019.5	2009.5
5	同济大学	2014.5～2019.5	1999.11	23	北京交通大学	2014.5～2019.5	2009.5
6	东南大学	2014.5～2019.5	1999.11	24	郑州航空工业管理学院	2014.5～2019.5	2009.5
7	天津大学	2011.5～2016.5	2001.6	25	天津城建大学	2014.5～2019.5	2009.5
8	南京工业大学	2011.5～2016.5	2001.6	26	吉林建筑大学	2014.5～2019.5	2009.5
9	广州大学	2013.5～2018.5	2003.6	27	兰州交通大学	2010.5～2015.5	2010.5
10	东北财经大学	2013.5～2018.5	2003.6	28	河北建筑工程学院	2010.5～2015.5	2010.5
11	华中科技大学	2010.5～2015.5	2005.6	29	中国矿业大学	2011.5～2016.5	2011.5
12	河海大学	2010.5～2015.5	2005.6	30	西南交通大学	2011.5～2016.5	2011.5
13	华侨大学	2010.5～2015.5	2005.6	31	华北水利水电大学	2012.5～2017.5	2012.5
14	深圳大学	2010.5～2015.5	2005.6	32	三峡大学	2012.5～2017.5	2012.5
15	苏州科技学院	2010.5～2015.5	2005.6	33	长沙理工大学	2012.5～2017.5	2012.5
16	中南大学	2011.5～2016.5	2006.6	34	大连理工大学	2014.5～2019.5	2014.5
17	湖南大学	2011.5～2016.5	2006.6	35	西南科技大学	2014.5～2019.5	2014.5
18	沈阳建筑大学	2012.5～2017.5	2007.6	—	—	—	—

（王柏峰）

干部教育培训及人才工作

【领导干部和专业技术人员培训工作】　2014年，住房城乡建设部机关、直属单位和部管社会团体共组织培训班407项，862个班次，培训住房城乡建设系统领导干部和专业技术人员108212人次。承办中央组织部委托的新型城镇化、城市基础设施建设、解决大城市交通拥堵问题等 3 期市长专题研究班，培训学员 103 名。承办中央组织部领导干部境外培训班二期，赴新加坡、德国培训学员 48 名。支持新疆、青海及大别山片区领导干部培训工作，举办援疆、援青和大别山片区住房城乡建设系统领导干部培训班各 1 期，培训相关地区领导干部和管理人员 322 名，住房城乡建设部补贴经费 64 万元。（王柏峰）

【住房城乡建设部对部属单位及部管社团培训办班作出规定】 为落实党的群众路线教育实践活动整改措施，切实解决部分直属单位、部管社团执行培训管理规定不到位、办班行为不规范、培训质量不高等问题，根据《2013～2017 年全国干部教育培训规划》《中央组织部关于在干部教育培训中进一步加强学员管理的规定》等有关规定，住房城乡建设部制定印发《住房城乡建设部关于进一步加强培训办班管理的规定》，从健全培训管理制度、切实规范办班行为、全面提升培训质量、着力加强监督检查等 4 个方面作出 16 条规定。（王柏峰）

【举办全国专业技术人才知识更新工程高级研修班】 根据人力资源社会保障部全国专业技术人才知识更新工程高级研修项目计划，2014 年住房城乡建设部在北京举办"建筑节能与低碳城市建设"、"城市生活垃圾处理与资源化"高级研修班，培训各地相关领域高层次专业技术人员 125 名，经费由人力资源社会保障部全额资助。（王柏峰）

【住房城乡建设部编制专业技术职务任职资格评审标准】 住房城乡建设部组织相关单位编制《住房城乡建设部建设工程（科研）专业技术职务任职资格评审标准》，2014 年 4 月颁布实施。标准在原建设部 1999 年和 2001 年印发的《建设工程（科研）中、高级专业技术职务任职资格评审量化标准（试行）》和《建设工程技术（科研）系列研究员级专业技术职务任职资格评审量化标准（试行）》的基础上编制，设置了建筑学、建筑结构等 25 个专业，各专业评审量化指标从学历与资历、专业能力、工作业绩与成果、著作论文等 4 个方面进行评价，并设定了相应的分值或参考分值。（王柏峰）

【住房城乡建设部选派 3 名博士服务团成员到西部地区服务锻炼】 根据中央组织部、共青团中央关于第 15 批博士服务团成员选派工作安排，住房城乡建设部选派了 3 名博士服务团成员赴西部地区服务锻炼。（王柏峰）

【住房城乡建设部 1 名专业技术人才和 1 个专业

技术人才集体受到表彰】 经中共中央组织部、中共中央宣传部、人力资源社会保障部、科学技术部批准，住房和城乡建设部政策研究中心研究员秦虹同志被评为第五届全国杰出专业技术人才，中国城市规划设计研究院城镇水务与工程专业研究院被评为全国专业技术人才先进集体。（王柏峰）

【住房城乡建设部 6 名专业技术人员享受 2014 年度政府特殊津贴】 根据人力资源社会保障部关于公布 2014 年享受政府特殊津贴人员名单的通知，中国城市规划设计研究院尹强、马林、赵中枢，住房和城乡建设部科技发展促进中心高立新、住房和城乡建设部标准定额研究所王海宏、中国建设工程造价管理协会吴佐民等 6 名专业技术人员享受 2014 年度政府特殊津贴。（王柏峰）

职业资格工作

【住房城乡建设领域职业资格考试情况】 2014年，全国共有 140.4 万人次参加住房城乡建设领域职业资格全国统一考试（不含二级），当年共有 14.4 万人次通过考试并取得职业资格证书。详见表 13。

2014 年住房城乡建设领域职业资格全国统一考试情况统计表 表 13

序号	专业	2014 年参加考试人数	2014 年取得资格人数
1	建筑（一级）	45359	2494
2	结构（一级）	20090	1381
3	岩土	9723	1567
4	港口与航道	584	232
5	水利水电	2545	762
6	公用设备	19827	2767
7	电气	17709	6943
8	环保	4558	1247
9	化工	3003	262
10	建造（一级）	1027411	89312
11	工程监理	58393	17667
12	城市规划	26301	3296
13	工程造价	109069	14390
14	物业管理	59663	6443
15	房地产估价	14517	2678
16	房地产经纪	0	0
	合计	1404235	144498

（王柏峰）

【住房城乡建设领域职业资格及注册情况】 截至 2014 年底，住房城乡建设领域取得各类职业资格人员共 130.5 万（不含二级），注册人数 92.2 万。详见表 14。

住房城乡建设领域职业资格人员专业分布及注册情况统计表　　　表 14

（截至 2014 年 12 月 31 日）

行业	类别	专业	取得资格人数	注册人数	备注
勘察设计	（一）注册建筑师（一级）		32542	30295	
	（二）勘察设计注册工程师	1. 土木工程 岩土工程	17159	14634	
		水利水电工程	8749	0	未注册
		港口与航道工程	1782	0	未注册
		道路工程	2411	0	未注册
		2. 结构工程（一级）	47683	44542	
		3. 公用设备工程	29524	22212	
		4. 电气工程	25028	15638	
		5. 化工工程	7346	5236	
		6. 环保工程	5913	0	未注册
		7. 机械工程	3458	0	未注册
		8. 冶金工程	1502	0	未注册
		9. 采矿/矿物工程	1461	0	未注册
		10. 石油/天然气工程	438	0	未注册
建筑业	（三）建造师（一级）		552965	382224	
	（四）监理工程师		233873	154750	
	（五）造价工程师		142960	136300	
房地产业	（六）房地产估价师		51338	45984	
	（七）房地产经纪人		52648	30009	
	（八）物业管理师		63647	23149	
城市规划	（九）注册城市规划师		23191	17820	
总计			1305618	922793	

（王柏峰）

劳动与职业教育

【继续做好国家职业分类大典修订工作】　2014 年，会同部人力资源开发中心完成建设行业专业技术类 20 个职业的专家审核，完成建设行业国家职业分类大典 82 个职业的全部修订工作。同时，对《国家职业分类大典》建设行业实操类职业架构提出修改意见报人力资源社会保障部。（王成成）

【做好建筑工人技能培训工作】　选取重庆、福建等 10 个省（市、区）开展建筑工人技能培训机制调研，形成《关于建筑工人技能培训机制的调研报告》。结合调研成果，起草《住房城乡建设部关于加强建筑工人职业培训工作的指导意见》。在重庆组织召开建筑工人技能培训工作现场会，重庆、北京、江西、杭州、青岛和宜昌等地分别在会上交流经验，并考察参观了项目现场，进一步推动建筑工人技能培训工作规范化、制度化、常态化。继续加强职业技能培训和鉴定工作，促进建筑工人队伍整体素质提高。印发《关于 2014 年全国建设职业技能培训与鉴定工作任务的通知》，计划 2014 年全年培训 162 万人，鉴定 96 万人。截至 2014 年 11 月底，共培训行业工人 156.5 万人次，鉴定 100.76 万人，其中鉴定已超额完成全年计划。（王成成）

【做好高技能人才选拔培养工作】　做好第十二届中华技能大奖全国技术能手候选人和国家技能人才培育突出贡献候选单位、候选个人的推荐工作。出台《全国住房城乡建设行业技术能手推荐管理办法（试行）》，进一步完善建设行业技术能手推荐机制。开展全国建设行业技术能手推荐工作，授予侯建立等 145 名同志"全国住房城乡建设行业技术能手"荣誉称号。协调有关协会组织选手参加第 43 届世界技能大赛选拔赛暨全国建设行业职业技能竞赛。共有 21 个省市、120 名选手参赛，有 5 名选手进入第 43 届世界技能大赛集训名单，4 名选手获得"全国技术能手"荣誉称号，1 名选手获授全国"五一劳动奖章"。指导中国城镇供水排水协会举办首届"排水杯"全国城镇排水行业职业技能竞赛决赛。（王成成）

【加强行业中等职业教育指导工作】 组织指导中等职业学校技能竞赛。协调教育部相关司局、中国建设教育协会等共同成功举办 2014 年全国职业院校技能大赛中职组建设职业技能比赛，包括建筑设备安装与调控、建筑 CAD 和工程测量 3 个分赛。组织大型装饰企业金螳螂股份有限公司赴常州建设职业技术学院调研考察，研究校企合作联合培养企业一线技能人才试点工作。组织召开部第五届中等职业教育专业指导委员会 2013 年工作总结会，指导第五届中职委分委会的工作会议，审定燃气、供热通风等 6 个专业的教学标准。（王成成）

【继续做好建筑业农民工工作】 住房城乡建设部于 2014 年 6 月在全国建筑工地集中开展建筑业

"千万农民工同上一堂课"安全培训活动，切实加强安全生产管理工作，提高建筑业农民工的安全生产、自我防护的意识和能力。继续推进建筑工地农民工业余学校创建工作，印发通知部署各地区梳理总结 2014 年农民工业余学校工作成效，2014 年累计建立农民工业余学校 11.6 万所，有 1484.5 万余名农民工参加了业余学校的学习。认真履行国务院农民工工作领导小组办公室成员的职责，积极报送农民工工作重要政策文件和相关总结材料，反馈农民工工作重要文件的修改意见。推荐杭州市作为农民工业余学校宣传对象。参与"两会"前农民工专题新闻发布会的有关工作。参加第八次全国农民工工作督察。参加贯彻落实《国务院关于进一步做好为农民工服务工作的意见》电视电话会议和农民工综合服务平台建设工作座谈会，起草并印发涉及住房城乡建设部任务分工的方案。（王成成）

（住房城乡建设部人事司）

城乡建设档案工作

2014 年，住房城乡建设部城建档案工作办公室认真贯彻落实党的十八大、十八届三中、四中全会，深入学习习近平总书记系列重要讲话，坚持服务城乡规划、建设和管理中心工作，指导各地做好城乡建设档案管理各项工作。

【城建档案法制建设】 1 月 1 日，《长春市城市建设档案管理条例》正式施行。4 月 1 日，《上海市地下空间规划建设条例》正式施行。12 月 1 日，《西安市城乡建设档案管理条例（修订）》正式施行。8 月 29 日，天津市政府重新修订《天津市城市建设档案管理规定》。3 月 1 日，《辽宁省城市地下管线管理办法》正式施行。3 月 12 日，《宁夏回族自治区城市地下管线工程档案管理办法》正式施行。河北省起草《河北省城市地下管线设施管理条例（草案）》，详细规定地下管线工程档案的验收、移交和报送等方面工作。杭州市完成《杭州市城市地下管线建设管理条例》立法评估工作。北京市出台《北京市规划委关于进一步明确城建工程档案管理工作分工的意见》，明确规定按照"属地管理"的原则，远郊区县工程建设档案逐步交由各城建档案机构集中管理，实现权责一致、建管一致、管用一致。各地陆续印

发城建档案管理规范性文件，主要有：《广州市城乡规划管理档案编制规范》、《长沙市城市地下管线建设管理办法》、《长沙市城市道路地下管线综合设计和审批管理规定》、《杭州市建筑安装工程档案移交书（2014 年版）》、《杭州市城市隧道、河道、园林景观工程档案归档范围（暂行）》、《杭州市城市地下管线信息管理系统查询利用规定（暂行）》、《福建省城市地下管线探测与信息化技术规程》、《福建省城市地下管线信息数据库建库规范》、《漳州市关于加强地下管线工程规划建设管理工作的通知》、《宁德市关于加强建设工程档案管理工作的通知》和《韶关市建设工程声像档案拍摄、编辑、制作技术标准》等。

【加强城建档案执法检查工作】 为确保城建档案各项法规制度落到实处，各地加大执法检查力度。天津市重点开展对市内六区和环城四区未办理档案认可证的项目进行确认，严格执行《天津市关于城建档案执法和历史遗留工程档案验收接收相关问题的处理暂行办法》，最大限度督促建设单位完成建设工程档案移交。河北省印发《关于做好 2014 年县（市、区）城建档案管理年度执法检查工作的通知》

（冀建办〔2014〕3号），对武邑县等18个县（市、区）的城建档案工作进行检查。浙江省开展各类档案执法33次。杭州市档案局和市建委联合对杭州市18项重点建设工程进行档案执法检查，对其中10项工程发放《城建档案管理行政指导意见书》。

【强化城建档案归集管理】 陕西省以《工程质量治理两年行动方案》为契机，将城建档案接收纳入工程项目报建程序，进一步提高城建档案归档率。上海市在土地出让合同条款中增加告知城建档案收集、整理和交付的责任和义务，以土地合同形式明确建设方报送竣工档案责任。浙江省抓住建设主体办理施工许可证环节，发放《工程档案管理告知书》；抓住竣工备案环节，将核验《建设工程竣工档案认可意见书》纳入工程竣工备案环节。贵阳市城市轨道交通基本设施和运营装备系统工程竣工文件编制、归档管理暂行办法》、《铜仁市城建档案收集管理范围和预验收移交规定》等规定的印发，进一步加大城建档案接收力度。四川省将建设工程竣工档案管理纳入建设管理程序。广东省为重点建设项目工程档案管理单位主动提供服务，做好档案接收工作。珠海市统一全市城建档案接收标准，与服务单位加强联系沟通。韶关市深入企业和项目工地开展档案专项业务检查及指导工作，督促各单位把工程档案资料编制工作纳入合同管理和施工管理的各个环节，使各建设单位都能较好地完成工程项目档案的归集。宁夏回族自治区强化建设单位报送工程档案的责任，对工程竣工档案实行预验收制，通过《建设工程档案移交责任书》、《建设工程档案责任人登记表》等方式规范工程档案的报送。

【各地新增馆库建设】 湖南省14个市、州，45个区、县（市）均成立城建档案馆（室），形成以市级城建档案馆为中心，区县市城建档案馆（室）和其他建设业主单位为基础的城建档案管理网络，新建（扩建）城建档案馆21个，总建筑面积约7.5万平方米。浙江省绍兴市新建馆房面积3200平方米；宁波市规划建设约2万平方米的库房；金华市新建馆房500平方米。天津市滨海新区城建档案馆库房楼项目6月下旬开工建设。重庆市申请资金购买4365平方米库房，拟于2015年底投入使用。江苏省持续加大档案馆建设投入，扬州市新建馆房6500平方米；泰州市增加馆房近1000平方米；南京市高淳区城建档案馆新建馆房。贵阳市新增馆库面积约160平方米，预计新增馆藏容量45000卷；铜仁市在建新馆库。吉林省8个地级市均设立城建档案管理机构，41个县市中88%的县市建立城建档案馆（室），长春、吉林、

四平、通化、白城、松原等地区全部建馆。内蒙古自治区12个盟市都设立城建档案馆（室），9个县级市中有7个设立城建档案馆（室），城建档案管理体系基本建设，全区城建档案馆房面积近1.6万平方米。河北省11个设区市、21个县（市、区）全部成立城建档案馆，115个县（市、区）建立城建档案室，全省馆库总面积2万多平方米，县级城建档案机构库房面积6000多平方米。广东省珠海市申请建新馆库面积16975平方米。四川省18个省辖市建立城建档案馆（室），现有馆（室）用房4万平方米，南充市新建馆房6000平方米，绵阳市立项新建馆房5000平方米，巴中、内江、西昌等市已立项新建2000平方米馆房。陕西省10个设区市、杨凌示范区、韩城市全部建成城建档案馆，全面建立省、市、县三级城建档案行政管理工作体系，商洛市申请到300平方米办公用房。山西省沁源县新建馆舍200平方米。宁夏石嘴山市新建馆库及办公区约1200平方米。

【推进中小城市城建档案工作】 各地贯彻落实建设部《关于加强中小城市城乡建设档案工作的意见》（建办〔2007〕68号），加大中小城市、区县工作力度，中小城市、县市区城建档案工作取得较快发展。北京市加大指导力度，采取联合指导、现场培训等方法推进区县城建档案工作顺利开展。辽宁省把扶持和帮助县、区开展城建档案工作纳入议事日程，一批县、区建立城建档案馆（室），大连市为加强县（市）区电子档案推广应用工作，免费提供软件，制作电子项目锁和签名锁，指导电子档案编制工作。上海市要求区县城建档案部门严格遵守综合验收制度，督促区县做好城建档案托管的安全管理、档案移交工作，并下发《关于市管项目（工程）委托区（县）受理点办理规划审批手续后续竣工档案验收认可工作的配套工作口径》。浙江省通过城建档案目标管理考核省级认定办法推进区、县（市）城建档案工作。福建省三明市加强市县二级城建档案网络管理，对所属各县（市）城建档案工作开展不定期指导检查。贵阳市加强对各区、县（市）城建档案工作的指导、检查，分别到花溪区、开阳县、息烽县、修文县、清镇市等地对城建档案工作进行实地帮扶，对档案的规范化整理进行业务指导。

【加大重点工程档案管理】 北京市加强轨道交通工程等重点工程竣工档案的指导验收，及时开展重点工程声像档案指导、接收、培训，市规划委、市住建委联合在南水北调工程（北京段）召开声像档案现场经验交流会。上海市对重大工程项目竣工档案全过程服务、指导，对重点工程建设单位建立起

全过程服务保障工作机制。重庆市通过与建设单位签订《建设工程档案报送责任书》，及时掌握项目进展情况，把好建设工程档案验收和移交环节质量关，建设过程中对档案进行跟踪管理，保证档案管理与工程进度同步性，帮助参建单位制定档案管理制度，保障重点工程档案归档工作的顺利开展。福建省对重点工程、重要市政工程实行全过程档案业务指导。

【推进数字声像档案管理】 北京市重点开展声像档案抢救性保护专项工作，完成视音频档案 300 小时的数字化、导入工作及照片、幻灯片、反转片、底片约 5 万张的数字化工作。山西省推行工程纸质档案、电子档案和声像档案同时报送制度。重庆市积极对市区特色地段、两江四岸、轨道交通等工程进行"记忆影像"记录，对 110 余处重要建筑开展定点拍摄照片 2800 张，制作 19 部工程声像片。江苏省顺利建成省建设档案"十大内容"图片库管理系统并投入使用，为电子声像档案接收提供基础。上海市开展《上海城建声像档案数字化管理和应用研究》，根据现有声像档案类型和数量，形成相应入库、存储、调阅声像档案数字化管理规范和数字化技术规范。株洲市添置航拍无人机设备，填补该市航拍影像资料空白。湘潭市以《2014 年声像拍摄方案》为标准，全面记录全市建设的发展和变化，加强与新闻媒体的联系为城市建设服务；怀化市认真做好重大工程开工前原貌和施工中的动态影像拍摄。贵阳市筹建"声像档案信息管理系统"；凯里市要求在报建阶段提供开工平基前的原貌照片，开工后提供建设中及竣工后照片，通过全程监控，保证声像档案信息的原始性、完整性。

【城建档案信息化建设】 各地按照住房城乡建设部印发的《全国城建档案信息化建设规划与实施纲要》要求，把信息化建设作为提升城建档案管理水平的重要手段，建立城建档案管理综合系统，馆藏档案数字化加工、信息著录、数据异地备份工作全面开展。北京市积极开展电子档案著录数据接收，实现电子著录数据和纸质档案同步接收的"双保险"。天津市参与完成住房城乡建设部科技示范项目"城建档案信息资源整合与共享"的研究工作，研发创建城建档案管理部门与城市规划管理部门联合互动的电子文件管理新机制，馆藏档案数字化率达到 82%；滨海新区完成 6.4 万卷的电子化著录与数字化扫描。重庆市城建档案检索查询系统融入市城乡建委自动化办公系统"大网络"，与市建设信息中心实现城建电子档案数据同城备份，完成 15 万余卷城建档案案卷级电子著录工作。山西省创建城建档案

信息管理平台。内蒙古自治区城建档案馆（室）多数实现计算机目录检索，安装城建档案管理系统。辽宁省沈阳市启动数字化档案馆建设，配合市地下空间办开发《沈阳市地下空间项目管理系统》、《地下空间项目单位信用管理平台》，配合建委开发《沈阳市房地产企业信用管理系统》；沈阳、大连、阜新、辽阳、朝阳等市实现电子档案与纸质档案同步归档；鞍山市印发《鞍山市城市建设电子档案管理规定》。吉林省在检索自动化、存储数字化、利用网络化方面取得重要成果。长春市完成纸质档案、声像档案与电子档案同步接收管理系统的软件开发，馆库的密集架采用智能化电子操控，方便档案查询和利用。株洲市完成"数字城建档案馆"应用软件系统开发项目，申报成为住房城乡建设部科技示范项目；郴州市建立城建档案信息管理系统和声像档案管理系统，同时制定《郴州市数字档案馆建设方案》。常德市实现城建档案网上申报、指导、接收和查询等业务办理。浙江省杭州市城建档案数字化率 57.9%，计划 2015 年底完成全部馆藏纸质档案数字化工作；宁波市建立档案在线接收系统。厦门市档案数字化率 31.45%，泉州市、漳州市城建档案综合业务管理系统投入运行，福州市形成《福州市数字城建档案管理系统》项目可行性研究报告。四川省成都、绵阳等 16 个市基本建成城建档案管理系统。陕西省渭南、宝鸡、汉中、商洛、延安、榆林、杨凌示范区等地全面接收电子档案；安康、渭南、宝鸡等市对已进馆档案全部完成数字化加工。宁夏各地制定《电子公文归档管理办法》、《电子档案管理制度》。新疆维吾尔自治区数字城建档案馆完成阶段性工作。广东各地加强建设电子文件归档和建设电子档案的规范化管理，珠海市作为第一个全国建设行业认证平台试点单位，在城建档案领域应用电子签章和数字签名技术。

【有序开展城建档案异地备份】 北京市馆与重庆馆为异地备份对口协作单位，正式签署《城建电子档案数据异地备份保管协议》。江西省与河北省积极开展异地备份省际协作事项。吉林省与湖北省互为异地备份省份，长春、吉林、延吉、梅河口等市与湖北省相关地级市完成对接。江苏省部分市、县完成馆藏档案电子数据异地备份工作，备份数据容量达 88.47T。新疆维吾尔自治区与江苏省签署《城建档案异地备份对接协作协议书》，完成异地备份的对接工作。山西省与四川省对口城市签订城建档案异地备份合作协议，太原、晋中、临汾、大同、长治、运城等市已经与四川对接城市全面实现城建档

案异地备份。

【抓紧接收城市地下管线工程普查成果】 湖南省有 5 个城市全面启动地下管线普查和补探补测工作，其中，长沙市完成地下管线地理信息系统与城建档案业务管理系统的集成，地下管线数据入库约 17000 公里，馆藏档案数字化 56 万卷；株洲市完成全市地下管线普查、新增地下管线修补测及信息化建设工作；郴州市对 105 平方公里建设用地范围启动新一轮地下管线普查和管网数字化建设；娄底市率先完成燃气专业地下管线普查工作，普查成果已全部接收进馆，雨污排水、通信、电力、供水等专业管网普查也全面启动；湘潭市开展排水防涝（含雨、污、自然水系）普查工作，计划 2015 年开展地下管线普查及信息化管理平台建设。浙江省接收地下管线工程项目 2751 个，累计 24532 个；杭州市完善城市地下管线信息系统，完成 149 条道路（小区）

约 1469 公里管线数据的审查和接收入库工作；温州市地下管线档案普查面积 301.8 平方公里，管线长度 9888.42 公里，图幅 8829 张；舟山市启动地下管线普查，普查面积 110 平方公里，管线种类 22 种，管线长度 3500 公里。厦门市接收地下管线工程档案 180 余卷，更新各类地下管线数据 697 项 522 公里，探测各类管线约 375 公里；漳州市完成城市地下管线普查和信息建设工作，探测 4448 公里，涉及管线权属单位 16 个，普查数据成果全部接收进馆。内蒙古自治区呼伦贝尔市开展地下管线补测工作，乌海市对地下管线普查资料进行详细复查，会同各管线单位核对普查的地下管线数据，实时收集、补充新建地下管线工程资料；阿拉善盟实行管线工程备案制度，及时更新管网数据，调配专人维护地下管网规划系统。

（住房和城乡建设部城建档案工作办公室）

住房城乡建设稽查执法

【重点稽查执法工作】 2014 年，围绕住房城乡建设部中心任务，住房城乡建设部稽查办公室统筹部署城镇保障性安居工程建设管理、房地产市场监管、城乡规划实施、城市建设管理、住房公积金、农村危房改造、建筑节能、建筑市场和工程质量安全、工程建设强制性标准实施方面稽查执法工作。2 月，会同部相关司局制定《住房和城乡建设部 2014 年重点稽查执法工作方案》（建稽〔2014〕33 号），部署全系统重点稽查执法工作。明确重点稽查执法工作分三个阶段进行：1~3 月上旬为部署阶段，3 月中下旬至 11 月为实施阶段，12 月为总结阶段。要求各地贯彻落实中央关于改进作风、密切联系群众八项规定及实施细则，巩固党的群众路线教育实践活动成果，针对群众反映强烈、社会舆论关注、影响科学发展的突出问题，深入开展重点稽查执法工作，提升质量效能，促进住房城乡建设事业发展。

积极协同各司局落实专项检查计划，共同研究制定检查方案。参加了国务院《信访条例》执法检查、国务院安委会汛期安全生产工作督察、国办组织的推进义务教育均衡发展情况督察和省级政府质量工作考核。配合开展全国工程质量治理两年行动，组织或参与建设工程质量安全监督执法检查及"回头看"、城乡规划遥感监测督导检查、住房公积金试点工作巡查、棚户区改造抽查和城镇保障性安居工程建设进度督察、清单计价国家标准贯彻实施情况检查、农村危房改造绩效评价、国家级风景名胜区执法检查等 11 项专项检查，发现了一批群众反映强烈、社会舆论关注、影响科学发展的行业突出问题，促进其得到整改。加大了问题整改督办力度，如配合部城市建设司实地督办了 2012~2013 年度国家级风景名胜区执法检查中 6 个需要限期整改的景区，对 2014 年检查的景区逐个研究整改建议，促进整改落实。

各级住房城乡建设主管部门按照《住房和城乡建设部 2014 年重点稽查执法工作方案》，改进检查方式，强化监督效果，着力维护市场秩序，保障群众合法权益和社会公共利益。据不完全统计，各地围绕中央重大决策部署和住房城乡建设中心任务落实开展监督检查工作近 5 万次，出台和完善各类政策制度近 5000 项，发出整改或执法文书 25 万余件，曝光典型案件近 7000 件。

各项监督检查工作基本落实，取得积极成效。一是以督进度、促公开、防风险为重点，开展城镇保障性安居工程建设管理监督检查。重点对任务落实情况、建设进度、配套设施建设、分配入住、信息公开、政策落实等方面开展专项巡查检查，组织审计发现问题的整改。据不完全统计，各地围绕保障性安居工程开展专项检查3700余次，出台和完善政策制度600多项，发出整改或执法文书3000余件，曝光典型案件近百起。二是以规范市场秩序为目标，开展房地产市场监管监督检查。重点对房地产中介市场秩序、国有土地上房屋征收与补偿信息公开工作等开展检查督查。据不完全统计，各地围绕房地产市场开展专项检查1万余次，出台和完善政策制度500多项，发出整改或执法文书2.6万余件，曝光典型案件500余件。三是以维护规划权威性为重心，开展城乡规划实施监督检查。重点对国务院审批城市总体规划执行情况、卫星遥感监测工作情况、《城乡规划违法违纪行为处分办法》贯彻落实情况、国家级历史文化名城和中国历史文化名镇、名村保护工作开展检查督查。据不完全统计，各地围绕城乡规划开展专项检查7000余次，出台和完善政策制度近900项，发出整改或执法文书2.5万余件，曝光典型案件1400余件。四是以保护城市资源，促进城市发展为核心，开展城市建设监督检查。重点对城市供水、国家级风景名胜区、取缔高尔夫球场、公园内违规设置高档餐厅会所情况开展检查督查。据不完全统计，各地围绕城市建设开展专项检查6000余次，出台和完善政策制度近400项，发出整改或执法文书6.5万余件，曝光典型案件600余件。五是以保障资金安全为前提，开展住房公积金监督检查。重点对住房公积金支持保障性住房建设试点工作、住房公积金历史遗留涉险资金清收情况开展检查督查。据不完全统计，各地围绕住房公积金开展专项检查1800余次，出台和完善政策制度240余项，发出整改或执法文书5000余件，曝光典型案件30余件。六是以提升改造绩效为目的，开展农村危房改造监督检查。实现绩效评价范围的全覆盖，保障了农村危房改造政策的有效实施。据不完全统计，各地围绕农村危房改造和村镇建设开展专项检查2200余次，出台和完善政策制度550余项，发出整改或执法文书3300余件，曝光典型案件近400件。七是以提高建筑节能能效为目标，开展建筑节能监督检查。重点对建筑节能与绿色建筑实施情况、北方采暖地区既有居住建筑供热计量改造工作开展检查督查。据不完全统计，各地围绕建筑节能开展专项检查2000余次，出台和完善政策制度340余项，发出整改或执法文书2400余件，曝光典型案件近120件。八是以抓质量、管市场为着力点，开展建筑市场和

工程质量安全监督检查。重点开展工程质量治理两年行动，以及全国建设工程质量安全和建筑市场监督执法检查、老楼危楼安全排查、重点地区安全督察。据不完全统计，各地围绕建筑市场和工程质量安全开展专项检查1万余次，出台和完善政策制度1200余项，发出整改或执法文书11万余件，曝光典型案件近3200件。九是以推进标准政策落实为落脚点，开展工程建设强制性标准实施监督检查。重点对清单计价国家标准、光纤到户国家标准实施情况开展检查督查。据不完全统计，共开展各项检查2200余次，出台和完善政策制度230余项，发出整改或执法文书近9000件，曝光典型案件100余件。

【稽查执法体制机制建设】 加强稽查执法制度建设。按照住房城乡建设部群众路线教育实践活动整改方案和制度建设计划，完成部规章《住房城乡建设稽查执法管理办法》的起草，列入部规章立法计划。修订出台了《建设领域违法违规行为举报管理办法》，规范了举报受理工作。制定出台《住房城乡建设部利用遥感监测辅助城乡规划督察工作管理办法》，确定"属地管理、分工负责、分类处理、层级监督"的工作原则，明确各级规划主管部门和部派城乡规划督察员的职责分工。会同城乡规划司制定出台了《住房城乡建设部利用遥感监测辅助城乡规划督察工作重大违法案件处理办法》，完善挂牌督办、通报、约谈、案件移送等工作机制，规范城乡规划重大违法案件处理工作。在总结规划督察工作实践的基础上，组织修订并以部文印发《住房城乡建设部城乡规划督察员工作规程》和《住房城乡建设部城乡规划督察员管理办法》，进一步完善督察员工作职责和工作方式，规范督察员管理的相关要求。

积极参与国家"生态环境保护信息化工程"项目建设，稽查和督察信息系统建设已纳入项目需求分析报告中。强化层级指导监督，在重庆、南昌、兰州分别召开省级稽查执法工作研讨会，调研和指导推进工作。免费为省级"建设系统违法违规网上举报管理系统"应用提供技术支持和服务，拓宽了群众反映问题的渠道。加强与部内相关司局的协作配合。重大案件会同相关司局集体研判。会同部建筑市场监管司制定加强建设工程企业事中事后监管工作方案，对建设工程企业资质进行抽查和复查，向建筑市场监管司反馈建设工程企业资质审核意见。编写《住房城乡建设稽查执法实务全书》。及时推介地方好的做法，整理编辑并在部网站上发布地方工作动态50期。

【案件稽查】 根据中央领导和部领导批示，组

第三篇

织或参与查处了19起重大案件，涉及违法建设、农村危房改造、保障房质量、工程质量安全事故等，着力加强对案件处理情况的跟踪督办，确保违法违规行为得到严肃处理，群众利益和公共利益得到保护，化解社会矛盾，维护社会稳定。开展重大违法违规案件挂牌督办工作。制定工作流程，筛选5起违法情节较恶劣、社会影响较大、涉及政府部门违规的城乡规划案件，以部办公厅文的形式挂牌督办。通过改进督办方式，力求有案必查、查案必处、处必到位。10月，在上海召开稽查执法典型案件和案卷评查研讨会，交流工作成效，研讨提高效能的方法。

2014年，各级住房城乡建设主管部门认真贯彻落实全国住房城乡建设工作会议精神，围绕中心任务强化案件查办工作。据不完全统计，各级住房城乡建设主管部门共受理群众举报41.2万件，立案18.2万件，结案14.6万件，罚没款总额67.2亿元，没收违法建筑物、构筑物和其他设施1215.5万平方米，拆除3.24亿平方米。

【受理举报工作】　开展网络舆情跟踪，关注主流媒体报道的违法违规问题，及时做出反应。加大对举报督办件的跟踪督办力度，对到期未回复件数较多的14个地区发函督办，促使加大核查工作力度。全年共受理群众举报1020件，其中督办329件，转办691件。从举报的来源看，河北、山东、江苏、河南、北京5省（市）举报量较多，占到了举报总量的42.8%。

1020件举报中，涉及房地产市场298件，占29.2%；建筑市场212件，占20.8%；城乡规划171件，占16.8%；工程质量安全117件，占11.5%；城镇保障性安居工程78件，占7.6%；村镇建设58件，占5.7%；住房公积金31件，占3.0%；城市建设22件，占2.2%；标准定额16件，占1.6%；其他风景名胜区、建筑节能和历史文化名城保护等领域举报17件。

通过数据对比分析，主要反映了以下几个问题：一是举报量增长显著，分布领域变化不大。2014年各类举报线索较2013年979件增长了60.6%，为2012年的2倍，反映了住房城乡建设领域有法不依、执法不严的问题仍大量存在，也表明舆论宣传和重点工作导向使群众更加关注市场存在的问题。80%以上的举报都集中在反映房地产与住房保障、建筑市场和工程质量安全、城乡规划建设和管理等方面的问题，与往年相比变化不大。二是涉及住房问题的举报高居首位。从核查情况看，问题集中在交付

使用、预售销售两个关键环节。三是工程建设方面问题较为突出，工程质量治理两年行动开展以来，建筑市场、工程质量、施工安全等方面的举报大幅增长，主要涉及市场行为、房屋实体质量和责任主体未受到惩处等问题。四是违反规划建设问题仍呈高发态势。伴随着大规模的城乡建设，群众对恶意违反城乡规划、擅自违法建设、破坏生态环境、侵占公共资源的问题反映尤为强烈。主要涉及开发企业超规划建设、一些单位和个人"未批先建、私搭乱建"、破坏风景名胜区资源、侵占公共绿地搞开发建设等问题。五是已涉法涉诉仍通过举报方式实现个人诉求的数量明显增加，多涉及群众切身利益，如果处理不当，极易引发矛盾纠纷。

【城镇保障性安居工程巡查】　按照住房城乡建设部统一安排，稽查办承担了陕西、浙江、湖北、广东、海南、重庆、贵州、甘肃、青海、新疆和新疆生产建设兵团等11个省市区的城镇保障性安居工程巡查任务，开工任务共234万套，基本建成任务共157万套，占到全国任务量的三分之一。实地巡查中，严格按照9项巡查重点逐一对照检查，对发现的部分地区建设进度慢、信息公开不及时、不规范和个别地方擅自扩大棚户区改造范围等问题向部报告并向省厅反馈意见，督促其尽快落实整改。巡查期间，共派出巡查人员67名，累计巡查96个地级以上城市157.6万套保障房，其中开工76.5万套，基本建成48.3万套，分配入住32.8万套，分别占任务量的32.2%、31.4%、30.5%，保质保量地完成了巡查任务。

【住房公积金督察工作】　在住房城乡建设部、财政部、国家发改委、人民银行、审计署、银监会六部门领导下，不断规范和完善住房公积金督察员管理和工作制度。重点组织住房公积金督察员对全部93个试点城市按照分组固定包省、包城市的方法开展3次季度巡查，特别是对未放款的13个城市和发放率较低的33个城市重点督查，帮助城市协调解决遇到的问题，推动试点工作进行；对试点项目进入或即将进入还款期的城市，加大还款进度的巡查力度，督促有关试点城市提前筹划，保证按时还本付息，对少数城市采取驻点催收、现场督办的工作方法，直至贷款回收。对发现的管理不规范、放款进度慢、存在资金风险等问题，及时向地方反馈，并发出督察建议书6份。通过督察员的巡查，有力地推进了试点工作，贷款资金总体安全。

配合部住房公积金监管司对15个省住房公积金涉险资金进行督促清收，使有涉险资金的省份又减

少了 2 个。修订出台《住房公积金督察员经费管理办法》，完善住房公积金督察工作保障制度；研究建立住房公积金督察动态巡查系统，对督察工作进行系统化管理，提高巡查工作效率。

【部派城乡规划督察工作】 2014 年，督察员以城市总体规划强制性内容实施监督为重点，严密监控历史文化街区、风景名胜区、城市绿地、水系、基础设施，全年在事前事中遏制违反规划行为苗头 548 起，维护了公共安全和长远利益。其中，制止侵占绿地行为 256 起，避免了 1200 万平方米城市公园绿地、防护绿地被侵占；督察员严格监控历史文化街区和风景名胜区内的建设活动，共制止严重破坏历史街区和风景区的行为 36 起，保护了 200 万平方米的不可再生资源。制止侵占水源地、河道水系等危害饮水安全和行洪安全的行为 22 起，180 万平方米的城市水源地和水系得以保护。2014 年，督察员共向派驻城市提出完善规划管理的意见建议 109 条，督促 29 个城市收回下放的规划管理权，理顺了规划管理体制，强化规划统一管理；督促 17 个总规到期的城市加快了总规编制报批进度；推动 27 个城市加强了控规和各类专项规划的编制工作。此外，督察员还制止突破建设用地范围违规审批 18 起，督促查处未批先建违法建设 69 起。

对督察员的日常管理更加严密，通过修订《城乡规划督察员工作手册》，制定《住房城乡建设部城乡规划督察员考核规定（试行）》《城乡规划督察任务指引》《督察文书管理规定》和《督察工作信息报送制度》等 9 项配套管理工作制度，明确和细化各项管理工作的流程和要求，做到严密管理、有章可循。建立督察成果宣传工作机制。定期向部领导和相关部门报送工作成果，定期给业务司局提供督察文书和典型督察案例，及时宣传地方规划管理工作亮点。全年共报部机关工作要情 5 份，编撰交流典型案例 50 个，印发督察工作简报 42 期。整理 2014 年全年督察员制止违法违规行为情况，上报国务院有关部门，并向业内主流媒体提供相关信息。通过日常宣传的制度化，不断提升规划督察工作的影响力。

督察员队伍建设进一步加强。完善督察员进入退出机制，采取在职人员和退休人员相结合的聘任方式，构建更科学合理的督察员队伍结构。新增 27 名新任督察员，队伍调整涉及 45 个城市。通过这次调整，督察队伍构成由过去单纯依靠退休人员转变为在职人员和退休人员相结合，队伍平均年龄降低，队伍结构更加科学合理，队伍活力也得到进一步提升。依据督察员考核办法，首次组织开展了督察员

年度考核，评选优秀督察员 21 人，并予以通报表扬，引导督察员积极履行职责，激励督察员及时发现违法违规问题，促进督察员勤政廉政。

【利用卫星遥感技术辅助城乡规划督察工作】 4 月，在北京召开"利用遥感监测辅助城乡规划督察工作座谈会"，住房城乡建设部领导到会讲话，总结部署工作，明确工作要求。会同部城乡规划司对 103 个国务院审批总体规划城市开展遥感督察工作，监测面积共计 39657.6 平方公里，共提取变化图斑 15639 个，面积 551.5 平方公里。其中，涉及总规强制性内容图斑 2245 个，面积 116.8 平方公里。按照《住房城乡建设部利用遥感监测辅助城乡规划督察工作管理办法》，遵循属地管理、分工负责、分类处理、层级监督的工作原则，向各省（区）住房城乡建设厅下达组织有关城市开展所有图斑核查与处理的工作任务，在此基础上，筛选并发出疑似违反总体规划强制性内容图斑（以下简称"疑似图斑"）1367 个。通过核查疑似图斑和重点图斑，以及查处违法建设行为和重点图斑问题，督促各省（区）、城市充分利用遥感监测开展城市总体规划实施情况监督，及时发现、查处和整改问题，有效推动了对违法建设行为和重大违法案件的查处与整改。据不完全统计，已发现 2000 余个存在违法建设行为的项目，已查处 1300 余个项目，拆除和没收违法建筑面积 343 万平方米，罚没金额近 2 亿元。在重点图斑的核查方面，有关省（自治区）、城市查处违法违规行为、消除规划实施影响，惩处和警戒有关责任人员，同时，举一反三完善规划编制，按照规范规划管理的工作原则进行整改。

全国遥感督察工作体系进一步健全，山东省继续扩大遥感督察工作范围，由仅面向菏泽、日照等 6 个设区城市，扩展到除 6 个设区市外还面向 52 个县（市）开展工作；广东、云南、陕西等省也正式启动省内城市的遥感督察工作。部分开展遥感监测的城市也进一步加强了遥感督察工作组织领导，完善工作制度，遥感督察工作成为强化城市规划实施管理的重要手段。比如，哈尔滨市借助遥感督察工作力量，从图斑发现的问题出发，推动理顺了全市规划管理体制，进一步遏制了规划领域违法违规问题，并推进了依法行政，违法建设图斑数量和疑似违法总规强制性内容的图斑数量呈现逐年减少的趋势，其中 2014 年疑似图斑为零，遥感督察工作切实起到了推进规划实施管理的作用。浙江省台州市人民政府将遥感督察工作情况列入对椒江、黄岩、路桥区政府及台州经济开发区的年度工作目标责任考核内

容，坚决杜绝新增违法建设，形成各级、各部门齐抓共管的工作局面。

【队伍建设】 加强队伍党风廉政教育。进一步巩固党的群众路线教育实践活动成果，开展文风会风、因公出差接待问题专项整治，弘扬厉行节约、反对浪费的优良作风，促使全办人员牢固树立廉洁执法、公正执法意识，提升服务水平和效率。加强聘用队伍的管理和服务，完善管理机制，规范工作行为，做好服务保障。开展行业和内部培训，举办三期住房城乡建设稽查执法工作专题培训（含原中央苏区和大别山地区），举办住房公积金督察员、部派城乡规划督察员和省派督察员业务培训班，举办利用遥感监测辅助城乡规划督察工作专题培训班，配合城建司举办国家级风景名胜区执法检查培训班。结合工作需要，开展5个课题研究，包括"住房城乡建设稽查执法工作问题与对策研究"、"工程建设稽查执法疑难问题研究"、"城市总体规划强制性内容实施监督机制研究"、"利用遥感监测辅助城乡规划督察工作机制研究"和"风景名胜区执法检查指标研究"，达到了研究问题、提出对策、作为决策参考和必要政策储备的目的。

【地方稽查执法工作】 各省级稽查执法机构以查办案件为抓手，在遏制违法违规行为，规范市场秩序方面发挥了积极作用，也摸索了一些好的做法。如针对违法建设案件查处难、执法周期长的问题，上海市整合建设领域稽查执法力量，多部门综合执法、联动执法，大大缩短了执法周期。针对案件查处力度不够的问题，江西对零执法市县进行约谈，北京住房城乡建设委员会、广东等地由被动执法转为主动执法，发现违法违纪行为及时移交公安、纪检监察部门，追究涉案企业和人员的责任，震慑效果明显。针对案件查办不规范的问题，安徽、四川、山东等地通过规范自由裁量权，完善执法程序、联动执法、案卷管理和评查等制度，规范了工作行为。

各地加强工作制度建设。宁夏住房和城乡建设厅出台《宁夏回族自治区住房城乡建设稽查工作暂行规程》，规范工作流程和文书，明确工作要求，为全区依法开展建设稽查工作提供法规和制度依据。甘肃省住房城乡建设厅印发《甘肃省建设行政处罚程序规定》，明确对执法机构和建设行政处罚的种类、范围，对立案、调查取证、作出行政处罚决定、听证、送达、结案、归档等程序作出详细规定。安徽省住房城乡建设厅印发《安徽省住房和城乡建设系统稽查执法联动工作制度》，要求建立纵向、横向、内部稽查执法联动工作机制，进一步形成监管合力。上海市城乡建设和管理委员会出台《上海市城乡建设和管理稽查案件集体研判办法》，建立上海市住房城乡建设系统稽查案件集体研判工作制度。

【地方城乡规划督察工作】 省派城乡规划督察制度建设和工作推进方面均取得新进展。1月，安徽省在第一批向蚌埠等6个省辖市派驻城乡规划督察员的基础上，向其余6个省辖市派驻城乡规划督察员，实现省辖市城乡规划督察员派驻工作全覆盖；江西省首批10名省乡规划督察员派驻10个设区市开展城乡规划督察工作，对各地城乡规划编制、审批和实施进行全过程督察。3月，甘肃省召开城乡规划督察启动工作会议，强调城乡规划督察工作在城镇化建设中的重要作用，推进甘肃省城乡规划督察工作。5月，新疆维吾尔自治区召开城乡规划督察员派遣会议，自治区政府实施城乡规划督察的城市扩大到24个，实现对自治区审批总体规划城市的全覆盖。9月，福建省人民政府组织召开全省城市规划督察座谈会，福建省政府办公厅下发《关于开展派驻城市规划督察员工作的通知》，决定以省政府名义向各设区市和平潭综合实验区派驻城市规划督察员，将原来的省住房城乡建设厅组织实施提升为由省政府组织实施；陕西省召开城乡规划督察工作座谈会，宣贯《陕西省城乡规划督察工作管理办法》，动员部署全省城乡规划督察工作，聘任全省首批14名城乡规划督察员。11月，湖北省政府印发《关于实施湖北省城乡规划督察制度的通知》，决定从2015年开始全面开展城乡规划督察工作，成立专门机构负责城乡建设领域违法违规问题的监督检查，重点开展城乡规划督察工作。

山东省派出第二批城乡规划督察员，使山东省省派城乡规划督察员达到49名，派驻市县达到58个，并实现卫星遥感监测与省派城乡规划督察工作的同步开展。广东省派城乡规划督察员工作方式从单一巡察改为巡察或派驻相结合，覆盖全省21个城市。

（住房和城乡建设部稽查办公室）

固定资产投资

2014年，各地区、各部门在党中央、国务院正确领导下，深入贯彻落实党的十八大、十八届三中全会、四中全会精神和中央决策部署，加强国家重大工程建设，创新重点领域投融资机制，推进投资体制改革，优化政府投资安排，充分发挥投资在稳增长中的关键作用。

投资稳中趋缓，结构继续优化

【投资运行总体平稳，发挥了稳增长的关键作用】 2014年，经济运行面临较大下行压力，党中央、国务院出台了一系列政策措施，充分发挥投资在稳增长中的关键作用，取得了积极成效。2014年，全社会固定资产投资512761亿元，比上年增长15.3%；扣除价格因素，实际增长14.7%。其中，固定资产投资（不含农户）502005亿元，增长15.7%；农户投资10756亿元，增长2.0%。

【东、中、西部地区投资增速差距缩小】 2014年，东部地区投资增长14.6%，比上年回落3.3个百分点；占全国投资的45.3%，比上年下降0.9个百分点。中部地区投资增长17.2%，回落5.6个百分点；占全国投资的28.2%，提高0.2个百分点。西部地区投资增长17.5%，回落5.5个百分点；占全国投资的25.1%，提高0.6个百分点。2014年，三大地区投资增速均比2013年回落，但中、西部地区投资增速回落幅度大于东部地区，三大地区投资增速差距缩小。

【第一产业投资增长加快，第二、三产业投资增速回落】 2014年，第一产业投资增长33.9%，比上年提高1.4个百分点；占全部投资的2.4%，比上年提高0.3个百分点。第二产业投资增长13.2%，回落4.2个百分点；占全部投资的41.5%，下降0.8个百分点。第三产业投资增长16.8%，回落4.2个百分点；占全部投资的56.2%，提高0.6个百分点。

【基础设施、制造业、房地产三大领域投资增速一升二降】 2014年，基础设施投资增长21.5%，增速比上年提高0.3个百分点。基础设施投资对投资增长的贡献率为22.5%，比上年提高5个百分点。制造业投资增长13.5%，回落5个百分点。制造业

投资对投资增长的贡献率为29.3%，下降2.7个百分点。房地产开发投资增长10.5%，回落9.3个百分点。房地产开发投资对投资增长的贡献率为13.3%，下降6.5个百分点。

【投资到位资金增速较大幅度回落】 2014年，投资到位资金增长10.6%，比上年回落9.5个百分点，比同期投资增速低5.1个百分点。投资资金来源中，国家预算资金增长14.1%，回落2.9个百分点；国内贷款增长8.6%，回落5.8个百分点；利用外资下降6.3%，降幅扩大2.6个百分点；自筹资金增长14.4%，回落6.4个百分点；其他资金下降5.1%，回落30.4个百分点。

【新开工项目、施工项目投资增速同时放缓】 2014年，新开工项目计划总投资增长13.6%，比上年回落0.6个百分点，低于同期投资增速2.1个百分点。其中亿元以上新开工项目计划总投资增长5.7%，回落8.7个百分点。施工项目计划总投资增长11.1%，回落5.1个百分点。

加快推进国家重大工程建设　定向精准促进投资增长

【研究推出7个重大工程包】 为了促进经济平稳增长，增强发展后劲，党中央、国务院部署加快推进国家重大工程建设工作，定向精准促进投资增长。选择具有全局性、基础性、战略性意义的7大类19项重大工程，包括信息电网油气等重大网络工程、健康与养老服务工程、生态环保工程、清洁能源重大工程、粮食和水利重大工程、交通重大工程、油气及矿产资源保障工程，分项制定工作方案，明确目标任务、主要建设内容和实施意见，并重点提出2014、2015年可以开工建设的重大项目，形成7个国家重大工程包。

【大力落实重大工程建设】 协调推进国家重大工程建设，明确推进国家重大工程建设的重要性，要求准确把握推进国家重大工程建设中"投什么"、"谁来投"、"怎么投"等关键问题。以项目清单为主线，按月推进工程进度；以问题清单为抓手，及时解决实际问题。召开水利、交通、能源、信息、粮食等相关领域重大工程协调会议，扎实推进国家重

第三篇

大工程建设。

积极鼓励社会投资 激发投资增长内生动力

【创新重点领域投融资机制鼓励社会投资】 报请国务院印发实施《关于创新重点领域投融资机制鼓励社会投资的指导意见》，进一步打破行业垄断和市场壁垒，切实降低准入门槛，建立公平开放透明的市场规则，营造权利平等、机会平等、规则平等的投资环境，针对公共服务、资源环境、生态建设、基础设施等经济社会发展的薄弱环节，提出进一步放开市场准入、创新投资运营机制、推进投资主体多元化、完善价格形成机制、创新投融资方式等方面的政策措施。

【积极推进政府和社会资本合作】 按照《国务院关于创新重点领域投融资机制鼓励社会投资的指导意见》要求，鼓励和引导社会投资，增强公共产品供给能力，印发实施《关于开展政府和社会资本合作的指导意见》，对PPP模式的操作要点以及推进中存在的主要问题，从项目适用范围、部门联审机制、合作伙伴选择、规范价格管理、开展绩效评价、做好示范推进等方面，对开展政府和社会资本合作（PPP）提出具体要求。同时印发《政府和社会资本合作项目通用合同指南》，加强对PPP项目合同制定的规范指导，便于项目实际操作。

【推进实施80个引入社会资本示范项目】 经国务院批准，5月发布80个鼓励社会资本参与的投资项目。项目总投资约为1.3万亿元，其中社会投资1.22万亿元，约占94%。其中，49个项目有民间资本参与，预计吸引民间资本2529亿元，约占19%。

深化投资体制改革 持续推进简政放权

【进一步取消下放核准事项，减少微观事务管理】 为持续深入落实简政放权，研究提出《政府核准的投资项目目录（2014年本）》，在2013年修订政府核准的投资项目目录的基础上再一次作出修订，此次共取消、下放38项核准权限，经测算，中央层面核准的项目数量将进一步减少40%，连同2013年减少的60%，共将减少约76%。从审批事项上看，取消和下放了一批地方和企业关注度较高的核准事项，特别是在外商投资和境外投资领域进一步加大简政放权力度，将有利于更好地实现企业自主投资、适应地方发展需要、释放投资巨大潜力、发挥投资对促进发展的关键作用，为各类投资主体创新创业提供更为广阔的舞台。

【改革创新核准制度，精简前置审批事项】 按照政府工作报告和国务院要求，印发实施《精简审批事项规范中介服务实行企业投资项目网上并联核准制度的工作方案》，从改革创新制度入手，以精简前置审批，规范中介服务，实行更加便捷、透明的投资项目核准制为重点，提出深化企业投资项目核准制度改革的总体目标和清理、确认、修法、公布、立法、建网等6项重点工作任务及其实施步骤，这是中央改革办确定的全面深化改革第62项重点工作任务"深化投资体制改革"的重要内容，对于转变政府职能，建设法治政府、现代政府，营造良好创业环境，具有重要意义。

【加快建立企业投资项目纵横联动协同监管机制】 按照国务院有关要求，为在持续简政放权过程中，坚持放管并重，更好地做好企业投资项目后续监管工作，实现放权到位更要监管到位，研究起草《关于建立企业投资项目纵横联动协同监管机制的通知》，在明确企业投资项目监管内容、落实监管责任、创新监管方式、健全约束机制、加强服务指导、实现平稳过渡等方面提出政策措施。

调整优化中央预算内投资安排 规范政府投资管理

【统筹用好2014年度中央预算内投资】 2014年中央预算内投资规模为4576亿元。通过压缩一般、优化结构、用好增量，进一步加强重点民生工程、重大"三农"工程、重要基础设施、重大环境治理等领域建设。

保障性安居工程和城镇基础设施。继续支持国有工矿、林区、垦区棚户区改造。同时，将廉租房投资调整用于保障性住房配套基础设施建设，确保"十二五"保障性安居工程规划建设任务顺利实施。

"三农"和重大水利工程建设。重点支持新增千亿斤粮食和高标准农田建设，加大粮食仓储设施投资力度，提高粮食保障能力。继续支持农村电网、农村公路等建设。加快推进大江大河治理。

重大基础设施。加大铁路投入力度，主要用于中西部重大铁路项目。支持长江等内河高等级航道建设。加大中西部支线和西部干线机场等支持力度。加大边海防基础设施建设力度。继续支持气象、邮政基础设施建设。

社会事业和社会治理。重点支持农村学前教育、中西部农村和边远艰苦地区基础教育等建设。加大社会养老服务体系等支持力度，支持基层就业和社会保障服务体系等建设。支持国家文化和自然遗产地保护、广播电视村村通等。

支持边疆、少数民族地区发展。主要支持新疆、西藏以及四省藏区经济社会跨越式发展重大项目。实施兴边富民行动，推动人口较少民族发展，支持三沙市建设。

节能环保与生态建设。实施重大环境治理工程，加强大气污染治理力度，推进土壤环境保护，继续支持重点流域水污染防治。支持节能环保技术创新和重点节能减排工程，加强重点工业污染治理。

自主创新和结构调整。加大中科院知识创新工程支持力度，支持重大科技基础设施建设，支持发展国家工程实验室、国家工程研究中心和企业技术中心。加大高铁等重大领域核心关键技术开发应用的支持力度。

【调整优化 2015 年度中央预算内投资安排】 全面贯彻落实党中央、国务院确定的重大战略和重大部署。按照党中央、国务院部署，推进实施"一带一路"、京津冀协同发展、长江经济带发展等重大战略，中央预算内投资集中用于全局性、基础性、战略性的重大项目，着眼战略全局，统筹当前长远，集中力量办大事。

注重调结构、补短板、惠民生，增加公共产品有效供给，加强薄弱环节建设。更加注重加强公共服务增进民生福祉，更加注重推进结构调整促进提质增效，更加注重强化薄弱环节增强发展后劲，加大"三农"、社会事业、生态建设、重点领域关键技术等支持力度。

进一步压缩一般、突出重点，加大公益性和基础性项目支持力度。进一步调整优化中央预算内投资结构，重点安排保障性安居工程、重大水利工程、中西部铁路、粮食生产和仓储设施等公益性和基础性项目，加快推进国家重大工程建设。

改进中央预算内投资使用方式，充分调动社会投资积极性。中央预算内投资通过投资补助、基金注资等多种方式，撬动银行贷款等各类资金，支持社会资本参与重点领域建设。同等条件下，中央预算内投资优先支持公共服务、资源环境、基础设施等领域引入社会资本的项目。

（国家发展和改革委员会固定资产投资司）

第三篇

铁 路 建 设

概况

2014 年，中国铁路总公司认真贯彻落实党中央、国务院关于加快铁路建设的决策部署，以深入开展党的群众路线教育实践活动和"保质量、保进度"主题实践活动为动力，统筹部署安排，合力攻坚克难，圆满完成全年建设任务，实现了国务院提出的"确保重点在建项目顺利推进、确保开工建设一批新的铁路项目、确保按期建成投产一批铁路项目、确保工程质量和施工安全"的目标，为国民经济社会发展作出了新贡献。

【建设任务完成创历史新高】 铁路建设系统按照党中央、国务院关于加快铁路建设的要求，及时调增年度建设任务，采取超常规措施，精心组织，强力推进铁路建设。全年完成铁路基建投资 5522.33 亿元、同比增长 3.48%，完成新线铺轨 7292 公里、复线铺轨 6246 公里；兰新高铁、贵广高铁、南广高铁、沪昆高铁杭州至怀化段等一批重大工程项目顺利开通运营，投产新线 8427 公里，其中高铁 5491 公里，创造了铁路建设史上一年投产里程最多的纪录；新开工项目 66 个，比计划多开工 2 个项目，新增投资规模 9953 亿元，超额完成全年建设任务；重庆至怀化铁路、北京至天津城际轨道交通工程通过正式验收。截至 2014 年底，全国铁路营业里程突破 11 万公里、达到 11.2 万公里，居世界第二位，其中高铁运营里程达到 1.6 万公里，占世界的 60% 以上，居世界第一位。

【管理制度体系不断完善】 以《铁路建设管理办法》《关于深化铁路建设项目标准化管理的指导意见》为基本制度，研究确定铁路建设管理制度体系框架，依据转、合、修的原则，加快制定修订建设管理制度及相关措施，制定修订了《铁路建设项目工程质量管理办法》等 16 个管理制度，印发《关于进一步规范铁路基建大中型项目竣工验收工作的通知》等 7 个管理文件。同时，为便于各单位贯彻执行，印发了建设管理制度汇编。

【标准体系建设加快推进】 围绕理顺强化管理职能、巩固发展技术标准的目标，加快构建铁路建设标准体系,有序推进建设标准的制定修订工作。开展铁路建设标准体系课题研究,明确了铁路工程建设标准体系框架,制定标准体系建设的实施方案,制定修订铁路工程建设标准、造价标准、标准设计等3项管理办法,为开展标准管理工作提供了依据。制定修订《铁路建设工程风险管理技术规范》等9项标准,满足铁路建设的急需,进一步完善了总公司铁路建设标准体系。

【质量安全形势总体稳定】 坚持质量安全管理核心不松懈,开展专项检查和现场抽查,深化推进质量专项整治活动,严肃查处质量问题和安全事故,铁路建设质量安全形势总体稳定可控。制定2014年铁路建设质量安全重点工作安排,明确全年质量安全管理重点,进一步落实参建各方质量安全管理责任;建设单位按照标准化管理要求,结合项目的特点和实际,建立完善项目质量安全保证体系,并保证体系正常有效运转,大力推行"架子队"管理模式,严格落实技术标准、管理标准和作业标准,着力提升企业自控能力和建设单位管控水平;深入开展质量安全风险管理,梳理排查风险因素,开展风险等级评估,制定针对性的风险防控措施,强化施工过程风险控制,有效规避和控制质量安全风险。深化专项整治检查,开展质量专项整治"回头看",全面排查死角盲区,定期通报整治情况;开展隧道施工安全专项检查,重点检查隧道施工安全步距、仰拱开挖、围岩量测等问题;开展预防坍塌事故专项整治"回头看",全面排查起重机械倾覆、脚手架坍塌、隧道开挖塌方等事故隐患,有效防范和减少施工坍塌事故。加大惩处打击力度,严格质量安全履职履约情况检查,定期分析通报情况,挂牌督办重大问题,持续加大质量问题和安全事故的惩处力度。

【队伍建设取得重要进展】 以继续抓好教育实践活动问题整改、深入贯彻中央八项规定及总公司五项规定为动力,以加强作风建设、廉政建设为重点,持续整改"四风"突出问题,严格落实管理责任,全面规范履职行为,不断增强铁路建设系统的凝聚力和战斗力,为加快铁路建设提供重要保证。狠抓能力建设,按照专业化、职业化发展方向,组织举办8期建设管理人员培训班,共计培训建设单位局级领导以及项目管理机构负责人、工程技术、计划合同、安全质量管理岗位人员590余人;利用月度电视电话会议,开展建设管理经验交流,全面推广相关建设单位在隧道、路基质量专项整治和BIM技术应用、流程管理、考核管理等方面的做法

和经验,进一步提高了驾驭大规模铁路建设的能力和水平。全面改进作风,以深入整改"四风"突出问题为载体,促进全体党员干部作风转变;组织开展专业化管理、质量专项整治、"保质量、保进度"主题实践活动,深入开展市场招标监管、铁路建设管理等方面的调研,了解掌握基层情况,及时提出相关措施建议。强化廉政建设,结合铁路工程建设领域腐败问题多发易发的形势,联合下发《关于共建规范廉洁铁路建设市场的意见》,在武汉召开铁路公司总经理、铁路局分管副局长廉政建设座谈会;全面修订铁路建设项目廉政协议书,修改或补充廉政协议并作为合同组成部分,进一步提高建设系统廉政风险防控能力。(综合处)

建设管理

按照确定的铁路建设管理制度体系框架及铁路建设管理制度修订工作方案,区分轻重缓急,加快制度建设。基本制度《铁路建设管理办法》经总公司集中审查后进行了修改完善,完成报批稿。基本制度下一层级12个板块配套管理办法中,印发了16个办法。此外,根据铁路建设需要,印发了7个文件,对部分建设管理事项进行了调整或补充规定。

【重要管理办法】 制定印发总公司《铁路建设项目工程质量管理办法》,将之定位为企业内部的质量管理办法,该办法突出了质量管理工作这条主线,明确了工程质量管理体系、强化质量意识、工程质量控制、工程质量检查与考核、工程质量问题报告和调查处理等重要内容,并在相关章节中按照流程顺序对建设、勘察设计、施工和监理等单位的质量管理责任和义务进行了规定。

制定印发总公司《铁路建设项目安全生产管理办法》,明文规定了安全风险管理、建设管理安全责任、勘察设计安全职责、工程施工安全责任、工程监理及其他安全责任、生产安全事故应急救援、报告和调查处理等重要内容,同时从企业管理角度出发,在相关章节明确了建设单位安全生产管理的责任和义务以及设计、施工、监理等参建单位的安全生产责任和义务。

制定印发总公司《铁路建设项目勘察设计管理办法》,将之定位为总公司铁路建设勘察设计管理的基本办法,该办法从勘察设计程序、勘察设计发包与承包、工程勘察、工程设计、设计文件审查、设计文件实施、勘察设计收费、考核与奖惩等方面,明确了铁路建设项目勘察设计工作管理的主要内容。

修订印发总公司《铁路建设项目施工图审核管

理办法》，修订完善施工图审核管理、审核依据及内容、审核单位条件及委托、审核程序、考核和责任追究等方面的内容，明确站房工程施工图审核管理工作由工管中心统一管理；调整施工图审核单位资质要求，细化施工图审核费用标准，完善施工图审核主要内容，明确消防设计审核程序和内容，新增施工图设计文件审查要求及高速铁路项目审核人员要求。

修订印发《中国铁路总公司关于建设单位进一步加强铁路建设项目前期工作的意见》，明确建设单位在成立项目管理机构、制定管理制度、组织勘察设计工作、做好对外协调及征地拆迁等方面的工作要求，为扎实做好建设项目前期工作提供有力指导。

制定印发总公司《铁路建设项目施工招标投标实施细则》、《铁路建设项目监理招标投标实施细则》，从强化企业内部管理的角度出发，明确规定招标计划、招标文件、招标公告、投标、评标、开标、定标等各个环节的工作程序、工作内容，进一步规范总公司所属建设单位的施工和监理招标活动。

修订印发《中国铁路总公司关于加强铁路建设项目"四电"工程招标管理的通知》，就高速铁路（含客运专线）、时速200公里客货共线铁路、时速160公里及以下普速铁路建设项目的招标组织模式、资质要求、业绩要求、标段划分、编标时限、物资监管等作出了明确规定，为铁路建设单位有序开展铁路建设项目"四电"工程招标提供了重要指导。

修订印发总公司《铁路建设项目招标投标活动监督办法》，该办法为总公司铁路建设项目招标投标内部监督办法。修订主要内容是，明确招标人要严格执行地方交易市场规则的要求，增加物资部、工管中心和铁路局在招投标监督方面的职责；在标前监督中细化招标计划审批有关要求；在标中监督中增加了评标委员会（资格预审委员会）的组成、开标程序、评标过程和异议答复等内容；在标后监督中增加招标人向有关行政监督部门提交招标情况的书面报告等内容。

修订印发总公司《铁路建设项目质量安全事故与招标投标挂钩办法》，明确总公司管理的铁路大中型建设项目工程质量安全事故（含工程质量问题）、铁路交通事故与招投标挂钩等相关事项，并对照事故等级、质量问题的性质，调整优化与招投标挂钩的时限，为促进参建企业加强铁路建设项目工程质量安全管理发挥重要作用。

修订印发总公司《铁路建设项目施工企业信用评价办法》、《铁路建设项目监理企业信用评价办

法》、《铁路建设项目勘察设计单位施工图评价办法》，分别对信用评价的组织管理、评价标准、评价程序、结果应用等提出明确要求，为开展信用评价工作提供重要依据。

修订印发总公司《铁路建设单位考核办法》，明确了建设单位考核的适用范围、工作组织、考核方式和标准、考核程序、考核结果运用等内容，为加强建设单位管理提供有力指导。

制定印发总公司《铁路建设项目标准化管理绩效考评实施办法》，明确建设项目标准化管理绩效考评、参建单位标准化管理绩效考评、绩效考评结果应用等相关要求。该办法侧重于管理行为的考评，将过程控制和现场管理作为考评的重点，既保持了标准化管理绩效考评的独立性，又实现了与铁路建设单位考核的紧密衔接。

修订印发总公司《铁路建设管理人员责任追究办法》，该办法从企业管理角度出发，进一步明确了办法的适用范围，并对责任追究方式和认定处理程序进行了修改完善，在责任等级划分方面新增了铁路工程质量问题、引发较大社会不稳定事件的责任追究规定。

总公司联合中国铁路工程总公司、中国铁路建筑总公司、中国铁路通信信号集团公司、中国铁路物资（集团）总公司、中国交通建设集团有限公司、中国建筑工程总公司、中国电力建设集团有限公司，制定印发《关于共建规范廉洁铁路建设市场的意见》，进一步明确建设单位和参建单位在廉政建设方面的义务和责任，明文规定了建设单位和参建单位违反廉政制度的责任追究及处罚方式，并从加强教育、完善制度和严肃追究考核等方面提出了相关要求，为促进建设和参建各方规范从业行为、强化自我约束，共同打造规范廉洁、风清气正的铁路建设市场，提供了重要保障。

修订印发总公司《铁路建设项目验工计价办法》，进一步明确验工计价依据及程序、工作管理要求，同时根据近年来铁路建设项目验工计价工作情况，细化总价承包、单价承包和工程总承包合同的计价方式；规定建设管理费、勘察设计费等其他费用的计价方式；明确了建设、施工、监理等单位在验工计价中的职责，增加了违规处理方式等内容。

【建设单位考核】 完成2013年度建设单位考核工作。考虑政策的延续性，2013年度考核的主要依据是铁道部《铁路建设单位考核办法》、《关于公布调整后的铁路建设单位考核评分标准的通知》和《中国铁路总公司关于调整2013年度建设单位考核

部分内容的通知》。总公司工管中心根据建设单位上报的2013年度自评结果进行初评并报总公司建设部，公司建设部组织机关有关部门进行审核并提出考核意见，经总公司研究同意后按规定对2013年度建设单位考核结果进行公示、公布。2013年度建设单位考核评为A级的44个，评为B级的2个。

修订印发《铁路建设单位考核办法》。根据铁路政企分开的新形势，为落实铁路建设单位责任，确保科学有序推进铁路建设，实现质量、安全、工期、投资、环保和稳定等建设目标，结合近年来建设单位考核工作实践，修订铁路建设单位考核办法，考虑考核的可操作性，在考核方式、考核内容、考核标准方面进行部分调整。修订的主要内容：一是取消项目初步验收后的项目考核。二是完善考核方式，调整考核内容及各部分内容分数。三是突出对铁路局、铁路公司（筹备组）在质量安全事故、铁路交通事故、严重违纪、完成年度投资考核指标等方面的"一票否决"事项。四是优化完善项目年度评分标准，取消项目考核直接评为良好、合格的有关规定，优化项目年度考核"一票否决"评为不合格的条件。五是调整建设项目正式验收考核方式。

【信用评价】 修订信用评价办法。根据信用评价工作的实践，修订印发《铁路建设项目施工企业信用评价办法》《铁路建设项目监理企业信用评价办法》《铁路建设项目勘察设计单位施工图评价办法》，统一评价周期、评分方式。

《铁路建设项目施工企业信用评价办法》主要修订内容：一是增加了标准化管理绩效考评加分内容。二是将竣工验收中发现的质量问题纳入信用评价。三是允许监督机构直接认定不良行为，在办法中规定，监督总站和区域监督站可直接认定不良行为，将认定结果通知建设单位和施工企业。四是细化了营业线抢险加分标准，明确了加分范围，规定了加分上限。五是优化完善信用评价结果汇总计分公式，削减加分因素对最终名次的影响。六是纳入激励约束考核相关内容。

《铁路建设项目监理企业信用评价办法》主要修订内容：一是增加标准化管理绩效考评加分内容。二是调整监理企业信用评价模式，基本与施工企业信用评价保持一致，以不良行为为基础进行扣分，统一评分汇总方式、ABC级企业数量和与招投标挂钩方式等。三是明确不良行为认定程序和认定标准。四是调整了评价时间，与施工企业信用评价和勘察设计单位施工图评价统一，监理企业信用评价由原来的每年4月、10月，改为每年1月、7月。

《铁路建设项目勘察设计单位施工图评价办法》主要修订内容：一是增加标准化管理绩效考评加分和施工图优化加分两项评价内容。二是调整评价开始时间，评价起始时间由"开工后"改为"初步设计批复后"，并将招标前的施工图审核质量纳入评价范围。三是改进评分方式，采用扣分制与加分制相结合的评分方式，并细化完善施工图提供、施工图质量、配合施工、标准化管理、施工图优化的评分标准。四是增加工管中心初评环节，由工管中心负责审核建设单位上报的标准化管理、施工图优化加分建议，确定是否加分及具体加分值。五是新增铁路建设项目施工图电子文件考评的程序和要求。六是增加施工图评价结果应用的内容。

继续开展信用评价活动，2014年共公布铁路施工企业信用评价结果2期、铁路建设工程监理信用评价结果2期、勘察设计单位施工图考核结果2期。认真做好信息公开工作，督促有关单位及时通过铁路建设工程网公开有关建设项目实施阶段信息、铁路建设信用评价结果和参建企业及个人不良行为等信用信息。

【建管人员培训】 加大建设管理人员培训工作力度，2014年共举办8期培训班，其中局级领导培训班1期、工程管理培训班2期、计划合同管理培训班2期、建设项目管理机构负责人培训班1期、安全质量管理培训班2期，共计培训590人，有效提高了参培人员的业务水平。利用月度电视电话会议，开展铁路建设管理经验讲座，举办隧道、路基专项整治和BIM技术、流程管理、铁路建设考核等5个专题讲座，积极推广有关单位的先进管理经验，有效提升建设管理人员业务能力。（建设管理处）

建设标准

以构建和实施总公司建设标准体系为重点，加快制定各项配套管理制度，注重基础研究，加强技术储备，改进管理方式，提高标准水平，全面推进标准制定修订各项工作。

【标准体系建设】 根据国务院赋予总公司的建设管理职责，充分考虑我国铁路工程建设项目特点和发展要求，注重发挥总公司管理和技术优势，认真开展总公司技术标准体系框架研究，确定"2+8+155"的总公司标准体系架构及实施方案，为总公司技术标准体系的建设奠定了基础。制定总公司《铁路工程建设标准管理办法》《铁路工程建设造价标准管理办法》《铁路工程建设标准设计管理办法》等3项管理办法，为依法合规开展总公司建设标准管理提供了基本依据。

【规范标准】 根据总公司铁路项目建设需要，发布铁路建设工程风险管理技术规范、铁路自然灾害及异物侵限监测系统工程施工及验收等标准；全力做好行业标准编制工作，完成高速铁路设计规范、铁路轨道设计规范、铁路数字移动通信系统（GSM-R）工程检测规程等报国家铁路局发布标准的代拟稿；加快标准转轨工作，发布铁路工程结构可靠性设计统一标准（试行）和铁路桥涵极限状态法设计暂行规范，明确各专业转轨中的一些共性问题；认真做好标准动态管理工作，进一步明确桥涵地段防护栅栏设置工作的有关要求，发布铁路车站客运服务信息系统及客票系统工程备品备件配置指导意见，同时就加强高速铁路桥梁附属设施管理等工作提出明确要求。全年共计发布总公司规范标准和技术规定9项，完成规范标准报批稿并报送国家铁路局5项。

【造价标准】 根据铁路改革和发展需要，及时启动总公司工程造价标准体系研究工作，集中完成地热地段铁路隧道工程定额测定与分析、无砟轨道Ⅲ型板定额测定与分析、新型桩定额测定与分析、兰新铁路第二双线风沙地区施工增加费标准、兰新铁路第二双线高原地区人工费价差、铁路工程施工图预算编制方法等造价标准研究测定项目。

【标准设计】 按照统一设计标准、提高设计水平的总体要求，组织编制并发布了客货共线箱梁通用参考图。为解决声屏障螺栓检修难题，充分借鉴发达国家成功设计经验，发布了高速铁路桥梁插板式金属声屏障通用参考图。为进一步提高运营安全性，及时对铁路线路防护栅栏通用参考图进行了局部修订。全年共制定发布标准设计通用参考图10项。

【相关标准研究】 围绕极限状态法设计转轨工作和工程建设实际需要，完成铁路工程结构目标可靠指标制定研究、铁路无缝线路稳定性关键设计参数确定研究、铁路工程结构荷载分项系数确定研究、无砟轨道结构基于极限状态设计法主要设计参数确定研究、基于极限状态法结构设计的岩土参数取值研究、基于极限状态法CFG桩等刚性桩地基处理设计参数确定研究、铁路隧道复合式衬砌可靠指标及分项系数确定研究、铁路通信漏泄同轴电缆直流隔断器设置标准的研究、GSM-R系统场强检测检波方式的研究等18项标准规范研究。（技术标准处）

招标投标

按照党中央、国务院关于加快铁路建设的总体部署，认真贯彻落实《招标投标法》和《招标投标法实施条例》，总公司有关部门和单位严格审查把关，加强驻场监督，积极防范围标、串标等违法违规行为，为铁路建设招标活动的依法有序展开创造了良好条件。全年基建大中型项目施工招标共177批次，中标合同价3215.5亿元。按计划完成北京至沈阳客运专线、哈尔滨至牡丹江客运专线、杭州至黄山铁路、哈尔滨至佳木斯铁路、昌吉赣铁路、怀邵衡铁路、哈密至额济纳铁路、沪通铁路南通至安亭段、中俄同江桥、青岛至日照至连云港铁路、深圳至茂名铁路、川藏铁路成都（朝阳湖）至雅安段、丽江至香格里拉铁路、商合杭铁路芜湖桥、拉萨至林芝铁路、黔张常铁路、库格铁路、兰州至合作铁路、成昆铁路峨米段、银西铁路、衢宁铁路、连淮扬镇铁路等66个新开工项目招标工作。（工程管理处）

项目验收

中国铁路总公司认真履行《铁路建设项目竣工验收交接办法》、《高速铁路竣工验收办法》所规定的验收职能，按计划完成开通项目初步验收，全年铁路新线投产创历史纪录。2014年完成初步验收74个项目，国家验收2个项目。

【验收程序】 中国铁路总公司和铁路项目建设单位、运营单位（铁路局，下同）认真执行普速、高速铁路验收办法和铁路工程质量验收标准，加强对验收工作的组织领导，在统筹安排项目各专业和子系统建设时间、按期保质完成工程内容的基础上，严格执行验收标准，为安全运营打下良好基础。项目验收过程中严格验收程序，按照静态验收、动态验收、初步验收、安全评估、国家验收五个阶段执行。运营单位是静态、动态验收的责任单位，高速和城际铁路的初步验收由总公司组织，普速铁路由运营单位组织。验收的每一阶段经审查、评估合格后才能进入下一阶段，其中高速和城际铁路的静态、动态验收报告经中国铁路总公司高速铁路验收专家组审查合格；安全评估合格后具备开办初期运营条件，初期运营一年且具备全部条件后开展国家验收。

【验收组织】 继2013年之后，2014年铁路建设项目建成开通里程再创历史新高。中国铁路总公司认真落实《铁路建设项目竣工验收交接办法》、《高速铁路竣工验收办法》的要求，克服人员不足、职能转变、开通时间段集中等不利因素，按计划完成了开通项目初步验收。全年共计完成初步验收74个项目，国家验收2个项目。其中：中国铁路总公司组织完成大同至西安客运专线太原南至西安北段、杭州至长沙客专、长沙至昆明客专长沙南至新晃西段、兰新铁路第二双线、成都至绵阳至乐山客专、南宁至黎塘铁路、南宁至广州铁路黎塘西至三眼桥段、贵阳至广州铁路、青岛至荣城城际铁路即墨北至荣城段、郑州至开封城际铁路、武汉至黄石城际铁路、武汉至黄冈城际等12个高速和城际铁路项目的初步验收、安全评估；铁路局组织完成山西中南部铁路通道、拉萨至日喀则铁路、合肥铁路枢纽南环线(含合肥南站)、兰渝铁路渭沱至重庆北客线、北京地下直径线、邯郸至济南铁路扩能、赣州至韶关铁路、蒙自至河口铁路等62个项目的初步验收、安全评估，以及全部项目的静态和动态验收。

【专项验收】 中国铁路总公司在铁路建设项目初步验收前组织开展专项检查，指导和督促建设单位完成环境保护设施、水土保持设施、消防设施等专项验收，保证竣工文件编制达到档案验收标准，及时完成土地报批组卷并上报国土部门。建设单位、运营单位密切联系地方环境保护、水土保持和公安消防部门，提前开展专项检查、检测，及时整改发现的问题，确保达到设计和验收标准，在环境保护设施取得试运营许可、水土保持设施经检查认可、消防设施经验收合格后，批准开办初期运营。

【国家验收】 在国家发改委和有关部门的大力支持下，积极配合国家铁路局完成重庆至怀化铁路、北京至天津城际轨道交通工程项目正式验收。中国铁路总公司高度重视已开通项目的正式验收，在项目开办初期运营后，明确建设单位、运营单位在国家验收中的职责和分工，重点抓好国有土地使用证办理、环境保护、水土保持、档案正式验收，资金到位及建设各方费用结算、财务竣工决算等工作，确定重点项目国家验收目标，制订详细推进计划，使之早日具备国家验收条件。(工程管理处)

质量安全

铁路总公司制定下发《中国铁路总公司办公厅关于2014年铁路建设质量安全重点工作安排的通知》，从强化质量安全意识、完善质量安全保证体系、深化推进标准化管理、加大考核和违规问题处罚力度等多方面着手，进一步强化质量安全管理工作。

【质量专项整治】 开展隧道、路基工程质量专项整治"回头看"活动。根据《中国铁路总公司办公厅关于2014年铁路建设质量安全重点工作安排的通知》，2014年上半年在全路开展隧道、路基工程质量专项整治"回头看"活动。在2013年工作基础上，对专项整治工作进行再动员、再部署，继续深入开展排查，全面消除死角盲区，深挖质量安全隐患，防止整治问题反弹。按月下发专项整治活动简报，及时通报专项整治工作进展情况。同时，适时选择专项整治开展较好的单位进行经验介绍，2014年5、6月份先后组织京福客专安徽公司和湖北城际公司，分别就隧道、路基专项整治工作在全路进行经验交流，有效促进了专项整治工作的纵深推进。

【专项检查活动】 组织开展铁路工地试验室和混凝土拌和站专项检查活动，制定下发《关于开展铁路建设工地试验室和拌和站专项检查的通知》，针对工地试验室和混凝土拌和站开展为期2个月的专项检查，全面检查工地试验室和拌和站的建设、管理和信息化实施情况；起草下发《中国铁路总公司关于铁路工地试验室、混凝土拌和站专项检查情况的通报》，及时通报检查发现的问题，并对存在较大问题的3家建设单位和4家施工单位进行了严厉处罚。组织开展隧道施工安全专项检查活动，按照《中国铁路总公司关于开展隧道施工安全专项检查活动的通知》，在7、8月份开展为期2个月的隧道施工安全专项检查活动，重点检查隧道施工安全步距、仰拱开挖施作和围岩量测情况，督促整改现场检查发现的问题，进一步提高隧道施工安全管理水平。

【加大处罚力度】 2014年，铁路总公司持续加大质量安全问题和事故的处罚力度，进一步落实参建各方责任。由于工程质量问题，有123家单位受到暂停投标、不良行为认定、纳入信用评价、纳入考核、全路通报批评等处罚，其中建设单位37家、设计单位4家、施工单位40家、监理单位38家、物资供应单位2家、检测单位2家；因为施工安全事故，有18家施工单位、15家监理单位受到暂停投标的处罚。(质量安全管理处)

(中国铁路总公司建设管理部)

公 路 工 程 建 设

2014年，交通运输系统贯彻落实十八届三中全会精神，按照中央稳增长、促改革、调结构、惠民生等要求，坚持稳中求进工作总基调，全面深化体制机制改革，行业发展实现稳中向好，公路建设事业不断取得新成绩，为全面建成小康社会提供了坚实的交通运输保障。

【公路建设基本情况】 2014年年底，全国公路总里程达446.39万公里，比上年末增加10.77万公里。公路密度为46.50公里/百平方公里，提高1.12公里/百平方公里。

全国等级公路里程390.08万公里，比上年末增加14.53万公里。等级公路占公路总里程87.4%，提高1.2个百分点。其中，二级及以上公路里程54.56万公里，增加2.13万公里，占公路总里程12.2%，提高0.2个百分点。

全国高速公路里程11.19万公里，比上年末增加0.75万公里。其中，国家高速公路7.31万公里，增加0.23万公里。全国高速公路车道里程49.56万公里，增加3.43万公里。

【加快推进重点项目建设】 2014年，交通运输部重点推进国家高速公路"断头路"项目建设，高速公路网络日益完善，重点公路工程项目进展顺利。

杭瑞高速大理至丽江联络线、广东广乐高速公路、二广高速湖南段、京港澳高速河北段改扩建工程等项目建成通车。

四川雅康高速公路、汶马高速公路、湖北沌口长江大桥、安徽池州长江大桥、汕昆高速广西段等项目初步设计通过交通运输部审批。港珠澳大桥、望东长江大桥、包茂高速广东段等重点项目顺利推进。汕昆高速广西段、京新高速内蒙古西段和新疆段等国高网项目开工建设。

【全面深化公路建设管理体制改革】 按照党的十八大、十八届三中全会提出的全面深化改革要求和部党组交通运输改革统一部署，2014年交通运输部全面启动了公路建设管理体制改革研究工作。

此次改革以完善公路建设管理四项制度、创新项目管理模式、建立健全公路建设市场体系、创新政府监管方式等内容为重点，通过开展公路建设管理体制改革专题研究，组织相关单位赴贵州、四川、江苏等省调研，并在兰州召开部分省区调研座谈会，形成了《公路建设管理体制改革研究总报告》等研究成果。

在综合前期各项成果的基础上，交通运输部公路局组织起草了《关于深化公路建设管理体制改革的若干意见》，进一步修改完善了《公路建设项目代建管理办法》、《公路工程设计施工总承包管理办法》。

9月底，交通运输部在新疆乌鲁木齐召开全国公路建设管理体制改革座谈会，研究部署改革相关工作。冯正霖副部长出席会议并讲话，要求单位理清思路，抓住重点，围绕改革"改什么、怎么改"，准确把握切入点，深化公路建设管理体制改革。

【全国公路援疆代建工作顺利完成】 为落实中央对加快推进新形势下的新疆工作作出的全面部署，推进新疆维吾尔自治区公路建设，在交通运输部的积极指导和协调下，全国共有12个省市的16家代建单位参与了新疆22个建设项目的代建工作。

各参建单位认真落实交通运输部"政治任务动员，市场规律运作"的要求，科学调度、精细管理，充分发挥了代建单位在管理、技术、人才等方面的优势，建设公路总里程3192公里，总投资733.92亿元。

9月底，在全国公路建设管理体制改革座谈会上，有关单位全面总结了三年来的新疆代建工作，交通运输部与自治区政府对先进集体和先进个人予以表彰，对参与援疆代建的12个省市交通主管部门和新疆交通运输厅授予"新疆公路代建工作先进管理单位"称号；对16家代建单位和新疆交通运输系统5家单位授予"新疆公路代建工作先进单位"称号；对17名代建指挥长授予"新疆,公路代建工作优秀指挥长"称号；对478名参与代建工作的干部职工授予"新疆公路代建工作先进工作者"称号。

【深入推进现代工程管理】 2014年，交通运输部继续以高速公路施工标准化活动为载体，全面推行现代工程管理工作。通过梳理各省施工标准化活动考核和总结情况，汇总各地做法、经验和主要成效，系统总结全国高速公路施工标准化活动，汇编了《高速公路施工标准化图册》。

2014 年 9 月，交通运输部公路局在全国公路建设管理体制改革座谈会上对高速公路施工标准化活动进行了全面交流和总结，提出加大推广力度，完善标准体系，加强源头管理，推动建立施工标准化长效机制。一批在施工标准化活动中脱颖而出的项目代表参加了此次会议。

【组织重点项目竣工验收】 交通运输部对崇明至启东长江公路通道工程、泉州至三明高速公路、舟山大陆连岛工程等项目进行竣工验收。

崇明至启东长江公路通道工程是国家高速公路网上海至西安高速公路的重要组成部分，也是长三角高速公路网规划的城际通道。项目全长 51.763 公里，与崇明越江通道共同在长江口形成一条完整的过江通道，进一步增强了苏北地区、山东半岛与上海航运中心的联系，促进了地区一体化的联动发展，对于进一步完善长江三角洲地区以及江苏省和上海市的高速公路网络具有重要的意义。项目首次在国内采用"整跨工厂无应力制造、滚装装船、整体架设、全过程实时监控"的先进施工技术，开创了我国大跨度变截面钢箱梁桥建设技术的先河，对我国桥梁建设"大型化、工厂化、装配化、标准化"起到了重要的示范作用。同时，项目实施过程中，积极践行"对生态的最小破坏，对环境的最大保护"的建设理念，形成了多项科技和工艺创新的成果，给建设"生态高速公路"发展模式提供了有力支撑，较好地实现了生态高速公路建设理念。

泉州至三明高速公路全长 282 公里，路线起点位于福建泉州晋江市，与国高网沈阳至海口高速公路相接，是国家高速公路网"泉州至南宁"横线和"长春至深圳"纵线的重要组成部分。项目的建成使得泉州和三明两地市区的距离大大缩短，方便了两市 10 个县（市、区）近千万人口交通出行，是一条肩负福建省山海协作、山海互动重任的经济发展大通道，对加快福建闽西北地区经济发展，建设海峡西岸经济区，促进对台三通等也有十分重要的意义。项目实施过程中首次尝试实行部分项目费用包干的合同方式，有效促进了工程变更管理，简化了作价环节，加快了计量进程，同时也促进设计单位提高设计水平、减少设计变更，并有效预防因设计变更产生的腐败行为，达到业主和承包商双赢的目标。

舟山大陆连岛工程由岑港大桥、响礁门大桥、桃夭门大桥、西堠门大桥、金塘大桥五座跨海大桥及接线公路组成，是国家高速公路网甬舟高速公路的重要组成部分，也是中国目前规模最大的陆岛联络工程。西堠门大桥、金塘大桥是舟山大陆连岛工程中技术要求最高的两座特大型跨海大桥，是连岛工程的关键控制线工程。西堠门大桥主桥是世界首座分体式钢箱梁悬索桥，主跨 1650 米，是中国抗风稳定性要求最高的桥梁之一。金塘大桥主通航孔桥是在外海环境下建设的大跨径斜拉桥。舟山大陆连岛工程是一项多学科、跨领域的系统工程，项目建设期间，承担国家科技支撑计划项目 1 项，部、省科技项目 22 项，其中国家科技支撑计划"跨海特大跨径钢箱梁悬索桥关键技术研究及工程示范"项目主要创新成果达到国际领先水平。

（交通运输部公路局）

水 运 工 程 建 设

水运工程标准

【水运工程标准制定修订】 2014 年推动深化标准化工作改革，广泛开展调研、深入征求意见，完成水运工程标准项目"立、改、废"的梳理，完成《水运工程标准化工作调研报告》，对标准化工作成效进行总结，对管理体制、工作机制方面存在的问题进行剖析，并提出改进工作的有关方案和改革思路。完善水运工程标准编写管理和审定工作方式，拟定了三年期的标准制订和废止的项目计划，启动《水运工程标准体系表》的修订工作，使标准化工作更好地适应行业发展新形势。

按照调整水运发展结构和转变政府职能的要求，加强对于保证水运工程建设质量、规范工程建设投资、推进节能减排、服务行业发展急需标准的制修订工作，2014 年新发布实施《游艇码头设计规范》

（JTS 165—7—2014）、《水运工程建设项目投资估算编制规定》（JTS115—2014）、《沿海港口建设工程投资估算指标》（JTS T272—1—2014）、《水运工程测量概算预算编制规定》（JTS 116—4—2014）、《水运工程测量定额》（JTS 273—2014）、《水运工程标准编写规定》（JTS 101—2014）、《内河航运建设工程概算预算编制规定》（JTS 116—1—2014）、《内河航运水工建筑工程定额》（JTS 275—1—2014）、《内河航运工程船舶机械艘（台）班费用定额》（JTS 275—2—2014）、《内河航运设备安装工程定额》（JTS 275—3—2014）、《内河航运工程参考定额》（JTS/T 275—4—2014）、《水运工程混凝土和砂浆材料用量定额》（JTS 277—2014）、《集装箱码头堆场装卸设备供电设施建设技术规范》（JTS 196—9—2014）、《船闸工程施工规范》（JTS 218—2014）、《内河航运工程定额人工、材料基价单价（2014 版）》。适应远海工程建设需求，专事专办，组织海军后勤部、中国交建、水运工程定额站等开展深入调研和多次专项研讨，完成了远海定额的编写工作，印发《远海区域水运工程计价暂行办法》、《远海区域水运工程船舶机械艘（台）班费用参考定额》、《远海区域水运工程参考定额》、《远海区域疏浚工程计价暂行办法》、《远海疏浚工程船舶艘班费用参考定额》、《远海区域疏浚工程参考定额》。（李德春）

【组织开展 2015 年度水运工程标准立项工作】 确定《水运工程桩基设计规范》等 14 项标准为 2015 年度新列项目，完成 2400 万元标准编制经费预算编报。加强对于在编标准项目进度管理和控制，开展标准编写进度督查，对工作严重滞后的有关主编单位和编写组进行了约谈。推动行业技术人员准确理解、严格执行技术规范，组织标委会开展《海港总体设计规范》等多项标准的培训工作。（李德春）

水运建设市场监管

【开展水运建设市场检查】 2014 年度水运建设市场检查工作按部级抽查、省级检查和部属单位检查开展。按照交通运输部统一部署，全国共有 26 个省（区、市）交通运输主管部门及时制定和印发了检查工作方案，组织辖区内水运建设市场检查工作并开展省级检查，共抽查了 105 个在建项目；部长江航务管理局、海事局、救助打捞局组织开展了本系统所属单位自查和重点抽查工作，共抽查了 13 个在建项目；长江口航道管理局、长江南京以下深水航道建设工程指挥部组织对本单位项目进行了自查。在省级检查和部属单位检查基础上，部组织检查组

对天津市水运建设市场进行了综合检查，对天津 2 个工程项目进行了重点抽查。本年度水运建设市场检查中共检查出问题 223 个，各有关单位针对存在的问题认真分析原因，制定了相应整改措施，抓紧整改落实。水运建设市场检查工作取得了预期的效果。

【加强招标投标监管】 2014 年继续强化水运工程和交通支持系统工程招标网上备案工作，全年完成招标网上备案 501 件（含招标文件备案和招标结果备案）；完成水运工程和交通支持系统工程综合评标专家库管理系统升级工作并正式运行，实现全程网上申请、抽取，拓展了服务功能，全年完成评标专家抽取 279 次；巩固部属单位工程建设项目进入地方公共资源交易市场交易工作，确保了 2014 年部属单位全部招标项目进场交易。

【推进水运建设市场信用体系建设】 发布《水运工程设计和施工企业信用评价办法（试行）》，印发《交通运输部办公厅关于开展水运工程设计和施工企业信用评价工作的通知》，完成省厅和部属单位信用评价工作责任部门、联系人的汇总统计。完成水运工程设计和施工企业信用评价管理系统开发并上线运行。指导完成 2 期《水运工程设计和施工企业信用评价办法（试行）》及管理系统宣贯培训。维护运行好全国水运工程建设市场信用信息管理系统，即时发布有关法规、政策等信息，到年底总访问量达到 56018 人次。完成 2013 年度水运工程监理信用评价工作。

【加强企业资质和个人资格管理】 完成水运工程设计和施工企业资质审查专家增选工作，专家数量、年龄、专业等结构进一步完善和优化，适应了资质审查工作需要。积极做好水运工程设计和施工企业资质审查工作，2014 年完成 1 批共 16 家水运工程设计、施工企业资质申请审查，完成 5 批共 26 家设计企业资质延续审查。做好港口与航道工程专业一级建造师注册审核工作，完成 2 批共 413 人港口与航道工程专业一级建造师初始注册、增项注册和重新注册等审核工作。（郭青松）

内河水运建设

【概况】 2014 年，内河水运行业稳步发展。全国内河水运在建项目共 420 个，计划总投资 3844.6 亿元，同比增长 4.4％；全年完成固定资产投资 508.1 亿元，同比下降 6.9％，其中，续建项目 350 个，完成投资 429.1 亿元；新开工项目 70 个，完成投资 79.0 亿元。

从年度完成投资额来看，排名前三位的是江苏省、湖北省和安徽省，分别为137.8亿元、96.5亿元和55.5亿元，广西、浙江、湖南等省区投资均超过30亿元。从增幅来看，云南省、贵州省、浙江省内河水运建设投资分别增长119.1%、59.1%和56.1%，湖南、上海等省市内河水运建设投资增长速度超过10%。

【航道建设情况】　2014年，全国内河航道在建项目169个，总投资2519.8亿元（含航运枢纽及通航建筑物，下同）；新开工航道项目22个，总投资102.0亿元；全年完成内河航道投资257.5亿元，同比下降11.9%。全年新增及改善内河航道里程2000公里，内河航道通航里程达到12.63万公里，比上年末增加427公里，其中，三级及以上航道10854公里，五级及以上航道2.85万公里，分别占总里程8.6%和22.5%，分别提高0.5个和0.6个百分点。

长江干线航道系统治理继续加快实施。南京以下12.5米深水航道一期工程已经进入试运行阶段，二期工程将于2015年6月开工；长江下游东流水道、马当南水道航道整治工程接近尾声；长江中游荆江河段航道整治工程主体工程可望于2015年底基本建成，戴家洲航道整治二期、牯牛沙水道航道整治二期、界牌航道整治二期工程完成80%以上。长江干线安庆水道航道整治工程、福姜沙水道航道治理双涧沙守护工程、长江口南槽航道疏浚工程、三峡—葛洲坝两坝间乐天溪航道整治工程、口岸直水道航道治理鳗鱼沙心滩头部守护工程通过竣工验收。

高等级航道建设持续推进，苏南运河苏州段三级航道整治工程交工验收，标志着京杭运河苏南段全线212公里航道已全部建成，可通航千吨级船舶。芜申线高溧段杨家湾船闸工程建成并交工通航、高溧段下坝复线船闸工程进行扫尾工程施工，连申线航道工程已建成交工，桥梁工程基本完成，大芦线工程全面开工，杭申线建设工程过半。汉江航道整治基本完成，引江济汉航道工程全部完工。广西右江航运建设那吉航运枢纽工程、鸭绿江西水道治理工程等通过竣工验收。

【内河港口建设】　2014年，全国内河港口在建项目共251个，总投资1324.8亿元；全年新开工内河港口项目48个，总投资144.1亿元；内河港口全年完成投资250.6亿元，同比增长0.6%。新建及改（扩）建内河港口码头泊位253个，新增吞吐能力16216万吨，其中万吨级及以上泊位增加18个，新增吞吐能力3094万吨。

各省市加快推进内河港口基础设施建设，内河

港口专业化、规模化建设步伐明显加快。重庆主城区果园作业区二期工程建设进展顺利，已经完成码头泊位和堆场建设，万州新田港区一期工程码头前沿港池已完成，果园作业区二期扩建、寸滩港区三期工程、泸州港多用途码头二期稳步实施，进程过半，岳阳港城陵矶港区、荆州港盐卡三期、长沙港霞凝港区三期工程进展顺利，南宁港中心城港区牛湾作业区一期、百色港田东祥周作业区、柳州港官塘作业区一期加快建设。（郭青松、邹永超）

沿海港口建设

2014年，面对交通运输发展的新形势和新任务，沿海港口建设紧紧围绕中央决策部署和全国交通运输工作会议精神，坚持稳中求进工作总基调，不断加强行业监管，大力推进"四个交通"发展，实现了沿海港口建设的平稳、有序发展。

【建设投资与重点建设项目】　2014年，全国水运建设完成投资1459.98亿元，其中，沿海建设完成投资951.86亿元。沿海港口新建及改（扩）建码头泊位170个，新增吞吐能力36269万吨，其中万吨级及以上泊位新增吞吐能力33123万吨。沿海港口重点建设项目有序推进，汕头港广澳港区二期工程、上海国际航运中心洋山深水港区四期工程等11个国家重点水运工程初步设计获得部批复，大连港鲇鱼湾港区22号原油泊位工程、宁波-舟山港北仑港区五期工程等13个国家重点水运工程通过国家验收。

截至2014年底，全国港口拥有生产用码头泊位31705个，其中沿海港口生产用码头泊位5834个，比上年末增加159个。全国港口拥有万吨级及以上泊位2110个，其中沿海港万吨级及以上泊位1704个，比上年末增加97个。

【完成货物吞吐量】　2014年，全国港口完成货物吞吐量124.52亿吨，其中沿海港口完成80.33亿吨，比上年增长6.2%。全国港口完成外贸货物吞吐量35.90亿吨，其中沿海港口完成32.67亿吨，比上年增长6.9%。全国港口完成集装箱吞吐量2.02亿TEU，其中沿海港口完成1.82亿TEU，比上年增长7.1%。（刘国辉）

交通运输支持系统基本建设

2014年交通运输支持系统基本建设进展顺利，共完成投资52.18亿元，其中中央投资48.79亿元。

【救捞系统基本建设完成投资14.3亿元，均为中央投资】　在建项目33个（其中新开工项目6

个），完工项目 39 个。救捞系统在建的船舶、救助装备和基础设施等工程进展顺利，8000kW 海洋救助船 16♯等救助船舶交付使用，南海救助局阳江救助工作船码头、秦皇岛基地改造工程、海口救助基地陆域工程等项目通过竣工验收并投入使用，进一步提高了我国海上人命救助和抢险打捞的能力和水平。

【海事系统基本建设完成投资 8.7 亿元，全部为中央投资】 在建项目 129 个（其中新开工项目 26 个），完工项目 33 个。海事系统在建的船舶、码头和信息化项目等工程进展顺利，5000 吨级大型巡航救助船、江苏海事局长江 60 米综合应急指挥船、广东海事局广东省海上搜救中心建设工程、黑龙江海事局佳木斯海事综合基地工程、河北海事局京唐港区船舶交通管理系统扩建工程等项目完成竣工验收并投入使用，为海事工作的顺利开展提供了重要支持保障作用。

【长航系统基本建设完成投资 12.2 亿元，全部为中央投资】 在建项目 151 个（其中新开工项目 33 个），完工项目 52 个。长航系统的海事、航道、公安、三峡、医院等支持系统建设项目进展均较为顺利，长江干线船舶自动识别系统一期工程、长江武汉航道局岳阳综合码头工程、长江干线电子航道图生产与服务系统建设工程、三峡通航检测维修设施建设工程、长江干线水路交通应急指挥平台建设工程等项目通过竣工验收并投入使用，进一步提升了长江干线水上安全监管、通航保障、应急指挥和信息化服务能力。

【科研、教育类等支持系统基本建设完成投资 16.98 亿元，其中中央投资 13.59 亿元】 在建项目共 66 个（其中新开工项目 22 个），完工项目 18 个。在建的部公路院足尺路面加速加载试验环道工程、大连海事大学图书馆新馆工程、全国道路运政管理信息系统等工程进展顺利，大连海事大学陆上专业课程教学楼建设项目、部公路院桥涵实验室改造项目和交通运输部管理干部学院综合教学用房及配套工程等项目通过竣工验收并投入使用，为交通运输科研、教育等工作提供了重要支撑保障作用。（刘国辉）

交通运输部发布第一批《水运工程建设新技术公告》和《水运工程建设新技术推广项目目录》

为促进新技术在水运工程建设中的推广应用，推动技术创新成果转化和行业可持续发展，保障工程安全和质量，适应"综合交通、智慧交通、绿色交通、平安交通"发展需求，根据《水运工程建设推广应用新技术管理办法》，交通运输部组织开展了第一批《交通运输部水运工程建设新技术公告》（以下简称"公告"）和《水运工程建设新技术推广项目目录》的申报和评审工作。经自愿申报、专家评审和媒体公示，第一批《水运工程建设新技术公告》和《水运工程建设新技术推广项目目录》已正式发布。

《新技术公告》涵盖了水运工程勘察、设计、施工、维护、加固改造、试验研究、安全环保、节能减排、产品，共 7 类，88 项。《推广目录》包括了勘测技术、设计、模拟试验、地基处理、施工技术、施工工艺、施工设备、疏浚技术与设备、检测与维修加固技术、航标技术，共 43 项。（祝振宇）

（交通运输部水运局）

通 信 业 建 设

【概况】 2014 年，基础电信业固定资产投资共完成 3992.6 亿元，同比增长 6.3%，增速比 2013 年提高 2.4 个百分点，其中，移动通信投资 1618.5 亿元，同比增长 20.2%，是各分类业务投资中增长最快的领域。随着"宽带中国"战略进入全面实施阶段，信息通信基础设施服务水平进一步提升。截至 12 月末，光缆线路总长度达到 2046 万公里，同比增长 17.2%，光缆纤芯长度 44605 万芯公里，同比增长 19.5%，光缆纤芯利用率 34.1%。移动电话交换机容量 20.45 亿户，同比增长 4.1%，共建设移动电话基站❶98.8 万个，累计移动电话基站数达到 339.7 万个，同比增长 41.1%，其中 3G 基站数达到 128.4 万个，同比增长 17.5%。全年共建设互联网宽带接

---

❶ 不含室内分布系统。

入端口 4160.1 万个，累计端口总数首次突破 4 亿，同比增长 11.5%，其中 FTTH/O 端口共建设 4763.9 万个，累计端口总数达到 1.63 亿个，同比增长 41.4%。

【强化通信建设招投标监管工作】 通信业认真贯彻落实《通信工程建设项目招标投标管理办法》，进一步做好通信建设项目招投标管理工作，营造公平竞争的市场环境。一是加强宣贯培训。工业和信息化部（以下简称"工信部"）印发《关于做好〈通信工程建设项目招标投标管理办法〉贯彻实施工作的通知》，要求相关单位做好规章制度清理、开展宣贯培训及对照自查；同时，组织开展全国范围的宣贯培训会，培训全面覆盖通信行业招投标相关主体。通过宣贯培训，进一步提高招标采购人员的守法意识和业务水平，使"合法合规、公开透明"的意识和理念深入人心。二是推行信息化监管。工信部建立"通信工程建设项目招标投标管理信息平台"，要求各基础电信企业通过信息平台发布招标公告、抽取评标专家、开展招标备案等工作，实现了招投标活动信息公开、透明，监管部门实时在线监控，提高全流程监管效能，全年共受理网上备案 2535 项。三是加强评标专家管理，工信部发布《通信建设项目评标专家和评标专家库管理办法》，组织做好评标专家入库工作，评标专家累计达到 1.4 万人。四是强化监督检查。工信部组织 5 个检查组对中国电信、中国移动、中国联通集团公司以及江苏、贵州等 8 个省的 24 个省基础电信企业的招投标情况进行专项检查。通过加强宣贯、清理制度、规范流程、落实整改等一系列措施，通信建设招投标活动的规范化水平大幅提升，公开招标已成为各基础电信企业主要的采购方式。

【深化通信工程质量和安全生产管理工作】 进一步完善通信建设工程质量监管体系，通过监督检查等手段，扎实推进通信工程质量管理各项工作。一是加强建章立制工作。为适应新形势下质量监督和安全生产管理工作需要，工信部对《通信工程质量监督管理规定》、《通信工程安全生产管理规定》进行修订，已完成送审稿。二是强化监督检查。工信部组织对 8 个省的 24 个省级基础电信企业进行联合检查，同时汇总各省质量监督检查情况。每季度下发全国质量监督和安全生产通报，全年共接受基础电信企业申报工程质量监督项目 92018 项，办理竣工验收备案项目 19345 项，通报问题项目 195 项，并跟踪和督促企业进行整改。三是工信部组织开展通信建设领域"安全生产月"的检查活动，下发通

知要求各省重点围绕有害气体中毒、触电坠落等事故多发环节进行检查，并形成了整体情况总结。实现全年通信建设领域未发生较大安全生产事故。

【持续推进光纤到户国标的贯彻落实】 在住房城乡建设部的大力支持下，光纤到户国家标准得到很好的贯彻落实。一是健全完善工作机制。工信部、住房城乡建设部督促和指导各地通信、住房城乡建设部门加强沟通协调，建立和完善光纤到户质量和验收工作机制，29 个通信管理局在地市设立光纤到户验收机构，形成长效工作机制，部分省还将办事机构向区县一级延伸。二是通信部门联合住房城乡建设部门开展监督检查。各省共对 148 个城市、41 个县进行专项督查，在此基础上，工信部与住房城乡建设部联合对河南、湖北等 8 个省、16 个地级市（区）、40 个项目进行抽查，并以两部联合发文形式对检查情况进行通报。三是加大宣传和培训力度，工信部全年委托协会、省通信管理局共同组织 55 期宣贯培训班，培训人员超过 1 万多人，切实提高相关单位执行标准的能力和自觉性；组织人民邮电报社开展"光纤到户媒体行"活动，赴宁夏银川进行专题采访报道。四是推动各地开展经验交流。工信部委托湖南、宁夏等 6 个通信管理局组织召开片区经验交流会，通过典型示范、经验交流、现场观摩等方式促进省通信管理局与住建系统之间互相沟通、互相学习，对于整体推进光纤到户工作起到了积极作用。

【做好通信建设标准和定额管理工作】 充分发挥标准定额引导和约束作用，进一步完善通信建设工程标准体系，加强造价管理。完成通信建设工程相关 3 项国标和 6 项行标立项工作，发布实施《通信工程设计文件编制规定》（YD/T 5211—2014）、《通信建设工程施工安全监理暂行规定》（YD 5204—2014）等 32 项通信建设行业标准。配合光纤到户国标推进工作，工信部发布实施《住宅区和住宅建筑内光纤到户通信设施工程预算定额》，编制光纤到户（FTTH）工程施工操作规程、监理规范的报批稿。为规范通信工程定额编制管理工作，工信部发布《关于印发〈通信工程定额编制管理办法〉的通知》，于 2015 年 1 月 1 日起实施。工信部推动通信建设标准的翻译出版工作，积极与住房城乡建设部沟通，将《通信线路工程设计规范》等 17 项标准列入 2014 年翻译计划，承担单位基本完成各项标准翻译初稿。

【城市通信基础设施建设管理】 工信部深入贯彻落实《国务院关于加强城市基础设施建设的意见》（国发〔2013〕36 号）和《国务院办公厅关于加强城

市地下管线建设管理的指导意见》(国办发〔2014〕27号)要求,有序推进通信基础设施建设相关工作。印发《关于加强城市地下通信管线建设管理工作的通知》,提出开展城市地下通信管线建设管理总体要求、六项重点任务及保障措施,促使城市通信管线管理水平与通信发展需求相适应,提高信息网络安全保障能力。住房城乡建设部、工信部等部门联合印发《关于开展城市地下管线普查工作的通知》(建城〔2014〕179号),进一步明确普查目的、细化普查内容以及普查工作要求,力求通过地下管线普查,重点掌握城市通信管线的规模大小、位置关系、功能属性、运行年限等基本情况,摸清存在的结构性隐患和危险源。

【加强通信业节能减排工作】　2014年,通信业节能减排工作取得明显进展,单位电信业务总量综合能耗逐年下降,达到0.037吨标准煤/万元,提前完成"十二五"通信业节能减排目标。通信行业能源消费总量累计671.06万吨标准煤,同比增长4.9%,电力消费总量456.2亿千瓦时,同比增长8%,占行业能源消费总量的比重为83.55%,较2013年提高2.47个百分点。工信部发布《高耗能老旧电信设备淘汰目录(第一批)》,包括移动通信基站、交换设备2大类34项设备或产品,进一步促进高耗能设备退网和电信网络升级改造。积极推广通信行业节能减排新技术、新产品,工信部编制通信行业节能减排技术目录,含10大类设备或产品,待正式发布。加强节能减排工作宣贯,工信部支持协会召开通信行业节能减排创新与技术应用交流会,推动节能新成果的实践与应用。工信部委托相关单位开展通信机房节能测试方法、能耗系列问题研究,做好《通信机房节能测试方法标准》基础研究工作。

(工业和信息化部通信发展司)

民 航 建 设

机场管理法规规章及技术标准

【规章修订】　完成《民用机场航油供应安全运营许可管理规定》(新制定)和《民用机场专用设备管理规定》(150号令修订)审定。启动《通用机场管理规定》(新制定)编制工作,持续推进《民用机场使用许可规定》和《民用机场运行安全管理规定》修订工作。

【技术标准颁布下发】　发布《民航专业工程工程量清单计价规范》《民用直升机场飞行场地技术标准》《通用航空供油工程建设规范》《小型民用运输机场供油工程设计规范》等4部建设工程行业标准和《飞机地面电源机组》《飞机地面静变电源》、《飞机地面空调机组》、《民用机场飞行区集水口顶盖和地井顶盖》《民用机场机坪泛光照明技术要求》《行动不便旅客登机车》《飞机垃圾接收车》《机场旅客摆渡车》《机场除雪车》等9部机场专用设备行业标准。

机场及配套设施建设

2014年,民航全行业完成固定资产投资734亿元,其中安排中央预算内投资25亿元,民航发展基金128.9亿元,重点保障安全、空管及中西部机场项目的实施。

【重点建设项目】　2014年民航重点建设项目共23个,其中计划竣工项目3个,分别为南京禄口、天津滨海、南宁吴圩机场扩建工程,上述项目已全部完工。

续建项目9个,分别为广州白云、重庆江北、武汉天河、哈尔滨太平、长沙黄花、郑州新郑、银川河东机场扩建工程,乌鲁木齐、沈阳区域管制中心工程,上述项目均正在按计划进行。

新开工项目7个,其中北京新机场工程和浦东机场飞行区扩建工程已经开工,兰州中川、长春龙嘉(二期)、海口美兰机场扩建工程、民航运行管理中心和气象中心工程、广州终端管制中心建设及珠海终端管制中心改造等5个工程正在积极推进前期工作。

开展前期研究工作4个,其中青岛机场迁建工程立项已获批复,成都、厦门新机场处于立项审批阶段,大连机场迁建工程尚未上报场址审查申请。

【机场规划管理】　2014年民航局完成珠海、福州、成都、大连等机场总体规划局部调整的批复工作。按照授权和分工,民航各地区管理局对辖区内

95

飞行区指标 4D 及以下机场的总体规划进行了审批。

民航建设纪事

【**南京禄口机场扩建工程**】　6 月 25～27 日，民航华东地区管理局组织了南京禄口机场扩建工程行业验收。该工程按新增年旅客吞吐量 1800 万人次的目标设计，工程主要建设内容：新建 26.34 万平方米的航站楼，新建长 3600 米、宽 60 米的第二跑道，59 个机位的机坪，对原有航站楼进行改造，配套建设地面交通中心、停车场、高架桥、货运区、生产生活配套设施及业务用房，以及供电、供冷、给排水、污物处理、消防等工程。工程总投资 96.19 亿元。

【**天津滨海机场扩建工程**】　8 月 14～15 日，民航华北地区管理局组织了天津滨海机场扩建工程行业验收。该工程按照 2020 年旅客吞吐量 2500 万人次、货邮吞吐量 170 万吨的目标进行设计，工程主要建设内容：在东跑道飞行区新建 3 条快速出口滑行道，新建 40 个机位的站坪、24.7 万平方米的 T2 航站楼、700 米长的楼前高架桥、42250 平方米的生产辅助、办公及服务设施，并配套实施供电、给排水、供冷、供热、供气、通信、消防等工程。工程总投资 60.09 亿元。

【**南宁吴圩机场扩建工程**】　9 月 15～16 日，民航中南地区管理局组织了南宁吴圩机场扩建工程及供油工程行业验收。工程按照满足 2020 年旅客吞吐量 1600 万人次、货邮吞吐量 16.4 万吨的目标设计。工程主要建设内容：新建一条长 3200 米的平行滑行道，新建 18.9 万平方米的航站楼、50 个机位的站坪、1.4 万平方米的货运站，配套建设助航灯光、通信、消防、供电、供水、供冷、供热、供气及雨水污水污物处理和辅助生产生活服务设施。工程总投资为 64.33 亿元。

【**广州白云机场扩建工程**】　该工程按照 2020 年旅客吞吐量 8000 万人次、货邮吞吐量 250 万吨的目标设计。工程主要建设内容：新建长 3800 米、宽 60 米的第三跑道及滑行道系统，跑道双向设置 II 类精密进近灯光系统，新建 62.4 万平方米的 2 号航站楼主楼及东西两侧 5、6 号指廊，新建 100 个机位的站坪。工程总投资为 197.4 亿元。该工程于 2013 年 8 月开工，截至年底，第三跑道已投入使用，航站楼主体正在进行钢结构施工，预计 2018 年 2 月竣工。

【**重庆江北机场扩建工程**】　该工程按满足 2020 年旅客吞吐量 4500 万人次、货邮吞吐量 110 万吨、飞机起降 37 万架次的目标设计。工程主要建设内

容：新建长 3800 米、宽 60 米的第三跑道，新建建筑面积 50.8 平方米的 T3A 航站楼、79 个机位的站坪、7.9 万平方米的货运站，配套建设助航灯光、消防救援、供电、供水、供冷供热、燃气等辅助生产生活设施。工程总投资 282.07 亿元。该工程于 2013 年 4 月开工，截至 2014 年底，飞行区正在进行土方施工，航站楼主体正在进行钢结构施工，预计 2016 年 4 月竣工。

【**武汉天河机场扩建工程**】　该工程按满足 2020 年旅客吞吐量 3500 万人次、货邮吞吐量 44 万吨的目标设计。工程主要建设内容：新建长 3600 米、宽 60 米的第二跑道，新建 39.3 万平方米的 T3 航站楼、60 个机位的站坪，配套建设各类业务用房、辅助生产及生活设施、消防救援、安防、供电、供水、供冷、供热、供气和雨水、污水及污物处理等工程。工程总投资 152.75 亿元。该工程于 2013 年 5 月开工，截至 2014 年底，飞行区正在进行土石方施工，航站楼主体正在进行主体施工，预计 2016 年 3 月竣工。

【**哈尔滨太平机场扩建工程**】　该工程按满足 2020 年旅客吞吐量 1800 万人次、货邮吞吐量 17.5 万吨的目标设计。工程主要建设内容：将现有跑道延长 400 米至 3600 米，新建 16 万平方米的 T2 航站楼、45 个机位的站坪，配套建设各类生产生活辅助设施、供电、给排水、供冷、供热、供气、通信、消防等工程。工程总投资 44.48 亿元。该工程于 2014 年 10 月开工，截至 2014 年底，飞行区正在进行机坪施工，航站楼主体施工已全面展开，预计 2019 年 10 月竣工。

【**长沙黄花机场扩建工程**】　该工程按满足 2020 年旅客吞吐量 3100 万人次、货邮吞吐量 32 万吨的目标设计。工程主要建设内容：按照飞行区等级指标 4F 新建长 3800 米、宽 60 米的第二跑道，跑道两侧各建 1 条长 3800 米的平行滑行道，相应设置快速出口滑行道、垂直联络道、绕行滑行道，新跑道主降和次降方向分别设 III 类和 I 类进近灯光系统和仪表着陆系统，配套建设通信、供电、给排水、供热、供冷、消防救援等设施。工程总投资 36.5 亿元。该工程于 2013 年 12 月开工，截至 2014 年底，正在进行飞行区土石方施工，预计 2016 年 10 月竣工。

【**郑州新郑机场扩建工程**】　该工程按满足 2020 年旅客吞吐量 2900 万人次、货邮吞吐量 50 万吨的目标设计。工程主要建设内容：飞行区等级指标 4F，新建长 3600 米、宽 60 米的第二跑道，新建 33.2 万平方米的 T2 航站楼、85 个机位的站坪，配套建设综

合交通中心和停车库、货运站、航食配餐中心、辅助生产、生活、办公和公用配套设施等工程。工程总投资149.28亿元。该工程于2012年12月开工，截至2014年底，飞行区正在铺设道面，航站楼正在进行装修，预计2015年12月竣工。

【银川河东机场扩建工程】 该工程按满足2020年旅客吞吐量1000万人次、货邮吞吐量10万吨的目标设计。工程主要建设内容：飞行区等级指标4E，将现有跑道向南延长400米至3600米，新建80000平方米的T3航站楼、17.86万平方米的站坪，对导航、通信、助航灯光、供电、给排水、消防等设施进行扩建。工程总投资28.15亿元。该工程于2013年9月开工，截至2014年底，飞行区正在进行道面施工，航站楼主体正在进行基础施工，预计2017年12月竣工。

【北京新机场工程】 12月26日，北京新机场开工建设，进行飞行区一标段的施工。北京新机场按照2025年旅客吞吐量7200万人次、货邮吞吐量200万吨、飞机起降62万架次的目标设计。工程主要建设内容：飞行区等级指标4F，新建4条跑道、150个机位的客机坪、24个机位的货机坪、14个机位的维修机坪，新建航站楼70万平方米、货运站7.5万平方米、货运综合配套用房3.5万平方米、海关监管仓库7.4万平方米，建设空防安保训练中心、综合管理用房、旅客过夜用房等辅助生产生活设施，以及场内综合交通、供水、供电、制冷、供热、供气、信息通信、消防救援、雨污水污物、绿化等配套设施和场外生活保障基地。新建2座空管塔台、6.7万平方米空管业务用房、北京新终端管制中心、供油工程及航空公司基地工程。工程总投资799.8亿元。

【上海浦东机场飞行区扩建工程】 9月15日，上海浦东机场飞行区扩建工程开工建设。该工程按满足2020年旅客吞吐量8000万人次、货邮吞吐量570万吨的目标设计。工程主要建设内容：新建长3400米、宽45米的第四跑道及平行滑行道及助航灯光等配套工程。工程总投资42.03亿元。

（民航局机场司）

公共文化服务设施建设

2014年，全国各级文化部门认真贯彻执行中央有关精神，加大对公共文化服务设施建设的投入力度，积极进取，开拓创新，文化设施建设取得显著成效。

全国公共文化设施建设

【全国文化（文物）系统基本建设投资项目总数2017个】 2014年，全国文化（文物）系统基本建设投资项目总数达到2017个，项目计划总投资达873.82亿元，比上年降低6.85%；计划施工面积（建筑面积）2045.79万平方米，比上年增长7.13%；本年完成投资额为114.88亿元，比上年降低2.91%。全国竣工项目708个，竣工面积371.70万平方米。

【全国文化基建项目1119个】 项目计划总投资606.96亿元，与2013年基本持平；计划施工面积（建筑面积）939.94万平方米，比上年降低5.02%；竣工项目533个，竣工面积182.14万平方米。

【全国文物基建项目898个（不含文物维修项目）】 比上年增加117个；项目计划总投资266.86亿元；计划施工面积（建筑面积）1105.84万平方米；本年完成投资额为40.77亿元；全年竣工项目175个，竣工面积189.56万平方米。

【公共图书馆建设项目156个】 在全国文化基建项目中，有156个公共图书馆建设项目，占文化基建项目总数的13.94%；计划施工面积168.26万平方米，占文化基建项目总面积的17.90%；国家预算内资金17.61亿元，占文化基建项目国家预算内资金总量的28.15%；本年实际完成投资额13.85亿元，占文化基建项目本年实际完成投资额的18.70%。全年竣工项目38个，竣工项目面积30.54万平方米。

【群众艺术馆、文化馆、乡镇文化站建设项目338个】 占文化基建项目总数的30.21%；计划施工面积75.64万平方米，占文化革基建项目计划施工总面积的8.05%；国家预算内资金6.30亿元，占文化基建项目国家投资总数的10.07%；本年完成投资额8.26亿元，占总数的11.15%。全年竣工项目

199 个，其中文化馆 25 个，文化站 174 个，竣工面积 36.05 万平方米。

【博物馆建设项目 898 个】 占文物基建项目总数的 33.18%。计划施工面积 270.33 万平方米，占文物基建项目总面积的 24.45%。国家预算内资金 30.90 亿元，占文物系统总数的 74.91%；本年完成投资额 32.08 亿元，占文物系统总数的 78.69%。2014 年，全国共有 78 个博物馆项目建成，竣工面积 41.87 万平方米。

建设主体为基层文化设施建设项目

【基层文化设施建设投入】 2014 年，各级文化部门对县级图书馆、文化馆和乡镇综合文化站等基层文化设施建设的投入大幅增加。在全国 2017 个文化（文物）基建项目中，县级和乡镇级基建项目 1506 个，占全国文化基建项目总数的 74.67%。其中，乡镇综合文化站建设项目共 222 个。

地市级公共文化设施成为重点建设领域

为进一步改善我国城市文化设施，切实解决地市级文化基础设施薄弱的问题，2012 年 1 月，文化部会同国家发展改革委、国家文物局正式印发了《全国地市级公共文化设施建设规划》。根据规划，拟对全国 532 个纳入项目储备库的地市级文化设施项目进行建设。其中，公共图书馆 189 个，文化馆 221 个，博物馆 122 个。预计总建设规模约为 450 万平方米，总投资约 200 亿元，其中中央投资近 70 亿元。规划实施完成后，将基本实现全国地市级城市都建有设施达标、布局合理、功能完善的公共图书馆、文化馆和博物馆。

2012 年 6 月，国家发展改革委安排了第一笔中央补助资金 4 亿元，共对全国 57 个建设项目进行了补助；2013 年 5 月，第二笔中央补助资金 6 亿元也已顺利下达，共对全国 75 个建设项目给予补助；2014 年 5 月，第三笔中央补助资金 6 亿元共对全国 77 个建设项目进行了补助。

截至 2014 年底，在纳入《规划》的 532 个地市级公共图书馆、文化馆和博物馆建设项目中，已开工建设项目 220 个，占规划项目总数的 41.4%；已开工建设项目计划总投资 231.68 亿元，平均每馆 10531 万元；已开工建设项目累计完成投资 98.79 亿元，占开工建设项目计划总投资的 42.3%；已开工建设项目总建筑面积 296.26 万平方米，平均每馆 13466 平方米。

非物质文化遗产保护利用设施建设

为进一步加快我国非物质文化遗产保护设施建设力度，根据《国家"十二五"文化和自然遗产保护设施建设规划》，文化部会同国家发展改革委于 2014 年 1 月正式启动非物质文化遗产保护利用设施建设的申报工作，并筛选建立了项目建设储备库，从国家级非物质文化遗产代表性名录中选择具有较好社会效益和经济效益、具有典型示范意义的项目进行设施建设，推动非遗与经济社会发展的有机结合。2014 年 5 月，国家发展改革委、文化部制定《国家非物质文化遗产保护利用设施建设实施方案》，明确建设传统表演艺术类、传统手工技艺类、传统民俗活动类三种非物质文化遗产保护利用设施的建设方案。2014 年 6 月，国家发展改革委正式下达中央预算内资金 2.07 亿元，支持 30 个非遗保护利用设施项目建设。

国家重点文化设施建设

党中央国务院对文化设施建设高度重视，国家级重大文化设施迎来新的建设高潮。中央歌剧院剧场工程破土动工，完成设计概算的批复，拆除垃圾楼，移改管线，提前完成土方开挖和基坑支护工程。中国国家画院扩建工程签订搬迁安置补偿协议，完成可行性研究报告批复。"平安故宫"工程召开领导协调小组会议，完成地库改造和基础设施改造一期工程项目建议书的批复，报送北院区项目建议书。国家美术馆工程建筑设计方案进行多次优化，9 月 18 日在法国向设计联合体发送中标通知书。中国工艺美术馆工程完成了可行性研究报告初稿。国家文献战略储备库项目配合中国国际工程咨询公司完成专家评审，经过沟通将项目名称更改为"国家图书馆国家文献战略储备库"，完成项目定位和选址报告。中央芭蕾舞团业务用房扩建工程在北京市确定选址基础上完成项目建议书。

海外文化中心建设

同时在建的海外项目数量、当年揭牌的文化中心数量为历年最多。2014 年共完成新加坡、澳大利亚悉尼、丹麦哥本哈根、老挝、尼泊尔、斯里兰卡、巴基斯坦、比利时布鲁塞尔等 8 个海外文化中心的建设工作，总建筑面积 4.41 万平方米。配合党和国家领导人的国事活动，哥本哈根、斯里兰卡、老挝、悉尼 4 个中心揭牌，比利时完成房产购置。新加坡中心建设克服了各种困难，7 月 15 日大楼正式封顶。

（文化部财务司）

卫生计生基础设施建设

【2014年卫生计生建设项目中央投资全部下达】2014年累计安排中央专项投资230.26亿元。支持全国约5万个卫生计生机构业务用房建设和1.8万套乡镇卫生院周转宿舍建设，其中：地市级医院71所、中央投资30亿元，县级医院360所、中央投资57亿元，乡镇卫生院2645所、中央投资26亿元，村卫生室44067个、中央投资22亿元，社区卫生服务中心建设53个、中央投资1亿元，儿童医疗服务体系建设项目113个、中央投资35亿元，全科医生规范化临床培养基地建设项目99个、中央投资16亿元，食品安全风险监测能力(设备配置)建设项目122个、中央投资3亿元，重大疾病防治设施建设项目432个、中央投资23亿元，乡镇卫生院周转宿舍建设1.8万套、中央投资9亿元，计划生育服务体系建设项目2660个、中央投资6亿元，精神卫生防治体系建设项目1个、中央投资2.26亿元。

截至2014年底，大部分项目已开工建设，部分项目已竣工投入使用。有效改善了卫生计生机构基础设施条件，提升了卫生计生服务能力和水平。

【芦山地震灾区卫生计生系统灾后恢复重建工作进展良好】根据国务院《芦山地震灾后恢复重建总体规划》，灾区卫生计生系统灾后恢复重建131个项目。截至2014年底，已开工建设129个项目，开工率98.5%；完工99个，完工率75.6%，灾后重建工作进展良好。芦山地震灾区卫生计生机构服务能力基本恢复，部分机构服务能力超越震前水平。

【《综合医院建筑设计规范》正式颁布实施】2014年12月，住房和城乡建设部正式批准颁布《综合医院建筑设计规范》(GB 51039—2014)，自2015年8月1日起施行。原《综合医院建筑设计规范》(JGJ 49—88)同时废止。该规范编制计划于2003年由原建设部下达，国家卫生计生委规划与信息司组织编制。2004年6月完成征求意见稿，2005年4月完成送审稿，2011年8月完成报批稿。该规范明确了综合医院建设项目建筑和设计的原则性技术指标、要求和主要技术参量，对进一步规范全国综合医院建设具有重要意义。

【委属(管)单位建设】2014年，国家发展改革委共安排中央预算内基本建设投资13亿元支持委属(管)单位改善基础设施条件。在建项目包括卫生部心血管病防治研究中心及阜外心血管病医院改扩建工程和复旦大学附属中山医院肝肿瘤及心血管病综合楼等36项，总建筑面积287万平方米，总投资214亿元。项目总体建设进展顺利，工程质量良好。其中，中山大学附属第一医院手术科大楼于2014年8月建成投入使用，明显改善了医院的住院、手术等条件。

(国家卫生和计划生育委员会规划和信息司)

农业基本建设资金投入

2014年是全面贯彻落实党的十八届三中全会精神、全面深化改革的第一年，也是全面完成"十二五"规划的关键之年，国家继续强化农业支持保护，进一步加大支农力度，不断改善农业生产条件，为加快现代农业转型升级提供了重要支撑。

2014年农业基本建设投资情况

2014年，在国家发改委等部门支持下，农业部共安排农业基本建设投资289.3492亿元，主要用于农业综合生产能力、农业科技创新能力、农业公共服务能力条件、农业资源和环境保护与利用条件、民生基础设施等五个方面的建设。

【农业综合生产能力建设 170.7565 亿元】 包括新增千亿斤粮食田间工程及农技服务体系 119 亿元，国家现代农业示范区标准农田 4 亿元，海南冬季瓜菜生产基地 1 亿元，畜禽标准化规模养殖小区 38 亿元，海洋渔船更新改造 4.738 亿元，农垦天然橡胶基地 1.0185 亿元，新疆棉花生产基地 3 亿元。

【农业科技创新能力建设 12.1936 亿元】 包括种植业种子工程 5 亿元，养殖业良种工程 3 亿元，农业科技创新能力条件建设 4.1936 亿元。

【农业公共服务能力条件建设 30.95 亿元】 包括农产品质量安全检验检测体系 12 亿元，动物防疫体系 1.2620 亿元，渔政渔港工程 8 亿元，农垦公益性项目（含政法基础设施）1.9286 亿元，农业科技入户直通车 0.85 亿元，部门自身建设 4.4496 亿元，基层农业技术推广服务体系 0.4598 亿元，农村土地承包纠纷仲裁基础设施建设 2 亿元。

【农业资源和环境保护与利用条件建设 46.5693 亿元】 包括农村沼气工程 25 亿元，天然草原退牧还草工程 20 亿元，草原防火 0.71 亿元，农业湿地保护工程 0.29 亿元，农业生物资源保护工程 0.5693 亿元。

【民生基础设施建设 28.8798 亿元】 包括垦区棚户区改造及配套基础设施建设 21.8798 亿元，血吸虫病农业综合治理 2 亿元，以船为家渔民上岸安居工程 5 亿元。

上述重大农业基本建设项目的实施，为有效改善农业生产条件，巩固农业农村发展的好形势发挥了重要作用，为实现我国粮食生产"十连增"提供了有力保障。截至 2014 年底，累计支持建设旱涝保收标准农田约 1030 万亩，户用沼气 39 万户、养殖小区和联户沼气 9900 余处、乡村服务网点 6910 个、大中型沼气工程 589 处、种植业良种繁育设施（基地、场）57 处、农作物改良中心（分中心）24 个、种质资源保护项目 20 个、农作物品种审定区域站 64 个、养殖业原良种场（站）等 124 个、中心及一级渔港 14 个、农产品质检中心（站）294 个，实施天然草原退牧还草围栏建设 4625 万亩、重度退化草原补播 1591 万亩、人工饲草地建设 208 万亩。各地反映，基本建设项目的建成和有序运行对增强我国粮食综合生产能力、强化动植物疫病虫害防控、提升农产品质量检验检测和监管水平、改善农牧民生产生活条件及有效应对农业重大自然灾害发挥了重要的支撑保障作用。

农业基本建设管理的主要措施

立足于发挥农业建设项目效益，农业部及各地方农业主管部门精心组织，狠抓落实，有计划、按步骤采取了一系列措施，不断探索和创新项目建设管理的有效做法。

【加强农业项目制度和标准建设】 针对项目管理范围拓宽、管理链条延长、管理方式转变等新情况，农业部印发了直属单位建设项目管理办法，为加强项目管理，提高建设工作科学化、规范化水平，增强农业部部属单位保障和服务"三农"工作的能力提供了依据。组织开展了《农业工程设计文件编制规范》等 3 项国家标准的编制，召开《高标准农田设施设计规范》等 2 项国家标准送审稿审查会，不断完善农业建设标准体系，强化农业工程建设的技术支撑。

【强化农业基本建设项目监督管理工作】 进一步加大在建项目检查、抽查力度，探索以考核促检查的激励机制。2014 年度安排检查农业建设项目 2480 多个，其中省级农业行政主管部门抽查 950 多个，占检查项目总数的 38%；部级检查组抽查 289 个，占检查项目总数的 12%，全面完成了检查任务，取得了积极成效。

【强化项目在线管理】 积极发挥农业建设项目管理信息系统作用，不断提高建设项目在线管理水平。依据《农业建设项目专项检查信息报送考核管理暂行办法》，督促建设单位按时将项目实施情况录入农业建设项目管理信息系统并进行考核，2014 年共通报表扬 26 个单位，其中直属单位 6 个、省级农业主管部门 20 个，进一步提高了农业建设项目专项检查信息报送质量，为在线管理提供了依据。

【不断优化项目管理方式】 稳步推进基建项目后评价，进一步强化跟踪、督办、约谈、问责等工作机制，实行奖优罚劣。按照《农业部 2014 年度农业投资项目绩效管理试点工作实施方案》，组织开展农业投资项目绩效管理试点工作，在省级农业部门和部属单位开展自我评价基础上，组织专家检查复核，形成评价报告。总结现有项目的实施经验，进一步规范程序、强化落实，完善农业投资决策机制和绩效考核机制，优化项目报批、实施及投资安排环节，逐步形成一套相关单位共同参与、分工明确、职责清晰的工作机制，为指导项目建设、争取投资、安排项目奠定了坚实的基础。

（农业部发展计划司）

环 境 保 护 建 设

【环境保护投资】 2014年，国家用于环境保护方面的中央投资达到690亿元，专项用于支持环境基础设施和环境监管能力建设。其中，中央财政中西部城市污水处理配套管网建设奖补项目106亿元。国家发改委在中央预算内投资安排近300亿元，主要用于城镇污水垃圾处理设施及污水管网、重点流域水污染防治、节能、循环经济和资源节约重大项目及重大环境治理工程、石漠化综合治理、三江源生态保护等工程。

在中央环保投资中，环境保护部参与分配资金达到283.46亿元。其中中央排污费专项资金10.27亿元，农村环保专项资金59亿元，生物多样性保护专项资金2亿元，江河湖泊生态环境治理与保护专项资金70亿元，重金属污染防治专项资金41.9亿元，大气污染防治专项资金100亿元，中央本级环境监管能力建设及运行项目22835万元，中央预算内投资南水北调中线陶岔水质监测监督应急系统基建项目6636万元、环保系统湿地保护工程项目2900万元、部属单位基建项目12178.88万元、危险废物和医疗废物处置设施建设项目3345万元。

【环境保护能力建设】 2014年，中央财政及中央预算内投资共安排资金17.4549亿元，支持环境监管能力建设。其中中央排污费安排2.1亿元用于国家环境空气监测网建设项目（四期）建设；中央部门预算安排22835万元，支持国家城市环境空气质量自动监测直管站运行费2000万元、国控重点污染源监督性监测运行费4800万元、国控重点污染源自

动监控中心运行费2540万元、环境保护部应急视频会商系统改造项目3200万元、大气风险物质预警应急500万元、重要饮用水源地及国界河流水环境自动监测能力建设1700万元、核与辐射监测能力建设3000万元、国家机动车环境监管能力建设700万元、国家生态保护红线监管平台建设400万元、农村面源（土壤）污染与有机农业监管能力建设450万元、南海近岸海域生态环境观测研究能力建设400万元、上海合作组织环保信息共享平台建设450万元、国际环境合作和履约能力建设100万元、环境影响技术评估能力建设300万元、固体废物与化学品管理能力建设300万元、环境问题社会风险评估及社会调查能力建设100万元、环境宣教、固废化学品管理基础能力建设项目245万元、国家环境敏感遥感监查能力500万元、监测总站中央本级环境监测能力建设及运行500万元、核安全监管技术支持系统项目500万元、环境保护规划技术支撑能力建设150万元；各地在下达的中央财政重金属污染防治专项中安排重金属监管能力建设资金4.19亿元；湖泊生态环境保护专项中安排湖泊监管能力建设资金近7亿元；国家发改委也安排18814.88万元，支持南水北调中线陶岔渠首水质监测监督应急系统基建项目6636万元、核与辐射安全监管技术研发基地建设项目10000万元、西南核与辐射安全监督站业务用房建设项目1059.88万元、中国环境监测总站业务大楼项目696万元、国家级和省级固体废物管理中心建设项目423万元。

（环境保护部规划财务司）

西 部 开 发 建 设

【概况】 2014年，各地区、各部门全面贯彻党的十八大和十八届三中、四中全会精神，贯彻落实

习近平总书记系列重要讲话精神，按照党中央、国务院关于深入实施西部大开发战略的决策部署，强

化政策和资金支持，继续实施一批重大工程项目，着力改善发展条件和环境，西部地区经济社会发展总体平稳向好。实现地区生产总值13.8万亿元，增长9.0%；规模以上工业增加值增长10.6%；固定资产投资(不含农户)增长17.5%；社会消费品零售额增长12.4%；城乡居民人均可支配收入分别增长9.1%、11.5%，主要经济指标增速继续领先其他三大板块。

【主动作为，改革开放保持良好势头】　各项改革深入推进。简政放权成效明显，"营改增"试点进展顺利。统筹城乡改革深入推进，重庆、成都在农村产权抵押融资、集体建设用地开发利用、农村集体资产量化确权等领域开展了积极探索，户籍制度改革稳步实施。农业水价综合改革取得积极进展。生态文明体制机制创新有序推进，在西部31个市县(片区)开展国家主体功能区建设试点。行政区划进一步优化，西藏日喀则、昌都，云南香格里拉，新疆霍尔果斯、双河获准设市。

【开发开放加大力度】　西部各省(区、市)主动融入"一带一路"建设，研究制定地方实施方案。国务院批复同意设立陕西西咸、贵州贵安、四川天府等3个新区。国务院印发《沿边地区开发开放规划(2014—2020年)》，二连浩特重点开发开放试验区及新疆喀什、甘肃兰州综合保税区获准设立。内蒙古阿尔山、新疆卡拉苏、甘肃兰州口岸通过验收，新疆霍尔果斯铁路口岸和老爷庙公路口岸对外开放。中国—亚欧博览会、中国西部国际博览会、中国—东盟博览会、中国—南亚博览会等大型活动成功举办。

【差别化政策细化实施】　中央财政全年共安排西部地区各项转移支付2.04万亿元。中央预算内投资安排西部地区1875亿元。《西部地区鼓励类产业目录》经国务院批准同意向社会公布。对西部地区企业申请首次公开发行上市实行"优先审核"。核定西部地区发行地方政府债券1375亿元。安排西部地区用地计划指标198.3万亩。扎实开展基础性地质调查和前期矿产勘查工作，在西部地区形成一批新的后备资源基地。

【对口支援得到加强】　东中部地区、有关部门继续加大对西部地区特别是西藏、新疆和四省藏区支持力度。东部地区向西部贫困地区投入财政援助资金13.3亿元，引导企业投资3100多亿元。定点扶贫单位向西部国家扶贫开发重点县直接投入帮扶资金22.7亿元。全军和武警部队援建省以上重点工程240多项。

【大力推进基础设施建设】　国家新开工西部大开发重点工程33项，投资总规模8353亿元。安排铁路建设投资2319亿元，新增营业里程3500公里，兰新第二双线、大同至西安客运专线、南宁至广州、贵阳至广州等铁路建成投运。安排西部地区车购税投资1764亿元，增长25%，占全国的62.9%。新增公路通车里程4.6万公里，其中高速公路4400公里，农村公路4万余公里。建成红原、德令哈、河池、六盘水4个支线机场。

中央水利投资支持西部地区79处大中型灌区续建配套与节水改造、新增162个小型农田水利重点县建设及高效节水灌溉项目、30座大中型病险水库(闸)和一批小型病险水库除险加固及防洪工程建设，解决1952万农村居民和255万农村学校师生的饮水安全问题。窟野河、无定河、洮河、岷江、雅砻江等重要河流流域综合规划编制完成。

规划建设12条"西电东送"输电通道，新增7000万千瓦输电能力。西部地区农网改造升级力度继续加大，新解决约84万无电人口用电问题，新疆、甘肃全部无电人口实现通电。光缆线路总长度超过539万公里，互联网宽带接入端口达到8621万个。补建完成1927个乡镇邮政局(所)，3000个偏远自然村开通电话。

【生态修复和环境保护】　2014年，安排中央林业投资461亿元，重点用于西部地区天然林资源保护、防沙治沙、石漠化综合治理等生态建设工程和森林生态效益补偿等。启动实施新一轮退耕还林还草工程，安排当年任务500万亩。退牧还草工程支持建设草原围栏4625万亩，补播退化草原1591万亩。开展沙化土地封禁保护补助试点，计划封禁面积3300多万亩。加大石羊河等流域综合治理力度。完成水土流失治理6200多平方公里，实施坡改梯54.2万亩。新建四川千佛山等5个国家级自然保护区。积极开展生态文明试点工作。

积极探索"分区管控、分级管理"的生态建设和环境保护模式。合理确定西部省级地方排污总量控制指标，对内蒙古、云南、贵州、青海、新疆实施总量指标差别化政策。加强城市燃煤锅炉烟尘治理、废弃电子产品处理和重金属污染整治，支持建设"城市矿产"示范基地。推进云南个旧、甘肃金昌等地开展工业固体废物综合利用基地建设试点。

【西部地区特色产业发展加快】　云南澜沧江黄登等拟建水电项目，将新增装机601万千瓦。内蒙古达茂旗、酒泉基地二期等风电基地项目，将新增风电并网容量418万千瓦。光伏发电量全年超过150

亿千瓦时。大型煤电基地建设稳步推进，核准火电项目新增装机 1527 万千瓦。继续推进新疆准东、内蒙古鄂尔多斯煤制气项目建设，核准兖矿榆林 100 万吨煤炭间接液化项目。

新一代信息技术、生物医药、新材料、智能制造装备等产业发展态势良好。京东方(重庆)8.5 代 TFT-LCD 生产线等项目带动大批关联产业集聚发展。军民两用技术转化稳步推进，绵阳科技城军转民高技术产业链等项目进展顺利。重庆、成都、昆明等西部国家电子商务示范城市示范带动作用不断增强。

产粮大县田间工程实施力度加大，高标准农田建设取得积极进展，全部农业县(场)采用测土配方施肥。支持符合条件的生猪、奶牛养殖场和肉牛肉羊养殖场标准化改造，核桃、油茶、葡萄、苹果、油橄榄等特色农产品加快发展。支持公益性农产品批发市场和跨区域农产品流通基础设施建设，以及农户和农民专业合作社马铃薯贮藏窖(库)、果蔬冷藏库等建设。省、市、县三级农产品质量安全检验检测体系建设得到加强，肉类蔬菜和中药材流通追溯体系初步建立。

各项贷款余额达 17 万亿元，增长 16.7%，比全国平均水平高 3.4 个百分点。支持组建新疆银行，股份制银行新设 21 家分行，10 家外(台)资银行分行和 6 家非银行业金融机构开业。农村商业银行达到 161 家，村镇银行 380 家。9 家西部地区发行人在全国银行间债券市场公开发行 260 亿元人民币金融债券。设立 18 支新兴产业创业投资基金。聚丙烯(PP)、硅铁和锰硅在期货市场挂牌。设立 15 家省级中外资保险机构。创建 3 家 5A 级旅游景区，77 家 4A 级旅游景区。加大对少数民族特色村寨保护与发展的支持力度。

【教育科技人才发展加快】 安排资金 715 亿元，重点支持改善农村义务教育办学条件。农村义务教育公用经费基础定额继续提高。加强职业教育基础能力建设，调整完善中职免学费政策。高等教育面向贫困地区定向招生专项计划增至 5 万名，"支援中西部地区招生协作计划"增至 20 万名。学生营养膳食补助计划惠及 2205 万中小学生。5700 多名免费师范毕业生和 4 万多名特岗教师到西部地区任教。加强少数民族人才培养，鼓励开展国际合作交流。

倾斜支持 1600 余项国家重大科技项目和科技示范工程。中科院科技服务网络行动计划积极推进。广西北海、四川泸州高新区以及石河子等 7 个大学科技园升级为国家级园区。西部地区科技服务业加快发展，西安国家现代服务业综合试点开始启动。西部地区三种专利拥有量共 40.8 万件，增长 16.7%。

西部地区新设立 87 个博士后科研流动站，建设国家级高技能人才培训基地 24 个、国家级技能大师工作室 33 个。优质培训资源向基层延伸和倾斜，培训骨干公务员 2000 余人，参加对口支援培训达 5 万人次。边远贫困地区、边疆民族地区和革命老区人才支持计划、人才援藏援青援疆、"西部之光"、博士服务团等人才重点项目有序推进。继续实施西部大开发引智等项目，聘请国外专家 7000 人次，派出培训近 8000 人次。

【社会事业发展稳步推进】 统筹城乡社会保障体系建设，西部城镇职工基本养老、基本医疗、失业、工伤、生育保险参保人数分别达 6272 万人、13310 万人、2921 万人、3438 万人和 3016 万人，分别增长 5.4%、1.8%、3.8%、4.6% 和 6.3%。中央财政安排西部地区企业职工基本养老保险一般性转移支付 956 亿元。推动新农保和城居保合并实施，西部地区参保人数达到 1.44 亿人。城镇保障性安居工程和农村危房改造工程分别补助 881 亿元和 140 亿元。支持西部地区提高城乡低保、农村五保供养及医疗救助标准和水平，安排各类资金超过 600 亿元。在西部地区确定 9 个全国创业孵化示范基地。组织开展"春潮行动"，帮助农民工提升职业技能，启动新型职业农民培育工程。

新闻出版"东风工程"基本完成，广播电视村村通、第五期"西新工程"、流动图书车等工程进展顺利。加快实施公共数字文化建设、数字图书馆推广工程和公共电子阅览室建设。加强西部地区非物质文化遗产项目和代表性传承人保护，支持开展物质文化遗产生产性保护。

中央财政转移支付西部地区地方卫生计生项目资金约 1200 亿元，安排近 3.1 万个卫生计生基础设施建设项目。各级财政对城镇居民医保和新农合补助标准提高到每人每年 320 元，新增部分中央财政补助提高到 80%。农村孕产妇住院分娩补助、农村妇女"两癌"筛查等使 1000 多万名农村妇女受益。为 82 万名适龄婴幼儿提供营养包。

以西部地区为重点，实施扶贫开发"六项机制改革"，扎实推进饮水安全、乡村道路、教育扶贫等"十项重点工作"。有序开展整村推进、以工代赈、产业扶贫，加快实施集中连片特困地区区域发展与扶贫攻坚规划。加大易地扶贫搬迁投入力度，支持贵州、甘肃、陕西等重点省（区）搬迁贫困群众 80 余万人。

加强防灾减灾救灾工作。协调推进四川芦山地震灾后恢复重建，编制完成云南鲁甸地震灾后恢复重建总体规划，中央农村住房灾后恢复重建补助进一步向西部地区倾斜。给予四川、甘肃、云南等地质灾害重点省份和重庆、陕西等 7 省（区、市）特大型地质灾害项目治理资金支持。西部地区省市两级全部组建了综合应急救援队伍。

（国家发展和改革委员会西部开发司）

第四篇

各 地 建 设

北 京 市

住房和城乡建设工作

概况

2014年，北京市住房城乡建设系统坚决落实市委市政府的各项决策部署，坚持问题导向和改革方向，创新政策机制，加强法治建设，激发发展活力，破解发展难题，为促进首都经济社会发展做出新贡献。2014年，全市房屋累计施工面积2.17亿平方米，自2012年连续第三年超过2亿平方米。建筑业完成总产值8209.8亿元，同比增长10.1%。房地产开发投资完成3911.3亿元，同比增长12.3%。建设筹集各类保障性住房10.1万套、竣工10.7万套，分别完成任务144%和107%。重点工程完成投资1996.96亿元，新开工46项，实现竣工23项。

在住房保障工作方面，强化顶层设计和管理创新，全面推进保障性安居工程。在全国率先起草完成省级城镇基本住房保障条例，对住房保障制度进行多项改革创新；强化全市统筹，提前超额完成保障性住房年度建设计划；创新分配与后期管理，采取"大摇号"方式，简化分配程序、提高分配效率；探索开展公租房趸租和专项配租模式，重点解决无房新就业大学生、青年教师、医生等群体的基本住房需求。将自住型商品住房（以下简称"自住房"）纳入保障性住房监督管理体系，加快推动建设上市，优化住房供应结构，满足中端需求，稳定市场预期。

在房地产市场方面，注意发挥市场决定性作用，逐步放宽预售价格管控，促进项目上市和销售，保证市场有效供应，做好信息公开和政策解读，保持市场平稳运行。继续执行限购政策，抑制投资投机需求；适时调整普通住房价格标准，减轻居民购房负担；推动央行房贷新政落地，下调首套住房贷款利率折扣；出台调整公积金贷款额度政策，加大对缴存公积金职工的购房支持力度。严格执法检查，建立经纪机构投诉信息公示曝光机制，严把预售资金监管关，不断提高监管服务水平。到年底，房地产有关经济指标同比有增有减，基本处于合理区间。

在房屋管理方面，规范了保障房房屋登记手续，在全市范围内正式开展集体土地范围内房屋所有权登记、抵押登记等各项业务；全面加强物业管理服务，开展防汛、查违、专项维修资金监管、业主大会指导等方面工作；做好汛前房屋检查与汛期值班、抢险工作，实现房屋安全度汛；加强普通地下室的安全管理和检查，引导合理科学使用。继续做好国有土地上房屋征收和集体土地上房屋拆迁工作，信访矛盾明显减少。

在建筑市场监管和建筑业发展方面，以推进建筑市场监管创新为核心，加快建筑市场诚信体系建设；开展工程质量治理两年行动，全面落实市场行为自查自纠等阶段性工作任务；完善施工合同管理制度，创新建筑市场执法机制与施工合同纠纷调解机制。推进《北京市建设工程质量管理条例》立法，加大执法检查力度，突出工程质量安全。推行施工现场安全防护标准化工作，狠抓危险性较大分部分项工程的安全监管，进一步提升施工现场安全生产管理水平。做好建设科技推广，促进行业技术进步和改造升级。

在绿色发展方面，加大施工扬尘治理力度，加快推进绿色建筑、住宅产业化发展，全面完成老旧小区综合整治和农宅抗震节能改造任务，启动公共建筑电耗限额管理工作，推动建筑行业发展方式转变。

政策规章

【地方性法规和政府规章】 地方法规立法取得突破性进展。《城镇居民基本住房保障条例》、《房屋租赁管理条例》、《建设工程质量条例》、《物业服务条例》、《建筑装饰装修条例》等5项法规被列入市人大《北京市地方性法规五年立法规划（2013～2017年）》。年内，《北京市城镇基本住房保障条例》已经北京市人大常委会第二次审议通过，《北京市建设工程质量条例》已经市人大常委会第一次审议通过，《北京市房屋租赁条例》完成立项论证初稿，《北京市物业管理条例》完成预案研究报告初稿。在政府规章方面，《北京市民用建筑节能管理办法》于6月

3 日经市政府常务会议审议通过；《北京市建设工程造价管理办法》完成草案起草工作；《建筑材料使用管理规定》按计划完成调研工作，已多次召开专家论证会，形成调研工作报告。

【规范性文件】 年初制定了《2014 年规范性文件立法计划》，截至年底，发布《关于印发〈关于深化建设工程货物招标投标改革创新的若干规定（试行）〉的通知》、《关于印发〈北京市自住型商品住房销售管理暂行规定〉的通知》、《关于加强轨道交通防水施工质量管理若干意见的通知》等 24 件规范性文件，并全部向市政府法制办备案。

房地产业

【房地产开发总体情况】 截至年底，北京市在途项目 1062 个，开发总规模 22340.3 万平方米，其中住宅项目 696 个、17696.3 万平方米。商品住宅潜在供应 4039.7 万平方米，其中拿地未开工 1885.9 万平方米，开工未入市 1216 万平方米，入市未销售 937.8 万平方米。全年核定开发企业资质 1124 家，变更 471 笔，注销企业 214 家。截至年底，在北京市注册的房地产企业共 2474 家，其中一级资质 91 家，二级资质 159 家，三级资质 133，四级资质 1427，暂定资质 664 家。办理项目核准 141 项和年度投资计划 154 项，共 1743 万平方米，投资额 640.7 亿。公示 99 个项目的建设方案。项目手册备案 289 次，通过不断完善信息共享机制、简化工作流程，切实提高了工作效率。

【房地产开发市场主体监管】 规范资质等级核定工作，提高资质审批的管理和服务水平，除对区县住房城乡建设部门加强日常培训和监督外，11～12 月对开发资质审批工作进行了检查，绝大部分单位审批内容正确、流程规范、档案完整。同时，创新企业监管模式，通过对北京市房地产开发关联企业进行系统调研和分析，搭建了企业组团管理平台，对同一股东控股的开发企业进行归类整理，结合已成熟的房地产开发项目动态监管平台，对房地产行业的监管形成项目-企业-组团的三维管理模式，从项目可以了解企业及所属组团的情况，从组团可以了解在北京市开发的所有在途项目的进展情况。此外，加强企业退出管理，8 月启动资质注销工作，分别根据资质证书有效期届满后未依法申请延续等情况，注销了 214 家企业的房地产开发资质。

【开发项目质量监管】 年内，对在途项目实行精细化管理。围绕加强安全质量监管，将市、区、企业的"三人小组"工作模式发展为"四人小组"，企业增至两人，一人为办理审批手续者，另一人为负责工程建设者。加强对北京市 1000 余个房地产开发在途项目的管理，每月会商存在问题，及时发现、及时处理；及时掌握已拿地未开工、已开工未入市和竣工面积超过总面积 80% 的三类项目进展情况。2013 年下半年开始试行的房地产开发项目监测记分工作进入全面实行阶段，区县住房城乡建设部门发送标签信息共 513 条，录入建设方案 134 个。同时，完善动态监管平台系统，拓展平台的应用范围，增加了施工许可证的企业施工现场负责人信息，可及时掌握工程进展，为掌握项目质量安全情况和施工进度情况提供了平台；对于区县提出的个性化需求，及时予以完善。

【推进自住房建设上市】 年内，会同国土部门，积极协调区县加快自住用地供应。加强规划设计方案审查，严把建设质量关。协调项目加快开工建设，自住房项目平均上市周期缩短 20%。同时，围绕自住房审核、分配和后期管理等重点环节做好监管工作，出台《北京市自住型商品住房销售管理暂行规定》等文件，明确规定自住房销售"六项公开、两项公证"；严把资格审核关，研发自住房资格审核系统，会同公安、民政、地税、住保、区县登记等部门开展联网审核；加强信息公示和宣传，在市住房城乡建设委网站开设专栏，解读政策、介绍申购流程、公示房源信息；组织开发自住房摇号软件，会同司法局、公证协会研究制定摇号、选房流程，全面接受社会监督，确保选房全过程公开、透明。截至年底，全市累计落实项目 54 个、房源约 5.7 万套，实现申购 33 个项目、3.7 万套，优化了供应结构，满足了中端需求，稳定了市场预期。

【商品房供应和成交】 供应方面，全年全市共批准商品房预售许可证 349 个，商品房面积 1570.01 万平方米，其中商品住宅项目 247 个、997.65 万平方米、8.7 万套；商品现房销售确认面积 810.38 万平方米，其中住宅 3.1 万平方米。成交方面，新建商品房网签 1492.45 万平方米，其中商品住宅 756.16 万平方米、6.8 万套。存量房网签 1091.06 万平方米，其中住宅 884.53 万平方米。

【房地产市场调控】 发挥市场机制的作用，逐步放宽预售价格管控，促进项目上市和销售，保证市场有效供应。新建商品住房全年上市 10.9 万套，同比增加 49.3%，其中自住房发挥了市场稳定器的作用。继续执行限购政策，抑制投资投机需求；从严开展购房资格审核，19% 的申购家庭因不符合限购条件未通过核验。出台多项经济政策，支持自住型、改善型购房需求。会同财政、地税部门，适时调整普通住房价格标准，减轻居民购房负担，促进库存消化，将普通住房税收优惠覆盖面扩大到90%以上。推动央行房贷新政落地，对拥有1套住房并已结清相应购房贷款的家庭执行首套房贷款政策，下调首套住房贷款利率折扣。会同市公积金中心，出台调整公积金贷款额度政策，加大对缴存公积金职工的购房支持力度。随着相关政策措施逐步落地，四季度商品住房市场成交量回升、房价企稳，购房资格申请量、中介门店看房量与房源量明显增加，市场活跃度有所提升，带动住房库存进入合理区间。

【维护房地产市场秩序】 引导行业诚信经营，按月梳理投诉情况，建立经纪机构投诉信息公示曝光机制，在市住房城乡建设委门户网站按月公示被投诉前10名经纪机构名单，定期公布已查处的"黑中介"。严格执法检查，全年市区两级检查房地产项目1859个（次），检查经纪机构7942家次；会同有关部门开展执法检查和群租治理，基本完成50个市级挂账重点社区违法群租房整治工作。严把预售资金监管关，截至年底，监管预售项目1282个，监管金额5680.6亿元；存量房交易服务平台核验房源5.39万套，监管金额381.9亿元，保证了房地产市场资金安全。

【房屋租赁市场服务管理】 推进《北京市房屋租赁条例》立法，召开立法工作启动会，开展系列前期调研，完成立项论证工作。积极参与市违法群租房治理工作联席办工作，加大群租房治理力度；先后两次下发违法群租房治理工作方案，部署住房城乡建设系统群租房治理工作；加强对区县住房城乡建设部门的业务指导和督促，针对"群租面积标准"执行口径等问题，组织研讨，共商对策。全年北京市租赁市场量价总体保持稳定，住房租赁成交约172万套次，同比增长9.7%，增幅较上年回落2个百分点；平均租金61.0元/（平方米·月），同比上涨3.8%，涨幅较上年同期回落6个百分点。

【房地产中介管理】 3月10日，出台《关于加强房地产经纪从业人员信息管理有关问题的通知》，建立从业人员基本信息库，实现人员身份信息、从业信息及违规行为的可查询、可追溯，并将日常经纪行为与网签密钥领取、人员注册绑定，建立人员行业准入与退出机制。同时，加强与工商、人力社会保部门沟通协调，简化房地产经纪人注册程序，提高注册效率，根据行业发展需要增加考试次数。会同工商等部门，联合印发加强房地产经纪机构督促检查工作实施方案和加强房地产经纪行业监管的

工作意见，进一步规范房地产经纪行为。加强政策宣传与引导，编印宣传折页和海报，发放到社区、门店和区县登记窗口。截至年底，全市备案房地产经纪机构2769家，分支机构3465家；注册的房地产经纪人员共44497人（其中经纪人5184人，经纪人协理39313人）。全市房地产估价机构158家，房地产估价从业人近6000人，其中注册有效期内的估价师1355人。

【房屋征收拆迁】 国有土地上房屋征收政策全面实施，征收规模大幅上升，全年核发国有土地上房屋征收决定12个，征收房屋建筑面积51.1万平方米，涉及住宅6759户，住宅建筑面积31.4万平方米。截至年底，共启动房屋征收项目56个，涉及住宅约3.6万户，房屋征收项目整体签约率达到92%。集体土地上房屋拆迁平稳推进，核发集体土地上房屋拆迁许可证15个，拆迁房屋建筑面积约141.2万平方米，涉及住宅1860户，住宅建筑面积约58.1万平方米。年内，签约率大幅上升，信访矛盾明显减少。

【房屋权属登记】 进一步完善登记政策，3月制定了《国有土地上房屋征收涉及房屋登记有关问题的口径》，明确征收过程中的房屋登记问题；4月印发《北京市房屋登记工作规范》及《关于贯彻实施〈北京市房屋登记工作规范〉有关问题的通知》，对原来的登记程序进行调整和优化，增加开发企业产权登记信息公示、购房人单方办理产权证、房屋赠与不再公证等新举措；9月印发《关于加强"三定三限三结合"定向安置房产权登记及上市交易管理有关问题的通知》及《保障性住房购房人死亡后房屋登记有关操作口径》，明确三定三限定向安置住房办理房屋登记要件及登记流程，以及保障性住房签约人在房屋登记前去世的登记口径，规范了保障房屋登记手续。在总结试点经验的基础上，7月起在全市范围内正式开展集体土地范围内房屋所有权登记、抵押登记等各项业务，专门进行了工作动员、政策培训，要求各区县房屋登记部门认真组织落实，对符合条件项目积极稳妥地开展此项工作。全年办结房屋登记80.9万件。另外，自6月1日起，在全市范围内推广房屋所有权证加密服务工作，全年共办理房屋所有权证加密业务17800余件。

【房屋安全管理】 在房屋安全度汛方面，汛前房屋检查覆盖面达到95%，治理危房0.94万平方米，政府、企业等各方共同努力，确保抢险队伍、组织人员、物资保障到位，汛期全市住房城乡建设部门参加值班、抢险备勤人员达到2.8万人次。加

强普通地下室的安全管理和检查，6月发布《北京市人民防空工程和普通地下室安全使用管理规范》，引导普通地下室合理科学使用；9月与市综治办联合下发《关于在违法群租房集中治理阶段做好违法群租普通地下室治理工作的通知》，将部分地下室群租纳入市综治办的平台进行治理。开展普通地下室综合整治工作，截至年底全市有普通地下室 23771 处、面积 4463 万平方米，日常巡查普通地下室 15826 处、专项检查 1999 处，街乡巡查 39798 处，现场整改 3194 处，限期整改 2589 处，警告 271 处，处罚 97 处。

【物业服务管理】 年内，开展《北京市物业管理条例》前期立法调研，形成课题报告及条例草案初稿。编印《北京市实施物业管理区域防汛指导手册》，印发《关于做好汛期物业管理服务工作的通知》，组织全市物业企业安全度汛培训工作。组织 4 次安全生产专题培训，对 1300 余名物业项目负责人进行了消防、电梯、有限空间等内容的培训。贯彻落实住宅专项维修资金应急使用办法，全年共 143 个小区 379 个应急维修项目支取专项维修资金 1.16 亿元。7月，市住房城乡建设委联合市发展改革委、市科委、市民防局印发《关于推进物业管理区域新能源小客车自用充电设施安装的通知》，推动物业管理区域小客车自用充电设施安装。此外，加大居住区违法建设查处力度，全市冻结房产交易 2406 处。截至年底，全市取得《物业服务企业资质证书》的企业 2796 家；有物业服务项目 6582 个，年内新增 316 个，建筑面积共 58583 万平方米；有业主委员会 1134 个，年内新增 27 个。全市 87 个物业服务项目获星级项目称号。

【房屋测绘管理】 继续对历史档案开展图纸拼接及后期利用工作，现已完成第一类图纸，即产权分类图（共计 1371 张图纸）的电子拼接，拼接后的整体地图基本覆盖了原北京城区范围，并可精确反映当时的产权信息。开展北京市房地产测绘档案管理课题研究，截至年底课题已顺利结题。全年完成各类测绘服务项目 78 个，实测、预测房屋建筑面积约 566 万平方米。

住房保障

【推进住房保障立法】 2014 年，北京市人大常委会将《北京市城镇基本住房保障条例》纳入立法计划，9月市人大常委会对《条例》草案进行了第二次审议。《条例》草案进一步明确了保障对象、方式、标准，要求建立健全建设、审核、分配和后期管理制度，强化各级政府、部门职责以及相关主体的法律责任。《条例》草案对住房保障制度进行了多项改革创新，首次提出"租赁、合作、补贴"三种保障模式。为配合立法进展，选取丰台区高立庄、石景山区南宫与五里坨、通州区土桥等 4 处项目开展合作型保障性住房试点，并督促试点区和建设单位加快项目建设进度。同时，探索合作型保障性住房家庭负担定价机制和财政负担补助方式，研究分配管理实施方案、协议及后期管理模式，梳理总结试点工作中发现的问题，提出有针对性的解决建议。

【注重政策创新】 3月，北京市住房城乡建设委、市发展改革委、市财政局联合发布的《关于进一步加强廉租住房与公共租赁住房并轨分配及运营管理有关问题的通知》，4月1日起实施。在 2011 年以来已逐步实现廉租住房与公共租赁住房并轨建设、统一申请审核、资金统筹使用的基础上，市、区县政府全额投资建设、收购的廉租住房与公共租赁住房并轨分配与运营管理后，做到"三个统一，一个不变"，即房源分配统一、租金标准统一、退出管理统一、承租家庭租金不变，保障方式更加简洁、清晰。10月，市住房城乡建设委会同市国土局出台《关于利用集体土地建设租赁房试点实施意见》，明确了北京市利用集体土地建设租赁住房实施范围、方式和具体流程。为保障安置家庭合法权益，规范房屋产权登记和使用监督管理，11月，市住房城乡建设委与市国土局联合发布《关于加强"三定三限三结合"定向安置房产权登记及再上市管理的通知》，规范"三定三限三结合"安置房数据备案管理和房屋产权登记流程，明确此类安置房产权性质为定向安置住房，安置家庭自取得房屋产权证或契税完税凭证之日起，5年内不得上市交易；5年后可按市场价格上市交易，不补交土地收益。

【运用市场化手段多渠道筹集建设资金】 年内，推进保障性住房金融产品创新，引导社会资金参与保障性住房建设。市保障性住房建设投资中心充分发挥融资主力军作用，共融资 250.6 亿元。同时，积极研究在公租房项目中发行 REITs（房地产信托投资基金）的可行性及发行方案。

【完善保障性住房分配政策】 7月，印发《关于开展东城区和西城区经济适用住房及限价商品住房资格复核及统一摇号工作的通知》，进一步创新分配方式，采取统一公告摇号、分批选房入住的"大摇号"方式，一次性确定全体家庭分配顺序，在有房源供应时，按照顺序依次对接。12月，市住房城乡建设委出台《关于进一步加强公共租赁住房分配管理的通知》，推行市级公租房房源统筹分配模式，保障家庭可根据租金承受能力、上班距离远近等因素，灵活选择房源。加强保障性住房房源全市统筹和打通使用，多方式加大公开摇号房源供应。同时推进住房保障工作全程阳光工程，确保各项工作廉洁高效完成。

【规范保障性住房后期管理】 5月，印发《关于进一步加强已获得住房保障家庭动态监督管理工作的通知》，落实使用监督管理工作责任，保证财政资金安全有效使用，维护社会资源分配公平。同月印发《关于开展公共租赁住房项目运营管理规范化检查的通知》，依规对再购房的已入住保障家庭作出取消保障资格、退出保障性住房等处理决定，对存在出租、出借或改变用途等违规使用行为的保障性住房入住家庭，责令限期整改，拒不整改的作出退出住房决定。年内市住房保障管理部门组织区县住房保障管理部门对全市已配租公租房（含廉租房）、配售经济适用住房家庭再取得住房情况进行核查，发现1135户家庭又取得其他住房，不再符合相应保障性住房申请条件，其中243户被依规取消保障资格。区县住房保障管理部门和公租房产权单位通过日常巡查，发现67户保障家庭存在出租、出借或改变用途等违规行为，依规进行了查处。12月，出台《关于北京市公共租赁住房调换及调整试点工作的通知》，明确承租家庭确因工作调整、人口变化的，准予调换现住公租房，在方便承租家庭工作生活的同时，进一步提高了房源使用效率。推行保障性住房小区招标优选物业服务企业，继续完善推广物业管理市场化、使用监督专业化、社会管理属地化"三位一体"的后期管理模式。

【保障性住房建设及供应】 年内，全市新开工、筹集各类保障性住房10.1万套，完成全年7万套任务的144%；竣工10.7万套，完成全年10万套任务的107%。新开工建设公共租赁住房项目（含廉租房）24个、可提供约2万套房源，实现竣工项目15个、约1.2万套；新开工建设经济适用住房项目8个、可提供约0.5万套房源，实现竣工项目6个、约0.6万套；新开工建设限价商品房项目27个、可提供约2.4万套房源，实现竣工项目14个、约1.7万套；新开工建设棚户区改造等定向安置房项目32个、可提供约5.2万套房源，实现竣工项目29个、约7.2万套。

【保障性住房申请审核及配租配售】 2014年全市保障性住房申请2.8万户，市级备案通过2.2万户，其中含"三房"轮候家庭申请并市级备案0.7

万户。申请量同比下降47%，审核备案量同比下降53%。截至年底，全市各类保障性住房资格备案35.8万户，其中廉租住房2.6万户，经济适用住房8.9万户，限价商品住房20.2万户，公共租赁住房4.1万户（不含"三房"轮候家庭3.6万户）。2014年共公开配租配售各类保障性住房4.2万套，其中经济适用住房0.9万套、限价商品住房1.9万套、公共租赁住房（含廉租住房）1.4万套。全年廉租房租赁补贴新增1612户，公租房租赁补贴新增2508户；年内为享受补贴家庭发放廉租房租赁补贴11179.28万元，公租房租赁补贴6137.54万元。

【推进中心城区棚户区改造】 全年续建和新启动棚改项目205个。围绕政策完善、安置房筹集、投融资机制创新，推进中心城区棚户区改造各项工作。自2013年以来陆续出台15个政策文件，以市政府印发《关于加快棚户区改造和环境整治工作的实施意见》为标志，基本搭建起棚户区改造的政策体系。通过区县自筹、市属国有企业和在京央企自有用地建设等多种渠道，扩大中心城区棚改定向安置房建设筹集规模，截至年底已落实房源5.1万套。创建"统贷统还"北京模式，搭建棚改融资平台，获得国开行500亿元授信额度，利率大幅下调18%，贷款期限最长延至25年，为改造提供了资金保障。

公积金管理

【机构设置】 北京住房公积金管理中心为市政府直属不以营利为目的的独立的事业单位，主要负责北京住房公积金的归集、管理、使用和会计核算。截至年底，设置3个分中心：中共中央直属机关分中心、中央国家机关分中心、北京铁路分中心；内设13个处室和工会；垂直管理20个分支机构；下设3个直属事业单位：北京住房公积金客户服务中心、北京市住房贷款担保中心、北京市住房贷款个人信用信息服务中心。

【住房公积金年度归集使用情况】 截至2014年底，北京地区建立住房公积金单位11.87万个、职工785.80万人，当年住房公积金缴存职工新增68.86万人。北京地区当年归集住房公积金1140.33亿元，提取768.38亿元，净增371.96亿元。累计归集6605.12亿元，提取4082.14亿元，余额2522.98亿元。北京地区当年发放住房公积金个人贷款4.93万笔，金额307.97亿元，回收金额148.68亿元，净增159.29亿元。累计发放住房公积金贷款75.41万笔，金额3069.27亿元，回收金额1197.46亿元，余额1871.81亿元。累计发放政策性贴息13079万笔，贴息额度 45.77 亿元。累计发放支持保障性住房建设贷款 35 笔，金额 276.28 亿元。

【加大住房公积金归集扩面力度】 年内，与工商、地税、统计等部门合作，大力开展归集扩面工作；加强进城务工人员建立住房公积金工作，推进住房公积金人群全覆盖和服务均等化；进一步规范异地购房提取和租房提取审核，加大违规提取的防治力度，违规提取现象显著减少；规范封存人员管理，提高账户管理规范化水平；进一步规范执法程序，加大行政执法工作力度。

【完善贷款差别化政策】 12 月 31 日，印发《关于调整住房公积金个人住房贷款政策的通知》，充分发挥住房公积金贷款的政策性优势，加大对购买首套房职工的支持力度，将最高贷款额度提高至 120 万；推进异地贷款，实行异地合并计算缴存时间；取消新建商品房评估，降低借款人负担；规范梳理贷款流程，加大对委托银行和中介机构的管理。

【推进利用公积金贷款支持保障性住房建设试点工作】 年内，协调有关单位推动试点项目开工建设，保障借款人用款需求；制定项目贷款操作规范，提高管理规范化水平；强化贷后管理。截至年底，北京地区累计发放支持保障性住房建设项目贷款 35 笔、金额 276.28 亿元，支持保障性住房建设 8.27 万套、总建筑面积约 855.18 万平方米，为北京市保障性住房建设提供了强有力的资金支持。

【创新管理服务方式方法】 为促进管理工作提质增效，充分利用银行网点、人员等优势，拓宽贷款服务渠道。完成呼叫中心外包项目申报和招标工作，进一步提升热线服务效率。全年受理热线电话人工咨询 54 万次，提供约 240 万人次自助语音服务，答复网上在线咨询留言 4.38 万条。

【发布公积金管理政策】 4 月 15 日，印发《关于 2013 住房公积金年度住房公积金缴存有关问题的通知》，调整最低缴存比例，单位申请降低公积金缴存比例的下限由"原则上不低于 5%"调整为"原则上不低于 8%"；6 月 19 日，印发《关于进一步加强住房公积金提取管理的通知》，遏制套取住房公积金等不法行为，提高管理服务水平；11 月 22 日，印发《关于调整住房公积金存贷款利率的通知》；12 月 31 日，印发《关于调整住房公积金个人住房贷款政策的通知》。

城市建设与市政公用事业

【全市新开工情况】 年内，全市共办理施工许可 2459 项，其中房屋建设工程 1290 项，总规模 5333.8 万平方米，面积同比增长 17.5%；市政基础设施工程 300 项，合同价款 168.6 亿元，额度同比增长 37.2%；装饰改造工程 869 项，总规模 2143.6 万平方米，面积同比增长 33.6%。上述房屋建设工程中住宅项目 467 项，建筑面积 2529.8 万平方米，同比增长 26.8%，其中商品住宅 1240.5 万平方米，同比增长 3.1%；其他类住宅（含政策性住房、职工自建房等）1289.3 万平方米，同比增长 62.9%。

【重点工程建设】 年内，重点工程实现新开 46 项，实现竣工 23 项，累计完成投资 1996.96 亿元，占年度计划 90.04%，其中续建项目完成投资 1056.66 亿元，新开项目完成投资 940.3 亿元。超额完成新开工、筹集各类保障性住房任务，老旧小区综合整治完工 1608 万平方米，占市政府年度计划任务 1000 万平方米的 160.8%，完成投资 95 亿元。

【APEC 会议工程建设】 10 月，北京雁栖湖国际会议中心、水立方改造、国家会议中心改造等 44 项 APEC 会议工程项目全部按时完工。其中 APEC 会议主会场国际会都工程包含了 12 栋总统级别墅和会议中心、精品酒店、会展中心、景观塔、日出东方酒店等 20 项新建建筑，总建筑面积 55 万平方米。

工程建设标准定额

【完善工程计价依据】 年内，为满足建筑市场初步设计阶段编制投资概算的计价需要，启动《北京市建设工程概算定额》修编工作。为结合《建设工程工程量清单计价规范》（GB50500-2013）的颁布实施，启动 2009 年《北京市房屋修缮工程工程量清单计价规范》（DB11/T638-2009）的修编工作，进一步规范北京市房屋修缮工程建设市场计价行为。为完善 2012 年预算定额的配套管理工作，制定发布了《关于印发〈2012 年预算定额的补充预算定额申报流程〉的通知》、《关于执行 2004 年〈北京市建设工程概算定额〉第四次调整系数及补充规定的通知》。制定发布《关于调整安全文明施工费的通知》，落实北京市 2013～2017 清洁空气行动计划。为做好 2012 年《北京市建设工程计价依据——预算定额》与上述《建设工程工程量清单计价规范》的有效衔接，制定发布了《关于执行〈建设工程工程量清单计价规范〉及相关计算规范的实施意见》。组织开展《北京市轨道交通运营改造工程预算定额》的编制工作，完成定额消耗量填写工作及定额水平测算部分工作。

【参与全国统一定额编制】 完成 2014 年《全国统一通用安装工程消耗量标准（送审稿）》的修编工作，主编了消防工程，参编了给排水、采暖、燃气工程和通风空调工程；完成《城市轨道交通工程地下车站和区间大断面开挖——补充定额》编制工作。

【完成技术经济指标编制工作】　年内，为进一步规范修缮工程计价行为，在已编制完成平房改造和平改坡工程、古建筑工程、安装工程等三期技术经济指标的基础上，完成《北京市房屋修缮工程技术经济指标》（四）的编制工作。

【加强造价咨询企业监管】　年内，为加强对市所属造价咨询企业的监督管理，对99家咨询企业资质进行实地核查，按住房城乡建设部要求配合完成对北京市申报升甲企业的抽查工作。完成市属造价咨询企业"报送2013年工程造价咨询统计报表"工作，办理了3家外地造价咨询企业进京承揽业务备案，受理3起涉及造价咨询企业的信访举报投诉。

【发布工程造价信息】　年内，为给建设各方主体提供建设市场发承包双方计价参考依据，完成《北京工程造价信息》（8位码）2014年度1～12期的编辑出版工作，总发行量约14.4万册。其中，发布建筑、安装、市政、古建、园林绿化工程的建筑产品和设备的市场信息价格以及机械、模板、脚手架等市场租赁价格信息，每期近13000余条；发布政策法规、轨道交通及重大工程建设、建材知识等相关信息30余篇；调整主要材料价格的变化6500余条次；补充新材料280余条。

工程质量安全监督

【完善安全生产管理制度】　年内，印发《关于规范北京市房屋建筑深基坑支护工程设计、监测工作的通知》，要求全市深基坑支护方案须由有资质的设计单位进行设计；印发《关于在北京市房屋建筑工程施工现场禁止新安装使用大模板悬挂脚手架的通知》，全面淘汰大模板外挂脚手架；印发《关于在建设工程施工现场开展安全防护标准化工作的通知》，自5月1日起全市新开工的建筑工地严格使用标准化、定型化防护设施；印发《北京市建筑施工混凝土布料机安全使用管理暂行办法》并修订《北京市建筑施工高处作业吊篮安全监督管理规定》，加强吊篮及混凝土布料机安全使用管理；印发《关于妥善应对地面塌陷确保轨道交通和暗挖工程施工安全的通知》，要求轨道交通和暗挖工程的建设、施工单位对邻近地下管线的施工部位加强监测，加强对重点部位的安全隐患排查。

【完善工程质量管理法规体系】　推进《北京市建设工程质量管理条例》立法工作，9月完成法规草案起草，11月通过市人大一审。制发《2014年工程质量管理工作要点》、《关于加强自住型商品住房工程质量管理的通知》、《关于对保障性安居工程预拌混凝土生产质量实施监理的通知（试行）》、《关于加强装配式混凝土结构工程质量管理的通知》等规范性文件，进一步提高参建单位特别是预拌混凝土生产企业的质量责任意识，强化质量责任追究，确保预拌混凝土质量，保证建设工程结构安全。认真宣贯2013年颁发的《关于修订北京市建设工程质量检测机构及人员违法违规行为记分标准的通知》、《关于调整建筑工程室内环境质量检测机构备案管理的通知》等，进一步推进检测管理制度创新，加强监理单位诚信体系建设。

【安全质量监督执法总体情况】　截至年底，全市建设工程质量监督系统监督在施单体工程25585项/标段，其中房建工程23471项，面积1.764亿平方米；市政工程2039项，投资额198亿元；轨道交通工程75标段，投资额628.93亿元。全年北京市共实施行政处罚2446起，罚款2916.49万元。参建各方违法违规行为记分5080分，其中建设单位记2301分，监理单位记229分，施工单位记2550分。与上年相比，处罚数量和金额均有所增加，其中处罚数量增加162起，质量类增加53起，安全类增加96起；罚款金额增加167.11万元，质量类增加432.92万元，安全类减少266.54万元。

【加强施工安全管理】　年内，大力推行施工现场安全防护标准化工作，狠抓危险性较大分部分项工程的安全监管，进一步提升施工现场安全生产管理水平。开展了建设工程"六打六治"打非治违专项行动等安全专项治理工作，对深基坑、高大模板支撑体系和高大脚手架、建筑起重机械、临时用电等组织了安全专项执法检查。6月，围绕"坚守红线意识，保障城市安全"开展了安全生产月活动，举行安全培训，组织建筑业安全生产知识竞赛。安全生产形势仍较严峻，全年建设系统共发生生产安全事故19起，死亡33人，事故起数比上年增加3起，死亡人数比上年增加17人；生产安全事故死亡人数总数未超指标，但发生一起死亡10人的重大生产安全事故。

【开展施工现场扬尘治理】　在全市建设系统开展施工扬尘治理专项行动中，各区（县）住房城乡建设委开展扬尘治理达标考核8603项次，合格8165项次，达标率95%。对扬尘污染问题严重和不使用达标车辆的26项工地进行全市通报批评，对26家施工单位暂停投标资格30～60天。3月，发布《关于开展〈北京市建设工程扬尘治理专项资金管理暂行办法〉试点工作的通知》，在东城区、西城区和怀柔区试点实行施工扬尘治理专项资金制度。同时，组织开展2014年"北京市绿色安全工地"创建活动，夯实绿色文明施工理念。6月底，完成全市5000平方米以上及规定区域内的工地全部安装视频监控系统工作，全市有1237项工地完成摄像头的安装并实现市（区）住房城乡建设委、城管执法局的信息共享。8月，市住房城乡建设委专门成立扬尘治理办公室，针对建筑扬尘问题开展各类执法检查。

【加强工程竣工验收备案管理】 年内，完善门户网站服务大厅备案办事指南、办理流程、相关文件等相关栏目，进一步规范工程竣工备案管理；每月做好工程竣工验收备案数据的统计上报工作；坚持备案工作例会制度，加强与区县住房城乡建设委备案部门沟通，及时研究解决备案工作中出现的问题。全年共完成工程竣工备案1706项。其中，房屋建筑工程1385项，建筑面积4290.5万平方米；装饰装修工程198项，建筑面积132.25万平方米；市政基础设施验收备案123项，工程总造价约34.27亿元。

【开展质量专项执法检查工作】 年内，对全市232家预拌混凝土企业及838项在施工程项目预拌混凝土生产、使用质量情况开展全市专项执法检查，其中对14家预拌混凝土企业进行关停，针对存在违法违规行为的预拌混凝土生产企业和工程项目，下发停工通知19份，约谈告诫28家，立案处罚31起。通过专项执法检查，消除了质量隐患，有效地惩戒了一批预拌混凝土生产使用违法违规行为。组织开展保障性安居工程专项执法检查，委托市建设工程质量检测二所，对部分受检工程门窗安装质量、墙体抹灰、外墙保温检测等五项内容进行抽测。为落实《关于开展2014年光纤到户国家标准贯彻实施情况监督检查工作的通知》，市通信管理局、市住房城乡建设委、市规划委共同制定《2014年光纤到户国家标准贯彻实施情况监督检查工作方案》，并于10月份完成对15个住宅项目光纤到户国家标准贯彻实施情况的专项监督抽查。针对雁栖湖生态示范区建设项目，坚持每月2次监督检查，同时要求质量检测机构伴随，随机对施工现场使用材料进行抽样检测，确保工程质量。

【全面部署工程质量专项治理两年行动】 为贯彻落实住房城乡建设部全国工程质量治理两年行动电视电话会议精神，9月15日印发《北京市工程质量专项治理两年行动工作方案》，并于9月18日召开电视电话会议，对治理工作进行全面部署，将全面

落实五方责任主体项目负责人质量终身责任，严厉打击建筑施工违法发包、转包、违法分包及挂靠行为，健全工程质量监督、监理机制，大力发展住宅产业现代化，切实提高从业人员素质和加快建筑市场诚信体系建设，作为工程质量专项治理两年行动的主要工作，要求各区县住房城乡建设主管部门、行业协会、有关单位制定具体实施方案，全面动员部署专项行动。在市住房城乡建设委官方网站开辟工程质量治理专栏，及时发布政策文件，通报工作动态，公示违法行为，接受社会监督。

【加强重点工程项目监督执法】 市建设工程质量监督总站负责北京市417项重点工程的监督执法任务，监督对象主要为民生、公共安全等重点、重大工程及市公共财政投资工程。为确保重点工程质量安全，严把"三个阶段"（监督准备阶段、施工管理阶段、竣工验收阶段）监督内容的落实，强化过程监督，规范行为监督；开展重点工程多项安全质量专项执法检查和与区县监督机构联合执法检查，保障了大批重点工程的顺利建设，加强了市、区两级联动，进一步发挥对区县监督机构的业务指导作用，有效形成市、区两级监管合力；推动工程参建单位积极落实主体责任，主动对在施重点工程开展安全质量状况测评工作，进一步提高工程质量和安全生产管理水平，有效发挥重点工程示范引领作用。

建筑市场

【法规制度建设】 认真落实住房城乡建设部《关于推进建筑业改革发展的若干意见》，完成《施工合同管理办法》修订工作，新修订的办法更具操作性，更适合北京市建筑市场的发展实际。依据商务部等《关于集中清理在市场经济活动中实行地区封锁规定的通知》，市住房城乡建设委全面整理了现行相关规范性文件，并召开集中清理工作会全面落实相关工作。参与制定住房城乡建设部《建筑工程施工转包违法分包等违法行为认定查处管理办法（试行）》。

【组织开展北京市企业外埠在施项目执法检查】 6月和12月，分两次对北京市企业在山西、河南、陕西、南京、苏州、深圳的部分项目进行了综合检查，涉及质量、安全、招标投标、合同履约、造价管理、人员资格、劳务用工及工资支付等方面。通过实地检查施工现场和与企业领导、项目管理人员交流座谈等方式，了解了北京市企业在外埠的经营管理和项目管理情况，并针对项目现场检查发现的具体问题提出整改措施和建议。共检查北京市企业

在六省市的在施项目 24 个, 涉及企业 21 家, 房建工程建筑面积 267.39 万平方米, 市政工程 33.45 千米, 合同额 175.68 亿元。

【建筑市场诚信体系建设】 截至年底, 北京市共有 2724 家建筑业企业、80039 名注册建造师、383 家工程监理企业、11351 名注册监理工程师和 86 家质量检测机构纳入市场行为信用评价系统。全年依法招标的 441 项总承包施工项目全部采用"三标制"进行评标。《北京市建设工程材料供应企业市场行为评价管理办法》于 2014 年 8 月 1 日起施行, 评价结果同时在市住房城乡建设委网站建筑市场公开信息平台综合评价专栏公示, 接受社会监督。

【完善施工合同纠纷调解机制】 年内, 针对施工合同纠纷中暴露出来的违法违规行为, 建立施工合同纠纷调解与行政执法联动机制, 以纠纷为重点, 加大执法力度, 破解建筑市场执法中存在的"取证难、认定难"等问题, 促进合同双方协调解决纠纷。推进"人民调解委员会"各项制度的建设, 遵循"北京市建设工程施工合同纠纷调解实施细则"开展人民调解工作。截至年底, 调解成功施工合同纠纷事项 2 起, 涉及单位 4 个, 涉案金额 5812.83 万元; 调解未解决 1 起, 接待咨询 15 起。

【开展工程项目保证担保业务】 指导、协助北京信用担保业协会继续推进工程担保工作开展。截至年底, 符合市住房城乡建设委《关于进一步规范房地产开发项目工程保证暂行办法》要求的担保机构共计 35 户, 其中 22 户在北京市开展了房地产开发项目工程保证担保业务, 在保余额 364.12 亿元, 其中工程款支付担保 200.92 亿元, 工程履约担保 163.2 亿元。房地产开发项目工程保证担保新增保额 188.95 亿元, 同比增长-2.23%, 其中工程款支付担保 103.97 亿元、工程履约担保 84.98 亿元。

【加强有形市场管理】 着力强化信息化建设等核心技术优势, 升级改造电子化招投标交易系统, 年内进入测试阶段, 将于下年上线运行。组建工程交易数据中心, 统一 CA(数字证书认证中心)管理, 统一基础数据库建设, 完成电子档案与纸质档案体系的融合, 深度挖掘交易数据服务效能。改革创新建设工程货物招标投标, 不断提高招投标服务质量和水平。年内全市有形建筑市场共办理房建市政、民航、铁路、园林、军队等各类交易项目 36389 项、交易合同额 6540.4 亿元。

【注重建筑劳务管理】 截至年底, 办理中央及外省市来京建筑施工企业 2397 家(含外省市企业 2281 家), 实名制登记的劳务企业施工队长达 17224

人, 办理外省市来京工程监理企业 60 家。全市共办理劳务分包合同备案 13814 份, 备案合同价款 485.32 亿元, 备案人数 84.96 万人(含施工总承包企业和专业承包企业直接用工 5.3 万人)。共有在建农民工工资保证金账户 3188 家, 总金额达 14.4 亿元。年内新开立工资保证金账户 338 家、金额达 20450 万元, 企业退出北京市场撤销保证金账户 76 家、金额达 5007 万元, 启用工资保证金用于应急支付工人工资 6 家、金额达 350 万元。

【严格建筑市场综合执法】 全年检查工程项目 823 个, 行政处罚案件 47 起, 处罚金额共 3036971.65 元。按动态监管办法, 对施工企业及人员的 288 项违法违规行为累计记 914 分, 同比增长 69.89%。对监理企业及人员 6 项违法违规行为累计记 20 分, 对房地产开发企业 17 项违法违规行为累计记 51 分, 对招投标代理企业 1 项违法行为记 1 分。

建筑节能与科技

【引导建设高星级、高品质绿色建筑】 1 月, 发布《关于公布北京市绿色建筑评价标识技术依托单位的通知》, 新确定 25 家技术依托单位, 培育北京市绿色建筑专业机构和专业人才。4 月, 市住房城乡建设委会同市财政局、规划委发布《北京市发展绿色建筑推动绿色生态示范区建设奖励资金管理暂行办法》, 对北京市高星级绿色建筑按 2 星级绿色建筑每平方米 22.5 元、3 星级绿色建筑每平方米 40 元的标准予以财政奖励。发布《关于组织申报绿色建筑标识项目财政奖励资金的通知》, 启动市级财政奖励资金申报工作。8 月, 市政府发布《北京市民用建筑节能管理办法》, 规定北京市新建民用建筑执行绿色建筑一星级标准。同月市住房城乡建设委发布《关于在北京市保障性住房中实施绿色建筑行动的若干指导意见》, 规定凡纳入北京市发展规划和年度保障性住房建设计划的公租房、棚户区改造项目应率先实施绿色建筑行动, 至少达到绿色建筑一星级标准; 经济适用房、限价商品房通过分类实施产业化方式, 循序推进实施绿色建筑行动。9 月, 编制发布《北京市绿色建筑适用技术推广目录》, 推广适宜于北京地区建筑应用的自然采光、高效空调、带热回收新风系统等绿色建筑技术和产品。此外, 推进绿色建筑标准落地工作, 与北京市固定资产投资审批流程相衔接, 将绿色建筑标准指标要求纳入项目立项、规划许可、土地出让等基本建设流程。年内, 北京市通过绿色建筑评价标识认证的项目共 40 项, 总建筑面积 530.1 万平方米; 截至年底, 北京市累计通过绿色建筑评价标识认证的项目达99项，总建筑面积1168.1万平方米。

【完成既有建筑、老旧小区及农宅节能改造任务】 年内，北京市计划开展既有居住建筑节能及供热计量改造1000万平方米。截至年底，共完工供热计量及节能改造1373.96万平方米，其中北京市属1367.8万平方米、中央国家机关6.16万平方米，超额完成既定任务的37.4%。全年共完成1374万平方米城镇老旧小区抗震节能综合改造和9.1万户农宅抗震节能改造，改善了约30万户城乡居民的住房条件。

【发布公共建筑电耗限额管理暂行办法】 为推动北京市公共建筑节能，确保公共建筑在保证使用功能和室内环境质量的前提下降低使用过程中的电耗，实现"十二五"时期建筑节能约束性目标，10月27日市住房城乡建设委、发展改革委联合发布《北京市公共建筑电耗限额管理暂行办法》（自发布之日起施行），明确实施对象是北京市行政区域内单体建筑面积在3000平方米以上（含）且公共建筑面积占该单体建筑总面积50%以上（含）的民用建筑，保密单位所属公共建筑除外。

【散装预拌砂浆使用范围扩展到全市建设工程】 11月2日，市住房城乡建设委发布《关于在全市建设工程中使用散装预拌砂浆工作的通知》，将禁止现场搅拌砂浆和推行使用散装预拌砂浆的工程范围由之前的中心城区、市经济技术开发区、新城地区内建设工程和全市所有政府投资建设工程扩展至全市范围的房屋建筑工程和市政基础设施工程。

【新增执行75%节能设计标准住宅378项】 年内，北京市新增执行75%节能设计标准的住宅378项，建筑面积1817.82万平方米。自2013年4月1日起，累计建成75%节能住宅面积2764.32万平方米。

【开展建筑节能专项检查】 年内，组织开展2次全市范围的建筑节能专项检查，涉及在施工程93项，总建筑面积806万平方米；涉及执行居住建筑节能75%设计标准的工程11项，建筑面积93.73万平方米；涉及太阳能热水系统应用的工程22项，建筑面积129.86万平方米。对违法违规行为已经责令整改，对企业和责任人进行了处理。

【全面推进住宅产业化】 5月，住房城乡建设部将北京市列入"国家住宅产业现代化综合试点城市"，标志着北京市住宅产业化工作进入新阶段。自7月开始，规划部门在含住宅项目的规划条件中明确实施住宅产业化建设的范围和标准，作为国土部门

实施土地供应的依据，截至年底有6宗地进入土地市场成交。8月，发布《关于在北京市保障性住房中实施绿色建筑行动的若干指导意见》，提出"保障性住房实施产业化是绿色建筑行动的重要组成部分，相关工作纳入绿色建筑行动统一管理"，并提出分类指导的实施原则。10月，发布《关于加强装配式混凝土结构产业化住宅工程质量管理的通知》，加强住宅产业化工程质量管理。年内在建住宅产业化项目约100万平方米，其中保障性住房约55万平方米，普通商品房约45万平方米，超过10万平方米的规模化小区4个。截至年底，北京市以保障性住房为重点，全面推进住宅产业化的实施落实，纳入实施产业化计划的项目70余个，已累计超过600万平方米，商品房获得面积奖励约1.4万平方米，实现了产业化住宅小区的整体推进。

【发布宣贯地方标准】 年内，组织申报的工程建设地方标准共有40项列入市质量技术监督局2014年度标准编制计划，其中发布实施了地方标准21项；完成10项标准宣贯工作，累计1200余人次参加。

【11项建筑业新技术应用示范工程通过验收】 年内，共组织验收北京市建筑业新技术应用示范工程11项，建筑面积近110万平方米，8个工程项目新技术应用整体达到国内领先水平，形成北京市工法20余项。

【126项工法通过北京市工法评审】 年内，共有130余项工法申报北京市工法，经过初审和组织专家评审会，共126项工法通过北京市工法审定，其中33项工法为上年度延期评审的项目。另外，为了提高专业性、评审效率和专家使用率，便于企业间相互学习交流，首次采用按专业分组进行评审的方式。

建设人事教育工作

【加强干部教育培训】 根据《干部教育培训工作条例》和《2013~2017年全国干部教育培训规划》规定和实际工作需要，全面加强教育培训工作，努力提高全委党政人才的综合素质和工作能力。认真做好全员培训，深入学习贯彻习近平总书记系列讲话精神，组织召开了3期学习贯彻习近平总书记系列讲话精神处级干部培训班。同时做好新入职干部培训、专业技术人员培训、人事干部培训和军转干部培训工作。抓好干部在线学习，年内组织全委处级以上干部、全体人事干部和机关干部共680余人参加了干部在线学习，并组织全委处级干部完成了"学习贯彻习近平总书记系列讲话精神"网上专题班

学习任务。

【注重考评员及师资队伍建设】 5月，组织北京市"三类人员"继续教育师资培训班，中央驻京企业、北京市各大集团公司以及区县住房城乡（市）建设委选派的200余人参加。经考试，有178名合格人员获北京市"三类人员"继续教育培训教师资格，考试合格人员被列入北京市建设行业师资库统一管理。

【建设领域职业标准评价核发全国统一证书】 经专家组评审，现场考察，11月底，住房城乡建设部发函同意在北京市开展城乡建设领域职业标准评价、核发全国统一证书工作。

【开展技术交流与公益讲座】 年内，完成"全国建筑业绿色施工示范工程的创建—绿色施工实施规划方案及绿色施工技术要点解读"等四次大型专项施工技术交流，培训人员达1300余人次。全年举办10期公益讲座。

大事记

1月

1日 广渠路二期工程四环至五环段建成通车。该段全长5.5公里，设计时速80公里/小时。

7日 北京市领导郭金龙、王安顺、赵凤桐、陈刚等围绕核心区老旧小区改造及文化传承、环境建设等内容到东城区、西城区调研。

17日 全市首个中心城区棚户区改造项目——西城区百万庄北里居民住房改善旧城改建项目正式启动，涉及房屋建筑面积5.3万平方米，住宅建筑面积4.6万平方米，住宅户数1227户。

2月

8日 北京市住房城乡建设委印发《北京市自住型商品住房销售管理暂行规定》，规定购买自住型商品房的流程增加购房申请和摇号分配两个环节，并明确优先家庭先摇号先选房、骗购家庭5年内不得在北京市买房等七大措施。

20日 市住房城乡建设委发布紧急通知，要求全市各区县住房城（市）乡建设委及监督总站加强对施工现场扬尘治理情况的监督检查并上报检查情况及数据。

3月

5日 北京市首个自住型商品房项目恒大御景湾申购工作全部结束，共有14.8万户购房家庭提交网上申请，6.53万户家庭最终确认申购。

10日 市住房城乡建设委、市发改委和市财政局联合印发《关于进一步加强廉租住房与公共租赁住房并轨分配及运营管理有关问题的通知》，明确房源分配、产权登记、租金定价和合同及档案管理等问题，推动"四房并轨"及管理运营规范化。

同日 市住房城乡建设委出台《关于加强房地产经纪从业人员信息管理有关问题的通知》，将建立全市统一的房地产经纪从业人员信息库，规定自5月1日起，房地产中介人员在从事房地产经纪业务时，要佩戴全市统一样式、统一编号的房地产经纪从业人员信息卡，实名从业。

4月

25日 住房城乡建设部发布《关于做好2014年住房保障工作的通知》，根据该通知，北京市成为6个共有产权住房试点城市之一。

同日 "首图市民普法讲堂"第二讲——《北京市保障性住房政策法规解读》在首都图书馆一层报告厅开讲，标志在全市开展的"保障性住房专题法制宣传月活动"正式启动。此次宣传月活动由北京市法制宣传办公室和市住房城乡建设委、市司法局共同组织，市住房城乡建设委具体承办。

27日 北京在施最高地标建筑朝阳区CBD核心区Z15地块中国尊项目完成第三阶段基础底板大体积混凝土的浇筑施工。该工程基础底板混凝土分三阶段进行浇筑，此次浇筑的基础底板最厚达6.5米，浇筑量约5.6万立方米，刷新了北京市建设工程一次性混凝土浇筑量的纪录。

5月

5日 市住房城乡建设委下发《关于推广房屋所有权证加密服务工作的通知》，规定6月1日起在全市范围内推广房屋所有权证加密服务工作。明确房屋所有权人为自然人的，可自愿申请房屋所有权证密码设立，各区县房屋登记大厅免费提供服务；持加密权证申请房屋所有权登记，正确输入密码后方可受理。

15日 在沈阳召开的全国住宅产业现代化工作现场交流会上，北京市等城市被住房和城乡建设部确定为"国家住宅产业现代化综合试点城市"，住房和城乡建设部副部长齐骥为北京市授牌。

24日 京新高速公路五环至六环段正式通车。起于五环路箭亭桥，终于北六环楼自庄村，全长19.9公里。设计速度100公里/小时，为双向六车道。

6月

3日 北京市政府发布《北京市民用建筑节能管理办法》，该办法自8月1日起实施，为北京市民用建筑节能管理工作的开展提供了法律依据。

5日 北京经济技术开发区建筑工程安全培训体

验基地揭牌。基地总建筑面积约 4800 平方米，是北京市第一家集常见施工现场安全设施与主题安全体现项目为一体的综合性安全教育基地。

10 日　门头沟区杨坨、王平两个安置房项目竣工交用，加上上年竣工交用的房山河北镇安置房，累计竣工 6144 套，解决了京煤集团门头沟、房山、大兴等矿区职工住房困难。该项目为北京市规模最大的工矿棚改项目。

13 日　市住房保障办、市投资中心联合发布金地朗悦等 7 个公共租赁房项目的配租公告。此次配租的 7 个公租房项目共有房源 7531 套，面向城六区及房山区、门头沟区和大兴区符合条件的公租房备案轮候家庭公开摇号配租，是全市公租房配租数量最多、区域分布最广的一次。

14 日　北京启动传统村落保护与利用工程，房山区南窖乡水峪村、门头沟区龙泉镇琉璃渠村等 52 个村落被列入首批名录，房山区水峪村瓮桥修缮工程率先启动。

23 日　北京市第一个进行公开摇号的自住型商品住房项目—金隅汇星苑完成摇号工作，共有房源 1882 套，经审核及复核，有 165514 户申购家庭具备购买该项目资格，其中优先家庭 127638 户，非优先家庭 37876 户。

7 月

1 日　为推动新能源小客车自用充电设施在物业管理区域的安装，市住房城乡建设委、市发展改革委、市科委、市民防局联合发布《关于推进物业管理区域新能源小客车自用充电设施安装的通知》，要求物业服务企业做好勘查现场、提供图纸、指认暗埋管线走向和现场施工等工作，并不得借机收取费用。

31 日　北京市保障性住房建设投资中心对房山金地朗悦等 7 个公共租赁住房项目组织进行了公开配租摇号，参加摇号的家庭共计 25273 户。

8 月

15 日　《关于在北京市保障性住房中实施绿色建筑行动的若干指导意见》发布，要求 10 月 1 日以后立项的保障性住房建设计划的公共租赁房、棚户区改造项目至少达到绿色建筑一星级标准。

9 月

9 日　云居寺南塔复建落成。北京云居寺始建于隋末唐初，是全国重点文物保护单位。其南塔在抗日战争期间毁于侵华日军炮火。此次南塔修复工程历时五年，按照留存下来的 1901 年至 1923 年原貌照片上的十一层密檐式砖塔原样、原大小，以原规格的青石等材料修复。

10 日　位于昌平区的最大日处理量 8 万立方米污水的未来科技城再生水厂一期正式投入使用。

16～18 日　第十三届中国国际住宅产业暨建筑工业化产品与设备博览会在京举行，北京展团的主题是"推进住宅产业现代化，建设生态宜居城市"，重点介绍北京市在住宅产业化、绿色建筑、绿色生态示范区、保障性住房建设实施绿色建筑行动、抗震节能农宅等方面的成就。

19 日　地铁 15 号线一期西段进行项目工程验收。这一工程是自住房城乡建设部颁布《关于印发城市轨道交通建设工程验收管理暂行办法的通知》以来，全国第一个按照文件要求组织验收的线路。

24 日　钟鼓楼广场恢复整治项目南广场建设完工。建成后的钟鼓楼广场将由南、北及钟楼湾广场组成。面积由原来的不足 4000 平方米恢复到历史上的 15000 平方米。

25 日　大栅栏西沿河老街修缮完成正式开街。

28 日　三山五园绿道全线贯通。绿道北起玉泉山，南至闵庄路，东起海淀公园，西至香山路，全长 36.09 公里。

10 月

16 日　北京市住房城乡建设委与河北省承德市人民政府签订建材供应和使用管理战略合作框架协议。该协议的签订，是在建材使用领域实施京津冀一体化的有益尝试。

17 日　市住房城乡建设委组织召开北京市"工程质量治理两年行动"暨规范建筑市场秩序工作会，印发《关于开展"北京市工程质量专项治理两年行动"转包违法分包等违法行为专项治理工作的通知》，拉开开展工程质量治理两年行动，打击转包等违法行为工作的序幕。

11 月

2 日　北京市住房城乡建设委召开全系统紧急视频会议，对 APEC 会议期间服务保障工作再部署，要求会议期间全市行政区域内所有工地（抢险抢修工程除外）停工，违规不停工的企业将被停止在全市范围内投标 2 个月。

同日　市住房城乡建设委发布《关于在全市建设工程中使用散装预拌砂浆工作的通知》，规定自 2015 年 1 月 1 日起，北京市禁止现场搅拌砂浆，推行使用散装预拌砂浆的范围扩展到全市房屋建筑和市政基础设施工程。此项措施全面实施，预计每年可减少碳排放 54 万吨，减少向大气中排放粉尘 7660 吨，节能减排贡献巨大。

6 日　西北热电中心投产。该热电中心是北京市

第四篇

四个大热电中心中规模最大的,由6台35万千瓦级燃气热电机组组成,发电能力270万千瓦,年发电量为120亿度;供热能力3600万平方米,可为石景山区、海淀区和西城区沿阜石路的40万户居民提供供暖保障。

28日 市住房城乡建设委联合住房城乡建设部科技与产业化发展中心在昌平举行了北京市绿色建筑与住宅产业化新技术交流会。

30日 北京京开高速和西南三环公交车道正式开通,全长16.4公里,从大兴区西红门收费站延伸至海淀区新兴桥,有52条公交线驶入该公交专用道,其中包括从大兴区发往7个方向的通勤快车及4条定制公交线路。

12月

12日 南水北调中线一期工程正式通水。该工程于2003年12月开工建设,工程从丹江口水库调水,沿京广铁路西侧北上,全程自流,向河南、河北、北京、天津供水,干线全长1432公里,年调水95亿平方米。

25日 京昆高速公路北京段和涞水段竣工通车,其中北京段起于大苑村,终于市界,全长50.94公里,双向六车道,设计时速120公里/小时。

26日 北京新机场开工建设。该机场位于北京市大兴区榆垡镇、礼贤镇和河北省廊坊市广阳区之间,定位为大型国际航空枢纽,工程投资799.8亿元,空管工程投资41.6亿元,工期5年,计划2019年建成运营。

同日 北京站至北京西站地下直径线实现全线通车运营。该线路是连接北京站至北京西站的城市内铁路工程,是国内第一条在市区地下修建的铁路双线电气化隧道。实现从北京站到北京西站10分钟内到达。

28日 北京地铁7号线、15号线一期西段、14号地铁东段和6号线二期开通运营。北京轨道交通线网总长度达到527公里。

29日 海淀区清华附中一处在建工地底板钢筋发生倒塌,事故造成在现场作业的10名工人死亡,4人受伤。

(北京市住房和城乡建设委员会)

城市规划

概况

2014年,北京市城乡规划工作加强城乡规划对城市发展的统筹引导和深化城乡规划建设领域改革这两条主线,各项工作取得一定成绩。

加强规划对城乡发展的统筹引导。组织全市各相关部门和区县政府,坚持问题导向,以人口资源环境承载能力为底线,坚决做"减法",研究确定功能疏解、人口控制、用地减量、空间优化、环境改善、质量提升等目标任务,推动目标统筹的"多规合一",主动呼应京津冀协同发展。

以规划实施为重点,推进城乡规划建设领域改革。牵头制定城市规划建设领域改革专项小组工作方案,取得阶段性成果。

开展城乡建设用地减量规划。改城市规划为城乡规划,将城镇建设用地、村镇建设用地、区域性建设用地统一管理,明确减量目标和管控措施。开展城市增长边界和生态红线划定。

加大打击违法建设力度。积极发挥严厉打击违法用地违法建设专项行动指挥部办公室的统筹协调作用,牵头组织建立部分财政指标与治理违法建设挂钩联动的奖惩机制。加强京津冀区域规划对接。会同天津市和河北省的规划部门编制《京津冀城镇群区域规划要点》,并依此为基础深入开展规划对接。

推动基础设施规划建设,提升城市保障水平。编制完成《北京市城市轨道交通建设规划(2014~2020年)》。加快轨道交通项目建设。推进京沈客专、京张铁路等重点铁路的规划审批和前期工作;落实《北京市换乘停车场(P+R)专项规划(2013-2020年)》,做好新能源汽车基础设施研究和电动汽车推广应用等工作。完善南水北调配套东干渠、四大热电中心场址及配套管线工程规划审批以及陕京四线及大唐煤制天然气工程北京市内段方案深化;推进中心城区防洪排涝工程建设,开展《中心城64座下凹式立交桥防涝工程规划》编制工作。

推进安居工程和公共服务设施建设。完成各类保障性住房选址及规划审查,并开展30余个保障性住房项目的控规研究和调整工作。下发《关于进一步精简棚户区改造和环境整治项目规划审批程序的通知》。组织编制十六个区县的基础教育专项规划方案,中心城区通过控规动态维护平台补充养老服务设施近5万平方米;组织开展《北京市养老服务设施规划设计要点》的编制工作。

加强历史文化名城保护,创新规划实施路径。开展旧城前门东区、大栅栏等地区的功能调整、文物保护、环境改善等工作;组织开展我市中国历史文化街区申报认定工作。开展西城区"香厂新市区"

保护研究工作。

推进首都新机场重点工程和重要功能区建设。配合完成北京市新机场可研报告编制及报审的规划相关工作。组织审查新机场航站楼规划设计条件，推进新机场航站楼方案设计招投标工作。组织开展新机场临空经济区规划编制工作，完善机场及其周边综合交通和市政基础设施规划。推进中关村科技园及分园区规划建设与产业升级；完成世园会的选址论证，配合完成世园会概念性规划方案的最终评审。完成通州核心区地下交通环遂等项目的规划审批。

推动住宅产业化。推动绿色居住区、绿色园区、绿色村镇等示范工程建设。会同有关部门发布了《北京市发展绿色建筑推动绿色生态示范区建设财政奖励资金管理办法》。

完善城乡规划法规和技术标准体系，推动依法行政。以行政审批制度改革为切入点，进一步简化审批流程，下放审批事项。研究制定《关于实施北京市居住公共服务设施配置指标的意见》、《北京市建设工程质量管理条例》、《北京市旧城平房区规划管理办法》等法规规章。组织制定《北京市社区养老设施设计标准》、《北京市居住区、居住建筑无障碍设计规程》等13项标准，编制配套图集等9项图集。（陈建军）

规划编制

【城市总体规划实施政策机制】 年内，完成《北京城市总体规划实施政策机制研究》。该课题通过分析总体规划适应性、实施过程、相关关键政策、体制机制，建立影响总体规划实施效果的政策机制框架，提出对策和建议。（李涛 张连轩）

【新机场临空经济区规划】 年内，北京市规划委编制的《北京新机场临空经济区规划》通过评审。该课题与北京新机场临空经济区发展规划对接，通过研究国内外临空经济区发展案例，深入研究北京新机场临空经济区的功能定位、产业布局、用地规模、市政交通规划等。（马福光）

【城乡结合部产业类型研究】 年内，市规划委完成《北京市城乡结合部产业类型调研及升级改造策略建议》研究。该课题系统梳理全市城乡结合部地区20余个乡镇的产业发展情况，选取昌平区北七家镇、房山区长阳镇等重点调研，深入分析一产、二产、三产发展和主要问题，提出促进产业升级改造的策略建议。（喻涛）

【京津冀城镇群区域规划要点】 年内，市规划委会同河北、天津编制完成《京津冀城镇群区域规划要点》。该课题分析京津冀城市群发展现状、存在问题、发展目标、战略共识和近期重大项目等，创新了三地自下而上的区域协同规划，从空间规划视角为顶层设计提供支撑。（喻涛 王亮）

【总规实施评估报告】 年内，市规划委完成《北京城市总体规划(2004～2020年)实施评估报告》。该课题对照2004版北京城市总体规划的目标，评估了近10年来的规划实施情况，总结了主要成绩和问题。（喻涛）

【京津冀协同发展相关规划】 年内，市规划委会同中规院、清华大学完成《京津冀协同发展相关规划》研究。该课题剖析京津冀区域城镇空间布局、交通和市政基础设施建设、生态安全格局等重点内容，提出了对策建议。（喻涛）

【"山水林田湖"生态资源现状图】 年内，市规划委会同市国土、水务、园林绿化、农业等部门，摸清全市"山水林田湖"生态资源底数，绘制完成生态资源现状图，为生态保护红线的划定提供了技术依据。（刘强）

【新城发展规划实施评估及分析报告】 年内，市规划委完成《新城发展规划实施评估及分析报告》。该课题调研全市新城规划实施现状，综合分析新城规划实施的主要特征和重点问题，提出规划实施建议。（邓博）

【现代物流设施空间布局实施策略研究】 年内，市规划委完成《现代物流设施空间布局对城市运行效率影响及实施策略》。该课题通过掌握全市物流设施的空间分布与使用效率，综合评价现状物流设施对北京经济社会发展的支撑能力，并预判物流的发展态势及物流需求总量，提出物流设施空间布局的优化策略和建议。（马彦军）

【危化品现状布局调研及评估】 年内，市规划委完成《北京市危化品现状布局调研及评估》。该课题调研全市危化品现状布局，摸清现状底数，进行"一张图"分析，系统梳理现状危化品企业布局特征和存在问题，提出危化品指标评估体系初步思路、合理的规划及管理策略建议。（马彦军）

【集体建设用地规划及实施策略研究】 年内，市规划委完成《集体建设用地规划及实施策略研究》。该课题梳理全市具有集体权属的土地，重点对宅基地、工矿仓储、公共服务、特交水、空闲地等各"中类"用地，分析其空间布局、使用特征以及存在问题，调研多个村、镇规划实施案例，总结集体建设用地规划实施的典型路径，提出集体建设用

第四篇

地发展定位和目标。(马彦军　王雅捷)

【村庄规划实施模式研究】　年内，市规划委完成《北京市村庄规划实施模式研究》并通过评审。该课题通过中心城、新城地区、镇中心区、乡村地区已实施改造村庄案例的分类调研，梳理出近30年来的四种改造模式以及其特点、实施途径、存在问题和经验教训，并从破除二元体制、盘活存量建设用地、提高土地使用效率和规划设计水平等方面提出意见建议。(马彦军　于彤舟)

【中心城规划实施评估及优化调整对策】　年内，市规划委完成《中心城规划实施评估及优化调整对策》研究。该课题梳理中心城规划实施情况，以问题为导向，从功能、交通、公共服务设施、空间环境、城市风貌、规划实施六个方面提出了中心城优化策略和行动计划。(李保炜)

【北京市级绿道系统规划】　年内，市规划委编制的《北京市级绿道系统规划》通过评审。该规划针对"市级-区县级-社区级"三级绿道构成的北京市绿道体系及各级绿道的相应作用，通过空间资源、空间需求的分析，提出市级绿道"三环、三翼、多廊"的空间格局和选线方案。(杨松)

【新型农村社区试点规划实施评估及调研】　年内，市规划委完成的《新型农村社区试点规划实施评估及调研》通过评审。该课题就新型农村社区规划建设，对全市12个新型农村社区试点调研走访，在规划编制、实施方式、产业发展、政策保障等方面提出了建议。(于彤舟)

【产业经济空间数据规划信息共享平台建设】　年内，市规划委编制的《产业经济空间数据规划信息共享平台建设》通过评审。该平台整合多部门的数据，引入移动通信大数据，建立多部门多类型的信息数据库，实现产业经济与空间数据的对接，并通过重点聚焦北京市工业和高技术产业空间，提出了优化建议。(李秀伟)

【平谷区"多规统筹"规划研究】　年内，市规划委完成的《平谷区"多规统筹"规划研究》通过评审。作为全市区县层面多规统筹研究的先行探索，该课题梳理了各部门之间的统筹"问题"和城乡规划实施中的政策机制"瓶颈"，以区级、乡镇级"空间"规划为主线，对国民经济和社会发展规划、旅游发展规划等"多规"的实施政策、项目计划、投资计划细化分析，提出了契合区县层面实际需求的解决策略。(赵庆楠)

【轨道交通一体化规划及实施对策研究】　年内，市规划委完成《轨道交通一体化规划及实施对策研究》。该课题系统梳理已开展的一体化工作，剖析表象问题、技术问题和体制问题，并全面研究轨道站点周边可用于一体化开发的用地资源，提出规划策略，有效引导土地使用。(杨贺)

【公共服务设施规划实施评估及分析报告】　年内，市规划委编制的《公共服务设施规划实施评估及分析报告》通过评审。该课题分析了北京主要民生保障型公共服务设施的规划实施情况及现状突出问题，面向实有人口，关注基本公共服务的均等发展、薄弱区域和基层设施的建设完善和设施规划建设的路径创新，提出下阶段公共服务设施的发展目标、引导指标和优化策略。(周乐)

【旧城保护规划实施评估及分析报告】　年内，市规划委编制的《旧城保护规划实施评估及分析报告》通过评审。该课题重点评估了总体规划实施以来，北京旧城历史文化资源保护、空间发展、人口变化、产业发展、三大设施建设等实施情况，明确旧城保护与发展底线；协调顶层设计与微观实施，鼓励自下而上有机更新；加强旧城精细化治理和高品质城市空间建设。(崔琪)

【住房建设规划实施评估及分析】　年内，市规划委对《北京市住房建设规划（2006～2010年）》、《北京市"十一五"时期保障性住房及两限商品住房用地布局规划》和《北京市"十二五"时期住房保障规划》等实施评估。该课题梳理住房现状供需关系，从结构、规模、布局、质量等主要规划目标实施完成情况，面临的压力与挑战等入手，归纳了人口发展超规划预期下住房供需结构性矛盾突出、住房水平差距拉大、住房布局与城市空间结构优化存在差距等问题，分析了深层次影响因素，提出建议。(刘欣)

【地下空间规划管理立法草案】　年内，市规划委完成《北京地下空间规划管理立法草案》研究。该课题成果直接服务于"两会"，推动北京地下空间立法工作，促进各级管理部门对于地下空间综合利用的反思和关注。(吴克捷)

【传统村落保护和发展问题研究】　年内，市规划委完成《北京市传统村落保护和发展问题研究》。该课题首次对全市层面传统村落摸底调研，搭建基础数据信息库，通过分析基础数据和典型案例，归纳总结了52个传统村落保护与发展面临的主要问题及原因，针对不同类型的传统村落提出保护和发展建议。(魏琛　王崇烈)

【"香厂新市区"历史文化资源梳理研究】　年内，市规划委完成《西城区"香厂新市区"历史文化资源梳理研究》。该课题通过整理历史文献和实地调研，提出对于此类非历史文化街区的旧城地段应创新保护模式，从整体格局、空间形态、历史建筑等方面实施分类保护，保持与历史文脉的关联和呼应。（李保炜　叶楠）

【旧城历史文化街区公众参与机制研究】　年内，市规划委完成《旧城历史文化街区公众参与机制研究》。该课题通过回访旧城内多个历史街区规划公众参与项目实施情况，分析其开展背景、组织机制、工作内容、实践效果，总结出适合于旧城历史街区的公众参与分工协作机制和方法技巧，并将成果应用于东四南历史文化街区，初步搭建"自上而下"与"自下而上"相结合的规划公众参与平台。（赵幸）

【第五批地下文物埋藏区划定】　年内，市规划委、市文物局共同完成了第五批地下文物埋藏区的划定工作，确定了12处地下文物埋藏区，在划定基础上，向社会正式公布全市第一批地下文物重点监测区11处。（袁方）

【3片区确定为第一批中国历史文化街区】　年内，市规划委会同东城区、西城区政府开展中国历史文化街区认定工作，上报了皇城、南锣鼓巷、雍和宫—国子监地区、东四三条至八条、东交民巷、西四北头条至八条、什刹海、大栅栏八片历史文化街区，总用地约1547公顷，占旧城内历史文化街区总用地的75%。其中皇城、大栅栏、东四三条至八条三片地区最终被公布为第一批中国历史文化街区。（李保炜　廖正昕）

【市政工程综合规划指南】　年内，市规划委编制的《北京市政工程综合规划指南》通过评审。该课题对排水、供电、燃气等11个基础设施专业相关知识、55项专业规范和标准、3千余项规划案例系统总结和提炼，形成市政综合相关专业基础知识汇编和指南报告两部分内容，明确和规范了市政综合规划的工作流程和标准，并就不同类型项目及情况提出市政工程综合的技术指导条款，实现综合规划精细化。（陈蓬勃）

【通州运河核心区启动区地下空间综合规划及实施】　年内，市规划委编制完成《通州运河核心区启动区地下空间综合规划及实施》。该课题包括《核心区市政工程专项规划》、《核心区市政工程规划方案综合》、《核心区（北区）市政工程规划方案综合调整与优化》和多条城市道路市政工程设计综合等工作。实施完成启动区M6线与R1线换乘车站一体化建设、地下环隧及综合管廊、东关隧道等多项工程。

（陈蓬勃）

【新机场外部综合交通规划】　年内，市规划委编制的《北京新机场外部综合交通规划》通过评审。该规划借鉴国内、外典型城市大型枢纽机场及机场交通系统经验，提出构建与北京定位相匹配、公共交通为主体、轨道交通为核心的新机场绿色交通发展模式，以及各专项交通设施规划和实施方案。（张鑫）

【综合交通规划实施评估及对策】　年内，市规划委编制的《北京综合交通规划实施评估及对策》通过评审。该课题分析城市道路、公路、轨道、公交、对外交通、步行与自行车、停车等交通子系统10年来的实施情况，评估了交通与土地协同发展变化的效果，完善了2004版总规提出的交通系统发展目标、发展方向、发展策略，对各子系统、交通与土地关系等提出规划建议。（张鑫）

【纯电动汽车充电站规划和充电桩等配建研究】　年内，市规划委编制的《北京纯电动汽车充电站空间布局规划和充电桩等相关设施配建指标研究》通过评审。该课题梳理全市纯电动汽车发展面临问题和机遇，分析国内外相关城市发展纯电动汽车充电设施、北京供电系统支撑能力、充电站用地和充电设施配建指标、市政交通场站设施用地指标及充电站空间布局等，提出公交、环卫等充电场站的规划建议，以及新建住宅小区、办公场所等配建充电桩指标建议。（张鑫）

【轨道交通车站周边精细化规划案例研究】　年内，市规划委编制完成《轨道交通车站周边精细化规划设计案例研究》。该课题剖析轨道交通接驳现状问题，提出轨道交通接驳设施的规划流程、审批流程、规划步骤等整套规划的方法和原则。（张鑫）

【中心城道路网规划】　年内，市规划委编制完成《北京市中心城道路网规划》。该规划针对现状道路建设情况全覆盖调查，首次建立起完整的现状道路建设资料库，通过对中心城用地布局和空间结构的分析，优化整合既有规划方案，考虑人口、资源和环境的可持续发展，细分道路功能体系，强化道路系统对综合交通系统的空间承载作用，制定出中心城城市道路网规划方案和近期道路建设指标，并对规划道路网各指标和规划路网容量评价分析。（张鑫）

【中心城防洪防涝系统规划】　年内，市规划委、市水务局共同完成《北京市中心城防洪防涝系统规划》。该规划围绕中心城内涝积水点问题，编制防洪河道及蓄滞洪区、雨水源头控制及利用、雨水管道系统、排水河道及蓄涝区等专项规划方案，建立中心城河道、雨水管道、二维地面漫流水力模型，评估现状防涝设施能力和内涝风险，绘制出中心城内涝风险图。（王婧 徐彦峰）

【综合市政基础设施评估及对策】 年内，市规划委完成《北京市综合市政基础设施评估及对策》。该课题与北京总规修改其他专题衔接，分专业对全市的市政基础设施实施评估、梳理问题，修订了规划目标与发展方向，提出规划对策和实施建议。（王婧 徐彦峰）

【供水、污水分区现状评估和实施规划】 年内，市规划委完成《北京市供水、污水分区现状评估和实施规划》。该规划以水务普查、人口普查和城市规划等有关数据为基础，评估北京供水、污水设施的现状情况，剖析了城乡规划建设中的问题，从行政区划、城镇体系等角度，按集中与分散相结合的原则进行分区，提出了相应的规划方案。（徐彦峰）

【水与城市建设协调发展实施策略】 年内，市规划委完成《水与城市建设协调发展实施策略》研究。该课题以北京城市建设及水务相关建设的发展过程为基础，从水资源等方面分析水与城市建设发展的关系及存在问题，通过多专业的融合，构建水与城市协调发展评价模型，量化评估了现状和不同规划情景下的水与城市建设协调发展的程度，并针对评价结果提出促进和保障水与城市建设协调发展的实施策略。（徐彦峰）

【城市设计战略和建筑风貌管控研究】 年内，市规划委会同相关单位对整体城市设计原则、重点地区城市设计总体要求和建筑风貌分区管制实施管理机制开展研究，建立"城市设计战略框架"的核心构想，确定全市"古都味、东方韵、国际范"的风貌定位，通过城市设计的多样价值推进城市发展、管控城市建设。（马晓婧）

【规划地块的城市设计指导原则研究】 年内，市规划委会同中建院开展《规划地块的城市设计指导原则》研究该。该课题在已有城市设计成果的基础上，通过对建筑体量、退线等城市设计要素的研究，将城市设计成果转化为规划地块的城市设计指导原则，建立一套城市设计要点框架，从公共空间设计与建筑设计两方面对规划地块的设计进行限定。该框架可作为规划地块控规指标的有效补充。（马晓婧）

规划管理

【核发各类建设项目10564件】 2014年，共受理各类建设项目10816件，核发各类建设项目10564件。核发城镇建设规划用地许可总规模5188.59公顷，其中建设用地3507.33公顷。规划建设工程许可规模5714.40万平方米，市政道路、管线规模154.67万延米。核发乡村建设规划许可规模139.45万平方米，使用现状集体建设用地总规模708.00公顷。（杜红艳）

【完成各类保障性住房选址及规划审查】 年内，完成计划开工项目选址规划审查134项，约12.7万套，占向社会公布计划开工项目的98%；审定规划设计方案101项，约10万套，占向社会公布计划开工项目的77%。35个项目已经完成建设工程许可证的核发，涉及房源约3万套。（李海琳）

【棚户区改造和环境整治工程】 年内，研究推进棚户区改造和环境整治项目共205项，多数项目完成规划调整程序和设计方案审查工作。（李海琳）

【前门大栅栏有机更新工程】 年内，组织编制了《北京市西城区大栅栏琉璃厂历史街区保护管理办法》；加强大栅栏琉璃厂历史街区保护和管理，维护街区传统格局和历史风貌；研究前门东区旧城保护整治项目并开展三个试点院落设计方案工作。（吴沫镐）

【政策性住房项目规划设计方案展示】 年内，扩大公众参与，组织开展政策房项目规划设计方案展览3期，涉及15个区县的33个项目，总用地规模约219公顷，总建筑面积约493万平方米。方案展览重点体现建筑形象、立面细部处理、外部环境设计、内部户型设计与住宅产业化设计等要求。（马晓婧）

【"中国尊"项目建设工程】 年内，完成北京最高建筑—"中国尊"项目建设工程规划手续。该项目位于朝阳区国贸桥东北角，是CBD核心区重要项目，也将是北京市最高的地标性建筑，用地面积约1.15公顷，总建筑面积约43.7万平方米，建筑高度528米。（马晓婧）

【天坛医院迁建工程】 年内，完成天坛医院迁建规划手续。该项目将天坛医院从天坛公园外坛墙内侧，迁建至丰台区花乡，总建筑规模35.2万平方米，成为新中国成立以来全市首个从中心城整体外迁的三甲医院。（马晓婧）

【国家大剧院舞美基地建设工程】 年内，完成国家大剧院舞美基地建设工程规划手续。该项目位于通州新城南部台湖镇，为国家大剧院的基础保障设施，规划为世界一流的舞美创作、制作、展示、储存和物流中心。（马晓婧）

【国家机关企业及军队建设工程】 年内，完成国家机关、企业等重点项目的规划手续，总建筑面积约60万平方米；为驻京部队单位的战场任务和营房建设核发规划手续，总建筑面积约80万平方米；完成干部住房等多个住宅项目的规划手续，总建筑面积约60万平方米。（马晓婧）

【CBD核心区建设工程】 年内，核发CBD核心区8个项目的建设工程规划手续，审批工作完成过半。CBD核心区位于国贸桥东北角，占地约30公顷，规划总建筑规模410万平方米，规划建设18座超高层建筑，建成后将成为首都地标性建筑群。（马晓婧）

【六里桥综合交通枢纽一体化设计】 年内，完成六里桥综合交通枢纽一体化设计概念方案审定。该项目位于丰台区京港澳高速公路南侧、市政务中心用地西侧，一体化设计范围包括轨道交通9号线、10号线换乘站六里桥西站及周边相邻的五个地块，该设计概念方案由国际方案征集确定。（马晓婧）

【城市小尺度规划】 年内，组织开展城市公共环境修补性详细规划研究，并在房山区长阳地区进行小尺度规划试点。试点包括十个节点，以"无缝衔接"等理念为指导，针对街区需改进问题实施改造，如增加植被景观、丰富街角活动空间、改善沿街立面等，丰富了城市街道和公共空间的生活、人文气息。（马晓婧）

【陕京四线天然气工程选线】 年内，继陕京一、二、三线输气工程后，确定陕京四线选线方案，预计年输气量约150亿立方米，构建了北京多气源、多方向的燃气供气体系。（王婧）

【北京城市轨道交通建设规划完善】 年内，结合总体规划修改工作，补充优化完善了《北京市城市轨道交通建设规划（2014-2020年）》，经市政府常务会研究通过，上报国家发改委及住建部审查。（葛庆）

工程设计

【轨道交通土建工程设计安全风险评估规范】 年内，市规划委、市质监局联合发布《城市轨道交通土建工程设计安全风险评估规范》。该《规范》按照地铁工程设计、安全风险特点及其要素编排，从工程自身和环境影响两类风险来界定相关细则与要求，明确了风险评估的内容构成与工作流程、方法与成果、风险等级标准及分级原则方面内容。（胡力民）

【下凹桥区雨水调蓄排放设计规范】 年内，市规划委、市质监局联合发布《下凹桥区雨水调蓄排放设计规范》。该《规范》提出新建下凹桥区雨水调蓄排放系统，能力应达到50年重现期校核标准；改建下凹桥区雨水蓄排系统，能力应通过综合工程措施逐步达到50年重现期校核标准，提高了雨水收集系统调蓄排放能力。（胡力民）

【城市道路空间规划设计规范】 年内，市规划委、市质监局联合发布《城市道路空间规划设计规范》。该《规范》提出优化行人、自行车和公交出行的便捷道路环境，倡导绿色出行；统筹布置各项市政设施，促进道路空间利用；强化道路空间生态景观效益，提高城市道路空间防灾减灾能力等措施。（胡力民）

【供热计量设计技术规程】 年内，市规划委、市质监局联合发布《供热计量设计技术规程》。该《规程》在保证供热质量、改革收费制度同时，实现节能降耗。（胡力民）

【民用建筑信息模型设计标准】 年内，市规划委、市质监局联合发布《民用建筑信息模型设计标准》。该《标准》提高了全市设计行业的信息化技术水平。（胡力民）

【城市轨道交通工程规划核验测量规程】 年内，市规划委、市质监局联合发布《城市轨道交通工程规划核验测量规程》，规范了城市轨道交通的监察执法与竣工验收的测绘成果格式。（胡力民）

【城市建设工程地下水控制技术规范】 年内，市规划委、市质监局联合发布《城市建设工程地下水控制技术规范》，该《规范》减少施工降水，保护地下水环境。（胡力民 闫铁英）

【8标准图集发布】 年内，市规划委发布建筑工程图集《轻隔墙》《北京市老旧小区综合改造工程实例汇编》《桥梁防撞护栏》《现浇钢筋混凝土悬臂式挡土墙》《公共区内装修》《内装修——吊顶》《卫生间、浴卫隔断、厨卫排气道系统》《北京市室外无障碍设施设计指导性图集》。（胡力民）

【养老服务设施规划设计技术要点发布】 年内，市规划委发布《北京市养老服务设施规划设计技术要点（试行）》，该《要点》引入"住宅适老性"的设计理念，倡导设计师从生理、心理、实际需求出发为老年人做设计。（胡力民）

【工程档案入库】 年内，市城建档案馆完成建筑、市政工程档案登记870项，档案预验收403项；接收纸质品工程档案43002卷、缩微胶片8777卷；整编制作缩微胶片母片648盘，拷贝片979盘，复印文件图纸51918张，归档数码照片档案14974张，50GB；工程档案数字化影像扫描978499画幅，形成影像文件 1410GB；接收电子著录数据 25639 项；提供利用档案 22583 卷次，提供档案证明 1119 套。（田晓晶）

勘察·设计

【首次地理国情普查总体方案完成】 年内，北京市规划委编制完成全市第一次地理国情普查总体方案、实施方案、内容与指标、质量管理细则和多个技术文件，通过公开招投标，确定 6 家单位承担内外业生产，2 家单位承担质量检验，2 家单位联合承担 LiDAR 数据获取，各由 1 家单位承担六环外 1∶2000 地形图现势性补测和城六区排水管网普查应用。（杨明哲 张京川）

【发展绿色建筑推动绿色生态示范区建设奖励办法发布】 年内，市规划委、市财政局、市住房城乡建设委联合发布《北京市发展绿色建筑推动绿色生态示范区建设财政奖励资金管理办法》，规定全市绿色生态示范区的评选办法、评选数量和奖励措施，并评审出未来科技城、雁栖湖生态发展示范区、中关村软件园 3 个参评功能区为"北京市绿色生态示范区"。（杨明哲）

【受理各类事项约 1300 件】 年内，共受理行政许可事项约 2000 件，受理各类注册师注册事项约 7000 件；受理建设工程招投标项目约 1300 项其中国有投资项目比例约占 36%，企业自筹项目比例约为 64%，涉及总投资约为 6243.9 亿元；共有 786 个项目，共约 3700 万平方米的新建建筑达到一星级标准；6 月底前完成全部规划甲级资质单位换证工作，12 月底前完成各地方规划乙、丙级资质单位换证工作，涉及单位约 130 余家。测绘单位复审换证 310 余家。（杨明哲）

【审查建设工程施工图设计文件 1600 项】 年内，完成房屋建筑施工图设计文件审查约 1600 项 6000 万平方米；提供北京市各种格式电子地形图数据约 15000 幅。（杨明哲）

【数字城市学术委员会成立】 年内，北京市数字城市学术委员会成立。该委员会是北京市城市科学研究会和北京市规划学会下属的专业学术委员会，主要开展北京市数字城市和智慧城市发展研究、参与或制定北京市数字城市相关发展规划和标准以及开展新技术的推广应用和专题学术交流活动。（张京川）

【2 部行业标准发布】 年内，市测绘院组织编写的行业标准《城市建设工程竣工测量成果规范》《城市建设工程竣工测量成果更新地形图数据技术规程》

发布。（张京川）

【基坑支护预应力地锚装置获国家专利】 年内，市勘察院研制成功的"一种用于基坑支护的预应力地锚装置"获国家知识产权局实用新型专利证书。该装置的作用是加固基坑支护结构，提升支护体系安全系数。（闫铁英）

【盾构穿越扰动敏感区控制技术通过鉴定】 年内，市勘察院、市轨道交通公司、中铁隧道院等联合完成的《中心城区盾构长距离连续穿越敏感建构筑物微扰动控制技术》通过市住房城乡建设委鉴定。该项技术首次提出盾构施工穿越古旧建筑群等敏感建构筑物时的沉降数学预测模型、变形影响范围及风险评估方法，盾构施工引起周围环境振动、噪声的计算方法和控制标准。（闫铁英）

地名变更

2014 年，北京市地名命名、调整共计 282 个。按地名类别划分，道路和居住区名称 240 个，桥梁名称 13 个，轨道交通车站名称 29 个。

市政公用基础设施建设和管理

概况

2014 年，北京市市政基础设施建设和管理工作，围绕实现市容环境整洁优美、和谐有序、服务完善、运行高效的目标，以举办 APEC 会议为契机，不断深化城市管理体制机制改革，创新环境建设投融资渠道，加快市政公用基础设施建设，完善城市精细化管理，在推进首都生态环境建设，营造整洁优美市容环境，保障城市安全稳定运行等方面取得良好成效。在市政基础设施建设和管理中，推进陕京三线全线运行以及四线北京段、东北热电中心等重点工程建设，建立天然气资源供需预测和调度运行响应机制，落实天然气年度指标，提高供热服务保障，确保城市能源运行安全。在环境建设项目实施中，注重规划先行，强化统筹协调，完成各类环境建设任务 809 项，提升城乡环境水平。引入市场机制，挖掘环境建设潜在收益，吸引多元资金投入，创新环境建设资金保障办法，建立环境建设融资平台，预计形成 40 亿元上下的年度融资规模。落实《北京市生活垃圾处理设施建设三年实施方案（2013～2015年）》，推进生活垃圾资源化处理，填埋方式处理比例首次达到 50% 以下。发挥城管综合执法、综合监管、综合协调职能作用，开展国庆 65 周年和 APEC

会议保障、非法小广告、渣土运输等八大专项整治行动，推进环境秩序综合治理，探索城管执法系统改革创新，积极研究思路，夯实工作基础。2014年共查处违法行为235.6万起，同比上升23.5%；立案处罚11.2万起，同比上升132.2%；罚款8956万元，同比上升70.3%；拆除及配合拆除违法建设1160万平方米，同比上升50.6%。

市政公用设施

【提升城市运行服务保障能力】 为确保城市安全稳定运行，全面落实"十二五"时期燃气、供热发展建设规划，2014年，落实天然气年度指标110亿立方米，天然气供应总量113.2亿立方米，比上年增长13.7%。年末共有居民燃气用户855万户，比上年末增长14.7%，其中天然气家庭用户567万户，增长3.8%。燃气管线长度达到20988公里，比上年末增长4.6%。全年液化石油气供应总量54.6万吨，比上年增长15.5%。全市总供热面积达7.5亿平方米，其中居民面积5.4亿平方米，10万平方米以上的集中供热面积5.6亿平方米，比上年增长2.1%。全市燃煤锅炉供热用煤需求量持续下降，约为430万吨。完善热电气联合调度机制，确保城市能源运行安全。对全市供热单位进行燃料价格补贴约39亿元，对困难群体实施应急救助1.1亿元。

【加快推进市政公用基础设施建设】 2014年，建成唐山曹妃甸液化天然气二期工程、西集门站和液化天然气储备站，开展大唐煤制气二期项目可行性研究，完成密云门站、西北、东北燃气热电中心配套燃气管线项目前期工作。陕京四线已获得国家发改委核准，完成北京段隧道工程施工。开展北石槽—西沙屯、平谷—宝坻燃气联络线工程初步设计。完成65项燃气管网加密建设，增购液化天然气2亿立方米。建成四大热电中心8条配套热力管线。实施202个小区老旧供热管网改造任务，涉及供热面积1400万平方米，改造供热主管线240公里。完成2500蒸吨供暖燃煤锅炉清洁能源改造，实施4100蒸吨燃煤锅炉年度改造任务，基本取消五环路以内的燃煤锅炉房。

【陕京三线工程全线投入运行】 11月中旬，陕京三线良乡至西沙屯段工程投产，每日为本市增加约4300万立方米供气量，实现北部地区进气的目标。天然气陕京三线从陕西榆林至本市昌平区西沙屯，全长1026公里，年输气能力150亿立方米。

【全面落实大气污染防控治理措施】 认真落实全市《清洁空气行动计划》重点任务，针对雾霾天气，研究制定《我市空气重污染城市道路清扫保洁应急预案》，启动雾霾天应急响应机制，投入环卫专业作业车辆4.8万车次、作业人员35.4万人次，开展清扫清洗冲刷、喷雾压尘作业，有效减少道路扬尘污染。全市城市道路清扫保洁面积近1.9亿平方米，推广城市道路清扫保洁新工艺，采取"吸、扫、冲、收"等新工艺新手段，降低路面尘土负荷，控制扬尘污染，提高道路洁净度，全市新工艺作业覆盖率达85%。对城六区30条道路尘土残存量进行监测，尘土残存量同比下降2.3%。纯电动和清洁能源环卫车辆达2060辆，完成居民燃煤锅炉"煤改气"39项、共3600蒸吨。推进供热计量改造，完成6700万平方米既有节能居住建筑供热计量改造任务。处理垃圾露天焚烧和暴露问题，全年大型垃圾脏乱点数量下降68%。

【推进城市公共空间规范管理】 全市开展城市公共服务设施集中治理行动，邮政、电力、交通等权属单位开展所属设施排查更新和清洗油饰工作。共清理、规范报刊亭近3000座，初步遏制报刊亭私改设施、亭外经营等问题；清理、规范早餐车1000余座，基本实现早餐车非经营时段退路存放；整治电话亭1600余座；全市地铁接驳设施和公交站牌违法广告全部撤除，闲置、假冒公交站亭全部拆除。重点完成长安街及延长线设施治理，并公布该路段设施设置目录。

【初步建立地下管线综合管理体制】 在探索完善地下管线综合管理体系基础上，建立制定《北京市加强城市地下管线建设管理工作职责分工方案》，提出2015—2018年地下管线建设管理工作目标，通过完善地下管线管理组织、基础数据信息管理、隐患排查治理管理、应急处置与管理和法规标准保障等体系，在全国率先建立"综合协调管理、部门分段负责、行业和区域监管、权属主体负责"的地下管网综合管理体制。

【推进农村地区燃气下乡】 为扩大清洁能源使用，推进城乡环境建设，建立完善农村地区瓶装液化石油气供应服务体系，新发展用户55.6万户，累计达77万户，销售液化气240余万瓶，核算减煤约60万吨，超额完成市政府40万用户预定目标。在朝阳区马泉营村等7个行政村开展天然气入村试点工程，为2132户农村用户接通了市政管网天然气，解决了炊事和采暖用气问题，并实现燃气销售"同城同价"。

【建立地下管线防护信息沟通系统】 通过"北京市挖掘工程地下管线安全防护信息沟通系统"，年内共进行 6450 次地下管线防护信息对接配合，实现挖掘工程建设单位与地下管线单位的有效对接。该系统采取"建设单位发布信息、涉及单位主动配合"模式，与区县网格管理平台建立信息共享机制，系统注册用户已达 369 家，政府用户 38 家、管线单位 101 家、建设单位 235 家，98％以上的管线单位能在 5 个工作日时限内回复管线防护信息。

【加强市政公用设施安全管理】 在全市推广燃气安全防护新技术，创建燃气安全生产标准化达标工作。推进丰台区餐饮经营单位燃气安全防护物联网示范项目，累计共有 1350 家餐饮业户安装数据采集终端，130 家餐饮业户安装报警器。在金蝉北里、安华里二区、天兆家园等小区为 101 户居民免费安装燃气安全防护装置。为 9020 户居民安装管道燃气自闭阀和使用寿命长的耐用胶管。组织落实《关于北京市燃气供应企业开展安全生产标准化达标创建工作的意见》，在全市所有取得燃气经营许可和燃气供应许可企业全面开展达标创建。

【完成管线隐患消隐工程 190 公里】 为防治地下管线结构安全隐患，建立地下管线消隐协调联动机制，落实属地区域监管、管线权属单位和相关审批部门责任。组织落实制定隐患排查治理行动方案，完成自来水、排水、电力、燃气、热力等单位年度消除结构性隐患工程计划项目，共计 430 项消隐任务，涉及管线长度 190.6 公里，其中采用非开挖技术 76 公里，有效降低地下管线结构安全事故率。

【研究探索城市、社会、治安"三网"对接】 为推进城市管理体制改革，提高城市精细化管理，组织专家开展城市网格、社会网格、治安网格"三网"对接研究。探索在完善城市网格功能的基础上，分步实施三网对接工作，逐渐将人口、建筑物、地下空间、地下管网等管理要素纳入，实现平面到立面、覆盖多领域的服务管理平台。建立统一的基础数据库、GIS 系统、数据采集队伍和数据更新结构机制，实时了解案件进展情况，实现信息资源共享。建立协同管理机制和权威的联席会议制度，整合优化城市管理资源，形成市控区统、条块结合、以块为主、网格管理、社区自治的现代化城市管理体制。高度重视预警预测分析，不仅建立城市日常运行管理问题解决机制，更要强化运行数据分析预测，从服务城市社会经济运行管理，服务领导决策提出意见和建议。

【市政工程建设管理取得成效】 推进架空线入地工程，全市组织建设通信架空线入地管道 178 公里，完成 94 条道路 120 公里穿缆撤线拔杆工作。加

强井盖运行管理，落实区县区域监管和井盖权属单位主体责任，建立"少丢快补"机制和建立"双监管"巡查工作机制，重点监管丢失、严重破损等问题，收集汇总信息并快速处理。城区井盖类设施发生丢失损坏等问题共 18465 个，丢失损坏率为 1.27％，丢失损坏数量同比减少 12.8％，丢失损坏率同比减少 0.28％。丢失损坏数量及丢失损坏率连续两年呈下降趋势。

城乡环境

【全面强化城乡环境整治】 为国庆 65 周年和 APEC 会议活动提供环境保障，围绕"三区"、"八线"、"四周边"开展环境整治，提升怀柔区及雁栖湖生态示范区周边 10 个区域环境水平，实施奥林匹克公园中心区及周边 17 平方公里核心区和辐射区环境整治。完成京承高速、京藏高速、机场高速等 8 条路线 280 余个脏乱点整治。解决重点饭店、旅游景点和商业区周边 170 余个环境问题。对 10 个区县 245 条主要大街及重点地区临街建筑物开展外立面清洗粉饰，完成 485 万平方米建构筑物外立面清洗粉饰。开展铁路沿线"百日环境整治行动"，拆除违法建设、清理垃圾渣土、绿化美化，消除安全隐患，提升进京第一印象水平。

【提升 30 个区域环境综合水平】 开展区域环境综合提升工程，实施区域内绿化美化、道路整修、补装照明设施，配建停车设施和健身场所等建设，全市共实施区域环境综合提升项目 30 处，总面积约 60 平方公里，覆盖社区 178 个，综合整治中心城区 100 条胡同街巷，开展城市道路环境建设达标工程，完成达标道路 204 条，其中市级 60 条、区县级 144 条。

【改善背街小巷市容环境】 组织开展 247 条背街小巷、177 个老旧小区环境综合整治，整修道路、建筑物立面、宅院大门，补建绿化，清理杂物，拆除违法建设，改造各类管线。组织实施《北京市背街小巷环境卫生质量要求与作业规范》和《北京居住小区环境卫生质量标准》，推进专业化和小型机械作业，开展达标检查验收，目前已有 1211 条背街小巷达标，城区达标率 83.1％，其中文保区全部达标。

【提升重点大街和地区景观照明品质】 组织开展天安门城楼、人民大会堂、人民英雄纪念碑等主要建筑景观照明提升改造，增加分级控制模式，平均能耗降低 40％，形成天安门地区庄重大气、恢宏炫丽的夜景氛围。新建航天桥、四通桥等 5 座桥梁景观照明设施，对三元桥、新华门松树彩灯等 8 处

景观照明设施进行改造，丰富重点大街和主要环路的景观照明体系。配合桥梁维修粉饰工程，同步组织四元桥、德胜门桥等14座环路桥梁的景观照明设施维护，消除安全隐患和景观盲点。

【开展优美小区街巷胡同评选】 动员市民广泛参与环境优美居住小区街巷胡同评选活动，评选投票市民达436万人次，比2013年参与人次增长14%，共收到选票1416万票。在区县推荐参评的219个居住小区和142个街巷胡同候选名单中，分别各确定了42名入围名单，最终通过开展现场评议评审，评选出杨家园小区、富力信然庭小区等30名环境优美小区和东城区小取灯胡同6号、培英胡同等30名环境优美街巷胡同。

【城市环境公众满意度有所提高】 在建立完善环境建设问题和评价结果公开制度、环境建设约谈制度的基础上，继续开展环境建设综合考评，严格落实"月检查、月排名、月曝光"和环境问题挂销账制度，全年共组织12次月检查，检查行驶总里程约2.5万公里，共检查点位1247处，其中整治达标961处，达标率77.06%；派发12批市级台账，列入问题点位12366处，解决销账9988处，销账率80.77%，全年首都城市环境公众满意度为78.1分，同比增长1.3%，农村环境公众满意度为76.0分，同比增长1.2%。

【网格化城市管理系统结案率98%】 年内，全市网格化城市管理系统立案630万件、结案618万件、结案率98%。网格系统发现并处置的部件类问题前五位为雨水算子、交通护栏、电力设施、行道树、交通标志牌，事件类问题前五位为非法小广告、暴露垃圾、无照经营游商、机动车乱停放、道路不洁。全市网格化城市管理探索建立属地分支机构与属地责任部门案件协调派遣的"微循环"模式，陆续开展全市范围废旧机动车摸排、公厕普查、背街小巷专项整治、建筑垃圾渣土运输监控、餐厨垃圾监管等项工作，编制《数字化城市管理信息系统地理空间数据获取与更新》北京地方标准，推进远郊区县平台对接市级平台，完善地理数据信息，在城市精细化管理上发挥重要作用。积极配合城市管理、社会服务、社会治安三网对接工作，组织专家开展城市网格、社会网格、治安网格"三网"对接研究。探索在完善城市网格功能的基础上，分步实施三网对接工作，逐渐将人口、建筑物、地下空间、地下管网等管理要素纳入，实现平面到立面、覆盖多领域的服务管理平台。建立统一的基础数据库、GIS系统、数据采集队伍和数据更新结构机制，实时了解

案件进展情况，实现信息资源共享。建立协同管理机制和权威的联席会议制度，整合优化城市管理资源，形成市控区统、条块结合、以块为主、网格管理、社区自治的现代化城市管理体制。制定、实施《12319城市管理热线举报奖励暂行办法》，鼓励社会公众充分利用"12319"城市管理热线对城市管理问题进行投诉。

【推进生活垃圾处理设施建设】 围绕《北京市生活垃圾处理设施建设三年实施方案（2013～2015年）》，建立专项督查机制，每月督查任务进度、通报完成情况、调度项目进展，建成10座处理设施并投入运行，正在建设的7座。截至年底，北京市共有垃圾处理设施37座，总设计处理能力21971吨/日。其中，垃圾转运站9座、焚烧厂4座、填埋场16座、堆肥厂6座、集中式餐厨垃圾处理厂2座。北京市年产生活垃圾733.84万吨，生活垃圾无害化处理率（根据垃圾清运量计算）为99.6%，比上年提高0.3个百分点，焚烧、生化等资源化处理所占比例达50%以上，填埋方式处理比例首次达到50%以下，标志生活垃圾处理逐步由填埋向资源化处理方式迈进。

【完善垃圾调控核算运行机制】 按照全市生活垃圾产生量零增长控制目标，完善生活垃圾调控核算平台运行机制，核定区县生活垃圾产生量，并将跨区域处理补偿费用统一缴纳到生活垃圾处理结算平台进行结算，超量加价，减量减费。结合异地处理经济补偿费用标准（150元/吨）、年度处理量、垃圾处理设施运行考核评比情况，采取季度预拨和年度结算两种方式从垃圾处理调控核算平台拨付费用，提高经费结算效率。建立健全垃圾处理双向称重系统和在线监管系统，明确垃圾焚烧、生化处理企业运行标准，确保污水、臭气达标排放，残渣无害化处理。对8个重点处理设施进行全密闭改造，完成36个垃圾处理设施职业健康安全认证，提高生活垃圾处理设施运行管理水平。

【开展建筑垃圾运输治理】 制定《关于进一步加强建筑垃圾土方、砂石运输管理工作的意见》，发布《建筑垃圾运输车辆标识、监控和密闭技术要求》和车辆更新改造补助政策、《关于开展建筑垃圾土方砂石运输车辆改造与新车购置工作的通告》，落实补助资金2.8亿元。完成建筑垃圾运输车辆更新改造8272台。推进建筑垃圾综合管理信息平台建设，实现市级部门之间、市级部门与区县之间执法信息共享、数据对接。增设建筑垃圾运输企业经营许可，强化行政许可事后监督管理。研究制定《北京市建

筑垃圾综合管理检查考核评价办法》，对区县进行考核评价，以及《建筑垃圾运输企业监督管理办法》，加强建筑垃圾运输企业日常监管，规范运输行为。

【加强垃圾分类和餐厨废弃油脂管理】 继续推进垃圾分类达标试点工作，新增垃圾分类达标试点小区450个，达标小区总数3365个，占全市居住小区总数的70%，生活垃圾分类资源化处理走在全国前列。加强餐厨垃圾源头管理，积极推进就地资源化处理，在12所高校建设就地处理设施，餐厨垃圾规范收运处理能力达800吨/日。推进餐厨废弃油脂属地特许经营，共确定10家特许经营收运企业，建设预处理设施6座，规范运输车辆184台，全市7871家餐饮服务企业纳入规范收运范围。

【加强非正规垃圾填埋场治理】 组织梳理非正规垃圾填埋场分布现状，制定治理台账和方案，对全市现存的176处非正规垃圾填埋场全部开展整治，完成100处项目治理，76处项目完成勘察设计、项目申报、落实配套资金、具备施工条件、项目招投标等前期工作。完善市级补助专项资金管理政策，坚持治理既有、杜绝新生的原则，强化城乡结合部和农村地区垃圾收集运输体系建设，消除管理盲区。

【提升城乡公厕服务质量】 修订《北京市公厕建设标准》和北京市公厕服务管理标准与作业规范，调整男女厕位比例，明确公厕除臭、节水、保温、防冻等要求，开放已关闭公厕，修缮损坏设施，增设公厕导向牌。落实农村公厕运行、维护费用标准，确保农村公厕正常开放。通过行业公厕管理联席会议制度，提升行业公厕服务质量。完成150座旱厕升级改造，改善群众如厕环境。研发北京公厕查询手机软件，可查询五环以内主要道路及街巷胡同内的8315座公厕。推进第三卫生间建设（注："第三卫生间"，这种公厕也被称为"中性卫生间"，有别于现有公厕的男女分区设置，其用途主要为方便市民照顾家人如厕，有独立的出入口，方便父母带异性的孩子、子女带异性的老人外出，照顾其如厕），在医院、公园、旅游景区及人流密集场所建设50座第三卫生间，提高公厕人性化服务。

【强化重点地区突出问题管控】 大力推进环境秩序综合治理，重拳治理突出问题，在天安门地区强化定期会商、捆绑执法等机制，严格落实"盯死看牢"要求，对各类违法形态零容忍，查处违法行为7.6万起，同比上升137.5%，收缴政治性非法出版物、盗版图书、音像制品等7400册（种），积极参与反恐维稳工作，协助妥善处置涉稳事件493起，推动地区环境秩序持续改善。

【加强"降尘控污"联合执法】 城管执法部门与有关部门建立大气污染防治联合执法周，开展多波次、高密度的集中整治，采取源头盯守、道路设卡、视频监控等措施，对违规的施工现场、渣土运输开展联合查处，立案处罚施工工地、渣土运输9663起，罚款3800万元，同比上升308.7%。强化露天烧烤和焚烧的执法力度，查处露天烧烤、露天焚烧2.8万起，同比上升147%，实现大气污染违法形态群众举报同比下降11.3%的整治效果，其中，135处露天烧烤高发点位群众举报同比下降81.6%。

【开展非法小广告专项治理】 建立联动配合机制和非法小广告案件移送制度，出台非法小广告作业经费标准，全市摸排梳理出非法小广告高发区域191处、重点区域132.5平方公里，实施重点管控，加大执法力度，累计查处散发小广告人员1.5万人次，收缴各类小广告817万余张，约谈、查处违法企业176家，捣毁印制窝点12个、查抄散发窝点400余个。全年共查处非法小广告案件17万余起，罚款218万元，立案率同比上升13倍，经治理，举报非法小广告退出96310热线举报前10位。

【强力整治电信小广告】 城管执法部门与通信管理部门协商，采取警示追呼和停机举措，建立联合查处机制，加大对电信小广告的治理，共查处非法小广告17万起，同比上升15倍，追呼电话号码7.4万个，停机1.1万个，清掏制储窝点69个，首次开出30万元罚单，非法小广告蔓延态势得到有效遏制。

【整治户外广告牌匾标识3.5万块】 为遏制违规户外广告反弹，健全完善户外广告监管工作机制，全市开展户外广告牌匾专项整治，集中整治违规户外广告和设置不规范的牌匾标识、山寨指路牌等3.5万块，同比上升114.8%；完成奥林匹克地区户外广告专项整治任务，拆除各类违规户外广告、牌匾标识27块，整改16块，达到奥林匹克核心区及辐射区无违法广告牌匾标准。

【全市整治100处无照经营点】 以解决群众反映的环境问题为突破点，重点改善群众身边环境秩序，在全市范围组织开展无照经营等专项整治，共立案处罚无照经营7.2万起，罚款1694万元，同比上升283.5%，实现全市100处无照经营点位举报量同比下降15%的整治目标，取缔非法停车场378个，拆除地桩地锁9978个，整治燃油两轮摩托车电动（燃油）三轮车，共立案处罚非法运营6607起，罚款

第四篇

1442 万元，同比上升 292.5%。

【开展建筑垃圾专项治理月行动】 市城管执法部门积极与北京市市政市容委、市住房城乡建设委、市交通委等部门合作，组成专项执法督导组，连续开展建筑垃圾运输专项执法，加强施工工地和渣土运输整治，采取视频监控、源头盯守、路上设岗等多种措施，持续加大执法力度，立案处罚 9663 起，同比上升 173%。全年共有 225 处工地停工整改，约谈 202 个违法违规单位，9 家施工单位实施停标处罚，有效推动建筑垃圾各项管理措施的落实，遏制建筑垃圾违规运输和消纳造成的环境问题。

【治理 1.8 万处违法建设】 针对长期以来出现的大量违法建设，组织开展专项治理，着力改善环境状况，消除安全隐患，增强群众幸福感和满意度，拆除及配合拆除违法建设 1.8 万处，共计面积 1160 万平方米，占全市拆违总量 81.5%；解决环境问题及治安消防隐患 7800 个，办理全市 218 处住人集装箱、苹果园流动人口聚居大杂院等一批有影响的案件，群众举报同比下降 22.9%。

【强化燃气安全专项检查】 城管部门开展新的执法模式，通过与专业部门的联勤联动，拓展执法范围，重点排查 30 家 APEC 会议接待餐饮企业等，共检查燃气使用单位 6.31 万家，消除燃气安全隐患 9668 起，消除用气场所安全隐患 4240 起，立案处罚 368 起，罚款合计 65.4 万元。将执法对象从公服用户延伸到街面，取缔使用液化气无照经营 5710 起，消除隐患 5428 起。

【受理群众举报 44.7 万件】 城管热线加强"高发时间、高发地点、高发违法形态"数据分析，及时解决群众环境诉求，受理群众举报 44.7 万件。

【开展"四公开一监督"工作】 按照"以公开树公信、以监督促落实"的目标，制定《北京市城市管理综合执法"四公开一监督"工作实施意见》，通过"首都之窗"、"北京市城管执法局官网"等渠道向在非法小广告、工地管理与车辆泄漏遗撒等 9 个方面，厘清部门责任，明确查处标准，为加强舆论和社会监督创造条件。同时，强化综合监管职能，成立市区两级城管、治安、交管部门参加的 32 个联合督导组，全力当好属地政府、管理部门的"腿"和"眼睛"，派发《监管通知单》2.8 万件，同比上升 673%，实现日均发单超过百件的突破，解决各类环境秩序问题 6.5 万个，为治理城市痼疾顽症发挥重要作用。

（北京市市政市容管理委员会）

园林绿化美化建设

概况

2014 年，北京市新增城市绿化面积 1019 公顷。全市林木绿化率达到 58.4%，森林覆盖率达到 41%；城市绿化覆盖率达到 47.4%，人均公共绿地面积达到 15.9 平方米。

【城市绿化美化】 全市新增城市绿地 919 公顷，新建屋顶绿化 18 万平方米、垂直绿化 61 千米，完成老旧小区绿化改造 72 处、胡同街巷绿化改造 49 处，建成市级健康绿道 212 千米。

【公园景区】 建成朝阳望和公园和弘善家园、海淀建西苑、丰台马家堡和郭庄子等 30 处城市休闲公园，新增公园 6 个；完成《北京公园条例》修订论证工作，慕田峪长城风景名胜区总体规划获市政府批准；截至 2014 年底，全市公园达到 395 个，其中城市注册公园 355 个，面积 12859 公顷，森林公园 31 个，湿地公园 9 个，风景名胜区 27 处，全年开展文化活动 327 项，年接待游客 2.9 亿，节假日游客量 3974.8 万。

【全民义务植树】 全市 320 万人次以各种形式参加义务植树活动，植树 360 万株，认建认养绿地 698 公顷、树木 6.8 万株。深入开展绿化美化"六进"、"六美"创建活动，全年创建花园式单位 120 个、花园式社区 40 个、园林小城镇 5 个、首都绿色村庄 80 个。积极推进"市花月季进社区"，通过多种方式投入资金近 1400 万元，70 个社区进行月季规模化种植。开展首个"世界野生动植物日"、"国际森林日"和"北京湿地日"等生态科普宣传活动，弘扬生态文明新风尚。首次开展亚太经合组织（APEC）会议碳中和林植树活动，会议期间造成 6371 吨二氧化碳排放将通过营造 84.93 公顷碳汇林以实现碳中和。（齐庆桦）

【完成节日庆典花卉布置】 年内，圆满完成国庆 65 周年城市花卉景观布置和烈士纪念日敬献花篮活动服务保障任务，全市共摆放立体花坛近 500 处，地栽花卉约 40 万平方米，花钵、花箱 1 万余个，应用花卉品种 150 余个，总用花量超过 2200 万盆（株）。国庆期间开展首都各界盛大游园活动，全市 373 家公园免费开放，举行文艺演出 21 场。（齐庆桦）

【完成 APEC 峰会景观环境保障】 年内，推进雁栖湖生态示范区公共景观以及核心岛的绿化美化建设。完成绿化面积 400 余公顷，栽植乔木 14 万株、灌木 70 万株、地被 158 公顷，打造"一核、一环（八景）、一带"优美生态景观。同时，结合平原造林工程，全力抓好京承高速、机场南线等主要联络线外侧原有林带的加宽加厚和景观提升工作，栽植乔木 7200 多株、灌木 4 万余株、草坪地被 25.3 公顷，实现"绿不断线、景不断链、色彩丰富、景观优美"目标。着力提升奥林匹克公园及其周边道路绿化景观，栽植乔灌木 9 万株、花卉地被 5 万平方米、绿篱 8000 平方米，确保会议期间园林绿化景观效果。（齐庆栓）

【城市绿色空间持续拓展】 年内，建成朝阳弘善家园、海淀建西苑、丰台马家堡、郭庄子等 30 处休闲公园；完成 200 千米市级健康绿道建设，其中三山五园、环二环东西城段已全面开放；完成棚户区绿化改造和拆违建绿 200 余公顷、老旧小区绿化改造 72 处、胡同街巷景观提升 49 处，实施屋顶绿化 18 万平方米、垂直绿化 61 千米。（齐庆栓）

【建设城市健康绿道】 年内，北京市园林绿化局、市发展改革委、市财政局联合下发《关于加快北京市市级绿道建设工作的意见》和《2014 年北京市绿道工程建设工作方案》，明确 2014 年全市绿道建设总体任务、时间安排、资金保障和项目实施保障措施。同时，编制下发《北京市区县绿道体系规划编制指导书》和《北京绿道规划设计技术导则》等技术文件，为绿道建设提供技术支撑。推进 200 千米市级绿道建设和 398 千米市级绿道前期立项工作。截至目前，全市市级绿道已完成 212 千米。其中三山五园绿道已全面开放；环二环绿道东、西城段已全面开放；丰台园博绿道完成开放。温榆河绿道昌平、通州段基本完成建成开放。（齐庆栓）

【2019 年世界园艺博览会筹办工作启动】 年内，国际展览局第 155 次大会一致表决认可 2019 年中国北京世界园艺博览会（以下简称世园会）并授予局旗，标志着北京世园会全面完成国际批准和认可程序，正式纳入认可类世博会范畴。（齐庆栓）

【科技成果推广】 2014 年，重点推广"金叶白蜡、金叶复叶槭两个彩叶树种良种在北京平原造林中示范与应用"、"现代苹果园肥水一体化高效利用技术推广示范"等项目 12 项。建立森林培育和森林经营、湿地与自然保护区管理、园林绿化产业、林下经济、城市绿地建设、防沙治沙等 6 个类型的 23 处科技创新示范区，示范面积 4700 余公顷。结合平原造林工程，建立平原区森林多功能经营、废弃地景观生态林、平原区沙地景观生态林健康经营、应对 PM2.5 的森林多功能经营、平原区高碳汇森林以

及高碳汇森林多功能经营等 6 处 207 公顷的示范区。主要示范推广了土壤改良、生态垫覆盖、节水灌溉、树木整形修剪、污染土壤微生物修复以及林下植被管理等新技术、新材料。（齐庆栓）

【完成 APEC 相关绿化美化工作】 年内，完成雁栖湖生态示范区绿化建设。该工程包括雁栖湖生态发展示范区公共区、雁栖岛绿化两部分，绿化面积 395.5 公顷。着力打造"一核、一环（八景）、一带"景观架构。"一核"，即雁栖岛绿化景观工程，工程建设包括会议中心、酒店、别墅等庭院及其周边绿化景观建设，绿化面积 47.5 公顷；"一环"，即沿范崎路、南环路、北环路沿线及雁栖湖东岸形成围绕雁栖湖的绿化景观工程，绿化面积 293.6 公顷，共建成松云邀月、五峰秋韵、翠荫掩黛、古槐溪语、雁坝览胜、柏崖印记、雁栖畅观、螺山霞妆八大景观节点，简称"雁栖八景"；"一带"，即西、北部生态山林修复工程，绿化面积 54.4 公顷，针对雁栖湖西侧、北侧山体视线节点进行景观提升和生态修复。共栽植乔木 14 万株、灌木 70 万株，花卉及草坪地被共 158 公顷。重点完成京承高速（太阳宫桥至怀柔桥段）护网内绿化景观提升工程。共栽植乔木 7206 株、灌木 39679 株、草坪地被 25.3 公顷。提升奥林匹克公园及其周边道路绿化景观。针对奥林匹克公园公共区、鸟巢、水立方、国家会议中心红线范围内，以及奥林匹公园周边道路绿地实施改造提升工程，即在原有绿化基础上增加常绿树和色叶树，保证 APEC 会期园林景观效果。共栽植乔灌木 9 万株、花卉地被 5 万平方米、绿篱 8000 平方米。组织专业人员编制完成了 APEC 会议"三区、八线、四周边"花卉布置工作。（齐庆栓）

【森林文化建设】 年内，举办第二届森林文化节活动，3 月 29 日，以"体验森林，感知文化"为主题的第二届北京森林文化节在西山国家森林公园举办，全市森林公园举办 77 项丰富多彩的森林文化活动，包括森林音乐会、丁香节、红叶节、风筝节等。加强森林景观提升改造和森林文化设施建设完善。重点打造了西山森林公园的"西山晴雪"、百望山森林公园的"烂漫山花"、八达岭森林公园的"长城红叶"和松山保护区的"山地杜鹃"等特色森林景观，建设完成了八达岭森林公园的森林体验馆、西山森林公园的无名英雄广场、百望山森林公园的健康步道等设施并对外开放。据统计，电视台专题报道 52 次，电台报道 60 次，报刊、网络报道 520 余次，组织摄制《北京森林公园》专题宣传片 16 集，制定印发《2014 年森林文化建设实施方案》。（齐

第四篇

（庆栓）

【加大生态保护执法力度】　年内，森林公安局成功侦破一起跨省非法收购、出售象牙制品特大刑事案件，抓获犯罪嫌疑人 14 人，收缴象牙制品 391 千克，盔犀鸟和犀牛角制品 143 件，为保护国家珍稀濒危野生动物做出突出贡献，公安部部长郭声琨亲自签发命令，为市园林绿化局森林公安局"5.20"专案组记集体一等功。（齐庆栓）

【北京健康绿道建设】　年内，以"服务市民健康生活，推进滨河、郊野公园绿道建设"议案办理工作为契机，编制完成《北京市级绿道建设总体方案（2013～2017 年）》，确定北京市级绿道"三环、三翼、多廊"的总体布局；起草完成《北京市绿道建设工作意见》、《北京绿道设计建设导则》、《绿道标识系统设计方案》等各类指导性文件；启动海淀三山五园绿道、丰台园博绿道、环二环绿道、温榆河滨水绿道等示范建设，其中三山五园绿道、园博绿道已获北京市发展改革委批复，开始施工建设；区县级绿道规划编制工作正在展开，其中顺义、丰台、大兴、通州等区级绿道规划区已率先完成。（齐庆栓）

【圆满完成国庆游园活动】　年内，国庆期间天坛公园、朝阳公园、园博园、陶然亭公园、玉渊潭公园等 5 家集中游园公园文艺演出 21 场，摆放立体花坛 30 个，地栽花卉 6 万平方米，涉及 150 余个花卉品种，布置花钵花箱 1700 个，用花总量约 300 万盆株，营造出浓厚的节日气氛。5 个游园公园十一当天共接待游客 17.8 万人，4 个热点公园接待游客 15.6 万人，全市 387 个公园共接待游客 146 万人。为确保集中游园公园的安全，全市 373 家公园免费开放。（齐庆栓）

【打造公园风景区公众服务品牌】　年内，扩大 100 条健康行走路线、100 项文化活动、100 片最美赏花区和赏彩叶区、100 项园林文化创意产品和 100 张公园风景区美图影响力，开放更多公共资源。与体育部门合作公园风景区 50 条健身步道标识系统改造建设工作。与北京文艺广播共同搭建"北京公园风景区绿色播报"平台以及"北京公园和风景名胜区"官方网站、"北京公园和风景区"微博和微信等多种途径，向公众发布公园风景区动态信息，进一步打造"美丽北京，美丽园林"公众服务品牌。（齐庆栓）

【开展首都群众性创建活动】　年内，在城区广泛开展"花园进社区"、"绿植进家庭"、胡同街巷绿化等身边增绿活动；推进绿化美化进单位、进学校、进社区、进乡村、进军营、进家庭等"六进"活动。引导市总工会积极开展"绿色进单位"绿化活动，市妇联开展"身边增绿"、"绿色进家庭"主题绿化活动，市教委开展"弘扬生态文明，共建绿色校园"、"绿色进校园"活动，团市委实施"绿色北京"-青年行动计划。加强与中央、市属、区属单位，企业等其他社会单位沟通联络，及时摸清、准确掌握各单位的绿化情况和创建意向，加强技术指导，跟踪做好创建服务，全年创建首都花园式街道 1 个、社区 53 个、首都花园式单位 146 个。（齐庆栓）

【加大湿地保护恢复】　年内，完成汉石桥湿地恢复工程，恢复与建设湿地 53.33 公顷，使湿地总面积达到 586.67 公顷。建设湿地水循环系统，日循环量 8000 立方米。开展野鸭湖湿地保护与恢复，恢复湿地 200 公顷；推进野鸭湖国家旅游生态示范区和市级旅游生态示范区标准化试点，建设智能监控管理系统。完成怀柔汤河口、大兴长子营湿地公园以及平谷城北湿地公园总体规划审查，通州台湖、平谷城北湿地公园建设工程有序推进。批准建立怀柔汤河口、大兴长子营 2 个市级湿地公园。开展长沟国家湿地公园申报及国家林业局专家考察论证。全市市级湿地公园达到 7 处，湿地公园总数达到 9 处。在房山、平谷、通州、大兴等区县，实施平原地区湿地恢复及建设 1333.33 公顷。（齐庆栓）

【全市推行公园精细化管理】　年内，在全市范围推行公园精细化管理，在 2013 年 26 家公园试点精细化管理工作的基础上，年内全市公园推行精细化管理，建立和实施"一制度六台账"，逐步提升全市公园管理水平和服务能力。市局对各区县精细化管理工作进行综合考评。考评包括统一汇报和实地考察两部分：由各区（县）汇报今年全区（县）精细化工作推进的整体情况及参评公园精细化管理工作实施情况。市局对参评公园进行实地检查，结合汇报和检查两方面情况进行打分排名。考评成绩纳入全年绩效考核。（齐庆栓）

【成立世界园艺博览会事务协调局】　1 月 5 日，中央编办正式批复北京市编委会《关于设立北京世界园艺博览会事务协调局有关问题的请示》，同意设立北京世界园艺博览会事务协调局（以下简称世园局），作为 2019 北京世园会执行委员会的办事机构。3 月 12 日，市政府办公厅印发了《关于设立北京世界园艺博览会事务协调局的通知》。截至年底，世园局完成组建并挂牌成立，办公地址位于北京奥运大厦。（齐庆栓）

【推动世园会园区规划工作】　年内，开始《2019

年中国北京世界园艺博览会园区概念性规划设计方案》征集。市筹备办与有关单位积极配合，完成《世园会园区概念性规划方案征集文件》编制，并确定10个应征人。8月29日，应征人已经提交应征文件。世园局正组织有关专家和部门，对应征人递交的文件进行评审，从10个方案中评出3个优胜方案，并开展园区方案公众展示工作；选取1-2个应征人配合市规划院对3个优胜方案进行综合、完善，并充分征求中国贸促会、中国花卉协会及市有关部门和领导的意见后，年底形成世园会园区概念性规划综合方案，提请执委会审定。（齐庆栓）

【世园会基础设施建设】　年内，京张高铁完成公司注册和项目初审，近期启动项目环评；国道110二期已完成施工总承包与监理招标，施工单位正在做进场准备；兴延路规划方案已获市规委批复，待市水务局等部门回复意见后报市政府审批，年底实质性开工。市发改委、财政局、筹备办、延庆县等单位就世园会建设需求、投融资机制和相关项目进行研究，形成投融资工作方案。延庆县从优化新城功能定位、完善功能布局等方面，对延庆县域进行整体研究和新城城市设计工作。（齐庆栓）

【古树名木保护】　年内，开展古树名木保护示范点创建和抢救复壮工作，在丰台区和海淀区完成15处30株古树保护示范点建设，主要进行生长环境改良、树洞修补、支撑加固、地被种植等示范。加强古树名木抢救复壮，在海淀区、石景山区、丰台区、门头沟区、东城区等区县共抢救复壮古树名木600余株。开展全市古树名木保护管理情况检查，对全市16个区县和市公园管理中心古树保护管理工作进行检查。（齐庆栓）

大事记

1月

3日　北京市昌平区樱桃栽培综合标准化示范区项目顺利通过国家标准委的审核，入选第八批国家农业综合标准化示范区项目。

2月

10日　首都绿化委员会召开第33次全体会议。市委副书记、市长王安顺强调，要紧紧扭住重点工作，以服务保障APEC会议和国庆65周年活动为契机，全面提升首都生态环境建设水平。

11日　2019年中国北京世界园艺博览会组委会第一次会议在京召开。国务院副总理汪洋主持召开会议。市委书记郭金龙、市长王安顺、常务副市长李士祥、市政府党组成员夏占义以及贸促会、林业局、中国花协等37家中央单位有关领导参加会议。

19日　全市2014年园林绿化工作会召开。

3月

12日　北京市副市长林克庆到西山林场调研。强调：继续论证设立大西山国家公园的重大意义、功能定位、范围、管理体制等问题。主要做好文物修缮、西山地区彩化工程、森林抚育试点、绿道和防火道建设。

同日　北京市园林绿化局与中国人民财产保险股份有限公司北京市分公司签约，正式启动北京山区生态公益林保险机制。

21日　中央军委副主席范长龙、许其亮、国防部长常万全、总参谋长房峰辉、总后勤部长赵克石、空军司令员马晓天来到通州区东郊森林公园参加义务植树劳动。

29日　2014年共和国部长义务植树活动在京举行。中共中央直属机关、中央国家机关各部委、单位和北京市的172名部级领导干部参加义务植树劳动。

4月

4日　党和国家领导人习近平、李克强、张德江、俞正声、刘云山、王岐山、张高丽等来到北京市海淀区南水北调团城湖调节池参加首都义务植树活动。习近平总书记在参加首都义务植树劳动时强调："全国各族人民要一代人接着一代人干下去，坚定不移爱绿植绿护绿，把我国森林资源培育好、保护好、发展好，努力建设美丽中国"。

25日　阿根廷国民政府国家总秘书部门内阁部长玛利亚·卡门·阿拉尔孔女士、阿根廷驻华大使馆公使胡安·卡洛斯·帕斯先生与查科省农林园艺学院何塞·阿贝多·儒切希先生到市园林绿化局进行交流。

5月

9日　北京市园林绿化局在全市2014年政府法制信息宣传工作会议上获2013年度政府法制信息宣传工作考核先进单位殊荣。

10日　全市完成2014年春季平原造林建设任务。新增平原造林21127.13公顷，改造提升855.4公顷，共计栽植树木1626.28万株。

25～26日　北京市在第六届中国月季花展上荣获造景特别金奖。

28日　市政府副秘书长赵根武在北京市迎接国家园林城市复查动员部署会上提出要求，统一思想，明确职责，狠抓落实，积极主动做好各项准备工作。

6月

20日　中央巡视组副部级巡视专员、中央教育实践办副主任谢秀兰到乙十六地坛公园店调研"会所中的歪风"专项整治工作。

7月

11日　市平原造林总指挥部召开平原造林工程移交和林木养护管理工作推进会。市政府副秘书长赵根武主持会议。市政府党组成员、市平原造林总指挥夏占义作出重要指示。

8月

8日　市委常委、常务副市长李士祥调研北京市八达岭森林体验中心运营情况。

14日　北京市副市长林克庆调研八达岭森林体验中心运营管理情况。

19日　台湾中华林学会、台湾大学、北京林业大学的100余名林业专家参观考察八达岭森林体验中心。

9月

1日　新西兰环境部副部长盖伊先生一行6人到市园林绿化局进行友好访问。双方就进一步加强园林绿化领域的多方位合作交换意见。

23日　北京市市长王安顺检查园博园、玉渊潭、陶然亭公园国庆游园筹备工作。

24日　北京市首个碳交易抵消项目——顺义区碳汇造林一期项目在北京环交所挂牌交易。

26日　市委常委牛有成到北京动物园、颐和园检查指导国庆游园筹备工作。

10月

1日　在天坛公园、陶然亭公园、朝阳公园、玉渊潭公园和园博园集中举办国庆游园活动。

17日　《北京房山区十渡黑鹳保护小区建设规划》通过专家论证。

30日　北京市副市长林克庆带队到怀柔区检查APEC会议期间森林防火工作。

11月

3日　2014年亚太经合组织（APEC）会议碳中和林植树启动仪式在怀柔区雁栖湖镇举行。

11日　习近平总书记与亚太经合组织成员经济体领导人、代表共计21人在位于雁栖湖国际会议中心南广场夏园共植21棵象征友谊长存的白皮松。

12月

11日，首届"弘扬生态文化、建设美丽北京"生态文化北京论坛成功举办。

15日　北京市园林绿化局制定出台《北京市公园配套建筑及设施使用管理办法（试行）》

16日，北京市园林绿化局组织召开全市非法侵占林（绿）地清理排查专项行动电视电话会议。会议要求落实国家林业局贯彻落实中央领导批示专题电视电话会议相关要求，进一步推动全市专项行动进程。

（北京市园林绿化局）

水务建设与管理

【北京水资源概况】　2014年，北京市平均降水量439毫米，比多年平均值585毫米少25%。水资源总量为20.25亿立方米，比多年平均水资源总量减少46%，其中，地表水资源量为6.45亿立方米，地下水资源量为13.80亿立方米。全市大、中型水库年末蓄水总量为13.93亿立方米，其中密云、官厅两大水库年末蓄水量分别为8.39亿立方米和2.69亿立方米。全市平原区年末地下水平均埋深为25.66米，比2013年末下降1.14米。

【水资源开发利用】　2014年，北京市总供水量37.49亿立方米，比2013年增加1.11亿立方米，包括地表水8.45亿立方米，地下水19.56亿立方米，再生水8.64亿立方米，南水北调水0.84亿立方米。北京市总用水量37.49亿立方米，其中农业用水8.18亿立方米，占21.8%；工业用水5.09亿立方米，占13.6%；生活用水16.98亿立方米，占45.3%；环境用水7.25亿立方米，占19.3%。

【城镇公共供水】　北京市自来水厂68个，综合生产能力502.89万立方米/天。全年自来水供水量12.38亿立方米，比2013年增加0.41亿立方米，其中，城六区9.73亿立方米，郊区县2.65亿立方米。全年自来水售水量10.34亿立方米，其中，生产运营用水1.27亿立方米，公共服务用水3.79亿立方米，居民家庭用水5.17亿立方米，其他用水0.11亿立方米。夏季供水高峰期间，启动供水高峰蓝色预警响应（四级）12天、黄色响应（三级）7天，7月28日启动橙色预警响应（二级），成功应对中心城区310.4万立方米的日供水量历史最高值。

【水价调整】　5月1日，全面提高水资源费、自来水费、污水处理费收费标准，实施居民生活用水阶梯水价制度，将居民家庭全年用水量划分为三档，水价分档递增；大幅提高洗车业、洗浴业、纯净水业、高尔夫球场、滑雪场用水户等特殊行业用户水价，水价为160元/立方米，工商业、旅游饭店餐饮业和行政事业等其他非居民用户，水价为7.15元/立方米。

133

【节水型社会建设】 坚持"生活用水控制增长、工业用新水零增长、农业用新水负增长、生态用水适度增长"的原则，全年全市节水 1.2 亿立方米，万元 GDP 水耗下降至每万元 17.58 立方米，比上年下降 4.3%。继续在中直系统、国管局系统开展节水型单位创建；全年共创建市级节水型单位（企业）480 个、节水型小区 50 个、节水型村庄 26 个。推动节水技术普及推广，在城六区开展高效节水型生活用水器具财政补贴试点，组织 16 个区县完成近 20 万套件节水器具换装。新增改善高效节水灌溉面积 6667hm²，北京市农业灌溉水有效利用系数达到 0.705；落实《关于调结构转方式发展高效节水农业的意见》，按照"细定地、严管井、上设施、增农艺、统收费、节有奖"原则，重点推进"一区一镇多园"试点（一区指顺义区，一镇指通州区潞县镇，多园指特色农业产业园），编制完成试点方案。

【污水处理和再生水利用】 落实《北京市加快污水处理和再生水利用设施建设三年行动方案》，截至 2014 年底，中心城区再生水厂建设规划已全部落地，清河第二、槐房、定福庄、高安屯等城区再生水厂均已开工建设，亦庄经济技术开发区核心区、昌平未来科技城、丰台河西、顺义赵全营等 26 座再生水厂建成投入运行。北京市污水处理能力达到 440 万立方米/日，其中，中心城区 289 万立方米/日，郊区县 151 万立方米/日；北京市污水处理量 13.91 亿立方米，污水处理率 86%，其中，城六区 97%，郊区县 66%；再生水利用量 8.66 亿立方米，其中，农业利用再生水 1.84 亿立方米，工业利用再生水 1.80 亿立方米，市政利用再生水 0.20 亿立方米，环境利用再生水 4.82 亿立方米，北京市再生水利用率 62%。

【水环境综合治理】 开展河湖生态环境综合整治春季行动，北京市共清理垃圾渣土 5 万立方米、水面漂浮物 6800 立方米，拆除违法建设 6500 余平方米。优化挖潜清河和小红门污水厂处理能力，实施清河、凉水河 28.3 公里清淤，完成清河、凉水河城区段 55 个主要排污口治理，拆除河道两侧私人洗车店和违法建筑物，清河、凉水河城区段水环境初步改善。实施通惠河、萧太后河截污治污；完成运潮减河、故宫筒子河等河道清淤。结合国庆 65 周年和 APEC 会议水环境保障，开展"三重点"（重点区域、重点时段、重点事项）河湖水环境秩序专项整治。落实《北京市地下水保护和污染防控行动方案》，封填废弃机井 1600 余眼。

【水环境区域补偿办法出台】 10 月 31 日，北京市政府办公厅印发《北京市水环境区域补偿办法（试行）》，提出按照化学需氧量、氨氮、总磷三项指标考核区县跨界断面水质达标情况，同时按照污水处理设施建设任务、污水处理率两项指标考核区县污水治理年度任务完成情况，并建立补偿制度，自 2015 年 1 月 1 日起实施。

【密云水库水源保护工作意见印发】 6 月 12 日，市政府办公厅印发《关于进一步加强密云水库水源保护工作的意见》，开展密云水库"刷缸"行动，启动密云水库水源保护工程建设，库区 155 米高程以下 4000 公顷耕地退耕禁种，155～160 米高程范围内一级保护区实施禁养，17 家养殖场全部关闭。

【生态清洁小流域建设】 建设 32 条生态清洁小流域，治理水土流失面积 400 平方公里，促进 76 个村的生产生活条件不断改善。截至年底，北京市建成生态清洁小流域 285 条，治理面积 3632 平方公里。

【防汛安全保障】 制定《北京市 2014 年防汛工作方案》，完善《北京市防汛应急预案》；落实全市抢险队伍 28 万人，市级专业抢险队伍 21 支；健全防汛抢险物资储备体系，重点增加防汛抢险救生、救灾物资，共落实冲锋舟、橡皮艇 1200 余艘、救生衣 8.03 万余件、发电机 1600 余台等 15 大类。巩固完善"1＋7＋5＋16"防汛指挥体系（市防指、7 个专项分指、5 大流域、16 区县）；强化城区防汛网格化、郊区防汛流域化管理；全面改造市防汛指挥调度中心，实现指挥系统实时视频会商，汛期启动异地会商 240 余次；市区两级共发布雷电黄色预警 631 次、暴雨蓝色预警 149 次，暴雨黄色预警 50 次，暴雨橙色预警 14 次，发布地质灾害气象风险蓝色预警 44 次，黄色预警 18 次，累计发布 5.15 亿人次，防汛"指挥决策、预报预警、社会动员"三个能力进一步提升，有效应对强降雨，实现了"确保城市运行安全、确保人民生命财产安全"。

【雨洪利用工程建设】 完善中心城"西蓄、东排、南北分洪"的防洪排涝格局，推进西郊雨洪调蓄工程建设，已形成蓄洪能力 470 万立方米。按照建设自然积存、自然渗透、自然净化的"海绵家园""海绵城市"的理念，在建筑小区、公园、道路、绿地等建设雨水利用工程 183 处，新增雨水集蓄能力 118.6 万立方米，雨水综合利用量 221.2 万立方米。

【中小河道治理与立交桥泵站改造】 落实《北京市水利工程建设实施方案（2012～2015 年）》，完成第二阶段 72 条（段）500 公里中小河道清淤疏浚，完成中心城区 23 座下凹式立交桥区雨水泵站升级改造，汛期完成改造的立交桥区域未出现明显积水。

【水务工程管理】 规范涉河工程建设管理，制定《北京市市属河道管理和保护范围内建设项目管理规定》；强化水利工程项目招投标管理，制定《北京市水务局水利工程运行维护项目管理办法》、《北京市水务局水利应急工程管理暂行规定》；加强基本建设工程行业监管，印发《关于加强北京市水利建设市场主体信用信息应用及管理工作的通知》，在北京市水利工程招投标工作中，引入"信用标"；印发《关于加强北京市中小河道治理等水利工程质量》，加强中小河道建设工程质量管理，从建设程序、制度建设和完善、责任落实和追究等方面对工程设计、施工、监理及质量监督等提出明确要求，加强监督检查，建立挂牌公示和举报制度。

【精简行政审批事项】 取消生产建设项目水土保持监测资质审核、建设项目水资源论证机构资质认定以及江河故道、旧堤、原有工程设施等填堵、占用、拆毁审批等3项行政审批事项，调出水利工程建设监理单位资格等级复查、水利工程建设监理单位资格等级复查、洗车服务用水单位登记、水利水电建设项目环境影响报告书（表）预审、用水指标核定等5项行政审批事项，将河道滩地种植树木批准、蓄滞洪区避洪设施建设审批、在水利工程管理范围和保护范围内进行建设审核等20项行政许可事项分类合并为4项。市级水行政审批事项由原来的56项精简为25项。

【水影响评价制度试点】 将建设项目水资源论证（评价）、水土保持方案审批、洪水影响评价三项行政许可整合为"水影响评价审查"一项，并作为建设项目立项的前置条件。印发《建设项目水影响评价编报审批管理规定（试行）》《建设项目水影响评价报告编制指南（试行）》《北京市水务局关于进一步做好北京市建设项目水影响评价编报审批工作的通知》等文件，明确涉水行政审批事项设定依据、水影响评价报告编制范围、编制要求、审批权限及报批程序等。在海淀、朝阳等五区开展了试点，累计核减用水指标406万立方米、排水指标230万立方米。

【水行政执法】 组织开展水资源与节水、河湖水环境、排水等专项行政执法活动，共制止违法水事行为4609起，立案查处444起，罚款635.61万元。其中市级查处违法水事案件106件，罚款128.62万元；区县查处违法水事案件338件，罚款506.99万元。立案数量、罚款数额分别比2013年同期增长30.6%和26%，维护了正常的水事秩序。

（北京市水务局 撰稿：刘琼）

第四篇

天 津 市

城乡规划建设管理

概况

2014年，天津市城乡规划工作紧紧抓住京津冀协同发展的重大战略机遇，认真贯彻落实天津市委、市政府决策部署，围绕事关天津发展的全局性、战略性问题，深入开展产业承接、区域交通、产城融合、城市活力、改善民生等规划研究和编制，圆满完成年度工作目标任务。

【京津冀协同发展研究取得建设性成果】 2014年，与北京市、河北省对接，结合天津区位优势、自然禀赋，围绕承接非首都核心职能，在功能定位、空间结构、功能承载、区域交通等方面，提出建设性的研究成果。完成天津港集疏运交通规划，组织编制未来科技城、东疆二港岛、宝坻中关村京津科技园等"1+11"个功能疏解承载平台规划。这些研究成果，有的已纳入京津冀协同发展国家层面的总体思路，有些已转化为京津冀协同发展重点突破项目，为天津在新一轮区域发展中抢抓先机，彰显优势打下坚实的基础。

【推出32项重点地区规划，促进城市发展】 2014年，选取影响城市未来发展的重点区域，超前谋划，组织编制全市32项重点地区规划。通过深化城市设计的深度和广度，从中观层面，引导重点区域实现发展定位。民园、新八大里、天拖、解放南路等地区正按规划实施建设；南站、新开河及周边地区规划编制完成；子牙河地区、国家会展周边地区、工大及体院老校区周边等重点区域规划设计按计划推进。这些项目的规划与实施，优化城市空间形态、完善地区设施配套，有效促进城市功能活力的提升。

【构建城市生态体系，打造生产生活格局】 2014年，加强产业升级与城市规划的有机结合，注重存量土地挖潜和城市有机更新，开展中心城区控规深化工作，完成高端工业、大型商贸、航空物流园、慢行交通系统规划。划定市域生态用地保护红线，完成东北部新外环绿化带规划、中心城区生态绿道规划，完善外环线沿线十个公园及周边地区城市设计，将市域 25％的国土总面积确定为生态保护用地，构建"三区、两带、多廊、多园"的市域生态保护体系。以规划促进生产空间集约高效、生活空间宜居适度、生态空间山青水绿。

【加强名城名村保护，彰显城市风格品位】 2014年，开展中心城区 14 片历史文化街区保护规划深化工作，完成工业遗产保护与利用规划，组织编制解放北路、和平宾馆、西开教堂及周边地区规划策划，对 23 条历史风貌特色突出的街巷进行梳理研究并留影存照。开展历史城区公共艺术规划建设和地铁公共艺术研究，编制大运河沿线公共艺术示范区规划，促进城市公共艺术发展。积极推动村庄规划编制，开展静海 6 个特色村庄和蓟县三批 150 个村庄规划编制工作，研究制定村庄规划编制技术要求和村庄建筑设计导则，为促进农村经济发展、改善村庄环境面貌、推动天津市美丽乡村建设提供规划指引。

【组织完成 9 项专业规划，提升城市保障能力】 2014年，配合相关委办局组织推动 9 项专项规划的编制。其中，人防设施、应急避难场所、地震监测设施专项规划在控规上予以落位，全面增强城市综合防灾减灾能力；供水规划、电力空间布局规划进一步提升城市生产生活保障；教育设施布局规划，优化整合全市教育设施资源，扩大办学空间，保障群众对优质教育的需求。

【促进发展能力进一步增强】 2014年，贯彻天津市委、市政府决策部署，在审批上简政放权、减项提速，在服务上全程帮扶、多措并举，全年共审批建设用地面积 5940.8 万平方米，审批建设总规模6475.3 万平方米。作为成员单位，积极推动美丽天津一号工程、旧楼区提升改造、重点区域开发建设等重点指挥部工作。完成地铁 4、10 号线出入口选址和管线切改，5、6 号线车站结建策划方案，以及特高压电力工程、中压干线、煤改燃支线、热电联产管网规划审批。以京津城际两侧为试点，参与推动基础设施投资建设模式改革。在新八大里、天拖、

手表厂等重点地块出让前进行规划策划，确保项目品质，提升土地价值。确定 22 个危陋平房改造地块规划条件，组织编制西于庄 78.62 万平方米棚户区安置房项目方案。这些工作，为全市固定资产投资连续 7 年增量超千亿，高端化产业、生产性服务业、社会事业等重点领域和薄弱环节加快发展，提供强有力的规划保障。

【提升依法行政水平】 2014年，结合发展需要和工作实际，完善规划法规体系，配合市人大出台《天津市生态用地保护红线划定方案》，在全国首次以法律形式划定永久性保护生态区域。完成《天津市城市建设档案管理规定》修正，开展交通影响评价、《天津市城市规划管理技术规定（修订）》、乡村规划管理等政府规章的立法调研工作。步加大法律法规、标准规范的执行监督力度，加大对在建项目的跟踪检查，形成"两个体系、两级督查、三个层面"的执法巡查体系，出台违法行为查处工作规程和违法行为自由裁量权细化标准，开展地下管线工程违法建设专项治理。全年出动巡查人员 8837 人次，发现违法案件 33 起，均依法依规进行处理。

【夯实基础性工作】 2014年，地理国情普查任务顺利完成，数字天津地理空间框架建设通过成果验收。中心城区地名普查成果通过国务院地名普查办检查验收，环城四区地名普查稳步推进。开展全市地下管线、危险品管线普查，接收危险品管线调绘数据约 4000 公里，补测市政管线 2300 多公里。开展"全市建设管理监管系统"建设，完成涉及城市规划建设的 10 个行业，17 个委办局的基础数据、专业数据、审批数据的汇集。加强与市财政的沟通协调，积极争取各类专项资金，有力保障基础性工作的顺利开展。这些工作，为优化空间格局和资源配置、提高城市保障力，建设资源节约型和环境友好型社会提供依据支撑。

【科技研究能力进一步提高】 2014年，天津市规划局系统紧密结合经济社会发展的新形势、新要求、新问题，紧密结合当前规划编制、规划管理、规划实施、规划监督等工作实际，有针对性地制定科研课题计划，有效运用现代科技手段，取得新成果和新突破。全局系统获住房城乡建设部批准立项的科技项目共 17 项，市级科技项目和标准立项共计60 余项，获得全国优秀城乡规划设计奖、华夏建设科学技术奖、中国地理信息科技进步奖等省部级以上奖励和表彰 80 余项，在国内外公开期刊发表论文累计 560 余篇，连续三年呈快速增长态势。以志为鉴，通过系统梳理总结天津城乡规划发展的奋斗历

程，编撰完成《天津市志·规划志》，探索规划发展的客观规律和自然社会法则，为准确把握全市城乡规划发展大局与方向提供借鉴。

【突出强调城市微观规划】 2014年，开展"行政超市"试点研究，出台提高社区、街区活力的实施意见，调整规划指标要求，解决45个老旧社区非经营性公建用房问题。完成中心城区步行及自行车交通示范区规划，编制轨道车站交通接驳系统规划，完成10条道路卡口、13座小客车换乘停车场规划方案。这些城市微观规划研究成果，为完善城市功能，提升城市活力，方便百姓生活提供规划依据，是2014年天津城乡规划转变理念，贴近民生的有益尝试。

【畅通服务群众的渠道】 2014年，落实和巩固教育实践活动成果，创新方式方法，加大服务百姓工作力度。局系统共接待群众来访447批1728人次，接听公仆热线电话166个，接听为民服务网络专线电话3338个。认真汇总梳理群众反映的问题，注重通过政策和制度层面解决问题，先后形成居住区公共服务设施分配细化意见、35个示范小城镇公建配套设施规划提升建议、"一网一地一制度阳光规划平台"等一批惠及民生的规划成果。

【建立信息公开工作机制】 2014年，统一和规范全系统政府信息公开工作，形成"一套机构，一套制度，一套标准"机制，全年共受理政府信息公开申请780件。充分利用政务网"公众参与平台"优势，对涉及保障房、便民设施、体育、医疗等百姓关心的规划进行全面展示，及时展示率达到100%。深入推进规划展览馆、"天津规划"微博、"政民零距离"等平台建设，举办《天津市生态用地保护红线划定方案》公示、"科学生活创新圆梦共建美丽家园"、"图说我们的价值观"等活动，提升规划工作透明度和影响力。

规划业务管理

【综合业务协调】 2014年，制定"调促上"活动方案，梳理新一批重大项目建设信息，分类细化，明确责任分工。开通24小时行政审批开门服务热线，设定专人专线认真记录，及时反馈，满意率达到100%。主动指导企业解决审批方面的难题，尽快审批办结。印发《市规划局关于做好2014年重点建设项目审批服务工作的通知》。2014年市重点建设项目70大项，共计105子项。在具体工作中：一是提前采集新一批重大项目建设信息，印发《2014年涉及规划建设重大项目目录》，分类细化，明确责任，

并建立相应的督办协调机制。二是开通24小时行政审批开门服务热线。活动以来，接到企业来电316次，主要涉及办理规划相关手续以及相关政策法规等方面的咨询；接到群众来电105次，主要涉及房屋拆迁、地区规划以及对于城市发展献计献策。设定专人专线认真记录，及时反馈，均逐一解答，满意率达到100%。三是主动帮助企业解决审批方面的难题。配合审批管理部门，采取多种帮扶方式，指导企业达到审批要求，完备申请条件，备齐申请材料，尽快审批办结。

【指令性任务管理】 2014年，指令性任务安排111项，其中计划任务74项，临时任务37项。其中，规划院承担任务31项，验收通过21项，结转10项；测绘院承担任务8项，验收通过8项；勘察院承担任务16项，验收通过15项，结转1项；建院承担任务6项，验收通过6项；地下空间信息中心承担任务6项，验收通过5项，结转1项；信息中心承担任务7项，验收通过7项。2014年下达临时任务37项，验收通过34项，结转3项。

【政府信息公开】 2014年，在落实《政府信息公开条例》和《天津市政府信息公开规定》的基础上，出台《天津市规划局政府信息公开规定》《市规划局关于充分运用局政务网深化城乡规划政府信息公开的通知》《天津市规划局关于统一规范控制性详细规划信息查询工作的通知》等配套制度，编撰印发《天津市城乡规划政府信息公开实务手册》，对全系统信息公开工作实行教科书、模板化管理。共开展全局系统政府信息公开工作分管领导和工作人员专项培训2期，部分区县（分）局培训5期，宣讲政府信息公开工作政策要求，组织专题研讨工作中的难点重点问题和在全国具有典型性的信息公开案例。

形成规划公开"一网一地"平台。"一网"即天津市规划局政务网，集中公开各类规划信息近万条；"一地"即天津市规划展览馆，重点对规划编制成果等进行公示公开。依法依规做好依申请工作。市规划局受理各类依申请政府信息公开案件865件，全部在法定时限内向申请人作出答复，未发生申请人向市政府提出行政复议申请被决定撤销行政行为案件。

规划编制管理

【城乡规划编制计划管理】 2014年，根据天津市政府办公厅《关于转发市规划局拟定的天津市2014年度城乡规划编制计划的通知》的要求，列入2014年全市城乡规划编制计划的规划项目共有22

项，项目重点突出落实空间发展战略、推动区域协调发展、提升城市交通环境、保障民生。其中，总体规划11项、专项（业）规划11项。结合全市和区县发展重点，组织开展2014年重点地区规划编制项目的梳理工作，报请市政府批准。14项重点规划编制任务中5个项目设计完成批复，成果落实到控规中。5个项目已报市政府审查同意。4个项目已完成阶段性成果。

【"一控规两导则"编制管理】 2014年，中心城区突出严格管理，规范控规调整程序，加强土地细分导则动态维护工作，开展控规管理网上审批系统的研究开发；环外地区突出控规与总规的结合落地，控规覆盖工作正按照目标推进，成果上网基本完成。2014全年共组织召开局长业务会（控规）21次、控规专题会27次，研究审查业务案件248件次。依据市政府审定的重点地区和重点项目规划策划，组织对控规进行落位，依法依规履行调整程序，共有50项上报市政府审批。

【重点项目规划管理】 2014年，新八大里地区，先后组织13家规划设计单位，同步编制城市设计、建筑设计，商业策划、地下空间、交通、生态、景观、市政等11项专项规划及策划，完成规划条件核提，为七个里的顺利出让提供规划保障。结合市场需求，与20多家企业深度对接，组织制定实施计划，每周组织召开工作例会，推动项目实施。解放南路地区，积极推动近期建设项目和重点片区规划提升，完成U型地块、河西区小二楼、陈塘5、6号地等19个地块的规划策划和审查，组织完成陈塘庄地区城市设计提升。文化中心周边地区，推动一期出让地块招商及规划策划工作，组织完成新四中设计、尖山路地下空间规划及医大二附属改扩建研究。天钢柳林地区，组织完成城市设计向控规成果转化、道路景观与慢行系统规划、堤岸景观规划、地下空间规划、中铁十八局西侧地块规划策划等工作，开展"世界城市滨水区发展模式与空间形态研究"课题研究。天拖地区，推动一期项目顺利实施，按照时间节点倒排工期，从功能定位、厂房特色、城市活力、宜居生态、建筑风貌等方面，优化项目整体和各地块详细设计方案、完成老厂房改造、道路断面与景观结合规划方案，正在开展公共部分景观设计工作。与市有关部门结合，共同研究推动项目二期有关工作。其他重点地区和地块规划策划，组织开展毛织厂、第一钢丝绳厂、水产供销公司、轧五地块规划策划及审查。完成北运河一、二期项目规划方案深化工作。结合地铁站点上盖物业开发，开

展大胡同地区改造规划策划，从商业定位、历史街区保护、空间形态塑造等方面开展研究，完成了阶段性方案。组织完成快速路沿线（友谊路至海津大桥）环境提升改造规划。

【基础性规划管理】 2014年，组织召开市规划、国土两局联席会议7次，研究解决问题70余项。组织开展LNG加气站和电动公交充换电站选址。完成地铁4、10号线地铁站点上盖梳理、规划地铁线网梳理和地铁4号线控制线上网。完成中心城区36座煤改燃项目规划选址。建立中心城区存量土地数据系统，每半年动态更新数据，提交分析报告。支持全运会建设，完成韩家墅飞行基地规划策划及全运村规划调整工作。

【规划研究】 2014年，配合天津市发改委完成京津冀协同发展中"京津冀协同发展空间布局专题和区域交通一体化"两项专题研究。重点分析两市一省的功能定位和产业分工，提出区域空间格局、城镇体系规划方案；重点结合天津自身空间资源条件和发展需求，提出承接首都功能疏解的功能平台；结合区域交通一体化发展趋势，提出天津市机场、港口、铁路和公路等方面的发展建设方向。研究中提出的有关内容纳入京津冀协同发展总体思路的国家战略和京津冀协同发展重点突破项目中。制定《天津市永久性保护生态区域管理规定》。以政府规章的形式明确各级政府及市有关行政主管部门对于永久性保护生态区域的管理职责，提出永久性保护生态区域宣传培训及标桩、标牌设立工作要求，对永久性保护生态区域内未依法履行相关职责及相关破坏行为等应当承担的法律责任进行规定。7月31日，市政府正式颁布《天津市永久性保护生态区域管理规定》。

建设项目规划管理

【城市设计管理】 2014年，组织完成工业大学老校区地块（占地21万平方米）、体院体校地块（占地29万平方米）、小白楼五号地（占地4万平方米）、运输六厂地块（占地17.9万平方米）、肿瘤医院南侧地块、地铁五六号线车站11个功能地块、和苑大明道以北地区22个危陋平房改造地块、西开教堂及周边地区等重点地块的策划方案编制工作。通过重新规划定位老城区重点地块，推动城市更新改造，保障城市可持续健康发展。组织完成新开河地区、大沽北路地区、金钟河大街—友谊南路段的外环线内侧地区、海津大桥—卫昆桥段的快速路两侧地区城市设计工作。通过对空间形态、建筑风格、外檐色

彩提出控制要求，指导地区特色塑造、景观环境改善。

【建设用地管理】　2014 年，组织完成老旧社区配套设施补建规划编制工作。按照利用新出让地块补建配套用房思路，完善 45 个社区配套设施，规划用房 18 处、2.4 万平方米；组织完成地铁四号线 14 座车站、地铁十号线 10 个车站出入口及附属设施项目规划选址方案编制工作。开展 2009～2013 年建设项目规划许可实施情况分析与评估、工业研发项目规划许可情况、天津市建设项目核定用地技术标准、建设用地规划许可证分合证、三维数字城市建设标准、建设项目核定用地数据核查、全市域建设用地规划动态管理系统数据维护等规划分析研究工作。

【建设工程管理】　2014 年，着力推动保障民生的重点项目建设。确定西于庄棚户区安置房项目、西青区大寺和北辰区双青两个新家园公建轴项目的设计方案；确定十三届全运会 12 个体育场馆及运动员村，一中心器官移植中心，第二儿童医，代谢病医院，东丽、北辰、西青三个殡仪馆，海河教育园天津大学主楼等 46 个教学楼，海河沿线轧五地块等 8 个重点项目及绿荫里地块等一系列重点项目的设计方案，并全力推动开工。完成全市域城乡在建项目规划移动智能监管平台维护、建设工程规划许可证附图图样、建设项目日照分析运行情况分析评估、建设项目风险评估、航空物流园导则、蓟县下营镇常州村规划及村庄设计导则、优秀建筑方案库更新维护、保障房项目规划建设数据维护、规划设计导则提升等规划数据维护工作。

【管理措施】　2014 年，坚持设计方案会审会制度、督导督查机制和巡查管理工作。坚持每周一次的业务案件会审会、每月一次局主要领导和市政府审查业务案件会议、每两月一次的督导督查会以及建筑外檐巡查工作，全年累计对 795 个项目进行规划会审、对 1107 个建设项目进行督导督查、对 38 个项目的外檐材料进行现场审查。针对规划建设管理中存在的问题，下发《规划分局建设项目业务案件会审会意见标准格式》《关于规范建设工程规划许可证发证面积的通知》《关于加强社区配套公共服务设施规划管理工作的通知》。

市政工程规划建设管理

【概况】　2014 年，围绕天津市"四清一绿"工程，加快美丽天津建设步伐，为"煤改燃""清水"等市重点市政工程做好规划服务保障工作。规范管线规划编制和审查制度，完成全市地下管线普查调绘工作。

【市政设施建设审批】　2014 年，为"煤改燃"工程做好规划服务工作，组织完成 2014 年计划建设的南开中压管线等 6 条中压干线和 32 座改燃锅炉房配套燃气支线管网规划方案的审查审批工作，组织完成热电联产联网管线工程和并网调峰锅炉房管线工程 18 项目配套管线项目规划方案的审查审批工作。推动清水工程相关工作，组织完成天津市清水工程 2014 年建设的 9 条道路的排水管线雨污分流项目规划方案的审查审批工作，超前启动 2015 年建设项目规划前期工作。全面推动重大市政管线项目规划前期工作。组织完成中石化天津液化天然气（LNG）项目、中海油蒙西煤制天然气（SNG）外输管线项目以及天津港至华北石化原油管线项目规划方案的编制和审查工作，项目规划方案均上报市政府同意。

【业务案件审批】　2014 年，天津市（不含滨海各功能区）共审批建设工程规划许可证 908 件，审批建设项目长度约 1707 千米。其中市规划局办理 24 件，市中心六区规划分局办理 148 件，环城四区规划分局办理 256 件，五区县规划局办理 89 件，滨海新区规划国土局办理 364 件，高新技术产业园区规划处和海河教育园规划建设处办理 27 件。

【规章制度建设】　2014 年，组织编制《天津市长输管线规划设计导则》，为规范天津市长输管线项目的规划编制和规划审查工作提供制度保障；组织全市地下管线普查及信息化建设工作。全市地下管线普查及信息化建设工作作为市规划局全年的基础性工作，4 月组织召开全市动员大会，制定普查工作计划，组建市、区两级普查机构，完成普查及信息化建设技术标准，建立工作例会、信息报告、联络员责任制等一整套制度准则。截至目前，全市地下管线普查调绘工作已基本完成；中心城区累计完成 200 千米市政道路管线实测，占全部工作量 57%；危险品管线完成 700 千米实测工作，占全部工作量 20%；已完成 1324 千米，占全部工作量的 47%（不含滨海新区），并同步开展地下管线信息系统建设工作。

【业务培训】　2014 年，召开市政规划管理督导督查暨业务培训例会，分期分批对区县市政业务管理工作进行监督检查，促进区县规划管理水平的提升。对各分局和区县局的业务案件办理情况进行及时有效的监管检查，及时发现问题并要求立即纠正，对重要或普遍存在的问题及时提出督导要求。完善督导督查机制，将业务培训与督导督查工作有机结

第四篇

合，组织区县规划局进行案例式培训，不断提高市政工程规划管理队伍素质。

交通工程规划建设管理

【概况】　2014年，天津市实施创建公交都市、限购限行机动车、建设智慧交通系统、整治电动三轮车等重大交通政策，对交通规划决策，创新规划管理提出新的思路和要求。

【专项规划编制】　2014年，组织完成中心城区步行及自行车交通示范区规划，初步完成轨道车站交通接驳系统规划（M1、M2、M3和M9）并形成初步成果。通过编制天津市慢行示范区和轨道交通车站接驳规划方案，从规划的角度进一步树立以人为本的理念，转变单纯以车为本的道路规划管理模式，更加注重发展公共交通和慢行交通。组织编制完成《天津港集疏运交通体系规划研究》。规划以港口资源整合为契机，构建由铁路、公路、管道及货物集散枢纽等于一体的综合集疏运交通体系，为全面提升天津港综合交通运输效能奠定基础。

【铁路项目规划管理】　2014年，推进铁路项目前期工作，组织完成津滨城际延伸线"四电"调整方案和津保铁路赵家柳牵引站电源线规划方案；完成京津城际延伸线至天津机场铁路专用线选址，组织审查规划方案，为高速铁路地方配套选址工程的实施奠定了坚实的基础。

【地铁项目规划管理】　2014年，继续组织完善轨道交通5、6号线规划审批手续，完成轨道交通4、10号线南段规划选址工作。

【道路项目规划管理】　2014年，完成外环线快速化改造工程规划方案，为实现全市中心城区环放式地铁线网，完善快速路网体系，完成滨石高速的选址工作，组织审查规划方案，加快建立现代综合交通体系提供规划保障。组织完成全市中心城区卡口小红星路、胜景道等10条道路规划方案，组织完成中心城区外围地区小客车换乘停车场规划方案，明确13座换乘停车场选址位置和规划方案，完成2014年人行过街设施的规划审批工作。

【交通政策研究】　2014年，组织编制完成《2013年城市交通运行报告》并上报市政府。通过分析城市交通运行状况，把握城市交通发展趋势，为交通需求调控以及基础设施建设提供支撑，为政府决策提供参考。开展交通影响评价调研工作，形成调研报告报市法制办。通过对中心城区交通承载能力分析研究，提出交通系统与城市土地利用的关系，形成研究报告，予以指导控规深化及城市布局规划。

开展增强城市活力研究工作，提出控制支路最小宽度、提高支路网密度等相关要求。

【管理机制建设】　2014年，组织完成《机械式停车场（库）规划设计导则》修订工作，规范天津市建设项目机械式停车场（库）的设置，为规划管理工作提供了依据。组织开展《天津市道路交通竖向规划》2014年度动态维护工作，确保全市竖向高程数据的现势性，为竖向高程规划管理提供全面保障。依据《天津市交通影响评价规划管理暂行办法》和《天津市交通影响评价技术工作规程》，会同市建交委、市市政公路局、市交通港口局和市交管局等单位对74个项目的交通影响评价报告进行联合审查，深化完成建设项目修建性详细规划方案。同时分别对交通影响评价与修建性详细规划（市政工程）工作存在的问题进行总结分析，启动《天津市交通影响评价规划管理暂行规定》修订工作，为该项工作纳入市政府立法项目奠定基础。

保护规划管理

【概况】　2014年，按照"规划先导、规范管理、服务保障"的工作思路，全面推进保护规划、公共艺术规划和乡村规划管理。加强规划编制，强化规划保障作用；加强制度建设，为规范管理提供制度保障；加强重点建设项目规划管理和基础性工作，为城市经济发展提供规划服务保障。

【规划编制】　编制完成《中心城区大运河沿线公共艺术示范区规划》和《天津市工业遗产保护与利用规划》，开展14片历史文化街区保护规划调整工作。

【建设项目管理】　2014年，在中心城区历史文化街区内组织完成和平区五大道地区9号街坊地块、河东区六纬路一热电地块、南开区通南路东南角B地块和红桥区泰达R3号地块等项目规划或建筑设计方案的审查工作。

【制度建设】　2014年，组织制定《五大道历史文化街区建设控制细则》，对规划的弹性控制内容做出规定，印发《市规划局关于加强天津市工业遗产保护与利用工作的通知》，建立工业遗产保护与利用工作机制；印发《市规划局关于进一步落实历史文化街区保护规划有关要求的通知》和《市规划局关于下发历史文化街区历史文化名镇保护规划调整程序的通知》，加强历史文化街区和历史文化名镇的规划管理；着手研究制定城市雕塑和历史文化街区建设项目规划管理制度。

【课题研究】　2014年，开展"保护性建筑的保护与利用研究"、"天津历史城区公共艺术规划建设研究"和"天津市村镇历史文化资源挖掘与保护利用研究"等课题研究。

证后管理

【概况】 2014年，证后管理以规范施工过程检查和规划验收工作为主，强化对区（县）有关法律法规规章规定执行情况的监督检查，提高全系统证后管理工作水平。

【规划验收】 2014年，对在建项目以跟踪查验和重点项目服务为主，共对全市已批准的建筑项目进行25843次检查，对市政项目进行8399次检查。规划验收建筑工程1669项，涉及建筑规模约3827万平方米；规划验收市政管线工程127项，涉及建设规模约307千米。

【管理机制】 2014年，对执法监察业务开展情况进行检查，以案卷评查为平台，加大区县规划局间业务人员交流和学习，推进全市执法监察业务共同提高。针对案卷评查发现的问题，强化规范和培训指导。

地名管理

【概况】 天津市第二次全国地名普查工作于2013年初正式开展，整体分为三个阶段：第一阶段市内六区普查工作已基本完成；第二阶段环城四区部分工作正在积极筹备中；第三阶段两区三县普查工作也将陆续开展，推动地名法规、编制和地名命名建设。

【市内六区地名普查工作】 市内六区普查工作于8月完成。对行政区域、群众自治组织等11个中类、28个小类的地名信息进行了调查。核查161260条居民点、道路桥梁、企事业单位、纪念地等信息。按照国家普查规程要求，编制了地名成果表、地名标志表，上报地名成果共计15231个（和平区2915个、河东区2315个、河西区2677个、南开区2872个、河北区2599个、红桥区1853个）。经市、区两级专家组对普查成果逐条进行审核修改后，5月，市普查办组织市级专家组对市内六区普查成果进行了审查验收，并对完善后的成果进行设计、校核、排版、编印工作，将全部成果印刷成册。市内六区普查成果于12月9日通过国务院第二次地名普查领导小组办公室验收。

【建立普查成果共享平台】 2014年，市普查办组织专业部门着手研究建立普查成果共享利用平台，利用市内六区地名普查收集到的16万条普查信息，根据服务对象、用途不同，着手开发应用服务系统。分别搭建政府共享平台，广泛应用于公共服务、公共安全、应急指挥等领域；广泛服务于社会与民生，满足公众的使用需求。同时，系统整合各类普查数据，建成地名普查数据库，实现普查成果应用全市共享，提高全市地名管理和服务水平。做好成果共享平台的动态更新和维护工作。

【环城四区地名普查工作】 环城四区地名普查工作于年内启动。按照国务院地名普查办的整体工作计划，市普查办推动各区政府召开地名普查工作推动会、编制普查工作方案、落实普查经费、开展普查培训、制定各项相关制度。同时，在总结市内六区普查内、外业工作经验的基础上，针对环城四区的新情况、新问题，研究制定新的措施、新的标准。

【地名法规】 2014年，为使地名管理更加科学规范，开展《天津市地名管理导则》编写工作，对居住区、道路等部分地名管理工作进行多次研讨，对导则和办法进行补充完善。对列入市规划局2014年立法计划的《天津市历史地名管理办法》编写工作进行研究。开展管理办法的起草、制定工作。并与南开大学合作，研究《天津市历史文化街区地名保护规划研究》课题。开展地名商业冠名前期立法研究工作，起草研究商业冠名实施细则。

【地名规划】 2014年，与南开大学合作，开展京津城际铁路北辰沿线地区的道路命名规划工作。指导滨海新区和五区县结合城区建设做好道路地名规划深化完善工作，实现天津市道路地名全覆盖。

【地名命名】 2014年，开展新八大里地区的命名工作，组织专家通过多方案比选，确定命名方案，并上报市政府批准；结合《天津市中心城区道路地名规划》和周边道路名称情况，对黑牛城道两侧新建道路进行命名研究，共确定道路名称11条；按照2012年市政府批复同意的《天津市中心城区道路地名规划》和《天津市环城四区道路地名规划》，2014上半年共命名新定线道路40条；全年全市共审批标准地名476条，核发门牌号3792个，设置地名标志18291块，为市民开具各类地名证明共988件。

城建档案管理

【概况】 2014年，加强法治建设，重新修订《天津市城市建设档案管理规定》，编辑出版《新建工程建档业务培训讲义》，坚持重点工程服务，全面推动区县城建档案管理工作。

【规章制度建设】 2014年，对《天津市城市建设档案管理规定》的内容进行相应调整和补充。9月10日通过市政府审批，以天津市政府10号令的形式下发施行。新修正的《天津市城市建设档案管理规定》对于构建起"统一领导、依法治档、收集保管、服务利用"的城建档案管理体系具有重要意义。

【业务培训】　2014年，编制完成《新建工程建档业务培训讲义》，坚持对全市城建档案管理人员开展季度培训，提高业务能力，全年举办告知培训4次，参加培训共有100余人。开展区县城建档案业务培训，围绕区县城建档案管理工作中的一些突出和疑难问题进行座谈交流。

【重点工程服务】　2014年，对重点工程制定专门服务方案和计划，不断完善重点工程服务督办机制，先后赴天房融创项目、滨海国际机场二期等30余个重点工程建设现场进行技术指导达300余人次。

【区(县)城建档案管理】　2014年，城建档案馆领导班子和相关科室先后赴五区县和规划分局进行走访调研，实地了解工作开展情况。在总结工作的基础上组织召开五区县城建档案工作座谈会和全市城建档案工作培训会，对建章立制、依法治档、档案软硬件设施等方面存在的问题和薄弱环节提出要求，进一步推动区县城建档案工作的深入开展和全面上水平。

【局机关档案室管理】　2014年，为局系统提供机关档案利用144次，调阅文书档案527卷。接收局机关各部门移交档案资料共计1303卷，光盘52盘。根据《天津市机关档案评估标准》，通过天津市机关档案工作复验，保留天津市档案工作一级单位称号。

法治建设

【天津市城市建设档案管理规定】　2003年10月，《天津市城市建设档案管理规定》(以下简称《规定》)以市政府令颁布实施，为全市依法开展城建档案管理工作提供法律依据，规范城建档案管理主体、法律责任和移交验收、服务利用等事项，标志着天津市城建档案管理工作由此步入依法行政的轨道。至2014年，《规定》实施已满11年，部分内容与实际工作不相适应，需要进行相应的调整和补充。2005年经市委、市政府决定，原规划和国土资源局调整为规划局，管理主体发生变化。继滨海新区以后，五区县相继成立城建档案馆。中共中央办公厅、国务院办公厅印发《关于加强和改进新形势下档案工作的意见》，就加快推进档案载体信息化和加强涉密档案的管理提出新要求。

2014年，按照立法计划开展修改工作。5月中旬，对有关修改内容进行研究，形成修正案征求意见稿。按照立法程序，征求局相关处室，局系统各单位，有关区、县政府，开发区、保税区、新技术产业园区管委会及市档案局等31个单位的意见，认真研究，吸收采纳，形成修正案审议稿上报市政府。8月29日，经市人民政府第37次常务会议通过。9月10日，市长黄兴国签发市人民政府令第10号，公布《天津市人民政府关于修改〈天津市城市建设档案管理规定〉的决定》，自公布之日起施行。

【机制建设】　2014年，为完善工作制度，实现规划执法监察工作有章可依，起草《天津市城乡规划违法行为查处工作规程(试行)》和《天津市城乡规划违法行为自由裁量权细化标准(试行)》。

【违法建设查处】　2014年，强化利用建设项目监督管理系统违法案件查处子系统办理违法案件的工作机制，明确违法案件会审制度，遏制违法建设发生，为城乡规划的顺利实施提供有力保障。全市出动巡查人员9603人次，发现违法案件36起，其中29起移送相关部门，其余7起均依法进行处理。办理住房城乡建设部稽查办转办群众举报案件3件，受理群众向市规划局提出的举报案件3件。

【行政复议、行政诉讼应诉工作】　2014年，天津市规划局受理行政复议案件56件(其中集团复议案件1件)，住房城乡建设部受理行政复议案件40件，市政府受理行政复议案件2件，市局应诉行政诉讼案件20件。

信息化建设

【概况】　2014年，按照天津市规划局重点工作统一部署，完成一网通平台升级技术储备，深化修详规等系统应用，加强历史空间数据建设，注重信息安全管理，做好信息服务保障等工作。

【推动开展天津市城市建设管理监管系统开发建设】　1月，天津市政府召开专题会议，部署天津市城市建设管理监管系统建设工作，成立工作小组办公室。成员单位由16个部门构成。市规划局和市工业和信息化委牵头编制项目建设方案，并具体组织推动。2014年底，在数据建设方面，完成10个行业、17个委办局基础数据、专业数据、审批数据的汇集整合。数据达到"系统性，现实性，标准化，空间化"要求。在软件建设方面，监管系统已经设置4个子系统、10个信息资源专题、49个功能模块、240个功能，年底实现系统试运行。在硬件建设方面，完成16个分节点的设备安装、互通调试工作，具备互联条件，已投入数据建设使用。

【调整完善"一网通"业务系统并进行技术升级可行性研究】 2014年，结合落实中央巡视组关于天津市城建领域的反馈意见和市建委专项整治工作的要求，参考对全局系统26个应用单位信息化调研意见反馈，借助"一网通"平台，利用技术手段，强化对修详规、业务审批流程管控，最大限度避免人为操作，实现规划审批规范化管理。

【开展修详规指标核算系统建设】 2014年，开展修详规系统指标核算工作。该系统紧密结合规划审批业务，在研究相关技术规范并梳理局规划审批流程和规划审批指标的基础上，提炼出修详规审批阶段电子图数据标准及建筑密度、绿地率等重点指标核算规则，同期开展修详规指标核算软件开发工作，实现审批指标自动校核。试用版本系统已开发测试完成，交由部分规划设计单位试用。

【推动局电子政务办公自动化系统建设】 2014年，启动天津市规划局政务办公自动化系统建设。通过充分调研政务管理新需求，论证移动办公、电子签章、数字签名等新技术，明确政务、业务管理一体化信息平台框架，十个规划分局纳入办公一体化政务管理范畴，倡导建立移动便捷办公平台，已形成初步建设方案，进入全面实施阶段。

【加大信息安全管理力度，提高信息保障能力】 2014年，结合现有安全架构及发展规划，提出信息安全体系建设方案：通过部署数据库审计系统，实时监测数据访问异常，实现对核心数据库操作行为的记录留痕，防范非法访问、篡改等行为发生；建设应用系统及中心机房基础设施监控系统，对应用系统、服务器及网络、电力等设备的运行状态进行全天候监测报警，实现系统故障预报及快速诊测定位，保障系统稳定运行；部署实施异地灾备系统，保证极端情况下系统和数据的恢复。2014年底，项目进入招标采购阶段，全面构筑局信息安全防火墙提供基础。

（天津市规划局）

城乡建设与管理

【概况】 2014年，天津城乡建设工作紧紧围绕加快美丽天津建设和服务京津冀协同发展，全力以赴推进度、保安全、强服务、促发展，一批重大项目、民心工程、重点工作实现突破，各项工作保持了良好的势头。

建设规模保持平稳增长。适应全市经济社会持续健康发展需要，不断加大市政交通和房地产开发建设投入，全年完成投资3273亿元，占全市的28.1%。新开工面积4929万平方米，竣工4580万平方米，在施面积1.3亿平方米。市重点工程建设形势较好，太平洋数据处理中心、大众汽车DQ系列变速器、华泰汽车总部及汽车生产基地一期、第二儿童医院等19项工程竣工。这些项目的建设为完善城市功能、调整产业结构和服务改善民生发挥重要作用。

综合交通建设成效显著。以两港四路为重点，全面推进综合交通体系建设。天津机场二期航站楼投入使用，配套建成10.8万平方米地下交通中心和地铁2号线机场延伸线，启动建设了京津城际机场引入线，天津机场双区、双楼、双跑道的运营格局基本形成，为京津冀三地客、货运输提供更加方便快捷的空地一体化服务。京津城际延伸线全线轨道板铺通，于家堡枢纽工程完工；京沪高铁至西站北联络线、进港三线及集装箱中心站主体工程完工。港口建设力度加大，天津港东疆港区北防波堤、国际邮轮码头二期、南疆港区26号铁矿石码头、南港5万吨级航道二期等工程完工。塘承二期、唐津高速改扩建工程具备通车条件。地铁5、6号线和1号线东延82座场站全部开工，27台盾构机同步实施；地铁4、10号线土地房屋征收和前期工作进展顺利。

房地产市场保持平稳运行。全年房地产新开工2815万平方米；累计施工9290万平方米；竣工2925万平方米，市场供求基本平衡。恒隆购物中心、香格里拉大酒店、方特旅游世界等重点开发项目竣工，绿荫里、天拖、新八大里等项目加快建设，商业地产、工业地产等项目建设为产业结构调整和现代服务业发展创造了条件。新开工保障性住房600万平方米，累计施工3471万平方米。认真落实国家各项政策，支持居民合理住房需求，通过规划、国土、建设等部门联席会议，加强对市场容量、配套条件、出让规模、保障房建设等综合调控，确保了房地产市场平稳有序发展。

服务民生力度不断加大。完成燃煤供热锅炉房改燃并网43座，集中供热旧管网改造290公里。燃气户内旧管网改造3.5万户，软管连接改造48万户。完成供水旧管网改造8.5万户，二次供水提升改造80处。建成引河里北道、佳庆道等12处排水设施和武功路、丽江道等8座泵站。新建改造微山路跨大沽路立交、广开五马路等200处道路桥梁设施。完成5804户农村特困家庭危房改造，去年以来累计改造10468户。完善淮河道9个小区配套设施，建成绿地 12 万平方米，菜市场、小学、幼儿园等 1.8 万平方米，修订相关建设标准和设计导则，全市 53 个保障房项目正在按此标准实施功能完善。

建筑节能减排快速推进。出台绿色建筑行动方案，形成闭合监管体系，累计建成绿色建筑 2300 万平方米。全市累计建成三步节能居住建筑 1.49 亿平方米，占住宅存量的 58%；在全国率先推行居住建筑四步节能设计标准，率先制定公共建筑三步节能设计标准，继续保持全国领先。推行太阳能、浅层地能和空气能，全市累计可再生能源应用建筑 1899 万平方米，通过特许经营等引入社会资金开工建设了 10 座可再生综合能源站。完成既有居住建筑节能改造 1044 万平方米；特别是全市原有大板楼全部改造完毕。

建筑市场发展持续规范。积极引导建筑行业转型升级，26 家企业晋升一级总承包或专业承包，全市特、一级总承包企业累计达到 151 家。全年完成建筑业产值 4123 亿元，实现增加值 682 亿元，同比增幅 11%。勘察设计队伍进一步优化，12 家单位晋升甲级资质，甲级队伍比重近半。强化信用体系建设，对 991 家施工总承包企业进行等级评定，评价结果向社会发布并与招投标挂钩发布，形成"奖优罚劣"的市场环境。改进招投标办法，重点解决评标专家自由裁量权过大等问题，有效遏制了围标串标行为。严格落实农民工实名制等制度，实现率 98%。发挥三级教育培训网络作用，全年完成培训 10 万人次。开展了第五届建筑业农民工职业技能大赛，8 万余人参加，提高了一线作业人员的职业技能水平。

工程质量安全形势稳定。强化属地职责，推进监督工作标准化。强化风险源管控，落实风险防控措施，狠抓关键环节治理，质量安全处于受控状态。强化施工机械使用动态监控，连续开展三个百日质量安全大检查和 29 项次专项治理，持续营造管理高压态势。围绕美丽天津建设，牵头组建了渣土治理工作组，出台了专项治理方案，完成 136 座混凝土搅拌站防尘改造和 1890 辆渣土车辆治理。大力实施精品战略，广泛开展现场观摩交流，全年争创鲁班奖和国优奖 18 项，质量竣工验收合格率达到 100%，百亿元产值伤亡继续低于全国平均水平。（王锡超）

【城建法规建设】 法规规章体系不断完善。起草《天津市绿色建筑管理规定》，报送天津市政府法制办进入立法程序。完成两部法规和两部规章的调研任务，严格执行规范性文件法律审查。对委发规范性文件提前介入，共同修订，严格法律审查，有

效维护我委规范性文件统一性。对《天津市建筑门窗节能性能标识管理办法》、《天津市供热计量收费管理办法（试行）》等 2 个规范性文件进行了法制审核并向市政府法制办备案。

严格规范公正文明执法。对工程建设领域行政执法依据全面梳理，明确执法依据，确定行政处罚事项，制作行政处罚流程图，并在天津建设网上向社会公示，接受社会监督。严格行政处罚案件法制审核。共审核行政处罚案件 130 件，确保了行政处罚的零投诉、零复议、零诉讼。制定《2014 年天津市建设系统行政执法人员培训考试工作实施方案》，组织三次执法培训和两次考核，确定 352 名执法人员的行政执法资格，提升执法人员法律素质。

完善行政复议工作机制。发挥行政复议化解社会矛盾、促进社会和谐稳定的作用。共受理行政复议 12 件，已全部结案，有效化解了争议和矛盾。（朱江）

【房地产管理】 2014 年，天津市累计实现房地产开发投资 1700 亿元，同比增长 14.8%；房地产新开工面积 2810 万平方米，累计施工面积 9275 万平方米，与上年基本持平；竣工面积 2900 万平方米，同比增长 3.4%；新建商品房累计实现销售 1551 万平方米，同比下降 17.5%；其中新建商品住宅 1359 万平方米，同比下降 17.4%。

重点区域和重点项目开发稳步推进。建立"多方联动，协同作战，攻坚克难，快速解决"的工作机制，多部门合力解决新八大里、天钢柳林、解放南路、手表厂地块等项目的难点问题。随着这些区域开发项目顺利推进，形成了一批创意产业园区、总部聚集区，有力促进了天津市高端服务业、都市型经济加快发展。

住房配套设施建设不断完善。严格落实天津市配套公建相关规定，对项目非经营性公建设施的数量、规模和开发时序提出明确要求，全年实施的 400 余个住宅项目中，配建了菜市场、托老所、幼儿园、居委会、文化活动室等 2000 余项公共服务设施。组织开展了对全市保障性住房配套调研工作，对 159 个保障性住房项目进行梳理，针对存在的问题，分类研究制定了解决措施。积极推进北辰区荔红花园中学、宸宜家园幼儿园、东丽区张贵庄幼儿园等非经营性公建补建，逐步解决相关历史遗留问题。

示范区建设取得良好成效。2014 年淮河道示范区提升改造全面完成。修建了 6 条配套道路，新建和改善了菜市场、幼儿园等 6 项设施，完成 10 万平方米公园、景观绿化，增设 3 条公交线路，同时改

善了9个小区环境、物业管理，获得居民广泛好评。在全市"互看、互比、互学"活动中得到了市委、市政府领导的肯定。全面启动第二批53个保障房小区完善配套工作。

行业管理进一步加强。注重建立健全相关制度，2014年底，天津市建委、市规划局牵头制定下发《天津市居住区公共服务设施配套标准》《天津市新建住宅配套非经营性公建移交接管办法》以及《关于加强社区配套公共服务设施规划管理工作的通知》等文件，进一步提升居住小区服务功能，强化非经营性公建设施移交管理；组织房地产行业专家学者、有关管理部门、高等院校等开展房地产业"十三五"规划基础调研工作，为启动规划编制工作做好各项充分准备；健全房地产开发企业动态监管机制，完善项目手册管理。继续推进房地产信用体系建设，强化开发企业守法合规经营意识。

加强房地产风险防控预警。对未开发土地面积较大及待售商品房面积较大的企业，一方面加强服务，另一方面跟踪监管。加强房地产市场运行情况分析，强化全市已出让土地前期运行、在建项目开发建设和销售动态跟踪，对销售率较低、工程部位也较低的项目，联合相关部门加强监管，防范项目烂尾风险，做到有预判、有对策。（王春英）

【房地产宏观调控】 为进一步促进天津市房地产市场持续健康发展，支持京津冀协同发展和天津市经济发展，满足居民合理住房需求，2014年，天津市市国土房管、市建委、市规划局等六部门联合出台《关于进一步促进天津市房地产市场平稳健康发展的实施意见》，从几个方面严格落实国家调控政策：一是支持居民合理住房需求，居民购买住房不再对其家庭拥有住房情况进行查询；取消非本市户籍居民家庭在办理购房和产权转移登记手续时需提交的社保证明、个人所得税纳税证明的限制性规定。二是做好住房金融服务工作，对符合分类调控政策精神，购买二套及以上自有住房的，按照天津市现行住房公积金贷款二套住房有关政策执行；对贷款购买首套普通自住房的家庭，贷款利率下限为贷款基准利率的0.7倍；银行业机构缩短放贷审批周期，合理确定贷款利率，配足住房贷款额度，优先满足居民家庭贷款购买首套及改善型普通自住房需求。三是加大税收政策支持力度，对个人购买90平方米以下且属于家庭唯一住房的，按照成交价格的1%征收契税。四是引导企业合理开发建设，取消对商品房户型设计"90平方米以下户型占70%以上"的限制性规定，鼓励企业根据区域功能定位和市场需求

设计适销产品；增加预售资金监管节点中拨付频次，加快资金周转。五是规范房地产市场秩序，进一步加强对商品房销售方案、房源公示、销售行为监管，及时对企业及中介机构违法违规行为进行处罚；建立房地产开发企业信用平台，对企业违法违规行为记入信用档案，共同维护房地产市场良好秩序。六是深化部门联动服务，进一步加强基础配套设施建设，加大产业导入，带动产城互动。七是强化房地产市场舆论引导，及时发布有关房屋交易情况及相关政策信息，增强信息透明度，营造良好的市场舆论氛围。（王春英）

【保障性住房建设】 2014年，天津市开展了"住房保障规范化管理年"活动，通过推动保障房项目社区管理及时到位、完善公共服务设施、加强小区绿化环境改造、方便交通出行等措施，进一步提高住房保障管理服务水平，取得了显著成效。认真落实土地、金融等支持政策，组织相关部门、有关区县定期协调推动，采取联合办公、集中会审等方式，开辟绿色通道，推动大寺、双青新家园等项目加快建设，推动保障新立和北仓示范镇、双街还迁房等一批成片居住区按期入住。2014年，全市各类保障性住房开工新开6.1万套、竣工7.7万套，超额完成国家下达天津市的保障房建设任务。（王春英）

【房地产开发企业管理】 截至2014年底，天津市具有房地产开发资质的企业1579家，比上年底增加1.28%。按资质等级分：一级企业21家，占1.33%；二级企业101家，占6.4%；三级企业130家，占8.23%；四级企业1086家，占68.78%；暂定资质企业241家，占15.26%。按企业性质分：国有企业45家，占2.85%；集体企业8家，占0.51%；有限责任公司1397家，占88.47%；外资企业114家，占7.22%；股份制企业15家，占0.95%。

支持企业做大做强，壮大行业实力，引导企业通过引入信托、基金、其他外部股东等途径扩充资本。2014年房地产开发企业户均注册资金26044.9万元，同比提高5.12%；全年进津外地企业475家，注册资金838.08亿元，注册资金总量比上年增长12.41%。2014年，天津市开发企业进行股权重组的近190家、次；增加注册资本的150多家、次，注册资本合计增加近300亿元。（王春英）

【城乡规划管理】 专项规划修编。组织对《天津市供热规划（2014～2020)》、《天津市燃气热规划（2014～2020)》进行调整；组织再生水规划的修编工作。

"十三五"规划编制。抽调精兵强将,设立相关课题,成立专门机构,一方面配合市发改委组织好燃气、供热、房地产、建筑节能等四项市重点规划编制的组织,另一方面牵头组织好城乡基础设施体系建设规划的编制工作。

完善项目储备库。在既有的三年项目储备库的基础上,组织各区县、建设单位、设计部门进行反复对接,对项目进行完善调整和滚动更新,并结合工作重点排出工作计划,提出具体急需建设的项目。全力推动项目前期工作。

重点推动重大项目前期工作。基本完成外环线洞庭路立交、西北半环简阳路跨保山道立交等重大立交节点前期工作。针对一些重大项目进行前期研究论证。外环线提升改造项目已梳理出 8 条疏解道路及相关节点的改造;南仓编组站搬迁工程已会同有关部门对可行性进行深入研究;中心城区部分地区雨污合流改造,梳理出 2015 年可启动建设的 18 条雨污分流道路和 5 处积水地道改造工程。

策划重大项目、重点地区整体建设方案。组织编制侯台地区、国家会展中心地区、新八大里地区、南运河地区等重点区域的资金平衡测算方案。组织轨道集团等相关单位研究地铁一号线东延工程资金平衡方案。与北辰区共同研究京津城际两侧 70 平方公里区域基础设施资金平衡方案和外环线调整线涉及大张庄示范小城镇拆迁安置方案的有关工作,其中大张庄示范小城镇拆迁安置资金平衡方案已基本形成并已上报。组织完成南淀城市公园及周边地区基础设施建设实施方案,并与有关单位共同研究资金平衡方案。

积极推动绿色交通项目建设。公共自行车租赁工程,整体建设方案已完成,正在组织研究论证,自行车租赁系统相关的技术标准、管理办法等相关条例的编制工作。公交场站新建项目,2014 年新建 10 座公交场站,均已开工建设。地铁接驳项目,7 处地铁接驳项目已开工建设。(孔林杰)

【供热管理】 到 2014 年底,天津市集中供热面积达 3.61 亿平方米,居民住宅集中供热面积 2.76 亿平方米。全市集中供热普及率 90.3%,中心城市住宅集中供热普及率 97.8%。热电联产供热面积 1.11 亿平方米,燃煤锅炉房供热面积 1.86 亿平方米,燃气、地热供热面积 0.64 万平方米。全市供热计量试验面积达到 1.1 亿平方米,继续保持全国领先地位。全市共有供热企业 240 家,其中,国有企业 102 家,民营企业 138 家,全行业职工共计 3 万多人(包括季节性临时用工)。

2014 年全市共完成供热旧管网改造 290 公里、既有居住建筑节能改造 1044 万平方米、大板楼改造 134 万平方米、单户分环改造 155 万平方米。开工建设了 11 座可再生综合能源站,供热供冷面积可达 340 万平方米,其中解放南路等 6 座能源站采取特许经营模式投资建设。引入竞争机制和社会资本建设能源站,拓宽了可再生能源利用的渠道,为天津市市政公用设施建设运营模式的改革积累了宝贵经验。

2014 年完成了 43 座燃煤锅炉的改燃并网工程,每年可实现减少燃煤消耗 148 万吨,减排二氧化硫 1.21 万吨,减排氮氧化物 0.66 万吨。为提升天津市大气环境质量、建设美丽天津做出了贡献。(吕绍文)

【城市路网建设】 2014 年,针对天津市中心城区交通拥堵的现状,开展了打通卡口路段工程,建设疏解道路,完善过街设施的建设。完成微山路跨大沽南路立交、引河里北道、南开二马路、佳庆道、战备路、保山道、清化祠大街、解放南路陈塘庄铁路、南丰路、广开五马路等 10 处拥堵严重路段改造。在车流密集地区组织建设了 30 处,70 个安全岛,方便了市民过街过路,保障了通行安全。群众出行条件进一步改善。完善了大寺、双青新家园的市政配套设施,建成 33 条配套道路,居住区生活配套设施功能得到显著提升。

针对中心城区 52 处严重积水区域,汛期前,大红桥、祁连路、武功路、西纵联络线立交、丹江东路、丽江道等 6 座排水泵站建成投入使用,周边相关道路随管网建设得到改善和提升。在汛期发挥了重要作用,提高了道路排涝能力。(贾强)

【盘山风景名胜区建设管理】 2014 年,天津盘山风景名胜区经营收入稳步增长,推动了景区健康可持续发展。全年共接待游客 155 万人次,实现收入 9009 万元,同比分别增长 21% 和 19%,再创历史新高。4 月份,被天津市档案局授予档案工作"市一级单位"荣誉称号。10 月份,被天津市发改委授予"价格诚信单位"荣誉称号。12 月份,被中国文物保护基金会推选为全国最具价值文化旅游目的地景区。(谢辉)

【天津市供热改革和建筑节能泰达示范项目获中国人居环境范例奖】 该项目由天津泰达津联热电有限公司与市世行办合作,积极落实国家有关政策,实施新建住宅和公共建筑节能改造。一方面,通过建设、完善分户计量及其远程抄表系统,为在三北地区城市发展集中供热计量收费,逐步实行用热商品化、货币化探索出一条可行的技术途径。另一方面，通过建立通用化、系列化、标准化的供热计量和能耗监管平台，科学分析、了解供热系统的整体能效，在实现用能管理数字化、集约化、节约化的同时，有的放矢地开展系统节能，积极推广使用节能、环保的技术和产品，有效提高城市小区集中供热水平和热能利用效率。（谢辉）

【燃气管理】 2014 年，天津市天然气供气总量达 30.34 亿立方米，新增气量 1.74 亿立方米，同比上涨 6.1％；用气户数达 342 万余户，新发展用户 27 万户，同比上涨 9％；全市燃气管线达 16295.5 公里，新敷设管线 1150.6 公里，同比上涨 7.6％；全市加气站共 36 座，新建加气站 6 座，同比上涨 20％。

全年完成燃气灶具软管连接改造 48.3095 万户，燃气外网改造 111.665 公里，户内管改造 3.2782 万户，完成宝坻、武清、蓟县、静海等地区燃气输气管网建设 67 公里。对燃煤锅炉改燃并网工程中涉及燃气配套设施建设的 29 座锅炉房进行工程监督，完成 92 台燃气锅炉气源适配性检测。

全年受理完成服务热线等各类投诉反映 401 件，办结率和回访率达到 100％。组织 25 家带工业户的燃气经营企业在全市集中开展燃气行业“献爱心、送服务”专项活动，对 948 家工业户进行免费安全技术指导和安全检查，下达安全隐患告知书 86 份。

完成对 35 家管道气经营企业的管线巡查工作的检查。完成市能源集团除市内六区外重点管线占压隐患排查工作，并函达各区县人民政府及市能源集团，已拆除违法占压 36 处，并进行后续跟踪、督查。

组织培训机构编制的液化石油气操作人员三个工种的教材工作通过了专家审查。并完成了对 284 人次的培训工作。截至目前，全市共有 138 家企业的 5384 人次参加了培训并取得了上岗证书。

2014 年共监督工程项目 56 项，施工现场质量安全抽查 55 次，下达整改通知书 8 份，下达停工通知单 3 份，竣工工程验收一次合格率 100％，未发生工程质量，安全事故。开展液化石油气市场执法检查 100 余次，实施行政处罚 10 起，总计罚款 35000 元。配合安监局对违法使用 50 公斤钢瓶行为进行了 5 次联合执法，共下达限期改正通知书 11 份，各企业已按照要求整改。（谢辉）

【村镇建设】 完成危房改造工作，解决农村困难家庭住房保障问题。从 2013 年启动农村危房改造工作以来，两年共完成 10468 户危改任务，共新建和维修农村危陋房屋 62 万平方米，为农村最困难的群众解决了住房实际困难。带动农民自筹建房，拉动了建材新产品以及区县建筑企业和农村建筑工匠发展。

启动蓟县 150 个村庄规划编制工作。150 个村庄具体名单和年内启动 50 个村庄名单已经确定，《村庄规划编制技术导则》、《村庄规划管理技术标准》等技术规定已印发；已组织编制单位开展入村调研，并加强技术指导，明确技术要求，首批 52 个村庄规划已全面开展。

开展农村人居环境和农村危房现状调查。组织涉农区县、乡镇和部分村委会干部近 2000 人举办了全市农村人居环境和农村危房现状调查培训班，组织各区县、乡镇、村形成三级普查网络，对全市约 3600 多个村庄和 86 万户农村住房开展普查，根据两项普查结果，组织开展农村人居环境状况评价。

开展传统民居分类谱系调研工作。组织开展对天津地区城区、郊区、园林式、西洋式四大类 26 种传统民居建造技术的调查、记录工作，重点对蓟县渔阳镇西井峪村传统民居石头房建造技术进行研究，对天津市 26 种传统民居分类谱系和建造工艺调研技术资料进行整理，形成了较为全面细致的天津市地方传统民居成果资料留存。（张鹏）

【建筑业管理概况】 2014 年，天津市建筑行业结构调整取得重大进展，建筑业企业达 4063 家，全年新成立建筑业企业 667 家，晋升高等级资质企业 293 家，其中 2 家企业晋升一级总承包企业，24 家晋升一级专业承包企业，取得增项资质企业 368 家。全市总承包企业 712 家，专业承包企业 2327 家，劳务分包企业 1024 家。按等级划分（不含劳务企业）：全市特级企业 8 家，一级企业 339 家，二级企业 847 家，三级企业 1768 家，不分等级企业 99 家。同时，积极引进优秀的外地企业，全年外埠建筑业企业进津备案共 2133 家，其中特级企业 153 家。全年建筑业完成产值 4123 亿元，同比增长 11％以上，实现增加值 682 亿元，同比增长 9.8％。市属建筑业企业实现产值接近 3700 亿元，占建筑业总产值的 89.7％，其中建筑业年产值达到百亿元以上的企业有 5 家，建筑业年产值达到 10 亿元以上的企业有 83 家；外地进津建筑业企业总产值 1172 亿元，同比增长 39.1％。5 项工程获得中国建设工程鲁班奖、13 项工程获得国家优质奖；55 项工程获得“海河杯”金奖、237 项工程获得“海河杯”奖。天津市具有建筑工程类执业资格 69391 人。具有建造师执业资格考试的有 41880 人，其中一级建造师注册 9374 人，二级建造师注册 26217 人。具有建设工程造价执业资格人员为 22014 人，其中国家注册造价工程师执业资格 2380 人，具有建设工程监理执业资格人员为 5497 人，其中国家注册监理工程师执业资格 2929 人。（华晓雷）

【劳务用工管理】 全面推行《天津市建筑业劳务用工管理办法》，继续推行建筑业农民工三项管理制度，全市建筑业农民工实名制建立率达到 98%，劳务用工管理规范化、标准化、制度化水平进一步提高。发挥三级教育培训网络的作用，对一线操作工人开展了劳动技能、安全常识、法律法规等实用技能培训。全年培训建筑业农民工 10 万人，民管员 3439 人，劳务队长 1639 人，农民工持证上岗率达 65%，同比上升 8%。推行标准化物业管理，建成非永久提高型农民工公寓 102 个，建筑面积 25.5 万平方米，满足了 6 万多农民工居住需求。全年共受理调解农民工上访投诉 210 件，涉及农民工 7469 人，金额 1.46 亿元，有力地保护了农民工合法权益。成功举办天津市第五届建筑业农民工职业技能大赛，吸引上千家企业的 8 万余名一线建筑工人广泛参与，有效提高了建筑业农民工的劳动技能和综合素质。（华晓雷）

【建筑市场管理】 全面实施《天津市建设工程施工分包管理办法》，推行总包单位项目班子实名制管理，建立完善市、区县分包合同备案程序，对工程转包和违法分包行为进行准确界定，进一步规范承发包行为。结合住房城乡建设部《建筑工程施工转包违法分包等违法行为认定查处管理办法（试行）》的宣贯，对全市百余名建筑市场执法人员进行培训，提高了执法人员的业务素质。扎实推进工程质量治理两年行动，制定了实施方案，严厉打击违法发包、转包、挂靠等市场违法违规行为，开展了 5 次建筑市场专项检查，共检查项目 1259 项，下达停工整改通知书 123 份，整改通知书 537 份，处罚数 100 余项，规范了建筑市场秩序，营造了良好的市场竞争环境。（华晓雷）

【工程咨询服务】 天津市积极引导建筑中介咨询企业做精做专，鼓励部分有实力中介机构走项目管理发展模式，使建筑中介行业进入良性发展通道。2014 年全市新增建筑业中介机构 21 家，累计达到 436 家。其中监理企业新增 8 家，累计达到 104 家；招标代理机构新增 3 家，累计达 138 家；工程造价咨询机构新增 7 家，累计达到 115 家；工程项目管理公司新增 3 家，累计达到 79 家。（华晓雷）

【建筑市场信用体系建设】 2014 年，天津市共归集各类信用信息 17823 条，其中工程业绩信息 2629 条、企业获奖信息 2398 条、企业技术信息 1867 条、人员信息 8769 条、其他信息 24 条。累计归集信息已超过 10 万条，这些信息被招投标资信提取 13751 条次。区县建筑市场信用子系统归集各类信用信息 2 万余条。其中，企业信息 3578 条、项目信息 4087 项、项目检查记录 5571 条，为开展施工企业动态信用等级评价夯实了基础。按照《天津市建筑施工企业信用等级评定办法》，市、区（县）两级建设行政主管部门对全市 991 家施工总承包企业进行了信用等级评定，覆盖率达到 100%，其中 157 家企业被评定为 A 类企业。年内，施工总承包信用信息被招投标资信提取 8463 次，信用等级为 A 类和 B 类的企业在投标过程中加分 5288 次，中标项目 731 项，信用评定结果在天津市建筑市场监管与信用信息平台上向全市发布，并与招投标、资质审核等管理环节挂钩，企业守法经营和自律意识进一步增强，建筑市场"奖优罚劣"的市场环境已初步形成。（华晓雷）

【工程安全管理】 2014 年，出台《天津市建设工程施工安全资料管理地方规程》，进一步提高施工安全标准化、规范化管理水平；编制《天津市建设工程行政处罚裁量手册（试行）》，加快建立权责明确、行为规范、监督有效、保障有力的行政执法体系，规范建设工程行政执法行为，推进公平、公正执法和公共服务。在对地铁项目的管理中，严格落实《轨道交通工程重点建设环节质量安全管理办法》和 I、II 级风险源部位质量安全监督方案，盯紧重大危险源辨识论证、方案评审、条件验收、领导带班、挂牌督办、实名制管理以及盾构机评估、始发接收、推进过程控制、管片安装质量等关键环节，督促各项风险防控措施落实到位，确保质量安全。定期公布建筑施工机械设备报废淘汰目录，全年共清理淘汰设备 3671 台套。全年开展三个百日大检查，23 项次质量安全市场专项治理活动，以防高空坠落、防坍塌、防机械伤害、防触电、防物体打击、防火灾"六防"为重点，确保责任落实、安全防范、施工管理、监理履责、隐患消除、应急处置、监督检查"七到位"。累计抽查工程 795 项，6295 万平方米，预拌混凝土企业 110 家，下达责令整改通知书 1085 份，停工通知书 87 份，提出整改意见 4714 条，通过严厉打击违法违规行为，持续营造管理高压态势，有效遏制了事故发生。（芮磊）

【工程质量管理】 2014 年，天津市未发生建设工程质量事故，保持了稳定受控的态势。全年房屋建筑工程竣工验收合格率 100%，工程抽查合格率

90%以上。5项工程获得中国建设工程鲁班奖，13项工程获得国家优质工程奖，55项工程获得"海河杯"金奖工程，237项工程获得"海河杯"奖。

贯彻国务院和天津市有关工程质量法律法规规定和住房和城乡建设部工程质量治理两年行动的工作目标、重点任务，全面落实项目负责人质量终身责任，健全工程质量监督机制。

开展住宅工程质量常见问题专项治理活动。针对屋面外墙渗漏、几何尺寸偏差等群众反映的热点问题和影响建筑寿命周期的问题，印发《天津市住宅工程质量常见问题专项治理工作方案的通知》，组织专项检查，减少质量投诉发生。

强化建筑材料监管。出台《公开工程使用重要建筑材料及部件的通知》，公开用于建筑工程的主要建筑材料及部件产品信息，从源头上把好使用关。持续对钢筋、混凝土、防水、保温材料等建筑材料监督封样抽测，发现的不合格建筑材料全部退场并追溯。规范建筑工程质量验收。出台《天津市建筑工程质量阶段验收和竣工验收实施办法》，调整补充验收的组织形式，明晰验收程序，规范验收行为。出台《天津市建筑节能工程施工质量验收规程》，调整墙体节能工程章节，明确各工序的质量要求和验收。（何欣）

【招投标管理】 2014年，天津市累计完成施工招标项目监督备案3302项，中标标价1959.44亿元。其中公开招标2318项，占70.2%，中标标价1269.4亿元，占64.8%；邀请招标984项，占29.8%，中标标价690.04亿元，占35.2%。受理免标和邀标申请34项，批准30项；受理投诉举报案件21起。全市累计完成各类工程合同备案8624项，合同价款2114.48亿元，比2013年同期增加了4.88%；完成合同变更备案422项，比2013年同期增加了8.21%；完成合同结算备案362项，结算价款180.58亿元。

不断完善工程建设项目招投标监管。在加强制度管控上，修订招投标规范，简化招标备案前期要件，细化网络监管内容，在强化国有投资项目招标监管的同时，优化非国有投资项目发包方式，充分赋予发包人自主决策权。在严格规范项目评标办法上，围绕降低评标专家自由裁量权，采取"设立一个价格，划分三个范围，推行三种办法"的措施，投资平均节约率提高至5.78%。在强化关键环节监管上，扩展监控平台，全面推行电子招标，开始在市管项目招标上推广使用计算机辅助评标系统，将电子招标文件与辅助评标系统对接，基本实现全过程各环节招标的电子化，进一步提高评标效率和质量。在加大重点工程服务上，加大前期服务力度，深入项目现场服务20次，组织召开大型项目服务会5次，组织各类小型协调会30次，服务范围涉及40余个项目，采取倒排工期、变串联办件为并联审批、分段招标等方式，累计缩短招标准备时间200余天，在促进项目建设依法合规的同时，有力支持了重点工程开工建设。（吴晨晨）

【勘察设计】 截至2014年底，天津市共有勘察设计企业330家，其中，中央驻津企业34家，具备甲级资质的企业166家。按资质类型划分，勘察企业19家，设计企业176家，专项设计企业135家。勘察设计从业人员4万余人，其中具备中、高级职称的专业技术人员23202人，占全行业的58%；勘察设计类注册人员4117人，占全行业的10.29%。2014年全行业营业收入为433亿元，其中工程勘察设计收入164亿元，工程总承包及技术服务收入269亿元。2014年评选出天津市"海河杯"优秀设计奖215项，获奖单位共计41家。

开展天津市勘察设计市场动态核查工作，抽取102家勘察设计单位，全面核查企业的资信情况、技术人员情况和内部管控制度。2014年开展各类勘察设计和施工图审查质量检查5次，共计检查各类建设项目160余项。为贯彻住房城乡建设部关于超限高层建筑工程抗震设防管理规定，更好开展专项审查工作，进行了超限审查委员会换届工作，共聘任了第四届超限高层建筑工程抗震设防审查专家委员会委员29名，顾问委员9名。全面开展勘察设计领域各类专业技术培训，共计1351人次参加了工程劳务类技术工人培训、全国工程总承包项目经理培训、档案管理培训、设计审查要点培训等。（康洁）

【优质工程】 2014年，天津市各建设项目共获得5项鲁班奖、13项国家优质工程、55项金海河杯奖、237项海河杯奖。

5项鲁班奖分别是天津三建建筑工程有限公司承建的泰安道四号院工程、天津市建工工程总承包有限公司承建的天津图书馆、天津天一建设集团有限公司承建的天津市胸科医院迁址新建工程门急诊住院综合楼、浙江中成建工集团有限公司承建的天津帝旺凯悦酒店、天津市公路工程总公司承建的外环北路北延跨永定新河大桥工程。

13项国家优质工程分别为天津轧一钢铁集团搬迁改造工程、天津西站交通枢纽配套市政公用工程南广场及公共换乘区工程、天津健康产业园体育基地新建射击馆、团泊新城国际网球中心一期工程、

第四篇

天津津塔（主塔楼）工程、中国天辰科技园天辰大厦、天津地铁3号线工程、国道112线高速公路天津东段汉沽北互通立交工程、中国汽车技术研究中心新院区建设项目科研楼工程、天津动车运用所、团泊风景假日酒店开发建设项目、天津开发区西区三星电子代建厂房项目—主厂房。（陈再捷）

【建设科技发展】 2014年，组织建设系统开展88项科技攻关和技术研发，新编和修订标准29项。总结出30项关键科学技术成果，发布17项工程建设地方标准，批准企业标准备案35项。编制《天津市居住建筑节能设计标准》《天津市公共建筑节能设计标准》《天津市绿色建筑设计标准》等，在全国率先实施居住建筑四步节能、公用建筑三步节能标准，继续走在全国前列。

2014年重点完成滨海新区中央大道海河沉管隧道关键技术、于家堡金融区钢框架多核心筒结构体系施工技术、装配式剪力墙住宅抗震节点研究、由废弃混凝土中提取制备再生水泥研究、建筑信息模型（BIM）在设计中应用等30多项应用技术研究和示范。

新技术推广工作取得成效。批准外墙外保温应用技术、低温大流量供热技术、节能窗等"四新"技术（产品）16项；推广市级工法32项，组织实施新技术应用示范工程11项。促进科技成果转化，完成《2014年天津市建设领域推广技术（产品）目录》编制工作。其中建设工程废弃泥浆分离技术及分离物的综合利用，分布式燃气供热技术，建设工程扬尘控制技术等在实际工程中得到广泛应用，取得了良好的社会效益和经济效益。

积极推行建筑工业化、住宅产业化。重点发展以钢筋混凝土结构体系、钢结构体系等两大体系，组织并扶持3家预制装配式建筑生产基地建设及20万平方米装配式建筑项目的实施。（张栋）

【建筑节能减排】 2014年天津市执行四部节能标准的建筑达650万平方米。完成公共建筑65%节能设计标准的编制工作，进一步提升建筑运行效率，使居住建筑集中供热煤耗由2005年的26公斤标准煤/平方米，下降到2014年的18.5公斤标准煤/平方米，形成每年节约220万吨标准煤和减少排放二氧化碳570万吨的能力，继续保持全国领先优势。培育全市建筑节能监管队伍，建立市和区县两级建筑节能管理机制。

大力加强民用建筑能耗统计基础性工作，建立全市建筑信息数据库。完成14个抽样街道的民用建筑能耗统计，编制了建筑节能统计软件，实现绿色

建筑、新建节能建筑、既有建筑节能改造、可再生能源建筑应用、供热能耗和公共建筑在线监测等信息，为实施建筑节能和绿色建筑三维显示，技术数据的统计功能提供支撑。

编制《天津市建筑节能技术、工艺、材料、设备的推广、限制和禁止使用目录（2013）》。推广建筑节能技术33项、产品66项，限制使用建筑节能技术和产品22项，禁止使用建筑节能技术和产品15项，为建筑节能工程设计和施工及采购提供参考，促进建筑节能产业发展，提高建筑节能工程质量。出台《天津市绿色建材和设备评价标识管理办法》，积极推进绿色建材和设备评价标准编制工作。组织编写并发布了《天津市绿色建筑管理规定》，建立绿色建筑立项、规划、设计、施工、竣工、运营等各个环节闭合管理制度，为天津市绿色建筑健康快速发展提供了法律依据。2014年天津市新建绿色建筑达到800万平方米。

完成既有建筑节能改造任务。2014年完成既有居住建筑节能改造总面积共1044万平方米，完成公共建筑节能改造总面积120万平方米。（师生）

（天津市城乡建设委员会）

房 地 产 管 理

房地权籍管理

【概况】 2014年，天津市共办理各类房地登记83.36万件，同比增长0.83%，建筑面积2.56亿平方米，均创历史新高。其中，办理房地产抵押登记24.7万件，抵押金额5377.52亿元。全年收取契税、营业税、所得税、土地出让金、维修基金等各项税费285亿元。妥善协调解决69.96万平方米直管公产住房历史未登记问题，确保直管公产住房出售工作顺利进行。全年共办理直管公产住房出售转移登记7.19万件。累计解决各类登记问题涉及土地面积约2590公顷，房屋建筑面积约85万平方米。

【集体土地使用权及地上房屋登记发证工作】坚持不懈地推进集体土地使用权及地上房屋登记发证工作，落实项目资金和作业队伍，8月出台《天津市农村集体土地使用权及其地上房屋确权登记调查工作实施细则的通知》，具体规范了工作流程和标准。11月30日制定下发《天津市人民政府关于印发天津市农村集体土地使用权及其地上房屋确权登记发证若干规定的通知》，明确了工作职责、工作模式和程序，对"一户多宅"和历史遗留问题的处理从

政策层面做了全面系统地规范。同时，组织了集体土地使用权及其地上房屋确权登记发证工作政策培训会，对相关区县的登记人员及作业队伍负责同志进行了培训。

【登记人员资格培训考核】 为贯彻落实《关于进一步提高房地产登记质量提升房地产登记服务水平的意见》中房地登记审核人员经考核合格取得相关资格后方可上岗的要求，2014年进一步落实登记人员考核上岗制度，下大力组织房屋登记官和土地登记员资格培训考核工作，全年共有41人通过了房屋登记官资格考核，154人通过了土地登记员资格考核，进一步提高了各类登记人员能力素质，提升了房地产登记服务水平。

【房地登记档案检查和权属证书清理】 全年共抽查房地产登记档案6588卷，合格6584卷，合格率99.94%。共检查土地登记档案2547卷，合格2543卷，合格率99.84%。对检查中发现的不合格案卷及时进行通报，督促落实整改，不断提高登记的质量。为配合做好审计工作，2014年完成全市历年权属证书的清理工作，为顺利通过审计做出了贡献，在日常工作中高度重视房地登记安全，有效避免了系统性和全局性恶性事件的出现。

房地产市场管理

【概况】 2014年，天津市成交各类房屋2211.6万平方米、同比下降18%。其中：商品房成交1551万平方米、同比下降17.5%（新建商品住宅成交1358.6万平方米、同比下降17.4%），新建商品住宅平均价格10679元/平方米，同比增长1.4%；二手住宅成交660.6万平方米、同比下降18.3%，二手住宅平均价格9168元/平方米，同比上涨4.1%。

2014年，天津市房地产估价机构累计完成估价项目件数28085件，评估建筑面积4175.5万平方米，评估值2197.69亿元，评估对象涉及住宅、公寓、别墅、写字楼、商场、工业厂房及土地使用权等。2014年全市房地产经纪机构代理成交二手房29893套、205.43万平方米，同比下降20%和19%；通过经纪机构代理房屋租赁46183套、320.82万平方米，租赁代理成交套数同比下降11.54%。2014年共计办理房屋租赁登记备案70921件，837.9万平方米。

2014年，全市114家房地产开发企业的180个商品房项目新增纳入新建商品房预售资金监管，新开立监管账户1123个，新增监管面积1826.54万平方米，累计进款972.14亿元，累计拨付964.74亿元，撤销监管账户926个，解除监管资金57.22亿元。全市共监管存量房屋73155套，监管面积为625.27万平方米，监管金额为593.51亿元，平均监管比率为92%，继续保持零误差业绩。

【房地产市场宏观调控】 按照2014年国家和住房城乡建设部提出的"分类调控"指导精神，同时为支持京津冀协同发展和天津市经济快速发展，满足居民合理住房需求，5月之后分三次出台了房地产市场分类调控的措施。10月17日，经天津市政府批准，天津市国土房管局会同市建委、市规划局、市财政局等六部门出台《关于进一步促进天津市房地产市场平稳健康发展的实施意见》（以下简称《实施意见》），提出支持居民合理住房需求、做好住房金融服务工作、加大税收政策支持力度等十方面具体措施。在《实施意见》的作用下，天津市房地产市场呈现回暖态势，全市新建商品住宅日均交易量为3.5万平方米，较取消限购前两个月增长46.4%；二手住宅日均交易量为3.2万平方米，较前两个月增长43.8%。其中，11月、12月份交易量突破了70万平方米，同比增长16.7%和17.5%，创下历史同期最好水平。

【《天津市房地产交易管理条例》修正工作】《天津市房地产交易管理条例（修正案）》5月经市人大第十六届常务委员会第十次会议审议通过，7月1日正式实施。为确保《条例》顺利实施，制作并印发了《条例》宣传手册和政策问答；召开了全市各区县房管局和房地产中介机构政策培训会，讲解了《条例》主要内容和重点问题，提高了政策知晓率。

【房地产市场分析】 房地产市场分析工作经过不断创新思路，加强部门协调，利用科技手段广泛收集信息指标，发展为从以前只对商品房上市量、交易量、待售量等指标的变化来分析对房地产市场的影响，逐步扩展到从源头信息指标，即出让土地数量、项目开工规模、到上市销售数量等各阶段所有指标的统计与分析。使房地产市场分析工作从局部分析发展为全面研究，有效提升了市场分析的质量和准确度。

区县分析系统上线运行。为有效提高区县房地产市场分析能力，全面改进了区县分析系统数据传输模式，将原有定期为各区县房管局发送周期数据的形式改变为动态更新数据，提升了分析效率，扩充了分析内容，实现了区县房管局对房地产市场的实时分析。

【销售许可审批】 为贯彻落实市委市政府"一审一核，现场审批"的行政许可审批工作总体要求，商品房销售许可证办理全过程实现市许可中心一站

第四篇

式完成，既方便企业办事，又提高了工作效率，做到按时办结率100%，企业回访满意率100%。2014年全市共发放商品房销售许可证1234件，发证面积2068.76万平方米，同比下降2%。其中，市国土房管局发放销售许可证1025件，1684.99万平方米，包括：住宅类858件，发证面积1339.3万平方米；非住宅类167件，345.69万平方米。滨海新区共发放销售许可证210件，332.8万平方米，包括：住宅169件，243.03万平方米；非住宅41件，85.77万平方米。

【房地产市场监管】 房地产市场监管工作形成"四个一"的工作模式。即使用一套监管程序、执行一个检查标准、建立一支监管队伍、运用一个管理系统，市、区县房管局同步开展工作，坚持源头治理，监管过程中发现违法违规问题随时处理，做到监管项目全覆盖，有效维护了房地产市场秩序。

修订《房地产市场监管工作规范》。结合新政策、新问题、新情况对规范进行补充修订，使规范监管内容更加详实，监管手段更加丰富，监管制度更加明确，具有简明、易懂、实用等特点。加强深基础项目监管。为保证高层、超高层项目施工进度按时限完成，制定了《关于深基础项目基础施工监管程序》，对监管职责、监管流程、问题处理等内容做了详细规定，指导区县局监管工作。完善各类办事程序。制定《关于房地产开发企业骗取商品房销售许可证的处理程序》、《全市空置房屋调查程序》、《经纪机构代理销售商品房监管工作通知》、《稳定天津市新建商品住宅价格工作方案》、《新建商品房预售登记监管流程》等房地产市场监管程序，丰富监管手段，完善监管内容。

【房地产中介管理】 落实天津市国土房管局统一部署，进一步简政放权，将房地产中介管理部分职能下放到区县房管局办理。为保证工作顺利衔接，将下放事项涉及的全部政策、规定编纂成《房地产中介与租赁管理文件汇编》及《操作手册》，并组织业务培训，为区县房管局工作人员尽快熟悉相关业务提供了保障。同时结合《天津市房地产交易管理条例》修订工作，针对下放后的工作实际，及时修改了相应法律条款，为区县房管部门加强房地产中介市场监管提供了法律保障。

为进一步加强天津市出租房屋综合管理，解决部门职责不清，执法依据不足的问题，经天津市政府批准，市综治办、市国土房管、市公安、市民政、市司法、市卫生计生、市市场质量监管、市地税、城市管理综合执法等9部门联合发布《关于加强天津市出租房屋综合管理实施意见》。《意见》从确定属地管理工作原则、建立三级管理机制、明确部门职责、确定人均最低租住标准、设立处理违规行为认定处置程序、强化出租房屋主体责任等六个方面，规范出租房屋综合管理工作，较好地解决了目前天津市出租房屋管理工作中存在的部门职责不清、协管机制不健全、执法依据不足、综合管理不强等问题，通过与公安、税务等部门共享合同备案信息，有效地促进了出租房屋综合管理工作有序开展。

【房地产交易资金监管】 2014年，天津市房地产交易资金监管中心坚持监管与服务并重的原则，树立"热忱服务、规范高效"的理念和在"安全规范中求快"的做法，各项工作有序开展。深化需求完善两项资金监管系统功能，预售资金监管系统增加智能对账功能、账户注销模块及不明入账划分模块；在存量房屋交易资金监管系统中增设付款返回电子文件功能，合并银行每日发送的收款电子文件明细，减少冗余信息。自5月22日起，对达到主体竣工并持有主体竣工验收证明的项目，新增主体竣工资金拨付环节，在该环节企业可申请竣工验收拨付节点中的部分重点监管资金。会同市公证部门研究印发《关于办理涉及存量房屋交易资金监管公证有关事宜的通知》，统一规范存量房屋交易资金监管委托公证内容。加强宣传、主动服务，制作购房提示牌悬挂在全市各售楼现场，提示购房人及时签订《商品房预订协议》或《商品房买卖合同》，将购房款交入监管账户；印制新版《预售资金监管政策、业务操作指南》；印制2014年存量房屋交易资金监管服务指南2万余册，分发至各区、县房管部门办件大厅，服务交易群众。发挥牵头协调作用，组织协调29家商业银行完成预售资金监管专用pos机升级改造测试和pos机具更换工作。协助工商银行研究开发专用pos机系统；组织指导22家商业银行完成存量房屋交易资金监管系统完善工作。加强对区县房管部门的业务指导，与区县局建立业务指导和定期反馈监管巡查信息机制；与局信息中心、滨海新区房屋管理中心建立业务沟通协作机制，为区县和滨海新区提供政策业务方面的指导和服务。作风建设窗口服务实现好中求优，资金监管业务办事效率和质量受到企业好评，预售资金监管开户签约和资金拨付等主要业务环节全部进入局行政服务大厅窗口，做到一个窗口进、出件，在局行政服务大厅窗口全年综合考评中保持第一名。干部队伍建设进一步加强，绩效考核助推岗位人员职业素养再提高，两项资金监管业务实现零误差。

既有房屋管理

【概况】 2014 年，以"政风行风建设作风年"为抓手，围绕深化住房制度改革，开拓创新，攻坚克难，服务大局，既有房屋管理各项工作取得了明显成效。在市、区县房管战线职工共同努力下，积极组织房屋查勘和安全监控，确保全市既有房屋安全度过了汛期，未发生一起塌房伤人事故；排查摸清了全市危险房屋底数，建立房屋安全档案，认真做好平改坡工程后续管理和维护工作；提升了历史风貌建筑保护水平。

【积极稳妥推进公房出售工作】 2014 年是天津市委、市政府决定继续深化住房制度改革，推动直管公产住房出售的第一年。全年市内六区直管公产住房累计出售 106871 户，建筑面积 552.47 万平方米，占可售直管公房面积的 53.06%。其他区累计出售 5013 户、24.17 万平方米，占其可售直管公房面积的 58.38%。

加大宣传力度，有效推动公房出售，广泛宣传公房出售政策。在报纸、广播电台、电视台、网络等媒体共刊播稿件 70 余篇。组织召开新闻通气会，就购房群众关心的房屋拆改查验程序、拆改鉴定收费，一次性付款优惠申请节点等问题，通过新闻媒体向全市进行了通报。

加大公房出售服务力度。统一房屋拆改查验程序，限定最高鉴定收费标准。增加接待人员和银行交款网点。为满足住户购房需求，各房管站采取每天延长 3～4 个小时办公时间、公休日不休息、开设一站式受理服务窗口等措施，同时各产权办件大厅和银行均延长了服务时间，最大限度满足了住户购房需求。

平稳有序做好公有住房提租工作。按照调租程序完成成本监审、提租方案，并顺利召开听证会。听证通过后，市发改委会同国土房管局向市政府报送了提租请示，经市政府同意，从 9 月 1 日起，调整公有住房租金，租金提高 30%。为做好公有住房租金调整工作，确保政策实施平稳、有序，对相关公有住房管理单位进行了培训、指导和推动，各相关单位严格按照提租工作要求，圆满做好提租工作。

【圆满完成立法工作任务】 完成《天津市危险房屋管理办法》立法工作。按照立法程序，向各区县人民政府、市财政局、市建交委、市规划局等 27 个单位书面征求了意见。

完成《天津市直管公产房屋管理办法》及其配套文件。为加强直管公产房屋管理，推动直管公房出售，进一步修改完善《天津市直管公产房屋管理办法》，由市政府发布实施。为贯彻落实好《办法》，出台《天津市公有住房变更承租人管理办法》《天津市公用公房管理办法》等相关配套办法。

制定加强公有房屋租赁管理的意见。为加强天津市公有房屋租赁管理，研究制订了《关于进一步规范公有房屋租赁管理的通知》。组织公有房屋管理系统建设单位，修改系统程序，实现公房租赁合同管理流程网上无缝链接，规范公房合同使用管理。

【全力做好既有房屋安全度汛工作】 汛前，对全市城镇范围内既有房屋全面排查，对严重损坏、危险房屋进行修缮加固和重点监控。建立市区两级防汛工作制度，确保组织机构、抢险人员、各类物资设备落实到位，严格实行 24 小时防汛值班和领导带班制度，密切关注雨情、水情，重点做好危险房屋、平房片区等易发事故房屋的监控，及时处理群众报修，确保各类房屋安全度汛。全市共抢修补漏直管公产房屋 10112 平方米、647 处，未发生塌房伤人事故。

【做好公有非住宅房屋调租相关工作】 积极与市财政局、市发改委进行沟通，经市政府批准同意，2015 年 1 月 1 日起调整公有非住宅房屋租金。同时，根据《天津市直管公产房屋管理办法》规定，将《天津市直管公产非住宅房屋保管自修责任书》修改为《天津市直管公产非住宅保管自修房屋租赁合同》，并对原《天津市公有非住宅房屋租赁合同》进行了部分文字修改，进一步规范天津市公有非住宅房屋的管理。

历史风貌建筑保护

【概况】 2014 年，天津市各级历史风貌建筑管理部门及相关单位以美丽天津建设为契机，全面贯彻落实市国土房管工作会议精神，坚持高标准、高质量、高效率的工作原则，紧密围绕历史风貌建筑保护工作的实际情况，精心安排、细心组织，深入推动了保护事业的新突破、新发展。依据《天津市历史风貌建筑保护条例》，扩大历史风貌建筑保护范围，加大历史风貌建筑保护监管力度，开展巡查执法，完成第六批确认历史风貌建筑的安全查勘，进行加固维修，开展历史风貌建筑会所调查，启动五大道历史风貌建筑电子旅游导览系统的建设工作。

【历史风貌建筑保护管理】 2014 年，天津市完成历史风貌建筑备选资料库建设工作，130 幢建筑纳入备选历史风貌建筑资料库，其中 50 幢拟申报第七批历史风貌建筑。

加强历史风貌建筑保护监管，加大巡查执法力度，完成历史风貌建筑日常巡查 12000 余幢次，巡查中发现并查处各类违法案件 29 起，同比下降 26%，查处率 100%。与第六批新确认的建筑产权人、经营管理人、使用人签订了保护责任书。认真开展行政审批，完成 16 幢、2.7 万平方米历史风貌建筑装饰装修审批。创新审批模式，简化审批流程。对双重保护建筑的装饰装修审批，与文物部门联合召开专家评审会议，减轻申请人负担，提高办事效率。建立有效沟通机制，对巡查中发现的历史风貌建筑院内违章搭建、拆改围墙等违法行为，通知规划局、文物局等相关部门，按照各自职能进行查处。配合市局信息中心，编制出《历史风貌建筑"一张图"需求书》。

开展历史风貌建筑会所调查工作。按照中央教育实践活动办公室《关于进一步整治"会所中的歪风"的通知》要求和市活动办公室工作部署，4～8 月，完成历史风貌建筑中会所情况的调查工作。对全市 877 幢历史风貌建筑的产权、使用情况进行了调查、分类。将其中 422 幢属于公共资源非居住用途的建筑列入此次整治范围，并上报市活动办公室。按照市纪委统一部署，市国土房管局负责对其中 50 幢历史风貌建筑进行排查，经认真调查，均不存在经营私人会所现象。

【历史风貌建筑整修】 2014 年初，天津市国土房管局与和平区政府联合成立五大道腾迁指挥部，完成先农二期及润兴里两个地块土地整理，为风貌整理公司健康持续发展注入新能量。

推动历史风貌建筑查勘整修，完成第六批确认的 131 幢、14.1 万平方米历史风貌建筑安全查勘的工作，为下一步组织、推动加固整修奠定基础。经查勘，吉林路 23 号、陕西路 76 号等 10 幢建筑存在安全隐患。对中国大戏院、耀华中学礼堂等 15 幢、3.7 万平方米历史风貌建筑进行加固维修。通过对墙体、楼板、梁柱及屋面加固，提升了建筑的结构安全性能。积极配合和平区五大道地区综合提升改造工程指挥部，完成位于大理道、常德道的 51 幢、3.6 万平方米历史风貌建筑的外檐整修。按照天津市委、市政府关于迎接 2017 年全运会的工作要求，对五大道核心区其他道路上的 48 幢、4.1 万平方米历史风貌建筑屋面、外檐、围墙进行全面整修。通过上述整修工程，恢复了建筑昔日风采，全面提升五大道的景观环境。

完善历史风貌建筑修缮、技术体系，完成历史风貌建筑传统工艺技术资料片制作。全片分 6 集共

20 个示例，视频时长 1000 余分钟。编制 50 幢历史风貌建筑的修缮、使用保护要求。完成马场道 117～119 号（原工商学院）、十一经路 88 号（原俄国领事馆）等 82 幢历史风貌建筑保护图则的编制，累计完成 664 幢。

物业管理

截至 2014 年底，全市实施物业管理项目 3911 个，面积 3.48 亿平方米。物业企业累计达到 1282 家。

【修订规范物业管理配套办法】 修订颁布《天津市物业管理用房管理办法》《天津市物业服务企业退出项目管理办法》《天津市商品住宅专项维修资金使用办法》《天津市物业管理招标投标管理办法》等 10 个配套办法，使其更具针对性和操作性。

【健全完善信息化管理手段】 对"天津市物业项目管理网"进行改造升级，实现企业资质网上管理、从业人员执业资格网上培训、维修资金使用网上申请备案、新建物业项目招投标网上评审、企业退出项目管理网上全程监管。同时，把物业项目入住、业主大会成立以及业主委员会到期换届、合同到期处置等环节纳入网上预警监管。研发"中心城区住宅小区物业管理覆盖信息管理系统"，将住宅小区物业管理信息标绘在电子地图上，并增加数据查询、信息变更、统计分析、业务提示等功能，实现了一张地图管全部，增强了业务监管的主动性和实效性。建立容纳各企业负责人和所有项目经理的集团式信息沟通寻呼平台，做到随呼随应、上下互动、信息畅通。

同时，为适应新形势、新目标、新要求，进一步创新完善行政管理手段，解决原有物业管理系统缺乏顶层设计、技术手段落后、信息资源不能共享、系统功能无法满足发展需要的问题，经深入调查研究，对原有的 8 个物业管理子系统进行整合、改造、升级，通过开发建设物业管理信息系统、物业管理数据共享中心、物业管理地理信息平台、物业管理智能终端等，实现信息资源共享、数据查询与管理、企业及项目动态管理、统计分析、巡查考评、通信中心、待办提醒等 7 大功能，推动物业管理行政监管工作实现信息化、网络化、智能化。

【突出抓好行业信用监管】 制定颁布《天津市物业服务企业信用信息管理办法》，研制"天津市物业服务企业信用信息管理系统"，通过企业自我评价、业主及业主委员会评价、街镇及居委会评价、市区行政主管部门评价以及行业专家评价等 5 方综

合评定，把物业企业区分为优秀、良好、合格、基本合格和不合格等五个信用等级，明确了实施一票否决的 10 项违规行为，规定了媒体曝光、限制承接管理项目、降低直至取消资质等 6 项处罚措施。2014 年，完成 514 家企业信用等级评定，评出 3A 级优秀企业 24 家、2A 级良好企业 211 家、A 级合格企业 212 家、B 级警示企业 39 家、C 级不诚信企业 28 家，并全部向社会公布，与此同时抓了对优秀诚信企业的奖励措施落实和对不诚信企业的处罚及督促整改落实，较好地营造了依法诚信运营的物业市场环境，对鼓励诚信企业做大做强，依法惩处和逐步淘汰不诚信企业，将起到重要作用。

【跟踪监管企业退出项目行为】 从严执行物业企业退出小区管理提前三个月预警报告制度，指导预警项目的现场调查、会议协调、政策指导、制定预案、选聘企业、衔接服务等环节工作落实，确保解聘选聘物业企业行为规范有序。2014 年，共有 70 个小区合同到期预警退出，通过跟踪协调，55 个小区续签服务合同或选聘了新的物业企业，15 个小区实行自治管理，实现管理服务平稳接续，居民生活没有受到影响。

【强化维修资金的使用和管理】 2014 年，天津市归集、追缴维修资金 38.09 亿元。同时，针对业主反映商品住宅专项维修资金使用难问题，通过修订《天津市商品住宅专项维修资金使用办法》，细化了资金使用分摊范围、简化了使用程序、压减了办件时间、明确申请主体缺失情况下的使用渠道，有效缓解了资金使用难的矛盾。2014 年，全市受理 432 个物业项目申请使用专项维修资金和应急解危资金，划拨资金 7832.97 万元，使 27.68 万户业主受益。

【加大各类人员物业管理业务培训】 2014 年，累计对区县行政人员、民政系统人员、物业项目经理、街镇社区居委会人员、司法系统人员培训 5538 余人。编印《天津市社区物业管理专职人员培训教材》，配合市民政局完成了对新招聘的 1655 名社区物业管理专职人员岗前培训。此外，还指导河东、红桥、西青和宝坻等区组织对 682 名街镇、社区居委会等人员培训，促进提高依法指导、监督业主大会、业主委员会履行职责能力。从事物业管理工作相关人员整体业务素质得到普遍提升。

【商品住宅小区和提升改造后旧楼区实现物业管理全覆盖】 市内六区和环城四区商品住宅小区 1311 个，对 1058 个实施专业化物业管理的小区，开展物业服务全覆盖达标验收，实现商品住宅物业管理小

区服务合格率 100%，优良率 33.65%，业主满意度达到 80.4%，物业费平均收缴率由 2013 年初的 67%，提高到 78.6%。

房屋征收安置

【概况】 2014 年，天津市各区县政府作出房屋征收决定 14 个，涉及房屋 21.7 万平方米、0.36 万户；征收（拆迁）各类房屋 48.8 万平方米、0.74 万户；开工建设定向安置经济适用房 0.78 万套，在推动城市建设、改善民生等方面发挥了重要作用。

【棚户区摸底调查】 按照《住房和城乡建设部关于做好 2014 年住房保障工作的通知》要求，会同市发改委、市国资委、市财政局、市林业局、农垦集团组织各区县政府、国有工矿企业、林场、农场等单位，全面摸清各类棚户区情况，制定改造规划，经市政府批准同意。截至 2013 年底，天津市尚有各类棚户区 885 万平方米、16.57 万户。

【危陋房屋改造】 组织各区逐项目梳理市区危陋房屋情况，完善改造计划，确定安置房需求，推动落实安置房选址。会同市建委、财政局、城投集团、各区政府等逐项目梳理资金问题，提出解决意见，组织各区与各银行对接融资。会同市财政局研究提出完善改造体制的意见，落实区政府主体责任，积极争取国开行融资支持。会同市发改委全力推进河西区宾馆路、河北区三十五中、红桥区西沽等 22 个项目立项工作。协调市财政局将西于庄改造 12 亿元项目资本金全部拨付到位，协调国开行、浦发银行完成西于庄改造及和苑西区安置房项目贷款审批，累计发放贷款 49 亿元。完善西于庄改造补偿安置政策，在房屋评估价的基础上增加 20% 不可预见费和 3% 管理费，并将小面积房屋托底安置费一并纳入改造费用，由红桥区包干使用。

【城中村改造】 组织环城四区政府研究制定城中村改造年度工作计划，将拆迁和安置房开工任务分解到项目，细化到月，落实到街（镇）、村，督促投资单位及时拨付改造资金。会同市政府督查室开展城中村改造中期推动工作，深入环城四区逐区开展调研，督促区政府倒排工作计划，促进年度任务的顺利完成。加强协调推动。组织北辰区完成宜兴埠旧村改造资金测算，提出资金平衡方案；组织东丽区、津南区、市海河公司，推动海河后五公里涉及城中村改造项目增资测算；组织东丽区、市土地整理中心开展万新街北片六村改造增资测算。每季度召开城中村改造领导小组会议，组织建设、规划、环保、人防、消防、电力等单位开辟绿色通道，加

快办理安置房开工建设手续。

住房保障

【概况】 2014年,天津市委、市政府连续第8年将住房保障工作列入20项民心工程,确定全年开工保障房6万套、基本建成7.5万套,新增租房补贴1万户的工作目标。在市委、市政府的领导以及相关部门和各区政府的共同努力下,全年开工保障房6.1万套、基本建成7.7万套,新增租房补贴1.01万户。截至2014年底,全市累计开工建设保障性住房71万套,向11.5万户中低收入住房困难家庭提供租补贴。

加快保障房和配套设施建设。按时间节点协调推动项目建设工作,接待住房城乡建设部巡查组6次检查,确保了全年保障房开竣工任务圆满完成。完善已入住保障房配套设施。加快大寺和双青两个新家园建设。

【扩大住房保障受益范围】 自3月15日起,将廉租住房租房补贴收入准入条件从家庭上年人均月收入低于1160元放宽到1260元,经济租赁房租房补贴收准入条件从家庭上年人均月收入低于2200元放宽到2400元。全年新增租房补贴家庭1.01万户,圆满完成全年新增租房补贴家庭1万户的目标,使更多的困难家庭享受了住房保障。

【完善住房保障政策】 完善经济租赁房租房补贴年度申报审核程序,制订租房补贴家庭与公租房衔接转换程序,制定非拆迁经济适用住房申请、审核、上市政策,完善限价商品住房政策,建立长效规范运行机制,研究制定公租房用于棚户区改造安置方案,不断解决基层调研发现的新问题,储备外来务工人员申请公租房政策。

【做好保障房配租配售管理工作】 制定公共租赁住房规范化标准化管理实施细则。全年推出13个公租房项目、2.7万套房源,向1.3万户家庭核发了符合条件通知单,8500户家庭入住。做好限价房项目上市销售工作。2014年共推出双青新家园荣溪园、荣康园、大寺新家园佳和雅庭、亲和美园、金友花园、东丽区华城庭苑等6个项目、8200余套限价房上市销售,做好销售价格测定工作。做好经济适用房配售管理工作。累计为10个区县、21个街镇开通安置人录入权限,累计完成各区县、街镇安置人资格审核3.7万户、12.7万人,2014年新增0.44万户、1.7万人。

【完善已入住保障房配套设施】 上半年开展了淮河道保障房示范区9个项目配套完善工作,通过

完善市政配套设施、强化社区管理、规范物业服务、美化小区环境、提升绿化景观、增设交通线路,进一步提高项目居住品质、改善群众生活环境。从10月份起,以淮河道保障房示范区为样板,组织实施包括张贵庄片区在内的53个保障房项目完善配套工作,确定绿化提升方案并开展前期工作。与天津市市容园林委联合印发《关于做好天津市新建和在建保障房项目绿化建设管理有关工作的意见》、《天津市保障性住房区内景观绿化导则》,进一步提升保障房项目绿化建设水平。

【完善住房保障管理信息系统】 启动研发全市保障房项目管理系统,通过链接全市供地交易、商品房管理、产权产籍等管理系统,实时综合提取保障房各类数据信息,将全市保障房项目开工、建设、配租、配售、运营管理等工作全方位纳入主管部门的跟踪和监控管理下,促进保障房建设分配等工作规范化、标准化和公开、公平、公正运行,大大提升管理水平和管理效率。按照年度开发计划继续完善住房申请审核和补贴发放系统,完善经济租赁房租房补贴年度申报、出租人补贴等26项功能,进一步提高了工作效率。全年通过系统完成审核、发放补贴、配租配售6.4万户次。在市民政局的支持下,实现殡葬数据信息共享,并先期应用于住房保障监管核查工作,更加准确掌握申请和享受家庭相关情况,确保分配公平。

【深化住房保障监管工作】 强化违规查处。全年通过信息系统核查保障家庭32万户次,核实确定违规家庭213户并全部停发补贴,追缴违规款1.87万元。通过电话告知、建立不良信用记录、非诉执行等方式,对1880户违规家庭处理完毕,累计追缴违规款1831万元,处理办结率达到95%以上。规范住房保障档案管理工作,组织召开全市档案管理工作推动会、现场交流会,健全规章制度、细化考核指标、量化检查标准,对中心城区住房保障档案开展互查互评工作,档案管理工作水平提高取得实效。严格按照"一户一档"原则整理归卷,科学分类,统一排序,标注明确,确保档案归卷整齐有序,管理工作疏密有度。统一规范各级住房保障咨询电话、举报邮箱、受理地址等信息,通过住房保障网、本级政务网及每日新报等渠道同步公开,全年进行住房保障信息公开1万余条,接受群众广泛监督;受理群众举报投诉案件70余件,通过及时核实处理,案件全部办结。运用互联网等技术手段,搜索住房保障热门帖50余篇,整理民情动态30余期,及时了解百姓诉求,确保工作规范运行。对中环福境、华

城庭园等百姓关注度较高的限价商品住房项目，管理部门会同开发企业研究销售方案，确定登记、摇号、选房程序，公布销售公告，摇号过程全程监督；对其他在售限价商品住房项目进行定期检查及不定期抽查，现场查看《天津市商品房销售许可证》、项目基本情况及公布咨询电话等，确保公开、公平销售；通过每日新报累计公示享受限价商品住房家庭信息8.7万余条。出台《关于进一步规范住房保障系统使用权限的通知》，规范各级用户权限数量及使用规则，禁止同一用户兼有多个使用权限，对区房管、民政及街道600个用户，万余条数据进行逐项梳理，删除重复等作废用户42个，权限数据400余条，转移待办件650个；核对市、区、街系统用户保密协议签订情况500余份，发现错签、漏签情况30余份及时督促整改，确保系统使用安全。

大事记

3月

11日 《中国建设报》以"天津新建商品房预售资金监管呈现新特点"为题，报道天津预售资金监管经验做法。

5月

由天津市第十六届人民代表大会常务委员会第十次会议审议通过《天津市房地产交易管理条例(修正案)》，于7月1日正式实施。

10月

15日 天津市国土房管局在住房城乡建设部召开的全国房地产交易市场管理座谈会暨济南创新服务安居惠民工作现场会上，作了题为"加强房地产交易资金监管促进房地产市场平稳持续发展"的交流发言，受到部领导的充分肯定。

(天津市国土资源和房屋管理局)

城市管理·市容园林

【概况】 2014年，天津城市管理紧紧围绕建设美丽天津，全面实施"绿化、美化、净化、亮化、细化"五大工程，市容环境、园林绿化、城市管理取得明显成效。

绿化建设实现突破，生态大绿扮美津城。坚持"生态、大绿、低碳"，全面实施外环绿带、道路绿廊、公园绿化、垂直绿化、绿荫泊车、城市绿道"六绿工程"，新建提升各类绿地2784万平方米，新增绿化面积为2013年的4.4倍，栽植树木590.8万株，城市绿化覆盖率、绿地率、人均公园绿地面积

分别达到36%、31.5%和11.5平方米，充分发挥了城市绿化释氧固碳、增湿降温、滞尘防污的生态作用，为京津冀大气污染防治做出了贡献。

城市美化成效显著，市容市貌更加靓丽。着力实施"城市美化"工程，围绕"路、桥、河、房；灯、具、站、区；线、栏、园、厕"等12个要素实施全面提升，高标准完成天石舫至大光明桥13.7公里海河沿线堤岸、桥梁、护栏、绿地、家具等设施综合提升，并落实长效管理；整饰建筑860栋158万平方米，规范牌匾1.06万平方米，治理非法户外广告1361处、小广告12.9万处；清整立交桥、人行天桥91座，清洗桥梁护栏121.5万平方米、地袱115万平方米、隔音板30万平方米；整修道路151条22.5万平方米，整饰道路护栏40万片，施划标线183万延米，提升座椅、果皮箱等城市家具9315个，市容市貌更加清新靓丽。

城市照明全面提升，夜景灯光更具品位。精心实施城市夜景建设，全面加强城市照明管理，实施友谊路等19条主干道路照明设施改造，对津河、卫津河沿线光源进行更换，照明亮度提升30%；高水平完成海河沿线夜景灯光新建修复，更换破损及光衰老化严重的灯具5.38万盏，修复269栋建筑、12座桥梁夜景灯光设施，同步完成23栋建筑夜景灯光建设；天津城市照明荣获全国"城市照明建设奖"一等奖，津城夜环境更具品质特色。

环卫装备全面升级，城市环境更加整洁。认真贯彻落实"美丽天津·一号工程"，购置车辆550部，实现了城市道路机械化扫除、标准化作业，道路机扫水洗率由30%提高到75%；投资1.4亿元购置垃圾运输车389部，全市垃圾清运车辆实现"黄标"变"绿标"。积极推进和平区、静海县餐厨垃圾"就近就地"无害化处理和资源化利用试点，全市生活垃圾无害化处理率达到95.16%，建成区生活垃圾无害化处理率达到96.8%。

城市管理转型升级，管理效能全面提升。坚持"依法管理为标准、智能化管理为手段、监督考核为保障"三位一体，推进城市管理规范化、标准化、常态化、智能化。编制完成《城市绿地系统规划》，制定实施《天津市"六绿"工程导则》《天津市园林养护管理导则》《市市容园林委城市树木迁移栽植专家评审制度》等一批配套政策，创建星级公园17个，进一步实现依法建绿、管绿、护绿。完善城市管理数字化平台，市级城管数字化平台与16个区县、8个市级部门实现互联互通，做到城市管理部件和事件全领域、全过

程监管。全面推进网格化管理，中心城区划分为3002个智能化数字化网格，实现万米网格监督管理的全覆盖，城市管理事件办结率提高10个百分点。深入开展占路经营、露天烧烤、城市家具、建筑立面、路灯照明等六项专项治理，工作取得显著成效，河西区、和平区、河北区、津南区、武清区、蓟县、宝坻区实现了露天烧烤零存在。健全完善市容环境保障常态机制，高水平完成101次重大任务、重要活动市容环境保障任务，形成保障工作的新常态。达沃斯论坛市容环境保障工作得到市委、市政府和社会各界的充分肯定。（陈永清）

【市容市貌】 2014年，天津市街容管理工作以巩固成果加大违法户外广告设施的治理为重点，以提升完善海河夜景灯光及重大活动保障为契机，以坚持精细化长效管理为目标，以坚持公平公正公开加大考评力度为推动，各项工作有力有序推动，取得明显成效。

制定街容管理工作方案，下发《市市容园林委关于加强2014年街容管理工作的通知》，明确了2014年街容管理总体工作目标、要求和思路，明确了10项重点工作和14项专项治理任务及治理标准。集中整治，加大治理力度。重点对中心城区151条道路、31个重点地区进行拉网式的排查，共治理各类违法户外广告设施1300处，其中楼顶广告16处，墙体广告73处，单体字17处，墙体字18处，占地广告7处，围挡7处，刀牌54处，牌匾72处，LED显示屏19处，外檐装修12处，布标、条幅344处，气球充气拱门实物造型50处，灯箱广告301处，窗贴294处，大型占地广告6处，其他设施6处。以考促管，严格考评标准。每月组织一次对市内六区、环城四区街容管理综合考评，每季度组织一次对滨海新区和其他区、县的街容管理综合考评，通过考评发现问题、治理问题、解决难题。进一步加大考核监督力度，加大重点区域、重大保障任务、迎宾线路的考核权重，确实以严格有力的考核促进执行力，以公平公正的考核促进了街容管理工作全面落实。依法审批，提高设置标准。依法依规严格户外广告设施初审，全面提升户外广告、商业牌匾、外檐装修的设置水平和设置标准，审批提速50%。共办结户外广告设置行政许可初审件1312件。配合任务，落实公益宣传。组织各区县市容园林委、各有关广告公司，利用户外广告设施，做好"图说我们的价值观"户外公益广告宣传，宣传社会主义核心价值观；组织部署推动2014夏季达沃斯论坛户外公益广告宣传工作；组织各有关户外广告公司在重点道路电子显示屏上播放治理机动三轮车、中国京剧艺术节等公益宣传视频；协助完成海河龙舟节的公益宣传活动。

节日气氛布置有新意。元旦、五一、国庆期间在中环线、内环线、东南半环快速路、西北半环快速路、卫国道、狮子林大街等中心城区重点迎宾线、主要入市口悬挂国旗和彩旗进行装点，悬挂国旗7560余面，将海河沿线、迎宾线等夜景灯光设施全部开启，共开启景观灯22万盏；春节期间，设置灯光景点2处，包括南京路抗震纪念碑"锦绣中华"、马场道与友谊北路交口"春满大地"；设置友谊路树挂串灯228基；设置灯杆装饰6条道路，友谊路、友谊北路、宾水道等悬挂"灯笼"、"中国结"等特色装饰；悬挂国旗5040面；开启景观灯25万盏。（吴杉子）

【市容环境综合整治】 2月28日，召开建设美丽天津市容环境综合整治动员大会，市委代书记、市长黄兴国出席并讲话，副市长尹海林主持会议，副市长孙文魁作工作部署。通过全市上下的共同努力，市容环境综合整治工作全面完成。按照"干净、整洁、规范、有序"的要求，全市动员、市区联动，围绕"路、桥、河、房；灯、俱、站、区；线、栏、园、厕"12个市容环境要素实施城市设施部件全面清洁、整饰、修缮、提升。整修道路151条22.5万平方米，整饰860栋建筑立面158万平方米，清整立交桥、人行天桥91座，打造了五大道、天塔、古文化街、大学城等一批重点地区城市靓丽节点和窗口，高标准完成元旦、春节、五一、国庆等重要节日的环境气氛布置。实施了海河沿线（大光明桥至天石舫）两侧13.7公里堤岸设施原貌修复，重现美丽海河夜景之美轮美奂。（陈永清）

【环境卫生】 截至年底，全市道路区域清扫总面积11243万平方米，机械化清扫作业面积6463万平方米，水洗作业面积4436万平方米。加大道路水洗力度，积极推行高效节水的高压洗路作业方式，坚持"每日机扫，隔日水洗，周洗便道，快速捡脏"的扫保作业程序。

2014年中心城区、环城四区购置机扫水洗车辆354部并进行统一标识，淘汰机扫黄标车70部，中心城区、环城四区机扫水洗作业率达到87.4%。全市现有环卫专用车辆共计2909辆；其中：垃圾运输车995辆、机扫车436辆、高压冲洗和洗地车184辆、洒水车233辆、除雪车75辆、吸粪车120辆。

加大对中心城区151条重点道路及31个重点地

第四篇

区的环境卫生重点保障。及时清除运输撒漏、夜间烧烤及夜间摆卖造成的道路污染,协调有关部门进行源头治理。对中心城区 151 条重点道路存在破损、锈蚀、脏污等问题的果皮箱和城市座椅进行了维修油饰或更换,更换果皮箱 846 个,维修油饰果皮箱 2304 个,维修油饰城市座椅 2871 个。

截至年底,天津市共有环卫公厕 1340 座,其中标准式公厕 780 座,非标准式公厕 452 座,活动厕 108 座。全市共有溶盐池 27 座。(李瑛)

【废弃物管理】 2014 年,天津市城市生活垃圾清运量为 232.58 万吨,无害化处理量 221.35 万吨,无害化处理率 95.17%。其中市内六区、环城四区生活垃圾清运量为 152.84 万吨,无害化处理 145.65 万吨,无害化处理率 95.3%;滨海新区生活垃圾清运量为 47.05 万吨,无害化处理 47.05 万吨,无害化处理率 100%;其他区县生活垃圾清运量为 32.69 万吨,无害化处理 28.66 万吨,无害化处理率 87.67%。

市环卫部门共有垃圾运输车 1098 部,生活垃圾转运站 211 座,中转站 4 座,日均收集运输城市生活垃圾约 6372 万吨。为杜绝垃圾运输车辆的运输撒漏问题,减少二次污染和尾气排放,完成购置新型生活垃圾运输车辆 81 部。

继续稳妥推进生活垃圾分类工作,和平区、滨海新区中心生态城作为新、老城区分类示范点,各项工作稳步推进。6 月份,会同市发改委、市财政局、市环保局、市商务委联合推荐滨海新区中新生态城作为天津市的生活垃圾分类示范城(区)。

在结合集中处理餐厨垃圾试点的基础上,在和平区、静海县开展餐厨垃圾就近就地资源化利用和无害化处理试点,即在源头通过餐厨垃圾预处理设备,将餐厨垃圾就地减量化、资源化,起到了减少运输成本、避免二次污染的效果。开展的就地分散处理方式,是对餐厨垃圾处理模式的有益探索。(朱延国)

【路灯照明管理】 完成 2014 年市容环境综合整治路灯照明设施改造提升工作任务。制定 2014 年路灯照明设施养护管理工作要点和建设美丽天津 2014 年市容环境综合整治路灯照明设施改造提升工作方案,分两批完成外环东路、泰安道等 14 条重点主干道路生锈、油漆脱落 1927 基灯杆的油饰;完成对友谊南路、东南半环快速路等 16 条重点主干道路 3399 套老化灯具的更换;完成津河、卫津河两岸、睦南道等 3 条道路 1337 基 2576 套光源、电器的更换,照明亮度在原有的基础上提升 30%;完成更换超过使用年限的室内老化开关柜 10 座,老化箱式站 6 座,

老化线缆 6000 米;完成对海河沿线路灯和桥梁景观灯的检查、维修,保证海河游览路线路灯和海河上 15 座桥梁景观灯正常开启,保障重大节日、重要活动期间海河临时性照明任务 45 次;完成外环线内 300 余处临时架空线入地改造,提高设施安全稳定运行水平,美化了市容环境。

加强对路灯照明设施日常养护管理的监督、检查和考核。对中心城区重点道路、地段、涵洞的路灯线缆、灯杆、灯具进行了日常检查维护。在天津市城管办考核排序中,市路灯管理处排在城市管理部门前列。(滕占久)

【园林绿化】 2014 年,开展"六绿"专项绿化工程建设,全市"六绿"工程新建提升绿化面积 2784.3 万平方米,新植各类树木 419.6 万株。

推进绿道建设。在原有的 1.1 公里示范段的基础上,建成郁江公园。提升外环绿带。外环线全长 71.4 公里,共提升改造 423 万平方米。建设提升改造公园 33 座,其中新建 19 座、提升 14 座,面积 684 万平方米,新植树木 193.7 万株。优化道路绿化。重点提升复康路、友谊路、解放南路、卫国道等 51 条道路。实施垂直绿化。垂直、立体绿化工程建设,新增 145 条路(段),完成垂绿 15 万延米。20 座立交桥桥区绿化,栽植各类苗木 48.06 万株。实施社区绿化提升。社区绿荫泊车建设 105 个社区,增加停车位 11357 个,提升绿化面积 18 万平方米,栽植树木 3.97 万株。组织中心城区全民义务植树日活动。组织并参加了中国(青岛)世界园艺博览会"天津园"建设及中国(武汉)第十届世界园博会的方案审定。(张春暄)

【园林养护】 按照园林绿化养护管理工作的季节特点和园林植物习性,2014 年主要抓好修剪、浇水、施肥、病虫害防治、绿地卫生保洁、防寒等多个重点养护环节。先后对全市 20 余万株行道树和 300 余万株其他树木进行了整形修剪;对全市 9000 余万平方米绿地、70 余万株行道树和 700 余万平方米绿篱进行浇冻水。为了提升冬季城市景观水平,对中心城区 48 条段、407 公里的重点迎宾道路和景观道路的防寒设施进行了统一的规范和要求,共搭建木条加喷绘的防寒设施 40.7 万延米。努力实现园林养护管理的规范化、标准化、精细化,促使园林景观普遍提升。

2014 年先后对市内六区和环城四区专业性绿化设施养护管理情况进行了 18 次检查考核,共涉及 260 余条路段,严格按照重点养护管理绿地的标准进行重点检查和考核,加强园林绿化养护管理工作的

考核检查力度，发现枯株、死苗、病虫害、绿地卫生等问题现场纠正，及时解决，促进了园林养护管理水平的提高。

2014年开展了以防治美国白蛾和蛀干害虫为主的植物病虫害防治工作。（何晶）

【公园管理】 2014年，公园管理工作以"精细化、规范化、长效化管理"为指导，以《公园管理考核办法》为抓手，全面加强管理。全市评选出17个星级公园，巩固公园改造成果。依据《公园管理考核细则》，抓好全市重点公园管理考核工作。特别是对近几年新改造提升的公园加强检查推动，巩固了提升改造的成果。保障夏季达沃斯期间公园景观整洁优美。加强节假日等重点时期的安全保障工作。（李文卓）

【夜景灯光设施建设管理】 组织实施完成海河夜景灯光修复提升工程，海河夜景灯光效果得到显著提升。提升完善海河（天石舫码头至大光明桥段）两岸16公里亲水平台、堤岸、绿地、建筑物及桥梁五个层次的夜景灯光效果；补充建设海河沿线23栋新建建筑夜景灯光；实施海河夜景灯光智能监控系统建设，将海河沿线夜景灯光纳入全市"一把闸"控制。

配合2014年夏季达沃斯论坛市容环境保障工作，组织实施主会场周边夜景灯光完善工程。对主会场周边17栋楼宇夜景灯光进行提升、完善、修复、安装灯具943盏、线缆1080延米，确保主会场周边夜景照明环境良好。

组织推动和平区实施五大道地区夜景灯光提升改造工程。完成马场道、睦南道等20条道路388处点位夜景灯光提升完善，同步实施135处供配电系统改造及统一启闭智能监控系统建设，整体提升五大道地区夜景灯光水平。

以海河夜景灯光修复提升成果为代表的"天津市中心城区（含海河沿线）夜景照明建设"项目，荣获"城市照明建设奖"一等奖。（吴杉子）

【城市管理监督考核】 2014年，全年实施的联查考核和各类专项考核统计共抽取343664个样本点位，按照考核评定标准科学核定成绩，考核结果每月10日在《天津日报》上予以公布，真实、全面、客观地反映了全市城市综合管理水平，促进了精细化、常态化、长效化城市管理目标的实现，实现每一寸土地都有人管，每一个设施都管好，每个细节管到位，不断提高城市管理的效能和水平。（康凯）

【城市管理综合执法】 2014年，天津市城市管理综合执法开展多项专项治理活动。

治理马路餐桌、露天烧烤。按照美丽天津一号工程目标要求，全市综合执法系统展开了持续不间断的专项治理，中心城区151条主干道路、31个重点地区，其他郊县49个重点地区及核心管理区域道路实现了马路餐桌和露天烧烤聚集的零指标。在全市各区县第一批下达的904处露天烧烤、马路餐桌点位中，共依法治理598处，极大地提升了道路环境秩序管理水平。

治理运输撒漏。深入开展清新空气行动，重点治理运输撒漏问题。全年出动执法人员134520人次，车辆33630部次，巡查道路292138条次，宣传教育19764起，下达保证书835份，限期整改2251起，行政处罚7167起，处罚金额1512000元。

治理违法建设。按照堵住源头、强化治理的要求，建立综合执法系统内部领导包面、大队长包片、执法队员包点的三级联包责任制。督办违法建设120件，拆除8处，办结95处，在办25件。全市拆除新建违法建设4000余处（间）、10余万平方米，旧楼区改造拆除违法建设3万余处（间），全市违法建设势头基本得到遏制。

治理违法小广告。先后开展非法小广告专项治理活动70余次，对全市1054个老旧小区、357条道路进行调查摸底，共治理违法小广告78000余处，出动执法人员55000余人次，批评教育8000余人次，没收非法小广告等12万余张（件），对非法小广告发布人和张贴涂画者形成了高压态势。

治理机动三轮车。开展机动三轮车占路经营专项治理活动，共出动执法人员20万余人次，执法车辆4万余部次，清理取缔8000余处机动三轮车占路摆卖点位；500余处占路加工、组装、修理机动三轮车点位；700余处占路和店外销售机动三轮车点位。参与联合执法行动中，共查扣200余辆机动三轮车，处罚386起，罚款金额10万余元，批评教育4万余起，机动三轮车占路经营违法行为得到了有效控制。

治理占路摆卖。按照"划定网格区域、明确执法权责、充实执法内容、提高执法效率"的思路，管理重心向中心城区151条道路和31个重点地区倾斜，对市内六区61处非法占路经营易发和聚集点、市中心城区18处结合部开展了治理。市内六区、环城四区组织执法行动2500余次，出动执法人员35万余人次，治理点位10万处次，暂扣物品1500件，处罚1000余起。

协同相关部门做好治理工作。配合市"扫黄打非"办公室，做好占路销售盗版光盘、非法出版物的治理工作；配合市交通运输委做好桥梁桥下空间整治工作；配合市水务局做好河道堤岸治理工作；配合市林业局做好鸟类违法交易治理工作；配合市教委做好"平安校园"工作；配合市卫生局做好禁烟、控烟执法工作；配合市安生委做好"六打六治"安全生产工作；配合铁路部门做好铁路沿线执法工作。（赵斌）

【数字化网格化城市管理】 2014年，天津市数字化城市管理工作办结率由年初的65%左右提高到80%以上，城市管理精细化水平有显著提升。

中心城区全覆盖巡查监控，确保城市管理问题及时上报。圆满完成市容环境综合整治指挥部部署的对全市151条重点道路及31个重点地区的专项普查任务，共采集上报2000余件问题全部通过网络派遣处置。对重点问题以指挥部督办单形式下发各区各部门550余件，并在规定时限内对整改情况进行核查，为市容环境综合整治工作提供参考；完成海河沿线设施普查，为海河全面整修提供基础资料。

强化数字化平台监督考核，不断提高平台运行效率。全年，平台累计巡查上报城市管理问题106万件，其中立案99.6万件，立案率为93.8%；应办结90.5万件，办结74.1万件，结案率为81.8%。从2014年起，正式将数字化平台统计结果纳入全市大考核，并将各区各部门情况以月报形式进行通报，并报送分管市领导。全年完成对区级平台月考核12次，对市级巡查队考核12次，月通报12期。

积极拓展问题派遣渠道，努力提升问题办结率。全年共向环卫处、街容处、养管处、路灯处反馈问题400余件，梳理6类难点问题向城管办秘书处反馈；加强与市级专业部门沟通联系，与已建立网络连接的水务、市政、建委、公交集团、市路灯管理处等市级专业部门保持经常性的协调沟通，推动更多问题得以解决。通过邮箱、传真等形式向未连接网络的城投、通信、电力等市级专业部门反馈问题500余件，协助12319排查各类问题400余件，一大批疑难问题得到及时解决。（王伟）

【城市管理法制建设】 2014年，天津市市容园林法制建设扎实稳步推进。制定出台《天津市绿化条例》，针对管理问题，起草制定《天津市树木基准价值标准》《天津市迁移砍伐城市树木行政许可暂行办法》《天津市临时占用城市绿化用地行政许可暂行办法》《天津市适宜种植树种和其他植物品种名录》

《天津市树木移植技术规程》等配套文件。组织开展《天津市户外广告设置管理规定》修订立法调研，修改完善草案内容。圆满完成市人大组织的市容环卫条例执法检查。充分发挥法律审核作用，对规范性文件起草制定、行政许可事项减少下放、中标合同及招投标文件等事项进行合法性审查，确保行政行为的合法有效。组织执法案卷评查，发现问题，堵塞漏洞，进一步规范执法程序。组织开展全委116名处级以上领导干部参加学法用法考核，以考促学，切实提高领导干部依据法律分析问题、解决问题的能力和水平。组织完成全系统申领行政执法证专业法考试工作，对系统419名申领人员开展培训考试，通过率达98%。（李敬源）

【市容园林科技】 确定"苗木新品种引进与应用技术的研究"和"适用于天津市生活垃圾和餐厨垃圾处理技术比选的研究"等10项为2014年重点科研项目。"餐厨垃圾无害化处理工艺技术研究"课题作为天津市重大科技专项工程在市科委立项。

组织编写《天津市园林绿化种植土质量标准》《天津市建筑绿化应用技术规程》《天津市建（构）筑物外立面清洗保养技术规范》作为天津市地方标准颁布实施，使天津市市容园林管理工作有法可依。

全年引进23个苗木新品种，3283株，推广红叶白蜡等36个新品种，推广15万株。推广羽扇豆等6种草花新品种3万盆。

对《天津市城市绿化工程施工技术规程》《天津城市绿化养护管理技术规程》《天津市大树移植技术规程》等6个地方工程建设标准进行了复审，其中《天津城市绿化养护管理技术规程》和《天津市大树移植技术规程》两个技术标准获得地方标准修订立项，开始修编工作。（梁吉阳）

【市容园林规划】 按照建设美丽天津的总目标和"奋战1000天，办好全运会"的阶段目标要求，2014年在全市范围内持续开展以绿化美化净化为核心的市容环境综合整治专项行动。

2014年市容环境综合整治专项行动的主要任务，包含"六绿"建设工程、市容环境提升和专项整治行动。

新建和改造提升绿化1900万平方米，全面推进外环绿带、道路绿化、公园绿化、垂直绿化、城市绿道、绿荫泊车"六绿"工程。全面实施外环线内侧71.4公里绿化提升，同步提升外环线内侧辅道人行步道，全线栽植行道树。对快速路东南半环、西北半环等城市主要道路，复康路等重要入市道路，卫国道等重要联络道路 51 条实施道路绿化提升改造。

新建提升公园 42 个、788 万平方米。其中新建公园 25 个、563 万平方米，提升改造 17 个 225 万平方米。进一步完善公园布局，改善城市生态品质。

实施成都道、友谊路等道路沿线围墙垂直绿化，环内 15 座立交桥桥区绿化及垂直绿化，提升绿化面积 110 万平方米。

优化完善试验段，建设郁江公园，年内实施 6.4 公里 60 万平方米城市绿道示范段建设，打造生态、大绿、自然、低碳为一体的城市慢行系统。

实施 125 个老旧社区绿化环境提升，提升绿化面积 150 万平方米，同步建设林荫停车泊位 2.3 万个。

【市容环境提升】 按照"干净、整洁、规范、有序"的要求，市、区两级全动员，对"路、桥、河、房、灯、具、站、区；线、栏、园、厕"等市容环境要素实施全面清洁、整饰、修缮、提升。

城市道路及其路面、侧石、人行道、井盖等设施实施整修提升，加强清洗扫保，保持整洁干净。强化 51 条主干道路整治提升，重点实施黑牛城道等 11 条道路的整修罩面。

桥梁设施。对全市 50 座桥梁及其护栏、地袱、隔音板和 92 座人行天桥实施整饰提升和清洗保洁。实施外环线全线立交桥匝道、全线行道树及周边绿化 31 万平方米建设提升。

河道堤岸。实施河道水面保洁、水体清洁，河流堤岸整修、设施整饰、沿河绿化提升、植被整齐。对外环线内海河等 4 条 45 公里一级河道及津河等 19 条 126 公里二级河道整治提升。

房屋建筑。对主干道路沿线房屋建筑进行脏污清洗及综合整修。重点抓好 51 条道路沿线 700 栋建筑 200 万平方米立面综合整饰。

灯光照明。对全市灯杆全面清洁、检修、竖直、补缺，提升路灯设施完好率；实施友谊南路等 15 条重点主干道路路灯增亮工程；实施海河沿线、22 公里城市夜景灯光提升完善。

公共交通场站。对 127 个公交终点站、2001 个中途站、82 个地铁站、27 个长途客运站，以及火车站、机场、港口客运码头等开展环境综合整治，提升站容站貌。

重点地区。对天津站、天津西站等重点地区周边环境实施提升改造。对海河沿线永乐桥至大光明桥两岸绿地等设施提升。整治市容环境、整修公共设施、提升园林绿化。

标牌标线。对全市 151 条主干道路的路名牌、交通标牌、公交站牌、商家牌匾及主干道路交通标线，进行规范设置、增补缺失、清整干净，保持完好无损。施划交通标线 183 万延米。

隔离围栏。对道路沿线隔离围栏、桥栏、交通护栏、隔离墩、防撞桶等设施实施清整、规范、修饰，更新交通护栏 6 万延米。

园林养管。强化公共绿地和各类公园提升，补全地被、更换衰苗、清除占绿，保证公共绿地整洁、美观、植物长势良好；公园设施设置齐备、维护完好、功能齐全、管理到位。

公共厕所。加强城市公厕管理，保持功能完备、内部设施齐全、运转正常、内外干净、外形美观、周边环境整洁、清新通风无味。增加公厕数量和厕位。

【专项整治行动】 在全市范围内开展道路停车秩序、运输洒漏、占路摆卖露天烧烤、非法广告、卫生脏乱、车体脏污治理等为主要内容的六个专项治理行动，实现专项治理常态化、巩固成果长效化。

严格治理道路停车秩序，规范停车行为，主干道路机动车停车顺行摆放，严查车辆乱停乱放。规范停车场站管理，清整场站环境，保持环境整洁。

严格治理渣土运输撒漏，强化建设、拆迁、绿化和道路施工工地源头管控，加强执法巡查，严处失管失控违规，杜绝运输洒漏行为。

重点整治主干道路、重点地区环境秩序，取缔经营性露天烧烤、马路餐桌、非法占路摆卖，完善长效机制，巩固治理成果。

重点开展 17 条高速公路两侧大型占地式户外广告专项治理，修订《天津市户外广告设置管理规定》，规范广告设置和管理，严查严控违法广告设施和小广告乱贴乱画回潮。

开展全市域环境卫生大清整，实施春季环境卫生集中清整专项行动，治理卫生脏乱死角，落实门前"三包"制度，确保市容环境干净整洁。

建立机动车辆车体整洁长效机制，抓好公交、出租、长途客运车辆和社会车辆的车体保洁和脏污治理。（许朝）

（天津市市容和园林管理委员会）

河 北 省

概况

2014 年，河北省住房城乡建设工作圆满完成各项目标任务。县城建设成效显著，容貌环境和承载能力大幅提升；民生工程加快实施，群众生产生活条件大为改观；建筑节能深入推进，城镇建设朝着绿色低碳方向迈出坚实步伐；质量安全监管扎实有效，房屋质量和安全生产水平稳步提高。全年完成市政基础设施投资 1880 亿元、同比增长 23.1%，全省城镇化率达到 49.3%、比上年提高 1.2 个百分点，县城建成区平均达到 14 平方公里，住房保障覆盖面达到 19%。在全省经济下行压力不断加大，经济结构调整困难很多的情况下，住建行业为经济社会发展提供了强大动力，在全局中的作用和地位进一步凸显。

政策规章

【立法工作】 河北省住房城乡建设厅严格落实领导干部公务员学法、任前考法等制度，充分发挥法律顾问作用，有力促进了合法决策、依法行政。协调河北省人大出台《河北省风景名胜区条例》、《河北省建设工程造价管理办法》两部法规，后者填补了该领域立法空白。积极推动城市地下管线设施管理条例立法，通过省人大一审。

【执法工作】 进一步严格规范执法，全面推进行业标准化建设，拓展完善数字规划、数字城管、数字住房、数字建筑市场四大平台，利用卫星遥感技术对规划执行情况进行动态监督，会同省人大开展"一法一条例"执法检查等活动，处理规划、房地产等违法案件 205 件，曝光典型违法案件 92 件，充分发挥了震慑作用。

【简政放权】 取消、下放或转移 71 项行政权力，取消审批事项 5 项，向各设区市和直管县下放 5 项，向沿海三市下放 12 项审批权。严格执行"三清单"、"三公开"制度，向社会公布行政审批事项清单、行政权力清单和行政监管清单。不断优化政务服务环境，扩大网上申报事项范围，建立"零障碍"服务全程协办机制。全年承办河北省、住房城乡建设部领导批办件 201 件，办结建议提案 195 件。河北省住房城乡建设厅被评为全省依法行政示范机关，"六五"普法中期先进单位，分别被省人大、省政府、省政协评为先进承办单位。

【规范性文件合法性审查】 组织对《河北省工程建设企业标准备案办法》《信访工作管理办法》等 4 个规范性文件进行合法性审查。对 2014 年 10 月 1 日前颁发的厅发党内规范性文件予以清理，确定保留 41 件，废止 14 件，宣布失效 2 件。

房地产业

【概况】 2014 年，河北省房地产开发完成投资 4059.7 亿元，同比增长 17.8%，占全省城镇固定资产投资 15.5%；其中，商品住房完成投资 3010.4 亿元，同比增长 18.6%。全省建设用地供应 37.7 万亩，同比减少 37.5%；房地产开发用地供应 9.13 万亩（占供应总量的 24.2%），同比减少 40.3%。全省商品房新开工面积 8239.0 万平方米，同比增加 18.8%；其中，商品住房新开工面积 6361.4 万平方米，同比增长 16.8%。全省商品房竣工面积 4037.6 万平方米，同比减少 9.0%；其中，商品住房竣工面积 3195.1 万平方米，同比减少 9.2%。全省商品房销售面积 5706.2 万平方米，同比增长 0.5%；其中，商品住房销售面积 5015.1 万平方米，同比减少 0.1%。全省商品房平均销售价格为 5131 元/平方米，同比增长 4.8%；其中商品住房平均销售价格 4988 元/平方米，同比增长 7.5%。全省设区市市区存量房成交面积 636.6 万平方米，同比减少 8.9%；其中，存量住房成交面积 578.3 万平方米，同比减少 9.8%。全省地税系统税收收入累计完成 1613.7 亿元，同比增长 5.1%；其中，房地产业税收 517.9 亿元，同比增长 11.9%，占全部地税税收收入的 32.1%，占全省全部财政收入的 13.8%。全省金融机构人民币各项贷款余额 27593.8 亿元，同比增长 15.1%。全省房地产贷款余额 5607.2 亿元，同比增长 26.7%；其中，个人住房贷款余额为 3922.3 亿元（2014 年新增 829.4 亿元），同比增长 26.8%，较年初增速减少 1.9 个百分点。

【房地产市场调控】 以调控促规范，重点落实国家调控政策，清理取消限购、限价等行政化政策措施，支持合理住房消费，及时采取措施稳定首都周边地区房价，保持房地产市场平稳态势。按时做好市场监测分析，完成《2013年全省房地产市场形势分析》，会同河北省发改委、省财政厅、省国土资源厅等8部门在全省范围内开展"规范房地产市场秩序，促进河北省房地产业健康发展"专题调研，研究起草了《关于促进全省房地产市场持续健康发展的实施意见》。针对北京周边个别地区房地产市场波动和由此引发的媒体炒作、舆论关注，及时赴保定、廊坊进行现场调查督导，采取有效措施稳控房地产市场。贯彻住房城乡建设部召开的房地产调控工作座谈会会议精神，在全面分析形势的基础上，督导石家庄市取消住房限购政策，印发《关于促进房地产市场持续健康发展的通知》。

【房地产市场监管】 进一步规范房地产市场秩序，积极开展专项治理行动，严厉查处违法违规行为。提请河北省政府印发《关于开展房地产开发建设违法行为专项整治的通知》，在全省范围内推进专项整治，严厉打击房地产违法违规行为。结合全省城乡规划实施管理执法专项检查，对河北省房地产市场存在的突出问题进行深入调研。研究起草《全省房地产市场三年专项整治行动方案》，启动"全省房地产开发项目信息发布平台"筹建工作，进一步规范和完善房地产信息披露制度。年内查处房地产市场违法违规案件246件，曝光一批典型案件。河北省政府办公厅印发《关于印发全省"小产权房"清查整改工作方案的通知》，扎实推进"小产权房"清查整改工作。

【物业管理】 印发《河北省物业服务收费管理实施办法》，建立物业收费与社会平均工资联动机制。组织媒体对《物业服务收费管理实施办法》进行宣传贯彻。利用《燕赵都市报》在全省范围组织开展"物业管理的烦恼"大讨论，与广大业主进行互动讨论。举办全省物业经理参加的"物业服务公司经理培训班""全省物业管理创优培训班"和"全省物业共用设施设备维护管理培训班"，共培训500人次。召开全省物业管理工作座谈会，就全省物业管理工作中存在的突出问题进行研究。开展物业管理专项治理。完成全省物业管理创优活动的验收和全国物业管理示范项目的推荐工作，47个住宅小区（大厦、工业区）被命名为"全省物业服务优秀住宅小区（大厦、工业区）"，推荐15个住宅小区（大厦）参评"全国物业管理示范小区（大厦）"。组织召开全

省房屋安全管理工作会议。根据住房城乡建设部统一部署，印发通知，在全省组织开展老楼危楼安全排查。完成全省县城旧住宅小区情况调查摸底工作。

【房屋交易产权登记】 组织专家对各设区市推荐申报的"房地产交易与登记规范化管理单位"进行评审，确定并公布7家"2013年度河北省房地产交易与登记规范化管理单位"，有效推动县域房地产工作。按照河北省领导干部个人有关事项报告抽查核实联系工作机制要求，制定工作方案，组建河北省住房城乡建设厅工作机构，建立省、市、县"点对点"工作机制。积极推进城镇个人住房信息系统联网建设，做好河北省部分设区市城镇个人住房信息系统运行维护合同签约工作，确保系统建设积极有序开展。

住房保障

【概况】 2014年，河北省城镇保障性住房和棚户区改造住房开工20万套、基本建成20万套、分配入住18万套，住房保障覆盖率达到19%，基本实现应保尽保。住房保障覆盖范围已延伸到城镇中低收入住房困难家庭、新就业职工和在城镇稳定就业的外来务工人员。

【棚户区改造】 强化规划引领，编制《河北省棚户区改造规划（2013～2017）》，经省政府同意后印发实施。起草《关于进一步做好棚户区改造相关工作的通知》，经省政府同意后印发实施；研究支持中国石油天然气管道局老旧小区改造意见并上报省政府，转发并召开会议宣贯住房城乡建设部、国家开发银行《关于进一步加强统筹协调用好棚户区改造贷款资金的通知》，就优化征收补偿方式、强化棚改信贷支持提出具体政策，鼓励采用政府组织棚户区居民自主购买安置住房、政府购买安置房源和货币补偿方式进行安置。对城区老工业区棚户区改造工作进行专题研究、实地考察，撰写专门报告上报河北省政府，为省政府提供决策依据。组织开展棚户区补充调查和国有企业棚户区调查，进一步摸清棚户区底数，补充摸底调查新增拟改造棚户区56万户，较原有规划量增长83.0%。推行货币安置。编辑印发《棚户区改造货币安置经验交流材料》，系统介绍其他省市棚户区改造货币安置成功经验和典型做法，着力提高安置效率。

【工程建设】 严格质量监管，协调质量监督部门开展定期监督检查和不定期暗访，健全"三抽查、一到位"监督模式，推行分类监管和差别化管理，对发生工程质量问题的责任单位和个人，严肃处理

和问责。强化配套设施建设,指导各地在落实年度建设计划时,主要通过在商品房中配建保障性住房方式完成"两租房"任务,统筹解决配套设施建设问题;针对检查中所发现的在建项目配套设施不齐全问题,下发督办函,督促各地按照规定,限期进行完善,否则不计入竣工任务。严格落实施工承包企业预选名录制度,优选施工质量高、社会诚信好的企业承揽保障性安居工程项目建设,完成了1批24家保障性安居工程室内装修材料采购名录企业评选工作、5批62家保障性安居工程施工承包企业预选名录评审工作。指导石家庄市做好保障房绿色建筑工作,2014年新立项的政府投资集中新建规模在2万平方米以上的公共租赁住房至少达到绿色建筑一星级标准。

【分配管理】 不断完善分配机制,实行动态管理,强化全过程公开、全方位监督。起草《河北省保障性住房分配退出管理规范操作指导细则(试行)》,推行审核程序标准化。印发保障性住房租赁合同示范文本,规范全省保障性住房出租合同。严格执行"三级审核两级公示",保障房源、分配过程、分配结果全面公开,接受社会、群众、媒体的全方位监督。完善投诉举报制度,对反映的问题责成专人督办、限时办结,不再符合保障条件的坚决清退,对骗租骗购者计入诚信档案,规定5年内直至终身不再受理其住房保障申请。调整准入标准,对各地贯彻落实外来务工人员住房保障政策情况进行评估,督导各地取消户籍和社保限制,破除外来务工人员申请保障房障碍。

【长效机制】 印发《2014年河北省保障性安居工程工作要点》修订《2014年全省保障性安居工程工作考核细则》。制定《城镇保障性安居工程财政资金绩效评价试点管理办法(试行)》,起草《河北省人民政府关于健全临时救助制度的通知》。研究伤病残退伍军人申请、购买(租住)保障性住房有关事项,并印发通知;组织各地筹集各类保障房源169套并完成伤病残退休军人看房、选房及分配工作。对保障性住房选址、配套设施、设计、安装、装修等方面作出详细规定。组织各地研究制定棚户区项目界定标准。启用全省住房保障业务管理信息系统,将保障性安居工程建设项目管理过程、保障性住房准入退出管理全过程纳入信息化管理,实现建设项目管理、准入退出管理、档案管理、统计分析、空间展示、信息公开六大功能,推进管理的规范化、精细化。深入推进并轨工作,指导各地出台保障性住房并轨实施细则,推行租补分离,梯度补贴。

住房公积金管理

【概况】 2014年,河北省住房公积金覆盖率稳步提高,缴存额持续增长。全省实缴住房公积金职工503万人,缴存覆盖率为97%。全省累计缴存总额2370亿元,累计提取额1045亿元,缴存余额为1324亿元。全省累计发放住房公积金个人贷款1169.7亿元,个人贷款余额791.5亿元。住房公积金提取率和个人贷款率分别为44.1%和59.8%。

【规范管理】 推行"管运分离"管理模式。推行管理中心内部集中统一核算,构建资金统一结算平台,实现银行存款实时结算和贷款自主核算,利用资金规模优势,统一、集中管理和运作,提高资金运营效率和安全系数。随着新业务系统的上线运行,石家庄、邢台、邯郸、唐山、承德等设区市已经按管运分离模式运行,大大提高了资金风险防范能力、业务核算水平和服务质量。通过出台规范文件、建立执法队伍、同其他部门协调联动、规范行政执法流程等方式,强力推进住房公积金归集扩面工作。以住房城乡建设部住房公积金服务专项检查为契机,从严格执法、规范管理、提升服务等方面入手,加强住房公积金政策宣传,增强服务意识,完善12329住房公积金服务热线,建立住房公积金客服中心,向缴存职工提供政策咨询、数据查询、投诉举报和违法违规调查的政策服务。住房城乡建设部专项督查组对河北省的管理工作给予了充分肯定。

【长效机制】 制定全省统一的住房公积金业务操作规程,规范和改进住房公积金提取、使用、运作机制,做到标准控制、分权制衡、程序运行。印发《关于进一步改进住房公积金管理工作的意见》,要求在确保资金安全完整的前提下,简化住房公积金业务手续,规定:租住保障性住房的缴存职工可凭房租收据提取住房公积金,租住市场其他住房的无房缴存职工可凭无房信息证明及其他材料提取住房公积金;职工全款购买90平方米以下首套自住房可多次提取住房公积金账户余额,但不得超过购房总款;缴存满6个月以上可申请住房公积金个人贷款;鼓励各市开展使用缴存额抵冲住房公积金贷款还本付息业务;督促开展组合贷款和商转公个人住房贷款业务。

城乡规划

【京津冀协同发展】 积极参与京津冀协同发展,会同京津规划主管部门共同组织三地规划院,编制

《京津冀城镇群区域规划要点》。与北京、天津开展规划对接。配合国家京津冀协同发展空间布局专题小组调研工作。组织完成国家专家咨询委员会京津冀协同发展调研组汇报材料；研究起草了城镇空间布局、功能定位向中央国家专咨委调研组汇报材料，有力促进了京津冀协同发展战略地顺利实施。

【规划体系】 为全面提升县城规划设计水平，助力县城建设工作，在全省县（市）全面开展城乡总体规划编制工作。出台《县（市）城市（城乡）总体规划空间数据标准》《河北省规划展馆建设技术导引（试行）》。3月，河北省住房城乡建设厅向省政府呈报《关于全省县（市）城乡总体规划编制工作情况的报告》。按照省领导指示，先后三次对全省128个县（市）城乡总体规划进行技术审查，并提出具体修改意见，92个县（市）已批复或经规划委员会审议通过。按照京津冀协同发展和新型城镇化的工作要求，组织开展《河北省城镇体系规划（2006～2020年）》修编工作。按照住房城乡建设部要求，对《河北省城镇体系规划（2006～2020年）》实施情况进行评估和自查，完成实施自查报告。指导沧州市、承德市、廊坊市、衡水市等有关设区市开展城市总体规划修编工作。开展多规合一研究，指导定州市、涿州市、崇礼县、威县完成住房城乡建设部城乡总体规划暨"三规合一"试点申报工作。

【规划管理】 在住房城乡建设部动态监测的基础上，利用卫星遥感技术对承德、廊坊、沧州、衡水、邢台和定州、辛集规划实施情况进行监测，督促承德等5市完成遥感变化图斑规划实施情况的核查，形成动态监测报告，定州、辛集两市完成2013年遥感影像图的购买以及变化图斑提取工作，并责令有关市对违规行为进行查处。配合河北省人大常委会城环委制发关于开展"一法一条例"执法检查的实施方案。参加省人大组织开展的"一法一条例"执法专项检查，并牵头组织起草"河北省人大常委会执法检查组关于检查《中华人民共和国城乡规划法》和《河北省城乡规划条例》实施情况的报告"，对2013年城乡规划实施管理专项检查工作进行总结，对11个设区市和2个省直管县提出具体整改意见，经河北省政府同意后，向各设区市和定州、辛集印发整改通知书，有效地促进了规划落实。谋划特色街区136个、风貌建筑115个，73个县（市）建成规划展馆、100个县（市）设立责任规划师。

城市建设与市政公用事业

【中心城市建设】 2014年，河北省各地以项目建设为抓手，加快市政基础设施建设，完成投资1880亿元，同比增长23.1%，新建一大批大型基础设施配套项目和路网升级、供热供气、配套管网等惠民工程。省住房城乡建设厅提请省政府印发《关于加强城市基础设施建设的实施意见》，扎实推进供水、污水、节水、排水"四水治理"，狠抓道路交通及慢行系统建设，在保障供水安全、治理拥堵、内涝等城市病上持续用力，成效逐步显现。年内新建改造城市道路800公里，改造供热管网1039公里、燃气管网831公里，石家庄地铁等重点工程有序推进。城市新区、园区建设步伐加快，培训、餐饮、购物、通讯等生产、生活性服务设施日益健全，聚集产业、吸纳人口的能力不断增强。推动园林绿化上水平，全省新建公园游园195个，新增绿地5285公顷，新增省级园林城市15个。

【县城建设】 2014年，河北省委、省政府两次召开县城建设现场会，涉县、馆陶、威县、迁安、乐亭等典型脱颖而出，累计处置违法建筑251万平方米，65个市县数字城管平台建成，机械化清扫率提高至46.5%，干净、整洁、有序的县城容貌初步显现，3个县荣获省人居环境奖、17个县获进步奖。围绕扩规模、塑特色、增品位，加大项目建设推进力度，新开工一批医院、体育馆、图书馆、文化馆、便民市场等项目，在建综合性医院13个、体育馆15个，77个县建成达标的图书馆，58个县建成达标的文化馆，县城建成区平均达到14平方公里。围绕破解资金难题，不断创新融资方式，拓宽投融资渠道，为县城建设提供了资金保障，全省已有117个县（市）成立150个融资平台，其中35%的融资平台完成市场化转型。

村镇规划建设

【农村面貌改造提升行动】 组织修编《河北省农村面貌改造提升规划设计技术导则》（2014年版），编制《河北省乡村特色民居设计方案》《河北省农村面貌改造提升规划设计示范图集》等指导技术文件，指导农村面貌改造提升规划编制。完成3000个重点村农村面貌改造提升规划设计编制工作，推进农村面貌改造提升民居改造，改造全坡屋顶、半坡屋顶、檐口5.2万户。着力解决农村贫困家庭基本居住安全问题，完成危房改造10.7万户。对农村面貌改造提升重点村开展传统建筑调查，建立传统建筑档案，对重点村中的5个历史文化名村实施保护工程项目17项。指导农村面貌改造提升，3000个重点村建立了保洁制度，配备保洁人员10084人，建垃圾填埋

第
四
篇

场 1676 个，建垃圾池 14664 个，设置垃圾箱（筒）74160 个，配备转运车辆 3637 台。

【农村危房改造】 着力解决农村贫困家庭基本居住安全问题，完成危房改造 10.7 万户。组织市、县有关人员举办了三期培训班，对共计 1000 余人进行农村危房改造政策和技术培训，进一步规范各地运作方式，保证改造质量和效果。开展全省农村危房现状调查，组织各地逐户、逐房、逐项采集和填报，并录入信息系统。开展民居改造多样化示范。对丰宁县云雾山村和固安县南王起营村新民居外墙保温，南和县南韩村彩瓦坡屋顶改造、钢结构材料应用，涿鹿县红庙堡村现代生土建筑等多样化示范村建设给予重点指导支持，着力打造不同样式风格的示范样板。

【历史文化保护】 确定历史文化名镇名村保护工程省级补助名单，拨付补助资金 1500 万元，并指导保护工程项目实施。组织 32 个中国传统村落上报保护发展规划及申请补助项目，其中 12 个通过住房城乡建设部审查，列入第一批补助范围，争取补助资金 3600 万元。组织完成第三批中国传统村落申报工作，共上报村落 84 个，经住房城乡建设部审查，列入中国传统村落名录 18 个。经报河北省委省政府同意，印发了《关于加强传统村落保护利用指导意见》，明确传统村落保护利用的目标任务、政策措施等。

【小城镇规划建设】 对 50 个试点县城乡一体化垃圾处理、80 个镇污水处理工作进行定期督导、通报，80 个试点镇污水处理厂已建成 42 个，其中正常运营 15 个。50 个试点县已基本建立一体化垃圾处理机制。按照住房城乡建设部工作要求，组织完成河北省全国重点镇增补调整工作，调整后河北省国家级重点镇 191 个。开展经济发达镇行政管理体制改革。提请省委省政府出台经济发达镇行政管理体制改革试点工作的指导意见，确定列入试点的 23 个镇，明确相关政策和要求。

工程建设标准定额

【标准编制】 河北省住房城乡建设厅全年共编制标准 24 项、标准图集 8 项。进一步完善河北省建筑节能体系，制定完成《居住建筑节能设计标准（节能 75%）》《农村居住建筑节能设计标准》、《HRB500 钢筋应用技术规程》《铁尾矿骨料混凝土应用技术规程》等标准。推动建筑业转型升级，制定《装配整体式混凝土剪力墙结构设计规程》《混凝土预制构件生产与质量验收标准》《装配式混凝土剪力墙结构施

工及质量验收规程》和《装配式混凝土剪力墙结构建筑设备技术规程》4 部标准。按照缺失标准优先的工作要求，加快管理标准制定步伐，使工程质量管理有据可循。制定《建设工程监理工作标准》《建设工程见证取样检测管理规程》《建设工程使用功能检测管理规程》和《建设工程建筑节能检测管理规程》。在制定《建筑工程资料管理规程》和《轨道交通工程资料管理规程》的基础上，制定《市政工程资料管理规程》，填补了河北省多年来没有统一市政资料管理的空白。圆满完成国家行业标准《城镇地道桥顶进施工验收规程》（1 项）以及产品行业标准《半即热式换热器 CJ/T3047-1995》《智能型温度控制器 CJ/T83-1999》（2 项）的申报工作并获立项。

【标准管理】 出台《工程建设企业标准备案管理办法》，使标准管理有法可依。完成全省光纤到户国家标准实施情况的检查工作，共抽查工程 15 项，发现问题 12 个，下达责令整改书 2 份，监督检查工作得到住房城乡建设部好评。

工程质量安全监督

【制度建设】 结合河北省政府《河北省加强建筑工程质量管理工作意见》，制定《关于区分单位工程整体和分部分项工程违法情形进行处罚有关问题的通知》《关于实行房屋建筑和市政基础设施工程质量责任承诺书制度的通知》等 9 项配套措施。在原有质量监管制度的基础上，增加 8 大主体质量承诺、专家验评、分部分项处罚等。贯彻落实住房城乡建设部的《建筑工程五方责任主体项目负责人质量终身负责追究暂行办法》和《建筑施工项目经理质量安全责任事项规定（试行）》等文件，提出具体落实意见，涉及从监督手续办理到竣工验收全过程，进一步完善质量监督管理制度体系。

【勘察设计管理】 研究制定勘察设计质量提升方案；印发《超限高层建筑工程认定规定》《建筑工程超限设计可行性论证报告编制深度规定》和《超限高层建筑工程抗震设防专项审查规定》，指导和规范超限高层建筑工程抗震设防专项审查工作，确保工程质量安全。转发《住房和城乡建设部关于房屋建筑工程推广应用减隔震技术的若干意见（暂行）》，并就做好推行提出要求。依法对河北省施工图审查机构进行确定，全省共确定施工图审查机构 33 家，减少 9 家。印发《关于组织开展河北省工程设计大师命名工作的通知》，并组织开展评选工作，评选出 10 名工程设计大师。全面应用施工图审查管理系统，

第四篇

33家审查机构、人员和业绩全部纳入系统管理。已有20800多项工程审查信息通过网站进行公示，逐步建立起勘察设计项目库。

【质量监管】 年内，对省内各设区市开展巡查暗访93次，检查工程1968个，抽查建筑材料1409组，下发整改通知书570份，行政处罚12项工程，处罚金额112.95万元。巡查暗访工程143个，抽测主体结构混凝土构件537个，抽检建筑材料689组，对81家责任单位下发《建设工程质量巡查整改通知书》，并对其中28项工程相关责任主体、1家检测机构下发"行政处罚建议书"。高频次、常态化的巡查暗访，形成工程质量安全监管高压态势，有效促进建设工程质量安全水平提升。从检查情况看，工程质量工作总体情况较好的市有唐山、沧州、秦皇岛市。开展工程质量常见问题治理，印发《河北省住宅工程质量常见问题专项治理工作方案》，编制住宅工程质量常见问题控制和预防措施并下发企业，召开经验交流会、现场观摩会，对混凝土结构、建筑节能和砌体结构等工程常见问题进行了集中治理。

【安全监管】 2014年，未发生较大及以上伤亡事故和火灾事故。全省累计检查在建工程项目8763个，下发整改通知书1137份，处罚金额约210万元。省级安全督查项目110个，其中保障性住房20项，下发隐患整改通知书18份，停工整改通知书14份，停工项目相关责任单位记入企业不良记录。持续开展以施工现场深基坑、高支模、起重机械设备、施工防火等内容为重点的专项整治工作，加大对重大危险源及多发性事故隐患的防控力度。以扬尘治理促推施工现场安全管理标准化，设区市主城区内在建工程项目扬尘治理达标率达97.2%。9月，国家开展工程质量安全执法监督检查，河北省受检工程12个。检查组评价是，质量安全总体处于受控状态，市场秩序基本良好，勘察设计合格率91.7%，质量安全合格率85.85%，市场行为合格率87.3%。其中，质量合格率87.6%，安全合格率75%，处于良好水平。

建筑市场

【建筑业发展】 全省纳入统计范围的资质等级内建筑业企业2660家，完成总产值5625.75亿元，同比增长7.3%，建筑业增加值1702.70亿元，增速5.3%；建筑业营业税176.1亿元，增速11.3%。支持省内优势企业发展。鼓励有实力的建筑施工企业跨地区、跨行业收购兼并，发展成集设计咨询、施工管理于一体的综合性企业集团，新增特一级企业51家。支持省内建设领域领军的7家企业组建河北省嘉联实业集团有限公司，为河北省第一家混合所有制企业。扶持特色产业企业发展。以衡水为切入点，围绕区域性特色产业，打造衡水钢结构生产基地，扶持钢结构企业资质升级，为具有产业特色的企业发展创造有利条件。加强省际建筑业合作，共同消除壁垒，开放市场，支持本省企业走出去。与陕西省住房城乡建设厅签署加强两省建筑业合作框架协议，促进共同发展。抓住京津冀一体化契机，加快专业市场带动劳务用工合作，主动对接京津地区大型工程总承包企业，壮大发展分包企业，扩大建筑劳务输出，创造经济效益。出省建筑业企业1200余家，劳务输出约150万人次。重点引进外省先进技术，不断提高企业综合竞争力和管理水平，促进企业转型升级。

【建筑市场监管】 扎实开展"打非治违"专项行动。贯彻住房城乡建设部《工程质量治理两年行动方案》，印发《河北省工程质量专项治理两年行动实施方案》，并进行任务分解。落实住房城乡建设部《关于开展严厉打击建筑施工转包违法分包行为工作的通知》（建办市函〔2014〕545号），印发《关于转发建筑工程施工转包违法分包等违法行为认定查处管理办法》。开展"打非治违"建筑市场综合检查，重点检查非法施工、转包、违法分包、拖欠农民工工资等市场行为，严厉打击建筑市场违法行为，净化建筑市场环境。加强保障农民工工资支付制度建设，制定《河北省房屋建筑和市政基础设施工程建设领域农民工工资预储金管理办法》。落实农民工工资预储金制度，改进建筑劳务实名制管理系统，逐步形成解决农民工工资拖欠问题的有效机制。建立健全科学的信用评价机制，本省行政区域内的房屋建筑和市政基础设施工程项目招标时，均使用建筑业企业信用综合评价结果。进一步完善建筑业企业信用综合评价平台指标体系，优化评价内容和分值，合理加大质量安全评价权重，增强评价的科学性。实现8225家省内外企业信用评价信息的动态发布（其中省内7417家，省外808家）。加强工程招标投标和造价咨询行业监管。验收、试用招标代理机构及从业人员动态管理系统。加强合同履约行为跟踪管理，对新增加的省管项目建设工程施工合同进行评价，做到省管项目合同履约监管全覆盖。调整非国有资金投资建筑工程项目发包方式，试行建设单位自主决定是否进行招标发包和在有形建筑市场进行工程交易。进一步完善计价依据体系，完成全国统一的《市政工程消耗量标准》(管网册)初稿并上报住房城乡建设部;编制完成2014年《河北省古建(明清)修缮工程消耗量定额》《河北省建设工程工期定额》征求意见稿;印发《建筑业企业规费费率核定操作规程》《河北省计价依据解释与定额项目补充工作管理规定》。加强造价咨询企业动态监管,规范工程造价咨询企业和从业人员市场行为。

建筑节能与科技

【建筑节能】 深化"建筑节能省"创建,积极为节能减排贡献力量。各地强化管理、联合发力,使城镇新建建筑较好执行节能强制性标准,唐山市、保定市推行住宅75%节能标准,探索"四步节能"。政府投资建筑、大型公共建筑、省会保障房项目基本按照绿色建筑标准建设,累计获得绿色建筑评价标识138个、总面积1564万平方米。秦皇岛市积极开展被动式超低能耗绿色建筑示范建设,形成了全国影响力。既有居住建筑供热计量及节能改造完成1044万平方米,可再生能源建筑应用比率达42%。城镇住宅集中供热计量收费面积达1.23亿平方米,承德市计量收费比例达49.7%,有效地促进了行为节能。住宅产业现代化加速,国家和省级基地达到11个,并编制配套标准4部,落实装配试点项目30万平方米。各地严格落实施工扬尘治理15项措施,APEC会议期间采取现场关停、定时洒水、加强垃圾和渣土运输管理等,有效控制了施工和道路扬尘。

【建筑科技】 绿色建筑技术、建筑业10项新技术、被动式低能耗建筑技术、建筑保温与结构一体化技术、电梯电能回馈技术等得到推广应用。省内累计竣工CL建筑体系工程项目460万平方米,在建工程139.5万平方米,并有197万平方米完成设计。科研企业与高等院校合作加强,省绿色建筑产业技术研究院迈出新步子。35项建设科技成果达到国内领先及以上水平,《地下空间开挖的关键技术与应用》获省科技进步一等奖;国家"十二五"科技支撑计划项目"华北地区新农村绿色小康住宅技术集成与综合示范"课题研究,基本完成基础设施示范项目建设,以及可再生能源建筑应用研究内容。广大施工企业对工法编制更加重视,促进了企业的技术积累。节能新材料、新技术推广力度加大,新型建材应用率比上年提高10个百分点。

建设人事教育工作

认真贯彻执行新的《干部任用条例》,强化党组织领导和把关作用,试行综合量化评分。认真组织私设机构、超职数配备干部专项核查清理,按程序完成52名干部任免、轮岗、退休、辞职等工作。从基层为6个直属单位选调10名优秀年轻干部。协调河北省编制办,调整驻京建管处机构设置,根据工作需要,编研中心加挂"城镇化中心"牌子,燃气热力中心、信息中心调整编制和职责,成立省住房城乡建设厅会计核算中心。厅培训中心和有关处室(单位),围绕新型城镇化、县城建设、村镇建设等,培训19个班次、5800余名系统干部,完成建筑工人技能鉴定9万人。人才工作取得较大进展,从设区市选派15名规划设计、建筑节能专业技术骨干,到中国城市规划设计院等单位跟班学习。命名10名"河北省工程设计大师"。河北省建工学校坚持基础教育、技能培训两手抓,在河北省职业院校技能大赛中,取得3个二等奖,1个三等奖。勘察院、建研院各有1名职工入选"省管优秀专家",住建系统"百人计划"创新人才实现零的突破。

大事记

1月

6~10日 由河北省住房和城乡建设厅组织的全省住房城乡建设系统"善在住建"主题道德实践活动先进事迹报告会在张家口、秦皇岛、唐山、邢台、石家庄五市巡回举行。此次报告会旨在大力弘扬全省住房城乡建设系统"善行"活动先进典型,培育践行社会主义核心价值观,进一步推进"善行河北-诚信住建"主题道德实践活动向纵深发展。

15日 省住房和城乡建设厅召开全省城市供水调度会,对南水北调受水区相关配套工程建设、供水安全保障、阶梯水价制度建立等工作进行安排部署。省城镇建设三年上水平工作领导小组办公室副主任李贤明出席会议。

16日 省住房和城乡建设厅副厅长梁军出席河北省党的群众路线实践教育活动新闻发布会,就落实河北省大气污染治理十条措施,在建筑施工扬尘污染治理和建筑渣土运输车辆治理方面的最新工作情况进行通报。

17日 省住房和城乡建设厅、工商行政管理局联合召开电视电话会议,就贯彻落实全国房地产中介市场专项治理电视电话会议精神,进一步做好河北省房地产中介市场专项治理工作进行了部署。

同日 省住房和城乡建设厅厅长朱正举、省城镇建设三年上水平工作领导小组办公室副主任李贤明对石家庄市城市管理工作进行调研。朱正举一行先后到市城管执法支队特勤大队、长安区卫生队、市城管便民服务中心、数字城管指挥中心等处实地察看城市管理工作的措施和效果，并看望、慰问了基层一线执法人员和环卫职工，对他们的辛勤工作表示感谢并致以节日问候。

17～18日 全省农村面貌改造提升规划设计培训班在邢台举办。朱正举出席开班仪式并讲话，总规划师吴铁做培训班总结。全省各设区市、定州市、辛集市规划、建设部门的负责同志，以及规划编制单位专家共计300余人参加培训班。

27日上午 省城乡规划设计研究院院召开2013年度工作总结表彰大会。朱正举、吴铁出席大会并讲话。

2月

7日上午 省住房和城乡建设厅在三楼大会议室召开全体干部培训会。朱正举出席培训会并讲话。此次培训邀请省政府法制专家委员会副主任、河北大学政法学院兼职教授、硕士生导师李文泉作了题为"行政机关依法行政应当注意的问题"的讲座。讲座结合实际案例，围绕依法行政经常注意解决的认识问题、依法行政经常具备的工作条件、依法行政经常牢记的法律问题及依法行政要注重机关形象建设等四方面进行深入分析和阐述。

26日 全省保障性安居工程工作暨建筑工程质量安全工作会议在石家庄召开，11个设区市、辛集、定州、各有关部门签下了2014年住房保障工作"军令状"，保证完成2014年保障房各项任务。河北省保障房和棚户区改造住房2014年计划开工20万套、竣工20万套、分配18万套。据省住房城乡建设厅相关负责人介绍，要按时间节点有序推进，6月底项目开工率达到50%，竣工率达到30%；10月底项目100%开工且手续齐全，11月底完成各项任务。

同日 全省保障性安居工程工作暨工程质量安全工作会议在石家庄召开。副省长杨汭出席会议，并代表省政府与各设区市及定州、辛集市签订《2014年住房保障工作目标责任书》。省政府副秘书长苏蕴山主持会议。会上，朱正举通报2013年全省保障性安居工程工作和工程质量安全工作情况，安排部署2014年工作。

3月

7日 全省住房和城乡建设系统精神文明建设工作会议在石家庄召开。会议传达贯彻全国住房和城乡建设系统精神文明建设工作会议和省文明办主任会议精神，总结2013年全系统精神文明建设工作，交流精神文明建设典型经验，并研究部署2014年工

作任务。省住房和城乡建设厅纪检组长、监察专员冯玉库出席会议并讲话。

12日 省住房和城乡建设厅组织干部职工到省会小壁林区义务植树。

14日下午 省住房和城乡建设厅党组中心组组织集中学习习近平总书记关于深化改革的重要讲话精神。

21日 省住房和城乡建设厅在廊坊市组织召开首都周边县(市)城乡总体规划审查会，对廊坊北三县城乡统筹规划、首都周边15个县(市)城乡总体规划进行审查并提出修改建议。

同日 省住房和城乡建设厅召开厅属单位党建工作书记座谈会。

26日 全省推进新型城镇化工作会议在石家庄召开。会议深入学习贯彻中央城镇化工作会议精神特别是习近平总书记重要讲话精神，专题研究部署河北省的新型城镇化工作。

31日 全省县城环境容貌整治座谈会在石家庄召开。会议交流总结2013年县城环境容貌整治"三治两提"工作成效，安排部署2014年工作，进一步推进省委、省政府关于新型城镇化和县城建设各项决策部署有效落实。

4月

10日 全省被动式超低能耗绿色建筑示范建设暨建筑保温与结构一体化技术推广应用会议召开。会议提出：2014年，河北省各设区市和定州市、辛集市，都要谋划建设1～3个被动式超低能耗绿色建筑示范项目。2015年各设区市和定州市、辛集市，至少开工建设1个以上示范项目。

13日下午 德国外长弗兰克·瓦尔特·施泰因迈尔一行到河北省建筑科技研发中心参观。省住房和城乡建设厅厅长朱正举、巡视员赵义山陪同参观。施泰因迈尔一行先后参观了省建筑科技研发中心展厅和中德"被动式低能耗建筑"项目施工现场，并听取了德国能源署负责人有关介绍。

17日下午 省住房和城乡建设厅组织厅有关部门负责同志听取廊坊市北三县城乡统筹发展规划汇报。

22日 河北省园林城市创建现场会在邢台召开。省城镇建设三年上水平工作领导小组办公室副主任李贤明出席会议并讲话。会议强调，园林城市创建实现新突破是实施绿化专项行动的一个重要目标，各地要加强管理机构建设，明确机构职能，充分发挥园林绿化规划、建设、管理和专业等方面的优势；坚持实事求是原则，按照国家园林城新标准，科学

合理制定创建计划，稳扎稳打，围绕国家园林城创建目标，提升城市建设管理水平，抓好 2014 年园林城创建工作。

22 日　河北省部分市（县）棚户区改造工作座谈会在廊坊市召开。副省长杨汭主持会议，他要求，要把棚户区改造作为改善民生的大事来抓，为广大群众创造良好的居住条件和居住环境。省住房和城乡建设厅副厅长王舟在会上通报全省棚户区改造情况。

24 日上午　全省供热保障工作座谈会在石家庄召开，总结 2013 年全省供热保障攻坚行动成效，部署 2014 年工作。

25 日　朱正举到农村面貌改造提升（基层建设年）活动河北省住房城乡建设厅定点帮扶村—承德市滦平县滦平镇西台子村和安乐村走访调研，看望驻村干部并慰问老党员。驻

28～29 日　河北省住房城乡建设厅在石家庄举办全省县城建设投融资培训班。

30 日下午　省住房和城乡建设厅举办"我的中国梦·青春勇担当"主题演讲比赛，继承和发扬"五四"精神，深入学习宣传践行社会主义核心价值观，引导青年干部深刻理解中国梦的精神内涵，自觉把个人发展融入实现中国梦的伟大进程中，为全省住房和城乡建设事业改革发展作出贡献。

5 月

4 日　省住房和城乡建设厅举办"我的中国梦·青春勇担当"主题座谈会，继承和发扬"五四"精神，深入学习宣传践行社会主义核心价值观，引导青年干部深刻理解中国梦的精神内涵，自觉把个人发展融入到实现中国梦的伟大进程中，为全省住房和城乡建设事业改革发展作出贡献。

20 日　省住房和城乡建设厅党组副书记、副厅长梁军到厅农村面貌改造提升活动定点帮扶村——承德市滦平县西台子村和安乐村调研，看望驻村干部。

22 日　省住房和城乡建设厅召开住宅产业现代化工作媒体见面会。

23 日　河北省住房和城乡建设厅在石家庄召开全省物业管理座谈会，落实省委、省政府领导批示精神，研究部署 2014 年全省物业管理工作，并就物业管理方面存在的突出问题，物业管理专项治理方案和加强住宅小区的综合管理办法等进行讨论。

27～30 日　全省物业服务企业经理培训班在廊坊举办。省住房和城乡厅副厅长王舟出席开班仪式并讲话。全省各设区市一、二级物业服务企业经理共 300 余人参加培训。

28～30 日　河北省住房城乡建设厅组织处以上领导干部集中学习贯彻习近平总书记系列重要讲话和党的十八届三中全会精神。

6 月

5 日　河北省住房和城乡建设厅厅长朱正举一行 4 人到保定市新获认的住宅产业现代化基地调研指导工作。

9～13 日　全省"推进新型城镇化、助力河北绿色崛起"专题培训班在固安开班。

16 日　全省棚户区改造贷款融资工作会议在石家庄市召开。会议安排部署棚户区改造贷款融资工作，并印发《河北省棚户区改造开行贷款资金管理办法》。

17 日　全省保障性住房并轨运行评估暨工作会议在石家庄召开。会议贯彻落实全国保障性安居工程工作座谈会和全省经济形势分析会议精神，总结上半年全省保障房并轨运行情况和保障性安居工程总体进展，部署下半年工作。

18 日　全省工程建设造价管理工作会议在石家庄召开。会议听取各地去年以来的工作情况及下一步重点工作安排，传达住房城乡建设部深化造价管理改革的精神，并就如何做好工程造价咨询单位管理、造价员管理及建筑业企业规费费率核定等工作提出明确要求。会议要求各地充分认清加强工程造价市场监管的重要性，增强造价市场监管方式的科学性，抓好造价市场监管长效机制建设。

24～25 日　推进新型城镇化引智专题培训班在石家庄举办。省住房和城乡建设厅副厅长桑卫京主持开班仪式。

30 日　全省尾矿和建筑废弃物建材制品推广应用工作座谈会在承德召开。会议印发《关于推广应用尾矿和建筑废弃物建材制品的通知》，并对全省尾矿和建筑废弃物建材制品推广应用工作进行安排部署。

7 月

2～3 日上午　河北省委、省政府召开县城建设工作调度座谈会。会议强调，各地各部门要深刻认识抓好县城建设的重大战略意义，强化打攻坚战的认识，增强打攻坚战的劲头，奋起直追，奋战三年，全面提升县城建设的层次和水平，努力为建设全面小康的河北、富裕殷实的河北、山清水秀的河北贡献智慧和力量。

3～4 日　全省房地产市场监管工作座谈会在秦皇岛市召开。会议听取各地上半年房地产市场监管工作情况，传达河北省政府《关于促进全省房地产

市场持续健康发展的实施意见》，部署全省下步工作。省住房和城乡建设厅副厅长王舟出席座谈会并讲话。

5日 全省县城容貌整治（威县）现场会召开。省城镇建设三年上水平工作领导小组办公室副主任李贤明出席会议，安排部署全省县城容貌整治下半年重点任务。

8日 河北省城乡规划委员会第十四次全体会议在石家庄召开。会议审议了鹿泉、藁城、晋州、泊头、南宫、沙河、辛集等7个市的城乡总体规划。

23日 河北省绿色建筑与建筑节能观摩座谈会在唐山市召开。

8月

1日 省住房和城乡建设厅副巡视员王毅忠一行5人赴陕西省住房和城乡建设厅进行座谈，双方共同签署冀陕两省建筑业合作框架协议，进一步明确了开展建筑业交流合作，构建协调沟通机制，促进两省建筑领域全面合作的相关事宜。

9月

4日 全省建筑保温与结构一体化技术座谈会在张家口召开。会议强调，今后各地要从政策制定、技术筛选、基地发展、工程项目、宣传培训、责任落实等方面入手，大力发展河北省建筑保温与结构一体化技术，为推进全省新型城镇化做出新的更大贡献。

同日 全国工程质量治理两年行动电视电话会议召开。朱正举、梁军在河北分会场参加会议。会议结束后，河北在第一时间就会议精神进行安排部署，并对各地提出要求。

5日 全省县级城市数字化城市管理平台建设调度会在石家庄召开。截至2014年8月底，河北省有数字化城管平台建设任务的78个县级城市中，22个已完成建设，另有13个城市正在试运行。

11日 全省工程质量现场观摩交流会在邢台市召开。会议传达贯彻全国工程质量治理两年行动电视电话会议精神，并提出，要以典型示范、样板引路，推动河北省工程质量专项治理行动不断深入，整体提升全省建设工程质量安全水平。

24日 河北省住房和城乡建设厅联合省财政厅在石家庄召开县城建设投融资试点县（市）工作座谈会。会议通报2013年37个县城建设投融资试点县（市）评估考核情况，要求各地认真贯彻落实省委、省政府决策部署，积极行动、狠抓落实，继续大力开展县城建设投融资工作。

25日 全省住宅产业现代化工作现场交流观摩

会在邯郸召开。此次会议是河北省首次就住宅产业现代化工作进行全省范围的专题研究部署。会议明确了全省住宅产业现代化工作目标，并举行省住宅产业现代化技术创新联盟启动仪式和省住宅产业现代化基地授牌仪式。

10月

10日 河北省供热保障及供热计量改革调度会召开，贯彻省政府供热保障攻坚行动要求，调度2014冬季供热保障工作。省城镇建设三年上水平工作领导小组办公室副主任李贤明出席会议。

16～17日 全省县城建设现场会在迁安市召开。副省长姜德果出席会议并指出，抓好县城建设，是推进新型城镇化的重要抓手，要切实解决好理念问题、能力问题、态度问题，始终坚持以科学发展观统领县城建设。

21日 全省住房城乡建设系统推进精神文明建设行风建设工作电视电话会议召开。

22日 全省工程质量治理两年行动电视电话会议召开，对河北省工程质量治理两年行动工作进行再动员、再部署。未来两年内，河北省将以治理建筑工程质量为突破口，严厉打击转包挂靠等违法行为，深化工程建设改革，推动项目负责人质量终身负责制全面实施。

23日 省住房和城乡建设厅组织召开全省住房城乡建设系统纪检监察机构推进转职能、转方式、转作风工作座谈会。

28～30日 河北省住房和城乡建设厅组织党组中心组（扩大）学习贯彻党的十八届四中全会精神集中学习班，集体学习习近平总书记代表中央政治局所作的工作报告、四中全会第二次全体会议上的讲话以及《中共中央关于全面推进依法治国若干重大问题的决定》等重要内容。

11月

3日 全省燃气安全工作座谈会在石家庄召开。会议贯彻落实国家和省有关安全生产的工作部署，就APEC峰会期间及全省下阶段燃气安全工作进行具体安排。

同日 全省农村面貌改造提升行动（基层建设年活动）现场观摩会议在固安召开。

5日 省住房和城乡建设厅召开驻村工作动员会，对驻村工作进行动员部署。厅党组书记、厅长朱正举出席动员会并代表厅党组向参加驻村工作的同志们提出希望和要求。

19～22日 住房和城乡建设部检查组对河北省进行为期三天的检查工作，并对河北省建筑节能工作开展情况给予了高度评价。此次检查涉及河北省新建建筑执行建筑节能强制性标准、北方采暖地区既有居住建筑供热计量及节能改造等工作，重点检查绿色建筑行动实施方案制定及实施情况。

21日 全省保障性安居工程工作及棚户区改造贷款工作推进会在石家庄召开。

24日 河北省环卫行业最佳城市美容师推选总结大会召开，来自全省的94名环卫职工被授予河北省环卫行业最佳城市美容师称号，每人获得2000元奖励，其中李军风、于海燕、高士祥、齐岩、王凡等5人还被授予河北省五一劳动奖章。这是河北省首次进行的环卫行业最佳城市美容师推选。

28日 全省历史文化名镇名村提升改造项目设计方案编制工作电视电话会议在省住房城乡建设厅召开。会议传达省领导关于历史文化名镇名村保护工作指示精神，部署全省历史文化名镇名村提升改造项目设计方案编制工作任务。

12月

26日 省政府新闻办公室组织召开新闻发布会，省城镇建设三年上水平工作领导小组办公室副主任李贤明、省住房和城乡建设厅副巡视员王毅忠分别就《河北省风景名胜区条例》、《河北省建筑工程造价管理办法》进行解读，并回答现场记者提问。

29日 河北省房地产开发建设违法行为专项整治电视电话会议在石家庄召开。副省长姜德果出席会议并讲话。

30日 厅党组成员、省城镇建设上水平工作领导小组办公室副主任李贤明、省风景园林与自然遗产管理中心主任朱卫荣、省风景园林学会副理事长郑占峰，做客河北新闻网，围绕《河北省风景名胜区条例》与网友进行在线交流。

（河北省住房和城乡建设厅　撰稿：张学峰）

山 西 省

概况

2014年，面对严峻复杂的形势，山西省各级住房城乡建设部门和全系统广大干部职工，认真贯彻落实山西省委、省政府的决策部署，坚持改革创新。全面加强规划建设管理，进一步提升了城镇综合承载能力。积极推进房地产业发展和保障性住房建设，全年房地产开发完成投资1403.6亿元，同比增长7.3%，新开工城镇保障性住房23.26万套，基本建成21.02万套，完成投资528.05亿元，进一步改善了人民群众的居住条件。着力推动建筑业发展和加强工程质量安全监管，完成建筑业产值3103.5亿元，实现增加值825.7亿元，进一步发挥了建筑业的支柱产业作用。加快推进新型城镇化，全省城镇化率达到54%，进一步提升了城镇化的质量和水平。"六位一体"统筹推进重点工程，进一步增强对经济增长的贡献度。大力推进乡村清洁工程和农村危房改造，进一步改善农村环境面貌和困难家庭住房条件。全面落实"两个责任"，进一步加强党风廉政建设。圆满完成年初确定的目标任务，为促进山西省经济社会发展作出重要贡献。

政策规章

【立法工作】 组织修订《山西省住房和城乡建设厅地方法规框架》。积极做好《山西省城镇住房保障条例》立法工作。报请《山西省国有土地上房屋征收与补偿条例》列为2015年正式立法项目。修订《山西省燃气条例》。向山西省政府法制办报送《山西省房地产企业资质动态考核及信用评价管理办法（试行）》等两件规范性文件进行备案审查。对《山西省住房城乡建设厅建设项目选址规划管理办法》等3件规范性文件进行法制审核。审查厅发文262件、函件1061件，有效保证了起草、出台的文件、函件合法有效。

【普法工作】 制定《2014～2016年山西省住房和城乡建设厅普法规划》《山西省住房和城乡建设厅法治建设工作落实情况考核任务分解意见》。在全省全系统范围内举办《城镇排水与污水处理条例》等宣贯培训。组织参加"12·4"全国法制宣传日、山西省"依法行政宣传月"、"法治·发展"论文征集、"法制好新闻"等活动；组织参加省委依法治省领导组组织的无纸化普法考试、省人大和省政府法制办

第四篇

举办的培训等。

【行政复议工作】 年内办理行政复议案件 22 件。代理被申请人答复住房城乡建设部 3 件，复议机关依法审查后均依法驳回行政复议申请；审理行政复议案件 19 件，其中上年度结转 2 件，本年度新收 17 件，依法审结 18 件、正在审理 1 件。

房地产业

【房地产市场运行】 2014 年，山西省完成房地产开发投资 1403.6 亿元，同比增长 7.3%。其中，住宅投资完成 1010.7 亿元，同比增长 5.4%；办公楼投资完成 69.2 亿元，同比增长 42.9%；商业营业用房投资完成 191.3 亿元，同比增长 4.8%。商品房施工面积为 15476.9 万平方米，同比增长 10.2%。其中，住宅施工面积 11471.8 万平方米，同比增长 6.7%。商品房新开工面积 3887.5 万平方米，同比增长 5.8%。商品房竣工面积 2182.5 万平方米，同比下降 4.5%，其中，住宅竣工面积 1701.6 万平方米，同比下降 7.9%。商品房销售面积为 1576.2 万平方米，同比下降 4.1%。其中，住宅销售面积 1443.9 万平方米，同比下降 3.4%。商品房销售额 746.1 亿元，同比增长 2.5%，其中住宅销售额 639.8 亿元，同比增长 2.3%。

【房地产企业监管】 2014 年，山西省培育房地产开发企业 29 家，其中，一级开发企业 2 家，二级开发企业 27 家；物业服务企业 28 家，其中，一级物业服务企业 3 家，二级物业服务企业 25 家；房地产估价机构 7 家。根据《房地产企业资质动态考核及信用评价管理办法（试行）》和《山西省住房和城乡建设厅关于开展 2014 年度房地产企业资质动态考核及信用评价的通知》，对 218 家二级及以上房地产开发企业，84 家二级及以上物业服务企业，110 家三级及以上房地产估价机构进行了年度房地产企业资质考核及信用评价动态考核。经过考核，房地产开发企业动态考核合格 184 家，基本合格 29 家，不合格 5 家；信用评价等级 A 级 8 家，B 级 205 家，C 级 5 家。物业服务企业动态考核合格 80 家，基本合格 4 家；信用评价等级 A 级 12 家，B 级 72 家。房地产估价机构合格 95 家，基本合格 13 家，不合格 2 家；信用评价等级 A 级 11 家，B 级 97 家，C 级 2 家。

【物业管理】 制定山西省《工业园区物业服务标准》，初步形成住宅、写字楼和工业园区物业服务标准体系。强化物业服务标准实施，在太原市开展物业分级定价试点，进一步提升物业服务水平。积极创建物业管理示范项目，帮助和指导企业按示范标准搞好创优工作，有 33 个物业示范项目通过省级物业管理示范项目验收。解决维修资金使用难、应急维修困难的问题。下发《关于住宅专项维修资金应急使用有关事项的通知》，为应急使用维修资金开辟绿色通道，简化操作程序，缩短审核时间，确保发生危及房屋安全等紧急情况时能得到及时抢修。

【房屋征收】 2014 年，山西省国有土地上房屋完成征收项目 34 个，征收面积 166.37 万平方米（16233 户）。规范国有土地上房屋征收补偿管理工作。印发《关于进一步加强国有土地上房屋征收管理工作的通知》，从健全房屋征收与补偿管理工作机制、规范房屋征收程序和行为等方面提出具体要求。印发《国有土地上房屋征收与补偿专项检查工作方案》，开展为期 4 个月的专项检查，重点对各市房屋征收配套政策制定、机构设置、征收项目实施情况、房屋征收违法违规行为查处情况、房屋征收信访事项调查处理及矛盾纠纷化解等情况进行检查。共检查国有土地上房屋征收项目 57 个，发现征收程序不规范项目 9 个、未按照规范要求科学制定社会稳定风险评估报告项目 2 个、房屋征收与补偿信息公开内容不完善项目 3 个，各市对以上问题全部进行了整改。

【国家康居示范工程建设】 2014 年，山西省创建了 5 项国家康居示范工程，分别是山西德和盛房地产开发有限公司开发的太原市德和盛小镇，山西远为房地产开发有限公司开发的大同市观澜华府，山西盛世铭达房地产开发有限公司开发的大同市盛世华庭，山西世行房地产开发有限公司开发的朔州市神电生态园，大同市宏洋房地产开发有限公司开发的大同市宏洋美第。

住房保障

【保障性住房建设】 2014 年，山西省城镇保障性住房新开工 23.26 万套，超出国家下达任务 5.26 万套；基本建成 21.02 万套，超出年度计划 3.02 万套；完成投资 528.05 亿元，超出年度计划 28.05 亿元。从 2014 年起，廉租住房并入公共租赁住房统筹建设管理，将国有重点煤矿棚户区纳入国有工矿棚户区改造。截止到 2014 年底，全省城镇保障性住房覆盖面达到 21.38%，提前实现国家"十二五"末达到 20% 的要求。

【住房保障体系建设】 按照中央关于加快住房保障和供应体系建设的要求，2014 年，研究提出以公共租赁住房、共有产权住房和棚户区改造为重点的住房保障体系构想，并积极开展相应的政策制度研究制定工作。报请山西省人大初审通过《山西省城镇住房保障条例》，已进入二审程序，待国务院条例出台后，即可修改完善出台。经省政府第50次常务会议研究通过，以山西省政府22号文件印发《山西省棚户区改造工作实施方案》。山西省住房城乡建设厅会同省发改委、财政厅联合印发《关于公共租赁住房和廉租住房并轨运行的实施意见》，将廉租住房并入公共租赁住房，实行项目统一规划、工程统一建设、资金统一使用、房源统一分配、后续统一管理。研究探索针对城市中低收入群体自住性住房需求的支持政策，组织起草《共有产权住房建设指导意见(初稿)》，有待进一步深入调研和征求各方意见。及时起草制定保障性住房物业管理办法。通过以上政策制度的制定，建立了低端有保障、中端有支持、高端有市场的住房保障和供应体系。

【棚户区(含城中村)改造】 对山西省各类棚户区情况进行摸底统计，共有156.2万户，到2013年底已开工改造85.9万户，还有70.3万户需要改造，提出把剩余户数纳入到2014～2017年改造的奋斗目标。2014年，山西省开工改造各类棚户区17.37万户，占2014～2017年棚户区改造任务的24.7%。协调落实了对城市棚户区改造每套3000元的省级补助资金。组织编制并上报《山西省2015～2017年棚户区改造规划》，将剩余的52.94万户棚户区列入2017年底前开工改造。11月，对全省城中村情况进行摸底统计，初步掌握了基本情况，为下一步加快推进城中村改造奠定了基础。将棚户区和城中村改造纳入省政府准备实施的改善城市人居环境工程，进一步加大了推进力度。

【省级保障性安居工程投资有限公司组建】 报请山西省政府批准成立山西省保障性安居工程投资有限公司，并按照公司组建方案抓紧筹建，同时对各市县棚改贷款需求进行了摸底统计，有257个项目提出507亿元贷款需求，已和国家开发银行沟通开始进行项目对接，待公司组建后尽快承接国家开发银行的棚改专项贷款，支持市县棚改工作。

【住房保障综合监管平台】 充分依靠山西省住房保障综合监管平台系统，形成省、市、县三级管理部门对住房保障家庭、房源分配、项目建设情况的动态监控；基本实现各级对辖区内保障性住房建设计划、项目进展、住房分配、保障对象管理等环节的规范化、数字化、精细化、科学化管理。

【住房保障宣传培训】 通过"山西省住房保障"门户网站，及时发布国家和省内外动态信息，公示城镇保障性住房项目信息及年度建设任务进展，通报各市排名，调动各市县参与网上交流和宣传的积极性。按照"注重实际、注重实效、注重特色"的原则，牢牢把握住房保障工作对住房管理队伍素质需求的变化，认真谋划，精心组织，突出重点，多渠道、高质量地组织专题培训，取得较大成效。全年共举办三期培训，共计660余人参加。

【工作推进机制】 实行年度目标责任制、月调度排名通报制、定期汇报研讨制等落实任务和责任，制定年度目标任务量化考核办法，强化目标责任考核，按月下达开工和投资计划、按季下达建成计划，并按月调度、审核、汇总、分析进展情况，通报全省和快报住房城乡建设部。结合住房城乡建设部巡查机制，对各市保障性住房开工和建成项目进行多次监督检查，促进了项目建设进度。8月、10月两次对建设进度较慢的太原、吕梁、晋城、运城等市政府下达督办函，11月由山西省住房城乡建设厅住房保障处牵头，省厅稽查办、山西省建筑安全监督站、山西省建筑工程质量监督站配合，组成两个工作组对朔州、运城两市进行现场督办，取得明显成效。将保障性安居工程作为全省建筑市场质量安全检查的重点进行多次督查，对各市县保障性住房项目存在的质量安全隐患进行排查和整改，切实加强在建项目的工程质量和施工安全监管。对群众反映的住房保障管理中存在的问题，认真调查核实，举一反三监督检查；对上访人员，做好政策解释，及时化解矛盾；对检查结果及时进行反馈，提出整改方案，明确整改时限，做到"督查有结果，事事有着落，整改有实效"，确保住房保障各项工作规范、有序推进。

公积金管理

【公积金管理】 山西省扎实推进住房公积金归集扩面，进一步规范缴存使用行为。2014年度，新增缴存职工59.10万人，超过年度目标任务5.52万人。截至2014年底，住房公积金缴存职工累计达到400.40万人，同比增长10.26%；缴存总额累计达到1492.58亿元，同比增长21.48%；提取总额累计达到467.22亿元，同比增长26.60%；缴存余额累计达到1025.36亿元，同比增长18.57%；发放个人住房贷款总额累计达到391.26亿元，同比增长30.90%，为帮助城镇职工解决住房困难发挥了积极作用。

城乡规划

【城镇化水平】 2014年，认真贯彻落实全国和山西省城镇化工作会议精神，积极研究破解"人、地、钱"等制约城镇化发展的突出问题，围绕"一核一圈三群"总体布局，大力加强城镇市政基础设施、公共服务设施和产业园区建设，全面推进太原都市圈和晋北、晋南、晋东南城镇群建设，圆满完成年初确定的20项指标、30项任务，城镇化的内生动力进一步增强，质量和水平持续提升。山西省城镇化率达到54%，同比提高1.5个百分点。

【规划编制与实施】 坚持扩大覆盖面和提高编制水平同步推进，重点推进控制性详规的编制工作，市本级控规覆盖率达到70%、同比提高20个百分点，县级市控规覆盖率达到30%、同比提高20个百分点。编制完成山西科技创新城主体区总体规划和19项配套专项规划。加强规划实施管理，严格实行市、县控制性详规和"一书两证"备案，重点对房地产开发违规变更规划和容积率进行监督检查，促进规划执行情况的逐步好转。

【太原晋中同城化】 以山西科技创新城建设为抓手，积极推进规划、道路、基础设施、公交、通信、金融等方面的同城化发展。规划同城方面，太原晋中同城化建设规划已编制完成，到2020年两市初步形成"规划统筹、制度同构、市场同体、产业同链、科教同兴、交通同网、设施同步、信息同享、生态同建、环境同治"的"十同"一体化格局。

【城镇组群发展】 山西省晋北、晋南、晋东南城镇群发展加速。重点以区域性中心城市和城镇组群建设为抓手，推进三大城镇群构建。启动编制三大城镇群近期建设规划，制定5年内城镇群发展目标、空间布局、重大建设项目和建设时序。指导编制长治上党城镇群、晋城"一城两翼"、临汾百里汾河经济带、大同都市区等城镇组群年度建设实施方案，共开工建设18项区域基础设施项目，总投资32.2亿元。

【大县城建设】 按照小城市的标准规划建设县城，山西省重点抓了11个县城建设示范县，围绕设施配套、产业发展、环境整治和城市管理等内容，每县确定两项重点项目，共22项，总投资30.1亿元。孝义市、长治县、介休市、灵石县、平遥县等地就地就近城镇化的做法，示范带动了全省的县城建设。

城市建设与市政公用事业

【城市市政基础设施投资】 认真贯彻落实国务院《关于加强城市基础设施建设的意见》和国务院办公厅《关于加强城市地下管线建设管理的意见》，制定山西省的实施意见。切实加大城市市政基础设施建设力度，全年完成市政基础设施建设投资435亿元，同比增长4.9%。

【城市市政基础设施建设】 2014年，新建和改造城市道路930公里、水气热等各类市政管网4406公里，新增集中供热面积6970万平方米，提标改造城镇污水处理厂17座，建成生活垃圾无害化处理设施14座。全省城市（含县城）人均道路面积达到13.25平方米，同比提高0.07平方米；供水普及率达到97.4%，同比提高0.03%；燃气普及率达到86.2%，同比提高0.08%；集中供热普及率达到84.5%，同比提高1.5%；生活污水处理率达到86%，同比提高0.15%；生活垃圾处理率达到74.5%，同比提高7.36%。山西省城市市政基础设施水平进一步提高，承载力持续提升。

【城市园林绿化建设】 2014年，山西省新增绿化面积2180万平方米，建成区绿化覆盖率达到39.3%，同比提高0.95%；绿地率达到32.8%，同比提高0.53%；人均公园绿地面积达到11.2平方米，同比提高0.5平方米。洪洞、阳城、左权、昔阳、沁源5个县申报了国家园林县城，临汾、运城等13个市县被省政府命名为省级园林城市（县城），全省国家级园林城市（县城）达到20个、省级达到26个。汾阳市贾家庄镇被命名为国家园林城镇，乡宁县管头镇等8个镇被命名为山西省园林城镇。

【乡村清洁工程】 围绕实现"人员队伍、清扫保洁、垃圾收集处理、村容整饰、长效管理机制建立"五个全覆盖，深入推进乡村清洁工程，完成投资11.17亿元，超过年度计划1.17亿元；配备清扫保洁人员7.3万名，配备率达到122%。监管人员6850名，配备率达到115%。配备垃圾清运车辆3.5万台，配备率达到117%。垃圾箱（桶）19.6万个，配备率达到73%。建成垃圾中转站213座、垃圾处置点4821处，清运积存垃圾86万吨，整治残垣断壁8.2万处，初步建立起较为完备的保洁清运处置体系，农村环境面貌发生了明显变化。

村镇规划建设

【农村困难家庭危房改造】 2014年，为了确保在本届政府任期内将农村危房全部改造完毕，山西省将改造任务从 7.2 万户增加到 15 万户。积极落实改造资金，克服任务下达晚、工作量大等困难，切实加快工程进度，共完成 15.5 万户改造任务，超额完成 5000 户。同时，开工 1 万户农村住房抗震改建试点，其中 9529 户已经竣工，完成投资 9.97 亿元。

【古村镇保护】 2014 年，按照山西省政府提出的调查、认定、保护、修复的工作思路，稳步推进古村落保护和修复，完成古村落保护规划编制 22 项，传统村落建档 17 处，历史建筑修复和周边环境整治 20 处。在多次组织专家讨论修改的基础上，起草了《山西省古村落保护管理办法》和《关于实施传统村落保护利用试点工作的指导意见》初稿。实地调研完成 151 个村的《2014 年山西省传统村落调查报告》，组织省有关部门评审公布 45 处第二批山西省传统村落，59 处村落被国家公布为第三批中国传统村落。全省登记建档的传统村落共 1325 处，其中，国家级 129 处，总数居全国第 4。成立省级传统村落保护发展专家委员会，指导各市科学制定方案，开展历史院落修复和周边环境整治工作，并积极争取到 21 个村的中央补助资金支持。与天津大学冯骥才艺术研究院合作，开展传统村落立档调查和保护工作，榆次区后沟村、介休市张壁村作为住房城乡建设部的全国样板率先完成出版。与《山西日报》等媒体合作，启动大型文献纪录片《晋乡》的拍摄，在全国加强传统村落保护工作电视电话会上，山西省作为传统村落保护工作先进省份做了典型经验发言。

【村镇规划】 2014 年，完成村镇规划编制 47 项。指导高平市马村镇做好住房城乡建设部镇规划编制试点，选取 12 个村开展村庄整治规划编制试点，并总结经验，起草了《山西省宜居村庄建设规划编制导则》。指导采煤沉陷区 8 个试点乡镇科学编制搬迁规划，加强村容村貌整治，切实改善村民生产生活条件。实行重点镇规划专家评审把关制，对重点镇规划的编制实施提出合理化建议和保障措施，促进全省小城镇规划水平整体提升。指导各市贯彻落实住房城乡建设部《乡村建设规划许可实施意见》《村庄规划用地分类指南》，进一步规范村镇规划建设管理，促进村镇建设有序开展。

【村镇建设】 2014 年，山西省 100 个重点镇开工基础设施类项目 438 项，完成投资 27.68 亿元，超出年度任务 11%；479 个建制镇共完成市政设施投资 39.3 亿元，超出年度任务 10%，小城镇基础设施水平明显提高。修订印发《山西省园林城镇标准》，指导各地积极开展国家和省级园林城镇创建，贾家

庄镇被住房城乡建设部命名为国家园林城镇，管头镇等 8 个镇被省政府批准命名为山西省园林城镇。山西省 138 个镇被国家公布为全国重点镇。开展特色景观旅游名镇名村、宜居小镇（村庄）、小城镇宜居小区示范、田园建筑优秀范例等创建工作。

工程建设标准定额

【标准编制】 2014 年，按照《工程建设地方标准化工作管理规定》中明确的地方标准的立项原则，分两批制订印发了《2014 年山西省工程建设地方标准规范制订、修订计划》，第一批 15 项，第二批 6 项。批准发布《高性能混凝土应用技术规程》《建筑基坑工程技术规范》等 10 项山西省工程建设地方标准，为确保建筑工程质量和安全提供了技术支撑。建筑节能系列标准中《居住建筑节能检测标准》《建筑节能门窗应用技术规程》等 7 项地方标准的修订完善，充分体现了在建筑节能工作中技术标准对新技术、新材料应用的约束引导作用。《住宅物业服务标准》《写字楼物业服务标准》和《工业园区物业服务标准》3 项服务标准的制定颁发，标志着山西省物业服务工作在标准化、规范化和专业化进程中迈上了一个新的台阶。组织标准主编单位对已实施五年以上的 68 项地方标准进行全面复审，并确认继续有效的 9 项，修订或局部修订 24 项，废止 35 项。

【标准实施与监督】 组织开展无障碍环境市县创建工作检查。各市对本市确定的 2 个示范县的无障碍环境创建工作进行了自查，对检查中发现的问题及时进行整改，省住房城乡建设厅和省残联联合组织专家对运城、临汾等部分市进行了抽查。各市无障碍环境市县的创建工作正稳步推进。加强光纤到户国家标准的贯彻实施。省住房城乡建设厅和省通信管理局联合进行了光纤到户国家标准贯彻实施情况的监督检查。总体来看，山西省光纤到户国家标准贯彻落实工作取得阶段性成果，全省执行光纤到户两个强制性标准的氛围正在逐步形成。制定印发《关于加强山西省养老服务设施规划建设工作的通知》和《关于加强老年人家庭及居住区公共设施无障碍改造工作的通知》，对养老服务设施的规划建设工作提出具体的贯彻意见。

【造价定额编制】 完成《全国建筑装饰工程基础定额》的修编工作，制定并发布《山西省建设工程工程量清单计价补充规定》，全面贯彻实施 2013 清单规范，制定发布《山西省城市园林绿化养护管理估算指标》，满足了园林绿化养护的计价需求，作为 2011 计价依据的补充。

【工程造价信息管理】 督促各地市按时上报城市住宅成本信息和人工成本单价信息等资料，并在上报资料中筛选出较合理的数据，按时向住房城乡建设部上传。完成每两月工程造价指数的测算，并在《山西省工程建设标准定额信息》上发布。通过规费审核平台向一些施工企业收集有关造价信息资料，并分类整理，为今后的定额测算、指数测算等工作奠定了基础。

工程质量安全监督

【工程质量管理】 2014年，山西省全面落实工程质量责任终身负责制。4月，对工程质量责任终身负责制进行了安排部署，各市全面布置并稳步推进。全省新开工项目819项，全部按规定签订了法定代表人授权书、质量终身负责制承诺书，5月1日以后新竣工项目989项，全部按规定设置了永久性质量责任标牌。开展建筑工程质量安全监督执法检查。5月14~25日，省住房城乡建设厅组织6个检查组，对全省质量安全工作开展情况进行了督查，共督查项目55个，下达执法文书12份，有效增强各方参建主体的质量意识，进一步规范质量行为。启动全省工程质量治理两年行动。按照住房城乡建设部的统一部署，9月，全省"启动工程质量治理两年行动"成立了专家咨询委员会，召开推进会暨现场观摩会，对项目经理违反质量安全责任实施记分管理，对质量安全重点工作任务落实情况进行督查，对全省1099名质量监督人员进行专题培训。

【建筑施工工法评审】 为促进全省先进施工经验向工法成果转化，山西省组织全省权威专家组成工法评审委员会，通过关键技术鉴定、施工工法评审两个环节，对2013年度申报的500项工法进行评审和审定，审批358项为2013年度省级施工工法。对2014年度全省申报的516项施工工法进行了关键技术鉴定，309项施工工法被审定为国内领先，207项施工工法被审定为国内先进。

【建筑企业精品工程】 山西省积极引导建筑业企业，开展争建精品工程活动，实施全省工程质量专项治理工作，工程建设标准强制性条文进一步贯彻执行，勘察设计审查质量进一步提升，新建住宅工程质量常见问题进一步治理和预防。2014年，山西省2项工程获得中国建设工程鲁班奖（国家优质工程），36项工程获得山西省建筑工程汾水杯质量奖，59项工程被评为省优良工程，83项工程被评为省优质结构工程。

【施工图审查管理】 山西省施工图审查机构就位工作基本完成。印发《关于开展施工图审查机构就位工作的通知》，将原有的37家施工图审查整合为26家，2014年全省已有24家机构完成了资质就位工作。同时，制定《山西省〈房屋建筑和市政基础设施工程施工图设计文件审查管理办法〉实施细则》，并经省政府法制办预审通过。

【建筑安全生产】 开展安全生产大检查。从3月28日开始至9月底结束，山西省、市、县三级住房城乡建设部门累计出动检查人员共计4261人次，排查安全生产一般隐患15225项，整改率100%，下达责令停工通知276份，暂扣或吊销有关许可证、职业资格5家，罚款249.38万元。

加大建筑安全督查频次。先后组织开展春季复工督查、安全生产大检查督查、厅领导带队突查等，山西省住房城乡建设厅共抽查建筑工程项目201个，发现隐患600余条，全部督促当地主管部门监督整改完毕。在各市、县住房城乡建设部门和所有建筑施工企业全面开展安全生产"知责、履责"活动，进一步健全完善企业安全生产岗位责任制，明确企业每名领导和每名员工的岗位安全生产职责。完成2013年度建筑施工企业安全生产许可证动态考核，76家建筑施工企业限期3个月整改。

全省累计对27643名建筑施工企业"三类人员"、9950名特种作业人员进行了安全培训。开展建筑施工安全标准化建设。深入开展建筑施工安全标准化工作，2014年首次评选出二级及以上房屋建筑和市政工程施工安全生产标准化企业148家。

【建筑业新技术应用示范工程】 2014年，山西省省验收建筑业新技术应用示范工程76项；申报立项2015年度建筑业新技术应用示范工程140项。

建筑市场

【建筑业发展】 2014年，山西省共完成产值3103.5亿元，同比增长2.3%；实现增加值825.7亿元，同比增长6.6%；增加值占全省GDP的比重达到6.5%，同比提高0.5个百分点；完成地税收入186.49亿元，占到山西省地税总收入的18.99%。建筑业支柱产业的地位进一步增强。2014年新培育2家施工总承包特级企业、16家总承包一级企业，评选出44家骨干建筑企业，28家优秀骨干建筑业企业，在企业拓展业务范围、办理资质增项、升级及市场开拓等方面，给予重点支持，山西省企业的市场竞争能力不断提升。

【市场监管】 山西省加强资质监管，对1168家企业进行了动态考核，评定考核结论合格 907 家，占参加考核企业总数的 78％；基本合格 177 家，占 15％；停业整顿 84 家，占 7％。加强市场监管，认真落实《建筑市场监督执法检查制度》，制订检查方案，开展招投标、勘察设计、打击违法转包分包三个专项检查和建筑市场执法督查，印发《关于 2014 年度全省建筑市场监督执法督查暨严厉打击建筑施工转包违法分包、招投标、勘察设计专项检查情况的通报》，形成打击违法违规建设活动的高压态势；强化有形市场的建设，从工程项目的招投标、建筑施工许可、质量监督、安全生产等方面，规范了建筑企业行为，提高了建筑业企业的综合素质和市场竞争能力，促进了全省建筑业快速发展。

【工程招投标】 2014 年，山西省房屋建筑和市政基础设施工程入市招标 2878 项，比上年增加 342 项，招标工程总造价 1008.15 亿元，比上年提高 16.01％，入市工程招标率和应公开招标工程公开招标率保持两个 100％。通过加大监管力度，规范监管方式，创新监管手段，不断完善建筑工程招投标制度建设、开展招投标专项督查等手段，显著提高了招投标监管效能，促进了招投标活动的公开平等、竞争有序，有效遏制了招投标违法违规和腐败现象，为全省建设工程招投标活动和制定预防、遏制围标、串标、操纵中标行为以及打击非法转包、分包措施提供决策依据，建立统一规范的建筑市场秩序，保障建筑业健康发展，创造了更加公开、公平、公正的建设工程招投标市场竞争环境。

【诚信体系建设】 山西省对建筑市场监管信息系统进行了完善，充实企业、人员和项目数据库，建立统一的建筑市场诚信信息平台，实现信息公开，并在晋中、太原试运行；按照《山西省建筑市场信用体系建设行动方案（试行）》要求，修改完善建筑业企业和建筑市场诚信评价管理办法，将诚信评价结果应用于企业资质管理、招标投标、评优评奖方面，督促市场各方主体自觉规范自身行为，营造诚信激励、失信惩戒的市场氛围，通过引导市场各方主体选择依法诚信的合作者等手段，从单一的注重资质等级，向注重企业和人员诚信行为转变。

【建筑业统计】 山西省组织完成勘察设计、监理、招标代理等行业 2013 年度统计报表上报工作，编制山西省建筑业、勘察设计、监理、招标代理等 2013 年度行业统计分析报告，为全面掌握山西省建筑业发展态势，明确建筑业发展路径打下良好的基础；完善山西省建筑业企业主要指标网络快报系统，规范企业报送制度，每月（季）对建筑业（勘察设计业）形势进行分析，对重点市和重点企业进行监测，及时发现问题，分类指导，促进决策的科学化。

建筑节能与科技

【建筑节能】 年内，城镇新建居住建筑设计阶段节能 65％标准执行率达到 100％，施工阶段节能强制性标准执行率达到 97.55％；提前完成"十二五"2000 万平方米既有居住建筑节能改造任务，实际累计完工 2059.84 万平方米；新增可再生能源建筑应用面积 1669 万平方米；通过绿色建筑星级评价标识项目 29 项、215.61 万平方米。

【建设科技】 山西省推荐"BRB 屈面支撑研制及工程应用关键技术研究"等 10 项课题申报 2015 年度山西省科技计划项目；通过"黄土浅坑浸水试验"等 7 项省级科技成果鉴定。"高新区泰杰研发展示中心"等 7 项批准为 2014 年度住房城乡建设部科技计划项目，涉及低能耗建筑示范、绿色施工科技示范、新型建材技术、信息技术 4 个领域研究。

【智慧城市】 太原市、阳泉市、长治市、晋城市、大同城区、平鲁区、怀仁县政府按照各自制定的《国家智慧城市创建实施方案》和住房城乡建设部、当地政府、山西省住房城乡建设厅三方签订的《智慧城市创建任务书》要求，完成智慧共享平台、公共数据库、智慧应用等项目的建设。

建设人事教育工作

【干部管理】 山西省完成干部档案清理、机关借用人员清理规范、超职数配备干部专项治理调查摸底、"吃空饷"、"编外用人"专项清理等 5 项工作，进一步规范了厅直系统的干部人事管理。完成领导干部个人事项报告汇总上报工作，共录入上报了 127 名副处级以上干部信息；完成厅直系统机构和人员编制实名制核查工作。进一步完善人事制度，先后制定、修订《厅机关、事业单位工作人员带薪年休假实施细则》等 10 项制度，使干部工作更加制度化，日常管理更加规范。完成 2014 年度山西省建院、山西省勘察院人员招录，机关部分职责调整理顺、3 名军转干部安置、5 名公务员定级或正常晋升、3 名副处级以上干部退休手续办理等工作。

【教育培训】 山西省住房城乡建设厅配合省委组织部完成全省县乡党政领导干部城乡规划建设管理在线学习培训试点工作。组织全厅副处级以上干部参加习近平总书记系列重要讲话精神学习培训。举办两期"坚定信念，提升素质"年轻干部培训班，组织140余名青年干部进行集中封闭学习。举办第二期县(市)、重点乡镇城乡规划人员培训班，200余人参加培训。完成新疆生产建设兵团农六师城市建设规划与管理培训班培训工作。

【职称评审】　山西省对建设工程专业高评委专家库进行了充实调整，形成涵盖3个大专业、22个事业单位，建成拥有130名专家的新专家库。在此基础上认真组织完成2014年度全省建设工程专业高级工程师评审工作，审核资料400余份，评审通过320人，通过率为84.9%。完成厅属单位、省属相关单位建设工程类2014年中、初级专业技术人员的专业技术职务评审工作，通过认定了88人的工程师任职资格、4人的助理工程师任职资格。

重点工程建设

按照山西省委、省政府"项目见效年"的工作部署，坚持和完善"六位一体"工作机制，采取逐月调度分析、领导对口联系、进工地解难题等一系列行之有效的工作措施，全省项目储备投资额158019.55亿元，完成年度计划的131.68%；项目签约投资额24719.36亿元，完成年度计划的164.80%；项目落地投资额12767.64亿元，完成年度计划的106.40%；项目开工投资额10819.39亿元，完成年度计划的108.19%；省市重点工程建设投资额11244.20亿元，完成年度计划的106.48%，其中，省重点工程建设投资额4824.43亿元，完成年度计划的110.32%，占到全省固定资产投资的39%；项目投产投资额10846.24亿元，完成年度计划的108.46%。

大事记

1月

21日，山西省住房城乡建设工作会议暨党风廉政精神文明建设工作会议在太原召开，省住房城乡建设厅厅长李栋梁作工作报告。

24日，省住房城乡建设厅召开党的群众路线教育实践活动总结大会。

2月

8日，全省综改攻坚、创新驱动、项目推进工作大会在太原召开。

3月

2~13日，李栋梁在北京参加第十二届全国人民代表大会第二次会议。

4月

14日，住房城乡建设部"中国城市建筑节能和可再生能源应用项目"试点示范城市座谈会在山西阳泉召开。省住房城乡建设厅副厅长李锦生参加。

5月

30日，山西省省长李小鹏在省政府听取棚户区改造融资平台建设情况汇报，李栋梁和副厅长郭燕平参加。

7月

18日，山西省常务副省长高建民在太原就油气管道安全工作进行调研，李栋梁陪同。

8月

20日，省长李小鹏赴太原就改善城市人居环境工作进行调研，李栋梁陪同。

9月

17~19日，李小鹏、高建民赴阳泉、晋中、太原就"项目成效年"有关工作进行督查，李栋梁陪同。

24日，李小鹏赴山西科技创新城调研，李栋梁、李锦生和厅副巡视员郭廷儒陪同。

10月

8~11日，山西省委书记王儒林在太原、娄烦、古交、清徐调研，李栋梁陪同。

28~29日，山西省住房普查数据分析、山西省住房调查与规划分析和山西省房地产业发展分析三个课题报告评审会在住房城乡建设部举行，郭燕平参加。

11月

18~19日，住房城乡建设部规划司就山西古建筑保护状况进行调研，郭廷儒陪同。

19日，王儒林在忻州同煤会议中心主持召开大同、朔州、忻州调研座谈会，李栋梁参加。

25日，高建民主持召开中南铁路装车点项目推进会，李栋梁和省住房城乡建设厅副厅长姚少峰参加。

12月

12日，省住房城乡建设厅机关召开厅学习讨论落实活动动员大会，李栋梁做动员报告，郭燕平主持会议。

25日，山西骨干建筑业企业座谈会在太原召开，省厅总工程师张学锋出席。

(山西省住房和城乡建设厅)

内蒙古自治区

概况

2014年，内蒙古自治区住房和城乡建设系统在自治区党委、政府的正确领导下，深入贯彻落实党的十八大、十八届二中、三中、四中全会精神和习近平总书记系列重要讲话精神，以自治区"8337"发展思路为指导，全力推进改革发展各项任务，积极推进新型城镇化发展，不断加大百姓安居工程建设力度，着力提高城乡规划建设管理水平，积极扶持房地产、建筑业市场发展，有序推进建筑领域节能减排工作，有力地促进了全区住房城乡建设事业的健康发展。

【城镇化进程稳步推进】 全年完成城镇市政公用基础设施固定资产投资707.64亿元。"城市建设管理年"圆满收官，成效显著。

【保障性安居工程超额完成】 2014年国家下达内蒙古自治区保障性安居工程开工建设任务为23.9万套，基本建成任务为20万套。2014年全年开工24万套，开工率100.6%；基本建成22.9万套，建成率114.7%，完成投资484.4亿元。

【房地产市场形势低迷】 全年完成房地产投资1370.88亿元、商品房销售额1064.82亿元；商品房施工面积15735.44万平方米、销售面积2457.18万平方米，同比分别增长-5.34%和-10.25%；商品住宅平均售价3833元/平方米，同比增长-0.78%，商品住宅平均售价保持平稳，全区房地产市场处于低迷状态。

【农村牧区危房改造顺利实施】 全年共改造危房17万户，完成计划任务的100%，下达国家补助资金7.4亿元、自治区补助资金18亿元。

【建筑业持续发展】 全年建筑业总产值完成1402.9亿元。

政策规章

【立法工作】 与自治区政府法制办共同对《内蒙古自治区国有土地上房屋征收与补偿条例》进行修改、立法调研，9月经自治区政府常务会议审议通过。自治区人大常委会于11月对该《条例》进行了初审。与自治区法制办对《内蒙古自治区城市园林绿化管理办法》（征求意见稿）进行修改、立法调研。该《办法》基本成熟，等待自治区人民政府常务会议审议通过。

【审查清理规范性文件】 对《内蒙古自治区物业服务企业资质管理办法》（修订）、《内蒙古自治区建筑施工安全标准化示范工地评选办法》《内蒙古自治区房屋建筑和市政基础设施工程施工图设计文件审查管理实施细则》《内蒙古自治区房屋建筑和市政基础设施工程施工图设计文件审查人员考核管理办法》《内蒙古自治区房屋建筑和市政基础设施工程施工图设计文件审查合格后勘察设计重大变更管理办法》《内蒙古自治区施工图设计文件审查机构考核管理办法》《内蒙古自治区施工图设计文件审查机构考核标准》《内蒙古自治区城镇供水水质督察管理办法》《内蒙古自治区民用建筑能效测评标识管理办法》8件规范性文件进行合法性审查，并报自治区政府法制办备案。

【行政复议】 2014年，区住房城乡建设厅收到行政复议申请14件，受理13件，未受理的1件为告知申请人向有权复议机关申请复议。下达行政处罚决定书20件，撤回行政许可决定20件，均认真进行审核把关，确保了行政处罚行为适用法律正确、程序合法、违法事实清楚、违法证据确凿。

【行政权力梳理工作】 按照《内蒙古自治区人民政府关于切实做好行政权力梳理工作的通知》（内政发〔2014〕80号）要求，对厅机关承办的行政许可项目进行认真清理，将保留的18项行政许可的流程图和服务指南，经自治区审改办审核后，在厅网站上对社会公布。同时对法律、法规规章、地方性法规赋予自治区住房和城乡建设厅的行政权力，包括行政处罚、行政强制措施、行政强制执行、行政确认、行政给付、行政奖励、行政征收、行政监督检查以及其他行政权力进行认真梳理，上报自治区审改办，初步确定厅本级行政权力共285项，按要求于12月23日在厅门户网站上公开向社会征求意见。

房地产业发展

【房地产业发展概况】 （1）房地产开发投资情况。2014年1～12月，全区完成房地产开发投资1370.88亿元，较上年同期减少投资108.12亿元，同比增长－7.31％，增幅下降21.83个百分点。其中：商品住房开发投资936.76亿元，较上年同期减少投资66.81亿元，同比增长－6.66％，增幅下降25.34个百分点。土地开发投资154.48亿元，较上年同期减少投资22.79亿元，同比增长－12.85％，增幅下降43.85个百分点；商业营业用房开发投资254.44亿元，较上年同期减少投资29.23亿元，同比增长－10.31％，增幅下降19.3个百分点；办公、写字楼开发投资51亿元，较上年同期减少投资11.82亿元，同比增长－18.8％，增幅下降24.48个百分点。在商品住房开发投资中，其中：套型90平方米以下的住房投资282.42亿元，较上年同期减少投资40.46亿元，同比增长－12.53％，增幅下降37.37个百分点；套型140平方米以上的住房投资142.41亿元，较上年同期减少投资26.98亿元，同比增长－15.93％，增幅下降11.16个百分点；别墅、高档公寓投资20.37亿元，较上年同期减少投资8.25亿元，同比增长－28.82％，增幅下降51个百分点。

（2）开发面积情况。1～12月，全区商品房屋施工面积15735.44万平方米，其中商品住房施工面积10775.88万平方米，较上年同期分别减少建筑面积887.84万平方米和603.17万平方米，同比增长－5.34％和－5.3％，增幅下降12.02个百分点和13.18个百分点。全区商品房屋竣工面积2012.8万平方米，其中商品住宅竣工1496.67万平方米，较上年同期分别减少建筑面积625.44万平方米和504.54万平方米，同比增长－23.73％和－25.21％，增幅下降31.83个百分点和34.89个百分点。在新开工面积中，套型90平方米以下住房743.12万平方米，套型140平方米以上住房319.62万平方米，较上年同期分别减少建筑面积404.42万平方米和52.7万平方米，同比增长－35.24％和－14.15％。

（3）销售情况。1～12月，全区商品房屋销售面积2457.18万平方米，其中商品住宅销售1995.68万平方米，较上年同期分别减少建筑面积280.52万平方米和267.97万平方米，同比增长－10.25％和－11.84％，增幅分别下降18.74和19.42个百分点。商品房屋销售额1064.82亿元，其中商品住宅销售765.04亿元，较上年同期分别减少76.86亿元和97.46亿元，同比增长－9.56％和－12.51％，增幅分别下降24.67和26.17个百分点。在商品住宅销售中，套型90平方米以下的住房销售634.64万平方米，套型140平方米以上的住房销售345.15万平方米，较上年同期分别减少建筑面积127.72万平方米和17.02万平方米，同比增长－16.75％和－4.7％。1～12月，全区商品住宅平均售价3833元/平方米，同2013年1～12月的3863元/平方米相比，同比增长－0.78％，增幅下降6.44个百分点。

（4）商品房屋空置情况。1～12月，商品房屋、商品住宅空置面积为1063.81万平方米和701.79万平方米，同比增长－1.36％和－2.71％，增幅分别下降50.59个百分点和49.58个百分点；其中空置1～3年的为489.22万平方米和318.85万平方米，同比增长－3.57％和－4.3％，增幅下降59.9个百分点和57.21个百分点；空置3年以上的面积为6.31万平方米和5.69万平方米，同比增长－11.49％和171.61％，增幅分别下降30.96个百分点和上升225.42个百分点。

（5）房地产开发项目复工和新开工情况。1～12月，商品房屋和商品住宅的复工面积分别为12621.44万平方米、8624.73万平方米，复工率分别为80.21％和80.04％。1～12月，全区商品房屋、商品住宅新开工面积分别为3114万平方米和2151.45万平方米，同比增加－38.25％和－40.79％，新开工面积分别占同期施工面积的19.79％和19.96％。

【住宅全装修】 在呼和浩特市召开全区住宅全装修工作暨新技术应用现场会，对住宅全装修工作进行系统总结，分析了存在的主要问题，重点对下一步工作进行了安排部署。会议邀请了住房城乡建设部住宅产业化中心的专家和部分企业负责人，围绕房地产企业全装修转型、地产景观设计趋势研判、太阳能建筑一体化系统技术、非自然水利用规划、集合住宅工业化内装（卫浴）核心解决方案、住宅装修经验等课题，阐述了各自的新理念、新技术和成功经验。

【"物业管理年"活动】 建立物业服务收费动态调整机制。与自治区发改委联合印发《关于规范物业服务收费加强收费管理工作的通知》，明确廉租住房、公共租赁住房实行政府指导价，住宅与非住宅实行市场调节价，解决物业服务收费难、收费标准低的问题，进一步推动物业服务良性健康发展。

开展一对一帮带活动。为全面提升全区物业服务企业的服务理念和水平，分四批组织全区50家物业服务企业与重庆、广州、深圳、天津的 50 家企业进行一对一对接，学习借鉴区外企业的先进理念、做法和服务意识，引进成熟的管理经验，带动全区物业服务企业整体水平的提高。建立主管部门与企业对口联系制度。为有效落实一对一企业对接任务，充分发挥帮带企业在本地区的引领带动作用，帮助企业解决发展中存在的突出问题，建立了对口联系制度。组织开展了"物业管理年"宣传月活动。确定 7 月为物业管理年宣传月，制定实施方案，明确了具体的宣传内容和形式，要求各地主管部门、物业服务企业深入宣传物业管理的相关法律法规，提高广大业主对物业服务的关心度、支持度，营造人人参与、人人重视的物业服务氛围。规范物业服务企业资质管理工作，引导企业做大做强。按照《内蒙古自治区物业服务企业资质管理办法》的规定，年初将物业服务企业三级资质的审批权限下放到盟市主管部门，并将年检改为三年一次的复核报告制度。

修改完善《物业服务等级标准规范》，在征求盟市主管部门和部分物业企业意见的基础上，再发到自治区质监局网站上征求社会意见，在完成专家评审的基础上，准备以自治区住建厅和质监局的名义印发实施。在通辽市组织召开全区物业管理工作现场会暨物业服务企业一对一帮带工作经验交流会，会议全面总结近年来全区物业管理工作开展情况，交流物业服务企业一对一帮带活动的经验及做法，现场会上邀请到重庆市、广州市、深圳市、天津市 4 家优秀物业服务企业介绍了各自企业物业管理工作经验。自治区高级人民法院民事审判庭的负责同志到会给予工作指导。新华社为此进行专题报道，社会反响很好。

为引导物业服务企业全面提升服务和管理水平，规范物业服务内容和标准，树立企业员工爱岗敬业理念，10 月 13 日，举办以"增强服务意识、提振服务精神、强化服务技能、提高服务质量"为主题的内蒙古自治区首届物业管理服务技能大赛。全区 12 个盟市 28 个支物业企业代表队参加比赛。组织开展了自治区物业管理项目创优达标活动，组成三个验收组对盟市申报的 2014 年物业创优达标项目进行验收，同时对 1997～1999 年全区创优达标企业进行复验。

【房地产市场秩序】 根据中央第四巡视组反馈意见提出的房地产开发方面存在的问题，代自治区人民政府起草下发了《加强房地产市场监管规范房地产开发与经营活动的通知》，就严禁领导干部利用

职权违规干预和插手房地产开发与经营活动，以及加强房地产市场监管提出具体要求，进一步规范房地产开发与经营活动。自治区人民政府办公厅《关于开展加强房地产市场监管规范房地产开发与经营活动专项检查的通知》的要求，各盟市房地产主管部门与国土、监察、规划等部门组成专项检查组对所有在建房地产开发项目进行了全面检查。11 月中旬，区住房城乡建设厅派 3 人参加自治区党委联合督查组，对各盟市落实整改中央巡视组反馈意见提出的问题情况开展专项督查，对存在的问题提出限时整改意见。

【房屋征收】 经自治区人民政府同意，印发《内蒙古自治区国有土地上房屋征收项目社会稳定风险评估办法》，将社会稳定风险评估作为国有土地上房屋征收项目决策的前置程序，从源头上预防和减少征收矛盾纠纷，切实维护社会秩序和稳定。积极推进《内蒙古自治区国有土地上房屋征收与补偿条例》立法进程。会同自治区法制办对《内蒙古自治区国有土地上房屋征收与补偿条例（草案）》进行认真修改，并征求相关部门的意见和建议。经自治区政府常务会议讨论通过后，已经过自治区第十二届人民代表大会常务委员会第十三次会议第二次全体会议分组审议。

建立健全国有土地上房屋征收与补偿信访台账，认真按照新的《信访条例》接待群众来信来访。落实政务信息公开制度，提高工作透明度。要求各盟市主管部门继续严格按照《关于做好 2012 年住房保障信息公开工作的通知》《关于推进国有土地上房屋征收与补偿信息公开工作的实施意见》和国务院印发的《当前政府信息公开重点工作安排》等文件精神，完善制度建设，健全机制体制，明确运行程序。加快房屋征收信息系统建设。积极与住房城乡建设部相关部门和系统研发单位对接，并在赤峰市对标准版系统进行了试用，提出要符合自治区实际需求。

【住宅产业化】 （1）加大新技术和新材料的推广应用力度，推广应用 CL 建筑体系、FS 保温体系等具有前瞻性和实用性的技术体系。注重提高外墙保温工程质量，积极推广和引进 EPS 外墙保温体系，除乌兰察布市、乌海市、阿拉善盟外，其他 9 盟市已经引进 EPS 外墙保温模块生产线并建厂 11 家，并在考察测算的基础上合理限定产品价格。

（2）申报国家住宅产业化基地工作取得重要进展。乌海市被住房城乡建设部批准为国家住宅产业化综合试点城市，成为中西部第一个地级市、全国

第二个地级市国家住宅产业化综合试点城市。12月17日，蒙西建设投资集团申报国家住宅产业化试点基地已经通过住房城乡建设部专家评审组现场考核评审，正在履行审批手续。为提升自治区绿色生态城区规划、建设、管理水平，学习先进理念、技术，12月16日住房城乡建设部科技发展促进中心在乌海市召开"绿色生态城区规划建设技术交流会"。

（3）组织开展住宅性能认定工作，加快开发住宅性能认定信息系统。2014年共审查项目210个、面积1900万平方米。对9个康居示范工程项目进行了中期检查、4个项目通过了住房和城乡建设部的达标验收。

住房保障

【保障性住房建设情况】 2014年，国家下达自治区保障性安居工程开工建设任务为23.9万套，基本建成任务为20万套，已开工24万套，开工率100.6%；基本建成22.9万套，建成率114.7%，完成投资484.4亿元。

（1）以自治区政府名义三次召开专题会议，推进全区保障性安居工程建设工作。2月18日，召开全区保障性安居工程建设工作会议，部署2014年保障性安居工程建设工作，分解下达改造任务，并与各盟市签订2014年责任目标书。5月13日，自治区政府在包头市召开全区棚户区改造工作现场会，组织全区各盟市、部分旗县（区）和自治区有关部门负责同志现场学习考察包头市在北梁棚户区改造工作中探索出的成功的经验和做法，进一步推进全区棚户区改造工作。8月25日，自治区政府召开全区保障性安居工程中期推进电视电话会议，通报了各地进展情况，督促各地区特别是进度较慢的地区和自治区各有关部门进一步统一思想，采取切实有效的措施，努力克服各种困难，加快推进建设进度，保质保量地完成2014年的保障性安居工程建设任务目标。

（2）完成《内蒙古自治区棚户区改造规划（2013～2017年）》的编制工作。根据国务院《关于加快棚户区改造工作的意见》（国发〔2013〕25号）的精神和住房城乡建设部的工作要求，从2013年后半年开始着手编制《内蒙古自治区棚户区改造规划（2013～2017年）》。4月，完成规划的编制并上报住房城乡建设部。《国务院办公厅关于进一步加强棚户区改造工作的通知》（国办发〔2014〕36号）文件出台后，随后自治区政府搭建了自治区本级融资平台，全区各地棚改明显加速。

（3）以加强项目管理为抓手，督促各地尽快落实保障性安居工程建设任务。4月中旬，对全区12个盟市及满洲里、二连浩特市新开工的公共租赁住房（包括廉租住房）、城市棚户区共625个项目进行审核，在此基础上建立全区2014年保障性安居工程项目库。通过项目审核备案，有效地督促了各地尽快将保障性住房建设任务落实到具体项目和地块、完善项目建设手续、早日开工建设，同时也为保障房项目享受相关优惠政策、项目融资和自治区下达中央配套基础设施投资补助资金提供了重要依据。

（4）加强对保障性建设情况的督查工作，重点组织开展全区保障性住房建设巡查工作。为切实掌握2014年内蒙古自治区保障性住房建设进度，确保完成年度目标任务，由厅里从各盟市抽调骨干力量组成11个巡查组，从8月11日至9月3日分两个阶段分别对全区所有由厅里牵头负责实施的2014年保障性住房计划项目进行拉网式巡查，通过巡查掌握全区保障性住房建设任务的推进情况及存在的主要问题。同时，积极配合住房城乡建设部派驻内蒙古自治区的巡查组，顺利完成对自治区保障性安居工程建设工作的巡查任务。

【国家开发银行贷款支持棚户区改造】 5月19日，自治区政府第25次常务会议议定成立内蒙古财信投资（集团）有限责任公司，作为自治区级投融资主体，向国家开发银行贷款，解决棚户区改造项目融资问题。6月20日，内蒙古财信投资（集团）有限责任公司正式成立之后，按照国开行关于通过自治区平台"统贷统还"模式的有关要求，获得国家开发银行500亿额度预授信后，厅里会同自治区财政厅、内蒙古开发银行确定了手续齐全的首批215个棚户区改造项目向国家开发银行申请237亿元贷款，于9月下旬获国开行总行正式承诺，第一批贷款通过自治区平台陆续发放。

【保障性住房分配管理】 代自治区政府草拟了《关于进一步加强保障性住房分配管理的通知》，就进一步加快提高保障房入住率，增加保障房有效供应；严格准入管理、实行部门联动；完善住房保障档案和合同管理；加快住房保障信息系统建设、建立住房保障信息共享平台；建立年度动态审核机制；进一步规范未成年人申请保障房相关政策；加强住房保障机构建设等方面提出的具体要求。7月，自治区人民政府下发此文。

【区直单位房补和房屋维修资金的审核工作】 2014年区直单位离退休人员住房补贴发放工作基本完成，区直150家行政、事业单位上报44815人、

8.33 亿元房补资金，其中 2014 年完成 3585 人、0.74 亿元房补资金的审核工作。11 月，自治区住房委与财政厅联合发文启动在职老职工（2000 年 1 月 1 日前工作）住房补贴发放工作，计划从 2015 年 1 季度开始接收住房补贴材料，利用 2～3 年时间完成在职人员住房补贴发放工作。

区直单位住房维修基金使用申请的审核工作，截至 2014 年底，已审核批准 22 家区直单位使用房屋维修资金共计 377.3 万元。

【住房公积金监管】 2014 年，全区住房公积金缴存人数达 233.57 万人，比上年末增加 6 万人；缴存总额 1380 亿元，与上年末相比增长 21.5%；个人提取总额 478.8 亿元，与上年末相比增长 911.9 亿元，增长 18%；贷款余额 490.9 亿元，与上年末相比增长 11.3%。

8 月 9 日，为加强对住房公积金的监管、堵塞管理漏洞，提高管理水平、保障住房公积金的安全，自治区住房和城乡建设厅下发《关于进一步规范和强化住房公积金管理的通知》。10 月 21 日，为满足缴存职工异地购房和住房消费的需求，自治区住房和城乡建设厅下发《关于在全区实施住房公积金个人异地购房贷款的通知》，为缴存职工异地购房提供了政策依据。11 月 20 日，内蒙古自治区人民政府办公厅颁发《内蒙古自治区住房公积金归集管理办法》《内蒙古自治区住房公积金提取管理办法》《内蒙古自治区住房公积金贷款管理办法》3 个管理办法，对规范全区住房公积金管理，保障缴存职工住房消费和正当权益起到积极作用。

城乡规划

【城乡规划编制和审查】 按照住房城乡建设部《关于内蒙古自治区城镇体系规划修改工作的函》有关精神，1 月，项目组编制完成纲要草案，并向自治区领导及编制领导小组进行了汇报，汇报后项目组根据自治区领导和成员单位意见做了修改。另外，在纲要的编制过程中，还结合中央城镇化工作会议精神、《国家新型城镇化规划（2014～2020 年）》以及自治区党委提出的"8337"发展战略，充实完善相关内容。4 月 24 日，自治区党委召开的全区城镇化工作会议将《内蒙古自治区城镇体系规划（纲要）》作为会议讨论的重要议题。自治区主席巴特尔在讲话中要求抓紧修编工作，要用新型城镇化理念规划城镇。此后，自治区住房和城乡建设厅与项目组多次研究修改完善规划内容，6 月底形成规划成果。7 月 17～18 日，住房城乡建设部在呼和浩特市组织召开《内蒙古自治区城镇体系规划（纲要）》技术审查会。

【城市新区规划编制】 内蒙古自治区人民政府办公厅下发《关于进一步做好城市新区规划编制工作有关事宜的通知》，各地开展城市新区控制性详细规划的编制和城市设计。引进国内外的规划编制、设计队伍，使得规划成果和设计方案有所创新，也带来一些新的理念。2014 年，随着国家新出台的政策和要求，各地新区建设速度放缓，重点围绕棚户区改造开展工作，从另一面提升城市建设水平。盟市及旗县城市规划展览馆建设有序进行。10 月，呼伦贝尔市规划展览馆开馆，通辽市、乌兰察布市、乌海市规划展览馆在建。

【专项规划编制】 积极开展城镇地下综合管廊规划编制工作。按照国发〔2013〕36 号文件要求，积极引导各地试点开展地下综合管廊建设。包头市、兴安盟、赤峰市、通辽市、鄂尔多斯市、巴彦淖尔市、二连浩特市等地都已经开展了地下综合管廊规划。包头市、兴安盟等地开展了地下综合管廊建设。其中，包头市规划建设地下综合管廊 10.398 公里，计划投资 3.96 亿元，已经建成新都市中心区地下综合管廊 5.8 公里，完成投资 2.4 亿元。兴安盟突泉县已经建成地下综合管廊 3.1 公里，2015～2017 年计划新建 14 公里。

开展排水管网普查和城市排水与暴雨内涝防治设施建设规划编制工作。在全区开展设市城市排水管网普查，编制并修订《全区城市排水与暴雨内涝防治设施建设规划》。制定并下发《内蒙古自治区住房和城乡建设厅"十三五"规划编制方案》，启动"十三五"期间的各项专项规划的编制工作。

城市建设与市政公用事业

【新型城镇化建设】 参与自治区新型城镇化意见的起草工作，配合自治区政府办公厅、研究室开展新型城镇化政策研究，随同自治区政府代表团赴合肥、长沙开展新型城镇化课题调研，积极配合自治区政府办公厅做好全区新型城镇化工作会议的筹备工作，为《内蒙古自治区党委人民政府关于推进新型城镇化的意见》的出台做出努力。将《内蒙古自治区党委自治区人民政府关于推进新型城镇化的意见》分解细化到各处室，切实抓好城镇化任务落实。联合内蒙古大学开展《内蒙古自治区住房城乡建设系统贯彻落实全面振兴东北地区等老工业基地的若干意见研究》，为推动东部五盟市城镇化发展提供参考资料。

【开展"城市建设管理年"活动】 代自治区人民政府起草《关于开展2014年度及三年"城市建设管理年"工作考核检查的通知》，下发《2014年内蒙古自治区城市建设管理年活动考核细则》。结合前两年开展城市建设管理年工作和考核结果的实际情况，重新梳理了各项考核指标，不仅增加了考核项目，也加大了重点考核工作的分值，明确各项责任。12月初，派出四个考核组对全区12个盟市、2个计划单列市的工作进行全面检查。通过开展"城市建设管理年"活动，全区各地的城市面貌发生较大的变化。城市市政基础设施水平明显提高，城市人居环境明显改观，城市的管理与服务水平明显提升。

按照自治区人民政府办公厅《关于印发自治区城市出入口道路交通及环境综合整治实施方案的通知》要求，各盟市积极开展城市出入口道路的改造和整治工作。6月，结合全区城市建设管理年上半年督察调研，对全区各地的城市出入口改造工作进行督查。各地区积极组织，出入口改造整治力度空前。据不完全统计，全区城镇共有城市出入口442个，2014年整治完成并验收249个，预计2015年底陆续改造完成。

【市政公用事业】 2014年以来，面对经济下行压力，自治区住房和城乡建设厅认真落实《国务院关于加强城市基础设施建设的意见》(国发〔2013〕36号)、《国务院办公厅关于加强城市地下管线建设管理的指导意见》(国办发〔2014〕27号)和《内蒙古自治区人民政府关于加强城市基础设施建设的实施意见》精神，积极争取中央和自治区的专项资金，保持市政基础设施建设投入力度。2014年，开展了中央财政专项资金集中支持和整体推进城镇污水处理设施配套管网建设、自治区新型城镇化基础设施建设和城镇基础设施建设财政综合奖补、自治区城镇基础设施建设专项资金、贫困旗县城镇基础设施补助、城中村改造补助、污水处理厂运行补助等项目的申报和评审工作。经过努力，全区城镇市政基础设施固定资产投资基本保持平稳，自治区全年完成城镇市政基础设施固定资产投资711.99亿元。

【城镇供热】 为推进供热计量改革，加快既有居住建筑供热计量及节能改造，全面推进供热计量收费，对呼和浩特市的煤改气工作进行调研，对察右中旗的风电供热项目进行调研。开展城市供热规划评审工作。会同自治区有关部门落实内蒙古自治区北方采暖地区城市集中供热老旧管网改造规划，并组织有关盟市建立管网改造项目库。完成锡林浩特市和巴彦淖尔市及兴和县综合物流园区的城市供热规划的评审工作。8月26日，在二连浩特市召开2014年全区城镇供热座谈会和协会年会，会上总结了2013～2014年采暖期的供热工作，部署2014～2015年采暖期的城镇供热工作，会上提交了《内蒙古自治区民用建筑供热计量管理办法(讨论稿)》《内蒙古自治区城镇供热管网维修、养护、更新保障资金筹集、使用和管理办法(讨论稿)》《内蒙古自治区供热采暖收费管理办法(讨论稿)》《内蒙古自治区供热单位考核评价办法(讨论稿)》《内蒙古自治区供热许可证实施办法(讨论稿)》并广泛征求意见，完善后下发。

【城市燃气安全管理】 积极研究制定完善《城镇燃气管理条例》配套政策文件，研究燃气经营许可方面的管理办法。印发《城镇燃气经营许可证》，已经下发各盟市。会同自治区安监部门开展燃气安全专项治理工作，规范燃气市场，保障供气安全。按照自治区政府的安排，2月17日开始，在全区开展输油、输气管线、城市燃气管网等火灾性事故隐患排查整治专项行动，3次下发相关文件，并负责对呼和浩特和包头两市的输油、输气管线、城市燃气管网等火灾性事故隐患排查整治专项行动进行具体督查。4月4日迎接国务院相关检查，根据国务院督查组的反馈意见，对相关盟市进行相应的复查。按照自治区安全生产委员会办公室《关于开展城市燃气管网、在建工业项目建设工程安全专项检查的通知》要求，自治区住房和城乡建设厅组成专项安全检查组于8月11～26日对呼和浩特市、包头市、鄂尔多斯市、乌海市、锡林郭勒盟等9个盟市城市燃气管网安全生产情况进行专项检查。

【城镇供水】 为认真贯彻落实住房城乡建设部《城镇供水规范化管理考核办法(试行)》，促进城市公共供水企业规范化管理，保障城市供水和居民生活饮用水安全，4月初下发《关于开展城镇供水规范化管理考核自评工作的通知》(内建城〔2014〕153号)，形成自评报告，并将在2015年分类对盟市督导。5月下发了《关于开展2014年部分旗县供水水质督查的通知》，对52个旗县公共供水企业的70个出厂水和102个管网水现场取样带回检测，并对供水企业的水质检验机构、人员、设备、检测能力和水质检验做法，水质管理制度以及保障措施等进行督察。

【污水处理】 2014年，按照自治区政府总体部署，积极落实自治区《关于进一步推进城镇污水处理设施建设的意见》和《内蒙古自治区城镇污水处理厂运行管理办法》等文件要求，将建设运营情况作为盟市、旗县人民政府目标责任考核的重要内容，加强对全区城镇污水处理厂建设和运营的管理和监督，积极引导各地建立部门协调联动机制，形成了齐抓共管、密切配合的工作局面，加大资金补助力度，进一步加强对全区城镇污水处理设施建设和运行的监管，较好地完成了自治区污染物减排的总体目标。

2014年，全区城镇已建成并投入运营生活污水处理厂109个，形成污水设计处理能力270.05万立方米/日，在建的生活污水处理厂2个。预计污水处理总量7.1亿立方米，污水处理率88.05%，污水处理负荷率72%，建成城镇污水配套管网10427公里，完成城镇污水处理设施建设投资27.77亿元。自治区安排本级财政预算6000万元，用于城镇污水处理厂运行费用补助。

【城镇生活垃圾无害化处理】 2014年，自治区住房和城乡建设厅不断加大对全区城镇垃圾处理设施建设和改造的支持力度，建立健全了部门联动机制，进一步完善了国家、省、市三级监测体系，强化对全区城镇垃圾处理设施建设和运行的监管。组织3次生活垃圾无害化处理现场培训班，为盟市和旗县加强城镇垃圾处理设施建设和管理提供技术指导和业务培训。

截至12月底，全区城镇建成生活垃圾无害化处理场81座，总处理能力达到18145吨/日。其中正式投入运营的生活垃圾无害化处理场81座，总处理能力18145吨/日。全区城镇在建生活垃圾无害化处理场21座，建设总规模3483吨/日。2014年全区生活垃圾无害化垃圾处理总量550万吨，全区生活垃圾无害化处理率91.39%。2014年全区完成生活垃圾无害化处理设施建设投资17.93亿元。

【园林绿化】 进一步加大对创建国家园林城市和自治区园林城市的工作指导。住房城乡建设部正式命名通辽市、鄂尔多斯市为国家园林城市；完成对包头市国家园林城市的复查验收工作；对拟申报国家园林城市（县城）的呼和浩特市等4城市、伊金霍洛旗等3旗县进行初审考核，并向住房城乡建设部正式申报；组织专家对拟申报自治区园林城市（县城）的巴彦淖尔市、通辽奈曼旗等1市7旗进行考核验收，经研究，正式命名巴彦淖尔市为自治区园林城市，奈曼旗、扎鲁特旗等6旗县为自治区园林县城。

狠抓"绿地系统规划"的编制工作，收到巴彦淖尔市等12个地区的城市绿地系统规划，完成巴彦淖尔市等4个地区的评审。为积极学习区外风景名胜区先进的管理经验，选派自治区唯一的国家级风景名胜区扎兰屯风景名胜区管委会主任代表自治区参加全国风景名胜区的执法检查工作。

村镇规划建设

【农村牧区危房改造】 2014年，国家下达自治区的农村危房改造考核任务为8.5万户。自治区下达各盟市危房改造任务17万户（其中边境一线地区25222户），国家下达补助资金7.4亿元，自治区下达补助资金18.1亿元（垫付8万户国家任务，补助资金合计6亿元）。全年开工17万户（其中边境一线25222户），竣工17万户（边境一线25222户），完成总投资额约89亿元。5月，以自治区政府名义在巴彦淖尔市五原县召开全区农村牧区危房改造暨村庄整治现场会议，对全区的危房改造工作进行动员和部署。

【村镇规划】 全区259个自治区级重点镇共有237个镇完成了规划编制；5299个重点行政村完成了1600村庄规划编制工作；24个传统村落中有4个村落完成了规划编制工作；完成第一批14个自治区级美丽宜居镇村规划；完成自治区第一批13个村庄规划试点的规划，通辽市科尔沁区大林镇列入全国镇规划试点；编制完成19个国家和自治区级特色景观旅游名镇名村的旅游发展规划。

【村镇建设】 2014年，自治区有143个镇列入全国重点镇名单；完成2014年度自治区小城镇建设以奖代补工作，自治区安排的3000万小城镇建设奖励资金发挥了积极的引导作用，对2014年各地申报1、2、3档奖励的37个建设项目进行以奖代补，带动了项目投资近10亿元；公布第二批自治区级美丽宜居小镇、美丽宜居村庄名单，确定呼伦贝尔市扎兰屯市浩饶山镇等2个镇，呼和浩特市托克托县双河镇河口村等7个村为第二批自治区级美丽宜居镇村；乌兰察布市丰镇市隆盛庄镇和通辽市库伦旗库伦镇成功申报并列入第六批中国历史文化名镇名录；呼伦贝尔市扎兰屯市柴河镇等31个镇（村）初步列入第三批全国特色景观旅游名镇名村名单，开展第一批自治区级特色景观旅游名镇名村评选工作，包头市达茂旗希拉穆仁镇等15个镇、呼伦贝尔市额尔古纳市奇乾乡奇乾村等4个村列入第一批自治区级特色景观旅游名镇名村；全区有16个村列入第三批中国传统村落名单；全区102个旗县区，有83个旗县

（区）完成传统民居徇查；完成全区 5468 个建制嘎查村的农村人居环境调查。

工程质量与安全监督

【工程质量治理两年行动】 组织全区住房城乡建设系统及相关企业参加全国工程质量专项治理两年行动电视电话会议和自治区电视电话会议，自治区住房城乡建设厅厅长范勇从十个方面部署了具体工作。会后，成立工程质量治理两年行动领导小组，制定下发《内蒙古自治区工程质量治理两年行动实施方案》。

（1）开展执法检查。按照年初部署和住房城乡建设部开展工程质量治理两年行动总体安排，组织开展全区建筑市场和工程质量监督执法检查。全区共自查各类房屋建筑工程 2482 项，建筑面积 10646.92 万平方米（其中保障性安居工程 345 项，建筑面积 956.62 万平方米）；下发整改通知书 1373 份，停工整改通知书 183 份。在盟市自查的基础上，自治区住房和城乡建设厅对 8 个盟市的 54 个房屋建筑工程项目进行了抽查。检查范围是在建主体结构房屋建筑工程和保障性安居工程，除检查工程实体质量外，还检查了各方主体市场和质量行为、工程质量监督机构工作行为、清单计价行为、视频监控推行情况以及贯彻落实全国和全区工程质量治理两年行动电视电话会议情况。建筑市场方面共检查 1520 项，工程质量方面共检查 643 项，并对 48 个混凝土构件强度和 32 个混凝土构件的钢筋位置、保护层厚度进行了检测。对 3 项工程责令停工整改，对 7 项工程下发执法建议书。住房城乡建设部对自治区开展工程质量治理两年行动进行督查并对包头市建筑市场和工程质量工作进行检查后，厅里以此为契机，组织开展建筑施工转包违法分包行为自查自纠工作。

（2）严格落实建筑工程五方责任主体项目负责人质量终身责任追究等制度。按照要求，全区新建筑工程在办理工程质量监督手续前，五方责任主体的法定代表人签署授权书，明确本单位项目负责人，同时，其项目负责人签署工程质量终身责任承诺书；已开工在建的，各级住房城乡建设部门及其质量监督机构督促其补签授权书和承诺书，补签工作于 2015 年 4 月 15 日前完成；施工过程中需变更项目负责人，按规定程序履行变更手续后重新签署授权书和承诺书，与原签署的授权书和承诺书一并存档，确保质量责任清晰、准确。各级住房城乡建设部门及其质量监督机构在办理质量监督手续、竣工验收监督和竣工验收备案时加强监督检查，按照住房城乡建设部要求对未办理授权书、承诺书备案的，不予办理竣工验收备案。

（3）安排部署全区住宅工程质量常见问题专项治理。按照《住房城乡建设部关于深入开展全国工程质量专项治理工作的通知》精神，组织召开"全区工程建设管理暨工程质量常见问题专项治理工作会议"，对住宅工程质量常见问题治理工作进行专项部署。制定下发《内蒙古自治区住宅工程质量常见问题治理工作实施方案》，明确工作目标，工作内容，实施步骤及工作要求。方案提出要分阶段、分步骤对渗漏、裂缝以及水暖、电气、节能保温等方面影响使用功能的质量常见问题进行专项治理。2014～2016 年重点专项治理住宅工程有防水要求的房间渗漏、窗台渗漏、地下室渗漏、混凝土现浇板裂缝、填充墙裂缝和建筑节能、给排水以及电气等常见质量问题。

【电子招标投标工作】 努力推行房屋建筑和市政工程电子化招标投标，规范招标投标行为，提高招标投标监管水平和效率。切实加强对自治区建设工程招标投标服务中心的监管工作力度，调整充实驻场行政监管人员。下发《关于申报自治区建设工程招标投标服务中心评标专家库评标专家的通知》，对自治区建设工程招标投标服务中心评标专家库进行专业细化分类和评标专家调整、扩充，进一步满足电子评标需求。加强电子化评标专家培训，举办 4 期房屋建筑和市政工程评标专家电子化评标培训班，共培训评标专家 543 名。采取有效措施，改造评标场地，将招标人派出的评标专家与从专家库抽取的评标专家进行物理隔离，防止招标人与评标专家非正常接触，确保评标专家独立评标。组织相关人员到北京市建设工程发包承包交易中心调研学习电子招投标、招投标监管、评标专家管理、暗标及清标等内容。

发挥有形建筑市场作用，继续提高招投标服务能力。2014 年全区进场交易工程 6455 项，总造价 1231 亿元，同比分别上升 2% 和下降 13.37%。自治区招投标服务中心完成招标工程 513 项，总造价 133 亿元，同比分别下降 15% 和 35.75%。

【工程造价管理】 为满足全区建设工程计价需求，着手准备新一届计价依据编制工作。为了沟通情况，借鉴其他省区先进经验，邀请辽宁省、山西省造价总站召开专题会议，共同研究新一届定额编制工作。制定新一届计价依据编制方案，并委托相关盟市开展了编制基础工作。要求各盟市主管部门组织建设、施工、造价咨询等相关单位就计价依据存在的问题及下一步修编方向进行广泛调研。

为进一步规范全区园林绿化养护工程造价计价行为,维护发承包双方合法权益,制定下发《关于发布〈内蒙古自治区园林绿化养护工程预算定额〉的通知》。为有效推进远程视频监控和安全文明施工,制定下发《关于调整 2009 年〈内蒙古自治区建设工程费用定额〉部分费用费率标准的通知》,增加了远程视频监控费、扬尘治理费等两项安全防护文明施工措施费,并按国家要求取消了意外伤害保险。

在全区部署开展《建设工程工程量清单计价规范》《房屋建筑与装饰工程工程量计算规范》等 9 个工程量计算规范及《内蒙古自治区建设工程工程量清单计价规范实施细则》执行情况监督检查工作,努力推行工程量清单计价制度,进一步规范和促进工程量清单计价工作。按照工业信息化部通信发展司和住房城乡建设部标准定额司要求,举办光纤到户国家标准和预算定额培训班,免费为内蒙古自治区培训工程造价咨询人员约 300 人。

【督查拖欠工程款】 下发《关于做好 2014 年春节和全国"两会"期间工程款和农牧民工工资支付工作的紧急通知》《关于做好预防和清理房屋建筑市政工程拖欠工程款及农民工工资工作的通知》和《关于进一步做好预防和清理房屋建筑市政工程拖欠工程款及农民工工资工作的通知》。要求各地毫不松懈地抓好房屋建筑和市政工程的工程款及农牧工工资支付检查、督促工作,重点监督有举报投诉或拖欠数额较大的企业和项目;对建设项目缴纳农民工工资保障金情况进行排查,保证足额缴纳;规范建设程序,预防发生新的拖欠;加大对违法违规行为的查处力度;依法妥善处理投诉上访案件;落实责任,对相关工作早安排、早部署;及时启动预案,有效处置突发事件和群众性事件。

按照自治区农牧民工工资支付工作专项检查领导小组的安排,由厅领导带队对呼和浩特市、乌兰察布市农牧民工工资支付专项检查开展情况进行督查。

对全区建设工程拖欠工程款情况进行调查统计,为维护企业合法权益、做好预防和清理拖欠工作提供基础材料。据调查,全区房屋建筑和市政工程项目工程拖欠工程款 668 亿元,数额比较巨大,个别地区尤为突出。

建筑业发展

【建筑业企业发展】 2014 年,全区建筑业产值完成 1402.9 亿元,较上年同期下降 4.7%;增加值 1217.62 亿元,较上年同期增长 8.9%。受国家宏观政策调整及房地产市场的影响,建筑业产值增速放缓,但总体保持了平稳的发展态势。资质结构调整步伐加快,专业技术人员数量不断增长。2014 年以来,在重点提升企业资质等级的同时,更加注重企业资质结构的调整,努力支持市政、交通、水利等专业工程施工企业发展。全区一、二级以上资质企业数量继续快速增长。全区现有特级资质企业 2 家(含 1 家中央直属企业),一级企业达到 123 家,二级资质企业近 600 家。企业资质结构更趋合理,综合实力和市场竞争力进一步增强。内蒙古兴泰建设集团成功获得建筑工程施工总承包特级资质和建筑行业甲级设计资质,实现了自治区房屋建筑特级资质零的突破。锡林郭勒盟、阿拉善盟一级建筑资质实现零的突破。截至 2014 年底,除乌兰察布市外(正在积极组织申报 1 家公路建设一级企业资质),全区盟市级地区全部拥有了一级施工资质企业。全区新增注册建造师 3773 人,其中一级 152 人,二级 3621 人,一级注册建造师总数达到 3844 人,二级注册建造师总数达到 28200 余人。注册建造师队伍的逐步扩大,为内蒙古自治区建筑业企业的发展奠定了基础。

【新技术新工艺的推广】 2014 年,通过认证核评,组织推荐内蒙古兴泰建筑有限责任公司等 3 家施工的工程参加"2014 年度中国建设工程鲁班奖"角逐。内蒙古兴泰建筑有限责任公司等 7 家企业被评为 2014 年全国建筑业先进企业。内蒙古诚兴劳务有限责任公司等 4 家企业被评为首届全国优秀建筑劳务企业。内蒙古巨华集团大华建筑安装公司承建的巨华国际大酒店等 20 家装修装饰工程获得全国建筑工程装饰奖。在全国建筑装饰行业信用等级评价中,内蒙古永新建筑装饰工程有限公司等 3 家企业获得 2014 年度全国建筑装饰行业 AAA 级信用等级企业。还有内蒙古兴泰建筑公司高星等多人荣获 2014 年全国建筑业优秀企业家、全国优秀建造师、中国建筑业优秀职业经理人称号。

【绿色施工】 在实施《内蒙古自治区绿色施工指导意见》的基础上,2014 年制定出台《内蒙古建筑施工扬尘治理实施方案》,进一步规范了绿色施工管理,对全区各施工现场道路硬化、运输车辆冲洗、施工现场封闭围挡等提出详细的要求。在年初与各盟市住建委(局)签署的年度建筑施工安全生产责任状中,重点加入安全标准化工作全覆盖、建筑扬尘治理等重点考核内容,要求各盟市住建行政主管部

第四篇

门对本辖区内建筑施工扬尘治理工作肩负监督管理责任。

APEC会议在北京召开前夕，进一步加强APEC会议期间空气质量保障工作力度，并制定严密完善的保障措施和方案。为切实保障APEC会议期间空气质量，各盟市与相关企业签订责任状，按照"不漏一个工地，不疏一个环节"的要求，将扬尘治理督导纳入日常监管重点工作。APEC会议期间，呼和浩特市、乌兰察布市、锡林郭勒盟等地施工工地暂时停工，并制订了空气质量不达标情况应急预案。

【建筑安全生产标准化】 2014年以来，陆续制定完善了进一步推进全区建筑施工安全标准化工作的一系列指导性文件，组织实施全区建筑施工现场安全管理资料规程、标准化图集，为规范建筑施工安全标准化工地的实施、检查、评审提供了依据。同时，以建筑施工安全标准化示范工地建设为突破口，切实抓好自治区建筑施工安全标准化示范工地评选和考核落实工作，形成全面覆盖的建筑安全标准化考核体系。各盟市以安全标准化施工为建筑安全管理切入点，采取典型引路、样板先行的办法，调动引导企业积极创建安全标准化工地，企业创建安全标准化工地的主动性有所加强，安全标准化工地覆盖率有所增加。截至2014年底，内蒙古自治区已有8项工程荣获国家AAA级安全文明标准化诚信工地称号。全区安全标准化工地正在评选考核中。

【地方标准的编制】 组织全区相关技术人员对《住宅小区开发建设标准》和《成品住房装修技术标准》进行宣贯培训。4~5月分别在呼和浩特市（中部区）、包头市（西部区）、通辽市（东部区）举办3期培训，组织全区各级住建、规划、房产管理部门，建筑设计，施工图审查机构、房地产开发企业技术和管理人员学习两部标准，参加宣贯培训人员达900多人。为促进住宅建设转型提质，转变发展方式，建设高品质居住建筑提供人才支撑队伍。

组织自治区主要勘察设计、科研单位编制《绿色建筑设计标准》《智慧住宅小区设计标准》《12系列建筑标准设计图集》（共60分册）和《绿色建筑评价标准》等17个地方工程建设标准和标准设计，按专业分类总数达90册（本）。《12系列建筑标准设计图集》是6省市（天津、河北、山东、河南、山西、内蒙古）联合编制，内蒙古自治区承担了该图集60册中10册的编制任务，编制成本达70余万元，本标准设计图集下半年已开始在全区发行实施。《12系列建筑标准设计图集》收集了已推广实施的各项科研

新技术成果，"四节一环保"等诸多绿色建筑新技术得到应用，光热一体化、建筑节能一体化和太阳能利用一体化付诸了实施。

建筑节能与科技

【新建建筑执行节能设计标准】 2014年，按照住房城乡建设部工作部署，继续加强和完善建筑节能监督管理，健全建筑节能监督检查机制，严格执行居住建筑和公共建筑节能设计标准。制定印发了建筑能效测评标识管理办法，并召开全区会议进行布置，新建建筑能效测评工作已经启动，全年完成近200万平方米的居住建筑能效测评工作。根据各地开展的建筑节能专项检查抽查情况，内蒙古自治区城镇新建建筑设计阶段节能强制标准执行率基本达到100%，施工阶段节能强制性标准执行率达到98%以上。

【既有居住建筑供热计量及节能改造】 2014年计划改造任务是1500万平方米，实际下达改造计划任务1582.17万平方米，第一批下达中央资金5.78亿元，自治区配套资金5.5亿元，合计11.28亿元。为保证工程质量和任务的按时完成，继续要求将节能改造与老旧小区综合整治相结合，既有居住建筑节能改造工程全部纳入当地工程建设监管程序，进入有形建筑市场参加招投标，参加投标施工企业为具有三级以上施工资质，工程质量安全监督管理纳入当地建设主管部门，并要求施工单位与项目单位签订施工质量保证书和EPS模块生产企业与外墙保温施工单位签订产品质量保证书。通过规范工程管理和具体的措施来进一步提高既有居住建筑节能改造工程质量。4月，颁发《内蒙古自治区既有居住建筑节能改造技术导则（试行）》，并为贯彻执行《导则》举办了"内蒙古自治区既有居住建筑节能改造技术培训班"，组织培训施工技术人员和盟市建设主管部门负责建筑节能工作的管理人员300多人，要求施工企业按照此导则来实施，并派驻技术人员分盟市现场督查2013~2014年全区实施的既有居住建筑节能改造工程进入建筑市场招投标手续和工程质量安全监督情况。

为更好地检测既有居住建筑节能改造的效果，组织完成2011~2012年既有居住建筑节能改造楼宇的现场测评，并出具改造项目的能效测评报告。继续开展对2013年改造楼宇进行现场测评，9月开始对2014年改造楼宇进行现场督察。

【可再生能源建筑示范应用和节约型校园组织实施建设】 全区共有国家可再生能源建筑示范市4

个，国家可再生能源建筑应用示范县 14 个，国家可再生能源建筑应用集中连片示范镇 1 个，国家可再生能源建筑应用科技及产业化项目 1 个。赤峰市示范建设项目任务基本完成，其余市县积极组织实施建设。全区共有 8 所高等院校列入国家节约型校园节能监管体系建设示范院校，3 所通过国家住房城乡建设部验收，根据国家文件要求，有 2 所已通过自治区验收，其余 3 所要求 2014 年年底之前上报验收申报材料。内蒙古工业大学、内蒙古财经大学、内蒙古师范大学、内蒙古科技大学和包头市师范学院的平台与自治区建筑能耗在线监测平台对接工作基本完成。

【绿色建筑】 按照自治区政府下发的《自治区人民政府关于积极发展绿色建筑的意见》，提请自治区人民政府办公厅出台《关于绿色建筑减免城市市政基础设施建设配套费有关事宜的通知》，进一步落实对获得绿色建筑标识的项目从各个方面政策和资金等方面的优惠支持。根据国务院相关文件精神，自治区人民政府印发《内蒙古自治区绿色建筑行动实施方案》，以加快推动内蒙古自治区绿色建筑的规模化发展。组织编制《内蒙古自治区绿色建筑评价标准》，按照《住房和城乡建设部关于保障性住房实施绿色建筑行动的通知》《内蒙古自治区人民政府关于进一步加强和完善城镇保障性住房建设和管理的意见》的要求，出台《内蒙古自治区绿色保障房技术细则》。组织全区各盟市住建局（委）、住房保障和房屋管理局、房地产企业、区内高等院校、科研单位和绿色建筑专家等 300 多人参加了第十届绿色建筑与节能大会暨新技术新产品博览会。通过听取专家讲座和新产品现场观摩，使参会人员及时了解绿色建筑前沿理念以及新技术、新产品在绿色建筑中的应用，收到良好的效果，有力地推进了绿色建筑在内蒙古自治区的深入开展。

2014 年有 3 个项目取得绿色建筑一星评价，1 个项目通过二星级绿色建筑设计评价，2 个项目通过二星级绿色建筑运行阶段评价，1 个项目通过三星级绿色建筑设计评价，以上项目均报住房城乡建设部备案通过。

【国家智慧城市试点申报】 全区共有 5 个国家智慧城市试点，分别是乌海市、鄂尔多斯市、呼伦贝尔市、包头市石拐区、呼和浩特市，进行项目整合和初期建设，其中鄂尔多斯市智慧城市顶层设计方案已编制完成，并通过专家评审。为推进工作的开展，3 月，带领相关试点城市管理人员赴四川绵阳市和湖南长沙市考察学习智慧城市建设，10 月 15 日组织试点城市管理人员参加上海举办的 2014 年全球智慧城市高峰论坛，受到不少启发。

【住房和城乡建设部科学技术计划项目】 组织申报 2014 年住房和城乡建设部科学技术计划项目，其中呼和浩特规划一张图综合应用系统、基于 BIM 的鄂尔多斯市"智慧建设"信息管理平台、突泉县突泉镇综合管廊工程、突泉县突泉镇东方银座商住楼建设项目、政科类公建节能管理动力有效性研究、基于太阳能蓄热的沼气制备技术研究、内蒙古自治区建筑减碳技术应用示范及推广机制研究等 7 个项目获得住房城乡建设部批准立项，已上报 2015 年住房和城乡建设部科学技术计划项目 5 个。

城乡建设稽查执法

【案件稽查】 2014 年，先后参与自治区城市公共安全专项检查 5 项。认真做好住房城乡建设部稽查办公室批转、自治区有关部门移送、厅领导批办案件和厅机关受理的投诉举报案件的处理工作，落实专案责任制，确保每一件投诉和实名举报案件都讲程序、有处理、有回音。2014 年，共办理违法违规行为有效投诉举报案件 31 件（包括上年结转案件 4 件），其中住房城乡建设部稽查办转办案件 17 件，厅里直接受理的投诉举报案件 9 件。截至年底，办结 11 件。另外，2014 年，住房城乡建设部稽查办还转来卫星遥感图斑案件 139 件，已办结 47 件。对复杂疑难案件，工作人员赴呼和浩特市、包头市、呼伦贝尔市对部分部转督办案件进行督办。

【城乡规划督察】 首批自治区城乡规划督察员于 10 月前往派驻地履职。根据自治区城乡规划具体情况研究制定《内蒙古自治区人民政府城乡规划督察员管理暂行办法》《内蒙古自治区城乡规划督察员工作规程》《内蒙古自治区人民政府派驻城乡规划督察员实施方案》《自治区人民政府城乡规划督察员经费使用管理规定》等城乡规划督察员制度，建立督察员的选聘、培训、派驻、考评和管理机制，对城乡规划督察员的督察事项、工作流程、工作要求等做出明确的规定。于 3 月向各盟市印发《关于推荐内蒙古自治区城乡规划督察员候选人的通知》，按照个人志愿与组织推荐相结合的原则选聘城乡规划督察员，对盟市推荐的符合条件的 8 名候选人进行筛选，根据工作经历、年龄、在岗时级别、申请材料情况以及盟市推荐意见的分析和比较，拟确定 2 名城乡规划督察员向通辽市和乌海市派驻，其余人员均纳入自治区城乡规划督察员人才库。

大事记

1月

9日 自治区住房和城乡建设厅转发住房和城乡建设部《关于城乡规划公开公示的规定》。

13日 自治区住房和城乡建设厅批复通辽经济开发区综合物流园区、甘其毛都口岸物流园区总体规划。

14日 自治区住房和城乡建设厅发布《内蒙古自治区园林绿化养护工程定额》的通知。

23日 自治区住房和城乡建设厅印发《内蒙古自治区国有土地上房屋征收项目社会稳定风险评估办法》。

2月

7日 自治区住房和城乡建设厅印发《内蒙古自治区房屋建筑工程勘察设计质量专项治理实施方案》。

同日 自治区住房和城乡建设厅决定从3月1日起将部分房地产开发企业资质审核事项下放各盟市住房和城乡建设局(委)、房管局。

10日 自治区住房和城乡建设厅公布2013年度内蒙古自治区"草原杯"工程质量奖和自治区优质样板工程评审结果。

25日 自治区住房和城乡建设厅批复呼和浩特市西部垃圾焚烧发电项目选址。

同日 自治区住房和城乡建设厅表彰了2013年度"城市建设管理年"活动先进单位。鄂尔多斯等4个单位荣获一等奖,乌海市等4个单位荣获二等奖,乌兰察布市等4个单位荣获三等奖,二连浩特市、满洲里市两个计划单列市分别予以表彰。

3月

5日 自治区住房和城乡建设厅转发住房和城乡建设部《关于城市公园内设置私人会所高档餐馆问题进行全面调查整改的通知》。

12日 自治区住房和城乡建设厅公布内蒙古自治区园林绿化专家库首批专家名单。

14日 自治区住房和城乡建设厅印发《内蒙古自治区住房和城乡建设厅干部考勤管理制度》。

19日 自治区住房和城乡建设厅印发自治区住房和城乡建设厅档案工作制度。

26日 自治区住房和城乡建设厅启用《内蒙古房屋建筑和市政基础设施工程施工图设计文件审查管理信息系统》。

4月

3日 自治区住房和城乡建设厅印发《内蒙古自治区房屋建筑和市政基础设施工程施工图设计文件审查管理实施细则》《内蒙古自治区房屋建筑和市政基础设施工程施工图设计文件审查人员考核管理办法》《内蒙古自治区房屋建筑和市政基础设施工程施工图设计文件审查合格后勘察设计重大变更审查管理办法》《内蒙古自治区施工图设计文件审查机构考核管理办法》和《内蒙古自治区施工图设计文件审查机构考核标准》。

同日 自治区住房和城乡建设厅决定从5月1日起将外进勘察设计企业资质备案登记管理工作下放到盟市建设主管部门。

5月

12日 自治区住房和城乡建设厅印发《内蒙古自治区住房和城乡建设厅相关公共场所禁烟制度》。

13日 自治区住房和城乡建设厅印发《内蒙古自治区住房和城乡建设厅领导干部调研工作制度》。

6月

13日 自治区住房和城乡建设厅通报2014年第1季度全区城镇污水处理设施建设和运行情况。

23日 自治区住房和城乡建设厅通报包头供电建筑有限责任公司、包头市鑫泰电力安装有限责任公司、包头市云天建筑有限责任公司相互串通投标的违法违规行为。

25日 自治区住房和城乡建设厅批复《锡林浩特市城市供热规划(2014～2020年)》。

30日 自治区住房和城乡建设厅开展全区勘察设计施工图审查质量及行为专项检查工作。

7月

1日 自治区住房和城乡建设厅批复2014年《呼和浩特地区建设工程材料预算价格》编制方案。

同日 住房和城乡建设部公布2013年度全国房地产交易与登记规范化管理先进单位,赤峰市房屋交易产权管理中心获殊荣。

9月

4日 自治区住房和城乡建设厅组织召开全国工程质量专项治理两年行动电视电话会议。

22日 自治区住房和城乡建设厅通报全区勘察设计及施工图审查质量专项检查情况。

26日 自治区住房和城乡建设厅转发住房和城乡建设部办公厅关于开展严厉打击建筑施工转包违法分包行为工作的通知。

11月

17日 自治区住房和城乡建设厅转发住房和城乡建设部办公厅认真开展建筑工程项目全面排查工作。

19日　自治区住房和城乡建设厅同意《莫力达瓦达斡尔族自治旗城市总体规划（2011～2030）》备案。

28日　自治区住房和城乡建设厅通报北京奥信建筑工程设备安装有限公司等9家企业和张德华等9人在招投标活动中弄虚作假行为，并计入信用档案。

12月

19日　自治区住房和城乡建设厅命名巴彦淖尔市为自治区园林城市、命名奈曼旗等6旗县为自治区园林县城。

同日　自治区住房和城乡建设厅通报2013年度全区房地产交易与登记规范化管理单位，乌兰浩特市房地产产权市场管理处等6家单位榜上有名。

30日　自治区住房和城乡建设厅命名呼和浩特市满都海公园等21个公园为自治区重点公园。

31日　自治区住房和城乡建设厅转发住房和城乡建设部《关于建筑工程施工转包违法分包等违法行为认定查处管理办法(试行)释义的通知》。

（内蒙古自治区住房和城乡建设厅　撰稿：班闻佑）

辽 宁 省

概况

2014年，辽宁省住房和城乡建设系统在经济增长放缓的大环境下，克服困难，务实奋进，为实现"稳增长、调结构、惠民生、促发展"做出了重要贡献。房地产市场调整中保持稳定；建筑业逐步由做大向做强转变；勘察设计行业管理进一步规范；保障性安居工程和棚户区改造再创佳绩；供暖能力和服务水平进一步提升；住房公积金进一步惠民；新型城镇化逐步推进；宜居乡村建设全面展开；规划编制和管理水平进一步提高；城市基础设施不断完善；建筑节能取得新进展；招投标电子化全面推进；工程质量安全监管水平不断增强；依法行政取得较好成效；简政放权步伐不断加快。

【促进经济发展】　针对房地产市场出现的调整，省内各地因地制宜，扩大需求，增加供给，活跃市场，做好服务，努力保持房地产业平稳健康发展。沈阳市搭建平台，将拆迁安置与消化存量商品房有效衔接，在房交会上实行购房补贴政策。大连市调整住房供应结构，在商品房中按10%比例配建租赁房。鞍山、盘锦加大棚户区改造力度，对冲房地产下行压力。铁岭鼓励拆迁居民购房，实行房票抵顶购房款，多退少补。全省建筑业向做大做强目标有力迈进，全年完成建筑业总产值8000亿元左右，建筑业企业总数超过1万家，特级、一级企业数量进一步增加，企业竞争力明显增强。沈阳被列为全国首个建筑产业现代化示范城市，2014年新增装配式建筑506万平方米。实施不良记录管理，辽宁省住房城乡建设厅全年累计发布不良行为信息106项，为转变市场监管方式进行了积极探索。强化勘察设计业管理，创造公平有序的勘察设计市场环境。2014年，辽宁省勘察设计行业实现营业收入603亿元，同比增长7%。沈阳、大连、本溪严格执行施工图审查"现场讲图"制度。鞍山、丹东、朝阳实施工程勘察外业见证制度成效明显。

【保障和改善民生】　全省2014年完成新增保障性安居工程32.8万套、其中棚户区改造29.5万套，基本建成13.3万套，超额完成国家任务。沈阳、铁岭棚改货币化安置，沈阳、大连公租房租赁补贴经验被住房城乡建设部推广。出台《辽宁省城市供热条例》，全省供暖工作实现有法可依。继续推进"拆小并大"和集中供热，建成投产1座热电联产厂，完成新改扩建热源厂87个，拆除小锅炉房264座、锅炉457台，改造老旧供暖管网1989.4公里，全省城市集中供热率达到93.7%，供暖总体质量好于往年。全省累计缴存住房公积金3679亿元、发放个人贷款2068亿元。

【推动城乡统筹发展】　辽宁省委省政府出台了《中共辽宁省委辽宁省人民政府关于推进新型城镇化的意见》，明确全省推进新型城镇化的思路、原则、目标和措施。全省常住人口城镇化率达到67%左右。大连、海城申报国家新型城镇化试点获批。辽宁省政府下发《关于开展宜居乡村建设的实施意见》，省财政下拨补贴资金7.33亿元，推进"百千万宜居乡村创建工程"。全省 6583 个行政村安装太阳能路灯 9.87 万基,农村亮化工程全面完成。盘锦市委市政府高度重视宜居乡村建设,完善组织体系,加大资金投入,取得显著成效。丹东推行镇、村、组、户"四级联动",组织引导农民自发治理环境、管理村屯,农村环境质量明显提升。沈阳落实农村保洁员工资 2800 余万元。营口、朝阳、葫芦岛安排专项奖补用于宜居乡村建设工作。

【提升城市建设管理水平】 积极推进《沈抚新城总体规划》以及沈阳、大连、鞍山、抚顺、丹东、营口等市总体规划编制工作。深化专项规划编制,强化城市设计对城市空间形象的控制和引导。加强规划监督检查,发出规划督察建议书 9 份,事前事中遏制违法违规苗头 41 起,有力地监督了城市总体规划的执行。推进地下管网改造,加快道路及绿化建设,完善生活垃圾处理体系,稳步推进市政公用事业改革。全年全省人均道路面积达到 13.44 平方米,生活垃圾无害化处理率达到 92.5%,建成区绿化覆盖率达到 41.46%,供水普及率达到 98.87%,燃气普及率达到 96.55%。住房城乡建设部批准大连、抚顺、铁岭、开原、北镇、法库等市、县的全国步行和自行车交通系统示范项目。全省完成地源热泵技术建筑应用 960 万平方米,同比增长 36%;完成既有建筑改造 2197 万平方米,超额完成国家任务。以"辽宁建设工程信息网"为平台,初步实现全省建设工程招投标电子监管一体化。2014 年,全省招投标网上报名率达到 93%,电子评标率达到 42%,100 个项目开展评标专家异地抽取和远程评标试点。丹东、朝阳为全省电子招投标工作探索了经验,电子评标率超过 90%。严格落实工程质量安全监管责任制,有效控制了较大以上安全事故,全年共发生建筑生产安全责任事故 15 起,死亡 20 人,建筑施工百亿元产值死亡率为 0.33,低于省政府下达的 3.0 控制指标。

政策法规

【立法工作】 2014 年,将《辽宁省民用建筑节能条例》列入辽宁省人大立法计划论证项目。综合反馈其他厅局立法征求意见 38 份,审核厅规范性文件 14 件。

【简政放权】 继续落实简政放权工作有关要求,编制《行政审批职权清单》(共含行政许可 20 项、非行政许可审批 2 项)并向社会进行公开。取消、转移、下放或承接 12 项职权。

【行政复议】 2014 年共办理行政复议案件 46 件(含 2013 年结转 9 件),其中立案 37 件。年内结案 34 件,其中终止 6 件、维持 11 件、撤销 5 件、责令履行 2 件,确认违法 9 件,驳回 1 件。

房地产业

【概况】 2014 年,辽宁省房地产市场在调整中保持相对稳定。市场调整主要表现在:开发投资、新开工面积以及住宅用地供应量同比分别下降 17.8%、7.2%、49%;沈阳、大连二手房成交面积同比分别下降 10.22%、23.4%,成交额同比分别下降 12.17%、22.8%。房地产业税、土地出让金同比分别下降 22.7%、39.6%;商品房销售面积、销售额同比分别下降 38.1%、35%。保持相对稳定主要表现在:待售面积虽有所增加,但去库存周期在 10 个月左右,仍处于合理区间;完成开发投资 5300 亿元,与"十二五"以来年平均水平基本持平;房价保持基本稳定,2014 年全年涨幅为 4.9%,各月未出现大起大落。

住房保障

【概况】 2014 年,国家下达给辽宁省的保障性安居工程任务是:新增任务 31 万套,其中棚户区改造 28.56 万套,基本建成任务 10 万套(含结转)。截至 12 月底,全省完成新增任务 32.8 万套,为全年计划的 105.57%,其中棚户区改造完成 29.47 万套,为全年计划的 103.18%;基本建成 13.32 万套,为全年计划的 133.22%。

【保障性住房的分配与后续管理】 不断完善"六公开一监督"分配工作制度,逐渐形成一整套申请、审核、轮候、分配工作流程,在分配上力争实现"零上访、零投诉"。通过加强制度建设,确保分配公平,让社会理解、群众满意。各地在抓进度、保质量、促竣工的同时,不断探索保障性住房小区的后续管理工作。已建成的保障性住房小区通过社会专业化、社区自助式、业主自治等形式的物业服务,及时维修和定期维修相结合的方式进行维修养护,确保让保障对象住得进、住得稳、住得好。

【积极探索创新型棚改货币化安置】 出台《关于进一步推进棚户区改造工作的意见》,明确提出要积极推广创新型货币化安置,坚持"分散化、货币化、市场化",根据群众意愿,通过市场化筹集安置房源,政府组织团购、开发企业让利、棚改居民自主购买方式,促使棚改居民分散安置,各地还针对棚改货币化安置出台相应的文件,提出相应的工作措施，解决后续管理难题，消化市场待售商品房库存，拉动投资和消费。

【推进公共租赁住房和廉租住房并轨】 出台《关于推进辽宁省公共租赁住房和廉租住房并轨运行的实施意见》，进一步明确工作目标和工作措施，要求各地相应地制定本地区实施方案，截至2014年底，鞍山市等7个市已经出台并轨运行的实施方案。将2014年新增廉租房建设计划调整并入公租房年度建设计划；在建廉租房项目按照原计划继续抓紧实施，建成后统一纳入公租房管理，实行房源统一筹集、资金统一使用、申请统一程序、配租统一管理。将发展公租房作为保障性住房的工作重点，减少集中建设规模，采取配建、购买、长期租赁等方式筹集公租房，特别是鼓励各地政府购买待售商品房、二手房作为公共租赁住房房源，逐步实行市场租金、分档补贴。工作方式由政府直接运作逐步转向政府主导、市场化运作。

住房公积金管理

【概况】 截至12月底，当年缴存571亿元，缴存总额3683亿元；当年提取352亿元，提取总额1837亿元；当年发放个人住房贷款318亿元，贷款总额2082亿元，发放贷款笔数116万笔；大连市和朝阳市两个试点城市项目贷款余额17.07亿元。

【贷款试点工作】 辽宁省是全国做好公积金贷款支持保障房建设第二批试点工作省份之一，共9个建设项目，贷款额度31.21亿元。其中大连5个项目中新建4个项目，新增29.4亿元贷款已发放23.4亿元；丹东新增一个项目，贷款1.5亿元。朝阳新增三个项目，贷款0.31亿元，已经发放0.28亿元，3个项目全部竣工。

【涉险资金清收】 4月，由省厅分管厅领导带队，组成专项督察组，到大连、抚顺、辽阳、省直、油田5个存在涉险资金的中心进行现场督办，推动涉险资金清收工作。省内相关城市政府和住房公积金管理中心采取多种方式，努力清收。2012年以来，全省共清收涉险资金0.64亿元，其中，2014年收回涉险国债1.66亿元。

【工作调研】 围绕公积金持续发展开展书面调研和实地调研。进行两项书面调研：第一项是围绕住房公积金大病提取、物业费提取、支持教育提取、装修提取4个方面征求意见，大多数城市住房公积金管理中心不支持装修和物业费提取。配合辽宁省政府法制办修改《辽宁省住房公积金管理规定》，增加患重大疾病或者因遇到交通事故、医疗事故、工伤事故等突发事件可以提取住房公积金的具体条款。第二项是开展发放住房公积金调查问卷的工作，调查内容是职工对缴存、提取、个贷政策的意见和建议，发放对象为缴存职工和公积金从业人员，共收回有效问卷19065份。到各市及行业中心实地调研：由分管厅领导带队，听取工作情况汇报，查看城市中心及办事处的办公场所和服务窗口，听取缴存、贷款职工的意见和建议，与市政府和中心领导交换意见，提出下一步工作要求。

【减轻贷款职工负担】 取消职工在办理个人住房贷款时交纳的担保、保险、公证等费用。贯彻落实《住房城乡建设部财政部人民银行关于发展住房公积金个人住房贷款业务的通知》，要求各中心在12月31日前落实通知要求，取消职工办理住房公积金个人住房贷款时交纳的保险、公证、新房评估和强制性机构担保等收费项目，切实维护缴存职工利益，减轻贷款职工负担。规范住房公积金个人贷款房屋抵押登记费缴交事项。为保护贷款职工合法权益，减轻贷款职工负担，要求各中心从5月1日起，按照《国家发展改革委、财政部关于规范房屋登记费计费方式和收费标准等有关问题的通知》中规定执行，即原来职工在办理贷款时需缴纳房屋抵押登记费80元/笔，现由住房公积金管理中心承担。

城乡规划

【概况】 2014年，辽宁省住房城乡建设厅下发《关于抓好全省2014年城市规划工作进一步提高规划设计水平的通知》，统一部署"突出规划引领，加强法定规划编制；提升城市形象，强化重点区域城市设计；保护历史文化，推进历史文化名城保护；推进精细化管理，深化技术管理规定；加强队伍建设，深入开展岗位培训；强化规划监察，实行不良行为记录管理"等六方面工作。

【城乡规划编制和审批工作】 推进法定规划的编制和审批工作。召开《沈阳市城市总体规划(2011～2020)》厅际联席会议，审查《大连市城市总体规划(2011～2020)》规划成果，会同住房城乡建设部规划司组织完成《鞍山市城市总体规划纲要(2011～2020)》部省联审，开展《辽阳市总体规划》修改认定工作。继续推进《沈抚新城总体规划》编制工作，完成规划成果编制工作，并上报待批。

【规划选址工作】 2014年，共受理包括徐大堡核电、辽宁中部环线高速公路铁岭至本溪段等28个重点建设项目的申请，办结并核发25个建设项目的选址意见书，有力地推动了地方经济建设。

【历史文化名城与历史文化街区保护工作】 指导辽宁省本溪市桓仁县开展国家历史文化名城申报工作。会同辽宁省文化厅联合开展工作，帮助桓仁县理清思路，明确重点，选定历史文化街区，启动历史文化名城保护规划编制工作。会同辽宁省文化厅组织开展辽宁省历史文化街区认定工作，下发《转发住房城乡建设部、国家文物局关于开展中国历史文化街区认定工作的通知暨开展省级历史文化街区认定工作的通知》。沈阳、大连、鞍山、营口、朝阳等市向省政府提出认定申请。

【规划编制单位资质核定及换证工作】 按照《住房城乡建设部关于开展2014年度城乡规划编制单位资质核定及换证工作的通知》（建规函〔2014〕34号）的要求，组织开展辽宁省城乡规划编制单位资质核定及换证工作，完成辽宁省9家规划甲级单位的核定初审及127家乙、丙级规划编制单位资质核定及换证工作。

【城市规划专项督查】 4~5月，配合辽宁省人大开展了城市规划专项督查，提交规划专题调研报告，并陪同省人大开展针对鞍山、抚顺、丹东、阜新、葫芦岛五市的专项督查。

【组织完成省政府"6+4"调研子课题。】 7~8月，按照辽宁省政府的统一部署，承担三项省政府"6+4"调研子课题，积极组织省规划院顺利完成《关于积极推进沿海经济带城镇化建设》《关于加快推进沈阳经济区一体化建设》和《关于支持辽西北地区新型城镇化发展及统筹城乡基础设施建设》三个课题调研，完成了报告。

【规划执法检查工作】 完成对2013年规划执法检查发现的31个违法违规建设项目的核查、登记、整理等工作，下发《关于2013年全省贯彻落实〈中华人民共和国城乡规划法〉监督检查情况的通报》。向省直接查处的10个项目，送了《行政处罚决定书》并完成省法制办备案工作。开展2014年规划执法检查工作，下发《关于2014年全省贯彻落实〈中华人民共和国城乡规划法〉监督检查情况的通报》，向全省通报违法建设情况。

【学习培训工作】 按辽宁省政府的要求对全省城市规划队伍开展培训工作，上半年分别在沈阳、大连、锦州对各市县规划从业人员进行"规划原理、法律法规、实施管理、城市设计"四方面的培训。共培训500人次左右，取得较好的效果。6月，在鞍山组织召开东北三省规划学术交流会，会上就东北三省规划的优秀论文进行了交流，并聘请顾朝林、杨保军两位国内知名专家做讲座，三省共约百人参会，效果反响良好。

城市建设与市政公用事业

【概况】 2014年，辽宁省人均道路面积达到13.44平方米，生活垃圾无害化处理率达到92.5%，建成区绿化覆盖率达到41.46%。新建供水、供气、供热、排水管网分别为1090公里、350公里、1938公里、454公里；改造老旧管网1050公里、408公里、1720公里、220公里。城市供水、燃气普及率和集中供热率分别达到98.87%、96.55%、93.7%，同比分别提高了0.1、0.4和1个百分点。

【基础设施建设】 认真贯彻落实国发36号文《关于加强城市基础设施建设的意见》，代辽宁省政府草拟了《关于加强城市市政基础设施建设的意见》。组织完成大伙房水源地保护区垃圾处理设施规划，指导抚顺县开展垃圾处理试点工作。协调大连市、营口市、盖州市推进万福镇垃圾收运处理体系建设。组织召开全省环卫规划编制与垃圾处理技术培训会。住房城乡建设部批准了大连、抚顺、铁岭、开原、北镇、法库等市县的全国步行和自行车交通系统示范项目。大连率先推行垃圾焚烧，环卫改革效果较好。沈阳、大连地下综合管廊建设已经起步。

【政策及机制建设】 配合辽宁省人大出台《辽宁省城市供热条例》；制定《城市供热经营许可管理办法》《城市供热室温检测及退费规定》《供热计量和温控装置应用管理办法》；组织编制辽宁省城市排水防涝专项规划、辽宁省城市燃气管网改造和天然气发展利用规划、县城供热管网改造规划及城市供水"十二五"规划完成情况评估等；制定和完善城市供水、供热、供气和排水防涝应急预案。

【开展"三个"专项行动】 开展辽宁省城镇供水规范化管理考核和水质检测行动，对14个市和16个县（市）供水规范化管理考核实施情况进行检查和22个县水厂水质进行检测，并将检查结果通报给各地政府；开展城镇燃气安全隐患排查治理行动，共排查出隐患11.7万件，燃气管网3.36万公里、存在严重安全隐患管网长度3120公里；违章占压1878处、管网120.4公里。截至12月底，已整治完成居民和燃气企业安全隐患7.3万件，取缔黑灌装点10个，清理不合格钢瓶6.3万个。全省共投入2.5亿元，改造安全隐患管网277.7公里；投入

1211 万元，清理各类违章占压 1070 处，清理占压管线长度达 58.7 公里。开展拆小并大和《辽宁省城市供热条例》培训行动，全力推进 9 座热电联产热电厂建设，已经建成投产 1 座，完成新改扩建热源厂 87 个，拆除小锅炉房 264 座，锅炉 457 台，共举办四期培训班，培训近 600 人次，供热能力和水平得到大幅提升。

【推进公用事业改革】 召开辽宁省内企事业单位和行业主管部门有关改革工作座谈会，并到市政公用事业改革比较领先的山东、广东两省考察调研，总结经验。组织研究市政公用事业改革投融资体制，以及市政、园林、环卫定额和服务规范研究。完成加快推进全省市政公用事业改革调研报告，配合物价部门出台《关于建立和完善城镇居民用水阶梯价格指导意见》，确定试点城市。

村镇规划建设

【推进新型城镇化】 完成辽宁省政府城镇化"6＋4"重大课题调研任务，形成全面、系统的调研报告，为全省推进新型城镇化奠定了坚实的基础。组织编制全省推进新型城镇化规划和全省城镇体系规划，为全省推进新型城镇化做好谋篇布局。省委省政府召开城镇化工作会议，出台《中共辽宁省委辽宁省人民政府关于推进新型城镇化的意见》，明确全省推进新型城镇化的思路、原则、目标和措施。大连、海城申报国家新型城镇化试点获批。截至 2014 年底，全省常住人口城镇化率达到 67.05％，继续保持全国领先。盘锦城乡一体化、海城公共服务政策配套、铁岭单户城镇化取得突出成效。

【宜居乡村建设全面展开】 辽宁省政府召开工作会议、电视电话会议和现场会，下发《关于开展宜居乡村建设的实施意见》。各地组织领导机构和工作体系日趋完善。省市县乡村各个层面的宜居乡村建设规划和计划逐步建立，项目储备库正在形成。各地农村保洁队伍初步建立，保洁员工资和运行维护费用已纳入省财政预算，各市县资金也正在落实。省财政下拨补贴资金 7.33 亿元，推进"百千万宜居乡村创建工程"。40 个县辖 6583 个行政村安装太阳能路灯 9.87 万基，农村亮化工程全面完成。盘锦市委市政府高度重视宜居乡村建设，完善组织体系，加大资金投入，取得显著成效。丹东推行镇、村、组、户"四级联动"，组织引导农民自发治理环境、管理村屯，农村环境质量明显提升。

【农村垃圾治理】 贯彻落实辽宁省政府《关于开展宜居乡村建设的实施意见》（辽政发〔2014〕12号）精神，建立乡村保洁长效机制，设立保洁员队伍，原则上农村执行每 400 人左右 1 名保洁员的配备标准。要建立保洁队伍组织体系，原则上采取市场化运作机制，各县设立专门保洁公司，乡镇设分公司，做到聘用、考核、责任制度化。建立户集、村收、镇运、县处理的运行体系，完善垃圾收集转运和集中处理设施布局，逐步推行垃圾分类减量和资源化利用，垃圾日产日清不积存。落实经费保障，将保洁员工资及运行维护经费纳入财政预算，由省市县三级财政分担。年度经费原则上执行农村居民每人 30 元标准，其中省以上财政承担 40％，市财政承担 30％，县财政承担 30％。运行维护资金由县级政府根据当地实际情况统筹管理。逐步建立乡村污水处理设施运行及人员经费保障机制，列入市县财政预算。制定下发《2014 年度全省农村积存垃圾清洁月活动实施方案》，全省累计投入资金 3.97 亿元，出动车辆 56.88 万台，出动人次 138.56 万人；清理道路 4.32 万公里，清理路边垃圾 86.4 万吨；清理宅边垃圾 47.4 万吨；清理河道 1.82 万公里，清理水边垃圾 34.9 万吨；清理田边垃圾 17.97 万吨；清理乡（镇）及村屯周边垃圾 40.12 万吨；清理集贸市场 2096 个，清理场边垃圾 9.2 万吨；清理柴草堆 54.2 万个；清理粪便堆 56.7 万个；清理杂物堆 61.5 万个。

工程建设标准定额

【建设工程施工合同管理】 贯彻落实住房城乡建设部、国家工商总局《建设工程施工合同（示范文本）》（GF—2013—0201），出台《辽宁省建设工程施工合同管理规定》。根据住房城乡建设部《建设工程发承包结算管理办法》和《建设工程造价管理办法》的要求，完成网上备案系统并已顺利实施。实现招标系统、合同备案系统和市场监管系统工程项目编号、项目名称的统一，解决了各个系统之间的工程项目登记上的差异，方便了各职能部门对工程项目的监管。按照住房城乡建设部、国家工商总局关于推广使用新的施工合同示范文本的要求，召开《辽宁省建设工程施工合同管理规定》宣贯会议，讲解《辽宁省建设工程施工合同示范文本》，介绍辽宁省施工合同网上备案管理系统。截至 2014 年底，全省建设施工合同申报 1090 份，备案 1055 份。

【标准编制工作】 受住房城乡建设部委托主办全国市政工程消耗量标准编制工作会议。完成住房城乡建设部下达的市政工程消耗量标准《路灯工程》分册的编制任务。结合辽宁省实际，对住房城乡建设部《房屋建筑工程消耗量标准》《通用安装工程消耗量标准》《市政工程消耗量标准》(征求意见稿)就项目划分、消耗量水平、措施项目等提出修改意见和建议。

【完成 2015 年《辽宁省建设工程计价定额》编制方案】 贯彻落实住房城乡建设部 2013 建设工程清单计价国家标准、规范,制定 2015 年《辽宁省建设工程计价定额》编制方案。在方案编制过程中深入沈阳、大连、鞍山、营口等部分城市的基层单位听取意见和建议,反复讨论、论证;同时到内蒙古等五省区开展关于工程造价计价依据改革的经验交流。通过一系列调研活动,完善了编制方案,确定编制目的、内容、适用范围、作用、表现形式等内容,落实参加编制单位和人员,为新一届定额的编制工作做好充足的准备。完成国家标准《建筑工程建筑面积计算规范》(GB/T 50353—2013)的宣贯。

【工程造价计价依据管理】 完成辽宁省建筑产业化相关的分部分项工程定额估价表的编制,解决装配式建筑定额缺项的问题,为建筑产业化的推进提供了工程结算的依据。完成超高层建筑的人工、机械降效的补充估价表,解决 100 米以上高层建筑的人工、机械降效缺少计价依据的问题。完成施工企业规费核定工作的调整。从 2014 年起外埠施工企业规费核定按照本埠施工企业标准和方法进行核定。全年完成施工企业规费核定 3799 家,其中外埠 239 家。召开全省建设工程造价结算会议。积极解决施工结算纠纷、施工合同纠纷,做好日常定额问题的解释。对于电话咨询和各企业来人提出的有争议的问题给予了满意答复,解决工程结算争议问题 500 余件。

【拓展工程造价信息服务范围】 修订材料价格信息库,建立 2014 年材料库,由 1971 种材料调整为 2000 种。收集整理各市建筑工程、市政工程主要材料价格,测算并发布材料价格综合指数;收集整理 9 种主要工种人工成本信息,测算发布人工动态指数;绘制、发布材料价格综合指数和工程主要建筑材料走势图。做好网站建设及维护,增加外省市文件新栏目,以链接形式体现各省市造价相关的文件;增加辽宁省工程造价管理机构电话、辽宁省工程造价管理工作流程图;对信息公开内容进行更新(造价咨询企业、造价师、造价员);及时更新"行业动态""新材料新工艺""相关信息""工程信息"等栏目的内容。按时上报住房城乡建设部有关数据,主要包括:人工成本及实物量人工成本信息采集、测算;收集、整理省会城市住宅成本信息及实例工程指标;

收集、整理辽宁省政法基础设施造价信息。工程造价信息网发挥了巨大的社会效益,发布的材料价格、人工费指数等信息达到 57 万条,每月点击量达到 20 万次。

【加强工程造价行业的资质资格管理】 不断加强对造价咨询企业的管理,2014 年全省 34 家甲、乙级工程造价咨询企业完成资质延续工作。经住房城乡建设部批准,9 家企业为甲级工程造价咨询企业,经辽宁省住房城乡建设厅批准,7 家企业为乙级(暂定)工程造价咨询企业。组织造价员资格证书考试,为加强造价员资格证书考试的管理,对造价员考试场地和考试题库进行省内公开征集。3~6 月组织全国建设工程造价员资格证书升级考试,报名 3477 人,预约 2878 人,通过 681 人。8~12 月组织全国建设工程造价员三级资格证书考试。报名 8233 人,预约 6921 人,通过 1197 人。继续发挥造价管理协会的桥梁和纽带作用,召开辽宁省建设工程造价管理协会第五届会员代表大会,完成协会的换届工作。经过自评、初评、复评等阶段,完成 2014 年度工程造价咨询企业信用评价工作,139 家工程造价咨询企业参加了信用评价。辽宁省有 4 家咨询企业被中国建设工程造价管理协会评为 2012~2013 年度先进单位,有 1 家造价咨询企业被评为全国百强企业。

工程质量安全监督

【概况】 2014 年,辽宁省建设工程质量监督机构 98 个,监督人员 1496 人;建设工程安全监督机构 108 个,监督人员 836 人。全省共监督房屋建筑工程 49972 项,市政基础设施工程 782 项,通过强化监督执法检查,开展工程质量常见问题治理,实施住宅工程分户验收备案,工程项目地基基础、主体结构和使用安全得到有效保证,全省工程质量保持平稳可控状态。

2014 年,全省共发生房屋市政工程安全责任事故 15 起,占全国房屋市政工程生产安全事故总起数的 2.8%,列全国第 14 位;死亡 20 人,占全国房屋市政工程安全事故死亡总人数的 3.0%,列全国第 13 位。建筑施工百亿元产值死亡率为 0.25,低于省政府下达的控制目标。辽宁省科技馆等 5 项工程荣获中国建设工程鲁班奖,浑南新城市政基础设施道路工程等 4 项工程荣获国家优质工程奖。沈阳文化艺术中心等 114 项房建工程、25 项市政工程、2 项群体工程和 2 项住宅小区工程被评为省优质工程(世纪杯),沈阳金地铂悦 H12 号楼等 406 项工程被评为省优秀主体结构工程。

【制度建设】 坚持目标管理考核，推进起重机械"一体化"管理，推行质量保证金、工程质量差别化监管和质量信誉排行制度，强化建设工程结构实体检验监督管理，落实简政放权，下放三类人员考核、特种作业人员考核职权，全省质量安全监管向制度化、规范化迈进。

【推进全省工程质量治理两年行动】 组织召开全省工程质量治理两年行动电视电话会议，制定《两年行动实施方案》，成立领导小组，出台配套制度，在省厅门户网站设立公布平台和行动专栏，及时公布不良行为，宣传和通报两年行动情况，扎实推进两年行动开展。

【监督检查】 组织开展隐患排查治理、质量监督执法检查、地铁工程互检、安全标准化考核等监督检查，部署施工扬尘防治、预防坍塌事故"回头看"、住宅工程常见问题治理和"六打六治"打非治违专项行动，落实"四不两直"的检查方式，全力营造质量安全监管氛围。

【新技术应用】 积极培育建筑新技术应用示范工程，引导鼓励企业技术创新，组织专业技术人员对示范工程进行督查和指导，扩大示范工程的覆盖面，全省20项工程通过辽宁省建筑业新技术应用示范工程的评审，有30项工程被列为年度新技术应用示范工程。

【施工扬尘控制】 在连续3年开展"文明施工年"活动基础上，全省文明施工水平明显提升，为推进全省"蓝天工程"，防治大气污染做出贡献。开展示范工地和示范企业创建活动，沈阳市伯爵世家3号楼等109项工程荣获"辽宁省建筑施工安全生产标准化示范工程"。

【投诉处理】 努力构建投诉处理长效运行机制，加强软环境建设，强化日常监督管理，科学整理信访投诉资料，系统研究解决消除常见质量问题，全年共受理工程质量投诉1574件，已处理完结1533件，处理完结率96.17%，达到年初确定的95%以上的工作目标。

【信息化建设】 全省建筑安全监督管理信息系统已覆盖14个市、2个省管县和6000多家建筑施工企业，全省建筑施工企业安全生产许可证实现电子化管理，工程质量安全网进一步完善更新，为有效监管提供信息技术保障。

【教育培训】 继续组织开展工程质量、安全监督机构和监督人员考核工作，完成112个机构和286名监督人员的考核；开展两年期全省质量监督人员考核轮训工作，800人参加轮训；为57800余名三类人员核发安全考核合格证书，为24000名特种作业人员核发操作资格证书。

【"安全生产月"活动】 围绕"强化红线意识、促进安全发展"主题，全省建设系统认真组织开展第13个"安全生产月"活动，形式丰富多彩，设立活动专栏，开展警示教育，组织观摩标准化示范工地，"安全生产月"活动氛围浓厚，实现"以月促年"效果。

建筑市场

【打击违法承发包】 落实住房城乡建设部《工程质量治理两年行动方案》建筑市场整治工作，以发生过重大质量、安全事故和引发过欠薪上访问题的企业为重点监控对象，以查资质、查分包合同、查人员、查材料供应、查设备、查现场管理资料为主要手段，重点整治工程转包、违法分包、挂靠等行为，并指导、督促各市进行全面排查。迎接住房城乡建设部组织的2014下半年全国建筑市场执法检查，在受检结果和监管考核等方面，受到通报表扬，检查内容符合率列全国第三位。与工程质量监管部门开展联合检查，对存在违法发包、转包、挂靠、违法分包等问题的责任单位进行调查取证，并转交所在市建设主管部门依法处理。查办住房城乡建设部移交的天纵基础公司转包和违法分包、美博监理公司超资质承揽业务、利源帝景项目拖欠工程款、今世天龙装饰公司拖欠工资、绥中一建出借资质等案件。

【施工许可监管】 印发《关于进一步加强施工许可管理工作的通知》，实施考核制度，并对存在问题较多的10个县区暂停发证权限，责令限期整改。修订《施工许可现场踏勘工作管理办法》，取消关于补办检测的规定，重点规范违规发证、违规踏勘等问题。推进简政放权，向20个城区（开发区）下放施工许可颁发权，向28个县区下放施工许可补办权限，辽宁省颁发机构达130家。结合建筑市场检查等方式，继续做好放权后的监管、考核工作，重点对新下放发证权限地区的违规发证行为进行检查，视情节分别予以全省通报、约谈部门负责人、暂停发证权限等处理。完善施工许可系统功能，实现与"监理合同备案"系统互联互通。全年系统共核发许可4339项，比上年同期减少3.1%，其中补办2220项，补办率51.2%。

【诚信体系建设】 出台《辽宁省建设领域不良记录管理办法（试行）》，明确不良行为的记录、认定、公布、使用和管理等程序，在辽宁省住房和城乡建设厅门户网站设立公布平台，并在行政许可、市场准入、招标投标、资质资格管理等环节实施限制和差别管理。拓宽不良记录信息来源，合理利用相关社会诉求，设立投诉举报信箱，将各类投诉纳入不良记录管理。及时对不良行为进行曝光，形成有效失信惩戒机制。对82家企业记入不良记录，并在不良记录平台公布，其中涉及建设单位8家，施工单位43家，监理单位25家，勘察设计单位6家。加快建筑市场诚信体系基础数据库建设，着手搭建包含全省"企业、人员、项目、诚信"信息的动态数据库，以及具有信用评价、等级评定等功能的诚信评价平台，研究实现各相关部门及各建设环节之间的数据对接和互联。

【监理行业发展】 全省共有综合资质2家、甲级资质131家，新晋升甲级资质16家，甲级以上企业占总数的42.2%，结构进一步优化。出台《关于加强监理合同备案管理的通知》，对超资质监理、低价竞标、履职不到位等行为进行有效约束。将监理甲级资质延续初审、乙级及以下资质延续审查工作委托各市实施，取消监理资质实地核查制度。实行资质动态核查制度，通过网络系统核查、实地抽查等方式进行动态管理，并对22家不满足资质条件的企业撤回监理资质。注重提高监理队伍人员素质，结合新的监理规范，修订《辽宁省监理工程师管理办法》，会同省注册中心开展"省证"培训和延续工作。

建筑节能与科技

【深化新建建筑节能】 组织开展辽宁省建筑节能工作专项检查，涉及14个地级市和16个县（市），共下发整改通知单21份；完成《民用建筑节能条例》立法项目的调研和论证，形成征求意见稿；起草《辽宁省供热计量产品应用管理办法》；组织、指导和督促沈阳建筑大学等5所高校建设节能监管体系。

【推进既有建筑节能改造】 2014年，辽宁省完成既改任务2197万平方米，共获得国家奖励资金7.24亿元。组织开展全省老旧住宅小区基本情况调查工作，撰写辽宁省实施"暖房子"工程情况汇报，起草《辽宁省"暖房子"工程工作方案》。

【推动可再生能源建筑应用】 2014年，全省共完成地源热泵技术建筑应用960万平方米，太阳能技术建筑应用面积660万平方米；完成沈阳、锦州等市太阳能光伏示范项目验收44项，装机容量达到16.13MW。

【推广绿色建筑】 组织2项绿色建筑星级评价；开展《民用建筑绿色设计规范》编制和《绿色建筑评价标准》修订工作；完成《辽宁省绿色建筑行动实施方案》征求意见稿。

【完善国家机关办公建筑和大型公共建筑能耗监测平台建设】 继续完善一期50栋建筑热表、水表安装工作；完成二期18栋省政府国家机关办公建筑的电耗数据采集系统建设工作；确定三期共48栋建筑，并进入招标采购阶段；完成能源审计设备采购，编制了2013年17份试点建筑能源审计报告。

【编制建设工程地方标准】 印发《2014年度辽宁省工程建设地方标准编制/修订计划》；开展工程建设地方标准复审工作。

【推广新产品新技术】 组织召开新产品新技术评估论证会53次，为省内外170家单位的253项产品颁发辽宁省工程建设用产品推广证书；会同省经信委继续在全省推广使用高强钢筋和高性能混凝土；联合省公安厅下发《辽宁省民用建筑外墙保温系统防火暂行规定》。

【强化工程质量检测监督管理】 完成全省工程检测机构资质管理信息系统建设和培训工作，培训技术和管理人员700余人。开展全省检测工作监督检查，下发整改通知单308份。

【加大节能宣传】 制作了150个宣传展架，完成300块宣传展板的版面设计；制作编辑了5期可再生能源建筑应用示范的宣传电视片；确定辽宁省建科院、沈阳金都太阳能公司两家单位作为全省建筑节能宣传科普基地。

【推进智慧城市建设】 指导已获批国家智慧城市试点的城市（县、区）按照任务书内容开展试点工作；组织开展辽宁省第三批国家智慧城市试点申报工作。

建设人事教育工作

【干部选拔任用和管理】 认真贯彻落实新修订的《党政领导干部选拔任用工作条例》，坚持党管干部和德才兼备、以德为先、注重实绩的原则，努力选好干部。对干部选拔任用的标准严格掌握不走样，对干部选拔任用程序切实遵守不变通，严格执行动议、民主推荐、考察、讨论决定、任职等程序，落实任前公示制度、任职试用期制度和任职谈话制度。2014年，省厅机关1人晋升正厅级职务，1人晋升副厅级职务，提拔3名正处级干部、4名副处级干部，晋升3名调研员、3名副调研员，交流6名干部；厅直单位提拔和改任6名处级干部；选派1名干部到新疆塔城工作；公开招聘11名事业单位工作人员。3个单位及6人被评选为全国"玉树地震灾后恢复重建先进集体和先进个人"，1人被评选为全省第五届"人民满意公务员"。完成了厅机关公务员和厅直单位领导班子2013年度考核工作。完成领导干部个人事项报告材料汇总综合和抽查核实准备工作。对全厅超职数配备干部、在编不在岗、编外借用人员、吃空饷等用人问题进行清理整治。

【机构编制管理】 按照辽宁省政府转变职能、简政放权的总体要求，进一步优化机构设置，加强一线岗位力量，2013年年底和2014年年初将厅机关非业务处室由5个减至3个，业务处室由17个增至19个，非业务处室人员由26名减至14名，行政编制总数由113个增至115个。完成《辽宁省住房和城乡建设厅主要职责内设机构和人员编制规定》的起草工作和厅机关、事业单位机构和人员编制核查数据的采集工作。

【教育培训】 进一步加大干部和各类别专业人员培训力度，组织49名干部到东北大学等参加各类培训，组织103名公务员参加在线网上学习。制定行业年度培训计划，并加强监管。年初以来，已有建设类执业注册人员89862人，完成有关专业注册师的继续教育6820人；完成施工员、材料员、测量员、档案员等岗位培训9440人；开展造价员网上继续教育26000人；为57800余名三类人员核发了安全生产考核合格证书；建筑节能专业技术人员培训213人次。完成生产操作人员职业技能培训54390人，鉴定47789人。通过组建农民工业余学校，培训农民工5219人次。制定《关于贯彻落实住房和城乡建设领域现场专业人员职业标准工作的实施方案》等一系列文件，对各市培训机构进行实地评估，为下一步住房城乡建设部对辽宁省建设领域现场专业人员职业标准培训工作检查验收做好准备。

【人才管理】 调整充实建设行业职称评审专家库，并纳入省人力资源社会保障厅统一管理。按照省人社厅规定的不超过50%通过率要求，严格执行评审标准，较好地完成了本年度职称评审工作。2014年共有479人晋升高、中、初级职称。完成省优秀专家、政府特贴专家的选拔推荐工作。

【社团管理】 对社团人员、财务、运行管理等方面进行调整和规范。完成24个社团的年检工作，7个社团完成换届改选。根据辽宁省政府的统一安排，结合省物价局对省厅所属协会涉企收费检查中所提出的问题，向厅有关处室和所属协会下发清理整顿通知，对问题进行梳理，对号入座进行整改。

大事记

1月

9日 辽宁省住房和城乡建设厅召开全省住房和城乡建设工作电视电话会议。会议传达了全国住房和城乡建设工作会议精神，总结2013年辽宁省住房和城乡建设工作，部署2014年任务。辽宁省住房城乡建设厅厅长商向东作了工作报告。

28日 辽宁省副省长薛恒到沈阳市部分公用事业单位走访慰问，看望一线员工，并向全省公用事业单位广大职工致以新春的祝福。辽宁省住房城乡建设厅厅长商向东、副厅长张殿纯陪同参加。

4月

10日 辽宁省省长陈政高到辽阳市，就加快推进棚户区改造进行专题调研，并召开全省棚户区改造工作座谈会，就贯彻落实国务院常务会议精神，加快推进全省棚改工作，与各市政府、省直有关部门、金融机构等负责同志一起座谈交流，安排部署工作。商向东陪同。

15日 陈政高到沈阳市就加快推进现代建筑产业发展进行专题调研，并召开现代建筑产业座谈会，听取情况汇报，研究部署工作。商向东陪同。

5月

16日 住房城乡建设部在辽宁省召开全国住宅产业现代化工作现场交流会，住房城乡建设部副部长齐骥，辽宁省委常委、沈阳市委书记曾维，副省长薛恒，沈阳市市长陈海波等领导出席会议，住房城乡建设部，各省、自治区住建厅，有关城市住建委，国家住宅产业现代化试点与申请试点的城市，以及国家住宅产业化基地企业的代表参加了会议。7个省市及2家企业进行交流发言。会议组织参观了2014第三届中国沈阳国际现代建筑产业博览会，考察了沈阳现代建筑产业化生产企业和工程项目，总结了沈阳市推进现代建筑产业化经验，部署了全省下一步推进建筑产业现代化工作。辽宁省住房城乡建设厅副厅长白光出席会议并讲话。

6月

10~11日 辽宁省政府在丹东、本溪两市进行全省宜居乡村建设工作拉练，重点考察农村垃圾、污水、畜禽粪便治理，房、水、路等设施改造，农村绿化、亮化、生态化水平的提升等。副省长赵化明出席。

11日 省政府召开全省宜居乡村建设工作会议，代省长李希出席会议并讲话，副省长赵化明作工作报告。

12日 薛恒在锦州市黑山县召开棚户区改造现

场会，白光陪同参加。

20日　省委副书记许卫国主持召开会议，向中央调研组报告辽宁贯彻落实中央经济工作会议和中央城镇化工作会议精神有关工作。辽宁省住房城乡建设厅副厅长潘学俊参加会议。

7月

11日　住房城乡建设部部长陈政高召开全国住房城乡建设工作座谈会。陈政高在会上做了重要讲话，指出推进棚户区改造和保障房建设将作为下阶段的工作重点。会上要求各地要保质保量地完成国家下达的棚改任务，同时深入抓好保障性住房建设和管理。商向东参加会议。

25日，召开全省推进宜居乡村建设工作电视电话会议。商向东参加会议。会议指出，辽宁省宜居乡村建设当前阶段的主要任务为治理环境，兼顾改造设施。2014年起，辽宁省实施"百千万宜居乡村创建工程"，至2017年，全省创建100个"宜居示范乡"、1000个"宜居示范村"、10000个"宜居达标村"。

8月

14～16日　国务院办公厅秘书局棚改调研组来辽宁省调研，就棚户区改造工作召开座谈会，并分别到丹东市和大连市开展实地调研。

21～22日　省人大常委会副主任刘政奎与部分驻辽全国人大代表和省人大代表先后到阜新市、盘锦市，就农村环境治理工作开展专题调研。

9月

17日　辽宁省政府召开全省房地产和棚户区改造工作调度会，薛恒就确保房地产平稳健康发展和加快棚户区改造进程进行部署。省住房城乡建设厅厅长商向东、副厅长汪兴参加会议。

20日　商向东、汪兴参加在大连市召开的"东北振兴知名企业辽宁行"活动，与各知名企业代表进行座谈，就有关项目进行洽谈对接。

22日　代省长李希听取全省房地产工作汇报，

强调要全力确保房地产市场平稳健康发展。

10月

13日　辽宁省政府召开全省冬季供暖工作调度会，对阶段工作进行部署安排，省住房城乡建设厅厅长商向东、副厅长张殿纯参加会议。

17日　商向东参加住房城乡建设部在安徽省合肥市召开的全国房地产工作座谈会。

18日　商向东参加住房城乡建设部在安徽省合肥市召开的全国城市基础设施建设经验交流会。

21日　副省长薛恒带队到丹东市开展"稳增长促改革调结构惠民生"政策落实情况督查，商向东陪同参加。

29日　国家住房公积金服务专项督查组到辽宁开展专项督查工作，省住房城乡建设厅副厅长潘学俊陪同。

31日　商向东陪同薛恒视察沈阳市冬季供暖工作。

11月

17日　召开阜新万人坑修复有关工作会议，省住房城乡建设厅副厅长杨晔参加会议。

19日　辽宁省政协召开主席会议专题协商会议，会上研究了科学制定城镇化规划等工作。

12月

4日　省长李希主持召开会议，听取中央和地方企业"三供一业"分离移交工作汇报会。商向东参加会议。

16日　省委召开第97次省委常委会议，会上审议通过了推进新型城镇化的意见，商向东列席了会议。

22日　全省城镇化工作会议在辽宁人民会堂举行。辽宁省委书记、省人大常委会主任王珉，省长李希出席会议并讲话。副省长薛恒就《中共辽宁省委、辽宁省人民政府关于推进新型城镇化的意见》作说明。辽宁省领导曾维、唐军、郑玉焯、刘强、李晓安出席会议。省住房城乡建设厅厅长商向东参加会议。

（辽宁省住房和城乡建设厅）

吉　林　省

概况

2014年，吉林省住房城乡建设系统紧紧围绕全

省工作大局，立足实际，主动作为，逆势而上，全面完成各项工作任务。

全省建筑业实现持续健康发展。全年完成总产

值 2521 亿元，同比增长 15％。全年实现建筑业税收 120 亿元，占全省地税总收入的 15.7％。

全年完成房地产开发投资 2000 亿元，同比增长 10％，商品房销售 2200 万平方米，与上年基本持平。全年归集住房公积金 218 亿元，发放个人贷款 115 亿元，有力地支持职工住房建设。

《吉林省住房和城乡建设厅吉林省发展改革委员会印发〈关于加快推动吉林省绿色建筑发展的实施意见〉的通知》出台，全省新建绿色建筑 203 万平方米，有 13 个项目获得国家绿色建筑标识。

建立与新型城镇化相适应的规划框架和指标体系，编制《吉林省西部城镇发展规划》《城市生态系统规划》等专项规划。完成 54 个省重点项目和大型基础设施选址工作检查。

2014 年，吉林省全年新增城市道路 400 万平方米，新增城市绿地 1910 公顷，建成公园 26 个，新改扩建污水处理厂 13 座，新增处理能力 17 万吨/日，开工建设生活垃圾无害化处理场 15 座，加固重建城市危桥 24 座。

2014 年，全省开工建设各类保障性安居工程 28.8 万套，基本建成 24.39 万套，使全省 80 多万城乡居民的住房条件得到了根本改善。

2014 年，全省新增供热能力 5730 万平方米，改造陈旧管网 1936 公里，撤并改造小锅炉房 352 座，建设调峰锅炉房和区域锅炉房 40 座，完成既有居住建筑供热计量及节能改造 2347 万平方米，同步实施老旧小区综合整治 1910 万平方米。

城市二次供水和地下管网改造工程全面启动，全省撤并改造老旧散小二次供水设施 2177 座，改造陈旧二次供水管网 5053 公里，改造楼内管线 14347 公里，使 120 万户城市居民饮水安全问题得到了根本解决。

全省继续实施农村危房改造，全年完成 6 万户改造建设任务。全年落实移民资金 5.58 亿元，为 13.13 万人发放直补资金。扶持生产生活项目 1340 个，落实资金 4.78 亿元。

政策规章

【城乡建设法规】 根据年度立法计划，对《吉林省城镇燃气管理条例》《吉林省城镇供热管理条例》和《吉林省房屋建筑和市政基础设施工程招标投标管理办法》，开展调研、组织论证工作。制定下发《吉林省住房和城乡建设系统 2014 年法制工作要点》。

制定《全省城市管理行政执法体制改革试点工作指导意见》，提出改革试点的指导思想、基本原则、试点任务、试点范围等。改革试点按照十八届三中全会的要求，整合执法主体，相对集中执法权，着力解决权责交叉、多头执法等问题。结合吉林省实际，确定松原市和梅河口市为试点城市。

【清理、减少和下放行政审批事项】 2014 年，经吉林省政府行政改革办公室审查删减、合并，现共有行政职权 319 项。其中，行政许可 17 项、行政处罚 255 项，行政征收 1 项、行政强制 2 项、行政确认 7 项，行政给付 1 项，其他行政职权 36 项，均已向社会公开。全年共受理复议案件 21 件，其中 3 件已审理完毕，15 件由于法定事由而中止审理，另外 3 件正在审理过程中。

房地产业

【房地产基本情况】 2014 年，吉林省房地产业税收达 200 亿元，占全省税收总额的 26％。全年完成房地产开发投资 2007 亿元，同比增长 10％；商品房销售 2200 万平方米，同比持平；物业管理服务面积 2.87 亿平方米，同比增长 33％；物业管理覆盖率 73％，同比提高了 14％；物业维修资金收缴额 123.7 亿元，同比增长 32.7％；维修资金使用率 7.1％，同比提高 3.6％。

【加强市场监测和运行形势分析】 协调相关部门按月调度、分析全省房地产市场情况及走势，为省委、省政府提供房地产市场分析报告 11 期，专题报告 7 份，代省政府起草《关于支持保障性安居工程建设促进房地产市场健康发展的意见》。调查分析全省各城市商品房库存和房地产市场，提出不同城市分类调控的总体思路，供各城市因地制宜制定政策措施，指导长春市稳步取消了住房限购政策。

【建立联动管理机制】 规范开发项目建设管理程序、清理项目收费目录、公开开发项目行政审批要件和环节，实行上报省厅备案、审查、公示制度。

【开展全省开发项目排查】 对存在资金风险的项目，实施重点监控。为全面掌握项目建设和储备情况，制定全省房地产开发计划，建立全省开发建设项目库。

【企业资质管理】 制定审批实施细则。进一步减少资质审批环节，将资质审批与企业按时准确上报业绩信息相结合，发挥社会监督作用，向社会公示房地产企业工商注册和资质证书有效期等基本信息。加强对诚信企业的服务和非诚信企业的事后监管，保障群众合法权益。

吉林省确定 30 个重大开发项目，对项目建设和企业给予政策扶持，拉动经济发展和城市建设。

【产权登记工作】 与省物价局联合下发文件，明确房地产权属档案查询服务费收费标准。对全省房屋登记机构和登记官予以认定和公示。

【住房信息核实】 应中央和省委组织部要求，核实 12 批次 5300 多名领导干部的个人住房信息。配合省国土厅做好不动产统一登记改革工作。

【物业管理】 与吉林省财政厅联合修订印发《吉林省物业专项维修资金管理办法》，制定下发《吉林省物业专项维修资金应急使用指导意见》。会同省审计厅、财政厅联合下发《关于加强物业专项维修资金监督管理的意见》和《关于开展物业专项维修资金监督检查的通知》，组织各地开展物业维修资金自查、自审，全省进行行政监督检查。全面实施《吉林省普通住宅物业服务规范》。开展省以上物业管理项目达标申报和省级考评验收工作，对达标的 41 个项目给予通报表彰。

全面组织完成城市危房鉴定和拆除工作。指导各地建立健全城市危房档案。

【"暖房子"工程】 2014 年，吉林省"暖房子"工程计划新增热源能力 5000 万平方米，实际完成 5730 万平方米，超额 14.6%；计划撤并或改造小锅炉房 300 座，实际完成 352 座，超额 17.33%；计划改造陈旧供热管网 1500 公里，实际完成 1936.88 公里，超额 62.46%；计划完成既有居住建筑供热计量及节能改造 2000 万平方米，实际完成 2347.7 万平方米，超额 17.39%；计划实施老旧小区环境综合整治 1000 万平方米，实际完成 1910.94 万平方米，超额 91.09%。

通过 2014 年"暖房子"工程建设，房屋保温能力和供热保障能力得到进一步提升。39.12 万户、117.36 万城市居民直接受益。据计算，当年采暖期可节约标准煤 45.17 万吨，减少二氧化碳排放 118.35 万吨。

【房屋征收管理】 全年共完成房屋征收拆迁 8.5 万户。针对困扰各地房屋征收推进的司法衔接难、部门配合不力等突出问题，进一步加大政策破解力度，与吉林省高等法院联合印发《关于做好新一轮城市棚户区改造国有土地上房屋征收与补偿司法保障工作的通知》，进一步强化各级法院对房屋征收的保障作用，完善房屋征收司法监督、司法衔接、司法提前介入等机制。省住房城乡建设厅与省监察厅联合印发的《关于严肃民生工程建设中相关工作纪律的通知》加大了监察机关对征收工作的支持力度，建立房屋征收效能监察机制。

住房城乡建设部、最高人民法院在长春市召开"全国国有土地上房屋征收工作经验交流会"，会议就加强行政执法与司法衔接，依法推动房屋征收强制执行工作进行安排和部署。吉林省房屋征收部门与法院密切沟通协调，共同规范推进房屋征收工作经验做法得到住房城乡建设部、最高人民法院的肯定和推广。

住房保障

【基本情况】 2014 年，辽宁省城镇保障性安居工程开工建设任务 22.46 万套，全年建成 17 万套。实际开工建设 22.8 万套，完成计划的 101.5%。全年建成 19.55 万套，完成计划的 115%；完成当年总投资 381 亿元。

【政策规范】 辽宁省政府出台《关于加快推进新一轮城市棚户区改造工作的意见》，进一步明确各项优惠政策。制定《关于并轨后公共租赁住房有关运行管理工作的指导意见》《关于加强公共租赁住房分配入住工作的通知》等规范性文件，规范并轨后公共租赁住房运营管理工作。编制完成《吉林省 2013～2017 年棚户区改造规划》《吉林省 2015～2017 年国有企业棚户区改造规划》和项目库。

【加大保障性安居工程政府和信贷资金支持】 2014 年，争取国家各类补助资金共 59.39 亿元，省财政筹措补助资金 10 亿元。开发银行 300 亿元专项贷款，已放款 190 亿元，占总贷款额度的 63.3%。

住房公积金管理

【基本情况】 2014 年，辽宁全省住房公积金归集总额 1355 亿元，归集余额 749 亿元，贷款总额 728 亿元，贷款余额 475 亿元，累计提取总额 606 亿元，累计贷款职工 44 万人，结余资金 270 亿元。全年归集 217.72 亿元，发放个人贷款 115.45 亿元，贷款职工 4.7 万人，个贷率 62.7%，提取 121.51 亿元，新增缴存 11.69 万人，净增 4.5 万人。

与辽宁省财政厅联合下发《关于印发〈吉林省住房公积金管理工作考核办法〉的通知》及《住房公积金管理年度绩效考核细则》，将履行管委会决策制度、扩大公积金归集覆盖、提高个贷发放、健全管理制度、优化服务水平、加强审计监察等行业监管重点工作纳入考核内容，做出明确部署和要求。

【开展全省住房公积金管理情况调查】 形成《住房公积金管理情况报告》。10 月正式下发《关于进一步加强住房公积金管理工作的意见》，对住房公积金决策、归集、个贷、廉政风险防控、加强和改进服务、考核和监督等六个方面做出规定。

【配合国家巡查组加大专项检查力度】 协调相关部门，积极推进贷款发放。加强对已发放贷款的监管，保证资金安全使用和及时回收。全省累计已发放利用住房公积金贷款支持保障性住房建设试点项目贷款4.6亿元，已收回本金4000万元。为切实发挥住房公积金贷款支持保障性住房建设的资金效能，联合省财政厅批复同意通化市将二道沟和老六楼两个项目贷款期限由2年期变更为3年期。

【各市州住房公积金管理中心全面开通12329住房公积金服务热线】 为群众提供政策解答和业务咨询，提高了行业服务水平。向省通讯局进一步申请批准12329服务热线短消息类服务，为进一步利用信息技术拓展服务业务奠定基础。

针对省直分中心部分缴存职工上访反映贷款难的问题，几次组织长春市住房公积金管理中心、省直住房公积金管理分中心和房地产开发商召开协调会，对购房职工反映的问题逐一予以落实解决。

年初吉林省仍有历史遗留涉险资金1.05亿元。全年收回涉险资金6309万元，占总数的60%。其中，长春市4161.5万元，占该市总数的50%；白城市425.23万元，全部完成工作；通化市329.01万元，全部完成工作；辽源市683.5万元，全部完成工作；延边朝鲜族自治州20万元，全部完成工作；四平市689.73万元，占该市总数的95%。

城乡规划

【城市规划】 吉林省住房和城乡建设厅重点落实新型城镇化战略，按照就地就近城镇化和生态城镇化总体思路，编制《吉林省新型城镇化规划》《西部城镇发展规划》《城市生态系统规划》；研究论证《长吉新区总体方案》《吉林自贸区总体方案》《生态城镇化实施意见》；开展省域城镇体系规划实施评估，启动延边朝鲜族自治州城镇体系规划修编；配合国务院办公厅、住房城乡建设部组织召开城镇化工作东北片区调研会和城乡规划工作重点省市座谈会。起草的城镇化发展对策建议由省政府采纳已上报国务院。

【完善规划编制体系】 重点抓好全省城市总体规划修编。完成松原、榆树、集安规划成果和龙井、双辽、抚松新城规划纲要，着力引导城市集约、节约和转型发展。全面加快控详规和近期建设规划滚动编制，拟收储地块控详规覆盖率达到100%，以利于调控城市开发建设强度。在规划编制和项目审批方面，全力支持保障房、"暖房子"工程建设和绿色建筑推广，切实改善人居环境质量。

加强城市供水、地下管网、园林绿化等专项规划编制的指导，加快提升城市综合承载力。完成长春铁路综合货场、松花江干流防洪工程等54个省重点项目和大型基础设施选址工作。

开展全省城乡规划违法违纪行为专项检查，对长春、吉林、大安、靖宇等21个地方政府存在的突出问题予以通报，并对相关领导干部进行约谈问责。

完善城乡规划卫星遥感监测系统，实现对地级城市和重点城市的动态监管。启动规划执法网格化管理数字平台。

城市建设与市政公用事业

【基本情况】 根据《国务院关于加强城市基础设施建设的意见》和《国务院关于加强城市地下管线建设管理的指导意见》，在充分调研的基础上，相继颁布《吉林省人民政府关于加强城市基础设施建设的实施意见》《吉林省人民政府办公厅关于开展城市二次供水改造工程建设的实施意见》《吉林省人民政府办公厅关于实施城市地下管网改造工程的指导意见》《吉林省人民政府办公厅关于进一步加强城市园林绿化工作的意见》《吉林省人民政府办公厅关于"城市畅通工程"的实施意见》和《吉林省人民政府办公厅关于加快推进民间资本参与城市基础设施建设的意见》。以实施城市二次供水改造工程、地下管网改造工程、城市畅通工程和城市园林绿化工程为重点，全面提升城市市政基础设施的承载力。

【城市二次供水改造工程】 推进以城市二次供水改造工程为重点的民生保障工程建设。重点对老旧散小二次供水设施进行全面改造升级，统筹推进水源建设，水厂升级、管网改造、水质监测、管理体制改革，实现城市居民24小时供水全覆盖、饮用水水质和应急保障能力大幅提升。围绕二次供水改造工程，编制《吉林省城市二次供水改造项目建设规划》和《吉林省城市二次供水改造工程技术导则》，出台《吉林省城市二次供水改造设计招标指导意见》《吉林省城市二次供水改造工程考核办法》等系列配套文件。组织召开全省城市二次供水改造和地下管网改造工程动员大会，在大安市、梅河口市召开改造工程现场调度会，推进各项工作的落实。全省撤并改造二次供水设施2177座，完成率为117%；改造陈旧二次供水管网5053公里，完成率118%；改造楼内管线14347公里，完成率221%，实际投资额 60 亿元，使全省居民供水状况得到有效改善。

全省计划改造地下管网 3700 公里，实际完成 4294 公里，实现投资 92 亿元。其中供水一次管网 750 公里，污水管网 566 公里，雨水管网 423 公里，燃气管网 710 公里，供热管网 1845 公里。全省有 14 个城市完成地下管线普查工作，8 个城市建立了档案信息系统。在敦化市开展城市地下综合管廊试点工作，长白山池南区建成 3 公里共同沟。开展排水防涝设施现状普查，启动全省排水防涝规划编制工作，加快实施雨污分流改造和雨水管网建设。开展全年度燃气安全隐患排查整治，液化石油气行业充装、运输安全管理集中整治三项燃气安全专项治理活动，并结合冬季燃气供应和安全保障要求，下发《加强冬季燃气安全管理工作的通知》，有效杜绝燃气行业特重大事故的发生。

【污水处理】 在全省实现污水处理厂县县全覆盖的基础上，以改造升级和保障运行为重点，加快形成"厂网并举、泥水并重、再生利用"的建设格局。长春市、吉林市 2 个污水处理厂的扩建工程开工，长春市、四平市、辽源市、柳河县、梨树县的 5 个污水处理厂实现升级改造。

【垃圾无害化处理】 全省开工建设生活垃圾无害化处理场 15 座，其中卫生填埋场 12 座，综合处理厂 3 座；建设垃圾转运站 100 座。对全省建成的 15 座垃圾场开展无害化等级评价。推进省级 5 个城市生活垃圾分类试点和 4 个国家餐厨垃圾处理试点工作的开展。

【推进城市生态园林建设】 紧紧围绕改善人居环境，提高城市品位；以推进生态文明建设为主题，加快构建生态园林系统，组织开展"城市园林绿化品位提升年"活动；修订《吉林省园林城市（县城）申报和评审办法》，制定《吉林省城市园林绿化技术导则》，召开全省城市园林绿化现场会；计划新增绿地面积 1500 公顷，实际完成新增城市绿地 1900 公顷。完成珲春市、集安市、镇赉县申报国家园林城市、县的申报；完成梅河口市、临江市、汪清县、东丰县申报省园林城市、县城的评审。规范风景名胜区建设管理。对四个国家级风景名胜区开展规划执法检查，严格审查景区建设；完成四个国家级风景名胜区规划实施年度工作报告。

村镇规划建设

【农村危房改造】 年初，组织召开全省农村危房改造工作座谈会，全面部署 2014 年农村危房改

造、农村人居环境改善、村镇规划和特色村镇创建等主要工作。

超额完成国家下达给吉林省 2014 年 4.9 万户危房改造指标，实现省政府年初制定的 6 万户改造任务，同时协调落实国家 4.29 亿元、省财政资金 4 亿元，完成投资总额达 34.8 亿元。

会同省财政厅在全省范围内对历年农村危房改造资金使用情况进行专项检查，目前各地已对历年来存在问题进行整改。同时，会同省发改委、财政厅联合下发《关于开展 2014 年农村危房改造工作检查的通知》，采取集中汇报、审阅资料、现场检查的形式对全省农村危房改造任务落实情况的 6 个方面 33 项指标进行检查。

通过吉林省广播电台政行风热线节目，全面宣传和解答农村危房改造的相关政策。针对农村危房改造实施过程中的实际问题，编制并下发《农村危房改造知识问答》手册。

【改善农村人居环境工作】 为贯彻落实辽宁省委、省政府关于推进吉林特色新型城镇化建设，提高农民生活质量，提升村庄规划编制水平，组织编制并下发《吉林省县（市）域农村生活垃圾处理规划编制办法》《吉林省村庄规划编制办法》《吉林省新型城镇化示范镇规划编制审查办法》，并印发《关于推进全省改善农村人居环境重点村村庄规划编制工作的指导意见》。

由省住房城乡建设厅牵头与省农委及环保、水利、交通、文化、卫生计生委等六个省直相关部门进行衔接，形成《关于落实全国改善农村人居环境工作会议和〈国务院办公厅关于改善农村人居环境的指导意见〉情况的报告》，上报住房城乡建设部。同时下发《关于开展全省农村人居环境基本情况调查的通知》，对全省各地农村基础设施和公共服务设施建设等相关情况进行全面调查摸底，了解全省农村人居环境建设现状和相关工作开展情况。

吉林省成立以省委常委、常务副省长马俊清任组长，省委常委、副省长陈伟根和副省长隋忠诚为副组长，住建、发改、财政、国土、环保、交通、水利、农委等 31 个相关部门主要领导为成员的全省改善农村人居环境工作领导小组。根据"三定"方案和改善农村人居环境为重点工作，本着统一管理，分工明确，各负其责的原则，对 31 个领导小组成员单位工作职能进行认真梳理定位，印发《吉林省改善农村人居环境领导小组成员单位职能分工》，建立起分工明确、各负其责的推进机制。

【传统村落评选】 省住房城乡建设厅组织对全省7个地区38个县市开展实地踏查调研，上报41个村庄参加国家第三批传统村落的认定评选工作。同时，协调落实列入2014年第一批中央财政支持范围的通化县东来乡鹿圈子村和抚松县漫江镇锦江木屋村相关工作，两村已落实维护资金900万元。

【开展传统民居谱系调查】 按照住房城乡建设部《关于开展传统民居建造技术初步调查的通知》，组织开展全省传统民居建造技术谱系逐县调查工作。完成包括汉族、满族、朝鲜族、蒙古族以及俄式、日系等11类传统民居谱系调查和资料编写工作，作为《中国传统民居类型全集》的重要组成集结内容。

【国家试点村庄规划编制】 根据《住房城乡建设部关于做好2014年村庄规划、镇规划和县域体系规划试点工作的通知》要求，经国家评审确定，通化县、东昌区金厂镇上龙头村列为2014年全国村庄规划试点。已委托省城乡规划设计研究院开展规划编制工作，并完成住房城乡建设部中期汇报评审。

省住房城乡建设厅组织开展优秀农房范例评选、宜居小镇、宜居村庄创建及特色景观旅游名镇（村）和全国重点镇的申报工作。共推荐5户农房参加国家优秀农房评选，9个镇和10个村参加国家宜居小镇、宜居村庄认定，13个镇（村）申报第三批国家特色景观旅游名镇（村）评选工作。全省推荐上报全国重点镇109个，经国家批准确定吉林省81个镇为全国重点镇。

组织开展全省改善人居环境重点村村庄整治规划编制、全省农村危房改造、村镇建设管理信息系统培训班，对《吉林省村庄规划编制办法》《吉林省新型城镇化示范镇规划编制审查办法》《吉林省县（市）域农村垃圾处理规划编制办法》、农村危房改造政策以及农村住房管理信息系统和改善农村人居环境信息系统等内容进行讲解授课，共培训管理及从业人员800余人。

委托开展"吉林省村镇建设管理平台"建设，完成一期验收，初步组建起吉林省网上信息监管平台。组织开展农村住房现状调查、农村环境信息系统、小城镇污水处理信息系统的基础信息录入工作。

工程建设标准定额

【工程计价管理】 贯彻、落实国家关于工程计价管理的相关规定，组织召开《建筑工程施工发包与承包计价管理办法》（住房和城乡建设部令第16号）的宣贯会议。制定下发《吉林省建设工程最高投标限价管理规定》和《吉林省建设工程竣工结算备案管理暂行办法》，从源头遏制恶意抬高或压低工程造价的行为，规范建设工程的竣工结算，防止工程项目久拖不结及由此引发的拖欠工程款和农民工资现象发生。

根据住房城乡建设部《关于开展清单计价国家标准贯彻实施情况监督检查工作的通知》要求，组织开展全省清单计价国家标准贯彻实施情况的监督检查。规范了工程计价，为全面推动2013版清单计价规范的实施打下坚实基础。

为加强建设工程施工扬尘污染治理，提高标准化管理水平，根据《吉林省建筑施工现场标准化管理办法（试行）》的规定，制定《关于建筑、市政工程施工扬尘污染防治费计取规定的通知》，解决建筑施工企业因此而增加的费用。

为贯彻落实《吉林省人民政府关于加快发展建筑支柱产业的意见》精神，制定《吉林省住房和城乡建设厅关于调整费用定额相关规定的通知》，对获得省、市标准化管理示范工地的工程项目的安全文明施工费的奖励政策落到实处，对获得国家、省、市优质工程的项目实施"优质优价"。

发布2014年上半年、下半年《吉林省建筑工程质量安全成本指标》和《2014年吉林省"暖房子"工程外围护结构指导价及质量安全成本参考价》，定期发布人工、材料、机械台班市场价格（租赁价格）信息，指导建设各方招标投标和工程结算。

【规范工程造价咨询企业和工程造价从业人员执业行为】 开展全省建设工程造价咨询企业咨询成果文件专项检查工作，并对119户工程造价咨询企业进行了信用等级评价（其中：A级15户，B级91户，C级13户）。

完成《吉林省园林及仿古建筑工程计价定额》《吉林省园林及仿古建筑工程费用定额》和《吉林省市政工程补充计价定额》的编制工作，并发布执行。

工程质量安全监督

【进一步加强"暖房子"工程质量管理工作】 通过政府采购招标形式确定2家检测机构，对"暖房子"使用的材料和实体质量进行抽检。下发通知开展"暖房子"工程质量"回头看"活动，进行"暖房子"工程质量回头看检查和竣工工程验收工作。

加大吉林省房屋建筑工程质量常见问题专项治理工作。组织省内有关专家编制《住宅工程质量常见问题防治技术规程》。

第四篇

【工程质量治理两年行动】 加强监理企业、检测机构质量行为管理。组织专家对194家监理企业、144家检测机构的现场技术资料和检测报告进行审查，对监理单位资料管理混乱，检测机构出具检测报告不规范问题，提出逐项整改要求，提高从业管理水平。

建筑市场

【基本情况】 2014年，吉林省有建筑业企业3590家，同比增长7%。其中：总承包企业1719家，专业承包企业1871家。特别是吉林建工集团成功晋升房建特级资质，实现了10年内零的突破。全年完成建筑业产值2521亿元，同比增长15%；实现建筑业增加值897亿元，占全省GDP的比重达6.5%；实现地税收入120亿元，占全省地税收入的15.7%。

【政策保障】 吉林省委、省政府确定建筑业为新增四大支柱产业之一。省政府出台《吉林省人民政府关于加快发展建筑支柱产业的意见》，确定发展目标和重点任务，明确政策措施和组织保障。扶持建筑业企业发展，制定出台《关于扶持建筑业企业发展的暂行意见》《关于扶持企业发展的补充意见》和《关于进一步扶持省级重点建筑业企业发展的意见》等政策文件，组织召开省级重点扶持企业座谈会，深入省级重点扶持企业实地走访调研，实行一对一、点对点，扶持建筑业企业发展。

【企业资质】 对省住房城乡建设厅负责的建筑业企业资质审批事项，进一步简化程序，放宽条件，提高审批效率。印发《建筑业企业资质审批程序（试行）》和《关于调整部分建筑业企业资质审批相关事项的通知》，严格执行"一个窗口进、一个窗口出"的规定，简化资质升级、增项资质申报资料内容，全面实行网上申报、审批。由原来20个工作日缩短到10个和5个工作日。全年完成企业资质审批事项737件，比上年增长31.6%；新增注册建造师2474人。

【市场监管】 2014年，吉林省作为全国建筑市场监管综合试点的4个省份之一，从规范市场主体行为入手，扎实推进试点工作。加强建筑市场监管，组织开展严厉打击建筑施工转包挂靠行为，推行施工现场标准化管理。制定施工现场考评办法，组织开展2次检查、1次省级示范工地验收，评选省级示范工地44项。加快信用体系建设。开展全省建筑市场与诚信信息管理一体化平台建设，正在建立和完善企业、人员、项目、诚信信息四大数据库和17个子系统。制定建筑业企业信用综合评价办法，首次开展全省施工企业信用评价工作。

2014年，吉林省建造师注册人数2.39万人，同比增长11.5%。全省一级、二级建造师考试通过人数分别达909人和4816人。建造师继续教育全面实现网络教学，共有1.61万人参加了培训。

【建设勘察设计基本情况】 全省共有勘察设计企业530家，施工图审查机构16家。从业人员2.66万人（其中各类执业注册人员0.26万人）。全年完成营业收入110亿元，同比增长10%。

【勘察设计管理】 出台《关于推进勘察设计业加快发展的指导意见》。提出12个方面优惠和扶持政策，全力支持建筑业打造支柱产业。出台城市二次供水改造工程设计工作指导意见。为城市二次供水改造工程建设提供全力支持和优良服务。推动建筑设计与文化创意融合发展的优惠政策。就如何打造传承吉林省建筑风格特色、在建筑设计中融入文化元素等提出具体落实措施。选择一批实力强、已有总承包经验的大型设计企业，推动设计企业开展总承包。建立信用评级和公开制度，对企业和人员实施差异化管理，形成诚信管理新模式。出台施工图审查管理实施细则。实行属地化审查制度，切实履行政府赋予审图机构的质量监管审查职责，重新认定全省审图机构。落实勘察设计质量责任终身追究制度。制定出台规范性文件，对勘察设计单位和施工图审查机构就加强质量管理、落实质量责任提出明确规定和要求。开展住房城乡建设部国检和省建筑设计质量专项检查工作，全省共检查63个房屋建筑工程项目，检查面积45万平方米。开展注册建筑师继续教育培训和办理延续注册手续。

按照《关于开展2014年度吉林省建设工程优秀勘察设计评选活动的通知》要求，根据《吉林省建设工程优秀勘察设计评选办法》有关规定，省厅开展了2014年度吉林省建设工程勘察设计评选活动。依据评审细则和程序规定，经评审组专家初审、评审工作委员会复审和综合评定，评出建设工程勘察设计一等奖6项、二等奖11项、三等奖15项。

建筑节能与科技

【能耗监测】 印发《关于加强全省国家机关办公建筑和公共建筑能耗监测系统建设的通知》，将能耗监测系统作为建筑设备设施系统的组成部分，纳入工程建设程序管理，同步设计，同步施工，同步验收。2014年度公建能耗监测，93栋试点建筑分布在全省7个地级城市和3个县级市。按照住房城乡建设部、教育部关于《节约型校园节能监管体系建设示范项目验收管理办法(试行)的通知》要求，省住房城乡建设厅会同省教育厅组织专家于9~10月对长春工业大学、吉林建筑大学、延边大学三个示范项目进行了专项验收，报住房城乡建设部和教育部。

3月，省住房城乡建设厅联合省财政厅组织专家对2012、2013年度示范项目进行专项验收。通过验收项目11个，示范面积60.3万平方米。总体看项目进展顺利，节能示范效果显著。

【节能示范】 截至年末，全省共有14个项目投入节能示范运行。经实地检测，投入运行的示范项目综合能效比达3.21以上，综合节能率达53.9%；年节约燃煤1.4万吨，减排温室气体3.7万吨，减排烟尘106.4吨。按照住房城乡建设部《关于印发可再生能源建筑应用示范市县验收评估办法的通知》精神，委托省级能效测评机构对9个市县运行的示范项目全面开展能效测评，7个国家示范市县基本具备整体验收的条件。

按照住房城乡建设部、科技部联合下发的《关于开展国家智慧城市2014年试点申报工作的通知》要求，省住房城乡建设厅会同省科技厅邀请国家和省两级专家对申报城市进行省级初审。经审查，共有通化市等9个市、县(区)符合申报要求，正式上报两部委。

【绿色建筑体系】 省住房城乡建设厅会同省发改委印发《关于加快推动吉林省绿色建筑发展的实施意见》。组织编制《吉林省公共租赁住房绿色建筑技术规程(初稿)》《吉林省绿色建筑应用技术指南(初稿)》及《吉林省绿色建筑应用技术评价导则(初稿)》等系列规范标准。7月上旬组织召开全省绿色建筑工作调度会，成立由省厅建筑节能科技处牵头，规划处等相关处室为成员的工作推进组，确保工作落实。配合省财政厅下发《吉林省建筑节能奖补资金管理办法》，确定绿色建筑及可再生能源示范项目奖补范围和标准，推动绿色建筑发展。8月中旬在长春市召开绿色建筑评价标识培训会，全省房屋建筑工程审图机构及相关专业审查人员共计150人参加培训。印发《吉林省住房和城乡建设厅关于组织申报绿色建筑评价标识项目的通知》，共组织申报星级绿色建筑项目14项，总建筑面积约164万平方米。经评审报住房城乡建设部备案的一星级绿建项目11项，报部评审的三星级项目1项。

6月中旬开展全省节能宣传周和低碳日活动。以"绿色建筑行动"为重点，将绿色建筑、建筑节能、可再生能源建筑应用及住宅产业化等内容，编排印刷宣传手册5000册，设置讲解台现场解读宣传相关政策。

推进住宅产业化工作。完善标准体系，公布实施《成品住宅室内装修标准》，组织编制《装配式住宅设计导则(试行)》，组织召开装配式钢结构住宅技术交流推广会、省内大型施工总承包企业及预制构件企业座谈会。组织开展保障性住房设计标准化研究、装配式住宅关键技术研究、装配式钢结构多层。

大事记

3月

吉林省住房城乡建设厅联合省财政厅组织专家对2012、2013年度示范项目进行专项验收。通过验收项目11个，示范面积60.3万平方米。项目节能示范效果显著。

14日 建立吉林省集专家管理、专家抽取为一体的"评标专家管理系统"，实现专家评委网上申报、审核、根据回避条件等功能，完成自动抽取评标专家语音通知系统。

4月

5日 吉林省出台《吉林省人民政府关于加快发展建筑支柱产业的意见》，省住房城乡建设厅配套完成《关于扶持建筑业企业发展的暂行意见》《关于进一步扶持省级重点建筑业企业发展的意见》等政策文件，实行一对一、点对点，扶持建筑业企业发展。

11日 成立全省住房城乡建设系统地震应急联络组，建立覆盖全省住建系统地震应急联络体系。结合本地区抗震防灾工作安排部署和实际情况，及时排查安全隐患，开展危房加固和拆除工作。

16日 为贯彻落实《吉林省人民政府关于加快发展建筑支柱产业的意见》精神，制定《吉林省住房和城乡建设厅关于调整费用定额相关规定的通知》，对获得省、市标准化管理示范工地的工程项目的安全文明施工费的奖励政策落到实处，对获得国家、省、市优质工程的项目实施"优质优价"。

5月

22日 完成长春铁路综合货场、松花江干流防洪工程等54个省重点项目和大型基础设施选址工作。

30日 经吉林省政府同意，全省城市二次供水暨地下管网改造工程推进专题会议在长春召开。会议就深入贯彻省委、省政府重大民生工程，全面落实全省城市二次供水和地下管网改造工程建设任务作出安排部署。

6月

15日 落实吉林省委、省政府关于推进吉林特色新型城镇化建设，提升村庄规划编制水平，编制完成《吉林省县（市）域农村生活垃圾处理规划编制办法》《吉林省村庄规划编制办法》《吉林省新型城镇化示范镇规划编制审查办法》《关于推进全省改善农村人居环境重点村村庄规划编制工作的指导意见》。

20日 按照住房城乡建设部《关于开展传统民居建造技术初步调查的通知》，组织开展全省传统民居建造技术谱系逐县调查工作。完成包括汉族、满族、朝鲜族、蒙古族以及俄式、日系等11类传统民居谱系调查和资料编写工作，作为《中国传统民居类型全集》的重要组成内容。

7月

1日 进一步加强"暖房子"工程质量管理工作。通过政府采购招标形式确定2家检测机构，对"暖房子"使用的材料和实体质量进行抽检。下发通知开展"暖房子"工程质量"回头看"活动，进行"暖房子"工程质量回头看检查和竣工工程验收工作。

8月

30日 松原、榆树、集安规划成果和龙井、双辽、抚松新城规划纲要完成修编。拟收储地块控详规覆盖率达到100%。

9月

9日 以吉林省政府文件印发《吉林省燃煤污染治理规划》，印发《吉林省住房和城乡建设厅2014年大气污染防治工作实施方案》探索清洁能源供热发展，在长春市选择3个小锅炉供热区域进行"煤改气"、2个小锅炉供热区域进行"煤改生物质"试点。

18日 吉林省住房城乡建设厅与省高法联合印发《关于做好新一轮城市棚户区改造国有土地上房屋征收与补偿司法保障工作的通知》，进一步强化各级法院对房屋征收的保障作用，完善了房屋征收司法监督、司法衔接、司法提前介入等机制。

30日 根据住房城乡建设部《关于开展清单计价国家标准贯彻实施情况监督检查工作的通知》要求，组织开展全省清单计价国家标准贯彻实施情况的监督检查。规范工程计价，为全面推动2013版清单计价规范的实施打下了坚实基础。

10月

10日 开展全省住房公积金管理情况调查，印发《关于进一步加强住房公积金管理工作的意见》，对住房公积金决策、归集、个贷、廉政风险防控、加强和改进服务、考核和监督等六个方面做出明确规定。

30日 全面组织完成城市危房鉴定和拆除工作。指导各地建立健全城市危房档案。

31日 吉林省作为全国建筑市场监管综合试点的4个省份之一，加强建筑市场监管，组织开展严厉打击建筑施工转包挂靠行为，推行施工现场标准化管理。组织开展2次全省大检查、1次省级示范工地验收，评选省级示范工地44项。建立和完善企业、人员、项目、诚信信息四大数据库和17个子系统。

12月

20日 超额完成国家下达给吉林省2014年4.9万户危房改造指标，实现省政府年初制定的6万户改造任务，落实国家资金4.29亿元、省财政资金4亿元，完成投资总额34.8亿元。

30日 全省撤并改造二次供水设施2177座，完成率为117%；改造陈旧二次供水管网5053公里，完成率118%；改造楼内管线14347公里，完成率221%，实际投资额60亿元，使全省居民供水状况得到有效改善。

31日 年内"暖房子"工程建设使得房屋保温能力和供热保障能力得到进一步提升。39.12万户、117.36万城市居民直接受益。当年采暖期可节约标准煤45.17万吨，减少二氧化碳排放118.35万吨。

（吉林省住房和城乡建设厅）

黑 龙 江 省

【概况】 2014年是黑龙江省住房城乡建设工作较为困难的一年，面对全社会固定资产投资大幅下滑，经济下行压力加大，国家部分政策投资力度减弱，建设任务依然繁重等诸多矛盾和困难，黑龙江省住房城乡建设系统在省委省政府的坚强领导下，全面贯彻落实党的十八届三中、四中全会、省委经济工作会议及全国建设工作会议精神，以深化住房城乡建设改革为动力，以转变发展方式、保障改善民生为主线，以建住房、强基础、改面貌、重管理为主要任务，坚定信心、迎难而上，攻坚克难、连续作战，积极推进中心工作和重点任务，各项工作取得较好成效。

【保障性安居工程建设】 2014 年，全省保障性安居工程建设完成投资 320 亿元，开工 16.58 万套，开工率 107.4%；基本建成 19.1 万套；工程在建总量 45.4 万套，50 多万城镇居民喜迁新居。积极破解征拆难题，全年征拆 10.2 万户，哈尔滨、齐齐哈尔、牡丹江三市征收力度大、拆迁效果好，征拆总量均超过万户以上。筹融资力度进一步加大，争取国家补助 63.3 亿元，银行贷款 86.7 亿元；住房公积金支持保障性安居工程建设贷款累计达到 46.14 亿元，全省提取廉租住房补充资金 12.2 亿元；积极搭建省级融资平台，获得国家开发银行棚户区改造贷款授信额度 500 亿元，是筹融资力度最大的一年。严格规划设计把关，坚持执行"三审两公示"和信息公开制度，保障房规划设计水平大幅度提高，配套设施和环境建设质量显著增强，分配管理更加规范，群众满意度明显提升。

【农村泥草(危)房改造】 年内，全省农村泥草(危)房改造完成投资 163.8 亿元，改造 22 万户，其中争取国家农村危房改造 7.8 万户，获得国家农村危房改造补助资金 7.3 亿元，支持困难群体力度不断加大。坚持新建与改造相结合，创新改造模式，推进了 200 个整村改造试点，密山等市县实施"穿衣戴帽"工程，森工林场泥草房改造效果显著，牡丹江、鸡西等地率先完成全部改造任务。坚持推广农村节能建筑技术，提倡使用复合墙体、外挂苯板、装配式、太阳能等多种节能建房技术。继续开展整村改造试点。加大对特困群体帮扶力度。建设一批五保家园、幸福大院、农民公屋，努力改善贫困群体住房条件。积极推进灾后损毁房屋重建工作，加强重建房屋规划选址、勘查设计、质量安全指导，全省新建和修缮损毁房屋 22858 户，受灾群众全部得到妥善安置。开发、施工企业向重灾区捐建的 8 个幸福大院、2 所学校全部竣工；大庆油田援建的同江市八岔乡项目进展顺利，92 栋住宅已达到入住标准，一些公共服务和基础设施项目投入使用。黑龙江省住房和城乡建设厅被国家中华慈善总会授予"中华慈善突出贡献奖"。

【城乡规划引领作用】 加强城乡规划编制管理，不断完善城乡规划体系，代省政府完成绥化市、讷河市、富锦市、双城市 4 个城市总体规划批复，同意对五常市、呼玛县 2 个市(县)进行总体规划修编，配合黑龙江省发改委完成《黑龙江省新型城镇化规划》编制工作；完成 22 个乡镇总体规划和 43 个村庄建设规划编制工作。开展省域城镇体系规划实施评估工作，对哈尔滨等 22 个城市和开发区总体规划以及棚户区改造等重点项目规划进行技术审查。按照住房城乡建设部部署和安排，启动哈尔滨市阿城区、同江市"多规合一"试点工作。强化规划实施管理，制定下发了总体规划实施评估方案，对总体规划的实施情况进行评估检查；积极配合住房城乡建设部城乡规划督察员工作，协调处理了哈尔滨、牡丹江、佳木斯、大庆 4 个城市涉及违法建设行为的卫星遥感变化图斑。积极组织开展全国优秀规划设计奖推荐申报工作，全省共获得国家级奖项 10 项，其中，二等奖 2 项，三等奖 5 项，表扬奖 3 项。加强历史文化名城名镇名村和历史街区的保护，齐齐哈尔市被国务院批准为国家历史文化名城，富裕县富裕屯等 5 个村屯被评为中国传统村落。

【城市基础设施建设和管理】 持续推进以供热、供水、供气、垃圾污水治理和清冰雪为重点的"三供三治"市政基础设施项目建设，全省"三供三治"项目完成投资 152 亿元，开复工项目 354 个，分别占年计划的 104.7% 和 110%。全省投入 81 亿元，改造老旧供热管网 2050 公里，拆并小锅炉 1423 台，其中中心城市 1216 公里、930 台，供热和空气环境质量大幅改善。哈尔滨、佳木斯、伊春克服前期手续办理慢、工期短、拆并网难度大等困难，超额完成改造任务。列入省政府工作目标的 20 座净水厂升级改造、10 座新建净水厂、38 个续建和新建垃圾治理项目全部开工建设，林口、同江净水厂升级改造全面完成，达到了 106 项水质检测标准。

城镇污水处理设施建设运行全国排名由第 30 位上升到 20 位。投资 3.98 亿元，购置机械设备 1140 台(套)，13 个中心城市主次干道机械化清冰雪率达到 90% 以上。加快推进城市管理数字化、信息化基础工作，哈尔滨、大庆、黑河三市率先完成地下管网信息普查，哈尔滨建立了地下管网地理信息系统平台，并投入使用，极大提高了城市地下管网运行的安全性，实现了城市管理的数字化和信息化。

【建设领域科技节能】 围绕建筑节能重点任务，落实政策措施，强化技术支撑，加强监督管理，积极推进建筑节能和绿色建筑发展。启动地方标准

《黑龙江省居住建筑节能 65％设计标准》修订和《被动式超低能耗居住建筑节能设计标准》编制工作，新建居住建筑执行 65％节能设计标准，新建公共建筑执行 50％节能设计标准，全省执行建筑节能标准率设计阶段达到 100％，施工验收阶段达到 98.5％以上。2014 年，新建节能建筑 4059 万平方米，完成既有建筑节能改造投资 58.3 亿元，争取国家奖励资金 13.75 亿元，改造面积 2538 万平方米，占全国十分之一，节约标准煤 139 万吨，减少 CO_2 排放 342 万吨，改造总量和节能减排实现历史性突破。

绿色建筑取得了实质性突破，大型公共建筑和政府投资项目全面执行绿色建筑标准，新建绿色建筑 372 万平方米，全省有 12 个项目 182 万平方米获得国家绿色建筑设计标识。积极开展超低能耗建筑示范工作，全国超低能耗绿色建筑经验交流会和技术培训会在黑龙江召开。全省可再生能源建筑应用面积达到 1683 万平方米。全省高强筋应用率达到 70％，钢筋配送工厂化生产走在全国前例。

【重点小城镇和村庄建设】 认真贯彻落实《黑龙江省新型城镇化规划》，重点加强城关镇和"百镇"试点镇建设，指导 65 个城关镇建立了项目库，积极推进供排水、道路和管网改造等市政基础设施建设，全年开工项目 288 个，投资 74.8 亿元，县城综合承载能力进一步提升。整合棚户区改造、"三供两治"等政策资金向百镇试点镇倾斜，"百镇"试点镇全年开工项目 558 个，完成投资 52 亿元，百镇基础设施、住房、环境面貌有了极大改善；积极推进扩权强镇试点，已有 8 个小城镇具有相应的县级经济社会管理权限。扎实开展全国重点镇、传统村落、传统民居推荐评选工作，全省有 115 个镇被列入全国重点镇，宁安市江西村、尚志市镇北村被评为中国传统村落，东宁县道河镇、萝北县名山镇、东宁县三岔口镇等 5 个镇 2 个村屯被评选为国家级特色景观名镇名村，萝北县名山镇、梅里斯区哈拉新村等 3 个镇村被评为国家级美丽宜居小镇、宜居村庄。

【房地产市场】 面对房地产市场下行趋势，积极应对、主动作为，强化对市场运行的监测分析，摸清存量房底数和结构，召开市地、系统房地产市场工作座谈会及时传达贯彻国家相关政策精神，指导哈尔滨取消了限购政策，组织省、市房协组织开展大型房展会和系列促销活动，会同省直 10 部门联合下发《关于促进全省房地产市场持续平稳发展的若干意见》，引导企业转型升级，狠抓房地产中介市场和产权登记整顿，会同省工商局开展全省房地产中介市场专项治理，重点查处中介机构发布虚假房源信息、签订阴阳合同、挪用交易资金等行为，全省房地产市场保持了平稳健康运行态势。主要表现为"五降"、"四增"。五降：房地产开发完成投资 1324.1 亿元，同比下降 17.5％，占全省固定资产投资 13.8％；商品房销售面积下降 25.9％；商品房销售额下降 23.6％；新开工面积下降 18.6％；企业土地储备下降 36.5％。四增：全省完成房地产税收 278 亿元，同比增长 12.2％，占地方税收 31.6％；市场规模平稳增长，施工、竣工面积分别增长 4.8％、2.3％；商品房销售平均价格 4882 元/平方米，增长 3％；库存量 2043 万平方米，增长 14.9％。

住宅产业化迈出新步伐，30 个项目被评为国家 A 级住宅，8 个项目被评为国家康居示范工程，8 个项目被评为国家广厦奖，大庆高新城投开发公司被评为全省第二个国家开发企业联盟型住宅产业化基地，哈尔滨、大庆、牡丹江、北安、鸡东等市县工作成效明显。

【住房公积金管理】 加大住房公积金法规及制度建设研究，起草完成《黑龙江省个人住房公积金贷款管理暂行规定》，制定下发《黑龙江省住房公积金业务档案管理办法》，进一步规范并统一了全省公积金业务档案管理。积极推进住房公积金缴存扩面工作，森工系统建立并实施了住房公积金制度，全省住房公积金缴存覆盖率达 77％。住房公积金服务热线工作取得新进展，全省 14 个住房公积金管理中心、3 个分中心均开通了 12329 服务热线，为群众了解业务提供了便捷服务。稳步推进利用住房公积金贷款支持保障性住房建设试点工作，通过利用住房公积金支持保障性住房建设运行监管系统，对试点城市项目贷款资金拨付和回收等情况进行实时监管。及时调整个人住房贷款政策，指导各地合理确定贷款条件，取消中间费用，全年向 4.94 万户家庭发放公积金贷款 121 亿元，推动了职工住房条件的改善。

【建筑业】 2014 年，全省建筑业总承包、专业承包企业 5307 家，其中，总承包企业 2423 家，专项承包企业 2884 家；总承包一级企业 141 家、二级企业 937 家、三级企业 1345 家，专业承包一级企业 126 家、二级企业 718 家、三级企业 2040 家。全省完成建筑业总产值 2594 亿元，实现增加值 886 亿元，同比分别增长 4％、3.9％，带动 100 余万人就业，拉动了上下游相关产业发展。深入开展工程质量治理两年行动和"打非治违"专项行动，严厉打击违法发包、转包、挂靠和分包行为，以省政府名义制定下发《黑龙江省关于规范工程建设领域秩序提升工程质量的意见》，从提升工程建设质量、提高工程建设标准、有效治理工程质量常见问题等方面，提出了操作性较强的具体措施。

加强从业人员队伍建设和技术进步创新，聘请全国知名专家进行建筑设计专题讲座，组织开展了设计大师评选活动，引导采用新技术、新工艺，注重以工法开发增强行业科技创新能力，全省评审十项新技术示范金牌工程24项、银牌工程41项，评定省级工法71项，获得国家级工法11项。造价管理机制逐步健全，基础性工作稳步推进，管理服务进一步规范。工程质量监督覆盖率、竣工验收工程合格率均达到100%，齐齐哈尔市代表黑龙江省接受国家建筑市场综合检查，各项指标评定排在全国前列。大力推进安全生产标准化和文明工地建设，文明工地达标率达到93%；加大安全生产排查整治力度，安全生产继续保持平稳态势。

【文明城乡创建】　持续开展"1234"专项行动，坚持抓脏、治土、扩绿，下大气力整治城乡环境卫生，制定下发《文明城市创建"四季"行动工作指南》，深入开展"春风"、"夏净"、"秋扫"、"冬清"等行动，治理城区裸土57万平方米，清理绿化超高土71万平方米，清运积存垃圾270万吨。

深入推进城市主街路综合改造，全省结合既有居住房城乡建设筑节能改造，综合整饰主街路102条、359万平方米、楼体572栋；全省投资15.2亿元，改造城市老旧小区1639万平方米，小区环境面貌和居住条件极大改善，主街路周围建筑风格特色突出，城市形象品位大幅度改善。哈尔滨、齐齐哈尔和牡丹江推进力度大，改造效果好，共完成改造面积1220万平方米，占全省总量的74.4%。以城郊片林、新建公园绿地为重点，持续推进城镇植树造林和绿化工作，全省新增城市绿地1549.2公顷，新建公园15个。

出台《黑龙江省关于改善农村人居环境的实施意见》，大力开展以净化、硬化、绿化、庭院和治理"五乱"为重点的村庄环境建设，全省农村新铺装道路1174公里，增设垃圾箱8261个，清运垃圾400万吨，改建厕所591座，新建农村防护林101万亩、绿化村屯2103个，打造了一批干净整洁、宜居宜业的特色村庄。

【依法行政工作】　加快城乡建设立法进程，颁布实施了《黑龙江省城乡规划条例》《黑龙江省清除冰雪条例》；完成《黑龙江省保障性安居工程建设管理办法》的立法程序；下发《国有土地上房屋征收与补偿规范化工作规程》和《国有土地上房屋征收与补偿示范文本》，为规范征收拆迁行为提供法律依据。深入推进"六五"普法，加大建设行政执法监察和案件查办力度，全年受理各类案件1851件、立案890件，行政处罚762件，较好地发挥了以案规范、以案警示的作用，促进系统干部提高法制观念和执法水平。

【行政审批和市场化改革】　加快推进行政审批制度改革，主动精减下入行政审批权限和事项，制定出台了审批事项手册，完善审批大厅机构设置和服务窗口，取消和暂停8项，下放地市6项，保留权限内行政审批项目18项、省级初审和国家委托行政审批项目14项，并积极开展审批中的法外前置、后置条款和收费清理工作；在黑龙江建设网全面公开32个审批项目清单，权限内审批项目减少审批环节2个，审批时限由20日减少到15日。

市政基础设施市场化改革多点启动，引进业内企业来龙江投资，搭建政银企合作平台，采用政府购买服务PPP模式，引进民间资本推进城市供水、污水、供热、燃气和环卫行业市场化；搭建建设与运营市场化信息对接平台，实施项目公开招标，对市政设施投资和运营进行了梳理，发布了部分地市21项市政基础设施投资主体招标公告，有6个项目进入省级平台，其余15个项目由地市组织招标。

【作风建设和廉政建设】　深入贯彻落实中央"八项规定"和省委省政府"九项规定"，持续不断反"四风"、转作风，群众路线教育实践活动成果进一步扩大，作风建设和党风廉政建设得到进一步加。住房城乡建设厅机关建立了视频会议系统，全年会议减少70%以上，基层单位普遍欢迎。健全完善了《公务接待工作规定》、《公务用车使用管理办法》、《群众信访接待制度》等26项规章制度，形成了用制度管人、管事、管权的机制，堵塞滋生"四风"的漏洞。

按照中共黑龙江省委开展"七查七治"和"六项专项行动"的要求，坚持上下联动，全省解决历史遗留房产证办理难问题15.7万户，清理"小弱散"物业企业153家，治理物业弃管楼4042栋，鸡西市住房城乡建设部门、大庆市建设局、牡丹江市房产局、五常市建设局等单位在专项治理中取得较好成效。加强对党员干部监督管理，继续推进"五型"机关创建和学习型党组织建设，积极推进惩防体系建设，党风廉政和行风建设得到不断加强。

（黑龙江省住房和城乡建设厅）

上 海 市

城市建设和管理

概况

2014 年，上海全面完成城市建设和管理各项任务。全年投入城市基础设施建设资金 1057.25 亿元，比上年增长 1.3%，其中电力建设投资 134.22 亿元，交通运输投资 422.48 亿元，邮电通信投资 87.93 亿元，市政建设投资 379.81 亿元，公用事业投资 32.80 亿元。与上年相比，分别增长 21.6%、－7.9%、－4.1%、13.4% 和－31.0%。

年内上海注重在城市综合管理中加强基层性工作，发挥市、区和街道的多个积极性，城市管成效明显。全年拆除违法建筑 1007 万平方米，为上年的两倍。调查摸清全市 200 个无序设摊集聚点，其中中心城区 104 个，完成综合整治 28 个。摸排各类群租户 4.67 万户，完成整治 3.72 万户。对城市管理难题中的井盖缺损、路灯维护、施工噪声、渣土运输、二次供水、大居配套、道路保洁等的整改，取得明显成效。网格化城市管理继续深化拓展，区县城市网格化综合管理机构基本组建完毕，市、区县、街镇、村居四级管理体系加快形成。住宅小区综合治理研究取得进展，提出一系列重大政策措施，研究制订了实施意见和三年行动计划。重大活动保障圆满完成亚信峰会的动力、市容、工地等配合保障，确保了重点区域、重大活动的市容环境总体可控。成功筹办首届"世界城市日"系列庆典活动。年内"夏令热线"活动共接市民来电 10.9 万余个，诉求解决率上升，经第三方测评满意率 84%。

城市运行管理安全、稳定、有效。年内全市在建工程建筑面积、建安总量均比上年增长近 20%，工地安全则好于上年，事故发生率减少，死亡人数连续第八年下降。推进建设工程质量安全飞行检查制度，全年实施行政处罚结案 1436 起。加强燃气安全监管，实施管道占压整治 25 处，完成燃气隐患管网改造三年计划任务。依托地下空间管理联席会议平台，加强地下空间安全使用的统筹协调，组织了多种形式的地下空间使用安全检查和整治。行业涉民矛盾化解取得进展。铁路上海南站噪声治理采取的居民房屋收购工作顺利完成，840 户居民签约实施房屋置换；降噪及铁路沿线声屏障工程正式启动。虹桥机场航空噪声治理工程顺利推进，累计完成 3306 户居民房屋隔声降噪改造。39 件（小区）已入住居民无法办理产权证的历史遗留问题，累计已有 34 件（小区）得到解决，累计办出产权证 3910 套。

积极推进重大工程建设，注重过程协调和规范操作。年内制定了《关于进一步加强本市重大工程建设管理的实施意见》，同步细化 30 项配套细则，重大工程协调推进制度进一步完善。全面完成年度重大工程建设投资计划和开竣工目标。年内重大工程建设安排投资 1200 亿元，北横通道等 24 个项目实现开工，东风西沙水库等 21 个项目竣工投用。黄浦江两岸进入功能和基础开发并重阶段。国际旅游度假区迪士尼主题乐园结构基本完成。虹桥商务区国家会展综合体项目全面建成，部分投入使用。临港地区、世博园区、前滩地区等重点区域项目建设有序推进。援疆建设取得进展，"三莎"高速公路等重大工程代建任务圆满完成，巴楚县市民之家等 4 个喀什地区"交钥匙项目"开工建设。

加快实施涉及改善民生的各项计划任务。提前完成旧城区改造任务。启动实施 63.9 万平方米的中心城区二级旧里以下房屋改造，受益居民 2.8 万户。启动 11 块"毛地出让"地块，在拆地块收尾 41 块，超额完成全年任务。超额完成"城中村"改造试点工作，松江、浦东、闵行等区 13 个"城中村"地块改造顺利启动。大型居住区配套建设取得成果，纳入市和区重点推进外围配套的项目，累计开工 104 个，占总量的 92%。保障性住房建设年内新建筹措各类保障性住房和实施旧住房综合改造 13.9 万套，基本建成 11.3 万套。圆满完成年度市政府实事项目，完成 400 座农桥、800 公里村道改造，实施 10 万户老旧小区电能计量表设施改造，启动新一轮住宅二次供水设施改造，明确设施管养机制；完成 1100 户残疾人和老年人家庭无障碍设施改造。生态环境建设完成新造林地 3.3 万亩，新建绿地 1105 公项，布置立体绿化40万平方米。实现全市生活垃圾无害化处理率95%，连续4年实现人均生活垃圾末端处理量每年减少5%目标。

城市建设和管理的行业改革创新、转型发展步伐加快。完成区县城管综合执法体制改革调研，制定出台改革实施意见，闸北、金山、闵行等区新的城市管理行政执法局挂牌。养护作业市场化改革稳步推进，17个区县全部出台城市维护资金管理办法，覆盖全市的城市维护保障机制初步建立。出台应用推广建筑信息模型（BIM技术）指导意见，推进BIM技术在全市建设工程中的应用。建工集团、中建八局、现代设计集团、市政总院等，在各自领域积极推广应用。装配式建筑发展速度加快，建立"两个强制比率"和"建筑规模"的双控推进机制，全年共落实303万平方米装配式建筑。城建集团、城投公司、中铁上海工程局、中铁二十四局等企业，积极探索提高预制化率并取得进展。启动实施绿色建筑发展三年行动计划，全市绿色建筑总量达到1500万平方米。地下空间信息基础平台建设顺利推进，黄浦、长宁、普陀、徐汇和浦东小陆家嘴地区地下管线数据收集入库。

建筑市场监管和建筑行业规范化工作得到加强。针对建设工程领域"围标串标、明招暗定、虚假招标"等问题，开展专项检查和整改，研究完善工程招投标评标办法，遏制违法行为多发势头。资质资格电子化审批工作取得成果，完成企业资质电子化审批试点，通过跨部门多维数据比对和共享，企业提交材料减少80%，项目审批时间缩短三分之一。出台《上海市建筑市场信用信息管理办法》，加快建设建设市场管理信息平台，建设市场信用体系不断完善，浦东新区施工招标应用企业信用评价试点启动。施工现场作业工人实名制管理取得成效，8万多工地作业人员实名信息和800多个项目的用工信息纳入系统平台管理。稳步推进行业标准定额制定工作，完成70项地方工程建设标准立项，《住宅设计标准》等一批地方标准规范正式出台。

市容绿化、公用事业、环境保护、海洋和水务、国土资源等工作有序开展。（陈欣炜）

市政基础设施

【概况】 2014年，上海市政建设投资379.81亿元，比上年增长13.4%。年初安排的沪翔高速公路（S6公路）新建工程，虹桥综合交通枢纽嘉闵高架路南北两端延伸段的高架道路及地面道路工程，长阳路延伸段（内江路—军工路）辟通工程，广中路地道

工程建设项目，中环高架路设施结构涂装工程二期等一批道路建设工程如期竣工交付使用。列入年度维护计划的闸航路（闵行区界—三鲁路段）、顾戴路（友东路—东闸路段）、七莘路、吴中路（合川路—虹许路段）、汶水路、菊盛路（宝安公路—沙浦河段）、铁山路等一批城市道路大、中修工程项目，全部保质保量按期完成，按使这批路段实现缓解城市交通、降低道路噪声、改善道路景观的目标。列入上海市政府2014年度实事项目的农村路桥建设和改造任务，共计完成农村经济相对薄弱村村内道路改造1130公里，实施农村桥梁改造740座，超过年度计划目标。2012年至2014年间，全市累计完成农村桥梁改造2600座（包括公路桥梁和村内桥梁），完成经济相对薄弱村村内道路改造2500公里，有力推动了上海城乡一体化建设和市郊农村基础设施条件的改善。全市9个郊区县成立了119个乡镇农村公路管理机构和42个乡镇农村公路路政中队，基本覆盖全市农村路桥的管养工作。在此基础上建立和完善村内道路桥梁设施量数据库，推进农村村内道路及桥梁信息管理系统，并在全市推广应用。年内上海起步实施道路检查井统一标识工作，按"一井一标识"要求建立完善、统一、易读的道路检查井标识系统，并完成500个道路检查井的标识安装试点。市路政部门积极推动市政建设科技研发及新技术应用，召开科技研发及新技术应用成果征集活动评审观摩会，筛选推荐的27项成果包括现浇泡沫轻质土在工程项目中的应用、超速硬水泥新材料应用、路面结构注浆加固补强技术、排水性沥青路面养护标准和综合养护技术研究等，涉及桥隧养护、信息化技术、道路养护道路新材料、道路新工艺等专业领域。市政道路、桥梁建设和维修工程中，广泛采用新技术、新材料，取得良好效果。（陈欣炜）

【沪翔高速公路竣工通车】 7月29日，沪翔高速公路（S6公路）新建工程通过竣工验收，于7月31日通车试运行。沪翔高速公路为连接外环高速路与沈海高速公路（G15国道）的东西向高速公路，东起外环高速路西北侧，以上跨方式先后跨越浏翔公路、嘉闵公路、轨道交通11号线和沪宜公路，于宝安公路立交处接入沈海高速公路。线路全长11.8公里，设计车速100公里/小时，设双向6车道。（陈欣炜）

【嘉闵高架路南北延伸段建成投用】 12月28日，上海虹桥综合交通枢纽嘉闵高架路的南、北两端延伸段的高架道路及地面道路建成通车。嘉闵高架路工程于2012年7月10日开工，历时2年多。工程为虹桥综合交通枢纽配套道路"一纵二横"中的

纵向道路，全线南起申嘉湖高速（S32），北至沪翔高速（S6），总长 37 公里，一次规划，分期实施。其中联明路至北翟路段道路，已于 2009 年 3 月 16 日先期建成投用。此次建成的南延伸段道路，南起莘松路北至联明路，全长 5.48 公里；北延伸段道路南起北翟高架路，北至沪宁高速公路，全长 4.67 公里；采用城市快速路标准建设，设计时速 80 公里。此两段高架路及地面道路的建成，对缓解嘉闵高架交通压力，提高虹桥枢纽服务保障功能，方便苏浙地区车辆进入，完善上海城市西北地区整体路网功能，兼顾沿线地区出行需要，改善地区交通条件以及联通闵行、松江、嘉定地区，具有重要作用。（陈欣炜）

【实施完成一批道路大中修工程】 2014 年，上海相继实施完成一批城市道路大、中修工程项目，使这批路段实现缓解城市交通、降低道路噪声、改善道路景观的目标。这批道路大、中修工程项目主要包括闸航路（闵行区界—三鲁路段）、顾戴路（友东路—东闸路段）、七莘路、吴中路（合川路—虹许路段）、同济支路、联长路（长江西路—江杨南路段）、潘沪路、汶水路、菊盛路（宝安公路—沙浦河段）、铁山路等。（陈欣炜）

【全面完成年度农村路桥建设改造任务】 截至 12 月 31 日，上海市列入 2014 年度市政府实事项目的农村路桥建设和改造任务全面完成。全年共计完成农村经济相对薄弱村村内道路改造 1130 公里，实施农村桥梁改造 740 座，超过年度计划目标（800 公里道路、400 座桥梁）。此是上海为加快城乡一体化发展计划，改善市郊农村基础设施条件，实施的新一轮农村桥梁改造和经济相对薄弱村村内道路改造计划的工作内容。（陈欣炜）

【起步实施道路检查井统一标识】 年内，上海起步实施道路检查井统一标识工作，按"一井一标识"要求建立完善、统一、易读的道路检查井标识系统，并于完成 500 个道路检查井的标识安装试点。上海市域城市化地区共有各类检查井约 650 万个，涉及水务、通信、电力、公安、消防、环卫、信息、燃气等 18 家单位和部门及军队管线。（陈欣炜）

重大工程建设

【概况】 2014 年，上海围绕服务经济社会发展和改善民生目标，调整安排重大工程建设项目 92 个，完成投资 1199.1 亿元，建成或基本建成项目 21 个，新开工建设项目 24 个，其余在建工程推进有序。虹桥商务区、世博会园区、浦东迪士尼三大重点区域工程项目全面实现节点目标，其中虹桥商务区的公共绿地、能源管沟等 18 个基础设施项目、25 个城市综合体项目有序推进，国家会展中心（上海）综合体工程竣工交付使用；世博园 A、B 片区的 13 个央企总部工程，部分项目实现结构封顶、首幢央企总部大楼中国商飞总部大楼基本建成，前滩企业天地分 5 期开发的项目，前三期项目已开工，计划 2017 年陆续竣工。（廖天）

【国家会展中心（上海）综合体项目全面建成】 12 月 31 日，国家会展中心（上海）综合体项目工程建设正式竣工。国家会展中心（上海）是商务部和上海市合作共建的国家项目，为全球目前最大的会展综合体工程。以四叶草为设计造型的此一综合体项目，位于上海虹桥交通枢纽西侧，北至崧泽高架，东至涞港路，南至规划六路，西至诸光路，占地面积 86 万平方米，建筑基底总面积 49.65 万平方米，总建筑面积 147 万平方米，总投资 150 亿元人民币。（廖天）

【上海中心大厦工程竣工】 12 月，上海中心大厦工程全面竣工。工程位于上海浦东的陆家嘴功能区，占地 30368 平方米，主体建筑为高 580 米的钢筋混凝土核心筒外框架结构，总高度 632 米，地下结构 5 层，地上部分包括 124 层塔楼和 7 层东西裙房。工程建筑造价 148 亿元，于 2008 年 11 月 29 日开工，2013 年 8 月 3 日主体结构封顶。（廖天）

【上海自然博物馆新馆建成投用】 7 月 30 日，上海自然博物馆新馆工程工程建成投用。自然博物馆新馆工程位于静安雕塑公园地块内，总建筑面积 4.51 万平方米，地上 3 层、地下 2 层，建筑总高 18 米。（廖天）

建筑业

【概况】 2014 年，上海全市实现建筑业总产值 5499.94 亿元，比上年增长 7.8%；房屋建筑施工面积 34994.68 万平方米，增长 20.1%；竣工面积 7580.77 万平方米，增长 20.8%。其中商品房施工面积 14690.18 万平方米，增长 8.7%。竣工面积 2313.29 万平方米，增长 2.6%。全年新开工建设保障房和实施旧住房改造 13.9 万套，基本建成 11.3 万套。拆除中心城区成片二级旧里以下房屋 63.9 万平方米。建筑企业按总产值计算的全员劳动生产率 41.6 万元/人，比上年下降 0.3%。全年签订对外承包工程合同金额 108.9 亿美元，增长 0.7%；实际完成营业额 74 亿美元，下降 8.3%；派出人员 8532 人次，增长 96.7%。对外劳务合作派出人员 18163 人次，增长 32.6%。上海对外承包工程和劳务合作涉及的国家和地区达 178 个。

建筑市场管理进一步完善。经市人大常委会修改通过的《上海市建筑市场管理条例》于 7 月 25 日发布,《上海市绿色建筑发展三年行动计划(2014～2016)》从 7 月 1 日起正式施行,并确定年度各区县和相关委托管理单位建筑节能工作任务分解目标,于 5 月 4 日和 6 日发布《上海市建筑节能和绿色建筑政策与发展报告(2013)》《2013 年度上海市国家机关办公建筑和大型公共建筑能耗监测平台能耗监测情况报告》。开展 2014 年度市建筑标准设计和工程建设规范复审,推出定期通告安全生产标准化竣工工地信息新规,进行建设工程招标代理活动专项检查和工程施工安全隐患"十大顽症"专项整治,正式发布《上海市建设工程工程量清单计价应用规则》,起步实施既有多层住宅加装电梯试点,组织开展 2014～2015 年度注册造价工程师继续教育培训和外省市进沪施工企业开展全国"安康杯"竞赛(上海赛区)活动。(简嘉)

【《上海市建筑市场管理条例》修订通过】 7 月 25 日,上海市人大常委会修改通过《上海市建筑市场管理条例》。《条例》分总则、市场准入和建设许可、工程发包与承包、工程合同和造价、市场服务与监督、法律责任和附则共 7 章 62 条,自 10 月 1 日起施行。(简嘉)

【《绿色建筑发展三年行动计划(2014～2016)》施行】 7 月 1 日起,《上海市绿色建筑发展三年行动计划(2014～2016)》正式施行。(简嘉)

【确定建筑节能工作任务分解目标】 4 月 25 日,上海为推进 2014 年全市建筑节能工作,根据国家绿色建筑行动方案和市政府节能减排和应对气候变化重点工作安排要求,确定年度各区县和相关委托管理单位建筑节能工作任务分解目标,并就指导思想、主要工作任务、目标分解和具体措施提出意见。(简嘉)

【发布年度机关办公建筑和大型公共建筑能耗监测情况报告】 5 月 6 日,《2013 年度上海市国家机关办公建筑和大型公共建筑能耗监测平台能耗监测情况报告》由上海市城乡建设和管理委员会、市发展和改革委员会联合发布,根据《上海市建筑节能条例》和市政府《关于加快推进本市国家机关办公建筑和大型公共建筑能耗监测系统建设实施意见的通知》等文件要求,会同相关单位编制。此举对降低上海市国家机关办公建筑和大型公共建筑能耗,促进全市的节能减排,保护上海城乡环境意义重大。(简嘉)

【提出《上海市保障性住房建筑节能设计指导意见》】 1 月,上海提出保障性住房建筑节能设计指导意见并予以发布。《指导意见》适用于全市建筑高度 100 米以下新建保障性住房的建筑节能设计,其他 100 米以下居住建筑节能设计可参照执行。(简嘉)

【举办绿色建筑国际论坛】 5 月 7 日,2015 年上海绿色建筑国际论坛在沪举行。以"建筑绿色化、建筑工业化、建筑信息化"为主题的此次论坛上,多位来自国内外有影响力的专家,就绿色建筑先进理念、成功案例、创新技术和发展态势进行了交流。论坛关注行业发展重点,聚焦行业热点,开启高端对话,分享绿色建筑前沿信息,对推动上海建筑业转型发展,推进上海绿色建筑发展具有积极作用。(简嘉)

【进行上海市建筑标准设计和工程建设规范复审】 上半年,上海开展 2014 年度市建筑标准设计和工程建设规范复审工作。此是根据住房城乡建设部加强工程建设标准化管理要求,为保证上海市建设工程设计质量,积极采用和推广新技术新工艺,节约建设材料,提高经济效益,提升上海工程建设标准化整体水平实施的对已满 3 年的现行上海市建筑标准设计、工程建设规范进行的复审。(简嘉)

【定期通告安全生产标准化竣工工地信息】 1 月起,上海市实施定期通告安全生产标准化竣工工地信息新规。此一新规根据《上海市建筑施工安全质量标准化工作实施办法》规定,为加强施工企业对在建工地的安全管理,落实安全生产各项工作制度和管理措施,促进在建工地安全生产日常达标管理。(简嘉)

【开展建筑施工安全隐患顽症专项整治】 7 月,上海在建设工程安全生产月系列活动中,根据全国"安全生产月"活动"强化红线意识、促进安全发展"的活动主题,针对本市建设工程安全生产实际,组织对建设工程施工安全隐患"十大顽症"开展专项整治,要求各单位按照职责分工开展针对性整治工作,做到"全覆盖、零容忍"。明确施工企业结合带班检查制度,组织开展对所属工地的检查,发现此类问题指导督促工地及时整改到位;项目部总包单位按照文件要求,认真对"十大顽症"进行自查自纠。监理单位督促施工单位做好对"十大顽症"的整治,发现安全隐患顽症,必须开具监理通知书,责令施工单位限期整改;对整改不及时的,开具局部暂缓施工单,并报告建设单位,以消除安全隐患。监督机构强化安全监管力度,严格按照"坚守红线、从严执法"要求,对所有违法违规行为做到发现一

起、查处一起，实施严格的行政处理程序。（简嘉）

【专项检查建设工程招标代理活动】 年内，上海对2014年度市建设工程招标代理活动开展专项检查。此项检查根据《中华人民共和国招标投标法》《中华人民共和国招标投标法实施条例》等法律、法规和《上海市建筑市场信用信息管理暂行办法》规定，为促进招标代理机构诚信经营，提高招标代理机构综合素质，推动招投标市场健康发展而实施的。主管部门列出专项检查的对象和项目、参与各方组成的检查组、检查方式、检查主要内容、工作步骤和方法、专项检查工作要求，认真组织检查，取得较好效果。（简嘉）

【制定建设工程工程量清单计价应用规则】 10月15日，《上海市建设工程工程量清单计价应用规则》正式发布。《应用规则》明确全部使用国有资金投资或者国有资金投资为主的建设工程发承包及实施阶段的计价活动，应执行"2013版计价规范"和"应用规则"，采用工程量清单计价。不采用工程量清单计价的建设工程，应执行"2013版计价规范"和"应用规则"中除工程量清单等专门性规定外的其他规定。全部使用国有资金投资或者国有资金投资为主的建设工程招标，招标人必须编制最高投标限价。（简嘉）

【完善施工招标投标社会保障费评审规则】 年内，上海为保障建筑业外来从业人员权益，结合在沪施工企业外来从业人员参加本市城镇职工基本社会保险的情况，出台完善建设工程施工招标投标社会保障费评审规则的有关规定。（简嘉）

【推进企业法人网上身份统一认证工作】 1月27日起，上海建设工程企业资质、外省市建设工程企业电子版《诚信手册》开通及变更申请、执业资格人员注册申请等网上办理事项，统一使用企业数字证书进行身份认证，其他身份认证方式不再使用。此是根据上海市政府要求，按照市建筑业管理办公室通知所做的工作安排，并在上海建筑建材业网的"数字证书专区"作了相关说明。（简嘉）

【通报商品粉煤灰持证企业监督抽查情况】 4月29日，上海市建筑建材业市场管理总站通报2014年上半年度商品粉煤灰持证企业监督抽查情况。经对2013年未抽查到的13家生产企业的基本条件、质量保证体系、诚信管理体系等情况进行检查和产品现场抽样检测。上海商品粉煤灰质量总体基本可控。（简嘉）

法制建设

【上海市2014年发布的地方性法规和行政规范性文件目录】 见表1。

上海市2014年发布的地方性法规和行政规范性文件目录

表1

文件名称	施行日期
上海市建筑市场管理条例(2014年修订)	2014-07-03
关于发布《上海市建设工程施工图设计文件审查机构抽取选定管理规定(修订稿)》的通知	2014-03-28
上海市城乡建设和管理委员会关于调整本市建设工程设计文件审查部分事项的通知	2014-04-01
关于印发《上海市建筑市场信用信息管理暂行办法》的通知(重要)	2014-04-11
关于发布《上海市建设工程招标代理行为诚信记录办法(试行)》的通知	2014-07-01
关于印发《上海市民用建筑外窗应用暂行规定》的通知	2014-07-15
上海市人民政府办公厅关于转发市建设管理委等六部门制定的《上海市绿色建筑发展三年行动计划(2014-2016)》的通知	2014-07-15
关于开展2014年度上海市建设工程招标代理活动专项检查的通知	2014-08-20

【上海市2014年取消建设行政审批事项目录】
（1）建设工程安全质量报监（建设工程安全质量报监环节与施工许可审批合并，原报监所需采集的信息在施工许可环节中一并采集，所需验证的条件要素在施工许可环节一并验证，与报监关联的审图信息、合同备案等信息在施工许可环节进行关联）。（2）公路工程造价人员资格认证审批（初审）。（3）贷款道路通行费减免审批。（4）工程质量安全监督中对各类工程设备和其他工业成套设备的监督（各类工程设备和其他工业成套设备（不含建设工程中为建筑物、构筑物及其附属设施安装的电气、采暖、通风空调、给排水等设备）的设计、采购、制造、安装调试和试运行所实施的监督和管理活动，纳入技术监督部门管辖职责，不再纳入工程质量安全监督范围）。（5）重大基础设施直接采购创新成果。（6）新建住宅市政、公建配套项目概算调整审批（优化明确配套项目资金管理要求，对超概算额度10%项目，需重新报批初步设计）。（7）新建住宅市政、公建配套项目概算调整专项评审。（8）房屋拆迁单位资质审批。（9）房屋拆迁许可审批（停止许可证审批，保留许可证延期审批）。

【2013年度上海市建筑(集团)企业经营实力排名结果】

(1) 上海建工集团股份有限公司
(2) 中国建筑第八工程局有限公司
(3) 上海城建(集团)公司
(4) 中交第三航务工程局有限公司
(5) 中国二十冶集团有限公司
(6) 上海宝冶集团有限公司
(7) 中铁二十四局集团有限公司

(上海市住房和城乡建设管理委员会 供稿：陈灵生)

规划和国土资源管理

概况

2014 年，上海市规划和国土资源管理局紧紧围绕"创新驱动发展，经济转型升级"的总体要求，主动适应资源环境"紧约束"的城市发展新形势，以开展新一轮城市总体规划编制和强化土地节约集约利用为主线，改革创新，扎实进取，进一步发挥了城乡规划对城市发展的引领作用和土地利用方式转变对城市转型发展的促进作用。以新一轮上海城市总体规划编制为契机，创新规划理念和方法，城乡规划对城市转型发展的引领作用进一步增强。新一轮城市总体规划是"存量为主"的规划和有边界的规划，更加注重城市功能和品质提升，以城市总体规划编制理念和方法创新带动城乡规划管理工作全面转型，进而努力以规划转型引领城市转型。

以成立"公众参与咨询团"为标志，建立"开门做规划"新机制，规划服务民生的力度进一步加大。通过探索建立贯穿城市规划前期研究、编制、审批、实施全过程的公众参与模式，努力使规划过程成为听取民意、汇集民智、凝聚民心的城市治理过程，健全了政府、社会、市民共建共享的协同机制。

以实施"五量调控"土地新政为抓手，规划实施的保障能力进一步提升。发挥"规土融合"优势，全面推行"总量锁定、增量递减、存量优化、流量增效、质量提高"的"五量调控"土地利用基本策略，着力做好"存量"文章，为规划落地提供基础性保障和支撑，从而实现以土地利用方式转变倒逼城市发展转型。

以行政审批制度改革与信息化建设为重点，服务型政府建设的步伐进一步加快。以"提质增效"为目标，加快推进部门机构优化和职能转变，深化行政审批制度改革，简化优化审批流程，加强信息化工作平台建设，进一步提升服务效能。

【全面启动新一轮城市总体规划编制工作】 上海市委、市政府于 5 月 6 日召开第六次规划土地工作会议，正式启动了新一轮城市总体规划编制工作。新一轮城市总体规划坚持规划理念与方法创新：突出资源环境"紧约束"的发展要求，突出"以人为本"的发展要求，突出区域一体化的发展要求；注重政策性，注重开放性，注重持续性。2014 年，围绕上海未来发展重大战略议题召开了 11 场专题研讨会，并成功举办了"世界城市日"——上海 2040 高峰论坛，特邀联合国人居署等国际知名专家对上海未来空间发展战略进行了研讨。在此基础上，形成城市总体规划纲要(初稿)，初步明确了上海城市未来发展的目标定位、城市规模、空间布局、综合交通等。

【完善新城、新市镇规划，促进城乡一体化发展】 结合上海新一轮城市总体规划编制和市委 2 号课题深化研究，制定《上海市新市镇总体规划和镇级土地利用总体规划编制审批操作管理规程》《新市镇总体规划和镇(乡)土地利用总体规划管控要求》《上海市新市镇总体规划编制技术要求》等文件，同步推进奉贤区青村镇，青浦区华新镇、白鹤镇，松江区佘山镇，嘉定区江桥镇、外冈镇的城镇总体规划和土地利用总体规划编制工作。

【深化重点地区规划，优化城市功能布局】 深化世博园区、国际旅游度假区、桃浦等重点地区的规划编制工作，进一步提高规划编制质量。其中，世博后滩地区结构规划和启动区控详规划成果基本完成；《国际旅游度假区核心区过渡性开发规划实施方案》编制完成并获批；桃浦地区规划完成国际成功案例研究、中央绿地国际方案征集工作和城市设计深化国际方案征集的前期评估工作。

【切实做好重要专项规划，提升城市服务能级】
加强交通等各专项规划与城市功能、城乡空间的良性互动和统筹发展研究。编制完成全市养老设施布局专项规划和商业网点布局规划并获批。审批完成轨道交通 18 号线、北横通道工程、东海二桥登陆线工程等重大项目专项规划，并积极推进沪通铁路上海段、轨道交通 15 号线、嘉定区有轨电车网络等专项规划编制。

【完善控规管理体系，探索城市有机更新】 进一步完善控规管理体系，制定《关于完善本市控详规划管理的指导意见》，规范控详规划编制与审批工作。研究创新控规编制方法，形成对于转型地区的弹性指标控制体系，推进控规技术准则和成果规范修订等工作。研究制定《上海市城市更新规划实施办法（试行）》，并启动城市更新试点工作。

【着力提升城市风貌品质】 按照中心城"双增双减"的规划方针，制定中心城公共绿地系统、公共开放空间、文化设施等规划方案。加强历史风貌保护，开展《保护条例》修订研究工作，推进历史文化风貌区保护保留对象与范围的扩大与深化、优秀历史建筑推荐申报、石库门里弄保护范围认定和城市更新发展政策研究试点等工作。加强城市雕塑建设，促进城市品质提升。

【上海市政府批准《上海市公共体育设施规划（2012～2020)》】 7月，市体育局和市规土局联合编制的《上海市公共体育设施规划（2012～2020)》获批。规划目标强调"以人为本"原则，以满足城乡居民多层次的体育需求、提供每位市民参与体育锻炼的机会为基本目标，建立符合上海市城市总体规划，层次分明、布局合理的全市体育设施布局体系，努力把上海建设成为具有国际知名度和影响力的国际体育强市。

规划到2020年，公共体育场地面积达到6100万平方米以上，人均公共体育用地面积达到0.5平方米以上(不含康体用地)。鼓励公共体育与公共文化、休闲功能复合，节约、集约利用土地资源。规划对公共体育设施进行分级分类：分为市级、区级、社区级三级，群众体育设施、赛事体育设施和竞技体育训练设施三类。

【市政府批准《上海市商业网点布局规划（2014～2020)》】 8月，上海市规划国土局和市商务委联合编制的《上海市商业网点布局规划（2014～2020)》获批。规划坚持总量严控、统筹规划规模，分级分类指导、完善层级体系，多元融合发展、合理空间布局的规划原则，统筹全市商业发展实际情况和未来需求，在市场机制作用下加强对商业网点设施进行调整、引导和规范，建设布局协调、结构合理、层次分明、功能健全、配套完善、经营有序、可持续发展的现代商业网点体系。着眼长远，在满足商业建筑规模适度增长前提下，坚持总量调控原则，至2020年，规划商业设施建筑总量控制在7000万～7500万平方米，年平均增长2.6%～3.6%。限制超大型和大型商业网点的过度建设。注重功能定位、业态配比、品牌引进，尽可能实现差异化发展，避免无序竞争和重复建设。以"多中心、多层级、网络化"为原则，构建完善"市级商业中心、地区级商业中心、社区级商业中心、特色商业街"为核心的"3+1"商业网点格局体系，明确各层级商业中心功能布局、等级规模、设施配置标准、业态引导

等要素。

【上海市政府批准《上海市养老设施布局专项规划（2013～2020年）》】 10月，市规土局和市民政局联合编制的《上海市养老设施布局专项规划（2013～2020年）》获批。根据上海人口深度老龄化需求，按照建成"五位一体"社会养老服务体系要求，以居家养老为基础、社区为依托、机构为支撑的养老服务格局为目标，努力构建规模适度、布局合理、覆盖城乡、满足多元需求的养老设施空间格局。在确保供给总量的基础上，着眼长远，在规划空间上预留了弹性，规划空间按17.8万张进行用地底线管控；坚持区域平衡的原则，优化空间布局结构，实现各区县养老责任属地化落实；明确设置标准，分类分级指导市区县养老设施落地。在机构养老服务设施方面，确立了市级、区(县)级和街镇级三级体系，在社区居家养老服务设施方面，规划形成15分钟服务圈，实现城镇社区和农村社区全覆盖，鼓励改造提升存量养老机构，全面整合资源，通过存量挖潜和布局优化改善现状。

【市政府批准《沪通铁路上海段(市界至曹路)及相关工程专项规划调整》】 9月，市规土局组织编制的《沪通铁路上海段(市界至曹路)及相关工程专项规划调整》获批。沪通铁路是国家《综合交通网中长期发展规划》《中长期铁路网规划（2008年调整）》中沿海铁路通道的重要组成部分，对完善全国铁路网络布局具有重要意义。

【上海市政府批准《上海市轨道交通18号线专项规划》】 8月，市规土局组织编制的《上海市轨道交通18号线专项规划》获批。轨道交通18号线是本市中心城东部贯穿南北的轨道交通线路，将加强中心城南北向交通联系，方便沿线居民出行，进一步发挥轨道交通网络整体效益。

城市雕塑规划建设

2014年，上海新建城市雕塑25座。在住房城乡建设部全国城雕委"2013年度全国优秀城市雕塑建设项目"评选中，普陀区"长风生态商务区滨河绿地雕塑"项目(6座)荣获"2013年度全国优秀城市雕塑建设项目"年度大奖，浦东新区"国金中心环境雕塑"项目(4座)、普陀区"曹杨路1560号雕塑"项目(2座)、普陀区"海上遗梦系列雕塑"项目(4座)、普陀区"寻道系列雕塑"项目(4座)、长宁区《青山绿水郁无尽》雕塑(1座)、杨浦区《奥运之父——顾拜旦》雕塑(1座)、杨浦区《创想之翼》雕塑(1座)等7个雕塑项目荣获"2013年度全国优秀

城市雕塑建设项目"优秀奖。上海市城市雕塑委员会办公室荣获"2013年度全国优秀城市雕塑建设项目"优秀组织奖。

地名管理工作

2014年,上海市地名管理办公室批准各类地名共565个,其中居住区和建筑物名392个,道路名132条,轨道交通车站名3个,公共绿地与湖泊名2个;批准地名专项规划36个。积极推进第二次全国地名普查工作,成立上海市第二次全国地名普查领导小组,制定《上海市第二次全国地名普查实施方案》并经国务院第二次全国地名普查领导小组办公室审核同意。

加强城乡规划和国土资源法规建设

2014年,市规划和国土资源管理局加强城乡规划和国土资源法规建设。一是立足加强城市空间管理,会同市房管局开展了地方性法规《上海市历史文化风貌区和优秀历史建筑保护条例》修订调研,推进政府规章《上海市控制性详细规划编制审批办法》立法进程,加快政府规章《上海市城市规划管理技术规定》修订步伐。二是立足加强资源节约集约利用,制定并报请市政府印发《关于进一步提高本市土地节约集约利用水平若干意见的通知》《关于本市盘活存量工业用地的实施办法(试行)》《关于加强本市工业用地出让管理的若干规定(试行)》《关于中国(上海)自由贸易试验区综合用地规划和土地管理的试点意见》等一系列开创性的政策制度。三是立足解决工作中遇到的实际问题,研究制定《关于进一步明确储备土地预告登记有关问题的通知》《上海市建设工程规划许可公开规定》《上海市房屋立面改造工程规划管理规定》等一系列文件。

科技工作

2014年,市规划和国土资源管理局立项或市标办立项的技术标准与规程研究进展顺利。在科研成果获奖方面,获部级科技进步二等奖2项,市优秀工程咨询成果一等奖5项、二等奖6项、三等奖7项。在构建合作平台方面,搭建和有关高校的战略合作协议、沪港合作框架协议以及政、企、校科研桥梁,初步构筑了规划国土资源系统对外合作平台。在市规委会工作方面,5月召开市规委会专家委员会全体会议,通报了上海市第六次规划土地工作会议情况。市规委办继续稳步推进相关工作。2014年共组织召开56次专家专题会议,审议事项包括详细规划项目、总体规划项目、专项规划等。

（上海市规划和国土资源管理局）

住房保障和房屋管理

新建住宅节能省地和住宅产业化工作

2014年,上海市住宅建设以"节能、节地、节水、节材和环保"为工作重点,全面完成各项任务。

【推进装配式住宅发展】 推进和完善装配式住宅发展的相关制度建设,制订《关于推进上海市装配式建筑发展的实施意见》《关于落实上海市装配式建筑项目的指导意见》和《关于下达2014年装配式建筑年度实施计划的通知》等文件,落实目标任务,并开展抽查、稽查。注重产业链培育,组织装配式住宅发展论坛,开展已落实装配式住宅项目的住宅开发企业与设计、施工、监理和构配件生产等上下游企业的互动与合作。开展装配式住宅技术培训,指导推进实施装配式住宅项目。申报国家住宅产业化试点城市,编制《上海市建立国家住宅产业现代化综合试点城市可行性研究报告》。

【加大全装修住宅推进管理力度】 抓住土地出让源头,按上海市外环以内60%、外环以外30%的比例要求落实全装修住宅。开展以区县为主的全装修在建项目检查,形成检查情况报告。委托第三方开展全市全装修住宅满意度测评,形成年度上海市全装修住宅发展报告并开展业务培训。编制《全装修住宅室内装修设计标准》。

表2为2014年上海新建住宅节能省地情况表。

2014年上海新建住宅节能省地情况表　表2

项目		单位	数值
落实装配式住宅项目		万平方米	202
全装修住宅在建		万平方米	872
全装修住宅竣工		万平方米	308
列入市建筑节能专项扶持范围的新建住宅	住宅项目	个	7
	面积	万平方米	42

【"四高"优秀小区创建和住宅性能认定情况】 2014年,超额完成年初确定的40个"四高"优秀小区创建和10个住宅性能认定的工作目标(见表3)。通过市住房保障房屋管理局网站等媒体,做好全市"四高"小区和推进住宅产业化工作宣传。各区县在创建"四高"优秀小区项目开发建设中,大力推广"四新"成果集成应用。

2014 年上海市"四高"优秀小区
创建和住宅性能认定情况表　表3

项目	单位	数值
创建市节能省地型"四高"优秀小区项目	个	46
面积	万平方米	709
保障性住房项目	个	21
通过住建部住宅性能认定的预审项目	个	14

【新建住宅交付使用许可和质量管理】 2014年,上海全市累计审核发放新建住宅交付使用许可证434件,建筑面积2406万平方米。落实交付使用许可规定和实施细则,保证交付住宅满足基本入住条件。尤其关注大型居住社区的配套设施同步建设情况,确保满足百姓基本生活需求。优化调整交付使用许可行政审批事项,简化审批手续,缩短审批时间,加强人员培训,编制出台《关于进一步做好上海市新建住宅交付使用许可工作的通知》。启动《上海市新建住宅交付使用许可实施细则》的修订工作。在保障性住房建设过程中,开展专项抽查和个案跟踪相结合的工作方式。对保障性住房相关质量问题的信访投诉,协调责任单位,了解和跟踪情况,落实相关工作。落实《新建住宅质量保证书》和《新建住宅使用说明书》,界定住宅质量保修范围、质量保修期限及质量保修要求,规范住宅售后服务保修行为。

保障性住房建设

2014年,上海全面完成年初制定的保障性住房新开工筹措、基本建成和可供应目标任务(见表4)。进一步完善对已入住和即将入住的保障性住房大型居住社区基地的市政基础设施、交通、教育、医疗卫生、商业、邮政、银行等配套设施。全年累计完成652个大型居住社区内配套建设项目,涉及党的群众路线教育实践活动整改内容的225个项目全部完成,大型居住社区内配套条件明显改善。

2014 年上海保障性住房建设情况表　表4

项目	单位	计划目标	实际完成
新建、筹措保障性住房（含旧住房综合改造）	万套(户)	5.5	13.9
面积	万平方米	—	969

续表

项目	单位	计划目标	实际完成
基本建成保障性住房（含旧住房综合改造）	万套(户)	11	17.4
面积	万平方米	—	1170
新增可供应保障性住房	万套(户)	7.8	16.6
面积	万平方米	—	1147

旧房改造

【实施推进各类旧住房修缮改造工程】 2014年,上海市各类旧住房修缮改造2200余万平方米。重点推进作为保障性安居工程任务的三类旧住房综合改造工程项目,包括完善房屋安全和使用功能的成套改造、厨卫等综合改造、屋面及相关设施改造等,进一步扩大居民受益面。全年实施三类旧住房综合改造项目463万平方米,8.27万户居民受益。创新探索旧住房修缮改造新模式,结合实际情况和群众要求,研究推进拆除重建、郊县区棚户简屋改造和多层既有住宅增设电梯等试点。将旧住房修缮和二次供水、表前供水设施、积水点改造、截污纳管等工作结合实施。

【加强工程项目政府监管,确保安全质量】 2014年,进一步加强市、区两级房管部门对住宅修缮工程的监督检查、项目监管和工程现场质量安全检查,强化属地化管理,将工作督查、项目抽查和现场巡查相结合,结合打非治违专项行动、防台防汛检查等,落实施工自查、监理复查、区修缮管理部门巡查、市修缮管理部门督查抽查、相关对口管理部门互查的"五查"制度,对检查中发现的问题,督促整改到位。通过建立"三会"(实施前征询会、实施中协调会、实施后评议会)、"十公开"(即居民意见征询结果公开、修缮科目和内容公开、施工队伍公开、监理和设计单位公开、主要材料公开、施工周期公开、文明施工相关措施公开、现场接待和投诉电话及地址公开、开工审核情况公开、竣工验收移交结果公开)、市民监督员、后评估等各项群众参与机制,鼓励市民参与工程监督管理,形成"专业监督、社会监督、群众监督"三位一体的监督机制。

房地产市场管理

【房地产市场调控】 2014年,上海房地产市场运行总体平稳。与上年相比,商品住房交易量、交易价格回落;与往年市场情况比,仍处于正常区间。

11月13日，《关于调整上海市普通住房标准的通知》发布，自11月20日起执行普通住房新标准，可以享受优惠政策的普通住房实际成交价格调整为坐落于内环线以内的低于450万元/套，内环线与外环线之间的低于310万元/套，外环线以外的低于230万元/套。自新标准实施以来，全市普通住房成交套数占比从调整前的58%上升至73%。

年内，上海商品住房价格指数前涨中跌后稳。前四个月，新建商品住房和二手存量住房价格指数环比、同比均上涨；5月，价格指数环比开始下跌；9月，新建商品住房价格指数环比跌幅开始收窄，12月，指数环比下降0.3%；10月，二手存量住房价格指数环比开始止跌，年末上涨，12月，指数环比上涨0.4%；12月，新建商品住房和二手存量住房价格指数同比分别下降4.4%和1.8%。表5为2014年上海市房地产市场情况表。

2014年上海市房地产市场情况表　表5

项目		单位	数值	同比增长(%)
房地产开发投资	总投资	亿元	3206	13.7
	住房投资	亿元	1725	6.8
	占全社会固定资产投资比例	%	53.3	3.4
	新建住房新开工面积	万平方米	1547	-5.8
	竣工面积	万平方米	1536	8.3
商品房成交	新建商品房销售面积	万平方米	2085	-12.5
	新建商品住房销售面积	万平方米	1781	-11.7
	二手存量房买卖登记面积	万平方米	1586	-38.4

【房地产市场监管】　加强房地产市场监测分析。建立日报、周报和月报监测报告制度，由上海房地产监测中心定期报告市场监测数据。每月分析房地产市场运行情况，研判调控政策的贯彻执行、市场走势以及需要关注的问题，提出对策建议报领导决策参考。贯彻执行各项调控政策。继续严格执行住房限购措施和差别化住房信贷、税收政策，加强监督和检查力度，完善房管部门与地税、民政、社保等部门的信息联网共享机制。推进房管与社保部门的数据交换，10月20日，全市房地产交易中心社保联网数据试运行，11月20日正式运行，解决了社保窗口终端无法打印"三年内累计缴费"信息的问题，防止提供虚假社保缴费证明骗购的违规行为。

【房屋租赁管理】　2014年，以"群租"综合治理为重点，上海市十部门联合出台《关于加强上海市住宅小区出租房屋综合管理的实施意见》，修订《上海市居住房屋租赁管理办法》。全年共排摸(已发现)"群租"房4.67万户，整治3.72万户，整治率接近80%。同时，做好居住房屋租赁合同登记备案工作，全年共办理47.64万件，自2011年10月1日起累计办理73.05万件。徐家汇街道开展居住房屋租赁合同登记备案系统升级试点，研究租赁合同登记备案与居住登记的信息共享和有效衔接。

【房地产估价管理】　1月16日，《关于规范上海市房屋征收、补偿工作中评估和专家鉴定收费的通知》印发；9月28日，《上海市国有土地上房屋征收评估报告鉴定若干规定》颁布施行；9月28日《关于贯彻〈住房城乡建设部关于进一步规范房地产估价机构管理工作的通知〉的实施意见》印发。开展年度房地产估价机构检查，及房地产估价报告网上备案模板、房地产估价行业社会信用体系建设和房地产估价机构、从业人员失信行为与记录标准等研究。表6为2014年上海市房地产估价机构情况表。

2014年上海市房地产估价机构情况表　表6

项目	单位	数值
房地产估价机构	家	77
一级机构	家	33
二级机构	家	13
三级机构	家	19
暂定三级机构	家	3
分支机构	家	9
注册房地产估价师	名	1035

房屋征收(拆迁)管理

【完善房屋征收相关政策】　2014年，上海市房屋征收的相关政策得到进一步完善。《关于推进上海市房屋土地征收中企事业单位房屋补偿工作的若干意见》出台，建立工作协调机制，细化补偿方式，增强强制执行的可操作性，推动解决企事业单位动迁难问题；《关于进一步规范上海市房屋征收补偿工作的通知》印发，重申和明确房屋征收补偿中严格执行建筑面积认定标准，加强居住困难审核管理，科学合理设置奖励补贴费用，加强市属征收安置住房使用管理，强化征收人员监督管理等，规范房屋征收补偿工作，合理控制征收成本。

为全面调查《上海市国有土地上房屋征收与补偿实施细则》实施以来房屋征收(拆迁)政策执行、行为规范、人员管理、存量拆迁基地收尾等情况，成立市房屋征收(拆迁)专项检查工作组，组织开展房屋征收(拆迁)专项检查。对每个区县形成《房屋征收(拆迁)专项检查反馈意见》。

【存量拆迁基地加快收尾】 全年共收尾拆迁基地139块,存量拆迁基地减少到325块。围绕年度工作目标,加大分类处置力度,对3户以下基地,加强与法院沟通,加大司法强制执行力度;对符合条件的地块,改用房屋征收程序或按"两轮征询"方式实施拆迁,用新政策、新机制加快存量拆迁基地收尾。加强征收安置房源保障,以协议方式确定征收安置房源供应计划及各区县用房的时间、基地、数量和套型等,强化供需提前对接和房源按需建设,优化房源供应结构,做好房源供应和房款催缴。

物业管理

【调整公有住宅售后物业服务收费标准】 按照"平稳有序、三年到位"的要求,继续做好公有住宅售后物业服务收费调整,抽样调查600个住宅小区物业服务收费情况,并汇总统计分析调查数据,出台《关于调整公有住宅售后小区物业服务收费标准的通知》。文件明确了公有住宅售后房屋的管理费、保洁费和保安费按照房屋建筑面积计费,以及2015年9月1日起公有住宅售后维修资金不再列支物业服务费相关费用等管理制度。

【住宅专项维修资金和公共收益】 年内,开展全市住宅小区业主大会账户中住宅专项维修资金和公共收益的情况专项检查,开具整改单30多张,累计归集2.2亿元公共收益并划入业主大会银行账户。完成售后公房维修资金系统升级改造。开展维修资金操作员实名制管理及培训工作,共培训2500人次。在20多个小区试点开展业主大会维修资金代理记账,推进社会中介组织参与维修资金管理。

【住宅小区安全运行】 上海市住房保障房屋管理局印发《关于切实做好住宅小区安全运行工作的通知》,要求对地下空间、居民水箱、电梯等重点部位全面排查整治隐患,确保各项设施设备安全运行;印发《关于开展上海市易积水小区排摸整改工作的实施方案》和《关于进一步加强上海市住宅小区防汛防台物业管理工作的通知》,对三年来多次暴雨积水的住宅小区彻底排查摸底,分析积水原因,明确责任主体,细化节点安排,抓紧推进整改,确保汛期前各项整改措施落实到位,提高住宅小区防汛安全管理水平。

住房保障

【进一步扩大廉租住房受益家庭规模】 2014年,上海市进一步扩大廉租住房受益家庭规模。继续放宽收入和财产准入标准。根据经济社会发展情况,将3人及以上申请家庭的人均月可支配收入标准,从2100元(含)以下调整为2500元(含)以下,家庭财产准入标准从人均8万元(含)以下调整为9万元(含)以下;将1人、2人申请家庭的人均月可支配收入标准,从2310元(含)以下调整为2750元(含)以下,家庭财产准入标准从人均8.8万元(含)以下调整为9.9万元(含)以下。准入标准的放宽,进一步推进了廉租住房与共有产权保障住房政策的有效衔接,有效解决了"夹心层"群体的住房保障矛盾。

进一步优化完善租金配租政策。根据近年来房屋租赁市场变化情况,将租金配租家庭的家庭最低配租面积从原有的居住面积10平方米提高到居住面积12平方米,解决部分家庭保障不足问题;同时按照廉租住房保基本的特点,允许区县政府将租金配租家庭的家庭最高配租面积限定为居住面积30平方米,避免对部分廉租家庭形成过度保障。此外,根据收入准入标准的放宽情况,按照"梯度递减"原则,对租金配租家庭的补贴标准进行了调整完善,对100%、70%、40%三类补贴标准的家庭范围均进行了扩大。

优化实物配租自付租金承担机制。为强化政策导向,更合理分配廉租实物配租房源,对实物配租自付租金承担机制进行了适当优化调整。对在规定选房面积标准内选房的自付租金,全额补贴家庭继续按其家庭月可支配收入的5%收取;70%差额补贴家庭按其家庭月可支配收入的7%收取(原标准为6%),40%差额补贴家庭按其家庭月可支配收入的9%收取(原标准为7%)。超过规定面积标准选房的,超面积部分的自付租金,由现行的均按超面积部分租金的30%收取,调整为对不同档次收入家庭分别按超面积部分租金的50%、60%和70%收取。

统筹调配一批市级房源供区收购使用。为支持房源紧缺区实物配租工作开展,从市属大型居住社区中统筹调配5690套房源供13个廉租实物配租房源紧缺区收购使用,合计安排和下拨市级专项补贴资金9.5亿元。对符合条件的申请家庭"应保尽保"。继续做好廉租住房日常申请受理工作,对符合条件的申请家庭在租金配租上继续予以"应保尽保",全年共新增廉租租金配租家庭0.6万户。同时,根据房源筹措情况,积极开展实物配租工作,全年新增实物配租选房入住家庭0.3万户。截至2014年底,廉租住房累计受益家庭已达10.4万户。

认真做好资格复核收尾工作。在2012年探索建立廉租住房复核制度、2013年全面启动复核的基础上,认真做好集中复核的收尾工作。截至2014年底,累计对4.16万余户家庭进行了资格复核,其中近1.68万户家庭因各种原因不再符合条件而退出保障。资格复核工作已由集中复核转为常态化复核。

【积极推进共有产权保障住房(经济适用住房)申请供应工作】 2014年,上海市根据经济社会发展情况和"四位一体"、租售并举住房保障体系的衔接要求,继续放宽共有产权保障住房准入标准,扩大保障性住房政策的覆盖面和受益面。将3人及以上家庭的人均月可支配收入限额从5000元调整为6000元、人均财产限额从15万元调整为18万元;2人及以下家庭,还可以在前述标准基础上上浮20%。按照2014年准入标准,自2014年10月15日起在全市范围内开展共有产权保障住房的申请受理工作,并统筹做好2013年批次申请家庭购房签约的收尾工作。截至2014年底,全市累计接受市民群众政策咨询超过21万人次,受理3.04万户;在购房签约方面,2013年批次结转至2014年签约的约为1.38万户,历年批次累计完成购房签约6.58万户。

【进一步制订完善公共租赁住房配套政策】 2014年,市财政向各区县下达市级公共租赁住房运营机构资本金补助13亿元,用于廉租实物配租房源收储和公租房项目建设筹措;向部分区县下达中央补助公共租赁住房专项资金2633万元。根据国家下达上海市的公共租赁住房建设筹措任务目标,全市建设筹措公共租赁住房8047套、竣工14673套。

截至2014年底,全市6处市筹公共租赁住房项目累计供应房源12671套,已签约出租11365套(出租率89.7%),其中2014年净增加签约出租3375套;全市已有12个区县33处区筹公共租赁住房项目面向社会供应,累计供应房源5680套,已签约出租3143套(出租率55.3%),其中2014年净增加签约出租1978套。截至2014年12月,全市公共租赁住房(含单位租赁房)累计供应房源6.92万套,已签约出租5.34万套(出租率77.2%),入住14.54万人,其中2014年净增加签约出租1.55万套。

【住房制度改革工作】 2014年,上海市住房保障和房屋管理局会同相关部门继续推进上海市公有住房出售工作。据统计,全年共出售公有住房1.78万套,建筑面积94.2万平方米,回收购房款约3亿元,扣除维修基金后净归集额1.9亿元。全市自公有住房出售政策实施以来,已累计出售公有住房190.11万套,建筑面积约10242万平方米。

针对上海市公房租金十余年未作调整,与同期公房管理维修成本上涨较多形成突出矛盾,市住房保障房屋管理局与市物价部门共同成立"公房租金调整政策研究"课题组,研究上海市居住及非居住类公房租金调整:通过开展政策梳理、基础资料搜集、房地集团座谈、专家意见咨询、成本租金测算、外省市调研等工作,提出完善公房租金调整政策的基本思路、方法和步骤,为下一步公房租金调整做好理论准备。

进一步推进上海市住房分配制度改革。按《关于进一步深化上海市城镇住房制度改革的若干意见》的要求,推进企事业单位的住房分配制度改革;配合市政府机管局等部门深化、完善上海市公务员住房解困的有关思路。

支持配合外省市住房分配制度改革。配合外省市住房分配制度改革和经济适用住房、动拆迁货币安置等工作的开展,做好外地职工及其配偶在沪住房情况申报确认工作,2014年共确认458户,自2003年此项工作开展以来,累计确认4762户。

继续解决未确权公有住房的出售问题。2014年,根据《关于进一步推进上海市公有住房出售若干规定的通知》的精神,继续对投资单位未申领房地产权证的住房进行梳理,将符合出售条件的住房出售给承租的职工家庭。各区县房改部门出售的这类住房共764套,建筑面积4.26万平方米;已累计代售49940套,建筑面积约295万平方米。

解决各区县有限产权接轨工作的疑难问题。市和区县房改部门经过调研和协调,研究解决各类疑难问题,推动有限产权住房接轨工作顺利推进,全年有限产权住房接轨1794套,累计接轨70488套。

大事记

2月

18日 上海市副市长蒋卓庆深入到静安区重华小区、恒丰小区和徐汇区长春小区开展工作调研,察看上海市旧住房综合改造项目推进情况,并召开了工作座谈会,市政府副秘书长黄融陪同调研。上海市住房保障和房屋管理局局长刘海生、副局长于福林参加调研。

3月

5日 上海市住房保障和房屋管理局召开2013年度上海市住宅建设实事项目(保障性安居工程)立功竞赛总结表彰大会,局长刘海生、副局长顾弟根参加会议。

25日 上海市住房保障和房屋管理局召开新闻

宣传工作座谈会,中央和上海市 8 家媒体人员为推进局新闻宣传工作献计献策,局长刘海生,巡视员庞元,副局长顾弟根、于福林参加会议。

4 月

10 日 上海市召开 2014 年推进创建节能省地型"四高"优秀小区专题会议暨第八届"上海市优秀住宅"评选工作总结大会。2013 年完成创建上海市节能省地型"四高"优秀小区项目 42 个,共计 521.30 万平方米。上海市住房保障和房屋管理局副局长顾弟根参加会议。

16 日 上海市市委副书记、市长杨雄到上海市住房保障和房屋管理局调研,局长刘海生,巡视员庞元,副局长顾弟根、于福林参加会议。

同日 上海市住房保障和房屋管理局局长刘海生做客由新华社、解放日报、上海广播电台、东方网联合主办的 2014 上海"民生访谈"节目,就住房保障和房屋管理工作与市民听众交流互动。

24 日 上海市副市长蒋卓庆深入到闸北区居民小区,实地调研上海市住宅小区综合治理工作,局长刘海生、副局长于福林陪同调研。

5 月

9 日 上海市住房保障和房屋管理局联合市政府新闻办、市政府法制办、市综治办等部门召开"关于加强上海市住宅小区出租房屋综合管理工作"新闻通气会,中央和上海市 12 家新闻媒体记者到会并进行正面宣传报道,局长刘海生、巡视员庞元参加会议。

27 日 住房城乡建设部全国老旧住房危楼排查检查组到上海检查老旧住房排查工作,上海市住房保障和房屋管理局副局长于福林陪同检查。

6 月

10 日 住房和城乡建设部召开全国保障性安居工程座谈会,上海市住房保障和房屋管理局副局长顾弟根参加会议。

7 月

11 日 住房和城乡建设部在北京召开全国住房城乡建设工作座谈会,上海市住房保障和房屋管理局局长刘海生参加会议。

14～15 日 住房和城乡建设部在上海召开共有产权住房试点工作调研座谈会,上海市住房保障和房屋管理局局长刘海生、巡视员庞元参加会议。

23～25 日 住房和城乡建设部巡查组到沪巡查上海市保障性安居工程建设。

8 月

27 日 上海市住房保障和房屋管理局召开上海

市调整和完善住房保障分配供应政策通气会,进一步放宽廉租住房、共有产权保障住房的准入标准,局长刘海生、巡视员庞元参加会议。

11 月

15 日 住房城乡建设部直属机关副书记宋志军带领巡查组到奉贤区就城镇保障性安居工程建设进行专项巡查,上海市住房保障和房屋管理局副局长顾弟根、奉贤区副区长陈华文陪同巡查。

20 日起 上海市执行普通住房新标准,可以享受优惠政策的普通住房应同时满足以下条件:(一)五层以上(含五层)的多高层住房,以及不足五层的老式公寓、新式里弄、旧式里弄等;(二)单套建筑面积在 140 平方米以下;(三)实际成交价格低于同级别土地上住房平均交易价格 1.44 倍以下,坐落于内环线以内的低于 450 万元/套,内环线与外环线之间的低于 310 万元/套,外环线以外的低于 230 万元/套。

12 月

29 日 上海市住房保障和房屋管理局联合市政府新闻办、市物价局召开上海市调整公有住宅售后物业服务费收费标准新闻通气会,邀请中央和上海市 9 家主要媒体到会,报道上海市调整公有住宅售后物业服务费收费标准有关情况。

(上海市住房保障和房屋管理局)

市容管理与城市绿化

概况

2014 年,贯彻落实党的十八届三中全会、四中全会精神,围绕全市大局,着眼于系统谋划、重点突破、创新发展,全面完成了既定的 37 项任务。"亚信峰会"保障出色完成,林业建设力度持续加大,城市管理难题顽症治理能力增强,上海花城多姿多彩,垃圾分类减量创造特色,城管执法推进改革,规划发展再谋新篇,法制保障力度不断加强,科技人才建设持续巩固,行业发展进入新的阶段。

【生态环境质量持续提升】 围绕"十二五"末实现森林覆盖率 15% 目标,落实造林地块 18.25 万亩。完成绿地建设 1105 公顷,其中公共绿地 552 公顷。外环生态专项完成腾地 100 公顷。通过国家林业局组织的上海市保护发展森林资源责任制与有害生物预防"双线"责任制考核,结果均为优秀。完成上海市全国第 9 次森林资源连续清查,在全国率先开展森林资源一体化监测,实现"一盘棋、一套数、一张图"目标。

【城市管理水平明显加强】 落实"亚信峰会"市容环境保障方案，完成绿化整治、景点优化、中俄军演期间市容环境保障等各项任务。全面加强无序设摊、道路保洁、渣土运输、违建拆除等城市管理难题顽症治理。共拆除、整改违规固定户外广告设施784块，临时广告7800余处，整治店招店牌3300处。

【生活垃圾管理成效凸显】 生活垃圾处理"减量化、资源化、无害化"能力不断增强，"一主多点"生活垃圾处置设施布局逐渐形成。贯彻落实《上海市促进生活垃圾分类减量办法》，制定《上海市湿垃圾处理实施规划(2014～2020年)》。

【城管执法水平不断提高】 深入贯彻落实十八届三中全会精神，理顺城管执法体制，提高执法和服务水平。开展城管执法队伍作风纪律整改，改善队伍精神面貌。推动标准化大队、规范化中队创建及复验。开展城管执法教育培训规划研究，加大教育培训力度。制定《关于进一步规范本市城管执法勤务模式的指导意见》，以及《关于加快推进本市城管执法系统信息化建设和应用的工作意见》。

【行业发展基础愈加扎实】 完成绿化市容行业"十三五"规划思路研究。配合开展上海市新一轮总体规划修编与生态保护红线划示工作。会同市政府法制办完成《上海市促进生活垃圾分类减量办法》、《上海市市容环境责任区管理办法》颁布。国家级城市生态定位研究站项目获国家林业局批准。湿垃圾处置产品资源化中试获得阶段性成果，初步形成产业化配套标准。打造"上海花城"，举办各类公园主题活动。组织地产优质果品"进公园、进社区、进楼宇"直销活动。荣获国家林业局"全国林业十佳网站"称号。积极对接"12345"市民服务热线，加强政风行风建设。加强行业安全管理，完善应急管理工作预案。

【上海花城建设】 上海形成一批公园花展品牌，成功举办上海辰山植物园国际兰展、静安雕塑公园国际雕塑展、上海古猗园上海国际睡莲暨上海荷花展、上海海湾国家森林公园上海梅花节、顾村公园上海樱花节、上海植物园上海花展、上海滨江森林公园上海杜鹃花展、共青森林公园上海菊花展、上海动物园第二届蝴蝶展、莘庄梅展、世纪公园双梅展、桂林公园"唐韵中秋"活动等一系列公园主题活动，丰富市民文化生活，为打造"上海花城"奠定了基础。

【2014青岛世界园艺博览会获殊荣】 2014青岛世界园艺博览会上，上海园荣获"2014青岛世界园艺博览会室外展园竞赛大奖"。由上海市绿化和市容管理局代表上海市政府参建的上海园占地面积1350平方米，主题为"快城市·慢生活"。上海园贯彻文化创意、科技创意、自然创造理念，以竹为线索展开，立意为"竹席上的悠闲时光"，结合人的不同感官体验，将场地分成若干与竹及园林造景要素相融合的场所，反映当代上海在城市高速发展过程中对生活品质及生活环境的思考，意在向人们提供一个感受美好、享受自我、放慢脚步、品位生活的空间意境。

【优化常态花卉景观布置】 完成"五一"、"十一"常态花卉景观布置，地栽花坛花境面积保持10公顷以上，布置组合花卉和悬吊花球约1万组，主题绿化景点60余个。落实市级储备草花的监管与配送，共采购一二生草花和多年生地被68种、花卉总量190万盆，较好地发挥了市级储备草花的应急保障作用。

【鲁迅公园完成整体改造】 8月28日，鲁迅公园完成整体改造工程，正式对游客开放。主要改造内容包括：基础设施改造，公园布局完善，绿化调整与提升，道路地坪调整与改造，部分水体驳岸改造与修复、水体清淤，应急避灾设施设置，以及电气、供排水、标识标牌、厕所和建筑小品改造等。

【66座公园夏季延长开放时间】 7月1日至9月30日，全市66座公园延长开放时间。其中，长宁区延虹绿地、虹桥公园、华山绿地、虹桥河滨公园、新泾公园、中山公园、天原公园、水霞公园、华山儿童公园、天山公园(9月28日起)等11座公园实行全年延长开放时间。

【新增3座城市公园】 建成滨河文化公园、桃浦公园、堡镇市民公园并纳入全市公园管理体系，上海城市公园从158座增至161座，镇级公园为30座。

【整治公园会所、高档餐厅】 2014年1月，根据中纪委和中央党的群众路线教育实践活动领导小组《关于在党的群众路线教育实践活动中严肃整治"会所中的歪风"的通知》，以及住房和城乡建设部《关于进一步加强公园建设管理的意见》等相关文件要求，上海市政府专题部署公园内会所治理工作。经梳理，在全市158座城市公园中共有茶室、咖吧、餐厅等230余处，其中有会所3处，高档餐厅8处。针对上述梳理现状情况，市绿化市容局立即对3家会所发出整改单，对8家餐厅提出具体整改目标和要求，同时印发《关于进一步规范本市公园内经营消费场所管理的通知》，委托上海市公园管理事务中心、公园行业协会等单位，每月对上述3家会所、8处高档餐厅进行定期暗访和巡查，督促所在公园及区管理部门予以整改。至2014年底，部分会所已关停，尚在经营的部分会所也已扩大开放面积，延长开放时间。涉及餐饮的会所已取消最低消费，提供大众化服务，下调菜品价格，降低人均消费价格，为游客提供价格较低的早茶及午市套餐，体现公园的公益功能。

【开展国家园林城市复查】 国家园林城市每5年复查一次，2003年上海成功创建"国家园林城市"，2009年上海市经复查合格。2014年3月，住房城乡建设部下发《关于开展国家园林城市复查工作的通知》，要求相关城市8月底前完成自查，年底前住建部组织开展重点抽查。上海市绿化市容局会同上海市建设管理委制定《本市迎接国家园林城市复查工作方案》，并于8月底完成自查工作，形成《上海市国家园林城市复查自查报告》上报住房和城乡建设部。

【开展园林城区复查】 根据住房和城乡建设部和《上海市园林城区复查办法》有关规定，园林城区每3年复查一次，2014年为园林城区复查年，上海市涉及浦东新区、闵行、金山（国家园林城区）和嘉定、松江、宝山、青浦、奉贤（上海市园林城区）等8个区。此次复查注重简化程序，将申报材料由6项减为2项，增加专家暗访评估和材料审核环节以减少相关区工作量，同时对上一次（2011年）复查提出的整改项目落实情况进行考核。经综合评定，所涉区均已通过复查。

【完成2013～2014年度"上海市花园单位"评定】 新命名42家"上海市花园单位"，并利用《绿委特刊》、《新民晚报》生态专版、市绿化市容局网站等进行宣传。

【上海公厕立体绿化试点启动】 上海市绿化市容局积极试点探索公厕立体绿化，让公厕变身为城市的景观小品，起到既吸附二氧化碳等有害气体、降低公厕异味，又遮阴降温、美化环境的作用，分体现节能、环保、低碳的理念。

【重要湿地试点申报】 根据《湿地保护管理规定》（国家林业局第32号令），2014年2月，上海市绿化和市容管理局研究制定并下发《关于做好上海市重要湿地（试点）申报工作的意见》。3月，经组织专家评估，批复同意松江区泖港湿地为首个上海市重要湿地（试点）。（薛程）

【崇明生态岛陈家镇郊野公园建设启动】 上海首个集休闲娱乐与运动于一体的自行车主题公园——陈家镇郊野公园，具备绿化设计招标条件，进入公开招标阶段。陈家镇郊野公园将是崇明体育旅游的新亮点，其景观设计体现地域风貌，符合生态城镇的特色要素，充分体现了崇明的水文化、自然和岛屿文化特色。

市容环境

【概况】 围绕"社会化、法治化、长效化"要求，深入推进突出问题整治，全面完成亚信峰会重点区域市容环境保障工作，并抓住亚信峰会契机，推动城市治理现代化水平进一步提升，城市常态长效管理机制更加健全，城市环境保持整洁有序。市政府办公厅出台《关于本市进一步加强城市无序设摊综合治理工作实施意见》，进一步加强无序设摊管理；完善道路保洁应急体系，建立"一路一策"工作机制；渣土管理形成综合治理方案，落实渣土严管严惩措施；推进第三轮违法建筑普查，与相关部门共同出台《关于进一步加强本市违法建筑治理工作的实施意见》。市容环境责任区管理达标率保持在90％以上。户外广告设施设置更加规范。全年共拆除、整改违规固定户外广告设施784块，临时广告7800余处，整治店招店牌3300处。新建改建楼宇（建筑）灯光、绿地景观灯光等70余处，维护提升各类建筑物灯光330余处，形成夜景新亮点。坚持"减量化、资源化、无害化"要求，完善处置体系，创新激励机制，加快末端处置设施建设，促进资源利用能力提升，完善科学监管体系。生活垃圾无害化处理率达到95％。城市化地区垃圾分类减量处理体系基本建立，全市实现人均生活垃圾处理量以2010年为基数再减少5％。"一主多点、就近消纳、区域共享"生活垃圾处置设施规划建设加快推进。"市级大型设施集中处置和区（县）中小型设施分散处置相结合、分散处置为主"的湿垃圾处置格局逐步形成。

【市长杨雄检查上海市容环境保障】 5月14日，上海市委副书记、市长杨雄赴一行赴本市相关区域检查亚洲相互协作与信任措施会议第四次峰会市容环境保障工作。当天上午，杨雄和副市长蒋卓庆一行实地查看重点区域和路段的市容环境整治工作，听取市绿化和市容管理局以及相关区负责人的情况介绍。杨雄指出，既要抓当前，严格按照市委、市政府关于亚信峰会保障筹备工作的部署要求，大事细办、精益求精，做实做细各项保障工作，以整洁美观的市容环境迎接亚信峰会召开；还要谋长远，以保障亚信峰会为契机，紧紧围绕市容环境整治的难点和瓶颈，特别是市民群众反映强烈的突出问题，对症下药，狠抓不放，建立完善长效管理机制，以实实在在的市容环境改善让广大市民受益。

【无序设摊综合治理】 市绿化市容局会同市商务委、市建设管理委、市交通委、市公安局、市工商局、市食品药品监管局颁布《关于本市进一步加强城市无序设摊综合治理工作的实施意见》，坚决以综合整治遏制城市无序设摊蔓延势头；同时制定《无序设摊综合治理（2014～2017）工作计划任务书》，明确三年治理任务：即2014年完成全市200个无序设摊聚集点（包括中心城区104个无序设摊聚集点）10%～20%、2015年完成30%～40%、2016年完成30%～40%、2017年完成10%～20%，2016年底或2017年上半年基本完成治理任务。按照目标，加强与无序设摊综合治理专项工作推进小组各成员单位沟通协调，就全市200个设摊聚集点、212个管控点和177个疏导点协同治理进行商讨。定期召开各成员单位联络员会议，交流工作推进情况，研究探讨项目对接、工作协同、源头布局、完善机制等工作。会同市教委、市商务委，重点研究推进菜场和高校周边治理工作。

市绿化市容局委托社会第三方机构（名称）对2014年无序设摊管控实效进行评估。结果显示，2014年全市共完成56个无序设摊聚集点（包括中心城区28个）的综合治理，超额完成年度计划。中心城区105个街镇，较2013年同期，街面无序设摊总数减少26.2%，跨门营业总数减少了56%。

【加强道路保洁】 通过文明班组创建、人员培训、专项检查、督促整改等措施，推动道路保洁文明行业创建工作。2014年下半年度，道路保洁和垃圾清运行业社会公众满意度测评结果为81.89分，比2014年上半年度提高0.51分。建立道路保洁"一路一档"工作，主动接受市民监督，推进中小道路保洁"一路一策"，有效提高保洁质量。加强门责环境保洁管理，增加垃圾上门收集频次，及时清理门责垃圾。道路保洁避让高峰（上午7点至9点，下午5点至7点）逐步落实，受到市民欢迎。全市道路保洁质量跃居世博会期间水平，道路整洁优良率达到92%。做好防汛、空气重度污染、冰雪天气等突发情况或恶劣天气的路面保洁工作。

【治理非法小广告取得新成果】 加大"停机"力度，全市共依法实施"停机"4893起，奉贤、闸北、徐汇、浦东、青浦等区城管执法部门加强对商业街区、公交站点、主要道路的执法管控力度，对非法小广告做到"及时巡查发现、及时调查取证、

及时报送停机"，有效遏制"五乱"现象发生。

【市容环境达标区域扩大】 2014年，继续开展"市容环境综合管理示范街镇"、"市容环境卫生责任区管理达标街镇"的创建活动，全年新增21个达标街镇。截至2014年底，全市共53个街镇成功创建达标街镇、168个街镇成功创建示范街镇。

【推进末端处置设施建设】 生活垃圾处理"减量化、资源化、无害化"能力不断增强，"一主多点、就近消纳、区域共享"生活垃圾处置设施规划建设加快推进。浦东黎明项目基本建成，开始点火试运行；崇明、嘉定、闵行、奉贤、松江等区（县）处置设施建设也已顺利完成节点目标。

【深化拓展生活垃圾分类减量】 贯彻落实《上海市促进生活垃圾分类减量办法》。启动静安、松江等8区绿色账户试点工作，开通上海市绿色账户管理信息平台，初步形成绿色账户生活垃圾分类上海模式基本框架。全市分类区域已覆盖280万户，生活垃圾日均处置量17093吨，较2010年日均降低1811吨，连续四年实现人均生活垃圾末端处理量每年减少5%，无害化处理率达到95%。

【强化生活垃圾资源化利用】 制定《上海市湿垃圾处理实施规划（2014～2020年）》，"市级大型设施集中处置和区（县）中小型设施分散处置相结合、分散处置为主"的湿垃圾处置格局逐步形成，湿垃圾日均末端处置能力达到1900吨以上。湿垃圾处理后加工产物用于绿化林业土壤改良试点研究取得进展。拓展餐厨废弃油脂资源化利用渠道，推进餐厨废弃油脂制生物柴油公交车应用试验六方合作课题，并在老港及部分焚烧厂试点应用。

【水葫芦整治】 与往年相比，2014年水葫芦呈现出"出现早、转换快、持续长"的特点：6月下旬，金山、青浦等区水域，相继出现水葫芦；7月中下旬，本市干流水域出现水葫芦，较往年提早近一个月；10月中旬前，干流水域水葫芦来量平缓，日均打捞量不足200吨；10月16日开始，水葫芦来量猛增，日均打捞量近2000吨；10月24日至11月29日，干流水葫芦日均打捞量连续35天突破4000吨。基于此，8月初，市绿化市容局水上市容环境卫生管理处启动水生植物预警监控工作，每周巡查1次本市上游地区水域、每两周巡查1次嘉兴地区水域；国庆长假后，进一步提高巡查频率，本市及周边地区做到每周覆盖1次；进入高峰期后，在原先巡查频率的基础上，黄浦江、苏州河景观水域实行一日两报，及时掌握水生植物污染动态信息。同时，指导市环境实业公司采取"抓两头、控中间"的作业

第四篇

方式，即抓好上游干流水域集约化拦捞和下游景观水域精细化打捞，控制中游闵奉水域水葫芦下移；针对滨江滩涂有水葫芦及漂浮废弃物沉积的现象，根据日照时间进行作业，全面加强水葫芦拦捞，并辅以人工捡拾。此外，联合水务、公安、海事、部队等单位，在10月底和11月上旬，分别在东港口和杨子军港等处设置临时拦截设施，防止黄浦江水葫芦倒灌进苏州河景观水域。

城管执法

【概况】 根据上海市委市政府提出的完善城管执法体制机制改革思路，市城管执法局参与市委一号课题调研、区（县）城管执法体制机制改革实施方案编制，梳理城管执法事项清单，研究调整城管执法职能，提出"做实区县城管执法机构，下沉执法权限，赋予街镇更大的执法管理权，健全公安部门对城管综合执法机构的保障机制，整合城管综合执法资源，充实城管综合执法力量"等意见和建议，推动本市区（县）城管综合执法体制机制改革，加快执法力量下沉，完善保障机制。围绕"规范、文明、有效"的执法要求，坚持执法为民、勤政廉政，城管队伍建设不断加强，依法履职能力不断提高，执法效能不断提升，城市管理主力军作用进一步发挥。城管执法队伍的规范化中队建设达标率达到92%，新增5个标准化大队。

【加强队伍纪律作风管理】 在全市城管执法系统开展以"廉政勤政、积极作为、执法为民"为主题的百日作风纪律教育整顿活动，进一步解决队伍中存在的"四不"（执法不公正、行政不作为、行为不规范、服务不到位）问题，改进工作作风，改善队伍形象。

【强化队伍文化建设】 6月至9月，市城管执法局组织开展全市城管执法系统第一届运动会。此次运动会共有1300余人参加了篮球、羽毛球、长跑等8个竞技项目的比赛，展示了城管执法人员积极参与、团结拼搏、重视荣誉的精神面貌。

【完善执法规范标准】 市城管执法局清理行政处罚、行政强制、行政指导、行政奖励以及其他权利共5大类共计237项行政权力事项。制定《上海市城管执法系统执法装备配置管理规定》（征求意见稿），初步明确通信器材、取证器材、辅助器材、防护器材和交通设施等执法装备设备的配备标准和管理要求。编订《上海市城市管理相对集中行政处罚权文件汇编》、《城管执法系统教育培训三年规划（2014～2016年）》、《上海市城管执法行政处罚事项汇总明细》、《上海市城管执法案例汇编》、《上海市城管执法系统教育培训大纲》等5套工作材料。

【违规处置建筑渣土严格执法】 贯彻落实《关于进一步加强建筑渣土管理的实施意见》，加强源头监管，杨浦、静安、宝山、黄浦等区城管执法部门会同相关部门，深入辖区每个在建工地，实施法律法规宣传，督促建设单位规范处置建筑渣土，从源头上减少和避免了渣土偷乱倒现象。加强集中整治，在全市集中开展"雷霆行动"，加强建筑渣土专项执法，严厉打击违规运输处置渣土行为，全年依法从严查处违规运输处置渣土案件4000余起，查扣违规土方车1500余辆，有效遏制偷乱倒渣土等违法行为。

【城管为民服务】 针对社会管理领域存在的矛盾问题，市城管执法部门加强与相关部门的沟通协作和联勤联动，促进社会和谐安定。加大社会救助力度，会同民政、公安部门加强对流浪乞讨人员的救助服务，重点做好严寒季节、节假日期间的救助服务，全年告知、引导、护送流浪乞讨人员4.1万余人次。黄浦、静安、普陀、闸北、浦东、徐汇、奉贤等区城管执法部门重点加强对车站码头、商业中心、地下通道、桥梁涵洞等巡查频率和力度，增强了救助工作的时效性。加大人口调控服务力度，浦东、闵行、青浦、奉贤、徐汇、虹口、普陀、杨浦等区城管执法部门开展城乡结合部和农村区域危棚简屋、田间窝棚、黑工厂、黑市场等违法建筑专项治理工作，保障区域人口和经济社会可持续发展；虹口、普陀、闸北、徐汇、长宁、宝山等区城管执法部门积极配合相关部门加大群租整治力度，改善市民群众的生活环境。加大"扫黄打非"力度，深入开展"清源、净网、秋风"三大专项整治行动，全市共依法查处占道设摊销售、兜售非法出版物违法行为3400余起，查扣非法音像制品、盗版图书等4.3万余件。徐汇、杨浦、宝山、奉贤、松江、静安等区城管执法部门聚焦文化市场、学校、居住区周边区域，严厉打击占道设摊销售、兜售非法出版物违法行为，净化社会文化环境。

【《上海市促进生活垃圾分类减量办法》召开市政府新闻发布会】 2月11日，上海市政府第39次常务会议审议通过《上海市促进生活垃圾分类减量办法》，2月22日，市政府第14号令正式发布，5月1日起施行。4月10日，市政府新闻办举行市政府新闻发布会，介绍《办法》主要内容及工作安排，市政府法制办副主任顾长浩、市绿化和市容管理局局长陆月星、市绿化和市容管理局总工程师唐家富出席会议。

【加强政府效能建设】 推进行政审批改革和行政审批标准化建设。跟踪已调整的11项行政审批事项,完成张江高新园区第二批试点分园委托审批相关工作。全面完成市级39项行政审批事项的业务手册和办事指南编制,组织区(县)42项审批事项的实体性规范编制。组织推进政府效能试点工作,取得"六化"试点成果。完成17类600余项行政权力清单梳理,公布《市、区(县)两级绿化市容、林业、城管执法部门行政审批、行政处罚、行政强制权力清单(2014年版)》。配合市政府督查室开展林业专项督查调研。开展公益林生态补偿政策绩效评估。

【提高市民诉求处置能力】 受理各类投诉194139件,同比下降3.64%。在"12345"市民服务热线绩效考核中,综合满意度测评在城建类7部门中位居第三。开展夏令专项行动,受理诉件30630件,同比上升11.2%。受理行政许可申请2163件,信息公开43件,办结率均为100%,未发生行政复议被撤销、行政诉讼败诉案件。

(上海市绿化和市容管理局)

江 苏 省

概况

2014年,江苏省住房城乡建设系统在江苏省委省政府的领导下,改革创新,积极进取,更加注重提升城镇化发展质量和推进城乡发展一体化,更大力度推动城乡建设模式转型升级,更高效率办好建设领域民生实事,住房城乡建设事业发展取得了新的进步。

【完成重点任务】 完成8项列入江苏省委常委会工作要点和14项列入省政府十大重点百项考核指标的重点任务,完成住房城乡建设部下达的保障房建设、农村危房改造、渔民上岸定居、工程质量专项整治等目标任务。围绕新型城镇化,认真履行省推进城镇化联席会议办公室职责,高质量完成省域城镇体系规划编制并通过部级联席会议审查。会同中国城市规划学会创刊《城镇化》,编制完成《江苏城镇化发展报告(2014年度)》。高度重视小城镇在城镇化中的积极作用,在苏北地区推进"重点中心镇建设工程行动计划",在苏南苏中地区开展"综合规划建设示范镇创建"工作。围绕城乡发展一体化,切实发挥城乡规划在"六个一体化"中的引领作用,推进优化镇村布局规划,试点县(市)全面完成。历史文化名村保护规划实现全覆盖。加大城乡统筹区域供水推进力度,全年新增通水乡镇66个,全省区域供水乡镇覆盖率达88%,居全国各省(区)之首;建制镇污水处理设施覆盖率超过80%,镇村生活垃圾集中收运率达80%以上。城镇基础设施和公共服务设施加快向农村延伸,城乡公共资源均等化水平得到提高。

【提升城乡人居环境】 习近平总书记在视察江苏时,高度肯定城乡环境整治工作,并要求坚持不懈抓下去。完成3.8万个村庄环境整治工作,累计完成16.6万个自然村整治,整治覆盖面达85%以上,建成981个"环境优美、生态宜居、设施配套、特色鲜明"的三星级康居乡村。"村庄环境整治苏南实践"获2014年度"中国人居环境范例奖","江苏省村庄环境改善与复兴项目"被"亚洲银行东亚可持续发展知识分享中心"评为"2014年度最佳实践案例"。全省城市环境综合整治累计完成3.7万个整治项目,一大批居民反应强烈的环境脏乱差问题得到有效解决,10个城市新建成数字化城市管理系统,全省创建36条"江苏省城市管理示范路"和42个"江苏省城市管理示范社区"。到2014年底,全省城镇污水处理总能力达到1495万吨/日;全省垃圾无害化处理能力达到5.4万吨/日,实现了全省县以上城市垃圾无害化处理设施全覆盖。全省有4个城市获"联合国人居奖",9个项目获"迪拜国际改善居住环境最佳范例奖",11个城市获"中国人居环境奖",47个项目获"中国人居环境范例奖",保有11座国家历史文化名城、27座国家历史文化名镇,全国最多。

【全面推进转型升级、建设产业提质增效】 全系统积极应对经济发展新常态,抓住江苏省被住房城乡建设部列为首批建筑产业现代化试点省份的机遇,提请省政府率先出台推进建筑产业现代化的意见。2014年,全省建筑业总产值达到2.7万亿元,产业规模全国第一。在城乡建设模式转型升级中，坚定不移地走空间集约紧凑、资源能源高效利用的节约型城乡建设道路。在全国率先推进绿色建筑立法并配套出台技术标准，全省节能建筑总规模达到12.6亿平方米，居全国第一，绿色建筑数量超过全国的四分之一，国家级可再生能源建筑示范项目数量全国最多。累计获得中国建设工程鲁班奖415项，居全国首位。系统推进环太湖、大运河、故黄河区域风景路规划的编制和实施，推进城市空间特色体系规划由省辖市全覆盖向县级市的延伸。以"历史空间的当代利用"为主题，成功组织了首届江苏建筑设计创意大赛。

【全力保障和改善民生】 全系统不断深化群众路线教育实践活动成果，切实办好建设领域民生实事。2014年，全省保障性安居工程基本建成26.55万套、新开工27.75万套，发放低收入住房困难家庭租赁补贴4.22万户，分别完成国家下达目标任务的115.43%、106.73%和192%。住房公积金年度归集额超过1000亿元，公积金归集使用效率在全国各省区中名列第一，19万户职工家庭通过住房公积金改善了住房条件。住宅分户验收一次性合格率达到97.1%。通过城市环境整治"931"行动，整治提升966条背街小巷约360公里；改造274片易淹易涝片区5400多公顷；新建477个停车场泊位7.4万个；圆满完成工地扬尘"双百日"整治行动。新增自来水深度处理能力241.5万立方米/日，占供水总能力比重达37%，全国最高；全省91%以上的市、县（市）建成了应急备用水源或实现管网联通。建成中心应急避难场所54个。累计建成投运轨道交通12条线320公里；23个城市建成公共自行车系统，实现省辖市全覆盖。建成健身步道1000公里。城市公园免费开放率超过85%。

【全面深化住房城乡建设领域改革】 全系统深入推进重点领域和关键环节改革，大力推进简政放权。省厅非行政许可审批事项全面取消，精简行政权力事项2项，下放行政权力事项11项，行政许可办结时限缩短至10个工作日。抓住江苏省被住房城乡建设部列为建筑市场监管综合试点省份的机遇，率先建成全省统一运行的建筑市场信用信息平台。出台《建筑工程施工合同备案管理办法》《房屋建筑和市政基础设施工程评标专家管理办法》和《房屋建筑和市政基础设施工程串通投标和投标人弄虚作假行为认定处理办法》等规范性文件。认真落实国家关于房地产市场去行政化改革的举措，及时调整限购、差别化信贷等政策，积极支持居民合理的住房消费，房地产市场总体保持平稳运行。在全国率先以"住房保障体系健全率"综合指标替代"保障性住房覆盖率"单一指标，将其纳入"全面建成小康社会"的考核评价内容。公租房和廉租房实现并轨运行，淮安市成为全国共有产权住房试点城市，常州市公租房社会化租赁模式被全国推广。民间资本参与保障性安居工程和城市基础设施建设运营有序推进。

房地产业

【概况】 2014年，江苏全省商品住宅销售面积同比下降16.05%，成交均价同比增长1.18%，低于全省CPI涨幅（2.2%）。虽然2014年江苏房地产市场整体呈现下行调整态势，但随着限购措施取消、限贷政策放松、央行降息等一系列利好政策出台，2014年第四季度市场销售较前三季度明显回升。

2014年，全省共实现房地产业增加值3734亿元，占全省地区生产总值的5.73%，占全省服务业增加值的比重为12.28%；完成房地产开发投资完成额8240.22亿元，同比增长13.8%，占全省城镇固定资产投资的19.83%；全省房地产业地税收入完成1725.71亿元，同比增长7.06%，占地税收入总量的比重为33.38%，较上年的34.33%下降了0.05个百分点。至2014年底，全省城镇人均住房建筑面积为44.2平方米。房地产业的发展，对全省拉动经济增长、推进城市化进程、改善人民居住环境继续发挥着十分重要的作用。

【房屋概况】 截至2014年底，全省城市实有房屋建筑面积为35.80亿平方米，其中：实有住宅建筑面积为19.13亿平方米，在住宅中，私有（自有）住宅的建筑面积为17.15亿平方米，住宅的私有化率达89.65%；成套住宅套数1718万套，住宅成套率为92.74%，成套住宅建筑面积17.74亿平方米，套均面积103.26平方米。本年房屋减少面积为2260.41万平方米，其中住宅减少面积1489.05万平方米。

【房地产开发投资】 2014年，全省房地产开发投资全年保持平稳增长，共完成投资8240.22亿元，同比增长13.8%，占全国总量的8.7%，规模仍居全国首位。占城镇固定资产投资的19.83%，相对于2013年占比下降了0.29个百分点；投资增幅较城镇固定资产投资增幅低1.7个百分点。其中商品住宅投资5924.51亿元，同比增长14.6%，占全国比重达9.2%。

【商品房新开工、施工和竣工面积】 2014 年，全省商品房新开工面积为 14220.35 万平方米，其中商品住宅为 10377.91 万平方米，同比分别下降 13.1% 和 15.0%。商品房施工面积为 57637.72 万平方米，其中商品住宅为 41579.79 万平方米，同比分别增长 9.6% 和 7.3%。全省商品房竣工面积为 9620.47 万平方米，其中商品住宅 7259.11 万平方米，同比分别下降 0.9% 和 4.3%。

【商品房供应】❶ 2014 年，全省商品房和商品住宅累计批准预售面积分别为 13573.17 万平方米和 10507.78 万平方米，同比分别下降 8.53% 和 7.59%。分区域看，2014 年，苏南地区商品房和商品住宅批准预售面积分别为 7489.54 万平方米和 5834.48 万平方米，同比分别下降 1.36% 和增长 0.22%；苏中地区分别为 2386.97 万平方米和 1960.67 万平方米，同比分别下降 17.94% 和 16.68%；苏北地区分别为 3696.66 万平方米和 2712.63 万平方米，同比分别下降 14.76% 和 15.12%。苏中区域商品房和商品住宅新增供应降幅最为明显。

2014 年，全省省辖市市区商品房和商品住宅累计批准预售面积分别为 8250.14 万平方米和 6261.51 万平方米，同比分别下降 0.45% 和增长 0.29%。分区域看，2014 年，苏南省辖市市区商品房和商品住宅批准预售面积分别为 4715.89 万平方米和 3573.02 万平方米，同比分别增长 0.75% 和 3.55%；苏中省辖市市区分别为 1313.25 万平方米和 1097.54 万平方米，同比分别下降 6.64% 和 5.1%；苏北省辖市市区分别为 2221 万平方米和 1590.96 万平方米，同比分别增长 0.94% 和下降 2.77%。三大区域省辖市市区商品房和商品住宅新增供应较上年相比有增有减，但变化幅度不大。

【商品房销售】 2014 年，全省商品房和商品住宅累计登记销售面积分别为 9589.53 万平方米和 8027.1 万平方米，同比分别下降 15.5% 和 16.05%。分区域看，2014 年，苏南地区商品房和商品住宅登记销售面积分别为 5336.54 万平方米和 4589.18 万平方米，同比分别下降 10.35% 和 8.03%；苏中地区分别为 1620.7 万平方米和 1349.48 万平方米，同比分别下降 14.55% 和 20.29%；苏北地区分别为 2632.29 万平方米和 2088.43 万平方米，同比分别下降 24.78% 和 27.46%。苏中、苏北区域商品房和商品住宅销售量降幅较为明显。

2014 年，全省省辖市市区商品房和商品住宅累计登记销售面积分别为 5588.93 万平方米和 4787.62

万平方米，同比分别下降 11.73% 和 10.71%。分区域看，2014 年，苏南省辖市市区商品房和商品住宅登记销售面积分别为 3341.65 万平方米和 2875.67 万平方米，同比分别下降 8.92% 和 6.25%；苏中省辖市市区分别为 898.23 万平方米和 790.28 万平方米，同比分别下降 9.44%、11.1%；苏北省辖市市区分别为 1349.06 万平方米和 1121.67 万平方米，同比分别下降 19.28% 和 20.2%，苏北省辖市市区商品房和商品住宅销售面积降幅最为显著。

【商品住房供销结构】 2014 年，从市场新增供应结构看，全省 90 平方米以下、90～120 平方米、商品住宅分别占全部住宅供应量的 17.88%、36.31%，占比分别较上年提高了 0.70 个、1.53 个百分点；120～144 平方米户型、144 平方米以上户型占比为 29.67%、16.14%，占比分别较上年下降了 0.98 个、1.25 个百分点。从市场销售结构看，全省 90 平方米以下、144 平方米以上户型商品住宅分别占全部住宅销售量的 17.54%、16.30%，占比分别较上年提高了 0.71 个、0.14 个百分点；90～120 平方米、120～144 平方米、户型占比为 35.07%、31.08%，占比分别较上年下降了 0.13 个、0.73 个百分点。全省商品住宅累计供销比为 1.31，较上年提高了 0.12 个百分点。从不同面积段的供销比看，90 平方米以下、90～120 平方米、120～144 平方米、144 平方米以上户型的供销比分别为 1.33、1.36、1.25、1.30。

2014 年，从市场新增供应结构看，全省省辖市市区 90 平方米以下、90～120 平方米户型商品住宅分别占全部住宅供应量的 20.57%、36.01%，占比较上年分别提高了 0.16 个、2.24 个百分点；120～144 平方米、144 平方米以上户型占比为 27.22%、16.20%，较上年下降了 1.04 个、1.35 个百分点。从市场销售结构看，全省省辖市市区 90 平方米以下、90～120 平方米、144 平方米以上户型商品住宅分别占全部住宅销售量的 20.58%、34.29%、16.56%，占比较上年分别提高了 1.06 个、0.15 个、0.48 个百分点；120～144 平方米户型占比 28.57%，较上年下降了 1.69 个百分点。全省省辖市市区商品住宅累计供销比为 1.31，较上年提高了 0.15 个百分点。从不同面积段的供销比看，90 平方米以下、90～120 平方米、120～144 平方米、144 平方米以上户型的供销比分别为 1.31、1.37、1.25、1.28。

---

❶ 商品房供应、销售、供销结构、成交均价数据均来源于江苏省房地产市场动态监测系统。

【商品房成交价格】　2014 年，全省商品房和商品住宅成交均价分别为 7348.06 元/平方米和 7059.26 元/平方米，同比分别增长 0.33% 和 1.18%；全省省辖市市区商品房和商品住宅成交均价分别为 8208.21 元/平方米和 7864.13 元/平方米，同比分别增长 0.23% 和 0.36%。前三季度开发企业普遍采取优惠措施"以价换量"，个别楼盘甚至以低于成本的价格促销。四季度成交均价调整以结构性因素为主，例如以大户型、高品质房源为主的改善型需求在政策利好刺激下积极入市，市场敏感度高且房价偏高的苏南区域销售占比上升等，推高了成交均价水平。

【二手房市场】❶　2014 年，全省省辖市市区二手房和二手住宅累计成交面积分别为 2304.12 万平方米和 1745.3 万平方米，同比分别下降 21.65% 和 30.84%。二手房和二手住宅累计成交均价分别为 8069 元/平方米 8354 元/平方米，同比分别增长 4.97% 和 5.65%。

【房地产贷款】　12 月末，全省房地产贷款余额为 17227.13 亿元，同比增长 16.4%，占人民币各项贷款余额比重为 23.8%；房地产贷款余额比年初增加 2425.93 亿元，其中：地产开发贷款余额为 1779.01 亿元，比年初增加了 510.07 亿元，同比多增 158.02 亿元，余额增速为 40.2%；房产开发贷款余额为 3841.13 亿元，较年初增加了 401.68 亿元，同比少增 195.02 亿元，余额增速为 11.68%；个人住房贷款余额为 10686.83 亿元，比年初增加 1503.77 亿元，同比少增 166.63 亿元，余额增速为 16.38%。1~12 月，全省向 20.63 万户职工家庭发放住房公积金贷款 621.77 亿元，同比下降 11.87%。12 月末个贷比率为 91.33%。全省住房公积金资金结余为 438.32 亿元。

【房屋征收（拆迁）】　2014 年，全省共决定征收项目 395 个，同比减少 17%；决定征收房屋面积 1675.83 万平方米、8.15 万户，分别较上年下降 12.96%、22.41%；其中，涉及住宅房屋面积 1246.53 万平方米、7.82 万户，分别较上年下降 14.4%、20.35%。实际完成（含往年结转）征收（拆迁）项目 390 个、征收（拆迁）房屋面积 1499.62 万平方米、户数 80830 户，分别较上年上升 12.1%、下降 32.61%、下降 30.01%；其中，住宅房屋 1201.89 万平方米、76423 户，分别较上年下降 21.4%、29.78%。全省共受理征收补偿决定（拆迁行政裁决）案件 1589 件，较往年下降 46.28%。下达补偿（裁决）决定 1087 份，较上年下降 28.12%。全

省共下达强制搬迁决定 128 件，较上年下降 46.22%。全省有 4946 户被拆迁住房困难户的住房条件，通过拆迁得到明显改善，其中 4269 户为低收入住房困难家庭。（陆建生　李强）

住房保障

【保障性安居工程建设】　根据江苏省政府确定的年度目标任务，2014 年江苏保障性安居工程任务是基本建成 23 万套、新开工 26 万套，发放廉租住房租赁补贴 2.2 万户。经过全省各地的共同努力，实际基本建成 26.55 万套、新开工 27.75 万套，发放廉租住房租赁补贴 4.2 万户；分别完成年度目标任务 115.43%、106.73%、105%。

【提前落实年度建设用地】　指导各地住房保障主管部门根据"十二五"住房保障规划，提前做好各年度保障性安居工程建设的项目储备，尽早将规划项目落实到具体地块；及时与土地主管部门协调，对涉及新增建设用地的，纳入年度土地供应计划，实行计划单列、提前申报、专地专供、优先安排制度。2014 年，全省保障性安居工程新增建设用地计划 11505 亩，于 2 月份提前下达到市县。此外，各地还通过调剂使用往年供应土地、盘活自有存量土地安排保障性安居工程建设用地，较好地保证了保障性安居工程建设的土地需求。

【加大资金筹措力度】　指导各地根据年度目标任务提前测算资金需求，按照国家规定的资金渠道筹集保障性住房建设资金，研究制定了住房保障专项资金管理办法，专户储存、专户管理，按项目拨付和监管资金。省财政建立省级住房保障专项引导资金，2014 年省级财政预算安排了 9 亿元，较好地发挥了省级专项资金的引导作用；合理安排保障性住房建设资金，全省财政性资金安排达到了 135 亿元。支持各地成立保障性住房投融资平台，通过银行贷款、发行债券、信托投资等多种方式，筹集金融资金，全年累计通过融资方式筹集资金 538.09 亿元，有力地保证保障性安居工程建设的资金需求。

【落实税费减免】　江苏省认真执行国家有关规定，棚户区（危旧房）改造免征一切行政事业性收费和政府性基金。省物价局、财政厅、住房城乡建设厅对江苏省各项行政事业性收费和政府性基金的名目进行梳理，对棚户区改造中电、气、水、通信网络等经营性收费，按照不高于 80% 的标准收取。

【加大金融信贷支持力度】　据有关统计，自

---

❶　二手房数据为江苏省地产市场月报系统数据。

2013 年 8 月份以来，国家开发银行江苏分行和苏州分行共承诺江苏省棚户区改造贷款额度 916.2 亿元；实际发放贷款 249.61 亿元，其中 2014 年发放 159.61 亿元。

【住房保障体系建设】 完善政策制度。根据省政府明确的住房保障体系建设目标任务和重点工作，省住房城乡建设厅会同有关部门联合印发《关于加快推进住房保障体系建设重点任务落实的通知》《关于全面推进公共租赁住房和廉租住房并轨运行的实施意见》《关于推进保障性住房共有产权工作的意见》《关于鼓励和引导民间资本参与保障性安居工程建设有关问题的通知》等文件，全面推进住房保障体系建设。进一步改进和完善住房保障体系建设进度监测评估，以"住房保障体系健全率"综合指标代替"保障性住房覆盖率"单一指标，评估和监督市县住房保障成效。认真开展住房保障课题研究。完成"构建住房保障长效机制"调查研究，"保障性住房投资运营管理可持续机制研究"、"共有产权住房制度创新研究"已通过结题验收，"城镇住房保障法律立法研究"、"公共租赁住房准入、使用和退出长效机制研究"通过中期评估。

积极拓展和优化保障性住房筹集渠道。支持住房市场供应比较充足的城市，优先通过社会化收储、发放货币补贴或直接收购方式筹集保障性住房。更加注重新建项目合理规划和选址，加快已建成项目公共服务设施配套，方便群众生活。

统筹用好实物安置与货币补偿两种方式，鼓励增加货币补偿安置比例，设立省级棚户区危旧房改造融资平台，落实衔接开发性金融政策，建立完善棚户区危旧房改造多层次、多元化融资体系。

健全规范管理、分配和准入退出良性机制。指导各地科学设置和动态调整住房保障准入线标准，加快建立申请对象收入、财产审核认定联动机制。健全和改善退出机制，坚持保障对象年度审核、定期检查和举报查处机制。切实规范工作流程、加强信息公开，提升住房保障公信力，大力提升信息化管理水平。

【大力推进棚户区危旧房改造】 2014 年，全省计划新开工建设棚户区危旧房改造安置住房 17.2 万套、基本建成 10.72 万套。通过各地的共同努力，2014 年全省完成棚户区危旧房安置房建设新开工 18.8 万套、基本建成 13.35 万套，分别完成年度目标的 109.3%、124.5%。组织编制全省棚户区危旧房改造规划。根据国务院《关于加快棚户区改造工作的意见》和住房城乡建设部工作要求，按照"自

下而上、按需申报、尽力而为、量力而行"原则，组织各市县开展对江苏省 2013～2017 年棚户区（危旧房）的深化调查，对棚户区改造进行了调查统计和汇总上报。经汇总审核，江苏省 2013～2017 年棚户区（危旧房）规划改造 117.5 万户。在此基础上编制了江苏省棚户区改造规划，征求省发改委、省国土厅、省财政厅等部门意见后报江苏省政府分管省长同意后于 9 月份报住房城乡建设部备案。

组织开展国有工矿等棚户区改造调查统计。根据住房城乡建设部、国家发展改革委、财政部、国资委《关于核实棚户区底数和 2015～2017 年改造规划编制情况的通知》文件要求，组织对江苏省国有企业棚户区摸底调查。经审核汇总，截至 2013 年底，全省国有工矿（国有企业）棚户区剩余户数为 85802 户。针对各地经济差异和住房品质不同，结合各地上报棚户区改造规划的改造数量和种类，进一步明确了棚户区危旧房改造标准；对 2013～2017 年棚户区改造规划的项目进行分析筛选，全省共有 486 个建制镇 62.7 万户棚户区项目纳入五年改造计划。对连云港锦屏磷矿、徐州大屯煤矿、贾汪枯竭区棚户区计划和实施情况进行了调查上报。

配合成立省级融资平台。按国家开发银行总行部署要求，协助成立了"江苏省城乡建设投资有限公司"省级棚户区改造融资平台，按照统贷统还的原则，承接市县政府向开发银行申请的棚改项目贷款。11 月 25 日，江苏省政府印发了《江苏省棚户区（危旧房）改造国家开发银行统贷专项管理办法》及《江苏省棚户区（危旧房）改造省级融资平台构建运营方案》。受江苏省政府委托，省住房城乡建设厅与中江公司签订了棚户区（危旧房）改造的委托代建协议。自 2013 年 8 月以来，国家开发银行支持棚户区改造共授信 1348 亿元。

【住房救助】 根据《江苏省社会救助办法》规定，县级以上人民政府应当建立健全住房救助制度，对符合规定标准的住房困难的最低生活保障家庭、分散供养的特困人员给予住房救助。住房救助主要通过配租公共租赁住房、发放住房租赁补助等方式实施。截至 2014 年底，全省累计有 2.9 万户低保住房困难家庭享受公共租赁住房实物配租，有 3.2 万户低保住房困难家庭通过发放租赁补贴予以保障。

住房公积金

【缴存情况】 2014 年底，江苏全省实际缴存住房公积金的职工人数为 957 万人，比上年增长 10.20%。全省当年缴存住房公积金 1039.87 亿元，

比上年增长 14.70%，缴存余额为 2675.52 亿元。

【提取情况】 2014 年，全省住房公积金提取额为 621.45 亿元，占当年缴存额 1039.87 亿元的 59.76%。

【贷款情况】 2014 年，全省共向 20.63 万户职工家庭发放住房公积金贷款金额 621.78 亿元，住房公积金贷款余额为 2443.67 亿元。

【增值收益分配情况】 2014 年，全省住房公积金实现增值收益 47.3 亿元，提取个人贷款风险准备金 20.27 亿元；提取管理费用 4.64 亿元；提取保障房建设补充资金 22.39 亿元。

城乡规划

【《江苏省城镇体系规划（2014～2030）》】 4 月，通过住房城乡建设部常务会议审议，再次组织修改后上报国务院。规划的核心理念纳入江苏省政府有关文件中，为全省各级政府制定相关规划和政策文件提供了依据。根据规划，到 2030 年，全省城市化水平达到 80%，形成"一带两轴、三圈一极"的"紧凑型"城镇空间格局。其中"一带"即沿江城市带，将建设成为以特大、大城市为主体，以产业提升和现代服务业发展为重点，空间集约高效利用的都市连绵地区；"两轴"即沿海城镇轴和沿东陇海城镇轴，将建设成为以中心城市为主题，以推动新型工业化为重点，实现快速发展的新兴城市化地区；"三圈"即南京、徐州和苏锡常都市圈。上一轮江苏省域城镇体系规划于 1999 年着手编制，2002 年经国务院批准实施。本次规划修编工作于 2009 年 5 月正式启动，2011 年完成专家论证，2012 年，通过住建部组织的专家审查。

【《苏南丘陵地区城镇体系规划》】 2013 年 10 月启动规划编制工作。规划按照"整体布局、生态优先、合理利用、绿色低碳"的原则，以中心城市、重点中心镇和特色镇为城镇据点发展空间，以生态景观资源优越的山体和湖荡地区为特色发展空间，强化自然景观资源和历史文化资源的串联和展示，提出"立足资源、特色发展；统筹协调、差别发展；改革创新、转型发展"的规划策略，构建"五城、六链、五片"的"山水绿底、城镇相嵌"总体空间格局，划定城镇化发展区、山水旅游发展区、生态保育区和田园综合发展区四类分区，并提出了相关的政策指引。2014 年 6 月，《规划》通过省住房城乡建设厅组织的专家论证。由国内多位著名专家组成的审查组认为规划的指导思想明确，思路清晰严谨，资料分析翔实，对于苏南丘陵地区实现转型跨越发

展具有重要意义。《规划》按照专家意见修改完善后，现已形成规划成果上报省政府。

【《大运河风景路规划》】 2013 年 5 月启动规划编制工作。规划重视对大运河世界文化遗产的保护，强化沿线历史文化资源的串联和展示，提出"保护优先、整合提升；文化串联、价值提升；生态保育、环境提升；景观塑造、特色提升；城乡统筹、品质提升"的规划策略，构建以大运河为依托、以滨河城乡道路为主干的大运河风景路网络，形成"一主、十七支、二十联"的风景路网络体系，指导各地以保护资源、丰富文化、优化景观、实用经济、方便安全为原则，深化和完善大运河风景路线网布局，重点加强风景路与大运河沿线城镇、特色村庄、景区景点等的有机联系，加快构建大运河风景路网络体系。2013 年 12 月通过专家论证，2014 年 11 月获得省人民政府批准实施，并印发全省。

【优化镇村布局规划】 在广泛调研和总结前期试点工作经验的基础上，制定《关于优化镇村布局规划的指导意见》和《关于做好优化镇村布局规划工作的通知》，明确全省优化镇村布局规划的工作目标、原则、措施等要求。本轮优化镇村布局规划，强调尊重村民意愿，建立"村级酝酿、乡镇统筹、市县批准"的规划模式，要求各地尊重乡村演变的自然客观规律，尽量在原有村庄形态和肌理上改善居民生活生产条件，保护好乡土文化和乡村风貌，严防一味追求拆并村庄、强推农民集中和上楼。至年底，苏州市区、昆山市、常熟市、张家港市、太仓市、南京市高淳区、金坛市、高邮市、如皋市、阜宁县、沭阳县等 11 个试点市（县、区）全部完成规划编制工作。

【探索"三规合一"规划方法】 形成《关于"三规合一"有关工作的报告》，制订印发《城乡规划暨"三规合一"试点工作技术指导意见》。结合城市总体规划修编，指导地方将经济社会发展规划确定的目标、土地利用规划提出的建设用地规模和耕地保护要求等纳入城市总体规划，特别是加强近期建设规划与土地利用规划的协调，努力形成以城乡规划为基础的"三规合一"格局。

【江苏省城镇化发展报告（2014）】 《报告》把握全省不同区域和地方城镇化发展的差别特征，构建了城镇化质量的评估指标体系，对各地城镇化发展水平和推进质量进行评估，引导各地科学协调有序推进城镇化。

【历史文化名城名镇名村】 2014 年新增 8 个中国历史文化名镇、7 个中国历史文化名村。全省拥有

11座国家历史文化名城、6座省级历史文化名城、26座中国历史文化名镇、6座省级历史文化名镇、10个中国历史文化名村、3个省级历史文化名村、1处省级历史文化保护区。向3个历史文化街区和9个历史文化名村共下发了800万省级专项引导资金，进一步调动各地对历史文化保护工作的积极性，有力推进了保护规划的编制与实施工作。

【历史文化名村保护规划编制】 为规范并指导名村保护规划编制，在广泛调研与座谈的基础上，在全国率先制定了《历史文化名村（保护）规划编制导则》，全省所有历史文化名村保护规划都已基本完成。组织编纂了全省历史文化名城名镇名村保护图册《城镇溯源乡愁记忆》，通过系统展示全省历史文化遗存、保护工作和规划体系，为未来推进城乡建设、塑造文化特色、提升城市品位等工作提供了重要参考。

【城乡规划信息系统建设】 推进规划管理信息化是规范城乡规划编制、提升科学决策水平、提高行政管理效能、加强规划实施监管的重要手段。2014年加快省城乡规划管理信息系统的建设，已完成8项数据标准，其中城市总体规划数据标准作为地方标准印发施行；并完成系统一期开发工作并部署试运行。

【规划管理和服务】 支持地方经济社会发展，在坚持规划原则、依法行政的前提下，认真做好各类开发区设立和重大项目选址的规划服务工作。共办理各类开发区、旅游度假区设立的规划审核事项44件。共核发交通、电力、水利等省级以上重大基础设施和产业项目的选址意见书22件。

【重视易燃易爆设施规划安全】 为进一步规范输油气管、加油气站、危险品仓库、生产车间等易燃易爆设施的规划管理，保障人民群众生命财产安全和城市功能正常运行，制定下发《关于加强易燃易爆设施规划管理工作的通知》，要求各地充分认识该项工作的重要性，并从易燃易爆设施的选址布局、规划管理，以及周边用地的规划控制等方面提出相关工作要求与措施，切实保障易燃易爆设施的规划安全。

【促进规划行业发展】 组织江苏省建设系统优秀勘察设计城市规划项目专业评选，从152个项目中评选出85项获奖项目，其中一等奖12项、二等奖29项、三等奖44项，鼓励全省规划编制技术创新，推动规划编制质量和水平的提升。

城市建设与市政公用事业

【概况】 2014年，江苏省以贯彻落实国务院《关于加强城市基础设施建设的意见》（国发〔2013〕36号）为抓手，加快城市基础设施建设，着力推进城乡统筹区域供水、自来水深度处理、建制镇污水处理全覆盖和城乡生活垃圾收运体系建设；强化供水、燃气、污水垃圾处理、桥梁等市政公用行业安全监管措施，保障基础设施安全运营；加大节能减排力度，推进城市绿色照明、节约用水、污水污泥处理处置等工作。

【城乡统筹区域供水通水】 2014年，新增城乡统筹区域供水通水乡镇66个，苏南、苏中基本实现区域供水全覆盖，苏北通水乡镇覆盖率达74%，全省通水乡镇覆盖率达88%，居全国各省份之首。全年新增深度处理能力241.5万立方米/日，较上年增长33%，深度处理总能力达972万立方米/日，占全省总供水能力的37%。全年新增供水能力154万立方米/日，全省公共供水总能力达到2633万立方米/日。

【城镇污水处理】 全年新增城镇污水处理设施能力89万立方米/日，累计建成城镇污水收集主干管网2700余公里，建制镇污水处理设施覆盖率达83%，全省城镇污水处理能力达1500万立方米/日，累计建成污水收集管网44800公里、雨水主干管网3.4万公里。污泥处理处置设施和污水处理厂尾水再生利用工程建设稳步推进。

【城市基础设施建设】 全年新增垃圾无害化处理能力5800吨/日，县以上城市实现生活垃圾无害化处理设施全覆盖，生活垃圾无害化处理率达到95%以上。全年新增城市道路长度2319.42千米、面积4639.18万平方米，新增桥梁634座（其中，新增特大桥及大桥89座、立交桥31座），新增道路照明灯319475盏，新增安装路灯的道路长度2426.46千米。新建成投运轨道交通7条线176公里，其中地铁（轻轨）5条线150公里，有轨电车2条线26公里，全省已拥有或在建轨道交通的城市有8个，已建成投运轨道交通12条线320公里；新增供气管道长度6103公里，天然气供应总量86.89亿立方米，液化石油气供应总量约77.24万吨，人工煤气供应总量612万立方米，用气人口达3496.93万人，燃气普及率99.25%。

村镇建设

【概况】 2014年，江苏全省有建制镇740个（不包括县城关镇和划入城市统计范围的镇，下同），乡集镇70个，行政村14285个，村庄133746个。村镇总人口5376.55万人，其中暂住人口602.26万人。建制镇建成区面积2688.17平方千米，平均每个建制镇3.63平方千米；集镇建成区面积105.43平方千米，平均每个集镇建成区面积1.51平方千米。全省村镇市政公用设施建设投资342.60亿元。

【农村房屋建设】 2014年，全省村镇住宅竣工面积5164.58万平方米，实有住宅总建筑面积20.61亿平方米，村镇人均住宅建筑面积38.33平方米（含暂住人口，下同）。村镇公共建筑竣工面积861.22万平方米，其中混合结构建筑面积817.37万平方米，占新建公共建筑总面积的94.91％。村镇生产性建筑竣工面积达到2631.50万平方米，其中混合结构建筑面积2474.51万平方米，占新建生产建筑总面积的94.03％。

【村镇供水】 2014年，江苏省乡镇年供水总量14.64亿立方米，自来水受益人口1558.46万人，村庄用水普及率94.28％；乡镇供水管道长度5.74万千米，本年新增供水管道长度2723.34千米，乡镇排水管道长度2.15万千米，本年新增排水管道长度1616.54千米；年污水处理总量6.38亿立方米。

【村镇道路】 至年末，全省乡镇实有铺装道路长度3.82万千米、面积2.88亿平方米，小城镇镇区主街道基本达到硬化。

【村庄环境整治】 2014年以来，省村庄整治办、省住房城乡建设厅按照《全省村庄环境整治行动计划》的时间节点要求，在2013年苏南5市和扬州市全域完成村庄环境整治的基础上，继续深入推动苏中苏北其他7市的整治工作。省政府与苏中、苏北7市分别签订年度目标责任书，明确了年度村庄环境整治任务。各地层层分解任务，明确目标要求，并及时将年度整治村庄名单录入信息管理系统，实现目标固定、名单锁定。组织编印《江苏省村庄环境整治60问》、《江苏村庄环境整治成果集（2011～2013年）》，并免费发放至基层。及时下拨3批共4.6亿元的省级村庄环境整治专项资金并将实施期内省级财政预算安排及中央财政下达的9类涉农专项资金进行整合，依据核定公布的年度整治村庄计划目录集中投入。截止到年底，全省村庄环境整治累计完成16.7万个自然村整治任务，苏南、苏中地区已完成省定环境整治任务，整治覆盖面已达全省自然村总数的85％以上，建成981个"环境优美、生态宜居、设施配套、特色鲜明"的省级康居乡村。"村庄环境整治苏南实践"获得2014年度"中国人居环境范例奖"，"江苏省村庄环境改善与复兴项目"被"亚洲开发银行东亚可持续发展知识分享中心"评为2014年度"最佳实践案例"。

【村庄生活污水治理】 积极推进太湖流域农村生活污染治理。严格按照省政府下达的太湖水污染治理年度目标任务，督促太湖流域各地加大规划发展村庄生活污水治理力度。按照2014年太湖水环境治理目标责任书工作要求，按照2014年太湖水环境治理目标责任书工作要求，指导太湖流域完成115个一二级保护区以外的村庄生活污水治理。指导各地采取接入城镇污水管网统一处理、建设小型设施相对集中处理和分散处理相结合的多种模式，优先解决环境敏感区域内的、规模较大的规划发展村庄和新建型集中居住点的生活污水处理问题。

【村镇生活垃圾处理】 结合村庄环境整治，指导苏中苏北各地加快推进镇村生活垃圾日常保洁和清运制度建设，实现环卫保洁常态化，进一步加快苏中苏北地区"组保洁、村收集、镇转运、县（市）统一处理"城乡垃圾统筹处理模式的建设步伐，着力提高苏南地区收运体系的标准化、规范化水平，在南京市高淳区淳溪镇和苏州市吴中区木渎镇开展镇村生活垃圾分类与资源化利用试点，淳溪镇采用高温堆肥技术，木渎镇采用生化处理技术，有效实现厨余垃圾源头减量和资源化利用，试点项目已投入运行。截至2014年底，全省镇村垃圾集中收运率达到80％。

【村镇园林绿化】 全省建制镇绿地面积5.42万公顷，其中公园绿地面积9488.84公顷，人均公园绿地面积6.10平方米，建成区绿化覆盖率为26.98％；集镇绿地面积1696.37公顷，其中公园绿地面积243.69公顷，建成区绿化覆盖率为24.87％，人均公园绿地面积4.46平方米。

【农村危房改造】 2014年，国家下达江苏省2.5万户危房改造任务。省住房城乡建设厅、省发改委、省财政厅联合下发《关于印发〈江苏省2014年农村危房改造工作实施方案〉的通知》，确定2014年在徐州市邳州市、丰县、沛县等47个县（市、区）实施农村危房改造，其中翻建新建20502户，修缮加固4498户。9月底举办全省2014年农村危房改造培训班。截止到12月31日，全省农村危房改造已开工建设25025户，超额完成计划任务总数，已完成投资8.77亿元（其中：中央补助资金1.875亿元、省级财政配套0.9375亿元）。通过实施农村危房改造工程，有效解决了部分农村困难群众住房困难问题，为农村困难群众实现"住有所居"创造了条件，促进了社会和谐，同时通过对有农村危房改造任务的村庄进行村庄环境整治，推动了农村的生产生活条件改善和人居环境提升，带动了农村建房投入和乡村适宜产业发展。

【小城镇规划建设】 为进一步提高江苏省小城镇综合规划建设水平，塑造城镇特色，2014 年在苏南苏中地区启动 10 个综合规划建设示范镇规划设计、5 个综合规划建设示范镇建设示范。召开专题工作会议强化指导，组织设计大师讲解典型案例，要求各地严格把关，从设计方法、示范内容、项目管理等方面探索小城镇规划设计的适宜手法。截至年底，综合规划建设示范镇规划设计及实施工作已确定具体项目内容，规划设计项目形成初步方案，实施项目按计划有序推进。指导苏北 53 个省重点中心镇实施苏北地区重点中心镇建设工程，从规划设计、经济发展、镇容镇貌、公共服务等八个方面具体引导苏北地区重点中心镇建设。组织专家分期分批完成 30 个重点中心镇现场调研，指导督促各镇积极推进项目实施。为提高乡镇主要领导专业技术水平，会同省委组织部，举办"重点中心镇领导干部村镇规划建设专题研究班"，根据问卷调查结果，精心安排培训课程，邀请高校、科研院所、设计单位的专家学者对苏北地区 53 个重点中心镇书记（镇长）进行小城镇规划建设管理专题技术培训。截至年底，有 13 个重点中心镇提前完成建设整治任务。

建设工程造价管理

【工程建设计价定额的编制、发行、宣贯】 为贯彻住房和城乡建设部《建设工程工程量清单计价规范》GB 50500—2013 及其 9 本计算规范，为江苏省工程建设提供计价依据，江苏省建设工程造价管理总站组织编制并发行了《江苏省建筑与装饰工程计价定额》、《江苏省安装工程计价定额》、《江苏省市政工程计价定额》、《江苏省建设工程费用定额》，自 7 月 1 日起执行。7 月 1～4 日，2014 版江苏省工程计价定额宣贯会议在南京举行。

【造价员资格考试】 5～10 月，江苏省建设工程造价管理总站结合 2013 国家清单计价规范和江苏省新版定额，全面修编了江苏省造价员辅导教材，包括考试大纲、基础理论以及建筑、装饰、安装、市政四个专业的技术和计价。对造价员资格考试的报名条件、报名方式、准考证发放以及考试题型、考试周期等进行了改革尝试，顺利完成了 2014 年江苏省 54588 名考生的报考、考试、阅卷工作。

【加强对工程造价咨询企业和从业人员的动态监管】 2014 年，江苏省建设工程造价管理总站对 28 家不符合资质条件的咨询企业下发限期整改通知书，注销 5 家造价咨询企业资质和 3 家分支机构；对 10 家咨询企业成立分支机构进行备案，配合厅行政审批中心做好甲级企业资质延续，开具造价咨询企业出省诚信证明。2014 年全年完成江苏省 500 多家咨询企业统计报表的审核工作并进行全省通报。全省全年工程造价咨询企业营业收入 22.1 亿元，工程结算核减造价 332 亿元。10 月 10 日，江苏省建设工程造价管理总站和江苏省造价管理协会联合出台《江苏省工程造价咨询企业信用评价办法》（第二次修订），随即在全省开展 2012～2014 年江苏省造价咨询企业信用评价工作。结合人大代表在江苏省十二届人大二次会议上提出的《尽快修订江苏省建设工程造价咨询服务收费标准》建议的办理，会同江苏省物价局于 11 月 25 日共同研究出台了《江苏省建设工程造价咨询服务收费标准》，自 2015 年 1 月 1 日起执行。2014 年全省约有 26200 名造价员参加了继续教育课程并通过资格验证，10637 名造价师参加了中国建设工程造价管理协会组织的造价师网络教育。

建筑业

【概况】 2014 年，江苏省建筑业着力推进产业结构调整，加快转型升级步伐；着力统筹协调区域建筑经济发展，推动市、县建筑业竞相发展；着力加强全省建筑市场管理，进一步规范建筑市场秩序。建筑业呈现平稳、健康发展态势，连续 7 年增幅保持在 15% 以上。2014 年，全省建筑业总产值 2.68 万亿元，同比增长 15.9%，工程结算收入 2.36 万亿元，同比增长 14.7%，利税总额突破 2000 亿元，达到 2160 亿元，同比增长 19.87%。从业人员年均劳动报酬突破人均 5 万元，同比增长 2.2%，高于全省人均劳动收入，建筑业对转移农村富余劳动力，推动全省经济发展、社会和谐稳定、扩大城乡就业做出了重大贡献。

【主要发展指标】 建筑业总产值：2014 年，全省建筑业总产值 26873.14 亿元，同比增长 15.92%，增速明显放缓，较上年同期相比增幅下降 4 个百分点。

类别划分：房屋建筑施工产值 15396.89 亿元，占总产值比重 57.29%，同比增长 12.43%，增速低于全行业的平均值 2.7 个百分点；机电安装、装饰装修等专业施工产值保持平稳增长，增幅分别达到 17.43% 和 19.10%；铁路、道路、隧道、桥梁等专业产值继续快速增长，同比增长 22.21%。

按资质类别划分：全省 37 家特级资质企业共完成产值 5774.45 亿元，同比增长 19.24%；一级总承包资质企业共完成产值 9967.65 亿元，同比增长 14.40%；二级以下总承包资质企业共完成产值

第四篇

6997.63 亿元，约占总产值的 26.04%。

专业承包企业完成产值 4133.41 亿元，约占产值总量的 15.38%，其中一级资质企业完成 1717.11 亿元，同比增长 22.98%，二级及以下资质企业完成 2256.63 亿元，同比增长 8.43%，增速回落 3 个百分点。

2014 年，全国建筑业总产值 176713.4 亿元，江苏占 13.92%。产值规模继续保持全国第一。全国排名前 5 位的省份是江苏、浙江、湖北、山东、广东。

工程结算收入：2014 年，建筑企业工程结算收入 23687.3 亿元，同比增长 14.72%，较上年同期相比增速下降近 6 个百分点。

企业营业额：2014 年建筑企业营业额 227652.74 亿元，较上年同期增长 14.58%，增速同比下降 1 个百分点。

行业利润：全行业利润总额达到 1204.41 亿元，同比增长 19.99%，继续保持稳定增长。产值利润率为 4.48%，同比增长 3.51%。

从类别来看，房屋建筑工程利润总额为 710.50 亿元，占全行业利润总额的 58.99%；市政工程、机电安装工程、装修装饰工程分别为 128.70 亿元、116.30 亿元、76.53 亿元，分列全行业第 2 至 4 位。

新签合同额：2014 年，建筑业新签合同额 30516.64 亿元，其中，上年结转 7570.96 亿元，当年新签合同额为 22945.69 亿元，较 2013 年增长 29.44%。

竣工产值：2014 年，全省建筑业共完成竣工产值 25408.98 亿元，同比增长 18.39%。按行业类别划分，房屋建筑施工完成竣工产值 15373.83 亿元，同比增长 19.30%，占总竣工产值的 60.51%；公路工程、电力工程、市政公用工程、机电安装工程、装饰装修工程等专业同比增长超过 10%，分别为 15.66%、12.16%、23.85%、15.64% 和 17.35%。

建筑业增加值：2014 年全省建筑业共完成增加值 3899.50 亿元，同比增长 8.60%，占全省 GDP 总量的 6%，建筑业增加值已连续 9 年保持在全省 GDP 总量的 6% 左右。

上缴税金：2014 年建筑业上缴税金 956.35 亿元，同比增长 19.72%，对地方税收贡献平稳增长。

人均劳动报酬：2014 年，全省建筑业从业人员年均劳动报酬突破 5 万元，达到 50012.23 元/人，同比增长 2.20%。农民从建筑业获得的收入持续增长，为改善城乡生活条件奠定了良好的基础。

劳动生产率：2014 年，全省建筑业劳动生产率达到 322916.85 元/人，同比增长 4.85%。建筑业应

加快行业结构调整和转型升级，由传统产业向现代化产业转变。

建筑工业化产值：2014 年，全省建筑产业现代化步伐不断加快，全省共完成建筑工业化产值 2782.31 亿元，同比增长 41.43%。

【从业人员情况】 年末，全省建筑业从业人数 811.2 万人，从业平均人数 832.21 万人，其中省内施工人数 526.20 万人，出省施工人数 306 万人。省内人员中，本省人员近 395 万人，占比 74.97%，其中约 296 万人来自农村，占本省施工人数的 75%；来自其他省市的从业人数 131 多万人，占全省从业人数的 25%；出省施工人员中，江苏籍出省人数约 140 万人，占省外施工人数的约 45%，在项目施工地招聘劳务人数约 166 万人，占省外施工人数的 55% 左右；境外施工人数 3.6 万人，占出省施工人数的 2.57%。

2014 年，全行业共招收应届大学毕业生 5.22 万名，占全省应届大学毕业生总数的 9.61%，较上年同期增长 6.31%。

注册建造师：截至 3 月底，全省注册建造师总数 238794 人，其中一级注册建造师 48633 人，占建造师总数的 20.37%，二级注册建造师 177916 人，占 74.51%，注册建造师人数较上年同期增长 24.01%。

小型项目管理师：全省小型项目管理师 84556 人，其中施工总承包企业为 57629 人，占 68.15%，专业承包企业 20815 人，占 24.62%；劳务分包企业 583 人，占 0.07%，其他资质企业 5529 人，占 6.54%。

其他注册执业人员：2014 年全省其他专业注册人员共计 41537 人。其中注册监理工程师 15927 人，造价工程师 12722 人，注册建筑师 3554 人（一级建筑师 2143 人，二级建筑师 1411 人），注册结构师 3966 人（一级结构师 3228 人，二级结构师 738 人），注册工程师 3142 人（电气工程师 1167 人、化工工程师 465 人、公用设备师 1510 人），注册土木师 1120 人，注册城市规划师 1106 人。

建筑业教育培训：2014 年，全省建筑行业参加教育培训人数达到 34.27 万人，其中参加安全员（三类人员）教育培训 149050 人，考试通过 84946 人，通过率 57%；特种作业人员 119177 人，占教育培训人数的 34.77%。施工员、试验员、资料员、质量员、机械员、材料员和城建档案管理员等教育培训人数分别为 24209 人、3354 人、11772 人、21482 人、2548 人、9802 人和 1333 人。

全省建筑技经人员总人数达到 147.33 万人，同比增长 8%，技经人员（技术人员和经营管理人员）占从业人员比例继续上升，较上年同期相比增长 5.11%。

【市县建筑业情况】 2014 年，南通市产值总量超 6000 亿元，达到 6676.1 亿元，继续保持强劲发展势态，南京、淮安、泰州建筑业产值增长 20% 以上，常州、无锡、盐城增长幅度在 10% 左右。县域建筑经济继续保持竞相发展的良好格局，全省建筑业营业额超过 200 亿元的县（市、区）33 个，比上年同期增加了 3 个，建筑业已成为苏中、苏北地区经济发展的重要依托和坚实基础。

区域发展情况：苏中地区产值规模保持平衡增长，工程总承包能力继续增强，3 市共完成建筑业总产值 12036.29 亿元，同比增长 19.79%，占全省产值总量的 44.79%；苏南地区转型升级步伐加快，共完成建筑业总产值 8911.39 亿元，同比增长 10.16%，增速下降 6 个百分点，占全省产值总量的 33.16%；苏北地区加大扶持建筑业发展力度，主要指标增速继续高于全省平均水平，苏北 5 市完成的建筑业总产值 5925.46 亿元，同比增长 17.47%，占全省产值总量的 22.05%，同比上升 1 个百分点。

省辖市建筑业情况：2014 年，南通市建筑业总量继续领跑全省，总产值突破 6000 亿元，达到 6676.1 亿元，占全省建筑业产值的 24.84%。南京市以举办青奥会为契机，加快基础设施建设，建筑业产值达到 3356.48 亿元，同比增长 11.42%；扬州、泰州、苏州建筑业产值超 2000 亿元，分别为 2780.97 亿元、2579.22 亿元和 2417.29 亿元，全省建筑业产值超千亿的设区市达有 9 个市；南通、南京、苏州、扬州、泰州 5 个"建筑强市"产值达到 17810.07 亿元，占全省建筑业产值的 66.27%；徐州、盐城、宿迁等市增长均超 15%。

镇江、泰州、淮安等市建筑业利税总额增幅超过 30%，分别达到 30.74%、30.95%、33.18%，苏州、常州、连云港等市增幅达 20% 以上。

县（市、区）建筑业情况：全省建筑业营业额超百亿元的县（市、区）达到 46 个，其中超 200 亿元的县（市、区）有 33 个，比上年同期增加了 3 个县（市、区）。全省列入统计的 67 个县（市、区）上缴地方税收均超过亿元。海门市、通州区、江都区营业额突破千亿元，分别达到 1521.38 亿元、1495.50 亿元和 1002.25 亿元，位列全省前三位。

【建筑企业情况】 2014 年，住房城乡建设部放开特级资质申报以来，江苏省龙头骨干企业升特级积极性提高，省建集团、中江国际集团公司、盐阜集团、邗建集团、九鼎集团等企业先后成功晋升特级资质企业，全省特级企业数量达到 37 家，较同期增加了 5 家。2014 年江苏省特级企业发展态势均好于上年，共完成产值将达到 5774.45 亿元，同比增长 19.24%，占建筑业总产值的 21.49%。专业产值与房建产值比重逐步缩小，专业企业完成产值 10532.27 亿元，占总产值的 39.21%，比上年同期上升 1 个百分点，形成总承包企业与专业企业竞相发展的良好局面。

产业集中度：2014 年，全省一级资质以上企业产值达到 18559.72 亿元，同比增长 24.12%。以一级以上企业产值占总产值比重的方法测算，产业集中度为 69.06%，比上年增加了 4.6 个百分点；以企业总数前 10% 有企业完成产值占比计算，产业集中度为 80.20%（前 10% 企业完成产值 21551.15 亿元）。

规模企业：2014 年，全省建筑业产值百亿元以上企业达到 32 家，其中 200 亿元以上企业 9 家，300 亿元以上企业 5 家，南通三建、南通二建产值超过 400 亿元，分别到 421.04 亿元和 401.41 亿元。企业产值中专业产值占比不断增加，企业集团化、多元化能力进一步增强。

2014 年，全省产值超亿元企业 3556 家，同比增长 6.15%。其中，超 100 亿元企业 32 家，增长 18.52%，50 至 100 亿元企业 49 家，增长 16.67%；1 亿元至 50 亿元企业 3475 家，增长 5.91%。

企业资质：全省建筑业企业总数 23080 家。其中，特级资质企业 37 家，新增特级企业资质 5 家；施工总承包企业 7697 家，占企业总数的 33.35%；专业承包企业 10678 家，占企业总数的 46.27%；劳务企业 2737 家，占企业总数的 11.86%；设计与施工一体化企业为 1968 家。以劳务企业为基准数，全省总承包、专业承包、劳务分包和设计施工一体化企业结构比为 2.8:3.9:1:0.72。

总承包一级资质企业较上年同期增加 51 家，达到 1521 家；专业承包一级资质企业增加 31 家，达到 1547 家，劳务分包一级资质企业增加 184 家，增长 9.93%；设计施工一体化一级资质企业增加 29 家，增长 17.37%。

资质分类：全省施工总承包资质企业 7697 家，其中房屋建筑工程 4651 家、市政公用工程 2387 家、公路工程 151 家、水利水电工程 209 家，房屋建筑和市政公用工程仍保持江苏省施工总承包优势专业。

专业承包企业涉及全部 60 个专业领域，企业总数10678家。其中机电设备安装企业1516家,占专业企业总数14.20%;建筑装饰装修企业1273家,占专业企业总数11.92%;钢结构企业769家,预拌混凝土企业966家,分别占7.20%和9.05%,有22个专业资质企业数量超过百家。

全省工程设计企业2993家,其中甲级资质企业861家,乙级资质企业1460家,丙级资质企业672家;工程勘察企业771家,其中甲级资质企业285家,乙级资质企业358家;工程监理企业712家,其中甲级资质企业354家,乙级资质企业265家,丙级资质企业93家;招标代理资质企业630家,其中甲级资质企业128家,乙级资质企业227家,暂定乙级资质企业275家;工程造价咨询企业600家,其中甲级资质企业266家,乙级和暂定乙级资质企业分别为297家和37家。

【建筑市场情况】 2014年,省外市场进一步向好,市场份额稳中有升,全年省外产值突破万亿元,达到10845亿元,较上年同期增长17.3%。随着京津冀一体化规划的实施和西部大开发的进一步推进,西北、西南、北京、天津、河北、安徽等传统地区保持稳定增长,增幅在20%以上。境外市场拓展前景良好,在保持亚洲、非洲、中东等传统市场稳定发展的基础上,积极拓展欧洲、美洲、澳洲等新兴市场,交通、通讯、建材、装饰、电力、水利等多门类"走出去"发展。越来越多的建筑企业把开拓国际市场作为重要的发展战略,形成了一业为主、多元发展,国企、民企并驾齐驱的格局。江苏省有对外签约权的建筑企业350家,境外承包的房建工程规模占据全国各省份第一。

省内市场:全年完成固定资产投资(不含农户)41552.8亿元,比上年增长15.5%。其中,国有及国有经济控股投资9319.1亿元,增长22.3%;外商港澳台投资4155.9亿元,增长6.3%;民间投资28077.7亿元,增长14.8%,占固定资产投资比重达67.6%。其中,第一产业投资207.0亿元,比上年增长29.8%;第二产业(工业和建筑业)投资20300.5亿元,增长10.3%;第三产业投资21045.3亿元,增长20.8%。

房地产市场:2014年,全省房地产投资8240.22亿元,同比增长13.80%,其中住宅用房投资5924.51亿元,同比增长14.60%,占总投资比重71.90%;商业用房投资1286.71亿,同比增长14.90%,占总投资比重15.61%。

保障性安居工程:2014年,保障性安居工程实现新开工27.75万套,完成年度目标任务的106.73%;基本建成26.55万套(比上年度增加2.63万套),完成年度目标任务的115.43%,全省累计形成住房保障能力约232万套。全年保障性安居工程完成投资约1136亿元,同比增长46.58%;全省保障性住房实现分配入住20.09万套,总量比2013年增加27.15%。

重大工程建设:全年新开工项目35794个,比上年增长10.8%;完成投资22431.5亿元,增长20.9%。其中,亿元项目4655个,增长0.4%;完成投资10006.7亿元,增长15.8%。省级200个重大项目有序推进,长江-12.5米深水航道一期完工,南京禄口机场二期工程、苏南硕放机场二期航站楼投入使用,沪通长江大桥、连淮扬镇铁路、宁启铁路二期开工建设,新一轮铁路建设项目里程达1600公里,其中高铁1500公里。

轨道交通建设:全省在建城市轨道交通的城市有南京、苏州、徐州、常州4个城市,共计9条线路,总里程326.38公里。其中南京市4条线路156.57公里,苏州市3条线路113.60公里,徐州市、常州市各1条线路,分别为21.97公里和34.24公里。

省外市场:国内市场继续保持较为稳定的增长,其中,西藏自治区市场产值增长53.86%,湖北、重庆、贵州市场产值同比增长超过40%;宁夏、青海、广东、陕西等传统市场增长均超过20%;东北市场增速放缓,增幅5.25%,较上年同期增速下降4个百分点。2014年,省外完成产值突破万亿元,达到10845.82亿元(2013年为9260.11亿元),增幅17.12%。

境外市场:2014年,江苏省对外承包工程业务新签合同额96.6亿美元,同比增长13%,位居全国第五位;完成营业额79.5亿美元,同比增长9.51%,位居全国第三位。

工程质量安全监管

【建筑质量安全情况】 全面提升工程质量水平,按照住房城乡建设部"合肥会议"的部署和要求,以住宅工程质量专项整治和优质结构创建为抓手,完成了建筑工程五方质量终身责任的落实,开展全省工程质量检测监管、监督巡查,促进全省建设工程质量水平全面提升。认真贯彻安全生产法,全面提高安全监管水平,安全生产形势总体平稳,事故起数和死亡人数在控制指标之内。积极开展了工程质量两年专项治理行动、扬尘整治"双百日"行动和安全生产大检查等活动,突出抓好保障性安居工

第四篇

程、城市轨道交通等工程质量安全管理和起重机械设备管理，构建工程质量安全事故广东体系，全力打造政府放心、群众满意工程。

【工程质量】 2014 年，江苏省共获鲁班奖工程 10 项、国优奖工程 25 项，25 项工程获全国"安装之星"奖；127 项工程获全国建筑装饰奖（建筑装饰类 71 项，建筑幕墙类 56 项）。

【工程质量监督】 2014 年，全省受监工程 109440 项，与上年同期相比减少 9.02%；建筑面积 118591.05 万平方米，与上年同期相比增加 5.86%；新开工 29565 项，建筑面积 34569.36 万平方米，与上年同期相比增加 7.41%，新开工项目数与上年同期相比增加 5.31%；在建项目数 89491 项，与上年同期相比减少 6.90%；一次通过验收合格率为 96.86%；全年共发出工程质量整改通知单 26328 份，受委托对责任主体的违法行为作出行政处罚 188 起，在监工程未发生重大质量事故。

【安全生产】 全年共发生安全生产事故 73 起，较上年增加了 33 起，安全生产事故起数同比上升 82.5%，死亡 81 人，安全形势依然严峻。

【市场监管情况】 全面推进建筑市场信用体系建设，全省 13 个地市按照厅规定的进度和要求完成了企业库、人员库和项目库基础数据的建设任务。积极开展工程质量治理两年行动，省住房城乡建设厅牵头成立组织机构，明确了两年行动治理的具体范围和主要内容，召开全省工程质量治理两年行动宣贯落实会议和推进会议，结合"六打六治"开展建筑施工转包违法分包行为查处。全力推进电子化招投标，完善与条例配套的办法制度，扎实做好计价管理和工程造价咨询市场监管工作。

诚信管理：建成省域范围内省、市一体化建筑市场信用管理平台，通过部级验收，实现与住房城乡建设部数据对接，入库企业 20784 家，其中本省企业 19175 家，省外进苏施工企业 1609 家，企业数据平均覆盖率达到 96.2%；入库人员 105.66 万人，其中注册建造师 21.67 万人，人员数据平均覆盖率达到 95%。

招投标管理：2014 年，全省发包登记 20105 个项目，房建面积 37069 万平方米，同比减少 16%；投资总额 22283.1 亿元，同比减少 9%；招标发包 22176 个标段，中标额 5721.7 亿元，同比减少 13.8%，通过招投标节省投资 562 亿元，平均节省率为 8.95%。全年直接监管 25 个项目，招标 161 个标段，中标额 27.4 亿元，其中施工 78 个标段，中标额 22.2 亿元；材料设备 62 个标段，中标额 4.9 亿

元；设计监理 21 个标段，中标额 0.31 亿元。招标下浮 11.9%，节约投资 2.99 亿元。

造价管理：2014 年，全省工程造价咨询企业营业收入 31.78 亿元，工程结算核减造价 545 亿元。完成了二次资质预警企业核查，共有 20 家企业被限期整改，注销了 11 家造价咨询企业和 3 家分支机构。开通了 9897 名注册造价师造价工程师继续教育，约占全省造价师总数的 77.86%。

资质管理：全年网上核查企业 21127 家，实际核查企业 20374 家，核查率 96.40%，不合格企业 742 家，608 家企业资质被注销。核查监理企业 692 家，其中 32 家企业未达到资质标准要求。

清欠工作：全年共受理拖欠农民工工资投诉 2006 件，涉及金额 24.08 亿元，解决拖欠工资 14.73 亿元。全省共发生农民工群体性讨薪事件 70 起，结案 60 起，未发生一起群体性恶性事件。（周文辉）

建筑节能与科技

【概况】 2014 年，江苏省新增节能建筑 16942 万平方米，其中居住建筑 12676 万平方米，公共建筑 4265 万平方米。年度新增节能能力 166 万吨标准煤、减少二氧化碳排放 370 万吨。新增 232 个绿色建筑项目，面积 2313 万平方米。省级建筑节能专项引导资金共安排 36790 万元，用于扶持各类建筑节能与绿色建筑项目。截至年末全省节能建筑总量达到 126291 万平方米，占城镇建筑总量的 48%，比 2013 年末上升了 3 个百分点。

【新建建筑节能】 江苏省新增节能建筑 16942 万平方米，其中 1716 万平方米的建筑执行节能 65% 的设计标准。发布了《江苏省居住建筑热环境和节能设计标准》等强制性标准，为全面推进建筑节能和绿色建筑提供了技术法规支撑。并加强新建建筑能效测评，全省共有 651 个项目通过建筑能效测评。

【绿色建筑】 江苏省全年新增 232 个绿色建筑项目，面积 2313 万平方米，同比增长 40%。全省绿色建筑标识数量和规模继续稳居全国第一。《江苏省绿色建筑发展条例》地方性法规顺利通过省政府审议和省人大一审，发布《江苏省绿色建筑设计标准》，并编制配套的《绿色设计编制深度规定》《参考样式》和《技术审查要点》。成功召开第七届江苏省绿色建筑国际论坛，组织实施绿色建筑设计标准宣贯培训。全省有 12 个省辖市以市政府名义出台了绿色建筑行动实施意见，有 8 个市设立了建筑节能、绿色建筑专项资金。

【绿色建筑区域示范】 江苏省全年新批准绿色

第四篇

建筑示范城市（县、区）8个，绿色建筑和生态城区区域集成示范2个。示范区全年新开工绿色建筑6434万平方米，建成1566万平方米。累计设立省级示范区54个，示范区内共有绿色建筑评价标识项目353个，3036.9万平方米，占全省获得绿色建筑标识的比例分别为62.4%和50.2%，示范引领作用充分凸显。2014年，绿色建筑示范区信息管理平台也已正式运行，通过信息化手段提高了示范项目的管理效率和质量。

【可再生能源建筑应用】 江苏省新增可再生能源建筑应用面积5972万平方米，应用比例达到35.2%。其中太阳能光热5393万平方米，浅层地能579万平方米。国家可再生能源建筑应用示范市县项目实施进展顺利，省级建筑节能引导资金批准可再生能源建筑应用和超低能耗建筑示范项目14项，补助资金1935万元。

【既有建筑节能改造】 江苏省实施建筑节能改造面积651万平方米，其中既有居住建筑节能改造258万平方米，既有公共建筑节能改造393万平方米。加强资金扶持，省级建筑节能资金确立既有建筑节能改造示范区（市、县）和既有建筑节能改造示范两种类型，扶持常州市申报既有建筑节能改造示范城市，省级财政投入资金1500万；扶持苏州吴江区申报既有建筑节能改造区域集中示范，省级财政投入资金1500万；扶持南京、镇江、徐州三市的住宅小区和既有建筑开展节能改造示范，省级财政投入资金875万元；推动以合同能源管理模式实施公共建筑节能改造，省级财政投入资金1670万元。

【监管体系建设】 节能监管建设深入推进，实现江苏省建筑能耗数据中心省辖市全覆盖。2014年，全省开展建筑能耗统计11845项、能源审计188项、能耗分项计量并实时上传数据的842项。同时大力推进公共建筑能耗限额管理试点工作，常州、无锡两市会同机关事务管理局等部门联合发布了公共建筑用能"基线"。继续推进节约型校园建设，14所高校节约型校园能监管平台通过验收，其中中央财政支持的6所、省级财政支持的8所。

【建设科技概况】 2014年江苏省建设系统获国家批准立项的科技项目为130项，省级建设科技项目和科技示范工程项目立项147项，补助研究示范经费396万元。获"国家科技进步奖"2项、"江苏省科技进步奖"7项、"华夏奖"项目11项、"江苏省建设科学技术奖"项目13项、"江苏省绿色建筑创新奖"11项、科技成果鉴定项目62项。

【科技成果推广】 发布建设领域科技成果推广项目620项。制定下发了《〈居住建筑标准化外窗系统应用技术规程〉有关问题的补充说明的通知》；与省公安厅共同下发了《关于执行〈建筑设计防火规范〉（GB 50016—2014)有关要求的通知》。

【科技进步】 东南大学"现代预应力混凝土结构关键技术创新与应用"及"超高性能混凝土抗爆材料成套制备技术、结构设计及其应用"分别获得2014年国家科技进步奖一、二等奖；"大型工程建设成套吊装设备关键技术与应用"等4个项目获得2014年度江苏省科学技术进步奖，齐康院士获江苏省科学技术突出贡献奖，中蓝连海设计研究院获江苏省科学技术企业技术创新奖；"户外广告巡管监控服务平台"等10个项目获得2014年度华夏建设科学技术奖。积极开展2014年度江苏省建设科技奖和省绿色建筑创新奖评选工作，评选出"环保稳定型橡胶沥青的研究与应用"等13个建设科技奖项目和"南京万科上坊保障性住房6－05栋预制装配式住宅"等11个绿色建筑创新奖项目。

【工程建设标准化】 编制发布《江苏省居住建筑热环境与节能设计标准》等23项地方标准和《预制混凝土双板叠合墙体系施工及质量验收规程》《先张法预应力混凝土方桩》等17项企业标准。开展标准宣贯培训和注册人员继续教育，累计培训专业人员超过1.7万人次。推动养老服务设施、无障碍环境建设、光纤到户等专项标准执行，出台了《关于加强养老服务设施规划建设工作的通知》，开展了光纤到户标准执行情况专项检查。

【智慧城市】 江苏省政府出台《关于推进智慧江苏建设的实施意见》和《关于印发智慧江苏建设行动方案（2014～2016年）的通知》。组织南通、丹阳、丰县等25个市（区、县）开展国家智慧城市试点创建，南京建邺区等一些试点的案例被住房城乡建设部纳入全国经典案例汇编。苏州工业园区等基础条件好的城市完成了创建任务书全部工作量的80%以上。与江苏省开发银行签订《江苏省智慧城市建设合作协议》，召开智慧城市融资对接会，协助智慧城市试点单位争取国家低息贷款，争取低息贷款数十亿元。争取省经信委软件系统开发资金，组织智慧城市共性信息平台开发，避免信息系统重复建设。组织开展建筑物数据库课题研究，计划编制江苏省建筑物数据库技术标准。（唐宏彬 王乐）

建设教育工作

【完善教育管理体制】 在认真贯彻落实党的群众路线教育实践活动整改措施的基础上，针对教育培训工作中存在的突出问题，注重顶层设计、加强统筹管理，积极构建教育培训新机制。出台并下发《关于进一步加强教育培训管理的意见》，成立了厅教育培训工作领导小组，从机制制度上进一步加强统筹管理、规范各类培训、考试行为，引导培训机构公平竞争。

【举办重点中心镇领导干部培训班】 为提高全省重点中心镇领导干部村镇规划、建设业务素质和管理水平，促进全省重点中心镇规划建设健康、协调、可持续发展，省厅会同省委组织部紧扣城镇化主题，共同举办苏北重点中心镇领导干部村镇规划建设专题培训班，来自苏北的53名乡镇领导干部参加了培训。

【构建全国领先的住房城乡建设领域现场专业人员考核评价系列用书和考核题库】 以住房城乡建设部颁发的住房城乡建设领域现场专业人员职业标准为指导，结合一线专业人员的岗位工作实际，修编和完善了《住房和城乡建设领域专业人员岗位培训考核用书》共33册，并于9月在中国建筑工业出版社正式出版，为江苏省乃至全国住房城乡建设领域专业人员考核评价工作的开展提供了支持。同时，按照"学用结合、注重实效"的原则，组织省内专家完成了11个岗位66套纸质试卷题库和38280题的计算机考试题库的命题任务，在全国率先建成与部颁标准相匹配的双类型题库（机考题库和纸质试卷题库）。

【多形式提升职工岗位技能】 按照省政府统一部署，组织承办第二届全省技能状元大赛装饰镶贴工决赛，全省有近5万名选手参加大赛选拔。在时间紧、规格高、规模大、环节多、涉及面广的情况下，圆满完成了各项赛事任务。会同省总工会等相关部门，组织开展了全省自来水行业泵站机电设备维修工、排水行业污水化验监测工和污水处理工、城市照明行业维修电工等4个工种的职业技能竞赛活动。开展全系统职工岗位练兵。全系统各级各部门还组织开展了多层次、多形式的岗位练兵、技术比武和技能培训。全省累计约50万职工参加相关活动。

（江苏省住房和城乡建设厅）

浙 江 省

概况

2014年，在浙江省省委、省政府和住房城乡建设部的领导下，浙江省住房城乡建设系统以科学发展观为统领，全面完成年初确定的各项目标任务。一年来，新型城市化加快提质发展，"三改一拆"强势推进，交通治堵不断突破，建设领域改革和产业转型不断深入，建设行业作风建设和整体形象不断提升，为全省经济社会发展作出了应有的贡献。2014年，浙江省住房和城乡建设厅被省政府评为重点工作推进优秀单位。

政策规章

【地方性法规】 2014年，在全国率先由省级人大常委会制定国有土地上房屋征收与补偿领域的地方性法规——《浙江省国有土地上房屋征收与补偿条例》。根据国务院《城镇燃气管理条例》，修订《浙江省燃气管理条例》，取消了地方性法规设定的新增燃气供应站点核准等3项行政许可。

【规范性文件】 省住房城乡建设厅制定下发《浙江省住房公积金行政执法规定（试行）》等11件规范性文件；完成规范性文件清理，废止17件、修改8件规范性文件。规范性文件清理结果及现行有效的210件规范性文件均在省住房城乡建设厅门户网站专栏向社会公开。

【行政复议】 省住房城乡建设厅收到行政复议案55件，依法受理51件；中止案件审理4件，审结案件64件（含2013年结转24件），作出维持决定48件、撤销决定6件、驳回行政复议申请决定3件、责令限期履行决定2件、终止决定5件。注重案件审理中的行政调解，主动约谈当事人19件次，专门赴案件发生地召开行政复议听证会1次，尽最大可能化解行政争议。针对行政复议案件审理中发现的问题，向宁波市建委等4家单位发出行政复议意见书，并跟踪督查落实情况。办理行政复议答复案件6件、行政应诉案件4件，工作人员出庭应诉5次，法院、复议机关已审结8件，未发生败诉情况。

【权力清单】 统一规范全省建设系统行政权力

事项的名称、类别、实施依据，建立省市县三级行政权力事项基本目录。6月25日浙江政务服务网、"浙江发布"微博发布省住房城乡建设厅保留93项、实行属地管理240项职权事项的权力清单，事项削减、下放幅度在省级部门中居于前列。

【执法指导】 以委托下放的行政许可事项实施情况为重点，组织开展全省住房城乡建设系统行政执法案卷评查，对近180份案卷进行了抽查。组织全省住房城乡建设系统法规处（科）长暨公职律师继续教育培训，有146人参加了培训。举行全省行政执法人员建设法规知识考试，共1496人报名参加考试，1040人成绩合格。

房地产业

【市场监管】 跟踪市场、早做研判。从2014年初开始，浙江省政府分管领导、省有关部门领导带头开展调研，多次召开座谈会，按月、按季、按年及按需定期不定期做好商品房市场运行情况分析报告，提出市场预判意见建议。

因城施策、取消限购。根据新的形势变化，二季度初省委、省政府作出部署，支持各地调整完善住房限购政策，到8月底，全省8个设区市已全部取消住房限购政策。落实措施、促进销售。8月，省政府、省住房城乡建设厅、各市政府、各市住房城乡建设部门签订商品房销售"四方责任书"，省住房城乡建设厅专门研究提出了有关措施。同时，各地都调整落实了住房公积金、差别化信贷、货币化安置、发"房票"、市场回购、购房补贴等政策。

督促指导、确保稳定。浙江省政府先后3次召开房地产工作会议，省住房城乡建设厅认真做好"五联系"、"双服务"、专项督查、项目调查等工作。省级有关部门专门提出房地产宣传报道提示，并会同省房地产业协会、估价师与经纪人协会克服困难成功举办浙江省第21届房博会，通过会议、调研、座谈、电话等形式，给房地产市场、房地产企业加油打气，支持企业强强联合、积极作为。

【市场运行】 2014年，在上半年浙江省房地产市场出现明显回落、库存压力不断增大的形势下，在政策措施有力作用下，下半年全省房地产市场呈平稳向好发展态势。主要表现为：（一）商品房销售任务超额完成。2014年，全省确定商品房销售任务3800万平方米，实际销售面积4677万平方米。其中，第3季度商品房销售面积1221万平方米，环比同比分别增加31.3%、5.7%；第4季度商品房销售面积1741万平方米，环比同比分别增加42.6%、

14.8%。（二）房地产投资保持较快增长。2014年，全省房地产开发完成投资7262亿元，同比增长16.8%，总体上保持较快增长，增速呈现为前3季度逐步上升、第4季度以来回落到年初水平。同时，全省房地产贡献地税收入940亿元，同比增长4.6%，占比达到28.2%，虽然从增速上看较往年有所回落，但占比仍保持在较高的水平。（三）房价继续在合理区间波动。根据统计部门数据，2014年全省新建商品住宅销售价格同比下降2.9%，其中12月份价格同比下降7.9%，总体上呈现调整下降态势。其中，杭州、宁波、温州、金华、丽水等5城市商品住宅销售价格同比分别为−4%、−0.8%、−4.9%、0.8%、−0.3%，其中12月份价格同比分别为−10.3%、−5.6%、−4.7%、−4.9%、−2.8%。（四）房地产开发建设基本平稳。2014年全省房屋施工面积42144万平方米，同比增长11.9%；房屋竣工面积6390万平方米，同比增长36.2%；房屋新开工面积9676万平方米，同比增长3.9%。同期，从11个设区市城区来看，2014年累计批准预售商品房3868万平方米，同比增长5.7%；其中批准预售商品住宅2801万平方米（250356套），同比增长2.3%。房地产开发建设在波动中继续保持平稳。（五）商品房库存仍在高位运行。截至2014年底，11个设区市城区商品房可售面积6680万平方米；其中，商品住宅可售面积4025万平方米（330455套）。按照2014年月均销售量测算，11个设区市城区商品房库存的消化周期为30.8个月，其中商品住宅库存消化周期为23个月，非住宅库存消化周期为64.2个月，各主要城市库存压力普遍处于近年高位。

【危旧房大排查】 2014年，浙江省率先开展危旧房大排查工作。3月中旬，省住房城乡建设厅下发《关于开展全省城镇既有住宅房屋调查登记工作的通知》。4月中旬，浙江省政府召开全省危旧房大排查工作电视电话会议，要求大排查覆盖到每一个小区、每一幢楼房、每一户业主。各地广泛发动、广泛参与。在这次大排查中，全省参加的工作人员达到3万人以上。充分发挥各级政府危旧房大排查工作领导小组的牵头协调作用，形成条块结合、互相推进的工作合力。突出"五个必查"要求（即老楼危楼必查、受灾房屋必查、保障住房必查、重要公建必查、群众反映必查），制订《住宅房屋结构安全排查技术导则》，开展技术培训、督促检查、情况通报。注重边查边治，排查过程中，及时腾空停用了一批危险房屋，消除一批安全隐患。注重立册建档，采集完整的楼幢基础信息，厘清幢房关联关系，完善城镇

房屋基础信息系统，建立"一楼一档"。通过排查，摸清了底数。

全省共有城镇住宅房屋合计 370895 幢、8.06 亿平方米；其中，丙类（存在比较严重的结构安全问题、影响安全使用）住宅房屋 29121 幢、2278 万平方米，分别占 7.85% 和 2.83%。同时，各地完成住宅房屋解危 49 幢、1.69 万平方米，腾空停用 18 幢、11726 平方米；发现公共建筑安全隐患 3224 幢（处）、277 万平方米，提出处置方案 652 个。针对排查结果，省住房城乡建设厅牵头代拟起草了《关于全面推进城镇危旧房治理改造工作的通知》，报浙江省政府。

【物业服务】 2014 年，浙江省政府专门召开物业服务业工作座谈会，了解并协调解决行业发展中的困难和问题。省住房城乡建设厅研究提出商品房前期物业服务收费标准、小区停车管理收费标准等政府指导价政策调整意见建议。做好物业管理师考试注册工作，2014 年全省物业管理师考试合格人员 136 人。继续开展物业服务示范项目创建工作。积极配合相关部门做好电梯等特种设备安全工作。各地不断完善物业服务市场竞争机制，妥善破解矛盾纠纷，物业服务业得到了进一步发展。

【房地产监管平台】 2014 年，完成全省房地产监管分析平台一期建设任务，通过项目专项资金审计、信息安全定级备案、第三方软件测评和项目终验，完成档案验收。截至 2014 年底，全省 101 个市、县（市、区）房屋基础数据、房屋登记数据、商品房交易数据联网覆盖率已达 98.4%，为做好商品房市场监测分析提出了基础数据。同时，积极配合做好个人房产信息核查工作，共完成 24 期、13481 人次核查。

住房保障

【概况】 2014 年，浙江省新开工各类保障性安居工程住房 20.6 万套，历年开工基本建成 16.9 万套，新增发放城镇低收入住房困难家庭租赁补贴 7291 户，分别完成国家下达目标任务的 147.1%、140.8% 和 243.0%，连续五年提前超额完成国家下达目标任务。

【棚户区改造】 坚决贯彻落实中央更大规模推进棚户区改造的决策部署，将棚改作为保障性安居工程重中之重的工作来抓。2014 年，全省开工建设城市棚户区改造安置房 16.5 万套，占年度保障性安居工程开工总量的 80.1%。为科学推进改造进程，省市县同步编制 2013～2017 年城市棚户区改造规划。2013～2017 年全省要改造城市棚户区 74.9 万户。8 月份，根据住房城乡建设部要求，组织各市县制订棚户区界定标准。11 月底，制定印发了全省城市棚户区界定标准（试行），衢州、余杭、磐安等市县棚户区界定标准获当地政府批复实施。同时，全省积极争取国家开发银行棚改专项贷款，杭州、宁波棚改融资平台建成运行，省级棚改融资平台筹建基本就绪。2014 年，全省向国开行申请棚改贷款 1265 亿元，取得贷款授信 642 亿元，放款 81 亿元。

【两房并轨】 着眼于提高住房保障房源配置效率、健全完善准入退出机制，2014 年浙江全面实施廉租住房、公共租赁住房并轨运行。8 月份，省住房城乡建设厅联合省民政、财政、发改、物价、地税等部门出台《关于全面推进廉租住房和公共租赁住房并轨运行的实施意见》，明确要求各地在 2014 年年底前实现廉租住房和公共租赁住房的统一建设、统一分配和统一管理。在房源筹集方面，已经分配或已建成尚未分配的廉租房源一并纳入公共租赁房房源管理。在分配管理方面，原廉租住房保障对象纳入公共租赁住房保障对象，实行统一受理，梯度保障。在运营管理方面，实行差别化租金标准，并切实保障低收入住房困难家庭的合法权益。至 12 月底，全省已有 60 个市县制定出台了"两房并轨"实施意见，有 58 个市县已经完成或基本完成"两房并轨"工作。

【房源筹集】 根据李克强总理关于做好棚户区改造和利用存量中小户型商品住房衔接工作的指示精神，为了充分利用市场房源、消化市场存量，嘉兴、温州、诸暨、普陀等市县因地制宜实行货币化保障，有关做法得到住房城乡建设部领导的批示肯定，并向全国推广。嘉兴市累计通过货币化补贴保障经济适用房对象 2997 户、公共租赁房对象 339 户。诸暨市在城市棚户区改造中实行"房票"安置，有效利用了市场房源。2014 年，诸暨市实施的 1403 户征收户中有 97% 以上的家庭选择领取"房票"安置，8 月份该市商品房销售同比增幅高达 321.6%。

【社会力量投资建设】 着力建立"政府主导、社会参与"的保障房投资建设机制，全面贯彻落实《浙江省人民政府办公厅关于鼓励和支持企业等社会力量投资建设公共租赁住房的意见》，从项目审批、用地供应、资金筹集、税费减免等方面，对大中型企事业单位、行业系统、农村集体经济组织、工业园区和开发区等社会力量投资建设公共租赁房给予扶持。在政策推动下，全省涌现了一批像宁波钢铁集团公共租赁房、永康市总部人才公寓等社会力量投资建设公共租赁房的典范。全省公共租赁房年度开工建设量中社会力量投资建设的比重由 2011 年的 18.6% 提高到 2014 年的 45.5%。

【规范管理】 2014 年，浙江省进一步落实省政府文件提出的"政府投资建设的公共租赁房（含廉租住房）委托专业机构提供物业服务的，所需费用由当地财政承担"政策，大力推行保障性住房物业管理市场化、专业化。同时，在政府投资建设的公共租赁房项目中大力推行实行智能化、信息化、社区化管理。6 月 20 日，中央电视台《焦点访谈》专题报道杭州市、宁波市公共租赁住房管理做法成效。杭州田园公租房小区是浙江省最大的公共租赁房项目，建筑面积 33 万平方米。该小区采用了三级门禁系统、可视抓拍系统、小区服务系统等组成的智能化管理系统。在为保障对象提供便利服务的同时，有效解决了租金收缴难、退出难、违规出租管理难等问题。

公积金管理

【稳妥扩面】 2014 年，浙江省加大政府推动、部门协作力度，稳妥推进在城市稳定就业并居住一定年限的外来务工人员建制，重点是引进高端人才及规模较大、效益较好的非公企业中层以上人员。截至 2014 年底，浙江省住房公积金实际缴存职工 500.6 万人，缴存总额 4874.7 亿元，其中当年净增缴存职工 33.5 万人，归集 783.2 亿元，

【强化使用】 全省当年提取住房公积金 506.9 亿元，发放住房公积金贷款 428.1 亿元，个贷率达 84.8%，同比增长 1.8 个百分点，资金使用率达 93.4%，同比增长 1 个百分点；当年住房公积金个人住房贷款发放额占全省的 21.4%，年底贷款余额占全省的 18.9%；截至 12 月底，住房公积金个贷率在全国排名第 4，高于全国平均水平 15.9 个百分点，个贷率已连续 6 个月保持上升趋势，位于全国前列。强化风险防控能力。浙江省不断加强廉政风险防控工作和"阳光工程"建设，完善内部管理制度和重大事项集体决策制度，确保资金安全。截至 12 月底，浙江省住房公积金个人贷款逾期率为万分之一。

【完善监管】 加强管理机构建设。湖州市住房公积金管理机构（包括分中心）经浙江省编委办批复后升格，温州市机构升格方案已上报。省政府批复义乌开展独立管理住房公积金业务试点实施方案，衢化集团公积金机构属地化管理顺利移交，为全省住房公积金行业管理体制的理顺画上了圆满的句号。建设浙江省公积金监管信息系统，全省 12 个公积金中心均已实现与省监管系统数据的联网及采集。其中，温州、绍兴、湖州、舟山、丽水全辖数据入库。同时，完成全省公积金 OA 平台的开发。省住房城乡建设厅会同省级财政、人民银行提出贯彻落实国家三部门住房公积金个人住房贷款业务的实施意见，将单位、企业公积金缴存等信息纳入人民银行金融信用征信系统；会同省总工会下发《关于进一步维护职工住房公积金合法权益的通知》，开展了维护职工合法权益为重点的行政专项检查和审计抽查。

【提升服务】 通过进一步优化业务流程、延长服务时间、缩短审批时限、提高使用效率，确保符合政策规定的缴存职工住房公积金的应提尽提、应贷尽贷。规范业务流程，编制出台全省统一的住房公积金贷款业务操作规范，从源头防范贷款风险，规定对符合条件且申请资料齐全的，贷款审核时限不得超过 7 个工作日，抵押登记完成的，放款时限不得超过 5 个工作日。全省已全面取消住房公积金个人住房贷款保险、公证、评估和担保等收费项目，切实减轻贷款职工负担。创新服务方式，以提供高效便捷服务为出发点，推出午间连续办、周六照常办、周日预约办的"三连办"服务新举措。全省住房公积金"12329"服务热线实现全覆盖，仅上半年全省服务热线总呼叫量达 173 万次，接通率为 88%，投诉率为 0.01%，满意率达 99%，并启动了短信服务平台建设，为缴存职工提供实时的多角度、多层次的政策宣传、短信通知、咨询服务。提升行业形象，截至 2014 年底，浙江省住房公积金系统已累计创省级以上"文明单位"等称号 74 个，其中有全国人民满意公务员集体、全国文明单位、全国建设系统先进集体、全国青年文明号、全国巾帼文明岗、全国工人先锋号、省级文明单位、省级青年文明号、省级巾帼文明岗和省级工人先锋号。

城乡规划

【规划编制】 组织开展"杭州、宁波、温州、金华—义乌"四个都市区规划纲要编制工作。5 月份召开都市区规划纲要编制工作部署会，全面启动编制工作。之后赴各地开展工作调研和督导，召开各都市区规划纲要编制工作领导小组会议、工作座谈会和方案汇报会，持续推动，狠抓落实。12 月底，四个都市区规划纲要成果上报省政府领导。加快推进城市总体规划编制修改工作。在指导审查各地总体规划修改时，转变规划编制理念，突出底线思维，在总规修改中划定城市发展边界和生态红线。杭州、宁波、温州市城市总体规划修改成果已经省政府审

查并上报国务院；舟山群岛新区（城市）总体规划成果已经省政府常务会议审查并批准实施。同时，将交通专项规划作为深化城市总体规划的重要内容。稳步推进设区市步行和自行车交通系统规划编制工作，转发住房城乡建设部有关文件和设计导则，并进行工作布置。省住房城乡建设厅与省交通厅共同组织编制《浙江省城市公共交通规划编制导则》，下发各地实施。加快推进城市排水防涝综合规划编制。围绕"五水共治"，全面启动11个设区市和若干重点城市排水防涝综合规划编制。到2014年年底，11个设区市都已完成规划方案编制工作。

【"多规合一"试点】 2014年，浙江省嘉兴市、德清县被住房城乡建设部列为"多规合一"试点。省住房城乡建设厅指导嘉兴、德清两地制定完成试点工作方案并上报。8月，组织开展县（市）域总体规划修改工作试点，要求通过县（市）域总体规划修改工作试点，进一步完善县（市）域总体规划编制方法和技术手段，探索建立"多规融合"机制。在各地申报的基础上，确定桐庐、余姚等10个县市开展县（市）域总体规划修改试点。

【地下空间】 2月下旬，省住房城乡建设厅召开11个设区市和义乌市工作任务落实会，就地下空间开发量、重点单建工程建设、地下空间归位整治和地下空间控规编制等工作进行分解落实，并强化数据统计考核，要求各地每个季度上报相关数据。截至12月底，全省城市地下空间开工量2040万平方米。根据住房城乡建设部和国家人防办开展城市地下空间规划、建设和管理研究试点的工作部署，组织开展《城市地下空间开发利用管理办法》《城市地下空间开发利用管理协作机制》和《城市地下设施安全使用规程》等3个课题研究，已完成课题初稿。确定杭州、宁波、金华—义乌都市区和丽水市作为试点城市。为了持续部署推动这项工作，10月14日浙江省政府在义乌市召开了全省城市地下空间开发利用第四次现场会。

【规划管理】 按照加快行政审批制度改革的要求，积极推进城乡规划管理工作创新，加快推进规划选址审批流程规范、规划竣工核实制度修订、工程规划许可制度完善等工作。为充分听取基层对规划管理工作的意见和建议，专题召开了城乡规划管理工作座谈会。积极做好重大建设项目规划选址工作，截至12月底，完成180件选址意见书办理工作，其中风景名胜区建设项目16件。为加强城乡规划实施的层级监管，对湖州、金华、舟山、丽水等地开展了城乡规划督察巡查工作。

【风景名胜资源保护】 《浙江省风景名胜区条例》根据11月28日省十二届人大常委会第十四次会议修正执行。以风景名胜区环境整治提升和游客集散中心建设为抓手，不断提升风景名胜区基础设施建设水平和服务管理水平。做好风景名胜区申报及世界遗产申报前期准备工作，临海桃渚、浦江仙华山、磐安大盘山申报国家级风景名胜区的材料已由省政府报送住房城乡建设部。雁荡山、楠溪江联合申报世界遗产的前期工作已开展，并组织了省内外申遗专家进行了研讨。完成安吉、钱江源、曹娥江、寨寮溪等风景名胜区总体规划的审查。住房城乡建设部批复方山-长屿洞天、双龙等国家级风景区的详细规划。杭州西湖九个控制性详细规划已报住房城乡建设部审查，千岛湖区块控规、建德区块控规已正式启动。

加强建设项目规划管理。对天台山、江郎山游客集散中心和大神仙居景区建设等重点补助项目进行现场服务和指导，对重要项目加强专家服务咨询工作。配合住房城乡建设部对浙江省五个国家级风景名胜区开展执法检查工作，并督促整改。开展景区督查，重点督查千岛湖临湖建筑整治中央督办意见的落实、朱家尖高尔夫球场取缔工作的落实以及建德皇冠假日酒店项目整改落实。部署实施风景名胜区"411"工程和"三改一拆"行动方案、旅游景区环境百日专项整治行动等工作。

【历史文化资源保护】 组织开展国家、省历史文化名城申报认定工作。湖州市7月经国务院批准公布为国家历史文化名城。积极筹备迎接住房城乡建设部、国家文物局对温州、龙泉申报国家历史文化名城的现场考察评估相关工作。会同浙江省文物局对丽水市、平阳县申报省历史文化名城开展审查、考察评估工作，丽水市经省政府批准公布为省历史文化名城。指导余姚、海宁、平湖等开展国家、省历史文化名城申报相关工作。

开展中国历史文化街区申报认定工作。根据住房城乡建设部、国家文物局相关工作要求，组织全省各地积极申报中国历史文化街区，共上报15处。开展省历史文化名镇名村、街区申报认定工作。6月，省住房城乡建设厅会同省文物局下文组织开展第五批省历史文化名镇名村、街区申报认定工作。开展历史文化名城名镇名村保护规划编制审查工作。认真贯彻落实《历史文化名城名镇名村保护规划编制要求（试行）》，加快推进历史文化名城名镇名村保护规划编制工作，截至12月底共37个名城名镇名村保护规划通过专家论证，20个名城名镇名村保护规划上报省政府待批。

开展风景名胜区和历史文化名城名镇名村保护宣传工作。与浙报集团联合推出"浙江记忆·浙山浙水浙乡愁"—历史文化名城（镇、村）和风景名胜区宣传展示活动。此外，会同省级相关部门研究修订《浙江省历史文化名城名镇名村保护专项资金管理办法》，研究制定历史建筑拆除、异地迁移保护行政许可相关文件。

城市建设与市政公用事业

【"五水共治"】 2014年是浙江省委省政府作出"五水共治"总体部署第一年。省住房城乡建设厅迅速组织力量对全省建设系统"治污水、排涝水、保供水、抓节水"工作现状进行全面摸底调查，并按照"三步走"的策略，及时研究制订了2014年项目实施计划以及2015年至2017年三年行动计划。经省政府同意印发了《浙江省"排涝水"工作实施方案、浙江省"抓节水"工作实施方案》和《关于下达2014年全省"排涝水""抓节水"工作目标任务的通知》。制定下发了《关于印发全省住房城乡建设系统"五水共治"工作实施方案的通知》、《2014年度镇级污水处理设施、城镇污水配套管网、城镇污水处理厂一级A提标改造、污泥处理处置设施建设和污水处理厂减排计划的通知》和《关于全省建设系统2014年度"五水共治"目标任务的通知》。全省建设系统"五水共治"目标任务全面完成。治污水方面：2014年必须建设污水处理设施的69个建制镇，全部开工建设，其中61个镇基本建成；23个必须完成的污水处理厂一级A提标改造项目全部建成；22个必须开工的污水处理厂一级A提标改造项目已全部开工建设，其中10个基本建成；10个必须建成的污泥处置项目全部建成；5个必须开工建设的污泥处置项目均开工建设，其中2个基本建成；新增城镇污水管网建设3130.7公里，占年度计划任务的143.1%。排涝水方面：全省改造易涝积水点已完成892处，完成率178.4%；建设雨水管网已完成1371.9公里，完成率137.2%；提标改造管网已完成701.9公里，完成率140.4%；雨污分流改造1010.3公里，完成率202.1%；清淤排水管网已完成17109公里，完成率171.1%；增加应急设备已完成19.09万立方米/小时，完成率190.9%；杭州、宁波综合整治城市河道分别完成65条、70条，完成率分别为100%、175%。设区市城市排水（雨水）防涝综合规划编制均已完成成果。保供水方面：全省建设供水管网已完成2498.9公里，完成率164.4%；改造供水管网已

完成1772.2公里，完成率177.2%；新建水厂已完成61.4万吨/日，完成率110.8%；改造水厂已完成99.1万吨/日，完成率100.1%；湖州市"水质检测监管能力提升工程"已完成。抓节水方面：全省建设屋顶集雨等雨水收集系统完成5820处，完成率116.4%；改造节水器具已完成14.76万套，完成率147.6%；改造"一户一表"已完成20.07万户，完成率150.4%；嘉兴市"秀湖花苑小区雨水利用示范工程"和金华市"永康市永压铜业雨水利用示范工程"均已完成。另外，列入"十枢"项目：杭州市主城区城西留下片区排涝系统工程完成投资5286万元，完成投资比例106%；温州市鹿城城区片排涝改造项目完成年度投资8231万，完成投资比例103%。

【交通治堵】 专用停车位方面：年度目标任务为146000个，开工数和完工数为172881和168995个，分别完成年度任务的118%和116%。其中丽水、绍兴、舟山分别完成4383、11533、5679个停车位，分别完成本市目标的146%、144%、142%。公共停车位方面：年度目标任务为18000个，开工数和完工数分别为23404和22099个，分别完成年度任务的130%和123%。其中台州、丽水、宁波分别完成2490、748、2392个公共停车位，分别完成本市目标的249%、249%、120%。新建改造城市道路方面：2014年完工目标为175.7公里，已完工182公里，完成年度任务的104%。其中绍兴、嘉兴、舟山分别完成7.92、11.87、6.68公里，分别完成本市目标任务的120%、119%、108%；2014年需开工建设125.3公里，已开工建设137.45公里，完成年度任务的110%。打通影响交通的断头路方面：2014年完工目标任务43条，已完工48条，完成年度任务的112%。其中温州、台州分别完成8条和9条，分别完成本市目标任务的160%和129%。2014年需开工建设55条，已开工建设57条，完成年度任务的104%。改善影响交通的拥堵点方面：年度目标任务为72处，已完工81处，完成年度任务的113%。其中台州市完成19处，完成本市目标任务的173%。公共自行车方面：年度目标任务为42000辆，开工数和完工数分别为70425和68925辆，分别完成年度考核任务的168%和164%。其中金华、绍兴、台州已分别完成公共自行车11800、10090、9730辆，分别完成本市目标任务的295%、252%、243%。旧住宅小区停车位改造方面：年度目标任务为改造85个小区，新增4150个停车位，已开工改造94个小区，已完成93个小区，新增11829个停车位。按照改造小区数量计算，开工率和完成率分别为111%和

109%；按照新增停车位数量计算，开工率和完成率分别为 289% 和 285%。其中杭州、台州分别改造 28 个和 6 个小区，完成本市年度目标任务的 135%、120%。人行过街设施方面：宁波市目标任务 10 处，已完成 13 处；杭州市目标任务为 10 处，已完成 10 处；温州目标任务为 4 处，已完成 4 处。

【市容环卫管理】 结合国家园林城市复查和省级园林城市创建，加强对处理设施实际运行情况的检查监督。按照生活垃圾处理设施无害化评价管理规定，组织对东阳市、江山市、缙云县、景宁畲族自治县、仙居县等 5 座生活垃圾填埋场和安吉县生活垃圾焚烧发电厂无害化管理情况进行了现场综合评定及指导，并按照管理权限公布缙云、景宁两县生活垃圾处理设施无害化等级，报请住房城乡建设部对东阳市、江山市生活垃圾填埋场和安吉县垃圾焚烧厂无害化等级进行评定。截至 2014 年年底，全省 51 座填埋场中有 45 座达到无害化 II 级以上标准，45 座焚烧及综合处理厂中有 23 座达到无害化 A 级以上标准。年内还对市容环卫管理和生活垃圾置管理专家库进行了调整充实。

扎实开展行业示范建设。积极开展浙江省生活垃圾处理示范工程建设，下发《关于推荐浙江省生活垃圾处理示范工程项目案例的通知》，确定了首批 15 个生活垃圾处理示范项目（4 个焚烧厂、4 座填埋场、2 个餐厨垃圾处理项目、2 个填埋场渗沥液处理项目、2 个生活垃圾分类城市和 1 个填埋场封场项目）。按照浙江省城乡生活垃圾处理设施建设专项资金按竞争性管理办法，对首批 23 个生活垃圾处置项目下达了专项资金补助 2 亿元。联合省发改、环保等部门推荐衢州市成为国家第四批餐厨废弃物资源化利用和无害化处理试点城市。7 月份，联合省发改、财政、环保、商务等部门推荐杭州市申报国家"生活垃圾分类示范城市（区）"。10 月份，在舟山市举行浙江省首届"最美环卫人"主题演讲比赛暨第十八个环卫工人节庆祝表彰活动，对全省环卫工作先进个人和集体以及从事环卫工作 25 年以上职工进行了表彰。在杭州市天子岭循环经济产业园区内设立了"浙江省生活垃圾三化处理培训基地"，开展了 2 期培训试点。会同省发改委完成了临海市生活垃圾焚烧处理工程、萧山区东片生活垃圾焚烧发电一期工程等项目的竣工验收和初步设计评审。

加强政策调研起草。会同省环保部门完成《2014 年浙江省大气污染防治实施计划》《浙江省大气污染防治行动计划实施情况评估考核办法》和《浙江省餐饮油烟管理暂行办法》等文件的制订工作。配合省政府政策研究室，完成了全省生活垃圾处理工作情况调研。

【人居环境】 深入推进园林城市创建工作。按照住房城乡建设部要求，6～8 月对全省 15 个国家园林城市进行全面复查，总结经验、加强宣传、找出不足、整改提升。根据温州、龙泉、临安 3 市和淳安、新昌、开化 3 个县人民政府的申请，经初审后向住房城乡建设部推荐申报 2015 年国家园林城市和园林县城。根据省政府要求，完成对泰顺县、遂昌县、洞头县、文成县的省级园林城市创建预审指导和考评验收工作。同时，积极指导玉环楚门镇、长兴泗安镇和仙居白塔镇的省级园林镇创建工作。

积极推进绿道网建设工作。按照省委、省政府"万里绿道网"建设要求，5 月份在仙居县召开了"全省城镇绿道网建设工作会议"，部署推进全省城镇绿道网建设工作。认真组织落实全省绿道网规划，到 2014 年年底，全省共建成各级绿道网约 2500 公里。

积极推进专项行动开展专项检查。配合省生态办完成了城区"四边三化"行动考核验收工作。按照《浙江省绿色城镇建设评价体系》，对 2014 年度工作情况进行考核。先后三次对全省城市公园内私人会所、高档餐馆和违规出租等情况进行了检查和回头看，督促各地完成了清理整顿，还归公园的公共服务属性。

积极做好人居环境（范例）奖等推荐工作。收到申报范例奖项目 7 个、环境奖市县 1 个的申请，组织初审完善后推荐报送住房城乡建设部。年内还推荐湖州市吴兴区西三漾湿地公园申报国家城市湿地公园。加快完善政策标准体系。报省政府办公厅下发了《浙江省城市扬尘和烟尘整治专项行动实施方案（2014～2017）》和《浙江省大气重污染城市建筑施工及道路扬尘控制专项应急行动方案（试行）》。制定《浙江省绿色城镇建设评价体系》，以省生态办名义印发各市政府执行。发布《浙江省园林绿化工程施工规范》。

【城市安全运行】 强化城镇供水水质安全。4～7 月，组织开展全省城市供水安全检查，发现和纠正了城市供水行业存在的安全问题，完善各项安全管理工作制度，保障城市供水和居民生活饮用水安全。联合省卫计委、水利厅，组织开展了饮用水卫生专项监督检查，建立健全城市供水单位信息档案，配合卫生部门严格实施城市供水企业的卫生许可。强化燃气安全监管。组织开展全省城市燃气管道隐患排查强化管线巡查与隐患点治理,进一步做好整改跟踪落实,同时指导各地进一步完善应急预案。继续开展既有城市桥梁的安全评价。进一步强化危桥的检测、加固和改造,加强了对城市窨井盖的安全管理。做好城市防灾减灾工作。进一步建立部门联动、响应及时、处置高效的防汛、防台、防冻体系,完善应急预案,加强人才、技术和物资装备储备,确保一旦发生突发事件,能够依法、及时、科学、有效地加以处置。

【数字城管】 全面推进智慧城管建设。基本完成了智慧城管省级平台前期需求调研、需求讨论工作,并初步完成智慧城管省级监管平台软件初始版本。宁波、嘉兴、衢州、海宁、兰溪、温岭等市、县编制了智慧城管建设方案,逐步进行部分项目的建设和运行。

村镇建设

【村镇规划】 组织开展首届"美丽宜居"优秀村庄规划评选活动,从全省342个农房改造建设示范村的村庄规划中,评选出一等奖方案5个、二等奖方案10个和三等奖方案14个。举办了"美丽宜居"村居方案设计竞赛入围作品巡回展,从9月1日到10月15日分别在杭州和10个地市进行了巡展。巡展期间,共有10570人次参观展览。组织全省建设系统开展传统民居调查工作,共登记传统民居类型132种、代表建筑386幢、传统建筑工匠120人。根据调查结果,省住房城乡建设厅邀请一批传统民居研究专家进行了系统分析整理,按照浙东宁绍舟、浙南温台处、浙北杭嘉湖、浙西金衢严的文化分区编写了传统民居谱系样页。

【美丽宜居示范工程】 2014年,全省新启动省级示范村试点建设220个,全部完成示范村建设规划编制修编工作,并开展"三拆三化"项目建设。启动了首批国家级美丽宜居示范村创建试点名单,全省共8个省级示范村列为国家级示范村创建试点。会同省财政厅下达专项资金3500万元,每个村补助500万元。省住房城乡建设厅与中国美院签署战略合作协议,双方共同选取确定了富阳市洞桥镇文村、贤德、大溪、查口等4个行政村及石羊村碧东山自然村作为新型城市化背景下美丽宜居村庄建设省级综合试点。组织开展首次示范村试点建设检查验收工作,共验收试点村85个,其中优秀村36个、达标村39个、责令整改村10个。

【农村危房改造】 年初全省计划完成农村危房改造1.2万户,实际全年完成14179户,完成投资7.1亿元。推进渔民上岸。根据摸底调查情况,浙江省计划2013~2015年完成渔民上岸安居工程3005户,其中2013年1099户、2014~2015年1906户。已完工1200户,力争到2015年全部完成。指导和督促各地加快推进农村危房现状调查,为下一步农村危房改造提供依据。指导和督促各地加快推进农村人居环境调查,力争按住房城乡建设部要求完成人居环境信息录入工作。

【传统村落保护】 大力开展传统村落申报。在第一、二批已有90个村列入中国传统村落名录的基础上,积极组织各地申报第三批中国传统村落。有86个村列入第三批名录,全省列入中国传统村落名录数量累计达到176个,位居全国前茅。其中松阳县有50个村列入名录,被命名为全国传统村落保护发展示范县。积极争取中央财政支持。制定印发《关于做好中国传统村落中央财政补助申报工作的指导意见》,切实指导各地做好中央财政资金申请工作。第一批15个村、第二批40个村庄已列入中央财政资金支持范围,每个村获得不少于300万元的资金支持。

建筑节能与科技

【建筑节能法规制度和标准体系】 浙江省住房城乡建设厅积极配合省人大出台《浙江省实施〈节约能源法〉办法》和《浙江省可再生能源开发利用促进条例》,明确民用建筑节能评估和审查、可再生能源建筑应用、竣工能效测评和民用建筑节能评估机构备案管理四大制度。在此基础上,制定《民用建筑项目节能评估和审查管理办法》和《民用建筑节能评估机构备案管理办法》等规范性文件,并从2012年起全面实施民用建筑项目节能评估和审查制度,初步建立起建筑节能监管制度体系,加大了对新建民用建筑执行强制性节能设计标准的监管力度。全省共设立62家民用建筑节能评估机构,已累计审查节能评估项目5687项,总建筑面积3.11亿平方米。在研究《浙江省建筑节能标准体系研究》的基础上,组织研究制定了45项工程建设标准和技术导则,基本形成浙江省建筑节能及绿色建筑标准体系。其中,《民用建筑绿色设计标准》、《政府办公建筑和大型公共建筑用电分项计量设计标准》和《民用建筑可再生能源应用核算标准》等浙江省节能设计相关标准填补了国内空白。同时,积极指导企业开展标准编制工作。如金都房产集团在全国率先编制了《金都房产集团绿色住宅标准》,中天集团在全国率先编制了《绿色工地标准》。

【绿色建筑】 在全省新建居住建筑全面执行《居住建筑节能设计标准》、新建公共建筑全面执行《公共建筑节能设计标准》的基础上，按照相当于一星级绿色建筑要求编制了《民用建筑绿色设计标准》，并从1月1日起新建民用建筑全部强制执行绿色设计标准，成为全国首个全面执行绿色建筑的省份。浙江省累计有152项建筑获得国家绿色建筑评价标识，总建筑面积达1352万平方米，位居全国第六位；3359项民用建筑强制执行《浙江省民用建筑绿色设计标准》，建筑面积达1.2亿平方米，两项合计绿色建筑总量居全国领先地位。

【既有建筑节能改造】 结合全省正在开展的"五水共治"和"三改一拆"等重点工作，积极采用建筑外墙外保温、活动外遮阳、隔热屋面、太阳能、地源热泵等节能技术，稳妥推进既有建筑节能改造工作。全省已累计实施既有公共建筑节能改造146项、建筑面积243万平方米，累计实施既有居住建筑节能改造面积1548万平方米。

【可再生能源建筑应用】 以实施民用建筑节能评估和审查制度为抓手，推进太阳能、地热能和空气能等可再生能源建筑应用，每年新增可再生能源建筑应用面积1000万平方米以上，到年底累计建成太阳能热水器集热面积1336万平方米，覆盖535多万户城乡居民。另外，还实施了42项国家太阳能光电建筑应用示范项目，总装机容量46.78兆瓦。

【建筑节能监管体系】 全省国家机关办公建筑和大型公共建筑能耗监管平台已初步建成，强化了对机关办公建筑和大型公共建筑能耗实时动态监管。该平台已投入试运营，全省已实现556幢建筑能耗数据实时上传。同时还开展12150幢建筑能耗统计工作，225幢建筑能源审计工作。浙江大学等7所高校还开展了国家节约型校园建筑节能监管体系建设。

【建筑节能科技支撑】 根据近年来建设科技快速发展情况，对《浙江省建设领域推广应用、限制和淘汰使用技术公告（2010版）》进行修订，并于8月18日发布2014版的技术公告，在建设领域积极推广应用绿色节能技术和产品。

【勘察设计工作】 省住房城乡建设厅会同中国美术学院、浙江日报、浙江在线开展了"美丽宜居"优秀村居方案设计竞赛活动，期间共收到来自国内外140家设计机构和18组设计师的346件设计作品，其中包括来自法国专家的5件作品，成为全省有史以来参与面最广的方案设计竞赛活动。最终经专家初选、网络投票、群众评议和专家评审，共评出5个一等奖方案，10个二等奖方案，15个三等奖方案、20个入围奖方案和18个纪念奖方案。与省委宣传部共同举办了浙江省农村文化礼堂建筑设计大赛，评出了36个入围方案。严格资质管理。继续强化勘察设计资质准入及动态管理，严格实施业绩核查制度，对在资质申报中弄虚作假的单位进行通报并规定在一年内不得申请。推进勘察设计管理信息化。全省勘察设计"四库一平台"建设进展顺利，目前省内已有1140家企业、9744名注册人员和19194名非注册设计人员信息入库，同时完成了省外89家勘察设计企业信息备案工作。强化施工图审查。探索创新施工图审查管理机制，推进施工图审查信息化工作。施工图审查信息系统目前运行状态较好，已有14131个项目通过网上报审。切实提升工程勘察质量。研究建立勘察作业人员的考核、认定制度，规范土工试验，全面施行勘察外业见证和督查制度。

建筑业

【综述】 2014年，浙江建筑业坚持改革创新，突出行业转型升级，抓改革、促提升、强服务，各项工作取得显著成效。全省建筑业完成产值22668亿元，同比增长12.2%；实现建筑业增加值2445亿元，同比增长9%，占全省GDP的6.1%；实现利税总额1250亿元，同比增长13.7%。其中，实现利润590亿元，同比增长11.1%；上缴税金660亿元，同比增长16.1%。全年签订合同额38246亿元，同比增长10.3%。其中，本年新签合同额22363亿元，同比增长7.5%；全年房屋建筑施工面积201851万平方米，同比增长9.1%；新开工面积81331万平方米，同比增长2.6%。全省平均从业人数745万人，同比增长10.7%，劳动生产率30.4万元/人。建筑业主要经济指标继续保持全国前列，为经济社会发展作出积极贡献。

【设区市】 全省11个设区市积极营造发展氛围，进一步推进建筑业发展。绍兴市全年建筑业产值超6000亿元，达到6178.2亿元，同比增长11.9%，领跑全国地级市；杭州、宁波、金华市产值均超3000亿元，分别完成3974.1亿元、3135.5亿元、3044.2亿元；产值超过1000亿元的还有：台州市2069.8亿元、温州市1255.2亿元；产值外向度前三位的分别是：绍兴市71.1%、金华市64.6%、台州市56.2%。绍兴、杭州、宁波、金华等4个"建筑强市"共完成建筑业产值16908亿元，占全省总产值的74.6%。

【建筑强县和建筑之乡】 全省 12 个"建筑之乡"(含建筑强县)区域集群效应不断加强,在建筑业发展中继续发挥龙头示范带动作用。12 个"建筑之乡"共完成建筑业产值 11505 亿元,占全省总产值的 50.8%,共完成出省施工产值 7534.9 亿元,占全省出省施工产值的 66.5%。其中,7 个"建筑强县"共完成产值 10058 亿元,占全省总产值的 44.4%。东阳市完成产值 2102.5 亿元,领跑全国县级市。绍兴市柯桥区完成产值 1866.1 亿元,诸暨市完成产值 1689.7 亿元,绍兴市上虞区完成产值 1367.3 亿元,杭州市萧山区完成产值 1192 亿元,象山县完成产值 1119.5 亿元,温岭市完成产值 720.6 亿元。

【行业改革与发展】 大力推进行业改革,营造发展氛围。2 月 28 日,省政府召开全省建筑业深化改革加快发展大会,省委书记夏宝龙、省政府顾问王建满、住房城乡建设部副部长王宁等看望受表彰代表或出席会议并讲话。会上命名杭州、宁波、金华市为第二批"建筑强市",温岭市为第二批"建筑强县",浙江省一建建设集团等 31 家企业为第二批"浙江省建筑强企",授予 47 名同志为"浙江省建筑业优秀企业家"。12 月 22 日,省政府召开全省美丽县城建设暨新型建筑工业化现场会,省政府顾问王建满、住房城乡建设部副部长王宁出席会议并讲话,会议安排参观了新型建筑工业化基地和工程总承包试点项目。深入推进行政审批制度改革,建筑业企业资质率先实行"月受理月审批",全年共受理企业数 1589 家次;实施"三类人员"在"浙江政务服务网"上的一站式网上审批,从 10 月份开始共受理 54143 人次,即时审批 52778 人次;加快简政放权,制定实施部门权力清单、责任清单,下放行政权力 121 项。

【新型建筑工业化】 深入推进新型建筑工业化,加快实施建筑施工生产方式改革。出台《浙江省人民政府办公厅关于印发浙江省深化推进新型建筑工业化促进绿色建筑发展实施意见的通知》,命名第二批推进新型建筑工业化示范企业。推进标准体系建设,出台新型建筑工业化适宜结构体系、保障性住房建造适宜技术、构件部品目录,开展 10 项标准和 11 项图集以及建筑工业化补充计价依据的编制。加强技术支撑和指导,成立专家委员会,完成《新型建筑工业化建筑体系》、《建筑产业现代化发展纲要》课题研究。大力推进基地和项目建设,全年共建设基地 5556 亩,完成投资额 74 亿元,开工建设项目建筑面积 245.4 万平方米,工程造价 71.54 亿元。其中,"1010 工程"(即 10 个示范基地、10 个示范工程)共完成示范基地投资额 65 亿元,占总投资额的 43.3%;共完成示范项目建筑面积 34.4 万平方米,工程造价 10.3 亿元,占总建筑面积 50.8%,占总造价 47.4%。绍兴市被住建部认定为"全国建筑产业现代化和国家住宅产业现代化双试点城市",走在全国前列。

【工程总承包】 积极探索政府投资项目工程总承包实践,推进工程总承包试点。8 月份,浙江省被住建部批准为全国首个工程总承包试点省份。10 月份,制定下发《浙江省政府投资项目工程总承包试点工作方案》。12 月份,下发《关于公布浙江省工程总承包试点地区和第一批试点企业、试点项目的通知》,确定杭州、宁波、绍兴、湖州作为试点地区,中国联合工程公司等 19 家企业为第一批试点企业,德清芯片科技大楼工程等 10 个项目为第一批试点项目,试点工作得到有序推进。

【建筑业企业】 进一步优化资质结构,提高企业竞争力。全年新增总承包特级企业 2 家,总数达到 41 家;新增一级企业 106 家,总数达到 1372 家;4 家钢结构专业企业成为房屋建筑施工总承包试点企业;新增 2 家城市轨道交通资质企业,总数达到 11 家;特、一级企业数量位居全国前列。全年产值超 100 亿元企业 32 家,共完成产值 4980 亿元,占全省总产值的 22%。其中:中天建设集团完成建筑业产值 582 亿元,继续位居全省第一。龙元建设集团、中成建工集团、宝业建设集团、省建工集团、海天建设集团等 5 家企业产值超过 200 亿元。推进监理企业转型发展,全省监理企业完成营业收入 83.8 亿元,新增综合资质企业 5 家,总数达到 11 家;甲级企业达到 190 家,其中有 2 家企业进入全国监理企业百强前 5 位。加快工程造价咨询企业发展,全省造价咨询收入 35 亿元,同比增长 15%,甲级咨询企业达到 226 家,乙级 156 家,其中有 9 家企业进入全国造价咨询营业收入百强。加强招标代理机构建设,全省甲级招标代理机构达到 113 家,乙级 158 家。全省工程质量检测机构达到 319 家,具有各类资质 659 项。

【建筑业人员】 加强从业人员队伍建设。全年新增注册建造师 22111 人,其中:一级 4082 人,二级 18029 人;全省注册建造师总数达到 15.38 万人,其中:一级 4.04 万人,二级 11.34 万人。新增注册监理工程师 1140 人,总数达到 8625 人,省监理工程师 10044 人。新增注册造价工程师 430 人,总数达到 8654 人,省造价员 33974 人。具有省建设工程检测岗位证书人数 15497 人。

【建筑市场】 加强建筑业法制建设，不断规范市场秩序。11 月份，省人大常委会审议通过《浙江省建筑业管理条例》、《浙江省建设工程监理管理条例》的修订决议，实施外省进浙企业省级部门备案。推进招投标制度改革，出台《关于进一步加强房屋建筑和市政基础设施工程项目招标投标行政监督管理工作的指导意见》，该意见被评为"2014 年度中国建筑业十大新闻"，全年应招标工程招标率和应公开招标工程公开招标率继续保持两个 100%。推进全省建筑市场监管与诚信信息平台建设，企业库、人员库以及企业数据包已通过检测并投入应用，工程库和信用网开发初步完成，并全面开展企业数据采集、上报、审核工作。加强建筑市场行为检查，重点查处违法发包转包、违法分包挂靠等行为。认真做好农民工工资保障工作，完善建筑业企业农民工工资保证金制度，加大对企业欠薪的查处力度，积极维护民工权益。

【工程质量】 深入实施"质量强省"战略，不断提升工程质量水平。积极推进工程质量治理两年行动，严格落实建筑施工五方主体责任，强化项目负责人个人责任。开展住宅工程质量通病防治技术课题研究，进一步推动课题成果应用。组织开展"质量月"活动，召开全省建设工程"质量月"现场观摩会，开展全省架子工技能比武大赛，进行预拌混凝土专项检查，不断提升全省工程质量水平。全年房屋建筑工程质量监督总数 12349 个，监督工程总面积 28318 万平方米；市政工程质量监督总数 3018 个，监督工程总投资额 555.5 亿元。全省各级建设主管部门共抽查、督查工程项目 19833 个，建筑面积 59878 万平方米，下发整改通知单 15254 份，停工通知单 1308 份，查处违法施工项目 597 个。组织开展 2014 年度"钱江杯"（优质工程）创建活动，共创出"钱江杯"129 项；创出中国建设工程"鲁班奖"（国家优质工程）8 项，创优数量继续走在全国前列。

【安全生产】 严格落实安全责任，强化安全生产监管。强化组织领导，完善省住房城乡建设厅安委会工作职责，组织召开全省性安全生产会议 3 次、现场会 3 次，厅安委会 4 次。强化目标考核，落实安全生产工作责任，组织召开约谈会 4 次。强化专项行动，深入推进隐患排查治理、开展"打非治违"、起重机械、脚手架和模板支撑系统和预防较大事故等专项整治行动。全省各级共检查 8000 余次，检查在建工程 9269 个，建筑面积 24198 万平方米，共下

发整改通知书 6994 份，停工通知单 710 份，对 49 家企业共罚款 725.68 万元。强化基础建设，完善安全管理机制，开展建筑施工标准化建设，加强安全生产全员培训，全省各级共创"标化工地"1000 多个，组织各类人员培训 66.4 万人次。强化应急管理，进一步完善应急预案，建立健全省、市、县三级质量安全事故应急联动机制，确保应急处置及时有效。强化行政执法，全年共暂扣企业"安全生产许可证"66 家次，收回注销"安全生产考核合格证书"170 人次、暂扣 61 人次。严格安全生产两项许可，全年共核准 835 家企业"安全生产许可证"，核准 35581 人"三类人员安全生产考核合格证书"。全年共发生施工安全事故 48 起，死亡 50 人，同比事故起数减少 3 起，死亡人数减少 12 人，未发生较大事故，是建设系统有事故伤亡统计以来的历史最低点，在省政府安全生产考核中被评为优秀。

【科技进步】 积极推进科技进步，不断提升施工技术水平。开展建筑业企业技术中心认定工作，全年新增省级企业技术中心 14 家，全省建筑业企业省级技术中心累计达到 81 家，国家级技术中心 4 家。组织开展省级工法评审工作，共评选出 2013 年度省级工法 165 项。开展建筑起重机械安全防范创新管理课题研究，积极推广"智慧安监"、物联网管理应用平台与信用网联动管理、建筑工地视频监管技术，广泛应用塔基防碰撞黑匣子技术，试点施工升降机面部识别系统，大力推广新型支模架应用，共有 70 项工程被列为新技术应用示范工程。推进工程建设标准的编制工作，累计发布工程建设标准 106 项，技术导则 20 项，标准设计图集 13 项。

【走出去发展】 深入实施"走出去"发展战略。5 月份，在广州市召开浙江省建筑业出省施工工作会议，表彰出省施工先进单位和个人。全省出省施工完成产值 11325.6 亿元，同比增长 12.7%，占全省总产值的 50%；区域市场建设不断加强，产值超百亿元区域市场达到 27 个。其中，江苏、上海、安徽区域市场产值超过 1000 亿元，分别完成 1592.0 亿元、1214.2 亿元、1167.0 亿元。省外区域市场产值增幅前三位的分别是：云南（增幅 42.0%）、贵州（增幅 37.1%）、河北（增幅 32.2%）。对外承包工程继续保持平稳增长，全年境外承包工程完成营业额 51.8 亿美元，同比增长 17.3%，对外新签合同额 38.8 亿美元。

【工程造价】 加强工程造价管理，深化工程造价改革。完善工程造价全过程管理体系，制订《浙江省建设工程结算价款争议行政调解办法》等管理

办法。完善工程计价定额体系，组织编制地铁、建筑工业化、交通设施、节能、劳务分包等专项定额和补充定额。牵头编制全国统一建筑装饰定额，并成为全国定额编制范本。出台 2013 版建设工程工程量清单计价规范，开展清单计价国家标准贯彻实施情况监督检查。严格合同履约，出台建设工程结算价款争议行政调解实施办法，有效解决合同争议。建立省、市、县三级造价信息网和信息交互平台，开发启用"建材价格采集管理系统"和"造价指标分析系统"，并在全国率先开展人工信息价发布工作，有效解决定额人工单价偏低问题。全面开展施工合同备案，推行合同履约评价，全年合同备案 3926 项，总计 1045 亿元。

建设人才

【干部队伍和班子建设】　做好浙江省住房和城乡建设厅机关干部选拔任用、轮岗交流和直属单位领导班子建设工作。2014 年，厅机关有 11 人得到提拔任用，直属单位浙江建设职业技术学院、省城乡规划设计研究院、省建设工程造价管理总站主要领导调整配备到位，6 名同志得到提拔任用，5 名管理岗位职员晋升等级。同时，配合中共浙江省委组织部做好省住房城乡建设厅省管后备干部和浙江省建设职业技术学院正职后备干部推荐考察工作。厅机关有 6 人进行了岗位交流，选派 3 名挂职干部到舟山支援建设，4 名干部到基层挂职锻炼，接收 16 名基层干部到厅机关锻炼学习。

【完善工作制度】　制定出台《省住房城乡建设厅党组定期分析干部队伍建设办法》、《省住房城乡建设厅加强机关干部队伍建设实施办法》、《省住房城乡建设厅加强直属单位领导班子建设实施办法》、《省住房城乡建设厅干部选拔任用工作流程》、《厅机关加班补贴补休有关规定（试行）》，并对《厅机关工作人员假期工资待遇的有关规定》和《省住房城乡建设厅因私出国（境）管理规定》进行了修订。

【规范干部日常管理】　认真做好个人有关事项报告、企业兼职（任职）规范、配偶移居情况调查清理和出国（境）规范管理工作。2014 年，浙江省住房和城乡建设厅 97 人报告了个人有关事项，办理因私出国（境）审批 153 人次，因公出国（境）政审备案 129 人次。

【编制责任清单】　坚持职责法定、问题导向和公开透明的原则，注重协调配合，通过"三上三下"反复修改完善，编制完成《省住房城乡建设厅责任清单》，梳理部门主要职责 14 个方面 133 个具体事项，与相关部门的职责边界 23 个、事中事后监管制度 20 个方面和公共服务事项 5 个。

【人才队伍建设】　积极做好享受政府特殊津贴等各类人才推荐选拔工作，指导帮助直属单位开展公开招聘，录用单位工作人员 41 名。举办建设工程专业高级工程师资格申报评审工作培训班，做好 2014 年度建设工程专业高、中、初级专业技术资格评审初定工作，全省 3608 人取得建设工程专业高级工程师资格，省住房城乡建设厅直属单位 170 人取得中初级专业技术资格。

【教育培训工作统筹管理】　编制印发 2014 年度各类建设教育培训计划 71 项，考试计划 6 项。成立浙江省建设类考试工作领导小组，制定出台《浙江省建设类考试违纪违规行为处理办法》，对符合培训条件的 45 家单位实施备案和信息公开，组建建设行业教育培训评估专家库，进一步加强对培训和考试工作的宏观指导和统筹管理。

【干部教育培训】　与中共浙江省委组织部在清华大学联合举办了新型城市化专题研讨班，共有 43 名市、县（市、区）长、省级有关单位负责人参加了学习。举办全省住房公积金行业领导干部培训班、全省加快美丽县城建设提升城市化质量局长培训班（两期）等。举办了 2013 年度浙江省建设系统军队转业干部培训班，共计 36 人参加了培训。组织厅机关公务员参加"浙江省领导干部网络学院省直机关分院"在线网络学习。

【专技人员知识更新】　指导浙江建设职业技术学院、浙江省城乡规划设计研究院、浙江省建筑设计研究院先后举办赴美国、法国和德国的三个出国境培训项目。举办"新型建筑工业化技术管理"美国培训班项目。与省人力资源和社会保障厅共同举办新型城市化省 151 人才高研班，指导浙江省建筑科学设计研究院有限公司和浙江省建筑节能中心举办绿色建筑发展专业技术人员高研班项目。经浙江省人力资源和社会保障厅审批同意省住房城乡建设厅干部学校为建设行业省级专业技术人员继续教育基地。

【工程建设现场管理岗位培训教育】　制订印发《浙江省住房和城乡建设领域现场专业人员职业标准实施方案》，先后在杭州、绍兴和丽水举办职业标准宣贯培训。全省 110723 人次参加岗位人员统一考试，完成机考门数约 3824 门次。组织开展 2006 年和 2010 年取证的现场专业人员继续教育工作，全省共有 3.12 万人参加了继续教育培训。

【技能人才培训鉴定】　联合省人力资源和社会

保障厅、省总工会先后举办污水处理工、污水化验监测工、维修电工和建筑架子工四个工种的职业技能竞赛，对三年有效期届满的考评员开展培训考核及换证工作。组织开展2014年全省建设行业技师、高级技师职业技能考评工作，共有233人通过管工、工程电器设备安装调试工、砌筑工培训鉴定，分别取得了相应高级技师（技师）职业资格证书。

大事记

1月

2日　省委书记夏宝龙赴湖州考察太湖流域水环境综合治理重点水利工程并调研"五水共治"工作，厅长谈月明陪同考察。

同日　省委常委、省委秘书长赵一德，省政府顾问王建满听取"三改一拆"督导组情况汇报，厅长谈月明、党组成员朱永斌汇报。

3日　省委副书记王辉忠来厅听取全省宗教违法建筑处置工作情况汇报，厅长谈月明、党组成员朱永斌、办公室主任汇报。

8日　省人大常委会副主任王永昌带队赴绍兴、上虞开展《浙江省国有土地上房屋征收与补偿条例》立法调研，副厅长应柏平、法规处、房产处参加。

21日　省长李强一行到省住房和城乡建设厅调研省级部门权力治理工作，厅长谈月明等厅领导及有关处室负责人参加座谈。

同日　省政府召开全省住房城乡建设工作电视电话会议，省政府党组副书记王建满出席会议并讲话，厅长谈月明部署工作，省政府副秘书长谢济建主持会议，厅领导和厅机关干部参加。

24日　省政府召开首届浙江省工程勘察设计大师综合评审会，省政府党组副书记王建满出席，厅长谈月明、副厅长樊剑平及有关处室参加。

2月

14日　省政府党组副书记王建满听取宜居美丽村庄工作进展情况汇报，厅长谈月明、副厅长沈敏、总规划师顾浩及有关处室负责人参加。

20日　省政府召开省治理城市交通拥堵工作领导小组（扩大）会议，厅长谈月明、副厅长吴雪桦参加。

21日　召开《宁波市总体规划（2004～2020）》省级部门联席会议暨专家评审会，厅长谈月明、总规划师顾浩、副巡视员楼冰、规划处参加。

25日　省人大常委会副主任王永昌主持召开《浙江省国有土地上房屋征收与补偿条例》立法调研座谈会。

25日　副省长熊建平听取千岛湖临湖地带开发建设有关情况汇报，总规划师顾浩参加。

28日　省政府召开全省建筑业深化改革加快发展大会。

3月

3日　副省长熊建平主持召开城镇居民增收专题协调会，副厅长樊剑平参加。

7日　省政府党组副书记王建满赴杭州调研"杭派民居"工作。

10日　副省长熊建平赴金丽温输气管道项目考察调研，副厅长樊剑平、规划处参加。

18日　省住房和城乡建设厅与中国美院《关于新型城市化背景下乡村规划和建筑特色塑造研究与实践》合作协议签署仪式，厅长谈月明、副厅长沈敏、总规划师顾浩及有关处室负责人参加。

20日　中国、加拿大现代木结构建筑技术在浙江的应用与发展研讨会召开。

24日　省委常委、省委秘书长赵一德主持召开全省城市化工作会议筹备工作协调会，厅长谈月明、省城市化发展研究中心参加。

27日　全省建设系统安全质量工作电视电话会议召开。

31日　省政府党组副书记王建满听取本厅农房设计有关工作汇报，副厅长沈敏、总规划师顾浩及有关处室负责人参加。

4月

1日　省政府党组副书记王建满听取房地产工作有关情况汇报，副厅长应柏平参加。

16日　省政府党组副书记王建满带队赴余杭区调研"三改一拆"、"五水共治"工作，党组成员朱永斌参加。

17日　省委召开全省新型城市化工作会议，省委书记夏宝龙、省长李强出席会议并讲话，厅长谈月明参加。省住房和城乡建设厅领导听取全省新型城市化工作会议大会报告。

22日　省政府党组副书记王建满听取嘉兴城市总体规划修改工作，厅长谈月明参加。

23日　副省长熊建平主持召开污水处理设施建设运行管理工作专题会议，厅长谈月明参加。

29日　省政府在湖州市召开第四次"三改一拆"现场推进会暨创无违建县动员大会。

30日　省委书记夏宝龙主持召开浙江自然博物馆新馆规划工作汇报会。

5月

5日　副省长熊建平主持召开污水处理设施建设

运行管理工作专题会议。

12日 省政府党组副书记王建满听取宁波市域总体规划，总规划师顾浩、规划处处长参加。

20日 省长李强赴湖州检查防汛工作，厅长谈月明参加。

21日 省政府党组副书记王建满赴杭州市上城区调研"三改一拆"，党组成员朱永斌参加。

27日 省委秘书长赵一德主持召开省保密技术服务中心建设项目拆迁工作协调会。

6月

4日 省人大常委会党组书记、副主任茅临生赴宁波、余姚、衢州调研防洪排涝专项工作，副厅长吴雪桦参加。

6日 省政府党组副书记王建满听取房地产市场工作汇报。

11日 省长李强听取全省铁路建设工作汇报，厅长谈月明参加。

18日 省政府党组副书记王建满赴温州市调研"五水共治"和"三改一拆"工作，党组成员朱永斌参加。

20日 省政府党组副书记王建满调研千岛湖引水工程，厅长谈月明参加。

22日 第38届世界遗产大会宣布，中国"大运河"申遗成功，为世界文化遗产。

7月

1日 浙江省委在建德市召开的全省历史文化村落保护利用工作现场会暨全省促进农民增收工作会议，省委副书记王辉忠出席会议并讲话，副厅长沈敏参加。

9日 省长李强主持召开浙江省域总体规划编制工作座谈会，总规划师顾浩参加。

14日 省政府党组副书记王建满主持召开房地产工作座谈会，厅长谈月明、副厅长应柏平参加。

15日 召开浙江省"美丽宜居"优秀村居方案设计竞赛预选会。

24日 省政府党组副书记王建满赴临安市调研"三改一拆"和美丽宜居示范村工作，副厅长沈敏、稽查办主任参加。

29日 省政府党组副书记王建满赴中国美院调研，听取试点建议和美丽宜居优秀村居设计竞赛情况。

8月

1日 省政府党组副书记王建满听取温州市总体规划汇报，总规划师顾浩参加。

14日 省政府党组副书记王建满赴象山县调研

"三改一拆"，厅长谈月明、党组成员朱永斌、稽查办参加。

18日 省政府党组副书记王建满赴富阳市调研洞桥镇村试点建设情况，副厅长沈敏及有关处室负责人参加。

20日 副厅长应柏平赴浙江长广集团调研棚户区改造，保障处处长参加。

24日 省政府党组副书记王建满听取杭州市城市总体规划汇报，总规划师顾浩、规划处处长参加。

9月

1日 省长李强参观"美丽宜居"村居方案设计竞赛入围作品，厅长谈月明、副厅长沈敏及有关处室参加。

3日 省政府顾问王建满听取浙江省风景名胜区工作汇报，总规划师顾浩、规划处处长参加。

5日 省政府顾问王建满主持召开组建棚户区改造省级平台有关事宜，厅长谈月明参加。

22日 省委书记夏宝龙在省防汛防台抗旱指挥部就防御第16号台风部署工作，厅长谈月明参加。

10月

10日 省长李强就关于促进浙江十大历史经典产业发展、百个特色小镇和千个历史文化村落建设意见建议召开会议，厅长谈月明参加。

11日 厅长谈月明赴新型建筑工业化"1010工程"及工程总承包项目调研，党组成员张奕及有关处室参加。

13日 省政府召开全省城市地下空间开发利用工作现场会，厅长谈月明、总规划师顾浩及有关处室负责人参加。

15日 第十届亚洲建筑国际交流会在浙江召开，厅长谈月明、总规划师顾浩、党组成员张奕及有关处室负责人参加。

16日 浙江省委宣传部召开全省培育和践行社会主义核心价值观工作经验交流电视电话会议，副厅长赵克参加。

17日 浙江省第十八个环卫工人表彰暨首届"最美环卫人"演讲比赛在舟山举行，厅长谈月明、副厅长吴雪桦及有关处室负责人参加。

17日 省委书记夏宝龙在"第四次全省城市地下空间开发利用工作现场会情况汇报"上批示，"目前，地下空间应更多解决停车问题。"

24日 城乡建设全国理事会2014年年会暨第二届"美丽中国—城镇化·市场·未来"高峰恳谈会在杭州召开，厅长谈月明参加。

27日 副省长黄旭明专题研究防震减灾有关工

作，副厅长沈敏参加。

29日 省委副书记王辉忠、省政协副主席陈加元主持召开省政协农村环境污水治理专题重点提案办理工作座谈会，副厅长沈敏参加。

同日 召开都市区规划纲要方案汇报会，总规划师顾浩、规划处处长、省城市化发展研究中心主任参加。

11月

7日 2014年度华东六省一市住房城乡建设厅长、建委主任座谈会，由福建省住房和城乡建设厅主持召开，厅长谈月明、办公室主任参加。

13日 省委在德清县召开全省"深化千万工程建设美丽乡村"现场会，厅长谈月明参加。

17日 省住房和城乡建设厅与中国农业银行浙江分行举行"共同推进全省新型城市化发展战略合作协议"签约仪式。

25日浙江省人大常委会第22号公告，自11月28日起废止《浙江省城市房屋产权产籍管理条例》(1996、1999)、《浙江省村镇规划建设管理条例》

(1997、2004)。省人大常委会第23号公告，决定对《浙江省建筑业管理条例》、《浙江省建设工程监理管理条例》作出修改。省人大常委会第24号公告，决定对《浙江省风景名胜区条例》、《浙江省文物保护管理条例》、《浙江省建设工程勘察设计管理条例》作出修改。

12月

2日 浙江省政府召开浙江省创建国家清洁能源示范省工作会，厅长谈月明参加。

8日 省政府顾问王建满听取关于深化乡村规划设计有关工作的汇报，厅长谈月明、副厅长沈敏及有关处室参加。

12日 浙沪城乡规划工作座谈会在上海召开，副厅长赵克、总规划师顾浩、规划处处长参加。

22日 省政府召开全省美丽县城建设暨新型建筑工业化现场会。

24日 省委书记夏宝龙在富阳主持召开千岛湖配供水一体化工程汇报会。

（浙江省住房和城乡建设厅）

安 徽 省

概况

2014年，安徽省住房城乡建设系统以党的十八大和十八届三中、四中全会精神为指引，贯彻落实中央、全省经济工作会议及全国城市规划建设工作座谈会、全国住房城乡建设工作会议精神，坚持稳中求进工作总基调，以改革创新为动力，以推进安徽特色新型城镇化发展为主线，在加强基础设施建设、推进保障性安居工程建设、推动建筑业转型发展、扎实开展美好乡村建设等方面取得了丰硕成果，全面完成了国家住房和城乡建设部、安徽省委、省政府交给的各项工作任务，为促进全省经济和社会持续健康发展发挥了重要作用。截至2014年底，新开工建设35座城镇生活污水处理厂，实施16座污水处理厂提标改造工程，9座污水处理厂投入运行，新增污水处理配套管网2431公里；新增城市生活垃圾无害化日处理能力6861.5吨；新增、改造提升绿地面积10379万平方米，建成绿道1206公里，完成215项园林绿化精品示范工程；全年完成房地产开发

投资4339亿元，同比增长10%，销售商品房面积6202万平方米，同比下降1%，降幅比全国小6.6个百分点。新开工各类保障性住房和棚户区改造住房46.64万套、基本建成27.49万套，顺利完成全年目标任务；组建省级棚户区改造融资平台，争取国开行棚改融资额度949亿元、签约204亿元，位居全国前列；全省新增1家房建特级资质企业、1家钢结构施工总承包试点企业、81家总承包一级企业、29家专业承包一级企业，建筑业完成总产值6700亿元，同比增长12%。新增节能建筑面积7708万平方米，累计建设绿色建筑1580万平方米；完成710个美好乡村重点示范村规划评估，实施农村危房改造11.5万户，245个乡镇农村清洁工程全部竣工，实现了全省每个乡镇配建垃圾转运设施的目标；19643户以船为家渔民上岸安居工程完成安置17861户，安置房开工率100%，安置率90.9%；新增46个中国传统村落，全省中国传统村落总数达到111个，62个传统村落争取国家1.86亿元资金支持；127个镇列入全国重点镇，17个镇村列为全国"特色景观旅游名

镇名村"。(曹丹勇)

政策法规

【概况】 2014年，安徽省住房和城乡建设厅深入贯彻习近平总书记系列讲话精神，贯彻落实党的十八大和十八届三中、四中全会精神，根据法治安徽建设要求，紧紧围绕安徽省年度依法行政重点工作和建设事业中心工作，不断开创安徽省住房和城乡建设系统依法行政工作新局面。

【组织领导】 安徽省住房和城乡建设厅党组和厅主要领导高度重视依法行政工作，多次听取情况汇报，专题进行研究部署。将依法行政工作列入年度重点工作，并将工作责任细化分解，纳入机关处室(单位)年度效能考核指标体系。为促进安徽省住房和城乡建设厅重大决策事项科学依法作出，强化依法办事，坚持和强调法制工作机构负责人列席厅长办公会议基本工作制度。全面深入学习十八届四中全会《决定》，研究制定贯彻实施意见。对厅法规处人员及职能进行调整，增配一名工作人员，单独核拨行政复议和诉讼办案经费，聘请法律顾问提供有关法律服务，有力保障法制工作机构业务工作的开展。

【立法】 安徽省住房和城乡建设厅根据年度重点工作和行业发展需要，认真编制年度立法计划，积极推动立法项目的进程。《安徽省建设工程造价管理条例》于8月21日经安徽省十二届人大常委会第十三次会议审议通过，已于11月1日起施行。部署开展2014年度厅发规范性文件清理工作，清理结果已在门户网站上公布。制定安徽省住房城乡建设厅《行政处罚自由裁量权实施办法》及配套《行政处罚自由裁量权标准》。

【科学决策】 安徽省住房和城乡建设厅认真规范重大决策行为，根据十八届四中全会《决定》和安徽省政府《关于进一步规范政府系统重大事项决策行为的意见》要求，对原安徽省住房和城乡建设厅《重大行政决策程序规定》进行修改，把公众参与、专家论证、风险评估、合法性审查、集体讨论决定确定为重大行政决策法定程序，建立重大决策责任追究制度及责任倒查机制，明确厅主要负责人重大决策末位表态规定，进一步提升决策科学化、民主化、法治化水平。制定《关于做好厅重大政策解读工作的实施意见》，要求通过召开新闻发布会、在网站发布政策解读等形式，对出台的重要政策性文件及时予以公开。

【规范执法】 安徽省住房和城乡建设厅推进实施权力清单制度，按时按质完成权力清单、责任清单编制。制定安徽省住房城乡建设厅《行政处罚自由裁量权实施办法》及配套《行政处罚自由裁量权标准》，建立行政裁量基准制度。严格执行行政执法人员资格管理和持证上岗制度。11月，由安徽省住房城乡建设厅和安徽省政府法制办共同组织的2014年度全省建设行政执法人员资格认证统一考试分别在合肥、芜湖、宿州市三个考点同时举行，来自安徽省住房城乡建设系统共3000多人报名参加考试，考试合格者，将被授予执法资格。加强系统行政执法人员日常培训和监管，组织布置执法队伍和人员年度评议考核。组织开展行政审批办结件案卷质量检查活动，在安徽省住房城乡建设厅行政审批办件系统中随机抽取办件，从申报材料、审批程序、审批质量、档案管理等方面进行检查，通报结果并督促整改。安徽省建设稽查局还制定《行政执法案件卷宗管理规定》，进一步规范建设行政执法行为，提高依法行政的水平。

【行政复议】 安徽省住房和城乡建设厅继续畅通复议渠道，符合法定条件的行政复议申请受理率达到100%；案件均由2名以上复议人员办理，经费和设施设备得到有效保障。截至12月底，共受理行政复议申请149件，除21件正在审理中，其余全部审结，无超期结案及其他违反法定程序的情况发生。安徽省住房和城乡建设厅成立厅行政复议委员会，对2起涉及建设工程质量问题的重大疑难复议案件，及时召开会议集体研究，提出处理意见。

【学法普法】 安徽省住房和城乡建设厅有重点地开展法制宣传教育活动并组织开展法制教育培训，继续围绕《法制安徽建设纲要》，大力推进安徽省住房城乡建设系统"六五"普法规划的全面实施。落实领导干部集体学法制度，专题学习十八届四中全会《决定》。结合新法规规章的实施，开展《安徽省建设工程造价管理条例》、《建筑工程施工许可管理办法》、《安徽省住宅区物业服务标准》等建设法规的宣贯活动。召开安徽省建筑市场执法人员培训会，对建筑市场监管人员和执法人员进行较为全面的培训；开展安徽省建设稽查执法培训会，邀请专家结合十八届四中全会精神进行以"坚持严格、规范、公正、文明执法"为题的专题讲座；积极推进法律进企业、进工地活动，加大农民工业余学校技能培训的同时，开展法律法规等知识培训。(齐悦)

房地产业

【概况】 2014年，安徽省认真贯彻落实国家有关房地产宏观调控政策，加强对不同类型城市的分类指导，大力推动棚户区改造货币化安置，着力消化商品房库存。进一步规范市场交易行为，强化物业管理，提升物业服务水平，积极推进国有土地上房屋征收与补偿工作，保持了全省房地产市场平稳健康发展。

【房地产开发】 落实国家房地产调控政策，加强市场监测分析，针对安徽省房地产市场特点，实施分市分类调控。研究完善商品房预（销）售资金监管，开展房地产开发项目风险排查，引导企业通过兼并重组做大做强，增强抗风险能力。2014 年，全省房地产市场平稳发展，开发投资适度增长，商品房销售量和价格基本稳定，全年完成房地产开发投资 4338.96 亿元，同比增长 10%；销售商品房 6202.18 万平方米，同比下降 1%，降幅比全国小 6.6 个百分点。房地产业实现地税收入 545.1 亿元，同比增长 7.6%，占全省地税税收收入的 36.2%，为全省经济和社会发展作出了积极贡献。

【房屋租赁】 进一步完善住房租赁服务体系，逐步引导租赁市场规范发展，部分城市开展工作试点，鼓励保障性住房经营管理单位从事商品住房、二手住房租赁业务。认定一批诚信度较高的房屋租赁经营机构，接受房屋所有权人委托，集中开展房屋租赁经营，并对受托租赁经营房屋进行日常维护等服务

【房地产交易和市场管理】 进一步推进安徽省个人住房信息系统建设，实现省、市全部联网和县（市）部分联网。积极推行新建商品房和存量房交易合同网上签约，交易资金托管，保障存量房交易资金的安全，维护存量房交易秩序，16 个市全部实现了新建商品房交易合同网上签约。加强房地产中介市场管理，进一步规范存量房交易行为，推进了房地产中介网上服务平台建设，为备案的房地产中介机构提供房源信息查询核验等服务，并逐步完善房地产中介市场日常监管机制，建立健全房地产中介机构诚信档案制度，制止行业内不良竞争行为，维护房地产交易市场秩序。引导房地产中介行业协会组织，建立行业自律机制，加强自身建设和管理，规范从业行为。建立和完善了房地产估价行业管理信息系统，实现房地产估价报告电子化。

【物业管理】 开展国家和省级物业管理示范项目创建工作，发挥物业管理项目示范作用，提升物业管理服务水平。2014 年，有 5 个项目被住房城乡建设部授予国优示范项目称号，43 个项目被确定为省优示范项目。开展《安徽省住宅区物业服务标准》

宣贯，落实服务标准的实施，修订并发布《安徽省物业服务收费办法》，配合《住宅区物业服务标准》实施，规范物业企业的收费行为，督促物业服务企业明码标价，公开服务内容、服务标准、收费标准等内容，接受公众监督。安徽省住房和城乡建设厅出台了《关于做好住宅区物业共用部位共用设施设备紧急维修管理工作的通知》，切实解决紧急情况下维修资金使用难、手续繁等问题。开展《安徽省物业管理条例》执行情况调研和立法后评估论证，启动了《安徽省物业专项维修资金管理暂行办法》的修改论证，进一步推动物业管理工作。

【房屋征收与补偿】 推进国有土地上房屋征收与补偿信息公开，实现省、市、县行业主管部门的门户网站全部开辟房屋征收补偿专栏，并且互联互通。通过信息公开，进一步规范征收补偿行为，督促房屋征收与补偿项目相关内容公开，包括征收项目的决定、补偿方案、补偿标准、补偿结果等，做到了"阳光征收"，保障了被征收人的知情权、参与权，促进公开、公平、公正，维护了群众的合法权益。（许淼）

保障房建设

【概述】 2014 年，在安徽省委、省政府的正确领导下，积极克服经济下行的压力和房地产市场调整的影响，攻坚克难，探索创新，围绕年度目标任务，加快推进各类棚户区改造，大力实施公共租赁住房建设，圆满完成全省住房保障目标任务。积极发挥了保障性安居工程在稳增长促改革调结构惠民生的重要作用。2014 年，安徽省新开工城镇保障性安居工程 46.64 万套，其中公租房 11.21 万套、棚户区改造 35.43 万套；基本建成 27.49 万套。

【资金、用地等要素保障】 2014 年，安徽省争取中央各类保障性安居工程补助资金 120.9 亿元，省级财政安排 14.4 亿元。按照用地指标跟着建设计划走的要求，2014 年初全省提前单列下达新增保障房建设用地计划指标 1.59 万亩，有力保障了用地供应，促进了全省保障性住房的顺利开工建设。

【棚改规划编制】 在全面开展摸底调查的基础上，经安徽省政府同意，年初印发实施了《安徽省 2013～2017 年棚户区改造规划》，确定规划期内完成棚户区改造 146.1 万户。会同安徽省发改委、财政厅、国资委编制完成了《安徽省 2015～2017 年国有企业棚户区改造规划》，作为 2013～2017 年棚改规划的补充。建立棚改规划和年度计划项目库，加强动态管理，有力发挥了规划引领作用。

【货币化安置】　为指导各地做好棚户区改造货币安置工作，会同安徽省财政厅制定出台《关于做好棚户区改造货币安置工作的通知》，明确棚改货币化安置的资金、税费、金融等支持政策措施，满足安置对象的不同需求，促进棚改和利用存量商品住房相衔接，加快安置进度。芜湖"搭桥"、铜陵"房票"货币化安置做法，被住房城乡建设部作为典型在《全国住房保障工作交流专辑》（第1期）上向全国推广。积极支持棚户区改造货币安置项目享受国家开发银行专项贷款政策，全省货币化安置工作呈逐步推开态势。

【棚改政策性融资】　成立由安徽省财政厅、住房和城乡建设厅、投资集团、开行组成的棚户区改造融资管理理事会，组建棚改融资省级平台，争取国开行棚户区改造专项贷款授信额度949亿元，累计签订借款合同789亿元，发放贷款101亿元。认真落实省政府棚改融资专题会议精神，开展对口帮联，指导各地加快项目前期工作，加快融资进度。研究制定了棚改融资管理办法、贷款实施细则、业务工作流程和融资项目收入监管办法等一系列融资管理政策，确保融资工作顺利推进。

【两房并轨】　认真落实中央和安徽省全面深化改革决策部署，积极推进公租房和廉租房制度改革。印发推进公租房和廉租房并轨工作的指导意见，开展政策实施情况调查和评估。全省16个省辖市均已制定实施细则，实现公租房和廉租房并轨运行，实行保障对象、房源筹集、资金使用、申请受理、运营管理"五统一"。两房并轨中，各地对符合条件的城镇住房救助对象优先安排解决，实施住房救助5.7万户。

【公租房运行机制】　经安徽省政府同意，安徽省住房城乡建设厅印发完善公租房建设和运营管理机制的指导意见，并在芜湖市召开现场会，推进建立管办分开、市场运作的长效机制。政府投资、园区建设、单位自建、社会力量投资等多元化的公租房投资渠道已形成。芜湖、铜陵、宣城、池州等地成立保障房专业运营公司，对政府投资建设的公租房实行公司化、市场化运营。鼓励通过长期租赁、收购等方式筹集房源，多种方式实施保障。

【公租房分配管理】　以保障性安居工程跟踪审计整改为契机，严格"三审两公示"受理审核，并纳入住房保障管理系统，实行信息化管理。铜陵市率先建立居民家庭经济状况核对平台，实现信息即时在线比对，有力促进了分配的公正公平。在全省开展为期三个月的保障房分配专项行动，对2007年

以来建设的保障性住房、棚改安置房进行拉网式清查和梳理。通过专项行动，各地集中分配公租房3.3万套。对暂未分配的房源，要求各地认真查找问题及原因，逐项制定抓分配促入住方案措施，努力提高分配入住率。会同省财政厅印发《关于加强保障房建成后管理养护的指导意见》，建立政府购买服务与市场化相结合的物业服务模式。积极推进租补分离、分档补贴，根据收入变化及时调整租金补助档次，建立人性化的退出机制。

【工程质量和安全监管】　为切实提高保障性安居工程质量，大力推广《安徽省保障性住房建设标准》和配套套型图集，落实保障性住房项目从规划布局到竣工验收各相关环节的建设质量规定和要求。全面推行保障性住房施工质量责任主体信息公示牌和永久性标牌制度，落实工程质量终身责任制。委托专家开展第三方独立质量安全巡查，督促各地对保障性住房建设全过程严把关、严要求，对质量问题实行"零容忍"。

【住房保障信息公开】　将住房保障各项政策、年度计划及完成情况，项目开工、进度、竣工、分配等信息列入各市、县政府信息公开重要内容和年度住房保障工作考核内容，督促各地通过政府门户网站、报纸、电视等媒体及时全面公开，目前全省所有市、县均已建立保障性住房信息网上公开制度。实行省、市、县住房保障信息联网对接，推进住房保障信息在线查询、保障房在线申请，确保住房保障信息公开透明。（袁倩）

公积金管理

【概况】　2014年，安徽住房公积金主要工作有：扩大住房公积金制度覆盖面；加强住房公积金监管，落实廉政风险防控、内部稽核、培训上岗等制度；抓好住房公积金贷款支持保障性住房建设试点；加强和改进住房公积金服务，推进住房公积金服务标准化、规范化；拓展12329服务热线服务功能，提高信息化管理水平。全省住房公积金各项业务稳中有进，较好地发挥了住房公积金对稳定房地产市场的支撑作用。

【业务发展】　2014年，全省住房公积金总体运行平稳。全年归集住房公积金457.51亿元，同比增长9.78%；提取住房公积金292.89亿元，同比增长9.1%；发放住房公积金个人贷款241.86亿元，个贷率79.22%，比上年提高1.97个百分点。截至2014年底，全省累计归集住房公积金2579.01亿元，累计提取1422.07亿元，累计向79.78万户家庭发放

住房公积金个人贷款 1383.47 亿元。住房公积金归集余额 1156.94 亿元，增长 16.6%；提取总额 1422.07 亿元，增长 25.94%；个贷余额 916.54 亿元，增长 19.57%；资金使用率、运用率分别为 90.76%、79.41%；住房公积金个人贷款逾期率 0.028‰，低于国家 1‰ 的控制标准；年度实现增值收益 20.67 亿元，同比增长 31.99%。

【制度扩面】 2014 年，继续把推进非公有制企业建缴作为全年归集工作的重点，各地中心结合自身工作实际，主动作为，创新工作举措，加大住房公积金政策宣传力度，努力营造良好的建制氛围，增加职工维护自身利益的迫切感，增强缴存住房公积金的自觉性；积极与财政、劳动保障和工会等相关单位建立联动机制，及时掌握新设企业单位信息，有针对性的开展工作。截至 2014 年底，全省有 416.03 万人建立了住房公积金账户，年度新增住房公积金开户数 20.66 万户，圆满完成年度归集人数 20 万户的目标任务。

【支持保障性住房建设试点】 加强试点项目贷款运行监管，确保试点工作有序推进。一是利用住房公积金项目贷款运行监管系统，对试点项目资料进行省级初审，并及时提交住房和城乡建设部复审，确保试点工作有序开展。二是坚持每月对试点工作进展、资金使用等情况进行统计汇总，每季度对试点工作好的做法、试点形象进度进行通报，利于试点城市相互借鉴、学习，推进试点工作。三是坚持深入实地调研指导，帮助协调解决试点中存在问题。督促指导试点城市，加强贷款资金管理，关注建成保障房的收益分配和资金回收，确保资金安全和合规使用，有序推进试点工作进程。四是配合住房城乡建设部住房公积金督察员对试点工作进行巡查。截至 2014 年底，淮南、芜湖、滁州、六安等四个利用住房公积金贷款支持保障性住房建设项目试点城市累计发放住房公积金项目贷款 34.91 亿元；试点项目竣工面积 475.21 万平方米，建成住房 49 045 套，累计完成投资 111.07 亿元；试点项目已回收贷款本金 15.79 亿元，回收利息 3.69 亿元。

同时，为及时总结利用住房公积金贷款支持保障性住房建设试点工作经验，探索当前住房公积金管理工作面临的新情况和新问题，组织开展《利用住房公积金支持公共租赁住房建设试点项目贷款风险评估与还款保障措施研究》《住房公积金流动性风险评估与应对措施研究》《住房公积金贷款支持工矿城市棚户区改造工作重要节点与工作着力点研究》3 项课题研究，课题研究成果得到住房城乡建设部好评。

【完善政策】 认真贯彻落实三部委《关于发展住房公积金个人住房贷款业务的通知》文件，各地结合本地实际及时制定实施细则，进一步提升服务效率，积极拓展可贷资金，在全国率先实行省内异地住房公积金贷款政策。为发挥住房公积金对房地产市场的支撑作用，各地中心因地制宜、因城施策，适当提高贷款额度、放宽贷款条件，适度降低首付比例，延长贷款年限，实行差别化利率政策，加大贷款发放力度，促进住房消费。为加强和改进服务，提升服务效能，减轻职工负担，会同财政厅、人民银行合肥中心支行及时转发《住房城乡建设部、财政部、中国人民银行关于发展住房公积金个人住房贷款业务的通知》，取消住房公积金个人住房贷款保险、公正、新房评估和强制性机构担保等收费项目，减轻贷款职工负担。从 10 月下旬开始，全省住房公积金业务办理实现零收费。

【廉政风险防控】 继续贯彻落实住房和城乡建设部等七部门和省政府加强廉政风险防控工作要求，全面加强住房公积金廉政风险防控工作，10 月，转发《住房城乡建设部办公厅关于开展住房公积金廉政风险防控检查工作的通知》，要求各地在现有风险防控措施的基础上，再次对照《住房公积金廉政风险防控指引》，认真开展回头看，及时发现存在的漏洞和薄弱环节，坚持边整边改，跟踪问效。

各市住房公积金管理机构结合自身工作实际，制定廉政风险防控工作实施方案，不断强化内部控制，加大内审力度，完善岗位制衡制度和责任追究制度，确保资金运行安全。全省住房公积金个人贷款逾期率 0.014‰，低于国家 1‰ 的控制标准。

【优化服务】 8 月，印发《关于提升住房公积金服务效能通知》，从优化业务流程、实行限时办结制、提高服务效率等五个方面提出要求，进一步加强和改进服务。各地结合实际，加快标准化服务环境建设进程，完善业务大厅配套设施。

【信息化建设】 各市中心进一步完善服务网站建设，开展政策咨询、楼盘查询、账户查询和投诉举报等多项业务。全省 16 个市中心全部开通 12329 住房公积金服务热线。其中，合肥市、马鞍山市住房公积金管理中心设立专门机构和人工座席保障服务热线运行；芜湖市、蚌埠市、滁州市住房公积金管理中心采用与政府建设平台、市长热线相结合，通过租用座席，保障热线运行；其他城市住房公积金管理中心相继建立 12329 服务热线平台，不断拓展热线服务功能，满足住房公积金基本语音自助查

询、人工咨询和投诉举报受理，主动接受社会监督。（王春蕾）

城市规划

【概况】　2014年，安徽省委省政府在重点工作中特别关注新型城镇化、区域性城镇体系规划、历史文化保护以及空间资源管控等多项内容。安徽省住房城乡建设厅积极深化、细化上述要求，在全省积极推进实施，各项工作谋划充分、落实及时，在多个方面取得明显成效，争取了多个国家试点项目，有关重大规划编制取得了突破性进展。

【城镇化】　开展安徽省新型城镇化试点内容和途径研究，为安徽省争取新型城镇化试点工作提供了思路。研究形成《安徽省新型城镇化发展体制机制研究》，其中提出的新型城镇化"四个发展路径"得到了安徽省委、省政府的高度认可，将"构建宁合芜成长三角区"、"建立跨市域城市发展协调机制"（合肥经济圈、淮宿、芜马、铜池、淮蚌城市组群）等有关内容纳入《安徽新型城镇化试点省工作方案》和《安徽省请求纳入国家"十三五"规划基本思路》。为论证皖北地区适宜的城镇体系和城镇化发展路径，开展皖北地区水资源研究，契合党中央关于"以水定产、以水定人、以水定地、以水定城"的思想，积极实践全省分区分类的差异化城镇化道路，有关工作得到安徽省委、省政府的高度重视。

【区域性城镇体系规划】　《安徽省城镇体系规划（2011~2030年）》获批实施，成为全国第三个经国务院同意批复的至2030年的省域城镇体系规划，以法定规划的途径明确了近、远期全省城镇化的目标、战略、格局和路径，使之成为一项影响全省经济社会发展的重要的规划，也是全省城乡规划的一个纲领性的规划。以都市圈、城市群、城市组群为主体的区域性城镇体系规划加快推进，指导城镇化重点地区发展。其中，《芜马组群城镇体系规划（2012~2030年）》已经安徽省规委会审查，《皖北城镇群城镇体系规划（2013~2030年）》完成安徽省规委会成员单位意见征求，《合肥经济圈城镇体系规划（2013~2030年）》通过专家评审。

【城市总体规划】　推进蚌埠、滁州、阜阳、宣城、池州、铜陵等市至2030年的城市总体规划编制、报批工作。其中蚌埠市城市总体规划由省政府批复，其他市城市总体规划编制报批工作正在加快推进。

【县城规划建设管理】　参与政策制定，起草并由安徽省政府出台《关于进一步加强县城规划建设

管理的实施意见》。实施全国第一个"县城规划编制标准"，推动县城规划编制的高标准、可实施、有差异。结合全省县城督查工作，及时出台加强县城规划编制的指导意见。全省县城总体规划修编及深化、完善工作全面推进，部分县开展了控制性详细规划及专项规划编制创新。

【开发区】　按照工业化城镇化双轮驱动的原则，要求各地进一步研究工业化带动城镇化的途径和方法，鼓励产业向城市和县城集中，合理预测产业发展的空间载体需求，完善产业用地的布局，着力纠正"工业围城"、"园区围城"等不利于城市可持续发展的现象，进一步严格园区设立和扩区的规划审查，促进产业和城市的融合发展。安徽省政府办公厅出台《安徽省开发区规划编制和审批暂行办法》，安徽省住房城乡建设厅发布了《安徽省开发区规划编制技术导则》，填补了安徽省开发区规划管理的空白。

【历史文化保护】　贯彻落实《国家新型城镇化规划（2014—2020年）》"文化传承、彰显特色"要求，强化历史文化名城（镇、村街区）保护，发展"有历史记忆、文化脉络、地域风貌、民族特点的美丽城镇"。2014年，安徽省新晋三镇、七村为中国历史文化名镇（名村），为历次最多。推荐上报黄山市屯溪区屯溪老街、桐城市南大街、歙县斗山街、黟县东西街、休宁县万安老街、祁门县东街等6个历史文化街区参评住房城乡建设部、国家文物局首次开展的"中国历史文化街区"认定。住房城乡建设部选择安徽省的历史街区，校核"历史文化街区考核办法"的合理性和可行性。

【重大项目规划选址】　积极做好安徽省政府重点推进的重大项目规划服务。2014年，核发42个重点项目选址意见书，总投资额1463.14亿元。通过规划选址，进一步落实省域基础设施廊道管控要求，优化省域空间的综合利用，实现资源节约与项目建设的良性互动。（江莹）

城市建设与市政公用事业

【概况】　2014年，安徽全省城市人均道路面积19.61平方米，城市污水处理率96.22%，城市燃气普及率98.4%，城市用水普及率98.4%，城市生活垃圾无害化处理率98.82%，城市建成区绿地率35.37%，城市建成区绿化覆盖率39.85%，城市人均公园绿地面积12.47平方米。

【改革情况】　围绕贯彻落实国务院《关于加强城市基础设施建设的意见》、国务院办公厅《关于加

强城市地下管线建设管理的指导意见》等文件精神，结合安徽省实际，起草并由安徽省政府印发《关于加强城市基础设施建设的实施意见》《关于进一步加强县城规划建设管理工作的实施意见》《关于开展城镇园林绿化提升行动的实施意见》《关于大力倡导低碳绿色出行的指导意见》《关于加强地下管线建设管理的通知》等文件，提高各地对加强城市基础设施建设的重视，对改善城市人居环境，增强城市综合承载能力，提高城市安全运行效率，稳步推进新型城镇化发挥了重要的指导作用。9月，推进城市基础设施建设投融资改革，确定15个市、4个县开展城市基础设施PPP模式试点，安徽省住房城乡建设厅会同安徽省财政厅联合向社会推介了第一批PPP试点项目73个，总投资850亿元。

【城市建设】　供水方面：2014年，修订完善了《安徽省城市公共供水系统重大事故应急预案》。芜湖、宣城、安庆、池州、六安等市启动备用水源建设。

按照住房城乡建设部的要求，安徽省组织开展城市(县城)供水水质检测工作。16个省辖市中，出厂水和管网末梢水水质除亳州市出厂水"氟化物、氯化物、硫酸盐、溶解性总固体"项指标不合格外，其他省辖市出厂水和管网末梢水各项指标全部合格，城市生活饮用水水质整体状况良好。在检查的全省62个县(市)中，以地表水为水源的出厂水水质合格的有41个县(市)，以地下水为水源的出厂水水质合格的有12个县。

节水方面：组织合肥、池州、淮北、黄山等城市开展节水宣传周活动。指导六安等市开展省级节水型企业(单位)、小区和省级节水型城市创建申报工作，为申报国家节水型城市创建夯实基础。

燃气方面：组织城市燃气安全突发事件联合应急救援演练，按照"属地管理"的原则，对所辖地区燃气企业演练活动开展情况的督导和检查，对演练后得到的效果、发现的不足进行系统分析和总结评估，提出改进措施，并根据实际情况及时修订完善了应急预案，补充了应急物资装备，加强了应急管理人员、应急队伍建设，完善了应急管理和应急救援体系。按照"管行业必须管安全"的要求，落实安全生产责任制，针对城镇汽车加气站、城镇地面开挖、燃气管线等重点领域，对发现的涉及公共安全的隐患和问题，一律先停工(停业)并限期整改，整改完成并验收合格后，方可恢复施工(营业)。

地下管线管理方面：安徽省16个省辖市城市地下管线普查工作已基本结束，其中，六安、宣城、铜陵、淮北市和潜山县地下管线普查数据资料及数字管理信息系统已经过专家验收，正式投入使用。其他城市正在进行数据整理分析和信息系统建设。

综合管廊建设方面：根据国务院、住房城乡建设部及安徽省政府文件要求，积极指导和督促各城市开展地下综合管廊试点建设，重点推进合肥、安庆、亳州、马鞍山等市和金寨县开展地下管廊建设试点。支持和鼓励社会资本参与城市地下管廊投资、建设和运营，加快推进试点工作。通过试点典型示范，不断总结经验在全省推广。

步行和自行车系统建设方面：抓住住房城乡建设部将安徽省作为全国城市步行和自行车交通系统建设示范省的契机，会同安徽省交通运输厅起草印发了《安徽省人民政府关于大力倡导低碳绿色出行的指导意见》，指导各地加强步行、自行车交通系统建设。铜陵、芜湖、合肥、黄山、宿州、淮北、马鞍山、池州、阜阳、滁州、天长、濉溪、利辛等市、县基本建成或试运行公共自行车交通系统，已投放公共自行车已达3.5万辆，每天使用自行车约20万人次。

排水设施方面：贯彻《国务院办公厅关于做好城市排水防涝设施建设工作的通知》要求，组织各市编制完成城市排水(雨水)防涝综合规划编制，明确排水出路与分区，科学布局排水管网，确定排水管网雨污分流、管道和泵站等排水设施的改造与建设、雨水滞渗调蓄设施、雨洪行泄设施、河湖水系清淤与治理等建设任务，建立和编制排水防涝设施重点工程项目库。

污水处理设施建设方面：安徽省新建成污水处理配套管网2431公里，占年度目标任务1500公里的162％。新开工建设35座城镇生活污水处理厂。2014年，全省共有118座城镇生活污水处理厂投入运行，日处理污水能力达501.29万吨，全年共处理污水17.29亿吨，全省平均运行负荷率在95％以上，位居全国前三位。与2013年相比，全省污水处理厂的处理能力和处理污水总量分别增长5.25％和7.7％。

垃圾处理设施建设方面：全省完成新增城市生活垃圾无害化处理能力6861.5吨/日，占省政府年度目标任务6760吨/日的101.45％。

园林绿化和人居环境建设方面：安徽省政府召开全省县城规划建设管理暨城镇园林绿化工作会议和全省城镇园林绿化提升行动新闻发布会，与16个市、2个省直管县签订了目标责任书。印发《安徽省城镇园林绿化导则（试行）》。积极指导宿州市、宣城市、蚌埠市、宁国市、蒙城县、霍山县、芜湖县、利辛县开展国家园林城市（县城）申报工作。审定合肥市滨湖湿地生态修复和公园建设等23个项目为"2013年度安徽人居环境范例奖"。推荐合肥市滨湖湿地生态修复和公园建设等3个项目申报中国人居环境范例奖项目。至2014年底，全省共完成新增、改造提升绿地面积10379.42万平方米，占年度目标任务8500万平方米的121.7%，完成绿道建设1206.28公里，占年初下达目标任务1000公里的120.6%。

县城规划建设管理方面：全面贯彻落实安徽省政府《关于进一步加强县城规划建设管理的实施意见》的要求，着眼于新型城镇化发展需要，按照城市的标准规划建设管理县城，以"三治"（治脏、治乱、治违）、"三增"（增强功能、增加绿量、增进文明）为突破口，推动"三提升"（提升规划水平、提升建设水平、提升管理水平），着力发挥县城对县域经济社会发展的集聚、辐射和带动作用。建立了省县城规划建设管理联席会议制度，召开了全省县城规划建设管理暨城镇园林绿化工作会议，以及县城规划建设管理皖北区域、江淮和皖南区域两个片会。对全省62个县（市）开展了全面专项督查，制作了督查专题片在全省会上播放。印发全省县城规划建设管理督查通报和"六项行动"方案和《安徽省县城规划建设管理2014～2017年六项行动方案》，启动实施县城规划提升行动、整洁行动、畅通行动、拆违行动、绿化提升行动、出口整治行动共六个专项行动。

城市周边环境整治方面：牵头推进全省城市周边环境整治工作，编制印发《全省城市周边环境整治行动实施方案》，突出"一个重点（城市出入口）"，抓好"五项行动（垃圾清理行动、违法违章建设整治行动、绿化提升行动、规范户外广告设置行动、废品收购及加工维修等经营站点整治行动）"，开展《城市周边环境整治和城镇园林绿化提升行动信息平台》建设。2014年，全省共整治城市出入口705个，清理垃圾渣土167万吨，清理露天粪坑5457个，黑臭沟塘3939处，拆除违章建筑45365处，拆除违章建筑面积163万平方米，拆除违建广告72216个，整治废品收购点3743处，整治加工维修站5556处。

城市建设档案管理方面：启动《安徽省地下管线管理办法》的立法工作，完成《草案》的起草，向省法制办申报。2月、7月、10月召开全省地下管线普查暨城建档案工作座谈会（推进会），加快推进城市地下管线普查和数字信息系统建设，加强地下管理档案资料管理工作。加强城建档案规范化管理和地方标准建设，组织开展《进一步加强城建档案管理的指导意见》《安徽省城建档案管理技术导则》《安徽省城镇地下管线普查资料验收与归档工作指南》《安徽省城镇地下管线信息化管理与异地备份导则》等制订工作。

【风景名胜区保护】 2014年，按照"科学规划、统一管理、严格保护、永续利用"的原则，加强对全省风景名胜区规划建设管理工作。

规划编制。启动齐云山国家级风景名胜区总体规划修编工作，组织开展皇藏峪、涂山白乳泉风景名胜区总体规划修编。批准实施黄山风景名胜区北海片污水处理站改建工程、黄山生态保护及消防供水和污水专业规划、黄山玉屏楼环境整治工程，九华山无相寺整治恢复设计方案、白云禅林环境整治、一宿禅林环境整治、化城寺文物监控管理用房、九华镇日间照料中心和九华精品街设计，齐云山月华街旅游服务设施和霞客古道修复项目设计方案。

执法检查。督促巢湖、采石、花亭湖风景名胜区按照2013年住房城乡建设部执法检查要求整改落实。配合住房城乡建设部对太极洞、琅琊山、巢湖风景名胜区实施执法检查。

完善法规。会同黄山风景区管委会加强配合省人大开展《黄山风景区管理条例》修订调研工作。修订后的《黄山风景名胜区管理条例》，经3月28日安徽省第十二届人民代表大会常务委员会第十次会议审议通过，并于4月1日，经安徽省人大常委会第十六号公告发布，自7月1日起施行。

召开首届风景名胜区道教名山联盟大会。2014年11月27日，由中国风景名胜区协会主办、齐云山风景名胜区管委会承办的首届风景名胜区道教名山联盟大会在安徽省休宁县召开。（叶宋铃）

村镇规划建设

【概况】 2014年，安徽全省村镇规划与建设各项工作富有成效。指导710个美好乡村中心村完成规划编制，并实施建设；全省以船为家渔民上岸安居扎实推进，安置房开工率100%，安置率90.9%，实现了年底基本完成任务的工作目标；完成11.5万户农村危房改造工程任务；完成245个乡镇农村清洁工程建设，实现了全省农村清洁工程乡镇全覆盖；228个传统村落列入全省首批传统村落名录，46个村落列入第三批中国传统村落；127 个镇被国家七部委列入全国重点镇。

【美好乡村规划建设】 通过两年多的实践，逐步探索建立政策技术培训、专家点对点技术指导服务、美好乡村规划评估制度等三项指导制度。特别是 2014 年开展的美好乡村规划评估工作，组织专业技术人员 117 人次，针对各地规划中存在的村庄规模、公共设施配套、污水垃圾治理、建筑风貌、"城市化元素"等五个方面的倾向性问题，对 710 个美好乡村重点示范村规划提出 1832 条优化建议，基层反响强烈，效果明显。在总结两年多来美好乡村规划经验的基础上，组织编制《美好乡村规划建设》，并由中国建筑工业出版社出版发行。

【传统村落保护】 安徽省已有 545 个传统村落信息录入"中国传统村落管理信息系统"，其中 228 个传统村落列入全省首批传统村落名录，46 个村落列入第三批中国传统村落，共 111 个村落列入中国传统村落名录，入选数量居全国第八位。在首批中央资金项目中，安徽省共有 28 个传统村获得 8400 万元资金支持，项目数量和资金额度均位列全国第二、中部第一。建立了全省传统民居谱系，其中一级目录 3 个，二级目录 14 个，相关成果收录进中国建筑工业出版社出版的《中国传统民居谱系大全》。

【渔民上岸安居工程】 根据安徽省委、省政府的决策部署，安徽省住房城乡建设厅会同省直相关部门，按照"政策引导、渔民自愿、因地制宜、促进发展"的原则，加大全省以船为家渔民上岸安居工作指导力度，总体进展顺利，实现 2014 年底基本完成全省以船为家渔民上岸安居的工作目标。截至 2014 年底，安置房开工率 100%，安置 17861 户，安置率 90.9%。安徽省渔民上岸安居工程的做法和成效得到安徽省委、省政府及住房城乡建设部的充分肯定。

【农村危房改造】 2014 年，国家下达安徽省 10.9 万户农村危房改造任务，实际落实 11.5 万户并全部竣工，竣工率 100%；完成投入 58 亿元；中央和省级补助资金共 112915 万元，其中中央补助资金 85950 万元、省财政补助 26965 万元；农户信息档案系统录入率 100%。在第五次全国自强模范暨助残先进表彰大会上，安徽省住房城乡建设厅被授予"全国助残先进集体"称号。安徽省农村危房改造工作在国家三部委组织的考核验收中名列前茅。

【农村清洁工程】 2014 年，实施 245 个乡镇实施农村清洁工程，完成投资 3.1118 亿元，建设垃圾

转运站 187 个、垃圾焚烧炉 58 座，购置垃圾运输车 365 辆，小型垃圾清扫车 6013 辆，配备垃圾箱 83167 个，建成垃圾房（池）9961 个，配备保洁人员 3701 人，全省每个乡镇配都建垃圾转运设施的目标，实现了全省乡镇农村清洁工程全覆盖。2014 年，全省 710 个美好乡村中心村正在积极实施垃圾、污水治理。安徽省政府印发了《安徽省人民政府关于改善农村人居环境的实施意见》，安徽省住房城乡建设厅编制完成了《安徽省改善农村人居环境规划(2014～2020 年)》。

【小城镇建设】 全省有 127 个镇被国家七部委列入全国重点镇，进入国家支持层面。会同安徽省财政厅遴选安排小城镇建设专项资金支持项目 58 个，专项资金已下达。17 个镇、村被国家住房城乡建设部、旅游总局命名为"特色景观旅游名镇村"。（王斌）

标准定额与勘察设计

【概况】 2014 年，安徽省住房和城乡建设厅立足服务全省建设发展，服务好建设领域各行业，发挥标准龙头作用，提升造价管理水平，开拓勘察设计管理工作思路，真抓实干，全面高质完成了各项工作任务。

【标准立项】 突出城乡规划建设、城市基础设施和公用事业管理与建设、绿色建筑和节能减排、建筑产业现代化、工程质量安全监管标准化等重点工作，2014 年上半年对 36 项标准和标准设计予以立项。2014 年 12 月份，根据安徽省推进城市基础设施 PPP、城市规划、养老服务设施建设的工作需要，增补立项了 50 项标准和标准设计，全年立项数为历年之最。

【重点标准编制】 2014 年共批准发布了 18 项标准和图集，完成年度计划的 120%。安徽省工程建设地方标准和图集共 121 项，其中标准 86 项，标准设计 35 项。发布《高层钢结构住宅技术规程》，推进安徽省建筑产业现代化发展；发布《回弹法检测泵送混凝土抗压强度技术规程》，提高混凝土抗压强度检测水平；发布《太阳能光伏与建筑一体化技术规程》《绿色建筑检测技术标准》，推进安徽省建筑节能和绿色建筑工作；编制《安徽省村庄规划编制标准》，修订《安徽省保障性住房建设标准》，推进村庄规划建设和绿色保障性住房建设；修订《安徽省二次供水工程技术标准》，编制《安徽省城市公共供水行业服务标准》《安徽省城市园林绿化管养标准》《安徽省城镇燃气行业服务标准》，推进城市基础设

第四篇

施 PPP 工作；编制《安徽省城市风貌特色规划编制技术导则》，修订《城市控制性详细规划编制规范》，列入编制计划。

【标准管理】 2014 年，按计划对 13 项地方标准和标准设计开展复审工作。安徽省在全国率先完成 2010 年前实施的全部地方标准和标准设计的复审工作，共复审 122 项（标准 43 项，图集 79 项）。其中废止 70 项，予以修订 45 项，继续有效 7 项。依托安徽省城建院、建科院、建筑院成立了工程勘察与地基基础、建筑材料与节能、建筑结构 3 个标准化技术委员会，共吸收 90 名行业专家，解决了多年来安徽省工程建设标准化工作缺乏技术支撑机构的问题。

【标准员试点】 安徽省被住房城乡建设部列为标准员制度实施试点省份之一。结合安徽省实际情况，启动《安徽省建设工程标准员职业标准》编制工作，制定标准员制度试点工作实施方案，确定在合肥等 3 市、安徽省建筑院等 9 家企业进行试点。

【工程造价管理条例】 8 月 21 日，安徽省人大常委会审议通过《安徽省建设工程造价管理条例》。《条例》的出台对规范建设工程计价行为，保障国有投资工程的资金使用安全，化解工程款和农民工工资拖欠纠纷，预防腐败行为的发生，具有重要意义。组织编制《安徽省建设工程造价管理条例释义》，对正确理解条例做出全面阐释。11 月 28 日，组织召开贯彻《安徽省建设工程造价管理条例》暨全省工程造价管理改革工作会议，对全省建设行政主管部门、造价管理机构及有关部门提出贯彻条例的要求，并进行了任务分解。

【全过程造价管理】 为加强政府投资工程造价管理，2013 年安徽省住房和城乡建设厅出台规范性文件《安徽省住房城乡建设厅关于加强政府投资工程实施阶段全过程造价管理的意见》，2014 年选择滁州、合肥、安庆等市开展试点工作。滁州市政府投资工程项目平均节约资金 14.4%；合肥市严格政府投资工程项目变更管理，实行分级会审制，确保了变更的科学性。安庆市强化政府投资工程清单计价和招标控制价管理，95% 以上的项目实行工程量清单计价模式招标，招标控制价未经市造价管理部门备案审查的项目一律不得进入开标评标程序。

【造价管理改革】 贯彻落实全国工程造价管理改革工作会议精神和《住房城乡建设部关于进一步推进工程造价管理改革的指导意见》，制定《工程造价管理改革工作任务分工方案》。联合省工商局发布《安徽省建设工程造价咨询合同》示范文本，自 12 月 15 日起开始实施。

【建筑设计管理】 针对"千城一面"现象较为普遍，尤其是一些"山寨"、"低俗"建筑造成不良社会影响的问题，根据安徽省委、省政府领导的意见和厅主要领导的指示要求，4 月起全面调研安徽省既有建筑设计风格与风貌，并撰写《安徽省城市既有建筑设计问题抽样调查报告》，在此基础上，安徽省住房和城乡建设厅组织起草并报请省政府办公厅印发《关于加强建筑规划设计管理的通知》，该通知明确要求各地端正建筑设计理念、严格建筑设计规划审查、加强公共建筑设计管理、强化设计责任追究。

【百年建筑研究】 近年来，"短命建筑"现象引起社会各界的广泛关注。为此，安徽省住房和城乡建设厅联合安徽建筑大学，汇集省内规划设计专家，开展了城市既有建筑存在问题调研，组织设计院、高校等单位开展了"努力打造百年建筑"的课题研究，目前设计篇已完成初步成果。（黄峰）

工程质量安全监督

【概况】 2014 年，安徽省建筑工程质量安全管理水平得到提升。全省共发生建筑安全事故 27 起、死亡 29 人，与上年同期相比，事故起数持平，死亡人数下降 23.7%，未发生较大及以上建筑安全生产事故，事故死亡人数占省政府安委会下达安徽省住房城乡建设厅控制指标的 59.2%，工程质量形势总体稳定可控。

【质量安全监管制度】 出台《安徽省建筑施工安全生产违法违规行为分类处罚和不良行为记录标准》《关于进一步落实建筑施工安全生产监督管理人员职责的意见》《关于建筑施工企业"安管人员"和特种作业人员证书延续有关问题的通知》和《安徽省住房城乡建设厅关于开展施工图审查改革试点工作的通知》。

【工程项目信用评价】 制定施工现场质量安全评价标准，推广建设工程现场监管通系统，通过"监管通"对项目开展日常检查评价，规范建筑施工质量安全信用行为，监管方式由定性向定量的转变，项目现场评价与企业信用评价、市场招投标挂钩，并依据评价结果对企业实行差别化管理。继续推广广域网络考勤系统。截至 12 月底，全省各级住房城乡建设主管部门对 8200 多个项目开展质量安全信用评价。

【工地现场质量标准化管理】　组织制定《安徽省建设工程施工质量标准化示范工程实施细则》《安徽省建设工程施工现场质量管理评价标准》，开展阜阳试点工作。安徽省评选出"黄山杯"106项、获"鲁班奖"3项。

【钢筋、混凝土等主材质量】　应用建筑材料全过程检测监管系统，开展钢筋、混凝土质量专项治理，2014年对8个市在建工程钢筋质量进行了专项巡查，共抽检钢筋161组，合格159组，合格率98.8%。在全省建筑施工质量安全综合督查中，抽检87组钢筋，检测结果全部合格。

【质量安全督查检查】　开展保障房质量安全专项督查、建筑施工高大模板与建筑起重机械专项督查、关键材料(钢筋)抽检以及合肥市轨道交通专项检查和"打非治违"专项行动等。督查时由检查组以外的第三方确定检查项目并密封，按照"四不两直"方式，到达受检地市后检查，检查结果直接上传监管通系统。2014年共抽查在建项目513个，下达执法建议书35份，责令停工整改项目41项，约谈企业19家62人次。

【质量安全监督执法】　加大发生事故企业(包括外省进皖企业)和项目责任人处罚力度，定期通报全省建筑施工安全事故情况，分析事故原因，用事故案例进行警示教育，遏制较大事故，控制一般事故，死亡人数明显下降。2014年共暂扣12家施工企业安全生产许可证，暂停13人安全生产执业资格，暂停14家外省施工、监理企业6个月进皖备案资格，给予8家房地产开发、施工、监理企业和10人记安全生产不良行为记录。

【工程质量专项治理两年行动】　落实施工图设计文件审查制度，推行施工图审查人员和勘察设计从业人员实名制上岗制度，加强施工图审查对工程质量源头把关作用；开展工程质量检测机构动态核查和信用评价工作；开展病险工程抗震性能鉴定排查，组织试点推广应用隔震抗震新技术。（丁金颖）

建筑市场

【概况】　2014年，全省等级以上建筑业企业累计完成建筑业总产值6700亿元，增长12%；实现增加值1638.3亿元，增长7.1%，占全省生产总值的7.86%；上缴地税237.1亿元，增长8.6%，占全省地税收入的15.8%；建筑企业从业人员250.81万人，加上建筑劳务输出和务工，全省建筑业就业人员超过410万人，成为仅次于制造业、商贸业的第三大就业行业。

【高等级建筑企业】　2014年，安徽省新增报部核准建筑业壹级资质企业110家(项)，比上年翻一番，新增报部核准工程设计与施工一体化企业资质19项，新增报部核准工程监理企业资质14家，比上年同期增长27%，新增报部核准15家甲级招标代理机构，比上年同期增长68%，各类企业增加数量位均居中部省份前列。5月，十七冶集团申报房建特级资质获批，连同安徽建工集团有限公司、中煤矿山建设集团有限公司、中铁四局集团有限公司，安徽省特级资质企业达到4家。中国化学工程第三建设有限公司、中铁四局申请特级资质已报住房城乡建设部待批。

【工程建设监管和信用管理平台】　5月7日，住房城乡建设部副部长王宁、安徽省副省长杨振超共同按动水晶球开通安徽省工程建设监管和信用管理平台，安徽省工程建设监管和信用管理平台正式启用；12月26日，安徽省建筑管理信息化通过住房城乡建设部的验收，成为全国首批确定2014年完成建筑业信息化建设的8个省份之一。截至2014年底，省内外1.2万家建设工程企业、20万余名注册及中高级职称人员、2万多个项目和3万余条信用信息已进入工程建设监管和信用管理平台，实现了省、市、县建筑市场、质量安全、招投标等监管部门在同一个平台上办公。住房城乡建设部对安徽省建筑业信用建设给予积极评价，先后在安徽省召开3次工作交流会，有9个省(市)住房城乡建设厅(委)来安徽省住房城乡建设厅进行工作交流。

【建筑市场监管综合试点】　5月4日，安徽省成为建筑业改革发展试点的地区中唯一的"建筑市场监管综合试点"和"建筑工程质量安全管理试点"双试点地区；5月7日，全国建筑业改革发展暨工程质量安全工作会议在安徽合肥召开，安徽建筑业改革发展成为了关注的焦点。以安徽省建筑市场监管与诚信信息一体化工作平台为依托，建设工程企业电子化审批、实名制管理、招标投标监管方式、监理工程制度等改革稳步推进。

【建筑业企业资质】　10月开始，安徽省住房城乡建设厅先后对设计施工一体化、监理及建筑施工企业(水利、交通、消防除外)资质行政审批流程进行再造，审查、审批、发证实行电子化，取消企业申报资质报送的各类纸质材料，建立并联审批、上下级联动的电子化资质审批平台，人员、业绩由系统核查，减少人工审批内容，实现建设工程企业审批电子化、规范化、信息化。

【实名制管理和落实施工现场关键岗位人员配置】 9月开始，安徽省住房城乡建设厅了4个月时间完成工程建设企业负责人、注册执业人员、现场专业人员、中高级职称人员、特种作业操作人员等建设工程关键岗位人员实行实名制管理，确保信息信用完整、真实，促进工程质量各项责任主体落实。实名制管理规范了关键岗位人员的执业（从业）行为，有效打击了"挂证"行为，9月以来，安徽省对3.9万名同时在多家企业执业的中高级职称人员在平台上进行曝光警示，对近8千名重复从业人员记个人不良记录，并限制其从业，进行整改。与此同时，安徽省住房城乡建设厅对建筑施工现场关键岗位人员最低配备和岗位职责进行了规定，并明确工程建设各方主体及各个环节强化建设工程施工项目部、项目监理机构关键岗位人员管理的措施，促进建筑施工现场关键岗位人员最低配备和岗位职责的落实，规范安徽省建筑市场秩序，提高建设工程施工现场管理水平，保障工程质量和安全生产。

【工程质量治理两年行动】 制定工程质量治理两年行动方案，编印工程质量治理两年行动指导手册，强化层级责任落实，较好地落实工程建设五方主体项目负责人质量终身责任，有效遏制了违反基本建设程序和建筑施工违法发包、转包、违法分包及挂靠等违法行为多发势头，整治了工程质量常见问题，进一步完善建筑市场诚信体系，提高建筑从业人员素质。2014年，全省共开展各类工程质量监督执法检查2737次、检查工程项目总数8913个、查处存在违法行为的项目责任单位和责任人的数量4686个，对违法行为进行处罚的206起，处罚总金额768.86万元。安徽省住房城乡建设厅组织开展全省工程质量治理第一次督查，督查组共下发执法建议书22份，涉及勘察单位3家、设计单位2家、监理单位14家、施工单位17家、项目经理9人、总监11人及其他相关人员，并依法按规进行了处罚。（卢立新）

建筑节能与科技

【概况】 截至2014年底，全省城镇新增建筑面积达7708万平方米，其中新增居住建筑6048万平方米，新增公共建筑1660万平方米。安徽省建筑总能耗3266万吨标准煤，约占社会总能耗的23%。全省节能标准设计执行率达到100%，施工执行率达到99.6%，共计形成节能能力172万吨标准煤。

【绿色建筑】 加快绿色建筑发展，将绿色建筑行动目标完成情况和措施落实情况纳入各市政府节能目标责任评价考核体系，合肥市政府投资新建的所有公共租赁住房、50%以上的芜湖及蚌埠市政府投资新建的公共租赁住房、全省公共机构建筑和政府投资的公益性建筑全面执行绿色建筑标准。积极引导房地产项目执行绿色建筑标准，推动绿色住宅小区建设。突出绿色建筑全寿命周期理念，不断加强对规划、设计、施工和运行的监管。会同省财政厅开展2014年省级绿色建筑示范申报工作，评定了25个绿色建筑示范项目。全省累计36个建筑项目获得绿色建筑评价标识，强制推广绿色建筑面积近2284万平方米。

【建筑产业现代化】 报请安徽省政府办公厅出台了《关于加快推进建筑产业现代化的指导意见》，明确建筑产业现代化工作目标、实施路径、重点任务，落实一系列扶持政策和保障措施。完善标准体系，先后制定出台《装配整体式剪力墙结构技术规程》《高层钢结构住宅技术规程》《叠合板式混凝土剪力墙结构施工及验收规程》等5部建筑产业现代化标准规范，为建筑产业现代化工程设计、施工和验收提供了有效依据。积极培育龙头企业，中建国际、远大住工等一批优势企业发展迅速，中铁四局、建工集团、鸿路钢构等一批传统建筑业企业向建筑产业现代化方向转型发展，全省已有16家建筑产业现代化企业，预制构件年产能达600万平方米。积极开展试点示范建设，以保障性住房为重点，开展了200万平方米的工程试点，会同安徽省财政厅评定合肥、蚌埠、滁州3个首批综合试点城市，安徽省建筑设计研究院等6个首批示范基地，合肥被住房城乡建设部授予国家住宅产业化综合试点城市。建筑产业现代化研发推广展示中心组建方案已获住房城乡建设部批准，成为首个国家级研发推广展示中心，为全省建筑产业现代化的深入推进奠定了坚实的技术基础。

【新建建筑节能】 强化组织领导，实施目标责任制和考核制度，明确年度全省建筑节能工作重点并在全厅进行任务分解，重点加强建筑节能标准执行中的监管执法，严格规划、设计、图审、施工、监理、房地产销售等各环节的建筑节能标准落实情况专项检查，实现了建筑节能标准实施全过程闭合管理，形成齐抓共管的良好局面。组织开展全省建筑节能专项检查，进一步强化县城和建制镇新建建筑工程督查，共抽查了131个项目，对12项严重违反建筑节能法规标准的项目下发了执法告知书，有效提升了建筑节能工程的质量和安全。以百家建设系统重点用能单位为重点，开展了建设领域重点用能单位能源统计工作，进一步推动建筑业节能降耗。

【可再生能源建筑应用】 推动可再生能源建筑应用规模化发展，优化建筑用能结构。认真做好合肥、铜陵、芜湖、黄山、池州、六安、滁州7市，利辛、南陵、芜湖、全椒、长丰、泾县、来安、黟县、宁国、霍山10县，汊河、三河、甘棠、博望4镇国家可再生能源建筑应用示范城市（县、镇）的组织实施工作，推动可再生能源在建筑的规模化应用，建筑用能结构得到合理改善。

【公共建筑节能】 以提高建筑能源利用效率为目标，加强高能耗建筑节能监管，创新管理推进模式，进一步完善"安徽省建筑能耗监管平台"建设，培育和规范建筑节能服务体系，建立促进节能的长效机制，在全国率先采用"数据租赁"模式，破解平台运维难题。全省已有200多栋公共建筑纳入平台监管并发挥节能效益，为加强全省建筑用能运行管理提供有力的技术支撑。中国科学技术大学、合肥工业大学、安徽建筑大学等一批高校先后顺利通过国家级节约型校园验收并发挥示范效应。

【既有建筑节能改造】 将门窗改造作为既有建筑节能改造的重点，在合肥、池州、铜陵、滁州等市结合旧城改造和老旧小区综合整治，开展既有居住建筑试点示范改造，促进合同能源管理等节能服务机制在建筑节能领域的应用。发挥中央改造补贴资金杠杆撬动作用，开展了300万平方米既有居住建筑试点示范改造。

【建设科技进步】 通过国家科技支撑项目、科研开发项目、示范工程等，加快建筑节能关键技术、材料、产品研发和应用。滁州市、亳州市、宿州市、金寨县、定远县等5个城市（县）成功列入国家智慧城市新增试点，阜阳市太和县列入扩大范围试点，安徽省安泰科技股份有限公司"建筑节能与能源管理"列入专项试点。强化智慧城市试点过程管理，对已列入试点的10个市（县、区）开展评价工作。启动了智慧城市建设指南、智慧社区建设等课题研究。指导合肥市认真做好"十二五"国家科技重大专项——"巢湖流域城市水污染控制及水环境治理技术集成与综合示范项目"的研究和示范，争取中央补助资金7400万元。持续加大建设科技创新支持力度。全省共有14个项目列入"2014年住房城乡建设部科学技术项目计划"，7个项目入选"2014年安徽省科学技术进步奖"。（朱力）

建设人事教育工作

【举办城镇化专题研讨班】 围绕提升市县党政领导干部推进新型城镇化能力，会同安徽省委党校共同举办了全省市县领导干部的城镇化专题研讨班。为参训学员提供了一次接触和学习高层次城镇化理论知识和实践经验的机会，进一步深化了他们对加快推进新型城镇化的认识，有效提升了各级党委政府组织推进新型城镇化建设的能力。

【举办两期"村镇规划员"培训】 为全面提高乡镇一级村镇规划、建设管理人员的业务素质和管理水平，加强基层规划建设专业技术人才队伍建设，并为逐步在全省实施乡镇规划员制度进行人才储备，2014年继续开展第五、第六两期"村镇规划员"培训班，共培训学员216名。

【抓好厅机关干部教育培训工作】 认真完成安徽省委组织部、省直工委下达的干部调学任务。按照安徽省委组织部、省直工委的通知要求，对照调学的条件，做好省委党校、行政学院、省直党校的干部调学计划安排，2014年，共选派14人次参加各类班次培训。充分利用安徽干部教育在线丰富的教学资源，扎实开展干部网络培训工作，2014年安徽省住房和城乡建设厅共组织170余人参加全省干部网络在线学习，考核通过率为100%。

【专业技术人员】 围绕企业发展需求，扎实推进专业技术人才培养和评价工作，依据相关规定，组织举办6期申报2014年度非国有、社会化职称专业技术人员继续教育培训工作，共培训专业技术人员2640人。完成2014年度社会化、非国有职称评审材料的受理、初审、面试、材料整理及评审等工作。2014年共981人通过非国有职称评审，比2013年增加235人；共507人通过社会化正高级、高级职称评审（其中正高级51人、副高级456人），比2013年相应增加23人、113人。为进一步规范建设工程职称管理工作，方便专业技术人员、企业申报、查询，经厅长办公会研究同意，启动了安徽省建设工程职称管理信息系统建设，届时将实现全省建设从业人员职称的网上申报、网上评审及网上查询，进而达到规范管理、方便公众、推进工作、支持发展的目的。

【加大行业培训工作力度】 进一步推进住房城乡建设领域专业人员职业标准的实施，加强建筑与市政工程施工现场专业人员岗位培训。按照"统一管理、分工协作、分级负责"的原则，在全省建立健全相关工作机制，完善培训考核服务网络，开发专业人员信息管理系统，并与安徽省工程建设信息网（安徽省工程建设监管和信用管理平台）初步实现了数据对接和共享，提高了工作效率和管理水平。2014年，共组织全省培训考核施工员、材料员、资料员等专业人员约3万人，有效地提高了相关行业专业人员队伍的业务素质，满足了从业人员的取证需求，适应了相关企业资质管理的需要。（阮建松）

大事记

1月

3日　安徽省长王学军走访安徽省住房和城乡厅，主持召开省直有关部门负责同志座谈会，征求对安徽省政府工作和《政府工作报告（征求意见稿）》的意见和建议。

6日　安徽省住房城乡建设工作会议在肥召开。厅党组书记、厅长李明作工作报告。副厅长李建主持会议。

10日　安徽省住房和城乡厅编制的《安徽省2013～2017年棚户区改造规划》，通过安徽省政府批准。规划确立了安徽省2013～2017年棚户区改造总体目标。

21日　经省政府同意，安徽省住房城乡建设厅印发《关于加强城镇地下管网（线）管理工作的通知》。

22日　安徽省住房和城乡建设厅成立"安徽省工程勘察与地基基础标准化技术委员会"。

24日　安徽省住房和城乡建设厅召开党的群众路线教育实践活动总结大会。厅机关全体党员、厅直单位领导班子成员及部分离退休老干部共计150多人参加会议。

29日　安徽省人民政府办公厅印发《关于开展城镇园林绿化提升行动的实施意见》。

2月

17日　安徽省住房和城乡建设厅成立"安徽省建筑材料与节能标准化技术委员会"。

26日　安徽省住房和城乡建设厅厅长李明参加安徽省政府第22次常务会议，并就安徽省住房和城乡建设厅草拟的《安徽省人民政府关于进一步加强县城规划建设管理的实施意见》（代拟稿）起草情况进行了汇报。

27日　安徽省池州市市长赵馨群、副市长严琛一行到安徽省住房和城乡厅就池州市总体规划、生态激励机制研究及政府购买服务等相关工作进行商谈。

3月

3日　经安徽省政府同意，安徽省住房城乡建设厅与省财政厅联合出台了《安徽省棚户区改造融资管理办法》。

6日　财政部副部长王保安为组长的国务院社会信用体系督导组一行到安徽省住房和城乡建设厅检查指导建筑业信用体系建设工作。安徽省委常委、副省长陈树隆，省直有关部门负责同志陪同检查指导。

17日　安徽省住房和城乡建设厅厅长李明主持召开全厅机关干部动员大会，要求全厅干部职工要把学习好宣传好贯彻好习近平总书记"三严三实"重要讲话，作为当前和今后一个时期的重要政治任务。

同日　安徽省住房和城乡建设厅成立"安徽省建筑结构标准化技术委员会"。

24日　为贯彻落实安徽省委、省政府有关全面深化改革的部署，加强行政管理体制改革工作的组织领导，成立安徽省住房和城乡建设厅行政管理体制改革领导小组。

25日　安徽省政府在合肥召开全省县城规划建设管理暨城镇园林绿化工作会议，安徽省省委常委、副省长陈树隆出席会议并讲话，代表省政府与各市、省直管县政府签订城镇园林绿化提升行动目标责任书。

31日，安徽省住房城乡建设厅印发《关于开展城镇园林绿化精品示范工程建设活动的通知》。

4月

8日　安徽省政府新闻办在省政务服务中心新闻发布厅召开全省城镇园林绿化提升行动新闻发布会，安徽省委宣传部副部长、省政府新闻办主任张宗良主持会议。安徽省住房和城乡建设厅厅长李明、吴桂和副厅长就有关情况在会上进行了通报，并回答了记者提问。

11日　安徽省加强建筑施工扬尘污染防治工作动员大会在合肥召开。

15日　安徽省住房和城乡建设厅召开干部会议。安徽省委常委、副省长陈树隆出席会议并作重要讲话。安徽省委组织部副部长、正厅级组织员金春忠宣读省委关于安徽省住房和城乡建设厅主要负责同志职务调整的决定。安徽省委决定：侯淅珉任安徽省住房和城乡建设厅党组书记，提名为安徽省住房和城乡建设厅厅长人选，免去李明安徽省住房和城乡建设厅党组书记、厅长职务，厅长职务的任免需提请省人大常委会决定通过。

17日　安徽省委书记张宝顺，省委常委、副省长陈树隆对报送的《一季度全省房地产市场形势分析》分别作了重要批示。张宝顺批示"房地产业健康成长对安徽发展至关重要"。

5月

7日　全国建筑业改革发展暨工程质量安全工作会议在合肥召开。住房和城乡建设部副部长王宁出席会议并讲话，安徽省副省长杨振超致辞。

8日　住房城乡建设部副部长王宁、总工程师陈重率部相关司负责人专题调研安徽省建筑产业化发展情况。

21日　安徽省十二届人大11次会议通过多项人事任免，会议任命侯淅珉为安徽省住房和城乡建设厅厅长。同时，决定免去李明的安徽省住房和城乡建设厅厅长职务。

22日　安徽省住房城乡建设厅会同省公安厅、省交通运输厅、省国土资源厅、省环保厅印发《关于加强建筑施工渣土（建筑垃圾）运输及堆放管理的通知》。

25～28日　住房城乡建设部党组书记陈政高到皖调研棚户区改造和房地产市场等工作。安徽省委书记张宝顺、省长王学军分别会见陈政高一行。

6月

4日　安徽省人民政府印发《关于加强城市基础设施建设的实施意见》。

16日　安徽省政府新闻办组织召开全省城镇住房保障工作情况新闻发布会，安徽省住房和城乡建设厅厅长侯淅珉发布安徽省城镇住房保障工作相关情况。

7月

7日　安徽省滁州市委书记李明、市长张祥安一行到省住房和城乡建设厅，与厅长侯淅珉进行会谈。

21日　安徽省住房和城乡建设厅召开反腐报告会暨厅党组中心组理论学习扩大会议。

23～25日　住房城乡建设部副部长陈大卫一行到安徽省池州市、铜陵市、芜湖市、马鞍山市实地调研城市基础设施建设领域投融资改革试点工作。

31日　安徽省政府办公厅印发《关于加强建筑规划设计管理的通知》。

8月

4日　《合肥经济圈城镇体系规划（2013～2030年）》通过安徽省住房和城乡建设厅组织的专家评审。

8～9日　首届安徽省城镇排水行业职业技能竞赛在合肥共同举行。

15日　安徽省住房城乡建设系统PPP模式专题培训会在合肥召开。

21日　安徽省第十二届人大常委会第十三次会议通过了《安徽省建设工程造价管理条例》，并举行新闻发布会。

9月

12日　安徽省县城规划建设管理联席会议暨督查工作专题培训会在合肥召开。

16日　安徽省政府印发《关于实施安徽省城镇体系规划（2011～2030年）的通知》。

29日　安徽省住房城乡建设厅、安徽省财政厅联合向社会发布了第一批城市基础设施PPP项目。

10月

9日　安徽省政府在合肥召开全省棚户区改造融资专题会议。

10日　安徽省物价局安徽省住房和城乡建设厅印发《关于印发安徽省物业服务收费管理办法》。

18日　全国城市基础设施建设经验交流会在合肥召开。

11月

6日　安徽省政府在芜湖县召开全省县城规划建设管理工作江淮及皖南区域片会。

8日　2014年度安徽省建设行政执法人员资格认证统一考试分别在合肥、芜湖、宿州市三个考点同时举行。

14日　安徽省住房城乡建设厅会同省委宣传部、省文明办印发了《关于进一步加强县城规划建设管理宣传工作的通知》。

18日　安徽省住房城乡建设厅印发《关于在全省开展海绵城市建设试点工作的通知》。

24日　印发《安徽省开发区规划编制技术导则（试行）》。

12月

3日　安徽省人民政府办公厅印发《关于加快推进建筑产业现代化的指导意见》。

23日　安徽省住房城乡建设厅会同省经信委、省新闻出版局、省安监局、省通信局、省能源局印发《关于开展城市地下管线普查工作的通知》。

24日　省政府办公厅印发《关于大力倡导低碳绿色出行的指导意见》。

25日　安徽省住房和城乡建设厅、财政厅印发《关于做好首批建筑产业现代化综合试点城市和示范基地建设工作的通知》。

26日　经安徽省政府同意，安徽省住房和城乡

第四篇

建设厅印发《关于加强城市特色塑造工作的意见》、《关于加强城市空间综合利用的指导意见》。

同日 安徽省工程建设监管和信用管理平台建设顺利通过住房城乡建设部专家组验收。

29日 安徽省首个PPP试点项目——池州市主城区污水处理及市政排水设施PPP项目在池州市正式签约。（曹丹勇）

（安徽省住房和城乡建设厅）

福 建 省

概况

【城乡规划质量提升】 2014年，实施福建省城镇体系规划、新型城镇化规划，编制《美丽福建·宜居环境建设总体规划》。省委、省政府召开推进新型城镇化晋江现场会，下发《关于促进中小城市和城镇改革发展的若干意见》，提出17条具体措施。福建省政府出台县城建设标准、地下空间开展利用等一系列政策标准，建立省政府向设区市、设区市向所辖县派驻规划督查员制度，基本实现国家级、省级风景名胜区总体规划全覆盖。新增中国历史文化名镇名村19个、中国传统村落52个、省级历史文化街区9个。完成全省城镇历史建筑、特色建筑、历史风貌区普查和重点扶持名镇名村保护规划编制。省政府印发《鳌江流域水环境综合整治工作实施方案》，明确鳌江流域2015年和2016年重点整治项目。

【宜居环境建设】 全省安排宜居环境建设项目4068个，完成投资2158亿元，创建美丽乡村示范村110个，打造特色景观带29条，促进46个省级试点镇综合改革建设，推进集中成片棚户区改造重点项目50个，启动"六江两溪"流域和土楼保护区内90个乡镇的污水处理设施建设，超额完成雨污管网、供水管网、燃气管网、城市道路和绿道等市政提升"五千工程"，率先实现所有设市城市建成国家级、省级园林城市。城市停车场、透水率、片林、湿地及绿色建筑"五项行动"有序推进，完成城市湿地资源普查，新建停车场133个、泊位6072个，建成城市片林133处、304公顷，新增绿色建筑268万平方米，百项重点示范工程开工89项，其中基本完工38项。厦门、漳州、莆田、长乐、晋江等5个城市综合管理试点取得进展。

【"两违"治理】 福建省政府召开莆田现场会，组织开展"百日攻坚"行动，确定108个典型示范点，省内主要媒体开辟"两违"治理专栏。省里出台贯彻落实村民住宅建设管理办法的指导意见等13份规范性文件，各地结合实际完善监管机制，制定分类处置和疏导政策，"两违"蔓延势头基本得到遏制。全省共调查摸底"两违"面积5227万平方米，拆除3895万平方米，腾出土地3640公顷，完成年度拆除目标任务的130%。

【保障性安居工程建设】 全省保障性安居工程开工建设12.87万套，基本建成12.13万套，均超额完成国家下达任务30%以上，连续五年超额完成国家下达的目标任务，并提前开工2015年项目2.48万套。累计配租配售34.6万套，配租配售率97.1%。省政府出台《关于支持泉州市加快石结构房屋改造的意见》，泉州市确定10个成片改造试点项目，并启动实施。

【房地产市场政策调整】 面对房地产进入调整期，省里结合实际，适时调整政策，先后出台促进房地产市场健康发展的"闽十条"和"闽八条"，支持居民合理住房消费，提振市场信心，激发市场活力，得到住房城乡建设部主要领导肯定。全省完成房地产投资4567亿元，同比增长24.8%，增幅位居全国第三名，约占全省固定资产投资的24.8%。"闽十条""闽八条"出台后，市场交易明显回升。

【建筑业发展情况】 落实省政府支持建筑业发展壮大"十条措施"，出台建筑业龙头企业实施计划，公布45家龙头企业名单，全首建筑业产值超50亿元的企业有13家。组建建筑产业现代化联盟，举办"6·18"主题展，制定开展建筑工业化试点工作方案上报省政府审定。厦门市、建超集团长泰基地分别列入国家住宅产业化试点城市和国家住宅产业化示范基地，2个试点工程项目动工建设，4个产业化基地正在建设。全省完成建筑业总产值6689亿元，同比增长22.5%，增幅全国排名第一位，提前实现"十二五"发展目标，上缴地税244亿元，占全省地税税收收入的14.4%。

【建筑市场现场联动】 开展工程质量和队伍素质三年"双提升"行动,出台施工企业信用评价办法及配套标准,实施建设工程责任主体黑名单制度,进一步落实优质优价政策,建立奖优罚劣市场机制和差异化监管机制。开展房屋建筑工程、城市轨道交通工程等6项质量安全专项检查,勘察设计质量专项治理,渣土车安全专项整治,施工扬尘集中整治及建筑施工"六打六治"专项行动,召开工程施工标准化现场会,加强全省建筑起重机械一体化管理,并列入全国工程质量安全监管试点。全省建筑施工安全生产形势总体平稳,安全事故死亡人数较省政府下达的安全生产责任制控制指标下降30.4%。

【重点领域改革】 2014年是全力推进改革的一年,省委、省政府印发了全省重点领域改革方案,住建系统负责牵头推进3项重点改革:一是规划改革,重点开展县(市)域城乡总体规划暨"多规合一"试点工作,南安、福清、福鼎等3个城市完成县(市)域城乡总体规划编制,厦门列入国家划定城市开发边界和"多规合一"试点城市,工作成效在全国城市规划建设会议上获国务院领导肯定。二是市政改革。落实省政府《关于加快推进乡镇生活污水处理设施建设的实施意见》,推进乡镇生活污水处理项目统一捆绑招商。省政府下发《关于进一步加强城市供水安全保障工作的实施意见》,加快供水行业投融资和经营管理体制改革。省住房城乡建设厅出台规范污水垃圾处理BOT项目文件,推动国有大型水务集团以PPP形式参与市县供水、污水处理设施建设。制定市政基础设施建设投融资体制改革指导意见,近期上报省政府审定。三是住房改革。成立并启动保障性安居工程省级融资平台,完成廉租房、公租房并轨运行工作,出台公租房BT项目标准招标文件和社会化收储分配指导意见。

【队伍培训】 领导干部、规划人员和农村工匠的培训工作取得实效。联合省委组织部举办两期设区市、省直单位分管领导及部分县级主要领导城镇化专题培训班,一期县级建设部门领导培训班,完成培训领导干部154名,基本实现县市区主要领导培训全覆盖。举办3期市县规划部门和规划设计单位人员培训班,11期乡镇长、村建站(所)负责人培训班,以及5期乡村规划师培训班。开展农村建筑工匠及古建筑石雕工等6个特色工种培训试点,培训4164人。2014年,全省行业完成各类培训10万多人次。

【依法行政】 组织全系统开展依法行政考核和法规培训。开展深化"马上就办"活动,完成行政审批、公共服务事项清单梳理,简化建筑工程施工许可证、建筑企业安全生产许可证办理,直接给予建筑施工总承包企业核发5项增项专业承包资质,实现交通、水利、通信工程企业资质并联审批。推进行业标准化管理,主编国家标准2部,审定发布建筑工业化、人工砂、既有建筑幕墙加固等地方标准27部。省政府出台实施《国有土地上房屋征收与补偿条例》办法,全省19个征收项目创"和谐征收示范项目"。联合省高院出台《关于建立行政审判与依法行政良性互动机制的意见》。联合省信访局出台住房城乡建设部门办理信访事项范围界定文件,完善领导干部接访、带案下访、重点约访工作机制,依法排查化解信访突出问题和积案,全系统上访批次同比下降12.7%,人次下降15.3%。

政策规章

【概况】 编制全省住房城乡建设行业推进依法行政规划和年度计划,并组织实施。拟订住房城乡建设行业立法规划和计划。组织研究重大的综合性政策问题;起草住房城乡建设行业地方性法规、省政府规章。承担省厅行政复议、行政应诉工作,指导住房城乡建设行业行政复议、行政诉讼工作。承担有关规范性文件的合法性审核及报备工作,指导住房城乡建设行业规范性文件合法性审查及备案工作。负责申办行政执法人员资格确认及证件管理相关工作。指导住房城乡建设行业行政许可、行政执法、执法监督活动和法制宣传;指导城建监察及住房和城乡建设稽查工作。

【立法工作】 《福建省实施〈国有土地上房屋征收与补偿条例〉办法》3月份经省政府常务会议审议通过,并于5月1日起正式施行。争取省政府支持,就房屋征收部门组织行政执法资格考试,248名执法人员参加考试,207人考试合格取得执法资格,通过率达83%,相比全省统一考试通过率提高近一倍。推进《福建省风景名胜区条例》《福建省违法建筑查处条例》等重点项目立法进程。

【规范性文件制定和审查】 会同国家能源局福建监管办公室,经反复研究修改,印发《福建省新建住宅小区供配电设施建设与运行维护监督管理暂行办法》,明确小区供配电设施建设与运行维护的投资、建设与维护职责;制定并印发《关于进一步完善建筑施工企业暂扣安全生产许可证处罚实施的分工方案》,进一步明确安全生产条件复核、立案、调查取证、处罚决定等各环境相关单位的职责和办理期限，提高处罚实施的效率和效果。由厅政策法规处对其他处室制定的17份规范性文件进行合法性审查，并依法向省政府法制办报送纸质和电子备案；牵头办理住房城乡建设部、省人大、省政府及省直有关部门立法、规范性文件征求意见修改工作，共办理书面反馈意见30余份。出台规范性文件实施后评估制度，并组织开展《省建筑起重机械租赁安装拆卸维修保养"一体化"管理暂行规定》等2份规范性文件实施评估工作。

【行业依法行政指导】 出台住房城乡建设行业2014年依法行政工作要点，对厅机关和全系统依法行政工作进行全面部署。做好省委省政府2014年度重点领域改革、"三农"和生态文明体制改革、经济社会事业体制改革、简政放权改革、争取中央部委支持福建改革等各项政策落实和衔接工作，做好落实反馈；根据省厅《依法行政工作考核办法》，制定出台全系统《2012、2013年依法行政考核方案》，细化考核指标和考核实施工作具体方案，分3组赴9个设区市开展依法行政考核评估工作，根据考核评估情况，通报考核结果，提升市、县推行依法行政工作的自觉性和能力。

【规范权力运行工作】 按照省政府要求，做好厅权力清单梳理工作，对行政许可、行政处罚、行政强制、行政确认、行政征收、行政给付、行政监督检查以及公共服务事项等进行全面清理，形成清单及自查报告上报省审改办。同时，配合省审改办、省法制办，做好厅权力清单审核确认工作，并修改完善，由省政府审定后公布实施。做好厅权力运行网上公开试点工作。

【行政复议、处罚和应诉工作】 复议案件数量居高不下。全年受理复议案件86件，其中，维持67件，主动撤销3件，确认违法4件，下级主管部门自行撤销或者申请人自行撤回而终止复议7件，在办5件，复议案件主要集中在城乡规划、房屋产权登记、招投标投诉、政府信息公开等；行政处罚案件数量有所增加。全年共发出行政处罚告知书38份，作出处罚决定25份，在办10份，依法移送下级查处2件，上报住房城乡建设部1件。发出38份处罚告知中主要涉及工程质量安全、建筑市场招投标等领域，其中16份为新类型的暂扣安全生产许可证行政处罚。应诉、被复议案件保持稳定。

住房保障

【概况】 2014年，福建全省保障性安居工程计划开工9.4万套，基本建成8万套。截至12月底，全省保障性安居工程开工12.87万套、开工率136.3%，基本建成12.13万套、基本建成率151.68%，完成投资396.34亿元，为年度计划的159.74%。全省提前超额完成省政府确定的9月底前项目全部开工建设和年度基本建成的目标任务。历年竣工各类保障性住房35.67万套，配租配售34.64万套，配租配售率97.11%。

【制度建设】 国务院办公厅《关于进一步加强棚户区改造工作的通知》下发后，福建省对实施意见进行修改完善，形成《福建省人民政府关于进一步推进棚户区改造工作的实施意见（征求意见稿）》上报省政府。为落实省长苏树林关于推进权力运行网上公开工作指示精神，推行保障房配置网上公开工作，省住房城乡建设厅印发《关于福建省保障性住房配租配售流程的通知》《福建省保障性住房管理信息系统和监管信息系统开发建设与运行管理暂行办法》、《保障房配置网上公开试点工作方案》，进一步健全全省保障性住房配置权力运行网上公开制度。

【项目建设】 以"抓开工、促建成、抓配套、促入住"为重点，围绕项目落地、项目开工、基本建成等3个环节，加强督查检查，推进建设进度。一是签订目标责任书。2月份，省政府与各设区市、平潭综合实验区签订目标责任状；同时，将目标任务落实到具体项目，落实项目清单、建立项目档案。二是建立月通报制度。每月及时通报投资、开工、基本建成、配租配售进展情况。三是开展检查约谈。7月份，省住房城乡建设厅组织专项巡查；8～11月，配合住房城乡建设部专项巡查组完成对全省项目的巡查；9月起，结合房地产政策措施落实情况开展专项督查。针对项目建设滞后情况，对莆田市和农业、林业、华侨农场棚户区改造的主管部门进行约谈。四是提前谋划。全省安排第四季度先行开工2015年项目2万套，列入目标责任考核，截至12月底，开工2.48万套。坚持早谋划、早安排，初步确定2015年全省保障性安居工程计划。

【棚户区改造】 2014年，全省棚户区改造目标任务为开工建设安置住房62622套。国家任务下达后，省住房城乡建设厅随即将目标任务分解到设区市，并要求落实到用地和项目。4月11日，省住房城乡建设厅发文公布2014年保障性安居工程项目清单。截至12月底，开工91784套，开工率为146.57%，完成投资240.24亿元。此外，下发《关于加快推进集中成片棚户区改造重点项目的通知》，在棚户区改造目标任务外另行安排集中成片棚户区改造50片（2014～2017年），建立统计、通报制度、项目跟踪管理制度等。同时，列入宜居行动计划，开展专项督查。先规划后建设，优化规划设计，打造城市建设新亮点。截至12月底，50个项目中有38个开工、12个正在项目前期工作，共完成投资87.11亿元。在棚户区改造安置房入住方面，推行先安置后拆迁，安置房优先建设；就地、就近安置相结合，以就地、就近安置为主；实物安置与货币补偿相结合，加大货币化安置力度，做好棚户区改造和利用存量商品住房的衔接，推动利用存量商品住房作为棚户区改造安置房工作。截至12月底安置入户3.51万户。

【规划计划编制】 在各地调查摸底、落实分年度计划、落实具体项目的基础上，编制《福建省2013～2017年棚户区改造规划》，计划改造各类棚户区（危旧房）23.16万户，新建安置房总建筑面积3602万平方米，总投资997亿元。7月14日经省政府同意印发各地贯彻实施并上报住房城乡建设部。开展国有企业（中央属企业）、国有工矿棚户区调查摸底，以及城市棚户区改造重新核对工作，进一步完善全省棚户区改造规划。

【城市棚户区改造】 重点推进集中成片棚户区改造，以棚户区改造为抓手，谋划一片、带动一片，形成城市建设新亮点，提升棚户区改造水平与品味，在棚户区改造目标任务之外，另安排集中成片棚户区改造50片，列入省重点项目进行重点跟踪扶持，并纳入省宜居环境建设行动计划加以推动，省财政给予1亿元专项补助。截至2014年底，开工38个，完成投资87.11亿元，签订拆迁协议2.48万户。

【石结构房屋改造】 针对福建东南沿海石结构房屋建造年代较长、抗震性能差、基础设施薄弱等问题，探索推进石结构房屋改造，7月，省政府办公厅下发《关于支持泉州市加快石结构房屋改造的意见》，在泉州市选择10个集中成片石结构房屋改造项目开展试点，省政府领导多次向住房城乡建设部等国家有关部委汇报，争取国家政策支持。省住房城乡建设厅制发《关于在石结构房屋改造中加强传统建筑保护意见的函》，指导泉州市推进石结构房屋改造。截至2014年底，泉州市累计完成投资200.69亿元，拆除房屋5.97万幢。

【资金用地落实】 2014年财政部下达福建省2014年中央财政城镇保障性安居工程专项资金131222万元（含厦门市1865万元），用于向符合条件的在市场租赁住房的城镇低收入住房保障家庭发放租赁补贴，支持政府组织实施的公共租赁住房项目以及城市棚户区改造项目。国家发改委下达福建省国有工矿棚户区改造、国有垦区和华侨农场危房改造及配套设施、保障性安居工程配套基础设施建设2014年预算内投资计划260万元、2813万和57127万元，截至2014年底均全部分解下达。从省级一般预算安排保障性安居工程专项补助2亿元、从2013年省级超收预算资金中安排1亿元用于集中成片棚户区改造项目；从中央代地方发行的地方政府债券中安排8亿元用于保障性安居工程建设。地方财政也加大对棚户区改造的财政投入。用地方面，将国家下达的年度保障性安居工程建设任务所需用地全部纳入供地计划，涉及新增建设用地的实行计划指标单列，予以应保尽保。2014年国家下达福建省保障性安居工程建设任务为9.4384万套，全省各市、县编制供地计划。据统计，2014年福建省保障性安居工程用地供应计划为499.2公顷，将建设任务所需用地全部纳入供地计划。

【建立政银企对接机制】 建立金融机构与市县住房保障部门、项目实施单位的政银企对接机制；汇总编制《保障性安居工程项目融资产品情况表》，介绍金融机构支持棚户区改造金融产品。召开全省棚户区改造工作座谈会，邀请国开行福建省分行、省城乡综合开发投资有限责任公司介绍棚户区改造项目贷款政策，强化政银企在政策、规划、项目、信贷等各方面的对接工作。

【健全保障房管理机制】 进一步完善政策体系，加大保障房分配力度，推进廉租房和公租房两房并轨和分类保障，尽量减少保障房闲置，提高配租配售率，规范保障房分配管理。着力推进保障房配置网上公开，督促指导各地加快保障性住房信息系统建设，全面建立健全公平、公正、公开的准入、审核、分配、使用、清退制度，完善监督检查工作机制，初步建立具有福建特色的保障房管理体制。

房地产业

【概况】 2014年，福建省房地产市场与全国形势一样，受整体经济下行和市场预期改变影响，观望氛围浓厚，市场人气不足，交易持续下滑，市场分化日趋明显。针对市场出现的新变化、新情况，各级各部门审时度势，调整政策，积极应对，全省房地产市场整体保持平稳，没有出现大起大落。全年完成房地产投资4567.4亿元，同同比增长长23.3%。商品房销售4119.5万平方米，同比下降

11.9%；存量房交易 1371.8 万平方米，同比下降 23.8%。房地产交易总金额 3727.8 亿元，同比下降 23.7%。房地产业地税收入 676.2 亿元，同比增长 9.6%。

【适时调整政策】 为促进全省房地产市场平稳健康发展，组织适时调研，调整政策。3月，起草并上报省政府研究出台《关于促进房地产市场持续健康发展的十条措施》（简称"闽十条"）；7月，在"闽十条"基础上，立足于支持刚需购房、激发市场活力，起草并上报省政府研究出台《关于促进房地产市场平稳健康发展的若干意见》（简称"闽八条"）。住房城乡建设部主要领导对福建省适时调整公布房地产政策给予肯定。9月，以省政府名义组织开展房地产政策落实情况专项督查，并对督查发现的问题提出整改要求。会同省国土资源、地税、物价、银监等部门联合起草《关于贯彻执行房地产政策的整改意见》，推动政策全面落实。"闽八条"公布实施后，政策效应日益显现，信心得到提振，市场销售回升。

【市场监测分析】 定期每季度组织召开房地产市场运行情况分析会议；通过市场交易情况周报、月报制度落实，提高市场分析频次。做好房地产统计工作，督促各地和企业用好《福建省房地产信息管理系统》和《福建省房地产市场动态分析检测系统》，提高数据的适时性、准确性。选取典型楼盘，深入销售现场，进行跟踪分析，及时准确掌握市场异动情况。

【市场监管】 规范市场销售，推行住房城乡建设部、工商总局印发的《商品房买卖合同示范文本》；实行一手房和二手房交易网上签约备案；建立健全日常巡查和层级督查机制；组织查处商品房销售违法违规行为。企业批后动态监督，组织开展房地产企业、物业服务企业资质检查，根据检查情况设置红色、黄色、绿色企业警示，实行差异化监管。组织开展房地产评估机构资质就位工作。

【房地产企业诚信建设】 组织制定《福建省房地产经纪机构信用管理系统建设实施方案》；研究制定房地产开发企业信用等级综合评价办法。推进建立房地产开发企业、物业服务企业信用档案制度，将企业不良行为及时记录其信用档案，并予以公布。注重企业信用评价结果和信用档案记录情况应用，将评价结果和记录情况与日常监管、资质检查和资质核定实行联动挂钩。

【规范国有土地上房屋征收】 推动加快配套立法进程。作为国务院征收条例的配套立法，《福建省实施〈国有土地上房屋征收与补偿条例〉办法》经省政府第十九次常务会议通过，于5月1日起正式施行。房屋征收实施单位管理。制定出台《房屋征收实施单位规范化管理办法》和《福建省国有土地上房屋征收评估鉴定管理办法》。开展征收实施单位备案管理，组建房屋征收评估专家库。组织开展征收实施单位工作人员培训，培训人员 2000 余人。提高征收队伍整体素质。完善国有土地上房屋征收信息管理系统，促进房屋征收实施单位规范化管理。继续推广和谐征迁，组织创建和谐征迁示范项目，总结推广和谐征迁工作经验。2014年，全省共创建和谐征迁示范项目 19 个。同时，做好房屋征收信访工作，先后组织赴福州、龙海、龙岩等地对敏感的重点信访案件进行调研，协助、督促地方妥善化解矛盾，促进社会和谐稳定。全年接待拆迁上访群众 13 批 79 人次，办结拆迁信访件 155 件，比上年同期下降 32%。

【物业服务】 研究扶持行业发展政策。组织起草完成《关于扶持我省物业服务行业加快发展壮大的若干意见》，拟上报省政府；会同物价部门修订物业服务收费管理办法，研究建立物业服务收费动态调整良性机制。组织开展《福建省物业管理条例》修订立法调研，完成《福建省物业管理条例（修订稿）》起草工作。继续组织开展物业管理示范项目创建活动。通过示范项目创建，推广物业服务示范项目典型经验，发挥示范引导作用，以点带面，带动物业管理服务水平提升。2014年，新增创建全省物业管理示范项目 22 个。同时，建立完善物业管理专家库，起草《福建省物业管理专家管理办法（试行）》，发挥专家在提升物业管理服务水平方面的作用。推广使用《福建省物业管理信息系统》，实行物业服务企业经营状况季报和从业人员年报制度，适时掌握了解物业服务行业发展动态情况。进一步规范住宅专项维修资金使用。制定出台《关于紧急情况下使用商品住宅专项维修资金的若干意见》，简化优化提取使用程序；研究修订《福建省商品住宅专项维修资金使用暂行办法》，加强住宅专项维修资金交存、使用和管理。会商省审计厅组织开展住宅专项维修资金审计试点。

【农民住房抵押担保转让试点前期工作】 建立试点工作部门联席会议制度。按照省委、省政府《2014年全省深化重点领域改革方案》要求，组织建立由国土资源、财政、人行、银监及有关商业银行参加试点联席会议，研究协调试点工作中的相关问题。开展专题调研，会同省国土资源、财政、人行、银监、农信社及各商业银行等相关单位赴永安、沙县等地开展调研，研究起草《关于稳妥开展农民住房财产权抵押担保转让试点的若干意见》等政策文件。研究筛选试点名单，指导各地选择确定上报试点名单。

【整合不动产统一登记职责相关工作】　研究福建省实施意见。结合实际，按照实施不动产统一登记的要求，将房屋登记纳入不动产统一登记范围，研究提出对房屋登记职责进行整合的具体意见。指导各地房屋登记职责整合。配合做好整合不动产登记职责相关工作，保证不动产登记工作的稳定性和连续性，以方便企业和群众。

公积金管理

【概况】　2014 年，福建省住房公积金新增缴存额 359.34 亿元，同比增长 12.74%；新增提取额 210.63 亿元，与上年持平；发放住房公积金个人贷款 5.88 万户、208.55 亿元，实现增值收益 19.66 亿元。截至 2014 年底，全省住房公积金缴存总额 2136.36 亿元，缴存余额 970.92 亿元，累计提取额 1165.44 元；累计向 69.16 万户职工发放住房公积金个人贷款 1375.07 亿元，余额 855.96 亿元，平均个贷率 88.16%，个人贷款逾期率 0.21‰。全省累计提取住房公积金贷款风险准备金 35 亿元，廉租住房补充资金 44 亿元，累计发放住房公积金支持保障性住房建设贷款 8.75 亿元。

【住房公积金监管】　省住房城乡建设厅对全省住房公积金管理中心 2013 年度业务与管理工作进行现场督查，并将督查情况进行通报，促进各管理中心规范管理，提高效率。10 月 13 日，省住房城乡建设厅印发《关于调整住房公积金提取政策有关事项的通知》，对全省住房公积金提取事项中支付房租、支付物业费及既有住宅加装电梯提取住房公积金进行优化调整。10 月 23 日，省住房城乡建设厅会同省财政厅、人行福州中心支行转发住房城乡建设部、财政部和中国人民银行《关于发展住房公积金个人住房贷款业务的通知》，并结合本省实际提出贯彻意见，要求各地结合实际贯彻落实，做好个贷政策调整。12 月 1 日，省住房城乡建设厅、省财政厅和人行福州中心支行联合印发《关于福建省内非平潭缴存地职工在平潭购房申请住房公积金贷款的指导意见》，并于 12 月 23 日组织各地在平潭举行《福建省内平潭购房异地公积金贷款合作协议》签约仪式，推动全省住房公积金异地贷款，促进平潭综合实验区房地产市场健康发展。12 月 18 日，省住房城乡建

设厅发函省审计厅商请对全省住房公积金资金进行专项审计，加强审计监督，确保资金安全。

【住房公积金信息化建设】　制定信息化年度工作计划，部署开通住房公积金冲还贷功能，有序安排各管理中心开展测试，完成南平、莆田按年冲还贷测试和上线工作，完成宁德冲还贷测试前期准备工作。

【住房公积金服务】　8 月，根据住房城乡建设部统一部署，省住房城乡建设厅对全省住房公积金服务工作开展情况进行专项督查，并于 11 月初陪同住房城乡建设部检查组对福州、泉州和莆田进行重点抽查。

城市规划

【规划编制】　2014 年，《福建省城镇体系规划》经国务院授权住房城乡建设部批准同意；完成《美丽福建·宜居环境建设总体规划》编制；所有设市城市和县城完成或正在开展新一轮规划期到 2030 年的总体规划修编工作，并按县(市)域城乡总体规划开展；推进全省 8 个历史文化名城和一批历史文化街区保护规划编制工作；开展城市(县城)景观风貌规划编制；开展单元控规编制工作，设市城市控规覆盖率达 80% 以上，县城控规覆盖率达 60% 以上；结合城市"三边三节点"整治和提升，推进城市设计。

【规划实施】　支持全省重点区域建设发展，核发省域 7 个重大项目选址意见书，完成 12 个省域重点开发区设立、扩区和升级的规划审查；开展省级历史文化街区认定，第一批由省政府批准公布 9 个，并向住房城乡建设部推荐申报国家历史文化街区；选择 30 个"三边三节点"项目作为省级重点项目进行跟踪指导；完成全省城镇历史建筑、特色建筑、历史风貌区外业普查工作，共普查乡镇及街道 959 个。

【规划管理】　实施城乡规划督察员制度，由省政府向各设区市和平潭综合实验区派出督察员，强化规划实施的层级监督和事前、事中监督；重点监管群众关注项目或敏感项目，特别对历史街区、历史建筑保护重点督查；开展房地产项目变更容积率(用途)专项清理检查，并将检查结果通报市县政府。

【规划改革创新】　在城乡一体化和全域城市化的基础上，重点做好县(市)域城乡总体规划和"多规合一"试点工作，开展《"多规合一"规划底图划定指南》《县(市)域城乡总体规划编制导则》等技术

标准编制。厦门列入国家"多规合一"试点城市，实现"一张图"管到底、"多规合一"常态化运行机制，工作成效在全国城市规划建设会议上获国务院领导肯定，在厦门"多规合一"工作基础上推动全省"多规合一"试点工作。

【规划标准制定】 福建省委省政府出台《关于促进中小城市和城镇改革发展的若干意见》、《福建省县城建设标准》《关于加快城市地下空间开发利用的若干意见》《关于推进地下空间开发利用八条措施的通知》《关于开展派驻城市规划督察员工作的通知》等重要政策文件，引导中小城市规划建设，推动地下空间开发利用，加强规划督察等工作，推进规划依法行政。围绕建设用地管理、停车场建设、提高城市透水率等开展专项研究，先后出台《福建省国有建设用地使用权出让地块规划条件管理办法》《关于进一步加强福建省城市停车场规划建设管理的意见》《福建省"提高城市透水率"专项行动技术指南》等一批规范性文件，使规划设计和建设管理行为规范化和精细化。

【城乡规划管理培训】 举办全省县(市、区)党政主要领导和设区市规划局局长城市规划管理研修班和市县规划(建设)局长培训班，举办 3 期城乡规划管理和技术人员培训班，共培训近 800 人。召开全省乙级以上规划院长座谈会，通报全国、全省城乡规划有关会议精神，加强全省规划市场和质量管理。

城市建设

【概况】 2014 年，福建全省以开展宜居环境建设行动为契机，加快城市基础设施建设进度，提高设施运行管理水平。同时，推进城镇节能减排工作，强化技术支撑，鼓励社会资本参与城市基础设施建设。建立巡查工作制度，每月通报制度，滞后项目约谈制度，把工作落到实处，多项工作得到省领导批示和肯定。

【实施市政提升"五千工程"】 在开展宜居环境建设行动中，全省完成管线或道路铺设 5301 千米，其中铺设雨污管网长度 1064 千米，供水管网长度 1103 千米，燃气管网(含海西天然气管网二期、西三线福建段干线)1006 千米，城市道路 1086 千米，绿道 1042 千米，分别比 2013 年增长 42%、41%、55%和 60%。

【乡镇污水垃圾处理】 从四方面推进乡镇污水垃圾处理工作，即"六江两溪"流域和土楼保护区乡镇污水处理，年计划 90 个乡镇，截至年底实际建成 51 个，在建 30 个，前期 34 个；43 个省级试点镇污水处理，年新增 23 个镇建成污水处理设施；鳌江流域农村污水垃圾处理，沿线 23 个乡镇有 20 个建成污水处理设施，3 个在建，并起草完善《关于推进鳌江流域整治的实施意见》；乡镇垃圾转运体系建设，验收压缩式垃圾转运站 118 座，配套垃圾运输车 110 辆。全省 929 个乡镇有 464 个乡镇建成压缩式垃圾转运站和配套运输车。

【城市暴雨内涝防治】 编制排水防涝规划，14 个市县完成规划编制报批工作，17 个市县完成初稿，21 个市县正在编制；建设排水管道，加快雨污分流改造，普查城市易涝点 602 处，整改 504 处，全年未因内涝而造成重大人员伤亡；突出抓好排水站维护，抽查福州市本级及部分市县排水站运行情况，督促各地加快排站配备备用水源或实现双回路供电，提高供电安全保障能力。

【城镇供水安全保障】 提请省政府下发《关于进一步加强城市供水安全保障工作的实施意见》，确定供水设施建设和改造目标任务，提出水价调整机制、用地、税收、金融信贷支持等多项优惠政策。加快供水设施改造和建设，启动供水设施普查情况摸底，共有 1990 年以前建前的尚有 42 座水厂需要改造，1999~2000 年建成的尚有 32 座水厂需要改造。新扩建水厂 6 座，新增日供水能力 24 万吨。加强行业监管，完成 44 个县城供水水质督查，调查摸底所有市县供水管网漏损率，对 29 个县(市)供水企业进行运行评估考核，现场核实供水管网管材情况、漏损率、水厂工艺等情况，组织各设区市开展供水规范化管理考核工作。

【城镇燃气供应和运行安全管理】 组织各类专项整治行动。开展城镇燃气安全生产"打非治违"专项行动，共查处黑气店(点)112 处，查扣钢瓶 3282 个，处罚违规充装源头企业 10 家次，罚款 16.5 万元，福州市依法行政拘留 33 人；燃气管网隐患整改，累计整改 520 处；启动燃气行业安全生产标准化建设提升工程三年行动。组织 3 轮城市燃气管网事故应急演练，各地共组织实战演练或桌面推演 115 次。省住房城乡建设厅 8 月 28 日在闽侯县组织 1 次城市燃气次高压管道泄漏应急救援演练。针对行业管理突出问题，破解用地性质难题，规范燃气汽车加气站建设与经营，加强液化石油气钢瓶配送管理和电子标签安装，禁止向餐饮业配送双头气瓶。组织开展 2 次燃气安全检查，省住房城乡建设厅共抽查燃气场站设施 64 处，停产整顿 1 家企业。

【指导城市发展绿色交通】 加快福州轨道交通1号线、2号线和厦门轨道交通1号线建设，累计完成投资近200亿元，福州1号线南段可望于2015年通车。推动公共自行车系统建设，福州、厦门、漳州结合绿道等建成城市公共自行车服务站点近百处，累计投放自行车3000辆，多次组织协调福州公共自行车建设的供电、用地等相关问题，编制完成《福建省公共自行车规划建设导则》。推进公共停车场建设，新建停车场33个，新增泊位6000个。抓好城市桥隧管理，组织摸底调查归口建设部门管理的1700座城市桥梁、隧道基本情况，抓好列入整治计划的20座隐患桥梁整改，截到年底全部开工建设，完工14座；组织开展全省既有市政桥梁隧道安全督查，现场检查9个设区市及15个县（市）的55座城市桥梁和1处城市隧道。

【城市地下管线综合管理】 抓紧起草省里加快城市地下管线建设管理的意见，推动城市地下综合管廊建设，厦门、平潭等地建成或在建地下市政综合管廊分别达28千米和31千米。

【城镇污水处理设施建设和运行管理】 新建扩建城镇污水处理厂29座，新增污水日处理能力约50万吨，新增能力"十二五"以来最多；2014年预计处理水量约12.3亿吨，比上年增加6000万吨左右，负荷率达86%，同比增长加4%。组织专家对45座污水处理厂进行评估考核，并抽检水质。普查各市县污水管网建设情况，并系统分析存在问题，分县、市逐一发文通报存在问题和督促整改具体内容，督促各地加大污水管网建设力度。举办2期污水处理工和1期化验监测工岗位职能技能培训。会同建设建材工会举办全省排水行业职业技能竞赛，并在国家排水行业职业技能竞赛中获得佳绩，其中化验监测工获全国第六名，团体三等奖。

【城市生活垃圾处理】 破解设施建设瓶颈，印发《关于切实强化城乡环卫基础设施规划建设的通知》，在规划编制、土地出让、规划许可、商品房预售许可、竣工验收等环节把关，确保环卫基础设施落地建设，组织召开全省城镇生活垃圾处理工作现场会，推广典型经验。会同省总工会、财政厅、人社厅开展环卫工人福利待遇落实情况督查，推动环卫工人工资福利待遇得到有效落实，逐步改善环卫工人福利待遇。稳步推进生活垃圾分类处理和餐厨垃圾处理，提高城市生活垃圾处理减量化、资源化和无害化水平，厦门后坑垃圾分拣中心增建餐厨垃圾处理项目通过住房城乡建设部科技示范工程验收；三明市餐厨垃圾处理厂实施技改并扩大收集覆盖面，

将沙县、永安纳入范围。抓紧落实全省农村生活垃圾治理工作，组织开展摸底调查，推广各地经验，做好经费测算和资金拼盘，为召开全省农村生活垃圾治理电视电话会议做好准备，组织起草《福建省农村生活垃圾治理三年专项行动实施意见》，组织专家组检查福州红庙岭等10座生活垃圾焚烧处理厂，发放限期整改通知书11份，安全运行监管培训120人。

【城市节水工作】 联合省物价局出台福建省阶梯水价实施意见，明确提出2015年底前所有设区市实施阶梯水价，2016年底所有县实施阶梯水价；部署各地开展"城市节水宣传周"活动，普及节水知识，推广节水型器具。

【强化技术支撑】 修订完善《福建省城市市容环境综合整治工程设计导则》《福建省城市市容环境综合整治工程控制标准》，指导街景综合整治。编制完成《福建省城镇排水系统规划编制导则》《福建省现有污水处理适用技术指南》。出台《福建省城乡环境卫生作业指导价》《福建省市政公用排水设施养护维修年度经费定额》《福建省城市桥梁检测评估费用定额》《福建省城镇排水管道检查井防坠安全网标准》和《福建省城镇供水服务标准》等行业急需的标准、定额，指导、规范项目的实施。

【鼓励社会资本参与城市基础设施建设】 加快市政基础设施融资体制改革，完成福建省城市基础设施建设投融资体制改革研究报告，起草全省推进市政基础设施建设投融资体制改革的实施意见，召开全省供排水行业投融资体制改革研讨会，鼓励企业通过发行债券、证券，开展自来水水费收益权信托或理财产品创新，充分利用资本市场发展直接融资，提升融资能力。鼓励省内有实力、有技术的3家水务企业通过兼并、收购、股权合作、PPP（公私合作）等多种模式整合现有市县供水企业，实现集团化经营，保障安全供水和优质服务。下发《福建省市政作业市场化指导意见》，推动管养作业市场化。

【牵头开展"形象工程"等问题整改】 牵头开展"有的城市改造搞形象工程、大拆大建、群众对天天生活在脚手架下有意见"问题的整改落实。组织摸底调查121个城市景观改造项目，找准脚手架搭设不合理、文明施工比较差、施工粗糙质量较差等六方面396处突出问题。抓好整改落实，下发《关于进一步加强我省城市街道景观综合改造工程建设管理的意见》等3份指导文件，提出合理编制改造计划，强化落实各方责任，充分做好前期沟通协

第四篇

281

调，科学安排施工工期，确保群众安全和生产生活方便，提升工程质量水平等要求。各地对照抓好整改，396处全部整改到位。建立长效机制，修订《福建省城市市容环境综合整治工程设计导则》和《福建省城市市容环境综合整治工程控制标准》，重点对城市景观改造中群众反映的突出问题进行规范。

村镇规划建设

【概况】 2014年，全省村镇建设工作围绕省委、省政府决策，按照省住房城乡建设厅工作部署，推进美丽乡村建设，深化小城镇综合改革建设试点，促进传统村落和古民居保护发展，加强农村住房建设技术指导和服务，进一步完善村镇规划，开展乡镇长脱产业务培训，提高全省村镇规划建设管理水平。截至2014年底，全省村镇总人口2764.11万人，其中建制镇707.75万人，乡100.10人，镇乡级特殊区域4.68万人，村庄1951.58万人；2014年年末实有村镇房屋建筑面积12.10亿平方米，人均住宅建筑面积38.30平方米。建制镇人均道路面积13.42平方米，用水普及率89.33％，燃气普及率82.58％。

【村镇规划编制】 督促各地整改落实4178个村庄规划编制中存在的问题。完善村镇规划项目库，组织各地申报2014年度村镇规划编制项目，并经专家检查验收纳入省级村镇规划编制成果项目库。实施"以奖代补"，对纳入项目库的规划编制成果，给予"以奖代补"资金补助，通过"以奖代补"资金补助，引导村镇做好规划编制或修编，推进村镇规划编制工作。完善规划技术标准，组织省城乡规划设计研究院编制《福建省镇规划导则》和《福建省村规划导则》，并形成初稿，正在修改完善中。

【美丽乡村建设】 实施"千村整治、百村示范"工程，重点推进重要通道沿线（公路、铁路沿线）、重要流域沿线、重要区域周边和具有特殊意义的村庄整治建设。全省共有1085个村庄开展整治，其中110个创建美丽乡村示范村，并打造29条美丽乡村景观带和10个示范县。1085个村庄共完成投资69亿元，整治裸房4.2万栋，整治建筑面积728万平方米；硬化村道1590千米，面积709万平方米；新增村庄绿化面积422万平方米；新建集中污水处理设施527个，新建污水管网长度667千米；垃圾转运日处理能力达5855吨。新培育南靖县坑尾村、漳浦县轧内村、永春县丰山村、政和县石圳村、永定县南江村、海沧区西山村、永泰县蓁英村、华安县大地村等一批示范典型，永泰县202省道穴利至寨下段、泰宁音山村水际村沿线、尤溪洋中镇桂峰村至联合

乡连云村、蕉城区霍童溪沿线、福安市穆云乡沿线、海沧区东孚镇沿线等美丽乡村景观带整治建设成效初显。

【农村住房建设】 会同省国土资源厅代拟《关于进一步贯彻落实〈福建省农村村民住宅建设管理办法〉意见的通知》，以省政府办公厅名义印发各地实施，进一步规范村民建房行为。组织省村镇建设发展中心等设计单位编制6套《福建省村镇住宅通用图》，并通过评审，确定为地方性标准，印发各地使用。做好村镇住宅小区建设试点，从各地上报的53个省级村镇住宅试点小区备选项目中，筛选确定第十六批36个省级村镇住宅试点小区，并深入各地调研指导。组织开展全省农村危房现状调查，截至12月底，录入110多万户全省农村危房现状信息。

【试点镇建设】 协同省发展改革委，组织召开省级试点镇福鼎市太姥山镇现场会，对试点镇规划建设进行再动员再部署，持续推进小城镇改革建设；开展43个试点建设情况评估，并制定考核工作方案，组织试点工作考核评比，促进比学赶超；深入20多个试点镇，督促、指导各试点镇做好规划实施和市政基础设施建设，43个试点镇全年共实施城建项目637个，总投资1771.6亿元，当年计划投资347.5亿元，截至12月底，完成投资359.4亿元，占计划数的103.4％。各试镇加快污水垃圾处理、市政道路、工业园区等项目建设，一批试点镇"三边三节点"和公园绿道建设项目扎实推进，环境景观面貌得以提升，宜居城市综合体框架得以完善。

【乡村规划师选拔培训试点】 在全省扩大乡村规划师选拔培训试点，每个设区市选择一个县（市、区），每个县（市、区）选择4～5个乡镇开展乡村规划师选拔培训试点。全省有43个乡镇纳入试点，举办5期乡村规划师选拔培训班，共培训830人，考试合格701人。同时，指导试点乡镇做好乡村规划师聘用工作。通过选拔培训乡村规划师，协助乡镇政府规划建设管理机构和村委会组织编制村庄规划，指导规划实施，引导村民科学建房。

【重点扶持名镇名村改善提升】 制定下发《关于重点扶持历史文化名镇名村保护和整治的指导意见》，指导各地开展保护和整治工作。督促各名镇名村，依照保护规划，梳理当年保护和整治项目清单，制定项目建设计划和工作方案，按照计划推进保护和整治建设，确保完成任务。指导保护规划编制，组织召开9场省级技村审查会，提升保护规划水平。组织省级专家服务团，分批到名镇名村现场审查，筛选项目，审查施工方案，帮助解决存在的相关技

术问题，指导项目实施。组织编制《福建省历史文化名镇名村保护和整治导则（试行）》，印发各地实施，指导名镇名村保护和整治，截至 12 月底，10 个重点扶持名镇名村组织实施保护和整治项目 77 个，完成投资 2.44 亿元。

【传统村落保护发展】 组织开展第三批中国传统村落推荐上报工作，上报推荐村庄 404 个，其中 52 个村列入，至年底，全省共有中国传统村落 125 个，数量居全国第六位。组织申报传统村落中央补助资金，福州市马尾区亭江镇闽安村等 32 个传统村落列入中央补助资金名单，争取中央补助资金 9600 万元，位列全国第七位。经过积极申报，19 个村镇被住房城乡建设部、国家文物局公布为第六批中国历史文化名镇名村，全省共有国家级名镇名村 42 个，省级 43 个，国家级名镇名村数量位居全国第二位。制定《福建省历史文化名镇名村评选办法》和《福建省传统村落评审认定办法》，部署开展省、市、县级传统村落认定工作。推进传统民居建筑技术调查，多次召开专家座谈会研讨，撰写出版《中国传统民居类型》福建部分内容，开展传统村落宣传，组织新华社、人民日报、新华网、中国建设报、中国政府网、中央电视台等中央媒体，赴尤溪、福安等地实地采访传统村落保护工作。

工程建设管理

【概况】 2014 年，工程建设管理服务于城乡建设发展和建筑业转型升级，健全完善安全生产责任体系，强化安全生产监管，开展工程质量治理两年行动及工程质量和队伍素质"双提升"行动，推进安全生产标准化，深化专项整治，严格检查执法。全省住房城乡建设系统安全生产形势总体平稳，全年发生建筑施工安全事故 27 起，死亡 32 人，未发生较大及以上事故，有 61 个项目的 104 个工程获"闽江杯"优质工程奖，被省政府评为完成安全生产目标责任优良单位。

【工程质量和队伍素质"双提升"行动】 针对建筑市场主体责任缺失、工程质量品质不高的现状，4 月部署在全省开展工程质量和队伍素质"双提升"行动，9 月按住房城乡建设部要求部署开展工程质量治理两年行动，制定实施方案，召开动员部署大会，相继出台相关规范性文件 60 余项，构建以建设工程质量安全动态监管为基础，以落实建设、勘察、设计、施工、监理五方主体项目负责人质量终身责任制为约束，以开展建筑施工企业信用综合评价和建立建设各方主要责任主体黑名单制度为支撑的监管

体系。

【建筑施工质量安全生产标准化】 颁布《市政工程施工标准化管理指南》《建筑施工安全防护制作安装标准示范图集》，编制《景观综合改造工程沿街外脚手架防护搭设图集》，修订《房屋建筑工程常用模板及支撑安装推荐图集》，进一步细化标准化施工具体措施。部署开展建筑施工安全生产标准化建设提升工程三年行动，制定实施方案，推动施工企业安全生产标准化达标，全省完成施工企业评审达标 1056 家，占安全生产许可证延期企业 1454 家的 72.63%，占现有施工企业总数 4621 家的 22.85%。出台建筑施工安全生产标准化考评实施细则及优良企业和优良项目考评办法，建立分部分项工程标准化施工样板引路制度，在创建省优质工程及房建总承包一级企业扩大承包范围试点工程的 85 个项目上率先推行。在泉州和厦门分别召开全省建筑施工安全文明标准化工地现场经验交流会和市政基础设施工程标准化施工观摩会，以样板工程引路，提升企业标准化创建意识和创建水平。

【建筑材料质量管控】 出台《关于加强混凝土骨料质量管理的通知》，提升骨料进场标准，要求从 2015 年 1 月 1 日起全省混凝土所使用的粗骨料应采用反击破或圆锥破生产工艺，2015 年 7 月 1 日起预拌混凝土企业所使用的机制砂应从机制砂生产企业名录及机制砂品种中选购。制定《福建省预拌沥青混合料和水泥稳定粒料质量管理标准》，市政道路路面基层水泥混合料由拌和站集中拌和，推行预拌沥青混合料和水泥稳定粒料质量管理标准化。推动机制砂产业发展，联合六厅局出台在全省推广应用机制砂的规范性文件，会同省经济信息化委开展机制砂生产企业名录登记和公布工作，推广机制砂在预拌混凝土中的应用，并编订工程用机制砂质量检验规程和机制砂混凝土生产及施工规程。组织编制《福建省绿色搅拌站建设示范图集》，促进商品混凝土搅拌站、沥青混凝土拌合站、水泥稳定颗粒拌合站以及施工现场砂浆搅拌站建设的标准化和规范化。

【安全生产专项整治】 贯彻落实省政府安委会办公室和住房城乡建设部安委会办公室关于开展预防建筑施工坍塌事故专项整治"回头看"工作部署，以全省在建房屋建筑和市政基础设施工程为重点，开展预防建筑施工起重机械和脚手架等坍塌事故专项整治"回头看"。针对模板工程事故频发，进一步加强模板工程质量安全管理，对模板工程存在重大安全隐患的，责令拆除重新安装并全程视频录像存档。

【住宅工程质量专项治理】 针对渗漏、裂缝等影响住宅工程使用功能的质量常见问题及住宅质量投诉，制定住宅工程质量常见问题专项治理工作方案，明确专项治理工作措施及时间安排，转发《厦门市住宅工程质量常见问题防治若干技术措施》，作为全省住宅工程质量常见问题专项治理的配套措施。在厦门市召开全省性专项治理示范工程现场观摩会，促进各地区各方责任主体互相交流借鉴，各地住房城乡建设主管部门及有关企业共3339人参加。

【建筑施工专项行动】 贯彻落实国务院安委会、省政府安委会关于集中开展"六打六治"打非治违专项行动的工作部署，制定下发《集中开展"六打六治"深化建筑施工和城镇燃气安全生产"打非治违"专项行动实施方案》，明确建筑施工重点整治的六类非法违法行为。出台贯彻住房城乡建设部《建筑工程施工转包违法分包等违法行为认定查处管理办法》的实施意见，组织开展全省在建房屋建筑和市政基础设施工程承发包情况检查，重点查处违法发包、转包、违法分包及挂靠等行为。出台《关于对质量安全重大隐患予以立案查处的通知》，对存在主体结构重大质量安全隐患以及深基坑、模板、外架、建筑起重机械等部位重大安全隐患逾期未改正或拒绝整改的予以立案查处。

【施工扬尘整治】 出台《关于加强建筑施工扬尘防治工作的意见》，明确施工扬尘防治主体责任，对在建建筑工地、城市房屋拆除工程、预拌混凝土搅拌站扬尘防治提出具体指导意见和防治措施。从12月中旬起，在福州市五城区部署开展为期两个月的施工扬尘集中整治工作，省市联合召开整治范围的建设、施工、监理三方责任主体和项目负责人参加的千人动员部署大会，并采取网格化分片包干方式进行监管，重点整治房屋建筑、市政道路以及房屋拆除和园林绿化工程施工活动。

【监督检查方式创新】 修订出台《福建省建设工程质量安全动态监管办法》，规范施工、监理单位及项目经理、总监违规记分及违规处理尺度。建立建设、勘察、设计、施工、监理五方主体项目负责人质量终身责任制，全省统一法人授权书、责任承诺书、永久性标牌的样式。建立差异化监管机制，有效利用"福建省工程项目建设监管信息系统"，将在建项目当季平均违规记分排名前30位及发生生产安全事故的施工企业列为层级督查必查对象，对重大隐患整改实行"回头看"复查，做到闭环管理。印发《关于建立建设工程责任主体质量安全黑名单制度的通知》，明确施工、监理、检测、预拌混凝土

生产企业、房屋拆除施工单位等五类企业列入"黑名单"的条件，对列入黑名单的企业和人员采取限制承接新的任务、实行差异化监管等严格的管控措施，在省住房城乡建设厅网上设立"黑名单曝光台"，向社会公开曝光责任单位、责任人及不良行为。

【检查执法】 开展房屋建筑和市政基础设施工程差异化巡查、城市轨道交通工程、市政桥梁和建筑边坡工程专项检查、工程质量两年治理和三年"双提升"行动大检查暨工程监理行业专项检查、预拌混凝土质量巡查、基桩静载检测飞行检查。各级监管部门针对质量问题发出责令改正通知单14443份，发现质量问题39915条；针对安全问题发出责令改正通知单12235份，发现安全问题57624条；对3566个施工项目负责人给予违规记分66955分；对2105个项目总监给予违规记分61995分。省住房城乡建设厅抽查工程项目131个，发出各类改正通知书120份；抽查预拌混凝土企业16家，发出督促改正通知书14份，对工程项目督查通报网上公开，借助社会力量倒逼责任主体依法尽责履职。

【监督队伍建设】 召开全省建设工程质量安全监督工作会议，省住房城乡建设厅主要领导对监管工作存在差距和面临的形势进行分析，并对提升监管工作水平提出具体要求。修订《建设工程质量安全监督机构及其监督人员考核管理办法》，制定园林、城市轨道交通等专业考核标准，规范监督机构和人员考核。

【应急管理】 做好节假日、重大节日、台风汛期等敏感时期安全生产工作，及时发出预警，加强应急处置工作的检查指导，各地住房城乡建设部门督促所属行业企业落实安全防范措施，有效应对"麦德姆""海贝思"等台风和持续强降雨灾害。同时，做好群众来信来访工作，加强重点敏感时段维稳，开展带案下访等活动，有效化解矛盾纠纷，维护行业安定稳定。

【工程监理行业管理】 规范监理项目人员备案工作，出台《关于进一步加强房屋建筑和市政基础设施工程监理项目备案管理工作的通知》，明确总监理工程师、专业监理工程师、监理员的从业项目数，明确由福建省工程监理与项目管理协会负责组织实施监理业务培训工作并发证，缓解监理人才不足的现状。组织开展全省工程监理专项检查，共检查30个项目，并对检查情况进行全省通报。开展2014年福建省监理工程师执业资格考核认定工作，经审查认定55名福建省监理工程师。截至年底，全省共有

工程建设监理企业 232 家(其中综合资质 1 家,甲级监理企业 106 家),全国注册监理工程师 5212 人,福建省监理工程师 4576 人。

【工程检测行业管理】 截至 2014 年底,全省共有检测机构 129 家。加强基桩静载检测管理,根据巡查发现的基桩静载检测存在的共性突出问题,出台《关于加强基桩静载检测动态管理的通知》,细化基桩静载检测管理规定。

建筑业

【概况】 2014 年,福建全省完成建筑行业产值 7463 亿元,同比增长 21.8%,其中总承包和专业承包企业完成建筑施工产值 6689 亿元,同比增长 22.5%;实现全社会建筑业增加值 2112 亿元,同比增长 11.4%(按不变价计),占全省 GDP 的 8.8%。全省建筑业税收总收入 243.5 亿元,同比增长 12.5%,占全省地方税收总收入 14.4%,其中营业税 144.54 亿元,同比增长 11.3%,企业所得税 52 亿元,同比增长 19.8%。全省房屋建筑施工面积 57386 万平方米,同比增长 18.9%,其中新开工面积 20245 万平方米,同比增长 3.5%。全省新签工程施工合同额 7530.4 亿元,同比增长 19%;施工合同额合计 12377.5 亿元,同比增长 23.2%。

【建筑业发展情况】 2014 年,全省新增总承包特级资质企业一家,总承包和专业承包一级资质企业 838 家(项)、二级资质企业 2045 家(项),主项二级以上(含二级)总承包和专业承包资质建筑业企业占全部企业数量的 39.6%。截至年底,全省建筑业企业共 7153 家,其中总承包企业 2515 家,占 35.2%;专业承包企业 1580 家,占 22.1%;劳务分包企业 787 家,占 11%;设计施工一体化企业 2271 家,占 31.7%。2014 年,全省产值 10 亿元以上的企业有 146 家,产值合计 3734.39 亿元,占全省产值 55.8%,其中超 100 亿元的企业 3 家(企业最高产值为 185 亿元)。

【工程质量和队伍素质"双提升"行动】 为切实提升工程质量和建设队伍素质,制定《关于开展工程质量和队伍素质"双提升"行动的通知》,决定集中三年时间,以"抓龙头、铸链条、建精品"为目标,在全省开展工程质量和队伍素质"双提升"行动计划。2014 年与省发展改革委、财政厅联合印发《关于进一步落实我省房屋建筑和市政基础设施工程"优质优价"政策的通知》,明确创优工程范围、可获得的增加费、创优履约责任、创优资金来源及创优费用支付方式等,以精品工程引路,增强

施工企业创优积极性,提升建设工程整体品质。开展农村建筑工匠和园林古建特色工种技术工人培训考核试点工作,做好传统建筑施工工艺保护和传承,推进宜居环境建设,在全省 8 个设区市各指定一个县市率先开展试点,共培训 1077 名古建筑特色技术工人和 3087 名农村建筑工匠。

【推进建筑业龙头企业实施计划】 为提升全省建筑业龙头企业市场竞争力,增强企业发展活力,发挥龙头企业支撑和引领带动作用,进一步推动建筑业发展壮大,制定出台《福建省建筑业龙头企业实施计划》,明确龙头企业发展目标、选定标准、选定办法及扶持政策。选定公布第一批 45 家龙头企业,其中房屋建筑总承包 13 家,其他专业总承包 11 家,专业承包 11 家,勘察设计企业 10 家。发布实施《关于实施建筑业龙头企业年度投标保证金制度的通知》,减轻龙头企业投标资金负担。

【推进建筑工业化】 成立省住房城乡建设厅建筑产业现代化推进领导小组,组建建筑工业化产业联盟,举办"6·18"建筑工业化专题展,推进漳州、厦门、福州、宁德等地建筑工业化基地建设。2014 年厦门被住房城乡建设部授予"国家住宅产业化试点城市"称号,漳州建超建设集团满足建筑工业化所需的预制构件厂投产并获"国家住宅产业化示范基地"称号,中建(福建)建筑产业园在福州闽清落地开工建设,厦门住宅产业现代化示范园区办理项目用地审批等前期手续。

【落实住房城乡建设部先行先试政策】 继续开展房建工程施工总承包一级企业扩大承包范围试点工作,2014 年共批准福建六建等 4 家企业 5 个项目参与试点,为企业积累承接高、大、精、尖项目施工经验。为扶持钢结构企业发展,争取住房城乡建设部赋予相关资质审批的先行先试政策,开展钢结构一级企业试点房屋建筑工程施工总承包二级资质试点工作,共核准福建荣盛钢结构实业有限公司等 6 家企业参与试点。继续落实台湾建筑业企业进驻平潭综合实验区从事建筑活动先行先试政策。截至 2014 年共有 16 家台湾企业在平潭综合实验区备案。

【建立施工企业信用综合评价机制】 会同省发展改革委、人行福州中心支行制定出台《福建省建筑施工企业信用综合评价暂行办法》,并配套出台《企业通常行为评价标准》《企业合同履约行为评价标准》《企业质量安全文明施工行为评价标准》等 3 份信用评价标准,对企业日常市场行为和现场行为予以量化动态评价,推进工程建设领域信用体系建

设，构建"诚信激励、失信惩戒"机制，进一步规范建筑市场秩序。建立全省统一的信用综合评价平台并于11月1日起试运行，计划于2015年将信用评价结果应用于招投标活动、市场监管、扶优扶强等方面，形成"守信激励、失信惩戒"市场导向。通过构建信用评价体系，规范信用评价程序，推行信用信息公开，提升监管透明度，促进监管人员依法行政、公正执法，规范并约束监管人员执法行为。

【规范建筑市场秩序】　配合省发展改革委、监察部门对全省各地招投标规范性文件进行清理，对存在地方保护主义的文件予以及时清理或修改，清除省内施工企业跨区（市、县）承揽业务的各种壁垒。继续落实实施省外入闽建筑施工企业备案管理办法，实行"一地备案，全省通用"的备案模式，规范全省各地对省外入闽企业备案管理。

【建筑业统计工作】　针对建筑业产值统计制度不完善造成的应报未报，影响全省建筑业产值统计的问题，印发《关于进一步做好建筑业统计工作的通知》，允许取得工程设计与施工一体化资质的企业根据需要领取相应专业等级的专业承包资质，指导企业申请进入建筑业企业统计名录；引导工商登记主营为非建筑施工的建筑施工企业变更主营业务为建筑施工，申请进入建筑业企业统计名录。督促部颁资质建筑业企业落实主要指标月度快速调查制度，对未报2次以上的列入年度资质核查范围。

【建设工程造价管理】　针对用工工资不断上涨，为合理确定模板工程造价，发布《关于调整房屋建筑工程模板人工预算单价的通知》，调整《福建省建筑工程消耗量定额》模板定额项目（及其补充定额）综合人工预算单价为100元/工日，自2015年1月1日起执行。根据《关于组织开展2013～2016年度施工企业劳保费用取费类别核定工作的通知》，全年共核定施工企业劳保费用取费类别1132家。

【工程建设招标代理机构建设】　制定《福建省工程造价咨询企业信用综合评价暂行办法》，按照公开、公正、公平的原则，以企业和从业人员执业行为和执业质量为主要评价内容，将日常制度化监管的结果进行量化评分，来衡量企业的信用水平，并将评价结果依托统一信息平台公开发布，形成有效的社会监督机制，逐步建立"褒扬守信、惩戒失信"的市场环境，引导企业诚实守信，从而达到规范市场秩序的目的。截至年底，全省共有工程建设招标代理机构153家，从业人员19972人，代理中标金额1601.6亿元，实现营业收入3.1亿元。

勘察设计

【概况】　2014年，福建省勘察设计单位营业总收入338.01亿元，其中工程勘察营业收入19.76亿元、工程设计营业收入71.63亿元，上交税收7.62亿元，利润总额23.57亿元。勘察设计单位工程勘察完成合同额20.60亿元，工程设计完成合同额66.15亿元，工程技术管理服务完成合同额12.93亿元，工程承包完成合同额161.08亿元，境外工程完成合同额2.4亿元。截至2014年底，全省共有勘察设计企业664家，勘察设计咨询行业共有从业人员4.09万人。2014年，全省施工图审查机构共30家，审查人员650人。全年全省完成施工图审查项目13460项，建筑面积15149.30万平方米。

【行业管理新举措】　加强设计大师领衔项目设计的政策研究，开展政策执行情况调查摸底。根据近两年执行情况，与省发展改革委联合印发《关于继续执行引入大师领衔设计有关政策的通知》，明确继续实施设计大师领衔项目设计的政策，同时对政策执行过程中的设计合同签订、设计大师履职、建设单位职责和设计收费等提出具体要求，进一步完善设计大师领衔项目设计的政策措施。印发《关于进一步加强工程勘察现场质量管理工作的通知》，创新工程勘察质量监管方式，建立工程勘察事前报告制度，加强工程勘察质量事中监管。严格工程勘察劳务市场准入管理，实施劳务人员岗位培训名单公布制度。制定《福建省岩土工程勘察现场检查记录表》，明确工程勘察现场检查的重点内容，实施工程勘察现场作业质量动态监管。制定印发《福建省房屋建筑工程勘察设计变更管理办法》，明确勘察设计变更的类别和具体范围，严格勘察设计变更程序，规范勘察设计变更行为，落实勘察设计变更责任，加强勘察设计变更管理。

【省外单位入闽从业管理】　规范入闽省外勘察设计企业的监督管理，制定出台《省外勘察设计企业入闽承揽勘察设计业务监督管理办法》，推动建立统一开放和公平竞争的市场秩序，并组织开发相应的管理信息系统。同时，做好省外勘察设计企业入闽承揽业务的备案管理，至2014年底，共完成980多项省外勘察设计单位完成的勘察设计项目的备案，并为62家常驻我省的省外勘察设计单位办理分支机构备案手续。

【扶持龙头企业】　根据福建省政府产业龙头促进计划实施方案有关文件精神，制定扶持勘察设计龙头企业发展壮大的政策措施，明确勘察设计龙头企业的主要条件,并公布10家勘察设计龙头企业名单(详见下表),以发挥龙头企业支撑和引领带动作用,提升勘察设计龙头企业市场竞争力,增强企业发展活力,进一步推动全省勘察设计行业发展壮大。

【施工图审查】 部署开展全省施工图审查机构资格检查工作,对审查机构配备审查人员的数量、专业、年龄等进行专项检查,督促审查机构加强队伍建设,防止注册执业人员人证分离现象,提高审查队伍整体素质。同时,组织全省房建类审查机构结构专业技术骨干,开展施工图审查技术培训研讨,宣贯住房城乡建设部《建筑工程施工图设计文件技术审查要点》,提高审查人员业务水平,保证施工图审查质量。定期通报施工图审查工作情况,对违反强制性条文较多的8家勘察设计单位进行通报批评,并约谈其法定代表人,对9名项目负责人和专业负责人进行约谈并记入不良行为记录。对6家审查机构予以通报表扬,对4家审查机构予以通报批评,提高责任主体对勘察设计质量的责任意识和重视程度。进一步完善全省施工图审查管理信息系统,扩大施工图审查项目信息公开内容,发挥社会监督作用,提高审查服务水平。

【勘察设计质量专项治理】 以工程勘察现场作业质量监管为重点,按照勘察设计质量专项治理实施方案要求,开展勘察设计质量专项治理工作,并定期通报全省专项治理工作情况,促进专项治理工作取得实效。落实工程勘察事前报告制度,开发并启用全省岩土工程勘察项目信息管理系统,实现勘察项目信息管理实时化、电子化、网络化,在加强监管的同时进一步方便和服务企业。

【勘察劳务人员培训】 组织开展钻工、编录员、安全员、土工试验员等多岗位技术培训,在福州、宁德、厦门、三明等地举办10多期培训班,满足企业需求,服务方便企业。全年共培训各类劳务作业人员3624人次,经培训考核共有3029人取得岗位证书,其中安全员856人,钻工1114人,编录员901人,土工实验员158人,全省取得各类岗位证书累计达4112人次。

【勘察设计质量信息公开】 在省住房城乡建设厅网站设置勘察质量回访信箱,建立建设单位对工程勘察服务质量的反馈渠道。实时公布在勘项目信息、施工图审查项目信息、审查机构名录和省外入闽勘察设计单位等信息,统一公布全省各地勘察设计质量投诉举报方式,发挥社会监督作用,促进企业自觉守信。

【工程抗震防灾】 推进城市抗震防灾专项规划编制工作,加强规划编制工作指导。漳州市、福清市城市抗震防灾规划通过省级技术审查,进一步提高城市抗震防灾能力和水平。开展超限高层建筑工程抗震设防专项审查,共组织完成泉州市鲤城区滨江总部经济区云鹤大厦等46个项目的抗震设防专项审查。督促设计单位认真落实专家审查意见,提高建筑结构可靠性,保证工程抗震设计质量。

建筑节能与科技

【建筑节能与绿色建筑】 2014年全省新增绿色建筑项目51个,建筑面积748.21万平方米。完善绿色建筑政策,制定出台《关于贯彻福建省绿色建筑行动实施方案有关事项的通知》《关于加强绿色建筑项目管理的通知》《关于进一步加快绿色建筑发展的补充通知》,印发《关于保障性住房实施绿色建筑行动的通知》和《关于在政府投资公益性建筑及大型公共建筑建设中全面推进绿色建筑行动的通知》,建立绿色建筑规划审查制度、设计专篇制度、施工图监管制度等3项基本制度。健全绿色建筑标准体系。组织编制绿色建筑设计规范、评价标准、节能标准、建筑产业现代化标准、绿色建筑施工图和绿色保障性住房施工图的设计说明示范文本,指导全省绿色建筑规划、设计、图审和施工。推动百项示范项目建设。通过督查、约谈、通报等方式,加快推进示范项目建设。100个重点示范项目中,开工89个,完工39个,完成投资364亿元。加强监督检查。第一和第三季度组织两次督查,主要检查百项示范项目启动情况、四类项目实施情况和有关制度执行情况。同时,结合检查组织绿色建筑有关专家对示范项目进行技术指导。

【继续推进新建筑公共建筑节能】 继续推进新建建筑节能,贯彻执行《民用建筑节能条例》有关规定,新建公共建筑和居住建筑在项目立项、设计、施工图审查、施工、监理、验收和竣工验收备案各环节严格执行建筑节能强制性标准;全省建筑节能强制性标准执行率设计阶段达100%,竣工验收阶段达100%;截至11月底,全省城镇新增建筑面积11640万平方米,累计节能建筑面积50157万平方米。发布全省建筑节能材料和产品备案项目94项,供全省推广应用。继续推进公共建筑节能,全省利用省级节能重大专项课题,建立机关办公建筑和大型公共建筑能耗监测平台。截至年底,累计完成2285栋建筑的统计工作,建筑面积共计2583万平方米;累计完成340栋建筑22家公共机构节能审计工作,建筑面积共计820.3万平方米;累计监测建筑

479栋，建筑面积492.4万平方米。

【既有居住建筑节能改造和可再生能源建筑应用】 推进既有居住建筑节能改造，宁德、三明和南平等3个夏热冬冷地区，自2012年启动既有居住建筑节能改造工作以来，按要求制定《既有居住建筑节能改造实施方案》，明确改造计划、改造重点和技术路线，结合宜居环境建设，积极推进既有居住建筑节能改造工作。截至年底，全省夏热冬冷地区居住建筑节能改造累计完成建筑面积27万平方米，其中2014年完成12.6万平方米。继续推进福州等9个财政部、住房城乡建设部可再生能源建筑应用示范市县建设，其中福州、武平、华安、永安、连城、将乐等基本完成，同步完成能效测评建筑面积153万平方米。

【智慧城市试点】 2014年，福建省各试点智慧城市均能按照创建任务书要求，建立组织管理机构，开展重点项目建设，推动智慧城市各项工作并取得成效。

【科技成果转化推广】 指导省科技重大专题，组织省建筑设计研究院实施建设行业信息一体化软件核心技术(BIM)应用课题，完成中期检查，利用科研成果启动编制《BIM协同设计规范》等4项标准，在勘察设计行业推广BIM技术。组织建设领域企事业单位申报科技进步奖。全年建设行业10项成果申评省科技进步奖和住房城乡建设部华夏科学进步奖，5项成果获省科技进步奖，以评奖带动行业科技进步。指导施工企业推进技术中心建设。2014年组织专家对4家施工企业技术中心运行情况进行核查，并申报省级企业中心资格。组织实施各类示范项目验收。全年共完成12项建筑业10项新技术示范工程、科技示范工程、绿色建筑示范工程验收。

【标准化支撑作用】 围绕加强城乡规划管理、宜居环境建设、绿色建筑行动、工程质量和队伍素质"双提升"行动等住房建设领域中心工作，2014年度共发布工程建设地方标准25部(含修订2部)，包括《福建省绿道规划建设标准》《福建省城市地下管线探测及信息化技术规程》等城建方面标准6部，以及《福建省居住建筑节能设计标准》《福建省绿色建筑评价标准》等建筑工程方面的标准19部。截至年底，全省现行工程建设地方标准共计171部，标准化工作取得实效，对转化科技成果，推广应用新技术、新产品，规范行业发展具有一定作用。

大事记

1月

9日 召开智慧城市试点工作推进会，搭建经验交流平台，推进重点项目建设。中科院遥感与数字地球研究所、航天神舟投资管理有限公司、住房城乡建设部数字城市工程研究中心、国家开发银行福建分行、智慧城市服务商和各试点城市(区)有关人员参加。

13日 开始组织各地申报"千村整治、百村示范"工程村庄名单。

24日 与省文化厅联合成立历史文化名镇名村保护发展专家服务团，开展技术指导和服务。

28日 向福建省政府报送《福建省违法建筑处置条例(送审稿)》。

2月

17日 印发《关于创建"绿色乡镇"工作的通知》，部署开展绿色乡镇创建工作。

18日 印发《关于加强绿色建筑项目管理的通知》，从实施把关机制、规划许可和施工许可、绿色建筑设计和施工图审查等三方面提出加强管理的意见。

19日 与省文化厅、国土资源厅和旅游局联合印发《关于重点扶持历史文化名镇名村保护和整治建设的指导意见》，部署推进历史文化名镇名村景观环境改善提升工作。

24日 开展为期近一个月的对绿色建筑行动百项重点示范工程2014年第一次专项督查，第一季度百项重点示范工程完成投资231亿元，开工72项，基本完工17项。

25日 印发《全省住房城乡建设系统2014年推进依法行政工作要点》。

26日 省住房城乡建设厅会同省文化厅下发《关于开展历史建筑、特色建筑、历史风貌区普查的通知》。

同日 省政府印发县城建设标准，标准包括总则、县城规划、县城功能、县城风貌以及县城管理六大方面内容。

27日 全省"两违"综合治理专项行动现场会暨宜居环境建设工作会议在莆田召开。副省长陈冬出席会议并做动员部署，厅长龚友群、巡视员李尧、副厅长王胜熙参加。

3月

10日 副省长陈冬到省住房城乡建设厅研究部署宜居环境建设和"两违"综合治理工作，厅领导参加。

24~26日 副省长陈冬赴漳州调研宜居环境、美丽乡村及"两违"综合治理等工作，厅长龚友群参加。

24日　2014年第一次全省建筑业经济和建筑工程质量安全生产形势分析会在福州召开,厅总工林增忠参加。

4月

14~20日　组织对全省建筑工程质量安全进行差异化督查。

17日　全省设区市"两违"综合治理专项行动领导小组办公室主任工作会议在福州召开。厅长龚友群、巡视员李尧参加。

18日　省人大听取全省"两违"综合治理和《福建省违法建筑查处条例》立法情况汇报,厅长龚友群、巡视员李尧参加。

23日　《福建省城镇体系规划(2011~2030年)》获国务院批复实施。

24日　成立以厅长龚友群为组长、总工林增忠为副组长的工程质量和队伍素质"双提升"行动领导小组,并印发《关于开展工程质量和队伍素质"双提升"行动的通知》。

26日　《三明市城市总体规划(2010~2030)》获省政府批复。规划确定三明市是"中国绿都,海西中部重要的综合交通枢纽,生态工贸、宜居宜业中心城市",到2030年,中心城区规划人口规模达到95万人左右,建设用地控制在120平方千米以内。

5月

1日　启用全省岩土工程勘察项目备案管理系统,创新工程勘察质量监管方式,建立工程勘察事前报告制度,强化工程勘察质量事中监管。

14日　省住房城乡建设厅会同省发展改革委、公安厅、交通运输厅等部门出台《关于进一步加强福建省城市停车场规划建设管理的意见》。

20日　省政府认定公布第一批9个省级历史文化街区名单,分别是福州市三坊七巷、上下杭、朱紫坊等3个历史文化街区,厦门市鼓浪屿历史文化街区,泉州市中山路和西街等2个历史文化街区、漳州市台湾路—香港路历史文化街区、长汀县东大街和店头(建设)—五通街等2个历史文化街区。

30日　印发《关于扩大乡村规划师选拔培训试点工作的通知》,部署扩大乡村规划师选拔培训试点工作。

6月

5日　《晋江市城市总体规划(2010~2030)》修编获省政府批复,规划确定晋江是中国品牌之都、海西地区现代产业中心、滨海生态城市,到2030年,中心城区规划人口规模达158万人左右,建设用地控制在174平方千米以内。

18~21日　第十二届中国·海峡项目成果交易会在福州海峡国际会展中心举办,省住房城乡建设厅举办建筑工业化专题展,组织有关高校、科研机构、设计单位、生产企业展示建筑工业化科普知识和技术。

24日　省住房城乡建设厅印发《福建省实施城市立体绿化暂行办法》,指导各地更好地实施城市立体绿化工作。

26日　与省文化厅联合印发《福建省历史文化名镇名村保护和整治导则(试行)》,推进历史文化名镇名村以及传统村落保护和整治工作。

7月

9日　印发《关于进一步完善建筑施工企业暂扣安全生产许可证处罚实施的分工方案》,进一步明确建筑施工企业安全生产许可证暂扣处罚实施各环节工作职责,确保暂扣工作依法、及时实施。

29日　与省发展改革委联合印发《关于继续执行引入大师领衔设计有关政策的通知》,对大师领衔项目设计政策执行过程中的合同签订、大师履职、建设单位职责和设计收费等提出具体要求。

8月

13日　组织对绿色建筑行动百项重点示范工程2014年度第二次专项督查,截至8月底,百项重点示范工程完成投资364亿元,开工88项,基本完工38项。这项检查至9月4日结束。

14日　全省城市综合管理试点工作推进会在福州召开,厅长龚友群、副厅长王海参加。

21日　省政府办公厅出台《关于开展派驻城市规划督察员工作的通知》,自2014年8月起正式向各设区市和平潭综合实验区派驻城市规划督察员。

28日　成立保障性安居工程省级融资平台——福建省城乡综合开展投资有限责任公司。

9月

1日　住房城乡建设部命名宁德市为"国家园林城市"。至此,全省共有10个城市、5个县城被命名为"国家园林城市"。

4日　全国工程质量专项治理两年行动电视电话会和福建省深化"双提升"行动视频会召开,厅长龚友群、总工林增忠参加。

10日　成立建筑产业现代化推进领导小组,下设建筑产业现代化办公室,服务指导全省各地推进建筑工业化基地(园区)和试点项目建设。

同日　出台《福建省建筑业龙头企业实施计划》,明确龙头企业发展目标、选定标准、选定办法及扶持政策,选定公布第一批45家龙头企业。

同日　与文化厅联合印发《福建省历史文化名镇名村保护与发展规划》。

15日　省住房城乡建设厅印发《福建省城市规划督察员管理办法》和《福建省城市规划督察工作规程》。前者规定本省城市规划督察员遴选条件、聘任与派遣程序和方式、日常管理、纪律与考核、离任与交接等内容。后者明确督查内容、工作方式、对发现违法违规行为的处理方法等。

19日　省住房城乡建设厅制定出台《福建省国有建设用地使用权出让地块规划条件管理办法》，明确省内城市、镇规划区内国有建设用地使用权出让地块（工业用地除外）规划条件的主要内容，及出具、变更和监督管理程序。

26日　《漳州市城市总体规划（2012～2030）》及《漳州历史文化名城保护规划（2013～2030）》获福建省政府批复。

10月

7日　福州历史文化名城保护规划（2011～2020）获省政府批复。

13日　印发《关于调整住房公积金提取政策有关事项的通知》，对支付房租、物业费及既有住宅加装电梯等住房公积金提取事项进行优化调整。

14日　省政府办公厅下发《关于推进地下空间开发利用八条措施的通知》。

16日　印发《关于进一步加快绿色建筑发展的补充通知》，从实施范围、标准宣贯、增量成本、规划引导、绿色保障性住房建设等方面提出具体措施和要求。

11月

20～28日　开展全省工程质量两年治理和三年"双提升"行动大检查暨监理专项检查，厅长龚友群、巡视员王知瑞、副厅长林瑞良、总工林增忠、副厅长吴建迅带队分赴各设区市检查。

21日　联合省发展改革委、省机关事务管理局转发《关于在政府投资公益性建筑及大型公共建筑中全面推进绿色建筑行动的通知》，从实施范围、规划引导、资金投入保障、队伍建设、绿色保障性住房建设等方面提出意见。

12月

1日　印发《关于做好2014年乡村规划师聘用和考核管理工作的通和》，部署各地做好乡村规划师聘用和考核管理工作。

2日　与省文化厅和财政厅联合印发《福建省传统村落评审认定办法》，规范省、市、县三级传统村落评审认定工作。

21日　省住房城乡建设厅在福州组织召开《美丽福建宜居环境建设总体规划（2014～2020年）》专家论证会。出席论证会的闽台两岸专家给予一致好评。

31日　实现全省所有景区（国家级18处、省级33处，总面积2200平方千米，占全省面积1.9%）总体规划全覆盖。

同日　新增建成区绿化覆盖面积2285公顷，绿地面积2140公顷，率先实现全省所有设市城市达到国家级或省级园林城市标准。

同日　省住房城乡建设厅命名周宁、连江、连城、建宁县为"省级园林县城"。至此，全省有34个城市（县城）被命名为"省级园林城市（县城）"。

（福建省住房和城乡建设厅）

江　西　省

概况

2014年，江西省住房和城乡建设部门认真贯彻落实省委、省政府关于推进全省新型城镇化工作的各项部署，认真学习领会全省城镇化工作会议精神，求真务实、真抓实干，积极稳妥推进江西省新型城镇化发展，全面完成各项工作任务。

【保障性安居工程建设任务圆满完成】　2014年，江西全省开工建设保障性安居工程33.05万套，基本建成26.14万套，分别占国家目标任务105.7%和145.2%。重点下大力气推进棚户区改造，完成各类棚改20.63万套，成效为历年最好。搭建全省棚改融资平台，与国开行签订1000亿元的支持棚改贷款协议，实际到位260亿元。鼓励民间资本参与保障性安居工程投资建设运营。加大城市棚改货币化安置，全省棚改货币化安置率25%。南昌市棚改力度大，成效显著，与大力推进货币化安置分不开，有的项目货币化安置达95％。

【城乡规划建设管理得到加强】 省域城镇体系、城镇群、城镇带、都市区发展等规划编制工作取得进展。乡镇总体规划全部完成，村镇规划基本覆盖，修改完善了一批风景名胜区总规和控规。实施省政府驻设区市城乡规划督察员制度，开展遏制盲目"造城之风"和违规调整容积率专项治理。出台城镇地下管网、百强中心镇建设和农村建房管理等政策文件。城市地下综合管廊建设试点有序推进，景德镇投资2亿元建设4千米的综合管廊。11个设区市城市全部进入国家园林城市行列。新增中国历史文化名镇名村12个，达33个，列全国第五位。新增中国传统村落36个，达125个，列全国第6位。

【房地产市场平稳发展】 面对迅速变化的房地产市场，出台了促进房地产市场平稳健康发展的18条措施，取消"限购、限贷"，对稳市场、止下滑起了积极的作用。加大住房公积金的使用，年度归集的住房公积金210亿元基本释放。省政府出台《省国有土地上房屋征收与补偿实施办法》，有利于促进征收和补偿工作有法可依。开展全省房地产开发、房地产中介市场、物业管理市场专项整治等工作。截至11月底，除开工面积和交易量略有下降外，其他指标均有增长。房地产开发完成投资1322.49亿元，同比增长12.6％；商品房竣工面积1871.79万平方米，增长4.9％；房地产业地方税收412.6亿元，增长19.3％，全省房地产市场运行总体平稳。

【建筑产业发展实现突破】 实施支持重点企业、重点地区加快发展的政策措施。重点调度100家骨干企业，在资质升级、企业"走出去"等方面采取有力措施，支持建筑企业做大做强。3家企业产值超百亿，2项工程入选全国建设工程优质奖(鲁班奖)。扶持南昌、上饶、抚州等重点地区率先发展，广丰县被授予"全国建筑之乡"，南昌县江西千亿建筑科技产业园建筑企业总部基地已开工建设。新增特级建筑企业2家，一级建筑企业58家，二级建筑企业183家，完成产值4000亿元，提前一年完成"十二五"目标任务。

【城镇减排和绿色建筑扎实推进】 全省投资38亿元，新(扩)建城镇生活污水处理厂20座，建成污水管网1360千米，污水处理率达到78％。南昌市餐厨垃圾处理项目投入试运行，南昌市、景德镇市垃圾焚烧发电项目进展顺利。全省新增城镇生活垃圾无害化日处理能力960吨，处理率达到68.5％。新增绿色建筑项目29个，建筑面积305万平方米。国家智慧城市、全国可再生能源建筑应用示范城市等试点工作深入推进。风景名胜资源保护利用得到加强，有力助推旅游强省战略的实施。

【重点改革进一步深化】 深入贯彻落实省委、省政府关于完善城镇化发展体制机制，提高城镇化发展质量的意见，促进城镇化提质增速。鹰潭市、樟树市纳入国家新型城镇化综合试点。于都县纳入国家层面"多规合一"试点，鹰潭市、萍乡市、丰城市、乐平市、湖口县、吉安县、婺源县纳入了省级层面"多规合一"试点。开展民间资本参与保障性安居工程、市政基础设施投资建设运营、政府购买服务等改革试点工作。积极推进住房公积金个人贷款"昌九一体化"政策。大力实施行政审批制度改革，省住房城乡建设厅保留的12项行政审批事项全部实现了网上申报审批。

法制建设

【扎实履行全面深化行业改革职能】 充分发挥牵头综合作用，按照江西省委、省政府全面深化改革的总体部署和任务分工，在广泛征求意见的基础上，制定出台江西省住房城乡建设厅全面深化改革实施方案。通过全面调查摸底，借鉴兄弟省市经验，制定出台了省厅支持省直管县(市)体制改革试点工作实施方案，提出省厅赋予试点县(市)的经济社会管理权限目录清单。建立全面深化改革工作台账和信息报送制度，落实责任分工，加强调度督导，积极协调推进各项改革任务的落实。及时向省委改革办和专项改革小组报送反馈意见、工作总结、工作动态和信息报表等。

【不断完善行业法规制度建设】 出台《江西省国有土地房屋征收与补偿实施办法》，配合完成《江西省城市管理办法》的起草修改工作。配合有关单位完成《江西省风景名胜区条例》(代拟稿)的审核、修改和呈报工作。向省政府报送《江西省民用建筑节能管理办法》(代拟稿)，争取列入省政府规章的立法计划。加强规范性文件的审查把关，完成《关于进一步鼓励和引导民间资本进入市政公用事业领域的实施意见》、《关于鼓励民间资本参与保障性安居工程建设运营的通知》、《关于进一步加强公共租赁住房"租售并举"工作的通知》、《江西省工程建设标准化管理办法》、《江西省住房公积金个人住房贷款业务规程》(试行)等10多件规范性文件的审核修改工作。

【继续深化行政审批制度改革】 进一步简政放权，对现有的审批事项继续进行清理，取消和下放行政审批项目 20 项，受到了基层的欢迎，极大地方便了办事群众。积极采取相关措施，对取消和下放的项目，严格按要求抓好衔接和落实，并加强对承接部门的监督指导。对保留实施的项目，及时在厅公众信息网上公布项目清单及举报投诉电话自觉接受社会监督。指导协调各有关处室、单位进行审批事项流程再造，优化运行流程，提高审批效率。

【高度负责做好行政复议和应诉工作】 2014 年，共收到行政复议申请 9 件，其中，房屋征收 5 件、城乡规划 2 件、政府信息公开 2 件，立案受理 5 件，占 55.5%，调解后不予受理 4 件，占 44.5%。已受理案件全部在法定时间内办结，未发生一起因行政复议申请人不服而提起行政诉讼的情况。对行政复议案件，坚持实地调查取证和行政调解，努力化解矛盾和纠纷。

建筑业与工程建设

【概况】 2014 年，江西全省建筑业总产值突破4000 亿，提前完成"十二五"目标。截至年底，全省共有各类建筑业企业 4577 家，比上年增加 653 家，新增特级建筑企业 2 家，一级建筑企业 58 家，二级建筑企业 183 家。2014 年，全省各类建筑业企业共完成建筑业总产值 4122.63 亿元，比上年增长18.8%，建筑业总产值在全国的排第 18 位；全社会建筑业增加值 1393.6 亿元，占全省生产总值的8.6%；按建筑业总产值计算的劳动生产率 31.83 万元/人，增长 16.16%；企业在省外完成的建筑业总产值 1302.39 亿元，增长 10.9%；全省对外承包工程累计完成营业额 28.5 亿美元，增长 25.5%，总量居全国第十三位，增幅居全国第六位。全省房屋建筑施工面积 2.77 亿平方米，增长 19.8%。其中房屋竣工面积 1.27 亿平方米，增长 7.1%。产业集聚发展实现新突破。

【扶持企业加快发展】 强化对重点地区、骨干企业的指导扶持，加强骨干建筑业企业和建筑业传统优势市、县建设行政主管部门的服务指导工作。深入吉安、赣州市，广丰、南昌、新建和峡江县等地调研当地建筑业企业，特别是骨干企业发展情况、建筑业总部基地筹备建设情况和推动建筑业发展政策出台情况。组织全省排名前 100 位的施工总承包企业及有关骨干专业承包企业的主要负责人，参加全省加快建筑业发展现场推进会。加快推动建企"走出去"。下发《关于鼓励和推动全省建筑企业加快"走出去"发展的通知》，明确到 2017 年，全省每年新增对外承包工程企业 20 家以上，对外承包工

程营业额年均增长 15% 以上的目标。鼓励、扶持和推动具有一级及以上资质的建筑企业申报对外承包工程经营资格。

【加强建筑市场监管工作】 部署和启动工程质量治理两年行动。出台全省工程质量治理两年行动实施方案，建立相关工作制度，培训建筑市场执法专家 70 余人。对全省 11 个设区市开展建筑市场执法检查。完成为期 3 个月的南昌市建筑工地扬尘污染专项治理工作。出台《关于开展二级建造师继续教育工作的通知》，启动全省二级建造师继续教育工作。做好拖欠工程款和农民工工资投诉。全年共处受理拖欠工程款和农民工工资案件 58 件，其中转公路、水利、电力、铁路等部门的 31 件，直接受理 27件。解决拖欠工程款 131.42 万元，解决拖欠农民工工资 6368.1 万元。

【组织赣台建筑业合作交流活动】 为加强江西省建筑业管理水平，提升省内施工水平，学习境外施工和管理先进经验，承办了赣台建筑业合作交流考察，推动省内优秀建筑业企业加强与台湾营建业的交流合作。

城乡规划

【概况】 全省 11 个设区市均成立城市规划委员会，由市委书记或市长担任主任，具体研究解决城市规划发展和建设的重大问题。同时各地普遍实行城市规划专家技术审查制度，对事关城市规划、建设和发展的重大问题，注意广泛听取专家和社会各界的意见，科学决策、民主决策的意识进一步加强。全省有南昌、景德镇、赣州市 3 个国家历史文化名城，吉安、井冈山、瑞金、九江市 4 个省级历史文化名城。

【大力推进新型城镇化发展】 针对推进农业转移人口市民化、提高城镇建设用地利用效率、建立多元可持续的资金保障机制、提高城镇化管理和城镇建设水平等问题，在全省开展新型城镇化发展质量情况调研，研究制定《关于完善城镇化发展体制机制提高城镇化发展质量的意见》。6 月，省委、省政府出台该《意见》，研究并推进《关于完善城镇化发展体制机制提高城镇化发展质量工作责任分工方案》。推动改革试点，大力推进空间规划体制改革，制定并实施江西省城乡总体规划暨"多规合一"试点工作方案。全面启动鹰潭市、萍乡市、丰城市、乐平市、吉安县、湖口县、婺源县等 7 个市县的省级"多规合一"试点，并将鹰潭市、樟树市纳入国家新型城镇化综合试点。完成江西省新型城镇化发

展评价指标体系，切实提高城镇化考核评价的科学性和指导性。开展 2014 年全省推进新型城镇化督查工作。

【推进跨区域城镇体系规划编制】 《江西省城镇体系规划》经省政府常务会和省人大常委会议审议通过，报国务院待批。重点开展都市区、城镇群规划编制。着力加快推进跨区域城镇群、城镇带、都市区发展规划的编制工作，启动《鄱阳湖生态城市群规划》《昌九一体化城镇体系规划》《南昌大都市区规划》《新宜萍城镇群规划》编制工作。督促九江市开展《九江都市区规划》、吉安市开展《吉泰城镇群规划》编制工作。加强城市总体规划审查报批。指导景德镇、共青城、井冈山、瑞昌市城市总体规划报批。完成瑞金市、遂川县、新干县、永修县、信丰县、宁都县等 10 余个县（市）城市总体规划纲要审查，指导九江县、都昌县、吉水县、乐安县等完成城市总体规划成果评审。开展相关专业规划编制工作。11 个设区市基本完成消防专项规划的编制工作。会同省电力公司组织开展全省电网设施专项规划编制工作。

【全面开展城乡规划督察工作】 为规范城乡规划督察工作程序，制定出台《江西省城乡规划督察工作规程》《城乡规划督察工作管理规定》，制作了督察员监督检查证。开展座谈交流。定期召开督察员工作座谈会。下发督察意见，全年下发 11 份城乡规划督察意见书，涉及规划管理权限分设、控规编制突破总规范围、控规修改总规强制性内容、违法建设、风景区规划建设管理等问题，要求各地进行整改落实，并进行通报。

【提高城市规划管理水平】 为强调城镇总体规划的刚性执行，大力提高土地利用效率，研究制定《关于严格执行城镇总体规划集约节约利用建设用地的意见》。完善管理技术规定。《江西省城市规划管理技术导则（2014 版）》自 6 月 1 日执行。研究起草《建设项目交通影响评价编制导则》《电力设施专项规划编制指导意见》等规范性文件。开展《城乡规划违法违纪行为处分办法》贯彻落实情况专项检查、遏制盲目"造城"专项治理和房地产项目违规调整容积率专项检查。规范规划选址管理。开展重大项目选址批前公示工作。开展中国历史文化街区申报工作，推荐景德镇三闾庙历史文化街区等 20 个历史文化街区参加中国历史文化街区申报认定。严格园区申报审查。全年完成瑞昌等 30 余个县市工业园区扩区调区的规划符合性审查工作。完成萍乡市湘东区工业园等申报省级产业园区的规划审查工作。

【城镇地下管线建设取得突破】 省政府印发《关于加强城镇地下管线建设管理的实施意见》，该文件的出台对加强全省地下管线建设管理起到重要的推动作用。组织开展地下管线普查和综合管廊试点。全省有 61 个市县完成地下管线的普查。确定南昌市、景德镇市、共青城市和进贤县为全省综合管廊试点市县。着力加快污水管网建设。全省建设城镇污水管网共计 1360 千米，会同省财政厅对市、县 2013 年度污水管网建设任务完成情况进行审查，根据审查情况下达中央补助资金 2.42 亿元。在崇义县召开全省污水管网建设工作现场推进会，对全省各地全面展开污水管网维修堵漏工作起到了强力推动作用。开展污水管网清淤堵漏工作，并对 25 个污水处理厂运行较差的市、县进行重点跟踪和定期调度。组织对市、县 2015 年度污水管网建设计划和"十三五"建设规划任务进行调查，为下一步制订全省污水管网"十三五"建设规划和争取国家相关补助资金打下基础。

城市建设

【概况】 城市供水：全省城市供水日综合生产能力 769.15 万立方米，供水总量 16.3 亿立方米；设市城市用水普及率 97.78%，县城用水普及率 93.61%；设市城市人均日生活用水量 178.71 升，县城人均日用水量 114.97 升。

城市燃气：全省燃气用户 442.1 万户，用气人口 1658.76 万；液化石油气供气总量 42.6 亿吨，用气人口 1077.79 万人；人工煤气供气总量 3.1 亿立方米，用气人口 19.19 万人，天然气供气总量 8.2 亿立方米，用气人口 561.78 万人；设市城市燃气普及率 95.18%，县城燃气普及率 82.33%。

市政工程：全省城市道路 14989.41 公里，面积 3.02 亿平方米，排水管道 19953.39 公里，城市路灯 105.8 万盏；设市城市人均道路面积 15.77 平方米，县城人均道路面积 16.80 平方米。

园林绿化：全省城市绿化覆盖面积 106350.91 公顷，园林绿地面积 90866.16 公顷，公园绿地面积 25775.52 公顷，公园 820 个；设市城市建成区绿化覆盖率 44.55%，绿地率 41.61%，人均公园绿地面积 14.13 平方米；县城建成区绿化覆盖率 40.40%，绿地率 36.48%，人均公园绿地面积 13.54 平方米。

城建管理执法队伍：全省各市、县均组建了城建监察（城管执法）支（大）队。南昌市设立城市管理委员会（保留城市管理行政执法局的牌子）；宜春、吉安、上饶 3 个城市设立城市管理局；赣州、九江、新余、抚州、萍乡、景德镇、鹰潭等7个城市设立城市管理行政执法局，其中赣州、新余、抚州、萍乡、鹰潭市增挂城市管理局的牌子。

市容环卫：全省城市环卫行业清扫保洁面积23976万平方米，年清运垃圾641.36万吨，无害化垃圾填埋场45座，建有公共厕所3447座，其中三类以上公厕2389座；设市城市生活垃圾无害化处理率93.09％，县城生活垃圾无害化处理率60.51％。

污水处理：全省11个设区市106座污水处理厂运行正常。设市城市污水处理率83.76％，污水集中处理率82.55％，县城污水处理率72.35％，污水集中处理率72.35％。

【城镇地下管线建设取得突破】《关于加强城镇地下管线建设管理的实施意见》的出台对加强全省地下管线建设管理起到重要的推动作用。组织开展地下管线普查和综合管廊试点。全省有61个市县完成地下管线的普查。确定南昌市、景德镇市、共青城市和进贤县为全省综合管廊试点市县。着力加快污水管网建设。全省建设城镇污水管网共计1360公里，下达中央补助资金2.42亿元。在崇义县召开全省污水管网建设工作现场推进会，对全省各地全面展开污水管网维修堵漏工作起到强力推动作用。开展污水管网清淤堵漏工作，并对25个污水处理厂运行较差的市、县进行重点跟踪和定期调度。

【抓好污水处理设施建设】对列入国家重点减排责任项目的20座污水处理厂（二期）扩建项目进行调度，进一步提高全省污水处理能力。做好全省污水处理设施建设运行民主监督专题调研活动，实地调研24座市、县污水处理厂。确立江西首家城市排水监测机构（城市排水监测网省级中心站）。

【推进生活垃圾无害化处理设施建设】组织对全省垃圾处理设施建设情况进行全面摸底，推进餐厨垃圾试点工作，加强对南昌市、赣州市餐厨垃圾处理试点工作的指导，推进垃圾无害化处理新技术、新工艺。南昌市、景德镇市的垃圾焚烧发电项目进展顺利，樟树市、兴国县等市县正积极探索和推进较为新型的工业仿生胃（IS）处理生活垃圾技术。启动生活垃圾分类试点工作，推荐宜春市为全国生活垃圾分类示范城市并上报住房城乡建设部。

【推进城市园林绿化建设】以创建园林城市为抓手推进城市绿化建设。鹰潭市、抚州市命名为国家园林城市，新干县命名为国家园林县城，高安市八景镇命名为国家园林城镇。全省11个设区市全部进入国家园林城市行列，4个县城进入国家园林县城行列，2个城镇进入国家园林城镇行列。组织完成对

德安县、峡江县、分宜县、奉新县、上高县申报工作的帮扶指导和初审上报工作，完成对南昌、赣州、宜春、吉安、新余、景德镇、萍乡等7个国家园林城市的复查工作。积极推进城市绿道建设，全省完成绿道建设约120千米，赣州市、吉安市和新余市被列为全国自行车绿道系统示范城市。

【加强城市建设指导和管理】推动民间资本参与市政公用基础设施建设，推进政府购买服务。做好重点城建项目的调度与管理。全省11个设区市中心城区城建项目共计1320个，投资金额9779.1亿元。其中，新建项目569个，投资金额3285.6亿元；续建项目751个，投资金额6493.5亿元。抓好各行业安全生产和管理。修订了全省城市供水行业、燃气行业和桥梁行业的突发事故应急预案，并建立应急事故处置专家库。抓好各行业的专业规划编制工作。完成对南昌市城市排水防涝专项规划评审，该规划是江西第一个城市排水防涝专项规划。完成对上饶市、铅山县等7个市、县燃气专项规划和南昌市环卫规划的编制工作，指导全省各市、县开展地下管线综合专项规划编制工作，已有32个市、县编制完成。加强行业法规和技术标准规范建设。修订《江西省城镇燃气管理办法》并颁发施行，编制完成《江西省城市建设管理文件汇编（2009～2013年）》，编制完成《江西省城镇生活饮用水二次供水工程技术规程》。强化环卫行业监管。

完成对城市公园内设置私人会所高档餐馆问题调查整改工作。组织开展全省城市供水水质督查。

村镇规划与建设

【概况】2014年，江西全省乡镇域总面积15.95万平方千米，建成区面积193466公顷，村庄用地面积485649公顷。有建制镇694个，乡575个，农场34个（不含城关镇和纳入城市统计范围的乡镇），行政村16918个，自然村165489个。全省村镇总人口3851.4万人，其中小城镇镇区人口822.43万人，村庄人口3028.95万人。全省已建立镇（乡）级村镇规划建设管理机构1283个，配备工作人员5036人，其中专职人员2730人。2014年，全省村镇建设总投资557.7亿元，农村建房231311户，村镇住宅竣工建筑面积5359.4万平方米，人均住宅建筑面积40.22平方米。同时，村镇公用设施逐步完善，共有666个建制镇、500个集镇、26个农场建有集中供水设施，日供水251.9万吨，覆盖用水人口551.29万人，普及率达67.03％。建制镇绿化覆盖率达8.7％，乡绿化覆盖率达10.05％。乡镇镇区共有公共厕所

5354座，环卫车辆2854辆。

【村镇规划建设管理持续加强】 下发《关于切实加强农村住房建设管理的通知》，明确农村住房建设"八不准"内容。印发《江西省乡村建设规划许可管理办法(试行)》，进一步规范农村建房规划审批许可。召开全省农村住房建设管理工作会议，研究和部署规范农民建房管理秩序有关工作。开展了全省农村违法违规建房专项清查和全省村镇规划建设管理工作专项督查，彰显监管力度。

组织编印并正式出版发行《江西省和谐秀美乡村特色农房设计图集》，免费发放到全省每一个乡镇和村委会。对赣州市上犹县水岩乡古田村社前二组等5个新型农房设计图集推广应用示范点的建设经验及成效进行总结并推广。

【组织重点镇规划修编工作】 扩充重点镇。组织开展全国重点镇增补调整工作，争取到全省124个建制镇列入全国重点镇名单。组织重点镇规划修编。研究制定《江西省百强中心镇规划编制与修编指导意见(试行)》，争取省财政资金600万元奖补百强中心镇规划编制。强化工作督导。开展百强中心镇建设工作年度督查，并形成督查报告上报省政府。

【农村住房保障工作赋予新内容】 继续推进农村危房改造工作。向国家争取全省更多农村危房改造计划任务，全面分解下达2014年国家安排的15.8万户农村危房改造任务和20.33亿元财政补助资金，印发《江西省2014年农村危房改造实施方案》，开展多次工作督导。截至年底，完成全部农村危房改造任务。开展以船为家渔民上岸安居工程，截至年底，全省1440户渔民全部实现岸上安居。

【改善农村人居环境】 从高层面推动农村人居环境改善工作。印发《江西省改善农村人居环境行动计划(2014~2020)》，做好《国务院办公厅关于改善农村人居环境的指导意见》的贯彻落实。开展基础信息调查摸底。截至年底，全省录入12391个行政村人居环境信息。做好村庄人居环境技术指导。免费发放3000套《村庄整治技术手册》和《村庄整治规划编制办法》到乡，指导各地村庄整治工作。加快推进集镇垃圾处理设施建设。下发《2014年江西省集镇垃圾处理设施建设及资金奖补实施方案》，对整县推进城乡生活垃圾处理工作成绩突出的县(市)以及省委、省政府重大区域发展战略涉及的集镇进行倾斜支持。

【特色村镇保护创建成果扩大】 加强历史文化名镇名村保护。成功推荐12个镇村申报第六批中国历史文化名镇名村，入选数列全国第四位。中国历史文化名镇名村33个，列全国第五位。组织开展第五批省级历史文化名镇名村的申报评选，报请省政府批准公布32个第五批省级历史文化名镇名村。加强调度和督导，开展保护规划技术审查，全省前四批84个历史文化名镇名村基本完成保护规划的编制工作。加强传统村落保护工作。全省36个村落列入第三批中国传统村落名录，全省共有125个中国传统村落，总数列全国第六位。65个完成保护规划的编制及技术审查，45个传统村落编制完成《中国传统村落档案》。全省41个中国传统村落列入财政支持村落保护项目库，其中18个获得5400万元中央财政资金。开展传统民居调查工作。全省共上报61类传统民居、135栋代表建筑、38名传统工匠、15名专家和10个修建单位。开展《中国传统民居类型全集》江西分册撰写工作。开展特色村镇示范创建工作。加强对特色景观旅游名镇名村和宜居小镇(村庄)示范创建工作的指导，审核推荐9个镇村申报第三批全国特色景观旅游名镇名村，推荐8个镇村申报2014年宜居镇村。

【对口帮扶工作】 2014年，承担定点包扶上饶县花厅镇花厅村、省领导基层联系点泰和县螺溪镇藻苑村、对口支援民族乡村铅山县陈坊乡长寿畲族村、配合住房城乡建设部对口支援赣南等原中央苏区、吉安县振兴发展等对口帮扶工作。制定帮扶工作计划，协调驻村工作组，争取落实帮扶资金，全年争取、帮扶资金320万元。多次赴帮扶点进行督导调度和走访慰问。按要求完成上饶县花厅镇花厅村帮扶总结验收工作。

房地产业

【概况】 2014年，江西房地产市场总体平稳，没有出现大的波动。全省房地产开发完成投资1322.49亿元，增长12.6%。其中，住宅开发投资为971.92亿元，占房地产开发投资比重为73.5%，增长22.1%。全省商品房新开工面积3348.42万平方米，下降19.1%；商品房施工面积1.33亿平方米，增长11.2%。全省商品房竣工面积1871.79万平方米，增长4.9%。全省商品房销售面积3067.12万平方米，下降3.2%。其中，商品住宅销售面积2775.22万平方米，下降2.5%。全省房地产业地方税收412.6亿元，增长19.3%。房地产业地方税收占全省地税收入33.4%。

【加强房地产市场调控】 印发《关于促进房地产市场平稳健康发展的通知》，提出充分发挥市场机制作用、全面放开住房限购政策、加快释放住房公

第四篇

积金存量资金、实行税收优惠政策、取消商品住房套型结构比例限制等 18 条房地产调控措施。

【明确住宅专项维修资金可应急使用】 印发《江西省住宅专项维修资金应急使用有关事项通知》，明确电梯、供排水、消防系统故障等 6 类紧急情况可应急维修，有效破解住宅维修资金申请使用难的问题。开展住宅专项维修资金审计整改工作。

【大力推进城市棚户区改造】 开展"百名干部下基层、服务棚改惠民生"为主题的城市棚户区改造专题调研督查活动。并向省委、省政府领导报送《全省城市棚户区改造专题调研督查报告》。6月，省政府召开全省棚户区改造和保障房建设工作推进会。印发《关于进一步加强棚户区改造有关工作的通知》，鼓励棚改货币安置，引导被征收人购买商品房。支持收购符合条件的商品住房作为棚改安置住房房源，消化商品房库存。每月对城市棚户区改造的进度进行调度，定期对棚改进度相对滞后的市、县开展督查，督查结果向省政府报告。2014 年，国家下达全省城市棚户区改造目标任务为开工改造 14.32 万套（户），省政府确定的目标任务是开工改造 15.2 万套（户）。截至年底，全省开工改造城市棚户区 14.83 万户，完成国家计划任务的 103%，完成省政府计划任务的 97.58%。

【完成房屋征收政府规章立法工作】 《江西省国有土地上房屋征收与补偿实施办法》以省政府第214号令印发。

建设教育

【概况】 全省建设系统共有 22 个培训中心，28 所职业院校，建设主管部门、省直相关企业、职业院校组成建设教育培训网络覆盖全省，全年累计举办建设类关键岗位、项目经理、职业技能及"三类"人员等各类培训班 150 余期，培训人员 8 万人，为 7 万余人颁发了岗位资格证书，为住房和城乡建设事业的发展提供了强有力的人才支撑，得到企业高度认可。

【完成领导干部教育培训】 为全面提升新型城镇化发展质量，提高领导干部专业水平，在北京与全国市长研修学院举办了一期 63 名分管城乡规划建设的县（市、区）长参加的"全面提升新型城镇化发展质量"培训，49 名学员撰写了论文或学习体会并汇编成了研究班《论文汇编》。

【企事业单位人员岗位技能培训成效显著】 住房城乡建设部职业标准在全省顺利实施。突出抓好《建筑与市政工程施工现场专业人员职业标准》实施，首次在全省组织实施建筑企业施工现场专业技术人员统考，1.4 万人参加考试，成为全国首批实施职业标准的 6 个省（市）之一。

住房保障

【概况】 2014 年，江西省保障性安居工程目标任务为：新开工 31.26 万套（户），基本建成 18 万套。截至年底，完成投资 702.75 亿元，开工 33.05 万套（户），基本建成 26.14 万套，分别完成目标任务的 105.7% 和 145.2%，圆满完成国家下达的保障性安居工程建设任务。城镇住房保障覆盖率达 19.2%。

【工作目标责任明确】 全省保障性安居工程目标任务列入省《政府工作报告》，纳入省政府对市、县科学发展综合考核评价内容。2月，省政府与设区市政府签订目标责任书，落实目标责任，这是江西连续 8 年签订保障性安居工程建设年度目标责任书。3月底前，各设区市政府与所辖县（市）政府签订了目标责任书。

【年度工作调度有力】 省住房城乡建设厅与省发改委、财政厅联合印发《关于下达 2014 年全省保障性安居工程建设工作计划的通知》，将保障性安居工程目标任务全部分解下达到各市、县，并明确工程进度要求。省政府和住房城乡建设厅及时召开工作推进会、调度会，研究部署建设工作。对 2014 年保障性安居工程新建项目开工和基本建成情况进行实地督查，并在主流媒体通报各地建设进展情况。召开约谈会，对保障性安居工程未达到全面开工要求的县、区政府进行了约谈。

【建设资金筹措到位】 全年争取中央财政保障性安居工程补助资金 98.8 亿元。省财政安排省级配套补助资金 15.75 亿元，并及时分解下拨市、县。积极争取信贷支持，江西省与国家开发银行签订了全国第一个棚改专项合作协议，获得 1000 亿元的金融支持。截至年底，国家开发银行江西省分行已取得国家开发银行授信 669.65 亿元，签订 455 亿元贷款合同，实际发放贷款 260.41 亿元，覆盖全省 83 个市县。鼓励和引导民间资本参与保障性安居工程建设。省财政厅与省住房城乡建设厅联合印发《公共租赁住房项目政府购买服务试点方案》，试点探索将公共租赁住房管理中的申请受理、资格审查、入户调查及入住后动态监管、清退和房屋维护维修、小区保安保洁等公共服务事项实行社会购买服务，提高群众满意度。全年安排 8000 万元奖励资金，对建设任务完成好的市县予以奖励。

【工程质量安全可控】 对保障性安居工程质量

安全坚持省每半年、市每季度、县每月质量安全拉网式监督执法检查，做到"四个一律"：一律不留死角，一律不走过场，一律不留隐患，一律不留情面，对存在的质量安全隐患要求有关责任单位限期整改到位。大力推行"三个百分之百"工程质量安全监管措施，提高质量安全的工作效率和工作力度。在住房城乡建设部开展的全国工程质量安全专项检查中，江西省受检的保障性安居工程项目质量安全总体安全可控。

【以问题为导向深入调查研究】 省住房城乡建设厅抽调百名干部，以问题为导向，以推动工作落实为目的，开展"百名干部下基层、服务棚改惠民生"为主题的城市棚户区改造专题调研督查活动。重点对城市棚户区改造和保障性住房建设中存在的主要问题，尤其是城中村改造深层次问题，进行了深入调研，促推改革举措深入研究。

勘察设计与建筑节能

【概况】 2014年，全省工程勘察设计单位共410家。其中，甲级企业75家；从业人员34005人，其中技术人员21390人（高级职称人员5375人，中级职称人员8724人，初级职称人员6691人）；注册执业人员4123人，其中注册建筑师633人（一级251人，二级382人），注册结构工程师610人（一级390人，二级220人），注册土木工程师（岩土）158人，其他注册工程师2722人。2014年全省勘察设计营业收入总额226.69亿元，比上一年度增长10.93%，其中：工程勘察收入120981.93万元，比上一年度增长12.37%，完成工程设计收入341418.01万元，比上一年度增长－1%，营业税金及附加49347.55万元，比上年度增长－24.08%。

2014年，全省建设科技取得了较好的成绩。为满足建筑市场需要，依据《推广应用新技术管理实施细则（试行）》，积极组织技术成熟、可靠的建筑节能新产品、新技术在全省推广应用，收到了明显的节能效果。共完成"W－ICI建筑墙体保温与模板一体化技术体系"和"W－ICI建筑墙体喷射混凝土夹心保温一体化技术体系"等35个新技术、新产品的推广应用。南昌市洪都中医院新院（一期）工程等7个10项新技术示范工程，通过省内外专家的评审与验收，促进了建筑企业的技术创新推广。申报的轻钢结构用防火装饰保温一体化墙体材料的研究等3个项目（课题）入选2014年住房城乡建设部科技项目计划。结合江西气候特点，以"夏热冬冷地区关键技术研究"、"能耗监测平台调研评价研究"为代表

的省级重大专项课题以及获住建厅审定批复的19个科技项目（课题）顺利实施。

【加大信息工作建设力度】 通过"搭建平台、建立数据、强化宣贯、跟踪督导"等措施来推进信息化工作。在吉安市召开施工图审查信息化工作现场交流会，使大家进一步提高思想认识，加大信息工作建设力度，提高施工图审查行业的信息化工作水平。在检查中抽查审查机构的项目清单，对项目录入情况进行跟踪督查，强力推进信息化工作。

【推进施工图审查工作优质化】 对施工图审查机构确定"控数量、严标准、抓学习、强联动、重质量"的管理方法。保持全省图审机构19家，严格按照住房城乡建设部要求，规定审查人员须在审查机构注册。狠抓注册人员的继续教育，加大与住建厅管理信息平台的对接和联动，共同完善信息系统，提高企业内部管理水平和行政部门监管效率。通过一系列的监管措施，从业人员的责任意识和质量意识越来越强，整体质量稳步上升，审查工作更加优质。

【勘察督导检查工作常态化】 开展勘察外业现场督查。由建设工程勘察自律委员会成立2～4个督查组，每个督查组3～4人，采用随机方式进行现场督查，检查外业见证员是否到场，岩芯采取率、钻探深度是否满足要求等。截至年底，共对全省11个设区市进行了180余次督导，14家单位的30多个项目受到处罚。开展勘察设计质量安全检查。组织全省勘察设计质量安全大检查，检查中抽取工程项目82个（其中市政项目9个、居住项目34个，公建项目23个，工业项目6个，被举报的勘察项目10个），通报违反强制性条文的项目28个，清理外省设计单位2家，并将通报移交给省住房城乡建设厅稽查办按相关规定进行罚款。

【开展工程建设标准的编制工作】 持续开展全省工程建设地方标准的编制工作，下达两批工程建设地方标准和标准设计的编制项目计划，先后完成5个地方标准、3个标准设计和一个简易图集的编制。注重抓好无障碍建设工作，在全国无障碍建设座谈会上作经验介绍，并刊登在《工程建设标准化》期刊上推广。

【推进绿色建筑发展】 召开推进绿色建筑发展新闻发布会，40多家中央、境外驻赣媒体和省市新闻单位聚焦江西绿色建筑发展。组织举办绿色建筑发展宣贯培训活动。年内，全年新增绿色建筑评价标识项目29项（建筑面积305万平方米）。并承办第三届世界低碳生态博览会绿色建筑展览展示筹备

工作。

【申报智慧城市创建】 出台《关于推进江西省智慧城市建设的指导意见》规范性文件。组织省内外专家对申报第三批国家智慧城市试点的6个市、县（区）（鹰潭、吉安、广丰、南丰、南昌市高新区和南昌市东湖区等）城市进行省级评审，帮助申报城市找准城市发展定位，体现自身特色，完善申报材料，经住房城乡建设部终审，共有5家申报单位列入创建名单。同时多次组织创建单位代表参加住房城乡建设部举办的培训会，提高了大家对智慧城市的认识程度。

【开展节能改造督促和测评机构督查】 为确保中央既有居住建筑节能改造补助资金落到实处，对新余、上饶、赣州、宜春等市、县部分既有居住建筑节能改造示范项目进行有效督促。组织开展省级民用建筑能效测评机构和人员的考核工作，并对8个可再生能源建筑应用示范市县（镇）进行督查。

【启动能耗监测平台建设】 为最大程度发挥中央补助资金的效益，按照住房城乡建设部颁发的《国家机关办公建筑和大型公共建筑能耗监测系统分项能耗数据传输技术导则》要求，7月4日，制定《江西省国家机关办公建筑和大型公共建筑能耗监测系统省级平台建设工作方案》，选择南昌、九江、新余和省直属单位等4个二级平台试点单位。

住房公积金管理

【概况】 全省2014年归集住房公积金216.8亿元，同比增长22.31%，累计归集1073.1亿元，归集余额约685.82亿元；实现当年提取95.69亿元，同比增长约24.02%；尽管受房地产下行影响，2014年发放个人住房贷款134.73亿元，仍然同比略增2.64%，累计发放个人住房贷款700.93亿元，贷款余额423.59亿元，住房公积金使用率76.09%，个贷率为61.76%，个贷逾期率为0.12‰。2014年九江、上饶发放住房公积金支持保障性住房建设试点项目贷款1.97亿元，累计发放保障性住房贷款4.76亿元，占批复额度的64.67%，回收贷款本金0.33亿元。2014年提取风险准备金1.93亿元，累计风险准备金余额9.91亿元；本年提取廉租住房建设补充资金9.4亿元，累计廉租资金总额达30.13亿元。

【住房公积金使用】 通过进一步降低贷款门槛、提高贷款额度、延长贷款期限等政策措施，加快释放住房公积金存量资金，提高资金使用水平。至年底，全省住房公积金使用率为76.09%，较上年同期提高2.37个百分点，全省住房公积金个贷率为

61.76%，较8月末提高2.46个百分点，呈逐月提高的良好趋势。

【推进住房公积金贷款"昌九一体化"】 为贯彻落实省委（南）昌九（江）一体化战略部署，支持昌九两地住房公积金缴存职工跨区域购买自住住房，积极协助推进住房公积金个人贷款"昌九一体化"政策。南昌、九江两市于10月8日实施住房公积金贷款"昌九一体化"政策。

【统一公积金贷款业务规程】 为统一全省个人住房公积金贷款流程，规范住房公积金贷款行为，统一各地在住房公积金业务管理上的不同做法，研究制定《江西省住房公积金个人住房贷款业务规程》，使住房公积金管理制度逐步规范化、标准化。该规程自2015年1月起在全省试行。

【组织开展业务督查】 为规范住房公积金管理，防范资金风险，组织五个督查组对各住房公积金管理中心进行全面督查。督查内容包括"任务落实及政策执行"、"资金风险防控"和"服务工作落实"等方面。通过检查，对发现的问题及风险隐患要求限时整改。资金运行未出现异常情况，12月底全省逾期贷款488.52万元，逾期率0.12‰，远低国家标准。

【继续推进项目贷款发放与回收】 会同省财政对九江试点项目的调整进行指导；加快对九江、上饶两地试点项目贷款发放的在线审批，提高审批效率；配合住房城乡建设部住房公积金巡视组对两地试点项目的督查，两地试点工作得到巡视组的认可。全年发放项目贷款1.97亿元，累计发放4.76亿元，完成试点额度64%的任务。上饶试点项目已按期回收发放项目贷款本金0.33亿元，住房公积金贷款支持保障房建设试点进展顺利。

大事记

1月

2日 江西省副省长李炳军到省住房城乡建设厅调研，在听取了省住房城乡建设厅厅长陈平的工作汇报后，充分肯定省住房城乡建设厅在城镇化、保障性安居工程、建筑业等方面取得的成绩，同时对积极稳妥推进新型城镇化建设、继续抓好保障性安居工程建设、切实抓好城市基础设施建设、不断提高城市管理水平、加强农村住房建设管理、大力推动建筑产业快速发展、加强房地产市场调控和监管等七个方面的工作提出要求。

2月

11日 全国人大常委会副委员长沈跃跃率全国

人大常委会调研组到赣，就江西省节能减排工作情况进行调研并主持召开座谈会。省住房城乡建设厅就全省建设领域节能减排情况提交了书面材料，陈平出席会议。

12日　全厅党的群众路线教育实践活动总结大会在省建筑设计研究总院召开，陈平主持会议并作总结讲话。

3月

11日　李炳军召集会议，专门听取《关于完善城镇化发展体制机制提高城镇化发展质量的意见》起草情况汇报，提出具体修改要求。陈平和副厅长曾绍平分别汇报了《意见》的起草过程和主要内容。

18日上午　江西省政府新闻办和省住房城乡建设厅联合召开推进江西绿色建筑发展新闻发布会。

28日下午　江西省委书记强卫听取江西省新型城镇化规划编制工作情况汇报。陈平参会。

4月

19日　江西省与国家开发银行在北京签订《共同推进江西省棚户区改造开发性金融合作备忘录》。

5月

8日　厅党组决定将厅新技术推广站(省建设新技术开发总公司)划归省建筑科学研究院管理；决定江西建设职业技术学院、江西省城市建设高级技术学校整合办学。

12日　全省城镇化工作会议在南昌召开。省委书记强卫出席并讲话。

省长鹿心社、副省长李炳军及厅长陈平、副巡视员齐红分别对加大农村建房"八不准"宣传工作作出批示。

6月

4日　厅长陈平陪同省委强卫书记调研南昌市智慧城市建设。

5日　住房城乡建设部公布2014年村庄规划、镇规划和县域村镇体系规划试点名单，江西省瑞金市黄柏乡向阳村列入10个村庄规划试点之一。

13日　江西省政府在南昌召开全省棚户区改造和保障房建设工作推进会。

23日　《人民日报》第四版(要闻版)报道《江西将重点培育120个中心镇》。

6月　省财政厅与省住房城乡建设厅联合下发《关于下达2014年中央财政城镇保障性安居工程专项资金的通知》，将中央下达江西省539972万元资金分解下达各市县。

7月

7日　李炳军副省长主持召开全省房地产市场形势分析座谈会，专题研究分析全省房地产市场形势。

9日　江西省常务副省长莫建成到景德镇调研重大项目建设工作，陈平陪同。

17~18日　住房城乡建设部副部长王宁率部巡查组对江西省城镇保障性安居工程建设进度、分配入住、信息公开、政策落实等情况进行专项巡查。

21日　住房城乡建设部等部门下发《关于公布全国重点镇名单的通知》，江西省124个镇列为全国重点镇。

8月

4日下午　住房城乡建设部陈政高部长约见李炳军副省长，听取江西省促进房地产市场平稳健康发展工作。省政府叶磊副秘书长、陈平厅长及南昌、九江、赣州市领导陪同。

7日　李炳军副省长专题调研江西省建筑业改革发展工作。先后走访调研了五家全省骨干建筑企业，现场查看了南昌县千亿建筑科技产业园总部基地建设情况，并主持召开江西省九家国有骨干建筑企业及金融单位负责人参加的调研座谈会。

9月

22日上午　李炳军副省长主持会议专题研究《江西省人民政府办公厅关于促进房地产市场平稳健康发展的通知(代拟稿)》。陈平、高浪分别作了汇报。

28日　全省加快建筑业发展现场推进会在广丰县召开，李炳军出席会议并讲话，陈平主持会议。会上中国建筑业协会副会长向广丰县颁发"中国建筑之乡"牌。

10月

26~27日　省长鹿心社在赣州调研保障房、棚改、农村危房改造工作，陈平陪同。

29日　副省长郑为文专程向住房和城乡建设部部长陈政高汇报工作。陈平陪同。

经省政府批准(赣人社字〔2014〕387号)，江西省建筑设计研究总院胡松同志为2014年度享受江西省政府特殊津贴人员。

11月

11月5日　鹿心社视察南昌市重大项目建设工作，陈平陪同。

12日　根据省委统一部署，省委第一巡视组进驻省住房城乡建设厅开展巡视工作。

20日　全省国有工矿棚户区改造工作调度会在南昌召开，郑为文副省长出席会议并讲话。

21日~24日　第三届世界低碳博览会暨绿色建筑展览展示在南昌国际会展中心主馆隆重开幕。

25 日～31 日　省住房城乡建设厅会同省国开行、省城镇投资有限公司有关部门对 31 个县(市、区)集中办理棚户区改造融资贷款申报工作。

截至 11 月底，江西省保障性安居工程开工 32.2 万套，基本建成 25.11 万套，分别达目标任务 95.7%(国家任务 103%)和 139.5%。

12月

1 日　江西省政府第 34 次常务会审议通过《江西省国有土地上房屋征收与补偿实施办法》和《景德镇市城市总体规划(2012～2030 年)》。

5 日　鹿心社签发《江西省国有土地上房屋征收与补偿实施办法》，该办法将于 2015 年 3 月 1 日起正式施行。

6 日　强卫在南昌调研，陈平陪同。

11 日　省住房城乡建设厅就江西省台资企业缴存住房公积金情况向鹿心社作专题书面汇报。

17 日　住房城乡建设部、文化部、国家文物局、财政部等部门公布 2014 年第二批列入中央财政支持范围的中国传统村落名单，江西省 23 个中国传统村落入选。截至年底，江西省共有 41 个中国传统村落列入中央财政支持范围。

(江西省住房和城乡建设厅　撰稿：夏萍)

山 东 省

第四篇

概况

2014 年，山东省住房城乡建设系统深入学习贯彻党的十八大、十八届三中、四中全会和省第十次党代会议精神，全面落实习近平总书记、李克强总理对山东发展的新要求，按照山东省委、省政府的总体部署，以新型城镇化为核心，突出抓好城乡统筹、民生保障、节能减排、质量安全等重点工作，取得了明显成效。全省房地产业、城市建设、村镇建设共完成投资 8545 亿元，同比增长 5.0%，占全省固定资产投资的 20.5%。房地产业、建筑业缴纳各项税收 1415 亿元，同比增长 17.1%，占全省地税收入的 39.6%，同比提高 2.2 个百分点，对全省地税收入增收的贡献率达 61.2%，拉动地税收入增长 6.4 个百分点，成为地税增收的重要支撑，对推动全省经济和社会发展做出了积极贡献。

【城镇化工作】　深入贯彻中央城镇化会议精神，省委、省政府召开全省城镇化工作会议，明确城镇化发展思路、工作重点和主要任务。省委、省政府下发《关于推进新型城镇化发展的意见》，对农业转移人口市民化、城乡规划建设管理等重大问题提出明确要求。省委、省政府印发了《山东省新型城镇化规划》。编制《山东省城镇体系规划(2013～2030)》纲要、《省会城市群经济圈城镇体系规划》和《西部经济隆起带城镇体系规划》。青岛市、德州市、威海市、郓城县列为国家试点。全省人口城镇化率达到 55.01%，同比提高 1.26 个百分点。

【保障性安居工程建设】　2014 年，全省开工各类保障性安居工程 31.6 万套，任务完成率为 100.1%；基本建成 19.8 万套，任务完成率为 104.3%。编制了 2014～2017 年棚改规划，确定四年改造 125.1 万户。2014 年计划改造 23.9 万户，已开工 23.9 万套(户)，基本建成 12.14 万套。

【房地产市场运行稳中有降】　房地产开发投资增幅回落。2014 年，全省完成房地产开发投资 5818 亿元，同比增长 6.9%，增幅同比、环比分别回落 8.7 个、0.8 个百分点。商品房销售量持续下降，库存增长。全省销售商品房 9180 万平方米，同比下降 11.1%，实现销售额 7880 亿元，同比下降 6.4%；二手住房成交面积 1647 万平方米，同比下降 23%。待售面积 3398 万平方米，同比增长 21.3%，其中待售 1～3 年的同比增长 19.6%。商品房价格小幅上涨，单月价格连续环比下跌。全省商品房每平方米均价 5316 元，比全国平均水平低 1008 元，同比增长 5.3%。土地成交面积和成交价款双降。房地产企业购置土地 2225 万平方米，同比下降 14.9%，连续 2 个月同比下降。土地成交价款 525 亿元，同比下降 5.1%。到位资金下降。全省房地产开发企业资金来源 6991 亿元，同比下降 5.2%，已连续 4 个月同比回落，降幅逐月扩大。

【小城镇和农村新型社区建设】　全省完成村镇建设投资 1575 亿元，同比增长 7.1%。扎实开展"百镇建设示范行动"。山东省 207 个镇被列为全国重点镇，数量位居全国第二。200 个示范镇实现地方财政收入 355 亿元，同比增长 37%，是全省平均增幅的 1.6 倍。稳妥推进农村新型社区建设和农村危房改造。全省新建农村新型社区 400 个，累计建成 6190 个，约 580 万人已纳入城镇化管理。新建农房 50 万户，改造危房 10 万户。村镇污水垃圾处理设施建设取得新进展。全省 60% 的建制镇、68% 的新型农村社区建有污水处理设施，95% 的建制镇建有垃圾转运设施。

【城市基础设施建设】 重点市政公用设施建设项目进展顺利。全省完成城市建设投资 1152 亿元，同比下降 5.4%。济南二环南路高架、青岛地铁、济宁北湖新区地下综合管廊、威海金线顶区域整体开发改造工程等重点市政项目进展良好。基础设施总量稳步提升。全省新增城市道路面积 4000 万平方米，新增公园绿地面积 8000 公顷，新增集中供热面积 8174 万平方米，新增燃气管道 4089 公里，新增居民燃气用户 97 万户，有效提升了城市综合承载力。城区扬尘治理、裸露土地绿化和园林城市创建成效显著。全省 99.5% 的工地落实了扬尘治理措施，86.2% 的渣土运输车辆达到密闭要求；绿化裸露土地 6958 万平方米，占已排查的 94.3%。污水垃圾处理设施建设取得新突破。全省新增污水处理能力 123.25 万立方米/日，新增生活垃圾无害化处理能力 7100 吨/日，城市（县城）污水集中处理率、生活垃圾无害化处理率分别达到 94.99%、99.79%。

【建筑业保持平稳增长】 建筑企业产值保持平稳增长。全省资质以上建筑业企业完成总产值 1.1 万亿元，实现增加值 3535 亿元，同比分别增长 9.7%、8.4%。出省施工产值 1643 亿元，增长 9.2%，出国施工产值 245 亿元，增长 10.8%。产业集中度进一步提升。一级以上企业、二级企业、三级和不分等级企业数量之比为 1∶5∶10，完成建筑业产值之比为 5∶3∶2。骨干企业逐步壮大。新增特级资质企业 1 家；全省施工产值过亿元的建筑业企业 1755 家，同比增加 101 家；过 50 亿元的企业 23 家，同比增加 6 家；过百亿元的企业 10 家，同比增加 1 家。7 家企业进入 2014 年度全球最大国际工程承包商 250 强。安全生产形势总体受控。全省住房城乡建设系统上报安全生产事故 15 起，死亡 17 人，13 个市实现了零死亡、零事故，建筑业百亿元增加值死亡率为 0.65，远低于全国平均水平。工程质量稳步提升。全省房屋建筑工程和市政工程办理施工许可手续分别为 10172 项、537 项，办理竣工验收备案手续分别为 10702 项、437 项；工程质量治理两年行动全面推进，建筑市场秩序进一步好转。

【城乡规划引领调控作用】 加快城市总体规划审批。除国务院尚未批复的 10 个城市外，其余 95 个市县 94 个已获批复，即墨市编制完成总体规划成果。启动"多规合一"试点和地下空间试点工作。初步确定枣庄滕州市、泰安宁阳县、临沂兰陵县、德州齐河县为省级试点。青岛、泰安、滕州等 3 市为城市地下空间规划、建设和管理工作的试点城市。实施派驻规划督察员制度成效明显。向 58 个县市派驻 49 名规划督察员，纠正不当行为 123 起。

【住房公积金影响面和贡献度进一步提升】 公积金发放额稳步增长。全省共向 14.2 万户家庭发放住房公积金贷款 370 亿元，约占全省住房消费贷款额的四分之一，拉动住房消费 785 亿元，为 31.1 万名职工提取住房公积金 374 亿元。归集扩面工作扎实推进。全省共缴存住房公积金 696 亿元，同比增长 10.6%。资金使用效率稳步提高。全省住房公积金使用率达到 82.3%，同比增长 2 个百分点。试点城市稳步推进保障房项目公积金贷款试点工作，发放住房公积金项目贷款 22.6 亿元，回收项目贷款本金 17.7 亿元。全省住房公积金个人贷款逾期率为 0.062‰，远低于 1.5‰ 的国家考核优秀标准，风险控制良好。

【建筑节能工作】 组织编制完成并评审通过《居住建筑节能设计标准（75%）》，成为全国第一个出台节能 75% 标准的省份；在全国率先启动被动式超低能耗建筑试点建设，确定 11 个省级试点项目并纳入部科技计划项目，数量和规模居全国首位；公共建筑能耗监管平台通过住房城乡建设部验收，成为全国第一个覆盖所有设区城市并实现部、省、市三级能耗信息联网的省份。出台《山东省建筑节能技术与产品应用认定管理办法》及相关配套文件，委托下放 4 类、27 种产品的认定实施权。设立省级建筑节能与绿色建筑专项资金，整合新型墙材专项基金，省财政共列支 4.5 亿元支持建筑节能工作。全省完成既有居住建筑供热计量及节能改造面积 1895 万平方米，完成全年任务量的 118.4%。

城镇化

【贯彻落实中央和省城镇化工作会议精神】 1 月 26 日，省城镇化工作领导小组召开第一次全体会议，传达学习中央城镇化工作会议精神，听取全省城镇化工作会议筹备情况汇报。2 月 25～26 日，省委、省政府召开全省城镇化工作会议。25 日上午召开全体大会，省委书记姜异康主持会议并讲话，省委副书记、省长郭树清讲话。26 日上午召开总结大会，省委常委、常务副省长孙伟主持会议，副省长孙绍骋作总结讲话。省委、省人大常委会、省政府、省政协领导班子成员和其他省级领导，各市党委、政府主要负责人，省直部门、省管企业和中央驻鲁单位主要负责人，各市发改、住房城乡建设部门主要负责人等共计300余人参加会议。会议深刻分析了全省城镇化工作面临的形势和存在的问题，明确提出今后一个时期的总体要求、发展路径、主要任务和政策措施，为全省新型城镇化工作指明了方向。

【制定印发推进新型城镇化发展的意见】 5月21日，《中共山东省委山东省人民政府关于推进新型城镇化发展的意见》正式印发实施。《意见》共10部分27项内容，形成的总体要求、积极推进农业转移人口市民化、促进基本公共服务均等化、科学规划全省城市布局、提高城镇建设水平、推进城镇管理创新、提升产业支撑能力、促进城镇可持续发展、深化新型城镇化体制改革、强化新型城镇化组织保障等等，为全省新型城镇化发展指明了方向、明确了目标、突出了重点。《意见》在推进农业转移人口落户城镇，加快城中村改造，优化发展格局，严格规划实施，加强交通等基础设施建设，推进土地管理、投融资等城镇化体制改革，抓好试点示范等方面都进行了积极地探索创新。

【编制实施山东省新型城镇化规划】 10月9日，山东省委、省政府以鲁发〔2014〕16号文件正式颁布实施《山东省新型城镇化规划》。《规划》明确了全省城镇化发展目标、工作任务和政策措施，确定"一群、一带、双核六区"的全省城镇化总体空间格局。"一群"为山东半岛城市群，是全省城镇化发展的主要载体，包括13个设区城市，涵盖"蓝"、"黄"两区和省会城市群经济圈三个战略区域，与京津冀、辽中南共同构筑世界级环渤海城市群。"一带"为鲁南城镇发展带，包括5个设区城市，是落实西部经济隆起带战略的重要空间载体，构筑欧亚大陆桥东部新的经济增长极和国家丝绸之路经济带重要出海通道。"双核"是济南、青岛两大中心城市，"六区"是济(南)淄(博)泰(安)莱(芜)德(州)聊(城)、青(岛)潍(坊)、烟(台)威(海)、东(营)滨(州)、临(沂)日(照)、济(宁)枣(庄)菏(泽)六个城镇密集区。《规划》还对解决好农业转移人口市民化、优化城镇化布局和形态、提高城市综合承载能力、推动城乡发展一体化等问题提出明确要求，并进一步完善了促进县域本地城镇化、城镇生态文明建设和城市文化建设等内容，是今后一个时期指导全省城镇化健康发展的宏观性、战略性、基础性文件。

规划。

【新型城镇化综合试点工作】 7月，根据国家有关部门通知要求，省住房城乡建设厅会同省发展改革委等11部门向17设区市下发提报国家和省级新型城镇化试点的通知，部署国家和省新型城镇化试点工作，对各市提报的试点地区的试点方案，组织专家进行评审。12月29日，国家11部门联合下发了《关于开展国家新型城镇化综合试点工作的通知》，青岛、威海、德州、郓城被列为国家新型城镇化综合试点。

【农村新型社区建设】 联合山东省城乡规划设计院组织编制《山东省农村新型社区和新农村发展规划(2014～2030年)》，省委办公厅、省政府办公厅于10月25日印发。《社区规划》明确了农村新型社区的空间布局、人口规模和产业发展。积极开展农村新型社区统计监测工作，对未纳入城镇化统计的农村新型社区进行监测分析，全省累计建设农村新型社区6190个(含城中村社区1638个)，约580万人纳入城镇化管理。

【开展城镇化专题培训】 10月，在济南举办为期五天的全省新型城镇化领导干部专题研讨班，对全省设区市住房城乡建设部门分管负责人、各县(市)及部分区住房城乡建设部门主要负责人就新型城镇化相关理论知识进行系统培训。11月，组织省内新型城镇化建设高级管理人员赴德国，就德国城镇化发展的经验做法、政策支持等进行专题培训。12月，在济南市就《规划》解读、农业转移人口市民化、产城融合发展、土地使用制度改革、城市治理改革、城镇化投融资机制、县域城镇化等内容，对省城镇化工作领导小组各成员单位联络员或相关工作人员，各市发展改革委、国土资源局、住房城乡建委(建设局)、规划局、城管执法局等有关部门的城镇化工作负责人或业务骨干，开展了为期三天的专题培训。

【健全城镇化工作体制机制】 不断强化城镇化工作组织领导，根据工作需要和职务变动情况，省城镇化工作领导小组对部分成员进行调整，增加省编办、省旅游局、省地震局、省气象局等四个成员，成员单位扩大到32个。1月，调整了领导小组办公室组成人员，省发展改革委、住房城乡建设厅两个部门的主要负责人任办公室主任，增设10个省直部门的分管负责人为办公室副主任。不断完善城镇化领导小组及办公室运行机制，5月份印发《山东省城镇化工作领导小组工作规则》和《山东省城镇化工作领导小组办公室工作规则》，对职责任务、会议制度、工作流程等做出明确规定。1月25日，省编办批复省住房城乡建设厅设立城镇化工作处，承担省城镇化工作领导小组办公室的日常工作。参照省里的模式，17个设区市均成立了城镇化工作领导小组及办公室，为做好城镇化工作提供了良好的组织保障。

政策规章

【全面深化依法行政改革】 围绕省住房城乡建设厅牵头的3项、参加的30项重大改革举措，细化改革目标任务，强化责任分工，加强协调督导，各项改革举措不断落到实处。印发《山东省住房和城乡建设厅关于成立深化改革工作领导小组的通知》，成立办事机构，加强组织领导。印发《山东省住房和城乡建设厅深化改革领导小组工作规则》，健全完善工作制度。印发《山东省住房和城乡建设厅负责牵头和参加的重要改革举措分工方案》，对省住房城乡建设厅牵头的3项、参加的30项工作进行详细分工，明确责任处室。印制《山东省住房和城乡建设厅深化改革工作台账》，建立台账制度，及时报送备案。

【建设立法】 确定地方立法计划12项，重点立法项目两项：《山东省国有土地上房屋征收与补偿条例》、《山东省住房保障管理办法》。已出台实施3部建设类地方立法：《山东省餐厨废弃物管理办法》、《山东省供热条例》《山东省国有土地上房屋征收与补偿条例》。审核省住房城乡建设厅部门规范性文件30件，实行"三统一"制度的规范性文件11件；共办理住房城乡建设部、省人大、省政府法制办和省直相关部门各类法规性文件的征求意见、会签56件。

【依法行政】 规范行政许可审批行为。根据省行政审批改革办一系列文件要求下放、取消行政审批事项，省住房城乡建设厅决定房地产估价机构三级资质核准、房地产开发三级资质审批、园林绿化施工企业三级资质审批、二级城市供水企业经营许可、800万平以下供热经营许可下发设区市，污水处理、垃圾处理企业经营许可下放设区市。取消了3项非行政许可，即建设工业产品登记备案、省外勘察设计企业进鲁承担业务备案、省外城乡规划编制单位进鲁承担业务备案。同时，将涉及省住房城乡建设厅的行政审批事项由原来的31个大项、53个子项调整压缩为22个大项、30个子项。

加强执法资格管理工作。对有效期为2014年6月30日的行政执法证件办理了年审手续，并收回过

期的证件。做好厅行政权力清单工作。编制了全面、规范的省住房城乡建设厅行政权力清单，向社会公布，权力事项247项，并制作了权力运行流程图。

【普法教育】 召开《山东省餐厨废弃物管理办法》《山东省供热条例》《山东省国有土地上房屋征收与补偿条例》等宣贯座谈会。组织全省住房城乡建设主管部门相关人员参加了住房城乡建设部行政复议案件办理培训班、政府信息公开培训班、住房城乡建设系统规范性文件制定工作培训班等。加强信息宣传工作。共报政务信息30余篇，被省府采用5篇，被中央媒体采用20篇；对外宣传稿件被省部媒体采用25篇。办理有关来人、来电、来文法律问题咨询500余人次，多次参与阳光政务热线上线工作。

【行政复议应诉】 2014年共收到行政复议申请87件。其中，依法受理78件，占89.7%；不符合法定受理条件，决定不予受理9件，占10.3%。年度共审结行政复议案件71件（含上年度受理的9件），其中，维持原具体行政行为的52件，占73.2%；确认违法，责令被申请人履行法定职责的1件，占1.4%；撤销具体行政行为1件，占1.4%；驳回行政复议申请的9件，占12.6%；终止案件审理的8件，占11.2%。2014年省住房城乡建设厅共有6件行政应诉案件，分别涉及房屋征收补偿、城乡规划、政府信息公开等领域。

【建设执法督察】 扎实推进城乡规划督察工作，省督察员已有49名、派驻市县达到58个，全年发出督察建议书25份、工作函48份，纠正不当行为123起。深化遥感督察，遥感监测已同步覆盖。研究制定了《山东省利用遥感监测辅助城乡规划督察工作管理办法》。针对首期遥感督察发现的问题，组织济宁、日照等6市规划、城管（执法）部门核查疑似违反总规强制性内容的图斑491个，查处167个违法违规项目，16处违章搭建已经拆除。配合住房城乡建设部稽查办，组织济南、青岛等11市规划、城管部门核查处理了两期26个部遥感督察重点图斑。加强执法检查和案件稽查。全省共组织各类执法检查7360次，发出整改意见书、执法建议书32415件，受理举报案件29837起，立案15136起，处理结案13195起，曝光典型案例680件，拆除违法建设2127万平方米，罚没款2.64亿元。

【行政审批】 认真贯彻落实《山东省住房和城乡建设厅行政许可事项窗口办理暂行办法》《山东省住房和城乡建设厅建设行业资质审批工作规则（试行）》和《山东省建设行业资质审查专家管理办法》

等规定，分解责任，加强对制度规定执行情况的检查督导，推进公开透明和监督制约。2014年共接收审核申请材料2817件、补正材料1073件，已办结2809件，办结率99.7%。

房地产业

【房地产市场监管】 认真落实国家分类调控政策，济南、青岛、泰安相继取消住房限购。完善住房发展规划体系，精心组织县（市）编制住房发展规划。健全房地产开发监管长效机制，督促各市实行房地产开发项目建设条件意见书制度、综合验收备案制度，进一步完善商品房预售制度，开展了房地产市场秩序执法检查。强化房地产市场监测分析，召开了全省房地产市场形势分析会议，同时多次组织主管部门、开发企业、中介企业、金融机构、专家等多层面座谈会研判房地产市场发展趋势，做好政策储备。全省房地产市场基本平稳。2014年，全省房地产开发投资5818亿元，同比增长6.9%。商品房新开工面积1.3亿平方米，同比下降13.4%。竣工面积7787万平方米，同比增长3.7%。商品房销售9180万平方米、4880亿元，同比分别下降11.1%、6.4%；商品房均价5316元/平方米，同比上涨5.3%。

【棚户区改造】 编制《山东省2014～2017年棚户区改造规划》，计划改造棚户区125.1万户。《人民日报》、中央电视台等媒体先后报道了山东省棚改工作，李克强总理作出重要批示，对山东省棚改工作给予高度肯定。2014年棚户区改造完成投资600多亿元，开工棚改安置房和完成货币补偿33.95万套，完成率108%，基本建成14.21万套，完成率115%。

【物业管理】 全省共有物业服务企业6814家，同比增长15%；物业管理面积12.5亿平方米，同比增长10%；物业从业人员50.8万人。至年底，全省住宅专项维修资金账面余额312.4亿元。针对住宅专项维修资金使用不便、归集续筹困难、增值收益低、管理难度大等问题，研究修订新的《山东省住宅专项维修资金管理办法》。结合《山东省物业管理条例》实施五周年，开展"物业服务年"活动。

【房地产交易和权属登记管理】 在济南召开的全国房地产交易市场管理座谈会暨济南创新服务安居惠民工作现场会上，介绍推广了济南创新服务的经验做法，住房城乡建设部副部长齐骥作了重要讲话，山东省副省长季缃绮到会致辞。下放了房地产估价机构三级资质审批权；开展评估报告和评估企业检查，查处一批违规机构；根据国家和省有关部署要求，开展房地产中介市场检查和房地产中介机构非法集资风险排查活动。继续推进房地产交易与登记规范化管理工作和集体土地范围内房屋登记工作，积极探索建立集体土地范围内房屋抵押、流转制度，全省办理农房登记颁证240多万户，涵盖1万多个村集体。

【住宅产业化】 完成12个A级住宅项目A级住宅性能认定评审。组织有关企业申报"广厦奖"及候选项目，12个项目入围"广厦奖"。完成13个企业申报山东省住宅产业化基地初审。

住房保障

【建设资金】 2014年，国家和山东省下达保障性安居工程各项补助资金85.93亿元。其中，国家下达专项补助资金55.66亿元，配套基础设施中央预算内投资21.27亿元，合计76.93亿元；省级财政下达奖补资金9亿元。各地通过公共预算、土地出让收益、住房公积金增值收益、政府债券等方式落实资金116亿元。同时，继续支持企业利用自有土地发展公共租赁住房，将符合条件的企业建房纳入保障房管理。

【公共租赁住房和廉租住房并轨】 1月21日，省住房城乡建设厅会同省发展改革委、财政厅、物价局联合印发了关于推进公廉并轨的实施意见，提出年底前实现公共租赁住房和廉租住房的统一规划建设、统一准入分配、统一运营管理。截至年底，全省公共租赁住房和廉租住房已全面实现建设并轨，分配及管理并轨工作稳步推进，济南、青岛、淄博、枣庄、东营、烟台、潍坊、泰安、日照、威海、临沂、德州、滨州、聊城、菏泽出台实施细则。

【住房救助】 12月24日，省住房城乡建设厅会同省民政厅、财政厅联合转发《住房城乡住房城乡建设部民政部财政部关于做好住房救助有关工作的通知》，部署全面开展住房救助工作。同时，应当本着方便、快捷、随到随办的原则，建立"一门受理、协同办理"机制，完善申请审核、资格复核、具体实施等住房救助程序规定，方便城乡家庭申请住房救助。

【农民工住房保障】 为落实山东省政府《农民工公共服务3年行动计划》要求，9月28日，省住房城乡建设厅印发了改善农民工居住条件实施方案，提出到2017年，城市规划区内建筑施工现场农民工宿舍100%达到建筑施工现场环境与卫生标准，所有市、县（市、区）将符合条件的农民工纳入当地住房保障范围，农民工住房保障制度基本完善，在城镇的居住条件得到明显改善。截至年底，17设区市全部将符合条件的农民工纳入当地公共租赁住房供应范围，潍坊、聊城还分别将其纳入经济适用住房和限价商品住房供应范围。

【住房保障工作监督考核】 省住房城乡建设厅会同省发展改革、财政、国土资源、审计等部门组成了5个考核组，对17市住房保障工作情况进行了现场考核。考核中将建设进度、资金支持、税费优惠、用地供应等重点环节，及规划选址、工程质量、设施配套、准入退出、后期服务等群众关心的事项，全面纳入考核范围，并根据工作实际量化打分，并于6月份经省政府同意，将考核结果通报全省，同时，根据考核等次分配下达5000万元省级财政奖励资金。

公积金管理

【支持保障性住房建设】 年内，山东全省提取城市廉租住房建设补充资金31.9亿元，比上年增加39.3％。共向14.2万户家庭发放住房公积金贷款370.1亿元，约占全省住房消费贷款额的四分之一，拉动住房消费784.5亿元。利用住房公积金贷款支持保障性住房建设试点工作进展顺利，截至年底，全省共发放住房公积金项目贷款22.6亿元，回收贷款本金17.7亿元。

【住房公积金归集扩面】 截至年底，全省实际缴存职工人数777.9万人，比上年增加59.6万人，缴存总额突破4000亿元，达到4086.3亿元，缴存余额2198.5亿元，分居全国第六和第五位。省住房城乡建设厅会同省财政厅、人行济南分行、省人力资源社会保障厅、省总工会、省工商联等部门印发《关于进一步做好农民工缴存使用住房公积金工作的意见》，在维护农民工权益的同时，有力推进了非公企业缴存扩面的开展。1～12月，共缴存住房公积金706.6亿元，同比增长12.3％，完成归集任务指标的144.7％。

【住房公积金使用】 山东各市及时调整住房公积金使用政策，积极支持职工基本住房消费，住房公积金个贷余额保持了稳定增长。年内，全省提取住房公积金384.3亿元，发放贷款370.1亿元。截至年底，全省住房公积金个人住房贷款率为66.8％，青岛等8个城市超过全省平均水平。住房公积金使用率达到82.3％，5个城市超过全省平均水平，青岛达到98.0％，资金使用效率稳步提高。日照、烟台、聊城等城市根据贷款资金需求和收支使用情况，及时调整了住房公积金个人贷款的最高额度和贷款

期限。各市积极推行住房公积金"零余额"账户管理，提高资金管理集中度，风险点减少，资金收益增加。实现增值收益38.1亿元，同比增加23.3％。

【住房公积金风险防控】 省住房城乡建设厅会同省财政厅、人民银行济南分行等部门下发《关于加大风险防范力度切实纠正住房公积金管理违规行为的通知》，对大额资金运作管理、住房公积金账户管理、规范缴存基数和缴存比例等方面进行专项督导检查。下发《关于加快推进住房公积金管理与房产管理信息共享的通知》，堵塞利用虚假房产资料骗提、骗贷住房公积金漏洞。截至年底，全省住房公积金个人贷款逾期余额1098.0万元，逾期率为0.07‰，远低于1.5‰的国家考核优秀标准，个贷风险控制良好。

【住房公积金监管】 省政府办公厅出台《关于进一步加强住房公积金管理工作的意见》，有10余项内容突破了国家现有政策。省住房城乡建设厅会同省财政厅、人民银行下发《关于贯彻落实〈关于发展住房公积金个人住房贷款业务的通知〉等文件精神的通知》，对首套房认定标准、取消强制性担保收费、异地贷款等重点内容进行了规范和明确，推动有关政策加快落地。下发《关于加大风险防范力度切实纠正住房公积金管理违规行为的通知》，对大额资金运作管理、住房公积金账户管理、规范缴存基数和缴存比例等方面进行了专项督导检查。下发了《关于加快推进住房公积金管理与房产管理信息共享的通知》，堵塞利用虚假房产资料骗提、骗贷住房公积金漏洞。

城乡规划

【区域性规划研究与实施】 深入研究新形势下城乡规划管理新举措，就加强机构建设、强化规划管理、依法实施规划等方面提出意见。积极推进全省城镇体系规划编制工作。完成《山东省城镇体系规划(2011～2030年)》纲要编制，对全省今后20年的城乡发展目标、空间布局、重大基础设施建设等方面做出统筹安排。研究制定支持"一圈一带"建设发展的意见。研究制定《关于促进省会城市群经济圈和西部经济隆起带城乡建设发展的意见》，编制印发《省会城市群经济圈城镇体系规划》和《西部经济隆起带城镇体系规划》。

【城市总体规划实施管理】 城市总体规划修改审批工作取得新进展。根据《关于规范国务院审批城市总体规划上报成果的规定》(暂行)，济南、淄博、烟台上报了完善后的规划成果；临沂、东营、

枣庄、潍坊等4市通过部际联席会议审查；青岛完成总体规划成果上报工作。大力推进城市总体规划评估工作。泰安、济宁、菏泽等17个城市对总体规划实施情况进行了评估，及时查找、发现、处置规划实施中出现的问题，检验规划实施成效，提高规划实施符合率；对评估确需修改总体规划的16个城市，经省政府同意，批准其开展修改工作；日照、聊城等8市县完成至2030年新一版城市总体规划编制成果。

扎实开展城市总体规划备案工作。除国务院尚未批复的10个城市外，其余93个市县中91个上报了总体规划备案材料，济宁、临沂、聊城、滨州、寿光等81个市县完成备案。加强重大建设项目选址管理。审查了42个项目，核发了33项《建设项目选址意见书》，3项不予许可，其他项目已下发补正通知。

【启动"多规合一"试点和地下空间试点工作】 省委全面深化改革领导小组办公室印发的《重点推进改革事项（2014年度）》确定："多规合一"试点由省住房城乡建设厅为牵头单位，省经济体制和生态文明体制改革专项小组为协调单位。省住房城乡建设厅组织省发改委、国土资源厅、公安厅、统计局等省直有关部门召开"多规合一"试点工作座谈会，下发《关于开展"多规合一"试点申报工作的通知》，公布枣庄的滕州市、泰安的宁阳县、临沂的兰陵县、德州的齐河县等4个县市为试点城市，并申请省财政专项补助资金800万元。按照住房城乡建设部、国家人防办《关于增补山东、安徽省开展城市地下空间规划、建设和管理研究试点的通知》的要求，山东确定青岛、泰安、滕州3市作为试点城市，并开展相关工作。

【历史文化名城保护】 国务院批准烟台市、青州市晋升国家历史文化名城，山东省国家历史文化名城达到10个。省政府批复了烟台历史文化名城保护规划。从省城镇化建设专项资金中列支1000万元，对济南、淄博、泰安等10个历史文化名城保护规划编制给予专项补助，使全省20个国家和省级历史文化名城均已编制完成或正在编制历史文化名城保护规划。组织开展"山东省第一批省级历史文化街区"评选工作，由省政府公布济南曲水亭街等35个街区为省级历史文化街区。烟台市编制完成朝阳街、奇山所城等历史文化街区保护整治规划，延续历史文脉，保存城市记忆。加大宣传力度，配合省委宣传部、省政府新闻办等单位，组织"孔子故乡中国山东"国家历史文化名城采风活动。

城市建设与市政公用事业

【城区建设扬尘治理】 完善政策标准。组织编制、印发《山东省城市裸露土地绿化技术规程》，为各地开展裸露土地绿化提供了技术依据。《山东省城市建筑渣土管理"十个必须"》，进一步明确了建筑渣土管理各环节特别是运输环节的政策要求。加强调度督查。3月上旬，会同省环保、发改、林业、公安、国土等部门，分成6个暗访组，对12个设区市的63处房屋建筑工地、14处市政工程工地、11处房屋拆除工地进行暗访。组织召开全省城市建设扬尘治理调度会，对暗访发现的48处问题工地进行了曝光，将问题特别严重的10处工地列为重点进行督办。

重视信息宣传。利用《山东建设报》、省建设厅门户网站等媒体，大力宣传报道建设扬尘治理和裸露土地绿化工作。截至年底，全省规模以上（建筑面积1万平方米以上）在建工地扬尘治理措施落实率达到95%，视频监控安装率达到90%；渣土运输车密闭化率86%，卫星定位系统安装率57%；主次干道机扫率79%，洒水率81%；累计绿化裸露土地6958万平方米，占普查总数的90%。

【加强城市基础设施建设】 抓市政工程质量安全管理。全省有8项工程获得"2014年度中国市政金杯示范工程"称号，73项工程获得2014年"山东省市政金杯示范工程"称号。印发《关于贯彻鲁安办发〔2014〕65号文件加强市政设施应急抢修作业安全管理工作的通知》，对市政设施应急抢修作业安全管理提出明确要求。印发《山东省市政基础设施工程施工现场扬尘控制要点》，全省90个项目达到"山东省市政工程安全文明工地"标准。加强城市轨道交通建设。青岛市有4条线路开工建设，在建里程137.2公里。《济南市城市轨道交通近期建设规划（2014~2018年）》通过专家审查，12月上报国务院待审。城市慢行系统发展。潍坊、肥城等5个城市的6个项目被住房城乡建设部批准为城市步行和自行车交通示范项目。至2014年底，潍坊、烟台、济宁、枣庄等10个设区城市（或所辖县、市）建有公共自行车系统，公共自行车总数发展到近6万辆。推进PPP项目试点。山东省确定的PPP试点项目主要包括：设市城市、县城、省政府公布的200个"百镇建设"示范镇以及国家级重点镇公共建设。申报项目应满足正式立项、建设资金基本落实等7个条件。对城市基础设施建设进行安排部署。6月，省政府印发《关于贯彻落实国发〔2013〕36号文件进一步加强城市基础设施建设的实施意见》，11月，在临沂市召开全省城市基础设施建设现场会，对全省城市基础设施建设工作进行部署。

【城市园林绿化工作】 推进园林城市创建活动。德州等6市和临朐等4县被评为国家园林城市（县城），桓台等8个市（县）被省政府命名为省级园林城市。全省共有国家园林城市31个，国家园林县城12个，省级园林城市34个。抓好城市裸露土地绿化工作。全省普查裸露土地7415万平方米，累计绿化6507万平方米，占总数的87.8%。制定《山东省城市裸露土地绿化技术规程》，明确各类裸露土地绿化的技术要求。会同东营市政府筹办第五届省园博会。3月举办了第五届山东省城市园林绿化博览会主题展园开工仪式，9月举行开园仪式，山东省副省长孙绍骋宣布开园。园博会累计完成投资7.1亿元，建成17个城市展园、5个县区展园和10个企业展园、1个设计师展园。

【城乡环卫一体化管理】 山东省委、省政府出台《关于加强城乡环卫一体化工作的意见》，在昌邑市召开全省现场会，孙绍骋到会讲话。全省已有7个设区市、100个县市区、1609个乡镇街道、7.6万个村实现城乡环卫一体化全覆盖，分别占总数的41%、75%、96%、89%，初步解决了农村生活垃圾处理问题。省政府发布《山东省餐厨废弃物管理办法》，开展宣传月活动，餐厨废弃物处理设施建设步伐加快，青岛餐厨废弃物处理项目建成运行，济南、潍坊、泰安、临沂四市项目建成试运行，实现餐厨废弃物处理的新突破。

【城市供水水质监管】 深入推进饮用水水质提升工程三年行动，加快城市供水水厂、供水管网建设和改造步伐。依据县城供水水质督察情况，召开了县城供水水质约谈会，集中约谈22个县城分管城市供水的副县长和主管部门主要负责人以及供水公司法人代表，并签订承诺书。下发《关于进一步加强全省城镇供水水质管理确保供水安全的通知》，对城镇供水安全工作进行了全面部署。组织消毒工培训3期，累计培训241人，水质化验工培训6期，累计培训155人。

【和谐城管创建】 大力实施"和谐城管"六项创建工程，深入开展市容市貌、渣土运输、交通秩序、乱停乱放、乱搭乱建、占道经营、露天烧烤等专项整治。及时总结推广临沂和济南历下区的城市管理的经验。下发《关于在全省城管行业开展文明执法规范管理专项行动的通知》，要求各市城管部门深刻领会"治庸、治懒、治散"的相关精神，牢固

树立为人民管理城市理念，大力倡导文明执法，规范执法。加快数字化城市管理模式建设步伐，在无棣县召开了全省县（市）数字化城管系统建设管理现场会，下发《关于做好全省数字化城市管理系统综合验收工作的通知》《山东省数字化城市管理系统建设与运行管理导则（试行）》，对全省数字城管系统建设情况进行调度通报，全省已有14个设区市、40个县（市）建成运行数字城管系统。

【城市排水防涝工作】 召开全省城市防汛工作会议，分10个组开展了城市防汛工作检查。充实完善全省城市防汛短信平台数据库，扩大汛情信息覆盖范围，将市、县两级政府和主管部门负责人共650人纳入汛情信息直发范围，印发城市防汛安全常识12000册。全省17市市区共建成重要地段防汛视频监控点890处，河道水位流速监测点90处，实现对水情、汛情的远程监控。全省62座城市立交桥安装了警示系统，可根据积水深度及时报警，其中济南、青岛市区的20座下沉式立交桥全部安装了积水警示系统。指导各地加快推广"三防"井盖和在检查井内安装"防坠网"，济南市历下区在所属污水、排水检查井全部安装应用"城市井盖信息管理及自动报警系统"，莒县"城市井盖信息管理及自动报警系统"一期工程通过科技示范工程验收。全省各地在危险地段井盖加装防坠落装置4.4万个。

【燃气安全隐患治理】 建立燃气隐患排查整治进展情况旬调度、月通报制度。筛选9个市的重大安全隐患，由省安委会进行挂牌督办。组织有关专家并邀请山东卫视、《大众日报》《齐鲁晚报》《山东建设报》等新闻媒体对济南、淄博等城市灰口铸铁管改造及重大燃气隐患整改情况进行督导和公开曝光。建立燃气隐患整改台账，随时掌握和督导各市燃气隐患整改进度。进一步加大燃气安全检查监督工作力度。全年共开展5次检查活动，抽调有关专家及人员30多人，分批、分组对全省燃气安全生产情况及隐患整改情况进行检查和重点督查。截至年底，共印发各类隐患排查整改情况通报9件，全省累计完成违规穿城高压管线153.05公里，管道占压2510处，燃气管道与市政管网违规交叉3560处，场站不达标1038处，阀门井失修等隐患1389处，老旧管道397.69公里，灰口铸铁管改造1949.28公里，分别占全部隐患的93.7%、70.4%、99%、99.7%、96.4%、78.2%、66%。

【供热计量收费改革】 2013～2014冬季采暖期，全省实行供热计量收费1.61亿平方米，同比增长27.8%，其中，分户计量收费1.14亿平方米（含既

有建筑改造建筑面积 6251 万平方米），同比增长 26％；全省供热计量收费面积占集中供热总面积比例 21％，同比提高 2.8 个百分点。济南、青岛、威海、泰安、潍坊、德州、滨州、寿光等城市采用了供热系统控制、分户计量、室温控制一体化的技术路线，建成供热企业可控、居民用户可调、政府主管部门可管的数字化管理和远程监控调节平台，从热源、管网、换热站到终端用户等整个系统实现联调联控，单位建筑面积用热量由 0.58 吉焦降至 0.3 吉焦，单位面积平均热耗平均下降 30％左右，形成每年每平方米 6 公斤标准煤的节能能力。全省采暖期可节约标煤 68.5 万吨。全省供热计量收费面积占集中供热总面积比例 24.56％，同比提高 3.56 个百分点。

村镇规划建设

【村镇规划】 农村新型社区和新农村规划。省委、省政府办公厅下发《山东省农村新型社区和新农村发展规划（2014～2030 年）》，合理确定农村新型社区和保留村庄的数量、规模和建设标准。

组织新增 100 个示范镇完成了总体规划的修编和备案；组织专家对规划成果进行评优。经住房城乡建设部村镇规划试点验收和遴选，东营市利津县陈庄镇、临沂市费县上冶镇入选全国小城镇规划试点优秀案例。组织专家对 13 个国家级传统村落编制保护发展规划进行审查，争取中央财政 3900 万元用于国家级传统村落保护性建设，争取省级财政 2000 万元用于传统村落保护规划编制和建档工作。出台《关于加强村镇风貌建设的意见》，省财政投入 1360 万元，在全省 17 设区城市各选择 1 镇 1 社区 1 村庄，根据地形地貌、历史文化等特点，开展村镇风貌设计，塑造各具特色的村镇景观环境。

【百镇建设示范行动】 召开示范镇建设动员大会。省政府召开了全省"百镇建设示范行动"电视工作会议，省城镇化工作领导小组 29 个成员单位，各市、县分管领导和相关部门，示范镇党委书记和镇长共 1402 人参加会议。加强示范镇建设培训。6 月份，在泰安市满庄镇举办全省"百镇建设示范行动"培训班，对省政府工作会议精神进一步部署和细化。开展示范镇考核。8 月份，下发《山东省"百镇建设示范行动"考核办法（2013 年度）》，组织省城镇化工作领导小组成员单位，组成 10 个考核组，对 200 个示范镇进行考核。委托省社情民意调查中心进行民意调查。按财政系数、人口系数、考核系数进行综合考核排名并通报，对前 20 名通报表扬并给予

资金奖补，对后 10 名通报批评。加大资金支持力度。下拨省级资金 17.66 亿元，市县配套 24.03 亿元。各示范镇加大建设投资力度，全年完成固定资产投资 5470 亿元，完成基础设施和公共服务设施投资 217 亿元。

【农房建设】 农村住房建设。通过政策引导、市场运作、村民参与的方式稳步推进农村住房建设。突出做好以农民生产生活聚居区建设为主要内容的农村新型社区工作，同步建设市政基础设施，推进广电网、通信网、互联网"三网"融合。统筹建设社区综合服务中心，配套建设教育、医疗等公共服务设施，大力发展产业园区，吸纳农村劳动力就近就地转移就业。年内，全省共完成农房建设 50 万户，建设农村新型社区 400 个。全省累计建成农村新型社区 6190 个，其中 4683 个已建成入住，涉及 405 万户、1334 万人。

渔民上岸安居工程。下发《关于加快我省以船为家渔民上岸安居工程的通知》，对微山湖、东平湖区域的以船为家渔民上岸协调有关部门及时落实计划，采取新建翻建与补助购房相结合、修缮加固与扩建相结合、集中安置与社区建设相结合的方式对以船为家渔民上岸进行安置。

【农村危房改造】 召开现场会议。在莱西市召开农村危房改造暨农村人居环境调查工作会议，推广了青岛"五统一"（门牌编号设置统一、门窗更换统一、室内地面硬化统一、吊顶统一、内外墙粉刷统一）工作经验。健全档案管理，做到一户一档，及时准确地将农户信息录入国家信息系统，确保档案真实准确、材料齐全、管理规范。严格程序。严格按照"个人申请、集体评议、乡镇审核、县级审批、签订协议、组织实施、竣工验收"的步骤，规范程序运作，抓好政策培训，加强资金监管，强化质量管理，组织 17 市进行了互查。加大资金扶持力度。2014 年中央分配山东省 4.8 万户农村危房改造任务，中央补助资金 3.6 亿元，省级配套 4 亿元，户均补助达 1.3 万元。

【改善农村人居环境】 省政府办公厅印发《关于加强村镇污水垃圾处理设施建设的意见》，从规划建设、资金筹措、政策扶持等方面提出了具体推进措施。省住房城乡建设厅会同省发改委、环保厅联合下发《山东省乡镇和农村新型社区污水处理与垃圾收运设施建设规划（2014～2016）》，明确今后三年村镇污水垃圾处理设施建设目标和任务。下拨省级资金 2.944 亿元，支持 151 个小城镇、424 个农村新型社区、94 个村庄建设污水处理设施建设。670 个

建制镇对生活污水进行处理,分别占总数的60%,同比增长10个百分点。全面推行"户集、村收、镇运、县处理"的城乡环卫一体化农村生活垃圾处理模式,全省农村保洁员、生活垃圾桶拥有率和农村垃圾及时清运率分别达到91%、95%和89%。制定山东省农村人居环境信息系统录入工作方案,对全省所有行政村,逐村、逐项采集和填报相关信息,建立完善《行政村人居环境信息表》。

【特色镇村建设】 加强传统村落保护。召开全省加强传统村落保护工作电视会议对传统村落挖掘保护工作进行安排部署。命名85个第一批省级传统村落。2014年有21个村庄被住房城乡建设部命名为第三批国家传统村落,全省达到37个。召开全省加强传统村落保护工作电视会议,争取中央资金3300万元,省财政资金2000万元,用于国家和省级传统村落保护。开展特色景观旅游名镇名村命名。组织开展第二批山东省特色景观旅游名镇名村评选,27镇9村被命名为第二批省级特色景观旅游名镇名村。

工程质量安全监督

【现代建筑市场体系建设】 清除市场壁垒。凡是在市场准入、招标投标等方面设立不合理条件、排斥或限制外地企业承揽业务的,凡是没有法律依据设置审批性备案、收取保证金的,都要全部取消,彻底清理,给予外地企业与本地企业同等待遇,严禁设置任何壁垒。加强基本建设程序管理。贯彻落实《房屋建筑和市政基础设施工程竣工验收规定》,各参建单位按照规定的程序和条件组织验收,不得减少或变更,或增设程序、条件等要素,依法承担验收责任。全面启动建筑市场信用体系平台构建。计划到2015年3月底,指导各地建成覆盖建设、勘察、设计、施工、监理、招标代理、造价咨询等市场主体的数据库;到2015年6月底,基本建成覆盖全省、覆盖工程建设、勘察设计、建筑施工、建设监理、工程造价、招标投标、质量检测等市场主体的统一的建筑市场诚信信息平台,初步建立起诚信激励、失信惩戒机制。

【建筑工程质量管理】 加强法规标准体系建设。制定《山东省房屋建筑和市政基础设施工程质量责任终身制实施办法》和《房屋建筑和市政基础设施工程质量检测技术管理规程》等5项地方技术标准。开展工程质量治理系列专项行动。以保障性安居工程、原材料和施工现场质量保证体系运行为重点,扎实开展工程质量治理两年执法检查、质量大检查、

建材检测专项检查等活动。累计检查工程3万余项,下发整改通知单3000多份,提出整改意见9400多条。持续开展全省建筑业群众性质量管理和工程创优活动。评选出优秀QC成果166项、优秀质量管理小组166个、质量信得过班组39个,推荐53个QC小组参加全国优秀质量管理小组评选,推动了企业工程质量技术水平的不断提高。组织开展泰山杯、鲁班奖等工程创优活动。

【安全生产监管】 突出重点,强化监督检查。组织开展安全生产明察暗访和"打非治违"专项行动,着重开展预防起重机械脚手架等坍塌事故专项整治,排查治理隐患,重点检查工程1867个,查出安全隐患和问题2482项次,有效遏制较大以上事故发生。开展"安全生产月"活动。举办全省塔式起重机司机安全操作技能竞赛,提高安全操作水平。开展论文征集、安全咨询、案例警示、应急演练等多种活动,增强了安全生产意识。深入推进安全文明工地标准化创建活动。印发《山东省建筑施工安全文明标准化工地考评办法》,深入推进安全生产标准化建设,共创建安全文明示范工地130个、优良工地427个、施工小区77个。

【勘察设计咨询】 制定《山东省工程勘察设计专项治理实施方案》(2014~2017),开展工程勘察设计专项治理。加强行业诚信体系建设,组织专家开展全省勘察设计企业信用评定(AAA级)工作,共有56家企业获评AAA级信用企业。按照住房城乡建设部13号部长令要求,制定出台《山东省房屋建筑和市政基础设施工程施工图审查机构监督管理办法》和《推进建设工程消防设计审核技术审查与行政审批分离制度的指导意见》,推动施工图审查工作的法制化、标准化和规范化。全省53家施工图审查机构共审查建设项目22330项,审查建设面积2.55亿平方米,审查投资总额度5056亿,审查纠正违反强制性条文数量32137条,平均每个项目审查发现违法强条1.44条。完成山东省标准设计编制图集22项,标准页合计879页。完成《AESI装配式建筑体系》图集(建筑、结构合订),实现部分建筑构件(墙板、楼梯、叠合楼板)工厂化生产、装配式施工,填补了山东省装配技术图集的空缺。繁荣建筑创作,举办第二届山东省绿色建筑设计大赛和第八届中国威海国际建筑设计大奖赛。截至年底,全省勘察设计企业共有1578家(其中甲级(一级)383家、乙(二)级834家,丙级361家。从业人员超过10万人(具有技术职称的人员6.6万人,占职工总人数的65.7%。注册执业人员1.4万人,占从业人员的14.2%)。拥

有 5 位国家工程勘察设计大师、36 位省级勘察设计大师。全省工程勘察完成合同额 18 亿元。工程设计完成合同额 130 亿元，全行业营业收入合计 1205 亿元。

【工程建设招标投标管理】 2014 年，全省房屋建筑和市政工程实际招标项目 16055 项，造价 4390.11 亿元，其中，公开招标 13175 项，造价 3335.48 亿元，招标工程实际招标率、应公开招标工程实际公开招标率均达到 99%。省政府办公厅印发《关于进一步加强房屋建筑和市政工程招标投标监督管理的意见》。《意见》围绕解决招标投标工作面临的新矛盾新问题，就规范招标投标各方主体行为、健全完善招标投标制度、优化监督管理机制等做出规定，强化了住房城乡建设部门的招投标监管职责，进一步完善了规范招投标活动的长效机制。出台《山东省房屋建筑和市政工程施工招标评标办法》。《办法》改进了综合评估评标办法，引入经评审最低投标价法、合理低价法、合理区间法，明确各类评标方法的适用范围和评标细则。出台《山东省工程建设项目招标代理机构信用评价管理办法》，通过资格条件、市场行为及社会信誉的综合考核，对代理机构进行信用评价。2014 年，全省查处招投标违法违规案件 68 起，处罚建设单位 31 家，施工企业 24 家，招标代理机构 5 家，罚款 691 万元；查处并取消评标专家资格 3 人。

【监理行业管理】 简化行政审批管理。制定印发《关于进一步优化工作流程提高工程监理企业资质审查审批效率的通知》，下放乙丙级资质延续和资质证书变更审核权限，简化资质证书增补程序，取消跨区域承揽监理业务进鲁备案。强化市场信用机制。出台《山东省建设工程监理企业信用评价管理办法》，启动对监理企业内部管理、资质达标、市场行为、服务质量以及社会信誉等综合信用情况的评价工作，推动发挥市场的决定性作用。完善监理技术标准。组织编制《建设工程监理文件资料管理规程》，在国内首个以省工程建设地方标准形式发布实施。进一步规范监理市场秩序。组织开展全省工程监理资质动态核查工作，从注册人员、监理现场、市场行为、综合管理等六方面进行核查，对人员不达标、现场管理混乱、行为不规范的企业，依法给予限期整改、降低资质等级、停业整顿、清除市场等处罚。

【工程建设标准编制】 制定发布《装配整体式混凝土结构设计规程》等 21 项地方标准。全年办理水泥、开关插座、配电箱等三类产品登记备案证明共计 210 余项。加快建筑产业现代化建设标准工作，完成了《装配整体式混凝土结构设计规程》、《装配整体式混凝土结构工程施工与质量验收规程》和《装配整体式混凝土结构工程预制构件制作与验收规程》三项山东省工程建设标准，9 月 16 日，经省住房城乡建设厅、省质量技术监督局联合批准发布，并在住房城乡建设部备案，自 10 月 1 日起实施。组织有关单位和专家编制山东省工程建设标准《热轧带肋高强钢筋应用技术规程》，7 月 4 日发布，自 8 月 1 日开始施行。

【建设执业资格管理】 组织考试。配合人事部门完成了一二级注册建筑师等 12 类建设执业资格共 20 万人次参加的考试工作。省住房城乡建设厅独立承担了二级建造师的执业资格考试，2014 年度全省共有 19823 人取得二级建造师资格证书，通过率为 17.6%。

组织培训。全年共举办培训班 40 期，完成 7700 人次参加的继续教育学习。办理注册。全年共受理各类建设执业师注册申报 76349 人次，完成了审查、公示、公告、审批等工作。违规查处。年内办理申诉、举报等事项 35 项，协调处理企业扣押执业师证书印章等违规问题 20 余起，独立查处或协助有关部门查处弄虚作假、违规执业行为 20 余人次。截至年底，全省共有 9 大类、26 种建设领域专业技术岗位实行了执业资格制度，约 20 万人次取得了建设执业资格，已注册执业师近 18 万人。

建筑市场

【建筑企业转型升级】 产业结构进一步优化。全省建筑业初步形成了大中小企业比例协调、分工合理、优势互补的行业组织结构。一级以上企业、二级企业、三级和不分等级企业数量之比为 1:5:10，完成建筑业产值之比为 5:3:2，产业集中度进一步提升。

骨干企业不断发展壮大。全省新增一级企业 106 家，产值过 50 亿元的企业 23 家，比上年增加了 6 家；过亿元的 1755 家，比上年增加了 101 家。支持企业扩大对外开放。全省对外承包工程新签合同额 106 亿美元，完成营业额 92.5 亿美元，同比分别增长 7.5%、9.1%。其中，过 10 亿美元项目 2 个，合同额 31.2 亿美元，过亿美元项目 26 个，合同额 73.3 亿美元，对外工程承包各项指标均居全国前列。

【规范建筑市场秩序】 加强诚信体系建设。拟定《山东省建筑市场监管信息化平台建设方案》，对全省 288 家质量检测机构进行了信用等级评定，对有不良行为的 136 家市场主体进行了曝光，起到震慑作用，加大了企业违法违规行为的成本。开展行政许可执法检查。为解决行政管理中"重审批、轻监管"现象，切实强化事中事后监管，在企业自查、市地抽查的基础上，组织开展了全省建筑业行政许可事项执法检查。共检查各类建筑企业 85 家，工程项目 85 个，查出问题 350 余项，提出整改意见建议 320 余条。严格准入清出管理。加大对群众举报的弄虚作假行为的查处力度，强化了资质和安全生产许可动态监管力度，实地核查企业资质和安全生产条件，降低资质企业 3 家，暂扣安全生产许可证 11 家，有效维护了建筑市场秩序。

【强化行业人才培养】 全面提高岗位培训管理水平。共培训建造师和关键岗位人员 14.7 万人，特种作业人员 24 万人，持证上岗率进一步提高。加强农民工技能培训鉴定工作。创建农民工业校 650 所，培训农民工 17.1 万人。举办"中北华宇杯"全国建设行业职业技能大赛暨第 43 届世界技能大赛山东省选拔赛，山东省取得团体奖第一名，在三个比赛工种中获得两个第一名、一个第二名，参赛 6 名选手全部进入前八名的好成绩；有 4 名选手代表我国建筑业参加了第 43 届世界技能大赛，在全行业营造爱岗敬业、力争上游的良好氛围。

建筑节能与墙材革新

【墙材革新】 制定实施《山东省建筑节能技术与产品应用认定管理办法》及配套文件，进一步提高认定工作的规范性和可操作性，并向设区城市委托下放 4 类、27 种产品的认定实施权。在县城以上城市规划区全面"禁实"的基础上，加快推进城市"限黏"，14 个设区市、27 个县级市和 23 个县城实现"限黏"目标。全省新型墙材生产量、应用量分别达到 330 亿块标准砖、240 亿块标准砖，生产、应用比例分别为 97%、98%。启动《山东省建筑节能推广使用、限制使用与禁止使用技术产品目录》编制工作。组织开展全省建筑门窗行业发展调研，发布实施《山东省民用建筑外窗工程技术规范》及《关于进一步加强民用建筑外窗工程质量管理的通知》。

【新建建筑节能】 山东省在北方各省中率先编制并评审通过《居住建筑节能设计标准（75%）》，将于 2015 年发布实施，成为全国首个出台并执行节能 75% 标准的省份。健全建筑节能全过程闭合管理机制，工程质量和标准执行率不断提高，依据《省民用建筑节能条例》，建立规划节能审查、节能设计专

篇、节能专项施工方案、外保温施工资质、节能专项验收等制度，工程质量和标准执行率不断提高，2014 年全省竣工节能建筑 8939 万平方米。

【既有居住建筑节能改造】 省住房城乡建设厅在东营市垦利县召开全省既有居住建筑节能改造现场观摩交流会，总结推广先进经验，以县级节能改造为着力点，推动全省节能改造实现新突破。规范既有居住建筑节能改造项目管理，将综合节能改造工程纳入基本建设程序，实行全过程监管。开展既有居住建筑节能改造专项督查，强化对进度滞后地区的跟踪调度和专项督导，全年完成改造 1895 万平方米，居全国前列。

【公共建筑节能管理】 完善省、市公共建筑能耗监管平台建设，并顺利通过住房城乡建设部验收，成为全国首个覆盖所有设区城市，并实现部、省、市三级能耗信息联网的省份。深入开展公共建筑节能示范创建，新增省级"节约型高校" 12 所、"节约型医院" 8 家，省级公共建筑节能改造示范工程 9 个。认真做好建筑能耗和节能信息统计工作，完成 6300 栋建筑能耗统计，新增 210 栋公共建筑节能监测系统。

【可再生能源建筑应用】 扎实推进国家可再生能源建筑应用示范工作，完成 2010～2011 年度 2 市 5 县省级验收评估、2012 年度 19 个光电建筑应用示范项目验收和资金清算。认真落实闭合式监管体系，在 12 层及以下住宅建筑等强制安装太阳能光热系统的基础上，积极推动高层建筑安装应用太阳能热水系统，全年完成太阳能光热建筑一体化应用项目 775 个、2981 万平方米。

【绿色建筑】 深入推进省级绿色生态示范城区创建，威海经济技术开发区东部滨海新城、枣庄市薛城区城南新区等 8 个新区列入第二批省级绿色生态城区，补助标准由 1000 万元增至 2000 万元，全省省级绿色生态示范城区累计达 12 个，区内已建、在建绿色建筑超过 3000 万平方米。印发《关于部分民用建筑项目全面执行绿色标准的通知》等文件，明确强制执行绿色建筑标准范围，建立健全全过程实施监管机制，济南、威海等市率先提出，市区所有建筑全面执行绿色建筑标准。有序开展绿色建筑评价标识，向具备条件的城市下放一星级绿色建筑评审权限，全年新增绿色建筑标识项目 147 个。落实省政府《关于大力推进绿色建筑行动的实施意见》的部署要求，省住房城乡建设厅公布了山东省老年活动中心等 6 类 100 个项目为全省绿色建筑行动百项范例工程。

【被动式超低能耗建筑试点全面启动】 启动首批省级被动式超低能耗绿色建筑试点示范，推动建筑能效向更高层次发展，11 个省试点项目全部纳入住房城乡建设部 2014 年度中德合作被动式超低能耗绿色建筑示范，数量、规模居全国首位。省级财政列支 6000 万元，对其中由政府投资建设的 8 个公益性项目，实行增量成本和技术咨询服务全额补助。省住房城乡建设厅与德国能源署签订《技术合作备忘录》，并组织项目单位与德国能源署、住房城乡建设部科技与产业化发展中心分别签订《示范项目质量保证服务合同》，学习借鉴国际先进技术理念，加快推进试点示范项目建设。（于秀敏）

大事记

1 月

10 日 山东省住房城乡建设工作会议在济宁举行。

2 月

25~26 日 全省城镇化工作会议在济南召开。25 日，省委书记、省人大常委会主任姜异康主持会议并讲话。

4 月

22 日 山东省委副书记、省长郭树清在济南会见中国建筑工程总公司董事长易军一行。副省长季缃绮，省政府秘书长蒿峰参加会见。

5 月

21 日 《中共山东省委山东省人民政府关于推进新型城镇化发展的意见》正式印发实施。

7 月

11 日 省委副书记、省长郭树清到东营市，就黄河防汛、铁路建设、保障房建设和棚户区改造、农村土地确权登记颁证等工作进行调研。

23 日 省委书记姜异康在济南会见住房城乡建设部部长陈政高。副省长孙绍骋参加会见。

8 月

5 日 住房城乡住房城乡建设部部长王宁，副省长孙绍骋在济南出席全省住房城乡建设质量安全工作会议。

9 月

22 日 副省长孙绍骋在东营出席第五届山东省城市园林绿化博览会开园仪式。

10 月

8 日 省委常委、常务副省长孙伟在济南收听收看推进新型城镇化工作部际联席会议。

9 日 山东省委、省政府以鲁发〔2014〕16 号文件正式颁布实施《山东省新型城镇化规划》。

11 月

5 日 省委副书记、省长郭树清签发《山东省人民政府办公厅转发省财政厅等部门关于深化省直机关住房制度改革和处理好干部职工住房问题的意见的通知》。

12 月

3 日 住房城乡建设部地下管线综合管理试点合作签约仪式在德州举行，中国航天科工集团、中国冶金地质总局与德州市政府三方签订协议，将航天、地理信息等先进技术应用于地下管线管理，共同建设地下管线综合管理试点城市，住房城乡建设部副部长陈大卫出席签约仪式并讲话。

（山东省住房和城乡建设厅）

河 南 省

概况

2014 年，河南省住房城乡建设系统紧紧围绕河南省委、省政府，立足实际，坚持改革创新、重点推进和转型发展，全面完成各项工作任务。

【新型城镇化】 5 月 26 日，河南省政府印发《科学推进新型城镇化三年行动计划》；7 月 3 日，河南省政府出台了《河南省新型城镇化规划（2014~2020 年）》，提出到 2020 年，全省常住人口城镇化率达 56% 左右。出台户籍制度改革意见和促进农民进城八项措施，全面实施居住证制度，促进城镇基本公共服务常住人口全覆盖。全球智能终端生产基地正在形成，国际航空物流中心初具雏形。中原城市群正式列入国家新型城镇化规划，洛阳、兰考、新郑、禹州成为国家新型城镇化试点。至 2014 年底，全省城镇化率达到 45.2%，比上年提高 1.4 个百分点，新型城镇化"一发动全身"效应进一步显现。

【保障房建设】 2014 年，全省新开工保障性住房 65.16 万套，其中棚户区改造 48.46 万套，开工总量和棚户区改造任务量均居全国首位。省政府先后召开专题会和推进会，省长谢伏瞻亲自动员部署，各市、县政府和各级住房城乡建设主管部门克服各种困难，强力推进，省直各有关部门积极协调联动，落实责任，国开行河南省分行融资 452 亿元全力支持，保证了目标任务圆满完成。在棚户区改造中积极探索新举措，郑州市强力推进中心城区棚户区改造，棚改安置房年开工近 20 万套，周口市积极推行货币补偿方式实施棚户区改造，三门峡市探索保障房后期管理与创新社会管理紧密结合的运营管理模式，都取得了明显成效。

【房地产业和建筑业】 坚持把两大产业作为扩大投资消费、稳定经济增长的重要引擎，较好地发挥了两大产业对全省经济发展的支撑作用。2014 年，河南省房地产业完成开发投资 4375.71 亿元，同比增长 13.8%；建筑业完成总产值 7911.9 亿元，同比增长 13.0%。积极探索建立房地产市场监管长效机制，加强对房地产形势的监测研判，有针对性地及时出台了稳定房地产市场的政策措施，房地产业保持了较好的运行态势。销售和价格下行幅度均低于全国，库存量大大低于全国平均水平。郑州市取消限购政策；漯河市积极探索去库存化措施，推出 10 类房屋登记"立等可取"便民举措，取得好的成效。鼓励骨干企业跨行业、跨地区兼并、重组，增强科技创新能力，提升核心竞争力，年产值超百亿的企业达到 6 家。大力开拓外埠市场，建筑豫军遍布全国 30 个省、市、自治区，并在非洲、东南亚、中亚等境外市场占得一席之地。开展工程质量治理两年行动，大力打击挂靠出借资质行为，实现工程质量稳中有升，安全生产形势总体平稳。积极探索建筑产业现代化路子，中建七局、天丰钢构等企业筹建产业化生产基地，开展示范工程建设。中铁工程装备集团有限公司的矩形盾构机核心技术产业化实现重大突破。发布省级地方标准 17 项。全省新增节能建筑 5600 万平方米，完成既有居住建筑节能改造 404 万平方米；获得绿色建筑标识项目 75 个，建筑面积达 1076 万平方米；在全国率先对执行绿色建筑标准的保障房项目进行财政补贴。全省新型墙材产量达到 510 亿标砖，应用比例保持 98% 以上，26 个县和 82 个乡镇分别完成"禁黏"、"禁实"。住房公积金管理进一步规范。河南省在全国率先建立省级 12329 住房公积金服务短号平台，郑州、安阳等 12 个省辖市开通语音热线并完成省级平台连接；全省当年归集住房公积金 367.31 亿元，同比增长 19.47%，用于支持住房消费 395 亿元，住房公积金覆盖率达到 75.42%。

【城市基础设施建设】 河南省政府出台《关于进一步加强城镇基础设施建设管理工作的实施意见》，城市基础设施建设不断加强，全省完成投资 2200 亿元，同比增长 18.92% 以上。顺利完成省重点民生工程建设任务，积极推进污水、垃圾处理等城镇基础设施建设，新增污水日处理能力 260 万吨，新增城市垃圾处理能力 3050 吨；新建南水北调受水城市配套水厂 7 座；新建、改建燃气管网 1715 公里，热力管网 986 公里，新增供暖面积 1950 万平方米；启动河道综合整治和生态园林项目 293 个。省辖市基本建成数字化城市管理系统。加强对新农村建设的指导。编印下发《河南省村庄整治技术指南（图解）》，会同有关部门对全省 120 个县（市、区）进行人居环境量化考核，人居环境有较大提升。实施农村危房改造 18.5 万户，超额完成 12 万户的目标任务。一批镇、村列入全国和省重点镇、历史文化名镇、名村、传统村落名录，首批 14 个中国传统村落每村获中央补助资金 300 万元。

【城乡规划体系进一步完善】 积极推进"多规合一"，郑州航空港经济综合实验区总体规划和 26 项专项规划编制完成，许昌、漯河、三门峡、信阳、周口 5 个省辖市，鹿邑等 9 个省直管县（市）完成总体规划修编，巩义、禹州、西华 3 个县（市）城乡总体规划暨"三规合一"试点规划编制工作进展顺利，176 个商务中心区和特色商务区空间规划和控制性详细规划编制基本完成。扩大规划覆盖，商城县县域村镇体系规划被确定为 5 个国家试点之一。

【推进住房城乡建设行政审批制度改革】 加大住房城乡建设行政审批改革力度，取消建筑设计领域外资准入限制，在全国率先取消外省建筑企业入豫备案手续，放开非国有资金投资项目必须招标的限制，下放房地产开发企业三级及以下资质审批权限。出台廉租房公租房并轨运行管理意见，将符合条件的城镇新就业职工、外来务工人员纳入住房保障范围。深化投融资方式改革，全省大部分城市交通基础设施实现 BT 模式建设，40 多座污水垃圾处理设施采取 BOT、TOT 模式建设和运营，多数燃气公司采取控股或参股形式吸引社会资金。

法制建设

积极推进住房城乡建设系统法制建设，住房城乡建设法制成效工作成效显著。

【立法工作】 按照河南省人大、省政府立法计划，省住房城乡建设厅共有 5 部法规、规章列入立法规划。《河南省发展应用新型墙体材料条例》、《河南省城市房屋拆迁管理条例（修订）》和《河南省物业管理条例（修订）》被列入省人大常委会 2014 年度地方立法计划；《河南省房屋租赁管理办法》、《河南省市政基础设施工程质量监督管理办法》列入河南省政府 2014 年度立法计划。在立法工作中，配合省人大、省法制办积极推进立法工作，立法工作总体进展顺利。同时，积极做好 2015 年立法项目的申报工作，按照省人大、省政府报送 2015 年立法计划的要求，经过广泛征求各业务处室意见，申报《河南省民用建筑节能条例》列入省人大 2015 年度立法计划，《河南省城市集中供热管理办法》列入 2015 年度省政府立法项目。

【行政复议工作】 全年共立案行政复议案件 73 件，已办结 60 件。全年的行政复议案件比 2013 年同期增长 62%，在全国住建系统名列前茅。在办理行政复议案件的过程中，对行政复议数量较多的部门进行约谈，对行政行为不规范、被撤销具体行政行为较多的单位进行通报批评。在办理行政复议案件中，严格按照行政复议法、住房城乡建设部和省政府有关规定。全年因行政复议引起的诉讼只有一起，在全国处于先进行列。

【规范行政执法】 认真抓好制度建设和执法监督两个方面工作。进一步加大制度建设力度，起草出台《河南省住房和城乡建设系统行政处罚规范（试行）》和《河南省住房和城乡建设系统文明执法规范（试行）》。针对存在的问题，通过下发行政执法监督函督促其整改，全年共下发执法监督函 8 份。加强了对县级住房城乡建设部门行政执法队伍建设的指导。为进一步规范行政执法程序，促进执法水平的提高，组织开展了行政处罚案卷集中评查活动，对各省辖市、省直管县（市）2013 年以来办理的 300 多份行政处罚案卷进行集中评查。评出了优秀案卷，对评查情况进行了通报，促进了行政执法的规范化。

【规范性文件法制审核】 严格按照规范性文件的审核要求，对全厅拟出台的 45 份文件进行了法制审核，经过审核，对 2 份与现行法律法规和国务院文件精神相抵触文件建议不予出台，对其他文件提出了 150 余条修改意见。经河南审核的规范性文件全部在河南省政府顺利备案。对全厅 2013 年 9 月 30 日以前制定的 374 份规范性文件进行了全面清理，最终对 188 件规范性文件宣布继续有效、45 规范

性文件予以修订、24 件规范性文件予以废止、117 件规范性文件宣布失效。

河南省住房城乡建设厅共收到住房城乡建设部、省人大和省政府等转来的法律法规、规章、规范性文件草案 55 份。省住房和城乡建设厅共立案查处违法案件 7 起，根据业务分工，负责对行政处罚案件进行法制审核，在法制审核中，全年共向住房城乡建设部请示 15 次，与省政府有关部门研究案件近 10 次、举行听证会 2 次。按照国家和河南省"六五"普法规划，组织全系统开展形式多样的法制宣传教育活动，促进法律进企业、进工地、进机关、进社区，对提高企业和群众的法律意识。启动"十三五"住房发展规划编制工作，拟定编制工作方案，赴有关先进省份进行了学习。做好房改信访案件办理工作。做好房改遗留问题处理工作。

【执法监察】 住房城乡建设综合执法监察工作成效显著。重点查处一批违法违规案件。承办和参与处理了河南中投新能源有限公司等违法铺设燃气管线、违规经营案件，郑州富士康"冠达花园、昇阳花园"两个项目的质量问题案件，"南阳鸭河口水库无证违规建设别墅群"案件，"江苏彬鹏环境工程有限公司在河南省平顶山市鲁山县张官营镇污水处理工程项目违法分包"案件，共收缴罚款 506.99 万元。组织开展全省综合执法检查工作。共检查工程项目 108 项，涉及建筑面积 642.2 万平方米，下发《建设行政执法通知书》34 份。对收集的案件线索，根据调查情况进行督办、转办或直接查办，且全部办结。认真受理和办理群众投诉举报案件。全年共收到投诉举报线索 206 件（含重复举报 40 次），实际受理案件 52 件，其中网络举报 26 件，来电来信来访举报 12 件，上级部门交办转办、同级机关移送 14 件。从统计数据分析来看，全省住房城乡建设领域以下问题比较严重：违反城乡规划进行建设、违规预售和购房合同纠纷、未经许可进行建设的问题比较突出，天然气加气站无证建设、经营的问题比较突出，反映工程质量问题也比较多。加强层级监督和指导。继续加强全省住房城乡建设执法监察统计分析制度、不断完善执法联动工作机制等方式。省住房城乡建设厅通过考核验收并研究决定，授予洛阳市西工区城建监察综合执法大队等 79 个单位"河南省住房和城乡建设系统三星级执法监察队伍"荣誉称号；授予郑州市园林绿化行政执法监察队等 98 个单位"河南省住房和城乡建设系统四星级执法监察队伍"荣誉称号；授予许昌市城市管理监察支队等 7 个单位"河南省住房和城乡建设系统五星级执

法监察队伍"荣誉称号。注重总队自身建设。抓好调研课题，形成《关于城乡规划违法行为整改难的调研报告》。认真组织政治学习和业务培训，认真抓好党风廉政建设，同时认真做好信息宣传、机要、档案管理等工作。

城乡规划与建设

【城乡规划和风景名胜区管理】 城乡规划工作紧紧围绕推进新型城镇化，重点强化城乡规划在新型城镇化发展中的服务和引导作用，加大风景名胜区的监管力度。

深入开展新型城镇化相关问题的研究和探索。为科学推进全省新型城镇化，构建具有中原特色的现代城镇体系，完成了《河南省大中小城市和中心镇协调发展专题研究报告》。组织力量对全省16个城乡一体化示范区进行实地调研，起草了《河南省城乡一体化示范区规划建设导则》。

【城乡规划编制】 开展《河南省城镇体系规划》实施评估。大力推进省直管县（市）总体规划编制，加快推进直管县（市）总体规划的修编工作，共有滑县等省直管县市的总体规划已修编完成。积极推进新一轮城市总体规划修编。完成了许昌等省辖市，以及扶沟等县市城市总体规划的修编。开展县（市）城乡总体规划暨"三规合一"试点。选择巩义等市县开展了县（市）城乡总体规划暨"三规合一"试点工作。积极落实省住房城乡建设厅对郑州航空港经济综合实验区服务直通车机制。实验区概念性总体规划已经获河南省政府批复；26项专项规划通过专家评审，重点片区城市设计顺利推进，六线管制规划已顺利启动，整体上实验区规划编制体系初步形成。目前郑州市正在按照总体规划修改工作的法定程序推进。加强历史文化名城规划。指导浚县完成历史文化名城保护规划和东大街保护整治规划的编制，并指导其通过国家历史文化名城复查。

加强载体规划建设。指导督促各地开展了"两区"空间规划和控制性详细规划编制，至2014年底，全省"两区"规划编制工作已基本完成，整体进入审查审批阶段。全面落实省委、省政府加快推进产业集聚区建设的工作部署，指导扩区或调整布局的产业集聚区对空间规划和控制性详细规划进行修编。

积极帮扶省直管县市规划。帮扶兰考县规划工作。组织技术力量对兰考县城市总体规划进行了修订完善，高铁站区域的城市设计成果已初步完成。帮扶固始县的规划工作。目前固始县城乡总体规划

的成果已经完成编制和审查工作。

强化城乡规划实施管理。配合河南省人大开展《城乡规划法》和《河南省实施〈城乡规划法〉办法》的执法检查。开展对全省省辖市中心城区违规调整容积率的专项调查。组织力量，对2006年以来各省辖市中心城区涉及调整容积率的开发项目进行了全面梳理和总结，研究提出规范容积率管理的措施。配合住房城乡建设部国家风景名胜区综合执法检查组进行了执法检查。

积极服务重点项目规划建设。全省城乡规划部门共完成重点项目规划审批许可1258个，其中新开工项目完成规划审批许可1229个，已基本完成全年重点建设项目规划审批任务。

【风景名胜区管理】 认真贯彻《风景名胜区条例》，坚持把资源保护工作放在首位。对桐柏山——淮源风景名胜区责令限期整改。全面提升风景名胜区管理水平。5月，组织全省各风景名胜区管理人员参加了住房城乡建设部在成都开办风景名胜区执法工作培训班。年初，石人山风景名胜区在住建部《关于2013年国家级风景名胜区执法检查结果的通报》中被责令限期整改，已按《通报》要求完成整改。风景名胜区规划编制工作继续推进。灵山风景名胜区总体规划通过专家评审。全省11个国家级风景名胜区的总体规划均已编制完成。风景名胜区安全管理工作常抓不懈。"十一"黄金周前抽取部分景区进行了安全检查。全省风景名胜区管理部门也都高度重视安全生产工作。加大基础设施和服务设施建设。景区的区域交通条件已经有了很大的改善。全省风景名胜区的基础设施和接待服务设施建设也有很大发展，全省景区基本上都已形成比较完整的游览道路系统，在景区内开通了专门的电瓶车或景区公交。大多数景区都建了游客服务中心，并在服务区建设了星级宾馆，积极引导和发展农家宾馆。文明景区建设不断取得新成绩。

城市建设和市政公用基础设施建设

【加大城市建设和市政公用基础设施建设力度】 城镇综合承载能力提升，城乡人居环境改善。结合河南省实际，认真贯彻落实国务院《关于关于加强城市基础设施建设的意见》。9月19日，省政府印发了《关于进一步加强城镇基础设施建设的实施意见》。城市基础设施建设投资保持较快增长，全省全年完成投资2200亿元，同比增长18.92%。按期完成省政府重点民生工程建设。省政府十项重点"民生工程"中建成污水处理厂82个，新增垃圾处

理能力 3000 吨。重点项目建设稳步推进。南水北调中线工程全省 48 个受水城市规划建设配套水厂 83 个,计划投资 125 亿元,已建成 28 个,完成投资 30.6 亿元,在建项目 20 个,供水能力 120.15 万吨。加大对中央资金支持的污水处理管网建设督导力度,"十二五"期间共争取中央支持污水管网专项资金 31.68 亿元。新建污水管网 5960 公里,完成总量的 82.89%。

【建立跟踪督导机制,全力推进城市基础设施建设】 健全组织保证,加强分类指导,开展专项督查,加强与省直部门协作,节能减排效果明显,数字化城市管理工作取得新进展。指导各市县加快数字城管建设,不断完善功能,提高运行水平。一些城市数字城管功能由初期单一市容市貌管理,向供水、污水、燃气、热力、环卫机扫作业监测、建筑垃圾处置运输监控、建筑工地出入口监控等城市基础设施领域延伸。积极开展地下管廊试点,统筹地下管网建设。省住房城乡建设厅以郑州市为试点,大力推进地下综合管廊建设。扎实推进排水管网改造建设,做好城市汛期排水防涝。指导各市县加大城市雨污管网分流和积水点改造力度,指导各市加强汛期应急准备,认真开展汛前安全检查。加快建设城市内涝监测预报预警体系,加快推进暴雨强度公式编制(修订)工作,为各市编制排水防涝规划和设计排水管网时提供依据。贯彻落实国务院条例,加强城市排水与污水处理厂运营管理。组织全省各级住房城乡建设主管部门认真贯彻落实《城镇排水与污水处理条例》和省政府办公厅《关于批转省住房城乡建设厅环保厅河南省城镇污水处理厂运行监督管理办法的通知》。

【全面开展城镇燃气安全专项排查整治】 从 2013 年 12 月至 2014 年 3 月,在全省燃气行业组织开展为期 4 个月的城镇燃气安全排查整治活动。8 月又开展一次全省管道燃气安全隐患专项治理。全省共排查燃气企业 1122 家,燃气管网 1.87 万公里;依法关停、取缔违法违规液化气经营站点 110 个。加快城市燃气热力管网及设施建设改造。积极贯彻落实《国务院关于加强城市基础设施建设的意见》,加快燃气热力管网建设和更新改造。3 月,省住房城乡建设厅会同省发改委、财政厅联合下发文件,采用联审联批、部门协同等办事机制,提高工作效率,加快项目建设。全省新建、改建燃气管网 1715 公里,热力管网 986 余公里,全省新增供暖面积 1950 万平方米。提高市容环卫和垃圾处理管理水平。组织夏季环卫作业防暑降温、防暴雨雷电等专题教育,

开展生活垃圾处理场动态考核,加强环卫作业和垃圾处理场运营精细化管理,完善管理制度措施和应急预案。认真组织开展全省第十七届环卫工人节活动,指导各市切实解决环卫工人的实际困难,着力提高环卫工人的福利待遇。提高道路机械化清扫率,购置环卫机械化清扫专用车辆,落实机械化清扫的运行费用,逐年提高道路机扫率。大气污染防治重点区域的郑州等 9 个城市中,已有 3 个城市建成区主要车行道机扫率达到 50% 以上,分别是郑州 54.92%、开封 71.43%、洛阳 69.77%。全省市政公用行业全年安全形势平稳。通过开展全省燃气安全隐患专项排查整治、安全河南创建 2014 年城镇燃气安全行动计划、住房城乡建设领域"六打六治"打非治违专项行动、市政公用行业安全管理年、市政公用行业服务提升年等一系列活动的有效实施,进一步建立和完善了安全生产责任制,全省市政公用行业没有发生重特大安全事故。

【创建园林城市】 城市园林绿化建设和管理水平得到进一步提升。全省园林城市创建活动健康有序开展。各申报城市、县城、城镇通过创建国家园林城市,开展城市综合治理,使城市基础设施不断完善,城市形象大幅提升。以创建为载体,结合自己实际情况,因地制宜,开工建设了一批大型公园绿地、城市河道综合整治和生态建设等园林绿化项目。根据住房和城乡建设部关于国家园林城市复查通知要求,河南省已取得国家园林城市称号的 18 个城市要迎接国家复查,按照住房和城乡建设部《复查通知》的要求,5 月中旬,省住房和城乡建设厅组织专家对 18 个被复查城市进行了公园绿地景观性等六项内容进行了全面综合评价。18 个国家园林城市继续保留"国家园林城市"称号。至 2014 年底,全省市县绿地系统规划编制已经达到 70%。全省共有开封市、漯河市等 11 个市县组织编制或修编了城市绿地系统规划。至 2014 年底,全省国家级园林城市已有 20 个,国家园林县城 11 个,国家园林乡镇 3 个,省级园林城市 16 个,省级园林县城 40 个,省级园林乡镇 44 个,国家级园林城市总数位居全国第三位。积极推进生态园林建设。至 2014 年底,全省设市城市园林绿化建设共完成投资 83 亿元,全省设市城市新增绿化面积 4095.35 公顷,建成区绿地率达 33.43%,绿化覆盖率 38.27%,人均公园绿地面积达 9.93 平方米。

村镇规划与建设

【村镇规划和建设】 村镇建设突出抓村镇规划、

农村危房改造、小城镇建设、农村人居环境治理、特色乡村建设及创建、定点扶贫等。农村危房改造工作连续第五年被纳入"十项重点民生工程"。强化村镇规划编制和实施。开展村镇规划试点；开展新农村建设规划编制，组织开展中心镇规划、中心村规划示范引导点工作。加强历史文化名镇名村保护规划、传统村落保护发展规划编制指导。完成 26 个历史文化名镇名村保护规划、传统村落保护发展规划编制和审查。

【农村危房改造工作】 全省实施农村危房改造 18.5 万户，超额完成河南省政府确定的 12 万户目标。争取中央补助资金 14.6 亿元，累计完成建房投资 48.3 亿元。在危房改造资金上，实行专款专用，直接将资金补助到危房改造户。按照中央七部委要求，会同发展改革、财政、国土、农业、民政、科技等部门，对 2004 年公布的全国重点镇进行增补调整，经过逐级申报推荐、复核，优选推荐 218 个镇为全国重点镇对象，203 个镇被批准公布为全国重点镇。改善农村人居环境，基本完成 15 个乡镇污水处理厂建设并投入使用。积极推动 39 个重点流域重点镇污水管网项目配套建设；制定了考核办法，开展督导检查，对考核先进的地区进行奖补；加强技术指导和服务。认真做好定点扶贫工作。

住房保障与房地产业

【保障性安居工程】 2014 年，河南省继续大规模实施保障性安居工程建设，计划新开工保障性安居工程 64.15 万套（其中棚户区改造 47.86 万套），基本建成保障房 27 万套，安居工程开工总量及棚户区改造量均居全国第一位。至 2014 年底，全省新开工保障性安居工程 65.15 万套，其中棚户区改造安置住房开工 48.72 万套，公共租赁住房开工 16.43 万套，基本建成 27.16 万套，完成投资 1011 亿元，超额完成了国家下达的目标任务。工作难度较往年加大。省住房城乡建设厅认真落实省政府决策部署，建立了"厅级干部分片包干，业务处室对口巡查"的工作推进机制，确保各项工作落实到位、推进得力。全省进一步优化公共租赁住房布局，突出建设重点，优先推进中心城市、中心城区保障性安居工程建设，重点面向省辖市中心城区和产业集聚区。

【全面推进廉租住房和公共租赁住房并轨运行】 并轨后竣工的公共租赁住房（含原按照廉租住房立项建设的住房），要求各地结合实际合理设定对城镇低收入家庭和低保家庭等保障对象的补贴档次和补贴标准，确保保障对象合理的租金负担水平。多

途径为保障性安居工程建设提供融资支持。共争取中央保障性安居工程补助资金 168.4 亿元，省级财政安排 10 亿元，督促各地按规定从土地出让收入、住房公积金增值收益中足额提取保障性安居工程配套资金，这些资金确保了政府投资项目资本金的及时足额到位。同时，全省积极采取措施，利用"统贷统还"、"统筹统还"方式，推动省豫资公司与国开行、农发行、邮政储蓄银行合作融入信贷资金，支持市县保障性安居工程建设项目的实施。河南省认真组织各地编制了《河南省 2015～2017 年棚户区改造规划》，坚持三个优先：优先改造省辖市中心城区棚户区，优先采取更加优惠的资金、土地扶持政策，优先推进开封、商丘等历史文化名城保护规划范围内的棚户区改造，优先改造资源枯竭城市的棚户区项目，同时在分配中央和省级补助资金时给予倾斜。

【房地产开发】 房地产市场总体保持平稳发展，房地产开发投资、房屋施工面积、商品房销售等各项指标继续保持增长，但受信贷政策收紧和观望气氛影响等因素影响，市场下行压力加大，开发投资增速有所回落，商品房销售放缓，企业资金趋紧，土地购置和新开工面积下降，市场分化有所显现。2014 年，全省累计完成房地产开发投资 4375.71 亿元，同比增长 13.8%，增速较 2013 年回落 12.8 个百分点。与全国相比，投资额居全国第 8 位、中部第 1 位，投资增速高于全国平均水平 3.3 个百分点。房屋施工和竣工面积增速回落，新开工面积有所下降。全省房屋施工面积 3.9 亿平方米、同比增长 8%，增速较 2013 年回落 13.7 个百分点，其中住宅施工面积 2.9 亿平方米、同比增长 6.1%；房屋竣工面积 7324 万平方米、同比增长 22.8%，增速居全国第 6 位，其中住宅竣工面积 5767 万平方米、同比增长 17.3%，占房屋竣工面积的比重为 78%；新开工面积 1.06 亿平方米、同比下降 15.1%。商品房销售增速放缓。全省商品房销售 7880 万平方米、同比增长 7.8%，增速较 2013 年回落 14.7 个百分点。其中商品住宅销售 7009 万平方米、同比增长 6.8%。商品房销售面积增速高于全国平均水平 15.4 个百分点、居全国第 4 位。商品房价格基本稳定。全省商品房销售均价 4366 元/平方米、同比上涨 3.8%，其中商品住宅销售均价 3909 元/平方米、同比上涨 1.9%。根据各省辖市房管部门商品房合同备案数据，郑州市市区商品住宅销售均价为 8016 元/平方米，洛阳市市区商品住宅价格为 4834 元/平方米，开封、新乡、焦作、濮阳、许昌、南阳、商丘、信阳 8 个市市区商品住宅销售均价为 4000～4500 元/平

方米,其余 8 个市市区商品住宅价格均为 3000～4000 元/平方米。房地产开发企业实际到位资金增速持续放缓。全省房地产开发企业实际到位资金 4688.97 亿元,比上年同期增长 6.5%,增速比前三季度和 1～11 月分别回落 2.9 个和 0.3 个百分点。全省房地产开发企业实际到位资金增速比完成投资增速低 7.3 个百分点。土地购置面积降幅收窄。全省房地产开发企业本年土地购置面积 1116.16 万平方米,比上年同期下降 25.7%,降幅比 1～11 月收窄 3.6 个百分点;土地成交价款 233.94 亿元,下降 10.9%,降幅收窄 1.1 个百分点。至 2014 年底,全省房地产开发企业待开发土地面积 1343.57 万平方米,增长 2.6%。

【房地产市场管理】 进一步加强房地产市场管理,房地产市场平稳健康发展。至 2014 年底,全省取得房地产开发企业资质证书的共有 8702 家,其中一级资质企业 54 家,二级资质企业 771 家,三级资质企业 1370 家,四级资质企业 1508 家,暂定资质企业 4999 家。召开住房金融座谈会,听取大家对全省房地产市场发展意见。为促进房地产市场平稳健康发展,9 月,省住房城乡建设厅等 5 部门印发《关于促进全省房地产市场平稳健康发展的若干意见》。放宽了对开发企业贷款的门槛,并放宽了商品房预售的审批条件。同时提出,各地根据当地市场供求关系,在房地产项目建设中,对套型建筑面积比例全部放开,充分发挥市场在资源配置中的决定性作用。12 月,省住房城乡建设厅印发《关于进一步规范房地产开发企业资质管理工作的通知》,《通知》规定,房地产开发主管部门应将工作重点从事前审批向加强日常监管转变,切实做好房地产开发项目的管理。下放资质审批权限。进一步规范资质管理。新设立的房地产开发企业应当自领取营业执照之日起 30 日内,到所在省辖市、省直管县(市)、航空港经济综合实验区房地产开发主管部门备案,房地产开发主管部门应于 15 日内向符合条件的企业核发暂定资质证书,暂定资质证书有效期为 2 年,开发项目未完成的,有效期可以延长,但延长期限不得超过一年。完善房地产市场月报制度,通过强化房地产市场监测分析,准确把握全省房地产市场走势,及时发现房地产市场中出现的新情况、新问题,全面、准确地发布房地产市场信息。

【房地产交易与权属登记】 房地产交易市场平稳发展。全年批准预售面积 10444.81 万平方米,同比增长 22.33%,其中住宅 8413.3 万平方米,同比增长 22.93%。商品房成交面积 6307.78 万平方米,同比增长 2.37%,其中住宅 5600.11 万平方米,同比增长 0.49%。二手房成交面积 1627.28 万平方米,同比下降 26.76 万平方米,其中住宅 1449.07 万平方米,同比下降 26.51%。全年国有土地范围内登记的房屋总建筑面积 24546.3 万平方米,其中房屋所有权登记面积 12271.87 万平方米,抵押权登记面积 9160.43 万平方米,预告登记面积 3004 万平方米,更正登记面积 65 万平方米,异议登记面积 45 万平方米。全年集体土地范围内登记的房屋总建筑面积 536 万平方米,其中房屋所有权登记面积 471 万平方米,抵押权登记面积 62 万平方米,其他登记面积 3 万平方米。国家对不动产实行统一登记制度是《物权法》确立的一项重要制度并明确"统一登记的范围、登记机构和登记办法,由法律、行政法规规定"。推进房屋租赁管理立法,规范房屋租赁市场。房地产经纪人职业资格调整。房地产信息化建设。

【城镇房屋征收管理】 拆迁遗留项目 66 个,拆迁面积 379.56 万平方米,涉及被拆迁人 8908 户;已启动征收项目 179 个,征收面积 939.17 万平方米,涉及被征收人 63391 户;已作出房屋征收决定项目 121 个,征收面积 5142.12 万平方米,涉及被征收人 47569 户;已完成征收项目 52 个,征收面积 299.12 万平方米,被征收人 9437 户;作出征收补偿决定 194 件,涉及被征收人 298 户;申请法院强制执行 8 件,142 户,法院裁定准予执行 4 件,61 户。与往年相比,征收规模略有下降,强制执行的数量明显减少。开展了"纠正损害征地拆迁中损害群众利益专项整治行动",督促全省各级政府切实履行职责,规范征地拆迁行为,维护群众合法权益。把问题解决在初始、解决在萌芽,为专项整治工作的顺利推进奠定良好的基础。市、县两级政府作为征地工作的组织实施主体,均成立了专项整治工作领导小组和整治办,建立党委领导、政府主抓、部门负责、上下协调、齐抓共管的专项整治工作体制机制。开展国有土地上房屋征收补偿信息公开工作是贯彻落实《条例》各项规定及住房和城乡建设部信息公开工作通知要求,保障公民、法人及其他社会组织的知情权,增强房屋征收补偿工作透明度的重要举措。要求各地尽快建立信息公开制度。

【住房公积金监督管理】 公积金业务指标平稳增长。全省缴存职工 580.23 万人,其中本年新增缴存职工 22.22 万人,同比增长 3.98%;全省覆盖率 75.42%;累计归集总额 2253.85 亿元,其中,本年新增归集 367.31 亿元,同比增长 19.47%;累计提取总额 882.13 亿元,其中,本年新增提取 185.25 亿元，同比增长 26.58％；全省个人贷款余额 790.48 亿元；累计个人贷款发放总额 1153.08 亿元，其中，本年新增个人贷款发放额 208.06 亿元，同比增长 22.02％；全省个贷率 57.63％，个人贷款逾期率 0.11‰，低于 1.5‰ 的部颁标准。试点工作持续推进。洛阳、郑州、平顶山、安阳 4 个试点城市管理中心至 2014 年底，全省试点项目贷款总额度为 25.1 亿元，审批贷款金额 22 亿元，占试点贷款计划额度的 87.65％；其中已发放贷款 9.38 亿元，累计偿还本金 6.5 亿元，付息 2481.52 万元，本金回收率达到 69.3％。管理效能逐步提高，加大归集力度，住房公积金制度覆盖面进一步扩大。放宽使用政策，缴存职工购房能力进一步提升。加大科研力度，信息化建设进一步完善。通过启动省级数据容灾备份系统建设，为住房公积金信息数据安全和业务持续发展提供了有力保证。提高管理效能，管理运作机制进一步规范。服务水平全面提升。通过开通 12329 语音热线与短信服务，为缴存职工提供政策咨询、业务查询、投诉建议、短信提醒等服务，服务效率全面提高。各地住房公积金管理中心以提升人员素质、熟练业务技能为切入点，统一思想，提升能力，强化科学管理理念和行业服务意识，努力打造出一批精干高效的住房公积金管理人才。全面加强廉政风险防控。

工程建设与建筑业

【建筑市场管理】 进一步加强建筑市场监管力度。按照国家和省深化改革的有关精神，不断创新监管方式，简化工作程序，进一步提升建筑市场监管效能。实施合同信息化网上备案，规范招投标评标活动，创新企业资质动态考核方式，建立"比例抽查、重点核查，优化程序、网上公告"的动态考核机制，缩小动态考核范围，缩短年度动态考核周期。继续稳步推行工程担保制度，增强建设市场主体自我约束和自我监督的能力，有效缓解占压施工企业流动资金问题。至 2014 年底，全省已出具保函 5000 份，担保金额达 73.6 亿元，代偿农民工工资 240 万元。共受理各类投诉案 218 余起，总计涉及金额约 4.72 亿元。全省建筑业法规建设与体制改革成效显著，全年共印发各类规章制度及文件 128 件。行业改革稳步推进。召开全省建筑业改革发展大会，确定全省建筑业改革发展方向。改革对跨区域承揽业务企业的登记备案管理方式。规范企业跨地区承揽业务登记备案管理方式，建立开放有序的建筑市场环境。非国有资金投资项目可自主选择招标或直接发包方式。建设全省统一的建筑市场动态监管平台，加快推进全省工程建设企业、注册人员、工程项目数据库建设，实现施工现场与建筑市场联动，动态监管与信用评价联动，信用评价与招投标市场联动，形成闭合的监管体系，提高建筑市场监管信息化水平。改革行政审批方式。积极指导行业协会开展好组织实施。选定试点城市和试点企业，推动建筑产业现代化，利用标准化设计、工业化生产、装配式施工和信息化管理等方法来建造、使用和管理建筑，促进传统产业升级、提升建筑产品的品质。出台了建筑业高级经营管理人才和高层次技术人才标准和条件，全省共评选经营管理类高层次人才 38 人，专业技术类高层次人才 183 人。共上报一级建造师初始注册 11 批 2632 人次，审查二级建造师注册 7 批 10210 人次，考核认定小型项目建造师 6944 人次。

【工程建设监理】 工程建设监理行业的规模在不断扩大，企业经营效益稳步增长，工程监理能力水平和人员素质也在不断提升，行业保持了健康有序发展。一是全省共有工程监理企业 320 家，综合资质 5 家，甲级 124 家，占企业总数的 39％，乙级 120 家，占企业总数的 39％。监理从业人员 4.62 万人，其中注册监理工程师 6900 余人，省专业监理工程师 7000 余人。全年共注册监理工程师 10 批 804 人次。二是工程监理业务覆盖房屋建筑、市政公用、矿山、铁道、公路、化工等 12 个工程类别。全年全省工程监理企业承揽合同额 270 亿元，与上年相比增长 10％。其中工程监理合同额 54 亿元，与上年相比增长 15％；工程项目管理与咨询服务、工程招标代理、工程造价咨询及其他业务合同额 156 亿元，与上年相比增长 12％。工程监理合同额占总业务量的 20.18％。实现营业收入 193 亿元，与上年相比增长 21.4％。其中，工程监理收入 39 亿元，与上年相比增长 11.4％，占总营业收入的 20％；工程项目管理与咨询服务、工程招标代理、工程造价咨询及其他收入 111 亿元，与上年相比增长 26％。三是工程监理行业集中度进一步提升。全年全省工程监理企业实现营业收入超亿元的企业有 4 家，超 8000 万元的有 24 家，超过 5000 万的有 32 家，超 3000 万元的有 53 家，1000 万元的有 104 家。营业收入超 3000 万元的 46 家企业完成合同额占总合同额的 91％。

【建设工程质量监督管理】 加强保障性安居工程质量的监管，做好省管工程的监管服务，注重宣传，积极应对媒体报道。配合起草规范性文件，继续抓好工程质量检测。进一步加强对全省监督机构的管理。结合考核对监督人员进行切合实际的业务指导,从法律的层面指导帮助监督人员在监督工作中尽职履责,并合理合法的规避职业风险。督促当地政府解决了部分监督机构的经费问题。

【建筑施工安全管理】 河南省住房城乡建设系统持续加大安全监管力度,认真组织"打非治违"专项行动和预防坍塌事故、城镇管道燃气安全隐患、建筑消防安全等专项整治活动,强化责任、排查隐患、依法治理、夯实基础,有力地推动了全系统安全生产的深入开展。加强工作部署,强化目标管理。加强安全生产过程和结果双重考核,推动安全监管责任的落实。突出工作重点。开展隐患排查治理。省住房城乡建设厅直接组织了6个检查组,对18个省辖市和10个直管县进行了安全检查,共抽查工程项目97个,下发整改通知书88份,停工通知书20份,不良行为记录告知书43份;省住房城乡建设厅还抽调24名燃气行业专家组成6个检查组,对全省城镇燃气安全专项排查整治工作情况进行专项检查;进一步强化了责任意识,强化依法行政和责任追究。首先是严格建筑市场准入与清出管理。共暂扣企业安全生产许可证16家,责令停业整顿13家,暂扣个人安全生产考核证38人次,责令停止执业24人次,对7家外省企业被清出河南省建筑市场。对2013年以来已结案事故的28家责任单位和83名责任人员做出了停止执业资格、吊销或暂扣安全生产许可证和安全考核合格证书、停业整顿等处理。强化安全宣传教育、应急管理。加强防灾减灾知识宣传,组织开展了全省建设系统安全应急预案演练活动,大力推进建筑施工安全标准化。有324个项目获得省级建筑施工安全文明工地。

【勘察设计行业管理】 河南省勘察设计行业突出依法实施行政许可和不断完善市场监管体系的两个工作重点,进一步规范勘察设计行业管理,引导企业转型升级,优化勘察设计行业发展格局。全省勘察设计企业及有关各方主体质量责任,积极推动勘察设计技术进步,着力提升工程勘察设计质量水平,全省工程勘察设计市场秩序得到进一步规范,勘察设计质量水平得到可靠保证。至2014年底,全省各类勘察设计企业731家,其中甲级资质129家,乙级资质379家,丙级资质223家。勘察设计行业从业人员5.5万人,各类技术人员4.3万人,其中工程院院士3人,全国勘察设计大师19人,省级勘察设计大师34人,注册建筑师2519人,注册结构工程师2509人,其他各类执业注册工程师5796人。全省勘察设计业营业收入432.84亿元,利润总额60.23亿元。

开展繁荣建筑设计创作多项活动,提升行业技术水平和原创能力。组织开展"对话·中原建筑明天"建筑设计创作论坛活动。先后邀请国家级勘察设计大师柴裴义、著名青年建筑设计师崔彤,省级勘察设计大师郑志宏、徐辉等向全省注册建筑师、青年建筑设计师、各市县勘察设计主管部门的负责同志等600余人作了专题讲座,邀请大师们与参会代表们进行现场互动交流,通过交流,使与会者开阔了眼界,拓宽了思路,对提升全省建筑设计创作水平,激励青年设计师的创作激情起到了促进、引领作用。认真贯彻落实住房和城乡建设部印发的《工程勘察设计行业2011~2015年发展纲要》,为引导和鼓励企业进一步建立科学管理体系,两次邀请国家有关BIM技术标准编制组专家来河南开展BIM技术专题讲座,并就BIM的核心价值及发展应用与全省甲级勘察设计企业技术负责人、行业相关专家400余人进行深入的分析与探讨。通过开展讲座,使勘察设计企业认识到在提升设计能力、管理水平、提高市场效率、开发新的业务领域上,勘察设计企业将是BIM技术的最大的受益者,增强了企业建立科学管理机制的自觉性和积极性。

简政放权,加强服务,优化行业发展环境。简化工程勘察设计资质审批程序。省住房城乡建设厅印发了《关于我省工程勘察设计企业资质资格延续审查和资质变更有关问题的通知》、《关于下放乙级工程造价咨询企业资质延续、变更权限的通知》,将由省住房城乡建设厅审批的勘察设计企业、工程造价咨询企业资质延续、变更审查审批下放至各省辖市、直管县(市)。为保证职权下放后工作持续、有序开展,及时召开省辖市、直管县(市)主管勘察设计工作负责同志座谈会,对有关审查审批的标准、程序和工作要求进行了部署和详尽的讲解,确保该项工作的顺利交接和进行。调整省外进豫企业管理模式。本着服务企业、依法行政的原则,调整省外勘察设计企业管理模式,简化办事程序,调动各市(县)工作力量,把监管的重心移向事中事后质量监管。利用河南省第八届(河南)国际投资贸易洽谈会的平台,加强与省外进入河南的优秀勘察设计企业联系沟通,引导省外优秀勘察设计企业与本地企业进行创作理念、管理模式的有益交流,优化勘察设计环境,提升服务质量和效率。进一步开展对新勘察设计资质标准的宣贯。为更好地落实勘察企业资质就位,保证勘察资质就位工作顺利实施,组织勘察设计单位对新的《工程勘察资质标准》的学习,并邀请北京及省内有关专家为勘察单位解读新的标准内容，讲解在资质申报、换证、系统应用操作中可能出现的问题，掌握申报要求和程序，切实保证企业经营活动正常开展。指导省内10个省直管县和郑州航空港区勘察设计的行业管理，为基层加强行业管理提供重点帮扶指导。

对全省工程勘察设计企业进行了资质动态考核，全省共有工程勘察设计企业731家，其中工程设计企业666家、工程勘察企业65家（不考核，正在换证中），经考核确认，合格企业586家、基本合格70家（含分项部分）、不合格企业6家、未参加动态考核4家、企业不愿保留资质的3家、延期考核企业1家，对考核基本合格、不合格、未参加考核及延续考核企业下发了整改期限和处理意见。

全省开展诚信评估活动。进一步健全和完善行业诚信体系建设，依托省工程勘察设计行业协会在全省工程勘察设计行业中连续开展以遵守法规、社会责任、企业形象、文化建设为主要内容的诚信评估活动，强化企业诚信意识，加强勘察设计企业及执业人员信用评价。全省先后有267家工程勘察设计诚信单位，其中，有219家企业获行业AAA级诚信单位，48家企业获行业AA级诚信单位。同时，推荐了37家企业参加全国诚信单位评选，其中29家企业获全国行业诚信单位。通过工程勘察设计行业诚信评估活动的而开展，为全省勘察设计行业进一步适应市场经济的需要，强化诚信意识，逐步建立健全勘察设计行业诚信体系，推动勘察设计行业健康持续发展。

【勘察设计质量管理】 加强施工图审查管理，在建筑节能强制性标准执行方面加强专项审查，对各项审查不合格项目一律不准发放施工图审查合格书。施工图审查机构管理。全省施工图审查机构共33家，一类审查机构13家，二类审查机构20家。开展了勘察设计行业质量专项治理。根据住房和城乡建设部印发《关于深入开展全国工程质量专项治理工作的通知》、《工程质量两年行动方案》和省住房城乡建设厅印发《关于开展全省工程质量专项治理工作的通知》要求，结合全省勘察设计行业实际，制订切实可行的行业治理工作方案和措施，把勘察质量作为重点，上岗技能培训。做好施工图审查机构资质确定的筹备工作。开展了勘察设计优秀QC小组评选。全省共评出（勘察设计）优秀小组74个，其中一等奖27个、二等奖24个、三等奖23个。开展保障房建设、新型城镇化村镇建设、优秀青年建筑师作品评选、勘察设计大师评选等四项活动。出台了《促进河南省勘察设计行业发展的意见》。大力推进建筑信息模型（BIM）应用设计，实现工程项目的精细化管理。

【工程建设标准定额和工程造价管理】 工程建设标准定额和工程造价管理进一步完善制度，评审发布《河南省民用建筑太阳能光伏系统应用技术规程》等17项河南省地方标准。对2009年前发布的现行河南省工程建设地方标准进行了全面复审，共有74项标准列入复审范围。最终确定废止40项，继续有效20项，列入修订计划14项。省通信管理局对原《住宅小区及商住楼通信配套设施建设标准》进行了修订，名称变更为《房屋建筑宽带网络设施技术标准》，并于2014年底发布实施。率先在全国开展了施工现场标准员资格认定，共2206人测试合格取得标准员岗位证书。首批标准员已经持证上岗，开始履行标准员职责。

建筑节能与建设科技

【建筑节能与建设科技成效显著】 新建节能建筑实现新突破，建筑节能标准实施率保持常态发展。全省各地通过加强建筑节能闭合式监督管理，严把出入口关，强化执法监督检查（郑州、商丘迎检），严肃处理违规建筑，全省新建建筑节能执行率、实施率保持良好的发展态势。标准执行率连续七年达到100%，18个省辖市区标准实施率连续三年达到100%，县区建筑节能实施率达到95%以上。全年城镇新增节能建筑5600万平方米，创历年来新高，平均实施率达到99%以上。全省新建建筑实施率比例连续四年达到95%以上。

【新建建筑节能工作】 提前超额完成省政府核定的"十二五"既有居住建筑供暖计量及节能改造任务。2014年国家下达河南省既改任务400万平方米，通过全省上下的共同努力，至2014年采暖期开始承担改造任务的11个省辖市已完工404万平方米，在建32万平方米。开封、平顶山、许昌、鹤壁、驻马店、济源6市通过检测完成省定责任目标，"十二五"前4年累计完成改造面积1664万平方米，提前超额完成省政府核定1500万平方米任务。省级配套了"以奖代补"专项资金3000万元，开封、鹤壁等5个地市安排配套资金2894万元，有力促进了既改工作的顺利实施。可再生能源建筑应用规模化发展势头良好，示范市县进展顺利。全省新增可再生能源建筑应用面积1800多万平方米，应用比率达到32%以上，鹤壁市年度可再生能源建筑应用比率达到79%；国家可再生能源建筑应用示范市县共计完成示范任务2650万平方米，完工比例达97%，其中：鹤壁市完成示范任务比例达到121%、南阳市达

第四篇

到 119％、济源市达到 106％，内乡、鲁山、西平、光山、嵩县、项城、长垣、西峡、永城、淇县、临颍南街村完成了示范任务，具备验收条件。

【绿色建筑】　全省获得绿色建筑标识项目有 35个，建筑面积 512 万平方米，占全省总量的一半，位列全国第十位，列中部六省第二。洛阳、郑州、鹤壁、平顶山、南阳、安阳、长垣、邓州 8 个市县年度绿色建筑标识面积超过 20 万平方米。自《河南省绿色建筑行动实施方案》下发以来，全省共计有 75 个项目获得了绿色建筑标识，建筑面积 1076 万平方米。全省 14 个省辖市本级、3 个直管县、10 个县有了绿色建筑标识项目。绿色建筑之所以取得较快的发展，首先是各级领导认识到位。短短两三年时间，通过会议布置、宣传培训、实地参观等方式，普遍感到发展绿色建筑是大势所趋、势在必行，自觉性明显提高，紧迫感明显增强。其次是各单位措施得力。《河南省绿色建筑行动实施方案》发布后，全省 13 个省辖市 9 个直管县都相应出台了促进绿色建筑发展的政策性法规。郑州市政府出台了自 2015年起，保障性住房全面执行绿标一星级标准，政府投资的公共建筑全部达到二星级标准及相关经济激励政策；郑州市建委还出台了《绿色建筑设计方案阶段审查要点》和《绿色建筑设计施工图纸阶段审查要点》，在施工图审查阶段进行了把关，既提高了绿色建筑的实施比例，又为建设单位、设计单位提供了明确的依据，为全省推广绿色建筑做出了表率。鹤壁市要求全市城市规划区内所有新建项目全面执行绿色建筑标准，并选定了低能耗被动式建筑项目开展试点示范；安阳市突出重点领域，要求政府投资的项目高标准执行绿色建筑标准，已有两个政府投资的公共建筑获得国家三星级绿色建筑评价标识。河南省住房城乡建设厅和财政厅、发改委等部门积极沟通协调，制订印发《河南省绿色保障性住房行动实施方案》，出台了对绿色保障房实施奖励的政策。全省获得绿色保障房运行标识的项目合计 91 万平方米，列入 2014 年省节能减排专项资金节能环保重大技术装备产业化示范，进行资金奖励，兑现奖励资金 1256 万元。

【公共建筑节能监管体系建设】　对 3258 栋建筑的能耗信息进行了统计上报。开展能耗监测平台示范省建设。省住房城乡建设厅将国家专项资金 1000万元，下拨 900 万元用于支持 12 个省辖市开展建筑能耗分项计量装置安装。至 2014 年底，濮阳、济源、鹤壁已经通过省级验收，其他 9 个单位正在进一步调整完善中，383 栋楼宇数据接入省级平台，162 栋建筑能耗实现适时在线监测。省级监管平台得到进一步完善，扩大了监测范围，优化了平台系统功能；编印《河南省公共建筑能耗监测系统技术规程》（DBJ41/T135—2014）。

【科技支撑重点领域复合发展】　加大住房城乡建设领域技术研发及"四新技术"的推广应用。重点推广建筑保温与结构一体化技术体系，制定《河南省推行建筑保温与结构一体化技术实施方案》及《河南省建筑保温与结构一体化技术认定实施细则》，全年共有 170 项 226 个产品得到推广；开展建设科技进步奖的评选活动。鼓励企业开展科研活动，推荐一批质量高、课题新、研究深的课题，全年有 5 项成果分别获得国家华夏奖和河南省科技进步奖，有 79 个项目获得 2014 年河南省建设科技进步奖，2 个项目获河南省绿色建筑创新奖。围绕建筑业发展方式转变，积极推进建筑产业现代化发展。推进建筑废弃物资源化利用，协助制定河南省建筑废弃物综合利用指导意见；培育组建《河南省建筑产业现代化工程技术研究中心》、《河南省建筑垃圾资源化利用工程技术研究中心》，向省发改委推荐 2 家省级企业技术中心；征集河南省建筑产业现代化科学技术项目，支持河南国基集团推进建筑产业现代化示范基地建设。

（河南省住房和城乡建设厅　撰稿：林涵碧 李新怀 王放）

湖　北　省

概况

2014 年，面对经济下行压力不断加大等不利因素和错综复杂的国内外环境，湖北省住房城乡建设系统围绕打造法治、活力、服务、廉洁"四个住建"目标，克难求进、改革创新，全面超额完成各项目标任务,住房城乡建设工作实现"两超"(建筑业产值超万亿元、市政基础设施投资超千亿)、"双高"(争取中央补助资金、实施棚户区改造创历史新高)、"一稳"(房地产市场保持平稳发展),为稳增长、促改革、调结构、惠民生作出积极贡献。

【建筑业增量提质,总产值超万亿】 大力推动建筑业转型升级,于7月23日召开湖北省建筑业发展大会,落实扶优扶强措施,培育龙头企业,着力打造湖北建筑业品牌;推动企业转变经营方式,大力推行工程总承包模式,实现技术、人力、资金和管理资源的高效整合,促进投资、研发、设计、施工、管理一体化发展;充分发挥建筑产业联盟的平台作用,推动行业聚合优势资源,形成协同创新、共赢发展的局面。湖北省建筑业总产值达到10060亿元,由2013年的全国第四位跃居第三,同比增长18.8%;增加值占GDP比重达到6.99%,比上年提高0.4个百分点。新增节能能力79.2万吨标准煤,绿色建筑和可再生能源建筑应用提前一年完成"十二五"工作目标。加强建设工程质量安全监管,集中开展为期3个月的建筑市场综合大整治,启动实施工程质量治理两年行动,推进落实工程项目五方主体质量终身责任,湖北省工程质量总体可控,3个项目获得鲁班奖;生产安全事故起数、死亡人数实现双下降。

【创新投融资方式,市政基础设施投资超千亿】 在地方政府城建投融资平台受到掣肘的情况下,充分发挥公共财政的杠杆带动作用,积极探索PPP投融资模式,引导社会资本参与城市市政基础设施建设。全年实现城市市政基础设施投资1334亿元,同比增长40.1%,一大批重大功能性、基础性项目建成投入使用。在全面调查研究的基础上,报请湖北省政府出台实施《关于进一步加强城镇生活污水处理工作的意见》,着力推进城市污水管网配套、雨污分流改造和污泥处理处置等设施建设,在鄂州、十堰等地开展污水处理市场化改革试点。城市污水处理率达到85%、生活垃圾无害化处理率达到88.7%。

【紧跟国家政策走向和资金投向,争取国家项目资金155亿元】 抢抓国家稳增长、促改革、调结构、惠民生政策机遇,积极将争取项目、资金支持作为促进住房城乡建设事业持续发展的重要抓手,紧跟国家投资方向,确保争取中央投资的力度和份额"两个增加"。坚持"三抓":抓早,2013年底,湖北省住房城乡建设厅成立项目工作专班,研究吃透政策,指导市州做好项目申报;抓紧,厅长和分管厅长先后10多次率专班赴京向住房城乡建设部汇报,争取支持,明确专人负责跟踪办理;抓实,注重项目前期工作质量,加强与发改、财政部门沟通衔接,申报项目均达到可研或初步设计的深度。2014年,湖北省住房城乡建设领域争取中央财政资金同比增长32.5%;湖北省农村生活垃圾县域统筹治理、工程质量管理标准化、黄石市共有产权住房建设、武汉等7个市(区)智慧城市建设等纳入全国试点示范。

【着力破解征收拆迁和融资难题,棚户区改造量位居全国第四】 2014年,湖北省开工保障性安居工程46.89万套(其中,实施棚户区改造37.88万套),基本建成26.5万套,分配入住17.42万户,新增发放租赁补贴2.19万户,完成农村危房改造和渔民上岸安居工程7.3万户。强化目标管理,加强项目开工、竣工、分配入住"三率"考核和基础设施配套建设。着力破解征收拆迁和融资难题,坚持安置先行,积极引导和鼓励货币化安置;搭建省级融资平台,2014年湖北省争取国开行融资贷款额度587.5亿元,发放163.76亿元;利用商业信贷等方式,争取棚改企业债、私募债规模540多亿元,棚户区改造直接投资超过1500亿元。

【综合施策保持房地产市场总体平稳,投资和销售增幅加大】 密切跟踪房地产市场变化,及时出台实施促进湖北省房地产市场平稳健康发展的18项举措,会同有关部门调整和落实限购、差别化信贷等方面的政策,总体上保持了湖北省房地产市场平稳运行,没有出现大起大落。全年完成房地产开发投资3983.8亿元,同比增长21.2%,高于全国平均水平10.7个百分点,高于湖北省固定资产投资增幅0.8个百分点;商品房销售面积5600万平方米,同比增长5.7%,增幅高于全国平均水平13.3个百分点;地税收入748.6亿元,同比增长22.1%,对地税收入的贡献率达到54.5%,比上年提高1.5个百分点。在全国率先制定实施了公积金使用和监管的政策措施,支持公积金用于房屋装修、租赁和异地贷款使用,湖北省新增住房公积金归集额257亿元,新增个人住房公积金贷款270亿元,为促进住房消费发挥了积极作用。

【狠抓改革创新和统筹谋划,增强住房城乡建设事业发展活力和后劲】 主动谋划争取,2014年,住房城乡规划建设管理改革纳入湖北省第22个改革专项,研究确定6大方面、58项具体改革任务,成立由分管省领导为组长、16个部门参与的改革领导小组。建立"四个一"(每一改革事项,由一名领导领衔、一个处室牵头、一个专班负责)的改革推进机制。2014年确定的14项改革事项有序推进，在市政公用事业市场化改革，探索全域规划编制、推进多规合一、实施城乡规划督查、深化行政审批改革等方面，都取得积极成效。结合"十三五"规划研究编制，抢抓长江中游城市群、汉江运河经济带等重大战略机遇，精心谋划10个事关住房城乡建设发展大局的重大项目，总投资额达到11288亿元，并积极争取纳入国家和省重大项目笼子。

政策法规

【行业立法】《湖北省城镇供水条例》被列入湖北省人大2014年度立法计划，《湖北省物业管理条例》也已争取列入2015年度立法计划。组织协调完成《湖北省国有土地上房屋征收补偿实施办法》立法相关工作，《湖北省城市综合管理条例》等抓紧推进。同时调整了湖北省住房城乡建设厅5年法规制定规划。积极做好上级机关征求法规规章和规范性文件意见的回复工作，全年共组织办理规章草案和文件征求意见达百余件，较上年同期增长30%。

【普法宣传】湖北省住房城乡建设厅分别于3月、9月组织召开湖北省住房城乡建设系统法制工作会议、法规科(处)长座谈会，采取典型交流、专家授课、以会代训的形式，积极开展普法教育。加强舆论引导和法治宣传，共有近百篇稿件被《湖北日报》、《中国建设报》、《法治湖北》、《湖北荆楚网》、《省政府法制信息网》和《咨询与决策》等报刊和网站刊登。组织厅机关和部分直属单位的人员参加湖北省无纸化学法用法统一考试，参考率达到100%，平均成绩达到96.1分。

【规范机关行政行为】省住房城乡建设厅在对行政审批事项进一步清理的基础上，下放"建筑施工企业安全生产许可证核发"中"延期"审批的许可事项，建立厅行政审批清单管理制度。开展法规、规章和规范性文件清理，共清理涉及住房城乡建设行业的湖北省政府规章23部、湖北省政府及政府办公厅发布的规范性文件49件、厅机关实施的规范性文件376件；地方性法规共清理出7部，对其中2部法规共涉及8项条款提出修改建议。加强对厅规范性文件的事前审查和向省政府报备工作，全年共制发规范性文件2件。

【依法行政学习培训】为全面提高住房城乡建设系统党员干部法治思维和依法行政能力，组织湖北省住房城乡建设系统各部门分管法制工作的领导、法制机构的骨干以及厅机关部分处室和厅直属有关

部门的领导干部举办法律法规知识的学习培训。按照管行业就要管依法行政、管法规知识培训的要求，分行业组织全系统领导和业务骨干开展全员法规知识大培训活动，共组织培训班8期，参训人员达1400余人。

【行政复议】2014年，湖北省住房城乡建设厅共收到行政复议申请56件，同比增长30%。其中受理49件，不予受理7件。在受理的案件中，维持28件，确认违法5件，终止6件，驳回2件，法定时限内结案率100%。依法办理行政诉讼案件3起，有效地维护了行政机关的合法权益；办理行政处罚案件近30起，没有发生因处罚不当引起行政诉讼的情况。

【住房和城乡规划建设管理专项改革】省住房城乡建设厅按照湖北省改革部署要求，承担住房城乡规划建设改革组织、统筹工作，起草专项改革实施方案，提请召开专项改革领导小组第一次会议，明确改革的任务书、时间表、路线图，建立改革工作台账和工作推进机制，实质性推动2014年确定的14项改革事项，取得积极成效。组织报送的7份住房城乡建设改革工作做法，全部被住房城乡建设部和湖北省改革办转发，1项改革事项被写入2015年湖北省委常委会工作要点。

房地产业

【基本情况】2014年，湖北省房地产市场运行总体平稳，主要特点为"两增、双超、一稳"。"两增"即：房地产开发投资占湖北省固定资产总投资的16.4%，比上年增长0.1个百分点；房地产地税收入占湖北省地税总收入的45%，较上年增长1.53个百分点。"双超"即：房地产开发投资3983.8亿元，增幅超全国平均水平10.7个百分点；商品房销售面积5602万平方米，增幅超全国平均水平13.3个百分点。"一稳"即：市场运行总体平稳，没有出现大起大落。

【分类调控指导】9月15日，经湖北省政府同意，省住房城乡建设厅印发《关于促进湖北省房地产市场平稳健康发展的若干意见》(鄂建〔2014〕16号)，提出加强市场分类调控、支持合理住房消费、改进住房供应方式、发挥金融税收和住房公积金支持作用、促进房地产业转型发展、营造良好市场环境等6个方面的政策措施。9月24日，武汉市全面放开住房限购；其他市(州)先后制订出台贯彻落实措施。省政府及时协调督促各金融机构贯彻落实个人住房贷款相关政策，执行新的首套房认定标准。

在调控政策的引导下，四季度湖北省房地产市场活跃度上升，36 个城市商品住房销售面积环比增长 25%，同比增长 35%。

【房地产市场监管】 重点做好市场下行阶段的风险防控工作。在全部设区城市和 4 个县市制定实施预售资金监管制度，防范房地产企业资金链紧张而挪用预售款。针对房地产开发企业和房地产中介机构开展湖北省非法集资风险专项排查活动，防范房地产企业违规向社会公众集资。

【房地产管理信息化建设】 拟定完成并评审通过湖北省城镇个人住房信息系统建设项目，核定项目资金 3441 万元，湖北省城镇个人住房信息系统建设可行性研究报告和初步设计方案获专家好评。启动省级城镇个人住房信息系统建设，赴先进省份开展工作调研，统一湖北省数据标准，做好各地系统与省级系统的对接工作。

【国有土地上房屋征收(拆迁)工作】 2014 年，湖北省发布征收决定 194 个，涉及征收房屋 47825户，总建筑面积 564.53 万平方米。认真做好信访维稳工作，制定城镇房屋征收维稳年度工作计划，实施专项治理工作，无因国有土地上房屋征收问题引发的恶性案件和大规模群体事件发生。

【房地产交易与登记服务】 以湖北省住房城乡建设系统民主评议政风行风工作为契机，进一步提升房地产交易与登记服务质量和办事效率，各类房产登记办理时限在法定工作时间内缩短 20% 以上。通过加大政策制定和实施力度，湖北省各地共解决 20 批、5780 件历史遗留办证问题。

【物业管理和老楼危楼安全排查】 开展《湖北省物业管理条例》立法前期调研和准备工作，努力培育和规范物业服务市场。在湖北省组织开展老楼危楼安全排查，组织房管系统 300 余人参加老楼危楼安全管理培训，提升城市老楼危楼安全管理水平。

【行业发展服务与引导】 完成湖北省重大调研课题《加快建立符合湖北省情的住房保障和供应体系》研究，形成主报告和分报告《我省住房市场体系的现状与问题》，推进建立"低端政府兜底、中端支持给力、高端市场放开"的住房保障和供应体系。完成《湖北省物业管理调研报告》课题，为地方立法奠定基础。协调湖北省质监局出台省标《房产测绘技术规程》，为房屋交易与权属管理提供科学依据。

住房保障

【完成年度目标任务】 2014 年，湖北省开工建设保障性住房、棚户区改造住房 46.89 万套，基本建成 26.5 万套，分配入住 17.42 万户，新增发放租赁补贴 2.19 万户，完成农村危房改造和渔民上岸安居工程 7.3 万户，分别占目标任务的 102.4%、110.4%、108.9%、128.1%、138.5%。

【棚户区改造】 2014 年，湖北省政府先后召开棚户区改造现场工作会(宜昌)、湖北省棚户区改造融资工作会，印发《关于进一步加快棚户区改造工作的通知》、《湖北省棚户区改造省级融资平台贷款实施办法》、《湖北省棚户区改造省级融资平台贷款实施细则》，对棚户区改造规划编制、征收补偿、贷款资金借入、贷款资金拨付和使用等提出明确规定。年内，湖北省共争取保障性安居工程中央补助资金 114.9 亿元，争取国开行融资贷款额度 587.5 亿元，发放 195 亿元；利用商业信贷等方式，争取棚改企业债、私募债规模 540 多亿元，为推动区棚户区改造提供了重要保障。

【保障房质量管理】 湖北省各地严格落实项目法人制、招标投标制、工程监管制、合同管理制，要求在建项目现场公布勘察设计、施工、工程监理等各方责任主体的信息，对保障房建设实行终身负责制。湖北省住房城乡建设厅于 4 月和 9 月组织对湖北省在建和已竣工的保障性住房项目进行抽检，工程质量总体处于可控状态。武汉市汉堤村城中村改造、宜昌市锦绣华庭等项目，荣获湖北省 2013～2014 年度建设优质工程楚天杯奖。

【健全符合省情的住房保障和供应体系】 制定《推进住房保障和供应体系建设工作方案》，细化改革任务，实施步骤并划定时间表和路线图构。全面推进公共租赁住房和廉租住房并轨工作，湖北省 16个市(州)和大部分县市出台并轨管理办法，基本实现公共租赁住房和廉租住房统一规划建设、统一资金使用、统一申请受理、统一运营管理。在黄石、宜昌、汉川、秭归等城市开展国家和省级共有产权住房试点，通过公共租赁住房退出中实行共有产权、棚户区改造安置房中实施共有产权、新建商品房中配建共有产权住房、改经济适用住房为共有产权住房等多种方式，探索解决城镇中低收入家庭、新就业职工和进城务工人员等住房困难的新途径。

【住房保障信息化建设】 湖北省住房保障信息网站全新改版上线，新增加了廉租房公租房并轨和棚户区改造专栏，及时更新网站新闻、政策文件、工作进度等相关信息，基本实现"以需定建、以网促管、以图管房、以房管人"的信息化工作目标。加大信息公开力度，指导各地房管部门严格执行

"信息公开审查制度"、"信息依申请公开制度"、"信息公开责任追究制度",促进政务信息公开工作走上制度化、规范化的轨道。

公积金管理

【行业发展概况】　湖北省不断改革创新住房公积金管理,扩大制度覆盖面,大力发展个贷业务,强化监管能力,努力提升服务水平,充分发挥住房公积金支持住房消费的制度功能。截止到年底,湖北省住房公积金累计缴存总额达到 2326.54 亿元,缴存余额 1334.92 亿元;累计发放个人住房公积金贷款总额 1459.33 亿元,贷款余额 940.36 亿元,湖北省个贷率达到 68%。

【住房公积金制度扩面】　着力加强归集扩面工作,重点推进非公企业缴存住房公积金。积极争取湖北省人大常委会将住房公积金缴交写入《湖北省集体合同条例》,于 2 月 1 日正式实施,在全国地方立法属于首例。6 月 14 日,省住房城乡建设厅联合省总工会在湖北省开展住房公积金政策宣传日活动,加大非公企业住房公积金缴存扩面力度。截至年底,湖北省新增缴存住房公积金 407.64 亿元,同比增长 16.33%,缴存覆盖率达 80%。

【住房公积金贷款】　全年新增住房公积金贷款 273.80 亿元,有效发挥了住房公积金支持住房消费的作用。建立个贷通报制度,每月通报湖北省住房公积金个人住房贷款发放情况,对个贷发放率低的中心、分中心和县(市、区)办事处进行约谈。加大检查考核力度,将个贷发放情况纳入各中心年度目标考核。湖北省各地全面开展住房异地贷款业务,武汉市与长沙、合肥、南昌三个城市签署了相关合作协议。

【住房公积金管理改革创新】　3～5 月,湖北省人大组织开展湖北省公积金制度实施情况调研,起草的《湖北省住房公积金管理情况调研报告》经省人大常委会审议,得到常务副省长王晓东、副省长曹广晶批示肯定。在此基础上,研究出台《湖北省人民政府办公厅关于进一步加强住房公积金管理工作的通知》,从缴存、使用、管理、服务、考核等方面提出一揽子创新措施,公积金制度改革取得重大突破。

【住房公积金行业信息化建设】　积极贯彻落实《住房公积金基础数据标准》,于年底前拟定了贯彻基础数据标准的方案和计划,力争用 3 年时间,完成基础数据标准的贯彻落实工作。开通湖北省住房公积金网及住房公积金手机 APP(应用程序),为全

国省级首发上线。湖北省已形成网上营业大厅、12329 服务热线、手机短信、营运网点"四位一体"的服务体系。

【住房公积金监管能力建设】　3 月中旬,湖北省住房城乡建设厅与财政厅、人民银行武汉分行、湖北省银监局等四部门联合对湖北省 2013 年度住房公积金管理工作和文明创建工作进行了考核。组织各地对各住房公积金监管中心及所属县市办事处逐项进行自查、分组循环互查,在湖北省范围内开展住房公积金廉政风险防控大检查。11 月 25 日,开通运行了湖北省住房公积金监管及在线服务信息系统,为全国首家正式运行的省级住房公积金监管信息系统,湖北省 22 个住房公积金管理中心、分中心全部开通 12329 服务热线。

城乡规划

【开展新型城镇化相关研究】　主动对接《国家新型城镇化规划》,组织开展《湖北省城镇人口分布与城镇化空间布局问题研究》、《引导我省长江经济带新型城镇化发展研究》等专项研究工作。结合城市空间增长边界划定工作,推动城市规划由扩张性规划逐步转向优化城市空间结构的规划。

【次区域规划编制】　组织开展《老(河口)谷(城)丹(江口)城市组群协同规划》、《汉孝临空经济区空间协同规划》、《江汉运河生态文化旅游城镇带空间规划》等次区域规划的编制工作,推进"两圈两带"、"一主两副"发展战略。

【地方总规编制、评估、修改】　黄石市城市总体规划顺利通过部际联席会和住房城乡建设部专家审查,先后完成松滋市、安陆市城市总体规划和大冶市城乡总体规划审查与恩施市、荆门市城市规划和宜都市城乡总体规划报批等工作。

【加强规划引导】　重点加强对城市新区、各类园区和重要项目策划的规划引导,先后完成咸宁经济技术开发区、随州高新技术产业园等六个园区、新城的设立、升级的规划审核。

【注重文化传承】　湖北省住房城乡建设厅与省文化厅签定了战略合作框架协议,制定三年行动计划。联合湖北省文物局召开湖北省历史文化名城名镇名村保护工作座谈会,成立湖北省历史文化名城名镇名村保护工作指导委员会和湖北省城市规划协会历史文化名城名镇名村专业委员会。组织武汉县华林街区等 24 条历史风貌完整、传统建筑集中、历史遗存丰富的街区申报中国历史文化街区。

【"三区四线"管控】 全面总结湖北省"四线"管制制度实施情况，严格实施"三区"、"四线"管控制度，在鄂州开展《鄂州市城乡空间增长边界暨三区四线管控规划》编制试点，将其作为湖北省三区四线管控制度的实例范本。

【城乡规划省级标准制定和实施】 组织编制《湖北省市（县）城乡总体规划编制规程（试行）》《湖北省市（县）城乡总体规划编制导则（试行）》《控制性详细规划编制导则》《修建性详细规划编制导则》《空间资源集约节约利用指引》《基于引导城市功能区建设的实施型规划》《历史文化名城保护规划编制导则》《地下空间利用规划指引》《湖北省"三区四线"管控规划编制导则》和《省级重大项目规划选址工作研究》等技术导则和相应的工作指引。

【建设项目规划选址】 严格执行城市规划区"一书两证一核实"制度，按照《湖北省建设项目选址意见书管理办法》，进一步规范省级建设项目选址意见书核发程序，规范办事流程、提高工作效率。省住房城乡建设厅完成汉十城际铁路等187项《建设项目选址意见书》的办理工作。

【城乡规划督查】 建立省级城乡规划督查制度和湖北省城乡规划成果库、专家库。配合做好城乡规划督察工作，加大城乡规划监督检查力度，严肃查处违法行为。协助完成住房城乡建设部交办的12个城市遥感图斑核查工作。

城市建设与市政公用事业

【概况】 2014年，湖北省全年新建（改造）城市道路950公里、城市供水管网800公里、排水管网1390公里、燃气管道450公里，新增城市绿地900公顷，新增污水处理能力65万吨。

【出台城镇污水治理政策性文件】 省住房城乡建设厅在开展城镇生活污水处理调查研究的基础上，形成《关于湖北省城镇生活污水处理调研报告》，研究起草并报请湖北省政府于10月下旬出台《省人民政府关于进一步加强城镇生活污水处理工作的意见》。该文件明确了市县政府污水处理的主体责任、省级和市县财政的保障责任和机制、今后一个时期的目标任务，提出鼓励社会资本参与投资建设运营污水处理设施的政策和改革路线图。

【污水处理市场化模式探索】 探索建立多元化投融资机制，通过特许经营、投资补助、政府购买服务等多种形式，吸引社会资本参与投资建设（改造）和运营管理生活污水处理设施；积极培育市场主体，加快推进城镇生活污水处理市场化改革，逐步向独立核算、自主经营的企业化管理模式转变；探索污水管网建设运营市场化新模式，鼓励通过"特许经营＋融资租赁"方式引入社会资本投资；打捆建设运营乡镇污水处理设施，将乡镇生活污水处理项目集中打捆招商，择优选择专业化污水处理企业负责运营管理等等。在鄂州开展城乡污水全收集、全处理试点，探索由市场主体规模化建设运营区域城乡污水处理设施模式。鄂州市制定了引进社会资本推进城乡一体化污水处理工作方案，引进大型水务企业合作，投资2.1亿元，建成农村污水处理站80座，建设污水管网175公里。

【重大民生工程项目建设】 南水北调水源地十堰市五条河流域，整治排污口590个，配套建设雨污分流管网710公里，所有污水处理厂达到一级A排放标准；襄阳市污泥和餐厨垃圾综合处置示范项目荣获中国人居环境范例奖；武汉市轨道交通4号线一期建成试运营，轨道交通连通三大火车站，通达五大长途客运站，高铁、城铁、地铁、长途客运实现快速换乘。通过园林城市创建，拉动一大批园林绿化项目建成，湖北省城市绿量成倍增长，新增公园26个，第十届中国（武汉）园博会主会场基础建设稳步推进。

【中法生态城建设】 按照湖北省领导指示精神，省住房城乡建设厅多次赴住房城乡建设部汇报工作，积极协助武汉市推进武汉中法生态示范城项目。3月26日，在中法两国元首见证下，中法双方政府代表在巴黎签署中法《关于在武汉市建设中法武汉生态示范城的意向书》，约定在武汉共建中法生态示范城项目。此后，协调武汉市实质性推进该项目，并做好与住房城乡建设部对住房城乡建设部汇报衔接工作。

城市管理

【城市管理（执法）】 湖北省住房城乡建设厅加强顶层设计，制定《关于深化城市管理体制机制改革的实施方案》，进一步深化城管体制改革。湖北省各地按照"政府主导、条块结合、部门联动、公众参与"的原则，大力推动城市管理重心下移，强化协调、监督、考评，逐步完善大城管格局。宜昌市城管局升格为城管委；咸宁市着力构建"大城管"格局和完善城市综合管理考核办法。修订省级检查考评办法和标准，印发《2014年湖北省城市管理检查考评方案》。进一步完善第三方暗访检查考评方式方法，增加了群众满意度测评，增强考评的客观性和公正性。

【环卫作业市场化改革】 湖北省住房城乡建设厅研究出台《湖北省市容环卫行业市场化改革方案》，指导各地加大政府购买公共服务力度，开放市容环卫行业资本、经营和作业市场，广泛吸纳社会资金参与生活垃圾收集转运、处理设施建设和运营，建立完善市容环卫行业市场化运作机制，湖北省环卫作业市场化率达到 50%。孝感市将城区 15 条道路 290 多万平方米清扫保洁推向市场，选择湖南、湖北、深圳三家专业公司开展清扫保洁。

【数字化城管建设】 截至年底，除武汉、宜昌、黄石、荆门、黄冈 5 市数字化城管系统通过验收外，襄阳、天门、孝感、荆州、鄂州、潜江、咸宁、仙桃、随州和恩施市等已建成试运行，十堰、神农架林区加快建设。宜昌、黄冈等地积极推进县市数字城管建设，宜都、远安和武穴等县市指挥平台投入试运行。依托数字化城管平台，各地积极开展管理创新，划分县市城市管理网格，推动日常工作步入扁平化运行轨道。

【市容环境综合整治】 围绕"道路拥堵、垃圾围城、广告杂乱、立面破旧、沿街为市、绿化缺失"六个突出问题开展专项整治，开展"市容环境美好示范路"创建，各市州共上报候选示范道路 65 条。武汉市深入推进"双十"（十大重点环境整治"战役"和十大文化创意景观建设工程）行动，着力治理城市顽症，城市主干道、人行道、花坛绿化本色保持率均达到 90% 以上。

【城市生活垃圾无害化处理】 组织各地开展中央预算内投资城镇生活垃圾备选项目申报，国家下拨湖北省 21 个备选项目 1.55 亿元支持资金；黄石市获批全国第四批餐厨废弃物资源化利用和无害化处理试点城市，争取资金 1080 万元；为丹江口库区 16 个城镇垃圾项目争取国债资金 3.5838 亿元；湖北省为 1 个水泥窑预处理项目支持资金 200 万元。推荐黄石、鄂州、神农架林区申报全国生活垃圾分类示范市（区）。联合省发改委和环保等部门，先后三轮次对尚未建成垃圾无害化处理场（厂）的 26 个市县进行检查督办，有 13 个县市消除生活垃圾无害化处理空白。

【队伍教育管理】 印发《湖北省城市管理执法人员行为规范（试行）》，建立城管执法队伍常态化培训机制。在武汉大学举办湖北省城管局长培训班，在黄冈举办湖北省数字化城市管理技术培训班。黄石市开展了纪律作风学军队、执法水平学公安、办案质量学法院"三个学习"活动，仙桃市组织城管执法人员、环卫管理人员、协管员 260 多人，开展为期一周的封闭培训，不断提高城管人员综合素质。

【稽查执法】 全年共受理案件 32 件，其中住房城乡建设部稽查办查办件 20 件、转办件 9 件、厅领导批办 3 件。在受理的案件中，反映违法建设 6 件、规划违规 7 件、遥感图斑 11 件、资质挂靠 3 件、其他 5 件。在调查处理过程中，重视查处结果与举报投诉人的反馈和沟通工作，未发生因调查处理不妥而引起的纠纷事件。积极开展城乡规划督察准备工作，报请省政府印发《关于实施湖北省城乡规划督察制度的通知》，完成《湖北省城乡规划督察工作方案》、《湖北省城乡规划督察员管理办法》和《湖北省城乡规划督察员工作规程》等材料。

村镇建设

【村镇规划】 制定印发《湖北省镇域规划编制导则（试行）》。该《导则》以"全域覆盖、多规协调、规划项目化"为重点，探索建立具有湖北特色和时代特征的镇域规划体系，对进一步规范湖北省镇域规划编制工作，提升镇域规划编制水平发挥了积极作用。在住房城乡建设部公布的 2014 年全国村庄规划、镇规划和县域村镇体系规划试点名单，黄梅县小池镇被列为县域副中心镇规划试点。完成了湖北省委、省政府确定的 21 个"四化同步"示范乡镇试点的全域规划编制工作。

【重点镇与宜居村庄建设】 7 月，住房城乡建设部等七部门联合发布的新一批全国重点镇名单中，湖北省共有 140 个镇位列其中。新启动实施 200 个村的宜居村庄示范项目建设，重点加强规划引导、完善配套村庄基础设施，增强村庄宜居功能，进一步改善村庄人居环境。同时，完成对各地 2013 年开展创建的宜居村庄示范项目评价验收，命名湖北省第三批"宜居村庄"200 个。

【传统文化保护】 2 月，住房城乡建设部、国家文物局公布全国第六批历史文化名镇名村名单，钟祥市石牌镇、利川市鱼木村等 5 个镇村被命名为中国历史文化名镇名村，至此湖北省内中国历史文化名镇名村达到 19 家。11 月，住房城乡建设部等七部委联合命名第三批中国传统村落名录，黄石市大冶市保安镇沼山村刘通湾等 46 个村庄被命名为中国传统村落，湖北省内中国传统村落达 89 个。

【农村生活垃圾治理】 稳步推进城乡统筹治理农村生活垃圾试点，确立农村生活垃圾收运处理总的技术路线，初步建立起县域农村生活垃圾城乡统筹治理的管理体系，在推进城乡生活垃圾统筹治理的资金保障体系建设方面做出有益探索，湖北省33.51%的农村生活垃圾得到有效治理，在不同层面涌现一批先进典型。如鄂州市基本建立了全域治理的工作体系；大冶市、枝江市、远安县、京山县、襄阳市襄城区、武汉市江夏区等，基本建立县域城乡生活垃圾统筹治理体系。

【农村危房改造】 2014 年，湖北省共完成农村危房改造 7.3 万户。截至年底，湖北省已累计完成农村危房改造 50.2 万户，全面完成农村 D 级危房改造任务。

【支持民族地区建设发展】 在 2014 年召开的第六次全国民族团结进步表彰大会上，湖北省住房城乡建设厅被授予全国民族团结进步模范集体称号。

工程建设标准定额

【营改增对建筑业企业和计价定额影响的研究】 在加强营改增相关政策学习的基础上，湖北省住房城乡建设厅选派专业技术人员赴上海先行试点单位进行调研学习，组织召开建筑业营改增工作座谈会，邀请湖北省 28 家不同专业、不同性质、不同规模企业进行营改增对工程造价影响的测算。

【标准定额编制】 省住房城乡建设厅承担《全国统一〈市政工程消耗量标准〉》的编制任务并通过住房城乡建设部组织的专家评审。编制完成《湖北省城市园林绿化养护费用指标》、《湖北省城市园林绿化养护消耗量定额及基价表》及《湖北省园林绿化工程消耗量定额及基价表》。结合 2013 版计价定额的发布实施，对"湖北省建设工程造价管理系统"的相关数据指标进行修改和补充，提高备案系统整体适用性。

【国家标准及定额宣贯培训】 组织开展光纤到户、建筑采光设计标准国家标准和 2013 年新编计价定额的宣贯培训，培训范围涵盖相关管理部门、质量监督、图审、施工、设计、监理、房地产开发等工程建设领域的各个行业，培训人员 2100 余人。

【工程造价咨询市场监管】 修订完成《湖北省工程造价咨询企业信用评价管理办法》，组织开展湖北省工程造价咨询企业第二次信用评价工作。湖北省共 234 家企业参加了评价工作，41 家被评为 5A级、60 家被评为 4A级、73 家被评为 3A级。对湖北省上年度执业质量检查结论为良好以下的企业，开展执业质量检查暨资质动态复查工作。

建筑业及建筑市场监管

【建筑业发展概况】 2014 年，湖北省建筑业围绕打造"万亿产业、绿色产业、平安产业、诚信产业"目标，深化改革、创新发展、强化监管、优化服务，行业发展和管理呈现"一超"（建筑业总产值超万亿）、"两高"（总产值增幅 18.8%，高于全国平均增幅 8.6 个百分点；增加值同比增长 16.63%，高于湖北省 GDP 增幅 6.93 个百分点）、"三加强"（建筑市场管理、质量安全管理、干部作风建设得到加强）的良好态势。

【建筑业转型发展】 湖北省住房城乡建设厅承办了 2014 年全国建筑钢结构行业年会。组织召开湖北省建筑业发展大会，促进建筑业转型升级。建筑业特色专业发展势头强盛，建筑央企领军创新，武汉桥建、新洲建筑、钢构集群、孝感劳务、大冶古建、石首防水、黄冈窑炉、凌云幕墙、定向爆破成为湖北建筑业特色品牌。全年特级总承包企业新增 5家，一级总承包企业新增 95 家；入选湖北省百强企业新增 3 家，达到 27 家。13 个市州建筑业总产值超过百亿，武汉市达 5840 亿元。湖北省建筑业完成省外产值 3882.19 亿元，占总产值的 38.59%；112 家建筑业企业业务遍及全球 60 多个国家和地区，完成营业额 58 亿美元。推进建筑产业现代化，组织开展技术标准编制、政策研究等工作，武汉市政府出台《关于加快推进建筑产业现代化发展的意见》，产业化基地建设和项目示范工作有序进行。

【建筑产业联盟作用发挥】 湖北建筑联盟改革力度不断加大，合作意向不断深化，管理能力不断提升，协作效益不断彰显。联盟成员单位新八集团荣获中国驰名商标，中铁大桥局、中铁十一局获得湖北省长江质量奖，中建三局、武汉建工被评为全国 30 家工程质量管理成绩突出的优秀企业。中国一冶、葛洲坝五公司、中建三局二公司、新七建设集团等企业成功晋升为特级资质，山河集团、新八集团、新七集团分别进入全国民企 500 强、湖北民企百强，中建三局、山河集团、新八集团分别进入中国建筑业竞争力百强，建筑联盟成为打造建筑强省的主力阵容。

【建筑市场监管】 全行业制定和完善了市场管理地方性法规和规范性文件百余件。整顿和规范建筑市场秩序，加强建设工程标后履约监管，严格建筑市场进入清出制度，规范诚信建设的市场行为。实施建筑市场与施工现场联动管理，联合工商、质监、公共资源交易监督管理等部门集中开展为期 3个月的建筑市场综合整治，检查在建项目 8337 个，下达各类执法文书 3696 份，对严重违法违规的 37 家企业和 36 名个人进行了处罚。严格资质动态管理，对 1421 家企业开展资质动态监督核查，撤回企业资质 171 家，降低资质等级 16 家。加强合同履约管理，全年共受理拖欠工程款和欠薪投诉 459 件，解决拖欠工程款 14.56 亿元、欠薪 5.9 亿元。

【工程质量管理】　扎实推进工程质量治理两年行动，湖北省共组织相关宣贯培训 52 场，各地认真实施五方责任主体项目负责人质量终身承诺制度、永久性标牌制度和信息档案制度，开展工程质量常见问题专项治理，鼓励支持企业开展质量创优和技术创新活动，武汉、宜昌、襄阳、黄石开展工程质量管理标准化试点，有效推进工程质量管理。住宅工程质量常见问题专项治理工作经验在全国建筑业改革与发展大会上交流，工程质量标准化纳入全国试点。全年获"鲁班奖" 3 项、国优奖 3 项，获国家级工法 61 项；创省建设优质工程(楚天杯)奖 81 项，创建新技术应用示范工程 13 项、省级工法 216 项。

【安全生产监管】　认真贯彻落实新《安全生产法》和《湖北省安全生产党政同责暂行办法》，全面构建安全生产"党政同责、一岗双责、齐抓共管"的责任体系。持续开展隐患排查治理，湖北省共排查整治各类安全隐患 2 万多处，下达限期整改通知单 6934 份，停工整改通知单 1260 份，查处各类违法违规行为 4000 多起，实施经济处罚 700 余万元，公布重点监控企业 145 家。加强危险性较大分部分项工程安全的监管，湖北省报备超过一定规模的危险性较大分部分项工程 1229 项，公布 136 家建筑起重机械"一体化"企业名录。各地加强重大节假日、重点时段安全生产管理，确保湖北省建筑施工安全生产的基本平稳，实现事故起数、死亡人数双下降，省住房城乡建设厅被省政府评为安全生产优秀单位。

建筑节能与科技

【建筑节能监管】　自 2014 年起，武汉全市域及其他市、州、直管市中心城区新建住房执行低能耗节能标准。湖北省国家机关办公建筑和政府投资的公益性建筑，武汉、襄阳、宜昌市中心城区的大型公共建筑；武汉市中心城区的保障性住房开始实施绿色建筑标准。编制印发《湖北省既有建筑节能改造技术指南(试行)》，明确既有建筑节能改造的技术路线、推进模式和工作流程。

【绿色建筑和可再生能源建筑推广应用】　印发《湖北省绿色生态城区示范技术指标体系(试行)》《湖北省绿色建筑省级认定技术条件(试行)》。启动绿色生态城区示范、绿色建筑集中示范和高星级绿色建筑项目示范工作，武汉市四新生态新城等 8 个

城镇新区、黄石奥山星城等 13 个绿色建筑集中示范区和宜昌规划展览馆等 8 个高星级绿色建筑项目成为首批省级示范创建项目。截至 2014 年底，湖北省已有 109 个项目获得绿色建筑星级标识，总建筑面积 1085.11 万平方米；可再生能源建筑应用面积达到 5777.57 万平方米，均提前一年完成"十二五"建筑节能规划目标任务。

【巩固"禁实"工作成果】　2014 年湖北省城市城区"禁实"工作得到巩固，列入"禁实"计划的 29 个重点镇通过省级验收。列入"十二五"建筑节能规划的 100 个重点镇的"禁实"任务圆满完成。

【勘察设计行业发展】　2014 年，湖北省勘察设计行业坚持科技创新、绿色发展，营业收入超过 1200 亿元，完成年度目标的 133.33%，继续居中部第一、全国前列。

【"荆楚派"建筑风格应用与研究】　为传承与创新荆楚建筑文化，繁荣建筑创作，组织开展"荆楚派"建筑风格应用与研究，发布《"荆楚派"建筑风格设计导则(试行)》《"荆楚派"村镇风貌规划与民居建筑风格设计导则(试行)》。

【房屋建筑工程勘察设计质量专项治理】　制定实施方案，完善制度建设，重点加强工程勘察、施工图审查、建筑节能、抗震设防、消防和无障碍设计的监管，查处违法违规行为 20 余起，下达执法建议书和整改通知书 6 份。全年共通过房屋建筑工程施工图设计文件审查项目 8650 个，纠正违反强条 16818 条，清除重大安全隐患 1023 处。按照住房城乡建设部《房屋建筑和市政基础设施工程施工图文件审查管理办法》要求，组织湖北省审查机构和人员按照新部令平稳过渡、严格就位，认定审查机构 26 个，升级一类机构 8 个，认定审查人员 400 余人。

【优秀工程勘察设计评选】　武汉二七长江大桥工程勘察等 162 个项目获得优秀工程勘察设计一、二、三等奖。中南建筑设计院股份有限公司、武汉都市环保工程技术股份公司、湖北省交通规划设计院、武汉市测绘研究院、武汉市政工程设计研究院有限责任公司、中南勘察设计院(湖北)有限责任公司、中冶南方武汉钢铁设计研究院有限公司、武汉地质工程勘察院、武汉和创建筑工程设计有限公司和武汉正华建筑设计有限公司荣获省政府 2013 年度湖北省勘察设计企业综合实力 10 强。

建设人事教育

【行业教育培训管理】　加强培训机构管理，细化管理措施。严格考培分离，按地区集中设置考点，

实施"第三方"监考，实行闭卷考试，改革考核评定办法，从严控制通过率。研发培训考核和证书管理信息系统，初步实现网上报名、证书查询等功能。规范发证管理，建立20个工作日制度，方便了企业和参考人员。湖北省"八大员"培训考核工作顺利通过住房城乡建设部调研评估，成为13个核发全国统一证书的省市之一。全年完成"五大员"培训考核及继续教育发证12.5万人、项目经理培训培训考核发证1.1万人、技能培训鉴定发证5.4万人、建造师继续教育发证4579人。

【清理规范退离休干部在社团兼职】 根据《湖北省关于规范退（离）休领导干部在社会团体兼任职务的规定》，组织对厅业务主管的21个社团进行全面清理。共清理出不符合规定人员17名（含9名厅级干部），均辞去相关兼任职务，对17名符合规定人员的取酬和履职情况进行了规范。

【年度公务员培训】 协调组织15期公务员培训班，培训干部2185人。主要是对行业主管部门新任领导和业务骨干，采取专家辅导、现场观摩、经验交流、座谈讨论等形式，围绕年度工作重点，进行业务知识、新法规、新方法等的培训，进一步提高湖北省住房城乡建设系统工作人员的能力素质。

【群众路线教育活动整改工作】 按照湖北省委要求，省住房城乡建设厅成立了整改督查领导小组办公室，制定下发湖北省住房城乡建设系统开展第二批党的群众路线教育实践活动的实施意见，严格落实五项制度，逐月上报省厅整改落实台账情况。2014年厅党组整改方案所列25个项目全部整改销号。对省委转办的3个牵头事项、7个协办事项，坚持行业指导与属地管理相结合的原则，形成整改方案，建立厅领导联系点制度，定期开展检查、抽查、督导，问题基本整改落实到位。

大事记

1月

7日 湖北省住房城乡建设厅厅长尹维真主持召开全厅干部大会，传达全国住房城乡建设工作会议暨住房城乡建设系统党风廉政建设工作会议精神、省委十届四次全体（扩大）会议暨湖北省经济工作会议精神，通报全厅党的群众路线教育实践活动有关情况，部署新一轮"三万"活动。

10日 省住房城乡建设厅、中国建筑学会联合举办的"荆楚派"建筑风格高层研讨会在武汉召开。副省长张通会见与会专家，厅长尹维真出席会议致辞并作总结发言。中国工程院院士张锦秋、同济大学教授阮仪三、全国建筑设计大师袁培煌、武汉大学教授冯天瑜、华中科技大学教授张良皋等知名专家学者，对荆楚文化和荆楚建筑风格进行深入研讨。

14日 张通副省长一行赴武汉市走访慰问环卫、建筑行业一线干部职工，代表省政府送去新春祝福，并发放慰问金。省政府副秘书长王润涛和厅长尹维真、副厅长杨世元陪同。

20日 省两会举行第四场新闻发布会，聚焦"民生决定目的"主题，厅长尹维真在会上发布新闻并回答记者提问。

23日 湖北省培育和践行社会主义核心价值观新春集中行动在汉启动，会议表彰了最美环卫工等"2013年度湖北好人"。省委常委、宣传部部长尹汉宁，省人大常委会副主任王玲，省政协副主席刘善桥，厅长尹维真出席会议并颁奖。

29日 省住房城乡建设厅召开党的群众路线教育实践活动总结会。厅长尹维真主持会议并代表厅党组作总结报告，省委第十三督导组组长毛凤藻到会指导。厅领导参加会议。

2月

12日 湖北省住房城乡建设工作会议暨党风廉政建设工作会议在武汉召开。厅长尹维真作2015年住房城乡建设工作报告，纪检组长朱建卿作了湖北省住房城乡建设系统党风廉政建设工作报告，厅领导出席会议。

13日 湖北省深化住房城乡建设改革工作座谈会在武汉召开。副省长张通出席会议并讲话。厅长尹维真汇报了2013年住房城乡建设工作情况，介绍了住房城乡建设改革的初步设想。省政府副秘书长王润涛主持会议。厅领导出席会议。

28日 省住房城乡建设厅召开深入开展"抓学习、抓作风、抓环境，促改革发展"活动动员大会，厅长尹维真作动员讲话，厅巡视员占世良主持会议，厅领导出席会议。

同日 楚天工程质量论坛2014年会在武汉召开。总工程师徐武建出席会议并讲话。中国建筑业协会质监分会会长金德钧、副会长杨玉江到会指导。

3月

5~7日 湖北省"四化同步"示范乡镇试点规划（第二批）审查会在武汉召开，对襄城区尹集乡、襄州区双沟镇、仙桃市彭场镇、汉川市沉湖镇、监利县新沟镇全域规划进行审查。省住房城乡建设厅总规划师童纯跃出席会议。

第四篇

17日　在中法两国元首见证下，中国政府代表、中国驻法大使翟隽和法国政府代表、法国生态、可持续发展和能源部部长菲利普·马丁在巴黎签署文件，约定在中国武汉共建生态示范城项目。

19日　省住房城乡建设厅召开污水处理工作专题会议。厅长尹维真主持会议并讲话。

26～27日　厅长尹维真，副厅长金涛、赵俊一行赴十堰市调研城乡污水、垃圾处理工作。

4月

15日　省住房城乡建设厅举办深入学习习近平总书记系列讲话精神辅导讲座。特邀省委党校党史党建教研部主任任大立教授作辅导报告。副厅长赵俊主持讲座，厅领导参加了学习。

16日　厅长尹维真一行到鄂州调研住房城乡建设工作，实地考察鄂州市城市建设情况。省住房城乡建设厅与鄂州市政府签订了《关于支持鄂州新型城镇化建设厅市合作共建协议》。

5月

5日　省住房城乡建设厅召开2014年湖北省住房城乡建设系统民主评议政风行风工作电视电话会议。

20日　2014年湖北省住房城乡建设系统民主评议政风行风工作督查员聘请仪式暨征询意见座谈会在省住房城乡建设厅召开。

28日　湖北省建设工程安全生产电视电话会议召开。厅长尹维真出席会议并讲话，总工程师徐武建通报了安全生产形势。

6月

9日　省住房城乡建设厅举办党政领导干部落实党风廉政建设主体责任专题研讨班。

24日　省住房城乡建设厅召开《省住房城乡建设厅信息化建设总体方案》专家评审会。副厅长金涛出席会议。

26日　副省长曹广晶调研建筑业发展情况，省政府副秘书长王润涛主持调研座谈会。

7月

10日　副省长曹广晶一行来省住房城乡建设厅调研指导工作，并召开座谈会。省政府副秘书长王润涛，省政府办公厅有关负责同志参加调研活动。厅领导出席座谈会。

13日　由省纠风办主办、楚天都市报承办的"市民有约·九厅局长接听热线"活动举行第四场，厅长尹维真接听读者热线，并回答网友提问。

18日　省住房城乡建设厅举办专题学习讲座，厅长尹维真作了题为"学习考察新加坡城市建设与

管理"的辅导报告。

19日　《"荆楚派"建筑风格设计导则》、《"荆楚派"村镇风貌规划与民居建筑风格设计导则》专家评审会暨"荆楚派"建筑风格研究与应用科技成果鉴定会在武汉召开。总规划师童纯跃出席会议并讲话。

20日　湖北省住房城乡建设工作座谈会、住房城乡建设系统政风行风评议工作推进会在武汉召开。厅长尹维真主持会议。副厅长杨世元主持会议。厅领导出席会议。

21日　湖北省委第二督察组组长黄喜旺一行到省住房城乡建设厅督查贯彻落实习近平总书记在中办考察调研时重要讲话精神和党风廉政建设主体责任及监督责任情况，纪检组长朱建卿、副厅长金涛出席会议。

23日　湖北省建筑业发展大会在武汉召开。住房城乡建设部副部长王宁、副省长曹广晶、厅长尹维真、住房城乡建设部工程质量安全监管司副司长曾宪新出席会议。省政府副秘书长王润涛主持会议。会前，王宁副部长、曹广晶副省长等领导一行还实地察看了武汉市青山区保障性安居工程。厅党组成员、总工程师徐武建和省建管局局长张弘参加会议并陪同调研。

8月

26日　湖北省纪委、省监察厅、省纠风办主办《问作风、问环境、促发展——2014媒体问政》现场直播特别节目。省住房城乡建设厅等有关部门主要负责人在现场接受问政。

29日　湖北省政协副主席、中南工程咨询设计集团董事长张柏青，中南工程咨询设计集团党委书记、总经理张云一行到省住房城乡建设厅调研，并就工程设计咨询业发展进行对接座谈。厅长尹维真，副巡视员梁晓群出席会议。

9月

2日　湖北省城乡规划"问作风、问环境、促阳光规划"工作座谈会在武汉召开。厅长尹维真出席会议，总规划师童纯跃主持会议。

4日　住房城乡建设部召开全国工程质量治理两年行动电视电话会议。厅长尹维真，总工程师徐武建，厅党组成员、省建管局局长张弘在湖北省分会场出席会议。

14日　省住房和城乡规划建设管理改革专项领导小组召开第一次会议。副省长曹广晶出席会议，省政府副秘书长王润涛主持会议。厅长尹维真，副厅长金涛、赵俊，厅党组成员、省建管局局长张弘

参加会议。

24日 住房城乡建设部住房公积金监管司司长张其光一行来湖北调研住房公积金改革与发展工作。厅长尹维真、副厅长赵俊陪同调研。

28日 湖北省人大重点建议《关于推进湖北省绿色建筑产业化发展》、省政协重点提案《加快新型城镇化背景下的城镇污水和垃圾处理设施建设》办理工作座谈会在武汉召开。副省长曹广晶出席会议，省政府副秘书长王润涛主持会议。厅长尹维真、总工程师徐武建、副厅长赵俊参加了会议。

10月

14～23日 省住房城乡建设厅在湖北省开展住房城乡建设工作调研。22～23日，厅长尹维真一行赴宜昌市调研。

21日 省住房城乡建设厅召开党的群众路线教育实践活动总结大会。

同日 仙洪、四湖地区乡镇污水处理工作推进会在武汉召开。省住房城乡建设厅代表省政府同有关县、市、区签订了乡镇污水处理工作目标责任书，明确要求乡镇污水处理厂年底前实现稳定运行。

11月

11日 湖北省工程质量治理两年行动暨工程质量管理标准化现场观摩会在武汉岳家嘴青扬城市广场项目施工现场召开。厅党组成员、省建管局局长张弘出席会议并讲话。

11～12日 湖北省住房城乡建设系统通用法律法规知识培训班在武汉举办。培训特邀湖北省依法治省办公室专职副主任侯江波作辅导报告。

20日 湖北省棚户区改造工作现场会在宜昌召开。副省长曹广晶，省政府副秘书长王润涛，厅长尹维真、总工程师徐武建出席会议。

25日 省电子政务办副主任张唯佳率武汉理工大学信息工程学院院长刘泉任组长的验收专家组一行，对省住房城乡建设厅承担的湖北省住房公积金监管及在线服务信息系统进行验收。这是全国首家正式运行的省级住房公积金监管信息系统。

27日 第十届中国（武汉）国际园林博览会组委会第二次会议在武汉召开。组委会主任、住房城乡建设部副部长陈大卫，组委会主任、副省长曹广晶出席会议并讲话，组委会主任、武汉市市长唐良智致欢迎词。

同日 住房城乡建设部副部长陈大卫一行到襄阳市，实地调研城市污泥处置、餐厨废弃物资源化利用和无害化处理项目。厅长金涛，襄阳市委常委、副市长朱慧陪同调研。

29日至12月3日 以住房城乡建设部执法稽查办副主任朱长喜为组长的住房城乡建设部第六检查组对湖北建筑节能与绿色建筑行动实施情况开展专项检查。总工程师徐武建陪同检查。

12月

3日 全国住宅工程质量常见问题专项治理工作观摩会在武汉召开。

5日 充实棚户区改造省级融资平台资产座谈会在省住房城乡建设厅召开。

同日 湖北省住房公积金管理中心主任培训班在仙桃举办。

11日 副省长曹广晶、省政府副秘书长王润涛一行到省住房城乡建设厅调研，征求省住房城乡建设厅党组对省政府党组、党组成员个人以及省政府办公厅党组的意见，研究2015年工作。厅长尹维真汇报了2014年湖北省住房城乡建设工作基本情况、2015年重点工作初步考虑，并提出有关请求和建议。

16～17日 副省长曹广晶一行赴浙江调研建筑产业现代化，并与浙江省相关部门进行座谈交流，了解推进建筑产业现代化的扶持政策和措施。

17日 美国JM Eagle集团董事长、中国台湾泉恩集团董事长、台塑集团董事王文祥，中国台湾泉恩集团副总裁兼董事长特别助理张学礼一行到省住房城乡建设厅，就湖北省城市市政基础设施建设投资环境、项目需求和双方开展合作进行会商洽谈。厅长尹维真，副厅长赵俊出席洽谈会议。

29日 住房城乡建设部、中国人民银行住房公积金管理调研座谈会在省住房城乡建设厅召开。住房城乡建设部住房公积金监管司司长张其光出席并讲话，厅长尹维真陪同调研，副厅长赵俊致辞。

同日 住房城乡建设部召开全国建筑施工安全生产电视电话会议。厅长尹维真、总工程师徐武建出席省分会场会议。

（湖北省住房和城乡建设厅）

第四篇

湖 南 省

概况

2014年,湖南省住房和城乡建设各项工作稳步推进。出台《湖南省推进新型城镇化实施纲要(2014~2020年)》,全省新型城镇化建设取得重大突破,常德、长沙、郴州等市掀起推进新型城镇化建设的热潮。"两房两棚"建设项目快速推进,保障性住房和各类棚户区改造提前1年完成"十二五"规划建设目标,农村危房改造完成12.67万户,竣工率103%,入住率95%。出台"两供两治"新政策,年内全省累计完成投资185亿元,占规划总投资的28%;已完工88个项目,开工在建340个项目,接近全部计划项目的50%,为全面完成三年目标打下良好基础。建筑业、房地产业取得平稳发展,建筑业增加值同比增长9%,约占全省GDP的6%;房地产市场基本实现"量价基本平稳,投资不大幅下滑"的目标。湖南省住房和城乡建设厅连续第五年被省委省政府表彰为"安全生产先进单位";企业创优质工程、精品工程积极性进一步增强,获鲁班奖工程数创历年来最高。村镇建设、建筑节能、住房公积金和风景名胜管理等工作全面加强,成效明显。

【新型城镇化建设】 2014年,湖南省新型城镇化建设取得重大突破。全方位部署新型城镇化建设推进工作。年内省住房和城乡建设厅在常德召开全省推进新型城镇化工作会议,湖南省委书记徐守盛、省长杜家毫作重要讲话,对全省推进新型城镇化建设的工作重点、实施路径进行全面部署和安排。郴州、益阳、湘西、娄底等地相继召开贯彻落实会议,张家界、株洲等地结合实际制定实施方案。强化顶层设计。出台《湖南省推进新型城镇化实施纲要(2014~2020年)》,启动《湖南省实施〈城乡规划法〉办法》修订工作,重点强化规划的严肃性及对违法建筑的处置。加强人才队伍建设。在全国率先举办由市长参加的全省推进新型城镇化研讨班,与上海同济大学联合举办3期市县分管领导为主要对象的新型城镇化专题培训班,开展7期全省乡镇规划建设管理培训班。

【"两房两棚"建设】 2014年,湖南省"两房两棚"建设任务为54.87万套,其中保障性住房和各类棚户区改造42.57万套,农村危房改造12.3万户,是历年来任务最重的一年。省委省政府高度重视,多次召开专题会议研究部署,并大幅提升省级配套资金补助标准。全年保障性住房和各类棚户区改造开工建设42.57万套,开工率100%,完成投资434.47亿元,同比增长40.81%,提前1年完成"十二五"规划建设目标("十二五"期间规划建设的目标是160万套(户),截至2014年底,完成169.80万套)。农村危房改造方面,大力推进整乡(镇)、整村示范和重点帮扶,并与居民灾后重建等有机结合,取得较好效果,年内实际改造12.67万户,竣工率103%,入住率95%,累计"十二五"期间解决了46.6万户农村困难群众住房问题。

【"两供两治"项目建设】 2014年,湖南省出台"两供两治"(供水、供气,污水治理、垃圾治理)实施方案、财政贴息奖补办法、生活垃圾资源化利用和城镇基础设施投融资指导意见,召开项目发布会,明确"两供两治"设施建设的目标任务、推进路线、技术要求、融资渠道和贴息支持政策等,大力推进"两供两治"项目建设。株洲市、邵阳市行动早、进展快,完成规划投资的1/3;怀化市高度重视,常务副市长召集县市政府一把手进行专题动员部署;郴州市成立专门领导机构,明确牵头部门。年内,全省累计完成投资185亿元,占规划总投资的28%;完工88个项目,开工在建340个项目,开工项目接近全部计划项目的50%,为全面完成三年目标打下良好基础。

【建筑业管理】 2014年,湖南省完成建筑业总产值5900亿元,同比增长12%,实现建筑业增加值1652亿元,同比增长9%,占全省GDP的比重约为6%;完成外拓产值1935亿元,同比增长15%,对外工程承包营业额22亿美元,同比上升10%,中建五局、湖南省建工集团、湖南省路桥集团等骨干企业开拓省外、境外市场形势良好。通过推进建筑管理"三化",严格"打非治违",强化建筑市场现场联动,企业质量安全主体责任意识逐步强化,全省质量安全形势继续稳定好转。全年发生建筑施工生产安全事故 15 起、死亡 19 人，同比分别下降 6% 和 17%，百亿元产值死亡人数控制在 0.4 人以内，为历来安全生产形势最好的一年，省住房和城乡建设厅连续五年被省委省政府表彰为安全生产先进单位，岳阳、常德、益阳、郴州、怀化、湘西自治州等 6 个市州实现零事故。企业创优质工程、精品工程积极性进一步增强，申报鲁班奖、芙蓉奖和省优质工程项目数剧增，全年 8 项工程获鲁班奖，为历年最高。

【房地产市场管理】 2014 年，湖南省着力推动房地产市场平稳发展。及时出台"湘五条"，协调落实央行"认贷不认房"新政，房地产市场持续下行压力有所缓解，出现企稳回升迹象。全年完成房地产开发投资 2883.6 亿元，同比增长 9.7%；商品房销售面积 5439.5 万平方米，同比减少 8.6%，较前三季度同比 12.1% 的降幅有所收窄；商品住宅均价 3830 元/平方米，同比增长 1.5%。全省房地产市场基本实现"量价基本平稳，投资不大幅下滑"目标。出台《关于推进住宅产业化发展的指导意见》等一系列政策文件，在全省迅速推开住宅产业化工作。

【建筑节能与勘察设计】 2014 年，湖南省建筑节能工作得到强化。年内，设计阶段节能强制性标准执行率达 100%，施工阶段达 98% 以上，执行绿色建筑标准的建筑面积达 3502.5 万平方米，其中取得国家绿色建筑标识项目面积达 472.6 万平方米。勘察设计行业持续发展，全年勘察设计业务营业收入 305 亿元，增长 11%。

【住房公积金管理】 2014 年，湖南省住房公积金作用进一步显现。全年新增缴存职工 43.11 万人，同比增长 7.03%，完成年度新增缴存目标任务 30 万人的 143.7%；归集住房公积金 334.64 亿元，同比增长 19.97%，完成年度目标任务 280 亿元的 119.5%；提取住房公积金 160.48 亿元，同比增长 23.93%；发放住房公积金个人贷款 181.95 亿元，同比下降 7.46%；发放支持保障房建设试点项目贷款 7.39 亿元。截至 12 月底，归集总额和归集余额分别达到 1826.44 亿元和 1061.94 亿元；贷款总额和贷款余额分别达到 1171.46 亿元和 740.58 亿元。

【风景名胜区管理】 2014 年，湖南省风景名胜区管理卓有成效。积极推进三项试点，生态文明风景区创建初见成效，武陵源纳入国家公园试点单位，南岳衡山有偿使用制度正在酝酿出台。通过深入开展党的群众路线教育实践活动，不断加强党风廉政建设，广大干部职工工作作风明显改观。截至 2014 年底，20 个国家级风景名胜区已全部纳入总体规划管控范围，41 个省级风景名胜区除道吾山、酒埠江、云阳山之外，均已完成或启动规划编制工作，全行业依法依规管理已经奠定坚实基础。（白勇）

政策规章

【概况】 2014 年，湖南省住房和城乡建设厅政策法规处以贯彻落实省委省政府法治湖南建设战略部署为主线，以规范行政权力、促进行业发展为目标，突出重点，多措并举，政策法规各项工作进展顺利，成效明显。

【推进立法工作】 2014 年，湖南省住房和城乡建设厅政策法规处会同厅规划处、城建处积极开展修订《湖南省实施〈城乡规划法〉办法》和论证《湖南省城市综合管理条例》相关工作，参加草案修改、征求意见、调研论证，注重与省人大法工委、环资委和省政府法制办汇报衔接，确保工作进度。年内，组织办理住房城乡建设部、湖南省委省政府和省人大交办的《老年人权益保障法》等立法草案 27 件，提出修改意见 66 条。

【规范性文件审查】 2014 年，湖南省住房和城乡建设厅政策法规处严格规范性文件审查。在合法性审查过程中，对明显存在问题的文件，及时向起草处室出具书面审查意见。严格按照规范性文件经厅务会研究后报送省法制办备案的做法，严格执行"三统一"（统一登记、统一编号、统一公布）制度，全年共向省政府法制办报送登记 14 件，全部通过审查，依法组织听证。11 月 27 日，省厅政策法规处会同湖南省质监总站就规范性文件《关于建立全省建设工程质量检测监管信息系统的通知（草案）》举行听证会，听取市州建设部门、质量检测机构、检测信息软件公司等单位 20 多位听证代表的意见建议，及时在厅网站上公布听证会意见采纳情况。

【行政复议案件办理】 2014 年，湖南省住房和城乡建设系统行政复议案件继续呈高发态势，特别是就规划行政处罚、规划许可行为、政府信息公开行为申请复议的案件数量明显增多。全年省住房和城乡建设厅受理各类行政复议案件 57 件，年内审结 48 件，其中，不予受理 9 件，维持 18 件，撤销 5 件，驳回复议申请 9 件，因申请人撤回终止审理 2 件，确认违法 3 件，告知 2 件。

【行政应诉案件承办】 2014 年，湖南省住房和城乡建设厅共承办行政诉讼案件 9 件，其中，7 件为不服省住房和城乡建设厅复议决定提起的诉讼，1 件为不服省住房和城乡建设厅的信息公开回复，1 件诉省住房和城乡建设厅行政不作为。上述案件受厅长委托，由政策法规处派人出庭应诉。政策法规处认真分析案情，加强与法院沟通，据理力争，年内审结8件，全部胜诉。

【稽查执法】 2014年，湖南省住房和城乡建设厅加大建设领域违法违规行为稽查力度，维护建筑市场正常秩序。制定《湖南省住房城乡建设领域违法违规行为稽查工作管理办法（试行）》，理顺职责，规范流程，强化措施。开通"住房和城乡建设系统违法违规行为网上举报系统"，进一步畅通举报投诉渠道。年内共收到各类稽查举报案件（含举报线索）160件，其中住房城乡建设部稽查办公室交办案件16件，厅网上举报系统、省长厅长信箱收到146件，年内办结117件。加大重大违法案件稽查执法力度。12月5～10日，副厅长袁湘江带领厅城乡规划处、政策法规处、监察室人员组成的工作调查组，查办长沙经济技术开发区金科时代中心项目违法修改控制性详细规划审批案件，责令长沙经济技术开发区落实整改，采取补救措施，并将案件材料分别移送省监察厅、长沙市监察局，对6名负有领导责任或直接责任的责任人依法提出行政处分建议。（周志红）

房地产业监管

【概况】 2014年，湖南省坚决贯彻落实中央和省委省政府决策部署，坚持房地产调控"去行政化"，切实稳定住房需求，助推房地产行业转型发展，促进全省房地产市场持续平稳健康发展。

【房地产市场】 2014年，湖南省房地产市场进入调整期，基本保持稳定。8月初，省住房和城乡建设厅印发《关于促进全省房地产市场平稳健康发展的意见》（即"湘五条"），提出政府回购普通商品房用作保障房源、异地购房者可申请公积金贷款等五个方面的具体措施。9月30日，央行出台"认贷不认房"新政，年末又实施降息政策。随着一系列政策措施出台，房地产市场出现企稳回升迹象，但未改变全年房地产开发投资增速、商品房销售明显回落的局面。房地产开发投资增速明显放缓。全省完成房地产开发投资2883.6亿元，占全省固定资产投资比重的13.1%，同比增长9.7%，增速比上年同期回落9.2个百分点。总量和增速在全国排名第15位和第22位，在中部地区排名第4位和第5位。商品房销售同比下降。全省商品房销售面积5439.5万平方米，同比减少8.6%；商品房销售额为2299.1亿元，同比减少9%。总量和增速在全国排名第10位和第19位，在中部地区排名第4位和第6位，增速连续10个月在中部地区排名末位。房价同比涨幅收

窄。全省商品住宅均价3830元/平方米，同比上涨1.3%，比上年同期收窄5.7个百分点。房价居中部第6位，居全国第29位，仅高于贵州和宁夏。房地产用地供应减少，地价涨幅继续回落。全省供应房地产用地5829.2公顷，为近五年供应最低值，同比减少7.2%，增速比上年同期回落20.2个百分点。全省房地产用地出让均价为1790.1元/平方米（合119.3万元/亩），同比上涨2.3%，涨幅比去年同期回落17.2个百分点。房地产贷款小幅回落。截至12月底，全省房地产贷款余额4276亿元，同比增长23.8%，占全部贷款的比重为20.6%，增速比上年同期回落0.2个百分点。全省房地产贷款较年初新增820.9亿元，占全省新增贷款的比重为32.5%。市场供应明显放缓。全省商品房施工面积27747.7万平方米，同比增长9.2%，增速比上年同期回落9.7个百分点。商品房新开工面积8067万平方米，同比减少9%，增速较上年同期回落42.7个百分点。商品房新开工面积总量、增速在全国排名分别为第10位、第14位，在中部地区排名均为第3位。全省商品房竣工面积4022.9万平方米，同比减少12.4%，增速较上年同期回落15.4个百分点。房地产税收增幅放缓。全省完成房地产税收613.4亿元，同比增长12.4%，比上年同期回落14.5个百分点，占财政总收入比重16.9%，占地方财政收入比重27.1%，占地方税收收入比重42.7%。全省土地实际成交总价款1016.2亿元，同比减少5.6%。

【行业转型升级】 2014年，湖南省进一步加强房地产业政策扶持，整合优势资源，促进房地产业转型升级。4月，省政府出台《关于推进住宅产业化发展的指导意见》（以下简称"指导意见"），用工业化生产的理念谋划房地产业发展。随后相继印发《〈指导意见〉省直部门分工意见》、《〈指导意见〉实施细则》和《住宅产业化联席会议制度》。省住房和城乡建设厅出台《湖南省住宅产业化基地建设管理办法》，并将省政府的《指导意见》具体分工到各有关业务处室，全面推进住宅产业化发展，加强住宅产业化基地建设。优势资源企业整合，远大住工、三一集团、省建筑设计院等19家产业链上的大型企业和科研院所，筹备组建湖南省住宅产业化联盟，生产规模不断扩大。先后启动长沙市、永州市、湘西自治州、娄底市、株洲市住宅产业园区建设。据统计，湖南省有7个市州建立住宅产业化生产基地，产能从上年的480多万平方米发展到1120万平方米，增长1.33倍。

【行业监管】 2014年，湖南省坚持突出重点，

攻克难点，房地产业行业监管体系不断完善。力抓规划编制。3月，省住房和城乡建设厅启动《全省城市(县城)住房建设规划(2014～2020年)》编制工作，要求将住房建设规划纳入城市总体规划，将住房建设规划落实到空间和地块，体现规划的科学性和可操作性。预计2015年6月底以前全省完成全部规划编制工作，2015年下半年起建立住房规划实施保障机制，用住房建设规划控制用地总量、开发规模和开发投资节奏，实现住房供需基本平衡、房价基本稳定。规范市场经营行为。出台《关于进一步加强全省房地产市场提示、警示信用信息有关工作的通知》，向社会公布88家2013年度信用等级为A级和39家存在不良行为的房地产企业，并对存在不良行为的房地产企业开展严控项目资本金、实地检查、限期整改等监管措施。实时清理整治房地产企业，共降级23家，限定资质、不得开发新项目房地产企业15家。着力破解棚户区改造征收难题。（邓欣）

住房保障

【概况】 2014年，湖南省住房保障工作紧扣省委、省政府转方式、调结构、推进"四化两型"建设发展战略，以保障民生、改善民生为出发点，加强组织领导、要素保障、项目监管和工作创新，住房保障工作有序推进，供给力度明显加强。年内，国家下达湖南省保障性住房和各类棚户区改造住房42.57万套，新增廉租住房租赁补贴9718户，任务居全国前五位，是湖南省历年来建设任务最重的一年。截止到12月底，保障性住房和各类棚户区改造开工建设42.57万套。其中，公共租赁住房15.83万套，城市棚户区改造18.81万套，国有工矿棚户区改造3.44万套，国有垦区4.49万套。基本建成34.1万套，竣工面积1916.62万平方米，占城镇住宅竣工面积的28.43%，其中往年续建结转12.44万套，共完成投资434.47亿元，提前完成年度目标任务。与2013年比较，目标任务增加9.31万套、增长27.99%；同比完成投资增加125.92亿元、增长40.81%。保障性住房覆盖范围进一步扩大，累计保障人数477.33万人，比2013年增加62.95万人，增长15.19%。住房和城乡建设部部长陈政高赴湖南省专题调研住房保障工作，予以高度评价。

【项目建设】 2014年，湖南省抓紧"两房两棚"项目前期部署和事中调度，确保建设进度如期完成。为完成保障性住房按计划当年全面动工、当年基本建成60%的进度要求，采取抓当年建设、备明年项目的办法，积极储备下一年建设项目，提前完成规划、设计和招投标等基本建设程序，甚至提前开工部分项目。实施定期巡查和通报制度，抽调专项巡查员，对各市州进行定期巡查，对各市州、县市区的进展情况分类排位，及时通报，并约谈进度严重滞后地区的主要负责人。紧抓项目质量安全，把保障性安居工程质量安全放在监督工作首位，落实全省工程质量治理两年行动要求，全面实行书面承诺制度、永久性标牌制度和信息档案制度，强化落实五方责任主体项目负责人质量终身责任；对保障性住房的专项检查每季度不少于1次，纳入质量安全重点监管，做到项目全覆盖现场检查。

【"两房两棚"工作创新】 2014年，湖南省各地积极行动，发挥主观能动性，"两房两棚"工作不断创新。长沙、株洲、岳阳等地实施住宅产业化方式推进保障性安居工程建设；益阳市资阳区针对涉及上万户棚户区改造项目，在充分调研的基础上，通过建立"居民自治改造委员会"方式，尊重群众意愿，调动群众积极性，推动棚户区改造工作进展顺利；常德市出台《关于鼓励社会力量参与市城区棚户区改造的有关事项的通知》，对社会力量参与保障性安居工程建设进一步予以支持和规范。在后续管理上，按照社区化管理思路，不断深化保障性住房小区管理工作，更多的小区在原来由住房保障部门单一管理的基础上不断完善。其中，湘潭市启动政府对保障性住房小区购买公益性岗位的探索工作，已购买公益性岗位340个；益阳市惠民廉租房小区把计划生育、综合整治、社会救济、劳动就业指导与培训等引进小区管理工作内容；郴州市成立公共住房管理维护服务中心，强化保障性住房管理。（尹清源）

住房公积金管理

【概况】 2014年，湖南省新增住房公积金缴存职工43.11万人，同比增长7.03%，完成年度目标任务30万人的143.7%；归集住房公积金334.64亿元，同比增长19.97%，完成年度目标任务280亿元的119.5%；提取住房公积金160.48亿元，同比增长23.93%；发放住房公积金个人贷款181.95亿元，同比下降7.46%。截至12月底，归集总额和归集余额分别达到1826.44亿元和1061.94亿元；贷款总额和贷款余额分别达到1171.46亿元和740.58亿元。

【支持职工基本住房消费】 2014年，湖南省进一步强化公积金住房保障功能，积极支持职工基本住房消费。出台政策，放宽公积金提取条件。省住房和城乡建设厅下发《关于促进全省房地产市场平稳健康发展的意见》，各市州住房公积金管理中心根据《意见》精神，及时修订住房公积金提取细则，放宽租房提取条件，进一步满足职工提取需求，支持职工基本住房消费。年内，全省提取住房公积金160.48亿元，同比增长23.93%，提取总额达764.49亿元。加大贷款投放力度，助推房地产市场健康发展。年内，全省为74126户家庭发放住房公积金个人住房贷款181.95亿元，贷款总额达1171.46亿元。资金使用效率进一步提高，住房保障作用不断提升。个人住房贷款和提取政策的调整，进一步提高资金整体的使用效率，至年底，全省住房公积金资金使用率和运用率分别为82.55%和71.75%。年内，全省实现增值收益22.45亿元，全年提取廉租住房建设补充资金14.5亿元，同比增长60.22%，累计提取廉租住房补充资金总额为44.59亿元，为保障性住房建设提供了有效的资金支持。

【住房公积金监管机制完善】　2014年，湖南省完善住房公积金内外监管机制，监管水平进一步提高。加强内部管理。省监管办举办全省住房公积金系统内部稽核与提取、贷款业务交流研讨会，规范业务工作，提高内部管理水平。各市州住房公积金管理中心在内部稽核、资金管理等方面也做了有益的探索和提高。益阳市住房公积金管理中心由按季稽核改为按月稽核，提高稽核的时效性。长沙、岳阳、益阳、永州和湘西自治州等住房公积金管理中心全面实现"零余额账户"管理。优化考核机制。建立对个贷逾期率的按季度考核制度，防范个贷风险。至12月底，全省住房公积金个人贷款逾期率为0.008%，个贷风险控制良好。

【省级文明行业创建】　2014年，湖南省住房公积金管理部门争创全省文明行业，提升服务质量。优化服务流程。通过减少审批环节等一系列举措，优化业务办理流程，缩短业务办理时限，提高服务效率。拓宽服务渠道。开通住房公积金12329服务热线，以及微博、微信，拓宽服务渠道。优化服务环境。娄底市住房公积金管理中心将房产部门引入服务大厅，完善"一站式"服务；永州市住房公积金管理中心租赁业务用房，省直住房公积金管理分中心增设营业网点；衡阳市住房公积金管理中心增设排号显示器，优化服务环境；湘潭市住房公积金管理中心在营业大厅开通无线WIFI，完善人性化服务。全省住房公积金行业的服务水平得到省文明办认可，住房公积金系统荣获省级"文明行业"荣誉称号。（周文静）

城乡规划

【全省推进新型城镇化工作会议召开】　7月7日，湖南省推进新型城镇化工作会议在常德市召开。这是湖南省委省政府自2008年提出新型城镇化战略以来召开的第三次新型城镇化工作会议。省长杜家毫在会议上总结全省2008年以来城镇化工作情况，指出要准确把握新型城镇化的特征和趋势，以更宽的视野、更新的理念、更高的标准推进全省新型城镇化健康发展；要以"生活更美好"为目标，着力改善人居环境，坚持以人为本，从方便市民生产生活出发，统筹抓好城市规划、建设、管理和服务；要以特征更鲜明为重点，切实提高城镇建设发展水平，切实提高城镇化水平，推动城镇特色发展；要以城乡更协调为主导，大力促进城乡一体化发展，把新型城镇化与农村建设统筹起来，促进城乡互促互进、一体化发展；以机制更为有效为方向，创新城镇化体制机制，用好政府"有形之手"的同时，发挥市场"无形之手"的作用，调动各方面的积极性，提高各级政府规划、建设、管理能力和水平，本着对历史、生态和人民高度负责的态度做好每项具体工作。

【《湖南省推进新型城镇化实施纲要(2014～2020)》修订出台】　2014年，湖南省修订并出台《湖南省推进新型城镇化实施纲要(2014～2020)》。2013年12月中央城镇化工作会议和2014年3月《国家新型城镇化规划》出台后，湖南省住房和城乡建设厅积极组织《湖南省推进新型城镇化实施纲要(2014～2020)》修订工作。厅城乡规划处牵头组织相关处室，多次深入市州、县市调研，充分了解各地城镇化发展现状和发展诉求，并吸收和借鉴江苏、湖北、山东、江西、福建等省推进城镇化的做法和经验。9月，省政府常务会议审定通过《湖南省推进新型城镇化实施纲要(2014～2020)》。10月，举行新闻发布会。修订后的《实施纲要》得到省、部领导的充分肯定，获得社会好评。省直有关部门草拟的土地制度、户籍制度、社会保障等领域的改革举措，均采纳了《实施纲要》相关内容。

【新型城镇化专题调研】　2014年，湖南省扎实开展新型城镇化专题调研。2月，按照副省长张剑飞的指示，省住房和城乡建设厅组成4个调研组，由城乡规划处牵头，赴湘潭市、衡阳市、益阳市、岳阳市、娄底市、邵阳市、郴州市、怀化市、永州市等9个城市及其辖区内部分县城、集镇和村庄开展全省新型城镇化专题调研工作，深入调查了解全省各地在推进城镇化工作中的好作法和经验、存在的突出问题，以及"两房两棚""两供两治"任务的落实情况。10月，按照省委副书记孙金龙的指示，省住房和城乡建设厅会同省委办公厅组成2个调研组，赴长沙、株洲、益阳、常德、衡阳、永州、邵阳、娄底等8市14县，开展县域城镇化专题调研。11月，按照省委书记徐守盛的要求，省住房和城乡建设厅副厅长袁湘江和省委政研室副主任陈质颖带队，赴益阳、株洲、怀化3市开展新型城镇化建设调研，形成专题调研报告上报省政府，为领导决策当好参谋。

【新型城镇化建设试点】 2014年，湖南省积极抓好新型城镇化建设试点工作。省住房和城乡建设厅经过调研和反复筛选，基本明确划分地市级、县市和建制镇三个层次，从完善规划编制体系、加强基础设施建设、创新体制机制等方面开展新型城镇化试点工作，并提出政策、资金等保障措施。试点方案已呈报省政府审定。

【新型城镇化综合技术研究】 2014年，湖南省强化城镇化研究的技术支撑，推进新型城镇化建设工作。针对全省推进新型城镇化工作整体水平较低、发展质量不高、瓶颈制约等问题，进一步提升城乡规划建设方面的技术政策和适用技术研究上的能力，省住房和城乡建设厅城乡规划处与长沙市规划勘察设计研究院合作，建立省城乡规划政策技术研究中心，承担区域性城镇群城镇体系规划和城市综合交通体系研究、编制全省城乡规划技术标准和规范、城乡规划课题研究及咨询等工作；与中机国际公司合作，建立省推进新型城镇化综合技术研究基地，承担开展新型城镇化建设技术政策和适用技术研究，包括绿色建筑、产业园区开发建设、供水供气、防洪排涝、污水垃圾处理、地下综合管廊等基础设施建设的技术研发等。（熊益沙）

城市建设管理

【概况】 2014年，深入贯彻落实十八届三中全会精神和新型城镇化工作部署，城市基础设施投融资体制改革加快推进，"两供两治"设施建设全面启动，城管立法工作取得突破性进展，生活垃圾资源化利用全面提速，公用事业附加费免税政策取得重大突破，市政公用行业安全保障能力显著提升，标准规范逐步完善，培训指导扎实有效，试点示范引领作用凸显。截至2014年底，全省县以上城镇共有公共供水厂245座、污水处理厂135座、生活垃圾无害化处理场106座，均已实现县县全覆盖。国家园

林城市、县城8个，省级园林城市、县城11个，长沙社区公园、常德城区绿化等13个项目获得中国人居环境范例奖，步行和自行车交通系统示范项目8个。截至2014年底，县以上城镇用水普及率、燃气普及率分别达到93.67%、84.83%；县以上城镇污水处理率、生活垃圾无害化处理率分别达到89.52%、98.56%，相比2013年分别提高2.62和5.6个百分点。人均道路面积13.36平方米；建成区绿化覆盖率36.21%，相比2013年提高2.11个百分点。

【市政公用行业标准规范制定】 2014年，湖南省大力加强市政公用行业整章建制，逐步完善市政公用行业标准规范。全新编、修编出台标准规范或规范性文件12个。分别为规范性文件2个：《关于进一步加强城镇燃气设施规划建设和运行监管的通知》《湖南省城镇供水规范化管理考核实施细则》；定额标准1项：《湖南省城市照明设施维护估算指标》；地方标准1项：《LED路灯》；技术导则3项：《湖南省城镇道路绿化建设导则》、《湖南省屋顶绿化技术导则》、《湖南省城镇供水厂提质改造技术目录》；年鉴1项：《湖南省城市、县城建设统计年鉴》；省级应急预案2个：《湖南省城市供水应急预案》、《湖南省城市供气应急预案》；规范性文件2个：《湖南省园林城市、园林县城标准》、《湖南省园林城市、园林县城申报评审办法》。

【公用事业附加费免税政策落实】 2014年，湖南省公用事业附加费免税政策取得重大突破。3月，省住房和城乡建设厅联合省财政厅、物价局、国税局印发《湖南省城市公用事业附加费征收使用管理实施细则》，进一步规范公用事业附加费征收使用管理，推动免税政策落实，减免公用事业附加费税费开支，节省的税费开支占附加费总额的27%，并由此增加省级统筹资金近5000万元。

【"两供两治"设施建设】 2014年，湖南省全面启动城市供水、供气、污水处理、垃圾处理设施建设和转型升级，提高城镇综合承载能力，服务新型城镇化建设。8月，省政府出台《湖南省2014～2016年"两供两治"设施建设实施方案》，计划投资669亿元，建设改造898个项目，在全省实施供水水质全面提升工程、管输天然气供气设施建设工程、污水治理工程、垃圾治理工程，着力解决饮用水安全保障能力不够、管输天然气设施不足、污水垃圾处理设施不完善等问题，到2016年底，实现县县喝上干净水、县县通上天然气，污水、垃圾全面收集处理目标。省财政配套出台《湖南省"两供两治"

设施建设财政贴息奖补资金管理办法》，对纳入"两供两治"实施方案、运用PPP模式的项目予以贴息支持。全省顺利完成年度考核目标，新增管输天然气用户38.53万户，30个市县供水水质全面提升，县以上城镇污水处理率达到89%，生活垃圾无害化处理率达到98.19%。截至年底，全省"两供两治"设施建设累计完成投资241.7亿元，占规划总投资的36.1%；74个项目已完工，262个项目开工在建，分别占总数的8.2%、29.2%，其余562个项目开展前期工作。（熊丽娟）

世界遗产与风景名胜区管理

【概况】　2014年，湖南省继续开展全省风景名胜区"规划年"活动，实施生态文明风景区试点，搭建科研平台，突出品牌创建，严格行业执法，强化风景名胜区管理，取得较好成绩。年内，20个国家级风景名胜区全部纳入总体规划管控范围，41个省级风景名胜区完成或启动38个景区规划编制，3个重点领域组建科研平台，10个风景名胜区列入第二批创建生态文明风景名胜区试点，10个省级风景名胜区申报项目获得批复，全省风景名胜区增至71处。

【生态文明风景区试点】　2014年，湖南省完成昭山、仙庚岭第一批生态文明风景名胜区试点验收工作，启动第二批生态文明风景名胜区试点创建申报工作。拟列入生态文明创建试点的单位有德夯、南岳、东江湖等10个风景区（含第一批试点的4个风景区）。在2014年新型城镇化引导资金安排中，给予10个生态文明风景名胜区资金补助。

【规范行业管理】　2014年，湖南省强化措施，规范世界遗产与风景名胜区管理。4月，湖南省住房和城乡建设厅与省财政厅、物价局及相关市州财政、物价、住房城乡建设部门联合召开风景名胜区有偿使用费开征及试点讨论座谈会，初步确定南岳衡山作为风景名胜区有偿资源使用费征收试点单位。5月，经省政府同意，省住房和城乡建设厅发布"湖南省省级风景名胜区徽志"，规范全省省级风景名胜区徽志设置工作。12月，举办全省风景名胜区监管信息系统网络平台培训班。通过培训，组建覆盖61个风景区的信息采集、数据上传专业队伍，建立运用信息系统、网络技术加强风景区监管的工作机制，提升风景名胜区监管信息化水平。

【品牌创建】　2014年，湖南省进一步加大风景名胜区品牌创建工作。根据《湖南省世界遗产与风景名胜区体系规划（2012～2030）》，各市州积极申报风景名胜区，积极开展风景名胜区品牌创建工作。年内，省世界遗产与风景名胜区管理部门先后组织专家赴怀化靖州、会同，邵阳洞口，郴州苏仙区、安仁、桂东，岳阳汨罗、平江等地考察省级风景区资源价值情况。岳阳县张谷英等10个申报省级风景名胜区项目通过专家技术审查和省直部门审查，并获省政府正式批复，全省风景名胜区总数增至71处。9月，住房和城乡建设部专家组完成里耶—乌龙山、九嶷山—舜帝陵、热水汤河3处申报国家级风景区项目的现场考察工作，对3地资源情况予以高度评价。（易芳）

村镇建设

【概况】　2014年，湖南省共有乡镇2057个，其中常住人口超过1500人的集镇3300多个，接近5万人的集镇3个，3万人以上的集镇21个，1万人以上的集镇281个；有行政村4.14万个，自然村约15.1万个，村镇地区常住人口约3200万人。全省集镇污水处理设施112个，排水（污水）管网6300公里，处理规模35万吨/日，对生活污水进行了处理的行政村2500多个。乡镇垃圾收集中转设施7512座，有生活垃圾收集点的行政村14882个，生活垃圾进行处理的行政村10879个。村镇地区市政公用设施建设年度总投资564.8亿元。有170个全国重点镇、101个重点流域重点镇、91个中国传统村落、6个国家级特色景观旅游名镇名村、3个全国经济发达镇行政体制改革试点镇、4个国家宜居小镇、5个国家宜居村庄、34个省级示范镇、10个美丽乡镇、100个中心镇、151个特色镇、22个环长株潭两型示范镇和2个两型示范小城镇、2个两型示范村。

【农村安居工程建设】　2014年，湖南省农村安居工程稳步推进，成效显著。圆满完成农村危房改造任务。国家安排湖南省2009～2014年农村危房改造任务共74.88万户，资金54.28亿元，省级配套12.9107亿元。到2014年底，实际完成77.07万户，总投资335.7808亿元。2014年国家下达全年任务数为12.3万户，其中贫困地区4.9万户，实际动工的126991户，开工率103%，竣工126716户，竣工率103%，入住117110户，入住率95%，帮助46.9万农村困难群众解决了安全住房问题。年内，争取国家资金9.715亿元，较2013年增长2%，省级配套资金3.9977亿元，增加170%，首次实现省级补助"全覆盖"；市县落实配套资金4.4亿元，增加1%，完成年度投资51.4亿元，增长7%。开展渔民上岸安居工作。国家下达湖南省2013～2014年渔民上岸安居总任务为 6724 户，补助资金 1.0378 亿元，要求 2014 年底完成 3864 户。截止到 12 月底，已动工 6099 户，开工率 158%，已竣工 4679 户，竣工率 121%，已入住 4257 户，入住率 110%。全省总任务只有益阳市安化县 2512 户渔民未上岸安居，预计 2015 年可以基本解决。

【农村人居环境改善】 2014 年，湖南省加大力度，改善农村人居环境。全年全省各地完成 3.9 万个行政村的农村人居环境信息录入工作，约占全省行政村总数的 93%，录入比例在全国领先。共编制 132 个镇 209 个供排水专项规划并开展省级技术复核，75% 的集镇优化了管网设计，43% 的集镇优化了工艺，规划阶段有效核减投资近 23 亿元。安排集镇生活污水处理设施项目经费，新增集镇污水处理设施 42 个，排水（污水）管网 2120 公里，处理规模 15 万吨/日。启动全省农村生活治理 5 年专项行动准备工作，编制《湖南省农村地区垃圾处理技术导引》，起草实施方案，计划到 2019 年全省 90% 的村庄生活垃圾得到有效处理，就地分类减量达到 80%，实现每 1000 名村民配备 3～5 名农村保洁员的目标。年底，全省共有集镇污水处理设施 112 个，排水（污水）管网 6300 公里，处理规模 35 万吨/日，对生活污水进行了处理的行政村达 2500 多个；共有乡镇垃圾收集中转设施 7512 座，建有生活垃圾收集点的行政村 14882 个，进行生活垃圾处理的行政村 10879 个。全年全省村镇地区市政公用设施建设年度总投资 564.8 亿元。

【乡镇建设管理员队伍建设】 2014 年，湖南省积极加强乡镇建设管理员队伍建设，保障村镇建设深入发展。充实乡镇建设管理员队伍。落实住房和城乡建设部《关于加强乡镇建设管理员队伍建设的通知》（建村〔2013〕49 号）精神，省住房和城乡建设厅结合湖南省实际，发文要求全省各地加强对县市区乡镇建设的领导和指导，积极争取乡镇党委、政府支持，协调各乡镇在已有公务人员编制基础上，调剂或者按规定招募具备相应专业知识和经历的工作人员，充实和加强乡镇建设管理员队伍，获得国家级称号的重点镇、特色景观旅游名镇、美丽宜居小镇、绿色低碳小城镇和获得省级称号的示范镇、中心镇、特色镇，以及集镇（镇区）常住人口超过 1 万人的乡镇，配备至少 2～3 名乡镇建设管理员，其余乡镇配备 1 名以上的乡镇建设管理员，有条件的地方可以落实村级规划建设协管员。

【传统村落保护】 2014 年，湖南省各级政府加强传统村落保护，将传统村落保护发展纳入重要议事日程。全省基本完成传统村落资源普查登记，初步建立省级传统村落预备名录 608 个，成功申报中国传统村落 91 个。（王畅）

建筑业监管

【概况】 2014 年，湖南省建筑业以工程质量和安全生产为核心，扎实推进安全质量标准化、监督规范化和监管信息化，强化"打非治违"和专项整治，深入开展工程质量治理两年行动，加强建筑市场和施工现场联动，健全监督保证体系；着力转方式调结构，推动企业转型升级，加快多元化发展，拓展经营领域和市场，确保建筑业持续较快发展、行业和谐稳定。全省有建筑业企业 6050 家，比 2013 年底增加 1055 家，增长 21.1%。其中，特级企业 12 家、一级企业 387 家、二级企业 1110 家、三级企业 3082 家、无等级 71 家、劳务企业 1390 家。有 8 项工程获鲁班奖（其中省内工程 4 项，在外省工程 4 项），创历史之最；66 项工程获省芙蓉奖，200 项工程获省优质工程奖；工程质量一次竣工验收合格率达 99.8%。全年共完成建筑业总产值 6020 亿元，同比增长 14%；其中外拓产值 2020 亿元，同比增长 19.4%；对外工程承包营业额 25.8 亿美元，同比上升 16.6%；实现建筑业增加值 1744.9 亿元，同比增长 9.9%，占全省 GDP 的比重为 6.45%，成为湖南省国民经济支柱性产业。

【质量安全监管】 2014 年，湖南省进一步完善建筑安全监督保证体系，促进建筑行业安全发展。深入开展"打非治违"，夯实安全生产基础。全省共查处非法违法施工行为的项目 350 个，纠正违法违规建设行为的工程项目 320 个，实施行政处罚工程项 318 个。

【工程质量治理】 2014 年，湖南省深入开展建筑工程质量治理工作，促进建筑工程质量提升。开展建筑工程质量通病专项治理。4 月，下发《湖南省住宅工程质量常见问题专项治理工作方案》。8 月，在长沙召开省住宅工程质量常见问题专项治理示范工程观摩会，推广使用新型铝模，提高工程质量。全省有 10 个市州应用新型铝模，累计使用达建筑面积 200 万平方米以上。11 月，按照"四不两直"工作要求，对娄底、邵阳、怀化、湘西自治州 4 个市州的住宅工程质量常见问题和预拌混凝土质量专项治理开展情况进行飞行检查，共检查混凝土生产企业 4 家、在建工程项目 6 个、检测单位 4 家。启动建筑工程质量治理两年行动。制定《湖南省工程质量治理两年行动实施方案》，转发《住房和城乡建设部

第四篇

关于印发五方责任主体项目负责人质量终身责任追究暂行办法》等文件。组织开发"湖南省建设工程质量检测监管信息系统",制定规范性文件《关于建立全省建设工程质量检测监管信息系统的通知》,在全省范围内建立起建设工程质量检测监管信息系统。探索建筑工程质量保险制度,寻求工程质量保证机制。

【建筑市场管理】 2014 年,湖南省强化建筑市场监管,促进建筑行业健康发展。全年记录并公示 154 家企业和 112 名责任人的不良行为;暂扣 5 家施工单位安全生产许可证,收回 13 名责任人安全生产考核合格证书。优化市场环境。全年办理省直管工程施工许可审批 103 件;办理部审建筑业企业资质初审 84 项,建筑业企业资质审批 1547 项,同意 1112 项;办理一级注册建造师资格认定初审 1212 项,办理二级注册建造师资格认定审批 7640 项,合格 7557 项、不合格 83 项;办理企业安全生产许可证新申报审批 605 项,合格 545 项、不合格 60 项;办理延期审批 1630 项,合格 1478 项、不合格 152 项;企业管理人员安全生产考核合格证新申报审批 25838 项,合格 25124 项、不合格 714 项;办理延期审批 20084 项,合格 19828 项、不合格 256 项。(蒋琳)

勘察设计

【概况】 2014 年,湖南省勘察设计行业紧紧围绕推进全省"四化两型"建设,以规范勘察设计市场秩序为主线,以确保工程质量安全为核心,着力开展工程质量专项治理,大力推动勘察设计行业竞争力提高,充分发挥勘察设计行业在新型城镇化建设、生态文明建设中的先导作用。年内,全省勘察设计企业发展到 597 家,增长 2.58%。其中,甲级资质企业 162 家,增长 3.18%;工程勘察综合甲级 12 家;工程勘察专业甲级 38 家;建筑工程设计甲级 63 家;专项甲级 37 家。全省共确定审查机构 22 家(含年底新确定的湖南宏艺施工图审查咨询有限公司),与换证重新确定之前(2013 年)相比,审查机构数量由 28 家减少到 22 家。全省勘察设计企业从业人员共计约 43170,比上年(约 41300 人)增长 3%。具有职称的专业技术人员约 30770 人,占从业人员的 71.3%,其中具有高级职称人员约 9110 人,占从业人员总数的 21%;具有中级职称人员约 13810 人,占从业人员总数的 31.9%;具有初级职称人员约 7850 人,占从业人员总数的 18.1%。注册建筑师 1884 人,占从业人员的 4.3%;勘察设计注册工程师 3534 人,占从业人员的 8.2%。全省完成勘察设

计总合同 563.3 亿元,比上年(267 亿元)增长 111%,其中工程勘察完成合同额 19.1 亿元,比上年(27.1 亿元)减少 30%,工程设计完成合同额 80.6 亿元,比上年(75.4 亿元)增长 6.9%,工程技术管理服务完成合同额 13.6 亿元,比上年(15.1 亿元)减少 10%,工程总承包完成合同额 381.8 亿元,比上年(134.5 亿元)增长 184%,境外工程完成合同额为 21.3 亿元,比上年(14.9 亿元)增长 43%。全省施工图完成投资额 3300.2 亿元,完成建筑面积为 14602.45 万平方米,比上年分别增长 45%、66%。

【勘察设计质量专项治理】 2014 年,湖南省勘察设计行业专项治理工作不断深化。制定并下发《湖南省房屋建筑勘察设计质量专项治理工作方案》,召开全省房屋建筑工程勘察设计质量专项治理工作暨建设工程 BIM 技术宣讲会议,部署全省房屋建筑勘察设计质量专项治理工作;全面督促勘察、设计单位项目负责人在办理工程质量监督手续前签署工程质量终身责任承诺书,对全省勘察单位的描述员、司钻员和测量员进行培训,提高工程勘察外业质量水平;制定并下发《工程建设项目合理设计周期》(建筑工程部分),防止建设单位盲目压缩合理设计周期。

【工程勘察企业资质换证审批管理】 2014 年,湖南省勘察企业资质换证审批工作正式启动。开展宣传贯彻《工程勘察资质标准》、《工程勘察资质标准实施办法》培训工作,下发《湖南省住房和城乡建设厅关于开展工程勘察资质换证工作的通知》,为勘察设计企业 2015 年上半年的换证工作指明方向。

【勘察设计标准实施监督】 2014 年,湖南省勘察设计部门认真贯彻勘察设计标准,加强标准实施检查工作。年内,组织开展 2014 年度建筑节能与绿色建筑行动实施情况专项检查,并与省通信管理局联合开展《湖南省 2014 年光纤到户相关标准》贯彻实施情况监督检查。

【施工图审查机构监督管理】 2014 年,湖南省勘察设计部门进一步加强施工图审查机构监管工作。年内,完成全省 20 家房屋建筑和市政基础设施工程施工图设计文件审查机构的审查和确定工作,并上报住房和城乡建设部进行资格确认;开展全省施工图审查机构施工图审查工作情况专项检查,重点检查审查机构专职人员履职情况和施工图审查质量水平,查处一批违法违规行为,确保审图工作依法规范。

【勘察设计注册工程师业务培训】 2014 年,湖南省勘察设计部门分类举办培训班,提高注册工程

师业务素质。举办注册土木工程师（岩土）选修课和必修课培训班，培训人数 253 人；举办一、二级注册建筑师继续教育培训班，培训人数 570 人；举办一、二级注册结构工程师继续教育培训班，培训人数 278 人；举办建筑工程施工图设计文件技术审查要点和光纤到户相关标准培训班，培训人数 450 人。全年共培训注册师 1804 人次。（汪加武）

建筑节能与科技及标准化

【概况】 2014 年，湖南省新建建筑节能监管工作明显加强，既有居住建筑节能改造工作初步启动，国家机关办公建筑和大型公共建筑节能监管体系建设稳步推进，可再生能源建筑及绿色建筑应用规模和质量全面提升，行业技术创新能力大幅提高，技术标准体系逐步完善，引导和支撑作用进一步发挥，全省建筑节能与科技工作水平大幅提升。

【新建建筑节能强制性标准贯彻落实】 2014 年，湖南省认真贯彻落实新建建筑节能强制性标准，取得较好成效。进一步完善新建建筑节能过程闭合式管理。制定《关于进一步加强民用建筑节能工程施工管理的通知》，涵盖施工、监理、质监一线人员的节能工程施工全过程，明确各方主体的责任、义务，有效监管建设各方责任主体。

【绿色建筑推广】 2014 年，湖南省采取积极有效措施，推广绿色建筑。抓好与绿色建筑标识有关的激励政策的落实。省政府出台《湖南省绿色行动实施方案》，明确全省绿色建筑推广的总体目标、工作重点和主要措施。省住房和城乡建设厅联合省有关部门出台《关于落实"利用地热能供暖制冷项目享受居民用电价格"政策的函》，落实与绿色建筑有关的奖励政策。推进省内条件较好的地区制定与绿色建筑有关的奖励办法。至 12 月初，全省共有 44 个项目通过绿色建筑标识评审（年内新增 23 个），其中 28 个项目履行公示、公告程序，取得绿色建筑标识，建筑面积约 345.9 万平方米；列入省级绿色建筑创建计划或绿色建筑示范工程并强制按照绿色建筑标准建设的项目 206 个，面积约 3396.6 万平方米。

【智慧城市创建】 2014 年，湖南省积极推进智慧城市创建，取得一定成效。已列入第一批国家智慧城市试点的株洲市、株洲市云龙示范区、韶山市、浏阳市柏加镇、长沙市梅溪湖国际服务区等 5 个市、县（区）、镇签订了《国家智慧城市创建任务书》；长沙市洋湖生态新城和滨江生态新城、长沙市长沙县、郴州市永兴县、郴州市嘉禾县、常德市桃源县漳江镇、岳阳市岳阳楼区等 6 个地区获批第二批国家智慧城市试点。为加强智慧城市建设重点项目推进，省住房和城乡建设厅于下半年召开全省智慧城市重点项目对接会，各试点地区创建工作主管部门负责人、重点项目负责人及国内智慧城市相关企（事）业单位、科研机构有关负责人参加会议，就智慧城市试点地区重点项目推进中的困难及需求进行交流对接。

【技术支撑能力建设】 2014 年，湖南省建设科技计划项目立项 297 项，其中工程建设标准 12 项，包括远大住工"混凝土装配—现浇式剪力墙结构技术规程"、"多层装配式混凝土结构技术规程"、"装配式建筑预制混凝土构件制作与验收规程"等 3 个住宅产业化标准；省级工法编制立项 173 项，16 项被评定为国家级工法，推荐通过率 40%，比全国平均水平高出 7 个百分点；编制完成《保温装饰板外墙外保温系统应用技术规程》等 7 个工程建设地方标准；通过绿色施工项目立项 14 个，验收 8 个；省级建筑业企业技术中心创建项目 1 项；省级建筑业新技术应用示范工程创建项目 37 项；授予"三建兴城培训中心"等 8 项新技术示范工程"湖南省建筑业新技术应用示范工程"称号。（熊皓）

建设教育

【概况】 2014 年，湖南省住房和城乡建设厅多措并举，积极推动全省住建系统职业技术教育，成效显著。全省参加建筑业企业专业技术管理人员岗位资格考试 135420 人次，通过考试 87508 人次；取得建筑业企业专业技术管理人员岗位资格证人数达 25 万余人、48 万余岗次；参加土建工程专业初中级职称资格考试 17423 人、高级职称资格考试 1454 人。创建农民工学校 3700 多所，通过实施温暖工程、阳光工程、技能就业培训，培训农民工 63 万余人。开展"千万农民工同上一堂课"安全生产培训 3200 多期，实际培训农民工 17.8 万多人。开展职业技能鉴定 416 场次，完成施工作业队长、班组长职业技能鉴定 19956 人，起重机械特种作业人员培训鉴定 7487 人。

【职称资格考试】 2014 年，湖南省土建工程专业职称考试和试卷安全保密工作更加严格。从 9 所高校抽调 16 名教师进行为期 11 天的封闭式考试命题，从考试命题、制卷到印刷实行异地全封闭管理。加强试卷接收、保管、分发、运送各个环节安全保密工作，做到专人、专车接送，公安或武警参与试卷押运。重新修订《考务工作手册》，与各市州签订考试工作责任状，并开展考试巡查、考区考核评比等工作，确保考试安全有序进行。全省有 17423 人参加土建工程专业初中级职称资格考试，1454 人参加高级职称资格考试。

【考试和评审违纪违规处罚】 2014 年，湖南省进一步规范建设行业专业技术岗位资格考试管理，加大考试和评审违纪违规处罚力度。出台湘建人教〔2014〕133 号文件，规定岗位资格考试、专业技术职称资格考试、质量检测人员岗位考试、燃气行业技术人员考试等应试人员和考务工作人员严重违规违纪行为的处理办法。在省住房和城乡建设厅门户网站设置"曝光台"，向社会公布考试违规违纪人员处罚情况，强化考试的严肃性和权威性。修订高级职称评审办法，严格明确评审工作纪律和要求，确保土建工程专业职称评审公正、公平。

【建筑行业农民工培训】 2014 年，湖南省建筑行业进一步加强农民工培训，取得明显成效。创新工作机制，夯实农民工培训工作基础。全面实现农民工培训与文明工地评选同考核、与工程质量安全同监管、与企业资质同评估、与企业诚信管理相结合。至 11 月底，全省累计创建农民工学校 3700 多所，通过实施温暖工程、阳光工程、技能就业培训等，培训农民工共计 63 万余人。积极开展"千万农民工同上一堂课"安全生产培训活动。全省参加培训活动的建筑总承包企业 1100 多家，参加培训活动的农民工学校 1700 多所，设置教学点 2100 多个，举办针对性培训 3200 多期，实际培训农民工 17.8 万多人。

【建筑施工企业管理人员安全生产培训考试】 2014 年，湖南省改革建筑施工企业管理人员安全生产考试方式，将参加八大员的 C 类人员考试并入安管人员考试。同时，认真贯彻落实住房城乡建设部第 17 号令，实现安管人员由企业自主培训，参加考试不收费。全年组织全省建筑施工企业管理人员安全生产考试 2 次，参加考试的人员达 23400 人。（张建明）

（湖南省住房和城乡建设厅）

广 东 省

概况

2014 年，广东省住房城乡建设系统认真贯彻落实党的十八届三中全会精神，以全面深化改革为主题，以推进新型城镇化为主线，注重区域协调发展，突出城乡统筹和改善民生，践行绿色建设，推进住有所居，促进建筑业转型升级，为广东省稳增长、调结构、保民生的大局作出重要贡献。

【全力推进住房城乡建设改革】 2014 年，广东省住房和城乡建设厅成立深化改革领导小组，建立会议、报告、调研督查等工作制度，印发《广东省住房和城乡建设事业深化改革的实施意见》和《广东省住房和城乡建设厅深化改革 2014 年工作要点》，梳理出 31 项改革要点和 69 项改革任务，逐项督导，全面推进。通过深化住房城乡建设重点领域改革，不断完善空间规划体系，健全与新型城镇化相适应的城乡规划建设和管理机制，探索城市基础设施建设投融资体制，开展污水处理项目 PPP 模式，组建广东省棚户区改造省级融资平台，优化住房制度，促进现代建筑产业化发展，初步建立起以深化改革引领统筹全省住房城乡建设领域各项工作的体制机制。

【完善新型城镇化政策体系】 2014 年，广东省住房和城乡建设厅承担全省城镇化工作会议筹备工作，牵头起草并提请省委、省政府印发《关于促进新型城镇化发展的意见》，组织编制《广东省新型城镇化规划（2014～2020 年）》，制定广东省新型城镇化"2511"试点方案，切实推动全省新型城镇化发展。启动编制《珠江三角洲全域规划》，在全区域的尺度统筹安排覆盖城乡的生产、生活、生态空间要素，统筹布局和安排珠三角建设世界级城市群的具体行动和重大项目。部署开展低碳生态城市建设规划编制工作，构建"碳规"体系。组织制定《广东省"三规合一"工作指南》，统筹推进全省"三规合一"工作。

【促进形成区域协调新格局】 广东省住房和城乡建设厅率先提出并推动建设"广佛肇＋清远、云浮"、"深莞惠＋汕尾、河源"、"珠中江＋阳江"三个新型都市区，促进环珠三角城市融入珠三角城市群，带动省域均衡发展。省政府在清远市召开现场会，扎实推进粤东西北地级市中心城区扩容提质，明确扩容提质目标体系、进度安排及实施要点。

【建立绿色建设新模式】 2014年，广东省累计建成绿道11511公里，广东省住房和城乡建设厅印发《广东省社区体育公园规划建设指引》，进一步推动全省绿道网扩能增效。在全国率先部署开展生态控制线划定工作，严控建设用地增长边界，构建科学合理、与新型城镇化相适应的生态安全格局。落实《广东省人民政府、住房城乡建设部关于共建低碳生态城市合作框架协议》，大力推动全省低碳生态城市建设。规模化发展绿色建筑，全省绿色建筑评价标识新增面积达1635万平方米，累计超过3500万平方米。

【加强基础设施建设】 广东省污水处理能力居全国领先水平，截至2014年底，全省共建成污水处理设施426座、日处理能力达2248万吨，配套管网2.2万多公里。全省67个县和珠三角73个中心镇已全部建成污水处理设施。全省纳入农村垃圾管理考核范围的71个县(市、区)中，有50个已建成垃圾处理场，1049个乡镇全部建成垃圾转运站，14万个自然村全部建成垃圾收集点。全省共建成地下综合管廊约89公里。

【提升村镇规划建设水平】 2014年，广东省住房和城乡建设厅对全省农户住房情况进行摸底，核实唯一居住住房急需改造的农户约60万户，年内完成了10万户农村低收入住房困难户住房改造。组织开展"三师"(规划师、建筑师、工程师)专业志愿者下乡服务活动，为社会专业人士提供参与乡村建设的平台和渠道。全年全省共创建宜居示范城镇173个，宜居示范村庄562个。共认定37个广东名镇、244个广东名村。全省建制镇总体规划覆盖率达87%，村庄规划覆盖率达60%。

【加强历史文化传承】 广东省政府办公厅印发《关于加强历史建筑保护的若干意见》，部署"三旧"改造地块的历史文化遗产普查工作。2014年全省新增35个村落纳入中国传统村落名录，累计已有126个中国传统村落。

【强化规划建设执法】 加大对违反规划建设、使用假冒伪劣建材产品等关系群众切身利益的重点领域执法力度，全年共受理案件105宗，均已办结，办结率100%。推动城乡规划督察工作实现全省覆盖，以巡察和派驻相结合的形式，通过专项督察、专案督察、日常督察等方式，对各市规划编制实施开展了事前事中监督。利用卫星遥感监测技术辅助规划建设执法，促使各市规划委员会规范运行和城市控制性详细规划依法管理。

【推进投融资体制改革】 出台关于进一步鼓励和引导民间资本进入市政公用事业领域的实施意见和管理办法。组建广东建鑫投融资发展有限公司作为广东省棚户区改造省级融资平台并开始运作。

【加快保障性安居工程建设】 编制实施《广东省棚户区改造规划(2014～2017年)》，安排利用好中央补助资金17.16亿元和省财政补助资金4.1亿元。2014年，全省保障性安居工程新开工各类住房88103套，新基本建成各类保障性住房和棚户区改造108102套，新增租赁补贴7444户，全年共完成保障性安居工程投资222.5亿元。

【改善房地产市场调控】 对房地产市场实施长期监控，调整完善房地产市场调控政策。住房公积金覆盖率达46.21%，汕头、潮州、揭阳三市实现住房公积金互认互贷。(周颖)

政策规章

【颁布实施广东省建设工程造价管理规定】 《广东省建设工程造价管理规定》自2014年12月25日起施行，进一步加强建设工程造价管理，规范建设工程计价行为。

【清理法规、规章和规范性文件】 8月，广东省住房和城乡建设厅根据广东省人民政府法制办公室《关于征求全面清理地方性法规意见的函》精神，开展住房城乡建设领域相关的法律清理工作，共审核地方性法规22件，保留6件，拟废止4件，拟修改12件；政府规章7件，保留2件，拟废止2件，拟修改3件；规范性文件31件，保留31件。(黎志成)

房地产业

【概况】 2014年，广东省房地产市场呈现前低后稳走势，房地产开发、商品房销售面积等各项指标逐季度走高。全年全省房地产开发投资7638亿元，同比增长17.7%，创历史新高，占全社会固定资产投资的29.5%，增幅比全社会固定资产投资增幅(15.9%)高1.8个百分点；商品房销售面积9316万平方米，同比下降5.3%，为历史次高，其中商品住房销售面积8164万平方米，同比下降7.6%；商品房均价9083元/平方米，同比微跌0.07%，商品住房均价8526元/平方米，同比微涨0.7%；全省房地产税收收入1603亿元，同比增长8%，房地产税收占全省地税收入比重28%；新增房地产各项贷款2356亿元，同比少增521亿元，占新增本外币各项贷款(8935亿元)的26%；房地产各项贷款余额

22336亿元，占本外币各项贷款余额（84922亿元）的26%；个人住房贷款增加1696亿元，同比多增36亿元；房地产业增加值4416亿元，占第三产业（33280亿元）的13.3%，占全省GDP（67792亿元）的6.5%。

【加强房地产市场调控】 6月初，广东省住房和城乡建设厅向省委省政府报送《广东省房地产市场运行情况和政策建议的报告》，提出促进市场平稳健康发展的两个方面六项措施。8月5日，住房城乡建设部部长陈政高召开广东省房地产市场形势分析会，要求广东省及时调整调控政策，稳定市场交易。9月中旬，广东省委书记胡春华、省长朱小丹批示省住房和城乡建设厅《关于广州、深圳两市房地产调控政策调整情况的报告》，要求各地提出具体实施措施，促进全省房地产市场平稳健康发展。11月初，广东省住房和城乡建设厅研究制定《广东省城乡居民家庭人均住房面积达标率实现全面建成小康社会目标工作方案》，经省政府同意后颁发全省各地实施。

【加强物业管理和宜居社区建设】 2014年，广东省住房和城乡建设厅会同省民政厅、公安厅、环保厅、文化厅组成广东省宜居社区评审小组，组织相关专家对各市申报社区进行材料审核和现场评审，按程序共认定437个社区为省级宜居社区。12月，广东省住房和城乡建设厅会同深圳市人居环境委员会组织制定省级地方标准《广东省宜居社区评价标准》。

【推进住房信息系统建设】 5月，广东省住房和城乡建设厅下发《关于进一步推进全省住房信息系统建设的通知》，对各地加快实施房地产业务信息系统整合、完善系统联网及数据归集工作提出具体要求。到年底，全省21个地级以上市已通过政务外网与省房地产数据中心实现系统联网和数据归集。同时，建立住房信息应用服务平台，动态收集、处理、统计全省各地房地产市场交易数据。

【加强房屋征收补偿管理】 3月，广东省住房和城乡建设厅发出《坚决纠正国有土地上房屋征收中损害群众利益行为专项行动方案》，要求各级房屋征收部门认真开展专项整治，坚决纠正房屋征收中损害群众利益的不正之风。4月，印发《关于做好国有土地上房屋征收民主评议政风行风工作的通知》，布置各地建立问题导向机制、群众诉求量化评议机制，认真开展评议。6月，印发《关于国有土地上房屋征收补偿信息公开专栏建设工作的通知》，要求各地依托政府网站，设置房屋征收补偿信息公开专栏，及时公开有关信息。7月，发出《关于广泛征求国有土地上房屋征收政风行风建设意见建议的通知》，专门设计出针对被征收人、征收工作服务对象等两个群体的《房屋征收政风行风征求意见表》。8月，印发《转发住房城乡建设部关于推进国有土地上房屋征收与补偿信息系统建设的指导意见》，要求市县房屋征收部门加快实施房屋征收信息系统建设。

【加强房地产交易管理】 9月，广东省住房和城乡建设厅、省工商局联合制定了分别适用于房屋买卖和房屋租赁的《广东省房地产经纪服务合同示范文本》，进一步规范房地产经纪行为，保障合同当事人合法权益。（张志军）

住房保障

【概况】 2014年，广东省保障性安居工程新开工各类住房88103套，新基本建成各类保障性住房和棚户区改造108102套，新增租赁补贴7444户，全年共完成保障性安居工程投资222.5亿元。全年全省累计实施住房保障62.8万户，基本建成各类保障性住房建设和棚户区改造66.7万套。

【加快棚户区改造】 2月，《广东省人民政府关于加快棚户区改造工作的实施意见》印发，对棚户区改造项目的范围、适用对象、建设标准、改造方式、资金筹集、政策优惠、保障措施等作出明确规定。7月，《广东省棚户区改造规划（2014～2017年）》印发，分年度分类别明确了改造任务。8月，重新调整修编《广东省棚户区改造规划（2014～2017年）》，将2014年至2017年全省棚户区改造规划总体规模由16万户调整为22.7万户。

【搭建省级棚户区改造融资平台】 9月，省政府审定《广东省棚户区改造省级融资平台组建方案》，授权省建工集团搭建省级融资平台。10月3日，省政府批复同意建立省级棚户区改造融资平台。10月16日，广东建鑫投融资发展有限公司（省级棚户区改造融资平台）正式成立，统筹推进全省棚改有关工作。11月26日，《广东省棚户区改造项目国家开发银行专项贷款管理办法》经省政府同意印发实施。广东建鑫投融资发展有限公司积极对接国开行棚户区改造专项贷款资金，全年取得专项贷款授信额度43.1亿元，发放专项贷款10亿元。

【督促保障性安居工程整改】 2014年，国家审计署深圳特派办、广东省审计厅对全省2013年城镇保障性安居工程的投资、建设、分配、后续管理及相关政策执行情况进行审计。广东省住房和城乡建设厅组成专项督查组，多次督促各地按照审计发现的问题进行调查核实，并逐项整改。各地通过进一步完善制度建设、简化手续、加快保障分配、及时拨付资金等一系列的措施，使审计发现的问题得到基本解决，住房保障工作得到进一步规范。

【加强住房保障支持政策】 2014 年，广东省保障性安居工程获得国家财政补助资金 17.16 亿元、省级财政补助资金 4.14 亿元，吸引社会资金投入约 113.8 亿元，全年全省共完成保障性安居工程建设投资 222.5 亿元。各地通过发行债券、发放住房公积金贷款、企业代建、组建投融资平台等多种方式参与保障房建设，形成了社会力量广泛参与的多渠道筹集保障房建设资金新格局。广东省住房和城乡建设厅、国土资源厅等部门编制保障性住房建设用地计划，实行新增用地计划指标单列，并由国土资源部直接核销，确保保障性安居工程的用地需要。（林伟兵）

公积金管理

【概况】 2014 年，广东省住房公积金行业以缴存扩面、风险防控和信息化建设工作为重点，各地坚持以民生需求为导向，在创新管理机制、完善管理制度、提高服务水平等方面做出大量的探索。

【住房公积金缴存人数与缴存总额稳定增长】 截至 2014 年末，广东省应缴职工人数 2684.3 万人，实际缴存职工人数为 1240.66 万人，实缴人数增长 101.28 万人，增幅达 8.89%，同比增长 23.68%；住房公积金覆盖率（期末实缴职工人数/期末应缴职工人数）为 46.21%，与上年持平；全省缴存总额为 7549.56 亿元，全年新增缴存额为 1440.46 亿元，增幅 23.58%，同比增长 14.52%；全省缴存余额为 3179.06 亿元，全年新增余额 512.73 亿元，增幅 19.23%，同比增长 14.71%。

【个人贷款额与提取额持续增长】 2014 年，全省住房公积金提取总额 4370.5 亿元，占住房公积金缴存总额的 57.89%；全年提取额为 927.73 亿元，增幅达 26.95%，同比增长 14.41%，占当年缴存额的 64.41%；全省个人住房公积金发放贷款总额为 2987.71 亿元，累计发放 107.52 万笔，增幅分别为 25.54% 和 17.10%；全年发放个人贷款 607.91 亿元，15.7 万笔，同比增幅为 −4.15% 和 −8.19%；个人贷款余额为 2049.8 亿元，全年新增余额 415.07 亿元，增幅为 25.39%，同比增长 −15.32%。个人贷款逾期率为 0.228‰。（张文宇）

城乡规划

【谋划新型城镇化发展战略】 2014 年，广东省

住房和城乡建设厅牵头起草并提请印发《中共广东省委广东省人民政府关于促进新型城镇化发展的意见》，促进全省新型城镇化健康发展。联合省发改委组织《广东省新型城镇化规划（2014～2020 年）》编制工作，并制定《广东省新型城镇化"2511"试点方案》，选择 2 个地级市、5 个县（县级市、区）、10 个建制镇作为新型城镇化综合试点，选择 10 类项目作为新型城镇化专项试点。研究制定城镇化考核评价办法和评价指标体系，将新型城镇化各项重点任务纳入绩效考核。研究制定《广东省新型城镇化规划建设管理办法》，构建与新型城镇化相适应的规划建设管理体制。制定《创建国家新型城镇化示范省工作方案》，力争为全国新型城镇化建设探索道路、积累经验、提供示范。

【促进粤东西北地区地级市中心城区扩容提质】 广东省住房和城乡建设厅牵头起草并由省委办公厅、省政府办公厅印发实施《推动粤东西北地区地级市中心城区扩容提质工作方案》，作为粤东西北振兴发展的一大抓手。组织制定并印发《粤东西北地级市中心城区扩容提质建设规划编制导则（含技术指引）》，督促和指导各市加快编制完成中心城区扩容提质建设规划。

【推进珠三角全域规划和转型升级】 印发实施《关于开展〈珠江三角洲全域规划〉的工作方案》，部署推动珠三角全域规划编制工作。联合澳门工务运输司编制完成《澳门与珠江口西岸地区发展规划》和《澳珠协同发展规划》，有效促进两地资源整合和共享。联合香港规划署组织筹备《环珠江口宜居湾区重点行动计划》第二轮公众咨询活动，鼓励公众人士进一步讨论及提出意见。组织编制《珠江三角洲城市升级行动指引》，全面开展珠三角城市升级行动研究。与世界著名咨询机构美国兰德公司联合开展《评估生活质量指标，深化大珠江三角洲地区的可持续发展》项目，探索有助于改善整个珠三角地区未来生活质量的指标体系。

【部署开展低碳生态城市建设】 构建"碳规"体系，研究制定《广东省城市低碳生态建设规划编制指引》、《广东省绿色生态城区规划建设指引》、《广东省低碳生态城市建设指标体系》等一系列指引和标准。制定《广东省慢行交通规划建设技术指引》，指导各市开展步行和自行车交通系统示范段项目建设。制定《广东省"海绵城市"规划建设指引》，推广低影响开发、雨水系统规划等生态友好型的建设方式。

【推进生态控制线划定和管理】 制定印发《广

第四篇

东省生态控制线划定工作指引》，加强对各市生态控制线划定工作的指导。组织开展全省生态控制线划定工作考核办法和生态控制线内的生态补偿机制研究等工作。组织制定生态控制线地理信息平台建设工作指引。

【谋划绿道网升级系列工作】 截至2014年底，广东省共建成绿道11511公里，其中珠三角累计建成绿道8458公里，粤东西北累计建成绿道3053公里。印发《广东省绿道网"公共目的地"规划建设指引》和《广东省社区体育公园规划建设指引》，推动全省绿道网扩能增效。全年全省共新建成85个社区体育公园。组织开展全省生态安全格局专题研究，编制完成基于生态文明的全省城镇化发展格局规划及政策研究、生态安全格局与城镇化发展格局空间政策白皮书、优化城镇生态全格局和空间格局形态技术导则等多项专题研究。开展基于国家公园体制的省域公园体系建设研究，将构建省域公园体系纳入全省新型城镇化规划和城镇化"2511"试点工作。

【加快"三规合一"工作】 编制完成并由省政府印发《广东省"三规合一"工作指南》，这是全国第一个由省政府出台的"三规合一"工作指南。指导四会市开展全国市县"多规合一"试点工作。以编制实施全省新型城镇化规划和珠三角全域规划为契机，理顺空间规划关系，加强城市总体规划的衔接。起草《关于开展"十三五"近期建设规划编制工作的通知》，强化近期建设规划作为"三规合一"法定规划平台的地位和作用。

【加强历史建筑保护和城市有机更新】 会同广东省国土资源厅、文化厅部署各地开展"三旧"改造用地范围内历史文化遗产普查工作。审查《广州市历史文化名城保护规划》。认定惠州市5个省级历史文化街区。向住房城乡建设部、国家文物局推荐认定中山市孙文西路、高州市中山路和广州市北京路作为中国历史文化街区。研究制定《广东省城市更新示范区规划建设指引》，引导各市打造城市更新示范区，提高城市有机更新水平。

【推进珠三角城际轨道TOD开发模式】 协调广东省既有TOD政策与《国务院办公厅关于支持铁路建设实施土地综合开发的意见》的关系，妥善解决综合开发用地规模超过100公顷站场的规划问题。组织开展珠三角城际轨道第二批佛山西站、狮山站、张槎站、北滘站、陈村站、狮山工业园站、云东海站共7个站场的TOD综合开发规划编制，已完成规划成果并上报省政府。指导各市开展珠三角城际轨道站场第三批15个站场TOD综合开发规划的编制

工作。

【组织城乡规划编制和审查】 对广州、珠海、佛山、湛江、东莞、中山、梅州、云浮等城市总体规划的审查报批工作进行全程跟踪服务、监督和指导。对肇庆、高要、台山、连州、南雄市城市总体规划的修改工作提出指导和审查意见。对南沙新区、肇庆新区、东海岛等城市总体规划进行审查。（王丹）

城市建设与市政公用事业

【推进城市基础设施建设政策制定】 3月，广东省住房和城乡建设厅牵头起草并提请省府办公厅印发《关于做好城市排水防涝设施建设工作的意见》，明确要求各地开展设施普查、编制专项规划、建设数字信息化管控平台、推行低影响开发建设模式、推进重点项目建设等。与广东省水利厅、省气象局联合印发《关于进一步加强城市排水防涝建设工作的指导意见》、《广东省城镇排水防涝设施普查和数据采集工作指引》，组织专家现场指导各地开展工作。督导各市排水防涝规划编制工作，并将全省排水防涝建设任务汇总报住房城乡建设部，全年全省共有11个城市完成城市排水防涝规划编制，其中，东莞、云浮、潮州、清远已通过当地人民政府审批。组织开展地下管线管理调研，提请省政府出台《广东省人民政府办公厅关于加强城市地下管线建设管理的实施意见》，进一步加强全省城市地下管线建设管理，提高城镇化发展质量。

【加强城市基础设施建设投融资指引】 会同中国建设银行广东省分行、广东省城乡规划设计研究院等单位撰写《广东省城市基础设施建设领域投融资体制改革研究报告》。会同中国人民银行广州分行等单位编制《广东省城市建设领域投融资模式及金融工具运用指引》，为全省各级地方政府和相关部门灵活运用多样化的投融资模式和金融工具支持城市建设提供政策指导。

【推进城乡生活垃圾处理】 联合广东省发展改革委、省环保厅印发《关于加强广东省生活垃圾无害化处理设施建设和运营管理的通知》。编制《广东省农村生活垃圾分类工作指引》、《广东省餐厨废弃物管理办法》、《广东率先全面建成小康社会城市生活垃圾无害化处理率解决方案》、《广东省生活垃圾焚烧处理工程项目运营管理技术规程》、《广东省生活垃圾综合处理产业园区建设指引》等技术指引和方案，提高全省生活垃圾处理水平和减量化、资源化利用水平。配合省人大环境与资源保护委员会召

开全省农村生活垃圾管理工作推进会，配合编制《广东省农村生活垃圾收运处理工作第三方评估总报告》。举办全省生活垃圾无害化处理设施建设和运营管理培训班。截至2014年底，全省建成生活垃圾无害化处理场(厂)92座，处理量7万吨/日；纳入全省农村垃圾管理考核范围的71个县(市、区)中，50个建成垃圾处理场，其余21个已开工建设；1049个乡镇建有垃圾转运站，约14万个自然村建有垃圾收集点，基本完成"一县一场、一镇一站、一村一点"的农村生活垃圾处理设施建设任务；全省城镇生活垃圾无害化处理率达85%，农村生活垃圾无害化处理率达53.6%。

【保障城市供水】 2014年，广东省住房和城乡建设厅组织开展全省城镇供水设施改造和建设调查评估及信息数据更新工作，编写《全国城镇供水设施改造与建设十二五规划及2020年远景目标中期评估情况报告》，全面掌握全省城镇供水设施改造和建设情况。全年全省供水水厂的改造和新建总规模为1181.79万吨/日，完成"十二五"规划任务目标(1555万吨/日)的76%；供水管网改造与新建总规模19800.6公里，完成"十二五"规划任务目标(21300公里)的92.96%。

【推进污水处理设施建设】 7月，广东省住房和城乡建设厅开始承接指导全省污水处理设施建设的工作职责。组织开展全省污水处理设施及配套管网现状调查，完成《全省城镇污水处理设施及配套管网建设管理调研报告》。联合省环保厅向省政府提交《"十二五"全省城镇生活污水处理设施情况报告》，为全省污水处理设施及配套管网建设政策制定提供依据并提出下一步工作建议。截至2014年底，全省共有污水处理设施426座、日处理能力达2248万吨，配套管网2.2万多公里。其中，"十二五"新建污水处理设施111座、新增污水日处理能力509万吨，新增配套管网6824公里。全省67个县和珠三角73个中心镇已全部建成污水处理设施，除深圳没有建制镇外，佛山、东莞、中山等市所有建制镇均已建成污水处理设施。

【开展燃气、公园专项检查】 组织开展全省燃气安全隐患专项排查并建立台账，督促开展餐饮企业燃气安全事故隐患全面排查和整治工作。对全省各市公园内设置私人会所、高档餐馆的情况进行全面摸底和督促整改，全省地级以上市城市公园原设有私人会所7处、高档餐馆4家，截至2014年底，3处关停，7处转为大众消费或活动场所。对2011年前获评"国家园林城市"的15个城市开展复查工作，经评选，鹤山、阳春市获2014年"广东省园林城市"，东莞市石排镇获2014年"广东省园林城镇"。

【风景名胜区审查】 截至2014年底，广东省风景名胜区总面积1350.2平方千米，占全省面积0.72%，其中国家级风景名胜区8个，省级风景名胜区18个。广东省住房和城乡建设厅配合住房城乡建设部对湖光岩、白云山、梧桐山、罗浮山4个国家级风景名胜区开展执法检查，经评选，白云山国家级风景名胜区获优秀等级。组织对梅县阴那山等8个省级风景名胜区进行执法检查，经审查，梅县阴那山、玄武山——金厢滩、云浮蟠龙洞、阳春凌霄岩、阳江海陵岛获良好等级。（梁季红）

村镇规划建设

【改善农村人居环境】 10月，《广东省住房和城乡建设厅关于开展农村人居环境调查的通知》印发，就广东省开展农村人居环境调查作出安排，要求按照一村一表的原则，填写《行政村人居环境信息表》，并录入全国农村人居环境信息系统。11月，《广东省人民政府办公厅关于改善农村人居环境的意见》印发，全面部署全省改善农村人居环境工作。

【开展"三师"专业志愿者下乡服务活动】 2014年，在副省长许瑞生的倡议下，广东省住房和城乡建设厅联合省工程勘察设计行业协会、省城市规划协会、省注册建筑师协会探索开展"三师"（规划师、建筑师、工程师）专业志愿者下乡服务活动。9月6日，许瑞生在中山市三乡镇古鹤村主持召开"三师"下乡座谈会并举行第一批专业志愿者下乡服务启动仪式，专业志愿者代表和结对服务村庄代表现场签定"志愿服务承诺书"。

【加强村镇规划和重点镇建设】 6月，《住房和城乡建设部关于公布2014年村庄规划、镇规划和县域村镇体系规划试点名单的通知》公布广东省广州市增城区为县域村镇体系规划试点、广东省广州市增城区正果镇为镇规划（旅游镇）试点。7月，住房和城乡建设部、国家发展和改革委员会、财政部、国土资源部、农业部、民政部、科学技术部联合印发《关于公布全国重点镇名单的通知》，广东省广州市白云区江高镇等123个镇被列为全国重点镇，各地各有关部门将在政策、土地及项目安排上对全国重点镇建设发展予以扶持。

【开展农村危房改造】 10月，广东省住房和城乡建设厅、省发展和改革委员会、省财政厅、省民政厅、省国土资源厅、省农业厅、省扶贫开发办公室联合发出《广东省住房和城乡建设厅等部门关于印发〈广东省 2014 年度农村危房改造实施方案〉的通知》，明确 2014 年度全省农村危房改造的目标任务和工作措施等。在省、有关市的共同努力下，全省 10 万户农村危房改造任务顺利完成。

【加强村镇历史文化保护】 2014 年，广东省住房和城乡建设厅组织成立广东省传统民居专家委员会和工作小组，在全省范围内逐县开展传统民居调研，撰写了相关民居谱系资料，编入由住房和城乡建设部编辑出版的《中国传统民居类型全集》。7 月，《住房城乡建设部文化部国家文物局财政部关于公布 2014 年第一批列入中央财政支持范围的中国传统村落名单的通知》确定 327 个中国传统村落列入 2014 年第一批中央财政支持范围，广东省有湛江市遂溪县建新镇苏二村等 10 个村列入其中。9 月，《广东省住房和城乡建设厅广东省文化厅广东省财政厅关于公布第一批广东省传统村落名单的通知》公布了广州市天河区珠吉街道珠村等 189 个村落列入第一批广东省传统村落名单。11 月，住房和城乡建设部、文化部、国家文物局、财政部、国土资源部、农业部、国家旅游局联合发出《关于公布第三批列入中国传统村落名录的村落名单的通知》认定 994 个村落列入中国传统村落名录，广东省有广州市花都区花东镇港头村等 35 个村列入其中，至此广东省共有 126 个村列入中国传统村落名录。12 月，《住房城乡建设部文化部国家文物局财政部关于公布 2014 年第二批列入中央财政支持范围的中国传统村落名单的通知》确定 273 个中国传统村落列入 2014 年第二批中央财政支持范围，广东省有广州市花都区炭步镇塱头村等 11 个村列入其中。（杨丽）

工程建设标准定额

【完善工程建设标准】 2014 年，广东省发布《建设工程招标投标造价数据标准》等 6 项工程建设地方标准，发布《广东省绿色建筑评价标准》等 11 项工程建设地方标准的编制（修订）任务，进一步健全全省工程建设地方标准体系。

【开展工程建设地方标准复审】 组织广东省建设科技与标准化协会、省建筑标准设计办公室开展复审工作。全省 2009 年及以前发布的工程建设地方标准共 67 本，其中复审前已废止 12 本、复审前正在修订 7 本、复审后新废止 19 本、复审后需重新修订或局部修订 17 本、继续有效 12 本。在 2009 年及以前发布并含强制性条文的工程建设地方标准中，3 本标准及其强制性条文可继续有效使用，5 本标准及其

强制性条文需要修订或局部修订，其余强制性条文连同需废止的标准一并取消。（刘映）

工程质量安全监督

【提升建设工程质量】 2014 年，广东省纳入质量安全监督的房屋建筑和市政基础设施工程共计 41616 项，建筑工程总建筑面积 61776.30 万平方米，市政工程总长度 2867237 延米；年内新注册工程 16179 项，竣工验收合格工程共 13694 项，已办理竣工验收备案工程共 10329 项，竣工工程一次通过验收合格率为 99.95%；全省范围未发生质量事故；共有 4 项工程获中国建设工程鲁班奖，57 项工程获"国家建筑装饰奖"，106 项工程获"广东省建设工程优质奖"，63 项工程获"广东省建设工程金匠奖"，170 项工程获"广东省优秀建筑装饰工程奖"。

【加强安全生产监管】 2014 年，广东省住房和城乡建设厅印发《广东省住宅工程质量分户验收管理办法》、《全省房屋市政工程文明施工工作导则》、《全省在建房屋市政工程防御台风、暴雨灾害工作指引(试行)》，进一步完善工程质量安全管理法规体系。印发《2014 年全省深化房屋市政工程施工安全专项整治实施方案》，对防止较大及以上施工安全事故的发生起到积极作用。编印广东省《建筑施工现场安全检查标准化操作手册》《建筑施工企业安全评价标准化操作手册》，极大地方便了广大施工从业人员学习掌握安全生产标准化的有关内容。全年全省共发生建筑施工生产安全责任事故 16 起，死亡 19 人，发生 1 起死亡 3 人的较大生产安全事故；全省房屋市政工程施工生产安全责任事故死亡人数占省政府下达的安全生产控制指标的 46.3%；全省有 18 个工地获国家建设工程项目"AAA"级安全文明标准化诚信工地。

【组织开展全省工程质量安全监督执法检查】 2014 年，《广东省住房和城乡建设厅关于贯彻落实住房城乡建设部工作部署组织开展全省工程质量安全监督执法检查的通知》印发，组织各地开展工程质量安全监督执法检查。5 月，派出 4 个督查组对 8 个地级以上市开展工程质量安全监督执法检查工作情况进行了督查，抽查了广州、河源、梅州、惠州、东莞、阳江、茂名、清远 8 个地级以上市的在建工程 32 项，发出执法建议书 1 份、整改通知书 19 份，检查共发现 112 个质量安全问题，提出了整改要求并督促整改落实。6 月，配合住房城乡建设部第四检查组对佛山市开展了工程质量安全监督执法检查工作督查。

【开展在建城市轨道交通工程质量安全检查】
10月,派出2个督查组对广州、深圳、东莞、佛山4市在建城市轨道交通工程质量安全检查工作进行抽查,抽查在建城市轨道交通工程12个标段(站点),发出执法建议书3份、整改通知书8份,对检查发现的51项质量安全问题提出了整改要求。

【安全生产许可证管理】 2014年,广东省共有5009家建筑施工企业申请安全生产许可证核发或延期,经审查予以核发或延期的有3596家,不予许可的有1413家,通过率为71.79%。广东省住房和城乡建设厅共对发生生产安全事故或严重降低安全生产条件的11家本省施工企业依法作出了暂扣安全生产许可证30天或90天的行政处罚,对在本省发生事故的4家省外施工企业,提请其发证机关依法暂扣安全生产许可证。从11月10日起,广东省实行建筑施工企业安全生产许可证网上申报和企业名称及法定代表人变更事项网上办理。

【施工安全生产动态管理】 2014年,广东省各级建设行政主管部门严格执行《广东省住房和城乡建设厅建筑工程安全生产动态管理办法》,全年全省各地作出动态扣分记录共25695条,对被扣满分的45名项目负责人、24名注册监理工程师作出收回安全生产考核合格证书3个月或暂停在全省范围内执业3个月的行政处罚,相关信息通过广东建设信息网向社会公布。

【工程质量治理两年行动】 9月,广东省住房和城乡建设厅成立工程质量治理两年行动工作领导小组。制定《广东省住房城乡建设系统工程质量治理两年行动实施方案》,向省政府作专题汇报。召开广东省部分地区工程质量治理两年行动工作座谈会,举办两期全省工程质量监督人员培训班。

【住宅工程质量常见问题专项治理工作】 2014年,印发《广东省住房和城乡建设厅关于认真贯彻落实住房城乡建设部工作部署深入开展全省工程质量专项治理工作的通知》和《全省房屋建筑工程勘察设计质量专项治理工作方案》、《全省住宅工程质量常见问题专项治理工作方案》,对全省深入开展工程质量专项治理工作提出明确要求。发出《广东省住房和城乡建设厅关于开展住宅工程常见质量问题调查分析的通知》,对各地近三年住宅工程进行全面调查分析。

【在建房屋市政工程施工污染环境整治】 2014年,广东省住房和城乡建设厅印发《全省加强房屋市政工程施工污染环境集中整治行动计划(2014~2015年)》,切实加强全省房屋市政工程项目施工污染环境的治理。10月,组织对部分市部署推进房屋市政工程施工污染环境整治行动工作进行督查。12月,与省环保厅等部门共同对部分市开展房屋市政工程施工污染环境整治行动进行联合督查。

【"质量月"和"安全生产月"活动】 在广东省住房城乡建设系统组织开展以"推动'三个转变',建设质量强国"为主题的"质量月"活动,包括在深圳、中山两市组织开展2014年全省工程质量现场观摩活动,公布近三年建筑施工企业获得省级以上工程质量奖项的排名榜,大力宣传工程质量创优成绩突出的施工企业,召开工程质量监督管理工作研讨会、推广应用铝合金模板研讨会等。组织广东省住房城乡建设系统深入开展以"强化红线意识,促进安全发展"为主题的"安全生产月"活动,包括组织实施"千万农民工同上一堂课"安全生产培训专项活动,在深圳市科大雅苑项目工地举办安全生产和文明施工现场观摩活动,组织开展近两年发生安全事故的本省和省外进粤施工企业负责人安全生产专题教育培训等。(赵航)

建筑市场

【概况】 2014年,广东省建筑业企业5620家,同比增长4.2%;全年完成建筑总产值8442.1亿元,同比增长9.3%;完成房屋建筑工程施工面积53138.34万平方米,同比增长0.4%;实现利润总额401.8亿元,同比增长8.36%;利税总额676.41亿元,同比增长4.66%;从业人员期末人数2345056人,同比下降1.4%;签订合同额达到18637.91亿元,同比增长8.1%;全省工程建设监理企业有490家,全年工程监理营业收入约83亿元,同比增长7.58%;全省有形建筑市场101个;全年全省实行招标工程20133项,工程造价7370亿元,其中公开招标工程17065项,工程造价6108亿元;评出208项工法为"2013年度广东省省级工法",择优推荐55项参加国家级工法评选;46项新技术应用示范工程通过专项验收评审,比上年的10项增加了36项;省外进粤企业2731家,同比增长35.3%;全省工程设计企业有1211家,同比增长8.3%;工程勘察企业108家;设计与施工一体化企业860家,同比增长55.2%;全省施工图设计文件审查机构57家,同比下降29.6%,施工图审查人员1500多人;全年完成工程勘察设计合同额500亿,同比增长58.2%;全省建设执业注册人数131246人,同比增长14.1%;全年全省共受理执业资格考试报名102717人,同比增长16.46%;受理执业资格注册申请66078人次,同比增长 18.7%。

【推进项目信息公开和诚信体系建设】 截至 2014 年底,广东省住房和城乡建设厅工程建设领域项目信息公开专栏收录了 60 多万条信息,初步实现全省范围内工程建设项目信息和信用信息的互联共享。

【构建全省建设工程交易项目中心数据库】 2014 年,广东省住房和城乡建设厅印发《广东省住房城乡建设事业深化改革的实施意见》,要求加快行业诚信建设,建立全面的动态信用档案。基本完成全省工程项目交易数据的同步归集联网工作,并初步搭建起省工程交易项目中心数据库平台,省工程交易项目数据信息已在广东建设信息网实时发布。全年完成 22 个市(含顺德)的建设工程项目数据归集,累计发布 6 万多项工程项目交易信息。

【完善工程造价制度建设】 《广东省建设工程造价管理规定》10 月 27 日颁布,12 月 15 日起正式施行。同时,广东省住房和城乡建设厅组织召开全省宣贯会议,对进一步健全市场决定工程造价机制等工作提出具体要求。

【推进建设工程人工单价动态管理】 2014 年,广东省住房和城乡建设厅委托省造价总站建立全省人工单价信息采集、测算、发布共享平台。广州、珠海、佛山、汕头、韶关、湛江、顺德、惠州、东莞、江门、阳江、清远、潮州、揭阳、汕尾等 15 个地市(含顺德)能按要求利用平台开展人工单价管理工作,茂名、云浮市利用平台进行了人工价格信息的收集和测算。

【完善建设工程计价依据体系】 2014 年,广东省住房和城乡建设厅开展《广东省建设工程计价依据(2015)》的编制工作,调动 63 个单位 181 人组成编制专家团队,成立 10 个专业编制组,稳步推动编制工作,形成了预算定额初稿。

【确保建筑业新技术稳步发展】 1 月,广东省住房和城乡建设厅部署开展对全省施工企业完成新技术应用示范工程任务的项目专项验收工作。1 月和 7 月分别组织多个专项工程验收组对广州、深圳、珠海、东莞、佛山、佛山市顺德区、江门、汕头等市的 20 项新技术应用示范工程进行专项验收,均通过评审。3 月,组织专家对全省 2013 年度省建筑业新技术应用示范工程进行立项评审,申报的 134 项工程中,有 126 项符合条件,同意立项。

【开展省级工法评审】 1 月,广东省住房和城乡建设厅部署开展"2013 年度省级工法评审"工作,委托省建筑业协会组织专家评审和评审委员会审议。

3 月,组织专家对全省共 251 项申报 2013 年度工程建设省级工法评审,评出 208 项工法为"2013 年度广东省省级工法"。

【开展全省勘察设计质量检查】 6 月,广东省住房和城乡建设厅组织全省开展勘察设计质量专项检查,全省共检查项目 281 个,检查发现违反强条数为 94 条,违反一般性条文 1639 条。对珠海、中山、汕头、肇庆、云浮、河源、梅州、潮州 8 个市进行抽查,共检查已完成施工图审查的项目 44 个,发现违反强条数为 13 条,共发出 10 份执法建议书,要求当地住房城乡建设行政主管部门对涉及的项目和勘察设计单位、施工图审查机构依法进行处罚和限期整改,并上报有关情况。

【落实大中型建设项目初步设计审查】 2014 年,广东省住房和城乡建设厅组织专家对国家投资或关系公共安全利益的坪石监狱等 14 个房屋建筑项目,以及国家陆地搜寻与救护基地广东基地、广州白云国际机场 G2 飞机维修库工程、佛山市天然气高压管网三期工程、新建深圳至茂名铁路江门至茂名段 4 个市政项目初步设计进行审查。批复广东电网公司和广州电网公司组织审查的电网初步设计项目 25 项。

【加强工程抗震设防】 广东省住房和城乡建设厅向省财政厅申请 135 万元的抗震加固补助经费,用于补助潮州、揭阳、汕尾等 3 个地市的 5 个中小学教学楼进行抗震加固。

【确定施工图审查机构】 2 月,广东省住房和城乡建设厅结合全省房屋建筑与市政基础设施建设需要和施工图审查工作开展的实际情况,确定全省共 58 家施工图审查机构,并上报住房和城乡建设部备案。积极指导省建设工程勘察设计行业协会成立施工图审查分会,促进广东省施工图审查行业的发展。

【开展岭南古建筑加固修缮技术图录的修编工作】 2014 年,省住房和城乡建设厅联合省文化厅文物局启动修编岭南古建筑加固修缮技术图录工作。委托省标准设计办公室负责整理广东省古文物建筑修缮工程并形成图册。已完成佛山祖庙维修工程、自力村碉楼群修缮工程、大鹏所城重点文物建筑修缮等及顺德区杏坛逢简明远桥等项目修缮工程 CAD 电子文件的整理工作,并提炼相关标准图集。

【深化粤港澳合作】 1 月 20 日,第一家港商独资经营设计企业——何设计建筑设计事务所(深圳)有限公司申请的建筑事务所甲级资质获得住房和城乡建设部核准;另有 3 家港商法人企业申报的事务

第四篇

所甲级资质，已经广东省住房和城乡建设厅初审后上报住房和城乡建设部。全年取得内地互认资格的香港专业人士中，共有 39 名建筑师、1 名结构工程师、1 名电气工程师、2 名监理工程师、13 名房地产估价师、76 名造价工程师在广东注册执业。（何志坚）

建筑节能与科技

【概况】 2014 年，广东省施工阶段节能标准执行率超过 99%，绿色建筑年度任务提前完成。全年全省绿色建筑评价标识新增面积达 1635 万平方米，全省累计绿色建筑评价标识建筑面积超过 3500 万平方米。

【推广建筑节能】 2014 年，颁发《广东省住房和城乡建设厅关于保障性住房实施绿色建筑行动的意见》，全省大部分地市都相继制定发展绿色建筑实施方案。在省节能降耗专项经费中安排 1500 万用于支持建筑节能和绿色建筑的发展，安排 7850 万元用于支持绿色新区、绿色楼宇、绿色节能产品和绿色技术等六大专题研究和示范工作。在全国率先发布《广东省城市规划建设用地建筑用电约束性指标编制技术导则（试行）》，大力推进规划用地用电指标试点工作。组织编制《广东省国家机关办公建筑和大型公共建筑能耗监测系统数据上报规范（试行）》，颁布实施广东省《公共建筑用电限额编制技术导则（试行）》。组织开展省级建筑能耗监测平台、广州市公共建筑能耗监测平台、东莞市建筑能耗监测平台等建筑能耗监测平台项目的建设工作。颁发《广东省住房和城乡建设厅关于加快推进绿色建筑评价标识工作的通知》，在全国率先授权有条件的地级市开展绿色建筑评审工作。支持广州中新知识城、深圳光明新区、珠海横琴新区、佛山新城、肇庆中轴新城等开展国家绿色生态示范城区工作，支持东莞、韶关、梅州市全面按照国家节能财政政策综合示范市要求大规模发展绿色建筑，支持梅州、蕉岭、揭西开展国家可再生能源示范市建设。发布《广东省城市规划建设用地建筑用电约束性指标编制技术导则（试行）》《平板型太阳能热水系统建筑一体化构造》标准图集，开展《广东省绿色建筑评价标准》《广东省绿色校园建筑评价标准》《广东省绿色建筑检验标准》《广东省绿色建筑设计标准》等技术标准的编制和修订工作。会同省科技厅发布 2014 年绿色低碳建筑技术与产品目录申报指南，开展第三批绿色低碳技术和产品推广目录的申报工作，推动建材技术水平的不断提高。截至 2014 年底，全省新增绿色建筑 1635 万平方米，超过原定年度计划 135 万平方米，

完成绿色建筑总量和年度量继续保持全国领先；新增节能建筑 9922 万平方米，完成既有建筑节能改造 879 万平方米；新增城镇太阳能光热建筑应用面积 584 万平方米，新增光电建筑应用装机容量 189 兆瓦；新型墙材应用总量 120 亿多块标准砖，约占墙体材料使用总量的 90%；全年节约能源 554 万吨标准煤，减排二氧化碳 1440 万吨；全省新建建筑节能设计执行率达到 100%，施工节能执行率达到 99.6%，处于全国领先水平；全年全省完成既有建筑节能改造 870 多万平方米，累计完成既有建筑节能改造超过 2480 万平方米；全年全省共完成建筑节能统计 5284 栋，审计 1183 栋次，能耗公示 3811 栋次；全年全省新增绿色建筑评价标识项目 151 个，新增标识面积达 1635 万平方米，超额完成年度绿色建筑发展目标。

【提升建设科技】 2014 年，广东省住房和城乡建设厅共组织完成各类建设科技成果鉴定 359 项。审核推荐 2014 年住房和城乡建设部科技计划项目 71 项，完成住房和城乡建设部科技计划项目验收 4 项。审核推荐 2014 年广东省科学技术奖项目 19 项。审核推荐华夏科技奖项目 33 项。撰写《广东省建筑产业现代化调研报告》，全面掌握全省建筑产业现代化工作进展情况。制定《关于推进广东省建筑信息模型（BIM）技术应用的实施方案》，推动成立"广东省 BIM 技术联盟"。（刘映）

城乡规划执法监察

【加强城乡规划督察】 制定《广东省城乡规划督察工作规程》和《广东省城乡规划督察员管理细则》，进一步健全完善全省城乡规划督察工作机制、工作程序和工作方式。出台《广东省城乡规划督察工作经费管理办法》，明确和规范督察工作经费的使用项目及标准、支付和领取方式等。截至 2014 年底，全省累计聘任 11 位城乡规划督察员，全年列席规划委员会和其他涉及规划修改等重要会议共 235 次，核查由国务院审批城市总体规划的 10 个城市疑似图斑 1444 个，向地方城市政府发出督察文书 69 份。

【建立规划建设遥感执法系统】 积极推进广东省城乡规划建设遥感监测执法系统建设，拟定项目技术方案，探索利用卫星遥感技术对全省规划实施情况进行实时督察。截至 2014 年底，已落实建设和年度运行维护资金共 476 万元，数据采集、人员选聘、技术开发等准备工作正有序推进。

【加快查办案件】 2014 年，广东省住房和城乡

建设厅共受理案件线索 105 条，直接查办 7 件，全过程督办 44 件，其他转办 54 件，均已办结，办结率 100%。组织全省开展专项执法，全年共查处违法建筑面积 60.3 万平方米，拆除面积 42.8 万平方米，行政罚款 831.3 万元；建材打假专项行动共检查了 7488 家单位或个人，抽检建材 8204 批次，立案查处 83 宗，涉案产品、商品货值 210.73 万元，罚没款 74.81 万元；抽查了 1664 项建设工程项目的招投标情况，依法对 15 项存在违法违规行为的招投标进行了处理。

【促进行政执法规范化建设】 邀请高校教授、系统内技术骨干深入全省 21 个市送课上门，就查处违法建设案件疑难问题等方面进行讲学，全省住房城乡建设系统 560 多个单位的 1 万多名建设执法人员参与了学习。选定深圳市住房建设局等 5 个单位和广州市南方钢厂（一期）保障性住房工程等 9 个项目为广东省第一批创建省住房城乡建设领域行政执法规范化示范点。印发《广东省住房城乡建设行政执法常用文书示范文本》、《行政处罚案卷评查要点》、《行政许可案卷评查要点》、《广东省住房城乡建设系统行政处罚案卷制作指南》等规范性文件，推动全省住房城乡建设系统执法办案和案卷制作水平整体提升。改进行政执法人员培训考试方式，2014 年全省共 3150 人参加考试，合格为 3109 人，合格率 98.7%，自 2012 年以来累计 18303 人参加考试，合格为 17443 人，合格率 95.3%。

建设人事教育工作

【编制权责清单】 1 月，《广东省人民政府办公厅关于开展转变政府职能、清理行政职权和编制权责清单工作的通知》印发。2 月，广东省住房和城乡建设厅印发《关于开展转变政府职能清理行政职权和编制权责清单工作的通知》，部署机关各处室和直属单位组织开展此项工作。经梳理，省住房城乡建设厅权责事项共 152 项，其中，行政许可 6 项、非行政许可审批 18 项、行政征收 2 项、行政检查 29 项、行政指导 11 项、行政确认 1 项、其他 85 项。

【开展教育培训】 11 月，广东省住房和城乡建设厅联合省委组织部、省国土资源厅和省环境保护厅在东莞市举办以"新型城镇化——钱从哪里来"为主题的第十六期市长（书记）城建专题研究班，参加培训的学员有各地级以上市和部分县级市市长（书记）、部分地级以上市辖区区长（书记）共 41 人。委托广东省建设教育协会在广州、惠州、湛江和汕头等市举办了 16 期高级技术研修班，共培训 3893 人，

有效提高广东省建设行业专业技术人员队伍的整体竞争力。继续组织开展一线生产操作人员职业技能培训与鉴定工作，全年通过培训取得职业资格证书的人员达 7469 人次。加强施工现场专业人员岗位培训管理，进一步规范考核及证书发放工作，全年考取各专业岗位培训证书的人员达 32805 人次。（李朝）

重点领域深化改革

【建立深化改革工作机制】 《广东省住房和城乡建设厅深化改革 2014 年工作要点》梳理的 69 项改革任务中，2014 年已落实 41 项任务，其余任务通过各种方式积极推进。首次编印《广东住房城乡建设年度报告（2013）》，总结展示了 2013 年度全省住房城乡建设领域取得的成就，提出了一系列具有创新性、前瞻性和可操作性的对策。各地结合实际，积极开展相关改革工作，如深圳市实行规划审批和土地审批合并办理，创新了行政审批机制等。

【探索城乡规划改革】 推动实施"一张蓝图"工程，构建基于城乡空间协调布局的规划平台，建立"三规合一"、"多规合一"的协调机制。启动广东省新型城镇化规划建设管理政策研究，探索与新型城镇化相适应的城乡规划建设和管理机制。东莞市积极推进城市总体规划编制试点工作，肇庆四会市成功申报并积极开展住房城乡建设部"多规合一"试点工作，云浮市加强地理空间信息数据归集，着力完善规划信息平台建设。

【创新城市建设投融资体制】 组织开展城市基础设施建设投融资体制机制研究，制定《广东省城市建设领域投融资模式及金融工具运用指引》。推动以 PPP 模式完成"十二五"规划未建污水处理设施及配套管网建设，搭建广东省棚户区改造省级融资平台。梅州、汕尾等市积极落实国家开发银行的合作协议，多渠道筹措城市建设资金。

【深化建设市场管理体制改革】 制定《广东省房屋建筑和市政基础设施工程建设项目招投标"五公开"实行办法》等政策文件，研究房屋建筑和市政基础设施相关管理体制改革工作，切实转变行政审批管理方式，激发市场活力。编制《广东省建筑业产业发展规划（2015～2020 年）》，推动传统建筑业向现代建筑业转变。深圳市在明确建设单位主体责任、推进建设工程类审批"三化一诚信"（电子化、集中化、标准化，建立诚信申报制度）等方面进行了有益探索。（周颖）

大事记

1月

11日　"广东省散装水泥发展应用监管信息平台"通过住房城乡建设部验收,成果达到国内领先水平。

13日　广东省住房和城乡建设厅在清远市召开粤东西北地区地级市中心城区扩容提质现场会,副省长许瑞生出席会议并讲话。

20日　《广东省住房和城乡建设厅关于全省建设工程监管检查工作情况的通报》印发。

24日　《广东省住房和城乡建设厅关于2013年第二批建筑业企业(部分设计与施工企业)资质动态核查结果的通报》印发。

28日　中共广东省委办公厅、广东省人民政府办公厅印发《推动粤东西北地区地级市中心城区扩容提质工作方案》。

30日　广东省住房和城乡建设厅成立以厅长王芃为组长的依法行政领导小组,加强全省住房和城乡建设系统依法行政组织领导工作。

2月

7日　广东省人民政府印发《关于加快棚户区改造的实施意见》。

8日　广东省副省长许瑞生代表省人民政府与各地级以上市人民政府及佛山市顺德区人民政府签订2014年住房保障工作目标责任书。

17日　全省住房城乡建设工作会议在广州市召开。贯彻落实省委十一届三次全会和全国住房城乡建设工作会议精神,总结回顾2013年全省住房城乡建设工作,部署2014年工作。

21日　《广东省住房和城乡建设厅关于公布全省施工图设计文件审查机构名录及有关事项的通知》印发。

3月

1日　《广东省建设工程质量管理条例》正式施行。

6日　广东省住房和城乡建设厅印发《2014年度全省住房城乡建设系统行政执法人员专业知识培训考试的通知》。

10日　广东省住房和城乡建设厅联合省体育局印发《广东省社区体育公园规划建设指引》。

是日,《广东省住房和城乡建设厅关于建设工程人工单价动态管理平台上线运行的通知》印发。

11日　全省住房城乡建设系统信息宣传联络员暨"粤建网"通讯员工作会议在广州召开。

15日　广东省农村泥砖房改造管理信息系统启

动运行。

17日　广东省住房和城乡建设厅成立深化改革领导小组,负责全省住房城乡建设事业改革的总体设计、统筹协调、整体推进、督促落实。厅党组书记、厅长王芃任领导小组组长。下设改革办,负责处理领导小组日常事务。

23日　广东省住房和城乡建设厅印发《粤东西北地级市中心城区扩容提质建设规划编制导则(含技术指引)》。

28日　广东省住房和城乡建设厅提请省府办公厅印发《关于做好城市排水防涝设施建设工作的意见》。

4月

2日　《广东省住房和城乡建设厅关于公布2013年度立项的广东省建筑业新技术应用示范工程的通知》印发。

同日,《广东省住房和城乡建设厅规范性文件管理办法》施行。

3日　广东省住房和城乡建设厅印发《关于开展广东省工程建设地方标准复审工作的通知》。

4日　《广东省住房和城乡建设厅深化改革2014年工作要点》印发。

8日　《广东省住房和城乡建设厅信息化项目建设管理办法(试行)》印发。

14日　广东省住房和城乡建设厅印发《广东省住房城乡建设事业深化改革的实施意见》。

16日　《2014年广东省住房和城乡建设厅民主评议政风行风工作方案》印发。

同日　广东省住房和城乡建设厅印发《关于落实2014年党风廉政建设和反腐败工作部署分工的通知》。

28日　《广东省住房和城乡建设厅关于在我省城市城区开展限期禁止现场搅拌砂浆工作的通知》印发。

30日　广东省庆祝"五一"国际劳动节暨劳模表彰大会在广州白云国际会议中心岭南大会堂举行,广东省建筑设计研究院深圳分院建筑方案创作室获中华全国总工会"工人先锋号"称号。

30日　《广东省住房和城乡建设厅关于公布2013年度广东省省级工法的通知》印发。

5月

11日　是日至9月,广东省住房和城乡建设厅针对《珠江三角洲全域规划》召开4次国内知名专家咨询会。

14日　广东省住房和城乡建设厅印发《2014年全省深化房屋市政工程施工安全专项整治工作实施方案》。

第四篇

21日 是日至6月24日，住房城乡建设部、国家发改委、中国人民银行、中央财经领导小组分别组成调研组赴广东省调研经济工作，广东省住房和城乡建设厅分别向调研组汇报1～5月全省房地产市场运行情况。

23日 经报请广东省人民政府同意，省住房和城乡建设厅、省文化厅认定惠州市北门直街、金带街、水东街、铁炉湖和淡水老城等5条街区为省级历史文化街区。

是日，广东省住房和城乡建设厅印发《广东省在建房屋市政工程防御台风、暴雨灾害工作指引(试行)》。

30日 《广东省住房和城乡建设厅关于申报住房和城乡建设领域行政执法规范化示范点有关工作的通知》印发。

6月

13日 广东省住房和城乡建设厅牵头制定并印发《广东省生态控制线划定工作指引》。

15日 广东省城镇化工作会议在广州市召开。省委书记胡春华强调要贯彻落实中央城镇化工作会议精神，努力开创全省城镇化工作新局面。省长朱小丹对城镇化工作作出具体部署。

23日 广东省住房和城乡建设厅联合省文化厅向住房城乡建设部、国家文物局推荐认定中山市孙文西路、高州市中山路和广州市北京路作为中国历史文化街区。

24～27日 广东省住房和城乡建设厅在深圳市科大雅苑项目工地举办安全生产和文明施工现场观摩活动，参观总人数累计超过2000人。

7月

2日 《中共广东省委广东省人民政府关于促进新型城镇化发展的意见》印发。

3日 《广东省住房和城乡建设厅关于开展2014年专项执法工作的通知》印发。

4～6日 广东省住房和城乡建设厅与澳门特别行政区运输工务司牵头组织"第七期粤澳城市规划研习班"，以"城市规划发展与革新"为主题，对粤澳两地城市规划动态、城市总体规划编制方法、城市规划中的文化保育等议题进行研讨。

16日 广东省建设信息中心和中国人民解放军国防科学技术大学共同完成的"行业数据云GSMS平台"项目科技成果鉴定会在广州召开。鉴定委员会一致认定该项目成果整体达到国内领先水平，其中普适性企业级异构数据同步技术达到国际先进水平。

17日 广东省住房和城乡建设厅组织召开《珠江三角洲全域规划》动员会议，副省长许瑞生出席

会议并作动员部署。

22日 广东省住房和城乡建设厅印发《关于开展2014年纪律教育学习月活动的通知》。

28日 《广东省棚户区改造规划(2014～2017年)》正式颁布实施。

31日 经广东省人民政府同意，省住房和城乡建设厅印发《广东省住房和城乡建设厅关于印发〈广东省散装水泥发展和应用规划(2014～2020)〉的通知》。

8月

5日 住房和城乡建设部部长陈政高主持召开广东省房地产形势座谈会，广东省副省长许瑞生、省住房和城乡建设厅、广州、深圳、惠州有关负责同志参加会议。陈政高充分肯定广东省房地产工作，并对广东省房地产市场调控工作提出要求。

14日 中共广东省委组织部粤组干〔2014〕755号文批准，陈英松任省住房和城乡建设厅巡视员。

15日 广东省住房和城乡建设厅印发《广东省房屋市政工程文明施工工作导则(试行)》。

是日，广东省住房和城乡建设厅印发《广东省住房城乡建设行政执法常用文书示范文本》。

18日 广东省住房和城乡建设厅印发《关于开展〈珠江三角洲全域规划〉的工作方案》。

19～20日 广东省省长朱小丹率队到韶关实地调研棚户区改造进展情况，研究加快推进全省棚户区改造工作。副省长许瑞生参加调研并主持座谈会。

20日 广东省住房和城乡建设厅印发《关于组织开展2014年下半年全省房屋市政工程施工安全生产大检查和打非治违专项行动的通知》。

20～22日 广东省住房和城乡建设厅作为工程质量工作考核牵头单位接受国务院考核组对广东省政府质量工作工程质量工作考核，顺利通过考核。

25日 广东省住房和城乡建设厅组织制订《广东省建筑节能综合定额》(安装分册)，自2014年11月1日起施行。

同日 广东省住房和城乡建设厅印发《关于落实建立健全惩治和预防腐败体系工作部署分工的意见》。

26日 广东省住房和城乡建设厅印发《关于开展2014年全省勘察设计质量检查的通知》。

9月

3日 《广东省住房和城乡建设厅关于开展建筑信息模型BIM技术推广应用工作的通知》印发。

4日 广东省副省长许瑞生带队调研清远英德华侨农场危房改造工作。

同日 广东省住房和城乡建设厅组织全省各地

住房城乡建设主管部门参加住房城乡建设部召开的全国工程质量治理两年行动电视电话会议。会后省住房和城乡建设厅跟进召开全省工程质量治理两年行动电视电话会议，厅长王芃作动员部署。

6日 广东省副省长许瑞生在中山市三乡镇主持召开"规划师、建筑师、工程师专业志愿者下乡服务活动"座谈会，并在古鹤村举行专业志愿者下乡服务启动仪式，启动全省"三师"专业志愿者下乡服务活动。

11日 《珠江三角洲全域规划》官方宣传网站正式建立。

16~17日 住房城乡建设部稽查办主任王早生带队到惠州专项巡查保障性安居工程建设情况。

16日 广东省住房和城乡建设厅印发《关于认真做好棚户区改造有关政策学习宣传工作的通知》。

17日 《广东省住房和城乡建设厅关于印发广东省城乡规划督察工作经费管理办法》印发。

22日 《广东省建设工程造价管理规定》经广东省人民政府第十二届32次常务会议通过，10月27日公布，12月25日起施行。

25日 全省城乡规划督察工作座谈会在广州市召开。广东省住房和城乡建设厅厅长王芃、住房和城乡建设部稽查办城乡规划督察员管理处处长王凌云出席会议并讲话。

29日 广东省人民政府第十二届33次常务会议原则通过《广东省棚户区改造省级融资平台组建方案》。

同日 经广东省人民政府同意，《广东省住房和城乡建设厅广东省水利厅广东省气象局关于进一步加强城市排水防涝建设工作的指导意见》印发。

同日 广东省住房和城乡建设厅制定《广东省住房城乡建设系统工程质量治理两年行动实施方案》。

30日 广东省住房和城乡建设厅印发《广东省绿色生态城区规划建设指引》。

同日 广东省住房和城乡建设厅联合广东省发展和改革委员会联合编制《广东省新型城镇化规划（2014~2020年）》，上报常务副省长徐少华、副省长许瑞生审阅。

同日 按照住房和城乡建设部《工程质量治理两年行动方案》的要求，广东省住房和城乡建设厅成立工程质量治理两年行动工作领导小组。

10月

3日 广东省人民政府批复同意《广东省棚户区改造省级融资平台方案》。

10日 《广东省住房和城乡建设厅关于对我省部分工程建设项目招标代理机构进行资质动态核查的

通知》印发。

11日 《广东省住房和城乡建设厅关于开展2014年度规划督察评估工作的通知》印发。

20日 《广东省住房城乡建设和规划管理工作专项资金管理办法》印发。

同日 广东省住房和城乡建设厅实现与广东政务信息资源共享平台对接，完成11万条的数据报送。

23日 广东省人民政府办公厅印发《关于加强历史建筑保护的若干意见》。

29日 广东省住房和城乡建设厅、国土资源厅、文化厅联合印发《关于开展"三旧"改造用地范围内历史文化遗产普查的通知》。

11月

3~6日 由广东省住房和城乡建设厅党组副书记、巡视员陈英松带队赴江苏、浙江省进行城乡居民家庭人均住面积达标率工作调研，并形成《广东省住房和城乡建设厅关于报送城乡居民家庭人均住房面积达标率工作调研情况的报告》报省人民政府。

5日 住房和城乡建设部稽查办公室遥感督察工作会议在广东省中山市召开。部稽查办公室副主任朱长喜出席会议并讲话，广东省住房和城乡建设厅党组成员、执法监察局局长郭壮狮主持会议并致辞。

10日 《广东省人民政府办公厅关于改善农村人居环境的意见》印发。

17日 广东省住房和城乡建设厅印发《关于开展2014年全省勘察设计质量检查的通知》和《关于开展2014年度全省工程勘察、设计质量抽查并施工图审查机构检查的通知》。

24日 广东省人民政府批复同意广东省建筑工程集团有限公司设立全资二级子公司(广东建鑫投融资发展有限公司)作为棚户区改造省级融资平台。

24~28日 广东省住房和城乡建设厅联合中共广东省委组织部、省国土资源厅和省环境保护厅在东莞市建设培训中心举办第十六期市长（书记）城建专题研究班。

24日 《广东省住房和城乡建设厅关于对部分地区开展建筑市场执法检查和工程质量治理两年行动工作进行督查的通知》印发。

26日 经广东省人民政府同意，广东省住房和城乡建设厅印发《广东省棚户区改造项目国家开发银行专项贷款管理办法》。

同日 广东省政府办公厅印发《关于加强城市地下管线建设管理的实施意见》。

27日 广东省机构编制委员会印发《关于整合

不动产登记职责的通知》。

12月

2日　广东省住房和城乡建设厅党组副书记、巡视员陈英松率队到湛江调研督察棚户区改造及保障性住房建设情况。

4日　广东省住房和城乡建设厅印发《广东省规划建设遥感监测执法系统建设工作方案》。

同日　《广东省住房和城乡建设厅关于开展建设执法讲学的通知》印发。

10日　广东省住房和城乡建设厅印发《广东省低碳生态城市建设规划编制指引》。

15日　广东省住房和城乡建设厅印发《广东省住房城乡建设行政处罚案卷制作指南》。

18日　广东省住房和城乡建设厅组织开展的珠三角城际轨道第二批佛山西站、狮山站、张槎站、北滘站、陈村站、狮山工业园站、云东海站共7个站场TOD综合开发规划编制完成规划成果并上报省政府。

19日　广东省房屋市政工程生产安全事故信息报送系统(原广东省工程建设质量安全事故快报系统)完成升级改造。

23日　广东省住房政策研究中心在省城乡规划设计研究院挂牌成立。

26日　广东省人民政府《关于调整省直有关部门职能的通知》和《关于公布省直部门权责清单(第一批)的决定》分别公布省住房和城乡建设厅职能调整目录和权责清单。

同日　广东省城乡规划督察2014年度工作会议在广州市召开。广东省住房和城乡建设厅党组成员、执法监察局局长郭壮狮出席会议并讲话。

30日　广东省住房和城乡建设厅完成全省生态安全格局专题研究，全面推进全省城镇化与生态文明建设。

同日　2014年度广东省政府网站公共服务程度评测结果揭晓，省住房和城乡建设厅官方网站——"广东建设信息网"得到97.8分，在省直39个部门网站中排名第三，获得评比最高奖项优秀奖。

31日　广东省住房和城乡建设厅编制完成《广东省"三规合一"工作指南(试行)》，并提请省政府印发。

同日　广东省住房和城乡建设厅联合省建筑科学研究院首次编撰完成《广东住房城乡建设发展年度报告(2013)》。

同日　广东省住房和城乡建设厅印发《关于在新竣工的房屋建筑和市政基础设施工程设置永久性标牌有关事项的通知》。

(广东省住房和城乡建设厅)

广西壮族自治区

概况

2014年，广西壮族自治区住房城乡建设系统认真贯彻落实中央和自治区的决策部署，强化城乡规划建设管理，加强住房保障和改善民生，积极推进改革创新，大力发展建设经济，各项工作任务全面完成。

【建设经济持续稳定增长】　2014年全区住房城乡建设领域完成房地产开发投资和市政公用设施建设投资3605.93亿元，同比增长12.9%，超额完成自治区下达的3405亿元年度任务；广西建筑业总产值2656亿元，同比增长16%；房地产业、建筑业实现地税收入455亿元，约占广西地税收入总额的49.3%。

【住房保障工作成效显然】　截至2014年底，全区累计开工建设保障性住房93.18万套，提前一年完成广西住房保障"十二五"规划目标90万套任务。截至12月25日，广西各类棚户区(危旧房)改造(含城市和国有工矿棚户区改造、林区、垦区、华侨农林场棚户区危旧房改造)完成106185套(户)(含货币补偿9520户)。及时调整2013～2017年棚户区改造规划至55.71万套。搭建自治区级棚户区改造投融资平台，全区累计获得国家开发银行棚户区改造贷款授信额1242亿元，已签订合同总额829.9亿元，贷款发放332亿元(自治区级平台发放123亿元，市级平台发放209亿元)。

【新型城镇化工作持续推进】　开展新型城镇化专题研究，制定《广西壮族自治区新型城镇化规划(2014～2020年)》，起草《关于实施大县城战略提高县域城镇化发展水平的意见》等22项政策文件，组织实施城镇化"十大工程"专项行动。加快建设城市新区，南宁五象新区、柳州柳东新区、梧州苍海新区、钦州滨海新城等城市新区建设加快，北部湾同城化、玉林—北流同城化建设取得实质性进展。采取竞争性择优选择的办法，确定首批 30 个百镇建设名单，共落实建设项目 200 多个、资金 4.97 亿元，项目已开工 120 多个、竣工 40 多个，累计完成投资 2.13 亿元。

【城镇基础设施建设加快】 2014 年，广西市政公用设施完成投资 1513.32 亿元，同比增长 12%。全区重点城建项目有序实施：南宁市服务第 45 届世界体操锦标赛项目全面完成；梧州市实施城市建设三年提升工程，完成投资 202.5 亿元；崇左市推进以城促增专项行动，完成投资 102 亿元；百色市组织市政基础设施等重大项目 213 项，年度完成投资 77 亿元；钦州市开展城市建设年活动，推进 37 个项目建设，灵山县完成投资 15 亿元。制定《关于进一步提高我区城市市政公用基础设施服务水平的意见》等 10 多个加强城市建设管理的文件，着力完善城市管理长效机制，推进市政设施提标改造工程，提高城市管理精细化水平。

【抓好环境综合整治，继续发展生态文明】 至 2014 年底，广西投入整治资金 3.34 亿元，拆除铁路沿线违法建筑 160.65 万平方米、改造房屋外立面 479.9 万平方米、新增绿化面积 405 万平方米，完成铁路沿线环境综合整治里程 3622.2 千米，占辖区内铁路里程的 91.85%。城镇污水处理率和生活垃圾无害化处理率双双突破 80%。评选出 13 种农村生活垃圾处理适用技术方案并推广应用，75 个县"村收镇运县处理"试点项目总体完成，初步建立起由"村收镇运县处理""村收镇运片区处理"和就近就地处理三个层级构成的农村垃圾处理体系、村屯保洁长效机制。

法制建设

【完善行业法制化】 完成《广西民用建筑节能条例》立法调研工作，《广西查处违法建设工作指导意见(试行)》印发实施。通过创新执法和联合办案常态化的方式，实现全区工程质量治理两年行动纳入法制化轨道。此外，广西继续加强稽查执法，强化个案监督。行政复议、信访维稳工作有序开展。

【下放行政审批权】 2014 年，广西住房城乡建设厅取消了一级注册建筑师执业资格认定初审、外商投资企业从事城市规划服务资格证书核发等行政审批项目，将房地产开发企业暂定级资质审批权下

放各设区市实施，优化保留审批事项的审批流程。其中，北海市推行并联审批；来宾市建立项目批后回访制度；防城港市推行"串联转并联、零售转批发、前置改后审"的行政审批改革，审批提速 80%。深化行政审批制度改革，推进行政审批扁平化试点，开展审批项目清理。广西住房城乡建设厅共办理行政相对人咨询事项 239 项，申请办理行政审批事项 17900 项，共受理 17661 项(其中：承诺件 17115 项，即办件 546 项)，办结 16273 项(其中承诺件 15780 项，即办件 493 项)，不予许可件 303 项，即办件现场办结率 100%，承诺件实际办理提速率达到 40% 以上，无一超时办结，群众满意率 100%。

住房保障与房地产业

【住房保障】 2014 年国家下达广西的保障房建设目标任务是：开工建设 12 万套(户)城镇保障性住房；其中基本建成 10 万套，分配入住 10 万套。截至 2014 年底，广西保障性安居工程项目新开工建设 20.16 万套(户)，其中棚户区改造 10.62 万套；基本建成 11.92 万套，分配入住 12.83 万套，完成投资 217.54 亿元；广西城镇危旧房改住房改造新开工建设住房 1.15 万套，基本建成住房 1.12 万套；农村危房改造竣工 16.74 万户，均超额完成国家下达的年度任务，提前一年超额完成广西住房保障"十二五"规划的 90 万套目标。在 2013 年全国农村危房改造绩效考评中广西获得第一名。

【健全保障房政策体系】 出台《广西公共租赁住房和廉租住房并轨运行的实施意见》等规范性文件 6 个，其中南宁、柳州、梧州、钦州、防城港等市出台了保障房运营管理和分配实施细则。同时，还实施进城农民安居工程，分类别、分层次将符合条件的农民工逐步纳入城镇住房保障体系。

【房地产开发】 2014 年，广西房地产业完成投资 2092.61 亿元。房地产业实现增加值 593 亿元，同比增长 5%；商品房销售面积 3156.55 万平方米，同比增长 5.4%，高出全国平均增幅 13 个百分点；商品房销售均价平稳，施工面积平稳增长，新开工与竣工面积同比保持两位数增长。南宁、柳州、桂林、钦州、北海、梧州、玉林、贵港、百色等 9 市先后通过举办房地产博览会促进商品房销售，取得明显成效。南宁华润中心购物中心、南宁华润中心西写字楼获 2013～2014 年度"广厦奖"。

【物业管理】 广西着力开展物业专项检查，进一步规范物业市场和企业经营。柳州市下放部分管理职能，理顺市、区两级关系，22 个项目荣获 2014

年度自治区城市物业管理优秀住宅小区(大厦)称号。

【公积金管理】 2014年广西改进住房公积金提取政策,支持住房消费,大力发放住房公积金贷款,住房公积金使用实现平稳增长。全年归集住房公积金244亿元,同比增长16%,累计总额突破1500亿元;提取147亿元,同比增长19%;发放个人住房贷款115亿元。南宁、柳州、百色3个试点城市累计发放保障性住房建设住房公积金贷款2亿元。

城乡规划与村镇建设

【城乡规划编制】 全面启动住房城乡建设领域"十三五"规划编制工作,完成规划前期调研,初步形成住房城乡建设领域"十三五"规划基本思路(框架);组织编制住房城乡建设领域经济体制改革重要举措实施规划(2015~2020年)。广西各市县共完成市政公用设施专项规划319个。组织开展北部湾城镇群、桂中城镇群、西江干流城镇带、桂贺旅游城镇带等跨区域城镇体系规划编制,以及桂林市、北海市、岑溪市等重点城市总体规划工作。继续开展村镇规划集中行动,完成60个乡镇总体规划及控制性详细规划、5000个村庄规划、53个传统村落保护规划编制。其中,贺州市列入全国"多规合一"试点,东兰县武篆镇列入全国乡镇规划编制试点;永福、平乐等5县列入广西乡村规划管理制度改革试点。在灵山县檀圩镇、新圩镇开展"四所合一"试点,探索乡镇规划建设管理体制。制定《广西新型城镇化示范县建设实施方案》和《广西百镇建设示范工程实施方案》等,在25个县开展实施大县城战略重大城镇化规划编制工作。其中,桂林市在13个乡镇实施"书记工程",建设481个项目,完成投资35.6亿元;崇左市在7个乡镇实施"书记工程",完成投资2.9亿元;河池市实施城乡新貌新风实体工程,完成投资38.3亿元。

开展城乡民族建筑特色研究,编制10个少数民族建筑图集。加快绿色生态城区规划编制和建设,已完成柳州柳东新区、桂林临桂新区绿色生态城区规划编制,已完成南宁和钦州火车东站城市设计、柳州市莲花山地区沿江路沿线景观规划等编制。

村镇建设

围绕桂林至北钦防的高铁沿线村屯,开展以桂北民居、桂中民居、桂南壮族民居和滨海民居等为主要建筑风格特色的城乡风貌改造项目,推进56个特色名镇名村建设,改造房屋外立面3.1万户,对485个村屯实施环境综合整治,累计完成投资10.4亿元。全区有116个镇获全国重点镇称号,9个村镇列入第六批中国历史文化名镇名村,89个村庄入选全国传统村落,23个传统村落获得中央补助资金6900万元。其中龙胜县周家村、平乐县渡河村、田阳县露美村等地,通过加强民族文化和建筑元素的挖掘提炼,因地制宜推进特色改造,取得良好成效。南宁市编制40多套农村住宅推荐户型方案,5133户村民按推荐户型建造新房;玉林市印发《玉林市岭南特色新农村住宅建设通用图集》,引导农村住宅建设。

城市建设与市政公用事业

【城市建设管理】 2014年,广西城市(县城)维护建设资金(财政性资金)收入572.26亿元,其中:中央预算资金12.55亿元;省级预算资金7.51亿元;市(县)级预算资金423.25亿元;其他资金128.95亿元。2014年,广西城市(县城)维护建设资金(财政性资金)支出588.56亿元,其中:城乡社区规划与管理8.71亿元,市政公用行业市场监管5.07亿元,市政公用设施建设维护与管理340.85亿元,风景名胜区规划与保护1.69亿元,其他支出232.24亿元。广西城市照明节能、市政路桥工作稳步推进,基本完成梧州、贵港、钟山、桂平等市县城区主次干道LED照明改造。南宁、柳州市基本构建了城市桥梁信息化管理系统平台,柳州市柳长路北环上跨立交桥安装桥梁健康监测动态称重系统通过验收并投入使用。南宁市继续开展"美丽南宁·整洁畅通有序大行动"。广西出台"两违"建筑治理规范性文件,加大违法建设查处力度,其中南宁市、柳州市分别拆除违法建设655万平方米和148万平方米。

【垃圾与污水处理】 全年投入运营城镇污水处理设施共116座,建成生活垃圾处理场共82座,垃圾转运站529座,初步建立了覆盖全区县城以上的城市污水垃圾处理体系,并逐步向镇和乡村拓展延伸,其中贵港市垃圾焚烧发电厂一期项目建成投产。印发《广西"十二五"后两年污水处理设施建设工作实施方案》等,推荐适合广西乡镇实际的污水处理工艺和技术路线,加强协调和资金筹措,续建污水垃圾处理设施22项,70座镇级污水处理厂全部开工,新建污水管网1054公里,全面完成年度任务。

【城市燃气】 "县县通天然气工程"取得突破性进展,南宁、贵港、梧州、桂林等4市实现了长输管线供气,柳州、桂林、北海、玉林等12个城市实现了市政管网供气,河池市实现了瓶组气化小区管网供气。基本完成国有燃气企业资产重组、融资并购等一系列体制改革。

【城市供水】 供水在线监测和检测能力得到提高，继南宁监测站实现水质监测 106 项全指标监测能力后，柳州、桂林站也实现 106 项监测能力；75个县(市)具备 12 项水质日检测能力，县级水厂率先在西部 12 省区实现公共供水水质在线监测目标，基本满足区内 2 小时全指标水质监测能力应急监测要求，全区公共供水水质监管体系初步形成。

【风景园林】 城市园林绿化建设加强，城镇品质进一步提升。南宁五象新区核心区列入国家绿色生态示范城区。柳州市河东片区步行和自行车交通系统改造工程入选"国家城市步行和自行车交通系统示范项目"。桂林、环江喀斯特入选《世界自然遗产名录》，实现广西申报世界遗产项目零的突破。第四届、第五届广西园博会分别在北海、百色顺利开幕。梧州、北流市获"国家园林城市"，鹿寨县获"国家园林县城"称号；河池、崇左、贺州、东兴、合山市以及德保、隆林、田东、靖西、忻城、蒙山县等 11 个市县获得"广西园林城市"称号。南宁市积极推进城市园林生态自然化、森林化、多彩化、多样化、苗木本土化、养护低成本化，"中国绿城"品牌形象提升，"多彩花城"特色彰显；贺州市开展市容市貌综合提质行动和城区绿化彩化 3 年提质工作。

建筑业

【工程建设标准定额】 组织专家分两批进行地方标准立项审查，通过专家审查论证，立项 30 项地方标准；组织编制《广西城镇生活垃圾卫生填埋场运行、维护及考核评价标准》等 10 项工程建设地方标准和标准设计图集；完成《混凝土多排孔砖建筑技术规程》等 4 项地方标准修订、复审、确认报送工作；完成广西工程建设地方标准现状课题调研；加强国家标准的贯彻实施，14 个设区市新建、扩建和改建的居住小区、公共建筑、市政道路、公园、公共交通设施等无障碍设施建设率达 100%，既有建筑无障碍设施改造率达 60% 以上；稳步推进光纤到户国家标准贯彻落实情况；建设工程清单计价国家标准贯彻实施工作得到了住房城乡建设部检查组的充分肯定，工程造价定额管理工作扎实推进。

【工程质量安全监督】 开展工程质量治理两年行动，重点抓县域工程质量安全监管，不断加强安全生产重大危险源管理；推进安全生产管理创新，实行安全生产动态扣分制度，严厉打击建筑市场违法行为，工程质量水平不断提升，安全生产保持平

稳。强化重点工程建设协调管理，南宁市轨道交通建设工程等一批重点工程项目稳步推进。全年共有 3个工程获"鲁班奖"，6 个工程获"国家优质工程"奖，20 个项目获全国建筑工程装饰奖，24 个 QC 小组获"全国工程建设优秀 QC 小组"称号，16 个项目获得全国 AAA 级安全文明标准化工地称号。开展勘察设计质量专项检查，全区全年共抽查工程项目183 个，涉及企业 163 家。

【建筑市场监管】 通过实施诚信库管理，全面开放建筑市场。全年有 1 家施工企业总承包资质升特级，20 家施工企业总承包资质升一级，17 家监理企业资质升甲级，8 家招标代理机构升甲级，产业结构进一步优化。一级建造师有 5000 多人，从事建筑业人数近百万。全年收缴建安劳保费 26.2 亿元，调剂建安劳保费 3 亿元，惠及企业 200 多家。积极推进广西与香港建设行业合作，与香港特别行政区政府发展局初步拟定了《桂港建设行业合作协议》。

【建筑市场诚信体制建设】 继续完善建筑市场诚信体系建设，已有 2330 家施工企业、297 家监理单位、198 家招标代理机构、93 家检测单位录入诚信库，发放各类人员诚信卡 5.3 万张。规范招投标源头管理，发布 2014 年版房屋市政工程施工及施工监理招标文件范本。电子招投标试点项目达 484 个，其中，南宁、北海实现电子招投标常态化，百色、来宾、贺州完成电子化招投标试点。南宁市放开对非国有资金投资项目必须招标的限制，一批民营项目快速落地。此外，12 个市的 100 多项工程开展劳务人员实名制管理试点，有效地解决拖欠农民工工资的问题。

建筑节能与科技

【建筑节能】 广西新建建筑施工阶段节能强制性标准执行率达 98.1%，新增建筑节能 107 万吨标准煤。2014 年，广西高强钢筋在建筑工程中的使用量达建筑使用钢筋总量的 85% 以上，提前超额完成了国家要求在 2015 年使用率达 65% 以上的目标。17个可再生能源建筑应用示范市县项目进展顺利，已有 14 个示范市县超额完成示范任务。国家机关办公建筑和大型公共建筑节能监管体系建设积极推进，建成 1 个省级国家机关办公建筑和大型公共建筑节能监管平台和南宁市、柳州市、桂林市等 3 个市级平台。南宁市荣获"国家节能减排财政政策综合示范城市"。南宁市五象新区核心区列入国家绿色生态示范城区。

【绿色建筑】 对公益性公共建筑、单体建筑面

积超过 2 万平方米的大型公共建筑以及南宁市建设的保障性住房，全面执行绿色建筑标准。各市积极开展保障性住房绿色建筑项目建设。11 个绿色建筑通过设计标识评审。南宁裕丰·英伦项目通过国家绿色建筑二星级运行评价标识认证，实现广西绿色建筑运行标识零的突破。

【墙体材料革新】 新型墙体材料占墙体材料总量 63%，实现节约土地 2467 公顷，节省能源约 140 万吨标煤，利用工业废渣 250 万吨以上。完成国家第二批下达的 19 个市县"限黏""禁实"目标任务，推动 27 个新型墙材标杆示范项目建设，促进新墙材产业规模化标准化现代化发展。征收新型墙体材料专项基金 5.38 亿元，核退墙改基金 2.12 亿元。关停淘汰 370 家 24 门及以下轮窑、无顶开口窑等落后砖瓦窑炉生产企业，改造和新建规模化新型墙体材料生产企业 100 余家。

建设人事教育

【党风廉政建设】 坚持不懈纠正"四风"整治"六病"，积极开展干部职工违规多占住房等专项整治，加强"三公"经费管理，认真抓好中央巡视组整改意见的落实。建立质量目标管理体系，将年度质量目标责任制、程序文件和相关制度进行整理汇编，实行规范化管理，坚持和完善"三重一大"、述职述廉、问责、民主评议、廉政谈话、经济责任和离任审计等制度。

【建设人事教育工作】 采取多种形式加大住房城乡建设系统干部队伍的教育培训力度。抓好学习型党组织建设，组织举办全区住房城乡建设系统处级干部学习贯彻党的十八届三中全会和习近平总书记系列重要讲话精神培训班，组织举办"全区住房城乡建设领域非公企业和社会组织党务干部培训班"。引进专业技术人才，进一步优化干部队伍专业和年龄结构，搭建合理的专业人才梯次。抓好建设职业技能岗位培训与鉴定工作，引导农民工向技能型人才转变。

大事记

1 月

6 日 广西住房城乡建设厅组织区内部分设计院所、供水供气、市政照明、污水垃圾处理等市政行业的规划设计、研发制造及运营管理的民营企业进行座谈。会议主要听取民营企业参与市政公用行业建设的意见和建议，为具体落实自治区党委、政府《关于进一步优化环境促进非公有制经济跨越发展的

若干意见》，研究制定相关政策措施打好基础。广西住房城乡建设厅副厅长封宁出席座谈会并讲话。

8 日 广西城乡风貌改造座谈会在南宁召开。广西住房城乡建设厅副厅长吴伟权出席会议并讲话。

同日 "美丽广西·清洁乡村"活动新闻发布会在南宁召开。广西住房城乡建设厅副厅长吴伟权出席新闻发布会并介绍"清洁家园"专项活动的工作情况，回答了现场记者的提问。

13 日 第五届广西园林园艺博览会园博园在百色举行开工仪式。

17 日 广西住房城乡建设厅与广西壮族自治区工商局组织人员参加住房城乡建设部办公厅、工商总局办公厅召开的全国房地产中介市场专项治理电视电话会议，广西住房城乡建设厅副厅长金昌宁在会议结束后的广西分会场对下一步工作作了部署。

27 日 广西住房城乡建设厅召开党的群众路线教育实践活动总结大会。广西住房城乡建设厅厅长、党组书记严世明主持会议并讲话，广西壮族自治区党委党的群众路线教育实践活动第四督导组组长庞栋春到会指导。

2 月

18 日 广西住房城乡建设工作会议在南宁召开。广西壮族自治区副主席蓝天立出席并讲话。广西住房城乡建设厅厅长、党组书记严世明作全区住房城乡建设工作报告，副厅长、党组副书记金昌宁主持会议，驻厅纪检组组长、党组成员黄汉荣作全区住房城乡建设系统党风廉政建设工作报告。

25 日 广西住房城乡建设厅约谈了 2013 年下半年发生建筑安全事故的 26 家建筑施工企业、分包企业、监理单位的法定代表人和分管安全的领导及项目负责人。副厅长杨绿峰出席会议。

26 日 2014 年广西全区住房公积金工作会议在南宁召开。

3 月

4 日 2014 年广西全区墙材革新工作会议在南宁召开。广西住房城乡建设厅总工程师赵越出席会议。

6 日 2014 年全区住房城乡建设系统工会工作会议在南宁召开。

10 日 广西住房城乡建设厅厅长严世明率广西河池巴马生态保护和规划建设联合工作组，到河池市调研并召开座谈会。

13 日 2014 年全区建筑市场监管促进建筑业发展工作会议在南宁召开。严世明、杨绿峰出席并讲话。

14日　广西壮族自治区文明单位第二考核组一行3人到广西住房城乡建设厅，检查考核创建自治区级文明单位工作。

18日　广西城乡风貌改造工作领导小组在南宁召开2014年度第一次会议，总结2013年工作。

26日　2014年广西工程建设标准定额管理工作会议在南宁召开。

4月

8～12日　以广西住房城乡建设厅副厅长金昌宁为组长、广西区法制办副巡视员莫国雄为副组长的调研组，赴湖北省、广东省就《广西民用建筑节能条例》立法工作进行调研。

18日　广西市政公用事业建设与管理工作会议在南宁召开。

22日　2014年全区住房城乡建设系统精神文明建设工作会议在南宁召开。

26日　广西建筑业50强及驻邕房屋建筑施工企业近千人参加观摩会，并现场观摩了南宁青秀万达广场项目的可视化技术交底管理情况。

5月

10日　第四届广西园林园艺博览会在北海园博园开幕，广西壮族自治区党委常委、北海市委书记王小东，广西壮族自治区副主席高雄，广西壮族自治区政府副秘书长黄武海，广西住房城乡建设厅厅长严世明、副厅长吴伟权及北海市有关领导出席开幕式。

15日　广西壮族自治区人民政府召开全区棚户区(危旧房)改造和污水处理设施建设电视电话会议。

19～20日　住房城乡建设部村镇建设司在南宁召开全国村镇处长工作会议，总结2013年村镇建设工作，研究部署2014年的村镇建设工作。

22日　广西住房城乡建设系统服务"两个建成"劳动竞赛誓师大会暨南宁轨道交通2号线创建"三红双优"项目启动仪式在南宁举行。

同日经自治区人民政府同意，自治区保障性安居工程领导小组印发《广西2013～2017年棚户区(危旧房、改造实施方案》，方案对全区棚户区改造提出了总体要求和基本原则，明确了2013～2017年棚户区(危旧房)改造55.71万套的目标任务和改造范围。

经自治区人民政府同意，自治区保障性安居工程领导小组印发《广西棚户区改造项目国家开发银行专项贷款资金管理办法》，明确了全区棚户区改造想国开行贷款资金的申报、管理、使用、偿还、监督等原则，标志着广西正式建立棚户区改造融资

平台。

23日　全区棚户区改造项目实施工作会议在南宁举行。会议通报了广西保障性住房建设和棚户区改造进展情况，国家开发银行广西分行作了棚户区改造融资贷款、贷款项目申报、资金管理等有关说明。广西住房城乡建设厅副厅长金昌宁出席会议并作工作部署。

29日　广西建筑节能与建设科技工作座谈会在南宁召开。广西住房城乡建设厅总工程师赵越出席会议并讲话。

同日　广西住房城乡建设系统召开民主评议政风行风暨整治全区住房城乡建设系统不正之风工作会议。广西住房城乡建设厅副厅长、党组副书记、巡视员金昌宁出席会议并做动员部署，驻厅纪检组组长黄汉荣主持会议。

6月

6日　广西住房城乡建设系统2014年依法行政工作会议在南宁召开。

10日　2014年广西建筑业职业技能竞赛镶贴工和砌筑工比赛在南宁举行。来自14个设区市和广西建工集团共15个代表队选手、助手108人、各代表队教练员13人、镶贴工和砌筑工的裁判员34人参加本次大赛。

12日　广西城乡风貌改造六期工程工作推进会在柳州市鹿寨县召开，广西壮族自治区党委副书记危朝安、自治区副主席蓝天立参加会议，并要求创新城乡风貌改造机制体制，推进六期工程全面深入开展。

13日　第四届广西园林园艺博览会总结大会暨会旗交接仪式在北海举行。广西住房城乡建设厅副厅长封宁将会旗交由百色市，百色市将主办第五届广西园林园艺博览会。

13～14日　广西住房城乡建设系统2014年"清洁家园"专项活动农村垃圾处理技术业务培训会在横县召开。并组织参观横县石井村开展农村垃圾分类收运处理示范村建设和马毕村对农村简易焚烧炉(土炉)进行技术改造加装除尘处理器试点建设。

19日　广西住房城乡建设厅组织召开全区住房城乡建设系统政风行风评议监督员会议。

23日　联合国教科文组织世界遗产委员会在第38届世界遗产大会上一致通过"中国南方喀斯特"第二期世界自然遗产项目审议，广西桂林喀斯特和环江喀斯特正式入选《世界遗产名录》，这是广西项目首次纳入《世界遗产名录》。

25～28日全国建设工程质量安全监督执法第四

第四篇

检查小组由住房城乡建设部稽查办主任王早生率队，到广西开展督查。

7月

2日 广西壮族自治区政府与国家开发银行在南宁签署《共同推进广西棚户区改造开发性金融合作备忘录》。根据备忘录，国开行将在符合国家法律法规和内部审批条件的前提下，深化与广西壮族自治区政府的银政合作，以开发性金融支持广西棚户区改造工作。广西壮族自治区主席陈武与国家开发银行行长郑之杰出席签署会。

4日 广西壮族自治区政府在南宁市广西—东盟经济开发区召开全区棚户区改造工作推进现场会。

4～6日 广西壮族自治区财政厅、住房和城乡建设厅在南宁联合召开2014年广西新型城镇化百镇示范工程和特色名村建设竞争性立项评审会。

8日 广西召开农村垃圾处理实用技术方案专家实地现场调研讨论会。广西住房城乡建设厅副厅长吴伟权参加会议并提出要求。

18日 广西住房城乡建设厅召开2014年上半年建筑安全生产事故约谈会。

21～23日 在2014年中国技能大赛——"中北华宇杯"第43届世界技能大赛瓷砖贴面和砌筑项目全国选拔赛暨全国建设行业职业技能竞赛上，广西北海市第二建筑工程公司和桂林地建建设有限公司的建筑工人宁准辉和王桂华，夺得全国建设行业职业技能大赛（装饰镶贴工）二等奖和三等奖。广西代表队获得团队优胜奖。

25日 广西农村垃圾处理实用技术方案专家评审会在南宁召开，初步筛选出13种相对合适在广西推广的垃圾处理模式。广西住房城乡建设厅副厅长吴伟权出席评审会并讲话。

30日 2014年第二季度全区住房城乡建设领域投资形势分析座谈会在南宁召开，会议总结了2014年上半年全区住房城乡建设领域投资工作情况，分析存在问题和原因，并提出下半年工作建议，广西住房城乡建设厅副厅长吴伟权参加会议并讲话。

31日 推进广西控制性详细规划编制工作会议在南宁召开。广西住房城乡建设厅副厅长封宁出席会议，14个设区市规划行政主管部门负责人参会。

8月

20日 住房城乡建设部在南宁市召开部分省区住房保障工作座谈会，湖南、四川、贵州、云南、广西等省区住房城乡建设部门参会。广西住房城乡建设厅金昌宁副厅长出席会议并致欢迎辞。

29日 第五届广西（百色）园林园艺博览会吉祥物"果娃"设计方案通过审定。

9月

5日 2014年第三季度全区建筑施工安全生产形势分析座谈会在南宁召开，会议分析了全区建筑施工安全生产形势，并部署第四季度的安全生产工作。

16日 住房城乡建设部在北京召开房地产工作座谈会，广西住房城乡建设厅副厅长金昌宁参加会议，并于9月24日、25日分别在柳州、防城港市召开的全区保障性住房片区会议上传达会议精神。

23日 广西工程质量安全监督工作会议在玉林召开。

23～25日 广西分别在柳州和防城港召开全区棚户区改造片区交流座谈会。广西壮族自治区副主席蓝天立出席两次会议并作重要讲话。

25日 南宁吴圩国际机场新航站区正式启用。

30日 广西住房城乡建设厅通报，广西提前超额完成国家下达的保障性安居工程目标任务。截至9月底，全区已开工15.09万套（含新增发放廉租住房租赁补贴1.27万户），开工率约为125.82%，保障性安居工程基本建成10.1万套，占目标任务的约为101.05%，新增分配入住11.02万套，约占目标任务的110.17%。

10月

8日 广西住房城乡建设厅召开工程质量治理两年行动再动员再部署专题会议。

13日 广西住房城乡建设厅召开2014年度本厅依法行政考核工作布置会。副厅长金昌宁出席会议并讲话。

18日 第六届广西园林园艺博览会园区建设开工活动在梧州市苍海新区举行。

20日 广西建筑安装工程劳动保险费管理办公室召开全区建安劳保费审计检查工作布置会。从21日起，组成3个检查工作组，深入各市县开展建安劳保费审计检查。

同日 广西国家智慧城市试点评审会议在南宁召开。广西玉林、钦州、鹿寨三个市（县）申报国家智慧城市试点城市，通过广西初步评审环节，上报住房城乡建设部参与最终评审。广西住房城乡建设厅副厅长杨绿峰参加评审会。

22日 广西住房城乡建设厅在南宁举办全区棚户区改造政策和住房保障信息化专题宣贯会。

25日 广西全区统一使用新版建筑工程施工许可证。同时，广西将进一步加强对建筑工程施工许可审批的监督、考核和管理工作,严把建筑工程施工许可的监督审查关。

28日 广西壮族自治区法制办在南宁召开《广西壮族自治区民用建筑节能条例(草案)》立法调研项目评审会,对草案结构框架、内容合法性、立法必要性等相关内容进行评审。

29日 以"毓秀百色·民族风情"为主题的第五届广西园林园艺博览会在百色市开幕。

11月

1~5日 住房城乡建设部检查组对广西住房公积金服务开展专项督查,并重点抽查南宁、贵港、玉林3个城市的住房公积金服务情况。

4日 《广西兴安县溶江镇总体规划》厅际联席审查会在南宁召开。广西壮族自治区发改委、工信委、财政厅等10多个区直部门代表及戴舜松、公茂武、张耀庆等特邀专家等20多人出席会议。

6日 广西建设职业技术学院新校区举行启用仪式。

7日 2014年广西"美丽广西·清洁家园"专项活动推进会在临桂县召开。

同日 广西加快推进城镇污水处理设施建设运行电视电话会议在南宁召开。

10日 2014年内地与香港建筑业论坛在南宁开幕。论坛以"推动建筑科技和管理创新,携手'走出去'"为主题,分为"运用建筑创新科技,合作开拓海外市场"、"国际项目管理经验,推动共同走出去""两地建筑业'走出去'的机遇及经验"三个环节进行发言和讨论。

13日 全国住房城乡建设系统新闻宣传工作经验交流电视电话会议在北京召开,广西住房城乡建设厅在广西分会场参加会议,副厅长吴伟权代表广西做新闻宣传工作经验交流发言。住房城乡建设部副部长齐骥在会上发表书面讲话。

同日 广西住房城乡建设系统查处违法建设暨依法行政示范点现场交流会在南宁召开,会议交流和总结了查处违法建设和依法行政两方面的经验和做法。广西住房城乡建设厅副厅长金昌宁出席会议并讲话。

19日 广西住房城乡建设厅和广西发改委召开座谈交流会,广西发改委主任、党组书记黄方方出席会议,广西住房城乡建设厅厅长严世明出席会议并讲话,副厅长吴伟权汇报了配合开展"十三五"规划编制的工作情况。商请了一批关于纳入国家"十三五"规划重大工程、重大项目、重大政策的项目。

20日 住房城乡建设部督导组与广西住房城乡建设厅举行农村人居环境调查工作座谈会。

25日 广西"十二五"无障碍设施建设标准宣贯会在南宁召开。

26日 国家建筑节能与绿色建筑行动实施情况专项检查反馈会在南宁召开,国家检查组对广西建筑节能与绿色建筑行动实施情况进行了肯定。

27日 第九届中国城镇水务发展国际研讨会与新技术设备博览会在南宁开幕。

12月

5日 广西住房城乡建设厅在梧州召开全区住房城乡建设系统新闻宣传工作会议。

8日 广西住房城乡建设厅召开2014年度党员领导干部民主生活会征求意见会。

10日 广西住房城乡建设厅厅长严世明率队到梧州督查调研干部职工违规多占住房清退专项整治工作及第六届广西园博园开工建设进展情况。

12日 广西住房城乡建设厅举办2014年城镇市政基础设施建设与PPP模式操作实务培训班。

17日 第六届广西园林园艺博览会园博园总体规划方案审查会在南宁召开,会议原则通过园博园总体规划方案及城市展园片区规划方案。

23日 广西住房和城乡建设系统党风廉政建设工作座谈会在龙州县召开。

24日 第五届广西园博会总结大会暨会旗交接仪式在百色举行。

同日 广西住房公积金运行分析会在南宁召开,会议通报广西2014年住房公积金运行形势,分析存在的突出问题,研究2015年业务发展趋势。

25日 广西园林园艺博览会组委会第七次全体成员会议在南宁召开。会议原则通过第六届广西园林园艺博览会总体规划方案及总体工作方案。

30日 广西工程建设地方标准《广西城镇生活垃圾卫生填埋场运行、维护以及考核评价标准》实施。

同日 广西住房城乡建设厅召开厅属单位2014年年终总结会议,听取了14个厅属单位年终总结汇报。

同日 根据广西第二次"治污"督查结果,广西壮族广西住房城乡建设厅联合广西发改委、广西环保厅召开警示约谈会,对推进2014年城镇污水处理设施建设工作滞后的市县相关负责人进行警示约谈,安排部署下一阶段的整改工作。

(广西壮族自治区住房和城乡建设厅 撰稿:李琳)

海 南 省

概况

2014年，海南省住房城乡建设系统紧紧围绕全省经济社会发展大局团结奋进，锐意改革，扎实工作，较好地完成了省委、省政府下达的各项任务。

【房地产市场平稳健康发展】 面对经济下行压力加大的严峻挑战，海南省住房和城乡建设厅及时出台对应措施，千方百计抓促销，积极引导房地产转型发展，提升品质，实现了"投资保持增长，销售基本持平"的目标。2014年全省房地产开发投资1431.7亿元，同比增长19.6%；商品房销售面积1003.97万平方米，同比下降15.7%，其中纯商品房销售面积约910.06万平方米，同比下降2.7%；商品房销售金额935.2亿元，同比下降9.4%；销售均价9315元/平方米，同比增长7.5%。在保障性安居工程建设方面实行早谋划、早部署，抓落实，提前完成任务。截至12月底，全省开工建设城镇保障性住房3.58万套，占计划的102.4%，其中棚户区改造开工2.74万套，占年计划的100.0%；基本建成城镇保障性住房3.02万套，占年初计划任务的120.8%；已分配入住2.94万套。全省农村危房改造开工2.88万套，占年度计划的125.2%；建成2.58万户，占计划的111.9%。住房公积金各项业务指标稳步增长，全年全省住房公积金累计缴存人数85.6万人，累计缴存399.7亿元，累计发放个人贷款190.1亿元，实现增值收益3.2亿元，较好地发挥了支持住房建设和需求的作用。

【有序推进以特色风情小镇建设为重点的新型城镇化建设】 按照海南省委"科学规划年"的要求，积极推进《海南省总体规划》编制，探索省域层面"三规合一"和全省"一盘棋"的空间管控。加快推进市县总体规划第三轮修编，14个市县完成规划成果或纲要编制。编制（修编）完成157个乡镇总体规划、162个乡镇控规和2368个行政村规划，基本上实现全省村镇规划全覆盖。组织开展对陵水、定安等4市县的城乡规划督察。同时，修改完善《海南省新型城镇化规划（2014~2030）》、《海南省新型规

划体系》等系列成果。并以特色风情小镇建设为突破口，集中力量抓好海口演丰、三亚育才、万宁兴隆3个2014~2015年度省级特色风情小镇建设示范镇，继续抓好海口云龙、文昌龙楼、定安龙门3个2013~2014年度省级特色风情小镇示范建设。在省级试点镇的带动下，各市县积极想方设法推进本地特色风情小镇建设。全省基本建成19个特色风情小镇，其中琼海市"不砍树、不占田、不拆房、就地城镇化"的做法为全省新型城镇化发展树立了榜样。省财政厅安排1.92亿元资金，支持18个省级美丽乡村建设试点。全省基本建成海口三门坡龙鳞村、三亚天涯槟榔村等一大批美丽乡村，并成为海南国际旅游岛乡村游的新亮点。此外，全省传统村落保护也取得新业绩。截至12月，全省共有19个村落入选中国传统村落名录。

【坚持依法治理、上下联动，三大专项整治取得明显成效】 全省建成并投入运营生活垃圾处理设施19座，建成生活垃圾转运站154座、在建14座，全省已有170个乡镇实现垃圾清扫保洁体系全覆盖，农村生活垃圾无害化处理试点已覆盖556个行政村。同时，掀起多次环境卫生整治高潮，为重大节庆和博鳌亚洲论坛年会营造了优美整洁的城乡环境。集中抓好房地产市场整治，住房城乡建设、银监、税务、工商等部门，对未严格按照规划建设、违规销售等八类行为进行重点整治，并加快处理历史遗留房产办证难问题。全省全年受理历史遗留房产办证6.13万户、建筑面积644.81万平方米，已发证2.78万户。

持续抓好违法建筑整治，海口、三亚等市县，集中力量，重拳出击，打违拆违效果明显，全省全年拆除违法建筑250万平方米。

【坚持创新管理，科技引领，建筑业发展水平明显提高】 加强法制建设，出台《海南省房屋建筑和市政工程工程量清单招标投标评标办法》等规范性文件，编制《海南省城乡建设抗震减灾发展规划纲要》等。强化执法检查和行业监管，积极部署"工程质量治理两年行动"，落实"八打八治"打非治违

专项行动,以保障性安居工程为重点开展工程质量和安全生产大巡查,召开现场观摩会以点带面推进工地现场标准化,加强对自然灾害的预测预防,两次强台风期间全省2000多个项目施工现场实现零伤亡。加强对建筑业企业和人员的市场监管和诚信管理,对全省建筑防水、建筑工地消防、招标代理机构、勘察设计单位以及造价咨询企业等展开执法检查,全年共查处建设工程违法违规企业222家、注册执业人员31人。积极推进房屋建筑全过程监管信息平台建设,全省施工图审查工作已实现从接收图纸到合格证发放的网上监管。发布实施《海南省房屋建筑工程全过程监管信息平台检测数据接口标准》,在6个市县30个在建项目工地进行全过程监管试运行,并对接住房城乡建设部中央数据库,可以实现项目、企业、人员的双向查询。全面推进建筑新技术应用,加强绿色住宅建筑、住宅建筑设备和智能化、高层住宅抗震防风减灾等建筑新技术的推广应用,全省新增绿色建筑评价标识项目4个、应用面积28.89万平方米;新增强制推广绿色建筑项目24个、应用面积131.31万平方米。2014年前三季度,全省建筑业增加值为264.9亿元,同比增长10.1%,高于全国平均增幅5个百分比。在建筑业快速增长的同时,工程质量和安全生产保持总体平稳态势,连续四年被省政府评为“安全生产先进单位”,36项工法被评为省级或国家级工法,25个项目被评为“绿岛杯”省优工程,2个项目入选2014年度中国建设工程鲁班奖。

【抗风救灾和灾后重建】　面对几十年未遇的超强台风袭击,海南省住房城乡建设系统广大干部职工在第一时间奔赴受灾最严重的文昌翁田镇进行道路清障、建筑物排查,并及时组织230多人的专业队伍深入村庄,全力做好灾区灾后房屋质量安全评估,以及对桥梁、管网、燃气、在建工地进行检测和排查,防止造成次生灾害。文昌、海口等重灾市县的住房城乡建设系统干部职工,自带干粮和药品连续奋战在救灾抢险第一线;屯昌、临高、陵水、定安、澄迈等市县派出专业设备和人员,积极支援海口清障。在自身受灾的情况下,全省住房城乡建设系统捐款超过1亿元,随后又向文昌灾区大学生捐款超过200万元,并调配近2亿元住房公积金资金,用于保障重灾区缴存职工集中办理公积金提取和贷款业务。同时,迅速出台一系列灾后重建指导性文件,开展灾后村庄重建规划编制、灾民自建住房方案设计、农村工匠培训等。截至年底,灾后民房重建已开工45618户、竣工44191户,总体上能够

按照省政府确定的时间节点全面完成任务。

【党风廉政和人才队伍建设】　海南省住房城乡建设系统按照省里的统一部署深入开展群众路线教育实践活动,严格执行中央“八项规定”和省委的二十条规定,以问题为导向,立行立改。厅机关率先清理调整办公用房,压缩各项支出,2014年海南省住房城乡建设厅机关“三公”经费支出113.41万元,同比降低32.7%。全系统认真落实党风廉政“两个责任”,深入开展庸懒散奢贪和“不干事、不担事”专项整治活动,对照上级机关提出的和海南省住房城乡建设厅自查的问题一一进行整改。并以此为契机深化行政审批制度改革,取消或下放3项行政审批事项,推进审批服务提速提效,审批服务提前办结率达96.8%,按时办结率100%。省住房城乡建设厅机关连续三年被省直机关工委评为党建工作先进单位,系统内涌现出全国文明单位、省级青年文明号集体和优秀共产党员等一批先进单位和个人。

抓好建设行业人才培养,启动第四期建设规划人才智力扶持中西部市县计划。从省厅机关和海口、三亚以及中西部11个市县住房城乡建设部门选派31名干部交叉挂职和跟班学习。抓好专业技术人员的继续教育,举办各类培训班133期,培训人员20000余人次,为2200名鉴定合格的建筑工人发放了技能岗位证书。(谢曦)

建设政策法规

【住房城乡建设系统规范性文件备案审查】
2014年,海南省住房城乡建设厅严格按照《海南省规范性文件制定与备案登记规定》落实规范性文件备案登记制度,强化领导干部及工作人员合法制定规范性文件的意识。法制机构在对文件作法律审核意见时,对规范性文件一并提出备案登记建议,均严格依照法定程序向省政府申请规范性文件备案登记,获得备案号后才印发实施。全年通过法核并备案《关于印发〈海南省房屋建筑和市政工程工程量清单招标投标评标办法〉的通知》、《关于印发〈海南省房屋建筑工程质量投诉处理暂行办法(试行)〉的通知》、《关于〈规范我省计入容积率建筑面积计算规则〉的通知》等10件规范性文件,通过法核的规范性文件备案登记率达到100%。

【住房城乡建设系统行政复议工作】　海南省住房和城乡建设厅根据《中华人民共和国行政复议法》、《中华人民共和国行政复议法实施条例》和住房城乡建设部《关于进一步加强住房城乡建设行政

复议工作的意见》的规定，进一步加强行政复议工作，坚持以事实为依据，以法律为准绳，依法办理行政复议案件。2014年共收到行政复议申请10件，依法受理行政复议7件，上年度余案1件。内容涉及城乡规划、房地产市场（物业管理）、房屋拆迁、招标投标等方面。全年共按期审结5件案件（含上年转结1件），已审结案件无一起引发行政诉讼、上访或群体性事件，未发生复议后应诉案件，充分发挥了行政复议制度在化解社会矛盾、建设法治政府、指导基层法制建设、构建社会主义和谐社会中的作用。省住房和城乡建设厅注重以做好协调和疏导工作为优先环节，着力化解行政争议，使8起可能引发行政复议的案件提前化解或选择其他方式解决。

【住房城乡建设系统普法工作】 为深入贯彻落实党的十八届四中全会《中共中央关于全面推进依法治国若干重大问题的决定》重要精神和省委六届七次全会精神，深入开展法制宣传教育，根据《省委宣传部、省司法厅关于在公民中开展法制宣传教育的第六个五年规划（2011~2015年）》、省人大常委会《关于"六五"法制宣传教育的决议》及《海南省建设系统法制宣传教育第六个五年规划》要求，有序完成了当年普法依法治理工作的各项任务。5月10日，海南省住房城乡建设厅与海口市美兰区团委携手在海口市演丰镇红树林景区开展农村垃圾分类等政策法规宣传志愿服务活动，将普法宣传活动开展到基层一线。8月20~22日，圆满举办2014年全省住房城乡建设系统行政执法人员综合法律法规知识培训班，共计培训住房城乡建设系统工作人员约300人。9月，通过拉横幅、在省住房城乡建设厅网站主题宣传、省规划展览馆电子屏滚动播放、组织学习相关文件等形式，开展为期一个月的行政复议法宣传活动。

【依法行政考核工作】 按照海南省人民政府办公厅《关于开展2013年度依法行政考核工作的通知》（琼府办〔2014〕41号）要求，海南省住房城乡建设厅结合工作实际分解出了29项自查自评工作任务，制定了海南省住房和城乡建设厅《2013年度依法行政考核工作方案》，截至6月5日，分自查、自评、汇总迎检三个阶段开展了2013年度依法行政自查自评等各项工作。6月17日，省政府依法行政考核组考核海南省住房城乡建设厅2013年度依法行政工作。海南省住房城乡建设厅在受考核的8个部门中，以85.15分取得第2名的好成绩，考核等次为良好。（金淑莉）

城乡规划

【城乡规划编制】 2014年，海南省"全省统一规划、整体布局"的要求，启动《海南省总体规划》编制工作，力图整合各类规划，达到全省一张规划蓝图的目的。完成五指山、白沙、琼中、屯昌等市县第三轮城市总体规划成果编制，其余市县第三轮城市总体规划纲要成果编制也基本完成。基本完成三亚海棠湾分区规划修编、博鳌乐城国际旅游医疗先行试验区总体规划修编、文昌木兰头片区总体规划等省域特定地区规划编制。批准实施海南雅居乐A16-3（一期）教育配套项目修建性详细规划、海南雅居乐清水湾豪瑞阁酒店修建性详细规划（调整）、海南雅居乐清水湾A13-1区（二期）修建性详细规划、清水湾B13-2、B13-3地块修建性详细规划局部调整方案（B3-B5公寓）、陵水风车国际休闲度假村B区（B2地块）修建性详细规划调整、土福湾C01、C03地块项目修建性详细规划等。评审通过海南西环高铁各站场区域控制性详细规划暨站前广场修建性详细规划、陵水南湾猴岛生态旅游区控制性详细规划等一批规划。

【城乡规划管理】 根据海南省委省政府要求，在原海南省城乡规划委员会和海南省旅游规划委员会的基础上，撤销海南省旅游规划委员会，将其有关规划审核职能并入海南省城乡规划委员会并更名为海南省城乡规划建设委员会，办公室设在海南省住房城乡建设厅，实现规划管理权集中统一。继续推进城乡规划督察工作，完成对保亭、陵水、定安等市县的城乡规划督察。核发文昌"两桥一路"（二期）工程滨海旅游公路（铺前大桥连接线段）、昌江县石碌铁矿深部开采项目、南方主网与海南电网第二回联网工程（海南侧）、万宁市港北大桥、琼海港下至谭门段旅游公路、定海大桥项目、乐东滨海大道工程、儋州市生活垃圾焚烧发电（一期）工程、三沙市赵述码头一期工程、三沙市电力工程一期项目、文昌清澜港三沙补给及交通码头、海口港马村港区三期散货码头工程、华能洋浦热电联产工程项目、海口市南渡江引水工程项目等项目选址意见书。完善城乡规划技术标准制定。出台《关于规范我省计入容积率建筑面积计算规则的通知》，基本完成建设项目停车位配置标准等研究，起草《海南省城市规划技术标准》等。（陈天平）

城镇规划建设

【积极开展国家新型城镇化试点工作】 6月，国家发改委会同中央编办、公安部、住房城乡建设部、国土部等11部委印发《关于开展国家新型城镇化综合试点工作的通知》(发改规划〔2014〕1229号)，要求各省组织申报试点项目。海南省住房和城乡建设厅将《通知》转发各市县，并指派专人负责指导协调各市县申报。8月底，海南省将相关申报材料呈报国家发改委，推荐儋州市、琼海市作为海南省国家新型城镇化试点市，海口市云龙镇、演丰镇、三亚市海棠湾镇、澄迈县福山镇、保亭县三道镇作为海南省国家新型城镇化试点镇。12月29日，国家发改委会同中央编办等11部委印发《关于印发国家新型城镇化综合试点方案的通知》(发改规划〔2014〕2960号)，确定将海南省儋州市列为国家新型城镇化综合试点地区。根据《国家新型城镇化综合试点总体实施方案》，海南省住房和城乡建设厅会同儋州市政府制定《儋州国家新型城镇化综合试点市总体实施方案》，全力推进儋州国家新型城镇化试点市建设。(文天光 许静)

【海南省规划展览馆完成升级改造工作并重新对外开放】 海南省规划展览馆于2013年12月闭馆进行升级改造，2014年3月底完成升级改造工作，于11月16日通过竣工验收。10月1日重新开馆，当年共接待菲律宾主流媒体团、2014年赞比亚礼宾官员研修班学员、俄罗斯及中亚五国中高级外交官培训班访琼代表团、加拿大上议院参议员胡子修(Victor Oh)率领的文化之旅代表团等国外贵宾团队，以及出席"2014中国城市规划年会"和"2014(第四届)中国边疆重镇高峰论坛"的嘉宾，参加第21届华夏园丁大联欢活动的港澳台、海外华人和内地的教师代表等各类团队近50批次，取得良好的社会效益。(陈天平)

【垃圾处理设施建设】 截至2014年底，海南省累计建成垃圾处理设施21座，其中填埋场16座，焚烧厂4座，餐厨垃圾处理厂1座，垃圾无害化处理设施能力4320吨/日；累计建成垃圾转运站154座，处理能力为7985吨/日，在建或拟建转运站18座。2014年全省完成垃圾处理设施投资5.9亿元，垃圾转运设施投资2.9亿元。全年城乡生活垃圾进场(厂)195万吨(受台风影响，垃圾量非正常增长)，城乡生活垃圾理论产生量226万吨，2014年城乡垃圾无害化处理率为86%。(蔡蕊)

【公共照明建设】 2014年，海南省城市(含县城镇)新增市政路灯1.52万杆、2.46万盏，新增总功率2016千瓦。省住房乡建设厅组织编制的《海南省市政路灯养护维修定额》、《海南省公共照明设施养护维修标准》，分别于5月1日、7月1日正式印发施行。省住房城乡建设厅积极争取救灾资金用于受台风"威马逊"重创的公共照明设施修复，从公共事业(照明)附加基金中争取1465万元应急资金，帮助受灾较为严重的7个市县尽快恢复公共照明设施功能。省住房城乡建设厅继续推进全省公共照明设施智能监控系统及能耗监测平台的建设工作，为绿色照明提供可靠的能耗监测和评价手段，实现节能指标的可核查和可追溯性。截至2014年底，全省城市市政路灯共有23.66万盏。(宋传瑜)

【园林绿化建设】 2014年，全省城市(县城)建成区绿地率达到33.82%，绿化覆盖率达到38.46%，人均公园绿地面积达到12.11平方米。2014年，海口市编制完成《海口市城市绿地系统规划(2011～2020年)》报批工作，通过市政府审批；《三亚市城市绿地系统规划(2011～2020)》经三亚市人民政府第23次常务会议审议通过，于2月21日，下发各相关单位，用于指导三亚市城市园林绿化的建设和管理。(黄珍)

【燃气工程建设】 2014年，全省城镇天然气供气量约3.8亿立方米，其中管道天然气供气量约2.6亿立方米(居民用户用气量占28%，工商用户用气量占72%)，车用天然气供气量约1.2亿立方米；液化石油气供气量约14万吨。全省天然气用户约51万户，其中居民用户约50万户、工商用户约2700户。新建城市燃气管道311.24公里，其中，市政管道133.25公里、庭院管道177.99公里；累计建成天然气管道2739.31公里，其中，市政管道1211.67公里、庭院管道1527.64公里。全年新建燃气汽车加气站2座，累计建成投产加气站26座；全年新建天然气管道和燃气汽车加气站项目共投资8149万元，累计投资约15.4亿元。(王敦杰)

村镇规划建设

【灾后农房重建工作】 2014年"威马逊"台风使海南省部分市县农房损毁严重，据统计，海南省灾后民房重建任务为45745户。截至2014年底，开工45618户，开工率99.7%；完工44191户，完工率96.6%。2014年12月国家农村危房改造检查组对海南省农村危房改造与灾后重建结合所取得的成效给予高度肯定。

【农村危房改造】 2014年，省政府下达海南省农村危房改造任务为23000户，截至2014年底，各市县实际开工28812户，开工率125.27%，开工面积206.32万平方米；竣工25752户，竣工率111.97%，

第四篇

竣工面积 184 万平方米。累计完成投资 22.57 亿元，其中各级财政补助 7.33 亿元，农户自筹 15.24 亿元。

【特色风情小镇建设】 2014 年，确定海口演丰镇、三亚育才镇、万宁兴隆镇为 2014～2015 年度省级风情小镇建设示范镇，同时指导市县继续抓好海口云龙、文昌龙楼、定安龙门等 3 个 2013～2014 年度省级特色风情小镇示范建设。云龙、龙楼、龙门示范镇建设项目全部完成，演丰镇、育才镇、兴隆镇有序推进各项特色改造建设。在试点镇的带动下，海口、琼海等市县特色风情镇面貌不断改善。出台《海南省特色风情小镇建设指导意见》，指导市县开展特色风情小镇建设；组织编印《海南特色风情小镇、美丽乡村建设》图集，印发给各市县，积极推进我省特色风情小镇及美丽乡村建设。

【村镇规划编制】 根据海南省政府下达的村镇规划编制任务量，2014 年全省完成乡镇总规 163 个，完成率 118.12%，审批 118 个，审批率 85.51%；完成乡镇控规 165 个，完成率 114.58%，审批 98 个，审批率 68.06%；完成行政村规划 2420 个，完成率 96.84%，审批 1508 个，审批率 60.34%；完成自然村规划 15926 个，完成率 96.33%，审批 9110 个，审批率 55.11%。村镇规划工作已进入规划报批及实施为主的阶段。

【美丽乡村建设和改善农村人居环境工作】 积极推进美丽乡村建设，省住房城乡建设厅与省财政厅联合印发《海南省美丽乡村建设指导意见（2014～2020）》，确定 18 个村为省级美丽乡村建设试点村庄，重点从村庄规划指导、民居设计、基础设施配套建设和工程质量安全等方面，指导海口市瑶城村，文昌市江村，万宁市文通村，保亭县什进村、琼中县什寒村、乐东县南美村等一批美丽乡村建设，成为全省美丽乡村建设的榜样。白沙县，琼中县，保亭县等根据各自实际，也探索出了比较成功的建设经验。

【传统村落保护】 对列入国家第一批传统村落名单的海南省 7 个村庄开展保护性规划和修复保护工作，其中文昌十八行等 3 个村庄开展实施保护修复工程，海口上丹村等 4 个村庄组织编制保护规划。经组织申报，海南省共有 12 个村庄列入第三批国家传统村落名录。成立省传统民居保护专家委员会，指导市县开展传统民居调查工作，海南省共有 10 种类型传统民居入选《中国传统民居类型全集》。（苏乾）

房地产业

【商品房建设】 2014 年，海南省房地产开发投资完成 1431.65 亿元，同比增长 19.6%，其中住宅投资 1122.14 亿元，增长 12.8%，占房地产开发投资比重的 78.4%。商品房施工面积 7557.15 万平方米，同比增长 22.4%，其中住宅施工面积 6008.91 万平方米，同比增长 16.1%。商品房新开工面积 1583.64 万平方米，同比下降 8.7%，其中住宅新开工面积 1200.74 万平方米，同比下降 18.4%。

【商品房销售】 2014 年，海南省加大商品房岛外促销力度，省住房城乡建设厅组织省内房地产企业赴华北、东北、西南、华东等地举办 4 场展销会和 3 场推介会，并指导各市县根据当地实际，积极组织开展房地产促销活动。全年全省组织开展了 30 场房地产推介活动。同时，2014 年海南省安排 2000 多万元用于海南整体形象宣传，省住房城乡建设厅会同省委宣传部，通过"百城、百网、百台"和"飞机、手机、动车"等各种渠道，对海南进行整体包装和深度宣传，突出海南生态、环保、健康等特色，提升海南整体形象和知名度，扩大宣传影响，促进海南房地产销售。2014 年，海南省商品房销售面积 1003.97 万平方米，同比下降 15.7%，其中住宅销售面积 942.84 万平方米，同比下降 18.4%；商品房销售金额 935.21 亿元，同比下降 9.4%，其中住宅销售金额 873.22 亿元，同比下降 12.4%。纯商品房（不含保障房）销售面积 910.06 万平方米，同比下降 2.7%；纯商品房销售金额 897.20 亿元，同比下降 2.5%。

【房地产市场管理】 2014 年以来，全国经济整体下滑，房地产市场持续低迷，为促进海南省房地产市场平稳健康发展，省住房城乡建设厅深入开展政策研究，参考国家和其他省市的做法，结合海南实际，起草《海南省人民政府办公厅关于促进房地产市场平稳健康发展的意见（代拟稿）》。此外，经省政府同意，省住房城乡建设厅于 8 月 22 日印发《关于促进房地产市场平稳健康发展的指导性意见》，从明确责任、加强监测、及时联动、政策扶持、深度宣传、优化结构、强化监管、推进棚户区改造等八个方面加强对市县的指导。8 月 29 日、9 月 25 日和 9 月 26 日，省政府和省住房城乡建设厅分别召开房地产市场平稳健康发展座谈会，传达国家和省里稳定房地产市场的意见和思路，并对下一阶段重点工作做出部署，从明确目标、出台政策、加强促销、强化监管、调整结构等方面提出工作要求。根据省政府工作要求，省住房城乡建设厅不断加强房地产市场监测，定期向省政府报告全省房地产市场运行情况，做到周报数据、月报简报、季报小结、半年总结，为省政府准确把握市场形势、加强房地产市场宏观调控和精细化管理提供决策依据和参考。根据房地产业发展和市场需求情况，海南省按照"一增一降一优"的思路，增加高端经营性房地产比重，逐步降低普通商品住房开发比例，优化房地产空间布局，加快房地产业转型发展。10月，省住房城乡建设厅组织召开促进产权式度假酒店（分时度假酒店）发展的研讨会，邀请国际知名的 RCI 公司和安纳塔拉公司高层、业内专家学者以及优秀企业代表等参加研讨会，为推动海南产权式酒店、分时度假酒店发展，加快海南房地产结构调整、转型升级出谋划策。为进一步规范房地产市场秩序，4月，省住房城乡建设厅联合省工商、地税、物价等部门，下发《2014年全省房地产市场专项整治工作方案》，组织开展全省房地产市场专项整治工作，依法查处扰乱房地产市场秩序的各种违法违规行为，优化投资和消费环境，促进商品房销售，推动房地产业健康有序发展。

【房屋登记管理】 2014年，省住房城乡建设厅按照《海南省人民政府办公厅关于加快解决商品房登记历史遗留问题的通知》（琼府办〔2013〕178号）要求，督促各市县加快解决商品房登记历史遗留问题，维护购房者的合法权益。截至12月底，全省共受理历史遗留问题商品房办证申请61375户，面积644.91万平方米，已发证28479户，面积353.70万平方米。11月29～30日，举办全省房屋登记审核人员考核培训班；12月6日，开展2014年度全省房屋登记审核人员培训考核工作。（符策栋）

【国有土地上房屋征收管理】 为贯彻落实省政府办公厅《关于印发党的群众路线教育实践活动专题民主生活会整改方案责任分工的通知》要求，省住房城乡建设厅下发《关于报送集中解决群众反映强烈的国有土地上房屋征收问题有关情况的通知》，要求各市县进行认真梳理，制定具体工作方案，健全长效机制，规范房屋征收行为，依法依规按程序办事。根据省政府关于争取利用一年时间集中解决好群众反映强烈的国有土地上房屋征收问题的要求，2014年海南省重点妥善处理群众上访信访问题。省住房城乡建设厅全年共接待来访群众5批次，转发信访件3件，并根据工作特点，及时转变工作作风，通过现场督办，加大解决力度。省住房城乡建设厅分赴儋州、琼海、文昌、定安等地现场，会同当地有关部门，督促解决房屋征收与补偿工作中群众反映强烈的问题，并现场解决了3件次群众上访信访问题，特别是一些多年未解决的老问题，取得了较

好效果，受到信访群众的肯定。（聂荣波）

【物业管理】 2014年，为加强和规范全省物业服务行业行为，提升物业服务水平，省住房城乡建设厅继续完善物业管理政策措施，组织有关专家继续修改完善《海南省住宅区专项维修资金管理办法》、《业主大会、业主委员会指导规则》两个规范性文件和《海南省物业服务合同》、《物业小区管理规约》、《业主大会议事规则》、《海南省装饰装修承诺书》四个示范文本，并进入相关审批程序，争取尽快出台实施。（毕华）

【保障性住房】 海南省加大力度，积极推进城镇保障性住房建设管理和棚户区改造，确保了保障性安居工程建设计划任务顺利实施。

（1）全面完成保障性住房年度计划任务。2014年，中央下达海南省计划任务开工3.5万套，建成2.5万套。全年开工3.58万套，占计划的102.3%；建成2.51万套，占计划的100.4%；分配入住2.32万套。按125万户城镇人口测算，至2014年底全省城镇保障性住房覆盖面已达35.2%，比上年增加7.32个百分点，高于全国"十二五"末20%的目标。同时，各市县坚持同步规划、同步施工、同步交付使用，根据各自基本建成项目的情况，有针对性地组织好新建安置小区的供水、供电、供气、通讯、污水与垃圾处理等市政基础设施和商业、教育、医疗卫生、无障碍设施等配套公共服务设施的建设。

（2）编制棚户区改造规划。按照国务院《关于加快棚户区改造工作的意见》要求，根据各市县和有关部门分年度、分项目汇总情况，经反复确认，省住房城乡建设厅编制了《海南省2014～2017年棚户区改造规划》。2014～2017年全省规划改造各类棚户区16.12万户，占全国计划改造1000万户的1.8%。

（3）重点推进棚户区改造的实施。5月19日，省政府印发《关于加快推进棚户区改造工作的实施意见》，指导各市县落实项目、编制规划，大力推进棚户区改造工作。5月23日，省政府召开全省电视电话会议，动员部署棚户区改造工作。各市县编制规划、落实项目，多渠道筹措资金，优先保障土地供应。省住房城乡建设厅与人行海口支行和各银行业金融机构积极联系对接棚户区改造项目贷款需求，争取贷款支持。积极落实税费优惠、征收补偿安置等优惠政策，提高货币安置比例，推进棚户区改造建设。

（4）继续加强工程质量安全管理。省住房城乡建设厅组织专业技术人员，对全省保障性安居工程建设项目工程质量安全定期进行巡查，对发现的问题

及时进行通报并督促整改。从巡查结果看，全省保障性安居工程质量处受控状态，安全生产基本稳定。为建立保障性住房质量标准，落实保障性住房建设质量终身责任制，确保工程质量安全，省住房城乡建设厅于12月出台了《关于加强保障性住房质量安全管理的规定》。

（5）加强分配入住管理。省住房城乡建设厅强化了对市县分配入住工作的指导监督。各市县政府进一步细化分配方案，调整各类保障性住房的准入标准，降低门槛，扩大保障范围，统一面向全社会成员供应。

（6）全面实行公租房廉租房并轨运行。省住房城乡建设厅积极部署实施公租房廉租房并轨运行工作，统一公租房和廉租房房源、管理机构、受理渠道、运营等并轨管理，统一保障对象和建设标准，进一步完善定价机制，指导各市县制定并轨运行实施方案。（卜凡中）

建筑业

【工程质量管理】 2014年，为规范建筑市场秩序，有效保障工程质量，促进建筑业持续健康发展，根据住房城乡建设部《工程质量治理两年行动方案》，结合海南省工作实际，制定了《海南省工程质量治理两年行动实施工作方案》。用两年左右的时间，通过集中深入开展工程质量治理两年行动，进一步落实了工程建设六方主体项目负责人质量终身责任，不断健全工程质量监督、监理机制，提高建筑从业人员素质，有效整治工程质量常见问题，使海南省房屋建筑和市政基础设施工程质量总体水平得到明显提升。全年共组织2次全省保障性住房质量安全巡查，重点检查廉租住房、公租住房及利用财政资金建设的保障性安居工程。检查在建项目158个，建筑面积共计734万平方米，发出《建设工程质量安全检查告知书》110份，提出整改意见1336条。下发全省性的通报2份，表扬施工单位1家、监理单位1家，批评施工企业8家、监理单位8家。继续打造精品工程，"国际养生度假中心产权式酒店2♯栋"1个项目获中国建设工程奖鲁班奖，有25项建设工程获得省级工程质量奖——"绿岛杯"奖。

【施工安全】 2014年，海南省建筑施工安全生产总体态势平稳。全年发生6起一般建筑施工生产安全事故，死亡6人，事故发生起数和死亡人数与上年持平。6月，为强化建筑施工安全生产管理，遏制生产安全事故的发生，促进建筑施工安全生产形势的稳定好转，海南省住房和城乡建设厅在海口召

开全省建筑工程质量安全工作会议。会议回顾总结了2013年度建筑工程质量和安全生产工作，研究部署2014年度质量安全重点工作，签订2014年安全生产责任书；对2013年度建筑系统安全生产责任目标进行考核，全方位地考核各市县住房城乡建设系统质量安全生产工作开展的实效。不断深入推进海南省建筑施工标准化工作，强化应急救援能力建设，12月，海南省住房和城乡建设厅联合海南省公安消防总队在海口召开全省建筑施工质量安全标准化暨消防应急救援演练观摩会，向现场1000多名行业管理人员和一线员工展示了建筑施工安全生产应急救援工作，进一步加强防范意识、提高应急处置能力和应急逃生自救能力。琼海、陵水、昌江等市县建设主管部门也积极开展地方性现场观摩会。对2014年发生的6起建筑施工生产安全事故做出相应处罚。

【工法评选】 2014年，根据《海南省工程建设工法评选办法》，海南省住房和城乡建设厅委托海南省建筑业协会组织专家对申报的2013年度省级工程建设工法进行评审，共有"螺母一体工具式连墙件施工工法"等33项工程建设工法通过省级工法评审。（柯维洁）

【招标投标市场管理】 2014年，为进一步规范海南省房屋建筑和市政工程招标投标行为，保证工程量清单招标评标的工作质量，维护当事人合法权益，促进海南省建筑市场的健康发展，省住房和城乡建设厅、省发展和改革委员会联合制定了《海南省房屋建筑和市政工程工程量清单招标投标评标办法》（以下简称《评标办法》），于2014年10月1日起施行。为帮助相关从业人员了解《评标办法》的实质，提高招标、投标、评标能力和质量，保证招投标工作规范进行，组织各市、县住房和城乡建设局及各相关单位有关招投标工作人员《评标办法》宣贯培训。对全省工程招标代理机构进行督查检查，并对检查结果做出处理。全年共查处或纠正违法违规案件7宗。（陈小荣）

勘察设计

【勘察设计质量管理】 2014年，继续加强勘察设计质量管理，开展全省2013～2014年设计完成的建筑工程勘察设计质量检查，重点抽查学校、医院、保障性住房、超限高层建筑工程等28个项目，突出对执行现行《建筑工程抗震设防分类标准》（GB 50223—2008）、《建筑抗震设计规范》等规范内容的审查。

【工程抗震】　2014年，继续严格执行超限高层建筑工程抗震设防专项审查制度，保证超限高层建筑抗震能力。年内完成了"海口塔"等30个项目（82栋高层建筑）的超限工程抗震设防专项审查，通过专项审查进一步优化设计，提高工程抗震的可靠性和安全性。为落实国家的抗震减灾政策和有关文件要求，海南省住房城乡建设厅统一部署、系统规划，指导各市县住房和城乡建设主管部门履行公共服务职能开展抗震减灾规划工作，提出各市县抗震减灾规划建设的目标和要求，确定期限逐步实施城乡抗震减灾的规划建设，经请示省政府批准，海南省住房和城乡建设厅委托专业机构开展《海南省城乡建设抗震减灾发展规划纲要（2015～2020）》编制工作，编制工作已完成。

建设科技

【建筑节能】　2014年，海南省继续做好建筑节能工作。印发《海南省公共建筑节能评估审查表》等表格，开展建筑节能评估审查相关业务宣贯培训和工作座谈会。开展2014年度全省建筑节能设计施工图和施工现场专项检查，共抽查45个项目施工图设计文件（公共建筑15个，居住房城乡建设筑30个），62个项目现场（公共建筑22个，居住房城乡建设筑40个），面积约411万平方米（设计160万平方米，施工现场251万平方米），发出执法建议书3份，并将检查情况通报全省。开展2013年度民用建筑能耗统计、审计和公示工作，共完成全省1379栋建筑的能耗统计、70栋建筑的能源审计和公示工作。推动省级能耗监测平台建设，完成全省公共建筑能耗监测平台软件开发和机房设备的补充配置工作。

【绿色建筑行动】　海南省住房和城乡建设厅继续落实《海南省绿色建筑行动实施方案》，印发《关于分解下达"十二五"绿色建筑目标任务的通知》《关于实施绿色建筑行动有关问题的通知》《海南省绿色建筑（公建）节能评估审查表》《海南省绿色建筑（住宅）节能评估审查表》等，规范全省绿色建筑的建设全过程监管。完善绿色建筑标准体系，组织编制《海南省绿色生态小区评定管理办法（试行）》、《海南省绿色生态小区评价技术导则（试行）》、《海南省绿色建筑设计基本规定》、《海南省绿色建筑管理办法》、《海南省绿色建筑施工管理基本规定》、《海南省绿色建筑竣工验收基本规定》、《海南省绿色建筑运营管理基本规定》、《海南省绿色建筑基本技术审查要点》以及《海南省绿色建筑设计审查备案登记表》、《海南省绿色建筑竣工验收备案表》等。全

面启动图审机构审查绿色建筑施工图设计文件工作，对重点领域强制推广绿色建筑的项目及自愿执行绿色建筑标准的建筑项目进行审查把关。海南省首次自行组织开展一、二星级绿色建筑评价标识评审工作，对海口南洋国际公馆等3个绿色建筑评价标识项目进行形式审查、专业评价和专家评审，报经住房和城乡建设部公示、备案、发证。2014年，全省新增绿色建筑评价标识的建筑项目4个、面积28.89万平方米，强制推广项目24个、面积131.31万平方米。

【可再生能源建筑应用】　3～5月，海南省住房和城乡建设厅到市县开展太阳能热水系统建筑应用的座谈调研，初步总结太阳能热水系统建筑规模化推广应用过程中的经验。印发《关于2014年太阳能热水系统建筑应用面积分配任务的通知》，协助省财政厅完成专项补助资金分配并下达市县。开展2014年度全省太阳能热水系统建筑应用施工现场检查，共检查25个项目，未发现违反强制性条文行为。海南省继续推动国家可再生能源建筑应用示范市县工作进展，印发《关于做好可再生能源建筑应用示范市县验收评估工作的函》给三亚、儋州、文昌、陵水等4个示范市县政府，督促完成示范市县工作。

【建设科技推广】　2014年，海南省颁发了4个建设科技推广应用证书和5个建筑节能材料和产品认定证书，完成57个工法的新技术鉴定，共有46个工法通过新技术鉴定，被评为省内领先级以上。省住房和城乡建设厅联合省科技厅印发《关于开展2014年国家智慧城市试点申报工作的函》，指导开展2014年海南省智慧城市申报工作。

【施工图审查】　海南省住房和城乡建设厅加强指导施工图审查工作，印发《关于加强施工图审查工作有关问题的通知》。多次召开施工图审查机构座谈会，指导做好"海南省房屋建筑工程建设工程全过程监管信息系统"的使用工作。

【海南住宅新技术论坛】　海南省为深入贯彻落实国家创新驱动发展战略、紧紧依靠科技进步、不断提升住宅品质、让老百姓住得更舒适更放心，以"宜居家园·品质生活"为主题的海南住宅新技术论坛会议于8月29日在海口市举办。论坛聚集了国内顶尖建筑领域专家、学者就住宅发展及实用新技术等发表演讲，交流当前住宅建设的发展趋势、最新科技成果及成功案例，并深入探讨住宅新技术在海南的具体应用方式。中国工程院院士肖绪文、海南省副省长王路等到会并发表主旨演讲。（林崇钦）

行政审批

【建设行业行政审批概况】　2014年，省住房和

城乡建设厅行政审批办受理行政许可审批 3837 件，办结 3717 件，平均承诺天数 12.14 天，实际平均办结天数 6.21 天，提前办结率 96.8%，按时办结率 100%。在省政务中心 2014 年度考核中被评为优秀审批办。

【建设行业审批制度改革】 省住房和城乡建设厅行政审批办在深化行政审批制度改革中，立足本职、创新理念、创优服务，推出多项便民措施。一是对省外企业备案由原来的前后台核对原件，改为仅由前台核对原件，一旦受理即退还原件，方便省外企业证件流转；二是将原先备案时要求法人或负责人到场办理，改为企业委托人即可办理，方便省外企业入琼备案。此外，所有的二级审批事项，包括变更、增补、出省介绍信等简单的事项，都由前台窗口审核原件即可，不再移交后台主办复核。

【建设行业审批简政放权】 继续做好清理、取消行政审批事项工作，加大行政审批下放力度。2014 年，省住房和城乡建设厅行政审批办取消了"工程质量检测单位资质认定"审批事项中的"混凝土专项检测试验室资质"、"室内环境质量检测资质" 2 项资质的审批，并将物业服务企业三级资质和劳务分包企业资质的审批权限下放至各市县主管部门，进一步简政放权，减轻企业负担，激发企业活力。

【全面推行政务信息公开】 2014 年，省住房和城乡建设厅行政审批办通过政府网站、窗口平台等向社会公布政务审批信息，对所有进入厅行政审批办公室的政务服务项目向社会公示，做到"十公开"，即公开项目名称、法律政策依据、办理程序、申请条件、申报材料、承诺时限、许可审批进度，切实保障人民群众对政务服务事项的知情权、接受服务权、监督权。

【规范资质审批】 2014 年，省住房和城乡建设厅行政审批办出台了《关于进一步加强建设工程企业资质申报业绩核查工作的通知》（琼建审批〔2014〕169 号），以此加强建设工程企业资质申报业绩核查工作，加强市场监管，从源头上杜绝企业弄虚造假行为，提高审批质量。

【建设行业企业数据库建设】 省住房和城乡建设厅行政审批办制定具体的实施方案，积极配合"房屋建筑市场全过程监管信息平台"的工作。包括：推动信息平台与省政务中心审批系统互联互通；梳理已审批的企业信息，查缺补漏，补充完善企业信息数据；形成信息定期报送制度，及时更新信息平台企业数据库，为平台夯实企业数据库基础。

（赖晓琴）

建设执法稽查

【建设行业稽查执法】 2014 年，海南省住房城乡建设厅印发《2014 年重点稽查执法工作实施方案》，将以省厅名义开展的保障性安居工程建设、村镇建设、建筑市场、工程质量安全等 10 个方面 15 个专项执法检查按月统一整合开展，形成工作合力，及时发现和纠正违法违规行为，维护建筑市场秩序，促进住房和城乡建设事业科学健康发展。

【违法建筑整治】 2014 年，海南省住房城乡建设厅继续推进整治违法建筑工作，建立整治违法建筑信息报送制度，及时掌握全省整治工作动态；定期印发整治违法建筑工作简报，及时通报全省整治违法建筑工作进展情况。全年全省拆除违法建筑 250 万平方米，有效遏制违法建筑蔓延趋势，整治违法建筑工作取得阶段性成效。

【建设行业违法违规案件查处】 2014 年，海南省住房城乡建设厅进一步落实案件查办、转办、督办机制，认真做好案件稽查工作。全年共受理投诉举报 98 件，查处违法违规案件 51 件，涉及建筑市场、工程质量安全等领域。通过对违法违规案件的查处，有效警示震慑违法违规行为，减少重大违法违规案件的发生。

【城乡规划督察】 2014 年，海南省住房城乡建设厅开展了陵水、定安、澄迈和临高四县城乡规划督察工作，并已完成陵水和定安两县督察工作。在陵水、定安两县的规划督察中，巡查重点区域、项目和进行现场踏勘 14 次，对规划实施和管理提出了 12 项工作意见和建议，并形成两县规划督察报告和《14 年规划督察工作情况通报》，经省政府同意印发受督查市县和全省其他市县对照整改落实。落实住房城乡建设部利用遥感监测辅助城乡规划督察工作属地管理责任，督促海口、三亚两市做好问题图斑核实查处工作，全年共核查变化图斑 164 个，确认违法建设图斑 15 个，查处违法建设 9 宗。

【全省住房城乡建设系统行政执法人员培训考试】 与省法制办联合印发《关于进一步加强全省住房城乡建设行政执法人员建设专业法律法规知识培训工作的通知》，明确专业法律法规知识培训考试是全省住房城乡建设系统从事行政执法工作人员上岗执法的必备条件。2014 年 4 月举办了全省住房城乡建设系统行政执法人员建设专业法律法规知识考试，全省住房城乡建设、规划、城管、环卫、园林等单位约 350 人通过培训考试并取得行政执法证，进一步加强全省住房城乡建设系统执法队伍建设，提高

行政执法人员建设专业法律法规知识水平和业务能力，提升执法能力和水平，更好地维护人民群众合法权益。（程晶晶）

【重要人事变动】 5月21日，省政府任命省住房城乡建设厅城乡规划处处长刘钊军为厅总规划师（副厅级）。10月16日，省政府任命省住房城乡建设厅组织人事处处长王积孝为省人民防空办公室副主任

（副厅级）。11月26日，海南省第五届人民代表大会常务委员会第十一次会议决定，任命丁式江为海南省住房和城乡建设厅厅长，免去王志宏的海南省住房和城乡建设厅厅长职务。12月29日，省直机关工委同意丁式江任厅机关党委委员、书记，王志宏不再担任省住房城乡建设厅机关党委委员、书记职务。（曾彪）

（海南省住房和城乡建设厅 统稿：谢曦）

重 庆 市

城乡建设

概况

2014年是重庆市城乡建设工作扎实、富有成效的一年，城乡建设工作紧扣五大功能区发展和新型城镇化战略，统筹稳增长、促改革、调结构、惠民生，担当重任、砥砺奋进，推进各项工作顺利开展。新型城镇化统筹建设、建设行业提质增量、基础设施加快完善，民生实事顺利完成，重点工程强力支撑，改革创新全面启动，中宣部在渝召开建筑节能工作现场会，充分肯定并大力推广重庆市相关工作成果、经验。

建筑业

2014年，重庆市建筑业积极应对错综复杂的国内外经济形势，紧紧围绕"科学发展、富民兴渝"总任务，按照"用心建设、服务民生、支撑发展"的总要求，大力实施五大功能区域发展战略，努力开拓市场，加强经营管理，加快结构调整，不断提升质量安全管理水平，建筑业总产值突破5000亿大关，保持整体平稳上升发展态势。

【建筑业产值持续平稳增长】 2014年，全市完成建筑业总产值5552.20亿元，同比增长17.4%，增速较上年回落1.6个百分点；实现建筑业增加值1356.06亿元，同比增长14.4%，增速较上年回落0.5个百分点。建筑业增加值占重庆市地区生产总值（GDP）比重达9.8%，较上年提高0.5个百分点，拉动经济增长1.3个百分点。重庆市建筑业总产值位居西部第2、全国第13，占比分别为3.1%、

17.3%，产值增速高于全国7.2个百分点、高于西部地区6.4个百分点。

【行业生产经营维持整体盈利】 全市建筑企业签订和执行合同金额累计9287.32亿元，同比增长7.2%。其中：上年结转合同金额4086.05亿元，同比增长21.7%；本年新签合同金额5201.27亿元，同比下降1.9%。截至2014年底，全市在建房屋和市政工程项目9351个、同比减少0.01%，在建面积32886.88万平方米、同比增长10.0%。其中新开工项目5110个、同比增长6.68%，面积14524.33万平方米、同比增长7.3%；全年房屋建筑竣工面积12812.64万平方米、同比增长4.7%，竣工房屋产值1803.33亿元、同比增长5.4%。2014年重庆市建筑业产值过亿元企业显著增加，全年亿元以上企业877家，占企业总数的10.66%，比上年增加75家。亿元以上企业全年完成建筑业产值5093.93亿元，同比增长19.0%，占全市产值比重达到91.7%。

【行业结构逐步优化】 扶持企业做大做强取得阶段性突破，中冶建工集团经多年培育于5月获得房建特级资质。全年新增一级建筑业企业33家，新增甲级监理、甲级造价咨询、甲级招标代理10家，新增注册执业人员7483人。严格清出机制，注销105家本地企业资质。截至2014年底，重庆市建筑市场共有建筑施工企业9618家，其中：重庆市企业8228家，市外企业入渝登记备案1390家。重庆市企业中：施工总承包2274家（特级3家、一级243家、二级766家、三级1262家），专业承包3303家（一级161家、二级507家、三级2563家、不分等级72家），劳务分包2651家（一级2123家、二级229家、不分等级299家）。重庆市本地一级及以上资质的建筑施工总承包和专业承包企业407家、占本地建筑

施工企业总数的 4.95%，全年完成建筑业产值 2835.88 亿元、同比增长 1.3%，占全市建筑业总产值的 51.08%；新签订合同金额 2941.82 亿元，占全市新签订合同金额的 56.56%。

【建筑市场平稳有序】　全年发包房屋建筑和市政基础设施工程 5265 个、同比减少 3.94%，工程造价 1756.08 亿元、同比减少 0.16%。其中：公开招标 2852 个、工程造价 639.05 亿元，占比分别为 54.17% 和 36.39%；邀请招标 564 个、工程造价 183.62 亿元，占比分别为 10.71% 和 10.46%；直接发包 1849 个、工程造价 933.41 亿元，占比分别 35.12% 和 53.15%。发包项目中：国有资金工程 3442 个、同比减少 1.29%，工程造价 851.15 亿元、同比增长 4.26%；非国有资金工程 1823 个、同比减少 8.58%，工程造价 904.93 亿元、同比减少 4.01%。2014 年共有 1390 家外地建筑业企业入渝，其中：特级 135 家、一级 924 家。全年外地施工企业入渝新中标（或新承接）重庆市工程项目 2643 个、中标金额 2226.69 亿元、建筑面积 5735.92 万平方米。全年共有 659 家重庆市企业出渝参与投标，中标工程 1430 个，中标金额 1023.45 亿元，总建筑面积 3494.64 万平方米。

【形势稳定可控】　全市工程实体质量总体受控，质量通病呈下降趋势，全年无较大及以上质量事故发生。建筑安全生产形势持续稳定好转，按照全口径统计，全年共发生各类建筑安全事故 101 起、死亡 110 人（其中按照住房城乡建设部、国家安监总局指标统计口径，全年共发生建筑安全事故 65 起、死亡 69 人），未发生监管范围内较大及以上安全事故。（张钢铁）

房地产业

2014 年，重庆市房地产开发完成投资 3630.23 亿元，同比增长 20.5%，占年度目标任务 2900 亿元的 125.2%，占全市固定资产投资 13223.75 亿元的 27.5%。全市房地产业实现增加值 817.04 亿元，同比增长 7.6%，占地区生产总值（GDP）的 5.7%，拉动经济增长 0.4 个百分点。

全市商品房施工面积 28623.93 万平方米，同比增长 9.0%；商品房竣工面积 3717.78 万平方米，同比下降 2.3%。商品房新开工面积 6254.04 万平方米，同比下降 18.2%。

全市商品房销售面积 5100.39 万平方米，同比增长 5.9%，其中住宅销售面积 4423.68 万平方米，同比增长 1.5%。销售额 2814.99 亿元，同比增长 4.9%。

全市房地产企业总计 3481 家。一级 48 家，二级 640 家，三级 609 家，四级 59 家，暂定 2125 家。

2014 年，房地产开发投资保持平稳增长；商品房新开工面积和竣工面积持续下降，但随着第四季度房地产政策面出现改善，限购限贷政策的宽松、定向降准以及降息的推动，市场表现略有好转，企业入市情绪有所改善，降幅较上半年均有所收窄，商品房新开工情况可望在 2015 年出现理性回归。（彭敏）

勘察设计业

2014 年，重庆市勘察设计工作紧紧围绕"质量安全"和"行业发展"两大核心，着力深化制度建设，坚持监管与服务并重，促进勘察设计行业保持良好发展态势，各项工作均取得显著成绩。全市勘察设计行业营业收入合计 382.9 亿元，为上年的 125.3%。其中：工程勘察收入 21.5 亿元，为上年的 131.1%；工程设计收入 88.9 亿元，为上年的 119.8%。较"十一五"末增长 161 亿元，创历史最高水平，人均营业收入超过 90 万元，名列全国前茅。

2014 年年底，全市共有工程勘察设计企业 448 家，其中具有勘察资质的企业 108 家（甲级 26 家，乙级 44 家，丙级 31 家，劳务类 7 家），具有设计资质的企业 380 家（甲级 109 家，乙级 178 家，丙级 93 家），具有设计与施工一体化资质的企业 33 家（一级 7 家，二级 19 家，三级 7 家）。新增甲级企业 19 家，甲级企业数量达 137 家，占全市勘察设计企业总数的 31%。已审核通过入渝备案的市外勘察设计企业 286 家，同比增加 22.7%。施工图审查机构 21 家，其中一类 18 家，二类 3 家。全市勘察设计行业期末从业人员 41867 人，勘察设计行业专业技术人员 25877 人，占年末从业人员总数的 61.8%，其中：高级职称人员 6816 人，中级职称人员 11537 人；全市勘察设计注册师人数 3952 人，同比增加 9.2%，占专业技术人员总数的 14.1%。

全市注册工程师人数已由"十一五"末不到 2000 人增至 4000 人，位列直辖市第一。随着人才年轻化步伐加快，60 岁以上注册师比例已由 2008 年的 38% 下降至 16%。（周长安）

改革创新，经济提档

2014 年，重庆市城乡建委着力改变传统建设行业过度依靠要素驱动，受能源、资源、环境、资金条件约束的不足，转而向创新要动力，向改革求活力，助推全市经济结构调整和发展方式转变。

城市建设投融资机制改革。根据全市全面深化改革总体部署，积极推进轨道交通、城市棚户区改造PPP投融资改革。与港铁公司成功签订《战略合作谅解备忘录》，与新加坡绿科集团、绿地集团开展轨道交通PPP合作洽谈。以红岩村大桥为案例，深入研究政府通过支付"影子通行费"购买服务的PPP模式，探索无收益城市路桥隧项目引进民间资本途径，大力破解城市建设资金瓶颈约束。

建筑产业现代化与智慧城市。配合市政府办公厅出台全市加快推进建筑产业现代化的意见。发布建筑产业现代化地方标准5项。建筑产业现代化基地加快建设，装配式施工试点顺利开展。住宅部品认定工作全面启动。商品住宅成品房比例不断提高。两江新区、南岸区、江北区和永川区4个国家智慧城市试点有序推进，两江新区智慧总部基地、南岸区智慧小区、江北区智慧城管、永川区智慧教育等初显成效。完成建筑工人技能培训与鉴定12万余人。

绿色建筑与建筑节能。全市城镇新建民用建筑节能强制性标准执行率达到100%。建立完善绿色建筑技术标准和产业支撑体系，新组织实施绿色建筑1650余万平方米，同比增长8倍。创新利用合同能源管理模式推进既有公共建筑节能改造的市场化机制，完成公共建筑节能改造示范项目300万平方米。完善可再生能源建筑应用标准体系，发布地方标准3项，新增可再生能源建筑260余万平方米。（陈远鹏　杨帆）

新型城镇化建设

结合重庆市五大功能区战略和区县定位，坚持区域协调、分类指导、以人为本的原则，统筹推进新型城镇化建设。实现全市各区域城镇化水平、质量、效率同步提升。

【城镇体系不断健全】　按照国务院最新发布城市规模划分标准，重庆超大城市加快建设。多级联动的城镇体系优化完善，城镇化建设宏观布局基本搭建。区域联动更加顺畅。围绕"一带一路"和长江经济带两大战略节点的新定位，推动铁路、高速公路、机场、航运、电力、通信、物流加快建设。新增城市轨道交通运营里程32公里，新建改造城市道路1600公里。

【公共服务有效提升】　主城区公共服务设施提档升级，远郊区县城基础设施要件日臻完善。110个市级中心镇完成建设项目116个，建设农民新村示范点100个，公用服务设施加快向村镇覆盖。

【人口转移稳妥有序】　2014年，重庆市常住人口达到2991.4万人。其中，城镇常住人口比上年增加50.01万人，达到1783.01万人，城镇化率比上年提高1.26个百分点，达59.6%。（陈远鹏　杨帆）

【城建资金统筹】　2014年，全年城建资金收入63.6亿元，较上年增长9.3亿元，同比增长14.6%。不断扩大城建资金来源，成功将电力管网下地专项资金纳入城建资金盘子。通过与市财政积极协商沟通，年初城建资金计划不变的情况下新增10亿元，主要用于"向西"的城市道路、桥梁、隧道、堵点、连接段等基础设施建设。城建资金计划的及时编制与下达，有效保障了市政设施的正常维护和基础设施建设、村镇建设等建设任务的顺利实施。（王娟）

【城市建设配套费征收】　全年全市征收配套费209.25亿元，同比下降6.06%。其中，主城143.28亿元，同比下降5.36%；远郊65.97亿元，同比下降6.27%；全市征收面积10406.46万平方米，同比下降6.1%。其中，主城5997.2万平方米，同比下降1.15%；远郊4409.26万平方米，同比下降12%。（王娟）

【重点工程建设】　2014年，重庆市级重点建设项目总计528个，其中政府主导类204个，市场类324个。年度计划投资3500亿元，全年实际完成投资3557亿元（同比增长17.4%），占年度投资计划的101.6%，占全社会固定资产总投资的26.9%。其中，政府主导类项目完成投资1579亿元，市场主导类项目完成投资1978亿元。

一年来，东水门长江大桥、南山隧道、石柱火电厂、"两双工程"等44个项目实现完工或基本完工；仙桃国际数据谷、江口罗州坝电站等95个项目新开工；寸滩长江大桥、重庆火车北站综合交通枢纽等在建项目正抓紧实施。重点项目建设保投资、促增长的骨干支撑作用进一步凸显，投资稳步增长，目标圆满完成。（彭玮）

【城市道路建设】　2014年，全市城市道路建设项目共566项，新改扩建城市道路1910公里。全年计划完成投资325亿元，全年实际完成投资327.1亿元，占年度目标的100.6%。其中，主城区城市道路建设总里程614公里，涉及跨江大桥7座、穿山隧道6座，为主城区新开工建设过街人行天桥与地通道68座（其中：人行天桥37座、地通道31座）。项目总投资1198.3亿元。年度计划完成投资190亿元，实际完成投资192亿元，占年度计划的101.1%。截至 2014 年底，主城区城市道路通车里程达 3730 公里，跨江大桥达到 28 座、穿山隧道增至 14 座，整治交通堵点 13 个。东水门大桥、千厮门大桥顺利竣工，新增了主城南北通道，改善了都市核心区过江交通拥堵状况。南山隧道、铁山坪隧道建成通车，寸滩大桥、歇马隧道、华岩隧道等加快建设，进一步畅通了各区域之间交通连接。双碑大桥、双碑隧道全面收尾，中梁山隧道启动扩容，主城向西拓展步伐全面加快。（黄琳）

住房建设

【加快城市棚户区改造建设】 2014 年，重庆市进一步加快主城区城市棚户区改造力度。2013～2017 年重庆市计划改造城市棚户区共涉及 323 个片区，分布于 36 个区县，房屋改造总量为 1234 万平方米、14.27 万户，计划从 2013 年起用 5 年时间完成改造。其中主城区 580.57 万平方米、77351 户，涉及 116 个片区；远郊区县涉及 27 个区县 207 个片区，改造总量 653.02 万平方米、65350 户。

截至 2014 年底累计完成 408.2 万平方米、3.61 万户。其中 2014 年重庆市完成城市棚户区改造 293 万平方米、2.71 万户（重庆市 2013 年 8 月启动城市棚户区改造工作）。其中主城区（含都市核心区和都市拓展区）完成改造 123.54 万平方米、15087 户，占 2014 年任务量 118 万平方米的 105％，圆满完成了此项民生工程 2014 年的目标任务；远郊区县 2014 年完成 169.42 万平方米、12016 户，占 2014 年任务量 161 万平方米的 105％，完成了全年目标任务。其中都市发展新区完成 71.37 万平方米、6182 户；渝东北生态涵养区完成 34.11 万平方米、3057 户；渝东南生态保护发展区完成 63.94 万平方米、2777 户。

【工作措施】 及时配套城市棚户区改造相关政策措施。2014 年，进一步对年度任务的考核、实施改造方式、相关政策解释口径、工作流程、资金管理及税费减免、零星地块利用、修缮加固及改扩建类棚户区改造等方面进行了具体明确。相继出台《关于主城区城市棚户区改造相关问题的工作指导意见》、《关于主城区城市棚户区改造兑现优惠政策相关事宜的通知》、《重庆市城镇危旧房屋修缮加固技术规程》、《重庆市主城区城市棚户区危旧房改扩建规划建设管理办法》、《重庆市城市棚户区改造专项贷款资金管理办法》等一系列规范性文件。

积极争取金融机构支持，多渠道筹措改造资金。加强与金融部门对接，建立了商业银行区县联席工作机制。2014 年，梳理出了国开行贷款办理流程，

国开行第一批贷款申请（5 区 1 县共 51 个项目 271.9 亿元贷款总额）通过了总行评贷会审查。同时，推进平安银行设立基金参与重庆市城市棚户区改造试点工作。努力协调商业银行加大对改造工作的支持力度，2014 年各商业银行支持城市棚户区改造资金已到位 74.8 亿元。

深入调研，掌握改造工作动态，加强工作协调，确保完成工作任务。通过对各区县开展调研、召开片区座谈会等方式，收集掌握各区县的工作动态，帮助各区县解决在改造中存在的困难，同时不定期赴各个改造片区协助处理工作中的具体问题，顺利完成 2014 年重庆市城市棚户区改造目标任务。

【加快公租房建设】 截至 12 月底，全市累计开工建设公租房总建筑面积 4475 万平方米、69.22 万套。其中：已基本建成（含竣工）总建筑面积 2768 万平方米、37.63 万套，在建总建筑面积 1707 万平方米、31.59 万套。其中：主城区累计开工总面积约 3940 万平方米、61 万套，已基本建成（含竣工）2279 万平方米、34 万套，在建约 1661 万平方米、27 万套。

2014 年市政府下达公租房计划基本建成（含竣工）534.78 万平方米、7.7 万套。2014 年，各公租房项目工程建设进度符合计划要求，实际基本建成 534.78 万平方米、7.7 万套，超额完成国家下达 6.5 万套的 118.5％，完成市政府下达目标任务的 100％。（闫瑞娟）

村镇建设

【全国重点镇申报】 按照《国家新型城镇化规划（2014～2020 年）》"把有条件的县城和重点镇发展成为中小城市"的要求，住房城乡建设部等七部委重新确定全国重点镇，重庆市城乡建委牵头开展全国重点镇申报工作，评审专家认为重庆市申报的小城镇人口达到一定规模、区位优势明显、经济发展潜力大、服务功能较完善，具有很强的地域特色和代表性。在公布的名单中，重庆市"全国重点镇"达 89 个。

【传统村落保护发展】 重庆市城乡建委积极组织申报第三批中国传统村落，全市推荐的 47 个村落被住房城乡建设部列入第三批中国传统村落名录，是前两批总数的近 3 倍，重庆市"中国传统村落"总数达到 63 个。同时，委托重庆大学规划设计院等编制完成了传统村落的保护与发展规划，并获得住房城乡建设部批准。2014 年争取中央传统村落补助资金 5000 余万元，专项用于传统村落的保护与

发展。

【中心镇示范和辐射带动作用明显】 根据重庆市委、市政府《加快推进新型城镇化工作的若干意见》的精神，重庆市城乡建委坚持突出重点、兼顾一般的原则，分类推进小城镇建设。按照"缺什么建什么"原则实施"561工程"建设，集中打造110个市级中心镇，有计划支持50个一般小城镇建设。2014年筹集资金6亿元专项补助中心镇项目116个、一般镇项目50个，重庆市90%的中心镇"561工程"已全部配齐，为其他小城镇建设与发展提供了可资借鉴的示范。同时，重庆市城乡建委将促进人口、要素集聚作为发展中心镇的重要抓手，110个中心镇的集聚、辐射、带动作用已经开始显现，与周边500余个小城镇组合形成了小城镇集群，使中心镇与其他小城镇之间、中心镇之间、小城镇集群之间实现优势互补、良性互动。一大批优质学校、医院诊所、商贸超市、文化娱乐等设施向中心镇集中，促进了周边小城镇和农村产业、资金和劳动力向中心镇集中。据统计，全市累计转户的409万人口中，有超过50%分布在建制镇和乡，其中中心镇占到1/3。

【农村危房改造】 2014年全市共改造农村危房8.6万户，其中D级危房3.24万户(用于高山生态扶贫搬迁692户)，年度目标任务均超额完成。2013年、2014年两年，全市共改造农村危房30.1万户，占5年(2013~2017年)总计划的75.25%，改造工作持续快速推进。全市已累计改造农村危房70.93万户，约250万群众从中受益。此外，农村危房改造还带来了刺激农村消费、拉动内需、扩大就业的积极效应。

【农民新村建设营造美丽乡村风貌】 根据市政府《关于加快推进全市农民新村建设和农村危旧房改造的意见》的精神，重庆市城乡建委牵头推进农民新村建设，全市已累计建成1771个农民新村，其中农民新村市级示范点200个。每年安排1亿元专项资金，支持农民新村市级示范点建设，示范带动其他农民新村建设，形成"点上带动、面上推动"的格局。2014年全市共开工100个、竣工100个，开工率、竣工率均为100%。新建成的农民新村统一规划设计，广泛应用标准图集，并按要求配套完善基础设施和公共服务设施，实现了"六通"、"六有"，农村群众的生产生活条件得到有效改善。

【农村人居环境整治开局良好】 充分发挥牵头部门作用，召集市农委等部门召开协调会，结合部门职能起草了实施意见，并以市政府办公厅名义下发至各区县。根据市政府办公厅《关于改善农村人居环境的实施意见》要求，正委托相关单位编制完成《重庆市农村人居环境改善总体规划》，并明确2015年度行政村整治项目清单，建立2015年~2020年农村人居环境改善项目库。(吴鑫)

轨道交通建设

2014年，重庆市轨道交通在建项目共182公里，全年计划完成投资160亿元，实际完成投资164.8亿元，占年度计划的103%，较去年同期(113亿元)增加了51.8亿元，增长约45.8%。新建成通车轨道交通六号线五里店至茶园、二号线新山村至鱼洞和一号线大学城至尖顶坡等共计32公里，至2014年末，全市轨道交通建设累计建成通车里程达到202公里，居中西部首位，位列全国第四。重庆市轨道交通建设突飞猛进，轨道交通建成线路已通达主城所有核心组团，对社会经济发展的积极作用正日益突显。

【引导城市发展，优化城市格局】 深入贯彻落实市委四届三次全会审议通过的《关于科学划分功能区域、加快建设五大功能区的意见》相关部署，结合重庆市多中心、组团式的山地城市空间发展模式，充分发挥轨道交通在城市综合交通系统中的骨干作用，逐渐完善主城各组团的城市功能，不断加强主城各组团间的紧密联系，积极引导主城各区域间的协同发展，促进优化都市功能核心区和都市功能拓展区的城市格局，为重庆市市"西部地区的重要增长极、长江上游地区的经济中心、城乡统筹发展的直辖市"等城市发展战略和发展目标的顺利实现创造有利条件。

【扮靓城市窗口，提升城市形象】 重庆市轨道交通建设推行"一站一景"，现已成为被广大市民津津乐道的"城市窗口"。同时，轨道交通具有"环保、节能"等特点，在降低碳排放、减少环境污染、节约能源和集约化土地利用等方面发挥着突出的作用，已成为生态文明城市建设的重要内容。如各交通方式中碳排放量以每人每公里计，轨道交通是公交客车的1/3，是私家车的1/5。

轨道交通运营线网日均客运量超过160万乘次，最高日客运量达到240万乘次。同时，续建线路三号线北延伸段、环线、四号线一期、五号线一期和十号线一期等共计150公里正稳步推进建设，新开工节点工程加紧前期准备工作并启动建设。(董斌)

建筑科技教育

【建筑产业现代化】 出台激励政策。报请重庆市政府办公厅转发《市城乡建委关于加快推进建筑产业现代化的意见》，提出推进建筑产业现代化的基本原则、发展目标、重点工作和保障措施，明确对建筑产业现代化预制构件每立方米补助 350 元，以及税收、科技、园区、运输等方面的激励政策。初步建立建筑产业现代化标准体系。已发布装配式混凝土住宅建筑结构设计、施工及验收等 5 项地方标准，为重庆市建筑产业现代化工程应用提供技术支撑。推进建筑产业现代化基地建设与工程应用。积极支持南川区、綦江区等区县建筑产业现代化园区建设；开展以预制外墙、预制楼梯等构件为重点的装配式施工试点，试点面积共计 10 万平方米。出台《重庆市住宅部品认定管理办法（试行）》，开展建筑部品认定工作，积极推进住宅部品构件通用化、标准化、模数化。

【国家智慧城市试点】 国家智慧城市试点取得阶段性成果。按照住房城乡建设部的要求，指导两江新区、南岸区、江北区和永川区四个国家智慧城市试点建设，四个区试点工作进展顺利，并取得初步成效。支持智慧城市试点重点项目建设。开展智慧地下管线建设，永川区已实现城区智慧管线全覆盖，渝中、巴南、北碚、涪陵、黔江等区智慧管线试点推进有序，已建成终端监控设备 5000 余套。组织国家智慧城市试点申报工作。会同市科委组织 2014 年度国家智慧城市试点申报，目前，渝中区已通过住房城乡建设部、科技部组织的专家评审。四是推进智慧小区建设。组织编制《重庆市智慧小区建设技术要点》，开展智慧小区试点示范，指导南岸区幸福时光里智慧小区和智慧之家体验中心建设。

【教育培训】 成功承办全国建筑工人技能培训工作现场会。住房城乡建设部在渝召开了全国建筑工人技能培训工作现场会，重庆市在大会上作了经验交流发言；住房城乡建设部人事司主要领导对重庆市工作给予"思路好、计划好、措施好、效果好"的高度评价。发布实施《现场施工技术工人职业技能标准》，明确建筑工人工种和各工种职业技能要求，不断完善建筑工人技能培训与鉴定体系。岗位证书审批改革初显成效。逐步下放高级工技能证书核发权限，对建筑工人初级工、中级工技能证书核发实行网上审批、网上打印，确保建筑工人技能鉴定后，7 个工作日内拿到证书。专业人员岗位证书实行证书统一编码和网上打印，大大减少了各单位的工作量。专业人员全国统一证书试点全面启动。组织编制了全国住房和城乡建设领域专业人员考核评价信息系统建设技术导则；修订考核评价大纲，进一步完善试题库；在全国率先开展标准员培训，推

动施工现场标准员配置和标准员岗位职责的落实；启动专业人员信息化考试试点，进一步提高考务工作效率，维护考试的公平、公正。

【科技创新】 创新科技工作管理模式。突出企业主体作用，激发市场活力，整合行业科技资源，推进创新型企业建设，加大对涉及行业转型升级发展和民生服务的科研项目的科技攻关力度，重点支持建筑产业现代化、绿色生态建筑、惠民科技等技术研究。完成科研成果 57 项，荣获市科技进步二等奖 3 项、三等奖 4 项；完成关键技术成果鉴定 69 项。成功组织申报住房城乡建设部科技项目 11 项。发挥科技委作用，开展第三届建设创新奖评选，14 项科技成果分获建设成果创新奖一、二、三等奖，"重庆国汇中心"项目获科技建筑创新奖。开展技术市场准入正负面清单编制，促进新技术推广应用。完成《重庆市建设领域禁止、限制使用落后技术通告（第八号）》和《重庆市建设领域推广使用新技术公告（第二号）》征求意见稿，拟禁限使用落后技术 15 项、推广应用新技术 14 项。认定推广钢筋加工配送、高性能混凝土、高强钢筋、石膏模盒等 41 项建设新技术，培育相关产业发展，进一步提升科技成果转化水平。强化工程建设标准化工作。发挥企业积极性，组织开展标准编制工作，不断完善工程建设地方标准体系。组织重庆市企业主编国家标准 3 项。发布实施《重庆市城镇道路平面交叉口设计规范》等 40 项地方标准。开展工程建设地方标准复审，共复审标准 147 项，其中，废止 10 项，需修订 45 项，继续有效 92 项。指导重庆市建设工程招投标办公室成功申报国家"社会管理与公共服务综合标准化"第一批试点。

【信息化】 利用。家区采购信息分平台，为建筑部品推广提供信息交流与交易支撑。开展信息化标准编制。发布实施重庆市建设领域基础数据标准和数据安全规范，初步完成重庆市建设领域电子数据交换标准，信息系统设计、建设、验收规范和质量评价指标体系。着力整合信息资源。开展信息数据收集整理，已收录 1.4 万余家企业、76 余万名个人、7 万余个项目的基本信息，以及 100 余万条其他数据，为行业信息资源共享奠定了基础。加强信息安全防范措施。落实委门户网站、重要业务系统的三级等保，强化了重点部位的安全措施，保障信息系统的安全运行。（王春萱）

建筑节能建设

【加强建筑节能初步设计审查】 全年全市建筑

节能初步设计审查通过 922 个项目，建筑面积 5595.27 万平方米。其中市管项目 81 个，建筑面积 1681.76 万平方米；都市功能区（含都市功能核心区和都市功能拓展区）157 个，建筑面积 872.56 万平方米；城市发展新区项目 426 个，建筑面积 2177.36 万平方米；渝东北生态发展区项目 155 个，建筑面积 523.73 万平方米；渝东南生态发展区项目 103 个，建筑面积 339.86 万平方米。

【加强建筑能效测评标识】 全市能效测评项目共 4464 栋，建筑面积 4366.82 万平方米。其中市管项目 274 栋，建筑面积 351.51 万平方米；都市功能区 1013 栋，建筑面积 1328.46 万平方米；拓展区 1328 栋，建筑面积 1057.82 万平方米；城市发展新区项目 1161 栋，建筑面积 1159.07 万平方米；渝东北生态发展区项目 424 栋，建筑面积 344.68 万平方米；渝东南生态发展区项目 264 栋，建筑面积 125.28 万平方米。

【开展绿色建筑评审】 完成新增强制执行绿色建筑项目 247 个 1155.39 万平方米；组织实施绿色建筑评价标识项目 30 个 496.62 万平方米；完成绿色生态住宅小区预评审项目 39 个，面积 1341.83 万平方米，终审项目 16 个，面积 448.16 万平方米。

【加大建筑节能材料推广力度】 开展对 330 项建筑节能技术的备案管理，对 6 项建筑节能技术（产品）进行了认证。

【实现可再生能源建筑应用】 全市正在组织实施可再生能源建筑应用示范项目 30 个，示范面积 353.74 万平方米。

【实施公共建筑节能改造】 全市组织实施公共建筑节能改造重点城市示范项目 42 个，示范面积近 177 万平方米。（叶强）

（重庆市城乡建设委员会）

城乡规划

规划编制

【重庆市城乡总体规划深化及后续工作】 2014 年，重庆市围绕五大功能区域发展战略，重点从完善城市性质和职能、优化城镇体系、深化主城区区域经济组织功能、强化美丽山水城市、完善综合交通规划等 6 个方面，对 2011 版重庆市城乡总体规划进行深化，深化方案由重庆市政府印发实施。同时，为保障总规深化方案落地，在市级层面，按照重庆市"一区两群"城镇发展格局，开展《大都市区空间功能布局及综合交通规划》。在主城区层面，按照城市要"好看耐用"的要求，编制《美丽山水城市规划》、《传统风貌保护与利用规划》，理清主城区山系、水系、绿系和文系，有针对性地提出保护和利用措施；编制《重大功能设施用地预研预控规划》、《综合交通规划评估及优化》，重点围绕发挥国家中心城市功能，对各类重大功能设施进行预留预控，提高城市运行效率和质量。

【法定规划全覆盖工程】 重庆市政府办公厅印发《法定城乡规划全覆盖工作计划》，明确用 2～4 年时间完成全市 66 项（类）规划编制任务，构建覆盖市域、主城区、区县、镇乡、村 5 个层级，法定规划、专业规划、专项规划 3 大类别，统一衔接、功能互补、相互协调的空间规划体系。建立市级部门联席会议制度，出台专项实施方案，制订专业专项规划编制管理办法，确保规划全覆盖工作有序推进。市级层面进展顺利，18 项规划形成成果，31 项规划形成规划大纲和工作方案。各区县制定各自的规划全覆盖计划，与市级工作计划和要求形成匹配。其中，主城区各区立项 125 项，启动 85 项，形成 40 项成果；远郊区县立项 611 项，启动 279 项，形成 71 项成果。

【远郊区县规划】 出台区县总体规划制定及修改工作规程，指导完成长寿、江津、永川、璧山、大足、綦江等 6 个区县城乡总规编制；指导完成铜梁、忠县、云阳等 3 个区县总规局部修改。指导开展 200 余项镇乡规划，组织开展市级农民新村规划试点，秀山大寨村、丰都关塘村入选全国村庄规划试点。指导开展黔江老城组团、江津几江半岛等 23 项城市设计方案征集及评审。继续开展"一区一图、一县一图"编制工作，完成 2014 年度农房规划实施户型图集。

【历史文化保护与利用规划】 重庆市历史文化名城保护专项规划通过市政府常务会议审议；编制湖广会馆及东水门、慈云寺—米市街—龙门浩、江津区真武场等一批历史文化街区保护规划；全面推进 20 个历史文化名镇保护规划编制工作，完成 7 个历史文化名镇保护规划；梳理更新全市抗战遗址目录，完成 365 处文保单位、395 处抗战遗址定点定位入库。

城乡规划管理

【规划管理全覆盖】 按照两江新区、北部新区管理体制改革要求，组建新的两江新区规划分局。主城区各区将规划管理职能向镇一级延伸，特别是将违法建筑的巡查、发现、处置职责落实到镇街，明确镇街一级查处违法建筑的直接责任。远郊区县，铜梁、奉节新成立政府序列的规划局，6个未成立规划局的区县进一步加强规划管理力量，部分远郊区县在重点镇和有条件的镇设置规划管理机构，配备相对固定人员。

【规划法规体系建设】　开展城乡规划条例和规划管理技术规定实施情况评估；出台《重庆市城乡规划诚信管理办法》，促进规划领域信用记录系统化、信息化和规范化，从源头提升规划质量和实施水平。完成规划行政权力清单和规划行政许可前置审批条件清理。编制20余项适合重庆山地特色的标准、指引和导则。

【规划服务能力和水平提升】　建立主城区规划条件预研究机制，全年开展40平方公里城市建设用地的规划条件预研究。做好主城区重要桥隧、快速路、立交、轨道交通等项目预研预控。提高建筑规划管理水平，出台主城区城市空间形态规划管理办法，初步建立从方案征集、设计审查、行政许可、建设过程跟踪管理，到竣工验收核实全过程形态管理机制。优化建设项目规划审批内容和审批方式，规划审批时限进一步压缩。加强市政规划管理，开展市政规划管理流程再造，推动市政规划管理全覆盖；完善重大项目交通影响评价机制；完成主城区道路保通保畅近期建设、朝天门码头拓展区岸线利用、大货车入城停车场布点等一批专项规划。

【违反规划行为查处】　加强城乡规划督察工作，通过遥感解译、日常巡查、现场抽件、集中检查等多种方式，对远郊区县总规实施、控规修改、行政审批等进行专项督察，对主城各区规划部门依法行政、项目审批、办件效率等进行重点监察。进一步加强违法建筑整治，出台《重庆市查处违法建筑若干规定》和《进一步加强主城区违法建筑整治工作的通知》，明确坚决遏制新增、逐步消除存量违法建筑的目标，落实各级责任，同步健全信息通报、挂牌督办、限制审批、约谈考核等多项配套制度，推行快速发现以及停水停电停气等快速制止举措，开通运行市级违反城乡规划行为举报中心。

【规划管理服务优化】　推进规划管理全过程、各环节流程优化和效能提升。办结巫山机场、黔张常铁路、渝万城际铁路、江北机场扩建、寸滩港二期、西站综合交通枢纽等近40项重大基础设施规划手续，保障华侨城、华南城、仙桃数据谷等一批重点项目落地。2014年，主城区新编和修编控规111平方公里；核发建设项目选址面积4675.1公顷，用地规划许可面积4461.5公顷，建设工程规划许可建筑面积6852.6万平方米，规划竣工核实建筑面积4401.7万平方米。

【阳光规划建设】　修订规划听证制度和规划公示办法，改进规划公示的内容表达、发布方式和意见收集反馈渠道，采取新闻通气会、听证会、媒体公告等多种方式，发布或公示400余个规划和设计方案。完成市规划展览馆更新，以丰富的展示内容、现代的展示手段和一流的接待水平，成为宣传规划、宣传重庆的重要窗口。利用市政府网站、规划网站和市内主要媒体，开展重要规划和相关政策解读，提升全社会对规划的认知度。

大事记

1月

6日　重庆市委书记、市规委会主任孙政才主持召开市第四届规划委会第一次全体会议并作重要讲话。

15日　重庆市长黄奇帆、副市长陈和平出席全市规划、建设、管理及环保工作会。

2月

20日　住房城乡建设部在渝召开直辖市稽查执法工作研讨会。

24日　重庆市规划局组织召开渝港两地规划交流会。

3月

10日　重庆市政府批复同意《重庆市临空经济区总体规划》。

17日　黄奇帆主持召开市政府常务会议研究《重庆市城乡总体规划(2007～2020年)深化方案》。

21日　重庆市城乡规划和测绘标准技术委员会成立。

25日　孙政才主持召开市委常委会议研究《重庆市城乡总体规划(2007～2020年)深化方案》。

4月

11日　重庆市规划展览馆布展更新工作正式启动。

24日　重庆市政府第45次常务会议审议通过《朝天门码头拓展区岸线利用规划》。

5月

19日　重庆市政府第47次常务会审议通过《主城区道路保通保畅近期建设规划方案》、《关于设立慈云寺—米市街—龙门浩历史文化街区的请示》。

6月

23日　重庆市秀山县大寨村、丰都县关塘村入选住房城乡建设部2014年全国村庄规划试点。

7月

15日　重庆市政府办公厅印发《重庆市法定城乡规划全覆盖工作计划》。

8月

26日　重庆市江津区入选全国市县"多规合一"试点。

9月

8日　住房城乡建设副部长陈大卫在渝主持召开城乡规划工作座谈会。

10月

16日　重庆市政府第65次常务会审议通过《重庆市查处违法建筑若干规定》。

12月

5日　重庆市政府第72次常务会审议通过《重庆市历史文化名城保护规划》。

（重庆市规划局）

房地产业与保障性住房建设

房地产市场

【概况】　2014年，在重庆市委、市政府的高度重视和坚强领导下，在有关部门和各区县的有力支持与密切配合下，重庆市认真贯彻落实国家房地产调控政策和要求，在全国房地产投资增速减缓、市场整体走低的大背景下，实现房地产市场总体平稳运行，房价同比指数位居全国70个大中城市中低位。

【房地产市场监管】　强化商品房预售资金监管。2月，重庆市国土房管局先后印发《关于加强和规范商品房预售资金管理的通知》等四个配套文件，着力规范商品房预售资金收存行为。开展无额度受理公积金贷款引发矛盾专项治理工作。5月，重庆市国土房管局印发《关于印发房地产项目销售中因开发企业无额度受理公积金贷款引发信访突出问题专项治理方案的通知》，以"先审查、先交房、再放贷"的方式，成功化解因无额度受理公积金贷款引发的市场矛盾，建立规范管理机制，维护社会稳定。完善商品房预售方案备案机制。在继续执行商品房预售方案审查制度的同时，建立商品房预售价格备案机制，要求开发企业对前后期降价销售幅度明显的项目上报应急工作预案，积极引导企业合理确定价格策略，保持市场价格平稳。四是积极防范和应对市场风险。5月，重庆市国土房管局印发《关于切实加强房地产市场监管保持市场平稳运行的通知》，确保房地产市场平稳运行。严厉查处商品房违法违规销售行为。全年主城区共受理并立案查处24家房地产开发企业在交易环节违法违规案件48起。

【房地产开发】　2014年，重庆市完成房地产投资3630亿元，同比增长20.5%，较2013年同期高0.4个百分点；其中商品住宅完成投资2451亿元，同比增长19.9%，占房地产开发投资的67.5%，较2013年同期高0.1个百分点。全市房屋施工面积28624万平方米，同比增长9%；新开工面积6254万平方米、竣工面积3718万平方米，同比分别下降18.2%和2.3%。其中，住宅施工面积20294万平方米，同比增长5.4%，住宅新开工面积4276万平方米、竣工面积2772万平方米，同比分别下降20.6%和3.3%。

【商品住房交易】　2014年，全市共成交商品住房3695万平方米，同比下降2.8%。其中，主城区成交1768万平方米，同比下降9.6%；远郊区县成交1927万平方米，同比增长4.4%。全市商品住房建筑面积均价5354元/平方米，同比下降5.2%；其中主城区6522元/平方米，同比下降4.1%，远郊区县4283元/平方米，同比下降3.1%。

【二手住房交易】　2014年，全市和主城区分别成交1236和534万平方米，同比分别下降33.8%和40.2%；成交建筑面积均价分别为3088和3990元/平方米，同比分别下降11.7%和14.2%。

【房地产交易会】　春交会于4月17～20日在南坪国际会展中心举行。此次春交会4天累计成交各类房屋2929套、25.62万平方米（建筑面积）、18.14亿元，较2013年秋交会分别下降19.1%、18.8%、18.3%。其中商品住房成交1558套、15.64万平方米（建筑面积）、11.59亿元，较2013年秋交会分别下降22.9%、19.1%、22.3%；成交建筑面积均价7408元/平方米，下降3.9%。

秋交会于10月16～19日在南坪国际会展中心举行。此次秋交会4天累计成交各类房屋4657套、40.46万平方米（建筑面积）、25.87亿元。

房地产管理

【房屋征收管理】　2014年，重庆市国土房管局继续坚持深入贯彻落实《国有土地上房屋征收与补偿条例》，从基本制度、惠民政策、工作程序等方面进一步加强政府信息公开力度，依法有序推进各区县国有土地房屋征收工作。依法透明实施房屋征收。2014年，实际完成征收14140户、173万平方米，项目平均签约率达90%，下达补偿决定778件，实际执行50件，强制执行数量仅占总完成量的3.5‰，征收行政复议率和诉讼率分别为1‰和1.7‰。

平稳有序推进拆迁扫尾。年初重庆市国土房管局印发《关于做好城市拆迁扫尾和遗留问题信访稳定工作的通知》，依法开展拆迁行政调解和裁决工作。2014年，全市完成拆迁扫尾2891户、24.4万平方米。截至2014年底，全市剩余在拆项目62个、3995户、39万平方米。

强化重点项目台账监管。2014年，重庆市按照市级重点项目建设的工作要求，抽调人员、落实专人负责督办相关重点项目征收工作进度，对九大基础设施、十大工业片区及十大城市开发片区所涉及的征收项目逐个建立台账，定期跟踪督导。加强队伍业务素质建设。6月，重庆市立足基层所需所盼，围绕基层实务中的难点、疑点案例，邀请市政府法制办、市高院行政庭领导，对区(县)征收部门人员及评估机构负责人等822人进行分类培训。

【房地产权属登记管理】 2014年，全市以服务民生为导向，以"窗口建设标准化、权属登记规范化、权籍管理信息化"为抓手，有序开展房地产权籍管理工作。全年办理各类城镇土地房屋登记200余万件，其中核发房地产权证90余万本。集中解决主城区群众82730户、727.99万平方米房屋办证遗留问题。持续推进各区县城镇地房籍数据核查工作，不断升级完善地房籍管理信息系统。稳妥推进不动产统一登记改革工作，建立市级工作联席会议制度，完成市级不动产登记职责整合，在重庆市国土房管局房地产权籍处挂牌成立了重庆市不动产登记局。

【物业管理】 强化制度建设，深化物业安全管理。6月，重庆市国土房管局印发《关于"三无"老旧住宅电梯改造更新补建专项维修资金的指导意见》；年内，重庆市国土房管局配合重庆市质监局实施"三无"老旧住宅电梯更新改造民心工程，共完成改造更新495台，累计941台，超额完成目标任务。

加大对区县分类指导力度，推动行业规范有序发展。截至2014年底，全市共有物业服务企业2300户，累计归集商品房物业专项维修资金243亿元；主城区住宅物业管理覆盖面达87.5%；重庆星级物业收费均价低于全国平均水平，服务满意度名列前茅。

加强行业队伍建设，加大管理创新力度。2014

年，全市开展物业行业从业人员、基层物管工作人员培训3000余人次，多次指导部分区县、物业公司开展物业技能比拼活动，选拔出一批技术能手，树立一批技能标杆；新龙湖、金科等一批知名企业先行先试"社区六大件"工程，包括洗衣店、药店、快餐店、ATM机、便利店，带动了全市社区增值服务平台的建设。

【房地产中介评估】 截至2014年底，重庆市房地产开发企业2695家，其中：一级企业54家、二级企业712家，三级企业755家，四级企业76家，暂定登记企业1098家；物业管理企业2300家，其中：一级企业67家、二级企业328家、三级企业1905家；房地产评估机构114家，其中：一级机构7家、二级机构69家、三级(及暂定)机构30家、驻渝分支机构8家。

保障性住房建设与改革

【保障性安居工程】 2014年，全市新开工保障性住房和各类棚户区改造住房2.39套，完成国家下达的2万套开工目标任务的120%；基本建成保障性住房和各类棚户区改造住房8.48万套，完成国家下达8.3万套基本建成目标任务的102%。

【公租房建设和配租情况】 截至2014年底，全市累计开工建设公租房4475万平方米、69.22万套，竣工交付使用1412万平方米、22.5万套，累计分配公租房28.1万户次。主城区公租房成立专管街道4个、居委会17个、警务室9个、市政执法机构7个、卫生服务站8个、社区党支部16个，培育65支志愿者组织。2014年当年基本建成7.7万套，新签约入住4.5万户；主城区当年组织摇号配租2次，新分配3.84万户。

【住房制度改革】 2014年，批准出售公有住房1012套、建筑面积5.73万平方米，归集单位售房款1705.65万元、公共维修基金427.04万元。为7家企事业单位办理了集资建房相关手续，完善职工房屋产权654户。完成大渡口区、北碚区直管公房划转工作。全年审批实施住房货币化单位53个，其中财政拨付补贴资金的机关事业单位38个，自筹补贴的企事业单位15个。研究推进国企职工住房剥离工作。经摸底调查，驻渝央企和市属国企职工住房共计2401万平方米、39.2万套。

【公租房制度改革】 根据住房城乡建设部、财政部、国家发展改革委《关于公共租赁住房和廉租住房并轨运行的通知》精神，指导有关区县稳步启动公租房和廉租房并轨工作与公租房管理政府规章相关工作。

住房公积金监管

【基本情况】 重庆市公积金制度持续健康发展，制度覆盖面稳步增长。2014年，全市实缴单位2.64万家，实缴职工223.91万人；新开户单位1916家，新开户职工27.73万人；净增单位1273家，净增职工9.82万人；缴存额231.60亿元，同比增长11.94%。截至年底，累计缴存总额1188.56亿元，缴存余额573.99亿元，同比分别增长24.20%、17.55%。

【公积金管理】 在保证公积金提取、贷款的前提下，重庆市严格执行国家有关规定，科学运作资金，较好实现经济效益。2014年，全年实现收益13.11亿元，建立贷款风险准备金5.36亿元、提供城市廉租房建设补充资金5.17亿元。截至年底，贷款风险准备金余额20.97亿元，累计上缴城市廉租房建设补充资金16.38亿元。

全市其他房改资金实行"统一政策、分级管理、专户存储、专款专用"的市区两级分级管理。截至2014年底，全市累计归集298.07亿元，使用267.79亿元，使用率达90%；累计建立房改房公共维修基金27.63亿元，住房维修使用利息2.72亿元，解决了91万户、4500多万平方米房改房的维修改造。全市住房补贴实施单位累计超过2100家，享受补贴人员19.5万人，归集补贴资金43.28亿元(市级42.04亿元，区县1.24亿元)。

【公积金贷款支持住房建设】 截至2014年底，重庆市累计有341万人次提取公积金615亿元，其中79%以上投向了购房、租房和还贷等住房消费方面。从贷款方面看：重庆市累计发放安居工程贷款、公租房项目贷款41.41亿元，较好发挥了公积金在保障性住房建设领域的支持作用；发放公积金个人贷款706亿元，支持了33万职工家庭改善了住房条件。个人贷款余额536亿元，占全市个贷余额市场份额的11%，较好发挥了补充房地产市场资金的政策作用，促进了房地产市场的稳步发展。

(重庆市国土资源和房屋管理局)

四 川 省

概况

2014年，面对经济下行的严峻形势，四川省住房城乡建设系统围绕中心、服务大局，勇挑重担、奋发有为，加快推进以人为核心的新型城镇化，推动了全省住房城乡建设事业科学发展，为全省经济社会发展做出了新贡献。

【新型城镇化稳步推进】 全省城镇化质量和发展水平进一步提高。2014年全省城镇化率达到46.2%，同比提高1.3个百分点。

制定出台《四川省城市开发边界划定导则》，严格按照新的要求审查审批新编规划。选择中江、南江两县开展"多规合一"规划编制试点。完成《四川省新型城镇化规划(2014～2020年)》编制，《省域城镇体系规划》和成都平原、川南、川东北、攀西四大城市群规划编制工作顺利推进。

【重点工作落实到位】 2014年，四川省城乡市政基础设施建设完成投资1250亿元、新增建成区面积143平方公里。天府新区被国务院批准为"国家级新区"。实施"百万安居工程建设行动"，建设城乡住房104万套(户)，基本建成81万套(户)，定向供应农民工公共租赁住房1.7万套。实施"百镇建设行动"，加快200个小城镇建设，就近就地转移农业人口33.6万人。加快建筑业转型升级，新增就业岗位24.6万个。成功创建5个国家园林城市(镇)和5个省级园林城市及7个省级园林村庄。

【《2014年四川省加快推进新型城镇化重点工作实施方案》及考核办法制定】 建立新型城镇化工作信息报送、统计分析制度，针对问题及时通报，并提出建议供省委省政府领导决策。统筹协调省级有关部门按《实施方案》细化措施，加大落实力度，户籍制度、土地制度、投融资体制机制、社会保障和社区管理等改革取得新进展。泸州、阆中成功申报全国新型城镇化综合试点城市。

【城乡环境综合治理】 圆满完成建设"美丽乡村"示范村庄1000个的民生工程目标任务。新增环卫设施设备，生活垃圾机械化清扫率提高了1个百分点。16个设区城市、22个县(市、区)完成了城市管理数字化平台建设。四川省委省政府命名了 10 个"环境优美示范县城"、100 个"环境优美示范乡(镇)"、1000 个"环境优美示范村庄"。有 22 个村落被列入中国传统村落名录,有 7 个古镇被评为第六批中国历史文化名镇,有 8 个镇(村)被评为全国特色景观旅游名镇(名村)。

【地震灾区恢复重建目标任务全面完成】 到 2014 年底,除按城镇住房标准重建和举家外出暂缓重建的 2041 户外,灾区农房恢复重建全面完成,质量安全可控,抗震设防措施得到落实。城镇重建住房完成 1.18 万套,占重建计划的 33.8%。83 个市政公用设施重建项目全面开工。康定"11.22"地震后,紧急驰援灾区实施安全性应急评估,组织学校板房搭建,保障了群众过渡安置和学生复课。

【建筑业转型升级提速】 2014 年,全省完成建筑业总产值 8300 亿元(省外 1760 亿元、海外 70 亿美元),完成建筑业增加值 2150 亿元,现价同比增长 8%。成建制输出建筑劳务 115 万人,实现劳务收入 180 亿元。建筑业在稳增长、调结构、推动地方经济发展和吸纳农村转移人口就业等方面发挥了重要作用。

【建筑企业发展步伐加快】 2014 年,全省新增建筑施工总承包一级企业 113 家、勘察设计甲级企业 24 家;民营建筑施工企业实现了特级总承包资质、水利水电总承包一级资质"零"的突破。加大工程建设地方标准的制订,初步建立起全省工程建设标准体系。完成 2015 年《四川省建设工程工程量清单计价定额》编制。建设人才队伍力量进一步增强,新增一、二级注册建造师 2.75 万人;新增建筑工程专业中高级职称 4800 人;培训各类人员 55 万人,培训农民工 15 万人。

【"百万安居工程建设行动"加速】 改造城镇危旧房棚户区和建设保障性住房 51.86 万套,是 2013 年的 2.4 倍,基本建成 29 万套;探索形成"群众主体、政府支持、社会参与"的"四川棚改"经验,得到中央和省委省政府领导的充分肯定。结合藏区新居、彝家新寨、巴山新居、灾后重建、幸福美丽新村建设和农村人居环境治理,统筹实施农房建设 52.1 万户,其中农村危房改造开工建设 22.3 万户。

【省级统贷融资模式创新】 牵头建立并实施省级统贷融资模式,全年共争取 780 亿元国家开发银行棚户区改造专项贷款(其中,成都市 180 亿元),缓解了棚改资金压力。

【住房保障和供应体系建设加快】 报请省政府出台《健全住房保障和供应体系专项改革方案》,通过公租房和廉租住房制度并轨,在成都等 5 个城市实施共有产权住房和公租房"租改售"试点,进一步完善了城镇住房保障制度,提高了保障性住房资源配置效率。开展利用公积金贷款支持保障性住房建设试点,成都等四个试点城市共发放项目贷款 43.71 亿元,建设保障性住房 324 万平米,项目贷款到期回收率 100%,37 个项目已完工并交付使用。

【房地产市场运行平稳】 全年完成房地产开发投资 4430 亿元,同比增长 15%;全省房地产税收收入 770 亿元,同比增长 10%,占总地税收入的 36%。

【"百镇建设行动"幸福美丽新村建设深入推进】 围绕四大城市群发展,加快"百镇建设行动"实施,组织完成 200 个镇的总体规划和控制性详细规划,优先实施基础设施、公共服务设施和住房建设项目,为小城镇的高水平建设奠定了基础。制定《四川省重点镇建设考核评价办法》,将"百镇建设行动"纳入新型城镇化工作目标考核,推进重点镇建设各项工作落实。集中省级专项资金支持重点镇建设,拉动全省 200 个镇完成投资 158 亿元,建成基础设施建设项目 423 个。277 个镇被列入全国重点镇。

【城镇基础设施建设】 2014 年,全省新增城市道路 1442 千米,新建和改造市政地下管网 4860 千米,新增绿化 8000 多万平方米、公园绿地 2500 多万平方米。城市污水处理和垃圾无害化处理率均提高 1 个百分点以上。试点推进 6 个设区城市和 14 个县(市)城市生活垃圾分类工作。

新型城镇化

2014 年,四川省成功创建 5 个国家园林城市(镇)和 5 个省级园林城市及 7 个省级园林村庄。2014 年全省城镇化率达到 46.2%,比 2013 年提高 1.3 个百分点。

【相关规划编制管理】 重新审视和完善了 50 余个城市和县城总规,使其更加符合科学规划理念的要求。制定出台《四川省城市开发边界划定导则》,严格按照新的要求审查审批新编规划。选择中江、南江两县开展"多规合一"规划编制试点。完成《四川省新型城镇化规划(2014～2020 年)》编制,《主体功能区规划》、《省域城镇体系规划》和成都平原、川南、川东北、攀西四大城市群规划编制工作顺利推进。

【牵头组织协调工作】 制定《2014 年四川省加快推进新型城镇化重点工作实施方案》及考核办法,建立新型城镇化工作信息报送、统计分析制度,针对问题及时通报，并提出建议供省委省政府领导决策。泸州、阆中成功申报全国新型城镇化综合试点城市。

全省城镇化质量和发展水平进一步提高。印发《关于进一步做好农民工工作的意见》、《关于鼓励灵活就业人员参加基本医保有关问题的通知》和《关于深化投融资体制改革的指导意见》，在户籍、社保、行政区划等相关配套改革方面取得进展。

省级财政安排 18.8 亿元用于城市市政基础设施建设，全省城乡市政基础设施建设完成投资 1250 亿元，其中城市市政公用设施建设已完成投资 633 亿元，同比增长 15.0%。新增城镇建成区面积 143 平方千米。天府新区被国务院批准为"国家级新区"。

【"百镇建设行动"】 围绕四大城市群布局，全省有序启动 200 个镇的"百镇建设行动"。截至 9 月底，完成投资 82.7 亿元；截至年底，就近就地转移农业人口 33.6 万人，全省已有 277 个镇列入全国重点镇，居各省（区、市）第一位。

【"百万安居工程建设行动"】 实施"百万安居工程建设行动"，全省建设城乡住房 104 万套（户），基本建成 81 万套（户），定向供应农民工公共租赁住房 1.7 万套。危旧房棚户区改造和保障性住房建设共开工 48.28 万套（户），基本建成 19.7 万套。农房建设开工 44.64 万套，竣工 26.97 万套；农村危房改造已开工 14.1 万户，竣工 11.9 万户。

城乡环境综合治理

2014 年，四川省城乡环境综合治理取得显著成效，全年主要目标任务圆满完成。有 22 个村落被列入中国传统村落名录，有 7 个古镇被评为第六批中国历史文化名镇，有 8 个镇（村）被评为全国特色景观旅游名镇（名村）。

【环境质量】 大气环境治理工作扎实推进，城乡环境质量持续改善。推进水环境治理，新建、改建、扩建污水处理厂，有效落实了集中式饮用水源地保护制度。全省新增绿化 591.6 平方米，新建城市绿道近 600 千米。

【"美丽乡村"建设】 制发《2014 年"美丽乡村"示范村庄（聚集点）考核标准》，圆满完成建设"美丽乡村"示范村庄 1000 个的民生工程目标任务。完成危旧房改造 3.3 万户，新村建设 636.7 万平方米，完成 7.8 万户居民的改水、改厨、改厕和改圈工作。加强农村基础设施建设，建成相关项目 2370 个。在全国率先推进农村生活垃圾处理，建有生活垃圾收集点的行政村比例居全国首位，工作经验得

到住房城乡建设部充分肯定并在全国推广。

【城镇品质】 推进城乡规划的转型升级，新的规划理念逐步得到落实，积极开展"三规合一"的县（市）域全域规划编制试点工作。新增环卫设施设备，生活垃圾机械化清扫率提高了 1 个百分点。持续推进"五乱"治理，有效遏制环境"脏、乱、差"现象回潮反弹，城镇品质有效提升。有序推进数字化城管信息系统建设，全省 16 个设区城市、22 个县（市、区）完成了城市管理数字化平台建设。

省政府投资项目代建管理

2014 年，四川省政府投资在建代建项目 9 个，总投资 28.17 亿元，总建筑面积 33.26 万平方米。

【代建项目管理】 根据省级代建项目实际情况，制定质量安全检查考核办法，建立质量安全检查制度、质量安全培训制度、工程例会制度等，努力实现项目制度化管理，建立健全质量安全监控体系。建立每周项目经理例会制，进一步明确监管工程师职责，推行信息化管理，加强多方协调与沟通，合力推进省级代建项目顺利实施。

重点项目委派专人蹲点，每日跟踪督察。所有项目均建立每周一次巡回检查、每月一次质量安全大检查、重大节假日和地质灾害频发期质量安全专项检查等保障制度，做到项目管理全方位、多角度、无死角。重点加强对项目管理公司的监督管理，明确项目管理单位为质量安全责任主体，充分发挥项目管理单位的主观能动性和专业技术优势。

从资质条件、资金要求、技术实力、工程业绩等方面入手，选择讲信誉、负责任的参建队伍。在招标文件中明确省级代建项目必须创建市标化工地，争创"天府杯"、"鲁班奖"等，为确保工程质量、安全和工期创造了有利条件。组织省级代建项目的项目管理公司和监理公司及参建单位参观优秀工地，召开项目座谈会，学习交流项目管理经验，切实提高参建单位质量安全管理水平和项目管理公司的项目管理水平。

制定代建项目建设资金管理、审批、支付、监管和现场技术经济签证核定等办法，切实细化项目运作管理程序，进一步优化项目管理流程，层层把关，严防死守，从各个环节防范风险。

【政府投资项目代建制】 成都、攀枝花、泸州、绵阳、德阳、广元、遂宁、内江、乐山、广安、雅安、眉山、资阳等地采用投资公司的形式，推行政府投资工程代建管理；巴中成立政府投资项目代建管理局，达州、南充、自贡成立政府投资项目代建

中心。

【代建管理市场】　按照《四川省建设工程项目管理企业认定备案管理暂行办法》要求，做好项目管理企业认定备案和代建队伍培训工作，进一步规范建设工程项目管理市场行为，建立有效的行业管理机制，培育健康规范的代建市场。全省建设工程项目管理企业共计173家，建设工程项目管理从业人员已达6000余人。其中一等工程项目管理企业80家，二等工程项目管理企业37家，三等工程项目管理企业56家。

2014年特邀全国知名专家、教授，举办了3期建设工程项目管理从业人员培训，共计1200余人参加；开展了5期从业人员继续教育，共计5000余人参加。

法制建设

2014年，四川省城乡规划专项督察及片区巡查力度得到加大，集中开展侵占公共绿地、生态空间等突出违规建设的专项督察，督导查处3起典型案件。全省实施建设行政处罚近1.2万件，纠正违法违规行为近23万件。2014年四川省住房城乡建设厅荣获第三届中国法治政府提名奖。

【《四川省依法治省纲要》贯彻落实】　制定《四川省住房和城乡建设厅贯彻落实〈四川省依法治省纲要〉实施方案》，对贯彻落实《纲要》的工作任务、责任主体、工作步骤、完成时限进行安排部署；制定《四川省住房和城乡建设厅依法治省宣传工作实施方案》，对宣传教育活动的总体要求、组织领导、宣传内容、宣传形式、工作措施等方面进行具体部署。同时根据《四川省依法治省2014年工作要点》，制定了《四川省住房城乡建设系统2014年法制工作要点》，推进依法治省的工作任务进行分解，按计划、分步骤逐项抓好落实。

【依法行政宣传】　全省分为五个片区，对领导干部和执法人员进行依法行政巡回宣讲，厅机关和各市州及县市区共1000多人参加。充分利用多种平台，进行宣传报道。利用政务微博和手机短信及时发布依法治省的相关信息。

【突出问题整改】　坚持问题导向，通过进行网络调查、开展政风行风群众满意度测评、梳理群众路线教育实践活动查摆问题、行政复议案件、梳理来信来访和投诉举报以及行政审判情况等七个途径，对厅本级和全省住房城乡建设系统依法行政中存在的突出问题进行了深入分析和认真整改。

【立法起草和法律政策研究】　《四川省国有土地上房屋征收和补偿条例》于9月27日经省人大常委会审议通过。《四川省城镇住房保障条例》、《省人大常委会关于坚决制止和查处违法建设的决定》进入省人大常委会三审程序。省政府法制办审议《四川省政府投资项目代建管理办法》。10月，完成向省人民政府呈报《四川省燃气管理条例》（修订）、《四川省城市地下管线管理办法》两个代拟稿的报送工作，省政府法制办在按法定程序征求意见。

行政审批

2014年，四川省住房城乡建设厅共受理行政许可审批事项21937件，同比增长35.25%，按时办结率、现场办结率、群众评议满意率均达到100%，提速率保持在75%左右，有效投诉为零。

【助推企业升级】　审批向事前、事中、事后延伸。事前主要抓好企业资质申报相关知识的免费培训解读，事中抓好初审意见公示的一次性告之，事后对未获许可的企业分类指导。优化审批程序和简化申报材料，企业申报资质未通过的，若在三个月内重新申报，可不再逐级申报，直接由省住建厅受理，且对原已核验过的原件不再复验；由住房城乡建设部审批的企业资质，资质延续不再经市州受理直接向省住建厅申请；出台《关于行政审批申诉工作有关事项的通知》，企业可在网上填报、上传所有申诉材料。出台《四川省住房城乡建设系统行政审批和公共服务事项办理中简化审验证件原件规定》。对全省住房城乡建设行政审批和非行政许可审批事项办理中审验原件工作进行统一的规范，切实解决了环节过多过滥问题。

【规范行政审批行为】　2014年初制定《四川省住房城乡建设系统资质审批事项实施规程》，实现建设系统行政审批"六统一"（即项目名称、申请条件、办事指南、申报材料、办理流程、办理时限），提高了办事效率。清理行政审批事项及前置条件。贯彻落实省政府《关于进一步深化行政审批制度改革工作的意见》，配合省住建厅法规处再次清理行政审批事项；配合省政府法制办编制了《审批权在市（州）的行政许可项目清单》和《审批权在县（市、区）的行政许可项目清单》；全面清理了行政审批前置条件，无法律法规依据的审批前置条件一律予以取消，共取消和调整前置审批条件10余项。提高行政审批效率，在审批量最大的建筑施工安全生产许可证审批中，在泸州、眉山、成都、攀枝花等12个市试点，将"审批权"与"审核权"分离（审核权下放），按职权同步进行审查。

【网上审批进程】 全面实现工程建设招投标代理机构和工程监理企业，以及 12 个试点市的施工企业安全生产许可网上申报审批，实现了无纸化办公。还实行了网上申诉，凡对省住建厅公示的行政审批事项初审意见有异议的，都可在网上填报、上传所有申诉材料，可不再跑路，也不再与审批人员直接见面，进一步规范了行政审批事项的办理，提高了政务服务水平。二是制订了城市园林绿化企业职称人员、技术工人两类人员数据库建设方案，委托厅信息中心建立了数据库并调试成功，开展数据试录入工作，为推进园林绿化企业网上申报审批打下坚实基础。

住宅建设与房地产业

【房地产市场运行】 2014 年，全省房地产开发完成投资总体呈下行走势，同时受新开工面积增速放缓、土地购置面积和土地成交价款等指标增速回落以及商品房销售情况持续低迷等影响，房地产市场面临较大压力。按照"保成交、调供应、稳价格、抓保障"的总体思路，加强房地产交易秩序监管，清理取消不合理的行政干预手段，加快推进住房信息系统建设，集中开展公积金"控高提低"专项治理，总体上保持了房地产市场平稳运行。成都、内江、眉山等 10 个城市出台了"微刺激"措施，提高了房地产市场交易活跃度，稳定了住房消费。房地产投资额、税收、施工规模等主要指标保持增长态势、优于全国平均水平，房地产业在稳定经济增长中的作用明显。全年完成房地产开发投资 4430 亿元，同比增长 15%；全省房地产税收收入 770 亿元，同比增长 10%，占总地税收入的 36%。

【施工面积、新开工面积增速放缓】 2014 年，全省房屋施工面积 36499.35 万平方米，同比增长 13.5%，增速较 1~11 月（15.6%）回落 2.1 个百分点。其中，住宅施工面积 24732.35 万平方米，同比增长 6.6%，增速较 1~11 月（7.8%）回落 1.2 个百分点。

【商品房竣工面积增速回落，住宅竣工面积进入负增长区间】 2014 年，全省商品房竣工面积增速自 6 月份起由负增长转为正增长，但四季度后出现下行趋势。其中，住宅竣工面积增速自 2013 年 3 月份起跌入负增长区间后，直到 2014 年 10 月才转为正增长，但此后再度跌入负增长区间。

2014 年，全省商品房竣工面积为 5334.45 万平方米，同比增长 4.4%；增速较 1~11 月（5.7%）回落 1.3 个百分点。其中，住宅竣工面积 3871.28 万平方米，同比下降 3.9%；降幅较 1~11 月（-2.4%）扩大 1.5 个百分点。

【商品房价格有一定回落】 受销售低迷影响，从 6 月份以来，全省 3 个列入国家重点监控的 70 个大中城市新建商品住宅价格指数环比连续下降。

【土地供应总量保持增长，新增建设用地占比上升】 据四川省国土资源厅资料，2014 年，全省土地供应总量 48941.90 公顷，同比增长 65.0%。其中新增建设用地供应同比增长 194.7%，占土地供应总量的比例较 2013 年同期增加 21.9 个百分点。

【房地产市场监管】 清理取消对房地产市场的不合理行政干预手段。9 月 26 日，要求各地全面清理对房地产市场的不合理行政干预手段，取消"限购"、"限价"等行政措施，不再对套型建筑面积做统一比例要求。各大银行均对拥有 1 套住房并已结清相应购房贷款的家庭，为改善居住条件再次申请贷款购买普通商品住房的，执行首套房贷款政策。《关于进一步做好住房金融服务工作的通知》出台前，各银行实行"一房一价"政策，首套房贷款利率通常上浮 1%~20%。2014 年四季度起，个人住房贷款利率和利率上浮占比持续回落，其中 12 月份利率回落至近 2 年来的最低水平（6.77%）。

鼓励各地在危旧房棚户区改造中加大货币补偿力度，政府出台优惠政策措施，搭建服务平台，房地产开发企业让利参与，组织和引导被安置群众主动选择货币化安置。出台促进房地产市场健康发展的"微刺激"措施。省财政厅出台《关于鼓励金融机构向购买首套住房居民家庭提供贷款财政措施的通知》，对金融机构向购买首套房提供不超过基准利率贷款的给予 3% 的财政补助。省财政厅、省发展改革委出台《关于停收和免收 22 项行政事业性收费的通知》，对居民家庭购买首套自用普通商品住房免收所有权登记费。住房城乡建设厅出台《免收房屋所有权登记费相关事宜的通知》，具体贯彻落实。

充分发挥公积金的作用，提高群众购房支付能力。将发展个贷作为重点工作内容，逐步提高住房公积金个人贷款率。截至 12 月末，全省住房公积金缴存总额突破 3000 亿元大关，达到 3116 亿元，缴存余额 1642 亿元。累计向 86.8 万户家庭发放住房公积金个人贷款 1543 亿元，为 318.6 万名职工提取住房公积金 1474 亿元，为提高职工购房能力提供了有力的资金支持。鼓励各地对使用住房公积金贷款首次购买自住住房或第二套改善型自住住房的职工，适当提高贷款额度、放宽贷款期限。

提高市场交易活跃度。加强与新闻媒体沟通，

第四篇

加大对房地产市场的正面宣传，引导居民预期，促进住房消费。

【房地产领域风险防控】 2014年，全省房地产开发企业到位资金保持增长，但各资金来源增速多数回落。各银行对大型品牌开发企业审慎贷款，新增贷款多为对旧项目的延续性贷款，对中小开发企业基本停贷。中小开发企业由于普遍采取民间借贷方式筹集资金，资金成本高达月息2‰左右，资金压力非常大，个别开发企业已出现资金链断裂、民间融资逾期不能偿还等资金问题，甚至破产清算。

上半年开展了房地产领域非法集资风险专项排查活动。10月份，又组织各地对房地产开发企业的资金运行情况进行了摸底排查。从结果来看，大部分企业资金状况良好，但也有11市州68个开发项目因自身资金短缺、销售困难回款慢、无法在银行取得贷款、民间融资艰难等原因出现了资金紧张情况，造成项目停工或部分停工。各地按要求加强对"问题楼盘"的跟踪监测，通过预售资金监管、市场巡查等措施，降低项目风险。

【房地产市场领域改革】 完成《健全住房保障和供应体系专项改革方案》，对具备较强住房消费能力的中等收入和高收入居民，健全完善市场供应体系，满足自住型和改善型住房需求。

四川省农委、省农业厅、住房城乡建设厅制定了《关于开展全省农村房屋确权登记工作的工作方案》和《全省农民住房财产权抵押、担保、转让试点工作方案》。为使农村房屋登记有章可循，住房城乡建设厅草拟了《关于开展全省集体土地上房屋确权登记工作的指导意见（征求意见稿）》。

推进成品住宅开发建设1月1日，《四川省成品住宅装修工程技术标准》正式施行。为激励提高企业执行《标准》，开发成品住宅的自觉性和主动性，省住房城乡建设厅下发了《关于申报成品住宅示范工程的通知》。通过示范工程的认定，来引导和鼓励成品住宅开发建设。经组织专家评审后列入四川省成品住宅示范工程实施计划的，统一行文向社会公示，并颁发《四川省成品住宅示范工程实施项目》标志。11月，印发了《关于进一步加强成品住宅开发建设管理工作的通知》，自2015年1月1日起施行，进一步规范和推进全省成品住宅建设工作。12月19日，住房城乡建设厅在攀枝花市召开了全省成品住宅推进现场会。

【住房信息系统建设】 8月，为加快各地建设推进，省住房城乡建设厅下发《关于进一步加快推进全省住房信息系统建设的通知》，明确提出，成都、达州、乐山、自贡、德阳、广安、泸州、内江、攀枝花9个市州要在2014年底前完成住房信息系统建设并与省平台联网。其余12个市州要在2015年底前完成住房信息系统建设并与省平台联网。

【房地产市场秩序专项整治】 四川省住房城乡建设厅、省工商局制定出台《规范全省房地产市场销售行为工作方案》。重点对未取得预售许可证预售商品房、一房二卖、利用不公平不合理格式条款侵害消费者权益等11种违法违规行为进行整治。

为加强老楼危楼安全管理，坚决防止垮塌事故发生，住房城乡建设厅印发了《全省老楼危楼安全排查工作方案》，要求各地对城市及县人民政府所在地的建筑年代较长、建设标准较低、失修失养严重、在册危险房屋、擅自变动结构和野蛮装修的房屋，以及所有保障性住房和棚户区改造安置住房进行全面排查。

【物业管理】 为全面贯彻落实《四川省物业管理条例》，省人大制定了《四川省物业管理条例释义》。9月，住房城乡建设厅印发了《关于应急情况下使用住宅专项维修资金有关问题的通知》，切实维护住宅专项资金所有权人的合法权益。为加强物业服务市场管理，推进物业服务行业信用体系建设，按照《四川省物业服务企业信用信息管理办法》，住房城乡建设厅开发建设了全省物业服务企业管理信息系统，通过信用管理加强物业企业的事后监管。

住房保障

【住房保障和供应体系】 四川省政府出台《健全住房保障和供应体系专项改革方案》，重点实行公共租赁住房和廉租住房制度并轨，建立统一的公共租赁住房制度；探索建立共有产权住房制度；推进公共租赁住房"租改售"试点；促进"农民工住房保障行动"制度化；完善住房公积金缴存和使用制度；坚持市场化原则优化市场供应结构等六项改革。住房城乡建设厅会同省发展改革委、省财政厅于联合出台《关于推进公共租赁住房和廉租住房并轨运行的实施意见》，进一步完善城镇住房保障制度，提高保障性住房资源配置效率。同时，选取了成都、德阳、宜宾、乐山、遂宁等五个城市开展共有产权住房制度和公共租赁住房"租改售"试点工作，进一步完善了城镇住房保障制度，提高了保障性住房资源配置效率。开展利用公积金贷款支持保障性住房建设试点，成都等四个试点城市共发放项目贷款43.71亿元，建设保障性住房324万平方米，项目贷款到期回收率100%，37个项目已完工并交付使用。

【"百万安居工程建设行动"】 全年实施改造城镇危旧房棚户区和建设保障性住房 51.86 万套，完成目标任务的 100.95%，是 2013 年的 2.4 倍，基本建成 29 万套；完成投资 720 亿元，同比增长 54.96%。其中危旧房棚户区开工 40.62 万户，占 100.72%，保障性住房开工 11.24 万套，占 101.79%。创新建立并实施省级统贷融资模式，全年共争取到国家开发银行棚户区改造专项贷款 780 亿元，其中省级统贷 600 亿元，成都市 180 亿元。全年向农民工定向供应公共租赁住房 17281 套，完成目标任务的 103.19%。结合藏区新居、彝家新寨、巴山新居、灾后重建、幸福美丽新村建设和农村人居环境治理，统筹实施农房建设 52.1 万户，其中农村危房改造开工建设 22.3 万户。

【《四川省危旧房棚户区改造规划（2013～2020年）》编制完成】 2013～2020 年全省规划改造各类危旧房棚户区 169.52 万户，包括：城市危旧房棚户区 141.69 万户，占总量的 83.58%；小城镇危旧房，共 22.61 万户，占总量的 13.34%；城镇规划区外行业棚户区，共 5.22 万户，占总量的 3.08%，主要是国有工矿棚户区 4.62 万户。

住房公积金管理

2014 年，四川省新增缴存 520 亿元，占目标任务 104%，缴存总额突破 3000 亿元大关，达到 3116 亿元，保持在西部 12 省区之首、全国前列。新增个贷 255 亿元，占目标任务 102%，住房消费提取 237 亿，两项合计占房地产市场份额 37.2%。全省 60 多个县（市区）公积金贷款超过当地商业银行贷款，30 多万职工家庭通过公积金贷款、提取改善了居住条件。个贷逾期率保持在规定标准 3‰ 以下。

【"控高提低"专项整治】 四川省 8 月至 12 月开展住房公积金缴存"控高提低"专项整治工作。至年底，超比例 12% 缴存基本得到纠正。超比例 12% 缴存单位共有 1059 个、7.52 万人，占实际缴存人数 1.5%，已整改 658 个单位、7.22 万人，占超比例缴存人数 96%。超基数缴存基本得到纠正。超基数缴存单位共有 2146 个、3.49 万人，占实际缴存人数 0.7%，已整改 1141 个单位、3.01 万人，占超基数缴存人数 86%。提低取得新进展。低于 5% 缴存比例的单位共有 1144 个，985 个单位已整改，占 86.10%。低于缴存基数下限的单位共有 24673 个，10876 个单位已整改，占 44.08%。

【个贷业务发展】 个贷新政实施以后，贷款增速明显加快，资金使用效率明显提高，个别中心个贷率增长达 8%。各市州主要从合理确定贷款条件、提高贷款额度、推进异地贷款、降低中间费用、提高服务效率等方面着手，加大工作力度，有力地促进了个贷业务的发展，提升了缴存职工住房消费能力，维护了缴存职工的基本权益。

【扎实推进试点项目工程】 全省共有 4 个城市 43 个项目获准利用住房公积金贷款支持保障房建设。按照国家相关法规政策和省政府实施方案，建立预审制度和工作机制，规范审批流程，强化贷后管理。经省住建厅、4 个试点城市公积金中心、建设单位、相关银行等参与项目贷款各方扎实努力工作，试点工作进展顺利，所有项目贷款资金安全，没有发生资金挪用，没有发生工程质量事故，没有发现违规违纪问题，贷款按期回收率 100%。

城乡规划

【新型城镇化相关工作】 牵头编制《四川省新型城镇化中长期规划》和《重点工作分工方案》。贯彻落实中央城镇化工作会议和四川省委经济工作暨城镇化工作会议精神，树立先进规划理念，推动城乡规划转型升级。印发《四川省住房和建设厅关于审视和完善城乡规划的通知》和《关于规范城乡规划编制工作的通知》，进一步细化了工作要求，形成了一套新的、比较系统的工作方法；牵头起草了《四川省 2014 年加快推进新型城镇化重点工作实施方案》，指导各地细化了工作推进措施。完成了《2014 年全省加快推进新型城镇化工作考核办法》及其《评分细则》的起草工作，为开展全省新型城镇化督导工作打下了基础；按照省委、省政府改革工作安排，研究制定"构建科学合理的城镇化发展格局"和"划定城市开发边界"工作方案，报送省经改领导小组办公室，相关工作正在加紧推进中；会同推进办，组织开展了三次新型城镇化重点任务推进情况督查检查，对全省新型城镇化阶段工作进行了分析总结，向省委、省政府报送了相关动态材料，并针对工作中存在的问题提出了对策建议。

【规划编制与管理】 全力推进省域城镇体系规划和成都平原、川南、川东北、攀西四大城镇群规划编制工作。进一步强化规划审查工作，提高规划的科学性。继续推进全域规划和地下空间规划编制试点工作。完善灾后规划实施机制，全力服务雅安灾区。

【重大课题研究】 2014 年，牵头组织完成《关于我省推进新型城镇化的几点思考》《两化互动、统筹城乡干部培训教材》《四川省城市总体规划编制技术规定》《推动川东北城市群加快发展》《国家和省级建设项目选址意见书管理规程》《四川省城市地下空间规划编制技术导则》《城市开发边界划定导则》和《四川省县域全域规划编制技术导则》等 10 余个课题。另外，《多点多级支撑下的重点城市发展路径研究》《4.20 雅安灾后规划编制技术集成》和《四川省新型城镇化评价体系》3 个课题有序推进。

【历史文化名城（镇、村）和传统村落保护】
2014 年，全省有 7 个镇、2 个村成功申报为第六批中国历史文化名镇（村），开展了传统民居建造技术初步调查，向国家上报了 50 种建筑类型、86 个代表建筑、49 名传统工匠。申报第三批中国传统村落，深入开展传统民居建造技术补充调查工作。

编制完成 20 个第一批中国传统村落的规划，审查通过 3 个历史文化名镇名村规划，抓紧编制 42 个第二批中国传统村落规划和重点历史文化名镇名村规划，制定《四川省历史文化名镇名村保护规划编制办法》和《四川省传统村落保护发展规划编制办法》，促进规划编制更加科学规范。

在 2013 年投入 300 万元专项用于第一批中国传统村落保护的基础上，2014 年再投入 630 万元用于第二批中国传统村落保护。联合财政、文化（文物）部门共同申报中央补助资金，支持历史文化名镇名村和传统村落发展。

联合财政、文化（文物）部门召开传统村落保护电视电话会议，明确要求各地要按照真实性、完整性的要求，全面保护文物古迹、历史建筑、传统民居等传统建筑，保护场镇、村落的传统选址、格局、风貌以及自然和田园景观等整体空间形态与环境。

建立传统民居专家库，调查传统建造工匠人才，即将成立传统村落和传统民居专家委员会，组织历史文化名镇名村和传统村落管理人员培训。

城市建设管理与市政公用设施

【城镇基础设施建设】 2014 年，四川省完成城镇基础设施建设投资 1250 亿元。出台《关于加快城镇基础设施建设实施意见》、《关于加强城镇地下管线建设管理的意见》，在全国率先完成省、市、县三级城市防涝综合规划编制，并通过住房城乡建设部审查。按照"先地下、后地上"和"绿色生态"的原则，加快推进城镇市政公用设施建设，全省新增城市道路 1442 千米，新建和改造市政地下管网 4860 千米，新增绿化 8000 多万平米、公园绿地 2500 多万平方米。城市污水处理和垃圾无害化处理率均提高 1 个百分点以上。试点推进 6 个设区城市和 14 个县

（市）城市生活垃圾分类工作，成都、广汉的经验在全国作了交流。

【城市新区与市政公用设施建设】 推进天府新区和自贡、攀枝花、达州等区域中心城市的新区建设，加强市政公用设施和公共服务设施配套。2014 年四川省省级财政新区建设专项补助 20 亿元，支持全省 32 个城市新区 117 个市政道路项目建设，全部在 2014 年底前形成 60％的实物工作量。天府新区已被国务院批准为"国家级新区"。

【城镇地下管网建设】 有条件的设区城市率先启动建成区地下管线普查。加快市政地下管线的新建和改造。全省已新建和改造市政地下管网 4860 千米。国家集中支持的污水管网专项资金 14.4 亿元，已建成城镇污水管道约 1400 千米，全面完成年度目标。试点推进地下综合管廊建设。成都、自贡、绵阳、南充、达州等有条件的城市在重要区域已启动试点建设，成都市已建、在建地下综合管廊长约 8.7 千米，部分已投入运营；自贡市已在南湖新区、南岸科技新区建成 5 条共计 10.1 千米地下综合管廊，并全部投入使用。

【供水排水与防涝设施】 完成专项规划编制（修订）及普查工作。省、市、县三级《城镇排水（雨水）防涝综合规划》、《城镇生活污水处理设施建设及再生利用规划》已编制完成，并通过住建部专家审定。已完成全省县城及以上城市 168 个普查单元的排水防涝设施普查工作。二是设市城市积极推行低影响开发建设。全省新增园林绿化 8000 多万平方米、公园绿地 2500 多万平方米，并在成都市等有条件的城市新建部分雨水调蓄设施。三是加快供水设施的更新和建设。国家下达的 55 个供排水防涝项目建设推进有力，国家供水应急救援能力建设项目前期工作已就绪。

【城市交通设施】 成都市轨道交通建设快速推进。地铁 1 号线南延线等 7 条城市轨道同时开工，全年已完成投资 183.46 亿元，圆满完成全年投资计划，同比增长 31.77％。实施城市步行和自行车交通示范工程建设。内江、南充、雅安、眉山、阆中等 5 个城市已被住房城乡建设部列入全国示范城市，基本完成实施方案和城市步行自行车交通系统专项规划。推动无障碍设施改造。配合有关部门制定了全国第九届残运会暨第六届特奥会无障碍设施建设和改造具体工作方案，指导成都市、绵阳市加快无障碍设施建设和改造工作。四是加快市政道路桥梁建设改造。全省已新建和改建城镇市政道路 1442 千米、桥梁 167 座。

【生活污水处理设施】 全省新建城镇污水处理厂37座、新增污水处理能力60万吨/日。甘孜、阿坝、凉山36个未建成污水处理厂的县城，抓紧开展因地制宜建设生活污水处理设施的前期工作，28个项目已完成可研立项（其中开工19个），8个项目正抓紧前期工作。加强污泥处置设施建设。成都等有条件城市已建成部分处理设施，推进无害化处理和综合利用。加强中水回用设施建设。自贡、南充等市加快污水再生利用设施项目建设，成都市已建成污水处理厂尾水补充城市河流工程并投入运行，每日向城市河流补水约35万吨。

生活垃圾处理设施。全省新建城镇垃圾处理设施13座、新增垃圾处理能力2850吨/日。推进生活垃圾分类示范建设。大力推进餐厨垃圾资源化利用和无害化处理。绵阳市已通过评审，成为第四批国家级试点城市。实施垃圾处理设施风险评估。全省已基本完成非正规生活垃圾堆放点和不达标生活垃圾处理设施排查及环境风险评估。

【芦山等地震灾区灾后恢复重建】 认真执行芦山地震灾区灾后恢复重建规划，83个市政公用设施项目建设开工率100%，项目组织机构健全、推进方案以及措施得当，工作开展平稳有序，灾后重建投资完成21.28亿元。积极参与康定地震抢险救灾和灾后重建，保证了灾区市政设施安全运行和重建有序推进。

【市政公用行业监管】 推进市政公用行业深化改革，下放了城镇管道燃气企业经营许可，取消了城镇燃气企业经营许可中无法律法规依据"专家评审意见"等前置条件。研究管道燃气供气区域行政审批改为以特许经营方式赋予、规范城镇供水排水企业运行合格考评发证等行政权力运行，进一步规范行业行政管理。推进政府和社会资本合作模式。配合省级有关部门制定推广PPP模式参与市政公用设施建设运行的项目名单，吸引社会资本投入污水垃圾处理、地下综合管廊、城市轨道交通等设施的建设运行。推行市政公用行业阶梯价格改革。

城镇燃气安全监管。印发《四川省住房和城乡建设厅关于进一步加强城镇燃气安全管理工作的通知》《住房城乡建设厅关于开展城镇燃气和建筑施工安全专项督查的紧急通知》《四川省住房和城乡建设厅关于做好2014年度全省市政公用行业防灾减灾应急演练工作的通知》和《关于深入推进2014年度全省城镇燃气安全生产工作的通知》等文件，对市政公用行业安全工作进行了布置，重点强化了城镇液化石油气的安全监督管理。加强安全隐患排查，组织开展全省城镇燃气安全专项排查整治、老楼危楼燃气设施和老旧管网安全隐患专项排查整治，要求各地对发现的安全隐患落实专人督促整改到位。加强安全监管培训工作，专题开展全省城镇燃气安全监督管理培训，提高市州分管局领导、科（处、室）负责人和部分企业分管负责人的安全意识和安全管理水平。组织开展了城镇燃气"十二五"发展规划修订。

城市桥梁和供水排水等行业监管 全省设市城市开展辖区内市政桥梁安全检测并制定加固改造计划，并同步推进市政桥梁加固改造和管理信息化建设。强化城市防洪排涝工作，4月转发《住房城乡建设部办公厅关于加强2014年城市排水防涝汛前检查工作的通知》，强化排水等行业运营安全管理。全年无重大城市内涝灾情发生。加大城镇饮用水水质督查力度，督促各地按要求抓紧完成生活饮用水水质检测任务，10月派出专家组对甘孜和阿坝州进行了专项督查。按照住建部要求，指导成都、绵阳和遂宁等市积极开展节水宣传周活动。

【城市综合管理】 数字城管延伸。组织地方城市管理部门参加在洛阳和深圳举办的全国数字化城市管理应用技术培训，加强设市城市数字城管平台建设和完善工作的指导，并支持县级数字城管平台建设、鼓励市级平台向县级延伸。18个设区城市加快市级数字城管平台建设已基本完成。

城市市容环境卫生。加强道路扬尘监管。推进试点示范创建工作。推荐成都市锦江区城乡物业管理全覆盖及社区建设申报2014年迪拜国际改善人居环境最佳范例奖项目，北川新县城灾后重建项目成功申报2014年中国人居环境范例奖。

【世界遗产管理】 2014年，经过对大量资料的分析论证，完成蜀道世界自然与文化遗产预备清单申报材料（送审稿），经省人民政府审查通过，上报国家相关部委批准后，送联合国世界遗产中心备案。

4·20灾后恢复重建世界遗产地项目。四川大熊猫栖息地世界自然遗产地涉及"4·20"灾后恢复重建遗产地项目共4个，即天全县遗产地监测保护站、芦山县遗产地监测保护站、宝兴县遗产地保护管理站和邛崃市遗产地监测保护站，总投资为2502万元。

《四川省世界遗产保护条例》修订。2002年1月经省九届人大常委会第27次会议审议通过了全国第一个保护世界遗产的地方性法规——《四川省世界遗产保护条例》。《条例》实施10多年来，为全省遗产资源的保护、监管和合理利用提供了法规指引和法制保障。为确保全省世界遗产资源真实性和完整性得到有效保护，省世界遗产办结合自身工作职能，积极配合省人大、省法制办，依托省世界遗产专家委员会的优势，组织相关专家开展《条例》修订研究，并提出《条例》修订工作方案送省人大审阅。

世界遗产地相关课题研究。省世界遗产办与相关科研机构合作完成《四川省风景名胜区世界遗产地国家公园体制研究报告》以及《风景名胜区与世界遗产地生态补偿研究报告》（初稿）。

【风景名胜区和城市园林】 完成剑门蜀道、二郎山等 16 个国家和省级风景名胜区总体规划编制审查或报批以及白龙湖等一批风景名胜区详细规划审查。组织完成西岭雪山索道站和大渡河美女峰成昆铁路扩能工程等 20 余项景区配套设施设计方案审查和重大基础设施建设项目选址论证审查。鼓励和引导地方积极申报国家和省级风景名胜区。

【城镇园林绿化与园林城镇建设】 2014 年成功创建 4 个国家园林城市、1 个国家园林城镇和 2 个省级园林城市、3 个省级园林县城以及 7 个省级园林村庄。加强城市公园绿地建设，认定推出了成都市白鹭湾湿地公园等首批 8 个省级重点公园。积极推动城镇湿地公园规划建设，指导阆中市古城湿地公园申报国家城市湿地公园、宜宾市高店镇开展小城镇田园生态型湿地公园建设。

村镇建设管理

【地震灾区恢复重建】 到 2014 年底，除按城镇住房标准重建和举家外出暂缓重建的 2041 户外，灾区农房恢复重建全面完成，质量安全可控，抗震设防措施得到落实。城镇重建住房完成 1.18 万套，占重建计划的 33.8％。83 个市政公用设施重建项目全面开工。康定 "11·22" 地震后，紧急驰援灾区实施安全性应急评估，组织学校板房搭建，保障了群众过渡安置和学生复课。

【"百镇建设行动"】 集中省级专项资金支持重点镇建设，拉动全省 200 个镇完成投资 158 亿元，建成基础设施建设项目 423 个。277 个镇被列入全国重点镇，数量居全国第一。截至 10 月底，全省 200 个试点镇本年度已完成建设投资约 94.5 亿元（其中市县两级财政累计投入约 40.4 亿元），已落实建设用地指标 1666.67 公顷，已完工项目 350 个，就近就地转移农业人口约 22.7 万人。

1 月底完成第二批 "百镇建设行动" 试点镇名单确定和审核。6 月完成了第二批试点镇的总体规划和控制性详细规划编制，并组织专家对 21 市州进行了规划抽查，确保各试点镇规划质量水平。

【人居环境】 紧密结合城乡环境综合治理、美丽乡村建设、场镇危旧房（棚户区）改造等工作，积极推进试点镇人居环境改善，切实抓好生态绿地和休闲场地等项目，加强历史文化遗产的保护和传承；加大路网及配套设施建设，完善农贸市场、停车场、垃圾污水处理等项目建设。

【"百万安居工程建设行动" 50 万户农房建设】 四川省住建厅牵头负责农村危房改造和芦山地震灾后重建。截至 10 月底，百万安居工程建设行动 50 万户农房建设已开工 47.04 万户，开工率 94.08％；竣工 29.2 万户，竣工率 58.4％。

【农村危房改造】 2014 年全省农村危房改造目标任务是 20 万户，注重统筹安排，突出重点，重点保证彝家新寨、藏区新居，优先安排秦巴山区、乌蒙山区及国家扶贫开发工作重点县，兼顾全省面上的整体推进。截至 10 月底已开工 17.8 万户，开工率 97.3％；竣工 12.8 万户，竣工率 69.9％。

【农房产权改革】 根据《中华人民共和国物权法》、《房屋登记办法》等有关法律法规和政策文件规定，结合全省实际，制定《四川省农房登记颁证的指导意见》、《四川省农房流转试点工作方案》，草拟《四川省农房登记颁证实施办法》，会同省保监局等部门抓紧研究制定《四川省城乡居民住房地震保险试点工作方案》，以加快实施农房登记颁证和流转、保险试点工作，规范农房管理。指导各试点县建立农村产权流转管理服务中心，主要负责农村房屋产权流转管理服务和融资评估担保工作，实行集中办公、统一管理。加强有关工作研究，主要是加强农村房屋产权流转的研究，逐步推动农村房屋产权自由流转，包括买卖、赠与、作价入股、抵押、租赁等。

【村镇建设管理长效机制】 截至年底，四川省已建立村镇管理机构的镇 2284 个，已配备管理人员的镇乡数 2732 个，其中配备专职管理人员数 3800 人，配备兼职管理人员数 3138 人。

工程建设标准定额

【四川省工程建设标准体系编制】 6 月底批准发布。标准体系分为工程勘察测量与地基基础、建筑工程设计、建筑工程施工、建筑节能与绿色建筑、市政工程设计和市容环境卫生工程等 6 个部分，共收录四川省适用的工程建设国家标准、行业标准以及四川省地方标准 2730 个，提出了待编的地方标准 185 个。

【地方标准编制】 2014 年，开展了《四川省城市抗震防灾规划标准》《人民防空工程兼作应急避难场所建设技术标准》《绿色建筑设计标准》《绿色建筑工程设计文件编制技术规程》《建筑工程绿色施工评价与验收规程》《装配整体式混凝土结构设计规程》《装配整体式住宅建筑设计规程》《四川省既有建筑电梯增设及改造技术规程》等标准的编制，2014年共发布工程建设地方标准16项。

【建筑工业化相关技术标准体系研究】　对四川省建筑工业化现状、存在问题和推进工业化需要完善相关技术标准等进行调研，形成课题研究报告，提出推进全省建筑工业化所需的工程建设标准体系以及促进全省建筑工业化的建议意见。

工程质量安全监督

2014年，四川省共监督在建房屋建筑和市政工程21171个，面积42033.44万平方米，竣工工程9458个，面积12829.58万平方米，报建项目质量监督到位率100%，工程质量合格率100%。共发生工程生产安全事故14起，死亡16人，其中较大事故1起，死亡3人，事故起数和死亡人数控制在省政府下达的指标范围内，未发生重特大质量安全事故，工程质量安全水平总体平稳可控。创建天府杯107个、省结构优质工程161个（2014年度第一批）、省标化工地132个、全国建设工程项目AAA级安全文明标准化工地12个。

【工程质量监管】　开展了以住宅工程（保障房为主）和公共建筑为主的质量安全大检查。省住建厅组成11个检查组，随机抽查项目81个，面积682.01万平方米，发现质量、安全隐患共338处，下达隐患整改通知单63份。进一步做好全省灾后重建项目及保障性安居工程的监管工作，抓好市政基础设施和城市轨道交通工程质量安全监管工作，按照住建部要求和住建厅方案，积极推进两年行动在全省有序开展，积极引导和激励企业争创优质工程。

【监理市场现场两场联动】　出台《四川省住房和城乡建设厅关于进一步加强建设工程项目监理工作质量监管的通知》和《四川省建设工程项目监理工作质量考评实施办法》，配合《建设工程监理规范》的应用，修订监理用表；加大对雅安灾后重建项目监理工作的督查力度，开展2014年度监理企业动态心核查工作；大力推行监理工作质量三级标准化考评制度，探索政府购买监理企业第三方项目管理服务模式，受到住建部肯定。做好监理从业人员培训工作，年内共培训17118人。充分发挥协会作用，开展行业发展调研。

勘察设计与建筑业

2014年，四川省完成建筑业总产值8300亿元，包括省外1760亿元、海外70亿美元，同比增长13.70%，完成建筑业增加值2150亿元，同比增长2.38%（现价同比增长8%）。成建制输出建筑劳务115万人，同比增长4.55%，实现劳务收入180亿元，增长33.33%。建筑业在稳增长、调结构、推动地方经济发展和吸纳农村转移人口就业等方面发挥了重要作用。

【建筑企业】　2014年，全省新增建筑施工总承包一级企业113家、勘察设计甲级企业24家；民营建筑施工企业实现了特级总承包资质、水利水电总承包一级资质"零"的突破。加大工程建设地方标准的制订，初步建立起全省工程建设标准体系。完成2015年《四川省建设工程工程量清单计价定额》编制。建设人才队伍力量进一步增强，新增一、二级注册建造师2.75万人；新增建筑工程专业中高级职称4800人；培训各类人员55万人，培训农民工15万人。

【勘察设计】　通过各种技能培训、BIM技术推广、创优评优、人才培养等方式，提升勘察设计行业技术水平；通过理顺施工图审查管理体制、启动《四川省勘察设计科技信息管理平台》、定期组织相关企业交流座谈、不定期开展下基层调研、多次开展勘察设计企业检查、组织企业、审查机构和市州部门负责人分别召开工作会议等工作，加强行业管理和服务。

全年全省科技进步奖共完成23个项目申报（比2013年6个项目增加两倍），初评结果一等奖1个，二等奖2个，三等奖7个，得奖数量显著增加。

【建筑劳务开拓】　2014年，全年全省成建制输出建筑劳务约115万人，实现建筑劳务收入约180亿元，分别完成全年目标任务（成建制输出建筑劳务110万人，实现建筑劳务收入150亿元）的104.5%和120%。

【中心网络平台建设和信息收集整理】　为加强中心信息工作，劳务中心筹备成立了"信息科"，专项负责中心网络平台打造和信息更新管理工作。二是与厅信息中心合作，在厅门户网站上开设"建筑企业出入川服务"专栏，独立设计完成专栏下属的新闻资讯、省外动态、办事大厅、教育培训、诚信系统、政策法规、通告通报、服务简讯、公众留言等九大栏目版面框架内容，基本搭建起了内容全面、形式多样的出入川建筑企业信息服务平台。截至12

月 15 日，已发布各类信息 2346 则，其中包括服务简讯 119 则、省外动态 1717 则、其他信息 510 则。三是建立健全单位信息报送制度，收集处理各驻外办及中心各科室报送的各类资讯，编写《建筑企业出入川服务信息简报》，创建了贯彻举措、交流合作、基层调研、学习培训、质量安全、服务之声、企业风采、出入川统计、信息报送统计等栏目，及时发布中心及各驻外办开展出入川建筑企业服务工作的措施和动态。

【入川企业承揽业务日常监管】　3 月 17 日起，将四川省省外企业入川从事建筑活动备案工作调整为入川验证登记工作，投入运行入川企业网上验证登记系统，简化办事流程，提高办事效率，进一步规范全省建筑市场秩序。在此基础上，建立了省外入川施工、监理建筑企业信息数据库，为建立企业诚信体系平台打下良好基础。按照厅《关于开展省外入川建筑施工企业专项检查的通知》要求，配合相关部门，对 30 多家外省入川建筑施工企业开展了专项检查。截至 12 月 15 日，办理省外入川建筑业企业验证登记（施工、监理）共计 2955 家。其中，首次入川 1498 家，年检续期 783 家，变更 674 家。

【建设工程招标投标管理】　启动工程建设地方标准《四川省工程建设项目招标代理操作规程》的编制工作。组织起草《四川省工程建设项目招标代理机构动态核查工作实施细则》，制定《四川省房屋建筑和市政工程工程量清单招标投标报价评审办法》。

为规范招标代理机构市场行为，加强对省外入川代理机构的监管，完成了对全部省外入川招标代理机构的实地核查工作。强化招投标市场稽查，认真受理投诉举报，及时查处招投标违法违规行为。全年全站收到投诉共计 45 件，符合受理条件的 10 件，受理率 100%。起草《四川省房屋建筑和市政基础设施工程招标投标活动投诉处理办法》，完成网上公开征求意见并已进一步修改和完善。上半年共接受房屋建筑和市政工程项目报建 172 个（省直属 27 个，地方 145 个），完成招标文件备案项目标段数 739 个，开评标现场监督 228 次。

【建设工程造价管理】　引导建筑业转型升级，完成 15 项定额编制。取消工艺落后的项目，增加建筑工业化成品项目及绿色低碳节能环保项目。

《四川省房屋建筑和市政工程工程量清单投标报价评审办法》完成，完善了报价评审程序、低于成本评审和不平衡报价评审，进一步规范投标报价行为，引导合理价格中标，遏制低于成本竞价。

建筑节能与科技

【绿色建筑行动】　2014 年，出台《四川省推进绿色建筑行动实施细则》、《四川省绿色建材评价标识管理实施细则》、《四川省绿色建材评价技术导则》等顶层设计文件以及相关标准体系；抓好可再生能源示范项目、"限黏禁实"、绿色建筑标识评定、建筑节能改造等工作，并函商省发展改革委，以省应对气候变化和节能减排领导小组的名义，向各市、州人民政府分解下达绿色建筑目标任务，确保《四川省绿色建筑行动实施方案》顺利实施。依托四川省"绿标办"积极开展绿色建筑标识评定工作。截至年底，全省共有 41 个项目获得标识，总建筑面积达到 500.88 万平方米。

【智慧城市申报和试点建设】　印发《四川省智慧城市建设试点 2014～2017 年行动方案》，出台《四川省智慧社区建设指南（试行）》和《四川省智慧城市建设顶层设计》。完成绵阳、遂宁、雅安、郫县、崇州、温江等 6 个"国家智慧城市"城市评审和调研工作，积极开展 2014 年度智慧城市试点及专项试点申报和评审准备工作，积极准备启动省级智慧城市试点工作。在绵阳召开全省智慧城市建设现场交流会，交流先进城市智慧城市建设工作经验。

【建筑技术创新】　全年全省科技进步奖共完成二十三个项目申报（比 2013 年六个项目增加两倍），初评结果一等奖 1 个，二等奖 2 个，三等奖 7 个，得奖数量显著增加。

建设人事教育

【干部人才培训】　2014 年，开展住房城乡建设部门主管干部、人才培训，计划培训 1960 人。据统计，到 10 月底各处室已培训 2493 人，超额完成任务。

【专业技术人员职称】　到 10 月底，全年全省申报高级职称人数超过 2000 人，在省本级申报中级职称人数 2650 人。全面完成年初省住房城乡建设厅下达的全省高级 1000 人、中级 3000 人的目标任务。

大事记

1 月

8 日　"4·20"芦山地震雅安市灾后重建规划指挥部在雅安成立并召开会议。四川省住房城乡建设厅总规划师邱建、雅安市副市长卯辉出席并讲话。

14 日　全省住房城乡建设工作会议在成都召开。省住房城乡建设厅党组书记、厅长何健题为《围绕大局真抓实干加快推进住房城乡建设事业科学发展》

的报告，总结全省 2013 年住房城乡建设工作，安排部署 2014 年任务。

2 月

25 日　全国住房城乡建设系统精神文明建设工作会议暨创新为民服务举措经验交流会在成都举行，住房城乡建设部副部长王宁出席并讲话。

27 日　四川省住房和城乡建设厅组织专家审查四川省建筑节能与绿色建筑标准体系。

28 日　全省住房城乡建设系统政风行风建设工作会议在成都召开。住房城乡建设厅党组书记、厅长何健出席会议并讲话。

3 月

14 日　住房城乡建设厅召开会议，传达学习全国"两会"精神，研究四川省住房城乡建设系统贯彻落实工作。住房城乡建设厅党组书记、厅长何健主持会议并讲话。

28 日　全省住房公积金工作会议暨联系群众工作经验交流会在宜宾市召开。

31 日　全省建设工程质量安全监督站站长座谈会在成都举行。

4 月

17 日　2014 中国·四川住房城乡建设博览会在成都世纪城新会展中心隆重开幕。

17～20 日　香港建设领域青年专业人士来川考察交流。20 余名香港建设领域青年专业人士与住房城乡建设厅相关人员围绕做好抗震救灾和灾后重建等工作进行了广泛交谈。

18 日　四川省促进建筑业发展座谈会在成都召开。

同日　绿色建筑创新技术应用交流会在成都举行。

22 日　加快推进危旧房棚户区改造工作(成都片区)现场交流会召开。省政府副省长黄彦蓉、住房城乡建设厅厅长何健出席会议并讲话。

23 日　全省园林绿化工作及公园建设现场会在泸州市召开，住房城乡建设厅厅长何健、副厅长杨光出席并讲话。泸州、成都、自贡、广元、阆中等 5 个城市，分别在会上作经验交流发言。

24 日　全省加快推进危旧房棚户区改造工作(川南片区)现场会在泸州市召开。四川省副省长黄彦蓉、省住房城乡建设厅厅长何健出席并讲话。泸州、内江、自贡、宜宾等 4 市在会上交流危旧房棚户区改造情况。

30 日　四川省人民政府与国家开发银行在成都签署《四川省加快推进危旧房棚户区改造省级平台融资合作备忘录》。

5 月

17 日　全省建设管理人员岗位培训考试结束。全省在 20 个市(州)设立考点 35 个，涉及建筑工程、机电安装工程和物业管理 3 个专业 12 个岗位，4.8 万人参考。

20 日　四川省危旧房棚户区改造国家开发银行专项贷款项目办公室第一次会议在住房城乡建设厅召开。会议审定通过了第一批通过省级平台"统借统还"方式申请国家开发银行专项贷款的危旧房棚户区改造项目，共 115 个项目，计划改造 10.87 万户，申请贷款 350 亿元。

6 月

13 日　中共四川省住房和城乡建设厅直属机关第六次党员代表大会在成都召开。

25 日　2014 年建筑施工安全生产标准化暨绿色施工示范工地现场观摩会在成都召开。

7 月

7～10 日　住房城乡建设厅厅长何健赴西藏调研，并与西藏自治区住房城乡建设厅厅长陈锦签订《关于进一步加强交流合作的框架协议》。

17～18 日　全省建筑市场案例分析学习班在成都举办，住房城乡建设厅副厅长杨光出席开班仪式并讲话。

22～24 日　四川"百镇建设行动"专题培训班在成都举行。

28 日　省住房公积金工作联席会议在住房城乡建设厅召开。

29 日至 8 月 5 日　国家六部门住房公积金督察员巡查组(云南四川组)季卫国一行来川巡查项目贷款、涉险资金工作。

8 月

12～14 日　芦山地震灾区"百镇建设行动"暨"幸福美丽新村"专题培训班在雅安举行。

21 日　住房城乡建设厅厅长何健陪同省委副书记、四川省长魏宏和省委常委、常务副省长钟勉在雅安调研。

26 日　全省住房城乡建设系统办公室主任会议在成都召开。

9 月

4 日　住房城乡建设部召开全国工程质量治理两年行动电视电话会议，住房城乡建设厅副厅长谭新亚、于桂，成都市建委副主任王建新在成都会场参会。

11 日　新希望国际 A 地块南座工程鲁班奖复查汇报会在成都召开。

13 日　四川省人民医院川港康复科技综合大楼工程鲁班奖复查汇报会在成都举行。

16 日　住房城乡建设部在成都召开监理工作座谈会。

19 日 省住房城乡建设厅在成都召开《四川省工程建设标准体系》发布会，总工程师殷时奎出席并讲话。

24 日 住房城乡建设部施工总承包企业特级资质实地核查组一行对四川省首家申报施工总承包特级资质的民营企业四川省晟茂建设有限公司进行现场核查。

25 日 建筑业改革与发展专题报告会在成都召开。住房城乡建设厅厅长何健主持。

29 日 四川省人民政府新闻办公室召开促进建筑业转型升级新闻发布会，住房城乡建设厅总工程师殷时奎、省统计局负责同志向中央在川和省主要新闻媒体通报四川省建筑业转型升级加快发展的基本思路、主要措施、工作亮点。

10 月

9 日 2014 年度全省住房公积金业务培训班在西南财经大学开课。

13~16 日 "百镇建设行动"专题培训班在成都举办。第一批"百镇建设行动"试点镇规划建设管理人员共 200 余人参加培训。

15 日 住房城乡建设厅在雅安组织召开"4·20"灾后重建项目监理工作座谈会，住房城乡建设厅总工程师殷时奎出席并讲话。

16 日 四川省加快推进新型城镇化工作领导小组办公室在成都召开"百镇建设行动"21 个省级重点镇工作推进座谈会，住房城乡建设厅副巡视员孟辉出席并讲话。

16~21 日 国家六部门住房公积金督察员四川组 2014 年第 3 次来川巡查项目贷款、涉险资金工作。

17 日 全省建设岗位培训暨下半年考试考务工作会议在成都举行。

20 日 健全住房保障和供应体系专项改革推进落实情况调研评估座谈会在省住房城乡建设厅举行。

21~22 日 四川省第二十一届市（州）勘察设计院院长座谈会在达州召开。

25 日 省委书记、省人大常委会主任王东明，省委副书记、省长魏宏，省委副书记柯尊平等省领导来到成都世纪城会展中心，参观第十五届中国西部国际博览四川建筑馆。在四川建筑展馆，住房城乡建设厅厅长何健向王东明、魏宏汇报全省建筑业发展情况。

30 日 副省长黄彦蓉一行赴邛崃市调研指导"4·20"芦山地震灾后恢复重建工作。

11 月

2~7 日 住房城乡建设部住房公积金服务专项督察第十组一行 6 人来川检查住房公积金服务工作。3 日，检查组在成都召开汇报会，住房城乡建设厅副厅长于桂出席并讲话。

同日 住房城乡建设部检查组专项检查成都住房公积金服务工作。住房城乡建设厅副厅长于桂陪同检查。

6 日 省委副书记、省长魏宏在成都主持召开省依法行政工作领导小组会议，研究部署今后一个时期省政府在建设法治政府方面要重点抓好的十五项重点工作，进一步明确工作责任单位和完成时限。省政府副秘书长薛康、蔡竞和省依法行政工作领导小组成员单位负责人以及部分省政府法律顾问参加会议。

7 日 全省墙材革新及绿色建筑工作会在成都召开。会议研究部署全省墙材革新及绿色建筑工作，学习《国家发展改革委关于开展"十二五"城市城区限制使用黏土制品县城禁止使用实心黏土砖工作的通知》、《四川省民用建筑节能管理办法》、《四川省新型墙体材料专项基金征收和使用管理办法实施细则》和《四川省大力推进绿色建筑行动实施细则》等文件精神，交流全省第二批"禁黏禁实"试点县工作推进情况。

8 日 全省下半年建设企事业单位管理人员岗位培训考试顺利结束。

11~12 日 省住房城乡建设厅厅长何健陪同副省长黄彦蓉赴达州市调研棚改和保障性住房项目建设工作。

13 日 省政府新闻办在锦江宾馆召开"国务院批复设立四川天府新区"情况通报会，省委副书记、省长魏宏介绍天府新区规划建设有关情况。

13 日 四川省住房和城乡建设厅在成都召开全省住建系统行政审批制度改革座谈及业务培训会，总结 2010 年以来全省住房城乡建设行政审批工作成效，分析住建系统行政审批制度改革存在的问题，征求大家对下一阶段工作设想的意见，并围绕行政审批制度改革和相关具体业务进行培训。

14 日 全省发展住房公积金个人住房贷款业务座谈会在德阳市召开，住房城乡建设厅副厅长于桂出席并讲话。

18 日 第三届"中国法治政府奖"终评暨颁奖典礼在京举行，四川省住房和城乡建设厅"行政执法责任制六定"项目荣获"中国法治政府奖提名奖"。

20 日 四川省工程质量治理两年行动质量监督人员宣贯培训会在成都举行。

21 日 住房城乡建设部在成都召开全国租房提取住房公积金业务座谈会。

23 日 住房城乡建设厅厅长何健主持召开抗震救灾应急指挥部全体会议，安排部署康定"11·22"地震住房城乡建设厅有关工作。

23 日 受四川省委、省政府委派，副省长曲木史哈率省工作组抵达康定地震灾区。住房城乡建设厅副厅长于桂与工作组一行首先赶赴塔公乡木雅祖庆村了解灾情，慰问学校师生，要求相关部门做好地震灾区学校师生生活安置和心理抚慰。

25日　住房城乡建设厅在雅安召开"4·20"芦山地震灾后重建项目勘察设计和施工协调推进会。

26日　全省智慧城市建设现场交流会在绵阳举行。

28日　全国住房公积金基础数据标准宣贯工作会议在眉山市召开。

12月

2日　副省长黄彦蓉主持召开会议，专题研究《四川省新型城镇化规划（2014～2020年）》和《甘孜州州域城镇体系规划》。

2～3日　省委书记王东明，省委副书记、省长魏宏，深入康定地震灾区的镇村、集中安置点、学校、医院和寺庙，实地察看灾情，慰问受灾群众，研究部署灾区安全温暖过冬和灾后重建有关工作，并代表省委、省政府向战斗在抗震救灾第一线的广大基层干部、解放军和武警官兵、人民教师、医疗工作者和志愿者表示衷心感谢，并致以崇高敬意。

3日　四川省委书记王东明在康定主持召开抗震救灾工作会议，听取甘孜州和省抗震救灾指挥小组工作汇报，对下一阶段工作作出部署。

4日　四川省建筑市场监管与诚信一体化工作平台验收会在成都举行。

11日　四川省住房和城乡建设厅主办的BIM技术在建筑工程管理中的运用经验交流会在成都举行。

12日　四川省住房和城乡建设厅在成都召开绿色建筑地方标准宣贯培训会议，宣贯培训四川省工程建设地方标准《绿色建筑设计标准》、《建筑工程绿色施工评价与验收规程》等标准。

16日　省人大常委会召开贯彻《四川省国有土地上房屋征收与补偿条例》新闻发布会。

19日　住房城乡建设厅在攀枝花市召开全省成品住宅推进现场会，总结交流全省成品住宅开发建设工作，推进全省成品住宅开发建设。

24日　全省住房公积金监管系统运行维护合同签约工作推进协调会在绵阳市召开。

25～26日　全省房屋建筑和市政工程招投标监管工作座谈会在成都召开，住房城乡建设厅总工程师殷时奎出席并讲话。

（四川省住房和城乡建设厅）

贵 州 省

概况

2014年，贵州省住房和城乡建设系统深入落实贵州省委、省人民政府"加速发展、加快转型、推动跨越"主基调和"稳中求进、提速转型、又好又快"总要求，以全面深化改革为主题，坚持依法行政，积极推进工业化和城镇化"两大战略"实施，各项工作取得新进展。

行业深化改革工作

出台《贵州省住房和城乡建设厅全面深化改革实施方案》，明确全省住房城乡建设系统2014～2020年十项重点改革任务。各市（州）住房城乡建设部门制定了工作方案或工作要点、专项方案，行业改革工作有序推进。出台《贵州省建设工程企业资质审查实施意见（试行）》、《教育培训管理工作改革实施方案》等政策，建筑业资质联合会审、"保障房延伸""公廉并轨"配套政策制订、教育培训改革等任务完成。开展平坝、桐梓等11个"多规融合"试点，出台工作方案和实施方案，建立协调机制和对口帮扶机制，构建以《贵州省"多规融合"改革试点工作指导意见》为核心，《关于支持"多规融合"改革试点的意见》、《"多规融合"规划专章成果要求》等为补充的"1＋N"支撑体系，促进规划模式由"城乡分离、重城轻乡"向"城乡一体、统筹协调"转变。

依法行政和人才工作

全省住房城乡建设领域行政许可事项由16项减少到13项，印发加强行政审批事项运行监督、城市管理执法的相关意见，推动《贵州省城市管理行政执法条例（草案）》论证修改，建立城市管理文明执法承诺制，城市管理群体性事件实现"零"发生。《贵州省新型墙体材料促进条例》于5月1日实施，《贵州省建筑节能与绿色建筑发展条例》经省政府审议通过，《贵州省绿色建筑设计规范》、《贵州省绿色

399

施工管理规程》等启动编制，绿色建筑发展政策法规、标准体系不断完善。编制完成《贵州省住房城乡建设行业人才发展规划（2014～2020年）》，得到贵州省委相关领导和住房城乡建设部充分肯定。在人民日报、中央电视台刊登、播出11条贵州省住房和城乡建设工作新闻报道；全年培训各类建筑工程专业技术人员约6.5万人，举办城市管理执法、新型城镇化与城乡规划、保障房专题等各类培训班培训3000余人，新增建筑工程类中初级专业技术职称人员4415人，执业注册8460人，岗位培训人员22000人，完成行业技能鉴定13130人。

城镇化推进工作

成功召开贵州省第二次城镇化推进大会，《中共贵州省委贵州省人民政府关于深入实施城镇化带动战略加快推进山地特色新型城镇化的意见》（黔党发〔2014〕7号）印发。编制完成《贵州省山地特色新型城镇化规划（2014～2020）（初稿）》，安顺市、都匀市确定为国家新型城镇化试点，完成《2013年贵州省城镇化进程监测报告》，创新县域常住人口城镇化率检测核算方法。贵阳市青岩镇等136个镇列为全国重点镇，遵义市苟坝村等134个村入选第三批中国传统村落名录。配合承办生态文明贵阳国际论坛，成功举办绿色城镇化、绿色建筑发展、世界自然遗产生态保护与修复三个分论坛。2014年城镇化率达到40.01%，提前一年完成贵州省"十二五"规划任务。

城乡规划管理工作

修改完善《贵州省城镇体系规划（2014～2030年）》报国务院待批。省会城市贵阳市总体规划实施评估报告提经国家部际联席会议审查，贵安新区、铜仁市等7个城市总体规划、红花岗等4个经开区总体规划，安龙县城、花溪青岩、开阳马头等9个名城名镇名村保护规划报经省政府批准实施。完成黔东南州体系规划、黔南州体系规划纲要、安顺市总体规划纲要及凯里—麻江等6个市县总体规划、思南等9个经开区总体规划、黄平旧州等6个名镇名村保护规划审查。全年核发贵州省重大建设项目规划选址意见书15件。出台《关于统筹"六项行动计划"做好村庄规划工作的意见》等政策和技术标准，推行本土化、开放式、可实施的村庄规划编制模式。

示范小城镇建设

围绕中共贵州省委办公厅、贵州省人民政府办公厅印发的《关于加快100个示范小城镇改革发展的十条意见》，出台17个配套政策，印发《示范小城镇规划建设管理导则》等技术文件，"1＋N"政策体系初步形成。系统安排至2020年拟建的27类"8＋X"项目，举办"100个示范小城镇、100个城市综合体"专题招商引资项目推介会暨签约仪式，与7家金融机构签订金融支持计划书，与9家金融机构建立互派干部挂职机制。邀请吴良镛院士主持，开展村庄人居环境改善治理试点示范工作，打造美丽乡村"微田园"，"示范小城镇＋美丽乡村"联动发展模式在安顺旧州镇和浪塘村成功实践，得到贵州省委、省政府相关领导高度评价，引起社会广泛关注。成功召开第三届贵州省小城镇建设发展大会和100个示范小城镇暨小康房建设现场观摩会。2014年，全省100个示范小城镇完成投资365亿元，新增城镇人口8.5万人，新增企业2850家。

城市综合体建设

制定《贵州省100个城市综合体授牌办法》等文件，完善顶层设计，注重项目推进，完成贵州省122个省级城市综合体规划设计技术审查。全省30多个城市综合体与部分省级示范小城镇及其他小城镇"结对子"联动发展，建立"一对一"、"一对多"、"多对一"的多向合作方式。召开全省促进100个城市综合体健康发展现场观摩会，扩大示范带动效应。2014年，全省125个城市综合体完成投资303亿元，完成施工建筑面积400万平方米，建成主导功能建筑72个，投入运营43个。

保障性安居工程

2014年，贵州省城镇保障性安居工程获中央补助资金151.59亿元，为历年最高；争取中央下达任务40.01万套（户），居全国第六；新建计划全部开工，基本建成（含往年结转）16.93万套（户），占年度任务的112.27%；国家开发银行对全省棚户区改造项目新增授信886.53亿元，额度在全国排名前列，已累计融资316.3亿元。2011～2014年，贵州省累计建设城镇保障性安居工程103.8万套（户），超过贵州省"十二五"规划纲要目标260%。贵州省农村危房改造争取中央下达任18.9万户，全省自加压力下达任务35万户，竣工35.39万户；小康房开工2.9万户，竣工2.92万户。印发《贵州省住房公积金督查工作暂行办法》，住房公积金累计归集854.09亿元，发放贷款590.82亿元，支持保障性住房建设发放贷款7.95亿元，回收贷款6510.28万元。

第四篇

城镇基础设施建设

出台《贵州省人民政府关于加强城市基础设施建设的实施意见》(黔府发〔2014〕36号),全省"县县建有垃圾无害化处理设施"目标实现,全年城镇建设完成投资1676.08亿元。城市供水普及率、燃气普及率、污水处理率、垃圾无害化处理率分别达90.14%、60.27%、86.87%、72.62%。新增城镇道路638.42公里,人均拥有道路面积达9.6平方米。新建开放城市公园9个,公园绿地面积达946.1公顷、人均公园绿地面积6.09平方米。南明河水环境综合整治等4个项目列入财政部PPP示范项目库,贵定海螺利用水泥窑协同处置生活垃圾示范项目建成投运,凯里市、兴义市、大方县、黔西县垃圾焚烧发电项目开工。完成12319、12329热线贵阳、安顺、遵义通信同城化。

建筑业和房地产业

召开贵州省加快发展建筑业发展电视电话会议,出台《贵州省人民政府关于加快建筑业发展的意见》(黔府发〔2014〕15号),制定11个配套政策,全年新增建筑业企业510家。遴选了遵义县等27个建筑业发展示范县、贵州建工集团有限公司等100个重点扶持建筑业骨干企业。全年完成建筑业总产值1640亿元,同比增长20.2%,增加值完成707.31亿元,同比增长26.9%,占贵州省生产总值比重为7.6%,占比比上年同期提高0.7个百分点;完成省外产值265.86亿元,同比增长13.4%。出台《贵州省工程质量治理两年行动实施方案》,下发"六打六治"行动方案,贵州省全年房屋建筑和市政工程安全生产实现"双降",事故起数、死亡人数较上年分别下降21.4%和23.8%。印发《关于进一步促进全省房地产市场平稳健康发展的意见》。2014年,贵州省商品房屋销售面积3178.12万平方米,同比增长

6.9%;销售额1370.31亿元,同比增长7.3%.省会城市贵阳取消限购政策,全年完成房地产投资2187.67亿元,同比增长12.6%。

风景区和世界自然遗产管理工作

召开贵州省风景名胜区规划座谈会议,举办全省风景名胜区规划培训班,完成《马岭河峡谷—万峰湖风景名胜区总体规划修编》、《黄果树风景名胜区总体规划修编纲要》、《龙宫风景名胜区总体规划修编纲要》、《赤水风景名胜区总体规划修编规划纲要》等8个国家级风景名胜区规划评审,完成织金洞、石阡温泉群、九洞天、九龙洞、马岭河、沿河乌江山峡等7个国家级风景名胜区总体规划编制上报。完成《梵净山—太平河风景名胜区总体规划》等8个省级风景名胜区总体规划评审。"中国南方喀斯特"第二期列入《世界遗产名录》,贵州省"南荔波、中施秉、北赤水"的世界自然遗产格局形成。

建筑节能

全面实施夏热冬冷地区既有居住建筑节能改造,全年共完成约70万平方米改造任务;继续实施大型公建监管平台建设,全年工完成43栋建筑分项计量安装。大力推进绿色建筑发展,贵州财经大学图书馆等10个项目获国家"绿色建筑评价标识"三星或二星认证,其中,息烽县人民医院住院综合楼为全国第一个三星级绿色医院建筑。以建筑节能与绿色建筑为重点,开展标准的培训以及实施指导监督有关制度研究。积极组织绿色建筑验收规范等标准编制,完善绿色建筑、可再生能源建筑应用标准体系建设。2014年,全省新增建筑节能技术与产品备案项目116项、新型墙材产品94项、节能利废型墙材28亿标块。

(贵州省住房和城乡建设厅)

第四篇

云 南 省

概况

2014年,云南省住房城乡建设系统坚持以习近平总书记系列重要讲话精神为指导,认真贯彻落实

省委、省政府的决策部署和年初住房城乡建设工作会议确定的目标任务,各方面工作都取得了重大进展,圆满完成了年度各项工作任务。

【城乡规划管理水平】 积极开展云南特色新型城镇化发展8项重大课题的调研活动,会同省级有

关部门研究起草了《关于推进云南特色新型城镇化发展的意见》和《云南省新型城镇化规划(2014～2020年)》。加快推进《云南省城镇体系规划》的报批工作。全面完成《滇西北城镇群规划》编报批工作。编制完成《云南省沿边开放城镇带规划》中期成果。指导大理市开展"四规合一"试点，有力有序推动"四规合一"工作。加强乡镇规划编制和实施管理，玉溪市新平县、临沧市云县幸福镇分别被确定为国家县域村镇体系规划、乡镇规划试点，大理市喜洲镇桃源村、湾桥镇上阳溪村被确定为省级村镇规划建设监管试点。加强国家级、省级风景名胜区规划编制和实施管理，在全国风景名胜区执法检查中，普者黑国家级风景名胜区被住房城乡建设部通报表扬。加强历史文化名城名镇名街名村监督管理，隆阳区金鸡村、弥渡县文盛街村、永平县曲硐村、永胜县清水村被批准为中国历史文化名村。加强传统村落保护与发展，2014年208个传统村落被列入第三批中国传统村落名录，目前云南省共有中国传统村落502个，占全国总数20%，位居全国第一，其中53个中国传统村落获得中央财政补助资金1.59亿元。

【城镇保障性安居工程建设】　制定出台鼓励民间资本参与云南省保障性安居工程建设等一系列政策。加大城市棚户区改造融资力度，争取到国家开发银行棚户区改造贷款承诺额度1106.65亿元。2014年，云南省城镇保障性安居工程开工17.54万套，基本建成25.08万套，完成投资240.91亿元，提前完成国家和省政府确定的年度目标任务。加强保障性住房分配管理，2014年分配入住20.92万套(户)城镇保障性住房。

【农村危房改造及地震安居工程建设】　深入开展云南省农村危房现状调查并圆满完成信息录入。加大农民工匠的培训力度，精心组织实施30万户农村危房改造及地震安居工程建设任务。全省农村危房改造拆除重建19.2万户，已开工19.23万户，竣工19.1万户，修缮加固7.8万户，完成投资155.8亿元。实施改造后的农村住房抗震水平大幅度提升，特别是鲁甸6.5级、景谷6.6级、盈江6.1级地震中，改造后的农村民房经受住了考验。

【抗震防震和恢复重建工作】　积极开展"隔震建筑专用标识地方标准"等8个减隔震课题的研究，全省应用减隔震技术的工程项目共计286栋273万平方米。圆满完成鲁甸6.5级、景谷6.6级地震灾区震后公共建筑应急评估、活动板房搭建、市政应急抢险、排危除险等工作。在鲁甸地震灾区的民房恢复重建中积极开展钢结构等抗震新材料新技术的推广应用工作。加强对宁

滇、彝良、迪庆、大理、盈江、永善地震灾区和独克宗古城"1·11"火灾灾后恢复重建工作的监督指导，灾区恢复重建工作有力有序有效推进。

【城乡人居环境】　认真贯彻《国务院关于加强城市基础设施建设的意见》，着力加强城镇污水处理厂管网建设和运营管理，完成1373.12公里配套管网建设，重点整治90座污水处理厂负荷率低、进水浓度低、运行管理不规范等问题，141座污水处理厂发挥了减排效益，云南省城镇污水处理率达84.85%；着力抓好城镇生活垃圾填埋场无害化等级评定工作，加快推进渗滤液处理设施建设，云南省城镇生活垃圾无害化处理率达到84.33%；着力推进城镇燃气设施建设和天然气置换工作，新建燃气管网750余公里，18座加气站投入运营，云南省燃气普及率达63.37%。认真总结推广昆明、保山城市地下综合管廊建设经验，出台《关于加强城市地下管线建设管理的实施意见》。着力推进建制镇"一水两污"设施建设，2013年289个建设项目开工率达76.1%，及时下达了2014年303个建制镇供水、污水和生活垃圾处理设施建设项目。截至2014年底，城市人均道路面积达14.98平方米，供水普及率达94.11%，建成区绿地率达30.12%，绿化覆盖率达33.89%，人均公园绿地面积达9.66平方米。3个城市被命名为国家园林城市，6个县城被命名为国家园林县城。

【房地产业】　加强分类指导，及时落实国务院有关部门关于房地产调控政策的部署，强化市场监管，切实做好省、州(市)级136个重大房地产开发项目的跟踪服务，有力有序推进98个城市综合体项目建设，保持房地产市场平稳健康发展。超额完成省政府下达的投资目标任务。2014年，云南省完成房地产开发投资2846.65亿元，同比增长14.4%。同时，制定下发《关于大力推进住房公积金业务便民服务工作的通知》等政策性文件，进一步扩大住房公积金制度的覆盖面。截至2014年底，云南省住房公积金归集总额达1780亿元，发放个人住房贷款总额1100亿元，累计提取住房公积金增值收益近25亿元用于支持廉租住房建设，资金安全可控，运行良好。

【建筑业】　在全国、云南省固定资产投资增速趋缓的情况下，云南省建筑业仍然保持平稳健康发展的态势，2014年，完成建筑业产值3054.67亿元，同比增长5.7%，建筑业增加值为1389.66亿元，同比增长17.6%。加强资质动态监管，规范建筑市场行为，维护建筑市场秩序，增强企业核心竞争力。深入扎实地开展工程质量治理两年行动和"六打六治"打非治违专项行动，坚决遏制各类建筑生产安全事故的发生。

2014年云南省发生建筑生产安全事故26起，死亡29人；没有发生较大及以上建筑施工安全生产事故，工程质量可控，安全生产形势稳定向好。

【建设工程勘察设计质量和水平】 加大《云南省2013版建设工程造价计价依据》的宣传贯彻力度，率先在国家工程建设标准化信息网和《工程建设标准化》刊物发布。全面启动了《温和地区居住建筑节能设计标准》和《建筑工程应用600兆帕级热轧带肋钢筋技术规程》的编制工作，大力推广应用高强钢筋。建立健全了勘察项目负责人、现场作业和实验人员上岗制度。编制出台《云南省城市综合体初步设计编制要点》和《绿色建筑施工图设计要求及审查要点》。呈贡新区会议中心等5项勘察设计获国家和行业优秀奖。

【建筑科技与绿色建筑工作】 全面启动《云南省绿色建筑评价标准》修编工作，11个项目获得绿色建筑设计标识。加快推进呈贡新区国家绿色生态示范城区建设，大力推广绿色建筑新技术、新产品的应用，9项绿色建筑技术与产品列入推广目录。加快推进可再生能源建筑应用，截至2014年底，云南省有5个市、4个县以及10个光电项目列入国家示范。加强民用建筑能效测评标识管理，1个项目获得三星低能耗标识，实现了云南省低能耗建筑零的突破。积极组织玉溪市、大理市、文山市申报2014年度国家智慧城市试点，同时推动弥勒市、蒙自市、五华区3个国家智慧城市试点建设工作。

【依法行政工作】 完成《云南省国有土地上房屋征收与补偿办法》的立法工作；开展《云南省减隔震建筑工程建设管理办法（草案）》的起草和立法前评估；出台《云南省住房保障档案管理办法》。认真开展地方性法规、规章和规范性文件清理工作，废止了25件规范性文件。圆满完成人大建议39件、政协提案41件的办理工作。依法受理并办结3件行政复议案件。调整下放建筑业企业75类非注册从业人员资格证书日常管理工作。同时，建立健全协同联动执法机制，强化重大案件集体研判，提高稽查执法工作效能。据不完全统计，2014年云南省依法查处住房城乡建设领域违法违规行为2700余件，促进了行业的健康发展。

房地产业

【概况】 截至2014年底，云南省房地产开发企业达到3694家，从业人员近10万人；物业管理企业1743家，从业人员20万余人；房地产估价机构153家，从业人员3000多人。

深入贯彻国务院及其有关部门房地产调控政策，加强分类指导，采取一系列有力措施，突出推进10项重点工作：一是抓好省和州市两级136个重大房地产项目、98个城市综合体和棚户区改造项目的开发建设，促进房地产开发投资平稳增长；二是抓好限购、限贷政策的调整，支持居民合理的住房消费，积极开展商品房去库化工作；三是抓好房地产市场监管，加强市场风险防控；四是抓好市场调研，储备房地产调控政策；五是抓好市场监测，做好房地产经济运行分析；六是抓好法制建设，研究制定《云南省国有土地上房屋征收与补偿办法》等法规；七是抓好平安小区创建，改革创新，理顺和健全发展机制，规范物业服务管理行业发展；八是抓好房地产评估行业质量检查，规范市场秩序；九是抓好房地产开发统计培训，提升统计数据报送的及时性和准确性；十是抓好舆论引导，稳定市场预期。这些措施对促进云南省房地产工作取得了积极成效，全年云南省房地产市场总体保持在合理区间平稳运行。

【房地产业开发投资】 2014年，云南省完成房地产开发投资2846.65亿元，超额完成省政府年初下达的投资目标任务，同比增长14.4%。12月末云南省房地产开发投资增速较2月末提高11.7个百分点。房地产开发投资占规模以上固定资产投资的25.7%，为支撑云南省固定资产投资增长做出重要贡献。

【主要城市房价调控成果】 根据省住房城乡建设厅重点监测的10个城市房屋产权交易管理部门的商品住宅交易备案数据显示，2014年，各城市商品住宅成交均价总体保持稳定。随着房地产调控效果的进一步显现，各房地产开发企业采取以价换量的主动营销策略，云南省主要城市房价呈现稳中有降的运行态势。根据国家统计局发布的全国70个大中城市住宅销售价格变动情况显示：12月云南省列入统计监测范围的昆明市和大理市新建住宅价格环比分别下降0.5%和0.6%；同比分别下降3.8%和3.1%。昆明市和大理市房价变化趋势与全国70个大中城市总体趋势相一致。同口径数据显示，12月份全国70个大中城市新建住宅价格环比下降的有65个城市；同比下降的有68个城市。

【房地产税收】 根据省地方税务局提供的数据显示：2014年，云南省共完成房地产税收收入360.15亿元，占云南省地方税收入1138.42亿元的31.6%。

【物业服务】 按照"以人为本、服务为先，源头预防、综合管理，专群结合、法治保障，试点引路、逐步推广"的原则，制定完善城镇小区物业服务配套制度，提升云南省物业服务综合管理水平。出台《关于深化社区治理加强平安小区建设的意见》

《云南省平安小区创建活动方案》、《关于加强云南省城镇小区治安工作的意见》、《关于建立小区纠纷调解机制的意见》、《关于加强城镇小区公共配套设施建设的意见》、《关于加强住宅专项维修资金管理工作的意见》等多项配套政策，物业服务制度建设不断完善。深化平安小区试点建设，7月17日召开加强社区建设暨平安小区创建动员会、推进会，部署平安小区创建工作，推广试点经验。以市场化、专业化、产业化为导向，培育一级资质服务企业达到15家，二级资质企业达到65家。发挥优秀物业管理项目示范带动作用，评选云南省物业管理示范住宅小区（大厦、工业园区）项目19个，有3个项目申报全国物业管理示范住宅小区（大厦、工业园区）。组织云南省物管人员出省参观学习，开阔了行业管理人员视野。

【房地产交易与权属登记规范化管理】 编制完成并颁布实施《云南省房地产档案管理规程》，并举办3期近1900人参加的培训班，同时在德宏州芒市开展试点工作，有力推动了《云南省房地产档案管理规程》的贯彻落实。按照《中共中央国务院关于加大统筹城乡发展力度进一步夯实农业农村发展基础的若干意见》和"三农"金融服务改革创新试点和便利化行动工作推进会的要求，积极与省级有关部门协调，以此加快推进云南省农村房屋确权登记发证工作的顺利开展。按照《房屋登记办法》《房地产登记技术规程》的相关要求，在综合调研的基础上，指导昆明市石林县做好农房确权登记发证试点工作，通过以点带面、示范先行的工作方式，加快推进云南省农房确权登记发证工作。认真贯彻国家不动产统一登记工作部署，积极配合建立和实施不动产统一登记管理体制，研究探索不动产登记机构、登记簿册、登记依据、信息平台"四统一"机制。

【国有土地上房屋征收工作】 为进一步规范房屋征收与补偿工作，维护公共利益，保障被征收房屋所有权人的合法权益，省住房城乡建设厅积极协调将《云南省国有土地上房屋征收与补偿办法》列入省政府2014年立法计划。通过深入调查研究，起草《云南省国有土地上房屋征收与补偿办法（草案）》（送审稿），与省法制办一起征求各州（市）、部分县（市、区）和省直有关部门的意见、网上公开征求社会各界意见、召开座谈会征求意见，经充分吸收和采纳社会各界的意见、建议，并组织进行听证。《云南省国有土地上房屋征收与补偿办法》进入审批程序。认真办理涉及国有土地上房屋征收与补偿工作的信访事项，采取各种有效方式做好征收（拆迁）矛盾纠纷化解工作，避免因征收（拆迁）问题引发较大

上访事件，有效维护了社会稳定。

【房地产中介机构管理】 配合相关部门继续清理无证无照、违法经营的中介机构，严肃查处中介欺诈，规范房屋租赁中介行为。严格执行房地产经纪机构备案管理制度，推进房地产经纪诚信体系建设，规范房地产经纪行业市场秩序。建立了房地产经纪人协理继续教育系统，逐步推行房地产经纪机构管理系统和经纪合同网上备案管理工作。组织云南省房地产经纪协理培训、考试，参加考试人员1610多人，806人通过考试。开展了两期房地产估价员培训、考核工作，通过房地产估价员培训工作的开展，提高了从业人员整体业务知识水平，为云南省房地产估价师执业资格考试储备更多的后备力量。

【行业协会】 指导省房地产业协会发挥好物业管理、房地产评估等各行业分会的作用，强化咨询服务，积极开展培训，建立便捷高效的服务机制。全年协同省房协办举办了房地产行业4类7个专业20多个培训班，培训人员近万人，为进一步提高物业服务人员素质奠定了基础。指导房地产协会以《云地产》杂志为平台，及时发布国家及有关房地产主管部门的最新政策法规，深入分析解读，引导行业持续健康发展。

保障性住房建设

【概况】 2014年，云南省各州（市）按照住房城乡建设部和省政府下达的任务，及时将各类城镇保障性住房建设任务分解下达到各县（市、区）。采取各种措施督促各地建立"绿色通道"，实行并联审批、上门服务和限时办结，做到一次性申请、一次性审核、一次性审批终结，切实提高工作效率，保质保量完成了年度工作目标。截至2014年底，云南省城镇保障性安居工程开工175405套，占国家下达任务数171348套的102.37%；云南省基本建成城镇保障性住房250854套，占国家下达计划数150000套的167.24%；完成投资240.91亿元。

【城镇保障性安居工程建设资金筹集】 2014年，云南省共争取到中央补助资金53.1437亿元，云南省级财政安排补助资金8.2261亿元。云南省6个平台公司取得国开行贷款资格，共争取到国开行贷款承诺1106.65亿元，实际发放贷款120亿元，为云南省棚户区改造提供了坚实的资金保障。

【棚户区改造】 2014年国家下达云南省棚户区改造任务11.56万套，占保障性住房建设任务的67.48%，比2013年增加3.76万套，增幅达48.21%，棚户区改造成为城镇保障性安居工程建设的主体。一是制定政策措施、领导高位推进。贯彻

国务院部署要求，及时研究制定了《云南省人民政府关于加快推进棚户区改造工作的实施意见》、《云南省人民政府办公厅关于进一步加快推进棚户区改造工作的通知》和《云南省人民政府办公厅关于进一步推进棚户区改造工作的通知》，明确了棚户区改造工作的总体思路、工作重点、支持政策和保障措施。省级财政按每户 0.5 万元的标准对城市棚户区改造予以补助。二是深入调查摸底，做好规划修编。在云南省 2013～2017 年棚户区规划改造 50 万户的基础上，为紧紧抓住国家政策机遇，经省人民政府研究决定，将拟在 2018～2020 年计划实施的 12 万户棚户区改造任务提前到 2013～2017 年实施，得到住房城乡建设部的大力支持。云南省 2013～2017 年将实际实施的 62 万户棚户区改造，全部纳入国家计划和中央补助支持范围。三是落实土地政策，减免各种税费。云南省棚户区改造安置住房用地纳入当地保障性安居工程建设土地供应计划，实行单列、优先安排。棚户区改造项目按照国家政策减免相关税费。企业参与政府统一组织工矿（含中央下放煤矿）棚户区改造、林区棚户区改造、垦区危房并同时符合一定条件的棚户区改造支出，准予在企业所得税前扣除。电力、通信、供水等企业要积极支持棚户区改造，在入网、管网增容等经营性收费方面给予适当减免。四是争取开行大力支持，解决融资难题。为着力做好资金保障工作，召开了全省加快棚户区改造工作推进会，专题研究部署了云南省棚户区改造融资工作，提出了全面做好棚户区改造资金保障工作的八项重点举措，确定了融资目标。截至 2014 年底，获得国开行承诺贷款 1106.65 亿元（含软贷款 103.74 亿元）。五是明确主体责任，加强监督管理。各地把加快各类棚户区改造工作纳入政府工作重要议事日程，认真做好各辖区内棚户区改造的任务分解、征收安置、群众工作、资金筹集、规划建设和运营监管工作，按照统筹规划、分步推进、量力而行、尽力而为的原则，科学确定棚户区改造的规划目标和年度计划，以集中成片棚户区和城中村改造为重点，分清轻重缓急，合理安排改造时序，确保按时按质按量完成棚户区改造任务。把棚户区改造工作纳入省政府对州市政府综合考评，重点监督检查棚户区改造中资金的管理使用、土地征收中管理责任的落实、工程建设招投标等问题。强化棚户区改造廉政风险防范、效能监察、审计监察和专项督察工作。对工作不到位、未按规定时限完成各项目标任务的，实行约谈和行政问责。

【见义勇为人员家庭住房保障可优先】 为了体现党委、政府对见义勇为人员及其家庭的关心，1 月 26 日，省住房城乡建设厅、省社会管理综合治理委员会办公室联合下发了《关于对见义勇为人员家庭住房保障予以优先安排的通知》，要求各级住房城乡建设部门优先解决中低收入见义勇为人员家庭的住房困难。其中，对符合公共租赁住房或经济适用住房保障条件的城市见义勇为人员家庭，要按照《云南省公共租赁住房管理暂行办法》等规定纳入住房保障体系，优先配租、配售保障性住房或发放住房租赁补贴；对符合农村危房改造条件的见义勇为人员家庭，要优先予以安排，其中 C 级局部危房修缮加固改造每户补助 2000 元，D 级整体危房拆除重建边境县户均补助 1.5 万元、内地县户均补助 1.105 万元，并随补助标准提高进行调整。

【民间资本可参与保障性安居工程建设】 根据党的十八届三中全会精神和国务院《关于鼓励和引导民间投资健康发展的若干意见》规定，省住房城乡建设厅、发展改革委、省财政厅、国土资源厅、地方税务局、中国人民银行昆明中心支行和中国银监会云南监管局于 8 月 28 日联合印发了《关于鼓励民间资本参与云南省保障性安居工程建设的通知》，支持、鼓励民间资本通过公开招标程序，采取直接投资、间接投资、参股、委托代建等多种方式积极参与云南省公共租赁住房、经济适用住房、限价商品房和棚户区改造等保障性安居工程建设。

【公共租赁住房分配管理工作】 截至 12 月底，云南省共建设公共租赁住房 96.51 万套（其中廉租住房 36.59 万套，公共租赁住房 59.92 万套），已竣工公共租赁住房 36.99 万套（其中廉租住房 25.78 万套，公共租赁住房 11.21 万套），分配公共租赁住房 33.1 万套（其中廉租住房 23.48 万套，公共租赁住房 9.62 万套）。2014 年发放租赁补贴 12.8 万户（指标任务：10.5 万户），超额完成发放租赁补贴 2.3 万户，配租公共租赁住房 8.12 万套。有效解决了 170 万住房困难群众的住房问题。

【公共租赁住房出租出售征收使用管理工作】 为加强和规范公共租赁住房出租出售收入执收、使用的管理，联合省财政厅、省发改委、省国土厅研究制定了《云南省公共租赁住房出租出售收入征收使用管理暂行办法》（云财综〔2014〕16 号），对出租出售方案、价格、执收主体、使用票据、业务费、维修费、监督检查等方面进行了严格的规定，云南省公共租赁住房出租出售收入的征收使用管理步入规范化、制度化轨道。

【住房保障档案管理工作】 加强和规范住房保障档案管理工作，研究出台《云南省住房保障档案管理办法》（云南省住房城乡建设厅公告第 46 号）

第四篇

《云南省住房城乡建设厅关于进一步做好住房保障档案管理工作的通知》（云建保函〔2014〕42号），从住房保障档案管理机构建设、建立健全档案管理制度、认真抓好归档建档工作、加快档案信息化建设以及组织领导、监督检查、考核奖惩机制等方面作了严格的规定，截至12月底，从检查情况看，云南省90％以上的县（市、区）建立了专门的住房保障档案室，85％以上的县（市、区）档案管理人员到位，归档建档较好，为做好保障性住房运营管理提供了准确信息。

【住房救助工作】 根据住房城乡建设部 民政部 财政部《关于做好住房救助有关工作的通知》（以下简称《通知》）要求，云南省住房城乡建设厅及时组织了《通知》精神的传达学习，研究制定了贯彻落实的具体措施，与云南省民政厅、财政厅联合转发了《通知》，对各州（市）提出了住房救助工作的相关要求。结合云南省住房救助实际，出台了《云南省住房救助实施细则》，各州（市）结合当地住房救助实际，制定住房救助具体实施办法。截止到2014年底，云南省实施住房救助家庭共85万户（其中公共租赁住房救助16万户，租赁补贴救助25万户，棚户区改造救助3万户，农村危房改造救助42万户）。

【公共租赁住房分配管理培训】 针对各州（市）、县（市、区）住建部门业务不够熟悉、政策不够清楚、标准不够统一等实际，省住房城乡建设厅于10月29～31日在丽江、11月4～6日在昆明分两批组织了全省公共租赁住房分配管理专题培训，各州（市）、县（市、区）共470余人参加培训。

住房公积金监管

【业务指标】 截至2014年12月，住房公积金缴存职工达222.66万人，归集总额达1806亿元，同比增长19.5％，归集余额908亿元，同比增长13.9％。云南省累计发放个人住房贷款84万笔，总额1119亿元，同比增长16.9％，个人贷款余额596亿元，同比增长14.2％。2014年全年累计实现增值收益15.5亿元，同比增长36.4％，支持保障房建设8.4亿元，同比增长47.4％。

【降低中间收费】 省住房城乡建设厅、省财政厅、人行昆明中心支行于2014年10月27日联合下发了《转发住房和城乡建设部 财政部 中国人民银行关于发展住房公积金个人住房贷款业务文件的通知》（云建金〔2014〕515号），文件要求取消强制担保、公证、保险等收费项目。

【服务效率】 促进乡镇住房公积金制度的建立，

省住房城乡建设厅、省财政厅、云南省农村信用社联合社印发了《关于大力推进住房公积金业务便民服务工作的通知》（云建金〔2014〕123号），决定将住房公积金服务网点延伸到乡镇，进一步扩大住房公积金制度的覆盖面，方便乡镇缴存职工办理住房公积金业务。改进服务方式，积极推进云南省住房公积金行业信息化建设。省住房和城乡建设厅提出"以省为主，中心协同，软件统一、硬件兼容"的省级监管信息系统建设思路。

【12329热线建设】 按照住房城乡建设部《关于开通12329住房公积金热线的通知》等一系列文件会议要求，积极推进辖区内各州市12329热线建设、运营和管理工作，督促各州市住房公积金管理中心不断提高热线服务质量。

城乡规划

【新型城镇化工作】 为深入贯彻落实《国家新型城镇化规划》要求，省住房城乡建设厅认真起草《关于推进特色新型城镇化意见（草案）》，配合省发展改革委制定《云南省新型城镇化规划（草案）》。4月，中共云南省委、云南省人民政府正式发布《关于推进特色新型城镇化意见》（云发〔2014〕7号）和《云南省新型城镇化规划（2014～2020年）》（云发〔2014〕8号）。截至12月，云南省已经形成由1个大城市、1个中等城市、19个小城市构成的城镇体系，初步形成城镇布局更趋合理、区域更加协调、体系进一步完善、功能相互衔接的城镇化发展格局。据统计，2014年云南省城镇化水平已达到42％。

【云南特色城镇化论坛】 5月23日，第十六届中国科协年会云南特色城镇化建设论坛在昆明举行。与会院士、专家、学者从宏观、中观、微观不同角度对特色新型城镇化的发展进行了讨论，认为云南省城镇化建设要"讲特色""重质量"，应提倡"精耕细作"的发展方式。

【新型城镇化区域布局体系】 为积极鼓励发展城市群，促进大、中、小城市和小城镇科学定位、协调发展的要求和完善区域城乡规划体系，云南省于2008年启动了《云南省城镇体系规划》的编制工作。《云南省城镇体系规划》（2014～2030年）于2014年再次上报住房城乡建设部审查。全面完成《滇西南城镇群规划》、《滇东南城镇群规划》、《滇西北城镇群规划》编制工作，经云南省人民政府正式批复实施。

【云南省沿边开放城镇带体系规划编制】 在2013年云南省各县（市）现场调研及收资的基础上，

继续深入并针对性补充收集缺失资料,完善现状调研报告,于2014年12月编制完成《云南省沿边开放城镇带体系规划》中期成果。

【滇西城镇群规划培训】 为充分发挥好区域性城镇群规划的先导引领作用,确保区域性规划的落实,3月5~6日,云南省住房城乡建设厅在保山市开展《滇西城镇群规划(2011~2030年)》培训,通过集中学习培训及交流,进一步统一和提高了思想认识,这也是在贯彻落实中央城镇化会议和云南省城镇化工作会议精神、又稳又好推动云南新型城镇发展未来6年规划与建设的关键时期举行的区域性城镇群规划培训。

【历史文化遗产保护】 云南省住房城乡建设厅会同云南省文物局认真贯彻落实国家、省的指示和要求,严格保护历史文化遗产,稳步推进各项保护工作。按照《历史文化名城名镇名村保护条例》、《云南省历史文化名城名镇名村名街保护条例》等法律法规,开展申报列级、规划审查(审批)、规划实施、监督检查等保护工作。云南省历史文化名城、名镇、名村、名街共计79个,国家历史文化名城6个、中国历史文化名镇7个、中国历史文化名村9个、省级名城9个、省级名镇18个、省级名村28个、省级名街2个。多数名城名镇名村名街完成了保护规划的编制,同时加快启动保护详细规划的编制工作,为依法依规开展历史文化遗产保护提供保障,科学推进新型特色城镇化发展打下基础,对于继承和弘扬中华民族优秀传统文化具有深远意义。

【城市综合体规划建设工作】 积极探索与云南特色新型城镇化发展相适应的城市综合体建设路径,是云南省科学发展、提升人居环境和城市水平的重要抓手之一。4月,省委、省政府召开的云南省城镇化工作会议就促进城市有序运行、推进100个以上云南特色城市综合体建设提出了工作部署和要求,省委、省政府《关于推进云南特色新型城镇化发展的意见》把加快城市综合体建设列入了云南特色新型城镇化发展路径87项重点任务之一。

【"四规合一"试点工作】 按照国家新型城镇化规划和国家发展改革委员会、国土资源部、环境保护部、住房城乡建设部《关于开展市县"多规合一"试点工作的通知》要求,云南省在大理开展"四规合一"工作,使国民经济和社会发展规划、城乡规划、土地利用总体规划、生态环境保护规划从"一堆图"到"一张图",编制109项各类规划入库,梳理规划之间存在的矛盾和冲突点,研究提出解决方案,统一到"四规合一"的"一张图"上。

城市建设与市政公用事业

【概况】 截至2014年底,云南省城市建成区面积达1714.3平方公里,人均道面积达14.98平方米,供水普及率达94.11%,燃气普及率达63.37%,城镇污水处理率达84.89%,生活垃圾无害化处理率达84.33%,建成区绿地率达30.12%,绿化覆盖率达33.89%,人均公园绿地面积达9.66平方米。3个城市、6个县被命名为国家级园林城市(县城);累计创建国家级园林城市8个、园林县城8个、园林城镇3个、省级园林城市(县城)53个。

【城市暴雨内涝防治】 认真贯彻落实《国务院办公厅关于做好城市排水防涝设施建设工作的通知》(国办发[2013]23号)和住房城乡建设部《城市排水(雨水)防涝综合规划编制大纲》,督促指导各级城市结合实际、参照《大纲》要求编制城市排水(雨水)防涝综合规划,汇总整理防洪设施、城区排水管网近远期规划建设任务,在学校、商场、地下车库、立交桥等重要场所,配套应急排涝设施,防止排涝不畅和雨水倒灌造成人员和财产损失。

【城市道路交通基础设施建设】 按照《国务院关于加强城市基础设施建设的意见》(国发[2013]36号)和《云南省人民政府关于开展城乡人居环境提升行动的意见》(云政发〔2013〕102号)相关要求,督促指导各级城市政府优化路网结构,加强道路综合整治,完善城市干道与普通道路的衔接,与高速公路、国省干线的联系,全省城市建成区面积达1714.3平方公里,人均道路面积达14.98平方米。

【城镇污水处理厂管网建设】 认真贯彻落实省政府常务会议和云南省安全生产暨污染减排工作电视电话会议精神,出台《云南省人民政府办公厅关于加强城镇污水处理厂配套管网建设和运营管理的指导意见》,明确2014年新建配套管网1085.9公里、新增化学需氧量COD总量削减3.06万吨、新增氨氮削减0.46万吨的目标任务。总结推广元谋县、开远市污水处理厂管网建设的经验,组织专业人员和市政专家,对原有污水管网进行认真普查,摸清管网建设现状,本着急用先建的原则,优先完善从居民生活区到主管网路段的建设,确保居民生活区的污水尽快进入污水处理厂,有效提升了运行负荷率和进水浓度。截至12月底,云南省完成污水配套管网建设1373.12公里,完成任务率为126.4%。

【水污染物总量减排任务】 统筹谋划、多措并举,着力加强城镇污水处理厂管网建设,切实解决运行管理中存在的突出问题,取得了明显成效。

第四篇

407

省住房城乡建设厅、环境保护厅密切配合，采取"每月一次会商、每月一次通报、每月一次约谈、每月一次督查"的"四个一"措施，切实加大污水处理厂管网建设和运营管理的推进力度。召开了核查核算培训会议，统一思想认识、强化各级责任、提升业务素质，迎接国家环保部总量减排核查核算工作。截至12月底，144座污水处理厂投入运行141座，投入运行率97.9%。根据环境保护部核查核算认定，实际形成减排量的污水处理厂较2013年增加36座，实现在线监测联网较2013年增加32座，平均运行负荷率为79.38%，进水化学需氧量平均浓度提高了9.51mg/L，氨氮平均浓度提高了1.5mg/L，实际新增污水处理量达到20.32万吨/日，化学需氧量、氨氮排放量同比2013年下降2.45%和2.73%，超额完成了国家下达的减排任务。

【生活垃圾处理设施运行管理】　全省129个县（市、区）累计建成生活垃圾无害化处理设施127座，建成渗滤液处理设施29座，实现了除福贡县以外128个县市区全覆盖的目标（丽江市古城区与玉龙县共用），生活垃圾无害化处理能力为19517吨/日。针对部分县级城市生活垃圾处理场运行管理不规范的问题，组织各州（市）主管部门、各级环卫站领导，召开培训推进会议，采取现场观摩方式，推进《生活垃圾填埋场无害化等级评价标准》、《生活垃圾填埋场污染控制标准》、《生活垃圾填埋技术规范》的落实。继续采取县级自评、州市初评、省级核定的方法，按照《生活垃圾填埋场无害化评价标准》（CJJ/107—2005）中"工程建设"、"运行管理"两个大项22个子项内容，对8个州（市）37座县级生活垃圾填埋场进行了无害化等级评定。全省"Ⅰ级无害化处理填埋场"5座，Ⅱ级无害化处理填埋场89座，生活垃圾无害化处理达到15903吨/日、处理率达84.33%。

【城市园林绿化】　根据《云南省人民政府关于开展城乡人居环境提升行动的意见》（云政发〔2013〕102号）精神，加大园林城市创建工作，完成宾川县、南涧县绿地系统规划省级专家评审和曲靖市、大理市、腾冲县等13个国家级、省级园林城市（县城）专家现场考评。根据住房和城乡建设部加强公园管理要求，对云南省公园管理工作进行调查，督促整改违规出租情况。城市园林绿化企业资质5家延续、6家晋升及19家新申报审查工作，继续推进云南园林单位（小区）创建及评选，昆明市保障性住房信息平台系统、红河州蒙自市空气环境治理、红河州弥勒市西三镇可邑村"美丽家园"特色民居保护

建设、红河州弥勒市新哨镇山兴村村落整体搬迁生态建设四个项目申报中国人居环境范例奖通过实地指导及省级考评，并报住房城乡建设部审批。云南省城市绿化覆盖率达33.89%，人均公园绿地面积达9.66平方米。3个城市、6个县被命名为国家级园林城市（县城），累计创建国家级园林城市8个、园林县城8个、园林城镇3个、省级园林城市（县城）53个。

【城镇天然气置换】　认真贯彻《云南省人民政府关于加快天然气利用发展的意见》《云南省人民政府关于印发云南省天然气利用发展规划纲要的通知》《云南省人民政府办公厅关于印发2015年度云南省天然气利用建设和用气目标任务的通知》和省石油天然气规划建设管理工作协调领导小组会议的指示要求，下发《云南省住房城乡建设厅关于加快推进城镇天然气利用工作的通知》，加快推进城镇燃气规划编制及审批，不断扩大天然气利用规模，推广天然气的多领域利用。全省累计新建城市燃气管网1147公里，批准建设加气站122座，正式投入运营18座，在建5座，开展前期工作99座，城市燃气普及率达63.37%。全省总用气量为221万立方米，其中居民用气72万立方米，公共服务业、商业用气15.8万立方米，汽车用气24万立方米、小工业用气109万立方米。

【城市供水节水工作】　加强对供水企业水质、运营水平和服务质量的监督检查，联合卫生、疾控部门定期开展本地区的供水水质督查，下发《关于进一步加强城市供水水质督查工作的通知》《关于加强城镇集中式饮用水水源地及供水系统防控污染保障饮水安全工作的通知》；针对各类水质超标问题，按照"一厂一策"的要求，分类提出整改措施，确保出厂水质；对达不到工艺运行效果、保证不了水质的工艺及时进行更新改造。采取现场培训的方式，提高供水企业的技术水平，进一步加大了供水设施的检查，指导各地具体开展了供水管网和供水设施的巡查检修和城市节约用水宣传周宣传工作，切实保障城市供水安全。积极推进丽江市创建节水型城市，省住房城乡建设厅、省发展改革委员会组织省级专家组，对丽江市创建国家节水型城市工作进行了省级初审，并上报住房城乡建设部进行审核。12月16日，住房城乡建设部、国家发展改革委员会组成专家组对丽江市创建国家节水型城市进行了考评验收并获得通过。加强指导项目前期工作，组织项目初步设计审查，2014年审批城市供水项目11个、雨水项目2个、河道综合整治项目3个，完成城市供

第四篇

水管网改造和新建任务 503 公里。

【城市管理工作】 认真贯彻落实"争当生态文明建设排头兵，建设美丽云南"的要求，坚持"条块结合、相互联动"，全面推行依法、严格管理的新举措，进一步规范和加强城市综合管理。会同省公安厅、省工信委、省交通运输厅深入州市围绕"城镇怎么管"进行课题调研，对城镇管理现状和存在问题进行了综合分析。各级城市人民政府坚持以人为本理念，强化为民服务意识，注重管理机制创新，根据属地管理原则，采取"综合管理、分块包干、责任承包"等措施，将部分管理责任下放到街道，推行"属地包干制"，整合城市管理资源，逐步建立了以综合行政执法与专业执法相结合、权力监督与群众监督及社会监督相补充的综合执法框架体系，形成了"城市政府统一领导、城区政府全面负责、街道（乡镇）具体实施、社区居民共同参与"的城市管理新格局。继续督促指导推进数字化城管和智慧城市建设，丽江市古城区、玉龙县、迪庆州香格里拉县、红河州开远市、临沧市临翔区等启动了数字化城市管理建设工作。昆明市五华区、红河州蒙自市、弥勒市被住房和城乡建设部确定为国家智慧城市试点后，开展了卓有成效的工作，云南省将以昆明泛亚科技新区为核心，高起点构架智慧城市顶层设计，高标准构建智慧城市基础设施，高规格建立智慧城市发展协调机制，高效率推进智慧城市的示范作用。

【城乡人居环境提升行动】 认真贯彻落实《云南省人民政府关于开展城乡人居环境提升行动的意见》和《云南省人民政府办公厅关于印发城乡人居环境提升行动、推进城市综合体建设主要工作任务分解的通知》精神，各州（市）人民政府高度重视、科学谋划、合理布局，按照干净、整洁、靓丽、优美的要求，加大推进力度，完善工作措施，八大提升行动稳步推进。各地成立了城乡人居环境提升行动领导小组，加强组织领导、指挥协调和督促检查，着力解决"脏、乱、差"问题，切实加强城乡环境卫生综合整治力度，提升城乡人居环境质量。昆明市荣获"中国最具幸福感城市""联合国宜居生态城市"荣誉称号，昆明、曲靖、普洱、大理以及玉溪江川县等分别荣获"中国十佳绿色城市""中国十大特色休闲城市""中国魅力城市""国家卫生城市""中国优秀旅游城市""中国十佳宜居城市"等多项荣誉。各级大力推进农村饮水安全工程建设，加快农村基础设施建设，以农村饮水安全，垃圾、污水治理为重点，积极开展集中式供水工程建设，稳步

推进新一轮农村环境连片整治，努力推进美丽宜居乡村建设，保山市腾冲县和顺镇首批进入全国美丽宜居小镇示范名单，大理市喜洲镇桃源村被确定为国家级村庄规划试点。云南省 13 个国家级一类口岸、7 个二类口岸加快发展，贸易通道地位凸显。在建立中国—东盟自由贸易区、泛珠三角经济区、中越构建"两廊一圈"、大湄公河次区域合作中，发挥出了举足轻重的作用。

【住房城乡建设稽查执法工作】 紧紧围绕住房城乡建设中心任务，做好案件稽查执法和举报受理工作，严肃查处一批违法违规行为。2014 年，云南省本级直接立案查处违法违规案件 46 件，暂扣建筑业施工企业《安全生产许可证》11 本，停业整顿 1 家。进一步巩固云南省建设领域开展的"以人为本、强化服务、规范执法"主题实践活动成果，持续提高建设领域行政执法在转变理念的同时，通过强化服务，改善执法环境，规范执法行为，有效解决行政执法过程中存在的问题。强化专题培训，提高云南省稽查执法队伍业务水平。

村镇建设和抗震防震工作

【村镇规划编制及监管工作】 2014 年，在云南省村庄规划和特色小镇规划全覆盖的基础上，一是积极组织推进乡镇总体规划编制工作，基本完成乡镇规划全覆盖任务；二是在组织做好玉溪市新平县国家级县域村镇体系规划和临沧市云县幸福镇国家级乡镇规划试点编制的同时，结合云南实际，启动县域村镇体系规划、乡镇总体规划、乡镇控制性详细规划、乡镇修建性详细规划、传统村落群保护发展规划、村庄建设规划、传统民居保护和乡镇规划建设监管 10 种类型试点，印发《云南省住房城乡建设厅关于贯彻落实住房和城乡建设部乡村建设规划许可实施意见的通知》，加快村镇规划建设许可管理工作的法制化、制度化、规范化进程。

【农村危房改造及地震安居工程建设】 2014 年统筹实施农村危房改造及地震安居工程 30 万户，其中：拆除重建 19.2 万户，修缮加固 7.8 万户，统筹扶贫安居、抗震安居、游牧民定居、易地扶贫搬迁、工程移民、灾后民房恢复重建等危房改造 3 万户；安排中央及省级补助资金 260202.76 万元，其中中央补助资金 174050 万元，省级补助资金 86152.76 万元。农村危房改造及地震安居工程拆除重建开工 192321 户，占年度总任务的 101%，竣工 191027 户，占年度总任务的 99.5%，完成总投资 151.7 亿元；修缮加固 5.2 万户，完成投资 4.1 亿元。实施改造后

第四篇

第
四
篇

的农村住房抗震水平大幅度提升，特别是鲁甸"8·3"和景谷"10·07"地震中，改造后的农村民房经受住了考验。申请安排省级财政1450万元全力推进农村危房现状调查和农村人居环境调查。根据住房城乡建设部村镇建设管理平台数据统计，全省农村危房现状调查已录入614万户，其中危房495万户（C级危房210.3万户，D级危房284.7万户），安全住房118万户，行政村人居环境调查录入10610条信息，为下一步云南省农村危房改造及人居环境改善奠定基础。

【传统民居及古建筑、古树名木保护】 在对传统民居专家、类型、建造技术及民间工匠摸查调查的基础上，共向住房城乡建设部推荐上报了传统民居建筑类型45类，代表建筑199例，民间建造工匠118个，民居专家46位。组织开展了云南省村镇古树名木及古建筑普查工作，并建立了"云南省村镇古树名木及古建筑信息系统"。截至2014年12月底，组织各州（市）完成20709株古树名木和3340处古建筑登记工作，为下一步实施信息动态监控管理和挂牌保护工作奠定基础。

【乡镇市政基础设施建设】 按照《云南省建制镇供水、污水和生活垃圾处理设施建设项目专项规划（2013～2017年）》，完成103个市（区）域镇（乡）供水、污水和生活垃圾体系规划编制工作；补助省级专项资金3.8亿元用于303个建制镇供水、污水和生活垃圾处理设施项目建设。全面推进云南省第一批31个建制镇供水、污水和生活垃圾处理工程试点示范项目，在经济适用工艺、建设运营模式等内容上，探索适合云南省建制镇实际情况的工作思路；启动编制《云南省改善农村人居环境规划》编制工作，召开云南省农村生活垃圾治理工作电视电话会议，明确云南省农村生活垃圾治理工作目标及要求。

【重点小城镇示范创建工作】 257个全国重点镇备选名录推荐上报住房城乡建设部，其中184个列入全国重点镇名录。保山市腾冲县界头镇、丽江市玉龙县白沙镇玉湖村分别被评为国家宜居小镇、宜居村庄，创建省级宜居小镇10个、省级宜居村庄20个。

【昭通永善5.3级地震】 4月5日6时40分，云南省永善县发生5.3级地震，震源深度13公里。地震发生后，省住房城乡建设厅按照省委、省政府领导的重要批示精神和省政府的统一安排部署，立即启动地震应急预案，第一时间就抗震救灾工作做出安排部署，分管厅领导全程跟踪地震灾情及应急救援进展情况，派出工作组立即赶赴地震灾区，组织指导应急救援工作，成立了省、市、县三级住房城乡建设系统抗震救灾联合工作组，共组织104名工程技术人员和干部职工，组成13个工作小组，完成公共建筑物震损应急评估33.4万平方米。完成构筑物应急评估4943米，完成206户民房受灾情况逐户调查和入户登记，完成县乡供水管线、污水管网、市政道桥应急排查191公里，完成在建工程的应急安全排查。

【德宏盈江5·24、5·30地震】 5月24日4时49分，盈江县发生5.6级地震，5月30日9时20分，再次发生6.1级地震，震源深度均为12公里。地震发生后，省住房和城乡建设厅立即启动地震应急预案，第一时间安排部署住建系统抗震救灾工作。两次派分管副厅长及有关处室负责人赶赴灾区，与州、县住建部门工作组深入灾情较重的卡场、勐弄、苏典查看民房受损情况，指导排危除险和受灾群众转移安置工作，调集118人的专业技术力量分组投入抗震救灾。5·24地震完成公共建（构）筑应急评估8.57万平方米，民房应急排查27.3万平方米；5·30地震完成公共建（构）筑应急评估7.68万平方米，民房应急排查59.2万平方米。

【昭通鲁甸6.5级地震】 8月3日16时30分，昭通市鲁甸县发生6.5级地震，震源深度12公里。地震发生后，按照省委、省政府的统一部署，厅党组及时就抗震救灾作出工作安排，迅速启动住建系统地震应急预案，由厅党组成员分别带领工作组第一时间赶赴昭通鲁甸、巧家、曲靖会泽等地震灾区，组织住建系统开展抗震救灾相关工作。工作组抵达灾区后，立即成立了住建系统抗震救灾指挥部和市政抢险、房屋评估、信息收集、后勤保障4个工作组，住建系统共组织投入2000余人奋战在地震灾区一线，主动承担急难险重任务，全力以赴开展公共建筑应急评估、市政道路抢修、供水抢通、搜救伤病员、活动板房调运等各项应急抢险救援工作。完成昭通鲁甸、巧家，曲靖会泽地震灾区公共建筑应急评估70.8万平方米，民房应急排查102万余平方米；完成应急供水管网铺设1万余米，震后3天即保通了震中龙头山集镇的应急供水；排危除险4.5万平方米，清运填埋龙头山集镇集中安置点260余吨的生活垃圾，清除建筑垃圾3万余吨，回填建筑垃圾16400立方米；完成23千米昭巧二级路、25千米龙头山至乐红道路、1600米龙头山镇至沙坝道路应急抢险保通；搜救出幸存者4人，遇难者遗体13具，运送伤病员10人，完成了临时应急厕所搭建、配合搬运救灾物资、疏挖排水沟渠、平整直升机停机坪、开挖两个垃圾填埋坑、平整安置点场地、搭建救灾帐篷、开办爱心儿童课堂等工作；住建系统累计组织生产、运输、搭建临时过渡安置活动板房130688平米。党中央、国务院高度重视鲁甸6.5级地震恢复重建，印发了《国务院关于印发鲁甸地震灾后恢复重建总体规划的通知》，投资274.6亿元，用3年时间全面完成恢复重建各项任务，生态环境进一步改善，防灾减灾能力进一步增强；产业发展水平进一步提高，灾区基本生产生活条件和经济社会发展超过灾前水平。

【普洱景谷6.6级地震】 10月7日21时49分，云南省景谷县发生6.6级地震，震源深度5公里。地震发生后，省住房和城乡建设厅按照省委、省政府的统一部署，在省抗震救灾指挥部的指挥下，立即启动一级响应，紧急抽调311名专家及工作人员，完成公共建筑应急评估70.12万平方米，企业建筑应急评估33.14万平方米，非自建民房应急评估10万平方米，自建民房应急排查69.35万平方米；完成临时活动板房搭建26961平方米。

传统村落保护发展

【概况】 传统村落是云南民族之魂、文化之脉、生态之基、自然之体、历史之源、乡愁之根。在省委、省政府的关心指导下，在省级多部门的配合下，通过各州市的积极努力，2012年以来云南省共向国家登记上报传统村落1371个，占全国传统村落上报总数的12％，位居全国之首。在294个村落列入了第一（2012年）、第二批（2013年）国家级传统村落名录的基础上，11月，208个村落列入第三批国家级传统村落名录。截至2014年底，云南省共有国家级传统村落502个，占全国总数的20％，数量连续三年位居全国之首。按照住房城乡建设部要求，172个已完成中国传统村落档案建立及保护发展规划编制，其中53个传统村落已获得中央财政补助资金。

【保护现状】 传统村落中保存了较为完整的传统建筑风貌，即历史建筑、乡土建筑、文物古迹等建筑集中连片分布或总量超过村庄建筑总量的1/3，较完整体现一定历史时期的传统风貌。例如，大理州云龙县诺邓镇诺邓村，这座滇西北地区年代最久远的千年白族古村，保留着大量的明、清两朝建筑和著名的玉皇阁道教建筑群。

传统村落中选址和格局仍保持原有肌理及特色，即村落选址具有传统特色和地方代表性，利用自然环境条件，与维系生产生活密切相关，反映特定历史文化背景。村落格局鲜明体现有代表性的传统文化，鲜明体现有代表性的传统生产和生活方式，且村落整体格局保存良好。例如普洱市澜沧县惠民乡景迈村，坐落在"自然博物馆"之称的"千年万亩古茶园"中，生态环境极其优美。

非物质文化遗产活态传承情况良好，即该传统村落中拥有较为丰富的非物质文化遗产资源、民族或地域特色鲜明，或拥有省级以上非物质文化遗产代表性项目，传承形势良好，至今仍以活态延续。例如临沧市沧源县勐角乡翁丁村，这座位于群山环抱、云雾缭绕的山麓上的佤族村寨具有浓郁的民族风情，传统服饰编织、原始剽牛祭祀、声势浩大的拉木鼓活动传承至今。

工程质量安全监督

【概况】 2014年，云南省共有2个工程获得鲁班奖、3个工程获国家优质工程奖、10个项目获国家AAA级安全文明标准化工地称号、83个工程获省级优质工程奖，创建省级安全生产标准化工地104个。共发生建筑生产安全事故26起，死亡29人，与2013年相比，事故起数增加3起，上升13％；死亡人数减少1人，下降3.3％，没有发生较大及以上安全生产事故。

【工程质量安全工作部署】 召开全省建设工程质量安全监管专题会议，总结工作、部署任务；与州(市)住房和城乡建设局、省属重点监管施工企业签订建筑行业安全生产目标责任状。召开了云南省建筑安全标准化工作推进会，部署了下半年云南省住房和城乡建设行业安全生产工作。省住房城乡建设厅先后召开厅务工作会议、厅党组会议和建筑施工及城市燃气安全生产会议、厅党组理论学习中心组扩大会议，对有关安全生产工作进行专题部署。

【安全生产培训考核】 组织云南省省属企业法定代表人安全生产集中培训考核，共计培训约500人；开展建筑施工企业专职安全员、塔式起重机司机和司索信号工、园林绿化企业安管人员以及太阳能热水器生产、安装、维修企业人员安全生产教育培训考核工作，共计培训人员12204人次，发证10819本；组织开展证书到期专职安全员继续教育考核工作，考核约10000人；对云南省4059家建筑施工企业安全生产条件进行了动态核查，其中3687家审查合格企业安全生产许可证有效期均延期至2017年7月1日，372家审核不合格企业安全生产许可证予以作废；对证书有效期于2014年7月1日到期的专职安全员进行了继续教育考核，已完成了13000人证书到期换证工作。

第四篇

【安全生产隐患排查】 按照云南省政府的统一部署，以"治大隐患、防大事故"为目标，积极开展安全生产大检查、汛期安全检查、安全生产月、防灾减灾日等活动，突出现场，坚决预防和遏制各类建筑生产安全事故的发生。省住房城乡建设厅抽查了文山、红河、昆明、玉溪、楚雄、大理、文山、曲靖等8个州(市)的88个在建保障性安居工程，以及昆明市轨道交通工程6个标段。云南省共检查项目10736项，查出安全隐患18632项，下发隐患整改通知书1032份，下发停工整改通知书69份，停工整改项目58个，实行行政处罚36起。

【安全生产专项整治】 大力开展模板工程、脚手架工程、建筑施工塔式起重机、住宅工程质量常见问题以及预防建筑施工高处坠落、触电等多发性事故专项整治，有效遏制了云南省建筑行业较大及以上安全生产事故的发生。开展"质量月"活动，对145个监督机构和1227名工程质量监督人员进行了抽查考核。开展建筑行业安全生产"六打六治"打非治违专项行动，对云南省约500家省属建筑施工企业法定代表人进行"六打六治"打非治违专项行动宣贯考核；抽查了昆明、玉溪、楚雄、曲靖、文山、普洱、西双版纳等7个州(市)建筑行业"六打六治"打非治违专项行动。2014年9月至12月，云南省各级住房和城乡建设主管部门采取"四不两直"方式暗查暗访226次，检查抽查在建项目1883个，发现事故隐患2584项，下发停工通知书129份，对182个存在挂靠、违法分包、层层转包等非法违法行为的项目进行严厉处罚。

【安全标准化建设】 省住房城乡建设厅将创建安全生产标准化工地纳入责任状考核内容，向各地下达了年度创建指标，在施工现场悬挂创建标化工地公示牌，主动接受社会监督。召开云南省建筑安全标准化工作推进会，现场观摩了云南省总承包公司承建的昆明市2012年市级统建保障性住房五腊片区项目和十四治五公司承建的魅力之城一期一标项目。经过年初申报、过程检查、年终考核验收、云南省住房城乡建设厅抽查复核、公示等流程，创建了104个标化工地项目。

【灾后恢复重建工程质量安全监督管理工作】 省住房城乡建设厅下发《云南省鲁甸6.5级地震灾后恢复重建房屋建筑和市政基础设施工程质量安全监督管理办法》，召开鲁甸6.5级地震灾后恢复重建工程质量安全监管工作部署会和监督检查部署会，组织3个督查组对会泽、鲁甸、巧家县2014年第四季度灾后恢复重建工程质量安全监管情况进行督查

检查，对检查情况进行通报。

【安全生产事故】 按照管理权限对13家事故企业进行了暂扣安全生产许可证处罚，责令1家事故企业进行停业整顿，在对发生安全生产事故工地复核中，发现违法违规行为6起，罚款共计140.9万元，向江苏、河南、四川、湖北、湖南、广东、浙江省住房和城乡建设厅通报了10起事故情况，并抄报住房和城乡建设部，建议对省外入滇事故企业按规定进行处罚。分4次组织涉及17起建筑生产安全事故的州(市)、县(区)住建局分管安全负责人、建设单位项目负责人、施工、建立企业法人和事故工地项目经理、总监理工程师等共计102人进行了建筑安全事故约谈。对云南省发生建筑生产安全事故的52家企业和22家省外入滇企业进行了动态核查，现场检查企业规章制度和有关责任人安全生产责任制落实情况，并对企业承建的在建项目施工现场安全生产条件进行检查，检查符合要求方办理生产许可证有效期延期手续。

建筑业与工程建设

【行政审批权限】 积极贯彻落实中共中央、云南省委和省政府简政放权要求，进一步梳理业务办理流程，简化业务办理程序，从7月1日起，将建筑业75类非注册从业人员资格证书日常管理工作下放到工商注册所在地的各州(市)级建设行政主管部门管理。同时对三项业务的办理窗口进行了扩充和调整，进一步优化了办事流程，提高了行政审批工作效率。

【云南省工程质量治理两年行动】 为贯彻住房城乡建设部全国工程质量治理两年行动电视电话会议精神，进一步规范云南省建筑市场秩序，落实工程建设五方主体项目负责人质量终身制，遏制建筑施工违法发包、转包、违法分包及挂靠等违法行为多发势头，进一步发挥工程监理作用，建立健全建筑市场诚信体系，保障工程质量，促进云南省建筑业持续健康发展，9月26日，省住房城乡建设厅在昆明组织召开云南省工程质量治理两年行动工作会议。厅党组成员、副厅长周鸿出席会议并讲话，会议安排部署云南省工程质量治理两年行动工作。下发《关于印发云南省工程质量治理两年行动实施方案的通知》、《关于认真贯彻落实建筑施工项目经理质量安全责任十项规定和建筑工程五方责任主体项目负责人质量终身责任追究暂行办法》、《关于认真贯彻执行〈建筑施工项目经理质量安全责任十项规定(试行)〉的实施意见》和《关于严格落实建筑工

程项目负责人质量终身责任承诺制的通知》等文件，组织工程质量监督人员师资培训和执法管理人员培训。

【建筑业支柱产业】 2014 年，云南省完成建筑业产值 3054.67 亿元，同比增长 5.7%，建筑业增加值为 1389.66.24 亿元，同比增长 17.6%。建筑业占云南省 GDP 10.8%，建筑业总量保持增进态势，建筑业在云南省 GDP 占有量逐年上升。

【建筑业企业资质核查工作】 按照《建筑业企业资质管理规定》（建设部令 159 号）和《建筑施工企业主要负责人、项目负责人和专职安全生产管理人员安全生产管理规定》（建质〔2004〕59 号）有关文件及要求，结合云南省建筑业企业资质管理工作实际，从 2014 年 1 月开始至 6 月，按照定期核查方案，经过积极有效的工作，圆满完成云南省属和 16 个州（市）建筑业企业资质定期核查及从业人员资质证书延续工作，保证了企业正常运营。据统计，共完成建筑施工企业资质定期核查 3684 家，合格 3388 家，不合格 78 家，因其他原因未参加核查的有 218 家。

【建筑市场监管秩序】 充分运用《云南省建筑业管理信息网》建筑业企业资质动态核查功能，加强建筑业企业资质网上动态监管，及时提醒建筑业企业在规定时限内整改，进一步促进了建筑业管理秩序正规。2014 年对 15 家企业降低资质等级，100 家企业撤回了资质。

【高强钢筋推广应用】 在圆满完成推广应用高强钢筋示范评估工作后，继续抓好云南省《建筑工程应用 600MPa 级热轧带肋钢筋技术规程》的编制等工作，推广应用高强钢筋每年为云南省约节省 200 万吨钢筋，并大力促进了建筑业、钢铁业的发展现代化。

【云南省 2013 版建设工程造价计价依据】 3 月 18 日，云南省新版计价依据取得了住建部的地方标准备案号，七部标准刊登在国家工程建设标准化信息网和《工程建设标准化》。4 月 1 日起在云南省范围内实施新版计价依据，涉及六大专业消耗量定额、工程造价计价规则及机械台班费用定额，这在云南省有史以来最全的定额修编工作，也是云南省工程造价管理坚持市场化改革方向和服务于云南省工程建设大局的结果。为做好软件配套工作，4~6 月完成新版计价软件的符合性评审工作，广联达等四家公司开发的计价软件通过了评审，并进入市场销售和投入使用。

【工程造价行业】 按照省委省政府要求发放建筑业发展奖励资金 243.50 万元，继续扶持企业做大做强，云南省工程造价咨询行业营业收入超 9 亿元；今年新审批暂定乙级造价咨询企业 3 家，乙级造价咨询企业 2 家，乙级企业晋升为甲级企业 8 家，从而甲级造价咨询企业达到 54 家，云南省造价咨询企业总数为 204 家；新上报初始注册造价师 326 人，现有注册造价师达到 2872 人，注册造价员 27404 人，造价行业执从业人员首次超过 30000 余人，造价行业呈现快速增长的良好局面。

【勘察设计行业】 截至 2014 年底，云南省共有勘察设计单位 710 家，其中甲级资质单位 88 家、乙级资质单位 318、其他为丙、丁级单位。勘察设计行业营业额 210 亿元，较上年同期增长 20%，从业人员 4 万人，行业人均产值 52 万元，较上年同期增长 20%。

【勘察设计制度建设】 根据《住房城乡建设部关于深入开展全国工程质量专项治理工作的通知》及《房屋建筑工程勘察设计质量专项治理工作方案》的要求，出台《云南省住房城乡建设厅关于开展建设工程勘察质量专项治理工作的通知》，制定《云南省工程勘察岩土试验质量专项治理实施方案》。省住房城乡建设厅根据勘察单位土工试验方面的资历信誉、人员技术力量、管理水平、技术装备、场地规模等情况，对勘察单位从事勘察土工试验的能力进行考评并将其分为 A 类、B 类、C 类三个类别。

【勘察设计企业资质管理】 鼓励云南省勘察设计单位做大做强，鼓励小、散、差单位重组合并，鼓励勘察设计单位增项、升级。年内向住建部上报了 23 家企业资质升级或增项业务。公示同意共 10 家升级增加成功单位。其中，2 家建筑工程甲级、1 家市政轨道交通甲级、1 家电力甲级，1 家水利乙、1 家装饰甲级、1 家幕墙甲级等。同时，鼓励云南省勘察设计单位走出去承接勘察设计业务，办理出省备案 35 项。

【勘察设计技术支持】 在颁布《云南省民用建筑节能设计标准》的基础上，省住房城乡建设厅组织编制《云南省民用建筑节能设计系列标准图集》，根据《云南省民用建筑节能设计标准》对温和地区的节能设计要求，《云南省民用建筑节能设计系列标准图集》中的《温和地区居住与公共建筑节能构造—外门窗与幕墙》、《温和地区居住与公共建筑节能构造—屋面》基本编制完成。组织编制的《机制泡沫混凝土住宅厨房卫生部烟气道构造图集》为云南省建筑标准设计通用图集。贯彻落实《房屋建筑和市政基础设施工程施工图设计文件审查管理办法》

(住房和城乡建设部令第 13 号)关于将绿色设计纳入施工图审查范围的要求，编制《云南省民用建筑工程施工图绿色设计和审查工作通知》。

【奖励扶持人才培养】　组织完成 2013 年度云南省优秀工程勘察设计奖评选工作。评出优秀勘察设计一等奖 19 个，二等奖 41 个，三等奖 54 个，表扬奖 40 个。5 月全国一、二级注册建筑师执业资格考试共报考 1274 人，9 月云南省全国勘察设计注册工程师执业资格考试共有 6038 人报名，较去年报考人数增加 16%。全年共完成云南省勘察设计注册师注册 1230 人。根据《云南省住房城乡建设厅关于开展建设工程勘察质量专项治理工作的通知》，开展了勘察现场作业人员免费技能培训，共培训勘察描述员 2243 人，培训勘察司钻员 2664 人，培训土工试验员 490 人。培训考试 804 名勘察项目负责人，其中 320 人通过考核。

建筑节能与科技

【新建建筑节能】　省住房城乡建设厅加强新建建筑节能管理，在设计、审查等阶段严格执行《云南省建筑节能施工图设计文件审查要点》、《云南省民用建筑节能设计标准》，截至 2014 年 12 月，新开工房屋建筑工程按节能标准进行施工图节能审查执行率为 100%，竣工验收阶段执行建筑节能设计标准比例达到 96%。

【公共建筑节能】　联合省财政厅印发《关于印发＜云南省国家机关办公建筑和大型公共建筑节能监管体系建设实施方案＞的通知》(云建法〔2014〕323 号)，对工作目标、工作内容、日常管理及政策措施做了要求和明确。委托第三方编制《云南省国家机关办公建筑和大型公共建筑能耗监测系统软件开发指导说明书》等六个技术导则，并已通过专家初步评审。

【可再生能源建筑应用示范】　印发《云南省住房城乡建设厅关于做好可再生能源建筑应用示范市县验收评估工作的通知》，从筛选项目、技术方案评审、招投标、能效测评、竣工验收等环节制定了科学、合理、标准的管理规范。强化了太阳能热水系统与建筑的同步设计，通过建立严格的设计审查制度，将太阳能热水系统作为建筑节能专项审查中的重要内容；强化了同步施工，通过严格施工管理，太阳能热水系统与建筑同步建设，确保了施工质量，规范了施工验收管理；强化了新建项目竣工验收前，要进行太阳能热水系统工程检测，与建筑工程同步验收。

【绿色建筑评价标识】　经住房城乡建设部批准，正式启动绿色建筑评价标识工作。依据住房城乡建设部《绿色建筑评价标识实施细则(试行修订)》和《云南省一二星级绿色建筑评价标识管理实施细则(试行)》等有关规定，依法开展评价工作。截至 12 月底，云南省共 26 个项目获得绿色建筑设计评价标识，累计申报面积 490.86 万平方米。2014 年，云南省共有 17 个项目获得绿色建筑设计评价标识，申报面积为 238.09 万平方米。其中，公共建筑 10 项，包括一星级 3 项、二星级 4 项、三星级 3 项，申报面积为 115.75 万平方米；住宅建筑 7 项，包括一星级 1 项、二星级 2 项、三星级 4 项，申报面积为 122.34 万平方米。

【绿色建筑行动实施方案】　云南省住房城乡建设厅会同云南省发展和改革委员会联合起草《关于审定并转发省发展和改革委员会省住房和城乡建设厅关于大力发展低能耗建筑和绿色建筑的实施意见(送审稿)的请示》，于 11 月上报云南省人民政府。

【绿色建筑技术与产品推广工作】　紧紧围绕建立先进成熟、安全可靠的绿色建筑技术体系并加以推广应用的工作目标，下发《云南省住房城乡建设厅关于组织开展绿色建筑技术与产品推广目录申报工作的通知》文件，制定云南省绿色建筑技术与产品推广目录申报指南，积极开展云南省绿色建筑技术与产品申报、评审和推广工作，对先进成熟、安全和可靠的绿色建筑技术与产品组织推广应用，并鼓励城市规划、公用事业、工程勘察、工程设计、建筑施工、工程监理和房地产开发等单位，积极采用《云南省绿色建筑技术与产品推广目录入编证书》中的技术与产品。省住房城乡建设厅对废弃材料再利用技术与产品申报云南省绿色建筑技术与产品推广目录给予积极支持。截至 12 月，已有 10 项技术与产品通过申报评估取得了云南省绿色建筑技术与产品推广目录证书，对云南省推广应用绿色建筑技术与产品起到了积极的促进作用。

【建筑能效标识】　根据《民用建筑能效测评标识管理暂行办法》《云南省民用建筑能效测评标识管理实施细则》《云南省民用建筑能效测评标识技术导则》(试行)有关规定，新建(改建、扩建)国家机关办公建筑和大型公共建筑、实施节能综合改造并申请财政支持的国家机关办公建筑和大型公共建筑、国家级或省级节能示范工程和绿色建筑等四类建筑必须进行建筑能效测评。云南省所有申报绿色建筑的项目均按规定进行了能效测评。其中，昆明市建筑设计研究院有限责任公司生产业务楼于 12 月获得建筑能效理论值标识（三星低能耗），是云南省第一个通过专家认定的低能耗建筑。

【国家智慧城市试点】　省住房城乡建设厅负责云南省国家智慧城市试点工作的组织申报、协调、指导和监督检查工作。2014年，云南省住房城乡建设厅组织昆明市五华区等试点城市和玉溪市等申报城市参加了首届智慧社区论坛、重点项目建设培训班等；组织试点城市召开试点创建工作座谈会；印发文件督促、指导试点城市结合自身实际开展国家智慧城市试点创建工作；严格执行《国家智慧城市试点过程管理细则（试行）》的有关要求，督促试点城市上报、填报年度自评价报告，并据此编制省级年度评价报告；组织完成2014年度国家智慧城市试点申报、省级初审和材料上报，玉溪市、大理市和文山市均成功入围2014年度国家智慧城市试点。

【建筑科技工作】　积极开展建设科技进步工作，组织有关单位、8个项目列入了2014年住房城乡建设部科学技术计划。11月26日，由住房城乡建设部建筑节能与科技司委托，住房城乡建设部科技发展促进中心在昆明市主持召开了由云南建工第五建设有限公司承担的住房城乡建设部2011年科技示范工程——"昆明市工人文化宫迁建工程"项目验收会，项目顺利通过了验收。11月26日，由住房城乡建设部建筑节能与科技司委托，住房城乡建设部科技发展促进中心在昆明市主持召开了"红云红河集团管理总部和云烟科技园工程"、"云南省博物馆新馆建设主体工程"、"云南建工发展大厦工程"、"昆明市第十污水处理厂工程"项目专家验收会，项目顺利通过了验收。12月8日，由住房和城乡建设部建筑节能与科技司委托，在昆明主持召开了昆明市城市地下管线探测管理办公室承担的住房和城乡建设部2011年科学技术计划项目"基于GISS技术的昆明市地下排水管线评价研究"项目专家验收会，项目顺利通过了验收。

风景名胜区管理和世界遗产保护工作

【概况】　云南省建立了类型多样的风景名胜区与遗产地。云南省有世界自然、文化遗产5个，有国家级风景名胜区12个，有省级风景名胜区54个。风景名胜区与自然遗产地总面积约3万平方公里，约占国土面积的7.8%。基本覆盖了云南省以及滇西北、滇西南地区绝大多数重要的自然与文化遗产资源，是完成云南省委、省政府关于生态文明建设、"七彩云南保护行动计划"、云南省生物多样性保护和推进云南省旅游业产业发展的重要基础性工作。

【宣传学习法规工作】　在丽江、文山、西双版纳、大理、德宏等州（市）开展国务院《风景名胜区条例》《云南省风景名胜区条例》的宣传培训工作，相关州、市、县主管部门、风景名胜区管理机构和风景名胜区区内的企业参加，提高了宣传贯彻《风景名胜区条例》的步履。9月22～24日，组织云南省风景名胜区主管部门、管理机构70人参加住房和城乡建设部组织的风景名胜区保护管理培训。

【风景名胜区执法检查】　6月，积极配合住房城乡建设部圆满完成对云南省国家级风景名胜区的执法检查工作。普者黑国家级风景名胜区被评为优秀风景名胜区。

【风景名胜区总体规划】　9月16日，云南省人民政府批准《昆明轿子山风景名胜区总体规划》《昆明阳宗海风景名胜区总体规划》；12月23日，云南省人民政府批准《兰坪罗鼓箐省级风景名胜区总体规划》；开展玉龙雪山国家级风景名胜区总体规划修编、瑞丽江—大盈江国家级风景名胜区修改和保山博南古道、双柏白竹山——鄂嘉、元谋、永仁方山、禄丰、思茅茶马古道等省级风景名胜区总体规划编制、报批的指导工作。11月14日，组织召开《元谋省级风景名胜区总体规划》《永仁方山省级风景名胜区总体规划》和《剑川剑湖省级风景名胜区总体规划》厅际联席审查会议。

【风景名胜区详细规划】　2014年，住房城乡建设部批准《大理风景名胜区苍山洱海片区喜洲景区详细规划》、《石林风景名胜区长湖景区详细规划》、《石林风景名胜区大叠水景区详细规划》。组织编制《大理国家级风景名胜区苍山洱海片区鹿卧山景区详细规划》、《西双版纳国家级风景名胜区勐罕景区东片区详细规划》、《西双版纳风景名胜区傣族园详细规划》、《昆明滇池风景名胜区西山景区详细规划》、《三江并流风景名胜区哈巴雪山景区详细规划》并上报住房和城乡建设部审批。完成《石林国家级风景名胜区乃古石林景区详细规划》编制工作。

【风景名胜区建设项目选址核准】　省住房城乡建设厅依法、依规、按程序完成三江并流、大理、腾冲地热火山、玉龙雪山、石林、瑞丽江—大盈江国家级风景名胜区旅游设施、基础设施、文化设施等一批建设项目的选址核准工作。协调风景名胜区保护管理工作与重大建设项目、自然保护区、国家公园、地质公园、森林公园、旅游区的关系。

建设人事教育工作

【岗位设置】　强化机构编制管理，认真做好年检岗位设置工作。组织厅属18家事业单位完成了2013年度省级事业单位法人年检工作。完成省级职工住房资金管理中心申请办理事业单位首次岗位设置方案的核准、认定。完成厅属云南省建设信息中心等4个厅属事业单位岗位设置方案的调整。完成了厅机关、机关服务中心、云南省建设工会253名在职和离退休人员的个人信息采集录入上报工作。

【干部任用】 坚决贯彻执行党的干部路线方针政策，对新修订的《党政领导干部选拔任用工作条例》组织进行了广泛深入的学习，将《条例》纳入中心组和各级党组织的必学内容，突出党政主要领导和组织人事干部两个重点，采取厅党组专题学习、各支部组织学习、干部大会集中学习方式，把思想统一到《条例》的规定上来，着力增强干部群众贯彻执行《条例》的自觉性。严格执行干部人事工作纪律，加强选人用人工作监督检查，规范选人用人程序，深入整治干部选拔任用不正之风，努力营造选人用人良好氛围，匡正选人用人风气，着力提高干部选拔任用工作水平，切实做好干部选拔任用工作。

【干部管理】 按照"信念坚定、为民服务、勤政务实、敢于担当、清正廉洁"好干部标准，加强干部动态管理，注重平时考核和年度考核，坚持干部实践锻炼。今年共选拔任用干部3名，交流轮岗3名，并对20名试用期满干部进行考核并按期转正。采取上派和下派挂职、选派新农村建设指导员等方式，安排12名干部到住建部和基层锻炼，着力提高干部的素质能力。坚持从严管理干部，突出对"一把手"的重点管理，认真开展了党政领导干部在企业兼职、因公因私出国（境）、超职数配备干部等"三项"专项整治工作，组织实施干部实名制管理信息录入，对168名处级领导干部个人报告事项进行抽查核实。着力建设梯次配置、结构合理的干部队伍。

【职称评审】 强化服务企业意识，认真开展职称评审工作。根据建筑市场职称人员需求和企事业单位实际需要，加强与职称评审主管部门的协调沟通，认真组织职称评审工作。今年共完成3批7150人的职称评审工作。其中：高级职称1525人，中级职称3487人，初级职称2138人。

【教育培训】 强化干部教育培训，突出抓好理论武装工作。利用党校、干部学院、省院省校合作培训平台，采取送培和地培方式，组织处级以上干部参加了十八大精神和习近平总书记系列讲话精神轮训学习；举办城镇化和城市现代化研究班3期，

组织164名领导干部参加了培训；组织14名厅处级领导干部参加了中组部、国家行政学院、浦东干部学院和省委组织部的培训；组织161名干部参加了自主选学和干部在线学习。牵头组织行业师资培训1期，165人参训；积极开展行业培训，全年共培训建筑行业技能人才67125人次。

【强化行政审批管理】 按照简政放权，转变职能，提高效率的要求，组织有关处室对涉及我厅行政审批项目目录进行了三次梳理反馈，确认上报22项行政许可项目，1项非行政许可项目。按照网上服务大厅建设要求，牵头组织对行政审批法律法规依据、服务指南、办事流程、办理时限进行了修改完善上报。组织对厅机关各处室贯彻落实精简行政审批项目情况开展专项督查。为转变职能、提高效率打下了基础。

大事记

1月

15日 云南省住房城乡建设工作会议在昆明召开。副省长丁绍祥出席会议并做重要讲话。会上，省政府与各州市政府签订了2014年保障性安居工程目标责任书。

15日 云南省住房城乡建设系统党风廉政建设工作会议在昆明召开。厅党组书记、厅长罗应光在会上作讲话，会议由厅党组成员、省纪委驻厅纪检组长李春华主持。

3月

6日 省住房城乡建设厅召开2014年度云南省建筑市场监管工作电视电话会议。厅党组书记、厅长罗应光同志出席会议并作讲话。

11日 云南省城镇污水处理厂管网建设暨运营管理现场推进会在禄劝县召开。会议省政府副秘书长李石松主持，在现场调研武定县、禄劝县污水处理厂管网建设和运营管理情况后，省住建厅、省环保厅通报了相关情况，禄劝县、易门县作了经验交流。

4月

15日 云南省城镇化工作会议在昆明举行。会议审议通过了《中共云南省委云南省人民政府关于推进云南特色新型城镇化发展的意见》和《云南省新型城镇化规划（2014～2020年）》，进一步动员云南省上下树立新理念、探索新路径、聚合新动力、实现新发展，力争到2020年，云南省常住人口城镇化率达到50％左右，户籍人口城镇化率达到38％左右，使城镇体系更加完善，建设模式更加科学，管理服

务更加有序，功能作用更加突出，发展成效更加明显，推动云南新型城镇化又稳又好发展。省委书记秦光荣，省委副书记、省长李纪恒出席会议并讲话，省政协主席罗正富出席会议。

16日　省政府在昆明召开云南省加快棚户区改造工作推进会，丁绍祥副省长出席会议并讲话。

29日　住房城乡建设部、国家文物局、文化部、财政部组织召开全国加强传统村落保护工作电视电话会议，省住房城乡建设厅会同省文化厅、文物局、财政厅精心组织，在云南省设置了1个分会场、15个片区会场。随后，召开了云南省加强传统村落保护工作电视电话会议，厅党组书记、厅长罗应光出席会议并讲话。

5月

12日　省住房城乡建设厅组织省住建系统地震应急抢险三支队伍（房屋震害应急评估鉴定专家队、市政设施恢复应急抢险队、大型机械化施工应急抢险队）45人、相关抢险救援装备50台（套）及减隔震技术知识宣传展板参加云南省减灾委办公室、昆明市人民政府在官渡广场举行的第六个"防灾减灾日"主题宣传活动。

21日　组织召开云南省建筑安全标准化暨工程质量常见问题专项治理工作推进会议。省住房城乡建设厅周鸿副厅长出席会议并讲话。

6月

11日　中国科学院和中国工程院两院院士大会在北京会议中心举行，中共中央政治局委员、国务院副总理刘延东、中国科学院院长白春礼、中国工程院院长周济向获奖者颁发了奖牌和证书，中国水电顾问集团昆明勘测设计研究院张宗亮同志荣幸获

得光华工程科技奖的"工程奖"。

25日，云南省副省长丁绍祥组织省、州（市）、县分管领导和相关部门人员在参观曲靖市麒麟区两江口、昆明市嵩明县及杨林镇污水处理厂运营管理情况后，在嵩明县召开了第二季度云南省城镇污水处理厂管网建设及运营管理现场督察推进会。

9月

18日　住房城乡建设部城市建设司副司长刘贺民率队，专题调研保山市综合管廊投融资及建设管理情况，对保山市立足长远、超前规划，高起点、高投入、大手笔推进实施城市地下综合管廊建设的创新做法给予了高度评价。

26日　云南省工程质量治理两年行动会议在昆明召开。省住房城乡建设厅有关处室负责人，各州（市）住房城乡建设局及滇中产业新区建设管理局分管领导、建管科长、建设工程质量监督管理站站长、建设工程招标投标管理办公室主任（科长）共78人参加了会议。厅党组成员、副厅长周鸿出席会议并作了重要讲话。

11月

28日，云南省工程质量治理两年行动执法管理人员培训在昆明举办。

12月

11～12日　由国家财政部副部长刘昆、住房城乡建设部副部长陈大卫率领的调研组对昆明市彩云北路、广福路地下综合管廊建设管理情况和昆明地下管廊控制指挥中心进行实地调研，副省长尹建业、省财政厅副厅长王卫昆、省住房城乡建设厅副厅长赵志勇等陪同。

（云南省住房和城乡建设厅）

西 藏 自 治 区

概况

2014年，西藏自治区住房城乡建设部门在区党委、政府的正确领导和有力支持及相关部门的大力配合下，以全面落实"十二五"发展目标为重点，认真落实年初确定的各项目标任务，住房保障工作扎实推进，城乡规划管理工作进一步加强，建筑市场监管力度不断加大，房地产业健康发展，工程质量安全监管进一步加强，改革创新取得新的突破，各项工作取得了较好成效。

政策规章

2014年，出台人大立法项目1项，为《西藏自治区建筑安全生产管理条例》。完成《西藏自治区风景名胜区管理办法》、《西藏自治区工程建设领域诚信行为信息管理办法》、《西藏自治区建筑节能条例》

的调研、起草、送审工作。共出台各类部门规章和规范性文件13件。

房地产业

2014年，全区商品房新开工项目37个，总投资达92.89亿元（其中商品住房42.16亿元），计划开发土地面积144.8万平方米，计划开发商品房总建筑面积287.7万平方米（其中商品住房188.8万平方米、14744套）。全区商品房开发完成投资36.5亿元；完成开发建筑面积110.5万平方米（其中商品住房68.7万平方米）。完成商品房销售72.4万平方米，其中：商业用房13万平方米，住宅4825套59.3万平方米。

住房保障

2014年，西藏自治区保障性住房项目建设计划为7.19万套（户），另外，追加下达了新建周转房项目0.51万套。同时，发放租赁住房补贴10349户。当年保障性住房建设不仅任务为历年之最，而且项目覆盖到七地（市）所有县（区）和绝大多数乡镇。经协调国家有关部委，追加2013～2014年保障性住房建设配套资金90572万元，缓解了西藏保障性住房资金需求压力。

根据区党委、政府安排部署，区住房城乡建设厅会同相关部门起草了《西藏自治区人民政府关于加快乡镇干部职工周转房建设的意见》、《西藏自治区乡镇干部职工周转房建设的方案》、《西藏自治区乡镇干部职工周转房建筑方案设计图集》、《西藏自治区人民政府关于进一步加大我区保障性住房建设投融资工作的意见》，多次与自治区财政厅、发改委、国土资源厅、国开行西藏分行、农发行西藏分行等部门就进行认真讨论，征求七地（市）和自治区相关部门的意见，经区政府审定后下发执行，确定2014～2016年计划在全区696个乡镇建设干部职工周转房32000套，建筑面积160万平方米，总投资52.65亿元。同时按照自治区政府要求，区住房城乡建设厅会同相关部门分别与国开行西藏分行和农发行西藏分行签订了保障性住房投融资框架合作协议，确定投融资额度、贷款年限、贷款利率、偿还模式等，制定贷款借、用、管、还机制。

自治区与地（市）分管专员、市长签订《西藏自治区2014年度住房保障工作目标责任书》。要求所有新建项目于9月底前开工建设，主体工程于年内完工，2013年复工项目于2014年内竣工并交付使用，各类棚户区改造项目于2014年底前开工，并于2015年完工。区住建厅会同相关部门开展保障性住房检查工作，完成对部分地区、县和乡镇保障性住房建设管理督促检查工作。同时，区保障性住房建设管理领导小组办公室，多次通过文件、电话和座谈等形式，不断加大对各地（市）督促指导力度，同时积极协调各相关部门，促进加快项目审查、资金拨付进度。

为及时掌握各保障性住房开工率和复工率，对各地（市）项目开工建设进展情况进行了通报，实际一月一通报，根据工程进展情况加大通报力度，对个别地区进行专项督查、通报，对未按期开工的，责成相关地（市）行署（人民政府）作出书面说明。全区进一步严格项目基本建设程序，完善项目审批手续，科学合理确定建设工程造价，落实工程质量和安全生产责任，加强建设工程项目全过程监管，确保建设项目工程质量，确保2015年底前绝大部分新建保障性住房基本建成，完成投资约60.7亿元，续建项目全部完工。

组织编制完成《西藏自治区城镇棚户区改造规划（2013～2017年）》，并上报国家有关部委，为积极争取国家加大对各类棚户区改造的投资补助力度，加快各类棚户区改造奠定了基础。《规划》计划改造各类棚户区9.3万户（套），建筑面积460万平方米，计划投资55亿元。

为规范保障性住房项目方案设计、加快项目前期工作提供技术服务，组织编制印制《西藏自治区保障性住房设计方案图集》，向各地市、县和有关部门、建筑勘察设计单位发行图集2800套。

进一步落实简化项目审批程序、优化审批流程。公共租赁住房初步设计及概算审批由原来地市发改部门审批、财政部门复核，简化为由地市财政部门或发改部门一家审批后向当地有关部门报备；取消自治区对1000万元以上保障性住房项目初设及概算的技术审查程序，将所有项目前期工作审批权限下放到各地市"同级审批"；以往由区住建厅审批棚户区改造实施方案，简化为由各地市审批报区住建厅备案。草拟《西藏自治区公共租赁住房管理暂行办法》，对公共租赁住房申请、审核、公示、轮候、分配、入住和腾退（退出）工作流程以及有关监督管理工作作出进一步明确和规定。为加快周转住房制度改革，起草了《关于我区党政机关事业单位干部职工周转房制度改革若干政策意见》《关于我区周转房租金管理制度改革的意见》等相关住房制度改革政策，并上报区政府审定。

公积金管理

西藏自治区于1998年正式建立住房公积金制

度，截至年底，自治区和7地(市)共设有8个住房公积金管理中心，各中心隶属同级住房城乡建设主管部门，均为参照公务员管理的、不以营利为目的全额拨款事业单位，全区管理中心总编制人数为60人，实有50人。在业务系统管理上，全区采取了"统一业务管理、统一操作流程、统一账务处理、统一电话查询和统一数据存储"的专线网络管理模式。党政机关事业单位住房公积金缴存比例单位和个人合计为24%(各12%)，中直单位国有企业合计为25%(个人不低于10%)；住房公积金最高贷款额度为60万元，最长贷款年限为17年。住房公积金贷款利率享受的是人民银行给予的优惠利率，5年(含)以下贷款利率为2.26%，5年以上贷款利率为2.58%。全区住房公积金制度已覆盖全部党政机关事业单位和87%的国有企业，部分非公有制企业也试点建立了住房公积金制度。建立住房公积金人数达21万人；累计归集住房公积金215亿元，累计提取91亿元，归集余额124亿元；累计发放贷款88亿元，贷款余额43亿元，共有4.2万人通过住房公积金贷款解决了住房问题或改善了住房条件。

从7月起，结合实际对住房公积金政策从以下几方面作了适时调整：一是将最高贷款额度从此前的50万元提高到60万元，最长贷款年限从15年延长到17年；二是将连续足额缴存两年后可以申请贷款，调整为连续足额缴存半年就可以申请贷款。将归集三年后可提取公积金缩短为归集两年就可提取；三是放宽对担保人的限制，担保人在给贷款人提供担保后，从此前的不能提取和贷款调整为可以提取或贷款；四是开通征信查询业务，将以前委托商业银行查询转为中心自己查询，从根本上缩短了贷款办理的时限，不仅方便了广大干部职工，工作效率也得到很大的提高；这些措施的实施，取得了良好的社会反响，在支持职工住房消费、促进房地产市场持续健康发展方面发挥了积极作用。

城乡规划

根据《西藏自治区"十二五"时期城镇规划编制计划》要求，为切实保障"十二五"时期规划建设项目的实施工作，促进城镇的健康、科学、可持续发展，更好适应城镇经济和社会发展需要，进一步督促各地加快城镇总体规划的第二轮修改工作。共组织自治区城镇规划评审委员会完成32个县城(镇)总体规划的评审，下达19个县城(镇)规划批复。其中八一镇、狮泉河镇、泽当镇、普兰县、贡嘎县、吉隆镇总体规划已上报自治区人民政府待批，

拉萨市总体规划修改请示已经国务院同意目前正在开展规划纲要编制工作。

严格《建设项目选址意见书》的办理，确保"十二五"规划项目顺利实施。建设项目选址规划管理是城乡规划管理工作的首要环节，在充分尊重城镇总体规划基础上，通过严格的审核程序，核发选址意见书，可确保项目顺利实施。针对国家投资项目、涉及民生项目，及时开通绿色通道，以最短的时间办结核发选址意见书。已办结完全区93个大中型建设项目选址意见书核发工作。指导完成青藏铁路拉萨至林芝段等多个"十二五"规划重点项目选址论证工作。

城市建设与市政公用事业

国家《"十二五"支持西藏经济社会发展建设项目规划方案》和"'十二五'中期评估调整"累计安排城镇基础设施建设投资78.11亿元，是"十一五"期间的2倍。其中：《"十二五"支持西藏经济社会发展建设项目规划方案》安排城镇基础设施建设项目177个，总投资72.11亿元，"十二五"规划投资51.51亿元。"十二五"中期调整增加城镇基础设施建设投资6亿元。"十二五"规划城镇基础设施类项目已到位投资130项。

村镇规划建设

"十二五"规划农村危房改造15.85万户，计划投资9.8亿元。共完成农村危房改造项目22.25万户、落实投资17.3亿元，分别为"十二五"规划目标的140.38%和176.53%，超额完成了"十二五"农村危房改造工作任务，农牧民住居条件得到显著改善。同时，为进一步摸清农村存量危房现状，为制定"十三五"农村危房改造规划奠定基础，于2014年组织开展了全区农村危房存量普查工作。

西藏芒康县上盐井村、左贡县军拥村、吉隆县汝村和帮兴村、工布江达县错高村、墨竹工卡县赤康村、林周县连巴村、尼木县吞达村、洛隆县硕督村、尼玛县南村、波密县米堆村等11个古村落成功获批中国传统村落。

按照《关于建立全国农村人居环境信息系统的通知》要求，组织实施全区农村人居环境信息采集和录入工作。同时，按照住房城乡建设部统一部署，加紧开展"农村生活垃圾五年专项治理专项行动"相关工作，确保到2019年，使全区90%以上的村庄生活垃圾得到有效处理，就地分类减量60%~70%，基本配套完善镇村垃圾收集转运处理设施，基本建立资源回收利用及农村环境卫生保洁的长效机制。

农村生活垃圾治理达到全国平均水平。

工程质量安全监管

2014年，全区各级住房城乡建设部门牢固树立安全生产意识，加强监督管理，在工程量大幅增长的情况下，工程质量水平不断提升，安全生产形势进一步好转。为确保安全生产，各地市都组织开展了质量安全大检查、大排查、大整治活动，深入施工一线，对存在的安全隐患及时处理，层层落实安全生产监管责任，加强日常监督和源头监管，督促各企业、相关人员落实安全生产责任，基本实现了年初提出的事故起数和死亡人数"双下降"目标，安全生产形势稳定可控。

为进一步提高工程质量水平，在住建部的统一安排下，启动了工程质量治理两年行动，印发了《西藏自治区工程质量治理两年行动实施方案》，组织召开了全区工程质量治理两年行动动员部署电视电话会议，对全区工程质量治理工作进行了全面的安排部署。切实落实工程建设五方主体负责人质量终身责任，建立五方主体法人授权书、项目负责人质量终身责任承诺书和永久标牌制度，切实确保工程质量安全。加大建筑市场执法力度。共开展专项执法检查共624次，发整改执法文书942件，曝光典型案例39件，出台或完善有关政策制度34条。组成专门检查组，对拉萨市、日喀则市、山南地区、昌都地区、林芝地区等5地市31个县126个在建施工现场进行了综合执法检查。在检查中，现场下发整改通知书28份，责令停工整改工程3个，冻结施工企业5家、监理企业1家。

为切实做好工程质量、安全生产工作，还加强了施工企业质量安全监管人员的培训，切实提高质量安全意识。对全区建筑企业负责人、技术负责人、项目负责人、专职安全员进行初始教育、继续教育1569人次。共组织19期培训班，对建设领域"八大员"、安全生产"三类人员"、二级建造师、房地产从业人员资格进行业务培训和继续教育。强化执业资格认证，企业对人才的培养重视程度进一步提升，共有561人通过了二级建造师执业资格考试、新增监理工程师等其他执业资格人员23人，扎实的培训工作为工程质量、安全生产提供了保障。

建筑市场

加强建筑业企业管理。在企业管理中，有效借助信息化手段，对区内外企业进行网上备案，动态监管企业、招标和工程建设情况，有效促进建筑市场规范运行。2014年，对区内企业完成符合审批条件的企业资质共计489家，其中资质延续384家、资质升级23家、新办企业43家、资质增项39家。对750家区外企业进行了网上备案，其中对607家区外企业办理了市场准入网上备案登记手续，对区内143家企业进行了网上备案动态监管；通过网络备案招标项目1022个，投资达220.88亿元，已开工建设项目779个，投资达199.49亿元，占招标项目的78.18%。同时，鼓励企业"走出去"发展，办理区内企业到区外承揽业务手续8家。

促进建筑业发展和改革。结合当前国家和自治区改革创新要求和新形势下西藏建筑市场发展形势，及时起草了《西藏自治区人民政府关于加快建筑业改革发展的意见（代拟稿）》，对我区建筑业改革发展提出了目标、任务和相应措施，目前已完厅内、自治区相关单位意见征和修改求工作，正在向自治区政府提交阶段。此外，为进一步强化建筑企业自律约束机制，规范经营行为，通过积极努力，成立了西藏建筑业协会。

建筑节能与科技

进一步加强建筑节能产品监管工作。为切实加强对西藏建筑节能产品的监管工作，对经备案的7家节能产品代理企业进行认真清理，对3家备案过期的企业证书进行了注销，进一步理顺了管理中存在的问题。同时为进一步做好民用建筑节能材料和产品监督管理工作，确保建筑工程质量，下发《关于进一步做好民用建筑节能材料和产品监督管理工作的通知》，要求各地市对目前民用建筑工程中建筑节能材料使用情况进行一次全面的检查，对工程中使用的主要建筑节能材料和产品进行一次全面统计，对未按规定备案的要求限时到区住房城乡建设厅办理备案手续，今后凡未经备案的，不列入推广使用目录，不得在工程中使用。未经备案在工程中使用的各地、市住房和城乡建设局要依据有关规定进行处罚。

为推动全区既有民用建筑节能改造工作，着力完善节能措施，努力提升城市建筑功能，挖掘历史、文化底蕴，实行节约建筑能耗、改善居住环境、提升城市形象三位一体的统筹建设，倾力打造彰显地域特色的节能宜居城市环境。正式启动了《西藏自治区既有建筑节能改造规划》《西藏自治区既有建筑节能改造导则》编制和《西藏自治区民用建筑采暖设计标准》和《西藏自治区居住建筑节能设计标准》的修订工作。开展《西藏自治区既有建筑节能改造规划》《西藏自治区既有建筑节能改造导则》编制工作，开展《西藏自治区民用建筑采暖设计标准》和《西藏自治区居住建筑节能设计标准》的修订工作。导则、标准的制定，使西藏既有建筑节能改造工作和新建建筑节能工作有抓手，切实为推动建筑节能工作上新台阶打好基础。根据立法工作安排，开《西藏自治区民用建筑节能条例》立法相关工作。

建设人事教育工作

2014年，区住房城乡建设厅参加中央党校、国家行政学院学习4人次，参加区党委党校培训10人次。劳动与职业教育情况：技术人员培训5600人次，农牧民工职业技能鉴定合格280人。专业人才情况：住房城乡建设厅系统有高级工程师32名，工程师38名，助理工程师75名。行业内一级注册建造师97人、二级建造师4219人、勘察设计类注册人员179人、注册监理工程师158人。

（西藏自治区住房和城乡建设厅）

陕　西　省

概况

2014年，陕西省住房和城乡建设系统在经济下行压力加大的形势下，变压力为动力，化挑战为机遇，统筹施策，深入研究，破解难题，主动作为，狠抓落实，巩固和延续了良好的发展态势。保障性安居工程建设继续保持全国领先；城乡规划体系进一步完善，管控引领作用明显增强；小城镇和新型农村社区建设成效明显；房地产市场平稳健康发展；城镇基础设施建设进一步提升，城镇人居环境不断改善；建筑业转型升级逐步加快，为经济社会发展作出积极贡献；建筑节能取得新进展；勘察设计业创新发展迈上新台阶；深化行政审批制度改革取得了阶段性成果。在本年度目标责任制考核中，陕西省住房和城乡建设厅被省委省政府评为"优秀单位"。

政策规章

【概况】　2014年，全省住建系统按照中省改革创新总体部署，深入推进依法行政，加强行业立法，简化前置审批程序，强化事中事后监管，加快推进行政审批制度改革，推进政务公开，推进权力清单制，依法细化、规范自由裁量权，严格规范性文件审查，严格执法监督。省住房城乡建设厅获得全省"六五"普法中期先进单位、全省依法行政示范先进单位、全省规范性文件示范单位称号。

【行业立法】　制定了《行政立法工作规程》，对年度出台项目、调研项目分别提出时间节点、责任处室、成果要求等，审定后执行。先后对《陕西省建设科技成果推广应用管理办法》进行实地调研，形成书面立法调研报告，多次征求有关地市和省直部门意见，多次论证修改，报送省政府常务会审议。按照正式出台项目的标准修订《陕西省建筑节能条例》，邀请省人大财经委、法工委、省政府法制办的专家进行论证指导，印制了近百本国家和各省建筑节能法规汇编，多次到各地、市进行实地调研，征求省直相关部门意见，反复修改完善。9月份，修订稿和立法说明报送省人大财经委、法工委和省政府法制办。对《陕西省城镇生活垃圾管理条例》《陕西省城镇排水与污水处理条例》的立法进行了调研，并向省人大有关委员会进行了书面报告。5月5日，配合国务院法制办副主任夏勇、住房和城乡建设部总经济师冯俊带领的调研组就《城镇住房保障条例（征求意见稿）》进行立法调研，实地考察并征求意见。

【行政审批】　简化前置审批程序，实行审管分离，淡化前置管理，强化事中事后监管，全年下放行政审批事项12项，取消地市初审环节3项，精简率达40%。成立了省住房城乡建设便民服务中心，将7个方面、27类专业、830多种事项全部转到便民中心办理，实现"一个中心对外、一个窗口受理、一次性告知、一条龙服务、一站式办理"的服务体系，为行业发展提供优质高效服务。

【综合便民服务中心】　3月24日，陕西省住房城乡建设综合便民服务中心正式投入使用。综合便民服务中心职责是承担住房和城乡建设各行业的企业资质和个人执业资格的受理、审批、核准、审核、备案和变更等。分为9个方面1. 负责对企业资质的变更审批；2. 负责对企业资质的延续审批；3. 负责对省内外企业出入省承揽业务资质备案的审核、审批；4. 负责对企业进行动态考核；5. 负责对个人执业资格注册的审核、申报，二级建造师的审批；6. 负责对三类人员和特种作业人员的延续、变更审批；7. 负责报部企业资质和个人执业资格注册的延续、变更的初审；8. 负责对新办升级资质和项目选址的受理；9. 负责企业资质和个人资格证书的发放。综合便民服务中心设建筑业、勘察设计、质量安全、房地产、规划和园林绿化、个人执业资格注册、新办升级资质和项目选址受理、证件印制发放、商务中心等10个窗口。

【执法监督】 先后完成了建筑市场信用体系建设和实名制管理的有关文件审核。对相关部门起草的50件次法规、规章及党内规范性文件提出了修改意见，完成9件行政复议案件审理，下发执法建议书1份，完成1件针对省厅的行政复议答复和后续处理工作。下发了换发和申领行政执法证的工作方案，省住房城乡建设厅机关88名行政执法人员和两个直属执法机构人员全部符合执法资格，完成了换证。3月21日，邀请了西安市人民检察院研究室主任、西安市预防职务犯罪宣讲团副团长姜杰为大家授课，对厅机关系统行政审批事项重点岗位和便民服务中心工作人员开展了预防职务犯罪专题培训。

【稽查管理办法】 1月22日，省住房城乡建设厅印发《陕西省建设领域稽查工作管理办法》，《办法》共20条，对建设稽查工作的范围、省市县建设行政主管部门的职责、稽查的分类要求和程序、稽查工作的方法以及对稽查工作人员的要求等，作出了明确规定。稽查工作主要涉及对住房保障、城乡规划、标准定额、房地产市场、建筑市场、城市建设、村镇建设、工程质量安全、建筑节能、住房公积金、历史文化名城和风景名胜区等方面的法律、法规、规章执行情况进行监督检查，对违法违规行为进行立案、调查、取证、核实并提出处理建议。《办法》规定以下五类违法违规建设行为由省住房城乡建设主管部门立案查处：部、省领导批转批示要求查处的；违法情节严重，影响恶劣，或者造成严重后果的；市（区）住房城乡建设行政主管部门存在违法违规行为的；违法情形涉及两个以上市（区）行政区域的；根据法律、法规、规章规定应当由省住房城乡建设主管部门查处的。

房地产业

【概况】 2014年，陕西省房地产开发投资2670.2亿元，同比增长4.94%。房地产施工面积15397.1万平方米，同比增长14.24%；商品房销售面积3029.95万平方米，同比下降1.0%；商品住房待售面积4473.9万平方米，同比增长15.37%；13个设市城市和杨凌示范区1～12月新建商品住房销售价格涨幅均在6%以内。全省房地产市场呈现投资持续增长、增幅略有下降、销量基本持平、房价基本稳定、物业管理水平不断提升、中介服务不断规范、城镇房屋征收矛盾纠纷下降的趋势。新增一级房地产开发企业4家、二级92家、三级198家、四级和暂定资质396家；新增物业管理服务企业一级5家、二级30家；新增房地产估价机构一级1家、二级12家、三级和三级暂定14家。

【市场监管】 严格执行"月报告、季分析"制度，结合各地市上报的房地产市场运行报表，按月、按季度形成市场监测分析报告，报省委省政府。严肃查处房地产市场违法违规行为，对各种渠道获取的信息，采取有效措施，严肃查处。针对房地产开发项目审批环节多的问题，开展了调研，以某企业在西安开发的房地产项目为调查范例，形成书面材料报省政府。处理网民留言违规建房2件、无证售房1件；调查并处理了网友反映的建立全省住房信息平台问题及汉中办理房产登记收费问题；督促西安市、榆林市对中央巡视组督办的四项房地产企业违规销售、违法建设问题进行调查处理。

【规范中介市场】 4月16日，组织120家房地产经纪机构、66家估价公司和400位房地产估价师共同参与，向行业发出规范服务承诺和倡议活动。倡议的主题是"诚信经营 规范服务"，内容涉及房源信息、收费标准、纠纷投诉等。参与本次活动的经纪机构、估价公司把倡议书张贴在经营门店醒目位置，接受社会监督。4月17日，省住房城乡建设厅将原由省住房城乡建设厅办理的房地产开发企业四级、暂定资质行政许可审批事项，下放至各设区市、杨凌示范区、韩城市房地产主管部门。

【征地拆迁】 8月1日，省政府召开全省依法征地拆迁工作电视电话会议，之后，省住房城乡建设厅、省公安厅、监察厅、国土厅、信访局联合下发了《关于进一步规范国有土地上房屋征收和集体土地征地拆迁工作的通知》，规范国有土地上房屋征收和集体土地征地拆迁行为，制定《陕西省房屋征收与征地拆迁工作中损害群众利益行为责任追究办法》，出台三项房屋征收配套政策，化解拆迁安置中矛盾纠纷，促进房地产市场和谐、健康、稳定发展，保障被征收人的合法权益。

【物业管理】 会同省物价局对《陕西省物业服务收费管理实施办法》进行了修订,指导全省物业服务收费管理工作。针对群众反映的"城市新苑北区"经适房小区物业管理中存在的问题进行调查,督促西安市有关部门进行整改。5月30日,召开全省创建国家级、省级物业管理示范项目总结表彰暨现场观摩会议,表彰2013年获得国家、省级物业管理示范项目和优秀项目经理,安排部署2014年创建工作。西安市天地源·枫林意树小区、西安市兴盛园小区、西安市兴隆园小区、西安市雅荷春天小区、渭南市澄合梅苑小区、安康市金洲城小区、宝鸡市东岭新时代小区等8个物业管理项目获"2013年度全国物业管理示范住宅小区"称号,西安市人民政府办公大院、西安市曲江文化大厦获"2013年度全国物业管理示范大厦"称号。

【广厦奖】 12月5日,中国房地产业协会、住房和城乡建设部住宅产业化促进中心2013～2014年度"广厦奖"获奖项目揭晓,全国93个项目获得2013～2014年度"广厦奖",中铁二十一局集团德盛和置业有限公司申报的"中国铁建·曲江梧桐苑"项目名列其中。

住房保障

【概况】 2014年,陕西省住房城乡建设系统创新思路,主动作为,集中精力解决保障性安居工程建设中的政策、土地、资金、拆迁,以及保障性住房分配、入住等问题。严格规范选址标准程序,全面实施"两房并轨",推进了共有产权,规范和加强了租赁型保障资产管理,在全国率先开展创建"和谐社区·幸福家园"活动,探索棚改货币化安置政策,取得新成果。全年新开工43.42万套,基本建成31.59万套,完成投资797亿元,同比增长12.54%,新增发放租赁补贴2.76万户。

【拓宽资金渠道】 争取国家资金108.8亿元,省财政厅安排保障性安居工程省级配套预算资金34.22亿元。及时下达中省资金,督促市县将资金落实到具体项目。截至12月底,已下达143.02亿元,中省补助资金已全部下达。同时,积极争取国家开发性金融支持,取得国开行658亿元棚改专项贷款承诺,签订贷款合同416.85亿元,已发放110.18亿元。会同人民银行西安分行、建设银行陕西分行积极与人民银行交易商协会协商,以省保障房公司为发行主体,成功发行24.775亿元私募债。利用住房公积金沉淀资金35.6亿元支持保障性安居工程建设。

【强化管理】 以落实建成促配套完善相关措施为重点,推进保障性安居工程建设工作。对进度缓慢的项目,认真分析制约开工的因素,制定切实可行的措施,加强施工管理。按照各个市区的气候特点,设置不同的时间节点任务,规定保障房多层建筑要在12个月、小高层建筑要在24个月、高层要在30个月完成规定的基本工作量。协同省国土资源厅提早测算用地指标,继续建立土地审批绿色通道,年初一次性下达31164.5亩土地指标,保障建设需要。制定下发《陕西省保障性安居工程项目规划选址及配套设施建设管理办法》,按照交通便捷、设施完善、配套齐全等要求落实项目选址。全年有12个项目因不符合选址要求未获通过,对于基础设施和公共服务设施不完善的已建成项目,要求各市区单独立项,2年内完善。建立全省保障性安居工程建设项目库,将"十二五"期间172万户保障对象轮候次序、3794个建设项目全部公开。全省13个市区住房保障信息平台全面建成,对全省项目建设、申请审核、运营管理实时监督。

【质量安全】 每月对保障性住房项目进展和工程质量进行检查通报,住建厅领导每季度带队检查督查,检查覆盖面达到100%。截至12月底,对全省在建保障性住房的质量安全进行了10次督查,督查166个工程项目、217个单位工程、建筑面积342.38万平方米,下发《执法建议书》52份。各市(区)共检查2007个工程项目、5337个单位工程、建筑面积12272.72万平方米,下发《纠正违法行为通知书》105份。对因施工管理混乱造成质量问题的4家外省施工企业,分别罚款20万元和清除出陕西市场的处罚。全省保障性安居工程的质量和安全生产状况处于受控状态。

【"两房并轨"】 省住房城乡建设厅联合省发改委等部门印发《廉租住房和公共租赁住房并轨运行管理的指导意见》,率先在全国推行廉租房和公租房并轨运行。全省13个市区已全部出台实施细则,并轨工作全面推进。联合省财政厅等部门印发《陕西省租赁型保障房资产管理办法(试行)》,规范保障房资产管理使用,维护国有资产安全完整。下发《关于开展共有产权住房工作的通知》,细化租赁型保障房、购置型保障房共有产权工作方案,对不同支付能力的中低收入住房困难家庭实施分类保障。结合实际采用"统筹房源、梯度保障、租补分离、市场定价"的"两房并轨"运行管理模式,将现行的廉租住房和公共租赁住房统称为保障性租赁住房并轨运行;将原有的经济适用房和限价商品房并轨运行。

督促各市区尽快出台共有产权实施细则,科学有序推进经济适用住房和限价商品房并轨、保障性租赁住房"租售并举"、购置社会存量房源试行共有产权和棚户区改造安置住房共有产权工作。全省初步形成租赁型保障房、共有产权房、商品房相结合的住房保障和供应体系。

【棚户区改造】 1月9日,陕西省政府印发《关于加快棚户区改造工作的实施意见》,对棚户区改造的要求、任务、原则、政策、规划建设以及组织领导等详细部署。省住房城乡建设厅编制完成2013～2017年市棚户区改造规划和2015～2017年国有企业棚户区改造规划,探索棚改货币安置政策,会同省财政厅、国开行陕西分行印发《陕西省棚户区改造开行贷款资金管理办法》,率先在全国与国开行合作推进棚户区改造。

【和谐社区·幸福家园创建】 全省开展"和谐社区·幸福家园"创建活动。创建活动是省住房城乡建设厅突破保障性住房后期管理的积极探索,具体做法:1.确定西安市米家崖小区、兰博公寓、宝鸡市金河尚居、汉中市勉县民安花园、安康市石泉竹儿湾小区等5个省级试点项目。2.在安康石泉县召开全省保障房"和谐社区·幸福家园"建设试点工作现场会,西安、宝鸡、汉中、安康等试点城市、县区,以及渭南市的住房城乡建设部门相关负责人参加会议。3.印发《关于在全省保障房小区开展"和谐小区·幸福家园"创建活动的指导意见》,提出争取在2～3年内,将全省50%以上的保障房小区建成居民自治、管理有序、服务完善、治安良好、环境优美、文明祥和的和谐社区、幸福家园的目标。活动分为省、市两级,主要在实行社会化物业管理的小区开展。渭南市在创建活动中,组织各县(市、区)到安康石泉竹儿湾社区等先进保障性住房小区观摩学习,确定合阳、澄城、蒲城以及富平4个县先行试点,临渭、白水、潼关、华阴等县(市、区)相继跟进,不断推广扩展。全市13个县(市、区)已有9个县市基本建成。

公积金管理

【概况】 2014年,陕西省住房公积金系统坚持围绕扩大覆盖面,继续加大了住房公积金政策宣传和制度落实,深入推进住房公积金贷款支持保障性住房建设试点工作,建立公积金督察员制度,开展住房公积金专项检查,强化资金风险控制,不断提升管理水平和服务质量,促进住房公积金事业健康发展。

【业务发展】 截至12月底,全省实缴单位43172家,实缴职工370.33万人;新开户单位2031家,新开户职工29.55万人;缴存总额1645.47亿元,缴存余额937.38亿元,分别同比增长21.40%、19.40%;全省住房公积金提取总额为141.91亿元,累计提取总额708.09亿元,同比增长25.81%。全省共发放个人住房贷款4.67万笔111.33亿元,个贷率为43.66%。全省非公有制单位归集缴存户6300户,缴存总人数累计为28.5万人,增加600户。

【支持保障性住房建设】 加强对试点工作的指导,协同住房城乡建设部巡查组三次对试点城市进行了巡查。会同省财政厅对短期内达不到放款条件的项目进行核查,及时调整项目5个。2014年发放20.30亿元,累计向29个保障房项目贷款61.20亿元。指导延安市、汉中市开展试点扩面,经省政府同意,向住房城乡建设部等三部门申报了增加保障房项目贷款额度24.3亿元的扩面方案。

【公积金监管】 完善住房公积金监管平台建设,对住房公积金业务数据实时监管。8月份与财政厅组成联合检查组对榆林、杨凌住房公积金财务管理情况进行了检查。10月份协同住房城乡建设部检查组对西安、铜川和安康住房公积金服务工作进行专项督查。对检查中发现的突出问题,针对各地具体情况提出整改措施和要求,规范管理。10月29日,全省首批住房公积金督察员培训会在西安召开。

【优质服务】 4月18日7点30分至8点30分,省住房城乡建设厅公积金监管处负责人、省住房资金管理中心负责人及中心归集部工作人员在陕西广播电视台《秦风热线》广播节目直播间里,就群众关心的公积金热点问题进行了交流,并与打进热线的听众和网友进行了互动,还在《华商报》对公积金提取使用政策作了专版宣传。8月15日,陕汽泾渭国际城项目职工公积金贷款购房正式办理现场面签手续,省住房资金管理中心主动上门服务。省住房资金管理中心进一步优化业务流程,简化办理程序,缩短贷款发放周期。

城乡规划

【概况】 2014年,完成省域城镇体系规划实施评估,编制关中城市群核心区战略规划,启动了沿黄河城镇带规划,完成延安、韩城市新一轮城市总体规划的技术审查,全面启动富平、石泉等6县区"多规合一"部省试点工作,开展"全省城乡建筑风貌特色"和"关中城市群绿道网规划"重点课题研究,稳步推进西安、宝鸡、榆林等3市6县区划定城市开发边界试点，完成全省城乡规划编制单位资质核定及换证工作，推进规划稽查，城乡规划体系进一步完善。

【规划编制】 全面开展《关中城市群核心区总体规划》编制工作，从产业、交通、水资源、大遗址保护等8方面开展专题研究，多次征求专家及部门意见，先后邀请省内外专家及成员单位98人次，组织14次规划审查会。5月19日，与中规院邀请参与国务院审批城市总体规划的部分专家对《战略规划》进行审查。

【规划审查】 指导西安市开展城市总体规划修改，督促咸阳市加快城市总体规划纲要审查报审，组织省规划委员会专家对延安市、韩城市城市总体规划和历史文化名城保护规划进行审查并上报省政府。同时，组织专家对绥德、丹凤等11个县城总体规划、城乡一体化规划、历史文化名城保护规划进行审查。会同省国土厅、省发改委下发《关于开展城市人口和建设用地规模审查工作的通知》，科学合理确定城市发展规模。对陕南移民搬迁安置小区、沿渭重点示范镇规划进行技术审查。全面推进"多规合一"试点工作，结合富平县国家级"多规合一"试点县工作，选择杨凌示范区、宝鸡市眉县、延安市延川县、安康市石泉县、汉中市南郑县等5个县区开展"多规合一"试点。多次组织专家赴富平进行调研座谈，协调解决工作中难点问题。对22个整镇连片推进村庄环境整治、美丽乡村试点镇县域村庄布局规划和中心村建设规划编制情况进行技术审查。

【规划监督】 建立健全城乡规划监督制度，开展全省城市总体规划督查工作，强化各地市城乡规划编制、实施、管理情况的稽查，首批聘任了14名城乡规划督查员，对全省城乡规划的编制、审批、修改实施行政督察。5月5日，举办全省城乡规划干部、注册城市规划师培训班，对市县（区）规划管理部门、重点示范镇、文化旅游名镇等规划设计人员进行专业培训，对全省《城乡规划违法违纪行为处分办法》贯彻落实情况进行检查。

【陕西省新型城镇化规划（2014～2020年）】 9月23日，省发展改革委员会正式发布《陕西省新型城镇化规划（2014～2020年）》，共8篇26章。《规划》明确了全省城镇化的发展路径、主要目标、战略任务、体制机制创新和政策举措，是指导全省城镇化健康发展的宏观性、战略性、基础性规划。

【获奖项目】 11月17日，中国城市规划协会公布"2013年度全国优秀城乡规划设计奖"评选结果。

陕西省城乡规划设计研究院设计完成的《陕西省渭南市富平县淡村镇荆川村村庄规划》等获奖。省住房城乡建设厅评选2013年度优秀城乡规划设计奖城市规划类一等奖7项，二等奖13项，三等奖22项，表扬奖35项；城市勘测类一等奖1项，二等奖3项，三等奖6项，表扬奖6项。

城市建设与市政公用事业

【概况】 2014年，陕西省设西安、铜川、宝鸡、咸阳、渭南、延安、汉中、榆林、安康、商洛10个省辖市和西咸新区、杨凌农业高新技术产业示范区以及兴平、华阴、韩城3个县级市。城区面积1575.04平方公里，城区人口826.61万人，城区暂住人口41.94万人，建成区面积946.8平方公里，用水普及率96.35%，燃气普及率95.51%，建成区供水管道6628.51公里，人均城市道路面积15.34平方米，建成区排水管道7092公里，人均公园绿地面积12.45平方米，建成区绿化覆盖率40.56%，建成区绿地率34.15%。全省住建系统认真贯彻国务院《关于加强城市基础设施建设的意见》，编制完善城市基础设施专项规划，加快基础设施建设，强化污水和垃圾处理设施建设和运行监管，大力推进园林城市建设，城镇人居环境不断得到改善。全省城镇污水处理率达82.05%，垃圾无害化处理率达84.31%，污水处理综合排名全国第五位。创建省级园林（生态园林）县城（城镇）18个，咸阳市、扶风县被命名为国家园林城市（县城）。全省园林县城覆盖面达到79%。西安、宝鸡、咸阳、延安、凤翔、礼泉建成数字化城市管理模式并使用。

【政策指导】 1月28日，省政府印发《关于加强城市基础设施建设的实施意见》，提出全省城市基础设施建设要以西安国际化大都市为核心，以10个中心城市、杨凌示范区、西咸新区和83个县城（市）及重点示范镇、文化旅游名镇为重点，提升城市基础设施建设水平和质量，提高城市综合承载能力，力争到2017年全省城市基础设施建设投资占全社会固定资产投资比重达到25%，构建适度超前、功能完善、管理科学、安全高效的现代化城市基础设施体系。8月1日，省政府办公厅转发省住房城乡建设厅等部门《关于鼓励社会资本参与城市基础设施建设的意见》，明确提出，对具备一定条件的城市基础设施项目，鼓励社会资本参与或允许跨地区、跨行业参与投资、建设和运营，建立政府引导、社会参与、政企分开、市场运作的城市基础设施建设投融资体制。

【污水处理】 制定《陕西省城镇污水处理规范化管理考核办法（试行）》，开展污水处理运营成本、经营模式以及污水处置调研，向省政府报送《关于城镇污水处理运营成本和经营模式调研情况的报告》。开展全省城市污水处理情况的汇总和报送工作，全省累计建成城镇污水处理厂114座，实现县县全覆盖，建成垃圾处理场96座，均投入使用。全省城镇污水处理率达82.05%，垃圾无害化处理率达84.31%，分别较上年提高2.95和3.21个百分点。会同省级有关部门下达污水管网专项资金7.68亿元，涉及项目621个。

【城市供水】 制定了城镇供水规范化管理考核办法》（试行），建立以西安检测站为中心站、其他9市和杨凌监测站为二级站的城市供水水质检测情报网，负责全省城市供水水质检测。修改完善了《陕西用水器材办证程序》，加强用水器材确认登记工作，办理《陕西省用水器材确认登记证书》170余项，年度审查580余项。

【燃气热力管理】 全年对全省已通气点火的12个城市、60个县燃气企业近80余家CNG、LNG汽车加气站进行安全检查，指导燃气企业建立健全安全责任制，完善抢险救援预案。1～4月，对申办燃气企业经营许可证的16家燃气企业进行了审查。对35家燃气企业经营许可证进行了安全检查。从4月1日起，省住房城乡建设厅办理的管道燃气输配、汽车加气站经营许可和燃气燃烧器具安装维修许可审批事项，下放至各设区市、杨凌示范区、西咸新区、韩城市燃气主管部门，今后的主要工作转变为监督指导各地市燃气安全管理和许可事中事后监督管理。

【地铁建设】 6月16日，西安地铁二号线南段正式通车试运营。自此，西安地铁二号线一期工程实现全线贯通。

【城镇公厕】 3月18日，召开全省创建园林城市和城镇公厕建设推进会，会议总结表彰了2013年园林城市和城镇公厕建设先进单位，部署2014年各地市创建园林城市和城镇公厕建设工作任务。会后，对全省城镇公厕建设情况进行全面普查，针对存在问题提出解决方案和措施，着力解决公厕选址难和落地难问题，强化公厕建设和环境卫生的管理和考核。全年新建1239座，改建481座，建设星级公厕92座。

【海绵城市】 财政部、住房和城乡建设部、水利部公布的全国16个海绵城市建设试点中，西咸新区列入其中，成为西北地区首个海绵城市建设试点城市。西咸新区通过实现"建筑与小区对雨水应收尽收、市政道路确保绿地集水功能、景观绿地依托地形自然收集"的三级雨水综合利用系统，将调蓄设施与城市绿地、园林、景观相结合，全面铺开海绵城市建设，不仅减少了水污染治理费用，降低了城市内涝造成的巨额损失，还大大减少建设排水管道和钢筋混凝土的工程量，大幅降低了建设成本，真正解决城市水资源难题，改善了人居环境。先后启动渭河、沣河、泾河综合治理工程，使其恢复行洪、蓄水等生态功能，在沿线建设生态景观廊道和多个湿地公园，利用大遗址保护区、基本农田和生态绿地构建城市绿色廊道，对原有生态格局进行保护与恢复，实现城市与自然的互动。

【园林城市创建】 修订下发《陕西省园林城市标准》和《陕西省园林城市申报与评审办法》，全省53个城镇开展创建活动，18个县城（城镇）被省政府命名为省级园林（生态园林）县城（城镇）。

【西安城墙改造】 西安城墙南门区域综合提升改造工程总投资10亿元，包括箭楼展示工程、护城河水上游览线、南门外广场地下停车场建设、迎宾入城文化演艺广场、南门外东西下穿式立交和南门内行人地下通道等6大项目，包含河、城、桥、路、园等多方面内容，涉及部门多，施工难度大，该工程于2012年10月9日开工。5月1日，西安城墙南门区域综合提升改造工程中的南门箭楼、护城河水上游览线、环城公园景观提升改造、南门地下人行通道四大项目如期竣工并投入使用，7月1日，松园、榴园文化景观工程建成开放，10月1日，南门广场全面开放。

【获奖项目】 1月17日，中国市政工程协会对2013年度"全国市政金杯示范工程"进行表彰，陕西省西安市北站周边基础设施建设尚新路B标（尚宏路—尚华路）工程等4项工程名列其中。

村镇规划建设

【概况】 2014年，陕西省共有乡镇1114个，其中建制镇1027个、乡87个，行政村24651个，镇域户籍人口2237.45万人，乡域户籍人口109.31万人，村庄户籍人口2132.99万人。128个镇跻身国家重点镇；35个省级重点示范镇和31个文化旅游名镇（街区）加快推进；21个镇作为全省美丽乡村建设试点整镇推进；30个村落被评为中国传统村落；171个村落列入省级传统村落名录；新型农村社区全面启动，全年开工建设新型农村社区1039个，基本建成236个。全省城镇化率为52.57%，较2013年提高1.26个百分点。

【重点示范镇】 重点示范镇建设按照"加快建设新区、改造提升老区、整合镇域社区、发展产业园区"四位一体的总体原则同步推进，35个重点示范镇建设取得明显成效，截至2014年底，35个重点示范镇累计开工建设项目1974个，完成投资369.2亿元，新开工项目449个，完成投资107.8亿元。重点示范镇镇区面积累计扩大67.8平方公里，吸引一大批企业入驻，吸纳进镇人口46.8万人，示范引领作用初显，18个省上跟踪指导考核的市级重点镇，累计开工项目199个，完成投资42.3亿元，一批市级重点镇基础设施和公共服务设施不断完善，镇区综合环境明显提升。

【文化旅游名镇】 31个文化旅游名镇（街区）全面完成规划编制，各镇（街区）建立了五年建设项目库，按照"规划引领、保护修复、完善功能、开发利用、突出特色、宜居富民"的要求开展建设工作。6月9日，省住房城乡建设厅印发《陕西省文化旅游名镇（街区）规划汇编》，要求各市住房城乡建设规划部门严格按照规划实施，从文化旅游名镇（街区）保护修复、风貌协调、配套完善、环境整治等四个方面进一步完善项目库，合理安排项目进度，确保规划落地。省住房城乡建设厅坚持实施"月排名、季讲评、半年观摩、年终考核"，确保建设项目顺利进行。全年开工建设项目379个，完成投资31.5亿元。截至12月底，31个文化旅游名镇共接待旅游人数1583.5万人次，实现旅游收入62.9亿元。

【美丽乡村试点】 3月25日，省政府印发《全面改善村庄人居环境持续推进美丽乡村建设的意见》（陕政发〔2014〕14号），要求到2020年，全省村庄人居环境整治工作基本完成，形成以设施完善、环境优美的特色村庄为引领，生活条件良好、村容村貌干净整洁的一般村庄为主体的村庄体系。3月27日，省政府在咸阳市礼泉县召开全省改善村庄人居环境工作现场会，承担村庄规划编制、危房改造、村庄道路、传统村落保护人员参加了会议。省住房城乡建设厅编制了《陕西省全面改善村庄人居环境持续推进美丽乡村建设规划（2014～2020年）》，明确了改善人居环境推进美丽乡村建设的5项任务和21个试点镇。

【传统村落保护】 省住房城乡建设厅联合省文化厅、省文物局、省财政厅下发《陕西省传统村落评价认定指标体系（试行）》，明确了传统村落的普查、挖掘、评价和认定标准。加大基层技术和管理人才队伍建设，组织了传统村落保护发展专题培训。组织专家深入传统村落现场踏勘和评审，确定171个村落为首批省级传统村落，编印《陕西省传统村落图册》，包括171个传统村落的整体风貌、传统建筑、非物质文化遗产等方面的图片和文字介绍，体现了每个传统村落的精华和特色。30个村落被列入全国传统村落名录，首批9个村已争取国家传统村落保护专项资金3200万元。

【农村危房改造】 制定《2014年陕西省农村危房改造方案》、《陕西省农村危房改造绩效评价办法》，编印全省农村危房改造节能技术指南，明确标准，规范程序，严格质量。全年争取国家农村危房改造7.3万户，同比增长7%；下达改造任务7.8万户，中省补助资金8.04亿元，超额完成国家任务0.5万户。截至2014年底，农村危房改造项目全部开工，竣工8.08万户，建筑节能示范户开工建设8000户，竣工8000户，完成了年度目标任务。

勘察设计和标准定额

【概况】 2014年，全省勘察设计行业保持良好的发展态势，完成产值510亿元，占目标任务的104%，同比增长9.9%。深入开展质量专项治理，编制完成国家和行业标准5项、工程建设地方标准22项，立项在编30项。完成岐山—马召活动断裂带两侧各10公里范围内77个乡镇、938个村庄房屋抗震性能普查工作。

【调查研究】 通过走访企业、召开座谈会、赴外省学习等形式，对行业发展的有关问题进行研究和探索，完成《陕西省勘察设计企业开展工程总承包面临的问题与对策》、《陕西省建筑工业化标准体系建设》、《陕西省农村民居抗震设防现状调查及应对措施》3个课题的调研，形成调研报告。同时，还就行业管理信息平台建设、抗震减灾应急工作等进行调研，及时掌握行业发展动态和存在问题，制定应对措施。

【规范市场秩序】 印发《关于进一步做好省外勘察设计企业备案管理工作的通知》、《陕西省房屋建筑工程勘察设计质量专项治理工作方案》。1月30日，省住房城乡建设厅对19家入陕备案证到期的省外勘察设计企业在陕分支机构进行了检查，14家企业准予延期。6月份对部分勘察设计企业进行了资质监督检查，检查本省企业44家、外省企业33家。合格分别为33家、28家，不合格分别为11家、5家。对43家本省企业和122家省外企业进行了现场动态考核检查，规范了市场行为，杜绝质量责任事故的发生。

【转型升级】 支持有条件的大中型企业开展工

第四篇

程总承包业务，在铁路、水利、电力、化工等传统强势领域的工程总承包业务得到持续发展的同时，房建和市政领域也取得重大突破。举办陕西省第一期勘察设计企业工程总承包项目经理培训班，全省有 21 家大中型企业的 150 多名项目经理参加了培训，培养和储备了一批工程总承包管理专业人才；引导勘察设计企业积极参加"三类人员"培训，先后有 9 家企业申办了安全生产许可证。

【施工图审查】 3 月，省住房城乡建设厅召开了全省施工图审查机构负责人座谈会，对施工图审查范围、审查顺序、审查标准及审查办法等进行了规范，明确提出施工图审查工作要坚持先勘察、后设计的原则，未经审查合格的勘察文件，设计单位不得采用，进一步规范了施工图审查机构的行为。

【新颁布的标准】 2014 年新颁布的标准共 22 项，分为陕西省工程建设地方标准和陕西省建筑标准设计两大类。省住房城乡建设厅、省质量技术监督局发布陕西省工程建设标准《西安市汽车库、停车场设计防火规范》等 18 项。

【抗震设防】 编制和印发《关于开展岐山—马召活动断裂两侧各 10 公里范围内农村房屋抗震性能普查工作的通知》、《农村房屋抗震性能普查工作技术手册》，先后培训 1200 多名农村工匠和管理人员，开展相关技术宣贯、普查、现场督导和技术咨询，对 2 市 1 区 10 县、77 个乡镇、938 个村庄、约 7000 万平方米房屋进行了抗震性能普查，完成了年度重点危险区岐山—马召活动断裂两侧各 10 公里范围内农村房屋抗震性能普查工作，为编制农村房屋改造搬迁工作规划提供了重要依据。对 9 项超限高层进行了抗震设防专项审查，参与省政府 2014 年度全省防震减灾工作督导检查。

工程质量安全监督

【概况】 2014 年，全省工程质量安全以保障性安居工程监管为重点，以文明工地创建活动为引领，突出预防和责任落实，全省建筑施工工程质量和安全生产状况总体稳定。发生安全生产事故 4 起，死亡 6 人，死亡人数同比下降 14.3%。5 项工程入选中国建设工程（国家优质工程）鲁班奖，5 项工程被评为国家优质工程银质奖，46 项工程被评为 2014 年度陕西省建设工程长安杯奖，评审通过 87 项省级工法，获国家级工法 10 项，287 项工程被命名为 2014 省级文明工地，获得全国 AAA 级安全文明标准化示范工地 20 个。陕西建工集团总公司获全国工程质量管理优秀企业，西安高新建设监理有限责任公司获全

国工程质量监理优秀企业，被住房城乡建设部通报表扬。

【工程质量治理】 印发《关于开展全省工程质量专项治理工作的通知》《关于开展预防坍塌事故专项整治"回头看"工作的通知》等一系列文件，以深化施工质量安全专项整治和"打非治违"为重点，强化企业安全生产主体责任，解决突出问题，及时消除施工现场存在的安全隐患，从源头上遏制质量安全责任事故发生。9 月 18 日，省住房城乡建设厅印发《陕西省工程质量治理两年行动方案》的通知，全力推进全省工程质量治理两年行动。成立工程质量治理两年行动领导小组，厅长杨冠军担任组长。领导小组办公室设在省住房城乡建设厅建管办，分市场监管、现场督查、产业推进 3 个小组开展工作。11 月 6 日，召开了全省工程质量治理两年行动推进暨文明施工现场观摩会，下发了《陕西省建筑工程五方责任主体项目负责人质量终身责任追究暂行办法的实施细则》，狠抓企业自查自纠、区县全面排查整改、市级检查、省厅重点巡查督导各个阶段工作任务落实，夯实五方责任主体工程质量终身责任，严厉打击转包、非法分包等违法违规行为。截至 12 月底，全省监督工程 6158 项，竣工工程 2204 项，工程竣工合格率 100%。开展执法行动 1233 起，查处违法施工 526 起；下发停工通知单 558 份，下发整改通知单 1387 份；排查施工企业 2185 家，排查出一般隐患 4722 项，已整改 4580 项，整改率 97%。

【安全生产管理】 开展建筑施工安全预警，在春节、"两会"、五一、夏季、国庆节以及汛期到来前，对全省建筑施工安全生产工作进行预警，全年开展 8 次预警。建立省、市、县建筑施工企业三级安全监管网格和精细化、专业化机制，有效防范和坚决遏制安全生产事故，夯实建筑施工企业安全生产主体责任和各级建设行政主管部门的监管责任。扎实有效开展"安全生产月"活动。2014 年 6 月，开展以"强化红线意识，促进安全发展"为主题的"安全生产月"活动，发放宣传资料和宣传册 87816 份，展出安全生产宣传牌 9832 块，悬挂条（横）幅 8156 条，组织应急救援演练，确保安全生产形势稳定。组织施工质量安全监督执法大检查。

【扬尘治理】 开展以控制建筑工地和城市道路扬尘污染为重点的防治扬尘污染工作，通过加大《建筑施工扬尘治理措施 16 条》、《城市环卫作业扬尘治理措施》制度落实、明察暗访、通报表彰和批评等措施，防治扬尘污染工作取得了阶段性成果。

【工法评定】 4 月 2 日，住房城乡建设部公布

2011～2012 年度国家级工法名单，全省 10 项工法榜上有名，均为二级工法。9 月 26 日，省住房城乡建设厅公布 2014 年度省级工法评定结果，双导管四料斗水下混凝土灌注施工工法等 87 项工程建设工法通过评定，该批省级工程建设工法有效期 6 年。

【创优评奖】 中国建筑业协会公布"2014～2015 年度中国建设工程鲁班奖（国家优质工程）第一批入选工程"名单中，陕西承建、参建的 5 个工程项目名列其中。

中国施工企业管理协会公布的"2013～2014 年度国家优质工程奖"名单中，陕西省有 5 项工程入选。参建的 1 个项目获得国家优质工程金奖、8 个项目获得国家优质工程奖。该协会公布的"2013～2014 年度国家优质工程奖突出贡献者"名单中，陕西有 15 人获此荣誉。

【文明工地】 全省文明工地创建活动进入第十八年，省住房城乡建设厅分两批授予 287 个工程项目"2014 年度省级文明工地"称号。

建筑市场

【概况】 2014 年，陕西省建筑行业抓住机遇，激发活力，完成建筑业总产值 4557.7 亿元，同比增长 13.9%；实现增加值 1650.89 亿元，同比增长 13.6%，占全省 GDP9.3%；全省建筑业上缴税金 155.5 亿元，利税总额达 285.1 亿元；建筑行业产值利润率为 2.8%，利润总额 129.6 亿元；建筑业劳动生产率为 334732 元/人，从业人员 136.16 万人。建筑业企业共 6413 家，其中：施工总承包特级企业 6 家，一级企业 242 家，二级企业 1435 家，三级企业 1270 家；专业承包一级企业 257 家，二级企业 883 家，三级企业 1556 家，不分等级企业 57 家，劳务企业 707 家。

【政策措施】 9 月 17 日，省政府出台《关于推进建筑业转型升级加快改革发展的指导意见》，系统性提出加快建筑企业发展的目标任务和政策措施。9 月 18 日，省政府召开全省建筑业改革发展电视电话会议，对全省建筑业转型升级和加快改革发展工作进行安排部署。会后，省住房城乡建设厅跟踪督导，制定《贯彻落实省政府〈指导意见〉工作任务分工表》，按照时间节点，一条一条抓落实，一项一项见实效，确保省政府 20 条政策措施落到实处。

【市场监管】 5 月 30 日，印发《关于对全省建筑施工现场关键岗位人员实施实名制管理的通知》，建筑施工企业、工程监理企业中从事施工现场管理的关键岗位人员都要建立基本信息档案，实行实名

制管理，与企业资质动态监管、个人从业资格和建筑市场信用体系建设相结合，建立建筑市场与施工现场联动机制，未落实实名制管理的项目将被一票否决不得参与评优。从企业抽调 2 名专家，组成专题领导小组，制定《推进建筑工人职业化实施方案》，修订完善《建筑劳务分包管理办法》和《建筑工人实名制管理办法》。按照《关于推进关键岗位实名制试点工作的通知》安排，选择外省入陕 9 家企业、11 个项目作为省住房城乡建设厅试点单位。同时，指导西安市选择 20 家企业、20 个施工现场，宝鸡市选择 2 家企业推进试点工作。年底，所有试点单位均已完成项目施工现场设备安装和信息上报，启动了试点工作。根据试点工作情况，及时修改完善检测系统、运行系统和相关配套制度，确保 2015 年在全省推行。

【两体系一平台】 印发《陕西省建设行业信用信息管理办法》《关于加快全省建筑市场信用体系建设及开展信用评价工作的实施方案》和建筑企业信用评价标准、良好与不良行为记录范围目录，为诚信体系建设和动态监管体系建设提供制度保障。在平台建设上，依据住房城乡建设部数据标准，整合了企业、人员、项目、信用"四库"数据资源，按照系统平台软（硬）建设要求，开展了企业基本信息、工程项目、注册人员等基础信息的采集录入，建立了全省建筑业综合服务监管平台，基本实现了与住房城乡建设部建筑市场监管与诚信体系信息建设对接联网。12 月 22 日，陕西省通过住房城乡建设部试点任务的验收，成为全国被通过的第 4 个省份。

【工程造价】 下发了《关于施行 2013 清单计价计量规范的通知》，制定全省实行国家 2013 清单计价计量规范初步方案，配合住房城乡建设部完成钢筋混凝土和防雷接地安装定额修编工作，参与工程审查和结算服务指导。对执行 2009 年版陕西省建设工程工程量清单计价依据体系的执行情况进行抽查，做好人工单价、实物工程量和人工成本信息的调研测算，每月更新建筑材料价格，每季度发布建筑工种人工成本信息和建筑工程实物量人工成本信息，及时处理建设工程造价方面争议和纠纷。全年共接待各专业纠纷调解 2277 件次，两次组织造价员考试，报考人数 36502 人，合格 11427 人，截至 12 月底，新增造价员初始登记注册 3462 人。

【招标投标】 全省全年公开招标 3837 项，合同金额 819.62 亿元，通过招投标节省投资 24.84 亿元。年初，对省直管项目从项目进场招标、报建、备案至合同备案，实行全流程网上试运行，指导延安、

商洛、杨凌示范区等试点城市开展此项工作，对网上招投标试运行阶段出现的问题及时进行系统检测、调整，对业务流程系统、开评标系统、评标专家管理系统、网站公共信息等模块进行修改完善。3月份，编写了《招标投标业务系统操作指南》《评标专家动态考核细则》，组织督促各地市做好本区域内评标专家及相关从业人员培训工作，累计培训3800余名。6月份，召开了全省电子化招投标观摩座谈会，通过实际案例，系统展示网上招投标的运行模式。将《陕西省房屋建筑和市政基础设施工程施工招标投标管理办法》等7项配套制度进行整合，于12月下发《陕西省房屋建筑和市政基础设施工程电子招标投标办法》，制定《陕西省建筑工程施工转包、违法分包等违法行为监督检查工作方案》《陕西省建筑工程施工转包、违法分包等违法行为监督检查主要内容对照表》，为打击建筑市场违法行为、净化市场环境提供执法检查依据。

【六打六治行动】 8月19日，印发《关于在全省住房城乡建设领域集中开展"六打六治"专项行动的通知》，扎实开展建筑工程质量专项治理，"六打六治"专项行动的目标是：非法违法行为得到有效遏制，防范事故的能力进一步增强；违规违章现象得到有效治理，事故总量进一步下降；建设行政主管部门的监管责任切实得到强化，安全保障水平进一步得到提高；企业安全生产主体责任得到全面落实，安全管理水平进一步提升；安全发展的社会舆论氛围更加浓厚，安全生产法制秩序进一步改善。

【对外承包】 全省建筑业企业在省外完成产值1444.55亿元，同比增长17.8%，外向度达31.7%，较上年提升1.7个百分点。建筑企业外出揽工程辐射30个省(市)，其中山西、新疆产值均超过100亿元。全省境外承包工程完成营业额17.88亿美元，同比增长0.03%。境外承包工程完成营业额上亿美元的有6家特级企业，分别是：中交二公司、水电三局、华山国际(陕建总公司)、中铁二十局、中铁一局和水电十五局，完成营业额13.06亿美元，占全省境外产值总额73.04%。

建筑节能与科技

【概述】 2014年，全省住建系统以建立完善政策制度、推动工作落实为重点，努力实现绿色发展水平提升和建筑产业现代化、建设科技两个突破，建筑节能工作取得新进展。出台了《关于推进建筑产业现代化工作的指导意见》，绿色建筑项目建设数量全国排名第七。第一个省级建筑产业现代化基地在西安落地。全省新增节能建筑4888万平方米、可再生能源建筑应用面积212.64万平方米、既有居住建筑热能计量及节能改造面积181.2万平方米，全年新增节能2.57万吨标准煤，减少二氧化碳排放6.53万吨。33个研究项目被住房城乡建设部立项，46个研究课题列为省建设科技项目，争取中央财政既有居住建筑供热计量及节能改造投资金额3168.2万元。

【建筑产业现代化】 6月24日，出台《关于推进建筑产业现代化工作的指导意见》，文件下发后，及时完善了工作推进机制，制定《2014年建筑产业现代化工作方案》，进行了目标、责任分解。围绕产业化基地、项目规划建设两个关键环节组织开展试点示范工作，下发《关于申报建筑产业现代化试点示范工程的通知》和《关于申报陕西省建筑产业现代化基地的通知》，在工程规划设计、住宅开发建设、建筑施工、部品生产、产业化技术研发等领域推进试点示范工作。省财政厅将建筑产业现代化试点示范工程列为2015年度省级建筑节能专项资金引导支持的重点内容之一。10家单位申报建设省级建筑产业现代化基地，18个项目按照建筑产业现代化的方式展开应用技术的可行性研究和项目的规划设计。首家省级建筑产业现代化基地在临潼挂牌，该基地由西安建工(集团)有限责任公司建设。

【绿色建筑行动】 制定和发布《陕西省居住建筑绿色设计规范》《陕西省公共建筑绿色设计规范》《陕西省绿色生态居住小区建设评价标准》3个基础性标准和6个配套性规范。陕西省科技资源统筹中心利用集成超低能耗、非传统能源系统等19项新的节能技术，荣获国家"三星级绿色建筑标识证书"。博思格建筑系统(西安)有限公司新建工厂工程，以智能照明、自然采光、燃气红外辐射采暖等新技术，获得西北首个"三星级工业绿色建筑标识"。

【绿色生态居住小区】 7月7日，印发《关于加快推进绿色生态居住小区建设的通知》，提高对绿色生态居住小区建设的认识，推进绿色生态居住小区建设，加强对绿色生态居住小区建设的组织领导。编制完成《陕西省绿色生态城区建设评价指标体系》，选择5个市县开展绿色生态城区建设的试点示范，开展创建省级绿色生态城区示范活动。

【科技创新】 6月5日，省住房城乡建设厅、省科技厅印发《关于加强全省建设行业技术创新及成果转化的意见》，进一步推进建设科技工作，有效整合和激发建设行业科技创新能力，充分发挥科技对行业发展的支撑引领作用。起草《建设科技项目管理办法》《陕西省科技成果推广应用办法》，46个研究课题列为建设科技项目。举办建设新技术、新产品推介会，开展建筑业十项新技术示范工程评选，申报创建示范工程81项，已验收通过53项。

【创优评奖】 西安建筑科技大学等4单位完成的水与废水强化处理的造粒混凝技术研发及其在西北缺水地区的应用项目获2014年度国家科技进步奖二等奖。西安建筑科技大学等4单位完成的重大地铁站热湿环境调控及地铁老线升级换代通风空调关键技术、中国建筑西北设计研究院有限公司等2个单位完成的西安咸阳国际机场T3A航站楼新型节能空调系统的研究与应用、长安大学完成的滨海新区盐渍化软土路基路面综合处理技术研究及示范等3个项目获2014年"中国城市规划设计研究院CAUPD杯"华夏建设科学技术奖。

【既有建筑节能改造】 下发《关于确定2014年度既有居住建筑供热计量及节能改造项目，认真做好改造工作的通知》，经过地市申报、审查、筛选，确定了西安市旭景碧泽园等28个项目为2014年度既有居住建筑供热计量及节能改造项目，对确定的项目提出具体要求，不得擅自变更，及早着手，做好工程招标、入户宣传等前期工作，统筹安排工程进度，确保按期完成改造任务。既有居住建筑供热计量与节能改造181.2万平方米。

【可再生能源规模化应用】 着力推进地热能、太阳能利用的区域集中应用，抓好可再生能源中省示范项目和示范市县建设工作。全省可再生能源建筑应用面积212.64万平方米。对已列入国家和省级试点示范的市县，进行了全面核查，新增加3个城市为省级可再生能源建筑应用示范市县、16个项目为省级可再生能源建筑应用示范项目。

【国家智慧城市试点】 制定印发《智慧城市年度检查评价指标》，指导咸阳市、杨凌示范区、宝鸡、延安、渭南市5个试点城市创建，组织安康、汉中、勉县武侯镇等城市（镇）参加全国第三批智慧城市试点申报工作，推荐汉中、勉县武侯镇为国家智慧城市试点。

建设人事教育工作

【概况】 2014年，坚持以队伍建设为重点，在能力素质上实现新提升，按照《党政领导干部选拔任用工作条例》，坚持重品德、重能力、重实绩、重民意选用干部，把能干事、会干事、敢担当的干部提拔到领导岗位。大力推进学习型机关建设，定期开展集中学习和自主选学等形式的学习活动，严肃工作纪律，转变工作作风。加强建设领域现场专业人员教育培训工作以及建筑职业技能培训和鉴定工作，为建设事业发展提供坚强的人才支撑。全年新提拔8名处级领导干部、8名处级非领导干部，3名同志晋升主任科员，轮岗交流9名处级干部。选派2名处级领导干部赴住房城乡建设部挂职，3名干部赴重点县（重点示范镇）挂职，在干部队伍中形成了谋事干事、争创一流的良好氛围。

【机构改革】 省政府办公厅下发《关于印发省住房和城乡建设厅主要职责内设机构和人员编制规定的通知》，规定省住房城乡建设厅主要职责13项。内设机构17个，比原来减少1个。厅机关行政人员编制85名，减少19名。取消的两项职责是：1.指导城镇土地使用权有偿转让和开发利用工作；2.房屋拆迁企业的资质审核工作。

【干部培训】 8名厅领导班子成员参加了省委组织部"学习贯彻习总书记系列讲话精神集中轮训班"，31名干部参加组织调训，35名同志参加省直工委党校各班次培训。举办了全省重点示范镇、文化旅游名镇领导干部研讨班，两期处级以上干部学习习总书记系列讲话精神轮训班。举办了11期、1100多人次参加的干部履职专题讲座，邀请省内外专家、领导授课，拓展工作思路，提高履职能力。15名阿里住建系统干部到省质监站、西北勘院培训。

【继续教育】 制定2014年建设领域现场专业人员教育培训计划，组织了4次全省统考，共培训考试13.02万人，发证8.26万人。经省人社厅批准设立"陕西省专业技术人员继续教育基地"，组织1412名专业技术人员进行继续教育培训，其中，培训初级专业技术人员862人，中级专业技术人员508人，高级专业技术人员42人，进一步提高了专业技术人员的业务素质。

【技能鉴定】 起草《陕西省住房和城乡建设厅关于加强建筑工人职业培训工作的实施意见》初稿，对628名技能人员进行了鉴定。由厅人事处牵头，组织相关处室和厅直属单位赴内蒙古、四川、重庆等省市，对建筑工人技能培训及鉴定工作进行专题调研，学习开展农民工技能培训与鉴定工作的先进经验，对进一步做好农民工技能培训与鉴定工作起到良好的指导作用。

大事记

1月

2日 陕西省住房城乡建设厅党组书记、厅长杨冠军一行前往住房城乡建设部汇报陕西省推进城镇化规划建设课题成果。住房城乡建设部规划司司长孙安军、副司长冯忠华、李晓龙以及相关处室负责同志听取了汇报。

6日 陕西省西咸新区正式被国务院批复为国家级新区，成为全国首个创新城市发展方式国家级新区。

同日 咸阳市市政工程管理处排水设施维修班班长潘卫华被人力资源和社会保障部、住房和城乡建设部授予"全国住房城乡建设系统先进工作者"称号，享受省部级先进工作者待遇。

9日 省政府印发《关于加快棚户区改造工作的实施意见》，全面推进城市棚户区改造。

10日 全省住房和城乡建设工作会议召开。各地市建设行业负责人、省住房城乡建设厅领导及处室领导参加了会议。省住房城乡建设厅党组书记、厅长杨冠军安排部署了2014年重点工作。

7～15日 省住房城乡建设厅委托中国勘察设计协会和陕西省勘察设计协会举办大中型勘察设计企业工程建设总承包项目经理培训班。

17日 省住房城乡建设厅印发《陕西省建设行业信用信息管理办法》，省内所有建设行业信用信息的征集、记录、披露、使用、系统建设和监督管理，均适用该办法。该《办法》自2014年1月17日起实施，至2019年1月17日废止。

同日 省住房城乡建设厅被省政府评为"2013年度全省安全生产工作"先进单位。

18日 省政府印发《关于加强城市基础设施建设的实施意见》，提出以西安国际化大都市为核心，10个中心城市、杨凌示范区、西咸新区和83个县城（市）及重点示范镇、文化旅游名镇为重点，提升城市基础设施建设水平和质量，创建生态、绿色、宜居城市。

25日 省政府命名三原县、永寿县、礼泉县、蒲城县、白水县、吴起县、富县、米脂县、绥德县、洋县、南郑县等11个县为"省级园林县城"，各奖励10万元；陇县天成镇、岚皋县佐龙镇、旬阳县麻坪镇等3个镇为"省级园林城镇"，各奖励5万元。

27日 省住房城乡建设厅厅长杨冠军、副厅长张阳一行到中国建筑西北设计研究院和西安建筑科技大学，看望慰问中国工程院院士、中国工程建设设计大师张锦秋和中国工程院院士、博士生导师刘加平。

同日 省住房城乡建设厅授予西安市规划局监察队等10个单位（部门）为"全省城建管理行业作风纪律和宗旨教育活动先进集体"称号，授予韩建军等10人为"全省城建管理十佳执法标兵"称号，授予张彦明等10人为"全省城建管理十佳市民"称号，授予张士浩等10人为"全省城建管理十佳监督员"称号。

28日 《人民日报》记者在陕西省"两会"期间，专访了省住房城乡建设厅厅长杨冠军，对全省廉租房、公租房"两房并轨"模式形成的保障房梯度保障进行全面报道。

2月

17日 省政府召开全省保障性安居工程和重点示范镇建设领导小组会议，总结2013年保障性安居工程和重点示范镇建设工作，审定年度考评结果，研究确定2014年重点工作任务。

19日 住房城乡建设部和国家文物局联合公布了第六批178个中国历史文化名镇（村）名单，陕西省神木县高家堡镇、旬阳县蜀河镇、石泉县熨斗镇、澄城县尧头镇等4个镇为历史文化名镇，三原县新兴镇柏社村为历史文化名村。

24日 省政府常务会议审议并通过《黄帝文化园区修建性详细规划》和《黄帝文化中心建筑设计方案》，标志着黄帝文化园区进入实质性建设阶段。

同日 省政府表彰"2013年度全省保障性安居工程建设工作先进单位和先进个人"。

同日 省政府表彰2013年度全省小城镇建设先进镇。

27日 陕西省新型城镇化发展研讨会暨《陕西省新型城镇化发展研究与实践》一书专家评审会在北京召开。

3月

19日 住房城乡建设部公布"2013年度全国物业管理示范住宅小区（大厦、工业区）"名单，西安市天地源·枫林意树小区等10个物业管理项目获此荣誉。

17日 省住房城乡建设厅下发《关于陕西省住房城乡建设综合便民服务中心对外办公的通知》，明确提出综合便民服务中心的职责。3月24日该中心正式对外办公。

21日 省住房城乡建设厅印发《全省35个重点示范镇2014年度城镇建设目标任务及考核指标的通知》及《全省31个文化旅游名镇（街区）2014年度建

设目标任务及考核指标的通知》，指出考核结果将作为省委省政府考核各市年度目标任务完成情况的依据。

22日 省住房城乡建设厅第二十二届"科技之春"宣传月活动在西安曲江国际会展中心拉开帷幕，本届"科技之春"主题是"发展绿色建筑·建设低碳城市"。

25日 省政府召开专题会议，讨论审议《关中城市群核心区规划研究报告》，安排部署下阶段规划编制工作。

同日 省政府印发《全面改善村庄人居环境持续推进美丽乡村建设的意见》，提出全面改善村庄人居环境，持续推进美丽乡村建设，加快实现富裕陕西、和谐陕西、美丽陕西建设目标的总体要求、建设内容、保障措施。

31日 国务院正式批复《晋陕豫黄河金三角区域合作规划》，以探索省际交界地区合作发展新路径，推动晋陕豫黄河金三角地区合作发展。

4月

15日 省政府召开全省棚户区改造工作现场会，决定将棚户区改造纳入全省保障性安居工程同步推进实施，要求各地和有关部门扎实推进棚户区改造工作。

17日 省住房城乡建设厅印发《关于下放房地产开发企业四级和暂定资质许可审批事项的通知》。

22日 省住房城乡建设厅转发住房城乡建设部《关于组织开展在建城市轨道交通工程质量安全检查工作的通知》。

23日 省住房城乡建设厅公布2013年度"陕西省建设新技术示范工程"项目名单，"陕西宾馆会议中心""商洛市民服务中心"等66项工程获此荣誉。

25日 青岛世界园艺博览会开园，陕西展园以"渭河之魂"为设计理念，以陕北、关中和陕南三个地域的地貌特色、古迹遗存、民俗文化等为主要内容，体现陕西独特的自然景观、人文特色及精湛的园林园艺水平，集中展现"绿色陕西、生态陕西"建设成就。

30日 省住房城乡建设厅公布《2014年第一批新型墙体材料建筑节能产品认定目录》，16个产品符合认定条件，获颁认定证书。有效期为2014年4月23日至2016年4月23日。

5月

7日 省住房城乡建设厅转发住房城乡建设部办公厅《关于做好2014年防灾减灾日住房城乡建设系统有关工作的通知》，对做好防灾减灾工作做出安排。

13日 地铁三号线高架段顺利贯通。

14日 全国首个以发展航空大都市为定位的临空经济区、西咸新区空港新城《西安航空城实验区发展规划(2013～2025)》获得国家民航局批复。

21日 陕西省首个智慧城市技术规范——《陕西省智慧城市体系架构和总体要求》，由省工信厅、省信息化领导小组办公室联合发布。

6月

5日 省住房城乡建设厅、省科技厅印发《关于加强全省建设行业技术创新及成果转化的意见》。

同日 住房城乡建设部下发《关于公布2014年村庄规划、镇规划和县域村镇体系规划试点名单的通知》，渭南市富平县淡村镇被列入为镇规划试点名单之中。

9日 省住房城乡建设厅印发《陕西省文化旅游名镇(街区)规划汇编》。

10日 住房城乡建设部公布第三批城市步行和自行车交通系统示范项目名单，陕西有6个项目入选。

20日 首届(2012～2013年度)陕西省土木建筑科技奖成果在西安发布。

26日 省住房城乡建设厅转发住房城乡建设部《关于建设工程企业发生重组、合并、分立等情况资质核定有关问题的通知》，要求各地市认真抓好贯彻落实，简化办理程序，方便服务企业，进一步加强建筑业企业资质管理服务工作。

7月

10日 全省31个省级重点示范镇上半年建设进度排名公布。

16日 住房城乡建设部、文化部、文物局、财务部联合下发了《关于公布2014年第一批列入中央财政支持范围的中国传统村落名单的通知》，铜川市耀州区孙塬镇孙塬村等9个传统村落位列其中。

18日 CIOB英国皇家建造师授证仪式在西安举行，陕西建工集团总公司海外部叶林滨等9名建造师成为陕西省首批英国皇家特许建造学会正式会员(MCIOB)。

21日 住房城乡建设部等7部门发布通知，公布全国重点镇名单，陕西省有128个镇列入其中。

22日 省住房城乡建设厅公布2014年度陕西省建设工程长安杯奖(省优质工程)评选结果，授予宝鸡市经二路办公住宅楼等46项工程为2014年度陕西省建设工程长安杯奖(省优质工程)称号。

29日 中联西北院承担建筑设计和工程管理的陕西省科技资源统筹中心，通过住房城乡建设部"三星级绿色建筑运行标识"认证，成为西北地区首个获得该认证的大型办公绿色建筑。

8月

4日 中国建筑业协会发布2013年度中国建筑业"双百强"企业榜单，陕西建工集团为"中国建筑业竞争力百强企业"，陕西建工第五建设集团有限公司等7个企业为"中国建筑业成长性百强业"

12日 在哥伦比亚首都波哥大市国家博物馆举办的全球人居环境奖颁奖典礼上，陕西省建筑设计研究院有限公司第十一设计所设计完成的中国·临潼的绿地骊山花城项目，荣膺"全球人居环境示范住区奖"。

25日 14时03分，西北首座曲线转体桥、宝鸡市重点建设项目蟠龙塬上塬路上跨陇海铁路立交桥工程转体成功。

27日 省住房城乡建设厅印发《建立健全惩治和预防腐败体系2013～2017年工作规划的实施意见》，推进全省住房城乡建设系统惩治和预防腐败体系建设。

29日 住房城乡建设部印发《关于全国工程质量管理优秀企业的通报》，对中国建筑第八工程局有限公司等30家企业予以通报表扬。陕西建工集团总公司等3个企业获得表扬。

9月

17日 省政府印发《关于推进建筑业转型升级加快改革发展的指导意见》，提出了20项具体措施。

18日 省住房城乡建设厅印发《陕西省工程质量治理两年行动方案》的通知，进一步加强建筑市场监管，规范建筑市场秩序。

10月

8日 在巴西里约热内卢FIDIC年度工程颁奖典礼上，由中铁第一勘察设计院承担总体总包设计的西安地铁二号线工程荣获2014年度"全球杰出工程"大奖，成为中国以及亚洲地区唯一获此殊荣的项目，也是全球第一个获FIDIC大奖的地铁工程。

9日 中国建筑业协会会同13家行业建设协会组织开展的改革开放35年百项经典暨精品工程评选揭晓。

11日 全省首家新型农村社区在咸阳礼泉西张堡镇白村开工建设，标志着全省新型农村社区示范点建设正式启动。

11月

2日 中央电视台《新闻联播》以"陕西：让保障房群众乐享社区服务"为题，报道全省保障房"和谐社区·幸福家园"创建情况，以渭南市澄城县安馨园小区为例，宣扬了保障性小区建设的可喜变化。

17日 住房城乡建设部等7部门公布第三批中国传统村落名录，陕西宝鸡市麟游县酒房镇万家城村等17个村庄入选。

21日 中国施工企业管理协会公布的"2013～2014年度国家优质工程奖"名单中，陕西省榆林市第一中学迁建工程等5项工程位列其中。

23日 省政府表彰2013年度陕南地区移民搬迁工作先进单位。

24日 省住房城乡建设厅、省文物局印发通知，在全省开展历史文化街区认定工作。

12月

10日 省住房城乡建设厅印发《陕西省房屋建筑和市政基础设施工程电子招标投标办法》，对全省房屋建筑和市政基础设施工程电子招标投标活动和监督管理作了详细规定。该办法自2015年1月1日起施行，有效期至2020年1月1日。

13日 国务院《关于同意陕西省调整西安市部分行政区划的批复》公布，同意撤销高陵县，设立西安市高陵区，以原高陵县的行政区域为高陵区的行政区域。

20日 西安火车站改造工程开工。

22日 住房城乡建设部建筑市场监管司副司长张毅一行，对陕西省建筑市场监管与诚信信息平台部、省级数据对接情况进行验收。验收组认为该平台实现了"数据一个库、监管一张网、管理一条线"的信息化监管目标，同意通过验收。

29日 国家发改委等11部委《关于印发〈国家新型城镇化综合试点方案〉的通知》，62个城市（镇）被列为国家新型城镇化综合试点。西安高陵区是陕西唯一的国家新型城镇化试点。

同日 第十二届高技能人才表彰大会在京举行，全国30名中华技能大奖获得者、300名技术能手获得者受到表彰。陕西化建工程有限责任公司电焊工朱瑞锋获"全国技术能手"称号，受到表彰。

（陕西省住房和城乡建设厅）

甘 肃 省

住房保障

【保障性安居工程建设】 2014年，甘肃省政府与国家保障性安居工程协调小组签订住房保障工作目标责任书：全省新开工建设保障性住房和棚户区改造住房18.8853万套、基本建成保障性住房和棚户区改造住房11.9042万套，被列为省委省政府2014年度为民办实事项目。完成情况：全省开工建设保障性住房和实施棚户区改造18.89万套，开工率为100.1%；基本建成保障性住房和棚户区改造安置住房13.49万套，基本建成率为113.33%，全面完成保障性住房建设和棚户区改造任务。落实中央和省级补助资金79.1183亿元。认真贯彻落实省政府关于抢抓国家开发银行金融贷款支持棚户区改造的政策机遇，做好棚户区改造贷款项目审核工作。截至年底，全省棚户区改造国家开发银行贷款合同签订额度108.58亿元。

【保障性安居工程组织实施】 6月5日，甘肃省省长刘伟平主持召开部分市州保障性住房建设和棚户区改造座谈会，实地考察了白银市棚户区改造工作。副省长郝远先后调研了酒泉、嘉峪关、金昌、陇南等市的保障性安居工程建设工作，主持召开了全省市州长加快推进棚户区改造工作会。省住房和城乡建设厅先后对14个市州的住房保障工作进行了多次调研，指导棚户区改造工作。甘肃省先后召开了省保障性安居工程建设领导小组会、领导小组扩大会和棚户区改造国家开发银行贷款项目实施协调领导小组会、棚户区改造联审办公室会议，研究解决保障性安居工程建设过程中遇到的难题，进一步明确了保障性安居工程年度检查考核、项目申报管理、建设手续审批等工作要求。下发《甘肃省房地产市场调控和保障性安居工程领导小组暨省棚户区改造国家开发银行贷款项目实施协调领导小组会议纪要》、《省棚户区改造国家开发银行贷款项目实施协调领导小组办公室会议纪要》，规范项目管理、建立棚户区改造项目行政审批快速通道、将城市和国有工矿棚户区改造项目中经济适用住房和廉租住房的配建比例须达到总建筑面积的30%以上调整为

10%以上、明确了国资委所属企业棚户区改造办法。先后制定下发《关于做好2014年住房保障工作的通知》、《关于进一步加强保障性住房廉政风险防控工作的通知》、《关于加快推进保障性住房建设和棚户区改造的紧急通知》、《关于进一步做好2013年城镇保障性安居工程审计发现问题整改工作的通知》。为切实做好棚户区改造融资贷款工作，提请省政府办公厅印发《甘肃省利用国家开发银行贷款开展棚户区改造项目实施办法》，会同省财政厅联合印发《棚户区改造贷款项目管理办法》和《棚户区改造贷款资金管理办法》。

【保障性安居工程监督管理】 为进一步维护住房保障目标管理责任书的权威性和严肃性，建立横向到边、纵向到底的住房保障责任制，着重从三个方面强化责任落实。一是落实住房保障目标管理责任书考核机制。8月7～17日，分别由省发改委、财政厅、建设厅、国土厅、民政厅和省政府督查室组成6个考核组，对全省14个市州、57个县市区的2014年新建项目和基本建成项目进行了检查考核。二是落实保障性安居工程月调度和半月报告机制。各市州政府每半月向省保障性安居工程建设领导小组办公室及相关部门上报一次建设进度，并对报告数据的真实性、完整性负责。三是落实保障性安居工程建设巡查机制。为确保年度保障性安居工程建设目标任务落实，省住房和城乡建设厅开展了保障性安居工程"百日会战"行动。先后对14个市州、86个县市区保障性住房建设和棚户区改造进展情况进行了专项督查。同时，根据住房城乡建设部的工作部署，建立了保障性安居工程建设长效巡查机制。住房城乡建设部巡查组历时9个月、先后8次开展专项巡查工作，逐一对各地申报确定的年度保障性住房建设和棚户区改造项目进行巡查暗访。

【住房保障工作规划研究】 为稳步推进公共租赁住房和廉租住房并轨运行，会同省发改委、财政厅联合下发《关于加快推进公共租赁住房和廉租住房并轨运行的通知》。为贯彻落实《住房和城乡建设部关于做好2014年住房保障工作的通知》精神，加快探索保障性住房共有产权管理的模式，决定在白

银、武威、平凉等市建立共有产权住房试点，制定《保障性住房共有产权实施方案》。为争取国家开发银行对棚户区改造的贷款支持，建立了省级棚改贷款统借统还平台，成立省扶贫开发和棚户区改造有限公司，全力做好棚户区改造融资贷款工作。省住房和城乡建设厅组建棚户区改造联审领导小组，成立棚户区改造项目联审工作小组，建立完善棚户区改造联审工作制度和工作流程，加强对棚户区改造贷款项目的组织领导和统筹协调；参考外省棚户区改造工作先进经验，向省政府报送《关于规范棚户区改造贷款省级融资平台的报告》，对改组省级融资平台、明确责任义务、做好融资保障等问题提出了合理化建议。

【住房公积金管理】　2014年，甘肃省新增缴存人数7.2万人，缴存职工人数达到180.67万人；新增缴存额174亿元，缴存总额1013.88亿元，缴存余额达到637.44亿元，同比增长15.9%；新增住房公积金个人贷款109亿元，个人贷款总额490.48亿元，个人贷款余额达到281.52亿元，同比增长31.5%；个贷发放率为44.16%，同比提高5.35%；个人贷款逾期额为989.51万元，个贷逾期率0.35‰，低于国家控制线1.5‰以下；实现增值收益9.01亿元，增值收益率为1.41%。

2014年，省政府恢复了对市州政府住房公积金目标管理责任书考核。按照考核要求，制定2014年全省住房公积金业务发展和保值增值目标，并对14个市州进行任务分解，签订了目标责任书，同时要求甘肃矿区和8个住房公积金行业分中心分别与行业集团公司签订目标责任书。将机构上划工作纳入酒泉市政府目标管理责任考核，实现全省各市州住房公积金中心全部实施决策统一、制度统一、管理统一、核算统一的"四个统一"管理。把住房公积金缴存"限高拉低"列入目标考核内容。全省有44个县(市、区)提高了缴存比例，平均提高缴存比例2%。职工和所在单位缴存比例达到10%~12%之间的县市区有68个，比2013年增加21个；8%~9%的19个；7%以下的13个，比2013年的39个减少了26个。

2月24日，在白银召开全省住房公积金管理工作会议。3月22日，在天水召开了全省住房公积金贷款支持保障性住房建设工作会议，总结近年来甘肃省四个试点城市(兰州、天水、白银、金昌)利用公积金贷款支持保障性住房建设工作取得的成绩。开展试点工作4年来，全省利用住房公积金贷款支持保障性住房建设试点项目19个，申请贷款额度

17.75亿元，已发放贷款12.88亿元，已回收贷款6.02亿元，实现利息收入5536.1万元，已开工建设保障性住房217.03万平方米、13695套。7月17日，召开了省住房保障及住房公积金监管领导小组会议。9月12日，在嘉峪关召开了全省住房公积金季度工作推进会议。在全省建立了住房公积金月分析季通报制度和个人贷款发放情况月通报制度。5月，下发《关于开展住房公积金管理使用情况检查的通知》，在各地自查基础上，对平凉、庆阳、嘉峪关、酒泉、张掖等地进行了重点抽查。7月，根据住房城乡建设部要求，在全省开展了为期半年的公积金服务专项督查工作，11月，住房城乡建设部督察组对此项工作进行了重点抽查。根据住房城乡建设部于2014年8月至2015年6月对全国住房公积金廉政风险防控工作情况进行检查的要求，安排部署了住房公积金廉政风险防控检查工作。分别于8月、12月对各市州住房公积金目标责任书执行情况进行了半年初步考核和年底全面考核。4月和9月，联合省财政厅、审计厅对省住房资金中心经办住房公积金业务的银行进行了两次专项考核。为提高个人住房消费能力和住房公积金使用水平，抓住国家政策机遇，指导各市州适度放宽公积金提取政策。2014年全省住房消费提取54.87亿元，同比增长21.6%。向省政府提出放宽住房公积金提取条件、提高住房公积金个人贷款上限额度、延长贷款年限等建议意见。根据国家三部委《关于发展住房公积金个人住房贷款业务的通知》精神，11月7日召开全省住房公积金管理工作会议，提出规范个贷发放条件、适度放宽贷款条件、增加贷款额度、延长还款期限、开展异地贷款业务、取消个人贷款中间费用、减轻贷款职工负担等措施意见。定期向住房城乡建设部公积金监管司报送住房公积金业务统计报表。按照住房城乡建设部要求，筹备了12329服务热线省级平台建设工作。

房地产业

2014年，甘肃省房地产开发完成投资721.47亿元，同比下降0.44%，其中住宅完成投资495.95亿元，同比下降8.1%；房地产开发施工面积7660.3万平方米，同比增长11.86%，其中住宅施工面积5644.35万平方米，同比增长6.01%；房地产开发新开工面积2050.36万平方米，同比下降16.35%，其中住宅新开工面积1486.88万平方米，同比下降22.44%；房地产开发竣工面积813.22万平方米，同比下降11.18%，其中住宅竣工面积652.04万平方

米，同比下降 15.22%；商品房销售面积 1325.51 万平方米，同比增长 8.65%，其中住宅销售面积 1212.6 万平方米，同比增长 6.85%。

【市场分析研判】 按照年初全省建设工作会议部署，落实房地产市场分类指导政策，加强房地产统计和市场监测分析，统筹研究分析全省房地产市场总体形势，引导和促进房地产市场平稳健康发展。指导房价上行压力较大的城市继续从严落实差别化住房信贷、税收和限购等调控政策；指导住房需求量较小的城市，注重消化存量，控制新开发总量，防止出现住房供求失衡；指导市场趋稳的城市继续执行好既有调控措施，巩固调控成果。为进一步提高全省房地产统计工作质量，加强对房地产市场监测分析，为省委省政府制定各项政策提供有力的数据支撑，下发《关于 2014 年月报表报送有关要求的通知》和《关于对房地产统计报表报送情况实行通报制度的通知》。3 月，组织召开全省 2013 年度建设部统计年报会审会议，按要求完成《房屋登记情况》《房屋概况》《国有土地上房屋征收情况》、《住宅专项维修资金情况》4 张年报表的会审，形成分析报告并上报住房城乡建设部。从 4 月开始，按月完成第三产业有关企业数据收集、汇总并上报省政府办公厅。为贯彻落实全省第三产业发展有关工作会议精神，下发《关于抓紧落实省政府下达各项目标任务的通知》。根据 4 月 16 日省政府经济形势运行分析会议精神，5 月 9 日，会同省政府金融办组织召开了部分房地产开发企业与金融机构座谈会，研究分析甘肃省房地产市场面临的形势和问题，形成《全省房地产市场运行情况汇报》。配合住房城乡建设部在甘肃的调研活动，组织召开房地产开发企业和中介机构座谈会、房地产和金融管理部门座谈会、银行业金融机构座谈会。

【市场监管】 为开展非法集资风险排查，转发《甘肃省打击和处置非法集资工作领导小组关于开展非法集资风险排查活动的函》，对涉及建设行业的非法集资情况进行了全面排查；根据处置非法集资部际联席会议要求，下发《关于进一步做好非法集资风险防范和化解工作的通知》。为做好商品住房使用重大质量安全事故应急处置工作，编制下发《甘肃省建设厅商品住房重大安全质量事故应急预案》。8 月 25 日，省政府组织召开全省房地产市场调控和保障性安居工程领导小组扩大会议。为进一步促进房地产市场健康发展，代拟《甘肃省人民政府关于促进住房消费和房地产市场健康发展的通知》，提出十二条促进住房消费和房地产市场健康发展的意见。

为全面贯彻落实省委第二巡视组、群众路线教育实践活动和省效能风暴领导小组提出的涉及全省房地产行业群众反映问题整改意见的总体部署，贯彻落实 8 月 25 日全省房地产市场调控和保障性安居工程领导小组扩大会议精神，对 14 个市州、11 个县区进行检查调研；全省各地简化办事流程，提高办事效率，推出了多项便民服务措施。全面贯彻落实住房城乡建设部《房屋登记办法》和《房屋登记簿管理试行办法》，完成了机构改革后各市州、县房屋产权发证机构的变更核定工作。按照住房城乡建设部《关于作好房屋登记审核人员培训考核工作(试行)的通知》，完成 2014 年全省房屋登记官培训考核工作，共有 311 名房屋登记审核人员参加了培训和考试。

【国有土地上房屋征收与补偿】 在广泛开展宣传学习《国有土地上房屋征收与补偿条例》和《甘肃省实施〈国有土地上房屋征收与补偿条例〉若干规定》的同时，指导各地加快成立房屋征收部门和房屋征收实施单位，明确征收主体责任。为全面调查了解国务院《国有土地上房屋征收与补偿条例》和《甘肃省实施〈国有土地上房屋征收与补偿条例〉若干规定》的贯彻执行情况，推进房屋征收工作依法有序开展，根据住房城乡建设部要求，在全省范围开展了国有土地上房屋征收工作调研活动。为做好国有土地征收现场突发事件处置工作，编制印发《甘肃省住房和城乡建设厅国有土地上房屋征收群体性事件应急预案》。

【物业管理】 截至 2014 年底，甘肃省物业服务企业 1720 家、物业管理从业人员 65027 人、服务项目 7186 个、管理面积 17660.99 万平方米。其中，住宅项目 5524 个，管理面积 13493.89 万平方米(5 万平方米以上的住宅小区 1203 个，管理面积 6640.51 万平方米)；办公楼项目 1156 个，管理面积 2835.25 万平方米；商品营业用房项目 301 个，管理面积 700.48 万平方米；工业仓储用房项目 39 个，管理面积 230.69 万平方米；其他项目 158 个，管理面积 404.67 万平方米。

配合省政府办公厅完成《甘肃省人民政府关于进一步促进物业行业健康发展的实施意见》，3 月 21 日印发全省执行。为推动该实施意见的贯彻执行，先后对全省 14 个市州和 40 多家物业企业进行了检查调研，召开了全省市州长和主管部门领导座谈会，制定《全省物业管理示范项目试点工作实施方案》。同时，联合省发改委、质监局下发《关于开展物业服务工作检查的通知》，在全省范围开展物业服务检查活动。

第四篇

城市规划

【规划编制】 甘肃省城镇体系规划编制：组织完成全省相关部门意见征求和补充调研工作，5月24日报请省政府第47次常务会议审议并原则通过了规划纲要。8月26～27日，住房城乡建设部在兰州召开会议审查规划纲要并同意通过。根据住房城乡建设部审查意见，组织对规划纲要进行了修改、补充和完善。12月11日，在省政府及住房和城乡建设厅网站对规划成果主要内容进行了为期30天的公示。

城市总体规划修编：兰州市第四版城市总体规划于8月底经住房城乡建设部复核后呈报国务院待批。张掖市总体规划于4月21日经省人民政府批复实施、敦煌市总体规划已报省政府待批。平凉市、白银市城市总体规划纲要通过省城乡规划建设委员会的审查。定西市、天水市、玉门市启动了总体规划修编工作。

省域城镇风貌体系规划：按照省委省政府的工作要求，组织编制完成省域城镇风貌体系规划。11月27日，组织省内外专家和有关省直部门对《甘肃省省域城镇风貌体系规划》进行了技术论证。

名城名镇名村规划：6月24日，敦煌历史文化名城保护规划通过省城乡规划建设委员会正式审查，9月1日通过省政府常务会议审查。分别于4月17日和11月20日，在张掖和天水组织召开了全省华夏文明传承创新区建设历史文化名城名镇名村保护利用板块工作座谈会。为加快建立名城名镇名村"保护更新示范区"，对全省名城名镇名村传承创新提供示范，优选了12个历史文化名镇，作为下阶段工作的重点扶持对象并拨付专项资金。

【规划管理】 印发《关于进一步加强全省城乡规划工作的意见》，转发住房城乡建设部《关于城乡规划公开公示的规定》。督促16个设市城市按要求报送总体规划实施评估专题报告，对规划实施情况、存在问题进行了总结，并提出了下一步完善规划工作目标。已完成25个县城的总体规划和48项城市控制性详细规划的备案工作。加强区域重大建设项目规划管理，共审核发放涉及电力、水利、交通等重大项目规划选址意见书29项，完成建设项目选址意见书延期4项，出具建设项目选址初审意见2项。

【新型城镇化试点工作】 省政府成立由30个省直部门和单位参加的省新型城镇化试点工作领导小组，并在省住房和城乡建设厅设立办公室，建立了领导小组办公室联席会议制度和联络员制度。各市

州和有试点任务的县（市）、镇（乡）成立了相应的工作机构。5月4日，省政府下发《甘肃省人民政府关于做好新型城镇化试点工作的指导意见》。省新型城镇化试点工作领导小组办公室分别于5月15日、6月27日组织了培训，传达学习国家和省新型城镇化的政策要求，邀请有关专家学者作了专题辅导。6月，国家发改委等11部门联合下发《关于开展国家新型城镇化综合试点工作的通知》，金昌市被初步确定为国家新型城镇化综合试点市。按照新型城镇化工作的总体要求，为推进规划体制改革，委托规划设计单位开展"多规合一"调研和有关技术标准的制订，并率先在敦煌、高台、静宁、康县、永昌县、玉门市、华亭县等7个试点县市推开"多规合一"编制。同时，敦煌市、玉门市被确定为国家"多规合一"试点城市。9月29日，省政府在永靖县召开了全省新型城镇化试点工作现场会，会上对"多规合一"开展了宣贯。参加了住房城乡建设部"多规合一"试点工作座谈会，起草《关于有序推进新型城镇化15个试点县（市）"多规合一"编制工作的通知》，转发了4部委《关于开展市县"多规合一"试点工作的通知》，对"多规合一"编制工作提出具体要求。为进一步加强对"多规合一"试点工作的指导，组织完成《甘肃省新型城镇化试点"多规合一"课题研究和规划标准体系编制（征求意见稿）》和《甘肃省镇域城乡统筹总体规划暨"多规合一"技术导则（草案）》。

建筑业

【建筑市场服务与管理】 为进一步规范、调整房屋建筑和市政公用工程建筑业企业资质审批工作，1月，印发《关于进一步规范和调整建筑业行业管理事项的通知》；再次梳理公开建筑业企业资质办理流程，将办理时限压缩至14个工作日；调整资质审批受理方式，凡属省住房和城乡建设厅直接审批的二级总承包、专业承包及部分一级专业承包建筑业企业资质的申请材料，从1月1日起，一律实行政务大厅集中受理、统一上网向社会公示和公布；企业所有的资质变更事项，均采取网上申报、网上受理、按时办理。督促指导市州改革三级建筑业企业资质审批监管工作，提高行政审批效率。2014年，共初审16家企业报住房城乡建设部申请一级资质，已通过审批企业6家；省住房和城乡建设厅审批资质172家，其中总承包升级企业55家、专业承包企业升级25家、新办商砼企业49家；市州新审批企业资质314家，其中三级总承包企业158家、三级专业承包

资质 119 家、劳务资质 37 家；市州审核并报请省住房和城乡建设厅批准二级总承包资质 70 项、专业承包 116 项；市州审批三级企业总承包资质 156 项、专业承包资质 104 项；办理资质变更企业 179 家 477 项。

结合甘肃省企业实际，适当调整建筑业企业资质三级晋升二级条件，鼓励省外建筑业企业在甘肃设立法人公司，鼓励省内建筑业企业向外拓展建筑经营活动，鼓励建筑业企业实施技术创新以提升核心竞争力。按照住房城乡建设部要求，修订完善了《建筑工程施工转包、违法分包待违法行为认定查处管理办法》。先后组织召开了建筑业改革与发展工作研讨会议，多次赴省建总公司等 7 家国有、民营企业调研，制定进一步促进建筑业发展的改革措施。开展建筑业企业资质条件达标情况的动态核查，对存在人员不达标等问题的 3 家一级资质企业、12 家二级资质企业进行了约谈，督导有关市州严肃查处了 4 起资质申报过程中的弄虚作假行为。组织对兰州市 80 家商品混凝土生产企业进行了全面检查。积极开展质量提升两年行动，不断规范建筑市场秩序。

贯彻落实住房城乡建设部建筑市场监管工作会议精神，全面启动全省建筑市场信用体系建设。制定《甘肃省建筑市场监管与诚信信息系统建设实施方案》，构建全省建筑市场信用体系建设框架；转发《住房和城乡建设部关于印发＜全国建筑市场监管与诚信信息系统基础数据库数据标准（试行）＞和＜全国建筑市场监管与诚信信息系统基础数据库管理办法（试行）＞》，推进企业、注册人员、工程项目三大基础数据库和企业诚信信息的关联整合，全面构建建筑市场信用体系；探索建立建筑市场行为信用评价机制，推进诚信奖惩机制的建立；拟定《甘肃省建筑市场信用信息管理办法》，为 2015 年 6 月底前全面完成甘肃省建筑市场信用体系建设奠定了基础。

贯彻落实住房城乡建设部关于加强省外企业管理的要求，结合甘肃省实际修订完善了省外企业进甘告知性备案管理办法；充分利用综合信息平台将企业资料申报、审核、投标备案通知实行网上办理；与各市州对接，对投标建造师 IC 卡采取在网上跟踪项目锁定，为企业提供了及时优质服务。2014 年，审核登记备案的省外进甘各类建筑企业 698 家，办理年检 325 家，审核备案省外进甘各类执业和工程技术人员 2 万余人，为省外建筑企业办理打印各类工程项目投标通知书 3695 份，为本省企业办理出省施工手续 480 家次；共受理 IC 卡申请办理、变更、补办等业务 9000 余张、IC 卡年检 5657 人，受理一级临时建造师延续注册 620 人，完成二级临时建造师继续教育和延续注册 5932 人，三级建造师申请注册、变更、补办等业务 3500 人次。

【工程招标投标管理】 2014 年，由省建设工程招标投标管理办公室监管进入省公共资源交易平台的招标工程共 264 标段次，工程中标总价 120.51 亿元。其中依法公开招标工程 234 标段次，工程总造价 107.3 亿元；依法邀请招标工程 30 标段次，工程总造价 13.21 亿元。

组织编写《甘肃省房屋建筑和市政基础设施工程建设监理招标投标评标办法》和《甘肃省房屋建筑和市政基础设施工程建设设计方案招标投标评标办法》。发布《甘肃省建设工程电子招投标数据交换导则（2014 版）》和《甘肃省建设工程计算机辅助评标系统工程量清单 XML 数据标准接口（2014 版）》，进一步规范了甘肃省各类房屋建筑和市政基础设施工程招标投标活动。从 8 月 1 日起，启用"甘肃省建设工程招标投标管理办公室建设工程施工合同备案专用章"。办理省内 52 家招标代理机构申报资格、核查、审定、发证工作。其中申报初始暂定级 21 家、暂定级升乙级 11 家、乙级资格延续 16 家、乙级升甲级 2 家、甲级资格延续 2 家。截至 2014 年底，甘肃省招标代理机构共计 135 家，其中甲级 8 家、乙级 73 家、暂定级 54 家。

【工程安全质量监督】 2014 年，全省共监督工程 9595 项（同比下降 7.4%，其中省列重大项目 32 项）、建筑面积 10685.86 万平方米（同比增长 11.7%）、市政基础设施工程总长度 432.99 万延米（同比增长 25.8%）、工程造价 2752.65 亿元（同比增长 16.4%），监督覆盖率 99.3%。竣工项目 2493 项，一次性竣工验收合格率 99.6%。2014 年度甘肃省建设工程"飞天奖"评选出飞天奖 54 项、飞天金奖 5 项。

为加强全省建筑工程安全质量管理，稳步推进建筑安全生产和建筑工程质量水平不断提高，按照年初全省建设工程质量安全监管工作会议的总体部署，先后印发、转发、制定《关于推行房屋建筑工程质量样板引路工作的指导意见》、《岷县漳县 6.6 级地震灾后农村重建居住建筑工程施工技术导则》、《甘肃省房屋建筑与市政基础设施工程质量典型问题治理手册》、《甘肃省住房和城乡建设厅关于加强建设项目施工中城市地下管线保护工作的通知》、《甘肃省房屋建筑和市政基础设施安全生产"三项行动"实施方案的通知》、《甘肃省住房和城乡建设厅建设工程施工重大及以上安全质量事故应急预案》、

《2014年建筑施工及市政设施公共安全保障实施方案》《甘肃省住房和城乡建设厅关于贯彻落实工程质量终身责任制的通知》等62份文件。全省各级监督机构在深入推进工程质量治理两年行动、工程质量典型问题专项治理和房屋建筑工程质量样板引路工作的基础上,加大对工程质量的监督管理和建筑施工安全生产隐患排查治理,全年未发生一般及以上质量事故,共下发质量安全隐患整改通知2696份(同比下降5%)、局部暂停施工通知678项(同比下降18.3%)、行政处罚通知书59份(同比下降11.9%)。在全省房屋建筑和市政基础设施工程施工安全质量监督执法检查中,共下发《安全质量问题整改通知书》17份、《建设行政执法建议书》1份。在全省安全生产年度第二阶段督查过程中,对兰州、定西、白银三市21项在建工程中查出的72项问题和隐患,下发了《安全隐患和问题整改通知书》8份。按照《房屋市政工程生产安全事故报告和查处工作规程》,依法对2013年发生的房屋市政工程施工死亡事故中的相关责任单位及责任人进行了处罚(暂扣施工企业安全生产许可证13家,吊销三类人员安全生产考核合格证23人、个人作业操作证书1人,责令总监理工程师停止执业8人)。2014年,全省接受监督房屋建筑和市政基础设施工程共发生施工生产安全一般事故12起(同比下降36.8%),死亡15人(同比下降34.8%)。

贯彻落实《甘肃省保障性安居工程质量管理办法》,组织全省保障性安居工程质量和安全生产情况及其监管工作执法检查。在3次执法检查过程中,将质量样板引路和质量典型问题治理在保障性安居工程中的开展情况作为重点内容。为确保灾后重建工程质量安全,印发《岷县漳县6.6级地震灾后农村重建居住建筑工程施工技术导则》,在全省房屋市政工程施工安全质量监督执法检查的基础上,抽查13项灾后重建工程和7个集中安置点,下发《安全质量问题整改通知书》3份。为确保兰州市轨道交通工程质量安全,5月5日,按照《城市轨道交通工程安全质量管理暂行办法》,针对兰州市轨道交通及其相关工程发生的施工安全事故,约谈了兰州市建设局、兰州市轨道交通有限公司。按照《兰州市轨道交通工程施工安全检查实施方案》,5月20~22日,会同省安监局对兰州市轨道交通工程1号线6个工区及相关工程进行了检查,发现问题和隐患134项,现场给9家受检单位下发《现场检查记录》和《责令限期整改指令书》各9份。根据省安委办安排部署,会同省安监局、兰州市建设局和兰州市安监局,

从11月12~21日,对兰州市轨道交通1号线隧道施工工程进行专项检查,对56项问题和隐患以《兰州市轨道交通工程隧道安全专项检查发现问题和隐患清单》形式进行了通报,向兰州市轨道交通有限公司下发《安全质量问题整改通知书》1份。

依照《建设工程监理规范》加强监理企业的日常监管。完成141家监理企业数据统计并上报住房城乡建设部,对118家企业信息进行了审核,取消了总监理工程师的培训及发证工作,改由监理单位法定代表人书面任命总监理工程师的方式。完成了2013年度工程质量检测机构上传数据统计汇总、通报。2014年,123家检测机构共上传检测报告702296份,各地监督机构对不合格项进行了监督整改。为提高检测机构从业人员业务水平,启动了全省建设工程质量检测人员考核工作,完成4800人次的考核工作。为加强全省监督队伍建设,按照《甘肃省房屋建筑和市政基础设施工程质量安全监督机构及人员考核管理办法》,对全省建设工程质量安全监督人员进行了培训考核(延期培训考核694人、上岗培训考核526人)。全年依法依规核准检测机构资质17家、预拌混凝土专项试验资质17家、建筑施工企业安全生产许可证278家、安全生产考核合格证书12873人;专项试验室资质延期27家、建筑安全生产许可证延期770家、安全生产考核合格证书延期14343人、监理企业资质延期71家。

【工程造价监管】 完成《甘肃省党政机关办公用房维修改造工程消耗量定额》、《甘肃省建筑工程概算定额》、《甘肃省安装工程概算定额》及相配套的地区基价编制工作。完成住房城乡建设部交办的《房屋建筑与装饰工程消耗量标准》木结构工程和保温、隔热、防腐工程两章初稿修订和水平测算工作。开展《甘肃省农村建筑工程预算定额》省内外调研并提出编制方案,启动编制工作。下发了《2014年度工程结算中有关问题的处理意见》。为贯彻执行2013版定额及相应地区基价,结合国家2013版《建设工程工程量清单计价规范》,完成甘肃省建设工程造价专业人员培训教材的编写工作。完成甘肃省2014年度工程造价执业人员继续教育集中培训工作。

城市建设

【基础设施建设】 2014年,甘肃省完成市政公用设施建设固定资产投资376.04亿元,其中16个设市城市完成274.34亿元、65个县城完成101.70亿元。配合省发改委、财政厅争取中央预算内城市污水及垃圾处理资金共9.9611亿元,其中污水处理项

目 37 项，安排预算内投资 4.2075 亿元；垃圾处理项目 18 项，安排预算内投资 1.3825 亿元；污水管网以奖代补资金 4.3711 亿元。截至年底，全省 16 个设市城市用水普及率达到 94％，较 2013 年增长 2％；燃气普及率到 80.22％，较 2013 年增长 3.22％；污水处理率达到 81.25％，较 2013 年增长 5.87％；生活垃圾无害化处理率达到 47％，较 2013 年增长 5.32％；建成区绿地率达到 28.12％，较 2013 年增长 1.74％；人均公园绿地面积达到 11.76 平方米，较 2013 年增长 2.24 平方米；人均城市道路面积达到 14.02 平方米，较 2013 年增长 1.46 平方米。全省 65 个县城用水普及率达到 89.09％，较 2013 年增长 2.06％；燃气普及率达到 48.80％，较 2013 年增长 3.34％；污水处理率达到 41.17％，较 2013 年增长 19.32％；生活垃圾无害化处理率达到 57％，较 2013 年增长 5％；建成区绿地率达到 11.87％，较 2013 年增长 1.2％；人均公园绿地面积达到 6.94 平方米，较 2013 年增长 1.16 平方米；人均城市道路面积达到 12.31 平方米，较 2013 年增长 0.51 平方米。全省设市城市(县城)共建设污水处理厂 92 座，其中已建成运行的污水处理厂 55 个(污水处理能力 154.75 万吨/日)，已建成试运行的污水处理厂 31 个(污水处理能力 22.1 万吨/日)，在建污水处理厂 6 座(分别为定西市新区、兰州市新区、宕昌县、文县、镇原县、酒泉市第二污水处理厂)，全省城市污水处理率达到 81.25 ％、县城污水处理率达到 41.17％；全省共建设城市(县城)生活垃圾无害化处理厂 86 座，其中已建成运行的生活垃圾无害化处理设施共 78 座(设计处理能力为 8550 吨/日)，在建 8 座(设计处理能力为 2726 吨/日)。运营与在建的污水处理厂和垃圾处理厂已全部覆盖 16 个设市城市和 65 个县城。全省共有国家园林城市 2 个、国家园林县城 4 个、国家城市湿地公园 2 个、甘肃园林城市 10 个、甘肃园林县城 16 个、甘肃园林城区 1 个；国家级风景名胜区(麦积山、崆峒山、鸣沙山——月牙泉)3 处、省级风景名胜区 21 处。

【城市管理】 根据省政府要求，下发《甘肃省住房和城乡建设厅关于进一步加快城镇污水处理工程项目建设进度的通知》《甘肃省住房和城乡建设厅关于督查城市污水处理设施建设运营情况的通知》《关于全省城镇污水处理设施 2014 年第三季度建设和运营情况的通报》，多次对各地的污水处理厂进行督查。会同省发改委下发了《甘肃省发展和改革委员会、甘肃省住房和城乡建设厅关于组织申报 2014 年中央预算内投资城镇污水垃圾处理设施备选项目

的通知》，在全省范围组织开展了中央预算内投资城镇污水垃圾处理设施建设备选项目上报工作。12 月底，配合国家环保部对甘肃省 2014 年污染减排任务完成情况进行了核查，向省环保厅提供了"十二五"以来全省生活污水处理工作开展的相关情况。

下发《甘肃省住房和城乡建设厅关于开展 2014 年度供水水质督查工作的通知》，对全省供水设施的水质进行了全面督察。根据住房城乡建设部要求，制定了《甘肃省城镇供水规范化管理考核办法(试行)》，对全省城镇供水设施运行状况和相关制度落实情况进行考核。4 月 11 日，兰州市局部发生自来水苯超标事件后，按照省政府和住房城乡建设部要求，立即启动省住房和城乡建设厅城市供水系统Ⅰ级应急响应，全面展开各项处置工作；4 月 14 日，转发了住房城乡建设部专家组建议，要求全省各地完善水质监测制度、加强设施巡检维护、做好设施调度运行、科学组织施工、做好信息发布、制定保障供水安全的永久措施。下发了《〈全省城镇供水设施改造与建设"十二五"规划及 2020 年远景目标〉中期评估的通知》，开展《规划》中期评估和"十三五"规划编制前期调研工作。根据住房城乡建设部要求，组织各市州开展了 2014 年全国城市节约用水宣传周活动。对兰州市住房和城乡建设局《关于审核兰州市第十一批节水型企业(单位、居民小区)验收达标的请示》进行了审核。

印发《甘肃省城镇燃气发展规划(2014～2020年)》。根据《住房城乡建设部办公厅关于开展油气输送管线等安全专项排查整治的紧急通知》《国务院安委办关于开展油气输送管线等安全专项排查整治的紧急通知》，结合《关于立即集中开展全省城市燃气安全专项检查的通知》提出的整改意见，从 1 月到 3 月底，全面开展了涉及住房城乡建设系统的油气输送管线等安全专项排查整治。进入供暖期后，对兰州市、临夏州冬天供暖工作进行了专项督查，下发《甘肃省住房和城乡建设厅关于切实做好城市供热工作的通知》。根据住房城乡建设部要求，下发了《甘肃省住房和城乡建设厅关于调研城镇供热行业改革情况的函》，对全省城镇供热行业运营现状进行专项调研。

4 月 1 日，在兰州市召开了全省城市建设和管理工作会议。8 月 4～15 日，对全省 38 个区、县的 40 座新建生活垃圾填埋场开展了无害化等级评定。通过评定的有 24 座。其中平川区和阿克塞县生活垃圾无害化填埋场等级评定为Ⅰ级，其余为Ⅱ级。

根据《国务院关于加强城市基础设施建设的意

见》，结合《甘肃省新型城镇化规划(2014~2020)》以及《国务院办公厅关于加强城市地下管线建设管理的指导意见》，6月26日，省政府印发《甘肃省人民政府贯彻落实国务院关于加强城市基础设施建设意见的实施意见》。8月4~15日，对全省14个市州的59县(区)城市基础设施工作进行执法督察。为加大全省基础规划建设力度，结合《甘肃省新型城镇化规划(2014~2020年)》和各城市总体规划，编制出台了城市供水、燃气、垃圾等12个专项规划编制导则，通过住房城乡建设部审批后，成为甘肃省地方标准指导各城市基础设施建设。根据住房城乡建设部要求，下发了《关于转发住房城乡建设部〈关于报送数字城管推进情况的通知〉的函》。根据国务院《关于对稳增长促改革调结构惠民生政策措施落实情况开展全面督查的通知》的要求，组织各地对《关于加强城市基础设施建设的意见》、《关于做好城市排水防涝设施建设工作的通知》的落实情况开展了自查。根据住房城乡建设部相关要求，组织全省各地开展城市桥梁运行安全管理工作。为贯彻落实《城镇排水与污水处理条例》《国务院办供应关于做好城市排水防涝设施建设工作的通知》和国家防汛抗旱总指挥部工作部署，组织全省各地做好城市排水防涝工作。根据住房城乡建设部和省政府规定，修订了《甘肃省住房和城乡建设厅城市道路(桥梁、隧道)系统重大事故应急预案》等七项预案并印发各地实施。

组织兰州市、嘉峪关市、玉门市、高台县申报国家园林城市、县城。对白银市、肃南县、民乐县申报甘肃省园林城市、县城开展省级评审，其中白银市、肃南县通过了评审。12月，住房城乡建设部颁发了金昌市、敦煌市及两当县国家园林城市(县城)牌匾。完成甘肃省55家园林绿化企业资质延续和21家三级园林企业资质升级工作。根据住房城乡建设部的安排部署，组织开展了全省城市、县城公园建设、管理情况的专项检查活动。7月28日和9月23日，《甘肃省风景名胜条例》经甘肃省十二届人大常委会十次、十一次会议两次审议，于9月26日获得表决通过，2015年1月1日起正式颁布施行。4月9日，组织专家开展崆峒山风景名胜区总规评审工作。7月29日，《鸣沙山——月牙泉风景名胜区重点区域详细规划》通过住房城乡建设部审批。7月16~18日，住房城乡建设部风景名胜区执法检查组对麦积山国家级风景名胜区进行了实地专项执法检查。12月25日，组织召开《敦煌雅丹地貌申报世界自然遗产预备名录评审会》，对敦煌雅丹地貌拟申报世界自然遗产预备名录的申报材料进行评审论证。

村镇建设

【村镇规划编制】 2014年，甘肃省计划新编行政村村庄建设规划2400个，实际完成1760个，完成率73.5％。结合全省新型城镇化试点工作以及省委、省政府改善农村人居环境的行动计划和美丽乡村建设活动，展开全省村庄建设规划和县域村庄布局规划的编制，制定《甘肃省县域村庄规划编制导则》和《甘肃省村庄建设规划编制导则》。截至年底，已完成县域村庄布局规划编制的县共计38个。按照住房城乡建设部《关于做好2014年村庄规划、镇规划和县域村镇体系规划试点工作的通知》要求，酒泉市肃州区总寨镇按期完成全国镇规划编制的试点。指导列入中国传统村落第一批名录的传统村落完成了规划大纲及纲要的编制，组织编制列入中国传统村落第二批名录的传统村落保护发展规划。开展了宜居小镇、宜居村庄示范创建工作，共推荐宜居小镇2个、宜居村庄7个。

【村镇建设管理】 按照住房城乡建设部《关于做好2014年全国特色景观旅游名镇名村示范工作的通知》，推荐了10个镇(村)申报第三批全国特色景观旅游名镇(村)。在国家已公布甘肃省13个中国传统村落的基础上，组织遴选上报了基本符合条件的自然村、行政村110个，非物质文化遗产76个。向国家四部局上报《关于申请甘肃省中国传统村落保护项目中央补助资金的报告》。开展全省传统民居及建造技术的初步调查工作，成立省级传统民居专家委员会，利用省内建筑设计研究机构和高校的专业技术人才资源优势，对全省传统民居及建造技术进行初步调查，甘肃省传统民居谱系编制工作已经展开。组织开展了全国重点镇增补调整工作，对申报全国重点镇的资料进行了补充完善，甘肃省全国重点镇从42个增加到142个。

【农村危房改造】 2014年，省政府确定实施20万户农村危房改造任务。截至年底，全省危房改造实际开工21.72万户，实际竣工20.36万户，其中争取2014年中央危房改造计划14万户(含建筑节能示范户1.8万户)，占全国总量266万户的5.26％；共下达农村危房改造资金165562.2万元，其中中央资金122200万元，省级补助资金46662.2万元。

制定并报请省政府印发《2014年甘肃省农村危房改造工作实施方案》，按照省政府确定的2014年完成20万户农村危房改造任务的工作目标，将任务分解到各市州并由省政府与各市州签订了目标责任书。组织开展了全省农村危房存量的摸底调查并全部录入信息系统。组织开展了全省"保民生、促三农"专项行动农村危房改造资金管理的专项检查。6月份，采取随机抽样的方式对全省14个市州27个县（市、区）54个乡镇的1080户危房改造户进行检查，同时对各地危房改造工作进行督查。先后组织召开全省农村危房改造工作会议和全省农村危房改造暨村庄风貌建设康县现场会。按照甘肃省委书记王三运关于"农村危房改造指标分配不合理、不公平"的指示精神，组织开展农村危房改造政策执行情况专项检查。根据省委党的群众路线教育实践活动领导小组《关于围绕三项重点任务深入开展"专项整治月"活动的通知》和省效能风暴行动协调推进领导小组《关于对惠农资金管理使用中存在的问题开展专项整治的通知》的安排部署，组织开展农村危房改造计划分配、资金管理、质量安全的专项整治活动。按照省委、省政府关于1至8月为民办23件实事落实进展情况的通报及省政府领导的批示精神，组织开展了农村危房改造"百日会战"。

为重点支持岷县漳县地震灾区农户重建，有力推进灾后城乡居民住房和小城镇恢复重建工作，在2014年农村危房改造计划中安排13个受灾县危房改造计划3.5万户；先后4次组织灾后重建专项督查、8次召开专题会议研究规划设计；协调督促灾区市州、县和相关设计单位于3月份全面完成了9个小城镇、60个异地安置点、15个重灾村的规划设计，确保了省政府确定的灾后重建项目4月份全面开工建设阶段性目标的实现；指导督促灾区市州和各县建立灾后重建工程质量、安全生产、行业建设规范等责任体系，严格落实质量安全责任制；8月下旬，对各地城乡居民住房、小城镇灾后恢复重建进度、规划设计执行情况、质量安全监管体系建设、风貌改造等进行了全面督查；9月下旬，对灾后城乡居民住房及小城镇恢复重建工程质量安全再次进行督查；按照省灾后重建领导小组统一安排，分期举办灾后重建管理干部、技术人员、农村工匠的培训班，选配了3名专业技术干部赴灾区县挂职支援灾后重建；指导定西市按期完成了灾后重建白银农场异地安置点新型农村社区的规划和安置点房屋设计工作。截至年底，完成灾区农村居民住房维修加固计划130341户、城镇居民住房维修加固计划5229户；完成农村居民住房重建计划91549户、城镇居民住房重建计划1518户。

建筑节能与科技

【绿色建筑与建筑节能】 1月10日，甘肃省住房城乡建设厅召开全省绿色建筑与建筑节能工作座谈会，明确2014年全省绿色建筑工作目标。3月，会同省财政厅印发《关于开展2014年甘肃省绿色建筑专项资金申报的通知》，启动2014年绿色建筑省级专项资金项目的申报工作。从3月起，会同省发改委对各市州绿色建筑项目情况开展调研摸底。6月25日召开全省绿色建筑工作进展情况汇报会。按照住房城乡建设部规定的程序对各市州申报绿色建筑评价标识项目进行审查，全省有13个项目完成专家评审。组织省内专家编制印发《绿色建筑施工图审查要点》。印发《绿色建筑施工与验收规范》，组织专家对《绿色居住建筑能耗标准》、《绿色公共建筑能耗标准》进行评审。组织编印《绿色建筑》、《甘肃省绿色建筑适宜技术指南》并分发各市州建设、发改部门。全省新建建筑施工阶段执行建筑节能强制性标准比例达到98%，达到省政府目标责任制考核规定的要求。截至采暖期开始，完成2014年既有居住建筑供热计量及节能改造任务375万平方米，拨付国家奖励资金12474万元、省级补助资金4500万元。会同省财政厅印发《关于开展2013年既有居住建筑供热计量及节能改造任务验收工作的通知》，经验收抽检，完成2013年既有居住建筑供热计量及节能改造任务250万平方米。按照财政部、住房城乡建设部《关于实施2014年北方采暖地区既有居住建筑供热计量及节能改造工作专项核查的通知》要求，7月上旬接受两部核查组对甘肃省2011年、2012年既有居住建筑供热计量及节能改造项目的核查。2月，会同省财政厅印发《甘肃省住房和城乡建设厅 甘肃省财政厅关于明确可再生能源建筑应用示范项目验收期限的通知》，明确各示范市县、太阳能光电建筑应用示范项目的时间节点。6月，会同省财政厅组织验收了兰州市九州开发区"九州绿色新区太阳能建筑应用集中示范区项目"、武威市"能源服务综合楼太阳能光电建筑应用示范项目"。5月6日，召开可再生能源建筑应用示范项目评审会，会同省财政厅组织专家对申请省级可再生能源建筑应用示范项目的敦煌市、临泽县的申报材料进行评审，下达示范任务15万平方米。选取榆中县金崖镇高沿坪村、永昌县六坝乡下排村作为"南墙计划"示范点，共安排30户农宅采用太阳能光热技术、加设阳光间（暖廊）及外墙保温技术，12月通过项目验收。8月6日，召开了全省农村地区太阳能建筑应用（临潭）现场会。委托甘肃省科学院太阳能建筑设计所编印了《甘肃省农村建筑节能"南墙计划"图集》并分发市州建设局。推进公共建筑节能监管体系建设，委托甘肃土木工程科学研究院建设的省级建筑能耗动态监测平台数据中心软硬件设备安装已完成。督促西北师范大学、甘肃农业大学、兰州理工大学抓紧高校节能监管平台建设。

12月26日，举办全省"十二五"建设领域节能量统计工作培训班，指导各市州建筑节能工作人员掌握测算方法并对"十二五"前四年节能量进行测算，为2015年年底准确测算"十二五"节能量打好基础。按照住房城乡建设部要求，完成全省14个市州、85个县区（舟曲县除外）2013年度的民用建筑能耗和节能信息统计工作。根据《住房城乡建设部办公厅关于开展2014年度建筑节能与绿色建筑行动实施情况专项检查的通知》，组织全省开展2014年度建筑节能和绿色建筑行动专项检查。调整甘肃省建设工程与建筑节能新技术、新产品备案工作，取消供热计量装置的备案，并根据住房城乡建设部《关于印发〈民用建筑供热计量管理办法〉的通知》精神，要求供热企业、建设行政主管部门填补取消供热计量装置等产品备案后的空白。6月中旬，国家发改委按国务院要求，对甘肃省2013年度节能和控制能源消费总量目标完成情况进行了现场评价考核。9月，协助住房城乡建设部建筑节能与科技司、能源基金会在敦煌市举办"第三届建筑节能项目交流会"。组织开展"节能宣传周"建设领域的节能宣传活动。根据住房城乡建设部、科技部《关于开展国家智慧城市2014年试点申报工作的通知》，9月，会同省科技厅组织省内城市申报。张掖市、天水市通过住房城乡建设部材料审查。

【建设科技】 新组建成立甘肃省建设科技专家委员会并印发《甘肃省建设科技专家委员会工作规程》。2月24日，召开全省建设科技发展创新座谈会。3月，会同省财政厅印发《甘肃省住房和城乡建设厅 甘肃省财政厅关于组织申报2014年建设科技和建筑节能项目的通知》，首次通过网络组织项目申报。9月，完成2014年度甘肃省科技进步奖的推荐工作，2个项目获得省科技进步二等奖，3个项目获得省科技进步三等奖。

【教育培训】 共开展施工企业岗位培训和建设行业职业技能培训鉴定2.2万人次、完成各类执业资格考试报名47588人次、受理各类执业资格人员的注册申报10195人次、核发各类证书及印章共计17742人次、开展造价工程师网络继续教育1461人次。

工程建设

【工程建设管理】 1月21日，按照《甘肃省安全生产委员会办公室关于研究制定省安委会2015年第一次全体（扩大）会议暨全省安全生产工作会相关配套文件的函》的要求，制订《住房城乡建设领域全面排查安全隐患实施方案》。1月23日，印发《甘肃省住房和城乡建设厅关于调整甘肃省建设安全委员会组成人员及成员单位职责分工的通知》，编制印发14个应急预案。印发《关于转发〈住房城乡建设部办公厅关于切实加强安全生产管理的通知〉的通知》《甘肃省房屋建筑和市政基础设施安全生产"三项行动"实施方案的通知》《关于开展建筑安全专项整治"回头看"工作的通知》《甘肃省住房和城乡建设厅关于做好"元旦"、"春节"及"两会"期间全省住房和城乡建设系统安全生产工作的紧急通知》，组织实施《省住房和城乡建设厅"三项行动"工作方案》《2014年建筑施工及市政设施公共安全保障实施方案》《住房城乡建设领域全面排查安全隐患实施方案》。1月9日，召开了全省住房和城乡建设系统质量安全工作电视电话会议。7月7日，组织召开了全省建筑工程安全质量工作电视电话会议。5～11月，多次组织房屋建筑和市政基础设施质量安全检查，重点检查灾后重建、保障性住房和轨道交通在建项目。6月9～25日，按照《关于组织开展全省房屋建筑和市政基础设施工程施工安全质量监督执法检查的通知》要求，组织专家成立3个检查组对全省进行了执法大检查。共检查了99项在建工程，其中保障性住房21项、公共建筑41项、市政基础设施工程10项、轨道交通工程2项、岷县漳县地震灾后重建工程2项、其他建筑工程23项，共下发质量安全隐患整改通知书771份，局部暂停施工164项。9月22～25日，组织对岷县漳县灾后重建房屋建筑工程质量安全进行专项检查。按照《甘肃省安全生产委员会关于开展全省安全生产年度第二阶段督查工作的通知》要求，10月13～20日，对兰州、定西、白银三市21项在建工程进行抽查。11月12～21日，会同省安监局和兰州市建设局、安全生产监督管理局，对兰州市轨道交通1号线一期工程隧道工程施工的三个标段和已进入基础施工阶段的两个标段安全生产工作情况进行了专项检查。12月26～28日，对兰州、白银、定西3市落实《住房城乡建设部关于立即开展全国建筑施工安全生产大检查切实维护建筑工人工伤权益的紧急通知》开展安全大检查行动的情况进行了督查。5月20～22日，会同省安监局对兰州市轨道交通工程进行了安全检查。10月14～16日，陪同住房城乡建设部质量安全司对兰州市轨道交通工程质量安全监督工作进行检查。

为减轻企业负担和社会成本，提高资质审批效率，按照住房城乡建设部的要求，对工程监理企业甲级资质实行网上申报。从 6 月 10 日开始，按照省政府对全省重大建设项目督查工作的安排，会同省发改委、省国土厅、省建设厅、省林业厅、省重点工程公安局对兰州市等 5 个市州的重大项目建设情况进行为期十天的集中督查。会同省人社厅、财政厅建立了省级建设领域农民工工资保证金制度。受理施工许可申请 15 件，其中已完成审核发证 15 件，新开工面积 90.1 万平方米，总投资 18.5 亿元；办理完成工程竣工备案 6 件。转发了住房城乡建设部新修订的《竣工验收规定》。完成新版《建筑工程施工许可证管理办法》的宣贯及新版施工许可证、申请表换发工作。

从 9 月份开始，全省开展工程质量治理两年行动。成立工程质量治理两年行动领导小组，出台《甘肃省工程质量治理两年行动实施方案》、《关于贯彻落实工程质量终身责任制的通知》，制订了建设单位、勘察、设计、施工、监理五方主体《工程质量终身责任承诺书》及相应的法定代表人授权委托书、《工程质量终身责任信息表》。12 月 30 日，对工程质量治理两年行动中发现的兰州市城关区 S682 号断头路配套给水 DN300 管道改造工程、白银市白银区城市棚户区改造红星小区项目、白银市白银区泰瑞豪庭住宅小区二期工程、庆阳市合水县南城 6 号商住楼项目等 4 起违法违规案例进行了通报。

【省级政府投资项目代建】 2014 年，共承担代建项目 14 项，其中 2013 年结转项目 14 项（1 项退出代建程序）、新增项目 1 项，涉及总投资 19.49 亿元（不含退出代建程序项目投资）；完成建设并交付使用项目 6 项、在建项目 7 项、处于停工项目 1 项；完成项目投资近 4 亿元，累计完成项目投资约 13.07 亿元。

修订完善《代建管理办法（试行）》，制定代建流程图。根据《甘肃省省级政府投资项目代建制管理办法（试行）》，制定出台《甘肃省省级政府投资项目代建合同管理办法（试行）》、《甘肃省政府投资项目代建管理办公室合同评审程序》和甘肃省省级政府投资代建项目代建、勘察、设计、监理、造价咨询、施工、招标代理等合同标准文本。制定出台了《甘肃省省级政府投资代建项目合同价款支付办法（试行）》、《甘肃省政府投资项目代建管理办公室合同价款支付审批流程》。组织完成"甘肃省省级政府投资代建项目管理系统"（网址 http://www.zfdjxm.com）的开发工作。制订

了《甘肃省省级政府投资代建项目移交管理办法（试行）》。收集整理汇总《甘肃省工程建设其他费收费标准汇总集》（民用建筑部分）。

勘察设计

根据《住房和城乡建设部关于深入开展全国工程质量专项治理工作的通知》和《房屋建筑工程勘察设计质量专项治理工作方案》，制定《甘肃省深入开展全省房屋建筑工程勘察设计质量专项治理实施方案》，组织召开全省勘察设计质量专项治理工作会。为落实勘察设计质量专项治理工作要求，组织全省勘察设计单位和施工图审查机构对质量及管理情况进行了自查，对全省施工图审查机构质量管理情况进行检查，抽查了部分项目的审查质量情况。根据《住房城乡建设部关于印发〈工程质量治理两年行动方案〉的通知》和《甘肃省工程质量治理两年行动实施方案》的要求，制定了工程质量治理两年行动勘察设计质量的目标责任和工作任务。

完成全省 340 家勘察设计单位的资质集中检查工作和统计年报的收集、审核和报送工作。对 19 家勘察设计企业跨省注册人员在岗执业情况提出了整改要求。完成了特大型重点建设项目的初步设计审批工作。贯彻落实省政府办公厅关于进一步加强全省建设工程抗震设防工作的通知要求，开展了既有重要公共建筑和市政基础设施的抗震性能普查；修订印发《甘肃省住房和城乡建设系统地震应急预案》，按预案要求组建了甘肃省首届震后房屋建筑应急评估专家队、市政公用设施应急评估专家队、环境卫生处理专家组、建筑垃圾处理专家组、灾后恢复重建规划专家组；组织震后房屋建筑应急评估专家队骨干成员参加了业务培训。转发《住房城乡建设部关于房屋建筑工程推广应用减隔震技术的若干意见（暂行）》，组织编制《甘肃省建筑隔震减震应用技术导则（试行）》，分别在兰州、天水、武威等地进行了宣贯。组织完成了兰州名城广场（250 米超高层建筑群）、临夏天元商业广场综合体（150 米超高层建筑群）超高层建筑的抗震设防专项审查工作。碌曲4.5 级地震发生后，组织震害调查组对距震中较近的尕海乡秀哇村、郎木寺镇贡巴村、拉仁关乡则岔村的受损房屋进行了入户查勘。景泰 4.7 级地震发生后，对震中地区寺滩乡新墩湾村、喜泉镇新泉村等地农宅受损情况进行了查勘，提出了增强农宅抗震性能的建议。为响应国家绿色建筑行动计划，组织省勘察设计协会免费对全省甲乙级建筑设计单位的业务骨干进行了绿色建筑设计宣贯和教育；组织编

第四篇

制甘肃省绿色建筑施工图设计审查要点。组织 2014 年度全省优秀勘察设计评选，河西走廊（疏勒河）农业灌溉暨移民安置综合开发项目等 61 项（含小型项目 4 项）获奖，其中一等奖 4 项、二等奖 15 项、三等奖 42 项。

工程建设标准管理

确定《城市生活垃圾填埋场施工技术规程》等 21 项标准和《家庭无障碍标准设计》等 9 项标准设计的编制计划。先后对《非贮压超细干粉自动灭火系统技术规程》等 22 项标准和标准设计组织召开了编制启动会。参与《预拌砂浆应用技术规程》等 10 余项编制项目的讨论。对《湿陷性黄土地区抗疏力稳定土路面基层技术规程》等 16 项标准组织进行了审查、报批与备案。完成对《湿陷性黄土地区建筑灌注桩》等 3 标准设计的审查、报批。根据住房城乡建设部标准定额司的安排部署，重点对 2009 年以前（含 2009 年）发布的地方标准共计 39 项进行了复审，继续有效的 7 项、需修订的 23 项、停止使用的 9 项。

加强国务院《无障碍环境建设条例》和《甘肃省无障碍建设条例》的宣传贯彻，安排部署全省创建无障碍环境市县工作。协调并会同省国土厅、省民政厅、省财政厅、省老龄办等部门转发《住房城乡建设部等部门关于加强养老服务设施规划建设工作的通知》和《住房城乡建设部等部门关于加强老年人家庭及居住区公共设施无障碍改造工作的通知》。贯彻落实国家《无障碍设计规范》等技术标准，加强项目规划、施工图审查、工程竣工验收等环节的监督管理。会同省残疾人联合会启动了《家庭无障碍标准设计》的编制工作。积极实施全省重度贫困残疾人家居环境的无障碍改造，并在改造资金上予以补贴。按照省残疾人工作委员会的安排部署，积极开展"残疾人社会保障法规政策落实年"活动。根据住房城乡建设部标准定额司《关于开展工程建设企业标准化现状调查的通知》要求，完成对全省工程建设企业标准化工作的调研与总结。配合做好《甘肃省村镇市容环境卫生技术导则》编制工作。8 月，按照住房城乡建设部办公厅和工业和信息化部办公厅"关于开展 2014 年光纤到户国家标准贯彻实施情况监督检查工作的通知"要求，协调省通信管理局安排布置各市（州）先期开展自检自查工作；联合成立检查工作小组，对兰州市、天水市、白银市、张掖市、山丹县、甘谷县进行重点抽查；配合住房城乡建设部标准定额司和工业和信息

化部通信发展司联合调研组对兰州、定西部分在建项目实施光纤到户情况进行了调研；与省通信管理局联合举办了全省光纤到户国家标准宣贯培训。编制完成并会同省质量技术监督局组织专家对《甘肃省城市基础设施专项规划编制导则》进行了审查。为贯彻落实国务院《绿色建筑行动方案》要求，研究制订了甘肃省绿色建筑地方工程建设标准的编制计划；12 月，完成甘肃省在编绿色建筑标准的审查、批准。

法制建设

审查、报审《甘肃省风景名胜区条例》，于 2014 年 9 月 26 日通过甘肃省第十二届人民代表大会常务委员会第十一次会议通过颁布。审查《甘肃省城市生活垃圾及餐厨废弃物处理管理办法》、《甘肃省城市建筑垃圾处理管理办法》。审查了《甘肃省建设工程质量和安全生产管理条例》。审查了《关于进一步加强物业管理促进物业行业健康发展的意见》、《甘肃省规划建设督察员管理办法》等厅发规范性文件。审查了《国外投资项目在甘审批程序管理规定》等立法草案征求意见共 28 件。完成厅发规范性文件备案工作。完成 17 项行政复议案的审理、处置工作。向住房城乡建设部报告 2013 年 6 项行政复议典型案例。按照国务院、省政府要求，对所承担的行政审批事项进行梳理。对 2008 年以来清理、下放、合并、取消、停止执行的项目和转入正常工作的行政审批项目制定规章制度和监管办法及措施，行政审批事项由过去的 55 项精简为 14 项，注重由过去的事前审批转至事中、事后监管。督促指导下放到各市州的行政审批事项的管理工作，对平凉、庆阳两市推进简政放权政策落实情况进行了督查。

建设稽查执法

《甘肃省建设行政执法条例》（以下简称《条例》）自 1 月 1 日起施行后，召开新闻发布会，编写了《条例》释义并印发全省，制定《甘肃省建设行政处罚程序规定》等配套办法。按照《住房和城乡建设部关于印发 2014 年重点稽查执法工作方案的通知》，制定 2014 年建设行政执法工作计划。印发《甘肃省建设稽查执法局 2014 年工作要点》，要求尚未建立执法机构的市州按照《甘肃省建设行政执法条例》规定组建专门的执法机构。2014 年，共办理各类案件 30 件（其中住房城乡建设部转办 14 件），涉及卫星遥感图斑 4 件、城乡规划和勘察设计 15 件、质量安全和建筑市场 8 件、房地产和住房公积金 7 件，办结 20 件，对 3 家责任单位实施了处罚；全省共受理举

报 1951 件，立案调查 1763 件，结案 1688 件，罚没
金额 3390.19 万元。全省共开展专项检查 650 次，发
出整改通知书和执法文书 4208 份。

【城乡规划督察】 建立甘肃省城乡规划督察制
度。编印《城乡规划督察工作手册》，制定了《甘肃
省城乡规划督察暂行办法》、《甘肃省城乡规划督察
工作规程(试行)》、《甘肃省城乡规划督察员管理办
法(试行)》、《甘肃省城乡规划督察专项资金管理办
法(试行)》等配套性文件，印发了《关于全省实施
城乡规划督察制度的通知》。结合上半年督察工作
向省政府上报了《关于对金昌等 8 个城市规划督察
情况的报告》，省政府办公厅印发了《关于进一步
加强全省城乡规划工作的意见》。举办了为期 5 天
的城乡规划督察员培训班，向 29 名培训合格人员
颁发了督察员证。3 月 7 日，召开了全省城乡规划
督察工作启动会议。从 3 月开始，先后对省人民政
府批准城市总体规划的 15 个城市城乡规划情况进
行了督察，查阅了 15 项城市总体规划、116 项控制
性详细规划、102 项专项规划、16 项历史文化名城
保护规划、80 项修建性详细规划、60 项各类专题
研究和城市设计及概念规划，检查了 448 项建设
项目。

大事记

1 月

3 日 省政府第 35 次常务会审议通过了《甘肃
省城镇燃气发展规划(2014～2020 年)》。

10 日 甘肃省绿色建筑与建筑节能工作座谈会
在兰州召开。

20 日 省小城镇规划评审委员会组织召开会议，
对岷县梅川镇、茶埠镇和漳县三岔镇、殪虎桥乡小
城镇灾后重建规划进行评审并原则通过评审。至此，
岷县漳县 6.6 级地震灾后重建确定的 9 个小城镇和
60 个异地搬迁村庄规划编制及评审任务全面按期
完成。

21 日 全省住房城乡建设暨党风廉政建设工作视
频会议召开。

2 月

24 日 全省建设科技发展创新座谈会在兰州召开。
同日 全省住房公积金管理工作座谈会在白银召开。

3 月

3 日 全省保障性安居工程建设工作会议在兰州
召开。

7 日 全省城乡规划督察启动工作会议在兰州举
行，向 8 个省辖城市派出了首批督察员。

同日 甘肃省省域城镇体系规划(2013～2030)
纲要框架成果汇报会在兰州召开。

12 日 全省建设工程安全质量监管工作会议在
兰州召开。

22 日 全省住房公积金贷款支持保障性住房建
设工作汇报会在天水召开。

4 月

1 日 全省城市建设和管理工作座谈会在兰州
召开。

14 日 省政府组织召开省新型城镇化试点工作
领导小组第一次全体会议。

5 月

15 日 为顺利推进全省新型城镇化试点工作，
全省新型城镇化试点工作培训会在兰州举办。

24 日 省政府召开第 47 次常务会议，讨论研究
并原则审查通过《甘肃省省域城镇体系规划(2013～
2030)》纲要成果。

6 月

6 日 甘肃省建设工程造价会议在白银市召开。

25 日 全省棚户区改造工作汇报会在兰州召开。

7 月

7 日 全省建筑工程安全质量工作电视电话会议
召开。

29 日 敦煌市鸣沙山月牙泉风景名胜区重点区
域详细规划正式获住房城乡建设部批准。

8 月

6 日 全省农村建筑太阳能利用暨旅游型小城镇
建设座谈会在临潭县召开。

14 日 全省农村危房改造暨农村风貌建设现场
会在陇南市康县召开。

9 月

5 日 岷县漳县 6.6 级地震灾后城乡居民住房及
小城镇恢复重建工作会议在兰州召开。

12 日 全省住房公积金管理工作暨 12329 服务
热线建设座谈会在嘉峪关市召开。

26 日，《甘肃省风景名胜区条例》经省十二届人
大常委会表决通过，于 2015 年 1 月 1 日起正式颁布
施行。

29 日 全省新型城镇化试点工作永靖现场会议
召开。

11 月

5 日 全省智慧城市试点创建工作座谈会在兰州
召开。

20 日 《甘肃省城市基础设施专项规划编制导
则》(试行)通过评审成为地方标准。

12月

26日 全省"十二五"建设领域节能量统计工

作培训班在兰州举办。

（甘肃省住房和城乡建设厅 供稿：彭强）

青 海 省

概况

2014年，青海省住房和城乡建设系统在青海省委、青海省人民政府的正确领导下，在住房和城乡建设部的帮助指导下，认真贯彻落实中央十八届四中全会、省委十二届五次全会精神，紧紧围绕中心工作，坚持加快发展、改革创新、服务民生的总基调，稳中求进，勇于担当，积极而为，攻坚克难，各项工作取得了新成效。青海省建设工程质量监督总站被中国建筑业协会评为建设工程质量监督机构与检测行业先进单位；青海省工程建设造价总站编纂的《青海工程造价管理信息》被中国建设工程造价管理协会评为第十三届全国工程造价管理类优秀期刊；青海省住房和城乡建设厅被青海省军队转业干部安置工作领导小组、中共青海省委组织部、青海省人力资源和社会保障厅、中国人民解放军青海省军区政治部四部门联合评为全省军队转业干部安置工作先进单位；被青海省政协评为2013～2014年度省政协提案先进承办单位；被青海省委办公厅、青海省人民政府办公厅评为2014年度全省党委系统和政府系统督查工作、信息工作先进集体。

城镇保障性安居工程

2014年，青海省新开工城镇保障性住房和各类棚户区改造11.05万套（户），基本建成8.09万套（户），入住7.58万套（户），分别完成年度目标任务的100％、101％和105％。共落实中央和省级补助资金35.52亿元用于城镇保障性住房建设，其中中央资金30.83亿元，省级资金4.69亿元。落实国开行棚户区改造贷款107.02亿元。制定出台《青海省保障性住房准入分配退出和运营管理实施细则》，保障性住房产权认定和发证工作全面启动，保障房管理改革试点工作全面展开，廉租住房和公共租赁住房实行并轨运行，并实行差异化租金管理。选择贵德、门源和互助县作为保障性住房配售试点地区，推行保障性住房共有产权。加大动态跟踪监测和督促检

查力度，人大代表、政协委员、纪检监察部门及新闻媒体全程参与保障性住房的分配监督。所有市（州）和县公开相关信息，并通过设立举报电话、信箱等方式畅通举报渠道，保障房的建设、分配、管理等全程接受社会监督。

房地产业

2014年，青海省完成房地产开发投资308.27亿元，同比增长24.5％。完成商品房销售面积415.77万平方米，同比增长8.97％。研究制定《青海省房地产开发经营管理办法》，进一步加强对房地产开发市场行为的监管。组织专家对2014年青海省申报2A级性能认定的26个住宅项目进行预审，其中24个项目通过预审。对25家二级以上资质物业服务企业进行规范化管理达标考核，评选出12个物业管理示范住宅小区，1个物业管理示范工业区，规范化管理达标考核达标率为84％。强化房地产市场调研分析，形成《青海省房地产市场形势分析报告》和《关于新建房屋供配电工程配套费收取情况的报告》。西宁市从9月起取消商品房限购政策。着重抓好房地产市场监管。加大对房地产中介机构的监督管理，曝光一批房地产中介机构和经纪人的违法违规行为。建成并启用了省、州（市）、县及企业联网的青海省房地产信息系统，实现全省住房信息共享和查询。根据组织部门安排，分15次核查上报了1600人次领导干部的房产信息。进一步规范房屋征收工作，对海南州共和县、海东市民和县的国有土地上房屋征收与补偿行政执法倾向性问题开展监督检查。提升物业服务管理水平，积极推进《青海省物业管理条例》立法工作，该条例被列入省人大常委会的审议议题。

城乡规划

2014年全省城镇化率达到49.8％，较"十一五"初提高了10.6％，城镇常住人口比2000年增加百万人，全省城市由3个增加到5个，建制镇由123

个增加到 137 个，城镇建成区面积增长 25% 以上，初步形成了以西宁为中心、其他城市和州府县城为骨干、小城镇为基础的城镇体系。

完成《青海省城镇体系规划》和《西宁市城市总体规划》工作。组织开展 10 个城镇的总体规划实施评估及规划修编。开展《东部城市群城镇体系规划》、《东部城市群城乡一体化规划》修编工作，编制完成西宁市等城镇核心区域、重要区域控制性详细规划 67.9 平方公里和 39 个县(市)县域村镇体系规划。互助、都兰、海晏三县"三规合一"试点工作正式启动。

进一步规范了规划编制管理监督行为，制定出台《青海省城市规划管理若干技术规定》、《青海省城乡规划督察员管理办法(试行)》等相关制度。加大规划执行和执法检查，遴选 10 名城乡规划督察员，在充分尊重地方事权、不影响正常规划编制、报批和行政管理的情况下，定期对规划审批情况进行抽查。2014 年共查处规划方面违法违纪案件 207 件，罚款 833 万元。

建筑业

2014 年，青海省完成建筑业增加值 278.23 亿元，同比增长 19%，完成年度目标任务的 139%，占青海省生产总值的 12.1%。全省工程质量一次交验合格率为 97.37%，比 2013 年增长 2.37 个百分点。青海艺术中心工程荣获 2014～2015 年度中国建设工程鲁班奖(国家优质工程)；玉树州医院工程荣获 2013～2014 年度国家优质工程奖；西宁曹家堡机场二期工程航站楼等 17 项工程荣获 2014 年度青海省建设工程"江河源"杯奖(省级优质工程)。扎实开展工程质量治理两年行动，25 起违法违规的典型案例被《中国建设报》和《青海日报》等主要新闻媒体曝光，对 18 家单位做出了行政罚款，23 家省外企业清出青海省建筑市场，29 家省内企业撤回资质，淘汰和清出了一批省内和省外"休眠"建筑业企业。

扎实推进全省建筑施工质量安全标准化工作，全省 10 项工程获得国家"AAA 级安全文明标准化诚信工地"称号，55 项工程获得"省级建筑施工安全质量标准化示范工地"称号。进一步优化市场发展环境。主动适应形势、转变职能、深化改革，修订涉及企业发展的相关管理办法，给行业发展创造良好的环境，省内 4 家施工企业和 3 家监理企业获得国家一级施工资质和甲级监理资质。

严格规范建筑市场秩序，通过全省建筑业企业资质动态核查、建筑市场执法检查、工程质量安全

大检查等专项活动，查处违法违规单位和企业。扎实开展工程质量治理两年行动，制定《青海省工程质量治理两年行动实施方案》，明确了组织领导、治理目标、治理重点和具体措施。

先后通过深入企业、深入项目、拉网式检查等方式，对在建房屋建筑和市政工程项目进行全面检查，并充分发挥媒体的舆论监督作用，通过国家和省内主要媒介公开曝光 11 起违法违规典型案例。强化勘查设计行业监管，制定并向省法制办上报《青海省建设工程勘察设计管理办法》，出台《青海省工程勘察设计市场监督检查实施办法(试行)》，下发《关于进一步加强青海省保障性安居工程勘察设计工作的通知》。组织开展全省工程勘察设计市场检查，随机抽查在建工程项目 42 项，总建筑面积 72 万平方米，下发整改通知书 23 份。全年累计审查建设项目初步设计 142 项，总建筑面积 128.63 万平方米。

城镇基础设施建设

2014 年，青海省完成城镇市政公用基础设施建设固定资产投资 86 亿元，建成一批城镇道路、排水、污水处理、集中供热等项目。城市道路交通改扩建、污水处理再生水利用、地下综合管廊试点、步行和自行车交通系统建设示范等一批"补短板"工程启动实施，部分已经建成投入运行。

出台《关于加快推进城镇基础设施建设的意见》、《关于加强城镇地下管线建设管理工作意见》和《关于进一步加强城镇管理工作的若干意见》，为城镇建设管理提供了政策支持。会同青海省发改委联合下发《城镇市政公用基础设施项目立项审批建设管理职责分工的通知》，明确住房城乡建设部门和发展改革部门在城镇市政公用基础设施项目中的立项审批建设管理职责。进一步加强对城镇供水、燃气、桥梁安全、垃圾污水处理的监管工作。认真做好风景名胜区的申报工作，正式启动青海可可西里申报世界自然遗产工作。完成坎布拉、大通老爷山、天峻山省级风景名胜区申报国家级风景名胜区资源调查评价和总体规划大纲编制，确立天境祁连、德令哈柏树山、海晏金银滩、乌兰金子海为第五批省级风景名胜区。

村镇建设

2014 年，开工建设农牧区住房 6.52 万户，开工面积 451.23 万平方米，开工率 100.3%，竣工 6.52 万户，竣工率 100.3%，完成投资 43.09 亿元。青海省 20 个新型农村社区建设任务进展顺利，累计完成

投资 10.26 亿元，占总投资比例的 26.1%。圆满完成 300 个高原美丽乡村建设任务，完成投资 18.98 亿元。完成青海省高原美丽乡村建设村庄规划备案 296 个，完成率 98%。

重新充实调整了农牧区住房建设管理工作机制。充分发挥省高原美丽乡村建设领导小组办公室职能作用，组织开展中期观摩、工作督查和年终考核验收工作，督促各地建立领导机构，制定实施方案，县级党委政府认真履行主体责任，普遍建立了县级领导联系点和县乡干部包村制度。突出建设重点。把高原美丽乡村建设作为农村住房建设的重点，为 300 个高原美丽乡村安排住房建设 2.56 万户，占全省农村住房建设任务的 39.39%，有效改善了农牧区人居环境。

不断完善农牧区住房建设质量管理制度，将农牧民建房纳入质量监督范围，一些地区还聘请监理企业对农牧区住房建设提供监理服务，确保农牧区住房建设工程质量安全。进一步加大全省农村危房改造试点农户档案管理等各类信息系统的登记录入及档案归档工作，分 4 期对 420 名信息管理人员进行业务培训，为住房建设管理工作奠定了基础。

高度重视传统村落的稀缺性和不可再生性，采取有效措施对具有高原地域特色和民族风情的传统村落加以保护。成功申报循化县街子镇和班玛县灯塔乡班前村、循化县清水乡大庄村、玉树县安冲乡拉则村等为国家级历史文化名镇名村。同仁县扎毛乡和日村等 21 个村庄列入第三批中国传统村落名录，至此，青海省已有 41 个村庄列入中国传统村落名录。

建筑节能与科技

2014 年，青海省编制了《青海省绿色建筑设计标准》、《青海省住宅工程分户验收规程》，修订了《青海省绿色建筑评价标准》，发布《建设工程绿色施工规程》等三项工程建设地方标准。加快建筑节能改造步伐，完成 300 万平方米既有居住建筑供热计量及节能改造任务，落实国家和省级补助资金 2.1 亿元。督促完成被动式太阳能暖房建设任务 1.1 万户，为高原美丽乡村建设村安排太阳能路灯 2958 盏，落实补助资金 1478 万元。

积极发展绿色建筑，组织开展绿色建筑评价标识评审工作。2014 年完成青海新华联 1 号地酒店等八个项目绿色建筑评价公示备案工作，落实省级补助资金 372.6 万元。启动了青海省首个以太阳能利用为核心技术的被动式低能耗建筑示范项目（乐都丽水湾小区被动式超低能耗绿色建筑示范项目），该项目被住房城乡建设部列入 2014 年国家科学技术计划项目库。大力推广散装水泥，完成散装水泥供应量 856.78 万吨，同比增长 13.86%；水泥散装率达 49%，较 2013 年提高 1.78 个百分点；预拌混凝土使用量达 996.99 万立方米，同比增加 151.21 万立方米。

法规稽查

严格按照《青海省行政规范性文件制定和备案办法》，对 156 件现行规范性文件进行了清理，其中废止 53 件，保留 94 件，修订 9 件，新建制度 18 项。进一步简政放权，取消行政审批项目 3 项，下放管理层级的行政审批项目 7 项，其中包括 47 个资质审批子项，调整实施机关的行政审批项目 1 项。取消了建设类企业年度业绩考核。实行行政审批"审管分离，阳光操作，限时办结"的审批模式，委派 3 名工作人员进驻省行政服务中心，集中受理 11 项行政审批事项。

制定下发《2014 年重点稽查执法工作要点》、《全省住房城乡建设行政处罚裁量权实施办法》和《青海省房地产及中介机构行政处罚裁量基准》。会同青海省政府法制办开展《青海省促进散装水泥发展办法》（第 93 号令）贯彻执行情况联合执法检查，联合青海省人大环资委对全省城乡规划实施和监管情况进行了检查。全年共实施行政处罚 4 件，罚款 77.7 万元并全部上缴国库，无投诉或行政复议申请。受理并办结房地产开发、规划选址、拆迁许可等各类行政复议案件 8 件，有效纠正了违法或不当的行政行为。制定印发《关于深入推进全省住房城乡建设系统行政审批制度改革工作的指导意见》和《关于加强建设类企业资质动态核查的通知》。编制《行政审批服务指南》，成立行政审批集中受理办公室并进驻省政府行政服务中心，受理厅机关行政审批事项 11 项，缩减办结时限 45% 以上，提高了审批效率，被青海省行政服务中心评为年度优秀窗口。

法治培训宣传工作到位，组织各市（州）及县（区）住房城乡建设主管部门和厅直各单位行政执法人员举办行政执法培训班，就行政稽查执法和行政处罚、行政复议等法律知识进行培训。为规范房地产开发企业经营行为，组织开展以《青海省实施〈中华人民共和国城乡规划法〉办法》、《青海省房地产开发企业资质管理实施办法》等为主要内容的法制教育培训班。同时，结合"六·五"普法工作、"12.4"全国法制宣传日，组织开展了《中华人民共和国行政处罚法》知识普及答题活动和建设系统法律法规宣传活动。

公积金管理

2014年，青海省正常缴存住房公积金职工42.83万人，归集住房公积金71.77亿元，同比增长30.1%，累计归集住房公积金404.8亿元；2014年住房公积金提取40.13亿元，同比增长30.5%，累计提取住房公积金180.59亿元；2014年发放住房公积金个人贷款16526笔，计33.22亿元，同比增长42.9%，累计发放住房公积金贷款210.4亿元；2014年贷款余额84亿元，个贷率37.5%，发放住房公积金支持保障房建设贷款1700万元，全省住房公积金业务收入8.27亿元，同比增长25%，业务支出6.3亿元，同比增长37.7%。当年产生增值收益1.95亿元；2014年提取廉租房补充资金6938.44万元，比上年增长57.5%；总体上看，青海省住房公积金事业发展良好，能够以民生需求为导向，在创新管理机制、完善管理制度、提高服务水平等方面进行了探索改革，推动了住房公积金管理上台阶。

建设人事教育

坚持德才兼备、以德为先的用人标准，严格按照《党政领导干部选拔任用工作条例》和有关规定，改进民主推荐、民主测评和考察方法，严把推荐提名、酝酿沟通、组织考察和讨论决定关，提高选人用人的公信度。先后提任处级干部11名、科级干部22名，调整交流轮岗处级干部8名、科以下干部9名。做到了各地域、各民族、不同性别、不同经历的干部在选拔任用上一视同仁，把能干事、会干事、干成事、群众口碑好的干部选拔到领导岗位上，激发了干部的生机和活力。

加强教育培训管理工作，先后选派12人分别参加了公务员初任相关培训，派遣11名同志参加出国培训。同时，针对青海省建设行业人才队伍状况，加强行业专业人员培训，对申报开展特种作业培训机构进行师资力量、培训场地、培训设施审查，对培训机构的培训范围进行了明确。全年共培训建筑施工企业主要负责人、项目负责人和专职安全生产管理人员3158人、继续教育1926人、施工员等岗位培训1736人、注册监理工程师继续教育87人、二级建造师继续教育898人、行业专业技术人员继续教育963人。

党风廉政建设

2014年青海省住房和城乡建设厅认真贯彻落实党风廉政建设和反腐败工作的重要决策部署，党风廉政建设和反腐败工作成效明显。明确工作责任，认真履职尽责。印发《青海省住房和城乡建设厅关于落实党委主体责任和纪委监督责任的意见》、《青海省住房城乡建设系统党风廉政建设和反腐败工作要点》《青海省住房和城乡建设厅贯彻落实〈建立健全惩治和预防腐败体系2013～2017年工作规划〉实施意见》等一系列文件，明确了党风廉政建设任务的牵头领导、责任部门，层层签订党风廉政建设责任书，确保履职尽责到位、工作落实见效。对厅属领导班子和领导干部落实党风廉政建设责任制情况进行了检查考核。开展"两个责任"约谈和廉政承诺和"拒收送礼金红包承诺"活动，82名处以上干部、567名干部职工作出廉政和拒收送礼金红包的承诺。严明党的纪律，增强党性观念。印发《中共青海省住房和城乡建设厅委员会关于深入开展严明政治纪律严肃工作纪律专项整治的通知》，进一步加强党员干部遵守组织纪律、工作纪律、财经纪律等方面的教育，对1名厅领导、3名处级干部进行离任审计。厅纪委组织检查组对厅系统党员干部遵守党的纪律情况进行9次督促检查。深化作风建设，提升行政效能。

认真贯彻落实中央"八项规定"和青海省委省政府21条措施，制定印发了《省住房城乡建设厅关于加强公务接待管理的通知》、《省住房城乡建设厅关于加强公务车辆集中管理的通知》、《省住房城乡建设厅机关作风和效能建设10项制度》和《省住房城乡建设厅考勤和请销假规定》等长效机制。精简会议文件，据统计全年召开省级会议1次，召开部门会议8次，同比减少20%。加强公车管理，严格落实公务车标识和"五不准"要求，清退公务车1辆，2014年度公车运行维护费预算数60.14万元，执行数57.69万元，比预算指标压缩开支2.45万元，与预算数相比节支4.07%；公务接待费预算数18.1万元，执行数2.92万元，比预算指标压缩开支15.18万元，与预算数相比节支83.87%。带头执行中央和省委关于清理办公用房的通知要求，对超出规定面积的749.5平方米办公用房进行了调整，对党的群众路线教育实践活动整改方案中的23条突出问题全部进行了整改。加强党风廉政教育，筑牢思想防线。组织开展读书思廉活动，强化警示教育，倡导廉政文化，大力开展"六个一"廉政主题教育活动，即每月印发一期《警示教育》资料，开展一次党纪法规知识竞答，组织一次处级干部廉政教育培训，举办一堂廉政党课，开展一次警示教育，进行一次廉政谈话，使廉洁价值理念深入人心，营造了"廉荣贪耻"的良好氛围。

大事记

1月

7日　青海省住房和城乡建设厅制定并印发《青海省住房和城乡建设厅行政审批集中受理分口办理工作规程》，进一步推进阳光审批，规范行政审批行为，提高行政审批效率。

13日　根据《中共青海省委办公厅青海省人民政府办公厅转发〈关于领导干部公务用车配备管理的意见〉的通知》精神，青海省住房和城乡建设制定下发《青海省住房城乡建设厅关于公务车辆集中管理的通知》，进一步规范公务车辆使用管理。

20日　青海省住房和城乡建设厅下发《关于全面启用房地产信息系统的通知》，从3月1日起房地产信息系统正式启用。

25日　青海省住房和城乡建设工作会议暨党风廉政建设工作会议在西宁召开，贯彻落实党的十八大、十八届三中全会、中央经济工作会议和中央城镇化工作会议精神，回顾2013年住房城乡建设工作，安排部署2014年重点工作。

2月

19日　住房城乡建设部和国家文物局联合下发《关于公布第六批中国历史文化名镇（村）的通知》，批准青海省循化县街子镇和班玛县灯塔乡班前村、循化县清水乡大庄村、玉树县安冲乡拉泽村为国家级名镇名村。

20日　为加强青海省城镇燃气管理，青海省住房和城乡建设厅向青海省政府上报《关于青海省城镇燃气管理现状的报告》，进一步分析城镇燃气管理工作存在的问题，研究制定加强燃气管理的具体措施，确保全省燃气安全运行。

24日，青海省住房和城乡建设厅组织开展2013年度玉树灾后重建优秀城乡规划设计奖评选工作，从项目成果的完整性、规范性、创新点、社会反映等方面评选出38个获奖项目。

3月

3日　按照《住房城乡建设部关于组织开展县（市）城乡总体规划暨"三规合一"试点工作的通知》要求，经青海省住房和城乡建设厅研究，确定海东市互助土族自治县、海西蒙古族藏族自治州都兰县、海北藏族自治州海晏县三县为青海省"三规合一"试点县。

11日　青海省住房和城乡建设厅印发《2014年

全省建筑施工安全生产专项整治工作方案》。组织对青海省所有在建房屋建筑、市政公用工程和工业建设项目开展工程质量专项治理工作。

12日　青海省住房和城乡建设厅组织召开青海省推进高原美丽乡村建设电视电话会议，会议就青海省开展改善农牧区人居环境，推进高原美丽乡村建设工作进行动员部署，明确了2014年度300个高原美丽乡村建设任务。

17日　青海省住房和城乡建设厅制定印发《关于全省住房城乡建设系统深入推进行政审批制度改革工作的指导意见》，从而进一步规范行政审批行为，推进全省住房城乡建设系统行政审批工作规范化、科学化管理，提高审批服务效率。

21日　青海省住房和城乡建设厅报请青海省政府同意，印发《青海省保障性住房准入分配退出和运营管理实施细则》，进一步加强青海省保障性住房准入、分配、退出和运营管理，建立健全规范有序的保障性住房管理制度。

28日　青海省海东市乐都金鼎房地产开发有限公司与德国能源署签订了《中德建筑能效合作协议书》，标志着青海省首个以太阳能利用为核心技术的被动式低能耗绿色建筑示范项目—乐都区丽水湾小区被动式低能耗建筑示范项目正式启动，同年6月份，该项目被住房和城乡建设部正式列为2014年科学技术项目计划。

31日　青海省防震减灾技术中心建设项目就橡胶隔震支座进行了现场安装，这标志着建筑隔震技术首次在青海省建筑施工中得以应用。

4月

1日　青海省住房和城乡建设厅公布《现浇混凝土(预应力)斜柱施工工法》等14项工法为2013年度青海省省级工法。

22日　青海省住房和城乡建设厅制定印发《青海省第二批"城市禁黏(限黏)、县城禁实"工作实施方案》。青海省共有3市(西宁、格尔木、德令哈)11县(平安、民和、互助、化隆、循化、同仁、乌兰、都兰、天峻、刚察、祁连)列入国家第二批"禁实"县城和"限黏"城市名单。

26日　经青海省法制办同意，青海省住房和城乡建设厅制定并印发《青海省房地产及中介行政处罚裁量基准》，规范和控制行政处罚自由裁量权，促进依法行政，维护公民、法人和其他社会组织的合法权益。

28日　青海省住房和城乡建设厅出台《预防建筑施工起重机械脚手架等坍塌事故专项整治工作方

案》，进一步落实企业的安全生产主体责任，着力推进建筑施工安全标准化工作，有效防范和遏制建筑起重机械、脚手架和模板支撑系统等坍塌事故，促进全省建筑市场安全生产。

28日　国家发展改革委、住房城乡建设部印发《关于下达保障性安居工程配套基础设施建设2014年中央预算内投资计划的通知》，下达青海省保障性安居工程配套基础设施建设2014年中央预算内投资99971万元。

30日　财政部、住房城乡建设部印发《关于下达2014年中央财政城镇保障性安居工程专项资金的通知》，下达青海省2014年中央财政城镇保障性安居工程专项资金203997万元。

5月

12日　青海省财政厅、青海省住房和城乡建设厅联合印发《关于青海省省级财政城镇保障性安居工程专项资金管理办法的通知》，进一步规范中央和省级财政城镇保障性安居工程专项资金的使用管理，提高资金使用效益。

16日　青海省住房和城乡建设厅召开《2014年青海省散装水泥技术改造及设施、设备建设项目评审会》，共审查28个建设项目，审查通过27个建设项目，发放项目补助资金585万，带动行业投资2.31亿。

19日　青海省住房和城乡建设厅、青海省财政厅下达青海省2014年300万平方米既有居住建筑供热计量及节能改造任务，其中，西宁市616274平方米、海东市1174408平方米，黄南州115451平方米，果洛州146255平方米、海西州584083平方米、海南州155460平方米、海北州122676平方米、玉树州85393平方米。

20日　青海省住房和城乡建设厅召开青海省建筑工程质量安全工作电视电话会议，主要分析全省建筑工程质量安全形势，部署青海省房屋建筑和市政基础设施工程及工业建设项目质量安全工作。

6月

3日　青海省住房和城乡建设厅组织在西宁市夏都府邸东区项目部召开全省住宅工程质量分户验收观摩现场会。各州、市、县（区）住房城乡建设主管部门负责人，工程质量安全监督机构负责人，房地产开发、施工、监理企业技术负责人，共计2000余人参会。

4日　青海省住房和城乡建设厅会同青海省发改委下发《城镇市政公用基础设施项目立项审批建设管理职责分工的通知》，进一步明确住房城乡建设部

门和发展改革部门在城镇市政公用基础设施项目中的立项审批建设管理职责。

24日　青海省财政厅、青海省住房和城乡建设厅制定并印发《青海省公共租赁住房出售收入管理办法》。规范青海省公共租赁住房（含并轨运行的廉租住房）出售收入管理，保障房屋买卖双方合法权益，促进城镇住房保障工作健康发展。

26日　青海省住房和城乡建设厅报省政府同意，制定并印发了《青海省房地产开发经营管理办法》，办法对项目资本金管理、项目规划设计、工程建设程序、商品房的质量保修责任、销售价格管理、商品房预售许可证条件、销售现场管理、商品房买卖合同签订、商品房销售宣传广告、项目资本金管理、商品房保修金管理、房地产开发企业的开发经营行为以及省、市、州、县主管部门监督管理等方面都作了明确规定。

27日　青海省住房和城乡建设厅向省政府专题汇报《关于启动世界遗产、文化与自然双遗产申报工作的请示》。同年10月15日，省政府召开专题会议，可可西里申报世界自然遗产工作正式启动。

7月

1日　青海省住房和城乡建设厅、青海省财政厅向全省各地下达太阳能和绿色建筑专项资金2600万元。对2014年度评定的二星级绿色建筑、海东市乐都区被动式低能耗建筑示范项目、海东市平安县、民和县、循化县和化隆县8所学校的太阳能浴室工程、青海省部分村庄的太阳能路灯和被动式太阳能暖房项目进行省级资金补助。

9日　青海省住房和城乡建设厅报省政府同意，制定并印发《关于加快推进城镇基础设施建设的意见》，进一步明确了青海省城镇基础设施建设的11个重点领域的主要工作任务及到2020年的发展目标。

10日　青海省政府印发《青海省人民政府办公厅关于印发青海省教育厅8个厅局主要职责内设机构和人员编制规定的通知》，明确青海省住房和城乡建设厅新增设"城市供热燃气处"机构，同时增设编制3名。

11日　青海省住房和城乡建设厅、青海省质量技术监督局发布执行《碳纤维发热线缆地面辐射供暖技术规程》（DB63/1306—2014），自8月1日起实施。

21日　为进一步规范行政行为，理顺职责关系，完善运行机制，创新工作监管方式，推动管理方式向规范有序、公开透明、便民高效转变，下发《关

于调整建筑节能科技和勘察设计行业职能的通知》，对工作职能进行调整优化。

24日 青海省棚户区改造、农村住房及高原美丽乡村建设工作推进会在西宁召开，会议内容：贯彻落实省委省政府关于加快棚户区改造、积极推进高原美丽乡村建设指示精神，观摩建设示范点现场，通报上半年全省棚户区改造、农村住房及高原美丽乡村建设工作进展情况。青海省推进高原美丽乡村建设领导小组、青海省城乡住房建设领导小组成员单位及省直有关单位140余人参加会议。

29日至8月12日 青海省住房和城乡建设厅联合省人大环资委、省级城乡规划督察员赴全省各地对城乡规划的实施情况和《城乡规划违法违纪行为处分办法》贯彻落实情况开展了青海省城乡规划巡查工作。

8月

1日 青海省住房和城乡建设厅会同青海省财政厅争取中央"以奖代补"资金6093万元，下发了《关于下达2014年城镇污水处理设施配套管网建设任务及专项资金预算的通知》，安排15个县城污水处理设施配套管网建设任务64.85公里。

8日 青海省发展改革委、青海省住房和城乡建设厅联合印发《关于完善青海省城市新建住房供配电工程配套费政策有关事项的通知》，减免了城镇保障性住房和棚户区改造住房的电力设施配套费等，降低保障性住房建设成本。

13日 青海省住房和城乡建设厅制定下发《关于开展全省生活垃圾填埋场无害化处理等级评定（复查）工作的通知》。对互助县、贵南县、同德县生活垃圾填埋场进行无害化处理等级评定，同时对西宁市区、湟源县、乐都区、平安区、共和县、贵德县生活垃圾填埋场无害化处理进行复查。

25日 为进一步加快东部城市群建设，青海省住房和城乡建设厅组织开展《东部城市群城镇体系规划》、《东部城市群城乡一体化规划》修编工作。

28日 青海省住房和城乡建设厅印发《关于"两房并轨"试点推行公共租赁住房配售制度改革的工作方案》。通过对公共租赁住房的配售，把群众的储蓄资金转化为固定资产，既满足群众拥有房屋产权的需求，又回笼保障性住房建设资金，减轻政府负担，有利于实现保障性住房的有效退出。

9月

15日 为深入贯彻落实青海省省委、青海省政府关于深化改革重要工作部署，青海省住房和城乡建设厅制定出台《2014年度青海省住房和城乡建设厅深化改革实施方案》。进一步简政放权，进行职能改革。

16日 为规范建筑市场秩序，保障工程质量，促进建筑业持续健康发展，青海省住房和城乡建设厅制定下发《青海省工程质量治理两年行动实施方案》。

18～19日 青海省住房和城乡建设厅在青海省海北州门源县举办全省绿色建筑与可再生能源建筑应用现场观摩暨技术培训会议。

22日 青海省住房和城乡建设厅、青海省质量技术监督局联合发布执行《建设工程绿色施工规程》DB63/T 1307—2014工程建设地方标准，自11月1日起实施。

10月

20日，青海省住房和城乡建设厅研究开发的"青海省房地产信息系统V2014"通过住房和城乡建设部信息中心组织的应用软件测评。

20～23日 青海省住房和城乡建设厅在海东市乐都区组织召开中德合作被动式低能耗建筑施工技术培训会。省内建筑质量监督管理部门、房地产开发、设计、施工和监理等单位近200人参加了培训。

28～31日 青海省住房和城乡建设厅委托青海省房地产协会举办2014年度商品房销售人员资格培训班，共计200余人参加培训课程。

28日 青海省住房和城乡建设厅报请青海省政府同意，印发《关于加强城镇地下管线建设管理工作意见》，安排设市城市和县城开展地下管线普查、信息系统建立和综合规划编制工作。

同日 为加快推进青海省城镇供热计量改革工作，按照"先试行，后扩大"的原则，青海省住房和城乡建设厅督促指导西宁市选择6家供热企业开展供热计量收费试点工作，为青海省下一步展开供热计量改革工作奠定了基础。

11月

5日 青海省住房和城乡建设厅报请青海省政府同意，印发《关于进一步加强城镇管理工作的若干意见》，意见就加快推进城镇管理体制改革，建立健全法规制度体系，创新管理方式，强化履职能力建设提出要求，从而进一步提升城镇管理效能和水平，推动城镇管理向创造良好发展环境、提供优质公共服务转变。

7日 青海省住房和城乡建设厅在海东市民和县组织召开海东市物业服务星级标准试点观摩暨培训会，来自全省住房建设局（房产局）主要负责人和物业服务星级标准试点单位负责人共计170余人参加

第四篇

了观摩培训会。

同日 青海省住房和城乡建设厅制定下发《2014年全省城乡规划督察工作方案》。

10日 经自愿申报、专家评审、现场考察和网上公示等程序，青海省建筑建材科学研究院确定为青海省省级民用建筑能效测评机构。

同日 青海省城乡住房建设领导小组办公室印发《关于2014年全省城镇住房保障工作目标责任考核方案的通知》，对2014年青海省城镇住房保障工作目标责任考核工作进行考核。

18日 青海省住房和城乡建设厅组织召开全国农村生活垃圾治理工作电视电话会议，安排部署农村生活垃圾治理工作。标志着青海省正式启动实施改善农牧区人居环境，并将农村牧区生活垃圾5年专项治理行动纳入高原美丽乡村建设工作一同推进。

24日 青海省住房城乡建设厅完成贵德县、大通县、门源县（另增互助县）的保障性住房配售试点计划、方案的报批工作。

27日 青海省住房和城乡建设厅印发《青海省工程建设地方标准化工作管理办法》（青建科〔2014〕572号），原《青海省工程建设地方标准化工作管理办法》（青建法〔2004〕246号）同时废止。

12月

4日 青海省住房和城乡建设厅下发《2014年度省级物业管理示范项目名单的通知》。经评审，紫恒·帝景花苑等12个项目为2014年度青海省物业管

理示范住宅小区，甘河园区青海黄河水电再生铝业有限公司工业区为2014年度青海省物业管理示范工业区。

9日 青海省住房和城乡建设厅下发《关于启用新版商品房买卖合同示范文本的通知》。从2015年1月1日起，全面启用《商品房买卖合同（预售）示范文本》（GF-2014-0171）、《商品房买卖合同（现售）示范文本》（GF-2014-0172）。

12日 青海省住房和城乡建设厅制定出台《青海省城市规划管理若干技术规定》。

同日 青海省金融工作办公室、青海省住房和城乡建设厅等6家部门联合下发《青海省棚户区改造统贷统还贷款流程和资金管理办法》和《青海省棚户区改造贷款资金联合监督检查办法》。大力支持青海省棚户区改造建设工作，为确保贷款资金专款专用，按时偿还，明确了具体办法。

21日 经青海省政府第36次常务会议研究审定，批准天境祁连、德令哈柏树山、海晏金银滩、乌兰金子海列为第五批省级风景名胜区。

31日 青海省住房和城乡建设厅制定印发《青海省省外城乡规划编制单位及外商投资城市规划服务企业进青管理办法》。进一步规范青海省城乡规划设计市场秩序，加强对省外进青城乡规划编制单位、外商投资城市规划服务企业的管理。

（青海省住房和城乡建设厅）

第四篇

宁夏回族自治区

概况

2014年，宁夏回族自治区住房城乡建设系统以推进新型城镇化为主线，以改革创新为动力，大力实施规划引领、提质扩容、城乡安居、美丽乡村、绿色建筑、质量安全"六大工程"，着力强化改革创新、行政效能、法规制度、政风行风、党的建设"五项保障"，加快推动房地产和建筑业转型升级，全面提升城乡规划建设运营管理水平，高标准、高质量完成了全年目标任务。

规划顶层设计迈出重大步伐，《宁夏空间发展战略规划》编制完成，相关配套规划编制全面展开，

"三规合一"试点相继启动。新型城镇化盛大开局，全区新型城镇化工作会议隆重召开，《关于加快推进新型城镇化的意见》制定出台，完成"两带两轴"、"一主三副"新型城镇化重点项目439个，完成投资555亿元。节约集约用地、户籍制度改革等城镇化改革制度相继出台，固原市被列为国家新型城镇化综合试点城市。

城镇建设管理提质转型，完成老旧小区改造352个、1001万平方米，物业覆盖率达到67%，"以克论净"深度保洁、垃圾焚烧发电等运营管理模式得到住房城乡建设部领导的充分肯定，并在全国推广。住房保障水平显著提高，开工建设保障性安居工程

127343套（户），基本建成69395套，搭建融资平台发放贷款121.1亿元，一批低收入家庭圆了住房梦。

高标准建设美丽小城镇34个、美丽村庄103个，改造农村危窑危房47360户，累计完成投资65.3亿元，农村人居环境明显改善。房地产业和建筑业在下行压力不断增大态势下持续稳定发展，全区完成房地产开发投资654.8亿元，实现税收60.5亿元，实现建筑业总产值625.2亿元，为稳增长做出突出贡献。

绿色建筑快速发展，实施既有建筑节能改造453万平方米，建筑节能工作受到住房城乡建设部通报表扬。全区住房公积金缴存总额达到430亿元，累计发放住房公积金个人贷款264亿元，个贷率达到60%，使用率达到82%。争取国家项目资金支持再创新高，全年到位各类住房城乡建设项目补助资金40.15亿元，超额完成自治区下达任务。行业作风明显转变，以"大干150天，拉动投资促发展"为载体的"转作风抓发展"活动成效显著，教育实践活动整改落实扎实推进，在全区行风评议中位列政府组成部门第三。

【全面深化改革】 宁夏住房城乡建设厅围绕"人、地、钱"和"规、建、管"等新型城镇化关键要素和环节，加快住房城乡建设领域各项改革。创新村镇规划建设管理机制，延伸配备村镇规划建设管理员，在平罗、盐池、中宁、彭阳四县开展"三规合一"暨城乡总体规划编制试点。创新城市管理机制，银川市、石嘴山市、吴忠市、永宁县智慧城市试点建设加快推进，银川市、石嘴山市大武口区数字化城市管理信息平台建成并投入运行。健全完善住房保障体系，实现公共租赁住房和廉租住房并轨运行，进城务工人员纳入公共租赁住房保障范围。创新安置补偿模式，全区棚户区改造采用货币安置比例达到10%。起草《加快推动宁夏建筑业改革发展的指导意见》，修订《房屋建筑与市政基础设施工程项目招标投标管理办法》等，积极构建适应时代要求的建筑业管理体制机制。深化行政审批制度改革，取消非行政审批事项6项、行政审批事项3项，下放39项施工总承包、专业承包、劳务分包资质审批和园林绿化、房地产估价三级资质审批权限。在15个市、县（区）开展农村房屋确权颁证工作，为52677户颁发《房屋产权证》。协调制定出台节约集约用地、户籍制度改革等政策文件，组织固原市申报列为国家新型城镇化综合试点城市。

【党的建设】 宁夏住房城乡建设厅深入推进学习型党组织建设，举办教育实践大讲堂15讲、干部专题读书班4期。制定出台《厅系统基层党组织工作规则》，完善《厅系统规范化党组织建设标准》，完成27个基层党组织的改选换届和支委委员增补工作。坚持党建与业务工作同部署、同落实、同考核，层层签订责任书，建立健全公开承诺、党内情况通报、定期评议基层党组织及班子成员等机制，推动党建工作常态化、长效化。组织开展"五有一好"党建服务品牌创建活动，引导各级党组织和广大党员转变作风，自觉服务发展、服务社会、服务群众，表彰了一批先进基层党组织、优秀共产党员和优秀党务工作者。深化精神文明创建活动，组织全区住房城乡建设系统"颂歌献给党、共筑中国梦"歌咏比赛，广泛开展书画、体育、演出等文化活动。深入开展文明单位、文明机关、文明窗口、青年文明号和"文明银川人"、"文明出行机关先行"等创建活动，引导干部职工讲文明话、办文明事、做文明人。

【党风廉政建设】 宁夏住房城乡建设厅制定出台《关于落实党风廉政建设党组主体责任和纪检组监督责任的实施办法》，进一步明确"两个主体责任"，细化分解各项目标任务，认真落实中央"八项规定"和自治区若干规定，强化"6+3"廉政教育和监督，切实抓好重点行业和关键岗位的廉政风险防控，圆满完成牵头的自治区党风廉政建设任务，进一步规范了干部职工的从政行为。调整清理办公用房156.4平方米，年度工作会议与上年减少20%，印发文件减少6%；"三公经费"支出127.8万元，同比下降36%。

【政风行风建设】 宁夏住房城乡建设厅扎实开展党的群众路线教育实践活动"回头看"，全面推进存在问题整改落实。厅领导班子查找出的"四风"方面8个突出问题全部得到整改。扎实开展中央21项专项整治，行政审批事项由过去的31项压缩至15项；将厅机关原18项单项业务检查考核一并纳入厅年度综合检查，原26项评比达标表彰项目撤并下放17项；化解涉及拖欠工程款、农民工工资、房屋征收等6件信访积案。自治区党委巡视组反馈的6个方面24个问题，全部得到整改，系统作风进一步好转。

政策规章

【出台宁夏空间发展战略规划条例】 2014年，宁夏颁布实施《宁夏回族自治区空间发展战略规划条例》，明确空间发展战略规划的法定地位，将其作为编制经济社会发展规划、城乡规划、土地利用总体规划和各项事业发展规划等的依据。《条例》明确了编制空间规划应当遵循国家发展战略，统筹区域、城乡协调发展，突出发展特色和优势，保护历史文化遗产，促进资源集约节约利用，建立结构合理、分工明确、功能互补、产城融合、生态文明的空间格局。

【出台实施《城乡规划法》办法】 宁夏颁布实施《宁夏回族自治区实施〈城乡规划法〉办法》，于7月1日起正式实施。实施办法吸收了城乡规划法律和行政法规没有涉及的、在宁夏行之有效的城乡规划措施，就城乡规划行政许可的主体、条件、程序、时限、需要提交的材料、许可变更以及规划验线、规划核实等内容作出具体规定，增强了可操作性，对规划条件及何种情况下可以变更规划条件、规划条件的变更程序等予以了明确。实施办法还对农民使用宅基地自建住房行为进行了明确，一方面保农民合法权益，另一方面加强管理，维护规划权威性。

【出台加快推进新型城镇化的意见】 宁夏回族自治区党委、政府出台《关于加快推进新型城镇化的意见》，明确了宁夏新型城镇化的总体目标、指导思想、重点任务和保障措施，提出到2020年，宁夏作为一个城市规划建设的格局初步建立，基本形成级配合理、优势互补、功能完善、特色鲜明、空间紧凑的新型城镇体系。城镇人口规模不断扩大，全区城镇常住人口达到430万人左右，常住人口城镇化率达到60%左右，户籍人口城镇化率达到52%左右。

【印发鼓励引导民间资金进入市政公用事业领域的实施意见】 宁夏住房城乡建设厅印发《关于进一步鼓励和引导民间资金进入市政公用事业领域的实施意见》，深化市政公用事业改革，鼓励、支持和引导民间资本采取独资、合资、合作、股份制等多种形式，参与城城市市政项目建设、运营。一是开放经营市场，对城市供水、供气、供热、污水处理、垃圾处理等具有自然垄断性的行业，实行特许经营。全面开放市政设施维护、绿化养护、道路清扫、垃圾清运、公厕保洁等作业市场。二是支持符合条件的市政公用企业扩大发行短期融资券、中期票据以及中小企业集合票据、集合债券和企业债、公司债、集合信托等发行规模。三是鼓励成立城市建设投资公司或市政公用事业资产经营公司，通过对存量资产的综合运作，实现国有资产的保值增值。四是鼓励市政公用事业投资主体采用知识产权、仓单、商铺经营权、商业信用保险单、股权、应收账款、特许经营权、政府采购合同等无形资产进行抵质押

贷款。

【出台美丽乡村建设实施方案】 宁夏回族自治区党委、政府出台《宁夏美丽乡村建设实施方案》，明确把城乡一体化作为美丽乡村建设的战略方向，以环境优美、农民富裕、民风和顺为目标，大力实施规划引领、农房改造、收入倍增、基础配套、环境整治、生态建设、服务提升、文明创建八大工程，构建布局合理、功能完善、质量提升的美丽乡村发展体系。到2017年全区52%的乡镇和50%的规划村庄将达到美丽乡村建设标准；到2020年，全区所有乡镇、90%的规划村庄将达到美丽乡村建设标准，建成田园美、村庄美、生活美、风尚美的美丽乡村。

【出台农村危窑危房改造实施方案】 宁夏回族自治区政府印发《宁夏农村危窑危房改造实施方案（2014～2017年）》，将按照"规划先行、整村推进；因地制宜、先易后难；坚持标准、分类实施；政府引导、农民参与；公开透明、公平公正"五大原则，采取"就地新建、异地迁建、政府统建、房屋置换"四种改造方式，从2014年开始，计划4年时间，基本完成现有23.4万户农村危窑危房和土坯房改造，从根本上解决全区农村困难群众住房安全问题。

房地产业

【房地产业发展】 2014年，宁夏全区完成房地产开发投资654.8亿元，同比增长17.1%，高于全国平均增幅6.6个百分点，高于西部地区平均增幅4.3个百分点，房地产开发投资占全社会固定资产投资比重达20.5%，实现增加值115.08亿元，同比增长7.2%，占第三产业的比重为9.8%。全区房屋施工面积累计为7019.4万平方米，同比增长16.2%，其中新开工面积为2053.8万平方米，同比下降5.1%。在全部房屋施工面积中，商品住房施工面积为4622.9万平方米，占全部房屋施工面积的65.9%，同比增长13.0%；商业营业用房施工面积为1344.3万平方米，占全部房屋施工面积的19.2%，同比增长17.8%。全区商品房销售面积1129.5万平方米，同比增长7.7%，高于全国平均增幅15.3个百分点。根据各市县房地产交易快报统计，12月份全区新建商品住宅平均交易价格为每平方米3987元，同比上涨0.7%，环比下降0.3%。根据国家统计局监测，12月份，银川市新建商品住宅价格同比下降为3.3%，环比下降为0.2%。全区商品房待售面积967.2万平方米，同比增长9.8%。增幅比上年同期回落11.4个百分点。其中住宅待售面积627万平方米，同比增长7.1%，增幅比上年同期

回落 12.3 个百分点。

【房地产市场调控引导】　宁夏回族自治区政府印发《关于促进房地产业持续健康发展的若干意见》，从支持住房消费、控制土地放量、鼓励团体购房、拓宽棚户区改造实物安置、扩大公积金使用规模、提高普通住房面积标准、实施差别化税收政策等方面做出了明确具体的规定，对于控制开发总量、消化房屋存量、推动住房消费、稳定市场预期发挥了积极作用。宁夏住房城乡建设厅加强市场监管，强化监测分析，建立房地产管理重点工作督查制度，定期通报各市县市场运行情况，全区房地产市场健康平稳发展，开发投资稳定增长。制定印发《关于简化审批手续优化审批流程鼓励房地产开发企业联合重组转型升级的通知》，鼓励低资质等级房地产开发企业联合经营、做大做强，支持房地产开发企业联合重组，转型升级，扩大开发经营领域。

【房地产开发市场大检查】　宁夏住房城乡建设厅开展全区房地产市场大检查和房地产中介市场专项检查，组织各市、县房地产管理部门对辖区内房地产中介机构和在建在售开发项目进行拉网式检查，对发现的违法违规行为依法处罚，并限期整改。全区共检查房地产开发企业 426 家，在建开发项目 485 个、在售楼盘 413 个，对违法违规企业和项目下发整改通知书 76 份，下达行政处罚决定书 23 件，罚款 189 万元。会同自治区工商局组织各市县房地产、工商管理部门全面清理、整顿房地产中介市场，严厉打击无证照、超范围从事中介业务、虚构合同、违规收取交易资金和发布虚假广告等违法违规行为，共检查房屋中介机构 612 家，其中对 21 家存在经营行为不规范的中介机构提出整改要求。

【房地产企业诚信体系建设】　宁夏住房城乡建设厅等部门印发《全区房地产开发企业履行社会责任评价暂行办法》，根据房地产开发企业 2014 年投资情况，筛选出 2014 年完成房地产开发投资 1.5 亿元以上的企业 128 家，围绕依法合规建设、提高开发产品质量、维护市场秩序和消费者权益等主题，从规划管理、建设质量管理、开发用地管理、销售价格管理、依法纳税、开发贷款、统计管理、员工待遇、履行合同、市场行为等 10 个方面进行履行社会责任评价工作。组织开展 2013 年度房地产企业年度信用等级评定活动，全区共评定出 AA 级企业 84 家、A 级企业 366 家、B 级企业 25 家，并在《宁夏日报》公开发布 2013 年度房地产企业信用等级评定 AA 级企业名单，协调有关部门落实鼓励扶持和限制

约束相关政策，营造依法经营、诚实守信的市场环境。

【老旧小区整治改造】　宁夏回族自治区政府出台《关于进一步规范物业服务管理促进物业行业健康发展的意见》，自治区住房城乡建设厅、公安厅、民政厅印发《关于在全区城镇开展老旧住宅小区整治改造和推进物业管理的指导意见》，明确每年老旧住宅小区综合整治比例不低于总数的 25%，到 2017 年全部完成全区老旧住宅小区整治改造并推行物业服务管理。2014 年全区累计投入整治改造资金 13 亿多元，整治改造老旧小区 352 个、1001 万平方米，占全区全部老旧小区总面积的 38%，老旧小区整体功能和环境质量得到明显提升，全区住宅小区平均物业服务覆盖面达到 67% 以上。

【住宅产业化发展】　宁夏住房城乡建设厅加强对自治区住宅产业化基地企业产品研发、标准制定、工程示范的技术指导和政策引领，指导北方建工集团、银川晶峰玻璃有限公司等建筑部品与产品生产企业申报创建自治区住宅产业化基地，鼓励引导企业吸收先进适用的住宅产业化成套技术和产品，进一步提高住宅性能品质。2014 年全区共有 13 个项目、72 万平方米住宅进行性能认定，新建住宅全装修建筑面积达 36 万平方米，培育建筑产业化基地 2 个，6 个房地产项目获得 2013～2014 年度"广厦奖"。

【第六届中国西部(银川)房·车博览会】　4 月 29 日至 5 月 5 日，宁夏回族自治区政府举办第六届中国西部(银川)房·车博览会，吸引了宁夏 7 家一级房地产企业参展，外地 4 家品牌房企包括名列世界 500 强企业的绿地集团参展。房博会期间，房展现场接待咨询人数 2.48 万人次，较上届增长 32%，现场进行购房意向登记 7087 人次，较上届减少 17%。现场销售住宅楼盘 197 套，销售金额 1.22 亿元，较上届增长 12%，销售商业楼盘 4 套，销售金额 500 万元。现场共有 410 套住房缴纳了购房订金，涉及面积 3.7 万平方米，较上届增长 42%。

【农村房屋确权颁证】　宁夏住房城乡建设厅制定印发《关于推进农村房屋确权颁证工作的通知》和《关于加快推进农村房屋确权颁证工作的通知》，在平罗县组织召开全区农村房屋确权颁证工作现场推进会，加快推进全区农村房屋确权颁证工作。截至 12 月底，全区共有 15 个市、县(区)开展了农村房屋确权颁证工作，比上年末增加了 8 个；完成农村房屋确权和颁证 52677 件，比上年末增加 36000 多户，占全部农民总数的 5.3%，比上年末提高了 3.7

个百分点。

住房保障

【保障性安居工程建设】 2014年，国家下达宁夏保障性安居工程任务12.3223万套(户)，其中，实物建房12.0533万套，新增发放租赁补贴0.269万户，基本建成6万套。截至2014年底，全区共实施保障性安居工程建设127343套(户)，占全年计划的103.3%，其中：各类棚户区改造项目开工93114户，是年度计划的102.8%，公共租赁住房开工24564套，是年度计划的100%；新增租赁补贴4309户，是年度计划的160.2%；基本建成69395套，完成投资121.1亿元，一批低收入家庭圆了住房梦。

【保障性住房建设融资】 宁夏建立多渠道、多途径的资金筹措机制，加大保障性住房建设投入力度。2014年，宁夏共争取到中央保障性安居工程建设补助资金35.1亿元亿元，自治区财政配套资金5.511亿元。搭建自治区棚户区改造融资平台，按照"财政担保、统一融资、统贷统还、谁用谁还"的原则，积极争取国家开发银行政策性贷款。截至2014年底，落实国开行贷款202.5亿元。

【保障性住房建设质量管理】 宁夏各地严格执行《保障性住房建设标准》，严把保障性住房规划设计、项目选址、建设管理、工程质量控制和竣工验收关。一是加强法定基本建设程序监管。严格规范招投标行为，落实项目法人责任制、招投标制、工程监理制、合同管理制，认真履行施工图审查、施工许可、工程质量监督、竣工验收等程序，加强对工程全过程的监管，确保工程建设合规合法。二是严格落实工程质量主体责任和终身责任制。严格落实分户验收制度和工程质量终身负责制，在竣工工程项目上统一制作镶嵌永久性标示牌，把建设、勘察、设计、施工、监理五方责任主体的信息向社会公开，并要求五方责任主体的项目负责人签订工程质量终身责任制承诺书，强化参建各方的主体责任和终身责任。三是强化监督检查，开展工程质量治理两年行动。对工程质量问题实行零容忍。强化属地管理责任，依法查处随意变更设计、降低标准、不按法定程序建设等违法违规行为，对质量安全体系不健全、工程质量不合格的，进行公开曝光，严格追究责任，对出现严重质量问题的企业，坚决清出保障性住房建设市场。四是开展保障性住房绿色建筑行动，对保障性住房实行全装修，推广运用新材料、新工艺、新技术，进行住宅性能认定和绿色建筑星级评定，提高房屋建造品质。

【公租房和廉租房并轨管理】 宁夏住房城乡建设厅、发展改革委、财政厅、国土资源厅下发《关于公共租赁住房和廉租住房并轨运行的实施意见》，把廉租住房全部纳入公共租赁住房统一规划建设、统一资金使用、统一申请受理、统一运营管理，提高了资金和房源使用效率，简化了申请受理程序，方便住房保障对象申请。组织到江西、贵州进行实地考察学习，借鉴其他省区实行公共租赁住房租售并举、共有产权制度的经验，起草《关于实行公共租赁住房共有产权管理的实施方案》，积极探索公共租赁住房租售并举、共有产权制度。

【保障性住房分配管理】 宁夏各地坚持落实政策制定公开、建设计划公开、土地供应公开、面积标准公开、建设过程公开、资格审核公开、房源分配公开、资金使用公开、租金标准公开、办事程序公开"十个公开"，提高公众对住房保障工作的知情权、参与权、监督权。坚持"三审两公示"，按照完善保障对象准入条件审查复核机制要求，对住房保障家庭基本信息、收入状况、住房情况、金融资产、车辆等财产，实行民政、工商、税务、审计、住房公积金、社保、公安等多部门联合核查，运用现代信息技术手段实施管理，提高保障性住房分配的效率和准确性。强化动态监管机制。对住房保障家庭收入状况、住房困难程度与住房保障面积等实行动态管理，定期复核保障对象的收入、住房状况等信息，对经过审核认定不再符合保障条件的，及时进行清退，让真正符合条件的家庭入住保障房。严格退出机制。各市、县对已享受租赁补贴或实物配租的保障对象进行拉网式动态审核，对因收入增加、住房条件改善、长期空置等原因不再符合保障条件的，坚决予以清退；属于发放租赁补贴保障的，通过停止发放租赁补贴退出保障范围；属于实物配租保障的，根据租金调节等方式，实现柔性退出。对个别拒不腾退住房或骗领租赁补贴的家庭，向人民法院申请强制执行。对违规骗领租赁补贴资金、骗租廉租住房、骗购经济适用房，或者对保障房长期空置、违规转让、出租出借的，严格按照国家规定收回，5年内不得再申请保障性住房，并依法追究相关责任人员的责任。

【编制保障性安居工程建设规划】 宁夏住房城乡建设厅按照量力而行、尽力而为、自下而上、按需申报的原则，组织编制了自治区棚户区改造规划及实施方案，计划2014～2017年，全区共实施各类棚户区改造20.1161万户，其中：城市棚户区改造17.6168万户，国有工矿棚户区改造1.4558万户，林业危房改造 656 户，垦区危房改造 9779 户。同步组织各市县上报公共租赁住房和其他保障性住房建设规划，根据全区各类工业园区、慈善园区对公共租赁住房的需求，2014～2017 年计划建设各类保障性住房 7.7761 万套。

公积金管理

【住房公积金业务发展】 截至 2014 年底，宁夏 20 个市、县全部建立了住房公积金制度，住房公积金实缴人数达 52.85 万人，累计归集住房公积金 430.2 亿元、向 18.63 万户职工家庭发放住房公积金贷款 264.2 亿元、个人提取住房公积金总额 227 亿元；住房公积金缴存余额 202 亿元，其中：贷款余额 121 亿元、银行存款额 85 亿元；个贷率 59.9%，在全国排名 22 位，西北五省排名第 2 位；使用率 82%，在全国占中上位。其中，2014 年全区住房公积金归集 70.9 亿元，同比增长 12.2%；住房公积金提取 49.9 亿元，同比增长 20.9%；发放住房公积金个人贷款 50 亿元，同比增长 14.3%。

【住房公积金归集】 2014 年，宁夏住房城乡建设厅采取有效措施，扩大住房公积金制度覆盖面，推进归集管理精细化。一是利用先进的计算机网络系统和住房公积金管理软件系统，不断规范业务流程。通过系统自动跟踪比对，及时对逾期不缴或者欠缴的单位责令限期办理、罚款或者申请人民法院强制执行。二是加大非公有制单位建立住房公积金制度的力度，各管理中心会同工商、税务、社保、医保、财政、工商联等部门，建立住房公积金归集管理协调机制，使公积金做到应建尽建。三是建立健全住房公积金协管员制度，通过定期业务培训、召开工作经验交流会，对工作业绩突出的予以表彰等方式，调动和发挥协管员积极性和作用。四是充分运用各种媒体广泛开展住房公积金政策宣传，不断增强住房公积金制度社会影响力。五是不断完善归集管理绩效考评机制，对各管理中心归集扩面工作实行目标责任制管理，逐年分解量化扩面任务，提高归集扩面工作实效。截至 2014 年底，全区住房公积金实缴人数比 2010 年底净增 8.2 万人，住房公积金覆盖率达 85%；住房公积金缴存总额比 2010 年底净增 264.2 亿元，年平均增长 22.3%。

【住房公积金使用】 2014 年，宁夏住房城乡建设厅印发《关于住房公积金支持刚性购房需求的通知》，对首次使用住房公积金贷款购买住房和购买新建普通商品住房的职工，提高了贷款额度和贷款比例。认真贯彻落实住房城乡建设部等三部门《关于发展住房公积金个人住房贷款业务的通知》精神，结合宁夏实际提出调整贷款发放条件、扩大异地贷款业务、取消贷款中间费用、优化贷款办理流程、提高贷款服务效率等 5 条实施意见，支持缴存职工改善自住住房，全区住房公积金使用率明显提高。截至 12 月底，全区住房公积金个贷率达到 59.93%，同比提高 4 个百分点；资金使用率达到 82%，同比提高 4 个百分点。

【住房公积金服务】 宁夏住房城乡建设厅实行住房公积金监管关口前移，强化事前预防和事中监督、事后检查。一是组织开展多种形式的住房公积金专项审计和专项治理，每年开展不少于两次的专项检查，确保了住房公积金有效使用和安全。二是督导各管理中心进一步加强基础设施建设，主动争取政府领导和有关部门的支持，不断改善服务场所条件和环境。银川、固原、中卫公积金管理中心已进驻市行政服务大厅，与同时进驻的房管、银行等部门实现"一条龙""一站式"服务。三是建立 12329 服务热线考核机制，把服务热线运行结果与业务委托经费挂钩，一季度一考核，各管理中心按考核结果支付服务外包费。宁夏 12329 服务热线建设走在了全国前列，住房城乡建设部住房公积金监管司于 7 月 26 日在银川市召开全国住房公积金 12329 服务热线建设现场会，推广宁夏的经验。四是指导各地加快住房公积金信息化建设。各管理中心、分中心在实现网上业务咨询、查询等基础上，按照住房公积金基础数据标准，制定了信息化建设规划，有序推进网上办理住房公积金业务服务功能开发。

【住房公积金试点支持保障性安居工程建设】 银川市第一批国家批准确定的高桥、上前城、盈北、花畔里等 4 个经济适用住房建设项目，总建设面积为 34.8 万平方米，总投资规模 7.89 亿元，使用住房公积金贷款 4.44 亿元。截至 2014 年底，第一批 4 个试点项目的住房公积金贷款已经全部收回贷款本息。第二批新增 3 个试点项目，总投资 7.9 亿元，利用住房公积金贷款 5.9 亿元，已发放贷款 4.3 亿元，占计划贷款总额的 73%。2014 年，住房城乡建设部住房公积金督察员巡查组两次督查试点项目进展情况，对银川市试点项目工作给予充分肯定。

【住房公积金廉政风险防控】 宁夏住房城乡建设厅全面开展公积金廉政风险防控工作，不断增强干部职工的法制观念和自律意识，强化住房公积金运作上的制约和监管。指导各住房公积金管理中心建立健全相互监督、相互制约的廉政风险防控机制，查找风险点，划分风险等级，制定防范措施，纳入考核制度，严格落实每月科室自查、季度中心检查，确保对每个风险点的防范措施都有具体责任人和监督领导负责抓落实，杜绝发生违纪违规问题。

城乡规划

【编制宁夏空间发展战略规划】 按照"把宁夏作为一个大城市规划建设"的思路，宁夏编制完成《宁夏空间发展战略规划》，先后通过自治区政府常务会、党委常委会、人大常务会研究通过。《宁夏空间发展战略规划》抓住国家扩大内陆沿边开放和丝绸之路经济带建设历史机遇，构建全域宁夏规划，对宁夏城乡功能定位、产业布局、基础设施建设、生态环境保护等重大事项作出空间布局和战略部署。规划提出科学规划宁夏空间布局、产业发展、基础设施建设、生态环境保护等重大事项，全面建设开放宁夏、富裕宁夏、和谐宁夏、美丽宁夏，与全国同步建成小康社会的规划目标。紧密结合国家"一带一路"战略和内陆开放型经济试验区建设，提出将宁夏打造成为中阿国际合作桥头堡，国家重要的现代能源化工基地，承接先进技术和产业转移基地，西部新型城镇化和生态宜居示范区的战略定位。实施"一主三副、核心带动，两带两轴、统筹城乡，山河为脉、保护生态"的空间发展总体战略，即以大银川都市区为主中心，以石嘴山、固原、中卫为副中心，优化国土空间开发格局，提升宁夏的区域功能和国际化水平。以"沿黄城市带""清水河城镇产业带"和"太中银发展轴""银宁盐发展轴"为纽带，形成大中小城市和小城镇合理分工、功能互补、协同发展的城市群。依托山水沙林生态环境资源，建设生态走廊和生态保护区，划定生态保护红线，连通区域屏带，建设生态网络，促进人口资源环境相均衡、经济社会生态效益相统一，实现宁夏的社会、经济与环境可持续发展。规划提出以科技创新为支撑，全力促进一产提质增效，二产优化升级，三产加快发展，着力打造现代服务业、能源化工产业、清真食品和穆斯林用品产业、战略性新兴产业、特色农业五大主导产业集群，形成布局合理、特色鲜明、竞争力强的现代产业体系。规划提出建设综合交通、水资源利用、能源开发、市政廊道、信息基础设施、综合防灾减灾和公共服务等七大支撑体系。

【编制下层次配套规划】 在《宁夏空间发展战略规划》的指导下，宁夏启动编制《宁夏城镇体系规划》、《大银川都市区总体规划》、《六盘山地区·清水河城镇产业带总体规划》、《宁夏村庄布局规划》

和城市排水防涝、燃气等专项规划。2014年，宁夏完成市县镇村体系规划、35个美丽小城镇和114个美丽村庄建设规划编制，控制性详细规划覆盖面不断扩大。固原市三营镇被列为国家小城镇优秀规划设计示范镇。

【开展"三规合一"试点】 根据住房城乡建设部《关于开展县（市）城乡总体规划暨"三规合一"试点工作的通知》要求，宁夏住房城乡建设厅按照城乡一体、全域管控、部门协作的要求，在平罗、中宁、盐池、彭阳四个县开展"三规合一"城乡总体规划编制试点工作，以城乡建设规划为基础、经济社会发展规划为目标、土地利用规划为用地边界，以县（市）行政管辖区作为规划范围，统一编制覆盖县（市）全域的城乡总体规划，规划与各规划进行充分衔接，内容涵盖新型城镇化发展、城乡空间、产业、基础设施、公共服务设施、生态建设的安排布局以及各类用地管制措施。2014年，四个县已经完成基础资料收集、各类规划实施评估和差异分析，开展城镇化发展战略、生态环境承载力、城乡建设用地规模、人口规模和空间布局结构等重大问题专题研究，初步提出城乡总体规划与土地利用总体规划等各类规划在基础数据、建设用地范围和规划实施时序等方面的衔接方案。

【加强规划实施监管】 宁夏成立城乡规划管理委员会办公室，强化全区规划集中统一管理，实行重大规划项目自治区、市、县三级审批。全区各市县严格执行《宁夏实施〈城乡规划法〉办法》和《城乡规划违法违纪行为处分办法》，加强城乡规划执法监督检查，加大城乡规划违法违纪行为惩处力度，规划管控进一步加强，维护了规划权威性、严肃性。宁夏回族自治区编办、住房城乡建设厅下发《关于加强全区村镇规划建设管理工作的通知》，要求在每一个乡镇配备村镇规划建设管理员，建立和完善相关机构和队伍，提供必要的组织、人员、经费保障，强化农村一线管理，提高农村规划建设质量和管理水平。

【开展城市特色风貌研究】 宁夏住房城乡建设厅、规划管理委员会办公室开展自治区及五市城市特色风貌研究工作，制定工作方案，明确研究要点，加强对五市特色风貌研究的指导、协调和服务。结合各市特点，研究城市空间的总体形态，对不同区域城市景观、各类型建筑的色彩、风格、高度等提出风貌指引。编制各市历史文化街区、河湖水系、高速公路及城市出入口、主干道等重点控制区城市设计，对建筑红线、色彩、高度、材质、顶部设计等方面提出详细规划控制指标。开展各市绿化景观、城市家具、店招牌匾、雕塑小品等专题研究，形成城市装饰设计导则和技术规定。在深入研究城市自然风貌、人文历史、地域特色等方面的基础上，初步编制完成《宁夏城市特色风貌控制导则》、《宁夏城市特色风貌近期建设规划编制指引》和《六边控制导则》（"六边"指历史街区及景区景点、河湖沟渠、城市公园、高速公路、城市出入口、城市干道及主街道等区块周边），对自治区及五市城市特色风貌进行研究确定、科学定位。

城市建设与市政公用事业

【新型城镇化建设】 宁夏各市县按照"一主三副、核心带动，两带两轴、统筹城乡，山河为脉、保护生态"的城镇化总体布局，突出抓好大银川都市区和三个副中心城市组团发展，支持银川滨河新区、阅海湾中央商务区、石嘴山环星海湖文化旅游区、吴忠滨河新区、固原西南新区等城市新区建设，城镇综合承载能力进一步增强，促进人口、产业及各类要素资源向沿黄城市带、清水河城镇产业带和太中银、银宁盐城镇发展轴集聚。2014年，全区建设新型城镇化重点项目439个，完成投资555亿元。全区总人口达到661.54万人；其中，城镇常住人口354.65万人，比上年增加14.38万人。城镇化率达到53.61%，比上年增长1.6个百分点，增速全国第三。户籍人口城镇化率达到40.04%，比上年增长0.23个百分点。县城以上城镇建成区面积达到609.53平方公里，增加22.01平方公里。

【召开全区新型城镇化工作会议】 2月28日，宁夏回族自治区党委、政府在银川市召开全区新型城镇化工作会议，贯彻中央城镇化工作会议、自治区党委十一届三次会议和自治区"两会"精神，总结近年来宁夏城镇化工作，讨论宁夏空间发展战略规划。自治区党委书记、人大常委会主任李建华在会上讲话，并对当前和今后一个时期全区新型城镇化工作作了安排部署。自治区主席刘慧主持会议。

【城市基础设施建设】 宁夏各市县多渠道筹集建设资金，完成投资44.84亿，开工建设一批城市道路、供排水、燃气、集中供热、污水处理、垃圾处理、园林绿化等市政基础设施项目，其中：完成城市燃气老旧管网改造160公里，城镇集中供热老旧管网改造520公里，全区城市城镇综合服务功能和承载力进一步提升。吴忠市列入国家餐厨垃圾示范城市，银川市、中卫市"城市步行和自行车交通系统示范项目"入选全国第三批示范项目。截至

2014年底，全区人均城市道路面积24.99平方米，燃气普及率83.93%，污水处理率86.78%，生活垃圾处理率88.17%。镇建成区人均道路面积12.87平方米，自来水普及率72.14%，生活垃圾处理率63.2%，建制镇基础设施明显改善，综合服务水平明显提高。

【城市运行管理】 宁夏住房城乡建设厅出台《自治区城市地下管线工程档案管理办法》，全面加强供水、排水、燃气、供热等各类地下管线规划建设管理。组织开展《宁夏回族自治区供热条例》执法检查，全区油气等危险化学品管道安全、市政行业密闭空间作业、城镇集中式饮用水水源地、城市排水防涝设施运行安全、城市公园和风景名胜区内私人会所高档餐馆排查，抓好安全隐患整改落实。开展全区"十二五"垃圾污水处理中期评估工作，印发《宁夏大气污染防治行动计划（2013～2017年）》、《宁夏环境保护行动计划（2014～2017年）》、《宁东能源化工基地环境保护行动计划住房城乡建设领域实施方案》。完成全区城镇供水设施改造与建设"十二五"规划及2020年远景目标中期评估。

【城市生态园林建设】 宁夏住房城乡建设厅组织有关市县开展园林城市（县城、镇）、人居环境（范例）奖创建活动，着力改善城市人居生态环境。中卫市、灵武市荣获国家园林城市称号，中卫市商住小区水源热泵和青铜峡市库区湿地生态保护项目获得中国人居环境范例奖。自治区林业厅、住房城乡建设厅出台《关于加快市民休闲森林公园建设的意见》，全区25个市民休闲森林公园启动建设。截至2014年底，全区人均公园绿地面积16.36平方米，城市建成区绿化覆盖率35.06%、绿地率32.00%。

【城市精细化管理】 宁夏住房城乡建设厅指导有关市县加快智慧城市和数字化城市管理平台建设。银川、石嘴山、吴忠市、永宁县智慧城市试点建设启动，银川市、石嘴山市大武口区数字化城市管理信息平台建成并投入运行。大力推广中卫"以克论净、深度保洁"环境卫生管理模式，得到住房城乡建设部充分肯定，并在全国城市基础设施建设经验交流会上介绍经验。8月，住房和城乡建设部党组书记、部长陈政高在亲眼见证并听取中卫"以克论净"保洁模式介绍后，高度评价说："中卫城市建设管理经验让人大开眼界，明年在中卫召开现场会向全国推广中卫经验。"

村镇规划建设

【美丽乡村建设】 宁夏回族自治区党委、政府

印发《宁夏美丽乡村建设实施方案》，全面启动美丽乡村建设，从规划引领、农房改造、收入倍增、基础配套、环境整治、生态建设、服务提升、文明创建八个方面，全面提升农村建设水平。2014年全区共开工建设小城镇34个、美丽村庄103个，完成投资33.9亿元。新建或改建道路232千米，植树18万株，敷设排水管网200千米，给水管网210千米，建设垃圾中转站和垃圾填埋场各3个，安装垃圾箱862个，安装路灯1786盏，建设公厕19座，建设文化广场80346平方米，改造特色街区364071平方米，实施建筑节能改造150300平方米，农村群众生产生活条件显著改善。

【农村危窑危房改造】 宁夏大力实施农村危窑危房改造攻坚计划，采取就地改造与异地搬迁改造相结合等方式，优先安排地震断裂带、地质灾害区等不适宜居住地区和主干道路大整治大绿化工程动迁群众的住房建设，同步配套基础设施和公共服务设施，改善农村群众居住环境。自治区住房城乡建设厅、国土资源厅、交通运输厅、扶贫办等部门抽调46名干部组成13个危窑危房改造和美丽乡村建设工作督导组，派驻各市、县（区）特别是山区9县（区）开展督导工作。全区培训镇规划建设管理员280名，印发文件汇编600本、各类图集3万册、宣传折页16万份、督查手册300本，各市县累计培训1000多名农民工匠。2014年全区共改造农村危窑危房47360户，竣工41847户，完成投资31.4亿元。按照《严寒和寒冷地区农村住房节能技术导则（试行）》，在农村住房建设中推广轻钢结构、轻型复合保温墙体材料等先进适用的技术和产品，在有条件的县区建设建筑节能示范户5000多户。

【传统村落保护、全国重点镇申报】 宁夏住房城乡建设厅组织有关市县编制完成中卫沙坡头区南长滩村等4个国家级传统村落保护方案，积极争取中央财政支持，加强传统村落保护。经住房城乡建设部专家组验收，固原市隆德县奠安乡梁堡村一组、中卫市沙坡头区迎水桥镇北长滩村、中卫市沙坡头区香山乡南长滩村列入中央财政支持范围，争取国家项目资金900万元。组织各地申报全国重点镇和国家级特色景观旅游名镇名村。经住房城乡建设部、国家发展改革委员会、财政部、国土资源部、农业部、民政部、科学技术部审核批准，宁夏银川市兴庆区掌政镇、西夏区镇北堡镇、永宁县闽宁镇、贺兰县习岗镇、石嘴山市惠农区红果子镇、平罗县黄渠桥镇、姚伏镇、崇岗镇，吴忠市利通区金积镇、金银滩镇、高闸镇、盐池县大水坑镇、惠安堡镇、

同心县豫海镇、下马关镇，青铜峡市青铜峡镇，固原市原州区三营镇，西吉县吉强镇、兴隆镇，隆德县城关镇，泾源县泾河源镇，彭阳县白阳镇，中卫市沙坡头区镇罗镇、宣和镇，中宁县石空镇、大战场镇，海原县西安镇、七营镇等28个镇列为全国重点镇。固原市三营镇列为国家商贸镇试点镇。

【城乡环境综合整治】 宁夏住房城乡建设厅以主干道路大整治大绿化为抓手，深入开展农村环境集中连片综合整治，加大净化、绿化、美化、亮化力度。截至2014年底，全区累计清理各类垃圾400万吨，治理污水120万立方米，硬化路面160万平方米，清除污泥367万立方米，购置果皮箱1万多个、修补破损设施2万余处，拆除户外广告25612个，全区城乡环境显著改善。建立农村环境卫生管理长效机制，推行"村收集、镇（乡）运输、县处理"等生活垃圾处理模式，村庄环境整治成果得到巩固。

工程建设标准定额

【建筑标准设计】 宁夏住房城乡建设厅组织编制《居住房城乡建设筑节能设计标准（75％）》，颁布《绿色建筑评价标准》，发布《抹灰石膏应用技术规程》，完成全区历年来39家建筑企业57项企业标准的整理汇总。开展2009年及以前批准发布的28项地方标准复审工作，经专家组复审，继续实施的标准4项，修订或局部修订的21项，废止的标准3项。

【建设工程造价】 宁夏住房城乡建设厅对固原市一区四县（原州区、彭阳县、泾源县、隆德县、西吉县）13个乡镇、盐池县（盈德村、曹泥洼村、青山乡青山村）危窑危房（极度贫困户）改造工程以及美丽乡村建设的造价及地方材料价格进行调研，测算真实反映当时当地农村房屋的实际造价，为全区实施农村危房危窑改造和美丽乡村建设工程奠定基础。在全区组织3期《2013宁夏建设工程造价计价依据》宣贯培训班，全面贯彻执行《建筑工程施工发包与承包计价管理办法》（住房城乡建设部16号令）、国家《建设工程工程量清单计价规范》（GB 50500—2013）和《2013宁夏建设工程造价计价依据》。出台《关于全面贯彻实施〈建筑工程施工发包承包计价管理办法〉（住房城乡建设部令第16号）的通知》、《2013宁夏建设工程工程量清单计价规范实施细则》、《宁夏建设工程工程量清单招标控制价管理办法》等地方规范性文件。在全国率先编制出版《宁夏建设工程竣工结算经济指标》，填补了宁夏无竣工结算指标信息的空白，为科学合理确定投资、有效控制工程成本，保障工程质量安全、维护建筑市场秩序提

供基础保障。编制出版《宁夏回族自治区建设工程计价定额工料机标准数据库》，通过定额编码及工料机编码数据标准化，为不同工程计价软件之间数据交换创造条件，建立完善与计价依据相配套的建设工程工料机价格信息标准管理体系。

工程质量安全监督

【工程质量治理两年行动】 宁夏住房城乡建设厅按照住房城乡建设部《工程质量治理两年行动方案》部署，制定印发《全区工程质量治理两年行动实施方案》、《全区查处建筑工程施工转包违法分包挂靠等违法行为监督执法检查工作方案》、《关于转发开展严厉打击建筑工程施工转包违法分包行为工作的通知》，决定利用两年时间，在全区开展工程质量安全专项治理行动。下发《关于开展全区工程质量治理两年行动督查暨2014年全区建设工程质量安全监督执法检查的通知》，11月组织开展全区第三次工程质量监督执法和建筑市场执法检查，重点检查各地落实工程质量治理两年行动工作情况、工程质量监督执法检查和建筑市场执法检查情况，重点抽查各地建筑工程施工违法发包、转包、违法分包、挂靠等违法违规行为查处情况。共抽查49个项目、108个单位工程，包括37项保障性住房工程和12项公共建筑工程。涉及建设单位47家，施工单位67家，监理单位37家。对涉及市场行为和工程实体质量安全等方面存在问题的工程，督查组下发责令整改通知书19份、责令停工整改通知书28份，要求工程属地质量监督机构跟踪落实整改，下发执法建议书13份，建议工程属地建设行政主管部门进行行政处罚。对下14家涉嫌存在转包、违法分包、挂靠等违法行为的施工单位，由工程项目所在地建设行政主管部门依照国家相关法律法规进行处罚，责令整改落实，记载不良行为，扣除企业240分信用分值。

【工程质量安全管理制度建设】 宁夏住房城乡建设厅修订印发《宁夏建筑工程施工许可管理办法》，依法依规减少施工许可审批环节，清理搭车收费，简化优化办事流程。建设工程施工许可证办理减少立项批复、建筑工程用地许可证、施工组织设计、工程监理等7项前置要件，取消新型材料专项墙改基金、人防结建费、散装水泥费、建筑工程劳动保险费等4项搭车收费项目，施工许可证办理时间缩短为7个工作日。制定《宁夏房屋建筑工程质量投诉管理办法》、《房屋建筑和市政基础设施工程质量监督管理实施细则》、《关于进一步加强建设监理市场和监理企业行为管理的意见》、《全区建筑施工现场安全防护网使用管理规定》等规范性文件、制度和办法，进一步加强全区建筑安全生产、工程质量管理，整顿规范建筑市场秩序。

【宗教活动场所安全隐患排查】 按照宁夏回族自治区党委办公厅、人民政府办公厅《关于全面开展宗教场所安全隐患排查的通知》部署，宁夏住房城乡建设厅、党委统战部、消防总队银川支队、自治区安监局等有关单位组织各市县开展宗教场所安全隐患排查工作，并进行督导检查。全区共排查登记各类宗教场所7051处（包括清真寺4669处，占总数的66%），其中依法登记的宗教场所共计5475处，隐患整改率达到83.24%。针对农村地区大量宗教场所无正规设计、施工指导的问题，宁夏住房城乡建设厅根据《自治区人民政府批转进一步加强宁夏宗教活动场所建设安全管理工作意见的通知》精神，组织设计、施工、监理、质监单位编制《宁夏宗教活动场所施工质量安全指导手册》，供宗教活动场所在新建、翻建时参考使用。

【老楼危楼安全排查】 根据住房城乡建设部《关于组织开展全国老楼危楼安全排查工作的通知》要求，宁夏住房城乡建设厅制定了《全区老楼危楼安全排查工作方案》，组织各市、县住房城乡建设主管部门开展老楼危楼安全排查工作。全区5个地级市22个县区共排查房屋12069栋、面积1820.85万平方米，排查住户303475户，居住人数91.0425万人。截至2014年底，已整改屋舍2956栋，建筑面积1121.75万平方米，涉及住户18.6958万户。经鉴定确认危险房屋数量557栋，共计173.76平方米，涉及28959户。

【安全文明标准化工地】 宁夏住房城乡建设厅根据中国建筑业协会《建设工程项目施工工地安全文明标准化诚信评价试行办法》规定，组织开展国家安全文明标准化工地申报，全区共有8个工程项目获得国家"AAA级安全文明标准化工地"称号。组织开展自治区"建安杯"安全文明标准化示范工程评审，21项工程被评为自治区"建安杯"安全文明标准化示范工程。组织开展建筑施工安全文明标准化工地创建工作，全区96个工地获得自治区级安全文明标准化工地称号。

【中国建设工程鲁班奖参评与获奖】 宁夏住房城乡建设厅根据《中国建设工程鲁班奖（国家优质工程）评选办法（2013年修订）》和《关于开展2014～2015年度第一批中国建设工程鲁班奖（国家优质工程）评选工作的通知》，组织建设单位、施工单位申报中国建设工程鲁班奖。宁夏建工集团承建的宁夏贺兰山体育场工程获得2014～2015年度中国建设工程鲁班奖。

建筑市场

【建筑产业发展】 2014年，宁夏全区累计监督建筑工程15672项，建筑面积10119万平方米，其中：新申报工程3100项，建筑面积2110万平方米；办理竣工备案317项，建筑面积240万平方米。全区在册建筑施工企业1321家，其中：总承包企业433家，专业承包企业649家，劳务企业239家；区外进宁建筑施工企业1112家；工程勘察企业44家，建筑设计企业90家，工程监理企业52家，工程招标代理机构86家，工程质量检测机构61家，工程造价咨询企业52家，园林绿化企业220家。全区建筑行业从业人员21万人，占全区社会劳动力的7.9%。全区完成建筑业总产值625亿元，同比增长9.9%，建筑业实现增加值370.3亿元，同比增长18.5%。全区房屋建筑施工面积为4355.18万平方米，比上年下降6.9%。其中，本年新开工面积1803.51万平方米，下降9.3%。全区房屋建筑竣工面积1493.23万平方米，同比下降23.0%；竣工产值为437.06亿元，同比下降0.2%。

【建设工程招投标监管】 2014年，宁夏全区共监督房屋建筑、市政基础设施工程招标项目3405项，建筑面积2348.75万平方米，中标价316.71亿元。自治区住房城乡建设厅起草《宁夏房屋建筑与市政基础设施工程项目招标投标管理办法》和《招标代理机构比选办法》，修订完善《宁夏房屋建筑和市政基础设施工程量清单招标投标评标办法》，推进招投标领域改革。一是放开非国有资金投资工程项目招投标限制，由建设单位自主决定招标发包；二是加大诚信评价在招投标的权重，设立诚信标；三是制定"分灶吃饭"政策，限定不同资质等级企业工程承包范围；四是推行限额以下项目随机抽取中标人办法，对单项合同金额在1000万元以下无特殊技术要求的施工项目开展随机抽取中标人试点，专家评委对投标人进行资格合格制评审，随机摇号确定中标人；五是技术标实行"暗标评审"；六是对招标代理机构进行比选、由业主公开选拔招标代理；七是推进电子招投标、推行远程异地评标等新措施。10月22日和11月17日，吴忠市林场危旧房改造项目和民族敬老院迁建工程远程异地评标顺利进行并取得成功。编制出台《工程量清单计价软件数据交换标准》，实现不同计价软件之间、计价软件与辅助评标系统之间数据互联互通。

【建设稽查执法】 2014年，宁夏住房城乡建设厅共受理上级批转、投诉举报、部门移送和执法检查发现案件64件，其中涉及未批先建22件，规避招标、围标串标等违反招投标法6件，非法转包、出借资质5件，企业资质升级弄虚作假4件，施工企业篡改伪造检测鉴定资料1件，未取得资质擅自生产销售混凝土6件，工程质量问题4件，拖欠工程款1件，建筑节能1件，房地产开发市场违法违规8件，规划建设违法违规6件。其中22件转交市县（区）住房城乡建设行政主管部门进行查办，自治区住房城乡建设厅建设稽查中心直接查办42件，结案58件，对32件案件违法违规责任主体实施了行政处罚，共处罚金150余万元。对依法查处的各类案件，依托自治区建设稽查中心网站进行公开和曝光，特别是对6起典型案件，在《宁夏日报》上进行曝光，有效打击了建设领域各类违法违规行为。

【建筑执业资格注册管理】 宁夏住房城乡建设厅印发《关于进一步优化注册类人员行政审批流程的通知》，取消二级建造师、房地产估价师等注册业务市级审核，简化为一级审核；取消各类注册的户籍证明、诚信证明和二级建造师的社保证明，对初始注册、变更注册、增项注册等即到即办。注册审批时限由40个工作日压缩为10个工作日。依据《建设工程安全生产管理条例》、《注册建造师管理规定》和《住房和城乡建设部关于建筑施工项目经理质量安全责任十项规定（试行）的通知》的规定，自治区建筑执业资格注册管理中心对区内76名执业注册人员不良行为进行处理。

建筑节能与科技

【绿色建筑】 宁夏住房城乡建设厅组织编制《宁夏绿色保障性住房设计要点》、《宁夏绿色建筑技术要点》，制定印发《关于保障性住房实施绿色建筑的通知》、《宁夏绿色建筑管理办法》，加大绿色建筑推广力度，从4月1日起，银川市城市规划区内集中连片建设的保障性住房全面实施绿色建筑标准；从9月1日起，全区3000平方米以上的国家机关办公建筑和2万平方米以上的大型公共建筑全面实施绿色建筑标准组织绿色建筑标准。截至2014年底，全区共实施绿色建筑110.6万平方米。

【建筑节能标准执行】 银川、石嘴山、吴忠、中卫等四个沿黄城市规划区内全面执行65%节能标准，银川市开展75%节能标准试点，全区新建建筑执行现行节能标准的比率达到100%。自治区住房城乡建设厅印发《关于进一步扩大65%节能标准实施范围的通知》，要求固原市、平罗县、吴忠市红寺堡区、盐池县、中宁县、宁东基地城市规划区内从2015年起全面实施65％节能标准。

【既有建筑供热计量及节能改造】 宁夏住房城乡建设厅加强与住房城乡建设部沟通对接，积极争取国家下达宁夏既有居住建筑供热计量及节能改造任务400万平方米。根据各地现状，组织专家认真征集、筛选项目，及时给各地分解下达任务。按照《宁夏既有建筑节能改造管理办法》要求，加强技术指导服务，精心组织施工，及时纠正和解决改造过程中存在的问题，加快推进改造进度。积极筹措资金，争取中央资金2.2亿元，到位1.54亿元，下达自治财政配套资金8000万元，保障了项目实施。2014年全区共实施既有居住建筑供热计量及节能改造453万平方米，5万多户城镇居民受益。制定《宁夏国家机关办公建筑和大型公共建筑节能监管平台示范建设实施方案》，启动国家机关办公建筑和大型公共建筑省级能耗监测平台建设。

【建筑墙体材料改革】 截至2014年底，宁夏全区新型墙体材料产量达34.2亿块标砖，占墙材总量的75％，建设工程应用比例达85％以上，节约土地5643.6亩、节约标准煤21.2万吨，利用工业废物430万吨，减少二氧化碳排放52.86万吨。认定18家企业新型墙体材料产品，复审68家。办理11项、1.73万平方米建设工程新型墙体材料专项基金征收手续，征收基金811.3万元，返还新型墙体材料专项基金500万元。

【建筑科技推广应用】 宁夏住房城乡建设厅制定印发《宁夏建设领域科技成果推广应用管理办法》，进一步规范建设领域科技成果从研发鉴定到推广应用各环节的管理，加快科技成果的推广应用。组织北京市勘察设计信息工作委员会、清华大学国家BIM课题组、北京市民用建筑BIM标准起草组专家在宁夏开展"BIM的实践与创新"等专题讲座，推动宁夏建设体系向多维态、全生命周期信息化迈进。组织开展国家"十二五"科技支撑计划项目申报，宁夏低碳减排工程技术中心、新技术新产品推广协会上报的《宁夏绿色农房气候适应性研究与周边环境营建关键技术研究与示范》项目列入科技部2015年度科技计划支撑项目，获国家科研经费109万元。引进、组织研发和推广应用"四新"技术和产品。截至2014年底，审定发布塔吊监控人脸识别系统等52个建设领域新技术新产品推广应用项目，完成红寺堡国家生态移民示范项目太阳能双效利用及关键技术应用等21项新技术新产品鉴定验收，

组织实施银川汇丰大厦等5项新技术应用示范工程。下发《宁夏回族自治区成型高强钢筋应用管理暂行规定》，加快宁夏成型钢筋加工配送和预拌砂浆推广工作。支持宁夏建科院成立宁夏绿色建筑工程技术研究中心，为宁夏绿色建筑发展提供技术支持。

建设人事教育

【干部教育培训】 宁夏住房城乡建设厅采取送出去、请进来的方式，不断加大干部教育培训力度。2014年，选送75名干部参加区内外专题培训，组织厅78名干部参加自治区党干部教育网络培训，组织全区住房城乡建设系统100多名干部参加武汉大学工程硕士在职培养教育，举办新型城镇化建设和村镇规划建设管理专题培训，干部能力素质得到新提升。引进7名研究生以上高学历专业人才，协调1名博士到厅挂职，人才队伍结构不断优化。

【注册人员继续教育】 宁夏住房城乡建设厅编制了2014年全区注册人员继续教育培训计划，先后选派人员参加全国注册建筑师和结构工程师等继续教育师资培训；采取集中面授和网络教育相结合的方式，开展建造师、监理工程师等4类注册人员继续教育培训工作。2014年，共培训各类注册人员3191人，培训合格率达到98％，其中：培训二级建造师2634人，监理工程师91人，网络培训注册造价工程师363人、房地产估价师103人。

【建筑从业人员培训】 宁夏住房城乡建设厅完善建筑队伍教育培训体系，加大建筑业从业人员培训力度。2014年，培训考核"三类人员"10692名、"特种作业人员"6974名、"安全员"5782名，培训建设工程质量专业技术人员300名、监理人员1812名、见证取样人员540名、商混企业和检测人员500名。组织编写了造价员考试教材，内容涵盖土建、安装、市政工程及中级造价员四个专业。安排造价员考前培训50场次，考试合格1675人。分门别类建立建设工程评标专家库，认定各类评标专家1900余人，涵盖12个专业，培训新增评标专家640余人。组织招标代理机构从业人员培训考试730余人，合格率为55％。

大事记

1月

13日　宁夏回族自治区党委、政府在银川市召开宗教场所安全隐患排查工作会议，自治区党委常委、统战部长马三刚出席会议并作重要讲话。

25日　宁夏住房和城乡建设厅对春节期间全区住房城乡建设领域安全生产工作进行部署，要求各市县住房城乡建设行政主管部门认真执行安全生产各项规章制度，严厉打击违法非法行为，开展宗教场所安全隐患排查，强化建筑安全生产监管，加强市政公用设施安全运行管理，做好房屋使用安全管理，抓好节日期间值班工作。

2月

18日　宁夏人民政府命名中宁县为自治区园林县城，吴忠市红寺堡区为自治区园林城区。

27日　宁夏回族自治区党委书记李建华主持召开自治区十一届党委2014年第8次常委会议，研究审定通过了《宁夏空间发展战略规划》。

28日　宁夏回族自治区党委、政府在银川市召开全区新型城镇化工作会议，贯彻中央城镇化工作会议、自治区党委十一届三次会议和自治区"两会"精神，总结近年来我区城镇化工作，讨论宁夏空间发展战略规划。自治区党委书记、人大常委会主任李建华在会上讲话，并对当前和今后一个时期全区新型城镇化工作作了安排部署。自治区主席刘慧主持会议。

3月

3日　宁夏在银川市召开全区住房城乡建设工作会议。会议总结了2013年全区住房和城乡建设工作，安排部署2014年工作任务，表彰2013年度全区住房城乡建设工作先进单位和先进个人。石嘴山市、吴忠市、中卫市、宁夏建工集团公司、宁夏中房集团公司有关负责人在会上作了交流发言。

11日　宁夏住房城乡建设厅下发《关于宁夏民用建筑全面推广应用太阳能热水系统工作的通知》，自4月1日起全区全面推广太阳能热水系统。

4月

8日　宁夏回族自治区人大主任会议研究决定，《宁夏空间发展战略规划》及实施条例将提交2015年召开的自治区人民代表大会审议，以人民代表大会决议的形式批准实施。

11日　宁夏住房城乡建设厅党组书记、厅长杨玉经到固原市彭阳县调研住房城乡建设工作。

25日　宁夏住房城乡建设厅举行工资集体协商现场签约仪式，宁夏住宅建设工程有限公司、宁夏建筑研究院等18家建筑企业签订2014年工资专项合同。

5月

5日　宁夏举行主干道路大整治大绿化工程第三阶段工作分区观摩活动。此次观摩活动分川区、山区两个组，主要观摩大整治大绿化工程第三阶段植树造林、抚育管护、整治拆迁、环境卫生治理等工作。

7日　宁夏住房城乡建设厅出台《关于公共租赁住房和廉租住房并轨运行的实施意见》，决定从2014年起，实行公共租赁住房和廉租住房并轨运行，统称为公共租赁住房，对公共租赁住房落实相关优惠政策。

21日　2014年全国风景名胜区信息宣传工作会议在宁夏银川召开。来自全国70余个国家级风景名胜区的170多名代表齐聚一堂，围绕"风景名胜区信息宣传"主题，相互交流，献计献策。

6月

8~9日　宁夏棚户区和危窑危房改造工作推进会在固原市召开，白雪山出席会议并讲话。自治区住房城乡建设厅、发改委、监察厅、民政厅、财政厅、国土资源厅、审计厅及国家开发银行宁夏分行等有关部门主要负责人，各市、县区政府分管领导参加会议。与会代表观摩了固原市朝阳欣居小区保障性安居工程、安康花苑棚户区改造以及原州区张易镇驼巷村危房改造等项目，住房城乡建设厅、财政厅、国土资源厅、审计厅对有关工作方案进行通报，银川市、固原、中宁县、西吉县作了交流发言。

9~11日　宁夏住房城乡建设厅党组书记、厅长杨玉经深入中卫市和西吉县、同心县、中宁县等地城乡建设一线，实地察看城市基础设施建设、棚户区改造、农村危窑危房改造、特色小城镇和美丽村庄建设等重点项目。

18~19日　厅党组书记、厅长杨玉经赴红寺堡区、利通区和灵武市进行调研，实地查看基础设施建设、保障性安居工程、重点镇和美丽村庄建设等重点项目推进情况。

25日　宁夏住房城乡建设厅召开庆祝建党93周年暨表彰大会。总结和部署厅系统党建工作，表彰10个先进基层党组织、32名优秀共产党员和10位优秀党务工作者。

25~26日　住房城乡建设部党组成员、中央纪委驻部纪检组组长石生龙一行3人到宁夏调研住房城乡建设系统党风廉政建设工作。

7月

5日　宁夏回族自治区党委书记李建华到永宁县闽宁镇调研，进企业、下工地，访农户、听民声，实地查看环境综合整治、特色产业发展、工业园区建设、镇村规划建设等情况，并召开现场办公会，协调解决闽宁镇发展中的问题。

16日　宁夏住房城乡建设厅杨玉经厅长赴石嘴山市惠农区，实地调研棚户区改造、特色小城镇、美丽村庄建设、公共租赁房建设情况。

25日　全国住房公积金12329服务热线建设现场

会在宁夏银川市召开，来自住房城乡建设部和各省（区、市）住房公积金监管部门的负责人对宁夏12329住房公积金服务热线平台建设进行了实地观摩。

8月

27～29日　住房和城乡建设部部长陈政高等一行专程到宁夏调研住房城乡建设工作。28日，宁夏回族自治区党委书记、人大常委会主任李建华在银川会见了住房和城乡建设部党组书记、部长陈政高一行，对陈政高到宁夏调研表示欢迎，对住房城乡建设部长期以来给予宁夏的大力支持表示感谢。

30日至9月1日　住房城乡建设部副部长王宁率国务院质量工作第四考核组对宁夏2013～2014年度质量工作开展实地考核。宁夏回族自治区副主席王和山参加汇报会并讲话。考核组通过听取汇报、查阅资料、现场核查和重点抽查方式对宁夏质量工作进行了检查考核，对宁夏质量发展工作给予高度评价。

30日　在宁夏住房和城乡建设厅召开自治区党委第三巡视组巡视工作动员大会，巡视组组长左新军就开展巡视工作作了动员讲话，自治区党委巡视工作领导小组办公室主任李捍国就配合做好巡视工作提出要求，住房城乡建设厅党委书记、厅长杨玉经主持会议并作了表态发言。

9月

3～5日　宁夏回族自治区主席刘慧在自治区住房城乡建设厅等部门主要负责人陪同下，深入原州区、彭阳县、泾源县、隆德县、西吉县，对固原市生态建设、民生工程、工业园区、特色农业、小城镇建设等情况进行调研。

11日　全国住房和城乡建设系统精神文明办主任培训班在宁夏银川召开。

16～18日　宁夏住房城乡建设厅组织全区住房城乡建设系统各单位开展互学互帮互检互评为主要内容的"四互"活动，对5市的58个住房城乡建设重点项目、重点工程、亮点工作进行现场观摩。18日，全区住房城乡建设项目推进会在吴忠市召开，

自治区副主席白雪山参加会议并讲话。

24～26日　由住房和城乡建设部主办，宁夏住房和城乡建设厅、银川市城市管理局承办的2014年全国数字化城市管理技术应用培训班在银川市举办。在数字城管系统建设、运行和推广中积累了丰富经验的实施单位和省、市数字城管主管部门的负责人等320余人出席培训班。

25～26日　由住房和城乡建设部主办、宁夏住房和城乡建设厅承办的"第一届全国村镇规划理论与实践研讨会"在宁夏银川市召开。住房城乡建设部、各省（自治区、直辖市）住房城乡建设厅、各相关科研机构、大学院校和规划设计单位的领导、专家学者、村镇规划工作者500多人参加了研讨会。

10月

11日　宁夏住房城乡建设厅、发展改革委、财政厅、林业厅、国资委、农垦局联合召开2015年保障性安居工程计划工作会议，对2015年度保障性安居工程计划申报工作做出安排部署。

14日　区住房城乡建设厅召开全区勘察、设计、审图机构负责人座谈会，通报了2014年全国工程质量安全监督执法检查暨工程质量治理两年行动督查自治区情况。

11月

11日　宁夏住房城乡建设厅党组书记、厅长杨玉经在厅机关九楼会议室会见奥地利VST集团总裁加斯那一行，并就引进相关新产品新技术达成合作意向。

14日　宁夏回族自治区党委副书记崔波到宁夏住房城乡建设厅调研信访工作。

12月

4日　宁夏回族自治区主席刘慧主持召开专题会议研究宁夏国际会议中心规划建设事宜，杨玉经参加会议并作了汇报。

30日　宁夏住房城乡建设厅召开领导班子民主生活会，自治区党委常委、宁夏军区司令员昌业廷出席会议并作了重要讲话。

（宁夏回族自治区住房和城乡建设厅）

新疆维吾尔自治区

概况

【**城乡规划编制管理工作**】　2014年，《新疆城镇体系规划（2014～2030）》经国务院同意，由住房城乡建设部批准实施，完成自治区新型城镇化发展课题研究，组织实施奎屯市、吉木萨尔县"多规合一"

试点，选取喀什市、布尔津县等8个市（县）开展城市特色风貌专项规划和城市设计试点工作，基本实现城乡规划全覆盖。扎实做好重点项目规划审批服务，完成96项建设项目选址审查审批，城乡规划督察员巡查范围覆盖全区24个设市城市。

【重点民生工程实施】 2014年，新疆开工建设安居富民工程31.39万户，竣工30.78万户，占年度计划102.6%。安居富民工程建设任务量连续4年位居全国农村危房改造第一位，已建成的安居富民工程质量全部合格，特别是在2014年于田7.3级强震中安居富民工程无一损毁。保障性安居工程新建项目全部开工，基本建成21.11万套，占年度计划的101.49%。城镇住房保障覆盖率23.97%，住房保障范围已由城镇低收入住房困难家庭扩大到中等偏下收入住房困难家庭、新就业职工、符合条件的外来务工人员和棚户区居民。

【城乡人居环境建设】 2014年，全区设市城市（不含兵团6个城市）、县城供水总量95469.64万立方米，用水人口951.99万人，用水普及率96.34%；污水处理总量56087万立方米，污水厂集中处理率78.65%；生活垃圾处理量536.82万吨，处理率92.82%，拥有无害化垃圾处理厂41座，无害化处理总量364.14万吨，集中供热面积3.01亿平方米。农村生活垃圾专项治理全面启动，111个城镇被确定为全国重点镇。开展园林城市、节水型城市、智慧城市创建活动，城市建成区绿地率30.6%，人均公园绿地10.2平方米，有自治区园林城市（城区、城镇）35个、国家园林城市19个，自治区节水型城市1个，奎屯市等5个城市被列入国家智慧城市试点名单。加快实施既有建筑节能改造，新建节能建筑3000万平方米，完成既有建筑节能改造1160万平方米。推进可再生能源建筑应用，加快发展绿色建筑，建成各类项目195万平方米。风景名胜和历史文化资源保护得到加强，有国家级风景名胜区5处，自治区级风景名胜区16处，国家历史文化名城5个、名镇3个、名村4个，自治区历史文化名城2个，全国特色景观旅游名镇（村）8个，列入中国传统村落名录8个。

【建筑业】 2014年，全区建筑业总产值2332.12亿元，同比增长10%。建筑业企业实力明显增强，经营范围覆盖房屋建筑、公路、水利、市政、铁路、石油化工和电力等多个领域，有建筑施工总承包特级企业3家、一级企业106家，工程监理甲级企业48家，勘察设计甲级企业73家。企业科技创新能力进一步增强，拥有国家级工法25项，自治区级工法325项。稳步推进自治区建筑行业监管信息系统建设，加强

建设工程招投标活动监管，搭建统一规范的新疆电子招投标平台，完成招标工程项目10474项，中标总造价1047.94亿元。

加强工程质量安全监管，全面排查质量安全隐患，工程质量通病得到有效遏制，安全生产形势进一步好转，房屋建筑竣工验收合格率100%，没有发生重大及以上质量安全事故。特变电工科技研发中心项目获国家"鲁班奖"，42项工程获得自治区"天山奖"，18项市政工程获得自治区市政工程"金杯奖"，14个施工现场达到国家"AAA"级安全文明工地标准，463个施工现场达到自治区级安全文明工地标准。

【房地产市场】 2014年，全区完成房地产开发投资1014.81亿元，比上年增长22.9%。开工建设商品住房3561.09万平方米，竣工商品房2086.08万平方米。稳步扩大住房公积金缴存覆盖面，不断提高住房公积金管理服务水平，开通12329服务热线，优化服务流程，保证资金安全和有效使用，到2014年底，全区住房公积金缴存总额1427.98亿元，同比增长21.92%，个人贷款总额785.29亿元，同比增长19.51%；累计利用住房公积金贷款42.46亿元、增值收益22.5亿元支持保障性住房建设。物业管理服务水平进一步提升，物业服务企业1690家，从业人员近6.38万人，物业服务覆盖率54.81%，深入开展物业管理服务示范创建活动，有7个项目申报国家物业管理示范住宅小区（大厦、工业区），20个项目被评为自治区优秀物业管理住宅小区（大厦、工业区）。新增住宅产业化示范项目115万平方米，有2个项目获得国家广厦奖，2个项目获得国家康居示范工程。

【行业专项治理】 2014年，全面启动工程质量治理两年行动，打击建筑施工转包、违法分包及挂靠行为，健全工程质量监督、监理机制，切实提高建筑从业人员素质。开展住房城乡建设行业突出问题专项治理活动，扎实推进保障性住房分配管理、城市（县城）公园违反规划侵占公共绿地资源建设经营性场所、国有土地上房屋征收补偿、房地产中介和工程招标代理市场专项治理。全区纠正保障性住房分配违规问题4052户，城市（县城）公园违反规划侵占公共绿地资源违规建设经营性场所19处；立案调查国有土地上房屋征收补偿强制拆迁案件8件，查办处存在违规行为的房地产评估机构12家、工程招标代理机构23家。

【行业各项工作】 2014年，提请修订《自治区实施城乡规划法办法》，草拟上报《自治区民用建筑

供热节能管理办法》等 2 件政府规章，制定出台《自治区国有土地上房屋征收与补偿工作规程及相关文书》等规范性文件。重新确认行政许可事项 22 项，优化行政审批流程，行政许可事项办理时限平均每件同比减少 2.7 天。加强行政执法工作，及时纠正、规范工程建设各方主体行为，抽查工程项目 247 项，下达整改通知书 195 份、执法建议书 21 份；立案查处 30 件，作出《行政处罚决定书》16 份。完善工程建设标准体系，组织编制《纺织服装工厂厂房建设标准》《田地震灾后安居富民工程建设标准》等 15 项工程建设地方标准和标准设计图集。住房保障、城乡规划、网上行政审批三项信息系统建设基本完成，建筑市场、房地产市场综合监管平台全面启动，住房城乡建设系统 68.75% 的单位实现与电子政务外网互联互通。开展示范性数字城建档案馆建设，启用自治区城建电子档案数据主容灾备份中心。建立健全应急管理组织体系，《城镇燃气、供水、集中供热突发事件应急预案》经自治区批准实施，编制完善地震、工程建设、城市轨道交通等行业各类应急预案，突发事件防范应对能力有所增强。加强建筑工程社保费归集管理，向企业拨付建筑社保费 12.15 亿元，安排困难企业调剂补贴资金 7908.15 万元，维护职工切身利益和行业稳定。加大行业人才培养力度，培训各类人员 7.6 万人次，行业队伍整体素质明显提高。

政策规章

【法规建设】 2014 年，修订《自治区实施〈城乡规划法〉办法》经自治区人民政府审查同意并报自治区人大常委会审议。起草《自治区民用建筑供热节能管理办法》等 2 件政府规章，制定出台房屋征收与补偿工作程序、房屋征收价格评估办法、专家委员会鉴定办法、评估机构抽取办法、城乡规划公示办法、规划督察员管理办法、选址意见书和建设用地及建设工程规划许可证核发办法、竣工规划认可办法、城乡规划行政处罚程序、建设工程安全专项施工方案论证专家及专家库管理办法、安全生产文明工地评选办法、施工和监理人员从业管理办法、重大危险源监督管理办法、施工评标办法和监理评标办法等规范性文件。2011～2014 年制定、审查修改各类规范性文件 150 多件。

【行政审批】 2014 年，区住房和城乡建设厅起草下发房地产开发等企业资质实行网上申报和审批的通知，全面实行行政审批流程网上运转、纪检监察部门实时提醒督办机制。提请自治区人民政府审

查行政许可 26 项、非许可审批 12 项。重新确认行政许可事项 22 项，废止行政许可事项 1 项、下放部分审批权限 1 项，优化行政审批流程，严格落实首问负责、一次性告知、限时办结等制度，行政许可事项办理时限平均每件同比减少 2.7 天。

【行政执法】 5 月 22 日至 6 月 7 日，10 月 27 日至 11 月 20 日，自治区住房城乡建设厅开展建设工程质量安全综合执法检查，抽查 74 个县（市、区）的 247 个工程项目、总面积 463 万平方米，下发整改通知书 195 份，下发执法建议书 21 份。2014 年，自治区住房和城乡建设厅受理举报投诉 87 件，结案举报属实 79 件；自治区本级立案调查违法违规问题 43 件，下达行政处罚书 15 份，处罚金额 282 万元。各地、州（市）全年持续开展在建工程拉网式质量安全检查，下发整改通知书 4706 份、停工整改通知书 976 份，行政处罚 117 个项目，共处罚金 202 万元。克拉玛依市行政处罚 58 家违法企业及 60 名从业人员，并记入不良行为记录。

自治区房地产价格评估专家委员会检查全疆 108 家房地产评估机构的 132 份评估报告，立案查处乌鲁木齐市住房保障和房地产管理局 2013 年检查中 12 家房地产评估机构评估报告违反房地产估价规范问题；乌鲁木齐市房地产市场专项检查，取缔黑中介经纪机构 87 家。重点检查伊犁州、乌鲁木齐市等 10 个地、州、市 22 个县市贯彻落实《城乡规划违法违纪行为处分办法》情况，抽查项目 251 个（包括工业类项目 53 个，房产开发项目 100 个，公共建筑类项目 63 个，公园绿地项目 35 个），下发执法建议书 3 份、整改通知书 2 份。

检查督办城市公园违反规划侵占公共绿地资源建设经营场所专项治理。检查全疆 84 个公园、114 处经营场所，查处违规项目 55 处。抽查招标代理机构 75 家，其中乌鲁木齐 35 家，地州 40 家。对 15 家专职人员不到位的代理机构下发停业整改通知书，处理 13 名评标不公专家。受理招投标投诉案件 37 起，其中立案查处 17 起，办结率 100%。约谈违规代理机构、投标企业等 90 多家。

【行政复议】 2014 年，自治区住房和城乡建设厅收到行政复议申请 5 件，受理 5 件。受理 5 起案件中，房产登记类 1 件，城乡规划类 1 件，房屋征收信息公开类 2 件，住房维修专项资金类 1 件。全年审结行政复议案件 5 件，审结率 100%。作出确认违法、责令履行具体行政行为复议决定 1 件；撤销 1 件，驳回 1 件，不予受理 2 件。

房地产业

【房地产开发经营】 2014 年，新疆列入统计部门统计范围的房地产开发企业 1808 家，房地产开发投资完成 1014.81 亿元，比上年增长 22.9%。其中住房开发投资为 616.3 亿元，同比增长 10.9%；办公楼投资 61.39 亿元，同比增长 145.7%；商业营业用房投资 267.21 亿元，同比增长 64.1%；其他（教育、医疗、工业用房等）投资 69.9 亿元，同比下降 15%。商品房屋施工面积 11288.65 万平方米，增加 1829.1 万平方米，其中新开工面积 3561.09 万平方米，下降 168.79 万平方米。商品房屋竣工面积 2086.08 万平方米，增加 363.92 万平方米，其中住宅竣工面积 1594.27 万平方米，增加 200.19 万平方米。实现商品房屋销售面积 1815.88 万平方米，下降 201.15 万平方米，其中销售住宅面积 1541.25 万平方米，下降 258.69 万平方米。截至年底，全区商品房屋待售面积 988.81 万平方米，增加 256.93 万平方米，其中住宅待售面积 643.98 万平方米，增加 171.39 万平方米。人均住房建筑面积 27 平方米。

【核查房地产评估机构】 2014 年，自治区房地产价格评估鉴定专家委员会抽查全疆 108 家房地产机构的评估报告质量合格率 60%，有 43 家评估机构违规设立 156 家分支机构，处罚违反《房地产估价规范》行为房地产评估机构 12 家。截至年底，有房地产评估机构 112 家，其中一级机构 4 家，二级机构 35 家，三级机构 69 家（含暂定级 4 家），合法分支机构 4 家（其中区外备案 2 家，区内备案 2 家）。

【房地产行业综合监管平台】 5 月 12 日，自治区住房和城乡建设厅培训全疆住房和城乡建设系统人员，学习使用房地产行业综合监管平台的行业企业资质等级管理、信用评价管理、房地产项目市场监管、统计报表管理、异地备案管理、信息发布管理、统计分析等业务功能。8 月 18 日，正式启用自治区住房保障信息系统数据接口，同步使用自治区、地州（市）、县（市）、街道（乡镇）、社区（居委会）五级住房保障、棚户区改造、房屋征收等单位部门之间的住房保障各项业务信息系统。2014 年，全区有备案房屋登记机构 87 个，其中城市 21 个、县城 66 个。有 19 个城市基本建立初级的个人住房信息平台，利用计算机局域网进行房屋登记，初步实现"一站式"服务（即一个窗口收件、一套资料内部传递、一次性收费、一个窗口发证）。克拉玛依市房产管理局房屋产权交易中心为 2014 年自治区房地产交易与权属登记规范化管理达标单位。

【2 项目获"广厦奖"】 12 月 4 日，中国房地产业协会、住房和城乡建设部住宅产业化促进中心公布 93 个项目获"广厦奖"。新疆华源实业（集团）有限公司的华源·贝鸟语城、石河子开发区天富房地产开发有限责任公司的 52 小区天富春城名列其中。

【自治区物业管理示范小区】 12 月 9 日，经新疆物业管理专业委员会考评验收，自治区住房和城乡建设厅公布乌鲁木齐市的紫金长安小区等 20 个物业服务项目达到考评标准，评定为 2014 年自治区物业管理示范小区（大厦）。

住房保障

【概况】 2014 年，自治区住房和城乡建设厅评估全疆十四个地州住房保障工作。完成《自治区"十二五"住房保障规划》中期评估、《自治区城镇住房发展规划（2014～2020 年）》《自治区棚户区改造规划（2014～2020 年）》编制工作。2014 年，国家下达新疆城镇保障性安居工程计划任务为新建 25.96 万套、基本建成 20.8 万套，实际新建项目开工 26.52 万套，开工率达 102.16%，基本建成 21.11 万套，占年度计划 101.49%，新增实物保障 15.55 万户，为年度分配入住计划 15.21 万户的 102.23%。城镇住房保障范围已由城市低收入住房困难家庭扩大到城市中等偏下收入住房困难家庭、新就业职工、符合条件的外来务工人员和棚户区居民，住房保障覆盖率 23.97%。

2014 年，全区城镇保障性住房和各类棚户区改造累计完成投资 262.48 亿元，其中中央补助资金 109.04 亿元，自治区落实补助资金 17.83 亿元，各地自筹资金 135.61 亿元；全区金融机构累计发放城镇保障性安居工程贷款 26.84 亿元；累计发行企业债 12 支、138 亿元；发放住房公积金贷款 4.55 亿元。

【18 项目获保障性住房优秀设计奖】 8 月 25 日，自治区住房和城乡建设厅表彰 18 个自治区保障性住房优秀设计项目，其中一等奖 3 个，二等奖 6 个，三等奖，9 个。

【绿色康城保障性住房项目】 12 月 21 日，克拉玛依市绿色康城保障性住房项目 52 栋楼竣工。绿色康城项目占地面积 160 多万平方米，总建筑面积 195 万平方米，由 5 个住宅项目、1 个商业服务以及 1 个景观配套等 7 个组团组成，包括经适房、廉租房和公共租赁房等保障性住房及商品房 10445 套，时为新疆规模最大的保障性住房项目。

第四篇

公积金管理

【概况】 2014年，新疆归集住房公积金256.7亿元，累计归集总额1427.98亿元，较年初增长21.92%。累计为职工购建房等原因支取住房公积金553.8亿元，住房公积金归集余额720.25亿元，增加102.78亿元。

2014年，全区累计为60.22万户职工发放个人住房公积金贷款785.59亿元，较年初增加153.53亿元；个人住房公积金贷款余额452.50亿元，个人贷款余额占缴存余额的比例63.94%。截至年底，累计提取廉租住房建设补充资金24.60亿元，已划转交财政部门15.99亿元。

2014年，累计归集住房资金112.35亿元，其中住房资金108.93亿元、住房维修基金3.42亿元。审批使用住房资金11.49亿元（新建住房10.98亿元，住房维修0.11亿元，退房0.40亿元）。至年底，住房资金余额9.79亿元（维修资金1.53亿元，售房及集资款8.26亿元）。

【信息化建设】 4月17~18日，自治区住房和城乡建设厅在昌吉市召开全区住房公积金业务管理信息系统优化升级现场交流会，住房城乡建设厅总经济师姚玉珍、14个地州市住房公积金管理中心负责人、信息科长、业务科长参加会议。会上，软件开发公司演示讲解住房公积金业务管理信息系统3.0版本功能；昌吉州、喀什地区住房公积金管理中心大会交流发言本地住房公积金信息系统运行情况。2014年，出台建立住房公积金管理信息披露制度、进一步加强住房公积金信息管理系统建设工作的通知，组织各地管理中心主任考察学习山西、北京运行最新版本住房公积金信息管理系统情况，论证自治区监管信息系统优化升级方案。起草完成全区12329热线集中建设方案。

城乡规划

【概况】 2014年，新疆城镇体系规划、乌鲁木齐市城市总体规划经国务院同意实施。阿克苏地区城镇体系规划、克孜勒苏州城镇体系规划、伊犁州直城镇体系规划、吐鲁番地区城镇体系规划、阿图什市城市总体规划、伊宁市城市总体规划、五家渠市城市总体规划、图木舒克市城市总体规划、铁门关市城市总体规划、阿勒泰地区大喀纳斯旅游区总体规划、和丰工业园区总体规划、吉木乃边境经济合作区总体规划、头屯河沿岸综合整治区域协调发展总体规划、额敏（兵地、辽阳）工业园区总体规划、乌鲁木齐县土地利用总体规划、乌鲁木齐市达坂城区、米东区土地利用总体规划经自治区人民政府批准实施。自治区人民政府批准巩留工业园区、尉犁工业园区、且末县昆仑工业园区、若羌工业园区、乌恰工业园区为自治区级园区，批准调整伊犁州直城镇体系规划局部内容、伊宁市城市总体规划局部内容、霍尔果斯经济开发区部分地块用地性质、疏附县阿克喀什乡划归喀什市管辖行政区划、设立图木舒克市草湖镇行政区划，同意和硕经济开发区扩区，阿拉山口工业园区精河工业区单设并更名为精河工业园区。截至年底，完成博尔塔拉蒙古自治州城镇体系规划纲要等5个地州城镇体系规划和伊犁州直城镇体系规划（2013~2030）等3个地州城镇体系规划调整审查，以及吐鲁番市城市总体规划等9个城市总体规划，奎屯——独山子经济开发区总体规划、伊尔克什坦口岸和头屯河沿岸综合整治区域协调发展总体规划（2013~2030）等5个口岸、开发区总体规划成果的审查审批工作。完成建设项目选址审查审批93项，同比减少73%，每件办结时限平均4天。城乡规划编制累计投入资金8.33亿元，完成所有12个地州域城镇体系规划、24个城市、68个县城、785个镇（乡、场）总体规划和8839个村庄规划。城市控制性详细规划覆盖率80%，县城50%。全区城镇化率46.07%。

【乌鲁木齐市城市总体规划】 11月25日，国务院批复原则同意修订后的《乌鲁木齐市城市总体规划（2014~2020年）》。该总体规划在城市总体规模方面提出到2020年，乌鲁木齐市中心城区城市人口规模控制在400万人以内，城市建设用地规模控制在519平方千米以内。

【城乡规划督察员】 5月28日，自治区住房和城乡建设厅在乌鲁木齐市召开2014年自治区派驻城乡规划督察员派遣会。住房和城乡建设厅巡视员甫拉提·乌马尔，11位自治区城乡规划督察员以及派驻城市规划行政主管部门负责人出席会议。甫拉提·乌马尔代表自治区派驻城乡规划督察员办公室为自治区城乡规划督察员颁发聘书。2014年，督察伊宁市、昌吉市、阿克苏市、克拉玛依市、博乐市、吐鲁番市、哈密市等24个城市的城市规划工作。查阅规划档案资料2270件，踏勘现场168次，参加督察城市规划会议57次，约见地方政府领导33次，向规划部门提出督察建议91条，发现32起违规建设项目，及时制止和纠正违规苗头60起，撰写督察报告21份，向派驻城市政府发出督察建议书、意见书4份。

【资质管理】 2014年，自治区住房和城乡建设厅组织对14个地(州)城乡规划主管部门和97家编制单位进行资质核定换证培训。申报核定及换证的城乡规划编制单位80家，现场核查19家乙、丙级城乡规划编制单位的主要技术人员、编制质量、技术装备和办公场所等。其中甲级资质通过核定6家；乙级资质通过核定29家，限期整改4家，核定丙级1家，未通过1家；丙级资质通过核定34家，限期整改5家。

2014年，有48个独立的城乡规划管理机构，其中自治区级1个，地州级7个(昌吉州、吐鲁番地区、塔城地区、哈密地区成立规划局，伊犁州、巴音郭楞州、博尔塔拉蒙古自治州成立规划管理中心)，设市城市19个，县城21个，全区有规划设计单位79家，其中甲级资质6家、乙级资质33家、丙级资质40家。从事规划编制和管理专业人员1500多人，其中注册城市规划师324人。

【张春贤会见自治区人民政府城乡规划工作顾问组】 4月19日，中共中央政治局委员、自治区党委书记张春贤在乌鲁木齐市会见自治区人民政府城乡规划工作顾问组毛其智一行，毛其智组长汇报专家组调研指导准东经济技术开发区、奎独乌区域工作情况。张春贤书记充分肯定专家组的工作和建议，要求自治区住房城乡建设厅和自治区发展改革委员会抓好落实。

城市建设与市政公用事业

【城建固定资产投资】 2014年，新疆18个设市城市(不含石河子、阿拉尔、图木舒克、五家渠、北屯、铁门关6个兵团城市)、68个县城市政公用设施建设完成固定资产投资3952257万元。其中设市城市完成3215933万元。按投资行业分：供水完成267306万元，集中供热352056万元，燃气301488万元，道路桥梁1703316万元，排水134812万元，园林绿化418389万元，环境卫生230096万元，其他394794万元。2014新增固定资产3397007万元。

【城市供水】 2014年，新疆设市城市(不含兵团6个城市)、县城新增供水综合生产能力34.83万立方米/日，新增自来水管道888.84千米。2014年，全疆累计供水综合生产能力达512.39万立方米/日，供水管道总长13117.47千米，2014年全年供水总量95469.64万立方米，用水人口951.99万人，用水普及率96.34%，人均日生活用水151.49升。其中设市城市综合生产能力396.51万立方米/日，供水管道长7118.56千米，年供水总量73751.5万立方米，

用水人口640.28万人，用水普及率98.21%，人均日生活用水169.5升。县城综合生产能力115.88万立方米/日，供水管道5998.91千米，年供水总量21718.14万立方米，用水人口311.71万人，用水普及率92.78%，人均日生活用水115.2升。

【自治区节水型企业(单位)和居民小区】 12月1日，自治区住房和城乡建设厅、自治区发展改革委命名自治区节水型企业(单位)和居民小区。其中自治区节水型企业26家；自治区节水型单位33家；自治区节水型居民小区19家。

【城市集中供热】 2014年，新疆设市城市(不含兵团6个城市)、县城新增集中供热能力热水451兆瓦。累计供热能力蒸汽760吨/小时、热水32870.27兆瓦，集中供热管道10710.19千米。年供热总量蒸汽301.9万吉焦，热水18669.52万吉焦。集中供热面积30106.74万平方米，其中住宅21267.03万平方米。设市城市累计供热能力蒸汽700.00吨/小时，热水24314.59兆瓦，年供热总量蒸汽282.9万吉焦，热水14502.56万吉焦，集中供热管道7738.18千米，集中供热面积22782.26万平方米，其中住宅16376.45万平方米。全区县城供热能力蒸汽60吨/小时，热水8555.68兆瓦，年供热总量蒸汽19万吉焦，热水4166.96万吉焦，集中供热管道2972.01千米，集中供热面积7324.48.4万平方米，其中住宅4890.58万平方米。

【城市燃气】 2014年，新疆设市城市(不含兵团6个城市)、县城新增天然气管道1061.22千米，新增天然气储气能力19.72万立方米。全区累计天然气管道13712.9千米，年天然气供气总量500221.49万立方米，用气人口778.16万人。人工煤气管道71.3千米，人工煤气生产能力46万立方米/日，储气能力2万立方米，年供气总量1752万立方米，用气人口5万人。液化石油气储气能力14507.1吨，供气管道82.22千米，年供气总量85812.28吨，用气人口152.25万人。全区燃气普及率91.84%。拥有天然气汽车加气站335座、液化气汽车加气站22座。其中设市城市天然气储气能力235.81万立方米，供气管道10735.25千米，供气总量422188.67万立方米，用气人口584.58万人；人工煤气生产供应全在设市城市内，液化石油气储气能力5473吨，供气管道80.81千米，年供气总量56789.53吨，用气人口59.86万人，设市城市燃气普及率97.28%。县城天然气供气管道2977.65千米，天然气储气358.55万立方米，供气总量78032.82万立方米，用气人口193.58万人；液化石油气储气能力9034.1吨，年供

第四篇

气总量 29022.75 吨，用气人口 92.39 万人，燃气普及率 81.49%。

【城市道路桥梁】 2014 年，新疆设市城市（不含兵团 6 个城市）、县城新建扩建道路 542.78 千米，新建扩建道路面积 771.76 万平方米，新增桥梁 31 座。全区累计道路长 9387.48 千米，道路面积 16872.9 万平方米，人均拥有道路面积 16.57 平方米。拥有桥梁 792 座（立交桥 65 座），路灯 685729 盏。其中设市城市道路 5686.06 千米，道路面积 10173 万平方米，人均拥有道路面积 15.24 平方米；桥梁 441 座。县城道路 3701.42 千米，道路面积 6699.9 万平方米，人均拥有道路面积 19.09 平方米；桥梁 351 座，路灯 244259 盏。

【18 项目获自治区市政工程金杯奖】 2014 年，自治区市政工程协会表彰新疆北新路桥集团股份有限公司施工的新疆博乐市博河新区桥梁工程团结路桥新建工程等 18 个项目为 2014 年度新疆市政金杯示范工程。

【城市排水】 2014 年，新疆设市城市（不含兵团 6 个城市）、县城新增排水管道 462.72 千米，新增污水处理能力 12.5 万立方米/日，污水排放量 71310 万立方米，有排水管道 8752.6 千米，排水管道密度 5.43 千米/平方千米。有污水处理厂 79 座，达到二、三级处理的 66 座，污水处理能力 251.7 万立方米/日，年污水处理总量 56087 万立方米，污水厂集中处理率 78.65%。其中设市城市污水排放量 54389 万立方米，有排水管道 5140 千米，排水管道密度 5.21 千米/平方千米；有污水处理厂 32 座，达到二、三级处理的 27 座，总污水处理能力 198.9 万立方米/日，年污水处理总量 46002 万立方米，污水厂集中处理率 84.58%。县城污水排放量 16921 万立方米，有排水管道 3612.6 千米，排水管道密度 5.78 千米/平方千米；有污水处理厂 47 座，达到二、三级处理的 39 座，总污水处理能力 52.8 万立方米/日，年污水处理总量 10085 万立方米，污水厂集中处理率 59.6%。

2014 年，全区设市城市污水处理厂运行负荷率为 55.3%，其中，乌鲁木齐市、克拉玛依市污水处理厂平均运行负荷率为 64.36%，累计处理污水 19525.53 万立方米，削减化学需氧量（COD）总量 10.27 万吨。乌鲁木齐昆仑环保集团有限公司七道湾污水处理厂、克拉玛依市独山子区污水处理厂等 41 座投入运行的城镇污水处理厂平均运行负荷率不足 60%。截至 2014 年底，全区有 17 个城市建有污水处理厂（含氧化塘）29 座，形成污水处理能力 173.8 万

立方米/日，其中乌鲁木齐市和克拉玛依市共建成污水处理厂 10 座，处理能力达 84 万立方米/日。全区有 45 个县城建有污水处理厂（含氧化塘）47 座。14 个县城污水处理设施正在建设，8 个县城没有建成污水处理厂。全区城镇污水处理厂运行负荷率达到 60.43%，同比增长 0.7 个百分点。

【城市园林绿化】 2014 年，新疆设市城市（不含兵团 6 个城市）、县城新增园林绿地面积 2892.83 公顷。设市城市、县城绿化覆盖面积 77714.46 公顷，建成区绿化覆盖面积 56204.76 公顷；园林绿地面积 72059.99 公顷，建成区园林绿地面积 51235.26 公顷；公园绿地面积 10904.89 公顷；拥有公园 269 个，公园面积 6208.19 公顷，人均公园绿地 10.71 平方米；建成区绿化覆盖率 34.88%，建成区绿地率 31.8%。其中设市城市建成区绿化覆盖面积 56483.98 公顷，建成区绿化覆盖面积 36964.34 公顷；园林绿地面积 53028.63 公顷，建成区园林绿地面积 33855.13 公顷；公园绿地面积 7139.07 公顷；拥有公园 134 个，公园面积 3747.39 公顷，人均公园绿地 10.69 平方米；建成区绿化覆盖率 37.48%，建成区绿地率 34.33%。县城绿化覆盖面积 21230.48 公顷，建成区绿化覆盖面积 19240.42 公顷；园林绿地面积 19031.36 公顷，建成区绿地面积 17380.13 公顷；公园绿地面积 3765.82 公顷，拥有公园 135 个，公园面积 2460.8 公顷，人均公园绿地 10.73 平方米；建成区绿化覆盖率 30.78%，建成区绿地率 27.8%。截至年底，有国家园林城市 10 个，国家园林县城 9 个，自治区园林城市 8 个，自治区园林县城 27 个。

【新疆最大高速路景观带建成】 6 月 30 日，乌鲁木齐市高新区（新市区）林业园林管理局建成乌鲁木齐市北京路北延与乌奎北联络线交叉处的蝶形桥绿化景观带，总体建设规模 25 万平方米，由 4 个游园拼接而成，4 个游园内均有乔木、灌木、各种花卉、草等丰富景观空间层次，立交桥外围以乔灌木为主。新建的蝶形桥绿化景观带是乌鲁木齐市的一座地标性景观带和生态公园。时为新疆第一个规模最大的高速公路景观带。

【3 项目获中国人居环境范例奖】 1 月 28 日，住房和城乡建设部公布 36 个项目获中国人居环境范例奖。新疆克拉玛依市克拉玛依区信息技术推动城市管理机制创新项目、库车县老城区历史文化街区保护工程、天池景区环境综合整治工程 3 个项目获 2013 年中国人居环境范例奖。截至年底，有 13 个城市（城区）获得"中国人居环境范例奖"。

【风景名胜区管理】 2014 年，新疆赛里木湖风

景名胜区在住房和城乡建设部公布 2014 年国家级风景名胜区执法检查结果中被列为不达标等级，受到通报批评。自治区住房和城乡建设厅通报批评博斯腾湖风景名胜区，该风景名胜区 2013 年被列为国家级风景名胜区不达标单位。检查全区 16 处自治区级风景名胜区。克拉玛依魔鬼城风景名胜区、水磨沟风景名胜区、怪石峪风景名胜区、喀纳斯湖风景名胜区、那拉提草原风景名胜区、吉木乃草原石城风景名胜区、玛纳斯湿地公园风景名胜区、托木尔大峡谷风景名胜区等 8 处风景名胜区为达标等级，喀拉峻草原风景名胜区、天山神木园风景名胜区、白石头风景名胜区、轮台胡杨林风景名胜区、南山风景名胜区、火焰山—坎儿井—葡萄沟风景名胜区、科桑溶洞风景名胜区、西戈壁公园风景名胜区等 8 处风景名胜区为不达标等级，予以通报批评，责令限期整改。召开喀拉库勒—慕士塔格、奥依塔克风景区资源调查报告论证会。同意将奥依塔克和喀拉库勒-慕士塔格、克孜勒苏州红山谷和小尚亥申报为自治区级风景名胜区。2014 年，编制完成《自治区级风景名胜区申报条件和程序》《自治区级风景名胜区建设项目选址方案和规划条件核准办法》《自治区级风景名胜区规划编制审批办法》。截至年底，新疆共有 21 处风景名胜区，其中：国家级风景名胜区 5 处，自治区级风景名胜区 16 处。

【城市环境卫生】 2014 年，新疆设市城市（不含兵团 6 个城市）、县城道路清扫保洁面积 17352 万平方米，市容环卫专用车辆设备总数 5465 辆，实现机械化道路清扫保洁面积 6652 万平方米，机械清扫率 38%；生活垃圾年清运量 578.35 万吨，生活垃圾处理量 536.82 万吨，处理率 92.82%；拥有无害化垃圾处理厂 41 座，无害化处理能力 9917 吨/日，无害化处理总量 364.14 万吨；粪便清运量 5.07 万吨；有公共厕所 3413 座，达到三级以上 2149 座。其中设市城市道路清扫保洁面积 11625 万平方米，市容环卫专用车辆设备总数 4365 辆，实现机械化道路清扫保洁面积 4656 万平方米，机械清扫率 40%；生活垃圾年清运量 338.68 万吨，生活垃圾处理量 319.74 万吨，处理率 94.41%；拥有无害化垃圾处理厂 18 座，日无害化处理能力 7648 吨，无害化处理总量 286.17 万吨；粪便清运量 0.33 万吨，有公共厕所 2248 座，达到三级以上 1582 座。县城道路清扫保洁面积 5727 万平方米，市容环卫专用车辆设备总数 1100 辆，实现机械化道路清扫保洁面积 1996 万平方米，机械清扫率 35%；生活垃圾年清运量 239.68 万吨，生活垃圾处理量 217.07 万吨，处理率 90.57%；粪便清运

量 4.74 万吨，有公共厕所 1165 座，达到三级以上 567 座。

村镇规划建设

【概况】 截至 2014 年底，新疆有县城（区）以外的建制镇 184 个，乡（乡政府所在地）557 个。行政村 8710 个，全区村镇总人口 1326.92 万人，其中独立建制镇人口 99.14 万人，乡人口 137.24 万人、镇乡级特殊区域 14.86 万人、村庄人口 1075.68 万人。建制镇建成区面积 31893.03 公顷，乡建成区面积 44787.13 公顷，村庄现状用地面积 321943.33 公顷。

全区累计编制建制镇总体规划 184 个，占全部建制镇的 100%；乡 552 个，占全部乡的 99%，编制村庄规划的行政村 7959 个，占全部行政村的 91.38%。全区乡镇建立村镇建设管理机构 611 个，配备村镇建设管理人员 1672 人，其中专职管理人员 997 人。

【村镇建设投资】 2014 年，新疆村镇建设投资总额 269.2 亿元，其中住宅建设投资 195.97 亿元，占总投资的 73%；公共建筑投资 34.34 万元，占总投资的 12.76%；生产性建筑投资 5.7 亿元，占总投资的 2.11%；市政公用设施投资 33.19 亿元，占总投资的 12.33%。

【村镇房屋建设】 2014 年，新疆村镇竣工住宅建筑面积 2146.34 万平方米；年末实有村镇住宅总建筑面积 31486.38 万平方米。竣工公共建筑面积 265.85 万平方米；年末实有公共建筑面积 3363.49 平方米。竣工生产性建筑面积 54.07 万平方米；年末实有生产性建筑面积 2293.97 万平方米。建制镇、集镇、村庄人均住宅建筑面积分别为 28.07 平方米、25.14 平方米、24.42 平方米。

【村镇市政公用设施】 截至 2014 年底，全疆村镇有公共供水设施 1093 个，其中建制镇 286 个，乡（集镇）716 个，镇乡级特殊区域 91 个。独立建制镇、集镇和村庄用水普及率分别是 82.39%、77.62%、75.57%。全区村镇道路长度 8721.49 公里，道路面积 5355.32 万平方米。全区独立建制镇绿化覆盖面积 4985.86 公顷，绿地面积 3679.17 公顷；公园绿地面积 124.65 公顷，人均公园绿地面积 1.51 平方米。乡绿化覆盖面积 7269.93 公顷，绿地面积 5148.32 公顷；公园绿地面积 178.3 公顷，人均公园绿地面积 1.3 平方米。有污水处理厂 8 个，污水处理装置 23 个；排水管道长度 1073.89 公里，年污水处理总量 141.44 万立方米；有环卫专用车辆 667 辆，年清运垃圾 31.42 万吨，有公共厕所 1845 座；集中供水的

行政村 6795 个，占全部行政村的 78.01%；有生活垃圾收集点的行政村 2571 个，占全部行政存的 29.52%；对生活垃圾进行处理的行政村 1514 个，占全部行政村的 17.38%。

【安居富民工程】 2014 年，自治区住房和城乡建设厅印发《自治区安居富民工程建设专项整治工作方案》。自治区住房和城乡建设厅、自治区发展和改革委员会、自治区财政厅、自治区安居富民工程建设领导小组办公室印发《自治区安居富民工程建设绩效评价办法(试行)》，组成绩效评价工作组，从政策措施、监督管理等 7 个方面、38 项指标，评价新疆 2014 年农村危房改造完成情况。2014 年，采取"随机锁定建房农户、现场督查工程建设、定期通报检查结果"方式，组织专项巡查 4 次，抽检验收农户 990 户，下发工程建设进展情况通报 6 期，督查范围覆盖 80% 的乡镇和 60% 的行政村。完成自治区安居富民工程建设"十二五"规划中期评估报告、"十二五"规划中期评估报告编制说明和 2011～2013 年自治区安居富民工程建设实例典型图集汇编。2014年，计划完成 30 万户建设任务，实际投入资金243.44 亿元，开工建设 31.39 万户，竣工 30.78 万户，于田地震 13821 户灾后重建农房全部竣工。建成的安居富民工程质量全部合格。

【安居富民、定居兴牧工程及危房改造项目调研】
2 月 17～21 日，自治区住房和城乡建设厅、交通运输厅组成工作组调研阿克苏、喀什、和田三地安居富民、定居兴牧及兵团团场危房改造项目入住情况。调研阿克苏市拜什吐格曼乡、喀拉塔勒镇、兵团农一师 6 团八连、疏勒县洋大曼乡、莎车县托木斯塘乡、墨玉县喀尔赛镇、兵团农十四师 47 团安居富民集中连片建设点 10 个、3170 户，牧民定居点 2 个、317 户，兵团团场危房项目 2 个、580 户。对调研发现村庄内道路建设、排水、垃圾处理等配套基础设施和兵团团场危房项目基础设施不配套等问题提出工作建议。

【8 个村获中国传统村落】 11 月 26 日，住房和城乡建设部、文化部、国家文物局、财政部、国土资源部、农业部、国家旅游局等 7 部委公布第三批中国传统村落名录 994 个，新疆昌吉州木垒哈萨克自治县的照壁山乡河坝沿村等 8 个村落榜上有名。截至 2014 年底，新疆已有 15 个村落入选名录。

【全国重点镇】 7 月 21 日，住房和城乡建设部、国家发展和改革委员会、财政部、国土资源部、农业部、民政部、科学技术部决定将新疆 111 个镇列为全国重点镇。

工程建设标准定额

【概况】 2014 年，编制《党政机关办公用房建设标准实施细则》、《干部周转房建设标准》、《新疆维吾尔自治区房屋建筑与装饰工程工程量清单计价指引》和《新疆维吾尔自治区通用安装工程工程量清单计价指引》，印发《自治区贯彻实施 2013 版〈房屋建筑与装饰工程工程量计算规范〉和〈市政工程工程量计算规范〉补充规定的通知》、《自治区建设工程招标控制价编制指导意见》、《新疆建筑安装服装工厂厂房补充定额》、《新疆建筑安装服装工厂厂房补充定额乌鲁木齐地区单位估价表》、《新疆建筑安装服装工厂厂房补充定额》、《新疆建筑安装服装工厂厂房补充定额乌鲁木齐地区单位估价表》和城市轨道交通、园林绿化、建筑及装饰装修工程计价依据，制定自治区工程建设地方标准备案程序、自治区工程建设地方标准解释管理办法。向地州市赠送《纺织工厂厂房建设标准》2000 本、干部周转房建设标准和设计图集 300 套，宣贯培训《纺织工厂厂房建设标准》《严寒 C 区居住建筑节能设计标准》等 15 期、6000 多人次。培训 2014 年造价工程师、造价员相关法规及 2013 版清单计价规范、合同示范文本继续教育 2800 多人次。组织开展 2014 年度造价工程师延续注册、初始注册工作。经审核 895人符合延续、初始注册条件。

【工程标准编制】 2014 年，自治区住房和城乡建设厅下达 4 批 25 项标准编制计划。批准发布地方标准 13 项和新疆维吾尔自治区田地震灾后安居富民工程建设标准、纺织服装工厂厂房建设标准等 2 项建设标准。收集 2014～2015 年度标准编制立项申请26 项，通过立项 16 项。复审和清理 2008 年以前发布实施的地方标准及使用期限超过 3 年的标准设计，确认继续有效地方标准 19 项、标准设计 8 项，废止地方标准 11 项、标准设计 15 项。截至年底，新疆有工程建设地方标准 53 项，其中强制性地方标准 2 项，强制性条文 24 条。

工程质量安全监督

【工程质量监督】 2014 年，自治区住房和城乡建设厅印发《自治区工程质量治理两年行动实施方案》，决定在全区范围内开展工程质量治理两年行动。确定乌鲁木齐市、克拉玛依市为自治区工程质量治理两年行动先行推进城市，为推进自治区工程质量治理两年行动积累经验。下发"关于全面推行质量终身责任承诺书和永久性标牌制度的通知"，全面推行建设工程质量终身责任承诺书和竣工后永久性标牌制度。抽查石河子市、精河县、博乐市的5个在建工程项目，总建筑面积16.4万平方米。综合执法检查各地市场主体行为、勘察设计和工程质量治理两年行动工作开展等情况，抽查35个县(市、区)的111个在建工程项目。针对检查发现的问题，下发执法建议书14份、整改通知书68份。各地建设主管部门抽查重点工程项目1593个、建筑面积2061万平方米，查出一般隐患3651项、重大隐患96项，对645个项目下发整改通知书，责令停工整改项目69个。拉网式质量安全检查，共下发整改通知书4706份，下发停工整改通知书976份，行政处罚项目117个，共处罚金202万元。质量监督总站等5家监督机构获全国建设工程质量监督机构先进单位，11人被评为"全国建设工程质量监督机构先进个人"，3家检测机构被评为"全国建设工程质量检测行业先进单位"，5人被评为"全国建设工程质量检测行业先进个人"。

【1工程入选中国建设工程鲁班奖】 12月30日，中国建筑业协会公布2014～2015年度中国建设工程鲁班奖(国家优质工程)第一批96家入选工程。江苏省苏中建设集团股份有限公司施工的特变电工科技研发中心名列其中。截至年底，新疆累计获得国家鲁班奖25项。

【新疆建筑工程天山奖】 2014年，新疆建筑业协会组织评选新疆建筑工程"天山奖"(自治区优质工程)。经审定42项工程获2014年新疆建筑工程天山奖。

【努尔·白克力视察冬运会工程】 5月13日，自治区党委副书记、政府主席努尔·白克力视察中建三局承建的冬运会冰球馆、冰壶馆项目建设情况。

【新疆大剧院工程建成】 新疆大剧院9月12日建成。新疆大剧院位于昌吉市，剧院长256米，宽146米，舞台台口27米，内部主体结构采用现浇混凝土框架剪力墙结构形式，外部壳体全部采用钢结构，可容纳1700多人同时观看演出。

【安全生产】 2014年，新疆发生一般建筑施工安全生产事故13起，死亡20人，较大事故2起，死亡7人，发生事故起数比上年下降23.53%，死亡人数下降4.76%。建筑施工安全生产事故类别主要是高处坠落、起重伤害、坍塌和物体打击。其中高处坠落事故6起，死亡6人；起重伤害事故2起，死亡5人；坍塌事故2起，死亡6人；物体打击事故1起，死亡1人；其他类型事故2起，死亡2人。2011

～2014年，全区共发生建筑施工伤亡事故57起，死亡76人。其中，一般事故52起，死亡59人；较大事故5起，死亡17人。博尔塔拉蒙古自治州、克孜勒苏州未发生死亡事故。

【督查建筑施工安全】 2014年，制定下发《2014年自治区建筑施工安全专项整治工作方案》、《新疆维吾尔自治区建筑起重机械安全监督管理办法》、《关于加强自治区建筑施工特种作业人员考核管理工作的通知》，启动自治区危险性较大分部分项工程施工安全专项方案论证专家库建设。

2014年，住房城乡建设系统安委会组织召开4次全体会议，分析安全生产形势，部署落实重大节日、会议期间以及开复工等重要时间节点安全生产工作。全区建筑施工安全专项整治共检查各类工程项目7245个，建筑面积6711.3万平方米，查出一般隐患13243项，重大隐患192项，下发整改通知4945份，停工通知761份。督查各地隐患整改不彻底387处，隐患整改率90%以上，对长期未整改的5处重大隐患提请自治区安委会挂牌督办。

【表彰自治区安全生产工作先进单位】 2014年，自治区人民政府考核安全生产职责情况。克拉玛依市住房和城乡建设局获2014年度自治区安全生产工作先进单位。自治区住房城乡建设厅获2014年度自治区安全生产目标管理先进厅局，2012～2014年连续三年获安全生产目标管理先进厅局。中建新疆建工(集团)有限公司、新疆天山建材(集团)有限责任公司、新疆天山水泥股份有限公司获2014年度自治区安全生产目标管理先进企业，2012～2014年连续三年获安全生产目标管理先进企业。

【首个工地安全体验馆建成】 7月5日，中建三局集团有限公司建成工地安全体验馆，工人们可在馆内模拟体验触电、洞口坠落、安全帽撞击、梯子攀爬等12种突发状况，通过切身体验，提高安全防范意识。工地安全体验馆位于高新区(新市区)科研总部经济基地工程二期，时为新疆首家工地安全体验馆。占地面积约为600平方米、建设投入30多万元，每天可以容纳200～300名工人进行体验和培训。

【安全文明工地】 2014年，经自治区建筑工程安全生产文明工地评选领导小组核验，自治区住房和城乡建设厅公布山东兴润建设有限公司承建的春和怡苑廉租房住宅小区D-1～5号楼等463个工程为2014年度自治区建筑工程安全生产文明工地。2011～2014年，创建自治区安全文明工地

1470 项，创建国家"AAA"级安全文明标准化工地 46 项。

【老楼危楼安全排查】 2014 年，新疆排查老楼危楼 12487 栋、2208.97 万平方米、393603 户，其中疑似存在安全隐患房屋 2135 栋、445.05 万平方米、65756 户，经鉴定确认危险房屋数量 1208 栋、267.74 万平方米、32543 户，已整改房屋数量 226 栋、69.5 万平方米、8229 户，未排查房屋数量 31 栋、3.8 万平方米、626 户。

【抗震防灾工程】 2 月 12 日，在新疆于田县发生 7.3 级地震，造成民丰、于田、策勒、洛浦、墨玉、和田县、和田市等 6 县 1 市的 44 个乡镇(街办)和牧场居民房屋倒塌 68340 间、严重损坏 91096 间、一般损坏 77372 间。经过抗震加固改造的学校、医院的房屋建筑，能够继续安全使用，有的学校校舍还起到临时应急避难场所作用。

截至 2014 年底，中央和自治区投入资金 72.57 亿元，全疆完成城乡重要建(构)筑物学校、医院抗震防灾工程项目 12968 个、1378.83 万平方米，占抗震防灾工程鉴定总面积的 79.97%；其中：抗震加固项目完成 689.04 万平方米，占完成抗震防灾工程总面积的 49.97%；改造更新项目完成 689.83 万平方米，占完成抗震防灾工程总面积的 50.03%；学校建筑完成 1154.44 万平方米，占抗震防灾工程中学校项目建筑总面积的 92.33%；医院项目完成 224.39 万平方米，占抗震防灾工程中医院项目建筑总面积的 93.95%。

【应急管理】 2014 年，编制《自治区城镇燃气、供水、集中供热突发事件应急预案》，经自治区人民政府颁布实施。编制下发《自治区住房城乡建设厅地震应急预案》《自治区住房城乡建设厅工程建设突发事故应急预案》《自治区城市轨道交通建设工程质量安全事故应急预案管理办法》。举办施工现场突发事故和城镇燃气突发事故应急救援演练活动 4 次。自治区住房城乡建设厅获 2014 年度自治区应急管理工作成绩突出单位。

建筑市场

【概况】 2014 年，新疆列入统计部门统计范围的 1146 家等级建筑施工企业完成建筑业总产值 2332.12 亿元，全年房屋建筑施工面积 14340.27 万平方米，其中新开工面积 7647.42 万平方米。房屋建筑竣工面积 6115.37 万平方米，企业期末从业人数 75.84 万人，计算劳动生产率的平均人数 81.55 万人，按建筑业总产值计算的劳动生产率为 285958 元/人。2014 年，建筑企业总收入 2352.63 亿元，其中工程结算收入 2323.08 亿元，实现利税总额 123.61 亿元(其中利润总额 51.97 亿元)。有亏损企业 314 家，亏损额 44550 万元。

2014 年，自治区住房城乡建设厅组织开展《建筑工程施工转包、违法分包行为认定查处管理办法》、《建筑施工许可管理办法》及自治区建筑工程施工许可系统宣贯培训工作。召开自治区建筑行业监管信息化培训班。

【建筑企业经营】 2014 年，新疆 18 个地州市包括外省进疆建筑业企业纳入建筑业统计报表直报企业数据库建筑企业 5055 家。其中疆内建筑业企业 2635 家，外省进疆建筑业企业 2420 家。全区一级企业(含特级 3 家)总包、专业承包合计 112 家，二级建筑业企业总包、专业承包合计 595 家，三级企业总包、专业承包合计 1668 家。劳务企业 579 家。

【1 公司获中国建筑业百强企业】 8 月 4 日，中国建筑业协会确定中建三局集团有限公司等 100 家企业为 2013 年度中国建筑业竞争力百强企业，新疆生产建设兵团建设工程(集团)有限责任公司名列其中。

【勘察设计】 11 月 17 日至 12 月 5 日，自治区住房和城乡建设厅专项考核哈密、吐鲁番、塔城、阿勒泰和喀什地区的 5 家施工图审查机构的从业行为和内部管理、施工图审查工作质量。抽查工程建设项目 17 项，其中保障性住房 10 项。对存在部分施工图审查机构内部管理不够规范、施工图审查仍有使用过期失效的规范和标准等主要问题提出工作要求。2014 年，考核部分地州施工图审查机构的从业行为、内部管理和施工图审查质量，抽查工程勘察项目 40 项，建筑设计项目 32 项。勘察、建筑和结构专家对审查通过的施工图纸提出意见 696 条。组织超限高层审查 9 项。2014 年，新疆有 359 家勘察设计单位，其中甲级 70 家、乙级 203 家、丙级 80 家、丁级 6 家。纳入统计报表报送范围的自治区勘察设计企业 330 家，占全区勘察设计单位总数的 92%。全区勘察设计企业从业人员 23250 人。全区勘察设计企业营业收入 195.8 亿元，比上年度增长 14%。

【建设工程招标投标】 2014 年，自治区建设工程招标投标监督管理办公室下发建设工程招标代理分支机构备案入库管理工作、进一步规范招标代理行为的通知。抽查代理机构 75 家，乌鲁木齐 35 家、地州 40 家，下发停业整改通知书 15 份；撤销代理机构资格 3 家；全区通报批评 4 家；处罚超资质承揽业务代理机构 2 家；处理违规收取投标保证金代理机

第四篇

构 2 家；处理压级压价招标代理机构 2 家；处理违规挂靠代理机构 2 家；处理评标不公专家 13 名，取消自治区本级评标专家资格 6 名，博尔塔拉蒙古自治州取消评标专家资格 2 名。开展建设行业电子认证、电子签章推广应用工作被住房和城乡建设部科促中心确定第一批"全国建设行业电子认证平台"试点单位；完成外省招标代理机构年度备案 4 家；召开资质评审会 35 批，受理 87 次招标代理机构资质审批，获得住房和城乡建设部批准甲级资质 6 家。全区共有招标代理机构 140 家，比上年增长 15.7%。其中甲级 26 家，乙级 74 家，暂定级 40 家。受理招投标投诉案件 37 起，办结 32 起，转办处理 5 起，办结率 100%。

2014 年，完成工程招标 10474 项，同比增长 8.4%，中标总造价 1047.94 亿元，同比下降 10.1%。自治区本级 2014 年完成招标工程 213 项，同比下降 4%，中标总造价 78.44 亿元，同比下降 9.8%；建筑施工招标 129 项，中标总造价 76.67 亿元；工程监理招标 78 项，中标总造价 1.33 亿元；设备采购 6 项，中标造价 0.44 亿元。

【建筑行业劳保统筹】 2014 年，新疆收取建筑行业建筑工程社保统筹费 26.05 亿元，较上年减少 4.71 亿元。自治区建筑行业建筑工程社保统筹部门拨付社保费 12.15 亿元，其中向疆内建筑施工企业拨付社保费 9.51 亿元、外省建筑企业 2.64 亿元。安排全区 53 家缴纳基本社会保险费困难的建筑企业补贴资金 7908.15 万元，发放 20 世纪 60 年代精简下放人员生活补助费 207.61 万元。2011~2014 年，全区建筑工程社保费收缴金额 102.53 亿元，调剂补助 211 家困难企业、7983 万元；发放六十年代精减下放人员生活补助费 1745 人、461.73 万元；走访慰问全区困难职工家庭 8580 户，发放慰问金 415.5 万元。

【信息化建设】 2014 年，新疆建设信息中心与全疆 96 个住房城乡建设局实现互联网（虚拟专网）联通，并向全疆所有街道社区，配发 13115 个虚拟专网端口地址，实现互联网通道全覆盖。截至年底，完成全疆住房和城乡建设系统硬件设备配置工作，全疆 66 个住房和城乡建设局与当地电子政务外网调试接通，占全疆住房城乡建设系统 68.75%。通过远程方式，完成 50 多个地州街道和社区调试接入住房保障系统虚拟网络工作。全区县以上住房城乡建设（规划）行政主管部门电子政务外网联通 82 家。

【电子档案异地备份工作】 11 月 5 日，江苏省住房和城乡建设厅建设档案办公室在自治区住房和城乡建设厅完成新疆城建电子档案数据主容灾备份中心江苏省十二个地级市城建电子档案数据介质移交工作。完成两省（区）城建电子档案数据点对点异地备份阶段性工作。

建筑节能与科技

【建设科技成果推广】 2014 年，经自治区建设科学技术专家委员会论证，自治区住房和城乡建设厅公布 60 项为新疆住房和城乡建设行业 2014 年科技成果推广项目。

【新技术应用示范工程】 2014 年，自治区住房和城乡建设厅组织验收自治区建筑业新技术应用示范工程，通过综合评审，中建三局集团有限公司承担的新疆大剧院等 6 项建筑工程应用新技术水平达到全国领先水平，授予自治区建筑业新技术应用示范工程。

【推行太阳能热水系统】 2 月 11 日，自治区住房和城乡建设厅下发在民用建筑工程中推行太阳能热水系统的通知。7 月 31 日，公布 2014 年、2015 年新疆民用建筑工程中推行太阳能热水系统市县名单。

【国家机关办公建筑和大型公共建筑节能运行监管体系建设】 2014 年，出台加快推进新疆国家机关办公建筑和大型公共建筑节能工作的实施意见，下拨国家机关办公建筑和大型公共建筑能耗监测体系建设资金 1000 万元，进一步完善自治区及乌鲁木齐、克拉玛依、库尔勒 3 城市能耗监测平台，两级监测平台正在联通调试。完成 3 城市 183 栋重点能耗建筑水、电、暖、气计量改造能耗定时动态监测、96 个地州市（县、市、区）国家机关办公建筑和大型公共建筑能耗统计工作。

【智慧城市建设】 11 月 24 日，自治区住房和城乡建设厅、自治区科技厅向住房和城乡建设部、科学技术部推荐昌吉市、富蕴县、沙湾县申报 2014 年度国家智慧城市试点。12 月 30 日，向住房和城乡建设部推荐吐鲁番市申报 2014 年度国家智慧城市专项试点。2014 年，新增石河子市和五家渠市为国家智慧城市试点城市。奎屯、库尔勒、克拉玛依、伊宁、乌鲁木齐 5 个国家智慧城市试点城市完成创建情况自评价报告。

【节能减排】 2014 年，自治区住房城乡建设厅在乌鲁木齐市举办建筑节能培训班。

住房城乡建设部会同财政部核查伊宁市、乌鲁木齐市、克拉玛依市、昌吉市、库尔勒市、焉耆县、沙湾县等 7 个市县 2011~2013 年既有居住建筑供热计量及节能改造工作完成情况和国家奖励资金使用情况，抽查项目 45 个。住房和城乡建设部科技发展

第四篇

479

促进中心专项督查新疆住房城乡建设领域节能减排工作。抽查乌鲁木齐市、克拉玛依市及各地、州政府(行署)所在地城市112个施工现场2014年度的建筑节能、绿色建筑、供热计量改革方面情况。对检查中发现的问题,提出整改措施,并跟踪督导。

2014年,争取下拨国家既有建筑节能改造资金47235万元,全区完成既有建筑节能改造1160万平方米,累计完成8316万平方米。新建节能建筑约3000万平方米,累计新建节能建筑约2.3亿平方米。建筑节能标准执行率100%。

【新技术应用示范工程】　2014年,自治区住房和城乡建设厅验收自治区建设行业新技术应用示范工程,经评审,中建三局集团有限公司承担的新疆大剧院等6项工程建筑业新技术应用水平达到全国领先水平,获2014年建筑业新技术应用示范工程。

【可再生能源建筑应用示范工作】　2014年,自治区住房和城乡建设厅、自治区财政厅验收通过新疆华源实业(集团)有限公司承担的国家光电建筑应用示范项目"库尔勒市华源·圣地欣城458KWP太阳能光电建筑一体化示范项目"。检查昌吉市国家可再生能源建筑应用示范项目。检查喀什市国家可再生能源建筑应用示范市。检查库尔勒市、奇台县可再生能源建筑应用示范项目。完成巴音郭楞州、阿克苏地区2000户20万平方米被动式太阳能暖房示范项目建设。中德"幸福堡"综合楼被动式建筑示范项目获国际最权威的德国被动式建筑研究所考夫曼博士颁发的认证书。

2014年,国家批准立项太阳能光热、浅层地热能等可再生能源建筑应用示范项目9项,建筑面积152万平方米。太阳能光电建筑应用示范项目5项,装机容量13.5MWp。国家批准可再生能源建筑应用示范市县6个,建筑面积400万平方米。省级切块推广示范县3个,建筑面积103万平方米。自治区批准立项可再生能源建筑应用示范项目16项,建筑面积80万平方米。各地自行建设可再生能源建筑应用项目约1025平方米,

截至年底,全区建立可再生能源建筑应用项目1800万平方米,应用的技术类型主要有太阳能光伏发电(13.5MWp)、太阳能供生活热水(820万平方米)、太阳能复合供暖(27万平方米)、浅层地热能热泵供暖制冷(760万平方米)、被动式太阳能暖房(20万平方米)等形式。乌鲁木齐市高铁新区中德低碳生态示范城区,吐鲁番市新城区太阳能和地热能资源,被国家能源局和住房城乡建设部批准为新能源示范城区和可再生能源建筑应用示范城市。

【西北首座被动式建筑】　8月20日,德国被动式建筑专家一次气密性测试验收"幸福堡"建筑项目。10月25日,中德"幸福堡"综合楼被动式建筑示范项目获得国际最权威的德国被动式建筑研究所考夫曼博士颁发的认证书。

建设人事教育工作

【建设职工教育培训】　2014年,新疆建设职工教育培训完成各类人才培训76016人次,比上年减少20.53%。其中:完成专业技术人员和管理人员岗位培训15188人次。完成各类管理人员和专业技术人员继续教育培训23048人,完成建造员继续教育1767人。完成施工企业"三类人员"安全考试13275人。完成建设职业技能培训9710多人。完成全区建设行业专业技术人员职称前继续教育培训1644人,依托新疆建筑科学研究院完成各类试验检测人员上岗培训1553人、次,继续教育1538人;培训各类大中专应届毕业生549人次。

【1人获全国五一劳动奖章】　4月29日,自治区总工会表彰开发建设新疆奖状、奖章和自治区工人先锋号,新疆住房城乡建设厅的李忠研被授予2014年全国五一劳动奖章。

【建筑节能先进集体、个人】　1月20日,住房城乡建设部授予新疆住房和城乡建设厅建筑节能与科技教育处等7个单位建筑节能先进集体称号,新疆建设科技发展促进中心、新疆建筑设计研究院等2个单位获"科技创新先进集体",新疆住房和城乡建设厅建筑节能与科技教育处史正武等14人获"建筑节能先进个人",新疆住房和城乡建设厅建筑节能与科技教育处李义萍等3人获"科技创新先进个人"。

大事记

1月

6日　自治区人民政府决定命名阿拉尔市、图木舒克市、喀什市为自治区园林城市,命名额敏县、玛纳斯县、温泉县、托克逊县、乌恰县、昭苏县、和布克赛尔蒙古自治县、奇台县为自治区园林县城。

7日　自治区保障性住房优秀设计评选专家组在新疆建筑设计研究院召开"自治区保障性住房优秀设计技术审查评选会"。会上,21位专家技术审查和评选全区建筑、结构、暖通给排水、电气等四个专业、28个已建成保障性住房项目。

15日　自治区人民政府通报2013年度自治区安全生产目标管理考核情况,自治区住房城乡建设厅

获 2013 年度自治区安全生产目标管理先进厅局。

2 月

11 日 自治区住房和城乡建设厅下发在民用建筑工程中推行太阳能热水系统的通知。各地 2014 年应选定 30% 以上的市(县)推行太阳能热水系统。

26 日 自治区住房和城乡建设厅印发《自治区国有土地上房屋征收与补偿信息公开办法》。

27 日 自治区住房和城乡建设厅印发《农房重建规划大纲》和《城镇基础设施重建规划大纲》。

3 月

4 日 自治区住房和城乡建设厅首批 42 名下派干部到达伽师县英买里乡对口住村点,开始为期一年的"访民情惠民生聚民心"工作。其中厅级干部 3 名、处级干部 19 名、其他干部 20 名。

7~14 日 自治区住房和城乡建设厅评估全疆十四个地州住房保障工作。

11 日 自治区住房城乡建设系统工程质量安全电视电话会议召开,重点安排全区集中开展住宅工程质量常见问题专项治理工作。

12 日 自治区住房和城乡建设厅通报批评博斯腾湖风景名胜区 2013 年被列为国家级风景名胜区不达标单位。

23 日 自治区审批通过于田地震灾后安居富民工程建设规划、工程建设标准。

25 日 住房城乡建设系统安委会召开第一次电视电话会议。

4 月

2 日 自治区住房城乡建设厅组织召开全区住房城乡建设行业突出问题专项治理工作电视电话会议,动员部署专项治理工作。

8 日 自治区住房和城乡建设厅决定成立住房城乡建设行业突出问题专项治理工作领导小组,组长:党组副书记、厅长张鸿,副组长:党组成员、副厅长卫明,党组成员、驻厅纪检组组长张永坤,党组成员、总经济师姚玉珍。领导小组负责组织领导和指导专项治理工作,研究解决专项治理工作中的重大问题,安排部署专项治理工作任务。

9 日 自治区住房和城乡建设厅厅长张鸿、副厅长卫明带队看望慰问伽师县英买里乡驻村干部。

11 日 自治区申遗工作领导小组办公室主任甫拉提·乌马尔三人工作组赴法国巴黎参加联合国教科文组织第 194 届执行局会议,期间在中国全委会秘书长杜越带领下,首先拜会俄罗斯驻联合国教科文组织大使梅彩诺娃,请俄罗斯驻联合国教科文组织大力支持新疆阿尔泰山的拓展申遗工作。

同日 自治区住房和城乡建设厅举办自治区建筑施工安全警示教育培训班。建筑施工企业、工程监理单位 130 人参加培训。

17 日 安全监督总站召集 8 家乌鲁木齐市建筑施工企业、外省进疆建筑施工企业、外地在乌建筑施工企业代表,调研座谈建筑施工安全生产责任保险工作。

21 日 自治区住房和城乡建设厅印发《2014 年自治区建筑施工安全专项整治工作方案》。

24 日 自治区住房和城乡建设厅决定开展房地产估价机构估价报告专项检查,检查全区 120 家房地产估价机构 2014 年做出的估价报告。

25 日 自治区住房和城乡建设厅在乌鲁木齐市组织召开《头屯河沿岸综合整治区域协调发展总体规划(2013~2030)》专家评审会。

28~30 日 自治区安全监督总站检查"五·一"节前乌鲁木齐市建筑施工安全生产工作,抽查乌鲁木齐市三屯碑地铁站、天华广场城市综合体工程等施工现场。

30 日 自治区住房和城乡建设厅发布"自治区住房和城乡建设厅地震应急预案"和"自治区住房和城乡建设厅工程建设突发事故应急预案"。

5 月

5~16 日 住房和城乡建设部住房公积金督察员巡查组,巡查新疆利用住房公积金贷款支持保障性住房建设试点工作。

12~22 日 在上海同济大学举办新疆城镇规划建设管理领导干部培训班。

13~16 日 中国城市规划设计研究院专家组调研玛纳斯县域城乡统筹规划、县城总体规划纲要。

14~16 日 自治区住房城乡建设厅专项检查重灾区于田县、策勒县、民丰县灾后重建工程质量。

17 日 新疆建设职业学院承办全国职业院校技能大赛新疆区预赛中职学生组土建水利类的工程测量、建筑 CAD 项目,高职学生组土建类的工程造价基本技能 3 个项目,有 13 所职业院校、130 名选手参赛。

同日 新疆建设职业技术学院在江苏徐州举办的全国高等职业院校土建施工类专业学生第二届"鲁班杯"建筑工程识图技能竞赛中获团体二等奖,刘娜获得个人赛二等奖,艾志刚、周双杰、王雪辉获大赛优秀指导教师。

22~24 日 住房和城乡建设部住宅产业化促进中心认定新疆华源集团在五家渠市开发建设的华源·贝鸟逸轩、华源·贝鸟语城 2 个项目住宅性能为 2A

第四篇

住宅，总面积 68 万平方米。

6 月

4 日　自治区住房和城乡建设厅召开江苏、河南等八省(市)住房和城乡建设主管部门驻疆办事处负责人及建筑施工企业代表座谈会，厅党组成员、总经济师姚玉珍参加会议。

9 日　新疆拜城矿区总体规划获国家发改委批复。拜城矿区总体规划面积 604 平方千米，资源储量 50 亿吨，矿区划分 24 个井田，生产规模 1620 万吨/年。

9～12 日　自治区住房和城乡建设厅巡视员甫拉提·乌马尔率组检查验收喀什市、伽师县、莎车县和泽普县等 7 个县(市)、15 个镇(乡)和 27 个行政村城乡规划编制工作。

12 日　自治区住房和城乡建设厅、自治区财政厅验收通过新疆华源实业(集团)有限公司承担的国家光电建筑应用示范项目"库尔勒市华源·圣地欣城 458KWP 太阳能光电建筑一体化示范项目"。

16～22 日　专项巡查和田地区有灾后重建任务的 7 个县市、26 个乡镇、59 个村、1536 户(约占重建总任务量的 11.2%)灾后重建情况。

16～26 日　自治区住房和城乡建设厅督查乌鲁木齐市、克拉玛依市、伊宁市、伊宁县、霍城县、塔城市、额敏县、和丰县、阜康市、呼图壁县、玛纳斯县、吉木萨尔县、阿克苏市、温宿县、乌什县、库尔勒市、和硕县、和静县、哈密市、巴里坤县、哈巴河县、布尔津县、富蕴县、吐鲁番市、托克逊县、博乐市、温泉县以及喀什地区所有县市开展 2014 年度自治区加快棚户区改造、加大保障性安居工程建设力度的政策措施落实情况。

7 月

1 日　自治区住房和城乡建设厅举办"新疆精神颂——庆祝建党 93 周年"书画摄影作品展。

3 日　国家"AAA"级安全文明标准化工地复查组复查新疆推荐 13 项 2014 年国家"AAA"级安全文明标准化工地。

9～20 日　住房城乡建设部会同财政部核查伊宁市、乌鲁木齐市、克拉玛依市、昌吉市、库尔勒市、焉耆县、沙湾县等 7 个市县 2011～2013 年既有居住建筑供热计量及节能改造工作完成情况和国家奖励资金使用情况，抽查项目 45 个。

10 日　召开自治区工程建设标准《建设工程监理管理规范》《新疆反恐维稳建筑物建设标准》(暂定)专家座谈会。《带加强肋超薄石材保温装饰一体板系统构造》《绿色再生混凝土应用技术规程》立项

论证审查会。

同日　发布实施自治区工程建设标准设计《钢塑共挤门窗(65 系列)》《建设项目规划选址论证报告编制导则》。

18 日　自治区建设工程质量监督总站起草下发开展自治区房屋建筑工程质量样板引路工作的通知，在全区开展房屋建筑工程质量样板引路工作。

23 日　自治区住房和城乡建设厅经自治区人民政府同意，上报住房城乡建设部关《新疆维吾尔自治区城镇体系规划(2004～2020 年)》实施情况的报告。

29 日　自治区住房和城乡建设厅下发加快推进自治区减隔震技术应用的通知。

30 日　雕塑"克拉玛依之歌"正式竣工。"克拉玛依之歌"雕塑位于克拉玛依市新行政区南广场，雕塑以凤凰为整座雕塑的基本形象，由下至上分别为八凤、四凤、一凰的三层结构，主体高 58 米，2013 年 7 月 22 日动工。

8 月

5 日　自治区住房和城乡建设厅下发组织开展《城乡规划违法违纪行为处分办法》贯彻落实情况专项检查的通知。

6 日　自治区住房和城乡建设厅印发自治区安居富民工程建设专项整治工作方案。全面排查近年来中央和自治区安居富民工程建设各类惠民项目、资金管理使用情况。

7 日　自治区质量兴新领导小组办公室召开《2013 年新疆质量状况白皮书》新闻发布会。自治区住房和城乡建设厅、农业厅、商务厅、卫计委分别发布建筑工程等质量状况。

10 日　自治区住房和城乡建设厅、自治区发展和改革委员会参加新广行风热线践行群众路线特别节目，解答老百姓投诉物业管理方面存在的突出问题和纠纷及政策法规依据。自治区住房和城乡建设厅副厅长徐彬带队参加节目现场互动，乌鲁木齐市住房保障和房产管理局物业监管办公室主任马强参加现场解答。

11～22 日　重点检查伊犁州、乌鲁木齐市等 10 个地、州、市 22 个县市贯彻落实《城乡规划违法违纪行为处分办法》情况，抽查工业类项目 53 个，房产开发项目 100 个，公共建筑类项目 63 个，公园绿地项目 35 个。

12～25 日　自治区安居富民工程建设领导小组办公室会同自治区财政厅、发改委、扶贫办、自治区纪委驻住建厅监察室抽查全区 9 个地州 30 个县市

60 多个乡镇(场)2011～2013 年安居富民工程建设资金使用情况。

14 日，自治区住房和城乡建设厅印发《自治区建设工程监理市场专项治理实施方案》。

25～27 日　在自治区第十三届运动会、第四届中国-亚欧博览会及中秋节期间，自治区安全监督总站检查乌鲁木齐市、昌吉州建筑施工安全生产工作。抽查乌鲁木齐市轨道交通 1 号线工程 06 标段、克拉玛依路-南湖东西路高架桥道路东延工程三标段、昌吉市保障房项目等重点工程施工现场。

9 月

10 日　自治区住房和城乡建设厅、自治区发展和改革委员会、自治区财政厅、自治区安居富民工程建设领导小组办公室印发《自治区安居富民工程建设绩效评价办法(试行)》的通知。

11～13 日　世界自然保护联盟专家带领考察组考察新疆喀纳斯景区。考察组由世界自然保护联盟的自然遗产专家汉斯·克纳普、自治区住建厅、中科院和新疆大学的多位专家教授组成，实地考察喀纳斯地质公园博物馆、喀纳斯湖、喀纳斯湖头管护站、白哈巴村等地。

18 日　自治区党委组织部、自治区住房城乡建设厅、自治区党校在自治区党校举办加快推进新疆新型城镇化建设专题研修班。

19 日　自治区住房和城乡建设厅印发《自治区工程质量治理两年行动实施方案》，决定在全区范围内开展工程质量治理两年行动。

10 月

22 日　自治区住房和城乡建设厅确定乌鲁木齐市、克拉玛依市为自治区工程质量治理两年行动先行推进城市，为推进自治区工程质量治理两年行动积累经验。

31 日　自治区住房和城乡建设厅印发《自治区工程建设监管和信用管理平台建设工作方案》。实现全区建筑市场"数据一个库、监管一张网、管理一条线"。

同日 自治区住房和城乡建设厅检查昌吉市 104 号公务员住宅小区、110 指挥中心住宅小区、昌吉市总工会住宅小区、昌吉市第六小学国家可再生能源建筑应用示范项目。

11 月

2～4 日　住房和城乡建设部住房公积金监管司专项检查哈密公积金服务工作。查阅哈密地区住房公积金管理中心巴里坤县管理部和哈密地区住房

积金管理中心市区管理部住房公积金服务工作相关资料、档案；听取地区住房公积金管理中心工作汇报。

5 日　自治区住房和城乡建设厅专家组检查石河子天筑集团高层公司施工的石河子大学青年公寓楼施工现场，专家严格检测 15 层完工主体混凝土钢筋保护层。查看施工企业、建设单位、设计单位、地勘单位相关资质等工程资料以及施工人员各类资格证。

6 日　自治区住房和城乡建设厅公布第一批自治区建设工程施工安全专项方案论证专家库成员名单，自该名单公布之日起，各地建筑施工涉及的深基坑、高支模、超高脚手架、爆破与拆除、地下暗挖等分部分项工程需经专家论证的，必须在专家库成员名单中抽取 5 名专家进行审查论证。

7 日　自治区住房和城乡建设厅检查奇台县可再生能源建筑应用示范项目。

11 日　检查喀什市国家可再生能源建筑应用示范市。对喀什市喀什地区公务员小区未实施示范内容提出整改意见。

18 日　自治区质量监督总站获全国建设工程质量监督机构先进单位称号。

18 日至 12 月 8 日，自治区住房城乡建设厅、自治区发展和改革委员会、财政厅等相关厅局组成绩效评价工作组，评价新疆 2014 年农村危房改造(暨安居富民工程)完成情况。自治区住房城乡建设厅党组成员、纪检组长张永坤带领检查组一行 8 人，随机抽查布尔津县、哈巴河县的 45 户建房农户农村危房改造情况。

26 日　自治区住房和城乡建设厅下发"关于全面推行质量终身责任承诺书和永久性标牌制度的通知"。全面推行建设工程质量终身责任承诺书和竣工后永久性标牌制度。

12 月

3～7 日　自治区住房城乡建设厅、自治区发展改革委、财政厅、交通厅、民政厅等灾后重建领导小组成员单位，绩效考核于田县、民丰县、策勒县等受灾县市的农房重建、城镇基础设施、村庄配套设施等灾后恢复重建项目。

8 日　自治区住房和城乡建设厅、自治区发展和改革委员会、自治区财政厅、自治区民政厅下发关于推进自治区公共租赁住房和廉租住房并轨运行的实施意见，自 2014 年起，各地廉租住房建设计划调整并入公共租赁住房年度建设计划。

11 日　自治区住房和城乡建设厅公布克拉玛依

市房产管理局房屋产权交易中心为 2014 年自治区房地产交易与权属登记规范化管理达标单位。

17 日 新疆赛里木湖风景名胜区在住房和城乡建设部公布 2014 年国家级风景名胜区执法检查结果中被列为不达标等级,责令限期整改。

23 日 自治区住房和城乡建设厅会同有关部门审核,原则同意将奥依塔克和喀拉库勒——慕士塔格、克孜勒苏州红山谷和小尚亥申报为自治区级风景名胜区。

26 日 自治区职业技能鉴定中心、自治区团委

和新疆城镇供排水协会决定,表彰自治区城镇供排水行业职业技能竞赛竞赛中取得优秀成绩的选手和单位。

28 日 自治区住房和城乡建设厅印发加快推进国家机关办公建筑和大型公共建筑节能工作的意见,争取 3 年内实现公共建筑能耗降低 15% 目标。

29 日 自治区安全监督总站元旦节前检查昌吉市新疆大剧院等工程项目 5 个,建筑面积 298439 平方米。

(新疆维吾尔自治区住房和城乡建设厅 撰稿:陆青锋)

新疆生产建设兵团

概况

【**房地产市场运行基本情况**】 2014 年,新疆生产建设兵团(以下简称"兵团")各城市房地产市场开发规模、销售规模、价格趋于平稳,未出现大涨大落的局面。石河子市空置住房较多,需要多方面、多途径消化库存,以保持房地产市场的健康平稳发展。

【**职工住房状况**】 截至 2014 年底,兵团居住总人口为 249.03 万人,总户数 87.5 万户。实有住宅总面积 7319.02 万平方米,91.92 万套,其中楼房 4648.53 万平方米,57.8 万套;平房 2670.49 万平方米,34.12 万套。人均住房面积超过 29 平方米,超过西部平均水平。

【**住房保障安居工程**】 2014 年,兵团各级认真贯彻国家实施保障性安居工程的决策部署,把解决职工群众基本住房问题作为民生之本,把保障性住房建设作为推进城镇化的重要抓手,紧紧围绕与国家签订的目标任务,加大资金投入,加快工程进度,扩大保障范围,完善保障体系。通过及时下达工作计划、提前做好项目准备、举行开工启动仪式、组织住房建设检查、开展目标责任考核等一系列措施,顺利完成年初与国家签订的城镇保障性安居工程 20.6 万户开工和 13 万户基本建成任务。

【**城乡规划管理**】 兵团根据城镇化发展规划,按照师市合一、团镇合一模式,积极稳妥推进设市建镇工作。2014 年五师双河市、三师草湖镇挂牌成立,兵团城市数量达到 7 个,建制镇达到 6 个。

【**建设工程质量安全监督**】 围绕兵团建设工作重点和目标任务,结合兵团工程质量治理两年行动,积极推行安全生产标准化和施工现场实物样板交底措施,开展住宅工程质量常见问题治理工作,落实五方工程建设主体责任,2014 年兵团建设系统未发生一般及以上质量生产安全事故,建筑施工质量安全形势总体良好。

【**建筑节能与科技**】 2014 年度,兵团贯彻落实《节约能源法》、《民用建筑节能条例》及《绿色建筑行动方案》精神和有关规定,以政策为导向,加强组织领导,不断完善建设领域节能减排工作机制,采取措施,加快推进建筑节能与科技工作,积极实施绿色建筑行动,建设领域节能减排各项工作取得一定进展,兵团建筑节能"十二五"规划按年度实施顺利。

【**建筑市场管理**】 2014 年,兵团建设局加大建筑市场监管力度,严格市场准入清出制度,积极部署组织开展严厉打击建筑施工转包违法分包行为专项行动工作,规范建筑市场各方主体行为,促进统一开放,竞争有序的建筑市场秩序健康发展。

【**建筑业主要生产经营指标**】 2014 年,兵团建筑业紧紧围绕兵团党委、兵团中心工作,按照"稳中求进、改革创新、提质增效"的总要求,积极应对经济增速回落、固定资产投资下降等突出问题,进一步深化改革,建筑业组织结构进一步优化,整体竞争能力不断增强,强化建筑业经济运行监管,加强人员培训力度,整体素质不断提升,保证建筑业优质、高速发展。

城市房地产业市场运行基本情况

【石河子市房地产市场情况】 经过近几年对房地产市场的调控和多元化的住房供应体系的建立，石河子市商品房价格已趋于平稳。根据石河子市房地产政务系统数据显示，2014年市区商品房成交均价为5340元/平方米，较2013年保持平稳。市场上商品房供应充足，截止到2014年底，还有13000余套，160万平方米住房处于待售状态。市场上成交价格的波动主要源于签约的小区位置、楼层差价等原因。从开工、施工规模及销售情况看，与往年同期相比保持了平稳，没有出现大的波动。

【五家渠市房地产市场情况】 五家渠市政府对南区进行了大规模开发，提升基础设施、市政设施、公共服务的建设水平，在相对较低的住房价格下，吸引了大批对希望改善住房条件的首府市民前来购房；101团工业园区建成，外来产业工人和第三产业从业人员不断涌入，成为在五家渠市购房的另一主力军。因此五家渠市2014年成交量、成交价格继续保持上升的势头，每平方米均价3042元。截止到上年底，还有近7500套、84万平方米住房未销售。

【阿拉尔市房地产市场情况】 阿拉尔市区人口少，居民收入不高，阿拉尔市辐射10个农牧团场，以农牧经济为主，居民购买力相对不足。周边团场廉租住房建设力度加大，也降低了对阿拉尔市房地产的市场需求。阿拉尔市为新建城市，近年来房地产开发建设用地大多是房屋拆迁规模较小的地段，降低了开发建设成本。阿拉尔市房地产价格相对平稳，售价在2500～3000元/平方米之间，投资成本在2000～2500元之间。十二五期间共销售住房8107套，实现销售金额19.4亿元，每平方米均价2350元。空置住房22.7万平方米、2453套。

【图木舒克市房地产市场情况】 近几年图木舒克市的新建住房以保障性住房为主，商品房开发受保障性住房建设的冲击，销售较为困难，总体来说房地产价格平稳，每平方米均价2226元。截至上年底，还有24.68万平方米、2229套住房未销售。

【北屯市等新建城市房地产市场情况】 北屯市三年来开发商品房3385套，销售2315套，空置1070套。铁门关、双河等新建城市人口规模有限、区位优势不明显，所以开发规模小，没有统计学意义。

【团场城镇和连队危旧房屋集中整理专项工作】 按照《关于开展推进城镇化行动计划和保障性安居工程考核评估的通知》有关安排部署，各师、团场积极推进专项行动。经过一年的努力，签订征收补偿协议的危旧住房9.35万套，完成计划的114%；拆除危旧住房8.99万套，完成计划的108%；拆除违建临建7139间，完成计划的178%；整体搬迁连队110个，拆除连片棚户区212个。通过专项整理，为保障性住房建设的顺利进行奠定了坚实基础，达到了聚合资源、整合土地利用空间，优化城镇发展条件、提升城镇整体承载力和城镇发展质量的目的，切实改善了团场城镇面貌和人居环境。

【加快团场城镇物业管理市场化社会化专业化进程】 2014年，兵团建设局出台《关于进一步规范团场城镇物业管理服务工作的通知》，举办团场城镇物业管理先进经验推进会，为改革旧有福利、半福利的物业管理模式，营造整齐优美、秩序良好的小区环境，推广和实施市场化、专业化、社会化的现代物业服务奠定了坚实基础。经过努力，全年共有74家物业服务企业进驻团场城镇，服务职工住宅26.24万套、面积2302万平方米，其中10万平方米以上的住宅小区72个，有力提升了团场城镇居民的居住生活品质。

【加强对中心连队居住区建设工作】 兵团建设、发改、财务等五部门制定出台《关于进一步加快兵团中心连队居住区指导意见》，进一步明确了基本原则、目标任务和具体措施，规范中心连队居住区选址规划、住房和基础设施建设工作，促进中心连队居住区功能完善和人居环境改善。

住房保障安居工程建设

2014年，兵团各级认真贯彻国家实施保障性安居工程的决策部署，把解决职工群众基本住房问题作为民生之本，把保障性住房建设作为推进城镇化的重要抓手，紧紧围绕与国家签订的目标任务，加大资金投入，加快工程进度，扩大保障范围，完善保障体系。通过及时下达工作计划、提前做好项目准备、举行开工启动仪式、组织住房建设检查、开展目标责任考核等一系列措施，顺利完成年初与国家签订的城镇保障性安居工程20.6万户开工和13万户基本建成的任务。

2014年保障性住房开工11.6万户，实施城镇棚户区改造9万户，开工率达到100%；新建及续建保障性住房基本建成13万户，竣工7.4万户。2014年兵团计划解决困难职工家庭住房户数1.93万户，实际落实房源户数为1.93万户。

2014年，城镇保障性安居工程完成投资170.6亿元，超额完成155亿元的计划投资。通过实施保障性住房建设和棚户区改造,一批规划布局合理、建筑造型美观的住宅小区陆续建成,近 2 万户困难职工家庭住房得到妥善解决,职工住房条件和城镇面貌不断改善。公共租赁住房的建设还为兵团拴心留人、聚贤引才提供了必要的房源保障。

2014 年,兵团共争取国家城镇保障性安居工程各类补助资金 88.8 亿元,较上年补助资金 82 亿元高出 8%。2014 年国家下达兵团保障性安居工程配套基础设施补助资金 35.14 亿元,较 2013 年增加 33%。兵团将此笔补助资金用于团场供暖、供排水管网、道路、亮化等 163 个项目建设,有效缓解了团场配套基础设施筹资压力,确保项目配套设施与保障房同步规划设计、同步建设、同步交付使用。

住房公积金管理

截至 2014 年 12 月 31 日,全兵团共有 3583 个单位建立了住房公积金制度,缴存人数 26.8 万人。住房公积金累计归集总额 117.74 亿元,1～12 月新增归集额 22.99 亿元,同比增长 14%,完成年度计划的 115%,归集余额 69.92 亿元;累计为 33684 户家庭发放个人住房公积金贷款金额 38.68 亿元,1～12 月为 3424 户家庭发放个人住房公积金贷款 6.78 亿元,同比增长 3%,完成年计划的 123%,贷款余额 19.88 亿元;职工购建房和离退休累计支取 47.81 亿元,1～12 月支取 11.84 亿元,完成计划的 118%;全年实现增值收益 1.5 亿元。利用住房公积金支持保障性住房建设项目贷款 3.94 亿元,住房公积金贷款逾期率为零,资产质量安全良好。

城乡规划

2014 年,为落实第二次中央新疆工作座谈会部署,完善兵团城镇体系,推动兵团城镇化健康发展,住房城乡建设部对《兵团城镇化发展规划(2014～2020 年)》进行了调整,进一步明确兵团城镇化发展的目标任务和工作要求。兵团根据城镇化发展规划,按照师市合一、团镇合一模式,积极稳妥推进设市建镇工作。2014 年五师双河市、三师草湖镇挂牌成立、兵团城市数量达到 7 个,建制镇达到 6 个。七师拟设胡杨河市申报资料已报兵团审核。十四师拟设昆玉市已通过自治区地名委员会论证,行政区划调整方案基本确定,城市总体规划纲要编制完成。各团场城镇建设全面展开,城镇化进程快速推进,城镇化率提高近 2 个百分点,达到 64%。兵团建设局组织审批了二师、九师两个工业园区的总体规划,进一步加强对重大项目规划选址的管理,完成 40 项

国家和兵团审批的项目规划选址。印发三规融合试点工作方案,组织二师铁门关市、六师芳草湖农场开展试点工作。加强对城镇管理的研究,完成了《关于加强城镇化管理有关问题研究》课题。

全面完成农村安居工程建设任务

2014 年,兵团积极争取 8.075 亿元中央财政补助资金和 5.5 万户农村安居工程建设任务,改造和新建团场职工住房 5.7 万户,完成总投资近 20 亿元,政策覆盖 14 个师及兵直 151 个团场(单位)。整合保障性住房政策重点解决 2 万户困难职工群众家庭住房问题并对团场连队老旧住房实施了抗震加固、功能完善和节能改造,提升居住水平,近 15 万名职工群众住房条件得到明显改善,加快了团场城镇化质量提升。

提升市政公用事业管理和服务水平

2014 年,完成柴煤改气 1000 万元补助资金发放工作,为全兵团 2.5 万户困难职工家庭发放燃气补贴,降低困难群体生活成本,推广清洁能源使用。继续加强团场市政公用设施建设,筹集兵团本级财政资金 1600 万元,下达 40 座团场卫生公厕建设任务,实际完成 43 座,完成总投资 1800 万元;向 40 个团场下达环卫设施建设经费 1600 万元,配置生活垃圾清运、道路清扫保洁、清雪等环卫车辆近 50 台套,进一步提升市政公用设施服务水平,推动了团场人居环境改善。制定出台《兵团燃气经营许可管理办法(试行)》,加强城镇民用天然气行业管理,依据管理办法严把准入关,审查了 13 家燃气经营企业,为其中兵团天然气公司等 4 家企业颁发燃气经营许可证,加快站点管网等设施建设,为兵团城镇居民提供管道、瓶装燃气供应服务,积极推动"气化兵团"工作。

建筑市场管理

【开展严厉打击建筑施工转包违法分包行为专项行动工作】 2014 年,结合工程质量治理两年行动工作,认真开展严厉打击建筑施工转包违法分包行为专项行动工作。制定工作方案。印发《兵团严厉打击建筑施工转包违法分包行为专项行动实施方案》,成立集中开展严厉打击建筑施工转包违法分包行为专项行动工作领导小组,于 10 月全面开展专项行动工作。

明确工作目标和任务。专项行动对兵团范围内在建的(含房屋建筑和市政基础设施工程)项目进行

全面检查，对专项行动开展情况实行月报表制度，及时掌握专项行动进展情况及各师查处情况。积极开展检查，认真查处建筑市场存在的违法违规行为。

【推动建筑市场监管与工程质量安全监管信息一体化建设】 制定《新疆生产建设兵团建筑市场监管信息化建设工作方案》，督促各师在进一步完善现有建设工程信息网及各师"网式管理"各业务子系统的基础上，建立健全建筑市场综合监管和企业信用档案等信息系统。

【规范建筑市场各方主体行为】 重点加强对企业及各类人员从业行为的管理，完成36家外部监理企业进入兵团建筑市场备案登记及网上公示工作，加强对监理企业人员配备、从业资格、从业行为等的管理，一定程度上保证了人员的稳定性和工作的连续性。协调处理有关投诉3起。

【严格执行建设项目建设程序】 按照《建筑法》、《招标投标法》、《新疆生产建设兵团房屋建筑和市政工程招投标管理办法》等法律法规相关规定，严格执行建设项目基本建设程序，履行建设项目招投标制，以政府和国有资金投资项目为重点，严格核准招标范围、招标方式和招标组织形式，完成兵团乌鲁木齐地区房屋和市政工程招投标监督管理工作。

按照《关于开展兵团建设工程综合执法检查的通知》和《关于开展城镇规划建设及保障性安居工程实施情况综合检查的通知》要求，参加2014年兵团建设工程综合执法检查、城镇规划建设及保障房安居工程实施情况综合检查，重点对各师的在建工程招投标情况进行检查，形成书面汇报材料。各师建设主管部门能够执行建设项目基本建设程序，履行建设项目招投标制。但是，检查中发现部分师存在招投标监督管理工作职责不明确，部分师落实招投标制不到位等问题。通过检查、查找、解决招投标工作存在的问题，为制订下一步工作措施提供了有力依据。

为解决房屋和市政工程招投标过程中围标、串标、低价中标等突出问题，促进建筑市场的健康发展，下发了《关于做好〈建筑工程施工发包与承包计价管理办法〉贯彻实施工作的通知》。《通知》进一步完善工程量清单计价及其配套制度；鼓励推广工程造价咨询制度，对建设工程项目实行全过程造价管理；完善工程款支付措施，防止工程款拖欠；完善工程最高投标限价和竣工结算价的备案制度；规范建设各方主体的计价行为。

在规定时限内完成2014年度外部工程招标代理及造价咨询企业进兵团备案工作。按照兵团六届十二次全委（扩大）会议精神，简政放权，提高办事效率的原则，

制定了外部建设工程招标代理及造价咨询企业进兵团备案程序和指南。2014年，完成外部招标代理企业备案35家，外部造价咨询企业备案40家。

建筑业生产经营指标

2014年度，等级以上建筑施工企业共签订合同额1683亿元，比上年同期增长30.9％。其中，上年结转554亿元，本期新签1129亿元。"走出去"战略成效显著，兵团外部工程合同额682亿元，占总签订合同额的40.5％。等级以上建筑施工企业共完成建筑业总产值1091亿元，比上年同期增长34.5％，完成年初计划的120％。等级以上建筑施工企业房屋建筑施工面积6488万平方米，比上年增长31％；本年新开工面积3418万平方米，比上年增长29.1％；房屋建筑竣工面积3106万平方米，比上年增长49％。等级建筑企业自有设备净值33亿元，自有施工机械总功率85万千瓦。人均自有技术装备率9679元/人，自有动力装备率2.5千瓦/人。

【建筑业企业主要财务指标】 2014年末，等级以上建筑施工企业资产合计664亿元，负债合计535亿元，资产负债率81％。全社会实现建筑业增加值245亿元，比上年同期增长21％，占全兵团生产总值的13.3％，支柱产业地位进一步增强。等级以上建筑施工企业实现利润17.1亿元，比上年同期增长32.6％，产值利润率1.57％。

【综合排名情况】 按各师建筑业完成产值划分，排序前三名的师分别为：建工师，完成产值251亿元；八师，完成产值168亿元；一师，完成产值146亿元。

按施工企业完成产值划分，排序前三名的企业分别为：新疆北方建设集团有限公司，完成产值56亿元；新疆塔里木建筑安装工程（集团）有限责任公司，完成产值53亿元；新疆生产建设兵团建设工程（集团）有限责任公司，完成产值45亿元。

【教育培训情况】 为防止和减少建筑施工生产安全事故，进一步加强了建筑行业从业人员的安全生产知识和技能培训，指导培训机构开展建筑施工八大员上岗取证和继续教育（考核换证）培训，其中取证培训1900人次、考核换证500人次，共计2400人次。截至年底，兵团企业管理人员16643人，工程技术人员35585人，持有一级注册建造师证书的项目经理有603人，持有二级注册建造师证书的项目经理4398人。

工程建设标准定额

积极推进工程建设标准化工作。组织开展有关

建筑节能设计标准和施工规范的宣贯培训，举办2014年兵团建筑节能标准学习培训班，及时组织各师参加住房城乡建设部组织的有关标准规范等的学习和培训。积极开展高强钢筋和高性能混凝土的推广应用工作。组织开展强制性标准执行情况大检查，结合国家节能减排宣传周，利用各类媒体开展建筑节能标准贯彻执行宣传活动，通过宣贯培训，提高了各级管理人员实施建筑节能标准的意识。为确保建筑节能等标准的贯彻实施，采取"抓两头促中间"的方法，明确责任、强化监管，严格把好三关即施工图审查关、施工及监理管理关、工程竣工验收关。

生产安全事故控制指标

2014年，兵团房屋市政工程未发生一般及以上质量安全事故，首次实现事故起数和死亡人数零的突破。

【"六打六治"专项行动】 2014年，兵团建设局认真开展"六打六治"专项行动，集中严厉打击各类非法违法生产经营行为。与兵团房屋市政工程安全生产专项整治工作相结合，针对危险性较大分部分项工程安全管理进行多次巡查督办，查出各类事故隐患10150余条，查出重大事故隐患370余条，其中挂牌督办的56条，隐患整改率100%；处罚违法违规单位152家，个人173人，处罚金额510余万元。

【文明工地创建】 2014年，兵团共有9项工程荣获国家"AAA级安全文明标准化诚信工地"称号；130个项工程荣获兵团"安全文明工地"称号。

【创建优质工程】 2014年，兵团有2项工程分别获得"国家优质工程"和"全国市政金杯示范工程"称号；57个项工程荣获兵团优质工程（昆仑杯）称号。

【质量专项治理两年行动】 2014年9月，根据住房城乡建设部要求，兵团建设局成立了工程质量治理行动领导小组，制定专项方案，就打击非法违法行为、落实工程质量终身责任等6个方面，开展"质量专项治理两年行动"；确定一师阿拉尔市、八师石河子市为试点城市，先行试点，逐步在兵团各师全面开展检查治理工作。

【深化安全生产标准化工作】 2014年，兵团建设局（环保局）推行安全生产标准化工作，在施工现场进行施工技术工艺实物交底，通过典型示范，样板引路，组织观摩学习，共举行10场现场观摩学习，参加人员近千人，现场会得到兵团领导的高度赞扬，促进了安全生产标准化工作的开展。

【住宅工程质量通病专项治理活动】 2014年，兵团建设局开展工程设计和施工质量常见问题治理工作，明确各方责任，加强监管，将专项治理工作纳入验收和评优工作；对各师开展情况进行了多次巡查、督查，下发停工通知147份，整改通知324份，约谈质量管理不到位的企业12家，住宅工程设计质量和施工质量通病专项治理活动有序开展。

【开展"质量月""安全生产月"活动】 根据住房城乡建设部和兵团有关工作要求，围绕主题，开展了知识竞赛、专业讲座等形式多样的宣传活动，组织实施"三个一"和"千万农民工共上一堂安全课"活动，组织观看建筑施工安全教育片、阅读安全事故案例分析教材等内容丰富的培训活动，积极营造关注质量、关注安全、关爱生命的良好氛围，把质量安全知识送到基层，送到一线作业人员。

【开展试验室、检测机构的检查】 2014年，兵团建设局针对建筑施工检验检测工作中存在的部分机构工作管理混乱、企业资质和人员资格不具备、超资质检测、出具虚假报告等突出问题，对部分检验检测机构、商品混凝土生产企业和施工企业的试验室进行检测工作质量检查，下发了9份问题通知单，并对9家单位进行通报批评。

【油气输送管线等安全专项排查整治】 2014年，兵团建设局开展油气输送管线等安全专项排查整治工作，在各师自查的基础上，重点对一师阿拉尔市和二师铁门关市范围内的油气输送管线等安全专项排查整治检查工作。对企业和项目质量安全保证体系、危险源辨识、存在的危险性较大分部分项工程、质量常见问题控制措施等情况进行核查，下发整改通知书两份，整改意见9条，受检单位专项整改措施进行整治，由受检市的安监局负责整改落实。

建筑节能与科技

【新建建筑工程执行建筑节能强制性标准情况】
2014年，兵团把狠抓新建建筑节能标准的贯彻落实作为建筑节能工作的重中之重，严把施工图设计文件审查、工程质量监督两个重点环节，对达不到节能标准的设计文件、竣工项目不予通过审查和验收备案。不断加大监督检查和违规处罚力度，新建建筑设计、施工阶段50%节能标准执行率均达到100%以上，2015年开始在兵团师部所在城市和部分团场（城镇）新建建筑执行65%节能标准。

【既有居住建筑供热计量及节能改造工作】
2014年，兵团总结既有建筑节能改造工作经验，将此项工作列为2014年度兵团为职工群众办"十件实事"之一，重点在城市、师部城区和重点团场城镇开展了既有建筑节能改造工作，及时下达年度既有居住建筑供热计量及节能改造计划指标157万平方米，制定印发《兵团既有居住建筑和"暖房子"工程节能改造工作实施管理措施》，进一步加大对各师的督促指导，鼓励各师多渠道融资，加强宣传引导，科学控制造价，优化技术方案，充分发挥职能作用，帮助各师克服畏难情绪和"等靠要"的思想，充分结合房屋维修、功能改造等项目实施节能改造，促进改造工作落实，确保既有居住建筑供热计量及节能改造的实施效果。2014年，兵团各师实施既有居住建筑供热计量及节能改造项目共计169万平方米。截至12月，已竣工162万平方米，全面完成157万平方米计划任务。

【绿色建筑行动实施工作】 2014年，兵团全面开展"绿色建筑行动"，创建"一星"级绿色建筑小区示范。为推进兵团"绿色建筑行动"工作，2014年在保障性住房建设中全面执行"绿色建筑"建设标准，并积极开展"绿色建筑"示范工作，鼓励各师开展"绿色建筑"住宅示范小区的建设。2014年度，各师共申报"一星"级绿色建筑示范小区40个，建筑面积264万平方米，其中，37个保障性住房小区，3个商品住房小区。竣工后2.59万户居民可住上"一星"级低能耗绿色住宅。

为做好绿色建筑示范小区的评价标识工作，制定印发《关于开展兵团保障性住房一星级绿色建筑设计标识评价工作的通知》，并组织各师统计申报符合条件的建筑节能专家和相关人员，组建兵团绿色建筑评价标识专家库。

研究制定兵团绿色建筑评选办法。在2014年全国第二个"低碳日"节能减排宣传周内，兵团建设局联合兵团发改委、机关事务管理局、文化广播电视局共同举办有关节能低碳、绿色建筑方面的板报展览和电视片。重点宣传关于"兵团十二五期间开展绿色建筑行动"方面的内容，收到了较好的效果。

【可再生能源建筑应用工作】 2014年，兵团建设局稳步推进可再生能源建筑应用示范工作。定期对4个可再生能源建筑应用示范项目建设进展情况进行摸底调查和工作进展的督促。其中，34团中水回用示范项目已经完工，于7月投入使用，一切运行正常，累计处理污水约82000吨；水源热泵项目进入收尾阶段；222团浅层水源热泵与太阳能光热一体化应用一期工程7.5万平方米完工；二期工程项目规划建筑面积13万平方米在建设实施中。十四师皮山农场水源热泵20万平方米示范项目基本完成建设，计划2015年全面完工并投入使用

【大型公共建筑能耗监测体系建设工作】 2014年，兵团建设局继续加强对兵团各师机关办公建筑和大型公共建筑能耗监测平台项目和"节约型校园"项目建设情况督办工作。督促塔里木大学和石河子大学加快校园节能监管体系建设工作，力争在规定时间内顺利完工。加大兵团机关办公建筑和大型公共建筑能耗监测平台项目建设实施工作力度，督促各项目单位积极配合项目实施，达到国家验收标准。编制兵团省级能耗监测平台项目建设二期工程实施方案，创造条件，克服困难，积极组织实施二期工程建设项目。

建设稽查执法工作

2014年，兵团建设局围绕全年中心任务和工作重点，认真贯彻落实住房城乡建设部稽查执法工作部署和要求，努力推进建设稽查执法工作，制定印发《兵团建设局2014年重点稽查执法工作方案》，组织实施了对城镇保障性安居工程建设管理、城镇规划实施和工程质量安全等九个方面开展监督检查的重点稽查执法工作。认真处理国家、兵团转来的信访事项和举报案件共3件，努力推进案件稽查和受理举报工作。同时，结合实施工程质量治理两年专项行动，积极推动建设领域违法违规案件查办，做好典型案件的调查处理和整理上报等准备工作。

大事记

1月

3～20日　兵团建设局开展2008～2013年兵团保障性安居工程评估考核。

月内　兵团建设局对各师及15家重点监控企业统计人员进行培训，安排2013年度建筑业统计年报工作。

2月

24日　召开兵团建设局工作电视电话会议，兵团党委常委、副司令员于秀栋到会并讲话，总结2013年兵团建设工作，安排部署2014年工作。

3月

兵团建设局按照保障性安居工程工作计划，督促各师制定实施方案和及时办理有关前期手续，并就重点解决好1.9万户困难职工家庭住房问题提出要求。指导南疆各师做好保障性住房建设的设计、施工许可等开工前准备工作。

兵团建设局举办一期质量安全监督研讨、培训班，同时做好"两会"期间及首季"开门红"安全生产工作。

兵团建设局配合中央调研组赴一、三师开展专题调研工作，及时向有关部门报送了兵团城镇化建设、落实中央9号文件、南疆经济社会发展等有关材料。根据考核评估结果，起草完成《兵团推进城镇化行动计划(2012～2014)》考核评估报告。

4 月

27 日 兵团建设局召开工作座谈会议。落实各师 2014 年保障性安居工程开复工、实名制实施、共有产权建设、困难职工家庭住房等情况。

同日 兵团建设局举办团场城镇物业管理先进经验推进会，为改革旧有福利、半福利的物业管理模式，营造整齐优美、秩序良好的小区环境，推广和实施市场化、专业化、社会化的现代物业服务奠定了坚实基础。

月内 兵团建设局组织开展有关建筑节能设计标准和施工规范的宣贯培训，举办 2014 年兵团建筑节能标准学习培训班，及时组织各师参加住房城乡建设部组织的有关标准规范等的学习和培训。

5 月

13 日 兵团建设局召开《2013～2017 年棚户区改造规划》审查会议。组织专家对各师编制的《2013～2017 年棚户区改造规划》进行审查。

15～25 日 兵团建设局开展住房建设综合检查。重点对 2014 年城镇保障性安居工程计划分解、开工建设、小区规划、棚户区改造、实名制管理、困难职工家庭住房落实情况进行了检查。

6 月

兵团建设局赴四、七、八、建工师对重点建筑企业上半年经济运行情况进行实地督查，召开 5 次骨干建筑企业座谈会，调查南北疆上半年主要建材及劳务用工市场价格变化情况；针对存在问题，研究提出下半年工作措施，为兵团上半年经济运行分析会议做好准备。

7 月

兵团建设局赴三、四、六、七、八、十四师，对城镇规划管理、保障性安居工程、城镇配套基础设施建设、"十件实事"、房屋征收、招投标管理等重点工作进展情况进行了督查和通报。召开了城镇规划及保障性安居工程建设工作座谈会。

兵团建设局召开 2014 年水泥行业限期治理第三次调度会，对 19 家水泥限期治理企业的工程进度进行调度，所有限期治理水泥企业全部按期完成限期治理任务（除关闭淘汰的企业）。

8 月

兵团建设局召开各师建设局、质检站和施工单位负责同志参加的兵团质量安全标准化管理现场会。

9 月

兵团建设局根据住房城乡建设部要求，成立工程质量治理行动领导小组，制定专项方案，就打击非法违法行为、落实工程质量终身责任等 6 个方面，开展"质量专项治理两年行动"。

10 月

兵团建设局组织开展 2014 年兵团"既有居住建筑节能改造"和"暖房子"工程进展和项目验收情况检查，"暖房子"和既改工程项目开工率均达到 100%，"暖房子"指标完成 100%，既改指标完成 55%，并根据检查情况下拨国家既有居住建筑节能补助资金。

11 月

兵团建设局配合住房城乡建设部就健全服务、优化业务流程、改进服务方式等方面赴兵团开展实地检查。

兵团建设局组织开展对各师保障性住房"一星"级绿色建筑精品小区项目进行评比和资金奖励。

12 月

兵团建设局督促各师团加快十件实事工程建设，基本完成农村安居工程 5.6 万户建设任务、网上档案录入 5.2 万户，组织各师开展农村安居工程绩效考评自检。

兵团建设局联合教育局完成兵团级"绿色学校"审核工作并命名。

（新疆生产建设兵团建设局）

大 连 市

概况

2014 年，辽宁省大连市建设系统干部职工以十八大精神为指导，以群众路线教育实践活动和"工作落实年"为引领，紧紧围绕"完善城市功能，提升城乡环境，服务社会民生，创建宜居大连"发展主题，在加强城市规划、完善基础设施建设，建立立体交通网系，创建高效管理模式，改善群众居住条件等方面，做了大量的具体工作，为大连市实现"十二五"规划总体目标奠定了坚实基础。

第四篇

【加大规划编制管理力度，提升规划龙头作用】

依据《大连市城市总体规划（2010～2020）》，按照《大连金普新区总体方案》，编写完成《大连金普新区城市总体规划布局研究专题研究报告书》。开展规划区内中心城区之外地区的分区规划编制工作。完成大魏家等3个分区规划的审查工作，并通过大连市规划委员会审定。完成金州新区、保税区报送的全部单元控规的初步审查工作，提出进一步修改完善审查意见，其中9项单元控规已通过市规委会审定。从全域视角研究太平湾沿海经济区规划、北黄海经济区、长山群岛旅游避暑度假区规划与城市总体规划的关系，并做好与城市总体规划的衔接。《长海县城（大小长山一体化）总体规划（2013～2030）》草案年初进入到规划评审阶段，通过市规委会预备会审查。将国家新型城镇化、大连全域城市化、大连自由贸易试验区、金普新区发展规划等相关研究成果纳入城市总体规划成果。编写完成《大连市慢行交通规划项目实施方案》。

【加大基础设施建设力度，不断完善城市功能】

2014年，大连市安排城市基础设施项目175项，总投资1946亿元，当年完成293亿元，其中市政府投资完成148亿元，同比增长3.4％。城市地铁1、2号线一期全线开通试运行。南部滨海大道及东段桥隧、金普城际铁路及延伸线、快轨三号线改造、丹大快铁、渤海大道一期等建设工程稳步推进，东港、梭鱼湾、新机场商务区基础设施配套工程顺利实施。东联路交中华路立交桥竣工通车，维修改造香周路和甘海路重点路段以及17条主次干路、149条街巷路，疏港路拓宽改造工程前期工作有序推进。城市建设"五个一"工程新增停车泊位20300个。实施302万平方米老旧住宅建筑保温和供热系统改造及小区环境整治，惠及4.96万户家庭。新增供热面积264万平方米，改造供热旧管网361公里。解决3811户煤气配套历史遗留问题；煤气供应总量达到2.84亿立方米，比上年增长11％。统筹推进县城建设"三个一"工程和宜居乡村建设，15个小城镇五项基础设施建设项目全部完工。

【加大城市综合管理力度，不断提升城市形象】

2014年，对中心城区的主次道路、重点场所和广场周边等100多个重点区域的市容环境实施了集中整治，拆除私搭乱建2000多处、清理规范占道商贩10万多处（次）、处罚违章占道停车120万台次、整治卫生死角1000余个，拆除违章广告牌匾或道旗300余面，清理乱堆放物10000余处，规范早夜市和秋菜市场1000余个，取缔占道利器5000余个，消除破损路面和缺失井盖等1000余处（次），有效地维护了中心城区的市容环境。组织或承办市容环境拉练检查17次，巡查督查200余次，承办考核性检查21次，查处问题23000多件次，办理督查督办问题2000余个，严肃查处一批排渣撒漏的建设单位。

2014年，城管考核以市容环境综合整治工作为重点，采取以暗查为主，结合查看资料、座谈交流等方式进行。共进行城市管理综合考核3次，专项考核48次，共发现问题1500余处，对各地区城市管理工作起到了较大的推动和指导作用。

政策规章

【大连市政府文件】 2014年，大连市政府发布有关文件，主要有《大连市人民政府关于加快宜居乡村建设推进全域城市化的实施意见》、《大连市人民政府关于印发大连市各级政府及有关部门安全生产工作职责规定的通知》《大连市人民政府关于主城区实施黄标车限行的通告》《大连市人民政府关于印发大连市大气污染防治行动计划实施方案的通知》《大连市人民政府关于加快推进公共停车场建设的意见》《大连市人民政府关于促进物业服务行业发展的实施意见》《大连市人民政府关于印发大连市现代文明交通体系建设规划的通知》《大连市人民政府关于印发大连市房屋建筑工程竣工验收备案管理办法的通知》。

【大连市政府办公厅文件】 2014年，大连市政府办公厅发布文件，主要有《大连市人民政府办公厅关于加强住房公积金综合监管的实施意见》、《大连市人民政府办公厅关于印发大连市棚户区改造融资工作实施方案的通知》、《大连市人民政府办公厅关于加强城区房屋拆除施工扬尘污染防治工作的通知》等。

【规范性文件】 主要有《关于印发〈大连市建筑施工企业"三类人员"考取〈安全生产考核合格证书〉资格审核规定〉的通知》、《关于印发〈大连市建筑边坡工程方案设计审查管理办法〉的通知》《关于印发〈大连市供热质量保证金管理规定〉的通知》。

房地产业

2014年，大连市房地产投资额1429.3亿元，同比下降16.4％。全年房地产开发施工面积6279.7万平方米，比上年下降1.8％；竣工面积726.3万平方米，下降30.6％。待售面积1299.7万平方米。商品房销售额687.9亿元，下降31.9％，其中住宅销售额598.4亿元，下降31％。商品房销售面积746.4

万平方米，下降 38.9%，其中住宅销售面积 670.7 万平方米，下降 39.2%。房地产税收收入 146.56 亿元，占全市地税收入的 24.27%，同比下降 27.8%。

住房保障

把棚户区改造作为改善城市环境和群众居住条件，拉动经济增长，促进房地产业持续平稳健康发展的重要抓手。完成棚户区改造任务 23920 套，超额完成辽宁省政府下达的 19808 套考核指标；新增公租房货币补贴家庭 11500 户，包括社会化保障 7400 户和环卫职工保障 4100 户；在新建商品住宅和公寓项目中按照不低于 10% 的比例配建租赁住房，累计在东港等 15 个商品房项目中配建租赁住房 22 万米（约 3000 套）。大连市累计为 22.4 万户城镇困难家庭提供了住房保障，提前完成"十二五"期末保障房 22 万套的建设任务。

将物业管理改革发展作为创新社会管理和"城市管理年"突破口，建立新型物业管理体制机制。报请市政府出台了《大连市人民政府关于促进物业服务行业发展的实施意见》。从调整物业市场监管体制、规范物业服务行业市场主体建设、加强房屋和电梯维修管理、加大政府扶持和监管力度等五个方面提出了意见，为物业行业健康发展提供了制度保障。

全面启动住房维修"一二三"工程。维修 2000 年以前投入使用、存在安全隐患的高层电梯 339 部，完成业已形成的弃管楼维修改造 20 万平方米，维修老旧住宅 1071 栋，改善了市民居住环境条件。做好房屋维修资金管理。全年共新归集维修资金 5.5 亿元，追缴房地产企业欠缴维修资金本金和利息 1.51 亿元，划拨维修资金利息 4537 万元，为 2812 万平方米房屋提供维修资金。

公积金管理

2014 年，大连市归集房改资金 168.94 亿元，同比增长 4.4%，其中归集住房公积金 168 亿元，同比增长 8.5%；运用房改资金 214.49 亿元，其中发放个人住房公积金贷款 3.1 万户、103 亿元，发放保障性住房建设项目贷款 1.57 亿元，职工提取使用住房公积金 109 亿元；实现增值收益 8.89 亿元，同比增长 9.9%；可提取廉租住房建设补充资金 5.36 亿元，同比增长 10%。截至年末，全市累计归集房改资金 1245.94 亿元，余额 535.12 亿元，其中累计归集住房公积金 1083.2 亿元，余额 459.89 亿元。累计运用房改资金 1495.46 亿元，余额 455.04 亿元，其中发

放个人住房公积金贷款 34.15 万户、711.05 亿元，个贷余额 437.13 亿元；累计提取使用住房公积金 623.31 亿元。中心累计实现增值收益 51.53 亿元，累计提取廉租住房建设补充资金 24.86 亿元。房改资金为大连市职工群众解决住房问题、改善住房条件，特别是解决最低收入家庭住房保障问题提供了有力的资金保障。

城乡规划

开展《大连市城市绿地系统规划》修编和《城市绿线专项规划》编制。推进《大连市慢行交通系统规划》的编制，编写完成《大连市慢行交通规划项目实施方案》，并通过专家评审，取得规划立项批复。开展《大连城市紫线控制规划》编制，完成《大连城市紫线控制规划项目实施方案》并通过市建委组织的专家评审。该方案总结了相关法律法规的要求，梳理大连市历史街区、历史建筑的基本情况，确定本次规划的覆盖范围和编制深度。修编市内四区控制性详细规划 22 个单元，新编控制性详细规划 10 个单元。完成大魏家分区和登沙河分区规划编制。

城市建设与市政公用事业

【轨道交通建设】　大连市地铁 1 号线一期工程右线区间实现贯通，左线区间剩余 100 米。轨道铺架总长 50 公里，已完成 44.8 公里，完成 90%。14 座车站主体装修完成 10 座。正在进行分段系统安装调试，部分区段已进入综合联调阶段并实现试运行 2 号线一期工程全面实现试运行。轨道铺架总长 66.4 公里，于 9 月 7 日实现"轨通"。20 座车站主体装修基本完成，正在进行收边收口及出入口装修。二期工程全长 27.4 公里，共设车站 15 座。其中，区间隧道已贯通 16.8 公里，完成 85%；10 座车站主体结构已完工，完成 66.7%。金普城际铁路延伸线工程前期工作完成了项目建议书的编审，项目可行性研究报告及 11 项相关专项报告的编制已完成并按程序进行了报批。快轨 3 号线改造一期工程前期工作完成项目可行性研究报告及 12 项相关专项报告的编制。202 路延伸线于 5 月 1 日载客试运营，长兴岛铁路二期工程于 5 月 18 日建成通车。

【城市道路建设】　2014 年，大连市城市建设管理局组织实施道路桥梁交通基础设施建设工程 16 项。其中，17 条主次干路和 1000 余条街巷路维修工程、东联路工程（东联路交中华路立交桥）等 10 项工程完工。疏港路拓宽改造等工程继续推进，"七纵七横"城市道路桥梁交通体系建设持续稳步进行，

城市道路桥梁网络功能不断提升和完善。

【公路建设】 长山大桥7月1日竣工通车，渤海大道一期工程、金普城际铁路加快推进，丹大快铁动迁所有控制性工程进场施工，大连至旅顺中部通道工程6月28日开工，华林工业园地、河口枢纽站、东港商务区公交停车场开工建设，实施普通公路改造678.2公里，年内任务全部完成，进一步提升了通行能力和服务水平，新建通屯油路876公里，解决726个自然屯、8万多户百姓出行问题，全市屯通油路比例达到76%，超额完成新建800公里通屯油路的市政府重点民生工程任务。

【公共服务设施建设】 截至2014年底，体育中心建设项目共完成投资125亿元，其中，用于场馆工程建设投入55亿元，用于场馆建设用地征地动迁15亿元，用于配套土地征地动迁55亿元。大连市规划展示中心主体结构封顶。市公共资源交易市场主体已竣工，正在进行内部装修。

【"五个一"工程建设】 完成旧城区改造17.7万平方米、新建公共停车泊位20300个、新建市民健身场所11.1万平方米、改造集贸市场5.7万平方米、改造提升路街环境32.6公里，总投资达16亿元。

【既有居住建筑节能改造（暖房子工程）】 市区两级共投资11.4亿元，高质量完成302万平方米、977栋老旧住宅建筑保温系统、供热系统改造和小区环境整治，惠及4.96万户家庭。改造后，不仅住宅室内温度普遍提高3～5℃，而且通过对老旧楼院、单体建筑物的外立面改造、沿街公建、门头商铺牌匾的更换，创造了美观、整洁、统一的社区生活环境。人民日报、中央人民广播电台、辽宁日报、大连日报等中央、省、市媒体广泛关注报道，成为大连市民生工程建设一大亮点。

【村镇基础设施及宜居乡村建设】 围绕县城基础设施在"垃圾处理体系、污水处理体系、供热体系"三个方面存在的建设短板，继续在北三市及长海县推进县城建设"三个一"工程。14个项目完工10个，完成投资1.2亿元。继续推进以排水、道路交通、公共照明、公园绿地、环境卫生为重点的小城镇五项基础设施建设，15个项目全部完工。围绕"四项治理"、"四项改造"、"六个提升"和"一个打造"，研究出台宜居乡村建设实施意见，启动农村危房普查和农村人居环境调查工作。

【商务区建设】 东港商务区实际完成投资2.76亿元，相继完成水电工程、市政、绿化等工程建设。梭鱼湾商务区实际完成投资2.6亿元，相继完成道路工程、综合管廊、干渠、填海、部分专业管网等工程建设。新机场沿岸商务区实际完成投资11.1亿元，相继完成起步区区域用海规划、动迁、征地等工作。星海湾金融商务区总体规划招商项目30个，其中商务区内18个项目，已建成16个，在建2个；金融城内12个项目，已建成4个，在建8个。项目占地总面积约100万平方米，规划总建筑面积约400万平方米，总投资规模约380亿元。8月，星海湾金融商务区两家超五星级酒店—城堡豪华精选酒店和大连君悦酒店相继开业。同已开业的星海假日、百年豪生、高尔夫酒店和即将开业的喜来登、万豪酒店等一起，组成具有高标准商务接待能力的酒店集群，进一步完善了星海湾金融商务区旅游服务功能。作为大连区域性金融中心建设的有形载体，星海湾金融城带动西部城区现代服务业发展的效应开始显现。

【园林绿化建设】 12月，大连城市健身绿道网建设工程竣工。大连城市健身登山路径2008年开始修建，健身绿道初具规模。随着市民对于健身绿道的需求与日俱增，大连市需要更加完善的城市健身绿道网。2014年市政府投资5000万，在现状绿道网的基础上进行连接和完善。

【环境卫生建设】 2014年，大连市市内四区有环卫专用车辆504台，环卫系统职工总数8180人。市内四区道路清扫保洁面积2234万平方米，楼院清扫面积858万平方米，主要保洁干路82条；市内四区非物业小区有地埋式垃圾桶和果皮箱1.933万个，其中年内新安装2330个；大连市城市中心城区共有独立公厕216座，其中环卫部门管理并纳入市场化作业服务的公厕150座（固定式公厕105座，活动式公厕45座）。全年生活垃圾清运量130万吨，生活垃圾处理率100%；垃圾袋装化收集户数98.6万户，普及率96%。

3月，大连市出台《大连市餐厨垃圾管理办法》。4月，下发《大连市餐厨垃圾专项整治工作方案》，成立专项整治工作领导小组，采取属地化原则和各相关部门联合执法的方式，启动对餐厨垃圾和废弃食用油脂的非法收运及处置的整治工作。全市138家餐饮单位与餐厨垃圾收运企业签订收运协议，300余家意向签约。自10月起，由市城建局、公安局、执法局、食药局、环保局等相关部门组成餐厨垃圾专项整治联合执法组，连续开展三次联合执法行动，数十辆违规车辆被查处，严厉打击餐厨垃圾非法收运、处置行为。

2014年，大连市政府投资300余万元购置配套大型钢结构公厕3座，改造老旧公厕9座。此次购置的3座钢结构公厕在国内技术先进、应用广泛，面积各100平方米，节能、环保型，属钢结构活动式，其中公厕50平方米，环卫工人休息点50平方米。

【公用事业联合收费】　2014年，大连市公用事业联合收费处全年代收费总金额21.1亿元，比上年增加1000万元。水电气等主要代收费项目实收率达98%。各项代收费用户稳步增长，代收水费用户90万户，比上年增加2万户；代收电费用户97万户，比上年增加2万户；代收燃气费（含煤气费和管道液化气费）用户57万户，比上年增加1万户；代收采暖费用户36万户；代收物业费用户5万户，代收房租用户7万户，与上年基本持平。通过提高收费催费技术服务手段，不断提升联合收费便民服务功能。

【城市供热】　2014年，大连市市内四区及高新技术产业园区有供热单位106家；供热总建筑面积14061万平方米，其中住宅供热面积9867万平方米，非住宅供热面积3930万平方米。供热总面积中，城市集中供热面积13802万平方米，分散锅炉房供热面积259万平方米。城市集中供热面积中，热电联产供热面积5370平方米，区域锅炉房供热面积8432万平方米。全市有供热厂（站）771座，其中热电厂8座（企业自备热电厂2座），区域锅炉房120座，分散锅炉房45座，二次换热站598座；供热主次管网总长度4550公里。2013~2014年供热期，实际用煤420万吨；应收采暖费41.37亿元，实收41.16亿元，收缴率99.5%以上。城市集中供热普及率95.9%，城市住宅供热普及率99.85%，供热质量满意率98.87%，用户投诉处理及时率99%以上。

2014年计划完成新增供热面积240万平方米，实际完成264万平方米，实现集中供热面积300万平方米。完成既有居住建筑供热计量改造410万平方米。低保家庭的采暖费补贴资金由市、区财政按比例承担，市供热办拨付相关供热单位；其他困难居民家庭和低收入家庭（边缘户）的采暖费补贴资金由各区财政承担，各街道办事处直接发放给用户。

【城市燃气】　2014年，大连市有人工煤气用户81.8万户，其中年内新增6735户；地下煤气管网总长2142公里，其中年内新增59.88公里。大连燃气集团人工煤气供应总量2.86亿立方米，比上年增加257.6万立方米；日最高供气量126.9万立方米，比上年增加1万立方米；日平均供气量78.3万立方米，比上年增加0.7万立方米。全年改造地下旧煤气管网20公里、2000个旧煤气支线、室内旧煤气设施6500户，完成弃管住宅楼煤气配套3811户。

全市管道液化石油气、天然气供气量3.8万吨，日均供气量104.2吨。液化石油气年用气量为2.4万吨，天然气年用气量为1.4万吨。全市取得燃气经营许可证的企业199家。管道液化石油气用户总数达到19万户，管道天然气用户15万户，瓶装液化石油气用户达到90万户。全市管道液化石油气管线总长460公里。

【生态宜居城市建设】　全年市区空气中二氧化硫、二氧化氮均达到国家二级标准（GB3095—2012年平均，下同），可吸入颗粒物（PM10）年均值超出二级标准0.21倍，PM2.5超出二级标准0.51倍，空气质量指数（AQI）二级以上（优良）天数282天，其中一级（优）天数69天。

工程建设标准定额

2014年，大连市共有工程造价咨询企业55家，其中甲级企业23家，乙级企业31家，暂定乙级1家。2014年营业收入约3.1亿元。全市36家（其中甲级21家，乙级15家）工程造价咨询企业参加了辽宁省2014年度工程造价咨询企业信用评价。获得AAA级企业的有14家（其中甲级13家，乙级1家）；获得AA级企业的有17家（其中甲级8家，乙级9家）；获得A级企业的有5家（均为乙级）。截至年底，大连市共有工程造价从业人员13662人，占全省比例25%。

建设工程质量监督

【建设工程质量监督管理】　2014年，全市监督在建房屋建筑单位工程1.65万项，建筑面积1.11亿平方米；地铁工程305项单位工程，车站建筑面积56.99万平方米，区间段长度5.29万米，附属配套工程33.74万平方米。全面启动工程质量治理两年行动，成立领导小组，明确建委13个单位的职责，印发《大连市工程质量治理两年行动实施方案》、《五方责任主体法定代表人授权书和项目负责人工程质量终身责任承诺书》（范本）、《建筑施工项目经理质量（安全）违法违规行为记分通知单及告知单的范本》等相关文件；召开全市动员大会进行部署，组织专项检查，全市共检查在建工程项目167项，对1个项目的违法分包行为进行了行政处罚。

日常监管做到四个突出，突出对质量行为、涉及结构安全的关键工序、关键部位和易产生渗漏、透寒等常见质量问题影响使用功能部位的监督，监督抽查693项次，下达责令改正通知书641份；突出

第四篇

对建筑用钢筋、砂和混凝土等进场材料质量控制，全年共抽检混凝土（砂浆、预制构件）生产企业用砂 392 次、施工现场用砂 272 次、混凝土拌合物 234 次、混凝土结构实物取样 7 次，共抽查钢筋 1222 批，合格 1181 批，合格率 96.6%，共清退不合格砂子 179 立方米、钢筋 355.6 吨；突出对既有居住建筑节能改造项目（暖房子工程）质量控制，监督在建既有居住建筑节能改造工程 687 栋楼，建筑面积为 218 万平方米，严格落实质量监督交底、联动监管等七项质量控制制度，先后对 154 栋楼外墙保温工程现场质量抽查 108 次，均下发责令改正通知书；突出对地基基础和主体结构验收、建筑节能验收、住宅分户验收、地铁风水电工程验收、竣工验收的监督，对发现的质量问题均责令改正并跟踪落实到位，有效保证了工程质量。

组织全市进行冬期施工工程、在建工程质量安全联合执法、结构工程、钢结构工程、幕墙工程、住宅工程常见问题防治、地铁工程 7 个质量专项检查，共检查单位工程 7524 项，建筑面积 7881.5 万平方米，下达责令改正通知书 869 份，其中停工改正 154 份；抽查区市县（先导区）单位工程 89 项，下达督办整改通知书 48 份，及时消除质量隐患。加大对参建企业的服务指导力度，在大连万科蓝山项目施工现场组织召开全市住宅工程质量常见问题防治现场观摩会，全市各工程质量监督机构、各建设、施工、监理单位的质量管理和技术负责人共 1000 余人参加，重点观摩墙外窗淋水试验、大钢模施工外墙全现浇体系、卫生间防水体系、砌体防空鼓、开裂体系、住宅工程分户质量验收、装配式住宅展示等内容；组织东港区 H07 地块、华乐九年一贯制学校、红旗果园用地改造等项目的专家论证会 8 次；组织技术骨干力量分别到 42 个项目施工现场，先后为参建企业解决问题 115 个；组织质检员、监理人员、地铁参建人员培训 8 期，培训人员 2000 人次，为提高大连市参建人员的质量管理能力和综合素质奠定了基础。

鼓励参建单位积极申报优质工程和新技术应用示范工程，以带动全市工程质量整体水平的不断提高，大连市 2014 年共获国家鲁班奖工程 1 项、中国安装之星工程 1 项、钢结构金奖工程 3 项、省优质主体工程 113 项、世纪杯工程 20 项、新技术应用示范工程 7 项，大连市优质主体结构工程（2013 年至2014 年度）12 项（其中金奖和银奖工程各 6 项）。加强工程质量投诉管理，受理电话、来访等工程质量投诉 78 件，比上年下降 14%，办结 77 件，办结率 98.7%，合理诉求处理满意率 100%；受理网络投诉、咨询 230 余条，办结率 100%。

【建设工程监理行业管理】 2014 年，大连市共有建设工程监理企业 55 家，其中综合资质企业 1 家，甲级 33 家，乙级 21 家；有专业资质 129 个，其中综合资质 1 个，甲级资质 56 个、乙级资质 70 个、丙级资质 2 个；有监理工程师、监理员 3639 名，其中国家注册监理工程师 1453 人，省监理工程师 1364 人，省监理员 822 人。监理项目总投资额 691.6 亿元，监理合同额 8.66 亿元。组织开展工程监理企业综合实力排名活动，排名前 10 名的企业中，甲级企业 5 家，乙级企业 3 家，丙级企业 2 家；开展全市优秀监理工程师信誉榜活动，评选优秀监理工程师 212 名，授予其中 180 名信誉星级。

【建设工程检测管理】 2014 年，大连市有建设工程质量对外检测机构 46 家，检测资质 139 个；对内检测试验室 118 家，检测资质 142 个；检测人员2295 人。组织抽查工程检测试验报告 517 份，数据准确率 100%；抽查混凝土出厂质量 203 次，合格率100%。开展全市检测机构（试验室）专项检查，共检查检测机构 148 家，下发责令整改通知书 70 份，下发督办整改通知书 9 份。开展冬季生产混凝土企业检查，检查企业 40 家，对 18 家企业留置混凝土试块 42 组，经检测混凝土强度均满足设计要求；抽检混凝土拌合物中氯离子含量 9 组，经检测全部合格；下发责令整改通知书 3 份，下发督办整改通知书 2份。完成 1232 名检测人员岗位证书换证材料审查、上报和证书发放工作。升级建设工程检测管理软件，将所有检测内容全部纳入软件管理；通过建立见证人员指纹库，实现指纹识别见证人员管理。

【建设工程质量检查员管理】 2014 年，全市有质检员 5483 人，其中土建专业 3178 人，给排水与暖通专业 944 人，电气专业 1180 人，其他专业 181 人。加强建设工程质检员培训、定级、变更、资质审验和日常管理，培训质检员 804 人，其中取得岗位证书 665 人；年度审验合格质检员 4818 人。

【房屋建筑工程竣工验收备案管理】 2014 年，全市竣工验收备案房屋建筑单位工程 1168 项，建筑面积 1032.8 万平方米，移交配套幼儿园 9 所、社区用房 83 个。结合大连实际修订并颁布《大连市房屋建筑工程竣工验收备案管理办法》，分层次组织培训3 次，共培训全市各工程竣工验收备案的监督机构、备案管理部门、各参建单位等相关人员 800 人次。

建筑安全监督

2014 年，大连市建筑施工领域发生生产安全事故 1 起，死亡 3 人，建筑施工百亿元产值死亡率

0.1，低于全省建筑施工百亿元产值死亡率2.0指标。大连市建设工程安全监督管理站组织安全生产大检查和专项整治活动，抽查建筑施工现场441个，发现问题和隐患1325项，下达安全隐患责令整改通知书351份，全部整改完毕。2014年，有7个建筑施工现场被中国建筑业协会评为AAA级安全质量标准化示范工地，23个建筑施工现场被辽宁省住房建设厅评为安全质量标准化示范工地。

不断加强建筑施工企业三类人员管理工作，严密组织了三类人员和特种作业人员的申报、培训、考核、发证工作。先后为210家建筑施工企业办理《安全生产许可证》，为584家企业重新核发《安全生产许可证》。共组织5批"三类人员"新办和延期考试，有5123人初次取得"三类人员"安全生产考核证书，有5687人取得"三类人员"延期安全生产考核证书；共有8347人取得特种作业人员操作资格证书。开展全市建设系统2014年安全生产目标管理考核，中山区、沙河口区、甘井子区、金州新区被评为大连市建筑行业安全生产目标考核优秀单位。年内，大连市城乡建设委员会被评为2014年全省建筑行业安全生产目标管理先进单位。

建筑市场

【建筑业】 2014年，大连市有资质建筑业企业2590家。按级别分，特级企业5家，一级企业131家，二级企业419家，三级及不分等级企业1505家，劳务企业482家；按类别分，总承包企业836家，专业承包企业1272家，劳务分包企业482家。全年新增资质建筑业企业186家。全市有资质房地产企业1048家。其中，一级企业12家，二级企业29家，三级企业313家，四级企业9家，暂定资质企685家。全年新增资质房地产企业199家。全市有注册建造师18579人，其中一级建造师3757人，二级建造师14822人，数量在全省名列前茅。全市资质以上建筑企业总产值2087.7亿元，同比下降8.7%，金州新区、庄河市、沙河口区、普兰店市、甘井子区5个区市县建筑业产值均超200亿元；资质以上建筑企业纳税88.11亿元，占全市地税收入的14.59%，同比下降7.8%。

【法规建设】 清理规范性文件77个，新出台规范性文件3个。

【建设工程勘察设计行业管理】 2014年，大连市有建筑勘察设计单位159家。按类别分，勘察单位26家，设计单位（含专项设计）126家，勘察设计双资质单位7家；按级别分，甲级资质单位78家，乙级资质76家，丙级资质4家，劳务资质1家。全市有施工图审查机构8家，全部为一类审查机构。全年全市勘察设计行业营业额104亿元，比上年回落12.6%。大连市城乡建设委员会审批工程初步设计77项，审查建筑边坡工程方案设计5项，审查备案施工图347项，备案建筑面积1709.81万平方米。开展2014年度大连市优秀工程勘察设计项目评选活动，评出一等奖项目24项、二等奖项目34项、三等奖项目41项。

4月25日，大连市人民政府办公厅印发《大连市建筑边坡工程管理办法》，5月28日大连市城乡建设委员会印发《大连市建筑边坡工程方案设计审查管理办法》，按照文件要求，从7月1日开始，大连市开展建筑边坡工程方案设计审查工作。6月16日大连市城乡建设委员会发布《关于取消或下放部分建设工程项目行政审批事项的通知》。

【建设工程招投标管理】 2014年，大连全市完成建设工程招标项目3545项，招标额493.55亿元，其中市内四区完成建设工程招标项目1142项，招标额201.56亿元；全市受理入场交易项目1523项，交易额达252.6亿元；主要业务全部实现网上办理，市内四区建筑工程施工及监理项目招投标实现电子化，市内四区完成电子开评标850项，全市累计完成1400项；完成573项国有投资项目预算控制价和拦标价的审核，累计节约资金6.35亿元。

【建设工程预算管理】 合理确定和有效控制政府重点工程投资，对政府投资的重点工程建设项目实施全过程造价控制，制定各阶段造价控制要点，审定工程总造价约38亿元，审减约2亿元。

【施工许可管理】 2014年度，全市共发放施工许可证678项，建筑面积2398.2万平方米，合同额362.4亿元。其中，市内四区127项，建筑面积919.2万平方米，合同额137.3亿元；区市县551项，建筑面积1479万平方米，合同额225.1亿元。

【建设工程劳保费用管理】 收缴劳保费14.7亿元；拨付劳保费6.4亿元，其中基本部分拨付6.05亿元，农民工两险补助0.35亿元，222家建筑业企业16.3万人获益；参加工伤、医疗"两险"的农民工人数扩大到428万人次，37.8万人受益。

【城建档案管理】 对56个工程项目进行118次现场指导，签订责任书72份，接收进馆项目69个，发放初验合格证72个。为93个工程项目制作加密锁598个。接收整理城建档案28330卷。按要求对建委文书档案进行排序、编号、整理并录入目录。完成115个建设工程项目的电子档案制作，扫描文字材料140859张，图纸13887张。录入《建设项目动态管

496

理初级模块》中的动态数据，完成 76 个项目，717个单体的建筑定位，修改道路 199 条。接待查档人员及电话咨询 2570 人次，调卷 2090 卷。

【建设行业执法检查】 2014 年，市建设执法监察支队检查市内四区建设工程 267 个，重点检查开发建设单位、施工企业、监理企业、勘察设计企业的资格证书、中标通知书、施工图设计文件审查报告、建筑工程施工许可证、施工起重机械检测合格报告、施工技术档案、监理合同、工程监理管理文件等 27 个要件和施工现场建筑工程安全防护、脚手架、起重机械设备、落实临时用电验收制度、安全达标、安全防护用品用具使用管理、文明施工等情况，立案 456 件，下达行政处罚决定书 456 份，收缴罚款近 1392 万元。对 15 个区市县、先导区开展建设工程联合执法检查，重点检查履行法定基本建设程序、建设项目执业人员的执业资格、建设工程质量、工程安全生产、建筑节能、施工图设计文件审查、施工企业挂靠、工程施工合同备案、施工许可、招标投标等，共检查工程 71 个，建筑面积近 200 万平方米，下达不良行为先行告知书 22 份、违章通知书 32 份。

【建设行政审批和建筑市场监管机制改革】 2014 年，按照中央及大连市委要求，针对建设市场存在的"重审批、轻监管、少清出"等问题，全面深化建设行政审批和建筑市场监管机制改革。在简政放权、放宽准入方面做减法，进一步提高行政审批效率。通过纵向优化、横向并联、集中审批、精简报件等举措，项目审批由以往共需经过 24 个审批程序，77 个工作日，企业需要提供审批要件 126 件次，优化为政府投资项目需经过 17 个审批程序，审批时限为 40 个工作日，优化率分别为 29% 和 48%；非政府投资项目需经过 15 个审批程序，审批时限为 23 个工作日，优化率分别为 38% 和 70%。审批要件保留 51 个，调整 18 个，取消 22 个，减少重复提交35 个要件，优化率为 60%。有效降低了市场准入门槛和企业办事成本，提高了行政审批效率。在事后监管、市场清出方面做加法，进一步加强建设市场动态监管。日常监管坚持做到项目全覆盖、抽查全天候；根据日常监管情况，对照建筑市场诚信行为信息管理办法和建筑市场责任主体不良行为记录基本标准，及时记录企业和从业人员诚信行为，量化评分，并将评分应用到建筑市场管理中。对守法诚信企业，在招投标、履约保证金等方面给予优惠和奖励。对失信者进行惩罚，使其"一处违法，处处受制"，提高失信成本，引导建筑市场形成诚实光荣和守信受益的良好环境。在信息共享、系统集成方面做整合，建设大连市建设市场综合管理平台。将全市建设项目、各方责任主体及从业人员全部纳入、动态管理，在一个平台之上实现三大系统数据连通、资源共享、程序衔接、手续印证、管理联动。

建筑节能与科技

【建筑节能】 2014 年，大连市居住建筑节能 65%和公共建筑节能 65% 标准执行率达到 100%；新型墙体材料年产量达到 35.7 亿标块，占墙体材料总量的83.8%；建设工程中新型墙体材料使用率达 82%，粉煤灰利用率达到 97%，水泥散装率达到 73.4%。

【建设科技】 2014 年，继续推动绿色建筑建设，总建筑面积 94.95 万平方米的 8 个建设项目获住房和城乡建设部绿色建筑评价标识，其中大连高新万达广场大商业公共建筑获绿色建筑二星级运营标识，是大连首个获得运营标识的绿色建筑。大连万科绿色建筑技术集成展示中心、大连国际会议中心、吉林省政府驻大连办事处原址及周边用地改造 A 区项目获绿色建筑三星级设计标识，起草《大连市关于全面推进绿色建筑的实施意见》，全市获住房和城乡建设部绿色建筑设计评价标识项目累计达 19 个，建筑面积 233 万平方米。牵头国家园林城市复查工作，对汇总的 108 项工作及 74 项指标进行分解，下发到 34 个委办局，共召开全市调度会议13 次，协调会 35 次，汇总资料 137 盒，拍摄完成汇报宣传片，顺利通过辽宁省组织的园林城市复查。组织申报住房城乡建设部 2014 年科学技术计划项目 21 项，其中"常温锆化前处理技术在建筑铝型材加工行业中的应用推广"等 8 个项目获立项。组织申报 2014 年大连市建设科技项目 67 项，22 个项目获立项。严格建设工业产品备案管理，依据《国家禁止和限制使用建设工业产品名录》，新办建材产品备案 312 件，年审已备案建材产品 600 件。推动建设新技术的推广应用，组织专家对涉及建筑门窗、散热器、防水乳胶等产品进行技术评定工作，并协助企业申办辽宁省推广应用证书 7 个。

建设人事教育

培训安全员、材料员、施工员 2233 人。培训企业施工技术人员 5413 人。

大事记

1 月

2 日　根据大连市领导指示，市建委考察上海燃气改制和燃气管道管理及天然气利用。

2 日　大连市副市长张亚东听取城市公共停车场建设进展情况汇报。

第四篇

第四篇

14日 张亚东听取天然气利用工程建设情况汇报。

16日 大连市危险化学品、输油气管道和城市燃气管道隐患排查治理联席会议召开。

17日 大连市煤气管线违章占压专项清理工作会议召开。

2月

10日 市长李万才主持召开2014年大项目开工调度工作会议。

12日 大连市人大常委会听取市政府城建交通系统《2014年城市重点基础设施项目安排》汇报。

13日 市政协听取市政府城建交通系统《2014年城市重点基础设施项目安排》汇报。

17日 李万才听取市建委等11个相关部门汇报建筑工程施工开复工及市重点项目工作情况汇报。

28日 2014年大连市城市管理工作会议召开。

3月

3日 张亚东听取市建委建筑节能及既有住宅建筑节能改造（暖房工程）汇报、大连市建设市场综合管理平台建设方案汇报、大连市公共停车场建设推进工作情况汇报。

6日 大连市燃气集团划归市建委管理及调整市燃气集团隶属关系工作会议召开。

17日 大连市政府向国务院安全生产督察组汇报城镇燃气和输油管道等方面安全生产情况，市建委汇报城市燃气安全专项排查整治情况。

20日 副市长刘岩主持召开大连市油气输送管道、危化品管道和城镇管网隐患排查政治工作会议。

27日 市政协召开基础设施特许经营工作座谈会。

31日 李万才主持召开全市棚户区改造暨房地产工作会议。

4月

3日 张亚东检查城建重点项目安全生产及森林防火工作情况。

11日 李万才召开会议，听取机场集团关于大连周水子机场发展建设及新机场建设工作情况的汇报。

28日 旅顺中路英歌石植物园开园。全园占地面积95.57公顷，引种收集各类植物126科、365属、3021种，居东北地区各植物园之首，是一个集植物科研、科普、休闲旅游于一体的综合性植物园。

5月

29～30日 辽宁省住房城乡建设厅副厅长张殿纯率省农村垃圾整治验收工作组一行六人对瓦房店、普兰店、庄河、长海县农村垃圾整治进行检查验收。

29日 大连市输油气管道保护安全隐患排查政治工作会议召开。

6月

17日 实施建设行政审批制度和市场监管机制改革工作会议召开。

23日 大连市委书记唐军到东港商务区进行东港区基础建设、东港区地铁建设调研。

25日 "大连市快轨3号线改造一期工程可行性研究报告"专家评审会召开。

7月

8日 大连市油气输送管道、危险品管道和城镇管网安全隐患排查治理联席会议召开，研究制定加强设计管道保护有关施工作业管理的具体措施。

9日 全市"十三五"规划编制工作会议召开，部署大连市国民经济和社会发展第十三个五年规划编制工作。

10～11日 大连市建委会同省住房城乡建设厅向住房城乡建设部城建司汇报"园林城市"复检有关工作和适宜居住宅工作、绿色建筑业、地下管廊建设等工作。

8月

13日 李万才调研大连南部滨海大道桥隧工程一标段、南部滨海大桥西段工程；出席大连中部交通隧道开工仪式。

25日 大连市第十五届人民政府第二十一次常务会议召开，学习贯彻落实《国务院关于近期支持东北振兴若干重大政策举措的意见》；审议《大连市人民政府关于进一步促进投资增长十八条措施的通知》；审议《大连市人民政府关于促进物业行业发展的实施意见》。

9月

15日 辽宁省政协副主席刘国强率省政协常委会视察大连重大城市基础设施建设和环境整治情况并召开座谈会。

10月

10日 大连市政府第二十二次常委会会议审议并原则通过市建委起草的《大连市宜居乡村建设实施意见》。

14日 大连市2014～2015城市供热、除雪和森林防火工作会议召开。

17日 在井子区万科建设工地，市建委召开住宅工程质量常见问题防止现场观摩会，全市质量监督站、监理施工企业等单位到会观摩。

17日 在东港商务区国际会议中心大剧院举行"环卫工人日"庆祝活动。

28日 全市青山生态系统工程建设工作会议召开。

11月

12日 市政府第二十三次常务会议审议并原则通过《关于加快推进我市天然气利用工作的指导意见》。

13日 张亚东副市长听取大连建设投资集团汇报天然气高压管网建设工作情况。

12月

3日 张亚东听取市建委汇报2014年城建计划完成情况和2015年城建计划安排，并研究2015年建设交通系统重点民生工程项目。

18日 辽宁省安监局局长梁彦率政府安全生产目标管理考核组听取大连市建委安全生产目标管理情况并现场检查地铁安全生产工作情况。

（大连市城乡建设委员会）

青 岛 市

概况

2014年，山东省青岛市城乡建设委深入贯彻落实党的十八大、十八届三中、四中全会和中央城镇化工作会议精神，坚持履职与创新并重、建设与管理并重、监管与服务并重，城乡建设管理取得新成绩、城乡生态环境呈现新变化、城镇化发展开创新局面。年内，建筑业、房地产业、勘察设计业完成地税收入288.43亿元，同比增长约11%，约占全市地税总收入的44.9%。

建筑业

【概况】 2014年，青岛市完成建筑业产值1320.2亿元，同比增长9.2%；实现增加值440.4亿元，同比增长8.6%；施工面积12643.4万平方米，同比增长7.2%；竣工2780万平方米，同比下降4.6%；新开工3519.5万平方米，同比下降24.49%。截至年底，全市有建筑业施工企业1251家，其中总承包企业338家，占总数的（下同）27%；专业承包企业466家，占37.3%；劳务企业447家，占35.7%，以总承包企业为龙头、专业承包企业为骨干、劳务企业为依托的建筑业行业组织结构更为合理。

【建筑市场管理】 全面实施权力下放，全力支持西海岸经济新区、高新区和蓝色硅谷"一谷两区"的发展，逐步将建筑工程施工许可、建设工程竣工验收备案等8项审批权限全面进行下放或委托，进一步释放了区域发展活力。完善主动对接制度，全力服务世园会、李沧铁路北客站及周边、保障性住房等区市和市重点项目，走访14家建筑业企业，解决37个影响企业发展问题。对重点项目指定专人跟踪服务，协助企业加快办理相关手续，助推项目尽快开工建设。完善"建筑市场主体考核系统"，进一步修订建筑市场主体考核办法，建立完善全市建筑行业数字化信用平台。同时，在招投标监管体制改革后，继续将"信用考核系统"与"网上招标平台"即时链接，与资质考核、评先评优有效联动，建立起"数据一个库、管理一条线、监管一张网"的建筑市场诚信体系。创新"负面典型双曝光监管措施"，在日常检查中将企业的违法违规行为进行拍摄记录，制作视频片并在各重大会议上播放；对质量、安全管理混乱的工地，当场召开问题工地现场会，召集全市行业主管部门及建筑企业参观警示。通过对负面问题以视频片、现场会的形式进行双曝光，加大对质量安全隐患的排查整治力度。创新改革"监理企业现场管理模式"，针对当前监理行业在工程建设过程中话语权不足，作用发挥不充分的问题，创新实施建筑工程监理模式改革，将主管部门实施的"建筑市场主体考核系统"监管措施，由监理企业同步实施。加强工程建设标准造价管理，进一步规范市政和园林绿化工程价款结算，准确、及时发布计价信息；及时完善工程造价计价依据，开展了建设工程安全文明施工费调研及市场人工价格调研，起草《关于建筑工程施工现场扬尘防治增加费用计取的通知》，编制地铁补充计价依据，进一步加强政府投资建设项目造价控制。

【工程质量管理】 创新质量监督模式，由单人定向监督改为小组协同督查，通过多人协作、专业互补、相互监督，提升了监督管理水平和效率。全面启动工程质量治理两年行动，以市政府名义召开全市工程质量安全工作会议，制定出台《关于进一步提升建筑质量的实施意见》和《全市建设工程质量治理两年行动实施方案》等一系列文件，在全市深入开展工程质量治理两年行动，进一步加强和规范了质量管理。深入开展住宅工程质量通病治理，针对群众反映屋面、卫生间、外窗渗漏等焦点、热点问题，制定《住宅工程渗漏、裂缝常见质量问题防治导则》等一系列治理措施，从设计、施工、材料、工艺、检测等方面进行标本兼治。创新建立了雨后排查机制，要求各开发建设、施工、监理单位在暴风雨后，安排专人对在建工程和保修期内房屋的外墙、屋面、外窗等易渗漏部位进行全面检查，及时解决房屋建筑工程屋面、外墙、外窗等渗漏问题。

【安全生产管理】 建立健全安全生产责任体系，深入开展城乡建设领域2014年第一、二季度安全月活动。强化对企业质量安全管理体系情况的监督检查，通过检查现场隐患，倒查企业履职尽责情况，落实企业安全主体责任。开展2014年青岛市处置在建房屋建筑工程质量安全事故应急预案拉动演练，切实提高事故应急处置能力。深入开展安全生产大检查，彻底排除各类隐患，6～8月集中开展全市建设工程领域第二轮安全生产集中检查督察，针对全市16项重点整治领域中涉及工程建设和轨道交通两个重点领域，组织开展以房屋建筑、市政工程、轨道交通、房屋拆除工程、园林绿化和城区山林防火以及城市运行等重点领域的安全生产大检查。自8月开始，集中开展全市建筑工程领域施工安全事故隐患大排查大整治行动。强化施工扬尘治理，将扬尘治理纳入城市管理考，出台建筑工程扬尘防治工作导则，规范治理措施和标准；建立有奖举报制度，动员社会力量广泛参与；明确扬尘治理处罚细则，对扬尘违法违规行为与招投标联动；引进推广"裸土喷胶固化"等先进科技产品，强化扬尘综合治理。2014年，全市建筑工地共地面硬化30万平方米，裸土覆盖15万平方米，配备车辆冲洗设施1500余套，施工扬尘得到了有效控制，在全省三次城市建设扬尘治理情况评比中，青岛市均排名第一。

房地产业

【概况】 2014年，在国家宏观经济调整转型的背景下，房地产市场迅速变化，青岛市房地产市场也出现自发性回调。市场整体成交趋弱，房地产开发建设指标同比增幅下降。自三季度以来，受政策叠加效应，企业以价换量等因素影响，指标小幅上扬，"暖"市效果初显，市场运行总体平稳。

【房地产开发投资稳中有升】 2014年，青岛市房地产开发完成投资1117.7亿元，增长6.6%。受经济下行压力影响，全市房地产开发完成投资增速放缓，较上年同期（房地产开发投资1048.5亿元，增长12.7%）收窄6.1个百分点。

【新开工面积由降转升】 2014年，各类房屋施工面积8170.7万平方米，竣工面积1135.7万平方米，新开工面积2044.2万平方米，同比分别增长15.5%、18.6%和10.5%。前三季度受市场销售不畅影响，企业开工动力不足，谨慎情绪占据主导，新开工房屋面积一度同比下降幅度增大。随着政策连续调整影响，市场回暖明显，新开工面积由降转升。

【住宅价格稳中有降】 根据国家统计局2014年12月份70个大中城市住宅销售价格变动情况，青岛市新建住宅价格指数同比、环比分别下降6.2%和0.9%，分别位列63位和67位，这也是年内第4次出现同比下降。

【市场总体企稳回升】 2014年青岛市房地产市场进入调整期，自一季度开始，市场成交降温，投资增速放缓、库存高位运行滨湖一直延续到二季度。进入三季度后，青岛市于8、9月分步放开限购，加之限贷、降准等政策微刺激，进一步提振了市场信心，四季度房企为完成全年销售任务，实行"以价换量"策略积极去库存，呈现企稳回升态势。

【产业优化转型发展】 受经济结构调整，市场发育逐渐成熟等影响，青岛市城乡建设委员会通过举办房地产业博览会，开展房地产企业"美丽乡村千里行"等活动，引导企业加快转变发展方式。房地产行业逐步传统单一住宅产品模式向商业、旅游、金融、科技、养老、乡村旅游度假等多业态转变。企业也由过去只关注住宅开发与销售，转而在品质提升、服务质量、模式创新等各方面迈出转型步伐。

工程勘察设计业

【概况】 2014年，青岛市勘察设计管理工作牢牢把握全市"深化改革开放、创新转型发展、坚持城乡一体、建设文化青岛、着力改善民生"的发展基调和工作部署，紧紧围绕提高工程勘察设计质量的工作主线，进一步规范市场秩序，深入开展勘察设计质量专项治理，强化精品意识和技术创新，积极推动全市勘察设计质量水平和服务水平不断提升。

【行业持续保持稳健增长】 青岛市勘察设计行业全年共完成合同额147.89亿元，比上年增长10.3%，其中，勘察项目完成合同额6.30亿元，同比增长20.3%，设计项目完成合同额38.49亿元，同比增长15.3%，其他包括工程总承包、工程技术管理等项目完成合同额103.10亿元，同比增长7.9%；全行业实缴税额6.15亿元，同比增长23.6%。

全市工程勘察设计单位共有225家，专业分布及等级分布均衡合理；现有注册执业人员 2041 人，占全省注册总人数的 24.9%。

【勘察设计市场秩序进一步规范】 青岛市坚持开展勘察设计市场年度专项检查工作。2014 年，完成对全市受检勘察设计单位书面自查材料的收集和审查，并对 68 家勘察设计单位进行现场检查，抽查工程建设项目 70 项。通过市场专项检查，强化了对企业市场行为的动态监管，检查发现的违法违规市场行为得到依法处置，对全市勘察设计市场秩序进一步好转发挥了积极的作用。

积极推进工程勘察劳务市场培育工作。8 月，青岛市城乡建设委员会制定出台《关于加快培育工程勘察劳务企业规范劳务分包行为的通知》，就加快培育工程勘察劳务企业、规范劳务分包行为，提出明确的指导意见和工作措施。

进一步规范外地企业入青登记管理工作。根据青岛市城乡建设委员会陆续制定的《关于规范建设行业外地企业入青信用登记管理的通知》及《关于对外地入青勘察、设计企业办理〈入青信用证〉的通知》，将勘察设计企业外地入青信用登记工作入驻行政服务大厅办理，既有效规范了外地入青企业的市场行为，又积极推动在全市建立统一、开放、竞争、有序的市场格局。

行业诚信管理工作进一步规范。12 月，青岛市城乡建设委员会印发《青岛市城乡建设委员会勘察、设计单位和从业人员诚信考核管理办法》，就进一步增强勘察、设计单位和从业人员责任意识，健全勘察设计行业诚信体系，实施良好行为奖励和不良行为惩戒机制等方面做出一系列规定，有力地推动青岛市勘察设计市场诚信水平的进一步提升。

【扎实开展勘察设计质量管理】 积极推进勘察设计质量专项治理。根据住房和城乡建设部关于开展工程质量两年治理行动的部署，青岛市政府办公厅、青岛市城乡建设委分别制定下发了实施意见及实施方案，并对勘察设计质量控制提出明确的要求。

突出发挥施工图审查、初步设计审查等的质量把关作用。严格落实审查质量信息上报制度，不断提升审查质量。在审查过程中既做好质量把关，又积极进行优化设计指导。

通过质量专项检查，强化企业质量责任。突出抓好三级校审制度、签字签章制度、技术档案管理等制度的落实，并检查结果记入诚信档案，积极推动企业健全内部质量保证体系。

组织修编《住宅工程常见质量问题设计防治技术导则》，对历年检查发现的常见性问题进行了分专业分类整理、筛选，并从技术层面予以指导、提出了相应的设计解决方案。

【推动建筑创作繁荣与技术创新】 积极组织开展技术培训及学术竞赛活动。2014 年，青岛市城乡建设委员会组织《建筑消能减震技术规程》、《养老设施建筑设计规范》等技术培训活动 7 场次，有效地加强了设计人员对新规范、新标准的学习掌握。

动员本市勘察设计单位参与"2014 装配式保障性住房设计方案征集"活动、"首届山东省优秀岩土工程设计评选活动"、"第二届山东省绿色建筑设计方案竞赛"等学术竞赛活动，并获得较好的竞赛成绩，有效地锻炼技术人员队伍、提高勘察设计水平。

园林绿化

【概况】 2014 年，城市园林绿化工作按照因地制宜、适地适绿、提升品质、经济实用原则，坚持科学规划、品质建设、精细管理，园林绿化品质不断提升，城市生态环境不断改善，为绿色青岛、生态青岛和美丽青岛建设做出了贡献。全市完成裸露土地绿化 590 处、面积 448.61 公顷，实施山头绿化整治项目 10 个，完成立体绿化 100 处，庭院绿化 194 处。

【完善法规体系】 青岛市城市园林绿化遥感测试工作圆满完成。制定《青岛市城市绿地设计规范》。制定下发《青岛市城市裸露土地绿化技术导则》，指导裸露土地绿化工作。制定《青岛市城市绿地养护管理标准》、《青岛市城市绿地养护管理技术质量规范》、《青岛市城市公园服务管理质量规范》，加强园林绿化养护管理工作的量化和整体水平提升。建立部门间的审图把关制度和审批联办会审制度。完成对青岛市"十二五"城市园林绿化发展规划实施情况的中期评估，推动"十二五"期间园林绿化发展规划的实施进程。国家立项的《青岛野生观赏花卉引种栽培技术研究》科研课题通过国家、省、市有关部门的验收和鉴定。

【精益求精，提升管理水平】 2014 年对 2013 年集中整治的 130 条主次干道绿地进行巩固和提升，共整治黄土裸露 490 处、通槽断点 150 处、种植土高于界石 24560 米，补栽灌木 20 余万株。对树木进行集中修剪，树木休眠期间，全市城区共修剪 1406 条道路的行道树 41 万余株；生长期期间，六区共修剪 210 条主次干道的行道树 79677 株。为适应城市发展要求，减少城市扬尘污染，改善大气环境质量，制定下发了《园林绿化植物清洗除尘作业标准》和《园林绿化植物清洗除尘专项经费奖补办法》，2014

年全市共落实奖补资金 2000 万元，用于城区园林绿化植物清洗除尘工作，打造清新美丽的市区环境。制定《局属公园网格化管理考核办法》，四个公园网格化分布图全部上墙。中山公园等为古树名木挂上"二维码"标识牌。重点对中山公园商亭进行重新规划、布点，在世园会开幕前将樱花路商亭全部拆除。将园内游商浮贩进行了清理，公园内违法违章经营顽疾彻底清除，为游客营造了良好的园区环境。

建筑节能

【概况】　2014 年，青岛市新建节能建筑 2060 万平方米。完成 104 万平方米既有居住建筑节能改造。共完成 177 万平方米绿色建筑评价标识项目。完工可再生能源建筑应用示范项目 243 万平方米。

【政策及监管】　2014 年，青岛市城乡建设委员会严格实施"闭合式"监管体系，细化监管程序，强化监管力度，对新建建筑节能工程进行全过程监管。严把材料进场管理、施工方案审核、监理监督、节能验收等环节，全市共完成节能建筑 2060 万平方米，占民用建筑的比例为 100%。

2014 年，青岛市政府办公厅发布《关于进一步推进建筑产业化发展意见的通知》，编制完成《青岛市住宅产业现代化技术导则》，青岛市被山东省住房城乡建设厅确认为全省第一批建筑产业化试点城市，全年完成建筑产业化示范工程 59.1 万平方米。

2014 年，青岛市城乡建设委出台《关于部分民用建筑项目全面执行绿色标准的通知》，要求政府机关办公建筑、政府投资的公益性建筑和保障性住房项目、单体建筑面积超过 2 万平方米的大型公共建筑全面执行绿色建筑标准，中德生态园被住房城乡建设部评为国家绿色生态示范城区，住房城乡建设部和世界银行确定在青岛市开展低碳宜居城市形态研究，并由世界银行出资 61 万元支持相关研究。

按国家和山东省政府要求，"十二五"期间，对具备节能改造价值的老旧住宅，青岛市至少要改造 40% 以上；到"十三五"末，要全部完成。针对群众房屋保温隔热性能差、外墙内侧发霉长毛等问题，增加了外墙和屋面保温层，更换了新型节能门窗，改造了供热系统。2014 年，青岛市建委召开了全市既有居住建筑供热计量及节能改造专题会议，与各区市签订了目标责任书，争取到国家奖励资金及市财政配套资金 3394 万元，全市完成改造项目 104 万平方米。

作为国家可再生能源建筑应用示范市，2014 年青岛市共完工可再生能源建筑应用示范建筑面积 243

万平方米，其中太阳能光热建筑面积 129 万平方米，热泵工程 114 万平方米，落实可再生能源建筑应用科研课题 7 个，已全部启动。

作为国家公共建筑能源统计试点城市和公共建筑节能监管体系建设示范市，2014 年，青岛市全年新增建筑能耗监测项目 188 栋。

村镇规划建设

【概况】　2014 年，青岛市共有建制镇 43 个、行政村 3479 个，村镇总人口 277.07 万人。全年村镇建设总投资 143.2 亿元，同比增长 25%。人均住宅面积达到 30.9 平方米。

【小城镇建设】　抓好小城市试点镇总体规划编制，4 月初聘请中国城市规划设计研究院专家对 5 个小城市培育试点镇编制的总体规划进行点评，进一步提高总体规划的质量。产业发展、基础设施、风貌景观等专项规划和城镇核心区等重点地块的详细规划编制工作也有了明显进展。

抓好基础设施建设。突出抓好道路、垃圾和污水处理工作，垃圾集中处理率达到 100%，镇驻地道路完好率达到 95% 以上，小城镇的水、电、路、气、通信等基础设施进一步完善配套，城镇承载能力得到了有效提升。抓大企业参建，五个小城市培育试点小城镇新引进内外资项目合计 45 个，实际利用内资 304 亿元，到账外资 54325 万美元。抓督导检查，建立了选派优秀干部到小城市试点镇蹲点服务制度。

【小城镇环境综合整治】　召开全市小城镇环境综合整治动员大会，印发《青岛市小城镇环境综合整治实施方案》，集中 100 天时间在全市 43 个小城镇开展环境卫生整治、园林绿化整治、道路交通整治、广告牌匾整治、市容秩序整治、不文明行为整治、创建一条示范街"六整治一创建"活动，小城镇环境面貌焕然一新。

【棚户区和农村危房改造】　2014 年，四市一区棚户区改造计划开工项目 23 个、涉及征收居民 1.1 万户，建设安置住房 1.7 万套。全年计划改造农村危房 3000 户，11 月底已全面完工，提前完成全年任务。9 月中旬，组织召开全省农村危房改造工作现场会。

【垃圾处理和传统村落保护】　根据《青岛市生态文明乡村建设行动计划（2014～2016 年）》，开展农村环境综合整治，突出了垃圾处理。坚持"周调度、月督导、季奖补"，充分发挥了激励作用，调动了工作积极性。农村垃圾处理工作按照全面整治、无缝覆盖的要求，建立卫生网格化管理制度，做到"卫生区域责任到人，垃圾治理人人有责，环境管护人人参与"。全市清理陈年垃圾 170 万吨、农村"三大堆" 106 万处，新开工建设农村垃圾处理场 4 处，垃圾中转站 8 处。开展全市传统村落摸底普查，西寺村、李家周疃村、西三都河村入选山东省传统村落名录。

大事记

1月

1日 青岛市实施 2013 版《建设工程施工合同（示范文本）》(GF—2013—0201)。

2日 青岛市副市长王建祥主持组织召开专题会议，研究燃气灰口铸铁管改造及 2014 年掘路计划有关事宜。

22日 印发《关于实行市政和园林绿化工程竣工结算文件备案管理的通知》，要求自 3 月 1 日起，全市市政和园林绿化工程竣工结算实行竣工结算备案制度。

22日 国家深海基地项目码头工程荣获青岛市交通工程安全文明示范工地。

28日 《人民日报》刊发文章"青岛高效代建蛟龙号新家"，专题报道国家深海基地项目建设。

2月

8日 青岛市市长张新起主持召开市级重点公共服务项目建设专题会议。

21日 印发《青岛市城乡建设委员会建筑工程管理局关于进一步深化我市监理企业对施工企业和项目经理进行管理考核试点的通知》，在 2013 年监理企业对施工企业和项目经理进行管理考核试点的基础上，在全市范围进一步深化实施该项试点工作。

28日 全市环保城建交通工作会议召开。

月内 住房和城乡建设部下发《关于同意青岛中德生态园为绿色生态示范城区的函》，正式批复青岛中德生态园为"国家绿色生态示范城区"。

3月

2日 《青岛市禁止或者限制使用的建设工程材料目录（第一批）》发布实施。

11日 召开城区园林绿化现场会。

13日 副市长徐振溪主持召开过城河道综合整治现场会。

17～19日 按照国家有关城市棚户区改造工作要求，财政部驻青岛财政监察专员办事处对青岛市 2013 年纳入山东省政府城市棚户区改造计划的项目进行检查。

26日 市长张新起视察过城河道污染治理工作，

指出"治河先治污"，要求河道整治工作截污治污和河道改造要一体化推进，上游和下游要一体化推进。

28日 召开全市城镇化工作会议，会议传达了中央和省城镇化工作会议精神，研究部署青岛市城镇化工作。

4月

2日 青岛市城乡建设委召开廉政工作会议，委党委书记、主任刘建军发表讲话。

8～9日 根据山东省政府下发的《关于印发山东省住房保障工作考核办法的通知》相关要求，省住房城乡建设厅、财政厅及审计厅等部门组成的省住房保障工作考核组对青岛市 2013 年度保障性住房和城市棚户区改造工作进行年度考核。

11日 由青岛市建筑工务局代建的市救灾物资储备仓库项目开工建设。

16日 青岛市政府召开全市建筑节能暨清洁能源应用现场会。

5月

4日 徐振溪主持召开环湾绿道建设专题会议

5月12日至6月12日 青岛市城乡建设委、崂山风景区管理委员会办公室、崂山风景区管理局在青岛规划展览馆阳光公示厅、青岛市城乡建设委员会政务网站、青岛市崂山风景区管理局网站依法进行《崂山风景名胜区总体规划(2010～2025)》(崂山景区部分)成果公示，公示期间收集社会意见建议43份。

6月

4日 小城镇建设专题会议召开。徐振溪主持，会议听取了小城市试点镇总体规划、2013 年工作推进情况及 2014 年工作思路。

5日 青岛市委书记李群视察奥帆基地媒体中心海水源热泵项目，市城乡建设委副主任朱堂汇报海水源热泵等可再生能源建筑应用总体情况。

10日 市城乡建设委主任刘建军陪同上海市建委主任等人调研中山公园、动物园和植物园。

11日 张新起主持召开第 46 次市政府常务会，市城乡建设委汇报了代市政府起草的《关于加强城市基础设施建设的实施意见（汇报稿）》（以下简称《意见》）。会议讨论并原则通过了《意见》。

7月

7日 青岛市政府办公厅转发市城乡建设委制定的《关于居民参与监督房屋征收工作的意见》，探索建立棚户区改造房屋征收居民参与监督的"青岛模式"。

9日 市政府印发《关于加强城市基础设施建设

的实施意见》。

19～21日 第十届中国（青岛）国际建筑材料及装饰材料博览会在青岛会展中心举办。

23日 《人民日报》刊发文章"集中建设管理，防住贪污腐败，山东青岛工务工程建设探新路"。

24日 由市建筑工务局代建的山东陆军预备役高炮师综合库房楼项目开工建设。

31日 青岛市十五届人民政府第50次常务会议通过《青岛市房屋建筑拆除工程管理办法》，自10月1日起施行，重点对房屋建筑拆除行业施工安全和环境保护等问题进行规范，力求突出重点，解决实际问题。《办法（草案）》共六章六十条，主要从房屋建筑拆除管理范围和管理体制与监管机制、拆除施工备案、安全文明施工、监督与处罚等方面进行了规范。

8月

1日 青岛市委书记李群书记现场调研新疆路高架快速路工程进度，指出"为民所想，尽全力加快工程进度，早日缓解全市交通拥堵状况"。

1日 世界银行"低碳宜居示范项目组"和住房城乡建设部共同对青岛市进行调研，市城乡建设委副主任朱堂汇报青岛市建筑节能总体情况。

6日 起市城乡建设委建管局在全市开展建筑工程领域施工安全事故隐患大排查、大整治行动，对存在安全事故隐患（无论大小）的工地，一律停工并按照"三定"措施全面彻底整改，未整改完毕不得复工。

7日 全市小城镇环境综合整治动员大会召开。

8月 德国被动式建筑研究所中国中心与荣恩建筑事务所办事处正式落户青岛市中德生态园。

9月

5日 市政府召开全市住宅小区配套和建筑产业化项目现场会。

9日 青岛市人民政府办公厅转发市城乡建设委《关于进一步推进建筑产业化发展的意见》。

15日，山东省农村危房改造暨农村人居环境调查工作会议在青岛市召开。

16日 召开全市建筑质量安全工作会议。

19日 山东省住房城乡建设厅在青岛市即墨万科东郡项目召开全省建筑产业现代化工作现场会。

23日 印发《青岛市人民政府办公厅关于进一步提升建筑质量的实施意见》。

25～27日 第三届中国国际循环经济成果交易博览会在青岛国际会展中心举办，青岛市城乡建设委代表住房城乡建设部展示了"被动房"，对被动式低能耗建筑技术进行了直观立体的解读。

30日 市政府办公厅下发《关于进一步加强城市基础设施配套费征收使用管理的通知》，新政策在严格配套费征收管理、加强支出预算管理的基础上，针对青岛市实际，扩大了配套费使用范围，以改善人居环境、提升城市功能为目标，鼓励发展民生、公益项目和基础配套设施建设

10月

8日 张新起主持召开会议，专题研究市区未贯通道路打通、铁路北客站配套工程和全市铁路建设推进工作。

10日 在国务院总理李克强访德参加的中德经济论坛上，青岛中德生态园与德国可持续建筑合作项目成功签约，这是继中德生态园被动房项目签约后的又一项中德建筑节能项目合作成果。

15日 印发《全市建设工程质量治理两年行动实施方案》和《青岛市城乡建设委员会关于开展全市工程质量治理两年行动督导检查的通知》，在全市深入开展工程质量治理两年行动。

11月

7日 福州路打通工程（黑龙江路—台柳路）开工建设。

同日 由市建筑工务局代建的市立医院东院二期项目开工奠基。

10日 李村河挡潮闸工程开工建设。李村河挡潮闸工程是李村河、张村河下游综合整治工程的重要建设内容。

12日 青岛市政府与中国交通建设股份有限公司在府新大厦签署《小城镇建设投资合作框架协议》，双方将在小城镇与新型农村社区建设领域展开全方位合作，双方确定将黄岛区泊里镇作为合作试点。

21日 由市建筑工务局代建的山东大学青岛校区博物馆项目开工建设。

22日 住房城乡建设部工程质量安全监管司在青岛召开城市轨道交通工程质量安全标准化管理研讨会。

12月

1日 副市长徐振溪主持召开地下空间综合开发利用工作专题会议。

3日 国家深海基地项目陆域工程荣获青岛市度安全文明工地。

4日 国家深海基地项目陆域工程荣获青岛市优质结构奖。

17日 青岛市政府出台由市城乡建设委起草的

《青岛市主城区棚户区改造房屋征收与补偿办法》。对原来的危旧房补偿办法进行了调整，突出鼓励异地房屋安置和货币补偿。

24日 召开全市小城镇环境综合整治现场会议，徐振溪参加会议。

25日 国家深海基地项目陆域工程荣获山东省安全文明工地。

同日 印发《青岛市城乡建设委员会关于加强青岛市建筑市场主体信用考核管理的通知》，将深基坑支护企业及起重机械设备安拆企业纳入该考核办法。

26日 国家深海基地项目陆域工程荣获山东省

优质结构奖。

29日 国家发改委、中央编办、财政部等11部委下发《关于印发国家新型城镇化综合试点方案的通知》，确定2个省、62个城市(镇)作为国家新型城镇化综合试点地区，山东省内青岛市、威海市、德州市、郓城县入围。

31日 按照省、市统一部署，自6月份开始，深化行政审批制度改革，认真完成行政审批事项梳理、精简、下放工作。市城乡建设委行政审批事项34项列入市级行政审批事项目录(政府令236号)。

(青岛市城乡建设委员会)

宁 波 市

基础设施

【概况】 2014年，浙江省宁波市启动城市建设三年行动计划，全面推进新一轮城市化建设，一年来，在一系列重大项目带动下，全市共完成市政公用设施建设固定资产投资262.3亿元，其中，中心城区完成192.5亿元(含轨道交通77亿元)，城乡基础设施建设投资继续保持高位增长。

城市快速路网建设取得阶段性成果，新一轮跨江桥梁与城市主次干道建设全面启动，城市建设品质提升成效显著，城镇污水处理设施建设全力冲刺。

【环城南路快速路进入扫尾阶段】 该快速路西起机场路，东至东苑立交，全长约9215米，道路实施宽度为50～68米，采用"高架主线＋地面辅道"总体平面布置方案，含互通立交4座，上下匝道5对，分离式立交3座，跨奉化江大桥1座，建设单位为宁波通途投资开发有限公司。

【北环快速路实现部分通车】 工程西起前洋立交收费站，东至世纪大道，全长16040米，道路实施宽度为50～68米，采用"高架主线＋地面辅道"总体平面布置方案，含5座互通立交、8对上下匝道。

【机场快速干道永达路连接线初具雏形】 工程西起机场快速干道-永达路立交，东至苍松路，全长2.2公里。

【机场快速干道与杭甬高速互通立交完成总工程

量的70％】 该工程为机场快速干道配套项目，截至2014年12月，累计完成投资约8.1亿元，占总投资的73.6％，其中桥梁工程完成70％，房建工程基本完成。

【东苑立交快速化改造一期开工建设】 该工程西接环城南路高架，东至福庆路以西，为在现状东苑立交上，新建四层全互通立交，新建互通立交与现状东苑立交构成六层上下分离、功能独立的枢纽型互通立交，为宁波快速路网的重要节点枢纽工程。工程采用"高架主线＋地面铺道"方案。

【新建改造城市道路29条】 2014年，中心城区新建或改造建兴西路(天童北路—江宁路)等22条道路，道路总里程达33.87公里。

【新一轮打通断头路行动全面启动】 2014年，在累计打通59条"断头路"的基础上，经宁波市委市政府研究，决定继续实施新一轮打通"断头路"专项行动，进一步优化城市路网结构。截至2014年12月底，除姚隘路(福明路—世纪大道)外，纳入年度计划的11条道路全部建成通车，累计完成投资9.1亿元。

【中心城区主干道综合整治三年行动圆满收官】
截至2014年12月底，纳入年度计划的机场路、江东北路(中山路—民安路)、兴宁路(世纪大道—福庆路)道路完成整治，完成年度投资4.5亿元，至此，中心城区主干道综合整治三年行动圆满结束。

【"三江六岸"品质提升工程进入冲刺阶段】 截

至 2014 年 12 月底，"三江六岸"品质提升工程完成年度投资约 3.8 亿元，奉化江两岸（除灵桥东、江厦桥东下穿地道外）建成开放；姚江东岸（解放桥-新江桥段）完成地下车库桩基、地连墙、土方开挖，解放桥-姚江大桥段和绿岛公园完成施工、监理招标；核心区段滨江休闲带工程开展扩初设计；姚江东路及沿江景观工程、姚江南岸滨江绿化及道路工程基本完成方案设计深化。

城市交通拥堵治理

2014 年，宁波市提高公交分担率 2.6 个百分点，改善交通拥堵点 5 处，建成过街人行设施 10 处，实施单向通行道路 18 条，新增城市快速高架 25 公里，新建改建城市道路 30.6 公里。减少影响路面通行的停车位 1902 个，增加公交专用道 37.8 公里，增加专用停车泊位 32000 多个。进一步完善机动车停放服务收费政策，开展了 5 次"畅甬"系列交通违法专项整治行动，16 条治堵重点道路机动车守法率达到了 90%，非机动车行人守法率达到了 80%。

【新建公交专用道约 38 公里】 2014 年，建成公交专用道约 38 公里。

【启动旧住宅小区停车位改造】 2014 年，宁波市治堵办制定出台《缓解旧住宅小区停车难有关工作的若干意见》，正式启动旧住宅小区停车难整治工作。

加快构筑现代都市战略

【概况】 2014 年，宁波市加快构筑现代都市"50100 工程"共完成年度投资 2250 亿元，其中 50 个重点区块完成投资 1150 亿元，100 个重点项目完成投资 565 亿元。江东宁波财富中心、东部新城环球航运广场、宁波中心一期等一批重大项目建成投用，国际金融中心二期进入工程收尾阶段，全市入围全国重点镇 21 个，新启动建设省级农房示范村 23 个，"一核两翼多节点"现代都市格局进一步形成。

【南北两翼持续高效投资发展】 加快构筑现代都市"50100"工程中涉及的南北两翼 15 个区块，完成投资 565 亿元。慈溪总部经济一期、二期 17 幢商务办公大楼、杭州湾世纪金源水世界、象山汽车广场等建成投用；杭州湾华强中华复兴文化园、美高梅"中国假期"项目、慈溪联盛国际商业广场、慈溪大剧院、创意水街、余姚姚北城市综合体、奉化宁兴城市广场、冠成国际商业广场、宁海宁东产业园区、象山世茂城市综合体、大目湾旅游休闲综合体等持续推进主体工程施工；象山象保合作区一

期、杭州湾宁波二院等继续深化前期工作。北翼杭州湾新区以大项目平台高效投资领跑两翼投资与发展，南翼以四化同步发展提升城市功能与品质，两翼区位和资源优势进一步发挥，区域联动加快发展，同城效应逐渐显现。

【城乡一体化发展深入推进】 卫星城市建设深入推进，体制机制不断完善，8 个卫星城镇共完成投资 200 亿元。城乡联动发展不断突破，全年农房"两改"工作投入资金 148.5 亿元，开工改造建设农村住房 11.4 万户，其中完工 4.66 万户，改造建设农村住房 664.7 万平方米，完成下山移民 1698 户。

【全市 21 个城镇入围全国重点镇】 2014 年 7 月，住房城乡建设部等 8 部委公布全国重点镇名单，宁波市江北区慈城镇等 21 个城镇入围。

【省级农房示范村达 21 个】 截至 2014 年 12 月，全市共有北仑区柴桥街道河头村等 21 个村入围省级农房示范村。

【全市城镇污水处理设施基本实现全覆盖】 2014 年，全市建成鄞州区邱隘镇城镇污水处理设施等 21 个。新增城镇污水处理设施配套管网 227 公里，除象山县鹤浦镇外，全市 77 个城镇污水处理设施已全部建成投用。

住房保障

2014 年，宁波市以公共租赁住房为重点的住房保障体系进一步完善，《关于公共租赁住房和廉租住房并轨运行的指导意见》制定出台，公共租赁住房和廉租住房实现并轨运行，全年配租配售保障性住房 8921 套，新增廉租住房货币补贴 1490 户，基本实现低收入住房困难家庭应保尽保。保障性房源建设稳步推进，开工建设保障性安居工程 40000 套，其中公共租赁住房 2835 套。民间资金参与公租房建设试点工作成效显著，由企业全资兴建的北仑区海天公租房一期、申洲公租房等 3 个公租房建成交付。公租房小区建设管理水平进一步提升，市本级"和塘雅苑"、高新区"凌云公寓"、鄞州区"和悦家园"、北仑区"太河蓝庭"等公租房小区管理各有成效。以成片危旧房为重点的棚户区改造正式启动，市、区（县、市）两级相关组织机构、融资平台相继建立，"统借统还"的融资模式高效运作，改造资金得到有效保障。奉化市率先出台了危旧房改造三年规划，江东、海曙等地拟改造项目民意征询基本完成。截至 2014 年底，全市共启动棚户区改造项目 32 个，获得国开行承诺贷款 632 亿元，位居全国计划单列市首位。

【房源建设等年度任务指标圆满完成】 2014 年全市实际新开工建设保障性安居工程 470.0 万平方米、43200 套，完成浙江省政府下达目标套数的 161.2%，其中公共租赁住房 25.6 万平方米、4798 套，完成省政府下达目标套数的 342.7%；竣工保障性安居工程 17731 套，完成省政府下达目标套数的 118.2%；新增发放廉租住房货币补贴 1490 户，完成省政府下达目标的 149.0%。

【住房保障配套政策体系进一步完善】 根据住房保障工作推进中出现的新情况、新问题，市本级制定出台《关于公共租赁住房和廉租住房并轨运行的指导意见》，指导各县(市)区推进公共租赁住房和廉租住房并轨运行，实现公共租赁租房和廉租住房的统筹建设、统筹分配、统筹运营、统筹管理，统一资金使用、房源使用、申请受理、租金标准及退出管理。制定出台《关于公布公共租赁住房租金标准的通知》明确了公共租赁住房租金标准及承租家庭租金减免标准。制定出台《关于多余保障性住房统筹用于危旧住宅区改造安置用房的指导意见》，提高保障性住房使用效率，加快推进棚户区改造。同时，各县(市)区积极出台住房保障配套政策，住房保障体系得到了进一步的健全和完善。

【年度住房保障工作先进单位】 经综合考评，海曙区政府、江北区政府、镇海区政府、北仑区政府、奉化市政府、宁海县政府、余姚市政府、市住房和城乡建设委员会、市发改委、市财政局被评为 2014 年度住房保障工作先进单位，由市政府予以通报表彰。

【保障性安居工程建设要素保障进一步增强】 资金方面，全市共有 13 个公共租赁住房项目获得国开行贷款支持，授信额度达 50.3 亿元，已累计发放贷款总额 30.5462 亿元，在贷余额 22.147 亿元，其中 2014 年放贷 11.97 亿元。同时，获得保障性安居工程配套基础设施建设中央补助资金 2.5 亿元，城镇保障性安居工程中央专项补助资金 2.4082 亿元。土地方面：保障性安居工程建设用地指标得到了及时落实，有效确保了建设项目顺利开工。税费方面：对廉租住房、公共租赁住房、经济适用住房等保障性住房免收城市基础设施配套费等各种行政事业性收费和政府性基金，并积极落实建设、买卖、经营等环节的现行税收优惠政策。

【公共租赁住房后续管理运作体系进一步完善】 2014 年，宁波市以"和塘雅苑"公共租赁住房小区为样板，制定了租金收缴暂行规定以及租金管理办法，建立租金欠缴对象分类管理制度，进一步规范租金催缴的程序、文书和档案。针对公共租赁住房住户涉及的社会管理问题，建立宁波市公共租赁住房小区承租人户籍地社会管理服务联络网络，涉及海曙区、江东区、江北区保障部门及 187 个街道社区。此外，建立了公共租赁住房小区物业专项维修资金使用监督管理办法，规范了公共租赁住房日常维修、投诉、租金催缴的工作流程和物业专项维修资金使用及房源退出流程，提升了租赁物业企业租赁管理和服务水平。和塘雅苑公共租赁住房小区后续管理工作被中央电视台《焦点访谈》栏目专题报道，小区荣膺全国首批代表国内房地产综合开发行业最高荣誉的"广厦奖"。

【住房制度改革深入推进】 2014 年，宁波市区共审批发放老职工住房补贴单位 167 家，1135 人，金额 1304.99 万元；发放新职工按月住房公积金补贴单位 214 家，2700 人，金额 4098.45 万元；审核单位动用住房基金 57 笔，金额 458.48 万元；审批市级单位自管公房出售 107 户，建筑面积 7314 平方米，金额 540.5 万元；共审核批复 14 家单位职工住房货币补贴实施方案。进一步完善职工住房证明核查流程，全年共审核出具异地职工住房情况核查证明 626 人次，大幅缩短业务办理时间，方便群众、提升服务水平。

【以危旧房改造为重点的棚户区改造有序推进】 7 月 10 日，宁波市政府成立宁波市棚户区改造工作领导小组，并将办公室设在市住房城乡建设委员会，出台《宁波市棚户区改造贷款资金管理办法》，建立全市"统借统还"棚户区改造融资平台。在此基础上，11 月 3 日市住房城乡建设委员会成立宁波市棚户区改造工作领导小组办公室，各县(市)区相继成立属地棚改工作领导小组和办公室，建立起上下联动的棚改工作机制。制定出台了《宁波市棚户区改造统计报表及工作信息报送制度》、《宁波市棚户区改造宣传方案》、《宁波市棚户区改造工作领导小组办公室列会制度(试行)》、《宁波市棚户区改造联络员制度(试行)》等规定，逐步完善 1＋X 配套文件及各项内部管理制度。积极推进区级融资平台建设，截至 12 月底，全市已有鄞州、江北、镇海、海曙、江东、慈溪、北仑、东部新城、奉化、宁海、象山、高新区、余姚、杭州湾新区、东钱湖、大榭、梅山等 17 个县(市)区基本明确了区级融资平台，44 个项目已得到国开行授信，额度 728.8 亿元，总改造户数 90641 户、1101 万平方米，其中签约项目 20 个，合同总额 221.99 亿元，发放贷款 63.99 亿元。

【住房公积金年度缴存基数调整】 自 7 月 1 日

起，市区职工 2014 年度住房公积金缴存基数上限为 26315 元，下限为 1470 元，正常的缴存比例浮动范围为 5%～12%，并严格执行"限高保低"的缴存政策。

【公积金支持保障性住房建设项目贷款试点工作提前圆满完成】 作为全国首批公积金支持保障性住房建设项目贷款试点城市，宁波共有列入首批试点的两个项目，计划建设经济适用住房 20.6 万平方米，2247 套，总投资 10.68 亿元，其中利用住房公积金贷款资金 5 亿元，贷款期限三年。宁波试点工作全面完成。

【公积金支持高校毕业生购房力度加大】 10 月 8 日，市政府出台《关于营造良好安居环境促进高校毕业生来甬就业创业的若干意见》，规定高校毕业生在宁波购房时申请办理住房公积金个人住房贷款的，其住房公积金的连续缴存时间可从现行规定的 12 个月缩短为 3 个月；在符合贷款有关规定的前提下，其贷款最高额度在现行贷款额度上可上浮 20%；购买建筑面积在 120 平方米以下首套商品住房的，贷款首付款比例可以从现行 30% 调整为不低于 20%。

【住房公积金主要业务持续发展】 2014 年全市住房公积金归集快速增长，缴存职工持续增加，贷款和提取业务连创新高，增值收益稳步提升，全市住房公积金归集 140.27 亿元，同比增长 14.72%；缴存住房公积金人数为 88.97 万人，净增缴存职工 2.69 万人。截至 2014 年底，全市历年累计归集住房公积金 856.24 亿元，归集余额为 344 亿元。历年累计全市发放住房公积金贷款户数 18581 户，放贷金额 496.40 亿元；贷款余额 293.78 亿元。其中，当年发放个人住房公积金贷款 86.88 亿元，放贷户数为 18581 户。全市住房公积金历年增值收益为 34 亿元，其中当前增值收益为 2.68 亿元，同比增长 10.65%。

【启动并完成城镇危旧房屋排查】 4 月 4 日，奉化锦屏倒房事件后，市委市政府作出紧急部署，在全市范围内开展了为期 2 个月的危旧房屋大排查专项行动，截至 6 月底。全市共排查城镇房屋 55597 幢、建筑面积 4642 万平方米，发现存在较大安全隐患国有土地上房屋 1941 幢、建筑面积 168 万平方米，其中：住宅 1723 幢、建筑面积 146 万平方米。通过大排查，基本掌握了全市危旧房屋现状。

【房屋安全信息建档工作完成】 在全面排查的基础上，市住房城乡建设委员会开发了集信息档案与常态化网格化巡查一体的住宅房屋安全信息系统，并广泛发动街道、社区、房管部门等基层力量，通过 5 个月的努力，完成了全市所有已交付使用的 5.64 万幢、1.33 亿平方米的城镇住宅房屋信息建档工作，实现了"一幢一档"。同时，结合危旧房屋日常巡查，在全省率先建立"一查一表"信息化档案管理制度，基本实现了日常巡查有记录、安全隐患有影像、问题处置有跟进、责任认定有追溯。此外，还根据房屋质量及安全状况，将房屋从好到差分为 6 个等级，实行差异化管理，如三级房屋要求至少一季度内巡查 1 次，四级房屋要求至少一个月内巡查 1 次，C、D 级危房则相应增加巡查频次。

【着力构建常态化网格化监管机制】 各县（市）区按照市政府《关于建立城镇房屋使用安全常态化网格化监管制度的通知》精神，狠抓房屋安全管理员制度、日常巡查制度等七项制度的落实。截至 12 月底，全市 155 个街道（乡镇）已划定监管片区（大网格）1253 个、小网格 4422 个，落实片区监管员 1164 人、房屋安全管理员 4422 人。全市所有城镇危旧房已基本落实街道（乡镇）相关负责人、片区监管员、房屋安全管理员三级监管队伍，构建起以块为主、条块结合、横向到边、纵向到底的常态化网格化监管体系。

【扎实推进危旧房屋改造工作】 截至 12 月底，全市已确定危改项目 62 个，其中实质性启动 14 个、面积 72.49 万平方米、涉及户数 10314 户，完成城镇危房解危 319 幢、建筑面积 18.24 万平方米，其中住宅 239 幢、建筑面积 12.53 万平方米。

【加强房屋安全源头管控】 2014 年，全市房屋装修备案 20742 件，同比增加 30%，处理房屋违章装修 2108 件，纠正房屋违章装修 2036 件。

建筑业

2014 年，宁波市共完成建筑业总产值 3714.14 亿元，同比增长 18.46%；完成省外产值 1598.35 亿元，同比增长 26.4%，省外产值占建筑业总产值比重达 43%；上缴地方税收 85.7 亿元，同比增长 23.4%，建筑业上缴地方税收占全市地税收入比重达 12.9%，比 2013 年同期提高 1.8 个百分点。

全市 2 家企业晋升特级资质，28 家企业晋升一级资质，98 家企业晋升二级资质。8 家建筑业企业分别取得省、市级企业技术中心；新增一级建造师 553 人（含引进 243 人）。

截至 2014 年底，全市共有建筑业企业 1613 家。其中，特级 7 家、一级 184 家，二级 419 家；招标代理机构共 72 家，其中，甲级 17 家、乙级 21 家；勘察设计企业共 137 家，其中，甲级 60 家、乙级 53 家；工程监理企业共 66 家，其中，其中，综合 2 家、甲级 32 家，乙级 26 家；工程质量检测机构 50 家；施工图审查机构 6 家。

【建筑业总产值居全省第三位】 2014 年，全市建筑业总产值达到 3714.14 亿元，同比增长 18.46%，高于全省平均增长率（12.22%）6.24 个百分点。建筑业总产值居全省第三位（前两位为绍兴市和杭州市），占全省建筑业总产值的比重为 16.4%，比 2013 年提高了 0.7 个百分点。

【建筑业对经济社会发展的贡献进一步增强】 2014 年全市建筑业实现增加值 452.6 亿元，同比增长 10.6%，建筑业增加值占全市 GDP 的比重达 6%，比上年同期提高 0.9 个百分点，支柱产业地位进一步强化。同时，建筑业对全市地方税收贡献进一步增强，2014 年全市建筑业上缴宁波市地方税收 85.7 亿元，同比增长 23.4%，比 2013 年同期提高 10.2 个百分点，建筑业上缴地方税收占全市地税收入比重达 12.9%，比上年同期提高 1.8 个百分点，建筑业在全市经济产业中的地位进一步提高。

【建筑业"走出去"步伐进一步加快】 2014 年，全市建筑业企业在省外完成建筑业产值 1598.35 亿元，比 2013 年增加了 333.76 亿元，同比增长 26.4%。省外完成产值占全市建筑业总产值的比重达到 43%，占全省省外产值的比重为 14.1%，分别比 2013 年同期提高 2.6 个百分点和 1.5 个百分点。在市场拓展中，产值超 10 亿元的省外区域市场达到 25 个，比 2013 年同期增加 2 个。省外超百亿元的区域市场分别是：江苏市场 319.7 亿元，上海市场 184.7 亿元，广东市场 135.5 亿元和安徽市场 134.9 亿元。2014 年全市建筑业企业完成境外承包工程营业额 4.73 亿美元，同比增长 2.6%。此外，2014 年全市监理企业在市外完成合同监理费 3.88 亿元，同比增长 23.6%。

【产业企业综合实力不断增强】 企业资质方面，2014 年，宏润建设集团股份有限公司和中石化宁波工程有限公司成功晋升为特级企业，特级企业增至 7 家。另外，全市有 28 家企业晋升一级资质，98 家企业晋升二级资质，34 家企业晋升或新获得交通、水利、电力等专业资质，分别比 2013 年增加了 6 家、50 家和 10 家；3 家企业获得省级技术中心、5 家企业获得市级技术中心；47 项工法被确定为国家级、省级工法。优质工程创优评杯方面，4 项工程（含市外工程 3 项）获得中国建设工程鲁班奖，2 项工程获得詹天佑奖，30 多项工程获得省级以上优质工程奖，29 项工程被评为浙江省"钱江杯"优质工程，比 2013 年增加了 15 项，翻了一番。企业规模方面，

2014 年全市建筑业总产值 10 亿元以上企业数量达到 73 家，比 2013 年增加了 13 家；产值超过 50 亿元的企业达到 8 家，比 2013 年增加了 4 家。此外，产值超百亿的企业有 5 家，增加准百亿企业 1 家（中达建设集团股份有限公司，建筑业总产值 98.01 亿元）。建筑业地区发展方面，2014 年，全市各地继续加大对建筑业的扶持力度，象山县（1119.5 亿元）、海曙区（427.9 亿元）、江东区（423.5 亿元）分居全市前三位，共完成建筑业总产值 1970.9 亿元，占全市建筑业总产值的 53.1%。鄞州区、镇海区、慈溪市、江北区、余姚市、北仑区、宁海县和奉化市等 8 个县（市）区建筑业总产值均超过 100 亿元。

【建设培训】 2014 年，全年共举办建筑业相关各类培训班 151 余期，培训人数 41630 人次。

【新型建筑工业化战略正式启动】 2014 年，宁波市新型建筑工业化专家委员会正式组建，市政府成立了关于推进新型建筑工业化协调小组，并由市住房城乡建设委员会拟草《关于加快推进新型建筑工业化的若干意见（试行）》。在此基础上，加快培育新型建筑工业化项目，其中，宁波普利凯建筑科技有限公司新型建筑工业化基地和宁波万科城四期项目分别被认定为浙江省新型建筑工业化"1010 工程"示范基地和示范项目。

【建筑市场信用体系建设成效显著】 2014 年，宁波市住房城乡建设委员会出台《宁波市工程勘察设计企业信用评价标准（试行）》，正式将勘察设计企业及从业人员信用评价纳入建筑市场信用信息管理体系。同时，出台《宁波市房屋建筑和市政基础设施工程担保管理办法（试行）》及《宁波市房屋建筑和市政基础设施工程合同备案管理办法》，进一步加大工程建设风险防范力度，整顿和规范建筑市场秩序。此外，修改了房建和市政设施投标资格审查办法及招标评标办法条款，进一步规范招投标行为，并积极推进宁波市建设工程招投标监管与服务系统试运行，提高招投标工作的规范化、信息化程度。

【绿色建筑规模化迈入发展快车道】 政策体系方面，2014 年宁波市政府出台《关于加快推进我市绿色建筑发展的若干意见》、《宁波市绿色建筑行动实施方案》等绿色建筑纲领性文件，为宁波绿色建筑发展提供政策依据。组织机构方面，宁波市绿色建筑与节能工作组正式成立，中国城市科学研究会授牌。项目建设方面，全年新增绿色建筑项目 61 个，建筑面积 460 万平方米。

【完成既有建筑节能改造 16 万平方米】 2014 年，全年累计完成宁波大学高知专家楼外保温改造

等既有建筑节能改造，总面积 16 万平方米。

【加强民用建筑节能评估审查】 根据《浙江省民用建筑项目节能评估和审查管理办法》要求，2014 年全市共实施民用建筑节能评估和审查项目 191 个，建筑面积超过 1200 万平方米，从源头上保证了建筑节能。

【可再生能源建筑应用示范城市创建进入验收阶段】 2014 年，《宁波市可再生能源建筑应用示范城市验收工作方案》编制完成，验收能效测评项目与在线监测项目的招投标工作全面完成，验收准备工作基本就绪。截至 12 月，全市累计实施可再生能源建筑应用示范项目 145 个，应用面积达 361 平方米，居全省前列。

【建筑施工安全生产稳中趋好】 2014 年，通过组织开展季度督查、建筑工程质量安全监督执法检查、防汛防台督查及八打八治督查，全年共督查项目 113 个，建筑面积 452 万平方米，发现隐患 1243，发出整改通知书 113 份，停工整改 15 份，发出全市通报 5 份，列入重点监管企业 22 家，约谈警示 4 家，有力保障了全市房屋建筑工程安全生产形势的总体平稳，基本实现"一防一制三下降"的控制目标，事故防范水平有了较大提高。全年共有 94 个工程评为宁波市建筑安全文明施工标准化工地，33 个工程评为浙江省建筑安全文明施工标准化工地，市住房城乡建设委员会获 2014 年度宁波市安全生产工作先进集体。

【行政审批简政放权继续深化】 2014 年，市住房城乡建委员会权力清单梳理工作全面完成，共梳理行政权力 320 余项。简政放权力度进一步加大，商品房预售许可、房地产开发项目初步设计文件审查、没有国家技术标准采用可能影响建设工程质量和安全的新技术新材料审定、建设工程勘察资质初审（甲、乙级）、建设工程涉及资质初审（甲、乙、丙级，含专项）、建筑施工企业主要负责人、项目负责人、专职安全生产管理人员安全生产考核初审、房地产开发项目建设条件论证、商品房现房备案等 9 项行政审批事项下放至各县（市）区、管委会，并在全省建设系统范围内率先完成行政许可、非行政许可信息梳理纳入网上政务大厅工作，做好全省建设系统网上政务大厅试点项目推进工作。

【行政审批服务水平稳步提升】 2014 年，市住房城乡建设委员会行政审批窗口共受理各类行政审批事项 63 万件，平均每日办理行政审批事项 2499件，提前办结率达 100%，无超期办结。市建招办、市公积金中心被评为群众满意优秀（示范）基层站所，

委驻行政服务中心窗口被评为行政服务先进窗口。

【建筑业外来务工权益得到切实维护】 以宁波市建筑业务工人员身份管理信息系统为平台，不断推进建筑业企业务工人员实名制管理工作。截至 2014 年底，宁波市建筑业务工人员信息系统注册登记建筑业企业达 500 家，累计录入基本信息的务工人员达 15 万人，安装考勤机 420 余台，日常实行考勤的务工人员 7500 余名。同时，着力引导和帮助建筑业企业以建筑工地项目部为单位建立党组织，加强建筑业流动党员服务管理。截至 2014 年 12 月，市建筑业流动党员信息网中已建立党组织的建筑企业 50 家，建筑工程 169 个，在建项目 80 个，流动党员 362 名。此外，建立信用评价结果与务工人员工资支付担保动态管理相结合的机制，保障企业及务工人员合法权益，2014 年，共受理有效民工工资纠纷投诉 57 起，涉及外来务工人员 486 人次，协调处置民工工资纠纷共计 1235 余万元，有力地保障了外来务工人员的合法权益，未发生重大集体上访事件。

【宁波市 147 项工程获国家级、省级、市级优质工程奖】 2014 年度，宁波市 1 项工程获国家级工程质量奖（中国建设工程鲁班奖（国家优质工程））；26 项工程获浙江省钱江杯（优质工程）奖；评选出宁波市甬江杯优质工程 63 项；宁波市优质结构工程奖 57 项。

房地产业

【概况】 2014 年，宁波房地产市场经历了一次深刻的调整，随着限购政策的逐步调整直至取消，以及鼓励人才购房以及央行、银监会新的差别化房地产信贷政策的出台，市场成交快速回暖，房价降中趋稳，潜在的风险正在逐步释放。回顾全年，房地产市场呈现以下三大特点：一是房屋成交回升较快。全年商品房销售面积 726.4 万平方米，同比下跌 0.5%，其中商品住房 595.2 万平方米，同比增长 2.3%。二是商品房价格指数降中趋稳。根据国家统计局每月公布的数据，12 月宁波市新建商品住房价格指数同比涨幅为 -5.6%，环比下跌 0.5%，同比涨幅在全国 70 个大中城市中排在第 56 位。三是房地产投资保持增长。全市全年完成房地产投资 1328.1 亿元，同比增长 18.3%。年末，全市房屋施工面积 7422 万平方米，同比增长 8.6%。

【房地产投资平稳增长】 全年完成房地产投资 1328.1 亿元，同比增长 18.3%。年末，全市房屋施工面积 7422 万平方米，同比增长 8.6%，房屋竣工面积 1271 万平方米，同比增长 46.5%。

【商品房成交回升较快】 2014 年上半年商品房成交 223.86 万平方米，市场表现持续低迷。下半年，随着政策发力，企业采取"以价换量"措施，成交迅速回升。三季度成交明显放量，共成交 231 万平方米，比二季度增长了 78.8%，四季度成交 271.4 万平方米，比三季度增长了 17.6%。全年完成商品房销售面积 726.4 万平方米，同比下跌 0.5%，较 6 月份跌幅收窄 31.4 个百分点，其中商品住房 595.2 万平方米，同比增长 2.3%。根据市政府与各县市区政府签订的商品房销售面积目标责任书，大多数县市区均完成了商品房销售目标任务，其中鄞州、北仑、慈溪三地超额完成目标任务 10 万平方米以上。

【商品房新增供应增加较快】 2014 年全市商品房(包括住房、办公、商铺、车库车位)新增供应 142481 套，1163.13 万平方米。其中，商品住房新增供应 70620 套，833.28 万平方米。2014 年末，全市商品房可售面积(包括住房、办公、商铺、车库车位)增至 2314.88 万平方米，同比上升 22.17%。其中，全市商品住房可售量为 99054 套，1352.61 万平方米，可售面积同比上升 24.36%。

从全市分区域可售情况来看，商品住房可售面积总量超过 90 万平方米的区域有 6 个，分别为江北、鄞州、余姚、慈溪、象山、杭州湾，可售面积之和占全市可售面积总量的 71%。

【二手住房成交缓慢回升】 2014 年宁波市二手住房共登记 33348 套，308.25 万平方米，成交面积同比下降 28.57%，但从月度成交来看，2 月份以来二手住房市场成交量呈现缓慢上升的局面，特别是 7 月份以后，限购限贷政策的调整，二手住房市场出现小幅反弹。由于受二手住房税收政策的制约，成交仍在低位徘徊。

【商品住房价格降中趋稳】 12 月份宁波市新建商品住房价格指数同比涨幅为 −5.6%(年初为 +7.5%)，环比下跌 0.5%，同比涨幅在全国 70 个大中城市中排在第 56 位。年度新建住宅价格指数同比涨幅为 −0.8%(全省年度新建住宅价格指数同比涨幅为 −2.8%)，按同比涨幅排在全省第五位。对市区在售楼盘走访情况来看，8 月以来，随着成交量放大，价格总体呈现降中趋稳的态势，房地产开发企业销售策略从"以价换量"转变为"保持价格平稳"，很多楼盘仅推出小批量特价房源以聚集人气。

【金融支持房地产业的势头不减】 2014 年年末，房地产开发贷款余额 928.5 亿元，比年初增加

208.77 亿元，同比增长 28.76%，增速比上年末高 5.25 个百分点。从总量上保证了普通住房建设的资金需求。全年金融机构累计发放个人住房贷款 37014 笔，贷款金额 247.67 亿元，其中，首套房贷款笔数占全部个人住房贷款的 92.33%，首套房平均首付比例为 41.52%；分面积来看，借款人利用贷款所购住房面积在 140 平方米以下的占 87.31%，全市金融机构利率下浮的首套房贷款占比为 94.75%，辖内金融机构首套房贷款平均利率水平为基准利率的 0.92 倍。

【土地供应大幅减少】 随着房地产市场供需矛盾的增加，为了避免加剧矛盾，2014 年以来各级政府对供需矛盾突出的区块控制用地供应，其中镇海、慈溪、北仑建设用地供应分别下降 67%、67% 和 53%。全市住房、商服等市场性用地供应量分别为 1132.20 公顷、261.02 公顷，分别较上年同期下降 19%、53%。

【房地产税收总体平稳】 2014 年全市各类房地产税收 177.36 亿元，同比增长 3%。其中营业税、企业所得税、契税、个人所得税分别为 49 亿、20.4 亿、36.4 亿、5.5 亿元，分别同比下降 8.7%、0.5%、6.4%、8.3%。由于土地增值税清算加快，2014 年全市土地增值税收入为 50.7 亿元，同比增长 37%。

【房地产市场监管进一步加强】 2014 年，市住房城乡建设委员会会同市场监督局联合出台《关于进一步规范商品房预售行为的通知》，规范商品房广告宣传，对房地产开发企业在学区房宣传、楼盘信息公示、样板房标准、按揭活动、拨打营销电话等方面行为进行规范。进一步强化商品房预售款监管制度有效实施，市三区新核准预售许可的商品房项目全部落实监管银行，预售资金统一进入监管账号，按规定实施监管。加强房地产开发项目的动态管理，全市 667 个开发企业、843 个本地开发项目和 103 个本地企业赴外地开发项目的基本信息录入项目手册信息管理系统。强化房地产经纪市场监管。《宁波市房地产经纪机构备案管理办法》出台，自 3 月起，中心城区实施存量房网上签约工作全面启动，中心城区建立网签点 93 个，其中公共网签点 21 个。出台《关于进一步加强存量房交易资金托管服务工作的通知》，进一步保障存量房交易安全。

【房地产市场调控日趋完善】 根据 2014 年的房地产市场运行态势和国家有关部委"因城施策、一城一策"要求，宁波市及时调整限购等相关政策，取得了较好的效果。一是取消限购政策。经与住房

城乡建设部、浙江省住房城乡建设厅沟通，宁波市于7、8月对住房限购政策进行了调整，9月份正式在全市范围内取消住房限购。二是落实首套房政策。市住建、人行、银监等机构协同推进商业银行对个人住房按揭贷款支持，督促商业银行缩短放贷审批周期，优先满足居民家庭贷款购买首套普通自住房和改善型普通自住房的信贷需求。对已结清相应购房贷款的家庭，再次购买住房，则视为首套房享受商业贷款和公积金贷款优惠政策。三是加大公积金贷款支持力度。对高校毕业生购房，其住房公积金连续缴存时间从12个月缩短为3个月，贷款最高额度上浮20%。11月25日起，原在异地缴存住房公积金、在宁波市连续缴存不满6个月且已转移到宁波市缴存的职工，异地缴存时间可以合并计算。住房公积金个人住房贷款最高贷款额度可由现行80万元/户提高到90万元/户。

【第十九届住博会顺利举办】　第十九届中国宁波国际住宅产品博览会于10月31日至11月3日举行。此届住博会以"构筑现代都市·建设宜居城市"为主题，由宁波市人民政府、住房和城乡建设部住宅产业化发展中心（住房和城乡建设部住宅产业化促进中心）共同主办。

房屋征收

2014年，宁波市国有土地上计划征收项目为99个，建筑面积210.81万平方米。实际启动征收项目83个，建筑面积173.85万平方米，项目启动率84%，完成建筑面积149.18万平方米，综合完成率86%。其中，以"阳光征收"启动的项目63个，建筑面积128.48万平方米，占76%，比上年度提高12%；完成"阳光征收"项目40个，建筑面积110.54万平方米，住宅完成率超过96%。市级重点项目21个，基本完成14个，已启动未完成3个，另有4个项目未启动。共完成遗留项目13个，建筑面积23.86万平方米，完成率78%，其中拆迁遗留项目全面完成清零，征收遗留项目扫尾工作有序推进。

物业管理

【物业管理工作正式纳入市政府年度目标考核】根据市政府《关于进一步加强物业管理和扶持物业服务业发展的若干意见》文件精神，经市考核办核准，物业管理工作正式纳入市政府年度目标考核，考核对象为：余姚市、慈溪市、奉化市、宁海县、象山县、海曙区、江东区、江北区、镇海区、北仑区、鄞州区11个县（市）区。12月，经考核，海曙区、江东区、鄞州区、镇海区、北仑区、余姚市政府被评为优秀单位。

【3个物业管理项目获全国物业管理示范大厦称号】　在住房城乡建设部公布的"全国物业管理示范住宅小区（大厦、工业区）"名录中，宁波市恒隆中心、慈溪市浅水湾小区、梅山保税港区行政商务中心等3家物业管理项目获全国物业管理示范大厦称号。

【新增省级物业管理示范小区（大厦）8个】　2014年，住房城乡建设委员会大厦等8个项目获的浙江省物业管理示范小区（大厦）称号。

【物业专项维修资金管理资金管理进一步完善】　截止到2014年底，共396个小区，20万套房屋完成建账到户工作，共并轨资金11.5亿元。已办理交存维修资金的新建房屋项目99个，涉及房屋5.4万套，交存维修资金6.6亿元。截至2014年底，累计有488个老小区，28.04万套次房屋成功划拨了中修以下维修资金，累计划拨资金约2082.7万元；对不申请财政补贴的36个项目，涉及10711户房屋，划拨中修以上维修资金共计100.08万元。

【物业管理规模进一步扩大】　截至2014年底，宁波市共有物业管理企业402家，其中一级资质企业26家，二级资质企业35家，三级资质企业245家，暂定三级96家。管理项目达2365个，面积16146万平方米。全市全年经考评，获得2014年度宁波市物业管理示范小区（大厦）称号14个，宁波市物业管理优秀小区（大厦）称号13个。

【白蚁防治工作】　2014年，宁波市白蚁防治所共受理预防项目122个，预防面积628万平方米，收取预防费868万元。完成预防工程回访复查任务约81个，完成复查面积约62.31万平方米。上门服务435户，灭治面积1.85万平方米。继续做好白云山庄、西河小区等29个小区，建筑面积近200万平方米的白蚁危害综合治理任务，全面降低老小区白蚁危害率。

（宁波市住房和城乡建设委员会　撰稿人：胡荣亮）

厦 门 市

勘察设计

【概况】 2014 年，在厦门市承接业务的工程勘察设计企业 251 家，其中工程勘察企业 47 家(本地甲级 3 家、本地乙级 3 家、外地甲级 41 家)，工程设计企业 116 家(本地甲级 19 家、本地乙级 16 家、外地甲级 81 家)，市政设计企业 24 家(本地企业 5 家、外地企业 19 家)，专项设计企业 64 家(本地企业 31 家、外地企业 33 家)。勘察设计企业新申请资质 11 家，勘察设计企业资质升级 4 家，勘察设计企业资质延续 16 家，设计施工一体化企业资质申报 107 家，省外分支机构入闽定期备案 2 家，开具本市勘察设计企业赴外省承接业务诚信证明 52 家次，办理省外分支机构变更人员及场所 8 家。

【勘察设计专项整治】 2014 年，厦门市建设局在福建省住房和城乡建设厅统一部署下，结合厦门特点，以房屋建筑勘察设计质量专项治理为重点，开展勘察设计专项整治工作，检查勘察设计企业 65 家次，占 2014 年度在厦门承接企业总数的 30%，涵盖了勘察设计企业各类资质；检查 2014 年度各类工程设计项目总共 68 个，涵盖了各类工程设计项目；检查勘察项目 68 项，占 2014 年度工程勘察总项目的 12%。从勘察设计企业质量管理体系检查情况来看，本地规模较大的勘察设计单位管理较规范，内部质量管理体系建设较健全，运行良好；全市工程项目勘察、设计质量总体情况较好，基本能够较好地执行国家工程建设强制性标准；勘察设计市场运行基本正常，没有发现超越资质承接业务、违法分包或转包等情况，从业人员社保缴交符合规定；外地驻厦企业都能按照规定办理备案手续。但是，小规模的设计单位，特别是外地入闽的单项备案企业质量管理体系方面的问题比较突出，相当部分企业管理制度不健全，项目管理混乱；部分工程项目的施工图设计质量低下，校对、审核、审定形同虚设。至年底，厦门市建设局发出《责令改正通知书》共 37 份，约谈企业法人代表 6 人，约谈从业人员 4 人，发出《施工图审查监督检查意见书》3 份，对相关的违法行为进行行政处罚等行政处理，并向社会公示

和进行通报。

【抗震设防管理】 2014 年，厦门市建立首个防震减灾示范社区—万科湖心岛四期，推广应用建筑隔震技术。首次在厦门市安装隔振垫的建筑中(湖里区实验幼儿园教学楼)进行抗震性能试验。全市通过超限高层抗震专项审查项目 21 个，下达的抗震防灾科研计划项目 4 个。厦门市建设局修订并发布《厦门市建设系统地震应急预案》，印发《厦门市破坏性地震建筑震害应急评估指南》。

【初步设计技术论证】 2014 年，厦门市建设局主动靠前服务，发挥技术管理优势，提前介入轨道交通 2 号线一期工程、观音山广场等省、市重点建设工程项目，提供技术支持，服务项目建设，充分发挥了勘察设计在工程建设领域中的龙头作用，对控制工程造价、优化技术设计方案、保障工程质量等方面起到了积极作用，节约了大量前期工作时间，为深化设计顺利进行打下坚实基础，为厦门市建设工程尽早开工创造了条件。全年共组织建设项目初步设计审查技术论证 44 项，其中建筑工程 4 项、道路工程 13 项、桥梁隧道 23 项、市政工程 5 项。

【首届中国室内设计艺术周】 11 月 5～11 日，首届中国室内设计艺术周暨中国建筑学会室内设计分会(简称 CIID)第 24 届年会于在厦门举行，建设部原副部长宋春华、清华大学建筑学院学术委员会主任委员朱文一、中国建筑学会秘书长周畅及台湾诚品集团董事长吴清友、香港梁志天建筑师有限公司董事长梁志天等领导、专家、学者、著名设计师共一千多人莅临艺术周和年会。活动涵盖中国室内设计年度论坛、7 个主题论坛、14 个文化雅集、年度设计奖作品场内展、设计师创意场外展、年度设计大奖颁奖盛典等内容。

【文化创意和设计服务】 2014 年，厦门市建设局采取多项措施，推动文化创意和设计服务与相关产业融合发展，进一步提高城乡规划、建筑设计、园林设计和装饰设计水平，完善优化功能，提升文化品位：积极引入齐康院士、魏敦山院士、何镜堂院士及梁思成奖获得者柴裴义大师、刘景樑大师等两院院士以及国、内外其他知名设计大师参与厦门

的城市设计，提升厦门的城市品质。6月份，厦门市举办"凤凰木新力量2014·两岸空间艺术周"活动，展示两岸业界设计师、学生的设计风采，实现业界、学界人才和成果的对接，促进两岸设计行业交流，提高公众对设计艺术的认识。6家设计企业获得"厦门市2014～2015年度重点文化企业"称号。

【城市景观综合整治】 2014年，厦门市实施14个景观整治项目，完成投资3.26亿元，有效改善了城市道路两侧景观，美化了市容市貌。年内，新安路、祥平西路、西桥路、翔安高速路口、杏林高速路口、浔江路、银江路、杏滨路、杏前路景观整治工程竣工；集美新城环杏林湾岸线景观工程、沧林路、金湖路、厦门南站至北站铁路沿线栅栏内景观提升工程进入收尾阶段；海沧湾内湖公园景观提升工程按进度计划进行施工。

【城市无障碍设施建设】 2014年，厦门市建设局制定《关于进一步加强无障碍环境设施建设工作方案》，组织全市创建全国无障碍建设城市领导小组各成员单位开展回头看，查找无障碍设施建设存在问题和不足并进行整改，要求实现全市2010年以后的新建、改建、扩建项目无障碍设施建设率达100%，2010年以前城市既有道路、公共建筑无障碍设施改造率达80%以上。

【停车场建设管理】 4月1日起，《厦门经济特区机动车停车场管理条例》正式实施。2014年，厦门市开展4个公共停车场建设，完成投资总额约3500万元。同安双溪公园地下停车场、海沧湖市民公园配套停车场建设完成并投入使用，缓解了区域停车难问题；火车站南广场停车场基本完成地下室建设，蔡塘小学地下停车场完成主体建设。厦门市建设局牵头协调财政、物价、人防等部门，制定了关于鼓励厦门市公共停车场建设和加强停车场管理的相关实施细则，在火车站南广场停车场、蔡塘小学地下停车场项目引入社会资本，利用企业和社区资金投资建设停车场，丰富了厦门市公共停车场项目投资体制。开展《厦门市停车场建设发展规划》编制，研究制定厦门市停车总体发展策略、停车场供给体系及引导政策、社会公共停车场布局和规模，并于6月通过评审。

【城市节水管理】 2014年，厦门市对全市月用水量在600吨以上，特种行业月用水量在200吨以上的6148个用水户（表）下达并执行计划用水指标，比上年度增加13.43%。建立用水重点监控名录，首批将月用水量在3万吨（特种行业1万吨）以上的20家用水单位列入重点监控名录，加强对用水大户日常用水的监管和指导。全年完成用水单位水平衡测试考核172家，通过查堵漏水减少漏失水量达每日4294吨，采取节水改造措施取得日节水20053吨，合计日均节水24347吨。对未按规定开展水平衡测试且限期未整改的7家用水单位进行查处。市节水办举办用水管理和节水技术培训，共培训考核通过人员193人。复评的节水型企业（单位）共31家，新创建节水型企业（单位）25家。开展老旧小区居民家庭节水器具改造，完成水箱便器2000套节水配件改造。2014年2月11日，厦门市政府授予厦门市节水办"2013年度厦门市循环经济先进单位"称号。

村镇建设

【概况】 2014年，厦门市村镇建设工作围绕贯彻落实省市政府宜居环境建设行动计划部署要求，结合《美丽厦门战略规划》实施和厦（门）漳（州）泉（州）大都市区建设，统筹、协调全市宜居环境建设，持续推进美丽乡村建设、农村分散式生活污水治理和家园清洁行动，取得显著成效。

组织实施全市宜居环境建设项目263个，年度计划投资119.23亿元，实际完成投资145.41亿元，完成比例121.97%。建设美丽乡村，全力推动农村环境整治和农村经济发展，同安区顶村和翔安区小嶝村入选2014年度中国最美休闲乡村，海沧区洪塘村入选2014年度CCTV十大最美乡村，海沧区东孚镇西山村被省住建厅列为福建省美丽乡村建设典型；将农村污水处理设施建设与流域治理相结合，优先开展流域周边农村的污水治理工作，海沧区过芸溪基本完成上游的污水治理工作，河段水质由原来的劣V类变为Ⅲ类；建立健全农村环卫长效管理机制，实现保洁和考评的两个全覆盖，日均转运处理村庄垃圾104.4吨，海沧区和集美区被住房城乡建设部列为全国首批28个垃圾治理全覆盖区（县）。

【美丽乡村建设】 厦门市建设局制定《关于推进2014年美丽乡村建设的指导意见》，按照"布局美、环境美、建筑美、生活美"的四美要求，在村落保全前提下，围绕"整治裸房、垃圾处理、污水治理、村道硬化、村庄绿化"五项重点任务，以"三整治、三提升"为建设标准，分类开展整治建设。全年共安排开展87个村庄美丽乡村建设，打造海沧滨海景观带、南部生活区到东孚镇景观带和集美瑶山溪三条景观带，创建海沧示范区和东孚、灌口两个示范镇；全年完成投资25245亿元，新建集中污水处理设施22个、新建污水管网长度49.93千米、硬化村道长度46.9千米、硬化村道面积14.41

万平方米、新增乡村绿化面积 7.92 万平方米，完成 277 栋裸房整治、整治建筑面积 14.52 万平方米。建成海沧区院前社、寨后村西山社，集美区田头村、城内村，同安区顶村、军营、白交祠村，翔安区云头村、吕塘村等 9 个美丽乡村示范村。

【农村分散式污水治理】 2014 年，厦门市共开展 51 个村庄（自然村）农村分散式污水治理项目建设。厦门市建设局以流域治理为中心开展农村分散式生活污水治理工作，构建农村分散式污水治理的工作机制，制定出台《厦门市农村分散式污水治理工作实施方案》，明确工作目标、基本原则、工作内容和技术要求，坚持工程设施建设与运行维护管理并重；项目资金实行"以奖代补"，市级财政按照户籍人口 2000 元/人进行补助；协调明确处理排放标准和技术工艺，科学指导各区政府和项目参建单位组织项目建设；组织编制完成厦门市农村分散式污水治理通用图集。

【家园清洁行动】 2014 年，厦门市按照《爱我厦门家园清洁行动"211"行动方案》要求，以整治农村脏乱差为主，岛外 296 个村（居）全面开展家园清洁行动和植树绿化行动。采取奖惩并举措施，市级财安排 1500 万以奖代补专项资金，全年分三批对岛外 296 个村庄实施农村全覆盖考评，对于考评优秀、良好的村庄给予奖励，对于考评不合格的村庄给予处罚。重点清除各类垃圾，做好河道、沟渠、道路清理保洁工作，搞好房前屋后环境卫生和植树绿化；建立健全"河长制"，落实"包段责任制"、"巡查制"，形成"主要领导负总责、责任领导包干负责、具体责任人管具体"的监管保洁机制，有效破解"重建轻管"难题。

厦门岛外各区结合环卫设施布局规划、人口变化及垃圾产生量，积极开展农村环卫设施建设。集美区投入资金 2026 万元，建设 10 座三位一体清洁楼，对全区 36 座清洁楼全部安装监控系统，改造 19 座公厕，采购 1600 对果皮箱、1000 个全市统一规格的果皮箱内胆、2 部垃圾吊桶车、1 部扫路车、垃圾转运车 7 部、2 部洗扫车等；海沧区投入资金 757.89 万元，建设 4 座农村环卫工作站，完成农村公厕改造提升 9 座，启动建设 5 座农村钢结构公厕，购置 1 台农村垃圾转运服务的中转站勾臂车、3 个摆式连体垃圾压缩箱体、37 套密闭式垃圾转运箱体等；同安区投入资金 2525 万元，启动建设 16 座清洁楼，建设 61 座垃圾屋，配置 769 个垃圾桶、垃圾容器 1758 个，购置 120 辆保洁车等；翔安区投入资金 1665 万元，建设农村生活垃圾转运平台 43 座，投入垃圾收

集车辆 970 辆、果皮箱 12775 个、人力板车 400 辆、电动垃圾车 40 辆等。

物业管理

【概况】 截至 2014 年底，厦门市有物业管理资质企业 278 家，其中一级资质企业 21 家，二级资质企业 27 家，三级资质企业 202 家，暂定资质企业 28 家。实施物业管理小区 1527 个，约 20.51 万栋、48.8 万户。其中，住宅小区 794 个，高层楼宇 144 个，工业厂房（含商场）及其他 589 个。物业管理总建筑面积 9982.91 万平方米，其中住宅小区面积 6017.08 万平方米，高层楼宇面积 431 万平方米，工业厂房（含商场）及其他面积 3534.83 万平方米。全市住宅小区物业管理覆盖率 68.9%。被评为国家、省级、市级示范或优秀物业管理项目有 185 个，其中国家示范或优秀项目 38 个，省级示范或优秀项目 62 个，市级示范或优秀项目 85 个。全市物业服务企业上年度营业收入总额 25.27 亿元，上缴税收总额 1.83 亿元，企业利润总额 1.61 亿元。年内，厦门天地物业公司等 9 家取得国家二级资质，全年新办物业服务企业 24 家。截至年底，专项维修资金总额 27.75 亿元，新增专项维修资金总额 6.49 亿元，新增利息 12647.5 万元，全年划拨使用 1850.5 万元。

【老旧小区改造】 2014 年，厦门市开展 17 个老旧小区整治工作，计划投资 700 万元，实际完成约 1668 万元，完成全年目标的 238%。整治内容含对老旧小区进行道路平整，绿化补植或改造，雨、污管道改造，楼道刷白，公用事业管网整治，房屋单元电子防盗门和电子监控器的安装或改造，新增门岗设施等。

【完整社区创建】 2014 年，厦门市投资约 2600 万元，按照"六有五达标三完善"的要求，打造 6 个城市完整社区。"六有"即实现社区有一个综合服务站、一个卫生服务站、一个幼儿园、一片室外活动场地、一套完善的市政设施、一套便捷的慢行系统；"五达标"即社区外观整治达标、公园绿地达标、道路建设达标、市政管理达标、环境卫生达标；"三完善"即组织队伍完善、社区服务完善、共建机制完善。年内，思明区后江社区、前埔北社区、海沧区海虹社区、湖里区金尚社区、翔安区滨安社区已完工；同安区陆丰社区正在施工。

【市级物业管理示范项目创建】 1 月，厦门市建设局结合"美丽厦门 共同缔造"精神，发动各物业服务企业开展市级示范项目的创建工作。在项目申报要求中，特别增加"协同社区居委会或配合业主

委员会发动业主，共同缔造美好环境与和谐小区，积极参与房前屋后整治等宜居环境建设"等条款，鼓励物业服务企业积极投身美丽社区共同缔造行动中。7月11日，厦门市建设局通报2014年市级物业管理示范项目考评结果，授予联发滨海名居等11个项目为"2014年度厦门市物业管理示范项目"称号。

【物业服务规范化水平提升】 2014年，厦门市建设局先后印发《加强物业服务区域内窨井盖安全管理的通知》《加强物业管理区域内游泳池管理工作的通知》《物业行业各方主体行为规范》《关于规范物业服务公示标牌管理的通知》等重要文件，配合市政府制订《厦门市物业服务收费管理办法》规章，组织制订"日常专项维修资金管理"专章，进一步建立健全物业小区管理各项规章制度。

【老旧住宅加装电梯】 2014年，厦门市继续开展老旧住宅加装电梯工作。全年共办理旧宅加装电梯115台，财政补贴约1800万元。

【"物业十佳"评选】 9~11月，厦门市建设局联合厦门日报社开展"建行杯"第三届物业十佳评选活动。评选活动紧扣"美丽厦门·共同缔造"要求，宣传发动物业小区各方主体和广大市民积极参与美丽社区建设。厦门日报社先后刊登近20组专题报道，市建设局组织召开两场"美丽物业小区共同缔造"专题座谈会，业主委员会、街道办事处、社区居委会和物业服务员工代表畅谈体会或经验；通过微信、报纸等方式让市民积极参与投票活动，参与人数达近百万人次。评选活动期间，市建设局组织46名专家实地检查或考评250多个小区，对存在安全隐患或管理缺陷的52个项目发出责令整改函，截至年底，45个项目完成整改或制定整改计划。最终评出思明区爱琴海等"十佳美丽物业小区"和厦门海投物业有限公司等"十佳物业服务企业"各10名。

建筑废土管理

【概况】 2014年，厦门市通过构建渣土管控平台，加强车辆、驾驶人、运输行业、驾驶人从业资格及工地源头管理，开展专项检查，出台部门联合管控政策等办法，进一步加强建筑废土砂石综合管理，渣土车交通事故呈下降趋势，扬尘污染得到遏制。9月3日，福建省全省渣土办主任会议在厦门召开，会议对厦门市渣土车整治工作取得的阶段性成效给予充分肯定。

【渣土管控平台投入运行】 4月，厦门市建筑废土砂石综合管控平台投入试运行，该平台包括目录管理、联合审批、动态监管、监督考评、教育培训、交流互动六大功能模块，经过不断完善，至年底管控平台六大功能模块已发挥功效。通过平台实时监控，渣土车行驶轨迹、超速、不按指定路线、区域和时间行驶等行为在平台里一览无余，为各职能部门执法查处提供信息资源，有效、快速查处渣土车违法行为；通过平台实时监控，限定速度，及时提醒，有效预防道路交通安全事故的发生；通过平台回放轨迹，遏制车辆道路污染和乱堆乱倒的行为。全市建筑废土处置许可、运输企业、消纳场信息同步公示于平台，实现信息共享。

年底，厦门全市已安装北斗卫星定位系统的渣土车716辆，纳入管控平台目录库管理的运输企业有36家，渣土车592辆，其中思明区5家47辆，湖里区15家278辆，集美区6家148辆，海沧区2家51辆，同安区4家37辆，翔安区4家31辆。全市所有建筑废土处置证的办理工作从管控平台进行申报登记621件，信息公开公示1010件。

【渣土车专项整治】 5月，厦门市渣土办发布《关于开展渣土车专项执法检查的通知》，部署各成员单位、各区渣土办开展渣土车专项执法检查。根据部署，厦门市建设局对全市在建房屋建筑和市政基础设施工程、地铁工程实施为期半年的专项执法检查，查处建设施工单位使用非目录库的企业和车辆进行违规运输的25起、查处未落实净车上路的39起、查处未落实文明施工措施造成砂土扬尘污染的30起，发现有115部非目录库车辆进行渣土运输，对涉及建筑废土管理措施不落实的施工单位、监理单位记不良行为记录52次，对99名建造师、总监理工程师共记分715分；厦门市公安局查处渣土车加宽、加高、加长货厢栏板6起，查处不按规定安装安全防护装置20起，查处车身未装反光标识62起，查处超载70起，查处的运输车辆涉及全市48个工地、砂场、石场或填海造地项目；厦门市城市管理行政执法局5月份以来共检查建筑工地1200多家次，立案查处未经核准处置建筑废土、未办理或未携带建筑废土登记凭证等违法行为78起处罚金额39.22万元，查处粉尘及路面污染的违法行为11起，处罚金额9.815万元；市交通运输局查处无道路运输证1起，罚款7000元，查处驾驶人未取得从业资格证4起，罚款4500元，查处超限运输40起，罚款146200元，查处污染公路61起，罚款56100元。

10月1~20日，厦门市渣土办开展为期20天的深化渣土车专项整治行动。专项行动期间，厦门市渣土办牵头组织厦门市建设局、厦门市公安局及交警支队、厦门市交通局、厦门市执法局组成的联合执法检查组开展了 6 次突击整治行动，对厦门市重点路段、重点区域针对渣土车的各类违法违规行为开展综合治理，查扣渣土车 17 部。厦门市建设局检查工地 165 家，约谈施工企业 25 家，对 23 个存在渣土污染的工地发出责令整改单。厦门市公安局查处违法渣土车 569 辆次，查处渣土车各类交通违法行为 1022 起，其中涉及非法改装、超载、不按规定安装安全防护装置等七类重点违法行为 518 起。厦门市执法局检查建筑工地 80 家次，纠正建筑工地不文明行为 56 次。厦门市国土房产局约谈同安、翔安区露天开采石材的矿山负责人。

建筑业

【概况】 2014 年，厦门市新成立建筑业企业 108 家，其中总承包 27 家，专业承包 27 家，劳务分包 11 家，设计施工一体化 43 家。截至年末有建筑业企业 914 家，其中施工总承包 273 家，专业承包 284 家，设计施工一体化 210 家，劳务分包 147 家。建筑业企业由二级升一级的有 16 家企业 22 项资质，由三级升二级的有 20 家企业 31 项资质。非本市注册在厦备案的企业有 381 家，其中总承包 309 家，专业承包 58 家，设计施工一体化 14 家。注册地在厦门的建筑业企业完成总产值 881.92 亿元，同比增长 18.86%。共有 120 多家企业到省外拓展业务，在省外完成产值 240.80 亿元，同比增长 35.33%。

2014 年，厦门市在建工程项目 1114 个，建筑面积 4663 万平方米，总造价 1033 亿元。全市共有 345 个项目获得市级结构优质工程，148 个项目获得"鼓浪杯"市优质工程，34 个项目通过"闽江杯"省优评审会评审；1 个项目获评"鲁班奖"（国家优质工程），4 个项目获评全国"AAA 级安全文明标准化诚信工地"。全市在建工地累计发生一般安全生产事故 4 起，死亡 3 人，全年建设系统企业、单位及在建工地未发生亡人火灾事故；未发生工程质量事故，建设工程质量安全生产工作稳定趋好，福建省住建厅授予厦门市建设局"2014 年度建设工程质量安全目标责任制先进单位"。

【工程招投标管理和服务】 2014 年，厦门市继续在房屋建筑工程全面实施电子投标，全年共有 220 个房屋建筑和市政基础设施施工项目采用电子招投标方式进行招标，其中 1000 万元以上 130 个，1000 万元以下的 90 个，同时，完成园林绿化施工招标项目的系统研发工作，并在 10 月 13～20 日期间对园林绿化施工招标项目的系统进行上线运行前的全流程测试，确保园林绿化施工项目电子投标顺利实施。全面推行"创优工程"与招标投标挂钩办法，鼓励施工单位增强质量意识，确保工程质量，争创优质工程。年底，厦门市建设局印发《厦门市建设工程小项目施工简易招标投标指导办法》，进一步健全厦门市建设工程施工招标投标制度，推进源头防腐工作；投标人不用再提交施工组织设计或施工方案，评标委员会也不再评审该内容，加快了评标速度；调整中标候选人及排序的抽取时间，评委完成评标工作后即随机抽取中标候选人，提高小项目施工招标投标效率。

【拖欠工程款清理】 2014 年，厦门市清理建设领域拖欠工程款办公室共接听施工企业、项目部、工人的电话咨询 257 次（含少部分投诉件），接待来访咨询、投诉 497 人次，与厦门市信访、劳动监察等部门配合处理各项工程欠薪纠纷 22 起，涉及 580 多人。对可能存在纠纷隐患的项目有针对性地进行摸底排查和清欠协调工作。新增受理投诉 57 件，涉及拖欠工程款金额 4059.03 万元（企业自报数额），期间协调解决 42 件，双方达成共识阶段性解决 12 件。实际解决被拖欠工程款 2343.53 万元，发放农民工工资 2058.53 万元，为维护社会稳定发挥积极作用。

【工程担保试点】 厦门市从 2003 年开始推行工程担保制度，2005 年被建设部列为全国 7 个工程担保试点城市之一。该项制度推行几年来，起到了降低工程风险，规范建筑市场，防止拖欠工程款现象发生的作用。2014 年，厦门市有 12 家工程担保公司通过备案，市建设工程造价管理站共受理各类保函收件 1305 件，续保收件 4 件，涉及合同金额 491.46 亿元，总担保金额 73.18 亿元，风险准备金 2189.72 万元，其中专业担保公司开具的保函 911 件，担保金额 39.35 亿元，占总担保金额的 53.90%；银行开具的保函 392 件，担保金额 33.66 亿元，占总担保金额的 46.10%。共受理各类保函取件 982 件。市建设局印发《关于进一步规范工程担保保证金管理有关指导意见的通知》，要求各专业担保公司应当与被保证人签订书面保证金质押合同，工程担保保证金专用账户应当有表明该账户资金性质的标识，做到专户专用，每笔保证金应当与担保合同形成一一对应。

【工程建设领域突出问题专项整治】 8 月，根据福建省、厦门市有关开展工程建设领域突出问题专项整治工作部署要求，厦门市建设局开展房屋建筑与市政基础设施工程治理整改，重点对 2012 年以来立项、在建、竣工的使用政府投资和国有资金的 323

个项目(投资总额在 3000 万元及以上)存在问题进行自查、整改。

【建筑劳务管理】 2014 年,厦门市组织开展创建 2014 年度建筑工地农民工业余学校示范校活动,至年底共有 9 所学校通过考核。组织开展建筑劳务一体化试点工作,3 家劳务企业列入一体化试点企业名录。开展建筑农民工岗前培训和技能提升培训,全市共完成 9618 名建筑农民工岗前培训和技能提升培训,其中岗前培训 8600 人,技能提升培训已获职业资格证书的 1018 人,其中初级工 453 人,中级工 299 人,高级工 266 人。开展关爱农民工活动,组织春节慰问和暑期高温慰问活动,发放慰问品 39986 份。

【建设工程质量安全巡查】 2014 年,厦门市建设局、市建设工程质量安全监督站累计巡查工程项目 1712 个/次,发出责令整改通知书 1605 份,排查一般安全隐患 7737 条/次,通报批评参建单位 577 家/次,对 649 家企业记录不良行为记录,集体约谈巡查中被记录不良行为的企业负责人 51 次 777 人,共对 1012 名建造师记 9815 分,对 980 名总监理工程师记 9560 分,有效提高了参建企业对工程质量安全管理主体责任的履职意识。

【安全生产专项整治】 2014 年,厦门市开展了建筑施工模板工程质量安全专项整治、建筑起重机械一体化企业专项检查、汛期安全大检查、火灾隐患排查整治及清剿火患工作、事故单位在建工程安全隐患检查等各类安全专项整治,市、区工程监督机构共检查工地 308 个,其中发现模板工程相关隐患并责令整改的工地 163 个,对 17 个项目发出责令改正(局部停工)通知单。

【地铁工程安全生产监管】 2014 年,厦门市建设局成立轨道交通质量安全专家督导组,由局领导担任组长,深入现场了解和指导站点施工、管片生产和盾构掘进的质量安全工作;成立厦门市轨道交通项目安全服务专家组,每周一次邀请专家组协助监督巡查工作,对工程的工程质量和安全进行有效的监控。全年组织科级和站级巡查共 60 余次,监督取样检测 12 次、33 组,对施工现场的质量与安全文明施工方面存在问题共发出责令整改通知书 60 份,约谈各参建单位 7 次,对施工、监理企业给予不良行为记录各 5 次,项目经理和总监给予违规扣分处理各 20 次、160 分。11 月,住房城乡建设部工程质量安全监管司检查组实地察看了厦门地铁 1 号线莲花路口站及园博苑站的施工现场,充分肯定了厦门轨道交通工程质量安全管理工作。11 月 21 日,在全国城市轨道交通工程质量安全联络员会议上,厦门市代表与全国地铁建设单位交流轨道交通工程质量安全工作,厦门地铁建设经验将在全国推广。2014 年 11 月 25 日出版的《厦门日报》刊文《地铁建设"厦门经验"将在全国推广》,报道了厦门市地铁工程质量安全管理工作。

【"安全生产月"与"质量月"活动】 6 月,厦门市建设系统开展了以"强化红线意识,促进安全发展"为主题的"安全生产月"活动。厦门市建设局和市安监局、市人社局、市总工会共同举办安全员岗位技能竞赛、建筑架子工岗位技能竞赛、建筑电工岗位技能竞赛、事故灾难应急救援演练暨竞赛、安全生产辩论赛等五项面向一线职工的安全生产竞赛,进一步提高企业的安全生产管理水平和职工的安全生产意识。

9 月,厦门市建设系统开展以"推动'三个转变',建设质量强国"为主题的"质量月"活动。厦门市建设局与厦门市总工会、人社局、安监局共同举办油漆工岗位技能竞赛和工程测量技术岗位技能竞赛等两项重大赛事活动,通过开展职工岗位技能竞赛,进一步提高广大建筑职工的质量意识和岗位技能水平。

【推动建设技术进步】 2014 年,厦门市建设局发布省、市建设工程地方标准计划项目 19 项,修订省、市建设工程地方标准计划项目 10 项,目完成 8 项省、市标准验收,通过企业标准备案 3 项;组织申报省级工法 27 项、建筑业十项新技术应用示范工程 12 个、科技示范工程 4 个,完成 10 项建筑业十项新技术应用示范工程项目验收。厦门市建设局组织编制的《厦门市住宅工程质量常见问题防治若干技术措施》被福建省住建厅作为全省防治工作的蓝本,直接转发全省要求各地市参照执行。

【启动建筑产业现代化】 9 月 5 日,厦门市通过住房城乡建设部组织的专家评审,正式获批成为全国第七个、福建省第一个"国家住宅产业现代化综合试点城市"。10 月 21 日,厦门市率先在全省发布《厦门市新型建筑工业化实施方案》,该方案作为厦门市发展新型建筑工业化、促进建筑业调整升级的指导性文件,在福建省首次系统性地提出了推进新型建筑工业化的原则、目标、十条措施,明确了新型建筑工业化发展的途径,将为福建省建筑业发展提供有益参考。厦门市计划从海沧划出 2.1 平方公里用于建设"建筑产业现代化示范园区",并先期从海沧生物医药园区拿出的一栋 1.6 万平方米通用厂房,作为第一批建筑产业现代化试点项目。

【建筑材料管理】 2014 年，厦门市建设局征收墙改基金项目 393 个，征收基金 1.51 亿元，返退项目 329 个，返退金额 0.73 亿元，受理建设工程材料备案与监督年检件 74 件，受理建设工程材料备案与监督年检 74 件，组织 4 批共计 74 种建筑节能产品、49 种新型墙体材料认定；积极配合全市"两违"治理，要求建材企业不得向"两违"项目提供建材材料。

【建筑节能管理】 2014 年，厦门市建设局办理民用建筑设计方案节能审查项目 104 件，办理建筑节能工程质量专项验收备案项目 329 件，完成民用建筑能效测评项目 72 个。完成 402 栋国家机关办公建筑和大型公共建筑能耗调查分析，并在统计样本中选取 25 栋重点用能建筑实施能源审计，编制审计报告。编制完成《厦门市公共建筑节能改造实施方案》，为厦门市筹备申报全国公共建筑节能改造重点城市制定前期条件。

【绿色建筑】 1 月 16 日，厦门市印发《厦门市绿色建筑行动实施方案》，率先在福建省提出：从 2014 年 1 月 1 日起，全市新获得建设用地的民用建筑、翻改建的民用建筑（个人危旧房改造除外）全面执行绿色建筑标准；新获得建设用地的商品住宅项目全部推行一次装修到位，全市新获商品住宅用地项目必须按一次性装修到位的标准进行建设，并配备餐厨垃圾处理系统。从 2016 年 1 月 1 日起办理施工许可证的所有存量土地的民用建筑项目，必须全面执行绿色建筑标准；加大政策激励，在国家激励政策的基础上，进一步加大财政支持力度，首次提出返还购房者部分契税，引导绿色建筑发展。到 2016 年，厦门市将实现 100% 新建建筑均为星级绿色建筑。

2014 年，厦门市有 20 个项目被列为福建省绿色建筑行动百项重点示范工程，计划总投资 209.1 亿元，截至年底累计完成投资 110.4 亿，完成投资量过半；全市新增 6 个绿色建筑项目，总建筑面积 90.7 万平方米。组织编制了《福建省绿色建筑评价标准》（DBJ/T13-118-2014）、参编《福建省绿色建筑设计规范》（（DBJ/T13-197-2014）），同时委托厦门市规划院编制《厦门市绿色建筑专项规划》，为土地招拍挂出让规划条件中确定绿色建筑建设要求提供依据。

【可再生能源建筑应用】 2014 年，厦门市下达第一批可再生能源建筑应用示范项目 4 个，分别为：东南国际航运中心总部大厦海水源热泵建筑应用示范项目；厦门大学翔安校区汉语国际推广南方基地

学生公寓、学生公寓东组团和游泳馆的三个太阳能光热建筑一体化项目，财政补助资金 2197.225 万元。全年组织实施可再生能源建筑应用面积 85.8 万平方米。

【开展预拌商品混凝土绿色生产管理】 2014 年，厦门市建设局下发通知，在福建省率先全面实施预拌混凝土绿色生产管理，并对全市 23 家预拌混凝土企业全面实施绿色生产管理、定期监测，对逾期不达标的搅拌站依法予以停产整改。组织编制适合厦门市实际的实施细则，对企业开展技术培训，组织专家对各混凝土搅拌站绿色生产计划进行评审咨询和现场技术指导，年底，开展预拌混凝土绿色生产管理实施结果分级评价，评价结果表明厦门市预拌混凝土绿色生产已初见成效。

房地产开发

【概况】 2014 年，厦门市房地产开发投资企业 280 家，在建项目 317 个，完成房地产开发总投资 704.06 亿元，比增 32.4%。在房地产开发投资结构中，建安工程投资 461.89 亿元，同比增长 15.73%，占总投资的 65.6%；土地购置费 242.17 亿元，同比增长 82.5%，占总投资的 34.4%。其中：岛内投资 251.62 亿元占比 35.74%，岛外投资 452.44 亿元占比 64.26%。在房地产完成投资的物业类型中，住宅完成投资 384.62 亿元比增 26.4%，占总投资的 54.63%；办公楼完成投资 92.56 亿元比增 32.3%，占总投资的 13.15%；商业营业用房完成投资 79.36 亿元比增 37.8%，占总投资的 11.27%；其他完成投资（包括车库和厂房）147.52 亿元比增 37.8%，占总投资的 20.95%。

全市商品房新开工面积 739.58 万平方米，同比增长 7.3%。其中：岛内商品房新开工面积为 248.35 万平方米，占 33.58%；岛外商品房新开工面积为 491.23 万平方米，占 66.42%。全市商品房竣工面积 579.36 万平方米，同比增长 68.5%。其中：岛内商品房竣工面积为 136.16 万平方米，占 23.5%；岛外商品房竣工面积 443.2 万平方米，占 76.5%。全市商品房在建面积 3640.5 万平方米。岛内商品房在建面积 1299.6 万平方米，占 35.7%；岛外商品房在建面积 2340.9 万平方米，占总在建面积的 64.3%。

【第十届中国厦门人居环境展示会】 11 月 15～18 日，第十届中国厦门人居环境展示会暨中国（厦门）国际建筑节能博览会在厦门国际会展中心顺利举办。围绕节俭办展、市场化办展和突出展会实效"三大原则"，以"智慧人居·美丽厦门"为主题，

由人居环境馆、数字家庭馆、厦门国际建筑节能博览会、海西精品人居项目展览馆、厦门绿色交通展览馆、地产专业服务展览馆等六大部分构成,集中展示了"美丽厦门"战略规划、厦门智能交通与管理成就、数字家庭生活、三维地铁、智能停车、智能交通管理设备等内容。共有参展单位近200家,展示面积超过4.5万平方米,参观人居展和参加各项活动的嘉宾和观众约30万人次。展览规模、布展规格、观展人数均创历届之最。

保障性安居工程

【概况】 2014年,福建省政府下达给厦门市保障性安居工程建设任务4895套,基本建成13001套/间。至年底,全市建设(筹集)保障性安居工程房源5040套,占年度建设任务的102.96%;基本建成保障性安居工程房源13001套/间,占年度目标任务的100%;累计完成投资28.84亿元,占年度计划投资112.13%。

厦门市建设局共受理保障性住房申请565户(2月12日起暂停受理申请),审核申请材料约1.5万户,经审核公示14652户,组织安排14242申请户选房,实际选房12729户,新交房入住4449户,实现保障性租赁房租金收入1.38亿元;通过实施监管、自主申报退出等方式收回保障性住房173套。

【保障房条例修订】 1月10日,《厦门市社会保障性住房管理条例》修正案经厦门市政府第43次常务会研究同意后,提请市人大审议。6月25日经市人大二审通过,提请省人大审议。经省人大批准,8月7日《厦门市社会保障性住房管理条例》修正案稿正式公布实施。新条例取消了原轮候登记号的规定,按号排队的"大轮候"变成按批次等待的"小轮候",保障房的申请由原来向社区居委会提出申请改为向街道办事处(镇人民政府)提出申请,同时取消"通过购买商品房取得本市户籍的,不得申请社会保障性住房"限制,放宽到满十五年即可申请。

【保障性安居工程审计】 2014年,国家审计署委托市审计局对厦门市2013年保障性安居工程建设、管理情况进行审计,市建设局积极协调各区、项目建设(代建)单位认真做好各项迎检工作,及时收集、整理、提供所需材料和数据,顺利完成审计迎检工作,审计报告对厦门市保障性安居工程住房建设工作给予肯定。

【存量保障房申请户选房分配】 为配合《厦门市社会保障性住房管理条例》修正案的实施,9月,根据厦门市政府要求务必于2014年底前完成1.4万户存量保障房申请户(已按旧条例申请未分配的保障房申请户)的选房分配工作,为此,厦门市建设局及时制定周密的存量保障房审核分配计划,采用"现房+期房"的方式筹集房源并安排选房,市住房保障管理中心从10月14日至12月24日,开展长达43天的选房工作,累计完成存量保障性租赁房、经济适用住房、保障性商品房申请户选房分配10230套。

【棚户区改造】 2014年,厦门市建设局编制完成2014～2017年全市棚户区改造规划和年度计划,确定2014年至2017年全市完成棚户区改造10000户,建筑面积340万平方米(含非住宅);共需棚户区改造安置用房16000套,建筑面积170万平方米。重点开展后埔—枋湖片区棚户区(枋湖村及部分薛岭村改造)改造,改造范围占地14.8万平方米,安置建筑面积24万平方米,涉及拆迁530户(1670人)。

大事记

1月

16日 厦门市印发《厦门市绿色建筑行动实施方案》,率先在全省提出从2014年1月1日起,全市新获得建设用地的民用建筑、翻改建的民用建筑(个人危旧房改造除外)全面执行绿色建筑标准。

3月

1日 厦门火车站正式停止使用,开始实施改扩建工程。

4月

1日 《厦门经济特区机动车停车场管理条例》正式实施。

同日 厦门市建筑废土砂石综合管控平台投入试运行,该平台包括目录管理、联合审批、动态监管、监督考评、教育培训、交流互动六大功能模块,可为各职能部门执法查处提供信息资源,有效、快速查处渣土车违法行为。

5月

7日 厦门市仙岳路成功大道开始立交改造。该工程对完善厦门岛内路网,增强仙岳路及成功大道之间的交通转换效率,缓解岛内轨道交通和第二西通道建设给厦门市区带来的交通压力具有重要意义。

6月

8日 厦门轨道交通1号线的首台盾构机"成功号"在诚毅广场站首发,标志着厦门地铁的建设进入新阶段,正式开展隧道的挖掘施工。

8月

7日 《厦门市社会保障性住房管理条例》修正

案经福建省人大批准，正式公布实施。

9月

5日 厦门市通过住房城乡建设部组织的专家评审，正式获批成为全国第七个、全省第一个"国家住宅产业现代化综合试点城市"。

10月

14日至12月24日 厦门市开展存量保障性租赁房、经济适用住房、保障性商品房申请户选房分配10230套。

21日 厦门市率先在福建省发布《厦门市新型建筑工业化实施方案》，该方案在全省首次系统提出推进新型建筑工业化的原则、目标、十条措施，明确了新型建筑工业化发展的途径。

22日 住房和城乡建设部副部长王宁、建筑节能与科技司司长杨榕等巡查组一行，到厦门市检查指导保障性住房、绿色建筑和住宅产业现代化工作。

11月

5～11日，首届中国室内设计艺术周暨中国建筑学会室内设计分会（简称CIID）第24届年会于在厦门举行。

15～18日 第十届中国厦门人居环境展示会暨中国（厦门）国际建筑节能博览会在厦门国际会展中心顺利举办。

12月

25日 福建省市政基础设施工程标准化施工观摩会在厦门市召开，观摩会项目为翔安西路（翔安南路—翔安东路段）道路工程。

（厦门市建设局）

深 圳 市

城市规划

【概况】 2014年，深圳市继续深化改革，围绕建立新型的规划、国土、生态、行政制度体系，精心谋划城市发展，加快重点片区规划建设，创新公共空间建设，更加注重生态环境保护。在构建与深度城市化和存量土地开发相适应的新型规划管理制度的同时，优化了法定图则编制技术和审批流程，建立了基本生态控制线联席会制度，开展了一批与社会建设空间策略研究相关的统筹性、前瞻性规划工作。

【宏观规划与计划】 2014年，充分发挥"三规合一"对城市发展、土地利用的先导作用与统筹作用，有效解决了中心城区一批重大项目、民生基础配套设施的落地问题。包括深圳湾超级总部基地、大空港地区综合规划在内的重大项目，共计1.02平方公里，于7月获得国土资源部批复。此外，通过定期开展土地利用总体规划个案调整审查工作，批准了29个土地利用总体规划调整方案，其中涉及民生设施的项目达20个。积极优化土地利用总体规划实施机制，开展了《土地利用总体规划实施操作指引》修订工作，进一步简化程序，提高效率。

【区域规划与合作】 2014年，深化边界地区的规划统筹功能，完成了深莞惠三市规划合作平台的建设实施方案，确定了项目的数据标准、共享系统、数据整理及协调机制等建设内容。与香港合作推进河套及周边地区开发的规划研究，就该片区的发展定位、开发模式等问题达成了共识，该课题已纳入市委市政府2014年重点调研课题。开展援建新疆喀什规划编制工作，完成《喀什市城市总体规划（2010～2030）》全部成果，在获新疆维吾尔自治区批复的基础上，按援疆计划要求完成了《喀什市新城规划及城市设计》，并获喀什地委审批通过。

【专项规划研究】 2014年，促进无障碍设施的改造与建设，印发了《关于印发〈深圳市建设项目无障碍设施改造办法〉的通知》，填补了深圳市在已建各类建设项目中无障碍设施改造管理上的空白。推动了《深圳市既有住宅加装电梯实施意见》的实施，主动跟踪服务老旧住宅加装电梯工程项目，为小业主规划报建工作提供具体指导。截至年底，全市共有6个加装电梯工程项目已完成设计方案的审查工作。

【法定图则】 截至11月，召开法定图则委员会会议9次，审批通过法定图则7项、法定图则局部修改37项。组织对13个重点片区中的华为科技城、坪山中心区、凤凰城等，开展法定图则编制（修编）工作。为适应新常态，提高法定图则审批效率、完善法定图则的编制水平，深圳市对法定图则的审批权限与流程、编制技术与表达、规划实施与日常个案修改管理等事项进行了优化和完善，拟形成"1+3"文件体系成果，即"《法定图则编制管理规定》+《法定图则审批操作规程》、《深圳市法定图则编制技术指引》、《城市规划"一张图"管理规定》"，这些规定已陆续在全市发布试行。

【交通规划】 2014年，组织完成《赣深铁路深圳段交通详细规划》、《深圳市货运交通专项规划研究》、《深圳市二线关口公交场站及公交线路优化调整方案研究》等项目。同时完成了《港城协调下的港口发展策略及近期港后交通配套设施布局规划》的初步方案与《大空港地区道路交通详细规划》的招标工作，并稳步推动了《深惠城际线深圳段交通详细规划》的编制工作。此外，大力推进交通仿真二期系统建设，力争将仿真系统建成适合规划国土业务需求的决策支持平台。《深圳交通仿真系统信息采集及服务扩展项目》于11月13日进行了系统终验，专家组认为该项目在动态交通数据与土地利用数据的有机结合、规划编制和规划管理的业务流程再造、跨部门的数据分析共享和应用等三方面具有创新性，肯定相关成果已达到国际先进水平。

【市政规划】 2014年，组织编制《深圳市移动通信基站详细规划》，开展《深圳市天然气电厂布局研究》，完成《深圳市加油(气)站系统布局规划修编及规划选址》的编制工作，完成2014年黄线、蓝线规划动态更新及市政管线"一张图"的规划数据整合。组织编制《深圳市地下管线普查工作方案》(报审稿)，初步明确了普查的任务分工、时间节点和机构设置，设定"地下管线建设与管理"2014年度指标考核标准操作规程，完成了《地下管线管理工作指标考评标准操作规程》初稿，为落实地下管线管理考核工作奠定基础。完成《深圳市排水(雨水)防涝综合规划》的编制工作。对新增重大危险源进行了橙线补充划定。

【城市与建筑设计】 2014年，《深圳湾超级总部基地控制性详细规划》，经市政府五届105次常务会审议通过。组织开展深圳湾"超级城市"国际竞赛活动，吸引了124家国内外知名设计机构和个人参赛。活动提出具有丰富想象力及创造性的未来城市建设概念，提升了片区的公众关注度及国际知名度，凸显了深圳在全球的影响力。活动成果形成《深圳湾云城市——国际竞赛作品集》出版。根据深圳市建筑设计招投标的实际情况，加快推进建立建筑设计招投标管理规则平台的工作，拟定《关于优化建筑工程方案设计招标范围的通知》，并于5月30日发布施行。依托"趣城"核心主题，项目聘请国内知名专家，开展《趣城·美丽都市计划2013～2014年实施方案-趣城·盐田》的设计工作，形成了艺术装置、小品构筑、景观场所三大类计划，共计50个小项目。

【地名管理及历史文化保护】 2013年至2014年期间，以全国第二次地名普查为契机，进一步开展了1：1000比例尺的地名普查二期工作。本次地名普查共完成了全市1：1000各类人文地理实体和自然地理实体的地名信息调查，调查对象涵盖11大类35小类，调查内容包括地名的基本信息和属性信息。据此开发的地名数据库和管理平台——《深圳市地名管理信息系统》，已于2014年9月份上线试运行。为解决深圳市累积的道路桥梁无名、重名、名称不规范等问题，从2013年5月开始，在次干道以上路桥梳理工作的基础上，开展了次干道以下现状道路桥梁名称梳理规划工作，组织编制了《深圳市现状道路桥梁(次干路以下等级)名称梳理规划(草案)》。

【"三旧"改造】 2014年，深圳市审批了4批次52项更新单元计划项目，涉及用地面积368公顷，已审批通过城市更新单元规划30项，涉及拆除用地面积约219公顷，土地贡献约58公顷，规划总开发建设用地面积约158公顷，总建筑面积869万平方米，其中保障性住房约36万平方米，创新型产业用房约15万平方米。通过更新单元，还规划落实了中小学校6所、幼儿园17所、社区健康服务中心15处、公交首末站21处。为不断完善城市更新配套政策，《关于加强和改进城市更新工作的暂行措施》于5月出台，进一步深化城市更新用地处置，完善城市更新地价体系，强化城市更新实施管理，鼓励旧工业区实施以综合整治为主的城市更新，明确原特区内小地块城市更新政策。全市首批5个旧工业区综合整治试点项目进入实施阶段，其中葵涌印染厂项目已基本完成，较场尾片区综合整治更新改造已完成并投入使用。截至11月底，全市城市更新项目新增签订土地合同57项，已完成用地供应160.3公顷，实收地价总金额110.55亿元，目前在建城市更新项目100个，涉及用地约781公顷，全市在建项目及部分前期投资项目已完成城市更新投资约357.6亿元。完成了《深圳市城市更新拆迁补偿机制研究》、《深圳市构建城市更新利益共享机制政策研究》等政策研究工作，积极开展《深圳市城

第四篇

市更新项目保障性住房配建比例暂行规定》的修订工作，为建设完善的城市更新体系打下了坚实的基础。

（深圳市规划和国土资源委员会）

城市基础设施建设与管理

【市政工程建设】　2014 年，深圳市政府投资项目 162 项。全年计划完成投资 64.23 亿元，实际完成投资 65.84 亿元。（李森）

【园林绿化】　2014 年，深圳市建成区绿化覆盖率 45.08%，建成区绿地 39.19%，人均公园绿地 16.8 平方米，公园总数 889 个，绿道总长 2368 千米，全市林地面积 5524.53 公顷，森林覆盖 41.5%。编制《城市园林景观画册》、《深圳市园林与林业常用文件汇编》；发布《深圳城市管理局办理社会投资改造提升道路绿地工作指引》；制定《深圳市城市管理局直管公园绿地管理评价工作方案》，于 2015 年 1 月实施。

【城市绿化建设】　2014 年，深圳市共完成 95 条各类道路的绿化提升；完成立体绿化项目 74 个，其中屋顶绿化项目 40 个、立交桥绿化 5 个、人行天桥绿化 18 个、其他立体绿化项目 11 个；开展"最美阳台"评选活动试点实施。全市完成社区公园建设 56 个。全市共建设生态景观林带 187 千米、2638.33 公顷。组织全市 59.35 万人参加义务植树活动，种植树木 181.1 万多株。

【林业发展】　2014 年，全年生态景观林带种植任务 187 千米 2599 公顷，至 11 月 10 日，全市完成生态景观林带建设任务。除水域、建筑物、道路、高架桥外均能种植 5 行以上的林带，林带连通成林率 100%。广东省政府考核结果为优秀。

【绿道建设】　2014 年，深圳市建成总长约 2400 千米的绿道网，省立绿道为 342 千米、城市绿道和社区绿道长度超过 2000 千米。结合城市基础设施建设，通过改造和增设地铁、公交及绿道之间的风雨连廊，合理配置公共自行车租赁点，升级租赁系统对接"深圳通"等办法，加强绿道与城市慢行系统、公交系统、地铁、"公共目的地"的有序合理衔接。全市建成自行车租赁点超过 700 个，投放自行车 2.5 万辆。

【城市环境卫生】　垃圾减量分类。2014 年，深圳市开展垃圾减量分类。推进垃圾减量分类示范。在全市机关事业单位开展创建"低碳节约型机关（企业）"活动，847 个单位和 527 个分类示范小区取得明显成效。每天处理餐厨垃圾 320 吨、废弃食用油

脂 80 吨。新建成光明新区 200 吨/日处理设施。推行"垃圾不落地"模式，在罗湖区东门街道开展"垃圾不落地"试点并总结推广；加强生活垃圾无害化处理。处理生活垃圾 553 万吨，无害化处理率 98.7%，焚烧处理量占 50%，焚烧发电 10 亿千瓦时；无害化处理各类病死禽畜及不合格冻肉制品 3900 吨，比上年增长 44%，处理粪渣 8.3 万吨。垃圾处理费收费 5.4 亿元，收缴率 94%。（李华英）

抓好爱国卫生工作；推进大型垃圾焚烧处理设施建设。（程晓宇）

2014 年，深圳市 1116 个党政机关、事业单位、国有企业和机关事业单位工作人员集中居住小区被认定为生活垃圾分类减量示范单位（小区）。通过新媒体、移动视频、广播电视、立柱平面等载体全方位投放公益广告，联合主要报纸开设"聚焦垃圾分类""芬芬日记""垃圾分类齐步走""红黄绿大行动"等专题报道和互动栏目，组织开展垃圾减量分类主题活动。

【防控登革热疫情】　9 月份，深圳市出现登革热疫情，深圳市爱卫办联合市疾控中心制定《深圳市预防登革热防蚊灭蚊工作指引》，委托专业部门在全市设立 139 个监测点，建立覆盖全市 57 个街道办的病媒生物密度调查监测机制。截至 12 月 8 日，全市开展爱国卫生专项行动 1388 次，清理蚊幼虫滋生地 22 万处，环境整治面积 1.79 亿平方米，灭蚊面积 5.8 亿平方米，全市出动消杀人员 4.29 万人次，使用灭蚊药物 443.6 吨，使用灭蚊器械 28127 台次，入户调查 11.5 万户，使深圳市登革热疫情处于可防可控的状态。

【固体废弃物处置】　2014 年，深圳市组织全市 1000 余家企业进行危险废物管理培训。全市危险废物经营单位全年收集、处理处置工业危险废物 30.23 万吨，收集处置医疗废物 1.04 万吨，医疗废物集中处置率 100%。全市一般工业固体废物产生总量 164.43 万吨，综合利用 58.6 万吨，无害化处理处置 105.4 万吨，处置利用率 99.13%。组织开展全市垃圾无害化处置设施的环保专项检查及其建设、运营、管理水平评估。全年安全处置生活垃圾约 541 万吨，处置方式为焚烧和填埋，其中焚烧处理量 263.07 万吨、卫生填埋处理量 278.07 万吨，无害化处理率 100%。深圳市 2014 年余泥渣土年产生量约 3900 万立方米，除工程回填交换和市外处理外，约 2600 万立方米通过受纳场填埋和再生利用处理。（李俞瑾）

【城市噪声治理】　2014 年，深圳市区域环境噪声

平均值 56.8 分贝，与上年持平，处于轻度污染水平。其中交通噪声平均值 68.8 分贝，达标率 70.2%。

加大建筑工地施工噪声日常检查的力度和频次，建立夜间环保投诉电话值班和投诉处理制度查处施工噪声扰民违法行为；对建设单位、施工单位开展约谈和培训，将违法施工企业纳入建筑企业诚信管理系统。全年全市环保部门出动 2.63 万人次，检查建筑工地 1.22 万场次，下达行政处罚决定书 264 份，罚款金额 863 万元。加强道路交通噪声污染防治，打击机动车噪声扰民行为。开展深圳市中心城区交通噪声地图绘制及应用研究。（邓国颂）

【城市空气污染治理】　2014 年，深圳市推动出台大气治理"深四十条"，印发《深圳市大气环境质量提升补贴方案》，统筹安排财政资金 1.3 亿元开展大气治理补贴。完成妈湾电厂 1、2、5、6 号机组及盐田、宝安、南山垃圾电厂脱硝改造，改造高污染锅炉 55 台，治理企业 270 家；关停无牌无证喷涂生产线 41 条，完成工业生产线治理共 202 条；开展扬尘污染专项整治；淘汰黄标车近 3 万辆，是 2013 年的 1.5 倍；推广应用国Ⅳ车用燃油，抽检污染物高排放车辆 6.48 万辆。（戴晓燕）

【城市供水】　2014 年，深圳市全市用水总量 19.34 亿立方米，比上年增长 1.19%，主要饮用水源水库水质达标率 100%。主要供水企业自来水供水总量 16.41 亿立方米，比上年增长 3.14%，2014 年全市共有自来水 52 座，设计供水能力 674.5 立方米/天。全年城市供水水质综合合格率 99.96%，供水普及率 100%。万元国内生产总值取水量 12.1 立方米，比上年下降 8%，继续领跑全国；新开工优质饮用水入户工程 107 个，创建优质饮用水达标小区 10 个。完成观澜茜坑水厂二期扩建、光明水厂新建主体工程及部分设备安装工程。（靳亮亮）

【城市供气】　2014 年，深圳市新建市政中压燃气管道 248.6 千米，其中，原特区外新建市政中压燃气管道 223.4 千米。全市燃气管道长度达到 4900 千米，燃气管网覆盖率 69.29%，原特区外地区燃气管网覆盖率 60.60%。全市新增管道天然气居民用户 16 万户，总户数达到 146.5 万户。全市天然气消费量 678 万吨，比上年下降 5.65%。全市液化石油气消费量 122.9 万吨，比上年上升 3.24%。全年电厂天然气消费量 177.8 万吨，汽车天然气消费量 3.8 万吨，共减排二氧化碳 3.27 吨，二氧化硫 2452 吨。

【城市综合管理　市容环境提升】　2014 年，深圳市城市管理局牵头制定全市市容环境功能完善工作

实施方案，建立市容环境功能完善联席会议机制。完成 179.5 千米的关外市政道路路灯建设，安装路灯 9335 套，从 6 月初至 12 月底，在全市范围内开展以整治城中村脏、乱、差为重点的"迅雷行动"。开展余泥渣土与扬尘污染专项整治，全市查处泥头车各类违法行为 573 宗，列入不良行为记录 12 宗。（程晓宇）

【国际化城市环境建设】　8 月，深圳全市国际化城市环境建设工作会议明确 8 项重点工作任务，正式启动与深圳市标准技术研究院共同编制《深圳市城市管理标准体系》，与深圳大学管理学院研究联合开展精细化管理的课题调研。

【城市管理综合执法】　2014 年，深圳市受理信访投诉及舆情案件 590 件，其他部门转办信访件 94 件、重要舆情 496 件、数字化城管网上投诉案件 1122 件，处理率 100%。全市查处三乱案件 3550 宗，清理"三乱"161 万处。查处违法户外广告 4.75 万宗、立柱广告 316 宗。取缔私宰窝点 514 个，拆除乱搭建 1.65 万处，99.3 亿平方米。查处余泥渣土违法案件 3962 宗，餐厨垃圾案件 79 宗。查处非法报刊亭 314 个；处理各类群众投诉及领导交办事项 1680 件。全市联合执法大队共救助流浪乞讨人员 2808 人次，劝离流浪乞讨露宿人员 1.09 万人次；全市犬只新登记上牌 1.05 万只，查处违法养犬数量 2445 只，立案宗数 97 宗，暂扣犬只 163 只，收容流浪犬 657 只。

【市容环境综合考核与城中村综合整治】　2014 年，继续实施对全市 57 个街道办市容环境综合考核，全年共开展 8 次暗检和 4 次明检，出动 5180 人次，抽取考核样本 4767 个。城中村综合整治总体 246 个项目，其中累计 152 个项目基本竣工、141 个项目通过核查验收。

房地产业与住房保障

【市场调控】　9 月，针对国家房地产贷款政策的调整，深圳市提出"认房不认贷"调整信贷政策。在稳定市场秩序方面，联合市场监管部门加大对房地产合同、广告的监管力度，全年对 165 个楼盘进行预售价格备案，查处案件 6 宗。

【行业监管】　2014 年，深圳市规划和国土资源委员会开展政府职权清理，完成权责清单的编制工作；继续加强房地产行业监管，完成对房地产开发、经纪、估价行业的年度检查，对违规行为进行查处；加强房地产市场诚信体系建设，初步拟订"房地产行业诚信清单"；将房地产市场秩序联合巡查和监管

工作制度化、常态化；按期完成网上办事大厅系统改造工作。

【房地产开发】 截至 12 月底，深圳市完成房地产开发投资 1069.49 亿元，比上年增长 20.5%。

房地产一级市场。2014 年，深圳市商品房批准预售面积 732.09 万平方米，比上年下降 5.7%；其中，商品住房批准预售面积为 550.95 万平方米，下降 9.4%。

房地产二、三级市场。2014 年，深圳市新建商品房成交 490.60 万平方米，其中新建商品住房成交 403.03 万平方米，比上年下降 7.9%。全市二手住房成交 459.50 万平方米，比上年下降 36.8%。截至年底，全市商品房库存面积 746.43 万平方米、6.91 万套。其中，商品住宅库存面积 463.86 万平方米。

【房地产贷款额】 截至 2014 年底，深圳市商品住房开发贷款余额 1312.05 亿元，比上年增长 9.6%，增速比上年回落 12.4 个百分点；全市个人住房购房贷款余额 5371.40 亿元，比上年增长 8.3%，增速比上年回落 3.4 个百分点。

【物业专项维修资金】 2014 年，深圳市物业专项维修资金总规模 96.33 亿元。全年收缴维修资金 9.87 亿元，其中首期维修资金 8.39 亿元、日常维修资金 1.48 亿元，全市新增"两金合一"小区 127 个；全年维修资金增值收益到账 2.3 亿元，年化收益率 4.41%；年度全市维修金申请使用金额达 6317 万元。开展日常收取的物业专项维修资金自行管理试点。（庞乃敬）

【保障性安居工程】 2014 年，深圳市完成新供应 20 公顷保障性安居工程用地的选址和初审。2011 年至 2014 年实际新供应保障性安居工程建设用地约 155 公顷，完成"十二五"规划的年度供应要求。（袁媛）

2014 年，深圳市全年新开工保障性住房 3.1 万套，竣工 2.74 万套，供应 3.1 万套。建立保障性住房诚信黑名单，对弄虚作假、隐瞒骗取保障性住房且情节严重的，处以最高 20 万元罚款，终身不再受理其购买保障性住房申请。2014 年度，全市收回违规家庭所购住房 11 套，处罚金 67 万元。

【人才安居工程】 修订后的《深圳市人才安居办法》于 12 月 1 日发布，2015 年 1 月 1 日起正式实施。2014 年初，人才安居住房补贴受理全面实现网上日常受理。全年发放人才安居住房补贴 4.3 亿元，惠及 8 万人。自 2010 年深圳市人才安居工程实施以来，共发放人才安居住房补贴 10.1 亿元，惠及 10 万人。（周如洲）

【住房公积金】 2014 年，深圳市住房公积金新增开户单位 13238 户，累计单位开户 11.15 万户；全年新增个人开户 124.04 万人，累计个人开户 802.21 万人；年度归集资金 337.87 亿元，累计归集资金约 1099.17 亿元。全年新增提取住房公积金约 345.38 万笔，新增提取金额约 162.34 亿元，累计提取住房公积金约 850.97 万笔，累计提取资金约 376.74 亿元；全年发放住房公积金贷款 34885 笔，发放金额 178.18 亿元，累计发放住房公积金贷款 5.46 万笔，累计发放住房公积金贷款 269.7 亿元。（欧东勇）

【城市更新】 2014 年，深圳市出台《关于加强和改进城市更新工作的暂行措施》，完成《深圳市城市更新拆迁补偿机制研究》、《深圳市构建城市更新利益共享机制政策研究》，修订《深圳市城市更新项目保障性住房配建比例暂行规定》，审批 4 批次 52 项更新单元计划项目，涉及用地面积 368 公顷，审批通过城市更新单元规划 30 项，涉及拆除用地面积约 219 公顷，规划总开发建设用地面积约 158 公顷，总建筑面积 869 万平方米，其中保障性住房约 36 万平方米，创新型产业用房约 15 万平方米。全市首批 5 个旧工业区综合整治试点项目进入实施阶段，其中葵涌印染厂项目基本完成，较场尾片区综合整治更新改造完成并投入使用。全市城市更新项目新增签订土地合同 57 项，完成用地供应 160.3 公顷，实收地价总金额 110.55 亿元，在建城市更新项目 100 个，涉及用地 781 公顷，完成城市更新投资 357.6 亿元。

建筑业

【概况】 2014 年，深圳市建筑业完成总产值 2197.74 亿元，比上年减少 6.81%，建筑业实现增加值 466.12 亿元，按可比价计算比上年增长 1.6%，全员劳动生产率 34.03 万元/人，比上年人均减少 1.83 万元，建筑业增加值占深圳市 GDP 比重 2.91%。全市登记注册的建筑类企业 2778 家，其中本地施工企业 2078 家、监理企业 164 家、招标代理机构 138 家、造价咨询机构 111 家、检测机构和对外试验室 48 家。全市登记注册的勘察设计类企业 566 家，其中勘察企业 151 家、设计企业 415 家。

【建筑市场监管与服务】 2014 年，深圳市建设工程招标和直接发包项目共计 4060 项，总造价 1558.08 亿元，比上年增长 30.06%。全市建设工程招标 3233 项，总造价 817.59 亿元，比上年增长 31.12%。招标投标工程共节约国有资金 133.34 亿元。

【建筑业执法】　取消预选承包制度，放开本市建筑市场。自 4 月 1 日起，深圳市有 327 家外地企业办理信息登记，分 6 批受理 984 家企业的资质申请，其中 735 家企业通过审查，通过率 75%，136 家企业通过资质延续申请。分批对 800 家建筑市场主体进行动态核查。（周如洲）

建设科技与信息化

【绿色建筑】　截至 2014 年底，深圳市提前两年超额完成建筑节能与绿色建筑"十二五"规划"新建全绿"的指标任务。绿色建筑数量及规模继续稳居全国榜首。全市有 208 个项目获得绿色建筑评价标识，总建筑面积超过 2100 万平方米，其中 2014 年新增 94 个绿色建筑标识项目、建筑面积 988 万平方米；全市 19 个项目获得国家三星级绿色建筑评价标识、6 个项目获得深圳市铂金级绿色建筑评价标识、3 个项目获"全国绿色建筑创新奖"一等奖。全国最大的绿色空港—深圳机场 T3 航站楼投入使用，年旅客吞吐量 4500 万人次和货邮吞吐量 240 万吨；深圳证券交易所大楼建成投入使用，获国家绿色建筑三星级评价标识。

绿色保障房建设取得新突破。2010 年，深圳率先在国内强制推行保障房按绿色建筑标准建设，截至 2014 年底，累计开工建设绿色保障性安居工程项目 21 万套，采用施工总承包、BT、BOT 等方式，提升工程质量水平。2014 年 11 月，龙悦居保障性住房三期工程被住房和城乡建设部授予"节能环保型住宅国家康居示范工程"称号，是获奖项目中唯一的保障性住房项目。

【绿色生态园区城区建设】　2014 年，深圳市光明新区作为国家首个绿色建筑示范区和全国首批绿色生态城区之一的建设工作继续深化。南方科技大学绿色生态校区和华侨城欢乐海岸绿色低碳景区均已建成投入使用。"深圳国际低碳城"可持续发展规划建设成果荣获中国国际经济交流中心和美国保尔森基金会共同颁发的全国唯一的"可持续发展规划项目奖"。前海深港合作区编制实施绿色建筑专项规划。

【绿色施工】　绿色施工多举并措，提升建筑施工环境保护。海上世界双玺花园、华润深圳湾国际商业中心、深圳湾科技生态园等 14 个项目获第四批全国建筑业绿色施工示范工程称号。

【推广应用 BIM 技术，促进建筑产业现代化】

2014，深圳市启动编制《深圳市建筑工程 BIM 设计文件交付标准》，推进 BIM 技术在建筑工程中的应用推广。BIM 技术在福田科技广场、华润大冲商务中心等多个项目中成功应用，其中"莲塘口岸"和"深圳地铁 9 号线 9104—1 标段 BIM 应用"项目获 2014 年"创新杯"建筑信息模型（BIM）设计大赛"最佳 BIM 普及应用奖"。

【启动建设工程质量提升行动，打造深圳质量】4 月，深圳市政府出台《深圳市建设工程质量提升行动方案（2014～2018 年）》，启动为期五年的建设工程质量提升行动。是年，全市获国家级工程质量奖 7 项，其中"国家优质工程奖" 3 项、"中国建设工程鲁班奖" 3 项、"中国土木工程詹天佑奖" 1 项。

【推进重点技术标准规范建设】　2014 年，落实国家相关政策和市政府的重点部署，快速启动编制《房屋建筑电动汽车充电设施建设规范》、《深圳市新建住宅建筑推广使用家庭厨余垃圾处理器的技术管理规定》，清理清查历年标准规范 100 余部，编制发布国内首部建筑再生产品地方生产技术规范《深圳市再生骨料混凝土制品技术规范（SJG25-2013）》、《建设工程勘察设计工期定额（SJG26-2014）》，启动《深圳市机制砂应用技术规范》、《绿色工业建筑设计标准》等相关重点技术规范编制工作。

【散装水泥行业管理】　2014 年，深圳市散装水泥使用量 1005 万吨，使用率 72%，继续保持高出全国平均水平 20 多个百分点；预拌混凝土和预拌砂浆使用量分别是 2780 万立方米和 330 万吨。累计实现节约标准煤 60 万吨，减少二氧化碳排放 60 万吨，综合利用工业固体废弃物 500 万吨，创综合经济效益 6 亿元，在广东省"三禁"专项检查中排名第一。

【建设事业信息化】　2014 年，深圳市住房和建设局编制发布《深圳市住房和建设局信息化建设三年滚动规划（2014～2016）》。规划列出 24 个建设项目，涉及工程经费 5012.21 万元。建立全局统一的信息系统运行环境，基本打造全局信息系统的云平台，即统一数据库（一台数据库云服务器）、统一服务环境（28 台应用服务虚拟机）、统一安全管理，全局云平台上运行的信息系统 39 个。

【开发覆盖所有事项的网上审批系统】　为审批与服务效能绩效考核提供技术支撑。梳理全局 220 项对外服务事项的审批系统，新建 60 个业务事项的网上审批功能，实现网上从申请到办结全过程的信息管理。推动对内对外信息共享，实现营业执照、户籍、居住证、社保、房产登记、建设用地规划许可证、建设工程规划许可证的信息共享；对内推动跨系统信息共享，重点实现政策性住房、建筑业企业人员、施工许可证等信息的共享。开展统一轮候、统一房源及住房保障相关系统整合改造；开展建设工程全生命周期信息监管平台建设，开发全市统一的建设工程项目登记系统；在全市政府部门中较早地推出微信应用，深圳市住房和建设局微信服务用户5.27万个。（周如洲）

【"深圳国际低碳城"获2014"可持续发展规划项目奖"】 11月10日，"深圳国际低碳城"凭借为解决城市重大挑战提供"创造性、可复制"解决方案，制定明确指标并展示出低碳产业转型的可衡量进展等，在北京获2014"可持续发展规划项目奖"。中国国际经济交流中心理事长曾培炎，保尔森基金会主席亨利·保尔森，评委会主席理查德·戴利共同颁奖，深圳市市长许勤代表"深圳国际低碳城"领奖。"可持续发展规划项目奖"由美国保尔森基金会和中国国际经济交流中心合作推出。（周如洲）

【深圳市住房和建设局与英国建筑研究院(BRE)签订交流合作备忘录】 5月26日，深圳市市长许勤会见英国商务、创新与技能国务大臣兼贸易委员会主席文斯·凯布尔博士一行，就加强在绿色建筑和城市建设可持续发展领域的合作沟通交流。深圳市住房和建设局与英国建筑研究院(BRE)共同签订交流合作备忘录，双方将就促进深圳绿色建筑和生态城市建设展开深入合作。（周如州）

【深圳市推进排污权交易】 2014年，深圳市按照广东省统一部署，完成重点污染源排污权核定和分配的方法研究，确立新增排污指标的准入机制，明确化学需氧量(COD)的定价标准，推进排污总量监管，完成6家试点企业刷卡式排污总量自动监控系统建设，成为广东省第一个安装刷卡式排污总量自动监控系统的城市。（张晓波 郝明途）

（深圳市住房和建设局）

第四篇

527

第五篇

法 规 政 策 文 件

一、国务院令

不动产登记暂行条例

中华人民共和国国务院令第 656 号

现公布《不动产登记暂行条例》，自 2015 年 3 月 1 日起施行。

总　理　李克强

2014 年 11 月 24 日

不动产登记暂行条例

第一章　总则

第一条　为整合不动产登记职责，规范登记行为，方便群众申请登记，保护权利人合法权益，根据《中华人民共和国物权法》等法律，制定本条例。

第二条　本条例所称不动产登记，是指不动产登记机构依法将不动产权利归属和其他法定事项记载于不动产登记簿的行为。

本条例所称不动产，是指土地、海域以及房屋、林木等定着物。

第三条　不动产首次登记、变更登记、转移登记、注销登记、更正登记、异议登记、预告登记、查封登记等，适用本条例。

第四条　国家实行不动产统一登记制度。

不动产登记遵循严格管理、稳定连续、方便群众的原则。

不动产权利人已经依法享有的不动产权利，不因登记机构和登记程序的改变而受到影响。

第五条　下列不动产权利，依照本条例的规定办理登记：

（一）集体土地所有权；

（二）房屋等建筑物、构筑物所有权；

（三）森林、林木所有权；

（四）耕地、林地、草地等土地承包经营权；

（五）建设用地使用权；

（六）宅基地使用权；

（七）海域使用权；

（八）地役权；

（九）抵押权；

（十）法律规定需要登记的其他不动产权利。

第六条　国务院国土资源主管部门负责指导、监督全国不动产登记工作。

县级以上地方人民政府应当确定一个部门为本行政区域的不动产登记机构，负责不动产登记工作，并接受上级人民政府不动产登记主管部门的指导、监督。

第七条　不动产登记由不动产所在地的县级人民政府不动产登记机构办理；直辖市、设区的市人民政府可以确定本级不动产登记机构统一办理所属各区的不动产登记。

跨县级行政区域的不动产登记，由所跨县级行政区域的不动产登记机构分别办理。不能分别办理的，由所跨县级行政区域的不动产登记机构协商办理；协商不成的，由共同的上一级人民政府不动产登记主管部门指定办理。

国务院确定的重点国有林区的森林、林木和林地，国务院批准项目用海、用岛，中央国家机关使用的国有土地等不动产登记，由国务院国土资源主管部门会同有关部门规定。

第二章 不动产登记簿

第八条 不动产以不动产单元为基本单位进行登记。不动产单元具有唯一编码。

不动产登记机构应当按照国务院国土资源主管部门的规定设立统一的不动产登记簿。

不动产登记簿应当记载以下事项：

（一）不动产的坐落、界址、空间界限、面积、用途等自然状况；

（二）不动产权利的主体、类型、内容、来源、期限、权利变化等权属状况；

（三）涉及不动产权利限制、提示的事项；

（四）其他相关事项。

第九条 不动产登记簿应当采用电子介质，暂不具备条件的，可以采用纸质介质。不动产登记机构应当明确不动产登记簿唯一、合法的介质形式。

不动产登记簿采用电子介质的，应当定期进行异地备份，并具有唯一、确定的纸质转化形式。

第十条 不动产登记机构应当依法将各类登记事项准确、完整、清晰地记载于不动产登记簿。任何人不得损毁不动产登记簿，除依法予以更正外不得修改登记事项。

第十一条 不动产登记工作人员应当具备与不动产登记工作相适应的专业知识和业务能力。

不动产登记机构应当加强对不动产登记工作人员的管理和专业技术培训。

第十二条 不动产登记机构应当指定专人负责不动产登记簿的保管，并建立健全相应的安全责任制度。

采用纸质介质不动产登记簿的，应当配备必要的防盗、防火、防渍、防有害生物等安全保护设施。

采用电子介质不动产登记簿的，应当配备专门的存储设施，并采取信息网络安全防护措施。

第十三条 不动产登记簿由不动产登记机构永久保存。不动产登记簿损毁、灭失的，不动产登记机构应当依据原有登记资料予以重建。

行政区域变更或者不动产登记机构职能调整的，应当及时将不动产登记簿移交相应的不动产登记机构。

第三章 登记程序

第十四条 因买卖、设定抵押权等申请不动产登记的，应当由当事人双方共同申请。

属于下列情形之一的，可以由当事人单方申请：

（一）尚未登记的不动产首次申请登记的；

（二）继承、接受遗赠取得不动产权利的；

（三）人民法院、仲裁委员会生效的法律文书或者人民政府生效的决定等设立、变更、转让、消灭不动产权利的；

（四）权利人姓名、名称或者自然状况发生变化，申请变更登记的；

（五）不动产灭失或者权利人放弃不动产权利，申请注销登记的；

（六）申请更正登记或者异议登记的；

（七）法律、行政法规规定可以由当事人单方申请的其他情形。

第十五条 当事人或者其代理人应当到不动产登记机构办公场所申请不动产登记。

不动产登记机构将申请登记事项记载于不动产登记簿前，申请人可以撤回登记申请。

第十六条 申请人应当提交下列材料，并对申请材料的真实性负责：

（一）登记申请书；

（二）申请人、代理人身份证明材料、授权委托书；

（三）相关的不动产权属来源证明材料、登记原因证明文件、不动产权属证书；

（四）不动产界址、空间界限、面积等材料；

（五）与他人利害关系的说明材料；

（六）法律、行政法规以及本条例实施细则规定的其他材料。

不动产登记机构应当在办公场所和门户网站公开申请登记所需材料目录和示范文本等信息。

第十七条 不动产登记机构收到不动产登记申请材料，应当分别按照下列情况办理：

（一）属于登记职责范围，申请材料齐全、符合法定形式，或者申请人按照要求提交全部补正申请材料的，应当受理并书面告知申请人；

（二）申请材料存在可以当场更正的错误的，应当告知申请人当场更正，申请人当场更正后，应当受理并书面告知申请人；

（三）申请材料不齐全或者不符合法定形式的，应当当场书面告知申请人不予受理并一次性告知需要补正的全部内容；

（四）申请登记的不动产不属于本机构登记范围的，应当当场书面告知申请人不予受理并告知申请人向有登记权的机构申请。

不动产登记机构未当场书面告知申请人不予受理的，视为受理。

第十八条　不动产登记机构受理不动产登记申请的，应当按照下列要求进行查验：

（一）不动产界址、空间界限、面积等材料与申请登记的不动产状况是否一致；

（二）有关证明材料、文件与申请登记的内容是否一致；

（三）登记申请是否违反法律、行政法规规定。

第十九条　属于下列情形之一的，不动产登记机构可以对申请登记的不动产进行实地查看：

（一）房屋等建筑物、构筑物所有权首次登记；

（二）在建建筑物抵押权登记；

（三）因不动产灭失导致的注销登记；

（四）不动产登记机构认为需要实地查看的其他情形。

对可能存在权属争议，或者可能涉及他人利害关系的登记申请，不动产登记机构可以向申请人、利害关系人或者有关单位进行调查。

不动产登记机构进行实地查看或者调查时，申请人、被调查人应当予以配合。

第二十条　不动产登记机构应当自受理登记申请之日起30个工作日内办结不动产登记手续，法律另有规定的除外。

第二十一条　登记事项自记载于不动产登记簿时完成登记。

不动产登记机构完成登记，应当依法向申请人核发不动产权属证书或者登记证明。

第二十二条　登记申请有下列情形之一的，不动产登记机构应当不予登记，并书面告知申请人：

（一）违反法律、行政法规规定的；

（二）存在尚未解决的权属争议的；

（三）申请登记的不动产权利超过规定期限的；

（四）法律、行政法规规定不予登记的其他情形。

第四章　登记信息共享与保护

第二十三条　国务院国土资源主管部门应当会同有关部门建立统一的不动产登记信息管理基础平台。

各级不动产登记机构登记的信息应当纳入统一的不动产登记信息管理基础平台，确保国家、省、市、县四级登记信息的实时共享。

第二十四条　不动产登记有关信息与住房城乡建设、农业、林业、海洋等部门审批信息、交易信息等应当实时互通共享。

不动产登记机构能够通过实时互通共享取得的信息，不得要求不动产登记申请人重复提交。

第二十五条　国土资源、公安、民政、财政、税务、工商、金融、审计、统计等部门应当加强不动产登记有关信息互通共享。

第二十六条　不动产登记机构、不动产登记信息共享单位及其工作人员应当对不动产登记信息保密；涉及国家秘密的不动产登记信息，应当依法采取必要的安全保密措施。

第二十七条　权利人、利害关系人可以依法查询、复制不动产登记资料，不动产登记机构应当提供。

有关国家机关可以依照法律、行政法规的规定查询、复制与调查处理事项有关的不动产登记资料。

第二十八条　查询不动产登记资料的单位、个人应当向不动产登记机构说明查询目的，不得将查询获得的不动产登记资料用于其他目的；未经权利人同意，不得泄露查询获得的不动产登记资料。

第五章　法律责任

第二十九条　不动产登记机构登记错误给他人造成损害，或者当事人提供虚假材料申请登记给他人造成损害的，依照《中华人民共和国物权法》的规定承担赔偿责任。

第三十条　不动产登记机构工作人员进行虚假登记，损毁、伪造不动产登记簿，擅自修改登记事项，或者有其他滥用职权、玩忽职守行为的，依法给予处分；给他人造成损害的，依法承担赔偿责任；构成犯罪的，依法追究刑事责任。

第三十一条　伪造、变造不动产权属证书、不动产登记证明，或者买卖、使用伪造、变造的不动产权属证书、不动产登记证明的，由不动产登记机构或者公安机关依法予以收缴；有违法所得的，没收违法所得；给他人造成损害的，依法承担赔偿责任；构成违反治安管理行为的，依法给予治安管理处罚；构成犯罪的，依法追究刑事责任。

第三十二条　不动产登记机构、不动产登记信息共享单位及其工作人员，查询不动产登记资料的单位或者个人违反国家规定，泄露不动产登记资料、登记信息，或者利用不动产登记资料、登记信息进行不正当活动，给他人造成损害的，依法承担赔偿责任；对有关责任人员依法给予处分；有关责任人员构成犯罪的，依法追究刑事责任。

第六章　附则

第三十三条　本条例施行前依法颁发的各类不动产权属证书和制作的不动产登记簿继续有效。

不动产统一登记过渡期内，农村土地承包经营权的登记按照国家有关规定执行。

第三十四条　本条例实施细则由国务院国土资源主管部门会同有关部门制定。

第三十五条　本条例自 2015 年 3 月 1 日起施行。本条例施行前公布的行政法规有关不动产登记的规定与本条例规定不一致的，以本条例规定为准。

二、部　　令

建筑施工企业主要负责人、项目负责人和专职安全生产管理人员安全生产管理规定

中华人民共和国住房和城乡建设部令第 17 号

《建筑施工企业主要负责人、项目负责人和专职安全生产管理人员安全生产管理规定》已经第 13 次部常务会议审议通过，现予发布，自 2014 年 9 月 1 日起施行。

住房城乡建设部部长　姜伟新
2014 年 6 月 25 日

建筑施工企业主要负责人、项目负责人和专职安全生产管理人员安全生产管理规定

第一章　总则

第一条　为了加强房屋建筑和市政基础设施工程施工安全监督管理，提高建筑施工企业主要负责人、项目负责人和专职安全生产管理人员（以下合称"安管人员"）的安全生产管理能力，根据《中华人民共和国安全生产法》、《建设工程安全生产管理条例》等法律法规，制定本规定。

第二条　在中华人民共和国境内从事房屋建筑和市政基础设施工程施工活动的建筑施工企业的"安管人员"，参加安全生产考核，履行安全生产责任，以及对其实施安全生产监督管理，应当符合本规定。

第三条　企业主要负责人，是指对本企业生产经营活动和安全生产工作具有决策权的领导人员。

项目负责人，是指取得相应注册执业资格，由企业法定代表人授权，负责具体工程项目管理的人员。

专职安全生产管理人员，是指在企业专职从事安全生产管理工作的人员，包括企业安全生产管理机构的人员和工程项目专职从事安全生产管理工作的人员。

第四条　国务院住房城乡建设主管部门负责对全国"安管人员"安全生产工作进行监督管理。

县级以上地方人民政府住房城乡建设主管部门负责对本行政区域内"安管人员"安全生产工作进行监督管理。

第二章　考核发证

第五条　"安管人员"应当通过其受聘企业，向企业工商注册地的省、自治区、直辖市人民政府住房城乡建设主管部门（以下简称考核机关）申请安全生产考核，并取得安全生产考核合格证书。安全生产考核不得收费。

第六条　申请参加安全生产考核的"安管人员"，应当具备相应文化程度、专业技术职称和一定

第五篇

533

安全生产工作经历，与企业确立劳动关系，并经企业年度安全生产教育培训合格。

第七条 安全生产考核包括安全生产知识考核和管理能力考核。

安全生产知识考核内容包括：建筑施工安全的法律法规、规章制度、标准规范，建筑施工安全管理基本理论等。

安全生产管理能力考核内容包括：建立和落实安全生产管理制度、辨识和监控危险性较大的分部分项工程、发现和消除安全事故隐患、报告和处置生产安全事故等方面的能力。

第八条 对安全生产考核合格的，考核机关应当在 20 个工作日内核发安全生产考核合格证书，并予以公告；对不合格的，应当通过"安管人员"所在企业通知本人并说明理由。

第九条 安全生产考核合格证书有效期为 3 年，证书在全国范围内有效。

证书式样由国务院住房城乡建设主管部门统一规定。

第十条 安全生产考核合格证书有效期届满需要延续的，"安管人员"应当在有效期届满前 3 个月内，由本人通过受聘企业向原考核机关申请证书延续。准予证书延续的，证书有效期延续 3 年。

对证书有效期内未因生产安全事故或者违反本规定受到行政处罚，信用档案中无不良行为记录，且已按规定参加企业和县级以上人民政府住房城乡建设主管部门组织的安全生产教育培训的，考核机关应当在受理延续申请之日起 20 个工作日内，准予证书延续。

第十一条 "安管人员"变更受聘企业的，应当与原聘用企业解除劳动关系，并通过新聘用企业到考核机关申请办理证书变更手续。考核机关应当在受理变更申请之日起 5 个工作日内办理完毕。

第十二条 "安管人员"遗失安全生产考核合格证书的，应当在公共媒体上声明作废，通过其受聘企业向原考核机关申请补办。考核机关应当在受理申请之日起 5 个工作日内办理完毕。

第十三条 "安管人员"不得涂改、倒卖、出租、出借或者以其他形式非法转让安全生产考核合格证书。

第三章 安全责任

第十四条 主要负责人对本企业安全生产工作全面负责，应当建立健全企业安全生产管理体系，设置安全生产管理机构，配备专职安全生产管理人员，保证安全生产投入，督促检查本企业安全生产工作，及时消除安全事故隐患，落实安全生产责任。

第十五条 主要负责人应当与项目负责人签订安全生产责任书，确定项目安全生产考核目标、奖惩措施，以及企业为项目提供的安全管理和技术保障措施。

工程项目实行总承包的，总承包企业应当与分包企业签订安全生产协议，明确双方安全生产责任。

第十六条 主要负责人应当按规定检查企业所承担的工程项目，考核项目负责人安全生产管理能力。发现项目负责人履职不到位的，应当责令其改正；必要时，调整项目负责人。检查情况应当记入企业和项目安全管理档案。

第十七条 项目负责人对本项目安全生产管理全面负责，应当建立项目安全生产管理体系，明确项目管理人员安全职责，落实安全生产管理制度，确保项目安全生产费用有效使用。

第十八条 项目负责人应当按规定实施项目安全生产管理，监控危险性较大分部分项工程，及时排查处理施工现场安全事故隐患，隐患排查处理情况应当记入项目安全管理档案；发生事故时，应当按规定及时报告并开展现场救援。

工程项目实行总承包的，总承包企业项目负责人应当定期考核分包企业安全生产管理情况。

第十九条 企业安全生产管理机构专职安全生产管理人员应当检查在建项目安全生产管理情况，重点检查项目负责人、项目专职安全生产管理人员履责情况，处理在建项目违规违章行为，并记入企业安全管理档案。

第二十条 项目专职安全生产管理人员应当每天在施工现场开展安全检查，现场监督危险性较大的分部分项工程安全专项施工方案实施。对检查中发现的安全事故隐患，应当立即处理；不能处理的，应当及时报告项目负责人和企业安全生产管理机构。项目负责人应当及时处理。检查及处理情况应当记入项目安全管理档案。

第二十一条 建筑施工企业应当建立安全生产教育培训制度，制定年度培训计划，每年对"安管人员"进行培训和考核，考核不合格的，不得上岗。培训情况应当记入企业安全生产教育培训档案。

第二十二条 建筑施工企业安全生产管理机构和工程项目应当按规定配备相应数量和相关专业的专职安全生产管理人员。危险性较大的分部分项工程施工时，应当安排专职安全生产管理人员现场监督。

第四章　监督管理

第二十三条　县级以上人民政府住房城乡建设主管部门应当依照有关法律法规和本规定，对"安管人员"持证上岗、教育培训和履行职责等情况进行监督检查。

第二十四条　县级以上人民政府住房城乡建设主管部门在实施监督检查时，应当有两名以上监督检查人员参加，不得妨碍企业正常的生产经营活动，不得索取或者收受企业的财物，不得谋取其他利益。

有关企业和个人对依法进行的监督检查应当协助与配合，不得拒绝或者阻挠。

第二十五条　县级以上人民政府住房城乡建设主管部门依法进行监督检查时，发现"安管人员"有违反本规定行为的，应当依法查处并将违法事实、处理结果或者处理建议告知考核机关。

第二十六条　考核机关应当建立本行政区域内"安管人员"的信用档案。违法违规行为、被投诉举报处理、行政处罚等情况应当作为不良行为记入信用档案，并按规定向社会公开。

"安管人员"及其受聘企业应当按规定向考核机关提供相关信息。

第五章　法律责任

第二十七条　"安管人员"隐瞒有关情况或者提供虚假材料申请安全生产考核的，考核机关不予考核，并给予警告；"安管人员"1年内不得再次申请考核。

"安管人员"以欺骗、贿赂等不正当手段取得安全生产考核合格证书的，由原考核机关撤销安全生产考核合格证书；"安管人员"3年内不得再次申请考核。

第二十八条　"安管人员"涂改、倒卖、出租、出借或者以其他形式非法转让安全生产考核合格证书的，由县级以上地方人民政府住房城乡建设主管部门给予警告，并处 1000 元以上 5000 元以下的罚款。

第二十九条　建筑施工企业未按规定开展"安管人员"安全生产教育培训考核，或者未按规定如实将考核情况记入安全生产教育培训档案的，由县级以上地方人民政府住房城乡建设主管部门责令限期改正，并处 2 万元以下的罚款。

第三十条　建筑施工企业有下列行为之一的，由县级以上人民政府住房城乡建设主管部门责令限期改正；逾期未改正的，责令停业整顿，并处 2 万

元以下的罚款；导致不具备《安全生产许可证条例》规定的安全生产条件的，应当依法暂扣或者吊销安全生产许可证：

（一）未按规定设立安全生产管理机构的；

（二）未按规定配备专职安全生产管理人员的；

（三）危险性较大的分部分项工程施工时未安排专职安全生产管理人员现场监督的；

（四）"安管人员"未取得安全生产考核合格证书的。

第三十一条　"安管人员"未按规定办理证书变更的，由县级以上地方人民政府住房城乡建设主管部门责令限期改正，并处 1000 元以上 5000 元以下的罚款。

第三十二条　主要负责人、项目负责人未按规定履行安全生产管理职责的，由县级以上人民政府住房城乡建设主管部门责令限期改正；逾期未改正的，责令建筑施工企业停业整顿；造成生产安全事故或者其他严重后果的，按照《生产安全事故报告和调查处理条例》的有关规定，依法暂扣或者吊销安全生产考核合格证书；构成犯罪的，依法追究刑事责任。

主要负责人、项目负责人有前款违法行为，尚不够刑事处罚的，处 2 万元以上 20 万元以下的罚款或者按照管理权限给予撤职处分；自刑罚执行完毕或者受处分之日起，5 年内不得担任建筑施工企业的主要负责人、项目负责人。

第三十三条　专职安全生产管理人员未按规定履行安全生产管理职责的，由县级以上地方人民政府住房城乡建设主管部门责令限期改正，并处 1000 元以上 5000 元以下的罚款；造成生产安全事故或者其他严重后果的，按照《生产安全事故报告和调查处理条例》的有关规定，依法暂扣或者吊销安全生产考核合格证书；构成犯罪的，依法追究刑事责任。

第三十四条　县级以上人民政府住房城乡建设主管部门及其工作人员，有下列情形之一的，由其上级行政机关或者监察机关责令改正，对直接负责的主管人员和其他直接责任人员依法给予处分；构成犯罪的，依法追究刑事责任：

（一）向不具备法定条件的"安管人员"核发安全生产考核合格证书的；

（二）对符合法定条件的"安管人员"不予核发或者不在法定期限内核发安全生产考核合格证书的；

（三）对符合法定条件的申请不予受理或者未在法定期限内办理完毕的；

（四）利用职务上的便利，索取或者收受他人财

物或者谋取其他利益的；

（五）不依法履行监督管理职责，造成严重后果的。

第六章　附则

第三十五条　本规定自 2014 年 9 月 1 日起施行。

建筑工程施工许可管理办法

中华人民共和国住房和城乡建设部令第 18 号

《建筑工程施工许可管理办法》已经第 13 次部常务会议审议通过，现予发布，自 2014 年 10 月 25 日起施行。

住房城乡建设部部长　姜伟新
2014 年 6 月 25 日

建筑工程施工许可管理办法

第一条　为了加强对建筑活动的监督管理，维护建筑市场秩序，保证建筑工程的质量和安全，根据《中华人民共和国建筑法》，制定本办法。

第二条　在中华人民共和国境内从事各类房屋建筑及其附属设施的建造、装修装饰和与其配套的线路、管道、设备的安装，以及城镇市政基础设施工程的施工，建设单位在开工前应当依照本办法的规定，向工程所在地的县级以上地方人民政府住房城乡建设主管部门（以下简称发证机关）申请领取施工许可证。

工程投资额在 30 万元以下或者建筑面积在 300 平方米以下的建筑工程，可以不申请办理施工许可证。省、自治区、直辖市人民政府住房城乡建设主管部门可以根据当地的实际情况，对限额进行调整，并报国务院住房城乡建设主管部门备案。

按照国务院规定的权限和程序批准开工报告的建筑工程，不再领取施工许可证。

第三条　本办法规定应当申请领取施工许可证的建筑工程未取得施工许可证的，一律不得开工。

任何单位和个人不得将应当申请领取施工许可证的工程项目分解为若干限额以下的工程项目，规避申请领取施工许可证。

第四条　建设单位申请领取施工许可证，应当具备下列条件，并提交相应的证明文件：

（一）依法应当办理用地批准手续的，已经办理该建筑工程用地批准手续。

（二）在城市、镇规划区的建筑工程，已经取得建设工程规划许可证。

（三）施工场地已经基本具备施工条件，需要征收房屋的，其进度符合施工要求。

（四）已经确定施工企业。按照规定应当招标的工程没有招标，应当公开招标的工程没有公开招标，或者肢解发包工程，以及将工程发包给不具备相应资质条件的企业的，所确定的施工企业无效。

（五）有满足施工需要的技术资料，施工图设计文件已按规定审查合格。

（六）有保证工程质量和安全的具体措施。施工企业编制的施工组织设计中有根据建筑工程特点制定的相应质量、安全技术措施。建立工程质量安全责任制并落实到人。专业性较强的工程项目编制了专项质量、安全施工组织设计，并按照规定办理了工程质量、安全监督手续。

（七）按照规定应当委托监理的工程已委托监理。

（八）建设资金已经落实。建设工期不足一年的，到位资金原则上不得少于工程合同价的 50%，建设工期超过一年的，到位资金原则上不得少于工程合同价的 30%。建设单位应当提供本单位截至申请之日无拖欠工程款情形的承诺书或者能够表明其无拖欠工程款情形的其他材料，以及银行出具的到位资金证明，有条件的可以实行银行付款保函或者其他第三方担保。

（九）法律、行政法规规定的其他条件。

县级以上地方人民政府住房城乡建设主管部门不得违反法律法规规定，增设办理施工许可证的其他条件。

第五条　申请办理施工许可证，应当按照下列程序进行：

（一）建设单位向发证机关领取《建筑工程施工许可证申请表》。

（二）建设单位持加盖单位及法定代表人印鉴的《建筑工程施工许可证申请表》，并附本办法第四条规定的证明文件，向发证机关提出申请。

（三）发证机关在收到建设单位报送的《建筑工程施工许可证申请表》和所附证明文件后，对于符合条件的，应当自收到申请之日起十五日内颁发施工许可证；对于证明文件不齐全或者失效的，应当当场或五日内一次告知建设单位需要补正的全部内容，审批时间可以自证明文件补正齐全后作相应顺延；对于不符合条件的，应当自收到申请之日起十五日内书面通知建设单位，并说明理由。

建筑工程在施工过程中，建设单位或者施工单位发生变更的，应当重新申请领取施工许可证。

第六条　建设单位申请领取施工许可证的工程名称、地点、规模，应当符合依法签订的施工承包合同。

施工许可证应当放置在施工现场备查，并按规定在施工现场公开。

第七条　施工许可证不得伪造和涂改。

第八条　建设单位应当自领取施工许可证之日起三个月内开工。因故不能按期开工的，应当在期满前向发证机关申请延期，并说明理由；延期以两次为限，每次不超过三个月。既不开工又不申请延期或者超过延期次数、时限的，施工许可证自行废止。

第九条　在建的建筑工程因故中止施工的，建设单位应当自中止施工之日起一个月内向发证机关报告，报告内容包括中止施工的时间、原因、在施部位、维修管理措施等，并按照规定做好建筑工程的维护管理工作。

建筑工程恢复施工时，应当向发证机关报告；中止施工满一年的工程恢复施工前，建设单位应当报发证机关核验施工许可证。

第十条　发证机关应当将办理施工许可证的依据、条件、程序、期限以及需要提交的全部材料和申请表示范文本等，在办公场所和有关网站予以公示。

发证机关作出的施工许可决定，应当予以公开，公众有权查阅。

第十一条　发证机关应当建立颁发施工许可证后的监督检查制度，对取得施工许可证后条件发生变化、延期开工、中止施工等行为进行监督检查，发现违法违规行为及时处理。

第十二条　对于未取得施工许可证或者为规避办理施工许可证将工程项目分解后擅自施工的，由有管辖权的发证机关责令停止施工，限期改正，对建设单位处工程合同价款1％以上2％以下罚款；对施工单位处3万元以下罚款。

第十三条　建设单位采用欺骗、贿赂等不正当手段取得施工许可证的，由原发证机关撤销施工许可证，责令停止施工，并处1万元以上3万元以下罚款；构成犯罪的，依法追究刑事责任。

第十四条　建设单位隐瞒有关情况或者提供虚假材料申请施工许可证的，发证机关不予受理或者不予许可，并处1万元以上3万元以下罚款；构成犯罪的，依法追究刑事责任。

建设单位伪造或者涂改施工许可证的，由发证机关责令停止施工，并处1万元以上3万元以下罚款；构成犯罪的，依法追究刑事责任。

第十五条　依照本办法规定，给予单位罚款处罚的，对单位直接负责的主管人员和其他直接责任人员处单位罚款数额5％以上10％以下罚款。

单位及相关责任人受到处罚的，作为不良行为记录予以通报。

第十六条　发证机关及其工作人员，违反本办法，有下列情形之一的，由其上级行政机关或者监察机关责令改正；情节严重的，对直接负责的主管人员和其他直接责任人员，依法给予行政处分：

（一）对不符合条件的申请人准予施工许可的；

（二）对符合条件的申请人不予施工许可或者未在法定期限内作出准予许可决定的；

（三）对符合条件的申请不予受理的；

（四）利用职务上的便利，收受他人财物或者谋取其他利益的；

（五）不依法履行监督职责或者监督不力，造成严重后果的。

第十七条　建筑工程施工许可证由国务院住房城乡建设主管部门制定格式，由各省、自治区、直辖市人民政府住房城乡建设主管部门统一印制。

施工许可证分为正本和副本，正本和副本具有同等法律效力。复印的施工许可证无效。

第十八条 本办法关于施工许可管理的规定适用于其他专业建筑工程。有关法律、行政法规有明确规定的，从其规定。

《建筑法》第八十三条第三款规定的建筑活动，不适用本办法。

军事房屋建筑工程施工许可的管理，按国务院、中央军事委员会制定的办法执行。

第十九条 省、自治区、直辖市人民政府住房城乡建设主管部门可以根据本办法制定实施细则。

第二十条 本办法自 2014 年 10 月 25 日起施行。1999 年 10 月 15 日建设部令第 71 号发布、2001 年 7 月 4 日建设部令第 91 号修正的《建筑工程施工许可管理办法》同时废止。

住房和城乡建设部关于修改《房屋建筑和市政基础设施工程施工分包管理办法》的决定

中华人民共和国住房和城乡建设部令第 19 号

《住房和城乡建设部关于修改〈房屋建筑和市政基础设施工程施工分包管理办法〉的决定》已经第 15 次部常务会议审议通过，现予发布，自发布之日起施行。

住房城乡建设部部长 陈政高
2014 年 8 月 27 日

住房和城乡建设部关于修改《房屋建筑和市政基础设施工程施工分包管理办法》的决定

住房和城乡建设部决定将《房屋建筑和市政基础设施工程施工分包管理办法》（建设部令第 124 号）第十八条修改为："违反本办法规定，转包、违法分包或者允许他人以本企业名义承揽工程的，以及接受转包和用他人名义承揽工程的，按《中华人民共和国建筑法》、《中华人民共和国招标投标法》和《建设工程质量管理条例》的规定予以处罚。具体办法由国务院住房城乡建设主管部门依据有关法律法规另行制定。"同时，将第三条、第十条、第十一条中的"建设行政主管部门"修改为"住房城乡建设主管部门"。

本决定自发布之日起施行。《房屋建筑和市政基础设施工程施工分包管理办法》根据本决定作相应的修正，重新发布。

历史文化名城名镇名村街区保护规划编制审批办法

中华人民共和国住房和城乡建设部令第 20 号

《历史文化名城名镇名村街区保护规划编制审批办法》已经第 16 次部常务会议审议通过，现予发布，自 2014 年 12 月 29 日起施行。

住房城乡建设部部长 陈政高
2014 年 10 月 15 日

历史文化名城名镇名村街区保护规划编制审批办法

第一条　为了规范历史文化名城、名镇、名村、街区保护规划编制和审批工作，根据《中华人民共和国城乡规划法》和《历史文化名城名镇名村保护条例》等法律法规，制定本办法。

第二条　历史文化名城、名镇、名村、街区保护规划的编制和审批，适用本办法。

第三条　对历史文化名城、名镇、名村、街区实施保护管理，在历史文化名城、名镇、名村、街区保护范围内从事建设活动，改善基础设施、公共服务设施和居住环境，应当符合保护规划。

第四条　编制保护规划，应当保持和延续历史文化名城、名镇、名村、街区的传统格局和历史风貌，维护历史文化遗产的真实性和完整性，继承和弘扬中华民族优秀传统文化，正确处理经济社会发展和历史文化遗产保护的关系。

第五条　历史文化名城、名镇保护规划应当单独编制，下列内容应当纳入城市、镇总体规划：

（一）保护原则和保护内容；

（二）保护措施、开发强度和建设控制要求；

（三）传统格局和历史风貌保护要求；

（四）核心保护范围和建设控制地带；

（五）需要纳入的其他内容。

第六条　历史文化街区所在地的城市、县已被确定为历史文化名城的，该历史文化街区保护规划应当依据历史文化名城保护规划单独编制。

历史文化街区所在地的城市、县未被确定为历史文化名城的，应当单独编制历史文化街区保护规划，并纳入城市、镇总体规划。

第七条　编制历史文化名城、名镇、街区控制性详细规划的，应当符合历史文化名城、名镇、街区保护规划。

历史文化街区保护规划的规划深度应当达到详细规划深度，并可以作为该街区的控制性详细规划。

历史文化名城、名镇、街区保护范围内建设项目的规划许可，不得违反历史文化名城、名镇、街区保护规划。

第八条　历史文化名城批准公布后，历史文化名城人民政府应当组织编制历史文化名城保护规划。历史文化名镇、名村批准公布后，所在地的县级人民政府应当组织编制历史文化名镇、名村保护规划。历史文化街区批准公布后，所在地的城市、县人民政府应当组织编制历史文化街区保护规划。

保护规划应当自历史文化名城、名镇、名村、街区批准公布之日起 1 年内编制完成。

第九条　历史文化名城、名镇、街区保护规划的编制，应当由具有甲级资质的城乡规划编制单位承担。

历史文化名村保护规划的编制，应当由具有乙级以上资质的城乡规划编制单位承担。

第十条　编制保护规划，应当遵守国家有关标准和技术规范，采用符合国家有关规定的基础资料。

历史文化名镇、名村、街区的核心保护范围内，确因保护需要无法按照有关的消防技术标准和规范设置消防设施和消防通道的，由城市、县人民政府公安机关消防机构会同同级城乡规划主管部门制订相应的防火安全保障方案。

因公共利益需要进行建设活动，对历史建筑无法实施原址保护、必须迁移异地保护或者拆除的，应当由城市、县人民政府城乡规划主管部门会同同级文物主管部门，报省、自治区、直辖市人民政府确定的保护主管部门会同同级文物主管部门批准。

县级以上地方人民政府有关主管部门应当根据编制保护规划的需要，及时提供有关基础资料。

第十一条　编制保护规划，应当进行科学论证，并广泛征求有关部门、专家和公众的意见；必要时，可以举行听证。

第十二条　历史文化名城保护规划应当包括下列内容：

（一）评估历史文化价值、特色和存在问题；

（二）确定总体保护目标和保护原则、内容和重点；

（三）提出总体保护策略和市（县）域的保护要求；

（四）划定文物保护单位、地下文物埋藏区、历史建筑、历史文化街区的核心保护范围和建设控制地带界线，制定相应的保护控制措施；

（五）划定历史城区的界限，提出保护名城传统格局、历史风貌、空间尺度及其相互依存的地形地貌、河湖水系等自然景观和环境的保护措施；

（六）描述历史建筑的艺术特征、历史特征、建设年代、使用现状等情况，对历史建筑进行编号，提出保护利用的内容和要求；

（七）提出继承和弘扬传统文化、保护非物质文化遗产的内容和措施；

（八）提出完善城市功能、改善基础设施、公共服务设施、生产生活环境的规划要求和措施；

（九）提出展示、利用的要求和措施；

（十）提出近期实施保护内容；

（十一）提出规划实施保障措施。

第十三条 历史文化名镇名村保护规划应当包括下列内容：

（一）评估历史文化价值、特色和存在问题；

（二）确定保护原则、内容和重点；

（三）提出总体保护策略和镇域保护要求；

（四）提出与名镇名村密切相关的地形地貌、河湖水系、农田、乡土景观、自然生态等景观环境的保护措施；

（五）确定保护范围，包括核心保护范围和建设控制地带界线，制定相应的保护控制措施；

（六）提出保护范围内建筑物、构筑物和环境要素的分类保护整治要求，对历史建筑进行编号，分别提出保护利用的内容和要求；

（七）提出继承和弘扬传统文化、保护非物质文化遗产的内容和措施；

（八）提出改善基础设施、公共服务设施、生产生活环境的规划方案；

（九）保护规划分期实施方案；

（十）提出规划实施保障措施。

第十四条 历史文化街区保护规划应当包括下列内容：

（一）评估历史文化价值、特点和存在问题；

（二）确定保护原则和保护内容；

（三）确定保护范围，包括核心保护范围和建设控制地带界线，制定相应的保护控制措施；

（四）提出保护范围内建筑物、构筑物和环境要素的分类保护整治要求，对历史建筑进行编号，分别提出保护利用的内容和要求；

（五）提出延续继承和弘扬传统文化、保护非物质文化遗产的内容和规划措施；

（六）提出改善交通等基础设施、公共服务设施、居住环境的规划方案；

（七）提出规划实施保障措施。

第十五条 历史文化名城、名镇、名村、街区保护规划确定的核心保护范围和建设控制地带，按照以下方法划定：

（一）各级文物保护单位的保护范围和建设控制地带以及地下文物埋藏区的界线，以县级以上地方人民政府公布的保护范围、建设控制地带为准；

（二）历史建筑的保护范围包括历史建筑本身和必要的建设控制区；

（三）历史文化街区、名镇、名村内传统格局和历史风貌较为完整、历史建筑或者传统风貌建筑集中成片的地区应当划为核心保护范围，在核心保护范围之外划定建设控制地带；

（四）历史文化名城的保护范围，应当包括历史城区和其他需要保护、控制的地区；

（五）历史文化名城、名镇、名村、街区保护规划确定的核心保护范围和建设控制地带应当边界清楚，四至范围明确，便于保护和管理。

第十六条 历史文化名城、名镇、街区保护规划的规划期限应当与城市、镇总体规划的规划期限相一致。

历史文化名村保护规划的规划期限应当与村庄规划的规划期限相一致。

第十七条 保护规划成果应当包括规划文本、图纸和附件，以书面和电子文件两种形式表达。

规划成果的表达应当清晰、规范，符合城乡规划有关的技术标准和技术规范。

第十八条 在历史文化名城、名镇、名村、街区保护规划成果编制阶段，历史文化名城、名镇、名村、街区所在地的省、自治区、直辖市人民政府城乡规划主管部门，应当组织专家对保护规划的成果进行审查。

在国家历史文化名城保护规划成果编制阶段，国家历史文化名城所在地的省、自治区、直辖市人民政府城乡规划主管部门，应当提请国务院城乡规划主管部门组织专家对成果进行审查。

第十九条 历史文化名城、名镇、名村保护规划由省、自治区、直辖市人民政府审批。历史文化街区保护规划按照省、自治区、直辖市的有关规定审批。

保护规划报送审批文件中应当附具本办法第十八条规定的审查意见采纳情况及理由；经听证的，还应当附具听证笔录。

第二十条 国家历史文化名城、中国历史文化名镇、名村保护规划经依法批准后30日内，组织编制机关应当报国务院城乡规划主管部门和国务院文物主管部门备案。报送备案时，应当提交下列材料：

（一）保护规划编制单位资质的相关材料；

（二）保护规划的批准文件；

（三）以书面和电子文件两种形式表达的规划文本、图纸和附件；

（四）本办法第十八条规定的审查意见；

第五篇

（五）国务院城乡规划主管部门要求的其他材料。

第二十一条 保护规划的组织编制机关应当及时公布经依法批准和备案的保护规划。

第二十二条 有下列情形之一的，保护规划的组织编制机关可以按照规定的权限和程序修改保护规划：

（一）新发现地下遗址等重要历史文化遗存，或者历史文化遗存与环境发生重大变化，经评估确需修改保护规划的；

（二）因行政区划调整确需修改保护规划的；

（三）因国务院批准重大建设工程确需修改保护规划的；

（四）依法应当修改保护规划的其他情形。

需要修改保护规划的，组织编制机关应当提出专题报告报送原审批机关批准后，方可编制修改方案；修改国家历史文化名城、中国历史文化名镇、名村保护规划的，还应当报告国务院城乡规划主管部门。

修改后的保护规划，应当按照原程序报送审批和备案。

第二十三条 任何单位和个人都应当遵守经依法批准并公布的保护规划，服从规划管理，并有权就涉及其利害关系的建设活动是否符合保护规划的要求向城乡规划主管部门查询。

任何单位和个人都有权向城乡规划主管部门或者其他有关部门举报或者控告违反保护规划的行为。

第二十四条 违反本办法规定，地方人民政府有下列行为之一的，由上级人民政府责令改正，对直接负责的主管人员和其他直接责任人员，依法给予处分：

（一）未组织编制保护规划的；

（二）未按照法定程序组织编制保护规划的；

（三）擅自修改保护规划的；

（四）未将批准的保护规划予以公布的。

第二十五条 县级以上地方人民政府城乡规划主管部门及其工作人员或者由省、自治区、直辖市人民政府确定的镇人民政府及其工作人员有下列行为之一的，对有关责任人员给予警告或者记过处分，情节较重的，给予记大过或者降级处分；情节严重的，给予撤职处分：

（一）违反规划批准在历史文化街区、名镇、名村核心保护范围内进行新建、扩建活动或者违反规定批准对历史建筑进行迁移、拆除的；

（二）违反历史文化街区和历史建筑的保护范围界限（紫线）等城乡规划强制性内容的规定核发规划许可的。

第二十六条 历史文化名城、名镇、名村、街区保护规划编制审批中涉及文物保护内容的，应当符合文物保护法律法规的规定。

第二十七条 本办法自 2014 年 12 月 29 日起施行。

三、住宅与房地产类

住房城乡建设部关于做好 2014 年住房保障工作的通知

建保〔2014〕57 号

各省、自治区住房城乡建设厅，北京市住房城乡建设委，天津市城乡建设交通委、国土资源房屋管理局，上海市城乡建设管理委、住房保障房屋管理局，重庆市城乡建设委、国土资源房屋管理局，新疆生产建设兵团建设局：

为切实抓好 2014 年住房保障工作，现就有关事项通知如下：

一、确保完成年度建设任务。今年全国城镇保障性安居工程计划新开工700万套以上，其中各类棚户区470万套以上；计划基本建成480万套。各地要协调发展改革、财政等部门，加大省级补助支持力度；建立省级巡查机制，加强对目标任务进展情况的督促检查；指导市县尽早开工建设，提高建成比例，尽快投入使用，确保完成年度开工和建成任务。

二、加强配套设施建设。要协调相关部门加大对配套设施建设的省级资金支持，组织制定加强保障性安居工程项目规划布局、配套设施建设的政策，明确市政基础设施和公共服务设施建设进度要求，并纳入对市县工作的年度目标考核。督促市县科学规划选址、合理布局，实现配套设施和保障性住房同步规划设计、同步建设、同步投入使用，推进保障性住房实施绿色建筑行动。

三、抓好住房保障规划编制工作。要指导市县人民政府结合实际，合理界定棚户区具体改造范围，摸清棚户区底数，调查摸底范围应包含建制镇。抓紧完成2013—2017年棚户区改造规划编制，分解到年度、落实到项目，5月底前报省级人民政府批准后报我部备案；在规划中展望2018—2020年棚户区改造任务安排。开展"十二五"住房保障规划实施情况评估，提前谋划"十三五"住房保障规划。会同有关部门开展进城落户农民住房保障需求研究，调查测算至2020年进城落户农民住房保障需求数量，为编制"十三五"住房保障规划提供支撑。

四、探索发展共有产权住房。我部确定北京、上海、深圳、成都、淮安、黄石为共有产权住房试点城市，试点城市要按照实施方案积极稳妥推进试点，在12月底前报送试点工作总结，相关省住房城乡建设部门要加强对试点工作的督促指导。其他省、自治区、直辖市也可以根据实际开展试点，在完善住房保障和供应体系、创新棚户区改造融资机制等方面进行有益探索。

五、推进公共租赁住房和廉租住房并轨运行。要根据《住房城乡建设部、财政部、国家发展改革委关于公共租赁住房和廉租住房并轨运行的通知》，在6月底前出台并轨运行实施办法，指导督促市县在8月底前出台实施方案。2014年底前，各地区要把廉租住房全部纳入公共租赁住房，实现统一规划

建设、统一资金使用、统一申请受理、统一运营管理。

六、继续推进保障性住房信息公开。要指导督促市县认真贯彻落实《国务院办公厅关于印发2014年政府信息公开工作要点的通知》，全面公开城镇保障性安居工程建设项目信息、保障性住房分配和退出信息，加大公共租赁住房配租政策及实施情况公开力度。

七、强化住房保障公平分配。要指导市县贯彻实施我部《住房保障档案管理办法》及实施意见，地级以上城市和档案管理基础工作较好的县市，要在2014年底前建立住房保障档案制度健全、管理规范、运行高效、信息安全的管理体制和工作机制。加强住房保障管理信息系统建设，提高信息化管理水平。落实对企事业单位利用自有土地建设或其他社会投资建设的公共租赁住房支持政策，并纳入政府监管，确保配租对象符合住房保障条件。

八、抓好住房救助工作。要认真贯彻实施《社会救助暂行办法》，依法完善住房救助政策措施。会同民政等部门抓紧组织对辖区内已实施住房救助，以及尚待实施住房救助对象的规模等情况进行调查摸底。对符合规定需实施住房救助的，要全部纳入住房保障体系，优先安排解决；对已通过廉租住房实施住房救助的，要确保公共租赁住房和廉租住房并轨后救助标准适当、租金水平合理。

九、认真整改审计发现的问题。要指导市县积极配合住房保障审计工作，跟踪审计过程，对审计发现的问题，做到边审计边整改。对于存在的配套设施建设滞后、建设工程监管不到位、分配审核把关不严、部分保障性住房闲置等问题，要逐项限期整改，对重点问题督导整改，并建立纠错机制，举一反三，健全廉政风险防控机制，完善相关政策措施。

十、做好信息报送工作。要加强工作信息交流，认真总结住房保障工作经验成效，及时报送有关经验做法、政策法规、工作动态。在8月底前报送公共租赁住房和廉租住房并轨工作情况，10月底前报送住房救助工作情况。

中华人民共和国住房和城乡建设部

2014年4月22日

住房城乡建设部关于并轨后
公共租赁住房有关运行管理工作的意见

建保〔2014〕91号

各省、自治区住房城乡建设厅，北京市住房城乡建设委、天津市城乡建设交通委、国土资源房屋管理局，上海市城乡建设管理委、住房保障房屋管理局，重庆市城乡建设委、国土资源房屋管理局，新疆生产建设兵团建设局：

住房城乡建设部、财政部、国家发展改革委《关于公共租赁住房和廉租住房并轨运行的通知》（建保〔2013〕178号）印发后，各地认真贯彻落实，并轨运行工作取得积极成效。为进一步做好有关运行管理工作，现提出如下意见：

一、明确保障对象

并轨后公共租赁住房的保障对象，包括原廉租住房保障对象和原公共租赁住房保障对象，即符合规定条件的城镇低收入住房困难家庭、中等偏下收入住房困难家庭，及符合规定条件的新就业无房职工、稳定就业的外来务工人员。

二、科学制定年度建设计划

各地应根据城镇低收入和中等偏下收入住房困难家庭对公共租赁住房需求，考虑符合当地住房保障条件的新就业无房职工、进城落户农民和外来务工人员的需要，结合当地经济社会发展水平和政府财政能力，科学制定公共租赁住房年度建设计划。要创新融资机制，多方筹集资金，做好公共租赁住房及其配套基础设施和公共服务设施规划建设，方便群众生产生活。落实民间资本参与公共租赁住房建设的各项支持政策。

三、健全申请审核机制

各地要整合原廉租住房和公共租赁住房受理窗口，方便群众申请。要明确并轨后公共租赁住房保障对象收入审核部门职责及协调机制。落实申请人对申请材料真实性负责的承诺和授权审核制度。社会投资建设公共租赁住房的分配要纳入政府监管。符合规定条件的住房保障对象，到市场承租住房的，可按各地原政策规定，继续领取或申请领取租赁住房补贴。

四、完善轮候制度

各地应当根据本地实际情况，合理确定公共租赁住房轮候期，对登记为轮候对象的申请人，应当在轮候期内给予安排。要优化轮候规则，坚持分层实施，梯度保障，优先满足符合规定条件的城镇低收入住房困难家庭的需求，对城镇住房救助对象，即符合规定标准的住房困难的最低生活保障家庭、分散供养的特困人员，依申请做到应保尽保。

五、强化配租管理

省级住房城乡建设部门要制定公共租赁住房合同示范文本，明确租赁双方权利义务。公共租赁住房租金原则上按照适当低于市场租金的水平确定。已建成并分配入住廉租住房统一纳入公共租赁住房管理，对已入住的城镇低收入住房困难家庭，其租金水平仍按原合同约定执行。对于新增城镇低收入住房困难家庭，租赁政府投资建设的公共租赁住房，应采取租金减免方式予以保障，不宜按公共租赁住房租金水平先收后返。

六、加强使用退出管理

公共租赁住房的所有权人及其委托的运营单位应当依合同约定，切实履行对公共租赁住房及其配套设施的维修养护责任，确保公共租赁住房的正常使用。经公共租赁住房所有权人或其委托的运营单位同意，承租人之间可以互换所承租的公共租赁住房。完善城镇低收入住房困难家庭资格复核制度，不再符合城镇低收入住房困难家庭条件但符合公共租赁住房保障对象条件的，可继续承租原住房，同时应调整租金。承租人违反有关规定或经审核不再符合公共租赁住房保障条件的，应退出公共租赁住房保障。

七、推进信息公开工作

各地要全面公开公共租赁住房的年度建设计划、

完成情况、分配政策、分配对象、分配房源、分配程序、分配过程、分配结果及退出情况等信息，畅通投诉监督渠道，接受社会监督。

中华人民共和国住房和城乡建设部
2014 年 6 月 24 日

住房城乡建设部 民政部 财政部
关于做好住房救助有关工作的通知

建保〔2014〕160 号

各省、自治区住房城乡建设厅、民政厅、财政厅，直辖市建委(国土资源房屋管理局、住房保障房屋管理局)、民政局、财政局，新疆生产建设兵团建设局、民政局、财政局：

住房救助是社会救助的重要组成部分，是针对住房困难的社会救助对象实施的住房保障。住房救助是切实保障特殊困难群众获得能够满足其家庭生活需要的基本住房，在住房方面保民生、促公平的托底性制度安排。为依法做好住房救助工作，根据《社会救助暂行办法》和《国务院关于全面建立临时救助制度的通知》(国发〔2014〕47 号)有关规定，现就有关事项通知如下：

一、明确住房救助对象。住房救助对象是指符合县级以上地方人民政府规定标准的、住房困难的最低生活保障家庭和分散供养的特困人员。城镇住房救助对象，属于公共租赁住房制度保障范围。农村住房救助对象，属于优先实施农村危房改造的对象范围。

二、规范住房救助方式。要充分考虑住房救助对象经济条件差、住房支付能力不足的客观条件，通过配租公共租赁住房、发放低收入住房困难家庭租赁补贴、农村危房改造等方式实施住房救助。对城镇住房救助对象，要优先配租公共租赁住房或发放低收入住房困难家庭租赁补贴，其中对配租公共租赁住房的，应给予租金减免，确保其租房支出可负担。对农村住房救助对象，应优先纳入当地农村危房改造计划，优先实施改造。

三、健全住房救助标准。县级以上地方人民政府要统筹考虑本行政区域经济发展水平和住房价格水平等因素，合理确定、及时公布住房救助对象的住房困难条件，以及城镇家庭实施住房救助后住房应当达到的标准和对住房救助对象实施农村危房改造

的补助标准。住房困难标准及住房救助标准应当按年度实行动态管理，以确保救助对象住房条件能随着经济和社会发展水平的进步而相应地提高。

四、完善住房救助实施程序。市、县人民政府应当本着方便、快捷、随到随办的原则，建立"一门受理、协同办理"机制，完善申请审核、资格复核、具体实施等住房救助程序规定，方便城乡家庭申请住房救助。

城镇家庭可通过乡镇人民政府、街道办事处或者直接向住房保障部门提出申请，经县级民政部门确认申请家庭的最低生活保障及特困供养人员资格，由住房保障部门负责审核家庭住房状况并公示。经审核符合规定条件的，应当纳入城镇住房保障轮候对象范围，优先给予保障。各地要完善城镇住房救助对象家庭资格复核制度，不再符合住房救助条件但符合公共租赁住房保障对象条件的，可继续承租公共租赁住房，同时相应调整租金。

农村居民(家庭)应向户籍所在地的乡镇人民政府提出申请。乡镇人民政府对申请人的最低生活保障或特困供养人员资格、住房状况进行确认、调查核实并公示后，报县级人民政府住房城乡建设部门会同民政部门审批。对经审批决定纳入住房救助范围的，应将其作为农村危房改造对象优先纳入当地农村危房改造计划。

五、落实优惠政策。各地要按规定，落实公共租赁住房筹集、发放低收入住房困难家庭租赁补贴、农村危房改造的财税、金融和用地等优惠政策，为实施住房救助提供有力支持。

六、加强实施管理。各地要全面公开住房救助政策、救助程序、救助结果等信息，畅通投诉监督渠道，接受社会监督。各地在制定公共租赁住房筹集、发放低收入住房困难家庭租赁补贴、农村危房改造

年度计划时，应优先满足当年实施住房救助的需要。各级住房城乡建设部门（住房保障部门）应会同民政等部门，组织对本辖区内累计实施、当年实施住房救助的情况，以及尚待实施住房救助的对象规模等，进行调查摸底，并将有关情况于当年 11 月底前报住房城乡建设部。

中华人民共和国住房和城乡建设部
中华人民共和国民政部
中华人民共和国财政部
2014 年 11 月 13 日

住房城乡建设部 财政部 中国人民银行
关于发展住房公积金个人住房贷款业务的通知

建金〔2014〕148 号

各省、自治区、直辖市住房城乡建设厅（建委）、财政厅（局），新疆生产建设兵团建设局、财务局，中国人民银行上海总部、有关分行、营业管理部、省会（首府）城市中心支行，直辖市、新疆生产建设兵团住房公积金管理委员会、住房公积金管理中心：

住房公积金个人住房贷款是提高缴存职工住房消费能力的重要途径，也是缴存职工的基本权益。当前，各地住房公积金个人住房贷款业务发展不平衡，部分城市贷款发放率较高，但多数城市发放率在 85％以下，影响了缴存职工的合法权益，也削弱了住房公积金制度的作用。为提高住房公积金个人住房贷款发放率，支持缴存职工购买首套和改善型自住住房，现就发展住房公积金个人住房贷款业务的有关问题通知如下。

一、合理确定贷款条件。职工连续足额缴存住房公积金 6 个月（含）以上，可申请住房公积金个人住房贷款。对曾经在异地缴存住房公积金、在现缴存地缴存不满 6 个月的，缴存时间可根据原缴存地住房公积金管理中心出具的缴存证明合并计算。住房公积金贷款对象为购买首套自住住房或第二套改善型普通自住住房的缴存职工。住房公积金管理中心不得向购买第三套及以上住房的缴存职工家庭发放住房公积金个人住房贷款。

二、适当提高首套贷款额度。住房公积金个人住房贷款发放率低于 85％的设区城市，住房公积金管理委员会要根据当地商品住房价格和人均住房面积等情况，适当提高首套自住住房贷款额度，加大对购房缴存职工的支持力度。

三、推进异地贷款业务。各省、自治区、直辖市要实现住房公积金缴存异地互认和转移接续。职工在就业地缴存住房公积金，在户籍所在地购买自住住房的，可持就业地住房公积金管理中心出具的缴存证明，向户籍所在地住房公积金管理中心申请住房公积金个人住房贷款。

四、设区城市统筹使用资金。未按照《住房公积金管理条例》规定调整到位的分支机构，要尽快纳入设区城市住房公积金管理中心统一制度、统一决策、统一管理、统一核算。设区城市住房公积金管理中心统筹使用分支机构的住房公积金。

五、盘活存量贷款资产。住房公积金个人住房贷款发放率在 85％以上的城市，要主动采取措施，积极协调商业银行发放住房公积金和商业银行的组合贷款。有条件的城市，要积极探索发展住房公积金个人住房贷款资产证券化业务。

六、降低贷款中间费用。住房公积金个人住房贷款担保以所购住房抵押为主。取消住房公积金个人住房贷款保险、公证、新房评估和强制性机构担保等收费项目，减轻贷款职工负担。

七、优化贷款办理流程。各地住房公积金管理中心与房屋产权登记机构应尽快联网，实现信息共享，简化贷款办理程序，缩短贷款办理周期。房屋产权登记机构应在受理抵押登记申请之日起 10 个工作日内完成抵押权登记手续；住房公积金管理中心应在抵押登记后 5 个工作日内完成贷款发放。房地产开发企业不得拒绝缴存职工使用住房公积金贷款购房。

八、提高贷款服务效率。各地住房公积金管理中心要健全贷款服务制度，完善服务手段，积极开展网上贷款业务咨询、贷款初审等业务，要全面开通 12329 服务热线和短信平台，向缴存职工提供数据查询、业务咨询、还款提示、投诉举报等服务。积极探索建立全省统一的 12329 服务热线和短信平台。

九、加强考核和检查。各省、自治区住房和城乡建设厅要加强对各市住房公积金个人住房贷款业务的考核，加大个人住房贷款业务考核权重。要定期进行现场专项检查，对工作不力的城市，要责令加大工作力度。住房城乡建设部每月通报全国住房公积金个人住房贷款发放情况。

各省、自治区住房城乡建设厅、财政厅、人民银行分支机构，直辖市、新疆生产建设兵团住房公积金管理委员会要按照本通知要求，根据不同城市

住房公积金个人住房贷款发放情况，加强分类指导，加大对贷款发放率低的城市督促检查力度，提高资金使用效率，保障住房公积金有效使用和资金安全，并将本通知落实情况于 2014 年年底前报住房城乡建设部、财政部和人民银行。

中华人民共和国住房和城乡建设部

中华人民共和国财政部

中国人民银行

2014 年 10 月 9 日

住房城乡建设部办公厅
关于贯彻落实住房公积金基础数据标准的通知

建办金〔2014〕51 号

各省、自治区住房城乡建设厅，直辖市、新疆生产建设兵团住房公积金管理委员会、住房公积金管理中心：

贯彻落实《住房公积金基础数据标准》（以下简称《基础数据标准》）对建立科学、合理、规范的住房公积金业务数据体系，提高住房公积金管理信息化水平，促进住房公积金监管系统建设，提升住房公积金服务能力，实现异地转移接续使用具有重要意义。为做好《基础数据标准》贯彻落实工作，现就有关要求通知如下：

一、请各省、自治区住房城乡建设厅组织本地住房公积金管理中心（以下简称公积金中心）开展信息系统《基础数据标准》贯彻落实工作，并于 2017 年底之前完成。

二、公积金中心新建或升级改造信息系统，在咨询设计阶段要明确贯彻《基础数据标准》的方法和措施；在招标阶段，要把贯彻《基础数据标准》作为项目招投标条件之一；在建设阶段，要按《基础数据标准》规定进行应用系统和数据库设计开发；在验收阶段，要将贯彻《基础数据标准》情况形成专门的验收测评报告。

三、暂不进行信息系统升级改造的公积金中心，应按照《基础数据标准》要求，在现有业务信息系统数据库中建立标准数据表，实现系统生产数据项与标准数据表中数据项的对照映射，确保能够覆盖标准数据表中所有数据项。

四、公积金中心应于 2014 年 12 月底前将贯彻《基础数据标准》方案和计划报本省、自治区住房城乡建设厅，直辖市和新疆生产建设兵团公积金中心直接报我部住房公积金监管司。各省、自治区住房城乡建设厅要根据本地公积金中心贯彻《基础数据标准》工作的安排，拟订三年内完成贯彻《基础数据标准》的工作计划，于 2015 年 1 月底前报我部住房公积金监管司；同时，与我部建立联动机制，按照公积金中心贯彻《基础数据标准》工作进度共同提供指导和咨询服务，促进工作顺利开展。

五、为确保资金安全，提供便捷服务，各地公积金中心信息系统在贯彻《基础数据标准》过程中，要同时接入全国统一的住房公积金银行结算数据应用系统，与受托银行进行直联支付结算，实时获取银行结算数据，实现资金、业务和财务信息的自动平衡匹配，建立先进、实用、安全的信息系统。

六、各省、自治区住房城乡建设厅要对本地公积金中心信息系统贯彻《基础数据标准》情况，组织专项检查验收并形成报告，报我部住房公积金监管司。我部在住房公积金数据镜像系统部署工作中，将对完成贯彻《基础数据标准》工作的公积金中心信息系统进行逐项复查。

七、公积金中心要按本通知要求，积极与财政部门沟通，将贯彻《基础数据标准》工作费用列入专项经费，保证《基础数据标准》贯彻落实工作按期完成。

中华人民共和国住房和城乡建设部办公厅
2014 年 12 月 9 日

住房城乡建设部办公厅关于开展加强和改进住房公积金服务专项督查工作的通知

建办金函〔2014〕394 号

各省、自治区住房和城乡建设厅，直辖市、新疆生产建设兵团住房公积金管委会、住房公积金管理中心：

按照住房城乡建设部党组统一部署，为落实第一批群众路线教育实践活动住房公积金相关问题的整改措施，加强对第二批群众路线教育实践活动的行业指导，切实解决群众反映强烈的住房公积金服务方面存在的突出问题，维护住房公积金缴存职工合法权益，我部决定于 2014 年下半年开展加强和改进住房公积金服务专项督查工作，现通知如下。

一、工作目标

通过开展专项督查，构筑方便快捷的住房公积金管理服务体系，全面提升服务质量，重点解决群众反映最强烈、最迫切的服务问题，切实维护广大缴存职工的合法权益，充分发挥住房公积金制度作用。

二、工作任务

（一）健全服务制度。按照《住房公积金服务指引》要求，建立首问负责、一次性告知、限时办结、服务承诺等各项服务制度，明确服务内容、落实服务责任。

（二）优化业务流程。在确保资金安全，有效防控风险的前提下，合理简化业务办理手续。做好住房公积金管理中心与受委托银行在业务办理手续方面的衔接，推动各地实施一站式业务办理，缩短办理时限，提高办事效率。

（三）降低中间费用。取消强制保险、公证和担保及其他不合理收费。降低业务办理现场提供的复印、打印等服务收费，有条件的地区免费提供辅助性服务。

（四）改进服务方式。改善服务环境，在服务网点配备自助查询终端、叫号机、休息椅、饮水机等设施。逐步建立网上服务大厅、12329 服务热线、手机短信平台、网点服务四位一体的服务体系。

（五）提升服务能力。加强住房公积金服务人员的配备，不断提高服务意识和服务能力。通过建立对服务人员的培训、考核和责任追究机制，推进住房公积金管理队伍建设。

三、工作安排

（一）自查自纠阶段（2014 年 7 月—8 月）

各省、自治区住房和城乡建设厅按照我部《关于加强和改进住房公积金服务工作的通知》（建金[2011] 9 号）、《住房公积金服务指引》以及本通知要求，组织对所辖设区城市住房公积金服务工作进行自查。直辖市、新疆生产建设兵团住房公积金管理中心对照相关文件要求，检查本中心住房公积金服务工作是否到位。各省、自治区住房和城乡建设厅，直辖市、新疆生产建设兵团住房公积金管理中心于 2014 年 8 月 31 日前，将自查报告报我部住房公积金监管司。

（二）重点抽查阶段（2014 年 9 月—10 月）

我部组成 10 个检查组，由司局级领导带队，根据各地报送的自查情况，对直辖市、新疆生产建设兵团，以及每个省（区）选择 2—3 个城市进行抽查。届时将邀请部分省（区）住房和城乡建设厅分管负责同志担任部分检查组组长，异地检查住房公积金服务情况。重点抽查工作于 2014 年 10 月底前完成。

（三）总结督促整改阶段（2014 年 11 月—12 月）

2014 年 11 月 15 日之前，各检查组将检查报告报送我部住房公积金监管司汇总，形成专项督查情况总结报告。11 月底之前，对存在问题比较严重的地区下发整改意见通知书。12月，组织各省（区）住房和城乡建设厅、部分设区城市住房公积金管理中心召开专项督查工作总结交流会。总结各地住房公积金服务情况，通报住房公积金服务不到位的典型案例，交流推广住房公积金服务方面的先进经验和有效做法。

四、工作要求

（一）加强领导。各省（区）住房和城乡建设厅要切实加强对本地区专项督查工作的组织领导，抽调精干人员对各设区城市住房公积金服务工作情况进行检查。住房和城乡建设厅要积极发挥牵头作用，会同其他省级监管部门，形成工作合力，上下联动，共同抓好落实。

（二）建立机制。各级住房公积金监管部门和管理机构，在开展专项督查过程中要坚持广泛听取意见、开门整改。通过设立举报电话和举报信箱等方式，主动接受群众监督。在专项督查过程中，对群众的举报和投诉，以及网络、报纸等媒体曝光的住房公积金服务不到位的现象，省级监管部门要认真调查、快速处理、及时反馈。

（三）务求实效。在专项督查过程中，要坚持边整边改，发现问题及时纠正，存在不足及时改进。坚持专项督查与制度建设同步推进，需要从制度层面解决的问题，及时完善相关政策，加快制度建设。坚持专项督查和长期监督相结合，通过开展专项督查，研究建立督促各地持续提高住房公积金服务能力和水平的长效机制。

中华人民共和国住房和城乡建设部办公厅

2014 年 7 月 11 日

四、城乡规划与村镇建设类

住房城乡建设部关于开展县（市）城乡总体规划暨"三规合一"试点工作的通知

建规〔2014〕18 号

各省、自治区住房城乡建设厅，北京市规划委员会、上海市规划国土局、天津市规划局、重庆市规划局：

为贯彻落实党的十八大、十八届三中全会以及中央城镇化工作会议精神，全面推动城乡发展一体化，在县（市）探索经济社会发展、城乡、土地利用规划的"三规合一"或"多规合一"，我部决定开展县（市）城乡总体规划暨"三规合一"试点工作。现就有关事项通知如下：

一、试点的意义

目前，县（市）规划过多，相互矛盾，覆盖广度、深度不够，带来城乡分割、重城轻乡、用地粗放等问题，不利于规划实施的监管。特别是一些经济较为发达、人口密度高的地区，人地关系紧张，急需加强规划统筹和管理。近年来，一些地区开始探索开展县（市）域城乡统筹规划的编制工作，取得了一定成效，为开展县（市）城乡总体规划工作试点提供了良好的基础。

开展县（市）城乡总体规划暨"三规合一"试点工作是贯彻落实党的十八届三中全会、中央城镇化工作会议精神，全面推进新型城镇化建设，探索完善县（市）规划体系，推动城乡发展一体化、转变发展方式，推进规划体制改革的重要举措，有利于统筹协调县（市）域工业化、信息化、城镇化和农业现代化，促进县（市）域经济社会全面协调可持续发展。

二、试点工作的主要内容

以科学发展观为指导，全面落实新型城镇化的战略要求，坚持以人为本、优化布局、生态文明、传承文化的原则，按照城乡一体、全域管控、部门协作的要求，编制县（市）城乡总体规划，实现经济社会发展、城乡、土地利用规划的"三规合一"或"多规合一"，逐步形成统一衔接、功能互补的规划体系。

（一）统筹衔接经济社会发展和土地利用规划。要以城乡规划为基础、经济社会发展规划为目标、土地利用规划提出的用地为边界，实现全县（市）一张图，县（市）域全覆盖。以上位规划为依据，将经济社会发展规划确定的目标、土地利用规划提出的建设用地规模和耕地保护要求等纳入县（市）城乡总体规划。同步研究提出城乡总体规划与土地利用规划在基础数据、建设用地范围和规划实施时序等方面的衔接方案。

（二）全面优化城镇化布局和形态。按照促进生产空间集约高效、生活空间宜居适度、生态空间山清水秀的总体要求，调整城乡空间结构，统筹规划各类城乡建设用地与非建设用地，科学划定城镇开发边界，合理确定城乡居民点布局总体框架，形成生产、生活、生态空间的合理结构。注重保护和弘扬传统优秀文化，延续城市历史文脉，保留村庄原始风貌，尽可能在原有村庄形态上改善居民生活条件。

（三）合理确定城镇化发展的各项目标。按照新型城镇化的要求，依据资源环境条件容量、城镇化发展趋势，合理确定县（市）城镇化发展的各项目标和人均指标，提出具有本地特色的城镇化路径及具体发展策略，提高城镇化质量。按照严守底线、调整结构、深化改革的思路，严控增量，盘活存量，优化结构，提升效率，切实提高城镇建设用地集约化水平。

（四）积极推进基本公共服务均等化。从空间上统筹布局城乡、区域间的基础设施和公共设施，防止低水平重复建设。合理布局城乡综合交通、给水排水、电力电讯、市容环卫等基础设施以及文化、教育、体育、卫生等公共服务设施，合理确定不同类型村庄基础设施和公共服务设施配置标准。引导城镇各类设施向农村延伸，完善城乡发展的支撑体系。

（五）明确全域空间管控目标和措施。加强生态环境保护，严格保护耕地特别是基本农田，促进资源保护性开发利用。综合考虑生态环境保护、涵养水源和城乡建设的需要，合理划定禁止建设区、限制建设区和适宜建设区，并制定明确的管制措施。

三、工作进度安排

（一）申报阶段。试点工作采取县（市）政府申请、

省（区）住房城乡建设厅（直辖市规划局）推荐、住房城乡建设部审核的方式。各省（区、市）要结合当地实际，按照能够反映本地城镇化发展特点、具有较强代表性和推广意义、经济发展水平和人口密度居本省（区、市）前列的原则，推荐 2-3 个县（市）作为试点候选县（市）。申报材料包括县（市）政府的申报文件、省（区）住房城乡建设厅（直辖市规划局）推荐文件和试点工作方案，试点工作方案要说明试点县（市）基本情况、推荐理由、已有工作基础、时间安排等内容，并于 2014 年 2 月 28 日前将申报文件及相关材料报我部城乡规划司。

（二）试点阶段。我部组织专家对省（区、市）上报的材料进行审核，确定试点县（市）具体名单。列入试点的县（市）要在 1 年内完成县（市）城乡总体规划的编制和审批工作。我部和各省（区）住房城乡建设厅（直辖市规划局）将加强对试点县（市）规划编制的指导，并组织专家进行评审。

（三）经验总结和推广阶段。我部将对各省（区、市）试点县（市）城乡总体规划的编制、实施情况进行跟踪指导、总结经验，在此基础上制定相关规划编制技术导则，在全国推广。

四、工作要求

（一）高度重视，加强组织领导。试点县（市）人民政府作为规划制定和实施主体，要高度重视试点工作，切实加强组织领导，加强工作协调，做好规划编制工作。省（区）住房城乡建设厅（直辖市规划局）要加强对试点工作的督导，认真部署，各相关部门要积极配合，确保试点工作顺利进行。

（二）因地制宜，突出特色。各地要根据实际情况，结合城镇化的发展趋势，创新规划编制方法和内容，突出特色和重点，切实提高县（市）城乡总体规划的编制质量和水平，提高规划的实用性和可操作性。

（三）创新体制，加强实施管理。各地要将试点工作与加强规划管理、完善规划实施机制结合起来，研究建立覆盖全域的数据信息平台，促进规划、发展改革、国土、建设等多部门的协作，逐步形成城乡一体的规划编制、实施和监管体制。

联系人：陈景进、刘成哲

电　话：010-58934497　58933834（兼传真）

中华人民共和国住房和城乡建设部

2014 年 1 月 24 日

住房城乡建设部 国家文物局
关于开展中国历史文化街区认定工作的通知

建规〔2014〕28 号

各省、自治区住房城乡建设厅、文物局，直辖市规划局（规划委）、文物局：

历史文化街区是我国历史文化名城保护制度的核心内容，是历史文化遗产保护体系的重要组成部分，承载着不可再生的历史信息，具有重要的历史文化价值。在非历史文化名城的城市，同样保留有许多风貌完整、传统建筑集中、历史遗存丰富的街区，具有极高的保护价值，应当纳入保护体系加以保护。为贯彻落实中央城镇化工作会议精神，做好历史文化街区保护工作，住房城乡建设部、国家文物局决定开展中国历史文化街区的申报认定工作。现将有关事宜通知如下：

一、基本条件

申报的街区原则上是省级人民政府公布的历史文化街区。

二、申报要求

（一）拟申请中国历史文化街区的，需提交以下材料：

1. 填报的《中国历史文化街区申报表》和《中国历史文化街区基础数据表》（附件 1、2）。

2. 经省（区、市）人民政府公布的历史文化街区批准文件。

3. 依法批准实施的历史文化街区保护规划。

4. 历史文化街区价值评估研究报告。内容包括对街区历史文化价值认定的分析，对街区格局和风貌特色、历史街巷空间特色等的评估分析。

5. 历史文化街区可持续性评估报告。内容包括保护状况、居民生活水平、经济活力、街区环境的评估以及居民基本的诉求和意愿调查。

6. 街区内已开展的基础设施、历史建筑与传统风貌建筑的修缮、不协调建筑的整治等项目的规划方案、批准文件、实施前后的对比照片资料等。

7. 城市历史保护管理规章制度与专门管理机构的相关材料。

8. 反映街区传统风貌的照片集、电子幻灯片（包括概况及历史沿革、历史文化特色、图片、保护规划简介及保护措施简介）等。

（二）申报工作由历史文化街区所在地城市人民政府提出申请，省、自治区、直辖市人民政府城乡规划主管部门会同文物主管部门初审同意后，按程序上报。

（三）申报材料以纸质和电子文件两种形式报送，1 式 2 份。电子文本文件使用 word 格式，图纸和照片使用 jpeg 格式，电子幻灯片使用 Powerpoint 格式，视频文件采用 Mpeg 格式，时长不超过 15 分钟。

三、工作要求

（一）加强组织领导。省级城乡规划、文物主管部门要高度重视，组织指导做好申报工作，按时汇总报送申报资料。要对本地历史文化街区状况进行梳理，推荐具有珍贵历史文化价值的街区参加申报，按照要求认真准备、报送申报材料。

（二）加强监督管理。省级城乡规划、文物主管部门要重视和加强历史文化街区保护工作，指导、督促地方按照历史文化街区保护规划的要求，做好历史文化街区的保护工作。

（三）开展街区认定。要认真开展历史文化街区认定工作。未开展省级历史文化街区认定的省（区、市）要抓紧开展。要通过认定工作将非历史文化名城城市符合条件的历史文化街区纳入保护体系。

（四）申报材料请于 2014 年 4 月底前分别报住房城乡建设部城乡规划司和国家文物局文物保护与考古司。

联系人及电话：

住房城乡建设部城乡规划司

010-58933769 傅 爽 郑文良

国家文物局文物保护与考古司

010-56792073 詹德华 辛泸江

附件 1. 中国历史文化街区申报表（略）
2. 中国历史文化街区基础数据表（略）
3. 图件要求（略）

中华人民共和国住房和城乡建设部
国家文物局
2014 年 2 月 19 日

住房城乡建设部关于
坚决制止破坏行为加强保护性建筑保护工作的通知

建规〔2014〕183 号

各省、自治区住房城乡建设厅，直辖市规划局（规委），新疆生产建设兵团建设局：

近来，各地拆除保护性建筑行为时有发生，对文化遗产保护和城镇风貌造成了不可挽回的损失。为了加强保护性建筑的保护工作，现就有关问题通知如下：

一、充分认识加强保护性建筑保护意义，坚决制止破坏行为。保护性建筑是指已经纳入法定保护体系的各类建筑遗产，及其他具有保护价值的各类建筑。保护性建筑是悠久华夏文明的结晶，是城乡文化遗产的重要组成部分，是不可再生的宝贵资源。在新型城镇化过程中做好保护性建筑的保护工作，对于弘扬优秀传统文化，塑造城镇风貌特色，建设体现历史记忆、地域特色和民族特色的美丽城镇具有重要意义。各地应认识到对保护性建筑进行保护的重要性与紧迫性，严格按照《中华人民共和国城乡规划法》和《历史文化名城名镇名村保护条例》等法律法规的有关要求，加大保护工作力度，坚决制止破坏行为。

二、完善部门联动机制，强化落实保护责任。保护性建筑保护是一项系统工作，需要部门联动。各地要结合实际情况，完善保护性建筑保护法规和技术标准，建立多部门参与保护的有效工作机制。历史文化名城要在2015年年底前制定完成名城保护规划实施行动计划，明确具体目标任务、责任分工、牵头单位、保障措施、进度安排，将保护性建筑的保护作为专项内容纳入行动计划，进行任务分解，逐步建立保护工作年度报告制度。

三、开展普查工作，建立保护名录。各地要尽快启动保护性建筑的普查工作，全面掌握保护性建筑的数量、分布、特征、保存现状、环境状况等基本情况，为准确判断保护形势、科学制定保护政策和规划提供依据。各地要根据普查结果，在2015年年底之前，公布历史文化名城名镇名村保护性建筑名录。

四、加强城乡规划编制，强化规划实施管理。在城乡规划编制工作中，要将保护性建筑的保护作为城乡规划的强制性内容，合理确定保护原则，划定保护范围，提出分类保护要求，明确保护措施。各级城乡规划行政主管部门在城乡规划审查工作中，应加强对保护性建筑的保护措施、保护区划等内容的审查。加强规划建设管理，严格规划许可制度，对涉及保护性建筑的各类建设活动应全过程严格依法履行基本建设程序，对未取得规划许可的，不得批准用地和进行建设。

五、重视民生问题改善，做好建筑修缮和设施更新。将保护与改善民生有机结合，要坚持保护第一、合理利用的方针，注重完善基础设施、修缮建筑本体，改善群众的生活条件。对于保护性建筑的修缮活动应当根据不同保护等级、保存状态，采取合理保护措施。在棚户区和城中村改造中，应当注重保护性建筑的保护，禁止大拆大建、拆古建新，不仅要对保护性建筑的建筑本体进行保护，还应当保护其历史环境、整体风貌和空间特色。

六、加大监督检查力度，严肃追究违法责任。各地要建立社会公众监督机制，加强对保护性建筑的保护。对于违反有关法规，造成保护性建筑破坏的，要严肃追究相关责任。省级城乡规划行政主管部门应进行监督检查，我部将加强工作指导。

各地应按照国家有关法律法规的要求，加强对保护性建筑的保护，坚决制止拆毁、破坏保护性建筑的行为，切实做好保护性建筑的保护工作。

中华人民共和国住房和城乡建设部
2014 年 12 月 18 日

第五篇

住房城乡建设部办公厅关于贯彻落实《历史文化名城名镇名村街区保护规划编制审批办法》的通知

建办规〔2014〕56号

各省、自治区住房城乡建设厅，直辖市规划局（委），新疆生产建设兵团建设局：

《历史文化名城名镇名村街区保护规划编制审批办法》（以下简称《办法》）已经我部常务会议审议通过，以住房城乡建设部令第20号发布，自2014年12月29日起施行。为贯彻落实《办法》，规范规划编制与审批，现将有关要求通知如下：

一、充分认识《办法》颁布实施的重要意义

历史文化名城、名镇、名村、街区是我国重要的历史文化资源。依法制定和严格实施保护规划，对于保护历史遗存的真实性，保护城乡传统格局和历史风貌，继承和弘扬中华民族优秀传统文化具有重要意义。《办法》依据《中华人民共和国城乡规划法》和《历史文化名城名镇名村保护条例》（以下简称《条例》）等法律法规，细化了历史文化名城、名镇、名村、街区保护规划编制和审批的内容及要求，具有很强的操作性。各地要充分认识《办法》的颁布实施，有利于提高保护规划编制水平，规范规划审批程序，促进历史文化遗产保护，维护历史文化名城、名镇、名村、街区保护规划的科学性和严肃性。要坚持依法行政，依据相关法律、法规和《办法》，切实做好保护规划的编制和审批工作。

二、组织开展《办法》学习宣传

各级城乡规划主管部门要认真组织学习《办法》，使规划管理干部和规划编制技术人员准确理解和把握《办法》的主要内容和要求，做好保护规划编制和审批工作，提高保护规划编制和审批的科学性、规范性。要充分发挥报纸、杂志、广播、电视、网络等媒体的作用，通过举办专题讲座、开设宣传专栏、发放宣传材料等多种形式，广泛宣传《办法》的重要意义和主要内容，提高社会各界特别是各级政府及有关部门、公众对历史文化名城、名镇、名村、街区保护规划工作的认识，吸引群众关心和监督历史文化遗产保护工作，为《办法》的贯彻实施营造良好的社会氛围。

三、严格开展保护规划编制

历史文化街区所在地城市、县已被确定为历史文化名城的，该街区保护规划应当依据历史文化名城保护规划单独编制。历史文化街区所在地城市、县未被确定为历史文化名城的，应当单独编制历史文化街区保护规划，并纳入城市、镇总体规划。在国家历史文化名城保护规划成果编制阶段，国家历史文化名城所在地省、自治区、直辖市人民政府城乡规划主管部门，应当提请国务院城乡规划主管部门组织专家对成果进行审查。

四、认真开展保护规划编制审批工作情况检查

各省、自治区、直辖市城乡规划主管部门要组织对本地历史文化名城、名镇、名村、街区保护规划编制审批情况开展一次检查，检查重点是《条例》实施后，保护规划的编制及修改情况。检查情况于2015年3月底前报我部，我部将组织抽查。所有国家历史文化名城要在2015年底之前按《条例》和《办法》要求完成保护规划编制和报批工作。对违反《办法》相关规定的，要依法追究责任。

各地贯彻实施《办法》中有关问题和情况，请及时告我部城乡规划司。

中华人民共和国住房和城乡建设部办公厅

2014年12月26日

住房城乡建设部关于做好 2014 年村庄规划、镇规划和县域村镇体系规划试点工作的通知

建村〔2014〕44 号

各省、自治区住房城乡建设厅，北京市规划委、天津市建交委、上海市规划国土资源局、重庆市规划局：

近年来，各地积极开展村庄规划、镇规划以及县域村镇体系规划的编制和实施，取得了一定成效，但村镇规划照搬城市规划模式、脱离村镇实际、指导性和实施性较差等问题仍然存在。为贯彻落实党的十八大、中央城镇化工作会议以及中央农村工作会议精神，2014 年我部在继续开展村庄规划试点的同时，组织开展镇规划和县域村镇体系规划试点。现就有关事项通知如下：

一、试点的目的和重点内容

（一）试点的目的。探索符合新型城镇化和新农村建设要求、符合村镇实际、具有较强指导性和实施性的村庄规划、镇规划理念和编制方法，以及"多规合一"的县域村镇体系规划编制方法，形成一批有示范意义的规划范例并加以总结推广。

（二）村庄规划试点的重点内容。参照《关于做好 2013 年全国村庄规划试点工作的通知》（建村函〔2013〕35 号）的要求，针对村庄问题，抓住村庄需求，因地制宜确定村庄规划内容及深度。今年着重探索不同类型村落格局的村庄规划方法，包括基础设施和公共服务设施的布局和适宜技术、村庄风貌和公共环境的整治方法、村庄格局未来发展方向的引导和管控等。村庄现有格局不做大调整。

（三）镇规划试点的重点内容。探索符合小城镇实际、解决小城镇问题的镇规划理念、目的、内容、深度及编制方法等。探索不同功能、人口规模及产业特点的镇规划方法。探索符合小城镇特点的产业发展和扩大稳定就业的规划措施。探索以镇为中心的农民生产生活圈规划方法，依据农民购物办事、休闲娱乐、教育医疗等各类活动需求和活动半径，合理确定镇与村的基础设施、公共服务设施和商业设施的布局和建设标准，增强镇服务功能。探索"多规合一"的镇规划方法和工作机制。避免照搬城市规划方法、盲目追求规模扩张、重镇区轻镇域、重新镇区建设轻老镇区改造、缺乏小城镇特色、可

操作性差等问题。

（四）县域村镇体系规划试点的重点内容。探索县域城乡规划、国民经济社会发展规划、土地利用规划及生态环境规划等"多规合一"的规划方法和工作机制，实现县域村镇体系规划全覆盖，全县一张图管理。探索符合新型城镇化和新农村建设要求的县域城镇化战略和空间格局以及实施措施，提出工业化、农业现代化以及传统产业传承发展并举的产业政策和产业布局，提出人的就业、人的生活、人的素质、人的布局等以人为本的规划措施，提出耕地红线、生态红线、城镇开发边界以及合理用地等土地利用布局，构建以不同层次功能圈为基础的村镇体系和基础设施布局。重点解决目前县域规划中存在的各层次规划缺乏衔接、重现代轻传统、重县城轻乡镇、可操作性差等问题。

二、试点的选择

试点单位采取县级住房城乡建设主管部门申请，各省（区、市）住房城乡建设主管部门推荐，住房城乡建设部确定的方法。每省最多推荐 1 个村庄、1 个镇、1 个县作为候选，住房城乡建设部组织专家选择符合条件的 10 个村庄、17 个镇、5 个县作为试点。推荐材料表见附件。

（一）试点村庄的选择。本次将选择以下类型村落格局的村庄作为试点，每类格局各选 2 个试点：一是散居型的村庄；二是组团型的村庄；三是网状型的村庄，如沿水网形成的村庄；四是带状型村庄，如沿过境公路、河道、山谷等形成的村庄；五是其他格局的村庄。2013 年大部分试点的村落格局为集中连片型，今年试点不选择此类型。试点村庄应为当地政府重视，村干部带头作用强，村民参与积极性高的行政村。迁建、撤并的村庄以及新建的农民集中居住点不作试点。

（二）试点镇的选择。本次将选择不同功能、人口规模及产业特点的镇作为试点：一是城市卫星镇，位于大城市周边或城镇密集地区内并分担城市功能，镇区现状常住人口为 3 至 5 万人，此类镇选择 3 个试点。二是县域副中心镇，生产生活服务功能对周边

乡镇有较强辐射带动作用,镇区现状常住人口为1至3万人,此类镇选择3个试点。三是一般镇,生产生活服务功能主要辐射范围为本辖区,镇区现状常住人口小于1万人,此类镇选择3个试点。四是特色产业镇,现代农业镇、商贸镇、工矿镇和旅游镇各选2个试点。试点镇应为县政府重视,有政策、资金支持,近期建设项目可落实的非县城关镇。

(三)试点县的选择。本次试点优先选择县委县政府主要领导重视,"多规合一"工作机制已建立,规划建设管理体制完善,社会、经济、文化、生态以及城乡协调发展较好的县。

三、试点工作要求

(一)注重调查。深入实地开展调查,认真分析第一手资料,切实把握县、镇和村庄实际情况及居民切实需求。

(二)问题导向。找准县、镇、村庄发展建设急需解决的主要问题,从解决主要问题入手,科学确定规划目标、内容和深度。

(三)部门协作。县政府组织,建设、财政、发改、国土、环保、交通、水利、农业等部门共同参与,统筹规划各类建设项目。

(四)公众参与。尊重公众意愿,在规划调研、编制、审批等各个环节,通过简明易懂的方式征询意见、公示规划成果、宣传普及规划。

(五)总结提炼。建立评估机制,转变规划理念,改进规划方法,对规划编制、实施情况进行跟踪指导,总结提炼,为推广示范经验、制定规划标准和编制办法等提供实践基础。

四、试点工作组织

(一)落实责任分工。试点所在县(市、旗)对规划编制和实施负总责。住房城乡建设部与各省(区、市)住房城乡建设主管部门负责指导、监督、检查。县级住房城乡建设主管部门负责规划试点的具体组织、监督和检查等工作。依法组织规划编制和报批工作。

(二)规划编制经费的补助和筹集。住房城乡建设部负责拨付规划编制补助经费,各省(区、市)住房城乡建设主管部门给予支持,试点所在县(市、旗)负责拨付余额部分。住房城乡建设部按每个村庄规划试点7万元、每个镇规划试点15万元、每个县域村镇体系规划试点20万元对规划编制单位予以补助。住房城乡建设部与各省(区、市)住房城乡建设主管部门为规划试点项目共同委托单位,与规划编制单位签署合同并支付补助资金。

(三)示范推广。住房城乡建设部组织对试点规划进行验收,优秀规划将列入住房城乡建设部公布的示范名单。鼓励各地按照本通知要求开展本地区规划试点并推荐优秀规划,经住房城乡建设部组织评审后,优秀的可列入部示范名单。住房城乡建设部将在全国宣传推广示范并适时召开经验交流会。

(四)工作进度安排。省(区、市)住房城乡建设主管部门于2014年4月20日前,向住房城乡建设部上报所推荐的试点村庄、镇、县和编制单位的基本情况(见附件)。2014年12月底前,完成规划编制。

联系人:陈伟、郭志伟、唐兰

电 话:010-58934567(兼传真)

附 件:1. 村庄规划试点基本情况表(略)

2. 镇规划试点基本情况表(略)

3. 县域村镇体系规划试点基本情况表(略)

4. 规划编制单位推荐表(略)

中华人民共和国住房和城乡建设部

2014年3月28日

住房城乡建设部关于印发
《乡村建设规划许可实施意见》的通知

建村〔2014〕21号

各省、自治区住房城乡建设厅,直辖市规划局(委),新疆生产建设兵团建设局:

《城乡规划法》对乡村建设规划许可作出了规定。为明确乡村建设规划许可实施的范围、内容,规范程序,加强乡村建设规划许可,我部制定了《乡村建设规划许可实施意见》,现印发给你们,请遵照执行。执行过程中有何问题和建议，请及时反馈住房城乡建设部村镇建设司。

附件：《乡村建设规划许可实施意见》

附件

中华人民共和国住房和城乡建设部

2014 年 1 月 21 日

乡村建设规划许可实施意见

为贯彻落实《中华人民共和国城乡规划法》，加强乡村建设规划许可管理工作，规范乡村建设行为，提出以下意见。

一、乡村建设规划许可的原则

（一）强化管理。按照先规划、后许可、再建设的要求，依法加强管理，规范乡村建设秩序，维护村民公共利益，保持乡村风貌。

（二）高效便民。以服务农民为目标，简化程序，明确时限，提高工作效率，做好事前、事中、事后服务，提高服务质量。

（三）因地制宜。结合实际制定乡村建设规划许可实施细则，建立切实可行的管理机制，明确适宜的乡村建设规划许可内容和深度。

二、乡村建设规划许可的适用范围

在乡、村庄规划区内，进行农村村民住宅、乡镇企业、乡村公共设施和公益事业建设，依法应当申请乡村建设规划许可的，应按本实施意见要求，申请办理乡村建设规划许可证。

确需占用农用地进行农村村民住宅、乡镇企业、乡村公共设施和公益事业建设的，依照《中华人民共和国土地管理法》有关规定办理农用地转批手续后，应按本实施意见要求，申请办理乡村建设规划许可证。

在乡、村庄规划区内使用原有宅基地进行农村村民住宅建设的，各省、自治区、直辖市可参照本实施意见，制定规划管理办法。

乡村建设规划许可证的核发应当依据经依法批准的城乡规划。

城乡各项建设活动必须符合城乡规划要求。城乡规划主管部门不得在城乡规划确定的建设用地范围以外作出乡村建设规划许可。

乡镇企业是指乡、村庄内的各类企业。乡村公共设施和公益事业包括垃圾收集处理、供水、排水、供电、供气、道路、通信、广播电视、公厕等基础设施和学校、卫生院、文化站、幼儿园、福利院等

公共服务设施。

三、乡村建设规划许可的内容

乡村建设规划许可的内容应包括对地块位置、用地范围、用地性质、建筑面积、建筑高度等的要求。根据管理实际需要，乡村建设规划许可的内容也可以包括对建筑风格、外观形象、色彩、建筑安全等的要求。

各地可根据实际情况，对不同类型乡村建设的规划许可内容和深度提出具体要求。要重点加强对建设活动较多、位于城郊及公路沿线、需要加强保护的乡村地区的乡村建设规划许可管理。

四、乡村建设规划许可的主体

乡村建设规划许可的申请主体为个人或建设单位。

乡、镇人民政府负责接收个人或建设单位的申请材料，报送乡村建设规划许可申请。城市、县人民政府城乡规划主管部门负责受理、审查乡村建设规划许可申请，作出乡村建设规划许可决定，核发乡村建设规划许可证。

城市、县人民政府城乡规划主管部门在其法定职责范围内，依照法律、法规、规章的规定，可以委托乡、镇人民政府实施乡村建设规划许可。

五、乡村建设规划许可的申请

进行农村村民住宅建设的，村民应向乡、镇人民政府提出乡村建设规划许可的书面申请，申请材料应包括：

1. 国土部门书面意见。

2. 房屋用地四至图及房屋设计方案或简要设计说明。

3. 经村民会议讨论同意、村委会签署的意见。

4. 其他应当提供的材料。

进行乡镇企业、乡村公共设施和公益事业建设的，个人或建设单位应向乡、镇人民政府提出乡村建设规划许可的书面申请，申请材料应包括：

第五篇

1. 国土部门书面意见。

2. 建设项目用地范围地形图(1：500或1：1000)，建设工程设计方案等。

3. 经村民会议讨论同意、村委会签署的意见。

4. 其他应当提供的材料。

乡、镇人民政府应自申请材料齐全之日起十个工作日内将申请材料报送城市、县人民政府城乡规划主管部门。

城市、县人民政府城乡规划主管部门和乡、镇人民政府应对个人或建设单位做好规划设计要求咨询服务，并提供通用设计、标准设计供选用。乡镇企业、乡村公共设施和公益事业的建设工程设计方案应由具有相应资质的设计单位进行设计，或选用通用设计、标准设计。

六、乡村建设规划许可的审查和决定

城市、县人民政府城乡规划主管部门应自受理乡村建设规划许可申请之日起二十个工作日内进行审查并作出决定。对符合法定条件、标准的，应依法作出准与许可的书面决定，并向申请人核发乡村建设规划许可证。对不符合法定条件、标准的，应依法作出不予许可的书面决定，并说明理由。

七、乡村建设规划许可的变更

个人或建设单位应按照乡村建设规划许可证的规定进行建设，不得随意变更。确需变更的，被许可人应向作出乡村建设规划许可决定的行政机关提出申请，依法办理变更手续。

因乡村建设规划许可所依据的法律、法规、规章修改或废止，或准予乡村建设规划许可所依据的客观情况发生重大变化的，为了公共利益的需要，可依法变更或撤回已经生效的乡村建设规划许可证。由此给被许可人造成财产损失的，应依法给予补偿。

八、乡村建设规划许可的保障措施

加强组织领导。各级城乡规划主管部门要增强责任感和紧迫感，将乡村建设规划许可管理工作列入村镇建设的重要内容。制定切实可行的乡村建设规划许可管理机制，明确职责，落实责任。探索完善乡村建设管理机制，有条件的地方可开展规划核实工作。

加强宣传教育。各级城乡规划主管部门要加大乡村规划建设管理人员的业务指导和培训力度，推进乡镇建设管理员队伍建设，有条件的地方要落实村级规划建设协管责任人。要通过各种形式宣传普及乡村建设规划许可工作，发挥乡镇人民政府和村民自治组织的作用，提高村民遵守规划的意识。

加强监督检查。各级城乡规划主管部门要加强监督检查，对未依法取得乡村建设规划许可证或未按照乡村建设规划许可证的规定进行建设的，由乡、镇人民政府责令停止建设、限期改正。逾期不改正的，可以拆除。不符合城乡规划要求、未依法取得乡村建设规划许可证的，不得办理房屋产权证。城市、县人民政府城乡规划主管部门未按规定受理申请、核发乡村建设规划许可证的，应依法追究有关责任人员的责任。

住房城乡建设部　文化部　国家文物局　财政部
关于切实加强中国传统村落保护的指导意见

建村〔2014〕61号

各省、自治区、直辖市住房城乡建设厅(建委，北京市农委)、文化厅(局)、文物局、财政厅(局)：

传统村落传承着中华民族的历史记忆、生产生活智慧、文化艺术结晶和民族地域特色，维系着中华文明的根，寄托着中华各族儿女的乡愁。但是，近一个时期以来，传统村落遭到破坏的状况日益严峻，加强传统村落保护迫在眉睫。为贯彻落实党中央、国务院关于保护和弘扬优秀传统文化的精神，加大传统村落保护力度，现提出以下意见：

一、指导思想、基本原则和主要目标

(一)指导思想。以党的十八大、十八届三中全会精神为指导，深入贯彻落实中央城镇化工作会议、中央农村工作会议、全国改善农村人居环境工作会

议精神，遵循科学规划、整体保护、传承发展、注重民生、稳步推进、重在管理的方针，加强传统村落保护，改善人居环境，实现传统村落的可持续发展。

（二）基本原则。坚持因地制宜，防止千篇一律；坚持规划先行，禁止无序建设；坚持保护优先，禁止过度开发；坚持民生为本，反对形式主义；坚持精工细作，严防粗制滥造；坚持民主决策，避免大包大揽。

（三）主要目标。通过中央、地方、村民和社会的共同努力，用 3 年时间，使列入中国传统村落名录的村落（以下简称中国传统村落）文化遗产得到基本保护，具备基本的生产生活条件、基本的防灾安全保障、基本的保护管理机制，逐步增强传统村落保护发展的综合能力。

二、主要任务

（一）保护文化遗产。保护村落的传统选址、格局、风貌以及自然和田园景观等整体空间形态与环境。全面保护文物古迹、历史建筑、传统民居等传统建筑，重点修复传统建筑集中连片区。保护古路桥涵垣、古井塘树藤等历史环境要素。保护非物质文化遗产以及与其相关的实物和场所。

（二）改善基础设施和公共环境。整治和完善村内道路、供水、垃圾和污水治理等基础设施。完善消防、防灾避险等必要的安全设施。整治文化遗产周边、公共场地、河塘沟渠等公共环境。

（三）合理利用文化遗产。挖掘社会、情感价值，延续和拓展使用功能。挖掘历史科学艺术价值，开展研究和教育实践活动。挖掘经济价值，发展传统特色产业和旅游。

（四）建立保护管理机制。建立健全法律法规，落实责任义务，制定保护发展规划，出台支持政策，鼓励村民和公众参与，建立档案和信息管理系统，实施预警和退出机制。

三、基本要求

（一）保持传统村落的完整性。注重村落空间的完整性，保持建筑、村落以及周边环境的整体空间形态和内在关系，避免"插花"混建和新旧村不协调。注重村落历史的完整性，保护各个时期的历史记忆，防止盲目塑造特定时期的风貌。注重村落价值的完整性，挖掘和保护传统村落的历史、文化、艺术、科学、经济、社会等价值，防止片面追求经济价值。

（二）保持传统村落的真实性。注重文化遗产存在的真实性，杜绝无中生有、照搬抄袭。注重文化遗产形态的真实性，避免填塘、拉直道路等改变历史格局和风貌的行为，禁止没有依据的重建和仿制。注重文化遗产内涵的真实性，防止一味娱乐化等现象。注重村民生产生活的真实性，合理控制商业开发面积比例，严禁以保护利用为由将村民全部迁出。

（三）保持传统村落的延续性。注重经济发展的延续性，提高村民收入，让村民享受现代文明成果，实现安居乐业。注重传统文化的延续性，传承优秀的传统价值观、传统习俗和传统技艺。注重生态环境的延续性，尊重人与自然和谐相处的生产生活方式，严禁以牺牲生态环境为代价过度开发。

四、保护措施

（一）完善名录。继续开展补充调查，摸清传统村落底数，抓紧将有重要价值的村落列入中国传统村落名录。做好村落文化遗产详细调查，按照"一村一档"要求建立中国传统村落档案。统一设置中国传统村落的保护标志，实行挂牌保护。

（二）制定保护发展规划。各地要按照《城乡规划法》以及《传统村落保护发展规划编制基本要求》（建村〔2013〕130号）抓紧编制和审批传统村落保护发展规划。规划审批前应通过住房城乡建设部、文化部、国家文物局、财政部（以下简称四部局）组织的技术审查。涉及文物保护单位的，要编制文物保护规划并履行相关程序后纳入保护发展规划。涉及非物质文化遗产代表性项目保护单位的，要由保护单位制定保护措施，报经评定该项目的文化主管部门同意后，纳入保护发展规划。

（三）加强建设管理。规划区内新建、修缮和改造等建设活动，要经乡镇人民政府初审后报县级住房城乡建设部门同意，并取得乡村建设规划许可，涉及文物保护单位的应征得文物行政部门的同意。严禁拆并中国传统村落。保护发展规划未经批准前，影响整体风貌和传统建筑的建设活动一律暂停。涉及文物保护单位区划内相关建设及文物迁移的，应依法履行报批手续。传统建筑工匠应持证上岗，修缮文物建筑的应同时取得文物保护工程施工专业人员资格证书。

（四）加大资金投入。中央财政考虑传统村落的保护紧迫性、现有条件和规模等差异，在明确各级政府事权和支出责任的基础上，统筹农村环境保护、

"一事一议"财政奖补及美丽乡村建设、国家重点文物保护、中央补助地方文化体育与传媒事业发展、非物质文化遗产保护等专项资金,分年度支持中国传统村落保护发展。支持范围包括传统建筑保护利用示范、防灾减灾设施建设、历史环境要素修复、卫生等基础设施完善和公共环境整治、文物保护、国家级非物质文化遗产代表性项目保护。调动中央和地方两个积极性,鼓励地方各级财政在中央补助基础上加大投入力度。引导社会力量通过捐资捐赠、投资、入股、租赁等方式参与保护。探索建立传统建筑认领保护制度。

(五)做好技术指导。四部局制定全国传统村落保护发展规划,组织保护技术开发研究、示范和技术指南编制工作,组织培训和宣传教育。省级住房城乡建设、文化、文物、财政部门(以下简称省级四部门)做好本地区的技术指导工作,成立省级专家组并报四部局备案。每个中国传统村落要确定一名省级专家组成员,参与村内建设项目决策,现场指导传统建筑保护修缮等。

五、组织领导和监督管理

(一)明确责任义务。四部局按照职责分工共同开展传统村落保护工作,公布中国传统村落名录,制定保护发展政策和支持措施,组织、指导和监督保护发展规划的编制和实施、非物质文化遗产保护和传承、文物保护和利用,会同有关部门审核、下达中央财政补助资金。

省级四部门负责本地区的传统村落保护发展工作,编制本地区传统村落保护发展规划,制定支持措施。地市级人民政府负责编制本地区传统村落保护整体实施方案,制定支持措施,建立健全项目库。县级人民政府对本地区的传统村落保护发展负主要责任,负责传统村落保护项目的具体实施。乡镇人民政府要配备专门工作人员,配合做好监督管理。

村集体要根据保护发展规划,将保护要求纳入村规民约,发挥村民民主参与、民主决策、民主管理、民主监督的主体作用。村两委主要负责人要承担村落保护管理的具体工作,应成为保护发展规划编制组主要成员。传统建筑所有者和使用者应当按规划要求进行维护和修缮。

(二)建立保护管理信息系统。四部局建立中国传统村落保护管理信息系统,登记村落各类文化遗产的数量、分布、现状等情况,记录文化遗产保护利用、村内基础设施整治等项目的实施情况。推动建立健全项目库,为传统村落保护项目选择、组织实施、考核验收和监督管理奠定基础。

(三)加强监督检查。四部局组织保护工作的年度检查和不定期抽查,通报检查结果并抄送省级人民政府。省级四部门要组织开展本地区的检查,并于每年2月底前将上年度检查报告报送四部局。四部局将利用中国传统村落保护管理信息系统和中国传统村落网站公开重要信息,鼓励社会监督。项目实施主体应公开项目内容、合同和投资额等,保障村民参与规划、建设、管理和监督的权利。

(四)建立退出机制。村落文化遗产发生较严重破坏时,省级四部门应向村落所在县级人民政府提出濒危警示通报。破坏情况严重并经四部局认定不再符合中国传统村落入选条件的,四部局将该村落从中国传统村落名录予以除名并进行通报。

六、中央补助资金申请、核定与拨付

中央补助资金申请原则上以地级市为单位。省级四部门汇总初审后向四部局提供如下申请材料:申请文件、各地级市整体实施方案(编制要求见附件1)、本地区项目需求汇总表(格式见附件2)、传统村落保护发展规划。相关专项资金管理办法有明确要求的,应当同时按照要求另行上报。2014年申请中央补助的地区,省级四部门应于5月20日前完成报送工作。

四部局根据各地申请材料,研究确定纳入支持的村落范围,结合有关专项资金年度预算安排和项目库的情况,核定各地补助资金额度,并按照原专项资金管理办法下达资金。各地要按照资金原支持方向使用资金,将中央补助资金用好用实出成效。

附件:1. 地级市传统村落保护整体实施方案编制要求(略)

2. 项目需求表格式(略)

中华人民共和国住房和城乡建设部

中华人民共和国文化部

国家文物局

中华人民共和国财政部

2014年4月25日

住房城乡建设部 中央农办 环境保护部 农业部关于落实《国务院办公厅关于改善农村人居环境的指导意见》有关工作的通知

建村〔2014〕102 号

各省、自治区、直辖市住房城乡建设厅（建委、北京市农委）、党委农村工作综合部门、环境保护厅、农业厅，新疆生产建设兵团办公厅、建设局（环保局）、农业局：

今年 5 月，国务院办公厅印发了《关于改善农村人居环境的指导意见》（国办发〔2014〕25 号，以下简称《指导意见》），对各地报送规划及年度工作情况备案、加强工作指导、组织开展监督检查、研究建立农村人居环境统计和评价机制、向国务院报告工作进展情况等提出了明确要求。为落实上述任务，现将有关事宜通知如下：

一、做好规划编制和报送工作

各省（区、市）应按照《指导意见》的要求，组织力量调查研究，科学编制本地区改善农村人居环境规划。规划要根据本地实际，合理确定指导思想、总体目标、重点任务、财政投入等保障措施等内容。规划经省级人民政府批准后，于 2014 年 12 月底前报送住房城乡建设部、中央农办、环境保护部、农业部备案。

二、加强工作指导

住房城乡建设部、中央农办、环境保护部、农业部将会同有关部门，按照各自职责分工，加强对全国改善农村人居环境工作的指导，组织开展试点示范，分类制定改善农村人居环境技术指南和标准，总结和推广各地的优秀经验，建立纠偏机制。省级住房城乡建设、党委农村工作综合部门、环境保护、农业部门要结合本地实际，加强工作指导。

三、开展监督检查

住房城乡建设部、中央农办、环境保护部、农

业部会同有关部门将于每年 12 月底前联合开展改善农村人居环境年度工作检查，检查内容包括各地工作进展、主要政策措施落实情况、农村人居环境改善效果等。省级住房城乡建设、党委农村工作综合部门、环境保护、农业部门要做好配合工作。

四、做好农村人居环境调查与评价

住房城乡建设部、中央农办、环境保护部、农业部等部门每年根据各地调查上报的农村人居环境信息数据，以及年度工作检查情况和各地提交的年度工作情况报告，对各地改善农村人居环境工作情况进行评价并报国务院。

五、报告年度工作情况

各省（区、市）应将经省级人民政府同意的上一年度工作情况于每年 2 月底前报住房城乡建设部、中央农办、环境保护部、农业部备案。报告内容包括已开展的工作和成效、主要做法和经验、存在的问题、下一步工作等。

各省（区、市）要抓紧建立部门联动、分工明确的协调推进机制，经省级人民政府明确牵头部门，牵头部门应加强与住房城乡建设部、中央农办、环境保护部、农业部的联系和沟通，并请于 2014 年 8 月底前将落实全国改善农村人居环境工作会议和《国务院办公厅关于改善农村人居环境的指导意见》情况报住房城乡建设部。

中华人民共和国住房和城乡建设部
中央农村工作领导小组办公室
中华人民共和国环境保护部
中华人民共和国农业部
2014 年 7 月 14 日

住房城乡建设部　文化部　国家文物局
关于做好中国传统村落保护项目实施工作的意见

建村〔2014〕135号

各省、自治区、直辖市住房城乡建设厅（建委）、文化厅（局）、文物局，北京市农委：

根据住房城乡建设部、文化部、国家文物局、财政部（以下简称四部局）《关于切实加强中国传统村落保护的指导意见》（建村〔2014〕61号），为防止出现盲目建设、过度开发、改造失当等修建性破坏现象，积极稳妥推进中国传统村落保护项目的实施，现提出以下意见：

一、做好规划实施准备。各地要按照《城乡规划法》的规定，抓紧做好已通过四部局技术审查的中国传统村落保护发展规划审批工作，批准后的规划成果要及时在政府网站和当地村落公开。规划确定的项目清单，既要有保护方面的内容，也要有建设发展方面的内容，要符合实际、有操作性，让居民得到实惠。项目实施方案要符合规划确定的建设用地规划条件，涉及文物保护单位的，其文物保护方案需经文物部门审定。四部局将适时组织专家现场抽查规划实施准备情况。

二、挂牌保护文化遗产。规划确定的各类保护对象要实行挂牌保护。严禁拆并中国传统村落、破坏各类保护对象。四部局负责统一设计中国传统村落保护形象标志，县级住房城乡建设、文化、文物部门制作中国传统村落和村内各类保护对象的标识牌，在村口和保护对象的显要处挂出。各级文物保护单位、历史建筑按有关法律法规要求作出标志说明、进行挂牌。

三、严格执行乡村建设规划许可制度。中国传统村落各类项目必须符合保护发展规划要求。保护发展规划范围内的建设项目必须严格按照法定程序执行乡村建设规划许可。乡村建设规划许可应根据保护发展规划确定的传统格局、建筑风格、外观形象、建筑材料、色彩等规划条件核发。涉及文物保护单位的保护范围和建设控制地带的建设项目，须依法履行许可程序。对传统格局、历史风貌及其所依存的整体环境造成破坏的建设项目，不得核发乡村建设规划许可。未经许可建设的各类违章建筑应予拆除。

四、确定驻村专家和村级联络员。中国传统村落各类项目的建设要在专家指导下实施。省级住房城乡建设、文化、文物部门要尽快会同县级有关部门确定驻村专家。重要节点和传统建筑的修缮改造方案未经专家签字同意不得实施；已经批准的文物保护单位保护修缮方案，若做重大修改，应按原程序重新报批。驻村专家要在项目实施前期及期间入村督导，每年驻村时间累计不少于2个月。中国传统村落必须指定1名以上村级联络员。村级联络员应为本村常住居民，热心文化遗产保护，能使用计算机、网络、数码相机、手机等工具，负责宣传保护政策、反映项目实施进展等工作。省级住房城乡建设部门汇总驻村专家、村级联络员名单及联系方式报四部局备案。

五、建立本地传统建筑工匠队伍。传统建筑的修缮应采用传统工艺并由传统建筑工匠承担。传统村落所在地的市县要发现并培育本地传统建筑工匠，聘请优秀传统建筑工匠对本地工匠进行培训。整理并保存传统建筑建造过程的完整记录，总结传统建造技术的优缺点，结合现代技术进行改良提升。

六、稳妥开展传统建筑保护修缮。要优先保护村落内濒危的文物保护单位、历史建筑等文化遗产。重要文化遗产核心保护范围内严重影响整体风貌的建筑可适当拆除，新建建筑要在风貌上与原有建筑保持协调一致。核心保护范围外的风貌不协调建筑可适当进行外观改造，不宜大规模拆除。一般性的传统建筑修缮和改造要谨慎推进，每个中国传统村落可先选择1-3处代表性传统建筑（民居）进行示范改造，在保持传统风貌和建筑形式不变的前提下对室内设施进行现代化提升，避免不经试点示范就盲目大规模推进。传统民居的外观改造要运用传统工艺、使用乡土材料。涉及文物保护单位的保护修缮，应符合文物部门的相关规定。

七、加强公共设施和公共环境整治项目管控。各类公共设施建设和公共环境整治项目不得破坏传统格局，要符合传统村落风貌控制要求，符合规划对设施尺度和规模的控制要求，减少不必要的浪费。污水管线、供水管线和电线改造要与道路改造统筹实施，有条件的可以一次性三线入地。有闲置传统建筑可利用时，村落公共服务设施应优先利用闲置传统建筑，不提倡新

第五篇

建博物馆、陈列室、卫生室、超市等公共类项目。要保持村落整体景观节点传统风貌，严禁进行不符合实际的村口改造，不得将大广场、大型游憩设施、大型旅游设施等生硬嫁接到传统村落。

八、严格控制旅游和商业开发项目。旅游、休闲度假等是传统村落保护利用的重要途径，但要坚持适度有序。各地要从村落经济、交通、资源等条件出发，正确处理资源承载力、村民接受度、经济承受度与村落文化遗产保护间的关系，反复论证旅游和商业开发类项目的可行性，反对不顾现实条件一味发展旅游，反对整村开发和过度商业化。已经实施旅游等项目的村落，要加强村落活态保护，严格控制商业开发的面积，尽量避免和减少对原住居民日常生活的干扰，更不得将村民整体或多数迁出由商业企业统一承包经营，不得不加区分地将沿街民居一律改建商铺，要让传统村落见人见物见生活。

九、建立专家巡查督导机制。未来3年传统村落保护项目实施期间，四部局将组织传统村落保护发展专家委员会及工作组专家分片区巡查传统村落各类项目。专家将依据保护发展规划督导各类项目的实施，提出整改意见，并向四部局及时反馈实施和整治工作情况。

十、探索多渠道、多类型的支持措施。各地要积极探索推动补助、无息贷款、贴息贷款等多种方式综合支持传统民居保护和基础设施建设。县级人民政府要整合各类涉农资金向中国传统村落倾斜。积极探索传统民居产权制度改革，支持开展传统民居产权制度改革试点。鼓励本土能人、企业家回乡及相关社会力量通过捐资、投资、租赁等多渠道参与中国传统村落保护。

十一、完善组织和人员保障。传统村落所在的县（市、区）人民政府要明确1名领导挂帅，统筹协调各项工作，整合资源；乡镇人民政府要明确1名具备一定专业知识和素养的领导具体管理实施项目；县（市、区）相关部门要明确1名建筑、规划或文物保护等专业的驻村专家，对项目实施进行技术指导，鼓励建筑、美术、文化遗产保护等专业的大学生、规划师、建筑师等作为志愿者积极参与；传统村落要聘请1名实践经验丰富的带班工匠主持项目实施。

十二、加强项目实施的检查与监督。传统村落保护项目信息将通过中国传统村落保护项目管理信息系统公开。村委会和项目实施主体应及时在村内公开每个项目的信息，包括项目规模、内容、施工方、合同和投资额等信息。项目实施期间，村级联络员要根据项目进展情况，将工程进度节点照片和重大事项照片及时上传到管理信息系统。四部局将通过中国传统村落网站公开举报电话、邮箱和微信平台，接受公众对各类破坏行为的举报。各地要鼓励社会监督，建立明查和暗访制度，对违反保护发展规划的各类建设和开发行为，发现一起处理一起。省级住房城乡建设、文化、文物、财政部门要组织开展年度工作检查，于每年2月底前将上年度传统村落保护项目实施情况报送四部局。

中华人民共和国住房和城乡建设部
中华人民共和国文化部
国家文物局
2014年9月5日

五、城市建设类

住房城乡建设部 关于加快城市道路桥梁建设改造的通知

建城〔2014〕90号

各省、自治区住房城乡建设厅，北京市交通委，天津市城乡建设交通委，上海市交通委，重庆市市政管委，新疆生产建设兵团建设局：

为贯彻落实《国务院关于加强城市基础设施建设的意见》（国发〔2013〕36号，以下简称《意见》），加快城市道路桥梁建设改造，保障城市道路桥梁的运行安全，现将有关事项通知如下：

一、充分认识城市道路桥梁建设改造的重要性。城市道路桥梁是城市基础设施的重要组成部分，是保证城市功能和保障人民生活的重要物质基础。近年来，随着城市快速发展，我国城市道路桥梁设施发展较快，2013年年底，全国城市道路 33.6 万公里，城市桥梁近 6 万座，城市道路桥梁养护管理任务日趋繁重。部分城市发生桥梁倒塌、路面塌陷、窨井伤人等事故，造成人民生命财产重大损失，暴露出城市道路桥梁设施质量水平不高、养护管理不到位、安全隐患处置不及时等诸多问题。各级城市道路桥梁管理部门要充分认识加快城市道路桥梁建设改造工作的重要性，全面贯彻《意见》精神，以高度负责的态度，采取切实有效措施，认真完成《意见》确定的各项工作任务。

二、加快完善城市道路网络系统。各地要严格依据城市总体规划和城市道路交通专项规划，制定城市道路年度建设计划。近期，要以提升道路网络密度、提高城市道路网络连通性和可达性为重点安排城市道路建设改造项目。进一步加强城市次干路、支路网、街巷微循环系统等工程建设，打通断头路，科学配置步行道、自行车道及公交专用道等设施，优化居住小区出入口道路设施建设。加快城乡结合部和城市出入口道路的统一规划、统筹建设和改造，强化城市干支路网、快速路网和干线公路衔接，提高道路通行能力。

三、加强城市道路桥梁养护管理。各地要认真落实城市道路桥梁的养护管理责任主体，进一步明确旧城改造、新区建设道路桥梁的管养单位，落实养护责任。新（扩、改）建及改造城市道路桥梁的建设单位应及时向管养单位移交设施及相关档案材料，确保所有的城市道路桥梁都纳入养护监督体系内，不遗漏一座桥梁。城市道路桥梁管养单位，要严格按照国家及地方城市道路桥梁养护技术规范要求，定期对城市道路桥梁进行养护、维修，及时排除城市道路桥梁安全隐患，保持城市道路桥梁设施完好，提高城市道路桥梁服务水平。

四、抓好城市桥梁安全检测和加固改造。各地要按照《城市桥梁检测和养护管理办法》、《城市桥梁养护技术规范》，严格落实城市桥梁检测评估制度，对城市桥梁及其附属设施的技术状况进行全面检测评估，对特大桥梁及特殊结构桥梁、城市快速路网和城市主干路上的桥梁、新型或大跨结构桥梁、独柱单点支撑桥梁、易形成单板受力桥梁、建成年代早或设计荷载等级低桥梁、多发性地质灾害地区和严重超载路段的桥梁，要重点进行检测评估。各城市应尽快完成城市桥梁的安全检测，形成分析评估报告，及时上报当地人民政府。对判定为危桥的，要制定加固改造计划和方案，立即采取积极有效措施消除安全隐患，2015 年底前，完成对危桥的加固改造，保证所有桥梁在安全受控下运行。

五、推进城市桥梁信息系统建设。各地要结合城市桥梁档案管理、维修养护要求，加快建立完善城市桥梁信息管理系统，并根据桥梁运行期间的各种检测数据等，及时更新城市桥梁档案信息，实现城市桥梁信息数据的动态更新和管理。省级住房城乡建设主管部门要制定统一的城市桥梁管理信息标准，积极推进省级城市桥梁信息管理系统建设。到 2015 年底前，地级以上城市要建成桥梁信息管理系统，东部地区要率先建成省级城市桥梁信息管理系统。

六、加强组织领导确保工作落实。各地要加强对城市道路桥梁建设改造养护的管理，协调相关部门形成合力，明确责任，落实资金，全力推进城市道路桥梁建设改造工作。要按照《市政工程设施养护维修估算指标》，保障城市道路桥梁日常巡检、养护维修的经费；对于桥梁结构检测和特殊检测以及危桥加固改造，要落实专项资金，确保任务顺利完成。要进一步加强路政执法，清理违规违法占用城市道路行为，严格控制道路挖掘，依法惩处破坏城市道路桥梁行为，确保城市道路桥梁正常运行。

中华人民共和国住房和城乡建设部

2014 年 6 月 23 日

住房城乡建设部 国家发展改革委
关于进一步加强城市节水工作的通知

建城〔2014〕114 号

各省、自治区住房城乡建设厅、发展改革委，直辖市、计划单列市城乡建委（市政管委、水务局）、发展改革委，海南省水务厅，新疆生产建设兵团建设局、发展改革委：

城市节水是解决水资源供需矛盾、提升水环境承载能力、应对城市水安全问题的重要举措，对支撑新型城镇化战略实施和社会主义生态文明建设具有重要意义。党中央、国务院高度重视城市节水工作。习近平总书记近期要求深入开展节水型城市建设，使节约用水成为每个单位、每个家庭、每个人的自觉行动。《国务院关于加强城市基础设施建设的意见》（国发〔2013〕36号）提出加快推进节水城市建设。为贯彻落实中央精神，践行节水优先、空间均衡、系统治理、两手发力的治水思路，充分利用城市规划、建设和市政公用管理及其服务平台，推动城市节水工作，现通知如下：

一、强化规划对节水的引领作用。城市总体规划编制要科学评估城市水资源承载能力，坚持以水定城、以水定地、以水定人、以水定产的原则，统筹给水、节水、排水、污水处理与再生利用，以及水安全、水生态和水环境的协调。缺水城市要先把浪费的水管住，严格控制生态景观取用新水，提出雨水、再生水及建筑中水利用等要求，沿海缺水城市要因地制宜提出海水淡化水利用等要求；按照有利于水的循环、循序利用的原则，规划布局市政公用设施；明确城市蓝线管控要求，加强河湖水系保护。编制控制性详细规划要明确节水的约束性指标。各城市要依据城市总体规划和控制性详细规划编制城市节水专项规划，提出切实可行的目标，从水的供需平衡、潜力挖掘、管理机制等方面提出工作对策、措施和详细实施计划，并与城镇供水、排水与污水处理、绿地、水系等规划相衔接。

二、严格落实节水"三同时"制度。新建、改建和扩建建设工程节水设施必须与主体工程同时设计、同时施工、同时投入使用。城市建设（城市节水）主管部门要主动配合相关部门，在城市规划、施工图设计审查、建设项目施工、监理、竣工验收备案等管理环节强化"三同时"制度的落实。

三、加大力度控制供水管网漏损。要指导各城市加快对使用年限超过50年和材质落后供水管网的更新改造，确保公共供水管网漏损率达到国家标准要求。督促供水企业通过管网独立分区计量的方式加强漏损控制管理，督促用水大户定期开展水平衡测试，严控"跑冒滴漏"。

四、大力推行低影响开发建设模式。成片开发地块的建设应大力推广可渗透路面和下凹式绿地，通过雨水收集利用、增加可渗透面积等方式控制地表径流。新建城区硬化地面中，可渗透地面面积比例不应低于40%；有条件的地区应对现有硬化路面逐步进行透水性改造，提高雨水滞渗能力。结合城市水系自然分布和当地水资源条件，因地制宜的采取湿地恢复、截污、河道疏浚等方式改善城市水生态。按照对城市生态环境影响最低的开发建设理念，控制开发强度，最大限度地减少对城市原有水生态环境的破坏，建设自然积存、自然渗透、自然净化的"海绵城市"。

五、加快污水再生利用。将污水再生利用作为削减污染负荷和提升水环境质量的重要举措，合理布局污水处理和再生利用设施，按照"优水优用，就近利用"的原则，在工业生产、城市绿化、道路清扫、车辆冲洗、建筑施工及生态景观等领域优先使用再生水。人均水资源量不足500立方米/年和水环境状况较差的地区，要合理确定再生水利用的规模，制定促进再生水利用的保障措施。

六、积极推广建筑中水利用。广泛开展绿色建筑行动，鼓励居民住宅使用建筑中水，将洗衣、洗浴和生活杂用等污染较轻的灰水收集并经适当处理后，循序用于冲厕，提高用水效率。单体建筑面积超过2万平方米的公共建筑，有条件的地区保障性住房等政府投资的民用建筑应建设中水设施。

七、因地制宜推进海水淡化水利用。鼓励沿海淡水资源匮乏的地区和工矿企业开展海水淡化水利用示范工作，将海水淡化水优先用于工业企业生产和冷却用水。在满足各相关指标要求、确保人体健康的前提下，开展海水淡化水进入市政供水系统试点，完善相关规范和标准。

八、加强计划用水与定额管理。要结合当地产业结构特点，严格执行国家有关用水标准和定额的相关规定。抓好用水大户的计划用水管理，科学确定计划用水额度，自备水取水量应纳入计划用水管理范围。要与供水企业建立用水量信息共享机制，实现实时监控。有条件的地区要建立城市供水管网数字化管控平台，支撑节水工作。

九、大力开展节水小区、单位、企业建设。要按照国家节水型城市考核标准、节水型企业评价等有关标准，全面开展节水型居民小区、节水型单位、节水型企业建设活动，使节水成为每个单位、每个家庭、每个人的自觉行动。各地要因地制宜建立和完善节水激励机制，鼓励和支持企事业单位、居民家庭积极选用节水器具，加快更新和改造国家规定淘汰的耗水器具；民用建筑集中热水系统应按照国家《民用建筑节水设计标准》要求采取水循环措施，减少水的浪费，其无效热水流出时间应符合标准的有关规定，不符合要求的应限期完成改造。

十、切实加强组织领导。要制定和完善城市规划、建设和市政公用事业方面的节水制度、办法和具体标准，以创建节水型城市为抓手，加大城市节水工作指导力度，加强城市节水数据上报工作。督促城市人民政府将建设节水型城市作为改善人居环境的重要基础工作，统筹部署，加大投入，健全保障措施，形成长效工作机制。充分利用"世界水日"、"全国城市节水宣传周"、"节能宣传周"等契机，大力开展城市节水宣传，调动全民参与。鼓励和引导社会资本参与节水诊断、水平衡测试、设施改造等专业服务。

中华人民共和国住房和城乡建设部
中华人民共和国国家发展和改革委员会
2014 年 8 月 8 日

住房城乡建设部
关于加强城市轨道交通线网规划编制的通知

建城〔2014〕169 号

各省、自治区住房和城乡建设厅，北京市规划委员会，天津市规划局，上海市规划和国土资源管理局，重庆市规划局：

为落实《国务院关于加强城市基础设施建设的意见》（国发〔2013〕36 号）和《国务院关于城市优先发展公共交通的指导意见》（国发〔2012〕64 号）的要求，有序推进地铁、轻轨等城市轨道交通的建设，现就做好城市轨道交通线网规划（以下简称"线网规划"）编制工作通知如下：

一、充分认识做好线网规划编制工作的重要性和紧迫性

线网规划是指导城市轨道交通近期建设和长远发展的重要依据，是城市综合交通体系规划的组成部分，是城市总体规划的专项规划。及时组织和科学编制线网规划，并将线网规划的主要内容纳入城市总体规划和控制性详细规划，有利于促进城市轨道交通建设与土地开发时序、强度相匹配，优化城市空间布局，引导城市合理发展；有利于控制城市轨道交通投资规模，依法保障城市轨道交通工程实施，提高城市轨道交通建设的综合效益。各地要充分认识加强线网规划编制工作的重要性和紧迫性，重视和加强线网规划编制工作，加强线网规划实施管理，促进城市轨道交通和城市可持续发展。

二、把握线网规划编制的基本原则

一是以人为本。把改善出行条件、方便群众日常出行作为首要原则，以群众实际出行需求和意愿为导向，推进城市轨道交通建设。

二是适度超前。把握现代城市发展规律，根据推进新型城镇化的需要，有前瞻性和预见性地谋划城市轨道交通发展，发挥好对轨道交通设施建设的引导作用。

三是统筹协调。线网规划必须与城市总体规划、城市综合交通体系规划相关内容协调一致，并与区域规划、重大交通基础设施规划、城市交通相关专项规划等相衔接。

四是因地制宜。根据城市实际情况，充分论证城市轨道交通建设必要性，处理好近远期的关系，科学确定发展目标，合理选择制式和敷设方式，明确建设时序。

三、科学编制线网规划

（一）及时组织编制

在城市总体规划编制时，应统筹研究发展城市轨道交通的必要性，确需发展的，应同步编制线网规划，做好相互协调与衔接。已有线网规划的城市，在修改或修编城市总体规划时，要开展线网规划实施评估，对线网规划实施情况进行总结，研究是否需要修改或修编线网规划，如有需要，应以线网规划实施评估为基础，与城市总体规划同步修改或修编线网规划。

（二）明确规划期限和范围

线网规划的规划期限和地域范围，应当与城市总体规划相一致，线网规划一般应在城市总体规划确定的规划建设用地内。同时做好城市轨道交通远

景线网研究，对远景线网布局提出总体框架性方案，远景线网一般应在城市开发边界范围内布置。

（三）合理确定发展目标和线网规模

编制线网规划应依据城市总体规划和城市综合交通体系规划，在深入调查研究城市国民经济与社会发展、自然环境、城市建设、城市交通等基础资料的基础上，根据实际交通需求，确定城市轨道交通发展目标，明确城市轨道交通线网总体规模。

超大城市和特大城市应积极建设城市轨道网络，发挥城市轨道交通在城市公共交通的主体作用；有条件的大城市，建设城市轨道交通，重点发挥城市轨道交通在城市公共交通的骨干作用。

（四）科学确定线网布局

编制线网规划应根据城市轨道交通的功能定位、城市空间结构和用地布局，立足城市轨道交通客流预测，在多方案比选的基础上，确定城市轨道交通线网布局。超大城市和特大城市，可适当安排多层次城市轨道交通线路，发挥城市轨道交通引导区域城市发展、优化城市空间结构和缓解城市交通拥堵的作用；有条件的大城市，应根据引导城市发展或缓解城市交通拥堵的目标需求，确定线网布局。

线网布局应处理好地上和地下空间开发利用的关系，与其他开发利用形式协调、衔接。处理好与综合交通枢纽的关系，方便城市轨道交通与公共汽（电）车等其他交通方式的换乘。处理好与城市重点建筑、桥梁、江河等的关系，充分考虑城市的地形地貌、地质条件和地下管线情况，确保城市轨道交通工程的可实施性。

（五）合理布局车辆基地

编制线网规划应统筹确定车辆段（停车场）、综合维修中心等车辆基地的分工、类型、规模和布局等。根据线路特征、用地条件和沿线土地使用功能，统一布局车辆基地，同时考虑远景发展的需要，确定车辆基地的基本位置。车辆基地规划应坚持资源共享的原则，集约使用土地。

（六）明确用地控制要求

编制线网规划应对线网规划中的线路、站点，明确其初步位置及其用地控制要求，落实车辆基地等设施用地，划定城市轨道交通主要设施的用地控制界线和规划控制区。通过预留与控制设施用地，为城市轨道交通建设提供用地条件。

（七）规范规划成果

线网规划成果应包括规划文本、规划图纸，并附规划说明书和基础资料汇编。规划文本应当以条文方式表述，内容明确简练，具有指导性和可操作

性；规划图纸所表达的内容应当清晰、准确，与规划文本内容相符；规划说明书应与规划文本的条文相对应，对规划文本条文做出详细解释，并阐述条文执行过程中的要求。线网规划的重要技术内容，如客流预测，应做专题研究，专题研究成果应当作为规划说明书的附录。

四、加强线网规划的管理

（一）明确编制主体

城市人民政府负责组织编制线网规划。具体工作由城市人民政府城乡规划主管部门承担。

（二）强化编制单位要求

承担线网规划编制的单位，应当具有丰富的城市规划、城市轨道交通规划经验、技术和人才储备，并应具有城乡规划编制资质证书。

（三）加强线网规划的技术审查

线网规划编制（或者修改、修编）完成后，应当组织技术审查。直辖市的线网规划由我部组织进行技术审查；其他城市的线网规划，由省、自治区住房城乡建设厅组织进行技术审查。

技术审查的重点包括技术路线和方法的合理性，基础资料和数据的完整、可信性，城市轨道交通发展目标、功能定位与城市的符合性，线网规模、线网布局等与城市空间布局、土地使用的协调性，线网规划与有关规划的一致性以及线网规划的可实施性等方面。技术审查的方式，可以由审查单位组织专家进行审查，也可以委托第三方评估机构组织专家进行审查，审查过程中，要充分尊重专家意见。发展城市轨道交通的城市，线网规划技术审查意见，是我部对其城市总体规划进行审查的基础条件之一。

规划成果在技术审查前，应当依据《中华人民共和国城乡规划法》有关规定征求社会公众和相关部门意见。

（四）规范线网规划的审批与修改

经技术审查后，线网规划明确的城市轨道交通发展目标、功能定位、线网布局、车辆基地等设施用地控制要求等应纳入城市总体规划，并与城市总体规划一并审批。线网规划经批准后，具有法定效力，任何单位和个人不得随意修改；确需修改的，应当按照城市总体规划的修改程序进行。

线网规划经批准后，城市人民政府城乡规划主管部门应根据线网规划，将城市轨道交通线路、主要车站和车辆基地等设施，按照有关程序和要求，及时纳入相应地块控制性详细规划。

做好城市轨道交通线网规划的编制工作，城市

人民政府城乡规划主管部门是责任主体。省、自治区住房城乡建设主管部门要加强技术指导。城市人民政府城乡规划主管部门要与有关部门主动协调，密切配合，保持稳定性和严肃性，共同推动城市轨道交通线网规划的科学编制和严格实施，促进城市轨道交通的健康发展。

中华人民共和国住房和城乡建设部

2014 年 11 月 20 日

住房城乡建设部等部门
关于开展城市地下管线普查工作的通知

建城〔2014〕179 号

各省、自治区住房城乡建设厅、通信管理局、新闻出版广电局、安全监管局、能源主管部门，北京市市政市容委、规划委、交通委、通信管理局、新闻出版广电局、安全监管局、发展改革委，上海市城乡建设和管理委员会、规划和国土资源管理局、通信管理局、文化广播影视管理局、安全监管局、经济和信息化委员会，天津市城乡建设委员会、规划局、通信管理局、文化广播影视局、安全监管局、经济和信息化委员会，重庆市城乡建设委员会、规划局、通信管理局、文化委员会、安全监管局、经济和信息化委员会，新疆生产建设兵团建设局、文化广播电视局、安全监管局、工业和信息化委员会：

为了贯彻落实《国务院办公厅关于加强城市地下管线建设管理的指导意见》（国办发〔2014〕27号），做好城市地下管线普查工作，现通知如下：

一、普查目的

全面查清城市范围内的地下管线现状，获取准确的管线数据，掌握地下管线的基础信息情况和存在的事故隐患，明确管线责任单位，限期消除事故隐患。各城市在普查的基础上，整合各行业和权属单位的管线信息数据，建立综合管理信息系统；各管线行业主管部门和权属单位建立完善专业管线信息系统。

二、普查范围及内容

（一）普查范围

城市范围内的供水、排水、燃气、热力、电力、通信、广播电视、工业（不包括油气管线）等管线及其附属设施，各类综合管廊。

（二）普查内容

普查内容包括基础信息普查和事故隐患排查。

基础信息普查应重点掌握地下管线的种类、数量、功能属性、材质、管径、平面位置、埋设方式、埋深、高程、走向、连接方式、权属单位、建设时间、运行时间、管线特征、沿线地形以及相关场站等信息。

事故隐患排查应全面摸清存在的结构性隐患和危险源，特别是要查清重大事故隐患，包括：隐患地点、隐患类别、隐患部位、隐患描述、责任单位、责任人、是否有安全标识、是否采取整改措施等。

三、普查工作要求

（一）组织实施

普查实行属地负责制，由城市人民政府统一组织实施。各城市要明确牵头部门，制定总体工作方案，指导、督查、协调各管线行业主管部门和权属单位建立工作机制，制定相关规范，组织好普查成果验收和归档工作。驻军单位、中央直属企业要按照当地人民政府的统一部署，积极配合做好所属地下管线的普查工作。

（二）落实责任

牵头部门负责普查工作的综合协调和基础信息普查工作，制定普查工作方案和地方普查标准规范，按照相关技术规程进行探测、补测，做好普查信息、资料的收集整理及成果验收，按照规定将普查成果统一报送到城建档案管理等部门。

供水、排水、燃气、热力、电力、通信、广播电视、工业等部门和单位负责组织所属地下管线普查和隐患排查工作，按要求及时、准确地提供既有地下管线的相关基础资料，提出隐患排查整改方案。

（三）建立系统

各城市要利用普查成果,建立地下管线综合管理信息系统,满足城市规划、建设、运行和应急等工作需要。包括驻军单位、中央直属企业在内的行业主管部门和管线单位要建立完善专业管线信息系统,满足日常运营维护管理需要。综合管理信息系统和专业管线信息系统应按照统一的数据标准,实现信息即时交换、共建共享、动态更新,并与数字化城市管理系统、智慧城市相融合。新建或改建的城市地下管线工程覆土前的竣工测量成果,应及时报送城建档案管理部门,实行综合管理信息系统的动态更新。要充分利用信息资源,做好工程规划、勘察设计、施工建设、运行维护、应急防灾、公共服务等工作。涉及国家秘密的地下管线信息,要严格按照有关保密法律法规和标准进行管理。

(四)完成时间

各城市及管线行业主管部门和权属单位要在2015年底前完成城市地下管线普查,建立完善城市地下管线综合管理信息系统和专业管线信息系统。各省(市、区)住房城乡建设部门要会同通信、广播电视、安全监管、能源主管部门于2016年3月前将所辖范围内普查工作完成情况和综合管理信息系统建设情况上报住房城乡建设部、工业和信息化部、新闻出版广电总局、安全监管总局、能源局。

(五)检查落实

各省(市、区)住房城乡建设部门要会同通信、广播电视、安全监管、能源主管部门加大对城市地下管线普查工作的检查、指导和协调力度,督促各城市按时完成普查工作任务,并于2015年3月底前将普查工作方案报送住房城乡建设部。各城市规划、建设、管理、市政、通信、广播电视、安全监管、能源等部门要按照省级主管部门和城市人民政府的统一部署和要求,各司其职、密切配合,形成合力,参照《城市地下管线普查工作指导手册》,结合当地实际做好普查相关工作。

住房城乡建设部将会同工业和信息化部、新闻出版广电总局、安全监管总局、能源局等部门于2015年7月底前对各地地下管线普查工作进展情况进行检查。

附件:城市地下管线普查工作指导手册(略)

中华人民共和国住房和城乡建设部
中华人民共和国工业和信息化部
中华人民共和国国家新闻出版广电总局
国家安全生产监督管理总局
国家能源局
2014年12月1日

住房城乡建设部关于印发《燃气经营许可管理办法》和《燃气经营企业从业人员专业培训考核管理办法》的通知

建城〔2014〕167号

各省、自治区住房城乡建设厅,北京市市政市容委,天津市、上海市建委,重庆市市政管委、经信委、商委,新疆生产建设兵团建设局:

根据《城镇燃气管理条例》的有关规定,我部制定了《燃气经营许可管理办法》和《燃气经营企业从业人员专业培训考核管理办法》。现印发你们,请认真组织实施。

中华人民共和国住房和城乡建设部
2014年11月19日

燃气经营许可管理办法

第一条 为规范燃气经营许可行为,加强燃气经营许可管理,根据《城镇燃气管理条例》,制定本办法。

第二条 从事燃气经营活动的,应当依法取得燃气经营许可,并在许可事项规定的范围内经营。

燃气经营许可的申请、受理、审查批准、证件核发以及相关的监督管理等行为，适用本办法。

第三条　住房城乡建设部指导全国燃气经营许可管理工作。县级以上地方人民政府燃气管理部门负责本行政区域内的燃气经营许可管理工作。

第四条　燃气经营许可证由县级以上地方人民政府燃气管理部门核发，具体发证部门根据省级地方性法规、省级人民政府规章或决定确定。

第五条　申请燃气经营许可的，应当具备下列条件：

（一）符合燃气发展规划要求。

燃气经营区域、燃气种类、供应方式和规模、燃气设施布局和建设时序等符合依法批准并备案的燃气发展规划。

（二）有符合国家标准的燃气气源。

1. 应与气源生产供应企业签订供用气合同或供用气意向书。

2. 燃气气源应符合国家城镇燃气气质有关标准。

（三）有符合国家标准的燃气设施。

1. 有符合国家标准的燃气生产、储气、输配、供应、计量、安全等设施设备。

2. 燃气设施工程建设符合法定程序，竣工验收合格并依法备案。

（四）有固定的经营场所。

有固定办公场所、经营和服务站点等。

（五）有完善的安全管理制度和健全的经营方案。

安全管理制度主要包括：安全生产责任制度，设施设备（含用户设施）安全巡检、检测制度，燃气质量检测制度，岗位操作规程，燃气突发事件应急预案，燃气安全宣传制度等。

经营方案主要包括：企业章程、发展规划、工程建设计划，用户发展业务流程、故障报修、投诉处置、安全用气等服务制度。

（六）企业的主要负责人、安全生产管理人员以及运行、维护和抢修人员经专业培训并经燃气管理部门考核合格。专业培训考核具体办法另行制定。

经专业培训并考核合格的人员及数量，应与企业经营规模相适应，最低人数应符合以下要求：

1. 企业主要负责人。是指企业法人代表（董事长）、企业总经理（总裁），每个岗位1人。

2. 安全生产管理人员。是指企业负责安全运行的副总经理（副总裁），企业生产、安全管理部门负责人，企业生产和销售分支机构的负责人以及企业专职安全员，每个岗位不少于1人。

3. 运行、维护和抢修人员。是指负责燃气设施设备运行、维护和事故抢险抢修的操作人员，包括但不仅

限于燃气输配场站工、液化石油气库站工、压缩天然气场站工、液化天然气储运工、汽车加气站操作工、燃气管网工、燃气用户检修工。最低人数应满足：

管道燃气经营企业，燃气用户10万户以下的，每2500户不少于1人；10万户以上的，每增加2500户增加1人；

瓶装燃气经营企业，燃气用户1000户及以下的不少于3人；1000户以上不到1万户的，每800户1人；1-5万户，每增加1万户增加10人；5-10万户，每增加1万户增加8人；10万户以上每增加1万户增加5人；

燃气汽车加气站等其他类型燃气经营企业人员及数量配备以及其他运行、维护和抢修类人员，由省级人民政府燃气管理部门根据具体情况确定。

（七）法律、法规规定的其他条件。

第六条　申请燃气经营许可的，应当向发证部门提交下列申请材料，并对其真实性、合法性、有效性负责：

（一）燃气经营许可申请书；

（二）企业章程和企业资本结构说明；

（三）企业的主要负责人、安全生产管理人员以及运行、维护和抢修等人员的身份证明、所取得的有效期内的燃气从业人员专业培训考核合格证书；

（四）固定的经营场所（包括办公场所、经营和服务站点等）的产权证明或租赁协议；

（五）燃气设施建设工程竣工验收报告及备案文件；

（六）申请的燃气经营类别和经营区域，企业实施燃气发展规划的具体方案；

（七）气源证明。燃气气质检测报告；与气源供应企业签订的供用气合同书或供用气意向书；

（八）本办法第五条第（五）项要求的完善的安全管理制度和健全的经营方案材料；

（九）法律、法规和规章规定的其他材料。

第七条　发证部门通过材料审查和现场核查的方式对申请人的申请材料进行审查。

第八条　发证部门应当自受理申请之日起二十个工作日内作出是否准予许可的决定。二十日内不能作出许可决定的，经发证部门负责人批准，可以延长十个工作日，并应当将延长期限的理由告知申请人。发证部门作出准予许可决定的，应向申请人出具《准予许可通知书》，告知申请人领取燃气经营许可证。

发证部门作出不予许可决定的，应当出具《不予许可决定书》，说明不予许可的理由，并告知申请人依法享有申请行政复议或者提起行政诉讼的权利。

第九条　发证部门作出的准予许可决定的，应当予以公开，公众有权查询。

公开的内容包括：准予许可的燃气经营企业名称、燃气经营许可证编号、企业注册登记地址、企业法定代表人、经营类别、经营区域、发证部门名称、发证日期和许可证有效期限等。

第十条　燃气经营许可证的格式、内容、有效期限、编号方式等按照住房城乡建设部《关于印发〈燃气经营许可证〉格式的通知》（建城〔2011〕174号）执行。

第十一条　已取得燃气经营许可证的燃气经营企业需要变更企业名称、登记注册地址、法定代表人的，应向原发证部门申请变更燃气经营许可，其中变更法定代表人的，新法定代表人应具有燃气从业人员专业培训考核合格证书。未经许可，不得擅自改变许可事项。

第十二条　已取得燃气经营许可证的燃气经营企业，有下列情形的，应重新申请经营许可。

（一）燃气经营企业的经营类别、经营区域、供应方式等发生变化的；

（二）燃气经营企业发生分立、合并的。

第十三条　有下列情形之一的，出具《准予许可通知书》的发证部门或者其上级行政机关，可以撤销已作出的燃气经营许可：

（一）许可机关工作人员滥用职权，玩忽职守，给不符合条件的申请人发放燃气经营许可证的；

（二）许可机关工作人员超越法定权限发放燃气经营许可证的；

（三）许可机关工作人员违反法定程序发放燃气经营许可证的；

（四）对不具备申请资格或者不符合法定条件的申请人出具《准予许可通知书》；

（五）依法可以撤销燃气经营许可证的其他情形。

燃气经营企业以欺骗、贿赂等不正当手段取得燃气经营许可，应当予以撤销。

第十四条　有下列情形之一的，发证部门应当依法办理燃气经营许可的注销手续：

（一）燃气经营许可证有效期届满且燃气经营企业未申请延续的；

（二）燃气经营企业没有在法定期限内取得合法主体资格或者主体资格依法终止的；

（三）燃气经营许可依法被撤销、撤回，或者燃气经营许可证被依法吊销的；

（四）因不可抗力导致燃气经营许可事项无法实施的；

（五）依法应当注销燃气经营许可的其他情形。

第十五条　燃气经营企业申请注销燃气经营许可的，应当向原许可机关提交下列申请材料：

（一）燃气经营许可注销申请书；

（二）燃气经营企业对原有用户安置和设施处置等相关方案；

（三）燃气经营许可证正、副本；

（四）与注销燃气经营许可证相关的证明文件。

发证部门受理注销申请后，经审核依法注销燃气经营许可证。

第十六条　燃气经营企业遗失燃气经营许可证的，应当在国家认可的报刊上公开声明，并持相关证明向发证部门申请补办，发证部门应在二十个工作日内核实补办燃气经营许可证。

燃气经营许可证表面发生脏污、破损或其他原因造成燃气经营许可证内容无法辨识的，燃气经营企业应向发证部门申请补办，发证部门应收回原经营许可证正、副本，并在二十个工作日内核实补办燃气经营许可证。

第十七条　已取得燃气经营许可证的燃气经营企业，应当于每年1月1日至3月31日，向发证部门报送上一年度企业年度报告。当年设立登记的企业，自下一年起报送企业年度报告。

燃气经营企业的出资比例、股权结构等重大事项发生变化的，应当在事项变化结束后十五个工作日内，向发证部门报告并提供相关材料，由发证部门记载在燃气经营许可证副本中。

第十八条　企业年度报告内容主要包括：

（一）企业章程和企业资本结构及其变化情况；

（二）企业的主要负责人、安全生产管理人员以及运行、维护和抢修等人员变更和培训情况；

（三）企业建设改造燃气设施具体情况；

（四）企业运行情况（包括供应规模、用户发展、安全运行等）；

（五）其他需要报告的内容。

具体报告内容和要求由省级人民政府燃气管理部门确定。

第十九条　发证部门应当按照国家统一要求建立本行政区域燃气经营许可管理信息系统，内容包括燃气许可证发证、变更、撤回、撤销、注销、吊销等，燃气经营企业从业人员信息、燃气经营出资比例和股权结构、燃气事故统计、处罚情况、诚信记录、年度报告等事项。

省级人民政府燃气管理部门应当建立本行政区域燃气经营许可管理信息系统，对本行政区域内发

第五篇

证部门的燃气经营许可管理信息系统监督指导。

第二十条　省级人民政府燃气管理部门可以根据本地实际情况，制定具体实施办法，报住房城乡建设部备案。

燃气经营企业从业人员专业培训考核管理办法

第一条　为规范燃气经营许可行为，做好燃气经营企业从业人员（以下简称"燃气从业人员"）的专业培训考核工作，根据《城镇燃气管理条例》的有关规定，制定本办法。

第二条　本办法所指燃气从业人员是指：

（一）企业主要负责人。是指企业法人代表（董事长）、企业总经理（总裁）；

（二）安全生产管理人员。是指企业负责安全运行的副总经理（副总裁），企业生产、安全管理部门负责人，企业生产和销售分支机构的负责人以及企业专职安全员；

（三）运行、维护和抢修人员。是指负责燃气设施设备运行、维护和事故抢险抢修的操作人员，包括但不仅限于燃气输配场站工、液化石油气库站工、压缩天然气场站工、液化天然气储运工、汽车加气站操作工、燃气管网工、燃气用户检修工，其他人员由各省级人民政府燃气管理部门根据具体情况确定。

第三条　住房城乡建设部指导全国燃气从业人员专业培训考核工作。负责组织编制全国燃气经营企业主要负责人，安全生产管理人员以及燃气输配场站工、液化石油气库站工、压缩天然气场站工、液化天然气储运工、汽车加气站操作工、燃气管网工、燃气用户检修工等运行、维护和抢修人员的职业标准、专业培训大纲和教材；建立全国统一的专业考核题库。

省级人民政府燃气管理部门负责本行政区域燃气从业人员专业培训考核工作。负责编制本行政区域燃气从业人员继续教育教材，编制本行政区域其他运行、维护和抢修人员专业培训大纲和教材，建立本行政区域其他运行、维护和抢修人员专业考核题库，并报住房城乡建设部备案。

县级以上地方人民政府燃气管理部门负责监督管理本行政区域燃气从业人员继续教育工作。

城市燃气行业协会协助同级燃气管理部门，做好燃气从业人员专业培训考核和继续教育工作，加强行业燃气从业人员自律管理。

第四条　从事燃气经营活动的企业，应组织本企业燃气从业人员参加有关燃气知识的专业培训考核和继续教育。

燃气从业人员由所从业的燃气经营企业组织参加燃气知识的专业培训，并经专业考核合格；在从业期间，应参加相应岗位的燃气知识继续教育，以提高从业能力和水平。

企业主要负责人、安全生产管理人员和运行、维护和抢修人员在专业培训考核合格证书复检日期前，应参加不少于三十学时的继续教育。

第五条　燃气从业人员专业培训和继续教育由具备必要的燃气专业培训能力的燃气经营企业或社会培训机构（单位）承担，从事燃气从业人员专业培训和继续教育的企业或社会培训机构（单位）应主动报省级人民政府燃气管理部门备案，接受省级人民政府燃气管理部门指导监督。

从事燃气从业人员专业培训和继续教育的企业或社会培训机构（单位），要保证培训质量，应采用统一的燃气从业人员专业培训大纲开展专业培训工作。

第六条　从事燃气从业人员专业培训的企业或社会培训机构（单位），在专业培训结束后，应向省级人民政府燃气管理部门提出专业考核申请。

省级人民政府燃气管理部门在接到专业考核申请后，应从燃气从业人员专业考核题库内抽取相应类别的专业考核题目，对不同类别燃气从业人员，分别进行专业考核。

经专业考核合格的人员，由省级人民政府燃气管理部门发放相应类别的燃气从业人员专业培训考核合格证书。

第七条　燃气从业人员专业培训考核合格证书样式由住房城乡建设部制订。燃气从业人员专业培训考核合格证书不得转让、涂改、伪造、冒用。

燃气从业人员专业培训考核合格证书（除各省级人民政府燃气管理部门确定的其他运行、维护和抢修人员以外），全国通用，统一编号；各省级人民政府燃气管理部门确定的运行、维护和抢修人员专业培训考核合格证书，在本省级行政区域内通用、统一编号。

省级人民政府燃气管理部门应按照国家统一要求建立本行政区域燃气从业人员专业培训考核合格人员信息库，统一管理专业培训考核合格人员信息。专业培训考核合格人员信息应向社会公告。

专业培训考核合格证书每五年由省级人民政府燃气管理部门开展一次复检，未经复检或复检不通过的，专业培训考核合格证书自动失效。

第八条 燃气从业人员应在专业培训考核合格证书复检日期前六十个工作日内，由燃气经营企业向所在地省级人民政府燃气管理部门提出复检申请，省级人民政府燃气管理部门应在收到复检申请三十个工作日内作出复检意见。

燃气从业人员专业培训考核合格证书复检，应包括持证人从业期间在岗履职情况、安全事故记录和继续教育等内容。具体复检标准由各省级人民政府燃气管理部门确定。

第九条 专业培训考核合格人员跨企业流动从业的，应由流入燃气经营企业向流入地省级人民政府燃气管理部门申请办理燃气从业人员专业培训考核合格证书变更。

专业培训考核合格人员流出企业应主动向本行政区省级人民政府燃气管理部门报告人员变更事项。

第十条 燃气从业人员专业培训考核和继续教育工作接受上级燃气管理部门和社会监督，燃气管理部门设立对外监督投诉电话，接受社会监督。

财政部 国家发展改革委 住房城乡建设部 关于印发《污水处理费征收使用管理办法》的通知

财税〔2014〕151号

各省、自治区、直辖市、计划单列市财政厅(局)、发展改革委、物价局、住房城乡建设厅(建委、市政管委、水务局)：

为了规范污水处理费征收使用管理，保障城镇污水处理设施运行维护和建设，防治水污染，保护环境，根据《水污染防治法》、《城镇排水与污水处理条例》的规定，我们制定了《污水处理费征收使用管理办法》，现印发给你们，请遵照执行。

附件：污水处理费征收使用管理办法
中华人民共和国财政部
中华人民共和国国家发展和改革委员会
中华人民共和国住房和城乡建设部
2014年12月31日

附件

污水处理费征收使用管理办法

第一章 总则

第一条 为了规范污水处理费征收使用管理，保障城镇污水处理设施运行维护和建设，防治水污染，保护环境，根据《水污染防治法》、《城镇排水与污水处理条例》的规定，制定本办法。

第二条 城镇污水处理费的征收、使用和管理适用本办法。

第三条 污水处理费是按照"污染者付费"原则，由排水单位和个人缴纳并专项用于城镇污水处理设施建设、运行和污泥处理处置的资金。

第四条 污水处理费属于政府非税收入，全额上缴地方国库，纳入地方政府性基金预算管理，实行专款专用。

第五条 鼓励各地区采取政府与社会资本合作、政府购买服务等多种形式，共同参与城镇排水与污水处理设施投资、建设和运营，合理分担风险，实现权益融合，加强项目全生命周期管理，提高城镇

第五篇

排水与污水处理服务质量和运营效率。

第六条 污水处理费的征收、使用和管理应当接受财政、价格、审计部门和上级城镇排水与污水处理主管部门的监督检查。

第二章 征收缴库

第七条 凡设区的市、县（市）和建制镇已建成污水处理厂的，均应当征收污水处理费；在建污水处理厂、已批准污水处理厂建设项目可行性研究报告或项目建议书的，可以开征污水处理费，并应当在开征3年内建成污水处理厂投入运行。

第八条 向城镇排水与污水处理设施排放污水、废水的单位和个人（以下称缴纳义务人），应当缴纳污水处理费。

向城镇排水与污水处理设施排放污水、废水并已缴纳污水处理费的，不再缴纳排污费。

向城镇排水与污水处理设施排放的污水超过国家或者地方规定排放标准的，依法进行处罚。

第九条 单位或个人自建污水处理设施，污水处理后全部回用，或处理后水质符合国家规定的排向自然水体的水质标准，且未向城镇排水与污水处理设施排水的，不缴纳污水处理费；仍向城镇排水与污水处理设施排水的，应当足额缴纳污水处理费。

第十条 除本办法第十一条规定的情形外，污水处理费按缴纳义务人的用水量计征。用水量按下列方式核定：

（一）使用公共供水的单位和个人，其用水量以水表显示的量值为准。

（二）使用自备水源的单位和个人已安装计量设备的，其用水量以计量设备显示的量值为准；未安装计量设备或者计量设备不能正常使用的，其用水量按取水设施额定流量每日运转24小时计算。

第十一条 因大量蒸发、蒸腾造成排水量明显低于用水量，且排水口已安装自动在线监测设施等计量设备的，经县级以上地方城镇排水与污水处理主管部门（以下称城镇排水主管部门）认定并公示后，按缴纳义务人实际排水量计征污水处理费。对产品以水为主要原料的企业，仍按其用水量计征污水处理费。

建设施工临时排水、基坑疏干排水已安装排水计量设备的，按计量设备显示的量值计征污水处理费；未安装排水计量设备或者计量设备不能正常使用的，按施工规模定额征收污水处理费。

第十二条 污水处理费的征收标准，按照覆盖污水处理设施正常运营和污泥处理处置成本并合理盈利的原则制定，由县级以上地方价格、财政和排

水主管部门提出意见，报同级人民政府批准后执行。

污水处理费的征收标准暂时未达到覆盖污水处理设施正常运营和污泥处理处置成本并合理盈利水平的，应当逐步调整到位。

第十三条 使用公共供水的单位和个人，其污水处理费由城镇排水主管部门委托公共供水企业在收取水费时一并代征，并在发票中单独列明污水处理费的缴款数额。

城镇排水主管部门应当与公共供水企业签订代征污水处理费合同，明确双方权利义务。

公共供水企业代征的污水处理费与其水费收入应当分账核算，并及时足额上缴代征的污水处理费，不得隐瞒、滞留、截留和挪用。

公共供水企业代征的污水处理费，由城镇排水主管部门征缴入库。

第十四条 使用自备水源的单位和个人，其污水处理费由城镇排水主管部门或其委托的单位征收。

各地区应当加强对自备水源的管理，加大对使用自备水源单位和个人污水处理费的征收力度。

第十五条 污水处理费一般应当按月征收，并全额上缴地方国库。

公共供水企业应当按规定时限如实向城镇排水主管部门申报售水量和代征的污水处理费数额。使用自备水源的单位和个人应当按规定时限如实向城镇排水主管部门或其委托的单位申报用水量（排水量）和应缴纳的污水处理费数额。

城镇排水主管部门或其委托的单位应当对申报情况进行审核，确定污水处理费征收数额。收取污水处理费时，使用省级财政部门统一印制的票据。具体缴库办法按照省级财政部门的规定执行。

第十六条 城镇排水主管部门应当核实公共供水企业全年实际售水量，在次年3月底前完成对公共供水企业全年应缴污水处理费的汇算清缴工作。

对因用水户欠缴水费、公共供水企业核销坏账损失的水量，经城镇排水主管部门审核确认后，不计入公共供水企业全年实际应代征污水处理费的水量。

第十七条 公共供水企业、城镇排水主管部门委托的单位代征污水处理费，由地方财政从污水处理费支出预算中支付代征手续费，具体办法由县级以上地方财政部门规定。

第十八条 城镇排水主管部门及其委托的单位、公共供水企业要严格按照规定的范围、标准和时限要求征收或者代征污水处理费，确保将污水处理费征缴到位。

第十九条 任何单位和个人均不得违反本办法

规定，自行改变污水处理费的征收对象、范围和标准。

严禁对企业违规减免或者缓征污水处理费。已经出台污水处理费减免或者缓征政策的，应当予以废止。

第二十条　城镇排水主管部门应当将污水处理费的征收依据、征收主体、征收标准、征收程序、法律责任等进行公示。

第三章　使用管理

第二十一条　污水处理费专项用于城镇污水处理设施的建设、运行和污泥处理处置，以及污水处理费的代征手续费支出，不得挪作他用。

第二十二条　征收的污水处理费不能保障城镇排水与污水处理设施正常运营的，地方财政应当给予补贴。

第二十三条　缴入国库的污水处理费与地方财政补贴资金统筹使用，通过政府购买服务方式，向提供城镇排水与污水处理服务的单位支付服务费。

服务费应当覆盖合理服务成本并使服务单位合理收益。

服务费按照合同约定的污水处理量、污泥处理处置量、排水管网维护、再生水量等服务质量和数量予以确定。

第二十四条　城镇排水主管部门与财政部门、价格主管部门协商一致后，与城镇排水与污水处理服务单位签订政府购买服务合同。

政府购买服务合同应当包括城镇排水与污水处理服务范围和期限、服务数量和质量、服务费支付标准及调整机制、绩效考核、风险分担、信息披露、政府接管、权利义务和违约责任等内容。

第二十五条　城镇排水主管部门应当根据城镇排水与污水处理服务单位履行政府购买服务合同的情况，以及城镇污水处理设施出水水质和水量的监督检查结果，按期核定服务费。

财政部门应当及时、足额拨付服务费。

第二十六条　城镇排水与污水处理服务单位应当定期公布污水处理量、主要污染物削减量、污水处理设施出水水质状况等信息。

第二十七条　城镇排水与污水处理服务单位违反规定擅自停运城镇污水处理设施，以及城镇污水处理设施的出水质未达到国家或者地方规定的水污染物排放标准的，应当按照合同约定相应扣减服务费，并依法对其进行处罚。

第二十八条　城镇排水主管部门、财政部门可以委托第三方评估机构，对城镇排水与污水处理服务绩效进行评估，绩效评估结果应当与服务费支付相挂钩并向社会公开。

第二十九条　各地区可以通过合理确定投资收益水平，吸引社会资本参与投资、建设和运营城镇排水与污水处理项目，提高污水处理服务质量和运营效率。

各地区应当按照《政府采购法》及有关规定，通过公开招标、竞争性谈判等竞争性方式选择符合要求的城镇排水与污水处理服务单位，并采取特许经营、委托运营等多种服务方式。

第三十条　县级以上地方财政部门对城镇排水与污水处理服务费支出（包括污水处理费安排的支出和财政补贴资金）实行预决算管理。

城镇排水主管部门应当根据城镇排水与污水处理设施的建设、运行和污泥处理处置情况，编制年度城镇排水与污水处理服务费支出预算，经同级财政部门审核后，纳入同级财政预算报经批准后执行。

城镇排水主管部门应当根据城镇排水与污水处理服务费支出预算执行情况编制年度决算，经同级财政部门审核后，纳入同级财政决算。

县级以上地方财政部门会同排水主管部门可以将城镇排水与污水处理服务费支出纳入中长期财政规划管理，加强预算控制，保障政府购买服务合同有效执行。

第三十一条　污水处理费的资金支付按照财政国库管理制度有关规定执行。

第三十二条　城镇排水主管部门和财政部门应当每年向社会公布污水处理费的征收、使用情况。

第四章　法律责任

第三十三条　单位和个人违反本办法规定，有下列情形之一的，依照《财政违法行为处罚处分条例》和《违反行政事业性收费和罚没收入收支两条线管理规定行政处分暂行规定》等国家有关规定追究法律责任；涉嫌犯罪的，依法移送司法机关处理：

（一）擅自减免污水处理费或者改变污水处理费征收范围、对象和标准的；

（二）隐瞒、坐支应当上缴的污水处理费的；

（三）滞留、截留、挪用应当上缴的污水处理费的；

（四）不按照规定的预算级次、预算科目将污水处理费缴入国库的；

（五）违反规定扩大污水处理费开支范围、提高开支标准的；

（六）其他违反国家财政收入管理规定的行为。

第三十四条 缴纳义务人不缴纳污水处理费的，按照《城镇排水与污水处理条例》第五十四条规定，由城镇排水主管部门责令限期缴纳，逾期拒不缴纳的，处应缴纳污水处理费数额 1 倍以上 3 倍以下罚款。

第三十五条 污水处理费征收、使用管理有关部门的工作人员违反本办法规定，在污水处理费征收和使用管理工作中徇私舞弊、玩忽职守、滥用职权的，依法给予处分；涉嫌犯罪的，依法移送司法机关。

第五章 附则

第三十六条 各省、自治区、直辖市根据本办法制定具体实施办法，并报财政部、国家发展改革委、住房城乡建设部备案。

第三十七条 本办法由财政部会同国家发展改革委、住房城乡建设部负责解释。

第三十八条 本办法自 2015 年 3 月 1 日起施行。此前有关污水处理费征收使用管理规定与本办法不一致的，以本办法为准。

六、建筑市场监管类

住房城乡建设部
关于开展建筑业改革发展试点工作的通知

建市〔2014〕64 号

各省、自治区住房和城乡建设厅，直辖市建委（建设交通委），新疆生产建设兵团建设局，深圳市建设局，合肥、绍兴、常州、广州、西安市建委：

为贯彻落实党的十八届三中全会精神，推进建筑业改革发展，保障工程质量安全，经研究，决定在部分省市先行开展建筑业改革发展试点工作，探索一批各具特色的典型经验和先进做法，为全国建筑业改革发展提供示范经验。现将有关事项通知如下：

一、试点内容

（一）建筑市场监管综合试点

试点地区是吉林、广东、江苏、安徽省。通过进一步开放建筑市场，强化对建设单位行为监管，改革招标投标监管方式，推进建筑市场监管信息化和诚信体系建设，改革行政审批制度，完善工程监理及总承包制度，转变政府职能，提高建筑市场监管水平和效率。

（二）建筑劳务用工管理试点

试点地区是北京、天津、重庆和河北、陕西省。通过完善建筑劳务用工管理政策，落实施工总承包企业责任，健全建筑劳务实名制管理制度，完善实名制管理信息系统，开展实名制信息互通共享，为加强全国建筑劳务用工管理提供借鉴。

（三）建设工程企业资质电子化审批试点

试点地区是上海市。以信息化为载体，完善日常监管信息采集和审核机制，简化企业申报材料，优化资质审批程序，减少人工审查内容，试行电子资质证书，探索建立高效、透明、便捷的电子化资质审批平台，实现建设工程企业资质审批的标准化和信息化。

（四）建筑产业现代化试点

试点地区是辽宁、江苏省和合肥、绍兴市。通过推行建筑产业现代化工作，研究探讨企业设计、施工、生产等全过程技术、管理模式，完善政府在设计、施工阶段的质量安全监管制度，总结推广成熟的先进技术与管理经验，引导推动建筑产业现代化在全国范围内的发展。

（五）建筑工程质量安全管理试点

1. 试点地区是安徽、湖北省。通过以质量行为标准化和工程实体质量控制标准化为重点，强化企业对工程项目的质量管理，强化施工过程质量控制，提高工程质量水平。建立工程质量管理标准化制度，加强企业质量保证体系和工程项目质量管控能力建设，减少质量事故质量问题的发生。

2.试点地区是上海、深圳市。通过以建筑施工项目安全生产标准化考评结果为主要依据，全面规范实施建筑施工企业和施工项目安全生产标准化考评工作。实施建筑施工安全生产标准化考评工作，产生良好示范效应，督促企业加强项目安全生产管理，提高建筑施工安全生产管理水平。

3.试点地区是福建省、常州市。通过推进建筑起重机械租赁、安装、使用、拆除、维护保养一体化管理模式，提升专业化管理水平，更好适应市场发展需要；鼓励建筑起重机械一体化管理模式，落实全过程安全管理责任，减少建筑起重机械安全事故，逐步形成比较完善的管理制度和方式，制定推进建筑起重机械一体化管理的实施意见，提高建筑起重机械安全管理水平。

（六）城市轨道交通建设全过程安全风险控制管理试点

试点地区是北京、广州、西安市。建设单位聘用专业化机构为工程建设全过程安全风险防控提供咨询服务，有效控制安全风险；主管部门通过购买服务方式，委托专业机构作为辅助力量，解决安全风险防控需求和现有技术管理力量不足的问题，提高政府监管效能，引导、培育和规范咨询机构发展。

二、组织实施

（一）加强组织领导

试点省市住房城乡建设主管部门要紧密结合自身实际，建立相应的工作机制，切实加强对改革试点工作的组织领导，制定试点方案，推进试点实施，进行督促检查，开展宣传推广，确保组织到位、责任到位、保障到位。

（二）积极推进试点

各试点省可在全省范围内，也可以选择几个地级市进行试点。各试点省市住房城乡建设部门制订试点实施方案要充分听取各方意见，试点实施方案要突出针对性、操作性、实效性，立足解决重大现实问题，着力创新体制机制，明确试点目标、试点措施、进度安排、配套政策、责任主体、风险分析及应对措施等。

（三）及时沟通交流

试点工作启动后，要及时开展跟踪调研，了解分析进展情况，解决存在的问题，不断总结完善试点经验。对于实践中发现的好经验、好做法，以及实施过程中涉及的重大政策调整、出现的重大问题，要及时告住房城乡建设部建筑市场监管司和工程质量安全监管司。

（四）加大宣传引导

试点工作政策性强，社会关注度高。要充分发挥各方积极性、主动性、创造性，对在改革实践中涌现的新思路、新办法、新举措，只要有利于建筑业改革发展的，都应给予保护和支持。要坚持正确舆论导向，合理引导行业预期，多做宣传引导，增进共识、统一思想，营造全社会、全行业关心、重视、支持建筑业改革的良好氛围。

中华人民共和国住房和城乡建设部

2014年5月4日

住房城乡建设部关于建设工程企业
发生重组、合并、分立等情况资质核定有关问题的通知

建市〔2014〕79号

各省、自治区住房城乡建设厅，直辖市建委（建设交通委），北京市规委，新疆生产建设兵团建设局，国务院有关部门建设司（局），总后营房部工程管理局，国资委管理的有关企业：

为贯彻落实《国务院关于进一步优化企业兼并重组市场环境的意见》（国发〔2014〕14号），进一步明确工程勘察、设计、施工、监理企业及招标代

理机构（简称建设工程企业）重组、合并、分立后涉及资质重新核定办理的有关要求，简化办理程序，方便服务企业，现将建设工程企业发生重组、合并、分立等情况后涉及资质办理的有关事项通知如下：

一、根据有关法律法规和企业资质管理规定，下列类型的建设工程企业发生重组、合并、分立等情况申请资质证书的，可按照有关规定简化审批手

第五篇

续，经审核注册资本金和注册人员等指标满足资质标准要求的，直接进行证书变更。有关具体申报材料和程序按照《关于建设部批准的建设工程企业办理资质证书变更和增补有关事项的通知》（建市函〔2005〕375号）等要求办理。

1. 企业吸收合并，即一个企业吸收另一个企业，被吸收企业已办理工商注销登记并提出资质证书注销申请，企业申请被吸收企业资质的；

2. 企业新设合并，即有资质的几家企业，合并重组为一个新企业，原有企业已办理工商注销登记并提出资质证书注销申请，新企业申请承继原有企业资质的；

3. 企业合并（吸收合并及新设合并），被吸收企业或原企业短期内无法办理工商注销登记的，在提出资质注销申请后，合并后企业可取得有效期1年的资质证书。有效期内完成工商注销登记的，可按规定换发有效期5年的资质证书；逾期未提出申请的，其资质证书作废，企业相关资质按有关规定重新核定；

4. 企业全资子公司间重组、分立，即由于经营结构调整，在企业与其全资子公司之间，或各全资子公司间进行主营业务资产、人员转移，在资质总量不增加的情况下，企业申请资质全部或部分转移的；

5. 国有企业改制重组、分立，即经国有资产监管部门批准，几家国有企业之间进行主营业务资产、人员转移，企业申请资质转移且资质总量不增加的；

6. 企业外资退出，即外商投资企业（含外资企业、中外合资企业、中外合作企业）外国投资者退出，经商务主管部门注销外商投资批准证书后，工商营业执照已变更为内资，变更后新企业申请承继原企业资质的；

7. 企业跨省变更，即企业申请办理工商注册地跨省变更的，可简化审批手续，发放有效期1年的证书。企业应在有效期内将有关人员变更到位，并按规定申请重新核定。

在重组、合并、分立等过程中，所涉企业如果注册在两个或以上省（自治区、直辖市）的，经资质转出企业所在省级住房城乡建设行政主管部门同意后，由资质转入企业所在省级住房城乡建设行政主管部门负责初审。

二、上述情形以外的建设工程企业重组、合并、分立，企业申请办理资质的，按照有关规定重新进行核定。企业重组、分立后，一家企业承继原企业某项资质的，其他企业同时申请该项资质时按首次申请办理。

三、内资企业被外商投资企业（含外资企业、中外合资企业、中外合作企业）整体收购或收购部分股权的，按照《外商投资建筑业企业管理规定》（建设部、外经贸部令第113号）、《外商投资建设工程设计企业管理规定》（建设部、外经贸部令第114号）、《外商投资建设工程服务企业管理规定》（建设部、商务部令第155号）及《外商投资建设工程设计企业管理规定实施细则》（建市〔2007〕18号）等有关规定核定，变更后的新企业申请原企业原有资质可不提交代表工程业绩材料。

四、发生重组、合并、分立等情况后的企业在申请资质时应提交原企业法律承续或分割情况的说明材料。

五、企业重组、合并、分立等涉及注册资本与实收资本变更的，按照实收资本考核。

六、重组、分立后的企业再申请资质的，应申报重组、分立后承接的工程项目作为代表工程业绩；合并后的新企业再申请资质的，原企业在合并前承接的工程项目可作为代表工程业绩申报。

七、本通知自印发之日起执行。《关于建设工程企业发生改制、重组、分立等情况资质核定有关问题的通知》（建市〔2007〕229号）同时废止。

中华人民共和国住房和城乡建设部

2014年5月28日

住房城乡建设部关于推进建筑业发展和改革的若干意见

建市〔2014〕92号

各省、自治区住房城乡建设厅，直辖市建委（建设交通委），新疆生产建设兵团建设局：

为深入贯彻落实党的十八大和十八届三中全会精神，推进建筑业发展和改革，保障工程质量安全，提升工程建设水平，针对当前建筑市场和工程建设管理中存在的突出问题，提出如下意见：

一、指导思想和发展目标

（一）指导思想。以邓小平理论、"三个代表"重要思想、科学发展观为指导，加快完善现代市场体系，充分发挥市场在资源配置中的决定性作用和更好发挥政府作用，紧紧围绕正确处理好政府和市场关系的核心，切实转变政府职能，全面深化建筑业体制机制改革。

（二）发展目标。简政放权，开放市场，坚持放管并重，消除市场壁垒，构建统一开放、竞争有序、诚信守法、监管有力的全国建筑市场体系；创新和改进政府对建筑市场、质量安全的监督管理机制，加强事中事后监管，强化市场和现场联动，落实各方主体责任，确保工程质量安全；转变建筑业发展方式，推进建筑产业现代化，促进建筑业健康协调可持续发展。

二、建立统一开放的建筑市场体系

（三）进一步开放建筑市场。各地要严格执行国家相关法律法规，废除不利于全国建筑市场统一开放、妨碍企业公平竞争的各种规定和做法。全面清理涉及工程建设企业的各类保证金、押金等，对于没有法律法规依据的一律取消。积极推行银行保函和诚信担保。规范备案管理，不得设置任何排斥、限制外地企业进入本地区的准入条件，不得强制外地企业参加培训或在当地成立子公司等。各地有关跨省承揽业务的具体管理要求，应当向社会公开。各地要加强外地企业准入后的监督管理，建立跨省承揽业务企业的违法违规行为处理督办、协调机制，严厉查处围标串标、转包、挂靠、违法分包等违法违规行为及质量安全事故，对于情节严重的，予以清出本地建筑市场，并在全国建筑市场监管与诚信信息发布平台曝光。

（四）推进行政审批制度改革。坚持淡化工程建设企业资质、强化个人执业资格的改革方向，探索从主要依靠资质管理等行政手段实施市场准入，逐步转变为充分发挥社会信用、工程担保、保险等市场机制的作用，实现市场优胜劣汰。加快研究修订工程建设企业资质标准和管理规定，取消部分资质类别设置，合并业务范围相近的企业资质，合理设置资质标准条件，注重对企业、人员信用状况、质量安全等指标的考核，强化资质审批后的动态监管；简政放权，推进审批权限下放，健全完善工程建设企业资质和个人执业资格审查制度；改进审批方式，推进电子化审查，加大公开公示力度。

（五）改革招标投标监管方式。调整非国有资金投资项目发包方式，试行非国有资金投资项目建设单位自主决定是否进行招标发包，是否进入有形市场开展工程交易活动，并由建设单位对选择的设计、施工等单位承担相应的责任。建设单位应当依法将工程发包给具有相应资质的承包单位，依法办理施工许可、质量安全监督等手续，确保工程建设实施活动规范有序。各地要重点加强国有资金投资项目招标投标监管，严格控制招标人设置明显高于招标项目实际需要和脱离市场实际的不合理条件，严禁以各种形式排斥或限制潜在投标人投标。要加快推进电子招标投标，进一步完善专家评标制度，加大社会监督力度，健全中标候选人公示制度，促进招标投标活动公开透明。鼓励有条件的地区探索开展标后评估。勘察、设计、监理等工程服务的招标，不得以费用作为唯一的中标条件。

（六）推进建筑市场监管信息化与诚信体系建设。加快推进全国工程建设企业、注册人员、工程项目数据库建设，印发全国统一的数据标准和管理办法。各省级住房城乡建设主管部门要建立建筑市场和工程质量安全监管一体化工作平台，动态记录工程项目各方主体市场和现场行为，有效实现建筑市场和现场的两场联动。各级住房城乡建设主管部门要进一步加大信息的公开力度，通过全国统一信息平台发布建筑市场和质量安全监管信息，及时向社会公布行政审批、工程建设过程监管、执法处罚等信息，公开曝光各类市场主体和人员的不良行为信息，形成有效的社会监督机制。各地可结合本地实际，制定完善相关法规制度，探索开展工程建设企业和从业人员的建筑市场和质量安全行为评价办法，逐步建立"守信激励、失信惩戒"的建筑市场信用环境。鼓励有条件的地区研究、试行开展社会信用评价，引导建设单位等市场各方主体通过市场化运作综合运用信用评价结果。

（七）进一步完善工程监理制度。分类指导不同投资类型工程项目监理服务模式发展。调整强制监理工程范围，选择部分地区开展试点，研究制定有能力的建设单位自主决策选择监理或其他管理模式的政策措施。具有监理资质的工程咨询服务机构开展项目管理的工程项目，可不再委托监理。推动一批有能力的监理企业做优做强。

（八）强化建设单位行为监管。全面落实建设单位项目法人责任制，强化建设单位的质量责任。建设单位不得违反工程招标投标、施工图审查、施工许可、质量安全监督及工程竣工验收等基本建设程序，不得指定分包和肢解发包，不得与承包单位签订"阴阳合同"、任意压缩合理工期和工程造价，不得以任何形式要求设计、施工、监理及其他技术咨询单位违反工程建设强制性标准，不得拖欠工程款。政府投资工程一律不得采取带资承包方式进行建设，不得将带资承包作为招标投标的条件。积极探索研究对建设单位违法行为的制约和处罚措施。各地要进一步加强对建设单位市场行为和质量安全行为的监督管理，依法加大对建设单位违法违规行为的处罚力度，并将其不良行为在全国建筑市场监管与诚信信息发布平台曝光。

（九）建立与市场经济相适应的工程造价体系。逐步统一各行业、各地区的工程计价规则，服务建筑市场。健全工程量清单和定额体系，满足建设工程全过程不同设计深度、不同复杂程度、多种承包方式的计价需要。全面推行清单计价制度，建立与市场相适应的定额管理机制，构建多元化的工程造价信息服务方式，清理调整与市场不符的各类计价依据，充分发挥造价咨询企业等第三方专业服务作用，为市场决定工程造价提供保障。建立国家工程造价数据库，发布指标指数，提升造价信息服务。推行工程造价全过程咨询服务，强化国有投资工程造价监管。

三、强化工程质量安全管理

（十）加强勘察设计质量监管。进一步落实和强化施工图设计文件审查制度，推动勘察设计企业强化内部质量管控能力。健全勘察项目负责人对勘察全过程成果质量负责制度。推行勘察现场作业人员持证上岗制度。推动采用信息化手段加强勘察质量管理。研究建立重大设计变更管理制度。推行建筑工程设计使用年限告知制度。推行工程设计责任保险制度。

（十一）落实各方主体的工程质量责任。完善工程质量终身责任制，落实参建各方主体责任。落实工程质量抽查巡查制度，推进实施分类监管和差别化监管。完善工程质量事故质量问题查处通报制度，强化质量责任追究和处罚。健全工程质量激励机制，营造"优质优价"市场环境。规范工程质量保证金管理，积极探索试行工程质量保险制度，对已实行工程质量保险的工程，不再预留质量保证金。

（十二）完善工程质量检测制度。落实工程质量检测责任，提高施工企业质量检验能力。整顿规范工程质量检测市场，加强检测过程和检测行为监管，加大对虚假报告等违法违规行为处罚力度。建立健全政府对工程质量监督抽测制度，鼓励各地采取政府购买服务等方式加强监督检测。

（十三）推进质量安全标准化建设。深入推进项目经理责任制，不断提升项目质量安全水平。开展工程质量管理标准化活动，推行质量行为标准化和实体质量控制标准化。推动企业完善质量保证体系，加强对工程项目的质量管理，落实质量员等施工现场专业人员职责，强化过程质量控制。深入开展住宅工程质量常见问题专项治理，全面推行样板引路制度。全面推进建筑施工安全生产标准化建设，落实建筑施工安全生产标准化考评制度，项目安全标准化考评结果作为企业标准化考评的主要依据。

（十四）推动建筑施工安全专项治理。研究探索建筑起重机械和模板支架租赁、安装（搭设）、使用、拆除、维护保养一体化管理模式，提升起重机械、模板支架专业化管理水平。规范起重机械安装拆卸工、架子工等特种作业人员安全考核，提高从业人员安全操作技能。持续开展建筑起重机械、模板支架安全专项治理，有效遏制群死群伤事故发生。

（十五）强化施工安全监督。完善企业安全生产许可制度，以企业承建项目安全管理状况为安全生产许可延期审查重点，加强企业安全生产许可的动态管理。鼓励地方探索实施企业和人员安全生产动态扣分制度。完善企业安全生产费用保障机制，在招标时将安全生产费用单列，不得竞价，保障安全生产投入，规范安全生产费用的提取、使用和管理。加强企业对作业人员安全生产意识和技能培训，提高施工现场安全管理水平。加大安全隐患排查力度，依法处罚事故责任单位和责任人员。完善建筑施工安全监督制度和安全监管绩效考核机制。支持监管力量不足的地区探索以政府购买服务方式，委托具备能力的专业社会机构作为安全监督机构辅助力量。建立城市轨道交通等重大工程安全风险管理制度，推动建设单位对重大工程实行全过程安全风险管理，落实风险防控投入。鼓励建设单位聘用专业化社会机构提供安全风险管理咨询服务。

四、促进建筑业发展方式转变

（十六）推动建筑产业现代化。统筹规划建筑产业现代化发展目标和路径。推动建筑产业现代化结构体系、建筑设计、部品构件配件生产、施工、主体装修集成等方面的关键技术研究与应用。制定完善有关设计、施工和验收标准，组织编制相应标准设计图集，指导建立标准化部品构件体系。建立适应建筑产业现代化发展的工程质量安全监管制度。鼓励各地制定建筑产业现代化发展规划以及财政、金融、税收、土地等方面激励政策，培育建筑产业现代化龙头企业，鼓励建设、勘察、设计、施工、构件生产和科研等单位建立产业联盟。进一步发挥政府投资项目的试点示范引导作用并适时扩大试点范围，积极稳妥推进建筑产业现代化。

（十七）构建有利于形成建筑产业工人队伍的长效机制。建立以市场为导向、以关键岗位自有工人为骨干、劳务分包为主要用工来源、劳务派遣为临时用工补充的多元化建筑用工方式。施工总承包企业和专业承包企业要拥有一定数量的技术骨干工人，鼓励施工总承包企业拥有独资或控股的施工劳务企业。充分利用各类职业培训资源，建立多层次的劳务人员培训体系。大力推进建筑劳务基地化建设，坚持"先培训后输出、先持证后上岗"的原则。进一步落实持证上岗制度，从事关键技术工种的劳务人员，应取得相应证书后方可上岗作业。落实企业责任，保障劳务人员的合法权益。推行建筑劳务实名制管理，逐步实现建筑劳务人员信息化管理。

（十八）提升建筑设计水平。坚持以人为本、安全集约、生态环保、传承创新的理念，树立文化自信，鼓励建筑设计创作。树立设计企业是创新主体的意识，提倡精品设计。鼓励开展城市设计工作，加强建筑设计与城市规划间的衔接。探索放开建筑工程方案设计资质准入限制，鼓励相关专业人员和机构积极参与建筑设计方案竞选。完善建筑设计方案竞选制度，建立完善大型公共建筑方案公众参与和专家辅助决策机制，在方案评审中，重视设计方案文化内涵审查。加强建筑设计人才队伍建设，着力培养一批高层次创新人才。开展设计评优，激发建筑设计人员的创作激情。探索研究大型公共建筑设计后评估制度。

（十九）加大工程总承包推行力度。倡导工程建设项目采用工程总承包模式，鼓励有实力的工程设计和施工企业开展工程总承包业务。推动建立适合工程总承包发展的招标投标和工程建设管理机制，调整现行招标投标、施工许可、现场执法检查、竣工验收备案等环节管理制度，为推行工程总承包创造政策环境。工程总承包合同中涵盖的设计、施工业务可以不再通过公开招标方式确定分包单位。

（二十）提升建筑业技术能力。完善以工法和专有技术成果、试点示范工程为抓手的技术转移与推广机制，依法保护知识产权。积极推动以节能环保为特征的绿色建造技术的应用。推进建筑信息模型（BIM）等信息技术在工程设计、施工和运行维护全过程的应用，提高综合效益。推广建筑工程减隔震技术。探索开展白图替代蓝图、数字化审图等工作。建立技术研究应用与标准制定有效衔接的机制，促进建筑业科技成果转化，加快先进适用技术的推广应用。加大复合型、创新型人才培养力度。推动建筑领域国际技术交流合作。

五、加强建筑业发展和改革工作的组织和实施

（二十一）加强组织领导。各地要高度重视建筑业发展和改革工作，加强领导、明确责任、统筹安排，研究制定工作方案，不断完善相关法规制度，推进各项制度措施落实，及时解决发展和改革中遇到的困难和问题，整体推进建筑业发展和改革的不断深化。

（二十二）积极开展试点。各地要结合本地实际组织开展相关试点工作，把试点工作与推动本地区工作结合起来，及时分析试点进展情况，认真总结试点经验，研究解决试点中出现的问题，在条件成熟时向全国推广。要加大宣传推动力度，调动全行业和社会各方力量，共同推进建筑业的发展和改革。

（二十三）加强协会能力建设和行业自律。充分发挥协会在规范行业秩序、建立行业从业人员行为准则、促进企业诚信经营等方面的行业自律作用，提高协会在促进行业技术进步、提升行业管理水平、反映企业诉求、提出政策建议等方面的服务能力。鼓励行业协会研究制定非政府投资工程咨询服务类收费行业参考价，抵制恶意低价、不合理低价竞争行为，维护行业发展利益。

中华人民共和国住房和城乡建设部

2014 年 7 月 1 日

住房城乡建设部关于印发《全国建筑市场监管与诚信信息系统基础数据库数据标准(试行)》和《全国建筑市场监管与诚信信息系统基础数据库管理办法(试行)》的通知

建市〔2014〕108号

各省、自治区住房和城乡建设厅,直辖市建委(建设交通委),北京市规委、山东省建管局、新疆生产建设兵团建设局、总后基建营房部工程管理局:

为贯彻落实《关于推进建筑业发展与改革的若干意见》(建市〔2014〕92号),加快推进建筑市场监管信息化建设,保障全国建筑市场监管与诚信信息系统有效运行和基础数据库安全,我部制定了《全国建筑市场监管与诚信信息系统基础数据库数据标准(试行)》和《全国建筑市场监管与诚信信息系统基础数据库管理办法(试行)》,现印发给你们,请遵照执行。原《全国建筑市场监管与诚信信息系统基础数据库(企业、注册人员)数据标准(试行)》(建市〔2012〕135号)同时废止。

各省级住房城乡建设行政主管部门要进一步提高对建筑市场监管与诚信信息系统建设重要性、紧迫性的认识,按照该数据标准、管理办法的总体要求,结合本地实际,切实加强组织领导,将建筑市场监管信息化建设作为转变监管思路、完善监管手段的重要工作,在2015年底前完成本地区工程建设企业、注册人员、工程项目、诚信信息等基础数据库建设,建立建筑市场和工程质量安全监管一体化工作平台,动态记录工程项目各方主体市场和现场行为,有效实现建筑市场和施工现场监管的联动,全面实现全国建筑市场"数据一个库、监管一张网、管理一条线"的信息化监管目标。

我部将每半年对各地建筑市场监管信息化和诚信体系建设情况进行一次督查,对建设情况好的进行表扬,对建设不力的予以通报批评。一年内两次被通报的,对省级住房城乡建设主管部门分管负责同志进行约谈。执行中的问题和建议,请及时与我部建筑市场监管司联系。

中华人民共和国住房和城乡建设部
2014年7月25日

住房城乡建设部关于进一步加强和完善建筑劳务管理工作的指导意见

建市〔2014〕112号

各省、自治区住房城乡建设厅,直辖市建委,新疆生产建设兵团建设局:

为贯彻落实《关于推进建筑业发展和改革的若干意见》(建市〔2014〕92号)精神,加强建筑劳务用工管理,进一步落实建筑施工企业在队伍培育、权益保护、质量安全等方面的责任,保障劳务人员合法权益,构建起有利于形成建筑产业工人队伍的长效机制,提高工程质量水平,促进建筑业健康发展,提出以下意见:

一、倡导多元化建筑用工方式,推行实名制管理

(一)施工总承包、专业承包企业可通过自有劳务人员或劳务分包、劳务派遣等多种方式完成劳务作业。施工总承包、专业承包企业应拥有一定数量的与其建立稳定劳动关系的骨干技术工人,或拥有独资或控股的施工劳务企业,组织自有劳务人员完成劳务作业;也可以将劳务作业分包给具有施工劳务资质的企业;还可以将部分临时性、辅助性或者替代性的工作使用劳务派遣人员完成作业。

（二）施工劳务企业应组织自有劳务人员完成劳务分包作业。施工劳务企业应依法承接施工总承包、专业承包企业发包的劳务作业，并组织自有劳务人员完成作业，不得将劳务作业再次分包或转包。

（三）推行劳务人员实名制管理。施工总承包、专业承包和施工劳务等建筑施工企业要严格落实劳务人员实名制，加强对自有劳务人员的管理，在施工现场配备专职或兼职劳务用工管理人员，负责登记劳务人员的基本身份信息、培训和技能状况、从业经历、考勤记录、诚信信息、工资结算及支付等情况，加强劳务人员动态监管和劳务纠纷调处。实行劳务分包的工程项目，施工劳务企业除严格落实实名制管理外，还应将现场劳务人员的相关资料报施工总承包企业核实、备查；施工总承包企业也应配备现场专职劳务用工管理人员监督施工劳务企业落实实名制管理，确保工资支付到位，并留存相关资料。

二、落实企业责任，保障劳务人员合法权益与工程质量安全

（四）建筑施工企业对自有劳务人员承担用工主体责任。建筑施工企业应对自有劳务人员的施工现场用工管理、持证上岗作业和工资发放承担直接责任。建筑施工企业应与自有劳务人员依法签订书面劳动合同，办理工伤、医疗或综合保险等社会保险，并按劳动合同约定及时将工资直接发放给劳务人员本人；应不断提高和改善劳务人员的工作条件和生活环境，保障其合法权益。

（五）施工总承包、专业承包企业承担相应的劳务用工管理责任。按照"谁承包、谁负责"的原则，施工总承包企业应对所承包工程的劳务管理全面负责。施工总承包、专业承包企业将劳务作业分包时，应对劳务费结算支付负责，对劳务分包企业的日常管理、劳务作业和用工情况、工资支付负监督管理责任；对因转包、违法分包、拖欠工程款等行为导致拖欠劳务人员工资的，负相应责任。

（六）建筑施工企业承担劳务人员的教育培训责任。建筑施工企业应通过积极创建农民工业余学校、建立培训基地、师傅带徒弟、现场培训等多种方式，提高劳务人员职业素质和技能水平，使其满足工作岗位需求。建筑施工企业应对自有劳务人员的技能和岗位培训负责，建立劳务人员分类培训制度，实施全员培训、持证上岗。对新进入建筑市场的劳务人员，应组织相应的上岗培训，考核合格后方可上

岗；对因岗位调整或需要转岗的劳务人员，应重新组织培训，考核合格后方可上岗；对从事建筑电工、建筑架子工、建筑起重信号司索工等岗位的劳务人员，应组织培训并取得住房城乡建设主管部门颁发的证书后方可上岗。施工总承包、专业承包企业应对所承包工程项目施工现场劳务人员的岗前培训负责，对施工现场劳务人员持证上岗作业负监督管理责任。

（七）建筑施工企业承担相应的质量安全责任。施工总承包企业对所承包工程项目的施工现场质量安全负总责，专业承包企业对承包的专业工程质量安全负责，施工总承包企业对分包工程的质量安全承担连带责任。施工劳务企业应服从施工总承包或专业承包企业的质量安全管理，组织合格的劳务人员完成施工作业。

三、加大监管力度，规范劳务用工管理

（八）落实劳务人员实名制管理各项要求。各地住房城乡建设主管部门应根据本地区的实际情况，做好实名制管理的宣贯、推广及施工现场的检查、督导工作。积极推行信息化管理方式，将劳务人员的基本身份信息、培训和技能状况、从业经历和诚信信息等内容纳入信息化管理范畴，逐步实现不同项目、企业、地域劳务人员信息的共享和互通。有条件的地区，可探索推进劳务人员的诚信信息管理，对发生违法违规行为以及引发群体性事件的责任人，记录其不良行为并予以通报。

（九）加大企业违法违规行为的查处力度。各地住房城乡建设主管部门应加大对转包、违法分包等违法违规行为以及不执行实名制管理和持证上岗制度、拖欠劳务费或劳务人员工资、引发群体性讨薪事件等不良行为的查处力度，并将查处结果予以通报，记入企业信用档案。有条件的地区可加快施工劳务企业信用体系建设，将其不良行为统一纳入全国建筑市场监管与诚信信息发布平台，向社会公布。

四、加强政策引导与扶持，夯实行业发展基础

（十）加强劳务分包计价管理。各地工程造价管理机构应根据本地市场实际情况，动态发布定额人工单价调整信息，使人工费用的变化在工程造价中得到及时反映；实时跟踪劳务市场价格信息，做好建筑工种和实物工程量人工成本信息的测算发布工作，引导建筑施工企业合理确定劳务分包费用，避免因盲目低价竞争和计费方式不合理引发合同纠纷。

（十一）推进建筑劳务基地化建设。各地住房城

乡建设主管部门应结合本地实际，完善管理机制、明确管理机构、健全工作网络，推进建筑劳务基地化管理工作开展。以劳务输出为主地区的住房城乡建设主管部门应积极与本地相关部门沟通协调，制定扶持优惠政策，争取财政资金和各类培训经费，加大建筑劳务人员职业技能培训和鉴定力度，坚持先培训后输出、先持证后上岗，多渠道宣传推介本地建筑劳务优势，完善建筑劳务输出人员的跟踪服务，推进建筑劳务人员组织化输出。劳务输入地住房城乡建设主管部门应积极协调本地企业与劳务输出地建立沟通、交流渠道，鼓励大型建筑施工企业在劳务输出地建立独资或控股的施工劳务企业，或与劳务输出地有关单位建立长期稳定的合作关系，支持企业参与劳务输出地劳务人员的技能培训，建立双方定向培训机制。

（十二）做好引导和服务工作。各地住房城乡建设主管部门和行业协会应根据本地和行业实际情况，

搭建建筑劳务供需平台，提供建筑劳务供求信息，鼓励施工总承包企业与长期合作、市场信誉好的施工劳务企业建立稳定的合作关系，鼓励和扶持实力较强的施工劳务企业向施工总承包或专业承包企业发展；加强培训工作指导，整合培训资源，推动各类培训机构建设，引导有实力的建筑施工企业按相关规定开办技工职业学校，培养技能人才，鼓励建筑施工企业加强校企合作，对自有劳务人员开展定向教育，加大高技能人才的培养力度。各地住房城乡建设主管部门应会同有关部门积极探索适合建筑行业特点的劳务人员参加社会保险的方式方法，允许劳务人员在就业地办理工伤、医疗及养老保险，研究做好劳务人员社会保障与新农合的合并统一及异地转移接续，夯实劳务人员向产业工人转型的基础建设工作。

中华人民共和国住房和城乡建设部
2014 年 7 月 28 日

住房城乡建设部关于印发《建筑工程施工转包违法分包等违法行为认定查处管理办法（试行）》的通知

建市〔2014〕118 号

各省、自治区住房城乡建设厅，直辖市建委，新疆生产建设兵团建设局：

为了规范建筑工程施工承发包活动，保证工程质量和施工安全，有效遏制违法发包、转包、违法分包及挂靠等违法行为，维护建筑市场秩序和建设工程主要参与方的合法权益，我部制定了《建筑工程施工转包违法分包等违法行为认定查处管理办法（试行）》，现印发给你们，请遵照执行。在执行过程中遇到的问题，请及时报我部。

中华人民共和国住房和城乡建设部
2014 年 8 月 4 日

建筑工程施工转包违法分包等违法行为认定查处管理办法（试行）

第一条 为了规范建筑工程施工承发包活动，保证工程质量和施工安全，有效遏制违法发包、转包、违法分包及挂靠等违法行为，维护建筑市场秩序和建设工程主要参与方的合法权益，根据《建筑法》、《招标投标法》、《合同法》以及《建设工程质量管理条例》、《建设工程安全生产管理条例》、《招标投标法实施条例》等法律法规，结合建筑活动实践，制定本办法。

第二条 本办法所称建筑工程，是指房屋建筑和市政基础设施工程。

第三条 住房城乡建设部负责统一监督管理全国建筑工程违法发包、转包、违法分包及挂靠等违法行为的认定查处工作。

县级以上地方人民政府住房城乡建设主管部门负责本行政区域内建筑工程违法发包、转包、违法分包及挂靠等违法行为的认定查处工作。

第四条　本办法所称违法发包，是指建设单位将工程发包给不具有相应资质条件的单位或个人，或者肢解发包等违反法律法规规定的行为。

第五条　存在下列情形之一的，属于违法发包：

（一）建设单位将工程发包给个人的；

（二）建设单位将工程发包给不具有相应资质或安全生产许可的施工单位的

（三）未履行法定发包程序，包括应当依法进行招标未招标，应当申请直接发包未申请或申请未核准的；

（四）建设单位设置不合理的招投标条件，限制、排斥潜在投标人或者投标人的；

（五）建设单位将一个单位工程的施工分解成若干部分发包给不同的施工总承包或专业承包单位的；

（六）建设单位将施工合同范围内的单位工程或分部分项工程又另行发包的；

（七）建设单位违反施工合同约定，通过各种形式要求承包单位选择其指定分包单位的；

（八）法律法规规定的其他违法发包行为。

第六条　本办法所称转包，是指施工单位承包工程后，不履行合同约定的责任和义务，将其承包的全部工程或者将其承包的全部工程肢解后以分包的名义分别转给其他单位或个人施工的行为。

第七条　存在下列情形之一的，属于转包：

（一）施工单位将其承包的全部工程转给其他单位或个人施工的；

（二）施工总承包单位或专业承包单位将其承包的全部工程肢解以后，以分包的名义分别转给其他单位或个人施工的；

（三）施工总承包单位或专业承包单位未在施工现场设立项目管理机构或未派驻项目负责人、技术负责人、质量管理负责人、安全管理负责人等主要管理人员，不履行管理义务，未对该工程的施工活动进行组织管理的；

（四）施工总承包单位或专业承包单位不履行管理义务，只向实际施工单位收取费用，主要建筑材料、构配件及工程设备的采购由其他单位或个人实施的；

（五）劳务分包单位承包的范围是施工总承包单位或专业承包单位承包的全部工程，劳务分包单位计取的是除上缴给施工总承包单位或专业承包单位"管理费"之外的全部工程价款的；

（六）施工总承包单位或专业承包单位通过采取合作、联营、个人承包等形式或名义，直接或变相的将其承包的全部工程转给其他单位或个人施工的；

（七）法律法规规定的其他转包行为。

第八条　本办法所称违法分包，是指施工单位承包工程后违反法律法规规定或者施工合同关于工程分包的约定，把单位工程或分部分项工程分包给其他单位或个人施工的行为。

第九条　存在下列情形之一的，属于违法分包：

（一）施工单位将工程分包给个人的；

（二）施工单位将工程分包给不具备相应资质或安全生产许可的单位的；

（三）施工合同中没有约定，又未经建设单位认可，施工单位将其承包的部分工程交由其他单位施工的；

（四）施工总承包单位将房屋建筑工程的主体结构的施工分包给其他单位的，钢结构工程除外；

（五）专业分包单位将其承包的专业工程中非劳务作业部分再分包的；

（六）劳务分包单位将其承包的劳务再分包的；

（七）劳务分包单位除计取劳务作业费用外，还计取主要建筑材料款、周转材料款和大中型施工机械设备费用的；

（八）法律法规规定的其他违法分包行为。

第十条　本办法所称挂靠，是指单位或个人以其他有资质的施工单位的名义，承揽工程的行为。

前款所称承揽工程，包括参与投标、订立合同、办理有关施工手续、从事施工等活动。

第十一条　存在下列情形之一的，属于挂靠：

（一）没有资质的单位或个人借用其他施工单位的资质承揽工程的；

（二）有资质的施工单位相互借用资质承揽工程的，包括资质等级低的借用资质等级高的，资质等级高的借用资质等级低的，相同资质等级相互借用的；

（三）专业分包的发包单位不是该工程的施工总承包或专业承包单位的，但建设单位依约作为发包单位的除外；

（四）劳务分包的发包单位不是该工程的施工总承包、专业承包单位或专业分包单位的；

（五）施工单位在施工现场派驻的项目负责人、技术负责人、质量管理负责人、安全管理负责人中一人以上与施工单位没有订立劳动合同，或没有建立劳动工资或社会养老保险关系的；

（六）实际施工总承包单位或专业承包单位与建设单位之间没有工程款收付关系，或者工程款支付凭证上载明的单位与施工合同中载明的承包单位不一致，又不能进行合理解释并提供材料证明的；

第五篇

（七）合同约定由施工总承包单位或专业承包单位负责采购或租赁的主要建筑材料、构配件及工程设备或租赁的施工机械设备，由其他单位或个人采购、租赁，或者施工单位不能提供有关采购、租赁合同及发票等证明，又不能进行合理解释并提供材料证明的；

（八）法律法规规定的其他挂靠行为。

第十二条 建设单位及监理单位发现施工单位有转包、违法分包及挂靠等违法行为的，应及时向工程所在地的县级以上人民政府住房城乡建设主管部门报告。

施工总承包单位或专业承包单位发现分包单位有违法分包及挂靠等违法行为，应及时向建设单位和工程所在地的县级以上人民政府住房城乡建设主管部门报告；发现建设单位有违法发包行为的，应及时向工程所在地的县级以上人民政府住房城乡建设主管部门报告。

其他单位和个人发现违法发包、转包、违法分包及挂靠等违法行为的，均可向工程所在地的县级以上人民政府住房城乡建设主管部门进行举报并提供相关证据或线索。

接到举报的住房城乡建设主管部门应当依法受理、调查、认定和处理，除无法告知举报人的情况外，应当及时将查处结果告知举报人。

第十三条 县级以上人民政府住房城乡建设主管部门要加大执法力度，对在实施建筑市场和施工现场监督管理等工作中发现的违法发包、转包、违法分包及挂靠等违法行为，应当依法进行调查，按照本办法进行认定，并依法予以行政处罚。

（一）对建设单位将工程发包给不具有相应资质等级的施工单位的，依据《建筑法》第六十五条和《建设工程质量管理条例》第五十四条规定，责令其改正，处以50万元以上100万元以下罚款。对建设单位将建设工程肢解发包的，依据《建筑法》第六十五条和《建设工程质量管理条例》第五十五条规定，责令其改正，处工程合同价款0.5%以上1%以下的罚款；对全部或者部分使用国有资金的项目，并可以暂停项目执行或者暂停资金拨付。

（二）对认定有转包、违法分包违法行为的施工单位，依据《建筑法》第六十七条和《建设工程质量管理条例》第六十二条规定，责令其改正，没收违法所得，并处工程合同价款0.5%以上1%以下的罚款；可以责令停业整顿，降低资质等级；情节严重的，吊销资质证书。

（三）对认定有挂靠行为的施工单位或个人，依据《建筑法》第六十五条和《建设工程质量管理条例》第六十条规定，对超越本单位资质等级承揽工程的施工单位，责令停止违法行为，并处工程合同价款2%以上4%以下的罚款；可以责令停业整顿，降低资质等级；情节严重的，吊销资质证书；有违法所得的，予以没收。对未取得资质证书承揽工程的单位和个人，予以取缔，并处工程合同价款2%以上4%以下的罚款；有违法所得的，予以没收。对其他借用资质承揽工程的施工单位，按照超越本单位资质等级承揽工程予以处罚。

（四）对认定有转让、出借资质证书或者以其他方式允许他人以本单位的名义承揽工程的施工单位，依据《建筑法》第六十六条和《建设工程质量管理条例》第六十一条规定，责令改正，没收违法所得，并处工程合同价款2%以上4%以下的罚款；可以责令停业整顿，降低资质等级；情节严重的，吊销资质证书。

（五）对建设单位、施工单位给予单位罚款处罚的，依据《建设工程质量管理条例》第七十三条规定，对单位直接负责的主管人员和其他直接责任人员处单位罚款数额5%以上10%以下的罚款。

（六）对注册执业人员未执行法律法规的，依据《建设工程安全生产管理条例》第五十八条规定，责令其停止执业3个月以上1年以下；情节严重的，吊销执业资格证书，5年内不予注册；造成重大安全事故的，终身不予注册；构成犯罪的，依照刑法有关规定追究刑事责任。对注册执业人员违反法律法规规定，因过错造成质量事故的，依据《建设工程质量管理条例》第七十二条规定，责令停止执业1年；造成重大质量事故的，吊销执业资格证书，5年内不予注册；情节特别恶劣的，终身不予注册。

第十四条 县级以上人民政府住房城乡建设主管部门对有违法发包、转包、违法分包及挂靠等违法行为的单位和个人，除应按照本办法第十三条规定予以相应行政处罚外，还可以采取以下行政管理措施：

（一）建设单位违法发包，拒不整改或者整改仍达不到要求的，致使施工合同无效的，不予办理质量监督、施工许可等手续。对全部或部分使用国有资金的项目，同时将建设单位违法发包的行为告知其上级主管部门及纪检监察部门，并建议对建设单位直接负责的主管人员和其他直接责任人员给予相应的行政处分。

（二）对认定有转包、违法分包、挂靠、转让出借资质证书或者以其他方式允许他人以本单位的名义承揽工程等违法行为的施工单位，可依法限制其在 3 个月内不得参加违法行为发生地的招标投标活动、承揽新的工程项目，并对其企业资质是否满足资质标准条件进行核查，对达不到资质标准要求的限期整改，整改仍达不到要求的，资质审批机关撤回其资质证书。

对 2 年内发生 2 次转包、违法分包、挂靠、转让出借资质证书或者以其他方式允许他人以本单位的名义承揽工程的施工单位，责令其停业整顿 6 个月以上，停业整顿期间，不得承揽新的工程项目。

对 2 年内发生 3 次以上转包、违法分包、挂靠、转让出借资质证书或者以其他方式允许他人以本单位的名义承揽工程的施工单位，资质审批机关降低其资质等级。

（三）注册执业人员未执行法律法规，在认定有转包行为的项目中担任施工单位项目负责人的，吊销其执业资格证书，5 年内不予注册，且不得再担任施工单位项目负责人。

对认定有挂靠行为的个人，不得再担任该项目施工单位项目负责人；有执业资格证书的吊销其执业资格证书，5 年内不予执业资格注册；造成重大质量安全事故的，吊销其执业资格证书，终身不予注册。

第十五条　县级以上人民政府住房城乡建设主管部门应将查处的违法发包、转包、违法分包、挂靠等违法行为和处罚结果记入单位或个人信用档案，同时向社会公示，并逐级上报至住房城乡建设部，在全国建筑市场监管与诚信信息发布平台公示。

第十六条　建筑工程以外的其他专业工程参照本办法执行。省级人民政府住房城乡建设主管部门可结合本地实际，依据本办法制定相应实施细则。

第十七条　本办法由住房城乡建设部负责解释。

第十八条　本办法自 2014 年 10 月 1 日起施行。住房城乡建设部之前发布的有关规定与本办法的规定不一致的，以本办法为准。

住房城乡建设部关于印发
《工程质量治理两年行动方案》的通知

建市〔2014〕130 号

各省、自治区住房城乡建设厅，直辖市建委，新疆生产建设兵团建设局：

为了规范建筑市场秩序，保障工程质量，促进建筑业持续健康发展，我部决定开展工程质量治理两年行动。现将《工程质量治理两年行动方案》印发给你们，请遵照执行。

中华人民共和国住房和城乡建设部
2014 年 9 月 1 日

工程质量治理两年行动方案

工程质量关系人民群众切身利益、国民经济投资效益、建筑业可持续发展。为规范建筑市场秩序，有效保障工程质量，促进建筑业持续健康发展，制定本行动方案。

一、工作目标

通过两年治理行动，规范建筑市场秩序，落实工程建设五方主体项目负责人质量终身责任，遏制建筑施工违法发包、转包、违法分包及挂靠等违法行为多发势头，进一步发挥工程监理作用，促进建筑产业现代化快速发展，提高建筑从业人员素质，建立健全建筑市场诚信体系，使全国工程质量总体水平得到明显提升。

二、重点工作任务

（一）全面落实五方主体项目负责人质量终身责任

1. 明确项目负责人质量终身责任。按照《建筑工程五方责任主体项目负责人质量终身责任追究暂行办法》(建质〔2014〕124号)规定,建设单位项目负责人、勘察单位项目负责人、设计单位项目负责人、施工单位项目经理和监理单位总监理工程师在工程设计使用年限内,承担相应的质量终身责任。各级住房城乡建设主管部门要按照规定的终身责任和追究方式追究其责任。

2. 推行质量终身责任承诺和竣工后永久性标牌制度。要求工程项目开工前,工程建设五方项目负责人必须签署质量终身责任承诺书,工程竣工后设置永久性标牌,载明参建单位和项目负责人姓名,增强相关人员的质量终身责任意识。

3. 严格落实施工项目经理责任。各级住房城乡建设主管部门要按照《建筑施工项目经理质量安全责任十项规定》(建质〔2014〕123号)规定,督促施工企业切实落实好项目经理的质量安全责任。

4. 建立项目负责人质量终身责任信息档案。建设单位要建立五方项目负责人质量终身责任信息档案,竣工验收后移交城建档案管理部门统一管理保存。

5. 加大质量责任追究力度。对检查发现项目负责人履责不到位的,各地住房城乡建设主管部门要按照《建筑工程五方责任主体项目负责人质量终身责任追究暂行办法》和《建筑施工项目经理质量安全责任十项规定》规定,给予罚款、停止执业、吊销执业资格证书等行政处罚和相应行政处分,及时在建筑市场监管与诚信信息平台公布不良行为和处罚信息。

(二)严厉打击建筑施工转包违法分包行为

1. 准确认定各类违法行为。各级住房城乡建设主管部门要按照《建筑工程施工转包违法分包等违法行为认定查处管理办法》(建市〔2014〕118号)规定,准确认定建筑施工违法发包、转包、违法分包及挂靠等违法行为。

2. 开展全面检查。各级住房城乡建设主管部门要对在建的房屋建筑和市政基础设施工程项目的承发包情况进行全面检查,检查建设单位有无违法发包行为,检查施工企业有无转包、违法分包以及转让、出借资质行为,检查施工企业或个人有无挂靠行为。

3. 严惩重罚各类违法行为。各级住房城乡建设主管部门对认定有违法发包、转包、违法分包及挂靠等违法行为的单位和个人,除依法给予罚款、停业整顿、降低资质等级、吊销资质证书、停止执业、吊销执业证书等相应行政处罚外,还要按照《建筑

工程施工转包违法分包等违法行为认定查处管理办法》规定,采取限期不准参加招投标、重新核定企业资质、不得担任施工企业项目负责人等相应的行政管理措施。

4. 建立社会监督机制。各级住房城乡建设主管部门要加大政府信息公开力度,设立投诉举报电话和信箱并向社会公布,让公众了解和监督工程建设参建各方主体的市场行为,鼓励公众举报发现的违法行为。对查处的单位和个人的违法行为及处罚结果一律在建筑市场监管与诚信信息平台公布,发挥新闻媒体和网络媒介的作用,震慑违法行为,提高企业和从业人员守法意识。

(三)健全工程质量监督、监理机制

1. 创新监督检查制度。各级住房城乡建设主管部门要创新工程质量安全监督检查方式,改变事先发通知、打招呼的检查方式,采取随机、飞行检查的方式,对工程质量安全实施有效监督。进一步完善工程质量检测制度,加强对检测过程和检测行为的监管,坚决依法严厉打击虚假检测报告行为。

2. 加强监管队伍建设。各级住房城乡建设主管部门要统筹市场准入、施工许可、招标投标、合同备案、质量安全、行政执法等各个环节的监管力量,建立综合执法机制,在人员、经费、设备等方面提供充足保障,保持监管队伍的稳定,强化监管人员的业务技能培训,全面提高建筑市场和工程质量安全监督执法水平。

3. 突出工程实体质量常见问题治理。各级住房城乡建设主管部门要采取切实有效措施,从房屋建筑工程勘察设计质量和住宅工程质量常见问题治理入手,狠抓工程实体质量突出问题治理,严格执行标准规范,积极推进质量行为标准化和实体质量管控标准化活动,落实建筑施工安全生产标准化考评制度,全面提升工程质量安全水平。

4. 进一步发挥监理作用。鼓励有实力的监理单位开展跨地域、跨行业经营,开展全过程工程项目管理服务,形成一批全国范围内有技术实力、有品牌影响的骨干企业。监理单位要健全质量管理体系,加强现场项目部人员的配置和管理,选派具备相应资格的总监理工程师和监理工程师进驻施工现场。对非政府投资项目的监理收费,建设单位、监理单位可依据服务成本、服务质量和市场供求状况等协商确定。吸引国际工程咨询企业进入我国工程监理市场,与我国监理单位开展合资合作,带动我国监理队伍整体水平提升。

(四)大力推动建筑产业现代化

1. 加强政策引导。住房城乡建设部拟制定建筑产业现代化发展纲要，明确发展目标：到 2015 年底，除西部少数省区外，全国各省（区、市）具备相应规模的构件部品生产能力；新建政府投资工程和保障性安居工程应率先采用建筑产业现代化方式建造；全国建筑产业现代化方式建造的住宅新开工面积占住宅新开工总面积比例逐年增加，每年比上年提高 2 个百分点。各地住房城乡建设主管部门要明确本地区建筑产业现代化发展的近远期目标，协调出台减免相应税费、给予财政补贴、拓展市场空间等激励政策，并尽快将推动引导措施落到实处。

2. 实施技术推动。各级住房城乡建设主管部门要及时总结先进成熟、安全可靠的技术体系并加以推广。住房城乡建设部组织编制建筑产业现代化国家建筑标准设计图集和相关标准规范；培育组建全国和区域性研发中心、技术标准人员训练中心、产业联盟中心，建立通用种类和标准规格的建筑部品构件体系，实现工程设计、构件生产和施工安装标准化。各地住房城乡建设主管部门要培育建筑产业现代化龙头企业，鼓励成立包括开发、科研、设计、构件生产、施工、运营维护等在内的产业联盟。

3. 强化监管保障。各级住房城乡建设主管部门要在实践经验的基础上，探索建立有效的监管模式并严格监督执行，保障建筑产业现代化健康发展。

（五）加快建筑市场诚信体系建设

各地住房城乡建设主管部门要按照《全国建筑市场监管与诚信信息系统基础数据库管理办法》和《全国建筑市场监管与诚信信息系统基础数据库数据标准》（建市〔2014〕108 号）总体要求，实施诚信体系建设。在 2014 年底前，具备一定条件的 8 个省、直辖市要完成本地区工程建设企业、注册人员、工程项目、诚信信息等基础数据库建设，2015 年 6 月底前再完成 10 个省、直辖市，2015 年底前各省、自治区、直辖市要完成省级建筑市场和工程质量安全监管一体化工作平台建设。实现全国建筑市场"数据一个库、监管一张网、管理一条线"的信息化监管目标。

（六）切实提高从业人员素质

1. 进一步落实施工企业主体责任。各级住房乡建设主管部门要按照《关于进一步加强和完善建筑劳务管理工作的指导意见》（建市〔2014〕112 号）要求，指导和督促施工企业，进一步落实在工人培养、权益保护、用工管理、质量安全管理等方面的责任。施工企业要加快培育自有技术工人，对自有劳务人员的施工现场用工管理、持证上岗作业和工资发放承担直接责任；施工总承包企业要对所承包工程的劳务管理全面负责。施工企业要建立劳务人员分类培训制度，实行全员培训、持证上岗。

2. 完善建筑工人培训体系。各级住房城乡建设主管部门要研究建立建筑工人培训信息公开机制，健全技能鉴定制度，探索建立与岗位工资挂钩的工人技能分级管理机制，提高建筑工人参加培训的主动性和积极性。督促施工企业做好建筑工人培训工作，对不承担建筑工人培训主体责任的施工企业依法实施处罚。加强与相关部门的沟通协调，积极争取、充分利用政府财政经费补贴，培训建筑业从业人员，大力培育建筑产业工人队伍。

3. 推行劳务人员实名制管理。各级住房城乡建设主管部门要推行劳务人员实名制管理，推进劳务人员信息化管理，加强劳务人员的组织化管理。

三、工作计划

（一）动员部署阶段（2014 年 9 月）。2014 年 9 月上旬，住房城乡建设部召开全国工程质量治理两年行动电视电话会议，动员部署相关工作。2014 年 9 月中、下旬，各地住房城乡建设主管部门按照本方案制订具体实施方案，全面动员部署治理行动。各省、自治区、直辖市住房城乡建设主管部门要在 10 月 1 日前将实施方案报住房城乡建设部。

（二）组织实施阶段（2014 年 10 月—2016 年 6 月）。各地住房城乡建设主管部门要按照本行动方案和本地具体实施方案，组织开展治理行动。重点对在建的房屋建筑和市政基础设施工程的承发包情况、质量责任落实情况进行全面检查，市、县住房城乡建设主管部门每 4 个月对本辖区内在建工程项目全面排查一次，各省、自治区、直辖市住房城乡主管部门每半年对本地的工程项目进行一次重点抽查和治理行动督导检查，住房城乡建设部每半年组织一次督查。

（三）总结分析阶段（2016 年 7 月—8 月）各级住房城乡建设主管部门对治理行动开展情况进行总结分析，研究提出建立健全长效机制的意见和建议，形成工作总结报告。

四、保障措施

（一）加强领导，周密部署

各地住房城乡建设主管部门要提高对治理行动的认识，加强组织领导，落实责任，精心安排，认真部署，成立治理行动领导小组，针对本地区的实际情况，制定切实可行的工作方案，明确治理行动

第五篇

的重点、步骤和要求，并认真组织实施。

（二）落实责任，强化层级监督

省级住房城乡建设主管部门要加强对市、县治理行动的领导和监督，建立责任追究制度，对工作不力、存在失职渎职行为的，要及时予以通报批评、严格追究责任；对工作突出、成效显著的地区和个人要进行表扬，并总结推广成功经验。住房城乡建设部将定期汇总各地开展治理行动的情况，并予以通报。

（三）积极引导，加大舆论宣传

各级住房城乡建设主管部门要充分利用报刊、广播、电视、网络等多种形式，对治理行动的重要意义、进展情况以及取得的成效，进行多层面、多渠道、全方位广泛宣传，用客观的情况，准确的信息向社会传递和释放正能量，营造有利于治理行动的强大舆论氛围。同时，充分发挥行业协会在加强企业自律、树立行业标杆、制定技术规范、推广先进典型等方面的作用。

住房城乡建设部办公厅
关于进一步加强建筑工程施工许可管理工作的通知

建办市〔2014〕34 号

第五篇

各省、自治区住房城乡建设厅，直辖市建委，新疆生产建设兵团建设局：

为贯彻《建筑工程施工许可管理办法》（住房城乡建设部令第 18 号，以下简称《办法》），落实施工许可管理制度，严格执行基本建设程序，确保工程质量安全，现就有关事项通知如下：

一、依法实施施工许可

（一）严格许可条件。各级住房城乡建设主管部门要严格执行建筑法和《办法》等法律法规，依法审查和颁发施工许可证，不得"搭车"增设施工许可条件和审核程序。要依照建筑法、《办法》和本通知要求，全面清理施工许可相关文件，对于没有法律法规依据设置的许可条件和要求，一律取消。要严格依法行政，对符合条件的申请及时发放施工许可证；对于申请材料不齐全或不符合法定形式的，要一次告知建设单位需要补正的全部内容。

（二）落实建设资金。各级住房城乡建设主管部门要加强对建设资金落实情况的审查，要求建设单位申请领取施工许可证时，提供银行出具的到位资金证明或保函，并提交截至申请之日无拖欠工程款情形的承诺书或其他证明材料。建设单位要确保建设资金落实到位，不得隐瞒有关情况或者提供虚假材料。

（三）加大公开力度。各级住房城乡建设主管部门要进一步加大施工许可信息公开力度，将许可依据、条件、程序、期限、申请材料和示范文本等，

在办公场所和有关网站予以公示。建设单位要在施工现场显著位置设置施工许可公告牌，公告牌内容应与施工许可证内容一致，主动接受社会监督。

（四）加强监督检查。各级住房城乡建设主管部门要加大颁发施工许可证后的监督检查力度，对取得施工许可证后不再符合许可条件、延期开工、中止施工等行为进行监督检查。对存在未取得施工许可证擅自施工、以隐瞒有关情况或者提供虚假材料申请施工许可证以及伪造或者涂改施工许可证等违法违规行为的单位及相关责任人，要严格按照《办法》的规定进行惩处，并将处罚信息作为不良行为信息上报全国建筑市场监管与诚信信息发布平台曝光。

（五）加快信息化建设。各级住房城乡建设主管部门要加快推进施工许可管理信息系统建设，进一步完善许可制度，优化审批程序，规范运行流程，逐步实现电子化申报、审批和管理，实行证书网上统一打印、查询和统计，不断提高工作效率和监管效能，为申请人提供方便。

二、关于施工许可条件及相应证明文件的说明

建设单位领取施工许可证必须具备建筑法、《办法》等法律法规规定的许可条件，其中：

（一）"施工场地已经基本具备施工条件，需要征收房屋的，其进度符合施工要求"，是指施工场地已经基本具备了交通、水电等条件，能够满足施工企业进场的需要。一般应由施工企业主要技术负责人

签署是否已经具备施工条件的意见。发证机关可在审批前到施工场地进行现场踏勘。

（二）"已经确定施工企业"，是指依法必须招标的工程项目提交中标通知书和施工合同；直接发包的工程项目提交直接发包批准手续和施工合同。

（三）"有满足施工需要的技术资料，施工图设计文件已按规定审查合格"，是指建设单位提交由施工图审查机构出具的审查合格书。

（四）关于建设资金落实情况，发证机关除审核银行出具的到位资金证明或银行付款保函、第三方担保外，还要审核建设单位提交截至申请之日前无拖欠工程款情形的承诺书或其他证明材料。

各级住房城乡建设主管部门可按照《办法》的规定，对申请领取施工许可证的条件和提供的证明材料进行细化，但不得增加其他许可条件，不得要求提交与施工许可管理无关的证明材料。

三、统一证书编号规则

各省级住房城乡建设主管部门要明确施工许可证编号规则和方法，统一本地区的施工许可证编号。施工许可证编号由数字组成，其中前6位为行政区划代码，按照《中华人民共和国行政区划代码》GB/T2260执行；7—14位为日期代码，代表颁发施工许可证的日期；15—16位为工程序列码，代表同一日期内证书发放序列号；17—18位为工程分类代码，01代表房屋建筑工程，02代表市政工程。各省级住房城乡建设主管部门可以根据地方管理需要，进一步细化工程分类代码。

四、关于施工许可证样本

为更好适应工程管理需要，健全完善施工许可

证信息，我部制定了新版施工许可证（附件1）及其申请表（附件2）的样本。新版施工许可证增设附件，可根据需要随施工许可证一并核发，与施工许可证同时使用方可有效。需核发附件的要在施工许可证备注栏注明。

施工许可证样本由住房城乡建设部统一规定，各发证机关不得更改。自2014年10月25日起，统一使用新版施工许可证及其申请表。

五、工作要求

各级住房城乡建设主管部门要高度重视施工许可管理工作，认真贯彻落实《办法》，通过多种形式对施工许可的申请条件、审批流程、监督管理和法律责任等进行大力宣传，引导建筑市场各方主体严格遵守工程建设程序。要精心组织，周密安排，充分做好施工许可证改版的各项衔接准备，组织好本地区新版证书和申请表的印制和发放工作。要进一步加大执法力度，把施工许可制度执行情况纳入到日常巡查和专项检查中，严肃整治未批先建、无证施工等突出问题，维护正常的建筑市场秩序。

本通知发布实施后，《建设部关于加强建筑工程施工许可管理工作的通知》（建办建〔1999〕67号）同时废止。

附件：1. 中华人民共和国建筑工程施工许可证（样本）（略）

2. 建筑工程施工许可证申请表（样本）（略）

中华人民共和国住房和城乡建设部办公厅

2014年9月4日

住房城乡建设部
关于印发《建筑业企业资质标准》的通知

建市〔2014〕159号

各省、自治区住房城乡建设厅，直辖市建委，新疆生产建设兵团建设局，国务院有关部门建设司，总后基建营房部工程管理局：

根据《中华人民共和国建筑法》，我部会同国务院有关部门制定了《建筑业企业资质标准》。现印发给你们，请遵照执行。

本标准自2015年1月1日起施行。原建设部印发的《建筑业企业资质等级标准》（建建〔2001〕82

号)同时废止。

中华人民共和国住房和城乡建设部

2014 年 11 月 6 日

住房和城乡建设部办公厅
关于做好一级注册建筑师管理工作的通知

建办市〔2014〕47 号

各省、自治区住房和城乡建设厅,北京市规划委,
天津、上海、重庆市建委,全国注册建筑师管理委
员会:

2014 年 10 月 23 日,国务院发布了《国务院关
于取消和调整一批行政审批项目等事项的决定》(国
发〔2014〕50 号,以下简称《决定》)。为贯彻落实
《决定》精神,做好一级注册建筑师管理工作,现将
有关事项通知如下:

一、依照《中华人民共和国注册建筑师条例》
(以下简称《条例》),全国注册建筑师管理委员会负
责一级注册建筑师注册的具体工作,核发一级注册

建筑师证书。

二、我部依照《条例》对一级注册建筑师的注册
和执业实施指导和监督,不再进行一级注册建筑师
执业资格认定的行政审批,并对相关部门规章和规
范性文件进行清理。

三、请各地住房和城乡建设主管部门按照要求,
做好相关衔接工作,加强事中事后监管,健全监督
制约机制,维护市场秩序。

住房和城乡建设部办公厅

2014 年 11 月 25 日

住房城乡建设部办公厅关于推进建设省级建筑
市场监管与诚信信息一体化工作平台若干意见的通知

建办市〔2014〕55 号

各省、自治区住房城乡建设厅,直辖市建委、北京
市规委,山东省建管局:

为推进全国建筑市场监管信息化,鼓励各地加
快建设建筑市场监管与诚信信息一体化工作平台,
决定对通过我部省级建筑市场监管与诚信信息一体
化工作平台验收的省、自治区、直辖市(以下简称已
联网省市)给予支持。现通知如下:

一、简政放权,减少行政审批材料

已联网省市的企业申请我部审批的勘察、设计、
施工、监理企业资质,自 2015 年 1 月 1 日起(以省级

住房城乡建设主管部门受理时间为准),按以下规定
执行:

(一)企业资质标准中要求的综合指标、非注册
人员的学历、职称指标的审查工作委托企业所在地
省级住房城乡建设主管部门实施。上述指标的审查
意见以省级住房城乡建设主管部门的审查结果为准,
我部不再组织审查。

(二)全国建筑市场监管与诚信信息发布平台(以
下简称发布平台)中已有的工程业绩、注册人员信
息,无需提供有关证明材料。对上述工程业绩,省
级住房城乡建设主管部门应在《建设工程企业资质

申报企业业绩核查汇总表》"备注"栏内注明。若企业申报的工程业绩未进入发布平台，或在发布平台中的信息不能证实满足相应资质标准的，企业应按规定提供相应证明材料。

（三）对于申请我部审批的建筑工程设计、市政行业及相关专业工程设计、建筑工程施工总承包、市政公用工程施工总承包、房屋建筑工程监理、市政公用工程监理资质，企业在已联网省市完成的工程业绩以发布平台发布信息为准。在已联网省市完成，未进入发布平台的企业业绩，将不作为有效业绩认定。

（四）企业申请国务院有关部门负责审查的资质，以及由国务院有关部门、国务院国有资产管理部门直接监管企业、总后基建营房部工程管理局负责初审的企业申请资质，仍按原规定执行。

二、简化程序，规范企业跨省备案管理

各省级住房城乡建设主管部门应充分利用发布平台，简化跨省备案程序，减少跨省备案材料，方便已联网省市企业跨省经营。自 2015 年 1 月 1 日起，各省级住房城乡建设主管部门在办理已联网省市企业跨省备案时，对于发布平台已发布的信息，不再要求企业提供相关纸质材料，减轻企业负担。已联网省市企业的相关情况，可在发布平台中查询。

中华人民共和国住房和城乡建设部办公厅

2014 年 12 月 25 日

七、工程质量安全监管类

住房城乡建设部办公厅关于切实加强安全生产管理的通知

各省、自治区住房城乡建设厅，北京市住房城乡建设委、规划委、水务局、市政市容委，天津市城乡建设交通委、水务局、规划局，上海市城乡建设交通委、规划和国土局、水务局，重庆市城乡建设委、规划局、市政管委，新疆生产建设兵团建设局：

为认真贯彻中央领导同志指示精神，落实全国安全生产电视电话会议工作部署，切实加强安全生产管理工作，促进住房城乡建设系统安全生产形势好转，现就有关事项通知如下：

一、强化红线意识，全面落实安全生产责任

各地住房城乡建设主管部门要始终把人民生命安全放在首位，坚守发展绝不能以牺牲人的生命为代价的红线，清醒认识工业化、城镇化快速发展阶段事故易发高发的严峻形势，增强责任感和紧迫感。按照管行业必须管安全、管业务必须管安全、管生产经营必须管安全的原则，加强安全生产工作组织领导。加强安全监管制度改革创新，狠抓已有制度的落实。着力加强基层执法力量建设，增强工作实效。

住房城乡建设领域相关企业要认真履行安全生产主体责任特别是隐患排查治理、事故防范和先期处置主体责任。加强职工安全教育培训，切实增强所有岗位、全体职工的安全意识，强化关键岗位职工技能。不断完善规章制度和应急预案，确保安全投入、安全培训、基础管理、应急救援扎实到位。国有企业特别是中央企业要在安全生产工作上带好头、作表率。

二、强化规划管理，将安全作为城市规划建设前置条件

各地在编制城市总体规划前，要对基础设施支撑能力和建设条件作出评价，对土地、水、能源和环境等关系城市安全生产的要素进行专项研究。要在城市防灾规划中完善城市用地风险评估和安全布局、防灾设施规划、应急通道和紧急避难场所规划，提高城市防灾能力。要将保障城市安全作为城市总体规划和城市新区、开发区等相关规划审查审核的重要内容。加强危险性项目选址和布局管理，合理划定重大危险源区、次生灾害高危险区、安全防护距离和建设控制地带,明确风险防范措施,完善配套安全防护设施布局。对建设项目实施建设工程规划许可前,规划部门应会同人防、消防、交通等部门对其是否符合安全要求进行审查。强化规划实施监督,及时查处违法建设,消除城市安全隐患。

三、强化建筑市场监督执法,保障工程质量安全

各地要严肃查处违反法定建设程序、违法分包、转包、挂靠和围标、串标等市场违法违规行为,通过全国建筑市场诚信信息平台曝光。加强资质资格动态监管,进一步落实安全责任"一票否决"制度,将安全生产相关指标纳入市场准入标准。完善施工现场和建筑市场两场联动机制,依法严肃查处违法违规行为和质量安全事故责任单位及人员,引导建立诚信激励、失信惩戒的市场机制。

四、强化建筑施工安全监管,坚决遏制重特大事故发生

各地要以保障性安居工程、城市轨道交通工程等为重点,督促施工企业加强现场安全管理,认真排查治理深基坑工程、隧道支护结构、建筑起重机械、高大模板等部位和环节存在的安全隐患,落实高处坠落、物体打击、触电等易发事故防范措施,切实防止重大及以上事故发生。继续深入开展以预防建筑施工起重机械、模板支撑系统坍塌等事故为重点的安全生产专项整治,持续推进"打非治违"专项行动。进一步加强对重点地区、重点企业、重点项目的监督检查,加大事故通报和查处力度。

五、强化市政设施安全监管,保证市政设施安全稳定运行

各地要认真开展油气管道安全专项整治,加强城市燃气安全监督检查,推进城镇燃气和集中供热老旧管网特别是管龄超过15年或存在安全隐患的老旧管网改造。地方燃气管理部门要会同有关部门建立燃气事故统计分析制度,举一反三,吸取经验教训,防止同类事故发生。要落实燃气经营者安全主体责任,督促燃气经营者对燃气经营、供应的安全情况等进行检查,及时采取措施消除事故隐患。

加强城市道路桥梁、生活垃圾处理、供排水和污水处理设施以及城市公园、风景名胜区安全监管。36个大中城市要在2014年底前,完成城市桥梁安全检测并公布检测结果。加快省级城市桥梁信息系统建设。加强城市窨井盖管理,落实窨井盖维修、养护和管理责任。督促垃圾处理运营企业加强垃圾处理设施检查维护,认真排查垃圾处理渗滤液导排及处理等配套设施,填埋场填埋气导排、防爆、灭火设施,焚烧厂管道、阀门等设备的安全隐患,防止发生安全事故。加强《城镇排水与污水处理管理条例》的宣传贯彻,督促有关企业落实供排水和污水处理设施安全生产管理制度。督促公园、风景名胜区管理单位认真排查安全隐患,合理控制游客容量,做好节假日期间游客疏导分流,加强对客流集中、情况复杂区域的监控,完善应急预案。

六、强化房屋使用安全监管,切实防范房屋使用安全事故

各地要重点组织检查建筑年代较长、建设标准较低、失修失养严重的房屋,督促房屋产权人及时消除安全隐患。积极推进旧住宅区整治改造,根本解决老旧住宅安全隐患相对突出的问题。创新维修资金使用机制,优化使用规则,简化使用程序,提高维修资金应急使用效能。督促物业服务企业做好消防、电梯等公用设施设备和公共通道、地下空间等共用部位的日常巡查和维修养护,完善灾害性天气应急预案。

七、强化村镇建设安全监管,提高村镇建设工程安全水平

各地要加强对农村危房改造质量安全和抗震设防的指导,严格落实抗震安全基本要求。对没有政府补助的农民自建住房,要研究建立农房质量安全长效机制。加强乡镇政府的农村危房改造管理能力建设,加强村镇建设管理员培训和农村建筑工匠培训、考核及监管。

春节和两会期间,各地要进一步加强安全防范,结合实际采取"四不两直"方式(不发通知、不打招呼、不听汇报、不用陪同和接待,直奔基层、直插现场)开展安全检查,坚决制止盲目抢工期,及时排除市政设施故障隐患,严防发生安全事故;落实应急值守责任制,保证信息渠道畅通,做好应急队伍和物资备勤保障,确保突发事件及时妥善处置。

中华人民共和国住房和城乡建设部办公厅

2014年1月22日

住房城乡建设部关于房屋建筑工程推广应用减隔震技术的若干意见(暂行)

建质〔2014〕25 号

各省、自治区住房城乡建设厅,直辖市住房城乡建设委及有关部门,新疆生产建设兵团建设局:

近年来,随着建筑工程减震隔震技术(以下简称减隔震技术)研究不断深入,我国部分地震高烈度区开展了工程应用工作,一些应用了减隔震技术的工程经受了汶川、芦山等地震的实际考验,保障了人民生命财产安全,产生了良好的社会效益。实践证明,减隔震技术能有效减轻地震作用,提升房屋建筑工程抗震设防能力。为有序推进房屋建筑工程应用减隔震技术,确保工程质量,提出如下意见。

一、加强宣传指导,做好推广应用工作

1. 各级住房城乡建设主管部门要充分认识减隔震技术对提升工程抗震水平、推动建筑业技术进步的重要意义,高度重视减隔震技术研究和实践成果,有计划,有部署,积极稳妥推广应用。

2. 位于抗震设防烈度 8 度(含 8 度)以上地震高烈度区、地震重点监视防御区或地震灾后重建阶段的新建 3 层(含 3 层)以上学校、幼儿园、医院等人员密集公共建筑,应优先采用减隔震技术进行设计。

3. 鼓励重点设防类、特殊设防类建筑和位于抗震设防烈度 8 度(含 8 度)以上地震高烈度区的建筑采用减隔震技术。对抗震安全性或使用功能有较高需求的标准设防类建筑提倡采用减隔震技术。

4. 各级住房城乡建设主管部门要加强技术指导和政策支持,积极组织减隔震技术的宣传和培训,做好相关知识普及。组织开展试点示范,以点带面推动应用。对于列入试点、示范的工程参加评优评奖的,在同等条件下给予优先考虑。

二、加强设计管理,提高减隔震技术应用水平

5. 承担减隔震工程设计任务的单位,应具备甲级建筑工程设计资质;应认真比选设计方案,编制减隔震设计专篇,确保结构体系合理,并对减隔震装置的技术性能、施工安装和使用维护提出明确要求;要认真做好设计交底和现场服务;应配合编制减隔震工程使用说明书。

6. 从事减隔震工程设计的技术人员,应积极参加相关技术培训活动,严格执行国家有关工程建设强制性标准。项目结构专业设计负责人应具备一级注册结构工程师执业资格。

7. 对于采用减隔震技术的超限高层建筑工程,各地住房城乡建设主管部门在组织抗震设防专项审查时,应将减隔震技术应用的合理性作为重要审查内容。

8. 承担减隔震工程施工图设计文件审查的机构,应为省级住房城乡建设主管部门确定的具备超限高层建筑工程审查能力的一类建筑工程审查机构。

9. 施工图设计文件审查应重点对结构体系、减隔震设计专篇、计算书和减隔震产品技术参数进行审查。对于超限高层建筑工程采用减隔震技术的,应将抗震设防专项审查意见实施情况作为重要审查内容。审查人员应积极参加相关减隔震技术培训。

三、加强施工管理,保证减隔震工程质量

10. 建设单位应当组织有关专家对施工单位编制的减隔震装置及其构造措施专项施工方案进行论证,通过后方可进行安装施工。安装完成后,建设单位应当组织生产厂家、设计单位、施工单位、监理单位进行验收,验收合格后方可进入下一道施工工序。工程竣工后,建设单位应组织施工单位、设计单位、减隔震装置生产厂家,编制减隔震工程使用说明书,并与竣工图同时报有关部门备案。

11. 施工单位应严格执行国家有关工程建设强制性标准,强化施工质量过程控制。对于减隔震装置及其构造措施的安装施工,要结合工程实际编制专项施工方案,落实设计图纸会审中的交底措施。工程竣工后,应配合编制减隔震工程使用说明书。

12. 减隔震装置生产厂家对其产品质量负责。生产厂家提供的减隔震产品,必须通过型式检验,出厂时应明确标注有效使用年限。生产厂家应认真做好施工配合,参加减隔震装置安装的验收,履行合同服务承诺,配合编制减隔震工程使用说明书。

13. 监理单位应针对工程的具体情况制定监理规

第五篇

划和监理实施细则，减隔震装置安装阶段应根据监理合同的约定内容实施旁站监理。

14. 减隔震产品应由施工、监理单位见证取样，并经第三方检测机构检测合格后方可使用或安装。

15. 各级工程质量监督机构要加大对减隔震工程的巡查力度，重点检查进入施工现场的隔震支座、消能支撑的产品型式检验报告和质量检测报告，检查减隔震装置以及预留隔震沟(缝)和柔性连接等构造措施的安装和施工情况。

16. 各级住房城乡建设主管部门要加大对减隔震工程质量责任主体违法违规行为的处罚力度，要对生产不合格减隔震产品的厂家进行公示，并将有关情况报送我部工程质量安全监管司。

四、完善使用管理，保障减隔震工程运行安全

17. 建设单位应向使用单位提供减隔震工程使用说明书。建设单位应标识消能减震部件以及预留隔震沟(缝)和柔性连接等构造措施的部位，并在工程显著部位镶刻铭牌，标明工程抗震设防烈度和减隔

震类别等重要信息。

18. 减隔震工程业主单位(物业管理单位)应确保减隔震工程的正常使用，不得随意改变、损坏、拆除减隔震装置或填埋、破坏隔震构造措施。应按使用说明书要求，定期检查所有减隔震装置及相关构造措施。有监测仪器的，应定期收集监测数据。地震、火灾、水淹、风灾等灾害发生后，应对减隔震装置进行仔细检查。发现变形、损坏等异常情况时，应及时联系有关单位进行修复或更换。

19. 减隔震装置在质保期内出现产品质量问题的，生产厂家应及时予以免费维修或更换，并按合同约定承担相应的赔偿责任。

20. 减隔震工程需要进行维修、改造的，原工程勘察设计、施工单位有义务提供有偿的勘察、设计、咨询、施工服务。因工程质量问题需进行维修的，由相关质量问题责任主体承担全部工程费用。

中华人民共和国住房和城乡建设部

2014 年 2 月 21 日

住房城乡建设部关于印发城市轨道交通建设工程质量安全事故应急预案管理办法的通知

建质〔2014〕34 号

各省、自治区住房城乡建设厅，直辖市建委(建交委)，新疆生产建设兵团建设局：

为规范城市轨道交通建设工程质量安全事故应急预案管理工作，提高城市轨道交通建设工程风险事故的应急处置能力，我部制定了《城市轨道交通建设工程质量安全事故应急预案管理办法》。现印发给你们，请结合本地区实际，认真贯彻执行。

中华人民共和国住房和城乡建设部

2014 年 3 月 12 日

城市轨道交通建设工程质量安全事故应急预案管理办法

第一章 总则

第一条 为规范城市轨道交通建设工程质量安全事故应急预案(以下简称应急预案)管理，完善应急预案体系，增强应急预案的针对性、实用性和可操作性，依据《中华人民共和国突发事件应对法》、《建设工程安全生产管理条例》和《突发事件应急预

案管理办法》等有关法规、规定，制定本办法。

第二条 县级以上地方人民政府承担城市轨道交通建设工程质量安全监督管理职责的部门(以下简称建设主管部门)、建设单位、施工单位的应急预案编制、评审、发布、备案、培训、演练、评估和修订等工作适用本办法。

第三条 应急预案管理应当遵循综合协调、分

级负责、属地为主、企地衔接、动态管理的原则。

第四条 应急预案应当符合有关法律、法规、规章和上级预案的规定，符合工作实际和工程项目实际情况。

第二章 预案编制和内容

第五条 应急预案体系包括综合应急预案、工程项目应急预案和现场处置方案。

建设主管部门应当编制本部门综合应急预案；

建设单位应当编制本单位综合应急预案，并按照影响工程周边环境事故类别编制工程项目应急预案；

施工单位应当编制所承担工程项目的综合应急预案，并按工程事故、影响周边环境事故类别编制工程项目应急预案，同时制定事故现场处置方案。

第六条 各类应急预案编制内容各有侧重。

综合应急预案是对城市轨道交通建设工程质量安全事故应对工作的总体安排。主要规定工作原则、组织机构、预案体系、事故分级、监测预警、应急处置、应急保障、培训、演练与评估等，是应对城市轨道交通建设工程各类质量安全事故的综合性文件。

工程项目应急预案是指针对某一类型或某几类型城市轨道交通建设工程质量安全事故而预先制定的工作方案。主要规定应急响应责任人、风险防范和监测、信息报告、预警响应、应急处置、人员疏散组织和路线、可调用或可请求援助的应急资源情况以及实施步骤等，体现自救互救、信息报告和先期处置特点。

现场处置方案是指针对某一特定城市轨道交通建设工程事故现场处置工作而预先制定的方案。主要规定现场应急处置程序、技术措施及实施步骤。侧重于细化企业先期处置，明确并落实生产现场带班人员、班组长和调度人员直接处置权和指挥权；严格遵守安全规程，科学组织有效施救，确保救援人员安全，并强化救援现场管理。现场处置方案是工程项目应急预案的技术支持性文件。

第七条 编制应急预案应当在开展风险评估、应急资源调查和能力评估的基础上进行。质量安全风险类别见附件。

第八条 建设主管部门、建设单位、施工单位编制的应急预案应当相互衔接，并与所涉及的其他部门和单位应急预案相衔接。

第九条 应急组织机构、应急救援队伍、应急装备物资储备清单、应急集结路线图等应急资源信息应当及时更新，确保信息准确有效。建设主管部门、建设单位、施工单位可根据实际需要建立应急资源管理信息系统，实现应急资源信息的及时更新与管理。

第三章 预案评审和发布

第十条 建设主管部门、建设单位、施工单位应当对各自编制的综合应急预案组织评审。工程项目应急预案和现场处置方案可视情况组织评审。

第十一条 评审人员应当包括城市轨道交通工程安全生产或应急管理方面的专家，预案涉及的其他部门和单位相关人员。

评审人员与应急预案编制单位不得存在隶属关系。

第十二条 评审的主要内容包括：

（一）应急预案是否符合有关法律、行政法规等，是否与有关应急预案进行了衔接；

（二）主体内容是否完备，组织体系是否科学合理；责任分工是否合理明确；

（三）风险评估及防范措施是否具有针对性；

（四）响应级别设计是否合理，应对措施是否具体简明、管用可行；

（五）应急保障资源是否完备，应急保障措施是否可行。

评审后应形成书面评审意见。

第十三条 应急预案发布前，编制单位应当征求预案涉及的其他部门和单位意见。

第十四条 应急预案应经编制单位主要负责人或分管城市轨道交通工程质量安全的负责人审批。审批方式根据实际情况确定。

第十五条 应急预案发布后，编制单位应当将预案送达预案涉及的其他部门和单位。

第四章 预案备案

第十六条 应急预案编制单位应当在综合应急预案印发后 20 个工作日内，向有关单位备案。

（一）建设主管部门综合应急预案报送本级人民政府和上一级行政主管部门备案；

（二）建设单位综合应急预案报送建设主管部门备案；

（三）施工单位综合应急预案报送工程所在地建设主管部门和建设单位备案；

第十七条 应急预案备案时，应当提交以下材料：

（一）应急预案文本及电子文档；

（三）应急预案评审意见。

第五章　演练和培训

第十八条　应急预案编制单位应当建立应急演练制度，根据实际情况采取实战演练、桌面推演等方式，组织开展联动性强、形式多样、节约高效的应急演练。

第十九条　建设主管部门、建设单位、施工单位应当制定应急预案演练计划，结合实际情况定期组织预案演练。建设主管部门每3年至少组织一次综合应急预案演练；建设单位、施工单位应当有针对性地经常组织开展应急演练，每年至少组织一次，视情况可加大演练频次。

第二十条　建设主管部门、建设单位、施工单位应当对应急预案演练进行评估，并针对演练过程中发现的问题，对应急预案提出修订意见。评估和修订意见应当有书面记录，并及时存档。

鼓励委托第三方进行演练评估。

第二十一条　建设单位、施工单位应当定期开展应急预案和相关知识的培训，至少每年组织一次，并留存培训记录。应急预案培训应覆盖预案所涉及的相关单位和人员。建设主管部门应当监督检查培训开展情况。

第六章　评估和修订

第二十二条　应急预案编制单位应当建立定期评估制度，分析评价预案内容的针对性、实用性和可操作性，实现应急预案的动态优化和科学规范管理。

第二十三条　有下列情况之一的，应急预案编制单位应当修订预案，修订情况应有记录并归档。

（一）有关法律、法规、规章、标准、上位预案中的有关规定发生变化的；

（二）应急指挥机构、主要负责人及其职责发生调整的；

（三）城市轨道交通工程建设规模发生较大变化的；

（四）城市轨道交通工程质量安全风险发生较大变化的；

（五）城市轨道交通工程设计方案、施工工法等发生较大变化的；

（六）在事故应对和应急演练中发现重大问题，需要作出调整的；

（七）应急预案编制单位认为应当修订的其他情况。

第二十四条　对组织指挥体系与职责、应急处置程序、主要处置措施、分类分级标准等重要内容进行修订的，应当按本办法规定进行评审和备案。

第七章　人力和经费保障

第二十五条　建设主管部门、建设单位和施工单位要指定专门机构和人员负责应急预案的编制、评审、备案、培训、演练、评估和修订等工作。

第二十六条　建设主管部门、建设单位和施工单位应将应急预案编制、评审、培训、演练、评估和修订等工作所需经费纳入预算，统筹安排；建设单位和施工单位应按照预案要求落实相应的应急物资、装备及队伍，保证相应费用的投入。确保专款专用，不得挪用。

第八章　附则

第二十七条　县级以上建设主管部门可以依据本办法的规定，结合本部门实际制定实施细则。

第二十八条　本办法由住房城乡建设部负责解释。

第二十九条　本办法自印发之日起施行。

附件：

城市轨道交通工程质量安全风险类别

一、工程施工风险

（一）明挖法施工风险

主要从工程及水文地质、围护结构施工、基坑降水、支撑架设及拆除、土方开挖、主体结构施工等进行风险分析。重点分析永久结构、围护结构（围护桩、连续墙等）、边坡、支撑构件（锚索、围檩、钢支撑）、模板支架的稳定性，以及基坑进水、基底

第五篇

隆起的风险。

（二）盾构法施工风险

主要从工程及水文地质、盾构吊装、盾构始发和到达、盾构开仓及换刀、管片拼装、电瓶车运输、联络通道施工等进行风险分析。重点分析进出洞土体的稳定性、开仓过程中土体稳定性及有害气体、盾构进水的风险。

（三）矿山法施工风险

主要从工程及水文地质、竖井开挖、隧道开挖、爆破作业、联络通道施工、初支及二衬结构施工等进行风险分析。重点分析冒顶、片帮、涌水、模板支架坍塌的风险。

（四）高架段施工风险

主要从工程及水文地质、基础施工、墩身施工、架桥机架设作业、桥面铺装作业、预应力张拉等进行风险分析。重点分析模板支架稳定性。

（五）轨行区及机电安装施工风险

主要分析轨行区吊装、铺轨、安装、装修等作业以及机电设备吊装、运输及安装调试作业的操作风险。

（六）其他施工风险

主要分析工程施工过程中（含施工前场地"三通一平"及房屋拆迁、管线拆改迁、临时建筑物搭建、临时电路架设等前期工作）可能造成设备倾覆、起重伤害、机械伤害、触电、脚手架垮塌、物体打击、高空坠落、火灾、车辆伤害、爆炸伤害（锅炉、容器、瓦斯、炸药）等风险。

二、自然环境与周边环境风险

（一）自然环境风险

主要包括：天气灾害风险、地震灾害风险、地质灾害风险以及河湖海洋灾害风险等。

（二）周边环境风险

主要包括：工程邻近的建（构）筑物、地下管线、桥梁、隧道、道路、轨道交通设施等风险。

住房城乡建设部关于印发
城市轨道交通建设工程验收管理暂行办法的通知

建质〔2014〕42号

各省、自治区住房城乡建设厅，直辖市建委（建交委），新疆生产建设兵团建设局：

为规范城市轨道交通建设工程验收工作，提高城市轨道交通建设工程质量安全水平，我部制定了《城市轨道交通建设工程验收管理暂行办法》。现印发给你们，请结合本地区实际，认真贯彻执行。

中华人民共和国住房和城乡建设部

2014年3月27日

城市轨道交通建设工程验收管理暂行办法

第一章 总则

第一条 为规范城市轨道交通建设工程验收工作，依据《建设工程质量管理条例》、《房屋建筑和市政基础设施工程竣工验收备案管理办法》、《房屋建筑和市政基础设施工程竣工验收规定》和《城市轨道交通工程安全质量管理暂行办法》等有关规定，结合城市轨道交通工程建设的实际，制定本办法。

第二条 本办法所称城市轨道交通是指采用专用轨道导向运行的城市公共客运交通系统，包括地铁、轻轨、单轨、磁浮、自动导向轨道等系统。

第三条 本办法适用于新建、扩建、改建城市轨道交通建设工程的验收活动及其监督管理。

第四条 国务院住房城乡建设主管部门对全国城市轨道交通建设工程验收实施统一监督管理。

县级以上地方人民政府住房城乡建设主管部门负责本行政区域内城市轨道交通建设工程验收的监督管理，具体工作可委托所属工程质量监督机构实施。

县级以上地方人民政府有关部门按照法律法规规定负责相关的专项验收。

第五条 城市轨道交通建设工程验收除应执行本管理办法外，还应符合国家、行业等有关规定和标准。

第六条 城市轨道交通建设工程验收分为单位工程验收、项目工程验收、竣工验收三个阶段。

单位工程验收是指在单位工程完工后，检查工程设计文件和合同约定内容的执行情况，评价单位工程是否符合有关法律法规和工程技术标准，符合设计文件及合同要求，对各参建单位的质量管理进行评价的验收。单位工程划分应符合国家、行业等现行有关规定和标准。

项目工程验收是指各项单位工程验收后、试运行之前，确认建设项目工程是否达到设计文件及标准要求，是否满足城市轨道交通试运行要求的验收。

竣工验收是指项目工程验收合格后、试运营之前，结合试运行效果，确认建设项目是否达到设计目标及标准要求的验收。

专项验收是指为保证城市轨道交通建设工程质量和运行安全，依据相关法律法规由政府有关部门负责的验收。

第七条 城市轨道交通建设工程所包含的单位工程验收合格且通过相关专项验收后，方可组织项目工程验收；项目工程验收合格后，建设单位应组织不载客试运行，试运行三个月、并通过全部专项验收后，方可组织竣工验收；竣工验收合格后，城市轨道交通建设工程可履行相关试运营手续。

第八条 参与工程验收的建设、勘察、设计、施工、监理等各方不能形成一致意见时，应当协商提出解决的方法，待意见一致后，重新组织验收。

第九条 住房城乡建设主管部门或其委托的工程质量监督机构应当对各验收阶段的组织形式、验收程序、执行验收标准等情况进行现场监督，发现有违反建设工程质量安全管理规定行为的，责令改正，并出具验收监督意见。

第二章 单位工程验收

第十条 单位工程验收应具备以下条件：

（一）完成工程设计和合同约定的各项内容，对不影响运营安全及使用功能的缓建项目已经相关部门同意；

（二）质量控制资料应完整；

（三）单位工程所含分部工程的质量均应验收合格；

（四）有关安全和功能的检测、测试和必要的认证资料应完整；主要功能项目的检验检测结果应符合相关专业质量验收规范的规定；设备、系统安装工程需通过各专业要求的检测、测试或认证；

（五）有勘察、设计、施工、工程监理等单位签署的质量合格文件或质量评价意见；

（六）观感质量应符合验收要求；

（七）住房城乡建设主管部门及其委托的工程质量监督机构等有关部门责令整改的问题已经整改完毕。

第十一条 施工单位对单位工程质量自验合格后，总监理工程师应组织专业监理工程师，依据有关法律、法规、工程建设强制性标准、设计文件及施工合同，对施工单位报送的验收资料进行审查后，组织单位工程预验。单位工程各相关参建单位须参加预验，预验程序可参照单位工程验收程序。

单位工程预验合格、遗留问题整改完毕后，施工单位应向建设单位提交单位工程验收报告，申请单位工程验收。验收报告须经该工程总监理工程师签署意见。

第十二条 单位工程验收由建设单位组织，勘察、设计、施工、监理等各参建单位的项目负责人参加，组成验收小组。

（一）建设单位应对验收小组主要成员资格进行核查；

（二）建设单位应制定验收方案，验收方案的内容应包括验收小组人员组成、验收方法等。方案应明确对工程质量进行抽样检查的内容、部位等详细内容，抽样检查应具有随机性和可操作性；

（三）建设单位应当在单位工程验收7个工作日前，将验收的时间、地点及验收方案书面报送工程质量监督机构。

第十三条 单位工程验收的内容和程序：

（一）建设、勘察、设计、施工、监理等单位分别汇报工程合同履约情况和在工程建设各个环节执行法律、法规和工程建设强制性标准的情况；

（二）验收小组实地查验工程质量，审阅建设、勘察、设计、监理、施工单位的工程档案资料，并形成验收意见。查验及审阅至少应包括以下内容：

1. 检查合同和设计相关内容的执行情况；

2. 检查单位工程实体质量（涉及运营安全及使用功能的部位应进行抽样检测），检查工程档案资料；

3. 检查施工单位自检报告及施工技术资料（包括主要产品的质量保证资料及合格报告）；

4. 检查监理单位独立抽检资料、监理工作总结报告及质量评价资料。

单位工程验收时，对重要分部工程应核查质量验收记录，进行质量抽样检查，经验收记录核查和质量抽样检查合格后，方可判定所含的分部工程质量合格。单位工程质量验收时，可委托第三方质量检测机构进行工程质量抽测。

（三）工程质量监督机构出具验收监督意见。

第十四条 当一个单位工程由多个子单位工程组成时，子单位工程质量验收的组织和程序应参照单位工程质量验收组织和程序进行。

第三章 项目工程验收

第十五条 项目工程验收应具备以下条件：

（一）项目所含单位工程均已完成设计及合同约定的内容，并通过了单位工程验收。对不影响运营安全及使用功能的缓建、缓验项目已经相关部门同意；

（二）单位工程质量验收提出的遗留问题、住房城乡建设行政主管部门或其委托的工程质量监督机构责令整改的问题已全部整改完毕；

（三）设备系统经联合调试符合运营整体功能要求，并已由相关单位出具认可文件；

（四）已通过对试运行有影响的相关专项验收。

第十六条 城市轨道交通建设项目工程验收工作由建设单位组织，各参建单位项目负责人以及运营单位、负责专项验收的城市政府有关部门代表参加，组成验收组。

（一）建设单位应对验收组主要成员资格进行核查；

（二）建设单位应制定验收方案，验收方案的内容应包括验收组人员组成、验收方法等；

（三）建设单位应当在项目工程验收 7 个工作日前，将验收的时间、地点及验收方案书面报送工程质量监督机构。

第十七条 项目工程验收的内容和程序：

（一）建设单位代表向验收组汇报工程合同履约情况和在工程建设各个环节执行法律、法规和工程建设强制性标准的情况；

（二）各验收小组实地查验工程质量，复查单位工程验收遗留问题的整改情况；审阅建设、勘察、设计、监理、施工单位的工程档案和各项功能性检测、监测资料；

（三）验收组对工程勘察、设计、施工、监理、设备安装质量等方面进行评价，审查对试运行有影响的相关专项验收情况；审查系统设备联合调试情况，签署项目工程验收意见；

（四）工程质量监督机构出具验收监督意见。

第十八条 城市轨道交通建设工程自项目工程验收合格之日起可投入不载客试运行，试运行时间不应少于三个月。

第四章 竣工验收

第十九条 竣工验收应具备以下条件：

（一）项目工程验收的遗留问题全部整改完毕；

（二）有完整的技术档案和施工管理资料；

（三）试运行过程中发现的问题已整改完毕，有试运行总结报告；

（四）已通过规划部门对建设工程是否符合规划条件的核实和全部专项验收，并取得相关验收或认可文件；暂时甩项的，应经相关部门同意。

第二十条 城市轨道交通建设工程竣工验收由建设单位组织，各参建单位项目负责人以及运营单位、负责规划条件核实和专项验收的城市政府有关部门代表参加，组成验收委员会。省、自治区住房城乡建设主管部门应当加强对本行政区域内城市轨道交通建设工程竣工验收的监督。

（一）建设单位应对验收组主要成员资格进行核查；

（二）建设单位应制定验收方案，验收方案的内容应包括验收委员会人员组成、验收内容及方法等；

（三）验收委员会可按专业分为若干专业验收组；

（四）建设单位应当在竣工验收 7 个工作日前，将验收的时间、地点及验收方案书面报送工程质量监督机构。

第二十一条 竣工验收的内容和程序：

（一）建设、勘察、设计、监理、施工等单位代表简要汇报工程概况、合同履约情况和在工程建设各个环节执行法律、法规和工程建设强制性标准的情况；

（二）建设单位汇报试运行情况；

（三）相关部门代表进行专项验收工作总结；

（四）验收委员会审阅工程档案资料、运行总结报告及检查项目工程验收遗留问题和试运行中发现问题的整改情况；

（五）验收委员会质询相关单位，讨论并形成验收意见；

（六）验收委员会签署工程竣工验收报告，并对遗留问题做出处理决定；

（七）工程质量监督机构出具验收监督意见。

第五篇

第五章 附则

第二十二条 施工单位应在竣工验收合格后，签订工程质量保修书，自竣工验收合格之日开始履行质保义务。

第二十三条 建设单位应在竣工验收合格之日起15个工作日内，将竣工验收报告和相关文件，报城市建设主管部门备案。

第二十四条 各地住房城乡建设主管部门可依据本办法，制定本地实施细则。

第二十五条 本办法由住房城乡建设部负责解释。

第二十六条 本办法自颁布之日起施行。

住房城乡建设部关于印发
《工程建设工法管理办法》的通知

建质〔2014〕103号

各省、自治区住房城乡建设厅，直辖市建委，新疆生产建设兵团建设局，国务院有关部门建设司（局），有关中央企业：

现将修订后的《工程建设工法管理办法》印发给你们，请认真贯彻执行。原《工程建设工法管理办法》（建质〔2005〕145号）同时废止。

中华人民共和国住房和城乡建设部
2014年7月16日

工程建设工法管理办法

第一条 为促进建筑施工企业技术创新，提升施工技术水平，规范工程建设工法的管理，制定本办法。

第二条 本办法适用于工法的开发、申报、评审和成果管理。

第三条 本办法所称的工法，是指以工程为对象，以工艺为核心，运用系统工程原理，把先进技术和科学管理结合起来，经过一定工程实践形成的综合配套的施工方法。

工法分为房屋建筑工程、土木工程、工业安装工程三个类别。

第四条 工法分为企业级、省（部）级和国家级，实施分级管理。

企业级工法由建筑施工企业（以下简称企业）根据工程特点开发，通过工程实际应用，经企业组织评审和公布。

省（部）级工法由企业自愿申报，经省、自治区、直辖市住房城乡建设主管部门或国务院有关部门（行业协会）、中央管理的有关企业（以下简称省（部）级工法主管部门）组织评审和公布。

国家级工法由企业自愿申报，经省（部）级工法主管部门推荐，由住房和城乡建设部组织评审和公布。

第五条 工法必须符合国家工程建设的方针、政策和标准，具有先进性、科学性和适用性，能保证工程质量安全、提高施工效率和综合效益，满足节约资源、保护环境等要求。

第六条 企业应当建立工法管理制度，根据工程特点制定工法开发计划，定期组织企业级工法评审，并将公布的企业级工法向省（部）级工法主管部门备案。

第七条 企业应在工程建设中积极推广应用工法，推动技术创新成果转化，提升工程施工的科技含量。

第八条 省（部）级工法主管部门应当督促指导企业开展工法开发和推广应用，组织省（部）级工法评审，将公布的省（部）级工法报住房和城乡建设部备案，择优推荐申报国家级工法。

第九条　住房和城乡建设部每两年组织一次国家级工法评审，评审遵循优中选优、总量控制的原则。

第十条　国家级工法申报遵循企业自愿原则，每项工法由一家建筑施工企业申报，主要完成人员不超过5人。申报企业应是开发应用工法的主要完成单位。

第十一条　申报国家级工法应满足以下条件：

（一）已公布为省（部）级工法；

（二）工法的关键性技术达到国内领先及以上水平；工法中采用的新技术、新工艺、新材料尚没有相应的工程建设国家、行业或地方标准的，已经省级及以上住房城乡建设主管部门组织的技术专家委员会审定；

（三）工法已经过2项及以上工程实践应用，安全可靠，具有较高推广应用价值，经济效益和社会效益显著；

（四）工法遵循国家工程建设的方针、政策和工程建设强制性标准，符合国家建筑技术发展方向和节约资源、保护环境等要求；

（五）工法编写内容齐全完整，包括前言、特点、适用范围、工艺原理、工艺流程及操作要点、材料与设备、质量控制、安全措施、环保措施、效益分析和应用实例；

（六）工法内容不得与已公布的有效期内的国家级工法雷同。

第十二条　申报国家级工法按以下程序进行：

（一）申报企业向省（部）级工法主管部门提交申报材料；

（二）省（部）级工法主管部门审核企业申报材料，择优向住房和城乡建设部推荐。

第十三条　企业申报国家级工法，只能向批准该省（部）级工法的主管部门申报，同一工法不得同时向多个省（部）级工法主管部门申报。

第十四条　省（部）级工法主管部门推荐申报国家级工法时，内容不得存在雷同。

第十五条　国家级工法申报资料应包括以下内容：

（一）国家级工法申报表；

（二）工法文本；

（三）省（部）级工法批准文件、工法证书；

（四）省（部）级工法评审意见（包括关键技术的评价）；

（五）建设单位或监理单位出具的工程应用证明、施工许可证或开工报告、工程施工合同；

（六）经济效益证明；

（七）工法应用的有关照片或视频资料；

（八）科技查新报告；

（九）涉及他方专利的无争议声明书；

（十）技术标准、专利证书、科技成果获奖证明等其他有关材料。

第十六条　国家级工法评审分为形式审查、专业组审查、评委会审核三个阶段。形式审查、专业组审查采用网络评审方式，评委会审核采用会议评审方式。

（一）形式审查。对申报资料完整性、符合性进行审查，符合申报条件的列入专业组审查。

（二）专业组审查。对通过形式审查的工法按专业分组，评审专家对工法的关键技术水平、工艺流程和操作要点的科学性、合理性、安全可靠性、推广应用价值、文本编制等进行评审，评审结果提交评委会审核。

（三）评委会审核。评委会分房屋建筑、土木工程、工业安装工程三类进行评议审核、实名投票表决，有效票数达到三分之二及以上的通过审核。

第十七条　住房和城乡建设部负责建立国家级工法评审专家库，评审专家从专家库中选取。专家库专家应具有高级及以上专业技术职称，有丰富的施工实践经验和坚实的专业基础理论知识，担任过大型施工企业技术负责人或大型项目负责人，年龄不超过70周岁。院士、获得省（部）级及以上科技进步奖和优质工程奖的专家优先选任。

第十八条　评审专家应坚持公正、公平的原则，严格按照标准评审，对评审意见负责，遵守评审工作纪律和保密规定，保证工法评审的严肃性和科学性。

第十九条　国家级工法评审实行专家回避制度，专业组评审专家不得评审本企业工法。

第二十条　住房和城乡建设部对审核通过的国家级工法进行公示，公示无异议后予以公布。

第二十一条　对获得国家级工法的单位和个人，由住房和城乡建设部颁发证书。

第二十二条　住房和城乡建设部负责建立国家级工法管理和查询信息系统，省（部）级工法主管部门负责建立本地区（部门）工法信息库。

第二十三条　国家级工法有效期为8年。

对有效期内的国家级工法，其完成单位应注意技术跟踪，注重创新和发展，保持工法技术的先进性和适用性。

超出有效期的国家级工法仍具有先进性的，工

第五篇

法完成单位可重新申报。

第二十四条 获得国家级工法证书的单位为该工法的所有权人。工法所有权人可根据国家有关法律法规的规定有偿转让工法使用权，但工法完成单位、主要完成人员不得变更。未经工法所有权人同意，任何单位和个人不得擅自公开工法的关键技术内容。

第二十五条 鼓励企业采用新技术、新工艺、新材料、新设备，加快技术积累和科技成果转化。鼓励符合专利法、科学技术奖励规定条件的工法及其关键技术申请专利和科学技术发明、进步奖。

第二十六条 各级住房城乡建设主管部门和有关部门应积极推动将技术领先、应用广泛、效益显著的工法纳入相关的国家标准、行业标准和地方标准。

第二十七条 鼓励企业积极开发和推广应用工法。省(部)级工法主管部门应对开发和应用工法有突出贡献的企业和个人给予表彰。企业应对开发和推广应用工法有突出贡献的个人给予表彰和奖励。

第二十八条 企业提供虚假材料申报国家级工法的，予以全国通报，5年内不受理其申报国家级工法。

企业以剽窃作假等欺骗手段获得国家级工法的，撤销其国家级工法称号，予以全国通报，5年内不受理其申报国家级工法。

企业提供虚假材料申报国家级工法，或以剽窃作假等欺骗手段获得国家级工法的，作为不良行为记录，记入企业信用档案。

第二十九条 评审专家存在徇私舞弊、违反回避制度和保密纪律等行为的，取消国家级工法评审专家资格。

第三十条 各地区、各部门可参照本办法制定省(部)级工法管理办法。

第三十一条 本办法自发布之日起施行。原《工程建设工法管理办法》(建质〔2005〕145号)同时废止。

住房城乡建设部关于印发
《建筑施工安全生产标准化考评暂行办法》的通知

建质〔2014〕111号

各省、自治区住房城乡建设厅，直辖市建委(建交委)，新疆生产建设兵团建设局：

为贯彻落实国务院有关文件要求，进一步加强建筑施工安全生产管理，落实企业安全生产主体责任，规范建筑施工安全生产标准化考评工作，我部制定了《建筑施工安全生产标准化考评暂行办法》。现印发给你们，请结合实际，认真贯彻执行。

中华人民共和国住房和城乡建设部
2014年7月31日

建筑施工安全生产标准化考评暂行办法

第一章 总则

第一条 为进一步加强建筑施工安全生产管理，落实企业安全生产主体责任，规范建筑施工安全生产标准化考评工作，根据《国务院关于进一步加强企业安全生产工作的通知》(国发〔2010〕23号)、《国务院关于坚持科学发展安全发展促进安全生产形势持续稳定好转的意见》(国发〔2011〕40号)等文件，制定本办法。

第二条 本办法所称建筑施工安全生产标准化是指建筑施工企业在建筑施工活动中，贯彻执行建筑施工安全法律法规和标准规范，建立企业和项目安全生产责任制，制定安全管理制度和操作规程，监控危险性较大分部分项工程，排查治理安全生产隐患，使人、机、物、环始终处于安全状态，形成过程控制、持续改进的安全管理机制。

第三条 本办法所称建筑施工安全生产标准化考评包括建筑施工项目安全生产标准化考评和建筑施工企业安全生产标准化考评。

建筑施工项目是指新建、扩建、改建房屋建筑和市政基础设施工程项目。

建筑施工企业是指从事新建、扩建、改建房屋建筑和市政基础设施工程施工活动的建筑施工总承包及专业承包企业。

第四条 国务院住房城乡建设主管部门监督指导全国建筑施工安全生产标准化考评工作。

县级以上地方人民政府住房城乡建设主管部门负责本行政区域内建筑施工安全生产标准化考评工作。

县级以上地方人民政府住房城乡建设主管部门可以委托建筑施工安全监督机构具体实施建筑施工安全生产标准化考评工作。

第五条 建筑施工安全生产标准化考评工作应坚持客观、公正、公开的原则。

第六条 鼓励应用信息化手段开展建筑施工安全生产标准化考评工作。

第二章　项目考评

第七条 建筑施工企业应当建立健全以项目负责人为第一责任人的项目安全生产管理体系，依法履行安全生产职责，实施项目安全生产标准化工作。

建筑施工项目实行施工总承包的，施工总承包单位对项目安全生产标准化工作负总责。施工总承包单位应当组织专业承包单位等开展项目安全生产标准化工作。

第八条 工程项目应当成立由施工总承包及专业承包单位等组成的项目安全生产标准化自评机构，在项目施工过程中每月主要依据《建筑施工安全检查标准》(JGJ59)等开展安全生产标准化自评工作。

第九条 建筑施工企业安全生产管理机构应当定期对项目安全生产标准化工作进行监督检查，检查及整改情况应当纳入项目自评材料。

第十条 建设、监理单位应当对建筑施工企业实施的项目安全生产标准化工作进行监督检查，并对建筑施工企业的项目自评材料进行审核并签署意见。

第十一条 对建筑施工项目实施安全生产监督的住房城乡建设主管部门或其委托的建筑施工安全监督机构(以下简称"项目考评主体")负责建筑施工项目安全生产标准化考评工作。

第十二条 项目考评主体应当对已办理施工安全监督手续并取得施工许可证的建筑施工项目实施安全生产标准化考评。

第十三条 项目考评主体应当对建筑施工项目实施日常安全监督时同步开展项目考评工作，指导监督项目自评工作。

第十四条 项目完工后办理竣工验收前，建筑施工企业应当向项目考评主体提交项目安全生产标准化自评材料。

项目自评材料主要包括：

(一)项目建设、监理、施工总承包、专业承包等单位及其项目主要负责人名录；

(二)项目主要依据《建筑施工安全检查标准》(JGJ59)等进行自评结果及项目建设、监理单位审核意见；

(三)项目施工期间因安全生产受到住房城乡建设主管部门奖惩情况(包括限期整改、停工整改、通报批评、行政处罚、通报表扬、表彰奖励等)；

(四)项目发生生产安全责任事故情况；

(五)住房城乡建设主管部门规定的其他材料。

第十五条 项目考评主体收到建筑施工企业提交的材料后，经查验符合要求的，以项目自评为基础，结合日常监管情况对项目安全生产标准化工作进行评定，在10个工作日内向建筑施工企业发放项目考评结果告知书。

评定结果为"优良"、"合格"及"不合格"。

项目考评结果告知书中应包括项目建设、监理、施工总承包、专业承包等单位及其项目主要负责人信息。

评定结果为不合格的，应当在项目考评结果告知书中说明理由及项目考评不合格的责任单位。

第十六条 建筑施工项目具有下列情形之一的，安全生产标准化评定为不合格：

(一)未按规定开展项目自评工作的；

(二)发生生产安全责任事故的；

(三)因项目存在安全隐患在一年内受到住房城乡建设主管部门2次及以上停工整改的；

(四)住房城乡建设主管部门规定的其他情形。

第十七条 各省级住房城乡建设部门可结合本地区实际确定建筑施工项目安全生产标准化优良标准。

安全生产标准化评定为优良的建筑施工项目数量，原则上不超过所辖区域内本年度拟竣工项目数量的10%。

第十八条 项目考评主体应当及时向社会公布本行政区域内建筑施工项目安全生产标准化考评结

果，并逐级上报至省级住房城乡建设主管部门。

建筑施工企业跨地区承建的工程项目，项目所在地省级住房城乡建设主管部门应当及时将项目的考评结果转送至该企业注册地省级住房城乡建设主管部门。

第十九条 项目竣工验收时建筑施工企业未提交项目自评材料的，视同项目考评不合格。

第三章 企业考评

第二十条 建筑施工企业应当建立健全以法定代表人为第一责任人的企业安全生产管理体系，依法履行安全生产职责，实施企业安全生产标准化工作。

第二十一条 建筑施工企业应当成立企业安全生产标准化自评机构，每年主要依据《施工企业安全生产评价标准》JGJ/T77等开展企业安全生产标准化自评工作。

第二十二条 对建筑施工企业颁发安全生产许可证的住房城乡建设主管部门或其委托的建筑施工安全监督机构（以下简称"企业考评主体"）负责建筑施工企业的安全生产标准化考评工作。

第二十三条 企业考评主体应当对取得安全生产许可证且许可证在有效期内的建筑施工企业实施安全生产标准化考评。

第二十四条 企业考评主体应当对建筑施工企业安全生产许可证实施动态监管时同步开展企业安全生产标准化考评工作，指导监督建筑施工企业开展自评工作。

第二十五条 建筑施工企业在办理安全生产许可证延期时，应当向企业考评主体提交企业自评材料。

企业自评材料主要包括：

（一）企业承建项目台账及项目考评结果；

（二）企业主要依据《施工企业安全生产评价标准》JGJ/T77等进行自评结果；

（三）企业近三年内因安全生产受到住房城乡建设主管部门奖惩情况（包括通报批评、行政处罚、通报表扬、表彰奖励等）；

（四）企业承建项目发生生产安全责任事故情况；

（五）省级及以上住房城乡建设主管部门规定的其他材料。

第二十六条 企业考评主体收到建筑施工企业提交的材料后，经查验符合要求的，以企业自评为基础，以企业承建项目安全生产标准化考评结果为主要依据，结合安全生产许可证动态监管情况对企业安全生产标准化工作进行评定，在20个工作日内向建筑施工企业发放企业考评结果告知书。

评定结果为"优良"、"合格"及"不合格"。

企业考评结果告知书应包括企业考评年度及企业主要负责人信息。

评定结果为不合格的，应当说明理由，责令限期整改。

第二十七条 建筑施工企业具有下列情形之一的，安全生产标准化评定为不合格：

（一）未按规定开展企业自评工作的；

（二）企业近三年所承建的项目发生较大及以上生产安全责任事故的；

（三）企业近三年所承建已竣工项目不合格率超过5％的（不合格率是指企业近三年作为项目考评不合格责任主体的竣工工程数量与企业承建已竣工工程数量之比）；

（四）省级及以上住房城乡建设主管部门规定的其他情形。

第二十八条 各省级住房城乡建设部门可结合本地区实际确定建筑施工企业安全生产标准化优良标准。

安全生产标准化评定为优良的建筑施工企业数量，原则上不超过本年度拟办理安全生产许可证延期企业数量的10％。

第二十九条 企业考评主体应当及时向社会公布建筑施工企业安全生产标准化考评结果。

对跨地区承建工程项目的建筑施工企业，项目所在地省级住房城乡建设主管部门可以参照本办法对该企业进行考评，考评结果及时转送至该企业注册地省级住房城乡建设主管部门。

第三十条 建筑施工企业在办理安全生产许可证延期时未提交企业自评材料的，视同企业考评不合格。

第四章 奖励和惩戒

第三十一条 建筑施工安全生产标准化考评结果作为政府相关部门进行绩效考核、信用评级、诚信评价、评先推优、投融资风险评估、保险费率浮动等重要参考依据。

第三十二条 政府投资项目招投标应优先选择建筑施工安全生产标准化工作业绩突出的建筑施工企业及项目负责人。

第三十三条 住房城乡建设主管部门应当将建筑施工安全生产标准化考评情况记入安全生产信用档案。

第五篇

第三十四条　对于安全生产标准化考评不合格的建筑施工企业，住房城乡建设主管部门应当责令限期整改，在企业办理安全生产许可证延期时，复核其安全生产条件，对整改后具备安全生产条件的，安全生产标准化考评结果为"整改后合格"，核发安全生产许可证；对不再具备安全生产条件的，不予核发安全生产许可证。

第三十五条　对于安全生产标准化考评不合格的建筑施工企业及项目，住房城乡建设主管部门应当在企业主要负责人、项目负责人办理安全生产考核合格证书延期时，责令限期重新考核，对重新考核合格的，核发安全生产考核合格证；对重新考核不合格的，不予核发安全生产考核合格证。

第三十六条　经安全生产标准化考评合格或优良的建筑施工企业及项目，发现有下列情形之一的，由考评主体撤销原安全生产标准化考评结果，直接评定为不合格，并对有关责任单位和责任人员依法予以处罚。

（一）提交的自评材料弄虚作假的；

（二）漏报、谎报、瞒报生产安全事故的；

（三）考评过程中有其他违法违规行为的。

第五章　附则

第三十七条　省、自治区、直辖市人民政府住房城乡建设主管部门可根据本办法制定实施细则并报国务院住房城乡建设主管部门备案。

第三十八条　本办法自发布之日起施行。

住房城乡建设部关于印发《建筑施工项目经理质量安全责任十项规定(试行)》的通知

建质〔2014〕123 号

各省、自治区住房城乡建设厅，直辖市建委，新疆生产建设兵团建设局：

为进一步落实建筑施工项目经理质量安全责任，保证工程质量安全，我部制定了《建筑施工项目经理质量安全责任十项规定(试行)》。现印发给你们，请遵照执行。执行中的问题和建议，请反馈我部工程质量安全监管司。

中华人民共和国住房和城乡建设部

2014 年 8 月 25 日

建筑施工项目经理质量安全责任十项规定(试行)

一、建筑施工项目经理(以下简称项目经理)必须按规定取得相应执业资格和安全生产考核合格证书；合同约定的项目经理必须在岗履职，不得违反规定同时在两个及两个以上的工程项目担任项目经理。

二、项目经理必须对工程项目施工质量安全负全责，负责建立质量安全管理体系，负责配备专职质量、安全等施工现场管理人员，负责落实质量安全责任制、质量安全管理规章制度和操作规程。

三、项目经理必须按照工程设计图纸和技术标准组织施工，不得偷工减料；负责组织编制施工组织设计，负责组织制定质量安全技术措施，负责组织编制、论证和实施危险性较大分部分项工程专项施工方案；负责组织质量安全技术交底。

四、项目经理必须组织对进入现场的建筑材料、构配件、设备、预拌混凝土等进行检验，未经检验或检验不合格，不得使用；必须组织对涉及结构安全的试块、试件以及有关材料进行取样检测，送检试样不得弄虚作假，不得篡改或者伪造检测报告，不得明示或暗示检测机构出具虚假检测报告。

五、项目经理必须组织做好隐蔽工程的验收工作，参加地基基础、主体结构等分部工程的验收，参加单位工程和工程竣工验收；必须在验收文件上签字，不得签署虚假文件。

六、项目经理必须在起重机械安装、拆卸，模板支架搭设等危险性较大分部分项工程施工期间现场带班；必须组织起重机械、模板支架等使用前验收，未经验收或验收不合格，不得使用；必须组织起重机械使用过程日常检查，不得使用安全保护装置失效的起重机械。

七、项目经理必须将安全生产费用足额用于安全防护和安全措施，不得挪作他用；作业人员未配备安全防护用具，不得上岗；严禁使用国家明令淘汰、禁止使用的危及施工质量安全的工艺、设备、材料。

八、项目经理必须定期组织质量安全隐患排查，及时消除质量安全隐患；必须落实住房城乡建主管部门和工程建设相关单位提出的质量安全隐患整改要求，在隐患整改报告上签字。

九、项目经理必须组织对施工现场作业人员进行岗前质量安全教育，组织审核建筑施工特种作业人员操作资格证书，未经质量安全教育和无证人员不得上岗。

十、项目经理必须按规定报告质量安全事故，立即启动应急预案，保护事故现场，开展应急救援。

建筑施工企业应当定期或不定期对项目经理履职情况进行检查，发现项目经理履职不到位的，及时予以纠正；必要时，按照规定程序更换符合条件的项目经理。

住房城乡建设主管部门应当加强对项目经理履职情况的动态监管，在检查中发现项目经理违反上述规定的，依照相关法律法规和规章实施行政处罚（建筑施工项目经理质量安全违法违规行为行政处罚规定见附件1），同时对相应违法违规行为实行记分管理（建筑施工项目经理质量安全违法违规行为记分管理规定见附件2），行政处罚及记分情况应当在建筑市场监管与诚信信息发布平台上公布。

附件：1. 建筑施工项目经理质量安全违法违规行为行政处罚规定

2. 建筑施工项目经理质量安全违法违规行为记分管理规定

附件1

建筑施工项目经理质量安全违法违规行为行政处罚规定

一、违反第一项规定的行政处罚

（一）未按规定取得建造师执业资格注册证书担任大中型工程项目经理的，对项目经理按照《注册建造师管理规定》第35条规定实施行政处罚。

（二）未取得安全生产考核合格证书担任项目经理的，对施工单位按照《建设工程安全生产管理条例》第62条规定实施行政处罚，对项目经理按照《建设工程安全生产管理条例》第58条或第66条规定实施行政处罚。

（三）违反规定同时在两个及两个以上工程项目担任项目经理的，对项目经理按照《注册建造师管理规定》第37条规定实施行政处罚。

二、违反第二项规定的行政处罚

（一）未落实项目安全生产责任制，或者未落实质量安全管理规章制度和操作规程的，对项目经理按照《建设工程安全生产管理条例》第58条或第66条规定实施行政处罚。

（二）未按规定配备专职安全生产管理人员的，对施工单位按照《建设工程安全生产管理条例》第62条规定实施行政处罚，对项目经理按照《建设工程安全生产管理条例》第58条或第66条规定实施行政处罚。

三、违反第三项规定的行政处罚

（一）未按照工程设计图纸和技术标准组织施工的，对施工单位按照《建设工程质量管理条例》第64条规定实施行政处罚；对项目经理按照《建设工程质量管理条例》第73条规定实施行政处罚。

（二）在施工组织设计中未编制安全技术措施的，对施工单位按照《建设工程安全生产管理条例》第65条规定实施行政处罚；对项目经理按照《建设工程安全生产管理条例》第58条或第66条规定实施行政处罚。

（三）未编制危险性较大分部分项工程专项施工方案的，对施工单位按照《建设工程安全生产管理条例》第65条规定实施行政处罚；对项目经理按照《建设工程安全生产管理条例》第58条或第66条规定实施行政处罚。

（四）未进行安全技术交底的，对施工单位按照《建设工程安全生产管理条例》第64条规定实施行政处罚；对项目经理按照《建设工程安全生产管理条例》第58条或第66条规定实施行政处罚。

四、违反第四项规定的行政处罚

（一）未对进入现场的建筑材料、建筑构配件、设备、预拌混凝土等进行检验的，对施工单位按照《建设工程质量管理条例》第65条规定实施行政处罚；对项目经理按照《建设工程质量管理条例》第73条规定实施行政处罚。

（二）使用不合格的建筑材料、建筑构配件、设备的，对施工单位按照《建设工程质量管理条例》第64条规定实施行政处罚；对项目经理按照《建设工程质量管理条例》第73条规定实施行政处罚。

（三）未对涉及结构安全的试块、试件以及有关材料取样检测的，对施工单位按照《建设工程质量管理条例》第65条规定实施行政处罚；对项目经理按照《建设工程质量管理条例》第73条规定实施行政处罚。

五、违反第五项规定的行政处罚

（一）未参加分部工程、单位工程和工程竣工验收的，对施工单位按照《建设工程质量管理条例》第64条规定实施行政处罚；对项目经理按照《建设工程质量管理条例》第73条规定实施行政处罚。

（二）签署虚假文件的，对项目经理按照《注册建造师管理规定》第37条规定实施行政处罚。

六、违反第六项规定的行政处罚

使用未经验收或者验收不合格的起重机械的，对施工单位按照《建设工程安全生产管理条例》第65条规定实施行政处罚；对项目经理按照《建设工程安全生产管理条例》第58条或第66条规定实施行政处罚。

七、违反第七项规定的行政处罚

（一）挪用安全生产费用的，对施工单位按照《建设工程安全生产管理条例》第63条规定实施行政处罚；对项目经理按照《建设工程安全生产管理条例》第58条或第66条规定实施行政处罚。

（二）未向作业人员提供安全防护用具的，对施工单位按照《建设工程安全生产管理条例》第62条规定实施行政处罚；对项目经理按照《建设工程安全生产管理条例》第58条或第66条规定实施行政处罚。

（三）使用国家明令淘汰、禁止使用的危及施工安全的工艺、设备、材料的，对施工单位按照《建设工程安全生产管理条例》第62条规定实施行政处罚；对项目经理按照《建设工程安全生产管理条例》第58条或第66条规定实施行政处罚。

八、违反第八项规定的行政处罚

对建筑安全事故隐患不采取措施予以消除的，对施工单位按照《建筑法》第71条规定实施行政处罚，对项目经理按照《建设工程安全生产管理条例》第58条或第66条规定实施行政处罚。

九、违反第九项规定的行政处罚

作业人员或者特种作业人员未经安全教育培训或者经考核不合格即从事相关工作的，对施工单位按照《建设工程安全生产管理条例》第62条规定实施行政处罚；对项目经理按照《建设工程安全生产管理条例》第58条或第66条规定实施行政处罚。

十、违反第十项规定的行政处罚

未按规定报告生产安全事故的，对项目经理按照《建设工程安全生产管理条例》第58条或第66条规定实施行政处罚。

附件2

建筑施工项目经理质量安全违法违规行为记分管理规定

一、建筑施工项目经理（以下简称项目经理）质量安全违法违规行为记分周期为12个月，满分为12分。自

项目经理所负责的工程项目取得《建筑工程施工许可证》之日起计算。

二、依据项目经理质量安全违法违规行为的类别以及严重程度，一次记分的分值分为12分、6分、3分、1分四种。

三、项目经理有下列行为之一的，一次记12分：

（一）超越执业范围或未取得安全生产考核合格证书担任项目经理的；

（二）执业资格证书或安全生产考核合格证书过期仍担任项目经理的；

（三）因未履行安全生产管理职责或未执行法律法规、工程建设强制性标准造成质量安全事故的；

（四）谎报、瞒报质量安全事故的；

（五）发生质量安全事故后故意破坏事故现场或未开展应急救援的。

四、项目经理有下列行为之一的，一次记6分：

（一）违反规定同时在两个或两个以上工程项目上担任项目经理的；

（二）未按照工程设计图纸和施工技术标准组织施工的；

（三）未按规定组织编制、论证和实施危险性较大分部分项工程专项施工方案的；

（四）未按规定组织对涉及结构安全的试块、试件以及有关材料进行见证取样的；

（五）送检试样弄虚作假的；

（六）篡改或者伪造检测报告的；

（七）明示或暗示检测机构出具虚假检测报告的；

（八）未参加分部工程验收，或未参加单位工程和工程竣工验收的；

（九）签署虚假文件的；

（十）危险性较大分部分项工程施工期间未在现场带班的；

（十一）未组织起重机械、模板支架等使用前验收的；

（十二）使用安全保护装置失效的起重机械的；

（十三）使用国家明令淘汰、禁止使用的危及施工质量安全的工艺、设备、材料的；

（十四）未组织落实住房城乡建设主管部门和工程建设相关单位提出的质量安全隐患整改要求的。

五、项目经理有下列行为之一的，一次记3分：

（一）合同约定的项目经理未在岗履职的；

（二）未按规定组织对进入现场的建筑材料、构配件、设备、预拌混凝土等进行检验的；

（三）未按规定组织做好隐蔽工程验收的；

（四）挪用安全生产费用的；

（五）现场作业人员未配备安全防护用具上岗作业的；

（六）未组织质量安全隐患排查，或隐患排查治理不到位的；

（七）特种作业人员无证上岗作业的；

（八）作业人员未经质量安全教育上岗作业的。

六、项目经理有下列行为之一的，一次记1分：

（一）未按规定配备专职质量、安全管理人员的；

（二）未落实质量安全责任制的；

（三）未落实企业质量安全管理规章制度和操作规程的；

（四）未按规定组织编制施工组织设计或制定质量安全技术措施的；

（五）未组织实施质量安全技术交底的；

（六）未按规定在验收文件或隐患整改报告上签字，或由他人代签的。

七、工程所在地住房城乡建设主管部门在检查中发现项目经理有质量安全违法违规行为的，应当责令其改正，并按本规定进行记分；在一次检查中发现项目经理有两个及以上质量安全违法违规行为的，应当分别记分，累加分值。

八、项目经理在一个记分周期内累积记分超过6分的，工程所在地住房城乡建设主管部门应当对其负责的工程项目实施重点监管，增加监督执法抽查频次。

九、项目经理在一个记分周期内累积记分达到12分的，住房城乡建设主管部门应当依法责令该项目经理停止执业1年；情节严重的，吊销执业资格证书，5年内不予注册；造成重大质量安全事故的，终身不予注册。项目经理在停止执业期间，应当接受住房城乡建设主管部门组织的质量安全教育培训，其所属施工单位应当按规定程序更换符合条件的项目经理。

十、各省、自治区、直辖市人民政府住房城乡建设主管部门可以根据本办法，结合本地区实际制定实施细则。

住房城乡建设部关于印发《建筑工程五方责任主体项目负责人质量终身责任追究暂行办法》的通知

建质〔2014〕124号

各省、自治区住房城乡建设厅，直辖市建委(规委)，新疆生产建设兵团建设局：

为贯彻《建设工程质量管理条例》，强化工程质量终身责任落实，现将《建筑工程五方责任主体项目负责人质量终身责任追究暂行办法》印发给你们，请认真贯彻执行。

中华人民共和国住房和城乡建设部

2014年8月25日

建筑工程五方责任主体项目负责人质量终身责任追究暂行办法

第一条 为加强房屋建筑和市政基础设施工程(以下简称建筑工程)质量管理，提高质量责任意识，强化质量责任追究，保证工程建设质量，根据《中华人民共和国建筑法》、《建设工程质量管理条例》等法律法规，制定本办法。

第二条 建筑工程五方责任主体项目负责人是指承担建筑工程项目建设的建设单位项目负责人、勘察单位项目负责人、设计单位项目负责人、施工单位项目经理、监理单位总监理工程师。

建筑工程开工建设前，建设、勘察、设计、施工、监理单位法定代表人应当签署授权书，明确本单位项目负责人。

第三条 建筑工程五方责任主体项目负责人质量终身责任，是指参与新建、扩建、改建的建筑工程项目负责人按照国家法律法规和有关规定，在工程设计使用年限内对工程质量承担相应责任。

第四条 国务院住房城乡建设主管部门负责对全国建筑工程项目负责人质量终身责任追究工作进行指导和监督管理。

县级以上地方人民政府住房城乡建设主管部门负责对本行政区域内的建筑工程项目负责人质量终身责任追究工作实施监督管理。

第五条 建设单位项目负责人对工程质量承担全面责任，不得违法发包、肢解发包，不得以任何理由要求勘察、设计、施工、监理单位违反法律法规和工程建设标准，降低工程质量，其违法违规或不当行为造成工程质量事故或质量问题应当承担责任。

勘察、设计单位项目负责人应当保证勘察设计文件符合法律法规和工程建设强制性标准的要求，对因勘察、设计导致的工程质量事故或质量问题承担责任。

施工单位项目经理应当按照经审查合格的施工图设计文件和施工技术标准进行施工，对因施工导致的工程质量事故或质量问题承担责任。

监理单位总监理工程师应当按照法律法规、有关技术标准、设计文件和工程承包合同进行监理，对施工质量承担监理责任。

第六条 符合下列情形之一的，县级以上地方人民政府住房城乡建设主管部门应当依法追究项目负责人的质量终身责任：

(一)发生工程质量事故；

(二)发生投诉、举报、群体性事件、媒体报道并造成恶劣社会影响的严重工程质量问题；

(三)由于勘察、设计或施工原因造成尚在设计使用年限内的建筑工程不能正常使用；

(四)存在其他需追究责任的违法违规行为。

第七条 工程质量终身责任实行书面承诺和竣工后永久性标牌等制度。

第八条 项目负责人应当在办理工程质量监督手续前签署工程质量终身责任承诺书，连同法定代表人授权书，报工程质量监督机构备案。项目负责人如有更换的，应当按规定办理变更程序，重新签署工程质量终身责任承诺书，连同法定代表人授权书，报工程质量监督机构备案。

第九条 建筑工程竣工验收合格后，建设单位应当在建筑物明显部位设置永久性标牌，载明建设、勘察、设计、施工、监理单位名称和项目负责人姓名。

第十条　建设单位应当建立建筑工程各方主体项目负责人质量终身责任信息档案，工程竣工验收合格后移交城建档案管理部门。项目负责人质量终身责任信息档案包括下列内容：

（一）建设、勘察、设计、施工、监理单位项目负责人姓名，身份证号码，执业资格，所在单位，变更情况等；

（二）建设、勘察、设计、施工、监理单位项目负责人签署的工程质量终身责任承诺书；

（三）法定代表人授权书。

第十一条　发生本办法第六条所列情形之一的，对建设单位项目负责人按以下方式进行责任追究：

（一）项目负责人为国家公职人员的，将其违法违规行为告知其上级主管部门及纪检监察部门，并建议对项目负责人给予相应的行政、纪律处分；

（二）构成犯罪的，移送司法机关依法追究刑事责任；

（三）处单位罚款数额5%以上10%以下的罚款；

（四）向社会公布曝光。

第十二条　发生本办法第六条所列情形之一的，对勘察单位项目负责人、设计单位项目负责人按以下方式进行责任追究：

（一）项目负责人为注册建筑师、勘察设计注册工程师的，责令停止执业1年；造成重大质量事故的，吊销执业资格证书，5年以内不予注册；情节特别恶劣的，终身不予注册；

（二）构成犯罪的，移送司法机关依法追究刑事责任；

（三）处单位罚款数额5%以上10%以下的罚款；

（四）向社会公布曝光。

第十三条　发生本办法第六条所列情形之一的，对施工单位项目经理按以下方式进行责任追究：

（一）项目经理为相关注册执业人员的，责令停止执业1年；造成重大质量事故的，吊销执业资格证书，5年以内不予注册；情节特别恶劣的，终身不予注册；

（二）构成犯罪的，移送司法机关依法追究刑事责任；

（三）处单位罚款数额5%以上10%以下的罚款；

（四）向社会公布曝光。

第十四条　发生本办法第六条所列情形之一的，对监理单位总监理工程师按以下方式进行责任追究：

（一）责令停止注册监理工程师执业1年；造成重大质量事故的，吊销执业资格证书，5年以内不予注册；情节特别恶劣的，终身不予注册；

（二）构成犯罪的，移送司法机关依法追究刑事责任；

（三）处单位罚款数额5%以上10%以下的罚款；

（四）向社会公布曝光。

第十五条　住房城乡建设主管部门应当及时公布项目负责人质量责任追究情况，将其违法违规等不良行为及处罚结果记入个人信用档案，给予信用惩戒。

鼓励住房城乡建设主管部门向社会公开项目负责人终身质量责任承诺等质量责任信息。

第十六条　项目负责人因调动工作等原因离开原单位后，被发现在原单位工作期间违反国家法律法规、工程建设标准及有关规定，造成所负责项目发生工程质量事故或严重质量问题的，仍应按本办法第十一条、第十二条、第十三条、第十四条规定依法追究相应责任。

项目负责人已退休的，被发现在工作期间违反国家法律法规、工程建设标准及有关规定，造成所负责项目发生工程质量事故或严重质量问题的，仍应按本办法第十一条、第十二条、第十三条、第十四条规定依法追究相应责任，且不得返聘从事相关技术工作。项目负责人为国家公职人员的，根据其承担责任依法应当给予降级、撤职、开除处分的，按照规定相应降低或取消其享受的待遇。

第十七条　工程质量事故或严重质量问题相关责任单位已被撤销、注销、吊销营业执照或者宣告破产的，仍应按本办法第十一条、第十二条、第十三条、第十四条规定依法追究项目负责人的责任。

第十八条　违反法律法规规定，造成工程质量事故或严重质量问题的，除依照本办法规定追究项目负责人终身责任外，还应依法追究相关责任单位和责任人员的责任。

第十九条　省、自治区、直辖市住房城乡建设主管部门可以根据本办法，制定实施细则。

第二十条　本办法自印发之日起施行。

住房城乡建设部关于印发
《房屋建筑和市政基础设施工程施工安全监督规定》的通知

建质〔2014〕153号

各省、自治区住房城乡建设厅,直辖市建委,新疆生产建设兵团建设局:

为了加强房屋建筑和市政基础设施工程施工安全监督,保护人民群众生命财产安全,规范住房城乡建设主管部门安全监督行为,我部制定了《房屋建筑和市政基础设施工程施工安全监督规定》。现印发给你们,请结合实际,认真贯彻执行。

中华人民共和国住房和城乡建设部

2014年10月24日

房屋建筑和市政基础设施工程施工安全监督规定

第一条 为了加强房屋建筑和市政基础设施工程施工安全监督,保护人民群众生命财产安全,规范住房城乡建设主管部门安全监督行为,根据《中华人民共和国建筑法》、《中华人民共和国安全生产法》、《建设工程安全生产管理条例》等有关法律、行政法规,制定本规定。

第二条 本规定所称施工安全监督,是指住房城乡建设主管部门依据有关法律法规,对房屋建筑和市政基础设施工程的建设、勘察、设计、施工、监理等单位及人员(以下简称工程建设责任主体)履行安全生产职责,执行法律、法规、规章、制度及工程建设强制性标准等情况实施抽查并对违法违规行为进行处理的行政执法活动。

第三条 国务院住房城乡建设主管部门负责指导全国房屋建筑和市政基础设施工程施工安全监督工作。

县级以上地方人民政府住房城乡建设主管部门负责本行政区域内房屋建筑和市政基础设施工程施工安全监督工作。

县级以上地方人民政府住房城乡建设主管部门可以将施工安全监督工作委托所属的施工安全监督机构具体实施。

第四条 住房城乡建设主管部门应当加强施工安全监督机构建设,建立施工安全监督工作考核制度。

第五条 施工安全监督机构应当具备以下条件:

(一)具有完整的组织体系,岗位职责明确;

(二)具有符合本规定第六条规定的施工安全监督人员,人员数量满足监督工作需要且专业结构合理,其中监督人员应当占监督机构总人数的75%以上;

(三)具有固定的工作场所,配备满足监督工作需要的仪器、设备、工具及安全防护用品;

(四)有健全的施工安全监督工作制度,具备与监督工作相适应的信息化管理条件。

第六条 施工安全监督人员应当具备下列条件:

(一)具有工程类相关专业大专及以上学历或初级及以上专业技术职称;

(二)具有两年及以上施工安全管理经验;

(三)熟悉掌握相关法律法规和工程建设标准规范;

(四)经业务培训考核合格,取得相关执法证书;

(五)具有良好的职业道德。

第七条 县级以上地方人民政府住房城乡建设主管部门或其所属的施工安全监督机构(以下合称监督机构)应当对本行政区域内已办理施工安全监督手续并取得施工许可证的工程项目实施施工安全监督。

第八条 施工安全监督主要包括以下内容:

(一)抽查工程建设责任主体履行安全生产职责情况;

(二)抽查工程建设责任主体执行法律、法规、规章、制度及工程建设强制性标准情况;

(三)抽查建筑施工安全生产标准化开展情况;

(四)组织或参与工程项目施工安全事故的调查

处理；

（五）依法对工程建设责任主体违法违规行为实施行政处罚；

（六）依法处理与工程项目施工安全相关的投诉、举报。

第九条　监督机构实施工程项目的施工安全监督，应当依照下列程序进行：

（一）受理建设单位申请并办理工程项目安全监督手续；

（二）制定工程项目施工安全监督工作计划并组织实施；

（三）实施工程项目施工安全监督抽查并形成监督记录；

（四）评定工程项目安全生产标准化工作并办理终止施工安全监督手续；

（五）整理工程项目施工安全监督资料并立卷归档。

第十条　监督机构实施工程项目的施工安全监督，有权采取下列措施：

（一）要求工程建设责任主体提供有关工程项目安全管理的文件和资料；

（二）进入工程项目施工现场进行安全监督抽查；

（三）发现安全隐患，责令整改或暂时停止施工；

（四）发现违法违规行为，按权限实施行政处罚或移交有关部门处理。

（五）向社会公布工程建设责任主体安全生产不良信息。

第十一条　工程项目因故中止施工的，监督机构对工程项目中止施工安全监督。

工程项目经建设、监理、施工单位确认施工结束的，监督机构对工程项目终止施工安全监督。

第十二条　施工安全监督人员有下列玩忽职守、滥用职权、徇私舞弊情形之一，造成严重后果的，给予行政处分；构成犯罪的，依法追究刑事责任：

（一）发现施工安全违法违规行为不予查处的；

（二）在监督过程中，索取或者接受他人财物，或者谋取其他利益的；

（三）对涉及施工安全的举报、投诉不处理的。

第十三条　有下列情形之一的，监督机构和施工安全监督人员不承担责任：

（一）工程项目中止施工安全监督期间或者施工安全监督终止后，发生安全事故的；

（二）对发现的施工安全违法行为和安全隐患已经依法查处，工程建设责任主体拒不执行安全监管指令发生安全事故的；

（三）现行法规标准尚无规定或工程建设责任主体弄虚作假，致使无法作出正确执法行为的；

（四）因自然灾害等不可抗力导致安全事故的；

（五）按照工程项目监督工作计划已经履行监督职责的。

第十四条　省、自治区、直辖市人民政府住房城乡建设主管部门可以根据本规定制定具体实施办法。

第十五条　本规定自发布之日起施行。原《建筑工程安全生产监督管理工作导则》同时废止。

住房城乡建设部关于印发《房屋建筑和市政基础设施工程施工安全监督工作规程》的通知

建质〔2014〕154号

各省、自治区住房城乡建设厅，直辖市建委，新疆生产建设兵团建设局：

为规范房屋建筑和市政基础设施工程施工安全监督工作程序，我部制定了《房屋建筑和市政基础设施工程施工安全监督工作规程》。现印发给你们，请结合实际，认真贯彻执行。

中华人民共和国住房和城乡建设部

2014年10月28日

房屋建筑和市政基础设施工程施工安全监督工作规程

第一条 为规范房屋建筑和市政基础设施工程施工安全监督工作程序，依据有关法律法规，制定本规程。

第二条 县级以上地方人民政府住房城乡建设主管部门或其所属的施工安全监督机构（以下合称监督机构）对新建、扩建、改建房屋建筑和市政基础设施工程实施施工安全监督的，适用本规程。

第三条 监督机构应当在办公场所、有关网站公示施工安全监督工作流程。

第四条 工程项目施工前，建设单位应当申请办理施工安全监督手续，并提交以下资料：

（一）工程概况；

（二）建设、勘察、设计、施工、监理等单位及项目负责人等主要管理人员一览表；

（三）危险性较大分部分项工程清单；

（四）施工合同中约定的安全防护、文明施工措施费用支付计划；

（五）建设、施工、监理单位法定代表人及项目负责人安全生产承诺书；

（六）省级住房城乡建设主管部门规定的其他保障安全施工具体措施的资料。

监督机构收到建设单位提交的资料后进行查验，必要时进行现场踏勘，对符合要求的，在 5 个工作日内向建设单位发放《施工安全监督告知书》。

第五条 监督机构应当根据工程项目实际情况，编制《施工安全监督工作计划》，明确主要监督内容、抽查频次、监督措施等。对含有超过一定规模的危险性较大分部分项工程的工程项目、近一年发生过生产安全事故的施工企业承接的工程项目应当增加抽查次数。

施工安全监督过程中，对发生过生产安全事故以及检查中发现安全隐患较多的工程项目，应当调整监督工作计划，增加抽查次数。

第六条 已办理施工安全监督手续并取得施工许可证的工程项目，监督机构应当组织建设、勘察、设计、施工、监理等单位及人员（以下简称工程建设责任主体）召开施工安全监督告知会议，提出安全监督要求。

第七条 监督机构应当委派 2 名及以上监督人员按照监督计划对工程项目施工现场进行随机抽查。

监督人员应当在抽查前了解工程项目有关情况，确定抽查范围和内容，备好所需设备、资料和文书等。

第八条 监督人员应当依据法律法规和工程建设强制性标准，对工程建设责任主体的安全生产行为、施工现场的安全生产状况和安全生产标准化开展情况进行抽查。工程项目危险性较大分部分项工程应当作为重点抽查内容。

监督人员实施施工安全监督，可采用抽查、抽测现场实物，查阅施工合同、施工图纸、管理资料，询问现场有关人员等方式。

监督人员进入工程项目施工现场抽查时，应当向工程建设责任主体出示有效证件。

第九条 监督人员在抽查过程中发现工程项目施工现场存在安全生产隐患的，应当责令立即整改；无法立即整改的，下达《限期整改通知书》，责令限期整改；安全生产隐患排除前或排除过程中无法保证安全的，下达《停工整改通知书》，责令从危险区域内撤出作业人员。对抽查中发现的违反相关法律、法规规定的行为，依法实施行政处罚或移交有关部门处理。

第十条 被责令限期整改、停工整改的工程项目，施工单位应当在排除安全隐患后，由监理单位组织验收，验收合格后形成安全隐患整改报告，经建设、施工、监理单位项目负责人签字并加盖单位公章，提交监督机构。

监督机构收到施工单位提交的安全隐患整改报告后进行查验，必要时进行现场抽查。经查验符合要求的，监督机构向停工整改的工程项目，发放《恢复施工通知书》。

责令限期整改、停工整改的工程项目，逾期不整改的，监督机构应当按权限实施行政处罚或移交有关部门处理。

第十一条 监督人员应当如实记录监督抽查情况，监督抽查结束后形成监督记录并整理归档。监督记录包括抽查时间、范围、部位、内容、结果及必要的影像资料等。

第十二条 工程项目因故中止施工的，建设单位应当向监督机构申请办理中止施工安全监督手续，并提交中止施工的时间、原因、在施部位及安全保障措施等资料。

监督机构收到建设单位提交的资料后，经查验符合要求的，应当在 5 个工作日内向建设单位发放《中止施工安全监督告知书》。监督机构对工程项目中止施工期间不实施施工安全监督。

第十三条 中止施工的工程项目恢复施工，建设单位应当向监督机构申请办理恢复施工安全监督手续，并提交经建设、监理、施工单位项目负责人签字并加盖单位公章的复工条件验收报告。

监督机构收到建设单位提交的复工条件验收报告后，经查验符合复工条件的，应当在5个工作日内向建设单位发放《恢复施工安全监督告知书》，对工程项目恢复实施施工安全监督。

第十四条 工程项目完工办理竣工验收前，建设单位应当向监督机构申请办理终止施工安全监督手续，并提交经建设、监理、施工单位确认的工程施工结束证明，施工单位应当提交经建设、监理单位审核的项目安全生产标准化自评材料。

监督机构收到建设单位提交的资料后，经查验符合要求的，在5个工作日内向建设单位发放《终止施工安全监督告知书》，同时终止对工程项目的施工安全监督。

监督机构应当按照有关规定，对项目安全生产标准化作出评定，并向施工单位发放《项目安全生产标准化考评结果告知书》。

第十五条 工程项目终止施工安全监督后，监督机构应当整理工程项目的施工安全监督资料，包括监督文书、抽查记录、项目安全生产标准化自评材料等，形成工程项目的施工安全监督档案。工程项目施工安全监督档案保存期限三年，自归档之日起计算。

第十六条 监督机构应当将工程建设责任主体安全生产不良行为及处罚结果、工程项目安全生产标准化考评结果记入施工安全信用档案，并向社会公开。

第十七条 鼓励监督机构建立施工安全监管信息平台，应用信息化手段实施施工安全监督。

第十八条 监督机构应当制作统一的监督文书，并对监督文书进行统一编号，加盖监督机构公章。

第十九条 本规程自发布之日起实施。

住房城乡建设部办公厅
关于开展工程质量治理两年行动万里行的通知

建办质〔2014〕57号

各省、自治区住房城乡建设厅、直辖市建委（规委），新疆生产建设兵团建设局：

为认真落实工程质量治理两年行动电视电话会议精神和行动方案部署，进一步加大舆论宣传力度，经研究，决定组织开展工程质量治理两年行动万里行活动，现将有关事项通知如下：

一、活动目的

贯彻落实工程质量治理两年行动精神，充分发挥媒体宣传和社会监督作用，营造全社会共同关注工程质量的舆论氛围，增强全民质量意识，推动工程质量治理两年行动深入持续开展。

二、活动原则

以治乱为主，注重问责，从严处罚，形成不敢违法违规、不想违法违规的局面。同时，大力宣传正面典型，形成社会正能量。

三、活动组织

成立工程质量治理两年行动万里行组委会，由我部分管部领导担任主任，我部相关司局及人民日报社、新华社、光明日报社、经济日报社、中央人民广播电台、中央电视台、中国建设报社、中国建筑业协会等单位有关负责同志担任组委会成员。万里行活动在组委会的领导下组织开展，组委会成员单位各媒体将在重要栏目广泛深入报道两年行动有关活动。

四、活动内容

围绕工程质量治理两年行动重点任务，持续开展以"百年大计，质量第一"为主题的采访报道活动，不断加大宣传报道力度。一方面，树立正面典型，总结工程质量管理先进经验，宣传工程质量治理两年行动相关政策部署，展示各地工程质量治理取得的进展成效，报道工程质量优秀企业及从业人员的典型事迹；另一方面，加大曝光力度，在认真核实情况、充分掌握事实的基础上，及时对工程质量事故或严重质量问题及有关违法违规行为进行曝光，不但曝光项目名称，还要曝光责任单位和责任人员。

万里行将重点开展以下活动：一是我部在开展两年行动督查、工程质量事故质量问题和违法违规典型案例调查处理时，邀请万里行记者参加并进行采访报道；二是我部提供典型案例线索，请万里行记者采访报道；三是万里行组委会根据需要不定期组织安排采访报道活动；四是各媒体单位自行组织新闻采访和典型案例报道。

五、有关要求

（一）各地要高度重视，积极配合，对万里行活动报道的正面典型要延伸宣传报道，对曝光的违法违规企业及个人要依法严肃查处，确保万里行活动取得良好效果。

（二）各地要积极组织开展本地区"工程质量治理两年行动万里行"活动，充分发动本地主流媒体参与宣传报道，扩大宣传声势，营造全社会共同关注工程质量的舆论氛围，形成更加有利于工程质量水平提升的良好局面。

中华人民共和国住房和城乡建设部办公厅

2014 年 12 月 31 日

关于印发《预防建筑施工起重机械脚手架等坍塌事故专项整治"回头看"实施方案》的通知

建安办函〔2014〕7 号

各省、自治区住房城乡建设厅，直辖市建委(建交委)，新疆生产建设兵团建设局：

住房城乡建设系统 2013 年深入开展预防施工起重机械、脚手架等坍塌事故专项整治工作，并取得一定成效。按照《国务院安委会办公室关于开展建筑施工预防坍塌事故专项整治"回头看"的通知》（安委办〔2014〕8 号)要求，为进一步做好 2014 年预防建筑施工起重机械脚手架等坍塌事故专项整治"回头看"，我部制定了《预防建筑施工起重机械脚手架等坍塌事故专项整治"回头看"实施方案》，现印发给你们。请结合本地区实际，做好部署落实工作。

附件：《预防建筑施工起重机械脚手架等坍塌事故专项整治"回头看"实施方案》

中华人民共和国住房和城乡建设部安全生产管理委员会办公室

2014 年 4 月 8 日

预防建筑施工起重机械脚手架等坍塌事故专项整治"回头看"实施方案

按照《国务院安委会办公室关于开展建筑施工预防坍塌事故专项整治"回头看"的通知》（安委办〔2014〕8 号)的要求，并结合我部建筑安全生产工作部署，定于 2014 年 4 月至 12 月开展预防建筑施工起重机械脚手架等坍塌事故专项整治"回头看"，现制定实施方案如下：

一、总体要求

按照"全覆盖、零容忍、严执法、重实效"的总体要求，和《关于印发〈预防建筑施工起重机械脚手架等坍塌事故专项整治工作方案〉的通知》（建安办函〔2013〕10 号)相关部署，对住房城乡建设系统深入开展的建筑施工起重机械脚手架等坍塌事故专项整治工作进行"回头看"，继续深化整治、突出现场、查漏补缺、排查隐患，切实提升房屋建筑和市政基础设施工程现场安全生产管理水平。

二、工作目标

通过深入开展预防建筑施工起重机械脚手架等坍塌事故专项整治"回头看"工作，督促建筑施工企业进一步落实安全生产主体责任，及时消除施工现场存在的安全隐患，有效遏制和防范建筑起重机械、脚手架和模板支撑系统等坍塌事故，促进全国建筑安全生产形势持续稳定好转。

三、实施范围

全国在建房屋建筑和市政基础设施工程。

四、重点内容

1. 安全生产责任制落实情况。工程项目建设单位、施工单位、监理单位、钢管扣件租赁单位以及建筑起重机械租赁单位、安装拆卸单位、使用单位、检验检测单位安全生产责任落实情况；

2. 从业人员持证上岗情况。施工企业主要负责人、项目负责人、专职安全生产管理人员持证上岗情况；建筑起重机械司机、安装拆卸工、司索信号工、架子工等特种作业人员持证上岗情况；

3. 安全专项施工方案管理情况。建筑起重机械安装拆卸、脚手架及模板支撑系统搭设拆除等危险性较大的分部分项工程安全专项施工方案的编制、审核、专家论证及施工现场实施情况；

4. 模架系统安全管理情况。模板支撑系统搭设前材料及基础验收、安全技术交底、搭设后检查验收，以及混凝土浇筑工序、现场安全监测等制度执行情况；

5. 起重机械安全管理情况。建筑起重机械产权备案、安装告知、检验检测、安装验收、使用登记、定期检查维护保养等制度执行情况；

6. 安全隐患和事故查处情况。2013年以来安全隐患查处情况以及安全事故调查及处理情况。

五、时段安排

（一）部署启动阶段：2014年4月底之前。各地住房城乡建设主管部门要结合本地区建筑安全生产的实际情况，认真分析安全生产现状，制定专项整治"回头看"实施方案，并做好相应的部署、落实工作。

（二）自查自纠阶段：2014年5月至8月。各地住房城乡建设主管部门要指导、督促本辖区内的建筑施工企业和工程项目学习宣传及贯彻落实专项整治"回头看"有关要求，认真开展自查自纠，对发现的问题要及时予以纠正。

（三）检查督导阶段：2014年9月至10月。各地住房城乡建设主管部门要在企业、项目自查自纠的基础上对本辖区重点地区、重点企业和重点工程进行检查。对发现的问题和隐患要立即督促企业进行整改。

（四）总结分析阶段：2014年11月至12月。各地住房城乡建设主管部门要对本地区专项整治"回头看"工作开展情况进行全面总结分析，形成工作总结报告。

六、工作要求

（一）加强组织领导。各地住房城乡建设主管部门要充分认识开展专项整治"回头看"工作的重要意义，加强组织领导，落实责任，精心安排，认真部署，确保专项整治"回头看"取得实效。

（二）制定实施方案。各地住房城乡建设主管部门要结合本地实际，制定切实可行的专项整治"回头看"实施方案，进一步明确企业自查自纠、部门督查的重点内容及相关要求，并认真组织实施。

（三）开展监督检查。各地住房城乡建设主管部门要按照"四不两直"（不发通知、不打招呼、不听汇报、不用陪同和接待，直插基层、直奔现场）的方式，加强对生产安全事故多发的重点地区、重点企业和重点工程的监督检查，对发现的问题和隐患，要及时整改到位；对于隐患治理及整改不力，特别是引发事故的，要依法严厉查处。我部将于6—7月、10—11月期间进行安全督查。

（四）统筹相关工作。各地住房城乡建设主管部门要认真统筹安排建筑安全生产各项工作，把专项整治与质量安全监督执法检查、隐患排查治理、建筑施工安全生产标准化等各项工作有机结合起来，相互促进、共同推进，全面提升建筑安全生产管理水平。

（五）做好信息报送。各地住房城乡建设主管部门要做好相关信息的汇总和报送工作。请于2014年4月20日前将本地区专项整治"回头看"实施方案报送至我部工程质量安全监管司。11月20日之前，将本地区专项整治工作开展情况进行总结形成报告，报送我部工程质量安全监管司。

八、建筑节能与科技类

住房城乡建设部 工业和信息化部
关于印发《绿色建材评价标识管理办法》的通知

建科〔2014〕75 号

各省、自治区、直辖市住房城乡建设厅(委)、工业和信息化主管部门,新疆生产建设兵团建设局、工业和信息化委员会,计划单列市住房城乡建设委、工业和信息化主管部门,有关单位:

为落实《国务院关于化解产能严重过剩矛盾的指导意见》(国发〔2013〕41 号)、《国务院关于印发大气污染防治行动计划的通知》(国发〔2013〕37 号)和《国务院办公厅关于转发发展改革委住房城乡建设部绿色建筑行动方案的通知》(国办发〔2013〕1 号)要求,大力发展绿色建材,支撑建筑节能、绿色建筑和新型城镇化建设需求,落实节约资源、保护环境的基本国策,加快转变城乡建设模式和建筑业发展方式,改善需求结构,培育新兴产业,促进建材工业转型升级,推动工业化和城镇化良性互动,住房城乡建设部、工业和信息化部制定了《绿色建材评价标识管理办法》。现将《绿色建材评价标识管理办法》印发给你们,请结合本地情况,依照本办法开展绿色建材评价标识工作。

中华人民共和国住房和城乡建设部
中华人民共和国工业和信息化部
2014 年 5 月 21 日

绿色建材评价标识管理办法

第一章　总则

第一条　为加快绿色建材推广应用,规范绿色建材评价标识管理,更好地支撑绿色建筑发展,制定本办法。

第二条　本办法所称绿色建材是指在全生命周期内可减少对天然资源消耗和减轻对生态环境影响,具有"节能、减排、安全、便利和可循环"特征的建材产品。

第三条　本办法所称绿色建材评价标识(以下简称评价标识),是指依据绿色建材评价技术要求,按照本办法确定的程序和要求,对申请开展评价的建材产品进行评价,确认其等级并进行信息性标识的活动。

标识包括证书和标志,具有可追溯性。标识的式样与格式由住房城乡建设部和工业和信息化部共同制定。

证书包括以下内容:

(一)申请企业名称、地址;

(二)产品名称、产品系列、规格/型号;

(三)评价依据;

(四)绿色建材等级;

(五)发证日期和有效期限;

(六)发证机构;

(七)绿色建材评价机构;

(八)证书编号;

(九)其他需要标注的内容。

第四条　每类建材产品按照绿色建材内涵和生产使用特性,分别制定绿色建材评价技术要求。

标识等级依据技术要求和评价结果,由低至高

第五篇

分为一星级、二星级和三星级三个等级。

第五条 评价标识工作遵循企业自愿原则，坚持科学、公开、公平和公正。

第六条 鼓励企业研发、生产、推广应用绿色建材。鼓励新建、改建、扩建的建设项目优先使用获得评价标识的绿色建材。绿色建筑、绿色生态城区、政府投资和使用财政资金的建设项目，应使用获得评价标识的绿色建材。

第二章 组织管理

第七条 住房城乡建设部、工业和信息化部负责全国绿色建材评价标识监督管理工作，指导各地开展绿色建材评价标识工作。负责制定实施细则和绿色建材评价机构管理办法，制定绿色建材评价技术要求，建立全国统一的绿色建材标识产品信息发布平台，动态发布管理所有星级产品的评价结果与标识产品目录。

第八条 住房城乡建设部、工业和信息化部负责三星级绿色建材的评价标识管理工作。省级住房城乡建设、工业和信息化主管部门负责本地区一星级、二星级绿色建材评价标识管理工作，负责在全国统一的信息发布平台上发布本地区一星级、二星级产品的评价结果与标识产品目录，省级主管部门可依据本办法制定本地区管理办法或实施细则。

第九条 绿色建材评价机构依据本办法和相应的技术要求，负责绿色建材的评价标识工作，包括受理生产企业申请，评价、公示、确认等级，颁发证书和标志。

第三章 申请和评价

第十条 绿色建材评价标识申请由生产企业向相应的绿色建材评价机构提出。

第十一条 企业可根据产品特性、评价技术要求申请相应星级的标识。

第十二条 绿色建材评价标识申请企业应当具备以下条件：

（一）具备独立法人资格；

（二）具有与申请相符的生产能力和知识产权；

（三）符合行业准入条件；

（四）具有完备的质量管理、环境管理和职业安全卫生管理体系；

（五）申请的建材产品符合绿色建材的技术要求，并在绿色建筑中有实际工程应用；

（六）其他应具备的条件。

第十三条 申请企业应当提供真实、完整的申报材料，提交评价申报书，提供相关证书、检测报告、使用报告、影像记录等资料。

第十四条 绿色建材评价机构依据本办法及每类绿色建材评价技术要求进行独立评价，必要时可进行生产现场核查和产品抽检。

第十五条 评审结果由绿色建材评价机构进行公示，依据公示结果确定标识等级，颁发证书和标志，同时报主管部门备案，由主管部门在信息平台上予以公开。

标识有效期为3年。有效期届满6个月前可申请延期复评。

第十六条 取得标识的企业，可将标识用于相应绿色建材产品的包装和宣传。

第四章 监督检查

第十七条 标识持有企业应建立标识使用管理制度，规范使用证书和标志，保证出厂产品与标识的一致性。

第十八条 标识不得转让、伪造或假冒。

第十九条 对绿色建材评价过程或评价结果有异议的，可向主管部门申诉，主管部门应及时进行调查处理。

第二十条 出现下列重大问题之一的，绿色建材评价机构撤销或者由主管部门责令绿色建材评价机构撤销已授予标识，并通过信息发布平台向社会公布。

（一）出现影响环境的恶性事件和重大质量事故的；

（二）标识产品经国家或省市质量监督抽查或工商流通领域抽查不合格的；

（三）标识产品与申请企业提供的样品不一致的；

（四）超范围使用标识的；

（五）以欺骗等不正当手段获得标识的；

（六）其他依法应当撤销的情形。

被撤销标识的企业，自撤销之日起2年内不得再次申请标识。

第五章 附则

第二十一条 每类建材产品的评价技术要求、绿色建材评价机构管理办法等配套文件由住房城乡建设部、工业和信息化部另行发布。

第二十二条 本办法自印发之日起实施。

住房城乡建设部　教育部关于印发《节约型校园节能监管体系建设示范项目验收管理办法(试行)》的通知

建科〔2014〕85号

各省、自治区、直辖市住房和城乡建设厅、建委(建交委)、教育厅(教委)、计划单列市建委(建设局)、教育局，新疆生产建设兵团建设局、教育局：

为进一步贯彻落实《住房和城乡建设部、教育部关于推进高等学校节约型校园建设进一步加强高等学校节能节水工作的意见》(建科〔2008〕90号)要求，做好高等学校节能监管体系建设工作，住房城乡建设部会同教育部组织编制了《节约型校园节能监管体系建设示范项目验收管理办法(试行)》，现印发给你们(请从http://www.mohurd.gov.cn下载)，请遵照执行。

中华人民共和国住房和城乡建设部
中华人民共和国教育部
2014年6月4日

节约型校园节能监管体系建设示范项目验收管理办法(试行)

第一条 为确保节约型校园节能监管体系建设示范项目的建设效果，规范指导验收工作，制定本办法。

第二条 本办法适用于列入财政部、住房城乡建设部、教育部组织的节约型校园节能监管体系建设示范项目的验收。

第三条 验收依据：

(一)建设部财政部《关于加强国家机关办公建筑和大型公共建筑节能管理工作的实施意见》(建科〔2007〕245号)

(二)财政部关于印发《国家机关办公建筑和大型公共建筑节能专项资金管理暂行办法》的通知(财建〔2007〕558号)

(三)住房城乡建设部教育部《关于推进高等学校节约型校园建设进一步加强高等学校节能节水工作的意见》(建科〔2008〕90号)

(四)财政部住房城乡建设部《关于进一步推进公共建筑节能工作的通知》(财建〔2011〕207号)

(五)住房城乡建设部教育部《高等学校节约型校园建设管理与技术导则(试行)》(建科〔2008〕89号)

(六)住房城乡建设部教育部关于印发《高等学校校园建筑节能监管系统建设技术导则》及有关管理办法的通知(建科〔2009〕163号)

第四条 验收条件：

(一)完成示范项目批复文件中规定的建设内容，并由建设单位完成自查自验；

(二)对按监测50栋建筑核定补助资金的高校，能耗及水耗监测计量点数总和不得低于1000个(不包括学生宿舍和家属区)，对按监测50栋以下建筑核定补助资金的高校，平均每栋建筑能耗水耗监测计量点数不得低于20个；

(三)完成数据中心机房建设、服务器和存储设备安装，能够正常接收建筑能耗水耗计量数据和进行统计分析并上传数据；

(四)符合《高等学校校园建筑节能监管系统建设技术导则》(建科〔2009〕163号)要求；

(五)能耗水耗监测设备连续运行2个月以上，数据采集传输真实、可靠、稳定；

(六)中央财政资金的使用及管理符合国家有关规定；

(七)节约型校园建设相关资料齐全。

第五条 验收内容：

(一)校园建筑能耗统计、能源审计、能效公示情况；

(二)数据中心建设情况；

(三)平台软件功能情况；

(四)能耗水耗监测情况；

(五)配套制度建设情况；

(六)节能节水效果。

第五篇

第六条 中央部委直属高校节能监管体系示范项目由住房城乡建设部建筑节能与科技司会同教育部发展规划司组织专家进行验收。地方高校节能监管体系示范项目由当地省级住房城乡建设主管部门会同教育主管部门组织专家进行验收。

第七条 高校完成项目建设任务后应组织自检，确定达到验收条件后，中央部委直属高校直接向住房城乡建设部建筑节能与科技司、教育部发展规划司提交验收申请和验收报告，地方高校向学校所在地的省级住房城乡建设主管部门、教育主管部门提交验收申请和验收报告，验收报告应包括以下内容：

（一）实施方案及技术要点；

（二）建设任务完成情况，包括建筑能耗统计、能源审计、能效公示以及各级计量监测的建筑栋数、建筑面积和监测点数等；

（三）节约型校园相关制度建设情况；

（四）能耗水耗监测平台运行维护情况；

（五）建设过程相关文件及资金使用情况；

（六）效果自评估情况。

第八条 验收主管部门收到验收申请后，对提供的资料进行核查，确认具备验收条件后，组织专家进行验收。

第九条 验收专家组成应包含：不少于2名信息专业的专家，不少于3名从事建筑节能或高校后勤管理相关工作的专家。

第十条 验收程序：

（一）测试监测平台软件功能，形成系统测试报告；

（二）听取建设、运行情况及节能节水效果汇报；

（三）查阅制度建设、工程建设相关文件及资金使用情况报告；

（四）检查数据中心和节能节水监测设备安装现场情况；

（五）专家组形成验收结论。

第十一条 对验收合格的地方高校，省级住房城乡建设主管部门、教育主管部门应填写《节约型校园节能监管体系建设示范项目验收备案表》，连同验收意见报送住房城乡建设部建筑节能与科技司、教育部发展规划司备案。住房城乡建设部建筑节能与科技司会同教育部发展规划司组织专家对已验收通过的地方节约型校园监管体系示范项目按一定比例进行抽检，对全部节约型校园监管体系示范项目运行维护情况进行定期抽查。

第十二条 本办法由住房城乡建设部建筑节能与科技司、教育部发展规划司负责解释。

第十三条 本办法自印发之日起执行。

附件：1. 节约型校园节能监管平台功能测试报告(略)

2. 节约型校园节能监管体系建设示范项目验收备案表(略)

住房城乡建设部办公厅 国家发展改革委办公厅 国家机关事务管理局办公室关于在政府投资公益性建筑及大型公共建筑建设中全面推进绿色建筑行动的通知

建办科〔2014〕39号

各省、自治区、直辖市住房城乡建设厅(住房城乡建委)、发展改革委、机关事务管理局，新疆生产建设兵团建设局、发展改革委、机关事务管理局：

为贯彻落实《国家新型城镇化规划(2014—2020)》、《国务院办公厅关于转发发展改革委住房城乡建设部绿色建筑行动方案的通知》(国办发〔2013〕1号)、《国务院办公厅关于印发2014—2015年节能减排降碳发展行动方案的通知》(国办发〔2014〕23号)有关要求，决定在政府投资公益性建筑和大型公共建筑建设中全面推进绿色建筑行动，现通知如下：

一、充分认识政府投资公益性建筑和大型公共建筑全面推进绿色建筑行动的重要性

国家机关办公建筑，政府投资的学校、医院、博物馆、科技馆、体育馆等满足社会公众公共需要的公益性建筑，以及单体建筑面积超过2万平方米的机场、车站、宾馆、饭店、商场、写字楼等大型

公共建筑，承担着为城镇居民提供工作生活服务的重要功能，有效保证了经济社会的发展。但在当前一些政府投资的建筑，特别是大型公共建筑工程建设中，存在着片面追求外观造型、忽视使用功能及内在品质、不注重节约资源能源、缺乏城市地方特色和历史文化传承等突出问题，投资和能源资源浪费严重。在政府投资公益性建筑和大型公共建筑中全面推进绿色建筑行动，可以确保建筑在全寿命使用周期内实现资源节约和环境友好，显著提高投资效益，节约运行成本，并可以营造良好的人居环境，对在全社会推行绿色建筑具有示范带动作用。各地要充分认识推进绿色建筑行动的重要意义，采取有力措施，积极推进。

二、强化建设各方主体责任

建设单位委托专业咨询机构编制可行性研究报告应当包括绿色建筑内容，将绿色建筑有关成本纳入估算投资。在组织设计、施工、监理单位招标及建筑工程设备、材料、产品等招标采购过程中，应在招标文件中设置绿色建筑相关要求，并在相关协议、合同中明确。鼓励采用建筑工业化等建设模式和使用绿色建材。

设计单位应当依据国家和地方有关法规，按照《民用建筑绿色设计规范》、《绿色建筑评价标准》及有关地方标准，进行绿色建筑设计，施工图设计文件应当编制绿色建筑专篇，或在建筑节能专篇中明确绿色建筑相关要求。鼓励根据地方及项目特点，进行绿色建筑精细化、差异化设计，注重被动式绿色建筑技术的集成与应用。

施工单位应当严格按照经审查合格的施工图设计文件及施工方案进行施工，并在施工方案中明确绿色建筑相关要求，采取绿色施工措施。大型公共建筑项目在竣工验收前，应当按合同要求由施工单位或委托专业单位，对项目采暖空调、照明、通风、自动控制等系统进行专门调试，确保系统运行效果与设计要求相一致。

三、加强建设全过程管理

1. 严格履行固定资产投资项目管理程序。各级发展改革等主管部门要严格按照国务院关于投资体制改革的有关要求，加强对政府投资公益性建筑和大型公共建筑项目的审批管理，落实发展绿色建筑有关要求，严格执行绿色建筑标准规范。各级机关事务管理机构要对本级党政机关办公用房执行绿色建筑标准严格管理。

2. 加强项目规划审查。城市规划部门应当就政府投资公益性建筑和大型公共建筑项目的设计方案是否符合建筑节能强制性标准要求征求同级住房城乡建设主管部门意见。

3. 强化施工图审查。省级住房城乡建设主管部门应当依据国家绿色建筑相关标准、导则，编制绿色建筑设计施工图审查要点。施工图审查机构应当依据审查要点对项目是否符合绿色建筑标准进行审查，并在审查合格书中注明。未经审查或审查不合格的，住房城乡建设主管部门不得颁发施工许可证。

4. 加强项目建设监督检查。政府投资公益性建筑和大型公共建筑项目建设期间，住房城乡建设主管部门要会同有关部门定期对绿色建筑各项标准措施落实情况进行检查，对存在随意变更绿色建筑设计要求的，要及时予以纠正；对违反相关管理制度和工程建设强制性标准等问题，要追究责任，依法处理。

5. 规范项目验收及评价。政府投资公益性建筑和大型公共建筑项目未按规定进行建筑节能及绿色建筑相关设计、施工的，不得组织竣工验收。按规定进行绿色建筑设计、施工并竣工验收合格的建筑项目可认定为绿色建筑，不再进行专门评价。鼓励建设、运行水平高的建筑项目申请高星级绿色建筑评价标识及运行标识。

四、完善实施保障机制

各级住房城乡建设、发展改革和机关事务管理部门要健全管理机制，按照职责分工，加强协调配合，制定切实可行的工作方案，并积极完善相关保障措施，齐抓共管，形成工作合力。按照国家标准要求，抓紧制（修）订绿色建筑工程建设、运行管理等方面的技术要求及指南，分类制订办公建筑、医院、学校、商场、宾馆、机场、车站等公共建筑的绿色建筑评价要求。加快绿色建筑相关技术、材料、产品的研发，并积极在政府投资公益性建筑和大型公共建筑中推广使用。要对设计、施工、运行等单位进行标准及技术方面的培训，培育绿色建筑第三方咨询、检测机构，增强服务市场能力。

住房城乡建设部、国家发展改革委、国家机关事务管理局将把此项工作推进情况作为国家节能减排专项检查、大气污染防治专项检查的考核内容，进行考核评价。

中华人民共和国住房和城乡建设部办公厅
国家发展和改革委员会办公厅
国家机关事务管理局办公室
2014 年 10 月 15 日

第五篇

住房城乡建设部关于印发
《可再生能源建筑应用示范市县验收评估办法》的通知

建科〔2014〕138号

各省、自治区住房城乡建设厅，直辖市、计划单列市住房城乡建委（建设局），新疆生产建设兵团建设局：

为规范可再生能源建筑应用城市示范及农村地区县级示范的验收评估工作，经商财政部同意，住房城乡建设部制定了《可再生能源建筑应用示范市县验收评估办法》，现印发给你们，请遵照执行。

中华人民共和国住房和城乡建设部
2014年9月16日

可再生能源建筑应用示范市县验收评估办法

第一章 总则

第一条 为规范指导可再生能源建筑应用城市示范及农村地区县级示范的验收评估工作，特制定本办法。

第二条 本办法适用于财政部、住房城乡建设部批准的可再生能源建筑应用城市示范及农村地区县级示范的验收评估。

第三条 验收工作的主要依据：

（一）《财政部 住房城乡建设部关于印发可再生能源建筑应用城市示范实施方案的通知》（财建〔2009〕305号）；

（二）《财政部 住房城乡建设部关于印发加快推进农村地区可再生能源建筑应用的实施方案的通知》（财建〔2009〕306号）；

（三）《财政部 住房城乡建设部关于加强可再生能源建筑应用城市示范和农村地区县级示范管理的通知》（财建〔2010〕455号）；

（四）《财政部 住房城乡建设部关于进一步推进可再生能源建筑应用的通知》（财建〔2011〕61号）；

（五）《财政部 住房城乡建设部关于通报可再生能源建筑应用示范市县工作进度及加强预算执行管理的通知》（财建〔2012〕89号）。

第二章 验收条件

第四条 可再生能源建筑应用城市示范及农村地区县级示范需达到以下条件，方可验收：

（一）按照财政部、住房城乡建设部要求，完成可再生能源建筑应用示范建设任务和配套能力建设目标；

（二）示范市县建立示范项目建设全过程管理的信息系统，强化项目监督管理；

（三）省级住房城乡建设、财政主管部门应建设示范市县省级网络管理平台，对示范市县实施情况进行网络化管理。省级管理平台应与国家级可再生能源建筑应用管理系统对接。

（四）示范期间完成的实际可再生能源建筑应用面积不少于中央财政奖励资金对应的示范面积，且项目建设手续完整并正常投入运营，经过自查自检合格；

（五）示范市县委托省级及以上的民用建筑能效测评机构对应用项目的实施量及应用效果进行形式检查并出具形式检查报告。符合以下条件之一的项目应进行现场检测，并出具性能检测报告和能效评估报告：

1. 示范城市建筑面积超过2万平方米的公共建筑及超过10万平方米的住宅项目；

2. 示范县建筑面积超过1万平方米的公共建筑及超过5万平方米的住宅项目；

3. 同时应用两种以上技术类型的可再生能源建筑应用项目。

现场检测项目应主要委托给国家级民用建筑能效测评机构进行测评，测评费用由地方统筹解决。

（六）中央财政资金按要求执行到位，资金的使用及管理符合国家有关规定，并经第三方机构、专家审查合格。

第三章　验收内容

第五条　可再生能源建筑应用城市示范及农村地区县级示范验收内容包括：

（一）示范市县任务完成情况；

（二）市县实际可再生能源建筑应用面积及示范期内新增可再生能源建筑应用项目的建设及运行情况；

（三）示范市县可再生能源建筑应用项目建设情况及取得的主要经验与成效、存在的问题及下一步改进措施、后续的可再生能源建筑应用规模化应用的规划及实施计划；

（四）示范市县可再生能源建筑应用配套能力建设情况，主要包括：法规政策出台情况、技术标准制定情况、能效测评资料及结果、技术进步情况等；

（五）中央财政资金使用及管理情况；

第四章　验收程序

第六条　示范市县完成示范任务后，组织自检，确定达到验收条件后，向省级住房城乡建设、财政主管部门提交验收申请报告。列为示范城市的直辖市、计划单列市向住房城乡建设部提出验收申请。申请报告应包括以下内容：

（一）可再生能源建筑应用示范总结，包括示范任务完成情况、能力建设情况、取得的节能减排及经济社会效果等；

（二）示范项目建设及运行情况，包括纳入示范任务的可再生能源建筑应用项目清单、可再生能源建筑应用项目形式检查及符合条件项目的性能检测和能效评估报告；

（三）可再生能源建筑应用配套能力建设情况；

（四）中央财政补助资金使用及管理情况；

（五）其他需要说明的情况。

第七条　省级住房城乡建设主管部门应会同财政主管部门组织对申请验收评估的示范市县进行验收审核，出具可再生能源建筑应用示范市县验收评估报告（相关格式详见附件），并报住房城乡建设部。列为可再生能源建筑应用示范城市的直辖市、计划单列市由住房城乡建设部组织验收。

第八条　住房城乡建设部会同财政部对可再生能源建筑应用示范市县的验收评估情况进行复核，必要时进行抽查，并对中央财政补助资金拨付及使用情况、省级可再生能源建筑应用能力建设情况进行核查。

第五章　附则

第九条　本办法由住房城乡建设部建筑节能与科技司负责解释。

第十条　本办法自发布之日起施行。

附件：财政部、住房和城乡建设部可再生能源建筑应用示范市（县）验收评估报告（格式）（略）

第五篇

第六篇

数据统计与分析

一、2014年城乡建设统计分析

（一）2014年城市（城区）建设

【概况】 2014年末，全国设市城市653个，比上年减少了5个。其中，直辖市4个，地级市288个，县级市361个。据对651个城市、1个特殊区域、1个新撤销市统计汇总，城市城区户籍人口3.86亿人，暂住人口0.60亿人，建成区面积4.98万平方公里。

［说明］

城市（城区）包括：市本级（1）街道办事处所辖地域；（2）城市公共设施、居住设施和市政公用设施等连接到的其他镇（乡）地域；（3）常住人口在3000人以上独立的工矿区、开发区、科研单位、大专院校等特殊区域。

城市（城区）部分统计了651个城市、1个特殊区域、1个新撤销市。其中，陕西省杨凌区按城市统计；福建省建阳市由市改区，仍按城市单独统计；另外2个城市，即云南省香格里拉市属于撤县改市，仍按县城统计，没有统计在城市（城区）部分；新疆霍尔果斯市新设市，暂未统计。

【城市市政公用设施固定资产投资】 2014年完成城市市政公用设施固定资产投资16246.9亿元，比上年减少0.6%，占同期全社会固定资产投资总额的3.17%。全国城市市政公用设施建设固定资产投资的行业分布如图6-1-1所示，其中，道路桥梁、轨道交通、园林绿化投资分列前三位，分别占城市市政公用设施固定资产投资的47.05%、19.83%和11.19%。

［说明］

城区市政公用设施固定资产投资统计口径为计划总投资在5万元以上的市政公用设施项目，不含住宅及其他方面的投资。

全国城市市政公用设施投资新增固定资产10657.5亿元，固定资产投资交付使用率65.6%。主要新增生产能力（或效益）是：供水日综合生产能力530万立方米，天然气储气能力1342万立方米，集中供热蒸汽能力0.15万吨/小时，热水能力40.6万兆瓦，道路长度1.09万公里，排水管道长度1.9万公里，城市污水处理厂日处理能力443万立方米，

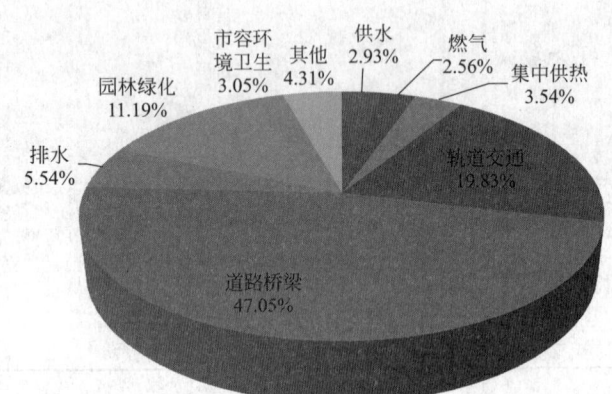

图6-1-1　全国城市市政公用设施建设
固定资产投资的行业分布

城市生活垃圾无害化日处理能力2.1万吨。

2014年按资金来源分城市市政公用设施建设固定资产投资合计16121.97亿元，比上年增加67.94亿元。其中，本年资金来源15100.01亿元，上年末结余资金954.02亿元。本年资金来源的具体构成，如图6-1-2所示。

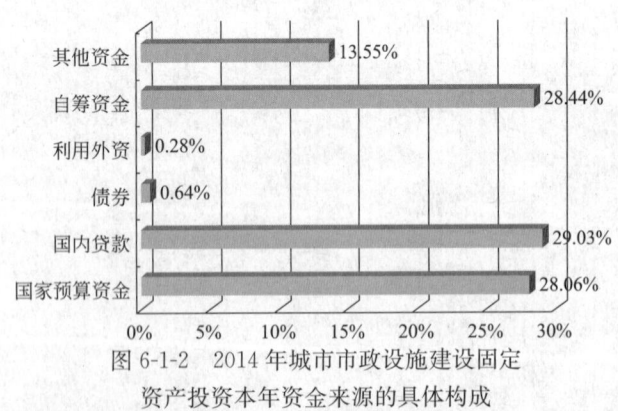

图6-1-2　2014年城市市政设施建设固定
资产投资本年资金来源的具体构成

【城市供水和节水】 2014年年末，城市供水综合生产能力达到2.87亿立方米/日，比上年增长1.1%，其中公共供水能力2.21亿立方米/日，比上年增长3.0%。供水管道长度67.7万公里，比上年增长4.8%。2014年，年供水总量546.7亿立方米，其中生产运营用水162.4亿立方米、公共服务用水73.9亿立方米、居民家庭用水200.5亿立方米。用水人口4.35亿人，人均日生活用水量173.73升，用

水普及率 97.64%，比上年增加 0.08 个百分点。2014 年，城市节约用水 40.5 亿立方米，节水措施总投资 27.4 亿元。

【城市燃气】 2014 年，人工煤气供气总量 56.0 亿立方米，天然气供气总量 964.4 亿立方米，液化石油气供气总量 1082.7 万吨，分别比上年减少 10.9%、增长 7.0%、减少 2.4%。人工煤气供气管道长度 2.9 万公里，天然气供气管道长度 43.5 万公里，液化石油气供气管道长度 1.1 万公里，分别比上年减少 4.7%、增长 11.9%、减少 18.2%。用气人口 4.21 亿人，燃气普及率 94.56%，比上年增加 0.31 个百分点。

【城市集中供热】 2014 年年末，城市蒸汽供热能力 8.5 万吨/小时，比上年增长 0.4%，热水供热能力 44.7 万兆瓦，比上年增长 10.8%，供热管道 18.7 万公里，比上年增长 5.1%，集中供热面积 61.1 亿平方米，比上年增长 6.9%。

【城市轨道交通】 2014 年年末，全国有 22 个城市建成轨道交通，线路长度 2715 公里，比上年增长 22.7%，车站数 1786 个，其中换乘站 366 个，配置车辆数 14654 辆。全国 36 个城市在建轨道交通，线路长度 3004 公里，比上年增长 8.8%，车站数 2047 个，其中换乘站 532 个。

[说明]

截至 2014 年年底，在国务院已批复轨道交通建设规划的 37 个城市中，除徐州、南通外，已经全部开始建设或建成轨道交通线路。佛山市、肇庆市（不含在 37 个名单中）的佛肇城际铁路城区内线路也按城市轨道交通统计在内。

【城市道路桥梁】 2014 年年末，城市道路长度 35.2 万公里，比上年增长 4.8%，道路面积 68.3 亿平方米，比上年增长 6.0%，其中人行道面积 15.0 亿平方米。人均城市道路面积 15.34 平方米，比上年增加 0.47 平方米。

【城市排水与污水处理】 2014 年年末，全国城市共有污水处理厂 1808 座，比上年增加 72 座，污水厂日处理能力 13088 万立方米，比上年增长 5.1%，排水管道长度 51.1 万公里，比上年增长 10.0%。城市年污水处理总量 401.7 亿立方米，城市污水处理率 90.18%，比上年增加 0.84 个百分点，其中污水处理厂集中处理率 85.94%，比上年增加 1.41 个百分点。城市再生水日生产能力 2065 万立方米，再生水利用量 36.3 亿立方米。

【城市园林绿化】 2014 年年末，城市建成区绿化覆盖面积 200.1 万公顷，比上年增长 4.9%，建成区绿化覆盖率达到 40.10%，比上年增加 0.4 个百分点；建成区绿地面积 180.8 万公顷，比上年增长 5.2%，建成区绿地率达到 36.24%，比上年增加 0.46 个百分点；公园绿地面积 57.7 万公顷，比上年增长 5.4%，人均公园绿地面积 12.95 平方米，比上年增加 0.31 平方米。

【国家级风景名胜区】 2014 年年末，全国共有 225 处国家级风景名胜区，风景名胜区面积 9.9 万平方公里，可游览面积 4.2 万平方公里，全年接待游人 20.4 亿人次。国家投入 56.8 亿元用于风景名胜区的维护和建设。

【城市市容环境卫生】 2014 年年末，全国城市道路清扫保洁（覆盖）面积 67.6 亿平方米，其中机械清扫面积 34.1 亿平方米、机械清扫率达到 50.4%。全年清运生活垃圾、粪便 1.94 亿吨，比上年增长 2.6%。全国城市共有生活垃圾无害化处理场（厂）819 座，比上年增加 54 座，日处理能力达到 53.3 万吨，处理量为 1.64 亿吨，城市生活垃圾无害化处理率达到 91.77%，比上年增加 2.47 个百分点。

【2010～2014 年全国城市建设的基本情况】 2010～2014 年全国城市建设的基本情况见表 6-1-1。

2010～2014 年全国城市建设的基本情况 　　　　　　　　　　表 6-1-1

类别	指标	年份				
		2010	2011	2012	2013	2014
概况	城市数（个）	657	657	657	658	653
	♯直辖市（个）	4	4	4	4	4
	♯地级市（个）	283	283	284	286	288
	♯县级市（个）	370	370	369	368	361
	城区人口（亿人）	3.54	3.54	3.70	3.77	3.86
	城区暂住人口（亿人）	0.41	0.55	0.52	0.56	0.60
	建成区面积（平方公里）	40058	43603	45566	47855	49773
	城市建设用地面积（平方公里）	39758	41861	45751	47109	49983

第六篇

续表

类别	指标		年份				
			2010	2011	2012	2013	2014
城市市政公用设施固定资产投资	市政公用设施固定资产年投资总额(亿元)		13363.9	13934.3	15296.4	16349.8	16246.9
城市供水和节水	年供水总量(亿平方米)		507.9	513.4	523.0	537.3	546.7
	供水管道长度(万公里)		54.0	57.4	59.2	64.6	67.7
	用水普及率(%)		96.68	97.04	97.16	97.56	97.64
城市燃气	人工煤气年供应量(亿立方米)		279.9	84.7	77.0	62.8	56.0
	天然气年供应量(亿立方米)		487.6	678.8	795.0	901.0	964.4
	液化石油气年供应量(万吨)		1268.0	1165.8	1114.8	1109.7	1082.7
	供气管道长度(万公里)		30.9	34.9	38.9	43.2	47.5
	燃气普及率(%)		92.04	92.41	93.15	94.25	94.56
城市集中供热	供热能力	蒸汽(万吨/小时)	10.5	8.5	8.6	8.4	8.5
		热水(万兆瓦)	31.6	33.9	36.5	40.4	44.7
	管道长度	蒸汽(万公里)	1.5	1.3	1.3	1.2	1.2
		热水(万公里)	12.4	13.4	14.7	16.6	17.5
	集中供热面积(亿平方米)		43.6	47.4	51.8	57.2	61.1
城市轨道交通	建成轨道交通的城市个数(个)		12	12	16	16	22
	建成轨道交通线路长度(公里)		1429	1672	2006	2213	2715
	正在建设轨道交通的城市个数(个)		28	28	29	35	36
	正在建设轨道交通线路长度(公里)		1741	1891	2060	2760	3004
城市道路桥梁	城市道路长度(万公里)		29.4	30.9	32.7	33.6	35.2
	城市道路面积(亿平方米)		52.1	56.2	60.7	64.4	68.3
	城市桥梁(座)		52548	53386	57601	59530	61863
城市排水与污水处理	污水年排放量(亿立方米)		378.7	403.7	416.8	427.5	445.3
	排水管道长度(万公里)		37.0	41.4	43.9	46.5	51.1
	城市污水处理厂座数(座)		1444	1588	1670	1736	1807
	城市污水处理厂处理能力(万立方米/日)		10436	11303	11733	12454	13088
	城市污水日处理能力(万立方米)		13392.9	13304.1	13692.9	14652.7	15123.5
	城市污水处理率(%)		82.31	83.63	87.30	89.34	90.18
	再生水日生产能力(万立方米)		1082	1389	1453	1761	2065
	再生水利用量(亿立方米)		33.7	26.8	32.1	35.4	36.3
城市园林绿化	建成区绿化覆盖面积(万公顷)		161.2	255.4	181.2	190.7	200.1
	建成区绿地面积(万公顷)		144.4	224.3	163.5	171.9	180.8
	建成区绿化覆盖率(%)		38.6	39.2	39.6	39.7	40.1
	建成区绿地率(%)		34.5	35.3	35.7	35.78	36.24
	人均公园绿地面积(平方米)		11.18	11.80	12.30	12.64	12.95
	公园个数(个)		9955	10780	11604	12401	13037
	公园面积(万公顷)		25.8	28.6	30.6	33.0	35.2
国家级风景名胜区	年末国家级风景名胜区个数(个)		208	208	227	225	225

续表

类别	指标	年份				
		2010	2011	2012	2013	2014
城市市容环境卫生	清扫保洁面积(万平方米)	485033	630545	573507	646014	676093
	生活垃圾清运量(万吨)	15805	16395	17081	17238	17860
	粪便年清运量(万吨)	1951	1963	1812	1682	1552

【2014 年全国各地区城市市政公用设施水平的比较】 表 6-1-2 列出了 2014 年全国各地区城市市政公用设施的 12 项指标,由此可得到全国各地区城市市政公用设施 12 项指标按由大到小次序的排序,如表 6-1-3 所示。

2014 年全国各地区城市市政公用设施水平

表 6-1-2

地区名称	人口密度(人/平方公里)	人均日生活用水量(升)	用水普及率(%)	燃气普及率(%)	建成区供水管道密度(公里/平方公里)	人均城市道路面积(平方米)	建成区排水管道密度(公里/平方公里)	污水处理率(%)	人均公园绿地面积(平方米)	建成区绿化覆盖率(%)	建成区绿地率(%)	生活垃圾处理率(%)
全国	2419	173.73	97.64	94.57	13.60	15.34	10.27	90.18	13.08	40.22	36.29	96.43
北京	1525	187.52	100.00	100.00	19.69	7.44	10.31	86.11	15.94	49.13	45.34	99.59
天津	3328	124.33	100.00	100.00	18.03	16.71	23.52	91.04	9.73	34.93	31.75	96.67
河北	2540	116.91	99.29	94.26	8.47	18.49	8.69	95.06	14.45	41.93	38.12	92.26
山西	3974	114.59	98.54	95.77	8.86	13.34	6.77	88.37	11.30	40.08	35.28	92.07
内蒙古	1291	103.49	97.79	92.28	8.96	21.1	10.23	89.21	18.80	39.79	36.37	96.07
辽宁	1615	131.79	98.72	96.19	15.16	12.75	6.93	89.05	11.61	40.11	37.33	98.08
吉林	3171	122.79	93.79	91.98	8.63	14.62	7.24	90.10	12.05	35.82	32.22	97.60
黑龙江	4946	116.54	96.20	86.23	7.91	13.32	5.56	77.22	12.10	35.98	32.99	69.63
上海	3826	186.40	100.00	100.00	35.11	4.11	21.00	89.72	7.33	38.43	33.92	100.00
江苏	2038	209.62	99.75	99.49	19.52	23.89	16.48	93.46	14.41	42.61	39.23	99.62
浙江	1828	197.01	99.93	99.81	21.53	18.4	14.45	90.68	12.90	40.75	36.71	100.00
安徽	2416	166.72	98.63	96.81	12.12	20.33	13.39	96.21	13.20	41.18	36.98	99.51
福建	2627	180.98	99.49	98.83	12.47	13.61	9.58	88.66	12.76	42.80	38.99	97.92
江西	4671	178.71	97.78	95.18	11.42	15.77	9.00	83.76	14.13	44.61	41.61	100.00
山东	1426	138.78	99.92	99.49	10.77	25.77	11.26	95.27	17.10	42.79	38.29	100.00
河南	5149	107.44	92.99	83.76	8.67	11.67	8.15	92.52	9.93	38.32	33.47	92.84
湖北	2448	210.60	98.75	94.71	14.27	16.57	10.34	92.08	11.10	37.87	33.24	98.07
湖南	3402	202.96	97.05	91.24	13.31	13.76	8.19	90.11	9.85	38.64	34.78	99.70
广东	2999	247.51	97.26	96.64	17.68	13.2	9.32	91.55	16.28	41.44	37.18	94.66
广西	1684	234.97	94.40	92.99	13.29	15.75	7.35	87.45	11.19	39.26	33.74	97.86
海南	2069	243.54	98.10	96.49	12.75	17.97	11.62	71.42	13.01	41.32	36.88	99.83
重庆	1872	146.13	96.78	94.27	9.42	11.68	9.00	92.99	16.97	40.60	37.38	99.20
四川	3068	216.00	91.12	90.89	12.39	13.32	9.30	85.36	11.26	37.51	33.58	97.24
贵州	2393	159.65	94.47	76.30	12.00	10.33	7.71	94.79	12.50	33.97	31.27	93.26
云南	2853	129.06	97.85	76.18	9.81	17.12	10.37	91.14	11.00	38.14	34.38	97.37
西藏	1857	328.98	89.07	57.13	8.38	14.44	4.83	16.07	10.80	43.77	32.80	92.54

第六篇

续表

地区名称	人口密度（人/平方公里）	人均日生活用水量（升）	用水普及率（%）	燃气普及率（%）	建成区供水管道密度（公里/平方公里）	人均城市道路面积（平方米）	建成区排水管道密度（公里/平方公里）	污水处理率（%）	人均公园绿地面积（平方米）	建成区绿化覆盖率（%）	建成区绿地率（%）	生活垃圾处理率（%）
陕西	5474	154.05	96.31	95.08	7.05	15.38	7.48	91.56	12.48	40.46	34.11	95.78
甘肃	3682	146.25	94.95	83.48	6.76	15.3	6.44	85.00	12.79	30.81	27.60	98.43
青海	2604	176.52	99.71	88.81	13.45	11.08	8.86	59.19	10.78	31.56	31.01	95.37
宁夏	1295	148.60	97.26	89.23	5.23	23.16	3.31	92.38	17.91	37.98	36.43	93.25
新疆	4280	171.82	98.15	96.87	7.74	16.46	5.36	86.24	10.74	36.83	33.72	94.04

2014 年全国各地区城市市政公用设施水平排序 表 6-1-3

地区名称	人口密度	人均日生活用水量	用水普及率	燃气普及率	建成区供水管道密度	人均城市道路面积	建成区排水管道密度	污水处理率	人均公园绿地面积	建成区绿化覆盖率	建成区绿地率	生活垃圾处理率
北京	28	10	1	1	3	30	10	24	6	1	1	8
天津	10	25	1	1	5	10	1	13	30	28	28	19
河北	17	27	9	18	25	6	18	3	7	7	6	29
山西	6	29	13	13	22	21	26	21	20	15	15	30
内蒙古	31	31	17	20	21	4	11	18	1	16	14	20
辽宁	27	23	11	12	7	25	25	19	19	14	8	12
吉林	11	26	28	21	24	17	24	16	18	27	27	16
黑龙江	3	28	24	26	27	22	28	28	17	26	25	31
上海	7	11	1	1	1	31	2	17	31	19	19	1
江苏	22	7	6	5	4	2	3	5	8	6	3	7
浙江	25	9	4	4	2	7	4	14	12	11	12	1
安徽	19	16	12	9	15	5	5	1	10	10	10	9
福建	15	12	8	7	13	20	12	20	14	4	4	14
江西	4	13	18	14	17	13	15	27	9	2	2	1
山东	29	22	5	5	18	1	7	2	3	5	5	1
河南	2	30	29	27	23	27	20	7	28	20	23	27
湖北	18	6	10	16	8	11	9	9	23	23	24	13
湖南	9	8	21	22	10	19	19	15	29	18	16	6
广东	13	2	19	10	6	24	13	11	5	8	9	23
广西	26	4	27	19	11	14	23	22	22	17	20	15
海南	21	3	15	11	12	8	8	29	11	9	11	5
重庆	23	21	22	17	20	26	15	6	4	12	7	10
四川	12	5	30	23	14	22	14	25	21	24	22	18
贵州	20	17	26	29	16	29	21	4	15	29	29	25
云南	14	24	16	30	9	9	8	24	24	21	17	17
西藏	24	1	31	31	26	18	30	31	25	3	26	28
陕西	1	18	23	15	29	15	22	10	16	13	18	21

续表

地区名称	人口密度	人均日生活用水量	用水普及率	燃气普及率	建成区供水管道密度	人均城市道路面积	建成区排水管道密度	污水处理率	人均公园绿地面积	建成区绿化覆盖率	建成区绿地率	生活垃圾处理率
甘肃	8	20	25	28	30	16	27	26	13	31	31	11
青海	16	14	7	25	9	28	17	30	26	30	30	22
宁夏	30	19	19	24	31	3	31	8	2	22	13	26
新疆	5	15	14	8	28	12	29	23	27	25	21	24

（住房和城乡建设部计划财务与外事司、哈尔滨工业大学）

（二）2014 年县城建设

【概况】 2014 年年末，全国共有县 1596 个，据对 1579 个县、10 个新撤销县、14 个特殊区域以及 149 个新疆生产建设兵团师团部驻地统计汇总[8]，县城户籍人口 1.40 亿人，暂住人口 0.16 亿人，建成区面积 2.01 万平方公里。

[说明]

县城包括：(1) 县政府驻地的镇、乡（城关镇）或街道办事处地域；(2) 县城公共设施、居住设施等连接到的其他镇（乡）地域；(3) 县域内常住人口在 3000 人以上独立的工矿区、开发区、科研单位、大专院校等特殊区域。共统计了 1579 个县，另有 10 个新撤销县、14 个特殊区域以及 149 个新疆生产建设兵团师团部驻地也统计在内。

17 个县没有统计，包括北京市延庆县、密云县和上海市崇明县 3 个县因与城市分不开，数据含在城市部分；河北省邯郸县、邢台县、宣化县、沧县，山西省泽州县，辽宁省抚顺县、盘山县、铁岭县、朝阳县，河南省许昌县、安阳县，新疆维吾尔自治区乌鲁木齐县、和田县等 13 个县，因与所在城市市县同城，数据含在所在城市部分；福建省金门县暂无数据资料。

江苏省赣榆县、福建省永定县、山东省沾化县、河南省开封县、湖北省郧县、湖南省望城县、广东省阳东县、贵州省平坝县、云南香格里拉县、陕西省高陵县等 10 个县，因新撤销县，改区或改市，仍按县城统计。

14 个特殊区域包括河北省曹妃甸区，黑龙江省加格达奇区，江西省庐山风景区，湖南省南岳区、大通湖区、洪江区，海南省洋浦开发区，云南省昆明阳宗海风景名胜区、昆明倘甸产业园区和昆明轿子山旅游开发区，青海省海北州府西海镇、茫崖行委、大柴旦行委、冷湖行委，宁夏回族自治区红寺堡开发区。

【县城市政公用设施固定资产投资】 2014 年，县城市政公用设施固定资产完成投资 3572.9 亿元，比上年减少 6.80%。全国县城市政公用设施建设固定资产投资的行业分布如图 6-1-3 所示，其中，道路桥梁、园林绿化、排水分别占县城市政公用设施固定资产投资的 53.41%、14.58% 和 8.29%。

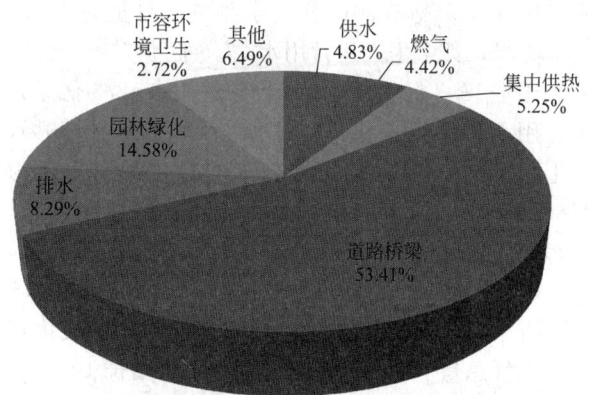

图 6-1-3 2014 年全国县城市政公用设施建设固定资产投资的行业分布

[说明]

县城的市政公用设施固定资产投资统计口径为计划总投资在 5 万元以上的市政公用设施项目，不含住宅及其他方面的投资。

2014 年按资金来源分县城市政公用设施建设固定资产投资合计 3690.39 亿元，比上年增长 0.20%。其中，本年资金来源 3627.23 亿元，上年末结余资金 63.15 亿元。本年资金来源的具体构成，如图 6-1-4 所示。

全国县城市政公用设施投资新增固定资产 2820.5 亿元，固定资产投资交付使用率为 79.0%。主要新增生产能力（或效益）是：供水日综合生产能力 273 万立方米，天然气储气能力 1308 万立方米，集中供热蒸汽能力 397 吨/小时，热水能力 1.31 万兆瓦，道路长度 5687 公里，排水管道长度 1.0 万公里，污水处理厂日处理能力 206 万立方米，生活垃圾无

第六篇

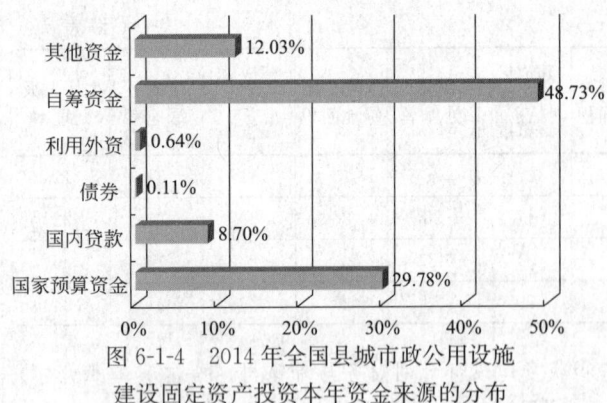

图 6-1-4　2014 年全国县城市政公用设施
建设固定资产投资本年资金来源的分布

害化日处理能力 7721 吨。

【县城供水和节水】　2014 年年末，县城供水综合生产能力达到 0.54 亿立方米/日，比上年增长 3.7%，其中公共供水能力达到 0.46 亿立方米/日，比上年增长 4.7%。供水管道长度 20.4 万公里，比上年增长 4.65%。2014 年，全年供水总量为 106.3 亿立方米，其中生产运营用水 27.6 亿立方米、公共服务用水 11.3 亿立方米、居民家庭用水 48.3 亿立方米。用水人口 1.39 亿人，用水普及率达到 88.89%，比上年增加 0.75 个百分点，人均日生活用水量为 118.22 升。2014 年，县城节约用水 3.0 亿立方米，节水措施总投资 3.6 亿元。

【县城燃气】　2014 年，人工煤气供应总量 8.5 亿立方米，天然气供气总量 92.6 亿立方米，液化石油气供气总量 235.3 万吨，分别比上年增长 10.9%、增长 13.6%、减少 2.4%。人工煤气供气管道长度 0.15 万公里，天然气供气管道长度 8.88 万公里，液化石油气供气管道长度 0.25 万公里，分别比上年增长 14.7%、增长 15.2%、增长 13.5%。用气人口 1.15 亿人，燃气普及率达到 73.23%，比上年增加 2.32 个百分点。

【县城集中供热】　2014 年年末，蒸汽供热能力达到 1.3 万吨/小时，比上年减少 2.1%，热水供热能力达到 12.9 万兆瓦，比上年增长 20.4%，供热管道 4.4 万公里，比上年增长 9.6%，集中供热面积 11.4 亿平方米，比上年增长 10.5%。

【县城道路桥梁】　2014 年年末，县城道路长度 13.0 万公里，比上年增长 4.1%，道路面积 24.1 亿平方米，比上年增长 6.1%，其中人行道面积 6.0 亿平方米，人均城市道路面积 15.39 平方米，比上年增加 0.53 平方米。

【县城排水与污水处理】　2014 年年末，全国县城共有污水处理厂 1555 座，比上年增加 51 座，污水厂日处理能力达到 2882 万立方米，比上年增长 7.1%，排水管道长度 16.0 万公里，比上年增长 7.6%。县城全年污水处理总量 74.3 亿立方米，污水处理率为 82.11%，比上年增加 3.64 个百分点，其中污水处理厂集中处理率达到 80.19%，比上年增加 3.94 个百分点。

【县城园林绿化】　2014 年年末，县城建成区绿化覆盖面积 59.9 万公顷，比上年增长 5.7%，建成区绿化覆盖率达到 29.80%，比上年增加 0.74 个百分点；建成区绿地面积 52.0 万公顷，比上年增长 7.8%，建成区绿地率达到 25.88%，比上年增加 1.12 个百分点；公园绿地面积 15.5 万公顷，比上年增长 7.2%，人均公园绿地面积 9.91 平方米，比上年增加 0.44 平方米。

【县城市容环境卫生】　2014 年年末，全国县城道路清扫保洁面积 22.9 亿平方米，其中机械清扫面积 7.9 亿平方米，机械清扫率达到 34.4%。全年清运生活垃圾、粪便 0.72 亿吨，比上年增长 1.8%。全国县城共有生活垃圾无害化处理场（厂）1129 座，比上年增加 137 座，日处理能力达到 16.8 万吨，处理量为 0.48 亿吨，县城生活垃圾无害化处理率达到 71.58%，比上年增加 5.51 个百分点。

【2010～2014 年全国县城建设的基本情况】
2010～2014 年全国县城建设的基本情况见表 6-1-4。

2010～2014 年全国县城建设的基本情况　　　　　　　　　　　　　　　　表 6-1-4

类别	指标	年份				
		2010	2011	2012	2013	2014
概况	县数（个）	1633	1627	1624	1613	1596
	县城人口（亿人）	1.26	1.29	1.34	1.37	1.40
	县城暂住人口（亿人）	0.12	0.14	0.15	0.16	0.16
	建成区面积（平方公里）	16585	17376	18740	19503	20111
县城市政公用设施固定资产投资	市政公用设施固定资产年投资总额（亿元）	2570	2860	3466	3833.7	3572.9

第六篇

续表

类别	指标	年份				
		2010	2011	2012	2013	2014
县城供水和节水	供水总量(亿平方米)	92.6	97.7	102.0	103.9	106.3
	♯生活用水量	51.3	42.9	45.4	47.0	48.3
	供水管道长度(万公里)	16.0	17.3	18.6	19.4	20.4
	用水普及率(%)	85.14	86.09	86.94	88.14	88.89
县城燃气	人工煤气供应总量(亿立方米)	4.1	9.5	8.6	7.7	8.5
	天然气供应总量(亿立方米)	40.0	53.9	70.1	81.6	92.6
	液化石油气供应总量(万吨)	218.5	242.2	256.9	241.1	235.3
	供气管道长度(万公里)	4.67	5.65	7.07	8.07	9.28
	燃气普及率(%)	64.89	66.52	68.50	70.91	73.23
县城集中供热	供热面积(亿平方米)	6.09	7.81	9.05	10.33	11.4
	蒸汽供热能力(万吨/小时)	1.51	1.47	1.39	1.33	1.30
	热水供热能力(万兆瓦)	6.89	8.13	9.73	10.75	12.94
	蒸汽管道长度(万公里)	0.18	0.17	0.20	0.29	0.27
	热水管道长度(万公里)	2.37	2.86	2.19	3.72	4.12
县城道路桥梁	道路长度(万公里)	10.59	10.86	11.80	12.52	13.0
	道路面积(亿平方米)	17.60	19.24	21.02	22.69	24.1
	人均道路面积(平方米)	12.7	13.4	14.1	14.86	15.39
县城排水与污水处理	污水排放量(亿立方米)	72.0	79.5	64.2	88.1	90.5
	污水处理厂座数(座)	1052	1303	1416	1504	1555
	污水处理厂处理能力(万立方米/日)	2040	2409	2623	2691	2882
	污水处理率(%)	60.12	70.41	75.24	78.47	82.11
	排水管道长度(万公里)	10.9	12.2	13.7	14.9	16.0
县城园林绿化	建成区绿化覆盖面积(万公顷)	41.3	46.6	52.0	56.7	59.9
	建成区园林绿地面积(万公顷)	33.0	38.6	43.7	48.3	52.0
	建成区绿化覆盖率(%)	24.9	26.8	27.7	29.06	29.80
	建成区绿地率(%)	19.9	22.2	23.3	24.76	25.88
	人均公园绿地面积(平方米)	7.7	8.5	9.0	9.47	9.91
县城市容环境卫生	生活垃圾年清运量(万吨)	8085	6743	6838	6505	6657
	粪便年清运量(万吨)	759	751	649	552	531

【2014 年全国各地区县城城市市政公用设施水平的比较】 表 6-1-5 列出了 2014 年全国各地区县城市政公用设施的 12 项指标,由此可得到全国各地区县城市政公用设施 12 项指标按由大到小次序的排序,如表 6-1-6 所示。

2014 年全国各地区县城市政公用设施水平 表 6-1-5

地区名称	人口密度(人/平方公里)	人均日生活用水量(升)	用水普及率(%)	燃气普及率(%)	建成区供水管道密度(公里/平方公里)	人均城市道路面积(平方米)	建成区排水管道密度(公里/平方公里)	污水处理率(%)	人均公园绿地面积(平方米)	建成区绿化覆盖率(%)	建成区绿地率(%)	生活垃圾处理率(%)
全国	1958	118.23	88.89	73.24	10.12	15.39	7.97	82.12	9.91	29.80	25.88	85.66
天津	1880	99.89	100.00	100.00	13.49	17.12	9.62	88.00	12.36	40.10	34.65	75.81
河北	2277	113.00	95.77	87.37	8.67	21.32	7.53	92.95	10.69	36.55	32.17	87.54

第六篇

633

续表

地区名称	人口密度（人/平方公里）	人均日生活用水量（升）	用水普及率（%）	燃气普及率（%）	建成区供水管道密度（公里/平方公里）	人均城市道路面积（平方米）	建成区排水管道密度（公里/平方公里）	污水处理率（%）	人均公园绿地面积（平方米）	建成区绿化覆盖率（%）	建成区绿地率（%）	生活垃圾处理率（%）
山西	3468	83.90	96.02	70.77	11.36	13.97	8.85	84.30	11.00	37.37	32.01	59.54
内蒙古	750	76.92	92.30	77.66	9.73	24.14	6.88	88.29	18.15	29.16	25.50	88.42
辽宁	1532	96.82	85.19	71.60	12.65	10.92	5.81	91.46	8.71	18.01	16.05	78.58
吉林	2890	102.70	74.97	76.56	10.56	9.07	6.37	73.98	7.88	25.19	20.81	81.25
黑龙江	2856	80.84	79.01	48.48	9.34	11.95	5.33	70.89	9.84	19.88	16.42	35.46
江苏	1950	131.76	99.63	98.21	14.93	18.92	11.40	81.69	11.72	40.83	37.91	98.72
浙江	911	155.84	99.74	98.36	23.36	20.09	14.30	85.56	12.60	39.51	35.85	99.86
安徽	1836	120.94	91.57	80.98	10.90	18.90	10.00	92.05	10.21	31.83	27.45	95.22
福建	2325	164.05	97.17	95.45	11.38	13.11	10.00	84.20	13.25	42.20	38.81	96.36
江西	4760	114.97	93.61	82.33	9.88	16.80	9.19	72.35	13.54	40.40	36.48	99.69
山东	1183	125.73	97.57	91.03	7.56	23.14	9.58	94.80	15.03	39.36	33.63	99.18
河南	2448	117.63	67.81	42.35	5.93	13.34	7.29	83.74	6.01	18.03	14.78	79.61
湖北	3122	126.82	91.47	79.65	9.01	14.46	6.76	74.92	8.39	25.34	22.67	70.50
湖南	3873	140.10	88.66	75.31	11.34	12.77	8.70	88.14	8.04	32.64	28.02	97.78
广东	1247	142.61	89.25	81.03	14.95	9.83	6.38	81.01	11.59	32.96	29.71	95.28
广西	1549	161.62	88.58	77.35	10.53	13.04	8.38	83.29	7.79	28.97	24.65	93.96
海南	3091	154.85	95.21	90.18	8.11	20.03	4.72	66.40	8.84	31.82	27.21	99.28
重庆	1905	102.02	91.70	91.42	13.08	9.43	12.79	94.66	13.10	36.47	32.84	99.40
四川	1214	132.84	84.16	74.88	10.88	10.26	7.56	68.86	8.59	30.23	26.07	85.25
贵州	2339	101.38	85.10	41.19	7.61	9.01	5.06	70.36	4.11	13.59	10.34	60.59
云南	3978	109.86	89.30	46.91	12.36	12.22	9.97	74.82	7.94	28.25	24.48	91.96
西藏	1275	164.98	46.79	23.38	3.90	9.46	2.54		2.17	11.17	9.23	15.61
陕西	3795	84.70	89.85	73.17	6.56	12.45	6.38	86.09	8.21	27.88	23.85	91.94
甘肃	4709	63.17	89.83	52.99	8.43	12.67	5.94	61.39	6.92	16.63	13.49	90.31
青海	1840	102.29	94.24	45.92	8.84	15.29	5.01	33.86	4.16	13.81	9.63	92.43
宁夏	2956	87.31	89.41	68.31	7.53	30.41	5.44	62.39	11.80	27.97	21.22	74.38
新疆	3097	115.19	92.79	81.51	10.02	19.10	5.78	71.45	10.73	30.71	27.74	90.53
新疆生产建设兵团	2305	145.18	84.93	52.89	11.78	26.54	5.23	35.93	5.95	14.16	11.43	26.91

注：本表各项人均指标除人均日生活用水量外，均以城区人口和城区暂住人口合计为分母计算。

2014 年全国各地区县城市政公用设施水平排序 表 6-1-6

地区名称	人口密度（人/平方公里）	人均日生活用水量（升）	用水普及率（%）	燃气普及率（%）	建成区供水管道密度（公里/平方公里）	人均城市道路面积（平方米）	建成区排水管道密度（公里/平方公里）	污水处理率（%）	人均公园绿地面积（平方米）	建成区绿化覆盖率（%）	建成区绿地率（%）	生活垃圾处理率（%）
天津	20	23	1	1	4	11	7	8	7	4	5	23
河北	17	17	7	8	22	5	14	3	13	8	8	18

续表

地区名称	人口密度（人/平方公里）	人均日生活用水量（升）	用水普及率（%）	燃气普及率（%）	建成区供水管道密度（公里/平方公里）	人均城市道路面积（平方米）	建成区排水管道密度（公里/平方公里）	污水处理率（%）	人均公园绿地面积（平方米）	建成区绿化覆盖率（%）	建成区绿地率（%）	生活垃圾处理率（%）
山西	6	27	6	21	10	15	10	11	11	7	9	27
内蒙古	30	29	12	14	18	3	16	6	1	16	16	17
辽宁	24	24	23	20	6	24	22	5	17	25	24	22
吉林	11	19	28	16	14	29	20	19	23	22	22	20
黑龙江	12	28	27	25	19	23	25	22	15	23	23	28
江苏	18	10	1	3	3	9	3	15	9	2	2	6
浙江	29	4	2	2	1	6	1	10	6	5	4	1
安徽	22	13	14	12	12	10	4	4	14	12	13	10
福建	15	2	5	4	9	17	4	12	4	1	1	8
江西	1	16	10	9	17	12	9	20	3	3	3	2
山东	28	12	4	6	26	4	8	1	2	6	6	5
河南	13	14	29	28	29	16	15	13	26	24	25	21
湖北	7	11	15	13	20	14	17	17	19	21	20	25
湖南	4	8	21	17	11	19	11	7	21	11	11	7
广东	26	7	20	11	2	26	18	16	10	10	10	9
广西	23	3	22	15	15	8	12	14	24	17	17	11
海南	9	5	8	7	24	7	29	25	16	13	14	4
重庆	19	21	13	5	5	28	2	2	5	9	7	3
四川	27	9	26	18	13	25	13	24	18	15	15	19
贵州	14	22	24	29	25	30	27	23	29	29	28	26
云南	3	18	19	26	7	5	6	18	22	19	18	13
西藏	25	1	30	30	30	27	30	30	30	30	30	30
陕西	5	26	16	19	28	21	18	9	20	20	9	14
甘肃	2	30	17	23	23	20	21	27	25	26	26	16
青海	21	20	9	27	21	13	23	29	28	28	29	12
宁夏	10	25	18	22	27	1	24	26	8	19	21	24
新疆	8	15	11	10	16	18	14	21	12	14	12	15
新疆生产建设兵团	16	6	25	24	8	2	26	28	27	27	27	29

（住房和城乡建设部计划财务与外事司　哈尔滨工业大学）

（三）2014年村镇建设

【概况】　2014年年末，全国共有建制镇20401个、乡12282个。据对17653个建制镇、11871个乡、679个镇乡级特殊区域和270万个自然村（其中村民委员会所在地54.67万个）统计汇总，村镇户籍总人口9.52亿人。其中，建制镇建成区人口1.56亿人，占村镇总人口的16.40％；乡建成区0.30亿人，占村镇总人口的3.13％；镇乡级特殊区域建成区0.03亿人，占村镇总人口的0.35％；村庄7.63亿人，占村镇总人口的80.12％。

［说明］

村镇包括：（1）城区（县城）范围外的建制镇、乡以及具有乡镇政府职能的特殊区域（农场、林场、牧场、渔场、团场、工矿区等)的建成区;(2)全国的村庄。

乡包括乡、民族乡、苏木、民族苏木。村镇部分除建制镇和乡外,还统计了行政级别相当于乡镇级的特殊区域。

统计建制镇(乡)和村庄与实有个数不一致,原因一是西藏 140 个镇、544 个乡缺报;二是县政府驻地的建制镇(乡)纳入县城统计范围,不再重复统计;三是按统计范围的划分规定,部分位于城区(县城)的建制镇(乡)纳入城区(县城)统计,不再重复统计;四是辽宁、黑龙江、浙江、安徽、河南、湖北、广东、广西、重庆、四川、贵州、云南、陕西、甘肃等 14 个省(区、市)的部分乡改建制镇,仍按乡统计。

2014 年年末,全国建制镇建成区面积 379.5 万公顷,平均每个建制镇建成区占地 215 公顷,人口密度为 4937 人/平方公里;乡建成区 72.2 万公顷,平均每个乡建成区占地 61 公顷,人口密度为 4428 人/平方公里;镇乡级特殊区域建成区 10.5 万公顷,平均每个镇乡级特殊区域建成区占地 155 公顷,人口密度为 3661 人/平方公里;村庄现状用地面积 1394.1 万公顷,平均每个村庄现状用地面积 5 公顷。

【规划管理】 2014 年年末,全国已编制总体规划的建制镇 16417 个,占所统计建制镇总数的 93.0%,其中本年编制 1561 个;已编制总体规划的乡 9060 个,占所统计乡总数的 76.3%,其中本年编制 761 个;已编制总体规划的镇乡级特殊区域 491 个,占所统计镇乡级特殊区域总数的 72.3%,其中本年编制 35 个;已编制村庄规划的行政村 32.2 万个,占所统计行政村总数的 58.97%,其中本年编制 2.1 万个;已编制村庄规划的自然村 76.6 万个,占所统计自然村总数的 28.35%,其中本年编制 5.6 万个。2014 年,全国村镇规划编制投入达 35.47 亿元。

【建设投资】 2014 年,全国村镇建设总投资 16101 亿元。按地域分,建制镇建成区 7172 亿元,乡建成区 671 亿元,镇乡级特殊区域建成区 171 亿元,村庄 8088 亿元,分别占总投资的 44.5%、4.2%、1.1%、50.2%。按用途分,房屋建设投资 12559 亿元,市政公用设施建设投资 3542 亿元,分别占总投资的 78%、22%。

在房屋建设投资中,住宅建设投资 8997 亿元,公共建筑投资 1351 亿元,生产性建筑投资 2212 亿元,分别占房屋建设投资的 71.6%、10.8%、17.6%。

在市政公用设施建设投资中,供水投资 406 亿元,道路桥梁投资 1545 亿元,分别占市政公用设施建设总投资的 11.5% 和 43.6%。

【房屋建设】 2014 年,全国村镇房屋竣工建筑面积 11.56 亿平方米,其中住宅 8.53 亿平方米、公共建筑 1.08 亿平方米、生产性建筑 1.95 亿平方米。2014 年年末,全国村镇实有房屋建筑面积 378.05 亿平方米,其中住宅 317.75 亿平方米、公共建筑 24.12 亿平方米、生产性建筑 36.18 亿平方米,分别占 84.0%、6.4%、9.6%。

2014 年年末,全国村镇人均住宅建筑面积 33.37 平方米。其中,建制镇建成区人均住宅建筑面积 34.55 平方米,乡建成区人均住宅建筑面积 31.22 平方米,镇乡级特殊区域建成区人均住宅建筑面积 33.47 平方米,村庄人均住宅建筑面积 33.21 平方米。

【市政公用设施建设】 在建制镇、乡和镇乡级特殊区域建成区内,年末实有供水管道长度 54.99 万公里,排水管道长度 17.12 万公里,排水暗渠长度 8.76 万公里,铺装道路长度 40.66 万公里,铺装道路面积 28.30 亿平方米,公共厕所 15.06 万座。

2014 年年末,建制镇建成区用水普及率达到 82.77%,人均日生活用水量为 98.68 升,燃气普及率达到 47.8%,人均道路面积 12.6 平方米,排水管道暗渠密度 5.94 公里/平方公里,人均公园绿地面积 2.39 平方米。乡建成区用水普及率达到 69.26%,人均日生活用水量为 83.08 升,燃气普及率达到 20.3%,人均道路面积 12.6 平方米,排水管道暗渠密度 3.83 公里/平方公里,人均公园绿地面积 1.07 平方米。镇乡级特殊区域建成区用水普及率达到 86.95%,人均日生活用水量为 82.76 升,燃气普及率达到 50.3%,人均道路面积 15.95 平方米,排水管道暗渠密度 5.25 公里/平方公里,人均公园绿地面积 3.15 平方米。

2014 年年末,村庄内道路长度 234 万公里,其中硬化路 72 万公里,道路面积 185 亿平方米,其中硬化路 55 亿平方米。村庄内排水管道沟渠长度 54.2 万公里。全国 62.5% 的行政村有集中供水,9.98% 的行政村对生活污水进行了处理,63.98% 的行政村有生活垃圾收集点,48.18% 的行政村对生活垃圾进行了处理。

【2010～2014 年全国村镇建设的基本情况】 2010～2014 年全国村镇建设的基本情况见表 6-1-7。

2010～2014 年全国村镇建设的基本情况　　　　　　　　表 6-1-7

类别	指标		年份				
			2010	2011	2012	2013	2014
概况	村镇户籍人口（亿人）	总人口	9.43	9.42	9.45	9.48	9.52
		建制镇建成区	1.39	1.44	1.48	1.52	1.56
		乡建成区	0.32	0.31	0.31	0.31	0.30
		镇乡级特殊区域建成区	0.03	0.03	0.03	0.03	0.03
		村庄	7.69	7.64	7.63	7.62	7.63
	村镇建成区面积和村庄现状用地面积（万公顷）	建制镇建成区	317.9	338.6	371.4	369.0	379.5
		乡建成区	75.1	74.2	79.5	73.7	72.2
		镇乡级特殊区域建成区	10.4	9.3	10.1	10.7	10.5
		村庄现状用地	1399.2	1373.8	1409.0	1394.3	1394.1
房屋建设	年末实有房屋建筑面积（亿平方米）		355.52	360.29	367.39	373.69	378.05
	其中：住宅		298.48	302.89	308.00	313.31	317.75
	本年竣工房屋建筑面积（亿平方米）		9.74	10.07	11.23	11.84	11.56
	其中：住宅		6.71	7.03	7.67	8.57	8.53

（住房和城乡建设部计划财务与外事司　哈尔滨工业大学）

二、2014 年建筑业发展统计分析

（一）2014 年全国建筑业基本情况

2014 年，建筑业深入贯彻落实党的十八大和十八届三中全会精神，主动适应经济发展新常态，全面深化改革，加快转型升级，积极推进建筑产业现代化，整体发展稳中有进，发展质量不断提升。全国建筑业企业（指具有资质等级的总承包和专业承包建筑业企业，不含劳务分包建筑业企业，下同）完成建筑业总产值 176713.40 亿元，增长 10.2%；完成竣工产值 100719.51 亿元，增长 7.5%；房屋施工面积达到 125.02 亿平方米，增长 10.4%；房屋竣工面积达到 42.31 亿平方米，增长 5.4%；签订合同额 323613.77 亿元，增长 11.8%；实现利润 6913 亿元，增长 13.7%。截至 2014 年底，全国有施工活动的建筑业企业 81141 个，增长 2.8%；年末从业人数 4960.58 万人，增长 10.25%；按建筑业总产值计算的劳动生产率为 320366 元/人，下降 1.38%。

【建筑业有力支持国民经济健康持续发展　支柱产业地位稳固】 经初步核算，2014 年全年国内生产总值 636463 亿元，比上年增长 7.4%。全年全社会建筑业实现增加值 44725 亿元，比上年增长 8.9%，增速高出国内生产总值增速 1.5 个百分点（参见图 6-2-1）。建筑业为国民经济健康持续发展做出了重要贡献。

2005 年以来，建筑业增加值占国内生产总值比重持续稳步上升。2014 年再创新高，突破 7%，达到 7.03%，比上年增加 0.17 个百分点（参见图 6-2-2），进一步巩固了建筑业的国民经济支柱产业地位。

【建筑业固定资产投资增速由降转升且大幅增长 总产值增速持续放缓】 2014 年，全社会固定资产投资（不含农户，下同）502005 亿元，比上年增长 15.7%，增速连续四年下降（参见图 6-2-3）。建筑业固定资产投资 4449.94 亿元，比上年增长 27.2%，占全社会固定资产投资的 0.89%。建筑业固定资产投资增速结束了自 2012 年以来的下滑态势，出现了较大幅度的增长，比上年增加了 31.4 个百分点（参见图 6-2-4）。

第六篇

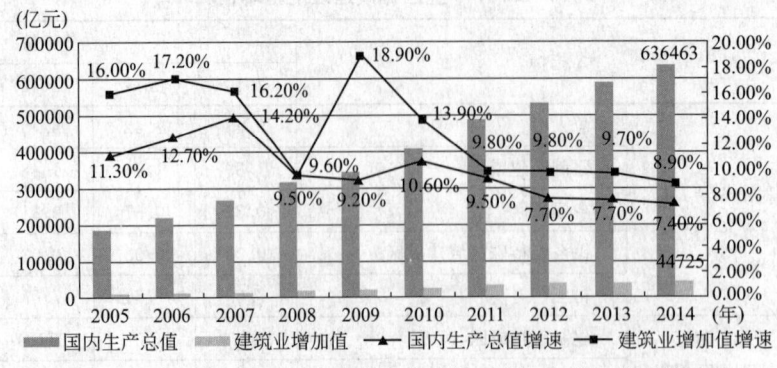

图 6-2-1　2005～2014 年国内生产总值、建筑业增加值及增速

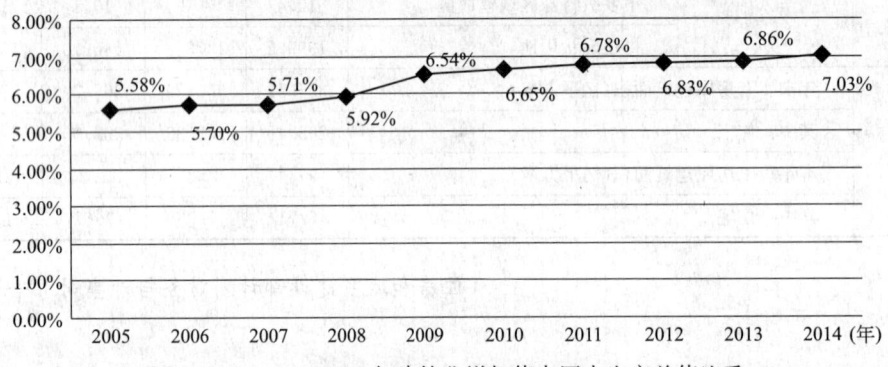

图 6-2-2　2005～2014 年建筑业增加值占国内生产总值比重

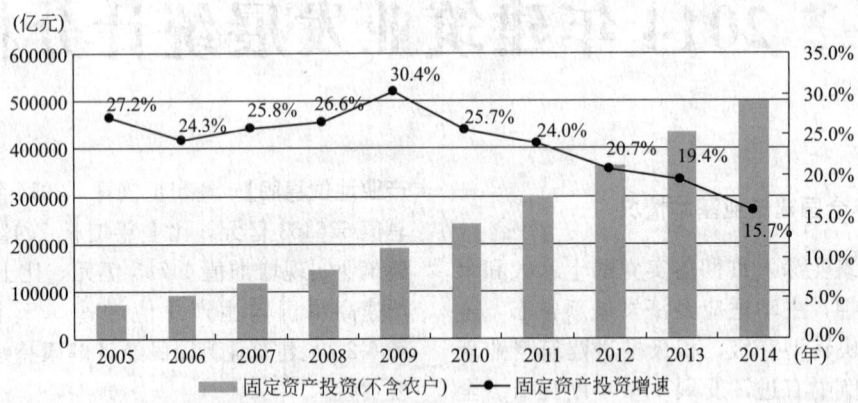

图 6-2-3　2005～2014 年全社会固定资产投资（不含农户）及增速

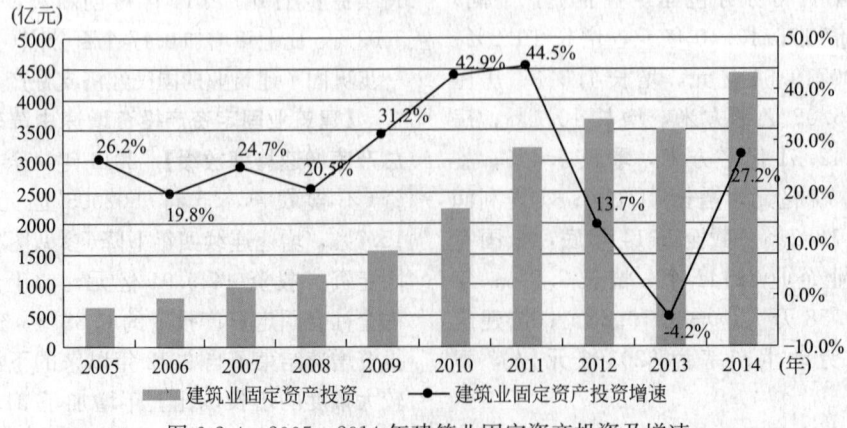

图 6-2-4　2005～2014 年建筑业固定资产投资及增速

近十年来，随着我国建筑业企业生产和经营规模的不断扩大，建筑业总产值持续增长，2014 年达到 176713.40 亿元，是 2005 年的 5.11 倍。建筑业总产值在经过 2006 年至 2011 年连续 6 年超过 20% 的高速增长后，增速步入下行区间，降到 20% 以下，且渐行渐降。2014 年增速为 10.9%，仅为 2011 年的一半左右，下行趋势更加明显（参见图 6-2-5）。

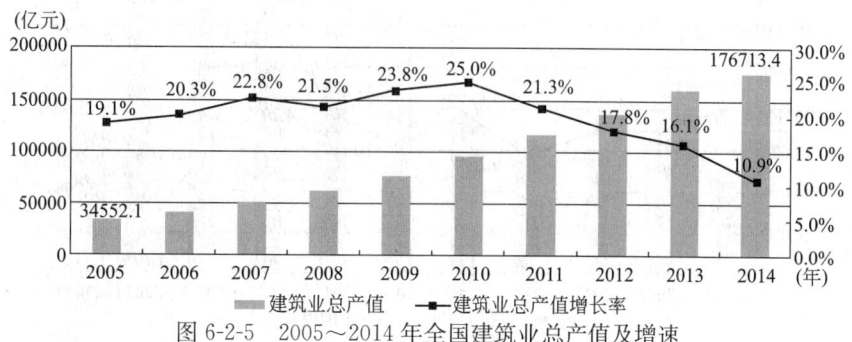

图 6-2-5　2005～2014 年全国建筑业总产值及增速

【建筑业从业人数与企业数量增加　劳动生产率小幅下降】 2014 年底，全社会就业人员总数 77253 万人，其中，建筑业从业人数 4960.58 万人，比上年末增加 461.28 万人，增长 10.25%。建筑业从业人数占全社会就业人员总数的 6.42%，比上年提高 0.58 个百分点（参见图 6-2-6）。建筑业在推动地方经济发展、吸纳农村转移人口就业、推进新型城镇化建设和维护社会稳定等方面作用显著。

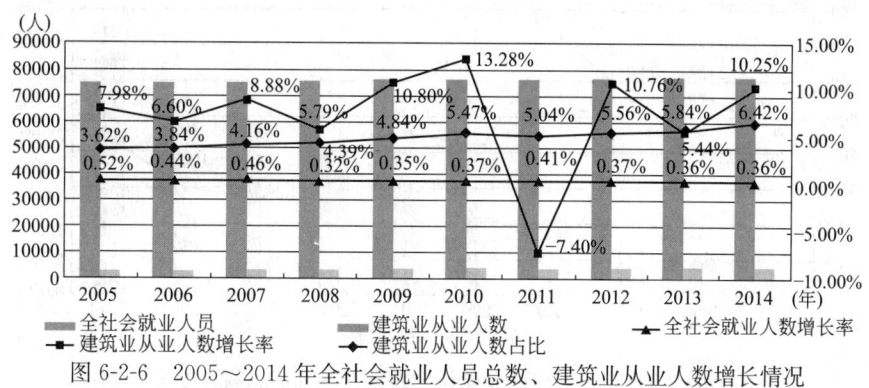

图 6-2-6　2005～2014 年全社会就业人员总数、建筑业从业人数增长情况

截至 2014 年底，全国共有建筑业企业 81141 个，比上年增加 2222 个，增长 2.8%（参见图 6-2-7）。国有及国有控股建筑业企业 6855 个，比上年减少 68 个，占建筑业企业总数的 8.45%，比上年下降了 0.32 个百分点。

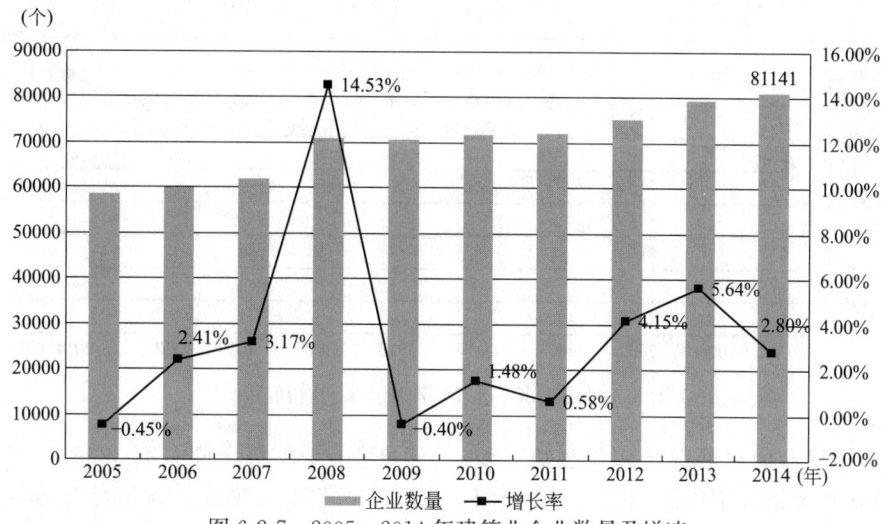

图 6-2-7　2005～2014 年建筑业企业数量及增速

2014 年，按建筑业总产值计算的劳动生产率小幅下滑，为 320366 元/人，比上年下降 1.38%，增速在上年降低 17.6 个百分点的基础上又下降了 10.98 个百分点(参见图 6-2-8)。

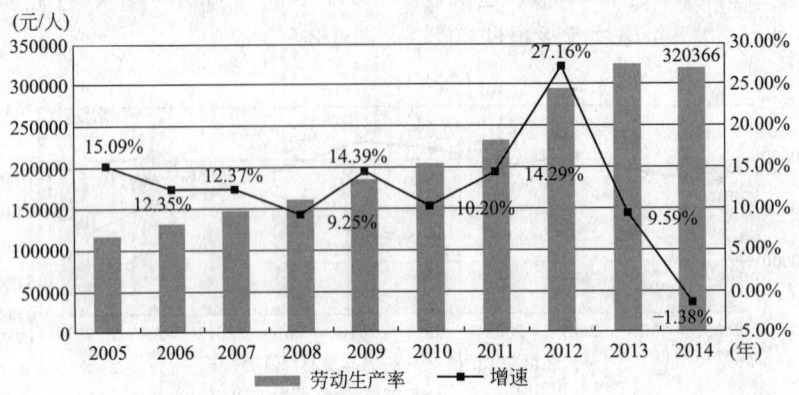

图 6-2-8　2005～2014 年按建筑业总产值计算的建筑业劳动生产率及增速

【建筑业企业利润稳步增长　行业产值利润率明显提升】　2014 年，全国建筑业企业实现利润 6913 亿元，比上年增加 1338 亿元，增长 24%，增速继续保持回升势头，企业综合盈利能力持续提升(参见图 6-2-9)。

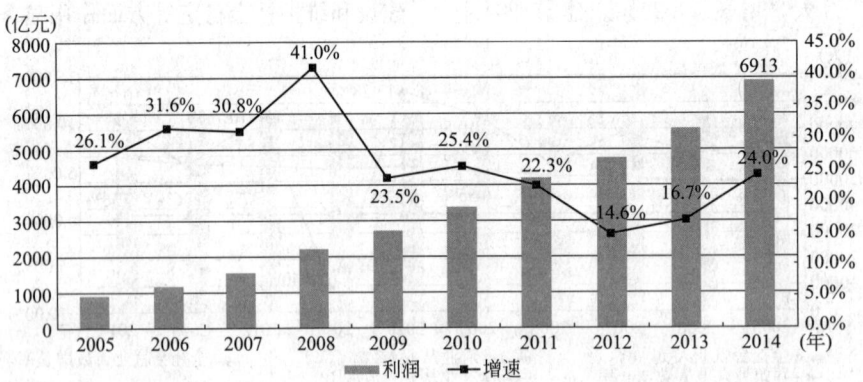

图 6-2-9　2005～2014 年全国建筑业企业利润总额及增速

自 2005 年以来，建筑业产值利润率(利润总额与总产值之比)一直曲折上升。2014 年，建筑业产值利润率出现较大幅度上升，打破了自 2008 年来"维稳"在 3.5% 左右的僵局，达到 3.91%，比上年增长了 0.41 个百分点(参见图 6-2-10)。

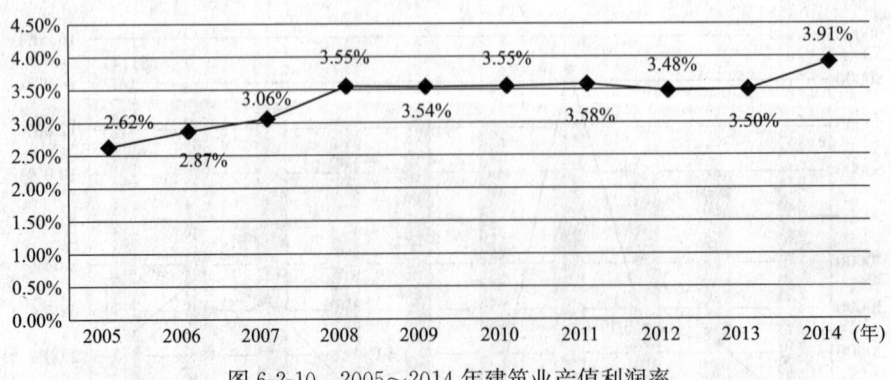

图 6-2-10　2005～2014 年建筑业产值利润率

【建筑业企业签订合同总额保持增长态势　新签合同额增速出现较大幅度下降】　2014 年，全国建筑业企业签订合同总额 323613.77 亿元，比上年增长 11.72%，增速连续五年下降。其中，本年新签合同额 184683.31 亿元，比上年增长 5.62%，增速较上年有较大幅度下降，降低 13.5 个百分点（参见图 6-2-11）。本年新签合同额占签订合同总额比例

为 57.07%，比上年下降了 3.29 个百分点（参见图 6-2-12）。

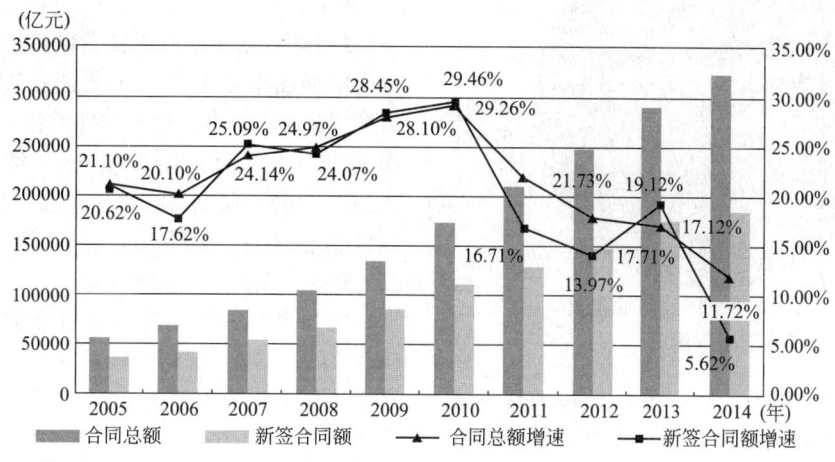

图 6-2-11　2005～2014 年全国建筑业企业签订合同总额、新签合同额及增速

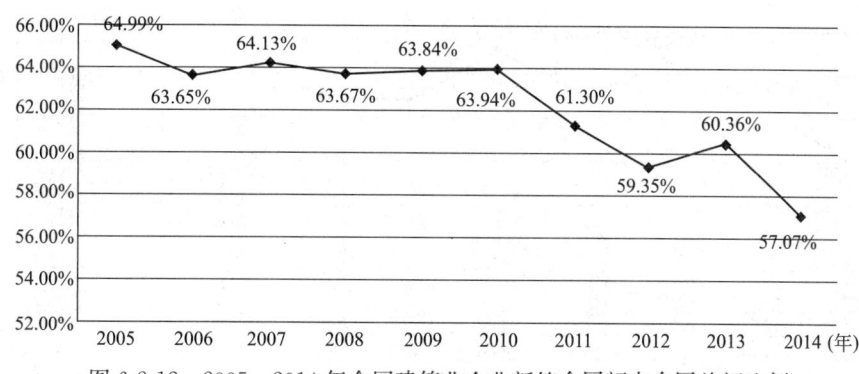

图 6-2-12　2005～2014 年全国建筑业企业新签合同额占合同总额比例

【房屋施工面积增速进一步放缓　竣工面积增速有所回升　住宅房屋占竣工面积近七成　实行投标承包工程所占比例略有提高】 2014 年，全国建筑业企业房屋施工面积 125.02 亿平方米，增长 10.6%，增速连续三年下降；竣工面积 42.31 亿平方米，增长 8.7%。增速在连续两年下降后有所回升（参见图 6-2-13）。

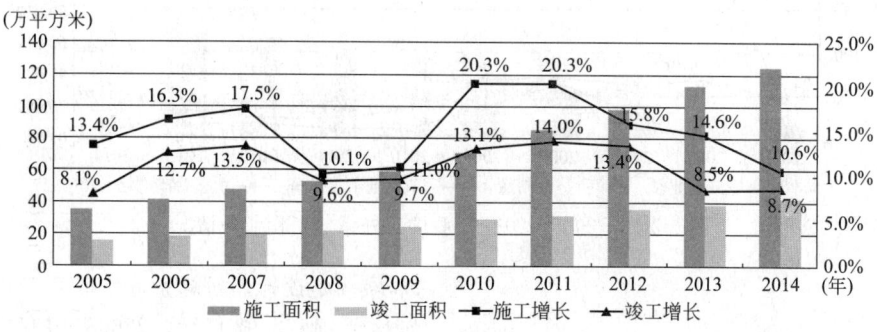

图 6-2-13　2005～2014 年建筑业企业房屋施工面积、竣工面积及增速

从全国建筑业企业房屋竣工面积构成情况看，住宅房屋竣工面积占绝大比重，为 67.66%；厂房及建筑物竣工面积占 12.88%；商业及服务用房屋竣工面积、办公用房屋竣工面积分别占 6.53% 和 5.44%；其他种类房屋竣工面积占比均在 5% 以下（参见图 6-2-14）。

第六篇

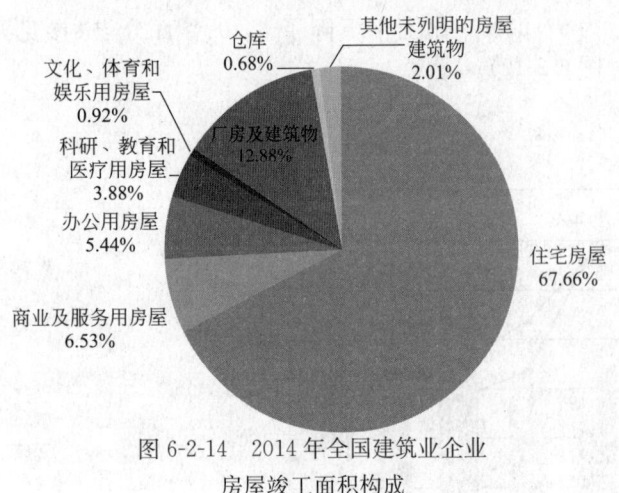

图 6-2-14 2014 年全国建筑业企业房屋竣工面积构成

全年房屋施工面积中,实行投标承包的房屋施工面积 100.57 亿平方米,占全国房屋施工总面积的比重为 80.4%,比上年提高了 0.5 个百分点,比重

持续下降的趋势出现扭转(参见图 6-2-15)。

在城镇保障性安居工程方面,2014 年,新开工建设城镇保障性安居工程住房 740 万套,基本建成 511 万套。

【对外承包工程完成营业额增速大幅下降 新签合同额增速小幅上升 我国企业对外承包工程竞争力增强】 2014 年,我国对外承包工程业务完成营业额 1424.1 亿美元,增长 3.8%,增速较上年出现较大幅度下降,降低了 13.8 个百分点。新签合同额 1917.6 亿美元,增长 11.7%,增速较上年上升了 2.1 个百分点。(参见图 6-2-16)。

2014 年,我国对外劳务合作派出各类劳务人员 56.2 万人,较上年同期增加 3.5 万人,增长 6.6%。其中承包工程项下派出 26.9 万人,劳务合作项下派出 29.3 万人。2014 年末在外各类劳务人员 100.6 万人,较上年同期增加 15.3 万人。

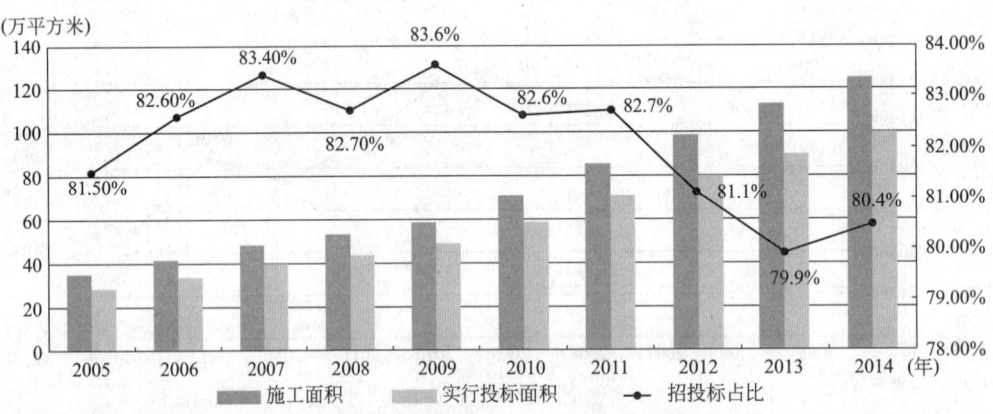

图 6-2-15 2005～2014 年房屋施工面积、实行投标承包面积及其占比

图 6-2-16 2005～2014 年我国对外承包工程业务情况

(住房和城乡建设部计划财务与外事司 中国建筑业协会)

(二) 2014 年全国建筑业发展特点分析

【江、浙两省雄踞行业龙头 总产值增速总体趋缓】 2014 年,江苏、浙江两省依然领跑全国各地区建筑业,建筑业总产值继续双双超过 2 万亿元,分

别达到 24592.93 亿元、22668.19 亿元,两省共占全国建筑业总产值的 26.7%,比上年提高了 0.5 个百分点,进一步巩固了行业龙头地位。

除江、浙两省外,总产值超过 7000 亿元的还有湖北、山东、广东、北京、四川、河南和辽宁共 7 个

地区，上述 9 省市完成的建筑业总产值占全国建筑业

总产值的 60.6%，占比与上年相当(参见图 6-2-17)。

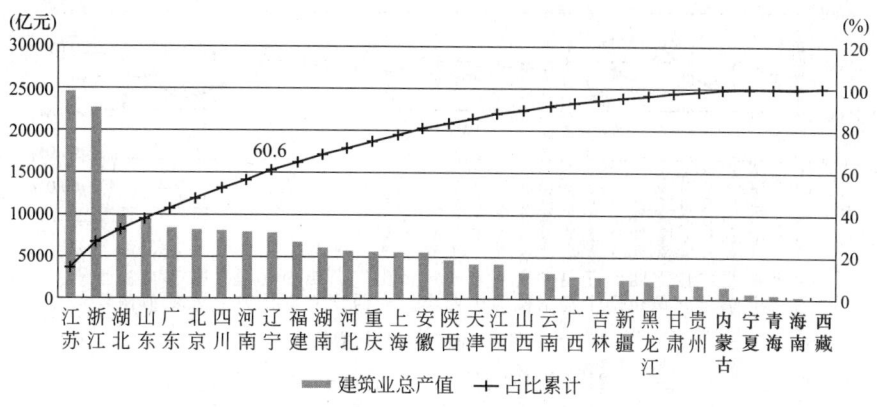

图 6-2-17　2014 年全国各地区建筑业总产值排序

从各地区建筑业总产值增长情况看，增速总体趋缓，有 26 个地区增速不同幅度地低于上年。福建以 22.5% 增幅位居第一，低于上年的 23.4%；贵州以 18.9% 的增幅位居第二，比上年的 31.3% 下降了 12.4 个百分点；湖北、江西以 18.8% 的增幅并列第三，湖北的增幅稍高于上年的 18.5%，江西则比上

年的 24.0% 下降了 5.2 个百分点，增幅连续两年下降。黑龙江、内蒙古、辽宁、西藏和海南五省区出现负增长(上年只有西藏负增长)，其中，西藏连续三年出现负增长，黑龙江、内蒙古也出现了超出 10% 的负增长(参见图 6-2-18)。

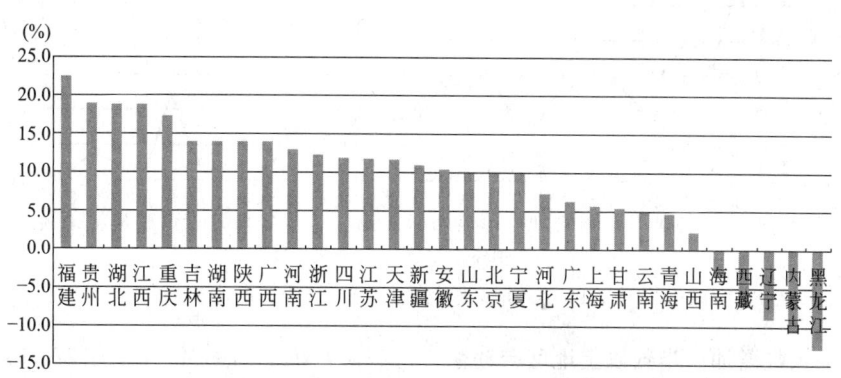

图 6-2-18　2014 年各地区建筑业总产值增速排序

【新签合同额增速大幅下降　个别地区出现负增长】　2014 年，全国建筑业企业新签合同额 184683.31 亿元，比上年增长 5.6%，增幅较上年降低了 13.5 个百分点。浙江、江苏两省建筑业企业新签合同额继续占据前两位，分别达到 22363.20 亿元、21964.46 亿元，占各自签订合同额总量的 58.47%、59.55%，但增速分别比上年降低了 13.36 和 13.53 个百分点。新签合同额超过 6000 亿元的还有湖北、北京、广东、山东、上海、四川、河南、辽宁、福建、湖南等 10 个地区(参见图 6-2-19)。新签合同额增速较快的地区是上海、福建、贵州、天津、广西，分别增长 20.4%、19.0%、18.7%、17.4%、12.5%。有 7 个省区(广东、甘肃、内蒙古、黑龙江、辽宁、宁夏、西藏)新签合同额出现负

增长，其中西藏负增长高达 79.7%，宁夏负增长也超过了 10%。

【各地区跨省完成建筑业总产值持续增长但增速放缓　对外拓展能力稳定】　2014 年，各地区跨省完成的建筑业总产值 57267.35 亿元，比上年增长 14.1%，增速同比下降 4.3 个百分点。跨省完成建筑业总产值占全国建筑业总产值的 32.4%，比上年提高 0.9 个百分点。

跨省完成的建筑业总产值排名前两位的仍然是浙江和江苏，分别为 11325.65 亿元、10298.65 亿元。两省跨省产值之和占全部跨省产值的比重为 37.8%。北京、湖北、上海、福建、广东和湖南 6 省市，跨省完成的建筑业总产值均超过 2000 亿元。

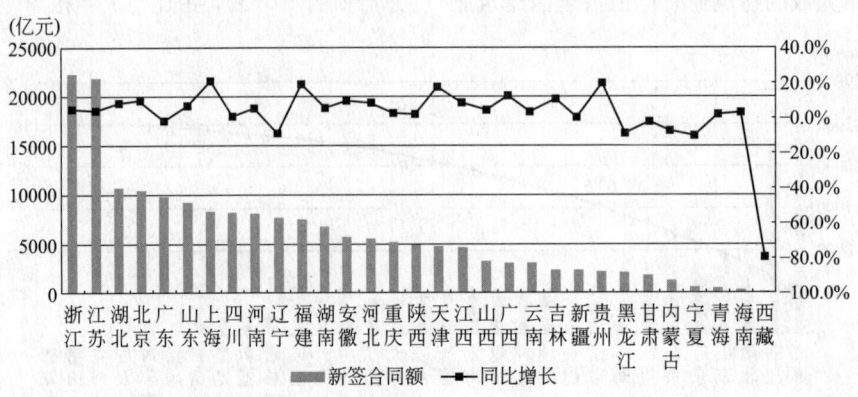

图 6-2-19　2014 年各地区建筑业企业新签合同额及增速

从外向度（即本地区在外省完成的产值占本地区建筑业总产值的比例）来看，各地区外向度数值及其排名基本稳定，有 15 个地区的外向度小幅下降，但降幅均不超过 2%。排在前三位的地区与上年相同，仍然是北京、浙江、上海，分别为 64.73%、49.96% 和 47.17%。外向度超过 30% 的还有江苏、湖北、福建、天津、湖南、河北、陕西、江西 8 省市，全国各省外向度排序保持了上年的格局（参见图 6-2-20）。

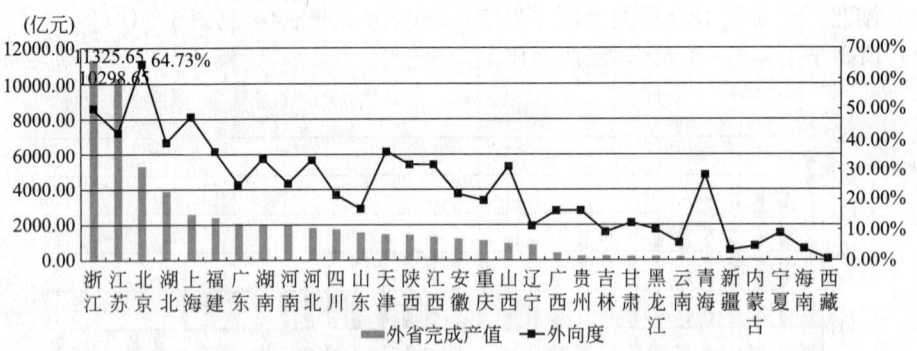

图 6-2-20　2014 年各地区跨省完成的建筑业总产值及外向度

【多数地区从业人数增加　半数以上地区劳动生产率降低】　2014 年，全国建筑业从业人数超过百万的地区共 15 个，比上年增加 1 个。江苏、浙江依然是从业人数大省，人数分别达到 811.22 万人、725.60 万人。山东、四川、福建、河南、广东、湖南、湖北 7 省从业人数均超过 200 万人，分别为 303.14 万人、291.21 万人、276.97 万人、238.19 万人、227.19 万人、220.32 万人、201.23 万人（参见图 6-2-21）。与上年相比，23 个地区的从业人数增加，8 个地区的从业人数减少。增加人数最多的是湖南，增加 84.28 万人；减少人数最多的是黑龙江，减少 12.78 万人。

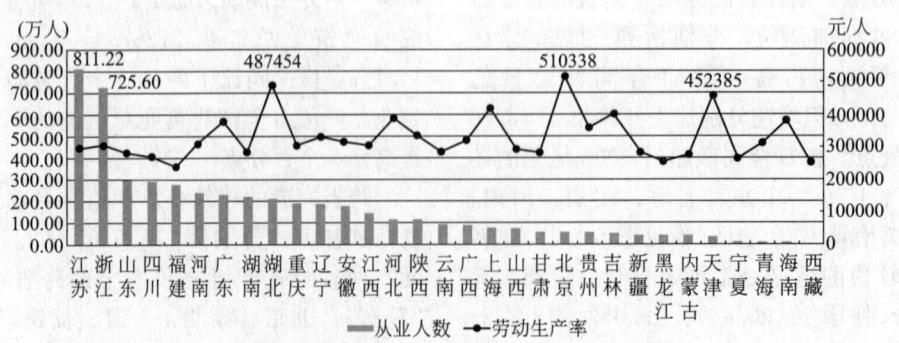

图 6-2-21　2014 年各地区建筑业劳动生产率及从业人数

2014 年，按建筑业总产值计算的劳动生产率有 16 个地区有所降低，地区数量比上年增加了 12 个。劳动生产率排序前三位的地区与上年相同，仍然是北京、天津、湖北。北京自 2012 年来连续三年领跑全国，2014 年继续保持在第一位，劳动生产率为 510338 元/人，但相比上年大幅降低，降低了 39.42%。湖北排第二，为 487454 元/人，比上年略有提高。天津排第三，为 452385 元/人，比上年降低 15.1%。

比较京、津、沪、江、浙五地 2009 年以来的劳动生产率情况，北京 2012 年、2013 年以绝对优势领跑全国，2014 年大幅下降；天津、上海经过前几年的稳步增长后，从 2013 年开始均有所下降；江苏、浙江提升较缓，2012～2014 连续三年均处于全国平均水平之下（参见图 6-2-22）。

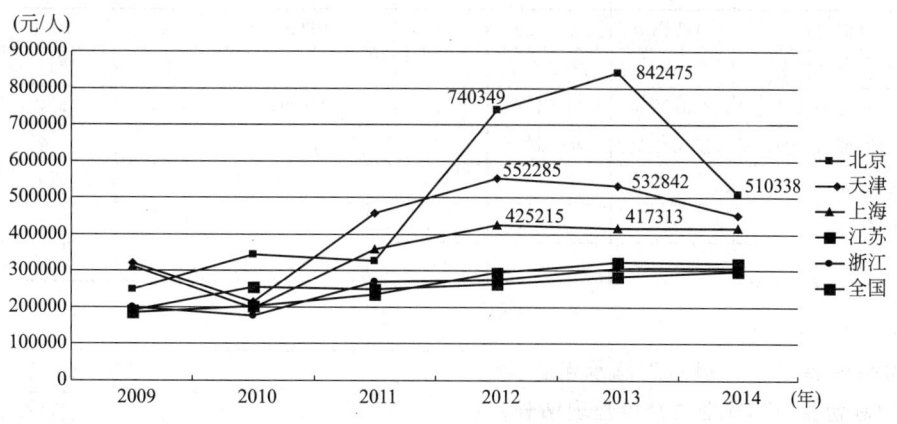

图 6-2-22　2009～2014 年北京、天津、上海、江苏、浙江劳动生产率情况

【对外承包工程业务广东继续领跑　中西部地区发展势头良好】 2014 年，我国对外承包工程业务完成营业额 1424.1 亿美元，同比增长 3.8%。各地区（包括新疆生产建设兵团）共完成对外承包工程营业额 926.86 亿美元，比上年同期下降了 4.21%，营业额占全国的 65.1%，比上年下降 5.5 个百分点。广东对外承包工程业务量占各地区完成总量的 13.4%，比上年下降 10.2 个百分点。营业额在 40 亿美元以上的有 9 个地区，比上年增加 1 个，分别是广东 124.11 亿美元、山东 92.5 亿美元、江苏 79.5 亿美元、上海 74.0 亿美元、四川 70.6 亿美元、湖北

58.0 亿美元、浙江 51.8 亿美元、河北 40.9 亿美元、天津 40.3 亿美元（参见图 6-2-23）。此格局与上年一致，其中前 8 个地区也是上年的前 8 名。对外承包工程业务增幅最大的地区是宁夏，增速达 122.4%。其他增长较快的地区还有重庆、黑龙江、青海、天津、江西，增速分别为 61.9%、43.7%、34.0%、28.9%、25.5%。有所下降的地区是西藏、海南、内蒙古、广东、上海和河北。特别需要注意的是，广东虽仍领跑全国，但其业务量及其占比，均比上年降了一半左右。

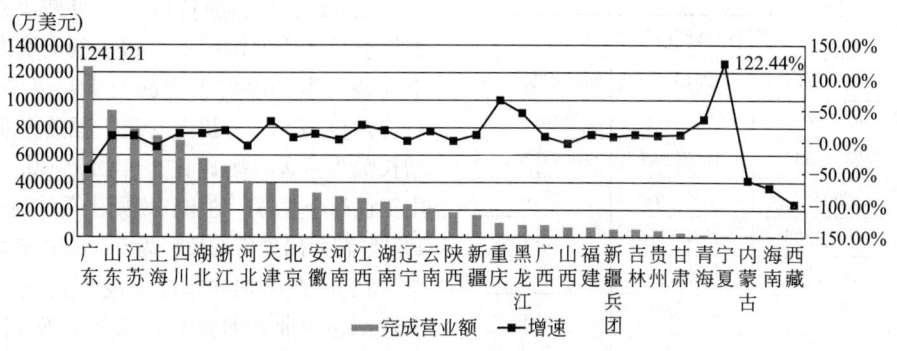

图 6-2-23　2014 年各地区对外承包工程完成营业额

（住房和城乡建设部计划财务与外事司、中国建筑业协会）

（三）2014年建筑业特级、一级资质企业基本情况分析

住房城乡建设部汇总的7214个特级、一级资质建筑业企业，2014年主要指标完成情况及其占全部资质以上企业的比重如下（参见表6-2-1）。

特级、一级资质企业2014年主要指标完成情况及其占全部资质以上企业的比重　　　　表6-2-1

指标名称	全部资质以上企业			特级、一级资质企业			
	2014年指标值	比上年增长	增幅（%）	2014年指标值	比上年增长	增幅（%）	占全部资质以上企业的比重（%）
建筑业总产值（亿元）	176713.4	16347.3	10.2	102384	9855	10.7	57.9
房屋建筑施工面积（万平方米）	1250248.5	118245.7	10.4	767025	47835	6.7	61.4
房屋建筑竣工面积（万平方米）	423122.7	21601.8	5.4	228997	13773	6.4	54.1
新签工程承包合同额（亿元）	184683.3	9834.5	5.6	114575	6707	6.2	62.0
营业收入（亿元）				93468	7872	9.2	
利润总额（亿元）	6913	1338	24.0	3060	196	6.9	44.3
应收工程款（亿元）				19125	2883	17.7	

（1）按专业类别分析

【有11个类别的特级、一级施工总承包企业和34个类别的专业承包企业建筑业总产值呈现增长，1个类别的特级、一级施工总承包企业和15个类别的专业承包企业建筑业总产值呈现负增长】 就总产值来看，12个类别特级、一级施工总承包企业共完成建筑业总产值94077.6亿元，其中建筑业总产值排在前四位的专业类别是房屋建筑工程、公路工程、市政公用工程和铁路工程，分别达到64554.0亿元、6848.1亿元、5520.5亿元和5425.1亿元（参见表6-2-2）。这4个类别特级、一级施工总承包企业完成的建筑业总产值之和占到所有12个类别特级、一级施工总承包企业建筑业总产值的比重为87.6%（参见图6-2-24）。

2014年各类特级、一级施工总承包企业建筑总产值情况

表6-2-2

专业分类	建筑业总产值（万元）		
	2014年	2013年	同比增长（%）
合计	940776183	847174117	11.0
机电安装工程	21324365	15033986	41.8
通信工程	4260985	4260985	27.8
水利水电工程	23176226	20136654	15.1
铁路工程	54251071	48091190	12.8
房屋建筑工程	645539892	576797802	11.9
市政公用工程	55204783	49784522	10.9
电力工程	10478974	9686040	8.2
港口与航道工程	13112488	12200420	7.5
冶炼工程	19218814	18499490	3.9
公路工程	68481121	66889162	2.4

续表

专业分类	建筑业总产值（万元）		
	2014年	2013年	同比增长（%）
化工石油工程	18606418	18437038	0.9
矿山工程	7121046	7356828	-3.2

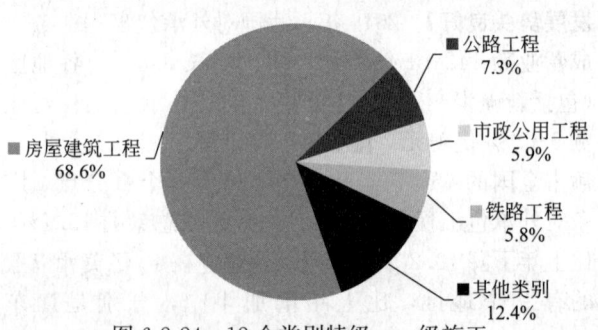

图6-2-24　12个类别特级、一级施工总承包企业建筑业总产值构成

在12个类别的特级、一级施工总承包企业中，建筑业总产值增幅在10%以上的类别占一半，其中机电安装工程和通信工程增长率超过20%，分别达到41.8%和27.8%。机电安装工程类企业建筑业总产值增长最为显著，增速比上年提高30.2个百分点。矿山工程类企业总产值增长率则出现明显下滑，由上年的10.1%转而出现负增长，为-3.2%（参见图6-2-25）。

在60个类别的专业承包企业中，有5个类别的专业承包企业建筑业总产值增长率超过了30%，分别是水工建筑物基础处理工程、高耸构筑物工程、管道工程、火电设备安装工程和土石方工程。有15个类别的专业承包企业建筑业总产值出现下降，企业数比上年增加10个。其中下降最多的是堤防工程，下降41.6%（参见表6-2-3）。

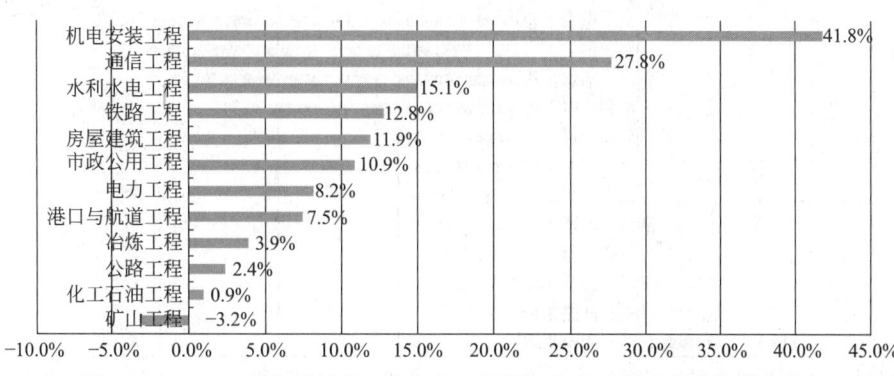

图 6-2-25　2014 年各类特级、一级施工总承包企业建筑业总产值增速排序

按专业类别分类的一级专业承包企业总产值情况　　　　　　　　　　表 6-2-3

指标 专业分类		建筑业总产值（万元）		
		2014 年	2013 年	同比增长（%）
60 个专业类别合计		83062785	79037665	5.1
增长较快的 专业类别	水工建筑物基础处理工程	16350	1213	1346
	高耸构筑物工程	138636	92300	50.2
	管道工程	252785	188440	34.1
	火电设备安装工程	277570	211152	31.5
	土石方工程	2695758	2067557	30.4
负增长较大的 专业类别	堤防工程	194393	333072	−41.6
	炉窑工程	63569	102279	−37.8
	防腐保温工程	966716	1513584	−36.1
	体育场地设施工程	19146	26307	−27.2

【有 9 个类别的特级、一级施工总承包企业和 25 个类别的专业承包企业新签合同额增长，3 个类别的特级、一级施工总承包企业和 24 个类别的专业承包企业新签合同额出现负增长】　就新签合同额来看，2014 年 12 个类别特级、一级施工总承包企业共新签合同额 105960.5 亿元。其中新签合同额排在前四位的是房屋建筑工程、铁路工程、公路工程和市政公用工程，分别达到 72258.3 亿元、6398 亿元、6329.8 亿元和 5699.9 亿元。这 4 个类别新签合同额之和占所有 12 个类别新签合同的比重为 85.58%（参见表 6-2-4）。

2014 年，各类别特级、一级建筑业企业新签合同额增长 6.2%。在施工总承包企业中，12 个类别有 9 个继续保持增长，3 个出现负增长。其中，电力工程类新签合同额增长继续保持领先，增幅为 30.9%；其次是通信工程、冶炼工程和水利水电工程，其增幅均超过了 20%。但是上年增幅排在第二位的矿山工程，却出现了较大幅度的负增长，下降了 18.3%，增幅比上年降低了 36.4 个百分点（参见图 6-2-26）。

2014 年各类特级、一级施工总承包企业
新签工程承包合同额对比表　　表 6-2-4

	新签工程承包合同额（万元）		
	2014 年	2013 年	同比增长（%）
合计	1059605315	995981902	6.3
机电安装工程	17657263	16880138	4.6
通信工程	4897649	3789045	29.3
水利水电工程	34630199	28666895	20.8
铁路工程	63979636	66176216	−3.3
房屋建筑工程	722582824	674717475	7.1
市政公用工程	56999425	55509102	2.7
电力工程	14374634	10984071	30.9
港口与航道工程	20258514	19543827	3.7
冶炼工程	32321211	25854184	25
公路工程	63298048	64982582	−2.6
化工石油工程	22401035	21287749	5.2
矿山工程	6204877	7590618	−18.3

第六篇

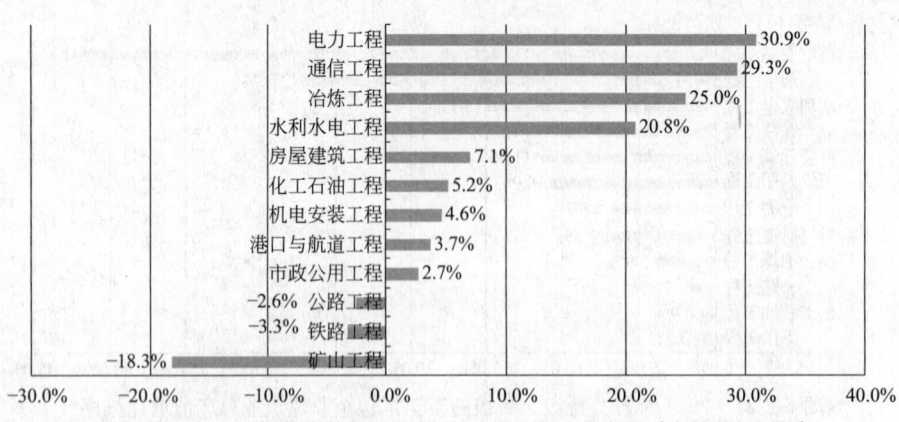

图 6-2-26　2014 年各类特级、一级施工总承包企业新签合同额增速排序

在 60 个类别的专业承包企业中，有 36 个类别的专业承包企业新签合同额增长，24 个类别的专业承包企业新签合同额出现负增长。水工建筑物基础处理工程、隧道工程、火电设备安装工程专业承包企业新签合同额增幅最高，分别增长 92.3%、90.9% 和 61%。

新签合同额降幅最大的专业是机场目视助航工程和堤防工程，降幅均超过 50%（参见表 6-2-5）。

按专业类别分类的一级专业承包企业新签合同额对比表　　　　表 6-2-5

专业分类 \ 指标		新签工程承包合同额（万元）		
		2014 年	2013 年	同比增长（%）
60 个专业类别合计		86149110	82702139	4.2
增长较快的专业类别	水工建筑物基础处理工程	19230	10000	92.3
	隧道工程	105920	55479	90.9
	火电设备安装工程	267078	165852	61.0
	铁路铺轨架梁工程	641317	451382	42.1
	金属门窗工程	481003	362021	32.9
	海洋石油工程	2797113	2110230	32.6
负增长较大的专业类别	机场目视助航工程	27531	65564	−58.0
	堤防工程	134593	269867	−50.1
	爆破与拆除工程	827228	1357651	−39.1
	航道工程	308604	472066	−34.6
	公路路面工程	657595	980734	−32.9

【有 10 个类别的特级、一级施工总承包企业和 32 个类别的专业承包企业营业收入增长，2 个类别的特级、一级施工总承包企业和 17 个类别的专业承包企业营业收入出现负增长】就营业收入来看，12 个类别特级、一级施工总承包企业完成营业收入 85068.7 亿元。营业收入排在前四位的是房屋建筑工程、公路工程、铁路工程、市政公用工程，分别为 55324.9 亿元、6575.1 亿元、5399.2 亿元、5267 亿元。这个 4 个类别特、一级施工总承包企业营业收入之和占所有 12 个类别特级、一级施工总承包企业营业收入总和的比重为 85.3%（参见表 6-2-6）。

2014 年各类特级、一级施工总承包企业营业收入对比表　　　表 6-2-6

	营业收入（万元）		
	2014 年	2013 年	同比增长（%）
合计	850686885	776773756	9.5
机电安装工程	15276586	13477909	13.3
通信工程	4291504	3957119	8.5
水利水电工程	24959964	22012903	13.4
铁路工程	53992272	50744657	6.4
房屋建筑工程	553249484	496536348	11.4
市政公用工程	52670358	48034072	9.7
电力工程	13891222	14113214	−1.6
港口与航道工程	15012408	14492487	3.6
冶炼工程	22400781	21767041	2.9

续表

	营业收入(万元)		
	2014 年	2013 年	同比增长(%)
公路工程	65751231	61935530	6.2
化工石油工程	21550757	21327062	1.0
矿山工程	7640318	8375414	−8.8

2014 年建筑业特级、一级企业的营业收入增长 9.2%。在施工总承包企业中，12 个类别有 10 个继续保持增长，2 个出现负增长。增长较快的是水利水电工程和机电安装工程，分别增长 13.4% 和 13.3%。矿山工程和电力工程专业则出现下降，其中矿山工程降幅为 8.8%(参见图 6-2-27)。

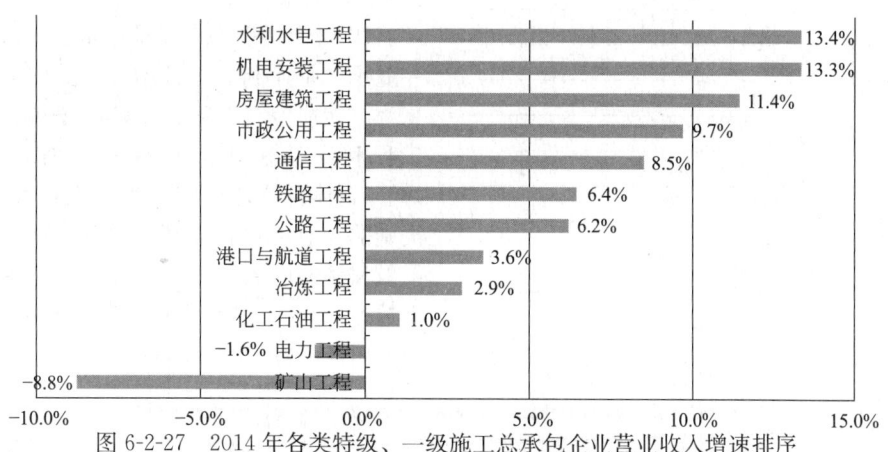

图 6-2-27　2014 年各类特级、一级施工总承包企业营业收入增速排序

在 60 个类别的专业承包企业中，高耸构筑物工程、铁路电务工程、环保工程和园林古建筑工程专业承包企业营业收入比上年有较大增长，增幅均超过 30%。有 17 个类别的专业承包企业营业收入下降，比上年增加了 8 个。下降幅度较大的是水工建筑物基础处理工程、港口与海岸工程专业承包企业，降幅均超过了 50%(参见表 6-2-7)。

按专业类别分类的一级专业承包企业营业收入对比表　　表 6-2-7

指标 专业分类		营业收入(万元)		
		2014 年	2013 年	同比增长(%)
60 个专业类别合计		83993265	79189417	6.1
增长较快的 专业类别	高耸构筑物工程	138551	92217	50.2
	铁路电务工程	2533570	1821635	39.1
	环保工程	458800	332041	38.2
	园林古建筑工程	878712	670155	31.1
	土石方工程	2335390	1799486	29.8
负增长较大 的专业类别	水工建筑物基础处理工程	4633	12653	−63.4
	港口与海岸工程	459388	946132	−51.4
	堤防工程	194393	322151	−39.7
	化工石油设备管道安装工程	452711	603324	−25.0

【在 12 个类别的特级、一级施工总承包企业中，效益增降的类别各占一半，电力工程、铁路工程和机电安装工程施工总承包企业利润总额上升显著，冶炼工程、矿山工程施工总承包企业利润总额下降幅度较大，60 个类别的专业承包企业中 23 个类别利润总额增长，26 个类别出现负增长】各类施工总承包特级、一级企业实现利润总额 3060 亿元，比上年增长 6.9%。12 个类别特级、一级施工总承包企业共完成利润总额 2635 亿元。其中利润总额排在前四位的是房屋建筑工程、公路工程、市政公用工程、水利水电工程。分别为 1831.1 亿元、188.7 亿元、175.2 亿元、81.5 亿元。

这 4 个类别特级、一级施工总承包企业利润总额之和占所有 12 类特级、一级施工总承包企业新签合同的比重为 86.4%(参见表 6-2-8)。

2014 年各类特级、一级施工总承包
企业利润总额对比表　　表 6-2-8

	利润总额（万元）		
	2014 年	2013 年	同比增长（%）
合计	26349555	170970242	15.4
机电安装工程	367447	302706	21.4
通信工程	167932	158196	6.2
水利水电工程	814746	734551	10.9
铁路工程	766026	605041	26.6
房屋建筑工程	18310648	162660547	12.6
市政公用工程	1751793	1798346	-2.6
电力工程	165737	94658	75.1
港口与航道工程	744338	876109	-11.6
冶炼工程	557616	825804	-32.5
公路工程	1887113	1997073	-5.5
化工石油工程	638386	708809	-9.9
矿山工程	177773	208402	-14.7

利润总额增长最快的是电力工程施工总承包企业，增长 75.1%。其次是铁路工程和机电安装工程施工总承包企业，分别增长 26.6% 和 21.4%。冶炼工程总承包企业在上年 26.5% 的高速增长后，出现 32.5% 的负增长，反差很大。矿山工程和港口与航道工程施工总承包企业利润的降幅也超过 10%（参见图 6-2-28）。

在 60 个类别的专业承包企业中，有 23 个类别的专业承包企业利润总额增长，其中城市及道路照明工程、无损检测工程、金属门窗工程、高耸构筑物工程利润总额比上年有较大增长，增幅均超过 100%，体育场地设施工程实现扭亏为盈。有 26 个类别的专业承包企业利润总额下降，其中机场空管及航站楼弱电系统工程专业承包企业的利润总额降幅接近 100%，化工石油设备管道安装工程专业承包企业由盈转亏（参见表 6-2-9）。

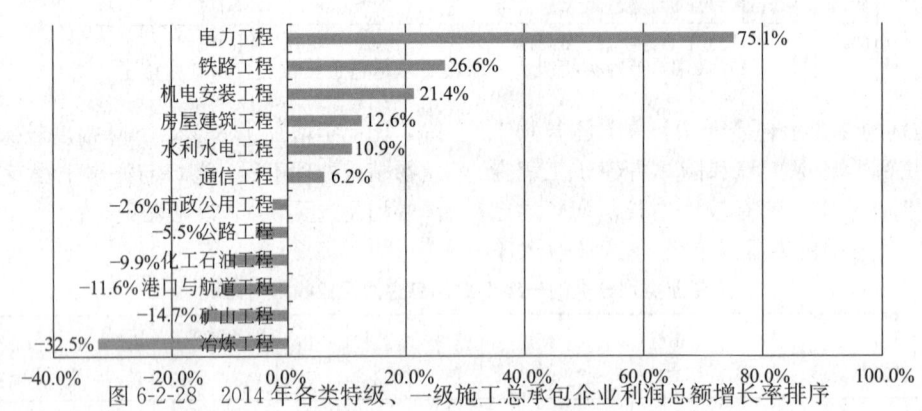

图 6-2-28　2014 年各类特级、一级施工总承包企业利润总额增长率排序

按专业类别分类的一级专业承包企业利润总额对比表　　　　表 6-2-9

指标 专业分类		利润总额（万元）		
		2014 年	2013 年	同比增长（%）
60 个专业类别合计		4225104	4062648	4.0
增长较快的专业类别	体育场地设施工程	755	-93	
	城市及道路照明工程	19857	6268	216.8
	无损检测工程	2213	1035	113.8
	金属门窗工程	30848	14697	109.9
	高耸构筑物工程	730	361	102.4
负增长较大的专业类别	化工石油设备管道安装工程	-467	7021	
	机场空管及航站楼弱电系统工程	27	1422	-98.1
	水利水电机械设备安装工程	16765	133036	-87.4
	港口与海岸工程	3558	23937	-85.1
	铁路电务工程	54048	184575	-70.7

【有 12 个类别的特级、一级施工总承包企业应收工程款增速略为放缓，房屋建筑工程应收工程款问题严重】　2014 年，建筑业特级、一级企业应收工程款为 19125 亿元，比上年同期增加 2883 亿元，增

长 17.7%，与上年的 19.2% 相比，下降了 1.5 个百分点。其中，应收竣工工程款为 7742 亿元，比上年同期增加 996 亿元，增长 14.8%。水利水电工程、通信工程、市政公用工程、房屋建筑工程、冶炼工程、机电安装工程和化工石油工程等七个类别的企业应收工程款的增速较高，均在 15% 以上。其中水利水电工程由上年的 11.6% 上升到 37.1%。电力工程和港口与河道工程应收工程款降幅较大，分别下降 9.2% 和 3.0%（参见图 6-2-29）。

从应收工程款额度上看，房屋建筑工程应收工程款 10123.7 亿元，占 12 个类别的特、一级总承包企业应收工程款总额的 60.0%，排名第一。市政公用工程、公路工程、铁路工程应收工程款额度均达1000 亿元以上，应引起重视（参见图 6-2-30）。

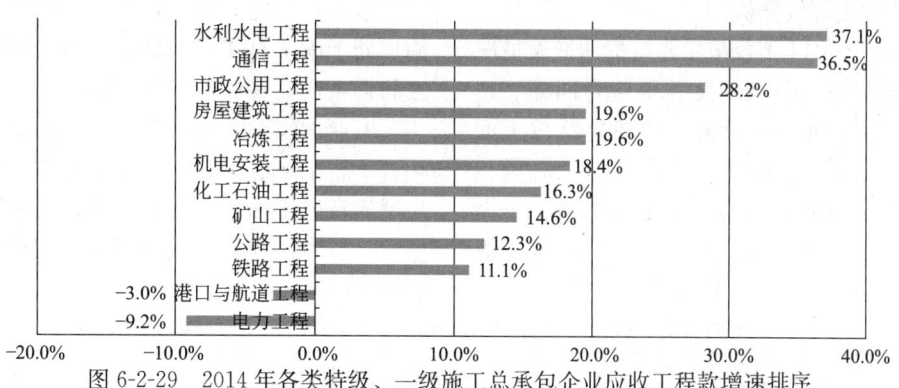

图 6-2-29　2014 年各类特级、一级施工总承包企业应收工程款增速排序

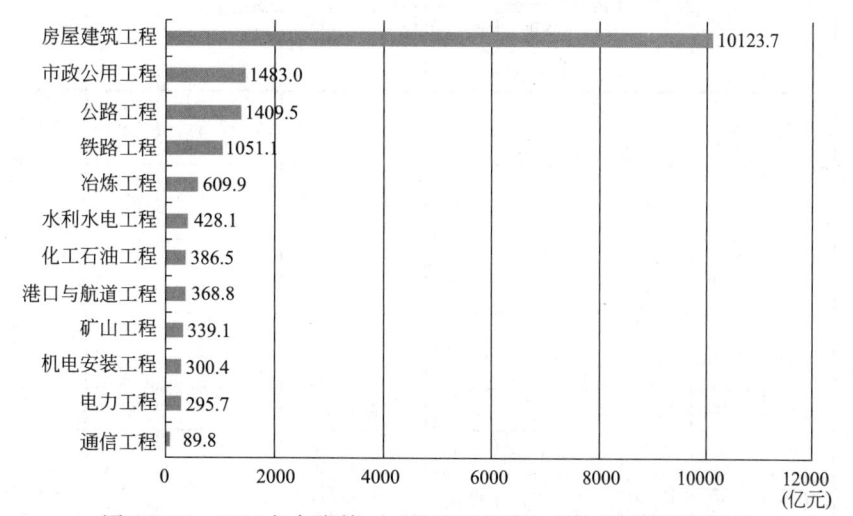

图 6-2-30　2014 年各类特、一级施工总承包企业应收工程款排序

在 60 个类别的专业承包企业中，应收工程款增长较快的是公路路基工程、爆破与拆除工程专业承包企业，增幅均在 100% 以上。降幅较大的是消防设施工程专业承包企业，下降了 60.6%（参见表 6-2-10）。

按专业类别分类的一级专业承包企业应收工程款对比表　　　　表 6-2-10

专业分类 \ 指标	应收工程款（万元）		
	2014 年	2013 年	同比增长（%）
60 个专业类别合计	22393207	19406782	15.4
增长较快的专业类别 公路路基工程	128095	45339	182.5
爆破与拆除工程	102783	44382	131.6
核工程	3328	1674	98.8
高耸构筑物工程	46654	26123	78.6
水工建筑物基础处理工程	3121	1965	58.8
水利水电机械设备安装工程	35009	22939	52.6

续表

专业分类	指标	应收工程款（万元）		
		2014 年	2013 年	同比增长（%）
负增长较大的专业类别	消防设施工程	657520	1668901	−60.6
	港口与海岸工程	123317	195313	−36.9
	园林古建筑工程	94549	130276	−27.4
	航道工程	153072	192549	−20.5

（2）按企业资质等级分析

从 7214 家企业 2014 年各项主要指标的增长情况看，施工总承包特级企业新签工程承包合同额、建筑业总产值、房屋建筑施工面积、房屋建筑竣工面积、营业收入、利润总额的增幅均高于施工总承包一级和专业承包一级企业，其行业龙头作用比较突出。但其应收工程款的增幅也高于施工总承包一级和专业承包一级企业，应当引起警惕。

施工总承包一级企业 2014 年各项主要指标的增幅均处于施工总承包特级企业和专业承包一级企业之间，企业发展状况相对平稳。

专业承包一级企业 2014 年各项主要指标的增幅均低于施工总承包特级企业和施工总承包一级企业，房屋建筑施工面积、房屋建筑竣工面积还出现了负增长，应当在开拓市场方面进一步加大力度（参见表 6-2-11）。

2014 年不同资质等级企业主要指标增长及占全部资质以上企业的比重情况　　表 6-2-11

资质等级 指标	施工总承包特级				施工总承包一级				专业承包一级			
	2014 年	比上年增长	增幅（%）	占全部资质以上企业的比重（%）	2014 年	比上年增长	增幅（%）	占全部资质以上企业的比重（%）	2014 年	比上年增长	增幅（%）	占全部资质以上企业的比重（%）
建筑业总产值（亿元）	28403	3222	12.8	16.1	65675	6231	10.5	37.2	8306	402	5.1	4.7
新签工程承包合同额（亿元）	35607	2603	7.9	19.3	70354	3760	5.6	38.1	8615	345	4.2	4.7
房屋建筑施工面积（万平方米）	246838	21308	9.4	19.7	501019	27201	5.7	40.1	19167	−675	−3.4	1.5
房屋建筑竣工面积（万平方米）	59313	5623	10.5	14.0	158198	8300	5.5	37.4	11486	−151	−1.3	2.7
营业收入（亿元）	26285	2787	11.9		58783	4604	8.5		8399	480	6.1	
利润总额（亿元）	789	62	8.6	11.4	1849	118	6.8	26.7	423	17	4.0	6.1
应收工程款（亿元）	4632	787	20.5		12254	1797	17.2		2239	298	15.4	

（3）按企业管理关系分析

从企业管理关系分析。7214 家特级、一级企业中，省市主管的企业占 91.6%，部门和中央单位主管企业（简称央企）数量占比为 8.4%。从主要指标观察，省市主管企业除房屋建筑竣工面积所占比重高于企业数量所占比重外，其余指标所占比重均低于企业数量所占比重，央企除房屋建筑竣工面积低于企业数量所占比重外，其余指标所占比重均高于企业数量所占比重。央企新签工程承包合同额、建筑业总产值和营业收入所占比重均为企业数量所占比重的 3 倍左右。同时，央企的应收工程款所占比重也为企业数量所占比重的 3 倍以上，应收工程款问题比较严重（参见表 6-2-12）。

省市主管、部门和中央单位主管企业主要指标占比情况　　表 6-2-12

管理关系 指标	企业数量（%）	新签工程承包合同额（%）	建筑业总产值（%）	房屋建筑施工面积（%）	房屋建筑竣工面积（%）	营业收入（%）	利润总额（%）	应收工程款（%）
省市主管	91.6	69.1	75.5	84.7	93.2	71.4	76.2	72.1
部门和中央单位主管	8.4	30.9	24.5	15.3	6.8	28.6	23.8	27.9

从各项主要指标的增长情况来看，省市主管企业的建筑总产值、房屋建筑竣工面积、营业收入、利润总额和应收工程款的增速均高于央企，新签工程承包合同额和房屋建筑施工面积的增速则低于央企(参见表 6-2-13)。

省市主管、部门和中央单位主管企业主要指标增长情况　　　　　　表 6-2-13

指标\管理关系	新签工程承包合同额(%)	建筑业总产值(%)	房屋建筑施工面积(%)	房屋建筑竣工面(%)	营业收入(%)	利润总额(%)	应收工程款(%)
省市主管	6.0	11.5	6.2	6.7	10.0	9.7	19.3
部门和中央单位主管	6.8	8.2	9.2	1.6	7.3	−1.2	14.0

(4) 按企业注册地区分析

7214 家特级、一级企业各项主要指标的增长，从大的区域分析，全国 59.4% 的特、一级企业集中在东部地区，其有 6 项指标所占比重均超过 60%，高于企业数量所占比重，应收工程款所占比重则低于企业数量所占比重，东部地区区域领先优势明显。16.4% 的特、一级企业注册在西部，除应收工程款指标外，其各项主要指标所占比重均不足 15%，低于企业数量所占比重，区域发展仍比较落后。中部地区特、一级企业占全国总量的 24.2%，其各项主要指标所占比重在 23% 上下，基本上与该地区的企业数量、发展程度相匹配(参见表 6-2-14)。

东、中、西地区企业主要指标的占比情况　　　　　　表 6-2-14

指标\地区	企业数量(%)	新签工程承包合同额(%)	建筑业总产值(%)	房屋建筑施工面积(%)	房屋建筑竣工面积(%)	营业收入(%)	利润总额(%)	应收工程款(%)
东部地区	59.4	62.0	63.0	67.0	64.6	62.0	64.2	59.3
中部地区	24.2	23.3	22.9	20.3	23.6	23.3	24.0	23.1
西部地区	16.4	14.6	14.0	12.7	11.7	14.8	11.9	17.6

前 5 项指标，东部地区除新签工程承包合同额增幅高于中部地区外，其他指标增幅均低于中部地区。西部地区除新签工程承包合同额增幅高于中部地区、房屋建筑施工面积增幅高于东部和中部地区外，其他指标增幅均低于东部和中部地区。应收工程款指标，西部地区增幅最高，应引起注意，东部和中部地区增幅分别居第二、第三位(参见图 6-2-31)。

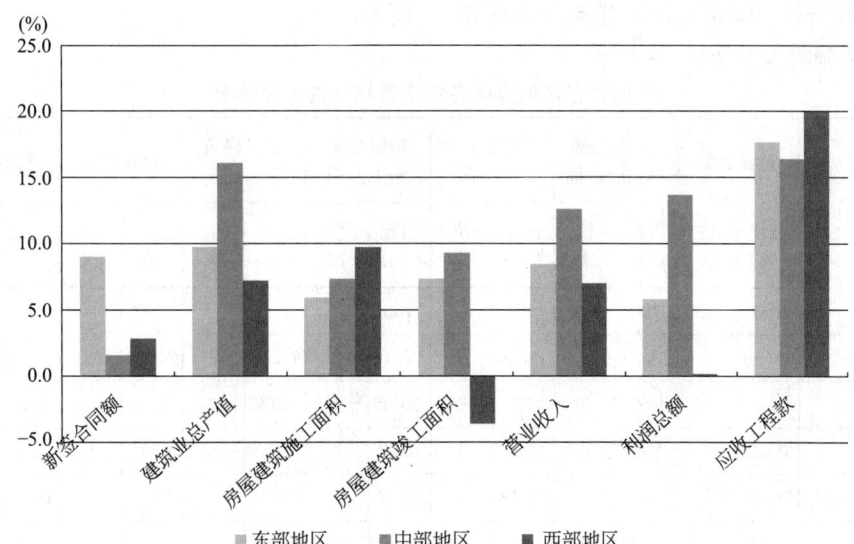

图 6-2-31　东、中、西注册地区企业主要指标的增长情况

就全国 31 个省、市、自治区的情况分析：

【新签工程承包合同额增速趋缓，12 个地区特级、一级企业新签工程承包合同额出现负增长】 2014 年，各地区特级级、一级建筑业企业新签工程承包合同额比上年增长 6.2%,增速较上年降低 9 个百分点。贵州增幅最大,达到 30.4%。增幅超过 20% 的地区还有内蒙古、福建、上海,增幅分别为 26.0%、25.6%、22.2%。12 个地区的新签合同额呈现不同程度的下降,其中宁夏下降程度最大,降幅为 28.3%。

【湖南省特级、一级企业建筑业总产值增速突出,湖北省特级、一级企业营业收入有较大幅度增长】 2014 年,各地区特级、一级企业建筑业总产值比上年增长 10.7%,增速较上年下降了 6 个百分点。湖南、贵州、福建、吉林、湖北的增速超过 20%,分别为 30.8%、29.5%、22.4%、21.9%。6 个地区的建筑业总产值出现下降,其中云南的降幅超过 10%,下降了 11.2%。

2014 年,各地区特级、一级企业营业收入比上年增长 9.2%,增速较上年降低了 5.4 个百分点。湖北以 23.9% 的营业收入增幅位居第一,营业收入增幅较大的地区还有福建、广西和河南,分别达到 19.1%、14.8% 和 14.1%。6 个地区企业的营业收入出现负增长,其中辽宁企业的营业收入降幅最大,达到 13.4%。

【宁夏回族自治区特级、一级企业房屋建筑施工面积增速较大,青海省特级、一级企业房屋建筑竣工面积增幅优势明显】 2014 年,各地区特级、一级企业房屋建筑施工面积增长 6.7%,比上年降低了 16.3 个百分点。宁夏、青海、贵州、广西、上海的增速都在 20% 以上,分别为 39.3%、26.8%、23.7%、21.2%、21.1%。辽宁、内蒙古、河北、吉林 4 个省区的特级、一级企业房屋建筑施工面积出现下降,其中降幅最大的是辽宁,下降 24.8%。

2014 年,各地区特级、一级企业房屋建筑竣工面积增长 6.4%,比上年降低了 8.9 个百分点。青海以 96.9% 的增速稳居第一位。上海、湖北、吉林、甘肃、河南的增速都在 15% 以上,分别为 37.8%、24.5%、17.8%、16.2%、15.8%。12 个地区的房屋建筑竣工面积都出现不同程度的下降,其中黑龙江的降幅均超过了 30%,下降了 33.6%。

【各地区特级、一级企业利润总额增幅差异显著】 2014 年,各地区特级、一级建筑业企业利润总额增长 6.9%,较上年降低了 13.9 个百分点。利润总额增幅较大的地区是宁夏、青海、甘肃、云南、吉林、安徽,分别增长 152.8%、76.2%、48.2%、45.0%、42.2%、40.9%。9 个地区的利润总额出现不同程度的下降,其中,黑龙江和内蒙古的降幅较大,分别为 50.1% 和 46.3%。

【多数地区特级、一级企业应收工程款增长比上年仍有提高】 2014 年,各地区特级、一级企业应收工程款增长 17.7%,较上年下降 1.5 个百分点。在全国 30 个地区(不包括西藏)中,只有河北和辽宁出现了应收工程款下降,降幅分别为 2.2% 和 0.4%;其余 28 个地区的应收工程款均出现增长,增长幅度较大的是广西、宁夏、广东、云南、江苏,分别增长了 67.9%、50.6%、36.1%、32.9%、30.3%,反映企业应收工程款问题趋于严重。

(5)按企业登记注册类型分析

从 7214 家特级、一级企业的有关数据来看,不同登记注册类型企业主要指标的构成情况如表 6-2-15 所示。

不同登记注册类型企业主要指标的占比情况　　　　　　　表 6-2-15

	企业数量		新签工程承包合同额		建筑业总产值		房屋建筑施工面积		房屋建筑竣工面积		营业收入		利润总额		应收工程款	
	占比(%)	位次	占比(%)	位次	占比(%)	位次	占比(%)	位次	占比(%)	位次	占比(%)	位次	占比(%)	位次	占比(%)	位次
合计	100		100		100		100		100		100		100		100	
国有企业	12.55	2	23.57	2	18.59	2	17.48	2	11.13	2	21.09	2	15.92	2	21.57	2
集体企业	1.73	3	1.28	4	1.34	3	2.12	3	2.09	3	1.26	4	1.30	4	0.92	4
私营企业	0.22	6	0.08	6	0.09	6	0.05	6	0.09	6	0.07	6	0.13	5	0.13	6
有限责任公司	83.35	1	72.95	1	78.36	1	78.40	1	85.36	1	75.68	1	79.48	1	74.87	1
外商投资企业	1.05	4	1.59	3	1.20	4	1.50	4	0.96	4	1.42	3	2.71	3	1.95	3
港澳台商投资企业	0.87	5	0.48	5	0.37	5	0.42	5	0.29	5	0.44	5	0.42	5	0.54	5
其他企业	0.22	6	0.04	7	0.05	6	0.03	6	0.08	6	0.05	6	0.04	7	0.03	7

2014 年，有限责任类特级、一级企业数量最多，占汇总的特级、一级企业数量的 83.35%，比上年增长 2.0 个百分点；其各项主要指标所占比重均为最大，在 70% 以上。

国有特级、一级企业数量位居第二，占汇总的特、一级企业数量的 12.55%；其各项主要指标所占比重也全部排在第二位，除房屋建筑竣工面积所占比重为 11.1% 外，其余数值均在 15% 以上。

集体所有制特级、一级企业数量位居第三，占汇总的特级、一级企业数量的 1.73%；其各项主要指标所占比重排在第三或第四位，数值从 0.9% 到 2.1% 不等。

外商投资特级、一级企业数量位居第四，占汇总的特级、一级企业数量的 1.05%；其各项主要指标所占比重也全部排在第三或第四位，数值从 1.0% 到 2.7% 不等。

港澳台商投资特级、一级企业数量位居第五，占汇总的特级、一级企业数量的 0.87%；其各项主要指标所占比重排在第五位，数值从 0.3% 到 0.5% 不等。

私营和其他建筑业特级、一级企业数量较少，分别均占 0.22%，其各项主要指标所占比重也较低。（参见图 6-2-32 至图 6-2-39）。

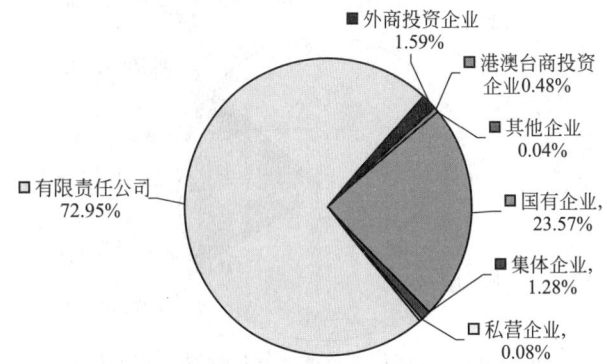

图 6-2-34　按登记注册类型分企业新签工程承包合同额构成

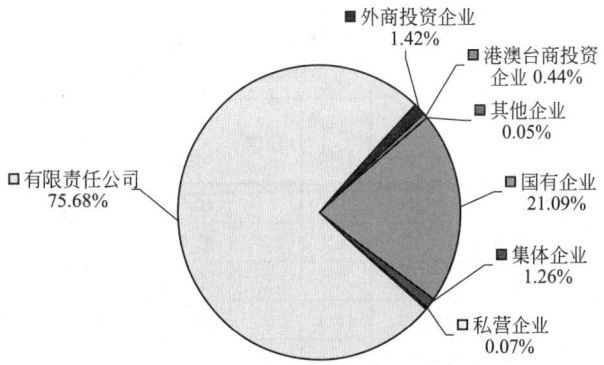

图 6-2-35　按登记注册类型分企业营业收入构成

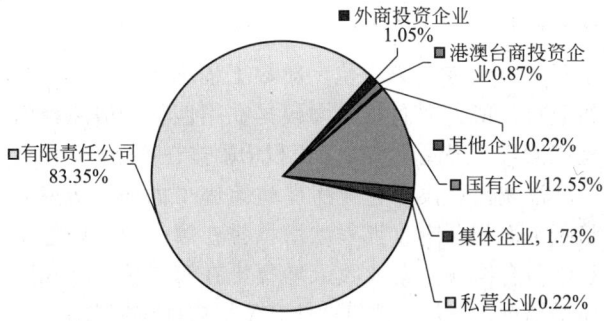

图 6-2-32　按登记注册类型分企业数量构成

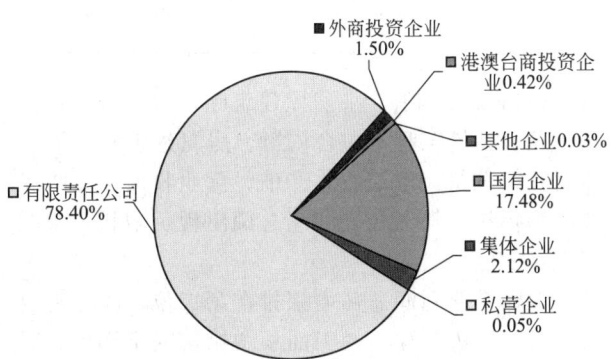

图 6-2-36　按登记注册类型分企业房屋建筑施工面积构成

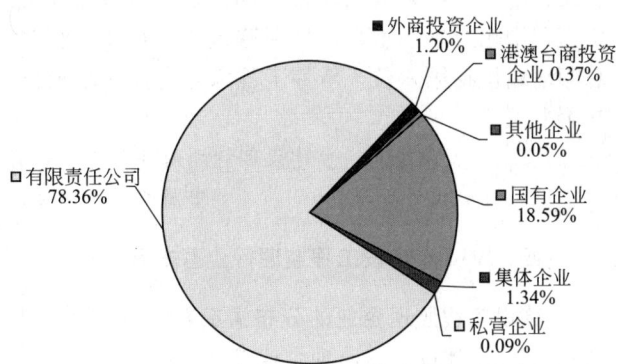

图 6-2-33　按登记注册类型分企业建筑业总产值构成

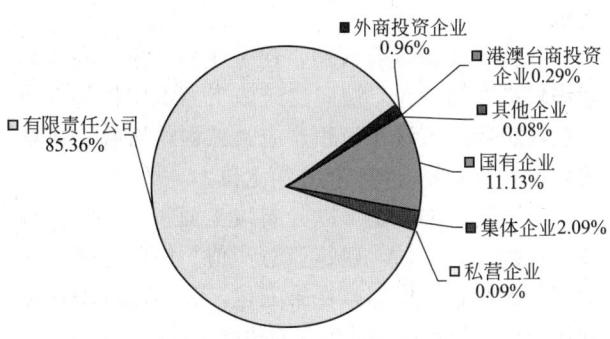

图 6-2-37　按登记注册类型分企业房屋建筑竣工面积构成

第六篇

表 6-2-16 所示。

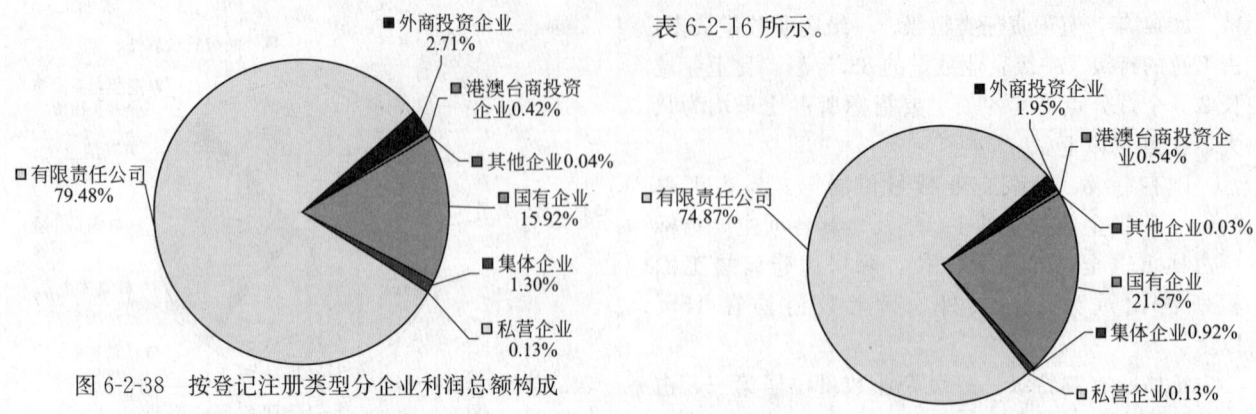

图 6-2-38　按登记注册类型分企业利润总额构成

图 6-2-39　按登记注册类型分企业应收工程款构成

不同登记注册类型企业主要指标的增长情况如

不同登记注册类型企业主要指标的增长情况　　　　　　　　　　表 6-2-16

	新签工程承包合同额		建筑业总产值		房屋建筑施工面积		房屋建筑竣工面积		营业收入		利润总额		应收工程款	
	增幅(%)	位次	增幅(%)	位次	增幅(%)	位次	增幅(%)	位次	增幅(%)	位次	增幅(%)	位次	增幅(%)	位次
合计	6.2		10.7		6.7		6.4		9.2		6.9		17.7	
国有企业	9.8	3	8.3	5	11.1	2	3.7	3	7.5	5	−6.4	7	12.3	5
集体企业	6.9	5	4.4	7	5.1	4	−2.4	4	7.4	6	24.2	2	−16.4	7
私营企业	49.4	1	27.4	1	2.3	5	−25.5	6	−13.8	7	51.9	1	5.9	6
有限责任公司	5.0	6	11.4	3	7.0	3	7.6	2	9.7	3	9.3	5	20.0	2
外商投资企业	8.5	4	9.3	4	−33.5	7	−27.7	7	12.8	1	17.4	4	17.9	3
港澳台商投资企业	14.9	2	4.4	6	14.5	1	29.4	1	10.3	2	21.5	3	28.3	1
其他企业	4.3	7	20.3	2	−19.1	6	−8.5	5	8.7	4	4.8	6	13.0	4

2014 年，国有企业房屋建筑施工面积增幅排在第二位，新签工程承包合同额、房屋建筑施工面积幅排在第三位，建筑业总产值、营业收入、应收工程款增幅排在第五位。利润总额出现负增长，增幅排在第七位。

集体企业利润总额增幅排在第二位，房屋建筑施工面积、房屋建筑竣工面积增幅排在第四位，新签工程承包合同额排在第五位，营业收入增幅排在第六位，建筑业总产值、应收工程款增幅排在第七位。

私营企业新签合同额、建筑业总产值、利润总额增幅排在第一位，房屋建筑施工面积增幅排在第五位，房屋建筑竣工面积、应收工程款增幅均排在第六位，营业收入增幅排在第七位。

有限责任类企业房屋建筑竣工面积、应收工程款增幅排在第二位，建筑业总产值、房屋建筑施工面积、营业收入增幅排在第三位，利润总额增幅排在第五位，新签工程承包合同额增幅排在第六位。

外商投资企业营业收入增幅排在第一位，应收

工程款增幅排在第三位，新签工程承包合同额、建筑业总产值、利润总额增幅排在第四位，房屋建筑施工面积、房屋建筑竣工面积增幅排在第七位。

港澳台商投资企业房屋建筑施工面积、房屋建筑竣工面积、应收工程款增幅排在第一位，新签工程承包合同额、营业收入增幅排在第二位，利润总额增幅排在三位，建筑业总产值增幅排在第六位。

其他企业建筑业总产值增幅排在第二位，营业收入、应收工程款增幅均排在第四位，房屋建筑竣工面积增幅排在第五位，房屋建筑施工面积、利润总额增幅排在第六位，新签工程承包合同额增幅排在第七位。

(住房和城乡建设部计划财务与外事司、中国建筑业协会)

(四) 2014 年建设工程监理行业基本情况

【建设工程监理企业的分布情况】　2014 年全国共有 7279 个建设工程监理企业参加了统计，与上年相比增长 6.73%。其中，综合资质企业 116 个，增

第六篇

长 16%；甲级资质企业 3058 个，增长 10.92%；乙级资质企业 2744 个，增长 5.54%；丙级资质企业 1334 个，减少 0.52%；事务所资质企业 27 个，增加 22.72%。具体分布如表 6-2-17～表 6-2-19 所示。

2014 年全国建设工程监理企业按地区分布情况　　　　表 6-2-17

地区名称	北京	天津	河北	山西	内蒙古	辽宁	吉林	黑龙江	上海	江苏	浙江	安徽	福建	江西	山东	河南
企业个数	314	96	319	232	164	307	195	241	177	713	402	249	232	152	521	322
地区名称	湖北	湖南	广东	广西	海南	重庆	四川	贵州	云南	西藏	陕西	甘肃	青海	宁夏	新疆	合计
企业个数	250	222	490	164	45	94	338	98	144	7	417	155	62	58	99	7279

2014 年全国建设工程监理企业按工商登记类型分布情况　　　　表 6-2-18

工商登记类型	国有企业	集体企业	股份合作	有限责任	股份有限	私营企业	其他类型
企业个数	608	50	50	3660	687	2144	80

2014 年全国建设工程监理企业按地区分布情况　　　　表 6-2-19

资质类别	综合资质	房屋建筑工程	冶炼工程	矿山工程	化工、石油工程	水利水电工程	电力工程	农林工程
企业个数	116	5941	34	40	151	81	249	23
资质类别	铁路工程	公路工程	港口与航道工程	航天航空工程	通信工程	市政公用工程	机电安装工程	事务所资质
企业个数	47	33	10	6	15	503	3	27

注：本统计涉及专业资质工程类别的统计数据，均按主营业务划分。

【建设工程监理企业从业人员情况】　2014 年年末工程监理企业从业人员 941909 人，与上年相比增长 5.76%。其中，正式聘用人员 741354 人，占年末从业人员总数的 78.71%；临时聘用人员 200555 人，占年末从业人员总数的 21.29%；工程监理从业人员为 703187 人，占年末从业总数的 74.66%。

2014 年年末工程监理企业专业技术人员 831718 人，与上年相比增长 4.93%。其中，高级职称人员 122065 人，中级职称人员 369454 人，初级职称人员 212486 人，其他人员 127713 人。专业技术人员占年末从业人员总数的 88.30%。

2014 年年末工程监理企业注册执业人员为 201863 人，与上年相比增长 9.12%。其中，注册监理工程师为 137407 人，与上年相比增长 7.98%，占总注册人数的 68.07%；其他注册执业人员为 64456 人，占总注册人数的 31.93%。

【建设工程监理企业业务承揽情况】　2014 年工程监理企业承揽合同额 2435.24 亿元，与上年相比增长 0.50%。其中工程监理合同额 1279.23 亿元，与上年相比增长 4.09%；工程项目管理与咨询服务、勘察设计、工程招标代理、工程造价咨询及其他业务合同额 1156.01 亿元，与上年相比减少 3.18%。工程监理合同额占总业务量的 52.53%。

【建设工程监理企业财务收入情况】　2014 年工程监理企业全年营业收入 2221.08 亿元，与上年相比增长 8.56%。其中工程监理收入 963.6 亿元，与上年相比增长 8.77%；工程勘察设计、工程项目管理与咨询服务、工程招标代理、工程造价咨询及其他业务收入 1257.5 亿元，与上年相比增长 8.39%。工程监理收入占总营业收入的 43.4%。其中 9 个企业工程监理收入突破 3 亿元，32 个企业工程监理收入超过 2 亿元，131 个企业工程监理收入超过 1 亿元，工程监理收入过亿元的企业个数与上年相比，增长 12.93%。

【建设工程监理收入前 100 名企业情况】　工程监理收入前 100 名企业中，从主营业务来看，房屋建筑工程 47 个，电力工程 14 个，铁路工程 13 个，化工石油工程 6 个，市政公用工程、水利水电工程和通信工程各 5 个，其他工程 5 个。

工程监理收入前 100 名企业中，从所在地区分布来看，北京 20 个，上海、四川各 12 个，广东 10 个，浙江 6 个，江苏 5 个，安徽、重庆各 4 个，山西 3 个，天津、福建、甘肃、河南、湖北、湖南、辽宁、山东、陕西各 2 个，其他地区 6 个。

（住房和城乡建设部建筑市场监管司）

（五）2014 年工程建设项目招标代理机构基本情况

【工程招标代理机构的分布情况】　2014 年度参

第六篇

加统计的全国工程招标代理机构共 5950 个，比上年增长 3.82%。按照资格等级划分，甲级机构 1650 个，比上年增长 11.49%；乙级机构 2853 个，比上年下降 1.55%；暂定级机构 1447 个，比上年增长 6.95%。按照企业登记注册类型划分，国有企业和

国有独资公司共 254 个，股份有限公司和其他有限责任公司共 3124 个，私营企业 2452 个，港澳台投资企业 7 个，外商投资企业 3 个，其他企业 110 个。具体分布见表 6-2-20、表 6-2-21。

2014 年全国工程招标代理机构地区分布情况　　　　表 6-2-20

地区名称	北京	天津	河北	山西	内蒙古	辽宁	吉林	黑龙江	上海	江苏	浙江	安徽	福建	江西	山东	河南
企业个数	259	93	269	184	173	255	160	122	129	526	374	255	154	173	427	235
地区名称	湖北	湖南	广东	广西	海南	重庆	四川	贵州	云南	西藏	陕西	甘肃	青海	宁夏	新疆	合计
企业个数	217	155	434	125	32	132	268	109	155	14	200	119	26	54	122	5950

2014 年全国工程招标代理机构拥有资质数量情况
表 6-2-21

资质数量	具有单一招标代理机构资格的企业	具有两个及两个以上资质的企业
企业个数	1483	4467

【工程招标代理机构的人员情况】　2014 年年末工程招标代理机构从业人员合计 535322 人，比上年增长 10.20%。其中，正式聘用人员 483131 人，占年末从业人员总数的 90.25%；临时工作人员 52191 人，占年末从业人员总数的 9.75%。

2014 年年末工程招标代理机构正式聘用人员中专业技术人员合计 423171 人，比上年增长 9.29%。其中，高级职称人员 71574 人，中级职称 192305 人，初级职称 99014 人，其他人员 60278 人。专业技术人员占年末正式聘用人员总数的 87.59%。

2014 年年末工程招标代理机构正式聘用人员中注册执业人员合计 104530 人，比上年增长 11.35%。其中，注册造价工程师 50372 人，占总注册人数的 48.19%；注册建筑师 1200 人，占总注册人数的 1.15%；注册工程师 4046 人，占总注册人数的 3.87%；注册建造师 11840 人，占总注册人数的 11.33%；注册监理工程师 35679 人，占总注册人数的 34.13%；其他注册执业人员 1393 人，占总注册人数的 1.33%。从统计报表情况看，94.30% 的工程招标代理机构的注册造价工程师数量能够满足企业资格标准要求，其中，97.50% 的甲级工程招标代理机构的注册造价工程师数量能够满足企业资格标准要求。

【工程招标代理机构的业务情况】　2014 年度工程招标代理机构工程招标代理中标金额 83461.03 亿元，比上年增长 19.21%。其中，房屋建筑和市政基础设施工程招标代理中标金额 65989.04 亿元，占工程招标代理中标金额的 79.07%；招标人为政府和国

有企事业单位工程招标代理中标金额 52081.60 亿元，占工程招标代理中标金额的 62.40%。

2014 年度工程招标代理机构承揽合同约定酬金合计 1408.81 亿元，比上年增长 13.73%。其中，工程招标代理承揽合同约定酬金为 210.81 亿元，占总承揽合同约定酬金的 14.96%；工程监理承揽合同约定酬金为 430.71 亿元；工程造价咨询承揽合同约定酬金为 196.13 亿元；项目管理与咨询服务承揽合同约定酬金为 86.02 亿元；其他业务承揽合同约定酬金为 485.15 亿元。

【工程招标代理机构的财务情况】　2014 年度工程招标代理机构的营业收入总额为 2530.59 亿元，比上年增长 3.86%。其中，工程招标代理收入 259.36 亿元，占营业收入总额的 10.25%；工程监理收入 370.80 亿元，工程造价咨询收入 247.54 亿元，工程项目管理与咨询服务收入 233.15 亿元，其他收入 1419.73 亿元。

2014 年度工程招标代理机构的营业成本合计 1886.73 亿元，营业税金及附加合计 54.98 亿元，营业利润合计 186.44 亿元，利润总额合计 276.30 亿元，所得税合计 49.45 亿元，负债合计 4415.77 亿元，所有者权益合计 2761.30 亿元。

【工程招标代理机构工程招标代理收入前 100 名情况】　工程招标代理机构工程招标代理收入前 100 名中，从资质等级来看，甲级机构 84 个，乙级机构 11 个，暂定级 5 个。

（住房和城乡建设部建筑市场监管司）

（六）2014 年工程勘察设计企业基本情况

【企业总体情况】　2014 年全国共有 19262 个工程勘察设计企业参加了统计，与上年相比增长 0.2%。其中，工程勘察企业 1776 个，占企业总数 9.2%；工程设计企业 13915 个，占企业总数

72.2%；工程设计与施工一体化企业 3571 个，占企业总数 18.5%。

【从业人员情况】 2014 年工程勘察设计行业年末从业人员 250.28 万人，与上年相比增长 2.4%。年末专业技术人员 128.72 万人，其中，具有高级职称人员 30.33 万人，占从业人员总数的 12.12%；具有中级职称人员 48.49 万人，占从业人员总数的 19.37%。年末取得注册执业资格人员累计 268828 人次，占年末从业人员总数的 10.74%。

【业务完成情况】 工程勘察完成合同额合计 695.69 亿元，与上年相比减少 2.58%。工程设计完成合同额合计 3555.18 亿元，与上年相比减少 12.2%。

工程技术管理服务完成合同额合计 517.37 亿元，与上年相比减少 2.05%；其中，工程咨询完成合同额 180.90 亿元，与上年相比减少 9.98%。

工程总承包完成合同额合计 12020.02 亿元，与上年相比增加 12.91%。

境外工程完成合同额合计 983.42 亿元，与上年相比增加 13%。

【财务情况】 2014 年全国工程勘察设计企业营业收入总计 27151.54 亿元，与上年相比增加 26.82%。其中，工程勘察收入 735.29 亿元，占营业收入的 2.71%；工程设计收入 5398.41 亿元，占营业收入的 19.88%；工程技术管理服务收入 361.05 亿元，占营业收入的 1.33%；工程总承包收入 9381.47 亿元，占营业收入的 34.55%。

工程勘察设计企业全年利润总额 2058.69 亿元，与上年相比增加 46.16%；应缴所得税 411.31 亿元，与上年相比增加 55.45%；企业净利润 1646.12 亿元，与上年相比增加 43.65%。

【科技活动状况】 2014 年工程勘察设计行业科技活动费用支出总额为 677.75 亿元，与上年相比增加 32.04%；企业累计拥有专利 70485 项，与上年相比增加 20.51%；企业累计拥有专有技术 32746 项，与上年相比增加 37.15%。

（住房和城乡建设部建筑市场监管司、哈尔滨工业大学）

（七）2014 年房屋市政工程生产安全事故情况通报

【总体情况】 2014 年，全国共发生房屋市政工程生产安全事故 522 起、死亡 648 人，比上年同期事故起数减少 6 起、死亡人数减少 26 人（参见图 6-2-40 和图 6-2-41），同比分别下降 1.14% 和 3.86%。

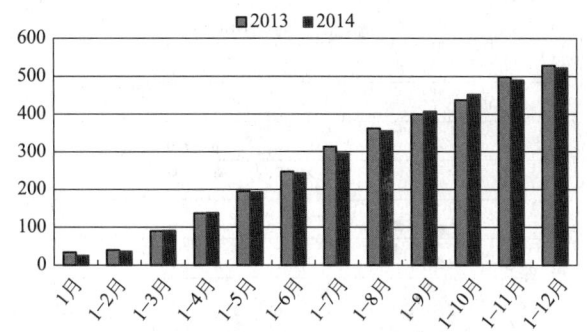

图 6-2-40　2013～2014 年事故起数情况

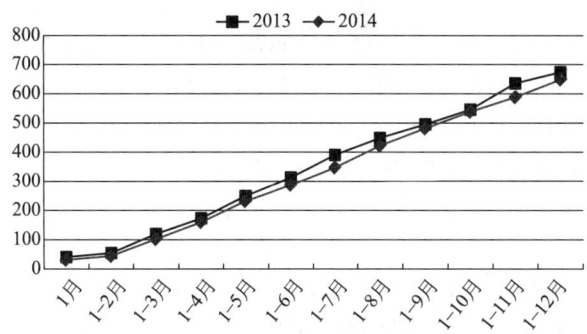

图 6-2-41　2013～2014 年事故死亡人数情况

2014 年，全国有 31 个地区发生房屋市政工程生产安全事故，其中有 12 个地区的死亡人数同比上升（见表 6-2-22）。

2014 年，各地住房城乡建设主管部门迟报事故的现象较为突出，522 起事故迟报超过 20 天的 126 起，占事故总数的 24.1%。29 起较大及以上事故在规定时限内（较大事故 7 小时、重特大事故 3 小时）上报的只有 4 起；超过 24 小时上报的 18 起，占总数的 62.1%。事故上报不及时，不利于事故应急处置和统计分析，需引起各地高度重视。

【较大及以上事故情况】 2014 年，全国共发生房屋市政工程生产安全较大及以上事故 29 起、死亡 105 人，比上年同期事故起数增加 4 起、死亡人数增加 3 人（参见图 6-2-42、图 6-2-43），同比分别上升 16.00% 和 2.94%，其中重大事故 1 起，未发生特别重大事故。

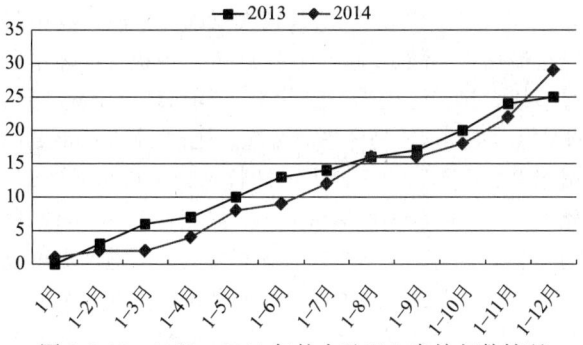

图 6-2-42　2013～2014 年较大及以上事故起数情况

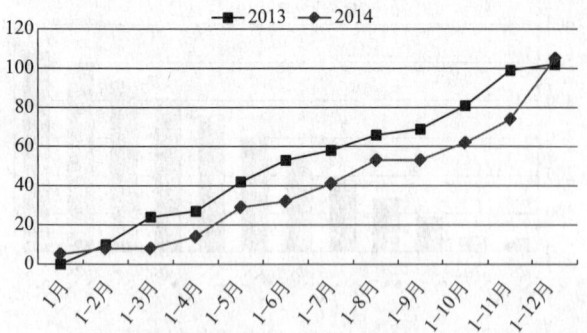

图 6-2-43　2013～2014 年较大及以上事故死亡人数情况

2014 年，全国有 18 个地区发生房屋市政工程生产安全较大及以上事故（见表 6-2-23）。其中江苏、黑龙江各发生 3 起，北京、辽宁、湖北、宁夏、广西、新疆、河南各发生 2 起，四川、山东、安徽、贵州、湖南、广东、青海、江西、山西各发生 1 起。特别是北京市海淀区清华附中体育馆工程发生"12.29"重大事故，造成 10 人死亡，给人民生命财产带来重大损失，造成不良的社会影响。

【事故类型情况】　2014 年，房屋市政工程生产安全事故按照类型划分，高处坠落事故 276 起，坍塌事故 71 起，物体打击事故 63 起，起重伤害事故 50 起，机械伤害、车辆伤害、触电、中毒和窒息等其他事故 62 起。不同事故类型所占比例情况如图 6-2-44 所示。

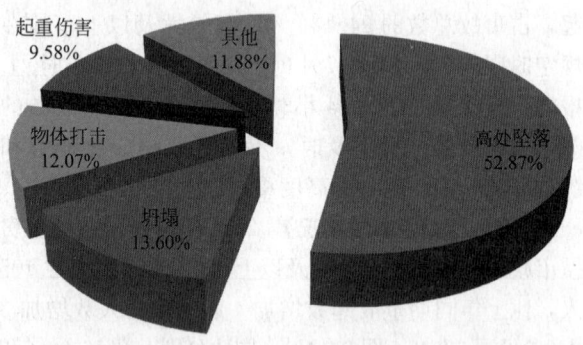

图 6-2-44　2014 年不同事故类型所占比例情况

2014 年，共发生 29 起较大及以上事故，其中起重机械伤害事故 12 起，死亡 36 人；模板支撑体系坍塌事故 5 起，死亡 22 人；基坑、沟槽坍塌事故 3 起，死亡 10 人；钢筋坍塌事故 2 起，死亡 14 人；钢结构坍塌事故 2 起，死亡 6 人；卸料平台坍塌事故 1 起，死亡 5 人；砖胎膜坍塌事故 1 起，死亡 3 人；自制移动吊装支架坍塌事故 1 起，死亡 3 人；隧道坍塌事故 1 起，死亡 3 人；外脚手架坍塌事故 1 起，死亡 3 人。不同较大事故类型事故起数和死亡人数所占比例情况分别如图 6-2-45 和图 6-2-46 所示。

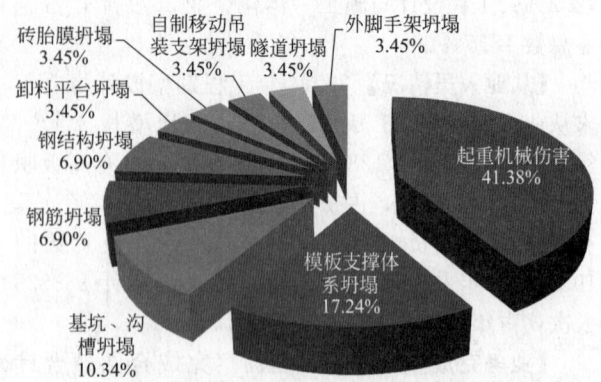

图 6-2-45　2014 年不同较大事故类型
事故起数所占比例情况

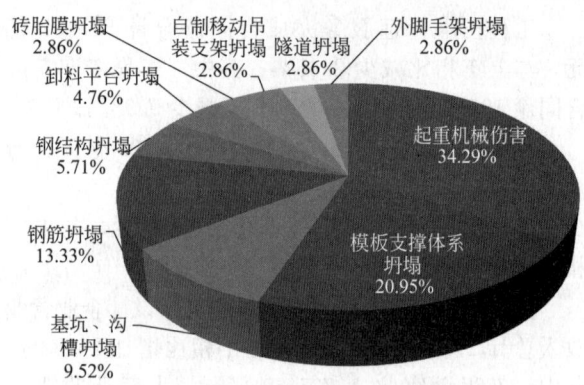

图 6-2-46　2014 年不同较大事故类型
死亡人数所占比例情况

【形势综述】　2014 年，全国房屋市政工程安全生产形势总体平稳，事故起数和死亡人数有小幅度下降，有 14 个地区事故起数和死亡人数同比下降，有 14 个地区未发生较大及以上事故，但当前的安全生产形势依然比较严峻。一是部分地区事故起数同比上升，特别是江苏（起数上升 82.5%、人数上升 42.4%）、福建（起数上升 70.0%、人数上升 23.5%）、四川（起数上升 62.5%、人数上升 7.1%）、山东（起数上升 58.3%、人数上升 23.5%）等地区上升幅度较大。二是较大及以上事故起数和死亡人数出现反弹，重大事故还没有完全遏制。从事故发生时段来看，较大及以上事故高发时段主要集中在第四季度，特别是 12 月份共发生 7 起较大及以上事故，岁末安全生产工作还须加强。从事故类型来看，模板支撑体系坍塌和起重机械伤害较大事故共 17 起，占较大及以上事故起数的 58.62%，仍是房屋市政工程重大危险源。

【2014 年房屋市政工程生产安全事故情况】
2014 年房屋市政工程生产安全事故情况如表 6-2-22 所列。

2014 年房屋市政工程生产安全事故情况　　　　　　　　　　　表 6-2-22

地区	总体情况								较大及以上事故情况							
	事故起数(起)				死亡人数(人)				事故起数(起)				死亡人数(人)			
	2014	2013	同期比		2014	2013	同期比		2014	2013	同期比		2014	2013	同期比	
合计	522	528	-6	-1.14%	648	674	-26	-3.86%	29	25	4	16.00%	105	102	3	2.94%
北京	18	16	2	12.5%	32	16	16	100.0%	2	0	2	/	15	0	15	/
西藏	3	2	1	50.0%	4	2	2	100.0%	0	0	0	/	0	0	0	/
宁夏	4	4	0	0	9	5	4	80.0%	2	0	2	/	6	0	6	/
辽宁	15	14	1	7.1%	20	14	6	42.9%	2	0	2	/	6	0	6	/
江苏	73	40	33	82.5%	84	59	25	42.4%	3	3	0	0	10	11	-1	-9.1%
内蒙古	10	9	1	11.1%	13	10	3	30.0%	0	0	0	/	0	0	0	/
重庆	33	28	5	17.9%	35	28	7	25.0%	0	0	0	/	0	0	0	/
福建	17	10	7	70.0%	21	17	4	23.5%	0	3	-3	-100.0%	0	10	-10	-100.0%
山东	19	12	7	58.3%	21	17	4	23.5%	1	0	1	/	3	0	3	/
广西	28	29	-1	-3.4%	36	30	6	20.0%	2	0	2	/	8	0	8	/
贵州	13	13	0	0	19	16	3	18.8%	1	0	1	/	3	0	3	/
四川	13	8	5	62.5%	15	14	1	7.1%	1	2	-1	-50.0%	3	8	-5	-62.5%
上海	24	22	2	9.1%	26	26	0	0	0	1	-1	-100.0%	0	5	-5	-100.0%
海南	6	5	1	20.0%	6	6	0	0	0	0	0	/	0	0	0	/
云南	25	22	3	13.6%	28	29	-1	-3.4%	0	2	-2	-100.0%	0	6	-6	-100.0%
广东	17	20	-3	-15.0%	20	21	-1	-4.8%	1	0	1	/	3	0	3	/
黑龙江	22	27	-5	-18.5%	32	34	-2	-5.9%	3	2	1	50.0%	9	7	2	28.6%
新疆	12	17	-5	-29.4%	19	21	-2	-9.5%	2	1	1	100.0%	7	4	3	75.0%
湖南	14	15	-1	-6.7%	18	21	-3	-14.3%	1	1	0	0	3	3	0	0
陕西	4	3	1	33.3%	6	7	-1	-14.3%	0	1	-1	-100.0%	0	5	-5	-100.0%
湖北	22	21	1	4.8%	28	34	-6	-17.6%	2	2	0	0	6	12	-6	-50.0%
安徽	27	27	0	0	30	38	-8	-21.1%	1	1	0	0	3	8	-5	-62.5%
浙江	39	44	-5	-11.4%	41	52	-11	-21.2%	0	0	0	/	0	0	0	/
河南	10	16	-6	-37.5%	18	23	-5	-21.7%	2	1	1	100.0%	8	3	5	166.7%
天津	10	14	-4	-28.6%	11	15	-4	-26.7%	0	0	0	/	0	0	0	/
青海	9	11	-2	-18.2%	11	16	-5	-31.3%	1	1	0	0	3	5	-2	-40.0%
江西	8	18	-10	-55.6%	14	25	-11	-44.0%	1	2	-1	-50.0%	6	7	-1	-14.3%
河北	6	9	-3	-33.3%	6	12	-6	-50.0%	0	0	0	/	0	0	0	/
甘肃	9	19	-10	-52.6%	11	23	-12	-52.2%								
山西	3	7	-4	-57.1%	5	14	-9	-64.3%	1	1	0	0	3	5	-2	-40.0%
吉林	9	24	-15	-62.5%	9	27	-18	-66.7%	0	1	-1	-100.0%	0	3	-3	-100.0%
新疆兵团	0	2	-2	-100.0%	0	2	-2	-100.0%	0	0	0	/	0	0	0	/

注：按各地死亡人数同期比增幅降序排列

【2014 年房屋市政工程生产安全较大及以上事故情况】 2014 年房屋市政工程生产安全较大及以上事故情况如表 6-2-23 所列。

2014 年房屋市政工程生产安全较大及以上事故情况　　　　　　表 6-2-23

序号	事故名称	死亡人数	建设单位	施工单位	法定代表人	项目经理	监理单位	法定代表人	项目总监
1	北京市海淀区清华附中体育馆工程"12.29"事故	10	清华大学	北京建工一建工程建设有限公司	郭向东	叶耀东	北京华清技科工程管理有限公司	胡斌	郝维民
2	江西省吉安市新干县河西接待中心"10.20"事故	6	江西武功山嵘源国际温泉度假村有限公司	江西省新干县建筑工程公司	李耀东	邓和平	江西建科建设监理工程有限公司	周向民	赵协伟
3	北京市通州区新华大街商业、办公、居住项目1号住宅商业楼工程"1.7"事故	5	北京东部绿城置业有限公司	北京城建二建设工程有限公司	崔树江	刁家钦	中国建筑设计咨询公司	丁高	张立强
4	广西壮族自治区桂林市临桂县六塘镇公共租赁住房工程"5.13"事故	5	临桂县六塘镇人民政府	临桂县建筑安装公司	李锡伦	唐偿保	桂林市公信建设监理有限公司	陈迟	蔡豪权
5	河南省信阳市光山县幸福花园小区"12.19"事故	5	光山县城镇建设开发公司	光山县城建建筑安装工程有限公司	刘方	吕自东	光山县工程建设监理站	梅宝贤	陈金亮
6	新疆维吾尔自治区乌鲁木齐市信达花园底商综合楼工程"5.30"事故	4	新疆信达房地产开发有限公司	中冶地集团西北岩土工程有限公司	张永生	任顺彪	无	无	无
7	江苏省南京市地铁四号线 TA06 标段"12.17"事故	4	南京地铁建设有限责任公司	中铁电气化局集团有限公司	王其增	李忠银	铁四院（湖北)工程监理咨询有限公司	王兴利	王兴祥
8	江苏省江阴市凤凰凯旋门 A 地块 2 号楼工程"2.22"事故	3	江阴顺嘉置业有限公司	江阴市先锋建筑有限责任公司	周士兴	项国金	深圳建艺国际工程顾问有限公司	付晓明	柯国志
9	辽宁省大连市庄河金鹏巴黎春田（二期)住宅小区 35 号楼工程"4.6"事故	3	金鹏置业(大连)有限公司	大连实达建工集团有限公司	白永杰	王崇祥	大连方圆建设监理有限公司	王辉	季学军
10	宁夏回族自治区银川市兴庆区宁夏林业研究所办公楼工程"4.23"事故	3	宁夏林业研究所	中兴建设有限公司	倪道仁	蔡学山	河南宏业建设管理有限公司	朱新生	史磊
11	河南省新乡市河南中部医药物流产业园 2 号分拣中心工程"5.1"事故	3	河南中部医药物流中心咨询公司	河南振兴建设工程集团有限公司	苏长修	齐国利	河南宏业建设管理有限公司	朱新生	陈昌
12	湖北省武汉市江汉六桥 I 标段工程"5.2"事故	3	中建武汉环线建设有限责任公司	中建三局第三建设工程有限责任公司	唐浩	杨雪萍	武汉飞虹建设监理有限公司	沈福喜	许红刚
13	黑龙江省牡丹江市裕华园小区工程二标段 4 号楼工程"6.26"事故	3	黑龙江世纪家园房地产开发有限公司	牡丹江恒丰建筑安装工程有限公司	姜在林	程洪义	牡丹江华兴监理有限公司	左志宏	朴教峰
14	新疆维吾尔自治区乌鲁木齐市和瑞外滩 1 号工程"7.1"事故	3	新疆茂华房地产开发有限公司	浙江宝业建设集团有限公司	王荣富	陆伟钢	新疆建筑科研院建设监理公司	吕新荣	张秋丽
15	黑龙江省佳木斯市富锦排水管网工程"7.3"事故	3	富锦市住房和城乡建设局	富锦市排水工程公司	商恩平	连超	黑龙江正昌工程监理有限公司	刘万春	于佰江
16	湖南省湘潭湘乡市行政中心建设工程"7.9"事故	3	湘乡市东山投资建设开发有限公司	湖南强友建筑工程有限公司	王仁其	陈雄夫	湖南和天工程项目管理有限公司	罗定	杨志辉

续表

序号	事故名称	死亡人数	建设单位	施工单位	法定代表人	项目经理	监理单位	法定代表人	项目总监
17	贵州省铜仁市大龙经济开发区公共租赁住房工程第二标段"8.1"事故	3	贵州大龙经济开发区规划建设局	贵州西园建设工程有限公司	田跃军	杨华	铜仁市金鑫建设监理有限责任公司	王应春	黄新亮
18	黑龙江省绥化市第七中学新建项目(艺体馆)工程"8.3"事故	3	绥化市第七中学	绥化万达建筑集团有限公司	邢晓峰	王宝双	绥化市工程建设监理有限公司	曲景林	倪有树
19	四川省广元市锦绣家园工程"8.25"事故	3	四川永隆实业有限公司	四川大东建设工程有限公司	王泽远	向元明	四川鼎昇建设项目管理咨询有限公司	附菊华	彭卫华
20	青海省海东地区恒信中央广场二期"8.29"事故	3	青海蜀信房地产开发有限公司	湖南凯乐建设工程有限公司	唐国文	田政国	青海涌源工程监理有限公司	余小刚	田凤英
21	广西壮族自治区南宁市轨道交通 1 号线 7 标段"10.7"事故	3	南宁市轨道交通集团有限责任公司	广东华隧建设股份有限公司	赵晖	戴哲权	上海天佑工程咨询有限公司	杨卫东	张红琳
22	山东省东营市明潭府小区"11.1"事故	3	东营市华鑫房地产开发有限责任公司	南通启益建设集团有限公司	尹向东	袁海辉	东营市东岳监理工程有限公司	董凤鸣	蔡鸿泰
23	辽宁省朝阳市荣田尊府 2 号楼"11.10"事故	3	建平荣田房地产开发有限公司	建平亿隆建筑工程有限公司	张国利	孙文杰	朝阳智信建设监理有限公司	王传军	孟兆周
24	广东省佛山市新怡智逸大厦"11.10"事故	3	广东新怡内衣集团有限公司	佛山市南海区永顺建筑工程有限公司	徐智斌	罗海彬	佛山市天信监理咨询有限公司	梁水发	李文远
25	宁夏回族自治区吴忠市盐池县供热公司南苑热源站"11.20"事故	3	盐池县供热公司	宁夏德昌建设工程有限公司	赵宏民	刘勤俭	宁夏诚信工程建设监理有限公司	田福才	闫金勇
26	山西省临汾市明珠国际广场"12.1"事故	3	临汾市金方圆投资有限公司	山西省宏图建设工程有限公司	武文进	武晓华	临汾开天建设监理有限公司	武建春	温吉平
27	江苏省南京市地铁三号线夫子庙站 2 号出入口二期工程"12.3"事故	3	南京地铁建设有限责任公司	中铁五局(集团)有限公司	张回家	江彬文	上海三维工程建设咨询有限公司	祝进才	白利民
28	湖北省潜江市曹禺大剧院"12.6"事故	3	潜江市马昌湖水体综合整治工程项目指挥部	江苏中南建筑产业集团有限责任公司	陈锦石	张达清	湖北华泰工程建设监理有限公司	陶伟	李云波
29	安徽省蚌埠市汤和路住宅工程"12.28"事故	3	蚌埠沪铁房地产开发有限公司	中铁十局集团有限公司	沈尧兴	蔺红卫	北京现代通号工程咨询有限公司	徐庆龙	谢国辉

(住房和城乡建设部质量安全司 哈尔滨工业大学)

(八) 入选国际承包商 250 强的中国内地企业

根据美国《工程新闻记录》(ENR)杂志 2015 年 8 月发布的 2015 年度国际承包商 250 强排行榜,本年度中国内地企业共有 65 家入围,具体如表 6-2-24 所列。

2015 年入选国际承包商 250 强的中国内地企业　　　　表 6-2-24

序号	公司名称	2015 年度排名	2014 年度排名	海外市场收入(百万美元)
1	中国交通建设股份有限公司	5	9	15827.0

第六篇

续表

序号	公司名称	2015年度排名	2014年度排名	海外市场收入（百万美元）
2	中国电力建设集团有限公司	11	23	11653.4
3	中国建筑工程总公司	17	20	7239.1
4	中国中铁股份有限公司	23	28	5464.2
5	中国机械工业集团公司	27	25	5035.1
6	中国葛洲坝集团股份有限公司	44	51	2823.0
7	中国土木工程集团有限公司	47	71	2690.5
8	中国冶金科工集团有限公司	49	68	2669.0
9	中信建设有限责任公司	52	46	2605.3
10	中国铁建股份有限公司	58	39	2450.0
11	中国石油天然气管道局	64	63	2009.4
12	中国石油工程建设（集团）公司	66	76	1890.9
13	东方电气股份有限公司	72	79	1567.2
14	中国水利电力对外公司	74	84	1520.4
15	中国化学工程集团公司	76	82	1420.1
16	青建集团股份公司	81	98	1315.0
17	中国石化工程建设有限公司	84	88	1117.7
18	中地海外建设集团	86	93	1102.3
19	上海电气集团股份有限公司	91	64	973.0
20	中国通用技术（集团）控股有限责任公司	93	90	945.4
21	上海建工集团	100	129	746.0
22	中国成套设备进出口（集团）总公司	104	216	698.9
23	北京建工集团有限责任公司	109	128	654.5
24	中国中原对外工程有限公司	110	149	634.3
25	中国江西国际经济技术合作公司	112	139	619.2
26	中国河南国际合作集团有限公司	113	140	615.2
27	威海国际经济技术合作股份有限公司	115	164	595.2
28	新疆兵团建设工程（集团）有限责任公司	118	130	582.3
29	中国地质工程集团公司	120	124	569.6
30	安徽建工集团有限公司	126	133	550.4
31	中原石油工程有限公司	127	137	549.4
32	中国石油集团工程设计有限责任公司	128	136	546.1
33	江西中煤建设集团有限公司	129	154	545.2
34	中钢设备有限公司	131	147	542.4
35	中国江苏国际经济技术合作公司	137	126	480.6
36	中国能源建设集团天津电力建设公司	138	229	467.6
37	中鼎国际工程有限责任公司	142	167	441.4
38	中国万宝工程集团	143	104	437.7
39	浙江省建设投资集团有限公司	146	180	422.3
40	江苏中信建设集团有限公司	147	175	410.5
41	沈阳远大铝业工程有限公司	148	115	409.8
42	中国大连国际经济技术合作集团有限公司	152	148	400.0
43	安徽省外经建设（集团）有限公司	153	158	379.8

续表

序号	公司名称	2015 年度排名	2014 年度排名	海外市场收入(百万美元)
44	中国武夷实业股份有限公司	154	170	376.2
45	江苏南通三建集团股份有限公司	155	171	374.9
46	中国寰球工程公司	165	238	334.9
47	中国有色金属建设股份有限公司	171	244	313.3
48	烟台国际经济技术合作集团有限公司	172	221	311.3
49	云南建工集团有限公司	175	166	300.1
50	大庆油田建设集团有限责任公司	178	201	282.6
51	中国山东对外经济技术合作集团有限公司	181	＊＊	275.6
52	南通建工集团股份有限公司	182	196	271.1
53	中铝国际工程股份有限公司	191	＊＊	253.2
54	中国甘肃国际经济技术合作总公司	194	204	250.6
55	烟建集团有限公司	195	210	250.5
56	山东科瑞石油装备有限公司	196	＊＊	250.2
57	北京城建集团	206	214	221.6
58	重庆对外建设(集团)有限公司	210	222	203.0
59	中石化胜利油田石油工程技术服务有限责任公司	212	207	183.2
60	中国电子进出口总公司	216	174	173.7
61	中国沈阳国际经济技术合作有限公司	221	240	168.0
62	江苏南通六建设集团有限公司	222	243	163.6
63	山东天泰建工有限公司	224	＊＊	160.0
64	北京住总集团有限公司	228	233	152.4
65	中国电力工程顾问集团有限公司	234	＊＊	132.2

＊＊表示未进入 2014 年度 250 强排行榜

(哈尔滨工业大学)

(九) 入选全球承包商 250 强的中国内地企业

根据美国《工程新闻记录》(ENR)杂志 2015 年 8 月发布的 2015 年度全球承包商 250 强排行榜,本年度中国内地企业共有 48 家入围,具体情况如表 6-2-25 所列。

入选 2015 年度全球承包商 250 强的中国内地企业   表 6-2-25

序号	公司名称	2015 年度排名	2014 年度排名	2014 总收入(百万美元)
1	中国中铁股份有限公司	1	3	113105.7
2	中国建筑工程总公司	2	1	110579.4
3	中国铁建股份有限公司	3	2	97044.0
4	中国交通建设集团有限公司	4	4	60314.6
5	中国电力建设集团公司	7	14	36689.6
6	中国冶金科工集团公司	10	10	30026.2
7	上海建工集团股份有限公司	12	11	26621.8
8	中国化学工程集团公司	29	32	10770.3
9	中国葛洲坝集团股份有限公司	33	37	9614.4
10	浙江省建设投资集团有限公司	34	39	9417.0
11	中国石化工程公司	40	51	8064.4
12	北京城建集团	41	46	7885.5

第六篇

续表

序号	公司名称	2015 年度排名	2014 年度排名	2014 总收入(百万美元)
13	安徽建工集团有限公司	42	53	7788.6
14	青建集团股份公司	43	47	7744.0
15	北京建工集团有限责任公司	44	54	7550.9
16	云南建工集团有限公司	45	50	7486.0
17	江苏南通三建集团有限公司	48	57	7165.2
18	东方电气集团股份有限公司	51	49	7018.0
19	中国机械工业集团有限公司	55	59	5811.3
20	中国石油天然气管道局	65	82	4719.3
21	中国通用技术(集团)控股有限责任公司	67	68	4583.1
22	江苏南通六建集团有限公司	68	106	4520.5
23	新疆生产建设兵团	79	97	3666.0
24	中国石油工程建设(集团)公司	88	101	3294.5
25	中国土木工程集团公司	93	142	3085.3
26	江苏中兴建设有限公司	98	137	2900.5
27	中石化胜利油田有限公司	101	91	2855.4
28	中信建设有限责任公司	110	94	2618.6
29	中国寰球工程公司	118	89	2418.4
30	大庆油田建设集团	121	117	2337.4
31	南通建工集团股份有限公司	122	139	2325.0
32	中国电力工程顾问集团公司	124	156	2284.9
33	中国石油集团工程设计有限责任公司	129	113	2134.8
34	中国铝业国际工程有限公司	134	＊＊	1994.1
35	中国武夷实业股份有限公司	138	145	1881.1
36	中国江苏国际经济技术合作公司	143	146	1739.1
37	中原石油工程有限公司	145	141	1725.3
38	烟建集团有限公司	146	168	1668.8
39	北京住总集团有限公司	151	＊＊	1591.1
40	中国水利电力对外公司	152	177	1541.7
41	上海电气集团股份有限公司	154	102	1536.0
42	中钢设备有限公司	158	140	1476.4
43	中地海外建设集团有限公司	185	195	1109.8
44	沈阳远大铝业工程有限公司	190	154	1058.6
45	中国能源建设集团天津电力建设公司	193	210	1040.0
46	中国地质工程集团公司	215	216	830.4
47	中国江西国际经济技术合作公司	239	＊＊	737.9
48	重庆对外建设(集团)有限公司	248	＊＊	704.7

＊＊表示本年度未进入 250 强排行榜

（哈尔滨工业大学）

（十）2014 年我国对外承包工程业务完成额前100 家企业和新签合同额前 50 家企业

【2014 年我国对外承包工程业务完成营业额前100 家企业】　根据国家商务部的有关统计分析报告，2014 年我国对外承包工程业务完成营业额前 100 家企业如表 6-2-26 所列。

2014 年我国对外承包工程业务
完成营业额前 50 家企业　表 6-2-26

续表

序号	企业名称	完成营业额(万美元)
1	为技术有限公司	971546
2	中国建筑工程总公司	723910
3	中国水电建设集团国际工程有限公司	628182
4	中国港湾工程有限责任公司	396051
5	中国路桥工程有限责任公司	279954
6	中国土木工程集团有限公司	269046
7	中国葛洲坝集团股份有限公司	256825
8	中国机械设备工程股份有限公司	255948
9	中信建设有限责任公司	205472
10	中国石油工程建设公司	194032
11	中国石油天然气管道局	170283
12	中国石油集团长城钻探工程有限公司	169098
13	上海振华重工(集团)股份有限公司	168771
14	中国水利电力对外公司	152035
15	中交第四航务工程局有限公司	140284
16	青建集团股份公司	131507
17	东方电气股份有限公司	131310
18	中交第一公路工程局有限公司	130914
19	中工国际工程股份有限公司	123850
20	中国石油集团东方地球物理勘探有限责任公司	123345
21	山东电力建设第三工程公司	117153
22	中地海外集团有限公司	110232
23	中国中铁股份有限公司	104863
24	中铁二局集团有限公司	99744
25	上海电气集团股份有限公司	97321
26	中国交通建设股份有限公司	86589
27	国家电网公司	81259
28	特变电工股份有限公司	81047
29	上海贝尔股份有限公司	76493
30	中国电力技术装备有限公司	76295
31	中国石油集团工程设计有限责任公司	71562

序号	企业名称	完成营业额(万美元)
32	中国成套设备进出口(集团)总公司	68296
33	山东电力基本建设总公司	67483
34	中国石油集团渤海钻探工程有限公司	65790
35	中国技术进出口总公司	63703
36	中国中原对外工程有限公司	63431
37	江苏省建筑工程集团有限公司	62303
38	中国江西国际经济技术合作公司	61916
39	中国河南国际合作集团有限公司	61523
40	中国地质工程集团公司	60585
41	威海国际经济技术合作股份有限公司	59516
42	中电投电力工程有限公司	59000
43	大庆石油国际工程公司	58960
44	中国铁建股份有限公司	57642
45	中石化中原石油工程有限公司	54942
46	上海福伊特水电设备有限公司	54503
47	中钢设备有限公司	54239
48	中国二十冶集团有限公司	53755
49	北京建工集团有限责任公司	52267
50	安徽建工集团有限公司	52028
51	中铁四局集团有限公司	51946
52	中国成达工程有限公司	51562
53	中兴通讯股份有限公司	51295
54	海尔集团电器产业有限公司	49568
55	中成进出口股份有限公司	48169
56	中材建设有限公司	47726
57	中海油田服务股份有限公司	47067
58	中国石油集团川庆钻探工程有限公司	46987
59	中铁建工集团有限公司	46945
60	中国能源建设集团天津电力建设公司	46753
61	中交第二航务工程局有限公司	46659

第六篇

续表

序号	企业名称	完成营业额(万美元)
62	新疆生产建设兵团建设工程(集团)有限责任公司	45387
63	中国建筑第五工程局有限公司	45185
64	中国石油集团西部钻探工程有限公司	44585
65	中鼎国际工程有限责任公司	44143
66	中铁十四局集团有限公司	43943
67	江西中煤建设集团有限公司	43922
68	北方国际合作股份有限公司	43772
69	中国能源建设集团广西水电工程局有限公司	43445
70	中国中材国际工程股份有限公司	43040
71	浙江省建设投资集团有限公司	42227
72	沈阳远大铝业工程有限公司	40976
73	中国大连国际经济技术合作集团有限公司	40001
74	中铁七局集团有限公司	39881
75	中铁十八局集团有限公司	39470
76	江苏中信建设集团有限公司	39003
77	湖北省电力建设第二工程公司	38288
78	中交第二公路工程局有限公司	37621
79	江苏南通三建集团有限公司	37487
80	上海建工集团股份有限公司	37092
81	安徽省外经建设(集团)有限公司	36257
82	中铁十局集团第三建设有限公司	35364
83	天津水泥工业设计研究院有限公司	35050
84	中国十七冶集团有限公司	34185
85	云南阳光基础建设有限公司	34021
86	中国寰球工程公司	33490
87	中国冶金科工集团有限公司	32522
88	中国海外工程有限责任公司	32081
89	中国电力工程有限公司	31457

续表

序号	企业名称	完成营业额(万美元)
90	中国航空技术国际工程有限公司	31365
91	中国有色金属建设股份有限公司	31327
92	烟台国际经济技术合作集团有限公司	31132
93	云南建工集团有限公司	30011
94	中国华电工程(集团)有限公司	29408
95	中铁五局(集团)有限公司	28347
96	中国山东对外经济技术合作集团有限公司	27577
97	上海建工(集团)总公司	27343
98	中国天辰工程有限公司	27289
99	天元建设集团有限公司	27245
100	南通建工集团股份有限公司	27108

(哈尔滨工业大学)

【2014年我国对外承包工程业务新签合同额前50家企业】　根据国家商务部的有关统计分析报告，2014年我国对外承包工程业务新签合同额前50家企业如表6-2-27所列。

2014年我国对外承包工程业务
新签合同额前50家企业　表6-2-27

序号	企业名称	新签合同额(万美元)
1	中国土木工程集团有限公司	1603409
2	中国水电建设集团国际工程有限公司	1260812
3	中国建筑工程总公司	1233790
4	华为技术有限公司	1139172
5	中国葛洲坝集团股份有限公司	1044787
6	中国路桥工程有限责任公司	686330
7	中国港湾工程有限责任公司	655885
8	中国石油工程建设公司	593211
9	中国铁建股份有限公司	509547
10	中工国际工程股份有限公司	384651
11	山东电力基本建设总公司	372943
12	中国机械设备工程股份有限公司	275261
13	中国交通建设股份有限公司	265861

续表

序号	企业名称	新签合同额(万美元)
14	上海振华重工(集团)股份有限公司	251711
15	中国机械进出口(集团)有限公司	236100
16	中国石油天然气管道局	218977
17	中国石油集团长城钻探工程有限公司	208487
18	中国水利电力对外公司	204150
19	中地海外集团有限公司	203140
20	上海电气集团股份有限公司	172433
21	中国寰球工程公司	165944
22	中国石油集团东方地球物理勘探有限责任公司	162797
23	中国能源建设集团广东省电力设计研究院有限公司	159860
24	中铁大桥局股份有限公司	156005
25	浙江省建设投资集团有限公司	146465
26	中国电力技术装备有限公司	145800
27	中国天辰工程有限公司	134280
28	中兴通讯股份有限公司	123545
29	中国江西国际经济技术合作公司	118315
30	江苏省建筑工程集团有限公司	116018
31	特变电工股份有限公司	111896
32	上海贝尔股份有限公司	107866
33	中交第一公路工程局有限公司	96710
34	中国石油集团工程设计有限责任公司	91867

续表

序号	企业名称	新签合同额(万美元)
35	云南路桥股份有限公司	88001
36	中铁国际集团有限公司	86143
37	海尔集团电器产业有限公司	81642
38	中国地质工程集团公司	79784
39	青建集团股份公司	78077
40	中国石油集团渤海钻探工程有限公司	77089
41	威海国际经济技术合作股份有限公司	73792
42	中铁建工集团有限公司	72975
43	中国电建集团成都勘测设计研究院有限公司	72300
44	中国长城工业集团有限公司	70748
45	苏州中材建设有限公司	70731
46	上海电力建设有限责任公司	70190
47	中国中材国际工程股份有限公司	69291
48	安徽建工集团有限公司	66003
49	中国技术进出口总公司	65590
50	江西中煤建设集团有限公司	63162

(哈尔滨工业大学)

(十一)"2015 中国企业 500 强"中的建筑业企业

根据中国企业联合会、中国企业家协会 2015 年 8 月公布的 2015 中国企业 500 强年度排行榜,共有 49 家建筑业企业入选 2015 中国企业 500 强,比上年增加 3 家。上年上榜的 46 家企业 2015 年仍然榜上有名。这 46 家企业中,有 34 家的位次有所上升,12 家的位次有所下降。3 家企业新入榜。具体如表 6-2-28 所列。

入选"2015 中国企业 500 强"年度排行榜的建筑业企业　　　　表 6-2-28

序号	中国企业 500 强名次		企业名称	营业收入(万元)
	2015	2014		
1	6	7	中国建筑股份有限公司	80002875
2	11	13	中国铁路工程总公司(中国中铁股份有限公司)	61329911
3	13	11	中国铁道建筑总公司	59393519
4	25	27	太平洋建设集团有限公司	39044629
5	28	32	中国交通建设集团有限公司	37042234
6	46	57	中国电力建设集团有限公司	26500259
7	62	67	中国冶金科工集团有限公司	22062626
8	83	95	中国能源建设集团有限公司	18682856
9	124	130	上海建工集团股份有限公司	11366168
10	145	152	广厦控股集团有限公司	9868116

续表

序号	中国企业 500 强名次		企业名称	营业收入(万元)
	2015	2014		
11	192	200	中国化学工程股份有限公司	6925569
12	206	220	广西建工集团有限责任公司	6260024
13	212	231	陕西建工集团总公司	6052375
14	216	244	江苏南通三建集团有限公司	5892663
15	227	241	中天发展控股集团有限公司	5633289
16	230	228	上海城建(集团)公司	5494996
17	237	252	浙江省建设投资集团有限公司	5284079
18	240	246	四川华西集团有限公司	5173162
19	254	298	湖南省建筑工程集团总公司	4967094
20	259	274	中南控股集团有限公司	4882433
21	261	284	北京城建集团有限责任公司	4833900
22	269	261	青建集团股份有限公司	4685183
23	278	242	重庆建工投资控股有限责任公司	4593415
24	288	308	江苏南通二建集团有限公司	4423509
25	294	297	中太建设集团股份有限公司	4317537
26	305	295	云南建工集团有限公司	4206833
27	309	292	广州市建筑集团有限公司	4113761
28	314	332	江苏省苏中建设集团股份有限公司	4038725
29	329	359	甘肃省建设投资(控股)集团总公司	3832884
30	346	358	浙江中成控股集团有限公司	3577368
31	359	373	安徽建工集团有限公司	3403831
32	364	393	山西建筑工程(集团)总公司	3362917
33	365	344	北京建工集团有限责任公司	3361206
34	368	370	北京市政路桥集团有限公司	3300380
35	399	471	江西省建工集团有限责任公司	3039240
36	403	450	河北建设集团有限公司	3031979
37	409	401	浙江昆仑控股集团有限公司	3012720
38	412	405	河北建工集团有限责任公司	2979876
39	415	436	浙江八达建设集团有限公司	2965417
40	416	458	山河建设集团有限公司	2965321
41	420	363	成都建筑工程集团总公司	2926709
42	443	462	浙江宝业建设集团有限公司	2803563
43	446	＊＊	龙信建设集团有限公司	2795091
44	447	461	广东省建筑工程集团有限公司	2785951
45	459	445	四川公路桥梁建设集团有限公司	2676668
46	460	＊＊	天元建设集团有限公司	2673414
47	463	485	北京住总集团有限责任公司	2664508
48	467	＊＊	新疆生产建设兵团建设工程(集团)有限责任公司	2627551
49	468	465	天津市建工集团(控股)有限公司	2616551

数据来源：2015 年中国 500 强企业发展报告，＊＊表示相应年度未入榜。

（哈尔滨工业大学）

(十二)"2015 年财富中国 500 强"企业中的基建、建筑企业

根据《财富》(中文版)2015 年 7 月 8 日发布的 2015 年财富中国 500 强排行榜,共有 26 家基建、建筑企业入选 2015 年财富中国企业 500 强,比上年减少 1 家。上年上榜的 27 家企业中,2015 年 24 家仍然榜上有名。这 24 家企业中,有 18 家的位次有所上升,3 家的位次有所下降,3 家的位次与上年持平。中钢国际工程技术股份有限公司和安徽水利开发股份有限公司 2 家企业新入榜。具体如表 6-2-29 所列。

"入选 2015 年财富中国企业 500 强"排行榜的基建、建筑企业　　　　表 6-2-29

序号	中国企业 500 强名次		企业名称	收入(百万元)
	2015	2014		
1	3	3	中国建筑股份有限公司	800028.8
2	7	8	中国中铁股份有限公司	612559.2
3	8	6	中国铁建股份有限公司	591968.4
4	14	14	中国交通建设股份有限公司	366673.2
5	23	23	中国冶金科工股份有限公司	215785.8
6	28	30	中国电力建设股份有限公司	167091.2
7	46	47	上海建工集团股份有限公司	113661.7
8	79	95	中国葛洲坝集团股份有限公司	71605.4
9	88	92	中国化学工程股份有限公司	69255.7
10	162	198	中海油田服务股份有限公司	33720.2
11	195	209	四川路桥建设股份有限公司	26972.7
12	197	236	华夏幸福基业股份有限公司	26885.6
13	211	217	上海隧道工程股份有限公司	25421.8
14	213	267	中铝国际工程股份有限公司	25343.8
15	237	245	海洋石油工程股份有限公司	22031.4
16	250	264	苏州金螳螂建筑装饰股份有限公司	20688.6
17	270	275	宝业集团股份有限公司	18898
18	300	313	龙元建设集团股份有限公司	16230.3
19	310	375	江河创建集团股份有限公司	15904.3
20	345	343	宁波建工股份有限公司	13644.4
21	359	367	浙江亚厦装饰股份有限公司	12917.1
22	402	＊＊	中钢国际工程技术股份有限公司	11061.3
23	434	401	远大中国控股有限公司	10038.6
24	446	478	深圳广田装饰集团股份有限公司	9788
25	457	458	中工国际工程股份有限公司	9532.9
26	500	＊＊	安徽水利开发股份有限公司	8409.4

数据来源:财富中文网,＊＊表示相应年度未入榜。

(哈尔滨工业大学)

(十三)"2015 年财富世界 500 强"中的中国基建、建筑企业

根据美国《财富》杂志 2015 年 7 月 22 日发布的 2015 年"财富世界 500 强"企业最新排名,共有 9 家中国建筑业企业入选 2015 年"财富世界 500 强"排行榜,数量与上年相同。上年入选的企业本年度悉数入选。具体如表 6-2-30 所列。入选的这 9 家企业排名位次均有所上升,中国建筑股份有限公司由上年的 52 名上升到 37 名,稳居世界工程与建筑类企业第一名。

入选"2015 财富世界 500 强"年度排行榜的中国建筑业企业　　表 6-2-30

序号	中国企业 500 强名次		企业名称	营业收入（百万美元）	利润（百万美元）
	2015	2014			
1	37	52	中国建筑股份有限公司	129887.1	2079.1
2	71	86*	中国铁路工程总公司	99537.9	959.9
3	79	80	中国铁道建筑总公司	96395.2	1154.2
4	156	166	太平洋建设集团	63369.1	2667.9
5	165	187	中国交通建设集团有限公司	60119.2	1467.1
6	253	313	中国电力建设集团有限公司	43009.7	1071.8
7	326	354	中国冶金科工集团有限公司	35807.5	280.6
8	391	465	中国能源建设集团有限公司	30322.1	389.0
9	426	469	中国通用技术(集团)控股有限责任公司	27670.9	475.7

数据来源：财富中文网，＊2014 年为中国中铁股份有限公司的排名。

（哈尔滨工业大学）

（十四）2014 年度中国建筑业双百强企业

为引导和促进建筑业企业科学发展，树立企业品牌，中国建筑业协会研究决定，2014 年继续开展 2013 年度中国建筑业双百强企业评价工作(包括中国建筑业竞争力百强企业评价和中国建筑业成长性百强企业评价，简称：竞争力百强评价和成长性百强评价)。经评价确定的 2014 年度中国建筑业竞争力百强企业排行榜和 2014 年度中国建筑业成长性百强企业排行榜分别如表 6-2-31 和表 6-2-32 所列。

2014 年度中国建筑业竞争力百强企业排行榜　　表 6-2-31

排名		企业名称	资质等级	位次变化
2014	2013			
1	1	中建三局集团有限公司	特级	0
2	＊＊	中国葛洲坝集团股份有限公司	特级	
3	2	中国建筑第二工程局有限公司	特级	−1
4	8	陕西建工集团总公司	特级	4
5	10	广西建工集团有限责任公司	特级	5
6	7	中国建筑第四工程局有限公司	特级	1
7	12	中天建设集团有限公司	特级	5
8	＊＊	云南建工集团有限公司	特级	
9	13	山西建筑工程(集团)总公司	特级	4
10	15	江苏南通三建集团有限公司	特级	5
11	9	重庆建工投资控股有限责任公司	特级	−2
12	16	中交第一航务工程局有限公司	特级	4
13	17	江苏南通二建集团有限公司	特级	4
14	＊＊	中铁建工集团有限公司	特级	
15	4	广东省建筑工程集团有限公司	特级	−11
16	29	南通四建集团有限公司	特级	13
17	18	广州建筑股份有限公司	特级	1
18	21	中太建设集团股份有限公司	特级	3
19	40	上海宝冶集团有限公司	特级	21
20	20	安徽建工集团有限公司	特级	0

续表

排名		企业名称	资质等级	位次变化
2014	2013			
21	25	江苏省苏中建设集团股份有限公司	特级	4
22	＊＊	天元建设集团有限公司	特级	
23	26	江苏省华建建设股份有限公司	特级	3
24	22	苏州金螳螂企业(集团)有限公司	一级	−2
25	19	江苏江都建设集团有限公司	特级	−6
26	27	甘肃省建设投资(控股)集团总公司	特级	1
27	39	中国五冶集团有限公司	特级	12
28	33	新疆生产建设兵团建设工程(集团)有限责任公司	特级	5
29	31	河南国基建设集团有限公司	特级	2
30	30	山河建设集团有限公司	特级	0
31	41	江苏省建筑工程集团有限公司	特级	10
32	47	中冶天工集团有限公司	特级	15
33	37	中国一冶集团有限公司	特级	4
34	50	江苏省建工集团有限公司	一级	16
35	34	中国水利水电第十四工程局有限公司	特级	−1
36	42	天津住宅集团建设工程总承包有限公司	一级	6
37	54	中国核工业华兴建设有限公司	特级	17
38	49	河北建工集团有限责任公司	特级	11
39	43	中交上海航道局有限公司	特级	4
40	55	通州建总集团有限公司	特级	15
41	＊＊	中煤第三建设(集团)有限责任公司	特级	
42	59	龙信建设集团有限公司	特级	17
43	57	浙江宝业建设集团有限公司	特级	14
44	64	中国水利水电第十三工程局有限公司	一级	20
45	56	中国江苏国际经济技术合作集团有限公司	特级	11
46	66	上海建工四建集团有限公司	特级	20
47	90	北京市政建设集团有限责任公司	特级	43
48	91	新八建设集团有限公司	特级	43
49	＊＊	中建八局第一建设有限公司	一级	
50	75	正太集团有限公司	特级	25
51	73	浙江省建工集团有限责任公司	特级	22
52	61	江苏邗建集团有限公司	特级	9
53	＊＊	福建六建集团有限公司	一级	
54	77	江苏南通六建建设集团有限公司	特级	23
55	＊＊	中建安装工程有限公司	一级	
56	60	中国新兴建设开发总公司	特级	4
57	67	福建建工集团总公司	特级	10
58	76	海天建设集团有限公司	特级	18

第六篇

续表

排名		企业名称	资质等级	位次变化
2014	2013			
59	69	南通华新建工集团有限公司	特级	10
60	＊＊	广东省长大公路工程有限公司	特级	
61	＊＊	江西建工第二建筑有限责任公司	一级	
62	78	中冶建工集团有限公司	特级	16
63	72	黑龙江省建工集团有限责任公司	特级	9
64	74	上海建工一建集团有限公司	特级	10
65	62	江苏省金陵建工集团有限公司	特级	−3
66	＊＊	发达控股集团有限公司	特级	
67	58	中亿丰建设集团股份有限公司	特级	−9
68	82	五洋建设集团股份有限公司	特级	14
69	98	烟建集团有限公司	特级	29
70	80	南京宏亚建设集团有限公司	一级	10
71	＊＊	新七建设集团有限公司	特级	
72	81	上海建工七建集团有限公司	特级	9
73	99	湖南高岭建设集团股份有限公司	特级	26
74	83	山东万鑫建设有限公司	特级	9
75	94	泰宏建设发展有限公司	特级	19
76	87	南通建工集团股份有限公司	特级	11
77	79	江苏江中集团有限公司	特级	2
78	96	中化二建集团有限公司	特级	18
79	84	大元建业集团股份有限公司	一级	5
80	＊＊	红旗渠建设集团有限公司	特级	
81	95	中建八局第三建设有限公司	特级	14
82	68	浙江勤业建工集团有限公司	特级	−14
83	＊＊	上海建工二建集团有限公司	特级	
84	52	安徽省外经建设(集团)有限公司	一级	−32
85	＊＊	宏润建设集团股份有限公司	特级	
86	70	宁波建工股份有限公司	特级	−16
87	＊＊	江西建工第一建筑有限责任公司	一级	
88	＊＊	浙江省东阳第三建筑工程有限公司	特级	
89	＊＊	江苏沪宁钢机股份有限公司	一级	
90	＊＊	南通新华建筑集团有限公司	特级	
91	93	浙江中南建设集团有限公司	特级	2
92	89	山东新城建工股份有限公司	特级	−3
93	＊＊	郑州市第一建筑工程集团有限公司	特级	
94	＊＊	济南城建集团有限公司	特级	
95	＊＊	内蒙古兴泰建设集团有限公司	特级	
96	＊＊	宏峰集团(福建)有限公司	一级	

续表

排名		企业名称	资质等级	位次变化
2014	2013			
97	＊＊	浙江省交通工程建设集团有限公司	特级	
98	＊＊	兴润建设集团有限公司	一级	
99	＊＊	江苏省江建集团有限公司	一级	
100	＊＊	方远建设集团股份有限公司	一级	

注：＊＊表示该年度未上榜或未参加评价；位次变化栏内数字，大于 0 表示上升的位次，小于 0 表示下降的位次，等于 0 表示位次持平

2014 年度中国建筑业成长性百强企业排行榜

表 6-2-32

排名		企业名称	资质等级	位次变化
2014	2013			
1	6	安徽三建工程有限公司	一级	5
2	＊＊	广西建工集团第二建筑工程有限责任公司	一级	
3	＊＊	江苏通州二建建设工程有限公司	一级	
4	16	南通市达欣工程股份有限公司	一级	12
5	＊＊	江苏扬建集团有限公司	一级	
6	11	浙江天工建设集团有限公司	一级	5
7	8	江苏金土木建设集团有限公司	一级	1
8	18	海通建设集团有限公司	一级	10
9	39	中城建第六工程局集团有限公司	一级	30
10	24	标力建设集团有限公司	一级	14
11	33	江苏龙海建工集团有限公司	一级	22
12	61	建元装饰股份有限公司	一级	49
13	56	安徽华力建设集团有限公司	一级	43
14	26	山东聊建集团有限公司	一级	12
15	31	江苏信拓建设(集团)股份有限公司	一级	16
16	10	浙江宝盛建设集团有限公司	一级	−6
17	53	合肥建工集团有限公司	一级	36
18	17	陕西建工第一建设集团有限公司	一级	−1
19	37	河南省大成建设工程有限公司	一级	18
20	30	中交三航局第三工程有限公司	一级	10
21	20	安徽湖滨建设集团有限公司	一级	−1
22	＊＊	宏大建设集团有限公司	一级	
23	55	广西壮族自治区冶金建设公司	一级	32
24	22	济南四建(集团)有限责任公司	一级	−2
25	25	南通卓强建设集团有限公司	一级	0
26	＊＊	中国核工业二四建设有限公司	一级	
27	75	陕西建工第七建设集团有限公司	一级	48
28	19	陕西建工安装集团有限公司	一级	−9
29	70	中铁四局集团建筑工程有限公司	一级	41

第六篇

续表

排名		企业名称	资质等级	位次变化
2014	2013			
30	35	江苏通州四建集团有限公司	一级	5
31	43	十一冶建设集团有限责任公司	一级	12
32	36	广西建工集团第三建筑工程有限责任公司	一级	4
33	＊＊	济南一建集团总公司	一级	
34	＊＊	江西中联建设集团有限公司	一级	
35	63	中标建设集团股份有限公司	一级	28
36	＊＊	江苏省交通工程集团有限公司	一级	
37	＊＊	天津天一建设集团有限公司	一级	
38	66	江苏启安建设集团有限公司	一级	28
39	47	成都市第四建筑工程公司	一级	8
40	29	常州第一建筑集团有限公司	一级	−11
41	77	陕西建工第三建设集团有限公司	一级	36
42	45	广东省第一建筑工程有限公司	一级	3
43	＊＊	山东万腾建设有限公司	一级	
44	98	重庆一建建设集团有限公司	一级	54
45	54	南通英雄建设集团有限公司	一级	9
46	44	宁波市建设集团股份有限公司	一级	−2
47	60	江苏扬安集团有限公司	一级	13
48	80	陕西建工第六建设集团有限公司	一级	32
49	65	安徽水安建设集团股份有限公司	一级	16
50	40	山东三箭建设工程股份有限公司	一级	−10
51	50	中国能源建设集团安徽电力建设第一工程有限公司	一级	−1
52	51	广东省第四建筑工程有限公司	一级	−1
53	68	核工业西南建设集团有限公司	一级	15
54	84	江苏华能建设工程集团有限公司	一级	30
55	＊＊	北京港源建筑装饰工程有限公司	一级	
56	59	山东淄建集团有限公司	一级	3
57	＊＊	陕西建工第二建设集团有限公司	一级	
58	42	舜元建设(集团)有限公司	一级	−16
59	69	南通海洲建设集团有限公司	一级	10
60	＊＊	中建鑫宏鼎环境集团有限公司	一级	
61	＊＊	杭州建工集团有限责任公司	一级	
62	＊＊	南京明辉建设有限公司	一级	
63	64	深圳市宝鹰建设集团股份有限公司	一级	1
64	49	山东起凤建工股份有限公司	一级	−15
65	＊＊	山西省工业设备安装有限公司	一级	
66	62	南京大地建设集团有限责任公司	一级	−4
67	＊＊	湖北远大建设集团有限公司	一级	

续表

排名		企业名称	资质等级	位次变化
2014	2013			
68	＊＊	中国水利水电第九工程局有限公司	一级	
69	95	安徽金煌建设集团有限公司	一级	26
70	＊＊	山东电力建设第一工程公司	一级	
71	81	鲲鹏建设集团有限公司	一级	10
72	＊＊	南通华荣建设集团有限公司	一级	
73	83	中国能源建设集团安徽电力建设第二工程有限公司	一级	10
74	85	陕西建工第八建设集团有限公司	一级	11
75	27	湖南省沙坪建筑有限公司	一级	−48
76	23	湖南省衡洲建设有限公司	一级	−53
77	＊＊	江西省宏顺建筑工程有限公司	一级	
78	71	浙江博元建设股份有限公司	一级	−7
79	97	苏通建设集团有限公司	一级	18
80	92	山东枣建建设集团有限公司	一级	12
81	＊＊	金川集团工程建设有限公司	一级	
82	90	安徽鲁班建设投资集团有限公司	一级	8
83	91	成都市第六建筑工程公司	一级	8
84	＊＊	沈阳市政集团有限公司	一级	
85	＊＊	湖南东方红建设集团有限公司	一级	
86	＊＊	金诚信矿业管理股份有限公司	一级	
87	＊＊	北京建工四建工程建设有限公司	一级	
88	＊＊	永升建设集团有限公司	一级	
89	100	中北华宇建筑工程公司	一级	11
90	88	北京金港建设股份有限公司	一级	−2
91	＊＊	中国化学工程第七建设有限公司	一级	
92	＊＊	北京城建亚泰建设集团有限公司	一级	
93	＊＊	江西省丰和营造集团有限公司	一级	
94	46	中石化第四建设有限公司	一级	−48
95	89	伟基建设集团有限公司	一级	−6
96	72	苏州美瑞德建筑装饰有限公司	一级	−24
97	＊＊	唐山建设集团有限责任公司	一级	
98	78	江苏扬州建工建设集团有限公司	一级	−20
99	＊＊	上海森信建设工程有限公司	一级	
100	＊＊	安徽四建控股集团有限公司	一级	

注：＊＊表示该年度未上榜或未参加评价；位次变化栏内数字，大于 0 表示上升的位次，小于 0 表示下降的位次，等于 0 表示位次持平

（中国建筑业协会　哈尔滨工业大学）

第六篇

三、2014年全国房地产市场运行分析

(一) 2014年全国房地产开发情况

根据国家统计局发布的有关数据，2014年我国房地产市场开发情况如下：

【房地产开发投资完成情况】 2014年，全国房地产开发投资95036亿元，比上年名义增长10.5%（扣除价格因素实际增长9.9%），增速比2013年回落9.3个百分点。其中，住宅投资64352亿元，增长9.2%。住宅投资占房地产开发投资的比重为67.7%。

逐月来看，2014年房地产开发投资月累计增速呈持续回落状态，如图6-3-1所示。

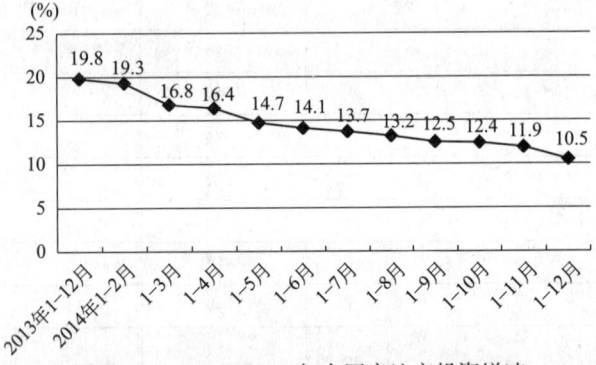

图6-3-1　2000～2013年全国房地产投资增速

分地区来看，2014年东部地区房地产开发投资52941亿元，比上年增长10.4%；中部地区投资20662亿元，增长8.5%；西部地区投资21433亿元，增长12.8%。如表6-3-1所示。

2014年分地区房地产开发投资情况　表6-3-1

地区	投资额		同比增长	
	(亿元)	住宅	(%)	住宅
全国总计	95036	64352	10.5	9.2
一、东部地区	52941	35477	10.4	8.5
二、中部地区	20662	14552	8.5	9.7
三、西部地区	21433	14323	12.8	10.3

数据来源：国家统计局

【房屋供给情况】 2014年，全国房地产开发企业土地购置面积33383万平方米，比上年下降14.0%；土地成交价款10020亿元，增长1.0%。房地产开发企业房屋施工面积725482万平方米，比上年增长9.2%；其中，住宅施工面积515096万平方米，增长5.9%。房屋新开工面积179592万平方米，下降10.7%。其中，住宅新开工面积124877万平方米，下降14.4%。房屋竣工面积107459万平方米，增长5.9%。其中，住宅竣工面积80868万平方米，增长2.7%。

逐月数据看，全国房地产开发企业施工面积较上年同期有小幅增长，新开工面积较上年同期有小幅下降，竣工面积较上年同期由小幅下降转为小幅增长。具体如表6-3-2所示。

2014年、2013年全国房地产开发企业施工、新开工和竣工面积逐月数据及同比增长率　表6-3-2

月份	2014年						2013年					
	施工面积(亿平方米)	增长(%)	新开工面积(亿平方米)	增长(%)	竣工面积(亿平方米)	增长(%)	施工面积(亿平方米)	增长(%)	新开工面积(亿平方米)	增长(%)	竣工面积(亿平方米)	增长(%)
1～2	52.96	16.3	1.67	−27.4	1.24	−8.2	45.54	15.3	2.30	14.7	1.35	34.0
1～3	54.70	14.2	2.91	−25.2	1.85	−4.9	47.89	17.0	3.89	−2.7	1.95	8.9
1～4	56.48	12.8	4.32	−22.1	2.37	−0.3	50.06	17.2	5.55	1.9	2.38	6.6
1～5	58.61	12	5.99	−18.6	3.07	6.8	52.34	16.0	7.36	1.0	2.87	5.3
1～6	61.14	11.3	8.01	−16.4	3.82	8.1	54.94	15.5	9.59	3.8	3.53	6.3
1～7	63.27	11.3	9.82	−12.8	4.35	4.5	56.87	16.2	11.26	8.4	4.16	7.9
1～8	65.30	11.5	11.44	−10.5	4.98	6.7	58.56	14.4	12.78	4.0	4.66	4.6
1～9	67.32	11.5	13.14	−9.3	5.65	7.2	60.40	15.0	14.49	7.8	5.27	4.2

续表

月份	2014 年						2013 年					
	施工面积（亿平方米）	增长（%）	新开工面积（亿平方米）	增长（%）	竣工面积（亿平方米）	增长（%）	施工面积（亿平方米）	增长（%）	新开工面积（亿平方米）	增长（%）	竣工面积（亿平方米）	增长（%）
1～10	69.21	12.3	14.77	−5.5	6.39	7.6	61.65	14.6	15.63	6.5	5.94	1.8
1～11	71.13	10.1	16.47	−9	7.51	8.1	64.61	16.1	18.11	11.5	6.94	2.5
1～12	72.65	9.2	17.96	−10.7	10.75	5.9	66.56	16.1	20.12	13.5	10.14	2.0

数据来源：国家统计局

（二）2014 年商品房销售情况

2014 年，全国商品房销售面积 120649 万平方米，比上年下降 7.6%，2013 年为增长 17.3%。其中，住宅销售面积下降 9.1%，办公楼销售面积下降 13.4%，商业营业用房销售面积增长 7.2%。商品房销售额 76292 亿元，下降 6.3%，2013 年为增长 26.3%。其中，住宅销售额下降 7.8%，办公楼销售额下降 21.4%，商业营业用房销售额增长 7.6%。

分地区来看，东部地区商品房销售面积 54756 万平方米，比上年下降 13.7%；销售额 43607 亿元，下降 11.6%。中部地区商品房销售面积 33824 万平方米，下降 3.9%；销售额 16558 亿元，增长 0.2%。西部地区商品房销售面积 32068 万平方米，增长 0.6%；销售额 16127 亿元，增长 3.5%。如表 6-3-3 所示。

2014 年分地区房地产销售情况　表 6-3-3

地区	商品房销售面积		商品房销售额	
	绝对数（万平方米）	同比增长（%）	绝对数（亿元）	同比增长（%）
全国总计	120649	−7.6	76292	−6.3
一、东部地区	54756	−13.7	43607	−11.6
二、中部地区	33824	−3.9	16558	0.2
三、西部地区	32068	0.6	16127	3.5

数据来源：国家统计局

2014 年末，商品房待售面积 62169 万平方米，比 2013 年末增加 12874 万平方米。

逐月数据看，2014 年全年商品房销售面积和销售额均呈现小幅下降，如表 6-3-4 所示。

2014 年、2013 年全国商品房销售面积、销售额　表 6-3-4

月份	2014 年				2013 年			
	商品房销售面积（万平方米）	增长（%）	商品房销售额（亿元）	增长（%）	商品房销售面积（万平方米）	增长（%）	商品房销售额（亿元）	增长（%）
1～2	10466	−0.1	7090	−3.7	10471.14	49.50	7361.33	77.60
1～3	20111	−3.8	13263	−5.2	20897.98	37.10	13991.63	61.30
1～4	27709	−6.9	18307	−7.8	29760.52	38.00	19847.19	59.80
1～5	36070	−7.8	23674	−8.5	39118.13	35.60	25863.98	52.80
1～6	48365	−6	31133	−6.7	51433.33	28.70	33376.41	43.20
1～7	56480	−7.6	36315	−8.2	61133.28	25.80	39548.84	37.80
1～8	64987	−8.3	41661	−8.9	70841.90	23.40	45723.98	34.40
1～9	77132	−8.6	49227	−8.9	84383.31	23.30	54028.13	33.90
1～10	88494	−7.8	56385	−7.9	95930.99	21.80	61237.63	32.30
1～11	101717	−8.2	64481	−7.8	110806.80	20.80	69946.00	30.70
1～12	120649	−7.6	76292	−6.3	130550.59	17.30	81428.28	26.30

数据来源：国家统计局

（三）2014 年全国房地产开发资金来源结构分析

2014 年，房地产开发企业到位资金 121991 亿元，比上年下降 0.1%，2013 年为增长 26.5%。其中，国内贷款 21243 亿元，增长 8.0%；利用外资 639 亿元，增长 19.7%；自筹资金 50420 亿元，增长

第六篇

6.3%；其他资金 49690 亿元，下降 8.8%。在其他资金中，定金及预收款 30238 亿元，下降 12.4%；个人按揭贷款 13665 亿元，下降 2.6%。

【国内贷款比重小幅增加】 2014 年，全国房地产开发企业本年资金来源于国内贷款 21243 亿元，同比增长 8.0%，增幅比 2013 年降低 25.1 个百分点。2014 年房地产国内贷款资金占全年资金总和的 17.4%，比上年同期上涨了 1.3 个百分点。

【利用外资金额比重略有增加】 2014 年，全国房地产开发企业本年资金来源于利用外资 639 亿元，同比增长 19.7%，增速比 2013 年降低 13.1 个百分点。全年房地产企业利用外资资金超过全年资金来源总计的 0.5%，比上年略有增加。

【自筹资金比重小幅增加】 2014 年，全国房地产开发企业本年资金来源于自筹资金为 50420 亿元，同比增长 6.3%，增速比 2013 年降低 15.0 个百分点。全年房地产开发自筹资金占全年资金来源总计的 41.3%，比上年同期增加了 2.5 个百分点。

【其他来源资金小幅减少】 2014 年，全国房地产开发企业本年资金来源于其他资金 49690 亿元，同比下降 8.8%，增速比 2013 年降低 37.7 个百分点。全年房地产开发其他资金占全年资金来源总计的 40.7%，比上年同期降低了 0.6 个百分点。其中，购房者定金及预付款资金 30238 亿元，同比降低 12.4%，增速比 2013 年降低 42.3 个百分点，定金及预付款的资金占房地产开发企业各项资金比重为 24.8%，比上年同期下降了 3.4 个百分点；个人按揭贷款 13665 亿元，同比下降 2.6%，增速比 2013 年降低 35.9 个百分点，占房地产开发企业各项资金比重为 11.2%，比上年同期下降了 0.3 个百分点。

2014 年全国房地产开发资金来源结构(单位：亿元)　　　　表 6-3-5

月份	房地产开发资金合计	国内贷款	利用外资	自筹资金	其他资金	定金及预付款	个人按揭贷款
1~2	21264	4913	50	8256	8045	4947	2116
1~3	28731	6226	84	11093	11327	6837	3161
1~4	37200	7709	116	14376	14999	9019	4238
1~5	46728	9379	150	18222	18977	11458	5342
1~6	58913	11293	186	23810	23624	14252	6512
1~7	68987	13111	245	28078	27553	16567	7651
1~8	79062	14664	341	32618	31440	18905	8697
1~9	89869	16288	430	37535	35616	21582	9794
1~10	100241	17735	489	42232	39786	24213	10895
1~11	110115	19252	530	46243	44089	26810	12130
1~12	121991	21243	639	50420	49690	30238	13665
2013 年	122122	19673	534	47425	54491	34499	14033
2012 年	96538	14778	402	39083	42275	26558	10524

数据来源：国家统计局

(四) 2014 年全国房地产开发景气指数

2014 年全国房地产开发景气指数如表 6-3-6 所示。

2014 年全国房地产开发景气指数　　　　表 6-3-6

指数类别	月份										
	1~2	1~3	1~4	1~5	1~6	1~7	1~8	1~9	1~10	1~11	1~12
国房景气指数	96.91	96.4	95.79	95.02	94.84	94.82	94.79	94.72	94.76	94.3	93.93
较上月增幅	−0.3	−0.51	−0.61	−0.77	−0.18	−0.02	−0.03	−0.07	0.04	−0.46	−0.37

数据来源：国家统计局

（五）**70 个大中城市住宅销售价格变动情况**

【新建住宅销售价格情况】 根据国家统计局公布的月度数据，2014 年全国 70 个大中城市的新建住宅销售价格指数情况分别如表 6-3-7、表 6-3-8 和表 6-3-9 所列。

2014 年 70 个大中城市新建住宅销售价格指数环比数据　　　　表 6-3-7

城市	1月	2月	3月	4月	5月	6月	7月	8月	9月	10月	11月	12月
北京	100.4	100.2	100.4	100.1	100.2	100.1	99	99.1	99.3	98.9	99.8	99.8
天津	100.4	100.4	100.2	100.1	100	99.5	99.2	99	99.2	99.3	99.7	99.8
石家庄	100.6	100.4	100.4	100	99.3	100	99.2	98.8	98.9	99.4	99.8	99.9
太原	100.7	100.3	100.3	100.1	100.1	99.6	98.5	98.9	98.9	99.5	99.6	99.6
呼和浩特	100.4	100.5	100	100	100	100.2	99	98.4	98.9	99.1	99.1	99.1
沈阳	100.3	100.4	100.3	99.6	99.1	98.3	98.4	98.8	98.7	98.8	99.1	
大连	100.3	100.3	100.4	100.1	100	100	98.7	98.4	99	98.7	98.6	99
长春	100.4	100.3	100.2	100	99.4	99.3	99.2	98.7	99.4	99.4	99.5	
哈尔滨	99.9	100	100.2	100	100	100.1	99.3	99.2	99.1	98.8	99.6	99.6
上海	100.5	100.4	100.4	100.3	99.7	99.4	98.8	98.9	99.1	99.4	99.6	99.7
南京	100.3	100.3	100.4	100.3	100.2	99.5	99.2	99	99.3	99.6	100	99.9
杭州	99.9	100	100	99.3	98.6	98.3	97.6	98	98.8	99.6	99.6	99.7
宁波	100.4	100.3	100	99.8	99.4	98.5	98.6	99.3	99.5	99.5	99.6	99.6
合肥	100.5	100.4	100.2	100.2	100	99.6	99.3	99.4	98.9	99.8	100	99.9
福州	100.8	100.4	100.3	100	99.9	99.3	98.5	98.8	98.2	99	99.6	99.8
厦门	101.2	100.7	100.6	100.4	100.2	100.1	100.2	100.2	100	99.5	99.6	99.5
南昌	100.2	100.3	100.1	100	99.9	99.5	99.1	98.7	98.9	98.9	99.6	99.7
济南	100.4	100.5	100.4	100	99.6	99.3	98.8	98.7	99.3	99.5	99.6	99.7
青岛	100.6	100.3	100.1	100.1	99.9	99.4	98.8	99	98.6	98.6	99	99.1
郑州	100.6	100.4	100.5	100.1	100.3	100	100	99.5	99.1	100	99.8	100
武汉	100.5	100.3	100.3	100.1	100	99.6	98.3	98.4	99.2	99.6	99.7	100
长沙	100.5	100.4	100.3	100.2	99.6	99.1	98.6	98.4	99	98.7	99.1	99.3
广州	100.7	100.5	100.4	100	99.4	98.7	98.7	98.6	98.8	99.6	99.8	
深圳	100.4	100.2	100.2	100.2	99.8	99.6	99.4	98.9	99.2	99.6	100	101.2
南宁	100.5	100.4	100.3	100.1	99.3	99.8	98.9	98.7	99.5	99.7	99.5	
海口	100.5	100	99.8	100	99.8	99.4	99.2	99.5	99	99.1	99.7	99.3
重庆	100.4	100.2	100.3	100.1	100	99.2	99.1	98.7	98.2	99.3	99.5	99.7
成都	100.6	100.5	100.3	100.1	99.7	99.4	98.9	98.8	98.9	98.8	99.4	99.8
贵阳	100.2	100.3	100.1	100.3	100.2	100.2	99.6	98.7	99.4	99.2	99.6	99.6
昆明	100.6	100.2	100.1	100.2	100	99.5	99.2	99	99.1	99.5	99.4	99.5
西安	100.4	100.3	100.3	99.8	100	99.4	99	98.8	99.1	99.3	99.5	
兰州	100.1	100.3	100.1	100.1	99.8	99.2	99.4	99.7	99.5	99.4	99.7	99.8
西宁	101	100.2	100.3	100.1	100	100.1	100	98.7	98.9	99	99.6	99.7
银川	100.4	100.3	100.4	100.1	100	100.1	99.2	98.5	99.5	99.5	99.1	99.8
乌鲁木齐	100.1	100.4	100.5	100	99.9	99.6	99.4	98.6	99.3	99.4	99.3	99.5
唐山	100.4	100	100	100.1	99.5	100	99.8	99.1	99.4	98.8	99.9	100
秦皇岛	100.3	100.3	100	100.2	99.8	99.6	99.2	99.1	99	98.5	99.5	99.8

第六篇

续表

城市	1月	2月	3月	4月	5月	6月	7月	8月	9月	10月	11月	12月
包头	99.9	100.1	100.2	100.1	99.7	99.5	98.9	98.5	99.3	99.4	99.3	99.5
丹东	100.4	100	100.1	100	100	99.4	99.5	99.2	98.3	98.7	98.7	99.4
锦州	100.3	100.4	100.2	100	99.4	99.2	99.8	98.8	98.7	98.6	99.1	99.5
吉林	100.4	100	100.2	100.1	99.5	99.4	99.5	99.3	98.5	99.4	99.7	99.8
牡丹江	100	99.9	100	100.1	100	99.9	100	99	99.6	99.4	99.8	99.4
无锡	100.3	100.2	100	99.8	99.3	99.2	99.4	99.3	99.5	99.6	99.4	99.8
扬州	100.6	100.3	100.4	100.1	99.8	99.7	98.3	98.5	99.3	99.3	99.6	99.7
徐州	100	100.2	100.2	100	99.3	99.6	99.9	98.6	99.3	99.5	99.4	99.8
温州	98.6	99.8	99.9	99.9	100	99.7	100	100	99.4	99.9	99.5	99.6
金华	100.3	100.4	100.1	99.6	99.5	99.4	99.2	98.3	99.4	99.5	99.8	99.6
蚌埠	100.4	100.2	100.1	100.1	99.6	99.5	99.4	99.1	98.1	98.8	99.3	99.6
安庆	100.4	99.9	100	99.8	99.8	99.7	99.2	98.9	98.7	99.3	99.1	99.5
泉州	100.5	100.6	100.1	100	99.9	99	98.8	99	98.6	99.3	98.8	99.5
九江	100.3	100	100.2	100	99.8	99.3	99.2	99.1	98.8	99.4	99.7	99.7
赣州	100.6	100.3	100.1	99.7	99.8	99.2	98.9	98.8	98.4	99.2	99.4	100
烟台	100.4	100.3	100.3	100.2	100	99.6	99.2	98.4	99.1	99.2	99.1	99.3
济宁	100	99.9	100	100	100.1	99.7	99.6	99.1	99.2	99.5	99.6	99.7
洛阳	100.6	100.5	100.2	100	100.1	98.8	99.2	99	99.2	99.4	99.6	99.3
平顶山	100.7	100.2	100.2	100.1	100	99.4	98.8	99.3	99.4	99	99.3	99.5
宜昌	100.1	100.2	99.9	100	99.9	99.2	99	99.1	99.3	99.5	99.1	99.4
襄阳	100.4	100.3	100.3	100.2	99.6	99.1	98.8	98.9	99.2	99.4	99.3	99.6
岳阳	100.3	100.2	100.3	100.1	100.1	100	99.5	99.2	99.4	99.2	99.5	99.7
常德	100.7	100.5	100.3	100.2	99.6	99.5	99	99	99.3	99.4	99.7	99.8
惠州	100.6	100.5	100.4	99.5	99.2	99.7	99.2	98.3	98.8	98.9	99.5	99.4
湛江	100.5	100.4	100.4	100	100.1	100.1	99.3	98.4	98.7	98.9	99	99.1
韶关	99.8	100	99.9	100.1	99.5	99.3	98.4	98.7	99	98.8	99.3	99.4
桂林	100.5	100.2	100.2	100	100.1	99.1	98.7	98.7	98.2	99	98.7	99.2
北海	100.7	100.3	100.3	100.1	100	99.5	99.5	98.6	98.9	99.2	99	99.9
三亚	100.4	100.2	100.4	100.2	100.1	99.9	97.6	99.5	99.6	99.3	99.4	99.3
泸州	100.6	100.3	100.3	100.2	99.9	99.2	98.3	98.6	98.1	99.3	99.6	98.7
南充	100.5	100.5	100.4	100.1	100	99.6	98.9	98.7	98.8	98.6	99.3	99.5
遵义	100.3	100.3	100.2	100.1	100	99.7	99.3	99	99.4	99.4	99.5	99.9
大理	100.2	100	100	100.1	100.1	100	100.1	98.9	99.5	99.1	99.4	99.4

数据来源：国家统计局

2014 年 70 个大中城市新建住宅销售价格指数同比数据　　　　　表 6-3-8

城市	1月	2月	3月	4月	5月	6月	7月	8月	9月	10月	11月	12月
北京	114.7	112.2	110.3	108.9	107.7	106.4	104	102.1	100.4	98.7	97.9	97.3
天津	107.3	106.3	105.1	104.5	104.1	103.3	102.1	100.6	99.3	98.4	97.7	97
石家庄	109.7	108.9	108	107.4	106.1	104.9	103.6	101.5	99.6	97.9	97.2	96.8

续表

城市	1月	2月	3月	4月	5月	6月	7月	8月	9月	10月	11月	12月
太原	112.2	111.4	110.9	109.6	107.5	105.9	103.4	101.3	99.1	97.6	97	96.3
呼和浩特	109.5	108.6	108.5	108.6	107.2	106.4	104.1	101.7	100	98	96.3	94.9
沈阳	111.8	110.7	109.9	107.8	105.6	103.6	100.8	98.4	96.2	94.7	93.3	92.2
大连	109.7	108.9	108.3	106.8	105.5	104.4	102.3	100.3	98.8	97	95.3	93.6
长春	109.2	108.4	108	107.2	106.1	104.5	103.1	101.3	99.3	98.3	97.1	96.3
哈尔滨	108.8	107.9	107.1	106.1	105.4	104.2	103.1	101.5	100	98	96.8	95.8
上海	117.5	115.7	113.1	111.5	109.6	107	104.1	101.5	99.2	98	97.1	96.3
南京	111.2	109.8	108.7	107.5	106.6	105.1	103.5	101.7	100.2	99.1	98.5	97.9
杭州	110	109.1	107.8	105.6	103.4	100.6	97.6	94.6	92.4	91.3	90.5	90.1
宁波	107.1	106.1	105.9	105.1	103.8	101.3	100	98.7	97.3	96.5	95.6	94.7
合肥	109.8	109.1	108.5	107.8	106.9	105.7	104	102.7	101.1	100.5	99.4	98.3
福州	113.1	111.6	110.6	108.8	108.4	105.2	102.9	101.2	98.4	97	95.3	94.7
厦门	116	115	113.4	112	110.8	109.2	107.1	106.3	104.8	103.7	102.9	102.1
南昌	109.9	108.6	107	106.2	105	103.4	102	100	98	96.3	95.6	94.9
济南	109	108.6	108.1	107	105.9	104.6	102.3	100	98.7	97.8	96.8	96
青岛	109.9	108.8	107.8	107.1	106.1	104.6	102.6	100.3	98.5	96.6	95.2	93.8
郑州	110.9	109.6	108.1	106.6	105.3	104.8	103.1	101.8	100.7	100.6	100.4	100.2
武汉	109.7	108.8	108.2	107.2	106.3	105	102.3	99.7	98.5	97.2	96.4	96
长沙	111.7	110.8	109.3	108.2	106.7	104.8	102.3	99.7	98.1	95.8	94.3	93.2
广州	118.6	115.7	113.3	111.1	109.5	107.7	105.2	102.1	99.4	97.3	96.2	95.3
深圳	117.8	115.6	112.8	111	108.7	106.6	105.1	102.5	100.3	99	98.1	98.7
南宁	110.9	109.9	108.4	107.8	106.4	104.8	102.3	100.4	98.5	97.2	96.7	95.7
海口	103.1	103	102.6	102.4	101.9	101.2	100.3	99.8	98.8	97.2	96.3	95.4
重庆	108.7	107.9	107.2	106.1	105.4	103.6	102.4	100.3	97.7	96.4	95.2	94.8
成都	109.2	108.9	108.3	106.5	105.1	103.6	102.2	100.1	98.5	96.9	95.8	95.4
贵阳	106.6	106.2	105.5	104.6	104	104.3	103.2	101.9	100.5	98.7	98	97.3
昆明	106.1	106.3	105.5	105.1	104.4	103.4	102.3	100.5	99.2	98.3	97.2	96.2
西安	109.6	109.1	108.3	107.7	106.2	105.3	103.6	101.4	99.8	98.6	97.6	96.6
兰州	107.6	106.9	105.8	105.2	104.3	102.4	101.3	99.8	99	98.1	97.4	97
西宁	110.7	109.5	109.2	108.4	107.4	106.3	105.4	102.9	101.5	99.7	98.7	97.9
银川	108.6	108.3	108.2	107.3	106.6	105.8	104.3	101.5	100.4	99.4	97.7	97
乌鲁木齐	109.6	108.5	108	106.7	105.8	105.5	104.2	101.7	99.8	98.5	97.3	96
唐山	102	101.7	101.1	101.2	100.8	100.7	100.5	99.4	98.8	97.3	97.2	96.9
秦皇岛	107.1	106.2	105.4	104.7	103.8	102.9	101.4	99.6	97.9	96.5	95.9	95.4
包头	107.3	105.5	104.7	104.2	102.7	102	100.4	99	98	96.7	95.5	94.4
丹东	109.2	108.3	107.2	106.4	105.7	104.4	102.6	101.1	98.7	96.7	95.1	94
锦州	110.7	109.9	109.8	108.8	107.2	105.1	104	101.3	99.1	96.9	95	94.1
吉林	108	107.3	106.6	106.1	104.5	102.9	101.9	100.5	98.3	97.4	96.5	96
牡丹江	106.2	105.3	104.4	103.4	102.7	102	101.7	100.4	99.5	98.9	98.3	97.3
无锡	105.5	105	103.7	103	101.8	100.9	100.1	99.2	98.2	97.3	96.3	96

第六篇

城市	1月	2月	3月	4月	5月	6月	7月	8月	9月	10月	11月	12月
扬州	107.9	107.6	107.5	106.5	105.4	104.2	102.4	100.4	99.2	97	95.8	95.2
徐州	109.6	108.7	107.5	106.5	104.7	103.4	102.4	100.1	98.7	97.4	96.4	95.8
温州	96	96.1	96.1	95.9	95.6	95	95.4	95.5	95.2	94.5	94.5	95.6
金华	106.8	107	106.2	105.3	103.8	102.8	100.8	98.1	96.6	95.9	95.7	95.1
蚌埠	104.8	104.5	104.2	104	103	102	101.4	100	97.4	95.6	94.7	94.4
安庆	106.1	105.3	104.3	103.8	102.9	102.1	101.4	99.7	97.8	96.4	95	94.4
泉州	108	107.9	108	106.5	105.7	104.2	102	100.5	98	96.8	95.3	94.3
九江	106.6	105.7	105.3	104.9	103.4	102	101.3	99.9	98.8	97.6	96.5	95.7
赣州	108.8	107.9	106.3	105.4	104.8	104.2	102	100.1	97.7	96.1	94.8	94.5
烟台	109.1	108.5	107.3	106.7	106.4	105.5	103.9	101.2	99.4	97.9	96.4	95.1
济宁	109.3	108.1	106.8	106	105.8	104.1	103	100.9	99.9	98.2	97.5	96.5
洛阳	109.1	108.2	107.9	107	106.4	104.5	102.5	100.9	99	98	96.9	96
平顶山	110	109.2	107.9	107.3	106.5	105	103.1	101.1	99.1	98.2	97	96.3
宜昌	109.4	108.8	107.4	106.2	104.9	103.5	102	99.8	98.4	97.4	96.1	95
襄阳	108.5	108.1	107	105.7	104	102.3	101.1	99.2	98.1	97.1	95.7	95.1
岳阳	106.9	106.7	105.8	105	104.1	102.9	102.2	100.9	99.4	98.8	98.2	97.9
常德	107	106.7	105.8	105.3	105	103.9	102.4	100.3	99.2	98.3	97.5	96.9
惠州	109.1	108.9	108.5	107.4	106.4	105.2	103.7	101.1	99.2	97.4	96	94.8
湛江	109.2	108.5	108.3	107.7	106.7	106	104.5	101.9	99.4	97.6	95.9	95
韶关	105.6	104.5	104	103.7	101.4	100.8	98.4	96.6	95.3	93.4	92.7	92.4
桂林	112.6	112.9	112.3	111.7	108.7	106	102.7	100.4	98.6	96.5	94	92.9
北海	110.7	109.9	109.2	108.2	107.4	105.6	104.2	101.8	99.6	97.8	96.5	96
三亚	105.4	105.2	105	104.6	104.7	104.4	101.6	100.5	99.9	98.4	96.8	96
泸州	109	108.5	107.6	107	107	106.3	104.2	100.9	97.3	96.2	95.4	93.4
南充	109.8	109	107.9	106.9	105.9	103.6	101.6	99.6	98.2	96.8	96.1	95
遵义	105.9	105.2	104.8	104.3	104.3	103.6	102.7	100.7	99.8	98.7	97.4	97
大理	105.8	105.7	105	104.8	104.2	103.6	103.3	101.2	100.3	99	97.6	96.9

数据来源：国家统计局

2014 年 70 个大中城市新建住宅销售价格指数定基数据　　　　　　　　　表 6-3-9

城市	1月	2月	3月	4月	5月	6月	7月	8月	9月	10月	11月	12月
北京	121.5	121.7	122.2	122.4	122.5	122.6	121.4	120.3	119.4	118.1	117.9	117.7
天津	112.4	112.8	113.1	113.2	113.2	112.7	111.8	110.7	109.8	109.1	108.8	108.6
石家庄	120.5	121	121.5	121.5	120.7	120.7	119.8	118.4	117.1	116.3	116.1	115.9
太原	115.6	116	116.3	116.4	116.5	116.1	114.4	113.1	111.9	111.4	111	110.5
呼和浩特	115.3	115.9	116	116	116	116.3	115.1	113.2	111.9	111	109.9	108.9
沈阳	120.2	120.7	121.2	121.3	120.8	119.8	117.7	115.8	114.4	112.9	111.5	110.5
大连	117.9	118.3	118.8	118.9	118.9	118.9	117.3	115.5	114.3	112.9	111.3	110.2
长春	113.7	114.1	114.6	114.8	114.9	114.2	113.3	112.4	111	110.2	109.5	109
哈尔滨	114.5	114.6	114.8	114.7	114.8	114.9	114.1	113.1	112.1	110.7	110.3	109.8

续表

城市	1月	2月	3月	4月	5月	6月	7月	8月	9月	10月	11月	12月
上海	120.8	121.3	121.7	122	121.7	121	119.6	118.3	117.2	116.6	116.1	115.8
南京	113.2	113.5	114	114.4	114.6	114	113.1	111.9	111.1	110.7	110.7	110.5
杭州	102.4	102.4	102.4	101.7	100.3	98.6	96.3	94.4	93.3	92.9	92.6	92.3
宁波	100.3	100.6	100.6	100.4	99.9	98.3	97	96.3	95.9	95.4	95	94.6
合肥	113.4	113.9	114.1	114.3	114.3	113.9	113.1	112.4	111.2	111	111	110.9
福州	120	120.5	120.9	120.9	120.9	120.1	118.2	116.9	114.7	113.6	113.1	112.8
厦门	125.2	126.1	126.9	127.4	127.6	127.7	127.9	128	128.2	127.6	127	126.4
南昌	118.2	118.5	118.7	118.7	118.4	117.9	116.8	115.3	114	112.7	112.3	111.9
济南	113.5	114	114.6	114.6	114.2	113.4	112	110.6	109.8	109.3	108.9	108.5
青岛	110.4	110.8	110.9	111	111	110.3	109	107.9	106.4	104.9	103.9	103
郑州	120.7	121.1	121.7	121.8	122.2	122.2	122.2	121.6	120.5	120.4	120.2	120.2
武汉	116.3	116.7	117.2	117.3	117.3	116.8	114.8	113	112.1	111.6	111.2	111.2
长沙	122.6	123.1	123.5	123.7	123.1	122	120.3	118.4	117.1	115.6	114.5	113.7
广州	128.9	129.6	130	130.1	130.1	129.3	127.7	126	124.3	122.8	122.3	122
深圳	125.6	125.9	126.2	126.4	126.1	125.6	124.9	123.6	122.6	122.1	122	123.5
南宁	112.6	113	113.3	113.4	113.5	112.8	111.4	110.1	108.6	108.1	107.8	107.2
海口	104.1	104.1	104	103.9	103.7	103.1	102.2	101.7	100.7	99.8	99.5	98.8
重庆	114.4	114.7	115	115.1	115	114.1	113.1	111.7	109.7	108.9	108.3	108
成都	114	114.6	114.9	115	114.6	114	112.8	111.4	110.2	108.9	108.3	108
贵阳	113.7	114	114.1	114.4	114.6	114.8	114.3	112.8	112.2	111.3	110.8	110.4
昆明	114.3	114.5	114.7	114.9	114.9	114.3	113.4	112.2	111.2	110.6	109.9	109.4
西安	116.1	116.5	116.8	117.2	116.9	116.6	116.1	114.7	113.7	113	112.2	111.7
兰州	116	116.3	116.5	116.6	116.3	115.4	114.7	114.3	113.8	113.1	112.7	112.5
西宁	121.4	121.6	122	122.3	122.3	122.5	122.6	120.9	119.6	118.5	118	117.6
银川	114.7	115.1	115.5	115.7	115.7	115.9	114.9	113.2	112.7	112.1	111.1	110.8
乌鲁木齐	124.2	124.8	125.4	125.5	125.3	124.7	124	122.2	121.3	120.6	119.7	119.1
唐山	103.6	103.6	103.6	103.7	103.2	103.2	103	102	101.4	100.2	100.1	100.1
秦皇岛	115.4	115.7	115.7	115.9	115.6	115.2	114.3	113.2	112.2	110.5	110	109.7
包头	113	113	113.2	113.3	113	112.4	111.2	109.5	108.8	108.1	107.3	106.8
丹东	118	118.1	118.2	118.2	118.3	117.5	116.9	116	114.1	112.5	111.1	110.5
锦州	116.8	117.2	117.4	117.5	116.8	115.9	115.7	114.3	112.8	111.2	110.1	109.5
吉林	115.3	115.3	115.5	115.6	115	114.4	113.8	113.1	111.4	110.8	110.5	110.2
牡丹江	113.4	113.3	113.3	113.5	113.5	113.4	113.4	112.3	111.8	111.2	110.9	110.3
无锡	107.3	107.6	107.6	107.4	106.7	105.8	105.2	104.5	104	103.5	102.9	102.7
扬州	111.9	112.3	112.7	112.8	112.6	112.2	110.3	108.6	107.8	106.6	106.2	105.9
徐州	113.4	113.6	113.9	113.9	113.1	112.6	112.5	110.9	110.1	109.6	108.9	108.6
温州	79.9	79.8	79.7	79.6	79.6	79.3	79.3	79.3	78.8	78.2	77.8	77.5
金华	104.4	104.8	104.9	104.5	103.9	103.3	102.4	100.7	100.1	99.6	99.3	98.9
蚌埠	108.8	109	109.2	109.3	108.9	108.3	107.7	106.7	104.7	103.4	102.7	102.3
安庆	109.8	109.6	109.6	109.5	109.2	108.8	108	106.9	105.5	104.7	103.7	103.2

第六篇

续表

城市	1月	2月	3月	4月	5月	6月	7月	8月	9月	10月	11月	12月
泉州	108.6	109.3	109.4	109.5	109.3	108.3	106.9	105.9	104.4	103.6	102.4	101.9
九江	110	110.1	110.4	110.4	110.2	109.5	108.6	107.6	106.4	105.7	105.4	105.1
赣州	114.9	115.2	115.4	115	114.8	113.9	112.7	111.4	109.5	108.6	108	108
烟台	112.5	112.8	113.1	113.4	113.4	112.9	112	110.2	109.2	108.3	107.4	106.6
济宁	113.6	113.6	113.6	113.6	113.8	113.4	112.9	111.9	111	110.4	110	109.7
洛阳	116.6	117.2	117.4	117.4	117.5	116.1	115.2	114	113.1	112.4	112	111.3
平顶山	115.1	115.3	115.6	115.7	115.7	115	113.6	112.8	112.1	111.4	110.5	110
宜昌	115.3	115.6	115.5	115.5	115.4	114.5	113.4	112.4	111.6	111	110	109.4
襄阳	115.5	115.9	116.2	116.4	115.9	114.9	113.7	112.2	111.4	110.7	109.9	109.5
岳阳	114.4	114.6	114.9	115	115.1	115.1	114.5	113.7	113	112.6	112	111.6
常德	112.9	113.4	113.7	113.9	113.5	113	111.8	110.6	109.9	109.3	108.9	108.7
惠州	114.7	115.2	115.6	115.1	114.9	114.5	113.6	111.7	110.4	109.2	108.7	108.1
湛江	118.1	118.5	119	119	119.2	119.3	117	116.6	115.1	113.8	112.6	111.7
韶关	113.7	113.8	113.7	113.7	113.2	112.4	110.6	109.1	108	106.7	105.9	105.3
桂林	119.1	119.4	119.6	119.7	119.7	118.7	117.2	115.7	113.5	112.4	110.9	110
北海	112.4	112.7	113	113.1	113.1	112.5	111.9	110.4	109.1	108.2	107.2	107.1
三亚	106.7	107	107.4	107.6	107.7	107.5	105	104.4	104.1	103.4	102.7	102
泸州	113.7	114	114.4	114.7	114.8	113.8	111.8	110.3	108.2	107.5	107	105.6
南充	112.5	113	113.5	113.6	113.7	113.2	112	110.5	109.3	107.7	106.9	106.4
遵义	113.6	113.9	114.1	114.2	114.2	113.8	113	111.8	111.2	110.5	110	109.8
大理	107.3	107.2	107.3	107.4	107.5	107.6	107.6	106.4	105.9	104.9	104.3	103.7

数据来源：国家统计局

【新建商品住宅销售价格情况】　根据国家统计局公布的月度数据，2014年全国70个大中城市的新建商品住宅销售价格指数情况分别如表6-3-10、表6-3-11和表6-3-12所列。

2014年70个大中城市新建商品住宅销售价格指数环比数据　　　　表6-3-10

城市	1月	2月	3月	4月	5月	6月	7月	8月	9月	10月	11月	12月
北京	100.5	100.3	100.5	100.2	100.2	100.1	98.7	98.8	99.1	98.7	99.7	99.8
天津	100.5	100.5	100.2	100.1	100	99.5	99.1	98.9	99.1	99.2	99.6	99.8
石家庄	100.6	100.4	100.4	100	99.3	100	99.2	98.8	98.9	99.3	99.8	99.9
太原	100.7	100.4	100.3	100.1	100.1	99.6	98.4	98.9	98.9	99.5	99.6	99.5
呼和浩特	100.4	100.5	100	100	100	100.2	99	98.3	98.8	99.1	99	99.1
沈阳	100.3	100.4	100.4	100.1	99.6	99.1	98.5	98.3	98.8	98.7	98.8	99.1
大连	100.3	100.3	100.4	100.1	100	100	98.7	98.4	99	98.7	98.6	99
长春	100.4	100.3	100.5	100.2	100	99.4	99.3	99.2	98.7	99.3	99.4	99.5
哈尔滨	99.9	100	100.2	100	100	100.1	99	99.1	99	98.7	99.6	99.6
上海	100.5	100.4	100.4	100.3	99.7	99.3	98.6	98.7	98.9	99.3	99.5	99.7
南京	100.4	100.3	100.6	100.4	100.2	99.9	98.7	99.1	99.5	100	99.8
杭州	99.9	100	100	99.3	98.6	98.2	97.5	97.9	98.8	99.5	99.6	99.7
宁波	100.4	100.3	100	99.8	99.4	98.6	98.6	99.3	99.5	99.5	99.6	99.5

第六篇

续表

城市	1月	2月	3月	4月	5月	6月	7月	8月	9月	10月	11月	12月
合肥	100.6	100.4	100.2	100.2	100	99.6	99.2	99.3	98.8	99.8	100	99.9
福州	100.8	100.4	100.3	100	99.9	99.3	98.5	98.8	98.2	99	99.5	99.8
厦门	101.2	100.7	100.6	100.4	100.2	100.1	100.2	100.2	100	99.5	99.6	99.5
南昌	100.2	100.3	100.1	100	99.8	99.5	99	98.6	98.8	98.8	99.6	99.7
济南	100.4	100.5	100.4	100	99.6	99.3	98.8	98.7	99.3	99.5	99.6	99.7
青岛	100.6	100.3	100.1	100.1	99.9	99.4	98.8	98.9	98.6	98.5	99	99.1
郑州	100.6	100.4	100.5	100.1	100.3	100	100	99.5	99.1	100	99.8	100
武汉	100.5	100.3	100.4	100.2	100	99.5	98.2	98.3	99.1	99.5	99.7	100
长沙	100.5	100.4	100.3	100.2	99.6	99.1	98.5	98.4	98.9	98.7	99.1	99.3
广州	100.7	100.5	100.4	100.1	100	99.4	98.7	98.7	98.6	98.8	99.6	99.8
深圳	100.4	100.3	100.2	100.2	99.8	99.6	99.4	98.9	99.1	99.6	100	101.2
南宁	100.5	100.4	100.3	100.1	100.1	99.3	98.7	98.8	98.6	99.5	99.7	99.4
海口	100.5	100	99.8	100	99.8	99.4	99.2	99.5	99	99.1	99.7	99.3
重庆	100.4	100.2	100.3	100.1	100	99.2	99.1	98.7	98.2	99.2	99.5	99.7
成都	100.6	100.5	100.3	100.1	99.7	99.4	98.9	98.8	98.9	98.8	99.4	99.8
贵阳	100.2	100.3	100.1	100.3	100.2	100.2	99.5	98.5	99.4	99.1	99.5	99.6
昆明	100.7	100.2	100.1	100.2	100	99.4	99	98.8	98.9	99.4	99.3	99.3
西安	100.5	100.4	100.3	100.3	99.7	100	99.3	98.6	99	99.3	99.2	99.5
兰州	100.1	100.3	100.1	100.1	99.8	99.2	99.4	99.7	99.5	99.4	99.7	99.8
西宁	101	100.2	100.3	100.2	100	100.1	100	98.7	98.9	99	99.6	99.7
银川	100.4	100.3	100.4	100.1	100	100.1	99.1	98.4	99.5	99.5	99	99.8
乌鲁木齐	100.1	100.4	100.5	100	99.9	99.6	99.4	98.6	99.3	99.4	99.3	99.5
唐山	100.4	100	100	100.1	99.5	100	99.8	99	99.3	98.7	99.9	99.9
秦皇岛	100.4	100.3	100	100.2	99.7	99.6	99.6	99	98.9	98.4	99.5	99.8
包头	99.9	100.1	100.2	100.1	99.6	99.4	98.8	98.3	99.2	99.3	99.2	99.4
丹东	100.4	100	100.1	100	100	99.4	99.5	99.2	98.3	98.6	98.7	99.4
锦州	100.3	100.4	100.2	100	99.4	99.2	99.8	98.8	98.7	98.6	99.1	99.5
吉林	100.4	100	100.2	100.1	99.5	99.4	99.5	99.3	98.4	99.4	99.7	99.8
牡丹江	100	99.9	100	100.1	100	99.9	100	99	99.6	99.4	99.8	99.4
无锡	100.4	100.2	100	99.8	99.2	99	99.4	99.2	99.4	99.5	99.3	99.8
扬州	100.7	100.3	100.4	100.1	99.8	99.7	98.2	98.5	99.2	98.8	99.6	99.7
徐州	100	100.2	100.2	100	99.3	99.5	99.9	98.5	99.2	99.5	99.3	99.8
温州	98.5	99.8	99.9	99.9	100	99.7	100	100	99.4	99.2	99.5	99.5
金华	100.3	100.4	100.1	99.6	99.5	99.4	99.1	98.3	99.3	99.5	99.8	99.6
蚌埠	100.5	100.2	100.1	100.1	99.6	99.5	99.4	99.1	98.1	98.7	99.3	99.6
安庆	100.4	99.9	100	99.8	99.8	99.7	99.2	98.9	98.6	99.2	99	99.5
泉州	100.5	100.6	100.1	100	99.9	99	98.7	98.9	98.6	99.2	98.8	99.5
九江	100.3	100	100.3	100	99.8	99.3	99.2	99.1	98.7	99.4	99.7	99.6
赣州	100.6	100.3	100.1	99.7	99.8	99.2	98.9	98.8	98.4	99.2	99.4	100
烟台	100.4	100.3	100.3	100.2	100	99.6	99.2	98.4	99	99.2	99.1	99.3

续表

城市	1月	2月	3月	4月	5月	6月	7月	8月	9月	10月	11月	12月
济宁	99.9	99.9	100	100	100.1	99.6	99.6	99.1	99.1	99.5	99.6	99.7
洛阳	100.6	100.5	100.2	100	100.1	98.8	99.2	99	99.2	99.4	99.6	99.3
平顶山	100.8	100.2	100.2	100.1	100	99.4	98.8	99.2	99.4	99.4	99.3	99.5
宜昌	100.2	100.2	99.9	100	99.9	99.2	99	99.1	99.3	99.5	99.1	99.4
襄阳	100.4	100.3	100.3	100.2	99.6	99.1	98.8	98.9	99.2	99.4	99.3	99.6
岳阳	100.5	100.3	100.4	100.1	100.1	100	99.1	98.8	99.1	99.3	99.1	99.4
常德	100.7	100.5	100.3	100.2	99.6	99.5	98.9	99	99.3	99.4	99.6	99.8
惠州	100.6	100.5	100.4	99.5	99.9	99.7	99.2	98.3	98.8	98.9	99.5	99.4
湛江	100.5	100.4	100.4	100	100.1	100.1	99.3	98.4	98.7	98.9	99	99.1
韶关	99.8	100	99.9	100.1	99.5	99.3	98.3	98.7	98.9	98.7	99.3	99.4
桂林	100.6	100.2	100.2	100	100.1	99.1	98.7	98.6	98.1	99	98.6	99.2
北海	100.7	100.3	100.3	100.1	100	99.5	99.5	98.6	98.9	99.2	99	99.9
三亚	100.4	100.2	100.4	100.2	100.1	99.9	97.6	99.5	99.6	99.3	99.4	99.3
泸州	100.6	100.3	100.2	100.2	100	99.2	98.2	98.6	98.1	99.3	99.5	98.7
南充	100.5	100.5	100.4	100.1	100	99.6	98.9	98.7	98.8	98.5	99.3	99.5
遵义	100.3	100.3	100.2	100.1	100	99.7	99.2	98.9	99.3	99.3	99.5	99.8
大理	100.2	100	100	100.2	100.1	100	100.1	98.8	99.4	99	99.3	99.4

数据来源：国家统计局

2014 年 70 个大中城市新建商品住宅销售价格指数同比数据　　　　　　表 6-3-11

城市	1月	2月	3月	4月	5月	6月	7月	8月	9月	10月	11月	12月
北京	118.8	115.5	113	111.2	109.7	108	104.9	102.6	100.4	98.3	97.4	96.6
天津	108.3	107.1	105.7	105.1	104.6	103.7	102.3	100.7	99.2	98.2	97.4	96.6
石家庄	109.9	109.1	108.2	107.5	106.3	105	103.7	101.5	99.6	97.8	97.1	96.7
太原	112.7	111.8	111.3	109.9	107.8	106.1	103.5	101.4	99	97.5	96.9	96.1
呼和浩特	109.8	108.9	108.7	108.9	107.4	106.6	104.2	101.4	100	97.9	96.2	94.7
沈阳	111.9	110.8	110	107.9	105.6	103.7	100.8	98.4	96.2	94.6	93.2	92.2
大连	109.8	109	108.3	106.9	105.6	104.4	102.3	100.3	98.8	97	95.3	93.6
长春	109.5	108.7	108.3	107.4	106.3	104.6	103.2	101.3	99.3	98.2	97	96.2
哈尔滨	109.3	108.3	107.4	106.4	105.7	104.4	103.2	101.5	100	97.9	96.6	95.6
上海	120.9	118.7	115.5	113.6	111.3	108.2	104.8	101.7	99.1	97.6	96.5	95.6
南京	114.7	112.8	111.3	109.9	108.5	106.6	104.5	102.2	100.2	98.8	98.1	97.3
杭州	110.4	109.4	108.1	105.8	103.5	100.7	97.5	94.4	92.1	90.9	90.1	89.7
宁波	107.5	106.4	106.3	105.4	104	101.4	100	98.6	97.2	96.3	95.3	94.4
合肥	110.7	109.9	109.2	108.5	107.5	106.2	104.4	103	101.2	100.5	99.3	98.1
福州	113.3	111.7	110.7	108.9	108.5	105.9	103	101.1	98.4	97	95.3	94.6
厦门	116.4	115.3	113.7	112.2	111	109.6	107.2	106.4	104.9	103.8	103	102.1
南昌	110.4	109	107.3	106.5	105.2	103.5	102	100	97.9	96.1	95.4	94.6
济南	109	108.6	108.1	107	105.9	104.6	102.3	100	98.7	97.8	96.8	96
青岛	110.4	109.2	108.2	107.5	106.4	104.4	102.7	100.3	98.4	96.4	94.9	93.5

续表

城市	1月	2月	3月	4月	5月	6月	7月	8月	9月	10月	11月	12月
郑州	111.2	109.9	108.3	106.7	106.1	105	103.2	101.9	100.7	100.6	100.4	100.2
武汉	110.1	109.2	108.6	107.6	106.6	105.2	102.4	99.7	98.4	97	96.2	95.8
长沙	111.8	110.9	109.4	108.3	106.7	104.8	102.3	99.7	98	95.8	94.3	93.1
广州	118.9	115.9	113.4	111.2	109.6	107.7	105.3	102.1	99.4	97.3	96.2	95.2
深圳	118.2	115.9	113	111.2	108.9	106.7	105.1	102.6	100.3	99	98	98.7
南宁	111.2	110.2	108.7	108	106.5	104.9	102.4	100.4	98.5	97.1	96.6	95.6
海口	103.2	103	102.6	102.5	102	101.3	100.3	99.8	98.7	97.1	96.2	95.3
重庆	108.8	108.1	107.3	106.2	105.5	103.9	102.5	100.3	97.6	96.4	95.1	94.7
成都	109.3	109	108.3	106.6	105.2	103.7	102.2	100.1	98.5	96.9	95.8	95.3
贵阳	107.2	106.8	106	105.1	104.4	104.7	103.5	102	100.5	98.6	97.8	97
昆明	107.2	107.5	106.5	106	105.3	104.1	102.7	100.6	99	98	96.7	95.5
西安	110.7	110.1	109.2	108.5	106.9	105.9	104	101.5	99.8	98.5	97.3	96.2
兰州	107.7	107	105.9	105.3	104.4	102.4	101.3	99.8	99	98.1	97.3	97
西宁	110.7	109.5	109.2	108.6	107.4	106.4	105.4	102.9	101.5	99.7	98.7	97.9
银川	109.3	109	108.8	107.9	107.1	106.2	104.7	101.6	100.4	99.3	97.6	96.7
乌鲁木齐	109.7	108.6	108	106.8	105.9	105.5	104.2	101.7	99.8	98.5	97.3	95.9
唐山	102.2	101.8	101.2	101.3	100.9	100.8	100.6	99.3	98.7	97.1	97	96.7
秦皇岛	107.9	106.8	105.9	105.1	104.2	103.2	101.6	99.5	97.7	96.2	95.5	95
包头	108.5	106.4	105.4	104.9	103.1	102.4	100.5	98.8	97.6	96.1	94.7	93.5
丹东	109.3	108.4	107.2	106.5	105.7	104.2	102.6	101.1	98.7	96.6	95	93.9
锦州	110.7	109.9	109.8	108.8	107.2	105.1	104	101.3	99.1	96.9	95	94.1
吉林	108.5	107.6	106.9	106.4	104.7	103	102	100.5	98.3	97.2	96.4	95.8
牡丹江	106.2	105.4	104.4	103.7	102.7	102	101.7	100.4	99.5	98.9	98.3	97.3
无锡	106.4	105.8	104.2	103.4	102	101	100	99	97.9	96.8	95.7	95.3
扬州	108.2	107.9	107.8	106.7	105.6	104.4	102.5	100.4	99.2	96.9	95.7	95.1
徐州	110.1	109.1	107.8	106.8	104.9	103.6	102.5	100.1	98.6	97.2	96.2	95.6
温州	95.7	95.9	95.8	95.6	95.2	94.7	95.1	95.1	94.9	94.1	94.1	95.3
金华	106.9	107	106.2	105.4	103.8	102.8	100.8	98.1	96.6	95.9	95.7	95.1
蚌埠	104.9	104.6	104.3	104.1	103.1	102.1	101.5	100	97.4	95.6	94.6	94.3
安庆	106.5	105.6	104.6	104	103.1	102.2	101.5	99.7	97.7	96.2	94.7	94.1
泉州	108.4	108.3	108.4	106.8	105.9	104.4	102	100.5	97.9	96.6	95	94
九江	106.9	106	105.5	105.1	103.5	102.1	101.4	99.9	98.7	97.4	96.3	95.5
赣州	108.9	107.9	106.3	105.4	104.9	104.2	102	100.1	97.7	96.1	94.7	94.5
烟台	109.3	108.6	107.4	106.8	106	105.5	104	101.2	99.4	97.8	96.4	95
济宁	109.6	108.4	107	106.2	105.9	104.2	103.1	101	99.9	98.1	97.5	96.4
洛阳	109.3	108.3	108.1	107.2	106.5	104.6	102.6	100.9	99	97.9	96.9	95.9
平顶山	110.2	109.3	108	107.4	106.6	105.1	103.1	101.1	99.1	98.1	97	96.3
宜昌	109.5	109	107.6	106.3	105	103.5	102	99.8	98.3	97.4	96	94.9
襄阳	108.5	108.2	107.1	105.7	104.1	102.4	101.1	99.2	98.1	97	95.7	95.1
岳阳	111.1	110.7	109.3	107.9	106.4	104.5	103.3	101.3	98.8	97.9	97	96.5

续表

城市	1月	2月	3月	4月	5月	6月	7月	8月	9月	10月	11月	12月
常德	107.1	106.8	105.9	105.4	105.1	103.9	102.5	100.3	99.2	98.3	97.5	96.9
惠州	109.1	108.9	108.6	107.4	106.5	105.2	103.7	101.1	99.2	97.4	96	94.8
湛江	109.2	108.5	108.3	107.7	106.7	106	104.5	101.9	99.4	97.6	95.9	95
韶关	105.8	104.6	104.1	103.4	101.5	100.8	98.3	96.5	95.1	93.3	92.6	92.2
桂林	112.8	113.1	112.6	111.9	108.8	106.1	102.8	100.4	98.6	96.4	93.9	92.8
北海	110.7	109.9	109.2	108.3	107.4	105.6	104.2	101.8	99.6	98.2	96.5	95.9
三亚	105.4	105.3	105.1	104.6	104.7	104.4	101.6	100.5	99.8	98.4	96.8	96
泸州	109.3	108.7	107.9	107.2	107.3	106.5	103.5	101	97.2	96	95.2	93.2
南充	109.9	109.1	108	107	105.9	103.7	101.6	99.6	98.2	96.8	96	94.9
遵义	106.6	105.8	105.3	104.8	104.8	104.2	103.1	100.8	99.8	98.6	97.1	96.6
大理	106.3	106.3	105.5	105.3	104.6	103.9	103.6	101.3	100.3	98.9	97.3	96.6

数据来源：国家统计局

2014 年 70 个大中城市新建商品住宅销售价格指数定基数据　　　表 6-3-12

城市	1月	2月	3月	4月	5月	6月	7月	8月	9月	10月	11月	12月
北京	127.8	128.1	128.7	128.9	129.2	129.3	127.6	126.2	125	123.4	123	122.7
天津	114	114.5	114.8	115	115	114.4	113.4	112.1	111.1	110.3	109.9	109.6
石家庄	121	121.5	122	122	121.2	121.2	120.2	118.8	117.5	116.7	116.4	116.3
太原	116.2	116.6	117	117	117.2	116.7	114.9	113.6	112.4	111.8	111.4	110.9
呼和浩特	115.8	116.4	116.5	116.5	116.5	116.6	115.6	113.6	112.3	111.3	110.2	109.2
沈阳	120.8	121.3	121.9	122	121.5	120.4	118.6	116.4	115	113.4	112.1	111
大连	118.1	118.5	119	119.1	119.1	119.1	117.5	115.6	114.5	113	111.4	110.2
长春	114.1	114.5	115.1	115.3	115.3	114.6	113.7	112.8	111.3	110.6	109.9	109.3
哈尔滨	115.2	115.2	115.5	115.4	115.5	115.6	114.8	113.7	112.7	111.6	110.8	110.3
上海	125	125.5	126.1	126.4	126	125.1	123.4	121.9	120.6	119.8	119.2	118.8
南京	117.4	117.8	118.5	118.9	119.2	118.5	117.2	115.7	114.6	114	114	113.8
杭州	102.5	102.5	102.5	101.7	100.3	98.5	96.1	94.2	93	92.6	92.2	91.9
宁波	100.3	100.6	100.6	100.4	99.8	98.2	96.8	96.1	95.6	95.1	94.7	94.3
合肥	114.5	115	115.3	115.5	115.4	115	114.1	113.3	112	111.8	111.8	111.7
福州	120.3	120.8	121.2	121.2	121.2	120.4	118.5	117.1	114.9	113.8	113.3	113
厦门	125.9	126.8	127.6	128.1	128.3	128.5	128.7	129	128.9	128.3	127.7	127.1
南昌	119	119.3	119.4	119.4	119.2	118.6	117.7	115.8	114.5	113.1	112.7	112.3
济南	113.5	114	114.6	114.6	114.2	113.4	112	110.6	109.8	109.3	108.9	108.5
青岛	110.9	111.3	111.4	111.5	111.5	110.8	109.4	108.3	106.7	105.1	104	103.1
郑州	121.2	121.7	122.3	122.4	122.7	122.8	122.7	122.2	121	121	120.8	120.7
武汉	117.2	117.6	118.1	118.3	118.2	117.7	115.6	113.7	112.7	112	111.8	111.7
长沙	122.9	123.4	123.8	124	123.4	122.3	120.5	118.6	117.3	115.8	114.7	113.9
广州	129.2	129.9	130.4	130.5	130.5	129.7	128	126.2	124.6	123	122.5	122.2
深圳	126.1	126.4	126.7	127	126.6	126.1	125.4	124.1	123	122.5	122.5	123.9
南宁	112.9	113.4	113.7	113.8	113.9	113.1	111.7	110.4	108.9	108.3	108	107.4

续表

城市	1月	2月	3月	4月	5月	6月	7月	8月	9月	10月	11月	12月
海口	104.1	104.2	104	104	103.7	103.1	102.2	101.7	100.7	99.8	99.4	98.7
重庆	114.7	115	115.3	115.4	115.4	114.4	113.4	111.9	109.9	109.1	108.5	108.2
成都	114	114.6	114.9	115.1	114.7	114.1	112.9	111.5	110.3	108.9	108.3	108.1
贵阳	114.8	115.2	115.3	115.6	115.8	116.1	115.5	113.8	113.1	112.1	111.6	111.1
昆明	116.4	116.7	116.9	117.1	117.1	116.5	115.3	113.9	112.7	112	111.2	110.4
西安	117.8	118.2	118.6	119	118.6	118.6	117.8	116.2	115.1	114.3	113.4	112.8
兰州	116.3	116.6	116.8	116.9	116.6	115.7	115	114.6	114	113.3	112.9	112.7
西宁	121.4	121.6	122	122.3	122.3	122.5	122.6	120.9	119.7	118.5	118	117.6
银川	115.8	116.2	116.6	116.8	116.9	117	116	114.2	113.6	113	111.9	111.6
乌鲁木齐	124.4	125	125.6	125.6	125.5	124.9	124.1	122.3	121.4	120.7	119.8	119.2
唐山	103.9	103.9	104	104.1	103.5	103.5	103.3	102.2	101.5	100.2	100.1	100
秦皇岛	117.1	117.5	117.4	117.6	117.3	116.9	115.9	114.7	113.5	111.7	111.1	110.8
包头	114.6	114.7	114.9	115.1	114.6	113.9	112.5	110.6	109.7	108.8	107.9	107.3
丹东	118.2	118.2	118.3	118.4	118.4	117.6	117	116.1	114.2	112.6	111.2	110.5
锦州	116.8	117.2	117.4	117.5	116.8	115.9	115.7	114.3	112.8	111.2	110.1	109.5
吉林	116	116	116.2	116.3	115.7	115	114.7	113.7	111.9	111.2	110.9	110.7
牡丹江	113.5	113.4	113.4	113.6	113.6	113.5	113.5	112.4	111.9	111.2	111	110.4
无锡	108.3	108.6	108.6	108.4	107.5	106.5	105.8	105	104.5	103.8	103	102.8
扬州	112.3	112.7	113.1	113.2	113	112.6	110.6	108.9	108.1	106.8	106.4	106.1
徐州	114.1	114.4	114.6	114.7	113.9	113.3	113.2	111.5	110.7	110.1	109.3	109.1
温州	78.7	78.6	78.5	78.3	78.3	78.1	78.1	78	77.6	76.9	76.5	76.2
金华	104.4	104.8	104.9	104.5	103.9	103.3	102.4	100.7	100.1	99.6	99.3	98.9
蚌埠	109	109.2	109.4	109.5	109	108.5	107.9	106.9	104.8	103.5	102.7	102.3
安庆	110.1	109.9	110	109.8	109.5	109.1	108.3	107.1	105.5	104.7	103.7	103.2
泉州	109.1	109.8	109.9	110	109.8	108.7	107.3	106.2	104.7	103.8	102.6	102
九江	110.6	110.6	110.9	111	110.7	109.9	109	108	106.7	106	105.7	105.3
赣州	115	115.4	115.5	115.1	114.9	114	112.8	111.4	109.6	108.7	108.1	108.1
烟台	112.7	113	113.3	113.6	113.6	113.1	112.2	110.4	109.3	108.4	107.5	106.7
济宁	114	114	114	114	114.2	113.8	113.3	112.3	111.3	110.8	110.3	110
洛阳	116.9	117.5	117.7	117.7	117.8	116.4	115.5	114.3	113.1	112.7	112.2	111.5
平顶山	115.3	115.6	115.8	116	115.9	115.2	113.8	113	112.2	111.5	110.7	110.1
宜昌	115.6	115.9	115.8	115.7	115.6	114.7	113.6	112.6	111.8	111.2	110.2	109.6
襄阳	115.6	116	116.3	116.5	116	115	113.6	112.3	111.5	110.8	110	109.5
岳阳	119.9	120.3	120.8	121	121.1	121.2	120.1	118.6	117.6	116.8	115.8	115.1
常德	113.1	113.6	113.9	114.1	113.7	113.1	111.9	110.8	110.1	109.4	109	108.8
惠州	114.7	115.2	115.7	115.1	114.9	114.6	113.6	111.7	110.4	109.2	108.7	108.1
湛江	118.1	118.5	119	119	119.2	119.3	118.5	116.6	115.1	113.8	112.6	111.7
韶关	114.1	114.1	114	114.1	113.5	112.8	110.9	109.4	108.2	106.8	106.1	105.4
桂林	119.5	119.8	120	120.1	120.2	119.1	117.6	116	113.8	112.7	111.1	110.2
北海	112.4	112.7	113	113.1	113.1	112.6	112	110.4	109.2	108.2	107.2	107.1

续表

城市	1月	2月	3月	4月	5月	6月	7月	8月	9月	10月	11月	12月
三亚	106.8	107	107.5	107.6	107.7	107.6	105	104.5	104.1	103.4	102.7	102
泸州	114.1	114.5	114.9	115.1	115.3	114.3	112.2	110.6	108.5	107.7	107.2	105.8
南充	112.7	113.2	113.6	113.8	113.8	113.4	112.1	110.7	109.4	107.8	107	106.4
遵义	115.2	115.6	115.8	115.9	115.9	115.5	114.6	113.3	112.5	111.8	111.2	111
大理	107.9	107.8	107.9	108	108.1	108.2	108.3	107	106.3	105	104.5	103.9

数据来源：国家统计局

【二手住宅销售价格情况】 根据国家统计局公布的月度数据，2014年全国70个大中城市的二手住宅销售价格指数情况分别如表 6-3-13、表 6-3-14 和表 6-3-15 所列。

2014 年 70 个大中城市二手住宅销售价格指数环比数据　　　　表 6-3-13

城市	1月	2月	3月	4月	5月	6月	7月	8月	9月	10月	11月	12月
北京	99.9	100	100.2	99.8	99.1	98.7	99.2	99.1	98.6	100.3	100.7	100.2
天津	100.3	100.2	100.4	100.5	100.2	100	99.1	99	98.9	99.8	99.5	99.8
石家庄	100.1	100.3	100.2	100.1	100	100.1	99.8	99.4	99	99.3	99.8	99.8
太原	100	100.3	100.2	100.3	100	100.1	98.8	99.4	98.9	99	99.7	99.8
呼和浩特	100	100.1	99.8	99.8	99.9	99.6	99.3	99.2	99.2	99.1	99.5	99.7
沈阳	100.1	100.4	100.2	100.1	100.1	99.7	98.5	99.3	99.2	100	99.8	99.8
大连	99.9	100.3	100.2	100	99.7	99.6	98.7	99.2	99.1	99	99.5	99.7
长春	99.9	100.2	100.4	99.9	99.9	99.8	99.6	99.1	98.8	99.1	99.4	99.5
哈尔滨	100.2	100.4	100.1	100.2	100.1	100	100	99.3	99.1	99	98.3	99.7
上海	100.1	100.6	100.2	100	99.8	99.3	99.1	99.3	99.2	100	100	100.4
南京	100.7	100.2	100.4	100.4	100.3	99.7	99.1	99.3	99	99.4	100.1	100
杭州	100	99.6	99.8	99.2	99.6	99.1	98.9	99.4	99.3	100.3	99.8	99.7
宁波	100.3	100	99.9	99.8	99.7	99.3	99	99.1	99	99	99.4	99.4
合肥	100.5	100.4	100.7	100.7	100	99.5	99.1	100.1	99.2	99	99.6	99.8
福州	100.6	100.4	100	99.9	99.4	99.3	99	99.3	99.1	99.1	99.7	99.7
厦门	100.8	101.1	100.5	100.4	100.5	99.8	100	100	99.5	99.3	100	99.7
南昌	100.3	100	100.2	100.4	100	99.5	99.2	99.1	98.8	99.1	99.7	100.3
济南	100.1	100.2	100.1	99.9	99.8	99.7	99	99.4	99.1	99.2	99.4	99.3
青岛	100.2	100.2	100	99.8	99.7	99.6	99.1	99.2	99	99	99.3	99.6
郑州	100.8	100.7	100.8	100.4	100.3	100	99.9	99.4	99.1	99.3	100.1	100.2
武汉	100.4	100.3	100.2	100	99.8	99.6	98.9	99.2	99	99.3	99.5	99.9
长沙	100.7	100.4	100.3	100.3	100.2	100	98.7	99.4	98.9	99.2	99.6	99.8
广州	101	100.3	100.2	100.7	100.1	99.7	98.9	98.6	98.7	100	100	100.2
深圳	100.8	100.8	101.1	100.1	100.2	99.4	99.4	99.5	99.3	100	100.4	100.7
南宁	100.3	99.9	100.4	100.4	99.2	99	99.1	98.8	98	99.4	101.2	99.2
海口	100	99.9	99.9	100	99.9	99.6	99.4	99.2	99	99.1	99.8	99.3
重庆	100.2	100.2	100.1	99.9	99.5	99.2	99.1	98.8	99.1	99.6	99.6	99.9
成都	100.3	100.1	100.3	99.8	100	99.5	98.8	99.1	98.9	99.3	99.9	99.8
贵阳	100.2	100.3	100.1	100.1	100.2	100.1	99.7	99.2	99.2	99.1	99.6	99.9

续表

城市	1月	2月	3月	4月	5月	6月	7月	8月	9月	10月	11月	12月
昆明	99.8	99.5	100.6	100.5	100.1	100	98.8	99	98.9	99	99.4	99.2
西安	99.8	99.8	100	99.9	99.9	99.7	99.1	98.8	99	99.2	99.4	99.5
兰州	100.1	99.9	100	100.2	100	99.8	99.6	99.2	98.9	99.4	99.6	99.8
西宁	100.2	100.2	100.1	100.1	100	100.1	100.1	99.4	99	99.3	100.1	99.2
银川	100.2	100.4	100.2	100.4	100.3	100	99.6	98.9	98.7	99.2	99.6	99.3
乌鲁木齐	100.3	100.4	100.5	100.3	100.4	100	99.6	99.9	99	98.9	99.8	100
唐山	100	99.9	100	99.9	100	99.7	100	99.9	99.3	99.2	99.6	99.9
秦皇岛	99.9	100.1	99.9	100	99.3	99.2	98.8	98.9	99.2	99	99.7	99.9
包头	100.4	100.1	100	100.1	99.8	99.4	98.7	99.4	98.9	99	99.5	99.8
丹东	100.1	100.1	100	100	99.8	99.6	99.3	99	99	98.7	99.1	99
锦州	100	100.1	100	100.1	99.8	99.6	99.2	99	99.3	98.8	99.3	98.8
吉林	100	100	99.9	99.8	99.6	99.5	99.4	99.2	99.5	98.8	99.2	99.8
牡丹江	99.8	99.8	99	100	99.5	98.5	99.1	98.6	98	98.2	98	98.2
无锡	100.2	100.2	99.9	99.9	99.9	99.6	99.3	99.1	99.4	99.3	99.8	99.9
扬州	100.2	100	100	99.9	99.9	100.1	100	99.3	99.4	99.3	99.8	99.9
徐州	100	100	100	100.1	100	99.7	99.7	99.1	99.3	98.9	99.7	99.9
温州	98.1	99.1	99.3	99.4	99.3	98.8	98.9	99.4	99.5	99.4	99.3	99.5
金华	100	99.9	99.2	99.8	99.7	99.4	99.1	99	98.7	99	99.5	99.8
蚌埠	100.5	100.7	100.6	100.3	100.1	99.6	99.2	98.7	98.9	98.5	99	99.3
安庆	99.9	100	100	99.9	99.8	99.6	99.5	99	99.2	99.1	99.6	99.9
泉州	100.3	100.1	100	100	100.1	99.6	98.9	98.8	99.1	98.9	99.5	99.8
九江	100.2	99.7	99.8	100.1	99.8	99.6	99.4	99.1	99.3	99	99.7	100.1
赣州	100.1	99.8	99.5	99.8	99.8	99.6	98.9	98.7	98.9	98.9	100	100.2
烟台	100.2	100	100.1	100.2	100	99.7	99	98.8	99	98.9	99.1	99.4
济宁	99.8	99.9	100.1	100	100	99.7	99.2	99	99.3	99.1	99.6	99.7
洛阳	100.7	100.6	100.7	100.6	100.3	100.1	99.1	99	99.1	99	99.3	99.6
平顶山	100.7	100.4	100.4	100.3	100	100	98.9	98.9	99.1	99.2	99.5	99.4
宜昌	100.3	100.2	100.3	99.9	99.9	99.8	99.1	99.1	99.3	98.8	99.4	99.8
襄阳	100.3	100.2	100.1	100	99.8	99.7	99.1	98.9	98.8	99.2	99.7	99.5
岳阳	100.2	100.3	100.2	100.1	100.1	100	99.3	98.9	99	99.1	99.5	99.9
常德	100.2	100.3	99.9	100.1	100	99.9	99.5	99.2	99.2	99.3	99.7	99.9
惠州	100.4	100.2	100.4	100.3	100.4	99.5	98.7	99	99	99.1	99.7	99.4
湛江	100.2	100.2	100.1	100	100	99.8	99.3	99.3	99.1	99.1	99.4	99.5
韶关	99.9	100.1	100	99.9	100.3	99.3	98.8	99.4	98.3	98.5	99.5	99.4
桂林	99.9	99.9	100.1	99.8	99.9	100	99.2	99.2	99	98.7	99.7	99.3
北海	100.4	100	100.1	100	99.8	99.6	99.2	98.7	98.9	98.9	99.3	99.1
三亚	100.2	100.1	100.1	100	99.9	99.9	99.4	99.6	99.4	99.2	100	99.8
泸州	100.4	100.5	100.4	100.3	100	99.6	99	99.3	99.1	98.5	99.7	99.9
南充	100.2	100.2	100	100.1	99.9	99.8	99.3	99	98.8	98.8	99.5	99.8
遵义	100.2	100.3	100.1	100.1	100	100.1	99.4	100	99.2	99.4	100	99.9
大理	99.7	99.5	99.9	99.8	99.3	99.8	99.4	99.7	99.3	99.5	99.6	98.4

数据来源：国家统计局

第六篇

2014 年 70 个大中城市二手住宅销售价格指数同比数据　　　表 6-3-14

城市	1月	2月	3月	4月	5月	6月	7月	8月	9月	10月	11月	12月
北京	118.4	115.9	112.6	110.2	107.4	104.7	102.4	100.4	97.6	96.8	96.3	95.9
天津	105.4	104.6	104.5	104.5	104.1	103.9	102.8	101.6	100	99.3	98.3	97.8
石家庄	103.1	102.7	102.9	102.5	102.3	102.4	102.3	101.9	100.4	98.8	98.3	98
太原	103.8	103.4	103.1	103.4	103.2	102.7	101.2	100.5	99	97.6	97.1	96.5
呼和浩特	103.4	103	102.4	102	101.6	101.2	100.1	99.4	98.2	96.8	95.8	95.4
沈阳	105.4	105.3	105.3	105	104.8	104.2	102.1	100.8	99.2	98.4	98	97.4
大连	101.8	101.7	101.4	101.1	100.9	100.4	99.1	98.4	97.3	96.2	95.7	95.2
长春	103.9	103.6	103.4	102.9	102.7	102.2	101.7	100.3	98.6	97.3	96.4	95.7
哈尔滨	104.8	104.4	104	103.8	103.8	103.3	103.6	102.4	100.6	99.1	97.3	96.3
上海	113.2	112.1	109.5	108.1	106.8	105	103.2	101.7	99.9	99	98.3	98.2
南京	108.1	107.5	106.8	106.2	105.7	104.4	103	101.7	100.1	99.3	99.1	98.7
杭州	103.5	101.7	101.2	100.3	99.7	98.5	97.5	96.7	95.4	95.7	95.3	94.9
宁波	104.7	103.5	103.2	102.7	101.7	100.5	99.5	98.4	97.5	96.1	95	94.1
合肥	106.9	107.1	106.6	106.7	106.3	105.9	104.3	104.1	102.3	100.7	99.5	98.5
福州	109.8	109.1	108	106.9	105.7	104.1	102.2	100.8	99.1	97.6	96.7	95.7
厦门	106.8	107.3	106.8	106.8	106.9	106.2	105.7	105.2	104.3	103	102.7	101.6
南昌	105.8	105.1	104.4	104.1	103.8	103.3	102.2	100.9	98.9	97.6	96.7	96.6
济南	104.3	103.9	103.8	103.4	102.7	102.1	100.5	99.5	98.2	97.2	96.3	95.2
青岛	103.8	103.5	103.2	102.6	101.8	101	99.8	98.6	97.4	96.4	95.6	94.8
郑州	107.8	108	108.3	107.8	107.6	106.8	106.4	105.2	103.5	102.1	101.4	101
武汉	108.6	107.6	107.7	106.7	105.6	104.6	102.4	100.7	98.9	97.5	96.5	96
长沙	106.8	106.8	106.5	106	105	104.2	102.6	101.7	100.3	98.9	98.2	97.6
广州	112.9	111.4	109.9	109.8	108.7	107.4	105.2	102.7	101	100	98.7	98.3
深圳	115.2	114.5	113.2	112	111.1	109.1	107.4	105.2	103.1	102.2	101.8	101.8
南宁	103.6	103.6	103.5	103.5	101.9	101.6	100.6	99.5	97	96	97.1	95.7
海口	100.3	100.4	100.2	100	99.9	99.5	99	98.3	97.4	96.5	95.9	95
重庆	104.8	104.6	104	103.6	102.9	102.2	101.1	100.1	98.7	97.3	96.2	95.7
成都	105.3	105	104.5	103.7	103.5	102.4	100.9	99.7	98.3	97	96.5	95.9
贵阳	109.7	109.5	108.4	107.8	107.1	106.1	104.7	103.7	101.1	99.6	98.3	98
昆明	107.2	106.1	105.5	105	103.8	103.3	101.4	100	98.6	97.1	95.9	94.8
西安	104.5	103.6	102.6	102.5	101.9	101.1	100	98.7	97.4	96.1	95.1	94.3
兰州	103.2	102.9	102.5	102.3	101.9	101.2	101.1	100.5	98.9	97.7	97	96.6
西宁	104.3	104.1	103.6	103.2	102.6	102.1	102.1	101.2	99.8	99	98.6	97.7
银川	108.4	107.9	107.5	107	106.4	105.8	104.7	102.9	100.9	99.2	98.1	96.9
乌鲁木齐	105.3	105.2	105	104.9	104.6	104.2	103.3	102.8	101.4	99.8	99.4	98.9
唐山	102.5	102	101.7	101.3	100.6	100.3	100	99.9	99.1	97.8	97.3	97.2
秦皇岛	102	101.5	101	100.9	99.5	98.5	97.4	96.1	95.3	94.4	94.2	94
包头	103.3	102.9	102.7	102.5	102.1	101.5	100	99.1	97.7	96.3	95.6	95.2
丹东	104.1	103.7	103.3	102.9	102.2	101.9	100.9	99.5	98.1	96.3	95.1	93.8

城市	1月	2月	3月	4月	5月	6月	7月	8月	9月	10月	11月	12月
锦州	103.3	103	102.6	102.4	101.9	101.1	99.9	98.7	97.6	96.1	95.2	94.1
吉林	101.9	101.3	101.3	100.9	100.3	99.7	98.8	98	97.4	96.1	95.2	94.8
牡丹江	101.5	101	99.9	99.1	98.3	96.6	95.4	94.3	92.3	90.8	89	87.5
无锡	102.8	102.2	101.9	101.4	101.2	100.8	100.2	99.1	98.1	97.4	96.6	96.3
扬州	103.5	103	102.8	102.2	101.9	101.8	101.7	100.5	99.6	98.5	98	97.8
徐州	101.1	100.6	101.2	101.3	101.1	100.4	100	98.8	97.9	96.7	96.3	96.4
温州	91.4	91.2	91.6	91.7	91.3	90.4	89.8	89.5	89.6	89.3	89.3	90.5
金华	104.9	104.4	103	102.6	101.9	100.9	99.5	98.1	96.2	94.9	93.9	93.3
蚌埠	103.5	104.1	104.6	104.4	104	103.5	102.7	101.1	100.1	98.3	96.9	95.5
安庆	102	101.6	101.4	101	100.6	100.1	99.3	98	97	96	95.5	95.5
泉州	104.4	104.2	104.2	103.7	103.3	102.4	100.8	99.3	98.1	96.7	95.9	95.2
九江	103.8	102.8	101.9	101.6	101.1	100.9	100.5	99.3	98.8	97.5	96.5	96
赣州	102.1	101.6	100.6	100.4	100.2	99.9	98.4	97	95.8	94.3	94.2	94.3
烟台	106.6	106	105.3	104.7	104	103.2	101.3	99.9	98.5	96.9	95.6	94.6
济宁	103.6	103	102.4	101.8	101.4	100.7	99.6	98.6	97.6	96.7	96.3	95.5
洛阳	106.3	106.1	106.1	105.9	105.4	105.3	103.6	102.5	101.2	99.9	99	98
平顶山	105.6	105.7	105.6	105	104.4	103.8	102.3	100.9	99.7	98.6	98	97
宜昌	109	107.6	106.2	105.1	104	103.2	101.8	100.5	99.4	97.6	96.5	95.9
襄阳	109.1	108.3	107.3	105.9	104.4	103.2	101.6	99.8	98.5	97.1	96.1	95.4
岳阳	104.7	104.7	104.3	103.8	103.3	102.9	101.9	100.5	99	97.9	97.2	96.9
常德	108.6	108.3	105.8	104	103.2	102.1	101.7	100.3	99	98	97.6	97.4
惠州	106.6	106.3	105.9	105.7	105.6	104.7	102.9	101.6	100.2	98.6	97.4	96.1
湛江	104.1	103.8	103.7	103.4	103.1	102.8	101.8	100.7	99.2	98	97.1	96.1
韶关	104.2	103.2	102.6	102.3	102.1	101.4	100.2	98.1	96.1	94.7	94.2	93.5
桂林	104.5	104	103.6	103	102.1	101.6	100.4	99.2	97.7	96.3	95.7	94.7
北海	106.3	105.9	105	104.4	103.5	102.4	101.1	99.4	98	96.5	95.3	94.1
三亚	102.4	102.4	102.2	102.1	101.8	101.6	100.9	100.4	99.6	98.7	98.6	97.7
泸州	104.2	104.8	104.8	104.7	104.5	104.1	102.9	101.8	100.3	98.4	97.4	96.7
南充	105.4	104.9	104.6	104.2	103.6	103.2	102.3	100.9	99	97.3	96.1	95.5
遵义	104.5	103.7	103.1	102.7	102.4	102.3	101.7	101.6	100.5	99.6	99	98.6
大理	102.6	102	101.3	101	100	99.6	99.2	98.7	97.7	96.6	95.8	94.2

数据来源：国家统计局

2014 年 70 个大中城市二手住宅销售价格指数定基数据　　　　表 6-3-15

城市	1月	2月	3月	4月	5月	6月	7月	8月	9月	10月	11月	12月
北京	120.1	120.1	120.4	120.2	119.1	117.6	116.6	115.7	114	114.3	115.1	115.3
天津	107.2	107.5	107.9	108.5	108.7	108.7	107.8	106.7	105.5	105.3	104.8	104.5
石家庄	101	101.3	101.5	101.6	101.6	101.7	101.5	100.9	99.9	99.2	99.1	98.9
太原	115.7	116	116.2	116.6	116.6	116.7	115.3	114.6	113.3	112.2	111.9	111.6
呼和浩特	108	108	107.8	107.6	107.5	107.2	106.4	105.6	104.8	103.8	103.3	103

续表

城市	1月	2月	3月	4月	5月	6月	7月	8月	9月	10月	11月	12月
沈阳	110	110.4	110.7	110.8	111	110.6	108.9	108.2	107.3	107.3	107.1	107
大连	107.9	108.2	108.4	108.5	108.2	107.8	106.4	105.6	104.6	103.6	103.2	102.8
长春	105.6	105.9	106.3	106.2	106	105.8	105.4	104.4	103.2	102.3	101.7	101.2
哈尔滨	103.7	104.1	104.1	104.3	104.4	104.4	104.4	103.6	102.7	101.7	99.9	99.6
上海	116.8	117.5	117.8	117.8	117.5	116.7	115.7	114.9	114	114.1	114	114.5
南京	105.5	105.7	106.1	106.6	106.9	106.7	105.7	105	103.9	103.4	103.5	103.4
杭州	97.8	97.4	97.2	96.5	96.1	95.2	94.2	93.6	92.9	93.2	93	92.8
宁波	96.4	96.4	96.3	96.1	95.9	95.2	94.3	93.5	92.5	91.6	91	90.5
合肥	106.7	107.2	107.9	108.7	108.7	108.2	107.2	107.2	106.3	105.3	104.9	104.7
福州	104.9	105.3	105.3	105.2	104.6	103.9	102.9	102.1	101.2	100.3	100	99.7
厦门	110.9	112.2	112.8	113.2	113.8	113.5	113.5	113.5	112.9	112.1	112.2	111.8
南昌	106.7	106.7	106.9	107.3	107.3	106.8	106	105	103.8	102.8	102.5	102.8
济南	106.3	106.5	106.6	106.3	106.3	106	104.9	104.3	103.3	102.5	101.9	101.1
青岛	103.8	103.9	104	103.8	103.5	103.1	102.1	101.4	100.3	99.3	98.6	98.2
郑州	111.6	112.5	113.4	113.8	114.1	114.1	114	113.3	112.2	111.5	111.6	111.8
武汉	111.2	111.5	111.8	111.8	111.6	111.1	109.9	109	107.9	107.1	106.5	106.4
长沙	108.2	108.6	108.9	109.3	109.5	109.6	108.2	107.5	106.3	105.5	105.1	104.9
广州	120.2	120.5	120.7	121.5	121.6	121.3	120	118.4	116.9	116.8	116.8	117
深圳	121.3	122.3	123.7	123.8	124	123.3	122.6	122	121.2	121.1	121.6	122.4
南宁	106.8	106.6	107	107.5	106.6	106.5	105.5	104.3	102.2	101.6	102.8	101.9
海口	95.4	95.3	95.2	95.1	95	94.6	94	93.2	92.3	91.5	91.3	90.6
重庆	105.3	105.5	105.6	105.7	105.5	105	104.2	103.2	102	101.1	100.7	100.6
成都	104.5	104.6	104.9	104.8	104.8	104.3	103	102.1	101	100.3	100.2	100
贵阳	119	119.3	119.4	119.3	119.8	119.8	119.4	118.9	118	116.9	116.5	116.4
昆明	115.2	114.6	115.2	115.9	116	116	114.5	113.4	112.1	111	110.3	109.4
西安	106.3	106.1	106.1	106	105.9	105.5	104.6	103.3	102.4	101.5	100.9	100.4
兰州	101.2	101.1	101.2	101.4	101.3	101.2	100.8	100	98.9	98.2	97.8	97.6
西宁	112.5	112.7	112.8	112.9	112.9	112.9	113	112.4	111.3	110.5	110.6	109.7
银川	111.4	111.8	112.1	112.5	112.8	112.9	112.4	111.2	109.8	108.9	108.4	107.6
乌鲁木齐	112.6	113	113.5	113.9	114.1	114.3	113.9	113.8	112.7	111.4	111.1	111.1
唐山	104.7	104.5	104.5	104.4	104.3	104	104	103.9	103.1	102.3	101.9	101.8
秦皇岛	103.5	103.6	103.5	103.4	102.7	101.9	100.7	99.6	98.8	97.8	97.5	97.4
包头	103.4	103.5	103.5	103.5	103.4	102.7	101.4	100.8	99.7	98.7	98.2	98.1
丹东	106.3	106.4	106.4	106.3	106.1	105.5	104.7	103.9	102.9	101.6	100.7	99.6
锦州	102.2	102.3	102.3	102.4	102.2	101.8	100.9	100	99.3	98.1	97.4	96.2
吉林	105.4	105.4	105.3	105.1	104.7	104.2	103.5	102.7	102.2	100.9	100.2	99.9
牡丹江	102.7	102.5	101.4	101.4	101	99.4	98.5	97.2	95.3	93.5	91.7	90
无锡	107.7	107.8	107.7	107.6	107.3	106.9	106.2	105.2	104.6	103.8	103.6	103.5
扬州	102.3	102.3	102.3	102.2	102.1	102.2	102.2	101.4	100.8	100.1	99.9	99.8
徐州	100	100	100	100	100	99.9	99.5	98.6	97.8	96.8	96.5	96.4

续表

城市	1月	2月	3月	4月	5月	6月	7月	8月	9月	10月	11月	12月
温州	81.3	80.6	80.1	79.6	79	78	77.2	76.7	76.4	75.9	75.3	75
金华	98.8	98.7	97.9	97.7	97.4	96.8	96	95.1	93.8	92.9	92.4	92.2
蚌埠	108.1	108.9	109.6	109.9	110.1	109.6	108.8	107.4	106.2	104.6	103.6	102.8
安庆	101.2	101.2	101.1	101	100.8	100.5	100	98.9	98.1	97.2	96.8	96.7
泉州	100.2	100.3	100.3	100.3	100.4	99.9	98.8	97.6	96.8	95.7	95.3	95.1
九江	104.9	104.5	104.4	104.5	104.3	103.9	103.3	102.4	101.7	100.7	100.3	100.5
赣州	101.1	100.9	100.4	100.2	100	99.5	98.4	97.1	96.1	95	95	95.3
烟台	104.5	104.5	104.6	104.8	104.8	104.5	103.4	102.2	101.2	100.1	99.2	98.6
济宁	108.7	108.6	108.7	108.7	108.7	108.3	107.4	106.4	105.6	104.7	104.3	103.9
洛阳	111.9	112.5	113.2	113.3	114.2	114.3	113.3	112.1	111.1	110	109.3	108.8
平顶山	111.3	111.7	112.2	112.5	112.5	112.5	111.3	110.1	109.1	108.3	107.8	107.2
宜昌	108.7	109	109.2	109.2	109.1	108.9	107.7	106.9	106.2	104.9	104.3	104
襄阳	115.6	115.8	116	115.9	115.6	115.4	114.4	113.1	111.8	110.9	110.6	110.1
岳阳	114.7	115.1	115.3	115.5	115.6	115.6	114.8	113.6	112.5	111.5	111	110.9
常德	114.3	114.6	114.6	114.7	114.7	114.5	114	113.2	112.2	111.5	111.2	111.1
惠州	111.4	111.6	112	112.4	112.8	112.3	110.9	109.7	108.6	107.6	107.3	106.7
湛江	111.4	111.6	111.7	111.7	111.7	111.5	110.7	109.9	109	108	107.4	106.9
韶关	109.7	109.7	109.8	109.6	109.9	109.1	107.8	107.2	105.4	103.8	103.2	102.6
桂林	106.4	106.3	106.4	106.2	106.1	106.1	105.3	104.5	103.4	102	101.7	101
北海	108.4	108.5	108.6	108.6	108.3	107.9	107	105.7	104.5	103.3	102.6	101.7
三亚	96.3	96.5	96.5	96.6	96.4	96.4	95.8	95.4	94.8	94.1	94.1	93.9
泸州	105.3	105.8	106.2	106.5	106.5	106.1	105.1	104.3	103.3	101.8	101.5	101.4
南充	106.5	106.7	106.7	106.9	106.7	106.5	105.7	104.8	103.5	102.2	101.7	101.6
遵义	111.9	112.2	112.4	112.4	112.5	112.5	111.8	111.3	110.8	110.2	110.2	110.1
大理	105.4	104.9	104.8	104.6	103.9	103.7	103.1	102.9	102.1	101.6	101.2	99.6

数据来源：国家统计局

（六）"2015 中国企业 500 强"中的房地产企业

根据中国企业联合会、中国企业家协会 2015 年 8 月公布的 2015 中国企业 500 强年度排行榜，共有 16 家房地产开发与经营、物业及房屋装饰、修缮、管理等服务业企业入选 2015 中国企业 500 强，比上年减少 1 家。上年上榜的 17 家企业中，有 13 家 2015 年仍然榜上有名。这 13 家企业中，有 7 家的位次有所上升，6 家的位次有所下降。广东圣丰集团有限公司、广州越秀集团有限公司和天津房地产集团有限公司 3 家企业新入榜。具体如表 6-3-16 所列。

入选"2015 中国企业 500 强"年度排行榜的房地产开发与经营、物业及房屋装饰、修缮、管理等服务业企业

表 6-3-16

序号	500 强名次		企业名称	营业收入（万元）
	2015	2014		
1	57	87	大连万达集团股份有限公司	24248000
2	129	145	恒大地产集团有限公司	11139811
3	168	190	绿城房地产集团有限公司	7940000
4	235	280	银亿集团有限公司	5358317

续表

序号	500强名次		企业名称	营业收入(万元)
	2015	2014		
5	249	240	隆基泰和实业有限公司	5057996
6	255	303	重庆龙湖企业拓展有限公司	4958879
7	344	＊＊	广东圣丰集团有限公司	3627023
8	372	383	重庆市金科投资控股(集团)有限责任公司	3268670
9	406	398	天津住宅建设发展集团有限公司	3018376
10	426	409	福佳集团有限公司	2903489
11	433	371	世纪金源投资集团有限公司	2866880
12	436	422	弘阳集团有限公司	2836606
13	444	488	卓尔控股有限公司	2802565
14	481	＊＊	广州越秀集团有限公司	2467798
15	488	＊＊	天津房地产集团有限公司	2404035

数据来源:"2015年中国500强"企业发展报告,＊＊表示相应年度未入榜。

(七) 2015年"财富中国500强"企业中的房地产企业

根据《财富》(中文版)2015年7月8日发布的2015年"财富中国500强"排行榜,共有43家房地产企业入选2015年财富中国企业500强,比上年增加3家。上年上榜的40家企业中,2015年36家仍然榜上有名。这36家企业中,有30家的位次有所上升,6家的位次有所下降。大连万达商业地产股份有限公司、阳光城集团股份有限公司、中天城投集团股份有限公司、瑞安房地产有限公司、北京城建投资发展股份有限公司、宝龙地产控股有限公司和建业地产股份有限公司7家企业新入榜。具体如表6-3-17所列。

入选2015年"财富中国企业500强"排行榜的基建、建筑企业　　　　表6-3-17

序号	500强名次		企业名称	营业收入(百万元)
	2015	2014		
1	30	31	万科企业股份有限公司	146388
2	47	55	恒大地产集团有限公司	111398.1
3	48	58	保利房地产(集团)股份有限公司	109056.5
4	51	—	大连万达商业地产股份有限公司	107871
5	59	86	中国海外发展有限公司	94665.6
6	67	89	碧桂园控股有限公司	84548.8
7	86	102	华润置地有限公司	69724
8	108	134	世茂房地产控股有限公司	56080.6
9	122	133	龙湖地产有限公司	50990.7
10	131	148	金地(集团)股份有限公司	45636.4
11	133	164	招商局地产控股股份有限公司	43385.1
12	141	167	远洋地产控股有限公司	38896.1
13	142	359	中国海外宏洋集团有限公司	38697.4
14	144	146	雅居乐地产控股有限公司	38317.6
15	157	144	广州富力地产股份有限公司	34705.4

续表

序号	500 强名次		企业名称	营业收入（百万元）
	2015	2014		
16	172	190	绿城中国控股有限公司	32049
17	176	197	深圳华侨城股份有限公司	30718.2
18	215	172	融创中国控股有限公司	25072
19	224	297	方兴地产（中国）有限公司	23310.5
20	226	258	荣盛房地产发展股份有限公司	23119
21	236	250	金融街控股股份有限公司	22035.9
22	238	266	江苏中南建设集团股份有限公司	21792.1
23	247	342	北京首都开发股份有限公司	20850.5
24	249	239	新城发展控股有限公司	20718.7
25	289	300	金科地产集团股份有限公司	17323.5
26	301	374	旭辉控股（集团）有限公司	16179.3
27	314	335	越秀地产股份有限公司	15701.7
28	343	—	阳光城集团股份有限公司	13894.1
29	350	364	合生创展集团有限公司	13446.7
30	364	428	上海世茂股份有限公司	12701
31	369	394	龙光地产控股有限公司	12497.9
32	385	419	杭州滨江房产集团股份有限公司	11758.6
33	391	—	中天城投集团股份有限公司	11390.9
34	403	459	新湖中宝股份有限公司	11038.3
35	420	452	合景泰富地产控股有限公司	10465.8
36	422	447	时代地产控股有限公司	10419
37	426	—	瑞安房地产有限公司	10249
38	433	388	首创置业股份有限公司	10058
39	436	—	北京城建投资发展股份有限公司	10011
40	452	—	宝龙地产控股有限公司	9663
41	471	—	建业地产股份有限公司	9228.8
42	475	426	中粮地产（集团）股份有限公司	9040.8
43	496	391	嘉凯城集团股份有限公司	8448.8

（八）2015 年"财富世界 500 强"中的中国房地产企业

根据美国《财富》杂志 2015 年 7 月 22 日发布的 2015 年"财富世界 500 强"企业最新排名，共有 2 家中国房地产企业入选 2015 年"财富世界 500 强"排行榜，比上年增加 1 家，具体如表 6-3-18 所列。

入选 2015 年"财富世界 500 强"年度排行榜的中国房地产企业　　　　表 6-3-18

序号	500 强名次		企业名称	营业收入（百万美元）	利润（百万美元）
	2015	2014			
1	258	268	绿地控股集团有限公司	42515.1	904.0
2	457	—	中国保利集团	26046.6	1020.5

（哈尔滨工业大学）

第六篇

第七篇

部属单位、社团与部分央企

住房和城乡建设部科技与产业化发展中心
（住宅产业化促进中心）

【绿色建筑标识评审工作】 2014年，住房城乡建设部科技与产业化发展中心（住宅产业化促进中心）（以下简称"中心"）完成9批106个绿色建筑评价标识项目的评审。包括住宅类27个、公建类78个、工业建筑类1个，总建筑面积1548.2万平方米。按标识种类分为设计标识86个、运行标识20个，其中获得一星级项目12个、二星级项目9个、三星级项目85个。

【加强绿色建筑评价标识工作的联动与交流】 为加强与各级行业主管部门、企事业单位联动，推进各地绿色标识评价工作，2014年中心协助住房和城乡建设部组织召开了"2013年度全国绿色建筑评价标识工作交流会"；组织6个天津地标三星和19个上海地标三星项目的评价工作；完成"武汉市全面推进绿色建筑实施方案"、"长沙市绿色建筑推进机制研究"、"海南省绿色建筑标准体系研究"等地方绿色建筑政策机制研究；参加了北京、宁夏、海南等地绿色建筑培训工作；与"万达"、"万科"和深圳建科院等单位开展了绿色建筑评价标识快速评审机制研究；组织专家赴台湾参加了"第三届绿色建筑评价标识台湾宣讲交流会"。

【绿色建筑政策与技术研究】 2014年，中心进行"十二五"国家科技支撑计划"绿色建筑规划设计集成技术应用效能评价""绿色建筑评价指标体系与综合评价方法研究"等课题、子课题研究工作。完成《绿色数据中心评价技术细则》《低能耗绿色建筑示范区技术导则》等技术文件。

【建筑节能与绿色建筑开展技术咨询】 2014年，完成海林工业厂房三星级绿色建筑项目等绿色建筑技术咨询服务工作；开展内蒙古乌兰察布市住宅产业化发展规划与河北建设集团绿色建筑产业园规划等绿色建筑产业技术咨询服务工作；完成招商地产深圳海上世界和广州金山谷绿色建筑示范区、部科技示范工程绿色建筑示范区技术咨询。

【推进被动式低能耗建筑技术研究与示范应用】 中心与中国标准设计研究院联合编制《被动式低能耗建筑标准图集》，完成《河北被动式低能耗居住建筑设计标准》《黑龙江被动式居住建筑设计标准》，组织编写《青岛市被动式房屋技术导则》。在辽宁、青海、湖南、山东、内蒙古等省（自治区）组织实施"被动式房屋"试点示范项目21个。在山东、河北、湖南和青海等省组织"被动式房屋"设计、施工培训，在秦皇岛组织有关"被动式房屋"示范项目现场技术交流会，累计950余人参加了培训与技术交流活动。

【加强可再生能源建筑应用研究与管理】 在上年工作的基础上，2014年中心重点开展太阳能光电建筑应用示范项目的验收和资金清算工作，完成2009～2012年度全部608个示范项目的资金清算，完成验收项目438个，实现装机容量649兆瓦，占批准容量的75%。

完成对2009～2012年批准的可再生能源建筑应用示范城市（区）、省级重点推广区剩余资金测算工作，编写印发《可再生能源建筑应用示范市县验收评估办法》，起草《关于加强可再生能源建筑应用省级推广管理的通知》、《可再生能源建筑应用省级推广专项资金管理暂行办法》等项目管理文件。

【开展既有建筑节能改造项目管理】 根据住房和城乡建设部既有建筑节能改造工作要求，中心承担北方采暖地区、夏热冬冷地区既有居住建筑节能改造和绿色建筑专项工作进展情况定期统计汇总上报工作。完成2013年度北方采暖地区既有居住建筑供热计量及节能改造项目的备案工作，备案面积1.488亿平方米。协助部内下达了2015年改造任务目标。完成北方采暖地区既有建筑改造超额奖励资金和2012～2015年度夏热冬冷地区既有建筑节能改造补贴资金，协助部建筑节能与科技司和财政部经建司下达相关资金。

【推进中美清洁能源项目开展】 完成中美CERC1.2任务合同书和预算书及2015年中美建筑节能合作备选项目申报；与美方项目单位合作完成该项目二期子任务书签订及示范工程进度安排与合作

研究进度表。

【加强建筑能耗统计工作的过程控制与管理】 2014年，中心组织修订了《民用建筑能耗和节能信息统计报表制度》。加强建筑能耗统计数据分析工作，起草完成《2013年度民用建筑能耗统计数据分析报告》、《2009～2012年度民用建筑能耗总量分析报告》。指导和督促各地开展民用建筑能耗统计工作，截至11月底各省市统计上报的2013年度建筑基本信息和能耗信息分别为302054栋和128105栋，比2011年度分别增长了1.5%和36.8%，数据量和统计质量明显提高。

【公共建筑节能监管体系建设工作】 2014年，中心承担了公共建筑节能报表收集、编制与核查工作。在安徽、北京、重庆、上海、江苏等地开展公共建筑节能工作调研。针对公共建筑能耗监管体系建设工作存在的问题，进一步规范验收和运行维护工作，起草完成《省级公共建筑节能监测平台验收与运行管理办法(报批稿)》。

协助部内实施节约型校园、节约型医院和节约型科研院所示范工作。参与编写《节约型校园节能监管体系建设示范项目验收管理办法(试行)》和《医院建筑节能监测平台建设技术导则》。完成23个节约型校园建设试点、44个节约型医院试点和19所节约型科研院所试点批复。完成中国科技大学、复旦大学等15所节约型校园建设试点单位验收。

【推进绿色建材评价和墙体材料革新，开展产品认证工作】 2014年，中心开展绿色建材评价课题和绿色建材目录分类和运行机制研究工作，完成《绿色建材评价通则》中的墙体材料、保温材料、预拌混凝土、建筑陶瓷、卫生陶瓷、玻璃等六大类建筑材料评价导则和绿色建材分类体系框架等成果。开展并完成部节能省地型建筑专项课题"外墙外保温现状调研与政策研究"相关工作，组织编制建筑保温、再生墙材、新型板材相关工程技术规程。

中心下属北京康居认证中心全年共完成工厂审查136家，其中初次审查17家，到期换证审查14家，年度中期审查105家。新增发放证书26张，其中初次发放15张，到期换发11张。

【城乡减排技术研究工作】 2014年，中心完成"城市水环境系统规划与管理技术研究与示范"研究与项目验收工作。按计划组织"城镇水务装备产业化发展支撑平台研究与流域示范"、"水泥窑干化焚烧污泥技术研究与装备开发"、"城市污水处理厂污泥处理处置技术装备产业化"和"重点流域城市污水处理厂污泥处理处置技术优化应用研究"等课题、子课题研究工作。进行"城镇排水与污水处理系统

污染物核算及高效监管技术体系研究与示范"前期准备。

【加强国家重大水专项执行管理工作】 配合住房和城乡建设部围绕重大水专项立项评审、过程管理和成果验收，建立全过程管理模式。

立项方面，优化任务承担单位遴选机制，完成2014年立项的12个课题任务合同书签订工作，下拨课题年度中央财政经费。完成2015年10个课题实施计划编报，开展"十三五"科技需求调研工作。

过程管理方面，加强项目(课题)实施的监督检查和评估，进一步巩固季报、年报、重大事件上报制度和中期评估的管理模式。完成2011～2012年立项39个课题的中期评估和2013年立项的12个课题年度检查工作。配合中国工程院完成水专项中期评估工作与专项聚焦调整。印发《关于进一步规范水体污染控制与治理科技重大专项项目(课题)有关变更事项的通知》，规范审批流程。

经费管理方面，组建财务咨询专家队伍。推行财务自查、督查、抽查和结题财务决算制度。完成2015年拟立项课题预算编制培训和已验收的94个课题结题财务决算编制工作。

【建筑产业现代化相关工作】 2014年中心完成《"十三五"住宅产业化发展规划》、"绿色保障性住房产业化发展现状、问题及对策研究"和"保障性住房标准化系列化设计研究"等住宅产业化相关课题研究。推进住宅产业化综合性试点城市建设，完成《国家住宅产业现代化综合试点城市(区)发展规划(初稿)》编制，培育沈阳成为住宅产业化示范城市，北京、合肥、绍兴、厦门、乌海成为试点城市。

9月16～18日，经批准中心与有关单位在北京成功举办"第十三届中国国际住宅产业博览会"。此次博览会展出面积2.3万平方米，国内外参展厂商400多家，注册参观人数4.8万人。通过搭建住宅产业化技术和产品的展示、交流、交易平台，有效地宣传了绿色、低碳、产业化的发展理念，推广节能、节地、节水、节材、环保等产业化成套集成技术与部品。

【做好住宅性能认定和"涉老设施"工作】 2014年，中心完成64个住宅性能评定项目的预审、70个项目的终审工作和3个住宅性能研发基地审批工作。开展"涉老设施规划建设标准关键技术和标准体系研究"课题研究工作，编制养老服务设施标准体系框架，出版了《绿色适老住区建设指南》。

【国家康居示范工程与国家住宅产业化基地建设】 2014年，中心完成黑龙江、内蒙古、新疆、山

东、安徽、山西等地共 10 个住宅示范工程项目立项评审工作；完成康居示范工程验收项目 22 个，优良率达到 90％以上。新立项和完成验收项目规划建设设计方案水平普遍提高，"节能、省地、环保"成为示范工程的新常态，对引导型住宅及绿色建筑发展起到积极示范带动作用。

全年共培育和批准设立 8 个国家住宅产业化基地，其中部品类型企业 2 家、集团类型企业 6 家。示范工程与国家产业化基地对各地住宅建设与相关企业发展起到了良好的示范引领作用。

【组织住房城乡建设领域科技成果评估推广工作】 根据住房和城乡建设部委托归口管理行业科技成果评估工作相关要求，中心 2014 年完成 94 项行业科技成果评估(详见《2014 年建设行业科技成果评估项目目录》)，评估项目涉及建筑节能、新型建材、供热计量、施工机械、市政工程、信息化等领域，其中，达到国际领先水平 1 项，国际先进水平 5 项，国内领先水平 46 项，国内先进水平 38 项，其他 5 项。

根据住房和城乡建设部推广应用新技术管理相关规定，2014 年，中心受理推广申报项目 129 项，其中 92 项通过专家评审，分四批列入年度推广项目进行了发布。编辑出版《全国建设行业科技成果推广项目简介汇编(2014 年)》。

【"华夏建设科学技术奖"评审工作】 3 月 25 日至 5 月 31 日通过网上申报，"华夏建设科学技术奖"办公室共收到推荐申报项目 327 项，经审核有效申报项目 302 项，按评审专业划分为建筑工程、城建、规划、标准规范、建筑机械、智能信息、软科学研究等 7 个专业组。经专业组和评审委员会两级评审与审定，评出拟授奖项目 129 项，于 2014 年 12 月 5 日至 2015 年 1 月 5 日进行公示。根据公示期间收到的反馈意见，最终确定 2014 年度"华夏建设科学技术奖"获奖项目共计 128 项，其中特等奖 1 项、一等奖 10 项、二等奖 34 项、三等奖 83 项。

［住房和城乡建设部科技与产业化发展中心
(住宅产业化促进中心)　撰稿　林涌］

住房和城乡建设部人力资源开发中心

【承担《国家职业分类大典》修订工作】 受住房和城乡建设部人事司委托，住房和城乡建设部人力资源开发中心(以下简称"中心")承担《国家职业分类大典》修订工作。2014 年的主要任务：一是完成建设行业国家职业分类大典 82 个职业、305 个工种的全部审核；二是完成建设行业实操类职业构架征求意见；三是开展《大典》修订最后阶段整理汇总工作，完成对国家职业分类大典修订版《职业分类体系表(征求意见稿)》反馈意见。

【开展国家职业标准编写准备工作】 为进一步规范建设行业职业标准，推动建设行业职业技能鉴定和培训工作，提高建设行业从业人员素质，对现有国家标准的职业和未申请国家标准的职业进行筛选分类，筛选出 8 个职业作为第一批开发职业标准向人力资源和社会保障部提出开发立项申请，6 月底获得批准。下半年，制定国家职业标准编制工作方案，为职业标准的启动打好基础。

【承担《住房公积金管理人员职业标准》编写工作】 中心和住房城乡建设部标准定额所共同承担住房公积金管理人员职业标准编写项目，召开 3 次编制工作会，讨论标准大纲、设计调查问卷、起草标准初稿，形成初稿。

【住房和城乡建设部 2014 年专业技术职务任职资格评审工作圆满完成】 职称评审量化标准修订工作圆满完成，5 月新标准发布。根据部职称评审委员会组建办法及工作需要，完成评审委员会评审专家的换届调整工作。为了帮助各单位理解和掌握职称评审新标准的相关规定和要求，切实做好新标准贯标和职称评审材料的申报工作，举办职称评审申报工作培训班，组织召开 32 个评审会，圆满完成 2014 年职称评审工作。

【圆满完成部司局委托的重点培训工作】 2014 年，根据《住房城乡建设部关于印发进一步加强培训办班管理的规定》，中心进一步加强培训管理，积极采取措施，规范培训管理，调整招生方式，确保培训质量，共举办培训班 17 期，培训学员 4998 人。

【完成部人事司委托的建筑工人技能培训机制调研工作】 受住房和城乡建设部人事司委托，2014 年，中心领导带调研组先后赴山东、江苏、湖北、海南、内蒙古、甘肃等六省(区),走访当地住房城乡建设厅(局)管理部门、培训鉴定机构、职业学校和施工企业,实地调研建筑工人队伍现状、技能培训机制和职业鉴定工作开展情况等,获取大量数据和第一手资料,向部人事司提交《关于山东、江苏两省建筑工人技能培训机制的调研报告》、《关于湖北、海南两省建筑工人技能培训机制的调研报告》和《关于内蒙古自治区、甘肃省建筑工人技能培训机制的调研报告》。

(住房和城乡建设部人力资源开发中心)

住房和城乡建设部执业资格注册中心

【执业资格考试工作】 2014 年,组织完成 2014 年度一级注册建筑师、一级注册结构工程师、注册土木工程师(岩土)、注册土木工程师(港口与航道工程)、注册土木工程师(水利水电工程)、注册公用设备工程师、注册电气工程师、注册化工工程师、注册环保工程师、注册城市规划师、一级建造师和物业管理师等 12 项个人执业资格全国统一考试的命题及阅卷工作。完成 2014 年度二级注册建筑师、二级注册结构工程师和二级建造师个人执业资格考试的命题工作。

2014 年,共有 162.2 万余人报名参加各专业(不含二级)执业资格全国统一考试,报考情况见表 1。

2014 年度各专业执业资格考试报考情况统计表 表 1

专业		报考人数
一级注册建筑师		49756
勘察设计注册工程师	一级注册结构工程师	25849
	注册土木工程师(岩土)	11337
	注册土木工程师(港口与航道工程)	650
	注册土木工程师(水利水电工程)	2881
	注册公用设备工程师	22803
	注册电气工程师	19788
	注册化工工程师	3459
	注册环保工程师	5543
注册城市规划师		33768
一级建造师		1374512
物业管理师		72227
合计		1622573

2014 年,二级注册建筑师、二级注册结构工程师、二级建造师报考人数分别为 21612 人、13453 人和 1957605 人。

【考试管理工作】 重点加强命题专家队伍建设和考试保密工作,确保命题质量和考试安全。同时,不断加强工作创新,通过改革部分试卷的编排印制形式,提高试卷印刷质量,方便考生答题。

随着各专业报考人数的逐年递增,主观题的人工阅卷工作难度随之加大,通过增设阅卷点、改进阅卷工作方式、优化阅卷程序、整合人力资源等措施,顺利完成了各专业的阅卷工作。

【考试大纲修订工作】 协调勘察设计注册工程师各专业管理委员会组织完成了注册公用设备工程师(暖通空调)、注册环保工程师、注册土木工程师(港口与航道工程)等专业《考试大纲》的审定、报批和公布工作;会同部房地产市场监管司、人事司完成了物业管理师《考试大纲》的审定、报批和公布工作。深入研究、广泛调研,积极推进注册建筑师、注册结构工程师专业考试大纲的修订工作。

【执业资格注册工作】 继续开展一级注册建筑师、一级注册结构工程师、注册土木工程师(岩土)、注册公用设备工程师、注册电气工程师、注册化工工程师、注册城市规划师、一级建造师和物业管理师等 9 个专业执业资格注册工作。2014 年全年共完成 17.7 万余人次的各类注册工作,各专业累计注册人数达到 55.5 万余人,具体情况见表 2。

2014 年度各专业执业资格注册情况统计表 表 2

专业	2014 年新增初始(增项、重新)注册人数	到 2014 年年底累计注册人数	2014 年完成初始、延续、变更注册总人次
一级注册建筑师	1769	30295	13388
一级注册结构工程师	1461	44542	13925
注册土木工程师(岩土)	1382	14634	4567
注册公用设备工程师	3110	22212	12590

续表

专业	2014年新增初始（增项、重新）注册人数	到2014年底累计注册人数	2014年完成初始、延续、变更注册总人次
注册电气工程师	1277	15638	8544
注册化工工程师	889	5236	2826
注册城市规划师	1895	17820	7138
一级建造师	49107	382224	99326
物业管理师	15004	23149	15004
合计	75894	555750	177308

在做好注册管理基础工作的同时，注重提高服务功能建设。《全国一级注册建筑师、注册工程师注册管理信息系统》开通了注册人员身份证查询服务，方便个人和企业查询。积极与省级注册管理部门开展互助交流，通过会议和网络的形式指导省级管理人员开展工作，提高整体注册管理水平。

【继续教育工作】 2014年加强了培训制度建设，进一步规范培训办班行为，组织修订了《住房和城乡建设部执业资格注册中心培训办班管理办法》。完成了《建筑防水》、《职业结构工程师业务指南》等4本必修课教材的组编、出版工作。根据注册建筑师、注册结构工程师继续教育周期的安排，经过专家咨询，确定了注册建筑师和注册结构工程师1到2个周期的必修课选题。举办了注册建筑师、注册结构工程师、注册土木工程师（岩土）和注册城市规划师必修课教材全国师资培训班，共培训了300余名专家，保证了各地如期开展继续教育培训工作。

【国际交流与合作工作】 2014年11月，组团赴韩国仁川市参加了第十七届韩中日注册建筑师组织交流会，韩中日三国建筑师组织和建筑师代表对会议拟定的各项议题进行了充分沟通和交流，达成了共识。

与英国结构工程师学会合作，继续开展了推荐部分一级注册结构工程师申请取得英国结构工程师学会正会员资格工作，通过遴选和测试，43人取得了英国结构工程师学会正会员资格。截至2014年，全国共有107名一级注册结构工程师取得了英国结构工程师学会正会员资格。

【研究工作】 2014年，国务院行政审批制度改革对执业资格制度的建设产生了深远影响，面对行政审批制度改革的形势，注册中心根据行业管理的实际需要，认真分析研究执业资格制度的改革方向，向部提出了改革完善执业资格管理模式的多项相关建议和工作方案。

受住房城乡建设部委托研究修订《勘察设计注册工程师管理规定》（建设部令第137号）和《注册建造师管理规定》（建设部令第153号），完成相应课题研究报告；研究起草了《关于通过土木工程专业评估高校毕业生减免一级注册结构工程师基础考试（公共基础）的实施方案》（征求意见稿）等。

（住房和城乡建设部执业资格注册中心）

中国建筑工业出版社

【生产经营情况良好，实现经济效益社会效益双丰收】 2014年，中国建筑工业出版社（简称"建工出版社"）出书品种3449种，其中新书1389种，重印书2060种，共计1784.49万册，同比增长3.58%；出版码洋8.48亿元，同比增长5.56%；回款实洋4.06亿元，同比增长5.5%；图书销售收入3.81亿元，同比增长17.23%；利润总额9724.6万元，比上年同期增长10.52%；全年共获得各类基金支持2500多万元。截至2014年底，总资产8.67亿元，同比增长10.4%。主要指标创历史新高。

在第五届"中华优秀出版物奖"评选中，《中国特色新型城镇化发展战略研究》获得图书奖，《走在运河线上——大运河沿线历史城市与建筑研究》获得图书提名奖。《匠心随笔——牛腿》被评为2014年"中国最美的书"。《桥梁抗震与加固》、《中斯友谊的象征——"纪念班达拉奈克国际会议大厦"援建工程技术与纪实》等5种图书在第十三届"输出版、引进版优秀图书评选"中获奖。建工出版社被评为"2014年中国版权最具影响力企业"。

【立足专业，拓展相关，大力推动重大出版项目】 各图书中心按照立足专业、拓展相关、发展关联业务的发展思路，组织策划了一批双效益好的选题，一般图书板块平稳增长，得到了作者以及专家、学者的好评。《建筑设计资料集(第三版)》等建工版品牌图书的修订工作进一步推进。"十二五"国家重大出版工程《中国古建筑丛书》(35卷)、"走出去"重点图书《中国精致建筑100》等项目的编辑、出版工作进一步推进。考试用书，各类教材、标准规范三大板块显著增长，拉动了整体规模效益提升。

建工出版社注重挖掘、控制出版资源，与东南大学、深圳大学、重庆大学等20多所院校签订了战略合作协议。制定了出版社《学术著作出版基金管理办法》、《指令性图书管理规定》，从政策上鼓励多出好书。对代终审制度进行改革，颁布了新的《关于书稿代终审的有关规定》、《关于退休编辑继续从事编辑工作的有关规定》、《关于加强编辑部门组稿费用管理的规定》等管理办法，进一步改进编辑工作管理。

【加强出版管理，注重技术创新】 2014年建工出版社新书字数和印刷纸令数均创历史新高，虽然多家合作印刷厂关停，协作环境不理想，但是通过有效管理，确保了重点产品全部保质按时完成。并积极开展生产工艺创新，3月开始，全面实施新书CTP印刷。为节约成本、降低库存风险，逐步推广小印数和按需印刷。探索将菲林直接转化为数字模式，以经典图书《室内设计资料集》为样本，在业界率先实现了成功转化。努力提升设计水平，制定《关于我社与社外书籍设计工作室合作的规定》，通过组织和参加一系列活动，加强对外合作、与编辑作者沟通，逐步更新理念，图书整体面貌得到提升。

【初步完成平台建设，探索推进转型升级】 5月，建工出版社申报的文化产业基金项目"中国建筑全媒体资源库与信息服务平台"完成验收，举行"中国建筑出版在线"发布会，可开展建筑图书、建筑图库、标准规范、建造师考试培训、在线教育等5项服务以及移动阅读，截至年底，注册用户386561人，实现销售收入1800多万元。

大力推进中央文化企业数字化转型升级项目，以《手把手教你当好土建质量员》为试点，探索协同编辑系统数字化加工的出版流程再造。尝试开发《大师作品分析(三维动画版)》等不同类型的数字出版产品。完成"基于CNONIX标准的ERP系统升级改造及客户端开发工程"、"建筑施工专业知识资源库与信息服务平台"等多个数字项目的申报工作，

共获得财政部2550万元基金支持。建工出版社被国家新闻出版广电总局授予"CNONIX国家标准应用示范单位"。在第八届全国新闻出版业网站年会上，"中国建筑出版在线"获2014全国新闻出版业百强网站，获新闻出版业融合发展示范网站；"中国建筑工业出版社官网"获新闻出版业网站百强。

【创新图书营销模式，做好发行渠道建设】 建工出版社继续维护好代理连锁图书发行系统，在建造师考试用书、培训教材、标准规范等重点图书板块的销售方面作出了很大贡献。新华书店系统销售平稳增长，对建工版一般书的销售发挥了重要作用。进一步打通馆配流通渠道，参加全国级和地区性馆配会30多场，全年馆配销售码洋突破3000万元。积极推进网络销售，在天猫、当当、卓越、京东等几大电商平台，均实现了本版图书的自主销售。在南京、杭州、成都等地举办了教材营销推广活动，近百所院校、700多位教师参与；在全国200多家院校建立"建工版教材专架"，捐赠图书6万余册。开通微信公众号，为建工出版社的图书宣传和形象宣传建立一个新的平台，受到读者的关注和好评。

【开展专项行动，加强打盗维权】 针对盗版图书日益猖獗的问题，建工出版社开展建造师考试用书打盗专项行动，全社多个部门参与，赴全国多个地区进行巡查。全年共查处河南、北京、广东、山东等地非法销售盗版图书的物流公司、仓库、实体书店、培训机构20多家，查缴盗版建工版建造师考试用书等图书10.67万册，码洋540万元，批捕2人、刑拘2人。"广州3.24盗版案件"被列为国家版权局2014年剑网行动重大案件。通过外聘律师加强网络维权，删除淘宝网侵权商品链接13443个、关闭店铺1393家，处理其他侵权网站31家，获得索赔75.55万元。开展盗版侵权法律诉讼7项。修订了《打盗维权奖惩办法》。建工出版社荣获"2013年度查处侵权盗版案件有功单位"二等奖和个人二等奖。

【推动深化改革，促进可持续发展】 研究推进收入分配制度改革，多次调研，制定考核分配办法，多次征求意见，已经基本定稿。为拓展各类出版物的广告业务，颁布了《出版物广告管理办法》，期刊年鉴中心全年广告收入实现较大增长。严格执行财务管理各项规定，完善社《国有资产评估管理办法》、《资产减值准备管理办法》。制定了《教育培训管理办法》、《劳动纪律管理规定》。后勤等部门、工青妇组织，积极做好服务、协调工作，促进各项工作顺利开展。此外，根据住房和城乡建设部党组的要求，本着务实、稳妥的原则，和部人事司以及中

第七篇

国城市出版社多次沟通，充分照顾到两社的实际情况和职工利益，制定了建工出版社和中国城市出版社两社合并方案。

【举办社庆系列活动，大力推进企业文化建设】　为庆祝建社60周年，组织开展一系列活动。完成"两书一馆"工作，社史《筚路蓝缕铸辉煌》对建工出版社60年来的发展概况及成果进行了系统总结；纪念文集《感慨感动六十年》收录百篇文章，从不同侧面记录了出版社的发展历程；社史馆本着"节俭、务实、因陋就简、以职工为主"的原则，以原二楼咖啡厅为基础进行改造，建成后数十位出版界、建筑界的领导、专家前来参观，给予充分肯定。召开社庆大会，组织拍摄了在职和离退休职工合影。结合《中国人居史》首发式、全国优秀图书审读报告评选，举办相关研讨活动。联合韬奋基金会在兰州、贵州举办向西部地区24所院校图书捐赠1000多万元图书活动。在杭州、南京、成都、扬州召开出版发行研讨会。还举办了职工摄影、书法艺术展。一系列活动，既节俭又隆重，起到回顾历史、总结经验、宣传形象、凝聚人心、加强企业文化的作用。

【认真落实教育实践活动整改方案，加强基层组织建设】　建工出版社党委通过组织中心组集中学习（扩大）会议、中层干部专题培训等多种形式，组织党员干部学习贯彻党的十八大、十八届三中、四中全会精神，深入学习了习近平总书记系列重要讲话精神。把教育实践活动整改方案落实作为党委重要工作，组织起草和修订《社党委会议制度和议事决策程序》《党委中心组学习制度》等，整改落实内容35项，占整改落实总量的92%。并认真组织教育实践活动回头看工作，严格落实《中央八项规定》，严格控制各种会议规模，没有公款超标准接待，"四风"有明显改善，会议经费比上年下降76%，招待费下降56.3%，出国人数下降31%。进一步加强对党员的警示教育，落实廉政风险防控工作，印发了建工出版社廉政风险防控手册。进一步加强精神文明建设，荣获2012～2014年度"首都文明单位"荣誉称号。

（中国建筑工业出版社）

中国城市科学研究会

服务创新型国家和社会建设

2014年，中国城市科学研究会（以下简称"学会"）紧密围绕国家和地方重大科技需求和战略部署，推动建立产学研相结合的技术创新体系。学会下属各专业委员会及技术研究中心发挥人才资源聚集、技术创新先行的引领作用，积极承接国家重大科技专项攻关及创新研究工作：

学术一部：主要围绕生态城镇、城市更新等领域开展研究。承接中国科协委托的"中国科学城市指数研究"、"中国科协智库能力建设前期研究"两项课题。

数字城市研究专业委员会、数字工程研究中心承担多项国家级重大科技项目攻关、科技支撑项目研究：组织开展高分专项："保障房建设过程监管和违章建筑判别子系统等研究与示范"课题；组织开展水专项："基于遥感数据的水体水质评估研究"、"地表空间特征识别和数字解析技术研究"、"城市内涝预警与雨水径流综合管控平台研究与示范——镇江示范"、"饮用水流域的管理体制运行机制与保障体系研究"四项课题的研究工作，完成科技支撑计划："智慧城市管理公共信息平台研究开发及规模应用示范"、"绿色建筑基础数据库的建设"、"面向城镇区域发展模拟预测的数据库建设及综合示范应用"三个项目课题。

绿色建筑专业委员会：按照项目实施进度，继续开展国家"十二五"科技支撑项目"绿色建筑标准体系与不同气候区不同类型建筑标准规范研究"和"绿色建筑评价指标体系与综合评价方法研究"两项课题的研究工作。同时，积极开展建筑碳排放计算研究及案例分析。

决策咨询

【围绕住房和城乡建设部中心工作，组织开展有关课题研究工作】　完成"宏观空间规划对比研究"、"中国风景名胜区资金机制研究"、"基于低影响开发的雨水控制利用措施技术经济评价研究"等研究工作，参与《海绵城市建设技术指南》的修改工作。

积极开展模块化排水及户内中水集成系统的技术推广和技术完善项目。落实《绿色建筑评价技术细则》修改事宜，组织编写《模块化排水及户内中水集成系统技术手册》和《家庭厨卫健康小常识》；组织开展建筑小区水系统整体解决方案研究。

开展建筑工业化研究，在调研的基础上，全面收集16个成功案例资料，编辑出版《建筑工业化工程案例集》；完成"绿色建筑效果后评估与调研"，完成绿色建筑行业发展、业务状况调研报告。

完成优秀农房范例评选与推广研究、小城镇宜居小区示范、保护型村庄规划编制技术指南、中国小城镇和村庄建设发展报告（2014）、传统村落保护项目核实和技术指导、全国重点镇建设发展指导意见研究、珠海市村镇垃圾处理实施方案等多项课题的研究工作。

【面向城市政府，为城市的生态城市规划、建设、管理与可持续发展提供思路与政策指引】 项目主要涵盖城市发展规划建设与评价指标体系、生态城市规划方法研究及规划实践等领域。项目包括："深圳低碳生态示范市建设评级指引"、"广东东莞生态产业园区创建国家绿色生态城区咨询"、"珠海建设国际宜居城市指标体系"、"珠海市西部生态新城发展战略内涵与指标体系研究"、"榆林空港生态区生态规划"、"株洲云龙生态新城环卫专项规划研究"、"山东省阳谷县产业与城镇化专题研究"、"中关村国家自主创新示范区重大项目并联审议审批工作机制研究"、"青岛高新区生态城指标体系与规划实施研究"、"西咸新区沣西新城生态规划"、"宁波杭州湾新区水景观和水生态系统优化及非常规水源优化利用研究"等咨询类项目。

开展北京市总体规划修改生态城市指标体系专题、太仓市现代田园城市规划、太仓市湿地资源保护与利用规划等市域总体规划层面的生态专项项目；完善钟祥莫愁湖绿色生态城区规划及控制性详细规划、镜月湖片区控制性详细规划及城市设计等控规层面项目；开展长沙市洋湖新区、湖北钟祥莫愁湖新区、山东淄博新区、威海双岛湾科技新城、威海东部滨海新城、北京市雁栖湖湖绿色生态示范区等生态规划项目；合作开展中关村软件园、南阳科技园、东戴河科技产业园及洛阳生态城市规划项目。

学会建设

【加强对于分支机构的管理，出台相关管理细则】 应对新形势要求，学会对原有分支机构管理办法进行修订及补充，出台关于分支机构管理的细则。

主要修订内容包括：一是分支机构的设立审批程序上，根据最新要求，由学会依据章程规定的宗旨和业务范围，自行决定分支机构、代表机构的设立、变更和终止；二是强调分支机构非法人的资格要求，分支机构根据本会的要求制订工作规则和工作办法，包括活动开展的要求，机构的变更、退出制度等，同时，学会建立、完善分支机构工作目标管理和绩效评价体系，对不能遵章守则、尽职履责、违规违纪的分支机构负责人实施退出机制，提出了分支机构实施奖励方法；三是强调分支机构活动管理，包括年检、开展活动的报批，包括日常工作计划报批和加强境外组织和参加国际性、港澳台会议的申报的要求等。

【召开五届七次理事工作会议】 会议总结一年来的主要工作进展，汇报拟成立机构的情况，对学会分支机构管理细则修改内容进行了汇报并提请理事会审议；交流地方城市科学研究会、分支机构工作经验，本会部分理事、常务理事、分支机构以及地方城市科学研究会秘书长、会员单位代表共100余人参加了会议。仇保兴理事长对城市科学研究会的下一步工作做出重点指示。

学术期刊

《城市发展研究》2014年度正常出刊12期，刊载文章226篇。彩页文章同样列入北大核心和南大CSSCI的统计中，共出版74篇。2014年度在选稿上对城市文化、历史遗产等能够彰显城市理念、保持民族自信和文化传承的文章进行了精心的栏目组织，对传统栏目（城镇化、城乡统筹、城市规划、城市经济、土地利用、区域研究等）继续保持高度关注的同时，抓住城市科学研究的重点和热点问题，特别关注"新型城镇化"、"城镇化与现代化问题"、"城镇与区域协调发展"、"城乡统筹"、"转变城市发展模式"、"老龄化"、"智慧城市"、"低碳生态"、"城市文化"、"住房保障"、"理论研究"等问题。

根据期刊发行与传播统计报告，机构用户大陆地区比上两年增加246个，海外（包括港澳台地区）比上两年增加20个，分布在22个国家和地区。基于影响因子等多个指标的遴选，期刊获得"2014最具国际影响力期刊"

学科发展研究

精心组织，编写完成6本学科年度报告

《绿色建筑2014》：全面系统总结我国绿色建筑的研究成果与实践经验，指导我国绿色建筑的规划、

第七篇

设计、建设、评价、使用及维护，在更大范围内推动绿色建筑发展与实践。

《中国城市规划发展报告（2013～2014）》：总结归纳了 2013～2014 年度城市规划的发展以及所面临的问题。概括介绍了本年度城乡规划编制和住房保障规划建设，城乡规划评估等工作的进展情况；反映城乡规划行业的年度工作信息。

《中国低碳生态城市发展报告 2014》：报告以新型城镇化为主题，突出了新型城镇化背景下的新模式、创新和特色，剖析中国在实践新型城镇化"以人为本"核心中所作的不懈努力，梳理低碳生态城市建设的困境与创新点；客观展示各类生态城建设实景，为各类城市的规划建设管理提供参考。

编辑出版《中国智慧城市年鉴 2014》、完成《中国智慧城市发展研究报告 2014》编写工作。阐述了智慧城市与新型城镇化的理论、各地方建设智慧城市的经验总结、智慧城市专项学习的年度经验、智慧城市发展方向分析以及智慧城市信息安全等。

组织编写《中国城市交通规划发展报告 2012》：对城市交通规划在理念、技术和政策三个方面开展了积极的探索，重点关注新型城镇化与城市交通的发展、城市交通与空间布局、城际与区域交通以及公共交通规划、多模式交通的转换与交通枢纽、城市非机动化交通、停车规划与管理、交通需求与管理等多个议题，为城市交通规划开启了新的视野和方向。

《中国小城镇和村庄建设发展报告》：报告系统总结了 2013 年我国小城镇和村庄的发展情况和存在的问题。以小城镇和村庄发展的相关政策、年度数据、文件汇编、专题简介、地方经验、典型案例等为基础，重点对农村危房改造和农房建设、村庄规划试点与村镇规划编制指导、村庄整治、村镇建设管理体制建设以及扶贫开发与抗灾重建等方面进行了政策梳理和汇编，对全国小城镇和村庄建设进行全面分析。

国际学术会议

全年共主办三次大型国际学术交流大会（国际绿色建筑与建筑节能大会暨新技术与产品博览会、城市发展与规划国际论坛、中国城镇水务发展国际研讨会与技术设备博览会），作为学会学术活动的精品项目，在国内外、行业内外已形成较大的社会反响与学术影响力，三次会议与会人数计 4000 余人次，会议交流论文篇数约 400 篇，参与演讲的嘉宾及学者约 400 人次：

第十届国际绿色建筑与建筑节能大会暨新技术与产品博览会。3 月 28～30 日在北京召开。大会主题为"普及绿色建筑，促进节能减排"，重点交流分享国际国内发展绿色建筑与建筑节能工作新经验。根据国内外建筑节能与绿色建筑的现状和发展方向，设有开幕式、综合论坛和 31 个分论坛，在 31 个分论坛上，国内外专家重点交流了绿色建筑与建筑节能的最新科技成果、发展趋势、成功案例，研讨绿色建筑与建筑节能技术标准、政策措施、评价体系、检测标识，分享国际国内发展绿色建筑与建筑节能工作新经验。大会同期举办的国际绿色建筑与建筑节能新技术与产品博览会展示了国内外在建筑节能、绿色建筑等方面的最新技术成果与产品应用实例。

2014 城市发展与规划大会。于 9 月 23～24 日在天津市举办，大会首次与"第五届中国（天津滨海）国际生态城市论坛暨博览会"同期举办。以"生态城市引领有机疏散"为主题，围绕国内外城市规划与可持续发展、城镇化与城市发展模式转型、智慧城市、数字化城市管理、生态城市、绿色交通、生态环境建设、绿色建筑社区、低碳生态城市的规划与设计、碳减排技术、清洁能源与生态城市建设实践、城市总体规划先进案例与控制性详规编制办法、历史文化名城保护与更新、生态城市的水系统规划与水生态修复、城市地下管线规划建设管理等相关议题进行专题学术研讨。来自国内外的政府官员、专家学者、国际组织和企业代表围绕主题进行深入讨论，在经济社会快速发展的大背景下，充分发挥和整合各方力量，有效应对生态环境不断恶化，为"中国经济新常态"下，实践经济社会与自然环境的和谐发展，提供相关经验。

2014 中国城镇水务大会。于 11 月 27 日在南宁召开。大会以"提高用水效率，治理水体污染，确保用水安全"为主题，围绕城镇水务改革和发展战略、城市供水规范管理、净水工艺与水质达标、供水设施改造与建设及运营管理、污水处理和污泥处理、排水防涝和排水管网改造、综合节水与漏损控制、智慧水务建设与运行管理以及当前城镇水务的重点工作等方面展开研讨和交流，大会同期举办城镇水务发展新技术设备博览会。博览会汇集国内外水处理技术设备、给排水管网系统技术设备、膜与膜分离技术设备、污泥处理新技术和新设备等水务相关院所和企业，集中展示国内外先进适用的供水、节水和污水处理技术、设备、典型工艺及工程实例，覆盖水行业全产业链。

主办中法低碳生态城市发展论坛。由学会与法国驻华大使馆共同主办，为中法建交 50 周年系列活动之一，旨在召集中法相关领域专家和城市代表，对两国现行的低碳城市发展实践进行总结，探索低碳城市发展以及城市间合作的新模式。围绕上述主旨，研讨会深入探讨了提升城市能源结构与发展低碳经济、气候变化下的低碳城市能源规划与绿色建筑、促进低碳生活与新型城镇化三方面的议题。通过交流与探讨，为中法两国的官员和科学家提供了有关低碳城市发展政策、模式、路径等方面开放交流机会，明确了中法两国在减缓和应对气候变化方面的共同利益和挑战，探讨了中法配对合作城市在政策实践方面协同合作的机制。

举办中欧低碳生态指标体系研讨会。为推动深圳国际低碳城项目的顺利实施，生态城市研究专业委员会与 EC（中欧清洁能源中心）的欧方专家 Robert Pagani、Chiel 等共 7 位来自荷兰、意大利、英国等国的专家举办研讨会，基于深圳国际低碳城项目平台，共同探讨低碳生态城市建设的经验与路径，为碳减排承诺的落地提供重要引领和支撑。会议交流了相关研究成果，提出电力清洁度水平、固体废弃物资源化率、土壤环境质量达标率、碳评估企业占比、碳排放监测系统覆盖率 5 项创新性指标，形成低碳城市发展指标体系，并以碳减排速率国际横向对比的方法科学定量化验证了指标落地的可行性，确保其可直接用于指导深圳国际低碳城未来发展。

参与"城市适应气候变化国际研讨会"分论坛组织工作。研讨会以"城市适应气候变化"为主题，向国内外代表提供国际化的交流平台，介绍城市适应气候变化领域的最新成果。学会承担"适应气候与城市建设环境"分论坛组织工作，论坛交流了城市适应气候变化的最新理念、重点任务、发展趋势、技术成果和成功案例，分享了国际国内推进城市适应气候变化工作新经验，会议提出要针对气候变化影响最突出的城市生命线工程，地下综合管网、城市水资源保障，排水和内涝防治等方面，研究制定更科学，适应性更强的技术标准，完善相关的管理制度，全面提升对极端天气的应对保障能力，加强统筹规划，包括城市的人口密度和功能布局等，使城市规划真正成为适应气候变化的手段。

两岸交流

应台湾都市计划学会的邀请，学会组团于 8 月 28 日至 9 月 4 日赴台湾地区参加了"第二十一届海峡两岸城市发展研讨会"暨学术考察活动。此次研讨会由台湾都市计划学会和学会联合主办，台湾中华大学承办，台湾营建署城乡发展分署和宜兰县政

府协办。研讨会主题为"绿色乐活与智慧城乡"，围绕主题，针对"区域计划"、"气候变迁"和"智慧城乡规划"等 3 项重点议题，组织了开幕式、4 个环节的研讨议程以及综合座谈等 6 大板块的研讨内容，共 14 份报告参与了重点研讨和交流。从交流内容来看，既有城镇化、区域计划等相对宏观内容，也有都市计划、新区规划以及街区复兴等具体落实内容，讨论内容涵盖国土整治、生态保育、都市计划、慢行交通、生态城市、灾害管理、智慧城市等方方面面，既有发达地区的案例研究，也有边远地区、农业地区和民族区域的创新探索，很好地呼应了城市科学的多学科综合属性。

国际交往

参与政府间合作项目的研究工作。配合有关国际科技合作项目开展，中欧、中德、中美、中英、中加、中芬等合作项目均取得了实质性进展。

开展有关国际合作项目研究工作。申请全球环境基金（GEF）六期可持续城市旗舰项目。同时承担全球环境基金项目"中国低碳宜居城市形态研究"工作；开展"GIZ 建筑节能关键决策能力建设"项目交流工作；完成北京市 GEF 课题——绿色建筑评价标识认证信息化平台的研究工作；与 GIZ 合作，开展中德绿色建筑专家培训教材的编写工作。

由 EF 资助，完成年度可持续研究项目。开展"十三五"规划编制理念方法研究工作。在新型城镇化发展战略的宏观指导下，"十三五"规划将从规划编制的理念、方法和制度等多个方面进行探索。

组织国内企业参加世界绿色建筑协会（WGBC）亚太地区绿色建筑先锋奖评选活动。由绿色建筑专业委员会组织专家对申报的 15 家企业和 24 个绿色建筑项目进行了评审，向 WGBC 推荐了 10 家企业和 10 个项目。

学会创新发展

把完善内部法人治理结构，建立灵活高效的学会管理体制和运行机制，作为学会改革的首要任务来抓，完善组织体制，实行民主办会。健全了会员代表大会、理事会、常务理事会决策机制，完善了各项规章制度，在民主选举、民主监督、民主参与和民主管理等方面建立了一套具有自身特色的组织体制和运作机制。

紧紧围绕经济社会发展的重大问题，围绕我国城镇化进程中的重点、热点、难点问题，采取大联合大协作活动方式，创新了上下合作、内外合作、会企合

第七篇

作、会会合作等多种学术交流模式，打造学术交流精品项目，取得了较好的社会效益与经济效益。

随着国家行政体制改革的逐步深入，政府部分社会服务职能逐步向社会组织转移。学会抓住这一难得的发展机遇，主动承接政府转移或委托的社会服务项目，在科技评价、成果认定方面进行了积极的探索，工作取得了行业主管部门和业内的认可，为社团积极承接政府转移的社会职能、参与社会管理体制创新提供案例。

破除传统观念的束缚，牢固树立自主发展理念和经营学会理念。积极投身经济建设主战场，主动参与市场竞争，使学会在为经济社会服务的过程中认识自身价值，调整发展思路，在与市场经济接轨和碰撞的过程中拓展服务功能，改进服务方式，谋求更好更快发展。积极开展面向城市政府的决策咨询研究服务，在工作中逐步提升服务水平和质量。

会员服务

为了进一步提升学会组织活动与服务质量，更好地体现会员分级管理与服务的理念，今年对于原团体会员提出分级管理的理念，并提请本会常务理事通讯决议通过，在原团体会员基础上，新设立副理事团体会员及特别团体会员两个会员等级。其中，特别团体会员是对给予学会特殊贡献与支持的团体会员单位的荣誉褒奖和会籍身份。两类团体会员在享有学会普通会员各项权益的基础上，将得到学会所提供的各项增值服务，在包括学会组织的各项国际、国内学术交流、合作、产学研平台搭建等活动中享有相应会员优先待遇。

（中国城市科学研究会　撰稿：周兰兰）

中国房地产研究会

概况

2014年是十八届三中全会提出全面深化改革的一年，也是中国经济发展进入新常态的开端，中国房地产研究会主动适应房地产业形势变化，以"三个服务"为宗旨，加强和深化研究，组织和完成一批水平较高的研究成果，促进一些成果转化应用，积极参与相关法律法规、标准规范的研究起草，为政府出台房地产政策提出意见建议。通过举办科学发展论坛等活动，为会员企业分析市场，交流创新经验，推动发展方式转变，引导绿色低碳发展，促进行业信用建设，提升研究测评水平，搭建产学研协作平台。依靠地方学（协）会提供采购平台服务，拓宽国内外合作交流，提升秘书处效率效能和服务水平，圆满完成了六届三次理事会制定的目标任务。

突出市场研究，引导行业健康平稳发展

【加强市场研究，为会员提供信息服务】　2014年，我国房地产市场面临新形势，出现新特点，中国房地产研究会围绕住房需求和供给关系变化、住房需求层次和居住观念变化、房地产业发展内涵变化"三个变化"，以问题为导向加强研究，会同中国房地产业协会组织北京中房研协技术服务有限公司，加强市场运行监测分析，跟踪热点难点问题，及时提出稳定市场、消化库存的市场建议，研究撰写出版了《中国房地产市场研究报告》季报4期、月报12期、周报36期、热点专题6期，编纂出版了《2014年中国房地产年鉴》，分析房地产业"两参与、两利用"的四大发展动力，即：参与新型城镇化建设、参与服务业发展；利用信息化、利用国际化促进行业发展。为政府、企业决策，为金融部门、上下游产业分析市场，提供了客观可信的研究依据。

【加强课题研究，为政府、行业、会员提供决策服务】　2014年，中国房地产研究会围绕新型工业化、信息化、城镇化和农业现代化四化融合，组织课题立项、报送、组织和编制，参与《城镇住房保障条例》调研起草；参与《不动产登记条例》起草论证；参与"商品房预售款性质及监管研究"、"共有产权住房相关主体法律责任研究"课题研究；承接住房城乡建设部"房屋征收法律文书格式化研究"；协助住房城乡建设部开展"中华人民共和国物权法若干问题解释"论证；申报住房城乡建设部建筑节能与科技司课题"文化主题社区构成要素及其评估体系"，组织"人口老龄化背景下社区服务体系研究"、"城镇儿童风险防范研究"等课题；编制《绿色住区标准》，经中国工程建设标准化协会批准实施；完成"城市更新和旧城区改建社会评价体系研究"、"住宅产业化综合效益分析"评审验收；草拟《研究会课题研究管理办法》，提升了研究能力和科研水平。一方面为政府建言献策，另一方面为会员参与市场竞争提供智囊服务。

【深入市场调研，发挥专家智囊作用】 2014年，中国房地产研究会进一步重视调研工作，深入青海西宁、河北固安、秦皇岛、辽宁大连、江苏南通等地调研，组织召开四次专家研讨会、专家座谈会，对房地产形势进行分析，会同中国房地产业协会组织召开形势报告会，邀请住房城乡建设部、国家发改委、人民银行、国土资源部、国家税务总局等部门和专家分析形势，讲解政策，受到地方主管部门、会员单位和企业的欢迎。

把握新常态开展品牌活动，扩大社会影响力

【举办第六届中国房地产科学发展论坛】 10月30～31日，中国房地产研究会联合中国房地产业协会，与天津市房协、中国建筑标准设计研究院等单位共同举办了以"创新转型"为主题的第六届中国房地产科学发展论坛，天津市副市长尹海林致辞；天津市国土资源和房屋管理局副局长王君就新形势下天津房地产市场新机遇发表演讲；刘志峰会长作了"迈向新发展"的主题演讲。

【"广厦奖"评选】 2014年是两年一度的"广厦奖"评选年，中国房地产研究会配合中国房地产业协会，围绕老百姓喜爱的"好房子"开展评选，召开了"广厦奖"颁奖大会。共有93个项目获"广厦奖"，其中，住宅项目68个(包括11个公租房、保障房项目)、非住宅项目25个。

【推进信用评价，增强企业社会责任】 7月16日，中国房地产研究会在沈阳召开信用评价培训会，对地方学(协)会、企业人员进行业务培训，介绍申报流程，讲解指标体系，指导工作开展。中国房地产研究会信用办实地调研新疆、青海、山西等地学(协)会，听取情况反映，吸收企业意见，修改指标体系，依靠专家和第三方机构促进信用评价。

【加强科学测评，传播行业正能量】 中国房地产研究会联合中国房地产业协会开展房地产500强、上市公司100强品牌价值测评，通过测评分析行业的发展规模、速度和质量；分析企业的融资能力和管理水平，通过对企业有形资产和无形资产的评价，客观反映企业的品牌价值，对企业分门别类地进行全面"体检"，为消费者、政府提供比较可靠的市场信息和决策依据。2014年，中国房地产研究会发挥

中房网、《中国住宅设施》的作用，组织出版有效信息，帮助会员和企业了解政策、交流经验、推广技术、宣传科技成果。研究会在中房网"两会专区"发布13场重要活动的信息，与新华网、中央电视台、新浪网等媒体合作刊发了科学发展论坛、"广厦奖"评选、信用评价工作等重要新闻12篇，重点对群众关心的人居环境、住宅健康、百年住宅、建设长寿命好性能绿色低碳好房子等话题进行报道。

围绕形势建言献策，创新会员服务工作

【积极向政府建言献策】 中国房地产研究会在中央财经领导小组办公室、国家发改委、国务院发展研究中心、国家能源局召开的座谈会上，反映会员关于改善宏观调控政策、稳定行业预期和市场情绪、加快消化库存、鼓励住宅产业化和促进全装修等政策建议。

【创新会员服务工作】 服务会员是中国房地产研究会工作的重中之重，2013年年底，中国房地产研究会在秘书处和各分支机构发起"为会员服务建言献策"的大讨论活动，通过深入调研，围绕会员所需所想所用，筹备和建立起与中国房地产业协会共享的电子平台服务，整合现有会员服务板块提高服务覆盖面和辐射力。

密切与地方合作，搭建房地产采购平台

【服务城市，服务地方】 2014年，中国房地产研究会在烟台绿色建筑高层论坛、济南住宅产业化论坛、平安银行地产金融创新论坛上，协助各级地方政府和主管部门，就绿色建筑、住宅产业化、房地产金融和银企合作等话题进行交流讨论；组织江苏省5家房地产企业考察了镇江工业化模块建筑示范项目，推进建筑产业化开展；中国房地产研究会与齐河县人民政府共同举办了第七届中国人居环境高峰论坛，对中小城市人居环境的发展模式创新进行探讨交流；与山东康博置业有限公司共同举办了绿色住区共建项目专家评析会；在广西南宁、山东济南组织三期商品房买卖合同培训工作。

【拓展采购平台服务】 中国房地产研究会以建立地方采购中心为抓手，在采购平台建设方面取得成果，新增注册用户近5000家，用户总数达25000家，全年综合服务签约2012万元。有14家企业中标绿地发布的战略招标；有70家企业入围恒大的战略伙伴；招商地产、辽宁绿地等7家开发企业在平台上发布需求。中国房地产研究会在地方学(协)会支持下，成立了重庆、黑龙江、辽宁、江苏、四川、

第七篇

海南、安徽等 11 个地方采购中心，逐步形成与互联网、物联网对接的信息化采购平台。中国房地产研究会还与平安银行签订协议，由其对采购平台授信，做大做强采购平台。

发挥分支机构作用，做好专业服务

【分支机构发挥职能，专业服务有声有色】 中国房地产研究会本着分支机构要"职责鲜明、体现特色、突出专业、持续发展"的工作方针，积极开展专业化服务，取得较好成效。住宅技术委员会与陕西省住建厅联合召开住宅装修一体化座谈会，探索在陕西省境内开展全装修住宅的推广应用；房地产产权产籍和测量委员会参与组织完成了全国房地产交易机构新版商品房买卖格式合同培训工作；人居环境委员会完成《齐河农村新社区人居环境村民适应性调查报告》和《齐河城镇人居环境与居民生活意识调查报告》，编写《山东齐河中国人居环境共建示范城市指标体系》《山东齐河中国人居环境共建示范城市指导手册》；房地产产权产籍和测量委员会免费向会员单位发送产权产籍和测量简报。为拓宽服务领域，中国房地产研究会还成立了文化地产委员会。这些专业服务得到了地方和会员的肯定和认可。

积极开展对外交流合作，为会员"走出去"服务

【整合各方资源，加强对外协作】 中国房地产研究会与禧泰房产数据公司合作，建立"中国房价行情"发布平台；与房教中国在继续教育培训和职业资格认证方面签订协议，共同为行业培养人才；与平安银行、中国开发性金融促进会和长城资产管理公司签订战略合作协议；由中国房地产研究会牵线搭桥，协调金地集团等企业与平安银行签订"总对总"战略合作协议，拉紧了与上下游产业的合作关系。

【促进对外交流合作，增进国际交往】 10 月 29～31 日，中国房地产研究会与日本居住福祉学会、韩国住居环境学会在日本共同举办以老年住区为主题的第十二届中日韩住房问题研讨会，来自三个国家的百余位研究人员进行沟通交流；为有需求的会员和企业赴海外投资提供信息和咨询服务。对外合作的扩大、国际交往的增多，开拓了会员视野。

调整秘书处机构和职能设置，加强自身建设

【内设机构得到调整，设置更加合理】 中国房地产研究会围绕民主办会、开门办会、效能办会，对秘书处各部门进行调整整合，加强了综合部的日常运转和保障能力；将会员服务与地方协会工作合并，形成统一的服务平台；整合了研究、宣传、培训职能，更好地与中房研协公司、"一网一刊"、房教中国等对接；将逐步增加的对外协作工作，划归合作发展部，促进外引内联；专门成立财务部，加强财务管理、预算、审计工作，为科学决策提供组织保障。中国房地产研究会还出台《研究会会长、驻会副会长、驻会名誉副会长工作分工》，明确领导分工、落实领导责任；建立了驻会会长办公会制度，提高决策能力；出台《研究会年度考核办法（试行）》，定岗定编定任务，逐项分解工作任务和指标，加强了员工的全员考核和晋级；制定《研究会秘书处各部门职责及人员编制》、《研究会驻会工作人员考勤制度》，奖勤罚懒，激励员工投身事业发展；制定印发了《实施内部控制规范的办法（试行）》，加强预算，节约成本，提高合同管理水平，确保研究会资产安全增值。通过内控办法的学习贯彻，研究会的重要课题研究活动和服务项目操作透明、科学可控，不仅提高了秘书处管财、理财的能力，也增强了为会员服务的能效。秘书处与联合党支部、工会，巩固党的群众路线教育成果，提高职工待遇和关心职工生活；加强对北京中房研协技术服务有限公司、北京中房研协信息服务有限公司的服务指导，由新一届董事会制定下个四年的发展规划，提高两个公司的经济和社会效益，更好地为中国房地产研究会全面可持续发展提供保障。

（中国房地产研究会）

中国建筑学会

【奖项评审工作】 2014 年，"梁思成建筑奖评选"作为政府职能转移试点工作移交中国建筑学会后首次举行评选，中国建筑学会（以下简称"学会"）在保证奖项水平和评选工作总体框架不变的情况下，对条例相关内容作了局部修改和补充，同时，对《梁思成基金管理办法》作了修订，为政府职能转移试点工作提供了有益经验。经过提名与评选，确定孟建民获得第七届梁思成建筑奖。

学会组织修改了《中国建筑设计奖申报及评选条例》，首先增加了项目申报范围，在原来8个专业方向基础上，增加建筑防火、地基基础、工业建筑、施工组织设计、建筑材料等5个专业方向；其次规范了评审程序，将奖项评选分为两个层次：第一层次为专业分会奖，由中国建筑学会相关专业分会组织申报及评审工作。第二层次为中国建筑设计奖，由相关专业分会将评选的优秀项目推荐至中国建筑设计奖评审委员会，参评中国建筑设计奖。

为鼓励广大建筑科技工作者多出成果、出好成果，学会启动了2014年学术研究课题征集。学术研究课题以建筑各学科领域改革发展中的重大理论问题和实践问题作为主要方向，重视学科交叉与渗透，鼓励跨学科、跨学校、跨单位和跨地区的联合攻关。学术研究课题每年发布一次。

为奖励在建筑科研活动中做出突出贡献的组织和个人，促进我国建筑科技事业蓬勃发展，根据科技部《社会力量设立科学技术奖管理办法》，学会2014年开始设立"中国建筑学会科技进步奖"。奖项由申报单位或个人申报，推荐单位初评并择优推荐至学会，由总会最终评定。

5月24日，受住房和城乡建设部人事司委托，学会承办"2014年全国高等学校建筑学专业教育评估委员会全体会议"。会议审议了广东工业大学、四川大学等16所学校的视察报告并对视察结论进行了投票表决。会议决定拟由中国建筑学会负责各校评估有效期内的督察工作。

为服务建筑科技工作者，表彰优秀建筑科技工作者，推广优秀建筑作品，学会在2014年开展一系列奖项评审工作。

3月，启动青年建筑师评选工作，全国共有22个省、市、自治区的76所设计单位的150名青年建筑师参与申报本届青年建筑师奖。本届评审委员会由13位建筑学界著名专家组成，中国建筑学会理事长车书剑担任评审委员会主任。通过无记名投票的方式，确定王亦知等62位青年建筑师为此届评审的获奖者。

组织完成"第六届中国建筑学会建筑教育奖"的申报及评审工作，本届建筑教育奖有11个省、市的16所建筑院校的18名教授参与申报该奖，通过无记名投票确定丁沃沃等11人获得第六届中国建筑学会建筑教育奖。

全年针对不同层面的技术人员的需求举办了各专业相关新规范、新标准的培训。举办培训班16个，参加培训人员500多人次。

【学会建设】 经报中国科协和住房城乡建设部批准，并经过理事会投票表决，中国建筑学会秘书长届中变更为周畅。

全年新增个人会员295名，新增团体会员19家，编辑会讯20期，总发行6000余份。2014年认定52人成为资深会员。中国建筑学会开展的会员之家微信平台发布各类专业信息近300条，浏览量达11000多人，主要是会员和业内人士。

中国建筑学会网站发表或转载近16万篇文章，40个专题，600多资深会员内容全部上线，通过微博做了《中国当代著名建筑师》微刊。网站全球2014年末排名138579名，比2013年排名上升11016名，继2013年之后，网站SEO继续进入百度新闻源。

2014年，中国建筑学会继续作为国际建协和亚洲建协会员出席相关会议，并增加了国际建协的投票比重。

【学术期刊】 学会及直属分会公开出版和内部发行的刊物18种，全年累计发行60余万册。

《建筑结构学报》获得中国科学技术信息研究所"第十三届中国百种杰出学术期刊"称号，获得中国学术文献国际评价研究中心、清华大学图书馆等单位评比的"2014中国最具国际影响力学术期刊"称号。根据中国科学技术信息研究所发布《2014年版中国科技期刊引证报告（核心版）》，《建筑结构学报》在2013年建筑科学与技术类期刊主要指标中，影响因子、综合评价总分均位居第一。获得"国际DOI中国注册与服务中心（学术期刊）"的会员认证，从2014年的第9期开始，《建筑结构学报》的每篇论文都有唯一标示的DOI编码，可全球索引、查询。

【学科发展研究】 为进一步发挥学会在引领学科发展等方面的重要作用，2014年学会开展学科发展研究工作。各专业分会结合本专业领域开展相关研究，重点围绕取得的成就、存在的问题、发展态势、重点领域、关键问题以及应对措施等方面。各专业分会负责将研究成果形成书面材料后，提交总会。总会将成立编辑委员会，负责全面负责汇总、梳理、提炼报告材料，最终形成《2015～2020年建筑学科发展研究报告》，公开出版发行。并上报中国科协、住房城乡建设部以及相关部门。计划年底或2015年初完成。

第七篇

决策咨询方面，中国建筑学会作为牵头单位，与中华口腔医学会、中国纺织工程学会等共同承接中国科协"社会科技奖励课题研究"，并于12月结题。

完成中国科协"有序承接政府转移职能试点阶段工作总结"等课题，中国建筑学会作为中国科协政府职能转移试点单位，顺利承接了梁思成奖的管理、评审及其基金会等职能，并按照中国科协的要求完成了相关总结工作。

【学术会议】　国际学术会议方面，由中国建筑学会、韩国建筑学会、日本建筑学会共同主办的第十届亚洲建筑国际交流会于10月14~17日在浙江杭州举行。会议由浙江省土木建筑学会、浙江省建筑设计研究院、浙江大学建筑工程学院等单位承办。会议主题是"文化促进建筑进步"。大会印制了论文集两册，每册约800页，并组织了主题报告、专题报告和分题报告，提交论文346篇，其中中国161篇，日本106篇，韩国73篇，其他6篇。

国内主要学术会议方面，学会及所属分会2014年共开展学术交流活动76次，参加人数10000余人，包括中国建筑学会2014年年会、新型城市化论坛暨《建筑学报》创刊60周年纪念活动、2014年度院士推荐工作会、中国建筑学会2013年学术课题启动会、工业分会学术年会、建筑电气分会学术年会、工程管理分会学术年会等。出版论文集12册，收录学术论文1295篇。

【两岸交流】　5月12日下午，学会理事长车书剑在中国建筑学会会见了台北中华全球建筑学人交流协会理事长陆金雄先生、台北建筑师李祖原先生、黄声远先生和淡江大学建筑系主任黄瑞茂先生一行4人。中国工程院院士、中国建筑设计研究院副院长崔恺、学会常务副秘书长张百平等一同参加会见。

12月4~10日，车书剑率团赴台北参加第16届海峡两岸建筑学术交流活动，并出席第三次海峡两岸建筑院校学术交流工作坊开幕式。

【国际组织任职与国际交往】　庄惟敏任国际建筑师协会理事、国际建筑师协会职业实践委员会联席主任；张百平任国际建筑师协会副理事；刘克成任国际建筑师协会遗产委员会联席主任。

2014年，中国建筑学会开展丰富的国际交往活动，共接待来访团组三个，组织出境团组五个，出席2014年南非世界建筑师大会参会计划，为我国建筑师在国际舞台上绽放光彩做好充足准备。

3月12日，韩国三友综合建筑师事务所中国区负责人姜泰安、海外事务部室长金明花、金炯冀建

筑师拜访学会，学会副秘书长张百平、国际部副主任王晓京参加会见。主要就与中国建筑设计单位加强合作及与中国建筑学会交换优秀学生作业展等事宜进行沟通。

中国建筑学会代表团一行6人于6月23~28日赴马来西亚吉隆坡出席亚洲建筑师协会第十六届亚洲建筑师大会。会议期间，代表团成员分别出席了亚洲建协理事会、教育委员会、职业实践委员会、可持续设计委员会会议、亚洲建协奖颁奖仪式等活动，参加了学术报告会和亚洲建协友谊之夜。通过学会积极组织申报，中国建筑学会会员共获得12个亚洲建协奖项，占全部奖项的三分之一强。

以常务副秘书长张百平为团长的中国建筑学会代表团一行9人出席国际建筑师协会第25届世界建筑师大会团组并参加大会展览。

出席2014年10月5~8日在加拿大温哥华举行的APEC建筑师中央理事会第六次会议。

副理事长朱文一代表学会于10月21~25日赴韩国参加亚洲建协C区会议。

【科普活动】　4月1日，中国建筑学会科普工作委员会在同济大学建筑与城市规划学院举办"中国建筑梦·寻找中国好建筑"上海主题论坛活动，两百余名师生出席本次论坛，在业界引起广泛关注。中国科学院院士、东南大学建筑研究所所长齐康先生，中国科学院院士，同济大学学术委员会主任郑时龄先生做了主题演讲。

6月5日，中国建筑学会科普工作委员会联合四川省土木建筑学会、成都市土木建筑学会、成都市城市公共环境艺术协会在四川成都举办"中国建筑梦·新型城镇化"高峰论坛，吸引了来自政府机构、城市建设部门多家设计院校及建筑装饰企业的百余名代表到场参会，多家媒体进行了深度报道。

制定《中国建筑学会科技普及教育基地认定办法》，开展中国建筑学会科技普及教育基地认定工作。

【表彰举荐优秀科技工作者】　评审中国建筑设计奖104项，中国建筑学会科技进步奖24项。

根据科协发组字〔2014〕23号文件《中国科协关于开展第六届全国优秀科技工作者推荐评选工作的通知》，学会秘书处成立推荐评选委员会，并多方征求意见后研究决定，推荐中国建筑科学研究院王俊为2014年度中国科协第六届全国优秀科技工作者候选人。

按照中国科协《关于组织开展2014年创新人才推进计划推荐工作的通知》文件要求，秘书处经过

第七篇

研究向学会各直属分会及团体会员发出通知，确定宫剑飞同志带领的研究团队为"重点领域创新团队"并上报中国科协。

推荐清华大学郭彦林教授为中国工程院院士候选人。

【学会创新发展】 学会落实党中央和国务院关于政府转移职能的工作部署，承接了梁思成奖的评审工作和梁思成基金的管理工作，并圆满完成第七届梁思成奖的评审工作。

【第七届梁思成建筑奖提名及评选】 5月，学会启动第七届梁思成建筑奖的评选工作；9月，举行第七届梁思成建筑奖专家提名工作会议，确定梅洪元等6人为本届梁思成建筑奖被提名人；11月，举行梁思成奖认定评选工作，孟建民荣获第七届梁思成建筑奖。

（中国建筑学会 撰稿人：魏巍）

中国土木工程学会

【学会建设】 2014年，中国土木工程学会新加入单位会员94个，个人会员近300人。召开学会九届二次常务理事会议，学会专业分会及专业委员会、地方学会工作会议，学会九届二次理事、九届三次常务理事通讯会议。

各分支机构加强组织建设，定期召开理事会议，部分分会还增设或筹备成立了新的专业委员会，如城市公共交通分会成立了专家委员会、BRT专业委员会，工程质量分会成立了工程质量检测鉴定专业委员会，水工业分会成立了水分会机械设备专业委员会等；有的分会完成了换届改选工作，如港口工程分会、防震减灾技术推广委员会、桥梁及结构工程分会、工程风险与保险研究分会、隧道及地下工程分会等。

【学术期刊】 2014年，编辑出版《土木工程学报》、《现代隧道技术》、《防护工程》、《建筑市场与招标投标》、《煤气与热力》、《城市公共交通》、《公交信息快递》、《城市公交》文摘报、《预应力技术与工程应用》、《空间结构简讯》、《土木工程师》、《城市道桥与防洪》等期刊。

【国际学术会议】 学会举办中国国际轨道交通技术展览会及系列会议，中国国际隧道与地下工程技术展览会暨中国上海隧道与地下工程技术研讨会，首届中美土木工程行业交流报告会（北京会区），智慧客车技术发展国际高峰论坛，第十二届、十三届海峡两岸隧道与地下工程学术及技术研讨会，第九届中日土木研究生论坛，第七届中日盾构隧道技术交流会，第八届中日韩风工程学术研讨会，首届地下空间与现代城市中心国际研讨会，上海国际节能与新能源汽车技术装备展览会，在线充电式新能源公交客车（国际）交流会议，商用车车载电子和信息系统应用及发展趋势国际研讨会，第五届中日岩土工程学术会议，第6届亚太地区非饱和土学术会议，第五届中日隧道安全与风险研讨会，第一届地铁健康监测与检测国际研讨会，国际结构混凝土协会北京交流研讨会，再生混凝土发展前沿与趋势国际研讨会，2014第七届中国（上海）国际隧道与地下工程技术研讨会与2014年国际隧道与地下工程技术展览会，日本桥梁快速施工与维修技术交流会等国际会议。

学会召开重大基础设施可持续发展国际会议，这是我们和美国土木工程师学会首次联合主办的国际学术会议。此次会议得到了世界工程组织联合会，亚洲及太平洋地区工程组织联合会，国际桥梁及结构工程学会，中国工程院等单位的大力支持。

【国内主要学术会议】 年内，共举办学术会议140余次，参会人数达2.2万人次，出版论文集60余种，提交论文5000余篇。

围绕桥梁与隧道工程学科开展学术活动。学会先后组织召开了第十二届、十三届海峡两岸隧道与地下工程学术及技术研讨会，运营安全与节能环保的隧道及空间建设第四届、第五届学术研讨会，全国桥梁建设技术创新暨港珠澳大桥主体工程施工技术介绍与现场观摩会，首届地下空间与现代城市中心国际研讨会，桥梁拼缝、铰缝、连续缝处理新技术交流会，中国土木工程学会第十六届年会暨第二十一届全国桥梁学术会议，2014中国隧道与地下工程大会（CTUC）暨中国土木工程学会隧道及地下工程分会第十八届年会，城乡一体化条件下桥梁建设技术集成创新与示范应用技术交流会，杭州运河二通道桥施工现场参观交流会等学术会议，推进了桥梁与隧道工程技术交流，促进了桥隧新技术、新成果的推广应用。

围绕工程安全与防灾减灾技术开展专题交流研讨。学会单独或与有关单位联合举办第三届土木工程安全与防灾学术论坛、第七届全国防震减灾工程学术研讨会暨纪念汶川地震五周年学术研讨会、第一届全国细水雾灭火系统学术会议、软土盾构隧道结构安全与维护研讨会、第十六届全国结构风工程学术会议暨第二届全国风工程研究生论坛、土力学与岩土地震工程专题研讨会、第九届全国工程结构安全防护学术会议、第三届全国工程风险与保险研究学术研讨会、2014中国燃气运营与安全研讨会、全国第一届超高层建筑消防学术会议、第五届全国工程质量学术交流会、第八届全国防震减灾工程学术研讨会、地下结构抗震专题研讨会，围绕防灾减灾的经验、技术和发展方向、风险管理、提高工程质量等防灾核心问题进行研讨交流，促进了我国防灾减灾技术水平的提高。

围绕"公交优先"战略开展系列学术活动。学会举办2014年中国（青岛）城市轨道交通管理和技术创新研讨会、2014年"智慧勘测，智慧地铁"技术交流会、综合交通枢纽规划设计及城市快速路设计关键技术讲座、城市建设与交通工程专题研讨会、2014中国城市公共交通高峰论坛等学术交流活动，大力推进城市轨道交通技术进步，推广城市公共交通节能与新能源技术，展示了我国城市公共交通建设领域的最新研究与创新成果。

【国际交往】　学会在国际组织任职的专家参加了2014年在西班牙马德里举行的年会，参加了第17届世界液化天然气大会及展览。赴瑞士和巴西参加世界隧道大会暨国际隧道协会年会。学会专家还赴德国、西班牙、韩国、新加坡、日本、美国、比利时、加拿大、荷兰、墨西哥、巴西等国家和中国香港、台湾地区就岩土工程研究、快速公交系统、工程建设材料、风工程研究进展、隧道建设技术、工程风险预防、工程防水技术、桥梁建设技术等方面展开研讨。

【科普活动】　学会围绕土木工程领域新技术、新规范以及超大型在建工程难点技术等方面的问题，通过指导课题策划、严格课题报批、协助教师聘请、网络招收学员等措施，保证了科普培训质量，共举办培训讲座50余次，培训3000余人次。

学会还组织进行了中国科协的全国科普教育基地年度考核，并推荐苏通大桥展览馆参加优秀科普

基地评选。

此外，燃气分会、招投标研究分会、混凝土及预应力混凝土分会、工程风险与保险研究分会等分会还结合各自的工作特点开展了有针对性的技术培训，取得了较好的效果，如盾构隧道施工风险网络培训，"工商用户用燃气流量计的选型与运营"培训，混凝土标准宣贯培训，压力管道设计审批人员培训，"先进适用技术对保证工程质量作用的研究"课题成果培训；全国注册岩土工程师全国师资培训，城市轨道交通工程监测技术培训，《市政地下工程施工质量验收规范》宣贯培训，《气体消防设施选型配置设计技术规程》宣贯讲座等。

【表彰奖励举荐优秀科技工作者】　2014年，学会开展第十一届、第十二届詹天佑奖评选表彰活动。其中，2013年有32项工程、2014年有28项工程获得詹天佑奖殊荣。在第十二届詹天佑奖的评选过程中，首次设立"国防工程"组。受科技部委托，学会开展2014年国家科技奖的推评工作，经从詹天佑奖历届获奖工程中遴选推荐，由深圳大学邢锋教授等主持完成的"大掺量工业废渣混凝土高性能化活性激发与协同调制关键技术及应用"获得国家技术发明奖二等奖。2014年，詹天佑奖优秀住宅小区金奖突出了保障房项目的评选。在申报的28个项目中，有7个为保障房项目。经过规划、建筑、环境、科技、工程质量等方面专家的认真评审，确定21个项目获金奖，其中有5个保障房项目获得金奖；表彰项目6个其中2个保障房项目。住宅委员会于11月在上海召开"2014中国土木工程詹天佑奖优秀住宅小区技术交流暨提高保障房建设质量水平现场会"，重点交流了提高保障房总体建设质量水平的经验，并为获得"全国优秀示范小区"称号的"北京中信新城"和"北京中信城"两个项目授牌。

学会向中国科协推荐第十届光华工程奖和青年奖候选人各1人，向中国科协推荐国家奖励高层咨询专家2位，向住房城乡建设部推荐"住房城乡建设部建设工程企业资质审查专家库"专家24名。今年，我会还完成了科技部"2014中青年科技创新领军人才"候选人推评等工作。

【中国土木工程学会第十六届年会暨第二十一届全国桥梁学术会议】　5月27日～29日，在大连举办"中国土木工程学会第十六届年会暨第二十一届全国桥梁学术会议"。年会由中国工程院土木水利与建筑工程学部、中国土木工程学会、中国土木工程学会桥梁及结构工程分会与大连星海湾开发建设管理中心共同主办，来自全国各地桥梁界专家学者500

多人参加了会议。

此届年会的主题是桥梁建设的"经济、耐久、创新"，围绕上述主题，大会共录用论文175篇，由人民交通出版社出版论文集，在国内公开发行。会议论文交流分为大会报告、分会场论坛的演讲两种形式。邓文中院士、项海帆院士等七位专家以"拱的艺术"、"21世纪中国桥梁的发展之路——中国距离桥梁强国还有多远"等为题作了高水平的学术报告。分会场论坛分为设计与分析，施工与控制，科研（"抗震、抗风与动力分析"及"检测、加固及其他"）等三大类主题同时进行，共安排了60多位论文作者作了发言，论坛学术气氛浓厚，讨论热烈，充分体现和交流了近两年来国内桥梁建设和科研中的新进展、新成果、新观点、新经验。年会期间，还安排与会代表参观了大连星海湾跨海大桥，为与会代表提供了一个生动的现场和很好的探讨、交流的机会。

年会为国内专家学者充分交流桥梁工程理论、展示优秀的科研成果、推介创新技术、分享成功经验搭建了平台，会议取得圆满成功。

【全国第一届超高层建筑消防学术会议】 6月27~28日在北京召开全国第一届超高层建筑消防学术会议，290余人参加此次会议。

会议对超高层建筑的防火技术进行了细致入微地讨论和交流，促进了超高层建筑消防技术的把握和实施的正确性。本次会议首次在国内通过学术报告论文交流和座谈会等多种形式，系统、全面对超高层建筑防火技术进行交流，内容丰富。会议总结提炼出了超高层建筑防火设计关键技术。与会人员对会议取得的效果给予高度评价。

【第十七届全国工程建设计算机应用大会】 11月13~14日，第十七届全国工程建设计算机应用大会在北京举办。会议是工程建设计算机应用领域的重要学术交流活动，共有来自全国各地的三百多位代表参加会议。会议邀请12位行业知名专家做精彩的主题报告，并安排7位代表进行精彩学术交流。

【第十二届中国土木工程詹天佑奖颁奖大会】 12月4日，第十二届中国土木工程詹天佑奖颁奖大会在北京举行。来自科技部、住房城乡建设部、交通运输部、水利部、中国铁路总公司、中国科学技术协会、国家科技奖励工作办公室、北京市民政局、北京市科学技术协会等单位有关负责人，中建、中铁工、中铁建、中交等央企代表，中国土木工程学会和詹天佑基金会理事，各专业分会和各省市土建学会代表，以及233个获奖单位代表和来自全国各省市的土木建筑科技工作者近500人参加了颁奖大会。

詹天佑奖组织完成了十二届评选，先后有336项具有较高科技含量和代表性的土木工程建设项目获此殊荣，香港和澳门地区先后有9项工程获奖。评选范围涵盖建筑、桥梁、铁道、隧道、公路、水利、水运、市政、轨道交通、住宅小区等土木工程建设领域。

第十二届詹天佑奖评选，继续坚持"高标准、严要求、优中选优"和"公开、公正、公平"的原则及严格的评选程序，从83个申报的优秀项目中，评选出28个获奖项目。这些项目在工程设计、绿色环保技术、生态环保技术、历史文化保护、工程全寿命安全监测等方面都具有较大的创新。

（中国土木工程学会 撰稿：张君）

中国风景园林学会

【服务创新型国家和社会建设】 2014年，中国风景园林学会（以下简称"学会"）着力推进风景园林师执业制度筹建工作，酝酿调整风景园林师执业制度指导委员会名单，组建技术工作小组。先后召开多次座谈会，听取政府、院校、企业等各方意见，基本上统一了认识，初步确定考试课程目录，编制完成考试大纲（草案）。学会继续配合住房和城乡建设部进行《国家职业分类大典》修订工作，组织专家对《职业分类体系表（征求意见稿）》进行讨论，并回复了意见。

2014年，学会承接全国科学技术名词审定委员会风景园林学名词审定工作，组建成立全国科学技术名词审定委员会风景园林学名词审定委员会。7月27日，在北京召开委员会第一次全体会议。会议讨论并确定了编审工作草案、细目框架、分工及计划进度、编写要求等。截至2014年末，风景园林学名词初稿基本完成。

2014 年，学会首次与中国园林博物馆合作，举办"中国优秀风景园林规划设计获奖作品展"，展出在 2011 和 2013 年度"中国风景园林学会优秀规划设计奖"评选中获得一等奖、二等奖的 55 个规划设计作品，包含风景名胜区规划和生态资源保护、湿地规划和保护旅游、城市绿地系统规划、城市公园、广场、开放绿地、住宅区园林景观、滨水园林景观设计等风景园林主要领域，集中展示我国风景园林事业近十多年来的发展水平和成果。

【学会建设】　2 月，学会在北京召开五届二次常务理事会议，讨论并通过《中国风景园林学会 2013 年工作总结和 2014 年工作计划》，听取中国风景园林学会 2014 年会方案。9 月，在沈阳召开第五届第二次理事会议暨五届三次常务理事会议，听取学会 2014 年度上半年工作汇报和 2014 年会准备工作汇报，就理事和副理事长人员增补进行讨论。表决通过增补杜挺、杨锐、王磐岩为学会副理事长，增补李丽、赵文斌、韩锋为理事。

2014 年，按照章程和《分支机构管理办法》的要求，学会指导各分支机构进行换届工作。7 个分支机构已按要求完成换届，其中规划设计和菊花研究两个专业委员会更名为分会。新设立分支机构 4 个：园林生态保护专业委员会、风景园林教育工作委员会、女风景园林师分会和园林绿化企业工作委员会。

10 月，学会在沈阳召开全国部分省级风景园林学（协）会理事长联谊会，就加强学会工作和地方的联系进行交流。

2014 年，学会吸收单位会员 133 家，个人会员 1380 人。截至 2014 年底，累计完成中国科协统一换证登记的单位会员达 796 个，个人会员 6489 人。12 月，在珠海举办了中国风景园林学会第六届会员日活动。

【学术期刊】　《中国园林》入选 2014 版《中文核心期刊要目总览》（中文核心期刊），是"中国科技论文统计源期刊"（中国科技核心期刊）。期刊影响因子为 1.045，较上一年度上升 13%。《中国园林》编委会进行了换届改选，王绍增继续担任新一届编委会主编。

【国际学术会议】　10 月 17~19 日，学会与日本造园学会、韩国造景学会共同主办，在成都召开第十四届中日韩风景园林学术研讨会，来自中、日、韩等国家和地区的风景园林师、学者、学生及相关从业人员 300 多人参加会议。会议主题为"风景园林与美丽城乡（Landscape Architecture & Beautiful Urban and Rural Areas）"，共设地域性风景园林、田园风光与文化传承、连接城市和乡村的绿道三个专题进行研讨，12 名来自中、日、韩的专家进行专题报告。会议征集论文并出版《第十四届中日韩风景园林学术研讨会论文集》（英文）。会议由成都市林业和园林管理局承办，成都市风景园林学会、四川省城乡规划设计院、四川农业大学协办。这次活动得到了四川省住房和城乡建设厅的大力支持。会议同期组织了中日韩大学生风景园林设计竞赛，竞赛题目为"宜宾现代竹产业园概念规划"。

【国内主要学术会议】　4 月 27 日，学会主办，《中国园林》杂志社、湖北省风景园林学会、武汉市风景园林学会、华中科技大学建筑与城市规划学院景观学系承办，在华中科技大学召开了中国风景园林知名专家余树勋先生缅思会，50 余位代表共同追溯、总结了余树勋先生在教书育人、规划设计、学术思想、日常生活等各个方面的事迹与内容，详细总结了余树勋对风景园林行业的杰出贡献和学术思想。

6 月 7 日，学会主办，北京林业大学园林学院和深圳市北林苑景观和建筑规划设计院承办，在深圳召开"中国风景园林传承与创新之路暨孟兆祯院士学术思想论坛"，来自中国内地、香港和澳门的风景园林同行 100 余人围绕"中国园林传承与创新之路""孟兆祯院士学术思想与研究对中国风景园林行业发展的意义"等议题进行了研讨。

7 月 25 日，学会作为支持单位，参与举办并派员出席了由香港园境师学会主办，深圳市北林苑景观及建筑规划设计院、香港高等科技教育学院及《风景园林》杂志社合办，香港特别行政区政府资助的"无边界景观（Landscape without Boundary）"研讨会，主要围绕跨界规划、风景园林专业发展、风景园林教育的新发展三个方面进行研讨。11 月 14 日，学会和云南住房和城乡建设厅主办，《中国园林》杂志社承办，在昆明举办了"当代风景园林与人居环境建设"学术报告会，孟兆祯、王绍增和刘滨谊等专家作了专题学术报告，与会者围绕风景园林和人居环境建设中的问题和趋势等进行了研讨。

2014 年，学会分支机构共举办各类专业论坛 10 个。9 月，园林生态保护专业委员会 2014 学术年会暨第三十二届全国园林科技信息网网会在重庆举办。10 月，植物保护专业委员会第二十三次学术研讨会在福州举办。11 月，教育工作委员会在北京举办"2014 中国风景园林教育大会暨中国风景园林学会教育工作委员会成立大会"。12 月，信息专委会在珠海举办"智慧园林建设与发展"研讨会。

【国际交往】 6月，学会组团参加在阿根廷布宜诺斯艾利斯召开的第51届国际风景园林师联合会(IFLA)世界大会，并对阿根廷的风景园林进行了考察。会上，IFLA授予北京林业大学孙筱祥教授国际风景园林界最高荣誉——杰弗利杰里科奖，成为我国获此奖的第一人。7月，学会在北京林业大学为孙筱祥进行祝贺，IFLA前主席戴安妮女士亲临祝贺。孙筱祥教授的获奖，也是学会多年持续推荐的结果。

2014年度IFLA大学生设计竞赛，共评选出一、二、三、四等奖各1名及佳作奖3名，前4名均由中国学生获得。4月，学会副理事长王向荣出席在马来西亚古晋市举办的IFLA亚太区2014年会，主题为"绿色明天"。

2014年，同济大学的韩峰教授还成功当选IFLA-ICOMOS(国际古迹遗址理事会)国际文化景观科学委员会副主席。学会还向IFLA-ICOMOS推荐清华大学杨锐、北京大学陈耀华两名为其代表。

【科普活动】 学会继续举办"风景园林月"系列学术科普活动，主题为"风景园林守护青山绿水"。活动内容包括：在北京农学院、中国园林博物馆、河南农业大学举办的3场主题学术报告会；在中国园林博物馆、清华大学、北林地景园林规划设计院举办的"设计师谈园林""我眼中的国家公园"、"大学生走进企业"三场沙龙活动和包括"中国风景园林学会终身成就奖获得者事迹展"、"海外的中国园林展"、"优秀风景园林规划设计展"、"优秀园林工程展"等4大板块的中国风景园林展。其中，"我眼中的国家公园"沙龙活动，采用现场与在线互动方式，受众约1000余人次。作为"风景园林月"活动的一项内容，继续举办了主题为"美丽的风景园林——境由心生"中国风景园林主题摄影作品比赛，面向全国风景园林工作者和社会公众征集优秀的风景园林摄影作品，并进行优秀作品评选。除北京外，上海、广州、武汉等城市也举办了不同形式的活动，它们都是风景园林月活动的重要内容。展览活动也是该年度"风景园林月"活动的一个亮点，为学会类似展览活动的举办，积累了经验。

【表彰举荐优秀科技工作者】 经学会推荐，上海园林设计院朱祥明教授、浙江农林大学包志毅教授、北京市花木公司于学斌教授3位科技工作人员，获中国科协"第七届全国优秀科技工作者"称号。

2014年，学会继续开展"中国风景园林奖"相关奖项评选，评出科技进步成果15项、优秀园林工程214项。获科技进步一等奖的科技成果为"月季

新优品种培育"和"城市园林绿化评价标准"。获得优秀园林工程大金奖的为"宿迁市古黄河雄壮河湾南岸景区改造项目园林景观、市政、桥梁工程"等8个项目。

【中国风景园林学会2014年会】 9月11～13日，中国风景园林学会2014年会在沈阳举办，会议由中国风景园林学会主办，辽宁省风景园林协会、沈阳农业大学、辽宁山水城市园林景观有限公司、金柏园林集团股份有限公司承办。会议被中国科协评定为2014年度"前沿高端学术会议活动"之一。

会议主题为"城镇化与风景园林"，900余位国内外专家、学者、在校学生参会。全国政协原副主席王志珍、中国科协副主席程东红、住房和城乡建设部城建司副巡视员章林伟等领导到会并讲话。学会理事长陈晓丽主持开幕式。

会议进行7个主旨报告。中国工程院院士、北京林业大学教授、博士生导师孟兆祯以"凝聚风景园林，共筑中华美梦"为题，阐述了中国古典园林的精髓与内涵，指出必须彰显中国文化底蕴，营造"道法自然""文以载道""以书成文"和"景面文心"的中国风景园林。城市建设研究院副院长、教授级高级工程师王磐岩以"风景园林技术研究热点与发展预测"为题，以翔实的资料报告了国内外风景园林科技研究的主要领域和重要成果，并对未来的科技研究进行了预测。中国城市规划设计研究院总规划师张兵以"城镇化与人居环境营造"为题，分析了快速城镇化过程中人居环境面临的矛盾与冲突，并提出了用科学、多层次的规划设计解决相关问题的思路和案例。美国得克萨斯大学风景园林与城市规划学院教授福斯特·恩杜比斯(Forster Ndubisi)以"Resilient Urbanism：A Pathway for Maintaining Sustainable Cities(有弹性的城镇化：可持续城市的维持之路)"为题，阐述了弹性城镇化景观对城市可持续发展的巨大作用，提出了若干弹性城镇化景观设计的原则与措施。四川省住房和城乡建设厅副厅长、高级工程师杨光以"科学搞好园林绿化，提升城镇化发展质量"为题，从行政管理和政策角度，指出了园林绿化的重要性及必要性，目前城镇园林绿化方面存在的问题，并提出了若干建议。美国得克萨斯大学建筑学院教授、院长弗雷德里克·斯坦纳(Frederick Steiner)以"Design for a Vulnerable Planet：Urbanization and Landscape Architecture.(为脆弱星球而设计：城镇化与风景园林)"为题，提出风景园林规划要支撑城市的可持续发展，要以尊重自然为先决条件，以缜密分析为实

第七篇

施手段，以可持续发展为目的，进行园林绿地营造。沈阳农业大学教授周广柱以"寒地滨河新城园林景观营造与思考"为题，详细报告了寒冷地带的特点及文化特色，并提出寒地滨河新城园林景观营造的一系列原则及方法。报告从不同的角度，阐述风景园林和城镇化的关系，对城镇化背景下，风景园林学科研究、行业发展和行业管理等提出了见解，引起与会者广泛的讨论。

会议设6个分会场，交流了97个学术报告，涉及"城镇化与自然文化遗产保护""城镇化与风景园林规划设计""城镇化与风景园林植物应用""城镇化与风景园林科技创新""城镇化与风景园林管理创新""城镇化与寒冷地区风景园林"等风景园林学科的各个领域，呼应国家城镇化建设的大形势，并对东北寒冷地区风景园林的营建理论和实践经验等进行了总结和交流。会议期间，还举办了女风景园林师论坛。

在年会闭幕式上颁发了中国风景园林学会2014年会优秀论文奖、2014中国风景园林学会大学生设计竞赛奖和2014年度中国风景园林学会奖等奖项。

该届年会收到论文256余篇，收录197篇，出版《中国风景园林学会2014年会论文集》，并评出优秀论文21篇，包括一等奖1篇，二等奖2篇，三等奖3篇，佳作奖15篇。

年会同期举办大学生设计竞赛，设本科生和研究生两个组。竞赛收到参赛作品共计151份。其中，本科生组83份、研究生组68份。评出获奖作品27份，其中，本科组一等奖1名，二等奖2名，三等奖3名，鼓励奖9名；研究生组一等奖1名，二等奖1名，三等奖2名，鼓励奖8名。

辽宁省住房和城乡建设厅、沈阳市城市建设局、盘锦市住房和城乡建设委员会为会议的支持单位。

（中国风景园林学会 撰稿：付彦荣）

中国市长协会

【概况】 2014年，中国市长协会在各城市政府及市长的大力支持下，坚持"为城市发展服务，为市长工作服务"的宗旨，积极开展各项活动，圆满地完成各项工作任务。

【围绕城市热点、难点问题举办专题研讨会】

（1）第十届泛珠三角区域省会城市市长论坛

由中国市长协会作为主办单位之一的第十届泛珠三角区域省会城市市长论坛12月15日在广州举行，总结十年发展成果，共商区域合作宏图。据不完全统计，十年间九市相互达成经贸洽谈签约项目6000多个，合作金额达1.2万亿元。第十届泛珠三角区域省会城市市长联席会上，九市市长签署了《泛珠三角区域省会城市深化合作共同宣言（2015~2025年）》。

（2）"2014国际健康城市论坛"

作为联合国首次"世界城市日"系列活动之一，由中国市长协会与上海市健康产业发展促进协会联合主办的"2014国际健康城市论坛"10月31日下午在上海市中国浦东干部学院会议中心举行。此届论坛的主题为"城市的转型与发展——创新，使城市更健康；城市，让生活更美好"。与会中外嘉宾近

200人，其中包括40多位中外市长，以及相关国家和地区机构的代表和专家学者。大家就共同关心的话题进行了深入探讨和切磋交流。

（3）2014中国城市幸福感调查活动

由中国市长协会《中国城市发展报告》与新华社《瞭望东方周刊》共同主办的"中国城市幸福感调查活动"连续举办7年。10月31日在"中国城市未来发展国际论坛"上发布了"2014中国最具幸福感城市"和"最具文化软实力城市"获奖名单。此次活动主题为"中国文化·影响世界"。

【国际交往】 （1）4月，在中国国家主席习近平与到访的丹麦女王玛格丽特二世共同见证下，中国市长协会专职副会长陶斯亮与丹麦地方政府协会在人民大会堂签署了《中国市长协会与丹麦地方政府协会合作备忘录》，进一步加强了中丹两国城市发展和市长间的交流与合作。

（2）中国市长协会、美国保尔森基金会、清华大学建筑学院和芝加哥大学格拉姆学院共同主办，广东省委组织部承办的"可持续城镇化高级研究班"8月25日至9月14日举行。研究班共16人，由广州市委常委、副市长陈如桂任班长，学员由珠三角、

粤东西北地区城市分管规划建设的副市长组成。8月25~30日，研究班在清华大学建筑学院进行国内培训。全国政协人口资源环境委员会副主任仇保兴，住房和城乡建设部总规划师唐凯，中国城市规划设计研究院副院长杨保军，以及清华大学、北京大学、中国人民大学的专家学者分别就生态城市与低碳社区、城镇化转型的基本理论与发展趋势、区域协调发展及其空间管制、城市水资源与固体废弃物管理、社会转型时期的公共服务保障等专题进行授课。随后，研究班前往美国，先后在芝加哥、迈阿密等地，听取专家学者、美国地方政府官员关于水资源保护、土地利用规划、财税工具、绿色交通和移民政策等方面的讲座，并实地考察了迈阿密市淡水资源保护和修复设施、防内涝基础设施项目等。

（3）由中组部和住房城乡建设部主办，中国市长协会承办的"经济结构转型和城市建设管理专题研究班"10月13日至11月2日举行。研究班学员20人，由来自中央部委和全国部分省（市、区）领导组成。研究班在北京大学继续教育学院进行为期一周的预培训后，赴德国开展了为期14天的学习考察。学员先后到访了柏林、德累斯顿、杜塞尔多夫等3个城市，考察当地经济转型升级、城市建设、老城区改造、历史建筑保护、化工园区和露天矿区转型等一系列项目，举办3场中德市长论坛，召开17场圆桌会议，就经济发展和结构转型、绿色城市、城市规划建设、老工业基地振兴等议题进行了广泛深入的交流研讨。

【加强与城市的沟通联络工作】 6月10~12日，中国市长协会与厦门大学公共事务学院联合举办首期联络员培训班。来自54个城市的77位政府联络员参加学习。培训班依托厦大师资，结合经济、政治形势，并考虑到实际工作中的具体需要安排了"我国宏观经济形势的若干问题"、"城乡一体化与新型城镇化"、"台海形势与和平统一"和"面对突发事件的媒体应对"等课程。

【开展女市长分会有关活动】 5月23日，由中国市长协会和中国听力医学发展基金会女市长爱尔慈善基金共同主办的第三届"'世界从此欢声笑语'中国项目慈善之夜"主题公益活动在北京中华世纪坛举行。"世界从此欢声笑语"中国项目启动以来，分别在西安、成都、桂林及周边区县捐赠定

制型助听器13048台，资助贫困听障人士7000余人。

10月底，"女市长爱尔慈善基金"联合美国斯达克听力基金会继续开展"让世界充满欢声笑语"（中国项目），在云南昆明、楚雄、大理和丽江等地为6000多名贫困听障患者配制助听器。

【《中国市长》会刊编辑】 紧密围绕"为城市发展服务，为市长工作服务"工作方针，努力让刊物成为市长信息交流的平台、思想智慧共享的园地。2014年策划完成重点报道《世界从此欢声笑语》、《智库行动在永济》、《转型，转型——芝加哥班纪实》、《智慧城市走在路上》、《观察社会舆情风向标》以及《轨道交通发展新探》等等。坚持每月一期的"市长访谈"栏目，让刊物保持实践的"热度"。逐步深化"专家视点"栏目。

【《中国城市发展报告》和《中国城市状况报告》出版】 由学会主办、国际欧亚科学院中国科学中心承办的《中国城市发展报告2014》（以下简称《报告》）于7月出版。该卷主题为"城镇化与生态城市"。《报告》已连续出版12卷，全面反映我国城市化进程，成为解读中国城市发展，研究中国城市问题不可或缺的重要参考文献

由学会参与出版的《中国城市状况报告2014/2015》于4月在"第七届世界城市论坛"上发布，该卷主题是"以人为本的新型城镇化"。

【加强信息服务与咨询】 信息服务。协会网站升级改版，第二版上线。新型城镇化与信息化融合发展服务平台也同时推出。协会在新浪微博上开设官方微博，发布传递协会最新信息，与各地市官方政务微博相互关注，并将陆续开设官方微信公众版与移动客户端等，为市长与市政府工作人员提供更便利、更多样化的信息咨询服务。

中国市长协会与中国通信学会开展多元化的合作，将在城镇信息化，宽带中国建设等方面开展具体的工作。

5月，应山西省永济市人民政府邀请，咨询委赴永济开展咨询调研活动。

【加强协会内部管理】 为适应新形势需要，结合群众路线教育实践活动中总结出的新问题，学会完成内部管理制度的修订和完善工作。

（中国市长协会）

中国城市规划协会

概况

2014年，中国城市规划协会在党的十八大、十八届三中全会、四中全会，以及全国建设工作会议精神的指引下，围绕中央新型城镇化工作目标，在二级专委会及地方协会支持配合下，结合行业关注的重点、热点问题，求真务实，扎实工作，自我管理、社会服务意识得到提升，各项工作稳步向前推进，得到全体会员单位的肯定和支持。

年度主要会议

【召开新型城镇化背景下的城市规划研讨会】 5月，为学习贯彻中央城镇化工作会议和《国家新型城镇化规划（2014～2020）》文件精神，中国城市规划协会与上海市城市规划行业协会、复旦大学城市发展研究院、上海复旦规划建筑设计研究院，联合在上海召开"新型城镇化背景下的城市规划研讨会"。会议以城市发展规模、城市开发边界的划界、"三规合一"试点、城市品质提升、城市生态建设以及城市发展与治理为专题，共同探讨新型城镇化背景下城市规划应如何转变和应对，更好地发挥城市规划在公共政策领域的作用，做出了积极的贡献。

【召开历史文化名城保护与城市融合发展研讨会】 5月，为进一步总结古城保护与城市建设发展经验，中国城市规划协会与西安市规划委员会，西安市规划局、西安曲江新区管理委员会等单位组织召开"历史文化名城保护与城市融合发展研讨会"。会议邀请住房城乡建设部及西安市有关领导、张锦秋院士等专家，围绕"城市发展与传统风貌的协调"、"文物保护与文化展示的创新"、"历史文化与现代风采的共生"三个议题，以"西安城墙·南门"历史文化景区为典型案例，进行深入的交流探讨。会议在妥善处理历史文化保护与城市建设发展的关系，保障城市文化传承，促进城乡建设科学发展等方面，为全国历史文化名城的发展提供了借鉴和参考。

【召开2014年全国城市规划协会秘书长联席会暨行业协会改革发展研讨会】 5月，由中国城市规划协会主办，湖南省规划协会承办的"2014年全国城市规划协会秘书长联席会暨行业协会改革发展研讨会"在湖南岳阳召开。会议除交流规划行业协会经验外，还就关注度高的行业协会改革等热点问题邀请相关行业主管部门领导到会讲话。

【召开规划与变化——规划局和规划院面对面研讨交流会】 7月，面对城乡规划领域面临着体制改革、理念更新、制度完善、技术创新等诸多新的任务和要求，按照中国城市规划协会年初制定的工作要点，中国城市规划协会组织规划管理专业委员会、规划设计专业委员会在云南召开"规划与变化——规划局和规划院面对面研讨交流会"。与会嘉宾围绕"规划与变化"的主题，分别以局院关系、行业发展、规划管理、规划转型等为切入点进行了专题发言。

【组织召开第四届全国副省级城市规划院联席会】 7月，中国城市规划协会与规划设计专业委员会在厦门召开"第四届全国副省级城市规划院联席会"。会议结合"变革与创新"的主题，从不同角度对城市规划领域的变革和创新，进行阐述和解读，共同探讨新型城镇化战略大背景下的城市规划问题。

【召开第二届产业园区规划实施研讨会】 8月，为贯彻落实李克强总理在政府工作报告中提出的"要加强环渤海及京津冀地区经济协作"精神，中国城市规划协会与北京城科会及北京城市规划学会在京联合组织召开"第二届产业园区规划实施研讨会"。与会嘉宾围绕"区域协同发展、园区合作共赢——京津冀协同下的产业园区发展"主题，详细分析了京津冀产业发展的基本情况、特点、存在的问题等，就京津冀的城市规划、园区定位、发展趋势等进行交流互动。会议分享和总结了新形势下京津冀产业园区发展、管理和实施方面的最新研究成果，对京津冀实现城市规划、建设及产业效率的共同提升及发展共赢产生了积极作用。

【组织召开2014年全国省规划院联席会】 8月，中国城市规划协会与山西省城乡规划设计研究院、江苏省城市规划设计研究院在太原联合召开"2014年全国省规划院联席会"。会议围绕"聚焦事业单位分类改革，共谋体制创新与发展"的主题，深入分析了政治环境、专业发展等社会趋势，提出省规划院要准确把握自身定位，要以交流经验、推动城乡规划事业发展为目标，进一步稳固长效交流机制。

【支持召开第八届泛珠三角区域城市规划院院长论坛】 9月，由中国城市规划协会支持，成都规划设计研究院主办的"第八届泛珠三角区域城市规划院院长论坛"在成都召开。来自中国城市规划设计研究院、北京市城市规划设计研究院、广州市城市规划勘测设计院、成都市规划设计研究院等领导专家以"新型城镇化与区域合作"的议题，做了主题发言。与会嘉宾就生态规划、制度探索、大数据在城乡规划中的应用、体制改革等领域进行交流和讨论。

【召开传统与现代 继承与发展——新型城镇化背景下的城市特色研讨交流会】 11月，中国城市规划协会与西安市政府联合召开"传统与现代 继承与发展——新型城镇化背景下城市特色"研讨交流会，这是对贯彻落实习近平总书记，近期针对"舆论聚焦中国建筑文化缺失"一文，涉及城市建筑批示的贯彻和落实。会议围绕"新型城镇化背景下的城市特色与风貌"、"塑造城市特色与城市风貌的基本原则"、"把控城市特色与城市风貌的规划管理机制"为内容，邀请西安市、天津市人民政府等有关领导及中国科学院、中国工程院院士等专家学者，围绕主题做了主旨报告。会议倡导了勤俭节约的生活模式和简约的生活态度，对引导城市规划和城市建设回归实用的功能本质以及城市特色发展起到了指导和借鉴作用。

"2013年度全国优秀城乡规划设计奖"评选

"2013年度全国优秀城乡规划设计奖"评选活动于2013年7月开始筹备。在第三届全国优秀城乡规划设计奖评选组织委员会(以下简称"组委会")的统一部署下，评优工作根据《全国优秀城乡规划设计奖评选管理办法》，分为城市规划类、村镇规划类、城市勘测类、规划信息类、风景名胜区规划类等五类进行评选，共收到29个省、自治区、直辖市(除西藏、宁夏)推荐的1120个申报项目，评出474项。此届评优在申报和评审方式上，积极探索计算机辅助技术的应用，所有类别的评审项目均通过"评审系统"由省级部门进行统一推荐，使评优活动更加规范。同时，城市规划类在初评和综合评审阶段也运用了该系统，有效地减轻了专家的评审压力，提高了评审效率。

【各类别获奖情况】 城市规划类。共收到申报项目749项。经初评、复评和综合评审(共遴选专家131人次)、公示和组委会审定，共评出323项获奖项目，其中，一等奖26项，二等奖77项，三等奖146项，表扬奖74项。

村镇规划类。共收到申报项目225项，经评审、公示及组委会审定，共评出获奖项目82项。其中，一等奖8项，二等奖24项，三等奖50项。

城市勘测类。共收到申报项目95项，经初评、复评、终审、公示和组委会审定，共评出获奖项目42项。其中，一等奖3项，二等奖10项，三等奖19项，表扬奖10项。

规划信息类。共收到申报项目39项，共评出获奖项目20项。其中，一等奖1项，二等奖4项，三等奖9项，表扬奖6项。

风景名胜区规划类。共收到申报项目12项，共评出获奖项目7项。其中，一等奖1项，二等奖1项，三等奖2项，表扬奖3项。

课题与调研

【完成"新形势下我国城市规划编制机构改革与发展对策研究"课题】 受住房和城乡建设部城乡规划司委托，中国城市规划协会与中国城市规划协会规划设计专业委员会共同承担完成"新形势下我国城市规划编制机构改革与发展对策研究"课题的研究工作。课题通过问卷调查和实地调研等形式，赴国内杭州、深圳、广东等地以及境外德国、法国，在行业内开展调研，掌握第一手资料及行业动态，为课题提供技术上的保障。形成《新形势下我国城乡规划编制机构改革与发展对策研究》专题报告、附件以及报告精编等研究成果。课题成果较系统地梳理了我国城市规划编制机构改革中存在的问题，进一步研究改革的方向和对策建议，思路清晰、论据充分，具有较强的针对性和现实指导意义。

【组织完成赴美国、加拿大进行区划法规(zoning)编制与实践研究课题调研】 为进一步推动我国城市规划管理及编制水平的提高，在住房和城乡建设部城乡规划司的指导下，中国城市规划协会承担"区划法规(zoning)编制与实践研究"的课题工作。为完成境外资料的收集，课题组前往美国、加拿大等地了解美、加地区规划法规的发展历程、存在的特殊背景、政策特性和作用，并收集、查找相关资料。2014年底形成课题研究报告。

继续教育与培训

【举办全国优秀城市规划设计学习研讨交流班】 12

第七篇

月，为进一步推动"全国优秀城乡规划设计奖"评选活动，宣传"2013年度全国优秀规划设计成果"，学会与辽宁省城市规划协会、吉林省城市规划协会、黑龙江省城市规划协会在沈阳举办了"全国优秀城市规划设计学习研讨交流班"。研讨班邀请11位获得"2013年度全国优秀城乡规划设计奖"优秀项目的负责人，详细介绍了获奖项目编制的难点、解决措施、创新点和项目实施情况等，共有235名学员参加了学习。

关注舆论宣传，提高协会影响力

【完成《中国城市规划发展报告（2013～2014）》】中国城市规划协会同中国城市科学研究会、中国城市规划学会和中国城市规划设计研究院共同编撰并出版了《中国城市规划年度发展报告（2013～2014）》。

【完成协会网站改版工作】　为给会员单位提供更便利服务，中国城市规划协会在原有网站的基础上，聘请中国城市规划设计研究院和广州市城市规划自动化中心等单位的领导专家担任顾问，对网站的版面、栏目、功能和信息管理等方面进行了全新的设计。改版后的网站加强了中国城市规划协会与会员单位的信息互动，方便了行业业务展示和交流，受到会员单位的好评。

发挥二级专业委员会作用，提高协会整体工作效能

中国城市规划协会各二级专业委员会围绕专业发展方向，认真履行工作职责，积极开展了各类行业活动，为推动规划行业的发展发挥了积极作用。

【规划管理专业委员会】　与天津城市规划协会联合组织"第九届天津青年科技论坛暨第六届天津规划师沙龙活动"，来自京津冀三地的专家和学者围绕"思考与行动——京津冀协同发展的新起点"主题，就如何建立京津冀协同发展机制等热点问题开展研讨和交流。组织召开"2014年城市规划信息技术辅助规划行政审批效能专题技术研讨会"和"2014年中国城市规划信息化年会"等活动。

【规划设计专业委员会】　与协会管理专业委员会联合召开"规划局和规划院面对面研讨交流会"；组织召开"第四届全国副省级城市规划院联席会"、"2014年全国省规划院联席会"等会议。组织召开"京津沪渝穗五城市规划院交流研讨会"，加强院与院之间的交流，促进业务的提高。

【城市勘测专业委员会】　认真组织并完成"2013年度全国优秀城乡规划设计奖（城市勘测类）"的评选工作；组织召开城市勘测专业委员会四届六次常务

理事（扩大）会议、部分城市勘测院院长座谈会，根据住房和城乡建设部《关于印发2014年工程建设标准规范制定修订计划的通知》的要求，委员会启动并组织实施了《城市基础地理信息系统技术规范》的修订工作。

【地下管线专业委员会】　组织召开"燃气、输油管道安全专题会议"。组织涉及地下管线技术的多期岗位培训。继续做好地下管线建设、信息系统建设、探测工程的技术研究、标准制定和推广工作。经住房城乡建设部、商务部批准，11月召开主题为"智慧管线与城市安全"的"2014年北京国际地下管线展览会"。

【女规划师工作委员会】　在江苏组织召开第三届第四次年会，就"新型城镇化规划给城乡规划的编制、实施和管理"等工作带来的挑战与机遇展开讨论；充分利用电子邮件等现代信息工具，通过发送《全国妇联简报》等形式，积极传达全国妇联的各项指示、信息，成为信息传播的纽带。

【信息管理工作委员会】　认真组织并完成"2013年度全国优秀城乡规划设计奖（规划信息类）"的评选工作。协办"2014年城市规划信息技术辅助规划行政审批效能专题技术研讨会"、"2014年中国城市规划信息化年会"；编撰中国数字城市规划专业领域"2013年度发展报告"。

【规划展示专业委员会】　开展以"践行社会主义核心价值观"为主题的多种形式活动：在北京市规划展示馆组织召开"爱祖国就是爱自己·永远践行社会主义核心价值观"为主题的故事会、专题辅导报告；10月，在哈尔滨召开"践行社会主义核心价值观"为核心的第二届第四次规划展示年会，会议还邀请中国社会科学院专家做专题讲座。委员会还召开第二届第六次主任委员会议；完成了第三期讲解员培训工作等。

协会秘书处组织建设和能力建设

按照国家对社会组织建设要求，中国城市规划协会组织的"全国优秀城乡规划设计奖"评比活动、召开的各项行业会议以及会费收取等行为均在国家规定政策范围内；中国城市规划协会的自我管理意识、为社会的公共服务意识、为行业的专业服务意识得到加强，得到了会员单位的肯定和支持，会员单位逐年增加，协会凝聚力和公信力得到提升。

【相关培训】　认真学习中央廉政建设及党务文件。严格执行中央"八项规定"，贯彻住房城乡建设部转发的《司局级及以下人员因公临时出国管理办

法》、《领导干部严禁出入私人会所》及中组部《关于规范退(离)休领导干部在社会团体兼职问题的通知》等文件精神，确保协会工作人员严守政治纪律，做到令行禁止，政令畅通。组织全体人员学习党的十八届四中全会《关于全面推进依法治国若干重大问题的决定》，并按要求及时上报了学习情况报告。

【积极参加相关部委组织的各项培训】 2014年，住房和城乡建设部加强了对部管社团管理，中国城市规划协会派员参加了部组织的《党员领导干部选拔任用工作条例》培训，通过培训及时了解国家关于社会机构改革相关精神。参加民政部组织的"政府向社会力量购买服务与社会组织登记管理制度新政策解析"培训；派员参加住房和城乡建设部城乡规划司组织的赴新加坡的"城市规划编制与管理"培训活动。

（中国城市规划协会）

中国房地产业协会

【第七次会员代表大会召开】 5月13日，中国房地产业协会召开第七次会员代表大会。大会审议通过中房协第六届理事会工作报告，总结了过去四年工作的成绩和经验，明确今后四年的工作和任务；审议通过中房协第六届理事会财务报告、修改后的中房协章程、会费缴纳标准和办法、分支机构管理办法；通过中房协改革与发展规划（2014～2017年）；选举产生新一届理事会成员，完成领导机构的新老交替。

【第六届中国房地产科学发展论坛举办】 10月30～31日，中国房地产业协会联合中国房地产研究会，与天津市房协、中国建筑标准设计研究院等单位共同举办以"创新转型"为主题的第六届中国房地产科学发展论坛。

此届论坛共有1200多名代表参加，其中会员占73%，有15位代表在主论坛发言，19位代表在分论坛发言，为历届规模最大、人数最多、影响力最大的一届论坛。除主论坛外，期间还召开了住宅产业化、BIM技术、阳光采购三个分论坛、两个小型沙龙，邀请了国内和新加坡、荷兰、韩国、日本、香港地区等中外专家就信息化、新技术讨论交流。

【以服务会员、发展会员为重点，提升工作水平】 换届以来，中国房地产业协会把服务会员、发展会员放在更重要的位置。积极反映会员诉求。在中央财经领导小组办公室、国家发改委、国务院发展研究中心、国家能源局召开的经济形势分析座谈会和相关专题座谈会上，联合中国房地产研究会反映会员关于改善宏观调控政策、稳定行业预期和市场情绪、加快消化库存、鼓励住宅产业化和促进全装修等政策建议。积极发展会员。换届以来，通过

秘书处调动内外部积极性，共发展会员565家，提高了中国房地产业协会作为全国性行业组织的凝聚力。根据专业分工，将过去未加入专业委员会的会员划入相应分支机构，让会员根据自身特点参与活动，各得其所、各有收获。通过信息服务，在中房网发布会议和活动通知，通过微信与其他移动通信手段，建立与会员沟通的快捷服务通道。中国房地产业协会还在秘书处专门举行了"为会员服务建言献策"大讨论活动，在此基础上讨论制定相应的会员服务细则。

【"广厦奖"评选】 中国房地产业协会联合住房城乡建设部住宅产业化促进中心，在中国房地产研究会配合下，在专家指导和各地评选机构支持下，于12月4日召开"广厦奖"工作会议，总结宁夏工作会议以来的工作，修改完善了评选办法，明确下一步工作目标任务，对进一步扩大"广厦奖"影响力提出建议和要求；12月5日，举行了"广厦奖"颁奖大会。此届"广厦奖"评选，围绕老百姓喜爱的"好房子"进行，共有93个项目获"广厦奖"，其中，住宅项目68个（包括11个公租房、保障房项目）、非住宅项目25个，体现了"广厦奖"的大众性。

【推进信用评价，增强企业社会责任】 7月16日，中国房地产业协会在沈阳召开信用评价培训会，对地方协会、企业人员进行业务培训，介绍申报流程，讲解指标体系，指导工作开展。中国房地产业协会信用办实地调研新疆、青海、山西等地房协，听取情况反映，吸收企业意见，修改指标体系，依靠专家和第三方机构促进信用评价。为了让信用评价工作得到认知和认同，中国房地产业协会在中房

第七篇

网制作了"五年信用风云路"系列访谈；通过信用评价工作的回顾，在《中国房地产业》杂志出版专题；在《人民日报》公告了三年来评出的 A 级以上企业，扩大了信用评价工作和信用企业的影响力。截至 2014 年 9 月，中国房地产业协会委托第三方机构对 16 个省、区、市 120 多家新申请参评的企业进行审核和实地核查，力争 2015 年初全部完成。

【开展对外合作，整合各方资源，创新工作方式】 换届后，中国房地产业协会对外合作迈出更大步伐，从过去单一邀请会员参加一般性的活动，拓展到具体和有效的项目服务。通过牵线搭桥，万科、保利、金地等 9 家副会长单位与平安银行签订"总对总"战略协议。银企之间的合作加强了资源整合，创新服务方式，为会员单位实事实办，得到会员欢迎。中国房地产业协会与禧泰房产数据公司合作，建立"中国房价行情"发布平台；与房教中国在继续教育培训和职业资格认证方面签订协议，共同为行业培养人才；推荐宁波华侨城项目申报住建部智慧社区试点；中国房地产业协会组织会员参加第二届中美房地产高峰论坛，围绕"中美房地产投资机遇与绿色发展"分析讨论；参加第十二届中日韩住房问题研讨会，围绕"老龄化社会的居住问题"研讨交流；按照世界不动产联盟的多次请求，经住房城乡建设部同意，由中国房地产业协会牵头，与全联房地产商会、中国房地产估价师与房地产经纪人学会协商，成立了世界不动产联盟中国分会。12 月 20 日，中国房地产业协会与人民网联合举办首届中国地产全球化暨海外投资高峰论坛，分析海外市场，学习国外先进技术和管理经验，为有需求的会员和企业赴海外投资提供信息服务。对外合作的扩大、国际交往的增多，开拓了会员视野，创新了工作方法，拉近了与上下游产业和相关产业的合作关系。

【加强专业服务，促进传统产业向先进业态转型】 近年来，房地产行业加快调结构、转方式，老年住区、园区地产、健康地产等业态广受业内外关注，中国房地产业协会联合中国房地产研究会，抓住传统产业向新业态的调整切换，抓住开发商向服务商的创新转型，带领各专业委员会细化分工，对口服务，引导产业理性健康发展：

【制定行业标准，占领制高点】 商业地产专业委员会编制《商务写字楼等级评价标准》，经中国工程建设标准化协会批准发布、正式实施。老年住区委员会联合中国老龄产业协会制定《老年宜居住区试点工程》运营服务阶段评价标准，开始试点。金

融专业委员会编制《房地产基金综合实力评价指标体系》。通过标准的制定发布，为会员和企业提供了有力的支撑服务。

【编写发布行业报告，为会员、政府决策服务金融专业委员会发布《中国房地产金融 2013 年度报告》】 经营管理委员会发布《房地产开发企业经营管理蓝皮书年度报告》，商业地产专业委员发布《中国商务写字楼指数》季报和《2013 年度中国旅游地产发展报告》，形成专业指引，引导行业健康有序发展。

【组织专业论坛和业务培训，开展经验交流】 城市开发专业委员会召开全国一级资质开发企业专业会议(香山会议)，探讨和交流建造好房子的新技术、新做法、新经验。金融专业委员会组织 15 场专题报告和活动，帮助会员与信托、投融资、资产管理等机构接触交流。老年住区委员会在乌镇召开老年住区发展大会，就适老化、智能化和健康服务配套等进行探索讨论。市场委员会召开第三届昆明房地产高峰论坛，分析金融地产形势，就金融园区创建和运营提出建议。经营管理委员会举办第三届房地产企业经营管理创新大会，提出在新常态下发挥好企业家作用和重视企业兼并重组等问题。法律事务委员举办《商品房买卖合同示范文本》培训，对示范文本进行解读和宣贯。

【积极参与课题研究，服务行业、服务政府】 法律事务委员会参与《城镇住房保障条例》调研起草。金融专业委员会参与《"十三五"全国城镇住房发展规划》，并就设立住宅政策性金融机构开展研讨。

【以地方协会为依托，拓展服务，做强采购平台】 按照 2013 年确定的中房协与地方协会战略合作协议，中国房地产业协会进一步发挥地方协会的作用。通过地方协会推荐中房协七届理事、常务理事和会员单位，明确了按比例向 16 家地方协会划拨会费；在沈阳召开全国地方协会秘书长工作会议，向地方协会征求服务会员的具体措施；在西宁召开东北、华北、西北十三省区联席会，围绕国家新经济带、增长极，促进房地产业区域发展。中国房地产业协会以建立地方采购中心为抓手，在采购平台建设方面取得积极成果，新增注册用户近 5000 家，用户总数达 25000 家，全年综合服务签约 2012 万元。有 14 家企业中标绿地发布的战略招标；有 70 家企业入围恒大的战略伙伴；招商地产、武汉天下置业等 119 家开发企业在平台上发布需求。中国房地产业协会在地方协会支持下，成立了重庆、黑龙江、辽宁、江苏、四川、海南、安徽等地方采购中心，逐步形

成与互联网、物联网对接的信息化采购平台。中国房地产业协会还与平安银行签订协议，由其对采购平台授信，做大做强采购平台。为激励地方协会工作，增强全国房协系统的凝聚力，2013年中国房地产业协会在换届大会上对54家地方协会和65名协会工作者进行了表彰。

【以测评为科学依据分析市场，以"一网三刊"为窗口传播行业正能量】 中国房地产业协会联合中国房地产研究会，开展房地产500强、上市公司100、品牌价值测评，通过测评工作分析了行业的发展规模、速度和质量；分析企业的融资能力和管理水平，通过对企业有形资产和无形资产的评价，客观反映企业的品牌价值，对企业分门别类地进行了全面"体检"，为消费者、政府提供比较可靠的市场信息和决策依据。2014年下半年，中国房地产业协会通过发布中房协月报、季报、半年报、年报和专题报告等方式，为有需求的会员提供数据和市场分析。中国房地产业协会发挥中房网、《中国房地产业》、《中国房地产金融》、《中国住宅设施》"一网三刊"的作用，组织出版有效信息，帮助会员和企业了解政策、交流经验、推广技术、宣传科技成果和企业文化。2014年，中国房地产业协会在中房网"两会专区"发布13场重要活动的信息，与新华网、中央电视台、新浪网等媒体合作刊发了科学发展论坛、"广厦奖"评选、信用评价工作等重要新闻12篇，在中房网发布了"中房协2014年十大事件回顾"，重点对老年住区、旅游地产、房地产金融、企业管理等话题进行报道，形成了互联网与社团媒体的互动，不仅成功推介了中国房地产业协会的重要活动，同时交流了会员、理事、常务理事、副会长单位的先进经验，体现了中国房地产业协会在行业文化方面的资源整合能力。实践证明，"一网三刊"的创建和改造是成功的！

【调整秘书处机构和职能设置，加强自身建设】 换届后，秘书处职能转变和机制创新的任务更重，中国房地产业协会以创建5A级社团为目标，围绕民主办会、开门办会、效能办会和民政部要求，按照中房协章程，办理法人代表的更换，对秘书处各部门进行调整整合，加强综合部的日常运转和保障能力；将会员服务与地方协会联络工作合并，形成统一的服务平台；整合研究、宣传、培训职能，更好地与中房研协公司、"一网三刊"、房教中国等对接；将逐步增加的对外协作工作，划归合作发展部，促进外引内联；专门成立财务部，加强财务管理、预算、审计工作，为科学决策提供组织保障。中国房地产业协会还出台《两会会长、驻会副会长、驻会名誉副会长工作分工》，明确领导分工、落实领导责任；建立了驻会会长办公会制度，提高决策能力；出台《两会年度考核办法（试行）》，定岗定编定任务，逐项分解工作任务和指标，加强了员工的全员考核和晋级；制定《两会秘书处各部门职责及人员编制》、《两会驻会工作人员考勤制度》，奖勤罚懒，激励员工投身事业发展；制定印发《实施内部控制规范的办法（试行）》，加强预算，节约成本，提高合同管理水平，确保中国房地产业协会资产安全增值。通过内控办法的学习贯彻，中国房地产业协会的重要经济活动和服务项目操作透明、科学可控，不仅提高了秘书处管财、理财的能力，也增强了为会员服务的效能。秘书处与联合党支部、工会，巩固党的群众路线教育成果，提高职工待遇和关心职工生活；加强对北京中房研协技术服务有限公司、北京中房研协信息服务有限公司的服务指导，由新一届董事会制定了下个四年的发展规划，提高两个公司的经济和社会效益，更好为中国房地产业协会全面可持续发展提供保障。

（中国房地产业协会 撰稿：张真）

中国勘察设计协会

【召开第二届全国勘察设计行业管理创新大会】 5月15日，中国勘察设计协会（以下简称"协会"）在北京举行以"深化改革 创新发展"为主题的第二届全国勘察设计行业管理创新大会，住房城乡建设部副部长王宁、协会名誉理事长叶如棠、住房城乡建设部有关司局负责人、协会及同业协会负责人和企业代表共500余人参会。会上，协会理事长王素卿致辞，王宁发表重要讲话，来自国务院发展研究中心、中国企业改革与发展研究会的嘉宾分别就国家宏观经济形势、国企改革政策作了主旨演讲，

第七篇

四家具有代表性的企业分别就文化与企业发展的融合、企业改制路径、知识性企业管理、管理创新与"走出去"实践等议题作主题发言。大会还为获得行业创新型优秀企业、创优型企业和优秀企业家（院长）、杰出最美女院长等荣誉的企业和个人进行了颁奖。同时，大会分别举办了体制改革发展、企业综合管理和经营机制创新三个分论坛，220多人参加分论坛活动。

【召开第二届全国勘察设计行业科技创新大会】 协会于12月4日在北京召开以"科技创新融合发展"为主题的第二届全国勘察设计行业科技创新大会，九三学社中央副主席赖明、中国工程院院士程泰宁、住房城乡建设部有关业务司负责人、协会及同业协会负责人和企业代表共400余人参会。会上，王素卿理事长作了《协力推进科技创新 提升行业发展水平》的主题讲话，提出进入经济"新常态"必将给行业深化改革发展提供新的机遇和空间；住房城乡建设部建筑市场监管司司长吴慧娟和工程质量安全监管司巡视员尚春明巡视员分别致辞；赖明和程泰宁分别就绿色建筑、建筑创新作主旨报告；三家企业代表分别作了企业科技创新方面的主题报告。会议还举办"绿色建筑与设计创新"、"基础设施与轨道交通"、"信息技术与产业融合"和"技术创新与转型发展"四个专题论坛活动，29个企业进行了交流，近300人参加。会议同期举办优秀工程项目精品展和"信息技术应用"专题展览，并为科技创新带头人以及2013年度行业奖一等奖代表项目颁奖。

【完成政府交办工作】 协会2014年积极配合住房城乡建设部有关部门工作，完成了多项交办任务。组织修订《建设工程设计合同（示范文本）》。协会组织力量，召开多次修订工作碰头会、专家研讨会和报审稿审查会，于年底完成报批稿。组织编制《工程勘察设计行业"十三五"发展规划纲要》。经专家研讨会审查并修改完善后，于7月底将初稿报送住房城乡建设部建筑市场监管司。组织并参与《工程设计资质标准》修订工作。协会组织建筑设计分会和市政工程设计分会按照要求，完成了建筑设计、市政设计两大板块的修订工作；工程智能设计分会参与了《建筑智能化系统设计专项资质标准》修订的调研和起草工作。组织《关于推进建筑业发展和改革的若干意见》学习心得撰文。协会秘书处撰写的题为《以市场化改革为动力 推动行业创新发展》的文章，以及组织6个分支机构撰写的6篇文章，先后在《中国建设报》刊载。组织研究行业市场取费

有关事宜。协会在获悉国家发改委拟放开勘察设计收费的信息后，向住房城乡建设部建筑市场监管司建议并得到认可，组织建筑设计分会、工程勘察与岩土分会和市政工程设计分会（园林和景观设计分会参与）分别制定各自领域的行业市场参考价，并专门讨论形成《关于工程咨询服务行业收费有关问题的回复意见》，答复有关质疑。随之，建筑设计分会、市政工程设计分会和工程勘察与岩土分会完成建筑设计工日定额、市政工程设计收费和工程勘察设计非政府投资项目收费参考价格的拟订。组织制定勘察和设计项目负责人质量责任规定。协会为配合住房城乡建设部9月部署开展的工程质量治理两年行动，召开会议研究制定《建筑工程勘察项目负责人质量责任的规定》和《建筑工程设计项目负责人质量责任的规定》，并由质量管理工作委员会组织具体完成两个《规定》和相关质量责任追究处罚规定的征求意见稿编制工作。开展施工图审查制度专题研究。协会委托施工图审查分会对施工图审查制度的设立背景、作用发挥及存在问题等进行深入研究，向住房城乡建设部工程质量安全监管司提交了研究报告；分会撰写的《强化施工图审查制度，确保勘察设计质量》等多篇专题文章，在《中国建设报》等行业主流媒体上发表。组织编制《城市轨道交通工程施工图设计文件审查要点》。根据住房城乡建设部要求，协会委托施工图审查分会开展了针对性专题研究，完成并提交《轨道交通工程施工图设计文件审查要点研究报告》和《城市轨道交通工程施工图设计文件审查要点》，并配合贯彻落实，举办多期培训班。

【组织专题调研】 根据住房城乡建设部工程质量安全监管司要求，协会于11月开展"建筑设计激励机制问题"专项调研，分别组成三个调研组赴北京、上海、四川开展实地调研，并依托建筑设计分会、高等院校勘察设计分会、民营设计企业分会和传统建筑分会等相关分支机构的调查和研究，充分了解现状和存在问题，进行分析和提炼，编制完成《建筑设计激励机制问题专项研究报告》，报送政府主管部门。6月至9月，为了组织好第二届行业科技创新大会，协会开展了面向全行业的科技创新专题调研，全面了解首届行业科技创新大会（2011年）以来企业在科技创新方面取得的成绩和存在的问题，调研收回问卷330份，走访不同地区、不同类型、不同规模的典型企业8家。此外，协会分支机构也开展了不同专题的调研。抗震防灾分会对当前国内减隔震建筑进行调研；民营设计企业分会开展民营

企业发展现状调研；工程智能设计分会开展市场资质管理、企业发展和建筑智能化资质申报等问题调研；施工图审查分会开展13号部令落实情况以及施工图审查机构生存和发展状况调研；科技创新工作委员会积极开展企业科技创新专题调研，撰写了调研报告；建设项目管理和工程总承包分会开展工程总承包推行情况调研；传统建筑分会开展传统建筑发展现状与创新工作调研；人民防空与地下空间分会开展市场与企业管理专题调研。

【开展课题研究】 协会继续组织开展《工程勘察设计行业年度发展研究报告》课题研究工作，并将研究成果——《工程勘察设计行业年度发展研究报告(2013～2014)》向全行业发布。该课题邀请来自政府主管部门和建筑、市政、勘察、电力、石化、煤炭、机械、冶金、轻工等细分行业的专家以及行业发展咨询公司的专家共同参与。《报告》以2013～2014年度国家统计局、住房和城乡建设部建筑市场监管司等发布的有关数据为依据，结合调研同业协会和勘察设计企业所提供的数据，较为深入地研究分析了工程勘察设计行业的发展现状及近期发展趋势，并提出行业发展的相关对策与参考建议。此外，协会还承担了国标《建设工程工程总承包管理规范》的修订任务，具体工作由建设项目管理和工程总承包分会组织实施。在2014年度，协会工程智能设计分会成功申报并启动"智能化养老基地建设关键技术研究"和"既有建筑节能改造智能化实现的关键技术研究及应用"两项科研课题；园林和景观设计分会完成《动物园设计规范》、《植物园设计规范》的征求意见稿和《城市绿地设计规范》、《居住绿地设计规范》初稿编制工作；市政工程设计分会启动《中国市政设计行业BIM实施指南》编写工作；设计体制改革工作委员会开展《工程勘察设计企业创新竞争力评价指标体系》研究；工程勘察与岩土分会完成住房城乡建设部重点课题《工程勘察与岩土行业企业文化的建设与创新》研究和建筑市场监管司课题《提升勘察行业发展质量研究》；建筑电气工程设计分会启动住房城乡建设部科研课题《ez无线智能车库节能引导系统》研究工作。

【加强评优引导】 协会于国际劳动妇女节前组织开展"全国勘察设计行业最美女院长"评选活动，表彰女企业家对行业发展的突出贡献，共有59名女企业家当选，其中10人荣获"杰出最美女院长"称号。协会开展了全国勘察设计行业科技创新带头人评选活动，旨在推动全行业的技术创新工作，并将评选出的83名"全国勘察设计行业科技创新带头人"在第二届行业科技创新大会上表彰。为更好地总结交流协会工作先进经验，推动行业协会的改革和发展，协会于7月至10月间组织开展全国勘察设计行业优秀协会和先进协会工作者评选活动，共有38个同业协会、8个分支机构和44名协会工作者脱颖而出。此外，协会相关分支机构也积极贯彻评优引导的工作方针，开展了多种多样的评优工作。为推进BIM技术应用，协会委托信息化推进工作委员会举办第五届"创新杯"建筑信息模型(BIM)设计大赛和首届"创新杯"数字化工厂(DF)设计大赛；质量管理工作委员会开展了QC小组评选活动，共有28个部门、地方推荐的218个QC小组参加；建筑电气工程设计分会开展"影响中国智能建筑电气行业2014年度优秀品牌评选"活动；建筑环境与设备分会开展首届"金叶轮"暖通空调设计大赛评选活动；工程智能设计分会开展"全国智能建筑百项经典工程"、"百项经典项目经理"和"中国智能建筑市场十大品牌"评选活动；建设项目管理和工程总承包分会开展第七届优秀工程项目管理和优秀工程总承包项目评选及企业营业额百名排序工作。

【强化行业人才队伍建设】 协会先后举办标准培训、专业技术岗位紧缺人才培训、工程勘察劳务人员(钻工、描述员、安全员、测量员)岗位培训、工程总承包理论与管理及工程设计、施工分包、工程货物采购法律风险防范实务培训班等形式多样的培训和研讨活动，参加人员达3600余人次，基本涵盖了建筑、勘察、市政、交通、通信、水利、电力、煤炭、铁路、石化等行业，培训工作及效果的认可度在勘察设计企业、科研院所和高校等单位中逐年增强，在行业人才队伍建设方面起到了积极的推动作用。同时，协会施工图审查分会在北京、烟台、昆明、成都等地举办多期建筑工程施工图设计文件技术审查要点培训班和岩土工程勘察技术审查要点培训班，1100多学员参加；建筑电气工程设计分会在北京、成都举办《医疗建筑电气设计规范》宣贯培训班，约200名学员参加了培训；市政工程设计分会在青岛组织2013版《地铁设计规范》宣贯工作；人民防空与地下空间分会在12个省市举办了22期人防工程监理培训班，约6600名学员参加；质量管理工作委员会也开展了贯标培训和岗位技能培训等系列活动。

【加强行业交流】 协会针对企业关心的热点问题，委托有关分会开展三个专题交流研讨活动：民营设计企业分会6月在上海举办了以"发展混合所有制经济"为主题的企业发展论坛，多位知名民营企业领导人就"转型·资本·跨界"等内容谈经论道；建筑设计分会8月在沈阳举办以"向现代服务业发展"为主题的行业发展与管理创新论坛，多名大型建筑设计企业负责人作了主题演讲。设计体制改革工作委员会6月与全联房地产商会新型城镇化产业发展分会等单位联合在哈尔滨举办以"为新型城镇化建设服务"为主题的"2014中国新型城镇化创新发展研讨会"，全国政协副主席、全国工商联主席王钦敏等领导出席会议，200多位国内外专家、企业家参会。此外，协会大多数分支机构也开展了主题多样、范围广泛的交流研讨活动和技术交流活动。建筑设计分会就评优、企业文化、市场收费、成本核算等议题分别在多地召开专题年会；市政工程设计分会举办"新形势下改制企业的思索与应对"和"创新、融合、分享"主题研讨会和城市轨道交通新技术交流会；工程智能设计分会先后举办"跨界融合与智慧分享"、"智慧城市与智能建筑"高峰论坛和"建筑智能化设计强制性条文要点解析"、"变风量系统设计及安装和调试应知要点"等主题讲座；信息化推进工作委员会举办第七届工程勘察设计企业CIO高峰论坛和使用国产CAD协同解决方案研讨会；传统建筑分会举办中华建筑文化传承创新与新型城镇化高峰论坛；建设项目管理和工程总承包分会举办第七届优秀工程项目管理和优秀工程总承包申报项目经验交流会；工程勘察与岩土分会举办"三体系"建设研讨会和工程勘察行业发展论坛；高等院校勘察设计分会先后举办结构设计、给排水设计、暖通专业学术研讨会；建筑电气工程设计分会先后召开全国建筑电气技术交流大会和第三届建筑电气与智能化节能技术发展论坛；建筑环境与设备分会召开变频技术发展报告会和暖通空调制冷技术系列交流活动。

【推进行业信息化建设】 为推进BIM技术应用，协会于4月17~20日与清华大学软件学院联合举办第二期"勘察设计企业主要领导BIM高级研修班"，讲解和交流BIM实际应用经验，增强企业制订BIM规划及实施能力，业内32名企业领导参加了培训。同时，协会分支机构也在此方面积极发挥作用。信息化推进工作委员会举办勘察设计企业利用信息技术实现设计与管理集成化应用专题研讨会，开展了行业软件测评，并组织编写《勘察设计企业信息化水平评价办法》；建筑设计分会召开"BIM与绿色建筑、信息化走进管理"主题年会；工程建设标准设计工作委员会召开信息化助力标准设计发展研讨会议；市政工程设计分会召开"2014年信息管理工作

年会"，围绕BIM标准、BIM软件、BIM需求、BIM应用、BIM推广等主题进行交流和研讨；工程勘察与岩土分会启动工程勘察单位信息化建设水平评价工作。

【加强行业宣传工作】 协会配合2013年开展的全国勘察设计行业创新型优秀企业、创优型企业和优秀企业家（院长）评选活动，组织编制《全国勘察设计行业创新型优秀企业、创优型企业、优秀企业家（院长）宣传画册》，扩大"三优"评选工作的影响力，提升行业社会地位。同时，协会于4月在西安召开全国勘察设计行业宣传工作会议，总结2013年度行业宣传工作，安排部署2014年行业宣传工作重点。此外，协会主办的《中国勘察设计》杂志紧紧围绕住房城乡建设部和协会中心工作，加强宣传策划力度，每期均选取当前国家及行业关注的热门话题组织专题报道，邀请政府主管部门及协会领导、业内专家和企业高层，就当期话题撰文，在行业宣传方面发挥了重要作用；《工程建设与设计》和《智能建筑和城市信息》杂志除不定期出版手机报外，还围绕行业中心工作和杂志专业内容，完成行业宣传任务以及技术性文献的编辑、出版工作。

【组织首届全国勘察设计行业羽毛球比赛】 10月29~30日，首届全国勘察设计行业羽毛球比赛在武汉举行，18个省市、部门代表队的200多名运动员参赛。比赛采取团体赛制，并单设企业领导干部组单打比赛，对丰富行业文化生活，促进行业各企业之间、职工之间的文化交流，提高职工的团队意识和集体荣誉感，促进行业活力起到了积极的作用。

【加强协会自身建设】 协会在顺利完成评估的基础上，于5月获得民政部社团评估的4A级证书。同时，协会进行换届工作的前期筹备，包括会员登记、章程修改、财务审计、工作总结等，并先后修订或制订《协会培训班管理办法》、《绩效考核办法》和《协会网站管理办法》等规章制度。协会分支机构的建设和管理工作继续得到加强，先后成立建筑电气工程设计分会、传统建筑分会和科技创新工作委员会，工程建设标准设计工作委员会、民营设计企业分会和人民防空与地下空间分会完成了换届工作，选举产生了新的领导机构。此外，分支机构组织建设和行业自律管理进一步加强。民营设计企业分会成立技术工作委员会和品牌工作委员会；工程智能设计分会成立智慧家庭（居住区）建设专业委员会；抗震防灾分会成立全国减隔震产品专业委员会；高等院校勘察设计分会成立结构专业委员会、给排水专业委员会和暖通专业委员会；建筑电气工程设

计分会成立华东、东北、中南等地区建筑电气设计学组。科技创新工作委员会编制《工程勘察设计行业科技创新发展报告》；工程勘察与岩土分会完成《全国工程勘察设计单位诚信评估办法》修订和《工程勘察与岩土工程行业从业人员职业道德准则》制定，并启动诚信单位复评和复审以及行业职业道德准则的宣贯工作。

（中国勘察设计协会）

中国建筑业协会

2014 年，中国建筑业协会（以下简称中建协）以党的十八大和十八届三中全会精神为指导，以科学发展为主题，以加快转变行业发展方式为主线，在住房城乡建设部的指导下，在广大会员的大力支持下，充分发挥自身优势，认真履行职能，积极开展工作，努力为企业、行业的改革发展提供高质量服务。

【召开理事会及会长会议】 11 月 28 日上午，中建协召开五届五次理事会暨五届六次常务理事会，会长郑一军出席会议并讲话，副会长徐义屏主持会议。会议审议通过了协会工作报告，审议通过了接收 227 家单位为新会员的议案。

11 月 28 日下午召开了中建协五届六次会长会议，郑一军主持会议。会议审议 2014～2015 年度第一批中国建设工程鲁班奖（国家优质工程）工程评选结果，研究讨论协会 2015 年工作安排。

【举办改革开放 35 年系列活动】 2014 年，中建协会同 13 家行业建设协会组织举办“改革开放 35 年百项经典暨精品工程”评选活动。经过严格公正的评选程序，评出 69 项经典工程和 31 项精品工程，并于 11 月在北京召开表彰大会，郑一军出席会议并讲话，徐义屏主持会议。大会同时表彰了全国建筑业先进企业、优秀企业家、优秀总工程师和 2014 年全国建筑业质量管理诚信企业。

【召开第 13 届中国国际工程项目管理峰会暨项目管理责任主体制度建设与优秀项目经理经验交流会】 10 月 12～13 日，第 13 届中国国际工程项目管理峰会暨项目管理责任制度建设与优秀项目经理经验交流会在杭州召开。住房城乡建设部副部长王宁、原建设部副部长、十届全国人大资源环境委员会主任毛如柏、十一届全国政协常委、中国工程院院士、中国铁道学会理事长孙永福出席会议并讲话，十二届全国政协常委、人口资源环境委员会副主任、国务院南水北调办公室原主任张基尧等领导出席会议。

为全面贯彻落实《工程质量治理两年行动方案》，此次会议重点围绕住房城乡建设部一系列重要文件精神，就进一步加强建筑工程责任制度建设，强化工程质量安全管理，深入推进项目经理责任制和推进建筑产业现代化展开深入探讨和交流。

【反映诉求与行业调研】 12 月 15 日，中建协会同中国电力建设企业协会等 11 家行业建设协（学）会及中国建筑工程总公司等 6 家中央企业负责人在北京召开专题座谈会，就建筑业营业税改征增值税的有关问题进行深入研讨。与会人员认为，由于建筑业的自身特点，目前建筑业增值税的抵扣链条不完整，进项税额不能抵扣或抵扣不足，如现阶段即实行 11% 的增值税率，建筑业企业税负将大幅增加；这将造成企业财务状况恶化，经营效益有可能大幅下滑，建筑业的转型升级将受到严重影响，并对就业和社会稳定带来不利因素。与会人员希望，有关部门就适用 11% 的税率造成的企业税负增长情况进行联合调研。会后，中建协等 12 家协（学）会和 6 家中央企业联名向国务院领导报送了反映建筑业营改增的有关问题报告，国务院领导作了重要批示。

2014 年，为了总结建筑施工行业“十二五”时期的突出成就和进步，分析“十三五”期间面临的形势和问题，配合住房城乡建设部做好《建筑业发展“十三五”规划》的编制工作，中建协开展了相关课题的研究，并于 11 月 24 日召开建筑业发展“十三五”规划座谈会。

2014 年，受住房城乡建设部委托，中建协完成《建筑业企业各类保证金研究》的调研与报告编写工作，起草《关于规范建筑工程各类保证金制度的意见》。向住房城乡建设部报送了对《推进建筑业改革发展的若干意见》《建筑业企业资质标准》《建筑工程违法发包、转包、违法分包及借用资质等违法行为查处办法》等文件征求意见稿的修改意见。参与了住房城乡建设部人事司组织的建筑工人技能培训

第七篇

体系专题调研，并起草了调研报告。

2014年，中建协召开了"建筑产业现代化"研讨座谈会，邀请建设领域的相关专家、学者就建筑产业现代化的深刻内涵、如何促进和实现建筑产业现代化等问题进行了深入研讨，并提出了建设性的意见和建议。为了解我国建筑业企业科技水平现状，评估国家级工法、建筑业10项新技术应用示范工程、绿色施工示范工程对建筑业科技进步的推动作用和实践价值，中建协组织开展了《"十一五"以来建筑业科技进步与管理创新研究》课题。同时，中建协组织副会长、常务理事单位和各地区、各行业建筑业（建设）协会围绕行业亟待解决的热点难点问题开展调研，将收到的有代表性的调研报告整理提炼后，呈报建设行政主管部门，提出政策建议，取得了良好效果。

2014年，中建协与联合国工业发展组织、商务部中国国际经济技术交流中心联合组织实施了"中国建筑业社会责任项目"有关工作。组织开展了北京、深圳、西安三地的企业社会责任调研，组织开展我国《建筑业企业社会责任初级读物》《建筑业企业社会责任实践案例汇编》《建筑业企业社会责任评价准则》及《建筑业企业社会责任评价指南》的编制工作。

2014年，中建协工程建设质量管理分会承担了住房城乡建设部《建筑工程项目质量管理标准化研究》的组织编制工作。中建协工程建设质量监督与检测分会同有关单位共同承担《建设工程质量检测机构诚信体系研究》课题任务。中建协建筑企业经营和劳务管理分会承担了《建筑施工劳务人员实名制管理研究》课题研究。中建协统计专业委员会承担了《新型城镇化背景下的建筑能耗总量控制策略研究》课题有关全国建筑面积存量数据的收集、整理、分析工作。

【促进工程质量安全水平提高】　2014年，为全面贯彻落实"工程质量治理两年行动"电视电话会议精神，推动治理行动在行业内扎实有效开展，9月18日，中建协在北京召开贯彻落实《工程质量治理两年行动方案》座谈会。与会代表一致表示，拥护住房城乡建设部开展的"工程质量治理两年行动"，并将认真贯彻落实行动方案及中建协发出的倡议，扎实开展工程质量治理活动，严格遵守法律法规，自觉接受行业主管部门的监督管理，共同营造良好的建筑市场秩序和行业发展环境。

受住房城乡建设部工程质量安全监管司委托，中建协完成了工程质量管理优秀企业资料收集及名单推荐工作。被推荐的企业在9月4日全国"工程质量治理两年行动"电视电话会议上受到表彰。中建协又向受表彰的20家建筑业企业授予了"2014年全国建筑业质量管理诚信企业"荣誉称号。

2014年，中建协修订印发《关于中国建设工程鲁班奖（国家优质工程）复查与评选工作的若干纪律》，对中建协"建协〔2007〕23号文"规定的鲁班奖评选纪律进行补充和完善，主要增加了参加评选工作的人员签订廉政承诺责任书的内容。编辑出版《创鲁班奖工程细部做法指导》一书，对工程细部节点的处理进行详细描述和归纳总结，对建筑业企业创建精品工程具有很好的指导作用和借鉴价值。4月，中建协启动了2014~2015年度第一批中国建设工程鲁班奖（国家优质工程）评选。8月25日在北京召开复查工作启动会。复查后组织召开评审会，评委经过审阅工程复查报告、观看工程录像、听取各复查组组长汇报等程序，本着"优中选优"的原则，以实名投票方式选出入选工程，最终96项工程入选。11月28日，中建协五届六次会长会议审定了评选结果。经公示后，正式确定了第一批入选工程。2014年共有19项工程申报中国建设工程鲁班奖（境外工程），经初审后，评审会确定17项工程入选。

2014年，中建协举办了工程建设施工企业质量管理规范培训班、全国建筑业企业创精品工程经验交流会等。同时，中建协积极参与技术标准规范的制订工作，完成《建筑施工脚手架安全技术统一标准》的制定工作。

2014年，中建协建筑工程技术专家委员会举办了专家学习观摩鲁班奖工程活动，20多名来自全国各地的业内专家赴西安、广州两地，交流学习创建鲁班奖工程的先进经验和典型做法。中建协工程建设质量管理分会在厦门市召开"2014年全国工程建设优秀QC小组活动成果交流会"，并举办了多期QC小组活动诊断师考评班。中建协建筑安全分会组织开展2014年"AAA级安全文明标准化工地"的评价工作。经推荐、初审、复查、会长会议审议等环节，共审核通过了494项工程为2014年"AAA级安全文明标准化工地"。

【科技推广交流】　2014年，为激励和引领建筑业企业和科技工作人员树立创新意识，提升企业的技术创新能力，进一步推进建筑业的科技进步和管理创新，中建协开展了中国建设工程施工技术创新成果奖评选工作。11月18~19日在北京召开首届中国建设工程施工技术创新成果奖评审会。经主、副审专家阅审和初步推荐，专业组讨论再推荐，评审委员会全体成员记名投票，主任委员会审议，73项通过了评审，其中：一等奖4项，二等奖20项，三等奖49项。

2014年，中建协配合住房城乡建设部完成2011～2012年度国家级工法评审工作。开展前三批全国建筑业绿色施工示范工程验收评审与联络、服务、数据收集等工作，启动第四批全国建筑业绿色施工示范工程申报工作。同时，中建协组织开展了形式多样的技术交流活动，包括举办国家级工法成果推广应用暨建设工程施工技术创新成果经验交流会、《工程建设工法管理办法》解读暨工法开发应用工作交流会、建筑业企业先进适用技术应用经验交流会、建筑信息模型（BIM）应用现场交流会等会议。中建协还与中国国际展览中心集团公司等单位共同举办第二届中国（北京）国际建筑工程新技术、新材料、新工艺及新装备博览会，取得了良好效果。

【行业诚信体系和企业品牌建设】 为配合住房城乡建设部"工程质量治理两年行动"，中建协在全国"工程质量治理两年行动"电视电话会议上向全国建筑业企业和广大从业人员发出了《保障工程质量禁止转包违法分包行为倡议书》，倡导企业依法诚信经营，规范市场行为，共同为营造良好的建筑市场秩序和行业发展环境而努力。

2014年，中建协完成2013年度AAA级信用企业评价收尾工作，举办2013年度全国建筑业AAA级信用企业发布会暨建筑业企业社会责任项目启动会。同时，对前几批AAA级信用企业进行动态管理和信用等级复审，促进企业增强诚信意识，谋求长期可持续发展。召开"全国建筑业企业履行社会责任行业协会联席会议"第二次会议，通报中国建筑业企业社会责任项目的进展和首次联席会议召开以来工作进展情况，并就2014年工作安排进行协商。组织开展了2013年度中国建筑业双百强企业评价工作，经各地区和有关行业建筑业（建设）协会推荐、初审、专家审查与公示，评出中建三局集团有限公司等100家企业为2013年度中国建筑业竞争力百强企业，中建三局第二建设工程有限责任公司等100家企业为2013年度中国建筑业成长性百强企业，并组织召开了发布会，编辑出版《2013年度中国建筑业双百强企业研究报告》。

2014年，经有关省建筑业行业协会推荐，中建协组织专家评审，授予浙江省温岭市、江西省广丰县、江苏省高邮市、山东省平邑县"中国建筑之乡"称号。截至2014年底，中建协共授予"中国建筑之乡"27家。

2014年，中建协机械管理与租赁分会继续开展评选"建筑机械租赁品牌"和"50强企业"，这项活动对加快建筑机械租赁企业诚信建设、提高租赁企业的管理水平和社会知名度起到积极作用。

【行业培训】 2014年，中建协继续稳步有序地在全行业内推进一级注册建造师继续教育，进一步规范各项工作，提高了教学质量。从2013年正式开展这项工作以来，建造师继续教育必修课、选修课培训共计144900人。2014年1～11月通过网络教育完成选修课培训达14600人。

2014年，中建协在南宁、西安、青岛等地先后举办了6期工程质量标准规范宣贯及质量常见问题防治专题培训班，在郑州、沈阳、举办了3期《建筑施工安全技术统一规范》和《建筑施工安全检查标准》宣贯培训班。还举办了《建筑工程施工质量验收统一标准》宣贯及建筑工程质量通病防治培训班、建筑业企业"营改增"与新版《建筑工程施工合同（示范文本）》业务研修班、全国建设工程优秀项目管理成果的编写申报研修班、全国建筑业企业优秀项目经理研修班、全国建筑业企业绿色建造现场观摩暨2013年度鲁班奖工程项目经理高级研修班、建筑企业职业经理人培训和认证班、建设工程项目负责人绿色施工达标培训班。

2014年，中建协与中国就业培训技术指导中心、中国海员建设工会全国委员会联合组织举办"中北华宇杯"第43届世界技能大赛选拔赛暨全国建设行业职业技能竞赛。来自全国各省、市和建设行业21支代表队的120名选手经过三天角逐，产生了10名参加第43届世界技能大赛瓷砖贴面和砌筑项目的集训选手以及20名全国建设行业职业技能竞赛获奖选手。

【建筑业统计与信息宣传】 2014年，中建协同住房城乡建设部计划财务与外事司完成《2013年建筑业发展统计分析》，对2013年建筑业发展状况进行了深入全面地分析。编辑出版了协会会刊《中国建筑业》12期。出版《中国建筑业年鉴（2013卷）》。编印《中国建筑业协会2013年年报》。做好协会网站管理工作，及时发布协会工作动态和行业重要资讯。举办"鸿翔杯"第四届全国建筑行业信息传媒工作竞赛，与建筑杂志社共同主办了全国建筑业改革征文活动。

加强与中央电视台、人民日报、经济日报、新华网、人民网、中国建设报、建筑时报等媒体的联系，积极开展对外宣传工作，及时宣传报道协会的重要工作和重大活动。

第七篇

【对外交流】 2014 年，中建协组成的境外工程检查代表团先后赴阿尔及利亚、坦桑尼亚和印度进行检查和调研。与中华营建管理协会共同主办第十一届海峡两岸营建业合作交流会，来自海峡两岸的参会代表以科技进步、管理创新和推进建筑产业现代化为题做了交流，就促进两岸建筑业企业在建筑产业现代化大背景下开展实质性合作的途径与方式进行了深入探讨，双方签署了《第十一届海峡两岸营建业合作交流会会议纪要》。组织代表团访问了香港建造业议会，并参加了香港建造业安全周活动，学习香港特区在职业教育、从业人员执业资格准入等方面的成功经验，并对今后双方进一步合作开展行业培训工作达成一致意见。受住房城乡建设部委托，协办了 2014 内地与香港建筑论坛，并安排专家以"项目管理创新"为题到会演讲。

【履行社会责任】 2014 年，中建协继续做好大别山片区建筑业扶贫工作，先后在武汉、郑州免费为大别山片区建设领域人员举办两期建筑劳务管理培训班。召开两次"麻城市创建劳务基地座谈会"，邀请专家针对基地建设问题提出咨询指导意见。协调湖北省建筑业协会组织该省有关人员参观山东省建筑劳务基地，学习发展建筑劳务经济和建设劳务基地的先进经验。协调中建三局、武汉建工集团和麻城市建设局、麻城市建筑业促进会、有关劳务企业召开劳务合作洽谈会，就扩大劳务规模进行了对接洽谈。在郑州市召开了由河南省 3 个被帮扶县建设局、省协会有关负责人参加的扶贫工作座谈会，对做好 2014 年三个县的建筑劳务输出、劳务基地创建工作进行了座谈。

在"六一"儿童节前，协会派代表到四川省广元市花园小学慰问全体师生，并将协会党员、职工的爱心捐款送到 10 名困难学生手中。

【协会建设】 2014 年，中建协通过组织集体学习、鼓励自学等方式，推动职工加强政治理论、政策法规、行业动态和业务知识的学习，切实提高了职工的理论素养和业务水平。召开了"党的群众路线教育实践活动总结会议"，集体学习了中央纪委三次全会、国务院第二次廉政工作会议精神。

按照住房城乡建设部有关文件要求，为加强对分支机构购置固定资产的监督管理，保障分支机构固定资产的安全使用，中建协印发了《关于加强协会分支机构固定资产管理的通知》，并对分支机构进行了专项财务审计。

【重要会议与活动】 1 月 15 日，中建协召开2013 年度秘书处工作总结会。副会长徐义屏、副会长兼秘书长吴涛出席并讲话。会议听取了秘书处各部门对 2013 年工作总结和 2014 年工作计划的汇报，并对 2013 年度优秀职工进行表彰。

1 月 16 日，中建协组织召开了第二次"全国建筑业企业履行社会责任行业协会联席会议"，中国铁道工程建设协会等 11 家行业建设协会参加会议。

2 月 20 日，中建协和中国建设报社在北京共同组织举办了"建筑产业现代化"研讨座谈会。

2 月 21 日，中建协在北京召开全国建筑业 AAA 级信用企业发布会暨联合国工业发展组织中国建筑业企业社会责任项目启动会。

3 月 4～6 日，中建协和中国国际展览中心集团举办的第二届中国（北京）国际建筑工程新技术、新材料、新工艺及新装备博览会在北京国家会议中心开幕。

3 月 18～19 日，中建协与辽宁省建筑业协会在沈阳联合举办《建筑施工安全技术统一规范》和《建筑施工安全检查标准》宣贯培训班。

3 月 27 日，中建协在北京召开《"十一五"以来建筑业科技进步与管理创新研究报告》编写工作启动会议，来自 28 个参编单位的近 40 位代表对该课题进行了研究和讨论。

4 月 1 日，中建协在北京召开大别山片区建筑业扶贫帮扶工作小组会议。

4 月 14 日，2013 年度全国建设（开发）单位和工程施工项目节能减排达标竞赛活动表彰大会在北京召开。

4 月 15 日，中建协中心学习组集体学习中央纪委三次全会、国务院第二次廉政工作会议精神。

4 月 23～25 日，中建协与广西建筑业联合会在南宁举办 2014 年首期工程质量标准规范宣贯及质量常见问题防治专题培训班。

4 月 27～28 日，由中建协在成都举办全国建筑业企业绿色建造现场观摩暨 2013 年度鲁班奖工程项目经理高级研修班。

4 月 28～29 日，中建协在江西省南昌市召开全国建筑业企业创精品工程经验交流会暨《创鲁班奖工程细部做法指导》一书首发式。

5 月 22 日，由北京市建筑业联合会主办的华北、东北八省、市、区建筑业协会（联合会）工作交流会在北京召开。中建协会长郑一军出席会议并讲话。

5 月 25～27 日，中建协代表团应邀赴港访问香港建造业议会，并与香港建造业议会就合作开展建筑业职业教育和从业人员培训等内容进行专题会谈。

5 月 27 日，中建协有关领导代表协会全体职工到四川省广元市花园小学慰问全体师生。

5月27～28日，中建协在佛山市举办全国建筑业企业优秀项目经理高级研修班暨珠三角城市 BT 项目工程总承包管理现场观摩会。

5月29～30日，中建协和陕西省建筑业协会在西安联合举办《建筑工程施工质量验收统一标准》宣贯及建筑工程质量通病防治培训班。

6月11日，中建协在上海市召开国家级工法成果推广应用暨建设工程施工技术创新成果经验交流会。

6月17～20日，中建协在青岛举办 2014 年第二期工程质量标准规范宣贯及质量常见问题防治专题培训班。

7月13～14日，中建协在内蒙古呼和浩特市举办第九届全国建设工程优秀项目管理成果现场发布会。

7月21～23日，由中建协、中国就业培训技术指导中心、中国海员建设工会全国委员会共同主办的 2014 年中国技能大赛——"中北华宇杯"第43届世界技能大赛瓷砖贴面和砌筑项目全国选拔赛暨全国建设行业职业技能竞赛在北京顺义举行。

7月30～8月1日，中建协在呼和浩特举办 2014 年第三期工程质量标准规范宣贯及质量常见问题防治专题培训班。

8月25日，中建协在北京召开 2014～2015 年度第一批中国建设工程鲁班奖（国家优质工程）复查工作启动会。

9月10日，中建协和中华营建管理协会共同主办的第十一届海峡两岸营建业合作交流会在贵阳召开。

9月10～11日，中建协在贵阳市召开 2013 年度中国建筑业双百强企业发布会，向双百强企业颁发牌证，同时发布《2013 年度中国建筑业双百强企业研究报告》。

9月18日，中建协在北京召开贯彻落实《工程质量治理两年行动方案》座谈会。

9月23～26日，中建协在昆明举办 2014 年第四期工程质量标准规范宣贯及质量常见问题防治专题培训班。

9月26日，由中建协主办的第四届（2014）全国建筑业企业管理创新大会暨建筑业企业管理创新高峰论坛在昆明市召开。

10月11日，中建协在西宁召开全国建筑行业信息传媒工作经验交流会，向"鸿翔杯"第四届全国建筑行业信息传媒工作竞赛的优胜者颁发牌证。

10月12～13日，第13届中国国际工程项目管理峰会暨项目管理责任制度建设与优秀项目经理经验交流会在杭州召开。

10月14～15日，中建协在北京举办首期《工程建设工法管理办法》解读暨工法开发应用工作交流会。

10月29～30日，中建协在陕西西安举办第二期《工程建设工法管理办法》解读暨工法开发应用工作交流会。

11月5～7日，中建协在厦门举办 2014 年第五期工程质量标准规范宣贯及质量常见问题防治专题培训班。

11月12～13日，中建协在广州召开第三期《工程建设工法管理办法》解读暨工法开发应用工作交流会。

11月18～19日，中建协在北京召开首届中国建设工程施工技术创新成果奖评审会。

11月24日，中建协在北京召开建筑业发展"十三五"规划座谈会。

11月28日，中建协在北京召开表彰大会，发布改革开放 35 年百项经典暨精品工程，表彰全国建筑业先进企业、优秀企业家、优秀总工程师和 2014 年全国建筑业质量管理诚信企业。

11月28日，中建协五届五次理事会暨五届六次常务理事会在北京召开。

11月28日，中建协五届六次会长会议在北京召开。会议审议了 2014～2015 年度第一批中国建设工程鲁班奖（国家优质工程）评选结果，研究讨论协会 2015 年工作安排。

11月29～30日，中建协副会长兼秘书长吴涛出席 2014 亚太项目管理大会并致辞。

12月2日，中建协在北京召开"中国建筑之乡"评审会。

12月3～5日，由中建协和中国建筑科学研究院主办的钢筋加工创新技术及 BIM 新技术交流与现场观摩会在重庆市召开。

12月10日，第六届全国优秀建造师、建造师继续教育培训先进单位和先进个人经验交流及表彰大会在厦门市召开。

12月15日，中建协会同中国电力建设企业协会等 11 家行业建设协（学）会及中国建筑工程总公司等 6 家中央企业负责人在北京召开专题座谈会，就建筑业营业税改征增值税的有关问题再次进行深入研讨。会后，中建协等 12 家协（学）会和 6 家中央企业联名向国务院领导同志报送了专题报告。

（中国建筑业协会）

第七篇

中国安装协会

概况

2014年，中国安装协会（以下简称"协会"）在住房城乡建设部的关心和指导下，在协会理事会的领导下，在全体会员单位的支持和配合下，围绕行业发展和改革创新这一主题，按照协会理事会提出的"大安装"概念，通过认识、学习、补充、完善，逐步形成了符合安装行业发展需要和自身服务定位的"大安装"工作思路，构建了为企业、行业和政府服务的业务体系和服务品牌，较好地完成了六届二次理事会确定的各项任务。

坚持民主办会，提升协会的向心力和生命力

2014年，协会通过召开会长会议、常务理事会议、理事会议、专家会议、秘书长会议、通联会议、分支机构会议、《安装》杂志编委会会议等，增强大家参事议事的意愿，反映会员的诉求，提升协会的向心力和生命力。

【会长会议、常务理事会议、理事会议召开】 1月，协会以通讯方式召开六届二次常务理事会议，对变更协会副会长和协会设立智能化与消防工程分会事宜征求常务理事意见。4月，协会在北京召开六届理事会第一次会长会议，对设立"中国安装协会科学技术进步奖专项基金"的提案进行讨论，就设立专项基金的目的、定位、管理办法等提出建议。在这次会议上，提出建立"会长议事会议制度"，主要任务是：听取协会秘书处工作汇报；审议协会秘书处提出的工作方案；研究协会工作和发展方向；决定协会运作的重大事项等。4月，协会在北京召开六届二次理事会（扩大）会议，审议通过《协会工作报告》及关于增选协会理事、常务理事、关于设立"中国安装协会科学技术进步奖专项基金"等提案。

【安装行业高层论坛】 4月召开理事会期间，协会举办了主题为"应对市场挑战，加快转型升级，谋求可持续发展"的行业高层论坛，就安装行业可持续发展积极建言，介绍经验。论坛上，上海市安装工程集团有限公司、福建省工业设备安装有限公司、中交一航局安装工程有限公司和无锡市工业设备安装有限公司围绕主题畅谈了企业转型升级，加速发展的做法和经验。论坛编纂了《2014中国安装行业高层论坛论文集》，收录48篇与论坛主题相关的优秀论文。

【协会秘书长、联络员、通讯员联席会议】 8月，协会在太原召开协会秘书长、联络员、通讯员联席会议，会议总结了协会2014年上半年的工作，分析了协会面临的形势和机遇，代表们交流工作体会，提出许多好的意见与建议。会议对在2013～2014年度认真履行职责，支持协会工作，做出突出贡献的20位优秀协会工作者，56位优秀协会联络员和39位优秀协会通讯员进行了表彰。

【协会分支机构工作会议】 11月，协会在北京召开分支机构工作会议，会议根据党的十八大、十八届三中、四中全会精神，以及国家下放对社团组织分支机构审批管理、强化社团法人责任的政策调整要求，针对协会现有12个分支机构的实际情况，就加强和改进分支机构工作进行了充分的讨论。会议听取了会长王治安题为"新形势、新思维、新发展—推动中国安装协会分支机构的改革与发展"的讲话，并对协会秘书处提出的"加强和改进协会分支机构管理工作的建议""协会分支机构管理办法"提出了修改意见和建议。会后，协会召开会长秘书长办公会议，根据分支机构工作会议精神，对下一步分支机构调整提出了意见。

推动行业科技进步和管理水平提高

2014年协会科技工作以开展科技进步奖的评选活动为抓手，创新服务机制、整合行业资源，努力发挥科技对提升行业发展的支撑和引领作用。

【协会科技进步奖颁奖大会召开】 4月，协会在北京召开中国安装协会科技进步奖颁奖大会，向荣获2012～2013年度中国安装协会科学技术进步奖特等奖（2项）、一等奖（4项）、二等奖（13项）、三等奖（54项）总计73个获奖项目和487人次颁发奖牌和荣誉证书，并向获得特等奖、一等奖和二等奖的单位

和个人颁发奖金。

【"中国安装协会科学技术进步奖专项基金"设立】 为推动中国安装协会科技进步奖活动的持续开展，更加有力地激励广大安装企业和科技工作者开展技术创新，保证对获奖项目的奖励和协会宣传工作，协会六届二次理事会议审议通过了设立"中国安装协会科学技术进步奖专项基金"的提案。会后协会成立基金管理委员会，制定管理办法，确保基金规范、有效地使用。

【中国安装协会专家工作会议召开】 7月，协会在江苏溧阳召开专家工作会议，总结近几年协会专家工作情况，研究如何更好地发挥专家作用，加强专家队伍建设，推动安装行业的科技进步。会议讨论通过《中国安装协会专家库管理办法》，向专家颁发《专家聘书》，落实各专业组的专家名单，明确专家分工，确定各专业组组长及副组长。会议提出，在中国安装协会科技进步奖中增设"具有推广应用价值的实用技术项目"。

【发挥专家作用，为协会工作提供支持和保障】 专家是协会工作的一支重要力量，协会专家库的建立，为协会服务会员提供了组织和人才保证。通过协会服务会员的一系列活动，如工程检查、技术方案论证、技术鉴定、课题调研、科技攻关、成果鉴定、稿件审查、规范标准编制等咨询服务活动，专家在协会工作中发挥着越来越重要的作用，推动了行业技术进步，活跃了行业的文化氛围，增强了协会的工作能力。协会制定了专家管理办法和激励办法，为专家搭建舞台，为专家创造条件，提高专家履职意识和技术创新能力，为专家寻求发挥聪明才智的机会。

【开展 2014～2015 年度中国安装协会科学技术进步奖评选活动】 根据《中国安装协会科学技术进步奖评选办法》，12月，协会启动"2014～2015年度中国安装协会科学技术进步奖"的评选活动。这次的评选活动按"基础研究类项目、技术开发与应用类项目、管理类项目"三个类别进行申报。根据7月22日召开的中国安装协会专家工作会议精神，为促进科技成果的推广应用，在"技术开发与应用类项目"中增加"实用技术推广项目"的单独评选。

加强企业交流，促进技术创新和管理创新

随着我国工业化、信息化、城镇化、市场化、国际化的深入发展，为安装行业带来更多的机遇。同时，安装行业也面临高、大、难、新工程增加，各类业主对设计、建造水平和服务品质的要求不断提高，节能减排外部约束加大，企业需要复合型、技能型人才。2014年，围绕行业科技创新和管理创新，协会精心策划，认真准备，为会员单位举办了一个又一个高质量的活动。

【举办 BIM 技术应用经验交流会】 4月，协会在天津举办BIM技术应用经验交流会，围绕BIM在机电安装工程项目中的应用经验、机电安装施工企业BIM实施标准指南、BIM软件及项目管理软件如何解决机电安装应用需求等议题展开交流研讨，会议组织代表到天津117项目机电安装现场观摩与交流。

【举办大型设备安装吊装技术交流会与观摩活动】 7月，协会专家工作会期间，协会机械设备与起重分会在溧阳举办大型设备安装吊装技术交流会与观摩活动，组织代表赴位于长江边的宏华海洋油气装备有限公司启东海工基地的MDGH2200OT通用门式起重机项目施工现场进行了观摩。会议编辑印发了《大型设备安装技术交流资料汇编》，重点推荐了7个典型的工程项目在交流会上进行介绍。

【举办超高层建筑机电安装工程项目管理与施工技术交流研讨会】 10月份，协会在上海举办超高层建筑机电安装工程项目管理与施工技术交流研讨会，帮助企业学习、了解超高层建筑机电安装工程项目管理方法、施工技术。上海市安装工程集团有限公司就上海中心机电安装项目施工组织管理、设备吊装方案、垂直电缆吊装敷设、机电安装系统特点难点及施工要点等向代表进行了介绍。中建三局总承包公司、中建安装工程有限公司、中建七局安装工程有限公司、南通市中南建工设备安装有限公司、广州市机电安装有限公司等单位结合本单位承建的超高层建筑机电安装项目进行了经验介绍。会议组织代表观摩了上海中心机电安装项目现场，针对超高层机电安装工程设备房设备、管线综合布置、安装等重点进行了学习与交流。

【举办安装行业通风空调技术讲座与交流】 9月，通风空调分会召开年会，并举办专业技术讲座和工艺、技术交流活动，对PM2.5处理技术设备在办公楼空调系统中的应用、大空间螺旋风管的施工等技术进行了交流，对某净化厂房地板开孔率的气流组织进行了模拟及分析。会议汇编《通风与空调工程技术文选（2014）》，收编相关论文34篇，评选出一等奖2篇，二等奖5篇，三等奖10篇。会议发布了《通风与空调工程施工技术实例》一书。会议对分会主编、中国建筑工业出版社出版的《通风与空调工程施工技术实例》一书进行了介绍。

【安装焊接关键技术论坛举办】 10月，焊接专业委员会举办"能源装备及钢结构预制和安装焊接关键技术"论坛，会议邀请中特检阿斯米技术检验(北京)有限公司、哈尔滨工业大学、北京石油化工学院、中国石油管道局科技中心、海洋石油工程股份有限公司、中建三局钢结构分公司等单位的知名专家教授做专题报告。介绍管道自动焊应用技术现状、超高层钢结构施工焊接技术及自动焊技术在石油化工管道施工中的应用。会议对荣获"焊接创新之星"的焊接技术人员和焊接技术工人进行了表彰。

中国安装工程优质奖(中国安装之星)评选

2014年，协会通过多种渠道宣传创优意识，激发会员单位创优积极性，营造创优氛围，通过奖项申报前的培训指导，评比过程中的复查、评审，评审后的宣传、表彰、编辑画册等，努力塑造和培育这个品牌，并奠定了创优工作的思想基础。

【创精品机电工程研讨会举办】 为做好2013～2014年度中国安装工程优质奖(中国安装之星)评选工作，5月，协会在苏州举办"创精品机电工程研讨会"。会议解读了《中国安装工程优质奖(中国安装之星)评选办法》，围绕树立精品工程意识、加强工程检查要点与常见质量问题防治进行深入研讨。行业专家就防治质量通病，创优经验体会等进行分享和交流。会议组织代表观摩了苏州市金鸡湖大酒店综合机电安装工程。

【中国安装工程优质奖(中国安装之星)评选】 2014年，开展了"2013～2014年度中国安装工程优质奖(中国安装之星)"第二批评选活动，此次评选活动共收到推荐项目142项，涉及电力、交通、水利、冶炼、石油化工、市政公用、钢结构、公共工程等8大工程类别。经过初审，118个项目进入工程复查。为了更好地规范工程复查工作，在工程复查阶段，协会为复查组专家编辑了《工程复查指导手册》，并对复查专家及联络员进行集中培训。为严肃复查工作，协会制定《工程复查工作纪律》，并要求受检单位填写《工程现场复查工作情况反馈表》，接受受检单位的监督。按照评选办法，协会组成由业内专家、权威组成的评审委员会，对通过复查的工程进行评审，最终评委以无记名投票方式确定了110个项目获"2013～2014年度中国安装工程优质奖(中国安装之星)"(第二批)。

行业调查研究

调查研究是协会的一项重要基础工作。2014年，协会除了继续开展企业经济基本情况调查外，主要结合协会发展、行业发展和企业关注的热点问题开展调研。

【2012～2013年度机电安装企业经济基本情况调查】 机电安装企业生产经营情况调查工作的开展，为政府和协会了解机电安装企业的生产经营情况，制定有关政策提供了参考依据。为进一步做好此项工作，2014年协会继续采用网上填报的方式开展这项工作，81家企业参与了调查。

【开展机电安装工业化有关情况调研】 11月，协会组成调研组到无锡市工业设备安装公司，就公司实施机电安装工业化生产、机械化施工、信息化管理的方法及成效进行调研，并就其实施的"机电管家"项目(运用物联网对机电工程运行监控管理系统的整体方案)进行深入的探讨。调研组对无锡安装公司对机电安装行业未来发展的思考和理念表示认同，对公司在机电安装工业化发展道路上取得的成绩给予了肯定。公司实施的"机电管家"在安装行业具有领先地位，对安装行业的发展将会产生一定的影响。调研结束后，协会组织了行业专家和企业共同研究探讨，总结推广经验，并向住房城乡建设部汇报了情况，争取得到进一步的支持。

【建造师继续教育大纲及教材修订工作调研】 7月，根据住房城乡建设部要求，协会对机电工程专业一级注册建造师继续教育大纲及教材修订工作展开调研。根据住房城乡建设部提出的调研内容，协会通过座谈会、问卷、网络平台、QQ群等方式，面向具备一级建造师资格的企业领导、总工程师、项目经理及相关技术、质量管理人员开展了调研。协会认真听取并综合分析来自各方面的意见，提出协会的意见，撰写成调研报告上交住房城乡建设部。

【开展协会分支机构发展情况调研】 2月，民政部印发《民政部关于贯彻落实国务院取消全国性社会团体分支机构、代表机构登记行政审批项目的决定有关问题的通知》，根据文件精神，协会分别与12个分支机构交换了意见，对每个分支机构的发展前景进行了分析。会长王治安率队到运行维护分会、焊接专业委员会、电气专业委员会进行调研，与分会领导和依托单位中国建筑科学研究院、中国核工业二三建设有限公司和浙江省工业设备安装集团有限公司的领导进行座谈，交换意见、总结经验、分析问题，提出改进措施，并对下一步分支机构的调整提出建议。

加强与政府及相关协会的联系，增强协会发展动力

2014年，协会继续以机电工程专业一级注册建

造师继续教育工作为重点，认真完成政府主管部门交办或委托的各项工作，发挥纽带作用，当好政府助手，增强协会服务行业的能力。

【做好机电工程专业一级注册建造师继续教育工作】 至2014年，全国有26所机电工程专业一级建造师继续教育培训学校开展继续教育培训，共汇总上报培训班276批次，近45000人接受继续教育培训，其中43104人取得机电专业一级建造师继续教育证书。机电工程专业一级注册建造师继续教育网络培训于2014年2月开始试点工作，已培训全国范围内的一级建造师近20000人，其中考试合格人数1707人。该项工作得到吉林省、广东省、甘肃省等三个试点地区的大力支持。各地方协会和培训单位也都为学员提供了线下报名和缴费服务，学员信息得到了很好的衔接和合并。

【中安协职业技能培训学校成立】 为适应我国安装行业快速发展的需要，加强安装行业从业人员职业技能培训，并扩展协会工作范围，10月，协会向北京市丰台区人力资源和社会保障局提交报告，申请成立"中安协职业技能培训学校"，同时积极组建班子、落实教学场地、购置教学设备。经专家及政府主管部门评审，12月8日，经丰台区主管部门审核批准，向协会颁发了《民办学校办学许可证》。

【做好新资质标准的修订和咨询工作】 经过大家的共同努力，机电安装工程施工总承包资质在2013年被保留下来。随后，协会接受住房城乡建设部部署的资质标准修订工作。修订期间，协会多次参加住房城乡建设部召开的建筑业企业资质标准修订通报会，听取住房城乡建设部建筑业企业资质标准修订有关情况的介绍，并多次召开会议听取业内专家意见，反复与住房城乡建设部沟通，提出对资质标准的修订意见。新资质标准颁布后，协会向会员单位发出征求意见函，收集会员单位在学习新资质标准过程中存在的疑惑和问题，并及时给予解答。

【修编工程建设标准规范】 随着政府职能转变和行业结构调整，行业标准的发展进入快速发展轨道。行业标准的完善，不仅仅是行业自身发展的需要，更是行业与国际接轨步伐提速的必然。2014年协会开始为推广和完善行业标准而努力，积极关注住房城乡建设部标准新编和修订工作，通过协会与北京市设备安装工程集团有限公司等企业的共同努力，《通风管道技术规程》列入住房城乡建设部2014年工程建设标准规范制订修订计划。3月，修编工作正式启动。11月，协会在浙江召开修编初稿审核讨论会，对规程初稿编制完成情况、编制组审查意见、

试验验证过程、试验状况及结果进行了通报。预计2015年5月份可形成报批稿。

【编制《机电工程设备、材料BIM构件库技术标准》】 2014年，为推进BIM等信息技术在工程设计、施工和运行维护全过程的应用，协会标准工作委员会组织编制了《机电工程设备、材料BIM构件库技术标准》。此标准的编制填补了国内机电工程领域BIM技术标准的空白，对行业内BIM技术的应用提供指导。此标准是中国安装协会第一个协会标准，为今后开展协会标准编制工作做出了有益的探索。

【贯彻落实住房城乡建设部《工程质量治理两年行动方案》】 住房城乡建设部全国工程质量治理两年行动电视电话会议后，协会秘书处立即组织贯彻落实行动，及时召开专题会议，学习有关文件，深刻认识行动的重要性及深刻意义，研究部署宣传、贯彻、落实质量治理行动相关工作和措施。10月31日，协会在上海召开贯彻落实《工程质量治理两年行动方案》大会，住房城乡建设部建筑市场监管司副司长张毅出席会议并就做好质量治理行动，特别是严厉打击转包挂靠等违法行为工作做了指示。会上，中建安装工程有限公司、上海市安装工程集团有限公司、北京市设备安装工程集团有限公司等三家企业介绍了在贯彻落实质量治理行动中的思路和举措。会议向全国安装行业发出《行动起来，加强行业自律，提升工程质量水平倡议书》。

【参与《建筑业发展"十三五"规划》编制工作】 11月，住房城乡建设部召开《建筑业发展"十三五"规划》编制工作启动会议，印发《建筑业发展"十三五"规划编制工作方案》，其中，中国安装协会负责规划中的安装行业部分。协会高度重视这项工作，按照规划编制工作方案要求，积极组织力量认真编写规划，按时向住房城乡建设部递交了协会编写的《安装行业"十三五"时期主要任务》。在这部分规划中，协会立足当前，着眼长远，总结了"十二五"时期安装行业取得的突出成就和进步，分析了"十三五"时期面临的形势和存在的问题，明确了安装行业发展定位，提出安装行业"十三五"时期发展的思路、目标、重点、措施、拟解决的重大问题及相关政策建议。

【加强与地方协会(分会)的联系】 2014年，协会进一步加强与地方协会(分会)之间的合作力度，共同推动安装行业发展。协会的一些工作也都及时征求地方协会(分会)的意见。协会领导先后赴北京市安装分会、上海市安装行业协会、江苏省安装行业协会、大连市安装行业协会进行调研，就中国安

第七篇

装工程优质奖(中国安装之星)的评选、机电专业一级注册建造师的继续教育工作、推荐行业专家等相关事宜进行交流，有效地扩大了协会活动范围和内容，为广大会员提供了更广泛的服务。

加强协会自身建设，努力提升服务能力

加强协会自身建设，提升协会服务能力，是为会员服务的基础，也是承担政府职能转移工作的基础。

【努力提升三种能力】　提升自身建设能力，建立健全权责明确、运转协调、制衡有效的工作机制，不断提升协会的自我管理、自我运作和自我发展能力。提升服务会员能力，突出做好为会员的服务，不断丰富服务会员内容，创新服务方式，为会员交流合作搭建平台，真正把协会办成会员之家。提升创新发展能力，不断增强创新发展的紧迫感和使命感，凝聚行业力量，创新工作思路，打造品牌项目，提升专业管理水平，引领企业开拓市场。协会认真听取会员单位的意见和建议，不断改进工作方法，注意总结提高，努力培养一支了解国情、熟悉行业、洞悉市场、有国际视野、服务意识强、努力勤奋、热心于协会工作的人才队伍，促进协会可持续发展。

【协会被民政部评为国家4A级社会组织】　5月，中国安装协会被民政部评为国家4A级社会组织。这是协会30年发展道路上的一个重要里程碑，是民政部对中国安装协会的高度肯定，有效地提升了协会的公信力，给协会注入了新的活力，成为协会历史的转折点、更好发展的新起点。这次评估对协会的体系建设和基础管理工作起到了极好的促进作用，协会修订完善了各项管理制度，并按照5A级社团标准，制定未来五年发展规划，为未来五年协会的发展描绘蓝图。

【做好会员服务和会员管理工作】　在会员服务上，主要是以企业需求为导向，建立会员服务需求征集机制，通过协会召开的各种会议、问卷调查、企业调研等方式征集会员服务需求。协会建立了QQ群、微信订阅号、腾讯微博等，尽可能采用现代化、信息化的社交媒体平台加强与会员单位的沟通联系，促进协会与会员单位之间的感情。

在会员管理上，主要是建立了会员管理信息化系统，健全会员单位、联络员、通讯员信息库，确保协会与会员单位之间信息沟通渠道畅通、信息传达准确，并逐步实现信息查询、填报与反馈等功能的网上办理。

【注重会员发展和队伍建设】　会员是协会的基础，是协会开展好工作的保证。协会发展会员一直坚持既追求数量，更注重质量，在保证质量的前提下扩大数量。协会发展会员，主要是通过协会开展的各项活动，使相关企业了解安装协会，愿意参加安装协会的活动。

加强行业宣传，提高信息服务质量和效率

2014年，协会以积极、开放的心态，加强对行业的宣传，进一步营造全社会了解、支持安装行业发展的良好氛围。协会把网站、刊物作为宣传行业、服务会员的重要工具，努力办好刊物和网站。同时，发挥行业主流媒体作用，对行业和协会进行宣传。

【协会网站改版上线】　6月，协会网站改版后正式上线。改版后的网站统筹考虑了会员管理、行业动态、科技信息、政策法规、评先创优、教育培训、标准规范、专家咨询、专题活动等信息服务需求。实现评先创优、教育培训、调查统计、数据库等信息的在线查询、填报，以及网上申报奖项等功能。为提高协会影响力，加强了与相关协会之间的信息交流与资源整合，为企业提供更多的信息服务。

【办好《协会简讯》】　秘书处十分注重《协会简讯》的快捷性与时效性。因此，积极认真地编好每一期《协会简讯》，及时准确地将协会工作情况通报给协会正、副会长，省、市安装协会(分会)、有关行业建设，协会(会员单位)地区联络组，协会分支机构和政府主管部门。全年共编辑《协会简讯》12期，其中一些内容被住房城乡建设部选用。

【《安装》杂志社工作】　2014年，《安装》杂志社围绕《安装》杂志的定位，坚持办刊宗旨，制定调改措施，加大为行业、为企业服务力度。确立了紧跟安装行业发展形势、提供行业科技动态信息、报道前沿科学技术、提高期刊的质量和影响力的办刊思路，并为此制定和实施了一系列的调整改进措施。1月份完成了杂志改版工作，改版后的《安装》杂志外观美观大方，选取的纸张、印刷质量都较以前有了较大幅度的提高。采取了专家审稿制度，使稿件质量提高。积极宣传《安装》杂志，使杂志发行量上升。11月份召开《安装》杂志第三届编委会会议，总结了近几年来《安装》杂志社的工作、审议通过《安装》杂志编委会章程，产生了第三届编委会。

【加强新闻宣传工作】　2014年，协会将对外宣传工作作为一项经常性的工作来抓，注重发挥《中国建设报》等行业主流媒体作用，精心组织、统筹规划，围绕行业动态和协会工作展开宣传报道，为

第七篇

安装行业发声。一年来，《中国建设报》等媒体多次刊载协会分析行业现状，探索行业发展趋势，安装企业生产经营走势，宣传行业深化改革、企业先进经验和协会动态等文章，扩大了安装行业在中央媒体的话语权，增加了协会的知名度，在行业内产生了积极的影响，进一步扩大了安装协会和安装行业的影响力。

（中国安装协会　撰稿人：顾心建）

中国建筑金属结构协会

【协会发文】　1月24日，中国建筑金属结构协会（以下简称"协会"）向住房城乡建设部建筑市场监管司报送《钢结构专业承包资质标准》修订工作的调研报告与建议。

2月17日，协会向住房城乡建设部建筑市场监管司报送《钢结构企业申报施工总承包资质试点工作》的报告。

3月21日，协会授予南京禄口国际机场二期工程、望京SOHO中心T3等116项钢结构工程为"中国钢结构金奖"。

3月31日，协会授予中建钢构有限公司等52家企业为建筑钢结构行业推荐品牌（信誉AAA企业）。

4月8日，协会授予王宏、单银木等29位同志为2013年"全国钢结构行业优秀企业家"称号。

4月8日，协会授予森特士兴集团股份有限公司等10家单位为"2013年度建筑金属屋（墙）面十强企业"。

4月10日，协会将关于《现场操作类职业分类架构》建筑门窗幕墙工职业的意见报部人力资源开发中心。

4月14日协会发出核准上海钢之杰钢结构建筑系统有限公司等4家企业工程设计与施工资格的决定。

5月21日，中国建筑金属结构协会、澳门金属结构协会、香港建筑金属结构协会签署"金属建筑工程行业高等管理人才的持续性深造培训组织倡议书"。

6月3日，协会向住房城乡建设部标准定额司报送编制《钢结构住宅技术规程》必要性的报告。

6月23日，协会发文成立中国建筑金属结构协会"自动门电动门分会"的决定。

12月1日，协会发出关于成立中国建筑金属结构协会"建筑遮阳分会"的决定。

12月24日，协会上报由清华大学、中冶建筑研究总院有限公司、同济大学等单位完成的"既有建筑钢结构检测评定和加固改造关键技术与工程应用"的评价意见。

【工作会议】　1月18日，协会工作会议在中工大厦举行。协会会长姚兵、秘书长刘哲、前会长杜宗翰以及协会各部门全体职工80人出席了会议。秘书长刘哲主持并做工作报告。协会各部门主要负责人也分别汇报了本部门2013年工作和2014年工作计划。姚兵会长作了题为《壮大协会的十项展望》的重要讲话。

6月11日，塑料门窗委员会工作会议在成都召开。参会代表53人，刘哲秘书长出席。会议增补了副主任委员3名；介绍了企业编写塑料门窗安装培训提纲、安装项目经理培训提纲；会上确定塑料门窗委员会成立20周年庆典活动在西安举办等工作。梁岳峰主任作为特邀嘉宾介绍并解释有关门窗企业资格认定工作标准、细则和申报工作。

6月25～26日，建筑配套件委员会工作会议在济南召开。会议围绕"中小微企业健康发展的路径"为主题。来自行业的各大企业代表，专家，领导近90人参加了会议。会议以经验交流与座谈讨论的方式进行。会议公布专家组名单23人和第六批建筑门窗配套件定点企业名单14家。会后参观了山东国强五金科技有限公司。

【行业年会】　4月18"全国建筑钢结构行业年会"在武汉召开。参会代表900余人。

11月26～27日，"2014全国采暖散热器行业年会"在武汉召开。参会代表220余人。姚兵到会作了"创新驱动与转型升级"的重要讲话。会议宣布，委员会副主任调下5人，更换3人，增补2人；调下常务委员17人，增补16人。交流发言13人次，发表论文40篇，同期举办了小型附配套件展示活动，有20家企业参展。

【促科技进步】　2013年4月采暖散热器委员会

组织行业专家在京启动《中国采暖散热器行业节能减排评价体系》的编制工作，该体系于2014年9月编制完成。

1月10日，自动门电动门骨干企业座谈会在京召开，有26家企业领导参加会议，与会代表提出协会工作的意见9类25条。

3月8日第四届建筑门窗配套件行业科技创新优秀论文颁奖大会在广东三水召开。参会代表近千人。会议颁出1等奖3名、2等奖4名、入围论文7篇，获奖论文既包括原材料创新，也包括门窗锁点的科学布置、五金结构材料的科学选用等多方内容。会议同期举办了第四届品牌经济论坛。

3月在北京、青岛组织召开钢结构行业现代人才发展研讨会，行业专家、企业家、教育学者等300余人参加，会上形成了符合行业实际的人才培育计划，人才培养途径等。

采暖散热器委员会联合唐山市芦台经济开发区，4月在芦台地区开展了示范企业推优评选活动，唐山大通金属制品有限公司等11家企业获得"2014年度优秀骨干企业"。

5月26日"门博会"开幕当日召开了永康门都发展论坛，参会代表68人，姚会长到会发表了"强化产业群力，绘制门都远景"的讲话。

6月20日采暖散热器委员会在京召开"钢制板型散热器市场拓展专题研讨会"，骨干企业26人参加了研讨。

7月28～30日在云南昆明举办"首届中国供暖暨舒适家居财富论坛"，来自全国20多个省份，约400名企业家出席会议。会上有22名专家在多个环节交流发言。

8月22日采暖散热器委员会在天津召开"钢制板型散热器市场拓展及企业管理座谈会"，骨干企业40人参加了座谈。

9月24日，协会和广东省房地产行业协会在深圳举办了"转型发展高峰论坛"。参会代表350人。论坛由秘书长刘哲主持。会长姚兵以"建筑门窗节能系统与配套件论坛的三大课题"为题进行了主题演讲。著名财经评论员石齐平为在座来宾进行了产业解析与点评。有2位专家做了专题发言。著名媒体人、资深评论家曹景行主持了"锵锵六人行"对话环节将整个论坛推向了高潮。会议发表论文9篇。

10月22日自动门电动门分会在淄博召开了授牌会议。授予山东淄博锐泽自动门有限公司为"全国旋转门门体加工工艺推广基地"，全国自动门企业、检测机构等代表120余人参加了会议，这也开启了自动门行业新的经营模式。

10月24日"中国建筑遮阳产品交易基地"在浙江绍兴遮阳城召开。参会代表320人。姚兵出席并授牌。同时举办了入驻企业交易现场会，有近200家企业当场签约，为建筑遮阳企业与国内外客户交易提供了便利平台。

11月6日下午，"首届中国建筑门窗幕墙企业信息化发展论坛"在中国国际幕墙博览会现场举办。150家企业参加了会议。

11月11日，光电建筑构件应用委员会组织行业专家，依据《中国建筑金属结构协会行业科技成果评估管理暂行办法》，对杭州桑尼能源科技有限公司自主研发的"光伏建筑一体化屋顶发电系统"科技成果进行评估，并颁发了《中国建筑金属结构协会行业科技成果评估证书》。

模板脚手架委员会组织力量完成《新型建筑工业化对模架行业的影响及对策》课题研究，并形成课题报告；与10家地方协会联合完成了《政府职能转换与协会工作转型》课题研究，并形成课题报告。

模板脚手架委员会组织编制模板脚手架工程施工现场管理人员岗位培训教材，共41册，其中建设工程类（20册）、模板脚手架工程类（21册）；组织编写了模板脚手架工程施工手册系列丛书，已完成首批10册审定，其他15本将分期分批陆续审定。

12月27日在杭州召开光电建筑"十三五"发展规划编制工作会，骨干企业等15人参加了会议。

【对团风县技术扶贫工作】 4月18日，邀请团风县主管领导和部门及钢构企业出席了"湖北·武汉"全国建筑钢结构行业大会，并在同期举办的钢结构及配套产品展会上，提供免费展位，寻求合作。

6月6日牵头组织了中建钢构·团风钢构产业对接交流会。会后组织团风县8家钢结构企业领导、技术负责人到中建钢构（华中大区）进行观摩，参观了中建钢构（华中大区）陈列馆、制造厂，开阔了视野，找准了发展标杆和发展定位。

9月28日促成中建钢构有限公司（华中大区）与团风县人民政府共同签订战略合作协议，一起建设湖北钢结构住宅产业基地；同时举办了专题讲座和技术交流。

【标准编制修订工作】 钢木门窗委员会主编、参编、协编或代管标准：批准发布的有《平开户门》、《车辆出入口栏杆机》、《电动推拉、围墙大门》、《集成材木门窗》、《平移门伸缩门开门机》；正在编制的有《钢门窗》已通过专家审查、《车库门电动开门机》进入征求意见阶段、《彩钢门窗型材》更名为《钢门窗型材》、《人行自动门通用技术条件》已通过专家审查。

铝门窗幕墙委员会主编标准：修订《建筑铝合金型材用聚酰胺隔热条》已完成报批；《建筑幕墙抗震性能振动台试验方法》完成送审。

塑料门窗委员会主编的《塑料门窗设计及组装技术规程》完成报批；《建筑塑料门窗型材用未增塑聚氯乙烯共混料》9月29日发布，自2015年5月1日起实施；《塑料门窗及型材功能结构尺寸》11月28日在京召开审查会。

采暖散热器委员会参与制订和修编的标准有《散热器选用与管道安装》国家建筑标准设计图集、《铜铝复合柱翼型散热器》、《铜管对流散热器》、国家标准《钢铝复合散热器》、《钢制采暖散热器配件通用技术条件》已经报批。新申请编制有《钢制板型散热器》、《钢管散热器》、《铝制柱翼型散热器》。

建筑钢结构分会新申请启动制订、修订标准：《夹芯板应用技术规程》、《建筑装饰用不锈钢焊接管材产品标准》。参与《绿色建筑评价标准》修订工作，该标准增加了钢结构工程的评价内容，并于2015年1月1日实施。参编的《工业化建筑评价标准》于2014年12月通过部标定司组织的专家验收，该标准首次把钢结构建筑体系和混凝土结构建筑体系同等并列。主持《轻型钢结构工程设计专项资质标准》的修订工作，修订时注重发挥市场机制，对注册人员配备不合理和业绩要求范围都做了调整。参与《钢结构专业资质标准》的修订工作。起草了《关于保留钢结构专业承包资质建议》、《关于钢结构工程专业承包企业资质等级标准指标设置的建议》、《新的"钢结构专业承包资质标准"调研报告与建议》等，上报给相关主管部门。

建筑门窗配套件委员会主编的《建筑门窗配套件应用技术导则》已完成专家审查，进入报批阶段。新制订的国家标准《建筑门窗五金件 通用要求》已进入报批阶段。修编的行业标准《建筑门窗五金件 合页（铰链）》进入征求意见阶段。

模板脚手架委员会组织36家企业编制国家标准《铝合金模板》，于6月10日启动，到年底完成初稿，目前正开展相关试验工作。

建筑扣件委员会参编编制了《碗扣式钢管脚手架安全技术规程》、对《钢管脚手架扣件》进行修编。参编《塑料模板施工技术规范》完成报批稿；参编制定《承插式脚手架》启动。

给排水设备分会主编在编标准：《城镇给水用铁制阀门通用技术要求》、《给水排水用蝶阀》、《给水涂塑复合钢管》。新申报标准：《蝶形缓闭止回阀》、《分体先导式减压稳压阀》、《给水排水用直闸阀》、《特殊单立管管件》，其中前三项于12月29日获批。

光电建筑构件应用委员会主编：《建筑光伏组件用乙烯－醋酸乙烯共聚物（EVA）胶膜》、《建筑光伏组件用聚乙烯醇缩丁醛（PVB）胶膜》和《建筑光伏夹层玻璃用封边保护剂》，已完成报批并正式发布；《建筑用光伏遮阳构件通用技术条件》已于12月9日召开专家审查会；《建筑光伏系统技术导则》和《太阳能光伏瓦》已完成征求意见；新申报了《建筑光伏阳台通用技术条件》、《光伏幕墙电气布线技术要求》编制计划。

喷泉水景委员会标准编制：《高压冷雾工程技术规程》CECS标准于2013年10月启动，计划2015年5月完成报批稿。《喷泉喷头》行业标准于2014年年初开始修编，计划2015年3月完成报批稿。

辐射供暖供冷委员会主编在编标准《辐射供暖用混水装置应用技术规程》。

【行业展会】 3月9～11日在广州举办了第20届全国铝门窗幕墙新产品博览会。参展企业475家，展出面积55000平方米，专业观众42077人，各项数据同比增长20％。特别推出海外专场。

3月26～28日在京国际展览中心举办了"中国光伏四新展"，同期举办了"光电建筑应用发展论坛"，5位专家在会议上演讲。同时举办"中国光电建筑摄影作品展"。给代表们赠送《太阳能发电》杂志3月刊。

5月13～15日中国（北京）国际供热通风空调、卫生洁具及城建设备与技术展览会在京举行。散热器行业参展企业110家，境外11家。展出面积5544平方米。参观观众境内38978人次，境外2260人次。

11月6～8日"第十二届中国国际门窗幕墙博览会"在北京中国国际展览中心举行。"博览会"展出面积约80400平方米，有403家企业参展，较2013年增长约8％，其中门窗及系统门窗参展企业约占33％。来自全球49个国家和地区的70117人次参观了"博览会"，与上届相比观众数量增长约12％。

【培训工作】 3月11～19日铝门窗幕墙委员会在广州举办第19期全国建筑门窗幕墙技术培训班。

3月31日建筑钢结构分会在河南郑州举办BIM认证工程师首期培训班，8家钢结构企业的40名技术骨干参加了为期4天的培训。

12月4～5日塑料门窗委员会、宁夏建设新技术新产品推广协会建筑门窗专业委员会在银川共同举

第七篇

办"宁夏建筑节能门窗应用技术培训班",有97名学员参加培训。

建筑钢结构分会与河南省钢结构协会合作,开展"BIM认证工程师培训"工作,2014年,来自全国各地以及港澳台的150余位学员参加了培训,近百人拿到协会颁发的"BIM认证工程师证书"。

钢结构分会与西安建筑科技大学联合进行钢结构工程硕士培养工作。学员完成课程学习,进行学位论文答辩取得学位证后,进入中国建筑金属结构协会人才库,以备行业需求。

2014年辐射供暖供冷委员会,在杭州、上海、郑州、成都、重庆、北京开班10余次,共培训项目经理、施工员400余人。

2014年喷泉水景委员会,全年"安全员培训"105人;"项目经理培训"186人;11月4日在杭州召开《喷泉水景系统运行、维护和管理培训》,培训学员167名。

【国际交流与合作】　9月7～19日协会和德国混凝土质量保护协会在法兰克福联合举办培训班。培训内容:德国建筑模板脚手架施工技术;施工工地安全组织与保护;绿色建筑与施工;建筑工业化与住宅产业化;建筑成品保护与现场文明施工;工程保险与担保等。8名学员经学习考核合格,获得了中德文对照并加盖两个协会印章的结业证书。

【质量年活动】　9月1日,住房城乡建设部印发《工程质量治理两年行动方案》。为贯彻落实住房城乡建设部开展工程质量治理两年行动要求,加强部品行业产品质量治理工作,协会于10月31日正式启动了此项工作,制定《中国建筑金属结构协会关于开展质量年活动的意见》(讨论稿)。根据行业实际情况和协会工作特点,提出用资格评定登记制度和信用评价体系加强行业自律,用管理人员和技术工人的资格评定管理落实责任人员的终身责任制度;用产品质量性能系统认证方式实现对产品研发、设计、制作和安装的系统评价及严格检测,明确部品质量责任,保证产品质量的稳定;用加强技术研发,推动技术进步,提高行业标准化、机械化、自动化、信息化水平,用先进的管理和技术手段保证产品和工程质量;用推动钢结构住宅发展来提高工程建设的精度和建设过程的可控性,改变传统的、粗放的建设方式,保证工程质量。

(中国建筑金属结构学会　撰稿:吕志翠)

中国建设监理协会

2014年,中国建设监理协会(以下简称"协会")认真贯彻党的十八大和十八届三中、四中全会精神,紧密围绕住房城乡建设部总体工作部署,深入落实《工程质量治理两年行动方案》,团结带领广大会员积极应对国家行政管理体制改革对工程监理行业发展所带来的机遇与挑战,以科学发展观为指导,求真务实,奋力作为,加快转变行业发展方式,引导企业向多元化、专业化、差异化监理服务转变,促进工程监理行业可持续健康发展,有效地履行了协会各项职能。

【贯彻两年行动方案】　为贯彻落实住房城乡建设部开展的为期两年的工程质量治理总体部署,协会于11月24日在杭州组织召开"贯彻落实住房城乡建设部《工程质量治理两年行动方案》暨建设监理企业创新发展经验交流会"。旨在强化监理体制,发挥监理作用,保障工程质量,促进监理企业创新发展,来自全国各协会和企业的400多位代表参加了

会议。住房城乡建设部建筑市场监管司有关领导和工程质量安全监管司质量处负责人等出席并讲话,就两年行动的重要性和必要性作出重要诠释,要求监理严格履行职责,切实发挥监管作用。

大会宣读了中国建设监理协会落实"两年行动"《倡议书》;北京市建设监理协会、上海建科工程咨询有限公司等5家协会和企业进行了发言表态;举行《中国建设监理与咨询》首发式;副会长兼秘书长修璐做了"建设监理行业改革与发展"主旨演讲;浙江江南工程管理股份有限公司等14家企业介绍创新发展经验;四川元丰建设项目管理有限公司等10家企业进行了互动交流。最后,协会副会长王学军从"充分认识开展工程质量治理的重要性"等四方面作了会议总结,肯定了会议成果。

为引导工程建设企业不断提高工程质量水平,大力弘扬"百年大计、质量第一"的理念,配合住房城乡建设部,12月,协会通报表扬了近年来在工

程质量管理方面取得突出成绩的 5 家监理企业。他们是：浙江江南工程管理股份有限公司、上海市建设工程监理咨询有限公司、广州市市政工程监理有限公司、西安高新建设监理有限责任公司、重庆联盛建设项目管理有限公司。

【政府委托工作】 受住房城乡建设部委托，协会积极做好监理工程师考试、继续教育和监理工程师注册管理工作。

（1）组织监理工程师考试命题工作。中国建设监理协会每年组织全国监理工程师执业资格考试命题工作，2014 年监理工程师考试命题工作广泛听取了各方面意见，不断改进和提高试题质量，增强试题的实用性，力求试题内容与实际工作结合更加紧密，从收集了解到情况看，本年度试题得到了有关机构和考生的一致认可。2014 年全国监理工程师资格考试报考人数共有 70066 人，实际参考人数为 58393 人，合格人数为 17667 人，合格率为 30.26%。

此外，协会受人力资源社会保障部考试中心委托还承担了全国监理工程师考试主观题阅卷工作。

（2）加强注册监理工程师继续教育工作。根据《注册监理工程师管理规定》（建设部令 147 号）、《关于由中国建设监理协会组织开展注册监理工程师继续教育工作的通知》（建办市函〔2006〕259 号）和《关于印发〈注册监理工程师继续教育暂行办法〉的通知》（建市监函〔2006〕62 号）等文件的要求，协会印发《关于加强注册监理工程师继续教育工作的意见》的通知，进一步改进注册监理工程师继续教育工作。2014 年注册监理工程师继续教育累计培训 70180 人次，有 15 各省和机电安装专业开通注册监理工程师网络继续教育学习。

（3）做好监理工程师注册管理工作。监理工程师注册审查是协会一项重要工作，按照注册管理规定，协会进一步完善注册管理网络系统，保证与监理工程师继续教育有效衔接，建章立制，秉承公平公正原则，认真受理监理工程师注册申报及审查工作，赢得了行业好评。1 月至 12 月，共审查完成注册监理工程师申报材料 75848 人。初始注册 21309 人，变更注册 26291 人，延续注册 26101 人，遗失补办 1048 人，注销注册 1099 人，用章 60772 枚。

【课题项目】 为进一步促进工程监理制度持续健康发展，更好地适应我国经济体制及行政管理体制改革需求，受住房和城乡建设部建筑市场监管司委托，中国建设监理协会组织有关高等院校、工程监理企业的专家组成课题组，进行"工程监理制度发展研究"。经过深入调查分析和多次讨论修改，最终形成课题研究报告。

7 月 8 日，住房城乡建设部建筑市场监管司组织课题验收论证会，该报告顺利通过课题验收。

【搭建交流平台】 7 月，在银川市举办"建设工程监理企业质量安全法律风险防范实务与深化行政管理体制改革对监理行业的影响信息交流会"。会长郭允冲在会上作了重要讲话。他强调监理企业预防法律风险要从工程质量、安全生产、工程结算三个方面进行分析，提出预防法律风险，推进监理行业健康发展的措施和建议；住房城乡建设部工程质量安全监管司和建筑市场监管司有关领导到会通报了全国建筑市场质量安全情况和监理行政处罚及监理制度深化改革情况；最高人民法院有关法官、政法大学教授和律师事务所有关专家分别作"建设工程监理合同违约责任与侵权责任实务解析""建设工程监理合同的理论与实务""工程监理法律风险分析与防范实务"的主旨演讲；国内国际有关监理企业结合质量安全法律风险防范方面的实践经验做了论坛发言，协会领导与会议代表还进行了互动交流，会议得到与会代表充分肯定。

【协会出版物】 为适应工程监理行业改革发展需要，满足广大会员多年要求，2014 年，协会在原《中国建设监理》内部刊物基础上，升级换代，与中国建筑工业出版社合作，转为协会主办的《中国建设监理与咨询》正规出版物，面对全国公开发行。主要栏目设置：行业动态，政策法规，本期焦点，协会工作，监理论坛，项目管理与咨询，创新与研究，人物专访和企业文化等。《中国建设监理与咨询》出版发行以来，深受监理企业和各界欢迎，征订数量逐月递增，起到了扩大监理信息交流，提高监理服务水平，塑造监理社会形象，打造监理名牌刊物，助推监理行业发展的目的。

【改革对策研究】 开展行政管理体制改革对监理行业发展的影响和对策研究。党的十八届三中、四中全会以来，国家行政管理体制改革力度加大，简政放权，消减行政审批事项和市场化进程加快，对我国监理行业将带来深刻影响，为掌握改革发展形势，探讨转变行业管理方式和企业发展思路，应地方（行业）协会和广大企业要求，中国建设监理协会分三组开展《行政管理体制改革对监理行业发展的影响和对策研究》课题项目。铁道、电力、水电等监理协会为第一组；上海、北京、天津等监理协会为第二组；陕西、山西、四川等监理协会为第三组。在组长、副组长监理协会和各有关监理企业大力支持下，各组通过调研走访、企业座谈、资料收集整理等多种形式，均圆满完成课题研究工作，课题研究成果分别在协会有关会议和《中国建设监理协会与咨询》进行了交流报道，为推进监理行业创新发展起到了积极作用。

【诚信建设】　为加强建设监理行业诚信体系建设，推进行业自律管理，协会依据有关法律法规和《中国建设监理协会章程》，在征求业务主管部门、地方和行业协会以及监理单位意见的基础上，制定《建设监理行业自律公约（试行）》。

【表扬先进】　为树立工程监理行业典范，鼓励监理企业诚信经营，规范监理，弘扬监理人员爱岗敬业精神，不断提高服务质量，加快转变行业发展方式，推进监理事业可持续健康发展，协会在会员内部开展了表扬2013～2014年度先进工程监理企业、优秀总监理工程师、优秀专业监理工程师及监理协会优秀工作者活动。决定对评选出的北京双圆工程咨询监理有限公司等124家先进监理企业、北京银建建设工程管理有限公司曹阳等113名优秀总监理工程师、北京建院金厦工程管理有限公司李文颖等109名优秀专业监理工程师、北京市建设监理协会杨淑华等54名监理协会优秀工作者给予表扬。协会两年一度在会员内部开展表扬先进活动取得良好效果。

【秘书长工作会】　3月14日，中国建设监理协会在湖北武汉市召开地方及行业监理协会秘书长工作会议。会议部署了2014年协会重点。提出2014年协会要做好八个方面工作，一是认真贯彻落实党的十八届三中全会精神，指导行业快速、健康发展；二是配合政府部门开展深化行政管理体制改革和有关法律法规修订工作；三是加强理论研究，协助政府部门深化对适应市场经济体制的监理行业管理制度研究；四是努力做好政府委托的监理工程师考试和继续教育管理工作；五是在巩固做好施工阶段监理工作基础上，进一步推动行业与企业转型、升级；六是加强监理行业与企业诚信体系建设，逐步提高行业信用水平；七是积极推动监理行业技术进步，促进企业全面升级；八是加强协会自身建设，不断提高服务的能力、质量和水平。会议通报了2012～2013年度获鲁班奖工程项目监理企业和总监理工程师名单工作的相关事项。会议介绍了注册监理工程师继续教育工作方案，主要包括继续教育管理职责、收费、内容网络课件建设以及类型、方式、学时和时间等5个方面，并就与会代表提出的问题做了相应的解答。

【文化活动】　年内，举办了第二届中国建设监理摄影比赛。共收到参赛作品758幅，根据比赛要求和评奖办法，经协会聘请的中国摄影家协会、《中国建设报》等专家组成的评审委员会评选，评出一等奖10名，二等奖20名，三等奖30名，特设组织奖1名。

【协会建设】　（1）加强政治理论学习。组织全体党员干部认真学习党的十八届三中、四中全会精神，学习习总书记系列讲话，践行社会主义核心价值观，加强调查研究，改变工作作风，提高工作质量，更好的服务于监理行业、企业与执业人员。贯彻落实《中共国家机关基层组织工作条例》，加强支部建设，坚持厉行节约反对浪费的工作作风，推广运用践行群众路线支部工作法，认真组织学习《马克思主义哲学十讲》，学习弘扬焦裕禄精神，积极实践"三严三实"。贯彻执行中央"八项规定"和"六项禁令"。

（2）加强分支机构管理和会员管理。协会分支机构已实现业务管理、财务管理统一化。在民政部组织的对社团分支机构专项审计工作期间，协会组织5个分支机构进行自查，梳理了分支机构经济活动内容、方式及资金使用情况，提出相关要求，使分支机构的管理工作走上规范化轨道。

（3）发展会员。依据协会章程，接纳中国林业工程建设协会为团体会员，发展北京瑞特工程建设监理有限责任公司等62家单位会员，清退了多年未履行会员义务且欠缴会费的73家单位会员。

（4）更换网站。根据工作需要，经招投标比选，协会更换了网站，新网站于12月1日起正式启用。

（5）进一步加强协会内部管理。完善协会各项管理制度，规范文件、档案等管理工作，编制《中国建设监理协会管理规定汇编（暂行）》；与律师事务所签订服务协议，促进秘书处的法制化进程，确保各项活动合理合法；积极参加公益捐助等多项爱心活动。

（中国建设监理协会　撰稿：庞政）

中国建筑装饰协会

【行业规模】 2014年，全国建筑装饰行业完成工程总产值3.16万亿元，比2013年增长9.3%。其中公共建筑装修装饰全年完成工程总产值1.65万亿元，增长幅度为8.6%；住宅装修装饰全年完成工程总产值1.51万亿元，增长幅度为10.2%。在公共建筑装修装饰中，由于高层、超高层项目增长，建筑幕墙全年完成工程总产值3000亿元，增长幅度为20%；在住宅装修装饰中由于政策引导有力，成品房装修全年完成工程总产值6000亿元，增长幅度为20%。

2014年全国共有建筑装饰工程企业约14万家，比2013年减少0.7%左右。其中一级资质（含建筑幕墙）企业新增346家，共有3873家（含设计甲级）。一级资质企业中主营业务为建筑装修装饰的2716家；主营业务为建筑幕墙的为1157家。截止到2014年底，全国建筑装饰行业共有上市公司16家，另有50多家建筑装饰企业分别在北京、上海、天津、重庆、武汉等地的股权交易中心（所）挂牌交易。社会资本大量涌入行业，为高端复合型经营人才的汇聚和行业的转型升级提供了坚实的基础。

2014年，建筑装饰行业共有从业人员约1600万人，与2013年基本持平。全年接受大专院校毕业生约20万人，全行业受过高等专业教育的人数达到240万人以上，其中工程设计人员新增约10万人，设计人员总数约为145万人，占从业人员总数的9.1%。由于建筑装修装饰工程施工中成品材料、部品、部件比重提高，2014年行业人均劳动生产率又有新的提高，约为19.75万元/人，比2013年提高了9.36%。全行业实现建筑业增加值1.68万亿元，比2013年增长12%左右。

【资质管理】 10月31日，住房和城乡建设部发文停止了设计施工（又称为设计施工一体化）资质的受理，执行近10年的设计施工资质宣告结束。建筑装修装饰、建筑幕墙、建筑智能化及消防4个专业工程中受到影响的企业约1.3万家。11月6日，住房和城乡建设部发布新的建筑业资质标准，12月22日以第22号部令的形式颁布《建筑业企业资质管理规定》，建筑业企业施工资质修编工作基本结束。由于新标准在考核指标体系上进行了较大的调整，增

加了对施工现场管理人员及专业技术工人数量及质量的考核，对企业的人才结构调整及发展的引导作用加大，对建筑装饰行业的发展及企业的生存状态产生深远的影响。建筑装修装饰工程专项设计资质修编工作在2014年仍在进行中，征求意见稿已下发到行业征求各方面意见。

【协会工作】 （1）中国建筑装饰协会成立30周年庆典活动。12月12日中国建筑装饰协会在北京国家会议中心举办"中国建筑装饰协会成立30周年庆典暨行业可持续发展高峰论坛"。建筑装饰行业1500多位企业代表及住房和城乡建设部副部长王宁、民政部领导及中国房地产行业协会会长刘志峰等相关协会的领导、专家参加会议。活动对中国建筑装饰行业发展做出突出贡献的人士、专业化发展取得成就的企业等进行了表彰，中国建筑装饰协会高级顾问张恩树、名誉会长马挺贵、江苏省装饰装修行业协会名誉会长毛家泉、深圳建筑装饰集团有限公司董事长汪家玉荣获特别贡献奖。中国建筑装饰协会会长李秉仁做主旨报告，并有多位企业代表介绍企业发展的成功经验，对行业发展的技术特征、攻关方向等进行探讨和交流，在行业可持续发展方面取得一系列的共识。

（2）行业技术标准、规范建设。2014年由中国建筑装饰协会牵头，联合行业内的大型骨干企业，开展了建筑装饰行业相关环节进行技术标准、规范编制工作。6月12日，在江苏省苏州市召开了"建筑装饰行业技术标准编制工作会议"，根据国家建设标准体系中增加"社团标准"的改革方向，提出了编制"中装协标准"的项目，组成各项技术标准的编委会。经住房和城乡建设部批准，现已启动《绿色建筑装饰装修标准》、《建筑装饰装修工程成品保护技术规程》、《建筑装饰工程BIM实施标准》、《环氧水磨石艺术地坪装修施工技术标准》等12部技术标准的编制。

（3）规范建筑装饰工程设计收费。2014年中国建筑装饰协会参照原《工程勘察设计收费标准（2002修订本）》，在充分、周密地进行行业调研的基础上，制定并发布《建筑装饰设计收费标准》，对建筑装饰工程设计收费进行规范。该标准维持原标准的科学

体系，细化了设计工作量的计算方法和取费标准，提高标准的可操作性、实用性。该设计收费标准得到社会的认可、行业的欢迎，对推动建筑装饰工程设计进步和行业可持续发展发挥了促进作用。

（4）落实建设质量两年整治活动。住房和城乡建设部开展"建筑市场和工程质量治理两年行动"后，中国建筑装饰协会转发了部里相关文件，并对落实质量治理行动进行有针对性的部署，召开宣传推动大会，向全行业发布"工程质量治理两年行动方案"的倡议书。在我国经济运行进入新常态的大社会背景下，协会正在大力探索以"全国建筑工程装饰奖"为抓手，狠抓工程质量，提高质量管理水平，切实推动全国建筑装饰工程质量水平持续提高，使其成为建筑装饰行业持续发展的重要保障。

（5）调整秘书处的机构。2014年协会秘书处进行了较大调整，为了推动行业信用评价，秘书处设立了信用评价办领导小组，组成信用评价办公室；为适应行业市场发展要求，筹备成立涂料委员会、项目培训中心、绿色建筑技术分会、信息化办公室等内设分支机构；恢复了信息咨询委员会。通过机构调整，使秘书处的机构更能适应行业发展的要求和市场状况，提高了对会员企业的服务能力。

（6）行业信用体系评价。受国务院整顿市场秩序办公室的委托，2014年行业信用体系评价共进行4个批次，其中信用等级初评2批次，共评审通过中国装饰股份有限公司等308家AAA级企业；北京中铁装饰工程有限公司等22家AA级企业；苏州苏明装饰股份有限公司等4家A级企业。复评2批次，共评审通过北京筑邦建筑装饰工程有限公司等149家AAA级企业，黑龙江华鼎建筑装饰工程有限公司等2家AA级企业。在协会七届四次理事会上决定，行业信用体系评价工作从制度上贯穿于整个协会工作体系，更好地发挥协会在行业信用建设中的作用。

（7）召开重要会议。根据协会章程规定，6月23日在天津召开七届四次常务理事会，会议通过了秘书处上半年的工作报告、关于内设机构与人员调整的提案，增补副会长、常务理事及理事；10月18日在深圳召开七届四次会长工作会，就协会2015年的工作重点、总体要求进行充分分析，听取企业家副会长的意见和建议；12月11日在北京召开七届五次理事会暨全国建筑工程装饰奖颁奖大会，会议通过秘书处2014年的工作报告和相关提案，并对获得2012~2013及2013~2014年度"全国建筑工程装饰奖"的获奖项目进行颁奖表彰。

7月10日，协会在北京召开"全国建筑装饰企业办公室主任工作会议"，就设计、施工资质修订及"全国建筑工程装饰奖"申办程序及要求等进行宣贯。11月，中国建筑协会在杭州召开中国建筑装饰百强企业峰会暨行业信用体系建设大会。会议发表年度百强企业发展报告，有关专家对建筑装饰行业信用评价进行深度解读，交流了企业发展的成功经验，行业内近600家企业代表参加会议。

（8）全国建筑工程装饰奖。受住房和城乡建设部委托，2014年中国建筑装饰协会继续对"全国建筑工程装饰奖"进行评审、认定。经过企业自愿申报、地方协会初审、中装协专家组复查等规范程序评审，由中铁建设集团有限公司承建的中国铁道建筑总公司工程技术研发基地科研楼等376项公共建筑装修装饰工程、由浙江中南建设集团有限公司承建的皇冠商业商务中心等270项建筑幕墙工程、由青岛东亚建筑装饰有限公司设计的青岛崂山区市民文化中心装饰设计等78项公共建筑装修装饰工程设计获得"全国建筑工程装饰奖"。

根据中国建筑装饰协会《科技示范工程管理办法》，为了推动行业的技术进步和企业的科技创新，2014年继续进行科技示范工程、科技创新成果的评定表彰工作，由苏州金螳螂建筑装饰股份有限公司承建的南京同仁医院儿科VIP门诊精装修工程等625项工程获得科技示范工程，由安徽安兴装饰有限责任公司研发的"项目管理信息化技术"等902项新技术获得科技创新成果奖励。

（9）开展注册建造师考试改革调研。为了解决注册建造师考试通过率低的问题，中国建筑装饰协会同住房和城乡建设部执业资格注册中心合作，进行了注册建造师考试改革的调研工作。调研课题组在总结近几年建筑装饰行业一级注册建造师考试状况的基础上，编制了调研问卷提纲，并以书面和现场问答等多种形式进行调研，广泛听取行业内的意见和建议，并初步形成注册建造师改革与完善的思路。

（10）出版工作．在中国建筑工业出版社的大力支持下，2014年中国建筑装饰协会组织专家编写的《建筑装修装饰概论》和《家庭装修大全》在中国建筑工业出版社出版发行。其中《建筑装修装饰概论》是第一部从行业存在的法理基础、社会背景、行业结构、管理模式、市场运作、发展规律等方面进行分析、研究的专业著作，填补了建筑装饰行业基础理论研究的空白。

【行业转型】　2014年是建筑装饰行业加快转型升级的一年，呈现出新的特征，主要表现在以下几个方面。

第七篇

（1）互联网应用水平大幅度提高。2014年是建筑装饰企业与互联网大融合的一年。苏州金螳螂建筑装饰股份有限公司同互联网家装e站深度合作，开始了以家庭装修消费为核心的全产业链服务；浙江亚厦装饰股份有限公司与齐家网签署战略合作协议，创新企业运营模式；深圳洪涛装饰股份有限公司入股中装新网，拓展相应业务，提高创新能力；深圳宝鹰建筑股份有限公司收购"我爱我家网"，实现在电商领域的布局。业内大型骨干企业与互联网相融合，全面提升了建筑装饰行业的互联网技术应用水平，为行业转型升级提供新的技术支持。

（2）市场界限变化。2014年由于大型公共建筑装修装饰工程企业纷纷进入家庭装修市场，使得公共建筑装修与家庭装修市场的分界开始模糊。借助互联网的技术优势，大型公共建筑装修工程企业从传统的成品房精装修向个性化住宅装修延伸，加上企业资本、信息、经营理念的优势，家庭装修市场正在被大型建筑装修装饰企业整合，为家庭装修市场的转型升级提供了重要的组织保障。

（3）成品化技术有了新的发展。在建筑装饰行业产业化进程中，以工业化产品现场组装取代现场制作是行业转型升级的主要途径和基本手段。2014年在成品化吊顶、部件等方面取得一批新的成果。其中成品化吊顶技术已经通过标准化权威机构的验收，正在全行业进行推广应用。BIM在深化设计中的应用，提高了设计的精细化水平和对场外加工的指导能力，也提高了成品化预制部品、部件在工程中的比重。工程成品化构件、部品、部件技术的应用，对改变施工现场作业形式，推动行业技术升级和发展转型发挥了重要的作用。

（4）专业化发展趋势明显。随着我国建筑装饰工程市场增幅放缓和建设标准的不断提高，对企业承接工程的专业资源整合能力和专业服务标准的要求不断提高。在协会的大力倡导和推动下，2014年差异化经营与专业化发展势头更为强劲，专业化企业的发展能力得到持续提高。协会在成立30周年庆典上命名了一批在医院、剧院、轨道交通、写字楼、星级酒店、金融机构等领域专业化发展的建筑装修装饰工程企业，推动企业在专业细分市场提高资源整合与可持续发展能力，形成自身的专业特色和核心竞争力。

（中国建筑装饰协会　撰稿：王本明）

中国工程建设标准化协会

【概况】　2014年，中国工程建设标准化协会（以下简称"协会"）全面贯彻落实党的十八大，十八大三中、四中全会精神，坚持围绕中心、服务大局的指导思想，以提高协会整体能力和综合实力为主题，以加强协会自身建设为主线，以协会标准试点工作为抓手，求真务实，开拓创新，团结协作，扎实推进各项工作。

【积极开展协会标准的制定工作】　2014年以来，随着国家标准体制改革步伐加快，协会标准工作面临新形势、新机遇和新挑战。在技术标准部和各分支机构的共同努力下，协会标准工作出现了一些新气象、新常态。

协会标准的制修订工作继续保持增长势头。全年共批准发布了《硅砂雨水利用工程技术规程》《高强箍筋混凝土结构技术规程》《绿色住区标准》、《建筑碳排放计量标准》等32项符合节能减排、低碳经济政策的协会标准。其中绝大多数项目都具有很高的技术水平，协会标准的先进性、适用性、有效性优势和短、快、灵的特点得到较好发挥，有效补充了国家工程建设标准体系，成为加快科技成果转化和引导新技术应用的有效途径。

协会标准的立项工作增速明显。技术标准部以国家政策为导向，以节约资源和保护环境为核心，以新产品、新技术、新材料、新工艺为主线，紧跟新形势，响应市场需求，下达了《建筑新风系统工程技术规程》《绿色建筑与小区低影响开发雨水利用系统技术规程》等协会标准。2014年度两批制订、修订计划项目共76项，其中第一批、第二批各38项。年度计划的亮点是拓展了公路行业和铁道行业的协会标准。

完成在编协会标准的摸底调查。据统计，2014年度共有40项标准项目在网上进行征求意见；有13项标准召开审查会；现有12项协会标准完成报批任务。

第七篇

加强研究探索，积极推进协会标准改革。起草《工程建设协会标准管理办法》修订意见，并征求有关专家及协会各分支机构的意见。总的指导思想是如何围绕多编协会标准、编好协会标准、管好协会标准，以及如何发挥协会标准与国家标准、地方标准的联动作用，力求在协会标准的管理及运行机制上有新思路、新突破、新做法。

协会标准的出版和发行工作取得较好的成绩。在办公室、技术标准部、图书公司三方的配合下，2014年，共完成27本协会标准的出版印刷工作。

【组织开展各类工程建设标准的宣贯培训】　为使广大工程技术人员和管理人员准确地理解和掌握标准规范的主要内容和条文规定，交流实践中存在的疑难争议问题和解决办法，更好地贯彻标准、实施标准，教育培训部围绕着新标准的颁布实施，积极推动标准的宣传和贯彻工作。

根据住房城乡建设部标准定额司与人事司下达的培训计划，举办《建筑工程施工质量验收统一标准》《建筑深基坑工程施工安全技术规范》《混凝土结构加固设计规范》等5项标准的宣贯培训。

结合施工安全、绿色建筑、建筑防水及消防安全等热门课题适时举办宣贯班和研讨会，先后举办《消防给水及消火栓系统技术规范》《绿色建筑评价标准》《建筑设计防火规范》《建筑工程建筑面积计算规范》《建设工程文件归档规范》等最新国家标准宣贯及工程实例与常见疑难问题解析培训班共30期，全年参会人员近1600人次。

教育培训部坚持精心组织、严格选题、精选师资、认真服务的指导思想，最大限度地保证每期培训班的教学质量，为提高工程技术人员专业素质，保证建筑工程质量，为国家标准、行业标准的实施以及我国工程建设标准化做出贡献。

【积极开展各类工程建设标准化咨询服务活动】　在继续开展工程建设产品推荐工作的同时，为贯彻落实国家发改委、住房城乡建设部《绿色建筑行动方案》精神，根据市场需求和企业需要，推出"绿色低碳节能证书"的评审推荐工作，得到广大生产和建设企业的欢迎。组织召开3期"绿色建筑与低碳设计创新应用技术与产品交流"系列活动、1期"中国绿色建筑节能工程与标准化技术应用论坛"、2期"工程勘察设计行业图档数字化管理向知识管理转变和提升的专题研讨会"。通过这些活动，加强了协会与地方建设主管部门和行业、企业之间的沟通与联系，为建设单位、开发企业、设计院、材料生产单位搭建对接渠道，

对工程建设推荐产品工作也起到了积极的推动作用。完成2014《全国工程建设标准技术与产品应用目录》的编制工作，收集上百家企业信息，为设计与开发单位的产品选型提供了有益参考。

【期刊和协会网站】　《工程建设标准化》杂志是协会对外工作的重要窗口。为了把杂志办好、办实，2014年以来，协会推进了一系列改革措施。经国家新闻出版广电总局批准，变更中国建筑标准设计研究院为期刊主办单位。充实调整杂志编委会，研究制定编委会工作条例，修订完善期刊管理工作条例。重新组建杂志理事会，邀请一些工程建设领域具有重要影响力的龙头企业、权威机构支持和参与期刊工作。按照部标准定额司的指示精神，认真听取期刊编委和广大读者与作者的意见与建议，大幅增加期刊页码，由64页增至72页，及时对期刊内容作出调整和优化，使栏目设置更加全面、丰富，选题更加新颖，更具针对性。同时，引进专业人员，大幅改进期刊的设计水平，出版印刷也由过去的黑白印刷改为全彩印刷。为进一步加强新形势下工程建设标准化宣传工作，围绕专家指导办刊、会员参与办刊、企业支持办刊，促进《工程建设标准化》杂志不断改革和发展，于7月在浙江宁波召开了《工程建设标准化》期刊工作会议。会议的召开，为进一步明确杂志的定位，建立市场化办刊机制，打造杂志更宽广平台，做好2015年的杂志工作奠定了基础。通过期刊编辑部和各有关方面的共同努力，杂志的内容更加贴近标准化工作实际，得到了主管部门的积极肯定和广大读者的好评，期刊订户也有较大增加，社会影响明显提升。

在办好《工程建设标准化》杂志的同时，协会也进一步整合内部资源，加快推进传统媒体与新媒体的相互融合，进一步发挥协会网站与《工程建设标准化》杂志的宣传窗口作用。

【工程建设标准资料发行】　协会书店作为工程建设标准的重要发行渠道，经过多年发展，经营的图书种类越来越多，涵盖了包括产品标准、英文版标准、标准图集在内的各类标准和资料，以及其他与工程建设有关的图书资料。2014年，通过集体订购、门市销售、在线销售等方式，共发售各类标准图书30余万册。

【努力做好主管部门委托交办的工作】　组织修订工程建设标准英文版翻译配套文件。根据部标准定额司的要求，组织专家对2008年印发的《工程建设标准英文版翻译细则》和《工程建设标准英文版出版印刷规定》两个配套性文件，重新进行了修订。

组织开展施工现场标准员管理及信息系统课题研究。根据标准定额司的统一部署，联合山东、安徽、河南、云南、重庆等省市开展施工现场标准员管理及信息系统课题研究，基本完成课题的研究任务。积极参与工程建设标准化改革与发展研究。受部标准定额司委托，组织专家完成"关于改革完善工程建设标准管理工作的意见"的起草工作，同时完成了社团标准管理办法的起草工作。

【工程建设标准化年度峰会召开】 为不断扩大协会的社会影响，加强工程建设标准化宣传，提升协会的会员服务水平，2014年下半年，协会与中国建设报社联合举办了工程建设标准化年度人物与低碳环保标杆企业征集活动。经专家委员会审定，从中评选出50名"工程建设标准化年度人物"和50家"低碳环保标杆企业"。

【分支机构组织建设】 针对社会团体分支机构登记制度改革，研究修订了《协会分支机构管理办法》，并获得常务理事会原则通过。建立分支机构考核工作常态化机制。经综合评定，授予砌体结构专业委员会等10个分支机构为"2013年度协会优秀分支机构"，授予杨学兵等16名同志为"2013年度协会先进工作者"荣誉称号；并在7月召开的协会分支机构工作会议上，对以上机构和人员进行大会表彰。进一步规范了分支机构换届工作。通过建立分支机构换届工作与优秀分支机构评选工作的联动机制和一票否决制度，推动了分支机构的换届工作的规范化管理。分支机构建设工作得到有序推进。经常务理事会审议通过，批准设立工程管理专业委员会、城镇燃气专业委员会、山地建筑专业委员会、建筑产业化分会和地方工作委员会5个分支机构。其中，工程建设委员会和城镇燃气委员会已经召开成立会议。其他3个分支机构也正在积极筹备成立大会。

【加强工程建设标准化国际交流与合作】 为适应经济全球化发展需要，加快实施我国工程建设标准的国际化战略，提升我国工程建设标准的国际化水平，扩大工程建设标准的国际交流与合作，6月，部标准定额司正式批复协会，要求协会以"立足行业、服务企业、国际接轨"为目标，加强我国工程建设标准的国际宣传，广泛开展双边、多边合作交流，积极争取参与有关国际化标准组织和国际标准化活动，积极参与推进我国工程建设标准与主要发达国家的互认、版权互换等工作。经过积极努力，协会于8月与美国国家建筑规范委员会签署标准化合作谅解备忘录，双方同意通过合作交流项目，如学术交流、评估认证、先进经验介绍、有关建筑或建筑安全最新标准、技术及多语种出版物方面经验与信息共享，建立两协会间长期的交流与合作关系；同时，与加拿大标准化协会达成初步的合作意向。

（中国工程建设标准化协会）

中国建设工程造价管理协会

2014年，中国建设工程造价管理协会（以下简称"协会"）紧紧围绕行业改革与发展，重点在行业诚信体系建设的研究与实施、相关部门规章修订、人才队伍业务能力提升、扩大对外交流与合作等方面做了大量工作。

【积极参与深化工程造价管理改革】 多年来，工程造价管理工作在服务控制投资、确定科学合理造价、规范计价规则等目标上取得了一些成效，但离新形势、新要求还有差距，需要进一步推进改革。2014年初，协会协助标准定额司按照查摆问题、分析原因、提出措施的思路，在广泛开展专题调研、充分听取吸收管理部门、企业和从业人员等多方意见的基础上，参与起草《住房城乡建设部关于进一步推进工程造价管理改革的指导意见》初稿。该意见分为总体要求、主要任务和措施、组织保障三部分。协会在起草过程中立足于行业和企业发展的角度，对完善工程计价活动监管机制提出改革思路和具体措施，主要包括：建立健全的工程建设全过程造价管理制度；完善建设工程价款结算办法，创新造价纠纷调解机制；推进行政审批制度改革，加快推进造价咨询诚信体系建设；推行全过程造价咨询服务；发挥造价管理机构专业作用，加强对工程计价活动及参与主体的监督检查等。11月3日，住房城乡建设部召开全国工程造价管理改革工作会议，发出改革"动员令"，全面部署落实该意见精神，并对改革任务分工及完成时间提出明确要求。

【稳妥推进行政许可制度改革】　党的十八届三中全会作出《中共中央关于全面深化改革若干重大问题的决定》，对深化行政体制改革提出了明确要求——"进一步简政放权，深化行政审批制度改革"。为适应工程造价咨询资质资格管理制度改革，协会受标准定额司的委托承担了"工程造价咨询业行政许可制度改革"研究课题。旨在通过对工程造价咨询制度建立背景的分析，借鉴市场经济发展成熟国家的管理经验，在符合国家大政方针的基础上，按照"积极、稳妥、渐近"的原则，分析深化资质资格行政许可改革的方向，提出相应的改革措施。课题成果对资质资格行政许可改革的利弊进行了全面分析、论证，指出保留资质资格行政许可统一管理的必要性及有利条件，并给出关于行政许可改革方案的客观评价以及关于改革步骤的建议与对策。

此外，协助标准定额司多次就相关部门提出的资质资格改革意见进行论证，并予以回复。这项工作也是适应行政许可制度改革和咨询企业的要求，为《工程造价咨询企业管理办法》（建设部令第149号）的修订提供明确思路。

【参与工程造价管理法制建设】　修订后的《建筑工程施工发包与承包计价管理办法》（住房和城乡建设部令第16号）于2月1日在全国正式施行。为使地方建设主管部门以及建设、施工、监理、招投标及造价咨询等单位准确理解和把握该《办法》的内容，更好地学习和实施该《办法》，协会秘书处作为此次修订的主要参编单位，及时编制该《办法》的《释义》，逐条进行详细解释和说明。并先后在贵州、海南、北京、上海以及电力行业举办宣贯培训班。通过专家们的解读，使广大学员们对《办法》有了更加深入的理解，也为各机构深入把握和准确理解条款内容，进一步规范工程计价行为，推动建筑市场可持续发展起到积极的作用。

协会于2013年9月启动了《工程造价咨询企业管理办法》（建设部令第149号）的修订工作。为做好此次修订，逐一对21个省级管理机构、4个国务院有关部门和9家造价咨询企业反馈的意见和建议报告进行认真梳理，就资质的评定标准、审批程序、管理制度、监督手段等条款进行了细致研究。并先后赴上海、山东等地和电力相关部门进行调研和座谈，了解情况、剖析问题、研究对策，针对资质标准、甲乙级分级、"双60%"以及自律管理等热点问题给出具体修订措施和意见。形成初稿后，协会配合标准定额司于9月在上海、北京、银川三地分别召开座谈会，面向管理机构、企业以及其他相关单位广泛征求意见。

【稳步推进行业诚信体系建设】　住房和城乡建设部发布了《关于进一步推进工程造价管理改革的指导意见》，提出要加快造价咨询企业职业道德守则和执业标准建设，加强执业质量监管。协会以制度建设、开展信用评价和信用平台建设三个方面为抓手，稳步推进工程造价行业诚信体系建设工作。

协会首先制定了《工程造价咨询行业信用体系建设实施方案》，对工程造价咨询行业信用体系建设提出了总体规划思路。随后起草《关于工程造价咨询业诚信体系建设的指导意见》，提出信用体系建设的总体要求和工作目标。同时受住房和城乡建设部标准定额司委托，起草了《工程造价行业信用信息管理办法》。该办法为建立工程造价咨询企业和个人信用档案；明确信用档案的内容；规定良好和不良行为的具体标准；建立信息的查询、披露和使用制度；指导和规范行业组织及各地开展信用档案建设等工作起到了积极的推动作用。

此外，协会完成了"工程造价咨询企业诚信体系建设实施方案研究"课题任务，为我国工程造价行业诚信体系建设提供清晰思路。同时组织人员对《工程造价咨询企业信用评价办法》和《工程造价咨询企业信用评价标准》进行广泛调研，就《办法》和《标准》中企业普遍关注的能力指标、信用等级、评价程序等细节的可行性、可操作性，以及如何与已开展的信用评价工作的地方做好衔接工作等问题，结合各地实际进行了认真的讨论与研究，为即将启动的信用评价试点工作做好充分准备。

全国工程造价咨询企业管理系统、造价工程师注册管理系统、工程造价咨询统计报表系统、造价工程师继续教育系统和全国造价员管理系统已经日趋完善。同时，协会在住房和城乡建设部的指导监督下，搭建了全国统一的工程造价咨询行业信用信息平台。通过整合以上系统，并对信息进行提取、分析、加工等工序，形成信用档案信息。另外委托技术公司开发了能够与信用信息平台互联互通的"全国工程造价咨询企业信用评价系统"，为造价咨询行业信用体系建设提供可靠的数据支撑。

【注重行业队伍素质提升】　为进一步做好工程造价行业资格和教育培训相关工作，协会秘书处邀请教育专委会部分委员、特邀专家，在京召开工程造价行业人才培养专题研讨会。会议就《普通高等学校造价员资格认证办法》、《工程造价专业人才培养与发展战略研究》大纲以及2016年至2017年造价工程师、造价员继续教育教材和网络教育课程等进行认真研究部署。此次会议上，明确了应将工程造价行业人才培养当作行业发展的大事来抓，提高人才队伍整体素质，培养行业发展所需的应用型、管理型和研究型人才，推动行业人才队伍不断的发展和壮大。

同时，为持续推动我国工程造价管理事业的健康发展，提高工程造价管理机构领导干部的综合业务素质和管理能力，全面提升后备干部和业务骨干的业务水平，受标准定额司的委托，协会分别于10月、11月组织举办了技术骨干培训班和站长培训班，邀请国内工程造价及相关专业11位著名专家学者亲临授课，司、所、协会领导多次莅临现场授课、参与讨论并进行工程造价管理重大改革指导意见的宣贯。学员们普遍反映培训"非常解渴"，拓宽了思路，开阔了视野，提升了业务水平，也激发了工作热情，调动了工作的积极性。在一定程度上缓解了工程造价管理机构普遍存在的人才断层的扩大和技术服务整体能力下降的趋势。

另外，结合不断推出的新标准、新法规，秘书处组织人员对涉及造价工程师执业资格考试培训教材的有关问题进行了系统修订，各册均已完成修订和发布工作。

【加强标准编制与课题研究】 为顺应行业发展的需要，协会先后启动国标《建设工程造价咨询规范》、《建设工程造价鉴定规范》和《建设项目工程结算编审规范》的修订工作；对2002版《建设工程造价咨询合同(示范文本)》进行了重新修订。

为加强对定额基础性工作的建设，协会与相关各业务主管部门密切配合，共同承担《全国统一通用安装工程消耗量标准》的编制工作。该项工作按计划顺利开展，2015年初将完成送审稿。

与香港测量师学会共同完成2013版《建设工程工程量清单计价规范》英文版的翻译工作。在编制国标的基础上，协会还先后就行业的一系列规程进行编制、修订，包括：《建设工程造价咨询工期标准》的编制和出版工作、2007版《建设项目工程设计概算编审规程》和《建设项目工程设计概算编审规程》的修编及出版工作。

由协会组织开展的"工程造价信息化战略研究"课题顺利结题，该课题构建了我国工程造价信息化建设战略的总体框架，明确工程造价信息化建设的总体部署，提出工程造价信息化建设的方法和路径，为行业的改革和发展提供理论基础。另外，基于对行业热点问题进行不断探索的理念，协会开展了"BIM技术对工程造价管理的影响研究"课题，就有

关BIM技术在国内外发展现状及运用前景进行了较为深入的剖析，尤其针对BIM技术对工程造价相关算量、计价软件的影响以及对工程造价管理(包括政府部门、工程计价依据、工程造价咨询业和工程建设单位、施工单位)进行重点研究。

【研究并发布行业发展报告】 完成2013年度工程造价咨询行业统计报表的数据分析工作，并撰写2013年度统计公报和工程造价咨询统计资料汇编。在此基础上，为全面系统的反映我国工程造价咨询行业的发展历程和现状，研究解决行业发展进程中存在的新问题、新情况和新趋势，促进工程造价咨询行业的健康发展，秘书处于年内启动《工程造价咨询服务行业发展报告》的编制工作。研究并提出行业发展报告的总体框架和主要内容，重点侧重于经济运行的监测和分析，为行业发展、政府和企业决策提供可靠依据。

【深入开展对外交流与合作】 5月，协会理事长徐惠琴代表协会及亚太区工料测量师学会(PAQS)出访马来西亚和澳大利亚，帮助我国工程造价咨询企业打开国际市场，提升我国工程造价行业的国际化水平。在6月召开的亚太区工料测量师协会第18届年会上，徐惠琴以主席身份率团出席会议，并向各成员国及组织代表作了"PAQS主席工作报告"。10月，协会派出了由秘书长吴佐民担任团长的中国代表团，出席在意大利米兰召开的国际造价工程联合会(简称ICEC)第九届世界大会。

11月，国际造价工程师协会(AACE)前主席Stephen先生及下任候选主席Julie Owen女士到协会来访。双方在人才培养、课题研究、以及促进会员单位成立共同体或联合体进行国际工程项目合作等方面进行交流，并拟定《工程造价管理合作项目建议书(草案)》，使双方在深度上合作迈出实质性的一步。

【提升会员服务能力】 服务会员是协会的立会之本，也是各级协会的核心工作。尽管这几年会员管理工作取得了较大进步，但在很多方面依然还不能满足会员需求，给会员们留下了服务内容单一、服务手段滞后的印象。为此，秘书处深入剖析原因、听取会员意见，积极学习和借鉴其他行业先进经验，提出若干改进措施。如通过制订《个人会员管理办法(试行)》，进一步规范会员管理工作；无偿向会员提供与行业相关的报告、科研成果及行业动态等信息扩展服务内容，提升服务能力。另外，针对云南鲁甸发生6.5级特大地震，海南受到超强台风"威马逊"影响，给两省当地人民生命财产造成重大损

第七篇

失一事，协会经研究后做出两项决定，一是向云南省造价管理协会拨付 20 万元资金支持；二是在保持会员服务不改变的情况下，免收海南省 2014 年度的会费。同时，为进一步激励广大会员创先争优，促进行业发展，协会开展了先进单位会员评选活动，共评选出 140 家先进单位会员和 20 家先进同业协会。

4 月，根据广大企业会员的诉求，协会在杭州举行了第二届高层论坛，吸引了全国 120 多位优秀企业家代表出席。此次论坛的主题为：专业、融合、创新、跨越，旨在继续推动和促进造价咨询行业理清思路、把握方向、激发活力、创造未来。企业家代表们欢聚一堂，共同为工程造价咨询行业的发展出谋划策，畅所欲言。在本次论坛接近尾声时，大家集体做出"杭州倡议"，承诺"以专业诚信为本，合作创新是路，服务竞争有序，自尊创利有道"，并一致通过了"企业家高层论坛工作机制"，使协会的凝聚力不断得到增强。

【其他主要工作】 在完成注册造价工程师管理系统和咨询企业管理系统的平稳转移和升级后，为管理工作提供了重要技术保障。全年共协助标准定额司完成 395 家工程造价咨询企业甲级资质申报材料和 31 家甲级资质企业变更材料的审核工作，并对 48 家申报甲级资质企业进行实地核查；完成造价工程师初始注册 10018 人、续期注册 10891 人次，累计受理变更注册、暂停执业和注销注册共计 7441 人次。

全年共有 86119 名造价工程师选择上网参加继续教育学习，山西、辽宁、上海等十多个管理机构、共计 68312 多名造价员参加了协会组织的网络教育学习。此外，为贯彻国务院办公厅《关于加强普通高等学校毕业生就业工作的通知》（国办发〔2009〕3 号）的精神，提高高等院校工程造价专业的办学质量，落实教育部实施高等学校本科教学质量与教学改革工程的精神，满足用人单位对工程造价专业人才的需求，协会启动了在部分高等学校为工程造价专业本科应届毕业生签发造价员证书的试点工作。

利用一刊一网，做好信息服务工作。期刊工作紧密结合行业发展形势，发挥期刊理论指导和宣传阵地作用。进一步加强对政策、法律法规的全面报道，增加专家分析、行业探讨等专题栏目内容，帮助和指导行业人士开展工作起到理论引导作用。同时为鼓励和提高工程造价管理类期刊不断进步和发展，为编辑人员提供经验交流与探讨的平台，秘书处开展第十三届工程造价管理类优秀期刊评比活动。协会网站也进一步发挥宣传窗口作用，充分利用网络的便利性，实时关注、跟踪、发布行业有关热点和资讯。在第二届企业家高层论坛上，协会为了便于全国各地的工程造价专业人士第一时间了解会议进程和内容，通过协会网站以专题的形式，对大会进行实时直播，取得良好效果。

（中国建设工程造价管理协会）

中国建设教育协会

【中国建设教育协会第五届会员代表大会召开】 10 月 12 日，中国建设教育协会（以下简称"协会"）第五届会员代表大会在北京隆重召开，顺利完成新老班子交替。来自全国建设教育系统的近 300 位代表和嘉宾出席了会议。住房和城乡建设部副部长王宁对建设教育协会换届工作专门作了批示。部人事司副司长郭鹏伟到会宣读了住房和城乡建设部《关于同意中国建设教育协会第五届理事会正副理事长和正副秘书长人选的批复》并讲话。会议听取并审议通过了中国建设教育协会第四届理事会理事长李竹成代表第四届理事会所作的工作报告和副理事长荣大成作的财务工作报告。会议产生

了第五届理事会，同时召开了五届一次理事会，新一届理事会以举手表决的方式选举产生了第五届理事会常务理事、正副理事长和正副秘书长人选。第五届理事会由 133 名理事、50 名常务理事组成。刘杰出任理事长，朱光（以下按姓氏笔画为序）、王凤君、李守林、吴泽、陈曦、沈元勤、武佩牛、姚德臣、宫长义、黄秋宁（女）十人任副理事长，朱光兼任秘书长。李奇、张晶（女）、胡晓光任副秘书长。

中国建设教育协会第五届理事会常务理事名单如下（按姓氏笔画排序）：王强、王凤君、王礼义、王政伟、朱光、朱凯、刘杰、刘东燕、刘晓初、孙伟民、孙延荣（女）、李平、李奇、李成滨、李守林、

李慧民、吴泽、吴立成、吴祖强、吴斌兴、沙茂伟、沈元勤、张晶(女)、张大玉、张俊前、张跃东、陆丹丁、陈曦、陈锡宝、武佩牛、金恂华、周心怡(女)、郑学选、胡立群、胡晓元、胡晓光、宫长义、姚德臣、徐公芳、高家林、郭孝书(女)、涂克宝、黄志良、黄克敬、黄秋宁(女)、龚毅、崔恩杰、符里刚、谢国斌、蔡宗松。

【协会专业委员会工作】 2014年,协会继续重视发挥专业委员会的作用,通过专业委员会工作来落实协会的中心任务,专业委员会通过组织年会、开展学术研究交流、举办论坛、培训班和各类大赛等丰富多彩的活动,调动了会员单位的积极性,加强了协会的凝聚力。普通高等教育委员会充分发挥高教资源优势,注重教育教学改革研究,每年组织开展科研课题立项和科研成果的评选活动;每年都有教育教学改革和研究论文集出版。高等职业与成人教育专业委员会通过年会、区域协作委员会,组织科研与教材的开发等有效活动,充分发挥专业委员会的作用,使各项活动都更具有针对性、实践性,研究问题更深入、更专业。中等职业教育专业委员会于上年8月份召开了常委会,交流工作经验,总结优秀教育成果,举办了专题讲座,评出了2014年优秀论文和课件奖。建设机械职业教育专业委员会将"职工教育定位"转变为"职业教育定位"以后,扩大了服务社会的空间,其影响力逐步扩大,会员单位不断扩充,同时2014年进一步完善和规范培训制度,加强了培训管理,为会员服务的能力不断提高。建筑企业人力资源(教育)工作委员会注重调查研究,在摸清建筑企业现状和人力资源需求、管理现状的基础上,进一步明确了专业委员会的工作定位,健全了内部机构和管理制度,稳步发展会员单位。继续教育委员会2013年7月主任委员单位变更,2014年10月召开年会,对以前的工作进行了总结,对今后的工作做了部署。院校德育工作委员会召开了常委扩大会,完善了组织建设,对教学、科研课题等开展了交流和沟通。培训机构工作委员会通过各类会议,分析行业培训形势,对新项目进行可行性研究,组织会员单位编写培训教材,制定培训管理办法,为行业提供优质的培训服务。房地产专业委员会在面临发展瓶颈的情况下,还及时和会员单位沟通,明确发展方向,努力寻找发展的突破口,开发新的培训项目。技工教育委员会召开了六届二次全体会员代表大会,总结了一年来的工作,通报会费使用情况,进行了论文及课件评比,对学生管理工作进行了经验交流。

【协会科研工作】 认真组织完成承接的教育部、住房城乡建设部课题研究工作。"职业院校土建施工类专业顶岗实习标准"编制的研究课题,是教育部行业指导委员会公布的"行业指导职业院校专业改革与实践立项项目"(简称四个项目)中的第二项:"制定职业院校学生顶岗实习标准"(共30项顶岗实习标准)中的一项研究课题。为了配合住房城乡建设部把这项工作做好、做实,协会于2014年4月和12月先后召开了课题编制组成立工作会和课题研究工作促进会,会议明确了《中职学校顶岗实习标准》编制的任务、分工和工作完成时间表。此项工作计划在2015年内完成。

按照住房城乡建设部人事司劳动与职业教育处的工作要求,积极推进校企合作,为江苏省常州建设高等职业技术学校和金螳螂建筑装饰股份有限公司搭建了校企合作的平台,两个单位在校企合作培养方案上达成了共识。

组织开展对2013年会员单位在协会立项的课题结题审核工作。启动2013~2014年度优秀教育教学科研课题成果评选工作。12月,下发关于征集2015年度教育教学科研课题立项指南的通知,对2015年教育教学科研工作进行了部署。

【协会刊物编辑工作】 年内,制定和出台了《中国建设教育》杂志管理办法、编辑程序、稿费管理办法、发行办法等一系列文件,建立了通讯员队伍。根据建设教育形势和协会的重点工作,刊物栏目做了调整和增加,稿源有了明显改善。2014年出版发行6期,发表涉及全国建设类院校教学、科研、管理及相关企业围绕行业热点、突出问题开展的交流论文109篇。协会主办、重庆大学主编的《高等建筑教育》和协会技工教育专业委员会主办的《建设技校报》在完成编辑出版发行任务的基础上,整体水平不断提升。

【协会各项主题活动】 第六届全国土建类高职院校书记院长论坛。8月15~16日在山西省晋中市举行。来自全国36所高职院校和有关单位的69位代表出席。12所院校交流发言,介绍了各自在理论研究、教学方面的探索以及在工程实践方面的成功案例,充分展现了土建类高职院校在教育教学、改革、创新、实践方面的最新成果及成功经验。

第十届全国建筑类高校书记、校(院)长论坛。9月3~5日在天津城建大学举行,会议就"推进建筑类高校治理能力的现代化"进行了专题研讨。来自全国22所建筑类高校书记、校长及相关人员约60人参加了论坛。13所院校的书记和校长围绕高校内部治理、人事制度改革、学科建设新机制、协同育人新模式、协同创新优势与特色5个专题作大会交流发言。

从2014年起，由协会秘书处组织举办了九届的全国建筑类高校书记、院（校）长论坛和五届全国建设类高职院校书记、院长论坛分别交由"普通高等教育专业委员会"和"高等职业与成人教育专业委员会"组织举办，使论坛与院校的实际更贴切，使院校间联系更紧密。

首届中国高等建筑教育高峰论坛。7月举办，以"建设领域土建类专业卓越工程师教育"为主题。论坛在卓越工程师教育培养计划通用标准实施与土建类专业标准制定、工程实践教育中心建设、卓越计划质量评价、卓越计划与教学改革、高校和企业联合培养机制、高水平工程教育师资队伍建设探索与研究、卓越计划学生的国际化培养、高校如何推动工程教育向基础教育阶段延伸8个方面进行了探索研究和交流。结束后将交流论文汇编成《中国建设教育协会普通高等教育委员会2014年教育教学改革与研究论文集》出版，并从中择选优秀论文在《高等建筑教育》上发表。

【开展新赛项、完善传统赛事】 首届全国建筑类微课比赛。此项赛事在原来多媒体课件大赛的基础上扩充而来。此赛事的开展对于推动建设类教育教学改革，加强多媒体教学，提高学生动手能力有很大的促进作用。比赛共征集课件作品330余件，内容涵盖了普通高等、高等职业、中等职业三个层次院校的建筑工程技术、工程管理、室内设计、图形图像制作、材料工程、自动化工程技术等几十个专业。

全国职业院校技能大赛中职组建设职业技能比赛。6月23日上午，全国职业院校技能大赛中职组建设职业技能比赛在天津市国土资源和房屋职业学院正式开赛。来自全国36个省、自治区、直辖市、计划单列市、新疆生产建设兵团的261支参赛队、517名参赛选手参加了工程测量（四等水准测量、三级导线测量）、建筑设备安装与调控（给排水）、建筑CAD项目三个比赛项目。

这次比赛在管理方式及规定上都做了调整，呈现三多三新局面。三多是：（1）工程测量赛项以及建筑CAD赛项分别增加了一个参赛名额。（2）裁判人数增多。（3）组织人员增多。三新是：（1）比赛内容的创新。（2）组织形式的创新。（3）赛后资源的转化。为了拓展比赛成果在教学过程中的推广和应用，比赛过程中的各类资源将被总结并提炼转化为满足职

业教育教学需求的教学方案，在今后的行业教育中加以推广。

全国高校BIM系列软件建模大赛。5月18日，在沈阳建筑大学和南昌大学南北两个赛区举办了历时两天的第五届全国高校"斯维尔杯"BIM系列软件建模大赛总决赛。来自全国266所高等院校报名参赛，经过网络晋级赛校内评委和全国评委评选，最终有242所院校的270支代表队取得决赛资格。从第一届70余所院校98支团队到2014年266所院校2488支团队参赛，充分表明，BIM大赛已经赢得了行业和社会的良好口碑。

工程算量和施工管理沙盘及软件应用大赛。11月1日，第七届全国中、高等院校"广联达杯"工程算量大赛暨第五届全国高等院校"广联达杯"施工管理沙盘及软件应用大赛分别在安徽建筑大学和山东城市建设职业学院同时举行。此类大赛从规模到赛制都在不断完善和扩充，比赛项目都有了很好的完善。

夏令营活动。7月31日至8月8日，来自全国96所建设类高校的130名优秀大学生在北京参加了中国建设教育协会举办第五届全国高等院校优秀学生夏令营。为全国各建筑类院校的优秀学生创造一个学习、交流、实践、培养德智体美全方位发展的平台。此项活动越来越受到建设主管部门和全国各高等院校领导及师生的重视。

【协会培训工作】 协会培训中心（以下简称"中心"）经住房和城乡建设部建筑市场监管司和北京市建筑业联合会核准为建筑工程专业一级注册建造师继续教育培训机构。2014年中心共培训1186人。在培训过程中，中心充分发挥组织优势，积极联系协会会员单位和地方行业协会，由会员单位的人力资源部门或地方行业协会统一协调组织，培训班课程安排合理，授课教师水平较高，受到领导和学员的一致好评。

2014年中心成功举办了318期短期培训班，培训总人数和职业培训班培训人数都是历年最多的一年，增长幅度接近90%。其中新开发的职业培训班约占70%，包括："环境监理工程师培训班""房产测量培训班""地下管线探测培训班"和"验房师培训班"等。这些新研发的培训项目填补了行业空白，部分地区行业行政主管部门已将企业人员是否参加了该项培训作为评定企业资质的重要指标之一。

协会建设机械职业教育专业委员会充分发挥传统优势，研发适应行业发展的信息化教学机具，并为会员单位免费配备。建筑企业人力资源工作委员

会经过充分的市场调研，利用自身优势，联合会员单位共同开发了"建筑企业人力资源管理师"培训项目，出版了《建筑企业人力资源管理实务》和《建筑企业人力资源管理实务操作手册》。房地产人力资源工作委员会研发了适应房地产市场需求的"房地产销售人员"培训项目，并与部分地方行业行政主管部门合作，累计对400余名房地产销售人员进行了培训。

【加强会员管理】 为了进一步加强会员登记的基础建设工作，协会秘书处在各专业委员会的积极配合下，2014年重新登记和核实了会员单位的数量和有效信息，全部换发了新的会员证书，为开展会员单位管理和服务奠定了基础。

（中国建设教育协会）

第七篇

第八篇

2014 年建设大事记

1 月

人力资源社会保障部 住房城乡建设部表彰全国住房城乡建设系统先进工作者和劳动模范 6日，为贯彻落实习近平总书记慰问一线环卫工人时的重要讲话精神，营造尊重环卫工人的良好社会氛围，全面激发环卫队伍的积极性和创造性，推进环卫事业健康稳定发展，人力资源社会保障部、住房城乡建设部决定，授予马文艳等8名同志"全国住房城乡建设系统先进工作者"荣誉称号，授予刘同礼等2名同志"全国住房城乡建设系统劳动模范"荣誉称号。被授予"全国住房城乡建设系统先进工作者"和"全国住房城乡建设系统劳动模范"荣誉称号的同志，享受省部级先进工作者和劳动模范待遇。

住房城乡建设部召开党的群众路线教育实践活动民主评议会 10日，部党组书记、部长姜伟新主持会议并讲话。

88个国家园林城市县城城镇被命名 14日，住房城乡建设部公布了2013年国家园林城市、县城和城镇名单，88个申报城市、县城和城镇榜上有名。河北省邢台市等37个城市被命名为国家园林城市，河北省邯郸市临漳县等37个县城为国家园林县城，山西省汾阳市贾家庄镇等14个镇为国家园林城镇。

住房城乡建设部和国家工商总局联合召开全国房地产中介市场专项治理电视电话会 17日，住房城乡建设部、国家工商总局联合召开全国房地产中介市场专项治理电视电话会议，总结房地产中介市场专项治理工作，研究部署下一步工作，推进长效机制建设。住房城乡建设部副部长齐骥、国家工商总局副局长甘霖出席会议并讲话，党的群众路线教育实践活动中央第30督导组副组长王庭大出席，住房城乡建设部副部长王宁主持。

住房城乡建设部提出实施意见加强乡村建设规划许可管理 21日，住房城乡建设部印发《乡村建设规划许可实施意见》，就乡村建设规划许可提出实施意见，明确了乡村建设规划许可的原则，实施的范围和内容，申请的主体和程序等内容。

2013年中国人居环境奖获奖名单公布 24日，住房城乡建设部公布2013年中国人居环境奖获奖名单。江苏省镇江市等5个市县获中国人居环境奖，北京市海淀区翠湖湿地公园生态保护项目等36个项目获中国人居环境范例奖。

2 月

第六批中国历史文化名镇（村）名单公布 19日，住房城乡建设部和国家文物局联合下发通知，公布第六批中国历史文化名镇（村）名单。178个镇（村）榜上有名，其中河北省武安市伯延镇等71个镇为中国历史文化名镇、北京市房山区南窖乡水峪村等107个村为中国历史文化名村。

国新办新闻发布会强调住房救助要优先安排应保尽保 19日，国务院新闻办公室召开新闻发布会，民政部副部长窦玉沛、住房城乡建设部总经济师冯俊介绍了我国困难群众住房保障及住房救助工作的情况。在回答记者提问时冯俊强调，住房救助是"兜底线"，要优先安排、应保尽保。

3 月

住房城乡建设部出台指导意见加强工程建设标准实施监督工作 3日，为进一步加强工程建设标准实施监督工作，推动标准全面有效实施，住房城乡建设部出台进一步加强工程建设标准实施监督工作指导意见。

全国住房城乡建设系统精神文明建设工作会议暨创新为民服务举措经验交流会召开 4日，全国住房城乡建设系统精神文明建设工作会议暨创新为民服务举措经验交流会在四川省成都市召开。会议总结了2013年住房城乡建设系统精神文明建设工作，部署了2014年工作任务，交流了精神文明建设和创新为民服务举措的典型经验。各省（区、市）住房城乡建设部门分管负责人和文明办主任，中央文明办、住房城乡建设部有关司局负责人参加会议。住房城乡建设部党组成员、副部长王宁出席并讲话。

国务院办公厅出台意见规范引导城区老工业区搬迁改造 11日，中国政府网发布《国务院办公厅关于推进城区老工业区搬迁改造的指导意见》。《意见》指出，近年来，许多城市的城区老工业区搬迁改造取得了一定成效，但部分发展定位不合理、搬迁企业承接地选择不科学、污染土地治理不彻底、土地利用方式粗放、大拆大建、融资渠道单一等问题比较突出，亟待加强规范引导。

住房城乡建设部召开教育实践活动整改落实工作推进会 12日，住房城乡建设部召开党的群众路线教育实践活动整改落实工作推进会，部党组成员、副部长王宁出席会议并讲话。他强调，要一鼓作气，以"等不起"的紧迫感、"慢不得"的责任感，继续扎实推进整改落实工作，不断巩固深化党的群众路线教育实践活动成果。

住房城乡建设部出台办法规范城市轨道交通建设工程质量安全事故应急预案管理 12日，住房城乡建设部发布《城市轨道交通建设工程质量安全事故应急预案管理办法》，规范城市轨道交通建设工程质量安全事故应急预案管理工作，提高城市轨道交通建设工程风险事故的应急处置能力，增强应急预案的针对性、实用性和可操作性。

国家园林城市复查启动 20日，为全面推进节约型、生态型和功能完善型城市园林绿化建设，提高城市园林绿化水平，改善人居生态环境，根据《国家园林城市申报与评审办法》和《住房城乡建设部关于促进城市园林绿化事业健康发展的指导意见》等要求，住房城乡建设部决定对2011年1月前获得命名的国家园林城市进行全面复查，复查整改不合格的将撤销"国家园林城市"称号。

第十届国际绿色建筑与建筑节能大会召开 28日，由住房城乡建设部倡导发起、中国城市科学研究会等单位联合主办的第十届国际绿色建筑与建筑节能大会暨新技术与产品博览会在北京国际会议中心召开。住房城乡建设部副部长、中国城市科学研究会理事长仇保兴主持开幕式。来自国内外的代表共3000余人出席会议。

4月

利用遥感监测辅助城乡规划督察工作座谈会召开，住房城乡建设部总结部署遥感督察工作 2日，住房城乡建设部利用遥感监测辅助城乡规划督察工作座谈会在北京召开。会议旨在贯彻落实全国住房城乡建设工作会议精神，总结交流并研究部署利用遥感监测辅助城乡规划督察工作（以下简称"遥感督察工作"）。部总规划师唐凯出席会议并讲话。

中新天津生态城联合工作委员会召开会议 2日，中新天津生态城联合工作委员会第六次会议在京召开。会议听取并审议通过了生态城工作报告，就生态城未来发展愿景和有关支持政策进行了讨论。住房城乡建设部部长、联合工作委员会中方主席姜伟新，新加坡国家发展部部长、联合工作委员会新方主席许文远共同主持；住房城乡建设部副部长仇保兴，天津市委常委、滨海新区区委书记袁桐利，

新加坡国家发展部高级政务部长李奕贤等出席会议并讲话。

新版商品房买卖合同示范文本发布 9日，住房城乡建设部和国家工商总局联合发布新版《商品房买卖合同（预售）示范文本》（GF-2014-0171）、《商品房买卖合同（现售）示范文本》（GF-2014-0172）。

2014年中国建设年鉴工作会议召开 17~18日，由住房和城乡建设部办公厅组织，中国建筑工业出版社和宁波市住房城乡建设委员会共同承办的2014年度《中国建设年鉴》编纂工作会议在浙江省宁波市召开。会议研究讨论如何保质保量完成2014年中国建设年鉴编写出版任务，动员参与年鉴编纂工作者，进一步增强政治责任感和使命感，推动《中国建设年鉴》工作又好又快发展。

住房城乡建设部出台实施方案开展预防坍塌事故专项整治"回头看" 住房城乡建设系统2013年深入开展预防施工起重机械、脚手架等坍塌事故专项整治工作，取得了一定成效。18日，在此基础上，住房城乡建设部决定2014年开展预防施工起重机械、脚手架等坍塌事故专项整治"回头看"工作，并就此出台实施方案进行部署。

芦山地震灾区农房重建有望年底前完成 芦山地震灾区新建农村住房94846户全部开工，2014年年底前基本完成农房重建。至20日，灾区集中开工834个重建项目，实现纳入规划重建项目累计开工数达2303个，开工率达83.3%。

中央财政整合保障性安居工程专项资金 从2014年开始，中央财政将中央补助廉租住房保障专项资金、中央补助公共租赁住房专项资金和中央补助城市棚户区改造专项资金，归并为中央财政城镇保障性安居工程专项资金。24日，财政部、住房城乡建设部下发《中央财政城镇保障性安居工程专项资金管理办法》，对整合后专项资金的分配、拨付、使用管理和监督检查等作出规定。

四部门联合下发指导意见加强中国传统村落保护 25日，住房城乡建设部、文化部、国家文物局、财政部联合出台《关于切实加强中国传统村落保护的指导意见》，旨在加强传统村落保护，改善人居环境，实现传统村落的可持续发展。

四部门部署加强传统村落保护工作 29日，住房城乡建设部、文化部、国家文物局、财政部四部门在京召开电视电话会议，部署加强传统村落保护工作，明确了传统村落保护规划审查和中央补助资金申请办法。住房城乡建设部部长姜伟新主持并讲话，副部长仇保兴部署具体工作，国家文物局局长

第八篇

励小捷、财政部副部长刘昆出席并讲话。

5月

工程建设标准解释管理办法实施 5日，为加强工程建设标准解释工作的管理、规范工程建设标准解释工作，住房和城乡建设部印发《工程建设标准解释管理办法》并实施。

全国建筑业改革发展暨工程质量安全会议召开 为推动建筑业持续健康发展，全面提升工程质量水平，7日，住房城乡建设部在安徽省合肥市召开全国建筑业改革发展暨工程质量安全会议。住房城乡建设部党组成员、副部长王宁讲话。安徽省副省长杨振超出席。住房城乡建设部总工程师陈重主持会议。

第二届全国勘察设计行业管理创新大会 15日，第二届全国勘察设计行业管理创新大会在京举行。住房和城乡建设部副部长王宁出席会议并提出，全面深化改革的形势和要求给我们提出了新的任务、指明了前进的方向，希望大家认真学习贯彻十八届三中全会精神，锐意改革，敢于创新，不断推动勘察设计行业持续健康发展。

全国住宅产业现代化工作现场交流会召开 15~16日，全国住宅产业现代化工作现场交流会日前在辽宁省沈阳市召开。住房城乡建设部副部长齐骥出席会议并讲话。

两部门规范绿色建材评价标识管理 21日，住房城乡建设部、工业和信息化部发布的《绿色建材评价标识管理办法》明确，绿色建材评价标识由低至高分为一星级、二星级和三星级3个等级，有效期为3年，不得转让、伪造或假冒。出现影响环境的恶性事件和重大质量事故等情况的企业，标识将被撤销，两年内不得再次申请。

四部门联合发文要求强化养老服务设施用地保障 28日，民政部、国土资源部、财政部、住房城乡建设部四部门联合印发《关于推进城镇养老服务设施建设工作的通知》，要求各地完善养老服务设施规划，强化养老服务设施用地保障。

国务院办公厅印发指导意见要求改善农村人居环境防止生搬硬套"一刀切" 29日，国务院办公厅印发《关于改善农村人居环境的指导意见》提出，到2020年，全国农村居民住房、饮水和出行等基本条件明显改善，人居环境基本实现干净、整洁、便捷，建成一批各具特色的美丽宜居村庄。

6月

国家级风景名胜区执法检查启动 3日，为强化风景名胜区监管、提高风景名胜资源保护管理水平，住房城乡建设部下发通知明确，2014年6月下旬至7月中旬，开展2014年国家级风景名胜区执法检查。

全国建筑业安全培训活动启动 9日，全国建筑业"千万农民工同上一堂课"暨北京市建设系统"安全生产月"活动启动。住房城乡建设部副部长王宁在启动仪式上要求，进一步创新建筑业安全培训工作思路，全面推进建筑业安全培训工作落实。住房城乡建设部、国务院农民工办、全国总工会和北京市住房城乡建设委相关负责人出席启动仪式。

5月房屋市政工程生产安全事故同比减少 12日，住房和城乡建设部安全生产管理委员会办公室通报了2014年5月全国房屋市政工程生产安全事故情况。当月，全国共发生房屋市政工程生产安全事故41起、死亡56人，同比分别下降29.31%和26.32%，其中，较大事故发生4起，比上年同期事故起数增加1起。

住房城乡建设部深入推进教育实践活动 15日，为认真落实5月30日中央教育实践活动专项推进会精神和部党组有关要求，住房城乡建设部再次召开专项推进会，总结交流前一阶段的工作，并对继续深入抓好自身整改落实和对住房城乡建设系统基层单位的指导工作提出要求。住房城乡建设部党组成员、副部长兼直属机关党委书记王宁主持会议并讲话。

五部门联合下发通知要求加强管线工程设计安全管理工作 山东省青岛市"11·22"中石化东黄输油管道泄漏爆炸特别重大等生产安全事故，暴露出一些地区在城乡规划和管线工程设计中存在的隐患和问题。23日，为深刻吸取事故教训、有效防范和坚决遏制类似事故发生，国家安全生产监督管理总局、国家发展改革委员会、工业和信息化部、住房城乡建设部、国家能源局五部门联合下发通知，要求加强城乡规划和建筑、管线工程设计安全管理工作。

住房城乡建设部通知要求加快城市道路桥梁建设改造 23日，为贯彻落实《国务院关于加强城市基础设施建设的意见》，住房城乡建设部下发通知，要求各地加快城市道路桥梁建设改造，保障城市道路桥梁运行安全。

7月

住房城乡建设部出台意见规范并轨后公共租赁住房运行管理 7日，住房城乡建设部出台意见，要求各地进一步做好公共租赁住房和廉租住房并轨运行有关管理工作。

住房城乡建设部印发新版《工程建设工法管理办法》 16日，为提升施工技术水平，规范工程建设工法的管理，住房城乡建设部修订并印发《工程建设工法管理办法》，原办法同时废止。

社区养老设施将获规划政策支持 22日，在全国老年人优待工作视频会议上，住房城乡建设部相关司局负责人表示，正在开展新建社区商业和综合服务设施规划建设专题研究，进一步推进城市社区商业、养老等综合服务设施规划，为社区养老服务设施建设提供规划政策支持。

全国建设行业技能竞赛圆满落幕 21～23日，2014年中国技能大赛——"中北华宇杯"第43届世界技能大赛瓷砖贴面和砌筑项目全国选拔赛暨全国建设行业职业技能竞赛在北京顺义举行。经过3天的激烈角逐，大赛产生了10名参加第43届世界技能大赛瓷砖贴面和砌筑项目的集训选手以及全国建设行业职业技能竞赛的20名获奖选手。

第三批94个城市步行和自行车交通系统示范项目名单公布 23日，按照《住房城乡建设部关于开展城市步行和自行车交通系统示范项目工作的通知》要求，住房城乡建设部组织专家对各地上报的城市步行和自行车交通系统示范项目进行评审。住房城乡建设部办公厅下发通知，确定北京市西城区步行和自行车交通系统示范项目等94个项目为第三批城市步行和自行车交通系统示范项目，其中安徽省为城市步行和自行车交通系统建设示范省。

住房城乡建设部等四部门联合发文要求做好农村人居环境调查与评价 25日，住房城乡建设部、中央农办、环境保护部、农业部联合印发通知，要求各地落实《国务院办公厅关于改善农村人居环境的指导意见》，规范全国改善农村人居环境工作。

5部门发文推进无障碍改造 28日，住房城乡建设部、民政部、财政部、中国残联、全国老龄办联合下发通知，要求各地加强老年人家庭及居住区无障碍改造工作，为老年人提供安全、便利的无障碍设施。

8月

住房城乡建设部下发通知要求全面推进建筑市场监管信息化建设 1日，住房城乡建设部下发通知，要求各地加快建筑市场监管与工程质量安全监管一体化工作平台建设。

陈政高部署云南鲁甸抗震救灾工作 4日早上8点，住房城乡建设部抗震救灾指挥部召开云南鲁甸6.5级地震应急响应工作会，会议由住房城乡建设部部长陈政高主持，副部长王宁以及部有关司局负责人出席。会上，部工程质量安全监管司汇报了初步了解的地震情况，各司局作了补充；与会同志研究了下一步应对措施。最后，陈政高作出工作部署，一是继续与云南省住房城乡建设厅和前方同志保持联系，了解实时情况；二是做好震后房屋建筑应急评估专家的调配和培训工作，视情况赴灾区配合地方开展工作；三是各司局根据职责分工做好灾后重建工作的相关准备；四是与国务院负责救灾工作的部门保持密切联系，及时按要求开展相关工作。

国务院办公厅印发通知进一步加强棚户区改造工作 4日，国务院办公厅印发《关于进一步加强棚户区改造工作的通知》，部署有效解决棚户区改造中的困难和问题，扎实推进改造约1亿人居住的城镇棚户区和城中村。

齐骥接受新华社记者专访谈棚户区改造工程 7日，住房城乡建设部副部长齐骥在接受新华社记者专访时说，党中央、国务院高度重视保障性安居工程，其中的大规模棚户区改造工程在改善棚户区居民住房条件的同时，对拉动经济增长、促进社会就业、提升城镇综合承载能力、改善城市内部二元结构等方面，具有积极作用。

七部委公布全国重点镇名单 7日，住房城乡建设部、国家发展改革委、财政部、国土资源部、农业部、民政部、科技部联合下发通知，公布包括北京市门头沟区潭柘寺镇等3675个镇在内的全国重点镇名单，原2004年公布的全国重点镇名单同时废止。

中国建设劳动学会六届会员代表大会召开 18～19日，中国建设劳动学会第六届会员代表大会在京召开。住房城乡建设部副部长王宁发表书面致辞，对代表大会召开表示祝贺；住房城乡建设部人事司相关负责人出席会议，对学会工作给予了肯定并提出希望。代表大会选出了六届理事会和常务理事会，住房城乡建设部人力资源开发中心主任鞠洪芬当选新

第八篇

一届会长。会议还对五届理事会工作报告、学会章程修正案等内容进行了审议。

济南创新服务安居惠民经验研讨会召开　18日，济南创新服务安居惠民经验研讨会在京召开。住房城乡建设部副部长齐骥在会上强调，要响应人民群众呼声，创新管理方式，着力解决人民反映强烈的突出问题，加强新形势下服务群众的能力建设。

两部门推广应用高性能混凝土　25日，推广应用高性能混凝土对提高工程质量、推进混凝土行业结构调整具有重大意义，住房城乡建设部、工业和信息化部联合下发通知，要求充分认识推广应用高性能混凝土的重要性，加快推广应用高性能混凝土。

中国城市无车日活动9月举办　26日，住房城乡建设部下发通知，决定于9月22日继续在全国开展中国城市无车日活动，旨在持续推进城市交通领域节能减排，推动城市绿色交通体系建设，预防和缓解城市交通拥堵，降低城市空气污染，倡导绿色出行。

住建部开展住房公积金专项督察　28日，住房城乡建设部下发通知，决定于2014年下半年开展加强和改进住房公积金服务专项督察工作。通过开展专项督察，构筑方便快捷的住房公积金管理服务体系，全面提升服务质量，重点解决群众反映最强烈、最迫切的服务问题，切实维护广大缴存职工的合法权益，充分发挥住房公积金制度作用。

9月

全国工程质量治理两年行动电视电话会议召开
　4日，住房城乡建设部召开全国工程质量治理两年行动电视电话会议，传达、学习国务院领导同志关于抓好工程质量工作的重要批示，部署开展工程质量治理两年行动工作。住房城乡建设部党组书记、部长陈政高出席会议并讲话。

城市适应气候变化国际研讨会　5日，由国家发展改革委、住房城乡建设部和亚洲开发银行共同组织的城市适应气候变化国际研讨会在北京召开，国内外专家学者围绕城市适应气候变化的主题展开研讨。国家发展改革委副主任解振华、住房城乡建设部副部长王宁等出席会议并讲话。

住建部将督察15省市工程质量治理两年行动
　11日，为贯彻落实全国工程质量治理两年行动电视电话会议精神，住房城乡建设部办公厅下发通知，于9月份派出督察工作组，对北京、天津等15个省（直辖市、自治区）开展工程质量治理两年行动督察工作。

建筑施工行业信息化发展报告发布　12日，《中国建筑施工行业信息化发展报告（2014）BIM应用与发展》（以下简称《报告》）在2014广联达建设行业年度峰会上发布。由住房城乡建设部信息中心主持编写的这部《报告》，突出了时效性、实用性、代表性、前瞻性的特点，旨在为行业BIM技术推广应用提供科学依据，为企业BIM技术应用提供实用性指导，引导企业科学合理开展BIM应用实践。

住房城乡建设部保障性安居工程巡查汇报会议
　13日，陈政高主持召开保障性安居工程巡查汇报会，听取各司局前一段时间赴地方巡查保障性安居工程建设情况，分析当前保障性安居工程建设中存在的问题，研究加大工作力度，确保完成全年保障性安居工程建设目标任务不动摇。

中国城市无车日活动新闻发布会　16日，住房和城乡建设部召开2014年中国城市无车日活动新闻发布会，住房城乡建设部办公厅副主任斯淙曜主持会议，总规划师唐凯出席并作重要讲话，城建司副司长刘贺明参加会议，并回答记者提问。人民日报、新华社、经济日报、光明日报、中央电视台、中央人民广播电台等50多家媒体参加了会议。

城市发展与规划大会同时召开　23日，第五届中国（天津滨海）国际生态城市论坛暨博览会、2014（第九届）中国城市发展与规划大会在天津深海新区召开。十届全国人大常委会副委员长何鲁丽，十届全国政协副主席、中国工程院院士徐匡迪，住房城乡建设部副部长陈大卫，天津市委常委袁桐利，天津市副市长宗国英，新加坡国家发展部政务部长李智陞分别致辞，全国政协人口资源环境委员会副主任、中国城市科学研究会理事长仇保兴作主题演讲。本届论坛共有来自50多个国家和地区的1800余名代表参会。

全国工程质量治理两年行动宣贯和落实会议召开　24日，住房城乡建设部工程质量安全监管司、建筑市场监管司召开全国工程质量治理两年行动宣贯和落实会议。两司负责人宣贯解读工程质量治理两年行动有关文件，提出具体工作要求，副部长王宁出席会议并讲话。

王宁在部专题会议上强调 要加强工程质量治理两年行动监督执法　24日，为进一步推动工程质量治理两年行动，住房城乡建设部召集各省、自治区、直辖市及新疆生产建设兵团住房城乡建设主管部门工程质量监督和建筑市场监管执法人员召开专题会议，部署进一步加强工程质量治理两年行动监督执法工作。副部长王宁出席会议并讲话。

住建部相关负责人在"工程质量治理两年行动"新闻发布会上表示加大违法违规企业信用惩戒力度　26日，国务院新闻办公室召开新闻发布会，住房城乡建设部新闻发言人倪虹、建筑市场监管司司长吴慧娟、工程质量安全监管司副司长曾宪新，就"工程质量治理两年行动"相关情况回答记者提问。

10月

全国房地产交易市场管理座谈会暨济南创新服务安居惠民工作现场会　15日，住房城乡建设部在山东省济南市召开全国房地产交易市场管理座谈会暨济南创新服务安居惠民工作现场会。住房城乡建设部副部长齐骥在总结讲话中指出，积极推进管理制度建设，不断创新工作机制，将是当前及今后一段时期做好房地产交易管理工作的重要思路。

住房城乡建设部党组中心组召开扩大会　29日，住房城乡建设部党组中心组召开扩大会，学习习近平总书记报告和讲话精神、十八届四中全会精神、中纪委四次会议精神，并就贯彻落实十八届四中全会精神和中纪委四次会议精神进行学习讨论。住房城乡建设部党组书记、部长陈政高主持会议并讲话。部党组成员、副部长陈大卫、齐骥、王宁出席会议并发言。

北京调整普通住房价格标准　北京市住房城乡建设委、财政局、地税局联合发布《关于公布本市各区域享受优惠政策普通住房平均交易价格的通知》，明确自10月8日起，购房人根据新的普通住房价格标准纳税。据北京市住建委统计，新标准实施后，享受到普通住房税收优惠的购房家庭比重扩大到90%以上。

举全部之力推进地下管线规划建设管理　为落实国办《关于加强城市地下管线建设管理的指导意见》关于加强地下基础设施建设、提高城镇化质量和城乡统筹能力精神，13日，住房城乡建设部党组委托副部长陈大卫作"加强城市地下管线建设管理"学习辅导讲座，部长陈政高、中纪委驻部纪检组组长石生龙出席，副部长齐骥主持，部机关全体干部、直属单位领导班子成员和社团党委主要负责同志参加。

住建部培训建筑市场执法人员　15日，住房城乡建设部建筑市场监管司在北京举行工程质量治理两年行动建筑市场执法人员培训会，各地推荐的建筑市场执法检查专家，各省、自治区住房城乡建设

厅以及直辖市、计划单列市、省会城市住房城乡建设主管部门建筑市场监管人员，部分中央企业代表共计190余人参加培训。

我国传统民居调查工作取得阶段性进展　28日，国务院新闻办公室举行新闻发布会，住房城乡建设部新闻发言人倪虹、村镇建设司司长赵晖介绍了传统民居调查、传统村落保护等相关工作情况，并就相关问题答记者问。

中国物业管理协会理事会完成换届　28日，中国物业管理协会召开第四次会员代表大会，住房和城乡建设部副部长齐骥出席大会。大会选举产生协会第四届理事会，经表决，沈建忠当选为新一届会长，谢家瑾任名誉会长。

首届"世界城市日"关注"城市转型与发展"　31日上午，首届"世界城市日"全球启动仪式在上海举行，这是联合国首个以城市为主题的国际日，也是第一个由中国政府倡导并成功设立的国际日。

11月

全国工程造价管理改革会议召开发出改革"动员令"　为贯彻落实党的十八届三中、四中全会精神，适应中国特色新型城镇化和建筑业转型发展需要，3日，住房城乡建设部召开全国工程造价管理改革工作会议，部署落实《住房城乡建设部关于进一步推进工程造价管理改革的指导意见》（以下简称《改革意见》）精神。住房城乡建设部部长陈政高作出重要批示。副部长陈大卫在讲话中强调，进一步深化工程造价管理改革要注重战略思考，把握正确方向，处理好政府和市场、继承与创新等4个关系。

住房城乡建设部召开电视电话会议　13日，住房城乡建设部召开住房城乡建设系统新闻宣传工作经验交流电视电话会议。会议总结交流了住房城乡建设新闻宣传舆论引导工作经验，传达了《住房城乡建设部关于加强新闻宣传舆论引导工作的意见》（以下简称《意见》）和副部长齐骥在2014年度中国建设报记者站工作会议上的讲话。

住房城乡建设部组织直属机关党组织书记专题轮训　26~28日，按照中央国家机关工委的统一部署，住房城乡建设部组织开展部直属机关基层党组织书记落实主体责任专题轮训。住房城乡建设部党组书记、部长陈政高在动员讲话中强调，要深刻认识落实党风廉政建设主体责任的极端重要性，准确把握基层党组织落实主体责任的主要内容，扎实做好相关重点工作。中央国家机关工委副书记、纪工

委书记俞贵麟作专题辅导报告；中央学校研究生院副院长刘春作专题辅导讲座。住房城乡建设部党组成员、中央纪委驻部纪检组组长石生龙作专题辅导报告并进行了廉政谈话。住房城乡建设部党组成员、副部长王宁主持并作培训小结。

12 月

首个城市地下管线综合管理试点签约 3 日，住房城乡建设部地下管线综合管理首个试点在山东省德州市举行签约仪式，中国航天科工集团、中国冶金地质总局与德州市政府三方签订协议，航天技术将应用于地下管线管理。住房城乡建设部副部长陈大卫出席签约仪式并讲话。

第十二届中国土木工程詹天佑奖颁奖大会在京举行 4 日，第十二届中国土木工程詹天佑奖颁奖大会在北京举行。京沪高速铁路、青岛胶州湾海底隧道等 28 项科技创新工程获得表彰，第十二届詹天佑奖 233 家获奖单位代表及来自全国各省市土木建筑科技工作者近 500 人参加大会。住房城乡建设部副部长王宁出席大会并讲话。

第二届全国勘察设计行业科技创新大会召开 4 日，第二届全国勘察设计行业科技创新大会在京召开。会议总结了近年来全国工程勘察设计在科技创新方面所取得的成就，以"科技创新，融合发展"为主题，探讨勘察设计行业在新形势下开展科技创新的新思路和新方法。

中国传统村落名录再添 994 个村落 5 日，住房城乡建设部、文化部、国家文物局、财政部、国土资源部、农业部、国家旅游局七部门公布第三批列入中国传统村落名录的村落名单，北京市门头沟区雁翅镇碣石村等 994 个村落入选。

发挥媒体宣传社会监督作用工程质量治理两年行动万里行启动 为充分发挥媒体宣传和社会监督作用、推动工程质量治理两年行动深入开展、营造全社会共同关注工程质量的舆论氛围，17 日，由人民日报社、新华社、光明日报社、经济日报社、中央人民广播电台、中央电视台、中国建设报社、中国建筑业协会等单位参加的工程质量治理两年行动万里行专题宣传报道活动启动。住房城乡建设部副部长王宁出席启动仪式并讲话。

中德低碳生态城市试点示范工作启动 18 日，中德全方位战略伙伴关系中的重要组成部分——中德低碳生态城市试点示范工作在京启动。住房城乡建设部副部长王宁，德国驻华使馆公使、经济处主任吕帆出席会议并致辞，德国能源署署长科勒介绍了中德低碳生态城市合作项目情况。

全国住房城乡建设工作会议在京召开 19 日，全国住房城乡建设工作会议在京召开。住房城乡建设部部长、党组书记陈政高在大会上作了《勇于担当，突破重点，努力开创住房城乡建设事业新局面》的讲话，全面总结了 2014 年住房城乡建设工作，对 2015 年的工作任务作出了部署。住房城乡建设部副部长、党组成员陈大卫、齐骥、王宁，部党组成员、中央纪委驻部纪检组组长石生龙出席会议。

住房城乡建设部召开部分地区建筑安全生产工作汇报会 在工程质量治理两年行动深入开展之际，24 日，住房城乡建设部召开了部分地区建筑安全生产工作汇报会，通报当前建筑安全生产形势，进一步落实工程质量治理两年行动的各项部署。江苏、广西、黑龙江、山东、湖北 5 省区及苏州、南京、南宁、哈尔滨、青岛、潜江 6 城市住房城乡建设主管部门的负责人参加会议。

住房城乡建设部召开电视电话会议 29 日晚，住房城乡建设部召开全国建筑施工安全生产电视电话会议，通报北京"12·29"等 5 起坍塌事故情况，部署进一步加强建筑施工安全生产工作。住房城乡建设部部长陈政高参加会议并作重要讲话，副部长王宁通报批评了近期江西、广东、宁夏、河南、北京等地连续发生的 5 起坍塌事故。会议对各地住房城乡建设主管部门进一步扎实做好建筑施工安全生产工作提出要求。

第九篇

附　录

一、示 范 名 录

国家园林城市

通辽市、鄂尔多斯市、宁德市、高密市、泸州市、咸阳市、灵武市、中卫市

（来源：《住房城乡建设部关于命名国家园林城市的通报》建城〔2014〕131号）

第七批(2014年度)国家节水型城市名单

江苏省：常州市、金坛市、连云港市、宿迁市
浙江省：诸暨市
山东省：青州市、肥城市
云南省：丽江市

（来源：《住房城乡建设部 国家发展改革委关于命名第七批(2014年度)国家节水型城市的通报》建城〔2015〕30号）

国家城市湿地公园

山西省孝义市胜溪湖城市湿地公园
黑龙江省五大连池火山城市湿地公园
浙江省湖州市吴兴西山漾城市湿地公园

四川省阆中古城湿地公园

（来源：《住房城乡建设部关于公布国家城市湿地公园的通知》建城〔2015〕42号）

国家智慧城市2014年度试点名单

（一）新增试点名单
北京市
门头沟区、大兴区庞各庄镇、新首钢高端产业综合服务区、房山区良乡高教园区、西城区牛街街道

天津市
天津滨海高新技术开发区京津合作示范区、静海县

重庆市
渝中区

河北省
唐山市

山西省
大同市、忻州市、吕梁市离石区

内蒙古自治区
呼和浩特市

黑龙江省
佳木斯市、尚志市、哈尔滨市香坊区

吉林省
通化市、白山市江源区、临江市、吉林市高新区、长春净月高新技术产业开发区

辽宁省
沈阳市和平区、新民市

山东省
莱芜市、章丘市、诸城市、枣庄市薛城区、日照市莒县、潍坊市临朐县、济宁市嘉祥县、青岛西海岸新区(黄岛区)、莱西市

江苏省
徐州市(含新沂市)、东台市、常熟市、淮安市洪泽县

安徽省
宿州市、亳州市、六安市金寨县、滁州市(含定远县)

浙江省
温岭市、富阳市常安镇、宁波大榭开发区

福建省
长乐市、泉州市(含德化县、安溪县蓬莱镇)、漳州招商局经济技术开发区

江西省
鹰潭市、吉安市、抚州市南丰县、南昌市东湖区、南昌市高新区

河南省
开封市、南阳市

湖北省
荆州市(含洪湖市)、仙桃市

湖南省
永州市祁阳县、湘潭经济技术开发区、常德市(含津市市、澧县、汉寿县)、沅江市、郴州市安仁县、郴州市宜章县

广东省
河源市江东新区

广西壮族自治区
钦州市、玉林市

云南省
大理市、文山市、玉溪市

贵州省
安顺市西秀区

甘肃省
张掖市、天水市

四川省
阿坝藏族羌族自治州汶川县、宜宾市兴文县、广安市、泸州市、乐山市(含峨眉山市)

陕西省
汉中市

青海省
格尔木市、海南州贵德县、海南州共和县

宁夏回族自治区
中卫市

新疆维吾尔自治区
昌吉市、阿勒泰地区富蕴县

新疆生产建设兵团
石河子市、五家渠市

(二)扩大范围试点名单
石家庄市试点新增正定县
廊坊市试点新增固安县
邯郸市试点新增丛台区
辽源市试点新增东丰县
威海市试点新增乳山市
泰州市试点新增泰州经济技术开发区
阜阳市试点新增太和县

温州市试点新增苍南县
武汉市试点新增江夏区
黄冈市试点新增麻城市
襄阳市试点新增老河口市
柳州市试点新增鹿寨县

绵阳市试点新增江油市
（来源：《住房城乡建设部办公厅　科学技术部办公厅关于公布国家智慧城市 2014 年度试点名单的通知》建办科〔2015〕15 号）

第六批中国历史文化名镇名单

1. 河北省武安市伯延镇
2. 河北省蔚县代王城镇
3. 山西省泽州县周村镇
4. 内蒙古自治区丰镇市隆盛庄镇
5. 内蒙古自治区库伦旗库伦镇
6. 辽宁省东港市孤山镇
7. 辽宁省绥中县前所镇
8. 上海市青浦区金泽镇
9. 上海市浦东新区川沙新镇
10. 江苏省苏州市吴江区黎里镇
11. 江苏省苏州市吴江区震泽镇
12. 江苏省东台市富安镇
13. 江苏省扬州市江都区大桥镇
14. 江苏省常州市新北区孟河镇
15. 江苏省宜兴市周铁镇
16. 江苏省如东县栟茶镇
17. 江苏省常熟市古里镇
18. 浙江省嵊州市崇仁镇
19. 浙江省永康市芝英镇
20. 浙江省松阳县西屏镇
21. 浙江省岱山县东沙镇
22. 安徽省泾县桃花潭镇
23. 安徽省黄山市徽州区西溪南镇
24. 安徽省铜陵市郊区大通镇
25. 福建省永定县湖坑镇
26. 福建省武平县中山镇
27. 福建省安溪县湖头镇
28. 福建省古田县杉洋镇
29. 福建省屏南县双溪镇
30. 福建省宁化县石壁镇
31. 江西省萍乡市安源区安源镇
32. 江西省铅山县河口镇
33. 江西省广昌县驿前镇
34. 江西省金溪县浒湾镇
35. 江西省吉安县永和镇
36. 江西省铅山县石塘镇
37. 山东省微山县南阳镇
38. 河南省遂平县嵖岈山镇
39. 河南省滑县道口镇
40. 河南省光山县白雀园镇
41. 湖北省钟祥市石牌镇
42. 湖北省随县安居镇
43. 湖北省麻城市歧亭镇
44. 湖南省洞口县高沙镇
45. 湖南省花垣县边城镇
46. 广东省珠海市斗门区斗门镇
47. 广东省佛山市南海区西樵镇
48. 广东省梅县松口镇
49. 广东省大埔县茶阳镇
50. 广东省大埔县三河镇
51. 广西壮族自治区兴安县界首镇
52. 广西壮族自治区恭城瑶族自治县恭城镇
53. 广西壮族自治区贺州市八步区贺街镇
54. 广西壮族自治区鹿寨县中渡镇
55. 重庆市开县温泉镇
56. 重庆市黔江区濯水镇
57. 四川省自贡市贡井区艾叶镇
58. 四川省自贡市大安区牛佛镇
59. 四川省平昌县白衣镇
60. 四川省古蔺县二郎镇
61. 四川省金堂县五凤镇
62. 四川省宜宾县横江镇
63. 四川省隆昌县云顶镇
64. 贵州省赤水市大同镇
65. 贵州省松桃苗族自治县寨英镇
66. 陕西省神木县高家堡镇
67. 陕西省旬阳县蜀河镇
68. 陕西省石泉县熨斗镇

69. 陕西省澄城县尧头镇
70. 青海省循化撒拉族自治县街子镇
71. 新疆维吾尔自治区富蕴县可可托海镇

（来源：《住房城乡建设部 国家文物局关于公布第六批中国历史文化名镇（村）的通知》建规〔2014〕27号）

第六批中国历史文化名村名单

1. 北京市房山区南窖乡水峪村
2. 河北省沙河市柴关乡王硇村
3. 河北省蔚县宋家庄镇上苏庄村
4. 河北省井陉县天长镇小龙窝村
5. 河北省磁县陶泉乡花驼村
6. 河北省阳原县浮图讲乡开阳村
7. 山西省襄汾县新城镇丁村
8. 山西省沁水县嘉峰镇郭壁村
9. 山西省高平市马村镇大周村
10. 山西省泽州县晋庙铺镇拦车村
11. 山西省泽州县南村镇冶底村
12. 山西省平顺县阳高乡奥治村
13. 山西省祁县贾令镇谷恋村
14. 山西省高平市寺庄镇伯方村
15. 山西省阳城县润城镇屯城村
16. 吉林省图们市月晴镇白龙村
17. 上海市松江区泗泾镇下塘村
18. 上海市闵行区浦江镇革新村
19. 江苏省苏州市吴中区东山镇杨湾村
20. 江苏省苏州市吴中区金庭镇东村
21. 江苏省常州市武进区郑陆镇焦溪村
22. 江苏省苏州市吴中区东山镇三山村
23. 江苏省高淳县漆桥镇漆桥村
24. 江苏省南通市通州区二甲镇余西村
25. 江苏省南京市江宁区湖熟街道杨柳村
26. 浙江省苍南县桥墩镇碗窑村
27. 浙江省浦江县白马镇嵩溪村
28. 浙江省缙云县新建镇河阳村
29. 浙江省江山市大陈乡大陈村
30. 浙江省湖州市南浔区和孚镇荻港村
31. 浙江省磐安县盘峰乡榉溪村
32. 浙江省淳安县浪川乡芹川村
33. 浙江省苍南县矾山镇福德湾村
34. 浙江省龙泉市西街街道下樟村
35. 浙江省开化县马金镇霞山村
36. 浙江省遂昌县焦滩乡独山村
37. 浙江省安吉县鄣吴镇鄣吴村
38. 浙江省丽水市莲都区雅溪镇西溪村
39. 浙江省宁海县深甽镇龙宫村
40. 安徽省泾县榔桥镇黄田村
41. 安徽省绩溪县瀛洲镇龙川村
42. 安徽省歙县雄村乡雄村
43. 安徽省天长市铜城镇龙岗村
44. 安徽省黄山市徽州区呈坎镇灵山村
45. 安徽省祁门县闪里镇坑口村
46. 安徽省黟县宏村镇卢村
47. 福建省龙岩市新罗区万安镇竹贯村
48. 福建省长汀县南山镇中复村
49. 福建省泉州市泉港区后龙镇土坑村
50. 福建省龙海市东园镇埭尾村
51. 福建省周宁县浦源镇浦源村
52. 福建省福鼎市磻溪镇仙蒲村
53. 福建省霞浦县溪南镇半月里村
54. 福建省三明市三元区岩前镇忠山村
55. 福建省将乐县万全乡良地村
56. 福建省仙游县石苍乡济川村
57. 福建省漳平市双洋镇东洋村
58. 福建省平和县霞寨镇钟腾村
59. 福建省明溪县夏阳乡御帘村
60. 江西省婺源县思口镇思溪村
61. 江西省宁都县田埠乡东龙村
62. 江西省吉水县金滩镇桑园村
63. 江西省金溪县琉璃乡东源曾家村
64. 江西省安福县洲湖镇塘边村
65. 江西省峡江县水边镇湖洲村
66. 山东省招远市辛庄镇高家庄子村
67. 湖北省利川市谋道镇鱼木村
68. 湖北省麻城市歧亭镇杏花村
69. 湖南省永顺县灵溪镇老司城村
70. 湖南省通道侗族自治县双江镇芋头村
71. 湖南省通道侗族自治县坪坦乡坪坦村
72. 湖南省绥宁县黄桑坪苗族乡上堡村

73. 湖南省绥宁县关峡苗族乡大园村
74. 湖南省江永县兰溪瑶族乡兰溪村
75. 湖南省龙山县苗儿滩镇捞车村
76. 广东省广州市花都区炭步镇塱头村
77. 广东省江门市蓬江区棠下镇良溪村
78. 广东省台山市斗山镇浮石村
79. 广东省遂溪县建新镇苏二村
80. 广东省和平县林寨镇林寨村
81. 广东省蕉岭县南礤镇石寨村
82. 广东省陆丰市大安镇石寨村
83. 广西壮族自治区阳朔县白沙镇旧县村
84. 广西壮族自治区灵川县青狮潭镇江头村
85. 广西壮族自治区富川瑶族自治县朝东镇福溪村
86. 广西壮族自治区兴安县漠川乡榜上村
87. 广西壮族自治区灌阳县文市镇月岭村
88. 重庆市涪陵区青羊镇安镇村
89. 四川省泸县兆雅镇新溪村
90. 四川省泸州市纳溪区天仙镇乐道街村
91. 贵州省江口县太平镇云舍村
92. 贵州省从江县丙妹镇岜沙村
93. 贵州省黎平县茅贡乡地扪村
94. 贵州省榕江县栽麻乡大利村
95. 云南省保山市隆阳区金鸡乡金鸡村
96. 云南省弥渡县密祉乡文盛街村
97. 云南省永平县博南镇曲硐村
98. 云南省永胜县期纳镇清水村
99. 西藏自治区吉隆县吉隆镇帮兴村
100. 西藏自治区尼木县吞巴乡吞达村
101. 西藏自治区工布江达县错高乡错高村
102. 陕西省三原县新兴镇柏社村
103. 甘肃省天水市麦积区麦积镇街亭村
104. 甘肃省天水市麦积区新阳镇胡家大庄村
105. 青海省班玛县灯塔乡班前村
106. 青海省循化撒拉族自治县清水乡大庄村
107. 青海省玉树县安冲乡拉则村

（来源：《住房城乡建设部国家文物局关于公布
第六批中国历史文化名镇（村）的通知》
建规〔2014〕27号）

第三批列入中国传统村落名录的村落名单

一、北京市（3个）
门头沟区雁翅镇碣石村
门头沟区斋堂镇沿河城村
密云县古北口镇古北口村

二、河北省（18个）
秦皇岛市抚宁县大新寨镇界岭口村
邯郸市峰峰矿区和村镇金村
邯郸市涉县关防乡岭底村
邯郸市磁县陶泉乡北王庄村
邯郸市武安市管陶乡朝阳沟村
邢台市沙河市白塔镇樊下曹村
邢台市沙河市十里亭镇上申庄村
邢台市沙河市刘石岗乡大坪村
邢台市沙河市刘石岗乡渐凹村
保定市清苑县孙村乡戎宫营村
保定市清苑县闫庄乡国公营村
张家口市张北县油篓沟乡黄花坪村
张家口市蔚县南留庄镇白后堡村
张家口市蔚县南留庄镇曹疃村
张家口市怀安县左卫镇石坡底村
张家口市怀安县西沙城乡东沙城村
张家口市怀安县西沙城乡段家庄村
张家口市怀安县西沙城乡朱家庄村

三、山西省（59个）
太原市阳曲县侯村乡青龙镇村
大同市新荣区堡子湾乡得胜堡村
大同市浑源县永安镇神溪村
阳泉市郊区荫营镇辛庄村
阳泉市平定县冠山镇宋家庄村
阳泉市平定县冶西镇苇池村
阳泉市平定县石门口乡乱流村
阳泉市平定县巨城镇南庄村
阳泉市平定县巨城镇上盘石村
阳泉市平定县张庄镇桃叶坡村
阳泉市盂县孙家庄镇乌玉村
长治市郊区西白兔乡中村

长治市长治县荫城镇荫城村
长治市平顺县石城镇白杨坡村
长治市平顺县石城镇上马村
长治市平顺县东寺头乡神龙湾村
长治市平顺县北社乡西社村
长治市黎城县上遥镇河南村
长治市黎城县停河铺乡霞庄村
长治市壶关县树掌镇芳岱村
长治市壶关县东井岭乡崔家庄村
晋城市沁水县嘉峰镇郭北村
晋城市沁水县嘉峰镇郭南村
晋城市阳城县凤城镇南安阳村
晋城市阳城县北留镇尧沟村
晋城市阳城县润城镇屯城村
晋城市阳城县河北镇孤堆底村
晋城市陵川县附城镇田庄村
晋城市泽州县大东沟镇东沟村
晋城市泽州县周村镇石淙头村
晋城市泽州县山河镇洞八岭村
晋城市泽州县南岭乡段河村
晋城市泽州县南村镇冶底村
晋城市高平市河西镇新庄村
晋城市高平市寺庄镇伯方村
朔州市山阴县张家庄乡旧广武村
晋中市昔阳县界都乡长岭村
晋中市平遥县段村镇段村
晋中市灵石县英武乡雷家庄村
晋中市介休市龙凤镇南庄村
运城市稷山县西社镇马跑泉村
运城市稷山县清河镇北阳城村
忻州市静乐县赤泥洼乡龙家庄村
临汾市乡宁县关王庙乡鼎石村
临汾市乡宁县关王庙乡塔尔坡村
临汾市蒲县黑龙关镇化乐村
临汾市霍州市退沙街道许村
吕梁市离石区枣林乡彩家庄村
吕梁市临县三交镇孙家沟村
吕梁市临县安业乡前青塘村
吕梁市柳林县孟门镇后冯家沟村
吕梁市柳林县陈家湾乡高家垣村
吕梁市柳林县王家沟乡南洼村
吕梁市石楼县龙交乡君庄村
吕梁市交口县桃红坡镇西宋庄村
吕梁市交口县回龙乡明志沟村
吕梁市孝义市新义街道贾家庄村

吕梁市孝义市崇文街道宋家庄村
吕梁市孝义市高阳镇白璧关村

四、内蒙古自治区(16 个)
呼和浩特市清水河县北堡乡口子上村
呼和浩特市清水河县单台子乡老牛湾村
包头市昆都仑区卜尔汉图镇卜尔汉图嘎查
包头市九原区阿嘎如泰苏木梅力更嘎查
包头市土默特右旗将军尧镇小召子村
包头市土默特右旗苏波盖乡美岱桥村
赤峰市松山区老府镇东杖房村
通辽市科左后旗阿古拉镇阿古拉嘎查
鄂尔多斯市准格尔旗龙口镇杜家峁村
鄂尔多斯市鄂托克前旗城川镇大沟湾村
呼伦贝尔市额尔古纳市蒙兀室韦苏木临江村
巴彦淖尔市五原县隆兴昌镇新兴村一社
巴彦淖尔市五原县银定图镇胜利村一社
乌兰察布市四子王旗查干补力格苏木王府村
乌兰察布市四子王旗红格尔苏木大庙村
阿拉善盟阿右旗雅布赖镇巴丹吉林嘎查

五、辽宁省(8 个)
抚顺市新宾满族自治县永陵镇赫图阿拉村
抚顺市新宾满族自治县上夹河镇腰站村
阜新市阜新蒙古族自治县佛寺镇佛寺村
朝阳市朝阳县柳城镇西大杖子村
朝阳市朝阳县西五家子乡三道沟村
朝阳市朝阳县北四家子乡唐杖子村八盘沟
葫芦岛市绥中县永安乡西沟村
葫芦岛市绥中县李家堡乡新堡子村

六、吉林省(4 个)
白山市临江市六道沟镇三道阳岔村
白山市临江市花山镇珍珠村松岭屯
延边朝鲜族自治州图们市月晴镇白龙村
延边朝鲜族自治州图们市石岘镇水南村

七、黑龙江省(2 个)
哈尔滨市尚志市一面坡镇镇北村
牡丹江市宁安市渤海镇江西村

八、江苏省(10 个)
常州市武进区郑陆镇焦溪村
苏州市吴中区金庭镇衙甪里村
苏州市吴中区金庭镇东蔡村

苏州市吴中区金庭镇植里村

苏州市吴中区香山街道舟山村

苏州市昆山市千灯镇歇马桥村

南通市通州区二甲镇余西社区余西居

南通市通州区石港镇广济桥社区

淮安市洪泽县老子山镇龟山村

盐城市大丰市草堰镇草堰村

九、浙江省(86个)

杭州市桐庐县富春江镇茆坪村

杭州市桐庐县江南镇环溪村

杭州市桐庐县莪山畲族乡新丰民族村戴家山村

杭州市桐庐县合村乡瑶溪村

杭州市淳安县浪川乡芹川村

杭州市建德市大慈岩镇李村村

杭州市建德市大慈岩镇上吴方村

宁波市鄞州区姜山镇走马塘村

宁波市鄞州区章水镇李家坑村

宁波市鄞州区章水镇蜜岩村

宁波市宁海县力洋镇力洋村

宁波市宁海县一市镇东岙村

宁波市宁海县越溪乡梅枝田村

宁波市奉化市萧王庙街道青云村

宁波市奉化市溪口镇栖霞坑村

温州市瑞安市湖岭镇黄林村

湖州市吴兴区织里镇义皋村

湖州市安吉县鄣吴镇鄣吴村

金华市兰溪市永昌街道社峰村

金华市兰溪市黄店镇芝堰村

金华市东阳市巍山镇大爽村

金华市东阳市虎鹿镇蔡宅村

衢州市龙游县溪口镇灵下村

衢州市江山市廿八都镇枫溪村

衢州市江山市廿八都镇花桥村

台州市黄岩区富山乡半山村

台州市天台县街头镇街二村

台州市温岭市石塘镇东山村

台州市临海市邵家渡街道年坑村

台州市临海市白水洋镇龙泉村

丽水市莲都区雅溪镇西溪村

丽水市缙云县壶镇镇岩下村

丽水市松阳县西屏街道桐溪村

丽水市松阳县水南街道桥头村

丽水市松阳县玉岩镇白麻山村

丽水市松阳县玉岩镇大岭脚村

丽水市松阳县玉岩镇交塘村

丽水市松阳县象溪镇南州村

丽水市松阳县象溪镇雅溪口村

丽水市松阳县大东坝镇后宅村

丽水市松阳县大东坝镇燕田村

丽水市松阳县大东坝镇洋坑埠头村

丽水市松阳县新兴镇官岭村

丽水市松阳县新兴镇平卿村

丽水市松阳县新兴镇山甫村

丽水市松阳县新兴镇朱山村

丽水市松阳县新兴镇庄后村

丽水市松阳县叶村乡岱头村

丽水市松阳县叶村乡横坑村

丽水市松阳县叶村乡南岱村

丽水市松阳县斋坛乡吊坛村

丽水市松阳县斋坛乡上垫村

丽水市松阳县三都乡呈回村

丽水市松阳县三都乡黄岭根村

丽水市松阳县三都乡毛源村

丽水市松阳县三都乡上庄村

丽水市松阳县三都乡松庄村

丽水市松阳县三都乡尹源村

丽水市松阳县三都乡酉田村

丽水市松阳县三都乡紫草村

丽水市松阳县竹源乡横岗村

丽水市松阳县竹源乡后畲村

丽水市松阳县竹源乡黄上村

丽水市松阳县四都乡陈家铺村

丽水市松阳县四都乡平田村

丽水市松阳县四都乡塘后村

丽水市松阳县四都乡西坑村

丽水市松阳县赤寿乡黄山头村

丽水市松阳县樟溪乡黄田村

丽水市松阳县樟溪乡球坑村

丽水市松阳县枫坪乡梨树下村

丽水市松阳县枫坪乡沿坑岭头村

丽水市松阳县板桥畲族乡张山村

丽水市松阳县安民乡安岱后村

丽水市云和县元和街道包山村

丽水市云和县元和街道梅垆村

丽水市云和县石塘镇桑岭村

丽水市云和县崇头镇坑根村

丽水市云和县崇头镇沙铺村

丽水市景宁畲族自治县梧桐乡高演村

丽水市龙泉市塔石乡南弄村

丽水市龙泉市安仁镇大舍村
丽水市龙泉市屏南镇车盘坑村
丽水市龙泉市龙南乡蛟垟村
丽水市龙泉市龙南乡下田村
丽水市龙泉市龙南乡垟尾村

十、安徽省(46 个)
合肥市巢湖市黄麓镇洪疃村
芜湖市芜湖县红杨镇西河老街
铜陵市铜陵县钟鸣镇龙潭肖村
铜陵市铜陵县东联乡水浒村赵氏戏楼村
安庆市岳西县店前镇店前村
安庆市桐城市双港镇练潭村
黄山市黄山区仙源镇龙山村
黄山市黄山区焦村镇郭村
黄山市黄山区三口镇湘潭村
黄山市黄山区新丰乡盛洪村
黄山市徽州区西溪南镇琶塘村
黄山市徽州区西溪南镇西溪南村
黄山市歙县霞坑镇石潭村
黄山市歙县三阳乡叶村
黄山市歙县深渡镇凤池村
黄山市歙县深渡镇深渡老街
黄山市歙县北岸镇北岸村
黄山市休宁县海阳镇万全村
黄山市休宁县海阳镇溪头村
黄山市休宁县溪口镇祖源村
黄山市休宁县流口镇流口村
黄山市休宁县汪村镇岭脚村
黄山市休宁县汪村镇石屋坑村
黄山市休宁县白际乡项山村
黄山市休宁县鹤城乡右龙村
黄山市黟县碧阳镇余光村
黄山市黟县宏村镇际村
黄山市黟县美溪乡兰湖村
黄山市祁门县溶口乡奇岭村
黄山市祁门县渚口乡大北村
黄山市祁门县渚口乡渚口村
滁州市天长市铜城镇龙岗村
六安市金寨县汤家汇镇上畈村朱家湾
六安市金寨县汤家汇镇瓦屋基村宴湾
六安市金寨县果子园乡姚冲村姜湾
池州市石台县七都镇高路亭村
池州市石台县横渡镇琏溪村
池州市石台县仙寓镇南源村

池州市石台县仙寓镇河东村
池州市石台县大演乡泮巷村
宣城市广德县柏垫镇前程村月克冲村
宣城市泾县茂林镇奎峰村
宣城市泾县云岭镇章渡村
宣城市绩溪县上庄镇上庄村
宣城市绩溪县伏岭镇湖村
宣城市旌德县蔡家桥镇朱旺村

十一、福建省(52 个)
福州市罗源县中房镇深坑村
福州市永泰县嵩口镇月洲村
福州市永泰县嵩口镇中山村
福州市永泰县盖洋乡盖洋村
福州市福清市南岭镇大山村食菜厝村
平潭综合实验区平潭县苏澳镇斗魁村
平潭综合实验区平潭县流水镇东美村
平潭综合实验区平潭县流水镇山门村
平潭综合实验区平潭县敖东镇青观顶村
平潭综合实验区平潭县白青乡白沙村
莆田市仙游县石苍乡济川村
三明市三元区岩前镇忠山村
三明市大田县桃源镇东坂村
三明市大田县广平镇万宅村
三明市永安市小陶镇新西村
泉州市泉港区后龙镇土坑村
泉州市德化县国宝乡佛岭村
泉州市晋江市金井镇塘东村
泉州市晋江市龙湖镇南浔村
漳州市漳浦县湖西镇赵家城村
漳州市诏安县西潭乡山河村
漳州市长泰县马洋溪生态旅游区山重村
漳州市东山县西埔镇梧龙村
漳州市东山县樟塘镇古港村
漳州市南靖县书洋镇河坑村
漳州市平和县秀峰乡福塘村
漳州市华安县马坑镇和春村
漳州市龙海市东园镇埭尾村
南平市延平区茫荡镇宝珠村
南平市政和县镇前镇前村
南平市政和县杨源乡坂头村
南平市政和县杨源乡洞宫村
南平市政和县杨源乡杨源村
南平市政和县岭腰乡锦屏村
南平市邵武市金坑乡金坑村

南平市武夷山市吴屯乡红园村下山村
南平市建瓯市迪口镇郑魏村
南平市建瓯市东游镇党城村
龙岩市长汀县南山镇中复村
龙岩市永定县下洋镇初溪村
龙岩市永定县湖坑镇南江村
龙岩市永定县高头乡高北村
宁德市蕉城区虎贝乡文峰村
宁德市屏南县代溪镇北乾村
宁德市屏南县屏城乡后龙村
宁德市屏南县屏城乡厦地村
宁德市屏南县路下乡芳院村
宁德市屏南县寿山乡寿山村
宁德市寿宁县下党乡下党村
宁德市福安市潭头镇南岩村
宁德市福安市社口镇坦洋村
宁德市福安市溪柄镇楼下村

十二、江西省(36 个)

南昌市进贤县文港镇周坊村
景德镇市浮梁县瑶里镇瑶里村
九江市修水县黄坳乡朱砂村
九江市湖口县流泗镇庄前潘村
新余市渝水区水北镇黄坑村
赣州市赣县大埠乡大坑村
赣州市大余县左拔镇云山村
赣州市龙南县里仁镇新园村
赣州市于都县岭背镇谢屋村
赣州市于都县葛坳乡澄江村
赣州市于都县马安乡上宝村
赣州市会昌县筠门岭镇羊角村
赣州市瑞金市叶坪乡洋溪村
吉安市吉州区曲濑镇卢家洲村
吉安市吉安县固江镇赛塘村
吉安市吉安县固江镇社边村
吉安市吉安县梅塘镇旧居村
吉安市吉水县水南镇高中村委会义富村
吉安市新干县七琴镇燥石村
吉安市永丰县沙溪镇河下村
吉安市安福县甘洛乡三舍村
抚州市宜黄县棠阴镇建设村
抚州市宜黄县棠阴镇解放村
抚州市宜黄县棠阴镇民主村
抚州市金溪县合市镇东岗村
抚州市金溪县合市镇全坊村

抚州市金溪县琅琚镇疏口村
抚州市金溪县琉璃乡东源曾家村
抚州市金溪县琉璃乡印山村
抚州市东乡县黎圩镇浯溪村
上饶市玉山县双明镇漏底村
上饶市铅山县石塘镇石塘村
上饶市婺源县清华镇诗春村
上饶市婺源县江湾镇篁岭村
上饶市婺源县中云镇豸峰村
上饶市婺源县沱川乡篁村

十三、山东省(21 个)

济南市平阴县洪范池镇东峪南崖村
枣庄市滕州市羊庄镇东辛庄村
烟台市牟平区姜格庄街道办事处里口山村
烟台市招远市辛庄镇徐家疃村
烟台市招远市张星镇北栾家河村
烟台市招远市张星镇川里林家村
烟台市招远市张星镇丛家村
烟台市招远市张星镇界沟姜家村
烟台市招远市张星镇口后王家村
烟台市招远市张星镇奶子场村
烟台市招远市张星镇上院村
烟台市招远市张星镇石棚村
济宁市邹城市城前镇越峰村
济宁市邹城市石墙镇上九山村
威海市荣成市俚岛镇大庄许家社区
威海市荣成市俚岛镇东烟墩社区
威海市荣成市俚岛镇烟墩角社区
临沂市沂南县马牧池乡常山庄村
临沂市沂水县马站镇关顶村
临沂市平邑县柏林镇李家石屋村
临沂市平邑县地方镇九间棚村

十四、河南省(37 个)

郑州市登封市大金店镇大金店老街
郑州市登封市徐庄镇柏石崖村
洛阳市新安县石井镇东山底村
洛阳市栾川县潭头镇大王庙村
洛阳市栾川县三川镇火神庙村抱犊寨
洛阳市宜阳县张坞镇苏羊村
平顶山市郏县薛店镇冢王南村
平顶山市郏县茨芭镇齐村
平顶山市郏县茨芭镇山头赵村
平顶山市汝州市蟒川镇半扎村

平顶山市汝州市夏店乡山顶村
安阳市林州市石板岩乡草庙村
安阳市林州市石板岩乡梨园坪村
安阳市林州市石板岩乡南湾村
鹤壁市淇县黄洞乡石老公村
鹤壁市淇县黄洞乡温坡村
新乡市辉县市拍石头乡张泗沟村
新乡市辉县市沙窑乡郭亮村
焦作市修武县西村乡长岭村
焦作市温县赵堡镇陈家沟
三门峡市陕县西张村镇丁管营村
三门峡市陕县张汴乡刘寺村
南阳市南召县马市坪乡转角石村
南阳市淅川县盛湾镇土地岭村
南阳市唐河县马振抚乡前庄村
信阳市光山县泼陂河镇何尔冲村徐楼村
信阳市光山县泼陂河镇黄涂村龚冲村
信阳市光山县南向店乡董湾村向楼村
信阳市光山县净居寺名胜管理区杨帆村
信阳市新县苏河乡新光村钱大湾
信阳市新县周河乡西河村大湾
信阳市新县陡山河乡白沙关村白沙关
信阳市新县卡房乡胡湾村刘咀村
信阳市新县田铺乡香山湖管理区水塝村韩山村
信阳市新县田铺乡田铺居委会大湾村
信阳市商城县吴河乡万安村何老湾
信阳市商城县余集镇迎水村余老湾

十五、湖北省(46个)
黄石市大冶市保安镇沼山村刘通湾
黄石市阳新县三溪镇木林村枫杨庄
黄石市阳新县王英镇大田村清潭湾
十堰市房县军店镇下店子村
十堰市丹江口市官山镇吕家河村
襄阳市南漳县巡检镇漫云村
孝感市孝昌县小悟乡向阳村
孝感市大悟县丰店镇桃岭村九房沟
孝感市安陆市王义贞镇钱冲村
黄冈市团风县贾庙乡百丈崖村
黄冈市红安县华家河镇涂家湾村
黄冈市红安县太平桥镇回龙寨村石头湾
黄冈市红安县永佳河镇欧桥村刘云四湾
黄冈市罗田县胜利镇瓦房基村老闫家垸
黄冈市英山县国营英山县吴家山林场大河冲村
黄冈市蕲春县向桥乡狮子堰村

黄冈市麻城市歧亭镇杏花村
黄冈市麻城市夫子河镇付兴湾
黄冈市麻城市木子店镇王家畈村
黄冈市麻城市黄土岗镇小漆园村
黄冈市武穴市龙坪镇花园居委会
咸宁市咸安区马桥镇垅口村垅口冯
咸宁市咸安区桂花镇刘家桥村
咸宁市崇阳县白霓镇回头岭村
咸宁市通山县闯王镇宝石村
咸宁市通山县九宫山风景区中港村
咸宁市通山县大畈镇西泉村
咸宁市通山县大路乡吴田村畈上王
随州市曾都区洛阳镇九口堰村
随州市随县桐柏山太白顶风景名胜区解河村戴家仓屋
随州市广水市武胜关镇桃源村
恩施土家族苗族自治州恩施市盛家坝乡二官寨村
恩施土家族苗族自治州利川市柏杨坝镇水井村
恩施土家族苗族自治州利川市忠路镇长干村张爷庙
恩施土家族苗族自治州利川市毛坝镇山青村
恩施土家族苗族自治州利川市毛坝镇石板村
恩施土家族苗族自治州利川市毛坝镇向阳村
恩施土家族苗族自治州宣恩县长潭河乡两溪河村
恩施土家族苗族自治州宣恩县晓关乡野椒园村
恩施土家族苗族自治州咸丰县坪坝营镇新场村蒋家花园
恩施土家族苗族自治州来凤县大河镇独石塘村
恩施土家族苗族自治州来凤县漫水乡兴隆坳村落衣湾
恩施土家族苗族自治州来凤县漫水乡渔塘村上渔塘
恩施土家族苗族自治州来凤县三胡乡石桥村
恩施土家族苗族自治州鹤峰县走马镇白果村
仙桃市郑场镇渔泛村

十六、湖南省(19个)
邵阳市绥宁县关峡苗族乡大园村
郴州市宜章县白沙圩乡腊元村
永州市双牌县五里牌镇塘基上村
永州市江永县兰溪瑶族乡兰溪村
怀化市溆浦县葛竹坪镇山背村
怀化市会同县长寨乡小市村

怀化市会同县连山乡大坪村
怀化市会同县岩头乡墓脚村
怀化市新晃侗族自治县方家屯乡何家田村
怀化市新晃侗族自治县天堂乡地习村
怀化市新晃侗族自治县茶坪乡美岩村
怀化市通道侗族自治县双江镇芋头村
怀化市通道侗族自治县黄土乡皇都侗族文化村
娄底市新化县水车镇正龙村
娄底市新化县奉家镇下团村
湘西土家族苗族自治州凤凰县山江镇黄毛坪村
湘西土家族苗族自治州凤凰县山江镇早岗村
湘西土家族苗族自治州凤凰县麻冲乡竹山村
湘西土家族苗族自治州龙山县苗儿滩镇捞车村

十七、广东省（35个）

广州市花都区花东镇港头村
广州市增城区新塘镇瓜岭村
广州市从化区太平镇钱岗村
江门市蓬江区棠下镇良溪村
江门市台山市斗山镇浮石村
湛江市遂溪县河头镇双村村
湛江市遂溪县岭北镇调丰村
湛江市雷州市杨家镇北劳村
湛江市雷州市北和镇鹅感村
肇庆市德庆县官圩镇金林村
肇庆市德庆县永丰镇古蓬村
肇庆市德庆县悦城镇罗洪村
惠州市惠东县稔山镇范和村
惠州市惠东县多祝镇皇思扬村
梅州市梅县区松口镇大黄村
梅州市梅县区松口镇梅教村
梅州市梅县区松口镇南下村
梅州市梅县区松口镇小黄村
梅州市梅县区南口镇谢响塘村
梅州市大埔县高陂镇银滩村
梅州市大埔县西河镇北塘村
梅州市丰顺县汤南镇龙上古寨
梅州市五华县岐岭镇凤凰村
梅州市五华县横陂镇夏阜村
梅州市兴宁市径南镇星耀村
梅州市兴宁市龙田镇鸡公侨村
梅州市兴宁市龙田镇龙盘村
清远市连南瑶族自治县三排镇油岭村
清远市连州市连州镇沙坊村
清远市连州市龙坪镇元壁村

清远市连州市西岸镇石兰寨
清远市连州市保安镇卿罡村
清远市连州市东陂镇白家城村
东莞市塘厦镇龙背岭村
中山市三乡镇古鹤村

十八、广西壮族自治区（20个）

桂林市灌阳县灌阳镇孔家村
桂林市灌阳县灌阳镇仁义村唐家屯
桂林市灌阳县文市镇达溪村
桂林市灌阳县文市镇岩口村
桂林市灌阳县新街镇青箱村
桂林市灌阳县水车乡夏云村
桂林市恭城瑶族自治县恭城镇乐湾村乐湾屯
桂林市恭城瑶族自治县栗木镇常家村常家屯
桂林市恭城瑶族自治县栗木镇大合村大合屯
桂林市恭城瑶族自治县栗木镇石头村石头屯
桂林市恭城瑶族自治县莲花镇凤岩村凤岩屯
桂林市恭城瑶族自治县莲花镇朗山村朗山屯
桂林市恭城瑶族自治县莲花镇门等村高桂屯
桂林市恭城瑶族自治县西岭乡费村费村屯
桂林市恭城瑶族自治县西岭乡杨溪村杨溪屯
桂林市恭城瑶族自治县观音乡狮塘村焦山屯
桂林市恭城瑶族自治县观音乡水滨村
桂林市恭城瑶族自治县龙虎乡龙岭村实乐屯
玉林市博白县松旺镇松茂村
贺州市昭平县樟木林乡新华村

十九、海南省（12个）

海口市秀英区石山镇三卿村
澄迈县金江镇大美村
澄迈县金江镇美朗村
澄迈县金江镇扬坤村
澄迈县老城镇龙吉村
澄迈县老城镇罗驿村
澄迈县老城镇石石矍村
澄迈县老城镇谭昌村
澄迈县永发镇道吉村
澄迈县永发镇儒音村
昌江黎族自治县王下乡洪水村
乐东黎族自治县佛罗镇老丹村

二十、重庆市（47个）

涪陵区蔺市镇凤阳村
大足区玉龙镇玉峰村

大足区铁山镇继光村
巴南区丰盛镇桥上村
黔江区小南海镇新建村
黔江区阿蓬江镇大坪村
黔江区五里乡五里社区程家特色大院
黔江区水市乡水车坪老街
江津区塘河镇硐寨村
江津区吴滩镇邢家村
江津区塘河镇石龙门村
江津区白沙镇宝珠村东海沱
合川区涞滩镇二佛村
永川区松溉镇松江村
永川区板桥镇大沟村
潼南县双江镇金龙村
潼南县花岩镇花岩村花岩场
梁平县聚奎镇席帽村
武隆县后坪苗族土家族乡文凤村天池坝组
武隆县沧沟乡大田村大田组
武隆县浩口苗族仡佬族乡浩口村田家寨
忠县洋渡镇上祠村2组
忠县永丰镇东方村9组
巫山县龙溪镇龙溪村2社
秀山土家族苗族自治县清溪场镇大寨村
秀山土家族苗族自治县清溪场镇两河村
秀山土家族苗族自治县洪安镇边城村
秀山土家族苗族自治县洪安镇猛董村大沟组
秀山土家族苗族自治县梅江镇凯干村
秀山土家族苗族自治县钟灵镇凯堡村陈家坝
秀山土家族苗族自治县海洋乡岩院村
酉阳土家族苗族自治县桃花源镇龙池村洞子坨
酉阳土家族苗族自治县龙潭镇堰提村
酉阳土家族苗族自治县酉酬镇江西村
酉阳土家族苗族自治县丁市镇汇家村神童溪
酉阳土家族苗族自治县龚滩镇小银村
酉阳土家族苗族自治县酉水河镇大江村
酉阳土家族苗族自治县酉水河镇河湾村恐虎溪寨
酉阳土家族苗族自治县苍岭镇苍岭村池流水
酉阳土家族苗族自治县苍岭镇南溪村
酉阳土家族苗族自治县花田乡何家岩村
酉阳土家族苗族自治县浪坪乡浪水坝村小山坡
酉阳土家族苗族自治县双泉乡永祥村
彭水苗族土家族自治县梅子垭镇佛山村
彭水苗族土家族自治县润溪乡樱桃村
彭水苗族土家族自治县朗溪乡田湾村
彭水苗族土家族自治县龙塘乡双龙村

二十一、四川省(22个)
自贡市富顺县狮市镇狮子滩社区
自贡市富顺县赵化镇培村社区
自贡市富顺县长滩镇长滩坝社区
泸州市纳溪区打古镇古纯村
泸州市叙永县石坝彝族乡堰塘彝族村
泸州市叙永县永潦彝族乡九家沟苗族村
绵阳市游仙区魏城镇绣山村
广元市昭化区昭化镇城关村
广元市朝天区曾家镇石鹰村
乐山市沐川县箭板镇顺河古街
南充市西充县青龙乡蚕华山村
南充市阆中市水观镇永安寺村
宜宾市宜宾县横江镇金钟村
宜宾市筠连县大雪山镇五河村
宜宾市筠连县镇舟镇马家村
广安市武胜县宝箴塞乡方家沟村
巴中市通江县泥溪乡犁辕坝村
资阳市乐至县劳动镇旧居村
甘孜藏族自治州乡城县尼斯乡马色村
甘孜藏族自治州稻城县香格里拉镇亚丁村
甘孜藏族自治州稻城县赤土乡仲堆村
甘孜藏族自治州得荣县瓦卡镇阿洛贡村

二十二、贵州省(134个)
六盘水市六枝特区梭戛苗族彝族回族乡高兴村
六盘水市水城县花戛苗族布依族彝族乡天门村
六盘水市盘县石桥镇妥乐村
六盘水市盘县羊场布依族白族苗族乡大中村
六盘水市盘县保基苗族彝族乡陆家寨村
遵义市遵义县枫香镇苟坝村
遵义市遵义县毛石镇毛石村
遵义市凤冈县琊川镇杨家寨
遵义市凤冈县土溪镇黑溪古寨
遵义市凤冈县新建乡长碛古寨
遵义市湄潭县西河镇官寨
遵义市湄潭县洗马镇石笋沟
安顺市西秀区宁谷镇小呈堡村
安顺市西秀区七眼桥镇猴场村
安顺市西秀区七眼桥镇雷屯村
安顺市西秀区七眼桥镇本寨村
安顺市西秀区轿子山镇秀水村
安顺市西秀区新场布依族苗族乡花庆村石头组
安顺市西秀区新场布依族苗族乡勇江村勇克组

安顺市西秀区东屯乡高官居委会高官组

安顺市西秀区东屯乡金山村山旗组

安顺市平坝县白云镇肖家村

安顺市平坝县白云镇平元村元河组

安顺市平坝县天龙镇打磨村虾儿井组

安顺市平坝县天龙镇二官村

安顺市平坝县天龙镇合旺村岩上组

安顺市平坝县天龙镇兴旺村双碉组

安顺市平坝县天龙镇天龙村

安顺市普定县城关镇陈旗堡村

安顺市普定县猴场苗族仡佬族乡猛舟村

安顺市镇宁布依族苗族自治县江龙镇竹王村（原猛正村）

安顺市关岭布依族苗族自治县普利乡马马崖村下瓜组

安顺市黄果树风景名胜区黄果树镇大三新村大洋溪组

安顺市黄果树风景名胜区黄果树镇募龙村

安顺市黄果树风景名胜区黄果树镇石头寨村偏坡组

安顺市黄果树风景名胜区黄果树镇油寨村山岔组

安顺市黄果树风景名胜区黄果树镇石头寨村石头寨组

安顺市黄果树风景名胜区黄果树镇白水河村殷家庄组

安顺市黄果树风景名胜区白水镇大坪地村滑石哨组

铜仁市碧江区坝黄镇宋家坝村塘边古树园

铜仁市碧江区瓦屋侗族乡克兰寨村

铜仁市玉屏侗族自治县新店乡朝阳村

铜仁市玉屏侗族自治县新店乡大湾村

铜仁市思南县合朋溪镇鱼塘村

铜仁市思南县塘头镇甲秀社区

铜仁市思南县塘头镇街子村

铜仁市思南县大坝场镇官塘坝村

铜仁市思南县大坝场镇尧上村

铜仁市思南县瓮溪镇瓮溪社区马家山组

铜仁市印江土家族苗族自治县板溪镇渠沟村

铜仁市印江土家族苗族自治县天堂镇中尧村

铜仁市印江土家族苗族自治县合水镇兴旺村

铜仁市印江土家族苗族自治县缠溪镇方家岭村

铜仁市印江土家族苗族自治县新寨乡黔溪村

铜仁市印江土家族苗族自治县中坝乡虹穴村

铜仁市印江土家族苗族自治县新业乡芙蓉村

铜仁市印江土家族苗族自治县新业乡坪所村

铜仁市德江县煎茶镇付家村

铜仁市德江县复兴镇稳溪村

铜仁市德江县合兴镇朝阳村

铜仁市德江县高山镇梨子水村

铜仁市沿河土家族自治县夹石镇闵子溪村

铜仁市沿河土家族自治县官舟镇木子岭村

铜仁市沿河土家族自治县板场乡洋溪村

铜仁市沿河土家族自治县后坪乡下坝村

铜仁市松桃苗族自治县普觉镇半坡村

铜仁市松桃苗族自治县寨英镇大水村

铜仁市松桃苗族自治县寨英镇邓堡村

铜仁市松桃苗族自治县寨英镇寨英村

铜仁市松桃苗族自治县孟溪镇头京村

铜仁市万山特区黄道乡瓦寨村

铜仁市万山特区敖寨乡石头寨

黔西南布依族苗族自治州兴义市巴结镇南龙村

黔西南布依族苗族自治州兴义市泥凼镇堵德村

黔西南布依族苗族自治州册亨县丫他镇板万村

黔东南苗族侗族自治州凯里市三棵树镇乐平村季刀寨

黔东南苗族侗族自治州黄平县重安镇枫香村

黔东南苗族侗族自治州黄平县重安镇塘都村

黔东南苗族侗族自治州黄平县重安镇望坝村

黔东南苗族侗族自治州黄平县谷陇镇平寨村

黔东南苗族侗族自治州黄平县野洞河镇新华村

黔东南苗族侗族自治州施秉县双井镇龙塘村

黔东南苗族侗族自治州天柱县高酿镇地良村

黔东南苗族侗族自治州锦屏县彦洞乡瑶白村

黔东南苗族侗族自治州剑河县柳川镇返排村

黔东南苗族侗族自治州剑河县柳川镇巫库村

黔东南苗族侗族自治州剑河县岑松镇稿旁村

黔东南苗族侗族自治州剑河县南加镇九旁村

黔东南苗族侗族自治州剑河县南加镇柳基村

黔东南苗族侗族自治州剑河县南明镇小湳村

黔东南苗族侗族自治州剑河县革东镇大皆道村

黔东南苗族侗族自治州剑河县久仰乡毕下村

黔东南苗族侗族自治州剑河县久仰乡巫交村

黔东南苗族侗族自治州剑河县南哨乡高定村

黔东南苗族侗族自治州剑河县敏洞乡高坵村

黔东南苗族侗族自治州剑河县观么乡平下村

黔东南苗族侗族自治州台江县南宫乡石灰河村

黔东南苗族侗族自治州台江县排羊乡大塘村

黔东南苗族侗族自治州台江县台盘乡空寨村

黔东南苗族侗族自治州台江县台盘乡南瓦村

黔东南苗族侗族自治州台江县革一乡江边村

黔东南苗族侗族自治州台江县革一乡茅坪村

黔东南苗族侗族自治州台江县老屯乡白土村

黔东南苗族侗族自治州黎平县水口镇平善村

黔东南苗族侗族自治州黎平县尚重镇绞洞村

黔东南苗族侗族自治州黎平县尚重镇洋卫村

黔东南苗族侗族自治州黎平县大稼乡岑桃村

黔东南苗族侗族自治州黎平县德化乡俾翁村

黔东南苗族侗族自治州从江县下江镇巨洞村

黔东南苗族侗族自治州从江县下江镇中华村

黔东南苗族侗族自治州从江县西山镇顶洞村

黔东南苗族侗族自治州从江县高增乡小黄村

黔东南苗族侗族自治州从江县高增乡占里村

黔东南苗族侗族自治州从江县庆云乡单阳村

黔东南苗族侗族自治州从江县刚边乡三联村

黔东南苗族侗族自治州从江县加榜乡党扭村

黔东南苗族侗族自治州从江县翠里瑶族壮族乡岑丰村

黔东南苗族侗族自治州从江县东朗乡苗谷村

黔东南苗族侗族自治州雷山县西江镇大龙苗寨

黔东南苗族侗族自治州雷山县西江镇乌高村

黔东南苗族侗族自治州雷山县大塘镇桥港村

黔东南苗族侗族自治州雷山县达地水族乡马路苗寨

黔东南苗族侗族自治州雷山县达地水族乡同鸟水寨

黔东南苗族侗族自治州雷山县方祥乡平祥村

黔东南苗族侗族自治州雷山县方祥乡水寨村

黔东南苗族侗族自治州丹寨县兴仁镇王家寨村

黔南布依族苗族自治州都匀经济开发区匀东镇洛邦社区绕河村

黔南布依族苗族自治州都匀经济开发区匀东镇王司社区新场村

黔南布依族苗族自治州荔波县玉屏街道办事处水甫村

黔南布依族苗族自治州荔波县方村乡丙花村者吕组

黔南布依族苗族自治州平塘县平舟镇乐康村

黔南布依族苗族自治州平塘县塘边镇新建村打鸟组

黔南布依族苗族自治州平塘县塘边镇新街村落辉大寨

黔南布依族苗族自治州平塘县新塘乡新营村摆仗组

二十三、云南省(208 个)

昆明市西山区团结街道办事处永靖社区居委会白石岩村

昆明市东川区铜都街道办事处箐口村委会汪家箐村

昆明市晋宁县双河乡双河营村委会

昆明市晋宁县夕阳乡田房村委会大摆衣村

昆明市晋宁县夕阳乡保安村委会雷响田村

昆明市晋宁县夕阳乡新山村委会鸭打甸村

昆明市晋宁县夕阳乡一字格村委会

昆明市晋宁县六街镇干海村委会

昆明市富民县赤鹫镇平地村委会平地村

昆明市宜良县匡远街道办事处福谊社区居委会墩子村

昆明市嵩明县牛栏江镇荒田村委会马鞍山村

昆明市禄劝县撒营盘镇撒老乌村委会

昆明市安宁市禄脿街道办事处禄脿村委会禄脿村

曲靖市罗平县富乐镇富乐村委会富乐村

曲靖市沾益县大坡乡河尾村委会大村

曲靖市宣威市杨柳乡可渡村委会关上村

玉溪市澄江县海口镇松元村委会石门村

玉溪市通海县里山乡大黑冲村委会大黑冲村

玉溪市华宁县宁州街道办事处冲麦村委会冲麦村

玉溪市华宁县青龙镇落梅村委会来保康村

玉溪市峨山县塔甸镇大西村委会戈嘎村

玉溪市峨山县塔甸镇亚尼村委会伙枇杷村

保山市隆阳区潞江镇芒旦村委会老城村

保山市隆阳区瓦房乡党东村委会党东村

保山市施甸县旧城乡芭蕉林村委会小中山村

保山市施甸县旧城乡旧城村委会大坪子村

保山市施甸县木老元乡哈寨村委会哈寨村

保山市施甸县木老元乡木老元村委会下木老元村

保山市腾冲县滇滩镇河西社区村委会

保山市腾冲县界头镇大塘社区村委会

保山市腾冲县界头镇大园子社区村委会

保山市腾冲县界头镇永安社区村委会

保山市腾冲县明光镇中塘社区村委会白石岩村

保山市腾冲县明光镇中塘社区村委会丰盛坝村

保山市腾冲县芒棒镇老桥头社区桥头村

保山市腾冲县荷花镇朗蒲社区村委会

保山市腾冲县荷花镇民团社区村委会坝派村

保山市腾冲县荷花镇肖庄社区村委会荷花池村

保山市腾冲县马站乡三联社区村委会碗窑村

保山市腾冲县清水乡良盈社区村委会蔺家寨村

保山市腾冲县清水乡良盈社区村委会镇邑关村

保山市腾冲县蒲川乡曼朵社区曼堆村

保山市腾冲县新华乡龙洒社区龙洒村

保山市腾冲县新华乡新山社区坝角村

保山市龙陵县镇安镇大坝社区向阳寨村　　　　临沧市沧源县勐来乡丁来村委会丁来村

保山市龙陵县勐糯镇大寨村委会大寨村　　　　楚雄州楚雄市昌合镇吕合村委会吕合村

保山市龙陵县象达乡棠梨坪社区中寨村　　　　楚雄州楚雄市昌合镇中屯村委会马家庄村

保山市昌宁县漭水镇明华村委会徐家寨村　　　楚雄州牟定县江坡镇江坡村委会江坡大村

保山市昌宁县柯街镇扁瓦村委会秀雅村　　　　楚雄州永仁县宜就镇外普拉村委会大村

保山市昌宁县田园镇勐廷社区大寨子村　　　　楚雄州永仁县中和镇中和村委会中和村

保山市昌宁县珠街乡羊街村委会子原村　　　　楚雄州武定县猫街镇猫街村委会咪三咱村

保山市昌宁县耇街乡新厂村委会汪家箐村　　　楚雄州武定县插甸乡水城村委会水城村

昭通市威信县高田乡新华村委会石坝子村　　　楚雄州武定县发窝乡大西邑村委会大西邑村

丽江市古城区束河街道黄山社区忠信村　　　　楚雄州武定县白路乡平地村委会木高古村

丽江市古城区束河街道中济社区普济村　　　　楚雄州武定县万德乡万德村委会万德村

丽江市古城区文化街道东江居委会向阳村　　　楚雄州武定县己衣乡己衣村委会己衣大村

丽江市古城区七河镇五峰村委会中排村　　　　楚雄州禄丰县黑井镇黑井村委会板桥村

丽江市古城区七河镇新民村委会上村　　　　　楚雄州禄丰县黑井镇黑井村委会黑井村

丽江市玉龙县黄山镇五台村委会夏禾下束河村　红河州个旧市贾沙乡陡岩村委会陡岩村

丽江市玉龙县拉市镇海东村委会梅子村　　　　红河州屏边县白河乡胜利村委会洒卡村

丽江市玉龙县拉市镇吉余村委会余乐村　　　　红河州建水县临安镇韩家村委会碗窑村

丽江市玉龙县拉市镇均良村委会打渔村　　　　红河州建水县官厅镇牛滚塘村委会柑子树村

丽江市玉龙县拉市镇美泉村委会美泉村　　　　红河州建水县西庄镇白家营村委会阿瓦寨村

丽江市玉龙县石头乡四华村委会龙华村　　　　红河州建水县西庄镇他广村委会贝贡村

丽江市玉龙县大具乡培良村委会营盘村　　　　红河州建水县西庄镇荒地村委会荒地村

丽江市玉龙县宝山乡吾木村委会吾木村　　　　红河州建水县西庄镇马坊村委会马坊村

丽江市玉龙县龙蟠乡新联村委会土官村　　　　红河州建水县西庄镇马坊村委会汤伍村

丽江市玉龙县龙蟠乡兴文村委会宏文村　　　　红河州建水县西庄镇马家营村委会马家营村

丽江市永胜县期纳镇文凤村委会果园南村　　　红河州建水县西庄镇马家营村委会绍伍村

丽江市永胜县程海镇海腰村委会蒲米村　　　　红河州建水县南庄镇小龙潭村委会钱家湾村

丽江市永胜县六德乡双河村委会双河二村　　　红河州建水县岔科镇岔科村委会双见峰村

丽江市永胜县东山乡河东村委会妈知务岜啰村　红河州建水县曲江镇欧营村委会欧营村

丽江市永胜县松坪乡下啦嘛村委会看牦牛村　　红河州建水县面甸镇红田村委会谷家山村

普洱市镇沅县勐大镇文仆村委会平掌上村　　　红河州建水县普雄乡纸厂村委会上纸厂村

普洱市镇沅县勐大镇英德村委会英德村　　　　红河州建水县塔瓦村委会塔瓦村

普洱市镇沅县镇太和镇太和村委会紫马街村　　红河州建水县李浩寨乡温塘村委会湾塘村

普洱市孟连县娜允镇芒街村委会傣族村　　　　红河州建水县坡头乡坡头村委会黄草坝村

普洱市孟连县娜允镇芒掌村委会猛外村　　　　红河州建水县坡头乡回新村委会回新村

普洱市孟连县公信乡糯董村委会糯董老寨村　　红河州建水县盘江乡苏租村委会本善村

普洱市孟连县芒信镇海东村委会笼帅村　　　　红河州建水县甸尾乡高楼寨村委会高楼寨村

普洱市孟连县芒信镇芒卡村委会芒畔村　　　　红河州石屏县异龙镇陶村村委会符家营村

普洱市澜沧县糯福乡阿里村委会老迈寨村　　　红河州石屏县异龙镇豆地湾村委会罗色湾村

临沧市凤庆县诗礼乡古墨村委会古墨村　　　　红河州石屏县异龙镇大瑞城村委会小瑞城村

临沧市凤庆县诗礼乡清华村委会中兴村　　　　红河州石屏县异龙镇冒合村委会岳家湾村

临沧市云县茂兰镇哨街村委会哨街村　　　　　红河州石屏县宝秀镇哥白孔村委会小冲村

临沧市永德县永康镇忙腊村委会旧城村　　　　红河州石屏县坝心镇白浪村委会白浪村

临沧市永德县大山乡忙兑村委会大忙简村　　　红河州石屏县坝心镇新街村委会关上村

临沧市镇康县凤尾镇芦子园村委会小落水村　　红河州石屏县坝心镇老街村委会龙港村

临沧市耿马傣族佤族自治县孟定镇芒团村　　　红河州石屏县坝心镇芦子沟村委会小高田、苏

家寨村

红河州石屏县哨冲镇水瓜冲村委会慕善村
红河州石屏县哨冲镇水瓜冲村委会水瓜冲村
红河州石屏县牛街镇迷苪龙村委会迷苪龙村
红河州石屏县牛街镇他腊村委会他腊村
红河州石屏县牛街镇邑黑吉村委会邑黑吉村
红河州弥勒县西一镇起飞村委会红万村
红河州元阳县新街镇爱春村委会阿者科村
红河州元阳县新街镇土锅寨村委会箐口村
红河州元阳县攀枝花乡一碗水村委会垭口村
红河哈尼族彝族自治州红河县迤萨镇东门街村
红河州红河县甲寅乡甲寅村委会甲寅村
红河州红河县甲寅乡他撒村委会作夫村
红河州红河县大羊街乡大妥赊村委会大妥赊村
红河州红河县大羊街乡大羊街村委会大羊街村
红河州红河县驾车乡架车村委会哈冲上寨
红河州红河县驾车乡扎垤村委会妥女村
红河州红河县垤玛乡曼培村委会八哈村
红河州红河县垤玛乡曼培村委会树落村
红河州红河县垤玛乡牛红村委会腊约村
红河州河口县桥头乡桥头村委会白黑村
文山州广南县者兔乡妈村委会里夺村
文山州广南县者兔乡者兔村委会西牙村
文山州广南县者兔乡者妈村委会者妈村
文山州广南县者太乡未昔村委会上米哈村
文山州广南县者太乡未昔村委会下米哈村
大理州大理市湾桥镇中庄村委会古生村
大理州大理市银桥镇五里桥村委会沙栗木村
大理州大理市上关镇青索村委会
大理州漾濞县苍山西镇上街村委会
大理州宾川县宾居镇宾居村委会
大理州宾川县州城镇老赵村委会
大理州宾川县州城镇州城村委会
大理州宾川县鸡足山镇上沧村委会
大理州宾川县鸡足山镇沙址村委会寺前村
大理州宾川县平川镇朱苦拉村委会
大理州弥渡县牛街乡牛街村委会
大理州南涧县南涧镇南涧街居委会向阳村
大理州南涧县公郎镇沙乐村委会旧村
大理州南涧县宝华镇虎街村委会虎街村
大理州南涧县无量山镇红星村委会黑么苴村
大理州巍山县庙前镇盟石村委会山塔村
大理州巍山县永建镇永胜村委会回辉登村
大理州永平县水泄乡阿波村委会阿波寨村
大理州云龙县漕涧镇漕涧村委会

大理州云龙县诺邓镇和平村委会天井村
大理州云龙县诺邓镇象麓村委会大井村
大理州云龙县功果桥镇下坞村委会
大理州洱源县茈碧湖镇碧云村委会碧云村
大理州洱源县茈碧湖镇海口村委会梨园村
大理州洱源县邓川镇旧州村委会旧州村
大理州洱源县凤羽镇凤翔村委会
大理州剑川县金华镇庆华村委会
大理州剑川县金华镇桑岭村委会
大理州剑川县马登镇东华村委会
大理州剑川县马登镇西宅村委会
大理州剑川县马登镇新华村委会
大理州剑川县沙溪镇鳌凤村委会
大理州剑川县沙溪镇华龙村委会
大理州剑川县沙溪镇长乐村委会
大理州剑川县弥沙乡文新村委会横场村
大理州鹤庆县草海镇新华村委会
大理州鹤庆县金墩乡银河村委会金翅禾村
德宏州瑞丽市勐卯镇姐东村委会喊沙村
德宏州芒市勐戛镇勐戛村委会勐戛村
德宏州芒市风平镇风平村委会弄么村
德宏州盈江县支那乡支那村委会硝塘村
怒江州兰坪县通甸镇黄松村委会
迪庆州香格里拉县建塘镇红坡村委会霞给村
迪庆州香格里拉县尼西乡汤满村委会汤堆村
迪庆州香格里拉县格咱乡木鲁村委会
迪庆州德钦县佛山乡江坡村委会江坡村
迪庆州德钦县拖顶乡大村村委会
迪庆州德钦县霞若乡霞若村委会
迪庆州维西县塔城镇塔城村委会托洛顶村

二十四、西藏自治区(5 个)
拉萨市林周县江热夏乡连巴村
拉萨市尼木县吞巴乡吞达村
昌都地区洛隆县硕督镇硕督村
那曲地区尼玛县文部乡南村
林芝地区波密县玉普乡米堆村

二十五、陕西省(17 个)
宝鸡市麟游县酒房镇万家城村
渭南市合阳县同家庄镇南长益村
渭南市韩城市芝阳镇清水村
延安市黄龙县白马滩镇张峰村
汉中市宁强县青木川镇青木川村
榆林市绥德县四十里铺镇艾家沟村

榆林市绥德县满堂川乡常家沟村
榆林市绥德县满堂川乡郭家沟村
榆林市佳县康家港乡沙坪村
榆林市佳县峪口乡峪口村
榆林市佳县朱家坬镇泥河沟村
榆林市子洲县双湖峪镇张寨村
安康市石泉县后柳镇长兴村
安康市紫阳县向阳镇营梁村
安康市旬阳县赤岩镇七里村庙湾村
安康市旬阳县赤岩镇万福村
安康市旬阳县赤岩镇湛家湾村

二十六、甘肃省(2个)
白银市景泰县中泉乡三合村
白银市景泰县寺滩乡宽沟村

二十七、青海省(21个)
海东市互助土族自治县东沟乡洛少村
海东市互助土族自治县东沟乡年先村
海东市循化撒拉族自治县街子镇三兰巴海村
海东市循化撒拉族自治县街子镇团结村
黄南藏族自治州同仁县双朋西乡环主村
黄南藏族自治州同仁县双朋西乡宁他村
黄南藏族自治州同仁县双朋西乡双朋西村
黄南藏族自治州同仁县扎毛乡和日村
黄南藏族自治州同仁县黄乃亥乡日秀麻村
黄南藏族自治州同仁县曲库乎乡江龙农业村
黄南藏族自治州同仁县曲库乎乡木合沙村
黄南藏族自治州同仁县曲库乎乡索乃亥村

黄南藏族自治州同仁县年都乎乡尕沙日村
黄南藏族自治州同仁县加吾乡吉仓村
黄南藏族自治州尖扎县贾加乡贾加村
黄南藏族自治州尖扎县昂拉乡尖巴昂村
黄南藏族自治州尖扎县昂拉乡牙那东村
海南藏族自治州贵德县河西镇上刘屯村
果洛藏族自治州班玛县江日堂乡多日麻村
果洛藏族自治州班玛县灯塔乡班前村
玉树藏族自治州玉树市安冲乡拉则村

二十八、新疆维吾尔自治区(8个)
昌吉回族自治州木垒哈萨克自治县照壁山乡河坝沿村
昌吉回族自治州木垒哈萨克自治县西吉尔镇水磨沟村
昌吉回族自治州木垒哈萨克自治县西吉尔镇屯庄子村
昌吉回族自治州木垒哈萨克自治县英格堡乡街街子村
昌吉回族自治州木垒哈萨克自治县英格堡乡马场窝子村
昌吉回族自治州木垒哈萨克自治县英格堡乡英格堡村
昌吉回族自治州木垒哈萨克自治县英格堡乡月亮地村
和田地区民丰县萨勒吾则克乡喀帕克阿斯干村

(来源:住房城乡建设部等部门关于公布第三批列入中国传统村落名录的村落名单的通知建村〔2014〕168号)

全国重点镇名单

一、北京市(21个)
门头沟区潭柘寺镇、斋堂镇,**房山区**窦店镇、长沟镇、**通州区**潞县镇、永乐店镇、顺义区高丽营镇、赵全营镇,**昌平区**小汤山镇、北七家镇、南口镇、**大兴区**采育镇、庞各庄镇、**怀柔区**桥梓镇、汤河口镇、**平谷区**马坊镇、金海湖镇、**密云县**溪翁庄镇、太师屯镇、**延庆县**康庄镇、八达岭镇。

二、天津市(10个)
西青区中北镇、杨柳青镇、张家窝镇,**武清区**汉沽港镇,**宝坻区**大口屯镇、林亭口镇,**宁河县**潘庄镇,**静海县**静海镇、大邱庄镇,**蓟县**渔阳镇。

三、河北省(191个)
石家庄市井陉矿区贾庄镇,井陉县天长镇,正定县新城铺镇,栾城县冶河镇,行唐县口头镇、龙州镇,灵寿县慈峪镇,赞皇县赞皇镇,平山县温塘镇、南甸镇、西柏坡镇,元氏县殷村镇、南佐镇,赵县南柏舍镇,辛集市旧城镇、位伯镇、南智丘镇,藁城市兴安镇,晋州市总十庄镇,新乐市承安镇,鹿泉市铜冶镇、上庄镇，**唐山市**开平区双桥镇，丰南区黄各庄镇、丰润区新军屯镇、丰登坞镇、沙流河镇、乐亭县闫各庄镇、汀流河镇、姜各庄镇，迁西县洒河桥镇、三屯营镇，玉田县鸦鸿桥镇，遵化市马兰峪镇，迁安市建昌营镇、野鸡坨镇、沙河驿镇，**秦皇岛市**青龙满族自治县祖山镇、肖营子镇、大巫岚镇，昌黎县靖安镇、荒佃庄镇，抚宁县留守营镇，卢龙县刘田各庄镇、石门镇，**邯郸市**峰峰矿区大社镇、和村镇，临漳县柳园镇，成安县商城镇，涉县井店镇、更乐镇，肥乡县天台山镇，永年县大北汪镇，邱县邱城镇、梁二庄镇，鸡泽县双塔镇，馆陶县柴堡镇、魏僧寨镇，魏县双井镇、回隆镇，曲周县河南疃镇，武安市磁山镇、伯延镇、阳邑镇，**邢台市**邢台县将军墓镇、浆水镇，临城县临城镇、西竖镇，内丘县大孟村镇，隆尧县莲子镇镇，任县邢家湾镇，南和县郝桥镇，宁晋县大陆村镇，巨鹿县巨鹿镇、官亭镇，新河县新河镇，广宗县广宗镇，平乡县丰州镇、河古庙镇，威县洺州镇、七级镇，清河县连庄镇、王官庄镇，临西县河西镇，南宫市垂杨镇、段芦头镇，沙河市白塔镇、十里亭镇，**保定市**满城县南韩村镇，清苑县大庄镇，涞水县涞水镇、三坡镇，阜平县阜平镇，徐水县大王店镇，定兴县固城镇，唐县军城镇，高阳县庞口镇，望都县望都镇，安新县三台镇，易县易州镇，曲阳县灵山镇，蠡县留史镇，顺平县蒲阳镇，博野县小店镇，涿州市松林店镇，定州市清风店镇、李亲顾镇、开元镇，安国市伍仁桥镇，高碑店市方官镇、白沟镇，**张家口市**宣化县洋河南镇，张北县张北镇、二台镇，沽源县平定堡镇，尚义县南壕堑镇，蔚县蔚州镇、西合营镇、南留庄镇，阳原县西城镇、东城镇、化稍营镇，怀安县柴沟堡镇、左卫镇，万全县万全镇，涿鹿县河东镇，赤城县龙关镇，崇礼县西湾子镇、高家营镇，**承德市**承德县下板城镇、六沟镇、高寺台镇，兴隆县半壁山镇，平泉县平泉镇、黄土梁子镇、卧龙镇，滦平县滦平镇、巴克什营镇、张百湾镇，隆化县隆化镇、张三营镇、郭家屯镇，丰宁满族自治县大阁镇、凤山镇，宽城满族自治县峪耳崖镇、汤道河镇，围场满族蒙古族自治县围场镇、四合永镇、克勒沟镇，**沧州市**沧县旧州镇、兴济镇、杜生镇，青县马厂镇，东光县东光镇、连镇镇，海兴县苏基镇、辛集镇，盐山县千童镇，肃宁县尚村镇，南皮县乌马营镇，吴桥县铁城镇，献县淮镇镇，孟村回族自治县辛店镇，泊头市交河镇，任丘市鄚州镇，黄骅市南排河镇、吕桥镇，河间市米各庄镇，**廊坊市**香河县安平镇、五百户镇，大城县南

赵扶镇、留各庄镇，文安县左各庄镇，大厂回族自治县夏垫镇、祁各庄镇，霸州市信安镇、堂二里镇、胜芳镇，三河市燕郊镇，**衡水市**枣强县大营镇，武邑县武邑镇、清凉店镇，武强县武强镇、周家窝镇，饶阳县大尹村镇，故城县建国镇，景县龙华镇，阜城县古城镇、霞口镇，冀州市南午村镇，深州市前磨头镇。

四、山西省(138个)

太原市清徐县徐沟镇、东于镇，娄烦县静游镇，古交市河口镇、镇城底镇、马兰镇，**大同市**南郊区古店镇，新荣区新荣镇，阳高县龙泉镇，天镇县玉泉镇，广灵县壶泉镇，灵丘县武灵镇，浑源县永安镇、西坊城镇，**阳泉市**郊区荫营镇，平定县冶西镇、娘子关镇，盂县南娄镇、西烟镇，**长治市**长治县苏店镇、荫城镇，襄垣县下良镇，屯留县渔泽镇，壶关县龙泉镇，长子县大堡头镇，武乡县洪水镇、蟠龙镇，沁源县郭道镇，潞城市店上镇，**晋城市**城区北石店镇，沁水县中村镇、端氏镇、嘉峰镇，阳城县北留镇、润城镇，陵川县崇文镇、礼义镇、附城镇，泽州县周村镇、巴公镇，高平市三甲镇、河西镇、马村镇，**朔州市**朔城区神头镇，平鲁区凤凰城镇，山阴县玉井镇、北周庄镇、古城镇，应县南河种镇，右玉县右卫镇，怀仁县金沙滩镇，**晋中市**榆次区东阳镇，榆社县云簇镇，左权县麻田镇，和顺县李阳镇，昔阳县大寨镇，寿阳县宗艾镇，太谷县胡村镇，祁县东观镇，平遥县段村镇、洪善镇，灵石县静升镇、两渡镇、南关镇，介休市义安镇、张兰镇，**运城市**盐湖区解州镇，临猗县临晋镇、孙吉镇，万荣县汉薛镇、荣河镇，闻喜县东镇镇，稷山县西社镇、翟店镇，新绛县泽掌镇，绛县横水镇、陈村镇，垣曲县历山镇，夏县水头镇、泗交镇，平陆县张店镇，芮城县陌南镇，永济市卿头镇、蒲州镇，河津市樊村镇、僧楼镇，**忻州市**忻府区奇村镇、豆罗镇，定襄县河边镇、宏道镇，五台县台怀镇、东冶镇，代县阳明堡镇、峨口镇，繁峙县砂河镇，宁武县东寨镇，静乐县鹅城镇，神池县龙泉镇，五寨县砚城镇、三岔镇，岢岚县岚漪镇、三井镇，河曲县文笔镇、楼子营镇，保德县杨家湾镇，原平市崞阳镇、轩岗镇，**临汾市**尧都区刘村镇，曲沃县曲村镇，翼城县南梁镇、里砦镇，襄汾县汾城镇、古城镇，洪洞县广胜寺镇、赵城镇，吉县吉昌镇、屯里镇，乡宁县管头镇，大宁县昕水镇，永和县芝河镇，蒲县黑龙关镇，汾西县永安镇，霍州市大张镇，**吕梁市**离石区信义镇，文水县开栅镇、刘胡兰镇，

临县三交镇，石楼县灵泉镇，岚县普明镇，方山县圪洞镇，中阳县枝柯镇，交口县水头镇、康城镇、双池镇，孝义市下堡镇、高阳镇、梧桐镇，汾阳市杏花村镇。

五、内蒙古自治区(143个)

呼和浩特市新城区保合少镇，土默特左旗察素齐镇、毕克齐镇，托克托县双河镇、新营子镇，和林格尔县城关镇、盛乐镇，清水河县喇嘛湾镇、城关镇，武川县可可以力更镇，包头市东河区河东镇、沙尔沁镇，石拐区五当召镇，九原区麻池镇、哈业胡同镇、哈林格尔镇，土默特右旗萨拉齐镇，固阳县金山镇，达尔罕茂明安联合旗百灵庙镇、满都拉镇，乌海市海南区公乌素镇，**赤峰市**元宝山区元宝山镇、美丽河镇，松山区初头朗镇、太平地镇，阿鲁科尔沁旗天山镇，巴林左旗林东镇、碧流台镇，巴林右旗大板镇，林西县林西镇，克什克腾旗经棚镇、同兴镇，翁牛特旗乌丹镇、乌敦套海镇，喀喇沁旗锦山镇，宁城县天义镇、八里罕镇，敖汉旗新惠镇、四家子镇、长胜镇、下洼镇，**通辽市**科尔沁区大林镇、余粮堡镇、木里图镇，科尔沁左翼中旗舍伯吐镇，科尔沁左翼后旗金宝屯镇、吉尔嘎朗镇、甘旗卡镇，开鲁县开鲁镇、小街基镇，库伦旗库伦镇、扣河子镇，奈曼旗大沁他拉镇、八仙筒镇，扎鲁特旗鲁北镇、黄花山镇，**鄂尔多斯市**东胜区罕台镇，达拉特旗树林召镇，准格尔旗薛家湾镇、沙圪堵镇，鄂托克前旗敖勒召其镇、上海庙镇，鄂托克旗乌兰镇、棋盘井镇，杭锦旗锡尼镇，乌审旗嘎鲁图镇，伊金霍洛旗阿勒腾席热镇、札萨克镇、乌兰木伦镇，**呼伦贝尔市**海拉尔区奋斗镇、哈克镇，阿荣旗那吉镇、亚东镇，莫力达瓦达斡尔族自治旗尼尔基镇，鄂伦春自治旗阿里河镇、大杨树镇，鄂温克族自治旗巴彦托海镇、大雁镇，陈巴尔虎旗巴彦库仁镇，新巴尔虎左旗阿木古郎镇，新巴尔虎右旗阿拉坦额莫勒镇，牙克石市免渡河镇、乌尔其汉镇，扎兰屯市蘑菇气镇、成吉思汗镇、柴河镇，额尔古纳市莫尔道嘎镇，根河市满归镇、得耳布尔镇，**巴彦淖尔市**临河区干召庙镇，五原县隆兴昌镇、天吉泰镇，磴口县巴彦高勒镇，乌拉特前旗乌拉山镇、大佘太镇，乌拉特中旗海流图镇，乌拉特后旗巴音宝力格镇、呼和温都尔镇，杭锦后旗三道桥镇、陕坝镇，**乌兰察布市**集宁区白海子镇，卓资县卓资山镇、旗下营镇，化德县长顺镇，商都县七台镇，兴和县城关镇，凉城县岱海镇，察哈尔右翼前旗平地泉镇、玫瑰营镇，察哈尔右翼中旗科布尔镇，察哈尔右翼后旗土牧尔台镇、红格尔图镇、白音察干镇，四子王旗乌兰花镇，**兴安盟**乌兰浩特市义勒力特镇，阿尔山市五岔沟镇，科尔沁右翼前旗察尔森镇、科尔沁镇，科尔沁右翼中旗巴彦呼舒镇、高力板镇，扎赉特旗音德尔镇、新林镇、巴彦高勒镇，突泉县突泉镇、六户镇，**锡林郭勒盟**阿巴嘎旗别力古台镇，苏尼特左旗满都拉图镇，苏尼特右旗赛汉塔拉镇，东乌珠穆沁旗乌里雅斯太镇、巴彦胡硕镇，西乌珠穆沁旗巴拉嘎尔高勒镇、太仆寺旗宝昌镇，镶黄旗新宝拉格镇，正镶白旗明安图镇，正蓝旗上都镇，多伦县多伦淖尔镇，**阿拉善盟**阿拉善左旗巴彦浩特镇、嘉尔嘎勒赛汉镇、吉兰泰镇、乌斯太镇、敖伦布拉格镇，阿拉善右旗巴丹吉林镇，额济纳旗达来呼布镇。

六、辽宁省(88个)

沈阳市辽中县茨榆坨镇、杨士岗镇，康平县张强镇、郝官屯镇，法库县大孤家子镇、柏家沟镇，新民市前当堡镇、大民屯镇，**大连市**长海县獐子岛镇，瓦房店市复州城镇、谢屯镇、老虎屯镇，普兰店市安波镇，庄河市青堆镇、大郑镇，**鞍山市**台安县黄沙坨镇、高力房镇，岫岩满族自治县偏岭镇，海城市南台镇、腾鳌镇、牛庄镇，**抚顺市**抚顺县后安镇、救兵镇，新宾满族自治县永陵镇、南杂木镇，清原满族自治县红透山镇、草市镇，**本溪市**本溪满族自治县草河口镇、田师傅镇，桓仁满族自治县二棚甸子镇、华来镇，**丹东市**宽甸满族自治县灌水镇、永甸镇，东港市孤山镇、前阳镇、北井子镇，凤城市赛马镇、通远堡镇、青城子镇，**锦州市**黑山县新立屯镇、八道壕镇，义县七里河镇，凌海市双羊镇，北镇市沟帮子镇，**营口市**鲅鱼圈区熊岳镇，盖州市九寨镇、双台镇，大石桥市水源镇、高坎镇、汤池镇，**阜新市**阜新蒙古族自治县东梁镇、泡子镇，彰武县哈尔套镇，**辽阳市**辽阳县刘二堡镇、寒岭镇，灯塔市佟二堡镇，**盘锦市**大洼县田家镇、新兴镇、唐家镇，盘山县高升镇、胡家镇，**铁岭市**铁岭县新台子镇、腰堡镇，西丰县郜家店镇，昌图县八面城镇、宝力镇、下二台镇，调兵山市晓南镇，开原市庆云堡镇、八宝镇、靠山镇，**朝阳市**朝阳县波罗赤镇、瓦房子镇，建平县黑水镇、沙海镇，喀喇沁左翼蒙古族自治县南公营子镇、公营子镇，北票市宝国老镇、东官营镇，凌源市三十家子镇、刀尔登镇，**葫芦岛市**连山区钢屯镇，南票区高桥镇，绥中县前所镇、前卫镇，建昌县八家子镇，兴城市沙后所镇、徐大堡镇。

七、吉林省(81个)

长春市宽城区兴隆山镇，朝阳区乐山镇，绿园区合心镇，双阳区鹿乡镇，农安县合隆镇，九台市龙嘉镇、卡伦湖镇、其塔木镇，榆树市五棵树镇、于家镇，德惠市朱城子镇、天台镇、米沙子镇，**吉林市**龙潭区乌拉街满族镇，船营区搜登站镇，蛟河市天岗镇、白石山镇，桦甸市夹皮沟镇、红石砬子镇，舒兰市平安镇，磐石市烟筒山镇、明城镇、红旗岭镇，**四平市**铁东区叶赫满族镇，梨树县郭家店镇、十家堡镇，伊通满族自治县伊丹镇、大孤山镇、营城子镇，公主岭市范家屯镇、大岭镇、怀德镇，双辽市茂林镇、双山镇、王奔镇，**辽源市**东丰县横道河镇，东辽县渭津镇、建安镇，**通化市**东昌区金厂镇，二道江区五道江镇，通化县二密镇、英额布镇，辉南县辉南镇、金川镇，梅河口市山城镇，集安市清河镇、太王镇，**白山市**抚松县松江河镇、泉阳镇，靖宇县靖宇镇，临江市桦树镇、六道沟镇，**松原市**前郭尔罗斯蒙古族自治县长山镇、王府站镇，长岭县太平川镇、太平山镇，**扶余市**三井子镇，**白城市**洮北区岭下镇、林海镇、到保镇，镇赉县镇赉镇、坦途镇、大屯镇，通榆县开通镇、瞻榆镇，洮南市万宝镇、福顺镇，大安市安广镇、舍力镇，**延边朝鲜族自治州**延吉市朝阳川镇，图们市石岘镇，敦化市大石头镇、官地镇、江南镇，珲春市敬信镇，龙井市东盛涌镇，汪清县百草沟镇、汪清镇，安图县明月镇、松江镇、二道白河镇。

八、黑龙江省(115个)

哈尔滨市道里区新发镇、新农镇，南岗区王岗镇，阿城区平山镇、料甸镇，双城区周家镇、五家镇，依兰县达连河镇，宾县宾西镇，巴彦县兴隆镇、西集镇，洼兴镇，木兰县东兴镇，通河县浓河镇，延寿县延寿镇、中和镇，尚志市一面坡镇、亚布力镇、帽儿山镇，五常市拉林满族镇、山河镇、牛家满族镇，**齐齐哈尔市**梅里斯达斡尔族区雅尔塞镇，龙江县龙江镇、景星镇，泰来县泰来镇、江桥镇，甘南县兴十四镇，富裕县富裕镇，克山县北联镇，克东县宝泉镇，拜泉县三道镇，讷河市拉哈镇，**鸡西市**鸡东县鸡东镇、向阳镇，虎林市虎林镇、虎头镇，密山市连珠山镇，**鹤岗市**兴安区红旗镇，东山区新华镇，萝北县名山镇，绥滨县绥东镇、忠仁镇，**双鸭山市**集贤县集贤镇、升昌镇，宝清县七星泡镇、青原镇，**大庆市**肇源县三站镇、新站镇，杜尔伯特蒙古族自治县泰康镇，**佳木斯市**东风区建国镇，郊区莲江口镇，桦南县土龙山镇，桦川县新城镇，汤原县鹤立镇，抚远县抚远镇、寒葱沟镇，富锦市二龙山镇，**七台河市**勃利县大四站镇，**牡丹江市**阳明区铁岭镇、磨刀石镇，西安区温春镇，东宁县绥阳镇，林口县刁翎镇、柳树镇，绥芬河市绥芬河镇、阜宁镇，海林市长汀镇、横道镇、柴河镇，宁安市东京城镇、渤海镇，穆棱市下城子镇、马桥河镇、兴源镇，**黑河市**爱辉区西岗子镇、爱辉镇、罕达汽镇，嫩江县多宝山镇，孙吴县孙吴镇，北安市通北镇、赵光镇，五大连池市五大连池镇，**绥化市**北林区宝山镇、西长发镇、四方台镇、张维镇，望奎县卫星镇、火箭镇，兰西县兰西镇、榆林镇、临江镇，青冈县祯祥镇、民政镇，庆安县民乐镇、平安镇，明水县永兴镇、通达镇，绥棱县四海店镇、双岔河镇，安达市任民镇、升平镇、卧里屯，肇东市昌五镇、宋站镇、五站镇，海伦市海北镇、伦河镇、共合镇，**大兴安岭地区**松岭区小扬气镇，呼玛县呼玛镇，塔河县塔河镇、古驿镇，漠河县西林吉镇、北极镇。

九、上海市(22个)

闵行区浦江镇，宝山区罗店镇，**嘉定区**南翔镇、安亭镇，**浦东新区**川沙新镇、高桥镇、惠南镇、周浦镇、新场镇、航头镇，**金山区**朱泾镇、枫泾镇、亭林镇，**松江区**泗泾镇、车墩镇，**青浦区**朱家角镇、华新镇，**奉贤区**奉城镇、庄行镇、青村镇，**崇明县**陈家镇、长兴镇。

十、江苏省(96个)

南京市六合区竹镇镇，高淳区桠溪镇，溧水区白马镇，**无锡市**惠山区洛社镇，宜兴市官林镇、和桥镇，**徐州市**铜山区大许镇、利国镇，丰县欢口镇，沛县龙固镇，睢宁县双沟镇、李集镇，新沂市草桥镇、马陵山镇，邳州市碾庄镇、铁富镇，**常州市**新北区孟河镇，溧阳市南渡镇、社渚镇，金坛市儒林镇、薛埠镇，**苏州市**吴中区甪直镇，吴江区震泽镇，常熟市海虞镇、沙家浜镇，昆山市巴城镇，太仓市浏河镇，**南通市**海安县曲塘镇、李堡镇，如东县栟茶镇、岔河镇，启东市吕四港镇、寅阳镇，如皋市白蒲镇、搬经镇，海门市三星镇、包场镇，**连云港市**海州区板浦镇，赣榆区柘汪镇、海头镇，东海县白塔埠镇、桃林镇，灌云县杨集镇、燕尾港镇，灌南县堆沟港镇、汤沟镇，**淮安市**淮安区车桥镇、钦工镇，淮阴区徐溜镇、渔沟镇，涟水县高沟镇、红窑镇，洪泽县岔河镇，盱眙县马坝镇，金湖县银集镇，**盐城市**亭湖区盐东镇，盐都区大冈镇、大纵湖镇，响水县陈家港镇，滨海县八滩镇，阜宁县益林镇，射阳县临海镇、黄沙港镇，建湖县九龙口镇、上冈镇，东台市安丰镇、弶港镇，大丰市刘庄镇，**扬州市**江都区小纪镇、邵伯镇，宝应县范水镇、曹甸镇，仪征市大仪镇、月塘镇，高邮市三垛镇、临泽镇、菱塘回族乡，**镇江市**丹阳市皇塘镇、丹北镇，句容市下蜀镇、茅山镇，**泰州市**姜堰区白米镇、溱潼镇，兴化市安丰镇、戴南镇，靖江市新桥镇，泰兴市黄桥镇、虹桥镇，**宿迁市**宿城区龙河镇，宿豫区来龙镇，沭阳县马厂镇、贤官镇，泗阳县王集镇、新袁镇，泗洪县双沟镇、界集镇。

十一、浙江省（137 个）

杭州市萧山区临浦镇、瓜沥镇，余杭区塘栖镇、瓶窑镇，桐庐县富春江镇、横村镇、分水镇，淳安县汾口镇，建德市乾潭镇、梅城镇、寿昌镇，富阳市新登镇、大源镇、场口镇，临安市於潜镇、昌化镇，**宁波市**江北区慈城镇，镇海区澥浦镇、九龙湖镇，鄞州区集士港镇、鄞江镇、姜山镇，象山县石浦镇、西周镇、贤庠镇，宁海县岔路镇、西店镇、深甽镇，余姚市泗门镇、陆埠镇、梁弄镇，慈溪市龙山镇、观海卫镇、周巷镇，奉化市溪口镇、莼湖镇、松岙镇，**温州市**鹿城区藤桥镇，洞头县大门镇，永嘉县桥头镇，平阳县鳌江镇，苍南县灵溪镇、龙港镇，文成县大峃镇，泰顺县雅阳镇，瑞安市塘下镇、陶山镇、马屿镇，乐清市柳市镇、虹桥镇，**嘉兴市**南湖区余新镇，秀洲区王江泾镇、油车港镇、王店镇，嘉善县西塘镇、姚庄镇，海盐县百步镇，海宁市长安镇，平湖市新埭镇、新仓镇，桐乡市濮院镇、洲泉镇、崇福镇，**湖州市**吴兴区织里镇、埭溪镇，南浔区南浔镇、练市镇，德清县武康镇、新市镇，长兴县泗安镇、和平镇、煤山镇，安吉县梅溪镇、孝丰镇、天子湖镇，**绍兴市**柯桥区齐贤镇、钱清镇，上虞区丰惠镇、崧厦镇，新昌县儒岙镇，诸暨市大唐镇、店口镇、枫桥镇，嵊州市甘霖镇、长乐镇，**金华市**金东区孝顺镇，武义县桐琴镇，浦江县黄宅镇、郑宅镇，磐安县安文镇，兰溪市游埠镇，义乌市佛堂镇、上溪镇、苏溪镇，东阳市巍山镇、横店镇、南马镇，永康市古山镇、芝英镇，**衢州市**柯城区航埠镇，衢江区莲花镇、廿里镇，常山县球川镇，开化县华埠镇，龙游县湖镇镇、溪口镇，江山市贺村镇、峡口镇，**舟山市**定海区金塘镇、白泉镇，普陀区六横镇，岱山县高亭镇，嵊泗县菜园镇，**台州市**黄岩区院桥镇，路桥区金清镇、蓬街镇，玉环县楚门镇，三门县健跳镇、浦坝港镇，天台县平桥镇，仙居县白塔镇、下各镇，温岭市泽国镇、大溪镇、松门镇，临海市白水洋镇、杜桥镇、桃渚镇，**丽水市**莲都区碧湖镇，青田县温溪镇、船寮镇，缙云县壶镇镇、新建镇，遂昌县石练镇，松阳县古市镇，庆元县竹口镇，龙泉市八都镇。

十二、安徽省（127 个）

合肥市长丰县吴山镇、下塘镇，肥东县撮镇镇、长临河镇，肥西县三河镇、花岗镇，庐江县汤池镇、泥河镇，巢湖市柘皋镇、黄麓镇，**芜湖市**鸠江区二坝镇，芜湖县六郎镇，繁昌县荻港镇、孙村镇，南陵县弋江镇、许镇镇，无为县高沟镇、石涧镇，**蚌埠市**淮上区曹老集镇，怀远县河溜镇、常坟镇，五河县新集镇、双忠庙镇，固镇县任桥镇，**淮南市**大通区上窑镇，凤台县新集镇、毛集镇，**马鞍山市**博望区博望镇，当涂县黄池镇、石桥镇，含山县运漕镇、林头镇，和县乌江镇，**淮北市**杜集区朔里镇，濉溪县百善镇，**铜陵市**郊区大通镇，铜陵县钟鸣镇，**安庆市**宜秀区杨桥镇，怀宁县石牌镇、月山镇，枞阳县陈瑶湖镇、横埠镇，潜山县源潭镇、黄铺镇，太湖县徐桥镇，宿松县复兴镇、汇口镇，望江县鸦滩镇、长岭镇，岳西县店前镇、黄尾镇，桐城市新渡镇、孔城镇，**黄山市**屯溪区屯光镇，黄山区汤口镇，徽州区呈坎镇，歙县深渡镇、王村镇，休宁县溪口镇，黟县宏村镇，祁门县金字牌镇，**滁州市**南谯区沙河镇，来安县半塔镇、汊河镇，全椒县古河镇，定远县炉桥镇、藕塘镇，凤阳县临淮关镇、板桥镇，天长市铜城镇、秦栏镇，明光市女山湖镇、潘村镇，**阜阳市**颍州区程集镇，颍东区插花镇，颍泉区宁老庄镇，临泉县杨桥镇，太和县李兴镇、三堂镇，阜南县黄岗镇，颍上县迪沟镇，界首市光武镇、泉阳镇，**宿州市**埇桥区符离镇，砀山县李庄镇、周寨镇，萧县黄口镇、张庄寨镇，灵璧县渔沟镇、冯庙镇，泗县大庄镇，**六安市**金安区张店镇、毛坦厂镇，裕安区苏埠镇、独山镇，寿县堰口镇，霍邱县姚李镇、叶集镇，舒城县万佛湖镇、杭埠镇，金寨县天堂寨镇，霍山县大化坪镇，**亳州市**谯城区古井镇、十八里镇，涡阳县高炉镇，蒙城县许疃镇，利辛县阚疃镇，**池州市**贵池区殷汇镇、牛头山镇，东至县东流镇、大渡口镇，石台县七都镇，青阳县木镇镇、朱备镇、陵阳镇，**宣城市**宣州区水阳镇、狸桥镇，郎溪县梅渚镇、十字镇，广德县邱村镇、新杭镇，泾县茂林镇、榔桥镇，绩溪县临溪镇，旌德县白地镇，宁国市港口镇、中溪镇。

十三、福建省(91 个)

福州市闽侯县青口镇、荆溪镇,连江县琯头镇、平潭县流水镇,闽清县坂东镇,永泰县嵩口镇,福清市龙田镇、高山镇,长乐市金峰镇,**莆田市**城厢区华亭镇,涵江区江口镇,荔城区黄石镇、西天尾镇,秀屿区埭头镇,仙游县榜头镇,**三明市**宁化县湖村镇,尤溪县洋中镇、西城镇,沙县夏茂镇,将乐县水南镇,泰宁县朱口镇,永安市小陶镇,**泉州市**泉港区前黄镇,惠安县崇武镇,安溪县湖头镇、龙门镇,永春县蓬壶镇、五里街镇,德化县浔中镇、三班镇,石狮市祥芝镇、永宁镇,晋江市安海镇、东石镇、金井镇,南安市仑苍镇、官桥镇、水头镇,**漳州市**芗城区芝山镇,云霄县火田镇、莆美镇,诏安县四都镇、霞葛镇,长泰县岩溪镇,东山县铜陵镇、杏陈镇,南靖县靖城镇,平和县山格镇、坂仔镇,龙海市海澄镇、龙海市角美镇,**南平市**顺昌县埔上镇,浦城县富岭镇、仙阳镇,光泽县止马镇,松溪县渭田镇,政和县石屯镇,邵武市拿口镇、和平镇,建瓯市徐墩镇,**龙岩市**新罗区雁石镇、适中镇,长汀县新桥镇、河田镇,永定县下洋镇、坎市镇、湖坑镇,上杭县古田镇、才溪镇,武平县中山镇、岩前镇、十方镇,连城县朋口镇、姑田镇、新泉镇,漳平市新桥镇、永福镇、溪南镇,**宁德市**蕉城区霍童镇,霞浦县牙城镇、三沙镇,古田县黄田镇,屏南县双溪镇、长桥镇,寿宁县南阳镇、犀溪镇,周宁县七步镇,福安市穆阳镇,福鼎市太姥山镇、店下镇、前岐镇。

十四、江西省(124 个)

南昌市湾里区梅岭镇,南昌县向塘镇、蒋巷镇,新建县樵舍镇、西山镇,安义县石鼻镇,进贤县温圳镇、李渡镇、文港镇,**景德镇市**昌江区鲇鱼山镇,浮梁县蛟潭镇,乐平市涌山镇、众埠镇,**萍乡市**安源区安源镇,湘东区下埠镇,莲花县琴亭镇、坊楼镇,上栗县桐木镇,芦溪县上埠镇,**九江市**庐山区新港镇、姑塘镇,九江县港口街镇,武宁县鲁溪镇,修水县太阳升镇、渣津镇,永修县虬津镇,德安县丰林镇,星子县温泉镇,都昌县三汊港镇、蔡岭镇,湖口县流泗镇,瑞昌市码头镇,共青城市甘露镇,**新余市**渝水区罗坊镇、水西镇,分宜县杨桥镇、双林镇,**鹰潭市**余江县锦江镇,贵溪市塘湾镇、罗河镇、上清镇,**赣州市**章贡区潭口镇,南康区唐江镇、横市镇,赣县江口镇、南塘镇,信丰县大塘埠镇,大余县新城镇,上犹县营前镇、黄埠镇,崇义县过埠镇,安远县版石镇,龙南县杨村镇,定南县天九镇,

全南县金龙镇,宁都县梅江镇、长胜镇、黄陂镇,于都县禾丰镇、岭背镇,兴国县潋江镇、高兴镇,会昌县文武坝镇、麻州镇,寻乌县南桥镇、澄江镇,石城县小松镇,瑞金市壬田镇,吉安市吉州区樟山镇、长塘镇,青原区值夏镇,吉安县敦厚镇、永和镇,吉水县八都镇,峡江县巴邱镇,新干县大洋洲镇,永丰县藤田镇,遂川县泉江镇、雩田镇,万安县芙蓉镇,安福县洲湖镇,永新县澧田镇,井冈山市龙市镇,**宜春市**袁州区西村镇、温汤镇、三阳镇,奉新县干洲镇,万载县株潭镇,上高县泗溪镇,宜丰县潭山镇,靖安县宝峰镇,铜鼓县大塅镇,丰城市曲江镇、上塘镇,樟树市临江镇,高安市八景镇、石脑镇,**抚州市**临川区唱凯镇,南城县株良镇,黎川县日峰镇,南丰县白舍镇,乐安县鳌溪镇,宜黄县凤冈镇,金溪县浒湾镇,资溪县高阜镇,东乡县詹圩镇,广昌县驿前镇,**上饶市**信州区沙溪镇,上饶县皂头镇,广丰县五都镇、洋口镇,玉山县临湖镇,铅山县永平镇,横峰县岑阳镇、葛源镇,弋阳县漆工镇,余干县瑞洪镇、黄金埠镇,鄱阳县鄱阳镇、田畈街镇、谢家滩镇,万年县梓埠镇,婺源县江湾镇,德兴市泗洲镇。

十五、山东省(207 个)

济南市历城区柳埠镇,长清区归德镇、万德镇,平阴县东阿镇、孔村镇,济阳县曲堤镇、崔寨镇,商河县玉皇庙镇、贾庄镇,章丘市普集镇、刁镇,**青岛市**黄岛区泊里镇,平度市南村镇、明村镇、新河镇,胶州市李哥庄镇、铺集镇、胶莱镇,即墨市蓝村镇、田横镇,莱西市姜山镇、南墅镇、店埠镇,**淄博市**淄川区昆仑镇、双杨镇,张店区中埠镇,博山区白塔镇、八陡镇,临淄区凤凰镇、金山镇,周村区王村镇,桓台县起凤镇、马桥镇,高青县青城镇、常家镇,沂源县东里镇、南鲁山镇,**枣庄市**市中区税郭镇,薛城区邹坞镇、陶庄镇,峄城区古邵镇、榴园镇,台儿庄区涧头集镇,山亭区桑村镇、城头镇、北庄镇,滕州市滨湖镇、级索镇、西岗镇,**东营市**东营区史口镇,河口区仙河镇,垦利县胜坨镇,利津县陈庄镇、盐窝镇,广饶县大王镇、稻庄镇,**烟台市**牟平区龙泉镇,长岛县砣矶镇,龙口市北马镇、诸由观镇,莱阳市姜疃镇,莱州市朱桥镇、沙河镇,蓬莱市大辛店镇、北沟镇,招远市辛庄镇、蚕庄镇,栖霞市桃村镇、臧家庄镇,海阳市徐家店镇、辛安镇,**潍坊市**临朐县冶源镇、辛寨镇,昌乐县鄌郚镇、红河镇,青州市邵庄镇、弥河镇,诸城市昌城镇、辛兴镇,寿光市侯镇、羊口镇,安丘市

凌河镇、景芝镇，高密市夏庄镇、姜庄镇，昌邑市柳疃镇、饮马镇，**济宁市**任城区长沟镇，兖州区大安镇，微山县欢城镇，鱼台县张黄镇，金乡县胡集镇，嘉祥县梁宝寺镇，汶上县康驿镇，泗水县泉林镇、金庄镇，梁山县拳铺镇、杨营镇，曲阜市姚村镇、陵城镇，邹城市城前镇、太平镇，**泰安市**泰山区邱家店镇，岱岳区山口镇、满庄镇、大汶口镇，宁阳县磁窑镇、华丰镇，东平县银山镇，新泰市翟镇、楼德镇、西张庄镇，肥城市石横镇、边院镇、汶阳镇，**威海市**环翠区张村镇、温泉镇、苘山镇，文登区宋村镇，荣成市俚岛镇、成山，乳山市海阳所镇、白沙滩镇，**日照市**东港区南湖镇、河山镇，岚山区巨峰镇、碑廓镇，五莲县街头镇、潮河镇，莒县招贤镇、夏庄镇，**莱芜市**莱城区口镇、羊里镇、牛泉镇，钢城区颜庄镇，**临沂市**兰山区义堂镇，罗庄区褚墩镇，河东区郑旺镇，沂南县青驼镇、大庄镇，郯城县马头镇、李庄镇，沂水县马站镇，兰陵县兰陵镇、尚岩镇，费县上冶镇、探沂镇，平邑县仲村镇、地方镇，莒南县大店镇、板泉镇，蒙阴县垛庄镇，临沭县蛟龙镇、青云镇，**德州市**德城区二屯镇，陵县糜镇，宁津县柴胡店镇，庆云县尚堂镇，临邑县德平镇，齐河县赵官镇、潘店镇，平原县恩城镇，夏津县双庙镇，武城县老城镇、鲁权屯镇，乐陵市朱集镇，禹城市房寺镇，**聊城市**东昌府区堂邑镇、郑家镇，阳谷县石佛镇，莘县朝城镇、古云镇，茌平县博平镇，东阿县姜楼镇，冠县柳林镇，高唐县清平镇，临清市烟店镇，**滨州市**滨城区三河湖镇，惠民县胡集镇、李庄镇，阳信县河流镇，无棣县埕口镇、马山子镇，沾化县冯家镇，博兴县兴福镇、陈户镇，邹平县长山镇、魏桥镇、韩店镇，**菏泽市**牡丹区沙土镇、吕陵镇，曹县庄寨镇、青堌集镇，单县郭村镇、黄岗镇、浮岗镇，成武县大田集镇、汶上集镇，巨野县龙堌镇、大谢集镇，郓城县黄安镇、随官屯镇，鄄城县郑营镇，定陶县陈集镇、冉堌镇，东明县武胜桥镇、菜园集镇。

十六、河南省（203个）

郑州市中牟县雁鸣湖镇，荥阳市广武镇、崔庙镇、贾峪镇，新密市超化镇、大隗镇，新郑市辛店镇、薛店镇，登封市告成镇、大冶镇，**开封市**杞县圉镇镇，通许县四所楼镇，尉氏县洧川镇，开封县朱仙镇，**洛阳市**孟津县会盟镇、麻屯镇，新安县磁涧镇，栾川县潭头镇、三川镇、陶湾镇，嵩县城关镇、田湖镇、车村镇，汝阳县小店镇，宜阳县三乡镇，洛宁县河底镇，伊川县鸣皋镇，偃师市顾县镇、

平顶山市宝丰县石桥镇，叶县任店镇、常村镇，鲁山县下汤镇，郏县冢头镇、安良镇、黄道镇，舞钢市尚店镇、尹集镇，**安阳市**安阳县水冶镇、铜冶镇，汤阴县宜沟镇，内黄县城关镇、井店镇，林州市临淇镇、姚村镇，**鹤壁市**山城区石林镇，浚县新镇镇、王庄镇，淇县北阳镇、西岗镇，**新乡市**凤泉区大块镇，新乡县七里营镇、古固寨镇，获嘉县中和镇、亢村镇，原阳县福宁集镇，延津县东屯镇，封丘县黄陵镇、黄德镇，卫辉市后河镇、唐庄镇，辉县市孟庄镇、冀屯镇、吴村镇，**焦作市**修武县七贤镇、郇封镇，博爱县月山镇，武陟县詹店镇、西陶镇，温县赵堡镇，沁阳市西向镇，**濮阳市**清丰县仙庄镇，南乐县城关镇、韩张镇，范县濮城镇、王楼镇，台前县侯庙镇、马楼镇，濮阳县柳屯镇、文留镇，**许昌市**许昌县五女店镇、灵井镇，鄢陵县陈化店镇，襄城县紫云镇，禹州市神垕镇、褚河镇，长葛市后河镇、石固镇、大周镇，**漯河市**召陵区召陵镇，舞阳县北舞渡镇，临颍县杜曲镇、繁城回族镇，**三门峡市**渑池县张村镇，陕县西张村镇、观音堂镇，卢氏县城关镇、官道口镇，灵宝市朱阳镇、豫灵镇，**南阳市**宛城区红泥湾镇，卧龙区蒲山镇，南召县云阳镇、皇路店镇、南河店镇，方城县博望镇、赵河镇、广阳镇，西峡县双龙镇，镇平县石佛寺镇、贾宋镇，内乡县马山口镇，淅川县荆紫关镇、丹阳镇，社旗县饶良镇，唐河县毕店镇，新野县歪子镇，桐柏县埠江镇、安棚镇，**商丘市**梁园区谢集镇，睢阳区坞墙镇，民权县北关镇、孙六镇，睢县城关回族镇、蓼堤镇，宁陵县石桥镇，柘城县城关镇、胡襄镇，虞城县杜集镇、利民镇，夏邑县城关镇、会亭镇，**信阳市**浉河区东双河镇，平桥区明港镇，罗山县灵山镇，光山县马畈镇、白雀园镇，新县新集镇、沙窝镇，商城县上石桥镇、余集镇、达权店镇，潢川县傅店镇，淮滨县马集镇、防胡镇，息县夏庄镇、曹黄林镇，**周口市**扶沟县白潭镇，西华县逍遥镇、聂堆镇、奉母镇，商水县固墙镇、谭庄镇，沈丘县槐店回族镇、付井镇，郸城县汲冢镇、宁平镇，淮阳县四通镇、新站镇，太康县常营镇、老冢镇，项城市高寺镇、秣陵镇，**驻马店市**驿城区蚁蜂镇，西平县权寨镇、出山镇，上蔡县黄埠镇、朱里镇，平舆县射桥镇、西洋店镇，正阳县真阳镇，确山县竹沟镇、留庄镇，泌阳县官庄镇，汝南县老君庙镇，遂平县阳丰镇、嵖岈山镇，济源市克井镇、承留镇、坡头镇，**省直辖县级行政单位**巩义市米河镇、竹林镇、回郭镇，兰考县堌阳镇、南彰镇、张君墓镇，汝州市寄料镇、临汝镇、小屯镇，滑县城关镇、留

固镇、牛屯镇、长垣县丁栾镇、恼里镇、邓州市穰东镇、赵集镇、构林镇，永城市芒山镇、酂城镇，固始县陈淋子镇、黎集镇，鹿邑县玄武镇、辛集镇，新蔡县黄楼镇。

十七、湖北省(140个)

黄石市阳新县兴国镇、富池镇，大冶市金牛镇、保安镇、还地桥镇，**十堰市**张湾区黄龙镇、郧县城关镇、茶店镇，郧西县城关镇、上津镇，竹山县溢水镇、宝丰镇，竹溪县城关镇，房县军店镇，丹江口市浪河镇、六里坪镇，**宜昌市**夷陵区龙泉镇、鸦鹊岭镇，兴山县昭君镇，秭归县归州镇，长阳土家族自治县龙舟坪镇，五峰土家族自治县渔洋关镇，宜都市红花套镇、枝城镇，当阳市河溶镇，枝江市安福寺镇、董市镇、问安镇，**襄阳市**襄城区卧龙镇、樊城区牛首镇、太平店镇，襄州区伙牌镇、双沟镇，南漳县武安镇，谷城县石花镇，保康县马桥镇，老河口市仙人渡镇，枣阳市太平镇、兴隆镇、吴店镇，宜城市小河镇，**鄂州市**梁子湖区太和镇，鄂城区汀祖镇、燕矶镇，**荆门市**东宝区子陵铺镇、漳河镇，掇刀区团林铺镇，京山县宋河镇、钱场镇，沙洋县后港镇、官垱镇，钟祥市胡集镇、旧口镇、柴湖镇，**孝感市**孝南区肖港镇，孝昌县花园镇，大悟县河口镇、宣化店镇，云梦县伍洛镇，应城市黄滩镇，安陆市洑水镇，汉川市马口镇、沉湖镇，**荆州市**沙市区岑河镇，荆州区弥市镇，监利县朱河镇、新沟镇、白螺镇，江陵县熊河镇，石首市新厂镇、东升镇，洪湖市新滩镇、峰口镇、府场镇，松滋市涴水镇、刘家场镇，**黄冈市**黄州区堵城镇，团风县团风镇、回龙山镇，红安县七里坪镇、高桥镇、八里湾镇，罗田县九资河镇、胜利镇、三里畈镇，英山县温泉镇、石头咀镇、草盘地镇，浠水县巴河镇、散花镇，蕲春县蕲州镇、横车镇、刘河镇，黄梅县小池镇，麻城市中馆驿镇、宋埠镇、白果镇，武穴市田家镇、梅川镇、花桥镇，**咸宁市**咸安区汀泗桥镇、横沟桥镇，嘉鱼县陆溪镇、潘家湾镇，通城县麦市镇，崇阳县沙坪镇、白霓镇，通山县九宫山镇，赤壁市赵李桥镇、官塘驿镇、周郎嘴回族镇(赤壁镇)，**随州市**曾都区淅河镇、府河镇，随县殷店镇、唐县镇、洪山镇，广水市杨寨镇、长岭镇，**恩施土家族苗族自治州**恩施市龙凤镇、白杨坪镇，利川市汪营镇、谋道镇，建始县红岩寺镇、花坪镇，巴东县信陵镇、野三关镇，宣恩县椒园镇、沙道沟镇，咸丰县坪坝营镇，来凤县百福司镇，鹤峰县走马镇，**省直辖县级行政单位**仙桃市毛嘴镇、彭场镇，潜江市熊口镇、

浩口镇、张金镇，天门市渔薪镇、皂市镇，神农架林区松柏镇、木鱼镇。

十八、湖南省(170个)

长沙市望城区铜官镇、乔口镇，长沙县黄花镇、金井镇，宁乡县花明楼镇、灰汤镇、双凫铺镇，浏阳市大瑶镇、镇头镇、永安镇，**株洲市**芦淞区白关镇，天元区三门镇，株洲县朱亭镇，攸县黄丰桥镇、网岭镇、皇图岭镇，茶陵县腰陂镇，炎陵县三河镇，醴陵市白兔潭镇，**湘潭市**雨湖区楠竹山镇、姜畲镇，湘潭县花石镇、石潭镇，湘乡市棋梓镇、泉塘镇，韶山市清溪镇、如意镇，**衡阳市**珠晖区茶山坳镇，雁峰区岳屏镇，衡阳县金兰镇、洪市镇，衡南县三塘镇、栗江镇、车江镇，衡山县白果镇，衡东县新塘镇，祁东县归阳镇、白地市镇，耒阳市小水镇、新市镇，常宁市松柏镇、官岭镇、新河镇，**邵阳市**邵东县佘田桥镇、团山镇、廉桥镇，新邵县陈家坊镇、坪上镇，邵阳县白仓镇、下花桥镇、五峰铺镇，隆回县金石桥镇、六都寨镇、滩头镇，洞口县高沙镇、山门镇，绥宁县武阳镇，新宁县回龙寺镇，城步苗族自治县西岩镇、丹口镇，武冈市邓家铺镇，**岳阳市**云溪区道仁矶镇，君山区钱粮湖镇，岳阳县黄沙街镇、新墙镇，华容县注滋口镇、东山镇，湘阴县金龙镇、鹤龙湖镇，平江县长寿镇、南江镇、伍市镇，汨罗市汨罗镇、长乐镇、营田镇，临湘市羊楼司镇、桃林镇，**常德市**鼎城区蒿子港镇、灌溪镇、祝丰镇，安乡县黄山头镇，汉寿县罐头嘴镇、太子庙镇、西湖镇，澧县大堰垱镇，临澧县合口镇、新安镇，桃源县陬市镇、漆河镇、桃花源镇，石门县蒙泉镇、皂市镇、壶瓶山镇，津市市新洲镇，**张家界市**永定区教字垭镇，武陵源区索溪峪土家族镇，慈利县江垭镇，桑植县瑞塔铺镇、官地坪镇，**益阳市**资阳区茈湖口镇，赫山区兰溪镇、沧水铺镇、衡龙桥镇，南县茅草街镇、河坝镇，桃江县马迹塘镇、灰山港镇，安化县梅城镇、平口镇，沅江市南大膳镇、草尾镇，**郴州市**北湖区华塘镇，苏仙区良田镇、栖凤渡镇、五里牌镇，桂阳县流峰镇、樟市镇，宜章县梅田镇，永兴县马田镇，嘉禾县行廊镇、广发镇，临武县金江镇、汾市镇，汝城县热水镇、大坪镇，桂东县沙田镇，安仁县安平镇，资兴市兴宁镇，**永州市**零陵区黄田铺镇，冷水滩区普利桥镇，祁阳县白水镇、黎家坪镇、金洞镇，双牌县五里牌镇，道县寿雁镇，江永县桃川镇，永江县(回龙圩管理区)回龙圩镇，宁远县柏家坪镇，蓝山县楠市镇，新田县新圩镇，江华瑶族自治县码市镇，**怀化市**鹤城

区黄金坳镇，中方县泸阳镇，沅陵县官庄镇，辰溪县黄溪口镇，溆浦县低庄镇，麻阳苗族自治县锦和镇，新晃侗族自治县鱼市镇，芷江侗族自治县罗旧镇、碧涌镇，靖州苗族侗族自治县甘棠镇，通道侗族自治县县溪镇，洪江市托口镇，**娄底市**双峰县荷叶镇、三塘铺镇、青树坪镇，新化县洋溪镇、温塘镇，冷水江市禾青镇，涟源市伏口镇、杨市镇，**湘西土家族苗族自治州**吉首市矮寨镇、河溪镇、泸溪县浦市镇，凤凰县阿拉营镇，花垣县边城镇，保靖县清水坪镇，古丈县罗依溪镇，永顺县芙蓉镇，龙山县里耶镇。

十九、广东省（123个）

广州市白云区江高镇，花都区炭步镇、狮岭镇，南沙区东涌镇，增城区新塘镇、派潭镇，从化区良口镇、太平镇，**韶关市**曲江区马坝镇，始兴县马市镇，乳源瑶族自治县乳城镇，乐昌市坪石镇，南雄市珠玑镇，**珠海市**斗门区斗门镇、白蕉镇，金湾区红旗镇、平沙镇，**汕头市**潮阳区谷饶镇，潮南区陈店镇，澄海区东里镇、莲下镇，**佛山市**南海区里水镇、西樵镇、狮山镇，顺德区北滘镇、龙江镇，三水区芦苞镇，高明区明城镇，**江门市**蓬江区荷塘镇、新会区司前镇、双水镇，台山市斗山镇、广海镇，开平市水口镇、赤坎镇，鹤山市共和镇，恩平市沙湖镇，**湛江市**坡头区坡头镇、龙头镇，徐闻县曲界镇，廉江市安铺镇、石岭镇，雷州市龙门镇、英利镇，**茂名市**电白区电城镇、沙琅镇、博贺镇，高州市石鼓镇，信宜市镇隆镇，**肇庆市**鼎湖区莲花镇，广宁县江屯镇，怀集县冷坑镇，德庆县悦城镇，高要市禄步镇、白土镇、金利镇，四会市大沙镇，**惠州市**博罗县龙溪镇、园洲镇、石湾镇，惠东县稔山镇、吉隆镇、黄埠镇，**梅州市**梅县区松口镇、畲江镇、雁洋镇，大埔县湖寮镇、高陂镇，丰顺县丰良镇、隍镇，五华县华城镇，平远县大柘镇，兴宁市罗浮镇，**汕尾市**海丰县可塘镇，陆河县河口镇，陆丰市碣石镇，**河源市**源城区埔前镇，紫金县蓝塘镇、古竹镇，龙川县老隆镇，连平县忠信镇，和平县彭寨镇，东源县仙塘镇，**阳江市**阳西县沙扒镇，阳东县东平镇、合山镇，阳春市春湾镇，**清远市**清城区源潭镇、石角镇，佛冈县汤塘镇，连山壮族瑶族自治县吉田镇，连南瑶族自治县寨岗镇，英德市浛洸镇，连州市星子镇，**东莞市**桥头镇、常平镇、樟木头镇、大朗镇、清溪镇、塘厦镇、凤岗镇、长安镇、虎门镇、厚街镇、沙田镇、麻涌镇，**中山市**小榄镇、东凤镇、沙溪镇，**潮州市**潮安县彩塘镇，饶平县黄冈镇、三饶镇、钱东镇，**揭阳市**榕城区渔湖镇、炮台镇，揭东区锡场镇，揭西县棉湖镇，惠来县葵潭镇，普宁市洪阳镇，**云浮市**云城区腰古镇，新兴县天堂镇，郁南县连滩镇，罗定市船步镇。

二十、广西壮族自治区（116个）

南宁市青秀区伶俐镇，武鸣县城厢镇、锣圩镇，隆安县那桐镇，上林县大丰镇，宾阳县宾州镇、黎塘镇，横县峦城镇、六景镇，**柳州市**鱼峰区雒容镇，柳江县拉堡镇、穿山镇，柳城县大埔镇、东泉镇，鹿寨县鹿寨镇、寨沙镇，融安县长安镇，融水苗族自治县融水镇，三江侗族自治县古宜镇，**桂林市**阳朔县阳朔镇、白沙镇，灵川县大圩镇，全州县全州镇，兴安县兴安镇、界首镇、溶江镇，灌阳县黄关镇、文市镇，龙胜各族自治县龙胜镇，资源县资源镇，平乐县平乐镇、二塘镇，荔浦县荔城镇，恭城瑶族自治县恭城镇，**梧州市**苍梧县旺甫镇，藤县藤州镇、濛江镇、太平镇，蒙山县蒙山镇、文圩镇，岑溪市归义镇，**北海市**银海区福成镇，铁山港区南康镇，合浦县廉州镇、山口镇，**防城港市**港口区企沙镇，东兴市东兴镇、江平镇，**钦州市**钦南区犀牛脚镇，钦北区大垌镇、小董镇、大寺镇，灵山县新圩镇，浦北县张黄镇，**贵港市**港南区桥圩镇，平南县平南镇、大安镇、丹竹镇，桂平市木乐镇，**玉林市**容县容州镇、杨梅镇、黎村镇，陆川县乌石镇、马坡镇，博白县文地镇、龙潭镇，兴业县城隍镇，北流市民乐镇、隆盛镇，**百色市**田阳县田州镇、头塘镇，田东县平马镇、祥周镇、林逢镇，平果县马头镇，德保县足荣镇，靖西县新靖镇、湖润镇，凌云县泗城镇，西林县古障镇、那劳镇，**贺州市**八步区信都镇、贺街镇、望高镇，昭平县昭平镇、黄姚镇，钟山县钟山镇，富川瑶族自治县莲山镇，**河池市**金城江区河池镇，南丹县车河镇，天峨县六排镇，凤山县凤城镇，东兰县隘洞镇、武篆镇，环江毛南族自治县东兴镇，都安瑶族自治县安阳镇，大化瑶族自治县岩滩镇，宜州市怀远镇、德胜镇，**来宾市**兴宾区凤凰镇、小平阳镇，忻城县思练镇、红渡镇，象州县石龙镇，武宣县武宣镇，**崇左市**江州区新和镇，扶绥县新宁镇、东门镇，宁明县城中镇、爱店镇、海渊镇，龙州县水口镇，大新县桃城镇，天等县天等镇，凭祥市凭祥镇、夏石镇。

二十一、海南省（34个）

海口市秀英区石山镇，龙华区新坡镇，琼山区红旗镇，美兰区大致坡镇，**琼海市**博鳌镇、潭门镇、长坡镇，**儋州市**白马井镇、中和镇，**文昌市**会文镇、锦山镇、铺前镇，**万宁市**龙滚镇、和乐镇、兴隆华侨旅游经济区，**东方市**东河镇、感城镇，**定安县**新竹镇、翰林镇，**澄迈县**瑞溪镇、永发镇、福山镇，**临高县**新盈镇、调楼镇，**白沙黎族自治县**牙叉镇、邦溪镇，**昌江黎族自治县**乌烈镇，**乐东黎族自治县**抱由镇、黄流镇、尖峰镇，**陵水黎族自治县**新村镇、英州镇，**保亭黎族苗族自治县**保城镇，**琼中黎族苗族自治县**营根镇。

二十二、重庆市(89个)

万州区龙沙镇、分水镇、白羊镇，**涪陵区**珍溪镇、蔺市镇、新妙镇，**沙坪坝区**青木关镇，**九龙坡区**陶家镇，**南岸区**迎龙镇，**北碚区**歇马镇，**綦江区**赶水镇、打通镇、永新镇、黑山镇，**大足区**龙水镇、三驱镇、万古镇、邮亭镇，**渝北区**统景镇、洛碛镇，**巴南区**木洞镇、东温泉镇、接龙镇，**黔江区**石会镇、马喇镇、濯水镇，**长寿区**长寿湖镇、云台镇、葛兰镇，**江津区**石蟆镇、白沙镇、李市镇，**合川区**钱塘镇、太和镇、三汇镇，**永川区**朱沱镇、来苏镇、三教镇，**南川区**南平镇、大观镇、水江镇，**潼南县**上和镇、柏梓镇、田家镇，**铜梁区**旧县镇、安居镇，**荣昌县**仁义镇、吴家镇、盘龙镇，**璧山区**大兴镇、正兴镇，**梁平县**云龙镇、屏锦镇、袁驿镇，**城口县**修齐镇，**丰都县**社坛镇、高家镇、仙女湖镇，**垫江县**高安镇、澄溪镇，**武隆县**土坎镇、白马镇、仙女山镇，**忠县**乌杨镇、汝溪镇、拔山镇，**开县**大进镇、长沙镇、临江镇，**云阳县**江口镇、高阳镇，**奉节县**竹园镇、公平镇、兴隆镇，**巫山县**大昌镇、官渡镇，**巫溪县**上磺镇、古路镇、文峰镇，**石柱土家族自治县**西沱镇、黄水镇、三河镇，**秀山土家族苗族自治县**龙池镇、梅江镇，**酉阳土家族苗族自治县**西酬镇、丁市镇、李溪镇，**彭水苗族土家族自治县**保家镇、桑柘镇。

二十三、四川省(277个)

成都市龙泉驿区洛带镇、西河镇，青白江区城厢镇、祥福镇，新都区石板滩镇、新繁镇，温江区万春镇、永宁镇，金堂县淮口镇、竹篙镇，双流县太平镇、黄龙溪镇、新兴镇，郫县安德镇、友爱镇，大邑县安仁镇、沙渠镇，蒲江县寿安镇，新津县花源镇、兴义镇，都江堰市蒲阳镇、青城山镇，彭州市濛阳镇，邛崃市羊安镇、平乐镇，崇州市羊马镇，**自贡市**自流井区仲权镇，贡井区成佳镇、五宝镇、大安区牛佛镇、沿滩区邓关镇，荣县旭阳镇、双石

镇、长山镇，富顺县富世镇、代寺镇、赵化镇，**攀枝花市**西区格里坪镇，仁和区仁和镇、平地镇，米易县攀莲镇、丙谷镇、白马镇，盐边县红格镇、渔门镇，**泸州市**江阳区通滩镇，纳溪区大渡口镇，龙马潭区特兴镇，泸县福集镇、玄滩镇，合江县合江镇、九支镇，叙永县叙永镇、江门镇、水尾镇，古蔺县古蔺镇、太平镇、二郎镇，**德阳市**旌阳区黄许镇、孝泉镇，中江县辑庆镇、集凤镇，罗江县金山镇，广汉市向阳镇，什邡市洛水镇、师古镇，绵竹市汉旺镇、新市镇，**绵阳市**涪城区丰谷镇，游仙区石马镇、魏城镇，三台县西平镇、芦溪镇，盐亭县玉龙镇、富驿镇，安县桑枣镇、秀水镇，梓潼县许州镇，北川羌族自治县曲山镇、安昌镇，平武县古城镇、南坝镇，江油市武都镇、厚坝镇，**广元市**利州区荣山镇、三堆镇，昭化区柏林沟镇、昭化镇，朝天区羊木镇，旺苍县木门镇、三江镇，青川县青溪镇，剑阁县普安镇、白龙镇、下寺镇，苍溪县陵江镇、元坝镇、歧坪镇，**遂宁市**船山区龙凤镇，安居区拦江镇、西眉镇，蓬溪县赤城镇、蓬南镇，射洪县太和镇、金华镇、沱牌镇，大英县隆盛镇、回马镇、蓬莱镇，**内江市**市中区白马镇，东兴区田家镇、双才镇，威远县严陵镇、镇西镇、连界镇，资中县球溪镇、银山镇，隆昌县金鹅镇、龙市镇、界市镇，**乐山市**市中区土主镇、茅桥镇，沙湾区嘉农镇、五通桥区金山镇、西坝镇，犍为县玉津镇、罗城镇，井研县马踏镇、竹园镇，夹江县漹城镇、甘江镇、新场镇，沐川县舟坝镇，峨边彝族自治县沙坪镇，马边彝族自治县民建镇，峨眉山市符溪镇、桂花桥镇，**南充市**顺庆区共兴镇、搬罾镇，高坪区东观镇、长乐镇，嘉陵区吉安镇、大通镇，南部县建兴镇、伏虎镇、升钟镇，营山县骆市镇、小桥镇、回龙镇，蓬安县徐家镇，仪陇县金城镇、新政镇、马鞍镇，西充县多扶镇，阆中市河溪镇、水观镇，**眉山市**东坡区白马镇、万胜镇、思蒙镇，仁寿县富加镇、汪洋镇，彭山县青龙镇，洪雅县柳江镇，丹棱县张场镇，青神县黑龙镇、西龙镇，**宜宾市**翠屏区李庄镇，南溪区大观镇，宜宾县观音镇、白花镇，江安县红桥镇、夕佳山镇，长宁县竹海镇，高县沙河镇，珙县底洞镇，筠连县沐爱镇，兴文县僰王山镇，屏山县书楼镇，**广安市**广安区协兴镇、花桥镇、恒升镇，前锋区代市镇，岳池县九龙镇、顾县镇、罗渡镇，武胜县沿口镇、街子镇，邻水县鼎屏镇、九龙镇、丰禾镇，华蓥市高兴镇，**达州市**达川区麻柳镇、石桥镇，宣汉县南坝镇、胡家镇、双河镇，开江县任市镇，大竹县石桥铺镇、庙坝镇，渠县临

巴镇、三汇镇、土溪镇，万源市白沙镇，**雅安市**雨城区中里镇、多营镇，名山县蒙阳镇，荥经县严道镇，汉源县富林镇、九襄镇，石棉县新棉镇，天全县城厢镇、始阳镇，芦山县芦阳镇，宝兴县灵关镇，**巴中市**巴州区清江镇、化成镇，恩阳区柳林镇，通江县广纳镇、诺水河镇，南江县长赤镇、正直镇，平昌县白衣镇、驷马镇，**资阳市**雁江区中和镇、伍隍镇，安岳县龙台镇、石羊镇、李家镇，乐至县童家镇、劳动镇，简阳市养马镇、贾家镇，**阿坝藏族羌族自治州**汶川县威州镇、映秀镇、水磨镇，茂县凤仪镇，松潘县进安镇，九寨沟县漳扎镇，金川县观音桥镇，小金县美兴镇，黑水县芦花镇，马尔康县马尔康镇，壤塘县壤柯镇，阿坝县阿坝镇，红原县邛溪镇，**甘孜藏族自治州**康定县姑咱镇，泸定县磨西镇，丹巴县章谷镇，九龙县呷尔镇，雅江县河口镇，炉霍县新都镇，甘孜县甘孜镇，新龙县茹龙镇，德格县马尼干戈镇，白玉县建设镇，石渠县洛须镇，色达县洛若镇，理塘县高城镇，巴塘县夏邛镇，乡城县香巴拉镇，**凉山彝族自治州**西昌市礼州镇、安宁镇，木里藏族自治县乔瓦镇，盐源县盐井镇，德昌县德州镇、麻栗镇，会理县黎溪镇，会东县会东镇，宁南县披砂镇，布拖县特木里镇，金阳县天地坝镇，昭觉县新城镇，冕宁县复兴镇、泸沽镇，越西县中所镇，美姑县巴普镇，雷波县锦城镇。

二十四、贵州省（136个）

贵阳市花溪区青岩镇，乌当区东风镇，白云区麦架镇，开阳县城关镇、龙岗镇、楠木渡镇，息烽县温泉镇、小寨坝镇、养龙司镇，修文县龙场镇、扎佐镇，清镇市站街镇、卫城镇，**六盘水市**钟山区大湾镇，六枝特区郎岱镇、岩脚镇、木岗镇，水城县玉舍镇、发耳镇，盘县柏果镇、响水镇、石桥镇，**遵义市**红花岗区深溪镇，汇川区板桥镇，遵义县虾子镇、尚嵇镇、鸭溪镇，桐梓县娄山关镇、新站镇，绥阳县洋川镇、风华镇，正安县凤仪镇、安场镇、土坪镇，道真仡佬族苗族自治县玉溪镇，务川仡佬族苗族自治县镇南镇、浞水镇，凤冈县琊川镇、绥阳镇、永安镇，湄潭县永兴镇，余庆县龙溪镇、敖溪镇，习水县土城镇，赤水市官渡镇，仁怀市茅台镇，**安顺市**西秀区七眼桥镇、轿子山镇、旧州镇，平坝县夏云镇、乐平镇，普定县马官镇、白岩镇，镇宁布依族苗族自治县江龙镇，关岭布依族苗族自治县永宁镇，紫云苗族布依族自治县水塘镇，**毕节市**七星关区清水铺镇，大方县黄泥塘镇、六龙镇，黔西县素朴镇、林泉镇、钟山镇，金沙县沙土镇，

织金县桂果镇、猫场镇，纳雍县龙场镇、乐治镇，威宁彝族回族苗族自治县草海镇、东风镇，赫章县六曲河镇，**铜仁市**碧江区坝黄镇，万山区万山镇，江口县太平镇，玉屏侗族自治县大龙镇、田坪镇，石阡县本庄镇、中坝镇，思南县许家坝镇、塘头镇，印江土家族苗族自治县木黄镇，德江县煎茶镇、合兴镇，沿河土家族自治县官舟镇，松桃苗族自治县寨英镇、孟溪镇，**黔西南布依族苗族自治州**兴义市威舍镇，兴仁县屯脚镇、巴铃镇、雨樟镇，普安县青山镇，贞丰县龙场镇、者相镇、白层镇，望谟县蔗香镇，册亨县坡妹镇，安龙县龙广镇、普坪镇、新桥镇，**黔东南苗族侗族自治州**凯里市炉山镇，黄平县旧州镇，施秉县城关镇、牛大场镇，三穗县八弓镇，台烈镇，镇远县阳镇、青溪镇、羊坪镇，岑巩县水尾镇，天柱县凤城镇、远口镇，锦屏县三江镇、敦寨镇，剑河县岑松镇、革东镇，台江县施洞镇，黎平县德凤镇，榕江县忠诚镇，从江县丙妹镇，雷山县丹江镇，麻江县宣威镇，**黔南布依族苗族自治州**都匀市墨冲镇、平浪镇，福泉市牛场镇，荔波县甲良镇，贵定县昌明镇，瓮安县猴场镇，独山县麻尾镇，平塘县通州镇、平湖镇，罗甸县边阳镇，长顺县广顺镇，龙里县龙山镇，惠水县好花红镇，三都水族自治县三合镇、普安镇、周覃镇。

二十五、云南省（184个）

昆明市东川区汤丹镇，晋宁县晋城镇，富民县款庄镇，嵩明县杨林镇，禄劝彝族苗族自治县撒营盘镇、中屏镇，**曲靖市**麒麟区越州镇，陆良县三岔河镇、召夸镇，师宗县竹基镇、彩云镇，罗平县板桥镇，富源县黄泥河镇、富村镇，会泽县待补镇、迤车镇，沾益县白水镇、盘江镇，宣威市田坝镇、热水镇，**玉溪市**江川县江城镇、九溪镇，澄江县右所镇，通海县杨广镇、河西镇，华宁县盘溪镇、青龙镇，易门县绿汁镇，峨山彝族自治县化念镇，新平彝族傣族自治县扬武镇、戛洒镇，元江哈尼族彝族傣族自治县曼来镇、因远镇，**保山市**施甸县由旺镇、姚关镇，腾冲县腾越镇、固东镇、曲石镇，龙陵县勐糯镇、龙山镇，昌宁县柯街镇，**昭通市**昭阳区洒渔镇，鲁甸县龙头山镇、龙树镇，巧家县马树镇、蒙姑镇，盐津县普洱镇，大关县天星镇、寿山镇，永善县黄华镇、大兴镇，镇雄县泼机镇、以勒镇，彝良县牛街镇、小草坝镇，威信县麟凤镇，水富县向家坝镇、太平镇、两碗镇，**丽江市**古城区七河镇，玉龙纳西族自治县石鼓镇，永胜县期纳镇、三川镇，华坪县兴泉镇，**普洱市**思茅区思茅港镇，

宁洱哈尼族彝族自治县宁洱镇、磨黑镇，墨江哈尼族自治县通关镇、新抚镇，景东彝族自治县文井镇、漫湾镇，景谷傣族彝族自治县永平镇、景谷镇，镇沅彝族哈尼族拉祜族自治县勐大镇、九甲镇，江城哈尼族彝族自治县整董镇，孟连傣族拉祜族佤族自治县勐马镇，澜沧拉祜族自治县上允镇，西盟佤族自治县勐卡镇，**临沧市**云县涌宝镇，永德县小勐统镇、永康镇，镇康县勐捧镇，双江拉祜族佤族布朗族傣族自治县勐勐镇、勐库镇，耿马傣族佤族自治县勐撒镇、孟定镇，沧源佤族自治县勐董镇、勐省镇，**楚雄彝族自治州**楚雄市吕合镇、东华镇，双柏县嘉镇，牟定县共和镇，南华县沙桥镇，姚安县栋川镇、光禄镇，大姚县石羊镇、龙街镇，永仁县永定镇、宜就镇，元谋县元马镇、黄瓜园镇，武定县猫街镇，禄丰县金山镇、广通镇，**红河哈尼族彝族自治州**个旧市鸡街镇、大屯镇，开远市中和营镇，蒙自市草坝镇、新安所镇，屏边苗族自治县玉屏镇，建水县临安镇、曲江镇，石屏县宝秀镇、龙朋镇，弥勒市虹溪镇、竹园镇，泸西县金马镇，元阳县新街镇，红河县迤萨镇，金平苗族瑶族傣族自治县金水河镇，绿春县大兴镇，河口瑶族自治县南溪镇，**文山壮族苗族自治州**文山市平坝镇、马塘镇，砚山县平远镇、稼依镇、阿猛镇，西畴县兴街镇，麻栗坡县天保镇、董干镇，马关县八寨镇、都龙镇，广南县八宝镇、珠琳镇，富宁县剥隘镇、田蓬镇，**西双版纳傣族自治州**景洪市勐龙镇、勐罕镇，勐海县打洛镇、勐混镇，勐腊县勐捧镇、勐满镇、勐仑镇，**大理白族自治州**大理市喜洲镇、双廊镇，漾濞彝族自治县苍山西镇、漾江镇，祥云县云南驿镇、下庄镇、刘厂镇，宾川县金牛镇、州城镇，弥渡县弥城镇、红岩镇，南涧彝族自治县公郎镇，巍山彝族回族自治县南诏镇、庙街镇、大仓镇，永平县杉阳镇，云龙县诺邓镇、漕涧镇，洱源县右所镇、凤羽镇，剑川县金华镇、沙溪镇，鹤庆县松桂镇、草海镇，**德宏傣族景颇族自治州**瑞丽市勐卯镇、畹町镇、弄岛镇，芒市勐戛镇、遮放镇，梁河县芒东镇，盈江县弄璋镇，陇川县章凤镇、陇把镇，**怒江傈僳族自治州**泸水县鲁掌镇，福贡县上帕镇，贡山独龙族怒族自治县茨开镇，兰坪白族普米族自治县金顶镇，**迪庆藏族自治州**德钦县升平镇，维西傈僳族自治县塔城镇、叶枝镇。

二十六、西藏自治区（138 个）

拉萨市林周县甘丹曲果镇，当雄县当曲卡镇、羊八井镇，尼木县塔荣镇，曲水县曲水镇，堆龙德庆县东嘎镇、乃琼镇，达孜县德庆镇，墨竹工卡县工卡镇、甲玛乡，**日喀则市**桑珠孜区曲布雄乡、甲措雄乡、江当乡，南木林县南木林镇、艾玛乡，江孜县江孜镇、江热乡，定日县协格尔镇、岗嘎镇，萨迦县萨迦镇、吉定镇，拉孜县曲下镇、拉孜镇，昂仁县卡嘎镇、桑桑镇，谢通门县卡嘎镇、达那答乡，白朗县洛江镇、嘎东镇，仁布县德吉林镇、查巴乡，康马县康马镇，定结县江嘎镇、陈塘镇、日屋镇，仲巴县帕羊镇，亚东县下司马镇、帕里镇，吉隆县宗嘎镇、吉隆镇，聂拉木县聂拉木镇、樟木镇，萨嘎县加加镇，岗巴县岗巴镇、龙中乡，**昌都地区**昌都县城关镇、俄洛镇、卡若镇，江达县江达镇、岗托镇，贡觉县莫洛镇，类乌齐县类乌齐镇、桑多镇，丁青县尺牍镇、色扎乡、协雄乡，察雅县烟多镇、香堆镇、吉塘镇，八宿县白玛镇、帮达镇、然乌镇，左贡县旺达镇、扎玉镇，芒康县嘎托镇、如美镇、曲孜卡乡，洛隆县孜托镇、康沙镇、马利镇，边坝县边坝镇、草卡镇，**山南地区**乃东县昌珠镇，扎囊县扎塘镇、桑耶镇，贡嘎县吉雄镇、甲竹林镇、杰德秀镇，桑日县桑日镇，琼结县琼结镇，曲松县曲松镇，措美县措美镇、哲古镇，洛扎县洛扎镇、拉康镇，加查县加查镇、安绕镇，隆子县隆子镇、日当镇、扎日乡，错那县错那镇，浪卡子县浪卡子镇、打隆镇，**那曲地区**那曲县罗玛镇、古露镇，嘉黎县阿扎镇、嘉黎镇，比如县比如镇、夏曲镇，聂荣县聂荣镇、尼玛乡，安多县帕那镇、雁石坪镇，申扎县申扎镇、雄梅镇，索县亚拉镇、荣布镇，班戈县普保镇、北拉镇，巴青县拉西镇、杂色镇，尼玛县尼玛镇，双湖县措折罗玛镇，**阿里地区**普兰县普兰镇、霍尔乡，札达县托林镇，噶尔县狮泉河镇，日土县日土镇，革吉县革吉镇，改则县改则镇，措勤县措勤镇，**林芝地区**林芝县林芝镇、百巴镇、八一镇，工布江达县工布江达镇、金达镇，米林县米林镇、派镇、卧龙镇，墨脱县墨脱镇、背崩乡，波密县扎木乡、松宗镇，察隅县竹瓦根镇、下察隅镇，朗县朗镇、仲达镇、洞嘎镇。

二十七、陕西省（128 个）

西安市阎良区关山镇，蓝田县汤峪镇，周至县二曲镇、楼观镇，户县祖庵镇、草堂镇，**铜川市**王益区黄堡镇，印台区陈炉镇，耀州区董家河镇、照金镇，宜君县彭镇，**宝鸡市**陈仓区阳平镇、周原镇、县功镇，凤翔县柳林镇，岐山县凤鸣镇、蔡家坡镇，扶风县城关镇、绛帐镇、法门镇，眉县常兴镇，陇县东南镇，麟游县招贤镇，凤县凤州镇，太白县嘴头镇，**咸阳市**三原县大程镇、陵前镇，泾阳县云阳镇、安吴镇，乾县阳洪镇，礼泉县烟霞镇，永寿县常宁镇、永平镇，彬县北极镇、新民镇，长武县丁家镇、亭口镇，旬邑县土桥镇、太村镇，淳化县润镇，武功县武功镇，**渭南市**临渭区阳郭镇、下邽镇，华县瓜坡镇、柳枝镇，潼关县秦东镇，大荔县官池镇、朝邑镇，合阳县坊镇，澄城县冯原镇、韦庄镇，蒲城县罕井镇、陈庄镇，白水县林皋镇，富平县庄里镇、淡村镇，韩城市芝川镇，华阴市华西镇、罗敷镇，**延安市**宝塔区河庄坪镇，延长县张家滩镇，延川县永坪镇、文安驿镇，子长县杨家园则镇，安塞县沿河湾镇，志丹县旦八镇、杏河镇，吴起县铁边城镇，甘泉县下寺湾镇，富县羊泉镇，洛川县旧县镇、交口河镇，宜川县云岩镇，黄龙县石堡镇，黄陵县店头镇、隆坊镇，**汉中市**汉台区铺镇、河东店镇，南郑县汉山镇、新集镇，城固县博望镇、崔家山镇、桔园镇，西乡县堰口镇，勉县周家山镇，宁强县青木川镇，略阳县接官亭镇、黑河镇，镇巴县渔渡镇，留坝县江口镇，佛坪县西岔河镇，**榆林市**榆阳区金鸡滩镇，神木县大保当镇、锦界镇，府谷县新民镇，靖边县东坑镇，绥德县四十里铺镇，吴堡县宋家川镇，清涧县折家坪镇，子洲县马蹄沟镇，**安康市**汉滨区瀛湖镇、五里镇、恒口镇，汉阴县城关镇、涧池镇，石泉县池河镇，宁陕县城关镇，紫阳县蒿坪镇，岚皋县花里镇、民主镇，镇坪县曾家镇，旬阳县城关镇、蜀河镇，平利县长安镇，白河县城关镇、茅坪镇，**商洛市**商州区沙河子镇，洛南县永丰镇，丹凤县商镇、棣花镇，商南县赵川镇、金丝峡镇，山阳县高坝店镇、漫川关镇，镇安县云盖寺镇、永乐镇，柞水县下梁镇、凤凰镇。

二十八、甘肃省(142个)

兰州市红古区海石湾镇，永登县城关镇、河桥镇、秦川镇，皋兰县忠和镇、什川镇、石洞镇，榆中县城关镇、和平镇、青城镇，嘉峪关市峪泉镇，**金昌市**金川区双湾镇，永昌县城关镇、河西堡镇、朱王堡镇，**白银市**白银区水川镇，平川区水泉镇、共和镇，靖远县乌兰镇、东湾镇，会宁县会师镇、郭城驿镇、河畔镇，景泰县一条山镇、芦阳镇、红水镇，**天水市**秦州区皂郊镇，麦积区甘泉镇，清水县永清镇，秦安县兴国镇、陇城镇，甘谷县磐安镇，武山县城关镇、洛门镇，**武威市**凉州区黄羊镇、武南镇，民勤县三雷镇，古浪县土门镇、大靖镇，天祝藏族自治县哈溪镇，**张掖市**甘州区沙井镇、甘浚镇，肃南裕固族自治县红湾寺镇、皇城镇，民乐县洪水镇、六坝镇，临泽县沙河镇、新华镇，高台县

城关镇、南华镇，山丹县清泉镇、位奇镇，**平凉市**崆峒区四十里铺镇、白水镇，泾川县城关镇，灵台县什字镇、朝那镇，崇信县锦屏镇，华亭县东华镇、安口镇，庄浪县水洛镇、南湖镇、朱店镇，静宁县威戎镇，**酒泉市**肃州区总寨镇、肃州区上坝镇，金塔县鼎新镇、金塔镇、航天镇，瓜州县渊泉镇、柳园镇，阿克塞哈萨克族自治县红柳湾镇，玉门市花海镇，敦煌市七里镇、莫高镇，**庆阳市**西峰区肖金镇，庆城县驿马镇、庆城镇，环县环城镇、甜水镇，华池县南梁镇，合水县西华池镇、太白镇，正宁县榆林子镇，宁县早胜镇、和盛镇，镇原县孟坝镇、平泉镇，**定西市**安定区内官营镇、巉口镇，通渭县平襄镇、义岗川镇，陇西县巩昌镇、文峰镇、首阳镇，渭源县清源镇、莲峰镇、会川镇，临洮县洮阳镇、辛店镇、中铺镇，漳县武阳镇，岷县岷阳镇，**陇南市**武都区安化镇、两水镇、汉王镇，成县城关镇、黄渚镇、小川镇，文县城关镇、碧口镇，宕昌县城关镇、哈达铺镇，康县城关镇、阳坝镇，西和县汉源镇、长道镇、何坝镇，礼县城关镇、盐官镇、白河镇，徽县城关镇、江洛镇，两当县城关镇，**临夏回族自治州**临夏市枹罕镇，临夏县土桥镇，康乐县莲麓镇，永靖县盐锅峡镇、太极镇，广河县三甲集镇，和政县松鸣镇，东乡族自治县达板镇、河滩镇，积石山保安族东乡族撒拉族自治县大河家镇，**甘南藏族自治州**临潭县城关镇、新城镇，卓尼县柳林镇，舟曲县城关镇，迭部县电尕镇，玛曲县尼玛镇，碌曲县玛艾镇，夏河县拉卜楞镇。

二十九、青海省(65个)

西宁市大通回族土族自治县桥头镇、城关镇、塔尔镇，湟中县鲁沙尔镇、多巴镇、拦隆口镇，湟源县城关镇、大华镇，**海东市**乐都区瞿昙镇、寿乐镇，平安县平安镇，民和回族土族自治县川口镇、官亭镇，互助土族自治县威远镇、丹麻镇、加定镇，化隆回族自治县巴燕镇、群科镇、扎巴镇，循化撒拉族自治县积石镇、白庄镇、街子镇，**海北藏族自治州**门源回族自治县浩门镇、青石嘴镇，祁连县八宝镇、默勒镇，海晏县三角城镇、西海镇，刚察县沙柳河镇、哈尔盖镇，**黄南藏族自治州**同仁县隆务镇，尖扎县马克唐镇，泽库县泽曲镇、麦秀镇，河南蒙古族自治县优干宁镇，**海南藏族自治州**共和县恰卜恰镇、龙羊峡镇，同德县尕巴松多镇，贵德县河阴镇，兴海县子科滩镇、河卡镇，贵南县芒曲镇、过马营镇，**果洛藏族自治州**玛沁县大武镇，班玛县赛来塘镇，甘德县柯曲镇，达日县吉迈镇，久治县

智青松多镇，玛多县玛查理镇，**玉树藏族自治州**玉树市隆宝镇、下拉秀镇，杂多县萨呼腾镇，称多县称文镇、清水河镇，治多县加吉博洛镇，囊谦县香达镇，曲麻莱县约改镇，**海西蒙古族藏族自治州**格尔木市郭勒木德镇，德令哈市尕海镇、柯鲁柯镇，乌兰县希里沟镇，都兰县察汗乌苏镇、香日德镇、宗加镇，天峻县新源镇。

三十、宁夏回族自治区(28个)

银川市兴庆区掌政镇，西夏区镇北堡镇，永宁县闽宁镇，贺兰县习岗镇，**石嘴山市**惠农区红果子镇，平罗县黄渠桥镇、姚伏镇、崇岗镇，**吴忠市**利通区金积镇、金银滩镇、高闸镇，盐池县大水坑镇、惠安堡镇，同心县豫海镇、下马关镇，青铜峡市青铜峡镇，**固原市**原州区三营镇，西吉县吉强镇、兴隆镇，隆德县城关镇，泾源县泾河源镇，彭阳县白阳镇，**中卫市**沙坡头区镇罗镇、宣和镇，中宁县石空镇、大战场镇，海原县西安镇、七营镇。

三十一、新疆维吾尔自治区(111个)

乌鲁木齐市达坂城区达坂城镇，**吐鲁番地区**吐鲁番市七泉湖镇、大河沿镇，鄯善县鄯善镇、鄯善火车站镇、鲁克沁镇，托克逊县阿乐惠镇、伊拉湖镇，**哈密地区**哈密市二堡镇，巴里坤哈萨克自治县奎苏镇，伊吾县淖毛湖镇，**昌吉回族自治州**昌吉市六工镇、大西渠镇，阜康市九运街镇、滋泥泉子镇，呼图壁县大丰镇，玛纳斯县乐土驿镇、六户地镇，奇台县老奇台镇、半截沟镇，吉木萨尔县北庭镇、三台镇，木垒哈萨克自治县木垒镇、西吉尔镇，**博尔塔拉蒙古自治州**博乐市小营盘镇、达勒特镇、乌图布拉格镇，精河县精河镇、大河沿子镇，温泉县博格达尔镇、哈日布呼镇，**巴音郭楞蒙古自治州**库尔勒市塔什店镇，轮台县群巴克镇，尉犁县尉犁镇，若羌县依吞布拉克镇、瓦石峡镇，且末县且末镇，焉耆回族自治县焉耆镇、七个星镇、永宁镇，和静县和静镇、巴润哈尔莫墩镇、巴音布鲁克镇，和硕县特吾里克镇、塔哈其镇，博湖县本布图镇，**阿克苏地区**阿克苏市喀拉塔勒镇、阿依库勒镇，库车县乌恰镇、齐满镇、墩阔坦镇，沙雅县托依堡勒迪镇、英买力镇，新和县新和镇、尤鲁都斯巴格镇，拜城县赛里木镇，乌什县阿合雅镇，阿瓦提县乌鲁却勒镇，柯坪县柯坪镇、阿恰勒乡，**克孜勒苏柯尔克孜自治州**阿图什市上阿图什镇，阿克陶县奥依塔克镇、巴仁乡，阿合奇县哈拉奇乡、库兰萨日克乡，乌恰县乌恰镇、康苏镇，**喀什地区**疏附县兰干镇，泽普县奎依巴格镇，叶城县喀格勒克镇，岳普湖县岳普湖镇，伽师县巴仁镇，塔什库尔干塔吉克自治县塔什库尔干镇、塔吉克阿巴提镇，**和田地区**墨玉县扎瓦镇、奎牙镇，皮山县固玛镇，伊犁哈萨克自治州伊宁县吉里于孜镇、墩麻扎镇，察布查尔锡伯自治县察布查尔镇，霍城县清水河镇、惠远镇，巩留县巩留镇，新源县那拉提镇，特克斯县乔拉克铁热克镇，尼勒克县尼勒克镇，**塔城地区**塔城市恰夏镇、阿西尔达斡尔族乡，乌苏市车排子镇，额敏县玉什喀拉苏镇，沙湾县乌兰乌苏镇，托里县铁厂沟镇，和布克赛尔蒙古自治县和什托洛盖镇，**阿勒泰地区**阿勒泰市阿苇滩镇、红墩镇，布尔津县布尔津镇、冲乎尔镇，富蕴县库额尔齐斯镇、可可托海镇，福海县福海镇、喀拉玛盖镇，哈巴河县阿克齐镇、萨尔布拉克镇，青河县青河镇、塔克什肯镇，吉木乃县托普铁热克镇、吉木乃镇，石河子市北泉镇，阿拉尔市金银川镇，五家渠市梧桐镇、蔡家湖镇。

(来源：《住房城乡建设部等部门关于公布全国重点镇名单的通知》建村〔2014〕107号)

2014年全国村庄规划、镇规划和县域乡村建设规划示范名单

村庄规划示范(14个)

北京市延庆县四海镇南湾村村庄规划

天津市滨海新区寨上街大神堂村发展规划

天津市蓟县下营镇郭家沟村庄建设规划

河北省石家庄市赞皇县黄北坪乡黄北坪村村庄规划

上海市青浦区朱家角镇张马村村庄规划

江苏省苏州市吴中区木渎镇天池村堰头自然村村庄规划

浙江省舟山市嵊泗县五龙乡田岙村建设规划

福建省宁德市寿宁县下党乡下屏峰村村庄规划

江西省赣州市瑞金市黄柏镇向阳村村庄规划

河南省登封市大冶镇朝阳沟村美丽乡村规划

湖北省恩施市龙凤镇青堡村建设规划

重庆市秀山县清溪场镇大寨村村庄规划

西藏自治区日喀则地区仁布县康雄乡茶村村庄规划

青海省西宁市湟源县东峡乡下脖项村村庄规划

镇规划示范(19个)

山西省晋城市高平市马村镇总体规划

内蒙古自治区通辽市科尔沁区大林镇总体规划

福建省南平市延平区王台镇总体规划

江西省南昌市南昌县蒋巷镇总体规划

山东省临沂市费县上冶镇总体规划

山东省东营市利津县陈庄镇总体规划

河南省南阳市西峡县双龙镇总体规划

湖北省荆州市监利县新沟镇镇规划

湖南省郴州市汝城县热水镇镇规划

广东省广州市增城区正果镇镇规划

广西壮族自治区河池市东兰县武篆镇总体规划

海南省海口市美兰区演丰镇总体规划

四川省眉山市洪雅县柳江镇总体规划

四川省成都市新都区新繁镇镇规划

贵州省贵阳市清镇市站街镇总体规划

云南省临沧市云县幸福镇总体规划

陕西省渭南市富平县淡村镇总体规划

甘肃省酒泉市肃州区总寨镇总体规划

宁夏回族自治区固原市原州区三营镇总体规划

县域乡村建设规划示范(7个)

河北省张家口市张北县县域乡村建设规划

辽宁省盘锦市大洼县县域乡村建设规划

浙江省湖州市德清县县域乡村建设规划

湖北省荆门市京山县县域村镇体系规划

广东省广州市增城区县域乡村建设规划

贵州省黔南布依族苗族自治州惠水县"四在农家·美丽乡村"村寨体系布局规划

云南省玉溪市新平县县域乡村建设规划

(来源:《住房城乡建设部关于公布2014年全国村庄规划、镇规划和县域乡村建设规划示范名单的通知》建村函〔2015〕135号)

二、获 奖 名 单

2014年中国人居环境范例奖获奖名单

1. 北京市朝阳循环经济产业园项目

2. 天津市供热改革和建筑节能泰达示范项目

3. 河北省张家口市山体绿化建设项目

4. 山西省晋城市白马寺沉陷区生态综合整治工程

5. 内蒙古自治区赤峰市喀喇沁旗锦山镇小城镇建设项目

6. 内蒙古自治区兴安盟乌兰浩特市成吉思汗公园维修改造项目

7. 辽宁省沈阳市于洪新城旧城改造项目

8. 上海市徐汇区历史文化风貌整体保护工程

9. 上海市长宁区城市网格化管理项目

10. 上海市静安区旧住房综合改造工程

11. 上海市普陀区长风老工业区转型生态商务区建设项目

12. 江苏省村庄环境整治苏南实践项目

13. 江苏省徐州市云龙湖风景名胜区生态景观修复工程

14. 江苏省常州市数字化城市管理项目

15. 江苏省常熟市虞山镇历史文化遗产保护项目

16. 江苏省太仓市沙溪镇特色小城镇建设项目

17. 浙江省杭州市公租房日常管理服务体系建设项目

18. 浙江省杭州市市区道路分类保洁管理项目

19. 浙江省德清县下渚湖湿地风景区资源保护项目

20. 浙江省龙泉市溪头村新农村建设项目

21. 安徽省合肥市滨湖湿地生态修复和公园建设

项目

22．安徽省合芜蚌实验区科技创新公共服务和应用技术研发中心可再生能源建筑应用项目

23．安徽省潜山县官庄村美好乡村规划建设项目

24．福建省漳州市郊野公园龙文段项目

25．福建省长泰县上蔡村村庄环境综合整治项目

26．江西省赣州市中心城区章江水环境治理暨健身绿道建设项目

27．山东省济南市保障房人居环境建设项目

28．山东省潍坊市虞河上游湿地综合整治工程

29．山东省日照市沙墩河绿道工程

30．山东省菏泽市数字化城市综合管理项目

31．山东省寿光市城市绿荫系统建设项目

32．河南省许昌市数字化城市管理项目

33．河南省三门峡市迎宾花园保障性住房建设项目

34．湖南省长沙市洋湖生态新城建设项目

35．湖南省长沙市梅溪湖生态公园建设项目

36．湖南省湘潭市盘龙新农村建设示范项目

37．广东省广州市轨道交通 5 号线首期工程滘口至文冲段工程

38．广东省广州市第一资源热力电厂二分厂城市固废物环境教育项目

39．广东省深圳市盐田区餐厨垃圾处理项目

40．广东省惠州市金山河水清岸绿工程

41．重庆市云阳县龙脊岭生态文化长廊建设项目

42．四川省北川新县城灾后重建工程

43．贵州省盘县古银杏风景名胜区妥乐景区保护与治理项目

44．云南省昆明市保障性住房信息系统平台建设项目

45．云南省红河州蒙自市空气环境治理项目

46．云南省红河州弥勒市西三镇可邑村特色民居保护建设项目

47．甘肃省临泽县大沙河流域综合治理工程

48．宁夏回族自治区中卫市商住小区水源热泵供热建筑应用项目

49．宁夏回族自治区青铜峡市库区湿地生态保护建设项目

50．新疆维吾尔自治区乌鲁木齐市煤改气工程

51．新疆维吾尔自治区乌鲁木齐市紫美雅和项目建筑节能与利用工程

52．新疆维吾尔自治区昌吉市公园绿地建设项目

53．新疆维吾尔自治区库尔勒市旧城改造项目

54．新疆维吾尔自治区克拉玛依市白碱滩区数字化城市管理项目

（来源：《住房城乡建设部关于 2014 年中国人居环境范例奖获奖名单的通报》建城〔2015〕8 号）

2014～2015年度中国建设工程鲁班奖（国家优质工程）获奖工程名单

（排名不分先后）

序号	工程名称	承建单位	参建单位
1	总后礼堂整体改造和地下车库工程	北京城建建设工程有限公司	苏州金螳螂建筑装饰股份有限公司
			浙江亚厦装饰股份有限公司
			沈阳远大铝业工程有限公司
			长沙广大建筑装饰有限公司
			总装备部工程设计研究总院
2	北京汽车产业研发基地用房	北京建工集团有限责任公司	北京国际建设集团有限公司
			北京市设备安装工程集团有限公司
			北京市机械施工有限公司
			江河创建集团股份有限公司
3	北京爱慕内衣生产建设项目厂房	中北华宇建筑工程公司	北京建谊建筑工程有限公司

第九篇

序号	工程名称	承建单位	参建单位
4	复兴门内危改区 4-2 地项目	中建二局第三建筑工程有限公司	北京市设备安装工程集团有限公司
			沈阳远大铝业工程有限公司
			中国建筑第二工程局有限公司
			深圳市晶宫设计装饰工程有限公司
			中建一局集团建设发展有限公司
5	泰安道四号院工程	天津三建建筑工程有限公司	天津天房建设工程有限公司
			天津市天房科技发展股份有限公司
			德州亚太集团有限公司
6	天津图书馆	天津市建工工程总承包有限公司	天津中发机电工程有限公司
			天津中建六局装饰工程有限公司
			中建五局装饰幕墙有限公司
			沈阳远大铝业工程有限公司
7	天津市胸科医院迁址新建工程门急诊住院综合楼	天津天一建设集团有限公司	天津中建六局装饰工程有限公司
			天津恒益建筑装饰工程有限公司
			天津市南洋装饰工程公司
			天津中发机电工程有限公司
			天津市中环系统工程有限责任公司
			四川桑瑞思环境技术工程有限公司
8	天津帝旺凯悦酒店	浙江中成建工集团有限公司	北京金丰环球建筑装饰有限公司
			天津中发机电工程有限公司
			沈阳远大铝业工程有限公司
9	外环北路北延跨永定新河大桥工程	天津市公路工程总公司	
10	沧州市博物馆	河北建工集团有限责任公司	河北省第二建筑工程有限公司
			捷成建筑装饰工程有限公司
11	保定市生态园工程	河北建设集团园林工程有限公司 河北建设集团有限公司	
12	乌兰察布市中心医院门诊楼	内蒙古兴泰建设集团有限公司	
13	鄂尔多斯医院	湖南德成建设工程有限公司 内蒙古包头兴业集团股份有限公司	鄂尔多斯市建银建筑安装有限责任公司
			湖南省沙坪建筑有限公司
14	内蒙古科技馆新馆	北京城建集团有限责任公司	北京港源建筑装饰工程有限公司
			北京城建安装集团有限公司
			江苏沪宁钢机股份有限公司
15	太原并州饭店改扩建工程	山西四建集团有限公司	苏州金螳螂建筑装饰股份有限公司
			苏州朗捷通智能科技有限公司
			苏州金螳螂幕墙有限公司
16	山西省图书馆工程	中铁十七局集团建筑工程有限公司	深圳市宝鹰建设集团股份有限公司
			深圳市筑乐科技有限公司

续表

序号	工程名称	承建单位	参建单位
17	葫芦岛市中医医院改扩建（一期）工程	辽宁绥四建设工程集团有限公司	葫芦岛恒正装饰工程有限公司
			葫芦岛市华商工程有限公司
			辽宁志远装饰设计工程有限公司
			辽宁东富消防实业有限公司
18	大连国际会议中心	中国建筑第八工程局有限公司	浙江亚厦装饰股份有限公司
			深圳市中孚泰文化建筑建设股份有限公司
			深圳市南利装饰工程有限公司
			上海中建八局装饰有限责任公司
			中建一局集团装饰工程有限公司
			沈阳远大铝业工程有限公司
			中建安装工程有限公司
			大连爱瑞克机电设备有限公司
			浙江东南网架股份有限公司
19	辽宁省文化场馆(辽宁省科技馆、辽宁省博物馆)	中国建筑一局(集团)有限公司 中国建筑第五工程局有限公司	北京中建华威机电设备安装工程有限公司
			江苏沪宁钢机股份有限公司
			北京港源建筑装饰工程有限公司
			沈阳远大铝业工程有限公司
			苏州金螳螂建筑装饰股份有限公司
			中建五局装饰幕墙有限公司
			深圳市晶宫设计装饰工程有限公司
			中建五局工业设备安装有限公司
			深圳市建装业集团股份有限公司
			深圳市瑞华建设股份有限公司
			中建五局第三建设有限公司
20	沈阳四环快速路新建工程	中国中铁股份有限公司	中铁九局集团第七工程有限公司
			中铁二局第四工程有限公司
			中铁大桥局集团第四工程有限公司
			中铁七局集团第一工程有限公司
			中铁十局集团第三建设有限公司
			中铁一局集团第四工程有限公司
			中铁航空港集团第一工程有限公司
			中铁五局集团机械化工程有限责任公司
			中铁十局集团西北工程有限公司
			中铁一局集团电务工程有限公司
			中铁三局集团第六工程有限公司
			中国中铁航空港建设集团有限公司
			中铁港航局集团第三工程有限公司
			中铁上海工程局集团有限公司
21	齐齐哈尔市公安局业务技术用房工程	南通市达欣工程股份有限公司	

续表

序号	工程名称	承建单位	参建单位
22	中国金融信息大厦	上海建工四建集团有限公司	上海市安装工程集团有限公司
			上海市建筑装饰工程集团有限公司
			上海新丽装饰工程有限公司
23	中国商飞客户支援中心和技术交流中心工程	上海建工七建集团有限公司	上海市建筑装饰工程集团有限公司
			上海陆百建设有限公司
			上海康业建筑装饰工程有限公司
24	海光大厦(华东电网调度中心大楼)	上海建工二建集团有限公司	上海电力建筑工程公司
			沈阳远大铝业工程有限公司
			上海森信建设工程有限公司
25	中华企业大厦	中国建筑第五工程局有限公司 中建五局第三建设有限公司	中建三局东方装饰设计工程有限公司
			上海建筑装饰(集团)有限公司
			上海市安装工程集团有限公司
			上海兴盛消防集团有限公司
			上海延华智能科技(集团)股份有限公司
26	展讯中心二期	中国建筑第八工程局有限公司	中建三局东方装饰设计工程有限公司
			沈阳远大铝业工程有限公司
			中设建工集团有限公司
27	省特种设备安全监督检验与操作培训实验基地	江苏双楼建设集团有限公司	苏州金螳螂建筑装饰股份有限公司
			南京国豪装饰安装工程有限公司
			无锡金城幕墙装饰工程有限公司
28	联创科技大厦	南通新华建筑集团有限公司	深圳市华辉装饰工程有限公司
29	东南大学教学医疗综合大楼	南通四建集团有限公司	西安飞机工业装饰装修工程股份有限公司
30	雨花台区西善桥岱山西侧B地块经济适用住房项目8号地块一标段5号、6号楼	南通华新建工集团有限公司	南通华汇建筑工程有限公司
31	苏州独墅湖高等教育区教育发展大厦	通州建总集团有限公司宜兴市工业设备安装有限公司	苏州金螳螂建筑装饰股份有限公司
			苏州苏明装饰股份有限公司
			苏州柯利达装饰股份有限公司
32	扬州文化艺术中心工程	江苏扬建集团有限公司	扬州市桩基有限公司
			江苏伟业安装集团有限公司
			苏州金螳螂幕墙有限公司
			江苏华发装饰有限公司
33	新建杭州东站扩建工程站房及相关工程(站房工程)	浙江省建工集团有限责任公司	浙江中信设备安装有限公司
			武林建筑工程有限公司
			浙江东南网架股份有限公司
			潮峰钢构集团有限公司
34	宁波文化广场项目IV标段(剧院工程)	浙江省二建建设集团有限公司	浙江省二建建设集团安装有限公司
			浙江大丰建筑装饰工程有限公司
			苏州金螳螂建筑装饰股份有限公司
			浙江新中源建设有限公司
			浙江省二建钢结构有限公司

续表

序号	工程名称	承建单位	参建单位
35	温州国际会展中心三期展馆工程	温州建设集团有限公司	浙江精工钢结构集团有限公司
			宁波建乐建筑装潢有限公司
36	昆山文化艺术中心一期工程	中天建设集团有限公司	中天建设集团浙江安装工程有限公司
			苏州苏明装饰股份有限公司
			苏州金螳螂建筑装饰股份有限公司
			深圳市洪涛装饰股份有限公司
			南京恒天伟智能技术有限公司
			江苏鼎峰建设有限公司
37	萧山供电局电力调度大楼工程	浙江勤业建工集团有限公司	浙江圣大建设集团有限公司
			武林建筑工程有限公司
38	麦岛居住区改造工程F区住宅二标段	天元建设集团有限公司	山东天元安装工程有限公司
			苏州金螳螂建筑装饰股份有限公司
			青岛鑫山幕墙金属结构集团有限公司
			浙江滕头园林股份有限公司
39	济南工程职业技术学院教学楼	山东天齐置业集团股份有限公司	江苏文正工程有限公司
40	2014青岛世界园艺博览会	青建集团股份公司 青岛建安建设集团有限公司 中建八局第四建设有限公司 青岛第一市政工程有限公司	青岛太行园林建设有限公司
			青岛一建集团有限公司
			青岛海川建设集团有限公司
			青岛亿联集团股份有限公司
			浙江滕头园林股份有限公司
			上海园林绿化建设有限公司
			上海市园林工程有限公司
41	新泰市人民医院医疗综合楼	新泰市建筑安装工程总公司	深圳市晶宫设计装饰工程有限公司
			山东福缘来装饰有限公司
42	中共德州市委党校新校建设项目	山东德建集团有限公司	
43	芜湖卷烟厂"都宝"卷烟生产线技术改造项目制丝工房及综合库工程	广东省建筑工程集团有限公司	成信绿集成股份有限公司
44	歙县徽州府衙修复工程	安徽省徽州古典园林建设有限公司	
45	闽江学院新华都商学院大楼	福建省二建建设集团有限公司 上海森信建设工程有限公司	
46	惠安建筑业发展中心1号、2号办公楼及地下室工程	福建省闽南建筑工程有限公司	
47	南昌市洪都中医院新院(一期)建设工程	中阳建设集团有限公司	南昌市第一建筑工程公司
48	南昌印钞厂印钞工房	北京城建集团有限责任公司	北京城建长城建筑装饰工程有限公司
			深圳市华剑建设集团有限公司
			思创数码科技股份有限公司

第九篇

805

续表

序号	工程名称	承建单位	参建单位
49	郑州市京广快速路工程	河南省第一建筑工程集团有限责任公司 河南五建建设集团有限公司 郑州市第一建筑工程集团有限公司 郑州市市政工程总公司 泰宏建设发展有限公司	郑州第二市政建设集团有限公司 新蒲建设集团有限公司 河南国基建设集团有限公司
50	孝感市第一人民医院新区外科大楼	湖北全洲扬子江建设工程有限公司	
51	武汉国际博览中心会议中心总承包工程	中建三局集团有限公司	深圳市宝鹰建设集团股份有限公司 中建三局装饰有限公司 中建钢构有限公司 武汉市汉阳市政建设集团公司 上海延华智能科技（集团）股份有限公司 湖北平安智能消防工程有限公司
52	华中科技大学同济医学院附属协和医院门诊医技大楼	中天建设集团有限公司	中天建设集团浙江安装工程有限公司
53	好莱城（1、2、3、4栋及地下室）	湖南省沙坪建筑有限公司	湖南沙坪装饰有限公司 湖南德成建设工程有限公司
54	顺天国际金融中心	湖南顺天建设集团有限公司	深圳粤源建设股份有限公司
55	三建兴城培训中心	湖南省第三工程有限公司	湖南华意建筑装修装饰有限公司 湖南三建智能化工程有限公司 湖南省第五工程有限公司
56	长沙公共资源交易中心建设项目	湖南捞刀河建设集团有限公司	湖南高岭建设集团股份有限公司
57	太古汇商业、酒店、办公楼工程	中国建筑第四工程局有限公司 广州建筑股份有限公司	中建四局第六建筑工程有限公司 中建钢构有限公司 中建四局安装工程有限公司 广州市第一建筑工程有限公司 广东省工业设备安装公司 深圳市洪涛装饰股份有限公司 广州珠江装修工程有限公司 深圳广田装饰集团股份有限公司 浙江精工钢结构集团有限公司
58	深圳市滨海医院	深圳市建工集团股份有限公司 中国建筑第二工程局有限公司 中铁建工集团有限公司 深圳市第一建筑工程有限公司	深圳市洪涛装饰股份有限公司 深圳市深装总装饰工程工业有限公司 深圳市华剑建设集团有限公司 深圳市华南装饰设计工程有限公司 深圳市建筑工程股份有限公司 深圳市科源建设集团有限公司 深圳市三鑫幕墙工程有限公司 广东爱得威建设(集团)股份有限公司 深圳市特艺达装饰设计工程有限公司

续表

序号	工程名称	承建单位	参建单位
59	3幢22层设计住宅楼工程(自命名金马广场三期A1-A3栋)和1幢6层设计公建配套楼工程(A4栋)	广东正升建筑有限公司	汕头市建安(集团)公司
60	南宁瀚林美筑	广西建工集团第一建筑工程有限责任公司	
61	南宁民歌广场综合改造工程	广西华宇建工有限责任公司	南宁市鹭湖风景园林有限公司 中建三局第二建设工程有限责任公司 广西市政工程集团有限公司
62	国际养生度假中心产权式酒店2号栋	湖南省第六工程有限公司	湖南六建机电安装有限责任公司 湖南六建装饰设计工程有限责任公司 湖南省机械化施工公司 浙江圣大建设集团有限公司
63	四川省人民医院川港康复科技综合大楼	成都建筑工程集团总公司	
64	青岛胶州湾隧道及接线工程	中铁二局股份有限公司 中铁隧道集团有限公司 中铁十八局集团有限公司 中铁十六局集团有限公司	中铁二局第二工程有限公司 中铁电气化局集团有限公司 青岛海信网络科技股份有限公司 青岛路桥建设集团有限公司 中铁三局集团有限公司 中铁十九局集团有限公司 青岛第一市政工程有限公司 青岛城建集团有限公司
65	中冶建工集团设计研发大厦(主楼)	中冶建工集团有限公司	
66	贵州财经学院花溪新校区建设工程图书馆	贵州建工集团第四建筑工程有限责任公司	
67	昆明新机场航站区工程	中国建筑第八工程局有限公司 北京城建集团有限责任公司 云南建工第五建设有限公司	上海蓝天房屋装饰工程有限公司 江苏沪宁钢机股份有限公司 华翔飞建筑装饰工程有限公司 广东省建筑装饰工程有限公司 北京港源建筑装饰工程有限公司 深圳市鑫明光实业有限公司 中建安装工程有限公司 深圳市三鑫幕墙工程有限公司 云南建工安装股份有限公司 北京城建安装工程有限公司 云南建工钢结构有限公司 上海中建八局装饰有限责任公司 中建钢构有限公司 北京城建二建设工程有限公司

第九篇

序号	工程名称	承建单位	参建单位
67	昆明新机场航站区工程	中国建筑第八工程局有限公司 北京城建集团有限责任公司 云南建工第五建设有限公司	北京城五工程建设有限公司
			广东建华装饰工程有限公司
			中国船舶重工集团公司第七〇九研究所
			深圳市博大装饰工程有限公司
			昆明华安工程技术有限责任公司
68	陕西宾馆扩建18号楼和大会堂配套项目部分工程	陕西建工第一建设集团有限公司	陕西建工第五建设集团有限公司
			深圳市深装总装饰工程工业有限公司
			深圳城市建筑装饰工程有限公司
			陕西华新建工集团有限公司
			陕西鼎盛装饰工程有限责任公司
69	南宫山大酒店	陕西建工第八建设集团有限公司	陕西建工安装集团有限公司
70	经二路办公住宅楼	陕西建工第二建设集团有限公司	
71	延安八一敬老院工程	陕西建工集团总公司	陕西建工第一建设集团有限公司
			陕西省建筑装饰工程公司
72	甘肃会展中心建筑群项目五星级酒店工程	中国建筑一局(集团)有限公司	浙江大地钢结构有限公司
			重庆西南铝装饰工程有限公司
			神州长城装饰工程有限公司
			中建一局集团第五建筑有限公司
73	宁夏贺兰山体育场(全民健身体育运动中心)	宁夏建工集团有限公司	浙江东南网架股份有限公司
74	青海艺术中心	汕头市南华建筑有限公司	广东爱富兰建设有限公司
			山东远东伟业(集团)有限公司
75	特变电工科技研发中心	江苏省苏中建设集团股份有限公司	
76	郑州黄河公铁两用桥(QL—1标)	中铁大桥局股份有限公司 中铁七局集团有限公司 中交第一公路工程局有限公司	中铁大桥局集团第一工程有限公司
			中铁七局集团第三工程有限公司
			中铁七局集团郑州工程有限公司
			中铁山桥集团有限公司
			中铁宝桥集团有限公司
			中交一公局第三工程有限公司
77	鼓楼医院南扩工程	中铁建工集团有限公司	江苏镇江安装集团有限公司
			广东省装饰有限公司
			中国建筑装饰集团有限公司
78	乐成恭和苑老年公寓	中铁建设集团有限公司	中铁建设集团设备安装有限公司
			北京中铁装饰工程有限公司
79	唐山港曹妃甸港区煤炭码头工程	中国交通建设股份有限公司 中交第一航务工程局有限公司 中交一航局第五工程有限公司	中交一航局第一工程有限公司
			中交一航局安装工程有限公司
80	苏州港太仓港区三期码头工程	中交第三航务工程局有限公司	

续表

序号	工程名称	承建单位	参建单位
81	大唐绍兴江滨天然气热电联产工程	浙江省火电建设公司	
82	榆次北（福瑞）500千伏变电站	国网山西送变电工程公司	
83	江苏溧阳500千伏变电站	江苏省送变电公司	常嘉建设集团有限公司
84	中海石油天野化工股份有限公司6万吨/年聚甲醛工程	中化二建集团有限公司	
85	煤机装备产业园建设项目	中煤建设集团工程有限公司	
86	安徽金安矿业有限公司草楼铁矿300万吨/年扩建工程	中国华冶科工集团有限公司	
87	5000t/a镍及镍合金板带材－冷轧、热轧车间	八冶建设集团有限公司	
88	河南中孚实业30万吨高性能特种铝材项目热轧车间	中国有色金属工业第六冶金建设有限公司	
89	江苏省海安县生活垃圾焚烧发电项目	江苏华能建设工程集团有限公司	南通丰汇建设有限公司
90	省会文化艺术中心（大剧院）工程	中国建筑第八工程局有限公司	中建八局第二建设有限公司
			中建安装工程有限公司
			深圳市洪涛装饰股份有限公司
			深圳市中孚泰文化建筑建设股份有限公司
91	重庆市江津区粉房湾长江大桥	中国建筑第六工程局有限公司 中国建筑股份有限公司	中建钢构有限公司
			中铁九桥工程有限公司
92	南京上坊北侧地块经济适用房项目6－01、03、04、05栋及4号中心地下车库工程	中国建筑第二工程局有限公司	中建二局装饰工程有限公司
			江苏龙海建工集团有限公司
93	深圳证券交易所营运中心	中建三局集团有限公司	深圳市三鑫幕墙工程有限公司
			中建三局装饰有限公司
			深圳市洪涛装饰股份有限公司
			中建钢构有限公司
			深圳市奇信建设集团股份有限公司
			深圳市美芝装饰设计工程股份有限公司
			深圳瑞和建筑装饰股份有限公司
			深圳市智宇实业发展有限公司
			深圳市中装建设集团股份有限公司
94	滨江凯旋门（浦东新区潍坊新村街道245街坊23宗地块项目）	中国建筑第四工程局有限公司	上海市安装工程集团有限公司
			中建五局工业设备安装有限公司
			中建三局装饰有限公司
95	济南市应急指挥平台、市反恐指挥中心、市公安指挥中心大楼	中建八局第一建设有限公司	华鼎建筑装饰工程有限公司
			浙江勤业建工集团有限公司

第九篇

续表

序号	工程名称	承建单位	参建单位
96	海军总医院内科医疗楼	中铁建设集团有限公司	中铁建设集团设备安装有限公司
			建峰建设集团股份有限公司
97	北京雁栖湖国际会都（核心岛）会议中心、精品酒店工程	中国建筑第八工程局有限公司 北京城建集团有限责任公司	中建安装工程有限公司
			浙江亚厦装饰股份有限公司
			湖南新宇装饰设计工程有限公司
			北京京仪自动化系统工程研究设计院有限公司
			北京建工集团有限责任公司
			北京城建安装集团有限公司
			北京华尊装饰工程有限责任公司
			北京城建亚泰建设集团有限公司
			深圳市方大建科集团有限公司
			北京弘高建筑装饰设计工程有限公司
98	北京日出东方酒店	北京城建集团有限责任公司	北京港源建筑装饰工程有限公司
			北京承达创建装饰工程有限公司
			北京城建安装集团有限公司
			江河创建集团股份有限公司
			上海宝冶集团有限公司
			江苏中信建设集团有限公司
99	第三使馆区外交公寓B南区外交办公楼及附属用房（D座、E座）	中太建设集团股份有限公司	北京港源建筑装饰工程有限公司
			北京中航弱电系统工程有限公司
			北京京雄消防安全系统有限公司
100	学研中心（教学用房）	中建二局第三建筑工程有限公司	江河创建集团股份有限公司
			北京金碧筑业装饰工程技术有限公司
101	民园广场（民园体育场保护利用提升改造工程）	天津住宅集团建设工程总承包有限公司	天津大容幕墙装饰工程有限公司
			天津中建六局装饰工程有限公司
			福建省茂盛建设工程有限公司
			天津住总机电设备安装有限公司
102	新建天津市第二儿童医院项目	天津三建建筑工程有限公司	天津中建六局装饰工程有限公司
			天津中发机电工程有限公司
			天津津利堡消防装饰工程有限公司
103	天津滨海国际机场二期扩建工程T2航站楼	中国建筑第八工程局有限公司	长沙广大建筑装饰有限公司
			深圳城市建筑装饰工程有限公司
			华翔飞建筑装饰工程有限公司
			江苏沪宁钢机股份有限公司
			天津华惠安信装饰工程有限公司
			浙江东南网架股份有限公司
104	天津市滨海新区中央大道海河隧道工程	中铁十八局集团有限公司	中铁十八局集团第五工程有限公司
			天津中发机电工程有限公司
			天津市天消消防工程有限公司

第九篇

续表

序号	工程名称	承建单位	参建单位
105	天津市蓟县人民医院迁址新建工程	天津天一建设集团有限公司	山东格瑞德集团有限公司
			天津市中环系统工程有限责任公司
106	鄂尔多斯市体育中心工程	河北建设集团有限公司 上海宝冶集团有限公司 湖南德成建设工程有限公司 中国建筑第六工程局有限公司 内蒙古兴泰建设集团有限公司	河北建设集团装饰工程有限公司
			常泰建筑装潢工程有限公司
			上海祥谷钢结构工程有限公司
107	华北油田总医院综合医疗楼工程	河北建工集团有限责任公司	万方建设集团有限公司
			河北科力空调工程有限公司
108	泰盛商务大厦及附属工程	江苏省华建建设股份有限公司	江苏扬建集团有限公司
			江苏扬安集团有限公司
			北京华开建筑装饰工程有限公司
			北京第七九七音响股份有限公司
			江苏华发装饰有限公司
109	赤峰学院附属医院内科病房楼	赤峰正翔建筑工程有限公司	
110	内蒙古广播影视数字传媒中心	江苏省苏中建设集团股份有限公司	
111	临汾新医院门急诊、医技、住院楼	山西一建集团有限公司	山西建筑工程(集团)总公司
			山西二建集团有限公司
			林州建总建筑工程有限公司
			山西省工业设备安装有限公司
112	山西马堡煤业封闭式储煤场	山西四建集团有限公司	
113	沈阳文化艺术中心	中国建筑一局(集团)有限公司	深圳市洪涛装饰股份有限公司
			江苏沪宁钢机股份有限公司
			上海中建八局装饰有限责任公司
114	沈阳乐天世界百货店	中建三局集团有限公司	中建三局第一建设工程有限责任公司
			辽宁泰丰铝业装饰工程有限公司
			辽宁轩禾装饰装修工程有限公司
115	国家会展中心(上海)A1/B1/C1/D1展厅及主入口工程	上海建工集团股份有限公司 中国建筑第八工程局有限公司	上海中建八局装饰有限责任公司
			中建安装工程有限公司
			上海建工七建集团有限公司
			上海建工二建集团有限公司
			上海市机械施工集团有限公司
			上海市安装工程集团有限公司
116	上海自然博物馆(上海科技馆分馆)工程	上海建工集团股份有限公司 上海建工二建集团有限公司	上海市安装工程集团有限公司
			上海市机械施工集团有限公司
			上海新丽装饰工程有限公司
117	昆山市中环快速化改造工程	上海建工集团股份有限公司	上海建工一建集团有限公司
			上海建工二建集团有限公司

第九篇

续表

序号	工程名称	承建单位	参建单位
117	昆山市中环快速化改造工程	上海建工集团股份有限公司	上海市机械施工集团有限公司
			上海建工四建集团有限公司
			上海建工五建集团有限公司
			上海市基础工程集团有限公司
			上海建工七建集团有限公司
			上海市政建设有限公司
118	森兰国际大厦	上海森信建设工程有限公司	南通华新建工集团有限公司
			江苏中程建筑有限公司
			上海华艺幕墙系统工程有限公司
119	上海保利大剧院	中国建筑股份有限公司	中铁建设集团有限公司
			北京清尚建筑装饰工程有限公司
			深圳中航幕墙工程有限公司
120	苏河湾一街坊项目 T3 楼	中兴建设有限公司	泰兴市第一建筑安装工程有限公司
			深圳长城家俱装饰工程有限公司
			上海东辰工程建设有限公司
121	苏州移动分公司工业园区新综合大楼工程	中亿丰建设集团股份有限公司（原苏州二建筑集团有限公司）	苏州金螳螂建筑装饰股份有限公司
			南京国豪装饰安装工程股份有限公司
			深圳市文业装饰设计工程股份有限公司
			苏州柯利达装饰股份有限公司
			江苏扬安集团有限公司
			上海华东电脑系统工程有限公司
			苏州新城园林发展有限公司
122	昆山农村商业银行大厦	振华集团（昆山）建设工程有限公司	苏州金螳螂建筑装饰股份有限公司
			昆山市华鼎装饰有限公司
			昆山市华特装饰工程有限公司
			苏州工业园区国发国际建筑装饰工程有限公司
			重庆西南铝装饰工程有限公司
123	通州区市民中心	南通四建集团有限公司通州建总集团有限公司	南通承悦装饰集团有限公司
			江苏达海智能系统股份有限公司
			江苏省钟星消防工程有限公司
124	江阴广播电视中心扩建（改造）工程	江阴一建建设有限公司	苏州金螳螂幕墙有限公司
			江苏鸿升装饰工程有限公司
			江苏先行工业设备安装有限公司
			海南海外声学装饰工程有限公司
			江苏蓝深远望系统集成有限公司
125	中洋公寓 1—5、10 号楼及地下室	江苏江中集团有限公司	南通市达欣工程股份有限公司
			南通四建集团有限公司
126	海门中南集团总部基地办公楼	江苏中南建筑产业集团有限责任公司	南通市中南建工设备安装有限公司
			金丰环球装饰工程（天津）有限公司
			深圳市洪涛装饰股份有限公司
			北京丽贝亚建筑装饰工程有限公司

续表

序号	工程名称	承建单位	参建单位
127	绍兴县体育中心	浙江宝业建设集团有限公司 中设建工集团有限公司 浙江勤业建工集团有限公司	浙江精工钢结构集团有限公司
			浙江宝业幕墙装饰有限公司
			浙江广艺建筑装饰工程有限公司
			浙江亚厦幕墙有限公司
128	绍兴市科技文化中心工程	浙江环宇建设集团有限公司	
129	台州市恩泽医疗中心一期医疗大楼	方远建设集团股份有限公司	浙江诸安建设集团有限公司
130	温岭市建筑业1号大厦	曙光建设有限公司	浙江新曙光建设有限公司
			华太建设集团有限公司
131	浙江农林大学天目学院新建工程一期(IV标)	浙江八达建设集团有限公司	
132	浪潮科技园S01科研楼	天元建设集团有限公司	山东天元安装工程有限公司
			苏州金螳螂建筑装饰股份工程有限公司
			山东万得福装饰工程有限公司
			江河创建集团股份有限公司
133	济南市第三人民医院综合病房楼	山东天齐置业集团股份有限公司	
134	青岛经济技术开发区全民健身中心	莱西市建筑总公司	青岛宝利建设有限公司
			湖南高岭建设集团股份有限公司
			青岛发国工贸有限公司
135	寿光市人民医院门诊综合楼	山东寿光第一建筑有限公司	
136	济南市清雅居公共租赁住房项目	山东三箭建设工程管理有限公司 山东省建设建工(集团)有限责任公司 济南长兴建设集团有限公司	中铁十局集团济南铁路工程有限公司
			济南一建集团总公司
			山东中恒建设集团有限公司
			山东平安建设集团有限公司
137	青岛市重庆路快速路工程	青岛第一市政工程有限公司 青岛城建集团有限公司 青岛市益水工程股份有限公司	中铁十四局集团有限公司
			中铁三局集团有限公司
			青岛花林实业有限公司
			中铁二十三局集团第六工程有限公司
138	福州海峡奥林匹克体育中心(体育场、游泳馆、体育馆、网球馆)	中建海峡建设发展有限公司	中建钢构有限公司
			中建七局安装工程有限公司
139	泉州市中医联合医院医疗主楼	福建省第五建筑工程公司	福建省五建装修装饰工程公司
140	赣州银行金融大厦	江西昌南建设集团有限公司	金昌建设有限公司
			绿蜻蜓建设管理有限公司
			美华建设有限公司
141	九江长江公路大桥	中交第二航务工程局有限公司 中交第二公路工程局有限公司 中铁二十三局集团第一工程有限公司 中铁一局集团桥梁工程有限公司	中交路桥华南工程有限公司
			中铁大桥局集团有限公司
			江西赣粤高速公路工程有限责任公司

第九篇

续表

序号	工程名称	承建单位	参建单位
141	九江长江公路大桥	中交第二航务工程局有限公司 中交第二公路工程局有限公司 中铁二十三局集团第一工程有限公司 中铁一局集团桥梁工程有限公司	中铁山桥集团有限公司
			江苏中泰桥梁钢构股份有限公司
142	工人劳模小区(安泰小区)5号、6号楼	平煤神马建工集团有限公司	
143	安阳市市民之家	安阳建工(集团)有限责任公司	
144	绿地广场(郑州会展宾馆)	中天建设集团有限公司	上海绿地建设(集团)有限公司
			中天建设集团浙江安装工程有限公司
			浙江诸安建设集团有限公司
			上海辽申幕墙工程有限公司
			浙江中天装饰集团有限公司
			上海康业建筑装饰工程有限公司
145	万科城四期L栋及地下室	山河建设集团有限公司	深圳市洪涛装饰股份有限公司
			武汉市科凌冷暖设备工程有限责任公司
146	东湖国家自主创新示范区公共服务中心	中建三局集团有限公司	中建三局第三建设工程有限责任公司
			中国建筑装饰集团有限公司
			中建三局装饰有限公司
			深圳市中深建装饰设计工程有限公司
			武汉烽火信息集成技术有限公司
147	创业基地2号软件研发楼及南区地下室	湖南东方红建设集团有限公司	长沙广大建筑装饰有限公司
148	常德市天济广场酒店	湖南天鹰建设有限公司湖南省第六工程有限公司	湖南六建装饰设计工程有限责任公司
			上海罗顿装饰工程有限公司
			湖南六建机电安装有限责任公司
			建峰建设集团股份有限公司
			湖南高城消防实业有限公司
149	郴州市国际会展中心	湖南省建筑工程集团总公司	湖南省第一工程有限公司
			湖南省工业设备安装有限公司
			湖南建工集团装饰工程有限公司
			上海宝冶集团有限公司
150	高科·总部壹号一期工程	中国建筑第五工程局有限公司	中建不二幕墙装饰有限公司
			中建五局装饰幕墙有限公司
			长沙广大建筑装饰有限公司
			湖南乔口建设有限公司
			中建五局工业设备安装有限公司
			株洲高科建设工程有限公司
151	中洲华府	江苏省华建建设股份有限公司	江苏邗建集团有限公司
			江苏伟业安装集团有限公司
			江苏华宇装饰集团有限公司
			深圳广田装饰集团股份有限公司
			深圳市中装建设集团股份有限公司

第九篇

续表

序号	工程名称	承建单位	参建单位
152	深圳实验承翰学校高中部	深圳市华岳建筑工程有限公司	深圳市建艺装饰集团股份有限公司
			深圳市科源建设集团有限公司
153	深圳南山文体中心	中国建筑第八工程局有限公司	中建八局第二建设有限公司
			深圳市中孚泰文化建筑建设股份有限公司
			中建二局安装工程有限公司
			深圳市中装建设集团股份有限公司
			中建安装工程有限公司
154	广晟国际大厦	广州建筑股份有限公司	广东华盛建设有限公司
			广州市第一建筑工程有限公司
			广州市机电安装有限公司
155	"彰泰·兰乔圣菲"商住小区	广西建工集团第四建筑工程有限责任公司	
156	柳州市柳铁中心医院1号住院大楼	广西壮族自治区冶金建设公司	
157	三亚海棠湾国际购物中心（一期）	中铁建设集团有限公司	金刚幕墙集团有限公司
			深圳市深装总装饰工程工业有限公司
			苏州金螳螂建筑装饰股份有限公司
			中铁建工集团安装工程有限公司
158	中银国际金融大厦（中银大厦）	中国华西企业股份有限公司	南通扬子设备安装有限公司
			苏州柯利达装饰股份有限公司
			苏州金螳螂建筑装饰股份有限公司
			昆山市华鼎装饰有限公司
159	观湖国际社区8—11栋及地下室	成都市第三建筑工程公司	
160	舟山大陆连岛工程西堠门大桥	四川公路桥梁建设集团有限公司 中交第二公路工程局有限公司 中铁宝桥集团有限公司	江苏中矿大正表面工程技术有限公司
			山东省路桥集团有限公司
161	成都来福士广场T2、T3及地下室工程	中建三局集团有限公司	中建钢构有限公司
			沈阳远大铝业工程有限公司
			中建三局装饰有限公司
			通力电梯有限公司
			四川怡安建设集团有限公司
			四川成安消防工程有限公司
			中建三局第一建设工程有限责任公司
			四川华西建筑装饰工程有限公司
162	重庆大学虎溪校区理科大楼	重庆建工集团股份有限公司	重庆建工第七建筑工程有限责任公司
			中建三局第一建设工程有限责任公司

第九篇

续表

序号	工程名称	承建单位	参建单位
163	重庆国际博览中心	中国建筑股份有限公司 中建五局第三建设有限公司 北京城建二建设工程有限公司 重庆建工集团股份有限公司	中建钢构有限公司
			江苏沪宁钢机股份有限公司
			江苏启安建设集团有限公司
			重庆建工第三建设有限责任公司
			重庆工业设备安装集团有限公司
			沈阳远大铝业工程有限公司
			深圳市三鑫幕墙工程有限公司
			中国建筑装饰集团有限公司
			中建三局东方装饰设计工程有限公司
			江河创建集团股份有限公司
			重庆建工第二建设有限公司
164	重庆市三环高速公路永川双石至江津塘河段永川长江大桥工程	中交第一公路工程局有限公司	中交一公局厦门工程有限公司
			中交一公局第六工程有限公司
165	贵州省思南至剑河高速公路乌江特大桥	中铁二局股份有限公司	中铁二局第一工程有限公司
166	拉萨市群众文化体育中心	北京住总集团有限责任公司	北京市机械施工有限公司
			北京市地质工程公司
			徐州东大钢结构建筑有限公司
167	西北妇女儿童医院门诊医技住院医疗综合楼	陕西建工第五建设集团有限公司	陕西鼎盛装饰工程有限责任公司
			陕西海西亚装饰有限责任公司
			陕西建工安装集团有限公司
168	亚华国际酒店	陕西建工第一建设集团有限公司	陕西恒业建设集团有限公司
169	西部飞机维修基地创新服务中心（航投大厦）	陕西建工第八建设集团有限公司	陕西建工机械施工集团有限公司
170	安康博物馆工程	陕西建工集团总公司	苏州金螳螂展览设计工程有限公司
			陕西建工集团设备安装工程有限公司
171	红色南梁革命纪念园	甘肃第六建设集团股份有限公司 陕西建工第四建设集团有限公司	
172	新疆维吾尔自治区人民医院门诊、病房综合楼	江苏南通二建集团有限公司	江苏启安建设集团有限公司
			苏州金螳螂建筑装饰股份有限公司
			江苏合发集团有限责任公司
173	新建向莆铁路青云山隧道	中铁二十三局集团有限公司	中铁二十三局集团第三工程有限公司
			中铁二十三局集团第四工程有限公司
174	郑州东站	中铁建工集团有限公司 中铁十七局集团有限公司	中铁建工集团安装工程有限公司
			中铁建工集团装饰工程有限公司
			江苏沪宁钢机股份有限公司
			中铁十七局集团建筑工程有限公司
175	柳州市广雅大桥	中铁三局集团有限公司	中铁交通投资集团有限公司

续表

序号	工程名称	承建单位	参建单位
176	新建铁路大同至西安铁路客运专线第11合同段晋陕黄河特大桥	中铁上海工程局集团有限公司	
177	湖北沪蓉西高速公路四渡河特大桥	中交路桥华南工程有限公司	
178	安徽凤台电厂二期扩建工程	中国能源建设集团安徽电力建设第二工程有限公司 中国能源建设集团浙江火电建设有限公司 浙江省建工集团有限责任公司	华丰建设股份有限公司 浙江天地环保工程有限公司
179	500kV建塘变电站工程	云南省送变电工程公司	
180	濮阳东500千伏变电站工程	河南省第二建筑工程发展有限公司 河南第一火电建设公司	
181	500kV纵江（东纵）变电站工程	广东威恒输变电工程有限公司	
182	博思格建筑系统(西安)新建工厂工程	西北电力建设第四工程有限公司	上海建工五建集团有限公司
183	重庆市玉滩水库扩建工程(水库枢纽工程)	中国葛洲坝集团股份有限公司	
184	路博润添加剂(珠海)有限公司一期、二期润滑油添加剂项目	中国化学工程第十四建设有限公司	中国化学工程第四建设有限公司
185	同煤集团同忻矿井工程	中鼎国际工程有限责任公司 中煤第三建设（集团）有限责任公司	大同煤矿集团宏远工程建设有限责任公司
186	天津医科大学空港国际医院一期工程	中建五局第三建设有限公司	苏州苏明装饰股份有限公司 金刚幕墙集团有限公司 杭州市园林绿化股份有限公司 江苏环亚建设工程有限公司 天津津利堡消防装饰工程有限公司
187	珠海十字门会展商务组团一期国际展览中心工程	上海宝冶集团有限公司	南通金典装饰工程有限公司 深圳市建筑装饰(集团)有限公司 江河创建集团股份有限公司
188	武钢冷轧镀锡板生产线工程	中国一冶集团有限公司 中国十九冶集团有限公司	
189	陕西有色榆林铝镁合金项目电解一车间	陕西有色建设有限公司	
190	上海市污水治理白龙港片区南线输送干线完善工程	中铁上海工程局集团有限公司 上海市基础工程集团有限公司 上海城建市政工程（集团）有限公司 宏润建设集团股份有限公司	上海公成建设发展有限公司 上海金山市政建设(集团)有限公司
191	中国石油科研成果转化基地项目	中国建筑一局(集团)有限公司 中铁建设集团有限公司	北京迪迈建筑装饰工程有限公司 中铁建设集团设备安装有限公司

续表

序号	工程名称	承建单位	参建单位
192	行政办公(综合办公业务楼)	中国建筑第二工程局有限公司	建峰建设集团股份有限公司
			北京华开建筑装饰工程有限公司
			中建二局安装工程有限公司
			北京利华消防工程有限公司
			上海美特幕墙有限公司
193	太原湖滨广场综合项目	中建三局集团有限公司	中建钢构有限公司
			中建三局装饰有限公司
			中建三局东方装饰设计工程有限公司
			深圳瑞和建筑装饰股份有限公司
			中建三局第二建设工程有限责任公司
194	高新西产业配套宿舍工程	中国建筑第五工程局有限公司	中建不二幕墙装饰有限公司
			浙江中富建筑集团股份有限公司
195	福建成功国际会展中心	中建七局安装工程有限公司	中建七局建筑装饰工程有限公司
			河南亚鹰钢结构幕墙工程有限公司
			浙江中南建设集团钢结构有限公司
196	徐州市三环东路高架快速路建设工程	中国建筑第七工程局有限公司	中建七局第二建筑有限公司
			徐州市公路工程总公司
			中交一公局第一工程有限公司
197	金陵饭店扩建工程	中建八局第三建设有限公司	浙江银建装饰工程有限公司
			深圳市卓艺装饰设计工程有限公司
			苏州金螳螂建筑装饰股份有限公司
			江河创建集团股份有限公司
			深圳市深装总装饰工程工业有限公司
198	兖州市兴隆文化园	中建八局第一建设有限公司	湖南省沙坪建筑有限公司
			苏州金螳螂建筑装饰股份有限公司
			厦门邝沛幕墙有限公司
199	多功能结冰风洞工程	中国人民解放军总装备部特种工程技术安装总队 四川省工业设备安装公司	中国核工业二三建设有限公司
			河南中冶防腐工程有限公司
200	酒店及配套设施(北京凯莱大酒店改扩建项目)	中国新兴建设开发总公司	中建三局装饰有限公司
			苏州金螳螂建筑装饰股份有限公司

(来源:《住房城乡建设部关于2014～2015年度中国建设工程鲁班奖(国家优质工程)获奖单位的通报》建质〔2015〕180号)

第十二届中国土木工程詹天佑奖获奖名单

序号	工程名称	获奖单位
1	昆明新机场	中国建筑股份有限公司
		中国建筑第八工程局有限公司

续表

序号	工程名称	获奖单位
1	昆明新机场	北京城建集团有限责任公司
		云南建工第五建设有限公司
		昆明新机场建设指挥部
		北京市建筑设计研究院有限公司
		中国民航机场建设集团公司
		北京中企卓创科技发展有限公司
		清华大学
		江苏沪宁钢机股份有限公司
		深圳市三鑫幕墙工程有限公司
		云南省地震工程研究院
		上海市建设工程监理有限公司
		云南建工第四建设有限公司
		中国水利水电第十六工程局有限公司
		西北民航机场建设集团有限责任公司
		中国水电顾问集团昆明勘测设计研究院
		广东省建筑装饰工程有限公司
		云南阳光道桥股份有限公司
		中国建筑西南勘察设计研究院有限公司
		华翔飞建筑装饰工程有限公司
2	广州珠江新城西塔	中国建筑股份有限公司
		广州建筑股份有限公司
		中国建筑第四工程局有限公司
		广州市城市建设开发有限公司
		中建三局集团有限公司
		广州越秀城建国际金融中心有限公司
		华南理工大学建筑设计研究院
		广州城建开发工程咨询监理有限公司
		中建四局第六建筑工程有限公司
		中建钢构有限公司
		中建四局安装工程有限公司
		广州市第一建筑工程有限公司
		广州市机电安装有限公司
		中建三局装饰有限公司
		中国建筑装饰集团有限公司
3	天津文化中心	天津市城乡建设委员会
		天津市规划局
		天津市城市规划设计研究院
		天津市建筑设计院
		华东建筑设计研究院有限公司
		天津华汇工程建筑设计有限公司

第九篇

续表

序号	工程名称	获奖单位
3	天津文化中心	上海市城市建设设计研究总院
		华南理工大学建筑设计研究院
		德国 gmp 国际建筑设计有限公司
		迪巍思建筑咨询(上海)有限公司
		天津三建建筑工程有限公司
		天津市建工工程总承包有限公司
		中国建筑第七工程局有限公司
		上海建工七建集团有限公司
		天津二建建筑工程有限公司
		中建三局建设工程股份有限公司
		天津乐城置业有限公司
		天津市房地产开发经营集团有限公司
4	中国国家博物馆改扩建工程	北京城建集团有限责任公司
		中国建筑科学研究院
		北京城建精工钢结构工程有限公司
		北京双圆工程咨询监理有限公司
5	南京南站站房工程	中国建筑第八工程局有限公司
		中铁四局集团有限公司
		北京市建筑设计研究院有限公司
		中铁第四勘察设计院集团有限公司
		上海建科工程咨询有限公司
		中建八局第三建设有限公司
		中建安装工程有限公司
		上海中建八局装饰有限责任公司
6	深圳湾体育中心	中建三局集团有限公司
		华润深圳湾发展有限公司
		深圳市勘察研究院有限公司
		北京市建筑设计研究院有限公司
		深圳市中海建设监理有限公司
		中建钢构有限公司
		浙江精工钢结构有限公司
		中建三局装饰有限公司
7	合肥京东方第六代薄膜晶体管液晶显示器件厂房项目	中建一局集团建设发展有限公司
		合肥京东方光电科技有限公司
		世源科技工程有限公司
		合肥工大建设监理有限责任公司
		柏诚工程(江苏)股份有限公司
		安徽富煌钢构股份有限公司
8	成都双流国际机场T2航站楼	中建三局集团有限公司
		中国建筑西南设计研究院有限公司
		成都双流国际机场建设工程指挥部

续表

序号	工程名称	获奖单位
9	金融街·重庆金融中心	中国建筑第二工程局有限公司
		金融街重庆置业有限公司
		中国中元国际工程公司
		中建二局安装工程有限公司
		北京江河幕墙股份有限公司
10	海南国际会展中心	中建二局第二建筑工程有限公司
		江苏沪宁钢机股份有限公司
		中国建筑设计研究院
11	广州国际体育演艺中心（NBA多功能篮球馆）	广州市第四建筑工程有限公司
		广州开发区政府投资建设项目管理中心
		广州市设计院
		北京城建集团有限责任公司
		上海宝冶集团有限公司
12	南京大胜关长江大桥	京沪高速铁路股份有限公司
		中铁大桥勘测设计院集团有限公司
		中铁大桥局股份有限公司
		铁科院(北京)工程咨询有限公司
13	沪蓉西高速公路支井河特大桥	中国铁建大桥工程局集团有限公司
		中交第二公路勘察设计研究院有限公司
		中交路桥技术有限公司
		中铁二院(成都)咨询监理有限责任公司
		湖北沪蓉西高速公路建设指挥部
14	柳州双拥大桥	中铁上海工程局有限公司
		中铁四局集团有限公司
		四川省交通运输厅公路规划勘察设计研究院
		中铁交通投资集团有限公司
		柳州市城市投资建设发展有限公司
15	京沪高速铁路	京沪高速铁路股份有限公司
		铁道第三勘察设计院集团有限公司
		中铁第四勘察设计院集团有限公司
		北京全路通信信号研究设计院有限公司
		中铁电气化勘测设计研究院有限公司
		中铁大桥勘测设计院集团有限公司
		中国铁道科学研究院
		中铁十七局集团有限公司
		中铁十八局集团第五工程有限公司
		中铁十九局集团有限公司
		中铁一局集团有限公司
		中铁二局第五工程有限公司
		中铁六局集团太原铁路建设有限公司

第九篇

续表

序号	工程名称	获奖单位
15	京沪高速铁路	中国水利水电建设股份有限公司
		中铁十六局集团第五工程有限公司
		中铁十二局集团有限公司
		中铁十四局集团第五工程有限公司
		中铁十五局集团第六工程有限公司
		中铁三局集团有限公司
		中铁五局集团第二工程有限责任公司
		中铁八局集团第一工程有限公司
		中国交通建设股份有限公司
		中铁十一局集团有限公司
		中铁四局集团有限公司
		中铁建工集团有限公司
		中铁建设集团有限公司
		中国建筑股份有限公司
		上海建工集团股份有限公司
		中铁二十四局集团有限公司
		中铁电气化局集团有限公司
		中国铁路通信信号股份有限公司
		易程科技股份有限公司
		甘肃铁一院工程监理有限责任公司
		华铁工程咨询有限责任公司
		北京铁城建设监理有限责任公司
		中铁二院(成都)咨询监理有限责任公司
		铁科院(北京)工程咨询有限公司
		北京中铁诚业工程建设监理有限公司
		北京铁研建设监理有限责任公司
16	秦岭终南山公路隧道	陕西省交通建设集团公司
		中铁十二局集团有限公司
		中铁第一勘察设计院集团有限公司
		中交隧道工程局有限公司
		中铁十八局集团有限公司
		中铁二十一局集团第三工程有限公司
17	青岛胶州湾海底隧道	青岛国信胶州湾交通有限公司
		中铁隧道勘测设计院有限公司
		中铁十六局集团有限公司
		中铁二局股份有限公司
		中铁十八局集团有限公司
		中铁隧道集团有限公司
		中铁电气化局集团有限公司
		青岛海信网络科技股份有限公司

续表

序号	工程名称	获奖单位
17	青岛胶州湾 海底隧道	青岛路桥建设集团有限公司
		青岛市市政建设发展有限公司
		中铁三局集团有限公司
		中铁十九局集团有限公司
		四川铁科建设监理有限公司
		重庆中宇工程咨询监理有限责任公司
		甘肃铁一院工程监理有限责任公司
18	上海上中路隧道	上海隧道工程股份有限公司
		上海市隧道工程轨道交通设计研究院
		上海黄浦江越江设施投资建设发展有限公司
		英泰克工程顾问(上海)有限公司
19	广州绕城公路东段 (含珠江黄埔大桥)	广州珠江黄埔大桥建设有限公司
		广东省长大公路工程有限公司
		华南理工大学
		中交公路规划设计院有限公司
		江苏法尔胜股份有限公司
		中铁一局集团有限公司
		武船重型工程股份有限公司
		中铁港航局集团第二工程有限公司
20	沿江高速公路 芜湖至安庆段	安徽省高速公路控股集团有限公司
		安徽省交通规划设计研究院有限公司
		安徽省公路桥梁工程有限公司
		安徽省路港工程有限责任公司
		安徽省高等级公路工程监理有限公司
		安徽省高速公路试验检测科研中心
21	上海港外高桥港区 六期工程	上海国际港务(集团)股份有限公司
		中交水运规划设计院有限公司
		中建港务建设有限公司
		龙元建设集团股份有限公司
		红阳建工集团有限公司
22	北京地铁大兴线	铁道第三勘察设计院集团有限公司
		北京市轨道交通建设管理有限公司
		北京住总集团有限责任公司
		中铁二局股份有限公司
		中铁十八局集团有限公司
		中铁隧道集团有限公司
		北京市市政工程设计研究总院
		北京建工集团有限责任公司
		北京城建设计发展集团股份有限公司
		中铁电气化勘测设计研究院有限公司

第九篇

823

续表

序号	工程名称	获奖单位
23	北京地铁十号线国贸站	中铁十六局集团有限公司
		铁道第三勘察设计院集团有限公司
		北京地铁监理公司
24	香港市区截流蓄洪工程	香港特别行政区政府渠务署
		艾奕康有限公司
		奥雅纳工程顾问（Arup）
		莫特麦克唐纳香港有限公司
25	重庆市主城区天然气系统改扩建工程头塘储配站	重庆燃气集团股份有限公司
		中国市政工程华北设计研究总院
		合肥通用机械研究院
		中国化学工程第十三建设有限公司
		重庆燃气安装工程有限责任公司
26	旧广州水泥厂社区改造项目(岭南新苑、财富天地广场)	广州市越汇房地产开发有限公司
		广州城建开发设计院有限公司
		广州瀚华建筑设计有限公司
		广州建筑股份有限公司
		广州市第三建筑工程有限公司
		广州市第四建筑工程有限公司
		广州城建开发工程咨询监理有限公司
		广州城建开发装饰有限公司
		广州市第三市政工程有限公司
		广东省工业设备安装公司
27	武汉百瑞景中央生活区（一、二期工程）	中铁大桥局集团武汉地产有限公司
		悉地国际设计顾问(深圳)有限公司
		中铁建工集团有限公司
28	海军1112工程消磁站工程	中国人民解放军91003部队
		海军工程设计研究院
		海军工程大学
		中交第四航务工程局有限公司
		中交四航局第三工程有限公司

（中国土木工程学会 提供）

2014年华夏建设科学技术奖获奖项目名单

序号	项目名称	主要完成单位	主要完成人	获奖等级
1	超大型文化线路"丝绸之路"遗产的研究与保护	中国建筑设计院有限公司	陈同滨、傅晶、刘剑、王力军、蔡超、李琛、徐新云、苏春雨、李敏、韩真元、王敏、周伟、吴东、于文洪、尹航、钟彦华	特等

续表

序号	项目名称	主要完成单位	主要完成人	获奖等级
2	大尺度结构整体形变 GPS 阵列监测关键技术及应用	大连理工大学、河海大学、中国路桥工程有限责任公司、中铁九局集团有限公司	伊廷华、何秀凤、李宏男、任亮、贾东振、董洁、周广东、蔡军田、任鸿鹏、王振东、董玉明、杨亮枝	一等
3	重大地铁站热湿环境调控及"地铁老线"升级换代通风空调关键技术	广东申菱空调设备有限公司、西安建筑科技大学、北京城建设计发展集团股份有限公司、中国人民解放军理工大学	李安桂、李国庆、易新文、耿世彬、尹海国、孟鑫、潘展华、韩旭、高然、王怀良、陈华、范良凯、赵鸿佐、袁凤东、万夏红	一等
4	多筒超大转换平台高层建筑组合结构设计与建造关键技术	北京工业大学、大连市建筑设计研究院有限公司、中国建筑第八工程局有限公司、上海交通大学、大连理工大学	王立长、曹万林、曲鑫蕃、周光毅、董宏英、龚景海、王国雷、安平、郭杏林、纪大海、唐家如、韩光翔、姜拥军、张建伟、王金来	一等
5	《混凝土结构设计规范》GB 50010—2010	中国建筑科学研究院、清华大学、同济大学、重庆大学、天津大学、东南大学、郑州大学、中国建筑设计院有限公司、北京市建筑设计研究院有限公司	赵基达、徐有邻、黄小坤、李云贵、李东彬、叶列平、李杰、傅剑平、王铁成、刘立新、邱洪兴、朱爱萍、王晓锋、柯长华、范重	一等
6	《民用建筑供暖通风与空气调节设计规范》GB 50736—2012	中国建筑科学研究院、北京市建筑设计研究院有限公司、中国建筑设计院有限公司、国家气象信息中心、中国建筑东北设计研究院有限公司、清华大学、上海建筑设计研究院有限公司、华东建筑设计研究总院、山东省建筑设计研究院、哈尔滨工业大学	徐伟、邹瑜、徐宏庆、孙敏生、潘云钢、金丽娜、李先庭、寿炜炜、马伟骏、王国复、张时聪、陈曦、于晓明、董重成、孙崂峰	一等
7	大型高铁综合交通枢纽功能设计关键技术方法研究	中国城市规划设计研究院、中国建筑科学研究院	赵杰、王昊、戴继锋、李晓江、宫磊、胡晶、刘钊、李德芬、邹歆、杜恒、王金秋、倪剑、马书晓、沈文都、王静	一等
8	既有建筑综合改造技术体系研究与工程示范	中国建筑科学研究院、住房和城乡建设部科技发展促进中心、上海市建筑科学研究院(集团)有限公司、天津市保护风貌建筑办公室、哈尔滨工业大学、天津大学、住房和城乡建设部住宅产业化促进中心	王清勤、李朝旭、郑文忠、范圣权、张峰、李向民、尹伯悦、路红、张辉、谢剑、孟冲、赵力、唐曹明、谢尚群、赵乃妮	一等
9	城市饮用水水质督察技术体系构建及应用示范	中国城市规划设计研究院、北京市自来水集团有限责任公司、上海市供水调度监测中心、济南市供排水监测中心、郑州自来水投资控股有限公司、哈尔滨供水集团有限责任公司、深圳市水务集团有限公司	邵益生、宋兰合、李琳、顾薇娜、梁涛、吴学峰、边际、宋陆阳、牛晗、任贝贝、蒋增辉、崔建华、孙韶华、农晋琦、纪峰	一等
10	全国民用建筑工程设计技术措施	中国建筑标准设计研究院、中国建筑设计院有限公司、北京市建筑设计研究院有限公司、中国建筑东北设计研究院有限公司、中国人民解放军空军工程设计研究局、上海市政工程设计研究总院、中国建筑科学研究院、清华大学、上海现代建筑设计(集团)有限公司、华东建筑设计研究院有限公司	郭景、郁银泉、程懋堃、刘敏、周笋、冯海悦、苑振芳、贾苇、赵锂、张兢、罗继杰、胥正祥、王焕东、徐健、曹彬	一等
11	主跨超百米、总重超万吨连续梁桥整体顶升技术研发与应用	上海市城市建设设计研究总院、上海城建市政工程(集团)有限公司、上海先为土木工程有限公司	周良、彭俊、闫兴非、胡劲松、尹天军、陈立生、蒋岩峰、汪罗英、黄东、张凯龙、丁瑜、郑华奇、何筱进、陈介华、范澂	一等

续表

序号	项目名称	主要完成单位	主要完成人	获奖等级
12	《城市用地分类与规划建设用地标准》GB 50137—2011	中国城市规划设计研究院、上海同济城市规划设计研究院、北京大学、北京市城市规划设计研究院、浙江省城乡规划设计研究院、辽宁省城乡建设规划设计院、四川省城乡规划设计研究院	王凯、赵民、林坚、张菁、靳东晓、徐泽、楚建群、李新阳、徐颖、谢颖、顾浩、鹿勤	二等
13	波浪腹板钢结构应用技术及生产装备研发	清华大学、山东华兴钢构有限公司、山东金瑞诺华兴机械有限公司	郭彦林、孙宪华、王小安、刘澍滋、童精中、韩涛、王桂亮、姜子钦、张博浩、张旭乔、张在勇、窦超	二等
14	海砂在建设工程应用的关键技术及产品开发	中国建筑科学研究院，深圳大学，青岛理工大学，上海市建筑科学研究院(集团)有限公司，舟山弘业预拌混凝土有限公司	冷发光、丁威、周永祥、纪宪坤、邢锋、周岳年、赵铁军、刘江平、王海龙、王晶、施钟毅、田砾	二等
15	非正规垃圾填埋场地污染治理技术研究与示范工程	北京市环境卫生设计科学研究所、北京市勘察设计研究院有限公司、北京林业大学、北京格林雷斯环保科技有限公司、北京国环清华环境工程设计研究院有限公司、北京金亮点市政园林工程有限公司	吴文伟、刘竞、苏昭辉、张劲松、王峰、郭小平、卫潘明、韩华、王迪、徐立荣、王玉、王立全	二等
16	新型装配整体式混凝土住宅结构体系研发与示范	上海市建筑科学研究院(集团)有限公司、同济大学、北京万科企业有限公司、上海万科房地产有限公司、上海建科建筑节能评估事务所、江苏金砼预制装配建筑发展有限公司	薛伟辰、李向民、秦珩、王李果、许清风、曹毅然、张芸、张吉华、胡翔、高润东、李杰、刘国权	二等
17	《建筑地基基础设计规范》GB 50007—2011	中国建筑科学研究院、北京市建筑设计研究院有限公司、天津大学、中国建筑设计研究院有限公司、上海现代建筑设计(集团)有限公司、湖北省建筑科学研究设计院、广州市建筑科学研究院有限公司、贵阳建筑勘察设计有限公司	滕延京、黄熙龄、王曙光、宫剑飞、侯光瑜、顾晓鲁、袁内镇、郝江南、胡岱文、沈小克、唐孟雄、裴捷	二等
18	户外广告巡管监控服务平台	南京金达传媒科技有限公司、徐州市城市管理局、南京市城市管理局	卢旭东、夏明、马亮、马良琪、朱江潮、李诚元、刘景春、王亚春、蒋州、胡居平、丁立厂	二等
19	建筑起重机作业安全监控管理信息系统	中国建筑科学研究院建筑机械化研究分院、廊坊凯博建设机械科技有限公司	李守林、罗文龙、王平、陶阳、王涛、姚金柯、刘贺明、王春琢、王洪军、郑旭、史宏旻、陈晓峰	二等
20	丹霞山风景名胜区总体规划(2011～2025年)	广东省城乡规划设计研究院、中山大学规划设计研究院	彭华、李枝坚、程红宁、马向明、熊晓冬、许玲、李建平、袁媛、周元、蔡穗虹、李宜斌、凌霄	二等
21	现代卫生填埋工程技术及应用	河海大学、深圳市城市废物处置中心、无锡环境卫生管理处	施建勇、陈继东、钱学德、刘晓东、艾英钵、雷国辉、张坤勇、严镝飞、黄兴、顾利星、吴珣、雷浩	二等
22	农村住宅建设支撑技术与产品标准研究	亚太建设科技信息研究院、建设部科技发展促进中心、中国建筑设计研究院有限公司、中国土地勘测规划院、沈阳建筑大学、北京交通大学、中国建筑标准设计研究院	熊衍仁、于双民、王树祥、陈永、戴震青、梁洋、易冰源、林建平、石荣珺、张峰、彭晋福、郑丹	二等
23	村庄整治关键技术研究	中国建筑设计院有限公司、苏州科技学院、同济大学、山东农业大学	高潮、袁中金、宋小冬、徐学东、陈继军、单鹏飞、段绪胜、侯爱敏、郑正献、张小艳、孙金颖、杨超	二等

续表

序号	项目名称	主要完成单位	主要完成人	获奖等级
24	大型园区能源与环境智慧管控关键技术开发及应用	上海市建筑科学研究院(集团)有限公司、上海建坤信息技术有限责任公司	丁明、陈勤平、张蓓红、胡琦、陈烈、夏洪军、张迎花、童建刚、何衍辉、张敏杰、何丽巧、顾丽韵	二等
25	新建天津西站站房工程结构施工关键技术研究	北京市第三建筑工程有限公司、北京建工集团有限责任公司、北京市建筑工程研究院有限责任公司、北京建筑大学	陈硕晖、柳沁、司波、王晏民、崔桂兰、徐伟、郭婷婷、秦杰、吴源华、王国利、巩建、孙青闾	二等
26	山地城市排水管网安全技术与应用	重庆大学、重庆水务集团股份有限公司、中国科学院生态环境研究中心、重庆普天庆能科技有限公司	何强、柴宏祥、翟俊、艾海男、陈朝晖、单保庆、刘石虎、卿晓霞、胡学斌、颜文涛、古励、黄勇	二等
27	广州市主城区交通系统容量分析	广州市交通规划研究院	周鹤龙、马小毅、金安、景国胜、周志华、陈先龙、赵国锋、甘勇华、李橘云、胡劲松、李发智、刘明敏	二等
28	城市轨道交通火灾联动控制系统技术创新研究	广州地铁设计研究院有限公司	陈小林、毛宇丰、史海欧、湛维昭、黄永波、吴殿华、王迪军、贺利工、郭莉、韩瑶、李万略、熊晓锋	二等
29	深圳市天然气多气源互换性研究	中国市政工程华北设计研究总院、深圳燃气集团股份有限公司	王启、高文学、赵自军、刘建辉、刘彤、胡宇、刘文博、潘翠景、郝冉冉、翟军、严荣松、龙飞	二等
30	建设屋面植绿技术研究	江苏顺通建设集团有限公司、赤峰润得建筑有限公司、广州中茂园林建设集团有限公司、南通六建建设集团有限公司、南通光华建筑工程有限公司	葛加君、曹国祥、骆祥平、秦朝晖、陈华春、袁春建、吴振华、杨建康、王俊祥、张艳	二等
31	住房和城乡建设部科学技术计划项目管理系统	住房和城乡建设部信息中心、广联达软件股份有限公司	赵昕、李洁、朱乐、徐沐、刘谦、金石成、包峰、丁瑞好、姜欣飞、冯俊国、吕兴文、郝春玲	二等
32	智慧颐和园规划与建设	清华大学、北京市颐和园管理处、北京超图软件股份有限公司、江苏南大苏富特科技股份有限公司	党安荣、邹颖、常少辉、陈正、李公立、周新剑、蔡建民、戴全胜、孔宪娟、刘瑗、刘广、艾云飞	二等
33	绿色装配住宅成套关键技术研究与应用	江苏中南建筑产业集团有限责任公司、南通大学、江苏工程职业技术学院	董年才、成军、张军、陈耀钢、张凯平、刘加华、徐兵、张建、张雷、周建勇、肖健、汤云辉	二等
34	钢筋混凝土结构预制装配整体式施工技术研究与应用	中建三局第一建设工程有限责任公司	刘洪海、楼跃清、寇广辉、姜龙华、许炬文、邹勇、童涛、熊红星、田博、全晓强、袁剑、梅威	二等
35	超高层混凝土结构施工技术研究与应用	中国建筑第八工程局有限公司	危鼎、郭春华、周洪涛、马洪娟、杜佐龙、陈学光、田宝吉、苏亚武、周光毅、王强、王龙志、张海霞	二等
36	带外跨悬挑钢架的辐射张弦结构预应力拉索屋盖关键施工技术	北京国际建设集团有限公司、北京市建筑工程研究院有限责任公司	董福国、高洁、张喆、曹丙山、王庆同、田佳森、马国超、倪建泽、苏兆瑞、王天右、郑文杰、高克强	二等
37	建筑材料与构件防火性能评价关键技术及应用	上海市建筑科学研究院(集团)有限公司、上海市消防产品质量监督检验站、上海建科检验有限公司	韩震雄、范永清、沈丽华、陆津龙、朱建华、冯静慧、陆靖洲、虞利强、姚玉梅、俞海勇、阮振、庄红斌	二等

第九篇

续表

序号	项目名称	主要完成单位	主要完成人	获奖等级
38	无水漂卵砾石地层盾构施工关键技术	北京市市政四建设工程有限责任公司、北京市政建设集团有限责任公司	郭彩霞、陈希林、孔恒、卢常亘、马福利、史磊磊、翟永山、史亚军、姜雪强、李达、张丽丽、谢桂馨	二等
39	长江上游公铁(轨)两用钢桁梁斜拉桥施工关键技术研究	中国建筑第六工程局有限公司	王存贵、王殿永、黄克起、余流、张云富、靳春尚、高杰、陆海英、高璞、汪学省、陈全兴、刘康	二等
40	杭州市地理信息公共服务平台	杭州市城市规划信息中心	叶智宣、施仲添、林剑远、汝虎、周能、周宝、晋朝芸、刘春菊	二等
41	村镇小康住宅规划设计成套技术研究	中国建筑设计院有限公司、城市建设研究院、中国城市规划设计研究院、中国建筑标准设计研究院、哈尔滨工业大学建筑设计研究院	刘燕辉、樊绯、梁咏华、潘晓棠、娄霓、何建清、詹柏楠、张蔚、赵希、张亚斌、边兰春、张磊	二等
42	《无障碍设计规范》GB 50763—2012	北京市建筑设计研究院有限公司、北京市市政工程设计研究总院有限公司、上海市市政规划设计研究院、北京市园林古建设计研究院有限公司、中国建筑标准设计研究院、中国老龄科学研究中心、重庆市市政设施管理局	焦舰、孙蕾、刘杰、杨旻、刘思达、聂大华、赵林、段铁铮、汪原平、吕建强、褚波、郭景	二等
43	深圳市步行和自行车交通系统规划及设计导则	深圳市规划国土发展研究中心	郑景轩、蔡志敏、周军、王承旭、陈晓光、李永红、钱坤、郑振兴、梁对对、曾绮婷、郑伶俐、严丽平	二等
44	轨道三期工程综合开发规划和土地政策研究	深圳市规划国土发展研究中心	刘龙胜、肖胜、杨成韫、杜建多、罗裕霖、李秋月、唐豪、张道海、高嵩、向劲松、庞乃敬、侯体健	二等
45	辽宁地区农村低碳节能住宅建造技术研究	沈阳建筑大学	石铁矛、陈瑞三、夏晓东、李绥、彭晓烈、石羽、高畅、高飞、董雷、潘波、张圆	二等
46	汶川震损江油太白楼结构修复技术	河南省建设集团有限公司、河南省建筑科学研究院有限公司	罗建中、张维、徐宏峰、刘蕴、张向东、肖胜利、张玲、陈秀云	三等
47	酒店"碳足迹"计算方法研究	中国建筑科学研究院	周海珠、尹波、魏慧娇、闫静静、王雯翡、杨彩霞	三等
48	东营低碳生态城市发展战略研究	山东省建设发展研究院	朱洪祥、雷刚、吴先华、彭山桂、李文茂、王志燕、郭强	三等
49	地震灾害快速评估系统研究	沈阳建筑大学、辽宁工业大学、沈阳市政集团有限公司、沈阳娅杰科技有限公司、辽宁省产品质量监督检验院	张延年、郑怡、汪青杰、高辉、董锦坤、徐春一、王立新、刘春发	三等
50	既有建筑检测与评定技术研究	中国建筑科学研究院	邸小坛、段向胜、周燕、张狄龙、王志霞、曾兵、袁扬、袁海军	三等
51	高烈度区装配整体式剪力墙结构产业化住宅关键技术研究与工程应用	中建一局集团建设发展有限公司、北京万科企业有限公司、北京榆构有限公司、北京市建筑设计研究院有限公司	秦珩、孔祥忠、蒋勤俭、陈彤、李建树、李浩、刘国权、李永敢	三等
52	500MPa级钢筋在混凝土结构中的应用技术研究	中国建筑科学研究院、同济大学、重庆大学、郑州大学、中冶集团建筑研究总院	黄小坤、王晓锋、赵基达、赵勇、傅剑平、刘立新、刘刚、朱爱萍	三等

序号	项目名称	主要完成单位	主要完成人	获奖等级
53	钢-混凝土组合空腔楼盖技术研究与应用	湖南省立信建材实业有限公司、中南大学、湖南省第三工程有限公司	王本森、杨建军、杨承惄、刘钧、王海崴、戴习东	三等
54	现代混凝土工程施工成套技术研究与应用	江苏建筑职业技术学院、江苏大汉建设实业集团有限责任公司	宋功业、刘辉、韩成标、张登宏、解恒参、许能生、荣国瑞、张开文	三等
55	模块化低位顶升模架体系的优化与改装技术	中建三局第三建设工程有限责任公司	何穆、王伟、孙玉林、白进松、许立艾、陈先明、刘晓升、刘兴轩	三等
56	水泥生产线窑、磨超厚大体积混凝土裂缝控制研究与应用	河北省第四建筑工程有限公司、河北农业大学	线登洲、刘京红、米立辉、董富强、韩文、王巍、陈增顺、陈建兵	三等
57	超高层整体式组合钢板剪力墙施工技术研究与应用	中国新兴建设开发总公司	张军良、马健、贾玉斌、张艳明、苏建成、曲晓南、贺海勃、雷晓花	三等
58	新型组合式多功能爬升模板及高空施工防护逃生设备的研究与应用	北京市建筑工程研究院有限责任公司、北京六建集团有限责任公司	任海波、焦惟、吕利霞、刘福生、李桐、张海峰、于大海、张莉莉	三等
59	复杂钢网架结构火灾过程模拟、灾后损伤状态分析及拆卸技术研究	北京城建集团有限责任公司、东南大学	张晋勋、尹凌峰、杨庆德、陈忠范、梁文启、唐敢、李久林、周长泉	三等
60	紫荆公园景观塔超大直径立式指环型钢结构施工关键技术研究与应用	江苏省建工集团有限公司、江苏常虹钢结构工程有限公司、东南大学、常州市住房和城乡建设局	王先华、郭正兴、候小伟、陆小荣、贡浩平、沙学政、许平、江斌	三等
61	多组不对称筒式悬挂结构综合施工技术	中建钢构有限公司	王宏、戴立先、王朝阳、蒋官业、陈文革、贺振科、魏晓祥、陶伟	三等
62	基于地道通风的公共建筑热湿环境调控技术、产品研究及工程应用	清华大学、中国科学院理化技术研究所、同济大学、住房和城乡建设部科技发展促进中心、北京华创瑞风空调技术有限公司	林波荣、邵双全、周翔、朱颖心、宋凌、刘加根、张婷、彭渤	三等
63	太阳能三效节能中央空调集成系统	山东威特人工环境有限公司	李文、余建伟、张凤学、郭永彬、黄卫东、陈新军、高磊、李振昌	三等
64	空调冷热源节能控制及效果校准化评估系统	国家建筑工程技术研究中心	邹瑜、贾琨、魏峥、王碧玲、王虹、宋业辉、曹勇、李聪	三等
65	西安咸阳国际机场 T3A 航站楼新型节能空调系统的研究与应用	中国建筑西北设计研究院有限公司、清华大学	周敏、刘晓华、王娟芳、骆海川、杨春方、侯占魁、王国栋、张涛	三等
66	混凝土保温幕墙技术研究	河南省第一建筑工程集团有限责任公司、河南省建筑科学研究院	王建伟、栾景阳、余如春、李娟、胡伦坚、李建民、冯敬涛、潘玉勤	三等
67	建筑外墙外保温系统防火性能的研究	中国建筑科学研究院、安徽罗宝节能科技有限公司、北京住总集团有限责任公司、安徽省公安消防总队、安徽省建筑设计研究院有限责任公司	季广其、朱春玲、张贵林、查飞、吴振坤、杨健康、鲍宇清、毕功华	三等
68	地源/污水源热泵系统技术集成	山东方亚地源热泵空调技术有限公司、山东建筑大学	吴建华、赵强、张方方、李金花、崔萍、王恩琦、方肇洪、刁乃仁	三等
69	无破损现场扫描检漏高效排风装置	中国建筑科学研究院、同济大学	许钟麟、张益昭、冯昕、温风、沈晋明	三等

第九篇

序号	项目名称	主要完成单位	主要完成人	获奖等级
70	民用建筑能效测评标识及其信息化研究与应用	江苏省住房和城乡建设厅科技发展中心、南京工大建设工程技术有限公司、中国建筑科学研究院、苏州市建筑科学研究院有限公司、南京群耀软件系统有限公司	路宏伟、杨映红、龚红卫、黄捷、李振全、赵志安、车黎刚、徐以扬	三等
71	脱硫石膏气流煅烧工艺及控制系统的开发及应用	北新集团建材股份有限公司	杨小东、周建中、张羽飞、陈凌	三等
72	利用工业副产石膏生产石膏板关键技术和装备研发项目	泰山石膏股份有限公司、泰山石膏(河南)有限公司	贾同春、曹志强、任绪连、孙善坤、高甲明、李伟、李广文、周忠诚	三等
73	超高压绝缘端子用玻璃纤维直接纱	巨石集团有限公司	张毓强、曹国荣、米娜、杨国明、张燕、费其锋	三等
74	全钢化真空玻璃规模化生产关键技术与设备开发应用	青岛亨达玻璃科技有限公司	刘成伟、王辉、徐志武、秦海、化山	三等
75	生物质高效减水剂的制备与应用研究	北京市建筑工程研究院有限责任公司	王万金、赖振峰、董全霄、王靖、贺奎、孔韬、夏义兵、李晓飞	三等
76	脱硫石膏绿色建材集成应用技术	上海市建筑科学研究院(集团)有限公司、上海市建筑建材业市场管理总站、上海大学、上海外高桥发电有限责任公司、上海城建物资有限公司	叶蓓红、冯欣、沈明、徐亚玲、鞠丽艳、杨利香、李纬、丁珂	三等
77	构建公租房标准化建设系统项目—公共租赁住房标准化设计体系建设	中国建筑设计院有限公司	段猛、何建清、林建平、何易、张岳、娄霓、曾雁、曹颖	三等
78	清华大礼堂修缮与改造工程	清华大学建筑学院,清华大学建筑设计研究院有限公司,北京清华同衡规划设计研究院有限公司	朱文一、罗云兵、王丽娜、石慧斌、张弘、董枫枫、张昕、邢毅	三等
79	广州市绿色建筑设计指南编制研究	广州市建筑科学研究院有限公司、华南理工大学建筑设计研究院、广州市建筑节能与墙材革新管理办公室、华南理工大学建筑节能研究中心	杨建坤、胡文斌、邢华伟、左政、江向阳、孟庆林、屠建伟、吴小玲	三等
80	村镇建筑太阳能综合利用关键技术研究	中国建筑科学研究院、中国建筑设计院有限公司、皇明太阳能股份有限公司、天津大学、昆明新元阳光科技有限公司	李忠、冯爱荣、李爱松、王岩、王振杰、张欢、朱培世、聂晶晶	三等
81	海域岛礁桥梁地基精细化综合勘察技术研究	浙江省工程勘察院,绍兴文理学院,西南交通大学	蒋建良、潘永坚、吴炳华、杜时贵、梁龙、胡卸文、任建新、王万桦	三等
82	陆家嘴金融贸易区地面沉降控制研究	上海长凯岩土工程有限公司,同济大学	瞿成松、叶为民、黄雨、陈永贵、徐丹、朱悦铭、陈蔚、陈宝	三等
83	城市地下空间建造技术研究	中国建筑科学研究院、同济大学、北京交通大学、上海建工(集团)总公司、上海隧道工程股份有限公司	高文生、彭芳乐、杨斌、宫剑飞、韩冰、范庆国、王元丰、杨国祥	三等
84	软土地基既有地下空间暗挖加层关键技术研究及示范工程	上海市城市建设设计研究总院、上海隧道工程股份有限公司	徐正良、张中杰、陶利、周良、赵峻、吕培林、王卓瑛、陈辉	三等
85	复杂环境厚卵砾漂石地层地铁车站深孔注浆帷幕止水施工关键技术	北京市政建设集团有限责任公司、北京韩世联商贸有限公司、北京交通大学	王文正、王健中、李元晖、郑雪梅、钟德文、杨建华、刘明、任有旺	三等

续表

序号	项目名称	主要完成单位	主要完成人	获奖等级
86	北京园博会梅市口路市政路桥工程设计与施工关键技术研究与应用	北京城建集团有限责任公司、北京城建道桥建设集团有限公司、北京国道通公路设计研究院股份有限公司、中铁六局集团北京铁路建设有限公司	金奕、寇志强、黄博、陈钱泉、段劲松、赵德刚、康强、黄涛	三等
87	深水逆作法钢板桩围堰综合成套技术	广州市市政集团有限公司、广州富利建筑安装工程有限公司、广州市第三市政工程有限公司	安关峰、刘添俊、张洪彬、吴炯晖、罗卫民、王丹洪、钟启华、司海峰	三等
88	滨海新区盐渍化软土路基路面综合处理技术研究及示范	天津市市政工程设计研究院、天津城建大学、长安大学	王晓华、王新岐、蒋宏伟、甄曦、杜立平、侯静、王朝辉、刘润有	三等
89	津滨高速公路改扩建工程耐久性路面结构关键技术研究	天津市市政工程研究院、天津市市政工程建设公司、天津市政工程设计研究院	魏如喜、夏宝驹、李生才、付向东、谢彬、刘富东、崔巍、耿久光	三等
90	应对突发水源污染的自来水厂应急净化技术、关键设备及工程设计	清华大学、北京市市政工程设计研究总院有限公司、天津市自来水集团有限公司、北京市自来水集团有限责任公司、广州市自来水公司	张晓健、陈超、董红、何文杰、顾军农、董玉莲、贾瑞宝、谢海英	三等
91	新型村镇雨污水生态处理与资源化利用关键技术及实用装备	北京建筑大学、中国环境科学研究院、北京仁创科技集团有限公司、武汉昌宝环境工程有限公司	李俊奇、袁冬海、李英军、祝超伟、熊瑛、车伍、秦升益、张列宇	三等
92	城市污水处理关键设备研发与产业化	中国市政工程华北设计研究总院、江苏一环集团有限公司、青岛思普润水处理有限公司、安徽国祯环保节能科技股份有限公司、浦华环保有限公司	郑兴灿、孙永利、尚巍、王淦、李星文、杭俊亮、李鹏峰、宋美芹	三等
93	低碳氮比城市污水反硝化脱氮除磷-曝气生物滤池组合技术与工程应用	哈尔滨工业大学深圳研究生院、深圳市利源水务设计咨询有限公司、中国市政工程西北设计研究院有限公司、深圳市水务局	董文艺、李继、王宏杰、孙飞云、范朔、王维康、马之光、胡嘉东	三等
94	低氧高效生物倍增污水处理技术与模块化装备研发及产业化	凌志环保股份有限公司、江苏凌志环保工程有限公司、江苏凌志环保设备有限公司、江苏凌志市政工程设计研究院有限公司	凌建军、凌美琴、汪文丽、梁艳杰、周玮、程鹏飞、谭柳云、张婉	三等
95	污水同步脱氮除磷新技术研究与应用	华南理工大学、山东省城建设计院、贵州科学院、广州市大坦沙污水处理厂、广州市净水有限公司	周少奇、陈峰、周晓、何康生、李碧清、张浦平、周娟、伍志跚	三等
96	村镇小康住宅生活垃圾集约化处理技术研究与开发	城市建设研究院、同济大学、北京科技大学、中国市政工程华北设计研究院、万若(北京)环境工程技术有限公司	徐海云、徐文龙、何品晶、黄文雄、汪群慧、屈志云、袁松、黄丹丹	三等
97	城市污泥高效脱水关键设备和工艺研发及示范	清华大学、北京健坤伟华新能源科技有限公司、安徽国祯环保节能科技股份有限公司、杭州兴源过滤科技股份有限公司、海申机电总厂(象山)	王伟、邓舟、王淦、夏洲、张丽颖、张超、徐孝雅、李振威	三等
98	北京城镇化生态承载力的综合评价研究	北京建筑大学、北京四达创杰环境工程有限公司、中国建筑设计院有限公司	李颖、孙金颖、刘军培、王坤、岳冠华、尹文超、刘鹏、郑正献	三等
99	农展南路热力管沟跨越预留地铁车站的研究与实践	北京城建亚泰建设集团有限公司	康建新、秦新平、董佳节、仇伟、费恺、任发群、王水、苏艳春	三等

831

续表

序号	项目名称	主要完成单位	主要完成人	获奖等级
100	北京地铁火灾探测器选型及设置试验研究	中国建筑科学研究院、北京市轨道交通建设管理有限公司、北京市公安局消防局、北京市地铁运营有限公司、北京城建设计研究总院有限责任公司	李宏文、王燕平、张昊、赵金勇、冉鹏、商明、周丹、杨利超	三等
101	黄山风景名胜区总体规划	清华大学、北京清华同衡城市规划设计研究院有限公司	杨锐、庄优波、尹稚、袁南果、罗婷婷、崔宝义、刘晓冬、祁黄雄	三等
102	天津市蓟县新城控制性详细规划	天津市城市规划设计研究院	师武军、胡志良、高相铎、白惠艳、张勇、许东博、于向东、蔡国宏	三等
103	佛山市高明区阮涌村古村落保护与开发规划	广东省城乡规划设计研究院	由翌、陈静、宋立新、戴明、蔡希、李敏、陈志瑜、李睿	三等
104	东部滨海地区电动汽车充电设施布局规划研究	深圳市城市规划设计研究院有限公司	韩刚团、丁年、江腾、谢华良、陈永海、卢媛媛、张艳波、杨浪	三等
105	深圳市再生水规划与研究项目群（含《深圳市再生水布局规划》、《深圳市再生水政策研究》等四个项目）	深圳市城市规划设计研究院有限公司	任心欣、丁年、乐茂华、何瑶、胡爱兵、杨晨、刘程飞、丁淑芳	三等
106	常熟市步行系统规划	南京市城市与交通规划设计研究院有限责任公司	钱林波、曹玮、史桂芳、叶冬青、宣婷、薛国强、孙晓莉、卢松	三等
107	城市交通承载力理论、方法与应用——以北京为例	北京市城市规划设计研究院、北京工业大学	张晓东、张宇、姚智胜、喻文承、陈艳艳、郑猛、赖见辉、茅明睿	三等
108	中国本土新空间规划设计中量化控制新技术及应用	东南大学城市规划设计研究院	段进、石邢、邵润青、张麒、翁芳玲、季松、陈晓东、薛松	三等
109	北京新城发展规划指数研究	北京市城市规划设计研究院、中国科学院科技政策与管理科学研究所	张朝晖、邱红、何闽、魏科、陈锐、杜立群、石晓冬、李书舒	三等
110	低碳城乡规划研究与延庆试点应用	北京市城市规划设计研究院、奥雅纳工程咨询（上海）有限公司	鞠鹏艳、叶祖达、叶大华、李哲、杨志刚、高建珂、饶红、张文雍	三等
111	绿色低碳重点小城镇建设评价指标体系研究	中国建筑设计院有限公司、环境保护部南京环境科学研究所	赵辉、陈玲、冯新刚、葛峰、单彦名、高宜程、任世英、徐冰	三等
112	《索结构技术规程》JGJ 257—2012	中国建筑科学研究院、哈尔滨工业大学、同济大学、东南大学、北京工业大学	蓝天、钱基宏、沈世钊、赵鹏飞、武岳、肖炽、宋世军、曹资	三等
113	《城镇给水排水技术规范》GB 50788—2012	住房和城乡建设部标准定额研究所、城市建设研究院、中国市政工程华北设计研究总院、上海市政工程设计研究总院（集团）有限公司、北京市市政工程设计研究总院有限公司	宋序彤、高鹏、陈国义、李铮、陈冰、李晶、朱广汉、李春光	三等
114	《城市测量规范》CJJ/T 8—2011	北京市测绘设计研究院、建设综合勘察研究设计院有限公司、天津市测绘院、上海市测绘院、重庆市勘测院	陈倬、王丹、于建成、郭容寰、谢征海、贾光军、李宗华、王双龙	三等
115	《液化天然气(LNG)汽车加气站技术规范》NB/T 1001—2011	中国市政工程华北设计研究总院、新疆广汇实业股份有限公司、中海石油气电集团有限责任公司	吴洪松、杜建梅、陈云玉、陈海龙、马景柱、焦伟、吕凤芹、曾力	三等
116	异型建筑外立面施工、维护关键设备技术及产业化开发	北京建筑机械化研究院、长安大学、北京凯博擦窗机械技术公司	薛抱新、吴安、董威、谢丹蕾、李玉杰、王进、刘超太、祝志锋	三等

序号	项目名称	主要完成单位	主要完成人	获奖等级
117	RT100越野轮胎起重机	中联重科股份有限公司	陆阳陈、贺满楼、吕永标、彭冰凌、喻虎德、贾晓飞、王昕、孙得吉	三等
118	广州市城市管理综合执法局信息系统建设项目	广州市城市管理综合执法局、广州奥格智能科技有限公司	危伟汉、薛燕芬、陈运则、林奕冰、陈广贤、吴林海、陈伟明、高昂	三等
119	武进区地下管线管理信息系统	常州市规划局武进分局、常州市测绘院、常州市武进规划与测绘院、常州市武进规划管理服务中心、上海星球城信信息科技有限公司	李再生、缪冬生、潘伯鸣、司歌、戴建光、王竞英、包艳、沈建林	三等
120	勘察设计企业建筑工程设计图知识管理数据库	中国电子工程设计院、北京建设数字科技股份有限公司	谢卫、王辉、张玉国、苏钢民、王强强、石玥琪、刘霁、张瑞祥	三等
121	房地产动态监测系统	天津市房地产市场管理服务中心	王菁、尚毅、周晋、杨勇、孙毅、吴景春、王爱莉、邵歌	三等
122	城市精细化管理高分专项应用示范系统先期攻关	住房城乡建设部信息中心、中国城市科学研究会、住房和城乡建设部城乡规划管理中心、杭州市城市规划信息中心、中国科学院电子学研究所	杨柳忠、林剑远、张晓亮、张雁、马凌飞、于晨龙、汝虎、陈方	三等
123	邢台市城乡规划局规划数字监察系统	邢台市规划稽查支队	岳强、云文水、乔双全、崔洁、靳龙、王利家	三等
124	特大异型悬挑结构精密工程测量关键技术研究及应用	中建一局集团建设发展有限公司、北京中建华海测绘科技有限公司、北京市测绘设计研究院	杨伯钢、张胜良、彭明祥、过静珺、陆静文、卢德志、焦俊娟、黄曙亮	三等
125	计算机辅助施工平法钢筋软件	北京金土木信息技术有限公司、中国建筑标准设计研究院	陈刚、张志宏、姚刚、孙雨萍、孙雪艳、袁文平、闫昊丹、秦洪涛	三等
126	中国小城镇建设及相关市场发展趋势研究	中国建筑设计院有限公司、环境保护部南京环境科学研究所	陈玲、赵辉、冯新刚、葛峰、杨晓东、魏云、许锋	三等
127	新一轮援疆工程建设项目的代制建管理模式集成应用	上海建科工程咨询有限公司、上海建科工程项目管理有限公司	成晟、鄢建俊、谢东升、陈鹏、陈光耀	三等
128	深圳市全样本房地产价格统计与管理体系建立	深圳市房地产评估发展中心	耿继进、王锋、梁凯、李宇嘉、王新波、种晓丽、韩念龙、唐勇	三等

三、文明单位创建巡礼

重庆市建设技术发展中心
文明创建"三部曲"

重庆市建设技术发展中心(以下简称"中心")是重庆市建设领域节能减排的专业技术机构,其人员规模、业务范围、综合实力位居全国同类机构前列。近年来,中心以文明创建为主导,大力弘扬社会主义核心价值观,以绿色理念传播、文化建设推动和企业技术帮扶为手段,实现两个文明双丰收,2015年成功创建全国文明单位。

1. 传播绿色低碳理念

中心通过定期举办展会、建设展示体验基地、开展节能培训和搭建传播媒介等传播平台,引导市民牢固树立节约意识。成功举办 6 届每两年一届的"中国(重庆)国际绿色低碳城市建设与建设成果博览会",成为倡导生态文明建设理念,普及建筑节能知识、激发全社会节约意识的大舞台,累计吸引观众达 60 万人次。先后建设了代表未来人居建筑低能耗、绿色生态及智能化发展方向的展示体验基地——低碳之家、未来之家、智慧之家,将近 100 项低碳、绿色、智慧技术及产品予以集中应用和展示,每年免费接待观众超过 3 万人次,累计超过 100 万人参与节能宣传体验与交流,产生了显著的经济、社会和生态效益。创办杂志、网站、手机报等多种绿色理念传播平台,积极开展绿色建筑技术培训,累计培训 2 万人次,为推动西部地区绿色建筑发展奠定了良好基础。

2. 文化文明相融并进

发展中心的文明创建以文化培养作为发端,通过树导向、建场景、搭平台、抓执行,由内及外,由表及里,化无形为有形,变流态为固态,助推文明传承。

内化于心树导向。导向,是文化建设的旗帜。发展中心紧扣年轻人多的群体特征,紧扣自身技术发展的工作特点,紧扣生态文明建设的事业方向,

凝练出三个导向:人本文化导向、创新文化导向和绿色文化导向。

外化于物建场景。企业文化不是空中楼阁,它需要传递、感受、体验。发展中心致力打造文化场景,通过文化长廊、文化沙龙和文化读物,营造了"见即有、学即得"的文化环境,让企业文化可积累,可感受,可触摸。

实化于形有平台。相继搭建了"展会、论坛、杂志、网站"多个文化平台,如两年一届的"城博会"、每季度举办一次的"绿色技术论坛"、每月出刊的《重庆建设》杂志、每天更新的"重庆市建设科技网"等,让企业文化润更深,行更远。

固化于制抓执行。相继实施了文化培养"五个工程":"着职业装、说普通话、用规范语、树文明风"的礼仪工程,"工作部署说了就做,工作落实一竿子插到底,工作考核哪壶不开提哪壶"的执行工程,"懂技术、会管理、知行业、善表达"的基础工程,"话明、文实、会简、事清"的作风工程,"违规行事零纪录、工作质量零事故、管理对象零投诉"的质量工程,真正让文化建设找到着力点和落脚点,突显了文化建设的实效。

3. 倾情帮扶彰显责任

帮助企业创新,培育新兴产业,助推行业技术进步,是中心文明创建的重要内容。近年来,中心先后组织实施了轻质隔墙板等 5 家建设新技术产业化示范基地建设和 6 个建设新技术示范工程建设,促进了新型墙材等产业发展,推动了虚拟仿真施工技术等 20 余项重点新技术普及应用;组织实施全国高强钢筋示范城市建设,推动高强钢筋应用比例从 2011 年的不足 15％提高到目前 80％以上,实现每年建设领域高强钢筋用量节约 80 万吨以上;指导南岸区、两江新区、永川区、江北区成功申报国家智慧城市试点建设,并对智慧城市试点建设过程进行指导帮扶。

同时，积极帮扶引导企业创新，逐步形成了钢筋加工配送、干混砂浆、新型墙材、轻型钢结构、反射隔热涂料等 10 余个从无到有的新兴产业，对加快产业结构调整、促进建设技术水平提高产生了重要支撑作用。

文明创建，让中心获得了物质以外的精气神。一是全员文明程度得到大幅提升，年轻人的爱岗奉献精神和青春活力得以迸发，人员整体素质得到快速提升。二是让中心拥有了快速成长的台阶。在实现创建目标的同时，中心各项工作得以快速发展，先后在建筑节能管理、绿色建筑发展、可再生能源建筑应用、高强钢筋城市示范、建筑产业化、建设工程标准化等多个领域实现了突破，多项工作实现了全国率先。三是拥有了组织的综合系统能力。通过文明创建，最大限度地调度了各类资源，形成合力，培养了组织的综合系统能力。

中心以文明创建为支点，先后被住房和城乡建设部授予"全国建筑节能先进集体"、全国建设系统企业文化建设示范单位，被中宣部授予"全国节约之星"，被重庆市委授予"创先争优先进基层党组织"，被全国总工会授予国家产业级"工人先锋号"，获得重庆市科技进步二等奖 5 项。文明创建凝聚了人心，激发了活力，助推了发展，扩大了影响，助推中心步入了良性发展的轨道。

（重庆市建设技术发展中心）

湖北省武当山特区管理委员会
十年磨一剑　武当展新颜

武当山风景区位于湖北省十堰市境内，是世界文化遗产、中国著名的道教圣地、国家首批重点风景名胜区、国家地质公园、全国 5A 级旅游区。长期以来，武当山特区管理委员会紧紧围绕创"世界知名，国际一流"风景区目标，坚持开展形式多样的文明创建活动，致力于弘扬文明精神、倡导文明理念、传播文明价值，建设优美环境、营造优良秩序、提供优质服务。经过十多年的不懈努力，武当山文明理念深入人心，文明之举处处可见，文明之花结出了丰硕果实。2015 年 2 月 28 日，武当山风景区荣获第四届"全国文明单位称号"，成功跻身全国风景区第一方阵，一股崇尚文明和谐有序的新风尚蔚然形成，一幅文明和谐的新画卷正从容运笔。

1. 用人性化的理念建设景区，夯实文明景区"硬基础"

文明创建重在以人为本，贵在细节，赢在和谐。武当山特区管理委员会始终秉承人性化的建设理念，严格遵循"山上养心、山下养生""景区做减法、城区做加法"的原则，用智慧提升文明，用行动践行文明，力求一草一木体现文明理念，一点一滴倾注人文关怀。

高标准保护景区。牢固树立"抢救第一，生态优先"的理念，"像爱护自己的眼睛一样呵护世界文化遗产"，累计投资近 3 亿元用于古建筑修复，完成玉虚宫、五龙宫、紫霄宫、南岩宫、太和宫等 20 余处古建筑的修缮复原。累计投资 20 多亿元建成国内一流的游客服务中心、旅游环保车队和景区 6 大数字化管理系统建设，对景区公厕全部进行了星级改造，武当山索道被树立为全国景区索道标杆，众生向往、修身养性的心中圣地加速形成。

高规格建设新区。奋力推进旅游基础设施建设，武当旅游发展中心、武当山国际武术学院、地质博物馆、特区规划馆、太极剧场、善水街等一大批旅游配套设施全面建成，大型太极功夫秀《梦幻武当》成功上演，武当武术、太极文化传播中心的作用进一步凸显。

高水平开发湖区。大力推进旅游休闲产业开发，建成武当山码头，推进老子博物馆、旅游区主干道、武当山码头游客集散中心、影视基地等项目，集观光休闲、度假养生于一体的水上世界已见雏形。

高质量改造城区。继续加快旅游服务配套工程建设，完成城区 20 多条主次干道改造，开通武当山至十堰城际公交线路，剑河流域综合治理工程基本完工，建成三丰广场、翡翠谷漂流、通神大道等一批重大项目，316 国道遇真宫段改线、土武路改造等一批重点交通设施顺利推进，武当旅游产业链条进一步延伸，旅游服务功能进一步完善。

第九篇

2. 用科学化的方式管理景区，提升文明景区"软实力"

文明景区创建，科学管理是关键。武当山特区管理委员会始终坚持"不让一位游客在武当山受委屈"的服务理念，秉承科学化的管理理念，从大处着眼，从细处入手，解决了一些突出问题，健全一套科学制度，擦亮一批文明品牌，让每一位来武当山的游客吃得舒心、住得放心、行得安心、游得顺心、玩得开心。

坚持问题导向。注重问题整治，注意倾听群众和游客的声音，把群众和游客反映最强烈、关系最密切的问题作为文明创建的重要切入点，重手整治"八乱"现象，景区实行"三统一"管理，即统一集中经营、统一导游管理、统一明码标价，严厉打击尾随兜售、强买强卖、欺客宰客等扰乱市场经营秩序的不文明行为，景区连续多年"五一""十一"旅游黄金周"零投诉"。

坚持精细服务。以"不让一位游客在武当山受委屈"的服务理念，把服务的重点放在游客"口渴时的一杯水，迷路时的一句指点，困难时的一次救助"上，大力开展以"五心四免费"为主要内容的"小举动、大文明"行动，设立遍布全山各个景点的游客休息区和党员服务站，组建一支景区综合执法大队，组织一批"景区流动服务队"，广泛开展"党员先锋号""工人先锋号""一区四户""小红帽百人进村"等一系列文明志愿服务活动，擦亮了"小红帽""党员示范岗"等一大批文明服务品牌。让文明融入游客接待的方方面面，把创建的过程成为游客得实惠的过程，用文明之花铺就游客的幸福旅程。

坚持规范管理。从质量标准化建设入手，着力提升文明景区的管理水准。在景区全面推行"旅游三全工程"，即全行业实行旅游服务质量标准、全行业实行明码标价、全员培训持证上岗；稳步推进ISO9000 质量管理体系和 ISO14000 环境管理体系，先后制订了"一岗三责"、"三定"等 30 多项制度，事事有章可循，凡事有人干、有人管、有人监督。

3. 用可持续的思维保护景区，打造文明景区"美形象"

武当之美，美在神秘神奇的武当文化，美在大山大水的良好生态。武当山特区管理委员会积极回应人民群众的文明创建诉求，从治理环境"脏乱差"开始，从改水改厕改路入手，治"水"、治"气"、治"垃圾"，建成 133 亩的新区湿地公园，改造了截污导流管网 103 千米，建成 15 公顷生态滤带，治理农业面源污染面积 15.4 平方公里，让群众在创建中感受到了城乡面貌的变化，获得真正的实惠。武当山特区管理委员会牢固树立"绿色决定生死"的理念，将核心景区保护面积从 82 平方公里扩大到 182 平方公里，坚决管住斧头、守住山头、护好源头，建设沿路绿化带373 亩、环湖生态林 3 万多亩、滨江亲水走廊 125 公里，汉十高速公路、襄渝铁路、316 国道、库区沿线宜林地绿化率达到 85%，景区森林覆盖率达到 92%，留住了武当山水人文的本色、本真、本源，使游客到武当山能够坐下来、住下来、静下来，把绿水青山流于千秋万代，让"绿"成为武当山永恒的底色。

一个前进的时代，总有一种奋发向上的精神；一个魅力的景区，总有一股积极进取的力量。"全国文明单位"称号是国家对武当山多年来工作成绩的支持和肯定。武当山特区管理委员会倍加珍惜荣誉和来之不易的良好局面，继续保持奋发的激情，始终饱含为民热情，紧紧围绕"世界知名，国际一流"风景区的奋斗目标，让文明创建工作永不停歇，让全国文明单位的牌子更加闪亮，努力把武当山的明天建设得更加美好。

（武当山特区管理委员会）

河南省鹤壁市住房和城乡建设局
倡导文明新风 共建和谐城建

河南省鹤壁市住房和城乡建设局坚持以创建全国文明单位总揽全局，以创建促提升，以创建促发展，荣获住房城乡建设部首批全国可再生能源建筑应用城市示范、中美低碳生态试点城市和河南省住房和城乡建设系统精神文明建设工作先进单位等 20多项省级以上荣誉，2003 年以来连续三届保持省级文明单位称号，2015年2月成功创建全国文明单位。

1. 机制完善，文明创建常态长效

抓领导机制，鹤壁市住房和城乡建设局局长任创建领导小组组长直接抓创建规划和方案实施，坚持把创建工作与业务工作同部署、同落实、同检查，做到领导常抓，机构常设，会议常议。抓责任机制。细化、量化创建工作标准，任务分解到领导、到科室、到人，建立完善考核奖惩制度。抓管理机制。建立党建、廉政、文明创建、作风建设、重大事项报告与处置和业务管理6大类32项制度，结合教育实践活动修订完善党组中心组学习、财务管理、车辆管理等13项制度机制，确保创建工作目标和机关建设同步协调推进。

2. 教育强化，着力打造过硬队伍

强化思想政治教育。严格学习制度和学习纪律，落实学习内容，采取党组中心组封闭学，中层干部集中学，每周学习日集体学等方式，认真学习马克思主义、毛泽东思想、中国特色社会主义理论和习近平总书记系列重要讲话精神，切实增强党员干部走中国特色社会主义道路的自觉性和坚定性。加强干部廉政和法治教育，增强拒腐防变和依法行政能力。注重专业技术学习。以城建大讲堂为平台，邀请高校和研究机构知名专家授课，2013年来，举办智慧城市建设发展、绿色低碳建筑应用、建筑文化等专业讲座9期，开办建设专业技术培训班5期，培训干部职工1360余人次。狠抓作风建设，改进调查研究工作，建立局领导定点联系县区住房城乡建设工作制度、领导干部"三联三帮"制度和重要工作部署事前调研论证制度；深化建设领域行政审批制度改革，将原有42项行政审批服务事项精简为13项；开通城建热线，强化窗口服务职能；建立供水、供气、供热等市政服务行业入户回访制度和全天候服务热线制度，新增供气、供水缴费服务网点74处；落实农民工工资保证金制度，及时解决群众反映的实际问题，进一步密切与群众血肉联系。

3. 载体丰富，文明和谐蔚然成风

学雷锋志愿服务活动专业规范。全局系统共有学雷锋青年服务队9支，文明志愿服务站4个，局机关31名干部职工注册文明志愿者，积极参与省市各类重大活动。特别是中国（鹤壁）民俗文化节、河南省首届中原（鹤壁）文化产业博览会上，受到上级表彰和社会赞誉。

文明风尚培育传播有声有色。以牢固树立社会主义核心价值观为重点，安排13场道德讲堂，请礼仪专家、执勤交警、先进人物等授课交流，促进干部职工道德文明素质提升。以文明施工、文明上网等活动为抓手，充分利用微博、微信和QQ群，发送文明施工、优质服务、安全生产知识信息，培育建设行业特色文明。

文明细胞建设广泛深入。文明科室、文明家庭、文明职工评选常态化。发挥先进典型示范作用，鹤壁市住房和城乡建设局职工王玉峰获得河南省五一劳动奖章、"文明河南作表率"称号等荣誉，其先进事迹在全省全市宣讲，赢得社会赞誉。局系统先后有6人被评为部级先进个人和省劳动模范。

结对帮扶扎实有效。帮助故县村完成村庄整体搬迁，成为鹤壁市第一个普遍使用管道天然气的村庄。帮助后柳江村实施村庄环境综合整治，新修道路7条和排水管网2820米，建设生活污水处理设施2处。3名女职工与孙圣沟村留守儿童爱心结对，提供亲情与物质帮助。

文体活动丰富多彩。建立图书馆、健身室、乒乓球室和篮球场，开展有益的体育健身活动。积极参加河南省住房城乡建设厅组织开展的专题演讲和书画比赛。重视节日文化建设。每逢重大节日，组织联欢会、歌咏比赛、书法摄影比赛等活动，丰富职工生活，营造欢乐和谐的机关氛围。

勤俭节约深入人心。以"绿、亮、净、齐、美"为标准，净化办公环境，以反对奢靡之风为切入点，开展节约型机关建设。2012年以来，三公经费持续下降。2014年1～11月，三公经费支出比2013年下降50%以上，水、电、油的费用比2013年同期分别下降32%、38%、43%。

4. 聚力促变，行业创新亮点纷呈

积极推行建设工程招标新模式。在全市推行合理低价随机选取中标候选人的办法，被《人民日报》《中国新闻网》《河南日报》等多家媒体关注和报道，广东佛山、辽宁大连以及省内开封、许昌等13个地市前来学习考察。强力推进既有建筑节能及供热计量改造。在全国率先开展既有建筑节能改造，累计供热计量用户超过75%，居全国领先水平。热计量改革创造的"鹤壁经验"，分别于2012年、2013年连续三次在全国行业会议上作典型发言。全面推进可再生能源建筑应用，作为住房城乡

建设部首批全国可再生能源建筑应用城市示范，在全国首创可再生能源项目建管一体化模式。截至2014年，新建建筑可再生能源应用比例超过50%。大力促进绿色建筑发展，2013年，成功申报首批中美合作低碳生态试点城市，启动全省第一个被动式超低能耗办公建筑试点项目建设。加快智慧城市建设，建成云计算中心，城市管理的精细化、数字化水平得到提升。

（河南省鹤壁市住房和城乡建设局）

安徽省铜陵市住房公积金管理中心
创文明服务窗口 促事业健康发展

2015年3月1日，纪念"三八"国际妇女节暨全国三八红旗手（集体）表彰大会在北京人民大会堂举行，铜陵市住房公积金管理中心业务窗口被授予"全国巾帼文明岗"称号。这是该中心文明创建工作中取得的重要成果。

近年来，铜陵市住房公积金管理中心以培育和践行社会主义核心价值观为根本，全面部署和推进中心文明窗口创建工作，从维护职工合法权益、加快改善中低收入职工家庭住房条件出发，切实履行部门职责，扎实开展文明创建工作，业务实现跨越式发展，中心及业务窗口先后获得"全国工人先锋号""全国巾帼文明岗""全国住房和城乡建设系统先进集体"安徽省"办事公开示范点"、省级"工人先锋号"、省级"青年文明号"、安徽省住房和城乡建设系统"学雷锋示范点"等多项殊荣。

1. 扎实开展文明创建工作

强化组织领导，健全创建工作机制。市住房公积金管理中心始终坚持将文明创建工作作为"一把手工程"来抓，成立创建工作领导小组，形成党政一把手负总责，班子成员各司其职，科室负责人齐抓共管，全员参与、整体推进的工作格局。坚持文明创建与日常业务工作统筹安排，做到"同研究、同计划、同布置、同落实、同检查和同考核"。坚持严格按照"有方案、有主题、有载体、有阵地、有承诺、有联评、有氛围、有制度、有台账、有效果"的建设标准，采取"定责任、定人员、定时限、定标准、定奖惩"等有效措施，全面激活文明创建工作动力。

优化窗口环境，为职工提供温馨服务。坚持工作人员工作时间着装整洁，佩戴工牌，做到不脱岗、不串岗；在窗口显要位置摆放住房公积金政策问答、办事流程和填单模板，设置自动查询终端、叫号系统和服务评价系统，配备座椅、饮水机、写字台、老花镜、签字笔等服务设施；在业务窗口设立政策咨询服务台，专门为职工提供政策咨询，安排导服人员为职工引导服务，整理办事资料，尽心尽力为办事职工提供优质服务。

加强制度建设，为职工提供规范服务。以制度建设为切入点，全面提升工作质量和效率。对已有的16项服务制度重新进行修订，将所有涉及服务工作的各项制度进行整合，汇编成《业务窗口内控制度和服务规范手册》，使管理有制度、服务有规范、办事有流程；建立业务窗口首席代表负责制，实行授权业务窗口现场审批公积金支取和贷款管理，极大地提高了工作效率。

拓宽服务领域，为职工提供多方位服务方式。结合创建活动，住房公积金管理中心积极探索住房公积金管理服务工作的新路子：打造综合服务平台，将住房公积金服务业务整建制进驻市政务服务中心，协调与中心业务相关的受托银行、房产登记、担保机构、税费收缴和维修基金等部门同步在市政务服务中心业务大厅内设立相应的业务服务窗口，实现了住房公积金业务"一站式""一条龙"服务；开办职工委托划转个人住房公积金账户资金归还职工个人住房公积金贷款业务，减轻职工月还贷压力，方便职工还贷；开通了住房公积金贷款现场即办系统，职工只要符合贷款条件，提供完备的手续资料，即可在中心业务窗口现场办结贷款全部手续，开创了住房公积金行业系统的高效办贷模式。

强化诉求管理，为职工提供高水平服务。市住房公积金管理中心始终把强化投诉管理作为提高服务水平的重要抓手。对已有的《投诉管理办法》进行了完善，制定《市住房公积金管理中心服务对象投诉处理办法》，明确分工负责和投诉处理流程；制定《市住房公积金管理中心有效投诉责任追究制度》，加强职工有效投诉的责任追究；在中心网站和业务窗口显著位置公布住房公积金服务热线、投诉电话和中心各部门及主要负责人电话，主动接受监督；组织开展职工满意度调查活动，主动收集意见、建议，加强和改进服务工作；聘请10名党风行风监督员，加强中心的党风行风监督工作。

加强队伍建设，为职工服务提供保障。市住房公积金管理中心坚持以岗位练兵为抓手，着力强化队伍建设：建立职工培训机制，不定期开展业务知识和服务规范培训；常年开展"服务在中心，满意在窗口"活动，每月评比服务明星，激发职工的工作热情；积极参加全市行风评比活动，组织开展"住房公积金进社区、进企业"等活动，在大力宣传住房公积金政策的同时，着力树立政府亲民形象，努力营造住房公积金管理工作氛围；特事特办，主动深入企业一线帮助困难企业解决问题；想职工所想，窗口工作人员主动推迟半个小时下班，对滞留窗口的职工一律"应办尽办"，让百姓始终感受到温馨服务。

2. 业务实现跨越式发展

文明创建推动科学发展。多年来，在铜陵市委、市政府的正确领导下，市住房公积金管中心深入贯彻落实科学发展观，努力扩大住房公积金制度覆盖面，强化住房公积金资金风险安全管理，优化归集和个贷服务，实现了住房公积金规模、效益、质量的全面提升，为满足该市职工住房消费需求，推动房地产市场健康发展，建设幸福铜陵发挥了积极作用。特别是2014年以来，该中心积极作为、多措并举，全面完成全年目标任务。

加大政策宣传力度，扩大政策影响面。先后4次上行风热线，接受职工咨询，为职工答疑解惑；先后在狮子山区和开发园区召开非公单位座谈会，宣讲住房公积金政策，推进非公单位住房公积金制度的建立；在《铜陵日报》开设专版，宣传住房公积金贷款和缴存等政策，通过"民生面对面"在线访谈节目，与市民进行沟通；上门走访有色公司、铜化集团、开发园区等单位，宣传住房公积金政策。通过广泛开展宣传工作，使住房公积金政策更加深入人心。

强化归集管理，扩大住房公积金制度覆盖面。制定年度归集扩面工作计划，细化分解工作指标和时间进度，并严格按照进度要求做好各项工作；研制2014年度住房公积金缴存基数调整方案，印发缴存基数调整工作的通知，有序组织单位开展基数调整工作；深入一县三区开展调查摸底，建立规模以

上企业档案，对县、区规模以上的非公单位进行跟踪服务；会同市工商联对2013年度正常缴存住房公积金的非公单位进行登报表扬，正面引导非公单位建制工作。

加大住房公积金运用管理，全力支持中低收入职工家庭改善住房条件。根据铜陵市房地产市场发展状况和职工实际需求，提请市政府批准调整个人住房公积金贷款政策，放宽贷款条件、提高贷款额度、延长贷款年限；加强对开发企业楼盘信息的审查和公开工作，通过媒体公开了28家开发企业楼盘12609套房屋信息，给职工购房提供真实可靠的房源选择；协调委托银行、担保中心等涉贷部门进一步优化办贷流程，确保在3个工作日内贷款发放到位；协调市担保机构，积极做好住房公积金逾期贷款的催收工作，确保贷款资金安全；出台铜陵市开展住房公积金异地贷款的政策，支持异地职工回铜陵购房，推进了铜陵市新型城镇化建设工作。

加强住房公积金会计核算，确保住房公积金资金安全。加强职工委托划转个人住房公积金账户资金归还贷款本息工作，受理窗口从后台移至市政务服务中心公积金窗口办理，方便广大职工；进一步完善住房公积金职工个人账户信息，保证职工个人住房公积金资金的安全完整；完成年度个人住房公积金账户资金的结息和核算工作，按规定为职工个人账户结息6106万元，确保了职工的利益；制定《铜陵市住房公积金管理中心大额资金管理办法》，进一步规范大额资金的使用、管理和监督，保证住房公积金安全高效运行。

2014年，铜陵市住房公积金管中心超额完成全年主要目标任务。全市新建住房公积金制度单位93个，新参加职工2790人，完成年度目标任务的133%；归集住房公积金15.23亿元，完成年度目标任务的109%，同比增长9.97%；批准发放职工个人住房公积金贷款和政策性贴息贷款8.35亿元，完成年度目标任务的167%，同比增长73.29%，支持3281户职工家庭改善了住房条件；批准职工提取住房公积金11.47亿元，完成年度目标任务的114.70%，同比增长23.94%；住房公积金增值收益4992万元，完成年度目标任务的103%，比上年增长4.90%。

与此同时，铜陵市政府部署的重点工作也如期完成。成立市住房公积金制度领导小组，加强住房公积金归集扩面工作的组织领导和县区的责任；拟定并向安徽省政府报送《铜陵市改善地方住房保障金融服务试点工作方案》，铜陵市被省政府批准为改善地方住房金融服务试点市，对新型城镇化建设和

加快改善城镇中低收入家庭、初始就业者等住房条件将起到积极的推进作用。

（铜陵市住房公积金管理中心）

江西省鹰潭市住房公积金管理中心

载体创新 拓展服务

近年来，在江西省住房城乡建设厅的精心指导和鹰潭市委、市政府的正确领导下，鹰潭市住房公积金管理中心（以下简称"中心"）认真践行社会主义核心价值观理念，按照以文明创建工作为抓手，以资金安全规范为主线的双向工作思路，把文明单位创建和日常业务工作同布置、同检查、同落实、同总结，取得了内增凝聚力、外增吸引力、提高向心力的良好效果。多年来，中心共荣获江西省文明单位、全国住房城乡建设系统先进集体、全国青年文明号等多项省部级荣誉；荣获全省住房公积金先进单位、省级文明单位复核优秀单位等 7 项厅级荣誉，以及全市优秀专业服务大厅、全市职业道德先进单位等十多项市级荣誉。

1. 围绕服务型公积金建设，突出"三个抓手"，为文明创建工作提供了内在动力

坚持内强素质、外塑形象并举，注重把文明创建融入横向业务服务对象管理的各个方面，融入纵向业务操作规范管理的各个环节，努力将管理中心打造成服务中心。

（1）以核心价值为抓手，进一步提升服务能力

学理论。坚持周五学习例会制度，认真学习党的十八大、十八届三中、四中全会和习近平总书记系列讲话精神，切实增强干部职工政治敏锐性和政治鉴别力。学业务。坚持走出去学习，组织员工到厦门会计学院、苏州公积金中心等地进行学习培训，帮助干部职工开阔眼界、增长才干；坚持活动促学，通过开展每人每双月读一本书、写一篇心得文章、每年上交一篇调研文章"三个一"读书活动，形成了浓厚的比学赶超氛围。学规范。结合文明礼仪教育，连续 4 年开展了具有自身特色的"四零"教育活动，4 年来已基本实现了零逾期、零投诉、零风险，进一步强化了工作人员的服务意识。

（2）以载体创新为抓手，进一步拓展服务领域

围绕拓宽咨询服务，投资 16 万余元开设住房公积金"12329"服务平台，自动语音电子平台全天 24 小时提供客户业务咨询服务。围绕拓宽指导服务，在业务大厅增设"业务引导员"，实行在职员工轮流担任"值班长"制度，引导客户办理相应业务；在公积金网站提供各种业务办理表格、单证的下载服务，方便客户减少到中心的往返次数。围绕拓宽查询服务，通过增加免费公积金联名卡查询网点、增设公积金缴存客户个人部分财政代扣短信平台、开通鹰潭市住房公积金微信公众平台及实行邮寄个人对账单等方式，方便客户及时了解本人缴存额及全市住房公积金运行情况。

（3）以流程优化为抓手，进一步凸显服务实效

减环节。将归集、支取公积金部分业务从四级审批减少为两级审批，减少贷款面签次数，减少客户在中心的流转环节。简化放贷手续，由中心工作人员代替客户办理委贷银行放款手续，节约客户跑银行划款办事成本。缩时限。将公积金支取的时限由原来 5 个工作日缩减为 3 个工作日完结，将支取刷卡日增加为每周两次，将放款时间增加至每月 4 次，极大地方便了客户。强管理。全面推行规范服务、文明服务、微笑服务和专业服务，制定 38 项内部管理制度和业务操作规程，规范文明用语和行为举止，服务质量和工作效率显著提高。

2. 围绕惠民型公积金建设，做到"三个注重"，为文明创建工作累积了群众基础

文明创建是手段，其根本目的是推动住房公积金更好地便民、利民、惠民。

（1）注重扩面利民

攻难点促扩面。坚持把非公私企、乡镇和外聘人员作为归集难点和重点，出台为全市非公私企单位和各单位聘用人员缴存住房公积金文件。目前，市本级、贵溪市、余江县已实现乡镇、卫生、教育住房公积金制度 100% 全覆盖，2014 年新增缴存单位 48 个、缴存人数 3138 人。调基数促扩面。基于贵

溪、余江缴存基数较少的情况，采取逐个单位打电话、上门宣传等方式督促协调，全市各地缴存基数与缴存比例均达到国家规定12%的最高标准。提标准促扩面。每年及时对市本级和各地最高、最低月缴存额标准进行调整，2014年归集住房公积金6.62亿元，增长31.05%，归集增幅实现翻一番。

（2）注重政策惠民

及时调整信贷政策。为进一步促进鹰潭市房地产业持续健康发展，通过放宽贷款准入条件、延长贷款期限、提高贷款最高额度、降低购房首付比例等举措，降低支取门槛，为中低收入家庭职工圆住房梦提供了支持和帮助。及时调整提取政策。为适应多元化市场需要，通过实施允许使用住房公积金偿还商业银行个人住房贷款本息、适当放宽异地购房提取住房公积金、按年提取住房公积金偿还贷款等举措，大大减轻贷款职工家庭还款压力。

（3）注重理财为民

做大池子争试点。创新理财思路，科学合理运作住房公积金，增值收益率长期保持在2%以上，为鹰潭市保障性住房建设提供了更多资金支持，上年鹰潭市成功列入全省扩大利用住房公积金贷款支持保障性住房建设试点城市上报住房城乡建设部待批。严控风险"零逾期"。在权限设置上，实行业务内部授权和按季内审制度；在资金管理上，实行大额存单银行金库存放和资金转移联签制度；在业务考核上，把逾期率下降指标作为重点考核对象，加大贷款回收力度，信贷逾期连续四年为"零"，有效确保了住房公积金安全高效。

3. 围绕文明型公积金建设，抓好"三个结合"，为文明创建工作拓展了丰富内涵

坚持以群众为基础，以典型为示范，以活动为载体，积极寻求活动载体与实际工作有机结合的突破点，引导干部职工积极参与道德实践，不断促进创建工作向纵深发展。

（1）坚持把开展群众路线教育实践活动与文明创建工作有机结合

以学习教育促文明主题教育。邀请鹰潭市委党校教授作精彩授课，观看《筑梦之基》《永恒的信念》等主题教育片，组织参观革命烈士纪念馆和廉政教育基地，进一步增强了干部职工的群众意识，为培育和践行社会主义核心价值观筑牢思想基础。以边查边改督文明优质服务。坚持把认真及时办理群众意见建议作为取信于民的实际行动，立行立改、即知即改，整改落实"四风"问题39项，促使干部职工工作作风有了新的转变。以"三大工程"树文明建设模范。围绕"连心、强基、模范"三大工程建设，大力开展"学习弘扬焦裕禄精神、争做龚全珍式好干部"活动，设立道德讲堂，开展"践诺"评比活动，选评并表彰了一批优秀党员、服务标兵和先进工作者，积极营造传递正能量的和谐氛围。

坚持把搭建文化特色活动与文明创建工作有机结合。自编自创自演快板舞《公积金行业新风采》，歌唱公积金行业歌曲《大写的人》，在全省建设系统文艺汇演中荣获三等奖。同时，每年组织开展"核心价值观工间操"、登山比赛、环城长跑、乒乓球赛等文体活动，引导干部职工在活动中传递"讲文明、树新风"的新理念。

（2）坚持把社会公益活动与文明创建工作有机结合

积极开展扶贫帮建活动。加大新农村建设点和扶贫挂扶点帮扶力度，近年来累积帮扶资金37万元，连续5年被评为"新农村建设先进单位"。积极开展志愿者服务活动。中心干部职工全部申报加入志愿者队伍，开展"送法下乡""送文化下乡"活动，不定期组织到敬老院开展志愿者服务活动，走访慰问帮扶点的困难家庭、老党员和"三房"困难户，不断掀起中心志愿服务新高潮。积极开展"学雷锋、献爱心"活动。积极参与赈灾捐款、慈善一日捐和春蕾计划等爱心捐款活动，进一步增强了中心的社会影响力，将文明单位的创建精神向社会延伸。

成绩只能代表过去，展望未来，中心将继续以社会主义核心价值观为指导，大力发展健康向上、丰富多彩、具有行业特色的公积金文化，努力开创中心文明创建工作新局面，为鹰潭地方经济社会发展作出努力和贡献。

（江西省鹰潭市住房公积金管理中心）

第九篇

中国西部地区率先获批国家住宅产业化基地企业
——兵团德坤

新疆生产建设兵团建工师德坤实业集团有限公司成立于2008年1月15日，注册资本3亿元人民币。集团所属企业20家，在岗职工273人，从业人员达400余人，业务涉及新型房屋体系、新型节能建材、房地产、商贸、防火材料、塑钢门窗、农业等领域。

集团成立以来，致力于绿色建材的研发，于2010年被中房协城市开发委员会认定为低碳节能建筑示范基地，集团与中国建筑科学研究院、中国建筑标准设计研究院、上海现代建筑设计集团、石河子大学等单位进行产学研联盟，形成了钢结构镶嵌复合保温板绿色节能建筑体系——DSC建筑体系，并在新疆天山南北完成了30多万平方米新型房屋建筑。

东凤区棚户区改造项目——集团新建成的六层钢结构保障性住房

钢结构加工生产基地

伊宁第四师62团住宅示范项目

集团为伊犁第六师边境62团代建的新型房屋

集团承建的西山农场8栋钢结构住宅全景

新疆钢结构民用住宅项目——集团建造的22层超高层钢结构住宅施工现场

DSC钢结构新型房屋体系铸就"国家住宅产业化基地"

DSC建筑体系以钢结构为主体，从研发设计到应用实践的全过程，高起点、成体系，具有绿色环保、建造成本低、抗震性能优、产业化程度高、节能效果好、适用性强等特点。DSC建筑体系作为"钢结构建筑标准体系研究及构建"科研课题的主要组成部分，已取得3项发明专利（2013102062436）和7项实用新型专利（2015200339557、2015200339612、2014201538337……），并纳入自治区地方行业技术标准，形成了完整的钢结构住宅建筑体系，处于国内领先水平。2015年3月30日，与宝钢、八钢联姻成立绿色建筑股份有限公司，同年5月中旬，正式被批复为国家住宅产业化基地。

www.btdk.com.cn

地　　址：新疆乌鲁木齐市米东区米东南路2600号　　邮　编：830021
联系电话：0991-6880170（行政管理部）　0991-6880113（企业发展部）
传　　真：0991-6881002　E-mail：dkqyfzhb@126.com

天津天一建设集团有限公司
Tianjin Tianyi Construction Group Co.,Ltd.

走进天一

　　天津天一建设集团有限公司是一家拥有技术研发、施工承包、地产开发、物业管理等较为完整产业链条的现代化企业。集团注重科技创新和人才建设，拥有一支高水准、高效率、高远见的管理团队，保证了企业做强施工、做精地产、做深投资一业多元的稳健发展。集团以"立靠天津，拓展全国，进军海外"为奋斗目标，致力于不断提高全体员工的综合素质，不断提升完美企业的品牌形象，不断提振文明社会的信心指数，已在北京、深圳、珠海、西安、巴彦淖尔、成都等地设立分公司。未来，集团将继续坚持"三位一体、协同发展"战略，以"以投融资为引领，以地产开发为载体，以工程建设为支撑"，秉承"融智创新，聚合成长"的理念，致力于成为专有领域内具备"投资—设计—建设—运管"全产业链服务能力的综合服务运营商。

　　施工板块着力于政府机关、教育卫生、航空航天、工商贸易等领域，以"每个工地必创文明工地"、"每项工程必创优"、"每年争创鲁班奖"为工程质量目标，荣获了鲁班奖、"全国用户满意工程"等国家、省部奖项840余项，拥有自主知识产权专利（ZL2010 1 0278545.0、ZL2010 1 0278544.6……）、QC成果、国家工法等74项。

　　地产开发板块由绿海地产统筹管理，并以"融卓越践真诚、传精品立永恒"的核心价值，开发了市场公认的优质楼盘，得到了广大客户充分信赖。

　　投资板块践行"用心精心全心、共创共赢共享"的经营理念，谋求"资本增长、业界首肯、社会信任"的前进目标，渐成集团创新融合发展的新模式，形成了投资、施工、房地产有机联动和协同发展的平台，为集团持续增长提供了不限的动力，不断夯实了天一昂首阔步的基础。

永旺购物广场 　　　　　天津市海河教育园区公共图书馆 　　　　　天津市西青医院

天津市中心妇产科医院 　　　南开大学省身楼 　　　内蒙古巴彦淖尔市人民医院 　　　天津大学

高品质 娱乐体验

天津市胸科医院 　　　　　　　　　　　　　　　　　　　爱飞客（天津）航空俱乐部

企业地址：天津高新技术产业开发区迎水道148号A座　　联系电话：022-23858688

网　　址：www.tianyijianshe.com　　邮　　箱：shaoxingyijian888@163.com

左图：东康快速路改扩建工程纬四立交——枢纽型城市互通立交

右图：鄂尔多斯市体育中心体育场——总建筑面积约13.7万平方米，可容纳6万人

内蒙古兴泰建设集团有限公司

内蒙古兴泰建设集团有限公司，是全国仅有5家、内蒙古自治区率先拥有房屋建筑工程施工总承包特级资质，建筑行业甲级设计资质，具有承包境外工程资格，同时可承接公路、铁路、市政公用、港口与航道、水利水电各类别工程的施工总承包、工程总承包和项目管理业务的企业。公司拥有14家分（子）公司，是集建筑施工、设计、机电安装、桥梁隧道、轨道交通、铁路工程、高速公路、市政道路、消防工程、电子与智能化工程、通信工程、装饰装修、钢结构、金属门窗、建筑幕墙、水利水电、商砼、检测、劳务派遣、园林绿化为一体的跨地区、多元化经营的综合性建设集团。

公司先后荣获"全国工程质量管理优秀企业"、"全国守合同、重信用企业"、"全国建设工程质量管理优秀企业"、"全国安全生产优秀企业"、"全国AAA级信用等级企业"、"全国建设系统先进集体"、"中国建筑业企业竞争力百强企业"、"鲁班奖突出贡献企业"、"首届内蒙古自治区主席质量奖"、"鄂尔多斯市市长质量奖"等多项荣誉，是鄂尔多斯市政府扶植的"双百亿"先进企业。

公司还拥有公路工程、市政公用工程、机电工程施工总承包壹级资质；钢结构工程、建筑幕墙工程、建筑装修装饰工程、消防设施工程、电子与智能化工程专业承包壹级资质；消防设施工程、建筑幕墙工程、建筑装饰工程和建筑智能化系统设计专项甲级资质；水利水电工程施工总承包、起重设备安装、桥梁、隧道工程专业承包贰级资质；铁路工程和通信工程施工总承包叁级资质。同时也是中国钢结构制造、计算机信息系统集成和内蒙古自治区公共安全技术防范系统设计、施工、维修备案壹级资质企业，是土建、构建、市政一级检测试验单位，并具有国家预拌混凝土专业承包资质、施工劳务企业资质以及模板脚手架专业承包资质。是鄂尔多斯地区同行业中率先通过ISO9001质量管理体系ISO14001环境管理体系和OHSAS28001职业健康安全管理体系认证的大型建筑企业。

近年来建设了一大批优质精品工程，先后获得鲁班奖10项、中国钢结构金奖3项、国家优质工程奖6项、中国安装优质工程（安装之星）3项、内蒙古自治区工程质量最高奖—草原杯44项、全国AAA级安全质量标准化诚信工地9项、自治区安全标准化示范工地、自治区安全文明工地132项、市级以上质量奖90多项。

现有一级注册建造师113人、二级注册建造师110人、一级注册设计师22人、教授级高工8人、高级工程师91人、工程师203人、各类工程技术人员千余人。获得国家级工法17项、国家专利41项（zl 2010 1 0252480.2、zl 2010 1 0590778.4、zl 2010 1 0591407.8……）、QC成果57项、内蒙古自治区级工法96项、科技成果6项，是自治区建筑业界名副其实的"领军人"。

面对未来，兴泰建设集团有限公司将一如既往地坚持"干一项工程、出一项精品，开一方市场、交一方朋友"的经营理念，以"为客户创造价值，为社会创造财富"为宗旨，与社会各界携手并进，共创美好未来！

伊旗政府办公楼——获得2004年度全国工程建设鲁班奖

东胜区全民健身活动中心体育场——获得2011年度全国工程建设鲁班奖

乌兰察布市中心医院——获得2014年度全国工程建设鲁班奖

北京市勘察设计研究院有限公司

1. APEC峰会主会场雁栖湖核心岛
   国际会都建筑群
2. 环境岩土工程–南海子郊野公园
3. 国贸三期获全国行优一等奖
4. 央视新址获全国行优一等奖

【企业基本概况】

北京市勘察设计研究院有限公司是具有全国工程勘察综合类甲级，工程测量甲级，工程咨询甲级，地质灾害危险性评估与治理工程勘查、设计、施工甲级，地基基础工程专业承包壹级资质的国家高新技术企业；商务部援外项目骨干企业；北京市级企业科技研究开发机构和首都科技条件平台能源环保平台单位。

开拓创新、拼搏创业的北勘公司新一届高管班子

【主要经济指标】

2014年度员工总数465人，总收入3.08亿元，同比增长9.6%；实现总利润2597.79万元，同比增长27.4%，再创企业58年历史新高。完成市属重点勘测项目：地铁3、6、7、8号线工程勘测；南水北调东干渠施工第三方监测；申办2022冬奥会道路建设——兴延高速初勘和控制测量，北京——台北（北京段）高速，密涿高速地调；首都新航城和大兴新城区域建设条件研究，门头沟圈门采空区规划勘察；在施"中国尊"项目沉降观测与基础监测，通州运河区ONE项目设计与施工等。援外项目：中国驻印度大使馆，肯雅塔大学文化中心，津巴布韦学校，莫桑比克汽修厂，达累斯萨拉姆大学图书馆等。

【企业管理情况】

企业员工提交合理化建议83件并落实；出台或完善总经理办公会议事规则、档案管理制度、3项岩土工程设计质量管理文件、4项人才培训和项目管理相关制度、专利与计算机软件著作权管理办法。

【科技成果与工程奖项】

地铁盾构穿越敏感区控制技术，地面沉降及地下水位对地铁工程影响研究，北京市浅层地下水监测网建设，北京市标准《建设工程地下水控制规范》，岩土工程设计质量监管细则，城市道路地下病害控制研究等科研成果通过市规委、科委、交委验收。主编北京市标准《污染场地勘察规范》。城市道路路基塌陷对策研究，深基坑工程对轨道交通影响分析技术获系统科技奖。中国银行信息中心办公楼等4项目获国家优质工程奖，7项工程入选首都规划展，66项科技成果、20个工程项目获公司表彰奖励。取得1项国家专利（ZL 2013 2 0431306.3）、1项软件著作权。

【社会荣誉】

获评全国工程质量管理优秀企业，保持全国创建文明行业、精神文明建设工作先进单位、全国勘察设计行业诚信单位、首都文明单位标兵等称号；所属单位获评市总工会工人先锋号、市青年安全生产示范岗、海淀区五星级团支部等称号。个人荣誉：全国勘察行业优秀企业家（院长）、科技创新带头人，国家地质学界黄汲清科学技术奖及青年金罗盘奖，市青年岗位能手，科技新星。自1955年建院到现在，北勘即将走过第60个年头。光辉岁月弹指一挥间，在近六十年的激荡岁月中，北勘构筑了数量众多的经典项目，更收获了丰厚的赞赏与荣耀。如今的北勘公司，即将面临又一个甲子轮回的新征程。在传承北勘院优良传统的基础上，坚持管理创新和科技创新，继续深化机制变革，发挥好新体制对风险责任的强化效能，以更优的质量、更强的能力服务客户，以更健康的企业运营回报社会，为首都和全国的发展建设、行业的科技进步和国家的繁荣强盛做出更大贡献。

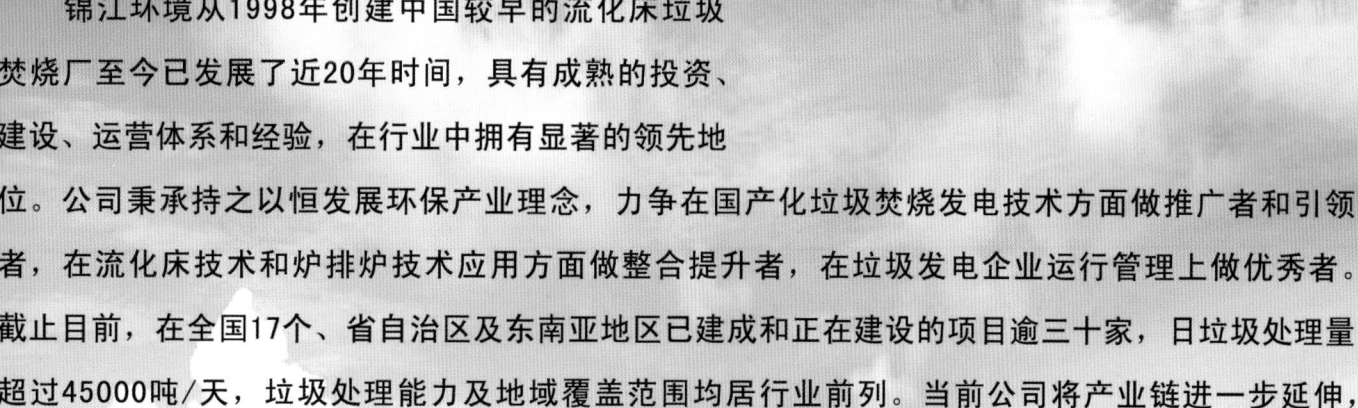

中国锦江环境控股有限公司隶属于中国500强企业——杭州锦江集团，是中国领先的垃圾发电运营商。

锦江环境从1998年创建中国较早的流化床垃圾焚烧厂至今已发展了近20年时间，具有成熟的投资、建设、运营体系和经验，在行业中拥有显著的领先地位。公司秉承持之以恒发展环保产业理念，力争在国产化垃圾焚烧发电技术方面做推广者和引领者，在流化床技术和炉排炉技术应用方面做整合提升者，在垃圾发电企业运行管理上做优秀者。截止目前，在全国17个、省自治区及东南亚地区已建成和正在建设的项目逾三十家，日垃圾处理量超过45000吨/天，垃圾处理能力及地域覆盖范围均居行业前列。当前公司将产业链进一步延伸，如污水、餐厨、污泥、粪便、危废等领域；积极倡导科技创新的企业理念，打造静脉产业园区。

锦江环境将继续以推广国产化技术为己任，积极整合国际前沿技术，打造专业的集成服务和综合服务商。在未来的发展中，将聚焦并实践城市固废废弃物的资源化综合利用和高效能源利用，立足国内并放眼东南亚等国家，投资建设更多环保能源企业，为环境治理和经济社会发展作出更大贡献。

福建建超建设集团有限公司

建超集团以现代社会对高品质建筑的需求为己任，以房屋安全和健康为主题，采用预制装配式建筑工法构建绿色建筑，提高房屋抗震、防火性能，确保工程质量百年大计。建超始终坚持做到为每一个工程项目成立专案小组，依据专业设计和客户需求，量身定做建筑方案，努力通过科学的流程管理，将质量、安全、环保、工程成本等方面的信息化管理落实到施工环节的每一个层面。

秉承"以人为本，绿色建筑"理念，建超立足海西，利用自身优势，采用"走出去、引进来"的模式，与三一重工、台湾润泰、福建省建筑设计研究院、中冶华天等强强联合，在设计、生产、建筑安装、信息化、高品质房屋开发、新型建材研发等方面开展相关合作，逐渐形成完善的产业链。

建超集团科研楼

福建建超建设集团有限公司成立于2012年，是福建省内由传统建筑产业向"新型PC"项目转型的建筑工业化企业，是集新型混凝土预制构件、高科技产品的研发、设计、生产、销售、安装、咨询、服务为一体的专业化公司。

集团选址福建长泰作为生产基地，总投资额6.7亿，一期建设用地21万平方米，年产能可满足240万平方米建筑面积的混凝土预制构件需求。二期占地53万平方米的产业园区已完成规划，正进行项目立项相关工作。

建超实验楼1号楼透视图

未来，建超将扩大集团的业务板块，把品牌做大做强；积极寻求海内外的发展机会，把民族品牌国际化，向中东、美国、南非、印度、中国台湾、新加坡、澳大利亚、马六甲海峡等区域拓展。

构件生产线

工厂预制

叠合楼板

现场施工

物流

小梁吊装

预制梁

预制楼梯

预制柱

地址：福建省漳州市长泰县银塘工业区　　邮编：363900　　电话：6326666　　传真：6328600　　网址：http://www.jianchaogroup.com

以克论净　深度清洁

着力打造干净美丽新中卫

宁夏回族自治区中卫市辖沙坡头区、海兴开发区和中宁县、海原县，城区设在沙坡头区，市区面积37.6平方公里，城市居民20.8万。自2004年撤县设市以来，中卫市按照"沙漠水城·花儿杞乡·休闲中卫"的城市定位，依沙傍水规划建设城市，精心精细管理城市，逐步把一个过去的沙漠边陲的小县城打造成一座生态宜居、干净美丽的地级城市。

一、环卫工作概况

中卫市城区环境卫生清洁面积为680万平方米，有捡拾保洁人员378名，每天有9名检测员和6名考核员对捡拾保洁员的责任区域进行尘土称重及地表垃圾检测，确保环境卫生达到"两个5"标准。目前，中卫市有清扫车6辆、8吨洗扫车16辆、5吨洗扫车3辆，4吨洗扫车4辆，0.5吨人行道洗扫车5辆，主要承担着市区500万平方米车行道清扫和洗扫作业。所有车辆采取"双班轮流"作业，洗扫车每天洗扫8车水。在老城区每车水洗扫3.6万平方米，全天洗扫道路约29万平方米；在新城区每车水洗扫3.96万平方米，全天洗扫道路约32万平方米；清扫车每天清扫道路约24万平方米。车辆装有GPS定位的监控系统，按照划定的责任区实施作业。

二、"以克论净"工作

"以克论净"的提出：中卫市位于宁夏中西部，与甘肃省和内蒙古自治区相毗邻，腾格里沙漠从西、北两面包围着城市，市区距离腾格里沙漠不到10公里，每年风沙天气达120多天，年平均降水量不足200毫米，蒸发量超过2000毫米，曾被联合国粮食计划署宣布为不适宜人类生存的地区。2012年10月，中卫市人民政府制定了《中卫市城区环境卫生深度清洁管理办法》，创新性的提出"以克论净·深度清洁"环卫保洁模式，规定"城市道路浮尘每平方米不超过5克，地面垃圾停留时间不超过5分钟。"即："两个5"标准。

　　"以克论净"的内涵：中卫市的"以克论净"环卫保洁模式可概括为"1235"，即：**一个理念**：精心精细管理城市的理念；**两种模式**：机械清扫与人工保洁相结合的模式；**三个严格**：严格责任区域、严格责任监管、严格责任考核；**"两个5标准"**：道路浮尘每平米不超过5克，地面垃圾停留时间不超过5分钟。

　　中卫市的"以克论净"模式不是一蹴而就的。最初的标准是"25克、15分钟"，后来逐步提高到"两个15"、"两个10"，最后实现了"两个5"。

　　"以克论净"的做法：细化保洁区域。将37.6平方公里的城市建成区细化为186个保洁责任区，根据人流和车流量精确测算保洁面积。老城区繁华地段人均保洁面积0.5万～1万平方米，一般地段1.5万平方米，新区约7万平方米。每个责任区核定两名环卫工人，实行4小时轮班作业，全天16小时不间断保洁。**全程机械清扫**。中卫市实行机械环卫作业，要求机械车辆每天作业8小时，清扫面积大约24万平方米，相当于22个环卫工的工作量。机械作业不仅大大的降低了劳动强度，提高了环卫作业效率，而且使环卫工从繁重的清扫劳动中解脱出来。目前，环卫工只从事捡拾保洁作业。**层层严格考核**。中卫市的监管考核体系设有三层，第一层是检测组，由9名检测员每天对186个保洁责任区的作业情况进行三次检测。第二层是考核组，由6名考核员每天对检测员的工作进行量化考核。第三层是督查组，每天对检测员和考核员的工作进行督查，检测、考核、督查的结果当日均记录在案，每个月汇总通报一次，严格兑现处罚。检测员、考核员、环卫工当月出现一次不合格，予以警告；两次予以罚款；三次予以待岗或直接下岗。**强化宣传教育**。为形成环境卫生维护工作齐抓共管、全民联动的良好氛围，中卫市政府出台了《中卫市文明市民公约》，召开新闻发布会，先后四次向市民发放城市卫生《倡议书》近100万份，并通过手机短信群发给市民；设立12319环境卫生监督举报热线，24小时受理市民投诉；发挥新闻媒体监督作用，每天对乱扔垃圾等不文明行为在《中卫日报》和电视台进行持续曝光，进一步规范市民行为，提升文明素养。**常态长效监管**。中卫市设有四个监管组，城市道路运输车辆监管组每天对进入市区的运输车辆进行24小时跟踪监管；建筑工地出入口监管组每天对建筑工地出入口及施工车辆进行跟踪监管；市容秩序监管组每天对沿街单位、小区、酒店、摊位、商铺门前的"三包"责任落实情况进行现场监管；环境卫生监管组每天采取"天平称重"的方式对城区环境卫生质量进行严格监管。

　　"以克论净"的成本：中卫市实施"以克论净"环卫保洁模式以前，城区使用环卫工578名，城市保洁面积530万平方米，年环卫经费为1700万，年环卫保洁成本为3.2元／㎡。

实施"以克论净"后，城区使用环卫工378名，城市保洁面积为680万平方米，年环卫经费为2520万，年环卫保洁成本为3.7元／㎡。

"以克论净"的保障：制度保障。中卫市制定了《中卫市城区环境卫生深度清洁管理办法》等一系列制度体系。目前，基本形成了用制度说话，拿制度管人，靠制度确保"以克论净"环卫保洁模式运行的机制。**激励奖励**。通过提高环卫工的地位和待遇，激发工作热情。环卫工的工资由原来的1200元／月提高至现在的3000元／月（含5险），另外每月还给环卫工发放120元早餐补贴，同时将环卫工全部纳入养老、医疗、工伤、失业、生育社会保障体系；逢年过节，市领导亲自慰问环卫工人已形成惯例。**全民参与**。通过政府主抓主导、层层发动，媒体正面引导、反面曝光，企业大力支持、爱心捐助，市民积极配合、广泛参与，中卫市形成了"人人爱护环境卫生、人人保护环境卫生"的自觉机制和良好社会氛围。

三、"以克论净"的成效

中卫市实施"以克论净"环卫保洁模式后，不仅城市变干净了，干部作风转变了，市民素质提升了，人居环境改善了，城市发展提速了，城市知名度也提升了。先后荣获"迪拜国际改善居住环境最佳范例奖"、"中国人居环境范例奖"、"中国特色魅力城市100强"、"中国最佳绿色生态城市"、"全国十佳生态文明建设示范城市"、"2013年度中国生态文明价值城市"和"国家园林城市"等殊荣。

2015年7月25日，"全国城市环卫保洁工作现场会"在中卫胜利召开，住房和城乡建设部部长陈政高充分肯定了中卫的"以克论净"工作模式，并要求"各个城市都要迅速行动起来，大力开展学习中卫经验，清洁城市环境的活动。"

王屋山下宜居城

　　近年来，河南省济源市按照"全域规划、一体发展"的理念，坚持"大气、秀气、灵气"的城市建设目标，大力实施"绿、亮、净、美、畅"工程，形成了特色鲜明、魅力独具的现代化区域性中心城市风格。先后荣获全国文明城市、国家卫生城市、国家园林城市、中国优秀旅游城市、中国人居环境范例奖、国家水土保持生态文明市、国家节水型城市等荣誉。

魅力之城　气魄彰显

　　紧紧抓住济源市被列入"全国中小城市综合改革试点市、河南省新型城镇化综合改革试点市、河南省城乡一体化示范区"的重大机遇，高起点，大手笔地对城市进行重新规划，突破自然地域限制，跳出现有建设格局，将市域1931平方公里作为一体统一规划建设，确定了"1133"（即：城乡一体化、一个中心城区、三个复合组团、三个重点城镇）的发展格局，按照"优化西北、拓展东南、建设新区、改造老区"的发展思路，突出加快九大重点片区建设，以大组团的开发建设模式向四面辐射，先后建成了一批行政组团、休闲组团、教育组团、文化组团、住宅组团，既各为一体，又相辅相成、相互呼应，构筑了城市发展的新空间。

宜居之城　根植民生

坚持关注民生，做精做优城市。先后建成各类保障性住房1.8万余套，为城市低收入家庭解决了住房难的问题；新修、改造35条城市道路、27座城市桥梁，形成了"二环十一纵十二横"的城市综合街路格局，城市出行更加畅通。不断加快公用设施建设步伐，相继建成了城市4座城市自来水厂、3座城市污水处理厂、生活垃圾无害化处理场、医疗废物处置中心、中水回用、水质监测站等一批公共设施，新建改造垃圾中转站85座、水冲式公厕108座，城市污水集中处理率96.7%，垃圾无害化处理率、市区医疗废物处置率均达100%，城市环境有效改善。

文化之城　气质动人

在城市建设中注重历史文化的传承、城市内涵的延伸，全面加快卫生、医疗、教育、文化、体育等综合设施建设，先后建成了健康城、篮球城、文化城、图书馆、城展馆—科技馆等城市公共设施，城市综合服务能力有效提高。积极挖掘愚公移山文化、创世文化、根文化、道教文化、茶文化、药文化等独特的地域文化，推进文化元素与城镇建设的融合，先后建成48处城市雕塑园区、儿童游乐沙地，打造了风格多样、层次分明、动静结合、错落有致的城市亮化景观；城市文化特色更加凸显。

生态之城　和谐发展

按照"多树兼花少草"的理念，实施果树进城、石头进城，见缝插绿、拆墙让绿、立体植绿，城市绿化覆盖率41.93%，绿地率39.26%，人均公共绿地12.25平方米，2007年被命名为国家园林城市。济源真正成为一个品种繁多、生机勃勃的绿色植物园。

坚持"利用水资源，做好水景观，彰显水文化，做活水经济"的水系规划理念，对穿城而过的湨河、蟒河、苇泉河、解放河等四条河系进行综合治理，确立了绿色长廊、休闲长廊、居住长廊的建设理念，沿河布绿建园、开发住宅、建设景观带和休闲区，先后建成了51个小广场、公园，古老的城市河流重新焕发出勃勃生机，共同谱奏着人与自然交融共生的和谐之曲。

中天建设集团有限公司

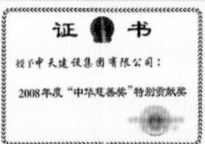

中天集团文化体育节

中天建设集团有限公司（简称"中天建设"）是一家以房屋建筑、基础设施建设为主要经营业务的大型企业集团。近年来中天建设从土建施工型向技术型、质量型、投融资结合型、总承包型和建筑工业化产品集成供应商转变。企业连续多年荣列"中国建筑业500强"排行榜单个法人总产值前茅；近十多年连续保持浙江省建筑行业领先地位。

中天建设坚持诚信为本、质量兴业，倡导工商文明，先后获得全国质量管理奖、全国文明单位、中华慈善奖、全国守合同重信用单位、全国建筑业诚信企业、全国建筑业AAA级信用企业、创建鲁班奖工程突出贡献奖（金奖）、新型城市化建设"十大功勋企业"、首届浙江省政府质量奖和中国建设银行AAA级信用企业等荣誉。

中天建设具备房屋建筑工程总承包特级资质、建筑行业（建筑工程）设计甲级及十几项专业资质。在国内已形成以杭州、上海、北京、西安、武汉、广州、天津、成都、沈阳、郑州等中心城市为主的十三大区域市场，经营地域覆盖国内20多个省、市，海外业务已拓展到非洲、南太平洋等国家和地区。2014年，新签合同额750亿元，完成产值582亿元，年竣工面积超1800万平方米。

中天集团总部大楼

郑州绿地千玺广场

中天建设倡导"每建必优、品质为先"的品质理念，共创出鲁班奖23项，省部级以上优质工程800多项，被誉为"创优大户"。近年来，公司以承接"高、大、难、新、特"项目为突破口，承建了杭州奥体博览中心主体育场、郑州绿地中央广场、北京国际中心、上海中融-碧玉蓝天广场、上海新国际博览中心新馆、湖北省人民医院、广州长隆酒店、中国人寿大厦、东莞希尔顿酒店、海南三亚凤凰岛、山西金茂国际大厦、昆山财富广场、包商银行大厦、网易杭州生产基地等一大批标志性工程。

中天建设的绿色建筑工业事业部和建筑工业化研究所，具备独立的装配式建筑设计能力。计划首批在全国建6个建筑工业化生产基地，其中浙江德清基地一期已建成投产，浙江金华、陕西西安两个建筑工业化生产基地已开工建设，下一步还将在湖北武汉、北京、河南郑州等城市布局。

中天建设加快转型升级、创新变革，着力于结构优化、产业升级、管理升级、防控风险，立足大行业，深耕大市场，以"诚信、务实、敬责、协同"为核心理念，以"真心缔造美好家园"为企业使命，以"企业公民"的责任，建设不仅仅属于中天也属于他人的，不仅仅是"物质"的更是"精神"的和谐家园，向着"品牌中天"的目标不断迈进。

杭州奥体中心

BIAD产业化住宅建筑作品
HOUSING INDUSTRALIZATION PROJECT OF BIAD
2007—2015

中粮万科假日风景B3#、B4#住宅

◀ B3#、B4#工业化住宅楼作为"北京市住宅产业化试点工程",采用了"装配整体式剪力墙结构"等产业化住宅新技术。在免维护外墙保温体系、外墙防水、预制楼梯、提高建造效率、节能降耗等方面站在科学前沿,引领了北京市"住宅产业化"工程项目的设计研究及运用。

中粮万科假日风景D1#、D8#住宅

▼ 北京市公安局公租房项目定位为主要面向广大民警租住的全装修中高档公租房,是北京市首例运用"装配式剪力墙结构"的公共租赁住房项目,成为北京市社会住宅的新试点。本项目采用"装配整体式剪力墙结构"等产业化住宅新技术,包括预制外墙板、预制楼梯、预制阳台和空调板,实现全装修家居解决方案,民警能够直接"拎包入住",同时住宅还预留了太阳能生活热水的安装条件,以体现公租房的绿色节能目的。该项目引领了公共租赁住房产业化设计研究应用,确立公租房建设的全新技术体系。

北京市公安局公租房

▲ 在总结归纳B3、B4号工业化住宅设计和建造经验的基础上,设计了中粮万科假日风景项目D1、D8号工业化住宅楼。该工程优化并初步形成了"装配整体式剪力墙结构体系"。继续改进和完善保温装饰承重一体化外墙;外窗精确化安装工艺;预制楼梯、预制阳台和预制空调板;精装修全面家居解决方案等成熟做法,推进了预置装配技术的创新及进步。

长春万科柏翠园D16组团

大连万科城

成都花样年郫县3#地块

青岛万科东郡

深圳市第一建筑工程有限公司

深圳市第一建筑工程有限公司是与深圳经济特区共同成长的老字号建筑品牌企业，成立于1983年9月15日，其前身是1979年首批进入深圳参加特区建设的基本建设工程兵，现为深圳市特皓集团股份有限公司的全资子公司。

公司是一级施工企业，具有房屋建筑工程、市政公用工程施工总承包一级资质；地基与基础工程专业承包一级资质；金属门窗工程专业承包一级资质；机电设备安装工程、消防设施工程专业承包二级资质；起重设备安装工程专业承包三级等多项资质。公司注册资金为16368万元，拥有各式主要施工机械设备500多台，有职称的各类专业工程和经济管理人员350余人，具备完备的人才结构。

公司领导合影

自参加特区建设以来，公司在革新施工技术与工程管理等方面创下多个领先，包括建成深圳较早的高层建筑——20层电子大厦，率先在深圳特区采用强夯处理软地基新技术等。相继建成一系列道路、桥梁、供水、港口、车站、机场等市政公共工程；建成高层、超高层写字楼和住宅200余

深圳市市民中心

栋，总建筑面积近600多万平方米；安装调试进口电梯1000余部；完成深圳机场跑道、盐田港等大型软基处理600多万平方米。截至目前，公司及公司承建的工程多次荣获国家、部委、省、市、建筑协会等单位授予多项奖项、荣誉称号。其中东海花园一期被评为"3A级小康住宅示范小区"；信息枢纽大厦工程被授予"全国建筑业新技术应用银牌示范工程"称号；公司因在新技术推广应用效果显著，2008年被中建协授予"全国建筑业科技进步与技术创新先进企业"称号；深圳邮电局洪湖高层住宅、百汇大厦、长泰花园、市民中心、特美思广场及香港大学深圳医院等工程6次问鼎鲁班奖；公司因在施工领域的卓越贡献，获得"创鲁班奖工程特别荣誉企业"称号。

作为深圳市老字号建筑品牌企业，深圳市第一建筑工程有限公司以"立足深圳、面向全国"为战略发展目标，以改革创新为动力，不断增强核心竞争力。公司目前业务范围遍布全国，在上海、南京、长沙、南昌、兰州、东莞、惠州、清远等地成立了分公司。公司始终坚持"质量第一，信誉为本"的经营理念，贯彻落实"对客户投资负责"的宗旨，竭诚为利益相关者服务，履行企业的社会责任。同时秉承一贯传统，弘扬自由灵活的企业文化，关心员工生活和职业发展，为员工搭建成长平台，谋求共同发展、共创未来，努力把公司建设成为具有广泛社会认同的品牌企业。

特美思广场

东海商务中心

深圳市档案中心

兵团建工集团

新疆兵团机关综合楼，获中国建筑工程最高奖——鲁班奖

兵团建工集团于1953年6月组建，2000年，改制组建为国有独资企业，集团以科学发展为主线，大力弘扬特别能吃苦、特别能战斗、特别能奉献、特别善经营的兵团建工人的奋斗精神和挑战自我、努力超越的企业精神，立足疆内、疆外、海外三大市场，致力于做强房屋建筑、公路、铁路、水利水电、房地产开发五大板块。

陕西西安市绕城高速公路—詹天佑奖

引额济乌500水库

玛纳斯发电厂塔群

兰新二线

集团改制10年来，年均保持20%以上的增速，完成产值由2004年的20多亿元发展到2014年的270亿元。目前，集团公司下设16个子公司，一个上市公司（北新路桥）。拥有房屋建筑工程、公路工程施工总承包特级资质，铁路、水利水电、市政工程施工总承包一级资质。在巴基斯坦、安哥拉、阿尔及利亚等15个国家承建工程任务70多项，跻身于湖南、甘肃、重庆等16个省区市建筑市场，先后荣获鲁班奖、詹天佑奖、国家市政工程金奖、大禹奖、火车头奖、新中国成立60周年百项经典暨精品工程奖等国家、省部优质工程奖百余项。集团在新疆成为首家"双百亿"集团之后，继续保持疆内领先地位，在2014年"中国建筑业最具竞争力百强企业"中最新排名第33位；位列2014年中国承包商80强第35位；在世界250家承包商中最新排名130位。集团多次荣获中国对外承包工程信用AAA级企业、全国商务系统先进集体、优秀施工企业，自治区文明示范单位等称号，是新疆建筑施工企业中参予西部道路桥梁、房屋建筑、铁路、水利水电工程施工的主要力量之一。

实干铸就成功 创造改变未来

——中北华宇建筑工程公司

中北华宇建筑工程公司始建于1976年，1997年底由顺义建筑集团公司分离出来，独立组建了中北华宇建筑工程公司，经过近二十年的发展，现已发展成为建筑、市政、钢结构、装饰装修均为一级资质的建筑企业，是全国AAA级信用企业，企业综合实力在北京市两千多家建筑企业中进入前20名，位列京郊前茅。

中北华宇始终坚持"建楼育人"的宗旨不动摇。工程合格率多年保持良好记录，工程创优率多年区域领先，公司大专以上学历人员达到了70%以上，其中，高级工程师12人，各类注册人员127人，专家15人。

中北华宇始终坚持科技发展、安全发展的理念不动摇，科技进步水平基本达到了行业领先标准。公司现有工法2个，发明及专利3项（zl 2010 1 0587072.2），行业及地方标准6项，国家及市优秀QC成果9项。多年来，公司安全生产无重大责任事故，安全生产形势平稳，先后获得北京市文明安全工地百余项，获鲁班奖、国家优质工程各1项，全国绿色施工示范工程2项，全国绿色示范节能减排金奖工程1项，并获得了建筑业全国安全示范企业奖，2009年北京市安全生产科普教育基地落户中北华宇。

中北华宇始终坚持"立足顺义、融入北京、走向全国"的市场发展战略，在巩固、扩大区内市场的同时，努力开拓区外市场。现在，公司业务遍布全国19个省、市、自治区。

中北华宇始终坚持以"服务业主、奉献社会"为己任，公司成立以来社会扶助、救助款超过了2000万元。

为了实现企业的奋斗目标，中北华宇长期秉承"求真务实、团结向上、服务业主、奉献社会"的企业精神，坚持"科学管理、规范施工、构筑精品、追求卓越"的质量方针，发扬中北华宇人"自强不息、实干创造"的精神，以"零缺陷"工作为抓手，以"零缺陷"工程为目标，以绿色环保施工为载体，努力为社会建造更多精品工程，为建设美丽中国，实现伟大的中国梦而努力奋斗！

万郡房地产（包头）有限公司

万郡房地产有限公司成立于2010年3月，公司注册资金6.25亿元，总部设于浙江杭州，系杭萧钢构股份有限公司（股票代码600477）控股的子公司，下有一家物业管理公司。公司按照现代企业制度管理，团队通力合作，相互协调，是一支上进、勇于开拓创新的企业团队。

同时，公司坚持转变观念、解放思想，紧紧围绕市场狠抓经营，强化管理，逐步走向品牌之路，成为钢结构住宅产业化的领跑者。

公司是以钢结构住宅开发为主的房地产企业，对住宅钢结构拥有较为成熟的技术工艺，可以实现工业化生产、标准化制作，改变粗放型建设模式造成资源严重浪费的弊端，真正实现节材、节地、节能、节水，达到节能环保和可持续发展的目标，给人们营造更舒适、更安全的生活空间，公司于2014年成为中国住宅产业化联盟常务理事单位。

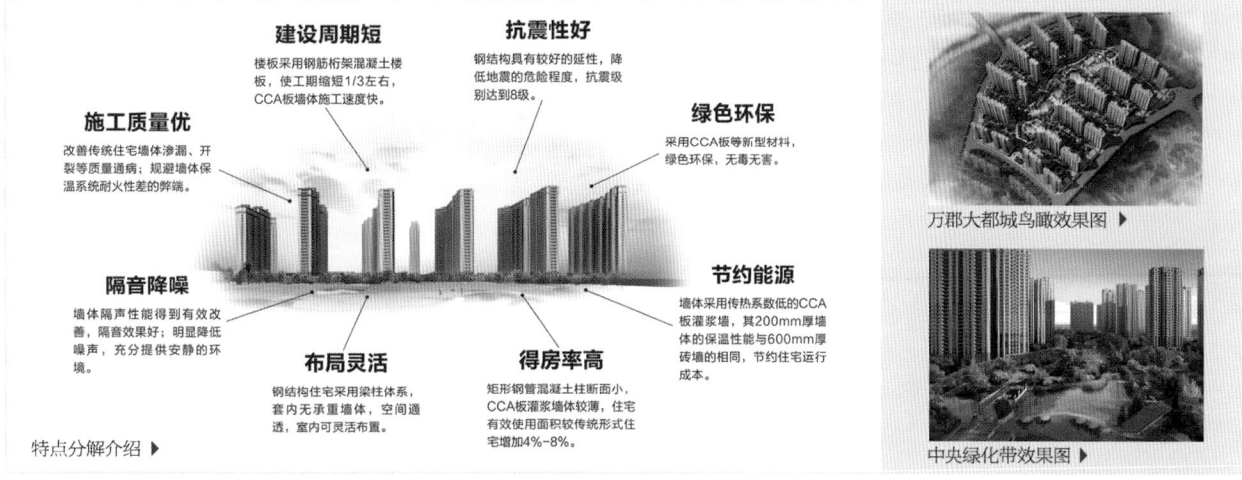

建设周期短
楼板采用钢筋桁架混凝土楼板，使工期缩短1/3左右，CCA板墙体施工速度快。

抗震性好
钢结构具有较好的延性，降低地震的危险程度，抗震级别达到8级。

施工质量优
改善传统住宅墙体渗漏、开裂等质量通病；规避墙体保温系统耐火性差的弊端。

绿色环保
采用CCA板等新型材料，绿色环保，无毒无害。

隔音降噪
墙体隔声性能得到有效改善，隔音效果好；明显降低噪声，充分提供安静的环境。

布局灵活
钢结构住宅采用梁柱体系，套内无承重墙体，空间通透，室内可灵活布置。

得房率高
矩形钢管混凝土柱断面小，CCA板灌浆墙体较薄，住宅有效使用面积较传统形式住宅增加4%~8%。

节约能源
墙体采用传热系数低的CCA板灌浆，其200mm厚墙体的保温性能与600mm厚砖墙的相同，节约住宅运行成本。

特点分解介绍 ▶

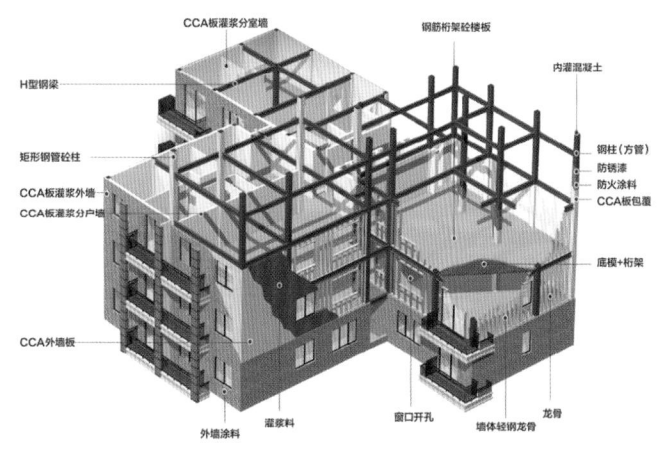

万郡大都城鸟瞰效果图 ▶

中央绿化带效果图 ▶

万郡房地产有限公司在包头开发建设的"万郡·大都城住宅小区"是全国钢结构住宅产业化示范小区，2014年被批准为"省地节能环保型住宅、国家康居示范工程"，获四项金奖：建筑设计金奖、规划设计金奖、施工组织管理金奖、住宅产业化成套技术推广金奖。该小区总占地面积约28万平方米，总建筑面积约100万平方米，其中：住宅建筑面积：81.5万平方米，以高层钢结构住宅产业化为主，地下建筑面积16.5万平方米，主要是地下停车场，配套设施包括居委会、幼儿园、会所、物业用房、垃圾站、休闲活动场地、自行车棚等，建筑密度23%，绿化率达35%，空地硬化率100%。该工程分四期建设，整个工程计划建设工期为5年，采用CFG筏板基础（钻孔灌注桩复合地基），一二期项目结构体系采用钢框架及钢支撑组合的双重抗侧力结构体系，

矩形钢管混凝土柱（内灌自密实混凝土）、H型钢组合梁和钢支撑、梁柱连接节点采用横隔板贯通式刚接连接，围护结构采用钢筋桁架楼承板，轻钢龙骨及CCA灌浆墙体（外墙墙体内使用防火型保温材料）、断桥铝合金双层加芯玻璃门窗，

是国内较早取得二星级绿色建筑设计标识的高层钢结构住宅小区。一期项目开发非常成功，现已基本售罄。

万郡房地产将以领先的技术和资源，引领中国钢结构住宅潮流，让建筑更安全、更环保、更舒适、更节能。

CCA板灌浆分室墙
钢筋桁架砼楼板
H型钢梁
内灌混凝土
矩形钢管砼柱
钢柱（方管）
防锈漆
CCA板灌浆外墙
防火涂料
CCA板灌浆分户墙
CCA板包覆
鹰模+桁架
CCA外墙板
外墙涂料
灌浆料
窗口开孔
墙体轻钢龙骨
龙骨

钢构解析图 ▶

CHINA ARCHITECTURE & BUILDING PRESS

■ 城市规划 ▰▰▰▰▰▰‖

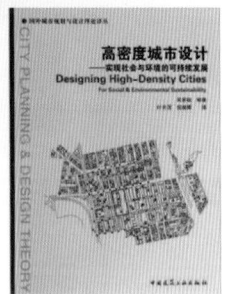

《高密度城市设计——实现社会
与环境的可持续发展》
定价：￥68.0
作者：吴恩融
征订号：24200
ISBN：978-7-112-15734-1

《紧凑型城市的规划与设计》
定价：￥55.0
作者：[日]海道清信
征订号：19670
ISBN：978-7-112-12394-0

《城市·设计与演变》
定价：￥58.0
作者：[英]斯蒂芬·马歇尔
征订号：23384
ISBN：978-7-112-15309-1

《城市读本》
定价：￥99.0
作者：[美]理查德·T·勒盖茨，
弗雷德里克·斯托张庭伟田莉
征订号：24281
ISBN：978-7-112-15754-9

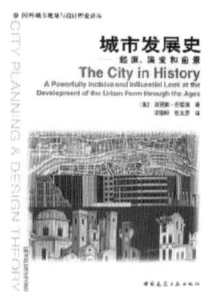

《城市发展史——起源、演变和
前景》
定价：￥98.0
作者：[美]刘易斯·芒福德
征订号：12927
ISBN：7-112-06973-4

《城市伦理——当代城市设计》
定价：￥42.0
作者：[英]埃蒙·坎尼夫
征订号：22911
ISBN：978-7-112-15110-3

《基于大数据的城市研究与规划
方法创新》
定价：￥78.0
作者：甄峰，王波，秦萧，
陈映雪，席广亮
征订号：27670
ISBN：978-7-112-18419-4

《紧缩城市—— 一种可持续发展
的城市形态》
定价：￥47.0
作者：[英]迈克·詹克斯等
征订号：12383
ISBN：7-112-06369-8

《精明增长指南》
定价：￥82.0
作者：[美]安德烈斯·杜安伊，杰
夫·斯佩克迈克·莱顿
征订号：23471
ISBN：978-7-112-15465-4

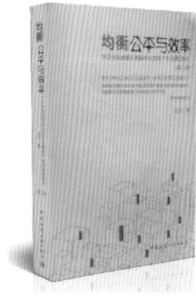

《均衡公平与效率——中国快速城镇
化进程中的房地产市场调控模式》
定价：￥80.0
作者：丘浔
征订号：24213
ISBN：978-7-112-15597-2

《三规合一—— 转型期规划编
制与管理改革》
定价：￥126.0
作者：《城市规划》杂志社
征订号：25686
ISBN：978-7-112-16873-6

《塑造城市——历史·理论·城
市设计》
定价：￥49.0
作者：[英]爱德华·罗宾斯等
征订号：18662
ISBN：978-7-112-11414-6

中国建筑工业出版社

CHINA ARCHITECTURE & BUILDING PRESS

▌城镇化

《中国特色新型城镇化发展战略研究》共五卷

第一卷　定价：￥192.0　　第三卷　定价：￥180.0　　综合卷　定价：￥360.0
作者：周干峙，邹德慈　　作者：钱易，吴良镛　　　作者：徐匡迪
征订号：24907　　　　　　征订号：24909　　　　　　征订号：24906
ISBN：978-7-112-16310-6　ISBN：978-7-112-16312-0　ISBN：978-7-112-16155-3

第二卷　定价：￥138.0　　第四卷　定价：￥175.0
作者：傅志寰，朱高峰　　作者：李强，薛澜
征订号：24908　　　　　　征订号：24910
ISBN：978-7-112-16311-3　ISBN：978-7-112-16313-7

▌城市管理　　　　　　　## ▌城市设计

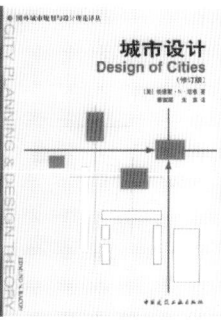

《PPP项目策划与操作实务》　　《欧洲的能源自立政策与实例》　《城市设计》　　　　《城市设计方法与技术》
定价：￥60.0　　　　　　　　定价：￥30.0　　　　　　　定价：￥73.0　　　　定价：￥39.0
作者：杨晓敏　　　　　　　　作者：[日]滝川薫　　　　　作者：[美]埃德蒙·N·培根　作者：[英]拉斐尔·奎斯塔等
征订号：27795　　　　　　　征订号：27059　　　　　　征订号：11458　　　　征订号：21749
ISBN：978-7-112-18560-3　　ISBN：978-7-112-17780-6　ISBN：7-112-05819-8　ISBN：978-7-112-08340-4

《适应气候变化的城市与建　　《包容性的城市设计——生活街道》　《简明城镇景观设计》　《交往与空间》
筑——21世纪的生存指南》　定价：￥38.0　　　　　　　定价：￥38.0　　　　定价：￥36.0
定价：￥79.0　　　　　　　作者：[英]伊丽莎的·伯顿　作者：[英]戈登·卡伦　作者：[丹麦]扬·盖尔
作者：休·罗芙,大卫·克莱　征订号：18529　　　　　　征订号：16963　　　　征订号：21860
顿,弗格斯·尼克尔　　　　　ISBN：978-7-112-11301-9　ISBN：978-7-112-10160-3　ISBN：978-7-112-05202-8
征订号：25941
ISBN：978-7-112-17160-6

中国建筑工业出版社
CHINA ARCHITECTURE & BUILDING PRESS

历时5年
重磅推出

"十二五"国家重点图书 国家出版基金项目
《中国古建筑丛书》（35卷）

　　"中国古建筑丛书"为"十二五"国家重点图书、国家出版基金项目，以省（区）为单位进行编写，共计35卷，系统论述我国各地区古代建筑发展、各类型建筑的分布及特点。各分册按古建筑类型分类编写，每一种类型选择当地最具代表性的建筑，按其历史年代、构造类型、细部装饰等方面全面阐述，不仅展现我国古建筑的建造知识，还对其历史文化、人文特点等作综合介绍，使这套大型丛书全面反映中国古代建筑的卓越成就，对于弘扬和传承建筑文化，保护优秀建筑遗产具有积极意义。

　　《中国古建筑丛书》汇集了国内外从事古建筑及文物研究的著名专家学者，总编辑委员会以中国古建筑专家罗哲文、中国工程院院士张锦秋、中国工程院院士傅熹年、原国家文物局局长单霁翔、中国科学院院士郑时龄为总顾问；以两院院士吴良镛、原建设部副部长周干峙为主任；以中国建筑工业出版社社长沈元勤、原中国建筑学会民居建筑学术委员会主任陆元鼎为副主任。同时，集合国内各省（区）六百余名著名古建筑研究的专家、学者及文物专家共同编写。
该丛书兼具学术性和通俗性，既适合于建筑史学研究、建筑设计专业人员参考阅读，也适合于各大图书馆馆藏，有很高的社会效益。

　　"中国古建筑丛书"从2010年开始筹划运作，期间，为提高丛书的编写质量多次召开分卷和片区编写工作协调会议。全套丛书已于2015年年底重磅推出。

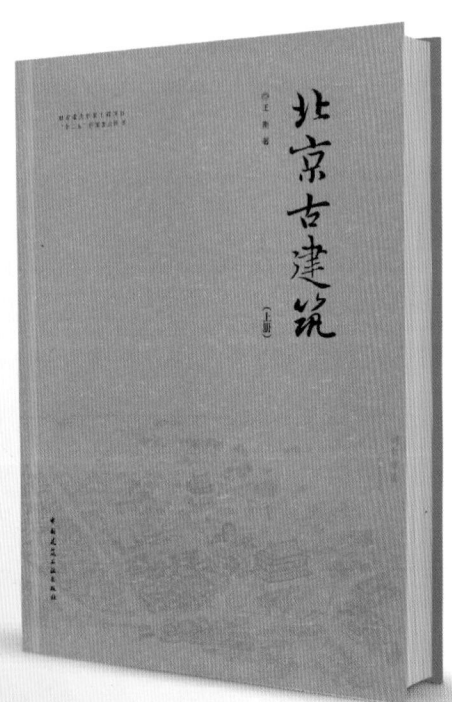

联系人信息

李东禧 电话：010-58337186，手机：13701339030

唐　旭 电话：010-58337181，手机：13301027597，邮箱：101764@qq.com

黎有为 电话：010-58337334（图书馆服务）